# WISSEN AUF EINEN BLICK

# WISSEN AUF EINEN BLICK

Reader's Digest
DEUTSCHLAND · SCHWEIZ · ÖSTERREICH

# Inhalt

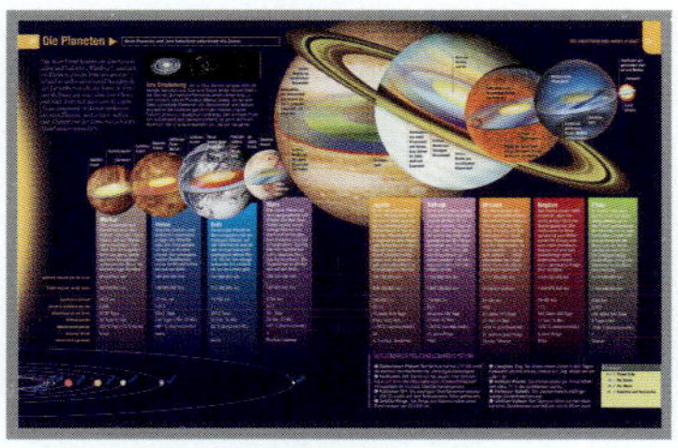

***Das Universum und unser Planet** betrachtet Geburt und Wachstum des Kosmos sowie die Entstehung der Erde und ihre Geographie.*

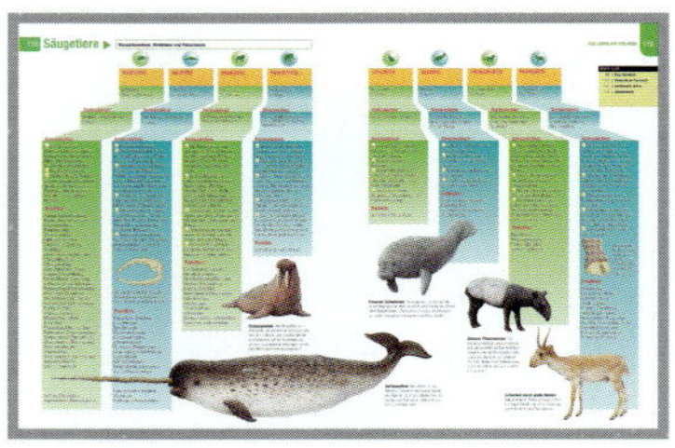

***Das Leben auf der Erde** wirft einen Blick auf die Herkunft der Pflanzen und Tiere. Das Kapitel spürt der Entwicklung des Lebens nach und beschreibt die heutigen Formen und ihre Klassifizierung.*

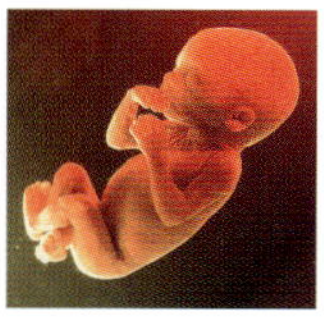

## 130 Der menschliche Körper



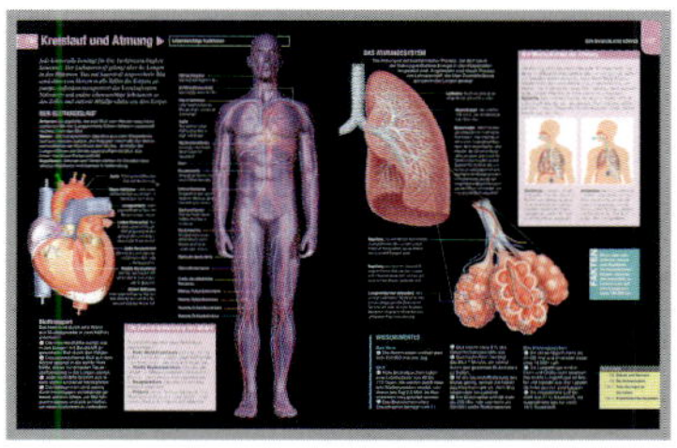


***Der menschliche Körper*** *beschäftigt sich mit dem Menschen und untersucht im Detail, wie unser Körper arbeitet, wozu er in der Lage ist und welche Fehlfunktionen auftreten können.*

## 162 Die Geschichte der Menschheit

***Die Geschichte der Menschheit*** *erzählt, was wir über unsere Vergangenheit wissen, von den frühen Anfängen bis zu den neuesten historischen Ereignissen.*

# 222 Völker und Staaten



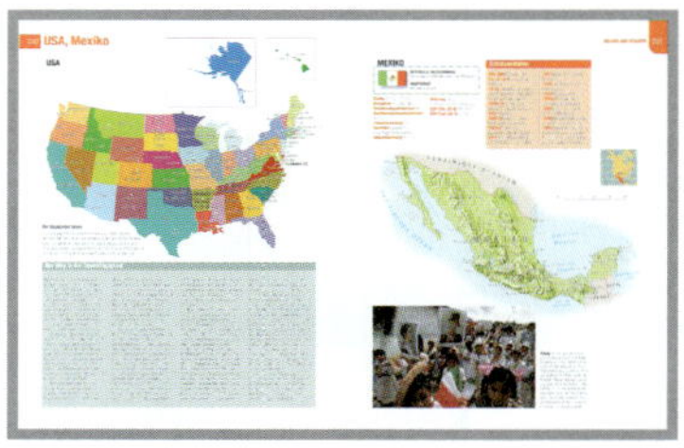

***Völker und Staaten** ist eine Bestandsaufnahme der heutigen geopolitischen Situation: Fakten und Zahlen für jedes Land der Welt, dazu eine Übersicht über globale und internationale Organisationen.*

***Kultur und Unterhaltung** beschäftigt sich mit den vielfältigen kulturellen Errungenschaften des menschlichen Geistes: Religion, Philosophie, Psychologie, Literatur, Kunst, Musik, Sport, Kino.*

# 452 Die globale Wirtschaft



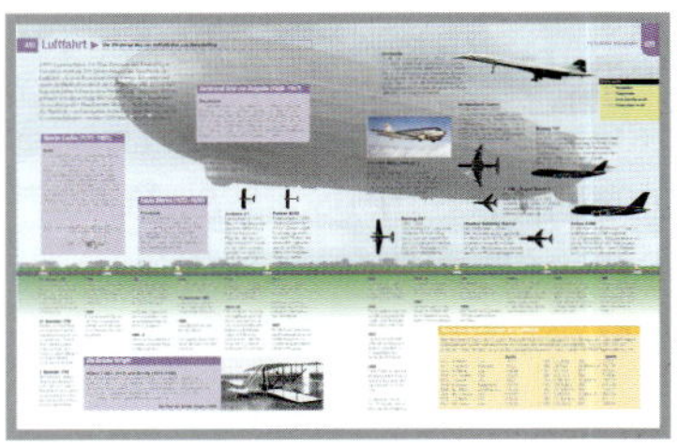

***Die globale Wirtschaft** betrachtet die natürlichen Reichtümer der Erde, ferner Finanzen, Handel, Landwirtschaft, Transport und Kommunikation.*

# 510 Wissenschaft und Erfindungen

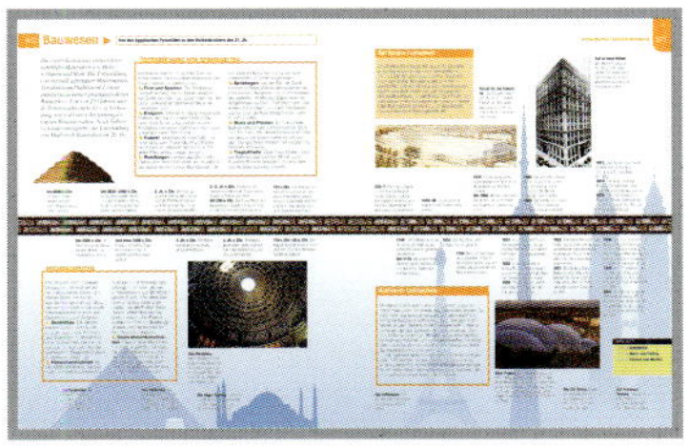

***Wissenschaft und Erfindungen*** *erklärt die Grundlagen der Naturwissenschaften, also Mathematik, Physik und Chemie, ferner Technik und Medizin.*

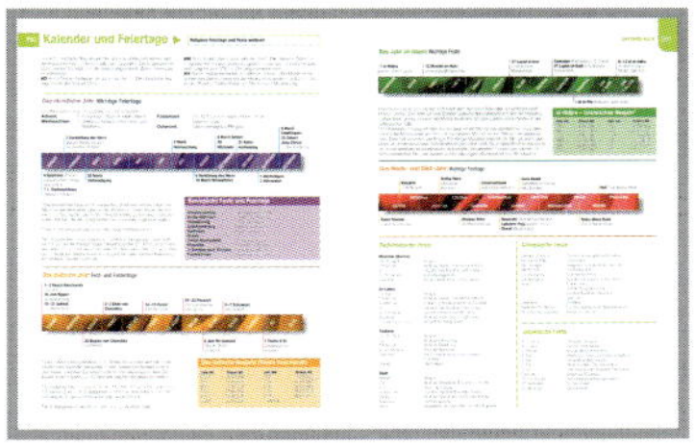

***Auf einen Blick*** *liefert Statistiken zu Kino, Musik und Literatur, Übersichten zu Alphabeten, Signalen und Feiertagen sowie Listen mit den Herrschern der Welt, ferner Maße und Gewichte und die dazugehörigen Umrechnungstabellen.*

# Über dieses Buch

**Die moderne Welt ist voller Informationen.** Einige dieser Informationen sind falsch, andere beruhen auf Irrtümern, und viele sind nutzlos oder nur kurze Zeit von Interesse. Wie weiß man also, was man wissen sollte? Und wenn man eine Information benötigt, wie kann man sicher sein, dass die Quelle gut ist und die Fakten richtig sind?

## Karten

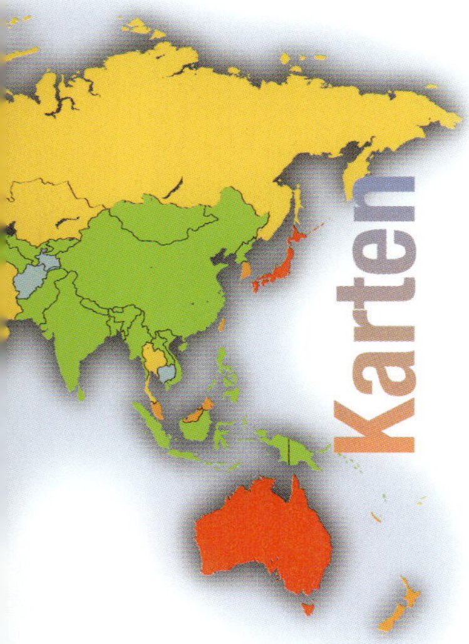

**Wissen auf einen Blick** ist die Antwort auf diese Fragen. Dieses Lexikon enthält die am meisten nachgefragten und nützlichsten Informationen. Es ist ein Buch, das die Spreu der Fakten vom Weizen trennt. Damit ist es die erste Anlaufstelle, bevor Sie Ihren Computer einschalten oder in die Bücherei gehen; tatsächlich wird es Ihnen diese Mühe in neun von zehn Fällen abnehmen.

**Was ist eine Information?** Es gibt mehr als nur eine Art von Information. Diese Tatsache berücksichtigt das Buch. Einige Fakten sind messbar, z. B. die Höhe des Mount Everest (Seite 50); andere sind historisch belegt wie z. B. die Dauer des Österreichischen Erbfolgekrieges (Seite 199); einige sind wissenschaftlich beweisbar wie die Formel zur Berechnung des Zylindervolumens (Seite 519); andere sind allgemein anerkannt wie die Gründe für den Fall des Römischen Reiches (Seite 175).

## Infografiken

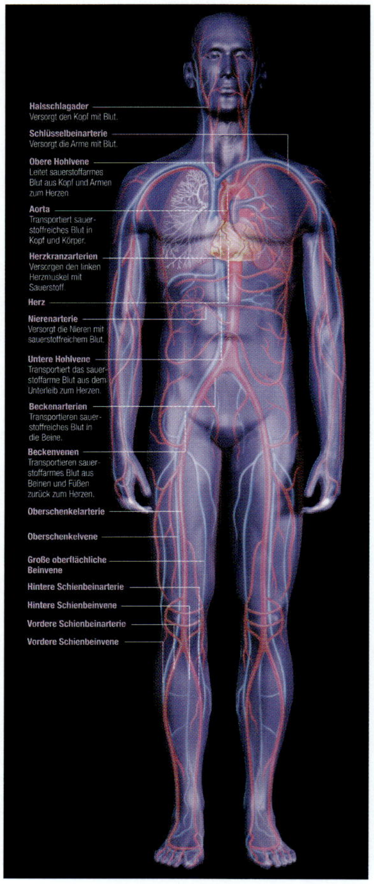


## Zeitlinien

**1914**

**Tannenberg** (30. Aug. 1914): Zwei russische Armeen werden von deutschen Truppen geschlagen.

**Marne-Schlacht** (5.–12. Sept. 1914): Deutschland wird von Paris zurückgedrängt.

**Masurische Seen** (15. Sept. 1914): Schwere Niederlage der Russen

**1. Ypern-Schlacht** (30. Okt. 1914): Britische Truppen stoppen den deutschen Vormarsch in Flandern.

**2. Ypern-Schlacht** (22. Apr. 1915): Deutschland setzt Giftgas ein.

**Insonzo-Schlacht** (23. Juni 1915): Italienische Offensiven gegen Österreich-Ungarn mit geringen Gebietsgewinnen.

**1916**

**Verdun-Offensive** (21. Feb. 1916): Deutschland will Frankreich in einem Zermürbungskrieg ausbluten lassen.

**28. Juni** Erzherzog Franz Ferdinand wird ermordet; Österreich-Ungarn erklärt Serbien den Krieg.

**1. Aug.** Dtld. erklärt Russland den Krieg;
**3. Aug.** Dtld. erklärt Frankreich den Krieg;
**4. Aug.** Deutschland fällt in Belgien ein. Großbritannien erklärt Dtld. den Krieg.

**1915**

**19. Feb.** Die ersten Zeppelinangriffe auf England.

**25. April** Landung alliierter Truppen in Gallipoli.

**7. Mai** Die *Lusitania* wird vor der irischen Küste von U-Boot versenkt.

**7. Dez.** Die Türken schließen die Briten bei Kut ein.
**19. Dez.** Alliierte Truppen räumen die Dardanellen.

**29. April** Kapitulation der britisch-indischen Truppen bei Kut.

# Schaubilder

**Wissen auf einen Blick** bietet oftmals eine Mischung aller verschiedenen Informationstypen auf ein und derselben Seite. Nehmen Sie z. B. den Zweiten Weltkrieg auf Seite 214–15. Hier finden Sie eine Chronologie der Ereignisse, Biographien der Kriegsführer, die Beschreibung der Hauptkriegsschauplätze und Zahlen zum Holocaust.

**Das Buch ist reich illustriert** mit Fotos, Schaubildern, Karten und Zeitlinien. Ein Bild der DNA-Doppelhelix (Seite 150–1) ist aussagekräftiger als ein Text; eine Karte zur Verteilung des Reichtums auf der Welt (Seite 454–5) verdeutlicht die Lage besser als eine Liste von Ländern. Und ein Porträt Ludwigs XIV. (Seite 198) zeigt Ihnen nicht nur, wie der Sonnenkönig aussah, sondern auch, wie er sich selbst sah.

# Fotografien

**Wissen auf einen Blick** umfasst auch Seiten, die lediglich Listen enthalten, denn manchmal benötigt man nur die rein statistische Information – etwa die Schweizer Bundespräsidenten mit ihren Amtszeiten (Seite 599), sämtliche Gewinner des Literaturnobelpreises (Seite 584) oder die Sieger des Europäischen Schlagerwettbewerbs (Seite 583).

# Listen

| | |
|---|---|
| 1950 | Max Tau |
| 1951 | Albert Schweitzer |
| 1952 | Romano Guardini |
| 1953 | Martin Buber |
| 1954 | Carl Jacob Burckhardt |
| 1955 | Hermann Hesse |
| 1956 | Reinhold Schneider |
| 1957 | Thornton Wilder |
| 1958 | Karl Jaspers |

# Das Universum und unser Planet

DAS UNIVERSUM UND UNSER PLANET

# Das Universum und unser Planet

*Die Erde, der fünftgrößte Planet und, soweit bekannt, der einzige Himmelskörper, auf dem es Leben gibt, ist aus einer riesigen Wolke aus Gas und Staub entstanden. Die Erde umkreist die Sonne und dreht sich um ihre eigene Achse, die gegenüber der Umlaufebene geneigt ist. Dadurch entstehen die Jahreszeiten und der Wechsel von Tag und Nacht.*

**1 Ein kalter und finsterer Beginn** Die Erde und die anderen Planeten des Sonnensystems entstanden vor rund 4,6 Mrd. Jahren aus sich verdichtenden Partikeln einer Gas- und Staubwolke, die um die Sonne wirbelte. Damals war die Sonne kleiner und schwächer als heute, und das frühe Sonnensystem war finster und kalt.

**2 Schmelztiegel** Vor 4,6–4,2 Mrd. Jahren wurde das Innere des Planeten durch die Schwerkraft stark zusammengepresst. Radioaktive Elemente zerfielen, die Temperatur stieg enorm an und die feste Materie schmolz. Eisen sank nach innen und bildete den Erdkern, leichtere Materialien den Erdmantel.

## DIE ENTSTEHUNG UNSERES PLANETEN

Die Entstehung der Erde vollzog sich in verschiedenen Stadien über einen Zeitraum von mehreren Milliarden Jahren. Ihre Temperatur, Lufthülle, die geologischen Bauformen und die Verteilung von Kontinenten und Ozeanen haben sich in der Vergangenheit drastisch verändert und verändern sich laufend weiter.

### Grunddaten der Erde

| | |
|---|---|
| **Erdoberfläche** | 509 600 000 km² |
| **Landmasse** | 148 000 000 km² (29 %) |
| **Rotationsgeschwindigkeit** | 1674 km/h |
| **Umlaufgeschwindigkeit um die Sonne** | 107 180 km/h |
| **Achsneigung** | 23,44 Grad |

## AUSWIRKUNGEN VON POSITION, NEIGUNG UND ROTATION DER ERDE

Eine sichtbare Folge der Bewegungen der Erde ist der Wechsel von Tag und Nacht. Der Neigungswinkel der Rotationsachse und die Position der Erde auf ihrer Umlaufbahn um die Sonne sind zudem für die Länge der Tage und die Jahreszeiten verantwortlich.

**Jahreszeiten** Die Rotationsachse der Erde steht nicht senkrecht auf der Umlaufebene, sondern nimmt dazu einen Winkel von etwa 67 Grad ein. Dies bedeutet, dass während des Nordsommers (Südwinters) die Nordhalbkugel der Sonne mehr zugeneigt ist als die Südhalbkugel. Während des Nordwinters (Südsommers) ist es genau umgekehrt. Im Sommer steigt die Sonne höher über den Horizont auf als im Winter, und die Tage sind länger.

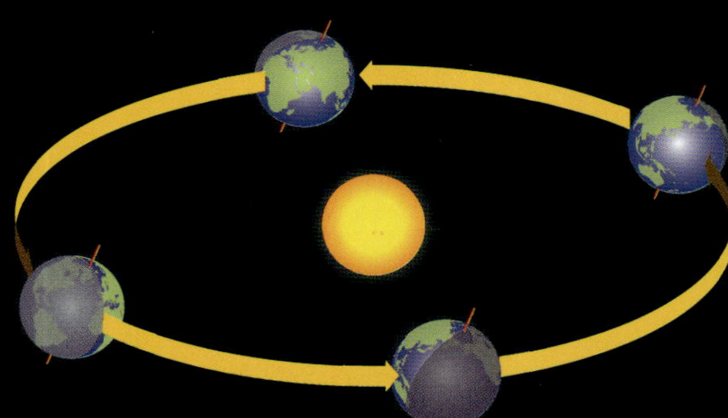

**Tag und Nacht** Auf ihrer Bahn um die Sonne dreht sich die Erde in ungefähr 24 Stunden einmal um ihre eigene Achse. Da die Erdachse während des Umlaufs um die Sonne gegenüber der Bahnebene geneigt ist, sind Tage und Nächte, bis auf die Tagundnachtgleichen im Frühjahr und Herbst, nicht von gleicher Länge.

**Äquinoktien** Es gibt 2 Tage im Jahr, an denen die Erdachse senkrecht zur Sonnenstrahlung steht und weder Nord- noch Südhalbkugel der Sonne zugeneigt sind, die Äquinoktien. Dann sind Tag und Nacht auf der ganzen Erde etwa gleich lang. Die Tagundnachtgleichen liegen um den 21. März (Frühjahrs-Tagundnachtgleiche) bzw. um den 22. September (Herbst-Tagundnachtgleiche).

**Solstitien** Als Solstitien (Sonnenwenden) bezeichnet man den längsten und den kürzesten Tag des Jahres. Auf der Nordhalbkugel liegt die Sommersonnenwende am oder um den 21. Juni und die Wintersonnenwende am oder um den 21. Dezember. Auf der Südhalbkugel der Erde verhält es sich genau umgekehrt.

**Klimazonen** Am Äquator steht die Sonne das ganze Jahr hoch über dem Horizont. Daher schwankt die Temperatur dort jahreszeitlich kaum. Wegen der geneigten Erdachse wachsen diese Schwankungen mit zunehmender Breite. An den beiden Polen, wo es im Sommer bis zu 24 Stunden hell und im Winter bis zu 24 Stunden dunkel ist, ist der Unterschied am größten. Die Temperatur ist ein Hauptfaktor für die Bestimmung der Klimazonen. Tropische und subtropische Klimazonen am Äquator sind gleichmäßig warm. Die Klimate höherer Breiten durchlaufen größere saisonale Schwankungen, und im äußersten Norden und Süden ist es im Winter extrem kalt.

**Polartag** Die Sonne verschwindet im Sommer in den Polargebieten tage- bis wochenlang nicht unter dem Horizont. Es bleibt deshalb auch nachts hell.

**4 Die Entwicklung zur Erde von heute** In dem Maß, in dem der Sauerstoffanteil in der Atmosphäre stieg, bildete sich eine Schutzschicht aus Ozon, sodass die ultraviolette Sonnenstrahlung die Erde nur noch abgeschwächt erreichte. Das schuf in den Ozeanen die Voraussetzungen dafür, dass höher entwickelte Organismen entstanden. Vor 400 Mio. Jahren war die Besiedlung des Festlands durch Pflanzen und Tiere in vollem Gange, und der Planet wurde mehr und mehr zu der Erde, die wir heute kennen.

Siehe auch
24–5 **Die Planeten**
54–5 **Wetter**
56–7 **Die Biome der Erde**
64–5 **Die Zeitalter des Lebens**

**3 Die Erde kühlt ab** In der Zeit vor 4,2–3,8 Mrd. Jahren erkaltete die Erdoberfläche und die erste feste Kruste bildete sich. Eiskometen aus dem Weltall und aus Vulkanen entweichender Wasserdampf sorgten für Wasser, das zu Meeren anwuchs. Mit dem Ende dieser Periode sank die Zahl der Kometeneinschläge drastisch, und erstes Leben entstand in den Meeren. Cyanobakterien nutzten die Energie der Sonne und das Kohlendioxid auf der Erde, um Nährstoffe zu bilden, und stießen als Abfallprodukt Sauerstoff aus. Dieser Sauerstoff reicherte sich allmählich in der jungen Erdatmosphäre an.

*Vor 15 Mrd. Jahren gab es das Universum noch nicht. Es entstand in einer kosmischen Explosion, dem Urknall. Dabei dehnte es sich in einer einzigen Sekunde von 0 auf 2 Mrd. Mrd. km aus, und bis heute vergrößert es sich noch immer. Die Wissenschaft kann bisher nur darüber spekulieren, warum es zum Urknall kam. Was danach geschah, wird von den Forschern jedoch nach und nach enthüllt.*

**1 Die Lokale Gruppe** Es gibt Milliarden von-Galaxien im Universum; jede dieser Galaxien besteht wiederum aus Milliarden von Sternen. In der Regel schließen sich die Galaxien zu Haufen zusammen. Unsere Galaxie ist eine von ungefähr 30 in einem als Lokale Gruppe bekannten galaktischen Haufen. Zu den Galaxien, die der Erde am nächsten gelegen sind, gehört die rund 2,2 Mio. Lichtjahre entfernte Andromeda-Galaxie.

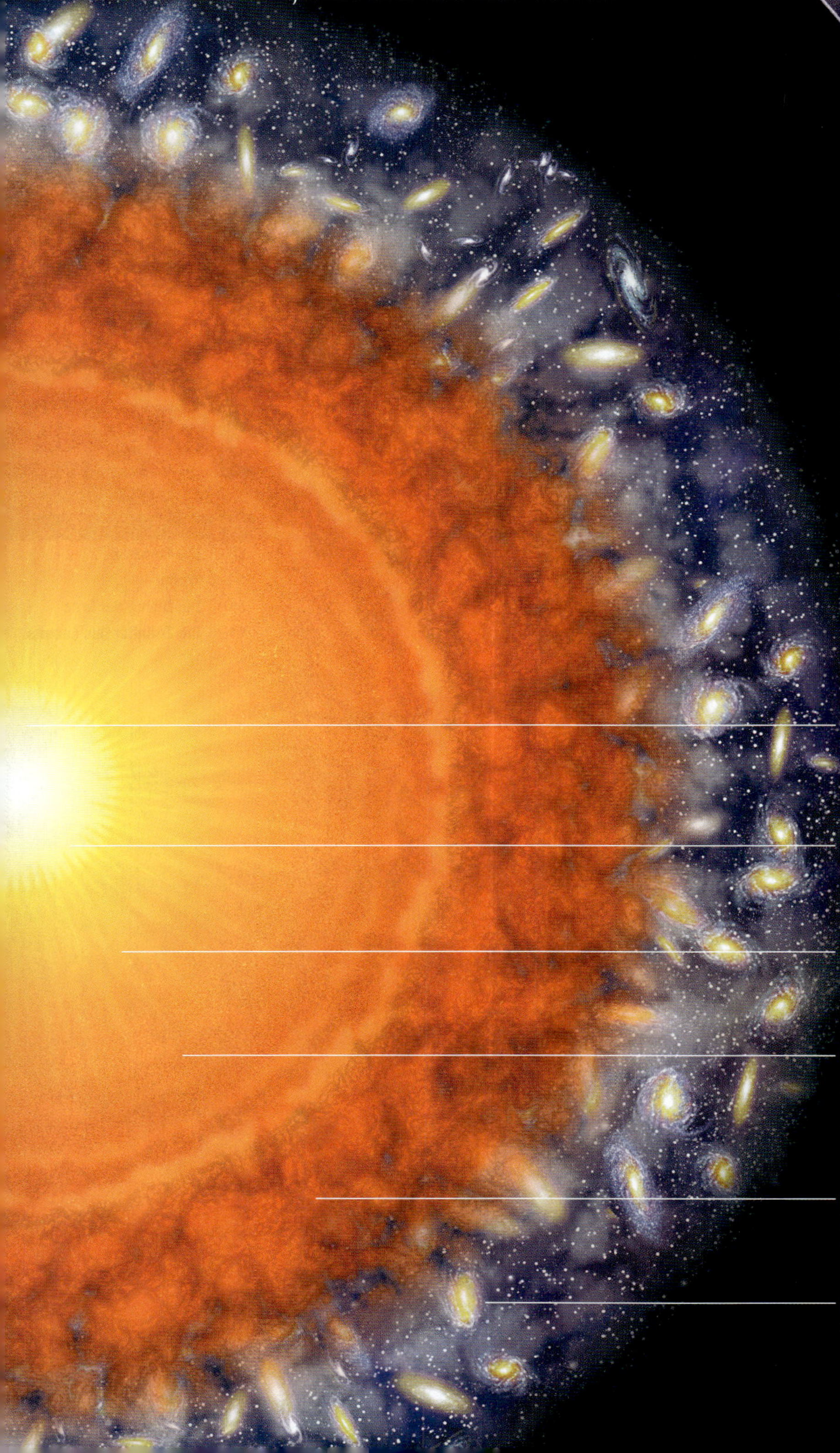

## DIE URZEIT DES UNIVERSUMS

In der ersten Sekunde nach dem Urknall waren bereits die Bausteine der gesamten kosmischen Materie vorhanden. Es dauerte jedoch nicht weniger als 2 Mrd. Jahre, bis die ersten Sterne und Galaxien entstanden.

**Nach einem Millionstel eines Trillionstels eines Trillionstels einer Sekunde ($10^{-43}$ Sekunden)** Das Universum dehnt sich mit großer Geschwindigkeit aus; Licht- und Wärmestrahlung entstehen; Schwerkraft tritt als neue, das Universum verändernde Kraft in Erscheinung.

**Nach 10 000 Trillionstel eines Trillionstels einer Sekunde ($10^{-32}$ Sekunden)** Die Ausdehnung verlangsamt sich; Quarks, die kleinsten bisher bekannten Teilchen, treten auf und verbinden sich zu größeren subatomaren Teilchen.

**Nach 10 Millionstel einer Sekunde ($10^{-5}$ Sekunden)** Subatomare Teilchen schließen sich zu Protonen und Neutronen, den Bausteinen der Atomkerne, zusammen.

**Nach 100 Sekunden** Die Temperatur sinkt auf 1 Mrd. °C; der Raum ist nun mit Protonen, Neutronen und Elektronen angefüllt. Während der folgenden 32 000 Jahre reagieren Protonen und Neutronen mit der Hintergrundstrahlung und verbinden sich zu Atomkernen aus Wasserstoff und Helium, den einfachsten chemischen Elementen.

**Nach 1 Mrd. Jahren** Das Universum wird durchsichtig und die Temperatur sinkt auf etwa 4000 °C; das ist tief genug, um erstmals die Bildung vollständiger Atome zu erlauben. Von der Schwerkraft zusammengezogen, bilden sich daraus Materieklumpen.

**Nach 2 Mrd. Jahren** Aus Wasserstoff- und Heliumgaswolken beginnen die ersten Sterne und Galaxien auszukondensieren.

## Entfernungsmessung im Weltraum

Die Entfernungen im Weltraum sind so außerordentlich groß, dass es unsinnig wäre, die Distanzen in Kilometern anzugeben. Daher werden größere Einheiten verwendet.

- **Lichtjahr** Ein Lichtjahr ist die Entfernung, die das Licht in einem Jahr zurücklegt (9461 Mrd. km). Licht von Proxima Centauri, dem der Erde nächsten Stern, benötigt 4,2 Jahre, um die Erde zu erreichen; er ist also 4,2 Lichtjahre entfernt.
- **Astronomische Einheit** Die durchschnittliche Entfernung von Erde und Sonne (149,6 Mio. km).
- **Parsek** 3,26 Lichtjahre. Diese Maßeinheit wird benutzt, um die Entfernung von Sternen zu messen.

**2 Die Heimatgalaxie der Erde** Unsere Galaxie ist eine scheibenförmige, rotierende Spirale. Die Sonne befindet sich im Orion-Arm dieser Spirale, 24 000 Lichtjahre vom Zentrum entfernt. Am Nachthimmel ist das sternenreiche Zentrum der Galaxie in Seitenansicht zu sehen.

**FAKTEN**

**Das Universum besitzt keinen Rand, und außerhalb gibt es nichts, nicht einmal Raum.**

**3 Das Sonnensystem** Unser Sonnensystem besteht aus neun Planeten und deren Monden sowie etwa 10 000 Asteroiden, die die Sonne umkreisen. Die Entfernung von Pluto, dem äußersten bekannten Planeten, zur Sonne beträgt im Durchschnitt 5900 Mio. km.

**4 Die Erde** Unser Planet und sein Mond umrunden die Sonne in einer Durchschnittsentfernung von 150 Mio. km. Venus und Mars sind seine beiden nächsten Nachbarn.

## EIN BLICK IN DIE VERGANGENHEIT

Woher wissen wir, was vor Milliarden von Jahren geschah? Einfach ausgedrückt: Wir können es sehen – wobei zu bedenken ist, dass wir Objekte erst sehen können, wenn uns deren Licht erreicht. So benötigt das Licht des Sterns Sirius 8 Jahre, um die Erde zu erreichen. D. h., wir sehen Sirius, wie er vor 8 Jahren war. Bei weiter entfernten Objekten sehen wir sogar noch viel tiefer in die Vergangenheit. Das Licht vom Virgo-Haufen z. B. benötigt 50 Mio. Jahre, um uns zu erreichen. Wir sehen den Haufen also wie er war, lange bevor es Menschen auf der Erde gab.

Sterne entsenden außer Licht auch andere Arten von Strahlung, etwa Radiowellen. Diese Strahlung kann mit speziellen Teleskopen empfangen werden. Die so zusätzlich erhaltenen Daten vervollständigen das Wissen über das Universum.

Die fernsten Galaxien, die bisher entdeckt worden sind, liegen in einer Distanz von 13 Mrd. Lichtjahren; wir sehen sie also in einem Zustand, in dem sie sich 2 Mrd. Jahre nach dem Urknall befunden haben. Wenn man weit genug sehen könnte, wäre es theoretisch möglich, den Anfang des Universums zu sehen.

## Urknall

Der Begriff Urknall wurde von dem Astronomen Fred Hoyle geprägt, der nicht an diese Theorie glaubte. Er betrachtete sie als eine fast biblische Version der Schöpfung.

Siehe auch
18–19 **Galaxien**
20–1 **Sterne**
22–3 **Die Sonne**
24–5 **Die Planeten**

# Galaxien

**Sternsysteme, die durch Anziehungskräfte zusammengehalten werden**

*Sterne sind im Universum nicht gleichmäßig verteilt, sie ordnen sich vielmehr zu ausgedehnten Sternsystemen, den Galaxien, an. Diese wiederum schließen sich zu Haufen und Superhaufen zusammen. Obwohl die Sterne in Galaxien scheinbar dicht beieinander liegen, erstrecken sich zwischen ihnen riesige Entfernungen. Besäße unsere Sonne die Größe eines Sandkorns, dann wäre der am nächsten gelegene Nachbarstern 6 km entfernt.*

## Die Helligkeit von Sternen messen

Es gibt zwei Verfahren zur Bestimmung der Helligkeit eines Sterns.

- **Die scheinbare oder optische Helligkeit** ist die Helligkeit eines von der Erde aus betrachteten Sterns. Ein sehr heller Stern besitzt Helligkeit eins, ein kaum noch mit bloßem Auge sichtbarer Stern dagegen Helligkeit sechs. Die scheinbare Helligkeit liefert keine Hinweise auf die Entfernung eines Sterns. Da weiter entfernte Objekte schwächer leuchten als nahe Objekte gleichen Typs, ist die scheinbare Helligkeit also nicht geeignet, Sterne miteinander zu vergleichen.
- **Die absolute Helligkeit** ist definiert als die scheinbare Helligkeit, die ein Stern besäße, wenn man ihn aus einer Standarddistanz von 32,6 Lichtjahren (10 Parsek) betrachten würde. Diese standardisierte Messung ermöglicht es, die tatsächliche Helligkeit von Sternen zu vergleichen.

## GALAXIENARTEN

Galaxien werden nach ihrer Form drei Arten zugeordnet.

**Spiralgalaxien** Vermutlich sind etwa 30 % der Galaxien spiralförmig. Gewöhnliche Spiralgalaxien besitzen dabei die Form eines Feuerrads mit einem runden Kern und spiralförmigen Armen. Balkenspiralen (links) haben einen länglichen Kern.

**Elliptische Galaxien** Man nimmt an, dass die meisten Galaxien diese Form besitzen. Elliptische Galaxien variieren von fast runden bis zu flachen Formen. M87 im Virgo-Haufen ist ein Beispiel für eine elliptische Galaxie.

**Irreguläre Galaxien** Viele Galaxien weisen eine verschwommene Struktur ohne klare Umrisse auf. Die Große Magellan'sche Wolke in unserer Lokalen Gruppe ist ein Beispiel für eine irreguläre Galaxie.

## Die Milchstraße

Unsere Heimatgalaxie besteht aus mindestens 200 Mrd. Sternen und deren Planeten und ist in Form einer Scheibe mit Spiralarmen und einem zentralen Kern angeordnet. In der Seitenansicht, die man von der Erde aus sieht, wirkt sie wie ein milchig-weißes Band. Die gesamte Galaxie wird daher häufig auch als Milchstraße bezeichnet; genau genommen bezieht sich diese Bezeichnung jedoch nur auf das leuchtende Band aus Sternen, das von der Erde zu sehen ist.

**FAKTEN**

**Mithilfe des Hubble-Weltraumteleskops haben Wissenschaftler 600 Sterne entdeckt, die sich im Weltraum verstreut zwischen den Galaxien des Virgo-Haufens befinden.**

**Nachbarn im Weltraum** Die Andromeda-Galaxie, hier eine Aufnahme von der Erde aus, ist unserer Galaxie am nächsten. Zusammen mit mehr als 20 anderen Systemen bildet sie die Lokale Gruppe.

## WISSENSWERTES ZUR GALAXIE DER ERDE

- Die Heimat-Galaxie der Erde rotiert um ihr Zentrum; die Sonne benötigt etwa 225 Mio. Jahre für einen Umlauf.
- Ihr Durchmesser beträgt 100 000 Lichtjahre.
- Der zentrale Kern hat einen Durchmesser von 10 000 Lichtjahren und eine Stärke von 20 000 Lichtjahren. In diesem Kern gibt es nur alte Sterne.
- Die durch die Spiralarme geformte Scheibe ist 3000 Lichtjahre stark.
- Die Sonne befindet sich 24 000 Lichtjahre vom Zentrum entfernt.
- Das Zentrum der Galaxie ist Sagittarius A, eine Quelle starker Radiowellen, vermutlich ein Schwarzes Loch.

## ERSCHEINUNGEN IN GALAXIEN

**Schwarze Löcher** Unvorstellbar dichte, kollabierte Sterne, deren Gravitation so stark ist, das sich nichts, nicht einmal das Licht, von ihnen entfernen kann. Die Größe eines Schwarzen Lochs ist von der Masse des kollabierten Sterns abhängig. Da Schwarze Löcher nicht sichtbar sind, können sie nur indirekt, d. h. durch die Wirkung, die sie auf andere Objekte ausüben, beobachtet werden.

**Quasare** Die Kerne sehr aktiver, weit entfernter Galaxien, die möglicherweise Schwarze Löcher als Zentrum haben. Wegen ihrer enormen Entfernung hat das von ihnen ausgesandte Licht sehr viel Zeit benötigt, um die Erde zu erreichen. Quasare gelten als Galaxien in einem frühen Stadium ihrer Evolution.

**Kollidierende Galaxien** Kommen sich Galaxien so nahe, dass sich ihre Gravitationsfelder beeinflussen, können beide Galaxien kollidieren und sogar verschmelzen. Zu den kollidierenden Sternsystemen, die der Erde am nächsten sind, gehören die als Antennae bekannten Galaxien NGC 4038 und 4039. Die Entfernung zwischen ihnen beträgt nur 80 Lichtjahre; irgendwann werden beide verschmelzen.

**Dunkle Materie** Diese Art der Materie ist nicht sichtbar, da sie nur sehr schwache bzw. gar keine Strahlung aussendet. Ihr Vorhandensein lässt sich jedoch aus ihren Wirkungen auf andere Materie ableiten. So kann man z. B. die Tatsache, dass sich Galaxien zu Haufen gruppieren, durch die Anziehungskraft der Dunklen Materie erklären. Schätzungen zufolge sind bis zu 90 % der Materie im Universum Dunkle Materie in Form von Teilchen, die noch vom Urknall herrühren.

Siehe auch
16–17 **Das Universum**
20–1 **Sterne**
22–3 **Die Sonne**

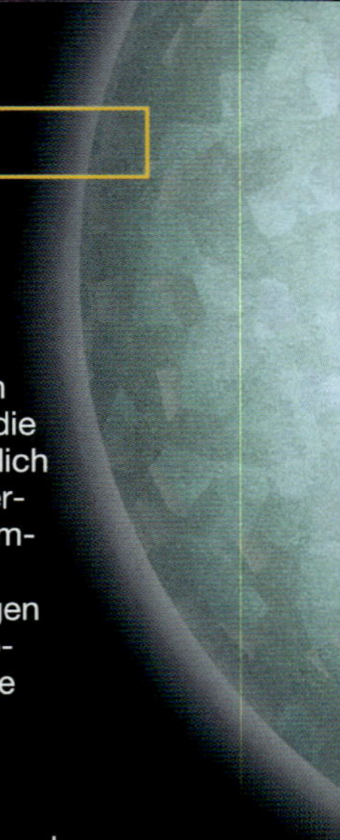

*Die Zahl der Sterne im Weltraum ist unbekannt. Vermutlich gibt es allein in unserer Heimatgalaxie etwa 200 Mrd. Sterne; davon sind jedoch nur etwa 6000 mit bloßem Auge sichtbar. Sie gewinnen ihre Energie durch die Kernfusion von Wasserstoff. Sterne kommen in zahlreichen Varianten vor, die sich in Größe, Helligkeit, Farbe und Zustand unterscheiden, von Roten Riesen zu Weißen Zwergen, von Nebeln zu Supernovae.*

## DER LEBENSZYKLUS EINES STERNS

Sterne entstehen in den Wolken aus kosmischem Gas und Staub, die als Nebel bezeichnet werden. In diesen Nebeln treten starke Gravitationskräfte auf, die die Teilchen zusammenpressen, bis sie sich schließlich zu Materieklumpen, den so genannten Globulen, verbinden. Mit wachsender Verdichtung steigen die Temperaturen in diesen Massen sehr schnell auf rund 10 000 000 °C an. Unter solch extremen Bedingungen verbinden sich Wasserstoffatomkerne zu Heliumatomen. Diesen Prozess nennt man Kernfusion. Energie wird freigesetzt, und ein Protostern ist geboren.

**Geburt eines Sterns**

Protosterne bilden sich aus Gas- und Staubwolken, die man als Nebel bezeichnet. Dann folgen sie, abhängig von ihrer ursprünglichen Masse, einer von vier Entwicklungsbahnen.

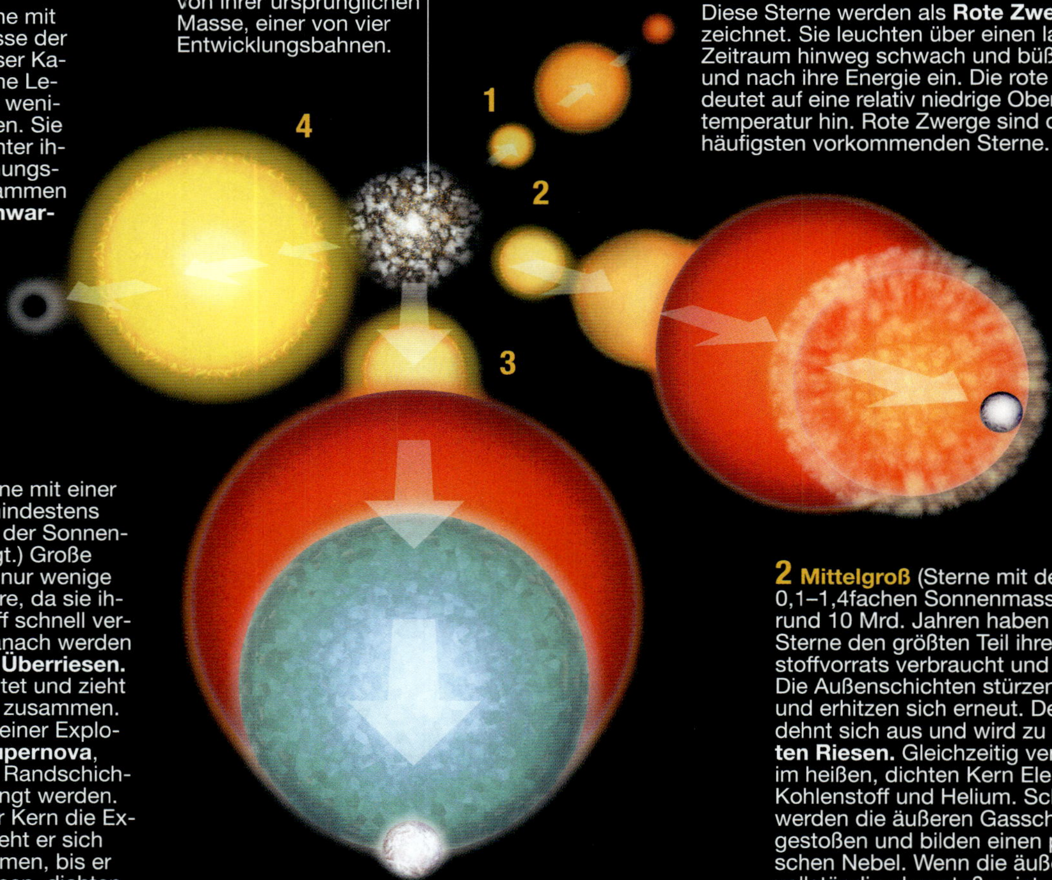


**1 Klein** (Sterne, deren Masse weniger als ein Zehntel der Sonnenmasse beträgt.) Diese Sterne werden als **Rote Zwerge** bezeichnet. Sie leuchten über einen langen Zeitraum hinweg schwach und büßen nach und nach ihre Energie ein. Die rote Farbe deutet auf eine relativ niedrige Oberflächentemperatur hin. Rote Zwerge sind die am häufigsten vorkommenden Sterne.

**2 Mittelgroß** (Sterne mit der 0,1–1,4fachen Sonnenmasse.) Nach rund 10 Mrd. Jahren haben diese Sterne den größten Teil ihres Wasserstoffvorrats verbraucht und kühlen ab. Die Außenschichten stürzen ins Innere und erhitzen sich erneut. Der Stern dehnt sich aus und wird zu einem **Roten Riesen.** Gleichzeitig verbrennen im heißen, dichten Kern Elemente wie Kohlenstoff und Helium. Schließlich werden die äußeren Gasschichten abgestoßen und bilden einen planetarischen Nebel. Wenn die äußere Hülle vollständig abgestoßen ist, bleibt nur der dichte Kern zurück, der abkühlt und zu einem **Weißen Zwerg** wird.

**3 Groß** (Sterne mit einer Masse, die mindestens das 1,4fache der Sonnenmasse beträgt.) Große Sterne leben nur wenige Millionen Jahre, da sie ihren Brennstoff schnell verbrauchen. Danach werden sie zu **Roten Überriesen.** Ihr Kern erkaltet und zieht sich plötzlich zusammen. Dies führt zu einer Explosion, einer **Supernova**, durch die die Randschichten abgesprengt werden. Übersteht der Kern die Explosion, so zieht er sich weiter zusammen, bis er zu einem kleinen, dichten **Neutronenstern** oder **Pulsar** wird.

**4 Überriese** (Sterne mit der 100fachen Masse der Sonne.) Sterne dieser Kategorie besitzen eine Lebensdauer von nur wenigen Millionen Jahren. Sie fallen schließlich unter ihren eigenen Anziehungskräften in sich zusammen und werden zu **Schwarzen Löchern.**

### Warum Sterne leuchten

Das Leuchten der Sterne ist eine Folge der Kernfusion von Wasserstoff zu Helium, die ständig in ihrem Innern abläuft. Dabei werden gewaltige Energiemengen in Form von Wärme und Licht frei. Die Sonne verwandelt pro Sekunde 600 Mio. t Wasserstoff in Helium und verliert dadurch im gleichen Zeitraum 4 Mio. t an Masse.

### Doppelsterne und Veränderliche Sterne

**Doppelsterne** sind entweder: **a.** zwei Sterne, die nah beieinander liegen und um ein gemeinsames Zentrum kreisen, wie Mizar im Großen Bären, oder aber: **b.** zwei in Wirklichkeit weit voneinander entfernte Sterne, die jedoch als Nachbarn erscheinen, weil sie von der Erde aus betrachtet in derselben Richtung liegen.
Bei **Veränderlichen Sternen** schwankt die Helligkeit im Lauf von Millisekunden bis Jahren.

## KLASSIFIKATION DER STERNE

Um den Typ eines Sterns und dessen Entwicklungsstadium zu bestimmen, benutzen Astronomen eine graphische Darstellung, die als Hertzsprung-Russell-Diagramm bekannt ist. Der Zustand eines Sterns wird ermittelt, indem man seine Leuchtkraft in Abhängigkeit von der Temperatur darstellt. Diese ist an der Farbe des Lichts zu erkennen, das der Stern aussendet. Junge, heiße Sterne sind in der Regel blau; ältere, kühlere Sterne dagegen gewöhnlich rot oder orange. Der Stern wird nach dem Bereich, den er in der Graphik einnimmt, eingeordnet.

**Rote Überriesen** Sie sind die größten Sterne und gehören auch zu den hellsten. Rote Überriesen besitzen eine große Masse und eine geringe Dichte (z. B. Beteigeuze).

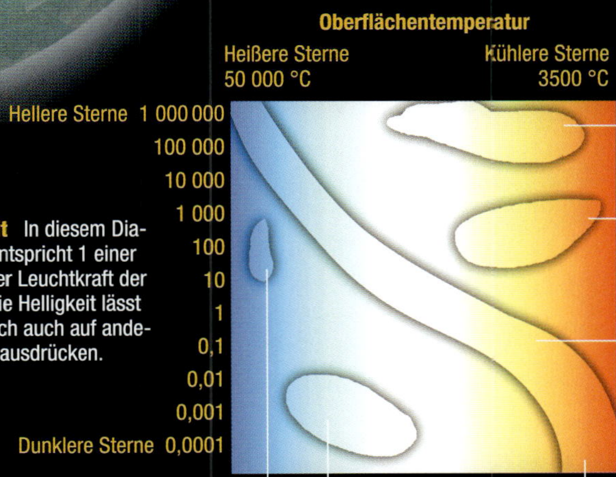


**Helligkeit** In diesem Diagramm entspricht 1 einer Einheit der Leuchtkraft der Sonne. Die Helligkeit lässt sich jedoch auch auf andere Weise ausdrücken.

**Rote Riesen** sind große Sterne in einem späteren Stadium ihrer Entwicklung mit Durchmessern, die das 10–100fache des Sonnendurchmessers betragen.

**Heiße Unterzwerge** Sterne im Zentrum von planetarischen Nebeln.

**Hauptreihe** Ein kleiner Bereich, in den die meisten Sterne, darunter auch die Sonne in ihrem jetzigen Entwicklungsstadium, fallen. Er reicht von heißen, hellen Sternen oben links bis zu kühleren, dunkleren Sternen unten rechts.

**Rote Zwerge** sind Sterne mit geringer Masse und niedriger Temperatur, die nur schwach leuchten.

**Weiße Zwerge** Kleine, dichte Sterne, die sich dem Ende ihres Lebenszyklus nähern und langsam abkühlen, wie Sirius B.

**FAKTEN**

**Sterne, deren Masse die der Sonne um mehr als das 120fache übersteigt, gibt es nicht. Sie würden von ihrer eigenen Strahlung zerrissen werden.**

## SCHLÜSSELBEGRIFFE

- **Neutronenstern** Ein schwach leuchtender, älterer Stern, der vorwiegend oder ausschließlich aus Neutronen besteht.
- **Pulsar** Ein vermutlich rotierender Neutronenstern, der regelmäßig Radiosignale aussendet.
- **Lichtjahr** Die Entfernung, die das Licht in 1 Jahr zurücklegt.
- **Schwarzes Loch** Ein kollabierter Stern mit einer so starken Gravitation, dass nicht einmal das Licht sich von ihm entfernen kann.

## DIE ERDNÄCHSTEN STERNE

| Stern | Entfernung |
|---|---|
| Sonne | 149,6 Mio. km |
| Proxima Centauri | 4,24 Lichtjahre |
| Alpha Centauri A | 4,34 |
| Alpha Centauri B | 4,34 |
| Barnard's Stern | 5,97 |
| Wolf 359 | 7,8 |
| Lalande 21185 | 8,19 |
| UV Ceti A | 8,55 |
| UV Ceti B | 8,55 |
| Sirius A | 8,68 |

## DIE SCHEINBAR HELLSTEN STERNE

Die scheinbare Helligkeit eines Sterns ist von seiner Entfernung von der Erde abhängig. Je kleiner der angegebene Wert, desto heller erscheint uns der Stern am Himmel.

| Stern | Sternbild | Helligkeit (scheinbare Größe) |
|---|---|---|
| Sirius | Großer Hund | -1,46 |
| Canopus | Schiffskiel | -0,72 |
| Arcturus | Bärenhüter | -0,04 |
| Rigil Kentaurus | Orion | 0,02 |
| Wega | Leier | 0,03 |
| Capella | Fuhrmann | 0,08 |
| Rigel | Orion | 0,12 |
| Procyon | Kleiner Hund | 0,38 |
| Beteigeuze | Orion | 0,5 |

Siehe auch
16–17 Das Universum
18–19 Galaxien
22–3 Die Sonne
592–3 Der Nachthimmel

# Die Sonne

**Der erdnächste Stern ist das Zentrum unseres Sonnensystems**

*Die Sonne, ein reifer, mittelgroßer Stern, ist vor 4,6 Mrd. Jahren aus einer kollabierenden Gaswolke entstanden. Im Kern verbrennt sie 600 Mio. t Wasserstoff pro Sekunde und gibt laufend gewaltige Energiemengen ab. In etwa 5 Mrd. Jahren, wenn der Brennstoff knapp zu werden beginnt, wird sich die Sonne zu einem Roten Riesen ausdehnen und die inneren Planeten, darunter auch die Erde, verschlingen.*

## GRUNDDATEN DER SONNE

| | |
|---|---|
| **Alter** | 4,6 Mrd. Jahre + |
| **Lebensdauer** | 13 Mrd. Jahre |
| **Durchmesser** | 1 392 000 km |
| **Zusammensetzung nach Masse** | 71 % Wasserstoff<br>27 % Helium<br>2 % schwerere Gase |
| **Temperatur im Kern** | 15 Mio. °C |
| **Oberflächentemperatur** | 5500 °C |
| **Rotationsphase** | 25–36 Tage |
| **Entfernung von der Erde** | 149 597 893 km oder 1 Astronomische Einheit |
| **Laufzeit des Sonnenlichts bis zur Erde** | 8,3 Minuten |
| **Anziehungskraft an der Oberfläche** | das 38fache der Erdanziehungskraft |

## AUFBAU DER SONNE

### Inneres

**Kern** Durchmesser 450 000 km. Hier wird bei Temperaturen um 15 Mio. °C durch die Kernfusion von Wasserstoff zu Helium die Sonnenenergie gewonnen.

**Strahlungsschicht** Sie nimmt bis zu 70 % des Sonnenradius ein. Die Temperatur reicht von 2–7 Mio. °C. Durch die Strahlung wird die im Kern produzierte Energie nach außen befördert.

**Konvektionsschicht** Sie reicht bis in eine Tiefe von 200 000 km. Temperaturen von 2 Mio.–5500 °C. Gasströme transportieren die Energie zur Sonnenoberfläche.

### Atmosphäre

**Photosphäre** 300–500 km stark. Temperaturen von 4500 bis 7600 °C. Die helle, sichtbare Oberfläche der Sonne, die den Großteil der Sonnenenergie ausstrahlt.

**Chromosphäre** 2000–3000 km stark. Temperaturen von 4000–50 000 °C. Ist während einer Sonnenfinsternis deutlich als rosarote Schicht zu erkennen. Charakteristisch sind die flammenartigen Gasausbrüche.

**Korona** Sich ständig verändernder Halo aus 2 Mio. °C heißen Gaswolken und -bogen, die eine Ausdehnung von bis zu 1,6 Mio. km erreichen. Mit bloßem Auge nur während einer Sonnenfinsternis zu erkennen.

**Sonnenwind** Röntgen- und Gammastrahlen sowie Protonen und Elektronen, die mit einer Geschwindigkeit von 3 Mio. km/h in den Weltraum vorstoßen. Noch schnellere Ströme gehen von Lücken in der Korona aus.

### Größe der Sonne

Mit 1,4 Mio. km Durchmesser ist die Sonne ein kleinerer Stern, aber der weitaus größte Himmelskörper im Sonnensystem. Ihr Durchmesser ist 109-mal so groß wie der der Erde, und mehr als 1 Mio. Planeten von der Größe der Erde würden in ihr Platz finden.

## SONNENAKTIVITÄTEN

### Sonnenflecken

- Dunkle Stellen, die oft paarweise oder in Gruppen an der Oberfläche auftreten, meist in Äquatornähe.
- Unter diesen Flecken ist das Magnetfeld der Sonne stärker.
- Sie bestehen zwischen 1 Stunde und 6 Monaten. Je größer die Flecken, desto länger existieren sie.
- Die Durchmesser der Sonnenflecken liegen zwischen 300 und 100 000 km.

### Eruptionen

- Heftige, kurze Ausbrüche magnetischer Energie, bei denen Strahlung und elektrisch geladene Teilchen in den Weltraum katapultiert werden.
- Solare Eruptionen treten in der Chromosphäre und der unteren Korona auf.
- Normalerweise halten sie etwa 20 Minuten an. Der längste beobachtete Ausbruch währte 13 Stunden; er ereignete sich 1989.

**Protuberanzen** Ein Bogen relativ kühlen, elektrisch geladenen Gases bricht aus der Sonne hervor. Manchmal entweicht das Gas in den Weltraum.

### Protuberanzen

- Kühle, dichte, flammenartige Wolken in der oberen Chromosphäre und der unteren Korona, die riesige Bogen und Schleifen bilden.
- Sie werden von Magnetfeldern, die die charakteristischen Bogen verursachen, gestützt.
- Protuberanzen sind auf dem Höhepunkt des Sonnenzyklus am häufigsten.
- Ruhende Protuberanzen sind in der Regel bogenförmig und verändern sich nur geringfügig. Sie treten gehäuft an den Polen auf; ihre Lebensdauer beträgt mehrere Monate.
- Aufsteigende, aktive Protuberanzen zeichnen sich durch schnelle Bewegungen aus und konzentrieren sich auf die Äquatorregion. Sie hängen mit den Sonnenflecken zusammen und halten nur wenige Tage an.

### Sonnenfackeln

- Helle, heißere Flecken an Stellen mit starken Magnetfeldern.
- Sonnenfackeln treten oft vor der Bildung von Sonnenflecken auf und bestehen noch einige Tage nach deren Verschwinden fort.

## Der Sonnenzyklus

Die Stärke der Sonnenaktivität schwankt im Lauf der Zeit und folgt dabei einem relativ regelmäßigen Zyklus von etwa 11 Jahren. Man nimmt an, dass Magnetfelder, die den Wärmefluss vom Kern zur Oberfläche verlangsamen, für den Sonnenzyklus verantwortlich sind.

Sichtbar wird dieser Zyklus vor allem durch die Anzahl der Sonnenflecken, die als dunkle Einbuchtungen in der Photosphäre (rechts) zu erkennen sind. Während eines Zyklus treten Sonnenflecken auf, werden zahlreicher und verschwinden nach und nach wieder. Gleichzeitig nehmen die Eruptionen und der Sonnenwind zu.

Die Sonnenzyklen beeinflussen deutlich wahrnehmbar unsere Erde. Zunehmende Eruptionen und stärkerer Sonnenwind führen dazu, dass mehr elektrisch geladene Teilchen die Erde erreichen. Durch sie entstehen die Polarlichter. Elektrisch geladene Partikel können außerdem Störungen im Funkverkehr und in den Polargebieten Stromausfälle verursachen.

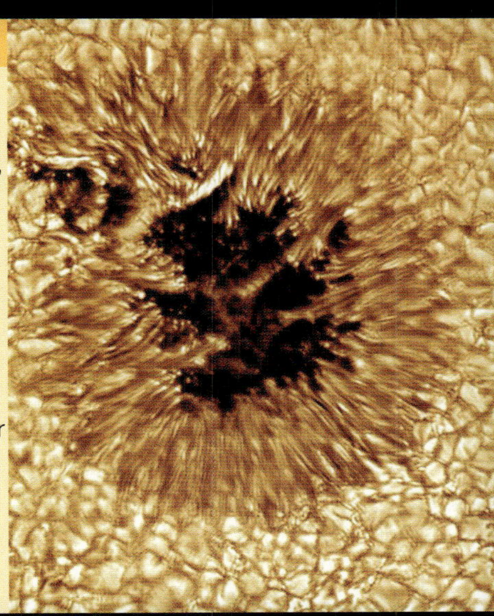

**FAKTEN**

Die im Kern der Sonne erzeugte Energie braucht 10 Mio. Jahre, um die Oberfläche zu erreichen.

Siehe auch
18–19 **Galaxien**
20–1 **Sterne**
24–5 **Die Planeten**
52–3 **Die Erdatmosphäre**

# Die Planeten

**Neun Planeten und ihre Satelliten umkreisen die Sonne**

*Das Wort Planet kommt aus dem Griechischen und bedeutet „Wanderer“, weil sich die Planeten von der Erde aus gesehen scheinbar ziellos am Himmel bewegen. In der Tat umkreisen alle die Sonne in derselben Richtung auf einer ähnlichen Ebene, und jeder dreht sich dabei um die eigene Achse. Insgesamt 76 Monde umkreisen die neun Planeten, und je nach Aufbau und Abstand von der Sonne hat sich jeder Planet anders entwickelt.*

**Ihre Entstehung** Vor 5 Mrd. Jahren umgab eine wirbelnde Scheibe aus Gas und Staub einen neuen Stern, die Sonne. Schwerere Elemente verdichteten sich zu den inneren, festen Planeten Merkur, Mars, Venus und Erde. Leichtere Elemente wie Wasserstoff und Helium wurden in die äußeren gasförmigen Riesen Jupiter, Saturn, Uranus und Neptun verdrängt. Der winzige Pluto am Außenrand des Sonnensystems ist vermutlich ein Asteroid, der in eine Kreisbahn um die Sonne geriet.

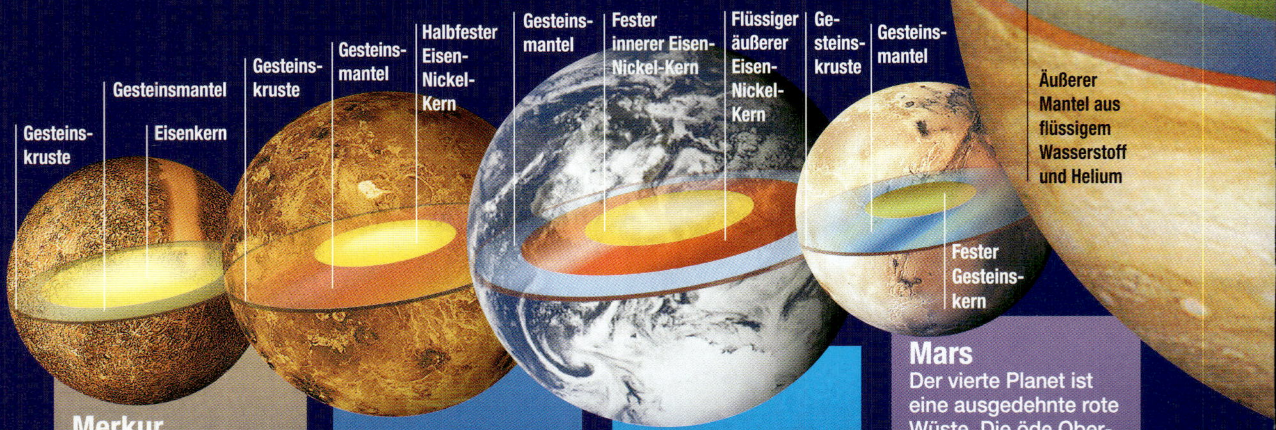


## Merkur
Der sonnennächste Planet hat eine von Kratern übersäte Oberfläche, die von Meteoriteneinschlägen herrührt. Die Atmosphäre fehlt fast ganz, daher extreme Temperaturunterschiede. Er ist mit bloßem Auge sichtbar.

## Venus
Vulkane, Gräben und erstarrte Lavaströme prägen die Oberfläche. Die Atmosphäre ist reich an Kohlendioxid. Der atmosphärische Oberflächendruck ist 90-mal höher als auf der Erde.

## Erde
Als einziger Planet im Sonnensystem hat sie flüssiges Wasser auf der Oberfläche und ist der einzige bekannte geologisch aktive Planet. Sie ist der einzige bekannte Ort im Weltall, wo es Leben gibt.

## Mars
Der vierte Planet ist eine ausgedehnte rote Wüste. Die öde Oberfläche wurde durch heftige Stürme erodiert und ist mit großen Vulkanen und Einschlagkratern übersät. Die Atmosphäre besteht hauptsächlich aus Kohlendioxid. Die Tageslänge ist ähnlich wie auf der Erde.

| | Merkur | Venus | Erde | Mars |
|---|---|---|---|---|
| Geringster Abstand von der Sonne | 45 900 000 km | 107 400 000 km | 147 000 000 km | 206 700 000 km |
| Größter Abstand von der Sonne | 69 700 000 km | 109 000 000 km | 152 000 000 km | 249 000 000 km |
| Äquatordurchmesser | 4878 km | 12 104 km | 12 756 km | 6794 km |
| Masse im Verhältnis zur Erde | 0,055 | 0,815 | 1 | 0,11 |
| Umlaufdauer um die Sonne | 87,97 Tage | 224,7 Tage | 365,3 Tage | 687 Tage |
| Rotationsperiode | 58 Tage 15 Std. | 243 Tage 3 Std. 50 Min. | 23 Std. 56 Min. | 24 Std. 37 Min. |
| Oberflächentemperatur | 350 °C Tag/–170 °C Nacht | 480 °C (durchschnittl.) | 22 °C (durchschnittl.) | –63 °C (durchschnittl.) |
| Bekannte Monde | keine | keine | 1 | 2 |
| Namen der Hauptmonde | | | Mond | Phobos, Deimos |

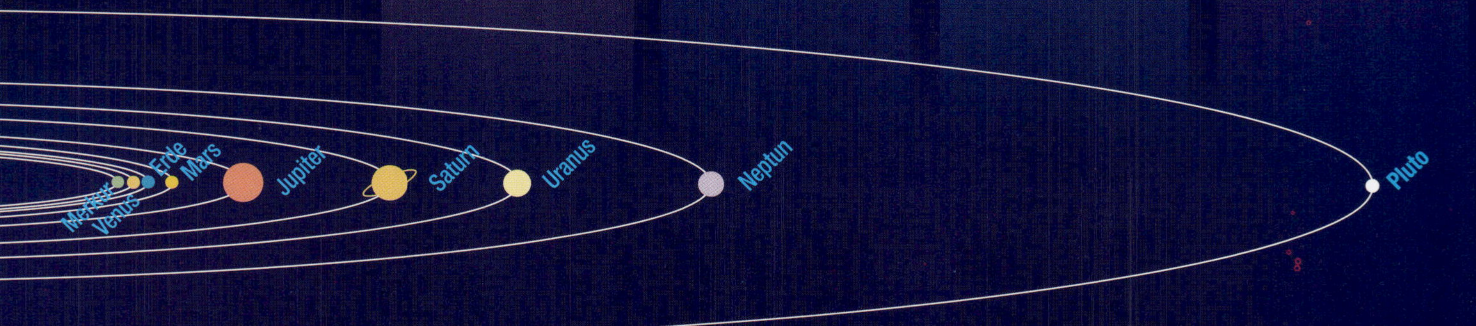

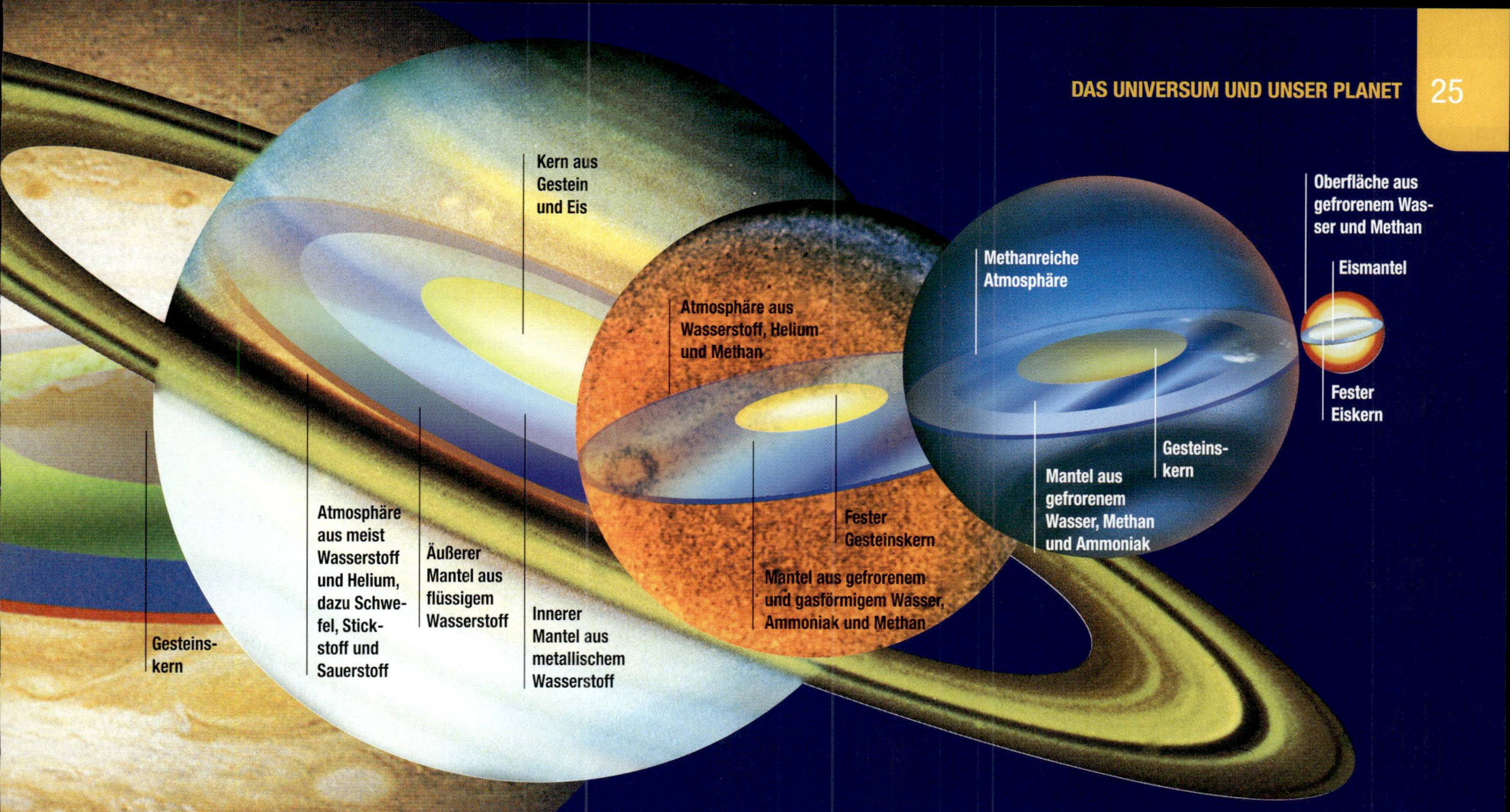


| Jupiter | Saturn | Uranus | Neptun | Pluto |
|---|---|---|---|---|
| Er ist der größte Planet. Seine Atmosphäre besteht vor allem aus Helium und Wasserstoff. Hoher Druck im Inneren hat den Wasserstoff zu metallischen und flüssigen Schichten um einen Gesteinskern komprimiert. Oberflächenflecken und -musterungen sind tatsächlich atmosphärische Stürme. | Er ist ein Gasball, in der Zusammensetzung dem Jupiter ähnlich. Er rotiert so schnell, dass er an den Polen abgeplattet und in der Mitte ausgebaucht ist. Die Ringe bestehen aus Zehntausenden von Teilen, die von Eispartikeln gebildet werden. Um den Äquator herrschen sehr starke Winde. | Die Atmosphäre des 1781 entdeckten Planeten besteht aus Helium, Wasserstoff und Methan. Einmalig im Sonnensystem ist, dass seine Rotationsachse mit der Bahnebene zusammenfällt – sie rotiert seitlich –, möglicherweise die Folge einer frühen Kollision mit einem Kometen. | Der Planet wurde 1846 entdeckt, aber vielleicht schon 1613 von Galilei gesichtet. Die methanreiche Atmosphäre ist zum Mittelpunkt hin flüssig und wird dann metallisch. Neptun hat eine fast kreisförmige (statt elliptische) Umlaufbahn. Schwache Ringe sind sichtbar. | Er wurde 1930 entdeckt, doch ist nicht völlig geklärt, ob er als Planet gelten kann. Die Oberfläche ist eine kompakte Landschaft aus gefrorenem Methan, und die Atmosphäre ist sehr dünn. Die unregelmäßige Umlaufbahn bringt ihn zeitweise in die Bahn des Neptuns. |
| 741 000 000 km | 1 352 600 000 km | 2 741 300 000 km | 4 444 450 000 km | 4 434 990 000 km |
| 816 000 000 km | 1 507 000 000 km | 3 004 000 000 km | 4 545 670 000 km | 7 304 330 000 km |
| 142 800 km | 119 900 km | 51 108 km | 49 493 km | 2390 km |
| 317,9 | 95,2 | 14,5 | 17,2 | 0,002 |
| 11 Jahre 314 Tage | 29 Jahre 168 Tage | 83 Jahre 273 Tage | 164 Jahre 292 Tage | 248 Jahre 197 Tage |
| 9 Std. 55,5 Min. | 10 Std. 40 Min. | 17 Std. 14 Min. | 17 Std. 15 Min. | 6 Tage 9 Std. |
| –150 °C (durchschnittl.) | –180 °C (durchschnittl.) | –214 °C (durchschnittl.) | –220 °C (durchschnittl.) | –230 °C (durchschnittl.) |
| 60 | 30, plus Ringe | 21 sichere, plus Ringe | 8, plus Ringe | 1 |
| Io, Europa, Ganymed | Titan | Titania, Oberon | Triton | Charon |

## WISSENSWERTES ZUM SONNENSYSTEM

- **Schnellster Planet** Der Merkur hat mit 172 248 km/h die höchste durchschnittliche Umlaufgeschwindigkeit.
- **Heißester Ort** Die Venus hat wegen ihrer Sonnennähe und einer die Hitze haltenden, kohlenstoffreichen Atmosphäre die höchste Oberflächentemperatur.
- **Kältester Ort** Die niedrigste Oberflächentemperatur (–235 °C) wurde auf dem Neptunmond Triton gemessen.
- **Größte Ringe** Die Ringe des Saturns haben einen Durchmesser von 270 000 km.
- **Längster Tag** Die Venus rotiert einmal in 243 Tagen rückwärts um ihre Achse, sodass ein „Tag" länger als ein „Jahr" ist.
- **Hellster Planet** Die Wolkendecke der Venus reflektiert etwa 79 % des einfallenden Lichts.
- **Aktivster Satellit** Der Jupitermond Io stößt gewaltige Schwefelwolken aus.
- **Größter Vulkan** Der Olympus Mons auf dem Mars hat einen Durchmesser von 600 km und ist 25 km hoch.

Siehe auch
14–15 **Planet Erde**
22–3 **Die Sonne**
26–7 **Der Mond**
28–9 **Kometen und Meteoriten**

*Fast alle Planeten des Sonnensystems besitzen Monde. Unser Mond entstand wahrscheinlich vor 4,6 Mrd. Jahren aus den Trümmern, die ein Asteroid aus dem Erdball gesprengt hatte. Die Anziehungskraft des Mondes wirkt sich stark auf die Erde aus. Sie ist ein wichtiger Faktor bei der Entstehung der Gezeiten, die die Rotation der Erde bremsen und dadurch die Tage länger sein lassen.*

## DAS GESICHT DES MONDES

Im Gegensatz zur Erde gibt es auf dem Mond weder aktive Vulkane noch heftige Erdbeben, nur gelegentliche leichte Erschütterungen. Ebenso fehlen fließendes Wasser, Regen, Schnee oder Wind – Kräfte, die die Erdoberfläche entscheidend prägen. Das Bild der Mondoberfläche wurde hauptsächlich von Meteoriteneinschlägen geformt.

Zwei Landschaftstypen sind auf dem Mond besonders weit verbreitet: Die mit Einschlagkratern übersäten älteren Hochlandgebiete (Terrae) und die jüngeren Mare oder Meere. Diese Gebiete erinnern an die irdischen Kontinente und Ozeane, sind jedoch auf völlig andere Weise entstanden.

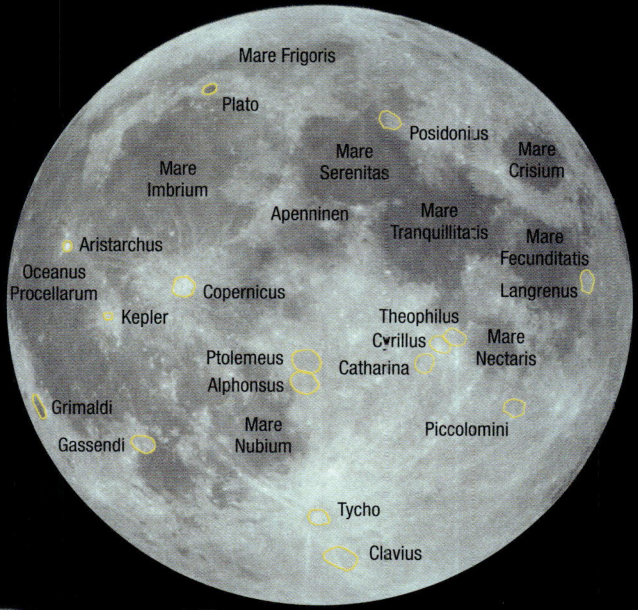


### Monddaten

| | |
|---|---|
| **Entfernung von der Erde** (Mittelwert; von Zentrum zu Zentrum gemessen) | 384 400 km |
| **Umlaufzeit** | 27,32 Tage |
| **Rotationszeit** | 27,32 Tage |
| **Zeit von Neumond bis Neumond** | 29,53 Tage |
| **Mittlere Bahngeschwindigkeit** | 3680 km/h |
| **Mittlerer Durchmesser** | 3476,6 km |
| **Mittlere Dichte** (Wasser = 1) | 3,34 |
| **Volumen** (Erde = 1) | 0,02 |
| **Anziehungskraft an der Oberfläche** (Erde = 1) | 0,165 |

**Mare** Die dunklen Meere des Mondes enthalten kein Wasser. Sie bestehen vielmehr aus erstarrten Schmelzen, die nach Meteoriteneinschlägen kurz nach der Entstehung des Mondes aus Spalten im Mondboden flossen und sich verfestigten.
**Krater** erkennt man auf der gesamten Mondoberfläche. Sie sind das Ergebnis vieler Meteoriteneinschläge, die sich 500–700 Mio. Jahre nach der Entstehung des Erdtrabanten häuften.
**Bergketten** In manchen Regionen wurden durch die Einschläge Fragmente der Mondkruste zu Gebirgsketten aufgepresst.
**Kegel** Bei diesen schildförmigen Erhebungen mit sanft geneigten Flanken und häufig einem Krater in der Mitte handelt es sich vermutlich um die Überreste erloschener Vulkane.
**Streifen** bestehen aus dem Material, das aus den Einschlagskratern herausgeschleudert wurde.
**Mondstaub** Heftige Schauer aus kleineren Weltraumtrümmern haben das Gestein an der Oberfläche zermürbt, sodass der Mond mit einer feinkörnigen Staubschicht bedeckt ist.

## DIE DUNKLE SEITE DES MONDES

Der Mond benötigt für einen Umlauf um die Erde und für eine Drehung um seine Achse die gleiche Zeit. Er wendet daher der Erde immer dieselbe Seite zu. Die von der Erde abgewandte oder „dunkle" Seite war bis zum Oktober 1959, als das sowjetische Raumschiff Luna 3 Bilder von dort zur Erde schickte, ein Rätsel. Die Bilder zeigten, dass auf dieser Seite mehr Krater, aber nur ein Meer zu finden sind. Die geringe Anzahl von Meeren ist wahrscheinlich darauf zurückzuführen, dass die Kruste auf der erdabgewandten Seite dicker ist und aus diesem Grund bei Meteoriteneinschlägen nicht aufbricht und Schmelzen freisetzt.

### Die Zusammensetzung des Mondes

Mehr als 2000 Gesteinsproben sind auf dem Mond entnommen und zur Erde gebracht worden. Sie deuten darauf hin, dass es auf dem Erdtrabanten viele verschiedene Gesteinsarten gibt, die sich jedoch grob in zwei Gruppen einteilen lassen: dunkle, feinkörnige Basalte in den Maren und hellere, grobkörnige Tiefengesteine in den Hochländern.

Neue Untersuchungen weisen darauf hin, dass es an den Polen des Mondes gefrorenes Wasser geben könnte – möglicherweise eine Wasserquelle für ein ständiges Mondlabor.

**FAKTEN**

**Der Mond entfernt sich pro Jahr um etwa 4 cm von der Erde.**

## DIE GEZEITEN DER WELTMEERE

Die zyklischen Schwankungen des Meeresspiegels, der Wechsel von Ebbe und Flut, sind auf das Zusammenspiel der Anziehungskräfte von Erde, Mond und Sonne zurückzuführen.
**Der Mond** erzeugt durch seine Anziehungskraft auf der ihm zugewandten Seite der Erde in den Meeren einen flachen Wasserbuckel. Auf der gegenüberliegenden Seite entsteht durch die Fliehkraft der Erdbewegung ein zweiter Buckel. Beide Wasserberge wandern mit der Rotation unseres Planeten um die Erde und lassen den Spiegel der Meere steigen (Flut) und fallen (Ebbe).
**Die Sonne** verstärkt oder schwächt die Meeresgezeiten. Wenn sich Sonne, Mond und Erde bei Neumond oder Vollmond auf einer geraden Linie befinden, addieren sich die Anziehungskräfte von Sonne und Mond, und es kommt zu den höheren Springtiden. Wenn Sonne und Mond im rechten Winkel zueinander stehen, wie dies bei Halbmond der Fall ist, dann sind ihre Wirkungen entgegengesetzt. Dies führt zu niedrigeren Fluten (Nipptiden). Wie ausgeprägt die Gezeiten sind, hängt außerdem von der Wassertiefe und der Beschaffenheit der Küste ab.

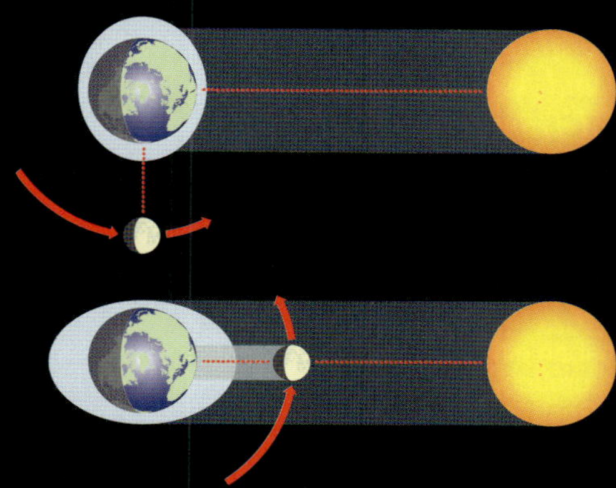

**Springtiden und Nipptiden** In der Abbildung oben wirken die Anziehungskräfte von Sonne und Mond versetzt auf die Erde. Dies führt zu den Nipptiden. Unten addieren sich die Kräfte; es kommt zu den Springtiden.

**Der Aufgang der Erde,** wie er zum ersten Mal während der Apollo-8-Mission im Jahr 1968 zu sehen war. Auf dem Mond kann man den Auf- und Untergang der Erde beobachten, so wie wir den Mondauf- und -untergang von der Erde aus betrachten können.

## MONDPHASEN

Von der Erde aus ist mit bloßem Auge nur der Teil der Mondvorderseite sichtbar, der im Licht der Sonne liegt. Da der Mond die Erde jeden Monat einmal umrundet, verändert sich der beleuchtete Ausschnitt der Vorderseite des Mondes ständig. Dadurch entsteht der Eindruck, der Mond verändere seine Gestalt. Die so genannten Mondphasen reichen von Neumond, an dem der Mond von der Erde aus nicht sichtbar ist, über Halbmond bis zu Vollmond, an dem die gesamte Vorderseite des Mondes im Sonnenlicht liegt.

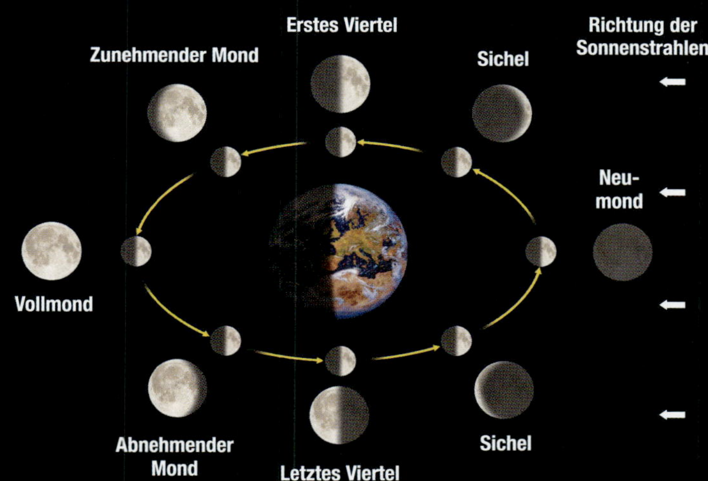


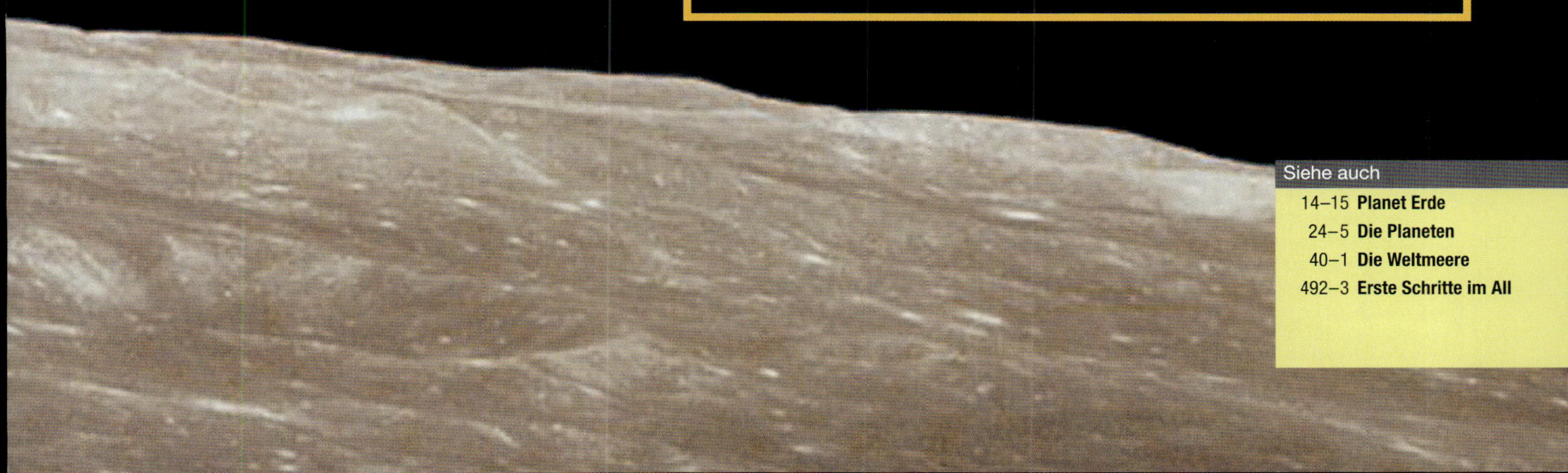

Siehe auch
14–15 **Planet Erde**
24–5 **Die Planeten**
40–1 **Die Weltmeere**
492–3 **Erste Schritte im All**

*Das Sonnensystem ist übersät mit festen Trümmerbrocken – Überbleibsel aus der Entstehungszeit der Planeten. Kometen und Asteroiden umkreisen die Sonne. Meteoroiden sind Trümmerteile, die in die Erdatmosphäre eindringen und verglühen. Große Trümmer, die in die Erde einschlagen, werden Meteoriten genannt.*

## KOMETEN

Kometen haben einen Durchmesser von mehreren Kilometern und ähneln großen, schmutzigen Schneebällen. Sie bestehen aus Staub und Gesteinsbrocken, zusammengehalten von Eis und gefrorenen Gasen. Diese „Schweifsterne" entstehen in entfernten Regionen des Sonnensystems jenseits des Pluto. Von Zeit zu Zeit wird ein Komet durch die Schwerkraft eines vorbeiziehenden Sterns in das Innere des Sonnensystems befördert und in eine elliptische Umlaufbahn um die Sonne gebracht. Kommt er dann in die Nähe der Sonne, so beginnt seine Kruste zu schmelzen. Daraus entsteht eine leuchtende Gas- und Staubwolke, die Koma. Die meisten Kometen besitzen zudem einen hell leuchtenden Gasschweif, der von der Sonne fortzeigt, da er durch den Sonnenwind abgelenkt wird. Bei jedem Passieren der Sonne verlieren Kometen Material, bis sie irgendwann endgültig verschwinden.

### Berühmte Kometen

| Bezeichnung | Entdeckung | Rückkehrperiode (Jahre) |
|---|---|---|
| **Halley** | 239 v. Chr. | 76 |
| **Tycho** | 1577 | unbekannt |
| **Kirch (Newton)** | 1680 | 8814 |
| **Encke** | 1786 | 3,3 |
| **Tuttle** | 1790 | 13,7 |
| **Der große Komet** | 1843 | 512,6 |
| **Donati** | 1858 | 1950 |
| **Swift-Tuttle** | 1872 | 125 |
| **Wolf** | 1884 | 8,4 |
| **Schwassmann-Wachmann** | 1908 | 15 |
| **Tageslichtkomet** | 1910 | unbekannt |
| **Arend-Roland** | 1957 | unbekannt |
| **Seki-Lines** | 1962 | unbekannt |
| **Kohoutek** | 1973 | 75 000 |
| **West** | 1975 | 500 000 |
| **Shoemaker-Levy** | 1992 | keine – stürzte 1992 auf Jupiter |
| **Hale-Bopp** | 1995 | 18 000 |

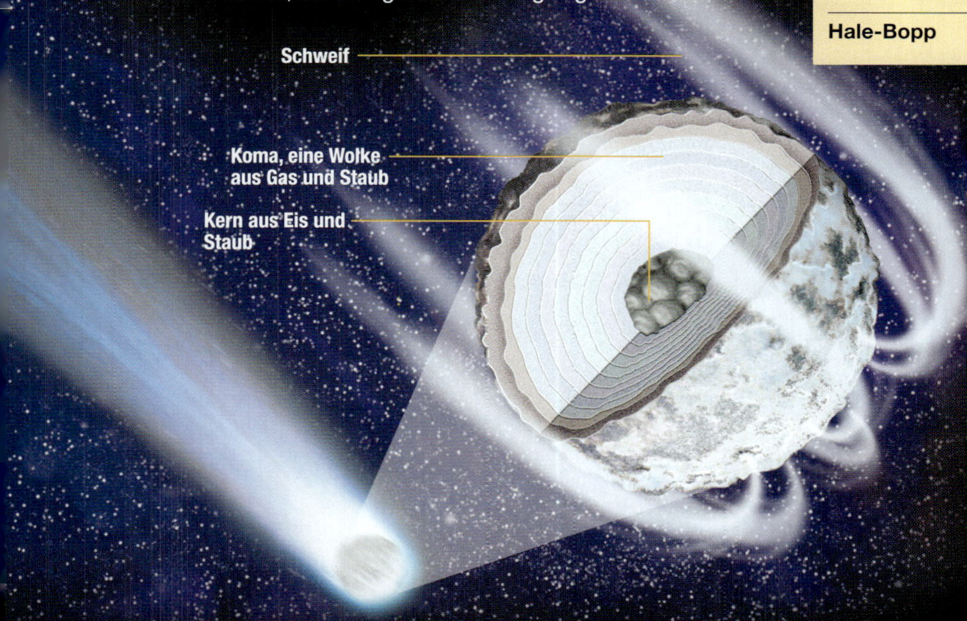


### WISSENSWERTES

- Bisher wurden 900 Kometen entdeckt.
- Jedes Jahr kann man mit erdgebundenen Teleskopen etwa 25 Kometen beobachten.
- Der Schweif eines Kometen ist bis zu 300 Mio. km lang.
- Kometen haben eine Geschwindigkeit von bis zu 20 km/s.
- Die Koma eines Kometen ist mitunter größer als die Sonne.

## ASTEROIDEN

Asteroiden oder Planetoiden sind Himmelskörper, die ungleichmäßig verstreut im Asteroidengürtel (in der Abbildung als blaues Band dargestellt) zwischen Mars und Jupiter zu finden sind. Es wird vermutet, dass sich das Material wegen der Anziehungskraft von Jupiter nicht zu einem Planeten verbinden konnte. Mindestens 1 Mio. dieser Kleinkörper existieren. Ihr Durchmesser reicht von 10 m bis über 900 km. Die größten Asteroiden besitzen einen ähnlichen Aufbau wie Planeten.

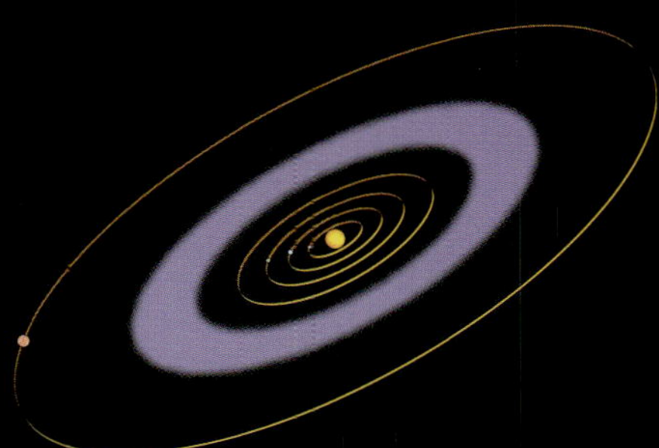

### Die größten Asteroiden

Die zehn größten Asteroiden (mit ihren Durchmessern) sind:

| | |
|---|---|
| **Ceres** | 940 km |
| **Pallas** | 580 km |
| **Vesta** | 576 km |
| **Hygeia** | 430 km |
| **Interamnia** | 338 km |
| **Juno** | 288 km |
| **Psyche** | 248 km |
| **Thule** | 130 km |
| **Astraea** | 120 km |
| **Feronia** | 96 km |

## METEOROIDEN

Meteoroiden sind feste Teilchen, die sich auf einer Bahn um die Sonne bewegen. Sie sind der Definition nach größer als ein einzelnes Molekül, aber kleiner als ein Kleinplanet. Wenn sie in die Erdatmosphäre eintreten, verglühen sie und hinterlassen einen hellen, als Sternschnuppe oder Meteor bekannten Lichtstreifen. Meteorströme sind durch Reste von Kometen verursacht, die in Schwärmen die Sonne umkreisen.

**Sternschnuppe** Ein Meteoroid zieht über den Himmel. Sein Gasschweif zeigt wegen des Sonnenwinds von der Sonne fort.

Kometenreste, mit denen die Erde regelmäßig zusammentrifft, sodass sich Meteorströme (Sternschnuppenschwärme) bilden.

| | |
|---|---|
| **Quadrantiden** | 1.–6.1. |
| **Lyriden** | 19.–25.4. |
| **Alpha-Scorpiiden** | 20.4.–19.5. |
| **Eta-Aquariden** | 1.–8.5. |
| **Perseiden** | 27.7.–17.8. |
| **Orioniden** | 5.–25.10. |
| **Tauriden** | 25.10.–25.11. |
| **Leoniden** | 14.–20.11. |
| **Geminiden** | 8.–14.12. |
| **Ursiden** | 19.–24.12. |

## METEORITEN

Meteoriten sind Bruchstücke von Meteoroiden, die auf der Erde einschlagen. Man unterscheidet drei Typen:

- **Stein-Meteoriten:** aus Stein mit geringen Beimengungen von Nickel und Eisen. Die meisten Meteoriten gehören diesem Typ an. Sie werden jedoch oft übersehen, da sie sich kaum von irdischem Gestein unterscheiden.
- **Eisen-Meteoriten:** hauptsächlich aus Eisen und Nickel. Etwa 4 % der Meteoriten gehören diesem Typ an. Die größten bisher gefundenen Meteoriten sind Eisen-Meteoriten.
- **Stein-Eisen-Meteoriten:** zu etwa 50 % aus Nickel und Eisen und zu 50 % aus Gestein. Sie machen etwa 1 % der Meteoriten aus.

## DIE ZEHN SCHWERSTEN METEORITEN

Fundort der schwersten bekannten Meteoriten

| | |
|---|---|
| **Hoba West**, Namibia | (60 t) |
| **Ahnighito**, Westgrönland | (34 t) |
| **Bacuberito**, Mexiko | (27 t) |
| **Mbosi**, Tansania | (26 t) |
| **Agpalik**, Westgrönland | (21 t) |
| **Armanty**, Mongolei | (20 t) |
| **Chupaderos**, Mexiko | (14 t) |
| **Willamette**, Oregon, USA | (14 t) |
| **Campo del Cielo**, Argentinien | (13 t) |
| **Mundrabilla**, Westaustralien | (12 t) |

## WISSENSWERTES

- Ungefähr 1 t Meteoriten geht täglich auf die Erde nieder. Die meisten bleiben unbemerkt.
- Meteoriten rasen mit maximal 72 km/s durch die Erdatmosphäre.
- Soweit bekannt, ist noch nie ein Mensch durch einen Meteoriteneinschlag ums Leben gekommen.

**Wolf-Creek-Krater (Australien)** Er wurde von einem über 50 000 t schweren Meteoriten geschaffen.

### Meteoritenkrater

Meteoriten verdampfen mitunter beim Aufprall. Die Krater, die sie hinterlassen, geben jedoch Aufschluss über ihre Größe.

| Bezeichnung | Entdeckt | Durchmesser |
|---|---|---|
| **Meteor Crater,** Arizona, USA | 1871 | 1265 m |
| **Wolf Creek,** Australien | 1947 | 675 m |
| **Boxhole,** Australien | 1937 | 175 m |
| **Odessa,** Texas, USA | 1921 | 170 m |
| **Oesal,** Estland | 1927 | 100 m |
| **Waqer,** Arabien | 1932 | 100 m |

Siehe auch
14–15 **Planet Erde**
24–5 **Die Planeten**
52–3 **Die Erdatmosphäre**

# Der Aufbau der Erde

**Prozesse im Erdinnern sind die treibenden Kräfte der Plattentektonik**

*Die Erde besteht aus zwiebelschalenartigen Schichten, die sich in ihren physikalischen und chemischen Eigenschaften deutlich voneinander unterscheiden: dem Kern, dem Mantel und der Kruste. Die Unterschiede zwischen den einzelnen Schichten erklären die verschiedensten Phänomene, die das geologische Bild der Erde prägen, wie die Kontinentaldrift, den Vulkanismus oder die Erdbeben.*

## Im Innern der Erde

Die tiefsten Bohrungen auf den Kontinenten haben die Erdkruste bisher noch nicht durchstoßen. Daher sind wir auf andere Quellen angewiesen, um Informationen über den inneren Aufbau unseres Planeten zu gewinnen. Dazu gehört etwa das Verhalten von Erdbebenwellen, die die Erde durchlaufen, oder die Zusammensetzung von Meteoriten als Überbleibsel fremder Himmelskörper. Nach diesen Anhaltspunkten setzt sich die Erde aus drei bzw. vier konzentrisch angeordneten Schichten zusammen.

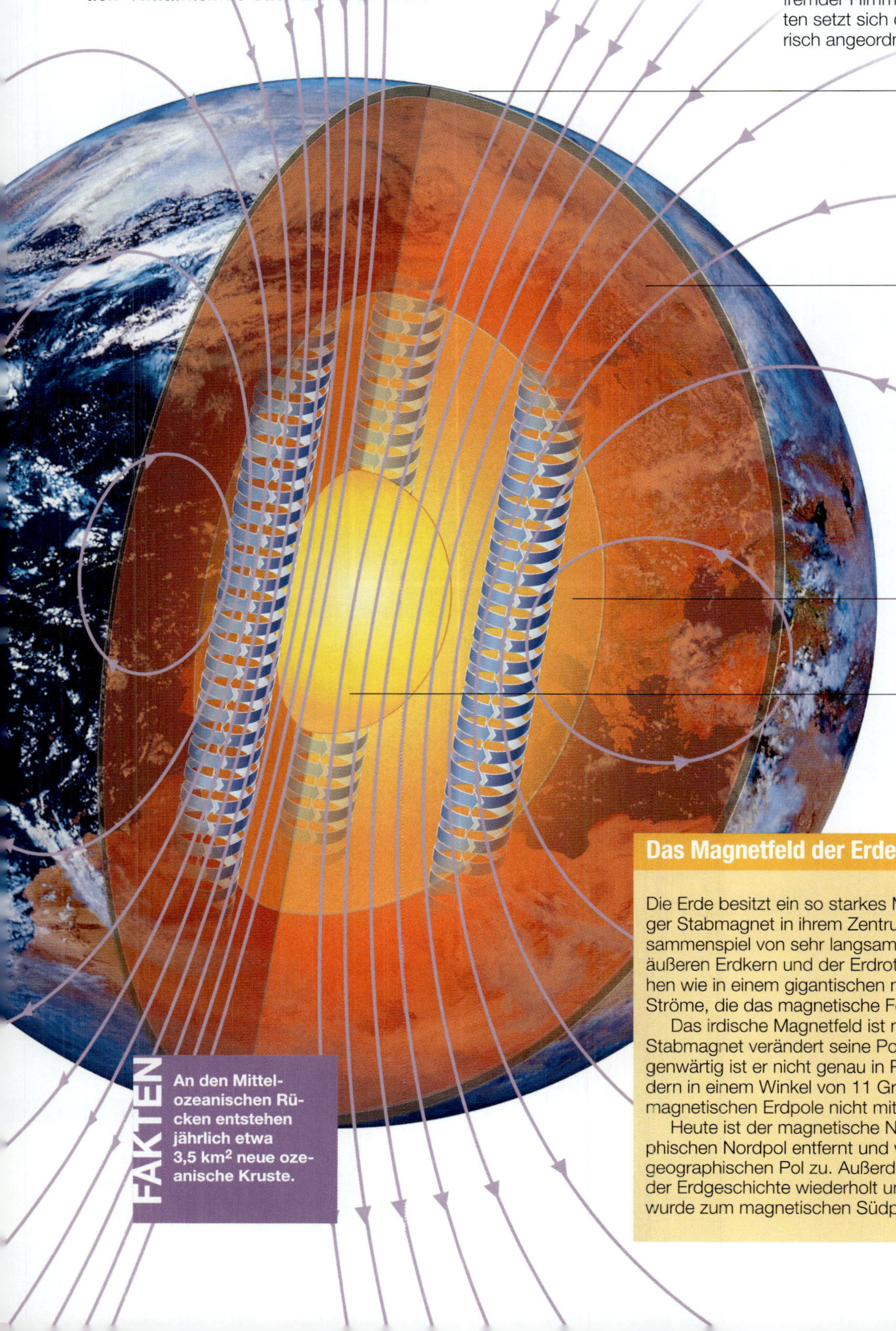

**Kruste** Die feste äußere Gesteinsschicht ist unter den Ozeanen ungefähr 5 km, unter den höchsten Gebirgsketten maximal 80 km dick. Man unterscheidet zwei Hauptarten: junge ozeanische Kruste aus vergleichsweise schweren Gesteinen wie Basalt oder Gabbro und meist ältere kontinentale Kruste, die überwiegend aus Granit, einem relativ leichten Gestein, besteht.

**Mantel** Eine teils feste, teils plastische, rund 2900 km dicke Schicht. Ihre mittlere Dichte beträgt das 3–4,5fache der Dichte von Wasser, die Temperatur 700–1800 °C. Sie besteht in den festen Anteilen überwiegend aus Peridotit, einem dunklen, schweren Gestein. Konvektionsströme in einer teilweise flüssigen Zone im oberen Mantel sind die Motoren der Kontinentaldrift, von der die Bruchstücke der Kruste erfasst werden.

**Kern** Er beginnt in einer Tiefe von 2900 km und besteht vorwiegend aus Eisen und Nickel sowie kleineren Anteilen leichterer Elemente wie Schwefel. Der Kern ist unterteilt in:

**den äußeren Kern** Eine 2100 km dicke, flüssige Schicht, innerhalb der es zu Materieströmungen kommt, die mit der Aufrechterhaltung des Erdmagnetfelds verknüpft sind.

**den inneren Kern** Ein fester, kristalliner Körper mit einem Durchmesser von 2700 km. Die Temperatur im Mittelpunkt wird auf 4000–5000 °C geschätzt.

## Das Magnetfeld der Erde

Die Erde besitzt ein so starkes Magnetfeld, als befinde sich ein riesiger Stabmagnet in ihrem Zentrum. Dieses Feld wird durch das Zusammenspiel von sehr langsamen Materieströmungen im flüssigen äußeren Erdkern und der Erdrotation hervorgerufen. Dadurch entstehen wie in einem gigantischen natürlichen Dynamo elektrische Ströme, die das magnetische Feld aufbauen.

Das irdische Magnetfeld ist nicht fest verankert, der scheinbare Stabmagnet verändert seine Position vielmehr im Lauf der Zeit. Gegenwärtig ist er nicht genau in Richtung der Erdachse orientiert, sondern in einem Winkel von 11 Grad dazu geneigt. Deshalb fallen die magnetischen Erdpole nicht mit den geographischen zusammen.

Heute ist der magnetische Nordpol etwa 850 km vom geographischen Nordpol entfernt und wandert jährlich etwa 11 km auf den geographischen Pol zu. Außerdem hat sich das Magnetfeld im Lauf der Erdgeschichte wiederholt umgepolt: Der magnetische Nordpol wurde zum magnetischen Südpol und umgekehrt.

**FAKTEN**

**An den Mittelozeanischen Rücken entstehen jährlich etwa 3,5 km² neue ozeanische Kruste.**

# PLATTENTEKTONIK

Die Kruste und der obere Mantel (die zusammen die Lithosphäre bilden), sind in zahlreiche kleinere und größere Bruchstücke, die so genannten Platten, zerbrochen, die sich, von Konvektionsströmungen im plastischen Mantel angetrieben, unaufhörlich über den Erdball bewegen. An divergierenden Grenzen driften die Platten langsam auseinander, an konvergierenden Grenzen schieben sie sich dagegen über- und untereinander.

**Divergierende Grenzen** verlaufen u. a. unter den Mittelozeanischen Rücken. Durch die entgegengesetzte Drift entstehen Zerrspalten, in denen Magma zur Erdoberfläche aufsteigen und zu neuer ozeanischer Kruste erstarren kann. Die Drift erreicht an den untermeerischen Rücken des Pazifiks stellenweise 18 cm pro Jahr.

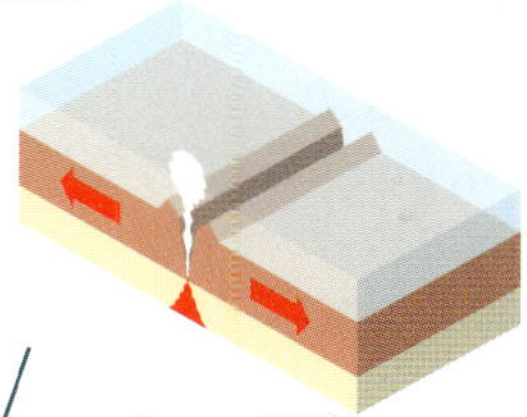

**Konservative Plattengrenzen** Zwei Platten verschieben sich entlang einer Bruchlinie annähernd horizontal gegeneinander, ohne dass dabei neue Kruste geschaffen oder alte zerstört wird. An solchen Plattengrenzen treten häufig heftige Erdbeben auf. Beispielsweise folgt die San-Andreas-Störung in Kalifornien einer konservativen Plattengrenze.

Siehe auch
34–5 **Erdbeben**
36–7 **Vulkane**
40–1 **Die Weltmeere**
50–1 **Berge und Gebirge**

**Konvergierende Grenzen** verlaufen dort, wo zwei Platten gegeneinander prallen. Man unterscheidet drei Typen (siehe unten):

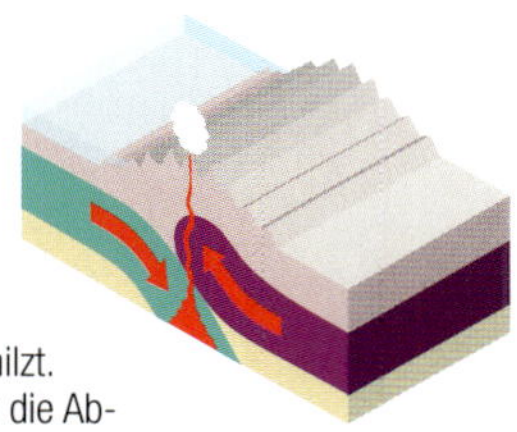

**Ozeanisch/kontinental** Die schwerere ozeanische Kruste schiebt sich unter die kontinentale Kruste in den Erdmantel, wo sie schmilzt. Am Plattenrand werden die Ablagerungen zusammen- und nach oben gepresst. Beispielsweise sind die Anden an einer solchen Plattengrenze entstanden.

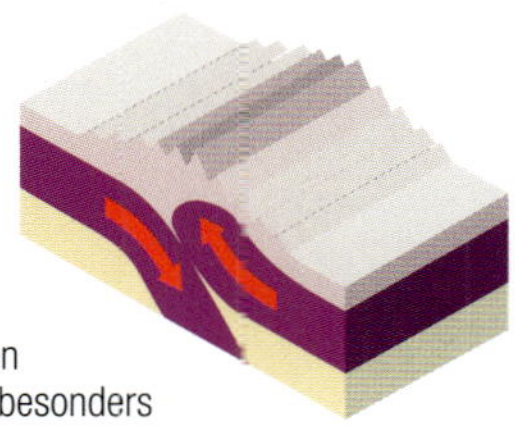

**Kontinental/kontinental** Wenn beide Platten aus leichten Gesteinen kontinentaler Kruste bestehen, stapeln sie sich zu dicken Massiven übereinander. Die dort besonders mächtige Kruste, die im teilflüssigen Mantel schwimmt, erfährt starken Auftrieb und steigt zu Kettengebirgen wie dem Himalaja empor.

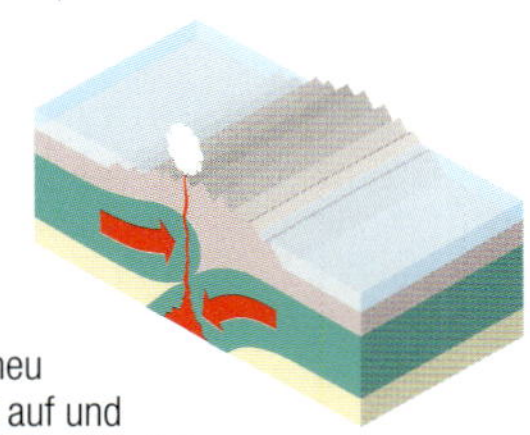

**Ozeanisch/ozeanisch** Bruchstücke ozeanischer Kruste tauchen im heißen Erdinnern ab, wo sie ganz oder teilweise schmelzen. Das neu gebildete Magma steigt auf und speist Vulkane, die sich oft wie bei den Kleinen Antillen zu langen vulkanischen Inselketten zusammenschließen.

## Eine Welt in Bewegung

Die Lage und Umrisse der Kontinente sind nicht unveränderlich. Im Lauf der Erdgeschichte sind Platten entstanden oder wurden zerstört. Die Karten unten zeigen, woher die heutigen Kontinente stammen und wie ihre Lage in ferner Zukunft sein könnte.

**Vor 250 Mio. Jahren** Die heutigen Festländer sind noch eng miteinander verbunden und bilden eine riesige, geschlossene Landmasse, den Urkontinent Pangäa.

**Vor 135 Mio. Jahren** Pangäa ist in Laurasia (Nordamerika, Eurasien) und den alten Südkontinent Gondwana (Afrika, Südamerika, Australien, Indien, Antarktika) zerfallen.

**Heute** Die Ozeane werden immer breiter. Im Bereich des Roten Meeres und der ostafrikanischen Gräben öffnet sich anscheinend an einer divergierenden Plattengrenze ein neuer Ozean.

**Die ferne Zukunft** Afrika vereinigt sich wahrscheinlich mit Europa, Australien driftet gegen Südostasien und Kalifornien wird sich weit nordwärts nach Alaska verschieben.

*Die Gesteine sind Seiten im Tagebuch der Erde, das von der Bildung der ersten festen Erdkruste vor mehr als 4 Mrd. Jahren bis in die geologische Gegenwart reicht. Sie liefern eine Fülle von Informationen, etwa über vorzeitliche Meere, Wälder und Wüsten, das Alter und die ursprüngliche Lage der Kontinente. Die Entstehung der Gesteine ist niemals zu Ende, denn sie durchlaufen einen ewigen Kreislauf von Zerstörung und Neubildung.*

**Anteile der wichtigsten Elemente an der Erdkruste**

| Element | % | Element | % |
|---|---|---|---|
| Sauerstoff (O) | 45,0 | Magnesium (Mg) | 2,8 |
| Silizium (Si) | 27,0 | Natrium (Na) | 2,3 |
| Aluminium (Al) | 8,0 | Kalium (K) | 1,7 |
| Eisen (Fe) | 5,8 | Wasserstoff (H) | 1,5 |
| Kalzium (Ca) | 4,7 | Titan (Ti) | 0,6 |

## GESTEINSTYPEN

Gesteine sind Gemenge aus Mineralien und organischen Stoffen, die in der Natur vorkommen. Sie müssen nicht unbedingt so fest wie Granit oder Marmor sein, auch lockere Ablagerungen wie Sand oder Kies gehören zu den Gesteinen. Die meisten Gesteine bestehen aus mehreren verschiedenen Mineralien, einige aber fast ausschließlich aus einer einzigen Mineralart, so der Quarzit aus Quarz oder der Kalkstein aus Kalkspat.

Geologen unterteilen Gesteine nach der Art und Weise ihrer Entstehung in drei Hauptkategorien:

- **Magmatische Gesteine**
- **Sedimentgesteine**
- **Metamorphe Gesteine**

**Sedimentgesteine** sind aus lockeren Ablagerungen hervorgegangen, die sich im Lauf der Zeit verfestigt haben. Je nach der Art der Ablagerungen werden drei Gruppen von Sedimentgesteinen unterschieden: Trümmergesteine wie Sandstein (aus kleinen und größeren Bruchstücken älterer Gesteine); biogene Sedimentgesteine wie Kalkstein (aus den Überresten vorzeitlicher Lebewesen); chemische Sedimentgesteine wie Gips oder Steinsalz (aus chemischen Substanzen, die sich im Allgemeinen in Gewässern ausgeschieden haben).
**Erkennungsmerkmale** Sedimentgesteine sehen sehr unterschiedlich aus. Ein verbindendes Merkmal ist die ausgeprägte Schichtung.
**Beispiele** Braun- und Steinkohle, Dolomit, Mergel, Tonstein.

**Ironstone (Hamersley Range, Westaustralien)** Bei diesem Sedimentgestein ist die Schichtung klar zu erkennen. Die charakteristische rostrote Farbe des „Eisensteins" kommt von eingelagerten Eisenoxidmineralien.

**Magmatische Gesteine** sind aus Magma, einer mineralischen Schmelze, erstarrt. Dazu zählen Ergussgesteine wie Basalte, die aus Lava an oder in der Nähe der Erdoberfläche entstanden sind, und Tiefengesteine wie Granite, bei denen die Schmelze bereits tief unter dem Erdboden erstarrte. Heute bestehen 95 % der Erdkruste aus magmatischen Gesteinen.
**Erkennungsmerkmale**
Die magmatischen Gesteine setzen sich überwiegend aus kristallinen anorganischen Stoffen zusammen, besonders aus silikatischen Mineralien wie Feldspat oder Glimmer. Bei Tiefengesteinen sind die Kristalle meist groß. Im Gegensatz dazu bestehen die Ergussgesteine in der Regel aus kleineren Kristallen, die man mit bloßem Auge kaum erkennt. Alle magmatischen Gesteine bilden nur ausnahmsweise Schichten, dafür häufig kompakte, nur durch einzelne Klüfte gegliederte Massive.
**Beispiele** Andesit, Basalt, Granit, Obsidian, Porphyr.

**Granitfelsburg (Joshua Tree Nationalpark, Kalifornien)** Der massige, nur von einzelnen Klüften durchzogene Granit verwittert oft zu Felsformationen, die an prähistorische Monumente erinnern.

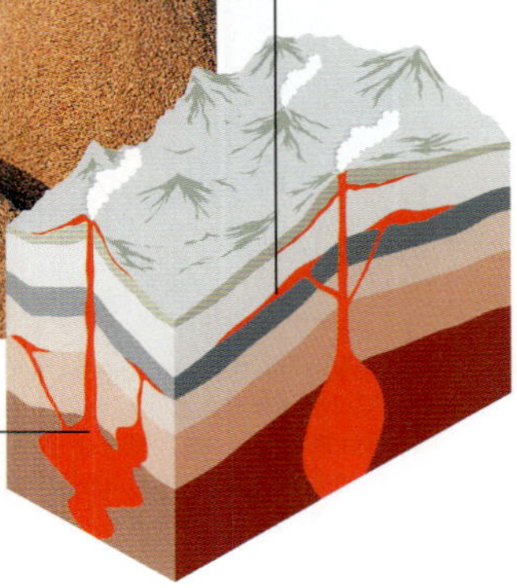

**Lagergang** Magma dringt in horizontale Risse im Gestein ein, kühlt ab und erstarrt.

**Magmakammer** Ein Magmareservoir in der Erdkruste

**Marmorsteinbruch (Griechenland)**
Marmor ist ein metamorphes Gestein, ein Kalkstein, der unter dem Einfluss von hohem Druck und großer Hitze in ein kristallines, grobkörniges Gestein umgewandelt wurde.

Siehe auch
30–1 **Der Aufbau der Erde**
36–7 **Vulkane**
38–9 **Bodenschätze**

**Kontaktmetamorphose** Beim Kontakt mit heißem Magma wird das Gestein verändert.

**Regionalmetamorphose** Bei dieser Art der Gesteinsumwandlung kommt zur Hitze noch gewaltiger Druck.

**Metamorphe Gesteine** sind magmatische Gesteine oder Sedimentgesteine, die ihr ursprüngliches Gefüge sowie meist auch ihre primären Mineralien unter der Einwirkung großer Hitze und/oder hohen Drucks verloren haben. Diese Umwandlung findet bei der Regionalmetamorphose in tieferen Stockwerken der Erdkruste statt, ist bei der Kontaktmetamorphose aber auch dort zu beobachten, wo sich an der Erdoberfläche Lavaströme und lockere Sedimente berühren.
**Erkennungsmerkmale** Metamorphe Gesteine sind wie die magmatischen Gesteine kristallin, im Unterschied zu diesen aber oft in einer bestimmten Richtung gebändert, von Adern durchzogen oder geschiefert.
**Beispiele** Dachschiefer, Glimmerschiefer, Gneis

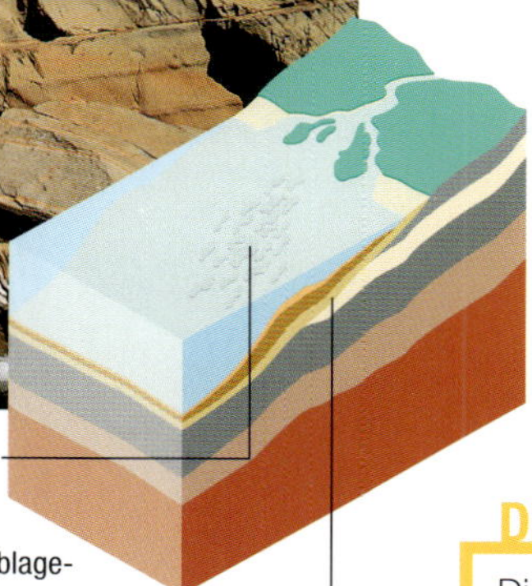

**Meeressedimente** Der größte Teil der Sedimentgesteine rührt von marinen Ablagerungen her.

**Schichtenbildung** Ältere Sedimentschichten werden unter der Last jüngerer Ablagerungen verdichtet und entwässert.

## Die ältesten Gesteine

Die ältesten bekannten Gesteine bzw. Mineralien gehören nicht zur ersten Erdkruste, denn sie sind als metamorphe Gesteine aus magmatischen Gesteinen entstanden, müssen demnach jünger sein.
- **Gneise** aus Isua, Grönland: 3824 Mio. Jahre
- **Eklogite** aus der Roberts-Victor-Mine, Südafrika: 4000 Mio. Jahre
- **Zirkon** (ein Mineral) aus Australien: 4200 Mio. Jahre

## DER KREISLAUF DER GESTEINE

Die Materie der Erdkruste und des oberen Erdmantels durchläuft seit Jahrmilliarden einen langsamen Zyklus, bei dem ständig Gesteine zerstört und dafür neue gebildet werden.

Die tiefgreifendste Form der Metamorphose ist die vollständige Aufschmelzung eines Gesteins.

**Vulkanismus** Magma tritt an der Oberfläche als Lava aus oder wird von Gasen zu Asche zerfetzt.

**Verwitterung und Abtragung** Der Witterung ausgesetztes Gestein wird zermürbt und von Wind, Wasser und Eis erodiert.

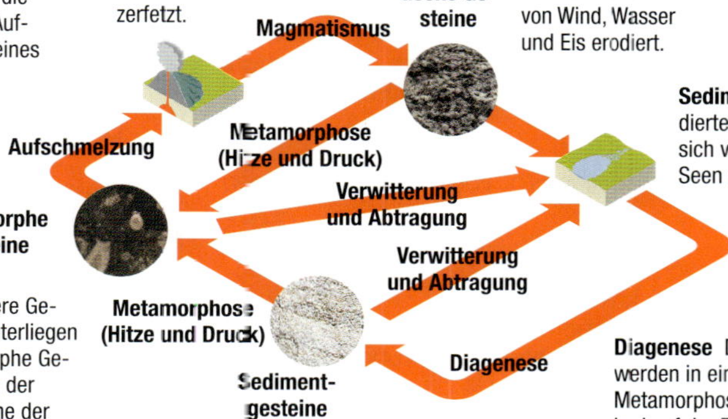


**Sedimentation** Erodiertes Gestein lagert sich v. a. in Meeren, Seen und Deltas ab.

Wie andere Gesteine unterliegen metamorphe Gesteine an der Oberfläche der Verwitterung und Abtragung.

**Diagenese** Die Sedimente werden in einer Art schwacher Metamorphose verdichtet und im Lauf der Zeit in Festgesteine umgewandelt.

*Erdbeben gehen hauptsächlich auf Verschiebungen innerhalb der Erdrinde zurück. Durch die Reibung von Gesteinsschollen aneinander entstehen Spannungen in der Kruste, die sich früher oder später in einer Serie von Erschütterungen lösen. Täglich bebt die Erde, doch die meisten Erdbeben sind so leicht oder treten in so großer Tiefe auf, dass man sie an der Oberfläche nicht wahrnimmt.*

## WIE KOMMT ES ZU ERDBEBEN?

Festes Gestein lässt sich nicht ohne weiteres biegen oder brechen und hält in der Regel enormen Belastungen stand. Irgendwann erreicht es jedoch einen Punkt, an dem es nachgibt, zerbricht und dann entlang der Bruchfläche verschoben wird. Dabei gibt es die gespeicherte Energie in Form seismischer Wellen ab, die durch das umliegende Gestein und alle Bauwerke an der Erdoberfläche wandern.

Die meisten Erdbeben treten zwischen den Platten der festen Erdrinde auf. Besonders heftig sind die Erschütterungen an Bruchlinien, an denen wie bei der San-Andreas-Störung in Kalifornien Platten annähernd horizontal gegeneinander verschoben werden. Dort liegen die Erdbebenherde meist in geringer Tiefe.

Erdbeben können auch durch Vulkanausbrüche, Meteoriteneinschläge oder das Füllen von Stauseen ausgelöst werden. Diese Erdbeben erreichen allerdings nur selten die Stärke tektonischer Beben.

Erdbeben werden nach der Tiefe ihres Herdes eingeteilt:
- **Geringe Tiefe** – weniger als 70 km tief
- **Mittlere Tiefe** – 70–300 km tief
- **Große Tiefe** – mehr als 300 km tief

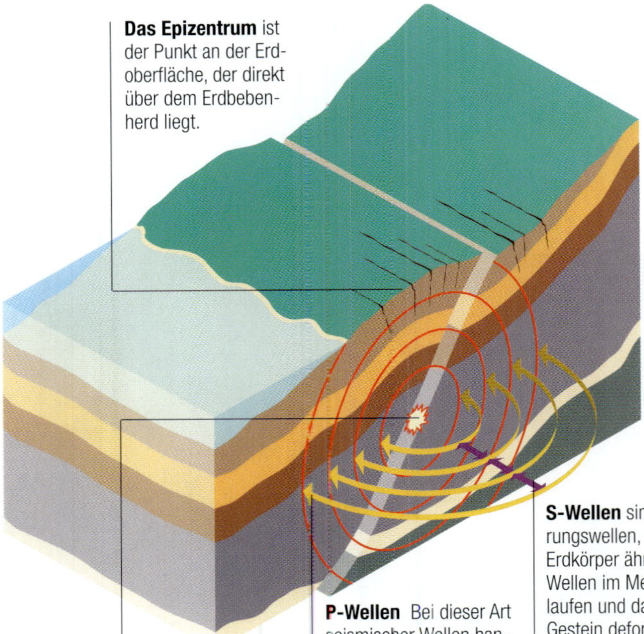

**Das Epizentrum** ist der Punkt an der Erdoberfläche, der direkt über dem Erdbebenherd liegt.

**Der Erdbebenherd** ist der Ort, an dem ein Erdbeben entsteht.

**P-Wellen** Bei dieser Art seismischer Wellen handelt es sich um Kompressionswellen, die das Gestein heftigen Druck- und Zugkräften aussetzen. Sie breiten sich am schnellsten aus und erreichen daher die Erdbebenwarten vor den S-Wellen.

**S-Wellen** sind Scherungswellen, die den Erdkörper ähnlich den Wellen im Meer durchlaufen und dabei das Gestein deformieren.

## ERDBEBENMESSUNG

Es gibt grundsätzlich zwei Verfahren, die Stärke eines Erdbebens zu messen: Die Messung der **Magnitude** beruht auf der Energiemenge, die ein Erdbeben freisetzt; die Werte werden von Instrumenten aufgezeichnet. Die Messung der **Intensität** basiert auf den Auswirkungen eines Erdbebens. Beide Messungen erfolgen nach verschiedenen Skalen.

Die **Richterskala** wurde 1935 von Charles F. Richter als Verfahren zum Vergleich der Magnitude entwickelt.

- Bei der Richterskala handelt es sich um eine logarithmische Skala. Die Bodenbewegungen eines Erdbebens der Magnitude 3 sind demnach zehnmal so groß wie die eines Erdbebens der Magnitude 2.

- Bei der **Mercalliskala** werden Erdbeben nach ihren Folgen beurteilt.

| | |
|---|---|
| **I–II** | Wird gewöhnlich nicht als Erdbeben wahrgenommen |
| **III–IV** | Wird oft bemerkt, keine Schäden |
| **V–VI** | Gegenstände verrutschen, leichte Schäden |
| **VII** | Schäden an schlecht errichteten Gebäuden |
| **VIII** | Schäden an soliden Gebäuden |
| **IX–X** | Erdrutsche, große Zerstörung |
| **XI** | Komplette Zerstörung, sichtbares Beben der Erde |
| **XII** | Großflächige totale Zerstörung, Gegenstände werden in die Luft geschleudert |

**Erdbebenschäden** Dieses Stück einer Autobahnbrücke brach beim Erdbeben in der japanischen Hafenstadt Kobe im Januar 1995 zusammen. Die Magnitude des Bebens betrug 7,5 auf der Richterskala.

### Katastrophenbeben seit 1900

| Land | Magnitude |
|---|---|
| Chile 1960 | 9,5 |
| Alaska 1964 | 9,2 |
| Aleuten 1957 | 9,1 |
| Kamtschatka 1952 | 9,0 |
| Ecuador 1906 | 8,8 |
| Kurilen 1958 | 8,7 |
| Aleuten 1965 | 8,7 |
| Indien 1950 | 8,6 |
| Chile 1922 | 8,5 |
| Indonesien 1938 | 8,5 |

## TSUNAMI

Tsunami sind gewaltige vernichtende Wellen mit extrem langer Wellenlänge. Auf dem offenen Ozean beträgt die Entfernung von Wellenkamm zu Wellenkamm mitunter 150 km oder mehr, die Wellenhöhe misst dagegen nur wenige Dezimeter. Die Welle, die manchmal mit Geschwindigkeiten von 1000 km/h über das Meer rast, ist daher dort kaum wahrzunehmen.

In den flacheren Küstengewässern wird der Tsunami durch Reibung am Meeresgrund gebremst. Seine Geschwindigkeit nimmt ab, dafür wächst die Wellenhöhe auf zum Teil mehr als 30 m.

Seebeben, Bergstürze und Vulkanausbrüche können u. a. diese Wellen auslösen. Die häufigste Ursache sind aber Erdbeben; daher wird der Pazifik von ihnen auch am häufigsten heimgesucht.

**Seebeben** Hebungen und Senkungen des Meeresbodens setzen riesige Wassermassen in Bewegung.

**Bergstürze** Ein Felsmassiv, das von einer Steilküste ins Meer stürzt, löst einen verheerenden Tsunami aus.

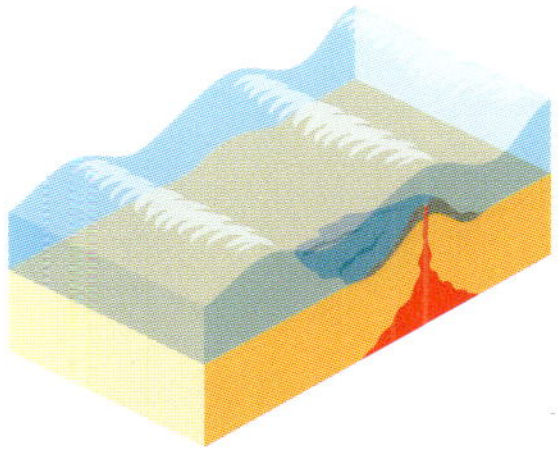

**Vulkanausbruch unter dem Meer** Explosive Eruptionen unter dem Meeresspiegel erzeugen hohe Flutwellen.

## Wissenswertes

- 90 % der Erdbeben ereignen sich an Plattengrenzen.
- Weltweit gibt es täglich mindestens 8000 Mikro-Erdbeben. Sie haben eine Magnitude von maximal 2 und werden im Allgemeinen vom Menschen nicht wahrgenommen.
- Weltweit werden jährlich etwa 7000 Erdstöße mit einer Magnitude von mindestens 4 registriert.
- Pro Jahr gibt es im Durchschnitt irgendwo auf der Erde ein Beben mit einer Magnitude von mindestens 8.
- In Deutschland treten jährlich 150–200 Erdbeben mit einer Magnitude größer als 2 auf, wobei die Schwäbische Alb am stärksten betroffen ist.

**FAKTEN**

**Etwa 70 % der weltweiten Erdbeben treten an den Rändern des Pazifik auf, dem so genannten Feuerring.**

Siehe auch
30–1 **Der Aufbau der Erde**
40–1 **Die Weltmeere**
58–9 **Katastrophen**
60–1 **Naturgewalten**

*Vulkane sind geologische Gebilde, aus denen geschmolzenes Gestein, vermischt mit festem Material und Gasen, austritt oder ausgetreten ist. Es gibt heute auf den Festländern mehr als 1500 tätige Vulkane. Hinzu kommen ungezählte Vulkane, die unter dem Meeresspiegel aktiv sind. Vulkane finden sich hauptsächlich an den Plattengrenzen.*

**Schildvulkane** sind unterschiedlich große schildförmige Vulkanbauten mit sanft ansteigenden Hängen und oft einem kleinen Gipfelkrater. Sie wurden vorwiegend durch Ausbrüche dünnflüssiger basaltischer Lava geformt. Einige der größten Vulkane der Erde sind Schildvulkane, etwa der Mauna Kea oder der Mauna Loa auf Hawaii.

## VULKANTYPEN

Die meisten Vulkane besitzen eine von vier typischen Formen. Diese Formen hängen vor allem von der Art der Eruption und des dabei geförderten Materials ab.

**Lavadome** bilden sich beim langsamen Aufstieg und Austritt extrem zähflüssiger Lava. Sie erscheinen allein oder in Gruppen, in bereits existierenden Kratern oder an den Flanken der Vulkankegel. Im Krater des Mount St. Helens im US-Bundesstaat Washington ist seit dem verheerenden Ausbruch im Mai 1980 ein solcher Dom entstanden.

**Calderen** sind große vulkanische Kessel, die bei sehr heftigen explosiven Ausbrüchen in die Erdkruste gesprengt wurden oder durch den Einsturz des Daches einer Magmakammer entstanden, die nach dem Ausbruch leer war. In mancher Caldera hat sich Wasser angesammelt und bildet einen See wie den Tobasee auf Sumatra.

**Schicht- oder Stratovulkane** Die klassischen Vulkankegel wie der Fudschijama in Japan oder der Pico del Teide auf Teneriffa bilden sich durch Serien von Lava- und Ascheneruptionen, die über mehrere Jahrhunderttausende bis Jahrmillionen anhalten können. Sie bestehen im Innern aus Lavaströmen und Aschenschichten, die sich mitunter mehrere tausend Meter hoch um den zentralen Förderkanal auftürmen.

## Die Lebensalter eines Vulkans

- **Eruptives Stadium** Die aktive Phase, in der der Vulkan ständig oder periodisch Lava, Gase und Aschen ausstößt. Diese Phase kann lang oder kurz andauern. Der Parícutin in Mexiko brach 9 Jahre lang aus. Schon seit über 2000 Jahren ist der Stromboli in Italien aktiv.
- **Fumarolenstadium** Lange nachdem ein Vulkan zum letzten Mal ausgebrochen ist, stößt er noch Gase und Wasserdampf (latein. fumus = Dampf) aus.
- **Abkühlphase** Im Boden ist immer noch genügend Wärme vorhanden, die das Grundwasser erhitzen und heiße Quellen bilden kann. Beispiele hierfür sind die Geysire und heißen Quellen im Yellowstone Nationalpark in den USA und auf der Nordinsel Neuseelands.
- **Ruhe und Erlöschen** Das Magma im Kern des Vulkans hat sich abgekühlt und ist erstarrt. Keine Anzeichen vulkanischer und postvulkanischer (latein. post = nach) Tätigkeit sind mehr zu erkennen. Der Vulkanbau wird abgetragen und zum Schluss eingeebnet. Aber auch nach Jahrtausenden der Ruhe kann der Vulkan plötzlich zu neuem Leben erwachen.

## Im Inneren eines Vulkans

Die Abbildung unten zeigt die Hauptbestandteile eines Schichtvulkans.

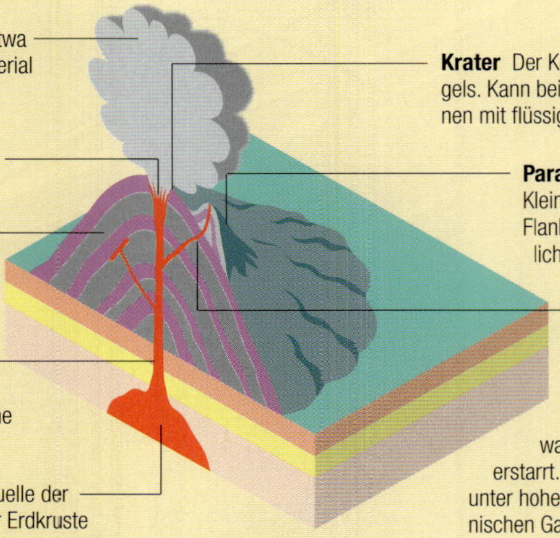

## Vulkanischer Explosivitätsindex (VEI)

Der Vulkanische Explosivitätsindex (engl. Volcanic Explosivity Index, VEI) wird benutzt, um das Zerstörungspotenzial eines Ausbruchs zu bestimmen. Er basiert auf einer Reihe von Beobachtungen wie dem Volumen des herausgeschleuderten Materials und der Höhe der Eruptionssäule. In der geologischen Vergangenheit gab es vereinzelte Supervulkane, die um vieles größer waren als alle, die man aus historischer Zeit kennt. Der jüngste dieser Supervulkane brach vor etwa 74 000 Jahren auf der indonesischen Insel Sumatra aus.

| VEI | Eruptionstyp | Höhe der Wolke | Volumen | Häufigkeit |
|---|---|---|---|---|
| 0 | **Nicht explosiv** | 100 m | 1000 $m^3$ | Täglich |
| 1 | **Sanft** | 100–1000 m | 10 000 $m^3$ | Täglich |
| 2 | **Explosiv** | 1–5 km | 1 Mio. $m^3$ | Einmal pro Woche |
| 3 | **Heftig** | 3–15 km | 10 Mio. $m^3$ | Einmal pro Jahr |
| 4 | **Verheerend** | 10–25 km | 100 Mio. $m^3$ | Alle paar Jahrzehnte |
| 5 | **Paroxysmal** | 25 km | 1 $km^3$ | Einmal pro Jahrhundert |
| 6 | **Kolossal** | 25 km | 10 $km^3$ | Alle paar Jahrhunderte |
| 7 | **Superkolossal** | 25 km | 100 $km^3$ | Alle 1000 Jahre |
| 8 | **Megakolossal** | 25 km | 1000 $km^3$ | Alle 100 000 Jahre |

## Wo kommen Vulkane vor?

Die überwiegende Mehrheit der Vulkane findet sich entlang der Grenzen tektonischer Platten.

An divergierenden Grenzen wie z. B. unter den Mittelozeanischen Rücken, wo sich die Platten voneinander entfernen, dringt geschmolzenes Gestein aus dem oberen Erdmantel empor.

An konvergierenden Grenzen, an denen eine Platte unter der anderen abtaucht, wird das Material der absinkenden Platte soweit nach unten gezogen, bis es eine Tiefe erreicht, in der es schmilzt. Da die Schmelze eine geringere Dichte als das feste Gestein aufweist, das sie umgibt, steigt sie nach oben und wird an der Erdoberfläche durch Gase herausgeschleudert.

Vulkane treten auch innerhalb der Platten über so genannten Hotspots auf, kaminförmigen Gebilden, in denen sehr viel Wärme nach oben strömt und die darüber liegenden Gesteine schmilzt.

**Ausbruch des Hekla, Island**
Island liegt direkt auf dem vulkanischen Mittelatlantischen Rücken, unter dem die Eurasische und die Nordamerikanische Platte aus-

Siehe auch
30–1 **Der Aufbau der Erde**
44–5 **Seen**
50–1 **Berge und Gebirge**
58–9 **Katastrophen**

*Von der Porzellanerde bis hin zum Kernbrennstoff Uran bietet die Erdkruste den Menschen die verschiedensten Bodenschätze. Ohne die fossilen Brennstoffe wie Kohle, Erdöl und Erdgas, die heute mehr als 75 % des weltweiten Energiebedarfs decken, ohne die Metalle, Mineralien, Steine und Erden wären unsere Lebensweise und unsere Welt mit Sicherheit ganz anders.*

## KOHLEN

Kohlen sind kohlenstoffreiche Sedimentgesteine, zum Teil auch metamorphe Gesteine, die aus mehr oder weniger stark veränderten Pflanzenresten bestehen. Sie entwickeln sich aus Torf, von dem besonders in der Karbon- und der Tertiärzeit in Sumpfgebieten dicke Schichten abgelagert wurden. Im Lauf der Umwandlung, die als Inkohlung bezeichnet wird, nimmt der Kohlenstoffgehalt von rund 50 % bei Torf auf über 90 % bei Anthrazit zu.

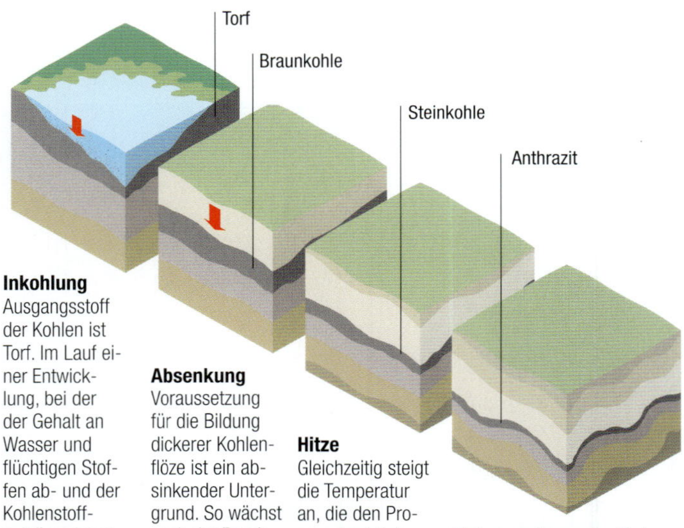


**Inkohlung** Ausgangsstoff der Kohlen ist Torf. Im Lauf einer Entwicklung, bei der der Gehalt an Wasser und flüchtigen Stoffen ab- und der Kohlenstoffanteil zunimmt, wird er zu wertvolleren Brennstoffen.

**Absenkung** Voraussetzung für die Bildung dickerer Kohlenflöze ist ein absinkender Untergrund. So wächst auch der Druck, der das Wasser aus dem Torf presst.

**Hitze** Gleichzeitig steigt die Temperatur an, die den Prozess der Inkohlung bis hin zur Steinkohle beschleunigt.

**Metamorphose** Am Ende der Reihe stehen Kohlenarten wie Anthrazit, die metamorphen Gesteinen ähneln.

## ERDÖL UND ERDGAS

Die beiden bedeutendsten fossilen Brennstoffe entstehen aus den Resten winziger Planktonlebewesen, die sich zusammen mit Sand- und Schlammpartikeln am Grund von Meeren oder Süßwasserseen abgesetzt haben. Sie werden dort im Lauf von Jahrmillionen bei großer Hitze und hohem Druck sowie unter Sauerstoffabschluss zu natürlichen Kohlenwasserstoffen (Bitumina) umgewandelt.

Nur selten trifft man Erdöl und Erdgas, beides höchst mobile Stoffe, noch an ihrem Entstehungsort, im so genannten Muttergestein an. Meist haben die Bitumina einen weiten Weg hinter sich, sind durch poröse Gesteinsschichten aufwärts gewandert, bis ihnen eine undurchlässige Schicht den weiteren Aufstieg versperrrte. Derartige Öl- und Gasfallen, etwa unter dem Scheitel von Falten, bilden ergiebige Lagerstätten.

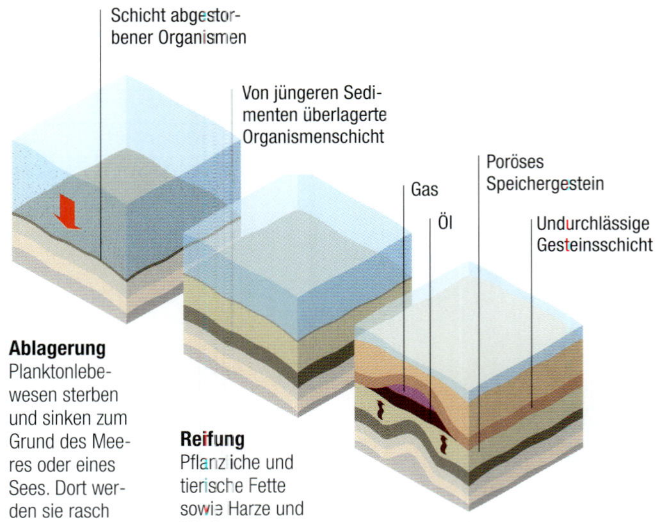


**Ablagerung** Planktonlebewesen sterben und sinken zum Grund des Meeres oder eines Sees. Dort werden sie rasch im Sediment eingebettet und gehen unter Sauerstoffabschluss in Verwesung über.

**Reifung** Pflanzliche und tierische Fette sowie Harze und Wachse verwandeln sich bei mäßiger Hitze und Druck in natürliche Kohlenwasserstoffe.

**Wanderung** Gasblasen und Öltropfen wandern durch durchlässiges Gestein nach oben, bis sie auf eine undurchlässige Schicht stoßen und darunter eine Lagerstätte bilden.

## WAS SIND MINERALIEN?

Mineralien sind auf natürliche Weise entstandene chemische Bestandteile der Erdkruste von einheitlicher Zusammensetzung und – mit einer Ausnahme (Quecksilber) – fester Beschaffenheit. Manche bestehen nur aus einem Element wie der Diamant oder der Graphit, die sich ausschließlich aus Kohlenstoff zusammensetzen. In der Regel enthalten Mineralien jedoch zwei oder mehr Elemente, der Quarz etwa Silizium und Sauerstoff oder der Pyrit Eisen und Schwefel. Gemenge von Mineralien werden als Gesteine bezeichnet. Erze sind Gesteine mit wirtschaftlich nutzbaren Metallgehalten.

Wie die Gesteine lassen sich die Mineralien drei großen Gruppen zuordnen. Besonders zahlreich sind dabei die Mineralarten, die aus erstarrendem Magma entstehen. Durch Metamorphose wird ebenfalls eine große Zahl typischer Mineralien gebildet.

Manche Mineralien, wie Steinsalz oder Gips, gehen aus wässrigen Lösungen hervor, die bei trockenem Klima verdunsten und dabei die gelösten Substanzen in fester Form als chemische Sedimentgesteine ausscheiden.

**Diamant** Das härteste Mineral entsteht in Tiefen von mehr als 100 km, findet sich wie hier aber auch häufig in Sand- und Geröllschichten an der Erdoberfläche.

### Ritzhärte

Die Härte eines Minerals wird u. a. nach der **Mohs'schen Härteskala,** die die Ritzhärte berücksichtigt, ermittelt. Talk (1) ist danach das weichste und Diamant (10) das härteste Mineral.

**1 Talk**
**2 Gips**
**3 Kalkspat**
**4 Flussspat**
**5 Apatit**
**6 Orthoklas**
**7 Quarz**
**8 Topas**
**9 Korund**
**10 Diamant**

**Schmucksteine** Manche Mineralien werden geschliffen und poliert, um als Schmucksteine Verwendung zu finden. Sie können durchsichtig, durchscheinend oder opak (lichtundurchlässig) sein. Gewöhnlich werden sie in Edelsteine (E) und Halbedelsteine (H) unterteilt.

| Mineral | E/H | Härte | Farbe/Musterung |
|---|---|---|---|
| **Achat** | H | 7 | Verschiedenfarbige Bänder |
| **Amethyst** | H | 7 | Violett, oft mit weißen Streifen |
| **Aquamarin** | H | 7,5–8 | Blassblau/-grün |
| **Diamant** | E | 10 | Farblos; auch gelb, blau, rötlich; Sternmuster |
| **Granat** | H | 7–7,5 | Rot oder braun |
| **Opal** | H | 7 | Viele Farben; milchig bis schwarz, leuchtend bunte Flecken |
| **Rauchquarz** | H | 7 | Braun |
| **Rubin** | E | 9 | Rot |
| **Saphir** | E | 9 | Blau bis farblos |
| **Smaragd** | E | 7,5–8 | Grün |
| **Topas** | H | 8 | Gelb, blau oder rosarot |
| **Turmalin** | H | 7–7,5 | Rosa oder grün |
| **Zirkon** | H | 7,5 | Hellbraun, grau, gelb, grün, farblos |

**Siehe auch**
30–1 **Der Aufbau der Erde**
32–3 **Die Gesteine**
500–1 **Fossile Brennstoffe**
508–9 **Mineralvorkommen**

**Achate** füllen oft blasenartige Hohlräume in alten Lavaströmen.

**Smaragde** haben einen lebhaften Glanz und sind die edle Form des Beryll.

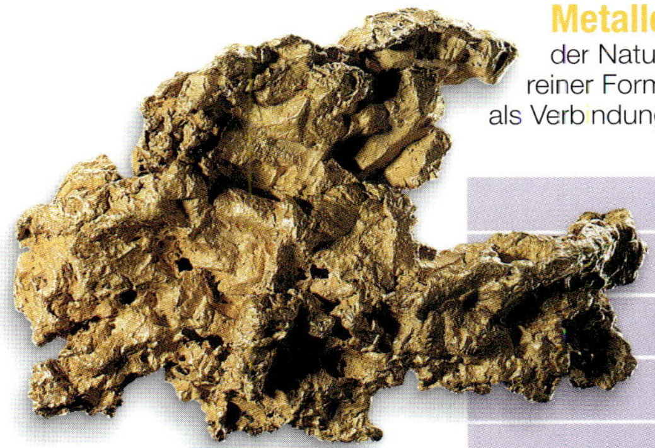

**Goldnugget** Gold wird oft in reiner, gediegener Form gefunden.

**Metalle** Alle wichtigen Metalle kommen in der Natur in der Erdkruste vor. Einige sind in reiner Form zu finden, die meisten treten jedoch als Verbindungen mit anderen Elementen in den Gesteinen und Mineralien auf. Aus diesen werden sie durch meist aufwändige technische Verfahren gewonnen. In der Tabelle sind einige wichtige Metalle und ihre Erze und Erzmineralien aufgelistet.

| Metall | Wichtige Erze und Erzmineralien | Eigenschaften |
|---|---|---|
| **Aluminium** | Bauxit | Silbrig weiß, sehr leicht |
| **Arsen** | Arsenkies | Silbrig weiß, Härte 6, giftig |
| **Blei** | Cerussit, Galenit | Blau/weiß, Härte 2, formbar, weich |
| **Eisen** | Hämatit, Maghemit, Magnetit | Grau, Härte 5, formbar, magnetisierbar |
| **Gold** | Gediegen Gold, Sylvanit | Gelb, Härte 3, formbar |
| **Kupfer** | Chalkopyrit, Chalkosin | Kupferrot, Härte 3, formbar |
| **Platin** | Braggit, Gediegen Platin | Silbrig grau, hart, formbar |
| **Quecksilber** | Gediegen Quecksilber, Zinnober | Silbrig weiß, flüssig, giftig |
| **Silber** | Gediegen Silber, Silberglanz | Silbern, Härte 3, formbar |
| **Titan** | Ilmenit, Rutil | Weiß, korrosionsfest, sehr stabil |
| **Uran** | Pechblende (Uraninit) | Silbrig weiß, radioaktiv, schwer |
| **Zink** | Zinkblende (Sphalerit) | Bläulich weiß, spröde |
| **Zinn** | Zinnstein | Silbrig weiß, korrosionsresistent, formbar |

**Pyrit** Eisen tritt oft in Verbindung mit anderen Elementen auf.

# Die Weltmeere

**Meerwasser bedeckt fast drei Viertel der Erdoberfläche**

*Die Weltmeere bilden eine riesige zusammenhängende Wasserfläche, die etwa 71 % unseres Planeten bedeckt. Traditionell werden sie in fünf Ozeane (Pazifik, Atlantik, Indischer Ozean, Südpolarmeer, Nordpolarmeer) und deren Nebenmeere eingeteilt. Sie enthalten 97 % der Wasservorräte der Erde.*

## OZEANE UND MEERE

Von der Fläche der Weltmeere entfallen fast neun Zehntel auf die Ozeane. Hinzu kommen deren Nebenmeere, bei denen man zwischen Randmeeren wie der Nordsee und Mittelmeeren wie dem Europäischen Mittelmeer unterscheidet. Die Weltmeere verändern ihre Umrisse ständig durch langfristige Schwankungen des Meeresspiegels und durch die Drift der Platten. Auf diese Weise werden manche Meere größer, andere hingegen kleiner. Das Europäische Mittelmeer wird wohl in einigen Millionen Jahren völlig verschwunden sein.

### Pazifischer Ozean

Der Pazifik ist der größte Ozean. Er übertrifft den Atlantik um fast das Doppelte und bedeckt etwa ein Drittel der Erdoberfläche. Über die Hälfte des Wassers der Erde ist in ihm gespeichert.

### Atlantischer Ozean

Der Atlantik, der zweitgrößte Ozean, verbreitert sich gegenwärtig entlang dem Mittelatlantischen Rücken mit einer Geschwindigkeit von 1–4 cm pro Jahr.

| | Pazifischer Ozean | Atlantischer Ozean |
|---|---|---|
| **Fläche** | 181 000 000 km² | 94 000 000 km² |
| **Wasserinhalt** | 714 000 000 km³ | 354 000 000 km³ |
| **Mittlere Tiefe** | 3490 m | 3600 m |
| **Tiefste Stelle** | Marianengraben, 11 022 m | 9219 m |
| **Größte Breite** | 17 700 km | 9600 km |
| **Besonderheiten** | **Ostpazifischer Rücken** Eine untermeerische Gebirgskette über einer Zerrungszone; 2000–3000 m hoch; in 3300 m Tiefe<br>**Vulkaninseln** Tausende von vulkanischen Inseln liegen über den Pazifik verstreut, viele von ihnen sind besiedelt.<br>**Great Barrier Reef** Das weltweit größte Korallenriffsystem säumt die Pazifikküste Australiens. | **Mittelatlantischer Rücken** Eine untermeerische, bis 4000 m hohe vulkanische Gebirgskette, die etwa von Norden nach Süden durch den Atlantik verläuft und divergierende Plattengrenzen markiert.<br>**Sargassosee** Ein Meeresgebiet zwischen den Azoren, den Bermuda- und Westindischen Inseln. Das Meer ist in ihm weitflächig von treibendem Beerentang (Sargassokraut) bedeckt. |

## Formen des Meeresbodens

Der Meeresgrund lässt sich in drei Zonen unterteilen: den **Kontinentalschelf,** der zum offenen Ozean hin leicht geneigt ist; den **Kontinentalabhang,** an dem der Schelf an einem Steilhang endet, und die **Tiefsee.** Die Tiefsee gliedert sich in:

- **Tiefsee-Ebenen** Flache, eintönige Regionen des Ozeanbodens.
- **Mittelozeanische Rücken** Vulkanische Rücken über divergierenden Plattengrenzen.
- **Querstörungen** Spalten innerhalb der ozeanischen Kruste, die etwa rechtwinklig zu den Rücken verlaufen.
- **Tiefseekuppen** Vulkanische Berge, teils aktiv, teils erloschen.
- **Tiefseesenken** Grabenartige Senken über konvergierenden Plattengrenzen.

## WISSENSWERTES

- **Gesamtlänge der Küsten auf der Erde** 504 000 km
- **Wärmstes Meer** Der Persische Golf
- **Salzigstes Meer** Das Rote Meer
- **Tiefste Tiefseesenke** Der 11 022 m tiefe Marianengraben (Pazifik). In ihm würde der Mount Everest verschwinden.
- **Längste Tiefseesenke** Der bis über 7000 m tiefe Aleutengraben (Pazifischer Ozean) mit 1700 km Länge.
- **Höchste Tiefseekuppe** Die Große Meteor-Bank (Nordatlantik) ragt aus 4500 m Tiefe bis knapp 300 m unter den Meeresspiegel.

## NEBENMEERE

Die Ozeane sind in mehrere Dutzend Randmeere, Mittelmeere und kleinere Meeresgebiete unterteilt. Die Nebenmeere haben zuweilen den Charakter von Binnenseen, wie bei der Ostsee, die in den europäischen Kontinent eingebettet ist.

- **Korallensee** 4 791 000 km². Randmeer des Pazifischen Ozeans zwischen Australien und Neukaledonien.
- **Chinesisches Meer** Randmeer des Pazifischen Ozeans. Umfasst das Ostchinesische Meer (13 248 000 km²) und das Südchinesische Meer (2 318 000 km²).
- **Karibisches Meer** 2 640 000 km². Bildet zusammen mit dem Golf von Mexiko das von Nordamerika und Südamerika umgebene Amerikanische Mittelmeer.
- **Europäisches Mittelmeer** Ein fast vollständig von Europa, Afrika und Asien umschlossenes, 2 516 999 km² großes interkontinentales Mittelmeer, das nur durch die Straße von Gibraltar mit dem Atlantik und den Bosporus mit dem Schwarzen Meer verbunden ist.
- **Beringmeer** 2 270 000 km². Randmeer des Nordpazifiks zwischen Alaska und Kamtschatka. Die Beringstraße verbindet es mit dem Nordpolarmeer.
- **Ochotskisches Meer** 1 528 000 km². Ein Randmeer des Nordpazifiks zwischen Sibirien, der Halbinsel Kamtschatka und der Inselkette der Kurilen.
- **Japanisches Meer** 1 008 800 km². Nebenmeer des Pazifischen Ozeans zwischen Japan, Korea und Russland.
- **Andamanensee** 777 000 km². Kleineres Randmeer des Indischen Ozeans zwischen den Andamanen-Inseln und der Malaiischen Halbinsel.

| Indischer Ozean | Südpolarmeer | Nordpolarmeer |
|---|---|---|
| Der Indische Ozean umfasst etwa ein Fünftel der gesamten von Meerwasser bedeckten Erdoberfläche. Er ist der drittgrößte Ozean. | Zum Südpolarmeer, dem viertgrößten Ozean, gehören die Meeresgebiete jenseits des 55. Grades südlicher Breite. Im Südwinter ist mehr als die Hälfte seiner Fläche von Eis bedeckt. | Das Nordpolarmeer ist der kleinste und flachste der fünf Ozeane. Auf ihn entfällt nur 1 % des Salzwassers der Erde. Die größte Zeit des Jahres ist er von Treib- und Packeis bedeckt. |
| 75 000 000 km² | 35 000 000 km² | 14 090 000 km² |
| 292 000 000 km³ | unbekannt | 17 000 km³ |
| 3480 m | unbekannt | 1205 m |
| Javagraben, 7455 m | 4500 m | Pol-Tiefsee-Ebene, 5450 m |
| nicht anwendbar | nicht anwendbar | nicht anwendbar |
| **Indischer Rücken** Er erstreckt sich vom Roten Meer im Norden fast bis zur südlichen Grenze des Indischen Ozeans. **Ninety-East-Rücken** Ein riesiges Gebirge mit einer Länge von 2735 km. **Rotes Meer** 453 000 km². Liegt innerhalb eines Grabensystems, das sich in Zukunft zu einem neuen Ozean entwickeln könnte. | Das Südpolarmeer wird von manchen Meereskundlern als Teil der drei großen Ozeane angesehen und in das Pazifische Südpolarmeer, das Atlantische Südpolarmeer sowie das Indische Südpolarmeer gegliedert. | **Lomonossow-Rücken** Markantester untermeerischer Rücken des Nordpolarmeers. |


Siehe auch
26–7 **Der Mond**
30–1 **Der Aufbau der Erde**
46–7 **Inseln**
472–3 **Ernte im Meer**


## MEERESSTRÖMUNGEN

Man unterscheidet zwischen warmen und kalten Strömungen an der **Oberfläche der Weltmeere.** Sie werden hauptsächlich von beständigen Winden wie den Passaten angetrieben. Darüber hinaus gibt es in **tieferen Schichten** der Ozeane Strömungen, deren treibende Kraft die unterschiedliche Dichte des Wassers ist. Die Dichte wiederum wird von Schwankungen der Temperatur und des Salzgehalts beeinflusst. Schwereres Wasser sinkt ab, weniger dichtes steigt auf. Diese vertikale Zirkulation innerhalb der Ozeane ist für das Leben im Meer von großer Bedeutung, denn das aus der Tiefe aufsteigende Wasser enthält meist viele Nährstoffe. Die Strömungen an der Meeresoberfläche beeinflussen v. a. das Klima; so gilt z. B. der Golfstrom, der warmes Wasser aus den Subtropen nach Norden befördert, als die natürliche Warmwasserheizung Nordeuropas.

■ **Warme Meeresströmungen** **1** Westaustralstrom; **2** Kuro Schio; **3** Nordäquatorialstrom; **4** Äquatorialer Gegenstrom; **5** Südäquatorialstrom; **6** Ostaustralstrom; **7** Floridastrom; **8** Golfstrom; **9** Golfstromdrift **10** Nordäquatorialstrom; **11** Guineastrom; **12** Brasilstrom; **13** Agulhasstrom; **14** Somalistrom

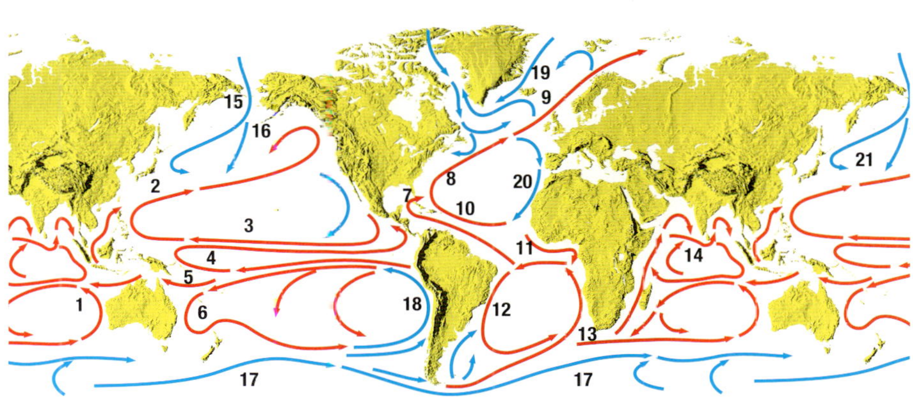


■ **Kalte Meeresströmungen** **15** Kamtschatkastrom; **16** Aleutenstrom; **17** Südpolardrift; **18** Humboldtstrom; **19** Ostgrönlandstrom; **20** Kanarenstrom; **21** Oja Schio

*Flüsse sind wichtige Etappen im Wasserkreislauf der Erde. Sie transportieren das Wasser, das als Regen oder Schnee gefallen ist, zurück zum Meer. Gleichzeitig bieten Bäche und Flüsse der Tier- und Pflanzenwelt einen vielfältigen Lebensraum. Vier Fünftel der gesamten Landoberfläche der Erde gehören zum Reich der Flüsse. Sie sind sogar in den trockensten Wüsten zu finden, auch wenn sie dort nur in den feuchten Jahreszeiten oder alle paar Jahre nach starkem Regen Wasser führen.*

## DER LAUF DER FLÜSSE

Flüsse entspringen in Quellen oder Seen, meist in den Gebirgen und zunächst als kleine Rinnsale, die sich aber bald zu größeren fließenden Gewässern vereinigen. Ihr Ziel ist fast immer das Meer. Es gibt aber auch Flüsse, die dieses Ziel nie erreichen, sondern in den so genannten abflusslosen Gebieten der Kontinente am Ende ihres Laufes im Erdboden versickern oder in Endseen verdunsten.

Man unterscheidet drei Laufabschnitte der Flüsse: den Oberlauf, den Mittellauf und den Unterlauf. Im Oberlauf ist die Fließgeschwindigkeit und damit die Erosionskraft in der Regel groß. Die Flüsse waschen daher Kerbtäler mit V-förmigem Querschnitt aus. Flussabwärts nehmen die Fließgeschwindigkeit und Erosionskraft ab. Damit die Wassermassen abfließen können, erweitern die Flüsse ihre Täler zu breiten Sohlentälern. Im Unterlauf schließlich können die mittlerweile trägen Ströme Schlamm, Sand und Geröll kaum noch transportieren. Sie lagern ihre Fracht ab und formen damit ebenes Schwemmland und an der Mündung ins Meer oder in Seen oft Deltas.

## Delta

Aus der Fracht, die Flüsse ablagern, bilden sie so genannte Schwemmfächer, im Grundriss fächerförmige, in der Mitte halbkegelartig aufgewölbte Gebilde, auf denen die Abflussbahnen auseinander streben. Solche Fächer findet man überall im Mittel- und Unterlauf, besonders aber dort, wo der Fluss in ein stehendes Gewässer mündet und damit die Fließgeschwindigkeit schlagartig abnimmt. Schwemmfächer an der Mündung in Meere oder Seen werden nach der Form des griechischen Buchstaben Delta genannt. Sie können aber auch ganz andere Formen besitzen.

**Fächerförmiges Delta** Das Nildelta weist die klassische Fächerform auf. Der Nil verästelt sich weit im Landesinnern in mehrere Arme, die das mitgeführte Material in der Deltaregion ablagern. An der Mittelmeerküste verteilen die Wellen die Sedimente.

**Vogelfußdelta** Der Mississippi besitzt ein Delta, das im Grundriss an die Umrisse eines Vogelfußes erinnert. Solche Deltas kommen ausschließlich an Küsten mit leichtem Wellengang und schwachen Gezeiten vor.

## DIE LÄNGSTEN FLÜSSE DER ERDE

### 1 Nil

Der Nil ist der längste Fluss der Erde. Er besitzt das drittgrößte Einzugsgebiet. Seine Abflussmengen sind vergleichsweise gering, da er auf weiten Strecken durch Trockengebiete fließt.

**Lage:** Afrika
**Länge:** 6700 km
**Einzugsgebiet:** 3,3 Mio. km$^2$
**Quellregionen:** Ostafrikanisches Riftvalley und Äthiopisches Hochland
**Wichtigste Nebenflüsse:** Kagera
**Mündet in:** das Mittelmeer

### 2 Amazonas

Der zweitlängste Fluss der Erde, möglicherweise sogar der längste, je nachdem, welchen Arm seines Deltas man misst. Er besitzt das größte Einzugsgebiet und den stärksten Abfluss.

**Lage:** Südamerika
**Länge:** 6400 km
**Einzugsgebiet:** 7 Mio. km$^2$
**Quellregion:** Osthänge der Anden
**Wichtigste Nebenflüsse:** Japura, Jurua, Napo, Negro, Purus, Putumayo und Ucayali
**Mündet in:** den Atlantik

### 3 Changjiang

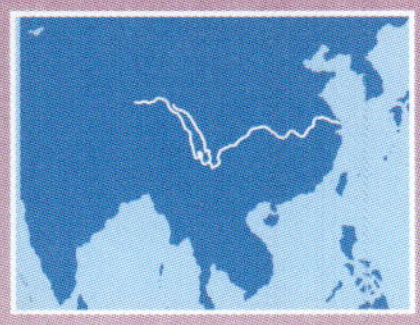

Der Changjiang (Jangtsekiang) ist der längste Fluss Asiens und wohl der tiefste der Erde. In einigen Laufabschnitten kann der Strom bei Hochwasser auf bis zu 50 m ansteigen.

**Lage:** Ostasien
**Länge:** 6300 km
**Einzugsgebiet:** 1,8 Mio. km$^2$
**Quellregion:** Tibetisches Hochland
**Wichtigste Nebenflüsse:** Gan Jiang, Han, Jialing
**Mündet in:** das Ostchinesische Meer

### 4 Mississippi

Der Mississippi unterteilt die USA in zwei Teile. Das Wort Mississippi kommt aus dem Algonquin, einer Indianersprache, und bedeutet „Vater der Gewässer".

**Lage:** Nordamerika
**Länge:** 6000 km
**Einzugsgebiet:** 3,2 Mio. km$^2$
**Quelle:** Lake Itasca, US-Bundesstaat Minnesota
**Wichtigste Nebenflüsse:** Arkansas und Missouri
**Mündet in:** den Golf von Mexiko

### 5 Jenissei

Das Einzugsgebiet des Jenissei in Sibirien ist fast so groß wie das des Mississippi. Die Länge ist umstritten, je nachdem, welche Nebenflüsse eingeschlossen werden.

**Lage:** Russland
**Länge:** 5540 km
**Einzugsgebiet:** 2,6 Mio. km$^2$
**Quellregion:** Baikalien
**Wichtigste Nebenflüsse:** Angara, Steinige und Untere Tunguska
**Mündet in:** die Karasee (Nordpolarmeer)

**FAKTEN**

Sämtliche Flüsse unseres Planeten enthalten nur 0,0001 % der irdischen Wasservorräte.

## WASSERFÄLLE

Wasserfälle oder Katarakte ergießen sich über Stufen im Flussbett. Je nachdem, ob diese Stufen im Lauf der Zeit beseitigt werden oder aber in die Höhe wachsen, unterscheidet man zwei Grundarten von Wasserfällen:

- **Destruktive Wasserfälle** Bei dieser Art, zu der die meisten Wasserfälle gehören, werden die Stufen im Flussbett vom fließenden Wasser zerschnitten und die Fallkante gleichzeitig flussaufwärts verlagert. Typische Beispiele sind etwa die Niagarafälle an der Grenze zwischen Kanada und den USA oder die Rheinfälle bei Schaffhausen. Destruktive Wasserfälle findet man hauptsächlich in ehemals vergletscherten Hochgebirgen.
- **Konstruktive Wasserfälle** Bei diesen Wasserfällen wachsen die Stufen im Flussbett in die Höhe, und zwar oft mit erstaunlicher Geschwindigkeit. Dies geschieht v. a. in Karstlandschaften durch die Ausscheidung von im Flusswasser gelöstem Kalk als Sinter, wie bei den Wasserfällen zwischen den Plitwitzer Seen in Kroatien.

**Höchster Wasserfall der Welt** Der Angel Fall in Venezuela stürzt 979 m in die Tiefe.

## WISSENSWERTES

- **Der Wasserfall mit der größten mittleren Wassermenge:** Boyoma-Fälle, Kongo, mit 17 000 m³ pro Sekunde.
- **Der breiteste Wasserfall:** Die Khone-Fälle des Mekong in Laos sind 10,8 km breit. Obwohl die Höhe des Wasserfalls lediglich 70 m beträgt, wird die pro Sekunde in die Tiefe stürzende Wassermenge auf 11 600 m³ geschätzt.
- **Der höchste Wasserfall in Europa:** Mardalsfoss, Norwegen, mit 655 m.

Siehe auch
44–5 **Seen**
48–9 **Gletscher**
50–1 **Berge und Gebirge**

## Weitere große Flüsse

**Darling** (Australien)
2740 km. Der längste Fluss Australiens.

**Wolga** (Russland)
3531 km. Der längste Fluss Europas.

**Donau** (Europa)
2858 km. Der Fluss berührt auf seinem Lauf nicht weniger als neun europäische Staaten.

**Rhein** (Europa)
1320 km. Die wichtigste Wasserstraße Mitteleuropas.

### 6 Huang He

Der Huang He (Hwangho, Gelber Fluss) verdankt seinen Namen den gewaltigen Massen von gelblichem Schlamm, den er mitführt. Das Delta des Huang He wächst daher mit 2 km pro Jahr sehr schnell.

**Lage:** China
**Länge:** 5464 km
**Einzugsgebiet:** 750 000 km²
**Quellregion:** Tibetisches Hochland
**Wichtigste Nebenflüsse:** Fen, Wei
**Mündet in:** das Gelbe Meer

### 7 Ob

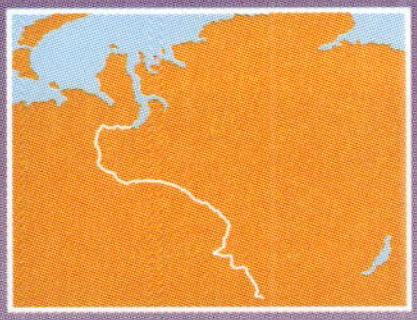

Der Ob entsteht durch die Vereinigung der Quellflüsse Bija und Katun im Zentrum Asiens. Er schlängelt sich durch Westsibirien, bevor er etwa 500 km östlich des Uralgebirges den Irtysch aufnimmt.

**Lage:** Russland
**Länge:** 5410 km
**Einzugsgebiet:** 2,9 Mio. km²
**Quellregion:** Altaigebirge
**Wichtigste Nebenflüsse:** Bija, Chulym, Irtysch, Katun
**Mündet in:** das Nordpolarmeer

### 8 Kongo

Das Einzugsgebiet des Kongo umfasst die tropischen Regenwälder Zentralafrikas. Er ist, was die mittleren Abflussmengen anbelangt, nach dem Amazonas der zweitgrößte Fluss der Erde.

**Lage:** Zentralafrika
**Länge:** 4700 km
**Einzugsgebiet:** 3,5 Mio. km²
**Quellregion:** Mitumbaberge
**Wichtigste Nebenflüsse:** Aruwimi, Lomami, Lualaba
**Mündet in:** den Atlantischen Ozean

### 9 Amur

Der Amur entspringt an der Grenze zwischen Sibirien und der Mandschurei. Über 2000 km hinweg bildet er die Grenze zwischen Russland und China. Dort wird er Heilong Jiang genannt.

**Lage:** Russland/China
**Länge:** 4400 km
**Einzugsgebiet:** 1,9 Mio. km²
**Quellregion:** Ostsibirien
**Wichtigste Nebenflüsse:** Onon, Schilka
**Mündet in:** das Ochotskische Meer

### 10 Lena

Der größte Strom Nordostsibiriens ist von seinem weiten Delta aus auf 3500 km Länge schiffbar, allerdings nur von Mai/Juni bis Oktober/November, wenn die Schifffahrt nicht durch Eis behindert wird.

**Lage:** Russland
**Länge:** 4400 km
**Einzugsgebiet:** 2,5 Mio. km²
**Quellregion:** Baikalien
**Wichtigste Nebenflüsse:** Tschura, Wiljui, Witim
**Mündet in:** die Laptewsee (Nordpolarmeer)

*Ein See ist eine mit Süß- oder Salzwasser gefüllte, allseits geschlossene Senke der Erdoberfläche, die als Wassermasse nicht mit dem Meer in direkter Verbindung steht. Die meisten Seen der Erde befinden sich in den während der Eiszeiten vergletscherten Gebieten sowie in den Wüsten.*

## DIE ENTSTEHUNG DER SEEN

Geschlossene Senken der Erdoberfläche können durch eine Vielzahl von geologischen Vorgängen entstehen.

- Tektonische Kräfte in der Erdkruste formen Mulden und Gräben, in denen sich das Wasser ansammelt.
- Durch Bergstürze, Schlammlawinen, Lavaströme und Moränen können Täler abgedämmt werden. Hinter den Barrieren füllen sich diese Täler dann mit Wasser.
- Gletscher tiefen sich in das Land ein.
- Explosionsartige Vulkanausbrüche sprengen Krater und Kessel in die Erdoberfläche.
- Flussmäander werden abgeschnitten und bilden Altwasserseen.

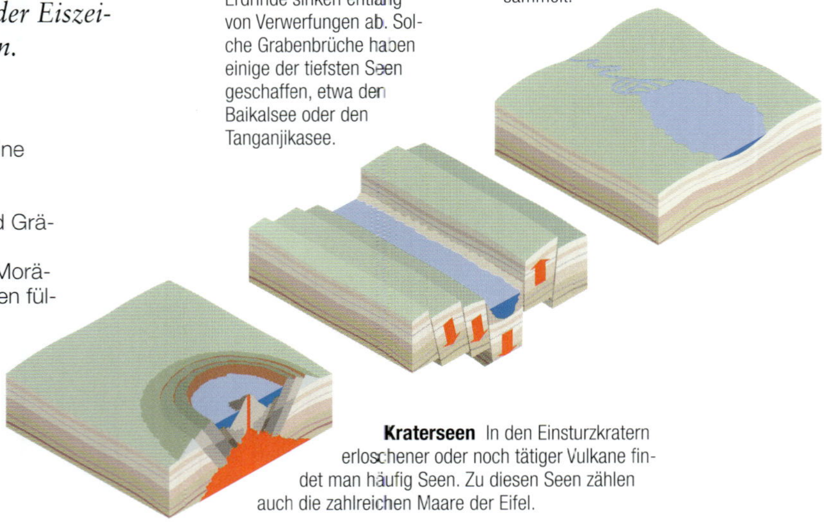

**Muldenseen** Durch Einmuldung entstehen Senken, in denen sich das Wasser sammelt.

**Grabenseen** Längliche Bruchstücke der festen Erdrinde sinken entlang von Verwerfungen ab. Solche Grabenbrüche haben einige der tiefsten Seen geschaffen, etwa den Baikalsee oder den Tanganjikasee.

**Kraterseen** In den Einsturzkratern erloschener oder noch tätiger Vulkane findet man häufig Seen. Zu diesen Seen zählen auch die zahlreichen Maare der Eifel.

## DIE GRÖSSTEN SEEN DER ERDE

### 1 Kaspisches Meer

Das Kaspische Meer wird durch die Wolga gespeist. Es besitzt keinen Abfluss und ist im Lauf der Zeit zu einem Brack- bis Salzwassersee geworden. Sein Spiegel liegt heute etwa 27 m unter dem Meeresniveau.

**Lage:** Südwestasien
**Fläche:** 370 998 km²
**Maximale Tiefe:** 1025 m
**Länge:** 1200 km

### 2 Oberer See

Der Obere See (Lake Superior) ist der größte und westlichste der Großen Seen Nordamerikas. Sein nördliches Ufer liegt überwiegend in Ontario, Kanada, der Rest verteilt sich auf die US-Bundesstaaten Michigan, Minnesota und Wisconsin.

**Lage:** Nordamerika
**Fläche:** 82 100 km²
**Maximale Tiefe:** 405 m
**Länge:** 560 km

### 3 Victoriasee

Der Victoriasee ist der größte See Afrikas. Sein Spiegel befindet sich 1134 m über dem Meeresniveau. Der wichtigste Zufluss des relativ seichten Gewässers ist der Kagera. Am nördlichen Ufer verlässt der Victoria-Nil den See.

**Lage:** Ostafrika
**Fläche:** 69 490 km²
**Maximale Tiefe:** 85 m
**Länge:** 337 km

### 4 Huronsee

Der Huronsee, der zweitgrößte der Großen Seen Nordamerikas, empfängt Wasser vom Oberen See und dem Michigansee und besitzt einen Abfluss in den Eriesee. Wie der Obere See befindet er sich auf der Grenze zwischen den USA und Kanada.

**Lage** Nordamerika
**Fläche:** 59 600 km²
**Maximale Tiefe:** 229 m
**Länge:** 332 km

### 5 Michigansee

Der Michigansee ist der drittgrößte See Nordamerikas und wie die meisten Seen dieses Kontinents von Gletschern geformt worden. Er liegt ganz in den USA, wo er sich auf die Bundesstaaten Illinois, Indiana, Michigan und Wisconsin verteilt.

**Lage:** Nordamerika
**Fläche:** 57 800 km²
**Maximale Tiefe:** 281 m
**Länge:** 494 km

## Der Lebenszyklus von Seen

Seen werden über Quellen, Bäche und Flüsse mit Grund- und Schmelzwasser gespeist, außerdem über Niederschläge. Einige wenige Seen sind Jahrmillionen alt, die meisten besitzen jedoch eine geringe Lebenserwartung. Sie verdunsten, wenn das Klima trockener wird, oder es sammeln sich so viele Sedimente in den Senken an, dass sie verlanden. In den Trockengebieten der Erde entstehen oder verschwinden Seen im Lauf des Jahres und trocknen manchmal über lange Zeiträume hinweg vollkommen aus. Die so genannten Endseen, die keinen Abfluss besitzen, sind in der Regel auch Salzseen oder -sümpfe.

**Salzsee** Das Wasser dieses Sees in der Atacamawüste in Chile enthält einen hohen Anteil gelöster Salze. Wenn das Wasser bei trockenem Klima verdunstet, scheiden sich die Salze wieder aus.

## WEITERE GROSSE SEEN

| Südamerika | km² |
|---|---|
| Maracaibo, Venezuela | 13 300 |
| Titicacasee, Peru/Bolivien | 8300 |
| Poopó, Bolivien | 2500 |
| Lago Buenos Aires, Chile/Argentinien | 2240 |
| Mar Chiquita, Argentinien | 1850 |
| **Europa** | |
| Ladogasee, Russland | 17 703 |
| Onegasee, Russland | 9720 |
| Vänersee, Schweden | 5584 |
| Saimasee, Finnland | 1460 |
| Mälarsee, Schweden | 1140 |
| Inarisee, Finnland | 1102 |
| **Australien/Neuseeland** | |
| Eyre, Australien* | 9300 |
| Torrens, Australien* | 5776 |
| Gairdner, Australien* | 4780 |
| Frome, Australien* | 2400 |
| Amadeus, Australien* | 880 |
| Taupo, Neuseeland | 606 |

** in der Regel ausgetrocknet*

## Alpenrandseen

Viele Seen säumen die Alpen, etwa der Attersee, Bodensee, Chiemsee, Comer See, Gardasee, Genfer See, Lago Maggiore, Luganer See, Neuenburgersee, Vierwaldstättersee oder Zürichsee.

Die Seebecken wurden alle im Eiszeitalter von Gletschern ausgefurcht, die aus dem alpinen Hochgebirge bis weit ins Vorland vorstießen. Manchmal erleichterten Bruchzonen in der Erdkruste die Erosionsarbeit.

## Stauseen

Nicht wenige Seen der Welt sind Werke des Menschen. Zu den größten in Afrika gehört der vom Assuan-Hochdamm aufgestaute Nassersee, der seit 1970 den natürlichen Lauf des Nil auf ungefähr 480 km Länge unterbricht und einen erheblichen Eingriff in die Natur bedeutet. Etwa ein Sechstel seines Wassers verdunstet ohne Nutzen und wird so den Verbrauchern am Unterlauf entzogen.

## WISSENSWERTES

**Süßwasserreichster und tiefster See** Der bis 1637 m tiefe Baikalsee enthält mit rund 23 000 km³ mehr Wasser als die Ostsee und ist zugleich mit über 1000 örtlich begrenzten Arten ein einzigartiges Ökosystem.

**Höchster schiffbarer See** Der Spiegel des Titicacasees in den peruanisch-bolivianischen Anden liegt 3810 m über dem Meeresniveau. Der See ist 196 km lang und besitzt eine durchschnittliche Breite von 56 km.

### 6 Tanganjikasee

Der Tanganjikasee ist der Fläche nach der zweitgrößte See Afrikas und der zweittiefste der Erde. Der Lukunga fließt aus dem Tanganjikasee heraus in den Kongo.

**Lage:** Ostafrika
**Fläche:** 32 900 km²
**Maximale Tiefe:** 1435 m
**Länge:** 680 km

### 7 Aralsee

Der Aralsee ist der zweitgrößte Salzwassersee der Erde. Im Jahr 1960 war er noch der viertgrößte See der Erde. Die Umlenkung der ihn speisenden Flüsse zur Bewässerung der Felder hat seither jedoch dazu geführt, dass er dramatisch geschrumpft ist. Heute besitzt er weniger als ein Fünftel des Volumens, das er 1960 hatte.

**Lage:** Zentralasien, im südwestlichen Kasachstan und nordwestlichen Usbekistan
**Fläche:** 32 370 km²
**Maximale Tiefe:** 54 m
**Länge:** 270 km

### 8 Großer Bärensee

Der Große Bärensee ist der größte See auf dem Boden Kanadas. Er liegt in der Nähe der Nordküste des Landes direkt unter dem Polarkreis und ist somit einer der nördlichsten Seen der Erde.

**Lage:** Nordwest-Territorien
**Fläche:** 31 330 km²
**Maximale Tiefe:** 446 m
**Länge:** 300 km

### 9 Baikalsee

Der Baikalsee ist der mit Abstand tiefste See der Erde. An einigen Stellen reicht er mehr als 1000 m unter den Meeresspiegel hinab. Er wird durch 336 Flüsse gespeist, doch nur durch einen entwässert.

**Lage:** Südsibirien
**Fläche:** 31 500 km²
**Maximale Tiefe:** 1637 m
**Länge:** 636 km

### 10 Malawisee

Der auch als Njassasee bekannte Malawisee zählt zu den großen Grabenseen Ostafrikas und weltweit zu den artenreichsten stehenden Gewässern. Allein über 400 Arten von Buntbarschen kommen in ihm vor.

**Lage:** Ostafrika
**Fläche:** 28 900 km²
**Maximale Tiefe:** 695 m
**Länge:** 627 km

**Der tiefblaue Crater Lake** im US-Bundesstaat Oregon füllt einen fast 600 m tiefen Kessel vulkanischen Ursprungs.

**Der Loch Coruisk** in den schottischen Highlands ist ein charakteristischer Gletschersee aus der jüngsten Eiszeit.

Siehe auch
30–1 **Der Aufbau der Erde**
36–7 **Vulkane**
42–3 **Flüsse**
48–9 **Gletscher**

*Inseln können auf ganz unterschiedliche Weise entstehen. Die größten Inseln der Erde bestehen aus kontinentaler Erdkruste und liegen meist auch nicht allzu weit von den Festländern entfernt. Die eigentlichen ozeanischen Inseln im Innern der Ozeane sind dagegen fast ausnahmslos von Vulkanen geschaffen worden. In den warmen Meeren wurden sie dabei von riffbildenden Korallen unterstützt.*

**FAKTEN**

**Am 14. November 1963 tauchte südwestlich von Island eine neue Vulkaninsel aus dem Meer auf. Sie wurde Surtsey genannt.**

## Die größten Inseln der Welt

Die größten Inseln unseres Planeten sind nicht oder nur zum kleinen Teil vulkanischen Ursprungs. Sie gehören geologisch zu den benachbarten Kontinenten, etwa Grönland zu Nordamerika. Einige waren noch bis vor etwa 10 000 Jahren durch Landbrücken mit den Festländern verbunden. Diese maßstabsgetreuen Satellitenbilder zeigen die zehn größten Inseln der Erde.

1 Charles Darwin entwickelte die Theorie, nach der die Atolle oder Kranzriffe warmer Meere auf den Fundamenten erloschener und versunkener Vulkane entstanden sind.

2 Versinkt eine Vulkaninsel langsam im Meer, dann wächst an ihren Rändern dicht unter dem Meeresspiegel ein Korallenriff empor. In diesem Stadium wird es als Saum- oder Wallriff bezeichnet.

3 Der Vulkan ist fast ganz verschwunden. Seinen Platz hat ein Atoll eingenommen, das eine flache Lagune umschließt.

## Schlüsselbegriffe

**Atoll** Ein ringförmiges Korallenriff, das eine Lagune umschließt und in der Regel auf einem versunkenen Vulkan entstanden ist.
**Fastatoll** Ein ringförmiges Riff auf einem vulkanischen Sockel, bei dem noch die oberste Spitze des versunkenen Vulkans aus der Lagune ragt.
**Key** Eine Insel aus Korallensand und -schlamm.
**Lagune** Ein vom offenen Ozean getrenntes, flaches Meeresbecken.
**Riff** Allgemein eine meist felsige Untiefe im Meer, die häufig von Steinkorallen geschaffen wurde.

## MADAGASKAR: EINE ARCHE NOAH

Die meisten der auf der Insel Madagaskar heimischen Tier- und Pflanzenarten sind weltweit nur dort zu finden. Nachdem sich die Insel von Afrika gelöst hatte, ging die Evolution der Arten in Madagaskar eigene Wege. Zu den seltsamsten Gewächsen der Insel gehört der Baobab (links), ein riesiger Baum, der im Stamm Wasser speichern kann.

**Korallenstädte** Das Great Barrier Reef vor der Ostküste Australiens erstreckt sich über mehr als 2000 km. Seine Korallenkalkschichten sind mehrere hundert Meter dick. Da Korallen nur in der obersten lichtdurchfluteten Zone der Meere existieren können, muss sich der Untergrund der Riffe langsam gesenkt haben. Eine andere Ursache könnte der Anstieg des Meeresspiegels sein.

**1 Grönland Nordatlantik.**
Fläche: 2 175 600 km². Gut vier Fünftel der Insel sind mit Eis bedeckt. An einigen Stellen erreicht das Eis eine Stärke von 3 km. Sollte es schmelzen, würde der Meeresspiegel um 7 m ansteigen.

**2 Neuguinea Australasiatisches Mittelmeer.**
Fläche: 808 510 km². Naturkatastrophen machen Neuguinea zu einer der gefährlichsten Inseln der Welt. Die Gebirge Neuguineas sind mit Vulkanen übersät; die Küsten werden von Tsunamis verwüstet.

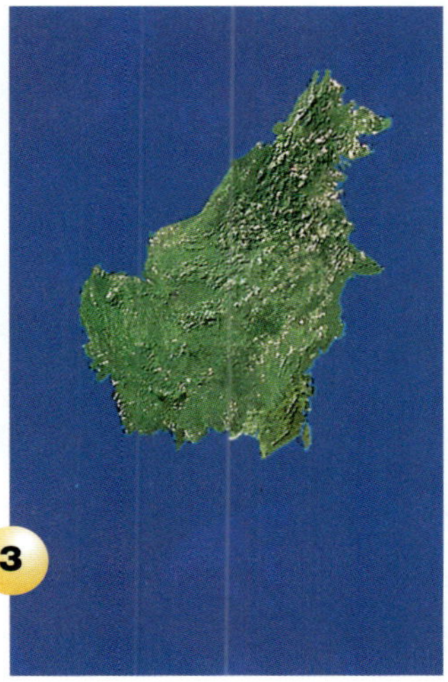

**3 Borneo Südchinesisches Meer.**
Fläche: 757 050 km². Auf Borneo befindet sich im Gunung Mulu Nationalpark die mit 600 m Länge größte Höhle der Erde.

**4 Madagaskar Indischer Ozean.**
Fläche: 587 000 km². Auf Madagaskar haben sich, vom afrikanischen Festland isoliert, eine einzigartige Flora und Fauna entwickelt.

**5 Sumatra Indischer Ozean.**
Fläche: 524 100 km². Der Tobasee auf Sumatra ist ein riesiger Kratersee mit einer Fläche von 1166 km², der durch die Explosion eines Vulkans vor 74 000 Jahren entstanden ist.

**6 Baffinland Kanadisches Nordpolarmeer.**
Fläche: 476 070 km². Baffinland ist die größte Insel des Kanadisch-Arktischen Archipels.

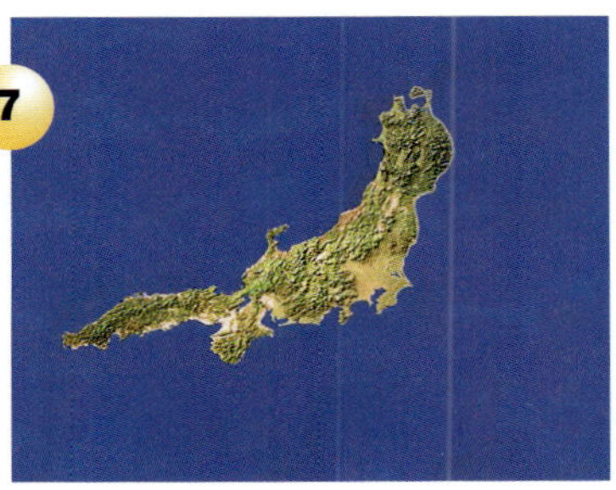

**7 Honshu Nordpazifik.**
Fläche: 230 455 km². Auf der japanischen Hauptinsel liegt Tokio/Yokohama, das größte urbane Ballungszentrum der Welt.

**8 Großbritannien Nordatlantik.**
Fläche: 229 870 km². Großbritannien nimmt 1/1000 der Erdoberfläche ein; dort lebt jedoch 1/100 der Weltbevölkerung.

**9 Ellesmere Island Kanadisches Nordpolarmeer.**
Fläche: 212 690 km². Von der stark vergletscherten Insel schieben sich Eisströme bis ins Meer vor und bilden einen Eisschelf.

**10 Victoria Island Kanadisches Nordpolarmeer.**
Fläche: 212 200 km². Victoria Island, die drittgrößte Insel des Kanadisch-Arktischen Archipels, wurde erst 1851 von Europäern erforscht.

Siehe auch
30–1 **Der Aufbau der Erde**
36–7 **Vulkane**
40–1 **Die Weltmeere**

# Gletscher

**Gewaltige Ströme aus Eis formen die Landschaften**

*Gletscher bestehen aus Eis, das sich im Lauf von Jahren und Jahrzehnten aus Neuschnee gebildet hat. Sie sind zwar feste Körper, verhalten sich aber wie Flüssigkeiten, die sehr langsam fließen. Einige Gletscher erreichen gerade die Größe von Fußballfeldern, andere bedecken dagegen fast einen ganzen Kontinent. Insgesamt beträgt die vergletscherte Fläche der Erde gegenwärtig rund 16 Mio. km².*

## DIE LÄNGSTEN GLETSCHER

Die Länge der größten Gletscher der Welt ist in dieser Graphik durch die blauen Blöcke dargestellt.

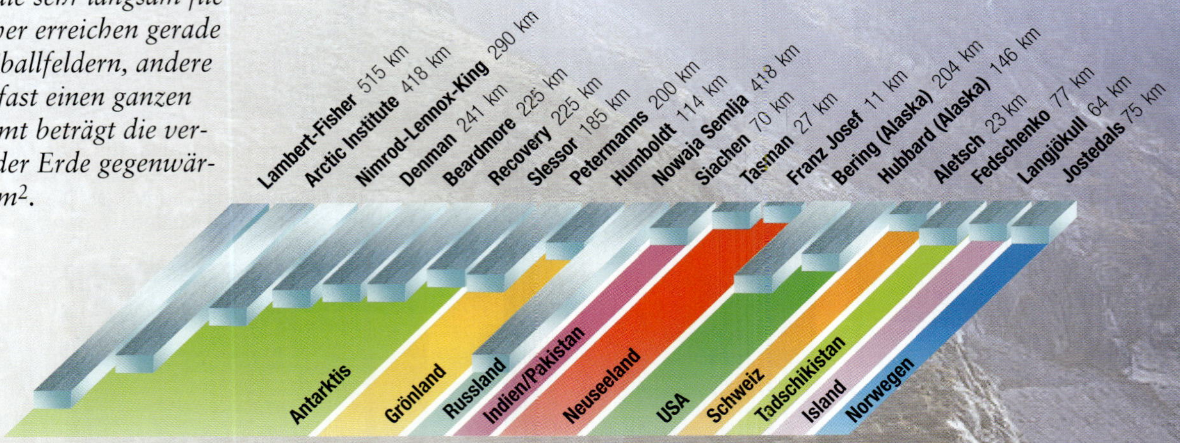


## WIE UND WARUM ENTSTEHEN GLETSCHER?

- Gletscher bilden sich überall dort, wo der Schnee lange genug liegen bleibt, um sich in Eis zu verwandeln.
- Die Umwandlung von Schnee in Eis vollzieht sich vor allem durch vielfaches Antauen und Wiedergefrieren.
- Im Nährgebiet der Gletscher fällt im Jahresdurchschnitt mehr Schnee als verdunstet und schmilzt. Hat die angehäufte Eismasse eine Stärke von ungefähr 8 m erreicht, dann gerät sie unter ihrem eigenen Gewicht in Bewegung und fließt talwärts.
- Je nach dem Verhältnis zwischen der Zufuhr von Schnee und dem Abschmelzen bzw. Verdunsten von Eis stoßen die Gletscherzungen vor oder weichen zurück.
- Gletscherbewegungen sind meist sehr langsame Erscheinungen. Gegenwärtig schrumpfen die Gletscher fast überall – wahrscheinlich durch die Erwärmung der Atmosphäre. An den Polen stoßen dagegen manche Eisströme kräftig vor. Sie werden offenbar von der wärmeren, wasserdampfreicheren Atmosphäre mit Schnee versorgt.

**Gletschermerkmale** Gletscher entstehen jenseits der klimatischen Schneegrenze in den Polargebieten und Hochgebirgen der Erde. Von dort strömen sie mit Gesteinsschutt beladen in ihr so genanntes Zehrgebiet oder enden im Meer.

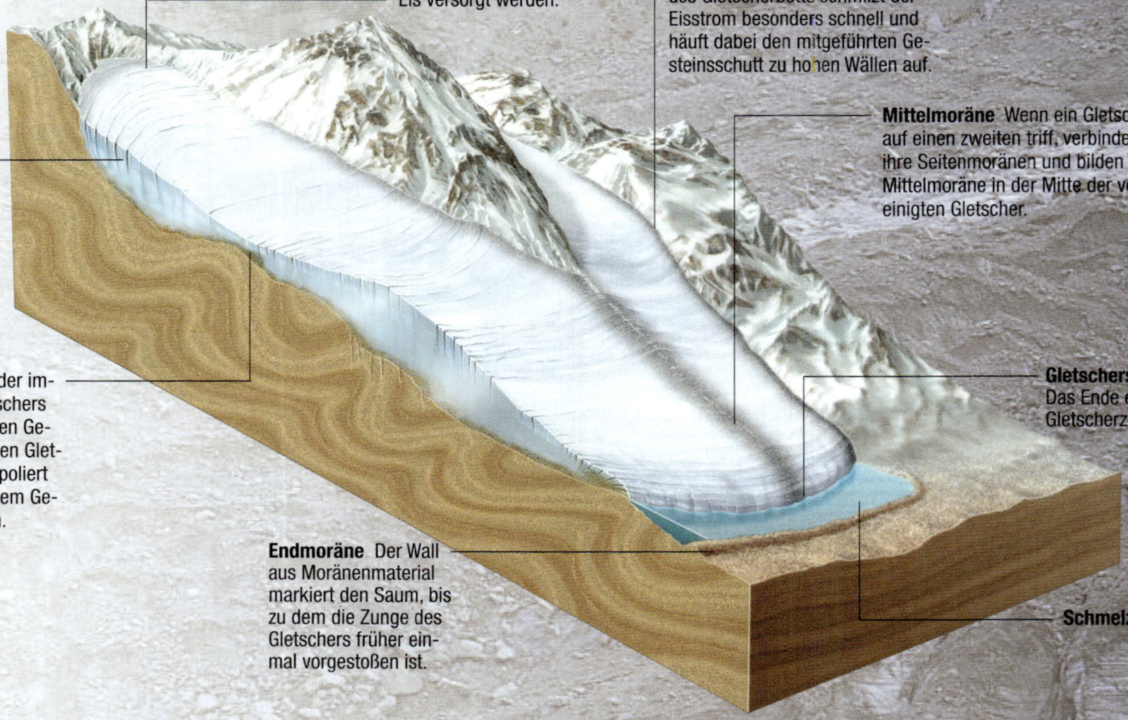

**Ein Meer aus Eis** Das Mer de Glace am Fuß des Mont Blanc in Hochsavoyen gehört zu den größten Gletschern der Alpen. Der knapp 15 km lange und bis etwa 1,5 km breite Eisstrom misst an der dicksten Stelle fast 200 m. Er wird von tiefen Spalten durchzogen, weil das Eis an den Ufern des Gletscherbetts durch die Reibung am Fels wesentlich langsamer als in der Mitte fließt und auf diese Weise enorme Spannungen im Gletscher entstehen. Pro Jahr schiebt sich das Eis maximal um rund 70 m vor.

## Schlüsselbegriffe

- **Drumlin** Ein länglicher, niedriger Hügel aus Moräne, der durch einen kurzfristigen Vorstoß eines Gletschers geformt wurde.
- **Findling** Ein großer Gesteinsblock, den die Gletscher oft über weite Strecken transportiert und schließlich abgesetzt haben, als das Eis schmolz.
- **Fjord** Eine lange, tiefe Bucht, die aus einem eiszeitlichen Trogtal hervorgegangen ist und in der Nacheiszeit vom Meer überflutet wurde.
- **Grat** Ein scharfkantiger, zerklüfteter Bergkamm, der nach beiden Seiten hin steil abfällt.
- **Kar** Eine Felsmulde, die von einem kleineren Gletscher in einen Berghang gegraben wurde.
- **Moränen** Das von Gletschern transportierte und abgelagerte unverfestigte Gesteinsmaterial, aber auch die daraus bestehenden Landschaftsformen wie Seiten-, Mittel- und Grundmoränen. Am Ende des Gletschers sammeln sich die Schuttmassen zur Endmoräne.
- **Trogtal** Ein steilwandiges Tal mit U-förmigem Querschnitt, das Gletscher ausgehobelt haben. Derartige Täler besaßen ursprünglich häufig den V-förmigen Querschnitt eines Kerbtals.

Siehe auch

42–3 **Flüsse**
44–5 **Seen**
50–1 **Berge und Gebirge**

*Als Berg wird jede Erhebung der festen Erdoberfläche bezeichnet, die ihre nähere Umgebung deutlich überragt. Gebirge und Bergländer sind mehr oder weniger große Gruppen von Bergen. Die Grenze zwischen den Mittelgebirgen und den Hochgebirgen wird meist bei 1500 m Meereshöhe gezogen, obwohl es ähnlich wie bei der Unterscheidung von Hügeln und Bergen keine international verbindliche Norm gibt.*

## DIE GEBIRGSBILDUNG

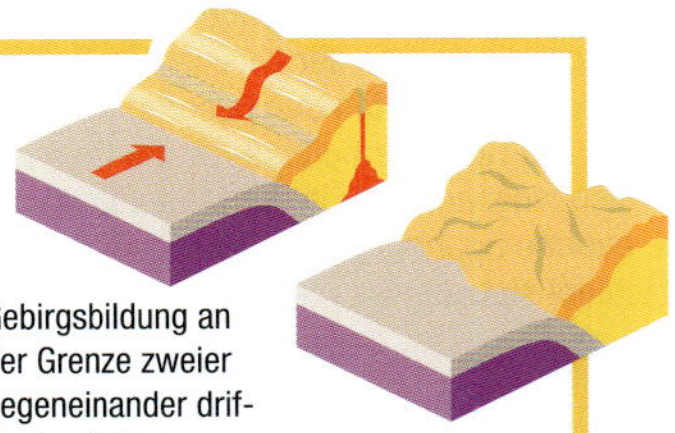


Berge und Gebirge werden nach der Art ihrer Entstehung unterteilt.

**Kettengebirge** Sie wurden durch die Kollision von Platten der Erdrinde gebildet. Mit der Hebung begann gleichzeitig die Abtragung der oft gefalteten Gesteinsschichten. Zu den Kettengebirgen zählen die höchsten Gebirge der Erde wie der Himalaja, die Anden oder die Alpen.

**Vulkane** Vulkanische Gebirge bestehen häufig aus einzelnen markanten Bergkegeln wie dem Cotopaxi in Ecuador, der als höchster aktiver Vulkan unseres Planeten gilt.

**Rumpfgebirge** Hierbei handelt es sich um alte Kettengebirge, die bis auf ihre Fundamente eingeebnet und erst nach vielen Millionen Jahren auf die heutige Höhe gehoben wurden. Zu ihnen gehören die meisten Mittelgebirge, in Deutschland etwa das Rheinische Schiefergebirge.

**Inselberge** Inselberge sind inselartige Reste einst ausgedehnter Gebirge und Bergländer, die im Lauf der Zeit durch flächenhafte Abtragung aufgezehrt wurden, wie der Uluru (Ayers Rock) in Australien.

### Die höchsten Berge jedes Kontinents

Hohe Berge findet man auf allen Kontinenten der Erde. Einige Erdteile sind im Durchschnitt jedoch flacher als andere, z. B. Australien und Europa. Asien besitzt dagegen mit 925 m die höchste mittlere Höhe aller Kontinente, ausgenommen Antarktika, das von einer riesigen Eiskappe bedeckt ist.

**Mount Everest** Der vom Meeresspiegel aus gemessen höchste Berg der Welt beherrscht den Himalaja, ein Kettengebirge, das vor etwa 40 Mio. Jahren entstand, als die Indische Platte heftig gegen die Eurasische Platte prallte.

**FAKTEN** Im Himalaja (das Hochgebirge Karakorum eingeschlossen) ragen sämtliche 14 Achttausender der Erde auf.

## Berge und Gebirge der Erde

**DIE LÄNGSTEN GEBIRGSKETTEN**
1. **Anden** Südamerika 7200 km
2. **Rocky Mountains** Nordamerika 6000 km
3. **Himalaja/Karakorum/Hindukusch** Asien 3900 km
4. **Great Dividing Range** Australien 3700 km
5. **Serra do Mar** Brasilien 3000 km
6. **Barisangebirge** Indonesien 2900 km
7. **Tienschan** Zentralasien 2300 km
8. **Ostghats** Indien 2100 km

**DIE HÖCHSTEN GEBIRGSKETTEN**
(Höhe über dem Meeresspiegel)
**Himalaja/Karakorum/Hindukusch** 8848 m
**Anden** bis 6960 m
**Alaska-Kette** bis 6198 m

**WEITERE BERGE UND GEBIRGE**
**Alpen** Europa 1200 km lang
**Chimborazo** Ecuador 6310 m. Vom Erdmittelpunkt aus gemessen höchster Berg der Erde
**Mauna Kea** Hawaii 10 200 m über dem Meeresboden
**Fudjisan (Fudschijama)** Japan 3776 m. Ein ruhender Vulkan

## Verwitterung und Abtragung

In der Gestalt der Berge spiegelt sich ihr geologischer Aufbau, aber noch mehr die verschiedenen Vorgänge der Verwitterung und Abtragung. Der wichtigste Verwitterungsprozess in den Hochgebirgen ist die Frostsprengung. Sie zermürbt das Gestein und bereitet es auf den Angriff des fließenden Wassers, des Windes und der Gletscher vor, die es zu Tal tragen. Zerrüttete Felsen setzen sich bei Bergstürzen auch durch ihr eigenes Gewicht in Bewegung. Am Fuß der Felswände häufen sich so im Lauf der Zeit große Halden aus Gesteinsschutt – die Gebirge ertrinken nach und nach in ihrem eigenen Schutt.

Auch die Gesteinsart bestimmt die Form der Berge. In den leicht löslichen Kalkstein ätzt das säurehaltige Regen- und Schmelzwasser scharfe Kerben und tiefe Höhlen. Der nur schwer lösliche Granit wird oft zu abgerundeten, domartigen Gipfeln geformt.

**Die Französischen Alpen** Gletscher haben scharfe Grate und tiefe Trogtäler geformt.

**Die Dolomiten** Harter, massiger Dolomit, ein enger Verwandter des Kalksteins, tritt in dem Südtiroler Gebirge an den schroffen Felswänden und -zinnen zutage.

Siehe auch
30–1 **Der Aufbau der Erde**
36–7 **Vulkane**
42–3 **Flüsse**
48–9 **Gletscher**

# Die Erdatmosphäre

**Die Lufthülle unseres Planeten**

*Die Atmosphäre ist die dünne Gashülle unseres Planeten. Sie versorgt die Bewohner der Erde mit lebensnotwendigen Stoffen, schützt sie vor gefährlicher Strahlung aus dem Weltraum, schafft ein zuträgliches Klima und macht dadurch die Erde erst zu einem Himmelskörper, auf dem Lebewesen existieren können.*

## DIE STOCKWERKE DER ATMOSPHÄRE

Die Atmosphäre reicht von der Erdoberfläche aus 500–1000 km in die Höhe. Sie wiegt etwa 5 Mrd. t und gliedert sich in vier größere Stockwerke, die vorwiegend nach den dort herrschenden Temperaturen abgegrenzt werden.

Am äußeren Rand der Erdatmosphäre befindet sich die Exosphäre, eine Grenzschicht, aus der einzelne ungeladene Luftteilchen das Schwerefeld der Erde verlassen können. Geladene Teilchen werden dagegen vom Magnetfeld der Erde zurückgehalten.

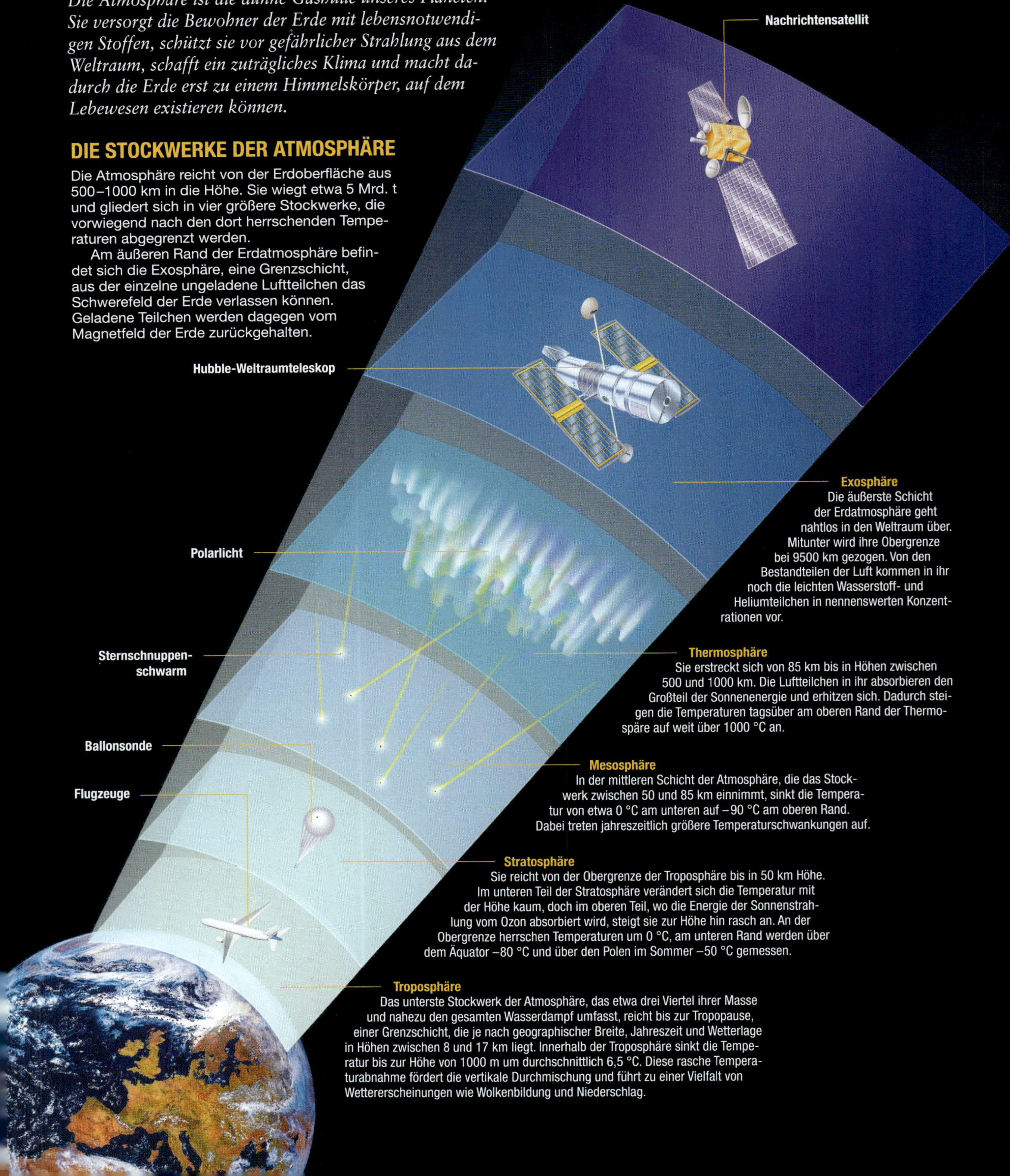


**Exosphäre**
Die äußerste Schicht der Erdatmosphäre geht nahtlos in den Weltraum über. Mitunter wird ihre Obergrenze bei 9500 km gezogen. Von den Bestandteilen der Luft kommen in ihr noch die leichten Wasserstoff- und Heliumteilchen in nennenswerten Konzentrationen vor.

**Thermosphäre**
Sie erstreckt sich von 85 km bis in Höhen zwischen 500 und 1000 km. Die Luftteilchen in ihr absorbieren den Großteil der Sonnenenergie und erhitzen sich. Dadurch steigen die Temperaturen tagsüber am oberen Rand der Thermospäre auf weit über 1000 °C an.

**Mesosphäre**
In der mittleren Schicht der Atmosphäre, die das Stockwerk zwischen 50 und 85 km einnimmt, sinkt die Temperatur von etwa 0 °C am unteren auf –90 °C am oberen Rand. Dabei treten jahreszeitlich größere Temperaturschwankungen auf.

**Stratosphäre**
Sie reicht von der Obergrenze der Troposphäre bis in 50 km Höhe. Im unteren Teil der Stratosphäre verändert sich die Temperatur mit der Höhe kaum, doch im oberen Teil, wo die Energie der Sonnenstrahlung vom Ozon absorbiert wird, steigt sie zur Höhe hin rasch an. An der Obergrenze herrschen Temperaturen um 0 °C, am unteren Rand werden über dem Äquator –80 °C und über den Polen im Sommer –50 °C gemessen.

**Troposphäre**
Das unterste Stockwerk der Atmosphäre, das etwa drei Viertel ihrer Masse und nahezu den gesamten Wasserdampf umfasst, reicht bis zur Tropopause, einer Grenzschicht, die je nach geographischer Breite, Jahreszeit und Wetterlage in Höhen zwischen 8 und 17 km liegt. Innerhalb der Troposphäre sinkt die Temperatur bis zur Höhe von 1000 m um durchschnittlich 6,5 °C. Diese rasche Temperaturabnahme fördert die vertikale Durchmischung und führt zu einer Vielfalt von Wettererscheinungen wie Wolkenbildung und Niederschlag.

## Farbenprächtige Schauspiele am Himmel

**Polarlicht** In den polaren Gegenden der Erde sind am nächtlichen Himmel Leuchterscheinungen zu beobachten, die auf der Nordhalbkugel als Nordlicht oder Aurora borealis, auf der Südhalbkugel als Südlicht oder Aurora australis bezeichnet werden. Sie entstehen dadurch, dass der von der Sonne ausgehende Teilchenstrom vom Magnetfeld der Erde in zwei ringförmigen Zonen um die magnetischen Pole abgelenkt wird und die Atome bzw. Moleküle der Lufthülle in Höhen zwischen 100 und 400 km beim Zusammenprall mit den Teilchen zum Leuchten angeregt werden. Die am Himmel in allen Farben wogenden Bänder, Bogen und Schleier sind am spektakulärsten, wenn die Sonne in Zeiten verstärkter Aktivität mehr Teilchen ausstrahlt. Dann ist das Polarlicht oft auch über den mittleren Breiten zu beobachten.

**Regenbogen** entstehen durch die mehrfache Brechung und Reflexion des Sonnenlichts an der Oberfläche und im Innern von Regentropfen. Dabei wird das weiße Sonnenlicht in seine Farben aufgespalten, und ein Beobachter am Erdboden erkennt an der der Sonne abgewandten Seite vor dunklerem Hintergrund einen (meist in zwei Bänder gegliederten) farbigen Halbkreis.

**Halos** werden durch die Brechung, Spiegelung und seltener Beugung der Lichtstrahlen an Eiskristallen in der Atmosphäre verursacht. Sehr häufig entstehen dadurch Lichtringe.

**Nebensonnen** sind ebenfalls Haloerscheinungen, in diesem Fall leuchtende Farbflecken, die beiderseits der Sonne und in gleicher Höhe mit ihr am Himmel auftreten.

**Polarlicht** Das grünliche Licht der Aurora borealis stammt von Sauerstoffatomen aus Höhen zwischen 120 und 140 km.

## TREIBHAUSEFFEKT UND ERWÄRMUNG DER ERDATMOSPHÄRE

Der Treibhauseffekt ist ein natürliches und segensreiches Phänomen, denn er sorgt dafür, dass auf der Erde für Lebewesen zuträgliche Temperaturen herrschen. Die Strahlungsströme, die dabei vorkommen, gleichen denen in Treibhäusern – daher der Name. Die Glasscheiben eines Treibhauses lassen die kurzwellige Sonnenstrahlung fast ungehindert passieren, die langwellige Ausstrahlung des Erdbodens wird dagegen von ihnen zum großen Teil absorbiert und als Gegenstrahlung in das Innere des Treibhauses zurückgeschickt. Beim Treibhauseffekt der Erdatmosphäre hängt die Stärke der Gegenstrahlung und damit der Energiegewinn von den Anteilen der so genannten Treibhausgase ab. Dazu gehören neben Wasserdampf vor allem Kohlendioxid und Methan, Gase, die u. a. bei der Verbrennung fossiler Brennstoffe und in der Landwirtschaft freigesetzt werden. Die Konzentration dieser Gase ist deutlich gestiegen, und dadurch hat sich die Erdatmosphäre erwärmt.

**Normale Konzentration** Die Atmosphäre wirft vier Fünftel der Ausstrahlung des Erdbodens (orange) als Gegenstrahlung (rot) zurück.

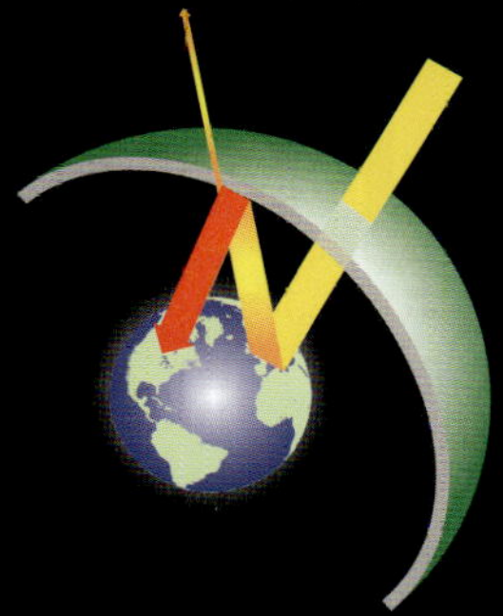

**Erhöhte Konzentration** Der höhere Anteil von Treibhausgasen in der Atmosphäre verstärkt die Gegenstrahlung. Deshalb steigt die Temperatur.

## Die Ozonschicht

Ozon ($O_3$), die aus dreiatomigen Molekülen bestehende Form des Sauerstoffs, kommt in höchster Konzentration in der Stratosphäre in Höhen zwischen 20 und 50 km vor. Das Gas entsteht dort in der so genannten Ozonschicht unter dem Einfluss der ultravioletten Strahlung der Sonne aus dem Sauerstoff der Luft. Die Ozonschicht spielt eine bedeutende Rolle im Strahlungshaushalt der Erde und ist zugleich ein natürlicher Filter, der die Bewohner der Erde vor der schädlichen UV-Strahlung schützt.

**Was ist das Ozonloch?** Der über der Antarktis gelegene Teil der Ozonschicht besitzt zeitweise nur noch etwa ein Drittel seiner ursprünglichen Stärke und lässt deshalb mehr ultraviolette Strahlung zur Erdoberfläche durch. Jahreszeitliche Schwankungen der Ozonkonzentration sind normal, in diesem Fall geht der Abbau jedoch auf die Reaktion des Ozons mit den Zersetzungsprodukten künstlich erzeugter Gase wie der Fluorchlorkohlenwasserstoffe (FCKW) zurück.

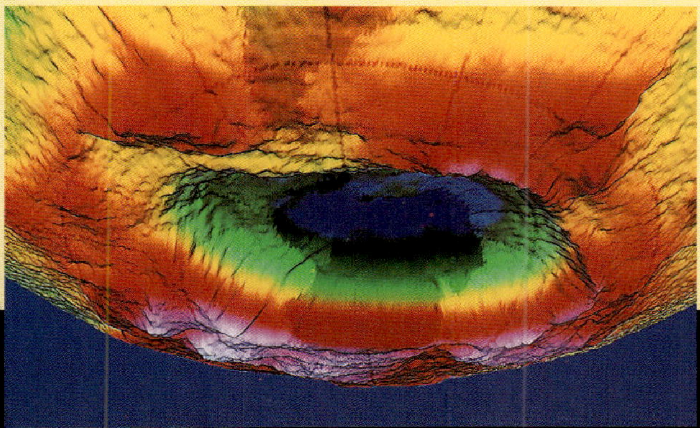

**Ozonloch** Der ausgedünnte Bereich innerhalb der Ozonschicht über der Antarktis ist auf diesem, aus Satellitendaten berechneten Bild blau dargestellt.

**FAKTEN**

Luft besteht zu 78 % aus Stickstoff. Der Sauerstoffanteil beträgt lediglich knapp 21 %.

Siehe auch

14–15 **Planet Erde**
22–3 **Die Sonne**
28–9 **Kometen und Meteoriten**
54–5 **Wetter**

*Das Wetter ist der physikalische Zustand der bodennahen Erdatmosphäre zu einem bestimmten Zeitpunkt und an einem bestimmten Ort und stellt das Zusammenspiel zahlreicher meteorologischer Elemente wie Strahlung, Lufttemperatur, Luftdruck, Luftfeuchtigkeit, Luftbewegung, Bewölkung, Niederschlag, Transparenz oder atmosphärischer Elektrizität dar. Es ändert sich ständig.*

## TIEF- UND HOCHDRUCK

Zu den bedeutendsten meteorologischen Elementen gehört der Luftdruck, der in den Wetterkarten Aufschluss über die Wetterlage in einem bestimmten Gebiet gibt. Zwei Hauptwetterlagen werden dabei unterschieden: Tiefdruck- und Hochdruckwetterlagen. In Regionen mit tiefem Luftdruck steigen die Luftmassen in die Höhe und kühlen sich beim Aufstieg ab. Da kühle Luft weniger Wasserdampf aufnehmen kann als warme, wird irgendwann der Punkt erreicht, an dem Wasserdampf kondensiert und sich Wolken bilden, die dann meist Niederschlag bringen. In Gebieten mit hohem Luftdruck sinken die Luftmassen dagegen ab und werden dabei wärmer und trockener. Wolken können sich daher nicht bilden, es herrscht im Allgemeinen sonniges, trockenes Wetter.

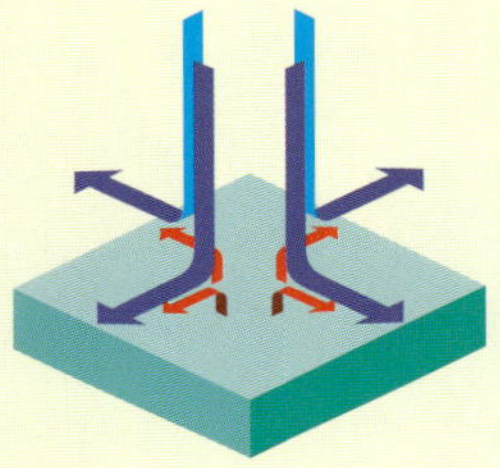

**Hochdruckgebiet** Luftmassen sinken ab, werden dabei wärmer und trockener, sorgen so für schönes Wetter und strömen zum nächsten Tiefdruckgebiet.

**Tiefdruckgebiet** Luftmassen steigen auf und kühlen sich ab. Der Wasserdampf kondensiert; es kommt zur Wolkenbildung und meist auch zu Niederschlägen.

**Winde** sind vorwiegend horizontale Luftströmungen, die durch Luftdruckunterschiede innerhalb der Atmosphäre entstehen. Sie folgen dem Luftdruckgefälle von den Hoch- zu den Tiefdruckgebieten, allerdings wegen der ablenkenden Kraft der Erdrotation und der Reibung am Erdboden nicht auf dem kürzesten Weg. Winde werden vielmehr auf der Nordhalbkugel stets um bis zu 45 Grad nach rechts und auf der Südhalbkugel nach links abgelenkt. Die Windgeschwindigkeit oder Windstärke hängt dabei in erster Linie vom Ausmaß des jeweiligen Luftdruckgefälles ab.

**Windgürtel der Erde**
Die großräumigen Strömungen der atmosphärischen Luftzirkulation ordnen sich in bestimmten Zonen spiegelbildlich zum Äquator an.

Hintergrundbild: ein Tornado bei Caldwell im US-Bundesstaat Kansas am 13. März 1990.

**Regen** entsteht, wenn sich die in der Luft schwebenden Wolkentröpfchen durch verschiedene Vorgänge zu mehr als 0,5 mm großen Tropfen vereinigen. Tropfen dieser Größe können von der Luftströmung in der Regel nicht mehr gehalten werden, fallen aus und erreichen den Erdboden. Große Regentropfen sind allerdings meist aus Schneeflocken oder Hagelkörnern hervorgegangen, die beim Fall durch tiefer liegende, wärmere Schichten schmelzen.

**Schnee** besteht bei sehr tiefen Temperaturen aus einzelnen Eiskristallen, die durch Sublimation – den direkten Übergang vom gasförmigen in den festen Zustand – aus Wasserdampf entstanden sind. Bei Temperaturen um den Gefrierpunkt fallen dagegen größere Schneeflocken, Zusammenballungen aus ineinander verhakten Schneekristallen.
**Die Form eines Schneekristalls** hängt in erster Linie von der Temperatur und dem Wasserdampfgehalt der Luft zur Zeit seiner Entstehung ab. Die typischen sechsstrahligen Schneesterne entstehen nur bei hohem Wasserdampfgehalt und in einem schmalen Temperaturbereich zwischen –14 und –17 °C. Plättchen, Nadeln und Säulen kristallisieren zum Teil bereits bei Temperaturen unter –3 °C aus.

**Gewitter** entladen sich aus kilometerhohen Cumulonimbuswolken, die hauptsächlich entstehen, wenn bodennahe Luftmassen von der Sonneneinstrahlung erhitzt werden und wegen ihrer geringeren Dichte rasch aufsteigen, oder aber, wenn sich kältere, schwere Luft unter wärmere schiebt und diese zum Aufstieg zwingt. In beiden Fällen erreicht die warme, wasserdampfreiche Luft schnell kältere Atmosphärenstockwerke, in denen der Wasserdampf kondensiert, wobei zusätzliche Energie frei wird. Eine Eigenart der Gewitterwolken ist die entgegengesetzte Raumladung in den positiv geladenen oberen und den überwiegend negativ geladenen unteren Teil. Wie es zu dieser Ladungstrennung kommt, ist bis heute nicht eindeutig geklärt. Das enorme Spannungsgefälle führt zu den Blitzen zwischen Wolken bzw. zwischen Wolken und der Erde.

### Beaufortskala

Die Windstärkegrade der Beaufortskala werden nach den Auswirkungen des Windes über Land und See bestimmt.

| Grad | Auswirkung |
|---|---|
| 0 | Windstille; Rauch steigt senkrecht empor; spiegelglatte See |
| 1 | Leiser Zug; Rauch wird etwas abgetrieben |
| 2 | Leichte Brise; Wind am Gesicht fühlbar |
| 3 | Schwache Brise; Blätter und dünne Zweige bewegen sich |
| 4 | Mäßige Brise; Staub wird aufgewirbelt |
| 5 | Frische Brise; kleine Laubbäume beginnen zu schwanken; auf See bilden sich weiße Schaumkämme in großer Zahl |
| 6 | Starker Wind; starke Äste bewegen sich |
| 7 | Steifer Wind; ganze Bäume in Bewegung |
| 8 | Stürmischer Wind; Zweige brechen ab; Kanten von Wellenkämmen werden zu Gischt verweht |
| 9 | Sturm; Dachziegel werden heruntergeweht |
| 10 | Schwerer Sturm; Bäume werden entwurzelt |
| 11 | Orkanartiger Sturm; verbreitete Sturmschäden |
| 12 | Orkan; katastrophale Schäden; auf See ist die Luft mit Gischt und Schaum erfüllt; geringe Sicht |

**Tropische Wirbelstürme** Großräumige Wirbelstürme, die über warmen tropischen Meeren entstehen und häufig Windgeschwindigkeiten von mehr als 200 km/h erreichen. Die wandernden Wirbel, die im Zentrum als typisches Merkmal ein „Auge", eine wolkenfreie, windschwache Zone, besitzen, richten durch orkanartige Winde, sintflutartige Regengüsse und meterhohe Flutwellen an den Küsten oft verheerende Schäden an. Über dem Festland büßen sie ihre Energie meist rasch ein. In den Teilen der Erde, in denen tropische Wirbelstürme häufiger auftreten, werden sie mit unterschiedlichen Namen bezeichnet, in der Karibik heißen sie Hurrikane, im Pazifik dagegen Taifune.

**Tornados** sind kleinräumige, jedoch sehr heftige Wirbelstürme, die im Unterschied zu den tropischen Wirbelstürmen fast ausschließlich über dem festen Land, insbesondere im Mittleren Westen der USA entstehen. Dort prallen in der warmen Jahreszeit kalte Luftmassen aus der Arktis auf feuchtwarme Luftmassen aus den Subtropen und bilden mächtige Gewitterwolken, aus denen dann als charakteristisches Merkmal eines Tornados ein rüsselartiges Gebilde herauswächst. Wo dieser Rüssel, in dem die Luft mit Geschwindigkeiten von mehreren 100 km/h herumgewirbelt wird, auf den Erdboden trifft, hinterlässt er eine Spur der Verwüstung.

## La Niña und El Niño

Von der Westküste Südamerikas ist ein Klimaphänomen bekannt, das dort El Niño genannt wird und das in manchen Jahren weit über die Region hinaus zu anormaler Witterung und Unwettern führen kann.

- **In den normalen Jahren,** als La Niña bezeichnet, treiben die Passate das Wasser von der Küste nach Westen fort. Kaltes, nährstoffreiches Wasser strömt aus den Tiefen des Ozeans nach und beschert den Küstengewässern einen großen Reichtum an Fischen.
- **In den Katastrophenjahren** schwächt El Niño die Passate. Das im Westpazifik angestaute warme Wasser schwappt nach Osten zurück, verdrängt das kalte Tiefenwasser und verursacht dadurch ein Massensterben jener Tiere, die sich von Meereslebewesen ernähren. Gleichzeitig bilden sich über der wärmeren Meeresoberfläche dicke Regenwolken, die der Küste und den vorgelagerten Inseln heftige Regengüsse bringen.

**La-Niña-Jahre** Das Wasser an der Oberfläche des Pazifiks wird von den Passaten nach Westen getrieben.

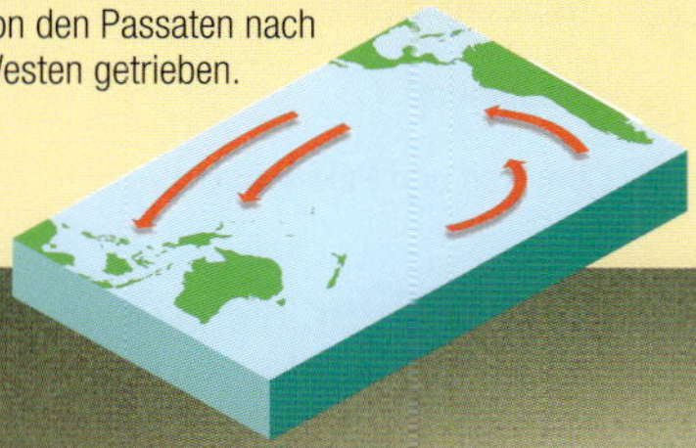

**El-Niño-Jahr** Die Passatwinde lassen nach, warmes Wasser dringt nach Osten vor und verursacht dort Unwetter.

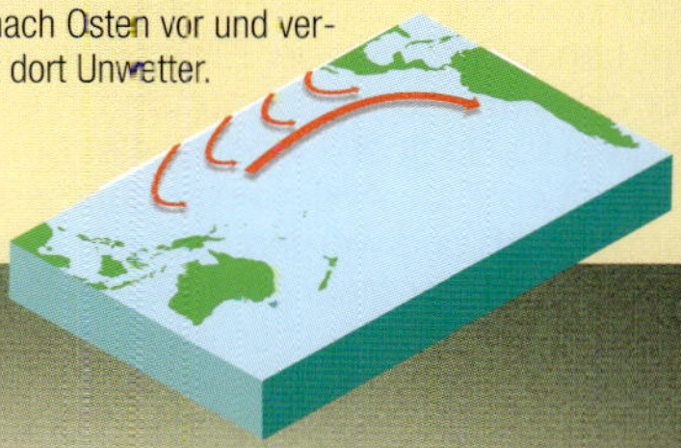

**Cirrus** Faserige oder fleckenförmige, lichtdurchlässige Wolke, die ausschließlich aus Eiskristallen besteht.

**Cumulus** Haufenwolke aus Wasser und Eis, die zur tiefen Wolkengattung gehört und nur selten einmal stärkeren Niederschlag bringt.

**Cumulonimbus** Turmartige, aus Wassertröpfchen und Eiskristallen bestehende, an der Basis dunkle Gewitter- und Schauerwolke.

**Stratus** Einförmige, graue Wolkenschicht, aus der allenfalls leichter Niederschlag in Form von Nieselregen oder einzelnen Schneekristallen fällt.

**Nimbostratus** Eine graue bis nahezu schwarze Wolke, die den gesamten Himmel bedeckt und aus der häufig anhaltender Niederschlag fällt.

**Wolken** entstehen, wenn Luftmassen aufsteigen, sich dabei abkühlen und der in ihnen enthaltene Wasserdampf sich in Wolkentröpfchen oder Eiskristalle umwandelt. Für den Aufstieg können verschiedene Faktoren verantwortlich sein:

- Die Erhitzung der bodennahen Luftschichten durch intensive Sonneneinstrahlung.
- Die Dynamik an Wetterfronten, an denen sich warme und kalte Luftmassen über- und untereinander schieben.
- Die Gebirge der Erde, die für die Luftströmungen mehr oder weniger hohe Barrieren darstellen und die die von den Winden herangeführten Luftmassen an der Luvseite zum Aufstieg in höhere Atmosphärenstockwerke zwingen.

Siehe auch
14–15 **Planet Erde**
52–3 **Die Erdatmosphäre**
60–1 **Naturgewalten**

*Die Landmassen der Erde gliedern sich in sechs Biome: Trockengebiete, boreale Wälder, sommergrüne Wälder, tropische Wälder, Grasländer sowie Tundren und Polarwüsten. Jeder dieser globalen Lebensräume hat sein besonderes Klima und seine eigene Pflanzen- und Tierwelt, die eng an die Ökologie des jeweiligen Bioms angepasst ist.*

**Trockengebiete** sind Regionen, in denen die mittlere jährliche Verdunstung die mittlere jährliche Niederschlagsmenge übersteigt. Sie erstrecken sich v. a. in einem breiten Streifen beiderseits der Wendekreise, aber auch im Innern der Kontinente.

- Extrem trockenes Klima herrscht in den Wüsten und Halbwüsten, die etwa ein Viertel der Landoberfläche der Erde einnehmen.
- Für die Niederschlagsarmut sind in erster Linie großräumig absteigende Luftströmungen verantwortlich. Absinkende Luftmassen erwärmen sich und werden dadurch immer trockener. Bei sehr niedrigem Wasserdampfgehalt können keine Wolken entstehen, folglich kann es auch nicht regnen. An der der Hauptwindrichtung abgewandten Seite von Hochgebirgen verstärken trockenwarme Fallwinde zusätzlich die Verdunstung und damit die Austrocknung der Landschaften.

**Zeichenerklärung**

- Trockengebiete
- Boreale Wälder
- Sommergrüne Wälder
- Tropische Wälder
- Grasländer
- Tundren und Polarwüsten

**Boreale Wälder,** die Taiga der Russen, erstrecken sich auf der nördlichen Erdhalbkugel in einem Gürtel durch Nordamerika, Skandinavien und Russland.

- Hier am Rand der Arktis wechseln kurze, warme Sommer mit langen, kalten Wintern, in denen die Lufttemperaturen regelmäßig unter –40 bis –50 °C fallen.
- Immergrüne Nadelbäume wie Kiefern oder Fichten sind unter solchen Klimaverhältnissen den laubabwerfenden Laubbäumen überlegen, denn sie können die wenigen warmen Tage vollständig für die Photosynthese nutzen. Insgesamt gesehen ist die Flora der borealen Nadelwälder jedoch recht artenarm. Manche Wälder bestehen nur aus acht Baum- und Straucharten, bieten gleichwohl aber v. a. Insekten, Vögeln und kleineren Säugern reichlich Nahrung.

**Sandwüsten,** wie hier die Dünen-Namib, sind unter den Wüsten seltene Ausnahmen. Viel häufiger kommen Geröll- und Felsschuttwüsten vor.

**Die größten Trockengebiete der Erde**

| Trockengebiet | Lage | ungefähre Fläche |
|---|---|---|
| **Sahara** | Nordafrika | 9 000 000 km² |
| **Australische Wüste** | Australien | 3 800 000 km² |
| **Arabische Wüste (Rub Al Khali)** | Arabische Halbinsel | 1 300 000 km² |
| **Takla Makan** | China | 1 245 000 km² |
| **Gobi** | Mongolei/China | 1 040 000 km² |
| **Kalahari** | Südliches Afrika | 520 000 km² |
| **Turkestan** | Zentralasien | 450 000 km² |
| **Namib** | Südwestafrika | 310 000 km² |
| **Somali** | Somalia | 310 000 km² |
| **Sonora** | USA/Mexiko | 260 000 km² |
| **Thar** | Indien/Pakistan | 260 000 km² |

**Sommergrüne Wälder** sind die typische Vegetation der gemäßigten Klimazonen in den mittleren Breiten der Erde.

- Sie bestehen überwiegend aus Laubbäumen, die ihre Blätter im Herbst abwerfen und im Frühjahr neue austreiben.
- Auf der Südhalbkugel der Erde mischen sich aber unter die sommergrünen Gehölze auch viele immergrüne Baumarten.

**Tropische Wälder** In den Zonen am Äquator schwanken Tageslänge und Lufttemperatur jahreszeitlich kaum. Dafür lösen sich dort mit Ausnahme eines schmalen Gürtels in den inneren Tropen Regen- und Trockenzeiten ab. Die Länge der Trockenzeiten und die Regenmengen bestimmen den Charakter der tropischen Wälder.

- Der üppigste und artenreichste Waldtyp der Tropen mit dem Großteil der Pflanzen- und Tierarten der Erde ist der immergrüne tropische Regenwald. Er gedeiht in den Tieflagen der immerfeuchten inneren Tropen.
- Je länger die Trockenzeiten dauern, umso mehr wandeln sich die Regenwälder zu Feuchtwäldern, halbimmergrünen Wäldern und schließlich zu Trockenwäldern. Gleichzeitig nimmt der Artenreichtum der Fauna und Flora ab. Doch noch in den kärgsten tropischen Wäldern sind mehr Arten heimisch als in den Wäldern mittlerer Breite.

**Prärie** Außertropische Grasländer haben unterschiedliche Namen, etwa Steppe oder Pampa. In Nordamerika (hier im US-Bundesstaat Oklahoma) heißen sie Prärien.

## Globaler Raubbau an den Wäldern

Überall auf der Erde werden die natürlichen Wälder abgeholzt oder in Forstmonokulturen aus standortfremden Gehölzen umgewandelt. Dieses Problem betrifft besonders die tropischen Wälder, deren Fläche inzwischen auf etwa ein Drittel ihres ursprünglichen Verbreitungsareals gesunken ist – mit unabsehbaren Folgen für die Tropen und den gesamten Planeten. Der Abholzung folgt meist eine verheerende Bodenerosion; in kürzester Zeit gehen dann Lebensräume für Pflanzen und Tiere sowie für den Menschen verloren. Mit den Wäldern werden gleichzeitig natürliche Speicher vernichtet, die das Treibhausgas Kohlendioxid in größeren Mengen binden.

**Bedrohte Vielfalt** Tropische Tieflandregenwälder (hier auf Borneo) zählen zu den artenreichsten, aber auch gefährdetsten Ökosystemen der Erde.

**Grasländer** Bei den natürlichen Grasländern werden zwei Typen unterschieden: tropische Savannen und Grasländer außertropischer Zonen.

Savannen gibt es vor allem in Afrika, Südasien, Australien und im nördlichen Südamerika. Dort herrscht ein warmes, frostfreies Klima, dessen Jahresverlauf sich durch eine Regenzeit und eine 3 bis maximal 10 Monate lange Trockenzeit auszeichnet. Typisch für ein solches Klima ist ein Mosaik aus Gräsern und Holzgewächsen. Je regenreicher Savannen sind, desto größer ist auch der Anteil von Bäumen und Sträuchern.

Außertropische Grasländer findet man hauptsächlich im niederschlagsarmen Innern der Kontinente, wo sich Sommer mit kurzen, oft kräftigen Regenschauern und kalte Winter abwechseln. Im Unterschied zu den Savannen sind die Grasländer der mittleren Breiten in der Regel baumarme bis baumfreie Pflanzengemeinschaften.

**Tundren und Polarwüsten** Die Tundra erstreckt sich zwischen der polaren Waldgrenze und den nahezu vegetationsfreien Gesteinsschutt- und Eiswüsten der Arktis und Antarktis.

Ihr Pflanzenkleid besteht fast ausschließlich aus Moosen, Flechten, Gräsern, Kräutern und Zwergsträuchern, die sich mit der oft nur wenige Monate dauernden Vegetationszeit der polaren Sommer begnügen und auf dem in diesem Biom weit verbreiteten Dauerfrostboden gedeihen können.

In den Regionen, in denen die mittlere Lufttemperatur des wärmsten Monats 6 °C nicht erreicht, stoßen auch anspruchslose Pflanzen an ihre Verbreitungsgrenze. Jenseits dieser Grenze wird das feste Land von polaren Frostschuttwüsten eingenommen. Jenseits der klimatischen Schneegrenze sind die Polargebiete schließlich das ganze Jahr über bis auf wenige kleine Bodenflecken mit Schnee- und Firnfeldern sowie mit Eismassen bedeckt.

**Eisspeicher** Mehr als 98 % des Süßwassers der Erde befindet sich in Form von Eis in den polaren Eiskappen. Die Eisdecke der Antarktis ist an der dicksten Stelle fast 5000 m mächtig.

Siehe auch
14–15 **Planet Erde**
54–5 **Wetter**

**Naturkatastrophen können in kürzester Zeit ganze Landstriche verwüsten**

*Erdbeben und Vulkanausbrüche gehören zu den beeindruckendsten, aber auch gefährlichsten Naturereignissen. Besonders die Plattengrenzen und Küsten sind dadurch gefährdet. Einige der größten Städte unserer Zeit wie Tokio, Los Angeles und Mexiko-Stadt wurden in diesen Gefahrenzonen der Erde errichtet.*

## Die schwersten bekannten Erdbeben

| Datum | Region | Todesopfer | Magnitude | Bemerkung |
|---|---|---|---|---|
| Juli 1201 | Östliches Mittelmeer | 1,1 Mio. | unbekannt | |
| 23. Jan. 1556 | Shanxi, China | 830 000 | unbekannt | Einschließlich der Todesopfer durch Krankheiten und Hungersnöte etwa 1 Mio. Tote |
| 27. Juli 1976 | Hopeh, China | 655 000 | 8,0 | Zahl der Todesopfer nach offizieller Schätzung |
| 9. Aug. 1138 | Aleppo, Syrien | 230 000 | unbekannt | |
| 22. Dez. 856 | Damgan, Iran | 200 000 | unbekannt | Riesige Verwerfungen, Erdrutsche |
| 16. Dez. 1920 | Gansu, China | 200 000 | 8,6 | |
| 22. Mai 1927 | Sining, China | 200 000 | 8,3 | Enorme Krustenverschiebungen |
| 23. März 893 | Ardabil, Iran | 150 000 | unbekannt | |
| 1. Sept. 1923 | Kanto, Japan | 143 000 | 8,3 | Auslöser des großen Feuers von Tokio |
| 5. Okt. 1948 | Aschchabad, Turkmenistan | 110 000 | 7,3 | |
| 28. Dez. 1908 | Messina, Italien | 70–100 000 | 7,5 | Tote durch Erdbeben und Tsunami |
| Sept. 1290 | Chihli, China | 100 000 | unbekannt | |
| Nov. 1667 | Shemakha, Aserbaidschan | 80 000 | unbekannt | |
| 18. Nov. 1727 | Täbris, Iran | 77 000 | unbekannt | |
| 1. Nov. 1755 | Lissabon, Portugal | 70 000 | 8,7 | |
| 25. Dez. 1932 | Gansu, China | 70 000 | 7,6 | |
| 31. Mai 1970 | Yungay, Peru | 66 800 | 7,8 | |
| 1268 | Kilikien, Kleinasien | 60 000 | unbekannt | |
| 11. Jan. 1693 | Sizilien, Italien | 60 000 | unbekannt | |
| 30. Mai 1935 | Quetta, Pakistan | 30–60 000 | 7,5 | |
| 7. Dez. 1988 | Armenien | über 55 000 | 6,9 | |
| 4. Feb. 1783 | Kalabrien, Italien | 50 000 | unbekannt | |
| 20. Juni 1990 | Iran | 50 000 | 7,7 | |

**Die Erdbebenzonen der Erde**

## WISSENSWERTES

- Das heftigste bekannte Erdbeben ereignete sich am 22. Mai 1960 vor der Küste von Chile. Es erreichte eine Stärke von 9,5.
- Das Montagua-Erdbeben in Guatemala im Jahr 1976 machte mehr als 1 Mio. Menschen obdachlos. Die Schäden betrugen 1,25 Mrd. US-Dollar.
- Zu den heftigsten Vulkanausbrüchen in historischer Zeit gehört die Eruption des Krakatau in Indonesien im Jahr 1883. Die Explosion war noch in 4635 km Entfernung zu hören. Aschewolken des Vulkanausbruchs trieben monatelang um den Erdball und führten zu einem weltweiten Temperaturrückgang von durchschnittlich 1,2 °C.
- Der heftigste Vulkanausbruch im 20. Jh. in Nordamerika war der des Katmai/Novarupta in Alaska im Jahr 1912. Der Vulkan spie 30 $km^3$ Material aus – die vielfache Menge des Mount St. Helens 1980.
- Die meisten Todesopfer forderte ein Tsunami am 15. Juni 1896 an der Westküste Japans. Etwa 27 000 Menschen kamen ums Leben.

## Katastrophale Vulkanausbrüche im 20. Jh.

| Datum | Vulkan | Todesopfer | Bemerkung |
|---|---|---|---|
| 8. Mai 1902 | Montagne Pelé, Martinique | 29 000 | Der Montagne Pelé war jahrhundertelang nicht aktiv gewesen. Bei diesem explosionsartigen Ausbruch kamen alle Einwohner der Stadt St. Pierre in Glutlawinen um – bis auf einen Gefangenen, der vor der todbringenden Aschewolke in einer schlecht belüfteten Zelle des städtischen Gefängnisses geschützt war, und einem anderen Mann. |
| 13. Nov. 1985 | Nevado del Ruiz, Kolumbien | 25 000 | Die Stadt Armero wurde 1595 und 1845 von Schlammlawinen verschüttet, durch die jedesmal Hunderte von Menschen ums Leben kamen. Während der folgenden 140 Jahre ruhte der Vulkan und die Einwohner vergaßen die Gefahr. 1985 wurde die Stadt durch Schlammlawinen, die von dem Vulkanausbruch herrührten, wieder vollständig zerstört. |
| 19. Mai 1919 | Kelut, Indonesien | 5110 | Viele Menschen an den unteren Hängen des Vulkans ertranken in den Wassermassen, die sich vor der Eruption im Krater des Vulkans angesammelt hatten. |
| 24. Okt. 1902 | Santa Maria, Guatemala | 4500 | 500 Menschen wurden durch den Ausbruch direkt getötet. Die übrigen wurden Opfer von Hungersnot oder Seuchen, die Folge der Katastrophe waren. |
| 21. Jan. 1951 | Mount Lamington, Neuguinea | 2942 | Der Vulkan brach ohne Vorwarnung aus. Die Explosion war noch in einer Entfernungen von 320 km zu hören. |
| 29. März 1982 | El Chichón, Mexiko | 1879 | Nur wenige der Toten konnten geborgen werden. |
| 21. Aug. 1986 | Nyos, Kamerun | über 1700 | Vulkanisches Kohlendioxid, das sich am Grund des Nyos-Sees angesammelt hatte, brach plötzlich aus. |
| 7.–8. Mai 1902 | Soufrière, St. Vincent | 1565 | Der Ausbruch begann einen Tag vor der Eruption des Montagne Pelé. Die meisten Menschen kamen durch Glutlawinen um. |
| 18. Dez. 1931 | Merapi, Java | 1369 | |
| 30. Jan. 1911 | Taal, Philippinen | 1335 | Die heftigste von mehreren Eruptionen dieses Vulkans im 20. Jh. |

## Die heftigsten Vulkanausbrüche in historischer Zeit

| Jahr | Vulkan | Todesopfer | Todesursache |
|---|---|---|---|
| 1815 | Tambora, Indonesien | 92 000 | Hungersnöte |
| 1883 | Krakatau, Indonesien | 36 000 | Tsunami |
| 1902 | Montagne Pelé, Martinique | 29 000 | Glutlawinen |
| 1985 | Nevado del Ruiz, Kolumbien | 25 000 | Schlammlawinen |
| 1792 | Unzen, Japan | 15 000 | Glutlawinen, Wasserfluten |
| 1586 | Kelut, Indonesien | 10 000 | Wasserfluten |
| 1783 | Lakagigar, Island | 9000 | Hungersnöte |
| 1919 | Kelut, Indonesien | 5110 | Wasserfluten |
| 1902 | Santa Maria, Guatemala | 4500 | Hungersnöte |
| 79 | Somma, Italien | 3360 | Glutlawinen |

**Die Vulkangürtel der Erde** Neun von zehn Vulkanen liegen an divergierenden und konvergierenden Plattengrenzen, insbesondere an den Rändern des Pazifischen Ozeans, im so genannten pazifischen „Feuerring". Innerhalb der Platten der festen Erdrinde kommen aktive Vulkane über den Hotspots vor. Das sind kaminförmige Gebilde, durch die Wärme aus dem Erdinnern aufwärts strömt und die Gesteine der Erdrinde aufschmilzt. Beispielsweise liegt der Hawaii-Archipel über einem derartigen Hotspot.

*Kein Tag vergeht, an dem nicht irgendein Winkel unseres Planeten von Stürmen, Flutwellen, Überschwemmungen, Erdrutschen und anderen Naturkatastrophen heimgesucht wird. Und die zerstörerischen Naturgewalten schlagen offenbar immer häufiger und stärker zu.*

### Frühwarnung und Schutz

- **Erschütterungen der Erde** werden weltweit von Seismographen aufgezeichnet. Sie registrieren selbst die geringsten Vibrationen, die oft den starken Erdstößen vorausgehen.
- **Vulkane blähen sich** vor einem Ausbruch durch empordrückendes Magma auf. Empfindliche Neigungsmesser erkennen diese Warnsignale.
- **Erdbebensichere Bauten** sind nicht so schadensanfällig.
- **Evakuierungspläne für Notfälle** gibt es in fast allen häufiger von Naturkatastrophen betroffenen Gebieten.

## TSUNAMIS

Die gewaltigen Flutwellen können verheerende Schäden anrichten. Im Pazifik wurden 1949 die ersten Tsunami-Beobachtungsstationen als Bestandteile eines Frühwarnsystems eingerichtet. Außer Evakuierung gibt es jedoch kaum wirksame Gegenmaßnahmen gegen Tsunamis.

### Die verheerendsten Tsunamis des 20. Jh.

| Jahr | Region | Todesopfer |
|---|---|---|
| 1960 | Agadir, Marokko* | 12 000 |
| 1960 | Chile/Pazifikinseln/Japan | 5000 |
| 1976 | Philippinen | 5000 |
| 1933 | Japan/Hawaii | 3000 |
| 1946 | Japan | 1088 |
| 1944 | Japan | 998 |
| 1979 | Indonesien | 700 |
| 1979 | Kolumbien | 500 |
| 1946 | Hawaii/Aleuten/Kalifornien | 173 |
| 1964 | Alaska/Aleuten/Kalifornien* | 122 |

*Zusammenwirkung von Tsunamis und Erdbeben

## LAWINEN UND ERDRUTSCHE

In steilem Gelände geraten Schnee-, Eis- oder Erdmassen oft in Bewegung und gehen als Lawinen oder Erdrutsche zu Tal. Für diese Verlagerungen gibt es mehrere mögliche Ursachen:

- **Eigenes Gewicht** Nassschneedecken oder vom Wind verdichtete Schneedecken haben ein erhebliches Gewicht. Ab einer gewissen Hangneigung gleiten sie in offenem Gelände als Lawinen von den Bergflanken und reißen dabei Felsbrocken mit sich.
- **Wasser** Bei starken Regenfällen wird durch versickerndes Wasser an Hängen der Boden instabil und rutschig; es kommt zu Erdrutschen und Schlammströmen.
- **Erdbeben** Labil gelagerte Schnee-, Eis- und Erdmassen geraten selbst durch schwache Erdstöße in Bewegung.
- **Schallwellen** Während des Ersten Weltkriegs haben Schüsse in den Alpen nachweislich mehrere Lawinen ausgelöst. Daher sind lärmende Hubschrauberflüge in solchen Gegenden problematisch.
- **Explosionen** Lawinen können auch durch Sprengungen verursacht werden. In vielen lawinengefährdeten Gebieten werden durch Explosionen kontrollierte Lawinenabgänge herbeigeführt.
- **Vulkane** Vulkanausbrüche werden oft von Schlammströmen, den Lahars, begleitet. Feinkörnige vulkanische Aschen nehmen dabei Regen- und Schmelzwasser auf und werden dadurch breiig.

### Katastrophale Lawinen und Erdrutsche im 20. Jh.

| Datum | Region | Todesopfer | Bemerkung |
|---|---|---|---|
| 16. Dez. 1920 | Gansu, China | 180 000 | Erdrutsch |
| 31. Mai 1970 | Yungay, Peru | 17 500 | Erdrutsch |
| 13. Dez. 1916 | Italienische Alpen | 10 000 | Lawine |
| 13. Dez. 1941 | Huaráz, Peru | 5000 | Lawine |
| 10. Jan. 1962 | Huascaran, Peru | 3500 | Lawine |
| 27. Sept. 1987 | Medellin, Kolumbien | 683 | Erdrutsch |
| 19. März 1971 | Chungar, Peru | 600 | Lawine |
| 11. Jan. 1966 | Rio de Janeiro, Brasilien | 550 | Erdrutsch |
| 15. Feb. 1949 | Nordassam, Indien | 500 | Erdrutsch |
| 14. Nov. 1963 | Haiti | 500 | Erdrutsch |
| 11. Jan. 1954 | Blons, Österreich | 411 | Lawine |

**Eine Welle der Zerstörung** Fischerboote wurden in Alaska von einem Tsunami weit ins Binnenland gespült und sind auf Eisenbahnschienen gestrandet.

## STÜRME

Nach der Beaufortskala ist ein schwerer Sturm ein Wind, der über offenem Gelände Geschwindigkeiten von mehr als 90 km/h erreicht. In jedem Augenblick toben auf der Erde insgesamt etwa 1600 solcher schwerer Stürme.

### Die schlimmsten Stürme

| Jahr | Region | Todesopfer | Art |
|---|---|---|---|
| 1970 | Bangladesch | 300 000–500 000 | Zyklon |
| 1731 | Kalkutta, Indien | 300 000 | Zyklon |
| 1881 | China | 300 000 | Taifun |
| 1876 | Bangladesch | 215 000 | Zyklon |
| 1991 | Bangladesch | 200 000 | Zyklon |
| 1882 | Bombay, Indien | 100 000 | Zyklon |
| 1942 | Bangladesch | 60 000 | Zyklon |
| 1822 | Bangladesch | 50 000 | Zyklon |
| 1864 | Kalkutta, Indien | 50 000 | Zyklon |
| 1912 | China | 50 000 | Taifun |
| 1922 | Shantung, China | 28 000 | Taifun |
| 1780 | Karibik | 24 000 | Hurrikan |
| **Weitere Stürme** | | | |
| 1588 | Großbritannien | 20 000 | Wintersturm |
| 1985 | Bangladesch | 11 000 | Zyklon |
| 1906 | Hongkong | 10 000 | Taifun |
| 1974 | Honduras | 10 000 | Hurrikan Fifi |
| 1985 | Philippinen | 1363 | Taifun Ike |
| 1989 | Bangladesch | 1300 | Zyklon |

**Der Wirbelsturmgürtel der Erde** Am häufigsten und heftigsten wüten Orkane in Antarktika, wo sie aber kaum Schäden anrichten können, da der Kontintent nahezu menschenleer ist. Die meisten der wirklich verheerenden Stürme treten dagegen beiderseits des Äquators in den Tropen und Subtropen auf. In diesen Zonen liegen viele große Städte und dicht besiedelte Länder. Tropische Wirbelstürme tragen, je nach der Region, in der sie auftreten, verschiedene Namen.

## ÜBERSCHWEMMUNGEN

Überschwemmungen können die Folge von Sturmfluten, Tsunamis oder extrem starken Regenfällen sein. Dabei wird das Hochwasser häufig durch Eingriffe des Menschen in die Natur, z. B. die Abholzung der Wälder und Bodenversiegelung, verstärkt.

### Die verheerendsten Überschwemmungen des 20. Jh.

| Datum | Fluss/Region | Todesopfer |
|---|---|---|
| 1931 | Huang He, China | 3 700 000 |
| 1970 | Bangladesch | 300 000–500 000 |
| 1939 | Henan, China | 200 000 |
| 1911 | Chang Jiang, China | 100 000 |
| 1942 | Bengalen, Indien | 40 000 |
| 1965 | Bangladesch | 30 000 |
| 1963 | Bangladesch | 22 000 |
| 1965 | Bangladesch | 17 000 |
| 1979 | Morvi, Indien | 5000–15 000 |
| 1906 | Hongkong | 10 000 |

### Verheerende El-Niño-Jahre

Der El Niño im Winter 1982–83 verursachte Dürren und Buschfeuer in Australien, Afrika und Indonesien, Hurrikane über Hawaii und Überschwemmungen in Peru. Die Zahl der auf dieses Ereignis zurückgeführten Todesopfer betrug über 1300; der volkswirtschaftliche Schaden wurde auf 13 Mrd. US-Dollar geschätzt. Der schlimmste El Niño des 20. Jh. trat 1997–98 auf und ließ das Wetter ein Jahr lang verrückt spielen. In Kalifornien, Mexiko, Peru und Ecuador gab es starke Regenfälle, die Überschwemmungen und Schlammlawinen verursachten und hunderte Tote kosteten.

### WISSENSWERTES

- Die größte je in 24 Stunden gemessene Niederschlagsmenge betrug 1870 mm. Sie fiel im März 1952 auf der Insel Réunion im Indischen Ozean.
- 1987 wurde vor der Küste Englands eine rund 750 m hohe Wasserhose (ein kleinerer Wirbelsturm, der Wasser aufsaugt) gesichtet.
- Der längste bekannte Blitz war 30 km lang.
- Die größte Zahl von Todesopfern durch einen Blitz betrug 81 – es waren die Passagiere eines Jets, der nach einem Einschlag im Dezember 1963 über Maryland, USA, abstürzte.
- Die größte Anzahl von Todesopfern durch Hagelstürme gab es am 20. April 1888 in Indien – es waren 246.
- Es war der australische Meteorologe Clement Wragg, der 1887 Namen bei Hurrikanen einführte.

**FAKTEN**

**Die schwersten Naturkatastrophen in Mitteleuropa waren die Sturmfluten an der Nordseeküste.**

Siehe auch
34–5 **Erdbeben**
36–7 **Vulkane**
40–1 **Die Weltmeere**
54–5 **Wetter**

# Das Leben auf der Erde

DAS LEBEN
AUF DER ERDE

# Das Leben auf der Erde

# Die Zeitalter des Lebens

**Die 4,6 Mrd. Jahre umfassende Geschichte der Erde**

*Die Geologen unterteilen die 4,6 Mrd. Jahre der Erdgeschichte anhand von Veränderungen in den Gesteinsformationen in Zeitabschnitte. Die größten dieser Abschnitte – das Paläozoikum, das Mesozoikum und das Känozoikum – werden als Erdzeitalter bezeichnet. Diese werden wiederum in Perioden wie das Jura und die Perioden in Epochen wie das Oligozän untergliedert.*

## Präkambrium

Vor 4,6 Mrd. Jahren: **Entstehung der Erde**

Vor 4,5 Mrd. Jahren: **Entstehung des Mondes**

**Fossile Bakterien**

Vor 3,8 Mrd. Jahren: **Auftauchen des ersten Lebens.** Es besteht aus primitiven einzelligen Organismen

Vor 3,3 Mrd. Jahren: **Cyanobakterien** (auch **Blaualgen** oder **Blaugrüne Algen** genannt) erscheinen. Dabei handelt es sich um einzellige Organismen, die durch Photosynthese die Energie des Sonnenlichts nutzen können.

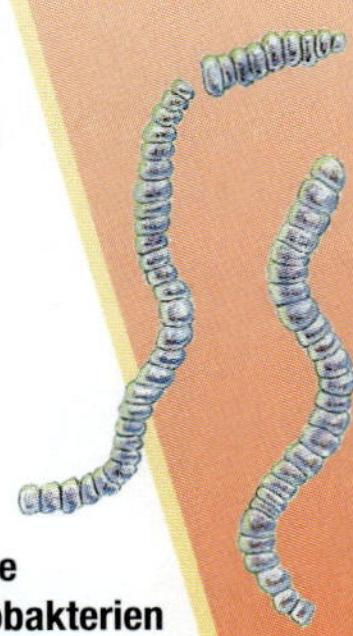

**Fossile Cyanobakterien**

Vor 2,1 Mrd. Jahren: Die **ersten einzelligen Organismen mit Zellkern** tauchen auf.

Vor 720 Mio. Jahren: Die **ersten vielzelligen Tiere** treten in Erscheinung.

## Paläozoikum

**Kambrium**
**Vor 550–505 Mio. Jahren**

**Trilobiten und andere hartschalige Meerestiere** tauchen auf. Die Gesteine des Kambriums sind die ersten, die große Mengen von Fossilien enthalten.

**Ordovizium**
**Vor 505–438 Mio. Jahren**

Auftreten der **ersten Fische** und der ersten Korallen. Die Fische sind zugleich die ersten Wirbeltiere.

***Drepanaspis*, ein kieferloser Fisch**

**Silur**
**Vor 438–408 Mio. Jahren**

Die **ersten Landpflanzen und die ersten Kiefer tragenden Fische** tauchen auf.

**Devon**
**Vor 408–360 Mio. Jahren**

Landpflanzen und Fische entwickeln eine große Artenvielfalt. Erscheinen der **ersten Insekten und Amphibien.**

**Karbon**
**Vor 360–286 Mio. Jahren**

Amphibien und Fische entwickeln eine große Artenvielfalt. Die **ersten Reptilien** tauchen auf. Zu den vorherrschenden Landpflanzen gehören die Bärlappe.

**Bärlapp**

**Perm**
**Vor 286–245 Mio. Jahren**

**Die Reptilien entwickeln eine große Artenvielfalt.** Entstehung der Samenpflanzen. Die Trilobiten sterben zum Ende des Perm aus.

## Mesozoikum

***Coelophysis*, ein Dinosaurier**

**Trias**
**Vor 245–208 Mio. Jahren**

Auftreten der **ersten Dinosaurier**

**Jura**
**Vor 208–144 Mio. Jahren**

**Blütezeit der Dinosaurier**. Primitive Säugetiere und Vögel treten in Erscheinung.

***Quetzalcoatlus***

**Kreide**
**Vor 144–65 Mio. Jahren**

Die ersten Blütenpflanzen tauchen auf. Auftreten der **ersten Säugetiere, deren Enwicklung mit Ausbildung eines Mutterkuchens einhergeht.** Unter den flugfähigen Reptilien findet sich der riesige *Quetzalcoatlus.*

Am Ende der Kreide kommt es zu einem **Massenaussterben, bei dem auch die Dinosaurier verschwinden.**

## Känozoikum

Paläozoikum

Mesozoikum

Känozoikum

### Einteilung der geologischen Zeit

**Präkambrium**
**Vor 4,6 Mrd.–550 Mio. Jahren**

**Paläozoikum (Erdaltertum)**
**Vor 550–245 Mio. Jahren**

**Mesozoikum (Erdmittelalter)**
**Vor 245–65 Mio. Jahren**

**Känozoikum (Erdneuzeit)**
**Vor 65 Mio. Jahren bis zur Gegenwart**

## Känozoikum:
**Periode des Tertiärs**
**Vor 65–1,8 Mio. Jahren**

**Tertiär**

**Paläozän**
**Vor 65–57 Mio. Jahren**

Auftauchen der **ersten großen Säugetiere**

**Tertiär**

**Erste Pferde, Kamele, Nagetiere, Elefanten und Affen** treten auf, des Weiteren die ersten Fledermäuse und Wale. Das 33 t schwere, Blätter fressende *Indricotherium* ist das größte Landsäugetier aller Zeiten.

**Vögel und Blütenpflanzen entwickeln eine große Artenvielfalt.**

**Eozän**
**Vor 57–34 Mio. Jahren**

***Indricotherium***

**Tertiär**

**Oligozän**
**Vor 34–23 Mio. Jahren**

Der katzengroße Primat *Aegyptopithecus* gilt als **Vorfahre des modernen Menschen.**

**Tertiär**

***Amebelodon***

**Miozän**
**Vor 23–5 Mio. Jahren**

Die ersten Menschenaffen, Hunde und Bären tauchen auf. **Blütezeit großer, blattfressender Säugetiere** wie des *Amebelodon,* das mit seinen riesigen Stoßzähnen Wasserpflanzen ausgrub.

Die **Australopithecinen, aufrecht gehende Hominiden** (Menschenartige), treten in Erscheinung und entwickeln sich auseinander.

**Pliozän**
**Vor 5–1,8 Mio. Jahren**

***Homo erectus*, der „aufrechte Mensch“**

In Afrika treten mit *Homo habilis, Homo erectus* und schließlich ***Homo sapiens*** die ***ersten modernen Menschen*** auf.

**Pleistozän**
**Vor 1,8 Mio.–10 000 Jahren**

## Känozoikum:
**Periode des Quartär**
**Vor 1,8 Mio. Jahren bis zur Gegenwart**

**Quartär**

**Holozän**
**Vor 10 000 Jahren bis zur Gegenwart**

## ZEITTAFEL DES LEBENS

Würde man die 4,6 Mrd. Jahre seit der Entstehung der Erde zu einem Zeitraum von 1000 Jahren vom Jahr 1000 n. Chr. bis zum Beginn des Jahres 2000 zusammenfassen, so ergäben sich dabei folgende Daten:

**1000** Entstehung der Erde
**1173** Auftauchen der ersten Lebewesen
**1543** Auftauchen der ersten einzelligen Organismen mit Zellkern
**1843** Auftauchen der ersten vielzelligen Tiere
**1891** Auftauchen der ersten Landpflanzen
**1950er- bis Mitte der 1980er-Jahre** Zeitalter der Dinosaurier
**Mitte Dezember 1999** Auftauchen des ersten modernen Menschen *Homo sapiens*
**Um den 22. Dezember 1999** Auftauchen des heutigen modernen Menschen *Homo sapiens sapiens*

## FOSSILIEN

Die Geschichte des Lebens auf der Erde spiegelt sich in den Fossilien. Unter Fossilien versteht man in Gesteinen erhaltene Spuren von Leben. Dazu zählen versteinerte Knochen und Gehäuse, aber auch Fußabdrücke und chemische Verbindungen. Die ältesten bekannten Fossilien sind 3,5 Mrd. Jahre alt, stammen von Bakterien und wurden 1996 in Südafrika entdeckt.

Die Fossilierung von Lebewesen setzt bestimmte Bedingungen voraus. Daher bleibt die Mehrzahl aller Organismen nach dem Tod nicht als Fossilien erhalten. Die Fossilbelege gewähren also nur einen flüchtigen Einblick in die Vergangenheit.

### Wie sich Fossilien bilden

- Damit organische Überreste fossilisieren können, müssen sie rasch von Ablagerungen begraben werden, da sie sich sonst zersetzen. Aus diesem Grund

**Erhalten im Gestein** Von Sediment begrabene Überreste von Lebewesen wie diese 40 Mio. Jahre alten Fische der Art *Knightia alta* hinterlassen im Gestein einen Abdruck oder werden selbst zu Stein.

erfolgt eine Fossilisierung am ehesten in Meeren, Seen oder Sümpfen, wo sich Stoffe schnell zu Sedimenten ablagern.
- Wenn sich das begrabene organische Material auflöst, kann es im umgebenden Sediment einen Abdruck seiner ursprünglichen Gestalt hinterlassen. Bisweilen kristallisieren in diesen Hohlräumen neue Mineralien aus und schaffen so einen Abguss des Organismus.
- Eine andere Möglichkeit besteht darin, dass harte Bestandteile wie Gehäuse oder Knochen mineralisieren oder versteinern, d. h. Molekül für Molekül durch mineralreiche Lösungen im Sediment ersetzt werden.
- Manchmal erhalten sich in feinem Sediment oder durch Inkohlung auch die Weichteile von Tieren oder Pflanzen. Bei der Inkohlung nimmt der Gehalt des Materials an Sauer- und Wasserstoff ab, während der Kohlenstoffgehalt ansteigt – im Gestein bleibt eine dünne Kohlenstoffschicht in Gestalt des ursprünglichen Lebewesens zurück.

# Was ist Evolution?



*Unter Evolution versteht man, dass sich Lebewesen von Generation zu Generation verändern, wobei Eigenschaften, die das Überleben begünstigen, weitergegeben werden. Im Lauf der Jahrmillionen fächerte sich das Leben auf der Erde auf; dadurch entstand die ungeheure Vielfalt der heute lebenden Arten. Diese Theorie wurde zuerst Mitte des 19. Jh. von Charles Darwin aufgestellt.*

## EVOLUTION – EIN BIOLOGISCHES WETTRÜSTEN

Um verstehen zu können, wie die Evolution funktioniert, stelle man sich einen Vogel vor, der sich von einer einzigen Käferart ernährt; dieser Käfer soll in Erdröhren leben, die er tief in den Boden gräbt.

Der Vogel muss also seinen Schnabel in die langen, engen Röhren stecken, wenn er an seine Nahrung gelangen will. Somit werden die Vögel mit den längsten, dünnsten Schnäbeln eher überleben und sich wahrscheinlicher fortpflanzen als solche mit kürzeren, dickeren Schnäbeln. Also werden die meisten Vögel der nächsten Generation die Gene für einen langen dünnen Schnabel besitzen.

Indessen werden Käfer, die von Natur aus dazu veranlagt sind, tiefe Röhren zu graben, mit geringerer Wahrscheinlichkeit erbeutet. Folglich werden die Gene für diese Fähigkeit in der nächsten Käfergeneration wahrscheinlich häufiger zu finden sein.

**Weitergabe der Verbesserung** Über Hunderte von Generationen hinweg wird dies zur Folge haben, dass die Schnäbel der Vögel immer länger und dünner werden, während die Käfer immer tiefere Röhren graben und so außer Reichweite sind.

Dieses Phänomen bezeichnete Darwin als natürliche Selektion. Die Natur „wählt" die Vögel mit den längeren Schnäbeln und die tief grabenden Käfer aus und gewährleistet dadurch, dass das biologische Wettrüsten weitergeht.

**Aufspaltende Evolution** Diese auch als adaptive Radiation bezeichnete Evolution ist derjenige Prozess, durch den aus einer gemeinsamen Ausgangsart mehrere neue Arten hervorgehen.

## WIE DIE NATÜRLICHE AUSLESE FUNKTIONIERT

In der Regel ist die Evolution ein sehr lang dauernder Prozess, gelegentlich kann man ihren Verlauf jedoch beobachten. So veränderte z. B. der Birkenspanner in Großbritannien als Reaktion auf veränderte Umweltbedingungen durch die industrielle Revolution sein Aussehen in einem relativ kurzen Zeitraum.

Vor der Industrialisierung waren alle Birkenspanner grau gesprenkelt und so auf den von Flechten bewachsenen Baumstämmen, auf denen sie lebten, gut getarnt. Mitte des 19. Jh. fand man jedoch in Manchester, wo durch Umweltverschmutzung die Baumflechten abgestorben waren und die Rinde sich schwarz gefärbt hatte, eine dunklere Variante. Unter diesen Bedingungen waren die dunkler gefärbten Spanner besser getarnt als die gesprenkelten und breiteten sich bald über weite Teile der Industriegebiete Englands aus.

**Veränderung im Lauf der Zeit** In einer rußgeschwärzten Umgebung erwies sich die dunklere Form des Birkenspanners (oben) als angepasster und gedieh daher dort besser.

**Wie die aufspaltende Evolution funktioniert** Die auf den Galapagosinseln vor Südamerika lebenden Finkenarten sind ein bekanntes Beispiel für eine adaptive Radiation. Ursprünglich bestand die Population aus wenigen Vögeln einer Art, die es vom Festland hierher verschlagen hatte. Die Vögel breiteten sich über die Inseln aus, wo sich neue Populationen an das unterschiedliche Nahrungsangebot und verschiedene Umweltbedingungen anpassten. Allmählich entwickelten sich zahlreiche neue Finkenarten mit unterschiedlichen Schnäbeln, die sich für die jeweilige Nahrung als günstig erwiesen.

**Formveränderung** Die Darwinfinken auf Galapagos entwickelten unterschiedliche Schnabelformen, weil sie verschiedenartige Nahrungsquellen nutzten. Ein kräftiger Schnabel eignet sich am besten zum Knacken von Samen, während sich mit einem schlanken Schnabel leichter Insekten fangen lassen.

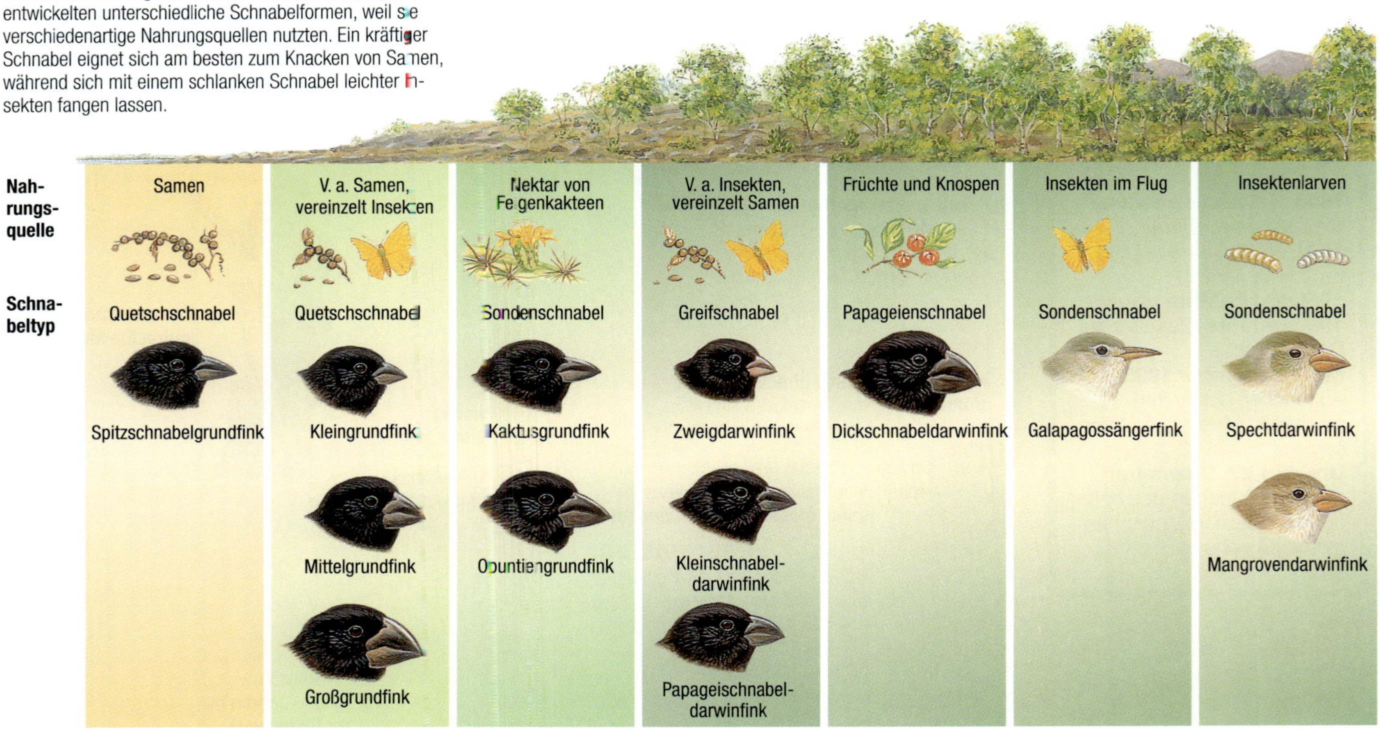

## Die fünf größten Massenaussterben

Plötzliche Veränderungen der Umwelt haben in der Vergangenheit fünf große Massenaussterben verursacht:

1. **Am Ende des Ordoviziums** (vor 438 Mio. Jahren) Eine globale Abkühlung führte zum Verschwinden von 70 % der Meeresorganismen.
2. **Im späten Devon** (vor 365 Mio. Jahren) Ein Absinken des Meeresspiegels hatte zur Folge, dass die meisten Fische ausstarben.
3. **Am Ende des Perms** (vor 245 Mio. Jahren) Die Bildung des Kontinents Pangäa und ein Absinken des Meeresspiegels bewirkten, dass 96 % aller im Meer lebenden Arten verschwanden.
4. **Am Ende der Trias** (vor 208 Mio. Jahren) Ein Absinken des Meeresspiegels führte dazu, dass 40 % aller Arten ausstarben.
5. **An der Grenze von der Kreide zum Tertiär** (vor 65 Mio. Jahren) Ein Meteoriteneinschlag und starke Vulkanaktivität hatten zur Folge, dass 70 % aller Tierarten, darunter auch die Dinosaurier, verschwanden.

Eventuell erleben wir derzeit ebenfalls ein Massenaussterben infolge menschlicher Aktivität. Sollte die gegenwärtige Aussterberate anhalten, könnte bis zum Jahr 2100 die Hälfte aller auf der Erde bekannten Arten verschwunden sein.

**Eroberung der Lüfte** Flügel haben sich in der Geschichte des Lebens auf der Erde mehrmals entwickelt, aber nicht immer auf die gleiche Weise. Bei Vögeln und Fledermäusen werden die Flügel beispielsweise von völlig anderen Skelettstrukturen gestützt.

**Konvergente Evolution** Bisweilen entwickeln sich bei Arten, die überhaupt nicht miteinander verwandt sind, ähnliche Merkmale. Zu dieser so genannten konvergenten Evolution kommt es, wenn die beiden Arten eine ähnliche Lösung für Probleme der Lebensweise oder der Umwelt entwickeln. In den meisten Fällen sind diese Merkmale anatomisch bei den betreffenden Arten verschieden.

**Wie die konvergente Evolution funktioniert** Die Flügel von Fledermäusen und Vögeln sind ein Beispiel für eine konvergente Evolution. Sie ähneln sich oberflächlich – jedes flugfähige Tier benötigt irgendwelche flügelähnlichen Strukturen –, ihre anatomischen Grundlagen sind jedoch ganz unterschiedlich: Die Flügel von Fledermäusen werden im Gegensatz zu denen von Vögeln durch verlängerte Fingerknochen gestützt.

Siehe auch
64–5 **Die Zeitalter des Lebens**
86–7 **Die letzten Tage der Dinosaurier**
350–1 **Naturwissenschaften**
542–7 **Biologie**

## Wie neue Arten entstehen

Mitglieder derselben Art können sich untereinander fortpflanzen. Wird jedoch ein Teil einer Population so isoliert, dass eine Fortpflanzung mit der übrigen Population verhindert wird, und sind diese beiden Gruppen dann unterschiedlichen Lebensbedingungen ausgesetzt, so sorgt die natürliche Auslese dafür, dass sie sich unterschiedlich weiterentwickeln. Irgendwann können sie sich selbst dann nicht mehr untereinander fortpflanzen, wenn sie wieder zusammenkommen – es haben sich zwei verschiedene Arten entwickelt.

## SCHLÜSSELBEGRIFFE

- **Darwinismus** Die Theorie, nach der die natürliche Auslese der Mechanismus der Evolution ist.
- **Evolution** Eine Änderung der genetischen Anlagen einer Population im Lauf der Zeit.
- **Fitness** Die Fähigkeit eines Organismus, zu überleben und sich zu vermehren – ein Maßstab für den Fortpflanzungserfolg.
- **Natürliche Auslese** Die Tendenz, dass nützliche Merkmale über Generationen erhalten bleiben.
- **Population** Eine Gruppe von Lebewesen, die sich untereinander fortpflanzen und eine definierte geographische Region bewohnen – z. B. eine bestimmte Fischart in einem See.
- **Speziation (Artbildung)** Die Herausbildung neuer Arten, die erfolgt, wenn sich verschiedene Populationen derselben Art unter Einwirkung verschiedener Umweltbedingungen unterschiedlich entwickeln.
- **Überleben desjenigen, der sich am besten anpasst** *Survival of the fittest* – im 19. Jh. von dem englischen Philosophen Herbert Spencer geprägter Begriff zur Beschreibung jener Lebewesen, die überleben, weil sie am besten an ihren Lebensraum angepasst sind.

*Das Rezept für die Entstehung des Lebens ist unbekannt. Die wahrscheinlichen Bestandteile waren jedoch Methan, Kohlendioxid, Ammoniak und Wasser. Durch ultraviolette Strahlung oder Blitzschlag könnten diese chemischen Verbindungen in Aminosäuren verwandelt worden sein – die Bausteine von Eiweiß und damit allen Lebens.*

## WAS IST LEBEN?

Alles Lebendige zeichnet sich durch Folgendes aus:
- **Stoffwechsel**, d. h. chemische Prozesse, z. B. bei der Produktion von Energie und dem Ausscheiden von Abfall.
- **Wachstum** und Reifung.
- **Reaktion auf Reize** wie Licht oder Wärme.
- **Fortpflanzung.**

Die einfachsten Lebensformen sind einzelne Zellen mit folgenden Kennzeichen:
- **Zellmembranen,** die isolieren und das Ein- und Ausströmen von chemischen Verbindungen ermöglichen.
- **Fähigkeit zur Nutzung** oder Produktion von Energie.
- **Genetisches Material,** das Fortpflanzung erlaubt.

**Vor mehr als 4,5 Mrd. Jahren**
Die dünne Oberfläche der Erdkruste ist heiß und instabil. Sie wird durch Vulkanausbrüche und Erdbeben erschüttert und von Meteoriten bombardiert. Die Atmosphäre enthält keinen Sauerstoff. Sie besteht vorwiegend aus Wasserstoff und kleinen Mengen der Gase Helium, Krypton und Xenon.

**Vor 4,5 Mrd. Jahren**
Einer Theorie zufolge kollidiert ein großer Gesteinskörper mit der Erde, vernichtet die erste Atmosphäre und löst weitere Vulkantätigkeit aus. Aus den Überresten der Kollision bildet sich als Begleiter der Erde der Mond.

**Vor 4,35 Mrd. Jahren**
Vulkangase und durch die Kollision freigesetzter Wasserdampf schaffen eine neue, wasserstoffreiche Atmosphäre.

**Vor 3,8 Mrd. Jahren**
Die ersten Lebewesen treten in Erscheinung, vermutlich in der Umgebung von Vulkanschloten auf dem Meeresgrund und in heißen Tümpeln, wo eine ausreichende Versorgung mit Mineralien und Wärme besteht. Es handelt sich um einzellige Archebakterien mit sehr einfach gebauten Zellen ohne Zellkern, die ohne Sauerstoff existieren können. Als Energiequelle haben diese Organismen vermutlich Schwefelwasserstoff aus den Vulkanschloten genutzt.

## Leben im Reagenzglas

Das Leben könnte sowohl unter extremer Hitze als auch unter extremer Kälte entstanden sein. In Laborexperimenten fand man Hinweise auf beide Theorien.

**Extreme Hitze** Im Jahr 1953 leiteten amerikanische Wissenschaftler elektrischen Strom durch ein Gemisch aus verschiedenen Verbindungen, die vermutlich in der frühen Erdatmosphäre und in den ersten Meeren vorhanden waren; sie wollten so einen Blitzschlag simulieren. Unter den Substanzen, die sich daraufhin neu bildeten, befanden sich u. a. Aminosäuren, die Grundbausteine der Eiweiße.
**Extreme Kälte** In den 1960er-Jahren fror ein anderer amerikanischer Forscher ein ähnliches Gemisch aus Chemikalien ein. Dabei bildete sich ein Bestandteil der DNA. Dies könnte darauf hindeuten, dass das Leben während einer von mehreren Eiszeiten entstand, die in der frühen Erdgeschichte auftraten.

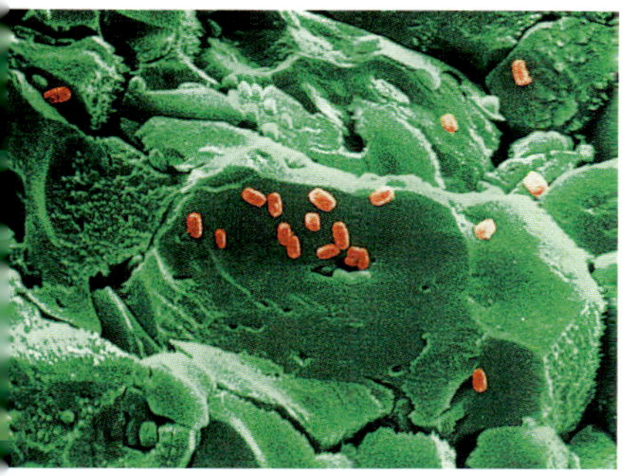

**Die ältesten Fossilien** Bemerkenswerterweise entwickelte sich recht bald nach der Entstehung der Erde aus organischen Verbindungen Leben. Zu den ältesten Belegen dafür zählen 3,5 Mrd. Jahre alte Fossilien von Bakterien, wie sie links zu sehen sind. Diese Fossilien deuten darauf hin, dass das Leben bereits 700 Mio. Jahre nach der Entstehung des Planeten begann.

## Die Entstehung des Zellkerns

Bei den ersten Lebewesen handelte es sich um Einzeller ohne Zellkern (Prokaryonten). Im Lauf der Zeit übernahmen verschiedene Teile der Zelle bestimmte Aufgaben – z. B. die Atmung –, und das genetische Material konzentrierte sich auf eine als Zellkern bezeichnete Region. Zellen mit Zellkern nennt man eukaryontisch. Sie sind stärker organisiert als prokaryontische Zellen, deshalb konnten sie sich zu komplexeren Lebensformen entwickeln. Alle vielzelligen Lebewesen sind Eukaryonten, während alle Bakterien zu den Prokaryonten zählen.

**Prokaryontische Zelle** Ohne Zellkern

**Eukaryontische Zelle** Das genetische Material ist in einem Zellkern enthalten.

### Vor 3,5 Mrd. Jahren

Einige Organismen vermögen nun Chlorophyll zu produzieren und so durch Photosynthese Energie zu erzeugen. Diese Cyanobakterien oder Blaualgen breiten sich in den feuchten Lebensräumen der Erde aus. Mit der Zeit beginnt sich der überschüssige, von den Bakterien freigesetzte Sauerstoff in der Erdatmosphäre anzureichern.

### Vor 2,1 Mrd. Jahren

Die Atmosphäre enthält etwa 1 % der gegenwärtigen Sauerstoffmenge und damit genügend für die Entwicklung von Organismen, die atmen – also Sauerstoff als Energiequelle für ihren Stoffwechsel nutzen. In der oberen Atmosphäre beginnt sich durch eine Kombination von Sauerstoffmolekülen eine Ozonschicht zu bilden. Erstmals treten Zellen mit einem Zellkern – so genannte Eukaryonten – auf.

### Vor 720 Mio. Jahren

Einige eukaryontische Zellen beginnen, sich zu Kolonien zusammenzuschließen, in denen einzelne Zellen spezialisierte Aufgaben wie etwa die Atmung übernehmen, bis schließlich alle Zellen voneinander abhängig werden. Sie sind nun Teil eines vielzelligen Organismus. Es entwickeln sich neue Arten, u. a. die ersten Lebewesen mit harten Außenskeletten.

### Vor 420 Mio. Jahren

Der Sauerstoffgehalt der Atmosphäre ist auf etwa 10 % der derzeitigen Konzentration angestiegen und nimmt im Lauf der nächsten 100 Mio. Jahre weiter zu. Die Ozonschicht wird dicker und wirkt als Filter für die ultraviolette Strahlung der Sonne, die für das Leben schädlich ist. Dadurch wird die Landoberfläche der Erde bewohnbar. Die ersten Landpflanzen erscheinen.

**Stromatolithen** Abgerundete, aus Matten von Cyanobakterien (Blaualgen) gebildete Strukturen sind die häufigsten fossilen Belege des ersten Lebens. Diese heutigen Stromatolithen (links) wurden in Australien gefunden.

Siehe auch
14–15 **Planet Erde**
52–3 **Die Erdatmosphäre**
70–1 **Die Evolution der Pflanzen**

# Die Evolution der Pflanzen



*Pflanzen und ihre Vorläufer waren die ersten Lebewesen, die die Erde besiedelten. Sie entwickelten sich aus einfachen einzelligen Organismen zu der großen Vielfalt, die man heute kennt, wie Moose, Farne, Nadelbäume und Blütenpflanzen. Die Pflanzen bilden die Lebensgrundlage für alle anderen Lebewesen, denn sie liefern ihnen Nahrung und tragen zur Bildung und Erhaltung unserer Atmosphäre bei.*

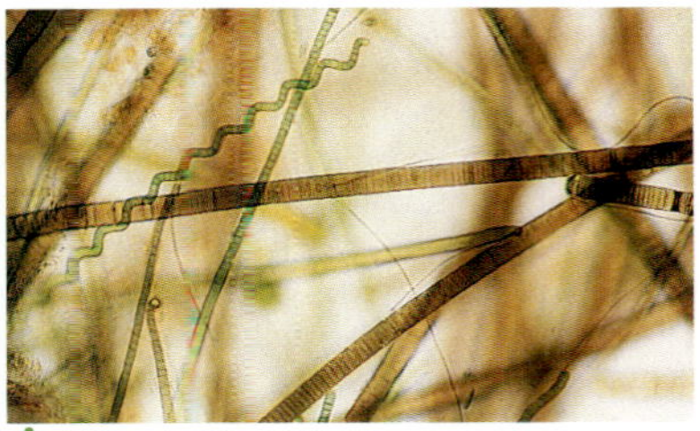

**Grünalgen** Eine einfache, frühe Pflanzenform, die auch heute noch gedeiht

## WAS IST EINE PFLANZE?

Pflanzen haben einige Merkmale mit allen Lebewesen gemeinsam. Wie Tiere
- bestehen sie aus Zellen mit einem **Zellkern**.
- können sie **atmen**, nutzen also den Sauerstoff der Atmosphäre für ihren Stoffwechsel.
- vermögen sie sich **fortzupflanzen**.

Pflanzen unterscheiden sich von Tieren insofern, als sie:
- **unbeweglich** sind.
- durch **Photosynthese** ihre eigene Nahrung erzeugen (siehe S. 74).
- starre **Zellwände aus Zellulose** besitzen, die ihnen Festigkeit und Halt verleihen.
- keine spezialisierten **Sinnesorgane** und kein **Nervensystem** haben.

Präkambrium

Vor 3,5 Mrd. Jahren
Entstehung der **Cyanobakterien (Blaualgen)**, Photosynthese betreibender Bakterien

Vor 1 Mrd. Jahren
**Photosynthese betreibende Grünalgen** tauchen auf.

550

Kambrium

Vor 550–505 Mio. Jahren
Auftreten **größerer, vielzelliger Grünalgen und Tange** sowie einiger Rot- und Braunalgen

505

Ordovizium

Vor 500 Mio. Jahren
Die **ersten Landpflanzen** beginnen Sumpfgebiete zu besiedeln.

438

Silur

Vor 433 Mio. Jahren
Entwicklung der **ersten Gefäßpflanzen**

408

Devon

Vor 408 Mio. Jahren
Es treten erstmals **Samenpflanzen** auf, die kein Wasser benötigen, um sich fortzupflanzen.

360

**Von alter Abstammung** Die Lebermoose (links) bilden zusammen mit den Moosen die direktesten lebenden Vorfahren der ersten Landpflanzen.

## Lernen, an Land zu leben: Gefäßpflanzen

Die ersten Landpflanzen entwickelten sich wahrscheinlich aus Tangen und anderen Grünalgen, die an die Küste gespült wurden und sich dann an ein Leben außerhalb des Wassers anpassten. Diese Pioniere unter den Landbewohnern vermochten allerdings noch nicht, in völlig trockener Umgebung zu überleben, und besiedelten zu Beginn die Ränder von Mooren und Teichen. Sie waren klein, besaßen keine Wurzeln und waren für die nötige Feuchtigkeit auf das Wasser der Umgebung angewiesen.

Damit die Pflanzen auf dem Trockenen überleben konnten, mussten sie ein Austrocknen verhindern. Dies gelang ihnen durch eine allmähliche Verdickung ihrer Zellwände durch Zellulose und die Ausbildung eines internen Röhrensystems für den Transport von Wasser und Nährstoffen. Außerdem entwickelten die Pflanzen Wurzeln, mit denen sie das Wasser und die Nährstoffe aufnehmen konnten und zudem fest im Boden verankert waren. Solche Pflanzen bezeichnet man als **Gefäßpflanzen.**

## Bärlappe

Bei den **einfachen, kleinblättrigen Bärlappen** handelt es sich um Gefäßpflanzen, die in den warmen Sümpfen des Karbon gediehen. Zu dieser Zeit hatten sich einige der früheren kriechenden Formen zu großen, verzweigten Bäumen entwickelt. Diese bis zu 45 m hohen Bärlappe besaßen einen verdickten Stamm mit einem zentralen Holzkern und waren mit einem flachen, weit ausgebreiteten Wurzelsystem im Schlamm verankert. Indes erwiesen sich diese Riesen als zu sehr spezialisiert, und als die Sümpfe am Ende des Karbons austrockneten, starben viele aus. Die wenigen bis heute überlebenden Bärlappe sind viel kleiner als ihre Vorfahren.

**Keulenbärlapp** Ein amerikanisches Beispiel für die kleinen Bärlappe, die bis heute überlebten

## Farne

**Farne** wuchsen in den Karbonsümpfen in etwas trockeneren Bereichen. Ihre Größe variierte beträchtlich: Während einige unter 1 m blieben, erreichten andere eine Höhe von bis zu 18 m. Farne besitzen ausgedehnte Wurzelsysteme und spezialisierte Blätter, die man als Wedel bezeichnet und die auf ihrer Unterseite riesige Mengen von Sporen produzieren. Einige Farnarten können sich auch ungeschlechtlich vermehren. Diese Flexibilität machte sie zu einem der erfolgreichsten Pflanzentypen der Erde.

**Heutige Farne** Im Karbon waren die Farne die vorherrschenden Pflanzen auf der Erde. Auch heute sind sie mit 13 000 bekannten Arten noch weit verbreitet.

## PILZE

**Heutige Pilze** Die heutigen Pilze erschienen vor 400 Mio. Jahren auf dem Land.

Pilze sind weder Pflanzen noch Tiere; sie werden in ein eigenständiges Reich gestellt. Heute leben etwa 100 000 verschiedene Pilzarten.

Viele Pilzarten scheinen pflanzenähnlich zu wachsen, doch können sie nicht durch Photosynthese ihre eigene Nahrung erzeugen. Manche leben als Parasiten, andere zersetzen totes organisches Material in seine Nährstoffe, die sie dann aufnehmen. Zusammen mit den Bakterien sind die Pilze für den Abbau von toter organischer Substanz zuständig; damit halten sie den Planeten sauber und bringen die chemischen Bestandteile wieder in den Nährstoffkreislauf ein.

Gewöhnlich sieht man von Pilzen nur den oberirdischen Fruchtkörper, in dem die mikroskopisch kleinen Sporen gebildet werden. Der Hauptteil, eine Masse aus dünnen Fäden, die so genannten Hyphen, die man zusammen als Myzel bezeichnet, bleibt im Boden verborgen und kann je nach Pilzart gewaltige Ausmaße annehmen.

## Blütenpflanzen

Blütenpflanzen oder Bedecktsamer tauchten erstmals am Ende des Jura auf; heute sind sie die vorherrschenden Pflanzen. Entscheidend für ihren Erfolg ist ihre Fähigkeit, sich auf unterschiedliche Weise fortzupflanzen (siehe S. 75) und fast alle Lebensräume der Erde zu besiedeln. Vier Fünftel der heutigen Pflanzen sind Bedecktsamer.

**Südafrikanische Protee** Die ersten Blütenpflanzen traten im Zeitalter der Dinosaurier auf.

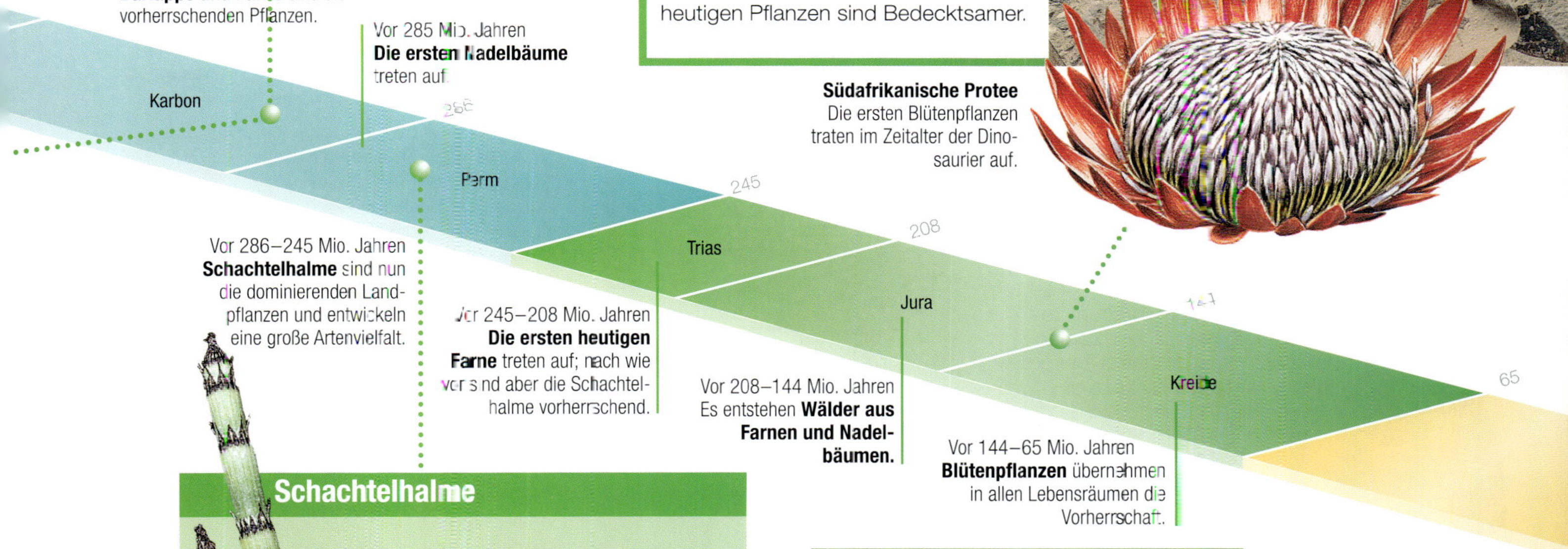


Vor 360–286 Mio. Jahren **Bärlappe und Farne** sind die vorherrschenden Pflanzen.

Vor 285 Mio. Jahren **Die ersten Nadelbäume** treten auf.

Vor 286–245 Mio. Jahren **Schachtelhalme** sind nun die dominierenden Landpflanzen und entwickeln eine große Artenvielfalt.

Vor 245–208 Mio. Jahren **Die ersten heutigen Farne** treten auf; nach wie vor sind aber die Schachtelhalme vorherrschend.

Vor 208–144 Mio. Jahren Es entstehen **Wälder aus Farnen und Nadelbäumen.**

Vor 144–65 Mio. Jahren **Blütenpflanzen** übernehmen in allen Lebensräumen die Vorherrschaft.

## Schachtelhalme

Die **riesigen, baumförmigen Schachtelhalme** traten erstmals in den Sümpfen des Karbons auf. Aus ihnen gingen kleinere Formen hervor. Sie waren durch schmale Blätter und gegliederte, hohle Sprosse mit gerippter Oberfläche charakterisiert und wuchsen recht hoch, sodass sie erfolgreich um das Sonnenlicht konkurrieren konnten. Schließlich erwiesen sich die meisten von ihnen jedoch als zu spezialisiert, um sich rasch an Veränderungen anzupassen, und starben aus.

**Die letzten Schachtelhalme** *Equisetum* ist die letzte Gattung der Schachtelhalme.

## Sporen oder Samen?

Die ersten Gefäßpflanzen pflanzten sich mit Sporen fort, die für die Befruchtung Feuchtigkeit benötigen. Die ersten Pflanzen, die sich durch Samen vermehrten und dafür kein Wasser mehr benötigten, erschienen während des Devon. Durch die Samenhülle ist gleichzeitig der Pflanzenembryo geschützt. Diese Vorteile hatten zur Folge, dass die Samenpflanzen eine weitaus größere Vielfalt von Lebensräumen besiedeln konnten.

Siehe auch
74–5 **Wie Pflanzen leben**
542–7 **Biologie**

# Das Reich der Pflanzen

*Das pflanzliche Leben ist ungeheuer vielfältig. Es reicht von einzelnen, winzigen Zellen bis hin zu den größten Lebewesen der Erde, den kalifornischen Riesenmammutbäumen. Pflanzen finden sich in fast allen Lebensräumen, und diese immense Mannigfaltigkeit ist der Schlüssel zu ihrem Erfolg. Zudem können Pflanzen sehr alt werden – in den Rocky Mountains der USA gibt es 4600 Jahre alte Borstenkiefern.*

**Frühe Blüte** Magnolien zählten zu den ersten Blütenpflanzen, die sich entwickelten.

## GRÜNALGEN

Chlorophyten
40 000 Arten

**Kennzeichen:**

- Reichen von einzelligen bis zu vielzelligen Arten.
- Enthalten Chlorophyll und können Photosynthese betreiben (siehe S. 74).
- Produzieren 70 % des gesamten durch Photosynthese in die Atmosphäre freigesetzten Sauerstoffs.
- Leben im Wasser oder in feuchten Lebensräumen.
- Pflanzen sich sowohl ungeschlechtlich als auch geschlechtlich fort (siehe S. 75).

## MOOSE (LEBER-, HORN- UND LAUBMOOSE)

Bryophyten
29 000 Arten

**Kennzeichen:**

- Die einfachsten Landpflanzen.
- Haben keine Leitgefäße (siehe S. 74).
- Echte Wurzeln und Blätter fehlen.
- Kleine, niedrige Pflanzen, die am Boden oder auf anderen Pflanzen wachsen.
- Decken ihren Wasserbedarf durch die Luftfeuchtigkeit.
- Können nur feuchte Lebensräume besiedeln.
- Pflanzen sich mithilfe von Sporen fort (siehe S. 71).

## FARNPFLANZEN

Pteridophyten
13 000 Arten

**Kennzeichen:**

- Umfassen Bärlappe, Farne und Schachtelhalme.
- Stammen direkt von den einfachsten Landpflanzen ab.
- Sind echte Gefäßpflanzen (siehe S. 70).
- Haben Wurzeln.
- Farne besitzen spezielle, als Wedel bezeichnete Blätter.
- Benötigen zur Vermehrung Feuchtigkeit.
- Pflanzen sich mithilfe von Sporen fort (siehe S. 71).

## NACKTSAMER

Gymnospermen
936 Arten

**Kennzeichen:**

- Besitzen ein komplexes Leitgefäßsystem (siehe S. 74).
- Haben ein weitläufiges Wurzelsystem.
- Werden durch den Wind bestäubt (siehe S. 75).
- Pflanzen sich mithilfe von Samen fort (siehe S. 71).
- Die Produktion der Samen erfolgt in der Regel in einer zapfenartigen Struktur.
- Bringen keine Blüten oder Früchte hervor.

## BEDECKTSAMER (BLÜTENPFLANZEN)

Angiospermen
250 000 Arten

**Kennzeichen:**

- Die erfolgreichste Pflanzengruppe.
- Besiedeln fast alle Lebensräume.
- Große Vielfalt hinsichtlich Größe, Gestalt und Bau.
- Besitzen ein komplexes Leitgefäßsystem (siehe S. 74).
- Bilden Blüten.
- Werden von Tieren, durch den Wind oder über das Wasser bestäubt (siehe S. 75).
- Pflanzen sich mithilfe von Samen fort (siehe S. 71).
- Samen wachsen in einem Fruchtknoten bzw. der Frucht.

## Zapfen

**Nadelbäume produzieren Zapfen,** die sich nach der Bestäubung in gleicher Weise wie die Samenköpfchen, Früchte und Nüsse der Blüten von Blütenpflanzen aus den weiblichen Geschlechtsorganen bilden. Zapfen schützen die bestäubten (befruchteten) weiblichen Keimzellen, während diese sich zu Samen entwickeln. Sobald die Keime reif sind und geeignete Bedingungen für eine Ausbreitung herrschen, öffnen sich die Zapfen und setzen die Samen frei. Nacktsamer sind eine sehr alte Pflanzengruppe; ihre Zapfen haben sich über die Jahrmillionen kaum verändert.

**Weit offen** Dieser Zapfen einer Waldkiefer *(Pinus silvestris)* hat die Samen bereits ausgestreut.

**Dicht geschlossen** Der Zapfen dieser Küstentanne *(Abies grandis)* umschließt die Samen

**Alter Bauplan** Die Zapfen der Chilenischen Araukarie oder Chilefichte *(Araucaria araucana)* sehen seit dem Jura unverändert aus.

Die Bedecktsamer oder Blütenpflanzen werden nach der Anzahl ihrer Keimblätter (Kotyledonen) eingeteilt. Bei den Keimblättern handelt es sich um Strukturen im Pflanzenembryo, die diesem als Nährstoffspeicher dienen und die beim keimenden Samen als erste Blätter in Erscheinung treten.

## MONOKOTYLE

Einkeimblättrige
Rund 50 000 Arten

- Die Samen bringen bei der Keimung ein Keimblatt hervor.
- Die Blätter besitzen parallel verlaufende Adern.
- Die Leitgefäße sind unregelmäßig im Spross verstreut.
- Liliengewächse, Gräser und verwandte Getreidepflanzen sowie unter den Bäumen die Früchte tragenden Palmen.

## DIKOTYLE

Zweikeimblättrige
Rund 200 000 Arten

- Die Samen bringen bei der Keimung zwei Keimblätter hervor.
- Im Allgemeinen komplexer gebaut als Monokotyle.
- Die Blätter zeichnen sich durch netzartig verlaufende Adern aus.
- Die Leitgefäße sind im Spross in einem regelmäßigen Ring angeordnet.
- Die meisten Blütenpflanzen und viele Laubbäume wie Birken, Eichen und Linden.

**Schmale Blätter** Monokotylen besitzen schmale, halmartige Blätter.

**Breite Blätter** Die Blätter von Dikotylen (rechts) sind breit mit abgerundeten Kanten.

### Der längste Tang

Der pazifische Birnenkelp oder Birntang *(Macrocystis pyrifera)* ist der größte Tang der Erde. Seine blattähnlichen Strukturen können bis zu 60 m lang werden – und das in nur einem Jahr. Damit ist diese Pflanze der Küstengewässer das am schnellsten wachsende Lebewesen der Meere.

### Der größte Samen

Die seltene Seychellen- oder Maledivennusspalme *(Lodoicea maldivica)* produziert von allen Pflanzen die größten Samen. Es dauert ungefähr 10 Jahre, bis die bis zu 20 kg schweren Keime reif sind. Früher glaubten die Seeleute, diese Samen würden auf dem Meeresgrund wachsen. Die Palmen gediehen jedoch auf den Seychellen im Indischen Ozean.

### Die größte Blüte

Die Blüten mit dem größten Durchmesser bildet die Riesenrafflesie *(Rafflesia arnoldii)* aus den Regenwäldern Südostasiens. Die bis zu 7 kg wiegenden Organe erreichen einen Durchmesser von über 90 cm. Sie verströmen einen fauligen Geruch und locken so Fliegen als Bestäuber an.

### Die höchste Blüte

Die höchsten Einzelblüten bildet die Titanenwurz *(Amorphophallus titanum)* aus Sumatra. Die bis zu 2,6 m hohen Blüten stinken nach verwesendem Fisch und locken so Insekten an. Die Blüte wächst sehr rasch und fällt 2 Tage nach Erreichen ihrer vollen Größe wieder in sich zusammen.

### Der höchste Blütenstand

Den höchsten Blütenstand – dabei wachsen die Blüten gruppenweise – bildet die Riesenbromelie *(Puya raimondii)* aus Bolivien. Er erreicht bis zu 10 m Höhe und besteht aus bis zu 8000 Einzelblüten. Die Riesenbromelien bilden ihre Blütenstände erst nach 150 Jahren und sterben dann ab.

Siehe auch
70–1 **Die Evolution der Pflanzen**
74–5 **Wie Pflanzen leben**
542–7 **Biologie**

*Pflanzen brauchen Licht, Wasser, einen geeigneten Boden und die richtige Temperatur, um zu gedeihen. Licht und Wärme liefert die Sonne, deren Energie auch zur Produktion von Nährstoffen mittels Photosynthese genutzt wird. Wasser wird zusammen mit wichtigen Nährstoffen und Mineralien wie Stickstoff, Kalium und Magnesium über die Wurzeln aus dem Boden aufgenommen. Es wird auch zur Photosynthese benötigt und baut in den Pflanzenzellen Druck auf. Ohne diesen Druck (Turgor) würden die Zellwände instabil werden und die Pflanzen welken und absterben.*

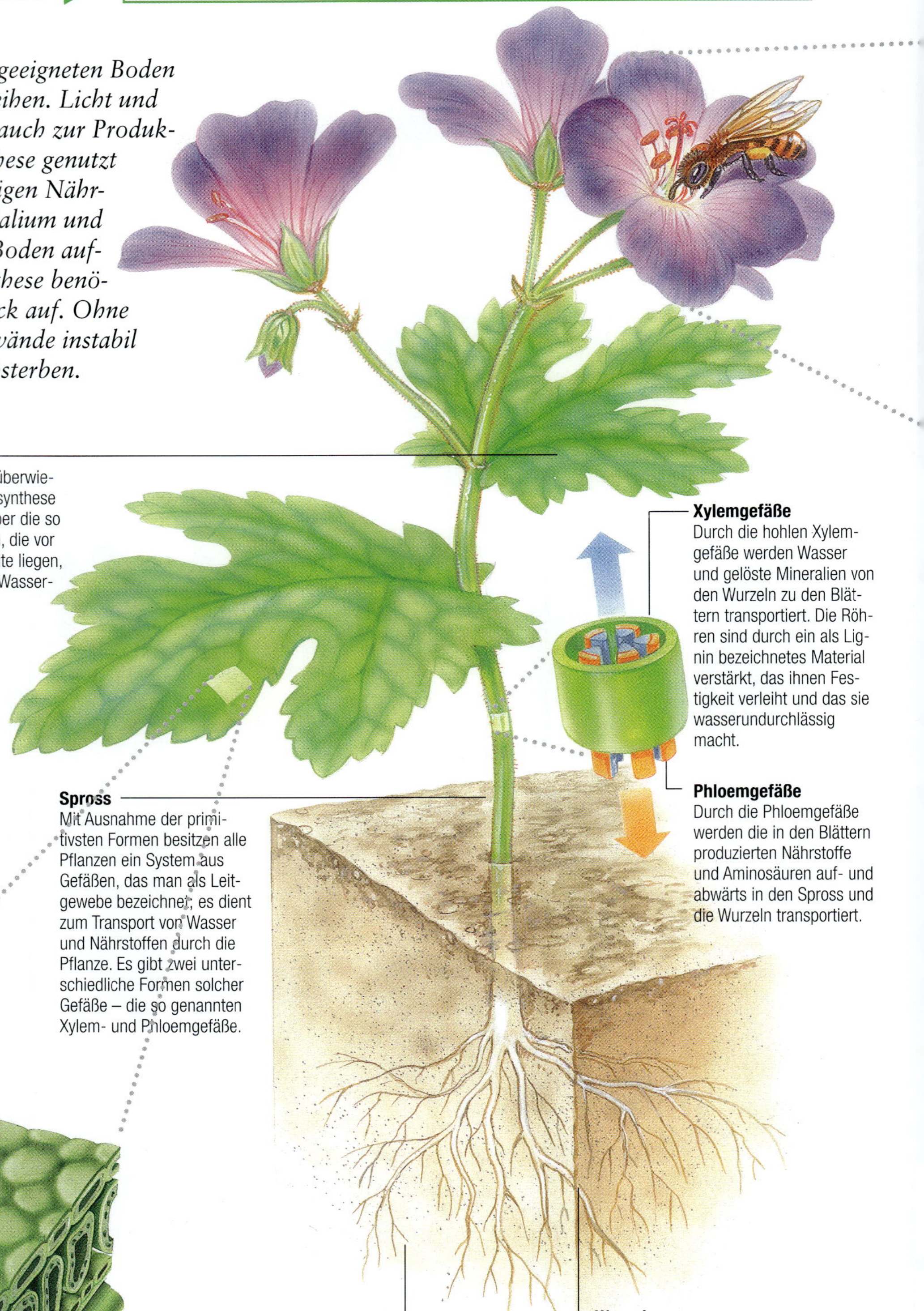

**Blätter**
Die Blätter enthalten den überwiegenden Teil des zur Photosynthese genutzten Chlorophylls. Über die so genannten Spaltöffnungen, die vor allem auf der Blattunterseite liegen, regulieren sie zudem den Wasserhaushalt der Pflanze.

**Xylemgefäße**
Durch die hohlen Xylemgefäße werden Wasser und gelöste Mineralien von den Wurzeln zu den Blättern transportiert. Die Röhren sind durch ein als Lignin bezeichnetes Material verstärkt, das ihnen Festigkeit verleiht und das sie wasserundurchlässig macht.

**Phloemgefäße**
Durch die Phloemgefäße werden die in den Blättern produzierten Nährstoffe und Aminosäuren auf- und abwärts in den Spross und die Wurzeln transportiert.

**Spross**
Mit Ausnahme der primitivsten Formen besitzen alle Pflanzen ein System aus Gefäßen, das man als Leitgewebe bezeichnet; es dient zum Transport von Wasser und Nährstoffen durch die Pflanze. Es gibt zwei unterschiedliche Formen solcher Gefäße – die so genannten Xylem- und Phloemgefäße.

**Wurzelknollen**
An den Wurzeln mancher Pflanzen hängen kleine Knollen. Sie enthalten Bakterien, die atmosphärischen Stickstoff aufnehmen und in Ammoniak ($NH_3$) umwandeln können. Aus diesem stellt die Pflanze dann Nitrate und Aminosäuren her.

**Wurzeln**
Pflanzen sind mit einem Netzwerk aus Wurzeln im Boden verankert. Weiterhin nehmen die Wurzeln Wasser und wichtige Mineralien aus dem Boden auf und können Nährstoffe speichern.

## PHOTOSYNTHESE

Bei der Photosynthese nutzen Pflanzen die Energie des Sonnenlichts, um aus einfachen Verbindungen ihrer Umwelt Nährstoffe herzustellen.

Entscheidend für diesen Vorgang ist der grüne Farbstoff Chlorophyll. Dieser findet sich in den so genannten Chloroplasten – winzigen Strukturen in den Blättern der Pflanzen. Chlorophyll absorbiert die Lichtenergie der Sonne, mit deren Hilfe die Pflanzen dann aus Wasser und Kohlendioxid einen zu den Kohlenhydraten zählenden Nährstoff – Glukose oder Traubenzucker – herstellen. Dabei wird als Abfallprodukt Sauerstoff freigesetzt, den fast alle Lebewesen benötigen.

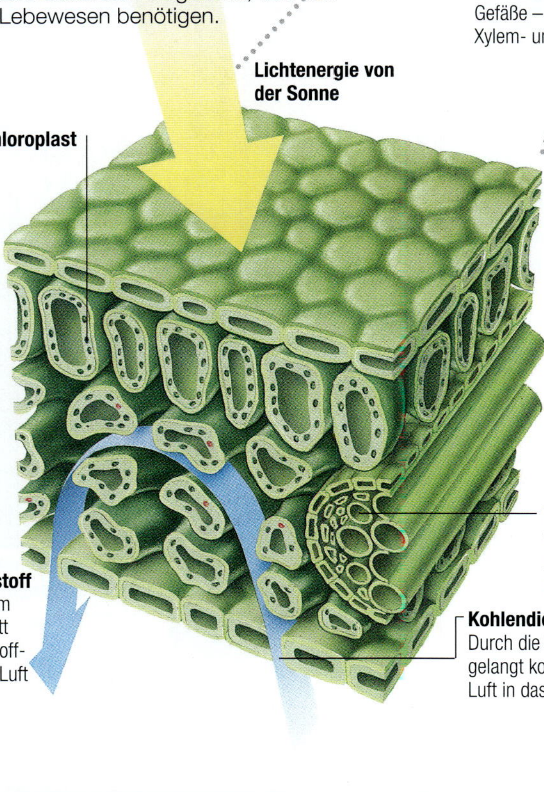

**Lichtenergie von der Sonne**

**Chloroplast**

**Wasser**
wird durch die Adern in das Blatt gesogen.

**Sauerstoff**
Aus dem Blatt tritt sauerstoffhaltige Luft aus.

**Kohlendioxid**
Durch die Spaltöffnungen gelangt kohlendioxidhaltige Luft in das Blatt.

**Blüte**
Die Blüte ist die geschlechtliche Fortpflanzungseinheit; sie produziert und beherbergt die Keimzellen (Gameten). Einige Blüten bilden männliche und weibliche Keimzellen, andere Pflanzen haben getrennte männliche und weibliche Blüten, bei manchen auf demselben, bei anderen auf verschiedenen Individuen.

**Staubbeutel**
Obere Teile der Staubgefäße, in denen der Pollen produziert wird

**Pollen**
In den Pollenkörnern sind die männlichen Keim- oder Geschlechtszellen enthalten.

**Griffel**
Der Stiel, an dem die Narbe sitzt. Narbe, Griffel und Fruchtknoten bezeichnet man zusammen als Fruchtblatt.

**Fruchtknoten**
Im Fruchtknoten befinden sich die weiblichen Keimzellen oder Eizellen.

**Narbe**
Auf die Narbe gelangen Pollenkörner und setzen die männlichen Keimzellen frei, die durch den Griffel bis in den Fruchtknoten gelangen und dort die Eizellen befruchten.

## BESTÄUBUNG

**Nach Übertragung des Pollens** von den Staubbeuteln auf die Narbe wächst aus den Pollenkörnern ein Schlauch durch den Griffel bis zum Fruchtknoten. Die männlichen Keimzellen wandern hinab und befruchten die Eizellen im Fruchtknoten. Stammt der Pollen von derselben Pflanze, so spricht man von Selbstbestäubung; wurde er von einer anderen Pflanze übertragen, von Fremdbestäubung.

Pflanzenarten, bei denen männliche und weibliche Blüten an unterschiedlichen Pflanzen sitzen, können ausschließlich fremdbestäubt werden. Bei einigen Blüten, die männliche wie auch weibliche Blütenteile aufweisen, ist gleichermaßen Fremdbestäubung wie Selbstbestäubung möglich, während bei anderen bestimmte Mechanismen eine Selbstbestäubung verhindern.

Übertragen wird der Pollen in der Regel durch den Wind oder von Tieren.

**Windbestäubung** Vom Wind verbreiteter Pollen ist meist sehr glatt und leicht, damit er gut von der Luft getragen wird.

**Tierbestäubung** Diese Methode ist verlässlicher und zielgerichteter und fördert zudem die Fremdbestäubung, die wiederum dazu beiträgt, die genetische Verschiedenartigkeit einer Art zu erhöhen. Die Pollenkörner sind in der Regel groß und haben eine raue Oberfläche, damit sie besser am Körper der Bestäuber hängen bleiben.

**Windbestäubung** Die männlichen Blüten oder Kätzchen von Haselsträuchern nutzen für die Verbreitung ihrer Pollen den Wind.

Siehe auch
56–7 **Die Biome der Erde**
542–7 **Biologie**

## VERBREITUNG DER SAMEN

Nach der Befruchtung werden die Samen produziert. Sie müssen von der Elternpflanze verbreitet werden, damit sie an Stellen gelangen, wo sie keimen und zu neuen Pflanzen heranwachsen können. Dazu sind einige Hilfsmittel nötig.

**Wind** Leichte Samen mit Fallschirmchen wie die des Löwenzahns werden vom Wind über weite Entfernungen transportiert. Samen mit „Flügeln" oder „Tragflächen" wie die des Ahorns (rechts) rotieren in der Luft und werden wie ein Flugzeug getragen.

**Tiere** Samen mit Widerhaken wie die der Klette (rechts) bleiben am Fell von Tieren hängen und werden so verbreitet. Die in Früchten enthaltenen Samen, die mit den Früchten von Tieren verzehrt werden, haben, wenn sie wieder ausgeschieden werden, zumeist ein beträchtliches Stück zurückgelegt.

**Explosionsmechanismen** Einige Samenschoten sind so konstruiert, dass sie explodieren und dabei ihre Samen ausstreuen. Besenginster (rechts) verbreitet seine Samen auf diese Weise.

**Streumechanismen** Pflanzen wie der Mohn haben Samenkapseln, die mit Löchern versehen sind. Die Kapseln wiegen sich im Wind und streuen dabei die Samen aus.

**Wasser** Am Wasser wachsende Pflanzen können Strömungen oder die Gezeiten zur Verbreitung ihrer Samen nutzen. Kokosnüsse werden beispielsweise durch das Meer von Strand zu Strand gespült.

### Pflanzen der Trockengebiete

Pflanzen an trockenen Standorten bilden oft lange Wurzeln, um an das Wasser in der Tiefe zu gelangen. Als Nächstes stellt sich das Problem, das Wasser zu speichern, denn durch Poren in den Blättern, die so genannten Spaltöffnungen, geht es in Form von Wasserdampf wieder verloren. Um die Verdunstung zu verringern, haben die Pflanzen verschiedene Merkmale entwickelt:

- **Weniger Spaltöffnungen,** wodurch der Wasserverlust eingeschränkt wird.
- **Spaltöffnungen,** die sich am Tag schließen und in der kalten Nacht öffnen.
- **Eine wachshaltige Schicht** (Kutikula) auf der Blattoberfläche, die ebenfalls den Wasserverlust verringert.
- **Das Fehlen von Blättern** – Kakteen weisen eine kleinere Oberfläche auf, über die weniger Verdunstung erfolgen kann.
- **Fleischige Sprosse und Blätter** – Kakteen und Sukkulenten speichern auf diese Weise Wasser.

**Typische Pflanzen der Trockengebiete** sind mit ihren ledrigen oder stachligen Blättern – Anpassungen an nährstoffarme Böden – auch die australischen Akazien und Eukalypten.

**Wüstenschönheit** Der Feigenkaktus verfügt über mehrere Möglichkeiten zur Einsparung von Wasser.

# Bäume

**Die Riesen der Pflanzenwelt**

*Bäume sind die größten und ältesten Lebewesen der Erde und in ökologischer Hinsicht unentbehrlich. Sie bieten nicht nur einer Vielzahl von Tieren sowie weiteren Pflanzen Nahrung und Schutz, ihre Wurzeln tragen auch dazu bei, Wasser zu speichern, und halten den Boden. Zusätzlich reinigen Bäume wie alle grünen Pflanzen die Luft, indem sie Kohlendioxid aufnehmen und bei der Photosynthese Sauerstoff freisetzen.*

## WAS IST EIN BAUM?

Es ist schwierig, einen Baum exakt zu definieren. Im Allgemeinen müssen Bäume folgende Kriterien erfüllen:

- Es muss sich um **verholzte mehrjährige Pflanzen** handeln, die jährlich eine Wachstumsperiode erfahren.
- Sie müssen **mindestens 3 m hoch** sein.
- Sie müssen **einen einzelnen Spross** aufweisen, den man als Stamm bezeichnet und der die Pflanze trägt.

**Laub werfende Bäume** In gemäßigten Klimaten verlieren viele Bäume im Herbst gegen Ende des Wachstums ihre Blätter. So beugen sie dem Verlust von Feuchtigkeit und Energie im Winter vor. Im Frühjahr wachsen ihnen wieder Blätter, die von neuem mit der Produktion von Nährstoffen mittels Photosynthese beginnen.

**Immergrüne Bäume** Diese Bäume verlieren nur einen geringen Teil ihrer Blätter, dies aber das ganze Jahr über. Im Winter verringern die speziell angepassten Blätter den Verlust von Wasser. Diese Blätter sind oft nadelförmig und zeichnen sich durch eine kleine Oberfläche, einen wachshaltigen Überzug und nur wenige Spaltöffnungen aus (siehe S. 74). Bei extremen Klimaten wie strengem Frost oder Dürre können immergrüne Bäume ihre Blätter für eine gewisse Zeit auch ganz abwerfen.

## DAS INNERE EINES BAUMES

Bäume wachsen, indem sie direkt unter der Borke Zellen in konzentrischen Schichten bilden. Dadurch ergeben sich die Ringe, die das Holz im Querschnitt zeigt, wobei jeder Ring für ein Jahr Wachstum steht. Die Zellen werden von einem Gewebe, dem Kambium, dicht unter der Borke gebildet. Es produziert an seiner Innen- und Außenfläche unterschiedliche Zelltypen:

- **Xylemzellen,** die Wasser transportieren, werden an der Innenseite gebildet und nehmen von Jahr zu Jahr zu. Sie bilden die innere Masse des Stammes.
- **Phloemzellen,** die Nährstoffe transportieren, werden an der Außenseite produziert und bilden eine dünne Schicht unmittelbar unter der Borke.

In dem Maß, in dem der Baum durch Zufügen neuer Xylemschichten wächst, reißt die Borke – die aus toten Kambium- und Phloemzellen besteht – oder springt ab.

Das Xylem hat eine Lebensdauer von nur wenigen Jahren und stirbt ab, sobald seine Funktion durch die neueren Schichten übernommen wird; es verwandelt sich in das trockene, dichte Kernholz, das dem Stamm Festigkeit und Stabilität verleiht.

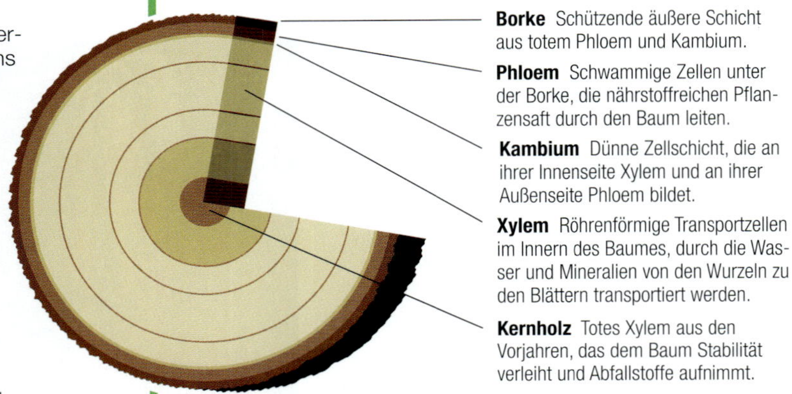


### BAUMFARNE

Pteridophyten
Rund 300 Arten

**Kennzeichen:**

- Die größten Vertreter der Farnpflanzen.
- Baumfarne zählen zu den ältesten Gefäßpflanzen.
- Man findet sie in feuchten Bergregionen der Tropen und in wärmeren Regionen der Südhalbkugel.
- Auf hohen, säulenförmigen Stämmen sitzt eine Krone aus riesigen, gefiederten Blättern (Wedel).
- Die meisten werden 6–9 m hoch, einige sogar bis zu 24 m. Die Wedel können bis zu 4,6 m lang werden.
- Baumfarne pflanzen sich mithilfe von Sporen fort (siehe S. 71), die vom Wind verbreitet werden.

### NACKTSAMER (PALMFARNE, GINKGOS UND NADELBÄUME)

Gymnospermen
Rund 600 Arten

**Kennzeichen:**

**Palmfarne** (rund 100 Arten)
- Primitive Samenpflanzen, die in den Tropen wachsen.
- Männliche und weibliche Zapfen sitzen an verschiedenen Bäumen.

**Ginkgo** (eine Art)
- Wächst wild nur in China, wird aber weltweit kultiviert.
- Hoher, anmutiger Baum mit zarten, blassgrünen Blättern.

**Nadelbäume** (rund 500 Arten)
- Reichen von den Riesenmammutbäumen bis zu arktischen Zwergkiefern.
- Meistens widerstandsfähige immergrüne Bäume.
- Männliche und weibliche Zapfen sitzen am gleichen Baum.

### PALMEN

Angiospermen
(Monokotyle)
Rund 2500 Arten

**Kennzeichen:**

- In den gesamten Tropen verbreitet, wo ihnen oft große wirtschaftliche Bedeutung zukommt (Früchte, Öle).
- Wie viele primitivere Bäume wie Farne und Palmfarne besitzen Palmen einen faserigen Stamm, der ohne Dickenzunahme in die Höhe wächst, keine Borke aufweist und sich in der Regel nicht verzweigt.
- Die meisten Palmen werden recht hoch, Kokospalmen z. B. bis zu 30 m.
- Auf dem hohen Stamm sitzt eine Krone aus sehr großen, langen Blättern, die in viele dünne, fingerartige Fiedern unterteilt sind.

### LAUBBÄUME

Angiospermen
(Dikotyle)
Über 4000 Arten

**Kennzeichen:**

- Die bekannteste und vielfältigste Gruppe der Bäume.
- Die meisten wachsen langsam; ihre Stämme nehmen beim Wachstum in die Höhe an Dicke zu und verzweigen sich zu Ästen und Zweigen.
- Besitzen eine große Krone aus relativ kleinen Blättern.
- Bilden meist ein großes Geflecht aus tief reichenden, verzweigten Wurzeln, die zusätzliche Stabilität verleihen.
- Meist Laub werfend, obgleich ihre Vorfahren vermutlich immergrün waren. Einige in den Tropen wachsende Arten, wo immer Wasser und Licht zur Verfügung stehen, sind nach wie vor immergrün.

## Die tiefsten Wurzeln

Feigenbäume *(Ficus spp.)* können sehr lange Wurzeln haben. Bei einem in Südafrika wachsenden Exemplar reichen sie bis in 120 m Tiefe und sind damit die längsten, die man je fand.

## Die ältesten Bäume

Als älteste lebende Pflanzen gelten die Borstenkiefern *(Pinus longaeva)* aus den Rocky Mountains in Nordamerika. Einige von ihnen sind mindestens 4600 Jahre alt.

## Der höchste lebende Baum

Der höchste Baum der Erde ist der 112 m hohe Mendocino Tree, ein Küstenmammutbaum *(Sequoia sempervirens)* im Montgomery State Reservat in Kalifornien.

## Der höchste Baum aller Zeiten

Der höchste je nachgewiesene Baum war ein australischer Königseukalyptus *(Eucalyptus regnans)*. Seine Höhe wurde 1872 mit 133 m gemessen.

## FAKTEN

**Um das Alter eines Baumes grob zu schätzen, misst man seinen Umfang etwa 1,5 m über dem Boden. Je 2,5 cm dieses Umfangs entsprechen ungefähr einem Lebensjahr.**

## Das schnellste Wachstum

Eine Breitlaubige Albizie *(Albizia falcata)* auf Borneo wuchs in 13 Monaten 10,7 m – das sind 2,5 cm am Tag. Die hohe Wachstumsgeschwindigkeit macht diesen Baum zu einem bedeutenden Nutzholz.

## Riesenblätter

Viele Palmen haben große Blätter. Doch die rund um den Indischen Ozean wachsende Bast- oder Raphiapalme *(Raphia farinifera)* übertrifft alle anderen Gewächse. Bei dieser Pflanze kann allein der Blattstiel eine Länge von 3,7 m erreichen, die Blattspreite selbst kann über 18 m lang werden.

## Der dickste lebende Baum

„El Tule“, eine Sumpfzypresse *(Taxodium mucronatum)* aus Oaxaca in Mexiko, weist einen Stammumfang von 46 m auf und hat damit den größten Stamm aller lebenden Pflanzen.

## Der dickste Baum aller Zeiten

Ende des 18. Jh. wurde am Ätna in Sizilien der Umfang einer Esskastanie *(Castanea sativa)* mit 58 m gemessen. Bisher hat kein weiterer Baum einen solchen Umfang erreicht.

## Das schwerste Lebewesen

„General Sherman“, ein in Kalifornien wachsender Mammutbaum *(Sequoiadendron giganteum)*, ist das schwerste Lebewesen der Erde. Er wiegt etwa 2500 t – das entspricht dem Gewicht von 13 voll ausgewachsenen Blauwalen. Seine Höhe beträgt 84 m, sein Umfang 25 m.

Siehe auch
70–5 **Pflanzen**
542–7 **Biologie**

*Aus den ersten organisierten Lebewesen, einfachen einzelligen Bakterien ohne Zellkern, ging letztendlich alles Leben hervor. Aber erst durch die Evolution der Eukaryonten – Zellen mit einem Zellkern – vor rund 2,1 Mrd. Jahren konnten sich vielzellige Lebewesen entwickeln.*

## Zellen nehmen andere Zellen auf

Als sich aus den ersten eukaryontischen Zellen vielzellige Organismen entwickelten, wurden auch die Zellen selbst zunehmend komplexer. Größere eukaryontische Zellen gingen Beziehungen mit anderen, kleineren Zellen ein und nahmen diese schließlich ganz in sich auf. Die kleineren Zellen konnten nun für ihre Wirtszellen nützliche Funktionen wie die Atmung oder Photosynthese übernehmen. Mit der Zeit verloren die aufgenommenen Zellen ihre Eigenständigkeit und entwickelten sich zu spezialisierten Bestandteilen der Wirtszellen – zu deren Organellen. Chloroplasten (siehe S. 74) sind Beispiele für solche Zellorganellen.

## Die Entstehung der sexuellen Fortpflanzung

Ohne die Entstehung eukaryontischer Zellen gäbe es auch keinen Sex. Die Verpackung der genetischen Information in einen spezialisierten Teil der Zelle – den Zellkern – machte die sexuelle Fortpflanzung erst möglich. Im Gegensatz zur ungeschlechtlichen Fortpflanzung, aus der ausschließlich Nachkommen hervorgehen, welche mit ihren Eltern genetisch identisch sind, wird bei der geschlechtlichen Fortpflanzung genetisches Material von zwei Individuen kombiniert; das ermöglicht eine unendliche Zahl neuer Kombinationen. Genetisch vielfältige Populationen können sich sehr viel schneller entwickeln als solche, die nur eine geringe genetische Verschiedenartigkeit aufweisen. Die rasche Evolution der Lebensformen nach Auftreten der Eukaryonten verdeutlicht dies. Während der rund 1,5 Mrd. Jahre, in denen lediglich prokaryontische Zellen existierten, waren die am höchsten entwickelten Organismen Bakterien. In der 1 Mrd. Jahre nach Entstehung der Eukaryonten kam es hingegen zu einer explosionsartigen Entwicklung vielzelliger Lebewesen.

Präkambrium

Vor 2,1 Mrd. Jahren
Erstes Auftreten von **Eukaryonten, Zellen mit einem Zellkern,** der die genetische Information der Zelle enthielt.

Vor 800 Mio. Jahren
Erstes Auftauchen von **einzelligen Tieren (Protozoen)** in den Fossilbelegen.

Vor 720 Mio. Jahren
Vermutlich haben sich zu diesem Zeitpunkt bereits **vielzellige Tiere (Metazoen)** entwickelt, auch wenn es dafür keine Fossilbelege gibt. Anhand der Theorie der molekularen Uhren (siehe Kasten S. 79 unten) haben Wissenschaftler aber geschätzt, dass sie um diese Zeit entstanden sein müssen.

Vor 680 Mio. Jahren
Aus dieser Zeit liegen die **ältesten Fossilbelege von vielzelligen Tieren** vor. Beispiele sind Abdrücke von Tieren mit weichem Körper, die in den 1940er-Jahren in den Ediacara-Bergen in Südaustralien gefunden wurden. Nicht alle sind mit neueren Lebewesen verwandt, doch ähneln manche den heutigen Würmern und Gliederfüßern.

***Spriggina*, ein frühes tierisches Fossil** aus den Ediacara-Bergen. Über die verwandtschaftliche Zugehörigkeit dieses Tieres sind sich die Wissenschaftler uneinig. Nach Ansicht mancher handelte es sich um einen urtümlichen Gliederfüßer, andere glauben eher, dass *Spriggina* zu einer Gruppe gehörte, aus der die segmentierten Würmer hervorgingen.

## DIE ARTENEXPLOSION IM KAMBRIUM

### Was geschah?

- Vor 550 Mio. Jahren breitete sich das Leben auf der Erde in großem Umfang aus.
- 70 neue Tierstämme traten in Erscheinung, von denen 30 heute noch existieren.
- 470 neue Tierfamilien tauchten auf.
- Eine Vielzahl verschiedener Tierformen entwickelte sich.
- Die Grundbaupläne aller heute lebenden Tiere entstanden. Seither wurden diese lediglich verbessert und abgewandelt.

### Warum geschah dies?

Wissenschaftler haben hierfür eine Reihe verschiedener möglicher Erklärungen vorgebracht. Die Wahrheit könnte aus einer Kombination dieser Möglichkeiten bestehen:

**Kontinentale Veränderung** Am Ende des Präkambriums begann der damalige Superkontinent Rodinia auseinander zu brechen. Ausgelöst wurde dies durch unterseeische Vulkanaktivität, wodurch Mineralien ins Meer gelangten und der Meeresspiegel anstieg. In der Folge wurden weite Landflächen überflutet und es entstanden flache, mineralienreiche Meere, die durch tiefe Ozeangräben voneinander getrennt waren: neue Umwelten, die von den sich rasch entwickelnden Lebensformen erobert werden konnten.

**Nach dem Frost** Die Entstehung von Rodinia im Präkambrium war mit einer schweren Eiszeit einhergegangen, die zu einem Massenaussterben primitiver Lebewesen führte. Auf solch ein Ereignis folgt meist eine explosionsartige Ausbreitung neuer Lebensformen, und als sich die Erde gegen Ende des Präkambriums vor rund 720 Mio. Jahren erwärmte, traten die ersten vielzelligen Tiere auf. Die Vielzelligkeit ermöglichte die Entwicklung einer großen Verschiedenartigkeit, sodass sich rasch neue Arten bildeten. Gleichzeitig regte die Konkurrenz um Lebensraum, Nahrung und Geschlechtspartner die Entwicklung neuer Arten durch natürliche Auslese an.

**Langsam, schnell, langsam** Wenn die ersten Lebewesen eine neue Umgebung besiedeln, erfolgt das Wachstum der Population in der Regel zunächst langsam, weil sich nur wenige Individuen fortpflanzen. Mit zunehmender Individuenzahl erhöht sich auch das Populationswachstum, bis der verfügbare Lebensraum ausgefüllt ist. Nun ist keine weitere Ausbreitung möglich, und das Wachstum verlangsamt sich wieder, bis die Population eine tragfähige Größe erreicht. Jede nicht von äußeren Faktoren eingeschränkte Besiedlung eines neuen Lebensraums verläuft nach diesem Muster. Nach Ansicht einiger Wissenschaftler gilt dieses Modell auch für die Artenexplosion im Kambrium.

## DIE TRILOBITEN

Die Trilobiten sind eine der größten und vielfältigsten heute ausgestorbenen Tiergruppen, die während der Artenexplosion im Kambrium in Erscheinung traten. Insgesamt sind etwa 15 000 Arten bekannt. Trilobiten gehörten wie die heutigen Krebse, Insekten und Spinnen zu den Gliederfüßern. Sie lebten am Meeresboden, ernährten sich von Aas und entwickelten eine enorme Formen- und Größenvielfalt. Der winzige *Agnostus* war beispielsweise lediglich 7 mm lang, während spätere Arten wie *Isotelus* bis zu 70 cm Länge erreichten.

Trilobiten bedeutet „Dreilapper"; so wurden die Tiere genannt, weil der Körper vieler Arten dreigeteilt war. Sie besaßen zahlreiche Beinpaare und ein hartes Außenskelett. Dieses Skelett war bedeutsam für die Entwicklung vielzelligen Lebens. Es stellte eine schützende Hülle dar, in der das Tier wachsen konnte, und ermöglichte die Zunahme der Zellzahl und -formen. Die Spezialisierung einzelner Zellen war die Voraussetzung für eine Anpassung an ein breites Spektrum von Lebensbedingungen.

Die Trilobiten waren eine erfolgreiche Tiergruppe und hatten ihre Blüte bis ans Ende des Perms, als sie einem Massenaussterben zum Opfer fielen.

**Eindrucksvolle Augen** Diese russische Trilobitenart der Gattung *Neoasaphus* besaß – ungewöhnlich für die Tiergruppe – gestielte Augen, mit denen sie nach Gefahren oberhalb ihres Lebensraums im losen Sediment Ausschau halten konnte.

## Der Burgess-Schiefer – ein Fossilporträt

Im Jahr 1909 entdeckte Charles D. Walcott in Gesteinsformationen des Burgess-Schiefers in Britisch-Kolumbien, Kanada, einige sehr gut erhaltene Fossilien. Der amerikanische Paläontologe fand insgesamt 140 verschiedene Arten, deren Alter er auf ungefähr 530 Mio. Jahre schätzte.

Die Fossilien des Burgess-Schiefers sind eine wissenschaftliche Schatzkammer. Hier herrschten so hervorragende Bedingungen für eine Fossilisierung, dass selbst innere Organe und Tiere mit weichem Körper erhalten blieben und so einzigartige Anhaltspunkte für den Verlauf der Evolution der Tiere liefern.

Zudem stellen die Fossilien eine Momentaufnahme der marinen Lebensgemeinschaften kurz nach der explosionsartigen Entstehung neuer Organismen im Kambrium dar und sind zugleich die ältesten Belege für eine Gemeinschaft in Wechselbeziehungen stehender Arten.

**Ungewöhnliche Lebensformen** *Charniodiscus* trat ganz am Ende des Präkambriums in Erscheinung. Das rund 50 cm lange Tier lebte am Meeresboden verankert, verschwindet aber bald wieder aus den Fossilbelegen.

**Altertümlicher Gliederfüßer** Dies ist ein gut erhaltenes Fossil eines hummerähnlichen Lebewesens aus dem Burgess-Schiefer.

550

Kambrium

Vor 550 Mio. Jahren **Artenexplosion im Kambrium.** Zu dieser Zeit entstehen alle bekannten Tierstämme, u. a. Gliederfüßer, Plattwürmer, Weichtiere, Chordatiere und Schwämme.

## Molekulare Uhren

Da die Fossilbelege oft unvollständig sind, mussten Wissenschaftler andere Methoden entwickeln, um zu ermitteln, wann bestimmte Arten zum ersten Mal auf der Erde aufgetreten sind. Eine davon macht sich molekulare Erkenntnisse aus der Untersuchung von Proteinen (Eiweißen) zunutze, organischen Verbindungen, die in allen Lebewesen vorkommen.

Proteine sind aus Aminosäuren aufgebaut. In den 1960er-Jahren fand man heraus, dass verschiedene Arten für das gleiche Protein eine unterschiedliche Abfolge der Aminosäurebausteine (Aminosäuresequenzen) aufweisen. Man kam zu dem Schluss, dass die Zahl der Unterschiede proportional zu der Zeit sei, seit diese verschiedenen Arten sich von einem gemeinsamen Vorfahren abspalteten. Je länger eine Art also existiert, desto mehr Unterschiede – oder Mutationen – gibt es. Anhand der Mutationsraten schätzt man dann ab, wann eine Art auftrat.

Siehe auch
32–3 **Die Gesteine**
64–5 **Die Zeitalter des Lebens**
66–7 **Was ist Evolution?**

*Fische nehmen in der Geschichte der Evolution der Tiere einen entscheidenden Platz ein. Sie entwickelten sich aus primitiven Chordatieren, Tieren mit einem Stützstab am Rücken entlang, und waren die ersten echten Wirbeltiere, also Tiere mit einer Wirbelsäule. Alle anderen Wirbeltiergruppen – Amphibien, Reptilien, Vögel und Säugetiere einschließlich des Menschen – stammen letztendlich von den Fischen ab.*

KAMBRIUM

505

ORDOVIZIUM

435

SILUR

Vor 530–525 Mio. Jahren
**Das erste bekannte Chordatier tritt auf.** *Pikaia gracilens* war 4 cm lang, hatte einen Kopf, eine Chorda dorsalis oder Rückensaite (eine Art primitive Wirbelsäule) und eine fischähnliche Muskulatur. Die Verwandtschaft von *Pikaia* mit den ähnlichen Konodonten ist unsicher.

Vor über 515 Mio. Jahren
**Auftreten der Konodonten, kleiner, aalartiger Chordatiere** mit fischähnlichen Muskeln. Sie waren möglicherweise die Vorfahren der Fische.

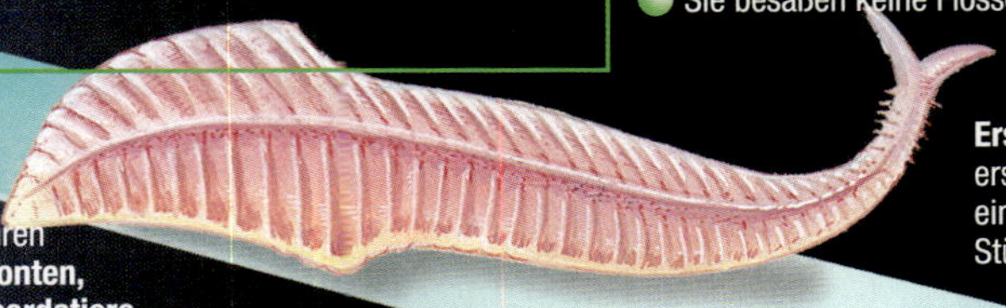

**Erster Vorläufer** *Pikaia* ist das erste bekannte Lebewesen, das einen wirbelsäulenähnlichen Stützstab besaß.

Vor 500 Mio. Jahren
**Die ersten echten Fische, die Agnathen, treten auf.** Die kieferlosen Agnathen zeigen eine große Artenvielfalt und besiedeln sowohl Salz- als auch Süßwasserlebensräume. Weitere Kennzeichen der Kieferlosen sind:

- Sie besaßen ein Knorpelskelett.
- Sie hatten knöcherne Außenplatten.
- Sie lebten als Filtrierer, d. h., ihre Kiemen dienten zugleich der Atmung wie auch dem Filtrieren von Nahrung.
- Sie besaßen keine Flossen.

**Filtrierer** *Arandaspis* saugte Substrat vom Meeresboden und filterte organisches Material und Mikroorganismen heraus.

Vor 440–400 Mio. Jahren
**Die ersten Kiefer tragenden Fische treten auf.** Ihre älteste Form sind die Stachelhaie (Acanthodier), die vermutlich im Meer entstehen, bald aber auch das Süßwasser besiedeln. Dank ihrer Kiefer können sie sich zu aktiven Räubern entwickeln (siehe auch Kasten S. 79 unten). Weitere Kennzeichen:

- Sie hatten Flossen.
- Sie benutzten ihre Kiemen ausschließlich zum Atmen.
- Sie besaßen einen großen Darm, um größere Beute verdauen zu können.

## Die Entwicklung der Kiemen

Kiemen sind jene Organe, mit deren Hilfe die meisten wasserlebenden Tiere ihren Sauerstoff aus dem sie umgebenden Wasser aufnehmen. Die ersten Kiemen entstanden bei marinen Wirbellosen. Unterhalb einer bestimmten Größe erlangten diese Tiere durch einfachen Austausch über ihre Körperoberfläche genügend Sauerstoff aus dem Wasser. Mit zunehmender Größe mussten sie jedoch ihre Oberfläche durch Einstülpungen vergrößern, um mehr Sauerstoff aufnehmen zu können. Im Lauf der Evolution wurden diese Bereiche zu Kiemen. Die Fische verbesserten deren Wirksamkeit später noch, indem sie Wasser über sie hinwegpumpten (links), ganz ähnlich wie wir beim Atmen die Luft in unsere Lungen ziehen. Die Gesamtfläche der Kiemen ist bei allen Fischen größer als die äußere Körperfläche.

**Wasserlungen**
Ein Fisch pumpt über das Maul Wasser durch die Kiemen und entzieht ihm dort Sauerstoff.

## DER BESITZ EINES RÜCKGRATS

Alle Tiere, die irgendwann im Lauf ihrer Entwicklung einen flexiblen Stützstab (eine Chorda dorsalis oder Rückensaite) am Rücken entlang besitzen, werden zu den Chordatieren gerechnet. Bei den Wirbeltieren hat sich dieser Stab zu einer echten Wirbelsäule aus einzelnen, gelenkig miteinander verbundenen Knochen, den Wirbeln, entwickelt. Wie die Rückensaite entstand, weiß man noch nicht, aber sie war ein wichtiger Schritt in der Evolution der Tiere. Sie bringt eine Reihe von Vorteilen mit sich:

- Sie macht Bewegungen effizienter.
- Sie liefert die Stützstruktur für den Schulter- und Beckengürtel – die Ansatzstellen für die verschiedenen Gliedmaßen und Körperanhänge.
- Sie schützt den rückseitig gelegenen Nervenstrang (das Rückenmark) und ermöglicht so eine Weiterentwicklung des Nervensystems.

## Kiefer tragende Fische

**Stachelhaie**
Die ersten Fische mit Kiefer

- Ähnelten den heutigen Haien.
- Entwickelten sich zu Beginn des Silurs im Meer.
- Eroberten später auch das Süßwasser.

**Panzerfische**
Marine Fische mit starker Panzerung

- Tauchten erstmals im frühen Devon auf.
- Eine kurzlebige Gruppe, die im Karbon ausstarb.

**Fleischflosser** (Sarcopterygier)
Bis heute überlebten sieben Arten: Sechs Lungenfische und der Quastenflosser.

- Fleischige, lappenförmige, muskulöse Flossen, die von Knochen und Knochenstrahlen gestützt werden.
- Aus dieser Gruppe gingen die Amphibien hervor.

**Knochenfische**
Die Mehrzahl der heutigen Fische

- Traten im frühen Devon auf.
- Knöchernes Skelett.
- Umfassen heute 20 000 Arten (und damit die Hälfte aller Wirbeltiere).

**Strahlenflosser** (Actinopterygier)
Die erste in Erscheinung getretene Gruppe der Knochenfische

- Die Flossen werden durch Knochenstrahlen gestützt, weisen aber keine Muskeln auf.
- Entwickelten die riesige Vielfalt der heutigen Süßwasser- und Meeresfische von Lachsen bis zu Seepferdchen und von Stören bis zu Schollen.

**Knorpelfische**
Umfassen Haie und Rochen

- Tauchten erstmals im frühen Devon auf.
- Besitzen ein Knorpelskelett.
- Zähne und Schuppen werden ein Leben lang ersetzt.

**Furcht erregender Jäger**
Der zu den Panzerfischen (Placodermen) zählende *Dunkleosteus* erreichte eine Länge von 6 m.

Vor 390 Mio. Jahren (frühes Devon)
**Neue Gruppen Kiefer tragender Fische tauchen auf,** darunter Haie und Rochen. Auch die ersten Formen von Knochenfischen, die heute meistverbreiteten Fische, treten in Erscheinung.

Vor 380 Mio. Jahren
**Auftreten der Quastenflosser.** Es handelt sich um die Vorfahren der Amphibien und somit auch der Reptilien, Vögel und Säugetiere.

SILUR 408 DEVON 360

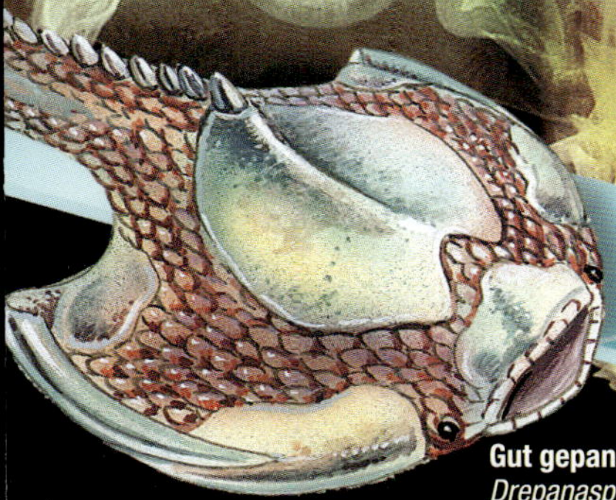

**Gut gepanzert**
*Drepanaspis* war ein kieferloser Fisch, der durch seine Panzerung gut vor Angriffen geschützt war.

Vor 420 Mio. Jahren
**Das Leben erobert vom Salzwasser aus das Süßwasser.** Die ersten räuberischen Tiere, die das Süßwasser eroberten, waren riesige Wirbellose, die bis zu 2 m langen Seeskorpione (Eurypteriden). Ihnen folgten bald Kiefer tragende Fische, die mit ihnen in Konkurrenz um Nahrung traten

## DIE VORTEILE EINES KIEFERS

Die Kiefer entwickelten sich vermutlich aus dem ersten Paar Kiemenbogen, das bei den kieferlosen Fischen direkt hinter dem Maul liegt (oben), während die Zähne aus der Haut im Maul hervorgingen. Kiefer waren eine entscheidende Entwicklung, weil sie es den Fischen ermöglichten, von passiven Filtrierern, die sich von Schwebstoffen ernährten, zu aktiven Räubern zu werden. Infolgedessen entwickelten die Kiefer tragenden Fische rasch eine beträchtliche Vielfalt und wurden größer.

**Überlebender aus dem Devon**
Hintergrund: Eine angefärbte Röntgenaufnahme des Schädels eines Makohais. Zusammen mit den Rochen haben die Haie relativ unverändert seit dem Devon überlebt.

Siehe auch
64–5 **Die Zeitalter des Lebens**
66–7 **Was ist Evolution?**
96–9 **Fische**

# Die Eroberung des Festlands

*Die ersten Tiere, die das trockene Land besiedelten, waren keine lungenatmenden Fische oder frühen Amphibien, sondern Tausendfüßer, Vorfahren der heutigen Hundert- und Tausendfüßer. Die ältesten bekannten Spuren dieser altertümlichen Gliederfüßer fand man in fossilisierten Sedimenten in Nordengland. Diese Belege deuten darauf hin, dass die ersten auf dem Trockenen lebenden Pioniere nicht aus dem Meer, sondern aus dem Süßwasser kamen. Die ersten Vierfüßer oder Tetrapoden (Wirbeltiere mit vier Extremitäten) wie Amphibien und Reptilien entwickelten sich erst etwa 100 Mio. Jahre später.*

## Quastenflosser

**Der Quastenflosser** gehört zu der Gruppe von Fischen, aus der die Amphibien hervorgingen.

Der Quastenflosser gehört zu einer Gruppe von Fleischflossern, die seit Ende der Kreidezeit vor rund 65 Mio. Jahren als ausgestorben galt – bis ein südafrikanischer Wissenschaftler ein Exemplar, das 1938 im Indischen Ozean lebend gefangen worden war, identifizierte. Die örtlichen Fischer hatten den Fisch offenbar schon seit Jahren erbeutet, aber immer wieder ins Wasser zurückgeworfen, da er sich nicht als Speisefisch eignete. Seit dieser ersten Identifizierung wurden vor den Komoren etwa 200 weitere Exemplare gefangen. Um das Überleben der Art nicht zu gefährden, sind die Fischer nun dringend angehalten, alle gefangenen Quastenflosser wieder auszusetzen.

Vor 500 Mio. Jahren
**Pflanzen beginnen das Land zu besiedeln.**

Vor 460–440 Mio. Jahren
**Wirbellose aus dem Süßwasser erobern das Land.** Tausendfüßer und Spinnen sind die ersten Formen, die sich in den Fossilbelegen finden.

Vor 377 Mio. Jahren
***Panderichthys*, ein wahrscheinlicher Vorläufer der echten Amphibien,** taucht in den Fossilbelegen auf. Es handelte sich um einen Fisch mit amphibienähnlichem Schädel und Rippen sowie paarigen, muskulösen Flossen, die möglicherweise den Ausgangspunkt für die Evolution von Beinen bildeten.

Vor 363 Mio. Jahren
**Auseinanderentwicklung der Wirbellosen.** Evolution flugunfähiger Insekten.

**Evolution der ersten Amphibien** aus einer Gruppe fleischflossiger Süßwasserfische, den so genannten Rhipidistiern. Darunter befand sich auch der 60 cm lange *Acanthostega*, dessen Gliedmaßen so angepasst waren, dass er durch eine dichte Sumpfvegetation kriechen konnte.

**Erste Schritte** Diese 460 Mio. Jahre alten fossilisierten Spuren aus dem Lake District in Nordengland sind die frühesten Hinweise für tierisches Leben an Land.

## SCHLÜSSELBEGRIFFE

- **Lurche (Amphibien)**
Vierfüßer, die für einen Teil ihres Lebens auf Wasser angewiesen sind. Sie legen ihre Eier im Wasser ab; ihre Larven leben aquatisch, atmen mit Kiemen und werden später zu Landbewohnern, die über Lungen atmen.
- **Gliederfüßer (Arthropoden)**
Wirbellose mit gegliederten Extremitäten und einem harten Außenskelett, das schützt und stützt, z. B. Krebstiere, Insekten, Spinnentiere und Tausendfüßer.
- **Fleischflosser (Sarcopterygier)**
Eine durch fleischige Flossen gekennzeichnete Gruppe von Fischen, aus denen die Vierfüßer hervorgingen. Lungenfische und Quastenflosser sind heute noch lebende Beispiele.
- **Kriechtiere (Reptilien)**
Die ersten Wirbeltiere, die völlig an Land lebten. Zu ihren Anpassungen an das Leben an Land gehören eine wasserfeste Haut und Lungen zur Luftatmung.
- **Vierfüßer (Tetrapoden)**
Wirbeltiere mit vier Gliedmaßen. Alle Amphibien, Reptilien, Vögel und Säugetiere sind Vierfüßer. Ihre Gliedmaßen gehen alle auf ein fünffingriges Muster zurück.

## ANPASSUNG AN DAS LEBEN AN LAND

Das Festland bot bisher ungenutzte Nahrungsquellen. Zu ihrer Nutzung mussten die Erstbesiedler eine Reihe von Problemen bewältigen, u. a.:

- **Wasserverlust** – Amphibien müssen ihre Haut ständig feucht halten.
- **Fortpflanzung** – Fische und Amphibien benötigen eine aquatische Umgebung zur Eiablage und als Lebensraum für die Jungen.
- Die **Schwerkraft** – im Wasser müssen Tiere nicht ihr gesamtes Gewicht tragen, an Land hingegen schon.

**Die ersten Landbewohner** entwickelten passende Strategien. Die Gliederfüßer bildeten ein hartes Außenskelett, das sie vor Austrocknung bewahrte und ihr Gewicht trug.

**Amphibien** entwickelten Lungen und Gliedmaßen, sodass sie nun Luft atmen und sich an Land fortbewegen konnten. Zur Fortpflanzung kehrten sie jedoch ins Wasser zurück. Die Reptilien konnten dank ihrer Schuppen und der hartschaligen Eier, die den Jungen eine aquatische Umgebung boten, als erste Wirbeltiere ganz an Land leben.

**FAKTEN**

**Die ersten Landflächen, die von Pflanzen besiedelt wurden, waren Schwemmebenen an Flussufern.**

## WARUM ENTWICKELTEN SICH BEINE?

Jüngste Forschungen an *Acanthostega* deuten darauf hin, dass die Entwicklung von vier Gliedmaßen zunächst keine Anpassung an eine Fortbewegung an Land war. Diese Tiere bewohnten Sumpfgebiete mit stehendem Wasser und atmeten wie Fische. Wirbelsäule und Rippen waren nicht kräftig genug, um den Darm zu tragen, und ihre vier Gliedmaßen waren in jedem Fall zu schwach ausgebildet, um sich mit ihnen an Land fortbewegen zu können.

Welchen Zweck erfüllten diese Vorläufer von Gliedmaßen dann? Man nimmt an, dass es sich anfangs einfach um spezialisierte Flossen handelte, mit deren Hilfe die Tiere sich unter Wasser durch die dichte Sumpfvegetation manövrierten. Ihre Abkömmlinge benutzten dann die Gliedmaßen vielleicht auch nach und nach für kurze Ausflüge an Land.

Die Flossen der Fleischflosser waren mit ihrer schmalen Basis die idealen Vorläufer für Gliedmaßen. Die paarigen Flossen von *Panderichthys* wurden z. B. von einem einzelnen Knochen gestützt, der am Schulter- bzw. Hüftgürtel ansetzte. Am anderen Ende saßen zwei Handgelenkknochen und daran die Knochenstrahlen, welche die Flosse stützten. Dieser Bau erwies sich als viel kräftiger als der von Strahlenflossern.

**Anatomische Unterschiede zwischen Fisch und Vierfüßer**

| **Fisch** | **Vierfüßer** |
|---|---|
| Flexible Wirbelsäule | Starrere Wirbelsäule |
| Dünne Rippen | Kräftige Rippen |
| Schwach entwickelter Schultergürtel, der am Schädel verankert ist und kein Gewicht tragen kann. | Gut entwickelter Schultergürtel, der vom Schädel getrennt ist und Gewicht tragen kann. |
| Schwach entwickelter Beckengürtel, der kein Gewicht tragen kann. | Gut entwickelter Beckengürtel, der Gewicht tragen kann; das Becken ist mit den Wirbeln verschmolzen. |
| Kurze Extremitätenknochen | Längere Extremitätenknochen, stärkere und flexiblere Gelenke |
| Keine Finger | Zum Gehen, Springen, Greifen oder Fliegen angepasste Gliedmaßen mit Fingern und Zehen |

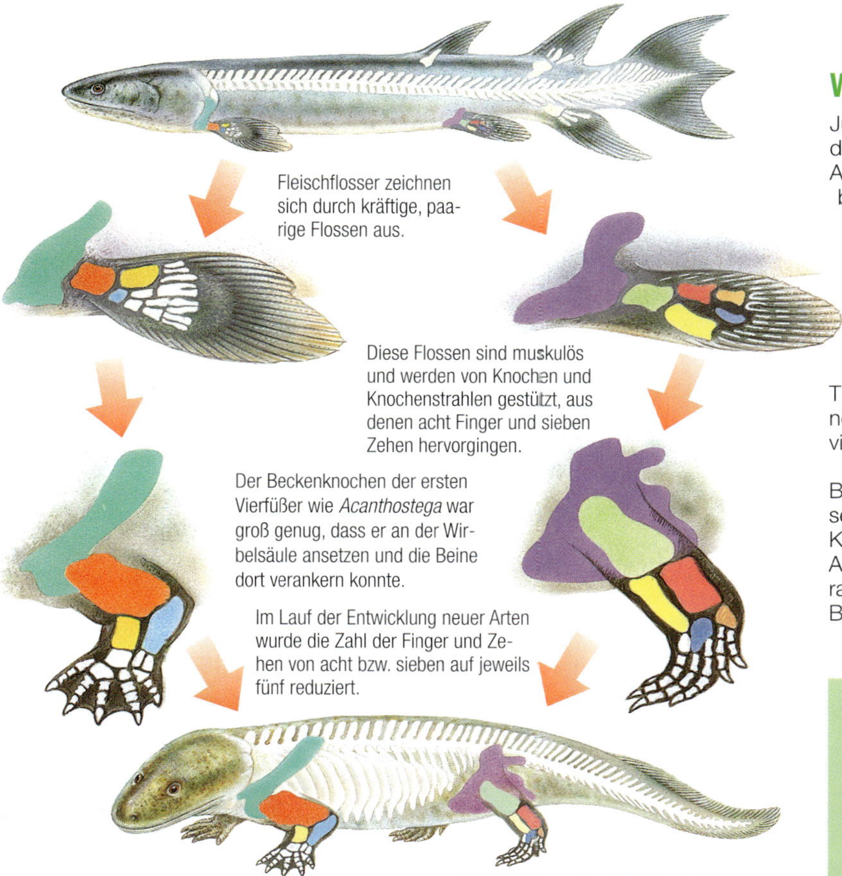


Vor 360 Mio. Jahren
**Geflügelte Insekten, darunter riesige Libellen,** treten ebenso in Erscheinung wie Skorpione, Würmer und Schnecken. Die Amphibien spalten sich in rund 20 Familien auf.

360

Vor 310 Mio. Jahren
Der **eidechsenähnliche *Hylonomus*** ist eines der ersten Reptilien. Er ist nur 20 cm lang und ein aktiver Landbewohner mit starken Kiefern. Überreste dieser Tiere fand man in hohlen Baumstämmen in Neuschottland, wo sie Schutz oder Nahrung gesucht haben könnten.

KARBON

Vor 345 Mio. Jahren
Durch die Entwicklung des **amniotischen Eis** (mit Eihülle) sind die Vierfüßer für die Fortpflanzung nicht mehr auf Wasser angewiesen. Ein weiterer wichtiger Schritt ist die Evolution von Schuppen, die den Verlust von Wasser über die Haut verringern.

Vor 334 Mio. Jahren
**Erstes Auftreten der Amphibie *Proterogyrinus*,** die mit bis zu 1 m Länge relativ groß ist und sich behände an Land fortbewegt. Ihre Nahrung bilden Fische und Landwirbeltiere: sie zählt zu den Vorfahren der Reptilien.

Zur selben Zeit lebt *Eucritta melanolimnetes*, bis zu 15 cm lang und eine Mischung aus Amphibie und Reptil. Das Tier könnte in der Lage gewesen sein zu laufen.

286

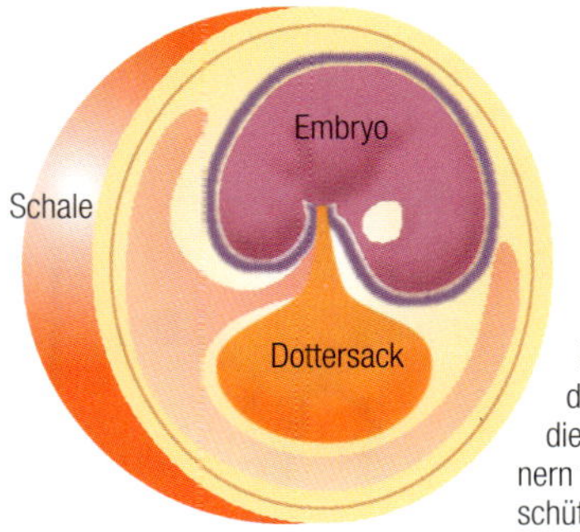


**Lebenserhaltende Schutzhülle**
Amniotische Eier haben eine undurchlässige Schale, die den Embryo im Innern vor der Umgebung schützt.

**Neuartiger Jäger**
Das frühe Reptil *Hylonomus* ernährte sich von landlebenden Wirbellosen.

Siehe auch
64–5 **Die Zeitalter des Lebens**
66–7 **Was ist Evolution?**
100–1 **Amphibien**
102–3 **Reptilien**

# Der Aufstieg der Dinosaurier

*Die ersten Dinosaurier waren kleine, zweibeinige Fleischesser und lebten vor rund 228 Mio. Jahren. Später spalteten sie sich in viele unterschiedliche Gruppen auf, darunter so riesige Pflanzenesser wie* Apatosaurus. *Insgesamt beherrschten die Dinosaurier die Erde 155 Mio. Jahre lang und waren damit eine sehr erfolgreiche Tiergruppe. Hätte diese Herrschaft einen Monat gedauert, so würde der moderne Mensch im Vergleich dazu erst seit einer Minute existieren.*

## Nestbau und Brutpflege

Wie die meisten Reptilien legten die Dinosaurier Eier, einige wenige Arten mit breitem Becken brachten jedoch vermutlich lebende Junge zur Welt. Die größten bekannten Eier wogen rund 10 kg, während die kleinsten lediglich etwa 400 g schwer waren. Einige Dinosaurier, wie der 3,6 m lange *Troodon,* nisteten in Kolonien. Manche beschützten ihre Eier bis zum Schlüpfen, und einige haben sich wohl auch um die Jungtiere gekümmert. Die meisten Jungen waren aber vermutlich von Geburt an mobil und blieben nur sehr kurze Zeit im Nest.

**Versteinerte Eier**
Fossilisierte Eier des Dinosauriers *Oviraptor* aus der Wüste Gobi.

**1 CHASMATOSAURUS**
Der Dinosauriervorläufer *Chasmatosaurus* war einer der ersten bekannten Archosaurier. Er ähnelte einem langbeinigen Krokodil, ernährte sich von Fleisch und lebte überwiegend im Wasser, obwohl er in der Lage war, sich mit echsenartigem Gang an Land fortzubewegen.
Länge: 2 m
Fundorte: Südafrika und China

**3 PETEINOSAURUS**
Dieser kleine Pterosaurier (Flugsaurier) war eines der ersten Wirbeltiere, das richtig fliegen konnte. Er besaß ein sehr leichtes Skelett, und die Flughaut erstreckte sich von einem verlängerten Finger bis zum Fuß. Die Zähne von *Peteinosaurus* waren klein und spitz, und er ernährte sich vermutlich von Insekten, die er im Flug erbeutete.
Flügelspannweite: 60 cm
Fundort: Norditalien

**4 COELOPHYSIS**
Dieser Dinosaurier war ein kleiner schlanker Jäger. Die gefundenen Fossilien lassen auf Herdenbildung und Kannibalismus schließen.
Länge: 0,6–3 m
Fundorte: Arizona und New Mexico, USA

Am Ende des Perm, vor 245 Mio. Jahren
Über 70 % der Wirbeltiere werden bei einem **katastrophalen Massenaussterben** ausgelöscht.

Vor 235 Mio. Jahren
Es haben sich **mehrere Gruppen von Reptilien entwickelt**, darunter auch die Archosaurier.

Vor 228 Mio. Jahren
**Erstes Auftreten der ältesten bekannten Dinosaurier**, *Eoraptor* und *Herrerasaurus.*

**2 PLATEOSAURUS**
Der älteste bekannte Pflanzen fressende Dinosaurier und der erste, der sich vierbeinig fortbewegte, sich aber auch zweibeinig aufrichten konnte.
Er war auch der erste Dinosaurier, der über 1 t wog und (zusammen mit *Coelophysis*) der erste, der in Herden lebte.
Länge: bis zu 11 m
Fundort: Europa

Späte Trias
Aus säugetierähnlichen Reptilien **entwickeln sich die ersten Säugetiere.**

## Der Schwanz als Gehhilfe

Der Schlüssel für den Erfolg der Dinosaurier lag in ihrer neuen Fortbewegungsweise. Ihre unmittelbaren Vorfahren waren die Fleisch fressenden Archosaurier, von denen einige schon halb aufgerichtet liefen. Ganz ähnlich wie die heutigen Krokodile vermochten sie über kurze Entfernungen mit fast gestreckten Beinen zu laufen. Aus ihnen gingen kleine, zweibeinig laufende Archosaurier wie *Lagosuchus* hervor und aus diesen wiederum die Dinosaurier.

**Vorteile des aufrechten Ganges** Die ältesten bekannten Dinosaurier, *Eoraptor* und *Herrerasaurus,* waren kleine Fleischesser und lebten vor rund 228 Mio. Jahren. Wie *Lagosuchus* bewegten sie sich zweibeinig fort, allerdings in aufrechterem Gang mit ausgestreckten Beinen. Hierdurch wurden die Vorderbeine frei für andere Aufgaben wie Greifen und Zupacken. Dies verschaffte den frühen Dinosauriern einen gewaltigen Vorteil gegenüber anderen Reptiliengruppen: Die vorteilhaftere Fortbewegungsart bedeutete, dass sie schneller waren und ihre Beine ein höheres Gewicht zu tragen vermochten, sodass die Tiere größer werden konnten.

**Zurück zum vierbeinigen Gang** Viele der größten Dinosaurier wie die Sauropoden bewegten sich später wieder auf vier Beinen fort, weil sie nur so ihr enormes Gewicht tragen konnten. Als Pflanzenesser mussten sie keine Beutetiere verfolgen und brauchten ihre Vorderbeine nicht zum Reißen. Einige, wie *Plateosaurus,* konnten sich aber auf die Hinterbeine aufrichten.

**Kriechender Gang**
*Hylonomus,* das erste Reptil

**Halb aufgerichteter Gang**
Der Archosaurier *Chasmatosaurus,* ein Vorfahre der Dinosaurier

**Aufgerichteter Gang**
*Deinonychus,* ein räuberischer Dinosaurier

**Familienstammbaum der Wirbeltiere**
Ab ihrem Erscheinen als Amphibien im späten Devon spalteten sich die landlebenden Wirbeltiere in viele verschiedene Gruppen auf. Einige davon, wie die Dinosaurier und Plesiosaurier (Schwanenhalsechsen), tauchten auf und verschwanden viele Millionen Jahre später wieder. Andere, wie Säugetiere, Vögel, Krokodile und Schlangen, überlebten bis heute.

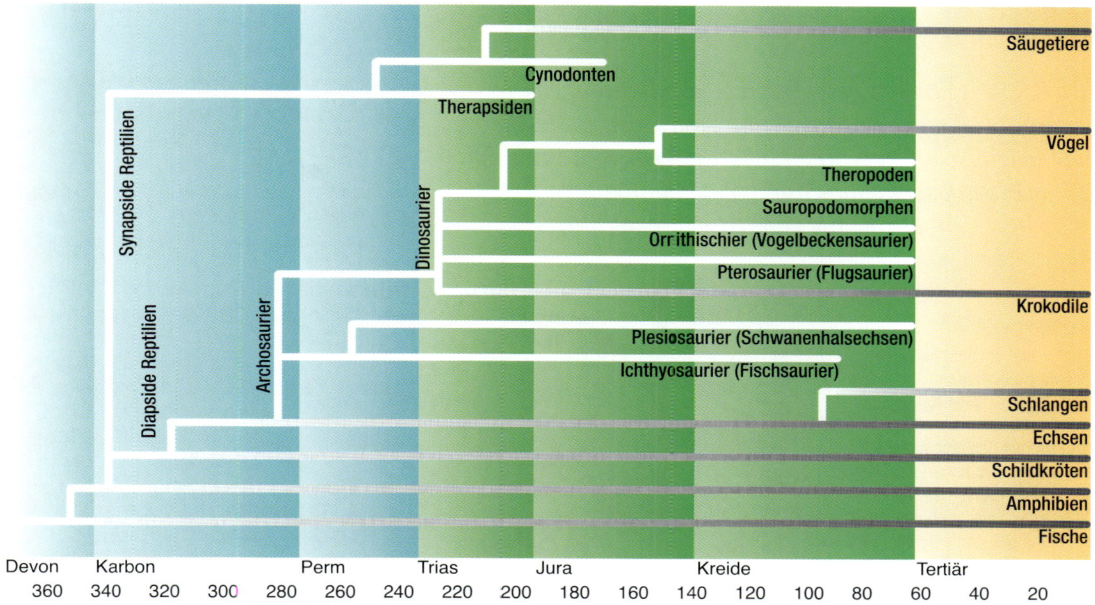

**5 RHAMPHORHYNCHUS**
*Rhamphorhynchus* war im Jura ein verbreiteter Flugsaurier mit einem langen Schwanz, der in einem rautenförmigen Ruder endete. Der Fischesser durchkämmte mit seinem Unterkiefer die Wasseroberfläche und packte seine Beute mit seinen spitzen Zähnen.
Flügelspannweite: bis zu 1,8 m
Fundorte: Großbritannien, Deutschland und Tansania

**6 MEGALOSAURUS**
Dieser große Fleischesser war in Europa im Jura einer der größten Räuber.
Länge: 12 m
Fundort: Großbritannien

**7 APATOSAURUS**
Der häufig auch unter dem Namen *Brontosaurus* („Donnerechse") bekannte Apatosaurus war ein riesiger Pflanzenesser; mit seinen lückenhaften, stiftartigen Zähnen „kämmte" er die Blätter von den Bäumen. Trotz seiner großen Masse vermochte er sich auf die Hinterbeine aufzurichten, sodass er auch an die höchste Vegetation gelangte. Möglicherweise hat er sich diese Fähigkeit auch zunutze gemacht, um Räuber wie *Allosaurus* abzuwehren.
Länge: bis zu 21 m
Gewicht: bis zu 33 t
Fundort: Nordamerika

**8 STEGOSAURUS**
Die rautenförmigen, abwechselnd in zwei Reihen auf dem Rücken von *Stegosaurus* angeordneten Platten sind nach wie vor rätselhaft. Welche Aufgabe erfüllten sie? Sie könnten Schutz- oder Signalfunktion gehabt oder zur Temperaturregulation gedient haben. Im Verhältnis zu seiner Körpergröße besaß *Stegosaurus* eines der kleinsten Gehirne aller Dinosaurier.
Länge: bis zu 9 m
Fundort: USA

**9 CAMARASAURUS**
Ein großer, in Herden lebender Pflanzenesser, der auf der Suche nach Nahrung vermutlich weite Wanderungen unternahm. In denselben Gesteinen, in denen man die fossilen Überreste von *Camarasaurus* fand, stieß man auch auf Haufen glatter Steine; das lässt darauf schließen, dass die Tiere wie einige heutige Vögel als Verdauungshilfe Steine schluckten, um im Magen hartes Pflanzenmaterial zu zermahlen. Die auffallenden Nasenöffnungen auf dem Kopf könnten auch zur Kühlung des Gehirns gedient haben.
Länge: bis zu 18 m
Fundort: Nordamerika

**10 COMPSOGNATHUS**
Der kleinste Dinosaurier, *Compsognathus,* war ein flinker zweibeiniger Jäger. Er besaß hohle Knochen und wog vermutlich nur etwa 3,6 kg. Mit seinem langen Schwanz hielt er wahrscheinlich beim Laufen das Gleichgewicht.
Länge: 60 cm
Fundorte: Deutschland und Frankreich

*Compsognathus* (hier in tatsächlicher Größe wiedergegeben)


Siehe auch
64–5 **Die Zeitalter des Lebens**
66–7 **Was ist Evolution?**
102–3 **Reptilien**

# Die letzten Tage der Dinosaurier

*In der Kreide tauchten neue Formen von Dinosauriern auf, darunter der dreihornige* Triceratops. *Am Ende der Kreide neigte sich ihre Vorherrschaft jedoch dem Ende zu, bis ihr Schicksal schließlich durch eine ökologische Katastrophe besiegelt wurde, die zum Aussterben führte.*

**ARCHAEOPTERYX**
Detailliert erhaltene Fossilien von *Archaeopteryx*, dem ersten Vogel auf der Erde, fand man im lithographischen Schiefer von Solnhofen in Bayern. Sie zeigen ein Tier von der Größe einer Krähe, das Merkmale von Dinosauriern wie auch von Vögeln hat und damit den eindeutigsten Hinweis darauf liefert, dass die Vögel sich aus den Dinosauriern entwickelten. Archaeopteryx („alter Flügel") besaß Zähne, einen knöchernen Schwanz und Krallen (Dinosauriermerkmale) sowie ein Gabelbein und Federn (Vogelmerkmale).

## Die Eroberung der Lüfte

Die Fähigkeit zum Gleitflug entwickelte sich bei den Reptilien in der Zeit vom Perm bis zum Jura fünfmal unabhängig voneinander. Aber nur eine Gruppe, die Pterosaurier, waren in der Lage, durch Schlagen ihrer Flügel aktiv längere Zeit zu fliegen.

**Aeronautik der Flugsaurier** Die Flügel der Pterosaurier wurden von flexiblen Hautlappen gebildet. Wie die Dinosaurier entwickelten auch die Flugsaurier eine enorme Größenvielfalt. Die kleinsten waren nicht größer als Tauben, der größte hingegen, der gigantische *Quetzalcoatlus,* wies eine Flügelspannweite von ungefähr 12 m auf. Ebenso wie die Dinosaurier begannen auch die Pterosaurier gegen Ende der Kreide zu verschwinden, und keiner überlebte das Massenaussterben vor 65 Mio. Jahren.

**Letzte Verwandte** Die Vögel entstanden nicht aus den älteren flugfähigen oder zum Gleitflug befähigten Reptilien. Die Fossilfunde lassen darauf schließen, dass sie mit großer Wahrscheinlichkeit im späten Jura aus kleinen Fleisch essenden Dinosauriern hervorgingen und 70 Mio. Jahre gemeinsam mit den Pterosauriern existierten.

**11 POLACANTHUS**
*Polacanthus* war ein untersetzter, gepanzerter, mit den Ankylo- und Stegosauriern verwandter Pflanzenesser, der an den Flanken charakteristische knöcherne Stacheln trug. Das Aussehen von *Polacanthus* war insofern schwierig zu rekonstruieren, als man bislang lediglich seine Hinterbeine und Teile seiner Körperpanzerung fand.
Länge: 4 m
Fundort: Großbritannien

**12 IGUANODON**
*Iguanodon* war ein zweibeiniger Dinosaurier, der sich wahrscheinlich aber auch auf allen vieren fortbewegte. Eines seiner Merkmale war ein Sporn am Daumen, den er vermutlich als Waffe bei der Verteidigung oder bei Auseinandersetzungen um Geschlechtspartner einsetzen konnte.
Länge: 3–4 m
Fundorte: Europa und USA

**13 DEINONYCHUS**
Mit seiner zweibeinigen Fortbewegungsart, dem leichten Körperbau und den nach hinten gebogenen Schneidezähnen war *Deinonychus* ein schneller und wendiger Räuber. Die zweite Zehe seiner Hinterbeine war mit scharfen Krallen ausgestattet, mit denen er seine Beute aufschlitzen konnte – *Deinonychus* bedeutet „schreckliche Kralle". Mit dem Schwanz hielt er das Gleichgewicht.
Länge: 3–4 m
Fundort: Nordamerika

**14 PTERODACTYLUS**
Mit seinem langen Hals, dem kurzen Schwanz und dem stark verlängerten vierten Finger war *Pterodactylus* ein typischer Flugsaurier der Kreide. Er erbeutete vor allem Fische und besaß schmale Kiefer mit spitzen Zähnen.
Flügelspannweite: bis zu 75 cm
Fundorte: Afrika, Europa

**15 ICHTHYOSAURIER**
Die Ichthyo- oder Fischsaurier waren die Entsprechung zu den Delphinen unter den Reptilien. Sie jagten Fische und frei schwimmende Weichtiere wie Ammoniten und Belemniten und brachten lebende Junge zur Welt.
Länge: bis zu 9 m
Fundorte: Europa, Nord- und Südamerika

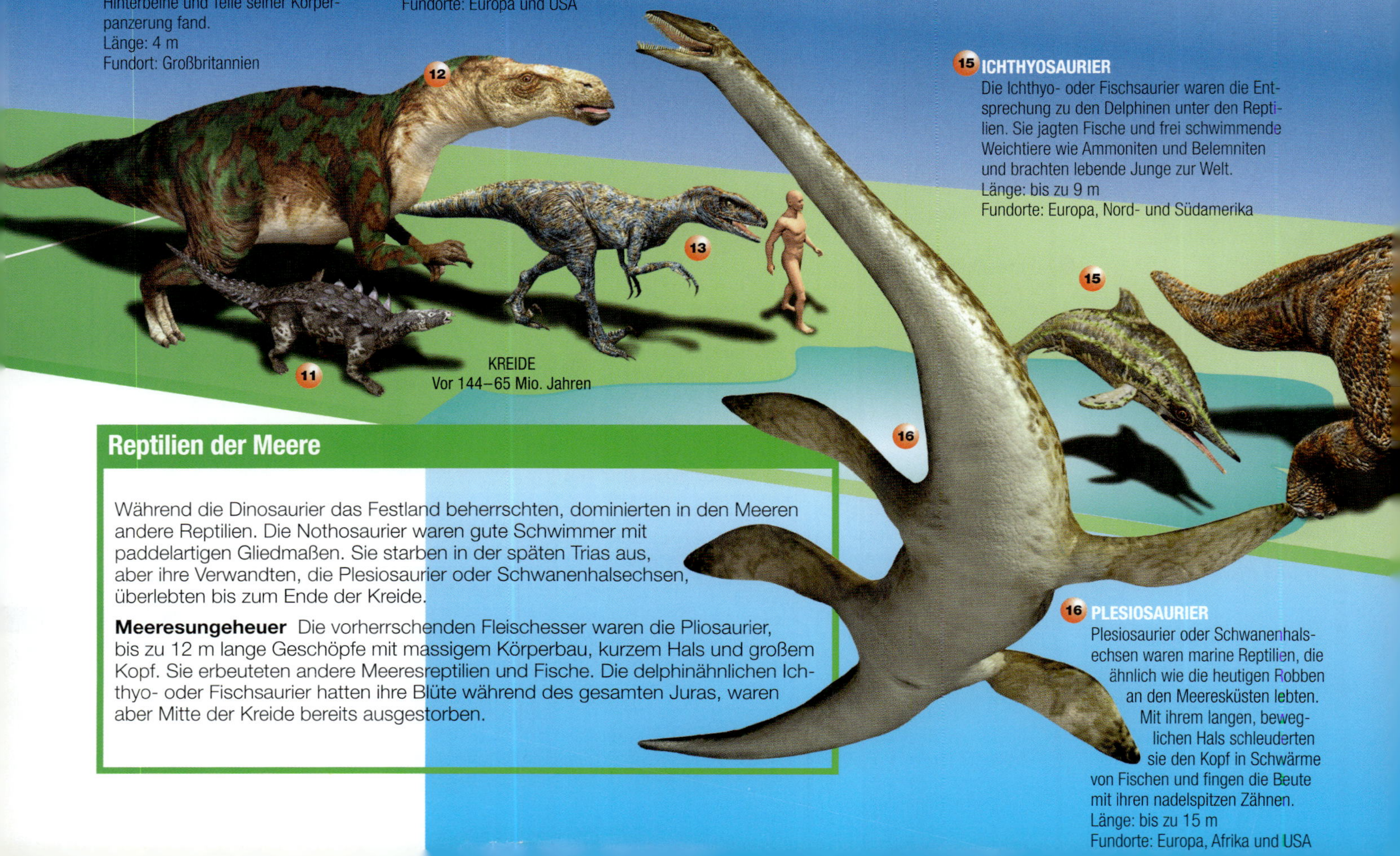


KREIDE
Vor 144–65 Mio. Jahren

## Reptilien der Meere

Während die Dinosaurier das Festland beherrschten, dominierten in den Meeren andere Reptilien. Die Nothosaurier waren gute Schwimmer mit paddelartigen Gliedmaßen. Sie starben in der späten Trias aus, aber ihre Verwandten, die Plesiosaurier oder Schwanenhalsechsen, überlebten bis zum Ende der Kreide.

**Meeresungeheuer** Die vorherrschenden Fleischesser waren die Pliosaurier, bis zu 12 m lange Geschöpfe mit massigem Körperbau, kurzem Hals und großem Kopf. Sie erbeuteten andere Meeresreptilien und Fische. Die delphinähnlichen Ichthyo- oder Fischsaurier hatten ihre Blüte während des gesamten Juras, waren aber Mitte der Kreide bereits ausgestorben.

**16 PLESIOSAURIER**
Plesiosaurier oder Schwanenhalsechsen waren marine Reptilien, die ähnlich wie die heutigen Robben an den Meeresküsten lebten. Mit ihrem langen, beweglichen Hals schleuderten sie den Kopf in Schwärme von Fischen und fingen die Beute mit ihren nadelspitzen Zähnen.
Länge: bis zu 15 m
Fundorte: Europa, Afrika und USA

## WARUM STARBEN DIE DINOSAURIER AUS?

Die Dinosaurier waren nur eine von vielen Tiergruppen, die dem Massenaussterben vor 65 Mio. Jahren zum Opfer fielen. Die Ursachen für dieses Aussterben waren Thema vieler Debatten. Gegenwärtig werden zwei Theorien diskutiert:

**Meteoriteneinschlag** Es gibt eindeutige Hinweise darauf, dass nahe der heutigen Halbinsel Yucatán in Mexiko ein Meteorit auf der Erde einschlug. Nach Schätzungen von Geologen wies dieser Meteorit einen Durchmesser von ungefähr 10 km auf und zerstörte die Erdkruste bis in eine Tiefe von 30 km.

Die Auswirkungen dieses Einschlags müssen katastrophal gewesen sein: Millionen Tonnen von Staub wurden in die Atmosphäre geschleudert und verdunkelten die Sonne, sodass die Temperaturen weltweit drastisch zurückgingen. Als weitere Folge wurde Schwefel in die Atmosphäre freigesetzt. Dieser verband sich mit Wasserdampf und erzeugte ätzenden sauren Regen, der die Meere der Erde in Säurebäder verwandelte.

**Vulkanaktivität** Verschlimmert wurden die Auswirkungen des Meteoriteneinschlags noch durch ein Ereignis, das sich zur gleichen Zeit auf der anderen Seite der Erde im heutigen Indien abspielte. Für 2–3 Mio. Jahre am Ende der Kreide und zu Beginn des Tertiärs war die Region gewaltiger Vulkantätigkeit ausgesetzt. Das durch den Vulkanismus freigesetzte Kohlendioxid und die Vulkanasche haben ebenfalls zu sauren Niederschlägen geführt und das Klima nachteilig beeinflusst. Weiter wurde die Theorie aufgestellt, dass das Element Selen, das durch die Vulkane in die Atmosphäre gelangte, für die Dinosaurier giftig war.

**Wer überlebte und warum?**
Welche Tiere ausstarben und welche überlebten, scheint keinem eindeutigen Muster zu folgen. Die Dinosaurier verschwanden, aber die Krokodile und viele andere Reptilien überlebten; Vögel und Beuteltiere erlitten große Einbußen, denen die Säugetiere entgingen. Ein Faktor ist allerdings bemerkenswert: Alle Landlebewesen mit einem Gewicht von mehr als etwa 25 kg wurden ausgelöscht. Die Gründe hierfür sind unklar, doch wird gegenwärtig die Theorie vertreten, dass die gleichwarmen, nachtaktiven und oft in Bauen lebenden Säugetiere – die zufälligerweise auch klein waren – besser für ein Überleben in dem kühleren Klima jener Zeit geeignet waren als viele andere Gruppen, insbesondere die großen und möglicherweise wechselwarmen Dinosaurier, die ihre Körpertemperatur nicht so wirksam halten konnten wie die Säugetiere.

**21 QUETZALCOATLUS**
*Quetzalcoatlus* war das größte flugfähige Lebewesen aller Zeiten und zugleich einer der letzten Flugsaurier; am Ende der Kreide starb er aus. Vermutlich unternahm er mithilfe seiner riesigen Flügel und unter Ausnutzung warmer Aufwinde Gleitflüge über weite Entfernungen. Nach Ansicht mancher Wissenschaftler ernährte er sich von Aas und drang mit seinem langen Hals und den zahnlosen Kiefern tief in die Kadaver ein. Andere glauben, dass er sich eher von Fischen und Schaltieren ernährte.
Flügelspannweite: 12 m
Fundort: USA

**19 SAUROLOPHUS**
*Saurolophus* war einer der größeren Entenschnabelsaurier und zeichnete sich durch einen Knochenkamm sowie eine aufblähbare Hauttasche auf der Schnauze aus, mit der er vermutlich brüllende Laute erzeugte. Als geselliger Pflanzenfresser hat *Saurolophus* möglicherweise Alarmrufe ausgestoßen, um andere Herdenmitglieder auf die Anwesenheit von Räubern aufmerksam zu machen.
Länge: 9–12 m
Fundorte: Nordamerika und Asien

**20 TYRANNOSAURUS REX**
Er war einer der größten bekannten räuberischen Dinosaurier und bei weitem der größte, der am Ende der Kreidezeit noch am Leben war. *Tyrannosaurus rex* bedeutet „König der Tyrannenreptilien" – eine treffende Beschreibung für ein Tier mit 1,5 m langem Schädel und 15 cm langen Sägezähnen. *T. rex* besaß auch einen mächtigen Schwanz und kräftige Hinterbeine, seine Vorderbeine hingegen waren vergleichsweise winzig.
Länge: 13 m
Fundort: USA

**17 TRICERATOPS**
Der Pflanzen fressende *Triceratops* war einer der letzten Dinosaurier, der auf der Erde lebte. Charakteristische Merkmale waren ein knöcherner Kragen am Schädel, der möglicherweise zum Einschüchtern von Feinden sowie als Schutz für die Halsregion diente, sowie drei Hörner – der Name *Triceratops* bedeutet „Dreihorngesicht".
Länge: bis zu 9 m
Fundort: USA

**18 STEGOCERAS**
*Stegoceras* besaß einen hoch aufgewölbten Schädel, was darauf schließen lässt, dass Kopfstöße für seine Lebensweise eine wichtige Rolle spielten, sei es zur Abwehr oder – wahrscheinlicher – als Imponiergehabe bei Paarungsritualen. Vermutlich lebte dieser Pflanzenesser in Herden.
Länge: 2 m
Fundort: Nordamerika

Siehe auch
28–9 **Kometen und Meteoriten**
36–7 **Vulkane**
104–11 **Vögel**

# Der Aufstieg der Säugetiere



*Wann genau die Säugetiere entstanden, ist schwer zu ermitteln, weil Säugetiermerkmale wie Behaarung und Milchproduktion kaum fossilisieren und daher in den Fossilbelegen fehlen. Bei einigen Reptilien aus dem späten Perm fand man jedoch ein säugetierähnliches Gebissmuster. Diese so genannten säugetierähnlichen Reptilien waren vermutlich die Vorfahren der echten Säugetiere, die nachfolgten, als die Dinosaurier ausstarben.*

## WARUM GEDIEHEN DIE SÄUGETIERE?

In den 65 Mio. Jahren nach dem Massenaussterben am Übergang von der Kreide zum Tertiär entwickelten sich Zehntausende von Säugetierarten. Es handelte sich größtenteils um Pflanzenesser. Die Warmblütigkeit verlieh den Säugetieren einen besonderen Vorteil: Sie konnten ihre Körpertemperatur regulieren und daher eine Vielzahl verschiedener Temperaturbereiche und Lebensräume besiedeln. Außerdem besaßen sie die nötige Intelligenz, um unter den sich rasch verändernden Bedingungen zu überleben und zu gedeihen. Die Säugetiere ersetzten die Dinosaurier nicht, sie entwickelten sich vielmehr auseinander und füllten die durch deren Aussterben frei gewordenen Nischen.

Vor 280–245 Mio. Jahren
**Auftauchen der säugetierähnlichen Reptilien.** Sie weisen Säugetiermerkmale wie Schneide-, Eck- und Backenzähne auf.

Vor 230 Mio. Jahren
**Cynodonten** wie *Thrinaxodon* **treten in Erscheinung.**

**Die ersten echten Säugetiere tauchen auf.** Sämtliche aus jener Zeit bekannten Formen sind spitzmausgroße Insektenesser.

Vor 208–144 Mio. Jahren
Während des gesamten Juras **bleiben die Säugetiere kleine, nachtaktive Lebewesen** und entwickeln Merkmale wie Warmblütigkeit, Lebendgeburt und Muttermilchfütterung.

Vor 100–75 Mio. Jahren
Erstmals treten im Gebiet des heutigen Südamerika **Beuteltiere** auf und breiten sich über den gesamten Superkontinent Gondwanaland aus, der aus dem heutigen Südamerika, Afrika, Indien, Australien und Antarktika bestand.

PERM 245 TRIAS 208 JURA 144 KREIDE

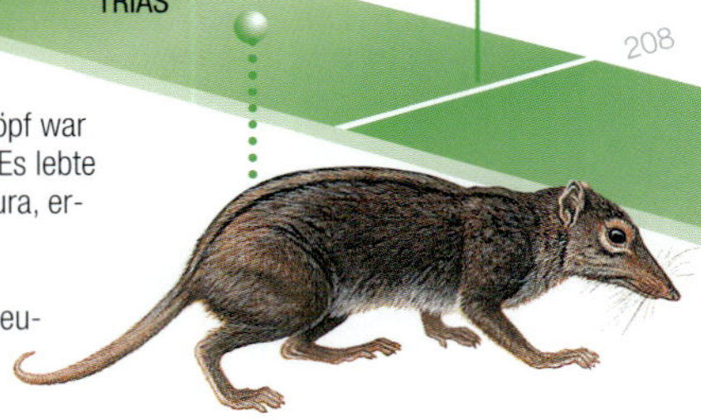

**MEGAZOSTRODON**
Dieses winzige, nur 13 cm lange Geschöpf war eines der ersten bekannten Säugetiere. Es lebte von der späten Trias bis in den frühen Jura, ernährte sich von Insekten und war vermutlich nachtaktiv. Möglicherweise hat *Megazostrodon* Eier gelegt wie die heutigen Schnabeltiere und Schnabeligel.

Vor 100 Mio. Jahren
**Erstes Auftreten von Kloakentieren** in Australien.

Später Jura
**Auftreten der multituberkulaten Säugetiere.**

## Rückkehr ins Meer

Wale, Delphine und Tümmler sind als einzige Säugetiere völlig daran angepasst, ihr ganzes Leben im Meer zu verbringen. Sie entwickelten sich aber aus landlebenden Vorfahren.

Es gibt Hinweise darauf, dass der älteste bekannte Wal, der 54 Mio. Jahre alte *Pakicetus,* von einem Fleisch essenden Vorfahren der Huftiere wie *Pachyaena* abstammt. Die ersten Wale waren noch nicht gut an ein Leben im Wasser angepasst und verbrachten vermutlich viel Zeit an Land, wo sie sich mithilfe ihrer paddelartigen Gliedmaßen fortbewegten. Sämtliche heutigen Wale gingen aus primitiven Zahnwalen wie *Pakicetus* hervor.

Eine weitere Säugetiergruppe, die zum Leben im Wasser überging, waren die Sirenen oder Seekühe. Seekühe sind Pflanzenesser. DNA-Untersuchungen deuten darauf hin, dass sie einen gemeinsamen Vorfahren mit den Elefanten haben.

## Die vier Formen von Säugetieren

Am Ende der Kreide existierten vier Säugetiergruppen:

1. **Plazentatiere** Säugetiere, die voll entwickelte Junge zur Welt bringen, die sie mit Muttermilch ernähren.
2. **Beuteltiere** Säugetiere, die unreife Junge zur Welt bringen und sie nach der Geburt in einem Beutel säugen.
3. **Kloakentiere** Eier legende Säugetiere, die sich vermutlich völlig getrennt von den anderen Säugetieren entwickelten. Sie waren größtenteils auf Australien beschränkt. Das Schnabeltier und der Schnabeligel sind heute noch lebende Beispiele.
4. **Multituberkulaten** Nagetierähnliche Pflanzenesser, die ihren Namen daher erhielten, dass die Kauflächen ihrer Zähne charakteristische Höcker (Tuberkel) aufwiesen. Wie die Beuteltiere brachten sie unreife Junge zur Welt.

### INDRICOTHERIUM

*Indricotherium* war das größte Landsäugetier, das jemals lebte. Mit einer Länge von 8 m übertraf es selbst die größten Mammuts. Es ist ein Vorfahre der Nashörner und wog schätzungsweise 33,5 t. Mit seiner beweglichen Oberlippe konnte es wie die heutigen Giraffen Blätter abzupfen.

## Die Evolution der Elefanten

Heute gibt es zwei Arten von Elefanten, den Afrikanischen und den Indischen. Insgesamt haben seit dem ersten Auftreten dieser Tiergruppe über 160 Arten existiert. Ihren Ursprung haben alle im Eozän in Nordafrika. Die frühesten Formen wie *Moeritherium* waren schweinegroß und besaßen weder Rüssel noch Stoßzähne. Diese Merkmale entwickelten sich erst im Miozän als Anpassungen, um besser an Nahrung zu gelangen. Im Lauf des Miozäns und Pliozäns nahmen die Tiere – vermutlich als Schutz vor Räubern – immer mehr an Größe zu. Zu Beginn des Pleistozäns hatten einige sogar die heutigen Afrikanischen Elefanten an Größe übertroffen. Das Steppenmammut *(Mammuthus trogontherii)* erreichte eine Schulterhöhe von 4,6 m. Elefanten lebten sowohl in Europa und Gesamt-Amerika als auch in Afrika und Asien.

**Afrikanischer Elefant**

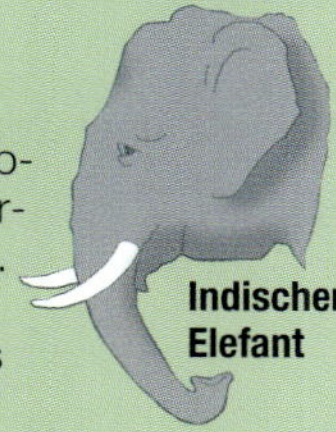

**Indischer Elefant**

### AMEBELODON

Das bis zu 3 m hohe *Amebelodon* besaß zwei nebeneinander liegende Stoßzähne, die 1 m über den Unterkiefer hinausragten und ein schaufelartiges Schneidewerkzeug bildeten. Es diente wahrscheinlich zusammen mit dem Rüssel dazu, seine Hauptnahrung, am Grund von Flüssen wachsende Wasserpflanzen, zu entwurzeln. *Amebelodon* lebte in Nordamerika.

### SMILODON

*Smilodon,* der Archetyp einer Säbelzahnkatze, war ein kräftig gebauter Räuber mit 18 cm langen Eckzähnen. Diese in Nord- und Südamerika lebende Raubkatze konnte ihr Maul bis 120 Grad öffnen und so die dolchartigen Zähne in ihre Beute schlagen.

Vor 70 Mio. Jahren
In Asien **entwickeln sich die plazentalen Säugetiere.**

Vor 65 Mio. Jahren
**Ein Massenaussterben führt zum Ende der Dinosaurier** und vieler anderer Tiergruppen.

Vor 57–34 Mio. Jahren
**Erstes Auftreten von Walen, Seekühen, Elefanten, Kamelen, Pferden, Wiederkäuern, Primaten und Nagetieren.** In Australien und Südamerika entwickeln sich viele neue Beuteltierformen.

65 — PALÄOZÄN — 57 — EOZÄN — 34 — OLIGOZÄN — 23 — MIOZÄN — 5 — PLIOZÄN — 1,8 — PLEISTOZÄN

Vor 65–57 Mio. Jahren
**Vorherrschen der multituberkulaten Säugetiere.** Die meisten Pflanzen essenden Säugetiere sind klein, doch nun tauchen die ersten großen Säugetiere auf. Hierzu gehört beispielsweise das flusspferdähnliche *Coryphodon,* das in Nordamerika, Europa und Asien gefunden wurde, sowie die südamerikanischen Astrapotherien, Pflanzenesser mit Stoßzähnen und kurzen Rüsseln, von denen einige die Größe eines heutigen Nashorns erreichten.

Der Superkontinent Gondwanaland beginnt auseinander zu brechen.

Vor 34–23 Mio. Jahren
**Die Multituberkulaten sterben aus** und werden in den meisten Nischen von den plazentalen Nagetieren ersetzt. Im Meer treten erstmals Bartenwale auf. Auch die ersten Nashörner, Schweine und Katzen treten in Erscheinung.

Vor 23–5 Mio. Jahren
Zwischen Nord- und Südamerika entsteht eine Landbrücke, über die plazentale Säugetiere aus dem Norden nach Süden wandern, wo sie die Beuteltiere verdrängen. **In Europa und Nordamerika sterben die Beuteltiere aus.**

Weltweit breitet sich Grasland aus. Das führt in vielen Säugetierfamilien zur Evolution neuer Arten, die schnell laufen können.

Vor 5 Mio. Jahren
In Afrika **treten die ersten Hominiden auf.**

Vor 1,8 Mio. Jahren
Mit ***Homo habilis*** tritt der erste bekannte Vertreter der Gattung *Homo* in Erscheinung.

Vor 120 000 Jahren
**Der moderne Mensch tritt in Erscheinung.**

**Minkwal *(Balaenoptera acutorostrata)***

***Aetiocetus***

Siehe auch
64–5 **Die Zeitalter des Lebens**
66–7 **Was ist Evolution?**
114–9 **Säugetiere**
126–9 **Die Evolution des Menschen**

*Mit mehr als 1,5 Mio. bekannten Arten bildet das Tierreich die größte und zugleich vielfältigste Organismengruppe auf der Erde. Mehr als 1 Mio. Tiere sind Insekten. Heute rechnet man dem Tierreich nur vielzellige Lebewesen zu. Es gibt aber auch eine Vielzahl von einzelligen Organismen, die Protozoen, die Merkmale mit den Tieren gemeinsam haben.*

## WAS IST EIN TIER?

Wie sämtliche Pflanzen besitzen auch alle Tiere Zellen mit einem Zellkern. In folgenden Punkten unterscheiden sich Tiere von Pflanzen:

- Sie sind imstande, sich zumindest während eines Teils ihres Lebenszyklus **aktiv zu bewegen.**
- Sie **können ihre Nahrung nicht selbst herstellen,** sondern müssen von anderen Lebewesen produziertes organisches Material zu sich nehmen.
- Ihre Zellen besitzen **keine festen Zellwände.**
- Sie **besitzen Sinnesorgane** und in irgendeiner Form ein Nervensystem, zum Teil mit einem zentralen Koordinationszentrum (Gehirn) zur Steuerung von Bewegungen und Körperfunktionen.
- Sie besitzen **keine spezifischen Wachstumspunkte;** das Wachstum findet im gesamten Körper statt und endet im Allgemeinen im Erwachsenenstadium.

**Tiere aller Art**
Tiere haben fast alle Lebensräume der Erde besiedelt, von den Berggipfeln bis zu den Tiefen der Ozeane. Dies führte zur Evolution einer unglaublichen Vielfalt an Körperformen und Lebensstrategien, die sie mit den Umweltbedingungen in diesen Lebensräumen zurechtkommen lässt.

## Wie Zellen sich organisieren

Die einfachsten vielzelligen Tiere – die Schwämme – sind Ansammlungen einzelner Zellen, die nach dem Zufallsprinzip geordnet sind. Wenn man einen Schwamm in seine Einzelzellen zerteilt, wird er sich regenerieren. Zwar besitzen auch Schwämme spezialisierte Zellen, doch sind sie nicht zu bestimmten organisierten Strukturen zusammengeschlossen. Bei allen anderen Tieren sind die Zellen auf komplexere Weise organisiert und bilden Gewebe und Organe.

**Zweikeimblättrige**
Quallen, Polypen und Seeanemonen zählen zu den einfachsten Tieren mit spezialisierten Strukturen. Als Embryonen bestehen sie aus nur zwei Zellschichten: einer äußeren, aus der sich die äußere Körperwand bildet, und einer inneren, aus der spezielle Organe wie der Verdauungstrakt hervorgehen. Deshalb bezeichnet man diese Tiere als Zweikeimblättrige oder Diploblastische.

**Dreikeimblättrige**
Alle anderen Tiere, von Plattwürmern bis zum Menschen, sind dreikeimblättrig oder triploblastisch und weisen als Embryonen drei Zellschichten auf. Aus dem zusätzlichen mittleren Keimblatt entwickeln sich komplexe Organe und Organsysteme.

**Einfachster Bau** Schwämme sind organlos.

**FAKTEN** Der längste bekannte Wurm ist der Schnurwurm *Lineus longissimus*. Ein im Jahr 1864 gefundenes Exemplar war über 55 m lang.

**Das höchste Säugetier**
Giraffen werden bis zu 6 m hoch.

**Der größte Nachtfalter**
Der Atlasspinner weist eine Flügelspannweite von 30 cm auf.

**Der größte Wirbellose**
Die atlantischen Riesenkalmare können bis zu 2 t wiegen.

## Klassifikation des Tierreichs

Systematiker klassifizieren alle Lebewesen, indem sie sie aufgrund gemeinsamer Merkmale, etwa dem Besitz einer Wirbelsäule oder dem Säugen der Jungen, in eine Hierarchie aus Gruppen einordnen. Dieses Diagramm führt durch die Klassifikation eines Tigers von der umfassendsten Gruppe, dem Stamm, bis hinunter zur kleinsten, der Art.


**Siehe auch**

112–3 **Rekorde im Tierreich**
122–3 **Gefährdete Arten**
124–5 **Artenschutz**
542–7 **Biologie**


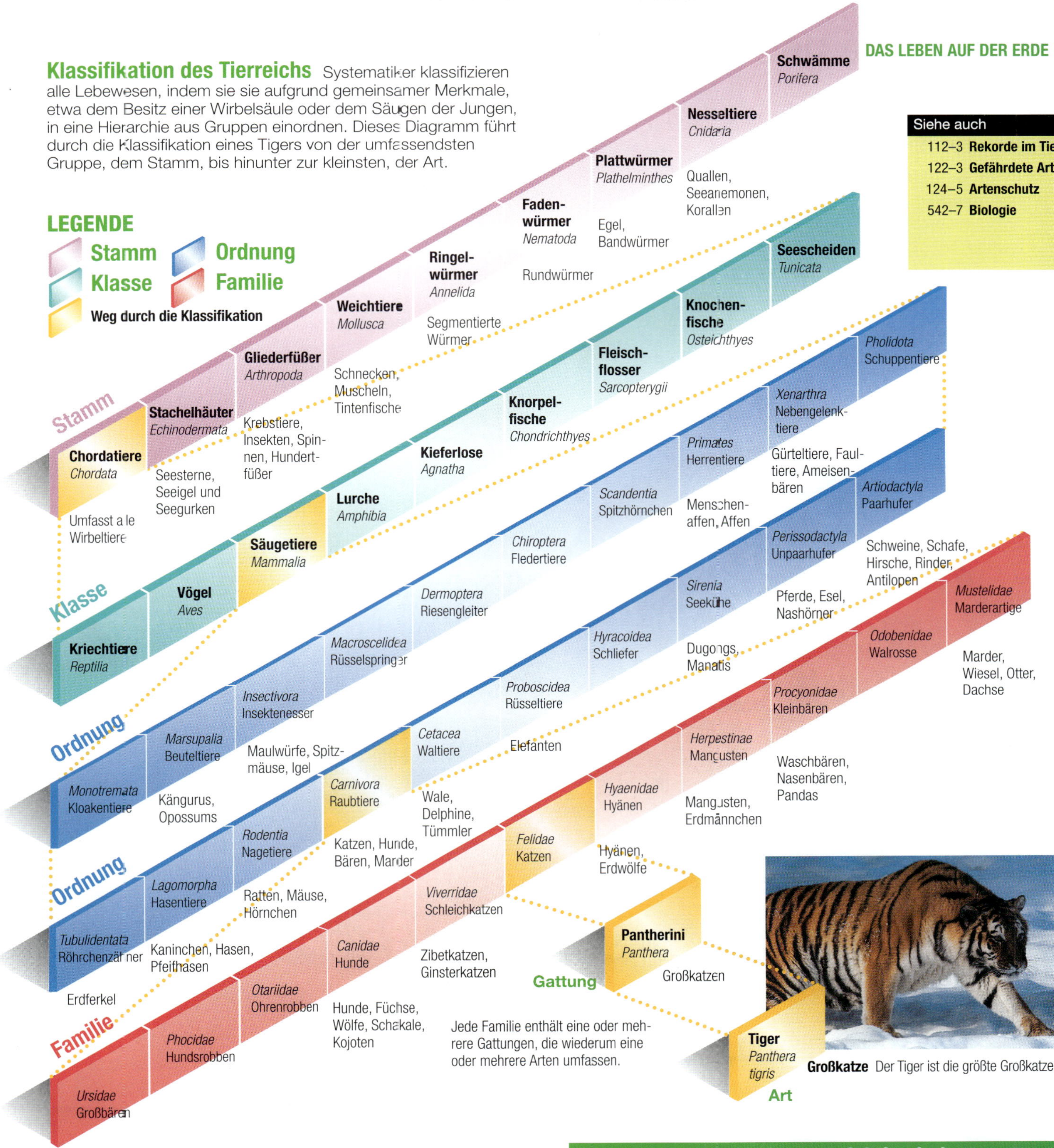


**Großkatze** Der Tiger ist die größte Großkatze.

### Warum lateinische Namen wichtig sind

Puma, Silberlöwe und Berglöwe sind drei gebräuchliche Namen für dasselbe Tier – und das in nur einer Sprache. Um Verwirrungen zu vermeiden, ersann der schwedische Arzt und Naturforscher Carolus Linnaeus im 18. Jh. ein Benennungssystem. Darin erhält jedes Lebewesen einen aus zwei Teilen bestehenden lateinischen (wissenschaftlichen) Namen. Der erste Name stellt es in eine Gruppe oder Gattung ähnlicher Organismen, z. B. *Homo.* Der zweite bezeichnet die Art, beispielsweise *sapiens.* Über 200 Jahre nach seiner Erfindung ist Linnaeus' System immer noch in Gebrauch.

# Weichtiere und Gliederfüßer

**Zwei Äste des Stammbaums der Wirbellosen**

*Weichtiere und Gliederfüßer sind die beiden Hauptgruppen der Wirbellosen, der Tiere ohne Wirbelsäule. 95 % aller Tierarten sind Wirbellose. Sie zeichnen sich alle durch einen weichen Körper aus, einige besitzen jedoch ein hartes Außen- oder Exoskelett, an dem die Muskulatur ansitzt und das eine Schutzfunktion erfüllt.*

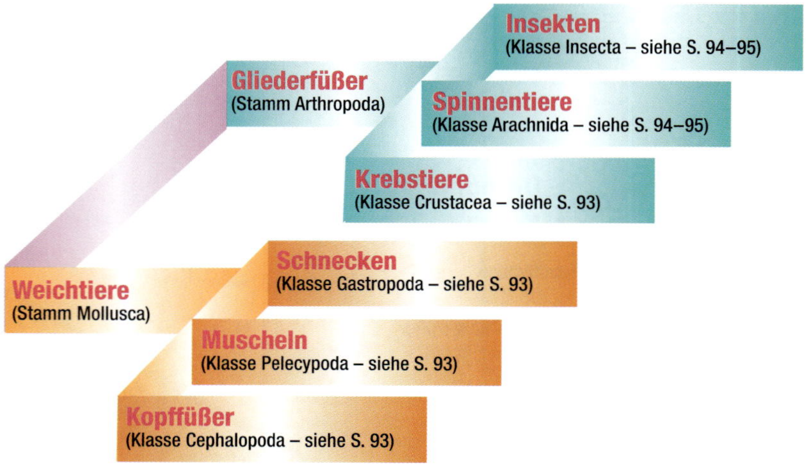

## Körperbauplan einer Schnecke

Die Gesprenkelte Weinbergschnecke *(Helix aspersa)* ist eine der bekanntesten Schnecken. Wie alle Schnecken zeichnet sie sich aufgrund der Drehung ihres Gehäuses durch einen asymmetrischen Körperbau aus. Die inneren Organe dieser Schnecke sind typisch für alle Landschnecken. Die meisten Bestandteile finden sich auch bei den Wirbeltieren einschließlich des Menschen, obwohl die Organe bei ihnen eine etwas andere Gestalt annehmen.

## WAS IST EIN GLIEDERFÜSSER?

**Körperhülle** Alle Gliederfüßer besitzen ein hartes, gegliedertes Außenskelett, in der Regel aus Chitin.

- Arthropoda bedeutet wörtlich „gegliederter Fuß" – Gliederfüßer haben mehrere bewegliche, gelenkig **gegliederte Beinpaare.**
- Ihr **Körper ist gegliedert** und von einem harten Außen- oder Exoskelett, der Kutikula eingehüllt.
- Damit die Tiere wachsen können, wird das **Außenskelett regelmäßig abgestoßen** und durch ein neues ersetzt (Häutung).

## WAS IST EIN WEICHTIER?

- Weichtiere sind Wirbellose mit einem **weichen Körper,** der vielfach jedoch von einer harten Schale umhüllt ist. Kopffüßer wie Kalmare, Kraken und Tintenfische (Sepien) besitzen harte innere Strukturen wie den Schulp.
- Weichtiere sind **wechselwarm und legen Eier.**
- Der Körper von Weichtieren lässt eine **Dreiteilung** erkennen in Kopf, Eingeweidesack mit lebenswichtigen Organen und einen Fuß oder eine andere, der Fortbewegung dienende Struktur.
- Die meisten Weichtiere **leben im Meer,** einige jedoch auch im Süßwasser; die Mehrzahl der Schnecken lebt an Land.

## SCHNECKEN

Gastropoda
Rund 50 000 Arten

**Vorkommen:**
Meerwasser, Süßwasser und feuchte Lebensräume an Land

**Kennzeichen:**
- Landschnecken besitzen einen flachen Fuß. Bei marinen Schnecken ist er oft verkleinert.
- Gehäuseschnecken haben eine Schale. Die landlebenden Nacktschnecken sowie marine Nacktschnecken (Nacktkiemer) haben keine.
- Die meisten landlebenden und einige Süßwasserschnecken haben gestielte Augen.

**Arten:**
Gemeine Napfschnecke *(Patella vulgata)*
Gemeine Strandschnecke *(Littorina littorea)*
Große Egelschnecke *(Limax maximus)*
Pyjamaschnecke *(Chromodoris quadricolor)*

## MUSCHELN

Pelecypoda
Rund 8000 Arten

**Vorkommen:**
Salz- und Süßwasser

**Kennzeichen:**
- Sie sind von einer zweiklappigen Schale umhüllt.
- Zum Atmen und Fressen saugen sie Wasser über eine große Kieme und entziehen ihm Sauerstoff und Nahrungspartikel.
- Die meisten sind getrenntgeschlechtig, es gibt aber auch Zwitter, die zwischen den Geschlechtern wechseln.
- Sie besitzen einen „Fuß", den sie zur Fortbewegung ausstrecken und einziehen können.
- Einige Muscheln sind frei schwimmend, andere graben sich in Sand oder Schlamm ein.

**Arten:**
Bunte Kammmuschel *(Chlamys varius)*
Europäische Auster *(Ostrea edulis)*
Gemeine Erbsenmuschel *(Pisidium casertanum)*
Gemeine Miesmuschel *(Mytilus edulis)*
Gemeine Schiffsbohrmuschel *(Teredo navalis)*
Gewöhnliche Herzmuschel *(Cardium edule)*
Pilgermuschel *(Pecten jacobaeus)*
Schwertmuschel *(Ensis ensis)*
Teichmuschel *(Anodonta cygnaea)*

## KOPFFÜSSER

Cephalopoda
Rund 750 Arten

**Vorkommen:**
Meere der gemäßigten Zonen und der Tropen

**Kennzeichen:**
- Sie besitzen einen weichen Körper ohne Schale und acht (Kraken) oder zehn Arme (Sepien und Kalmare) mit Saugnäpfen.
- Zwei der zehn Arme von Sepien und Kalmaren sind zurückziehbare Tentakel und dienen dem Beutefang. Kraken nutzen dafür alle acht Arme.
- Alle können einen Wasserstrahl ausstoßen und so nach dem Rückstoßprinzip große Geschwindigkeiten erreichen.
- Bei Gefahr geben die meisten Arten eine Tintenwolke ab und verbergen so ihren Fluchtweg.

**Arten:**
Atlantischer Riesenkalmar *(Architeuthis dux)*
Gemeine Sepie (Tintenfisch) *(Sepia officinalis)*
Gemeiner Kalmar *(Loligo loligo)*
Gemeiner Krake *(Octopus vulgaris)*
Kurzflossenkalmar *(Illex illecebrosus)*
Nordamerikanischer Kalmar *(Loligo pealei)*
Riesenkrake *(Octopus apollyon)*
Wunderlampe *(Lycoteuthis diadema)*
Zwergkalmar *(Allotheutis subulata)*

## KREBSTIERE

Crustacea
Rund 30 000 Arten

**Vorkommen:**
Salz- und Süßwasser, feuchte Orte an Land

**Kennzeichen:**
- Am Kopf sitzen zwei Antennenpaare.
- Der Körper ist durch ein hartes Außenskelett aus Eiweiß und einer hornartigen Substanz (Chitin) geschützt.
- An den Abschnitten des Außenskeletts sind Körperanhänge zu Fühlern, Mundwerkzeugen, Beinen und Schwimmfüßen umgebildet.
- Auf dem Weg zum erwachsenen Tier durchlaufen sie ein Larvenstadium.

**Arten:**
Amerikanische Languste *(Panulirus argus)*
Felsengarnele *(Palaemon serratus)*
Gemeine Entenmuschel *(Lepas anatifera)*
Gemeine Seepocke *(Balanus balanoides)*
Gewöhnlicher Heuschreckenkrebs *(Squilla empusa)*
Kaiserhummer *(Nephrops norvegicus)*
Kleiner Bärenkrebs *(Scyllarus arctus)*
Krill *(Euphausia superba)*
Palmendieb *(Birgus latro)*
Salinenkrebschen *(Artemia salina)*
Taschenkrebs *(Cancer pagurus)*
Wollkrabbe *(Dromia vulgaris)*


Siehe auch
90–1 **Das Tierreich**
112–3 **Rekorde im Tierreich**
122–3 **Gefährdete Arten**
124–5 **Artenschutz**


## WISSENSWERTES

- Die Riesenmuschel *(Tridacna gigas)* ist die größte Muschel. Sie bewohnt die Korallenriffe des Indischen Ozeans und Pazifiks und erreicht einen Schalendurchmesser bis zu 1,4 m.
- Die vor der Küste Chinas lebende Meeresschnecke *Bitium* ist mit einer Länge von weniger als 1 mm eines der kleinsten Weichtiere.
- Das schwerste Krebstier ist der Amerikanische Hummer *(Homarus americanus)*. Ein 1977 gefangenes Exemplar wog über 20 kg.
- Der Pazifische Riesenkrake *(Octopus dofleini)* ist mit einer Fangarmweite von 2,5 m der größte Kopffüßer der Welt.

**Wie sich Perlen bilden**
Austern und einige andere Weichtiere erzeugen Perlen, wenn ihr Gewebe durch ein Sandkorn oder einen anderen Fremdkörper gereizt wird. Das Tier produziert daraufhin eine glatte Substanz, das so genannte Perlmutt, und umhüllt damit das störende Objekt, wodurch eine Perle entsteht.

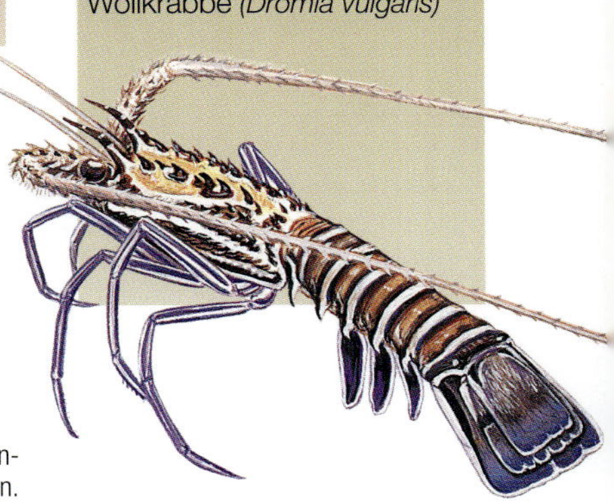

**Untypisches Krebstier**
Im Gegensatz zu Hummern besitzen Langusten wie die Amerikanische Languste *(Panulirus argus)* keine Scheren.

# Spinnentiere und Insekten

**Zwei Gruppen von Gliederfüßern im Vergleich**

*Spinnentiere und Insekten zählen zu den Gliederfüßern. Wie alle Gliederfüßer besitzen sie einen symmetrischen, gegliederten Körper mit einem harten Außenskelett. Alle sind Luftatmer, selbst solche, die meist unter Wasser leben. Spinnentiere atmen mittels einfacher Lungen, Insekten durch ein als Tracheen bezeichnetes System von Luftsäcken und -kanälen, die mit Löchern im Außenskelett in Verbindung stehen.*

**Stachelschwanz**
Meist fangen Skorpione ihre Beute mithilfe ihrer Scheren. Den Giftstachel an ihrem Schwanz setzen sie fast nur zur Abwehr ein.

## WAS IST EIN SPINNENTIER?

- Zu den Spinnentieren **(Arachnida)** zählen Spinnen, Skorpione, Weberknechte und Milben (einschließlich Zecken).
- Ihr Körper umfasst **zwei Abschnitte:** das Kopf-Bruststück (Prosoma) und den Hinterleib (Abdomen).
- Am Prosoma sitzen **vier gegliederte Beinpaare.**
- **Zwei weitere paarige Körperanhänge** sitzen am Prosoma: Die Klauen (Cheliceren), die zum Greifen und Festhalten der Beute dienen, sowie die Taster (Pedipalpen), die teils als Fühler eingesetzt werden, bisweilen aber auch (etwa bei Skorpionen) mit Scheren ausgestattet sind.
- Im Gegensatz zu den Insekten **besitzen Spinnentiere keine Antennen und Flügel.**
- Mit Ausnahme einiger Pflanzen essender Milben **ernähren sich Spinnentiere von Fleisch.**

## SPINNEN

Araneae
Rund 30 000 Arten

**Vorkommen:**
Auf dem Festland weltweit, außer an den Polen; einige Süßwasserhabitate

**Kennzeichen:**
- Acht Beine und bis zu acht Augen.
- Sie besitzen spezielle Spinndrüsen, die Seidenfäden produzieren. Die Seide wird von den Spinnwarzen abgegeben.
- Die Weibchen sind stets größer als die Männchen.

**Arten:**
Ameisenspinne *(Myrmarachne formicaria)*
Apulische Tarantel *(Lycosa tarentula)*
Australische Trichternetz-vogelspinne *(Atrax robustus)*
Deckennetz- oder Baldachinspinnen (Gattung *Dismodicus,* mehrere Arten)
Hausspinne *(Tegenaria domestica)*
Kardinalwinkelspinne *(Tegenaria parietina)*
Kreuzspinne *(Araneus diadematus)*
Riesenvogelspinne *(Theraphosa leblondi)*
Schwarze Witwe *(Latrodectus mactans)*
Tarantel *(Lycosa narbonensis)*
Wasserspinne *(Argyroneta aquatica)*
Wespenspinne *(Argiope bruennichi)*
Zebraspringspinne *(Salticus scenicus)*

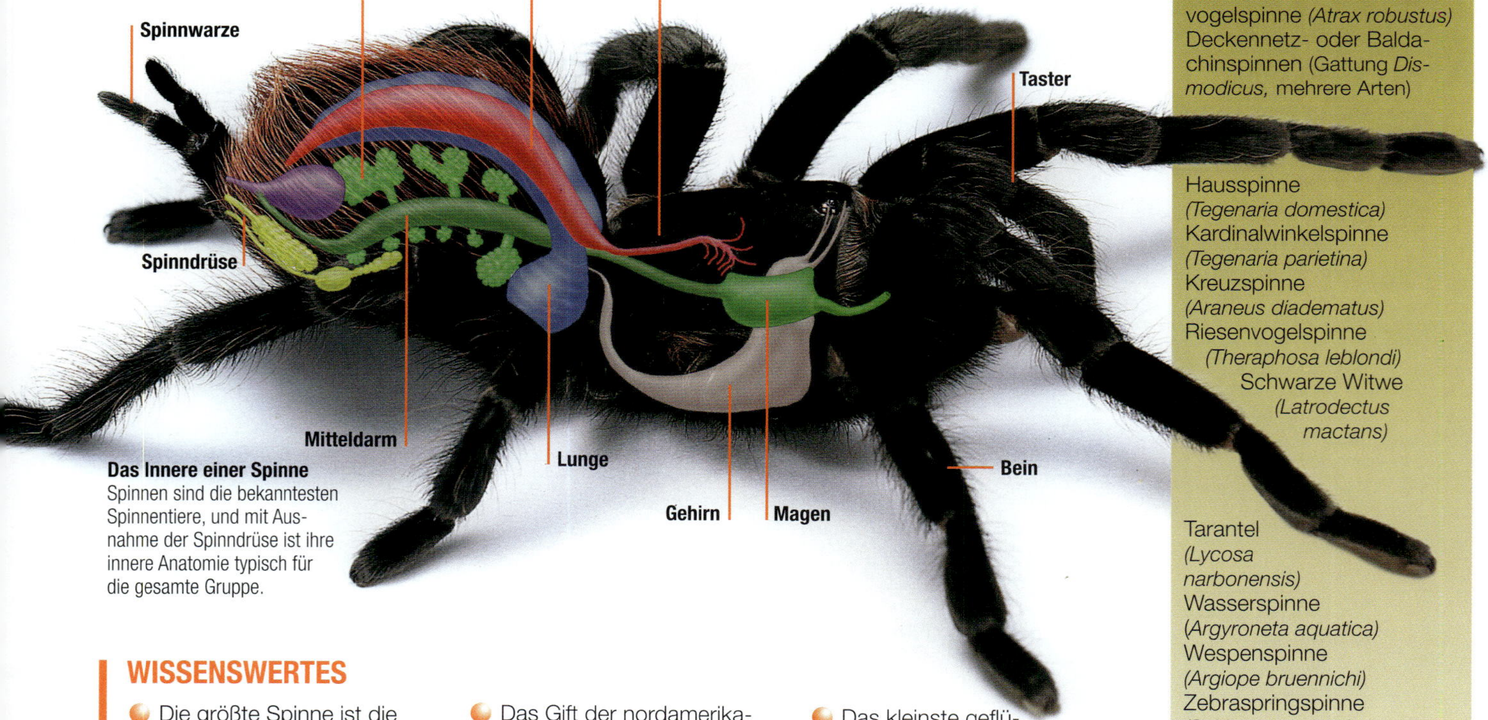


**Das Innere einer Spinne**
Spinnen sind die bekanntesten Spinnentiere, und mit Ausnahme der Spinndrüse ist ihre innere Anatomie typisch für die gesamte Gruppe.

## WISSENSWERTES

- Die größte Spinne ist die südamerikanische Riesenvogelspinne *(Theraphosa leblondi)*. Die Spanne ihrer Beine beträgt bis zu 28 cm.
- Das Insekt mit der längsten beobachteten Lebensdauer ist der Käfer *Buprestis aurulenta* – 47 Jahre wurden gezählt.
- Das Gift der nordamerikanischen Schwarzen Witwe *(Latrodectus mactans)* ist 15-mal so wirkungsvoll wie das einer Klapperschlange.
- Spinnenseide ist stärker als jede andere bekannte Natur- oder Kunstfaser vergleichbarer Dicke.
- Das kleinste geflügelte Insekt ist mit einer Flügelspannweite von nur 0,2 mm die Zwergwespe *Caraphractus cinctus* aus Tansania.
- Das lauteste Insekt ist die afrikanische Zikade *Brevisana brevis.* Mit 107 dB ist sie fast so laut wie ein Presslufthammer.

**FAKTEN**
**Es sind über 1 Mio. Insektenarten bekannt, und jährlich kommen Tausende neu entdeckter hinzu.**

Siehe auch
90–1 **Das Tierreich**
112–3 **Rekorde im Tierreich**
122–3 **Gefährdete Arten**
124–5 **Artenschutz**

## KÄFER

Coleoptera
Über 370 000 Arten

**Vorkommen:**
Habitate an Land und im Süßwasser weltweit, außer an den Polen

**Kennzeichen:**
- Käfer bilden die größte Insektenordnung und machen über ein Viertel aller Arten des Tierreichs aus.
- Sie besitzen harte, ledrige Vorderflügel, die so genannten Deckflügel, welche nach unten geklappt die weichen Hinterflügel schützen.

**Arten:**
Feldmaikäfer *(Melolontha melolontha)*
Gelbrandkäfer *(Dytiscus marginalis)*
Goliathkäfer *(Goliathus giganteus)*
Großes Glühwürmchen *(Lampyris noctiluca)*
Kartoffelkäfer *(Leptinotarsa decemlineata)*
Kornkäfer *(Sitophilus granarius)*
Totenuhr *(Xestobium rufovillosum)*
Zweipunkt *(Adalia bipunctata)*

## ZWEIFLÜGLER

Diptera
Rund 90 000 Arten

**Vorkommen:**
An Land und in der Luft weltweit, außer an den Polen

**Kennzeichen:**
- Zweiflügler besitzen nur ein Paar Flügel, Fühler und Komplexaugen.
- Das andere Flügelpaar ist zu Halteren (Schwingkölbchen) umgebildet, die zur Balance dienen.
- Ihre beinlosen Larven heißen Maden.
- Unter den Insekten die wichtigsten Überträger von Krankheiten, etwa von Gelbfieber und Malaria.

**Arten:**
Blaue Schmeißfliege *(Calliphora vomitoria)*
Große Stubenfliege *(Musca domestica)*
Hornissenjagdfliege *(Asilus crabroniformis)*
Riesenschnake *(Tipula maxima)*
Stechmücken (Familie *Culicidae,* viele Gattungen und Arten)
Tsetsefliege (Gattung *Glossina,* zahlreiche Arten)

## HAUTFLÜGLER

Hymenoptera
Über 120 000 Arten

**Vorkommen:**
An Land und in der Luft weltweit, außer an den Polen

**Kennzeichen:**
- Hautflügler, zu denen Bienen, Wespen und Ameisen zählen, verfügen über zwei Flügelpaare.
- Das erste Segment des Hinterleibs bildet eine Taille.
- Bienen und Wespen besitzen einen Giftstachel.
- Sie haben eine komplexe Sozialstruktur.

**Arten:**
Blattschneiderameisen (Gattung *Atta,* mehrere Arten)
Eichengallwespe *(Biorrhiza pallida)*
Gartenhummel *(Bombus hortorum)*
Gemeine Wespe *(Vespula vulgaris)*
Honigbiene *(Apis mellifera)*
Hornisse *(Vespa crabro)*
Rote Waldameise *(Formica rufa)*
Rotpelzige Sandbiene *(Andrena fulva)*
Wanderameisen (Gattung *Eciton,* mehrere Arten)

## SCHMETTERLINGE

Lepidoptera
Rund 150 000 Arten

**Vorkommen:**
An Land und in der Luft weltweit, außer an den Polen

**Kennzeichen:**
- Sie durchlaufen einen Lebenszyklus aus vier Stadien: Ei, Larve (Raupe), Puppe und erwachsener Schmetterling.
- Tagfalter sind tagaktiv, die meisten Nachtfalter nachtaktiv.
- Die Fühler von Tagfaltern sehen keulenförmig aus, die von Nachtfaltern fiederartig.
- Erwachsene Schmetterlinge haben eine lange, eingerollte Zunge, mit deren Hilfe sie Nektar aus Blüten saugen.

**Arten:**
Admiral *(Vanessa atalanta)*
Atlasspinner *(Attacus atlas)*
Brauner Bär *(Arctia caja)*
Distelfalter *(Cynthia cardui)*
Gewöhnliche Kleidermotte *(Tineola biseliella)*
Großer Kohlweißling *(Pieris brassicae)*
Königin-Alexandra-Vogelfalter *(Ornithoptera alexandrae)*
Monarchfalter *(Danaus plexippus)*
Schwammspinner *(Lymantria dispar)*
Taubenschwänzchen *(Macroglossum stellatarum)*
Totenkopfschwärmer *(Acherontia atropos)*

## WAS IST EIN INSEKT?

- Der Körper erwachsener Insekten ist in **drei Abschnitte** unterteilt: Kopf (Caput), Brust (Thorax) und Hinterleib (Abdomen).
- Am Kopf sitzen **Antennen oder „Fühler“.**
- An der Brust sitzen **drei Beinpaare und zwei Paar Flügel.**
- Fast alle Insekten legen Eier und **durchlaufen eines oder mehrere Larvenstadien,** bevor sie zum erwachsenen Insekt werden. Die Larven sehen oft völlig anders aus als die erwachsenen Tiere.

**Zum geflügelten Insekt** Schmetterlinge durchlaufen eine vollständige Verwandlung von der Raupe bis zum erwachsenen Insekt, wobei ihr Körper seine Gestalt völlig verändert.

*Fische haben sich im Lauf ihrer Entwicklung an fast alle Süß- und Salzwasserlebensräume der Welt angepasst. Sie reichen in der Größe von den Zwerggrundeln des Chagos-Archipels im Indischen Ozean, die weniger als 10 mm messen, bis hin zum Walhai, der eine Länge von nahezu 20 m erreicht. Mit rund 25 000 bekannten Arten bilden die Fische die größte Gruppe der Wirbeltiere.*

## WAS IST EIN FISCH?

- Fische sind **wechselwarme Wirbeltiere,** die im Meer und im Süßwasser leben.
- Mit Ausnahme der Lungenfische atmen alle Fische mithilfe von **Kiemen.**
- Die Fortbewegung im Wasser erfolgt mittels **Flossen.**
- Ihre Haut ist in den meisten Fällen von **Schuppen** bedeckt.

## DIE KLASSIFIZIERUNG DER FISCHE

Die heutigen Fische lassen sich in vier Klassen einteilen:

**Rundmäuler (Neunaugen und Inger)** Sie gehören zur Überklasse der Kieferlosen (Agnatha, „ohne Kiefer"). Es handelt sich um primitive, aalähnliche Geschöpfe (siehe rechts) mit runden Mäulern, ohne Kiefergelenk, aber mit Zähnen. Weitere Merkmale sind eine glatte, schuppenlose, schleimige Haut und einzelne, unpaarige Flossen.

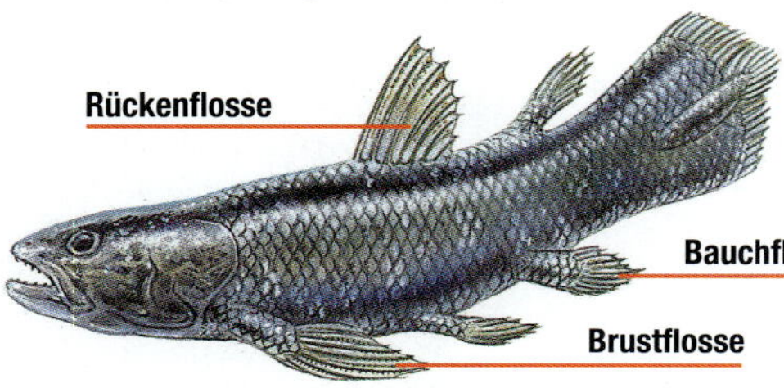


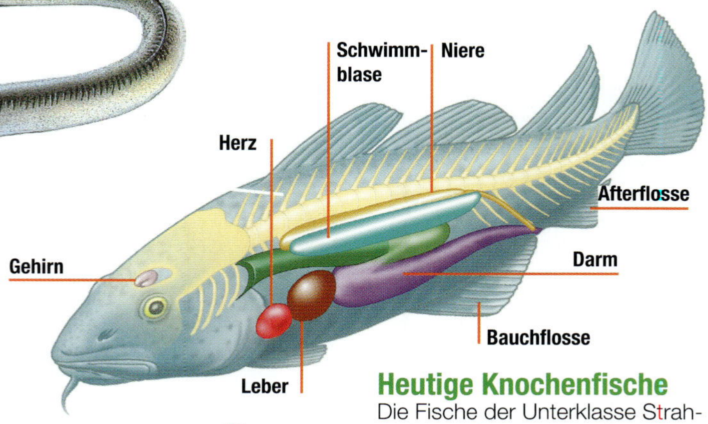


**Heutige Knochenfische** Die Fische der Unterklasse Strahlenflosser (Actinopterygii) sind durch ihr Knochenskelett charakterisiert. Zu den typischen Merkmalen dieser Klasse zählen dünne Hautschuppen, paarige Brust- und Bauchflossen, ein einfacher, klappenartiger Kiemendeckel sowie eine Schwimmblase – ein variables, dem Auftrieb dienendes Organ, das es den Fischen ermöglicht, in unterschiedlichen Tiefen zu schwimmen.

**Primitive Knochenfische** Die meisten Fische der Unterklasse Fleischflosser (Sarcopterygii) sind ausgestorben, nur wenige wie etwa der Quastenflosser (oben) haben bis heute überlebt. Streng genommen handelt es sich nicht um Knochenfische, da viele Teile ihres Skeletts aus Knorpel bestehen. Der Kopf wird jedoch in der Regel aus einem Mosaik winziger Knochen gebildet. Das flexible Rückgrat hat keine Wirbel.

**Knorpelfische** Zur Klasse der Knorpelfische (Chondrichthyes) zählen Haie (unten), Rochen und Seedrachen (Chimären). Ihr Skelett besteht ausschließlich aus Knorpel, sie besitzen Kiefer (und Zähne), und ihre Haut ist mit Schuppen bedeckt. Bei den ausgewachsenen Tieren werden Zähne und Schuppen nach Abnutzung durch neue ersetzt.

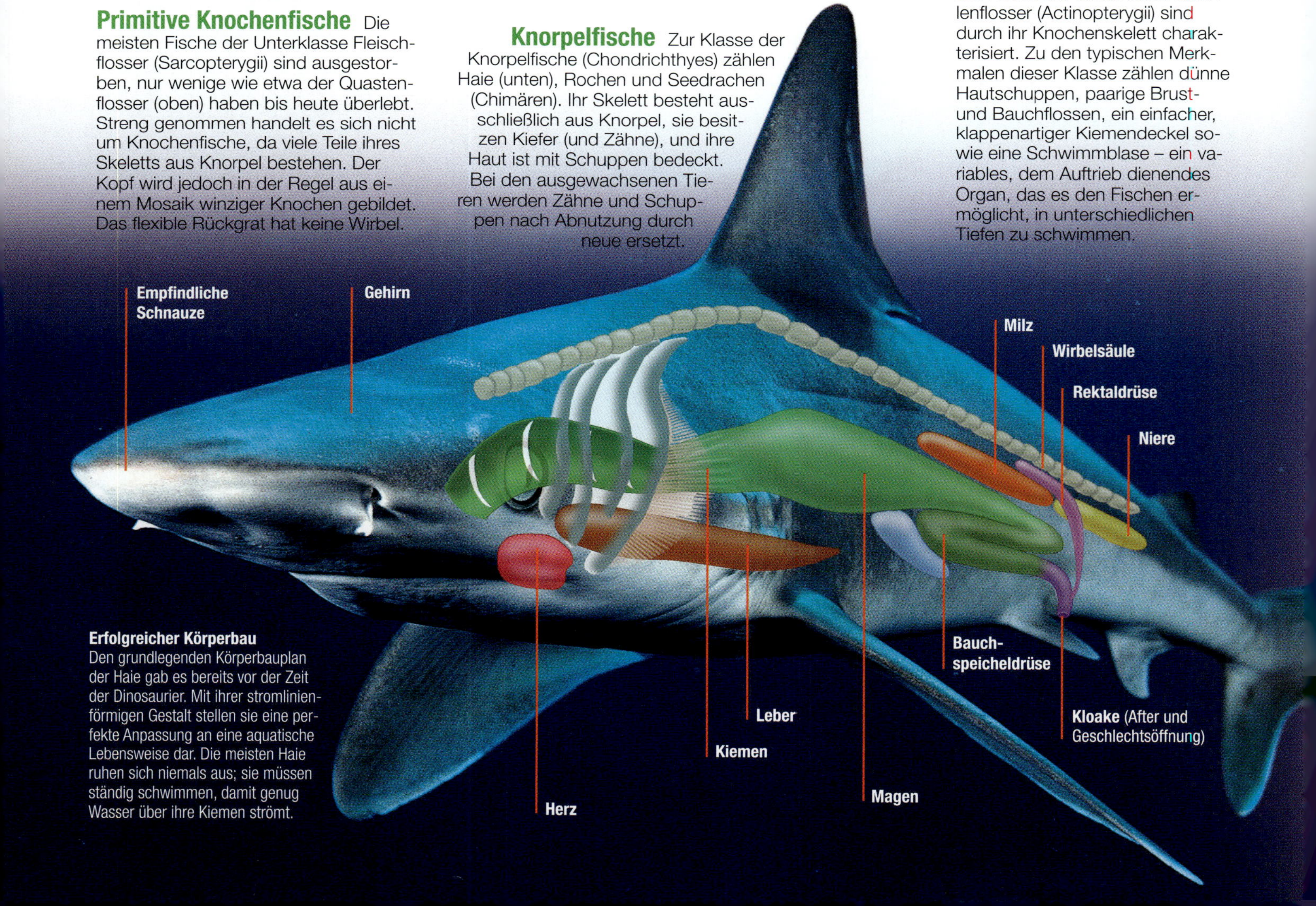


**Erfolgreicher Körperbau**
Den grundlegenden Körperbauplan der Haie gab es bereits vor der Zeit der Dinosaurier. Mit ihrer stromlinienförmigen Gestalt stellen sie eine perfekte Anpassung an eine aquatische Lebensweise dar. Die meisten Haie ruhen sich niemals aus; sie müssen ständig schwimmen, damit genug Wasser über ihre Kiemen strömt.

Siehe auch
80–1 **Das Zeitalter der Fische**
90–1 **Das Tierreich**
112–3 **Rekorde im Tierreich**
124–5 **Artenschutz**

## HAIE

Pleurotremata oder Selachii
Über 350 Arten

**Vorkommen:**
Meere weltweit, einige Flüsse

**Kennzeichen:**

- Knorpelfische mit stromlinienförmigem Körper und muskulösem Schwanz, der ihnen zum Antrieb im Wasser dient.
- Meist gräuliche Haut, hohe Rückenflosse und beiderseits fünf bis sieben Kiemenspalten.
- Ausgezeichneter Geruchssinn; am Kopf sitzen spezialisierte Zellen, mit denen sie über kurze Entfernungen die von den Muskeln ihrer Beutetiere erzeugte Elektrizität wahrnehmen können.
- Haben sich seit 400 Mio. Jahren praktisch kaum verändert.
- Überwiegend Meeresfische, wenige Arten leben jedoch auch im Süßwasser.

**Arten:**
Atlantischer Ammenhai *(Ginglymostoma cirratum)*
Australischer Ammenhai *(Orectolobus maculatus)*
Fuchshai *(Alopias vulpinus)*
Gemeiner Grundhai *(Carcharhinus leucas)*
Glatter Hammerhai *(Sphyrna zygaena)*
Kleingefleckter Katzenhai *(Scyliorhinus canicula)*
Krausenhai *(Chlamydoselachus anguineus)*
Makohai *(Isurus oxyrhychnus)*
Riesenhai *(Cetorhinus maximus)*
Schildzahnhai *(Carcharias ferox)*
Tigerhai *(Galeocardo cuvieri)*
Walhai *(Rhincodon typus)*
Weißhai *(Carcharodon carcharias)*
Zebrahai *(Stegostoma fasciatum)*

## ROCHEN UND SEEDRACHEN (CHIMÄREN)

Rajiformes und Holocephali
Über 400 Arten

**Vorkommen:**
Meere der gemäßigten Zonen und der Tropen, einige Flüsse

**Kennzeichen:**

- Rochen sind Knorpelfische mit flachem Körper, vergrößerten, flügelartigen Brustflossen und spitz zulaufendem Schwanz.
- Sie leben meist am Boden und ernähren sich von Wirbellosen und anderen Fischen, einige auch von Plankton.
- Die Kiemenöffnungen liegen an der Unterseite des Körpers; bei jenen Formen, die sich von Tieren am Meeresboden ernähren, auch das Maul.

**Flossen wie Flügel** Der Riesenmanta *(Manta birostris)* schlägt flügelartig mit seinen großen Brustflossen und „fliegt" so durch das Meer. Mit einer Länge von bis zu 5 m ist er der größte aller Rochen.

**Arten:**
Gefleckter Zitterrochen *(Torpedo torpedo)*
Gewöhnlicher Stechrochen *(Dasyatis pastinaca)*
Glattrochen *(Raja batis)*
Langzahnsägefisch *(Pristis microdon)*
Pazifischer Geigenrochen *(Rhinobatos productus)*
Riesenmanta *(Manta birostris)*
Seeratte *(Chimaera monstrosa)*

## AALARTIGE

Anguilliformes
Über 500 Arten

**Vorkommen:**
Von Korallenriffen bis in die Tiefsee; auch im Süßwasser

**Kennzeichen:**

- Schuppenlose, schlangenähnliche Knochenfische mit verlängerter Rücken- und Afterflosse.
- Ernähren sich von Fischen und Wirbellosen.
- Süßwasseraale *(Anguilla)* legen zur Fortpflanzung im Meer oft weite Strecken von ihren Heimatgewässern zurück. Die nordamerikanischen und europäischen Flussaale pflanzen sich in der Sargassosee im Nordatlantik fort.

**Arten:**
Amerikanischer Aal *(Anguilla rostrata)*
Blankaal *(Synaphobranchus pinnatus)*
Europäischer Flussaal *(Anguilla anguilla)*
Falsche Muräne *(Chlopsis bicolor)*
Garnelenaal *(Ophichthys gomesii)*
Japanischer Aal *(Anguilla japonica)*
Meeraal *(Conger conger)*
Mittelmeermuräne *(Muraena helena)*
Pelikanaal *(Eurypharynx pelecanoides)*
Riesenmuräne *(Gymnothorax javanicus)*
Riesenstachelaal *(Mastacembalus armatus)*
Schlinger *(Saccopharynx ampullaceus)*
Schwarzer Tiefseeaal *(Cyema atrum)*
Zebramuräne *(Echidna zebra)*

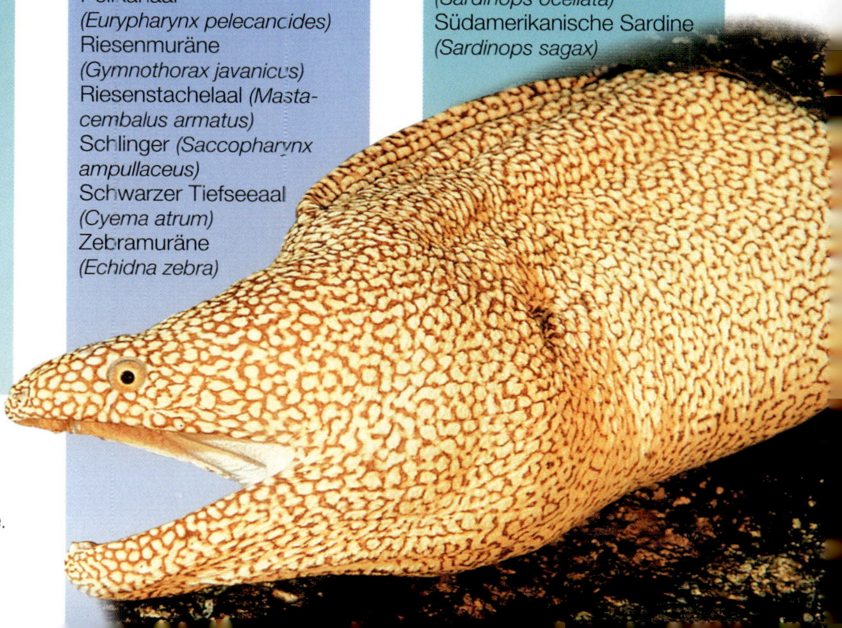

**Verborgener Jäger** Muränen leben in Gewässern der gemäßigten Zone, am verbreitetsten sind sie jedoch in den Korallenriffen der Tropen. In Spalten lauern sie auf vorbeischwimmende Beutefische.

## HERINGSFISCHE

Clupeiformes
Über 400 Arten

**Vorkommen:**
Flachwasser der Meere weltweit; einige Seen und Flüsse

**Kennzeichen:**

- Silbrig bis grünlich blau gefärbte Fische.
- Schwimmen nahe an der Wasseroberfläche; ernähren sich von Plankton.
- Heringe bilden Schulen, die mehrere Kilometer lang und breit sein können.
- Zu dieser Gruppe gehören viele wichtige Speisefische.

**Arten:**
Alse *(Alosa alosa)*
Atlantischer Hering *(Clupea harengus)*
Australische Sardine *(Sardinops neopilchardus)*
Europäische Sardelle *(Engraulis encrasicholus)*
Japanische Sardine *(Sardinops melanosticta)*
Nordwestatlantischer Menhaden *(Brevoortia tyrannus)*
Pazifischer Hering *(Clupea pallasii)*
Pilchard *(Sardina pilchardus)*
Sprotte *(Sprattus sprattus)*
Stachelhering *(Denticeps clupeoides)*
Südafrikanische Sardine *(Sardinops ocellata)*
Südamerikanische Sardine *(Sardinops sagax)*

## Vielfalt in den Gewässern

### LACHSFISCHE

Salmoniformes
Rund 1000 Arten

**Vorkommen:**
Offenes Meer, Küsten, Flüsse und Seen der Nordhalbkugel

**Kennzeichen:**
- Lachse und Forellen zeichnen sich durch ein breites Maul und kräftige Zähne aus, Hechte und Stinte durch einen schmalen, zugespitzten Kopf mit spitzen Zähnen.
- Kommen im Süßwasser zur Welt; Lachse wandern mit 2 Jahren ins Meer.
- Lachse, Forellen und Stinte kehren zum Laichen an den Geburtsort zurück.

**Arten:**
Atlantischer Lachs *(Salmo salar)*
Bachforelle *(Salmo trutta fario)*
Blaurückenlachs *(Oncorhynchus nerka)*
Buckellachs *(Oncorhynchus gorbuscha)*
Europäischer Stint *(Osmerus eperlanus)*
Europäische Äsche *(Thymallus thymallus)*
Europäische Forelle *(Salmo trutta)*
Hecht *(Esox lucius)*
Ketalachs *(Oncorhynchus keta)*
Kisutchlachs *(Oncorhynchus kisutchi)*
Langnasenlanzenfisch *(Alepisaurus ferox)*
Regenbogenforelle *(Salmo gairdneri)*
Wandersaibling *(Salvellinus alpinus)*

### KARPFENFISCHE

Cypriniformes
Rund 3500 Arten

**Vorkommen:**
Süßwasser weltweit, außer Antarktis

**Kennzeichen:**
- Süßwasserfische mit lang gestrecktem Körper; Alles- und Fleischesser.
- Lange Rückenflosse.
- Einige Arten überwintern am Grund von Flüssen und Bächen im Schlamm.

**Piranha**
Der zu den Piranhas zählende Natterers Sägesalmler aus Südamerika ist ein gefährlicher Fleischesser, doch die meisten der 50 Piranha-Arten ernähren sich von ins Wasser gefallenen Samen und Früchten.

**Arten:**
Bitterling *(Rhodeus sericeus)*
Echter Neon oder Neontetra *(Paracheirodon innesi)*
Elritze *(Phoxinus phoxinus)*
Karpfen *(Cyprinus carpio)*
Plötze *(Rutilus rutilus)*
Prachtschmerle *(Botia macracanthai)*
Silberkarausche oder Goldfisch *(Carassius auratus)*

### WELSE

Siluriformes
Über 2500 Arten

**Vorkommen:**
Seen und Flüsse weltweit; auch in tropischen Küstengewässern

**Kennzeichen:**
- Scheue, bodenbewohnende Aasfresser und Jäger; überwiegend nachtaktiv.
- Der schuppenlose Körper ist von Knochenplatten bedeckt, die in Reihen angeordnet sind.
- Breiter, flacher Kopf, dicker Körper und lange, empfindliche Barteln (Tastorgane), die meist am Oberkiefer sitzen.

**Arten:**
Flusswels *(Silurus glanis)*
Getüpfelter Gabelwels *(Ictalurus punctatus)*
Gewöhnlicher Katzenwels *(Ictalurus nebulosus)*
Großer Zitteraal *(Electrophorus electricus)*
Großwels *(Bagarius bagarius)*
Indischer Glaswels *(Kryptopterus bicirrhis)*
Indischer Streifenwels *(Mystus vittatus)*
Kreuzwels *(Arius proops)*
Leopardfiederbart- oder Kuckuckswels *(Synodontis multipunctatus)*
Riesenwels *(Pangasianodon gigas)*

### DORSCHFISCHE

Gadiformes
Rund 800 Arten

**Vorkommen:**
In kalten Meeren, aber auch in Seen und Flüssen der Nordhalbkugel

**Kennzeichen:**
- Fleischesser. Zwei Afterflossen, drei Rückenflossen und mindestens eine Bartel (Tastorgan) am Unterkiefer.
- Braun bis grau gefleckt, unterseits weiß gefärbt.
- Bis zu 1,8 m lang.
- Mehrere Arten sind wichtige Speisefische.

**Arten:**
Aalquappe *(Lota lota)*
Atlantischer Tomcod *(Microgadus tomcod)*
Grönlanddorsch *(Arctogadus glacialis)*
Grönlandkabeljau *(Gadus ogac)*
Kabeljau *(Gadus morhua)*
Leng *(Molva molva)*
Ostsibirischer Dorsch *(Arctogadus borisovi)*
Pazifikkabeljau *(Gadus macrocephalus)*
Pazifischer Tomcod *(Microgadus proximus)*
Schellfisch *(Melanogrammus aeglefinus)*
Seehecht *(Merluccius merluccius)*
Wittling *(Merlangius merlangus)*

**Fisch mit Bartfäden**
Katzenwelse erhielten ihren Namen aufgrund ihrer bartaarähnlichen Barteln, mit deren Hilfe sie am Grund von Flüssen und Seen ihre Nahrung aufspüren.

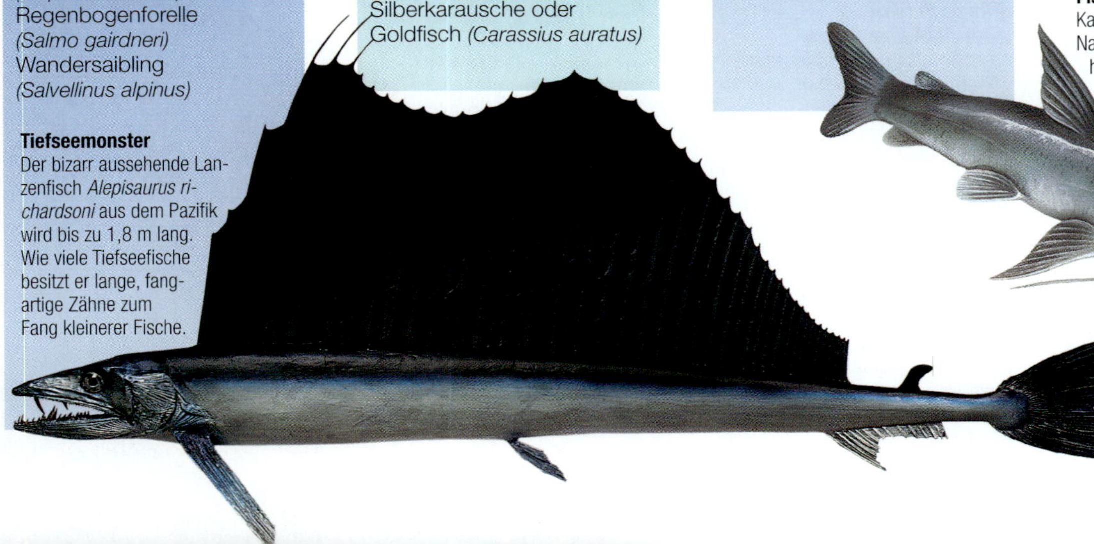

**Tiefseemonster**
Der bizarr aussehende Lanzenfisch *Alepisaurus richardsoni* aus dem Pazifik wird bis zu 1,8 m lang. Wie viele Tiefseefische besitzt er lange, fangartige Zähne zum Fang kleinerer Fische.

Siehe auch
90–1 **Das Tierreich**
112–3 **Rekorde im Tierreich**
122–3 **Gefährdete Arten**
124–5 **Artenschutz**

## ÄHREN-FISCHARTIGE

Atheriniformes
Rund 200 Arten

**Vorkommen:**
Küsten und Meere in warmen und gemäßigten Regionen

**Kennzeichen:**
- Kleine Fische mit schlankem Körper und seitlichem Silberband.
- Zwei Brustflossen.
- Bilden große Schulen.
- Die meisten legen ihre Eier in Wasserpflanzen.

**Fliegender Fisch**
Flugfische fliehen vor ihren Feinden, indem sie aus dem Wasser schnellen und auf ihren flügelartigen Brustflossen durch die Luft gleiten.

**Arten:**
Atlantischer Flugfisch *(Cypselurus melanurus)*
Grunion *(Leuresthes tenuis)*
Guppy *(Lebistes reticulatus)*
Jacksmelt-Ährenfisch *(Atherinopsis californiensis)*
Krokodilhecht *(Tylosurus crocodilus)*
Sardinen-Ährenfisch *(Hubbsiella sardina)*

## STICHLINGS-FISCHE

Gasterosteiformes
Rund 220 Arten

**Vorkommen:**
Küsten, Seen und Flüsse in gemäßigten und tropischen Regionen

**Kennzeichen:**
- Seepferdchen und -nadeln besitzen einen pferdeähnlichen Kopf. Stichlinge haben am Rücken statt einer Rückenflosse Stacheln.
- Seepferdchen schwimmen durch wellenförmige Bewegungen ihrer Rückenflosse in aufrechter Haltung, die meisten Seenadeln dagegen in horizontaler Position.
- Die Männchen sind an der Aufzucht der Jungen beteiligt. Männliche Seenadeln und -pferdchen haben eine Bruttasche, in der die Jungen schlüpfen.

**Arten:**
Blattfetzenfisch *(Phycodurus eques)*
Dreistachliger Stichling *(Gasterosteus aculeatus)*
Mittelmeerseenadel *(Syngnathus acus)*
Krönchenseepferdchen *(Hippocampus kuda)*
Langschnauziges Seepferdchen *(Hippocampus guttulatus)*
Neunstachliger Stichling *(Pungitius pungitius)*
Schnepfenfisch *(Macroramphosus scolopax)*
Seestichling *(Spinachia spinachia)*
Zwergseepferdchen *(Hippocampus zosterae)*

**Greifschwanz**
Seepferdchen besitzen einen Greifschwanz, mit dem sie sich im Flachwasser an Pflanzen festhalten können. So verankert lauern sie auf vorüberschwimmende Tierchen, die sie mit dem Maul einsaugen.

## BARSCHARTIGE

Perciformes
Über 6000 Arten

**Vorkommen:**
In den Meeren und im Süßwasser weltweit

**Kennzeichen:**
- Rücken-, After- und Bauchflossen meist mit Knochenstrahlen.
- Mit 150 Familien die größte Fischgruppe.
- Umfassen zahlreiche Speise- und Sportfische wie Makrele, Merlin, Schwertfisch, Thunfisch und Zackenbarsch.

**Beliebte Aquarienfische** Für Engelfische und andere Vertreter dieser Gruppe werden wegen ihres prächtigen Aussehens hohe Preise gezahlt.

**Familien:**
Barsche (Percidae)
Buntbarsche (Cichlidae)
Eisfische (Chaenichthyidae)
Engelfische (Pomacanthidae)
Fächerfische (Istiophoridae)
Grundeln (Gobiidae)
Lippfische (Labridae)
Makrelen (Scombridae)
Meeräschen (Mugilidae)
Papageifische (Scaridae)
Pfeilhechte (Sphyraenidae)
Sägebarsche (Serranidae)
Schlammspringer (Periophthalmidae)
Schleimfischartige (Blennioidei, mehrere Familien)

## PLATTFISCHE

Pleuronectiformes
Rund 500 Arten

**Vorkommen:**
Alle Meere, vor allem in warmen und gemäßigten Regionen

**Kennzeichen:**
- Plattfische besitzen einen abgeflachten, von den Rücken- und Afterflossen gesäumten Körper.
- Im Lauf der Larvenentwicklung wandert ein Auge auf die andere Seite des Kopfes, sodass nun beide Augen auf derselben Seite liegen.
- Fleischesser, die am Meeresboden von sandigen oder schlammigen Küstengewässern auf ihre Beute lauern und dazu ihre Färbung an die der Umgebung anpassen.

**Arten:**
Flunder *(Platichtys flesus)*
Gefleckte Flunder *(Trinectes maculatus)*
Glattbutt *(Scophthalmus rhombus)*
Kliesche *(Limanda limanda)*
Norwegischer Zwergbutt *(Phrynorhombus norvegicus)*
Pfauenaugenbutt *(Bothus lunatus)*
Scholle *(Pleuronectes platessa)*
Schwarzmeersteinbutt *(Scophthalmus maeoticus)*
Seezunge *(Solea solea)*
Sommerflunder *(Paralichthys dentatus)*
Steinbutt *(Scophthalmus maximus)*
Weißer Heilbutt *(Hippoglossus hippoglossus)*
Winterflunder *(Pseudopleuronectes americanus)*

**Flachköpfe**
Der eigenartig verdrehte Kopf der Plattfische zeigt, dass sie von einem Vorfahren mit rundem Körper abstammen.

*Die meisten Amphibien oder Lurche durchlaufen zwei Lebensphasen. Als Larven leben sie im Wasser, später beim Übergang zu landlebenden erwachsenen Tieren machen sie eine Gestaltumwandlung durch. Während dieser Metamorphose ändert sich ihre Körperform, sie bekommen Beine, und die Kiemen werden durch Lungen zur Luftatmung ersetzt.*

## WAS IST EINE AMPHIBIE?

- Erwachsene Amphibien sind **lungenatmende, Eier legende, wechselwarme, nachtaktive** Wirbeltiere.
- Die meisten kommen **im Wasser zur Welt,** leben aber als erwachsene Tiere überwiegend an Land.
- Viele Amphibien halten **Winterruhe.**

## LEBEN EINES FROSCHES

Frösche leben als erwachsene Tiere meist an Land, kehren aber in der Regel zur Fortpflanzung ins Wasser zurück:

- Zur Paarung nähert sich das Männchen dem Weibchen von hinten und umfasst dessen Körper, während dieses die Eier (den Laich) ins Wasser absetzt.
- Die Eier sind von einer gallertigen Schutzhülle umgeben, die beim Kontakt mit Wasser aufquillt; so treiben die Eier unter der Wasseroberfläche. Nun erfolgt die Befruchtung mit dem vom Männchen ins Wasser abgegebenen Samen.
- Nach etwa 2 Wochen schlüpfen aus den Eiern Kaulquappen, die sich von Algen und Wasserpflanzen ernähren; sie atmen in den nächsten Wochen durch die äußeren Kiemen.
- Nach und nach nehmen die Glieder des Frosches Gestalt an; der Schwanz schrumpft.
- Im Alter von 6 Wochen ist der Jungfrosch voll ausgebildet und bereit, das Wasser zu verlassen. Seine Kiemen wurden durch Lungen ersetzt, und sein Schwanz ist verschwunden. Jetzt stellt er seine Ernährung von pflanzlicher Nahrung auf Insekten um und verbringt den Rest seines Lebens in Wassernähe.

**Typischer Lurch** Die meisten Amphibien durchlaufen einen ähnlichen Lebenszyklus wie der Grasfrosch (*Rana temporaria*, links). Nahezu alle Arten, gleich wie sie als Erwachsene aussehen, sind zu Beginn ihres Lebens als Larven beinlose, fischähnliche Kaulquappen. Grasfrösche kommen in ganz Europa und Asien vor. Färbung und Zeichnung sind sehr unterschiedlich.

## Giftige Frösche

Die Tropenwälder Mittel- und Südamerikas sind die Heimat winziger, kaum 5 cm langer Frösche. Die Hautdrüsen dieser farbenprächtigen Tiere produzieren ein so starkes Gift, dass die Eingeborenen in Kolumbien es für ihre Pfeilspitzen verwenden – daher heißen die Frösche Pfeilgiftfrösche.

Im Gegensatz zu den meisten anderen Fröschen sind die rund 100 Arten von Pfeilgiftfröschen tagaktiv. Sie können es sich leisten aufzufallen, weil ihre grellen Farben mögliche Angreifer warnen. So sind sie sicher und hüpfen auf der Suche nach Ameisen, ihrer Hauptnahrung, auf dem Boden umher. Manche besitzen auch Haftscheiben an den Fingern und Zehen, mit deren Hilfe sie zur Nahrungssuche Pflanzen und Bäume erklimmen.

**Schön, aber tödlich** Schon die Berührung des Erdbeerfrosches *(Dendrobates pumilio)* aus Costa Rica kann fatal sein.

## WISSENSWERTES

- Der größte Lurch ist mit einer Länge von rund 1,8 m und einem Gewicht von 60 kg der Chinesische Riesensalamander *(Andrias davidianus).*
- Die kleinste Amphibie ist der nur 8,5 mm lang werdende Kubanische Zwergfrosch *(Sminthillus limbatus).*
- Der seltenste Lurch ist der in Israel beheimatete Schwarzbäuchige Scheibenzüngler *(Discoglossus nigriventer).* Seit seiner Entdeckung im Jahr 1940 wurden nur fünf Exemplare gesichtet.

Siehe auch
82–3 **Die Eroberung des Festlands**
90–1 **Das Tierreich**
112–3 **Rekorde im Tierreich**

### SCHWANZLURCHE (MOLCHE UND SALAMANDER)

Urodela
Rund 360 Arten

**Vorkommen:**
Gemäßigte Regionen, vor allem nördlich des Äquators

**Kennzeichen:**
- Lang gestreckter Körper und kurze Beine.
- Ernähren sich von Würmern und Insekten.
- Haut glatt oder warzig, aber nie mit Schuppen bedeckt.
- Bei der Fortbewegung verwindet sich der Körper s-förmig zur Seite.
- Halten sich zumeist an feuchten Orten verborgen.

**Arten:**
Armmolche (*Siren,* Gattung der Familie Armmolche mit drei Arten)
Axolotl *(Ambystoma mexicanum)*
Bergmolch *(Triturus alpestris)*
Dreizehenaalmolch *(Amphiuma tridactylum)*
Feuersalamander *(Salamandra salamandra)*
Gefleckter Furchenmolch *(Necturus maculosis)*
Hellbender *(Cryptobranchus alleganiensis)*
Japanischer Riesensalamander *(Megalobatrachus japonicus,* Synonym: *Andrias japonicus)*
Marmormolch *(Triturus marmoratus)*

### FROSCHLURCHE (FRÖSCHE UND KRÖTEN)

Anura
Rund 3500 Arten

**Vorkommen:**
In den meisten gemäßigten und einigen tropischen Regionen

**Kennzeichen:**
- Körper zumeist kurz und untersetzt.
- Kräftige, sehr gut zum Springen geeignete Hinterbeine.
- Feuchte Haut, Füße mit Schwimmhäuten.
- Lange Zunge, die zum Fang von Beute herausgeschleudert wird.

**Arten:**
Baumkröte *(Pedostibes hosii)*
Erdkröte *(Bufo bufo)*
Geburtshelferkröte *(Alytes obstetricans)*
Grasfrosch *(Rana temporaria)*
Ochsenfrosch *(Rana catesbeiana)*
Schmuckhornfrosch *(Ceratophrys ornata)*
Titicacapfeiffrosch *(Telmatobius culeus)*
Wasserfrosch *(Rana esculenta)*

### BLINDWÜHLEN

Gymnophiona
Rund 200 Arten

**Vorkommen:**
Tropen und Subtropen

**Kennzeichen:**
- Völlig extremitätenlos.
- Leben die meiste Zeit eingegraben im Boden.
- Ernähren sich vor allem von Termiten und Regenwürmern.
- Die gefurchte Haut vermittelt den Eindruck, als seien die Tiere gegliedert.
- Da man sie nur selten zu Gesicht bekommt, gibt es für die meisten keinen deutschen Trivialnamen.

**Arten:**
Basilianwühle *(Ichthyophis glandulosus)*
Ceylonwühle *(Ichthyophis glutinosus)*
Kamerun-Erdwühle *(Geotrypetes seraphini)*
Kohtaowühle *(Ichthyophis kohtaoensis)*
Lafrentz-Hautwühle *(Dermophis oaxacae)*
Mexikanische Lederringelwühle *(Dermophis mexicanus)*
Schwimmwühle *(Typhlonectes natans)*

**Riesenkaulquappe** Der blassrosa gefärbte Axolotl *(Ambystoma mexicanum)* wird nie richtig erwachsen. Er bekommt vier Beine und kann sich fortpflanzen, bleibt aber zeitlebens im Wasser und verliert nie seine Kiemen. Heute gibt es nur noch sehr wenige Axolotl. Ihr einziger natürlicher Lebensraum sind Seen in der Umgebung von Mexiko-Stadt.

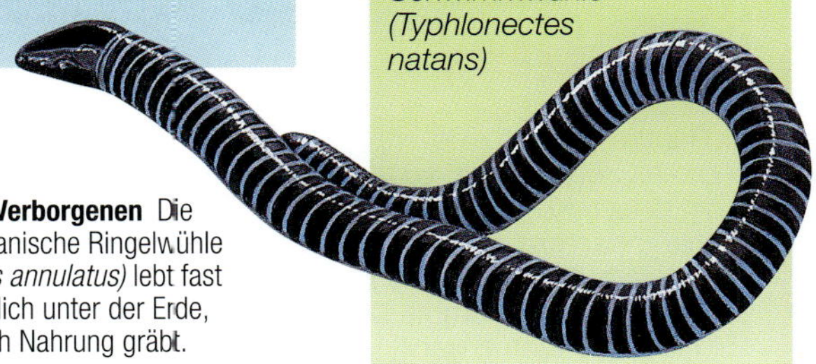

**Leben im Verborgenen** Die südamerikanische Ringelwühle *(Siphonops annulatus)* lebt fast ausschließlich unter der Erde, wo sie nach Nahrung gräbt.

**FAKTEN**
**Amphibien können sehr lange leben. Der Chinesische Riesensalamander kann z. B. bis zu 50 Jahre alt werden.**

## Hautatmung

Die Vertreter der größten Familie der Schwanzlurche, die Lungenlosen Salamander, atmen statt mit Lungen über ihre Haut. Hautoberfläche und Maulinneres der Tiere sind von einem Epithel überzogen, einer dünnen, feuchten Membran, unter der ein Geflecht feiner Blutgefäße verläuft. Auf der feuchten Oberfläche des Epithels löst sich Sauerstoff und gelangt durch die Membran ins Blut. Gleichzeitig werden Gase wie Kohlendioxid in die entgegengesetzte Richtung abgegeben. Dieser Prozess setzt ständige Feuchtigkeit voraus, weshalb Tiere mit Hautatmung zumeist an feuchten Orten leben.

# Reptilien

**Eine alte Gruppe wechselwarmer, beschuppter Wirbeltiere**

*Reptilien oder Kriechtiere leben in den meisten warmen und gemäßigten Regionen, ihre größte Artenvielfalt und Individuenhäufigkeit erreichen sie jedoch in den Tropen. Als wechselwarme Tiere sind sie auf die Wärme ihrer Umgebung angewiesen, um ihre Körperfunktionen aufrechtzuerhalten. Viele Arten können sich mithilfe von Krallen – oder Schuppen mit winzigen Häkchen – und kräftigen Schwänzen an Ästen festhalten und sehr gut klettern.*

## WAS IST EIN REPTIL?

- Reptilien sind **wechselwarme, Luft atmende** Wirbeltiere.
- Sie legen **dotterreiche Eier mit harter Schale,** wodurch die Fortpflanzung an Land stattfinden kann.
- Anstelle von Federn oder Haaren haben sie **Schuppen.**
- Ihre **Haut ist trocken** und weist – wenn überhaupt – nur wenige Drüsen auf.
- Mit Ausnahme der Schlangen erfolgt die **Fortbewegung auf vier Beinen,** die seitlich am Körper ansetzen.
- Die Vertreter der Ordnung Squamata, **Echsen und Schlangen, häuten sich.**

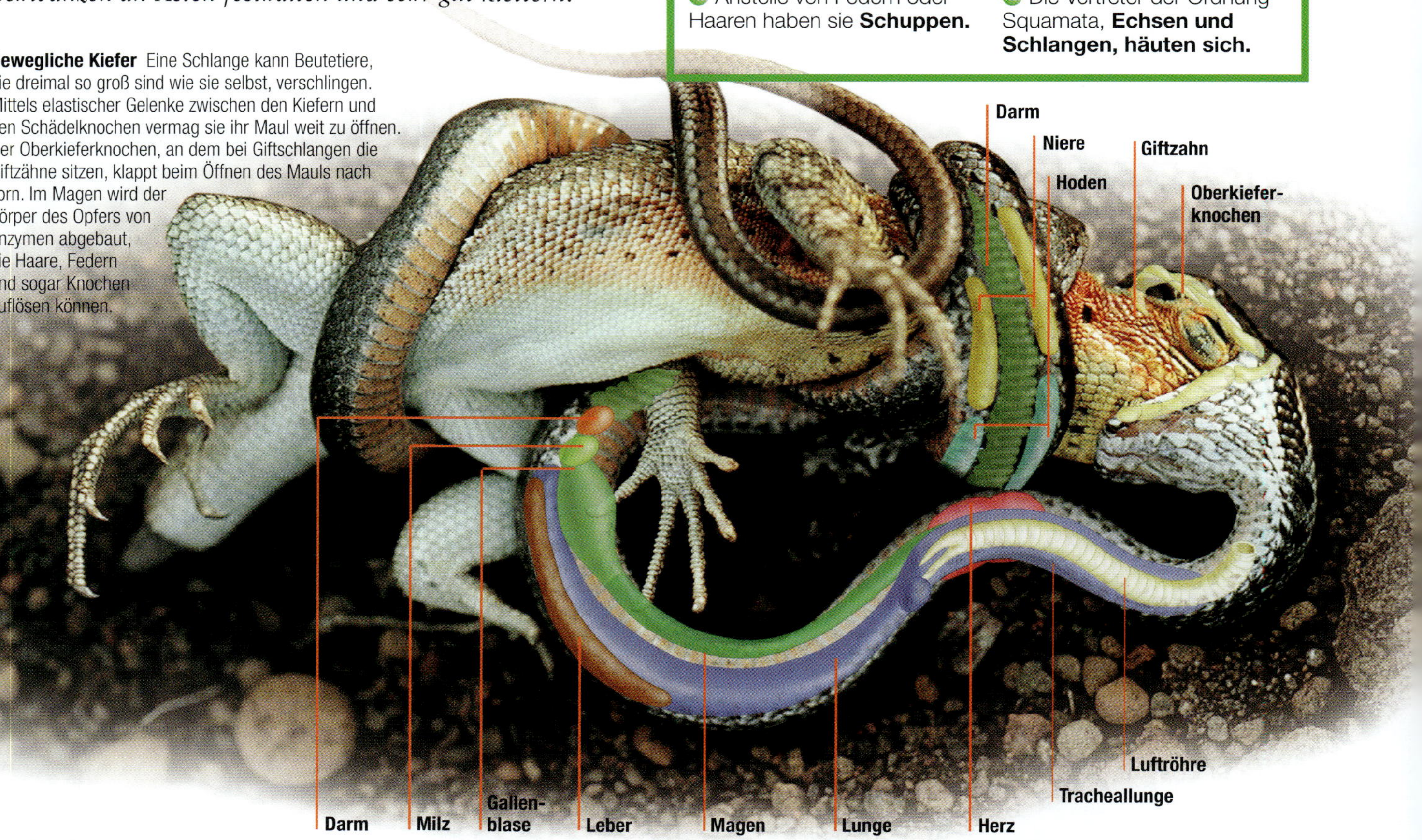


**Bewegliche Kiefer** Eine Schlange kann Beutetiere, die dreimal so groß sind wie sie selbst, verschlingen. Mittels elastischer Gelenke zwischen den Kiefern und den Schädelknochen vermag sie ihr Maul weit zu öffnen. Der Oberkieferknochen, an dem bei Giftschlangen die Giftzähne sitzen, klappt beim Öffnen des Mauls nach vorn. Im Magen wird der Körper des Opfers von Enzymen abgebaut, die Haare, Federn und sogar Knochen auflösen können.

## WISSENSWERTES

- Reptilien zeigen eine enorme Größenvielfalt, vom 3 cm langen Kugelfingergecko *(Sphaerodactylus parthenopion),* der auf den britischen Jungferninseln vorkommt, bis zur riesigen südamerikanischen Anakonda *(Eunectes murinus),* die eine Länge von über 9 m erreichen kann.
- Das schwerste Reptil ist die Lederschildkröte *(Dermochelys coriacea),* eine Meeresschildkröte, die über 700 kg erreicht.
- Dinosaurier, Flugsaurier und Fischsaurier waren Reptilien.
- Säugetiere und Vögel stammen von den Reptilien ab.

## Ein lebendes Fossil?

Die etwa 60 cm lange Tuatera ist die einzige Überlebende der Reptiliengruppe der Brückenechsen, die vor rund 225 Mio. Jahren erstmals erschien. Sie lebt nur auf wenigen Inseln vor Neuseeland. Äußerlich ähnelt sie anderen Echsen, im Schädelbau und an den Zähnen zeigen sich jedoch Unterschiede. Tuateras sind nachtaktiv und jagen nach Kleintieren oder suchen Vogeleier. Sie werden bis zu 80 Jahre alt.

## Die gefährlichsten Schlangen der Welt

Die gefährlichsten Schlangen töten ihre Opfer beim Angriff durch ein Gift, das durch Löcher oder Rinnen in ihren Giftzähnen injiziert wird. Die Giftzähne arbeiten dabei wie die Nadeln von Spritzen: Beim Zubeißen durchbohren sie die Haut des Opfers, und das Gift gelangt in das Blut.

**Mambas** Diese Schlangen sind in den Ländern südlich der Sahara häufig und gehören zu den schnellsten und aggressivsten. Ihr Angriff erfolgt mit so hoher Geschwindigkeit, dass sie einen Vogel im Flug packen und durch Injektion ihres Giftes töten können, noch bevor er den Boden berührt.

**Kobras** Diese Schlangen leben in Asien und Afrika. Den furchterregendsten Ruf hat die Speikobra, weil sie ihr Gift noch aus einer Entfernung von 3 m direkt in die Augen ihres Opfers spucken kann, das dadurch erblindet.

**Korallenschlangen** Das Gift der amerikanischen Korallenschlangen ist sehr wirkungsvoll. Mögliche Feinde werden vor der Gefahr durch die charakteristische rot-schwarz-gelbe Warnfärbung mit weißen Bändern gewarnt.

Siehe auch
82–3 **Die Eroberung des Festlands**
84–7 **Dinosaurier**
90–1 **Das Tierreich**
112–3 **Rekorde im Tierreich**

## SCHLANGEN

Serpentes
Über 2300 Arten

**Vorkommen:**
In den meisten tropischen und gemäßigten Zonen

**Kennzeichen:**
- Eingeschränktes Sehvermögen, das auf Bewegung geeicht ist.
- Hörvermögen auf Vibrationen begrenzt; scharf ausgeprägter Tastsinn.
- Guter Geruchssinn; können mit der Zunge Duftpartikel aus der Luft zur Analyse aufnehmen.
- Bei manchen Arten findet sich zwischen Augen und Nase eine Grube, mit der die Tiere Infrarotstrahlung wahrnehmen können; so erkennen sie warmblütige Tiere im Dunkeln.

**Arten:**
Anakonda
*(Eunectes murinus)*
Diamantklapperschlange
*(Crotalus adamanteus)*
Felsenpython
*(Python sebae)*
Kettennatter
*(Lampropeltis getulus)*
Königskobra
*(Ophiophagus hannah)*
Königspython
*(Python regius)*
Kreuzotter *(Vipera berus)*
Madagaskar-Hundskopfboa *(Sanzinia madagascariensis)*
Netzpython
*(Python reticulatus)*
Ringelnatter *(Natrix natrix)*
Speikobra *(Naja nigricollis)*

## ECHSEN

Lacertilia
Über 3700 Arten

**Vorkommen:**
Weltweit, vor allem aber in den Tropen

**Kennzeichen:**
- Besitzen Trommelfelle und bewegliche Augenlider.
- Legen Eier mit ledriger Schale in ein Nest.
- Meist klein bis mittelgroß. Ausnahmen bilden die Warane wie der Komodowaran, der über 2 m lang werden kann.
- Ernähren sich v. a. von Insekten oder Pflanzen.
- Die meisten haben vier Beine; einige wie die Blindschleiche sind beinlos.
- Viele können ihren Schwanz abwerfen, wenn sie angegriffen werden; er wächst wieder nach.

**Arten:**
Bergeidechse
*(Lacerta vivipara)*
Blindschleiche
*(Anguis fragilis)*
Gewöhnlicher Fransenfinger *(Acanthodactylus erythrurus)*
Grüner Leguan
*(Iguana iguana)*
Hausgecko
*(Hemidactylus mabouia)*
Komodowaran
*(Varanus komodoensis)*
Kragenechse
*(Chlamydosaurus kingi)*
Mauereidechse
*(Lacerta muralis)*
Zauneidechse
*(Lacerta agilis)*

**Auf dem Wasser laufen** Mit seinen langen, durch beschuppte Hautsäume verbreiterten Zehen kann der Stirnlappenbasilisk *(Basiliscus plumifrons)* auf dem Wasser laufen und so seinen Feinden entkommen.

## SCHILDKRÖTEN

Chelonia
Rund 270 Arten

**Vorkommen:**
An Land und in Gewässern hauptsächlich der Tropen und Subtropen

**Kennzeichen:**
- Der Körper ist durch einen harten Panzer geschützt.
- Kopf und Gliedmaßen können bei Angriff in den Panzer gezogen werden.
- Landschildkröten sind Pflanzenesser.
- Meeresschildkröten ernähren sich von Pflanzen, Süßwasserschildkröten räuberisch.
- Schildkröten können bis zu 200 Eier auf einmal legen.

**Tiefseetaucher** Wie alle Meeresschildkröten verbringt die Suppenschildkröte *(Chelonia mydas)* die meiste Zeit ihres Lebens unter Wasser, wo sie über 30 Minuten lang den Atem anhalten kann. Ihre abgeflachten Beine dienen zum Schwimmen.

**Arten:**
Echte Karettschildkröte
*(Eretmochelys imbricata)*
Lederschildkröte
*(Dermochelys coriacea)*
Maurische Landschildkröte
*(Testudo graeca)*
Schnappschildkröte
*(Chelydra serpentina)*
Sporenschildkröte
*(Testudo sulcata)*
Spornschildkröte
*(Geochelone sulcata)*
Sternschildkröte
*(Testudo elegans)*
Unechte Karettschildkröte
*(Caretta caretta)*
Waldschildkröte
*(Testudo denticulata)*

## KROKODILE UND ALLIGATOREN

Crocodylia
22 Arten

**Vorkommen:**
Am Ufer von Süßgewässern in wärmeren Regionen

**Kennzeichen:**
- Echsenähnliche Gestalt, mit gepanzerter Haut aus großen, kräftigen, teilweise verknöcherten Platten.
- Die Zähne sitzen in Vertiefungen des Kiefers.
- Der Antrieb im Wasser erfolgt durch schlängelnde Seitwärtsbewegungen des Schwanzes.
- Die erwachsenen Tiere ernähren sich von Fischen, junge von Insekten, kleinen Fischen und Würmern.
- Sie sind die größten heutigen Reptilien. Männliche Leistenkrokodile aus den Tropen Asiens und dem Pazifik werden etwa 3,2 m lang, in Einzelfällen sogar doppelt so lang.

**Arten:**
Australienkrokodil
*(Crocodylus johnsoni)*
Gangesgavial
*(Gavialis gangeticus)*
Krokodilkaiman
*(Caiman crocodylus)*
Leistenkrokodil
*(Crocodylus porosus)*
Mississippi-Alligator
*(Alligator mississippiensis)*
Nilkrokodil
*(Crocodylus niloticus)*
Rautenkrokodil
*(Crocodylus rhombifer)*
Sumpfkrokodil
*(Crocodylus palustris)*

**Krokodil** – alle Zähne sichtbar

**Alligator** – obere Zähne sichtbar

*Federn sind ein Kennzeichen, das Vögel von allen anderen Lebewesen unterscheidet. Sie erfüllen eine doppelte Funktion: als Flughilfe und zur Regulation der Körpertemperatur. Vögel weisen das schärfste Farbsehvermögen des gesamten Tierreichs auf und sind in der Lage, weitaus mehr Farbtöne auseinander zu halten als der Mensch. Die meisten Vögel sind ausschließlich tagsüber aktiv, wenn sie sich diese Fähigkeit in vollem Umfang zunutze machen können.*

## WAS IST EIN VOGEL?

- Vögel besitzen **Federn und einen Schnabel,** aber keine Zähne.
- Vögel sind **gleichwarme, lungenatmende, zweibeinige** Wirbeltiere.
- Sie kommunizieren durch **Zurschaustellung oder Laute.**
- Das **Sehvermögen** ist meist scharf, der Geruchssinn schwach ausgebildet.
- **Fast alle Vögel können fliegen.** Anpassungen daran sind ihr stromlinienförmiger Körper, hoch spezialisierte Vordergliedmaßen (Flügel) und hohle Knochen.

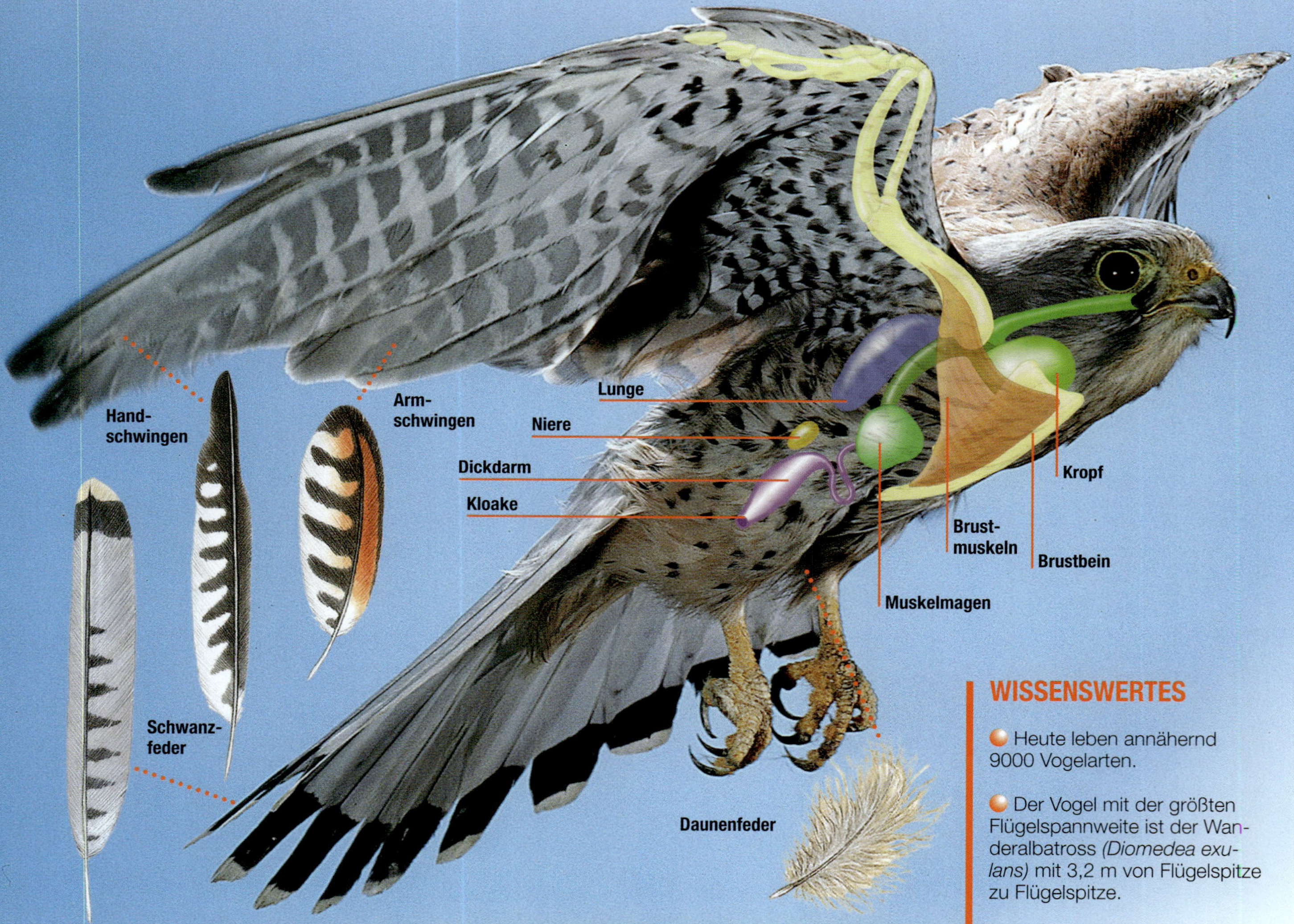


**Jede Schwungfeder** besteht aus einem zentralen Schaft, von dem eine Reihe von Ästen abzweigt. Diese sind über winzige Häkchen miteinander verbunden, wodurch die Feder ihr kompaktes Aussehen erhält. Die Schwungfedern verleihen dem Flügel eine geschlossene Oberfläche, die beim Fliegen Druck gegen die Luft ausübt. Die Daunenfedern dienen zur Isolation und haben keine verbindenden Häkchen.

## Wie Vögel fliegen

Vögel können fliegen, weil die Luft ihren schlagenden Flügeln ebenso Widerstand bietet wie Wasser den Rudern eines Ruderboots. Durch jede Ab- und Rückwärtsbewegung der Flügel wird der Vogel entsprechend nach oben und vorn getragen. Die gesamte Flügelfläche drückt dabei gegen die Luft wie ein Ruder gegen das Wasser. Beim Rückschlag wird der Flügel so verdreht, dass die schmale Vorderkante die Luft mit dem geringstmöglichen Widerstand durchschneidet. Zum Antrieb ihrer Flügel benötigen Vögel kräftige Brustmuskeln, die an einem entsprechend großen Brustbein verankert sind.

## WISSENSWERTES

- Heute leben annähernd 9000 Vogelarten.
- Der Vogel mit der größten Flügelspannweite ist der Wanderalbatross *(Diomedea exulans)* mit 3,2 m von Flügelspitze zu Flügelspitze.
- Die geringste Flügelspannweite aller Vögel hat mit 5,5 cm der auch Bienenelfe genannte Bienenkolibri *(Mellisuga helenae).*
- Vögel kommen auf allen Kontinenten vor. Der Kaiserpinguin *(Aptenodytes forsteri)* verbringt als einziges Wirbeltier den Winter in der Antarktis.
- Über 1000 ausgestorbene Vogelarten sind aus den Fossilfunden bekannt.

Siehe auch
86–7 **Die letzten Tage der Dinosaurier**
90–1 **Das Tierreich**
112–3 **Rekorde im Tierreich**

## STRAUSSE

Struthioniformes
1 Art

**Vorkommen:**
Offene Grasländer und Halbwüstenregionen in Afrika

**Kennzeichen:**
- Flugunfähig.
- Langer, beweglicher Hals, kleiner Kopf und entenähnlicher Schnabel.
- Schneller Läufer, der Geschwindigkeiten bis zu 65 km/h erreichen kann.
- Lange kräftige Beine mit jeweils zwei Zehen.
- Das Männchen ist schwarzweiß gefärbt mit einem Büschel weißer Schwanzfedern. Das Weibchen ist graubraun.

**Art:**
Strauß *(Struthio camelus)*

**Riesenei** Strauße legen die größten Eier (unten) aller lebenden Vögel – sie wiegen durchschnittlich 1,7 kg. Ihre Schale ist zwar nur 1,5 mm dick, aber stabil genug, um das Gewicht eines 125 kg schweren Mannes zu tragen.

## NANDUS

Rheiformes
2 Arten

**Vorkommen:**
In den Steppengebieten Südamerikas

**Kennzeichen:**
- Flugunfähig.
- Kleiner als Strauße und Emus.
- Kopf und Hals sind befiedert.
- Sie weisen an jedem Fuß drei Zehen auf.

**Arten:**
Darwinnandu
*(Pterocnemia pennata)*
Nandu *(Rhea americana)*

**Schnellläufer**
Der Nandu (oben) vermag wie der Strauß und der Emu beachtliche Geschwindigkeiten zu erreichen. Seine langen Beine erfüllen aber noch eine weitere Funktion: Mit ihnen kann er zur Abwehr kräftige Tritte austeilen.

## KASUARVÖGEL (EMUS UND KASUARE)

Casuariiformes
4 Arten

**Vorkommen:**
Wüsten, Steppen und Wälder in Australien und Neuguinea

**Kennzeichen:**
- Flugunfähig.
- Bis zu 2 m groß.
- Beide haben jeweils drei Zehen pro Fuß.
- Der Emu hat ein dunkelbraunes Gefieder mit nackten blauen Flecken auf beiden Seiten des Halses.
- Weibliche Emus haben einen Kehlsack, mit dem sie laut dröhnende Rufe ausstoßen.
- Kasuare besitzen einen nackten Kopf mit einem hornigen, helmartigen Aufsatz. Ihr Gefieder ist schwarz.

**Arten:**
Bennettkasuar
*(Casuarius bennetti)*
Emu
*(Dromaius novaehollandiae)*
Goldhalskasuar *(Casuarius unappendiculatus)*
Helmkasuar *(Casuarius casuarius)*

## KIWIS

Apterygiformes
3 Arten

**Vorkommen:**
Wälder in Neuseeland

**Kennzeichen:**
- Kiwis sind flugunfähig.
- Ihr langes, braunes Gefieder ähnelt einem Fell.
- Sie sind nachtaktiv.
- Sie haben schlechte Augen, aber einen ausgezeichneten Gehör- und Geruchssinn.
- Mit ihrem langen Schnabel stochern sie im Boden nach Würmern und Insekten.
- Im Verhältnis zu ihrer Körpergröße legen sie die größten Eier aller Vögel.

**Arten:**
Großer Fleckenkiwi
*(Apteryx haastii)*
Kleiner Fleckenkiwi
*(Apteryx owenii)*
Streifenkiwi
*(Apteryx australis)*

## Warum Vögel unterschiedliche Schnäbel haben

**Die Schnabelform von Vögeln** hängt von ihrer Nahrung ab. Die Hakenschnäbel von Greifvögeln eignen sich dazu, Fleischstücke aus ihren Opfern herauszureißen. Im Gegensatz dazu sind die langen geraden Schnäbel vieler Watvögel eine Anpassung, um in Schlamm und feuchtem Sand Nahrung zu finden; die gebogene Schnabelspitze des Säbelschnäblers ist eine Abwandlung, mit der der Vogel aus Flachwasser winzige Tiere aufnimmt. Der Scherenschnabel, ein Fischjäger, fliegt mit halb eingetauchtem Unterschnabel über die Wasseroberfläche. Sobald er eine Beute spürt, klappt er den Schnabel zu.

**Weitere Merkmale bei Vogelschnäbeln** lassen sich durch andere Faktoren erklären. Die Färbung z. B. trägt zur Arterkennung bei und macht die Eignung als Geschlechtspartner kenntlich. Die Schnäbel von Papageitauchern sind nur während der Brutsaison bunt; im Herbst und Winter werden sie grau. Der rote Fleck am Schnabel der Silbermöwe ist ein Auslöser, gegen den die Küken picken; dies veranlasst die Eltern, Nahrung hervorzuwürgen.

**FAKTEN**

**Das unbefruchtete Ei des afrikanischen Straußes *(Struthio camelus)* ist die größte Zelle im Tierreich.**

**Von flugunfähigen Polarbewohnern bis zu scharfäugigen Jägern**

## PINGUINE

Sphenisciformes
18 Arten

**Vorkommen:**
Küstengewässer und offene Meere der Südhalbkugel

**Kennzeichen:**
- Pinguine sind flugunfähig; ihre Flügel sind zu Flossen umgewandelt.
- Ihre Federn sind kurz und steif; das Gefieder dicht.
- Sie ernähren sich von Fischen, Kalmaren und frei schwimmenden Krebstieren wie Krill.
- Pinguine brüten an Küsten von der Antarktis bis zu den Galapagosinseln, oft in Kolonien aus Tausenden von Paaren.

**Arten:**
Adeliepinguin *(Pygoscelis adeliae)*
Brillenpinguin *(Spheniscus demersus)*
Dickschnabelpinguin *(Eudyptes pachyrhynchus)*
Eselspinguin *(Pygoscelis papuai)*
Felsenpinguin *(Eudyptes crestatus)*
Kaiserpinguin *(Aptenodytes forsteri)*
Königspinguin *(Aptenodytes patagonica)*
Magellanpinguin *(Spheniscus magellanicus)*
Zügelpinguin *(Pygoscelis antarctia)*
Zwergpinguin *(Eudyptula minor)*

**Spezialanpassungen** Die Füße des Felsenpinguins sitzen wie bei allen anderen Pinguinen als Anpassung an das Schwimmen am Körperende. An Land laufen die Tiere daher aufrecht. Ihre Flügel wurden zu Schwimmflossen umgewandelt; die Flügelknochen sind verschmolzen und versteifen so die Flossen.

## SEETAUCHER

Gaviiformes
4 Arten

**Vorkommen:**
Kalte Seen und Küstengewässer der Nordhalbkugel

**Kennzeichen:**
- Seetaucher ernähren sich von Fischen, Krebstieren und Insekten.
- Ihre Beine sitzen sehr weit hinten am Körper; die Füße haben Schwimmhäute.
- Seetaucher besitzen einen stromlinienförmigen Körper zum Tauchen.
- Sie können bis zu 60 m tief tauchen.

**Arten:**
Eistaucher *(Gavia immer)*
Gelbschnabeleistaucher *(Gavia adamsii)*
Prachttaucher *(Gavia arctica)*
Sterntaucher *(Gavia stellata)*

**Geborene Wasserbewohner**
Seetaucher wie dieser Sterntaucher sind so stark an das Leben im Wasser angepasst, dass sie große Schwierigkeiten haben, sich an Land fortzubewegen. Weil ihre Füße so weit hinten am Körper sitzen, können sie lediglich auf dem Bauch rutschen. Aus diesem Grund nisten alle nahe am Wasser.

## LAPPENTAUCHER

Podicipediformes
Rund 20 Arten

**Vorkommen:**
Seen, Flüsse und Küstengewässer der gemäßigten Regionen

**Kennzeichen:**
- Lappentaucher sind schlechte Flieger.
- Anstelle von Schwimmhäuten verbreitern Hornlappen ihre Zehen, wodurch die Oberfläche zum Schwimmen größer wird.
- Sie ernähren sich von kleinen Fischen und anderen Wassertieren.
- Viele vollführen komplizierte Balztänze.
- Lappentaucher bauen Schwimmnester im offenen Wasser oder im Schilf.

**Arten:**
Bindentaucher *(Podilymbus podiceps)*
Haarschopftaucher *(Podiceps poliocephalus)*
Inkataucher *(Podiceps occipitalis)*
Magellantaucher *(Podiceps major)*
Neuhollandtaucher *(Podiceps novaehollandiae)*
Renntaucher *(Aechmophorus occidentalis)*
Rothalstaucher *(Podiceps griseigena)*
Schwarzkopftaucher *(Podiceps dominicus)*
Zwergtaucher *(Podiceps ruficollis)*

**Imponierend herausgeputzt** Wie alle anderen Lappentaucher ist auch der Haubentaucher *(Podiceps cristatus)* während der Brutsaison farbenprächtig geschmückt. Wenn die Brutzeit endet, wird der leuchtende Kopfputz gemausert.

## RÖHRENNASEN

Procellariiformes
Über 100 Arten

**Vorkommen:**
Meere und Küstenlinien weltweit

**Kennzeichen:**

**Gleiter über die Meere** Der Eissturmvogel ähnelt einer Möwe, unterscheidet sich von dieser aber durch seine langen, geraden Flügel und das Nasenloch in einem Schnabelaufsatz. Er nistet an Klippen auf der Nordhalbkugel.

- Die Gruppe umfasst Albatrosse, Sturmvögel und Sturmschwalben.
- Alle besitzen Hakenschnäbel mit einem röhrenförmigen Aufsatz, an dessen Vorderende das Nasenloch mündet.
- An den Füßen haben sie Schwimmhäute.
- Sie begeben sich nur zum Brüten an Land.

**Arten:**
Atlantischer Eissturmvogel *(Fulmarus glacialis)*
Dickschnabelwalvogel *(Pachyptila crassirostris)*
Königsalbatros *(Diomedea epomophora)*
Kurzschwanzalbatros *(Diomedea albatrus)*
Millionensturmtaucher *(Puffinus tenuirostris)*
Riesensturmvogel *(Macronectes giganteus)*
Scheuer Albatros *(Diomedea cauta)*
Schwarzfußalbatros *(Diomedea nigripes)*
Wanderalbatros *(Diomedea exulans)*
Galapagosalbatros *(Diomedea irrorata)*
Sturmschwalbe *(Hydrobates pelagicus)*

Siehe auch
90–1 **Das Tierreich**
112–3 **Rekorde im Tierreich**
122–3 **Gefährdete Arten**
124–5 **Artenschutz**

## RUDERFÜSSER

Pelecaniformes
Rund 60 Arten

**Vorkommen:**
Weltweit, außer im Innern von Kontinenten und an den Polen

**Kennzeichen:**
- Zu dieser Gruppe zählen neben Pelikanen und Tölpeln auch Fregattvögel, Kormorane, Tropikvögel und Schlangenhalsvögel.
- Alle haben Schwimmhäute zwischen allen vier Zehen ihrer Füße.
- Alle ernähren sich von Fischen. Manche fangen die Beute im Sturzflug aus der Luft, andere tauchen von der Wasseroberfläche aus. Fregattvögel stehlen anderen Seevögeln ihre Beute.

**Luftangriff** Der Braunpelikan stürzt sich kopfüber aus der Luft auf seine Beutefische herab und ist damit eine Ausnahme – alle anderen Pelikanarten fischen von der Wasseroberfläche aus.

**Arten:**
Amerikanischer Schlangenhalsvogel *(Anhinga anhinga)*
Basstölpel *(Morus bassanus)*
Blaufußtölpel *(Sula nebouxii)*
Graupelikan *(Pelecanus philippensis)*
Kormoran *(Phalacrocorax carbo)*
Prachtfregattvogel *(Fregata magnificens)*
Rosapelikan *(Pelecanus onocrotalus)*
Rotschnabeltropikvogel *(Phaeton aethereus)*

## STELZVÖGEL UND FLAMINGOS

Ciconiiformes
Rund 120 Arten

**Vorkommen:**
Süßgewässer und Küsten weltweit, außer an den Polen

**Kennzeichen:**
- Neben Reihern und Störchen gehören zu dieser Gruppe Dommeln, Ibisse und Löffler. Flamingos bilden in der Regel eine eigene Ordnung.
- Langbeinige und langhalsige Wasservögel.
- Die meisten ernähren sich von Fisch. Einige Störche bevorzugen trockenere Lebensräume und fangen Landtiere wie Frösche und Insekten.

**Arten:**
Afrikamarabu *(Leptoptilos crumeniferus)*
Buntstorch *(Mycteria leucocephala)*
Goliathreiher *(Ardea goliath)*
Graureiher *(Ardea cinerea)*
Kuhreiher *(Bubulcus ibis)*
Löffler *(Platalea leucorodia)*
Mohren- oder Afrikaklaffschnabel *(Anastomus lamelligerus)*
Rohrdommel *(Botaurus stellaris)*
Scharlachsichler *(Eudocimus ruber)*
Schmuckreiher *(Egretta thula)*
Waldstorch *(Mycteria americana)*
Weißstorch *(Ciconia ciconia)*

**Auf Stelzen** Mit ihren langen, schlanken Beinen können Reiher, hier ein Graureiher, durch seichtes Wasser waten, ohne dass ihre Beute auf sie aufmerksam wird.

## ENTENVÖGEL

Anseriformes
Über 150 Arten

**Vorkommen:**
Weltweit, außer in der Antarktis

**Kennzeichen:**
- Plumper Körper, kurze Beine und Füße mit Schwimmhäuten.
- Öldrüse (Bürzeldrüse) an der Schwanzbasis. Entenvögel fetten unter Zuhilfenahme des Schnabels mit dem Öl aus dieser Drüse ihr Gefieder ein und machen es wasserabstoßend.
- Sie polstern ihr Nest mit Daunenfedern aus. Fast alle nisten auf dem Boden.

**Arten:**
Eiderente *(Somateria mollissima)*
Höckerschwan *(Cygnus olor)*
Kanadagans *(Branta canadensis)*
Mandarinente *(Aix galericulata)*
Mittelsäger *(Mergus serrator)*
Saatgans *(Anser fabalis)*
Schneegans *(Anser caerulescens)*
Schwanengans *(Anser cygnoides)*
Stockente *(Anas platyrhynchos)*
Trauerschwan *(Cygnus atratus)*

**Adlerauge** Der Weißbauchseeadler packt dicht an der Wasseroberfläche schwimmende Fische. Wie alle anderen Greifvögel zeichnet er sich durch scharfe Augen und einen mächtigen Hakenschnabel aus.

## GREIFVÖGEL

Falconiformes
Rund 280 Arten

**Vorkommen**
Weltweit, außer in der Antarktis

**Kennzeichen:**
- Die Gruppe umfasst Adler, Bussarde, Falken, Geier, Habichte, Kondore, Milane und Weihen.
- Alle sind Fleischesser und besitzen Hakenschnäbel und kräftige Krallen.
- Haben ein extrem scharfes Sehvermögen und sind tagaktiv.
- Zeichnen sich im Verhältnis zur Körpergröße durch lange Flügel aus.

**Arten:**
Andenkondor *(Vultur gryphus)*
Fischadler *(Pandion haliaetus)*
Kornweihe *(Circus cyaneus)*
Mäusebussard *(Buteo buteo)*
Schwarzmilan *(Milvus migrans)*
Seeadler *(Haliaeetus albicilla)*
Sekretär *(Sagittarius serpentarius)*
Truthahngeier *(Cathartes aura)*
Turmfalke *(Falco tinnunculus)*
Wanderfalke *(Falco peregrinus)*

**Eine große Vielfalt an Formen, Farben und Lebensweisen**

## HÜHNERVÖGEL

Galliformes
Über 230 Arten

**Vorkommen:**
Weltweit, außer in der Antarktis

**Kennzeichen:**
- Schwerer Körperbau, schlechte Flieger.
- Halten sich die meiste Zeit am Boden auf, wo sie nach Samen, Würmern und Insekten suchen.
- Das Bankivahuhn ist die Stammform des Haushuhns.
- Die Gruppe umfasst neben Fasanen, Raufußhühnern und Truthühnern auch Hokkos, Perlhühner, Pfauen, Rebhühner und Wachteln.

**Arten:**
Argusfasan *(Argusianus argus)*
Auerhuhn *(Tetrao urogallus)*
Bankivahuhn *(Gallus gallus)*
Birkhuhn *(Lyrurus tetrix)*
Fasan *(Phasianus colchicus)*
Helmperlhuhn *(Numidia meleagris)*
Himalajakönigshuhn *(Tetraogallus himalayensis)*
Moorschneehuhn *(Lagopus lagopus)*
Pfau *(Pavo cristatus)*
Präriehuhn *(Tympanuchus cupido)*
Rebhuhn *(Perdix perdix)*
Schopfwachtel *(Callipepla californica)*
Thermometerhuhn *(Leipoa ocellata)*
Truthuhn *(Meleagris gallopavo)*
Tuberkelhokko *(Crax rubra)*
Wachtel *(Coturnix coturnix)*

**Bereit für den Winter** Das Moorschneehuhn ist an ein Überleben im frostigen Norden angepasst; sein gedrungener Körper und die befiederten Füße lassen es nur wenig Wärme verlieren.

## KRANICHVÖGEL

Gruiformes
Rund 200 Arten

**Vorkommen:**
Weltweit, außer an den Polen

**Kennzeichen:**
- Die Gruppe umfasst Kraniche, Rallen und Trappen.
- Sie sind Allesesser, die am Boden brüten.
- Kraniche und Trappen haben lange Hälse und Beine; Hals und Beine von Rallen sind kürzer, ihr Körper ist rundlich.
- Kraniche fliegen mit ausgestrecktem Hals und Beinen. Rallen sind schlechte Flieger. Trappen flüchten vor Gefahren meist zu Fuß, obgleich sie gute Flieger sind.

**Mächtiger Flieger**
Mit einem Gewicht von bis zu 18 kg ist die Großtrappe einer der schwersten flugfähigen Vögel.

**Arten:**
Blesshuhn *(Fulica atra)*
Großtrappe *(Otis tarda)*
Kanadakranich *(Grus canadensis)*
Kranich *(Grus grus)*
Mönchskranich *(Grus monacha)*
Schreikranich *(Grus americana)*
Schwarzhalskranich *(Grus nigricollis)*
Takahe *(Porphyrio mantelli)*
Teichhuhn *(Gallinula chloropus)*
Wasserralle *(Rallus aquaticus)*
Zwergtrappe *(Otis tetrax)*

## WAT- UND MÖWENVÖGEL

Charadriiformes
Über 300 Arten

**Vorkommen:**
Weltweit in Süß- und Salzwasserhabitaten

**Kennzeichen:**
- Die Gruppe umfasst neben Watvögeln und Möwen Alken und Raubmöwen.
- Möwen- und Alkenartige besitzen Schwimmhäute an den Füßen, Watvögel nicht.
- Möwen- und Alkenartige leben von Fisch, Watvögel von Wirbellosen.
- Die meisten Watvögel zeichnen sich durch hohe Beine und lange, schmale Schnäbel aus, mit denen sie im Sand oder Schlamm nach Nahrung stochern.
- Fast alle Arten sind Zugvögel.

**Arten:**
Amerikanischer Scherenschnabel *(Rynchops niger)*
Austernfischer *(Haematopus ostralegus)*
Bekassine *(Gallinago gallinago)*
Großer Brachvogel *(Numenius arquata)*
Kammblatthühnchen *(Irrediparra gallinacea)*
Kampfläufer *(Philomachus pugnax)*
Keilschwanzregenpfeifer *(Charadrius vociferus)*
Kiebitz *(Vanellus vanellus)*
Krabbentaucher *(Alle alle)*
Küstenseeschwalbe *(Sterna paradisea)*
Odinshühnchen *(Phalaropus lobatus)*
Papageitaucher *(Fratercula arctica)*
Säbelschnäbler *(Recurvirostra avosetta)*
Schmarotzerraubmöwe *(Stercorarius parasiticus)*
Silbermöwe *(Larus argentatus)*
Stelzenläufer *(Himantopus himantopus)*
Sturmmöwe *(Larus canus)*
Tordalk *(Alca torda)*
Trottellumme *(Uria aalge)*

## TAUBENVÖGEL

Columbiformes
Rund 300 Arten

**Vorkommen:**
Weltweit, außer an den Polen

**Kennzeichen:**
- Tauben sind Vögel mit plumpem Körper, kurzem Hals, kleinem Kopf und schmalem, abgerundetem Schnabel.
- Sie ernähren sich von Früchten und Samen und sind gute Flieger.
- Die Eier werden von beiden Eltern bebrütet.
- Sie ernähren ihre Jungen mit einer nährstoffreichen Flüssigkeit, die von der Schleimhaut des Kropfes produziert wird (Kropfmilch).
- Diese Gruppe umfasst viele Inselformen.

**Attraktives Gefieder** Tauben aus der gemäßigten Zone sind meist unscheinbar gefärbt, wohingegen tropische Arten oft ein ziemlich farbenfroh leuchtendes Gefieder haben.

**Arten:**
Antillentaube *(Columba squamosa)*
Fächertaube *(Goura victoria)*
Fleckentaube *(Columba maculosa)*
Prachtfruchttaube *(Ptilinopus superbus)*
Ringeltaube *(Columba palumbus)*
Trauerturteltaube *(Streptopelia lugens)*
Türkentaube *(Streptopelia decaocto)*
Turteltaube *(Streptopelia turtur)*

Siehe auch
90–1 **Das Tierreich**
112–3 **Rekorde im Tierreich**
122–3 **Gefährdete Arten**
124–5 **Artenschutz**

## PAPAGEIENVÖGEL

Psittaciformes
Rund 300 Arten

**Vorkommen:**
Tropen und einige gemäßigte Regionen der Südhalbkugel

**Kennzeichen:**

**Prächtiger Papagei** Der Hellrote Ara oder Arakanga ist einer der bekanntesten Papageien, aber wie viele Vertreter dieser Familie durch den Haustierhandel bedroht.

- Sie besitzen kräftige Hakenschnäbel; der Oberschnabel ist über ein Scharniergelenk mit dem Schädel verbunden.
- Zwei Zehen sind nach vorn gerichtet und zwei nach hinten.
- Sie ernähren sich hauptsächlich von Früchten, Samen und Nüssen.
- Viele Arten bilden große Schwärme, die sich laut lärmend untereinander verständigen.
- Papageien nisten meist in Baumhöhlen.

**Arten:**
Allfarblori *(Trichoglossus haematodus)*
Eulenpapagei, Kakapo *(Strigops habroptilus)*
Gelbhaubenkakadu *(Cacatua galerita)*
Graupapagei *(Psittacus erithacus)*
Kea *(Nestor notabilis)*
Rosakakadu *(Eolophus roseicapillus)*
Wellensittich *(Melopsittacus undulatus)*

## KUCKUCKSVÖGEL

Cuculiformes
Rund 150 Arten

**Vorkommen:**
Gemäßigte und tropische Regionen weltweit

**Kennzeichen:**
- Alle Vertreter der Gruppe, die Kuckucke und Turakos umfasst, zeichnen sich durch einen schlanken Körper, kräftige Beine und lange Schwänze aus.
- Kuckucke sind meist grau oder braun, Turakos leuchtend bunt gefärbt.
- Nur die Hälfte der Kuckucksarten legt ihre Eier in die Nester anderer Vögel.
- Die meisten Kuckucke ernähren sich von Insekten, Turakos hingegen von Früchten.

**Arten:**
Cayennekuckuck *(Piaya cayana)*
Drongokuckuck *(Surniculus lugubris)*
Erdkuckuck *(Geococcyx californiana)*
Federhelmturako *(Tauraco corythaix)*
Häherkuckuck *(Calmator glandarius)*
Hoatzin *(Opisthocomus hoatzin)*
Jakobinerkuckuck *(Clamator jacobinus)*
Kuckuck *(Cuculus canorus)*
Rennkuckuck *(Geococcyx velox)*
Riesenturako *(Corythaeola cristata)*
Streifenkuckuck *(Tapera naevia)*

## EULEN

Strigiformes
Rund 130 Arten

**Vorkommen:**
Weltweit, außer in der Antarktis

**Kennzeichen:**
- Eulen sind nachtaktive Räuber.
- Sie besitzen einen Hakenschnabel und kräftige Füße mit spitzen Krallen.
- Ihr Gefieder ist weich; es dämpft den Schall beim Anflug auf die Beute
- Mit ihrem guten Gehör und den großen Augen können sie ihre Beute auch bei Dunkelheit ausmachen.
- Sie können ihren Kopf ganz umdrehen und hinter sich schauen, ohne dabei den Körper zu bewegen.

**Arten:**
Bartkauz *(Strix nebulosa)*
Düster- oder Koromandeluhu *(Bubo coromandus)*
Elfenkauz *(Micrathene whitneyi)*
Kaninchenkauz *(Athene cunicularis)*
Malaien- oder Sundafischuhu *(Ketupa ketupa)*
Schleiereule *(Tyto alba)*
Schneeeule *(Nyctea scandiaca)*
Waldkauz *(Strix aluco)*
Weißstirneule *(Otus sagittatus)*

**Flinker Läufer** Der Erdkuckuck hat sich an das Leben am Boden angepasst. Wenn er seine Beute mit schnellen Haken verfolgt, dient ihm sein langer Schwanz als Gegengewicht.

## NACHTSCHWALBEN

Caprimulgiformes
Über 80 Arten

**Vorkommen:**
Weltweit, außer an den Polen

**Kennzeichen:**
- Sie sind nacht- oder dämmerungsaktiv und ernähren sich von Insekten, die sie im Flug fangen.
- Sie besitzen lange, zugespitzte Flügel und sehr kleine Füße.
- Alle Arten sind ausgesprochen gut getarnt.
- Die Gruppe umfasst die Schwalme aus Australien und Südostasien. Schwalme sehen den Nachtschwalben ähnlich, sind ebenfalls nachtaktiv, fangen ihre Beute aber zu Fuß am Boden.

**Gute Tarnung** Nachtschwalben rühren sich bei Tag nicht vom Fleck. Ihre Tarnung ist so gut, dass sie kaum gesehen werden.

**Arten:**
Bootschwanznachtschwalbe *(Veles binotatus)*
Eulenschwalm *(Podargus strigoides)*
Falkennachtschwalbe *(Chordeiles minor)*
Fettschwalm *(Steatornis caripensis)*
Riesen-Ohrennachtschwalbe *(Eurostopodus macrotis)*
Sichelschwingennachtschwalbe *(Eleothreptus anomalus)*
Ziegenmelker *(Caprimulgus europaeus)*

**Von Nahrungsspezialisten bis zur vielfältigsten Vogelgruppe**

## SEGLERVÖGEL UND KOLIBRIS

Apodiformes und Trochiliformes
Rund 400 Arten

**Vorkommen:**
Tropische und gemäßigte Regionen weltweit

**Kennzeichen:**
- Alle hierzu gehörenden Vögel sind klein; unter den Kolibris finden sich die kleinsten Vögel der Erde.
- Segler jagen Insekten im Flug und verbringen mehr Zeit in der Luft als sämtliche anderen Vögel. Sie schlafen sogar im Flug.
- Durch ihre schnellen Flügelschläge können Kolibris vor Blüten in der Luft stehen und so an den Nektar gelangen.

**Arten:**
Alpensegler *(Apus melba)*
Bienenelfe oder Bienenkolibri *(Mellisuga helenae)*
Blaustirnlanzettschnabel *(Doryfera johannae)*
Diademsegler *(Cypseloides cherriei)*
Fahlsegler *(Apus pallidus)*
Hakenkolibri *(Androdon aequatorialis)*
Mauersegler *(Apus apus)*
Mohreneremit *(Threnetes niger)*
Riesengnom oder Riesenkolibri *(Patagona gigas)*
Rotschwanzeremit *(Glaucis hirsuta)*
Rußsegler *(Cypseloides senex)*

## TROGONS

Trogoniformes
Rund 35 Arten

**Vorkommen:**
Tropische Wälder Afrikas, Asiens und Amerikas

**Kennzeichen:**
- Die meisten Trogons ernähren sich von Insekten, die sie im Flug fangen, einige verzehren auch Früchte.
- Sie haben ein leuchtend gefärbtes Gefieder.
- Zwei ihrer vier Zehen sind nach hinten gerichtet.

**Arten:**
Bronzetrogon *(Trogon mexicanus)*
Quetzal *(Pharomachrus mocinno)*

**Vielsagende Schwänze** Die prächtigen Schwanzfedern der männlichen Quetzals locken die Weibchen an. Ihre Länge demonstriert Stärke und Qualität als Geschlechtspartner.

**Sturzflug** Der Eisvogel (rechts) fängt seine Beute im Sturzflug von einem Ast über dem Wasser.

**Hohe Manövrierfähigkeit** Die Fähigkeit, ihre Position in der Luft zu halten und sogar rückwärts zu fliegen, ermöglichte es den Kolibris wie diesem nordamerikanischen Zimtkolibri, eine Nahrungsquelle zu erschließen, zu der nur wenige andere Wirbeltiere Zugang haben: Nektar.

## RACKENVÖGEL

Coraciiformes
Rund 190 Arten

**Vorkommen:**
Weltweit in gemäßigten und tropischen Regionen

**Kennzeichen:**
- Zu dieser Gruppe gehören neben Eis- und Hornvögeln Bienenesser (Spinte), Hopfe, Racken und Todis.
- Die meisten haben ein leuchtend buntes Gefieder.
- Hornvögel verzehren auch Früchte, alle anderen ernähren sich räuberisch.
- Eisvögel haben einen großen Kopf mit dolchartigem Schnabel.
- Hornvögel besitzen massige, gebogene Schnäbel.

**Arten:**
Amazonasfischer *(Chloroceryle amazona)*
Bienenesser *(Merops apiaster)*
Doppelhornvogel *(Buceros bicornis)*

Eisvogel *(Alcedo atthis)*
Grünfischer *(Chloroceryle americana)*
Haubenzwergfischer *(Alcedo cristata)*
Mangrovenfischer *(Ceyx pusillus)*
Nordamerikanischer Großfischer oder Gürtelfischer *(Megaceryle alcyon)*
Schildhornvogel *(Rhinoplax vigil)*
Senegalracke *(Coracias abyssinica)*
Wiedehopf *(Upupa epops)*

## SPECHTVÖGEL

Piciformes
Rund 400 Arten

**Vorkommen:**
Weltweit, außer in Australien und der Antarktis

**Kennzeichen:**
- Alle Vertreter dieser Gruppe, die neben Spechten und Tukanen auch Bartvögel, Faulvögel, Glanzvögel und Honiganzeiger umfasst, sind Baumbewohner.
- Bei allen sind zwei Zehen nach vorn gerichtet und zwei nach hinten.
- Spechte hämmern mit ihren geraden, zugespitzten Schnäbeln in Baumstämmen nach Maden.
- Tukane ernähren sich v. a. von Früchten.

**Fester Halt** Ihre kräftigen, bekrallten Füße verschaffen Spechten Halt an Stämmen, wobei der steife Schwanz als Stütze dient. Mit ihrem Schnabel vergrößern sie Hohlräume in Bäumen zu Bruthöhlen.

**Arten:**
Goldspecht *(Colaptes auratus)*
Grünarassari *(Pteroglossus viridis)*
Grünspecht *(Picus viridis)*
Halsbandfaulvogel *(Bucco capensis)*
Paradiesglanzvogel *(Galbula dea)*
Riesentukan *(Ramphastos toco)*
Schriftarassari *(Pteroglossus inscriptus)*
Schwarzkehlhoniganzeiger *(Indicator indicator)*
Schwarzspecht *(Dryocopus martius)*
Streifenbartvogel oder Wendehals *(Jynx torquilla)*

## SPERLINGSVÖGEL

Passeriformes
Rund 5400 Arten

**Vorkommen:**

Weltweit, außer an den Polen

**Kennzeichen:**

- Diese Gruppe umfasst 60 % aller heute lebenden Vogelarten.
- Die überwiegende Mehrzahl bilden kleine Vögel von weniger als 25 cm Länge.
- Die Zehen sind ideal zum Umfassen von Zweigen oder Ästen angepasst. Sie verschaffen den Tieren so festen Halt, dass sie auf Zweigen sitzend schlafen können.
- Alle Arten sind Landvögel, einige fliegen aber während des Vogelzugs auch über das Meer.

**Familien:**

Die Sperlingsvögel werden in über 50 Familien untergliedert:

Ameisenvögel (Formicariidae)
Ammern (Emberizidae)
Baumläufer (Certhiidae)
Baumrutscher (Climacteridae)
Baumsteiger (Dendrocolaptidae)
Blattvögel (Irenidae)
Braunellen (Prunellidae)
Breitrachen (Eurylaimidae)
Brillenvögel (Zosteropidae)
Bürzelstelzer (Rhinocryptidae)
Dickichtschlüpfer (Atrichornithidae)
Drongos (Dicruridae)
Finken (Fringillidae)
Flammenköpfe (Oxyruncidae)
Fliegenschnäpper (Muscicapidae)
Flötenwürger (Cracticidae)
Haarvögel, Bülbüls (Pycnonotidae)
Honigesser (Meliphagidae)
Kleiber (Sittidae)
Kleidervögel (Drepanididae)
Lappenkrähen (Callaeidae)
Laubenvögel (Ptilonorhynchidae)
Leierschwänze (Menuridae)
Lerchen (Alaudidae)
Maorischlüpfer (Xenicidae)
Meisen (Paridae)
Mistelesser, Blütenpicker (Dicaeidae)
Mückenesser (Conopophagidae)
Nektarvögel (Nectariniidae)
Paradiesvögel (Paradisaeidae)
Pflanzenmäher (Phytotomidae)
Pirole (Oriolidae)
Pittas (Pittidae)
Prachtfinken (Estrildidae)
Rabenvögel (Corvidae)
Schmuckvögel (Cotingidae)
Schnurrvögel, Fipras (Pipridae)
Schwalben (Hirundinidae)
Schwalbenstare (Artamidae)
Seidenschwänze (Bombycillidae)
Spottdrosseln (Mimidae)
Stachelbürzler (Campephagidae)
Stare (Sturnidae)
Stärlinge (Icteridae)
Stelzen (Motacillidae)
Töpfervögel (Furnariidae)
Tyrannen (Tyrannidae)
Vireos (Vireonidae)
Waldsänger (Parulidae)
Wasseramseln (Cinclidae)
Webervögel (Ploceidae)
Würger (Laniidae)
Zaunkönige (Troglodytidae)

## DIE ABSTAMMUNG DER SPERLINGSVÖGEL

Die große Mehrzahl aller Vögel auf der Erde sind Sperlingsvögel. Hierzu gehören alle so genannten Singvögel wie Finken, Grasmücken und Stare, aber auch Krähen, Schwalben und exotische Arten wie Paradiesvögel.

**Sperlingsvögel** gelten als die am höchsten entwickelten aller Vögel. Drei ihrer Zehen sind nach vorn gerichtet, eine nach hinten; dadurch können sie Zweige umfassen und Buschland und Waldgebiete besiedeln. Weil sie meist sehr klein sind, haben sie viele Graslandhabitate erfolgreich besiedelt, insbesondere Schilfgürtel und Sümpfe.

Selbst dort, wo sie nicht auf Zweigen sitzen können, leben Sperlingsvögel. Die Schneeammern der Arktis oder die Wüstengimpel der Sahara kommen mit einer so geringen Futtermenge, die zudem noch über weite Flächen verteilt ist, zurecht, wie es größere oder weniger bewegliche Arten nicht könnten.

**Von allen heute lebenden Sperlingsvögeln** zählen über drei Viertel zu den Singvögeln (Oscines). Sie unterscheiden sich von den primitiveren Primärsingvögeln (Suboscines) durch ihren höher entwickelten unteren Kehlkopf (Syrinx), mit dem sie die für diese Gruppe charakteristischen ununterbrochenen Gesangsmelodien erzeugen können.

**Die ältesten bekannten Fossilien von Sperlingsvögeln** sind rund 40 Mio. Jahre alt, aber wahrscheinlich existiert die Gruppe schon seit der Kreidezeit. Im frühen Miozän, vor 25 Mio. Jahren, erfuhr sie parallel zur Ausbreitung der Grasländer aufgrund eines globalen Klimawandels ein enormes Wachstum.

Vor rund 3 Mio. Jahren begann eine zweite explosionsartige Artenbildung, in deren Folge die Artenzahl stark anstieg. Die Ursache hierfür ist noch unklar, vermutlich kommen aber erneut Umweltveränderungen als Auslöser infrage, weil das Wachstum sich während einer Periode von vier großen Vereisungszyklen ereignete.

Siehe auch
90–1 **Das Tierreich**
112–3 **Rekorde im Tierreich**
122–3 **Gefährdete Arten**
124–5 **Artenschutz**

**Sicherer Halt** Dank ihrer Greiffüße können Singvögel eine Reihe von Nahrungsquellen erschließen, an die sie ansonsten nicht herankämen. Nektarvögel umklammern beispielsweise mit ihren gegenständigen Krallen Zweige oder Stängel, um an den Nektar von Blüten zu gelangen.

**Kosmopolit** Haussperlinge machen sich weltweit zur Nahrungssuche und zum Nestbau menschliche Siedlungen zunutze. In Großbritannien ist zurzeit das Phänomen zu beobachten, dass diese sonst so erfolgreichen kleinen Vögel immer seltener werden.

# Rekorde im Tierreich

Die Größten, Kleinsten, Schnellsten und Lautesten

*Tiere haben Fähigkeiten entwickelt, durch die sie selbst unter den extremsten Bedingungen leben können. Der Kaiserpinguin* (Aptenodytes forsteri) *brütet z. B. im strengen antarktischen Winter. Selbst bei Außentemperaturen von –60 °C sitzt er auf seinem einzigen Ei; ohne Pause lebt er in dieser Zeit 62–67 Tage lang ausschließlich von den Fettreserven in seinem Körper.*

## SCHARFE SINNE

### Die kompliziertesten Gesänge
Männliche Buckelwale *(Megaptera novaeangliae)* erzeugen die längsten und komplexesten Gesänge aller Tiere. Jeder Gesang kann mehr als 30 Minuten dauern und ist von anderen Walen aus einer Distanz von bis zu 160 km zu hören.

### Die lautesten Laute
Die niederfrequenten Laute, die Finnwale *(Balaenoptera physalus)* und Blauwale *(Balaenoptera musculus)* erzeugen, um sich untereinander zu verständigen, wurden mit bis zu 188 dB gemessen – das sind die lautesten Laute, die ein Lebewesen erzeugt.

### Der beste Geruchssinn
Haie haben höher entwickelte Geruchsorgane und einen besseren Geruchssinn als alle anderen Fische; sie sind in der Lage, ein Teil Säugetierblut in 100 Mio. Teilen Wasser festzustellen.

### Das schärfste Gehör
Durch das System der Ultraschallortung haben Fledermäuse das schärfste Gehör aller Landtiere. Die meisten Arten können Frequenzen bis zu etwa 80 kHz wahrnehmen, manche sogar auch noch Laute von 250 kHz. Die Hörgrenze des Menschen liegt bei nur rund 20 kHz und ist damit wesentlich niedriger.

## DIE GRÖSSTEN

### Landtier
Das größte Landtier ist der Afrikanische Steppenelefant *(Loxodonta africana africana)*. Das mächtigste bisher bekannte Exemplar wog wahrscheinlich 12 t.

### Landraubtier
Der Kodiakbär aus Alaska ist das größte Landraubtier. Diese Unterart des Braunbären *(Ursus arctos)* kann über 0,5 t wiegen und bis zu 3,7 m hoch werden.

### Raubtier
Das größte Tier, das Beute jagt, ist der Pottwal *(Physeter macrocephalus)*. Er kann 26 m lang und bis zu 50 t schwer werden.

### Fisch
Der Walhai *(Rhincodon typus)* wird bis zu 12 m lang. Er ernährt sich von Plankton (Krebstieren und kleinen Fischen), die er mit seinen Kiemen aus dem Wasser filtert.

### Reptil
Das Leistenkrokodil (*Crocodylus porosus*, unten) aus dem Pazifikraum ist mit einer Länge von bis über 7 m und einem Gewicht von bis zu 1,5 t das größte heutige Reptil. Das längste Reptil ist der südostasiatische Netzpython *(Python reticulatus)*, der eine Länge von 10 m erreichen kann.

### Vogel
Der größte heute lebende Vogel ist mit einer Höhe von bis zu 2,7 m der Strauß *(Struthio camelus)*.

### Säugetier
Der Blauwal *(Balaenoptera musculus)* ist das größte lebende Säugetier und vermutlich auch das größte Tier aller Zeiten. Das schwerste je gewogene Exemplar wog 190 t, während das längste nicht weniger als 33,5 m maß.

## DIE KLEINSTEN

### Vogel
Der kleinste Vogel der Erde ist die hier in Lebensgröße abgebildete Bienenelfe *(Mellisuga helenae)* aus Kuba. Erwachsene Männchen sind 5,5 cm lang und wiegen 1,6 g.

### Fisch
Der kleinste Fisch und gleichzeitig das kleinste bekannte Wirbeltier ist die Zwerggrundel *Trimmatom nanus*. Sie lebt im Indischen Ozean und wird durchschnittlich nur 8 mm lang.

### Säugetier
Das kleinste Säugetier ist die Schweinsnasen- oder Hummelfledermaus *(Craseonycteris thonglongyai)* aus Thailand. Sie wiegt nur 1,7–2 g und wird nicht länger als 2,8–3,3 cm.

### Elektrischstes Tier
Der in Südamerika vorkommende Zitteraal *(Electrophorus electricus)* lähmt seine Beute, indem er Stromstöße von bis zu 650 V austeilt – genug, um einen erwachsenen Menschen zu betäuben.

### Schnellstes Insekt
Schaben können bis zu 5 km/h schnell laufen und erreichen damit unter den an Land lebenden Insekten die höchste Geschwindigkeit. Verglichen damit müsste ein Mensch 320 km/h laufen.

### Schnellstes Landtier
Der Gepard *(Acinonyx jubatus)* vermag schneller zu rennen als alle anderen Landtiere. Innerhalb von 3 s kann er aus dem Stand eine Geschwindigkeit von knapp 100 km/h erreichen.

### Fruchtbarstes Tier
Ohne Feinde und bei unbegrenzter Nahrung könnte eine Mehlige Kohlblattlaus *(Brevicoryne brassicae)* jedes Jahr Nachkommen mit einem Gesamtgewicht von 822 Mio. t hervorbringen.

**Längster Winterschlaf**
Murmeltiere können bis zu 9 Monate im Jahr Winterschlaf halten und damit 75 % ihres Lebens im Tiefschlaf verbringen. Faul- und Gürteltiere schlafen oder dösen sogar bis zu 80 % ihres Lebens.

**Längstes Insekt**
Das längste Insekt ist die Stabschrecke *Pharnacia kirbyi* aus Borneo. Ihre Körperlänge beträgt 33 cm, und ihre Beine sind mit 54,6 cm so lang, dass sie sich bei der Häutung verfangen können.

**Langlebigstes Tier**
Riesenschildkröten können älter werden als alle anderen Landtiere. Das älteste verbürgte Alter erreichte mit 152 Jahren ein Exemplar, das 1918 auf der Insel Mauritius starb.

**Längste Tragzeit**
Bei Alpensalamandern *(Salamandra atra)* in Südeuropa hat man Tragzeiten von bis zu 38 Monaten nachgewiesen. Innerhalb weniger Stunden bringen die Tiere dann ein oder zwei Junge zur Welt.

**Längste Wanderung**
Die Küstenseeschwalbe *(Sterna paradisaea)* fliegt alljährlich 40 000 km von der Antarktis bis zu ihren Brutgebieten in der Arktis und zurück – in 25 Jahren die Strecke zum Mond und zurück.

**Die meisten Beine**
Hundertfüßer und Tausendfüßer besitzen mehr Beine als alle anderen Tiere. Die bei einem Hundertfüßer gezählte Rekordzahl betrug 354 Beine; bei Tausendfüßern hat man schon rund 700 Beine gezählt.

**Gefräßigstes Tier**
Die Polyphemusmotte *(Antheraea polyphemus)* frisst in ihren ersten 56 Lebenstagen das 86 000fache ihres Gewichts. Verglichen damit müsste ein Baby über 270 t Nahrung zu sich nehmen.

**Giftigstes Tier**
Pfeilgiftfrösche wie der Gelbgebänderte Baumsteiger (*Dendrobates leucomelas*, oben) produzieren mit die gefährlichsten biologischen Gifte der Welt. Das tödlichste Gift findet sich in der Haut des Gelben Blattsteigers *(Phyllobates terribilis)*, der im Dschungel von Süd- und Mittelamerika beheimatet ist.

Siehe auch
90–1 **Das Tierreich**
122–3 **Gefährdete Arten**
124–5 **Artenschutz**

**Die Vorteile von Warmblütigkeit, Muttermilch und Behaarung**

*Die heutigen Säugetiere lassen sich in drei Gruppen unterteilen: Plazentatiere, Beuteltiere und Kloakentiere. Bei den Plazentatieren, zu denen auch der Mensch gehört, entwickeln sich die Jungen im Körper der Mutter. Beuteltiere – Kängurus, Koalas und Verwandte – bringen ihren Nachwuchs in einem embryonalen Zustand zur Welt; er entwickelt sich dann in einem Beutel der Mutter weiter. Kloakentiere wie das Schnabeltier sind die ältesten Säugetiere. Sie legen Eier, aus denen die Jungen schlüpfen.*

## WAS IST EIN SÄUGETIER?

- Säugetiere sind **gleichwarme** Wirbeltiere.
- Die Weibchen besitzen **Milchdrüsen;** die Milch aus ihnen dient den Neugeborenen als erste Nahrung.
- Mit Ausnahme ausgewachsener Wale, Delphine und Tümmler ist ihr Körper **behaart;** das Haarkleid hilft, eine stabile Körpertemperatur aufrechtzuerhalten.
- Im **Mittelohr** befinden sich drei Knöchelchen, die den Schall verändern und ins Innenohr übertragen.
- Säugetiere besitzen **sieben Halswirbel.**

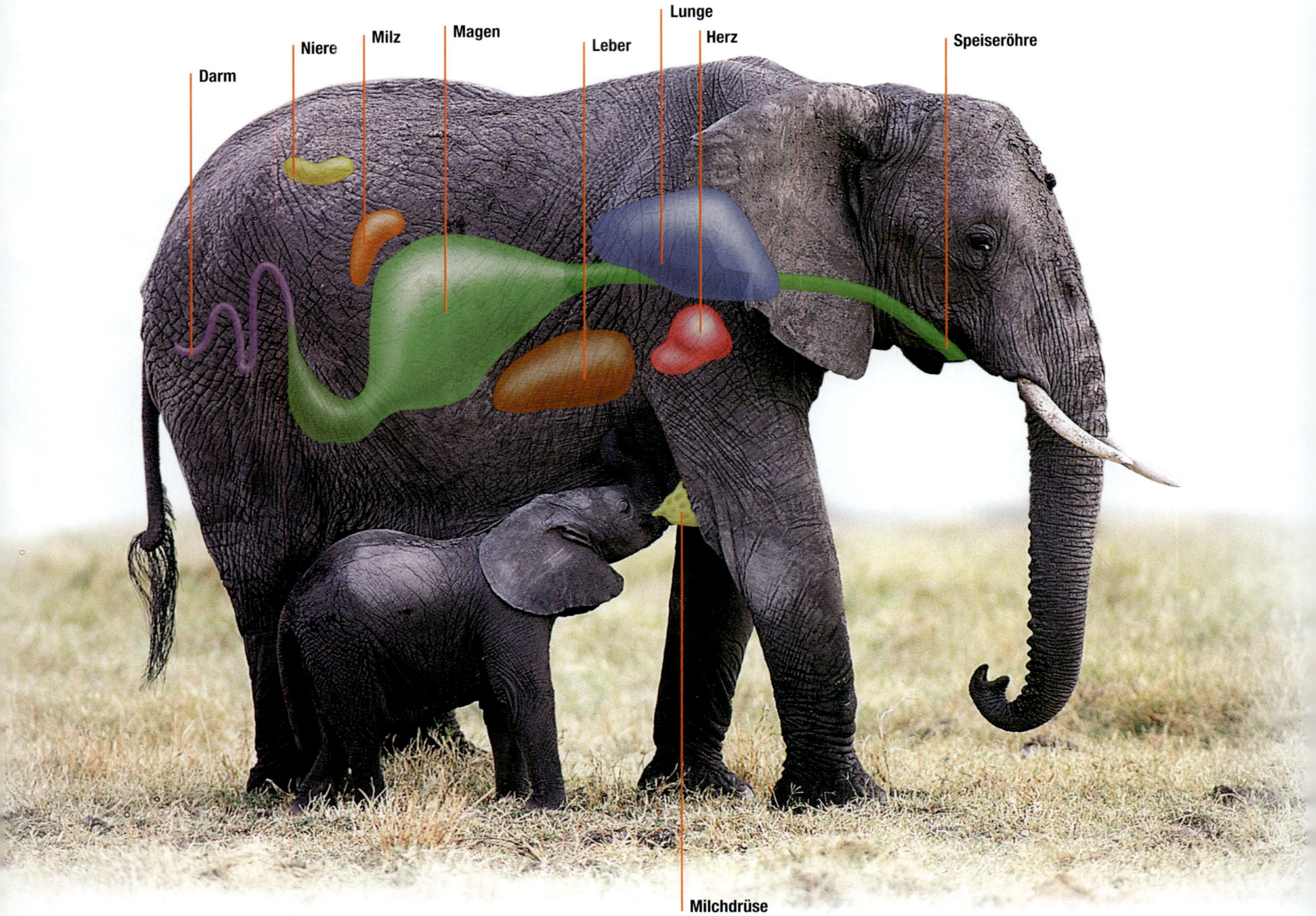


## WISSENSWERTES

- Es gibt über 4000 Säugetierarten.
- Das kleinste Landsäugetier ist die Etruskerspitzmaus *(Suncus etruscus).* Mit ihrem nur 4–5 cm langen Körper kann sie sogar durch die Röhren großer Regenwürmer kriechen.
- Nahezu ein Viertel aller Säugetiere kann fliegen. Fledermäuse machen 23 % aller bekannten Säugetierarten aus.
- Keine zwei Zebras weisen exakt dasselbe Streifenmuster auf und keine zwei Giraffen genau dasselbe Fleckenmuster.

**FAKTEN**

**Säugetiere sind die einzigen Tiere mit einem Zwerchfell, einer muskulösen Wand, die den Bauchraum unterteilt.**

Siehe auch
88–9 **Der Aufstieg der Säugetiere**
90–1 **Das Tierreich**
122–3 **Gefährdete Arten**
124–5 **Artenschutz**

## KLOAKENTIERE

Monotremata
3 Arten

**Vorkommen:**
Australien und Neuguinea

**Kennzeichen:**
- Kloakentiere sind die primitivsten Säugetiere.
- Sie legen als einzige Säugetiere Eier. Wie andere Säugetiere besitzen sie jedoch Milchdrüsen und Haare.
- Heute leben noch zwei Schnabeligelarten und das Schnabeltier.
- Schnabeligel graben nach Ameisen, die sie mit ihrer langen klebrigen Zunge aufnehmen.

**Familien:**
Schnabel- oder Ameisenigel (Tachyglossidae)
Schnabeltiere (Ornithorhynchidae)

**Stachellos** Kurzschnabeligel *(Tachyglossus aculeatus)* haben als Babys noch nicht das charakteristische Stachelkleid der erwachsenen Tiere.

## BEUTELTIERE

Marsupialia
Rund 250 Arten

**Vorkommen:**
Australien, Neuguinea und Amerika

**Kennzeichen:**
- Beuteltiere, zu denen Kängurus, Koalas und Opossums zählen, haben ein relativ kleines Gehirn.
- Ihre Jungen werden in embryonalem Zustand geboren und reifen bei den meisten Arten in einem Beutel der Mutter heran.
- Beuteltiermütter können drei Generationen gleichzeitig ernähren: eine in der Gebärmutter, eine im Beutel und eine, die den Beutel verlassen hat, aber noch Milch saugt.

**Familien:**
Ameisenbeutler (Myrmecobiidae)
Beutelmulle (Notoryctidae)
Beutelratten (Didelphidae)
Eigentliche Kängurus (Macropodidae)
Kletterbeutler (Phalangeridae)
Nasenbeutler oder Bandikuts (Peramelidae)
Raubbeutler (Dasyuridae)
Spitzmausopossums oder Opossummäuse (Caenolestidae)
Wombats oder Plumpbeutler (Vombatidae)

## INSEKTENESSER

Insectivora
Nahezu 400 Arten

**Vorkommen:**
Weltweit, außer an den Polen und in Australien

**Kennzeichen:**
- Wie ihr Name schon sagt, ernähren sich Insektenesser, zu denen Igel, Maulwürfe und Spitzmäuse gehören, von Insekten.
- Ihr Sehvermögen ist schlecht, der Geruchssinn dafür gut ausgebildet.
- Viele sind nachtaktiv.

**Familien:**
Goldmulle (Chrysochloridae)
Igel (Erinaceidae)
Maulwürfe (Talpidae)
Otterspitzmäuse (Potamogalidae)
Schlitzrüssler (Solenodontidae)
Spitzmäuse (Soricidae)
Tanreks (Tenrecidae)

## RÜSSELSPRINGER

Macroscelidae
12 Arten

**Vorkommen:**
Afrika

**Kennzeichen:**
- Es handelt sich um ratten- oder mäuseähnliche Tiere mit langen, empfindlichen Schnauzen.
- Sie ernähren sich von Insekten, Eiern und kleinen Säugetieren.

**Familie:**
Rüsselspringer (Macroscelididae)

**Kleine Hüpfer** Normalerweise laufen Rüsselspringer auf allen vieren, beim ersten Anzeichen von Gefahr richten sie sich jedoch auf ihre langen, schlanken Hinterbeine auf und hüpfen mit großer Geschwindigkeit davon. Bei dieser Flucht erinnern sie an Miniaturkängurus.

## Plazentatiere und Beuteltiere im Vergleich

Während der Kreide lebten Beutel- und Plazentatiere in Koexistenz, weil sie jeweils andere Nahrungsquellen nutzten. Wo jedoch Plazentatiere vom Menschen in Beuteltierpopulationen eingeführt wurden, verdrängten sie diese zumeist, allerdings nicht immer: Trotz der Konkurrenz von Plazentatieren gedeihen viele australische Beuteltiere weiterhin gut.

| Plazentatiere | Beuteltiere |
|---|---|
| Haben in der Regel größere Gehirne | Haben in der Regel kleinere Gehirne |
| Können ihre Körpertemperatur gut regulieren | Können bei extremer Kälte in Starre fallen |
| Großer Mutterkuchen (energieaufwändig) | Kleiner Mutterkuchen (energiesparend) |
| Jungen bei Geburt ausgereift | Jungen bei Geburt unausgereift (embryonal) |
| Geburt oft schwierig – Mutter und Jungen sind dabei sehr verletzlich | Geburt komplikationslos – die Jungen sind anschließend in einem Beutel geschützt |

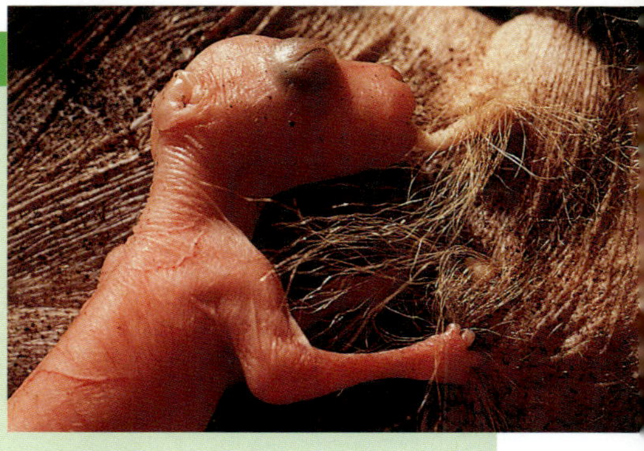

**Am sicheren Ziel** Das einzige Ziel eines neugeborenen Kängurus ist es, in die Sicherheit des mütterlichen Beutels zu krabbeln. Es saugt sich an einer der Zitzen fest und wird mit Milch versorgt.

**Gleiter und Flieger, Hangler und Gräber**

## RIESENGLEITER ODER PELZFLATTERER

Dermoptera
2 Arten

**Vorkommen:**
Südostasien

**Kennzeichen:**
- Auf ihren häutigen Flügeln, die sich an den Körperseiten bis zum Schwanz erstrecken, können sie über 120 m weit gleiten.
- Zum Ausruhen hängen sie sich kopfüber an Äste.
- Sie ernähren sich von Knospen und Blättern.

**Familie:**
Riesengleiter oder Colugos (Cynocephalidae)

**Alljährliche Wanderung** Das Große Mausohr *(Myotis myotis)* legt bei seiner Wanderung zwischen Sommer- und Winterquartier häufig Strecken von über 260 km zurück. In den kälteren Monaten, wenn es in Höhlen überwintert, bekommt man es nur selten zu Gesicht.

## FLEDERTIERE

Chiroptera
Nahezu 1000 Arten

**Vorkommen:**
In den meisten gemäßigten und tropischen Regionen

**Kennzeichen:**
- Nachtaktiv. Ernähren sich von Früchten oder Insekten, aber auch von Nektar, Kleintieren und Blut.
- Insekten fangende Fledermäuse finden ihre Beute mithilfe von Echoortung.
- Die einzigen echten Flieger unter den Säugetieren (im Gegensatz zu Gleitern). Ihre Flügel sind Hautlappen.

**Familien:**
Bulldogfledermäuse (Molossidae)
Flug- oder Flederhunde (Pteropodidae)
Glattnasenfledermäuse (Vespertilionidae)
Glattnasenfreischwänze (Emballonuridae)
Hasenmaulfledermäuse (Noctilionidae)
Hufeisennasen (Rhinolophidae)
Madagassische Haftscheibenfledermäuse (Myzopodidae)
Mausschwanzfledermäuse (Rhinopomatidae)
Neuseelandfledermäuse (Mystacinidae)
Neuweltblattnasen (Phyllostomidae)
Rundblattnasen (Hipposeridae)
Schlitznasenfledermäuse (Nycteridae)
Stummeldaumenfledermäuse (Furipteridae)
Trichterohrenfledermäuse (Natalidae)
Vampirfledermäuse (Desmodontidae)

## SPITZHÖRNCHEN

Scandentia
Rund 20 Arten

**Vorkommen:**
Tropische Wälder Asiens

**Kennzeichen:**
- Hörnchenartig mit langer Schnauze. Einschließlich Schwanz rund 45 cm lang.
- Ernähren sich von Insekten, Früchten und Samen.
- Gute Augen und Ohren.
- Werden bisweilen als kleine, primitive Primaten klassifiziert.

**Familie:**
Spitzhörnchen oder Tupajas (Tupaiidae)

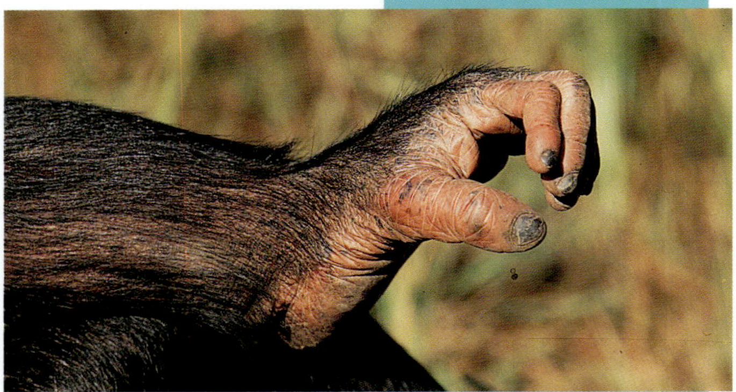

**Greifhand** Die meisten Primaten wie dieser Schimpanse *(Pan troglodytes)* besitzen Füße und Hände mit einem so genannten opponierbaren Daumen, der den anderen Fingern bzw. Zehen gegenübergestellt werden kann. Hierdurch können sich die Primaten in den Bäumen, ihrem Lebensraum, sicher festhalten. Die verbesserte Geschicklichkeit, die ein opponierbarer Daumen mit sich bringt, ermöglichte es den Menschen, komplizierte Werkzeuge zu entwickeln.

## HERRENTIERE (PRIMATEN)

Primates
Rund 230 Arten

**Vorkommen:**
In den tropischen und subtropischen Regionen; der Mensch weltweit

**Kennzeichen:**
- Nach vorn gerichtete Augen.
- Greifhände und Greiffüße, teils mit gegenüberstellbarem Daumen.
- Meist flache Nägel statt Krallen.
- Zumeist ans Klettern angepasst.
- Brust mit zwei Milchdrüsen.
- Höher entwickelte Arten mit vergrößertem Gehirn.
- Bei den höher entwickelten Primaten ist das Gesicht nackt oder bärtig behaart, und die Schnauzenpartie ist zumeist kürzer als bei Halbaffen wie Koboldmakis, Lemuren und Loris.

**Familien:**
Fingertiere (Daubentoniidae)
Gibbons oder Kleine Menschenaffen (Hylobatidae)
Große Menschenaffen (Pongidae)
Indriartige (Indriidae)
Kapuzinerartige (Cebidae)
Klammerschwanzaffen (Atelidae)
Koboldmakis (Tarsiidae)
Krallenaffen (Callitrichidae)
Lemuren (Lemuridae)
Loris und Pottos (Loriidae)
Meerkatzenverwandte (Cercopithecidae)
Menschen (Hominidae)

Siehe auch
90–1 **Das Tierreich**
112–3 **Rekorde im Tierreich**
122–3 **Gefährdete Arten**
124–5 **Artenschutz**

## NEBENGELENKTIERE

Xenarthra (Edentata)
30 Arten

**Vorkommen:**
Südamerika

**Kennzeichen:**

- Lange Schnauzen und lange, klebrige Zunge (Ausnahme: Faultiere).
- Zähne klein oder fehlend.
- Aufgrund ihrer verstärkten Wirbelsäule gute Gräber (Ausnahme: Faultiere).
- Guter Geruchssinn.
- Haben die primitivsten Gehirne aller Säugetiere in der Neuen Welt.

**Familien:**
Ameisenbären (Myrmecophagidae)
Faultiere (Bradypodidae)
Gürteltiere (Dasypodidae)

**Ein Leben in Zeitlupe** Tagsüber hängen Dreizehenfaultiere *(Bradypus tridactylus)* an ihren langen Krallen im Geäst. Auch nachts, auf der Suche nach Nahrung, legen sie nur wenige Meter zurück.

## SCHUPPENTIERE

Pholidota
7 Arten

**Vorkommen:**
Afrika und Südostasien

**Kennzeichen:**

- Haben keine Zähne, aber eine lange, klebrige Zunge.
- Kräftige Krallen.
- Lange Greifschwänze.
- Der Körper ist von überlappenden Hornschuppen bedeckt.
- Nachtaktiv.
- Ernähren sich von Ameisen und Termiten.

**Familie:**
Schuppen- oder Tannenzapfentiere (Manidae)

**Panzerkleid** Fast der ganze Körper des Weißbauchschuppentiers *(Manis tricuspis)* ist von dicken, überlappenden Schuppen bedeckt. Bei einem Angriff rollt es sich so zusammen, dass die scharfen Schuppenkanten zum Angreifer hin gerichtet sind.

## RÖHRCHENZÄHNER

Tubulidentata
1 Art

**Vorkommen:**
Afrika südlich der Sahara

**Kennzeichen:**

- Lange Schnauze, große Ohren, dicker Schwanz.
- Ernähren sich von Ameisen und Termiten.
- Brechen mit ihren kräftigen Klauen die Hügel von Termiten auf, die sie mit ihrer klebrigen Zunge auflecken. Nachtaktiv.
- Leben in Savannen und offenen Wäldern.

**Familie:**
Erdferkel (Orycteropodidae)

## HASENTIERE

Lagomorpha
Rund 65 Arten

**Vorkommen:**
Auf allen Kontinenten außer der Antarktis

**Kennzeichen:**

- Bodenbewohnende Pflanzenesser.
- Besitzen vorn im Maul je ein Paar als Nagezähne ausgebildete obere und untere Schneidezähne zum Durchnagen von Pflanzenstängeln.
- Scharfe Augen und Ohren, wodurch sie vor potenziellen Feinden rechtzeitig die Flucht ergreifen können.

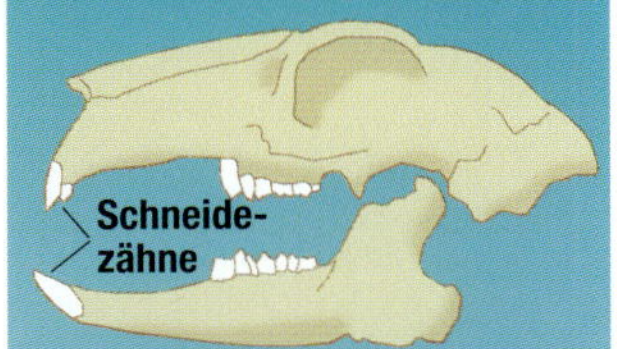


**Familien:**
Hasenartige (Leporidae)
Pfeifhasen oder Pikas (Ochotonidae)

**Bergbewohner** Der Nordamerikanische Pika *(Ochotona princeps)*, ein Verwandter von Kaninchen und Hasen, lebt in Kolonien, meist hoch oben in entlegenen Felsregionen im Nordwesten Nordamerikas.

**Essmaschine** Zuerst bricht der Große Ameisenbär *(Myrmecophaga tridactyla)* den Bau seiner Beutetiere mit seinen langen Vorderkrallen auf, dann leckt er die Insekten mit der klebrigen Zunge auf.

**Wasserbewohner, Weidetiere und Fleischesser**

## NAGETIERE

Rodentia
Über 1800 Arten

**Vorkommen:**
Weltweit außer an den Polen

**Kennzeichen:**

- Die Gruppe der Nagetiere umfasst neben Mäusen und Ratten auch Biber, Hörnchen und Meerschweinchenartige.
- Meist Pflanzenesser.
- Meißelartige, zu Nagezähnen gewandelte Schneidezähne, die sich durch Dauerwachstum auszeichnen und immer scharf bleiben.

**Familien:**

Agutis (Dasyproctidae)
Baum- und Ferkelratten (Capromyidae)
Baumstachler (Erethizontidae)
Biber (Castoridae)
Bilche oder Schläfer (Gliridae)
Blindmäuse (Spalacidae)
Chinchillaratten (Abrocomidae)
Chinchillas oder Hasenmäuse (Chinchillidae)
Echte Mäuse oder Langschwanzmäuse (Muridae)
Felsenratten (Petromuridae)
Hörnchen (Sciuridae)
Hüpfmäuse (Zapodidae)
Kammratten (Ctenomyidae)
Kängururatten (Heteromyidae)
Meerschweinchen (Caviidae)
Pakaranas (Dinomyidae)
Rohrratten (Thryonomyidae)
Springmäuse (Dipodidae)
Stachelratten (Echimyidae)
Stachelschweine (Hystricidae)
Taschenratten (Geomyidae)
Wasserschweine (Hydrochaeridae)
Wühler (Cricetidae)
Wurzelratten (Rhizomyidae)

## WALTIERE

Cetacea
Rund 80 Arten

**Vorkommen:**
Alle Meere und einige Flüsse

**Kennzeichen:**

- Meeressäugetiere.
- Die Waltiere teilen sich in zwei Gruppen auf: Zahnwale und Bartenwale.
- Bartenwale haben keine Zähne, sondern Barten, Platten aus festem haarähnlichem Material (Fischbein), mit denen sie Plankton aus dem Wasser sieben.
- Zahnwale, zu denen die Delphine und Tümmler gehören, jagen größere Beute.
- Haben Nasenöffnungen (Blaslöcher) an der Oberseite des Kopfes. Keine äußeren Ohrmuscheln und fast keine Behaarung.
- Ausgesprochen gesellige Tiere, die sich mit einem umfangreichen Lautrepertoire verständigen.

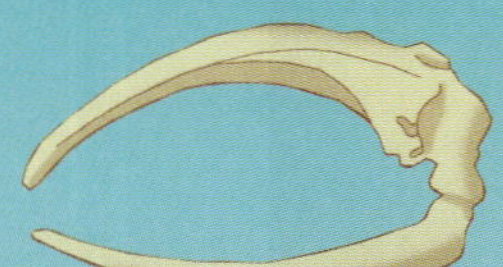

Der gebogene Oberkiefer von Bartenwalen lässt viel Raum für die daran aufgehängten Bartenplatten.

**Familien:**

Eigentliche Delphine (Delphinidae)
Furchenwale (Balaenopteridae)
Gangesdelphine (Platanistidae)
Glattwale (Balaenidae)
Grauwale (Eschrichtiidae)
Gründelwale (Monodontidae)
Kleintümmler (Schweinswale, Phocoenidae)
Langschnabeldelphine (Stenidae)
Pottwale (Physeteridae)

## RAUBTIERE

Carnivora
270 Arten

**Vorkommen:**
Weltweit einschließlich Arktis und Antarktis

**Kennzeichen:**

- Die Raubtiere umfassen neben Bären, Hunden und Katzen auch Füchse, Hyänen, Otter, Robben, Stinktiere, Walrosse und Wölfe.
- Es handelt sich um meist räuberische Fleischesser, einige (Füchse, Hunde, Schakale, Wölfe) sind jedoch Allesesser. Der Riesenpanda ernährt sich fast nur von Pflanzen.
- Ihre großen, spitzen Eckzähne eignen sich gut zum Packen und Erdrosseln der Beute.
- Viele besitzen spezialisierte Reißzähne zum Abschneiden von Fleisch.
- Im Verhältnis zur Körpergröße haben sie in der Regel ein großes Gehirn.

**Familien:**

Großbären (Ursidae)
Hunde (Canidae)
Hundsrobben (Phocidae)
Hyänen (Hyaenidae)
Katzen (Felidae)
Kleinbären (Procyonidae)
Marderartige (Mustelidae)
Ohrenrobben (Otariidae)
Schleichkatzen (Viverridae)
Walrosse (Odobenidae)

## RÜSSELTIERE

Proboscidea
2 Arten

**Vorkommen:**
Afrika südlich der Sahara, Indien, Sri Lanka, Südostasien

**Kennzeichen:**

- Größte heute lebende Landsäuger; erwachsene Tiere wiegen 6 t und mehr.
- Pflanzenesser; erwachsene Bullen nehmen täglich 180 kg Pflanzen zu sich.
- Langer Rüssel aus Oberlippe, Gaumen und Nasenlöchern. Die Stoßzähne sind die verlängerten oberen Schneidezähne.
- In prähistorischer Zeit gab es rund 300 Arten, von denen zwei überlebten.
- Der Afrikanische Elefant *(Loxodonta africana)* ist größer als der Asiatische Elefant *(Elephas maximus)* und hat deutlich größere Ohren.

**Familie:**

Elefanten (Elephantidae)

**Statussymbole** Die Stoßzähne von Walrossbullen *(Odobenus rosmarus)* können bis zu 90 cm lang werden. Sie wirken anziehend auf die Weibchen und werden in Auseinandersetzungen um die Geschlechtspartnerinnen eingesetzt.

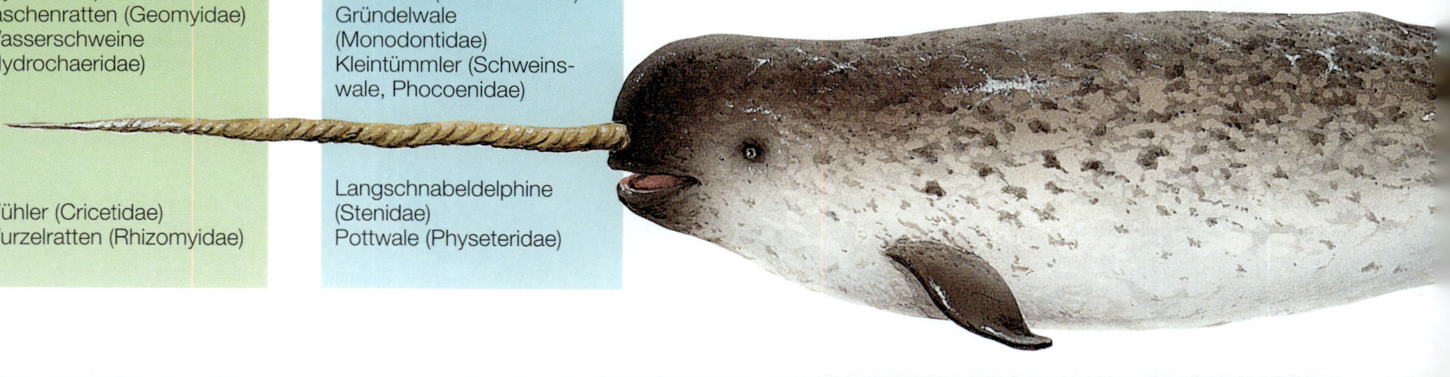

Siehe auch
90–1 **Das Tierreich**
112–3 **Rekorde im Tierreich**
122–3 **Gefährdete Arten**
124–5 **Artenschutz**

## SCHLIEFER

Hyracoidea
7 Arten

**Vorkommen:**
Afrika, Arabien, Syrien

**Kennzeichen:**
- Kleiner, gedrungener Körper von der Größe eines Kaninchens.
- Kein sichtbarer Schwanz.
- Vorderfüße mit vier hufartigen Zehen, Hinterfüße mit drei Zehen und einer Putzkralle.
- Zweikammeriger Magen zur Verdauung der Pflanzennahrung.

**Familie:**
Schliefer (Procaviidae)

## SEEKÜHE

Sirenia
4 Arten

**Vorkommen:**
Tropische Küstengewässer und angrenzende Flüsse

**Kennzeichen:**
- Halten sich fast immer unter Wasser auf.
- Ernähren sich ausschließlich von Wasserpflanzen.
- Komplexer dreikammeriger Magen.
- Friedliche, bedächtige und wehrlose Tiere.

**Familien:**
Gabelschwanzseekühe (Dugongidae)
Rundschwanzseekühe (Trichechidae)

## UNPAARHUFER

Perissodactyla
15 Arten

**Vorkommen:**
Tropisches Amerika, Ost- und Südafrika, Südasien

**Kennzeichen:**
- Die Gruppe umfasst neben Eseln und Pferden (die weltweit außer an den Polen verbreitet sind), Zebras sowie Nashörner und Tapire.
- Große Pflanzenesser, die sich überwiegend von Gras ernähren.
- Hinterfüße mit nur einer Zehe oder drei Zehen.
- Die primitivsten Unpaarhufer sind die Tapire, die vermutlich dem gemeinsamen Vorfahren der Ordnung ähneln.

**Familien:**
Nashörner (Rhinocerotidae)
Pferde (Equidae)
Tapire (Tapiridae)

## PAARHUFER

Artiodactyla
150 Arten

**Vorkommen:**
Auf allen Kontinenten außer Australien und der Antarktis

**Kennzeichen:**
- Die Gruppe umfasst neben Hornträgern wie Antilopen, Rindern, Schafen und Ziegen auch Flusspferde, Giraffen, Hirsche, Kamele und Schweine.
- Den Namen Paarhufer erhielten sie, weil jede Extremität in zwei behuften Zehen endet.
- Pflanzenesser, die in Grasländern oft große Herden bilden.
- Der Magen- und Darmtrakt ist speziell an die Verdauung von großen Mengen Zellulose angepasst.
- Viele besitzen Hörner oder Geweihe.

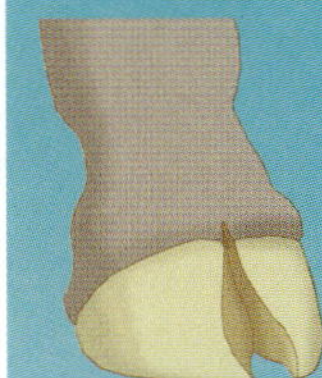

Bei den meisten Paarhufern ist die Zehenzahl der Gliedmaßen auf zwei behufte Zehen reduziert.

**Familien:**
Flusspferde (Hippopotamidae)
Gabelhorntiere (Antilocapridae)
Giraffen (Giraffidae)
Hirsche (Cervidae)
Hirschferkel (Tragulidae)
Hornträger (Bovidae, s. o.)
Kamele (Camelidae)
Pekaris (Tayassuidae)
Schweine (Suidae)

**Einsamer Schwimmer** Im Gegensatz zu den geselligeren Dugongs aus dem Indischen und Pazifischen Ozean leben Nagelmanatis *(Trichechus manatus)* als Einzelgänger in den tropischen Gewässern des Westatlantiks.

**Scheuer Pflanzenesser** Der Schabrackentapir *(Tapirus indicus)* lebt als nachtaktives Tier zurückgezogen in den dichten Wäldern Südostasiens. Diese Art ist aufgrund der Zerstörung ihres Lebensraums durch den Menschen vom Aussterben bedroht.

**Gut bewaffnet** Der Stoßzahn des Narwals *(Monodon monoceros)* ist ein modifizierter Zahn des Oberkiefers, der nur bei den Männchen vorkommt und bis zu 3 m lang wird.

**Sicherheit durch große Herden** Saigaantilopen *(Saiga tatarica)* ziehen in riesigen Herden durch die Grassteppen Russlands und Zentralasiens.

*Während Pflanzen mithilfe der Photosynthese ihre eigenen Nährstoffe herstellen können, sind Tiere dazu nicht in der Lage. Sie müssen Nahrung finden und diese aufnehmen. Dazu haben sie eine Reihe unterschiedlicher Methoden entwickelt. Einige sind Parasiten: Sie setzen sich am oder im Körper von anderen Tieren fest und entziehen diesen die nötigen Nährstoffe. Die meisten nehmen jedoch feste oder flüssige organische Stoffe zu sich und müssen diese verdauen, d. h. in lösliche Nährstoffe umwandeln, die ihr Körper absorbieren und nutzbar machen kann. Diese Form der Ernährung bezeichnet man als heterotrophe Ernährung.*

**FAKTEN**

**Der Erdwolf *(Proteles cristatus)* gehört zu den größten Nahrungsspezialisten im Tierreich. Er ernährt sich ausschließlich von einigen wenigen Termitenarten.**

## DIE DREI FORMEN DER ERNÄHRUNG

Man unterscheidet drei Formen heterotropher Ernährer: **Sauger,** die sich von flüssigen Stoffen ernähren, **Mikrophagen,** die mikroskopisch kleine Nahrungspartikel aufnehmen, und **Makrophagen,** die von größeren Nahrungsteilen leben.

**1 Sauger** Organische Flüssigkeiten wie Nektar, Pflanzensäfte und Blut bilden die Nahrung der so genannten Sauger. Die meisten davon sind Insekten mit stechend-saugenden Mundwerkzeugen, z. B. Stechmücken, oder mit langen Zungen, z. B. Schmetterlinge. Unter den Wirbeltieren finden sich nur wenige Sauger wie Kolibris und Vampirfledermäuse.

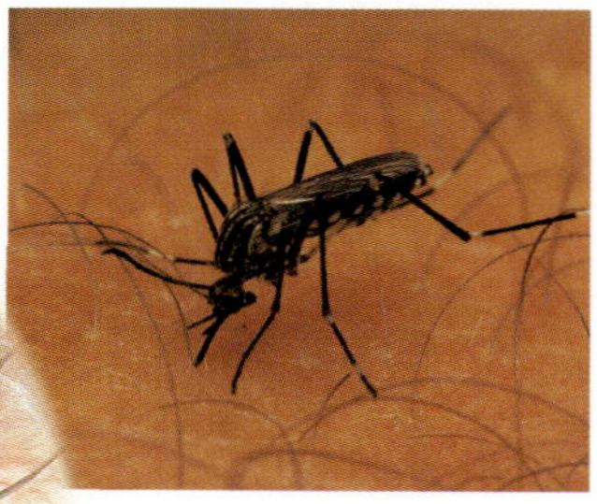

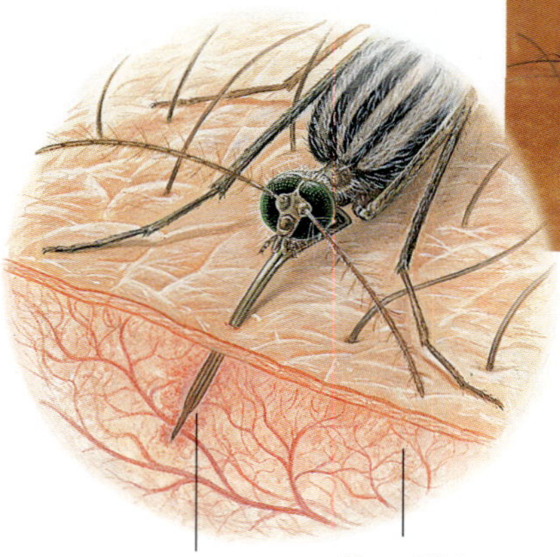


**Blutmahlzeit** Alle Stechmücken sind Sauger, aber nur die Weibchen haben Mundwerkzeuge, die auf das Saugen von Blut spezialisiert sind; ohne Blut können ihre Eier nicht heranreifen. Ihre notwendigen Nährstoffe nehmen männliche wie weibliche Stechmücken in Form von Pflanzensäften und Nektar auf.

### Leben von einem tierischen Wirt

Manche Parasiten, wie Band- und Fadenwürmer, leben im Verdauungstrakt ihres Wirtes. Außenparasiten wie Flöhe, Läuse und Zecken leben auf der Haut und finden ihre Nahrung entweder auf der Hautoberfläche oder durchbohren sie, um Blut zu saugen.

**Spezialisierte Lebensweise** Die Füße der Kopflaus sind perfekt geeignet, um an Haarschäften Halt zu finden. Die Laus saugt Blut und bezieht daraus ihre nötigen Nährstoffe.

**2 Mikrophagen** Mikrophagen nehmen fast ständig Nahrung zu sich, weil sie sich nur von winzigen Nahrungspartikeln ernähren. Man unterscheidet zwei Typen:

- **Filtrierer** Dazu gehören kleine, festsitzende Wirbellose wie Seepocken ebenso wie die riesigen Bartenwale.

Filtrierer sieben ihre Nahrung aus dem Wasser, Seepocken z. B. mithilfe winziger, haarähnlicher Fortsätze, der Zilien oder Wimpern. Die Barten der Bartenwale sind Platten aus einer hornigen Substanz (Fischbein) auf beiden Seiten des Oberkiefers. Mit der Zunge drücken die Wale aufgenommenes Wasser durch die Platten; dabei bleibt die Nahrung an den Barten hängen.

Die meisten Filtrierer leben in dem Wasser, aus dem sie ihre Nahrung beziehen, einige, wie Flamingos, sind jedoch eigentlich Landtiere.

- **Sediment- oder Substratesser** Diese ernähren sich von organischem Material in Sedimenten, etwa im Boden, oder von Schwebstoffen, die sich am Meeresgrund abgesetzt haben. Seesterne, Seeigel sowie viele Weichtiere und Würmer sind Sedimentesser.

**Filtrierer** Der Schnabel eines Flamingos ist im Innern mit samtigen Borsten besetzt. Mit seiner Zunge presst der Vogel Wasser durch diese Borsten, dabei bleiben Algen und kleine Wirbellose hängen.

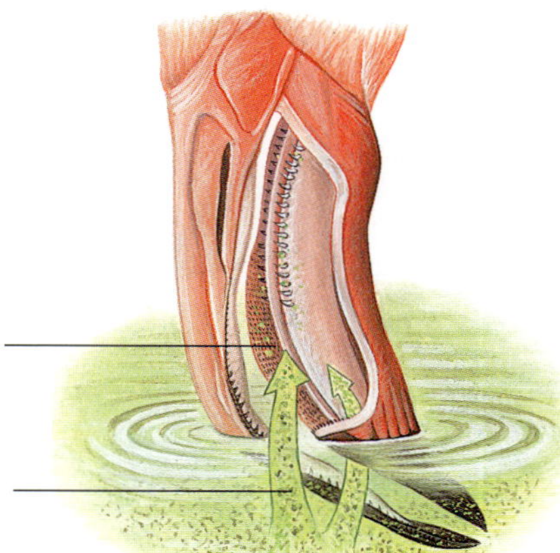

## Fleisch essende Schnecken

Im Gegensatz zu den landlebenden Schnecken sind bestimmte Meeresschnecken, die so genannten Kielfüßer (Heteropoda), gefräßige Räuber. Sie machen aktiv Jagd auf andere Meeresorganismen und finden ihre Beute durch ihre guten Augen; ihr Fuß ist zu einer Art Schwimmflosse umgebildet.

**Scharfe Augen** *Atlanta peroni* hat große, vorstehende Augen (oben als schwarze Punkte zu erkennen), mit denen sie ihre Beute findet.

## Spezialisierte Nahrungssuche

Fleischesser müssen ihre Beute jagen. Die meisten finden sie mithilfe ihres Sehvermögens, ihres Gehörs oder ihres Geruchssinns, einige haben jedoch ausgeklügeltere Strategien:

- **Wärme** Riesenschlangen und Grubenottern haben so empfindliche Wärmedetektoren, dass sie ihre Beutetiere damit gleichsam „sehen" können. Grubenottern sind imstande, Temperaturunterschiede von 0,0003 °C wahrzunehmen.
- **Elektrizität** Haie und Rochen besitzen am Kopf spezielle Organe, mit denen sie die von Lebewesen ausgehenden schwachen elektrischen Ströme wahrnehmen können. Dadurch können sie auch in trübem Wasser jagen.
- **Echoortung** Die Echoortung der Insekten essenden Fledermäuse ist so genau, dass sie Insekten in völliger Dunkelheit zu jagen vermögen; dabei können sie z. B. Mücken aus einer Entfernung von 20 m lokalisieren. Sie stoßen dazu pro Sekunde etwa zehn Pulse sehr hochfrequenter Schallwellen von bis zu 200 000 Hz aus, die sie in ihrem Kehlkopf produzieren. Große Teile des Gehirns von Fledermäusen sind darauf spezialisiert, die zurückkommenden Reflexionen dieser Schallwellen zu interpretieren.

**3 Makrophagen** Makrophagen ernähren sich von großen Nahrungsteilen und gehen dabei recht selektiv vor. Zu ihnen gehören:

- **Fleischesser (Carnivoren)** Fleisch essende Tiere wie Hunde, Katzen oder Krokodile jagen andere Tiere oder ernähren sich von Aas. Ihre Zähne sind daran angepasst, die Beute zu erdrosseln sowie Fleischstücke abzuschneiden oder herauszureißen.
- **Allesesser (Omnivoren)** Allesesser, zu denen auch der Mensch zählt, ernähren sich von einer gemischten Kost aus Fleisch und pflanzlichen Stoffen. Dies spiegelt sich in der Struktur ihrer Zähne wider: Einige sind zum Schneiden geeignet, andere zum Zermahlen.
- **Pflanzenesser (Herbivoren)** Pflanzenesser ernähren sich ausschließlich von pflanzlichem Material. Einige sind so genannte Weidegänger, die sich von am Boden wachsenden Gräsern ernähren, z. B. Kaninchen und Rinder. Andere, wie Ziegen und Giraffen, sind Laub- und Zweigfresser.

**Wiederkäuer** Pflanzen sind schwer verdaulich. Ihre Zellwände bestehen aus Zellulose, die hart und faserig ist. Um sie verdauen zu können, besitzen Pflanzenesser einen langen Verdauungstrakt. Wiederkäuer wie Rinder haben einen vierkammerigen Magen; dadurch ist der Verdauungsprozess in mehrere Stadien unterteilt.

Siehe auch
74–5 **Wie Pflanzen leben**
542–7 **Biologie**

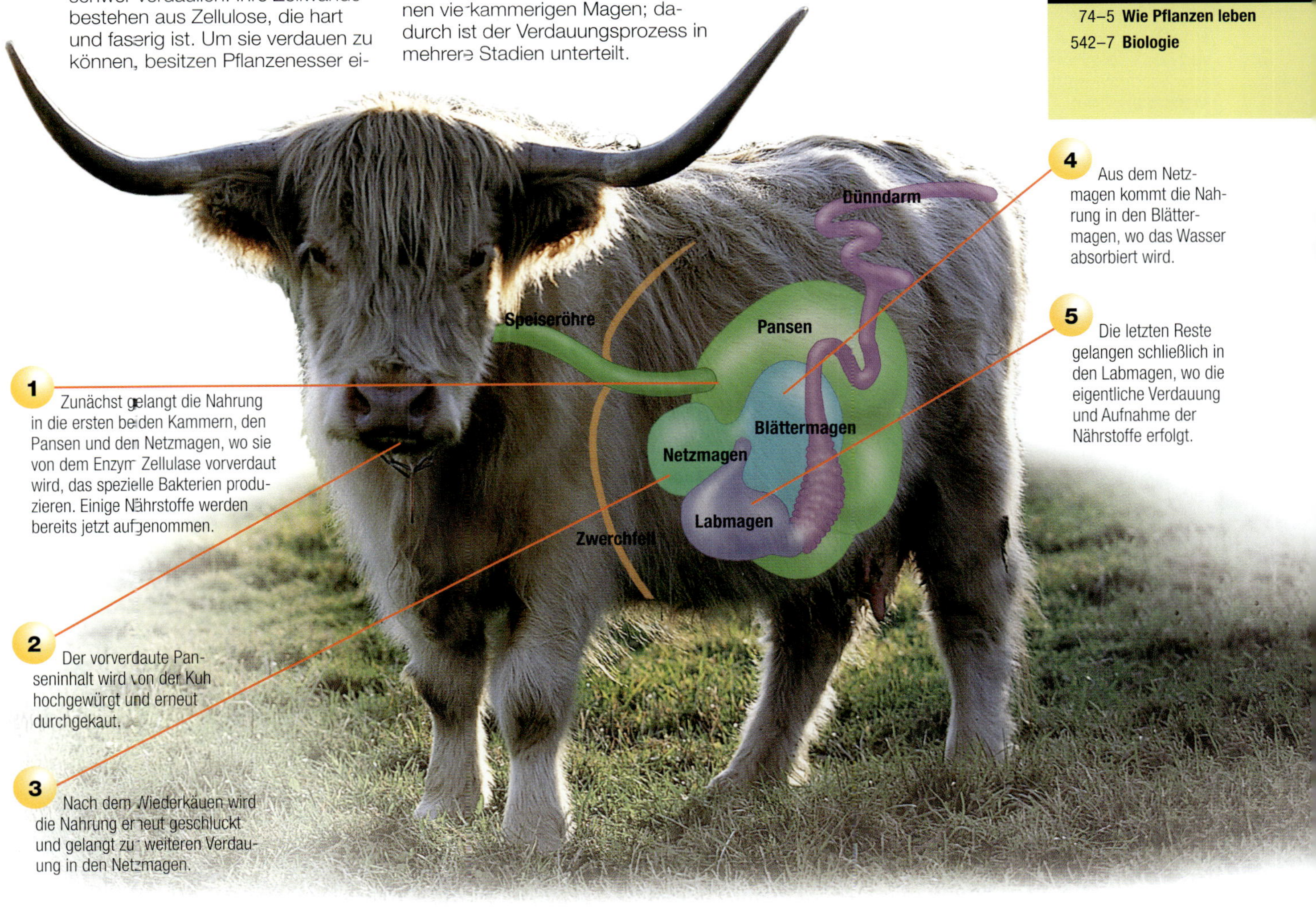

*Aussterben ist ein natürlicher Prozess: 95 % aller Arten, die je auf der Erde gelebt haben, vom* Tyrannosaurus rex *bis zum Neandertaler, sind schon seit langem für immer ausgestorben. Im 20. Jh. verschwanden indes Hunderte von Arten allein aufgrund der beispiellosen Neigung des Menschen zur Zerstörung seiner Umwelt. Hier werden einige Arten vorgestellt, deren Tage im dritten Jahrtausend wahrscheinlich gezählt sind.*

**Schrumpfender Raum** Der Goldene Bambuslemur wurde erst 1987 entdeckt. Sein Lebensraum ist ein einzelnes kleines Regenwaldgebiet im Osten Madagaskars, das durch Brandrodung stark in Mitleidenschaft gezogen wurde. Die Population wird auf etwa 1000 Tiere geschätzt. In Menschenobhut leben derzeit fünf dieser Lemuren.

## Die Bedrohung messen

Die Umstände, die eine Tierart aussterben lassen, sind vielfältig. Dazu gehören auch zahlreiche nicht messbare Faktoren wie etwa ein „niedliches" Aussehen. Daher sind alle Tabellen gefährdeter Arten irreführend. Es ist unmöglich zu sagen, wann eine fast ausgelöschte Art dem Aussterben näher ist als eine andere. Nicht selten kommt es vor, dass eine Art sich unerwartet wieder erholt; manche profitieren von der Wiederansiedlung aus Zuchtprogrammen in Menschenobhut.

**Bereits ausgestorben**
Dieser Beutelwolf (links) wurde im Jahr 1930 erlegt. Das letzte bekannte Tier starb 1936, und 1986 wurde die Art für ausgestorben erklärt. Alljährlich gehen Tausende von Arten verloren – die meisten in den Regenwäldern. Dort sterben Arten aus, die man noch gar nicht kennt und die daher noch nicht einmal einen Namen haben.

## WARUM ARTEN AUSSTERBEN

Die Goldkröte (rechts ein Bild in Gefangenschaft), die im Monteverde-Nationalpark in Costa Rica heimisch war, ist eine der vielen Arten, die in den letzten Jahren ausgestorben sind. Ihr Verlust wird auf den globalen Klimawandel zurückgeführt. Die drei wichtigsten Ursachen für den Artenschwund sind in menschlicher Aktivität zu suchen: Umweltverschmutzung, Jagd und die Zerstörung von Lebensraum, z. B. zur Gewinnung von Weideflächen.

## Tödliche Kugeln

Die Hauptursache für den Rückgang des Kalifornischen Kondors war Bleivergiftung, weil die Vögel mit dem Fleisch geschossener Tiere Gewehrkugeln aufnahmen. 1987 hat man das letzte Exemplar zur Zucht eingefangen – damit war die Art in der Natur ausgestorben. Seither wurden einige dieser Vögel in Menschenobhut gezüchtet und – mit Zahlen gekennzeichnet – wieder ausgewildert. Bisher haben sieben von ihnen überlebt.

Wandertaube

## IMMER MEHR ARTEN STERBEN AUS

Der Mensch rottete im 17. und 18. Jh. jeweils ungefähr 30 Arten aus. Im 19. Jh. wurden rund 100 Arten ausgelöscht, im 20. Jh. dann mehrere Hundert. Hier sind einige der ausgerotteten Tierarten aufgelistet, soweit bekannt mit genauer Angabe des Jahres ihres Verschwindens.

### 17. Jh.

- Auerochse (1627)
- Dronte (1662)
- Madagaskarstrauß
- Riesenlemur

### 18. Jh.

- *Aphanapteryx leguati* (Rodriguez-Ralle)
- Blaubock (1799)
- *Cylindraspis inepta* (Mauritius-Riesenschildkröte)
- Steller'sche Seekuh (1768)

### 19. Jh.

- Brillenkormoran (um 1850)
- Burchellzebra (1883)
- Falklandfuchs (1876)
- Labradorente (1875)
- Oregonbison (um 1800)
- *Moxostoma lacerum* (ein Karpfen, 1893)
- Nacktbrust- oder Wüstenrattenkänguru
- Riesenalk (1844)

### 20. Jh.

- Audubons Dickhornschaf (1905)
- Balitiger (1937)
- Berberlöwe (1922)
- Goldener Kurznasenbeutler
- Japanischer Wolf (1905)
- Kleiner Kaninchennasenbeutler
- Maulbrüterfrosch
- Schomburgkhirsch
- Schwarzbäuchiger Scheibenzüngler (1956)
- Schweinsfußnasenbeutler (1925)
- Syrischer Wildesel (1928)
- Texasrotwolf (1970)
- Wandertaube (1914)

Dronte

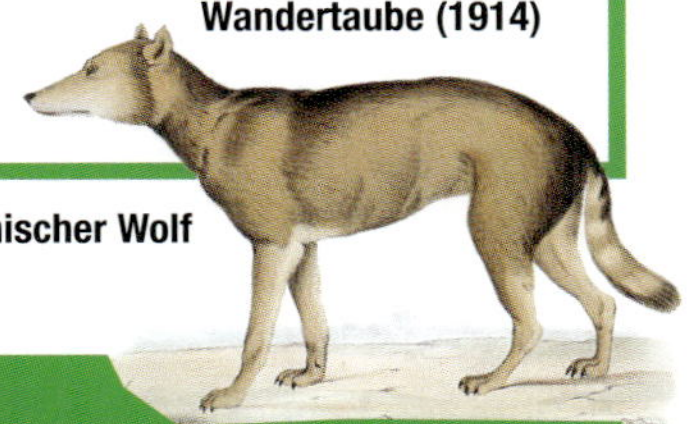

Japanischer Wolf

## Die seltensten Tiere

### Fische und Amphibien

- *Austroglanis barnardi* (ein Wels)
- Gangeshai
- Goldkröte
- Groppenbarsch
- Langzahnsägefisch
- *Pungitius hellenicus* (ein Stichling)
- Rotflossen-Blauauge
- Stör
- Zwerggrundel

### Säugetiere

- Abessinischer Fuchs
- Javanashorn
- Goldener Bambuslemur
- Kouprey
- Mittelmeermönchsrobbe
- Nördlicher Haarnasenwombat
- Säbelantilope
- Yangtsedelphin
- Zwergwildschwein

### Vögel

- Antarktisalbatros
- Balistar
- Eskimobrachvogel
- Kalifornischer Kondor
- Madagaskarseeadler
- Mauritiusfalke
- Mauritiussittich
- Rosentaube
- Schuppenkehlmoho
- Spixara

### Insekten

- *Aneuretus simoni* (eine Schuppenameise)
- Grüner Raschkäfer
- Königin-Alexandra-Vogelfalter
- *Labidura herculeana* (ein Ohrwurm)
- *Prodontia lewisii* (ein Blatthornkäfer)

### Reptilien

- Aruba-Klapperschlange
- Atlantische oder Kemps Bastardschildkröte
- Callagurschildkröte
- Chinaalligator
- Dahls Krötenkopfschildkröte
- Jamaika-Wirtelschwanzleguan
- Kuba-Wirtelschwanzleguan
- Orinokokrokodil

**Ertrinkende Art** Die Atlantische oder Kemps Bastardschildkröte legt ihre Eier nur am Strand von Ranch Nuevo am Golf von Mexiko ab. 1947 wurden an einem einzigen Tag 40 000 Weibchen gezählt, heute sind es nur noch wenige Hundert. Die Tiere sind durch die Fischer bedroht, in deren Netzen sie sich verfangen und ertrinken.

**FAKTEN**

**Bisher wurde noch kein Krebstier nachweislich durch menschliche Aktivität ausgerottet.**

**Zarte Schönheit** Monarchfalter wandern jeden Herbst von ihren Brutplätzen im Nordosten Nordamerikas in die Wälder und Berge von Zentralmexiko. Diese für die Falter lebenswichtigen Überwinterungsgebiete sind jedoch durch Holzeinschlag gefährdet. Mittlerweile gelten die wandernden Falter als gefährdet.

## Aussterben in Zahlen

Nach eine jüngsten Zählung beträgt die Zahl der offiziell als gefährdet eingestuften Tierarten 5205. Die meisten bedrohten Arten leben in China und Brasilien. Im Folgenden sind die prozentualen Anteile bedrohter Tierarten weltweit aufgeführt:

**11 %** aller Vogelarten
**20 %** aller Reptilien
**25 %** aller Säugetiere
**25 %** aller Amphibien
**34 %** aller Fische

Siehe auch

90–1 **Das Tierreich**
112–3 **Rekorde im Tierreich**
124–5 **Artenschutz**

# Artenschutz ▶

**Der Erhalt der biologischen Vielfalt der Erde**

*Vor 100 Jahren wurden die meisten Tiere durch zu starke Bejagung und die Ansiedlung von Fremdarten ausgerottet. Heute stellt der Verlust des Lebensraums die größte Bedrohung dar. Der Bedarf an Holz und Land zur Ernährung der wachsenden Erdbevölkerung hat zur Folge, dass die natürlichen Lebensräume immer schneller verschwinden.*

## DER SCHUTZ DER NATUR

Die ersten wichtigen Schritte in Richtung Naturschutz wurden in der zweiten Hälfte des 19. Jh. in Nordamerika unternommen. Als Reaktion auf Berichte über große Naturwunder entsandte die amerikanische Regierung 1871 eine Expedition zu einem Ort namens Yellowstone in den Rocky Mountains. Ihr Bericht veranlasste Präsident Ulysses S. Grant, das Gebiet 1872 zum ersten Nationalpark der Erde zu erklären.

**Schutz von Lebensräumen** Seit dieser Zeit wurden in der ganzen Welt Nationalparks eingerichtet. Zusammen mit anderen Formen von Schutzgebieten wie Wildreservaten und Naturschutzgebieten sind so viele der biologisch wichtigsten und verletzlichsten Lebensräume der Erde vor der Besiedlung und Bewirtschaftung durch den Menschen geschützt.

**Jagdverbote** In der Zeit der Gründung der ersten Nationalparks wurden einige Tierarten durch Bejagung ausgerottet. So erließ man als Nächstes Jagdbeschränkungen zum Schutz einzelner Arten. Als eines der ersten Tiere profitierte davon der Nördliche Seebär *(Callorhinus ursinus).* 1911 unterzeichneten Japan, Russland, Kanada und die USA einen gemeinsamen Vertrag zur Einschränkung der Jagd, damit sich die Populationen wieder erholen konnten.

**Erfolgsstory**
Seit der 1911 verhängten Jagdbeschränkung haben sich die Bestände des Nördlichen Seebären *(Callorhinus ursinus)* wieder erholt.

**Zucht und Wiederansiedlung** Für einige Tierarten reicht es nicht aus, sie in der Natur zu schützen; der einzige Weg, sie zu retten, ist ihre Zucht in Menschenobhut. Solche Zuchtprogramme sollen einen so großen Grundstock von Tieren schaffen, dass man diese wieder in der Natur ansiedeln kann. Für eine erfolgreiche Auswilderung muss zum einen der natürliche Lebensraum selbst geschützt und zum anderen die Bejagung verhindert werden. Ein Beispiel für ein solches Projekt ist die Arabische Oryx. 1972 starb diese Antilope in freier Wildbahn aus. Heute beträgt ihre Zahl in der Natur wieder 1500 Tiere, die alle von ausgewilderten Individuen abstammen.

**Great Plains**

**Für immer verloren**
Vor 200 Jahren erstreckte sich das als Prärie bezeichnete natürliche Grasland Nordamerikas über das gesamte Gebiet der Great Plains. Heute ist nur noch ein Bruchteil davon übrig, der zudem durch Überweidung bedroht ist.

**Everglades**

**Austrocknung**
Der Großteil des Wassers der Everglades wird auf Felder und zur Versorgung der Städte umgeleitet.

**Schrumpfender Lebensraum**
Der Florida-Weißwedelhirsch *(Odocoileus virginianus clavium)* ist durch den Verlust seines Lebensraums gefährdet.

**Amazonasbecken**

**Rodung für Möbel**
Jährlich werden 61 000 km² des größten Regenwalds der Erde gerodet. Der Großteil des Holzes wird in die Industrieländer verschifft und zu Möbeln und Baumaterial verarbeitet.

**Pampas**

**Farmland**
Weite Teile des südamerikanischen Graslands wurden in Farmland umgewandelt, und auch von den übrig gebliebenen Flächen sind viele in Gefahr.

**Zeichenerklärung**

- Wald
- Grasland
- Feuchtgebiete
- Wüste
- Inseln
- Meere

### Restauration zerstörter Lebensräume

Die Wiederherstellung von Lebensräumen, die durch menschliche Aktivität zerstört wurden, ist eine noch junge Naturschutzstrategie, die sich jedoch z. B. auf Mauritius im Indischen Ozean bereits als erfolgreich erwiesen hat.

Nach Ankunft der Europäer im 16. Jh. wurde die natürliche Vegetation dieser Inseln stark zerstört, die heimische Tierwelt wurde bejagt, und fremde Arten wurden eingeführt. Seit den 1980er-Jahren hat man mit beträchtlichem Erfolg Schutzgebiete geschaffen, heimische Arten aus Zuchtprogrammen wieder angesiedelt und fremde Eindringlinge wie Kaninchen und Ziegen ausgerottet.

**FAKTEN**

**In einem 55 km² großen Regenwaldgebiet in Peru fand man nicht weniger als 1200 Schmetterlingsarten.**

Europa
Asien
Afrika
Australien

**Die Wälder Spaniens**

### Angriff von allen Seiten

Die einzigartigen Wälder Spaniens werden durch sauren Regen, absichtlich gelegte Waldbrände und Rodung zerstört.

**Aralsee**

### Ausgetrocknet

Die Fläche des Aralsees wurde durch die Umleitung von Zuflüssen zur Bewässerung von Feldern um 57 % verringert.

**Russland**

### Gleichgültigkeit

Viele der Lebensräume Russlands wurden in der Ära des Kommunismus zerstört. Die Zukunft sieht kaum besser aus, da der Umweltschutz nicht ernst genommen wird.

**China**

### Menschenflut

Wie sein Nachbar Indien hat China eine riesige Bevölkerung, die sehr viel Land braucht und Druck auf die natürlichen Lebensräume ausübt.

**Indien**

### Raumnot

Bei einer weiter steigenden Bevölkerung von fast 1 Mrd. Menschen sind die natürlichen Lebensräume Indiens stark bedroht.

**Südostasien**

### Bevölkerungsdruck

Der Großteil der Wälder wurde aus Profitgier abgeholzt oder um Platz für Landwirtschaft zu schaffen.

**Wipfelbewohner** Der Weißhandgibbon *(Hylobates concolor)* ist durch die Entwaldung in Südostasien bedroht.

**Sahelzone**

### Meer aus Sand

Die halbtrockene Sahelzone wird immer mehr zur Wüste; Ursachen sind die Überweidung durch Vieh sowie die Rodung von Feuerholz.

**Kongobecken**

### Holzeinschlag

Im Kongobecken wird weniger stark gerodet als in anderen Regenwäldern, dennoch geht jährlich fast 1 % des Waldes verloren.

**Hochland von Äthiopien**

### Gefährdetes Gleichgewicht

Überweidung und der Verlust natürlicher Savannen durch Ackerbau gefährden hier das empfindliche natürliche Gleichgewicht.

**Insel Rodriguez**

### Abgefressen

Entwaldung und die Überweidung durch eingeführte Schafe und Rinder haben fast alle natürlichen Lebensräume der Insel vernichtet.

**Philippinische Riffe**

### Vergiftet und gesprengt

Das Fischen mit Dynamit und Zyanid hat weite Teile der Korallenriffe zerstört – illegal werden diese Praktiken fortgeführt.

**Keine Zuflucht** Das Fingertier *(Daubentonia madagascariensis)* ist durch Bejagung stark dezimiert; nun könnte es auch noch seinen Lebensraum verlieren.

**Die Wälder Madagaskars**

### Fast verschwunden

Wenn die derzeitige Entwaldungsrate anhält, werden die gesamten Wälder Madagaskars bis 2006 verschwunden sein.

**Mauritius**

### Verschwunden wie die Dronte

Lediglich 3 % der Wälder, die einst die Insel bedeckten, sind noch übrig. Inzwischen versucht man die Schäden wieder gutzumachen (siehe Kasten: *Restauration zerstörter Lebensräume*).

**Die Wälder Tasmaniens**

### Unter Druck

Die gemäßigten Regenwälder Tasmaniens sind heute zwar besser geschützt als früher, werden aber weiterhin gerodet, um neue Plantagen anlegen zu können.

## Was ist Biodiversität?

Biodiversität oder biologische Vielfalt meint die Mannigfaltigkeit des Lebens in einem bestimmten Gebiet. Dies kann sich auf die Zahl der Arten und ihre Häufigkeit auf die Artenvielfalt oder auch auf eine Kombination von beiden beziehen. Verschiedene Lebensräume weisen ein unterschiedliches Ausmaß an Biodiversität auf. So ist z. B. die Biodiversität von Regenwäldern mit ihrer großen Vielfalt und Zahl von Arten höher als die von Wüsten.

**Die Erhaltung der Biodiversität ist wichtig,** weil die Arten, die einen Lebensraum bewohnen, voneinander abhängig sind. In Extremfällen kann der Verlust einer Art sogar dazu führen, dass andere aussterben, wenn diese auf die erloschene Spezies angewiesen sind.

Aus menschlicher Sicht riskieren wir durch den Verlust von Arten, besonders von Wildpflanzen, mögliche Quellen für lebensrettende Medikamente zu verlieren.

Siehe auch
90–1 **Das Tierreich**
112–3 **Rekorde im Tierreich**
122–3 **Gefährdete Arten**

*Homo sapiens ist der einzige überlebende Vertreter der Familie Menschen (Hominidae). Vor 1–2 Mio. Jahren lebten noch mehrere Hominidenarten. Da die Erforschung der frühen Menschen größtenteils anhand unvollständiger Fossilfunde erfolgte, ist nicht klar, ob diese Arten miteinander verwandt waren. Vieles lässt sich nur vermuten, wenngleich durch neuere Techniken wie die vergleichende Biochemie manche Wissenslücke gefüllt werden konnte.*

## WAS SIND HOMINIDEN?

- Hominiden sind **Primaten.** Weitere Primaten sind Halbaffen und Affen sowie Gorillas, Schimpansen und Orang-Utans.
- Sie **gehen biped,** also zweibeinig, und folglich **aufrecht.**
- Sie besitzen ein relativ **großes Gehirn.**

Zwei Gattungen von Hominiden wurden bisher nachgewiesen: *Australopithecus* und *Homo.* Die Gattung *Ardipithecus* könnte eines Tages möglicherweise als ältester bekannter Hominide klassifiziert werden.

**1** Vor 30 Mio. Jahren
***Aegyptopithecus,*** der vielleicht erste menschenähnliche Menschenaffe (aus der Überfamilie Menschenartige oder Hominoidea), lebte im heutigen Ägypten.

**2** Vor 20–16 Mio. Jahren
**Proconsul,** ein kleiner Menschenaffe, der als gemeinsamer Vorfahre der heutigen Menschenaffen und Menschen gilt, lebt in den tropischen Regenwäldern Afrikas. Er klettert auf allen vieren durch das Geäst von Bäumen.

Vor 10 Mio. Jahren
***Afropithecus*** taucht in Ostafrika, Asien und Europa auf. Die Vertreter dieser Art haben Zähne mit verdicktem Zahnschmelz, vermutlich weil sie ihre Ernährung auf harte Früchte, Nüsse und Wurzeln umstellten. Durch den dicken Zahnschmelzüberzug waren die Zähne haltbarer, sodass diese Lebewesen über längere Zeit Nahrung aufnehmen konnten und älter wurden.

Vor 10 Mio. Jahren
**Lücke in den Fossilfunden**

Vor 4,4 Mio. Jahren
Der menschenaffenähnliche ***Ardipithecus ramidus*** lebt im Gebiet des heutigen Äthiopien. Er geht vermutlich aufrecht auf zwei Beinen und wird daher von einigen Fachleuten als der erste echte Mensch (Hominide) klassifiziert.

Vor 4,2–3,9 Mio. Jahren
***Australopithecus anamensis*** taucht in Ostafrika auf. Er ist der älteste bekannte Vertreter der Australopithecinen – einer Gruppe echter Menschen (Hominiden, siehe Kasten oben), die sich von den übrigen menschenähnlichen Menschenaffen der Überfamilie Menschenartige (Hominoidea) unterscheiden. Der Kiefer dieser Art ist zwar noch menschenaffenähnlich, die Beinknochen belegen aber eindeutig, dass sie aufrecht ging.

**3** Vor 4–3 Mio. Jahren
In verschiedenen Teilen Afrikas lebt ***Australopithecus afarensis.*** Er ist der letzte gemeinsame Vorfahre sämtlicher später auftauchenden Hominidenarten und besitzt ein nur kleines Gehirn. Seine Arme sind lang, die Beine kurz; die Größe beträgt im Durchschnitt weniger als 1,5 m. Außerdem gibt es Hinweise auf deutliche Größenunterschiede zwischen den Geschlechtern. „Lucy", das erste gefundene Fossil dieser Art, war offensichtlich nur 1,3 m groß.

Vor 3,5–3 Mio. Jahren
***Australopithecus bahrelghazali*** taucht in Afrika auf. Er ähnelt *A. afarensis,* hat aber einen weniger menschenaffenähnlichen Kiefer.

## Zweibeinigkeit ist vorteilhaft…

Die Entwicklung der Bipedie – des aufrechten Ganges auf zwei Beinen – spielte eine entscheidende Rolle für die Entwicklung der menschlichen Intelligenz. Dafür gibt es zwei Ursachen. Erstens erfordert die Bipedie eine bessere Koordination, was zu einem höher entwickelten Nervensystem und einem größeren Gehirn führte. Zweitens werden die Hände frei zum Tragen und für manuelle Tätigkeiten. Dadurch entstanden Handfertigkeiten, wie sie zur Herstellung von Werkzeugen erforderlich waren, was wiederum eine Höherentwicklung des Gehirns bewirkte.

Der aufrechte Gang bringt noch weitere Vorteile – z. B. eine erhöhte Körpergröße, die nützlich beim Spähen nach Beute und Feinden in der offenen Savanne ist. Außerdem trägt die aufrechte Haltung dazu bei, dass der Körper kühl bleibt, denn sie erhöht die Entfernung zum aufgeheizten Untergrund.

**Aufrechte Haltung**
Nicht nur Menschen gehen aufrecht. Gelegentlich tun dies auch Menschenaffen, nur nicht so wirksam. Der aufrechte Gang hat aber nicht nur Vorteile. Zweibeiner können nicht so schnell laufen wie Vierbeiner, und die zusätzliche Abnutzung von Rückgrat, Hüften und Knien, die diese Haltung mit sich bringt, führt oft zu Beschwerden.

**Gorilla**
Schwerpunkt vor der Hüfte
Beine nach vorn gebeugt

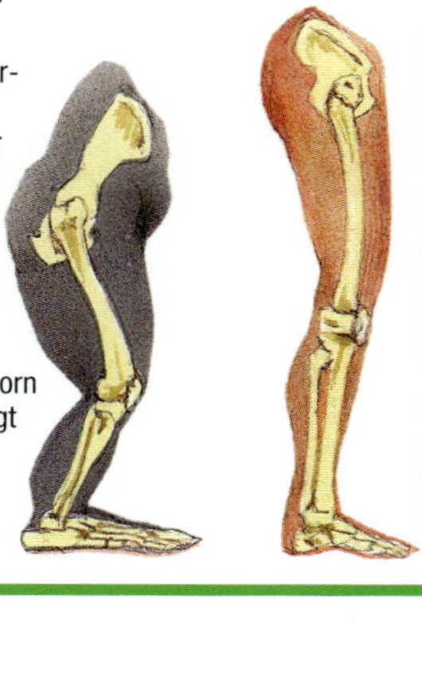

**Mensch**
Schwerpunkt zwischen den Hüften
Knie durchgedrückt, um das Körpergewicht zu tragen
Füße sitzen unter der Hüfte und den Knien

## Die Erfindung der menschlichen Gesellschaft

Alle Primaten verfügen über ein komplexes Sozialsystem; soziales Geschick ist oft wichtiger als das Erscheinungsbild oder körperliche Tüchtigkeit. Die Entwicklung der notwendigen sozialen Fähigkeiten erfordert enorme intellektuelle Voraussetzungen und hat mit dazu beigetragen, dass sich die Intelligenz der Primaten entwickelte.

**Was die soziale Organisation förderte**

- Größere Gehirne und Veränderungen am Kehlkopf führen zu besserem manuellem Können und zur Entwicklung der Sprache.
- Der Gebrauch von Feuer ermöglicht Gruppen, an einem Ort zu verweilen, denn es bietet ihnen Wärme und Schutz.
- Die Herstellung und der Gebrauch von Werkzeugen führen zu größeren Erfolgen beim Sammeln von Nahrung.
- Komplexe Fähigkeiten der Verständigung ermöglichen eine Zusammenarbeit bei der Nahrungssuche.
- Das Teilen von Nahrung führt zu einem gemeinschaftlichen Leben.
- Arbeitsteilung: Die Männer jagen, die Frauen erziehen die Kinder.
- Unreif geborene Kinder sowie eine lange Säuglingszeit und Kindheit machen es nötig, dass Eltern sich um die Kinder kümmern und sie beschützen; außerdem wird die Bildung von Gruppen zum gemeinsamen Aufziehen der Kinder gefördert.
- Das Leben in der Gemeinschaft, die zunehmende Sicherheit und die komplexen Verständigungsmöglichkeiten führen dazu, dass sich eine Kultur entwickelt, zu der u. a. Kunst, Glaube und Rituale gehören.
- Durch die lange Kindheit kann sich der Einzelne die Kultur seiner Gruppe aneignen.

**5** Vor 2–1,5 Mio. Jahren
***Australopithecus robustus*** lebt im südlichen Afrika. Er ist groß und kräftig, mit breitem Gesicht, mächtigen Kiefern und großen Backenzähnen, was darauf hindeutet, dass er sich hauptsächlich von Pflanzen ernährte. Manche Fossilien zeigen auffällige Überaugenwülste.

**6** Vor 2–1 Mio. Jahren
***Homo habilis*** lebt in Ostafrika neben den Australopithecinen, besitzt aber im Gegensatz zu diesen ein größeres Gehirn und kann Werkzeuge herstellen.

Vor 1,8 Mio. Jahren
***Homo rudolfensis,*** der in Ostafrika lebt, ist ein naher Verwandter von ***Homo habilis.***

**4** Vor 2,5 Mio. Jahren
Der Gemischtköstler ***Australopithecus africanus*** lebt im südlichen Afrika. Ein Kind dieser Hominidenart, nach seinem Fundort als „Kind von Taung" bezeichnet, war 1924 das erste in Afrika gefundene Fossil.

Vor 2,6–2,3 Mio. Jahren
***Australopithecus aethiopithecus*** lebt in Ostafrika. Als Pflanzenesser besitzt er große Backenzähne, um die pflanzliche Nahrung wirksam zermahlen zu können. An der Stirn hat er auffällige Knochenwülste.

Vor 2,5 Mio. Jahren
Die Gattung ***Homo*** hat sich vom Familienstammbaum der Hominiden abgezweigt. Etwa 1,5 Mio. Jahre lang existiert sie neben *Australopithecus.* Im Vergleich zu *Australopithecus* hat *Homo*

- ein größeres Gehirn
- einen schmaleren Kiefer mit kleineren Zähnen
- einen anders sitzenden Kehlkopf, der Sprache ermöglicht.

Vor 2,3–1,4 Mio. Jahren
***Australopithecus boisei*** lebt in Ostafrika. Er ist gekennzeichnet durch einen schweren Knochenbau, mächtige Wülste über den Augen und riesige Backenzähne, die nahe legen, dass er sich überwiegend von Pflanzen ernährte. Die Männchen sind weitaus größer und schwerer als die Weibchen.

Vor 1 Mio. Jahren
Zu diesem Zeitpunkt sind **sämtliche Australopithecinen ausgestorben.**

Siehe auch
66–7 **Was ist Evolution?**
88–9 **Der Aufstieg der Säugetiere**
128–9 **Der moderne Mensch entsteht**

# Der moderne Mensch entsteht

*200 000 Jahre lang war die vorherrschende Menschenart in Europa und Asien* Homo neanderthalensis. *Die Neandertaler waren kleinwüchsig und stämmig, lebten in hoch entwickelten Sozialgruppen und besaßen größere Gehirne als der moderne Mensch. Vor rund 30 000 Jahren wurden sie jedoch von einem Neuankömmling aus Afrika –* Homo sapiens sapiens *– verdrängt und starben schließlich aus.*

## DIE NEANDERTALER

Die Neandertaler erschienen vor 250 000 Jahren in Europa; der Name leitet sich vom Neandertal bei Düsseldorf ab, wo 1856 die ersten Überreste gefunden wurden. Es gibt umfassende Hinweise, dass die Neandertaler eine Kultur besaßen. Man fand geschickt verarbeitete Steinwerkzeuge und Schmuck. Gräber zeigen, dass die Neandertaler

Vor 700 000 Jahren
Aus Populationen von *Homo erectus* in Afrika und Europa entwickelt sich ***Homo heidelbergensis.*** Er ist mit über 1,8 m sehr groß, kräftig gebaut und besitzt ein großes Gehirn. Weitere Kennzeichen:
- Er kann mit Feuer umgehen.
- Er stellt eine größere Vielfalt an Steinwerkzeugen her als *Homo erectus,* u. a. Schlachtwerkzeuge, Beile und Handäxte.
- Er ist sprachlich weiter entwickelt als *Homo erectus.*

Vor 600 000 Jahren
Das Klima der Erde beginnt drastisch zu schwanken, was eine **Reihe von Eiszeiten** zur Folge hat. Um diese klimatischen Extreme zu überleben, bedarf es einer flexiblen und erfinderischen Lebensweise. Die natürliche Auslese dürfte die intelligenteren, einfallsreicheren Individuen mit größeren Gehirnen begünstigt haben.

**9** Vor 200 000–140 000 Jahren
In Afrika entwickelt sich ***Homo sapiens.*** Er hat einen leichteren Körperbau als der Neandertaler, steht kulturell und technologisch aber auf einer ähnlichen Stufe. Weitere Kennzeichen:
- Er ist zu komplexer Sprache fähig.
- Er verwendet Feuer zum Kochen, aber auch zum Räuchern und Trocknen von Fleisch, um es haltbar zu machen.
- Er trägt verschiedenartige Kleidung.

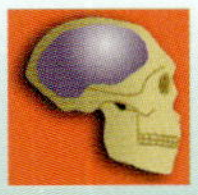

Vor etwa 120 000 Jahren ***Homo sapiens sapiens*** (der moderne Mensch) entwickelt sich.

Vor 100 000 Jahren ***Homo sapiens sapiens*** beginnt sich von Afrika aus über Europa und Asien auszubreiten, wo er neben *Homo neanderthalensis* existiert.

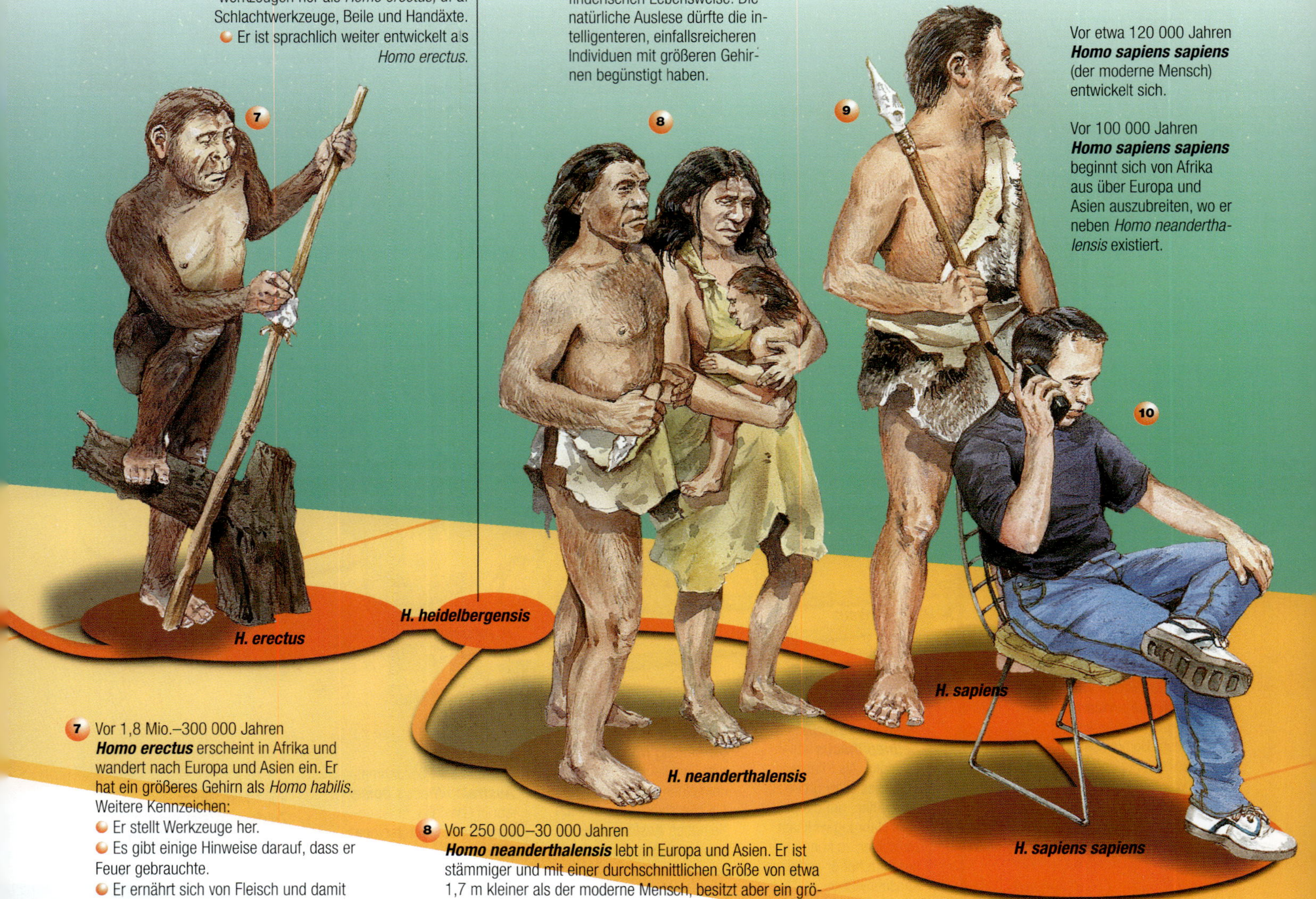


**7** Vor 1,8 Mio.–300 000 Jahren
***Homo erectus*** erscheint in Afrika und wandert nach Europa und Asien ein. Er hat ein größeres Gehirn als *Homo habilis.* Weitere Kennzeichen:
- Er stellt Werkzeuge her.
- Es gibt einige Hinweise darauf, dass er Feuer gebrauchte.
- Er ernährt sich von Fleisch und damit besser als die früheren Hominiden, was zur Gehirnentwicklung beiträgt.
- Die gefundenen Überreste deuten darauf hin, dass er zu einer einfachen Sprache befähigt war.
- Er ist gut an starke Klimaschwankungen angepasst.

**8** Vor 250 000–30 000 Jahren
***Homo neanderthalensis*** lebt in Europa und Asien. Er ist stämmiger und mit einer durchschnittlichen Größe von etwa 1,7 m kleiner als der moderne Mensch, besitzt aber ein größeres Gehirn. Weitere Kennzeichen:
- Anatomische Merkmale lassen darauf schließen, dass er sich einer entwickelten Sprache bediente.
- Er trägt Kleider aus Häuten und Fellen, stellt Schmuckgegenstände her und gebraucht Feuer.
- Er hat einen Glauben und betätigt sich künstlerisch, zeigt also Anzeichen einer Kultur.

**10** Vor 30 000 Jahren
***Homo sapiens sapiens*** ist nun die einzige Art der Gattung *Homo.* Durch die rasche kulturelle und technologische Entwicklung vom primitiven zum modernen Menschen in nur 30 000 Jahren wurde er zur dominierenden Art auf der Erde.

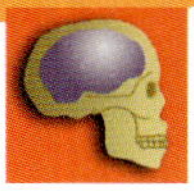

ihre Toten zeremoniell begruben. Skelette mit ernsthaften, aber verheilten Verletzungen und fortgeschrittener Arthritis deuten darauf hin, dass sie sich um Kranke und Alte kümmerten. Außerdem kannten sie das Feuer, was für ein Überleben in dem damaligen kalten Klima unabdingbar war.

Wie kam es, dass diese intelligenten Hominiden vor 30 000 Jahren ausstarben? Wahrscheinlich wurden sie durch den anpassungsfähigeren *Homo sapiens sapiens* verdrängt, nach dem Ort in Frankreich, wo er zum ersten Mal gefunden wurde, auch als „Cro-Magnon-Mensch“ bekannt.

**Unter der Haut** Ein ausgeprägter Überaugenwulst, eine fliehende Stirn und ein fliehendes Kinn unterscheiden den Schädel des Neandertalers (oben links) von dem eines Cro-Magnon-Menschen (oben rechts).

## Der Aufstieg von *Homo sapiens*

Der Cro-Magnon-Mensch begann vor 100 000 Jahren von Afrika nach Europa einzuwandern. Vor rund 40 000 Jahren wurde die Cro-Magnon-Kultur dann rasch vielfältiger und ermöglichte es diesen Menschen schließlich, ihre weniger anpassungsfähigen Nachbarn, die Neandertaler, zu verdrängen.

Als Erklärung für die Evolution von *Homo sapiens* wurden vor allem zwei Theorien aufgestellt. Nach der einen entwickelten sich die verschiedenen Stammbaumäste von *Homo* gleichzeitig aus Populationen verschiedener *Homo*-Arten in Asien, Europa und Afrika. Die stärker favorisierte andere Theorie besagt, dass sie aus einem einzigen afrikanischen Stamm hervorgingen und sich vor rund 100 000 Jahren auszubreiten begannen.

Wie DNA-Analysen der Überreste von Neandertalern zeigten, handelt es sich bei diesen nicht um die Vorfahren des modernen Menschen. Stattdessen deuten andere DNA-Untersuchungen (siehe Kasten rechts) darauf hin, dass jeder heutige Mensch von einer Menschenpopulation abstammt, die vor 140 000–200 000 Jahren in Afrika lebte.

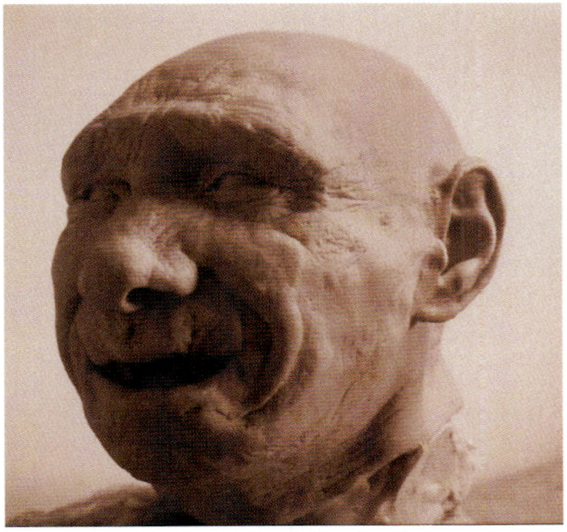

**Gesicht aus der Vergangenheit** Diese Rekonstruktion anhand eines bei Monte Circeo in Italien gefundenen Schädels zeigt, dass das Gesicht des Neandertalers dem unseren gar nicht so unähnlich war.

## Die „Ur-Eva“

Im Jahr 1986 zogen Forscher der Universität von Kalifornien aus DNA-Analysen den Schluss, dass alle Menschen von einer einzigen Frau abstammen, die vor etwa 200 000 Jahren in Afrika lebte. Die DNA, die sie untersuchten, wird fast ausschließlich über die mütterliche Linie weitervererbt und mutiert rasch, aber stetig. Durch DNA-Vergleiche von Frauen aus verschiedenen ethnischen Gruppen schätzten die Forscher ab, wie lange es dauerte, bis eine bestimmte Gruppe sich von einem gemeinsamen Vorfahren abspaltete. Auf diese Weise erstellten sie einen Stammbaum der Menschheit, an dessen Basis die „Ur-Eva“ stand, die Großmutter in 10 000. Generation eines jeden von uns. Das heißt nicht, dass damals nur diese einzige Frau existierte, aber dass es ihre Linie wäre, die bis zum heutigen Tag überlebte.

Siehe auch
66–7 **Was ist Evolution?**
88–9 **Der Aufstieg der Säugetiere**

## Der Ursprung der Menschenrassen

Trotz der körperlichen Unterschiede zwischen den verschiedenen Ethnien der Art *Homo sapiens* sind sich alle modernen Menschen genetisch sehr ähnlich.

Um die Entstehung der Menschenrassen zu erklären, wurden mehrere Theorien aufgestellt. Einer zufolge sollten u. a. Asiaten, australische Aborigines und die modernen Afrikaner aus Populationen von *Homo erectus* hervorgegangen sein, während sich die Weißen aus den europäischen Neandertalern entwickelten.

Diese Theorie ist heute bedeutungslos. Die körperlichen Unterschiede, auf denen letztlich unsere „Rassen“ beruhen, sind nichts weiter als geringfügige Anpassungen an bestimmte Umweltbedingungen. So ist eine schmale, vorstehende Nase beispielsweise in kalten Klimaten von Vorteil, weil in ihr die kalte Luft beim Eintritt in den Körper besser erwärmt wird.

Die Hautfarbe stimmt weitgehend mit dem Breitengrad überein: In den heißen Regionen ist die Haut durch einen hohen Anteil des dunklen Pigments Melanin vor den schädlichen Auswirkungen der starken Sonneneinstrahlung geschützt.

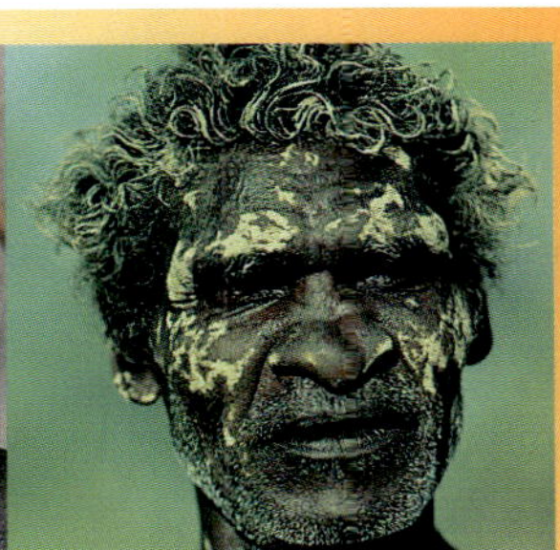

# Der menschliche Körper

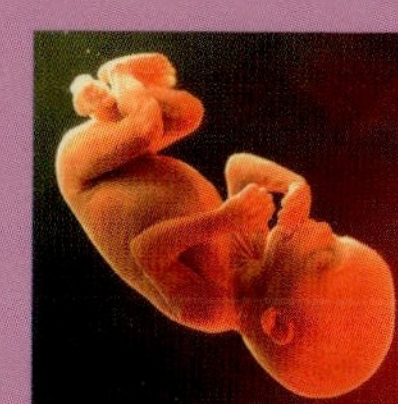

DER MENSCHLICHE KÖRPER

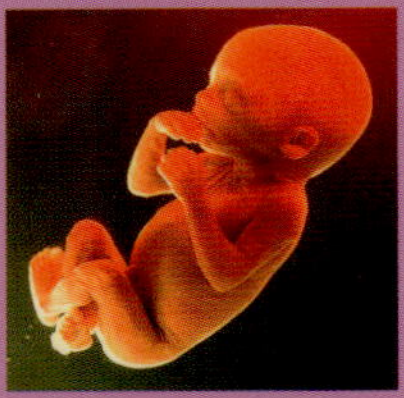

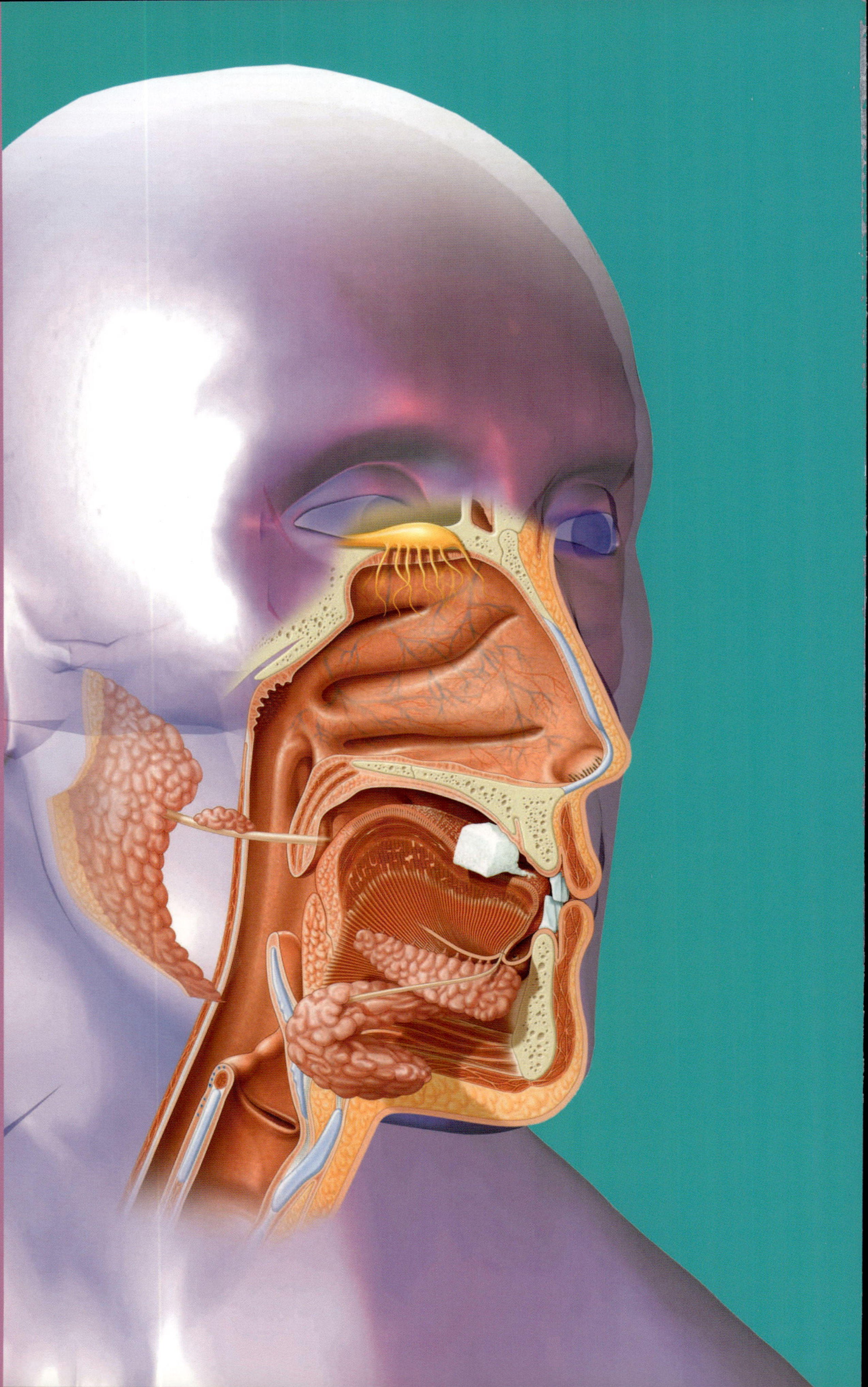

# Der menschliche Körper



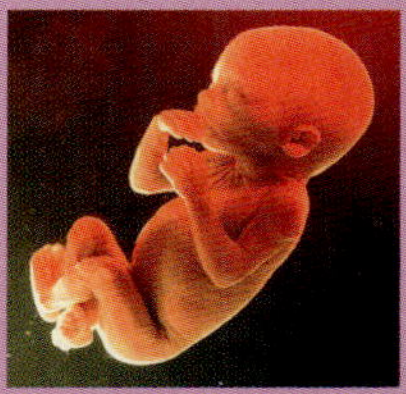

*Das erwachsene Skelett, das aus 206 Knochen besteht, sorgt für den inneren Zusammenhalt des Körpers. Die Muskeln kontrollieren die Bewegungen des Körpers, einschließlich der automatisch ablaufenden Prozesse wie des Herzschlags und der Darmbewegungen. Die Muskelmasse macht etwa die Hälfte des Gesamtkörpergewichts aus.*

## DAS SKELETT

Das Skelett stützt den Körper, schützt die inneren Organe und ermöglicht eine Reihe unterschiedlichster Bewegungen. Die meisten Knochen sind durch Bänder (Ligamente) miteinander verbunden, um flexible Gelenke zu bilden.

**Knorpel** Knorpel, eine Form von Bindegewebe, bildet stoßabfangende Scheibchen zwischen den einzelnen Wirbeln (Bandscheiben). Außerdem sorgt er für Elastizität und Festigkeit der Kniegelenke und verbindet die Rippen mit dem Brustbein.

## MUSKELN

Es gibt drei verschiedene Muskelarten. Den Hauptanteil stellen die quergestreiften Muskeln. Sie reagieren auf Meldungen aus dem Gehirn mit Zusammenziehen (Kontraktionen). Glatte Muskeln lassen sich nicht bewusst steuern; sie kontrollieren z. B. das Verdauungs- und Kreislaufsystem sowie unbewusste Reaktionen. Der Herzmuskel ist ein Muskel, der sich ausschließlich im Herzen befindet und sich rhythmisch und kontinuierlich kontrahieren kann.

## DIE WIRBELSÄULE

Die Wirbelsäule eines Erwachsenen besteht aus 26 Knochen, den Wirbeln. Es gibt vier Abschnitte:

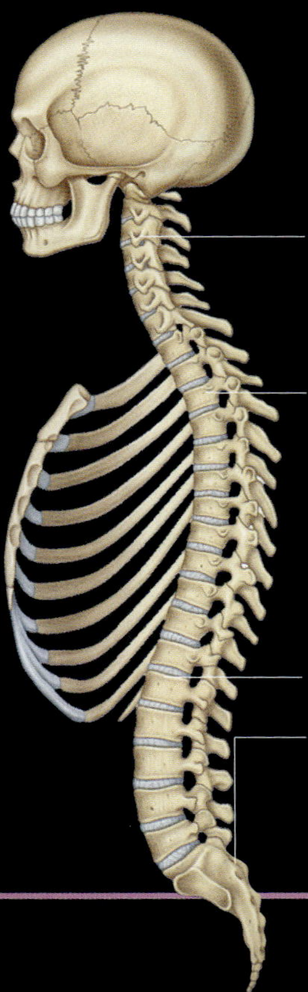


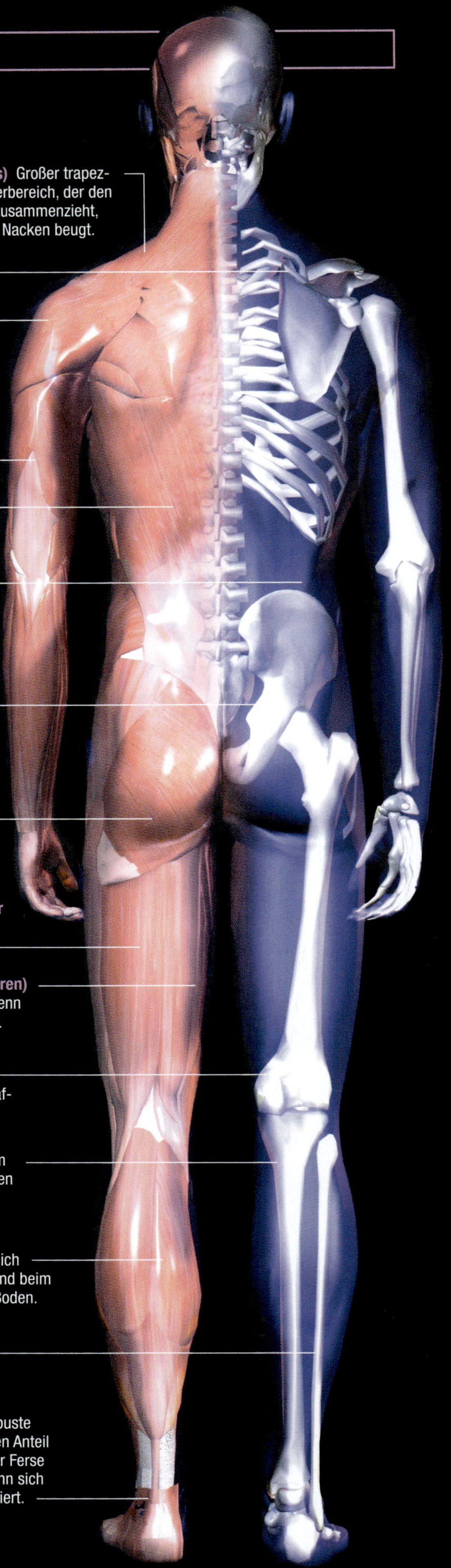

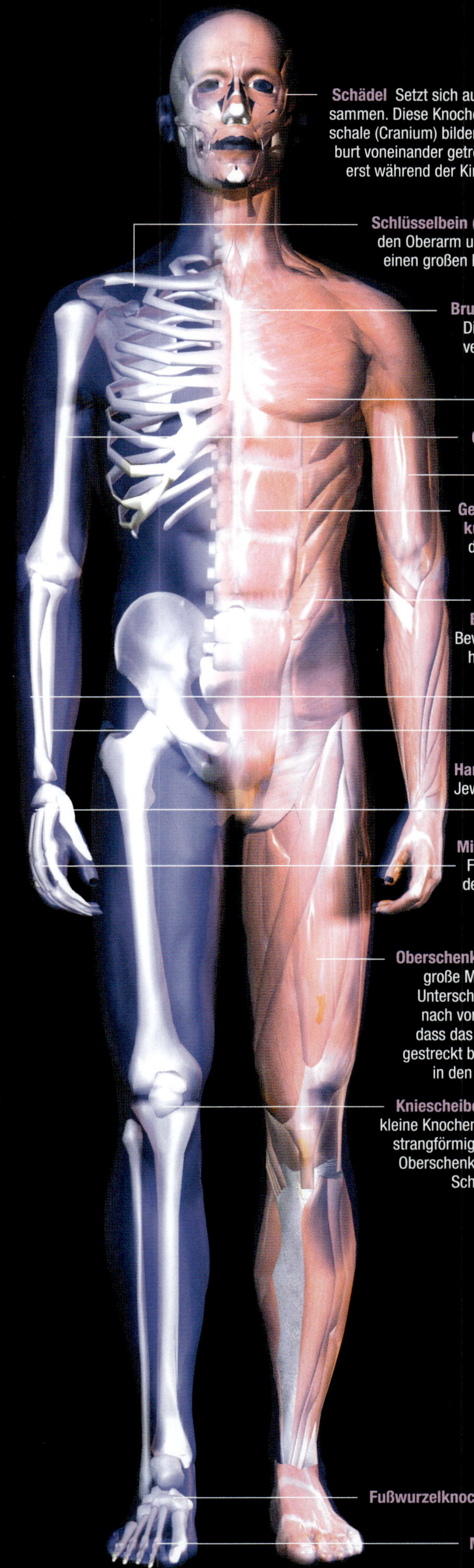


## WIE ARBEITEN MUSKELN?

Muskeln sorgen für Bewegung, indem sie sich zusammenziehen; sie sind meist in Gruppen mit gegenteiligen Bewegungsabläufen angeordnet. In der Abbildung ist eines dieser Paare dargestellt. Um den Unterarm zu heben, zieht sich der Bizeps an der Vorderseite des Oberarms zusammen und verkürzt sich, während sich der Trizeps auf der Rückseite des Oberarms entspannt und verlängert. Eine Umkehrung dieser Muskelaktionen bewirkt eine Senkung des Unterarms.

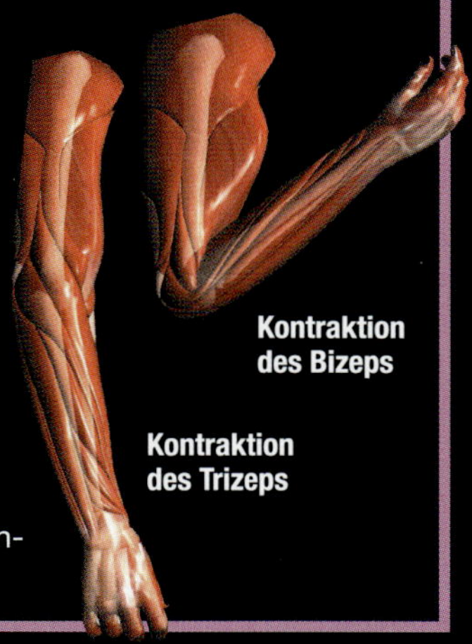


## Knochenverbindungen

Es gibt zwei unterschiedliche Kategorien:
**Starre Verbindungen** Hier bestehen Knochenverbindungen, es gibt aber kaum Bewegungsspielraum, etwa am Schädel.
**Echte Gelenke** Sie ermöglichen eine freie Bewegung.

### Die sechs verschiedenen Gelenkformen

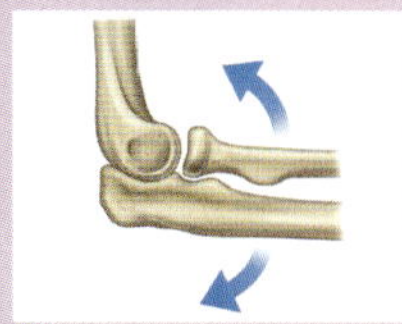

**Scharniergelenk** Gestattet nur Bewegungen in einer Ebene, z. B. beim Ellbogen.

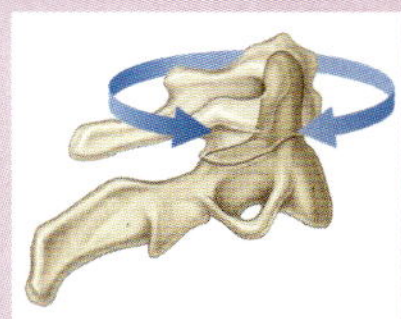

**Rad- oder Drehgelenk** Der Vorsprung eines Knochens dreht sich auf dem Sockel eines anderen.

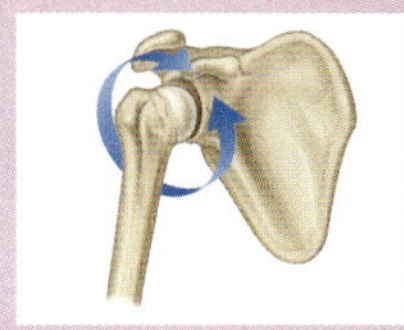

**Kugelgelenk** Drehbewegungen wie an der Hüfte.

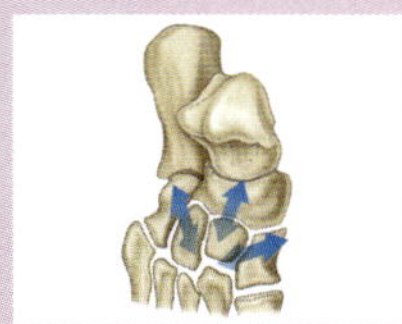

**Gleitgelenk** Gelenk, bei dem sich die flachen Oberflächen der Knochen übereinander schieben können.

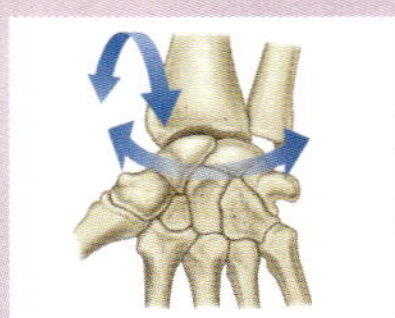

**Ellipsoid- oder Eigelenk** Das eiförmige Ende eines Knochens passt in die ellipsoide Mulde des anderen.

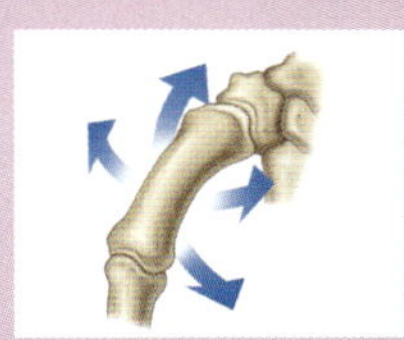

**Sattelgelenk** Es gestattet Bewegungen in zwei Ebenen in eingeschränktem Umfang.

## Alle Knochen im Körper

Man unterscheidet vier Typen: lange Knochen (an den Extremitäten), kurze Knochen (Handwurzel und Fußknöchel), flache Knochen (Schädel) und unregelmäßig geformte Knochen (Kieferknochen, Wirbel).

| | | | |
|---|---|---|---|
| Schädel | 22 | Schultergürtel | 4 |
| Ohren | 6 | Hüftknochen | 2 |
| Wirbel | 26 | Arme (2 × 30) | 60 |
| Rippen | 24 | Beine (2 × 29) | 58 |
| Brustbein | 3 | | |
| Kehle | 1 | **Insgesamt** | **206** |

Siehe auch
134–5 **Gehirn und Nerven**
138 **Drüsen und Hormone**
154–5 **Menschliches Leistungsvermögen**
160–1 **Krankheiten und Beschwerden**

# Gehirn und Nerven



*Gehirn und Nervensystem kontrollieren unsere Empfindungen, Gedanken und willkürlichen Körperfunktionen sowie die meisten körperinternen unwillkürlichen Prozesse. Das Gehirn ist von harten Schädelknochen umgeben und wird von Membranen gegen Verletzungen abgepolstert, während das Rückenmark – der zentrale Strang des Nervensystems – durch einen Kanal läuft, der von den robusten Wirbeln der Wirbelsäule gebildet wird.*

## DAS GEHIRN

Das Gehirn lässt sich in drei Hauptbereiche unterteilen: das Großhirn (Cerebrum), das Kleinhirn (Cerebellum) und den Hirnstamm. Den größten Teil nimmt das Großhirn mit Sitz für die bewussten Körperfunktionen und die Intelligenz ein. Es ist in zwei Hemisphären unterteilt und besteht aus grauer Hirnsubstanz (Nervenzellen, Neuronen) und weißer Hirnsubstanz (Nervenfasern). Das Gehirn wird von drei einzelnen Membranen (Hirnhäuten) umhüllt, deren Zwischenräume jeweils mit Flüssigkeit gefüllt sind, in denen das Gehirn eingebettet und somit vor Stößen gegen den Kopf geschützt ist. Die gleichen Membranen umgeben auch das Rückenmark.

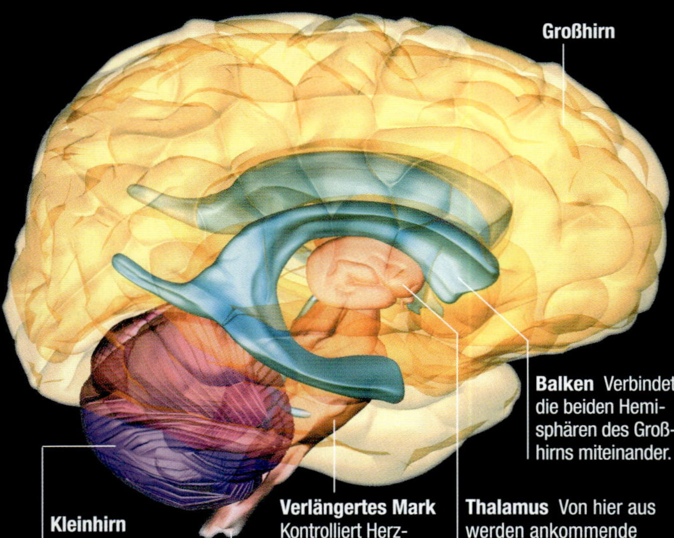


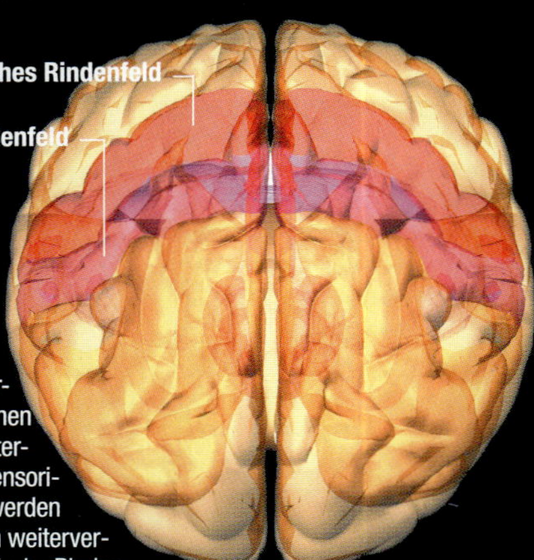


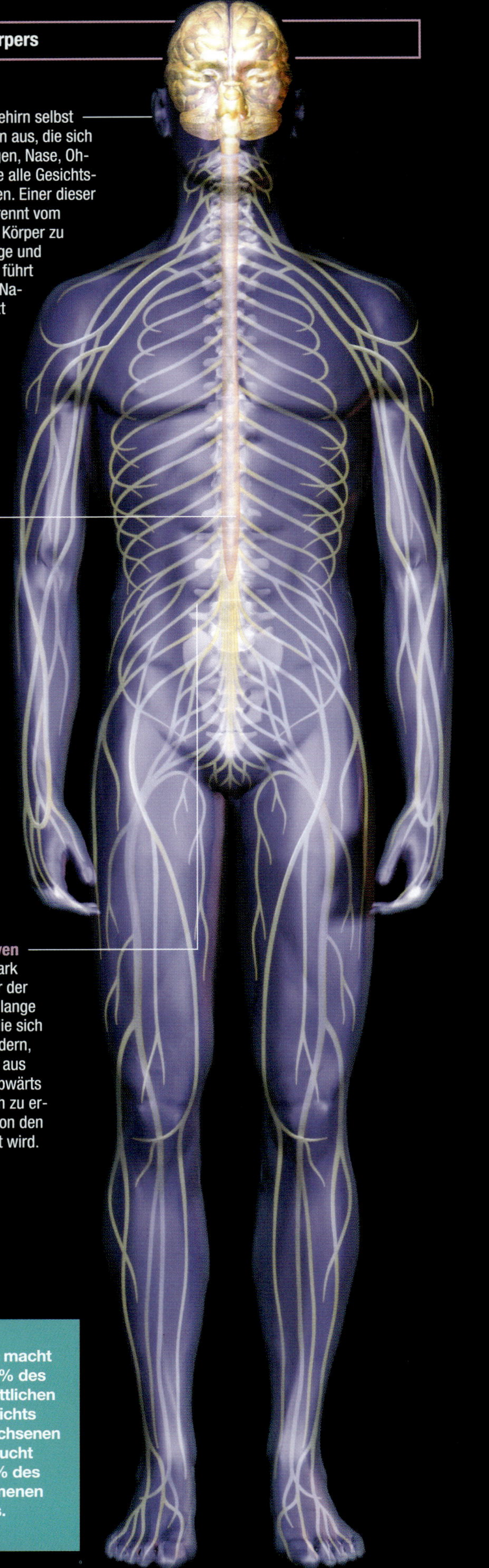


**FAKTEN**

**Das Gehirn macht nur etwa 2 % des durchschnittlichen Körpergewichts eines Erwachsenen aus, verbraucht jedoch 20 % des aufgenommenen Sauerstoffs.**

## DAS NERVENSYSTEM

Durch unseren Körper verläuft ein Netzwerk an Nerven, die sensorische Informationen an das Gehirn und Anweisungen vom Gehirn an den Körper weiterleiten. Gehirn und Rückenmark bilden gemeinsam das zentrale Nervensystem (ZNS); der übrige Anteil des Netzwerks wird als peripheres Nervensystem bezeichnet.

### Das Rückenmark

Das Rückenmark ist die Verlängerung des Gehirns und wird auch aus der gleichen grauen und weißen Substanz gebildet. Diese Substanzen sind jedoch anders als im Gehirn angeordnet: Die graue Substanz befindet sich innen, die weiße außen.

Das Rückenmark leitet Nervensignale aus den einzelnen Körperbereichen zum Gehirn und bringt die entsprechenden Rückmeldungen. Es stellt aber mehr als nur ein Verbindungskabel dar: Viele Nervensignale werden im Rückenmark selbst weiterverarbeitet, darunter die meisten Reflexe. Durch diese Umgehung des Gehirns werden die Reaktionszeiten beschleunigt und der Körper kann auf mögliche Gefahren schneller reagieren. Das bekannteste Beispiel hierfür ist der Patellarsehnenreflex, ein weiteres ist das Wegziehen der Hand von einem heißen Gegenstand. Erst wenn die Hand zurückgezogen wurde, registriert das Gehirn, was passiert ist – und erst dann fühlen wir den Schmerz.

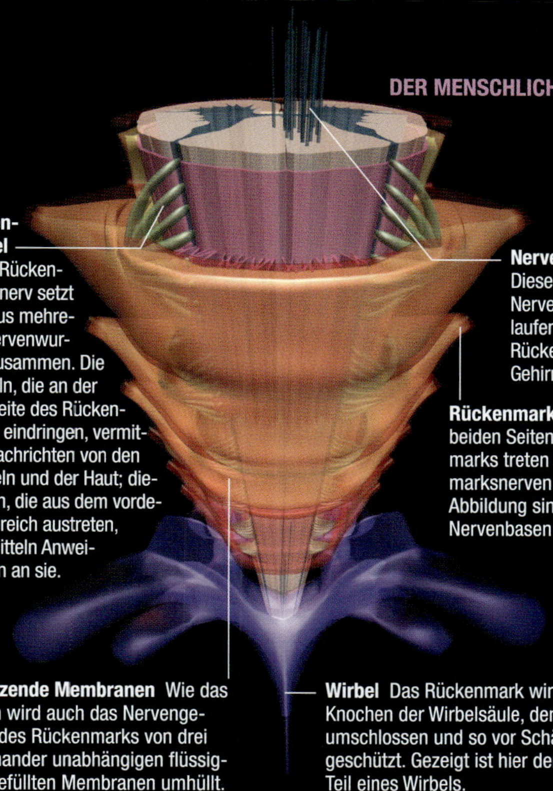

**Nervenwurzel** Jeder Rückenmarksnerv setzt sich aus mehreren Nervenwurzeln zusammen. Die Wurzeln, die an der Rückseite des Rückenmarks eindringen, vermitteln Nachrichten von den Muskeln und der Haut; diejenigen, die aus dem vorderen Bereich austreten, übermitteln Anweisungen an sie.

**Nervenstränge** Diese Bündel an Nervenfasern laufen durch das Rückenmark zum Gehirn und zurück.

**Rückenmarksnerv** Aus beiden Seiten des Rückenmarks treten 31 Rückenmarksnerven aus. In der Abbildung sind nur die Nervenbasen gezeigt.

**Schützende Membranen** Wie das Gehirn wird auch das Nervengewebe des Rückenmarks von drei voneinander unabhängigen flüssigkeitsgefüllten Membranen umhüllt.

**Wirbel** Das Rückenmark wird von den Knochen der Wirbelsäule, den Wirbeln, umschlossen und so vor Schädigungen geschützt. Gezeigt ist hier der hintere Teil eines Wirbels.

## NERVENAUFBAU

Nervenzellen oder Neurone sind die Grundbausteine des Nervensystems. Jedes Neuron besteht aus einem Zellkörper mit einem Zellkern und den für den Stoffwechsel erforderlichen Strukturen. Vom Zellkörper geht eine Nervenzellfaser (Axon) aus, die Impulse an andere Zellen weiterleitet. Axone sind mikroskopisch dünn und bis zu 1 m lang. Sie werden von mehreren Schichten des Proteins Myelin umhüllt, die es schützen und zu einer Beschleunigung der Nervenimpulse beitragen. Neurone stehen nicht in direktem Kontakt miteinander; die Informationen von einem Neuron zum nächsten werden über eine Verbindung, eine so genannte Synapse, weitergeleitet. Von den Synapsen wird hierzu eine chemische Substanz, ein Neurotransmitter, in den die Nervenzellen trennenden Spalt ausgeschüttet, die den Impuls über den Spalt hinweg zu dem verzweigten Dendriten eines anderen Neurons überträgt. Jedes Axon kann in mehreren Synapsen enden.

**Nerv** Axone bilden Faserbündel aus, die sich wiederum zu einem Nerv bündeln.

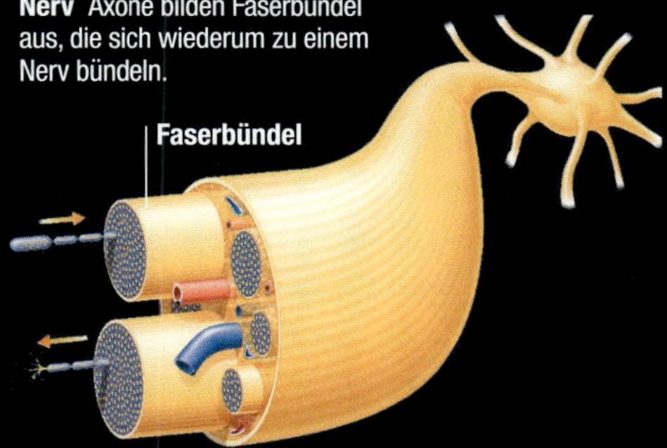


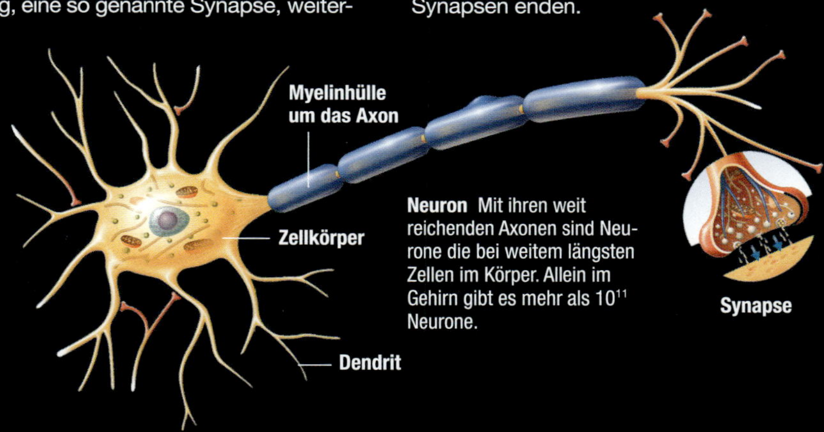


**Neuron** Mit ihren weit reichenden Axonen sind Neurone die bei weitem längsten Zellen im Körper. Allein im Gehirn gibt es mehr als $10^{11}$ Neurone.

### Unterschiedliche Nervenzelltypen

Es gibt drei unterschiedliche Typen an Nervenzellen oder Neuronen:
**Sensorische Neurone** vermitteln Informationen von sensorischen Rezeptoren zum Zentralnervensystem (ZNS).
**Motorische Neurone** vermitteln Informationen vom ZNS an die Organe und Muskeln.
**Interneurone** gibt es ausschließlich im ZNS. Sie verknüpfen sensorische mit motorischen Neuronen und transportieren die ankommenden Informationen zum Gehirn, wo sie interpretiert und dann die entsprechenden Anweisungen ausgegeben werden.

### WISSENSWERTES

- Das Gehirn verfügt über etwa $10^{11}$ Nervenzellen.
- Signale werden mit einer Geschwindigkeit von bis zu 360 km/h die Nerven entlang geleitet: Eine Nachricht vom Kopf erreicht den Zeh in etwa 1/50 Sekunde.
- Die linke Hirnhemisphäre steuert die rechte Körperseite und umgekehrt. In der Bevölkerung gibt es etwa 90 % Rechtshänder; bei ihnen ist die linke Hemisphäre tonangebend.
- Im Schnitt wiegt das Gehirn eines männlichen Erwachsenen 1,4 kg, das einer weiblichen Erwachsenen 1,25 kg.
- Die Gehirnmasse erreicht im Alter von 20 Jahren einen Maximalwert und nimmt dann wieder ab.
- Das Rückenmark beendet sein Längenwachstum, sobald ein Kind 4 Jahre alt ist.

Siehe auch
144 **Das Sehen**
145 **Gehör und Gleichgewicht**
152–3 **Die sieben Entwicklungsphasen**
160–1 **Krankheiten/Beschwerden**

*Jede Körperzelle benötigt für ihre Funktionstüchtigkeit Sauerstoff. Der Luftsauerstoff gelangt über die Lungen in den Blutstrom. Das mit Sauerstoff angereicherte Blut wird dann vom Herzen in alle Zellen des Körpers gepumpt. Außerdem transportiert das Kreislaufsystem Nährstoffe und andere lebenswichtige Substanzen zu den Zellen und entfernt Abfallprodukte aus dem Körper.*

## DER BLUTKREISLAUF

**Arterien** Blutgefäße, die das Blut vom Herzen weg transportieren. Ab der Lungenarterie führen Arterien sauerstoffreiches, hellrotes Blut.
**Venen** Sie transportieren das Blut aus dem Körperkreislauf zum Herzen zurück; die Klappen innerhalb der Venen verhindern einen Rückfluss des Blutes. Jenseits der Lungen führen die Venen sauerstoffarmes Blut, das ihnen ihre blaue Farbe verleiht.
**Kapillaren** Arterien und Venen stehen im Gewebe über winzige Kapillaren miteinander in Verbindung.

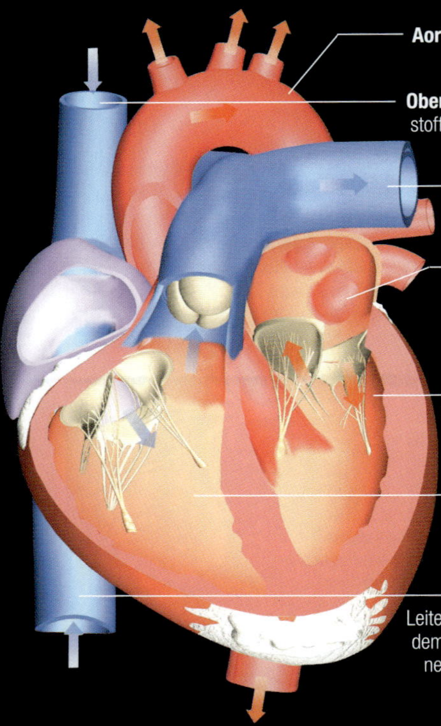


### Bluttransport

Das Herz wird durch eine Wand aus Muskelgewebe in zwei Hälften unterteilt.

- Die linke Herzhälfte pumpt das in den Lungen mit Sauerstoff angereicherte Blut durch den Körper.
- Das sauerstoffarme Blut aus dem Körper gelangt in die rechte Herzhälfte, die es zur erneuten Sauerstoffbeladung in die Lungen pumpt.
- Jede Herzhälfte besteht aus einem Vorhof und einer Herzkammer.
- Die Herzkammern sind jeweils durch Herzklappen voneinander getrennt, die sich öffnen, um Blut hindurchzulassen, und sich schließen, um einen Rückstrom zu verhindern.

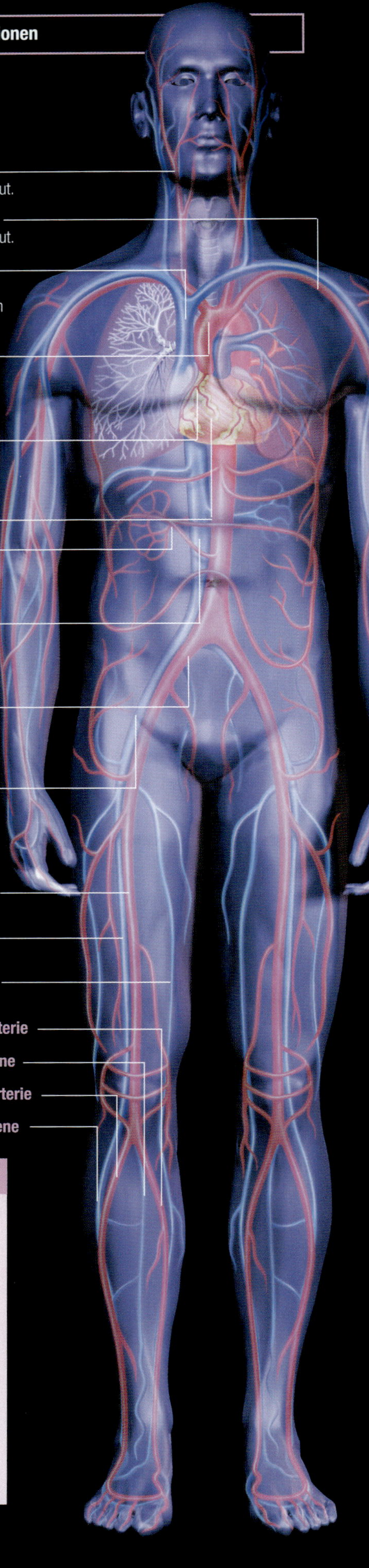


### Die Zusammensetzung des Blutes

Blut besteht aus den folgenden Hauptbestandteilen:

- **Rote Blutkörperchen** enthalten Hämoglobin, das in den Lungen Sauerstoff bindet und diesen durch den Körper transportiert.
- **Weiße Blutkörperchen** schützen den Körper vor Mikroorganismen. Sie machen etwa 1 % des Gesamt-Blutvolumens aus.
- **Blutplättchen** unterstützen den Blutgerinnungsprozess.
- **Plasma** ist der flüssige Blutanteil. Das Plasma besteht zu 90 % aus Wasser und transportiert u. a. Glukose und Vitamine.

## DAS ATMUNGSSYSTEM

Die Atmung ist ein biochemischer Prozess, bei dem die in der Nahrung enthaltene Energie in den Körperzellen freigesetzt wird. Angetrieben wird dieser Prozess von Luftsauerstoff, der über Zwerchfellbewegungen in die Lungen gelangt.

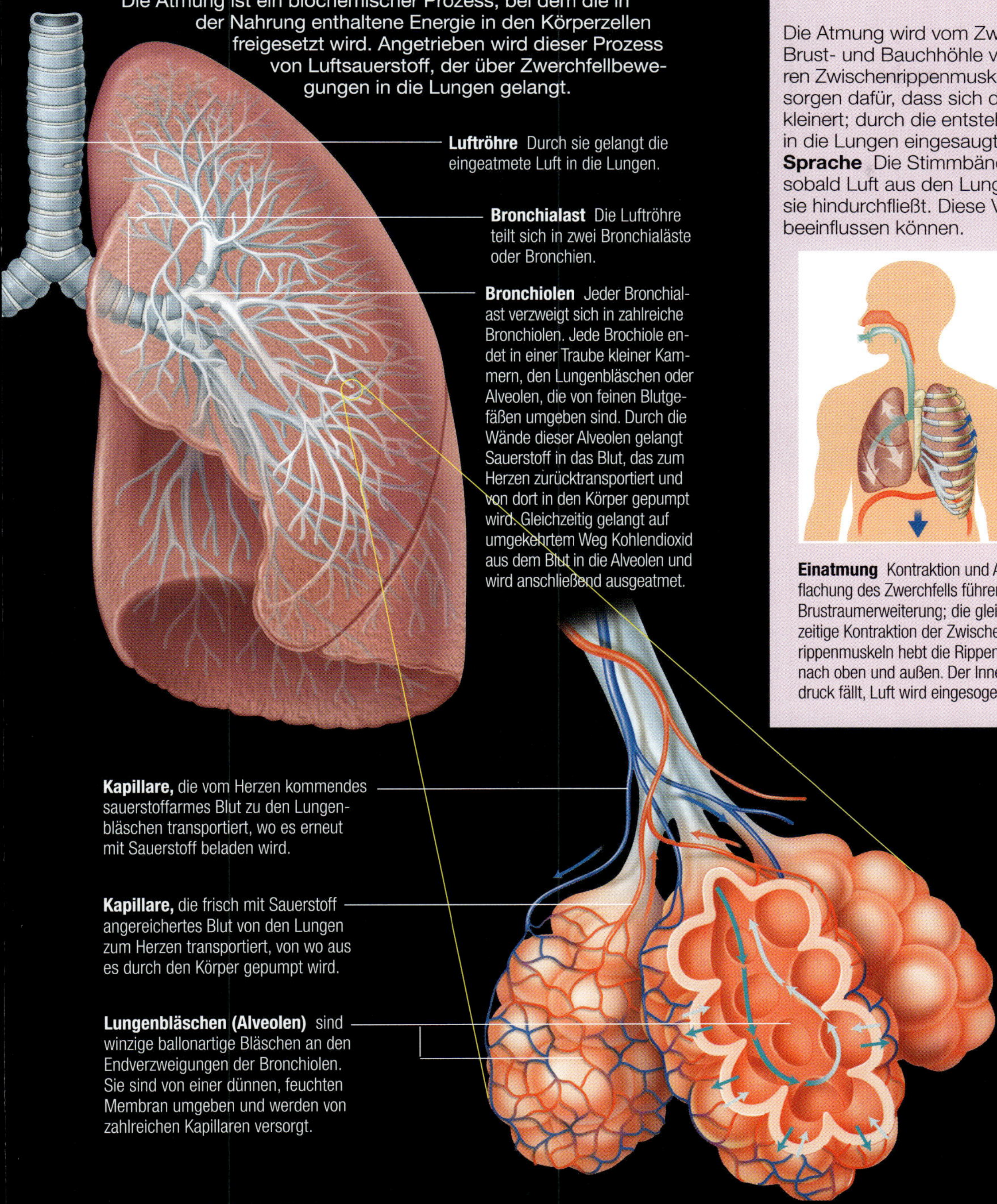


### Der Mechanismus der Atmung

Die Atmung wird vom Zwerchfell – der Muskelschicht, die Brust- und Bauchhöhle voneinander trennt – und der äußeren Zwischenrippenmuskulatur kontrolliert. Diese Muskeln sorgen dafür, dass sich der Brustraum erweitert bzw. verkleinert; durch die entstehende Druckdifferenz wird erst Luft in die Lungen eingesaugt, dann wieder ausgestoßen.

**Sprache** Die Stimmbänder im Kehlkopf (Larynx) vibrieren, sobald Luft aus den Lungen ausgestoßen wird und durch sie hindurchfließt. Diese Vibrationen erzeugen Töne, die wir beeinflussen können.

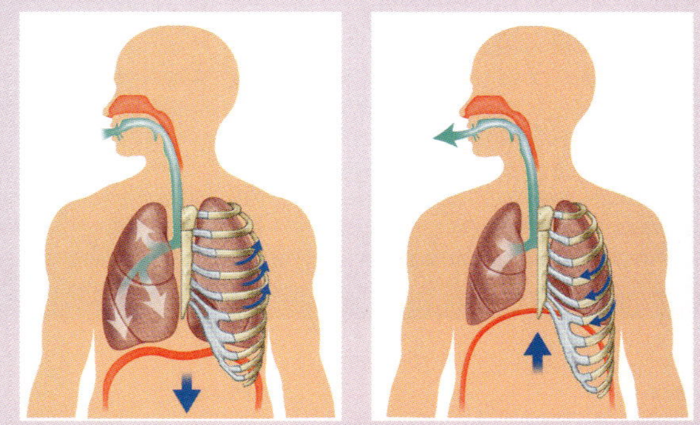

**Einatmung** Kontraktion und Abflachung des Zwerchfells führen zur Brustraumerweiterung; die gleichzeitige Kontraktion der Zwischenrippenmuskeln hebt die Rippen nach oben und außen. Der Innendruck fällt, Luft wird eingesogen.

**Ausatmung** Hierbei erschlafft das Zwerchfell, wölbt sich in den Brustraum vor und verkleinert ihn. Die Zwischenrippenmuskeln erschlaffen und ziehen die Rippen abwärts und nach innen. Der Innendruck steigt, Luft wird ausgestoßen.

**FAKTEN**

**Wenn man alle Arterien, Venen und Kapillaren im menschlichen Körper miteinander verknüpft, so kommt man auf eine Länge von etwa 150 000 km.**

## WISSENSWERTES

### Das Herz

- Die Herzmuskeln kontrahieren sich 100 000-mal pro Tag.

### Blut

- Rote Blutkörperchen haben eine Lebensdauer von 80 bis 120 Tagen. Sie werden durch neue rote Blutkörperchen ersetzt, von denen pro Tag 2,5 Mrd. im Knochenmark neu gebildet werden.
- Das Blutvolumen eines Erwachsenen beträgt rund 5 l.
- Blut macht etwa 8 % des Gesamtkörpergewichts aus.
- Durchschnittlich benötigt das Blut 1 Minute, um einmal durch den gesamten Blutkreislauf zu fließen.
- Ist die Sauerstoffbeladung des Blutes gering, weisen die Nieren das Knochenmark an, mehr Blutkörperchen herzustellen.
- Ein Blutstropfen enthält mehr als 250 Mio. rote und mehr als 300 000 weiße Blutkörperchen.

### Das Atmungssystem

- Wir atmen täglich mehr als 25 000-mal und inhalieren dabei etwa 14 200 l Luft.
- Die Lungenflügel sind in Form und Größe nicht identisch. Der rechte Lungenflügel ist breiter und besteht aus drei Lappen, der linke aus nur zwei Lappen.
- Die eingeatmete Luft besteht aus 21 % Sauerstoff, die ausgeatmete aus nur noch 16 % Sauerstoff.

Siehe auch
138 **Drüsen und Hormone**
139 **Das Immunsystem**
156–7 **Anforderungen an das Leben**
160–1 **Krankheiten/Beschwerden**

# Drüsen und Hormone



*Drüsen sind Zellverbände, von denen einige – die endokrinen Drüsen – chemische Botenstoffe produzieren. Diese so genannten Hormone sind über den ganzen Körper verteilt und bilden gemeinsam das endokrine System. Jedes Hormon wirkt auf ein spezifisches Ziel: Manche stimulieren weitere Drüsen, andere steuern die Funktionsweise von Organen. Die meisten Hormone wirken recht langsam.*

## DAS ENDOKRINE SYSTEM

Die meisten endokrinen Zellen üben ihre Wirkung aus, indem sie Hormone in das Blut abgeben, die dann vom Blut zu ihren Zielzellen bzw. -organen transportiert werden. Andere sondern Hormone direkt über einen Drüsenausführungsgang an ihr Ziel ab. Endokrine Drüsen werden über einen bestimmten Hirnbereich, den Hypothalamus, gesteuert. Hormone wirken sehr spezifisch; sie beeinflussen ausschließlich ihre eigenen Zielzellen; nach ihrer Freisetzung werden sie langsam abgebaut.

### Wichtige endokrine Drüsen und Hormone

| Hormon | Ziel | Funktionen |
|---|---|---|
| **Hirnanhangdrüse (Hypophyse)** | | |
| Adrenocorticotropes Hormon (ACTH) | Nebennieren | Beeinflusst u. a. die Antwort des Körpers auf Stress. |
| Antidiuretisches Hormon (ADH) | Nieren | Reguliert die Harnproduktion; trägt zur Verengung kleiner Arterien bei. |
| Thyreoideastimulierendes Hormon (TSH) | Schilddrüse | Stimuliert die Schilddrüse; beinflusst Metabolismus, Kreislauf und Wachstum. |
| Wachstumshormon | Muskeln, Knochen | Stimuliert Wachstum und Metabolismus. |
| **Zirbeldrüse (Epiphyse)** | | |
| Melatonin | Hypothalamus | Beeinflusst Körpertemperatur, Schlaf und Appetit. |
| **Schilddrüse** | | |
| Schilddrüsenhormone | Zellen | Kontrollieren u. a. das Wachstum. |
| **Nebennieren** | | |
| Adrenalin und Noradrenalin | Kreislaufsystem und Muskeln | Erhöhen die Herzfrequenz und den Blutstrom zu den Muskeln. |
| **Bauchspeicheldrüse (Pankreas)** | | |
| Insulin und Glukagon | Leber, Fettgewebe und Muskeln | Regulieren den Blutglukosespiegel. |
| **Eierstöcke** | | |
| Östrogen und Progesteron | Geschlechtsorgane und andere Gewebe | Entwicklung der weiblichen Geschlechtsorgane und der Geschlechtsmerkmale; Kontrolle des Menstruationszyklus. |
| **Hoden** | | |
| Testosteron | Geschlechtsorgane und andere Gewebe | Beeinflussen die Entwicklung der männlichen Geschlechtsorgane und Geschlechtsmerkmale. |

**Kontrollsystem** Die Hormonsekretion wird durch ein Rückkopplungssystem gesteuert, das immer für die richtige Hormonkonzentration sorgt. Das System arbeitet zweigleisig.

- **Negative Rückkopplung** Ist die Konzentration eines Hormons zu hoch, fungiert dieser Hormonüberschuss im Blut als Signal für die absondernde Drüse, ihre Produktion zu vermindern.
- **Positive Rückkopplung** Einige Drüsen werden zur Weiterproduktion eines Hormons stimuliert, obwohl ihr Blutspiegel hoch ist. Beispiel: Oxytocin, das von der Hypophyse freigesetzt wird, um die Gebärmutterkontraktionen während der Geburt zu stimulieren.

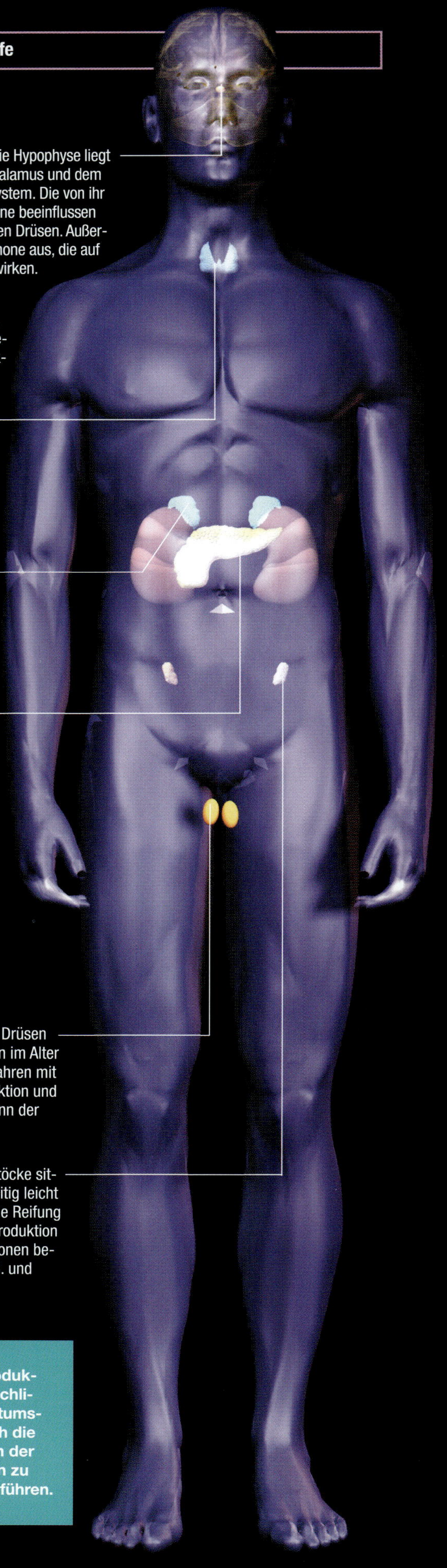


**FAKTEN**

**Eine Überproduktion an menschlichem Wachstumshormon durch die Hypophyse in der Kindheit kann zu Gigantismus führen.**

# Das Immunsystem ▶ 



*Für den ersten Schutzwall des Körpers gegen Infektionen sorgen physikalische und chemische Barrieren wie die Haut und die Verdauungssäfte des Magens. Werden sie durchbrochen, kommt das Immunsystem ins Spiel. Dazu gehört der Aufmarsch spezialisierter Blutzellen, die Krankheitserreger (Pathogene) umfließen und zerstören. Gebildet werden diese Zellen im lymphatischen System.*

## DAS LYMPHSYSTEM

Das lymphatische System ist ein Netzwerk aus Lymphgefäßen und -knoten, das sich durch den Körper zieht. Es stellt Lymphozyten her, die schädliche Organismen aus der Flüssigkeit, die aus den Blutkapillaren in die Körpergewebe eindringt, entfernen. Sobald diese Flüssigkeit in die Lymphgefäße eintritt, wird sie als Lymphe bezeichnet. Während die Lymphe durch die Lymphknoten fließt, zerstören die Lymphozyten schädliche Mikroorganismen; die gereinigte Lymphe kehrt dann über die Venen, die zum Herz führen, in den Blutstrom zurück.

**Infektionsbekämpfung** Die erste Linie der Infektionsabwehr des Körpers wird u. a. von physikalischen Barrieren wie der Haut und chemischen Barrieren wie den antibakteriellen Enzymen in Tränen und Schleim gebildet. Durchdringen Mikroorganismen diese Barrieren, werden sie von Leukozyten – Abwehrzellen, die in der Milz, vom Lymphsystem und dem Knochenmark gebildet werden – angegriffen. Dies geschieht im Wesentlichen auf zwei Arten: Phagozyten verschlingen die Erreger und bauen sie dann ab, während Lymphozyten so genannte Antikörper produzieren und ins Blut abgeben, wo diese sich dann an körperfremde Mikroorganismen anheften.

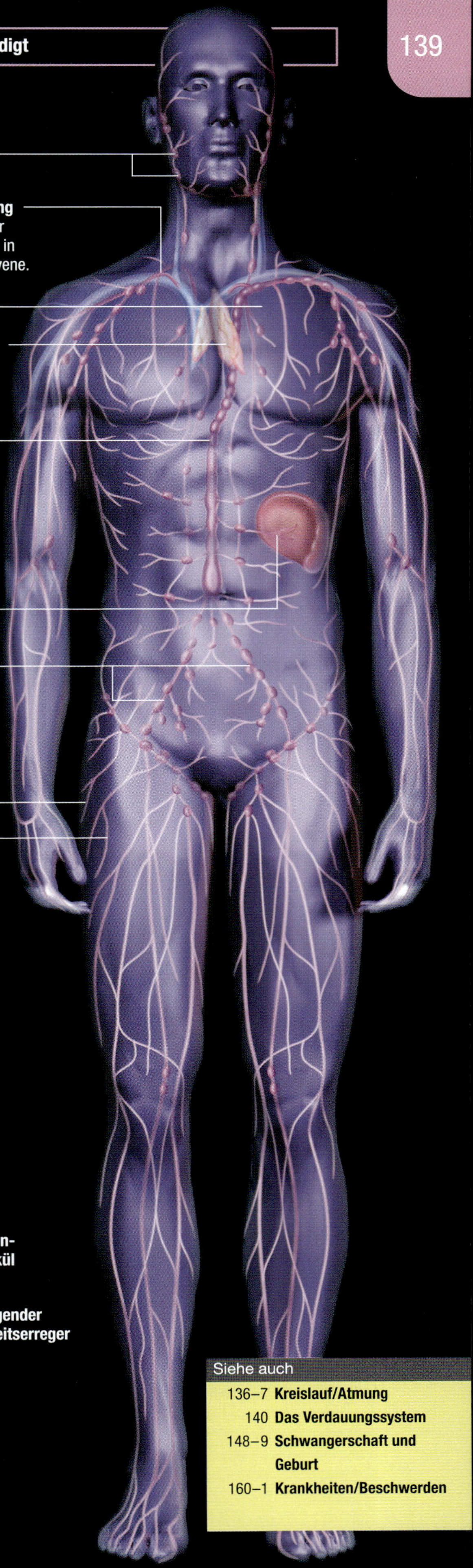


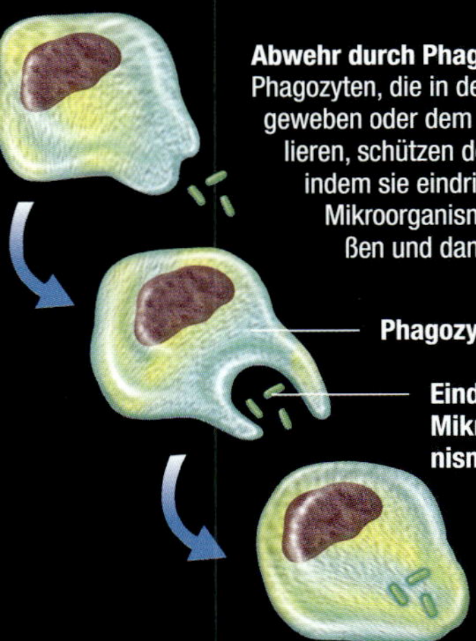


**Abwehr durch Phagozyten** Phagozyten, die in den Körpergeweben oder dem Blut zirkulieren, schützen den Körper, indem sie eindringende Mikroorganismen umfließen und dann verdauen.

**Wie Antikörper agieren** Proteinmoleküle, die von Lymphozyten freigesetzt werden, heften sich selbst an Pathogene an. Die Antikörper reduzieren die Anzahl der Eindringlinge und signalisieren den in der Nähe befindlichen Phagozyten, herbeizukommen und die Eindringlinge zu verschlingen.

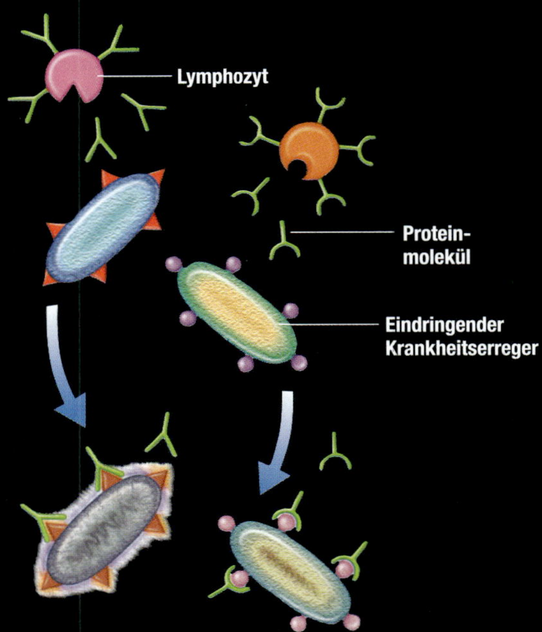


## WISSENSWERTES

- Der menschliche Körper produziert mehr als 200 unterschiedliche Hormone.
- Ein einzelner Lymphozyt kann pro Stunde 1 Mio. Antikörper herstellen.
- Bei Erkrankungen kann es manchmal zu geschwollenen Lymphknoten kommen. Lymphknoten vergrößern sich, sobald sie aktiv an der Infektions- und Krankheitsbekämpfung teilnehmen.

Siehe auch
136–7 **Kreislauf/Atmung**
140 **Das Verdauungssystem**
148–9 **Schwangerschaft und Geburt**
160–1 **Krankheiten/Beschwerden**

# Das Verdauungssystem

*Das Verdauungssystem wandelt Nahrungsmittel in essenzielle Nährstoffe um. Die Verdauung und die Aufnahme der Nahrung erfolgen im Verdauungstrakt. Durch Muskeltätigkeit und Enzyme wird die Nahrung in einzelne Moleküle gespalten, die dann vom Blutstrom aufgenommen werden. Der gesamte Prozess dauert etwa 24 Stunden.*

## Aufbau von Zähnen

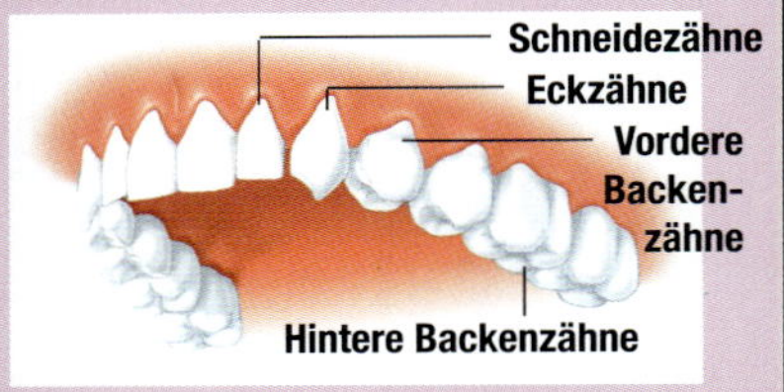


Die Zähne sind in den Kiefer eingebettet, ihre Anlagen erscheinen um die 6. Schwangerschaftswoche. Menschen haben zwei Zahnsätze, einen vorübergehenden Satz an Milchzähnen und einen bleibenden Satz an Dauerzähnen. Die 20 Milchzähne erscheinen etwa ab dem 6. Lebensmonat, ab dem 6. Lebensjahr schieben die bereits gebildeten Dauerzähne die Milchzähne heraus.

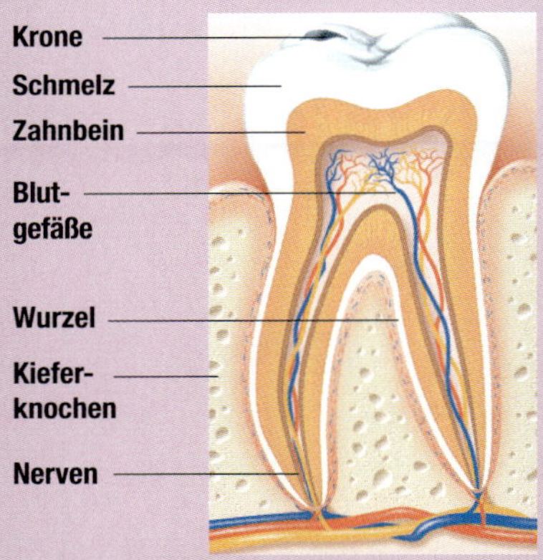


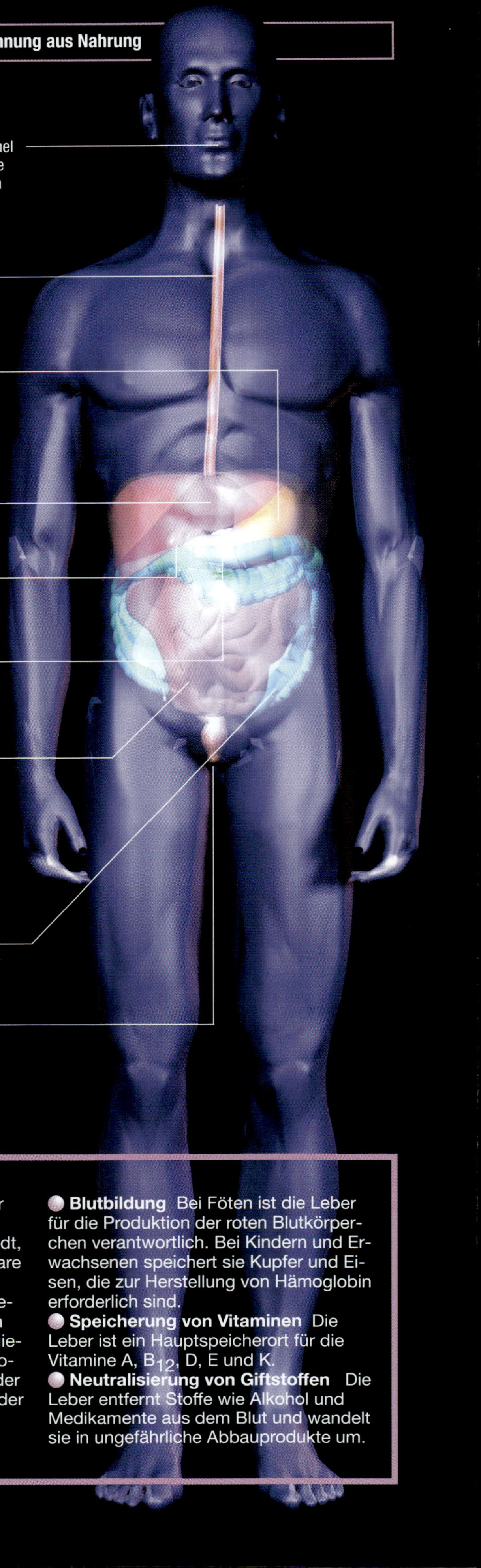

**1 Zähne, Speicheldrüsen und Zunge** Die Zähne zerkleinern die Nahrung. Speichel weicht sie auf und macht sie gleitfähig, die im Speichel enthaltenen Enzyme beginnen mit dem Abbau von Kohlenhydraten. Die Zunge schiebt die Nahrung zum Rachen und die Kehle hinunter.

**2 Speiseröhre** Transportiert die Nahrung durch rhythmische, wellenförmige Muskelkontraktionen von der Kehle in den Magen.

**3 Magen** Produziert Salzsäure und das Enzym Pepsin, die beide Proteine abbauen; das Enzym Lipase baut Fette ab. Die muskulären Magenwände vermischen den Speisebrei mit den Magensäften zu einer wässrigen Masse.

**4 Leber** Produziert Gallenflüssigkeit, eine dicke grüne Flüssigkeit, die dem Fettabbau dient.

**5 Gallenblase** Hier wird die Galle gespeichert. Nach dem Essen wird sie vermehrt in den Dünndarm abgegeben.

**6 Bauchspeicheldrüse** Sondert Enzyme ab, die Proteine, Kohlenhydrate und Fette abbauen, und Natriumbikarbonat, das die Magensäure neutralisiert.

**7 Dünndarm** Sondert Enzyme ab, die gemeinsam mit der Gallenflüssigkeit und dem Pankreassaft die Verdauung abschließen. Die meisten vom Körper benötigten Nährstoffe und Wasser werden hier absorbiert. Glukose und Aminosäuren werden ins Blut aufgenommen, Fettsäuren und Glyzerin von der Lymphe übernommen und zur Leber transportiert.

**8 Dickdarm** Hier werden die Reste des Verdauungsprozesses durch Muskelbewegungen in Stuhl umgewandelt.

**9 Enddarm, Mastdarm** Die Endprodukte des Nahrungsmittelabbaus lösen reflexartige Muskelkontraktionen aus, die den Stuhl den Analkanal entlang und aus dem After herausdrücken.

## DIE ROLLE DER LEBER

Die Leber ist die größte Drüse im Körper; sie ist eine „chemische Produktionsanlage“ und erfüllt verschiedene Aufgaben.

- **Bildung von Galle** Einige Leberzellen produzieren Galle, die in den Dünndarm ausgeschüttet wird und beim Fettabbau hilft.
- **Energiespeicherung** Glukose, ein im Blut gelöster Zucker, wird vom Körper als Brennstoff genutzt. Die Leber kontrolliert diesen Blutglukosespiegel und wandelt überschüssige Glukose in Glykogen um.
- **Verarbeitung von Fetten** Die in der Nahrung enthaltenen Fette werden zur Weiterverarbeitung an die Leber gesandt, die sie in eine für den Körper verwertbare Form umwandelt und speichert.
- **Verarbeitung von Proteinen** Die Leber spaltet Proteine in ihre chemischen Bausteine, die Aminosäuren. Das bei diesem Abbauprozess entstehende Ammoniak ist eine giftige Substanz, die von der Leber in Harnstoff umgewandelt wird, der über den Harn und Schweiß gefahrlos aus dem Körper entfernt werden kann.
- **Blutbildung** Bei Föten ist die Leber für die Produktion der roten Blutkörperchen verantwortlich. Bei Kindern und Erwachsenen speichert sie Kupfer und Eisen, die zur Herstellung von Hämoglobin erforderlich sind.
- **Speicherung von Vitaminen** Die Leber ist ein Hauptspeicherort für die Vitamine A, $B_{12}$, D, E und K.
- **Neutralisierung von Giftstoffen** Die Leber entfernt Stoffe wie Alkohol und Medikamente aus dem Blut und wandelt sie in ungefährliche Abbauprodukte um.

# Die Harnorgane ▶ 



*Das Harnsystem entfernt die Abfallprodukte aus dem Körper und reguliert den Wasserhaushalt sowie die Zusammensetzung des Blutes. Die wichtigsten Harnorgane sind die beiden Nieren, die Abfallprodukte aus dem Blut herausfiltern und wertvolle Stoffe wieder aufnehmen. Die Abfallprodukte gelangen in die Blase und werden durch die Harnröhre aus dem Körper ausgeschieden.*

## DIE NIERE IN GROSSAUFNAHME

Jede Niere enthält etwa 1 Mio. winziger Nephrone, die schädliche Substanzen und überschüssiges Wasser aus dem Blut entfernen und Harn daraus herstellen. Nierenkanälchen transportieren den Harn ins Nierenbecken; von dort fließt er in die Blase ab, in der er gesammelt wird.

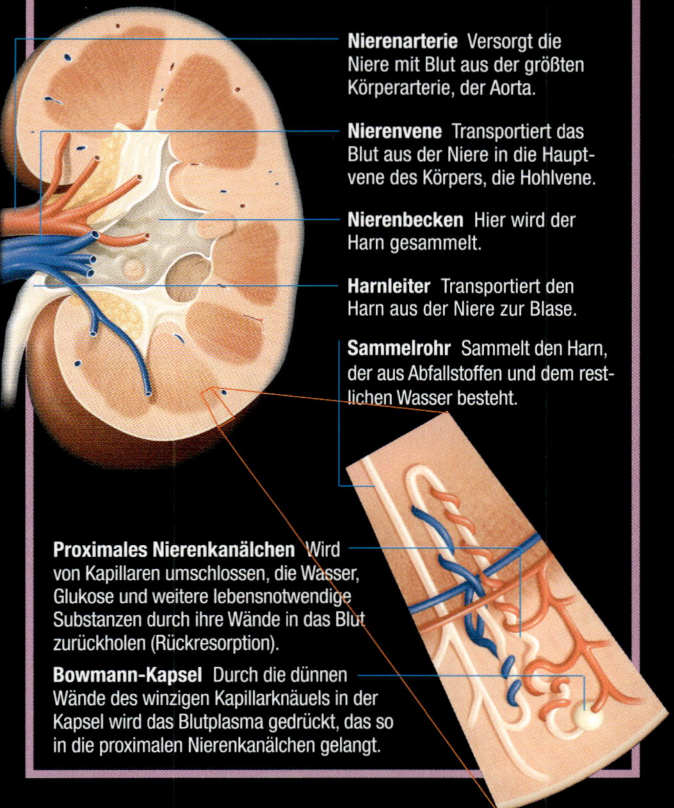


**Männliche und weibliche Harnorgane**
Bei Männern befindet sich die untere Begrenzung der Harnblase (Blasengrund) neben der Prostata (Vorsteherdrüse), die Harnröhre führt durch den Penis. Bei Frauen liegt die Harnblase oberhalb von Gebärmutter (Uterus) und Scheide (Vagina), die Harnröhre tritt vor der Scheidenvorderwand im Bereich der Schamlippen aus dem Körper aus.

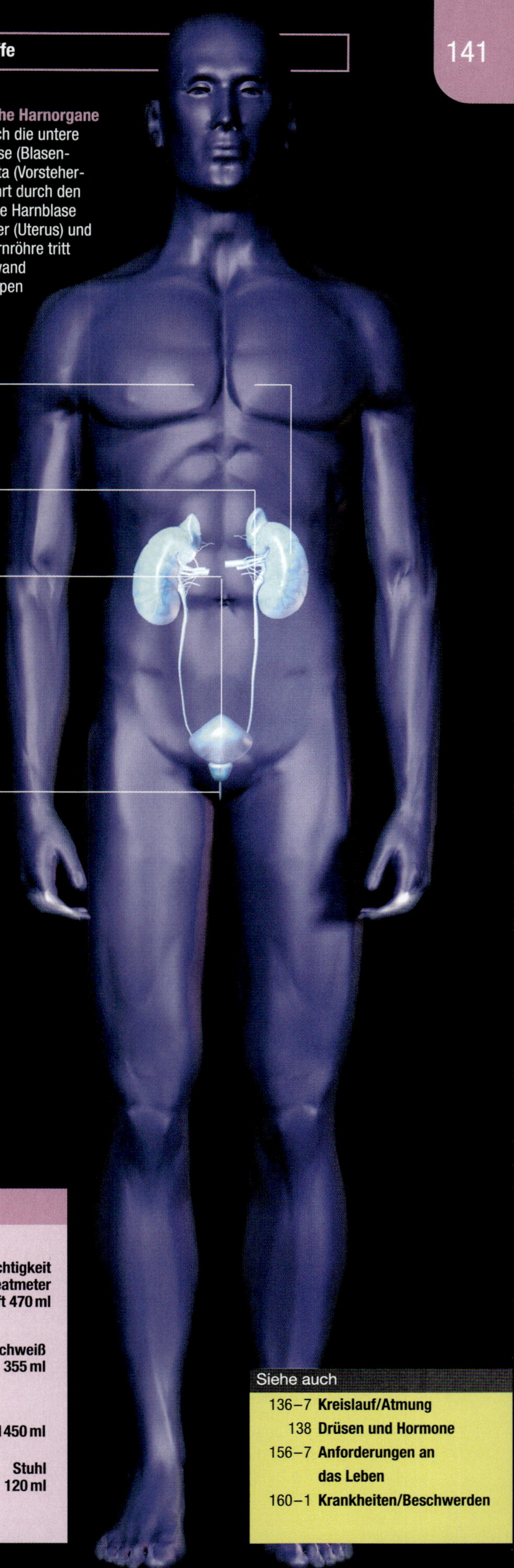


## Die Bedeutung des Wassers

Wasser ist für das körperliche Wohlbefinden essenziell. Bei seiner Passage durch die Nieren verdünnt es Giftstoffe und sorgt für eine hinreichende Harnproduktion, um das chemische Gleichgewicht des Körpers aufrechtzuerhalten. Wasser ist das Medium, in dem alle chemischen Stoffwechselprozesse ablaufen. Es wird vorwiegend in Muskeln, Blut und Haut gespeichert.

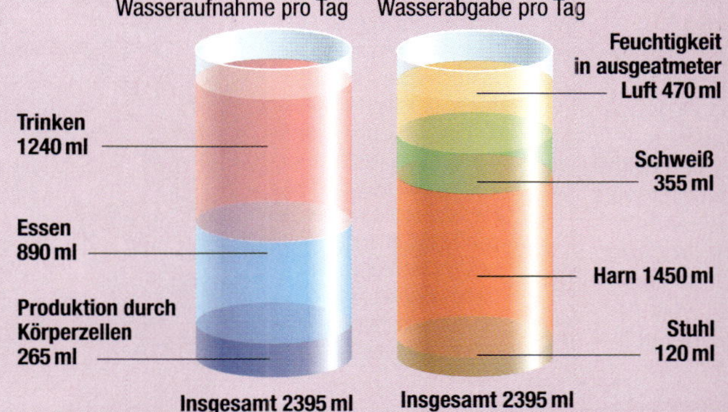


Siehe auch
136–7 **Kreislauf/Atmung**
138 **Drüsen und Hormone**
156–7 **Anforderungen an das Leben**
160–1 **Krankheiten/Beschwerden**

*Die Haut ist mit einer Gesamtfläche von etwa 2 m² das größte Körperorgan beim Erwachsenen. Sie bildet eine Schutzschicht, unterstützt die Regulation der Körpertemperatur, die Bildung (Synthese) von Vitamin D und enthält Nerven, die die Wahrnehmung von Berührungen, Schmerz, Hitze und Kälte an das Gehirn weiterleiten. Nägel und Haare werden aus Haut gebildet und bestehen hauptsächlich aus abgestorbenen Zellen (Hornhaut). Die Fingernägel schützen die empfindlichen Fingerspitzen und erleichtern das Aufheben von kleinen Gegenständen. Haare spielen bei der Regulation der Körpertemperatur eine wichtige Rolle.*

## AUFBAU DER HAUT

Die Haut besteht aus zwei Hauptschichten: einer dünnen äußeren Hautschicht (Epidermis) und einer dickeren Basisschicht (Korium).

- **Die Epidermis (Oberhaut)** variiert in ihrer Dicke entsprechend dem Körperteil, den sie bedeckt (die dicksten Bereiche befinden sich am Gesäß, den Händen und Fußsohlen), und enthält keine Blutgefäße. Sie wird kontinuierlich neu gebildet.
- **Das Korium (Lederhaut)** besteht aus fibrösem, elastischem Gewebe und enthält neben sensorischen Nerven, die auf Berührung, Druck und Temperatur reagieren, Blutgefäße, Schweiß- und Talgdrüsen sowie rund 3 Mio. Haarfollikel. Das Korium ist auch für die vielen dauerhaften Faltungen verantwortlich, die als Hautmuster auf der Hautoberfläche erscheinen. Unter dem Korium befindet sich eine Schicht aus Fettgewebe, die Subkutis, die der Isolierung dient.

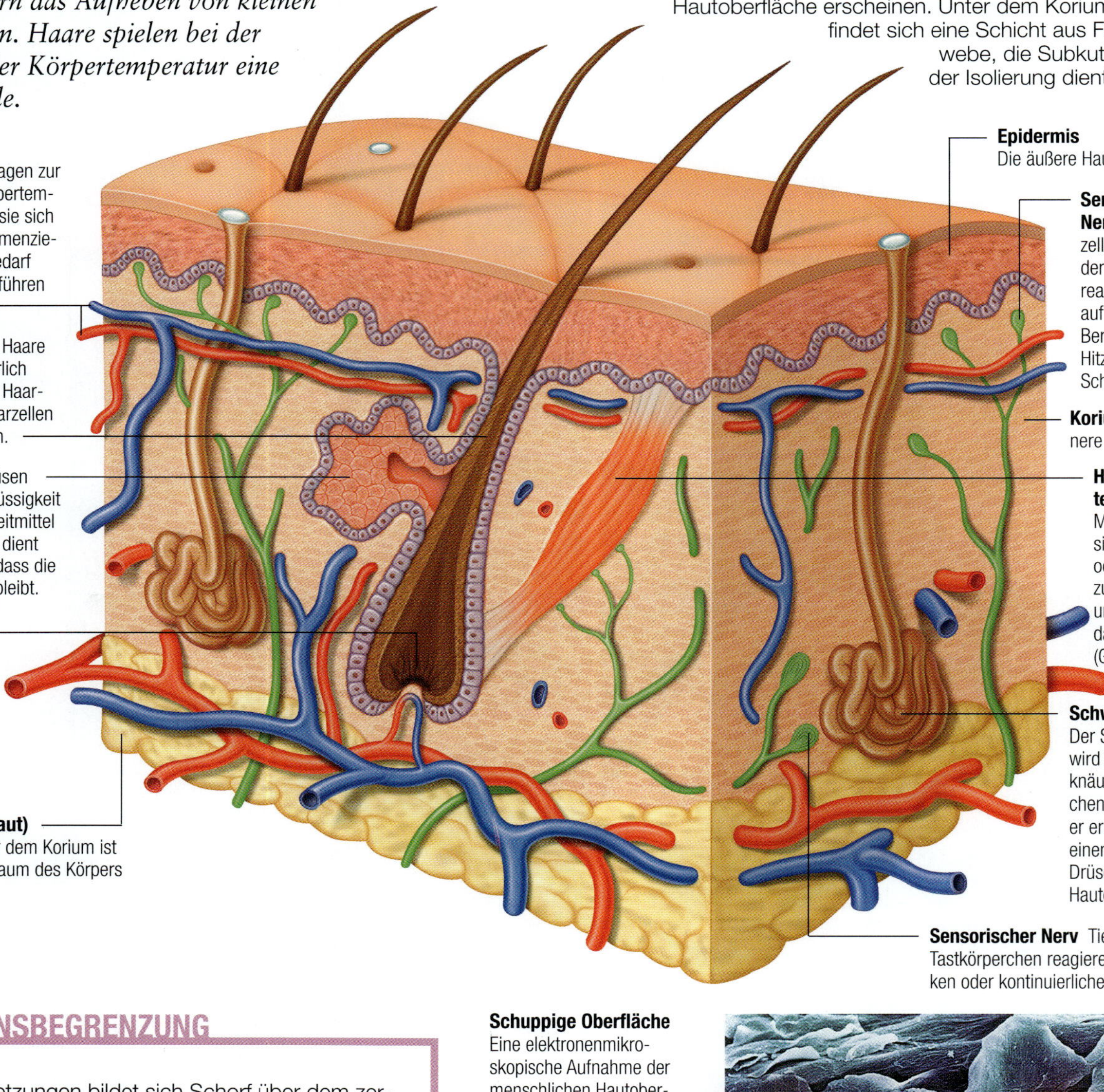

**Blutgefäße** Sie tragen zur Regulation der Körpertemperatur bei, indem sie sich weiten oder zusammenziehen, um je nach Bedarf Körperwärme abzuführen bzw. zu erhalten.

**Haarschaft** Neue Haare wachsen kontinuierlich nach; oberhalb der Haarwurzel sind alle Haarzellen jedoch abgestorben.

**Talgdrüse** Talgdrüsen geben eine ölige Flüssigkeit (Talg) ab, die als Gleitmittel für Haare und Haut dient und dazu beiträgt, dass die Haut geschmeidig bleibt.

**Haarwurzel** Der Sack um Haarwurzel und Haarschaft wird als Haarfollikel (oder Haarbalg) bezeichnet.

**Subkutis (Unterhaut)** Diese Schicht unter dem Korium ist der Hauptspeicherraum des Körpers für Fettgewebe.

**Epidermis** Die äußere Hautschicht

**Sensorischer Nerv** Nervenzellen unter der Epidermis reagieren auf leichte Berührung, Hitze oder Schmerzen.

**Korium** Die innere Hautschicht

**Haaraufrichter** Dieser Muskel zieht sich bei Kälte oder Angst zusammen und richtet das Haar auf (Gänsehaut).

**Schweißdrüse** Der Schweiß wird in den geknäuelten Kanälchen produziert; er erreicht über einen langen Drüsengang die Hautoberfläche.

**Sensorischer Nerv** Tief sitzende Tastkörperchen reagieren auf starken oder kontinuierlichen Druck.

## SCHADENSBEGRENZUNG

Bei Hautverletzungen bildet sich Schorf über dem zerstörten Gewebe und bedeckt es während des Heilungsprozesses. Dieser Schorf entsteht aus einer klebrigen, faserigen Substanz, dem Fibrin, das vom Blut hergestellt wird, wann und wo immer ein Blutgefäß beschädigt wird. Das Fibrin bildet ein Netz aus und hält entweichende Blutzellen in einem Gerinnsel zurück, das dann trocknet und verschorft. Während ein Schnitt oder Kratzer von innen nach außen heilt, wird der Schorf immer weiter zur Oberfläche hin geschoben; ist die Haut wieder vollständig hergestellt, fällt der Schorf ab.

**Schuppige Oberfläche** Eine elektronenmikroskopische Aufnahme der menschlichen Hautoberfläche (200fach vergrößert) veranschaulicht, wie sich Schichten abgestorbener Zellen abschälen und zu Hautschuppen werden, die dann abfallen. Hausstaub besteht vorwiegend aus diesen Flocken, von denen ein Mensch im Lauf des Jahres 4 kg abstößt.

## Regulation der Körpertemperatur

Die Haut trägt über folgende drei Mechanismen zur Regulation der Körpertemperatur bei:

- **Hautatmung** Durch eine kaum wahrnehmbare Schweißabsonderung wird der Körper abgekühlt und kann eine Hauttemperatur von 36,1–37,8 °C aufrechterhalten. Die Körpertemperatur kann aber durch Muskelarbeit oder einen Anstieg der Umgebungstemperatur rasch ansteigen; unter diesen Umständen können Schweißdrüsen für einen kurzen Zeitraum bis zu 3 l Schweiß absondern.
- **Blutkreislauf** Steigt die Körpertemperatur an, weiten sich die Blutkapillaren in der Haut. Der dadurch bedingte erhöhte Blutfluss sorgt dafür, dass mehr Wärme abgeführt werden kann. Sinkt die Körpertemperatur, verengen sich die Kapillaren und halten so die Wärme im Körper zurück.
- **Gänsehaut** Bei Kälte ziehen sich die Haaraufrichtemuskeln zusammen – es kommt zur „Gänsehaut". In den Gruben zwischen den Erhöhungen wird die Wärme gehalten; das aufgerichtete Haar sorgt für eine Schicht wärmerer Luft auf der Haut.

## SCHWEISSDRÜSEN UND HAUTATMUNG

Schweiß gelangt durch winzige Öffnungen (Poren) der Epidermis aus den Schweißdrüsen, von denen es zwei Arten gibt, auf die Hautoberfläche.

- **Normale Schweißdrüsen** Sie sind über den ganzen Körper verteilt, treten jedoch an Fußsohlen und Handfläche gehäuft auf. Sie scheiden leicht sauren, wässrigen und salzhaltigen Schweiß aus, der durch Abkühlung der Haut der Regulation der Körpertemperatur sowie der Ausscheidung kleinerer Abfallmengen dient.
- **Sexuelle Schweißdrüsen** Diese nehmen ihre Tätigkeit mit Beginn der Pubertät auf und produzieren einen proteinreichen Schweiß als Reaktion auf einen emotionalen Reiz, z. B. eine sexuelle Erregung oder das Gefühl von Angst oder Ärger. Sie sind größer als normale Schweißdrüsen und kommen in den Augenlidern, im Brustwarzenvorhof und der Brustwarze, in den Achselhöhlen sowie um den After und die äußeren Geschlechtsorgane vor. Der von diesen Drüsen produzierte Schweiß ist eigentlich geruchlos, kann aber durch Einwirkung von Bakterien einen unangenehmen Geruch annehmen.

## HAUTFARBE

Die Hautfarbe bewegt sich beim Menschen von blassrosa bis dunkelbraun. Diese Farbvariation wird durch unterschiedliche Mengen an Pigmenten bedingt. Die dunklen Zellschichten (kleine Abbildung rechts) bestehen aus Melanin, das der Haut ihre dunkle Farbe verleiht.

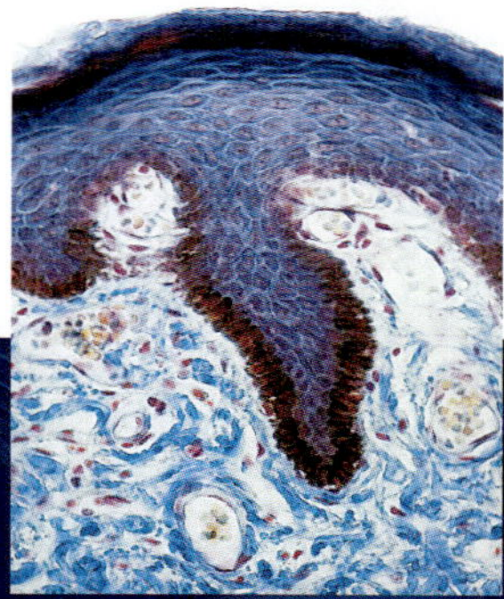

**Natürlicher Sonnenschutz** Ultraviolettes (UV-) Licht, das in starkem Sonnenlicht in hohen Konzentrationen vorhanden ist, schädigt die Haut potenziell. Das schwarze Pigment Melanin lässt kein UV-Licht durch die Haut hindurch. Dieses Foto wurde unter UV-Licht aufgenommen; es zeigt von links nach rechts drei Frauen europäischer, afrikanischer bzw. asiatischer Herkunft. Die Haut der Afrikanerin (Mitte) erscheint am stärksten violett, da sie das meiste UV-Licht reflektiert.

## FINGERABDRÜCKE

Rillenförmige Hautmuster treten auf den Innenflächen der Finger, Daumen und Handflächen sowie an den Fußsohlen und unter den Zehen auf. Ihre Aufgabe besteht darin, das Greifen zu unterstützen. An Fingern und Daumen werden diese individuellen Muster als Fingerabdrücke bezeichnet. Jede Rille ist 0,2 bis 0,4 mm breit; die Muster werden anhand ihrer Hauptmerkmale klassifiziert: Bogenmuster, Schlinge und Wirbelmuster. Fingerabdrücke sind bei jedem Menschen unterschiedlich, nur eineiige Zwillinge haben übereinstimmende Fingerabdrücke.

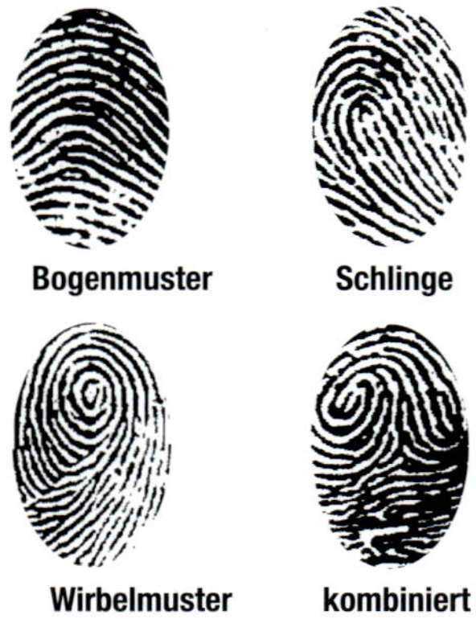


## WISSENSWERTES

- Im Schnitt hat ein Mensch etwa 2,5 Mio. Schweißdrüsen.
- Die Handflächen verfügen mit bis zu 500 Schweißdrüsen pro $cm^2$ über die höchste Konzentration.
- Der Körper produziert, selbst wenn man nahezu untätig ist, täglich mehr als 1 l Schweiß.
- Die Haut ist im Gesicht 0,1 mm dick, an den Fußsohlen 1 mm.
- Auf dem Kopf gibt es bis zu 1 Mio. Haare, von denen jedes pro Tag etwa 0,3 mm wächst.
- Die Haarfarbe wird von den Pigmenten Melanin und Karotin bestimmt. Durch einen allmählichen Verlust dieser Pigmente und die Bildung von Luftblasen in den Haarschäften werden Haare grau.
- Im Schnitt verliert ein Mensch etwa 80 Haare pro Tag.
- Fingernägel wachsen im Verlauf eines Jahres 2,5 cm. Im Sommer wachsen sie schneller als im Winter.
- Bräune entsteht durch einen Aufbau des Pigments Melanin, der durch den Kontakt mit ultraviolettem Licht ausgelöst wird.
- Das Pigment Karotin verleiht der Haut ihre gelbliche Färbung.

## Nägel

Nägel entwickeln sich aus der Epidermis; sie werden aus dem Protein Keratin gebildet. Das Wachstum findet an den Nagelwurzeln statt, die aus lebenden Zellen bestehen; der Hauptteil des Nagels besteht dagegen aus abgestorbenen Zellen. Die scheinbare Berührungsempfindlichkeit der Nägel erklärt sich durch die große Anzahl an Nerven, die das Nagelbett und die umgebende Haut durchziehen.

Siehe auch
136–7 **Kreislauf/Atmung**
138 **Drüsen und Hormone**
146–7 **Riechen/Schmecken/Fühlen**
160–1 **Krankheiten/Beschwerden**

*In den Augen befinden sich mehr als 70 % der im gesamten Körper vorhandenen sensorischen Rezeptoren. Von ihnen werden die wechselnden Lichtmuster detektiert und als Nervenimpulse an das Gehirn weitergeleitet, das die erhaltenen Bilder interpretiert, beurteilt und entsprechend darauf antwortet. Das menschliche Auge kann unter verschiedensten Bedingungen arbeiten – so passt es sich beispielsweise rasch an schwache Lichtverhältnisse an.*

## ANPASSUNG AN DAS LICHT

Wir können bei unterschiedlichsten Lichtverhältnissen sehen, da sich die Regenbogenhaut verengen bzw. weiten und so die Größe der Pupille variieren kann. Bei Dämmerlicht weitet sich die Pupille und lässt möglichst viel Licht in das Auge fallen; bei Tageslicht schrumpft sie und verhindert, dass zu starker Lichteinfall das Auge schädigen kann.

- **Scharfeinstellung** Muskeln richten die Linse so aus, dass die einfallenden Lichtstrahlen auf der Netzhaut (Retina) ein scharfes Bild erzeugen.
- **Kurzsichtigkeit** Das Bild wird etwas vor der Retina fokussiert und kann von einer Brille mit konkaven Gläsern korrigiert werden.

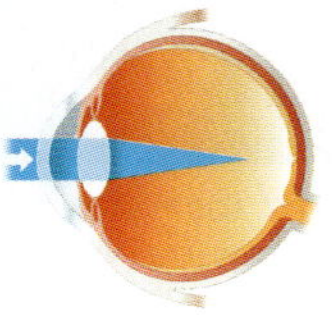

- **Weitsichtigkeit** Das Bild wird kurz hinter der Retina fokussiert und kann von einer Brille mit konvexen Gläsern korrigiert werden.

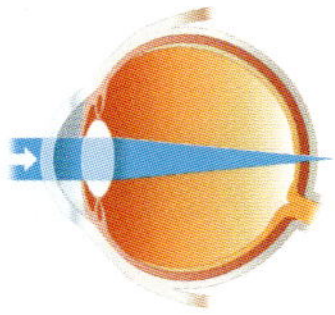

- **Stabsichtigkeit** Der Augapfel ist nicht ganz kugelförmig; die Augenmuskeln können Bilder nicht scharf auf der Retina abbilden. Dies kann mit einer Brille mit so genannten Zylindergläsern korrigiert werden.

## DAS AUGE: UNSER FENSTER ZUR WELT

Die Augen liegen in knöchernen Höhlen und werden von Muskeln darin verankert. Das Licht trifft durch die durchsichtige Hornhaut auf das Auge und gelangt über die Pupille auf die Linse. Hier wird das eintreffende Licht durch den Glaskörper genauer fokussiert. Auf der Netzhaut (Retina) wird dann ein Bild erstellt. Sie enthält lichtempfindliche Sehzellen, die Stäbchen und Zapfen. Die Zapfen, die für das Farbsehen verantwortlich sind, befinden sich vorwiegend in der Mitte, die für das Schwarz-Weiß-Sehen zuständigen Stäbchen überwiegend in der Peripherie der Retina. Auf einen Lichtreiz hin produzieren die Stäbchen und Zapfen Nervenimpulse, die über den Sehnerv an das Gehirn übermittelt werden.

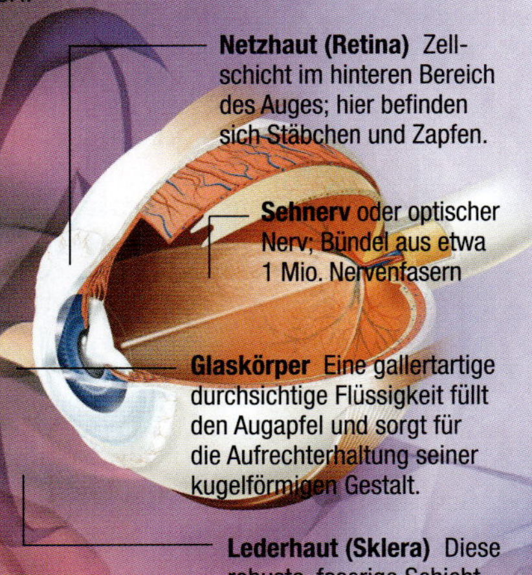

**Linse** Sie sitzt direkt hinter der Pupille und sorgt für die Feineinstellung bei der Fokussierung.

**Regenbogenhaut (Iris)** Dieser pigmentierte Muskel kontrolliert die Öffnungsweite der Pupille.

**Pupille** Durch sie gelangt das Licht in das Auge.

**Hornhaut (Cornea)** Dieses stark gekrümmte Fenster trägt die Hauptlast bei der Fokussierung von Bildern.

**Netzhaut (Retina)** Zellschicht im hinteren Bereich des Auges; hier befinden sich Stäbchen und Zapfen.

**Sehnerv** oder optischer Nerv; Bündel aus etwa 1 Mio. Nervenfasern

**Glaskörper** Eine gallertartige durchsichtige Flüssigkeit füllt den Augapfel und sorgt für die Aufrechterhaltung seiner kugelförmigen Gestalt.

**Lederhaut (Sklera)** Diese robuste, faserige Schicht ist für die weiße Farbe im Auge verantwortlich.

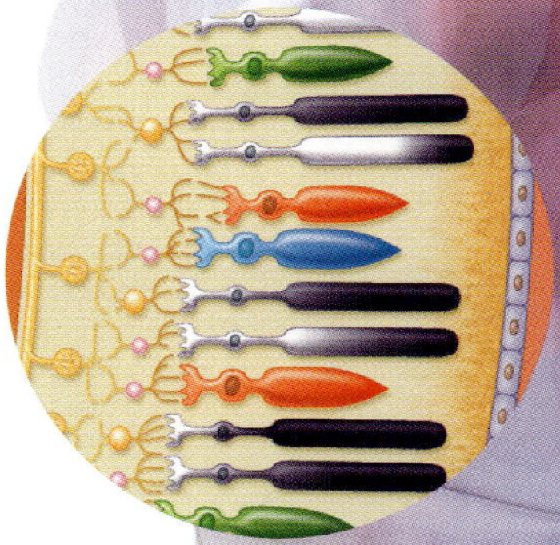

**Stäbchen und Zapfen** Stäbchen (die längeren dunkleren Sehzellen) können Schwarz und Weiß unterscheiden; sie sind als einzige Rezeptoren bei geringer Lichteinwirkung (Dämmerung) aktiv. Zapfen ermöglichen uns das Farbsehen, benötigen dafür aber starkes Licht (Tageslicht).

## Sind Sie farbenblind?

Für das Farbsehen sind rote, blaue und grüne Zapfen erforderlich, die perfekt zusammenarbeiten, damit „normal farbentüchtige" Augen alle Farbtöne des Spektrums erkennen können. Manche Menschen können aber einige Farben nicht voneinander unterscheiden, weil ihnen bestimmte Zapfenarten fehlen bzw. in ihrer Funktion gestört sind. Diese Farbenblindheit betrifft vorwiegend das männliche Geschlecht, da die verantwortlichen Gene auf dem X-Chromosom liegen. In Europa leiden 8 % der Männer unter Farbenblindheit, aber nur 0,5 % der Frauen.

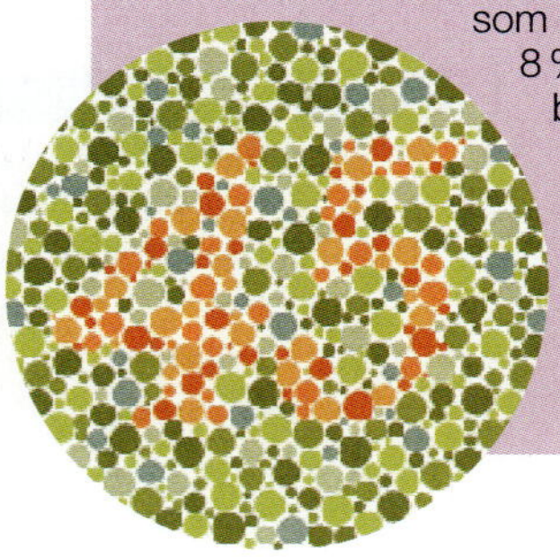

**Testen Sie sich selbst**
Wenn Sie in diesem Punktmuster keine Zahl erkennen können, sind Sie sehr wahrscheinlich farbenblind.

## Schutz und Beweglichkeit

- **Augenlider und Bindehaut** Die Augenlider schützen das Auge von außen. An ihrer Innenseite zieht sich eine durchsichtige Membran, die so genannte Bindehaut, über den gesamten Augapfel und sorgt für zusätzlichen Schutz.
- **Tränen** Damit Licht ins Auge gelangen kann, muss die Hornhaut klar bleiben. Bei jedem Lidschlag wird das Auge mit Tränenflüssigkeit gewaschen; sie enthält Nährstoffe und schützt das Auge vor Bakterien.
- **Augenmuskeln** Der Augapfel liegt in einer Schlinge aus sechs Muskeln, die von der knöchernen Augenhöhle ausgehen. Diese ermöglichen es dem Augapfel, sich in verschiedene Richtungen zu drehen.

## WISSENSWERTES

- Damit die Zellen in der Netzhaut korrekt arbeiten, müssen sich die einfallenden Lichtmuster ständig ändern – sonst leiten die Nerven der Zellen keine Impulse mehr weiter. Um dies zu erreichen, führen die Augen pro Sekunde etwa 50 winzige flackernde Bewegungen aus.
- In der Netzhaut befinden sich etwa 125 Mio. Stäbchensehzellen und etwa 7 Mio. Zapfensehzellen.
- Wird das Licht schwächer, tritt Farbenblindheit auch bei Personen mit normalem Sehvermögen ein. In der Abenddämmerung verlieren wir zuerst die Fähigkeit, Rot zu sehen, gefolgt von Orange, Gelb und Grün. Als letzte Farbe können wir Blau nicht mehr erkennen. Blau erscheint morgens auch wieder als erste Farbe.

*Das Ohr erkennt nicht nur Geräusche, es steuert auch unseren Gleichgewichts- und Bewegungssinn. Schallwellen lassen das Trommelfell vibrieren, das diese Schwingungen an das Innenohr weiterleitet. Die leichten Unterschiede im Wellenmuster, die von den beiden Ohren wahrgenommen werden, sorgen dafür, dass wir die Richtung, aus der die Geräusche kommen, feststellen können. Die mit Flüssigkeit gefüllten Kanäle im Innenohr reagieren äußerst empfindlich auf Bewegungen.*

## DER HÖRVORGANG

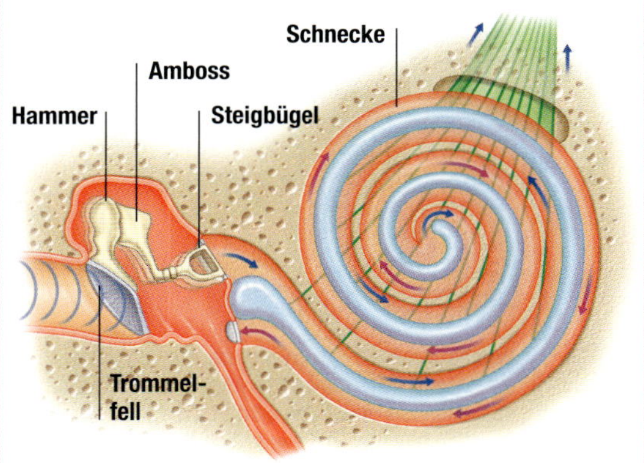


**1** Schallwellen treffen auf das Trommelfell und versetzen Hammer, Amboss und Steigbügel in Schwingungen, die an das Innenohr weitergeleitet werden.
**2** Die mit Flüssigkeit gefüllten Kammern der Schnecke transportieren die Schwingungen zum Corti-Organ und den darin angeordneten Membranen.
**3** Durch die Schwingungen werden winzige Härchen auf dem Corti-Organ stimuliert und wandeln die verschiedenen Frequenzen in je einen Nervenimpuls um.
**4** Diese Nervenimpulse werden über den Hörnerv zum Schläfenlappen des Gehirns transportiert und dort als Geräusche interpretiert.

## Das Gleichgewicht halten

Die mit Flüssigkeit gefüllten Bogengänge des Innenohrs sind rechtwinklig zueinander angeordnet; das bedeutet, dass sich bei Bewegungen auch die Flüssigkeit in einem oder mehreren Gängen bewegt. Die als Rezeptoren fungierenden Haarzellen in den einzelnen Gängen registrieren die Bewegungen und leiten sie an das Gehirn weiter. Haarzellen in kleinen Kammern des Labyrinths drücken auf eine bestimmte Rezeptorengruppe, wenn der Kopf gerade gehalten wird, und auf andere, wenn der Kopf geneigt ist.

**Der sechste Sinn** Das Gleichgewicht ist der Sinn, über den wir kaum nachdenken.

## DAS OHR: EIN DREIGETEILTES ORGAN

Das Ohr lässt sich in drei Abschnitte unterteilen: das äußere, mittlere und innere Ohr. Das äußere Ohr besteht aus der Ohrmuschel und dem gebogenen Gehörgang. Die Ohrmuschel ist wie ein Trichter geformt und leitet die Schallwellen in das Ohr. Der äußere Anteil des Gehörkanals ist mit feinen Härchen und Schmalz produzierenden Drüsen ausgekleidet. Zum Mittelohr gehört das Trommelfell, das sich bis über den inneren Anteil des Gehörkanals erstreckt. In ihm befinden sich drei kleine Knöchelchen (Hammer, Amboss und Steigbügel), die auftreffende Schwingungen an das Innenohr weiterleiten. Dieses setzt sich zusammen aus der spiralförmigen knöchernen Schnecke und dem Gleichgewichtsorgan. Letzteres besteht aus drei mit Flüssigkeit gefüllten halbkreisförmigen Kanälen, den Bogengängen, die Bewegungen wahrnehmen, und den beiden zum Labyrinth gehörigen Organen Utriculus und Sacculus, die auf Schwerkraft reagieren.

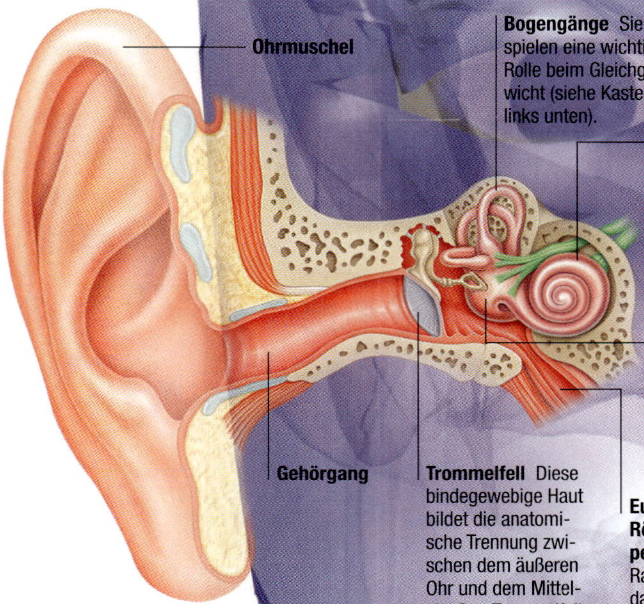

**Ohrmuschel**

**Bogengänge** Sie spielen eine wichtige Rolle beim Gleichgewicht (siehe Kasten links unten).

**Schnecke** Bereich des Ohres, in dem die durch Geräusche verursachten Schwingungen in Nervenimpulse umgewandelt werden.

**Utriculus und Sacculus** Empfindliche Bereiche in diesen Kammern stellen die Kopfhaltung fest.

**Gehörgang**

**Trommelfell** Diese bindegewebige Haut bildet die anatomische Trennung zwischen dem äußeren Ohr und dem Mittelohr. Das Trommelfell wird durch Schallwellen in Schwingung versetzt und leitet sie über Hammer, Amboss und Steigbügel – die Gehörknöchelchen – zum Innenohr weiter.

**Eustachische Röhre (Ohrtrompete)** Sie führt zum Rachen und sorgt dafür, dass der Luftdruck auf beiden Seiten des Trommelfells gleich bleibt – eine lebenswichtige Voraussetzung für die korrekte Funktionsweise des Trommelfells.

## WISSENSWERTES

- Die meisten Menschen können Töne im Bereich von 20 – 20 000 Hz wahrnehmen. Ein ratternder Lkw verursacht manche Töne unter 20 Hz, kreischende Bremsen können dagegen einen Wert von 20 000 Hz überschreiten.
- Geräusche über 100 dB können Hörschäden verursachen. Ein startendes Flugzeug kann für einen Geräuschpegel von über 120 dB sorgen.
- Hammer, Amboss und Steigbügel sind die kleinsten Knochen im menschlichen Körper.
- Das Trommelfell hat einen Durchmesser von etwa 8 mm.

Siehe auch
134–5 **Gehirn und Nerven**
154–5 **Leistungsvermögen**
160–1 **Krankheiten/ Beschwerden**

*Duftmoleküle aus 1000 Quellen schweben frei in der Luft, und unser Geruchssinn lässt uns die intensiveren dieser Stoffe aus der Entfernung wahrnehmen. Um bei Nahrungsmitteln zwischen verschiedenen Gerüchen unterscheiden zu können, arbeitet der Geruchssinn mit den Geschmacksknospen zusammen. Der Tastsinn liefert Informationen, die das Gehirn benötigt, um weitere Eigenschaften eines Gegenstands wie Temperatur, Beschaffenheit, Festigkeit und Gewicht herauszufinden.*

## GERUCH

Auf den Nervenendigungen in der Nase sitzen Rezeptorzellen, die die in der Luft enthaltenen chemischen Moleküle „riechen" können. Diese Zellen sind in so genannten Riechfeldern, die etwa die Größe einer Briefmarke einnehmen, in den Nasenhöhlen beider Nasenseiten konzentriert. Sie reagieren auf bestimmte Duftmoleküle, und die Nerven senden sie über den Riechkolben als elektrische Impulse an das Gehirn.

### Was ist ein Geruch?

Chemische Stoffe, die leicht in die Luft verdunsten und die man als flüchtige Stoffe bezeichnet, werden von den Rezeptorzellen in der Nase erkannt. Diese chemischen Stoffe werden von verschiedenen Substanzen in unterschiedlichen Mengen freigesetzt. Einer der geruchsintensivsten Stoffe der Erde ist Vanille: Ihr Geruch ist 1000-mal stärker als Knoblauchöl und 15 000-mal stärker als Zitronenschale.

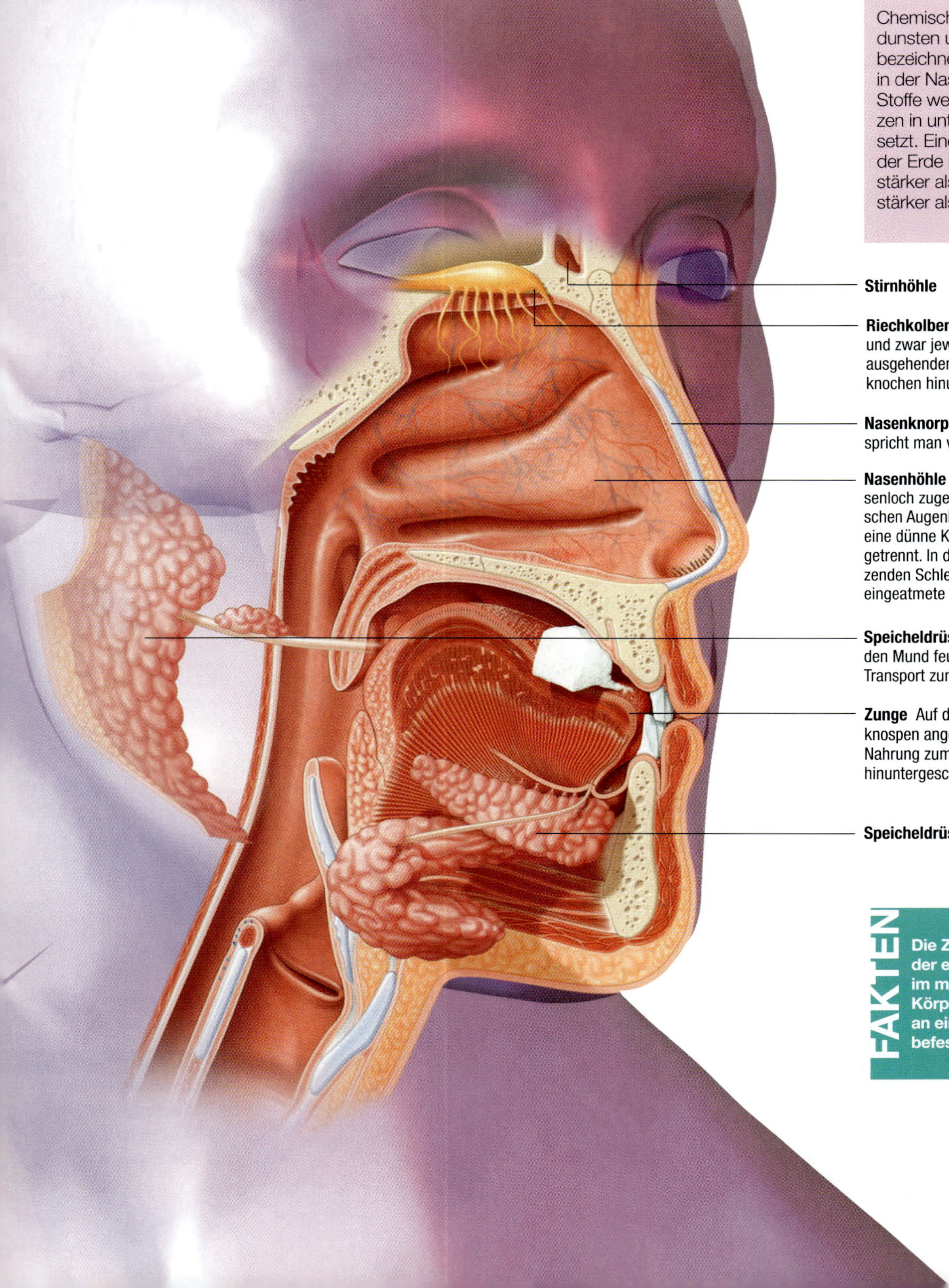

**Stirnhöhle**

**Riechkolben** Es gibt zwei dieser Nervenbündel, und zwar jeweils neben den Augen. Die von ihnen ausgehenden Nerven ragen durch die Schädelknochen hinunter in die jeweilige Nasenhöhle.

**Nasenknorpel** Der Nasenrücken; wird er verletzt, spricht man von einer „gebrochenen Nase".

**Nasenhöhle** Die beiden Nasenhöhlen, die je einem Nasenloch zugeordnet sind, liegen als große Räume zwischen Augenhöhle und Gaumendach und sind durch eine dünne Knorpel- und Knochenschicht voneinander getrennt. In der die Nasenhöhle auskleidenden, schützenden Schleimschicht verlaufen Blutgefäße, die die eingeatmete Luft aufwärmen.

**Speicheldrüsen** Speichel löst Nahrungsmittel auf, hält den Mund feucht und macht die Nahrung für ihren Transport zum Rachen gleitfähig.

**Zunge** Auf der Zungenoberfläche sind Geschmacksknospen angehäuft; die Zunge selbst dient dazu, Nahrung zum Rachen zu befördern, damit sie hinuntergeschluckt werden kann.

**Speicheldrüse**

**FAKTEN**

**Die Zunge ist der einzige Muskel im menschlichen Körper, der nur an einem Ende befestigt ist.**

## GESCHMACK

Geschmacksknospen sind kleine sensorische Organe, die sich in hohen Konzentrationen auf der Zunge befinden, aber auch in der Kehle und im Gaumen vorkommen. Auf der Zunge sind sie als kleine Warzen oder Papillen sichtbar, die in Form und Position variieren. Geschmacksknospen können vier verschiedene Geschmacksrichtungen wahrnehmen: bitter, sauer, salzig und süß. Alle verschiedenen Aromen, die wir „schmecken", bestehen aus einer Kombination dieser vier Geschmacksrichtungen und den Gerüchen, die durch die Nase aufgenommen werden.

**Geschmacksfelder** Abgerundete Papillen befinden sich im hinteren Bereich der Zunge (Zungengrund), gerippte Papillen an den Zungenrändern, pilzförmige Papillen auf der Zunge und haarförmige Papillen an der Zungenspitze. Die Geschmacksknospen, die auf die unterschiedlichen Geschmacksrichtungen ansprechen, befinden sich auf verschiedenen Zungenbereichen; einige lassen sich jedoch, wenn auch in geringerem Maß, von der einen oder anderen Haupt-Geschmacksrichtung stimulieren.

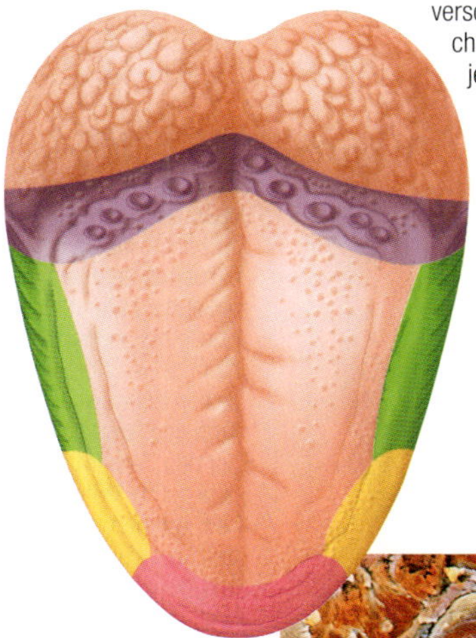


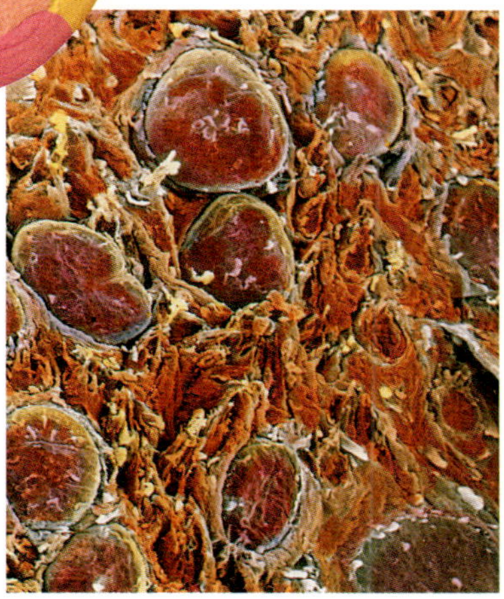

**Geschmacksknospen** In dieser elektronenmikroskopischen Aufnahme der Zungenoberfläche erscheinen die pilzförmigen Papillen als große rote Bereiche. Eine einzige Papille kann aus bis zu fünf voneinander unabhängigen Geschmacksknospen bestehen.

### WISSENSWERTES

- Die 10 000 Geschmacksknospen auf der Zunge haben eine Lebensdauer von wenigen Tagen und werden ständig erneuert.
- Der griechische Philosoph Demokrit, der als Erster das Vorkommen von Atomen annahm, glaubte, dass scharfe Gerüche von spitzen Atomen, süße von runden Atomen produziert würden.
- Menschen können 10 000 unterschiedliche Gerüche erkennen. Kinder nehmen mehr Gerüche wahr als Erwachsene, da die Zahl der Geruchsrezeptoren ab der Geburt sinkt.
- In der Nase sitzen etwa 50 Mio. Geruchsrezeptoren.
- Der menschliche Fötus verfügt über einen Geruchs- und einen Geschmackssinn. Die Gerüche der mütterlichen Nahrung gelangen über das Fruchtwasser zu ihm. Mit 12 Wochen beginnt er, das Fruchtwasser zu trinken; aus Beobachtungen geht hervor, dass er süße Aromen bevorzugt.

## TASTSINN – tasten und fühlen

Auf der menschlichen Haut befinden sich unzählige sensorische Rezeptoren, die dem Körper das Gefühl von Berührungen vermitteln. Die sensorischen Nerven reagieren alle unmittelbar, indem sie die körperlichen Empfindungen in Nervenimpulse umwandeln, die dann über das Zentralnervensystem in einen bestimmten Hirnbereich, den Thalamus, übermittelt werden. Hier werden die eingehenden Impulse sortiert und an die entsprechenden sensorischen Bereiche des Gehirns weitergeleitet.

Einige Rezeptorzellen liegen unmittelbar unter der Hautoberfläche und reagieren auf leichte Berührung und Wärme, andere befinden sich in tieferen Regionen und reagieren erst auf starken Druck.

Auf Berührung reagierende Rezeptoren befinden sich überwiegend an Händen, Füßen und Lippen. Dies spiegelt die Bedeutung von Berührungen in diesen Bereichen wider – sie verbringen mehr Zeit mit dem Kontakt fremder Gegenstände als jeder andere Körperteil.

**Winzige Schritte** Auf unseren Händen sind berührungsempfindliche Rezeptoren in solchen Konzentrationen, dass wir sogar die Druckänderungen, die von einem über die Finger laufenden Insekt verursacht werden, fühlen können. Wird der gleiche Druck auf den Rücken ausgeübt, spüren wir nichts davon. U. a. sorgen die Berührungssensoren in unseren Händen dafür, dass uns das Gehirn zurückvermitteln kann, wie hart oder weich Gegenstände sind und wie viel Kraft ausgeübt werden muss, um sie festzuhalten oder aufzuheben.

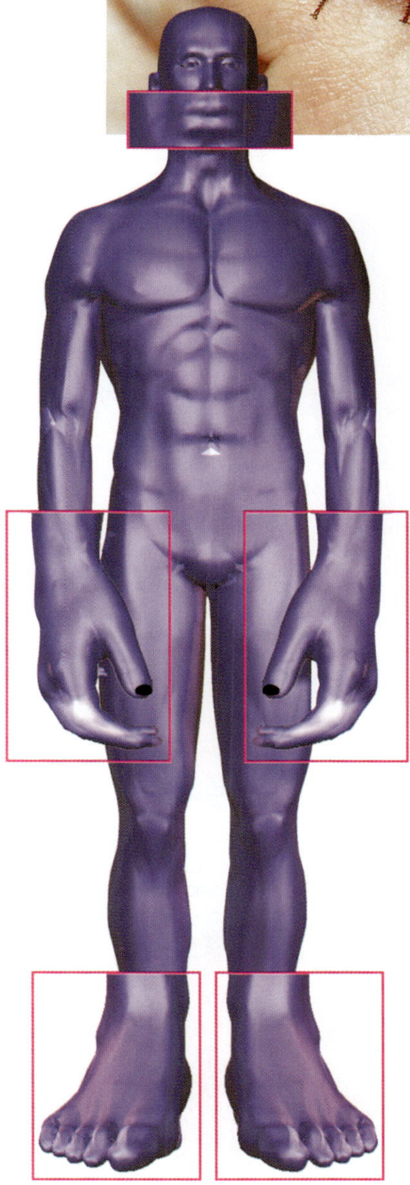

**Tastempfindlichkeit** Unsere Fähigkeit, Gegenstände durch Berührung zu fühlen, ist im Mund sowie an Händen und Füßen besonders stark ausgeprägt; hier finden sich die höchsten Konzentrationen an sensorischen Zellen. Das Schema (links) veranschaulicht die höhere Empfindlichkeit in diesen Bereichen.

Siehe auch
134–5 **Gehirn und Nerven**
140 **Das Verdauungssystem**
148–9 **Schwangerschaft und Geburt**
160–1 **Krankheiten/ Beschwerden**

*In den ersten 8 Wochen der Schwangerschaft entwickelt sich das befruchtete Ei zu einem Embryo. Die Zellen teilen sich außergewöhnlich schnell und formen Zellhaufen (Cluster), die die entstehenden Organe bilden. Ab dem 17. Tag nach der Empfängnis bilden sich Blutgefäße aus, in der 3. Woche erscheinen die Gliedmaßen als Knospen. In der 8. Woche ist der Fötus, obwohl er erst 2,5 cm lang ist, eindeutig als menschliches Wesen erkennbar.*

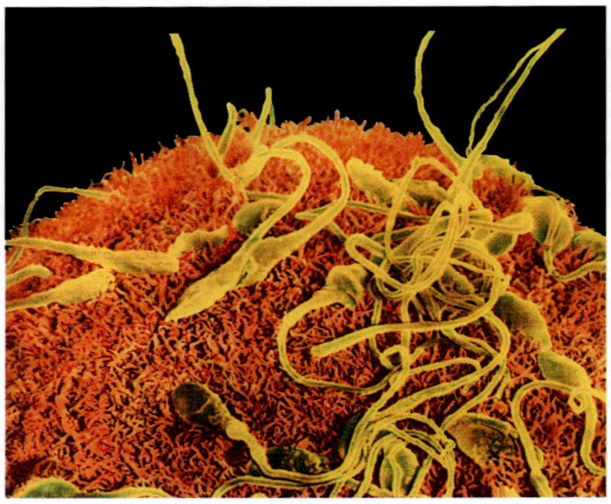

**Der Kampf um die Befruchtung** Menschliche Samenzellen (Spermien) krümmen sich auf der Oberfläche der Eizelle, die sie verkümmern lässt. Obwohl nur ein einziges Spermium in das Ei eindringen und es befruchten kann, sind viele erforderlich, um die äußere Hülle des Eis (durch Freisetzung proteinabbauender oder proteolytischer Enzyme) aufzubrechen.

## DIE ERSTEN TAGE NACH DER BEFRUCHTUNG

Die rasche Entwicklung des befruchteten Eis zu einem Embryo findet vor allem in der Gebärmutterschleimhaut statt – sie beginnt aber bereits, während das Ei noch den Eileiter hinunterwandert. Neben den Zellen, die sich zum Embryo entwickeln, produziert das befruchtete Ei auch Zellen, die sich zur Plazenta entwickeln; diese versorgt das Ungeborene über die Nabelschnur mit Sauerstoff und Nährstoffen aus dem mütterlichen Haushalt.

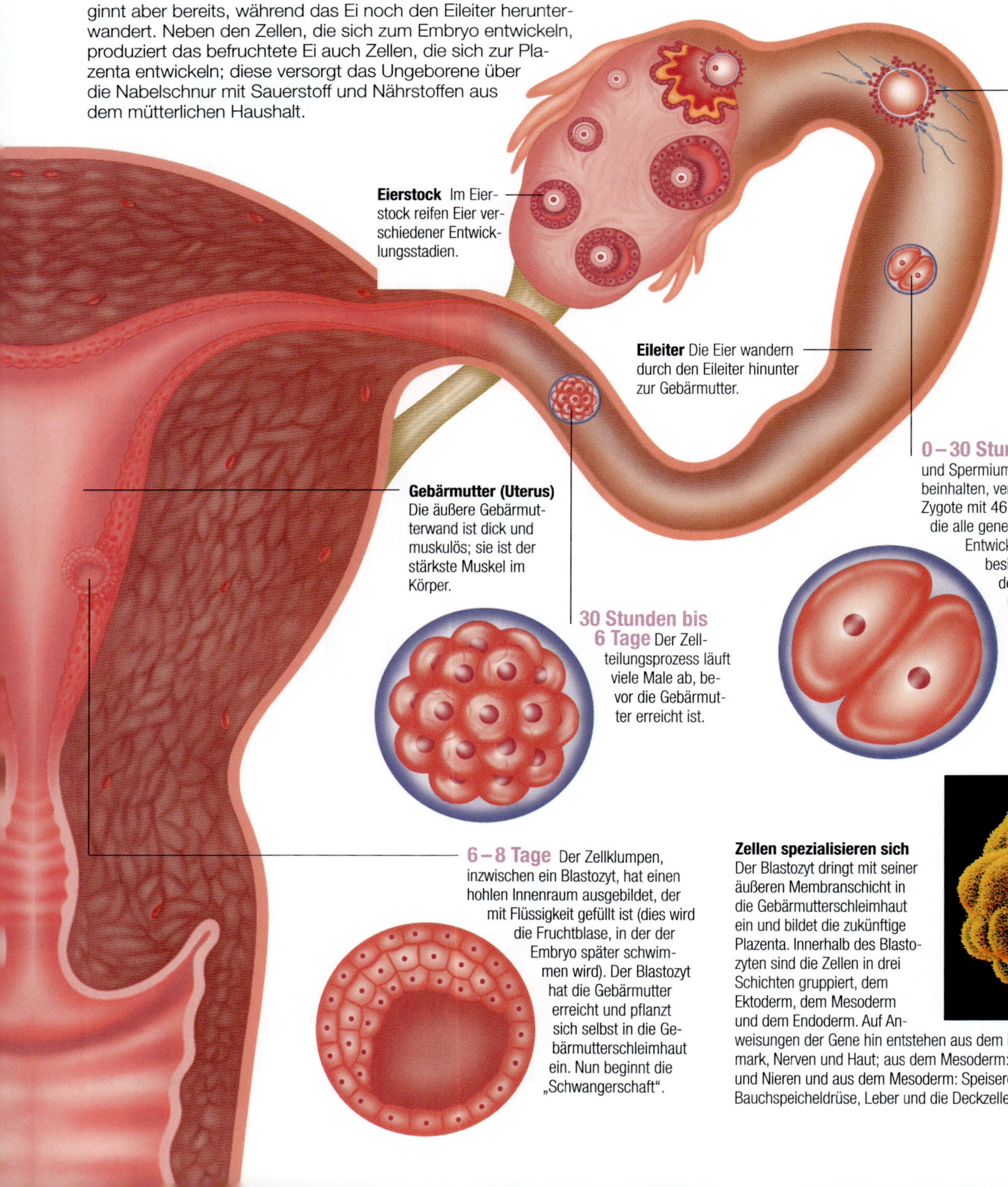

**Zeitpunkt der Empfängnis** Hoch oben im Eileiter dringt ein einzelnes kaulquappenähnliches Spermium in die äußere Membran der Eizelle ein und stößt dann seinen Körper und seinen Schwanz ab. Der Kopf des Spermiums, der den Zellkern und das genetische Material enthält, wandert weiter in den Kern der Eizelle.

**Eierstock** Im Eierstock reifen Eier verschiedener Entwicklungsstadien.

**Eileiter** Die Eier wandern durch den Eileiter hinunter zur Gebärmutter.

**Gebärmutter (Uterus)** Die äußere Gebärmutterwand ist dick und muskulös; sie ist der stärkste Muskel im Körper.

**0–30 Stunden** Die Kerne von Eizelle und Spermium, die jeweils 23 Chromosomen beinhalten, verschmelzen miteinander zu einer Zygote mit 46 Chromosomen – einer Zelle, die alle genetischen Informationen für die Entwicklung eines neuen Menschen besitzt. Die Zygote wandert durch den Eileiter zur Gebärmutter und beginnt bereits auf dem Weg, sich zu teilen: zuerst in zwei neue Zellen (30 Stunden nach der Empfängnis), dann in vier, acht und so weiter.

**30 Stunden bis 6 Tage** Der Zellteilungsprozess läuft viele Male ab, bevor die Gebärmutter erreicht ist.

**6–8 Tage** Der Zellklumpen, inzwischen ein Blastozyt, hat einen hohlen Innenraum ausgebildet, der mit Flüssigkeit gefüllt ist (dies wird die Fruchtblase, in der der Embryo später schwimmen wird). Der Blastozyt hat die Gebärmutter erreicht und pflanzt sich selbst in die Gebärmutterschleimhaut ein. Nun beginnt die „Schwangerschaft".

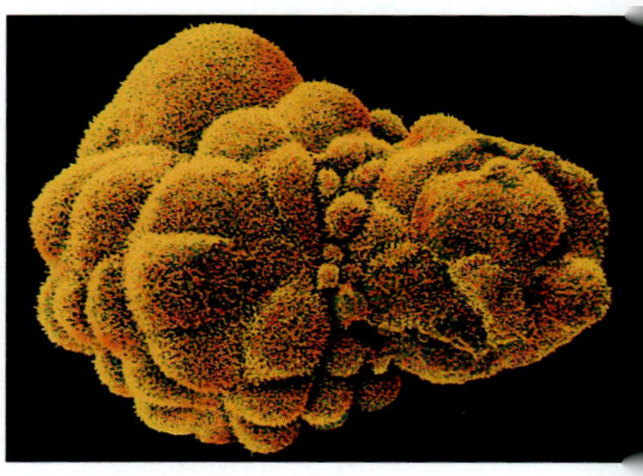

**Zellen spezialisieren sich** Der Blastozyt dringt mit seiner äußeren Membranschicht in die Gebärmutterschleimhaut ein und bildet die zukünftige Plazenta. Innerhalb des Blastozyten sind die Zellen in drei Schichten gruppiert, dem Ektoderm, dem Mesoderm und dem Endoderm. Auf Anweisungen der Gene hin entstehen aus dem Ektoderm: Gehirn und Rückenmark, Nerven und Haut; aus dem Mesoderm: Muskeln, Knochen, Blutgefäße und Nieren und aus dem Mesoderm: Speiseröhre, Magen, Darm, Blase, Bauchspeicheldrüse, Leber und die Deckzellen der Lungenflügel.

## STADIEN DER SCHWANGERSCHAFT

Im Zeitraum zwischen 8 Tagen und 4 Wochen differenzieren sich die Blastozytenzellen, und es entwickeln sich allmählich die einzelnen Organe. Ein 4 Wochen alter Blastozyt hat zwar noch keine Ähnlichkeit mit einem Menschen, ist aber schon 80 000-mal größer als die ursprüngliche Eizelle. Zum Zeitpunkt der Geburt wird der Säugling etwa um den Faktor 1 Mio. größer sein.

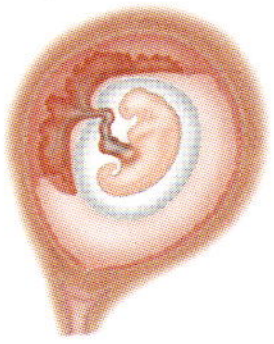

**4 Wochen** Das Herz hat zu schlagen begonnen. Zu diesem Zeitpunkt ist der Embryo 5 mm lang.

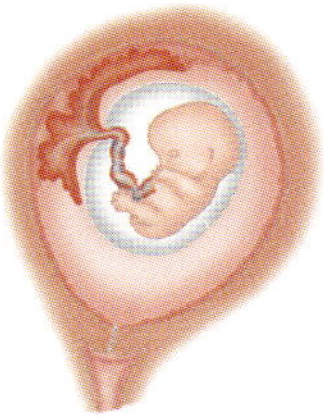

**6 Wochen** Der Embryo wird über Plazenta und Nabelschnur mit Nährstoffen und Sauerstoff versorgt. Inzwischen ist ein einfaches Gehirn ausgebildet.

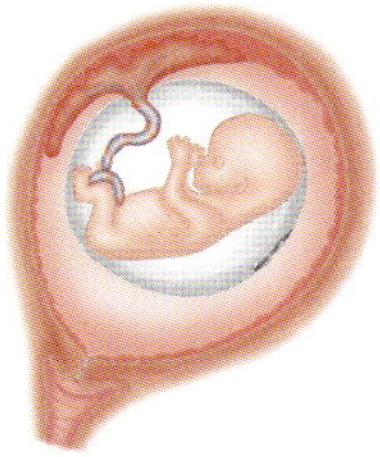

**8 Wochen** Ab jetzt gilt ein Embryo als Fötus; er hat erkennbare Gliedmaßen und misst 2,5 cm. Er beginnt sich zu bewegen, was von der Mutter aber noch nicht wahrgenommen wird.

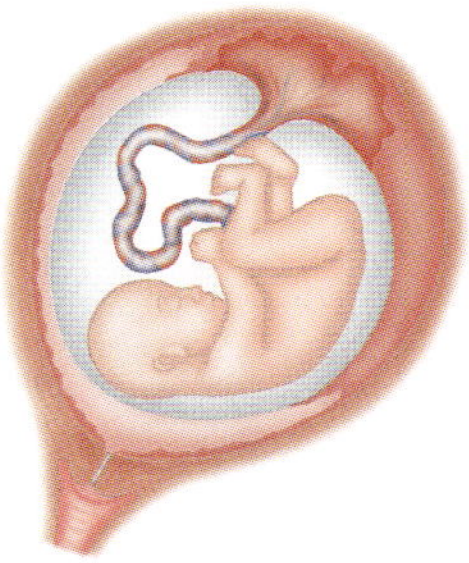

**12 Wochen** Die großen inneren Organe haben sich entwickelt, die Zahnanlagen für die 32 Dauerzähne sind erschienen, die Augenlider und Ohrmuscheln sind ausgebildet. Die äußeren Geschlechtsorgane sind in diesem Stadium bei beiden Geschlechtern ähnlich (eine Geschlechtsbestimmung des Fötus ist erst ab dem 5. Schwangerschaftsmonat möglich). Feine flaumige Haare bedecken den 8–9 cm langen Fötus, der jetzt schlucken kann.

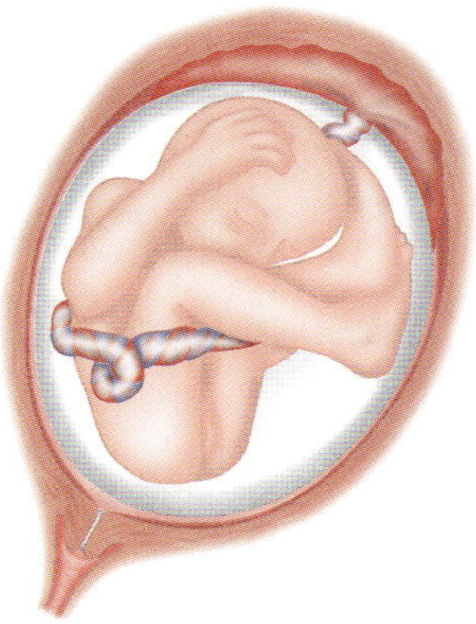

**22 Wochen** Alle Körpersysteme sind funktionstüchtig. Falls der nun etwa 15–25 cm große Säugling zu diesem Zeitpunkt geboren würde, wäre er mit medizinischer Unterstützung lebensfähig.

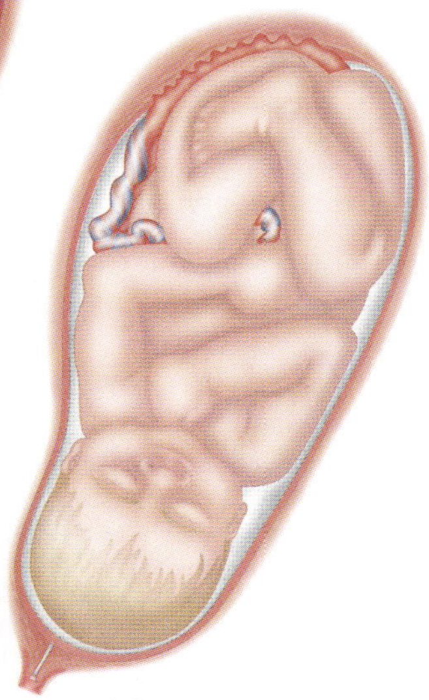

**38 Wochen** Der Säugling ist voll entwickelt, der Kopf in Beckenlage (mit Blick nach unten zum Becken) und zur Geburt bereit.

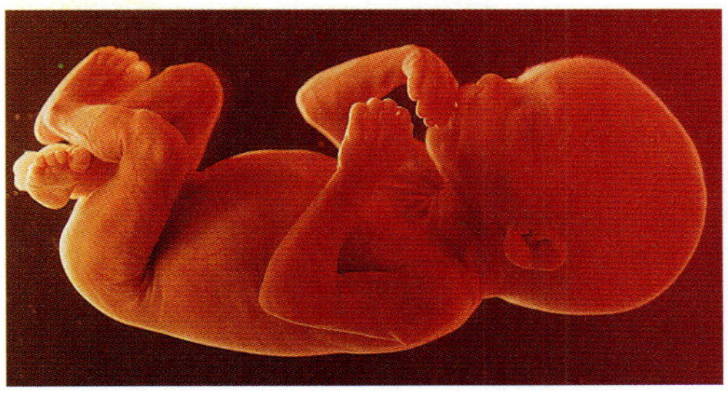

**Halbzeit** Mit 5 Monaten sieht der Fötus bereits vollständig entwickelt aus. Vor seiner Geburt wird er jedoch noch mehr als das Doppelte an Länge und dicke Fettschichten zulegen.

### Die Geburt

Die Entbindung erfolgt in drei Phasen.

- **Eröffnungsphase** Die Fruchtblase platzt, das Fruchtwasser entweicht. Der Gebärmutterhals entspannt und weitet sich. Diese Phase kann bis zu 10 Stunden dauern.
- **Austreibungsphase** Wehen erfolgen nun häufiger. Der Säugling wandert mit dem Kopf nach unten den Geburtskanal entlang. Die Mutter presst aktiv mit ihrer Bauchmuskulatur mit (Presswehen), um dem Säugling zur Geburt zu verhelfen. Diese Phase kann bei einer Erstgeburt bis zu 2 Stunden dauern.
- **Nachgeburtsphase** Die Plazenta oder Nachgeburt wird ausgestoßen. Hormone, die während der Geburt freigesetzt werden, sorgen dafür, dass die Brüste der Mutter mit der Produktion des Kolostrums, einer nährstoffreichen Vormilch, beginnen.

#### Probleme bei der Geburt

- **Frühgeburt** Wenn ein Säugling vor der 37. Schwangerschaftswoche entbunden wird, ist er noch nicht voll entwickelt und muss möglicherweise einige Zeit im Brutkasten verbringen.
- **Beckenendlage** Der Säugling wird mit den Füßen oder dem Gesäß zuerst geboren.
- **Kaiserschnitt** Besteht für Mutter oder Kind ein Risiko durch eine normale Entbindung, wird bei der Mutter ein Bauchschnitt vorgenommen und der Säugling herausgehoben.

## DIE FORTPFLANZUNGSORGANE

Die weiblichen Fortpflanzungsorgane liegen im Körper. Jeden Monat wird von einem der beiden Eierstöcke ein Ei freigesetzt, das in die Gebärmutter wandert. Wird das Ei auf dem Weg in die Gebärmutter nicht befruchtet, wird es mit dem Gebärmutterblut bei der Menstruationsblutung ausgestoßen.

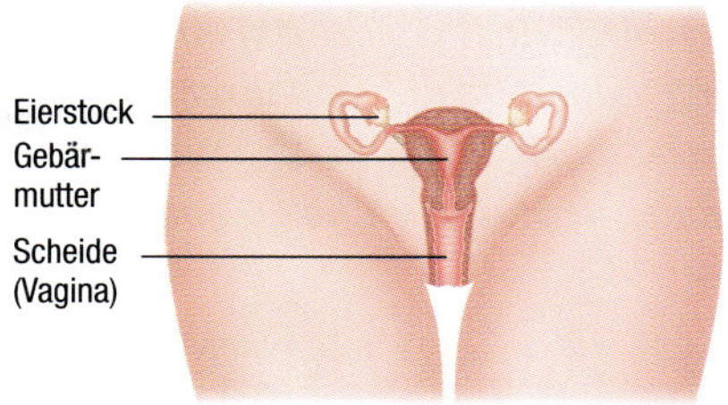


Die männlichen Geschlechtsorgane liegen innerhalb und außerhalb des Körpers. Die sich in den Hoden bildenden Spermien reifen in etwa 2 Wochen und werden dann in den Samenleitern gespeichert. Von dort wandern die Spermien bei einer Erektion zu den Harnröhren und vermischen sich mit der dortigen Flüssigkeit zur Samenflüssigkeit (Sperma).

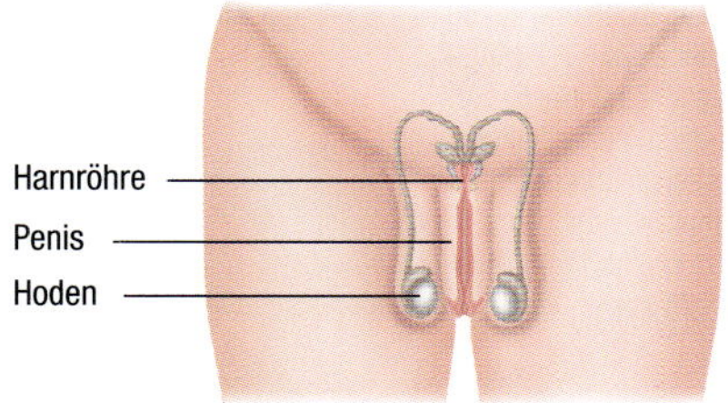


Siehe auch
138 Drüsen und Hormone
150–1 Zellen und DNA
158–9 Fortschritte in der Medizin
546–7 Angeborene Merkmale

*Zellen sind die kleinsten Bausteine des Körpers und zu unterschiedlichen Gewebetypen gruppiert. Alle Zelltypen verfügen, unabhängig von ihrer Funktion, über eine ähnliche innere Struktur. Die meisten Zellen haben einen Zellkern, der DNA enthält – eine Substanz, welche die genetische Information, die von den Eltern an das Kind weitergegeben wird, trägt. Die DNA ist nicht nur für die unterschiedlichen Merkmale einer Person verantwortlich, sondern auch für die Funktionsfähigkeit der einzelnen Zellen.*

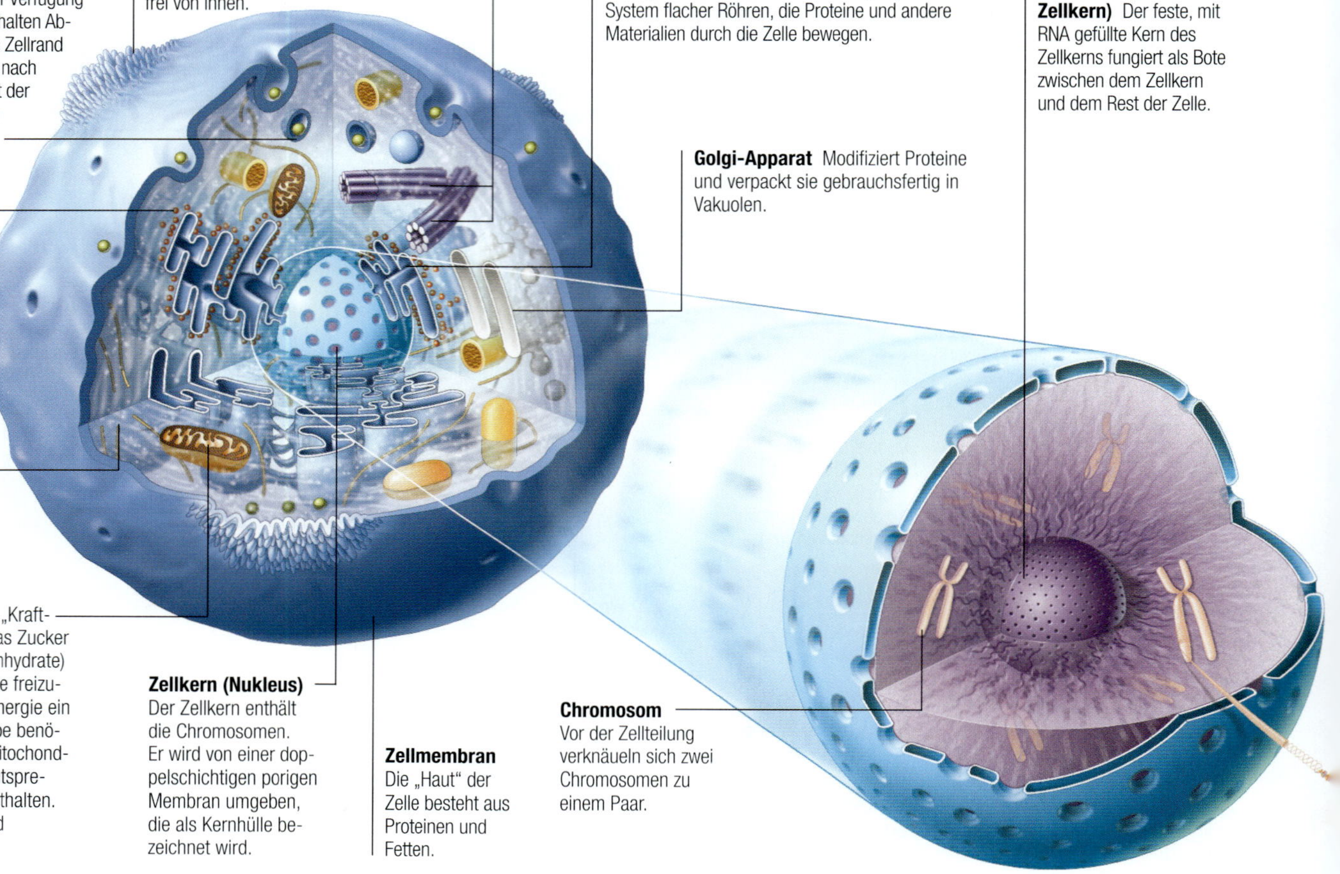


## ZELLSTRUKTUR UND -FUNKTION

Jede Zelle besteht aus einer äußeren Membran, die das flüssige Zytoplasma umschließt. Innerhalb des Zytoplasmas befinden sich spezialisierte Strukturen, die Organellen, welche die einzelnen Aufgaben der Zelle erfüllen. Im Zentrum der Zelle sitzt der Zellkern, der das genetische Material (DNA) in Form von Chromosomen enthält und als Steuerzentrum der Zelle fungiert. Die meisten Zellen beinhalten einen kompletten Satz an genetischen Informationen; in jeder Zelle werden jedoch nur diejenigen aktiviert, die auch für bestimmte Funktionen benötigt werden. Die Anleitung zur Produktion des Hormons Insulin beispielsweise ist zwar in der DNA jeder Zelle vorhanden, wird aber nur von den Zellen der Bauchspeicheldrüse verwendet.

Obwohl die meisten Zellen die gleichen Typen von Organellen besitzen, unterscheiden sich die einzelnen Zellen in Form und Größe voneinander und haben entsprechend ihrer Funktion eine unterschiedliche Lebensdauer. So sind Fettzellen rund und enthalten einen Fetttropfen, während Nervenzellen lange, sich verästelnde Axone zur Übermittlung von Nachrichten haben.

## CHROMOSOMEN

Chromosomen sind fädige Strukturen, die sich im Zellkern befinden. Jedes Chromosom besteht aus einem riesigen DNA-Molekül, das spiralig um einen Proteinkern herumgewickelt ist.

Meist liegen die Chromosomen lose im Kern, sodass auf die DNA problemlos zugegriffen werden kann. Kurz bevor eine Zelle sich teilt, wickeln sie sich zu so dicken Bündeln auf, dass diese unter dem Mikroskop sichtbar sind. Jedes Bündel verdoppelt sich selbst und bildet zwei identische Kopien, die sich x-förmig zusammenlagern. Wenn sich die Zelle teilt, trennen sich die Chromosomenpaare und es wandert je eine Kopie in die neue Zelle. Kurz nach der Zellteilung verknäueln sich die Chromosomen wieder.

Alle menschlichen Zellen mit Zellkern haben 46 Chromosomen, außer den Samen- und Eizellen, die über nur jeweils 23 Chromosomen verfügen. Die 46 Chromosomen in den ungeschlechtlichen Zellen sind Kopien von den 23 Chromosomen der mütterlichen Eizelle und den 23 Chromosomen der väterlichen Samenzelle. Die Chromosomen in den Geschlechtszellen sind einzigartig (siehe S. 547).

## DNA: WAS IST DAS?

Die englische Abkürzung DNA steht für Desoxyribonukleinsäure, einen chemischen Stoff, der in allen lebenden Organismen vorkommt (und nach deren Tod noch in den Überresten). Sie trägt alle Informationen, die eine Zelle zur Herstellung der von ihr benötigten Proteine braucht. DNA-Moleküle sind aus einer Reihe kleinerer Bausteine aufgebaut, die aus chemischen Basenpaaren bestehen. Es gibt vier verschiedene Basen: Adenin (A), Thymin (T), Guanin (G) und Cytosin (C), die immer in der gleichen Paarung vorkommen – Adenin mit Thymin und Guanin mit Cytosin. Die Reihenfolge, in der die Basen am Molekül entlang angeordnet sind, ist der genetische Code. Um sich bei der Zellteilung zu verdoppeln, spalten sich die DNA-Moleküle der Länge nach auf; jede der Seiten baut die fehlende Hälfte wieder neu auf, sodass sich in der neuen Zelle wieder die gleiche Basenabfolge findet.

**Gene** Ein Gen ist ein DNA-Abschnitt, der die Informationen zur Bildung eines bestimmten Proteins trägt. Dieser Begriff wird auch verwendet, um einen DNA-Abschnitt mit spezifischen physikalischen Eigenschaften zu beschreiben, wie z. B. das Gen für blaue Augen, oder eine bestimmte Funktion wie die Insulinproduktion.

Damit die genetischen Anweisungen umgesetzt werden können, öffnet ein weiteres Molekül, die RNS (Ribonukleinsäure), im Reißverschlussverfahren den Abschnitt des DNA-Moleküls, der das von der Zelle benötigte Gen trägt, und stellt eine Kopie einer Seite her. Diese RNS-Kopie bewegt sich dann zu den Ribosomen der Zelle, wo die Proteine hergestellt werden. In den Ribosomen befinden sich Aminosäuren mit chemischen Signalen, die es ihnen ermöglichen, die chemischen Basen der RNS-Kopien, die vom Kern kommen, zu erkennen. Wie bei einem Reißverschluss werden dann die jeweils entsprechenden Aminosäuren angeheftet, das Protein entsteht.

Die sich wiederholenden Basenpaar-Bausteine kommen in der DNA in verschiedensten Sequenzen vor; ihre Reihenfolge in einem DNA-Molekül (einem Chromosom) wird als genetischer Code bezeichnet. Die Kombination aus allen 46 Chromosomen (ein kompletter DNA-Satz) wird Genom genannt.

## Das humane Genomprojekt

Das humane Genomprojekt wurde 1990 gestartet – mit der Zielsetzung, die Reihenfolge aller 3 Mrd. Basenpaare der menschlichen DNA zu bestimmen und jedes unserer Gene zu identifizieren. Im Februar 2001 wurde der erste Teil dieses Ziels weitgehend erreicht. Inzwischen sind neun Zehntel bestimmt; ein endgültiges Ergebnis wird für 2004 erwartet.

Ein Verständnis des menschlichen Genoms könnte erbliche Krankheiten ausmerzen. Durch den Vergleich der Sequenz einer gesunden Person mit der Sequenz einer an einer erblich bedingten Krankheit leidenden Person könnten die für die Mutation verantwortlichen Gene identifiziert werden.

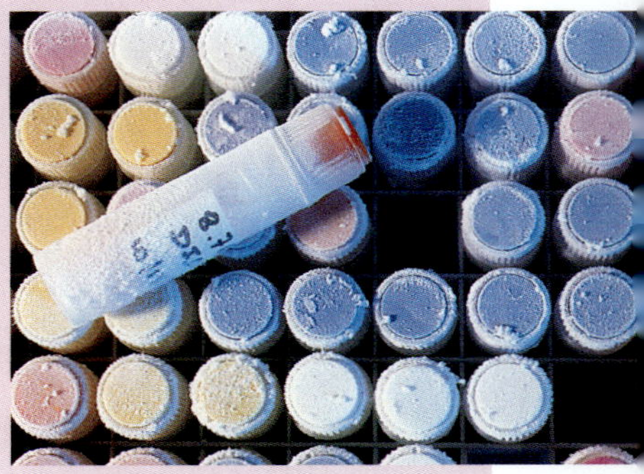

**Auf Eis** Die DNA von Patienten mit erblich bedingten Krankheiten wird in einer Genbank gespeichert.

## WISSENSWERTES

- Der menschliche Körper besteht aus 100 000 Mrd. Zellen.
- Die größte Zelle im menschlichen Körper ist die Eizelle mit einem Durchmesser von bis zu 0,035 mm.
- Zellen in der Mundschleimhaut leben in der Regel nicht einmal 3 Tage, d. h., sie müssen entsprechend rasch neu gebildet werden.
- Menschen haben etwa 30 000 Gene, die aber nur 3 % unserer DNA ausmachen; die übrigen 97 % der DNA, so genannte unnütze DNA, scheint keine Funktion zu haben.
- Es gibt keine generellen genetischen Unterschiede zwischen den Vertretern verschiedener Rassen. Die Abweichungen zwischen Personen der gleichen Rasse sind oft stärker als zwischen Personen unterschiedlicher Rasse.
- In einem gesunden Zahn kann die DNA Tausende von Jahren stabil bleiben.

**Entspiralisierte DNA** Die DNA ist wie eine Spiralleiter (Doppelhelix) aufgebaut. Dieses Schema zeigt ein gestrecktes DNA-Molekül.

**Basenpaar** Chemische Basen paaren sich, um die einzelnen Sprossen der Leiter zu bilden. Die Reihenfolge der Basenpaare liefert die genetischen Informationen, den genetischen Code.

**Triplett** Jede Dreierkombination an Basenpaaren liefert den Code für eine Aminosäure; diese wiederum sind die Bausteine für Proteine.

**Zuckerkette** Jede chemische Base ist mit einem Molekül Zucker, einer Desoxyribose, verbunden. Die miteinander verbundenen Desoxyribose-Moleküle bilden gemeinsam das „Rückgrat" der DNA-Leiter.

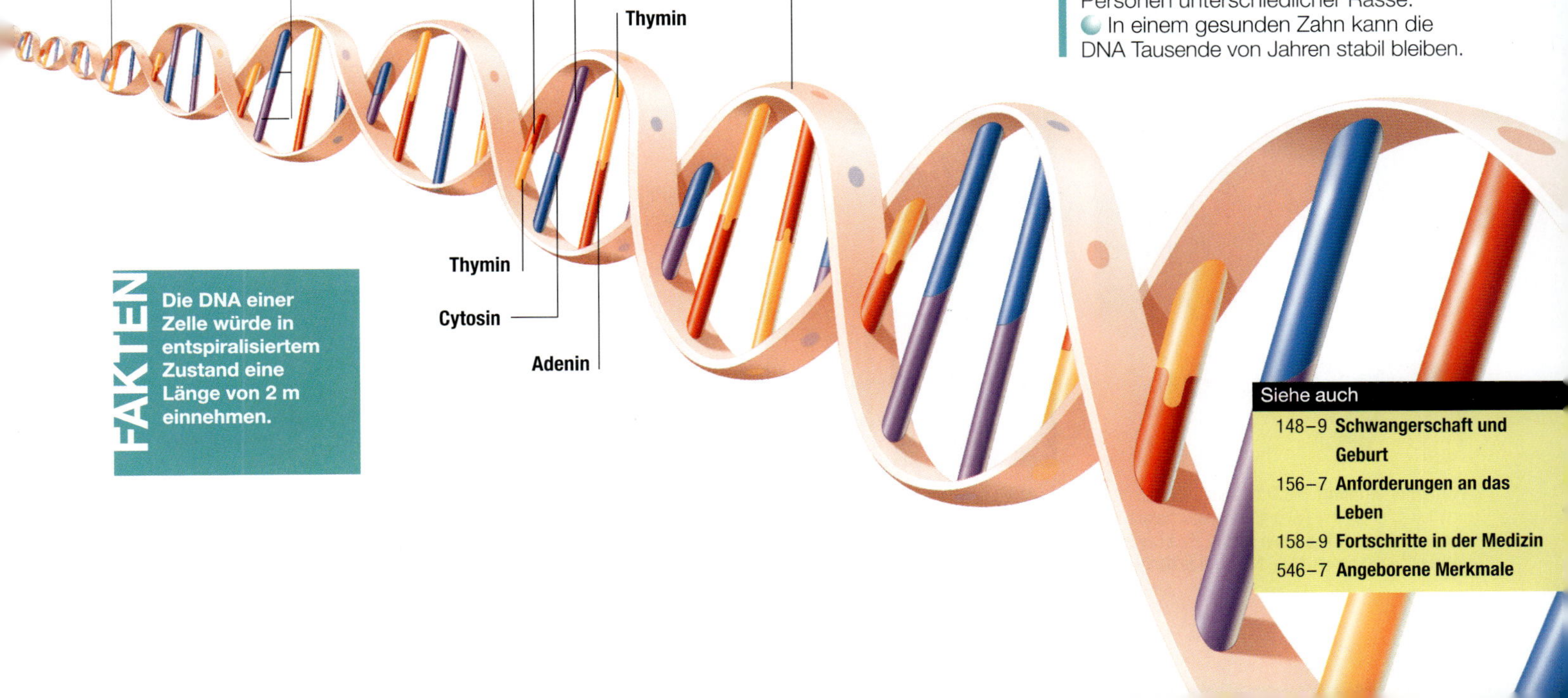


**FAKTEN** Die DNA einer Zelle würde in entspiralisiertem Zustand eine Länge von 2 m einnehmen.

Siehe auch
148–9 Schwangerschaft und Geburt
156–7 Anforderungen an das Leben
158–9 Fortschritte in der Medizin
546–7 Angeborene Merkmale

*Es war William Shakespeare, der als Erster das Leben eines Menschen von der Geburt bis zum Tod in sieben Entwicklungsphasen beschrieb. Seitdem wurde seine Liste um weitere Meilensteine ergänzt. Die größten Veränderungen laufen in unserem Gehirn zwischen der Geburt und dem Alter von 7 Jahren ab. In dieser Zeit entwickeln wir aus einfachen und noch fast instinktiven Verhaltensmustern ein bewusstes Verständnis der Welt. Unser Körper erfährt kontinuierliche Veränderungen – die offensichtlichsten in der Zeit der Pubertät und am Beginn des Alterns.*

## Junge Genies

- Die Chinesin **Fu Mingxia** war erst 12 Jahre und 141 Tage alt, als sie zur besten Taucherin der Welt ernannt wurde.
- **Michael Kearney** war mit 10 Jahren und 4 Monaten der weltweit jüngste Hochschulabsolvent, als er 1994 von der Universität von Alabama (USA) den Abschluss in Anthropologie erhielt.

**Geburt** Ein Neugeborenes kann sehen (wenn auch noch nichts fokussieren), hören und verfügt über primitive Reflexe wie Nuckeln und mit Fingern greifen. Es kann die Umrisse eines menschlichen Gesichts wahrnehmen und ab dem 3. Tag die Stimme seiner Mutter von anderen Stimmen unterscheiden.

**2–6 Monate** Während dieser Zeit beginnen sich verschiedene Gefühle zu entwickeln und lassen sich klar definieren: Angst und Wut unterscheiden sich jetzt, es zeigen sich die ersten Anzeichen von Zufriedenheit. Mit 4 Monaten beginnen Säuglinge Gegenstände zu erkennen, mit 6 Monaten beginnen sie, deren Form und Größe mit dem Mund zu erforschen.

**1–2 Jahre** Die Säuglinge werden zu Kleinkindern und lernen laufen. Sie können hinter einem Ball herrennen und ihn kicken, ohne das Gleichgewicht zu verlieren; sie können auch zwei Worte (Substantiv und Adjektiv) miteinander verknüpfen. Sie beginnen nun, mit Eifersucht und Schuldgefühlen umzugehen; Angst kommt auf, etwa vor Dunkelheit.

**3–4 Jahre** Vom Nachziehen von Linien und Kreisen entwickelt sich die Malfähigkeit zu eigenständigen Zeichen. Die Sprache wird grammatikalischer und die Sätze werden länger. Der Gleichgewichtssinn verbessert sich, Kinder lernen zu klettern, zu hüpfen und auf den Zehenspitzen zu laufen.

Geburt | 2 Monate | 6 Monate | 9 Monate | 1 Jahr | 2 Jahre | 3 Jahre | 4 Jahre

**Bis zu 2 Monate** Säuglinge können Gegenstände mit den Augen fokussieren und lächeln. Das erste Lächeln ist nur das Nachahmen der erwachsenen Gesichter, aber sie lernen rasch, dass Lächeln positive Reaktionen bei anderen auslöst, und finden Gefallen daran. In den ersten 8 Lebenswochen ist das Gedächtnis im Sinne von Erinnerung an Gegenstände auf 15 Sekunden beschränkt.

**6–9 Monate** Säuglinge fangen an, sich auf Gesichtsausdrücke zu konzentrieren, ihre Tiefenwahrnehmung nimmt zu. In dieser Phase merken sie auch, dass versteckte Gegenstände weiterhin existieren. Sie lernen zu sitzen und zu krabbeln. Die Grundlagen der Sprache werden gelegt, indem sie zum Brabbeln übergehen und zunehmend die Geräusche der Erwachsenen nachahmen.

**9–12 Monate** Die meisten Säuglinge äußern die ersten verständlichen Wörter und beginnen, Tätigkeiten ihrer Mutter nachzuahmen, etwa das Kämmen der Haare. Mit Unterstützung können sie schon laufen.

**2–3 Jahre** Kinder beginnen, das Prinzip des Teilens zu verstehen und mit anderen Kindern zu spielen. In zunehmendem Maß verbinden sie Bilder von Gegenständen mit Gedanken darüber und verbessern ihre Fähigkeiten, Dinge einzuordnen.

**4–5 Jahre** Gleichaltrige werden für Kinder immer wichtiger, sie schließen engere Freundschaften. Ihre Koordination verbessert sich und sie können allmählich einige Buchstaben schreiben, ohne sie nachmalen zu müssen. Während dieser Phase ist die Identifikation mit dem gleichgeschlechtlichen Elternteil am stärksten. Mit 5 Jahren hat das Gehirn etwa 75 % der endgültigen Größe.

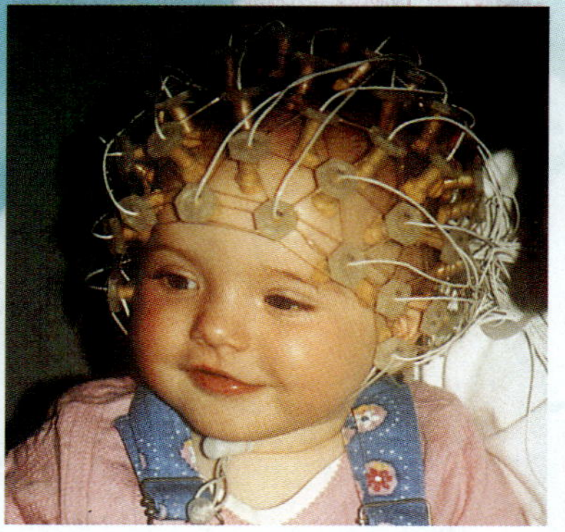

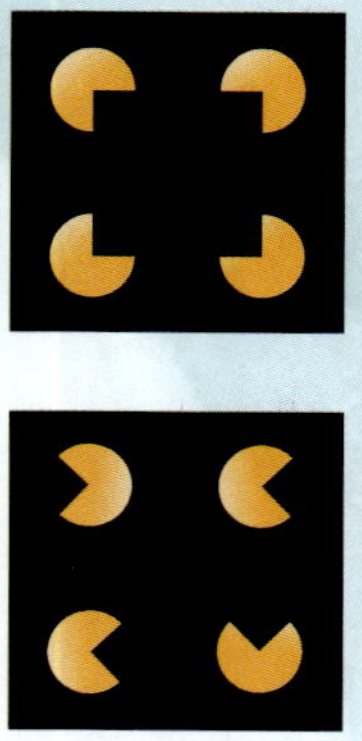

**Formenerkennung** Die Erforschung des Alters, in dem Säuglinge beginnen, Formen zu erkennen, hat ergeben, dass sie mit 8 Monaten mehr Interesse an quadratischen Formen (oben rechts) als an einer willkürlichen Sammlung von Gegenständen haben. Mit 6 Monaten zeigen sie derlei Vorlieben noch nicht.

## PUBERTÄT

In der Pubertät lösen Hormone Veränderungen im Körperwachstum und in der Entwicklung der Geschlechtsorgane aus und bereiten den Körper auf die Fortpflanzung vor. Es treten auch psychologische und emotionale Veränderungen auf. Sie beginnen bei Mädchen etwa zwischen 9 und 13 Jahren, bei Jungen zwischen 10 und 15 Jahren.

- **Jungen** Die Hoden sondern das männliche Geschlechtshormon Testosteron ab, das für das Wachstum von Gesichts-, Körper- und Schamhaar, die Zunahme an Muskelmasse, die tiefer werdende Stimme, das Wachstum der Geschlechtsorgane und die Spermienentwicklung in den Hoden verantwortlich ist.
- **Mädchen** Die Eierstöcke sondern das weibliche Geschlechtshormon Östrogen ab. Es sorgt u. a. dafür, dass sich die Brüste entwickeln und die Hüften breiter werden; etwa zeitgleich setzt die erste Menstruation ein.

**Ältere Mütter** Durch Verbesserungen in Ernährung und Gesundheitswesen sowie Fortschritten in der Fruchtbarkeitsbehandlung und der medizinischen Kenntnisse hat sich das Alter der werdenden Mütter in die mittlere Altersphase verschoben.

## Rüstige alte Menschen

- **Jenny Wood-Allen** nahm 1999 im Alter von 87 Jahren erfolgreich am London-Marathon teil.
- **William Baldwin** überquerte im Alter von 82 Jahren den Boulder-Canyon in Colorado, USA, auf einem Drahtseil.
- **Oscar Swahn** gewann mit 72 Jahren die olympische Silbermedaille im Schießwettbewerb.
- **Wong Yui Hoi** machte 1995 im Alter von 75 Jahren das Snowboarding zu seinem Hobby.

5 Jahre – 10 Jahre – 20 Jahre – 30 Jahre – 40 Jahre – 50 Jahre – 60 Jahre – 70 Jahre – 80 Jahre

**5–7 Jahre** Kinder können zunehmend einzelne Buchstaben unterscheiden. Im gemeinsamen Spiel mit anderen Kindern lernen sie soziales Verhalten kennen. Mit 5 Jahren kreisen ihre Gedanken meist um die Gegenwart, mit 7 Jahren können sie sich Vorstellungen von Vergangenheit und Zukunft machen.

**9–15 Jahre** Die Pubertät beginnt mit plötzlichen Wachstumsschüben und weiteren körperlichen Veränderungen. Etwa 2,5 Jahre nach Beginn der Pubertät setzt bei Mädchen die Menstruation ein.

**15–20 Jahre** Jungen erreichen ihre endgültige Körpergröße, das Gehirn ist ausgewachsen.

**20–30 Jahre** Der Körper wird kräftiger und legt an Muskelmasse und Fett zu.

**30–40 Jahre** Die Testosteronproduktion bei Männern lässt nach (ab Mitte 30).

**40–60 Jahre** Die physiologischen Körperfunktionen beginnen allmählich abzunehmen. In ihren späten 50ern haben viele Männer vergrößerte Prostatadrüsen. Bei beiden Geschlechtern werden die Haare dünner, da die Zellen, die normalerweise die Haarfollikel ernähren, absterben. Bei Männern beginnen oder beschleunigen sich in dieser Phase das Ergrauen der Haare und die Glatzenbildung. Bei Frauen hört im Bereich zwischen normalerweise 45 und 50 Jahren die Menstruation auf und die Menopause beginnt.

**60–80 Jahre** Sehen und Hören verschlechtern sich, die Haut beginnt faltig zu werden. Der allmähliche Verlust des Proteins Kollagen bedingt, dass die Muskelmasse schwindet. Die Lungen verlieren an Elastizität und können sich nicht mehr gänzlich aufblähen und entleeren, die Knochen verlieren an Dichte und werden brüchiger. Die Arterienwände verdicken und verhärten sich, erhöhen damit den Blutdruck und das Risiko eines Herzinfarkts.

**Über 80 Jahre** Die Körperfunktionen nehmen weiter ab und das Risiko einer degenerativen Gelenkerkrankung (Gelenkarthrose) nimmt enorm zu. Auch das Gehirn baut ab, was aber nicht unbedingt mit einer Abnahme geistiger Fähigkeiten verbunden ist.

## WISSENSWERTES

- Gene können die Lebensdauer beeinflussen. Einige Einwohner im italienischen Limone tragen erblich bedingt ein mutiertes Gen, das in erhöhten Konzentrationen „gutes“ Cholesterin produziert und so die Gefahr einer Herzerkrankung bei diesen Personen mindert.
- Genmutationen können den Alterungsprozess beschleunigen. Patienten, die unter dem Werner-Syndrom leiden, altern vorzeitig. Im Alter um die 20 Jahre haben sie bereits die faltige Haut und die grauen Haare sehr alter Menschen; sie erliegen Krebs- oder Herzerkrankungen und sterben jung.

**Hoch und drüber** Alter muss kein Hinderungsgrund für ein aktives Leben sein, wie der Kalifornier Carol Johnston beweist. Mit 85 Jahren nimmt er immer noch an Stabhochsprung-Turnieren teil und ist in seiner Altersgruppe Weltmeister.

Siehe auch
132–3 Skelett und Muskulatur
138 Drüsen und Hormone
154–5 Die menschliche Leistungsfähigkeit
160–1 Krankheiten/Beschwerden

*Verglichen mit dem übrigen Tierreich scheinen die körperlichen Eigenschaften beim Menschen ziemlich dürftig zu sein. Nichtsdestotrotz wurden bereits unglaubliche Leistungen hinsichtlich Geschwindigkeit, Stärke und Ausdauer erbracht, die sogar regelmäßig übertroffen werden. Unsere größte Stärke sind unsere intellektuellen und handwerklichen Fähigkeiten, die es uns ermöglicht haben, unsere Umwelt zu gestalten statt uns anzupassen.*

## GESCHWINDIGKEITSVERGLEICHE

Menschen scheinen zwar immer schneller zu werden, aber es gibt einige Tiere, die wir nie an Geschwindigkeit einholen werden. Während die Leistungsfähigkeit in unserer Spezies durch körperliches Training verbessert werden kann, hat sich die der Tiere über Tausende von Jahren durch evolutionären Druck entwickelt.

## PHYSIOLOGISCHE UNTERSCHIEDE

Menschen und Tiere unterscheiden sich in Lebensverläufen und Lebenssystemen. Hierzu einige Beispiele:

**Anzahl der Gehirnzellen**
Meeresschlange: 20 000
Fruchtfliege: 100 000
Maus: 5 Mio.
Affe: 10 Mrd.
Mensch: 1000 Mrd.

**Herzschläge pro Minute**
Elefant: 25–28
Mensch: 70–80
Hund: 90–100
Maus: 500–600
Kolibri: 1000

**Körpertemperatur:**
Hai: 25 °C
Schlange: 31 °C
Mensch: 37 °C
Elefant: 38 °C
Ente: 44 °C

**Typische Lebensdauer (Jahre)**
Schlangen, Eidechsen: 25–30
Schimpansen: 35–40
Muscheln: 50–100
Menschen: 70–85
Riesenschildkröte: 100–150

**Schnellste Landschlange:** Schwarze Mamba *(Dendroaspis polylepis)* 16–19 km/h

**Schnellster Mann:** Maurice Greene, USA, lief am 16. Juni 1999 im griechischen Athen die 100 m in 9,79 s.

**Schnellstes Tier über große Entfernungen:** Gabelbock *(Antilocapra americana):* 1,6 km in einer Geschwindigkeit von 67 km/h bzw. 6 km in einer Geschwindigkeit von 56 km/h. Er ist das schnellste Tier auf dem Land über eine längere Strecke am Stück.

**Schnellster Vogel:** Wanderfalke *(Falco peregrinus):* Erzielt, wenn er aus der Höhe herabstürzt, 200 km/h und damit die höchste Geschwindigkeit, die von einem Lebewesen erreicht wird.

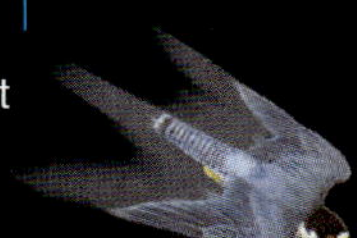

**Am schnellsten schwimmender Mensch:** Der Amerikaner Anthony Ervin schwamm am 23. März 2000 in Minneapolis, USA, 50 m in einer Geschwindigkeit von 21,2 s.

**Am schnellsten schwimmender Vogel:** Eselpinguin *(Pygoscelis papua):* 27 km/h

**Schnellste Frau:** Florence Griffith-Joyner, USA, rannte am 16. Juli 1988 in Indianapolis die 100 m in 10,49 s.

**Schnellster Fisch:** Segelträgerfisch *(Istiophorus platypterus)* 109 km/h

**Schnellstes Landtier über kurze Entfernungen:** Gepard *(Acinonyx jubatus):* 96–101 km/h; kann in 3 s aus dem Stand eine Geschwindigkeit von 96 km/h erreichen; damit ist er das schnellste Landsäugetier.

## Überlegenheit des Menschen

- **Intelligenz** Menschen haben ein im Verhältnis zu ihrer Körpergröße extrem großes Gehirn und die gegenüber allen anderen Spezies am weitesten entwickelten Stirnlappen (Frontallappen, in ihnen finden „intellektuelle" Funktionen statt).
- **Kommunikation** Nur der Mensch kann sprechen. Die Sprache gibt uns die Möglichkeit, komplexe Gedanken, Ideen und Wissen weiterzugeben. Die geschriebene Sprache ermöglicht uns die Weitergabe ohne eigene Anwesenheit.
- **Geschicklichkeit** Mit der Hand kann der Mensch verschiedene Griffe ausführen und Stärke mit Empfindlichkeit verbinden.
- **Elterliche Fürsorge** Wir sind äußerst gewissenhafte Eltern: unsere Kinder haben eine weit größere Überlebenschance als die Jungen anderer Spezies.

## Überlegenheit der Tiere

- **Geruchssinn** Wir können die meisten Dinge erst dann riechen, wenn sie sich direkt unter unserer Nase befinden. Viele Tiere können Gerüche schon aus mehreren Kilometern Entfernung wahrnehmen und interpretieren.
- **Gehör** Unser Gehör ist einigermaßen gut, der Frequenzbereich, in dem wir hören können, ist jedoch kleiner als derjenige der meisten Tiere, z. B. Hunde, Fledermäuse, Wale und Delphine.
- **Sehschärfe** Obwohl wir sehr gut verstehen, was wir sehen, sind unsere Augen im Erkennen von Einzelheiten, insbesondere nach Einbruch der Dunkelheit, nicht besonders gut.
- **Wärmeregulierung** Da unserem Körper eine Isolationsschicht fehlt, können wir nur schlecht mit plötzlichen Temperaturänderungen umgehen.

**Steigerung** 1999 stellte Maurice Greene mit 9,79 s einen neuen Weltrekord im 100-m-Lauf auf und übertraf damit den alten Weltrekord aus dem Jahr 1900 um 1 s. Es wird eine Zeit kommen, in der Faktoren wie die Herzfrequenz weitere Steigerungen der sportlichen Leistungsfähigkeit begrenzen werden.

## WISSENSWERTES

- Im Februar 2001 wurde der Amerikaner Joe Decker offiziell zum fittesten Menschen der Welt erklärt. In 24 Stunden fuhr er 161 km mit dem Rad, rannte 16 km, ging 8 km in strammem Schritt, fuhr 9,5 km mit dem Kajak und schwamm 3 km, bevor er 3000 Sit-ups, 1100 Hampelmänner, 1100 Liegestütze und 1000 Beinhübe absolvierte; anschließend bewältigte er noch 16 km auf einem Ski-Trainingsgerät, 16 km auf einem Rudergerät und eine 3-stündige Gymnastikeinheit, in der er 126 371 kg in Gewichten anhob.
- Am 1. Juni 1998 gelang es Susie Maroney, ohne Zwischenstopp von Mexiko nach Kuba zu schwimmen. Die Australierin benötigte für diese Strecke 38 Stunden und 33 Minuten und stellte damit den Rekord für die längste Strecke auf offener See ohne Verwendung von Schwimmflossen auf.
- Der Italiener Reinhold Messner hat alle 14 Gipfel der Welt über 8000 m ohne Sauerstoff-Flaschen erklommen. Er ist bislang der einzige Mensch, dem dies gelang.

### Globale Lebenserwartung der Menschen

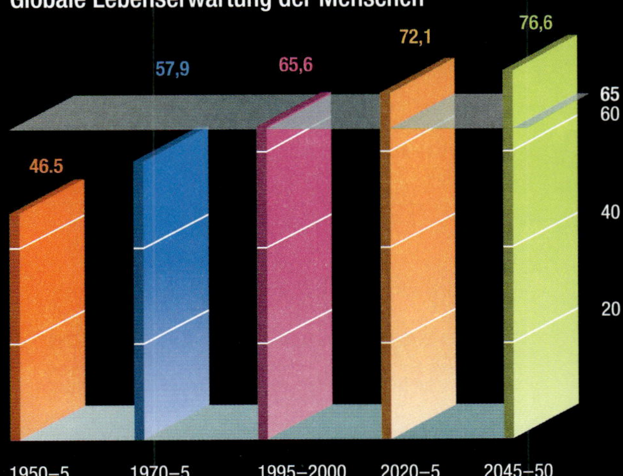


**Alte Welt** Von 1950 bis 2000 stieg die Lebenserwartung der in diesem Zeitraum geborenen Menschen um etwa 20 Jahre. Wissenschaftler erwarten, dass die stete Zunahme abflaut, sagen aber voraus, dass diejenigen, die 2050 geboren werden, im Schnitt 11 Jahre länger leben werden als diejenigen, die im Jahr 2000 geboren wurden.

Siehe auch
132–3 **Skelett und Muskeln**
134–5 **Gehirn und Nerven**
144 **Das Sehen**
152–3 **Die sieben Entwicklungsphasen**

*Ohne Nährstoffe würde unser Körper rasch krank werden und sterben. Manche der Nährstoffe liefern die für seine Funktionsfähigkeit nötige Energie, andere sind für das Wachstum bzw. den Erhalt von Organen und Geweben wichtig. Zudem benötigt der Körper Training, um Muskeln, Herz und Lungen in Form zu halten, und genügend Schlaf.*

## Nahrungsbestandteile

Die Nahrung versorgt den Körper mit vier Grundstoffen:

- **Hauptnahrungsmittel** Fette, Kohlenhydrate und Proteine.
- **Spurenelemente** Vitamine und Mineralien.
- **Ballaststoffe** Fasriges Material in pflanzlichen Nahrungsmitteln.
- **Wasser** In allen Nahrungsmitteln vorhanden.

## AUSGEWOGENHEIT

Für eine optimale Gesundheit sollte die Ernährung aus folgenden Anteilen an Fetten, Proteinen und Kohlenhydraten bestehen:

- **Kohlenhydrate** 58 %.
- **Ungesättigte und mehrfach ungesättigte Fettsäuren** 20 %.
- **Proteine** 12 %.
- **Gesättigte Fettsäuren** 10 %.

## ENERGIE UND NAHRUNGSMITTEL

Selbst unter Ruhebedingungen benötigt der menschliche Körper eine gewisse Menge an Energie, um die Körpertemperatur aufrechtzuerhalten und die Bildung und Reparatur von Zellen bewerkstelligen zu können. Hauptenergiequellen sind Glukose und Fettsäuren aus der Nahrung. Diese Energie wird in einer komplexen Folge an chemischen Reaktionen freigesetzt. Dieser Prozess wird auch als Zellatmung (innere Atmung) bezeichnet.

**Zellatmung** Chemische Reaktionen in den Körperzellen liefern die Energie, die der Körper für seine Funktionsfähigkeit benötigt.

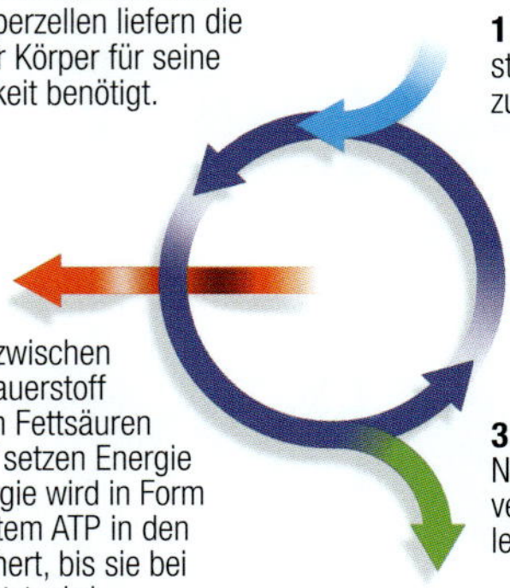

**1** Glukose, Fettsäuren und Sauerstoff werden über den Blutstrom zu einer Zelle transportiert.

**2** Reaktionen zwischen Glukose und Sauerstoff sowie zwischen Fettsäuren und Sauerstoff setzen Energie frei. Diese Energie wird in Form von so genanntem ATP in den Zellen gespeichert, bis sie bei Bedarf freigesetzt wird.

**3** Kohlendioxid und Wasser, die Nebenprodukte dieses Reaktionsverfahrens, werden aus den Zellen heraustransportiert.

**Vitamine und Mineralien** Vitamine sind organische Substanzen, die für die Gesundheit essenziell sind. Mit Ausnahme von Vitamin D und Niacin kann der Körper Vitamine nicht selbst herstellen, sie müssen mit der Nahrung aufgenommen werden. Fettlösliche Vitamine können im Körper gespeichert werden, wasserlösliche jedoch nicht. Letztere müssen daher täglich zugeführt werden. Mineralien sind anorganische Substanzen, etwa Eisen, Fluor, Schwefel, Zink und Kalzium, die nicht vom Körper hergestellt werden können. Mineralien, die nur in minimalen Mengen benötigt werden, werden als Spurenelemente bezeichnet. Die folgenden Tabellen zeigen die jeweils empfohlene Tagesmenge.

### Fettlösliche Vitamine

| Vitamin | Tagesbedarf | Quellen | Funktionen |
|---|---|---|---|
| **A (Retinol oder Karotin)** | 0,8–1 mg | Lebertran, Eigelb, Milchprodukte, angereicherte Margarine; grüne, orange und gelbe Gemüse; orange und gelbe Früchte | Wachstum, gutes Sehen, Bildung von Knochen und Zähnen, Schutz gegen Infektionen des Verdauungs-, Atmungs- und Harnsystems |
| **D** | 0,005–0,01 mg | Bildet sich, wenn die Haut mit Sonnenlicht in Kontakt kommt; mit Fett angereicherte Milchprodukte und Margarine, öliger Fisch, Eigelb | Sorgt für die Blutgerinnung, gesunde Nerven- und Muskelfunktion, kräftige Knochen und gesunde Zähne |
| **E** | 8–10 mg | Grünes Gemüse, Bohnen, Pflanzenöle, Vollkorn-Getreide, Nüsse, Eier | Herstellung und Schutz roter Blutkörperchen; schützt Zellmembranen |
| **$K_1$ und $K_2$** | 0,06–0,09 mg | Grüne Blattgemüse, Kartoffeln, Weizenkeime, Eigelb, Käse, Schweinefleisch, Leber; $K_2$ wird von Darmbakterien hergestellt. | Herstellung von Substanzen in der Leber, die die Blutgerinnung fördern |

### Wasserlösliche Vitamine

| Vitamin | Tagesbedarf | Quellen | Funktionen |
|---|---|---|---|
| **$B_1$ (Thiamin)** | 1–1,4 mg | Leber, Fisch, Milch, Eier, Nüsse, Bohnen, Vollkornbrot | Unterstützt Nerven und Muskeln in ihrer Funktion |
| **$B_2$ (Riboflavin)** | 1,2–1,6 mg | Blattgemüse, Erbsen und Bohnen, Leber, Eier, Milch, Käse | Hält Schleimhäute und Haut gesund |
| **$B_2$ (Niacin)** | 13–18 mg | Obst, Leber, Fleisch, Eier, Fisch, Erbsen und Bohnen | U. a. Funktionserhalt von Nerven- und Verdauungssystem |
| **$B_2$ (Pantothensäure)** | 4–7 mg | Die meisten Lebensmittel, besonders in grünem Gemüse, Erdnüssen, Leber, Vollkornprodukten; wird auch von Darmbakterien hergestellt | Produktion von Geschlechtshormonen; erhält Haut und Nervensystem |
| **$B_6$ (Pyridoxin)** | 2 mg | Die meisten Lebensmittel, u. a. Bananen, Kartoffeln, Bohnen, Leber, Fleisch, Vollkornprodukte, wird auch von Darmbakterien hergestellt | Produktion von Antikörpern, roten Blutkörperchen, gesunde Haut |
| **$B_6$ (Biotin)** | 0,03–0,2 mg | Die meisten Lebensmittel, u. a. Nüsse, Bohnen, Leber, Eier, Hafer | Ausscheidung von Abfallprodukten und Proteinabbauprodukten |
| **$B_6$ (Folsäure)** | 0,4 mg | Grünes Gemüse, Obst, Nüsse, Bohnen, Leber, Eier, Vollkornbrot | Unterstützt u. a. die Herstellung der DNA und roten Blutkörperchen |
| **$B_{12}$** | 0,003 mg | Fleisch, Leber, Fisch, Eier, Milchprodukte (außer Butter) | Produktion roter Blutkörperchen, erhält das Nervensystem gesund |
| **C** | 60 mg (Raucher 100 mg ) | Rohes Obst und Gemüse, besonders Paprika, Kartoffeln, Brokkoli, Zitrusfrüchte, Tomaten, Schwarze Johannisbeeren | Widerstandsfähigkeit gegen Infektionen, fördert Wachstum und Gesundheit von Blutgefäßen, Knochen, Zähnen und Zahnfleisch |

## Mineralien

| Mineral | Tagesbedarf | Quellen | Funktionen |
|---|---|---|---|
| **Kalzium** | 0,8–1,2 g | Fisch, Eier, Milchprodukte, Hülsenfrüchte, Nüsse, grüne Gemüse, Sojabohnenprodukte, hartes Wasser | Normale Herzaktion, Blutgerinnung, Muskelkontraktion, Übertragung von Nervenimpulsen, Wachstum und Erhalt von Knochen und Zähnen |
| **Chlorid** | 2–3 g | Alle Lebensmittel, Salz | Bestandteil von Blut und anderen Körperflüssigkeiten |
| **Magnesium** | 0,3–0,35 g | U. a. grüne Gemüse, Fleisch, Milch, Fisch, Nüsse, Vollkornprodukte | Gesunde Knochen und Zähne, normale Muskel- und Nervenaktivität |
| **Phosphor** | 0,8–1,2 g | Milchprodukte, Eier, Fisch, Fleisch, Geflügel, Hülsenfrüchte, Nüsse, Brot, Vollkornprodukte | Gesunde Knochen und Zähne, DNA-Produktion, Umwandlung und Speicherung von Energie in Zellen, gesunde Nerven- und Muskelfunktion |
| **Kalium** | 2,5 g | Alle Lebensmittel | Muskelkontraktion, Übertragung von Nervenimpulsen |
| **Natrium** | 2,5 g | Die meisten Lebensmittel, Salz | Muskelkontraktion, Übertragung von Nervenimpulsen |
| **Schwefel** | 1,2 g | Proteinreiche Nahrungsmittel wie Eier, Milch, Fleisch und Hülsenfrüchte | Bestandteil einiger Proteine, beispielsweise Insulin |

## Spurenelemente (Mikromineralien)

| Mineral | Tagesbedarf | Quellen | Funktionen |
|---|---|---|---|
| **Chrom** | 50–200 mg | Fleisch, Leber, Hefe, Nüsse, Vollkornbrot, Vollkornprodukte | Unterstützt den Abbau von Kohlenhydraten |
| **Kobalt** | – | Leber, Niere, Fleisch, Eier | Bildung von roten Blutkörperchen |
| **Kupfer** | 2–3 mg | Schaltiere, Fleisch, Fisch, Leber, Nüsse, Vollkornbrot, Hülsenfrüchte | Bildung von roten Blutkörperchen, Funktionsfähigkeit einiger Enzyme |
| **Fluor** | 1,5–4 mg | Sardinen, Tee, fluoriertes Wasser | Gesundheit von Knochen und Zähnen, verhindert Zahnverfall |
| **Eisen** | 10–18 mg | U. a. Schaltiere, Fleisch, Leber, Eier, Nüsse, Hülsenfrüchte, Obst | Bestandteil der Moleküle (Hämoglobin) in roten Blutkörperchen |
| **Molybdän** | 0,15–0,5 g | Leber, Hülsenfrüchte, Gerste, Buchweizen | Wichtiger Bestandteil vieler Enzyme |
| **Zink** | 15 mg | U. a. Meeresfrüchte, Eier, Milch, Fleisch, Leber, Hefe, Vollkornbrot | Heilung, Wachstum, Spermienproduktion, Baustein vieler Enzyme |

**Schlaf** Während des Schlafes nehmen die Stoffwechselfunktionen ab, die Hirnaktivität dagegen nicht; sie verändert sich nur. Der Hirnstamm steuert sowohl unsere Einschlaf- und Aufwachphase als auch die zyklischen Wechsel zwischen Traumphasen und traumlosen Schlafphasen. Die meisten Träume erlebt man in der Schlafphase mit raschen Augenbewegungen, der so genannten REM-Phase. In der Non-REM-Phase fallen Temperatur, Blutdruck und Herzfrequenz ab. Schlafmuster variieren in Abhängigkeit von Alter, Fitness und dem Maß an körperlicher Aktivität, folgen aber einem allgemeinen Rhythmus, der unten schematisch dargestellt ist.

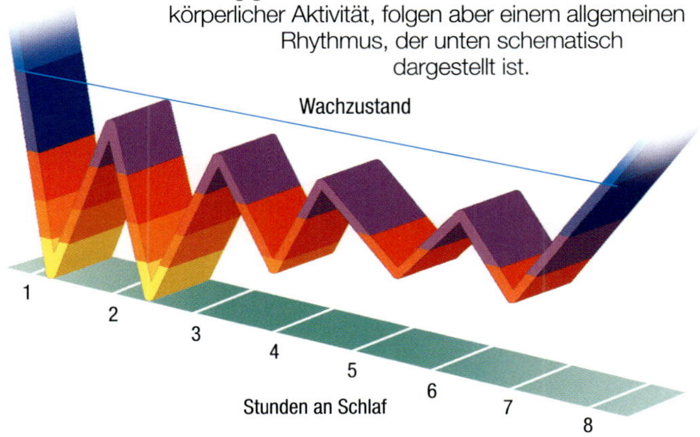


**NREM-Phase 1:** Der leichteste Schlaf.

**NREM-Phase 2:** Die Atmung wird tiefer.

**NREM-Phase 3:** Wachstumshormone werden produziert; die Dauer dieser Phase ist bei Erwachsenen vermindert.

**NREM-Phase 4:** Die tiefste Form von Schlaf; sehr geringe Hirnaktivität. Diese Phase verkürzt sich nach dem 60. Lebensjahr.

**REM:** Schnelle Augenbewegungen; Zeit der Träume.

### Verbrennung von Kalorien

Die Tabelle zeigt, wie viel Energie ein Erwachsener mittlerer Größe und Fitness bei verschiedenen Aktivitäten pro Stunde aufwendet:

| | | | |
|---|---|---|---|
| **Badminton** | 340 kcal (1428 kJ) | **Jogging** | 630 kcal (2646 kJ) |
| **Treppensteigen** | 620 kcal (2604 kJ) | **Im Bett liegen** | 60 kcal (252 kJ) |
| **Radfahren** | 660 kcal (2772 kJ) | **Squash** | 600 kcal (2520 kJ) |
| **Fußball** | 540 kcal (2268 kJ) | **Stehen** | 120 kcal (504 kJ) |
| **Gartenarbeit** schwer | 420 kcal (1764 kJ) | **Schwimmen** | 720 kcal (3024 kJ) |
| **Gartenarbeit** leicht | 270 kcal (1134 kJ) | **Tennis** | 480 kcal (2016 kJ) |
| **Gymnastik** | 420 kcal (1764 kJ) | **Powerwalking** | 300 kcal (1260 kJ) |
| **Hausarbeit** | 270 kcal (1134 kJ) | **Walking** | 180 kcal (756 kJ) |

### WISSENSWERTES

- Der Mensch verbringt im Schnitt ein Drittel seines Lebens mit Schlafen.
- Pro Tag schläft ein 1-jähriges Kind normalerweise 14 Stunden; 90 % der Erwachsenen schlafen zwischen 6 und 9 Stunden täglich.
- Im Schnitt konsumiert ein Mensch im Lauf seines Lebens etwa 40 t an Nahrungsmitteln.

Siehe auch
134–5 **Gehirn und Nerven**
136–7 **Kreislauf/Atmung**
140 **Das Verdauungssystem**
542–3 **Lebensprozesse**

# Medizinischer Fortschritt

**Leben retten, Lebensumstände verändern**

*Die letzten Jahrhunderte haben enorme neue Erkenntnisse darüber gebracht, wie der menschliche Körper arbeitet und wie Krankheiten entstehen und verhindert bzw. geheilt werden können. So wusste man vor 500 Jahren weder, wie das Blut im Körper zirkuliert, noch, dass es krankheitsverursachende Mikroorganismen gibt. Heute haben wir den genetischen Code des Menschen entschlüsselt, können Leben in einem Reagenzglas schaffen und haben Medikamente zur Verfügung, um Krankheiten zu bekämpfen.*

**Einfaches Stethoskop** Um dieses Stethoskop aus dem 19. Jh. benutzen zu können, musste der Arzt das abgerundete Ende auf die Brust des Patienten drücken und das zugespitzte, das den Herzton kanalisiert, an sein Ohr.

## VERSTÄNDNIS DES MENSCHLICHEN KÖRPERS

1500

**1543** Der flämische Mediziner deutscher Abstammung Andreas Vesal veröffentlicht das erste vollständige Lehrbuch der menschlichen Anatomie.

1600

**1628** William Harvey stellt die Theorie auf, dass das Blut vom Herzen durch den Körper gepumpt wird.

**1661** Marcello Malpighi bestätigt Harveys Zirkulationstheorie.

1700

**1726** Stephen Hales misst den Blutdruck.

**1761** Der italienische Arzt B. G. Morgagni veröffentlicht ein Buch, in dem er den Grundstein für wissenschaftliche anatomische Untersuchungen an Leichen legt.

**1796** Edward Jenner führt die Pockenimpfung ein.

1800

**1815** René Laënnec erfindet das Stethoskop.

**1858** Der deutsche Pathologe Rudolf Virchow erklärt, dass sich die Zellen des Körpers aus einer einzigen Zelle – der befruchteten Eizelle – entwickeln; diese hätte sich aus Zellen der beiden Elternteile entwickelt.

**1870–80er** Louis Pasteur zeigt, dass Mikroorganismen die Verursacher infektiöser Erkrankungen sind. Er entwickelt Impfstoffe gegen Tollwut und Milzbrand. Er entdeckt auch die Pasteurisierung, bei der krankheitserregende Keime in Nahrungsmitteln durch Erhitzen abgetötet werden.

**1882** Walther Flemming entdeckt die Chromosomen, die Träger der genetischen Information.

**Louis Pasteur,** französischer Mikrobiologe

## Empfängnisverhütung

**1220 v. Chr.** Bericht aus dem alten Ägypten über Kondombenutzung.
**1844** Massenproduktion von Kautschuk-Kondomen, nachdem sich Charles Goodyear die Kautschukvulkanisierung patentieren ließ.
**1909** Richard Richter führt zur Empfängnisverhütung das Intrauterinpessar (IUP) für Frauen ein.
**1916** Eröffnung der ersten Klinik zur Geburtenkontrolle in den USA.
**1959** Gregory Pincus entwickelt die Pille, ein empfängnisverhütendes Hormonpräparat für Frauen.

**Aufkommen der Spirale** Dieses Intrauterinpessar aus dem frühen 20. Jh. war eines der ersten empfängnisverhütenden Geräte.

## Meilensteine in der Medizin

**um 400 v. Chr.** Hippokrates beobachtet einen Zusammenhang zwischen Malaria und bestimmten Gebieten und Klimaten und legt damit den Grundstein für die Epidemiologie – einen Wissenschaftszweig, der sich mit den Ursachen und der Verbreitung von Krankheiten beschäftigt.
**1666** Thomas Sydenham veröffentlicht eine epidemiologische Studie, in der er u. a. die Epidemiologie begründet. Er setzt als erster Chinin zur Malariabehandlung und Eisen zur Anämiebehandlung ein.
**1796** Edward Jenner impft einen Jungen zum Schutz gegen die tödlichen Pocken mit der schwachen Kuhpocken-Krankheit. Die Schutzimpfung wird bei der Pockenbekämpfung zum Standard.
**1805** Der deutsche Pharmakologe Friedrich Sertürner extrahiert aus Opium Morphin.
**1842** Der amerikanische Chirurg Crawford Long benutzt als Erster bei einer Operation Äther als Narkosemittel.
**1899** Der deutsche Chemiker Heinrich Dreser entwickelt aus Pflanzenextrakten Aspirin.
**1910** Der deutsche Chemiker Paul Ehrlich entwickelt Salvarsan – das erste künstlich hergestellte antibakterielle Medikament zur Bekämpfung spezifischer Krankheiten – zur Syphilisbekämpfung.
**1928** Der britische Bakteriologe Alexander Fleming entdeckt Penicillin, das weltweit erste Antibiotikum.
**1953** Der amerikanische Arzt Jonas Salk stellt einen Impfstoff gegen Kinderlähmung her.
**1980** Bekanntgabe der weltweiten Ausrottung der Pocken infolge von Impfungen.
**2001** Die DNA-Impfung wird entwickelt. Die Technik, bei der die DNA eines krankheitsverursachenden Mikroorganismus in den Muskel injiziert wird, löst eine lang anhaltende Immunität aus und hat das Potenzial, uns vor allen Krankheiten zu schützen.

## BLICK IN DAS INNERE DES LEBENDEN MENSCHEN

1895 zeichnete der österreichische Physiker Wilhelm Röntgen bei der Untersuchung der Eigenschaften von Kathodenstrahlen eine neuartige Form von Strahlen auf, die Körpergewebe und Kleidung durchdrang. Röntgen selbst bezeichnete seine Entdeckung als „X-Strahlen“ und nahm Fotografien von Händen auf, die nur die Knochen zeigten. Seit damals haben verschiedenste Techniken zur Erweiterung unseres Verständnisses, wie unser Körper funktioniert, beigetragen.

**1895 Röntgenstrahlen** werden erstmals eingesetzt. Mit ihrer Hilfe lassen sich Knochenbrüche, Knochenerkrankungen und Fremdkörper nachweisen.

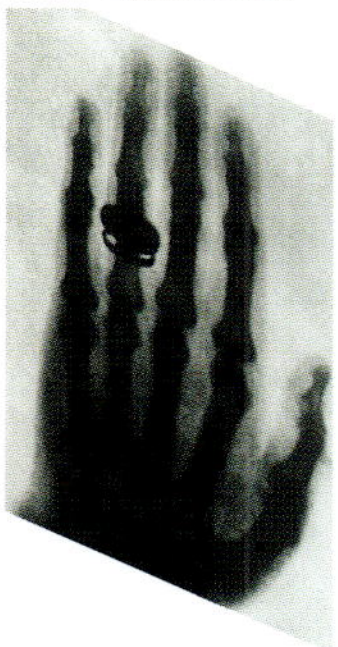

**1950 Ultraschall** Durch Echobildung hochfrequenter Schallwellen werden zweidimensionale Bilder des weichen Körpergewebes erstellt.

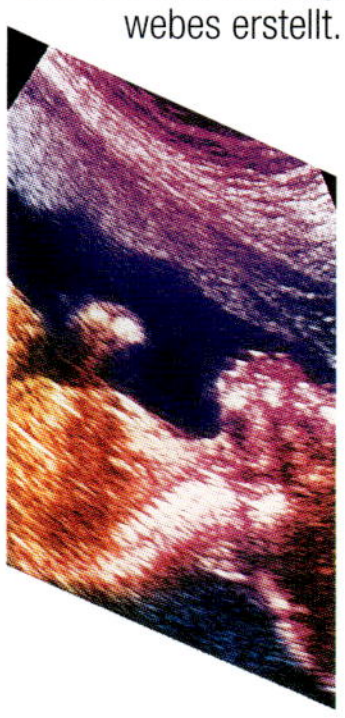

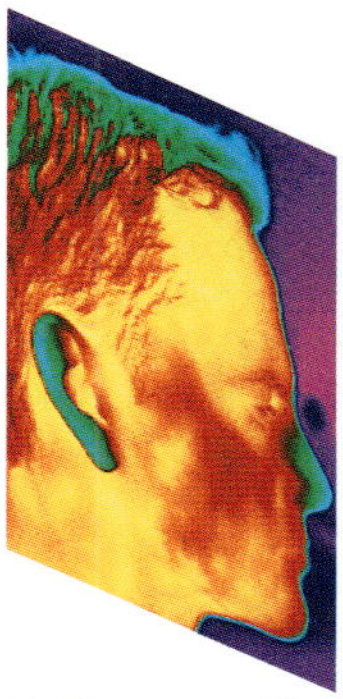

**1960 Thermographie** Mit diesem Verfahren lassen sich Entzündungen und rasche Zellteilungen nachweisen, die ein mögliches Krebswachstum anzeigen können.

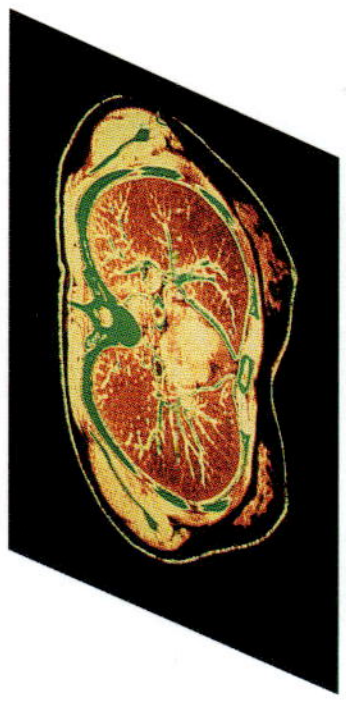

**1972 Die axiale Computertomographie (CT)** wird entwickelt. Hierbei wandelt ein Computer durch Röntgenstrahlen gewonnene Querschnittaufnahmen von Organen und Körperhöhlen in 3-D-Bilder um, anhand derer z. B. Tumoren erkannt werden können.

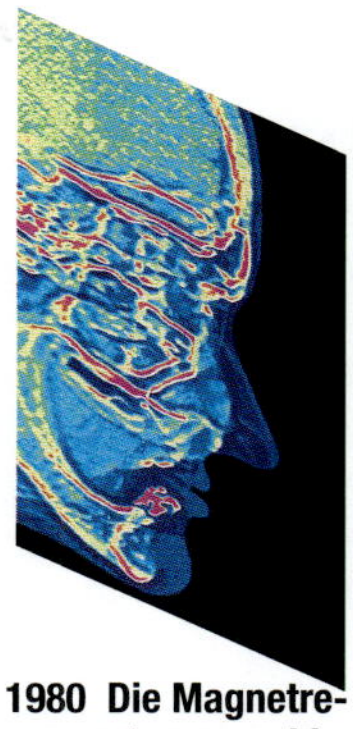

**1980 Die Magnetresonanztomographie (MRT),** bei der der Körper von einem starken magnetischen Feld umkreist und mit elektromagnetischen Strahlen untersucht wird, wird zur Erstellung von 3-D-Querschnittsbildern verwendet. Mit dieser Technik lassen sich alle Körperstrukturen darstellen.

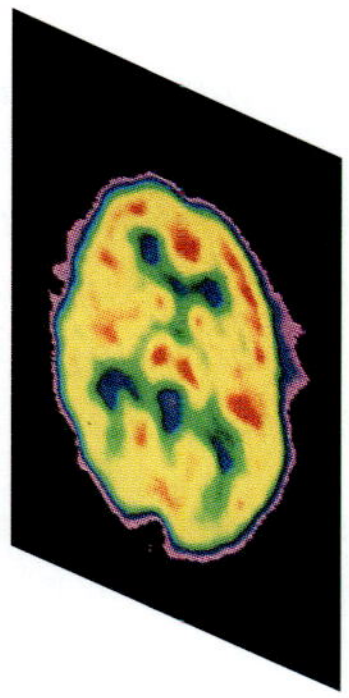

**1987 Entwicklung der Positronenemissionstomographie (PET),** bei der kurzlebige radioaktive Elemente in den Körper eingeführt werden, um chemische Abläufe wie z. B. Hirnabnormalien, die durch Schlaganfälle verursacht wurden, darstellen zu können.

1900

**1900** Karl Landsteiner identifiziert die verschiedenen Blutgruppen.

**1921** Frederick Banting und Charles Best isolieren das Hormon Insulin und setzen es erfolgreich in der Diabetesbehandlung ein.

**Frederick Banting** und **Charles Best**

**1929** Hans Berger entwickelt die Elektroenzephalographie (EEG) – ein Verfahren, bei dem die elektrischen Hirnströme gemessen werden.

**1944** Oswald Avery, Maclyn McCarty und Colin MacLeod entdecken, dass die DNA der Träger der genetischen Informationen ist.

1950

**1952** Von dem britischen Genetiker Douglas Bevis wird die Amniozentese (Fruchtwasseruntersuchung mit einer Kanüle) entwickelt.

**1953** James Watson und Francis Crick identifizieren die DNA-Struktur als Doppelhelix.

**1973** Stanley Cohen und Herbert Boyer führen in Bakterienzellen neue Gene ein – der Beginn der Gentechnologie.

**1984** Menschliches Insulin wird gentechnologisch hergestellt. Das Aids-Virus (später HIV) wird von dem französischen Immunologen Luc Montaigner entdeckt.

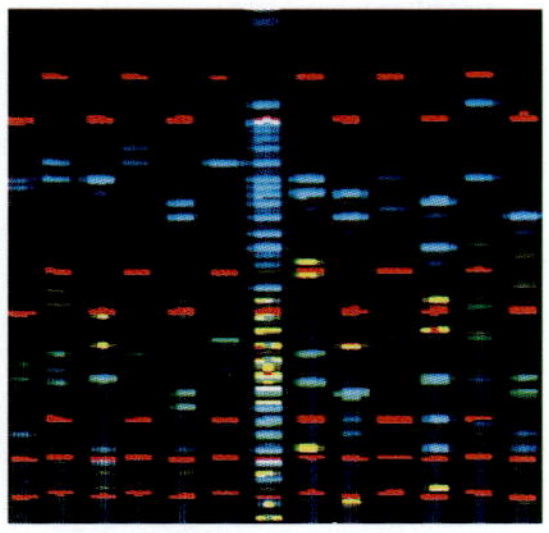

**DNA-Sequenz** Jede farbige Linie, hier auf einem Computerbildschirm dargestellt, entspricht einem der vier Nukleotid-Bausteine der DNA.

2000

**2000** Zwei miteinander konkurrierende Wissenschaftlergruppen, die internationale Genomforschungsgruppe und die private US-Firma Celera Genomics, geben die Entschlüsselung des kompletten menschlichen Genoms bekannt.

**Frühes Stadium eines menschlichen Embryos** Die Zellen einer befruchteten Eizelle entwickeln sich kurz nach der Empfängnis zu Stammzellen.

### Krankheitsbekämpfung mit Klonierungstechnik

Die Klonierung menschlicher Embryonen ist sehr umstritten, aber die Technologie als solche könnte bei der Behandlung von Krankheiten großen medizinischen Nutzen bringen. Embryonen besitzen spezialisierte Zellen, die Stammzellen, die sich noch zu jedem Gewebe weiterentwickeln können. Werden Stammzellen von weniger als 14 Tage alten klonierten Embryonen in Patienten transplantiert, die unter unheilbaren Verletzungen oder Krankheiten leiden, stimulieren die Stammzellen dort das Wachstum von gesunden Organen und Zellgeweben.

Siehe auch
148–9 **Schwangerschaft und Geburt**
150–1 **Zellen und DNA**
160–1 **Krankheiten/Beschwerden**
568–9 **Ursprünge der Medizin**
570–1 **Medizin heute**

*Neben körperlichen Verletzungen und natürlichen Abnutzungserscheinungen gibt es drei Hauptursachen für Krankheiten: das Eindringen von Mikroorganismen wie Viren in unseren Körper; Fehler in unserem genetischen Aufbau; äußere Faktoren wie Umweltverschmutzung, Blütenstaub (Pollen), schlechte Ernährung oder Medikamentenmissbrauch.*

## Wie sich Viren vermehren

Viren sind die einfachsten Lebewesen. Einige Wissenschaftler zählen sie nicht einmal zu den Lebewesen, da sie sich ohne Hilfe anderer Organismen nicht vermehren können.

**Viren sind parasitisch.** Sie vermehren sich, indem sie in eine Wirtszelle eindringen, sich dabei ihrer äußeren Schutzhülle entledigen und die DNA der Wirtszelle zur Replikation ihres eigenen genetischen Materials benutzen. Jeder auf diese Weise neu erstellte Strang an genetischem Material benötigt zur Bildung eines neuen Virus eine äußere Proteinhülle.

## INFEKTIONSKRANKHEITEN

Infektiöse Erkrankungen werden von Mikroorganismen verursacht. Die Symptome der Krankheit treten erst auf, wenn sich diese zu vermehren beginnen. Man unterscheidet vier Hauptkategorien an krankheitserregenden Mikroorganismen:

- **Viren** Viren bestehen nur aus genetischem Material, das von einer Schutzhülle umgeben ist; sie sind von anderen Organismen abhängig, um sich vermehren zu können. Indem sie die Zellen des Wirtsorganismus vereinnahmen, verursachen sie eine breite Palette an Krankheiten, die sich von einer Erkältung über Grippe bis Aids und Pocken erstrecken und nicht mit Antibiotika behandelt werden können.
- **Bakterien** Einfache einzellige Organismen, die u. a. auf der Haut und im Darm vorkommen. Die meisten sind harmlos, einige verursachen aber Krankheiten, die man meist mit Antibiotika behandeln kann.
- **Einzeller** Einzellige Organismen, die größer und komplexer sind als Bakterien. Die meisten sind nichtparasitisch und harmlos; parasitische Formen können Krankheiten wie die Schlafkrankheit verursachen.
- **Pilze** Ein- oder mehrzellige Organismen, die sich von lebender Materie oder toten Überresten ernähren. Die meisten Pilze sind nichtparasitisch; setzen sie sich im oder auf dem Körper fest, können einige parasitische Formen Krankheiten wie Mundsoor und Fußpilz verursachen.

**Die sieben am häufigsten tödlich verlaufenden Infektionskrankheiten** Gemäß einer Statistik der Weltgesundheitsorganisation WHO sind die folgenden Krankheiten für die meisten Todesfälle weltweit verantwortlich:

| Krankheit | Infektiöses Agens | Übertragungsweg | Inkubationszeit | Symptome | Behandlung | Todesfälle pro Jahr |
|---|---|---|---|---|---|---|
| **Pneumonie** | Verschiedene Viren | Durch die Luft | Unterschiedlich | Husten, Fieber | Symptomlinderung | ca. 3 500 000 |
| **HIV/Aids** | Virus | Sexuell; von der Mutter auf den Säugling, Bluttransfus. | Unterschiedlich | U. a. Gewichtsverlust, Durchfall, Fieber, Kurzatmigkeit, Infektionen | Zufuhr großer Flüssigkeitsmengen, antiretrovirale Therapie | ca. 2 285 000 |
| **Durchfallerkrankungen** | Bakterien | Direkter Kontakt mit infiziert. Personen, Nahrungsmitteln | 1–2 Tage | Schwerer Durchfall mit Entwässerung (Dehydrierung) | Behandlung der Infektionen, aber unheilbar | ca. 2 219 000 |
| **Tuberkulose (TBC)** | Bakterium | Infizierte Kuhmilch, Keime in der Luft | Mehrere Wochen bis mehrere Jahre | Husten mit blutig-schleimigen Sekreten, Brustschmerzen | Antibiotika | ca. 1 498 000 |
| **Malaria** | Protozoe | Moskitostiche | 10–14 Tage | Schwitzen, Müdigkeit, schwere Fieber- und Schüttelfrostanfälle | Antimalariamedikamente | ca. 1 110 000 |
| **Masern** | Virus | Durch die Luft | 7–14 Tage | Roter Hautausschlag, Fieber, starke Erkältung | Linderung der Symptome | ca. 888 000 |
| **Keuchhusten** | Bakterium | Tröpfcheninfektion | 12–20 Tage | U. a. Fieber, längere Hustenanfälle, gefolgt von Erbrechen | Antibiotika | ca. 346 000 |

**Andere weit verbreitete Infektionskrankheiten**

| Krankheit | Infektiöses Agens | Übertragungsweg | Inkubationszeit | Symptome | Behandlung |
|---|---|---|---|---|---|
| **Windpocken** | Virus | Direkter Kontakt mit infizierten Personen, durch Keime in der Luft | 11–12 Tage | Hautausschlag, Halsentzündung, Kopfschmerzen, Fieber, Abgeschlagenheit | Linderung der Symptome |
| **Cholera** | Bakterium | Kontaminierte Lebensmittel oder Wasser | 1–5 Tage | Starker Durchfall und Entwässerung (Dehydrierung) | Viel Flüssigkeitszufuhr |
| **Gewöhnliche Erkältung** | Verschiedene Viren | Durch Handkontakt, durch Keime in der Luft | 1–3 Tage | Schnupfen, verstopfte oder laufende Nase, Halsentzündung, schmerzende Muskeln | Linderung der Symptome |
| **Diphtherie** | Bakterium | Kontakt mit infizierten Personen, durch Keime in der Luft | 4–6 Tage | Fieber, gräulicher Belag auf den Membranen im Hals, gelegentlich Herzschädigung | Antibiotika und Antitoxin |
| **Grippe (Influenza)** | Virus | Durch Keime in der Luft | 1–3 Tage | Abwechselnd Schweiß- und Schüttelfrostanfälle, Kopfschmerzen, Halsentzündung, Fieber | Linderung der Symptome |
| **Typhus** | Bakterium | Kontaminierte Lebensmittel oder Wasser | 7–14 Tage | Unterleibsbeschwerden, Durchfall (Diarrhö), Kopfschmerzen, Fieber | Antibiotika |

## VERBREITETE MEDIZINISCHE BESCHWERDEN

Der menschliche Körper ist Gegenstand vieler Beschwerden und Leiden.

### Skelett und Muskeln

**Gelenkarthrose** Degeneration der Knorpelschichten an den Knochenenden führt zu Schwellungen, Steifheit und Schmerzen in den Gelenken.

**Rheumatoide Arthritis** Das Immunsystem greift körpereigenes Gewebe an und verursacht Entzündungen in der die Gelenkkapseln auskleidenden Membranschicht. Betroffen sein können die Gelenke von Hüfte, Füßen, Händen und Fingern, die schmerzhaft anschwellen und steif werden; Fingergelenke können sich verformen.

**Rheuma** Schließt alle Formen von Beschwerden am Bewegungsapparat ein.

### Sinnesorgane

**Anosmie** Fehlen des Geruchssinns aufgrund einer Gehirnverletzung.

**Grauer Star** Eintrübung der Augenlinsen, die zu einer Beeinträchtigung des Sehvermögens führt.

**Grüner Star** Hoher Flüssigkeitsdruck im Auge schädigt den Sehnerv und die Nervenfasern in der Netzhaut; kann zum Verlust des Sehvermögens führen.

**Retinopathie** Eine Rückbildung der Retina führt zu schlechtem nächtlichem Sehen und gelegentlich zu Erblindung.

### Herz und Kreislaufsystem

**Koronare Herzkrankheit** Eine Verdickung der Herzarterien vermindert die Blutversorgung des Herzmuskels, was zu starken Schmerzen im Brustkorb führt. Blutgerinnsel in den verstopften Arterien führen zu Herzinfarkten. Stress, Rauchen, Bluthochdruck, ein hoher Cholesterinspiegel im Blut, Übergewicht und Mangel an Bewegung können alle eine Herzerkrankung auslösen. Auch genetische Faktoren und Diabetes können dazu beitragen.

**Bluthochdruck** Ein über der Norm liegender Blutdruck in den Arterien beeinträchtigt die Pumpleistung des Herzens. Um dies auszugleichen, verdickt sich der Herzmuskel, und schließlich vergrößert sich das gesamte Herz.

**Anämie** Das Leiden wird durch zu geringe Konzentrationen an Sauerstoff transportierenden roten Blutkörperchen im Blut verursacht. Es ist durch blasse Hautfarbe und extreme Müdigkeit gekennzeichnet.

**Sichelzellanämie** Die roten Blutkörperchen haben eine sichelförmige Gestalt. Sie behindern auf diese Weise den ungestörten Blutfluss durch die Gefäße und beeinträchtigen damit die Gehirn- und Nierenfunktion. Es handelt sich um eine erblich bedingte Erkrankung.

### Atemwegssystem

**Bronchitis** Entzündung der Luftwege, die die Lungen mit der Luftröhre verbinden, sorgt für schleimigen Husten.

### Verdauungs- und Harnorgane

**Blasenentzündung** Bakterielle Entzündung der Blase sorgt für das Gefühl, häufig Wasser lassen zu müssen. Tritt bei Frauen wesentlich häufiger auf als bei Männern.

**Durchfall** Aufgrund einer Lebensmittelvergiftung, einer viralen, bakteriellen oder einer Pilzinfektion wird der Stuhl wässrig. Eine Durchfallerkrankung kann auch durch eine chronische Darmkrankheit wie z. B. ein Reizdarmsyndrom bedingt sein.

**Geschwüre** Eine Schwächung der schützenden Schleimhäute des Magen-Darm-Systems kann zu Entzündungen des Magens oder Zwölffingerdarms führen.

**Nierensteine** Solide Klumpen, die sich innerhalb der Niere aus chemischen Stoffen des Harnsystems bilden, verursachen Beschwerden beim Wasserlassen.

**Nierenversagen** Die Nieren sind nicht mehr in der Lage, das Blut ausreichend zu filtern, angefallene Abfallprodukte verbleiben im Körper.

### Haut und Haare

**Hautentzündungen** Zu den häufiger auftretenden Leiden zählen Ekzeme bzw. eine Dermatitis, die ererbt oder durch eine Allergie erworben sein kann, die in der Regel ererbte Psoriasis (schmerzhafte Hautentzündung mit silbrigen Schuppen) und die allergisch bedingte Nesselsucht, auch bekannt unter Nesselfieber.

**Weißfleckenkrankheit** Funktionsstörung der Melanin produzierenden Zellen sorgt für eine Entfärbung von Hautflecken.

### Drüsen und Hormone

**Diabetes mellitus** Ein Mangel an Insulin führt zu übermäßig hohen Blutzuckerspiegeln. Der Diabetes kann genetisch oder durch Übergewicht bedingt sein.

**Schilddrüsenüberfunktion** Eine Über- bzw. Unterproduktion von Schilddrüsenhormon hat eine Reihe von Auswirkungen. Eine Überproduktion erhöht die Stoffwechselaktivität des Körpers und führt zu starkem Schwitzen, Gewichtsverlust und unregelmäßigem Herzschlag; eine Unterproduktion bedingt eine Gewichtszunahme, Haarausfall und Müdigkeit.

## Immunkrankheiten

Wenn unser Immunsystem nicht korrekt arbeitet, beginnen spezialisierte Zellen, die normalerweise körperfremde Partikel angreifen, körpereigene Zellen anzugreifen. Dies kann zu Autoimmunerkrankungen wie dem insulinabhängigen Diabetes, multipler Sklerose oder Arthritis führen. Ein insulinabhängiger Diabetes z. B. entsteht durch die Zerstörung von Insulin produzierenden Zellen in der Bauchspeicheldrüse.

Allergien sind auch Immunstörungen. Harmlose Substanzen, die wir einatmen, schlucken oder über die Haut aufnehmen, werden von unserem Immunsystem angegriffen. Dies führt zu Entzündungen am Ort des entsprechenden Kontakts und zu Symptomen wie Übelkeit, Juckreiz und Niesen, in extremen Fällen zum anaphylaktischen Schock, einem potenziell tödlichen Blutdruckabfall. Zu den gängigen Allergenen (Allergieauslösern) gehören Hausstaub, Blütenpollen und Lebensmittel.

## Erkrankungen des Gehirns und Nervensystems

Die meisten Erkrankungen des Gehirns und Nervensystems sind durch chemische Ungleichgewichte oder Schädigungen des Gehirns bzw. von Nerven bedingt.

**Alzheimer** Fortschreitender Untergang (Degeneration) von Hirngewebe führt zur Abnahme der geistigen Fähigkeiten.

**Epilepsie** Plötzliche, lokale elektrische Aktivität von Nervenzellen im Gehirn sorgt für wiederkehrende Anfälle oder flüchtige Perioden von Bewusstlosigkeit.

**Multiple Sklerose (MS)** Fortschreitende Zerstörung der schützenden Hülle, die die Nervenbahnen umhüllen, durch das körpereigene Immunsystem bedingt den Zusammenbruch der Hirn- und Nervenfunktionen.

**Parkinson** Wird durch einen Mangel an dem chemischen Stoff Dopamin im Gehirn verursacht, das die Nerven bei der Signalübertragung unterstützt. Der Dopaminmangel sorgt für Zittern, Muskelversteifung und den Verlust spontaner Bewegungen.

**Schizophrenie** Eine Gruppe von Störungen, die durch abnorme Erlebnisweisen gekennzeichnet sind.

**Schlaganfall** Das Platzen oder die Verstopfung eines Blutgefäßes verursacht eine Schädigung des Gehirns. Die betroffenen Hirnzellen sterben ab, was zu einem Funktionsverlust in den von ihnen gesteuerten Körperbereichen führen kann.

Siehe auch
139 **Das Immunsystem**
156–7 **Anforderungen an das Leben**
158–9 **Fortschritte in der Medizin**
568–71 **Geschichte der Medizin**

# Die Geschichte der Menschheit

DIE GESCHICHTE
DER MENSCHHEIT

DIE GESCHICHTE
DER MENSCHHEIT

# Die Geschichte der Menschheit

2500 v. Chr. | 2000 v. Chr. | 1500 v. Chr. | 1000 v. Chr. | 500 v. Chr.

## Alter Vorderer Orient

**3500–2500** Gründung der sumerischen Stadtstaaten

**2000** Invasion der Hethiter in Anatolien (Türkei)

**1750** Gründung des Babylonischen Reiches

**Um 1200** Die Hebräer lassen sich in Israel nieder.

**740–612** Die Assyrischen Reiche beherrschen den Vorderen Orient.

**521** Das Persische Reich (des Dareios) erstreckt sich vom Nil bis zum Indus.

## Das alte Ägypten

**Um 2800–2160** Das Alte Reich

**2050–1780** Das Mittlere Reich

**1720** Die Herrschaft der Hyksos beginnt.

**1560** Gründung des Neuen Reiches

**671–651** Die Assyrer erobern Ägypten.

**525** Ägypten wird Provinz des Persischen Reiches.

## Indien

**Um 2500** Entwicklung der Indus-Kultur

**Um 1550** Die Arier dringen in Nordindien ein.

**1000–600** Entstehung der Hindu-Staaten

**Um 525** Buddha beginnt zu lehren.

## Das alte Griechenland

**Um 2000** Entstehung der minoischen Kultur auf Kreta

**Um 1900** Die Mykener siedeln sich in Griechenland an.

**Um 1500** Zusammenbruch der minoischen Kultur

**Um 1125** Einwanderung der Dorer in Griechenland

**Um 750** Gründung der ersten griechischen Kolonien

## Das alte Amerika

**Um 2600** Erstes Auftreten der Steinzeitkultur in Mittelamerika

**Um 1200–um 400** Olmekische Kultur in Mexiko

**Um 900–um 400** Chavín-Kultur in Peru

## China

**Um 1600–1050** Die erste chinesische Kultur

**Um 1000–256** Das „klassische Zeitalter"

**Um 604–531** Laotse

**551–479** Konfuzius

## Afrika

**Um 1000** Die erste kuschitische Kultur

## Rom

**Um 900** Ansiedlung der Etrusker in Italien

**753** Gründung Roms

## Byzanz

## Japan

## Europa im Mittelalter und der frühen Neuzeit

## Islamischer Vorderer Orient

## Russland

## Die neuzeitliche westliche Zivilisation

2500 v. Chr. | 2000 v. Chr. | 1500 v. Chr. | 1000 v. Chr. | 500 v. Chr.

500 v. Chr. | 0 | 500 n. Chr. | 1000 n. Chr. | 1500 n. Chr. | 2000 n. Chr.

**334–326** Alexander d. Gr. erobert den Vorderen Orient.

**332–330** Eroberung Ägyptens durch Alexander d. Gr.
**30 v. Chr.** Ägypten wird römische Provinz.

**322–185** Das Großreich des Maurja entsteht.
**320–480** Entstehung des Gupta-Reiches in Nordindien
**1206–1526** Sultanat von Delhi
**1526–1707** Mogul-Reich
**1612–1858** Eroberung durch die Briten
**1947** Unabhängigkeit Indiens

**469–429** Das „Goldene Zeitalter" Athens
**334–146** Zeitalter des Hellenismus
**146** Eroberung Griechenlands durch die Römer

**100–300 n. Chr.** Moche- und Nazca-Kultur in Peru
**300–500** Teotihuacan-Kultur in Mexiko
**1000–1400** Das Chimú-Königreich in Peru
**1325–1530** Das Reich der Azteken in Mexiko
**Um 1438–1533** Das Inka-Reich in Peru
**1530–96** Eroberung durch die Spanier

**221–210** Regierungszeit des Ch'in Shih Hung-ti
**304** Invasionen der Fremdvölker
**477** Der Buddhismus wird Staatsreligion.
**850–900** Herrschaft der Militärbefehlshaber
**960–1279** Kulturelle Blüte unter der Sung-Dynastie
**1275** Marco Polo in Beijing (Peking)
**1557** Die Portugiesen in Macao
**1839–60** Opiumkriege
**1900–1** Boxeraufstand
**1949** Volksrepublik

**500 v. Chr.–200 n. Chr.** Nok-Kultur in Nigeria
**146** Gründung der Römischen Provinz Africa
**50–400** Reich von Aksum
**Um 700** Das Reich Ghana entsteht.
**Um 700–1000** Ausbreitung des Islam
**Um 1100–1250** Blütezeit Zimbabwes
**Um 1500** Anfänge des Sklavenhandels
**1878** Streitigkeiten der Großmächte
**1945** Die Kolonien werden nach und nach unabhängig.

**510** Gründung der römischen Republik
**264–146** Punische Kriege

**27 v. Chr.** Augustus wird erster Kaiser
**476** Letzter Kaiser des Weströmischen Reiches wird entthront

**330** Gründung Konstantinopels
**636–838** Bedrohung durch die Araber
**867** Die orthodoxe Kirche spaltet sich von Rom ab.
**1453** Eroberung Konstantinopels durch die Osmanen

**Um 300** Vereinigung Japans unter dem Yamato-Clan
**794–1185** Heian-Zeit
**1192–1333** Kamakura-Schogunat
**1338–1573** Ashikaga-Schogunat
**1603–1868** Tokugawa-Schogunat
**1941–45** Zweiter Weltkrieg

**500** Entstehung der mittelalterlichen Staatenwelt
**756** Errichtung des Maurenstaats in Spanien
**1095–1272** Kreuzzüge
**Um 1300–1600** Renaissance

**Um 1530–1650** Reformation
**Um 1700–89** Aufklärung

**630–60** Eroberungen der Araber
**909–1171** Kalifat der Fatimiden in Ägypten
**Um 1300–1920** Osmanisches Reich
**1923** Gründung der Republik Türkei

**988** Russland tritt unter Großfürst Wladimir von Kiew zum byzantinischen Christentum über.
**1480** Vereinigung Russlands um das Großfürstentum Moskau

**1917** Russische Revolution

**1492** Kolumbus entdeckt die Neue Welt.
**1760er** J. Watt vollendet die Dampfmaschine.
**1776** Amerikanische Revolution
**1789** Französische Revolution
**1959** Erfindung des Siliziumchips

500 v. Chr. | 0 | 500 n. Chr. | 1000 n. Chr. | 1500 n. Chr. | 2000 n. Chr.

# Vorgeschichtliche Welt

*Die ersten Menschen der Spezies* Homo sapiens sapiens *tauchten vor 100 000 Jahren in Afrika auf. Im Verlauf der nächsten 50 000 Jahre besiedelten sie den Großteil Asiens und Australiens, dann drangen sie nach Europa vor. Sie erwarben unterschiedlich schnell neue Fähigkeiten. Die bedeutendsten Entwicklungen indes vollzogen sich nach einem ähnlichen Muster – von einfachen Steinklingen bis zu kunstvollem Eisenschmuck.*

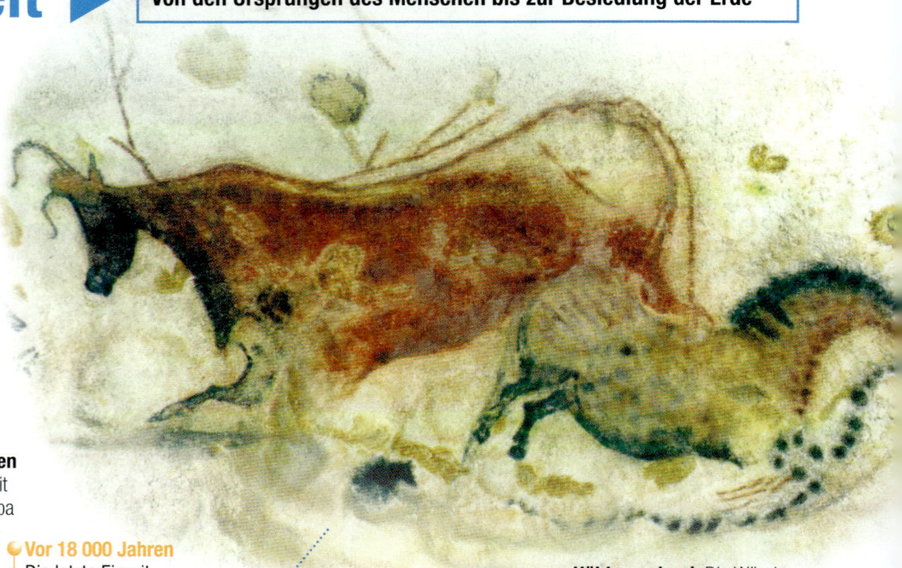

**Höhlenmalerei** Die Wände der Höhle von Lascaux, Frankreich, sind mit altsteinzeitlichen Tierdarstellungen bemalt.

**Vor 100 000 Jahren** *Homo sapiens sapiens* entwickelt sich in Afrika.

**Vor 50 000 Jahren** Die ersten Menschen erreichen Australien.

**Vor 45 000 Jahren** Die ersten Frühmenschen wandern von Vorderasien nach Europa ein.

**Vor 40 000 Jahren** Die ersten altsteinzeitlichen Werkzeuge in Europa

**Vor 30 000 Jahren** Die Neandertaler sterben aus, weil sie gegen die Vorfahren des heutigen Menschen nicht bestehen können.

25 000 Jahre

**Vor 25 000 Jahren** Etwa um diese Zeit entstehen in Europa weibliche „Venusfiguren".

Vor 20 000 Jahren

**Vor 20 000 Jahren** Mit Felsmalereien und Schnitzereien beginnt in Afrika und Südwesteuropa eine Blütezeit der Kunst.

**Vor 18 000 Jahren** Die letzte Eiszeit erreicht ihren Höhepunkt.

15 000 Jahre

**Vor 15 000 Jahren** Allmähliche Klimabesserung und Abschmelzen der Eisdecken.

**Vor 12 000 Jahren** Domestizierung von Tieren und Pflanzen, Beginn der Jungsteinzeit.

**Vor 11 000 Jahren** In Amerika dringen die Jäger nach Süden vor.

Vor 10 000 Jahren

**Vor 10 000 Jahren (8000 v. Chr.)** Die ersten Götterbilder entstehen.

**7000 v. Chr.** Erstmals Werkzeuge aus Kupfer

**6000 v. Chr.** Erste Bewässerungsanlagen in Mesopotamien

**5200 v. Chr.** Verbreitung des Ackerbaus in Europa

**4500 v. Chr.** Der erste bekannte Tempel der Welt wird in Eridu in Sumer gebaut.

4500 v. Chr.

## Die Steinzeit

### Die jüngere Altsteinzeit

*Vor 40 000–10 000 Jahren*

Im Jungpaläolithikum waren die Menschen bereits sehr geschickt in der Bearbeitung von Feuerstein. In Europa und im Vorderen Orient wurden mehr als 100 verschiedene Werkzeuge und Waffen gefunden. Zu den typischen Merkmalen der Kulturen der jüngeren Altsteinzeit gehörten:

- Speer- und Pfeilspitzen sowie Klingen aus Stein.
- Geräte und Waffen aus Knochen und Elfenbein (Angelhaken, Speerschleudern).
- Schmuck und Kleidung aus Häuten.
- Die zeremonielle Bestattung der Toten.
- Höhlenmalerei und Statuen.

**Steinzeitkunst** Die „Venus von Willendorf", die vor 25 000 Jahren entstand, ist eine der ältesten bekannten Skulpturen.

### Die Jungsteinzeit

*Ab etwa 12 000 v. Chr.*

In der späteren Steinzeit entwickelte sich der Ackerbau und ersetzte als neue Wirtschaftsform das Jagen und Sammeln. Am Ende des Neolithikums konnten die Menschen bereits viele Feldfrüchte anbauen: Weizen und Gerste im Vorderen Orient, Reis in China und Kartoffeln in Südamerika. Der Ackerbau hatte einen Überschuss an Nahrungsmitteln zur Folge, der zu Bevölkerungswachstum und der Anlage dauerhafter Siedlungen führte. Weitere Merkmale der Jungsteinzeit sind:

- Die Domestizierung von Tieren (um 6000 v. Chr. in China und Mesopotamien).
- Neue Werkzeuge wie Äxte zum Roden der Wälder und Urbarmachen neuer Landgebiete (Hacken, Sicheln und Wetzsteine).
- Töpferwaren zur Bevorratung von Getreide.
- Erste Dörfer und Städte, die zum Halten von Tieren oft Mauern hatten (Jericho und Çatal Hüyük).
- Steingräber.

**Steinwerkzeuge** Die steinzeitlichen Handwerker waren geschickt im Bearbeiten von Stein. Diese Hämmer und Äxte stammen aus der Zeit um 5000 v. Chr.

# Bronze- und Eisenzeit

## Die Bronzezeit

*Ab etwa 3000 v. Chr.*

Die ersten Versuche auf dem Gebiet der Metallverarbeitung erfolgten vor rund 9000 Jahren im heutigen Iran und in der Türkei. Die Metalle, die für Geräte und Waffen verwendet wurden, waren zunächst Kupfer und Gold, dann Bronze, eine Legierung aus Kupfer und Zinn. Merkmale der Bronzezeit sind:

- Kupfer- und Bronzewaffen wie Speer- und Pfeilspitzen; Meißel, Sägen.
- Handel in ganz Europa.
- Die ersten Bergwerke und Techniken der Erzgewinnung.
- Ein hoher Entwicklungsstand des Handwerks.
- Steinkreise.

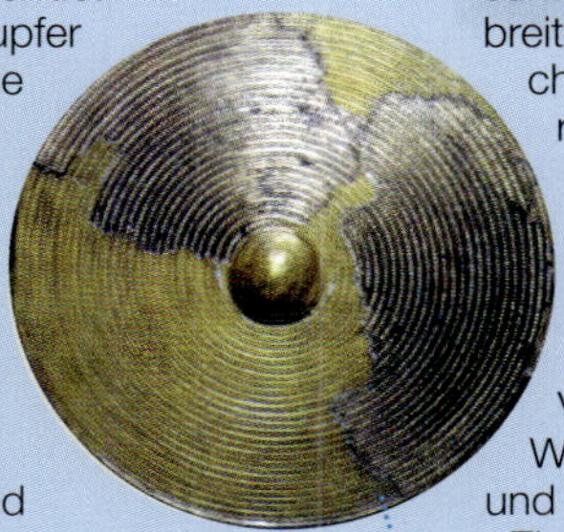

**Bronzeschild** Die Handwerker der Bronzezeit schufen viele verzierte Waffen.

## Die Eisenzeit

*Ab ewa 1200 v. Chr.*

Eisen wurde schon lange vor der Eisenzeit verwendet. Zwischen 2000 und 1200 v. Chr. stellten die Hethiter in Anatolien Eisenwaffen her. Die Eisenverarbeitung verbreitete sich um 1000 v. Chr. nach Griechenland und um 750 v. Chr. nach Europa, Asien und Afrika. Eisen hatte drei Vorteile gegenüber Bronze: Es ließen sich damit schärfere, verschleißfestere Schneiden anfertigen, es musste nicht mit einem anderen Metall legiert werden, und es gab reiche Vorkommen. Verwendet wurde Eisen für Werkzeug, Waffen, Kochgerätschaften, Schmuck und religiöse Gegenstände. Das Ende der Eisenzeit in Europa wird in der Regel mit der Ausdehnung des Römischen Reiches gleichgesetzt. In Amerika wurde Eisen erst von den Europäern eingeführt.

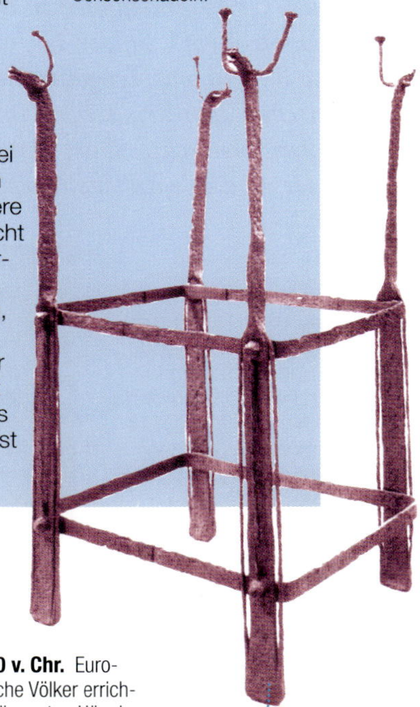

**Eisernes Kohlenbecken** Dieses Stück aus der Eisenzeit endet in stilisierten Ochsenschädeln.

**4000 v. Chr.** In Amerika die ersten Töpferwaren aus dem Amazonasgebiet

**3500 v. Chr.** In Mesopotamien entstehen die ersten Stadtstaaten; in Europa Aufstellung der ersten Megalithen.

**3000 v. Chr.** Die erste Indus-Kultur entsteht. Dort und in Mesopotamien wird das Rad verwendet.

3000 v. Chr.

**2686 v. Chr.** Beginn des Alten Reiches in Ägypten (bis 2181 v. Chr.)

**2100 v. Chr.** Stonehenge in England erreicht den höchsten Entwicklungsstand.

**2000 v. Chr.** Die ersten Palastbauten auf Kreta

1500 v. Chr.

**1300 v. Chr.** Siedler von den Inseln des Pazifiks beginnen ihre Wanderung nach Osten zu den Fidschi-Inseln, Tonga und Samoa.

**1200 v. Chr.** Verbreitung des Ackerbaus in Nordamerika

**1100 v. Chr.** Europäische Völker errichten die ersten Hügelfestungen.

1000 v. Chr.

**1000 v. Chr.** Vordringen des Ackerbaus nach Mittel- und Südamerika

**800 v. Chr.** In Hallstatt, Österreich, wird mit der Eisenverarbeitung die Eisenzeit in Europa eingeleitet.

100 v. Chr.

**1000 n. Chr.** Neuseeland wird von polynesischen Seefahrern besiedelt.

## Große Wanderbewegungen

Von ihren Ursprüngen in Afrika verbreiteten sich die Menschen allmählich auf der ganzen Welt. Das letzte Gebiet, das besiedelt wurde, war der Südpazifikraum.

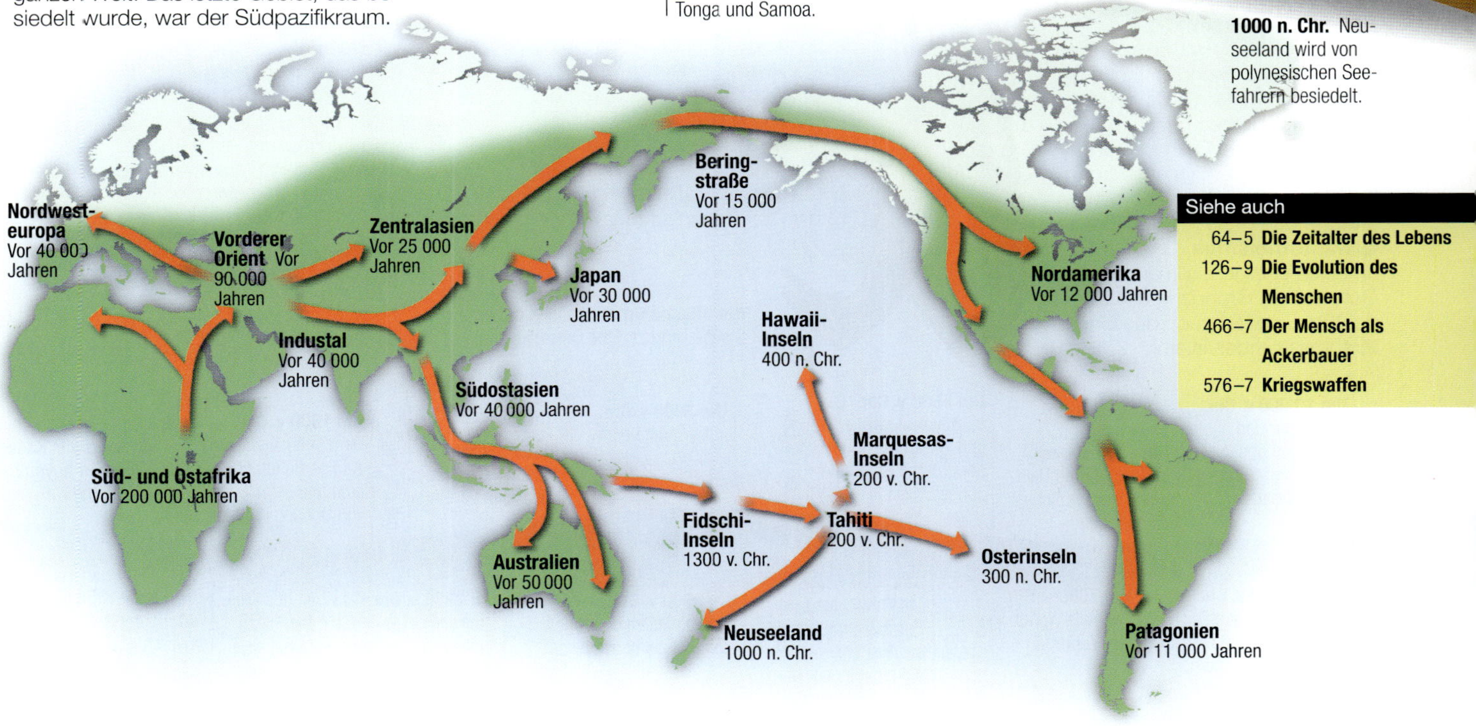



Siehe auch
64–5 Die Zeitalter des Lebens
126–9 Die Evolution des Menschen
466–7 Der Mensch als Ackerbauer
576–7 Kriegswaffen

*Die Zivilisation ist eng mit dem Aufstieg der Städte verbunden. Städtisches Leben entwickelte sich, als die Landwirtschaft auch Kaufleute, Handwerker, Regierung und Kirche ernähren konnte. Ab etwa 3000 v. Chr. entstanden in Mesopotamien, dem „Land zwischen den Strömen", Städte an den Ufern von Euphrat und Tigris. Diese Region war Teilgebiet des „Fruchtbaren Halbmonds", der sich zwischen dem Persischen Golf und dem östlichen Ufer des Mittelmeers erstreckte. Dort wurden zu dieser Zeit viele Reiche gegründet, und es entwickelte sich ein lebhafter Handel.*

## Zivilisation

Viele der bedeutenden Entwicklungen, die wir mit der abendländischen Zivilisation in Verbindung bringen, stammen aus dem Gebiet des Fruchtbaren Halbmonds aus der Zeit nach 10 000 v. Chr.

- **Städte** Einige der ältesten Städte der Welt befinden sich im Vorderen Orient, z. B. Jericho, gegründet um 8350 v. Chr.
- **Das Rad** Das Rad, ursprünglich eine Töpferscheibe, stammt aus Mesopotamien und entstand um 3500 v. Chr.
- **Rechtssysteme** Hammurabi (um 1792–1750 v. Chr.), König von Babylon, schuf eine Sammlung der ältesten bekannten Gesetze.
- **Schrift** Um 3300 v. Chr. entwickelten die Sumerer eines der ersten Schriftsysteme, eine auf Bildzeichen beruhende Keilschrift, die in Tontafeln gedrückt wurde. Um 1100 v. Chr. schufen die Phöniker das auf Lauten beruhende Alphabet, das später die Grundlage aller europäischen Schriftsysteme bildete.
- **Astronomie** Die Stadt Ur war die Geburtsstätte der Astronomie. Um 1000 v. Chr. konnten die Babylonier Mondfinsternisse vorhersagen und die Bahn von Planeten verfolgen.
- **Mathematik** Dem mesopotamischen Zahlensystem verdanken wir die Stunde mit 60 Minuten und den Kreis mit 360 Grad.
- **Monotheismus** Der Glaube an einen einzigen, allmächtigen Gott war ein Grundzug des Judentums, später auch des Christentums und des Islam.

**FAKTEN**
**Die Philister ließen sich im 12. oder 11. Jh. v. Chr. im Gebiet um Gaza nieder. Noch heute ist das Gebiet nach ihnen benannt: Palästina.**

**Zurück nach Kanaan** Nach der Flucht aus Ägypten kehrten die Juden nach Kanaan, in das Land ihrer Vorfahren, zurück und errichteten die Königreiche Israel und Juda.

## Land der Reiche

In den gut bewässerten Landgebieten des Fruchtbaren Halbmonds entwickelte sich eine Reihe von Reichen, deren Kerngebiete am östlichen Ufer des Mittelmeers hier gezeigt sind.

## Das Volk Israel

Die Geschichte in der Bibel beginnt mit dem Erzvater Abraham. Die Hebräer oder Israeliten behaupten, von dessen Sohn Jakob abzustammen. Nach der Versklavung in Ägypten und einer langen Zeit des Herumziehens ließen sie sich in Kanaan nieder und stießen dort mit den Philistern zusammen. Unter David entstand das Königreich Israel. Später wurden die Israeliten von den Assyrern unterworfen (721 v. Chr.), es folgten die Babylonische Gefangenschaft (etwa 586–538 v. Chr.) und die Eroberung durch Alexander (333 v. Chr.). Zur Zeit Jesu war Palästina ein Teil der römischen Provinz Judäa.

Zu den großen Führern der Israeliten zählen:

- **Abraham** (um 1800 v. Chr.) Abraham, der Urvater der Hebräer, soll um 1800 v. Chr. von Ur nach Kanaan eingewandert sein.
- **Moses** (um 1200 v. Chr) Der biblischen Geschichte zufolge führte Moses die Israeliten aus Ägypten. Am Berg Sinai offenbarte Gott ihm die Zehn Gebote.
- **David** (Herrschaft um 1000–961 v. Chr.) David war der Gründer der Königsdynastie Israels. Er wurde König von Juda, dann von Israel, und einigte die Israeliten. Zu seiner Hauptstadt machte er Jerusalem.
- **Salomo** (Herrschaft um 973–922 v. Chr.) Salomo, Sohn Davids, war der bedeutendste König Israels und als weise berühmt. Er ließ den ersten Tempel von Jerusalem errichten.

**Hethitische Gottheit** Der jüdische Glaube verbot solche Darstellungen.

10 000 v. Chr.

**Um 10 000 v. Chr.** Im Norden und Nordosten des Vorderen Orients erster Ackerbau

**Um 9000 v. Chr.** Jericho entwickelt sich zu einer Stadt mit rund 2000 Einwohnern.

**Um 8500 v. Chr.** Im Fruchtbaren Halbmond werden Schafe domestiziert.

**Um 7000 v. Chr.** Erstmals Werkzeuge aus Kupfer

**Um 6500 v. Chr.** Çatal Hüyük in der heutigen Türkei wird eine der größten Städte der Jungsteinzeit.

**Um 6000 v. Chr.** Die Entwicklung der Bewässerung erlaubt die Ausdehnung des Ackerbaus über die Flussufer hinaus.

5000 v. Chr.

**Um 3300 v. Chr.** In Mesopotamien wird erstmals eine Keilschrift verwendet.

**Um 3000 v. Chr.** In Mesopotamien entstehen die ersten größeren Städte.

**Um 2350 v. Chr.** Unter Sargon von Akkad wird Sumer als Reich vereinigt.

**Um 2200 v. Chr.** Aufstieg des Reiches von Ur. Ur erlebt in den nachfolgenden zwei Jahrhunderten eine Blütezeit als größte Stadt Sumers.

2000 v. Chr.

**Um 1800 v. Chr.** Dem Alten Testament zufolge ziehen Abraham und seine Familie von Ur nach Kanaan.

**Um 1300–1250 v. Chr.** Auszug der Israeliten aus Ägypten (Exodus)

**1285 v. Chr.** Schlacht von Kadesch zwischen Ägyptern und Hethitern

## Die Phöniker

Ab etwa 3000 v. Chr. erwiesen sich die Phöniker über Jahrtausende als hervorragende Schiffbauer und Seeleute. Ausgehend von ihren Stadtstaaten Byblos, Sidon, Tyros und Beirut (im heutigen Libanon) unterhielten sie Handelsbeziehungen zum ganzen Mittelmeerraum. Berühmt waren sie durch ihre Glaswaren, Elfenbeinarbeiten und die Purpurfärberei. Ihre Städte wurden von Alexander geplündert.

**Phönikisches Glas**
Ein Weihrauchfläschchen aus dem 3.–1. Jh. v. Chr.

## Die Assyrer

Die Assyrer, einst ein von Babylon unterworfenes Volk, etablierten sich um 1350 v. Chr. als eigenständige Macht. Nach 740 v. Chr. erlangte Assyrien die Herrschaft über den größten Teil des Gebiets zwischen Ägypten und dem Persischen Golf und entwickelte sich unter König **Assurbanipal** (668–631 v. Chr.) zum bis dahin größten Reich der Welt. 612 v. Chr. wurde das Assyrische Großreich von den Medern und Chaldäern vernichtet.

## Die Perser

Als ursprünglich nomadischer Stamm siedelten sich die Perser um 850 v. Chr. im Assyrischen Reich an. Unter König **Kyros dem Großen,** der 530 v. Chr. starb, eroberten sie Babylon und schufen das Achämenidenreich, das sich von Ägypten bis Afghanistan erstreckte. **Dareios I.,** der Große (521–486 v. Chr.), festigte das Reich, wurde aber 490 v. Chr. bei Marathon von den Griechen geschlagen. 330 v. Chr. eroberte Alexander das Perserreich.

**Assyrische Krieger**
Ein Basaltrelief aus dem 8. Jh. v. Chr. zeigt Streitwagenfahrer.

**Opferszene**
Eine aus Susa im Iran stammende goldene Statuette aus der Zeit um 1150 v. Chr. zeigt einen Gläubigen mit einer Ziege.

## Die Hethiter

Von etwa 1700 bis 1200 v. Chr. war der nordöstliche Mittelmeerraum in der Hand der Hethiter. Bereits 1595 v. Chr. hatten sie sich bis Babylon ausgebreitet. Ihr Krieg gegen die Ägypter erreichte seinen Höhepunkt 1285 v. Chr. in der Schlacht von **Kadesch.** Der Frieden wurde durch die Heirat einer Hethiterprinzessin mit dem Pharao Ramses II. besiegelt. Nach 1200 v. Chr. wurden die Hethiter von den Seevölkern aus Griechenland und dem mittleren Mittelmeerraum überrannt.

## Die Babylonier

Um 1750 v. Chr. war Babylon eine führende Macht. 1728 v. Chr. erlangte der Gesetzgeber **Hammurabi** die Herrschaft, er dehnte das Reich aus und brachte ganz Mesopotamien unter seinen Einfluss. 721 v. Chr. geriet Babylon unter assyrische Herrschaft, erlebte aber unter **Nebukadnezar II.,** der 604–562 v. Chr. regierte, einen neuen Aufschwung als Chaldäer- oder Spätbabylonisches Reich. Das Reich fiel 539 v. Chr. an Kyros II. von Persien und 331 v. Chr. an Alexander.

## Die Sumerer

Die Sumerer schufen die erste echte Zivilisation der Welt. Ihre Stadtstaaten wie Ur, Uruk, Eridu und Kisch erlebten um 5000 v. Chr. in Südmesopotamien, dem heutigen Irak, eine Blütezeit. **Sargon** (um 2370–2315 v. Chr.) brachte alle Städte Südmesopotamiens unter seine Kontrolle und gründete das Reich von Akkad. Dieses Reich wurde um 2000 v. Chr. von den Elamern, dann von den Babyloniern und Assyrern erobert.

Siehe auch
334–5 **Schrift**
466–7 **Der Mensch als Ackerbauer**
548–1 **Archäologie**

**Um 1200 v. Chr.** Die Seevölker breiten sich in Vorderasien aus; in Kanaan siedeln sich die Philister an.

**1000–961 v. Chr.** Unter David dehnt sich Israel bis Palästina und Syrien aus.

1000 v. Chr.

**922 v. Chr.** Jerusalem wird von den Ägyptern geplündert.

**Um 922 v. Chr.** Nach dem Tod Salomos zerfällt das Reich in Juda und Israel.

**Um 668–627 v. Chr.** Das Assyrische Reich erlangt seine größte Ausdehnung, anschließend beginnt der Niedergang.

**605 v. Chr.** Nebukadnezar II. von Babylon besiegt die Ägypter und Assyrer bei Karkemisch.

**586 v. Chr.** Zerstörung Jerusalems. 5000 Juden werden nach Babylon verschleppt (Babylonische Gefangenschaft).

500 v. Chr.

**539 v. Chr.** Kyros der Große von Persien erobert Babylon.

**537 v. Chr.** Rückkehr der Juden aus Babylon; Wiederaufbau des Tempels von Jerusalem

**333 v. Chr.** Alexander der Große besiegt Dareios III. von Persien in der Schlacht von Issos.

**331 v. Chr.** Alexander erobert Babylon und beginnt mit der Eroberung des Perserreichs.

**323 v. Chr.** Tod Alexanders

# Das alte Ägypten ▶

**Von der Steinzeit bis zum Tod Kleopatras**

*3000 Jahre lang blühte die ägyptische Hochkultur am Nil. Viele ihrer großartigen Denkmäler – vor allem die Pyramiden und die Sphinx – sind erhalten. Die ägyptische Gesellschaft blieb während dieser Zeit weitgehend unverändert: Mit dem Pharao an der Spitze und der Masse der Kleinbauern ganz unten war sie selbst pyramidenförmig. Die Erfindung der Schrift ermöglichte eine hochgradige Organisierung. Die überaus komplexe Glaubenswelt beruhte auf einem Pantheon von Göttern und einer hoch entwickelten Mythologie.*

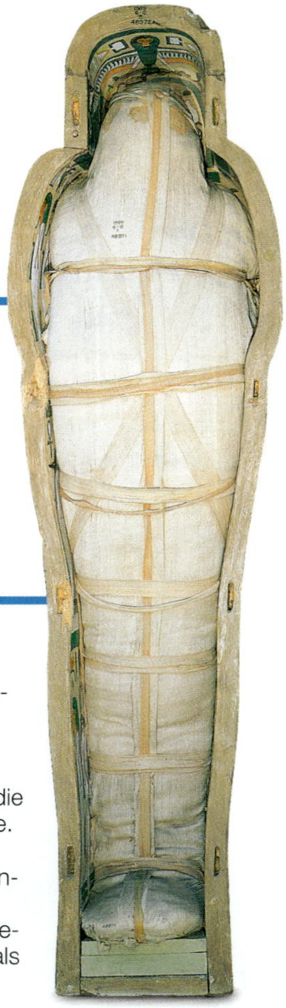

**Die Sphinx** Aus einem aufragenden Felsblock gehauen, ist die Große Sphinx ein Porträt des Pharaos Chephren und steht vor seiner Pyramide in Giseh.

## TOD UND MUMIEN

Nicht nur Pharaonen wurden mumifiziert. Die Konservierung der Leiche war für Menschen aller Gesellschaftsschichten ein wichtiges Ritual, da man glaubte, die Seele kehre in den Körper zurück, um Nahrung aufzunehmen. Der Prozess der Mumifizierung dauerte etwa 70 Tage. Danach übergab man die Leiche den Verwandten. Beigesetzt wurde sie mit Sprüchen aus dem Totenbuch, die auf Papyrus geschrieben waren, und mit Shabti (Grabstatuetten) als Begleitung für das Leben nach dem Tod.

## Herrscher des Jenseits

**Osiris** Als Gott der Unterwelt ist er wie eine Mumie umwickelt und trägt ein Zepter und eine zeremonielle Peitsche.
**Horus** Er ist der falkenköpfige Gott des Himmels, Quelle königlicher Autorität.
**Seth** Als Gott der Stürme und des Chaos zerstückelte Seth Osiris und verstreute dessen Leichenteile.
**Isis** Schwester und Frau des Osiris; sie erweckte diesen wieder zum Leben, nachdem Seth ihn ermordet hatte.
**Taweret** Die Beschützerin der Schwangeren hat den Körper eines Nilpferds mit Löwentatzen und Krokodilsschwanz.
**Bes** Ein zwergenhafter Gott des Haushalts.
**Thoth** Als Gott des Mondes und des Wissens wird Thoth als Ibis oder Pavian dargestellt.
**Anubis** Der schakalköpfige Gott der Mumifizierung.
**Re** Der Sonnengott Re (rechts) wird häufig mit Falkenkopf dargestellt.

## Die großen Pharaonen

- **Djoser (2668–2649 v. Chr.)** Als erster Pyramidenbauer ließ Djoser die Stufenpyramide von Sakkara errichten.
- **Khufu (2589–2566 v. Chr.)** Cheops baute die größte der drei Pyramiden in Giseh.
- **Phiops II. (2278–2184 v. Chr.)** bestieg mit 6 Jahren den Thron, regierte, bis er 100 war und hatte so die längste in der Geschichte bekannte Herrschaft.
- **Hatschepsut (1490 bis 1468 v. Chr.)** regierte 20 Jahre als weiblicher König (Ägypten erkannte damals keine Königinnen an). Sie trug den rituellen falschen Bart und milderte so die gegen Frauen gerichtete Kritik an ihrer Herrschaft. Oft wird sie in der Kunst als Mann gezeigt.
- **Thutmosis III. (1490 bis 1436 v. Chr.)** Unter diesem Soldatenpharao erreichte Ägypten seine größte Ausdehnung.
- **Echnaton (1350 bis 1334 v. Chr.)** Zusammen mit seiner Frau Nofretete verbot Echnaton die Anbetung aller Götter außer Aton, der Sonnenscheibe. Er baute die riesigen Tempel in Karnak und Luxor.
- **Tutanchamun (1334 bis 1325 v. Chr.)** Der unbedeutende Pharao wurde nicht einmal 20 Jahre alt und ist vor allem durch sein Grab und dessen sagenhafte Schätze bekannt, die Howard Carter 1922 entdeckte.
- **Ramses II. (1279 bis 1212 v. Chr.)** baute den Felsentempel in Abu Simbel und errichtete in seiner 66-jährigen Regierungszeit mehr Denkmäler als jeder andere Pharao.
- **Kleopatra (51–30 v. Chr.)** war die Geliebte von Julius Caesar und Marcus Antonius. Mit der Eroberung Ägyptens durch Rom 30 v. Chr. endete das Zeitalter der Pharaonen.

**Abu Simbel** Die vier kolossalen Sitzfiguren des Pharaos Ramses II. sind 20 m hoch. In den 1960er-Jahren wurden sie auf höher gelegenes Gelände versetzt, um sie vor dem steigenden Wasser des Nasser-Stausees zu retten. Abu Simbel liegt etwa 250 km südlich von Philae.

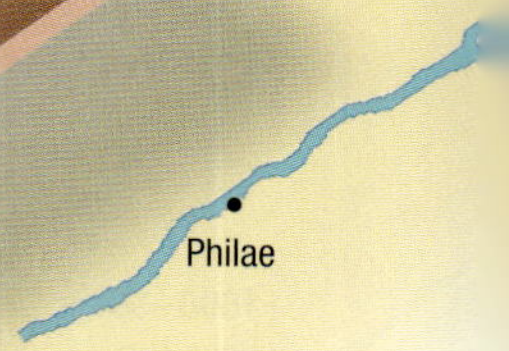


**5000 v. Chr.**

**5000 v. Chr.** Rinderhirten besiedeln die fruchtbare Sahara.

**Um 3100 v. Chr.** Ägypten wird durch König Menes von Oberägypten erstmals geeint.

**Um 2630 v. Chr.** Bau der Stufenpyramide des Djoser in Sakkara

**Um 2600 v. Chr.** Blütezeit des Alten Reiches unter den Königen der 4. Dynastie (2680–2544)

**Um 2584–2565 v. Chr.** Bau der Cheopspyramide in Giseh

**Um 2558–2532 v. Chr.** Bau der Pyramide des Chephren und der Sphinx in Giseh

**2500 v. Chr.**

**2498 v. Chr.** Die Könige der 5. Dynastie (bis 2407) nehmen den Kult des Sonnengottes Re in Heliopolis an.

**2200–2100 v. Chr.** Während der Ersten Zwischenzeit herrscht in Ägypten politisches Chaos.

**2040 v. Chr.** Unter den Königen der 11. Dynastie wird Ägypten zum Mittleren Reich (bis 1780 v. Chr.) geeint.

**2000 v. Chr.**

**1782 v. Chr.** Der Verfall der königlichen Autorität prägt die Zweite Zwischenzeit (bis 1570 v. Chr.).

**FAKTEN** Eratosthenes, ein alexandrinischer Gelehrter aus dem 3. Jh. v. Chr., wies nach, dass die Erde rund ist. Er errechnete ihren Umfang mit einer Genauigkeit von 99 %.

**Der Leuchtturm** auf der Insel Pharos vor Alexandria war eines der Sieben Weltwunder. Seine Überreste wurden vor kurzem im Hafen des modernen Alexandria wiederentdeckt.

**Das Cheopsgrab** bei Giseh ist die größte Pyramide der Welt. Sie ist 137 m hoch und besteht aus über 2 Mio. Steinblöcken.

**Karnak** Der Tempel von Karnak ist der weltweit größte errichtete Komplex kultischer Bauwerke.

## DIE PYRAMIDEN

- **Die Seiten** sind auf die vier Himmelsrichtungen ausgerichtet.
- **Die Erbauer** waren keine Sklaven, sondern zum Arbeitsdienst verpflichtete Bauern.
- **Die erste echte Pyramide** als Gegensatz zur Stufenpyramide ist das unfertige und heute verwitterte Bauwerk von Meidum.
- **Die Form** symbolisiert vermutlich die vom Himmel herabfallenden Sonnenstrahlen. Die Seiten waren ursprünglich mit blendendem Kalkstein verkleidet.
- **Die Erklärungen** für die Pyramiden haben sich im Lauf der Zeit gewandelt: Frühe Christen bezeichneten sie als „Josefs Kornspeicher“.
- **Niemand** weiß sicher, wie die Pyramiden erbaut wurden.

**Sitzender Schreiber** In hohem Ansehen standen Schreiber in einer Gesellschaft, in der die meisten Menschen weder lesen noch schreiben konnten.

## DAS GEHEIMNIS DER HIEROGLYPHEN

Das *Totenbuch*

Man kennt über 6000 Hieroglyphen, doch wurden vor der griechisch-römischen Zeit nur rund 700 verwendet. Sie wurden als beschreibende Elemente auf Gräbern und Tempeln benutzt. Aber ihr Sinn war verloren gegangen, bis Jean Champollion sie 1822 entzifferte. Dabei half ihm der Stein von Rosette, auf dem derselbe Text in Hieroglyphen und in den bekannten Sprachen Koptisch und Griechisch eingemeißelt war.

Siehe auch

334–5 **Schrift**
548–9 **Archäologie**
572–3 **Bauwesen**
596–7 **Mittelmeerraum**

**1720 v. Chr.** Die Hyksos fallen ins Nildelta ein und begründen die 15. und 16. Dynastie.

1500 v. Chr.

**1570 v. Chr.** Ahmose vertreibt die Hyksos aus Ägypten und begründet das Neue Reich (bis 1100 v. Chr.).

**1386–1349 v. Chr.** Unter Amenophis III. erreicht die ägyptische Kunst eine neue Blüte.

**1291–78 v. Chr.** Sethos I. erbaut den Amun-Tempel in Karnak und den Sethos-Tempel in Abydos.

**1174 v. Chr.** Ramses III. vertreibt die einfallenden Seevölker aus Ägypten.

**1070 v. Chr.** Dritte Zwischenzeit (bis 525 v. Chr.) und Machtübernahme durch Thebens Hohepriester

1000 v. Chr.

**945–525 v. Chr.** Libysche, saïtische und nubische Dynastien

**525 v. Chr.** Die Perser unter Kambyses II. erobern Ägypten und herrschen bis 404 v. Chr.

500 v. Chr.

**332 v. Chr.** Alexander der Große erobert Ägypten; seine ptolemäischen Nachfolger bilden die letzte Dynastie.

**30 v. Chr.** Rom erobert Ägypten; mit Kleopatras Tod endet die Pharaonenherrschaft.

# Das alte Griechenland

**Von den Minoern bis zur Eroberung durch die Römer**

*Viele wesentliche Merkmale der europäischen Zivilisation haben ihren Ursprung im Griechenland der Antike, darunter auch ein neues Bewusstsein über das Verhältnis des Einzelnen zur Gesellschaft, der Welt und den Göttern. Nach der minoischen und der mykenischen Kultur wurde Griechenland für 400 Jahre zur beherrschenden Macht im Mittelmeerraum. Schließlich schuf Alexander der Große für kurze Zeit eines der größten Weltreiche der Antike und verbreitete die griechische Kultur bis Ägypten und Asien.*

**Delphinfresko aus Knossos** Eine der ersten Kulturen Griechenlands entstand in Knossos auf Kreta.

2000 v. Chr.

**2000 v. Chr.** Beginn der minoischen Palastkultur auf Kreta

**1600–1400 v. Chr.** In Knossos wird der Palast von Minos gebaut.

**1500 v. Chr. oder früher** Ein Vulkanausbruch auf Santorin vernichtet minoische Städte und Inseln.

**Um 1250 v. Chr.** Die Griechen zerstören das in Kleinasien gelegene Troja.

**Um 1125–1025 v. Chr.** Die Dorer besiedeln Nordgriechenland.

1000 v. Chr.

**Um 1000 v. Chr.** Beginn der griechischen Kolonisation in Kleinasien

**Um 800 v. Chr.** Homer verfasst die Epen *Ilias* und *Odyssee*.

**776 v. Chr.** Die ersten Olympischen Spiele

**735 v. Chr.** In Naxos auf Sizilien wird die erste griechische Kolonie gegründet.

**730 v. Chr.** Nach dem Sieg über die Messenier wird Sparta zur führenden Macht.

**Um 508 v. Chr.** Anfänge der Demokratie in griechischen Städten

500 v. Chr.

**490 v. Chr.** Der Sieg der Athener über die von Dareios angeführten Perser bei Marathon ist ein Wendepunkt in den Perserkriegen.

**483 v. Chr.** Themistokles setzt den Bau der Athener Flotte durch.

**480 v. Chr.** Sieg der Athener Flotte über die Perser bei Salamis

## Große griechische Führer

- **Solon (um 640–560 v. Chr.)** Der Staatsmann schuf ein Gesetzeswerk, das zur Grundlage aller griechischen und römischen Gesetze wurde.
- **Aristides (um 530 bis um 467 v. Chr.)** Der Feldherr besiegte die Perser bei Marathon, Salamis und Plataiai. Er hatte großen Einfluss in der Politik.
- **Themistokles (um 525 bis um 460 v. Chr.)** Nach der Schlacht von Marathon ermutigte Themistokles die Athener zum Bau einer neuen Flotte, die die persische Flotte bei Salamis vernichtete.
- **Perikles (um 495–429 v. Chr.)** Unter Perikles, der von etwa 460 bis 428 v. Chr. herrschte, erlebte Athen ein goldenes Zeitalter der Kultur und stieg zur führenden Macht in Griechenland auf.
- **Lysander (Tod im Jahr 395 v. Chr.)** Ein spartanischer Admiral, dessen Sieg im Jahr 405 v. Chr. bei Aigospotamoi zum Sieg Spartas über Athen führte.

**Erbauer des Reiches** Perikles sorgte für die Verbreitung der Demokratie im Machtbereich Athens.

## Die griechische Welt

Die griechische Zivilisation breitete sich über die Ägäis bis Ionien im Persischen Reich aus.

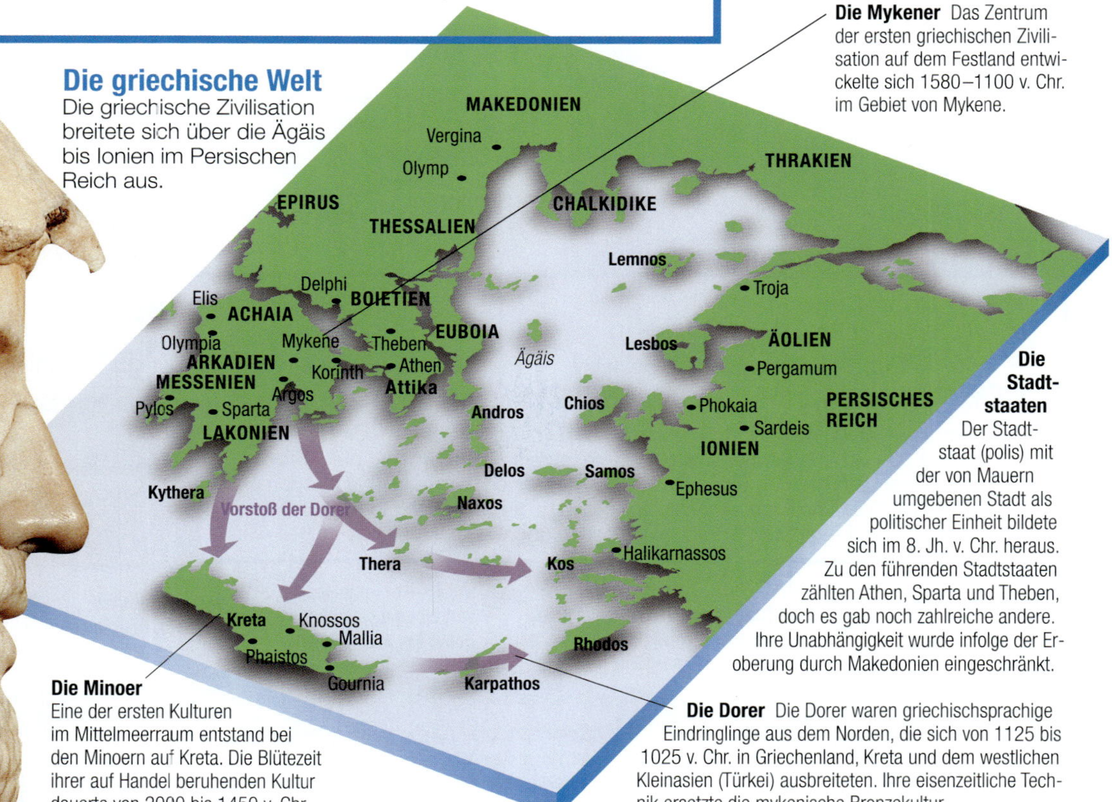


**Die Mykener** Das Zentrum der ersten griechischen Zivilisation auf dem Festland entwickelte sich 1580–1100 v. Chr. im Gebiet von Mykene.

**Die Stadtstaaten** Der Stadtstaat (polis) mit der von Mauern umgebenen Stadt als politischer Einheit bildete sich im 8. Jh. v. Chr. heraus. Zu den führenden Stadtstaaten zählten Athen, Sparta und Theben, doch es gab noch zahlreiche andere. Ihre Unabhängigkeit wurde infolge der Eroberung durch Makedonien eingeschränkt.

**Die Minoer** Eine der ersten Kulturen im Mittelmeerraum entstand bei den Minoern auf Kreta. Die Blütezeit ihrer auf Handel beruhenden Kultur dauerte von 2000 bis 1450 v. Chr.

**Die Dorer** Die Dorer waren griechischsprachige Eindringlinge aus dem Norden, die sich von 1125 bis 1025 v. Chr. in Griechenland, Kreta und dem westlichen Kleinasien (Türkei) ausbreiteten. Ihre eisenzeitliche Technik ersetzte die mykenische Bronzekultur.

## Das Vermächtnis Griechenlands

**Demokratie** Die Regierung (kratos) des Volkes (demos) wurde in Athen Anfang des 6. Jh. v. Chr. unter Kleisthenes eingeführt und ersetzte die Herrschaft der „Tyrannen". Alle männlichen Staatsbürger hatten das Recht, auf der Volksversammlung zu sprechen und abzustimmen.

**Philosophie und Wissenschaft** Das griechische Denken vereinigte den Glauben an die Vernunft mit dem Hinterfragen der Welt und der Lebensführung des Menschen. Sokrates (um 470–399 v. Chr.), Platon (um 428–348 v. Chr.) und Aristoteles (384–322 v. Chr.) legten die Basis der westlichen Philosophie. Pythagoras (um 582–507 v. Chr.), Euklid (um 300 v. Chr.) und Archimedes (um 287–212 v. Chr.) machten bedeutende Fortschritte in der Astronomie, Mathematik und den Naturwissenschaften.

**Sport** Laufen, Diskus- und Speerwerfen, Ring- und Boxkampf gehörten zum Sport in Griechenland. Es gab vier große, regelmäßig stattfindende Spiele, darunter die Panhellenischen Spiele von Olympia ab 776 v. Chr.

**Theater** Ab etwa 530 v. Chr. entstanden aus den Kultfeiern Theaterstücke. Tragödien, besonders von Aischylos (um 525–455 v. Chr.), Sophokles (um 496–405 v. Chr.) und Euripides (um 485–406 v. Chr.), handelten vom Schicksal; Komödien, etwa die Werke des Aristophanes (um 448–380 v. Chr.), boten Komik.

**Kunst und Architektur** Die griechische Bildhauerei hatte bis zum 19. Jh. großen Einfluss auf die abendländische Kunst; die schlichte Eleganz der griechischen Architektur ist bis heute ein Ideal.

**Medizin** Hippokrates (um 460–377 v. Chr.) entwickelte die ersten Theorien von Krankheit und Heilkunst, die weniger auf Religion, sondern auf Beobachtung beruhten.

**Geschichte** Große griechische Geschichtsschreiber waren Herodot (um 484–420 v. Chr.), Thukydides (um 460–396 v. Chr.) und Xenophon (um 430–354 v. Chr.).

**Griechische Errungenschaften** Ein Athener Arzt bei der Arbeit (oben). Gestalten aus der griechischen Komödie machen die Trunkenheit lächerlich (links).

Siehe auch
336–7 **Antike Mythologien**
344–5 **Philosophie**
352–3 **Kunst**
366–7 **Architektur**

**479 v. Chr.** Die von Sparta und Athen angeführten griechischen Staaten besiegen bei Plataiai die Perser und machen damit dieser Bedrohung ein Ende.

**478 v. Chr.** Athen schließt mit anderen griechischen Staaten den Delisch-Attischen Seebund gegen die Perser.

**447 v. Chr.** Der Bau des Parthenon beginnt.

**431–404 v. Chr.** Ausbruch des Peloponnesischen Krieges zwischen Athen und Sparta, aus dem Sparta als Sieger hervorgeht

**385 v. Chr.** Platon gründet die Akademie in Athen.

**338 v. Chr.** Nach dem Sieg über den hellenischen Bund bei Chaironeia wird Philipp II. von Makedonien Herrscher über Griechenland.

**334–326 v. Chr.** Alexander der Große begründet ein Weltreich, das sich von Griechenland bis Indien erstreckt.

**323 v. Chr.** Alexander stirbt in Babylon.

**300 v. Chr.**

**292–280 v. Chr.** Bau des Koloss von Rhodos

**Um 276 v. Chr.** Alexanders Weltreich zerfällt. In Makedonien herrschen die Antigoniden, in Asien die Seleukiden und in Ägypten die Ptolemäer.

**197 v. Chr.** Philipp V. von Makedonien verliert die Macht über Griechenland an die Römer.

**146 v. Chr.** Die Römer zerstören Korinth; Griechenland wird römische Provinz.

## Alexander der Große

Alexander, geboren 356 v. Chr., Sohn Philipps II. und Schüler des **Aristoteles,** wurde 336 v. Chr. König von Makedonien. Als er etwas mehr als ein Jahrzehnt später starb, hatte er die ganze bekannte Welt östlich von Griechenland erobert.

Alexander begann mit seinen Feldzügen 334, als er mit der größten Streitmacht, die je Griechenland verlassen hatte, in das Persische Reich einfiel. Im Jahr darauf besiegte er Dareios III., und in Ägypten übernahm er die Nachfolge der Pharaonen. Er gründete dort die Stadt **Alexandria.**

Dareios stellte ein gewaltiges neues Heer gegen Alexander auf. Die Entscheidungsschlacht von 331 bei **Gaugamela** (im heutigen Irak) endete mit einem überwältigenden Sieg der Griechen. Alexander besetzte Babylon und die persischen Hauptstädte **Susa** und **Persepolis.**

Im Jahr 330 zog Alexanders Armee durch den Osten Persiens, wo er die Städte **Herat** und **Kandahar** (im heutigen Afghanistan) gründete. Er überquerte den Hindukusch und drang 327 in das Indus-Tal vor. Am **Hydaspes** besiegte er **Poros,** den mächtigen König des Pandschab. Als seine Armee den Weitermarsch nach Indien verweigerte, musste Alexander den Rückzug nach Persien antreten. Im Jahr 323 starb er mit 32 Jahren in Babylon an einem Fieber. Bereits 304 n. Chr. war sein Reich unter seinen rivalisierenden Generälen aufgeteilt.

**Krieger und König** Alexander kämpft Seite an Seite mit seinen Soldaten.

### Alexanders Marschweg

In einer Reihe schneller Feldzüge überrannte Alexanders Armee Zentralasien.

Alexanders Reich

Alexanders Marschweg

# Das alte Rom ▶ Von den Etruskern bis zur Plünderung Roms

*Rom erlebte etwa 800 Jahre lang eine Blütezeit und entwickelte eine technisch fortgeschrittene und gebildete Gesellschaft, wie sie das Abendland erst wieder im 16. Jh. haben sollte. Der erste römische Staat war eine Republik unter der Herrschaft eines Senats, der sich aus Staatsbürgern der führenden Schicht zusammensetzte. Bereits im 1. Jh. v. Chr. jedoch hatte die starke römische Armee ein Territorium unter ihre Kontrolle gebracht, das so gewaltig war, dass seine Beherrschung die Autorität eines Kaisers erforderte.*

## Das Vermächtnis Roms

**Römische Technik** Die Pont du Gard ist der schönste erhaltene römische Aquädukt.

**Rechtswesen** Das römische Recht wurde erstmals 450 v. Chr. aufgezeichnet und in der Folge regelmäßig angepasst. Der Großteil der Rechtssysteme der westlichen Welt basiert auf Grundsätzen, die auf die Römer zurückgehen.

**Architektur und Bauwesen** Die römische Baukunst blieb 1000 Jahre unübertroffen. Architekten und Ingenieure erweiterten die griechischen Vorstellungen und entwickelten den Bogen und die Kuppel (wie beim Pantheon in Rom) sowie die Verwendung einer Art Beton. Auch schufen römische Ingenieure ein Straßennetz im gesamten Reich.

**Klein- und Großstädte** Die Römer gründeten zahlreiche europäische Städte, z. B. London, Paris, Köln und Toledo.

**Bewahrung alter Kulturen** Die Römer übernahmen und bewahrten das Beste aus den von ihnen eroberten Kulturen. So führten sie die griechischen Traditionen auf den Gebieten der Bildhauerei, des Bildungswesens und der Literatur fort.

**Sprache und Literatur** Latein blieb bis nach der Renaissance die Universalsprache der christlichen Welt und wurde zur Grundlage der romanischen Sprachen Italienisch, Französisch, Spanisch, Portugiesisch und Rumänisch. Die großen Werke der römischen Literatur und Geschichtsschreibung von Schriftstellern wie Horaz, Juvenal, Livius, Ovid, Plinius und Vergil waren für die Renaissance eine Quelle der Inspiration.

**Christentum** Obwohl das Römische Reich das Christentum zunächst ablehnte, war es am Ende seines Bestehens vorwiegend christlich. Das Netzwerk von Kirchen und Klöstern und die Verwendung des Lateinischen halfen, den internationalen Charakter des Christentums und seinen Bildungsanspruch in Europa noch lange nach dem Zusammenbruch Roms zu bewahren.

## Entwicklung des Reiches

Die ersten Gebiete außerhalb Italiens erlangte Rom nach dem 1. Punischen Krieg gegen Karthago. Unter Kaiser Trajan erreichte das Römische Reich im Jahr 117 seine größte Ausdehnung.

**Kaiserliche Münzen** Zwei altrömische Goldmünzen (Aureus) mit den Köpfen Caligulas (links), Kaiser von 37 bis 41 n. Chr., und Konstantins des Großen

**753 v. Chr.** Der Überlieferung zufolge Gründung Roms

**510 v. Chr.** Der letzte Etruskerkönig Lucius Tarquinius wird aus Rom vertrieben.

500 v. Chr.

**451–450 v. Chr.** Aufzeichnung des römischen Rechts, der so genannten Zwölftafelgesetze

**390 v. Chr.** Plünderung Roms durch die Gallier

300 v. Chr.

**264–241 v. Chr.** Rom siegt im 1. Punischen Krieg gegen Karthago.

**218 v. Chr.** Beginn des 2. Punischen Krieges. Die Karthager unter Hannibal dringen bis Norditalien vor.

**202 v. Chr.** Bei Zama in der Nähe von Karthago wird Hannibal besiegt. Ende des 2. Punischen Krieges.

**149–146 v. Chr.** 3. Punischer Krieg, Karthago wird von den Römern zerstört.

**130–120 v. Chr.** Rom annektiert Teile Galliens (Südfrankreich), Kleinasien (Türkei) und Nordafrika.

100 v. Chr.

**72 v. Chr.** Niederschlagung des Spartacus-Aufstands der Sklaven

**58–51 v. Chr.** Caesar erobert Gallien und überfällt Britannien (55 v. Chr.).

**44 v. Chr.** Ermordung Caesars durch die republikanischen Senatoren Brutus und Cassius

## Fünf Gründe für die Blüte Roms

1 **Eine leistungsfähige, disziplinierte und professionelle Armee** Roms gut organisierte Armee mit ihrer fortschrittlichen Waffentechnik war allen Feinden weit überlegen. Siedlungen mit ehemaligen Soldaten trugen zur Aufrechterhaltung der Sicherheit in allen Reichsgebieten bei.

2 **Hervorragende Verkehrsverbindungen** Römische Häfen, Straßen und Aquädukte sorgten für funktionierenden Transport und Nachschub.

3 **Gute Verwaltung** Eine einzige Sprache, eine reichsweit gültige Gesetzgebung und ein System von Gebietsgouvernements ermöglichten die Kontrolle über die ausgedehnten und verschiedenartigen Gebiete.

4 **Frieden und Stabilität** Lange Zeiträume mit relativem Frieden und Stabilität innerhalb des Reiches (Pax Romana) förderten den Handel und die Entwicklung einer Reichskultur. Nach 212 n. Chr. wurde allen freien Männern im Reich die römische Staatsbürgerschaft gewährt. Damit wollte man ihr Zugehörigkeitsgefühl zur römischen Welt heben.

5 **Wirtschaftsordnung** Das gewaltige, effiziente Handelsnetz förderte die Wirtschaftstätigkeit, die zu Steuereinnahmen sowie privatem und staatlichem Wohlstand führte.

## Fünf Gründe für den Zusammenbruch

1 **Überbeanspruchte Verteidigung** Nach der Krise im 3. Jh. vermochte das Reich jenseits der Staatsgrenzen nicht mehr zu dominieren.

2 **Tyrannische Herrschaft** Statt mit den örtlichen Herrschern zu regieren, versuchten die späteren Kaiser, die Macht Roms durch Gewalt zu sichern.

3 **Innere Teilung** Nach der Spaltung des Reiches im Jahr 330 n. Chr. lehnte das wohlhabende Ostreich es ab, für die Verteidigung des Westreichs zu zahlen.

4 **Besteuerung** Die Senatoren waren von der Steuer befreit, und das zentralistische Steuersystem wurde ungerecht und uneffizient.

5 **Barbarische Armeen** Ab dem 3. Jh. war die römische Armee auf ausländische Söldner angewiesen. Germanische Stämme fühlten sich vom Reich angezogen und ließen sich dort in großer Zahl nieder, bis sie schließlich eine Bedrohung für Rom wurden.

## Römische Herrscher

**Julius Caesar (um 100–44 v. Chr.)** Caesar, Feldherr, Staatsmann und Schriftsteller, erzielte 58–49 v. Chr. Siege gegen Gallien und unternahm zwei Feldzüge gegen Britannien. 49 v. Chr. besetzten seine Soldaten Rom. Der als Diktator herrschende Caesar wurde von den Senatoren Brutus und Cassius ermordet.

**Augustus (63 v. Chr. bis 14 n. Chr.)** Augustus, Adoptivsohn Julius Caesars, war der erste Imperator. Nach Caesars Tod besiegte er 42 v. Chr. Brutus und Cassius und 31 v. Chr. Antonius. Als rücksichtsloser Staatsmann brachte er dem Land nach langem Bürgerkrieg Frieden und Wohlstand.

**Caligula (12–41 n. Chr.)** Der dritte Kaiser (ab 37 n. Chr.), Caligula, war ein geistig instabiler Gewaltherrscher und wurde von der Prätorianerwache (den kaiserlichen Leibwächtern) ermordet.

**Claudius (10 v. Chr. bis 54 n. Chr.)** Claudius, der vierte Kaiser (41–54 n. Chr.) war gebildet und machte einen großen Teil des von Caligula angerichteten Schadens wieder gut.

**Nero (um 37–68 n. Chr)** Der Gewaltherrscher Nero war 54–68 n. Chr. Kaiser. Er ließ die Christen verfolgen, weil sie in seinen Augen für den Brand Roms im Jahr 64 n. Chr. verantwortlich waren.

**Trajan (um 53–117 n. Chr.)** Trajan regierte 98–117 n. Chr. Unter ihm erreichte das Reich seine größte Ausdehnung.

**Hadrian (76–138 n. Chr.)** Hadrian regierte von 117 bis 138 n. Chr. im goldenen Zeitalter Roms. Er festigte das Reich hinter Verteidigungslinien wie dem Hadrianswall.

**Diokletian (245–331 n. Chr.)** Diokletian stellte nach einer Periode schneller Machtwechsel die Ordnung wieder her. Er regierte 284–305 n. Chr.

**Konstantin der Große (um 274–337 n. Chr.)** Konstantin herrschte 306–337. Er teilte das Reich, gründete Konstantinopel (heute Istanbul) und verkündete Toleranz gegenüber dem Christentum (313 n. Chr.).

**Siehe auch**
336–7 **Antike Mythologien**
366–7 **Architektur**
384–5 **Literatur**
596–7 **Mittelmeerraum**

**30 v. Chr.** Octavian wird der erste Kaiser und nennt sich Augustus.

0

**43 n. Chr.** Rom beginnt mit der Eroberung Britanniens.

**64 n. Chr.** Brand Roms; Nero macht die Christen dafür verantwortlich und leitet die Christenverfolgung ein.

**79 n. Chr.** Durch den Ausbruch des Vesuv wird Pompeji zerstört.

**80 n. Chr.** In Rom wird das Kolosseum fertig gestellt, in dem 50 000 Zuschauer Platz finden.

100 n. Chr.

**98–117 n. Chr.** Trajan lässt im ganzen Reich Straßen, Brücken und Aquädukte errichten.

**192–7 n. Chr.** Bürgerkrieg im Römischen Reich

**251 n. Chr.** Der Druck durch die Goten zwingt die Römer zum Rückzug aus entlegenen Provinzen.

**312–37 n. Chr.** Nach Jahren des Zerfalls wird das Reich von Konstantin neu geordnet.

**392 n. Chr.** Der Götterkult wird verboten; das Christentum wird Staatsreligion.

400 n. Chr.

**406 n. Chr.** Die Vandalen, Alanen und Sueben dringen in das Reich ein.

**410 n. Chr.** Plünderung Roms durch die Westgoten

*Der Zusammenbruch der römischen Welt hinterließ einen Flickenteppich rivalisierender Königreiche in Europa. Doch viele germanische Stämme waren stark von Rom beeinflusst, hatten als Söldner für die Römer gekämpft und die christliche Religion Roms angenommen. Die Veränderungen, die sie herbeiführten, vollzogen sich langsam. Es war eine Zeit der Wirren, aus denen neue Völker und Mächte hervorgingen.*

**Königreich Ostanglien** Dieser Helm, der bei Sutton Hoo in England gefunden wurde, zeigt den Reichtum des Königreichs Ostanglien im frühen 7. Jh.

## Die Völker des „dunklen Zeitalters“

Die Stämme der „Barbaren“ hatten ihren Anteil am Zusammenbruch des Römischen Reiches, doch sie bewahrten und verbreiteten auch viele Errungenschaften der römischen Zivilisation, darunter das Christentum und die lateinische Sprache. Zu den „barbarischen“ Völkern gehörten:

- **Angeln und Sachsen** Ab dem 5. Jh. v. Chr. zogen heidnische Stämme, darunter Angeln und Sachsen, von Dänemark nach Britannien und trieben die dort ansässigen keltischen Völker nach Westen. Ihre Sprache, das Angelsächsische, war der Vorläufer der englischen Sprache. Im 7. Jh. bekehrte Augustinus sie zum Christentum.
- **Franken** Die Franken, ein germanisches Volk, schufen im 5. Jh. ein Königreich, dem große Teile des heutigen Frankreich und Deutschland angehörten. Bereits im 8. Jh. herrschten sie auch in Norddeutschland.
- **Hunnen** Im 4. Jh. begannen die Hunnen, Mittel- und Südosteuropa in Angst zu versetzen. Sie erzwangen Völkerwanderungen und schwächten Rom. Ihre größte Macht hatten sie unter Attila (434–453).
- **Langobarden** Die Langobarden stammten aus dem Donaugebiet und besetzten große Gebiete in Italien, bis die Franken sie 774 besiegten.
- **Ostgoten** Die Ostgoten hatten sich in der Ukraine angesiedelt, wurden aber 370 von den Hunnen nach Westen vertrieben. Unter Theoderich erlangten sie im 5. Jh. die Herrschaft über Italien.
- **Slawen** Die Slawen wanderten von der südlichen Ostsee in die Ukraine, die Balkanländer und nach Deutschland. Sie sind die Vorfahren der heutigen Russen, Ukrainer, Polen und Serben.
- **Vandalen** Der Name der Vandalen steht noch immer für Zerstörung. 409 verwüsteten sie Spanien, und die spanische Provinz Andalusien ist nach ihnen benannt. 429 fielen sie in Nordafrika ein und plünderten 455 von Karthago aus Rom.
- **Westgoten** Die Westgoten siedelten sich im Römischen Reich an und trugen zu dessen Kollaps bei. Sie errichteten ein Königreich in Frankreich und Spanien und hielten spanische Gebiete, bis diese 711 von den Arabern erobert wurden.

## Völkerwanderung

Im 1. Jh. v. Chr. brachen germanische Volksstämme zu ihrer Wanderung nach Westeuropa auf. Im Jahr 376 n. Chr. überquerten die Westgoten in großer Zahl die Donau und bahnten einer Vielzahl anderer Stämme den Weg in römische Gebiete von den Balkanländern bis Britannien und Nordafrika.

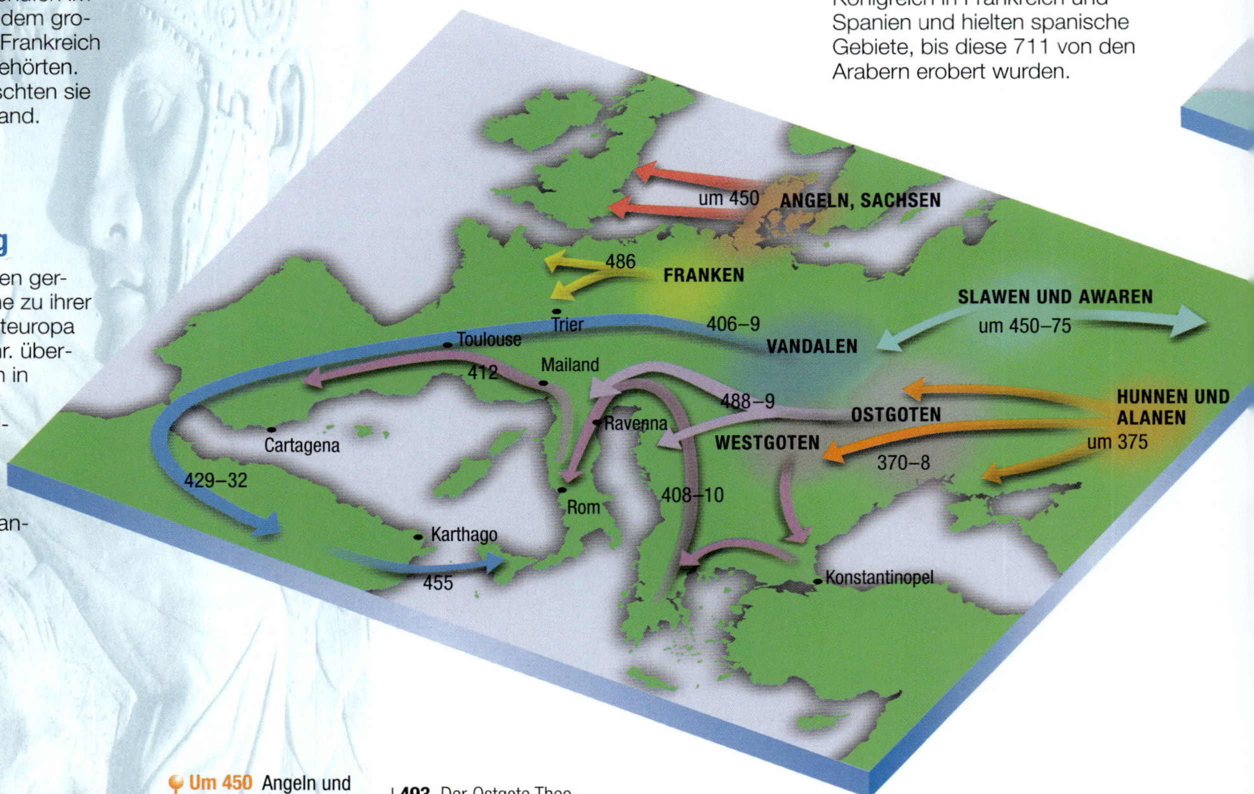


**402** Das Weströmische Reich verlagert seinen Hof von Mailand nach Ravenna.

**406–7** Die Vandalen fallen in das Römische Reich ein.

**410** Alarich wird König der Westgoten und plündert Rom.

**435** Der hl. Patrick bringt das Christentum nach Irland.

**Um 450** Angeln und Sachsen beginnen mit der Eroberung Britanniens.

**476** Der letzte römische Kaiser Romulus Augustulus wird abgesetzt.

**493** Der Ostgote Theoderich der Große wird König von Italien.

**496** Chlodwig, König der Franken, bekennt sich zum Christentum.

**507** Die Franken besiegen die Westgoten und vereinigen den größten Teil Frankreichs.

**533** Die Byzantiner beginnen mit der Wiederherstellung der römischen Macht in Italien.

**Um 550** Die Beulenpest bricht über Europa herein.

**597** Der hl. Augustin beginnt mit der Missionierung Englands.

## Die Wikinger

Die Wikinger waren See- und Kaufleute. Sie kamen gegen Ende des 8. Jh. n. Chr. aus **Skandinavien** und verbreiteten mehr als 200 Jahre lang Angst und Schrecken in Europa. Der erste größere, geschichtlich belegte Überfall erfolgte 793 auf das Kloster **Lindisfarne** in Nordengland. Mit ihren Langschiffen, die nur geringen Tiefgang hatten, konnten sie auf den Flüssen weit ins Landesinnere vordringen, Klöster plündern und Vieh und Sklaven rauben. Ab Mitte des 9. Jh. hatten sie große Gebiete in England besetzt und gründeten das so genannte **Danelag.** Auch der Osten Irlands, das westliche Schottland und die Normandie wurden erobert.

Schwedische Wikinger fuhren auf den osteuropäischen Flüssen bis zum Schwarzen Meer; in Kiew gründeten sie eine Herrscherdynastie. Die norwegischen Wikinger ließen sich nach 870 in **Island** und nach 982 in **Grönland** nieder. Um 1000 gründeten sie eine Kolonie in Nordamerika. König **Knut** von Dänemark (um 994–1035) war gleichzeitig König von Dänemark, England und Norwegen. Im 10. Jh. traten die Wikinger zum Christentum über.

## Die Wikinger in Europa

Die Überfälle der Wikinger vom 8. bis zum 10. Jh. zersplitterten das Frankenreich; die Ungarn trugen dazu bei.

- Überfälle der Wikinger
- Überfälle der Ungarn
- Fränkische Königreiche
- Gebiete der Wikinger
- Arabische Staaten

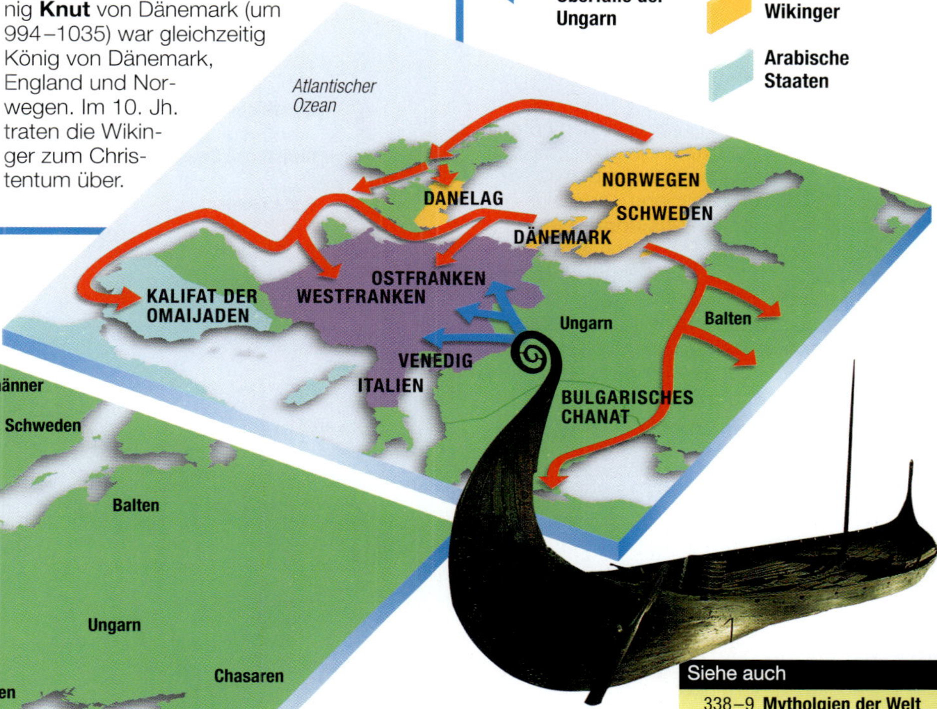


**Langschiff der Wikinger** Die auf Geschwindigkeit ausgelegten Langschiffe mit ihren flachen Böden eigneten sich hervorragend für Überfälle.


Siehe auch
338–9 **Mytholgien der Welt**
596–7 **Mittelmeerraum**

## Europa im Jahr 800

Das Europa Karls des Großen wurde von den beiden großen christlichen Reichen der Byzantiner und Franken beherrscht.

- Frankenreich
- Byzantinisches Reich
- Arabische Staaten

**Reichserbauer** Karl der Große verdoppelte die fränkischen Landgebiete und führte rücksichtslos das Christentum ein.

## Karl der Große

Karl I., „der Große" (742–814), war nach dem Römischen Reich der bedeutendste germanische Herrscher in Europa. Als Nachfolger seines Vaters Pippins III., des „Kurzen", wurde er 768 König der **Franken** und dehnte die fränkische Herrschaft auf alle germanischen Königreiche außerhalb Englands und Skandinaviens aus. Am Weihnachtstag des Jahres 800 bestätigte Papst **Leo III.** die Oberherrschaft Karls in Europa und krönte ihn zum Kaiser – zum ersten Herrscher des **Heiligen Römischen Reiches.** Karl kämpfte unermüdlich gegen die einfallenden Araber, Ungarn und Wikinger. Diplomatische Beziehungen unterhielt er zu Byzanz, Bagdad und den englischen Königreichen. Auch sorgte er in der so genannten **Karolingischen Renaissance** für die Wiederbelebung des Gelehrtentums. Seine Nachfolger konnten die stark zentralistisch geprägte Autorität des Reiches nicht bewahren und trugen damit unmittelbar zur Entstehung des **Feudalismus** in Europa bei.

700

**Um 700** Evangeliar von Lindisfarne eine prachtvoll bebilderte angelsächsische Handschrift

**732** Die Franken siegen bei Poitiers über die eingedrungenen Muslime.

**751** Pippin III. wird der erste karolingische König der Franken.

**793** Die Überfälle der Wikinger beginnen mit einem Angriff auf Lindisfarne in England.

**800** Karl der Große, König der Franken, wird in Rom zum Kaiser des Weströmischen Reiches gekrönt.

**860** Die Wikinger (Waräger) aus Kiew (Rurikiden) greifen Konstantinopel an.

**865** Das „Große Heer" der Wikinger fällt in England ein.

**878** König Alfred von Wessex schlägt die dänischen Wikinger bei Edington zurück.

900

**965** König Harald Blauzahn wird getauft, und die dänischen Wikinger werden Christen.

**987** Hugo Capet wird König von Frankreich; Ende der karolingischen Herrschaft.

1000

**1000** In Schweden wird unter König Olaf das Christentum eingeführt.

**1016** Die Normannen beginnen mit der Eroberung Süditaliens.

**1054** Die orthodoxe Kirche des Ostens spaltet sich von der römischen Kirche ab (Schisma).

**1066** Wilhelm, Herzog der Normandie, besiegt König Harald von England bei Hastings.

# Das Christentum

*Die Botschaft Christi verbreitete sich innerhalb weniger Jahrhunderte nach seiner Kreuzigung über das ganze Römische Reich. Nach dessen Zusammenbruch bewahrte die Westkirche einen großen Teil des Wissens und der Traditionen Roms und wurde schließlich zur beherrschenden Macht der mittelalterlichen Welt.*

## Das Vermächtnis Roms

Mit dem Niedergang der römischen Herrschaft in Westeuropa übernahm die christliche Kirche neben ihrer geistigen Führerschaft auch eine kulturelle und politische Rolle. Um das Jahr 600 war bereits ein großer Teil Europas (siehe Karte) durch die Tätigkeit der ersten **Missionare** (siehe unten) christianisiert. Die Kirche war die einzige bedeutende Institution, die ihre Autorität seit der Römerzeit bewahrt hatte. Durch die Verbindung mit dem **Heiligen Römischen Reich** Karls des Großen und seiner Nachfolger gewann sie ab dem 9. Jh. erheblich an Ansehen und Macht.

Im Mittelalter verschlechterten sich die Beziehungen zwischen den Päpsten und den Kaisern des Heiligen Römischen Reiches, und die Existenz einer zweiten römischen Tradition im byzantinischen Osten bewirkte die Trennung der katholischen und der **orthodoxen** Kirche. Streitigkeiten in Rom führten dazu, dass sich das Papsttum nach Avignon verlagerte (1309–77). Es kam zum **Großen Abendländischen Schisma** (1378–1417) mit rivalisierenden Päpsten in Rom und Avignon.

In der Renaissance erlangte der Papst seine frühere Autorität zurück. Ehrgeizige Bestrebungen einiger Familien, Dekadenz und Korruption gaben schließlich jedoch den Anstoß zur Reformation.

## Die keltische Kirche

Die christliche Kirche Irlands verdankt ihren Ursprung dem **hl. Patrick** (um 390–460). Sie entwickelte ein kraftvolles Mönchstum und entsandte Missionare nach Schottland, Nordengland und zu den Franken. Der irische Mönch Gallus (um 550–um 645) kam 610 nach Alemannien und gründete 612 in der heutigen Ostschweiz eine Klause, aus der sich die Abtei **St. Gallen** entwickelte.

## Missionare in Europa

**Der hl. Paulus (gestorben um 67)** Paulus brachte das Christentum auf die Inseln in der Ägäis, nach Griechenland, Italien und Kleinasien.

**Der hl. Kolumban d. Ä. (um 521–97)** Kolumban d. Ä. war Abt von Iona, dem Zentrum des keltischen Christentums.

**Der hl. Kolumban d. J. (um 540–615)** Kolumban d. J. bekehrte die Franken und gründete in Frankreich und Norditalien streng asketische Klöster.

**Der hl. Augustinus (gest. 605)** Augustinus, ein Benediktinerprior, wurde 597 von Papst Gregor I. mit der Missionierung Englands beauftragt. Er war der erste Erzbischof von Canterbury.

**Der hl. Bonifatius (675–754)** Der Mönch Bonifatius aus England wurde „Apostel der Deutschen" genannt und war Erzbischof von Mainz. Er wurde in Friesland beim Predigen erschlagen.

## Die römisch-katholische Kirche

Das Einflussgebiet der römisch-katholischen Kirche entsprach dem Weströmischen Reich. Ihr Führer, der Papst, sah sich als unmittelbarer Nachfolger des **hl. Petrus** und beanspruchte die Zuständigkeit für die gesamte christliche Welt. Die Bewahrung der **lateinischen Sprache** und der römischen Gelehrsamkeit, der Bau von Kathedralen, die Mönchsorden, die Förderung der Kreuzzüge sowie Macht und Reichtum der Kirche waren bestimmende Elemente des Mittelalters.

**Um 4–6 v. Chr.** Jesus von Nazareth wird in Palästina geboren.

0

**Um 23–30 n. Chr.** Jesus beginnt seine Botschaft zu predigen.

**Um 26–34** Jesus wird gekreuzigt.

**Um 36** Die Botschaft Jesu verbreitet sich auch unter Nichtjuden.

**Um 46–57** Der hl. Paulus fährt auf seinen Missionsreisen über das Mittelmeer.

**Um 64** Der hl. Petrus wird in Rom hingerichtet; Beginn der Christenverfolgung.

100

**Um 200** Die Kirchenführer stellen aus christlichen Schriften das Neue Testament zusammen.

**Um 300** Die populäre Lehre des Arius führt zu Uneinigkeit unter den Christen.

**313** Das Edikt von Mailand sorgt für die offizielle Duldung des Christentums im Römischen Reich.

**325** Das Konzil von Nizäa lehnt den Arianismus als Irrlehre ab.

**354–430** Der hl. Augustinus, Bischof von Hippo, begründet eine einheitliche christliche Theologie.

**380** Kaiser Theodosius erklärt das Christentum zur Staatsreligion in Rom.

## Mönchsorden

Die Mönchsorden ermöglichten ein rein geistiges Leben in Abgeschiedenheit von der Gesellschaft. Begründer des straff organisierten und bestimmten Regeln unterworfenen Mönchtums waren der hl. Basilius der Große (um 330–79) in der Ostkirche und der hl. Benedikt von Nursia im Westen. Die Mönchsorden übten im mittelalterlichen Europa großen Einfluss aus.

**Benediktiner** Nach der Gründung des ersten Klosters in Montecassino in Italien 525 wuchs der Benediktinerorden rasch und umfasste bereits im 11. Jh. mehrere tausend Klöster. Der Orden der **Kluniazenser** entstand ab dem frühen 10. Jh. aus Anhängern der ersten großen Reform des Benediktinerordens.

**Kartäuser** Der asketische Kartäuserorden wurde 1084 von Bruno von Köln in La Chartreuse gegründet.

**Zisterzienser** Der Zisterzienserorden wurde 1098 von Robert von Molesme in Cîteaux, Frankreich, gegründet und beruhte auf einer strengen Auslegung der Benediktinerregel. Es war ein reicher Orden mit großen landwirtschaftlichen Gütern.

**Franziskaner** Die Franziskaner, gegründet 1209 vom hl. Franz von Assisi (1182–1226), bildeten den ersten Bettelorden.

**Dominikaner** Die Hauptaufgabe des Dominikanerordens („Predigerorden"), 1215 vom hl. Dominikus (1170–1221) gegründet, war die öffentliche Predigt.

**Augustiner** Die Ordensregeln der Augustiner-Chorherren fußten auf der „Regel Augustins".

**Franziskaner** Bei den Franziskanern galt Armut als Zeichen der Spiritualität.

**Dominikaner** Den Dominikanern gehörten viele einflussreiche Gelehrte und Lehrer an.

**Benediktiner** Der Benediktinerorden umfasste die meisten Mitglieder.


Siehe auch

180–1 **Der Aufstieg des Islam**
340–1 **Religionen**
352–3 **Kunst**
596–7 **Mittelmeerraum**


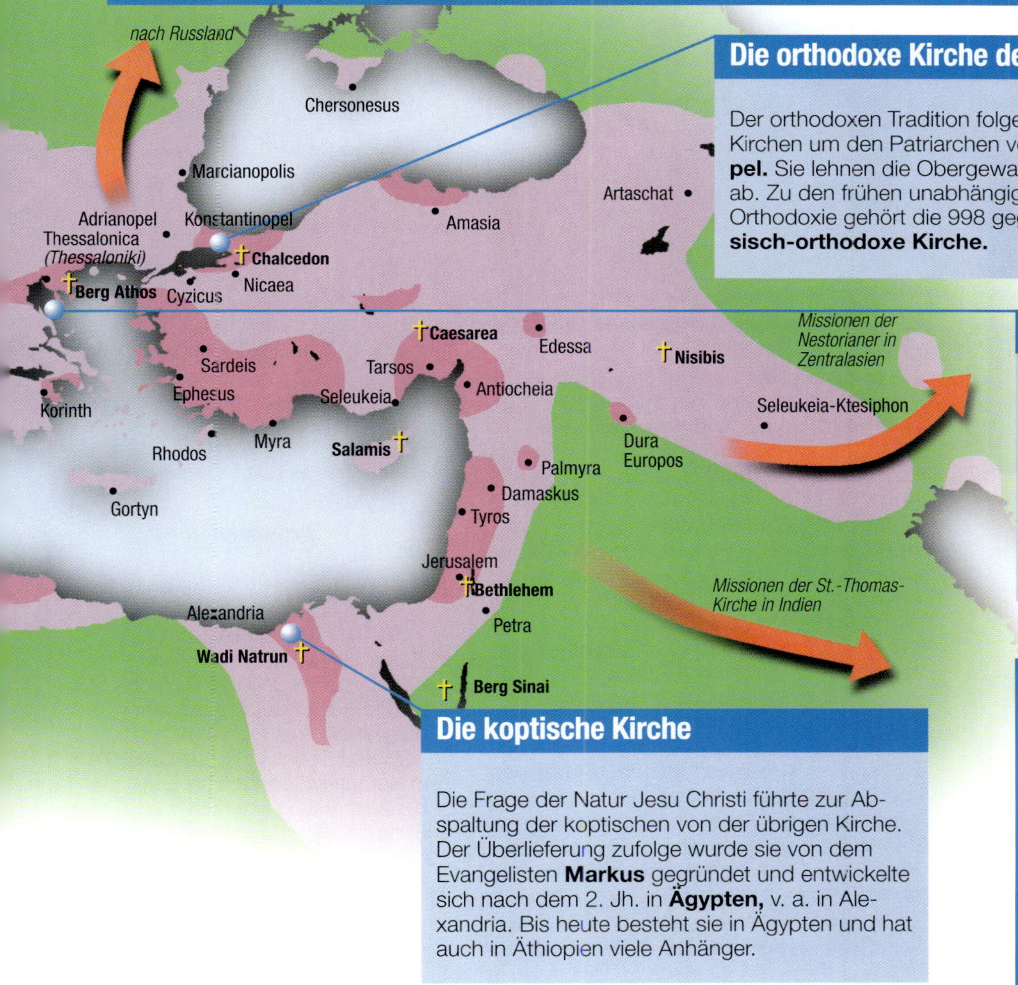


### Die orthodoxe Kirche des Ostens

Der orthodoxen Tradition folgen verschiedene Kirchen um den Patriarchen von **Konstantinopel.** Sie lehnen die Obergewalt des Papstes ab. Zu den frühen unabhängigen Kirchen der Orthodoxie gehört die 998 gegründete **russisch-orthodoxe Kirche.**

### Die Nestorianer

Die nestorianische Kirche wurde von den Anhängern des **Nestorius** (gestorben 451), Bischof von Konstantinopel, gegründet. Sie glaubten, dass in Jesus Christus die göttliche und die menschliche Natur nebeneinander existierten. Die Nestorianer wurden 489 aus der orthodoxen Kirche ausgeschlossen und gingen nach **Persien.**

### Die koptische Kirche

Die Frage der Natur Jesu Christi führte zur Abspaltung der koptischen von der übrigen Kirche. Der Überlieferung zufolge wurde sie von dem Evangelisten **Markus** gegründet und entwickelte sich nach dem 2. Jh. in **Ägypten,** v. a. in Alexandria. Bis heute besteht sie in Ägypten und hat auch in Äthiopien viele Anhänger.

### Das west-östliche Schisma

Erbitterte Dispute über die Lehre und die päpstliche Autorität trieben ab dem 9. Jh. einen Keil zwischen West- und Ostkirche. 1054 bannten sich Rom und Konstantinopel gegenseitig; der Bann wurde erst 1965 aufgehoben. Damit war die erste Kirchenspaltung vollzogen, die die christliche Kirche in die römisch-katholische Westkirche und die orthodoxe Ostkirche teilte.

**451** Die Kopten spalten sich von der Kirche ab

**496** Chlodwig, König der Franken, bekennt sich zum Christentum.

500

**525** Der hl. Benedikt von Nursia gründet in Montecassino in Italien das erste große Kloster des Abendlands.

**596** Papst Gregor der Große entsendet den hl. Augustinus nach England.

**800** Karl der Große wird vom Papst zum Kaiser gekrönt.

1000

**1054** Die orthodoxe Ostkirche trennt sich offiziell von der römischen Kirche.

**1076–7** Papst Gregor VII. belegt Kaiser Heinrich IV. mit dem Kirchenbann.

**1096** Erster Kreuzzug: die Christen erobern das Heilige Land.

**1202–4** Die Kreuzfahrer des vierten Kreuzzugs plündern die byzantinische Hauptstadt Konstantinopel.

**1225–74** Lebenszeit des hl. Thomas von Aquin, bedeutendster Theologe des Mittelalters

**1291** Akkon, der letzte Kreuzfahrerstaat, fällt in die Hände der Muslime.

**1453** Konstantinopel fällt an die Osmanen.

1500

# Der Aufstieg des Islam

**Von der Geburt des Propheten bis zum Osmanischen Reich**

*Nach einer Reihe göttlicher Offenbarungen begründete der Prophet Mohammed im Jahr 610 n. Chr. eine Religion, die auf dem Glauben an einen alleinigen Gott, klaren gesellschaftlichen Regeln und der Verheißung eines Lebens nach dem Tod beruhte. Durch Eroberungen der Araber verbreitete sich der Islam rasch in Südasien, dem Nahen Osten und Nordafrika. Das christliche Europa stand dem Islam feindselig gegenüber.*

## Spanien und Portugal

Die westgotischen Länder Spanien und Portugal wurden 711–719 von einer Armee aus muslimischen Arabern und Berbern (Mauren) aus Nordafrika erobert. Die Mauren nahmen Córdoba, Granada, Malaga, Sevilla, Toledo und Zaragoza ein. Das **Omaijadenkalifat** von Córdoba herrschte bis 1031 in Spanien, ihm folgten die **Almoraviden** (1090–1145) und die **Almohaden** (1145–1212). Nordspanien blieb christlich und konnte den Süden allmählich zurückerobern. Granada, das letzte maurische Königreich, fiel 1492.

**Maurische Hochburg** Ein Blick auf die Alhambra, den größten festungsartigen Palast im islamischen Spanien

## Nordafrika

Ein muslimisches Heer der Araber unter Amr eroberte 639–640 das byzantinische Ägypten und stieß anschließend weiter nach Westen vor. 710 war ganz Nordafrika in muslimischer Hand. Die **Almoraviden,** eine Dynastie der Berber, erlangten 1054 die Herrschaft über Marokko und Algerien und 1090 auch über Spanien. 1147–1172 folgten den Almoraviden die **Almohaden,** die bis 1269 von Marrakesch aus regierten.

## Der Vordere Orient

Die Ausdehnung des Islam über Arabien hinaus begann mit der muslimischen Eroberung des persischen Sasanidenreichs und des byzantinischen Syrien 633–641. **Jerusalem** wurde 638 erobert; 650 stand ganz Persien unter islamischer Herrschaft. Während des **Ersten Kreuzzugs** (1096–9) entstanden christliche Staaten im Vorderen Orient, die jedoch 1187 zum größten Teil von Saladin, dem **aijubidischen** Sultan von Ägypten, zurückerobert wurden. Nach 1516 herrschte das Osmanische Reich über den Vorderen Orient.

## Die Hochburgen des Islam

Nach Mohammeds Tod im Jahr 632 kam es zunächst zu einer geordneten Nachfolge, dem so genannten **orthodoxen Kalifat.** Der erste Kalif, Mohammeds Schwiegervater Abu Bekr, gilt als Begründer der **sunnitischen** Konfession, der letzte Kalif, Ali, stiftete die Gemeinschaft der **Schiiten.** 681 kam durch einen Bürgerkrieg das **Omaijadenkalifat** an die Macht. Ein Aufstand der **Abbasiden** beendete 750 die Herrschaft der Omaijaden in allen Gebieten außer in Spanien. Die Abbasiden herrschten während des bedeutendsten Zeitalters der islamischen Kultur, in dieser Zeit lag auch die Regierungszeit **Harun ar-Raschids** von 786 bis 809, der durch „Tausendundeine Nacht" berühmt geworden ist. Ab 874 kam es in Persien unter den **Saffariden** und **Samaniden** zu Rebellionen, und 914 fiel Ägypten an das Kalifat der **Fatimiden.** Bagdad wurde 950 durch die schiitischen **Bujiden** erobert. Schließlich wurden die Abbasiden 1258 von den Mongolen ausgelöscht. Die islamische Welt war politisch zersplittert.

**Vorstoß des Islam** Im 7. Jh., als arabische Armeen das Persische und das Byzantinische Reich überrannten, verbreitete sich der Islam rasch im Vorderen Orient, in Persien und in Nordafrika. Langsamer ging die Ausbreitung in Indien und Südostasien voran.

**570 n. Chr.** Geburt Mohammeds in Mekka

600

**610** Mohammed erlebt Offenbarungen des Wortes Gottes.

**622 Mit Mohammeds Rückzug nach Medina beginnt das Zeitalter des Islam, die Hedschra.**

**632** Tod Mohammeds. Abu Bekr wird sein Nachfolger (Califa).

**634–644** Unter Omar erobern die Muslime Jerusalem und fallen in Mesopotamien, Kleinasien, Persien und Ägypten ein.

**661** Die Dynastie der Omaijaden lässt sich in Damaskus nieder und herrscht bis 750.

**670** Der Islam verbreitet sich in Nordafrika.

700

**711 Muslimische Heere der Araber aus Nordafrika fallen in Spanien ein.**

**732** Muslimische Armeen werden von den Franken bei Poitiers vernichtend geschlagen.

**750 Die Abbasiden besiegen die Omaijden und herrschen bis 1258 über die islamische Welt.**

**762** Die Abbasiden machen Bagdad zur islamischen Hauptstadt.

900

**909** Die schiitischen Fatimiden errichten in Nordafrika ein Reich, das bis 1171 besteht.

## Kleinasien und der Balkan

Kleinasien war noch lange nach Beginn der Ausbreitung des Islam Mittelpunkt der byzantinischen Macht. Belagerungen Konstantinopels durch die Araber in den Jahren 670–77 und 716–17 endeten mit schweren Niederlagen. Nach 1038 überrannten die muslimischen **Seldschuken,** ein Turkvolk, weite Teile des Gebiets. Das Seldschukenreich wurde 1243 von den Mongolen zerstört. Sein Nachfolger, das **Osmanische Reich,** dehnte sich auf Kosten der Byzantiner schnell aus. Konstantinopel fiel 1453 und wurde osmanische Hauptstadt. Im 16. Jh. überrannten osmanische Armeen den Vorderen Orient, den Balkan und den größten Teil Nordafrikas.

**Sakrale Kunst** Ein Blick auf den kunstvoll verzierten Innenraum der Blauen Moschee (Sultan-Ahmed-Moschee) in Istanbul

## Zentral- und Südasien

Die arabische Kontrolle über Persien nach 650 war von kurzer Dauer. Zwischen 977 und 1186 fiel die gesamte Region von Ostpersien bis Nordindien an die aus Afghanistan stammenden **Ghasnawiden.** Die Ghasnawiden verloren 1040 einen Teil ihres Reiches an die Seldschuken und den Rest 1186 an die **Ghoriden.** 1206 entstand das muslimische **Sultanat von Delhi,** das über Nordindien herrschte und bis 1526 bestand. Seine Nachfolge traten die **Moguln** an.

## Südostasien

Südostasien war vorwiegend hinduistisch und buddhistisch, bis die Araber und Kaufleute aus Gudscharat den Islam ins Land brachten. Die neue Religion setzte sich im Norden Sumatras, auf Java, den südlichen Philippinen, der malaiischen Halbinsel und den Molukken durch.

## Vermächtnisse

Das Abendland zog großen Nutzen aus dem Wissen der islamischen Welt.

- **Gelehrsamkeit** Arabische Gelehrte bewahrten viele Werke von Archimedes, Aristoteles, Platon usw., die im Abendland verloren gegangen waren.
- **Mathematik** Der arabische Mathematiker al-Khwarizmi erfand die Algebra und die in Europa ab dem 13. Jh. gebräuchlichen „arabischen Zahlen".
- **Medizin** Dank Übersetzungen von Galenos und Hippokrates sowie persischer und indischer Überlieferungen besaßen die Araber 800 Jahre lang ein überlegenes medizinisches Wissen.
- **Astronomie** Arabische Astronomen machten große Fortschritte in der Astronomie sowie bei Uhren und Kalendern. Arabische Produkte, die ihren Weg in den Westen fanden, sind u. a. Glasspiegel, Teppiche, Weihrauch und Zuckerrohr.

Siehe auch
178–9 **Das Christentum**
340–3 **Religionen**
596–7 **Mittelmeerraum**

1000

**1054** Beginn der Eroberung Marokkos und Algeriens durch die Almoraviden

**1055** Niederlage der Abbasiden gegen die Seldschuken aus Kleinasien

**1085** Die Almoraviden fallen in Spanien ein.

**1095** Erster Kreuzzug: die Christen greifen das Heilige Land an und erobern 1099 Jerusalem.

**1147** Die Almohaden nehmen Marrakesch ein und machen es zu ihrer Hauptstadt.

**1172** Die Almohaden dehnen ihren Machtbereich auf ganz Spanien aus.

**1187** Die Rückeroberung Jerusalems durch die Muslime löst den Dritten Kreuzzug aus.

1200

**1206** Gründung des Sultanats von Delhi (bis 1526)

**1212** Allmählicher Rückzug der Almohaden aus Spanien. Granada ist 1248 das letzte muslimische Königreich dort.

**1258** Mit der Plünderung Bagdads durch die Mongolen endet die Herrschaft der Abbasiden.

**1299** Osman I. begründet das Osmanische Reich als Nachfolger des Seldschukenreichs.

1400

**1453** Eroberung Konstantinopels durch die Osmanen

**1492** Mit der Einnahme Granadas wird der Islam aus Europa vertrieben.

*Um das Jahr 1000 war Europa unter vielen großen und kleinen Herrschern aufgeteilt. Es war die Zeit der Ausweitung des Handels, des Wachstums und der Autonomie der Städte, der Zusammenschlüsse der Handwerker zu Zünften und der Universitätsgründungen. Dichter wie Dante schufen Meisterwerke, und der Bau gewaltiger Dome und Kathedralen bezeugte den Glauben an die Macht der göttlichen Ordnung.*

## Europa im Mittelalter

Ende des 13. Jh. erreichten die europäischen Staaten etwa ihre heutige Ausdehnung (siehe Karte). Einigende Elemente waren die Kirche, das Handelsnetz, das Bildungswesen und eine gemeinsame aristokratische Kultur.

- **Englische Gebiete**
- **Aragonesische Gebiete**
- **Venezianische Gebiete**
- **Genuesische Gebiete**
- **Heiliges Römisches Reich**

**Bedeutende Burgen**
Die Lehnsherren erbauten Burgen zur Sicherung ihrer Herrschaft.

**Dome und Kathedralen**
Dome und Kathedralen waren die ehrgeizigsten Bauwerke ihrer Zeit.

**Handelsmessen**
Große, alljährliche Messen zogen Kaufleute aus ganz Europa an.

**Universitäten**
Die im 12. Jh. entstehenden Universitäten lösten die Klosterschulen als Zentren der Gelehrsamkeit ab.

**Die Hanse**
Die Hanse war ein Bund norddeutscher Städte, der 1241 zum Schutz und zur Förderung der Handelsinteressen im Ausland entstand. Mittelpunkt der Hanse, der im 14. Jh. über 70 Städte angehörten, war die Ostsee. Die Hanse verfügte über eine eigene Armee und Marine und besaß Außenstellen in London, Brügge, Nowgorod und Bergen.

## Das feudale Europa

Im mittelalterlichen Europa lag die Macht in den Händen der Könige und des Hochadels. Vielerorts galt der König als Oberherr von Grund und Boden. Im Feudalismus erhielt der Adel gegen Erbringung von Dienstleistungen **Lehen** (große Güter) vom König und der Hocharistokratie. Die Bauern waren manchmal frei, in der Regel aber schuldeten sie dem Grundherrn Pacht und Frondienste. Die politische Macht war oft instabil, und die Kirche organisierte die Bevölkerung in den „Gottesfriedensbewegungen", die Ritter und Adlige zur Waffenruhe zwang.

**1000 n. Chr.**

- **1066** Wilhelm, Herzog der Normandie, siegt bei Hastings über Harald II. von England.
- **1130** Die Normannen unter Roger II. errichten ein Königreich Sizilien.
- **1150** In Europa wird nach einer arabischen Methode das erste Papier gefertigt.
- **1170** Ermordung Thomas Beckets in der Kathedrale von Canterbury
- **1215** Die Magna Charta beschneidet die Macht der Krone in England.
- **1236** Ferdinand III. von Kastilien und León erobert Córdoba von den Mauren.
- **1241** Die Mongolen fallen in Polen, Ungarn und Böhmen ein und gelangen vor ihrem Rückzug bis nach Wien.
- **1289** Der erste belegte Gebrauch von Brillen
- **1299** Osman I. begründet das Osmanische Reich.

**1300**

- **Um 1300** In Europa wird erstmals Schießpulver hergestellt.
- **1307** Dante beginnt mit der Niederschrift seiner *Göttlichen Komödie.*
- **1309** Papst Clemens V. verlegt das Papsttum nach Avignon in Frankreich (bis 1377).
- **1311** Fertigstellung der Kathedrale von Reims, eines Meisterwerks der gotischen Architektur

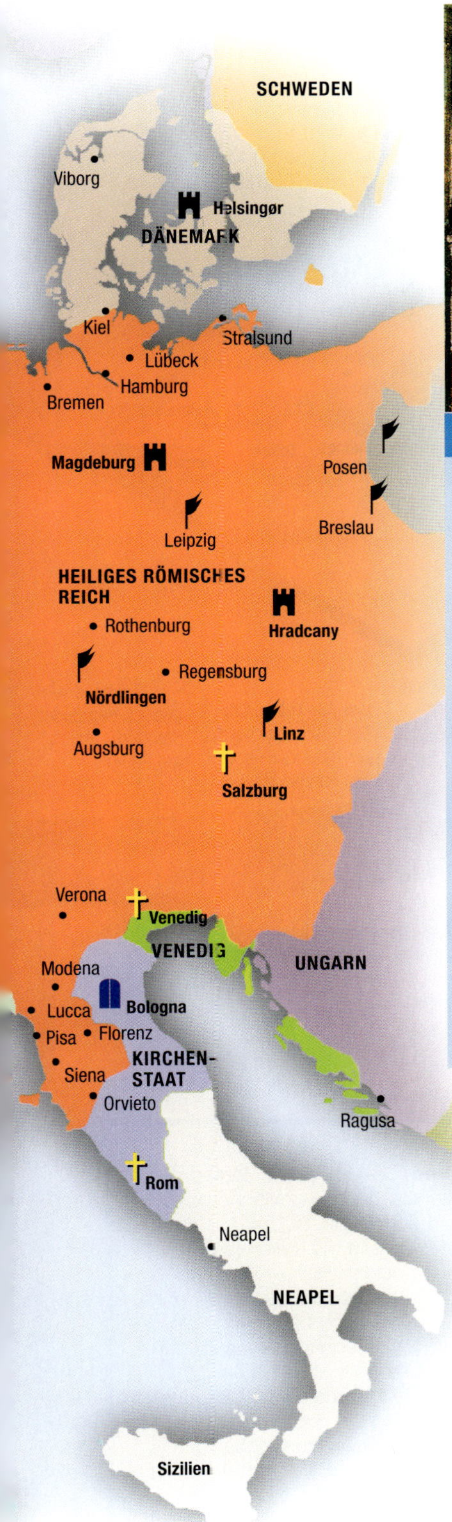


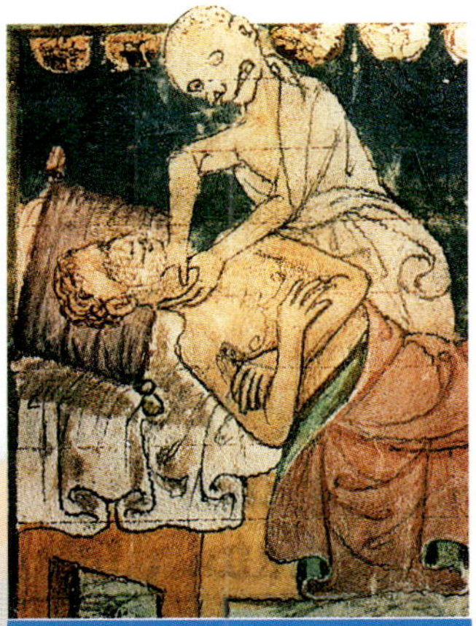

## Der Schwarze Tod

1347 brach in Europa die Beulenpest aus, die wahrscheinlich von Hausratten mit Flohbefall aus Asien eingeschleppt worden war. Um 1351 hatte die Krankheit bereits mehr als 25 Mio. Menschenleben gefordert – mehr als ein Drittel der Bevölkerung Europas. Das medizinische Wissen war begrenzt. So glaubte der Leibarzt des Papstes, dass man sich die Krankheit durch den Blick auf ein Opfer zuziehe. Die Pest führte zu einem Mangel an Arbeitskräften und zu gewalttätiger Unzufriedenheit und beschleunigte damit das Ende des Feudalismus. In einigen Gebieten erreichte die Bevölkerungszahl erst im 16. Jh. wieder ihre alte Höhe.

## Der Hundertjährige Krieg (1338–1453)

In Wirklichkeit bestand der Hundertjährige Krieg aus einer Reihe von Kriegen zwischen England und Frankreich, die im Verlauf von 115 Jahren geführt wurden. Hauptursachen waren umstrittene Gebiete in Frankreich. Der Krieg begann, als Eduard III. von England Anspruch auf den französischen Thron erhob und der französische König mit der Besetzung Aquitaniens, Eduards Erblehen, konterte. England siegte 1346 bei **Crécy** und 1356 bei **Poitiers,** und 1415 nahm Heinrich V. von England nach dem Sieg bei **Azincourt** die Normandie ein. Durch den Vertrag von Troyes (1420) wurde Heinrichs unmündiger Sohn Heinrich VI. nach dem Tod Karls VI. im Jahr 1422 König von Frankreich. **Jeanne d'Arc** überzeugte den französischen Thronerben, die Krone als Karl VII. zu beanspruchen. Schrittweise vertrieben Karls Soldaten die englischen Streitkräfte aus Frankreich. Der Krieg endete 1453 mit der Eroberung von Bordeaux durch die Franzosen.

Siehe auch
178–9 **Das Christentum**
180–1 **Der Aufstieg des Islam**
576–7 **Kriegswaffen**
598–601 **Auf einen Blick**

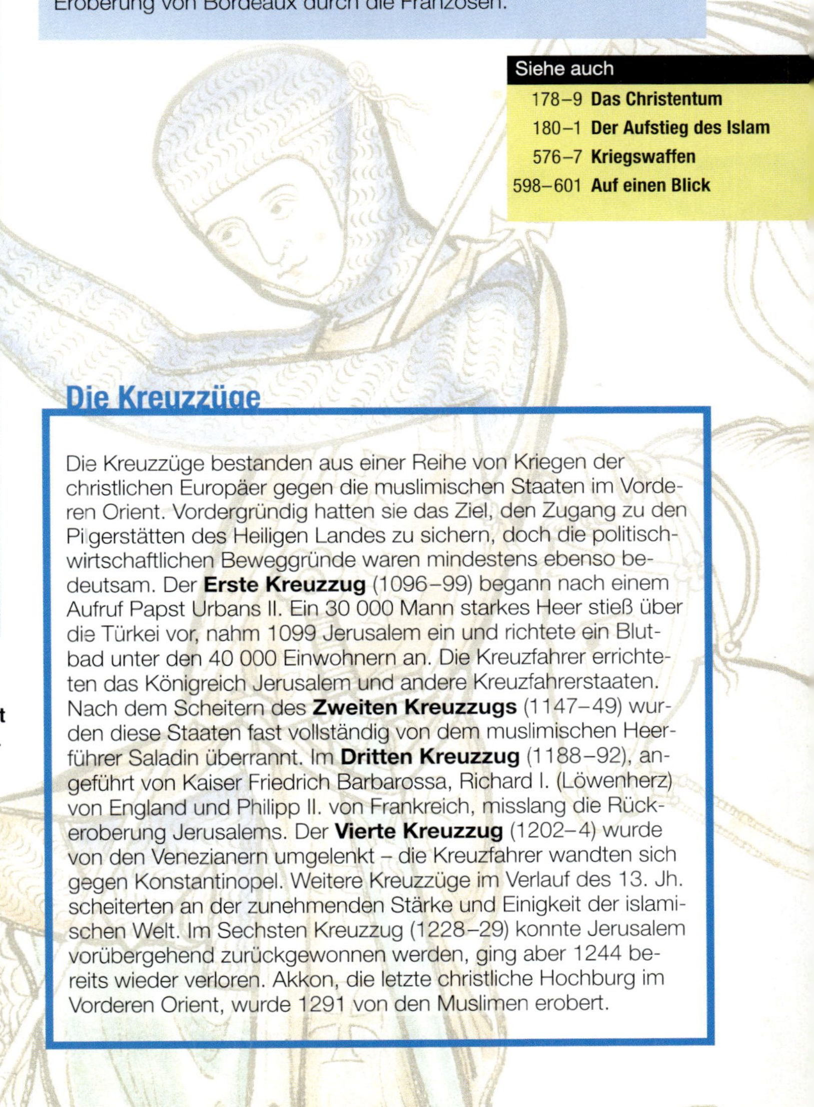

**Frömmigkeit und Gewalt**
Ein Kreuzfahrer des 12. Jh. holt sich vor Antritt seines Kreuzzugs den Segen.

## Die Kreuzzüge

Die Kreuzzüge bestanden aus einer Reihe von Kriegen der christlichen Europäer gegen die muslimischen Staaten im Vorderen Orient. Vordergründig hatten sie das Ziel, den Zugang zu den Pilgerstätten des Heiligen Landes zu sichern, doch die politisch-wirtschaftlichen Beweggründe waren mindestens ebenso bedeutsam. Der **Erste Kreuzzug** (1096–99) begann nach einem Aufruf Papst Urbans II. Ein 30 000 Mann starkes Heer stieß über die Türkei vor, nahm 1099 Jerusalem ein und richtete ein Blutbad unter den 40 000 Einwohnern an. Die Kreuzfahrer errichteten das Königreich Jerusalem und andere Kreuzfahrerstaaten. Nach dem Scheitern des **Zweiten Kreuzzugs** (1147–49) wurden diese Staaten fast vollständig von dem muslimischen Heerführer Saladin überrannt. Im **Dritten Kreuzzug** (1188–92), angeführt von Kaiser Friedrich Barbarossa, Richard I. (Löwenherz) von England und Philipp II. von Frankreich, misslang die Rückeroberung Jerusalems. Der **Vierte Kreuzzug** (1202–4) wurde von den Venezianern umgelenkt – die Kreuzfahrer wandten sich gegen Konstantinopel. Weitere Kreuzzüge im Verlauf des 13. Jh. scheiterten an der zunehmenden Stärke und Einigkeit der islamischen Welt. Im Sechsten Kreuzzug (1228–29) konnte Jerusalem vorübergehend zurückgewonnen werden, ging aber 1244 bereits wieder verloren. Akkon, die letzte christliche Hochburg im Vorderen Orient, wurde 1291 von den Muslimen erobert.

**1314** Durch seinen Sieg über die Engländer sichert Robert Bruce Schottland die Unabhängigkeit.

**1315–19** Hungersnöte, Überschwemmungen und eine Viehpest verheeren einen großen Teil Westeuropas.

**1337** Philipp VI. von Frankreich nimmt Aquitanien in Beschlag und löst damit den Hundertjährigen Krieg aus.

**1348** Der Schwarze Tod erreicht Florenz, Paris und London.

**1353** Der englische Dichter Geoffrey Chaucer verfasst die *Canterbury Tales.*

**1378–1417** Die Kirche ist zwischen rivalisierenden Päpsten in Rom und Avignon aufgeteilt.

**1389** Nach der Schlacht auf dem Amselfeld überrennen die Osmanen den Balkan.

1400

**1415** Heinrich V. von England besiegt die Franzosen bei Azincourt.

**1429** Die französische Armee unter Jeanne d'Arc hebt die Belagerung der Stadt Orléans durch die Engländer auf.

**1453** Die osmanischen Türken erobern Konstantinopel, damit endet das Byzantinische Reich.

**1455–85** Im „Rosenkrieg" kämpfen die englischen Häuser York und Lancaster um den Thron.

**1485** Heinrich Tudor besiegt Richard III. von England bei Bosworth.

1500

*Bereits 2500 v. Chr. existierte im Indus-Tal eine blühende Zivilisation. Wiederholte Invasionen Indiens von Zentralasien aus führten zur Entstehung einer Reihe von Reichen, die zunächst vom Hinduismus und Buddhismus, später vom Islam geprägt waren. Das letzte dieser Reiche war das Mogul-Reich. Indiens Wohlstand und hoch entwickelte Ökonomie blieben das Ziel von wirtschaftlichen und militärischen Vorstößen aus Ost und West – besonders folgenreich war die britische Herrschaft.*

## Das Reich der Gupta-Dynastie

Unter der Herrschaft der Gupta-Könige erlebte das Land ein goldenes Zeitalter der Wirtschaft, Wissenschaft und Kunst. Die größte Ausdehnung erlangte ihr Reich unter **Tschandragupta II.** (Regierung 376–401), zerstört wurde es im ausgehenden 5. Jh. von den weißen Hunnen.

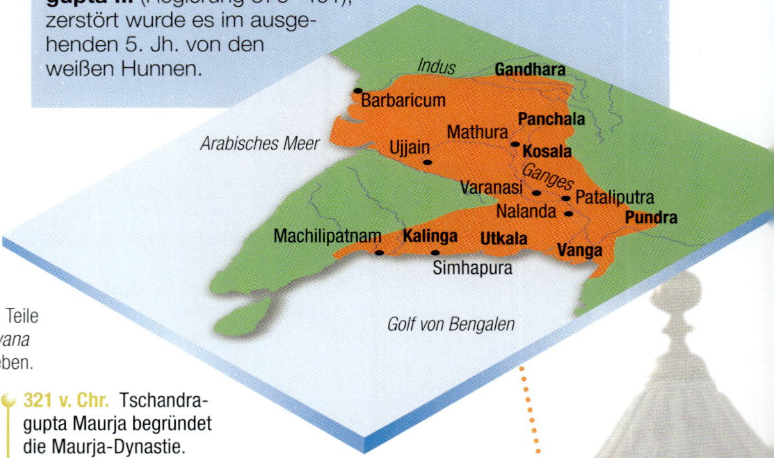


**Um 5000 v. Chr.** Bauern der Überschwemmungsgebiete des Indus-Tals siedeln sich in Dörfern an.

**Um 2500 v. Chr.** Die Indus-Kultur umfasst mindestens fünf größere Städte.

**Um 1500 v. Chr.** Die Indus-Kultur endet, die Gründe für den Untergang sind unbekannt.

**Um 1500 v. Chr.** Die Arier breiten sich vom Indus-Tal bis in das Gebiet des Ganges aus und begründen den Hinduismus.

**563–483 v. Chr.** Siddhartha Gautama, Buddha, lebt und lehrt in Indien.

500 v. Chr.

**Um 500 v. Chr.** Teile des Epos *Ramayana* werden geschrieben.

**518 v. Chr.** Dareios I., König von Persien, erobert das Indus-Tal.

**326–325 v. Chr.** Alexander der Große besetzt das Indus-Tal.

**321 v. Chr.** Tschandragupta Maurja begründet die Maurja-Dynastie.

**Um 269–238 v. Chr.** Unter Asoka verbreitet sich die Herrschaft der Maurja über Indien.

**Um 185 v. Chr.** Die Maurja-Dynastie wird durch die Schunga-Dynastie abgelöst.

**Um 135–58 v. Chr.** Die Schakas, ein Nomadenvolk, fallen in Nordindien ein.

0

**Um 78–102 n. Chr.** Die Kuschanas besetzen das Indus-Tal und den Pandschab.

**Um 200** Die Epen *Ramayana* und *Mahabharata* erhalten ihre endgültige Fassung.

**319** Tschandragupta I. begründet das Gupta-Reich am Ganges.

## Das Maurja-Reich

Das Maurja-Reich ist das erste große indische Reich, das nach dem Rückzug Alexanders des Großen aus dem Indus-Tal 325 v. Chr. entstand. Es verdankt seinem Namen **Tschandragupta Maurja,** der etwa 321–297 v. Chr. regierte. Das Maurja-Reich erstreckte sich über Nordindien und umfasste das heutige Pakistan und Afghanistan. Seine größte Ausdehnung erreichte es unter König **Asoka** (Regierungszeit etwa 269–238 v. Chr.). Asoka war von seiner ersten militärischen Erfahrung so entsetzt, dass er sich um 263 v. Chr. zum Buddhismus bekehrte und fortan Krieg grundsätzlich ablehnte. Er entwickelte ein Regierungssystem nach buddhistischen Prinzipien: Die Herrscher sollten Verantwortung für das Wohl des Volkes haben und Achtung zeigen – Grundsätze, die er in Stein meißeln ließ. Nach Asokas Tod zerfiel das Reich. Der letzte König der Maurja wurde 185 v. Chr. getötet, ihm folgte die hinduistische Schunga-Dynastie.

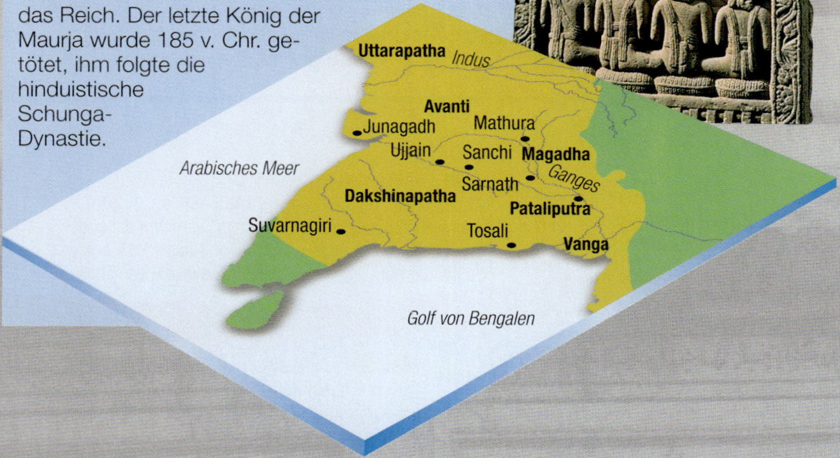


**Bodhi-Baum** Buddhistische Motive auf einem Schrein Asokas

## Die größten Tempel

**Ajanta-Höhlen** Die 29 Ajanta-Höhlen im Norden Maharashtras wurden zwischen dem 1. Jh. v. Chr. und dem 7. Jh. n. Chr. aus massivem Felsen gehauen. Die mit Malereien und Skulpturen geschmückten Höhlen waren Heiligtümer und Wohnstätten buddhistischer Mönche.

**Khajuraho** In Khajuraho bei Kanpur im nördlichen Zentralindien entstanden zwischen 950 und 1050 n. Chr. über 80 Hindu- und Dschainatempel. Die 22 erhaltenen Tempel sind bekannt für ihre erotischen Skulpturen.

**Mahabalipuram** Die hinduistische Kultstätte südlich von Madras wurde unter der Pallawa-Dynastie im 7. Jh. n. Chr. errichtet. Sie umfasst auch die Überreste der „Sieben Pagoden", die aus einzelnen gewaltigen Steinblöcken gehauen sind.

**Tadsch Mahal** Das große Meisterwerk der Mogul-Architektur wurde 1632–48 am Jumna in Agra erbaut. Es ist eine Gedenkstätte für die Ehefrau des Herrschers Schahdschahan, Mumtaz-i-Mahal, die 1629 im Kindbett starb. Der Tempel wurde von einem türkischen Architekten aus weißem Marmor errichtet.

## Die Tscholas und Südostasien

Der Einfluss Indiens breitete sich weit über den Subkontinent aus. Hinduismus und Buddhismus drangen im 2. und 3. Jh. n. Chr. von Indien aus nach Südostasien vor. Im Sailendra-Reich von Java (um 750–850) wurde der buddhistische Tempel von Borobudur erbaut; die hinduistisch-buddhistischen Khmer beherrschten von etwa 900 bis 1431 das südostasiatische Festland. Auf einer Reihe von Erkundungsfahrten verbreiteten die Tscholas, eine tamilische Seefahrerzivilisation im 10. und 11. Jh., den indischen Einfluss. **Radscharadscha I.** (Regierungszeit von 985 bis 1016 n. Chr.) eroberte Kerala und den Norden Ceylons (Sri Lanka). Sein Sohn **Radschendra,** der von 1016 bis 1044 herrschte, nahm Malakka und die malaiische Halbinsel ein.

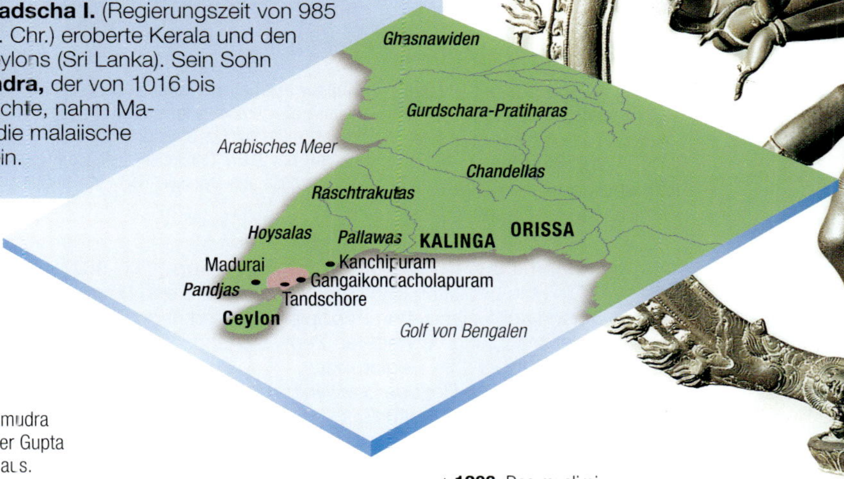

**Schiwa als Herr des Tanzes**
Eine Bronzestatue der Tscholas aus dem tamilischen Nadu in Südindien

**Um 335–376** Samudra dehnt das Reich der Gupta bis zum Indus-Tal aus.

**Um 350** Der erotische Klassiker *Kamasutra* entsteht.

**Um 480** Die weißen Hunnen zerstören das Gupta-Reich.

500

**Um 711** Muslimische Streitkräfte aus dem Iran dringen nach Nordindien vor.

1000

**1081** Die Tscholas erobern Ceylon (Sri Lanka).

**1186** Die Ghasnawiden verlieren Lahore an die afghanischen Ghoriden.

**1206** Das muslimische Sultanat von Delhi wird gegründet (bis 1526).

**Um 1321** Das Sultanat von Delhi dehnt sich bis Südindien aus.

**1398** Das Sultanat von Delhi wird von Timur Leng vernichtet.

**1498** Der portugiesische Seefahrer Vasco da Gama erreicht Indien.

1500

**1526** Babur besiegt bei Panipat das Sultanat von Delhi und gründet das Mogul-Reich.

**1565** Die Moguln besiegen das Widschajanagara-Reich im Südosten Indiens.

**1632** Schahdschahan beginnt mit der Errichtung des Tadsch Mahal.

**1700** Die britische Ostindienkompanie hat die Kontrolle über viele indische Handelshäfen.

**1746–61** Großbritannien und Frankreich streiten um die Herrschaft über Indien.

**1803** Die Mogul-Hauptstadt Delhi fällt an die britische Ostindienkompanie.

**1857** Der letzte Mogulherrscher wird von den Briten ins Exil verbannt.

## Das Mogul-Reich

**Mogul-Miniatur**
Schahdschahan mit einem seiner Söhne, gemalt 1615 von Manohar

Die Moguln waren eine muslimische Dynastie türkisch-mongolischer Abstammung, die von dem Timuriden Babur „dem Tiger“ (1483–1530) begründet wurde. **Babur** eroberte 1526 Delhi; seine Armee überrannte den größten Teil Nordindiens. Das Mogul-Reich (siehe Karte) erlebte sein goldenes Zeitalter unter Akbar (Regierungszeit 1556–1605), dessen aufgeklärter Hof in Fatehpur Sikri religiöse Toleranz übte und die Kunst förderte, ferner unter **Jehangir** (Regierungszeit 1605–27) und **Schahdschahan** (1628–58). **Aurangseb** (1659–1707) dehnte das Reich fast bis zur Südspitze Indiens aus. Religiöse Konflikte und höfische Rivalitäten nach seiner Regierung bewirkten, dass das Reich für britische und französische Angriffe anfällig wurde. Die Briten behielten das Mogul-Reich dem Namen nach noch bis 1857 bei.

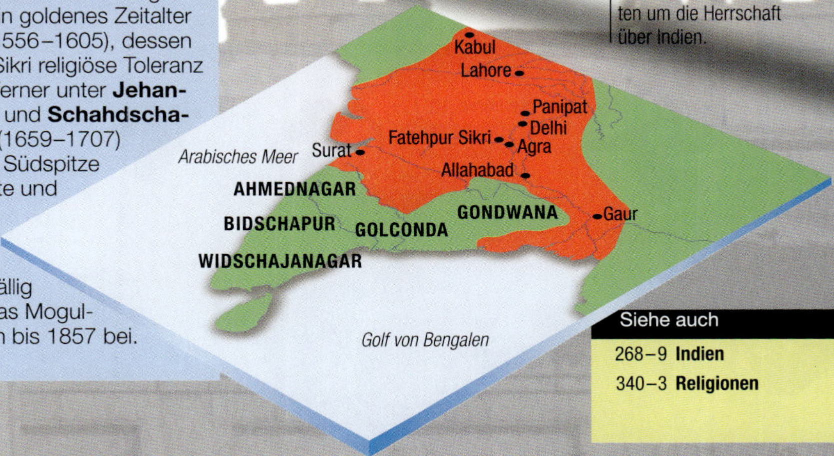


Siehe auch
268–9 **Indien**
340–3 **Religionen**

# China und Japan

*Über eine lange Zeit der Weltgeschichte war China die reichste und mächtigste Nation der Erde. Bis zum 19. Jh. blieb das Land nahezu autark und häufte durch die Ausfuhr von Seide, Gewürzen, später auch von Porzellan, großen Reichtum an. Japan blieb kulturell jahrhundertelang im Schatten seines mächtigen Nachbarn, doch es war ebenfalls Selbstversorger.*

**Abbilder des Lebens und des Lebens nach dem Tod** Lebensgroße Terrakottafiguren von Kriegern mit individuellen Gesichtern aus der Grabstätte des Kaisers Ch'in Shih Huang-ti, um 210 v. Chr. (oben). Eine tönerne Grabwächterfigur aus der T'ang-Dynastie, 618–907 n. Chr. (unten).

## Chinas Herrscherdynastien

Die politische Macht in China lag in den Händen einer Reihe bedeutender Dynastien; die zentrale Herrschaft über eine so riesige Nation war nur möglich, weil der gewaltige, hoch entwickelte chinesische Beamtenapparat über alle Regierungswechsel hinweg erhalten blieb. Das Chaos, das in den Zeiten der „Drei Reiche" und „Fünf Dynastien und zehn Reiche" in China herrschte, machte den Wert dieser beständigen Einrichtung deutlich.

**Shang (um 1600–1050 v. Chr.)** Die Shang herrschten über Nordchina. Zu ihren Errungenschaften gehörten Schrift, ein Kalender, die Klassengesellschaft, Bürokratie, Bronzeguss, Jadeschnitzerei und Töpferei.

**Chou (um 1000–256 v. Chr.)** Die Chou regierten im „klassischen Zeitalter", der Zeit des Konfuzius (um 551–479 v. Chr.), des Lao-tse (um 604–531 v. Chr.), des Eisens und des Ochsenpflugs.

**Ch'in (221–206 v. Chr.)** Den Ch'in verdankt China seinen Namen. Ch'in Shih Huang-ti regierte 221–210 v. Chr. und schuf einen Zentralstaat mit einer vereinheitlichten Schriftsprache. Er ließ einen großen Teil der Großen Mauer bauen.

**Han (206 v. Chr.–220 n. Chr.)** Die Han behielten den starken, nach konfuzianischen Prinzipien der Mäßigung verwalteten Zentralstaat bei. Ihre Regierungszeit war eine Periode des Wohlstands und der kulturellen Blüte, über die „Seidenstraße" wurde Seide ins Römische Reich gebracht.

**T'ang (618–907)** Die T'ang übernehmen nach fast 400-jährigen Wirren in der Zeit der „Drei Reiche" die Herrschaft von der Sui-Dynastie. Stabilität und eine weltoffene Haltung förderten den Handel, es kam zur Entwicklung des Buchdrucks und zur Verbreitung des Buddhismus.

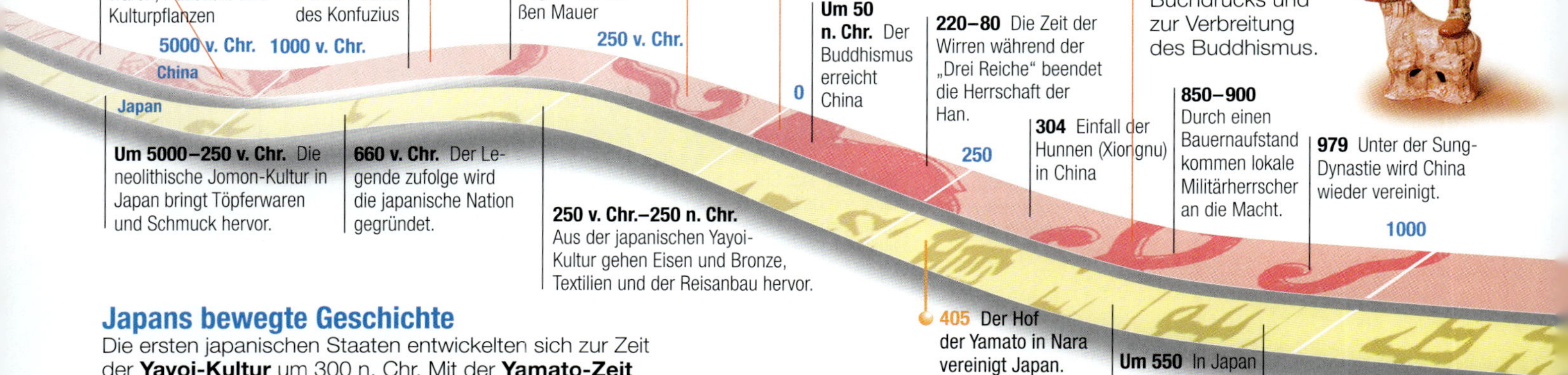


**Um 6000 v. Chr.** In China erstmals Töpferwaren, Haustiere und Kulturpflanzen

**Um 551–479 v. Chr.** Leben des Konfuzius

**Um 353 v. Chr.** Beginn der Großen Mauer

**Um 50 n. Chr.** Der Buddhismus erreicht China

**220–80** Die Zeit der Wirren während der „Drei Reiche" beendet die Herrschaft der Han.

**304** Einfall der Hunnen (Xiongnu) in China

**850–900** Durch einen Bauernaufstand kommen lokale Militärherrscher an die Macht.

**979** Unter der Sung-Dynastie wird China wieder vereinigt.

**Um 5000–250 v. Chr.** Die neolithische Jomon-Kultur in Japan bringt Töpferwaren und Schmuck hervor.

**660 v. Chr.** Der Legende zufolge wird die japanische Nation gegründet.

**250 v. Chr.–250 n. Chr.** Aus der japanischen Yayoi-Kultur gehen Eisen und Bronze, Textilien und der Reisanbau hervor.

**405** Der Hof der Yamato in Nara vereinigt Japan.

**Um 550** In Japan wird der Buddhismus eingeführt.

**900–1100** Eine rein japanische Kultur, Schrift und Sprache entstehen.

## Japans bewegte Geschichte

Die ersten japanischen Staaten entwickelten sich zur Zeit der **Yayoi-Kultur** um 300 n. Chr. Mit der **Yamato-Zeit** (300–710) sind Versuche verbunden, einen einheitlichen, zentralisierten Staat zu schaffen. Um dem wachsenden buddhistischen Einfluss auf den Schogun (Kaiser) zu entgehen, wurde der Hof 794 von Nara nach **Heian** (Kyoto) verlegt. Die von der mächtigen Familie **Fujiwara** dominierte Heian-Zeit dauerte bis 1185. Der Niedergang der Zentralmacht ebnete schließlich den Übergang in die Feudalzeit.

Die Schogune der **Kamakura-Zeit** (1192–1333) standen unter dem Einfluss der Familien Minamoto und Hojo. Japan schlug zwei Invasionen der Mongolen zurück (1274 und 1281). Von 1338 bis 1573 regierten die Schogunen der **Ashikaga** (oder Muromachi) das Land. Während dieser Zeit litt Japan unter politischer Instabilität, eine Situation, die durch militante buddhistische Mönche verschärft wurde, die ein „reines Land" forderten. 1467–77 gipfelte diese mangelnde Stabilität in den **Onin-Kämpfen** und einem fast 100-jährigen Bürgerkrieg.

1568–1600 führten **Oda Nobunaga, Hideyoshi Toyotomi und Tokugawa Ieyasu** eine Wiedervereinigung herbei. Es entstand das Schogunat der **Tokugawa,** das bis 1868 Bestand hatte. Während dieser Zeit wuchs der **Isolationismus.** Erst in der **Meiji-Zeit** (1868–1912) löste sich Japan von seiner auslandsfeindlichen Politik.

**Teezeremonie** Im 13. Jh. gelangte die Teezeremonie von China nach Japan. Tee schrieb man medizinische Wirksamkeit zu.

**FAKTEN**

**Die japanische Naturreligion Schintoismus geht auf vorgeschichtliche Zeiten zurück. Sie hat weder einen Begründer noch einen heiligen Text. Noch heute beten viele Japaner an Schinto-Schreinen.**

## Künstlerische Leistungen in China

**Jade** Er wurde schon in vorgeschichtlicher Zeit nach China gebracht, vorwiegend aus Zentralasien. Man schnitzte daraus eleganten Schmuck und Zierrat, die sehr gefragt waren, denn man schrieb Jade Heilkräfte zu.

**Lack** Das harte, schwarze Harz des Lackbaums (Lack-Sumach) wurde schon vor 400 v. Chr. verwendet. Auf eine Grundierung trug man mehrere Schichten Lack auf und schuf, indem man diese einschnitt und schnitzte, kunstvolle Muster und Darstellungen. Kästchen, Geschirr, Nahrungsmittelbehälter, selbst ganze Thronsessel wurden mit Lackarbeiten verziert.

**Metallarbeiten** Gegenstände aus Bronzeguss lassen sich über 4000 Jahre zurückdatieren. Oft waren es große Kultgefäße für die Darbringung von Nahrungsmitteln in Opferzeremonien.

**Malerei** In der T'ang-Zeit entwickelte sich eine Pinsel- und Tuschemalerei, die die abendländische Kunst weit in den Schatten stellte. Um das Jahr 900 war die Landschaftsmalerei voll entwickelt.

**Töpferei** Schon neolithische Töpferwaren zeigen Gespür für Gestaltung und sind ein Beleg für die sehr frühe Verwendung der Töpferscheibe. Die Keramikpferde der T'ang sind fein modelliert.

## Chinesische Erfindungen

**Abakus** Wurde bereits um 500 v. Chr. in China verwendet.

**Gusseisen** Um 600 v. Chr. entwickelten die Chinesen Gusseisen.

**Schießpulver** Sprengstoffe wurden in der T'ang-Zeit für Feuerwerkskörper und in der Sung-Zeit für Waffen verwendet.

**Magnetkompass** Um 1000 n. Chr. benutzten Navigatoren in China erstmals die Magnetnadel.

**Papier** Um 105 n. Chr. produzierte China das erste Papier.

**Porzellan** Seit 50 v. Chr. wird in China eine harte, feine, weiße Töpferware angefertigt.

**Druck** Ab dem 2. Jh. n. Chr. leisteten die Chinesen Pionierarbeit im Druckwesen. Im 6. Jh. wurde der Druck mit Druckstöcken aus Holz eingeführt.

**Seide** Der Legende zufolge geht die Seidenweberei auf das Jahr 2640 v. Chr. zurück.

**Sung (960–1279)** Die Zeit der Sung ist eine Periode wachsenden Wohlstands durch die Ausweitung des Handels. Es wurde Papiergeld verwendet. Der Buchdruck trug zur Verbreitung des Lesens und Schreibens bei, Malerei, Bildhauerei und Philosophie machten gewaltige Fortschritte.

**1126** Stämme der Dschürtschen fallen in China ein und begründen das Reich Ch'in.

**1211** Die Mongolen überrennen das Ch'in-Reich.

**Yüan (Mongolen, 1280–1368)** Dschingis Khan (um 1167–1227) vereinte die Mongolei, eroberte Peking (1215) und vernichtete um 1234 das Ch'in-Reich in Nordchina. Sein Nachfolger Kublai Khan überrannte 1268–79 das Sung-Reich im Süden und begründete die Yüan-Dynastie mit der Hauptstadt Peking. Durch Aufstände 1335–68 wurden die Yüan vertrieben.

**1275** Marco Polo erreicht Peking.

1300

**1405–33** Admiral Cheng Ho See segelt nach Indien, in den Persischen Golf und nach Ostafrika.

**Ming (1368–1644)** Die Ming-Dynastie wurde von dem Rebellen Chu Yüan-chang begründet, der 1368–88 das mongolische China zurückeroberte. Die chinesische Herrschaft wurde bis Korea, zur Mongolei, Turkestan, Vietnam und Burma ausgedehnt.

**Kunsthandwerk der Ming-Zeit** Eine Vase mit Blumenmotiv aus dem 16. Jh.

**1514** Die ersten portugiesischen Kaufleute gelangen nach China.

1500

**1542–50** Die Ming schlagen zwei Mongolen-Invasionen zurück.

**1644** Die Ch'ing stürzen die Ming-Dynastie.

**Ch'ing (Mandschuren, 1644–1912)** Die Mandschuren gewannen zwischen 1616 und 1652 die Herrschaft über China und schufen das größte aller chinesischen Reiche. Bis zum 19. Jh., als ihre Macht schwand, widersetzte sich China dem europäischen Einfluss. Der letzte Kaiser, der sechsjährige Pu'i, dankte 1912 ab.

**Um 1800** Großbritannien exportiert Opium nach China.

**1899–1901** Der gegen den Westen gerichtete Boxer-Aufstand wird niedergeschlagen.

**1912** Die Ch'ing werden gestürzt, China wird Republik.

1900

**Um 1100** In Japan kommen die *daimyo,* Feudalherren, an die Macht.

**1274 und 1281** Taifune verhindern die Invasion der Mongolen in Japan.

**1467–77** Die Onin-Kämpfe leiten eine Zeit der Bürgerkriege in Japan ein.

**1542** Die ersten europäischen Kaufleute landen in Japan.

**1582** Hideyoshi Toyotomi einigt Japan.

**1639** Japan nimmt dem Westen gegenüber eine isolationistische Haltung ein.

**1853** Japan wird zur Öffnung der Häfen für den Handel gezwungen.

**1905** Japan wird zur beherrschenden Macht in Ostasien.

## Samurai

Die Samurai (wörtlich übersetzt: „einer, der dient"), in Japan als *bushi* bekannt, traten in der späten Heian-Zeit (11. und 12. Jh.) als Krieger auf. Ihr Aufstieg erfolgte zur selben Zeit wie der der *senguko daimyo,* des feudalen Hofadels, ihrer Arbeitgeber.

Der Samurai war ein gut ausgebildeter Berufskrieger, der durch einen strengen Treuekodex, ähnlich wie ein mittelalterlicher Ritter in Europa, an seinen Herrn gebunden war. 700 Jahre lang beherrschten die Samurai als militärische Elite das Land, bis ihr Monopol mit der Schaffung einer modernen kaiserlichen Armee im 19. Jh. gebrochen wurde.

Siehe auch
272–3 **China**
334–5 **Schrift**
340–3 **Religionen**
602–3 **Weltweit**

*Neben seiner ungeheuren Größe und dem Reichtum an Bodenschätzen zeichnet sich Afrika durch eine vielgestaltige, reiche Kultur aus – vom 1000-jährigen Königreich Meroë im Süden Ägyptens über den sagenhaften Reichtum der westafrikanischen Goldküste bis zu den geheimnisvollen Gründern von Groß-Zimbabwe. Ab dem 7. Jh. kamen Araber, ab dem 15. Jh. Europäer, zunächst auf der Suche nach Handelsbeziehungen, dann als Siedler und Abenteurer, die von den Berichten über Mineralvorkommen, Juwelen und Gold angelockt wurden.*

**Terrakottafigur** Diese Skulptur eines sitzenden Mannes aus der Zeit um 1400 wurde bei Djénné, Mali, gefunden.

## Afrikanische Reiche

Afrika erlebte vor der Kolonialzeit den Aufstieg und Fall einer Reihe von Staaten, deren ursprüngliche Gebiete hier dargestellt sind. Ihre Macht beruhte auf Handel.

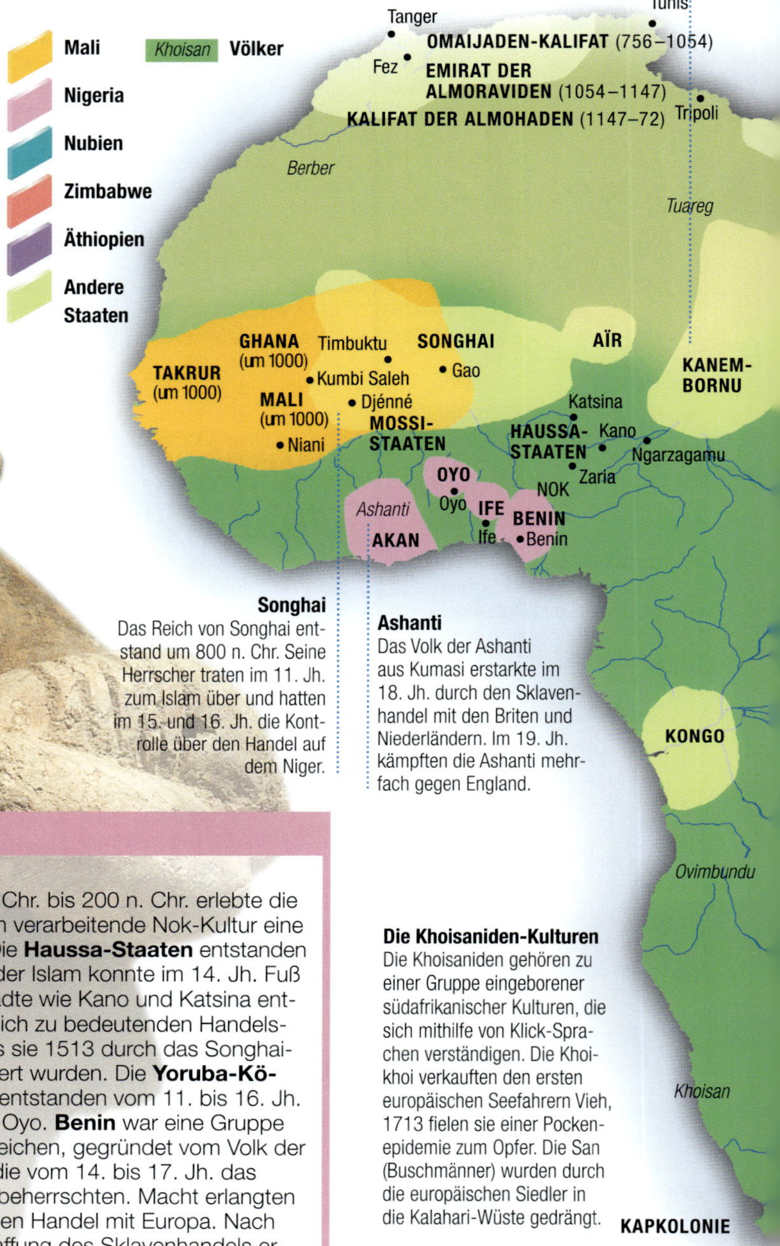


**Das Reich Kanem-Bornu** Um 1070 wurde Kanem-Bornu der erste islamische Staat südlich der Sahara. Es beherrschte im 13. Jh. den Handel auf den Karawanenwegen in der Sahara, zerfiel aber im 19. Jh.

**Songhai** Das Reich von Songhai entstand um 800 n. Chr. Seine Herrscher traten im 11. Jh. zum Islam über und hatten im 15. und 16. Jh. die Kontrolle über den Handel auf dem Niger.

**Ashanti** Das Volk der Ashanti aus Kumasi erstarkte im 18. Jh. durch den Sklavenhandel mit den Briten und Niederländern. Im 19. Jh. kämpften die Ashanti mehrfach gegen England.

**Die Khoisaniden-Kulturen** Die Khoisaniden gehören zu einer Gruppe eingeborener südafrikanischer Kulturen, die sich mithilfe von Klick-Sprachen verständigen. Die Khoikhoi verkauften den ersten europäischen Seefahrern Vieh, 1713 fielen sie einer Pockenepidemie zum Opfer. Die San (Buschmänner) wurden durch die europäischen Siedler in die Kalahari-Wüste gedrängt.

### Mali

Mali war ein muslimisches Reich, das im 13. und 14. Jh. eine beherrschende Stellung in Westafrika hatte. Mit dem Aufstieg des Songhai-Reiches verlor es im 15. Jh. an Bedeutung. Seine Hauptstadt **Timbuktu** wurde um 1100 gegründet und erlebte vom 13. bis zum 16. Jh. eine Blütezeit als Zentrum des Goldhandels und der islamischen Kultur. 1468 fiel es einem Angriff durch Songhai zum Opfer. **Mansa Musa** (Regierungszeit um 1312–37) war Kaiser von Mali, als das Land auf dem Höhepunkt seiner Macht war. Sein großzügiger Umgang mit Gold auf einer Pilgerfahrt nach Mekka wurde im gesamten islamischen Raum gefeiert.

### Nigeria

Von 500 v. Chr. bis 200 n. Chr. erlebte die frühe, Eisen verarbeitende Nok-Kultur eine Blütezeit. Die **Haussa-Staaten** entstanden um 1200; der Islam konnte im 14. Jh. Fuß fassen. Städte wie Kano und Katsina entwickelten sich zu bedeutenden Handelszentren, bis sie 1513 durch das Songhai-Reich erobert wurden. Die **Yoruba-Königreiche** entstanden vom 11. bis 16. Jh. um Ife und Oyo. **Benin** war eine Gruppe von Königreichen, gegründet vom Volk der Ibo (Edo), die vom 14. bis 17. Jh. das Nigerdelta beherrschten. Macht erlangten sie durch den Handel mit Europa. Nach der Abschaffung des Sklavenhandels erlebten sie einen Niedergang.

7000 v. Chr.

**Um 7000 v. Chr.** Hirten und Bauern siedeln in Libyen und Algerien.

**Um 5000 v. Chr.** Viehhirten besiedeln die fruchtbare Sahara.

**Um 3100 v. Chr.** Erste Vereinigung Ägyptens unter König Menes

**Um 2584–2465 v. Chr.** Bau der Pyramiden in Giseh

**1567–1320 v. Chr.** Das „Neue Königreich“ in Ägypten; Napata (Nubien) wird ein bedeutendes Zentrum.

1000 v. Chr.

**590 v. Chr.** Die Ägypter plündern Napata. Meroë wird zur Hauptstadt von Nubien.

**Um 500 v. Chr.–200 n. Chr.** In Nigeria entwickelt sich die Nok-Kultur.

**146 v. Chr.** Gründung der römischen Provinz Africa

0

**300–400 n. Chr.** Das Königreich Aksum erreicht seine höchste Blüte.

**Um 400** Südlich der Sahara entstehen die ersten Städte in Afrika.

**Um 500** Bantubauern, die auch Rinderhaltung betreiben, gelangen nach Südafrika.

**642 n. Chr.** Die Araber erobern Ägypten.

**Um 700** Das Reich des alten Ghana entsteht.

## Nubien

Die alten Ägypter kannten Nubien als das Land **Kusch.** König Pianchi von Kusch eroberte um 732 v. Chr. das gesamte Niltal und begründete die 25. Dynastie in Ägypten. Im 6. Jh. v. Chr. entstand das Königreich **Meroë.** Es existierte etwa 100 Jahre und entwickelte eine Kultur und Religion, in der einheimische und ägyptische Elemente verschmolzen. Um 540 n. Chr. setzte sich in Nubien das Christentum durch. Der Norden wurde 652 von Ägypten erobert, der Süden wurde im 16. Jh. Teil des islamischen Königreichs der Funj.

## Äthiopien

In Äthiopien, bei den alten Ägyptern als **Punt** bekannt, war vom 2. bis 8. Jh. n. Chr. das mächtige Königreich **Aksum** angesiedelt. Es war das erste afrikanische Königreich, das zum Christentum übertrat (321). Ab 702 war das Land als Hochburg der koptischen Kirche 300 Jahre lang von den feindlichen islamischen Nachbarstaaten isoliert. 1270 kam die **salomonische** Dynastie an die Macht. Im 16. Jh. konnte das Königreich mit portugiesischer Hilfe Angriffe der Muslime abwehren. Der letzte salomonische Kaiser, Haile Selassie, starb 1975.

**Äthiopische Illumination**
Christus zwischen Himmel, Hölle und der Welt, eine Illumination aus einer äthiopischen Handschrift des 10. Jh.

**Buganda**
Buganda, ein Land, das Handel mit Sklaven und Elfenbein trieb, wurde 1900 britisches Protektorat.

**Mythischer Adler**
Eine Schnitzerei aus Groß-Zimbabwe (um 1200–1400 n. Chr.), die man für die Darstellung eines Götterboten hält

## Zimbabwe

Südostafrika war vom 5. bis 10. Jh. n. Chr. von bantusprachigen Feldbauern besetzt. Nach etwa 900 lieferten sie arabischen Kaufleuten an der Küste Gold und Kupfer. Aus **Groß-Zimbabwe,** einem ummauerten Palastkomplex, entwickelte sich das Shona-Königreich Mwene Mutapa, das von etwa 1250 bis 1450 eine Blütezeit erlebte. Ende des 15. Jh. erfuhr das Zentrum, möglicherweise durch eine Verlagerung des Goldhandels, einen Niedergang. Das Reich erstreckte sich indes weiter über einen großen Teil des südöstlichen Afrika. Übergriffe der Portugiesen leiteten im 17. Jh. seinen Niedergang ein.

## Ostafrikanische Handelsstaaten

Bereits im 8. Jh. n. Chr. kamen Kaufleute aus Arabien nach Ostafrika. Sie schufen Küstensiedlungen wie **Malindi, Mombasa** und **Kilwa,** die ab dem 12. Jh. arabische und persische Auswanderer anzogen und unabhängige islamische Stadtstaaten wurden. Diese Staaten tauschten afrikanisches Elfenbein, Ambra (für Duftstoffe), Schildpatt und Gold gegen Werkzeuge und Waffen, Textilerzeugnisse, indische Glasperlen, islamische Töpferwaren und chinesisches Porzellan. Ab 1498 zwangen die Portugiesen die Stadtstaaten zu Tributzahlungen und errichteten nach Angriffen der Osmanen Ende des 16. Jh. eine Kolonialherrschaft. Das **Sultanat von Oman** vertrieb sie im 17. Jh. und erlangte die Kontrolle über den größten Teil der Küste, gleichzeitig wurde nach 1780 der Sklavenhandel ausgeweitet. Ab etwa 1880 hatten Großbritannien und Deutschland die Kolonialherrschaft über die meisten Teile Ostafrikas.


Siehe auch

180–1 **Der Aufstieg des Islam**
206–7 **Neue Nationen**
216–7 **Das Ende der Weltreiche**
306–25 **Afrika**


**Um 700–1000** Der Islam verbreitet sich im Nordwesten Afrikas.

**Um 850** Kanem-Bornu entwickelt sich zu einem bedeutenden Handelsimperium.

**900** Arabische Kaufleute lassen sich in Ostafrika nieder.

1000

**Um 1250** Das Reich Mali erlebt seine Blüte.

**Um 1300** Das Reich Benin entsteht.

**Um 1400** Die Errichtung von Groß-Zimbabwe ist vollendet.

**1488** Bartholomeu Diaz umrundet das Kap der Guten Hoffnung.

1500

**Um 1500** Der Handel der Europäer mit afrikanischen Sklaven beginnt.

**1505** Die Portugiesen plündern Kilwa.

**1546** Songhai zerstört das Mali-Reich.

**1652** Die Niederländer gründen eine Kolonie am Kap.

**1698** Araber aus Oman vertreiben die Portugiesen aus Ostafrika.

**Um 1700** An der Goldküste kommen die Ashanti an die Macht (bis 1901).

**1835–9** Die Buren gehen vom Kap auf den Großen Treck nach Norden.

**1875–1914** Die Europäer teilen Afrika unter sich auf.

1900

*Fast völlig isoliert von der Welt entwickelte die Bevölkerung des alten Amerika typische Zivilisationsformen. In Mexiko, Mittelamerika und den Anden schufen Bauernvölker vielfältige städtische Gesellschaften, deren Mittelpunkt ein religiöser Kult war. Ihre Zivilisation erfasste auch die Jagd- und Ackerbaugesellschaften Nordamerikas. Alle diese Kulturen wurden nach Ankunft der Europäer 1492 zerstört.*

## Olmeken

Die erste amerikanische Zivilisation tauchte um 1200 v. Chr. in den Küstengebieten Ostmexikos auf. Mittelpunkt der olmekischen Städte waren Tempelplattformen und Pyramidenhügel. In Handel und Politik übten die Olmeken Einfluss auf ganz Mittelamerika aus; die olmekische Kultur bildete die Grundlage der meisten späteren Zivilisationen, etwa der Azteken, die olmekische Götter übernahmen. Um 400 v. Chr. war die olmekische Kultur untergegangen, die Städte waren zerstört und verlassen.

**Basaltkopf** Die Olmeken fertigten bis zu 20 t schwere Steinköpfe, möglicherweise als Götter-Porträts.

## Azteken

Das Azteken-Reich wurde um 1325 vom Volk der Mexica gegründet. Sie errichteten eine Hauptstadt in **Tenochtitlán** am See von Texcoco. Später wurde an dieser Stelle Mexiko-Stadt erbaut. Die Azteken eroberten einen großen Teil Mittelamerikas und erzwangen gewaltige Tributzahlungen, auch Menschenopfer. Hernán Cortés gelangte im Jahr 1519 nach Tenochtitlán. Innerhalb von 20 Jahren wurde die Macht der Azteken durch die Konquistadoren gebrochen, die bei rebellierenden unterworfenen Völkern Unterstützung fanden.

**Tenochtitlán** Der Tempel war der Mittelpunkt im Leben der Azteken, religiöse Rituale bestimmten jeden Aspekt der menschlichen Existenz.

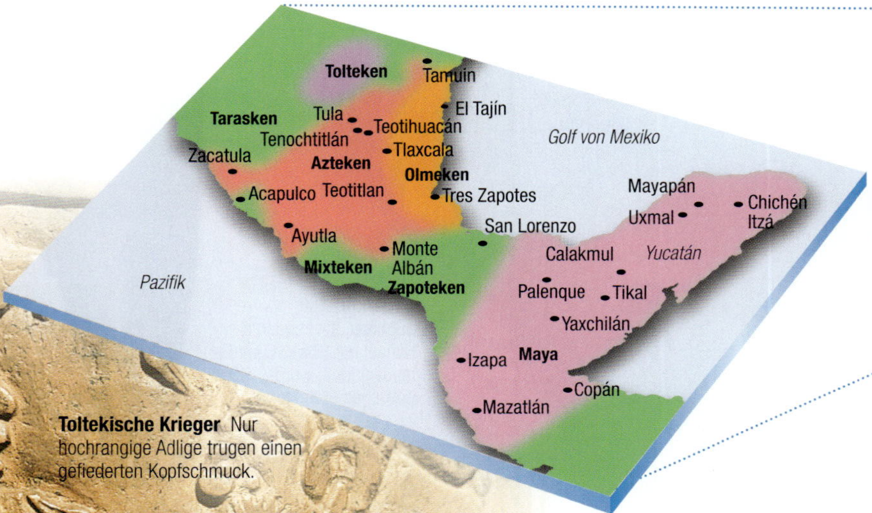

**Toltekische Krieger** Nur hochrangige Adlige trugen einen gefiederten Kopfschmuck.

## Tolteken

Toltekische Eindringlinge aus dem Norden schufen nach etwa 900 n. Chr. um **Tula** (Tollán) ein Reich, das sich über weite Teile Mittelamerikas erstreckte. Die früheren Gebiete der Maya in Yucatán wurden zum Mittelpunkt einer gemeinsamen Tolteken- und Maya-Kultur, darunter die Städte **Chichén Itzá** mit dem Kriegertempel und der Castillo-Pyramide sowie **Mayapán.** Nach 1200 ging der toltekische Einfluss in Zentralmexiko zurück. Die Hochlandgebiete wurden schließlich von den Mixteken übernommen.

**Hohe Kunst** Ein Weihrauchfass aus der nachklassischen Mayakultur

## Maya

Die frühe Maya-Kultur geht auf die Zeit um 2600 v. Chr. zurück. Ab etwa 200 v. Chr. entstanden Stadtstaaten wie **Tikal.** Die Maya entwickelten eine Zeichen- oder Glyphenschrift und verfügten über einen fortschrittlichen astronomischen Kalender. Mit Städten in Süd- und Zentralmexiko bestanden Handelskontakte und politische Beziehungen, es wurde ein Reich mit großem Einfluss errichtet.

Um 750–900 n. Chr. brach die Zivilisation der Maya aus unbekannten Gründen zusammen. Nach 1200 n. Chr. entstand unter toltekischem Einfluss in Yukatán die Maya-Kultur der so genannten nachklassischen Periode.

5000 v. Chr.

- **Um 5000 v. Chr.** Im Hochland Mittelamerikas wird der erste Mais angebaut.
- **Um 2500 v. Chr.** Die ersten Inuit-Völker kommen nach Nordamerika.
- **Um 1200 v. Chr.** An der Küste des Golfs von Mexiko entwickelt sich die olmekische Kultur.

1000 v. Chr.

- **Um 900 v. Chr.** In Peru entwickelt sich die Chavin-Kultur (bis um 400 v. Chr.).
- **Um 700 v. Chr.** Im östlichen Waldland Nordamerikas beginnt das Volk der Adena mit Grabhügelbau.
- **Um 100 v. Chr.** Im Osten Nordamerikas löst die Hopewell-Kultur die Adena-Kultur ab.

0

- **Um 100 n. Chr.** An der Küste Perus entsteht die Moche-Kultur.
- **Um 150 n. Chr.** Teotihuacán in Mexiko entwickelt sich zur ersten Großstadt Mittelamerikas.
- **Um 400–800** In Nordamerika wird die Speerschleuder allmählich durch Pfeil und Bogen ersetzt.
- **Um 650** Teotihuacán erlebt den Niedergang.
- **Um 750–900** Die „klassische“ Maya-Kultur geht unter, die Städte werden verlassen.
- **Um 900** Bei den Anasazi entwickeln sich erste Pueblo-Siedlungen.

## Die amerikanischen Reiche

Vor der Eroberung durch die Europäer waren in Amerika mehrere Kulturen beheimatet, darunter die Azteken in Mexiko und die Inka in Peru.

### Nordamerika

Es gab nur wenige städtische Kulturen in Nordamerika, deshalb ist von den wichtigen Stätten außer Erdhügeln kaum etwas erhalten. Ab 700 v. Chr. hatten die **Adena-** und **Hopewell-Völker** über 1000 Jahre lang eine Vormachtstellung im Mittleren Westen. Sie errichteten weitläufige Erdhügel für rituelle Zwecke und Bestattungen, etwa den Serpent Mound in Ohio. Auf die Hopewell-Kultur folgte um 600 n. Chr. die **Mississippi-Kultur.** Die Stämme bauten im Mississippi-Tal Mais und Bohnen an, ihre Stadt Cahokia hatte um 1050 bereits 30 000 Einwohner. Die Mais anbauenden Völker der **Anasazi** und **Pueblo** tauchten nach 600 im Südwesten auf. Sie bauten typische Dörfer aus Lehm und Stein. Bereits um 1900 hatten europäische Siedler alle einheimischen Kulturen vernichtet.

**Inka-Figurine** Diese goldene Statue einer Mätresse wurde einem Inka-Herrscher mit ins Grab gelegt.

### Inka

Die Inka-Kultur entstand im 13. und 14. Jh. in Peru, sie fußte auf dem halb sagenhaften Gottkönig (Inka) **Manco Capac.** Aus einer Serie von Feldzügen unter **Pachacutec Inca Yupanqui** (Regierungszeit 1438–71) und seinen Nachfolgern ging ein Reich hervor, das die Anden von Ecuador bis Chile umfasste.

Die Inka entwickelten eine straffe Zentralverwaltung und zwangen den unterworfenen Stämmen ihre Sprache auf. Ein Straßennetz führte zur religiösen und politischen Hauptstadt **Cuzco**, deren massive Mauern aus vieleckig behauenen Steinen ohne Mörtel gebaut waren. Das spektakuläre **Machu Picchu** war eine Stadt und ein Kultzentrum hoch in den Anden. Die Religion der Inka beruhte auf dem Sonnenkult; die alten Inka-Herrscher hielten sich für Abkömmlinge der Sonne.

Nach dem Tod des Inka **Huayna Capac** 1525 wurde das Inka-Reich durch Thronfolgestreitigkeiten geschwächt und zerfiel mit dem Eindringen spanischer Konquistadoren unter **Francisco Pizarro** in den Jahren 1532–3. Pizarro ließ den Inkaanwärter **Atahualpa** hinrichten, nachdem er ihm geholfen hatte, seinen Halbbruder Huáscar abzusetzen. Mit der Enthauptung **Tupac Amarus** in Cuzco durch die Spanier starb die letzte Inka-Dynastie 1572 aus.


Siehe auch
192–3 **Die Zeit der Entdeckungen**
286–305 **Nord- und Südamerika**
338–9 **Mythologien der Welt**


### Bekannte Kultstätten

**Palenque, Mexiko** Maya-Tempel mit Steinskulpturen und Inschriften, 7.–8. Jh.

**Tikal, Guatemala** Monumentale Pyramiden der Maya-Könige (etwa 8. Jh.)

**Teotihuacán, Mexiko** Eine gewaltige Pyramide als Heiligtum, die um das 1. Jh. errichtet wurde

**Tenochtitlán, Mexiko** Tempelkomplex der Azteken aus dem 14. Jh.

**Machu Picchu, Peru** Inkastätte aus der Zeit um 1300, die wahrscheinlich dem Sonnenkult gewidmet war

**Um 950** Die Tolteken werden führende Militärmacht in Mittelamerika.

1000

**Um 1000** Die Wikinger gründen in L'Anse aux Meadows, Neufundland, eine Kolonie.

**Um 1050** In Illinois erlebt die Erdhügelstadt Cahokia eine Blütezeit.

**Um 1200** Die toltekische Kultur wird von der Mixteken abgelöst. In Cholula entsteht die größte Pyramide der Welt.

**Um 1325** Gründung Tenochtitláns, Hauptstadt der Azteken.

**1472** In Peru ist das Inka-Reich auf seinem Höhepunkt.

**1492** Auf der Suche nach Asien landet Christoph Kolumbus auf den Bahamas.

1500

**1519** Hernán Cortés landet in Mexiko. 1521 erobert er die Stadt Tenochtitlán.

**1531–3** Pizarro bezwingt die Inka. Spanien erlangt die Herrschaft über Peru.

**1607** In Jamestown, Virginia, wird die erste dauerhafte europäische Siedlung gegründet.

**1625** Die eingeborene Bevölkerung Mittelamerikas sinkt auf 1,25 Mio., ein Zehntel der Einwohnerzahl vor 1500.

**1700** Die Zahl der europäischen Siedler in Nordamerika steigt auf über 250 000.

**1890** Mit dem Massaker bei Wounded Knee in South Dakota ist die Unterwerfung der eingeborenen Völker besiegelt.

1900

*Fortschritte in der Schifffahrt und die Nachfrage nach Seide und Gewürzen aus dem Fernen Osten veranlassten europäische Seefahrer zu Entdeckungsreisen. Die Portugiesen umsegelten Afrika und fuhren über Indien hinaus, Kolumbus überquerte den Atlantik. Nun stand den Europäern die ganze Welt für Handel und die Gründung von Siedlungen offen.*

## Die großen Entdeckungsreisen

Innerhalb von knapp 300 Jahren erschlossen europäische Seefahrer zwischen 1492 (Kolumbus) und 1768 (Cook) auf ihren Reisen die gesamte Welt. Ihnen folgten Handelsgesellschaften und Siedler.

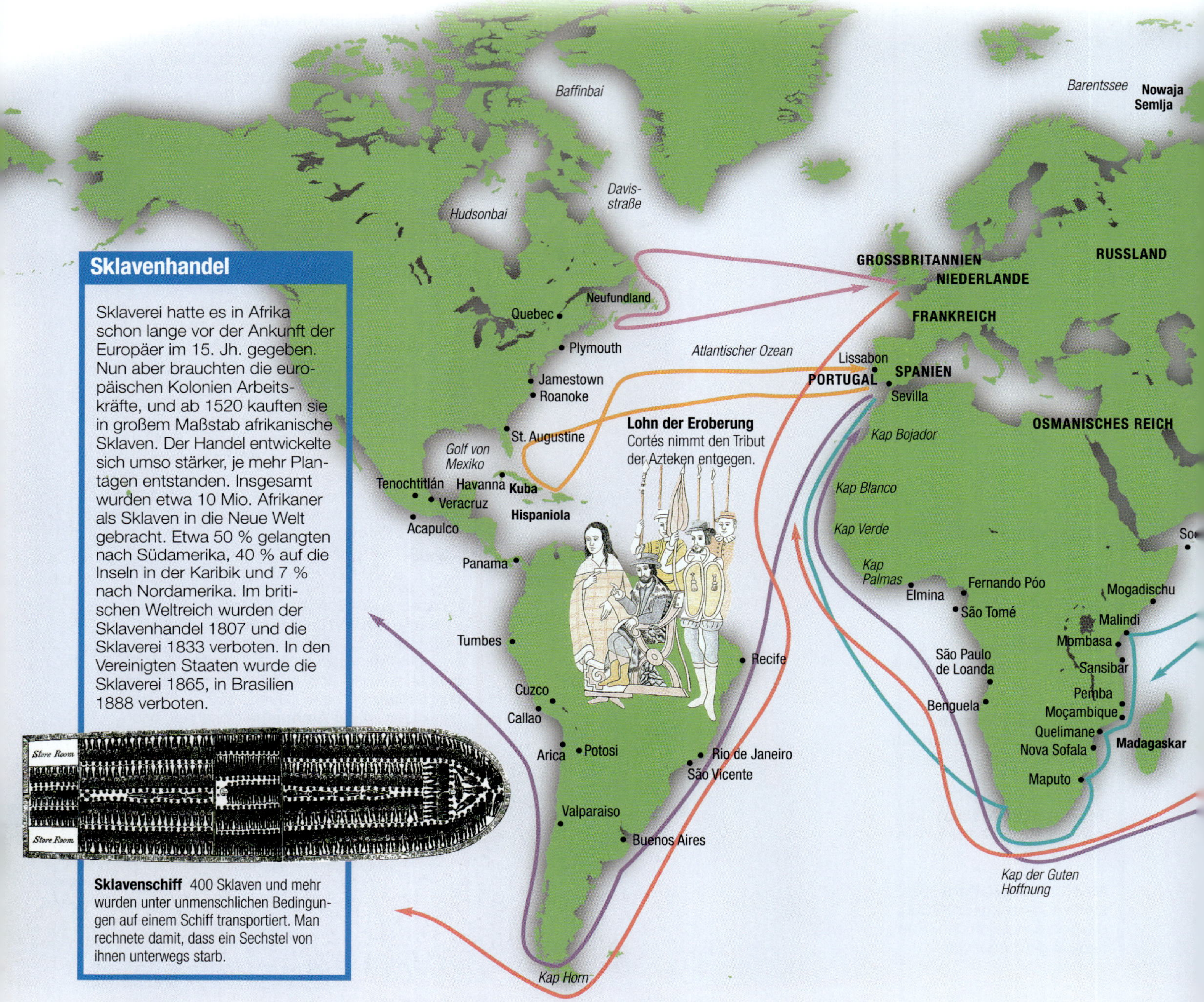


## Sklavenhandel

Sklaverei hatte es in Afrika schon lange vor der Ankunft der Europäer im 15. Jh. gegeben. Nun aber brauchten die europäischen Kolonien Arbeitskräfte, und ab 1520 kauften sie in großem Maßstab afrikanische Sklaven. Der Handel entwickelte sich umso stärker, je mehr Plantagen entstanden. Insgesamt wurden etwa 10 Mio. Afrikaner als Sklaven in die Neue Welt gebracht. Etwa 50 % gelangten nach Südamerika, 40 % auf die Inseln in der Karibik und 7 % nach Nordamerika. Im britischen Weltreich wurden der Sklavenhandel 1807 und die Sklaverei 1833 verboten. In den Vereinigten Staaten wurde die Sklaverei 1865, in Brasilien 1888 verboten.

**Sklavenschiff** 400 Sklaven und mehr wurden unter unmenschlichen Bedingungen auf einem Schiff transportiert. Man rechnete damit, dass ein Sechstel von ihnen unterwegs starb.

**Lohn der Eroberung**
Cortés nimmt den Tribut der Azteken entgegen.

**1492** Als Anführer einer spanischen Entdeckungsfahrt landet Kolumbus auf den Bahamas.

**1497** Giovanno Caboto (John Cabot) führt eine englische Entdeckungsfahrt an und erreicht Neufundland.

**1498** Nach der Umrundung des Kaps der Guten Hoffnung erreicht Vasco da Gama Indien.

1500

**1500** Pedro Álvares Cabral nimmt Brasilien für Portugal in Anspruch.

**1510** Affonso de Albuquerque erobert Goa für Portugal und nimmt anschließend Malakka ein (1511).

**1512** Der Portugiese Francisco Serrão entdeckt die Gewürzinseln (Molukken).

**1513** Vasco Núñez de Balboa durchquert Panama und erblickt als erster Europäer den Pazifischen Ozean.

**1519 Der portugiesische Seefahrer Fernão de Magalhães unternimmt eine Weltumsegelung.**

**1535** Jacques Cartier fährt auf dem St.-Lorenz-Strom flussaufwärts und macht französische Ansprüche in Kanada geltend.

**1538–42** Der spanische Konquistador Hernando de Soto erforscht Florida und den Südosten Nordamerikas.

**1540–2** Der spanische Entdeckungsreisende Francisco Vásquez de Coronado erreicht den Grand Canyon.

## Gewürze und Kartoffeln

Der Handel mit Gewürzen war eines der Ziele der europäischen Entdecker. Weil man davon in Europa große Mengen zur Konservierung und geschmacklichen Verbesserung von Nahrungsmitteln benötigte, waren sie Gewinn bringende Handelsgüter. Die Seefahrer fanden Lieferanten für Zimt in Ceylon (Sri Lanka), für Pfeffer in Südostasien, für Muskat und Nelken auf den Molukken und für Ingwer in China. In Nord- und Südamerika entdeckten sie Nahrungsmittel wie Kartoffeln, Kürbis, Mais, Pfefferschoten, Tomaten und Truthahn. Ein anderes profitables Produkt aus Amerika war Tabak.

**Kakaopflanze** Ein Aquarell aus einem französischen Album von 1698 mit Darstellungen von Pflanzen der Westindischen Inseln

**FAKTEN** Die genaue Berechnung der geographischen Länge wurde erst um 1760 möglich. Vor dieser Zeit war die Navigation ohne Landsicht eine unsichere Angelegenheit.

## Neue Imperialmächte

Mehrere europäische Staaten betrachteten die Entdeckungen als Chance zur Stärkung ihrer wirtschaftlichen und politischen Macht. Aus ihren Handelsimperien wurden die großen Territorialreiche des 19. Jh.

**Portugal** Unter der königlichen Schirmherrschaft Heinrichs des Seefahrers (1394–1460) war Portugal Vorreiter bei den Entdeckungen. Portugiesische Seefahrer eröffneten den Seeweg in den Fernen Osten und errichteten zahlreiche Handelsposten, darunter Goa, Luanda, Macao, Malakka und Moçambique. Brasilien galt zunächst als wenig verheißungsvoll, wurde später aber Portugals bedeutendste Kolonie.

**Spanien** Auf seinen Reisen gelang es Christoph Kolumbus zwar nicht, den Fernen Osten zu erreichen, sie führten aber zur Errichtung eines gewaltigen spanischen Reiches in Amerika. Jahr für Jahr wurden riesige Mengen Silber aus den Minen von Potosi in Peru nach Spanien befördert. Das Silber diente zur Finanzierung der politischen Herrschaft Spaniens über Europa und bewirkte einen Aufschwung im Handel mit Asien.

**Vasco da Gama** Eine zeitgenössische Illustration des portugiesischen Seefahrers

**Niederlande** Der Krieg gegen Spanien (1567–1648) ermunterte niederländische Seeleute zum Angriff auf spanische und portugiesische Kolonialbesitztümer. Erfolgreich waren sie in Südostasien, angeführt von der Niederländisch-Ostindischen Kompanie (gegründet 1600). Fast das ganze 17. Jh. hindurch verwalteten die Niederländer das größte Handelsimperium der Welt, das sich bis nach Kapstadt und Japan erstreckte.

**England** Die koloniale Ausdehnung Englands begann ab 1607 mit der Besiedlung der nordamerikanischen Ostküste, gewann aber erst im 18. Jh. nach einer Reihe von Kriegen mit den Niederlanden an Bedeutung. Zur Zeit der Ostindischen Kompanie (1600–1873) kam es zu einer großen Erweiterung der Gebiete in Indien, die Franzosen wurden aus Nordafrika vertrieben, die Niederländer aus Afrika, und die Reisen des James Cook erschlossen den Südpazifik. Nur in Nordamerika hielt sich die britische Ausdehnung aufgrund des Widerstands der amerikanischen Kolonisten in Grenzen.

**Frankreich** Nach dem Niedergang des niederländischen Weltreichs war Frankreich Großbritanniens einziger ernsthafter Rivale in Bezug auf die Kolonien. Französische Erkundungsreisende hatten im Innern Nordamerikas ein Kolonialreich begründet, und Anfang des 18. Jh. hatte Frankreich in Indien etwa den gleichen Einfluss wie Großbritannien. Im Siebenjährigen Krieg 1756–63 jedoch überrannten die Briten systematisch die französischen Besitztümer.

Siehe auch
184–5 **Indien**
188–9 **Afrika**
190–1 **Das alte Amerika**
482–3 **Die Zeit der Segelschiffe**

**1540–3** Francisco de Orellana überquert die Anden und segelt auf dem Amazonas flussabwärts.

**1545–52** Der spanische Missionar Francis Xavier reist nach Goa, Ceylon (Sri Lanka), Japan und China.

1550

**1577–80** Der englische Seefahrer Francis Drake unternimmt die zweite Weltumsegelung.

**1596–7** Der niederländische Seefahrer Willem Barents stirbt auf der Suche nach einem Seeweg nach Asien.

1600

**1608** Samuel de Champlain gründet in Quebec, Kanada, eine französische Kolonie.

**1610** Der englische Seefahrer Henry Hudson erkundet die Hudsonbai und den Hudson.

**1619 Die Niederländer gründen in Batavia (Jakarta) eine Kolonie als Zentrum ihrer Besitzungen.**

**1620** Die englischen Pilgerväter gründen eine Kolonie in Massachusetts.

**1642–4** Der niederländische Seefahrer Abel Tasman besucht Tasmanien, Neuseeland, Neuguinea und Australien.

1650

**1679–82** Robert de la Salle beansprucht das Mississippi-Tal für Frankreich.

**1768–79 James Cook unternimmt drei Expeditionen in den Pazifik und beansprucht Australien für Großbritannien.**

*Im 14. Jh. durchwehte Italien ein frischer Forschergeist, der auf ganz Europa übergriff. Die klassische Gelehrsamkeit wurde wiederentdeckt und regte Wissenschaftler und Künstler zur Neubewertung der Welt an. Das führte zu einem neuen Vertrauen in die menschlichen Fähigkeiten und zu einem Wandel, den man als Renaissance oder Wiedergeburt bezeichnete. Sie dauerte etwa 200 Jahre und markiert den Übergang vom Mittelalter zur Neuzeit.*

## RENAISSANCE NÖRDLICH DER ALPEN

Inspiriert von den Schriftstellern der klassischen Antike und weiterentwickelt von Gelehrten wie Erasmus von Rotterdam und Thomas Morus, entstand in Nordeuropa etwa ab dem 14. Jh. der so genannte **Humanismus,** der Dogmen und den bedingungslosen Gehorsam gegenüber Autoritäten ablehnte. Der mit dieser Einstellung verbundene Wissensdurst machte aus Europa bis zum 17. Jh. einen Schmelztiegel der neuzeitlichen **Wissenschaften.** Auch der technische Fortschritt erlebte eine Blütezeit. Mitte des 15. Jh. erfand Johannes Gutenberg (1397–1468) die beweglichen Drucklettern. Jan van Eyck (1390–1441) entwickelte die Technik der **Ölmalerei,** die größere Detailgenauigkeit erlaubte und die Wirkung von Licht und Farben erhöhte. In der **Architektur** traten klassische Themen in den Vordergrund. Skeptisches Hinterfragen führte zur Kritik an der Kirche – die meisten Denker der Renaissance wünschten eine Reform, keineswegs aber die Wirren der Reformation, die sich anschloss.

**Familienbild** Die Größe der menschlichen Gestalten und die klaren Farben kennzeichnen van Eycks Gemälde *Giovanni Arnolfini mit seiner Gattin* (1434) als ein Werk der Renaissance.

## RENAISSANCE SÜDLICH DER ALPEN

Schon Anfang des 15. Jh. studierten Architekten wie Filippo Brunelleschi römische Ruinen und verwendeten sie als Inspirationsquelle für eine **neue Architektur,** für die auch die Künstler eintraten. Der Architekt **Andrea Palladio** (1508–80) schuf tempelähnliche Palazzi und Villen, die sich durch klassische Symmetrie auszeichneten. Ab der Zeit Giottos (um 1267–1337) entwickelte sich eine zunehmend **realistische Malweise,** die sich mehr mit der genauen Wiedergabe der Wirklichkeit als mit symbolischer Bedeutung beschäftigte. Die Themen wurden im 15. Jh. weltlicher und spiegelten eine veränderte Haltung in Bezug auf die Stellung der Menschheit innerhalb des Kosmos. Die **Bildhauerei** war stark von den erhaltenen römischen Werken beeinflusst, und Bildhauer wie **Donatello** und **Michelangelo** besaßen den Ehrgeiz, genauso kreativ wie ihre klassischen Vorbilder zu sein. Neue Anregungen lieferten Entdeckungen bedeutender römischer Werke wie der Laokoon-Gruppe im Jahr 1506.

Wohlhabende rivalisierende **Stadtstaaten** wie Florenz, Mailand und Venedig – regiert von einer gebildeten Aristokratie – förderten Gelehrte, Musiker, Maler und Architekten. Künstler galten nicht mehr nur als Handwerker, die Anonymität der mittelalterlichen Gilden wurde durch einen neuen **Individualismus** ersetzt. Auftraggeber ermöglichten Künstlern, z. B. Leonardo da Vinci, sich ausgiebig anderen Interessen wie der Wissenschaft und Technik zu widmen. Die fortschrittliche Einstellung italienischer Universitäten, besonders was die Sektion von Leichen betraf, gewährleistete eine bedeutende Weiterentwicklung der **Medizin.** Der flämische Arzt **Andreas Vesalius** (1514–64) veröffentlichte 1543 in Italien seine Schrift über den Körperbau des Menschen *De humani corporis fabrica*.

**Technisches Meisterwerk** Die Kuppel des Doms von Florenz – die größte der Welt – war die erste Kuppel, die ohne Stützgerüst aus Holz errichtet wurde.

1300

**Um 1305–6** Giotto malt die Fresken in der Arena-Kapelle.

**Um 1340** Petrarca schreibt sein episches Gedicht *Africa* im Stil des Dichters Vergil.

**1345–1438** In Venedig wird der Dogenpalast erbaut.

1400

**Um 1415** Jan van Eyck beherrscht die Technik der Ölmalerei.

**1420–36** Kuppel des Doms von Florenz nach einem Entwurf von Brunelleschi

**1430–2** Brunelleschi und Donatello befassen sich mit den Ruinen des antiken Rom.

**1434 Anfänge der Herrschaft der Medici**

1450

**1456 Johannes Gutenberg revolutioniert den Buchdruck.**

**1472** In Bologna, Italien, werden die ersten Noten gedruckt.

**1479** Einrichtung der spanischen Inquisition

**1480** Botticelli malt *Die Geburt der Venus.*

**1495–7 Leonardo da Vinci malt *Das Abendmahl.***

1500

**1503** Leonardo da Vinci malt die *Mona Lisa.*

**1504** Michelangelo vollendet die Skulptur des *David.*

## Ein neuer Malstil

Die Kunst erlebte einen tief greifenden Wandel. Neue Methoden wurden entwickelt, neue Themen erforscht, und man entdeckte die Gesetze der Perspektive. Die Maltechnik erreichte ungeahnte Höhen. Die Behandlung religiöser Themen orientierte sich zunehmend an Menschen aus Fleisch und Blut.

***Die Geißelung Christi*** Piero della Francesca (um 1420–92) malte das Bild um 1458 für die Sakristei im Dom von Urbino. Das Gemälde gehört zu seinen geheimnisvollsten Werken. Die Gleichgültigkeit der drei zeitgenössischen Gestalten angesichts der Geißelung Christi ist eine auffällige Abkehr von der konventionellen Malweise.

Die statische Haltung der Gestalten, ihre sorgfältig ausgearbeiteten Posen und der Abstand zwischen ihnen sind Kunstgriffe des Malers, mit denen er eine Wirkung von Ruhe und Größe zu erzielen versuchte, die an die Skulpturen der klassischen Antike erinnern.

Der Bildaufbau ist kompliziert und weist zwei Schwerpunkte auf, die scheinbar keinen Zusammenhang haben. Doch das Auge des Betrachters wird durch den architektonischen Rahmen von einem Schwerpunkt zum anderen geführt.

Umgeben von Menschen ist Christus in eine realistische Welt versetzt. Das spiegelt die in der Renaissance vorgenommene Neubewertung der Geschichte Jesu und war eine Möglichkeit, dem Betrachter die christliche Botschaft unmittelbarer nahe zu bringen.

Die Verwendung von Perspektive und perspektivischer Verkürzung schafft eine Illusion von Tiefe. Dieser Effekt unterscheidet Renaissancegemälde von mittelalterlichen Werken. Die Wirkung dieses Bildes ist durch die übergenau dargestellte Architektur beeinträchtigt.

Die Darstellung der klassischen Architektur mit Säulen und Kapitellen spiegelt das Interesse der Renaissance an der griechisch-römischen Vergangenheit. Außerdem drückt die klassische Kulisse aus, dass es sich um eine geschichtliche Szene handelt.

Die Gestalten zeigen, wie genau der Künstler die Anatomie beobachtete. Maler und Bildhauer strebten eine naturalistische Darstellung der Welt an. Später wurden die Gestalten zunehmend gefühlsbetont und ausdrucksvoll dargestellt.

Der durch sorgfältiges Schattieren geschaffene Faltenwurf unterstreicht, mit welcher Detailgenauigkeit der Künstler arbeitet. Die Verwendung von Licht und Schatten trägt in bemerkenswerter Weise zur Illusion der Tiefe bei.

**1505** Erasmus veröffentlicht das *Lob der Torheit.*

**1505–12** Michelangelo malt die Sixtinische Kapelle aus.

**1510–12** Raffael malt *Die Schule von Athen.*

**1513** Machiavelli vollendet sein Werk *Der Fürst.*

**1517** In Wittenberg gibt Luther den Anstoß zur Reformation.

**1543** Kopernikus sieht die Sonne als den Mittelpunkt des Planetensystems.

1550

**1551** Palladio entwirft die Villa Rotunda.

**1558** In England kommt Elisabeth I. auf den Thron.

**1562** In Frankreich brechen Religionskriege aus.

**1582** Die Katholiken führen den gregorianischen Kalender ein.

**Um 1590** Hans und Zacharias Jansen entwickeln das erste Mikroskop.

1600

**1600–8** Der flämische Maler Rubens ist in Italien tätig.

**1633** Die Inquisition verdammt den Glauben, die Erde drehe sich um die Sonne.

Siehe auch
350–1 **Naturwissenschaften**
352–5 **Kunst**
366–9 **Architektur**

*Bis etwa 1500 gehörten alle Christen in Europa der römisch-katholischen Kirche an. Doch innerhalb von 50 Jahren war der Kontinent zwischen Katholiken und den Protestanten, die die Autorität des Papstes ablehnten, aufgeteilt. Hunderttausende waren in den Konflikt zwischen den Glaubensrichtungen verwickelt.*

## Bedeutende Reformatoren

Der Notwendigkeit eines religiösen Wandels gaben zahlreiche religiöse Denker Ausdruck. Einige, etwa Luther oder Heinrich VIII., strebten Reformen an. Andere, z. B. Zwingli oder Calvin, traten für eine radikal neue Spiritualität ein, die einen völligen Bruch mit der römisch-katholischen Kirche bedeutete.

**Ulrich Zwingli (1484–1531)**
Ab etwa 1517 trat der Schweizer für die Heilige Schrift als alleinige Autorität in der Religion ein. Er bekehrte die Bevölkerung von Zürich zum Protestantismus, und seine 67 Thesen über die Reformation wurden von der Züricher Kantonalregierung angenommen.

**Heinrich VIII. (1491–1547)**
Heinrich VIII. war von 1509 bis 1547 König von England. Als der Papst sein Ersuchen um eine Scheidung von Katharina von Aragón ablehnte, sagte sich Heinrich von Rom los. Er gründete die anglikanische (protestantische) Staatskirche und setzte sich als deren Oberhaupt ein. Auch löste er die Klöster in England auf (1536–40) und zog ihre Besitztümer ein.

**Johannes Calvin (1509–64)**
Der französische Jurist und Theologe Calvin befürwortete eine strenge Form des Protestantismus, die auf der Prädestination beruhte, der Lehre, dass alle Geschehnisse von Gott vorherbestimmt seien. Ab 1536 führte Calvin die Stadt Genf und machte sie zu einer Zufluchtsstätte für Europas Protestanten.

**John Knox (etwa 1513–72)**
Knox trat um 1540 zum Protestantismus über. Nachdem ihn die Franzosen wegen einer antikatholischen Verschwörung eingesperrt hatten, wurde er Kaplan am Hof König Eduards VI. von England. Nach der Thronbesteigung Maria Tudors floh er nach Genf.1559 stellte er sich in Schottland an die Spitze der Reformbewegung und war einer der Begründer der (protestantischen) Kirche von Schottland (1560).

**Zwingli** Ulrich Zwingli machte den Schweizer Kanton Zürich zu einem Mittelpunkt des Protestantismus.

**Heinrich IV. (1553–1610)**
Heinrich IV. war von 1589 bis 1610 König von Frankreich und Anführer der Hugenotten. 1598 verkündete er das Edikt von Nantes, das Religionsfreiheit zusicherte und nach den Religionskriegen Frieden brachte.

**1415** Der Böhme Jan Hus wird als Ketzer verbrannt. Die Hinrichtung löst die Hussitenkriege (1419–34) aus.

1500

**1514** Die Fugger, eine deutsche Bankiersfamilie, erhalten von Papst Leo X. die Genehmigung zum Verkauf von Ablässen.

**1517 Martin Luther schlägt seine 95 Thesen an die Tür der Schlosskirche von Wittenberg.**

**1521** Luther wird exkommuniziert, nachdem er Schriften verfasste, die das Papsttum und die katholische Lehre angriffen.

**1523** In den spanischen Niederlanden werden Protestanten als Ketzer verbrannt – der Beginn 30-jähriger Verfolgungen.

1525

**1528** Heinrich VIII. entlässt Kardinal Wolsey, dem es nicht gelingt, Heinrichs Scheidung beim Papst durchzusetzen.

**1534** Ignatius von Loyola gründet den Jesuitenorden. Heinrich VIII. wird Oberhaupt der Kirche von England.

**1535** Thomas Morus wird hingerichtet, weil er sich weigert, Heinrich VIII. als Oberhaupt der Kirche anzuerkennen.

**1536–40 Heinrich VIII. schließt 800 katholische Klöster in England.**

**1541** Johannes Calvin gründet in Genf eine reformierte Kirche.

## Martin Luther

Martin Luther (1483–1546) war ein Augustinermönch niederer Herkunft, der ab 1512 als Professor für Theologie an der Universität von Wittenberg lehrte. Erzürnt über den Verkauf von Ablässen, dem Nachlass von Sündenstrafen, schlug er 1517 an die Tür der Wittenberger Schlosskirche 95 Thesen, in denen er seine Bedenken formulierte. Sein Bestreben war die Rückkehr des reinen Glaubens in die Kirche; die regierenden deutschen Fürsten rief er auf, sich der protestantischen Sache anzunehmen. Von aufkommenden demokratischen Deutungen seiner Lehre hielt er indes nicht viel und trat für Gehorsam in der Kirche ein.

Luther wurde 1521 exkommuniziert und im selben Jahr von Kaiser Karl V. vor den Reichstag zu Worms gerufen, wo er sich weigerte zu widerrufen. 1525 heiratete er die ehemalige Nonne Katharina von Bora und verbrachte den Rest seines Lebens damit, seiner Sache zu dienen. Gleichzeitig schrieb er eine Bibelübersetzung, die wesentlich zur Verbreitung seines Gedankenguts – und zur Entstehung einer deutschen Standardsprache – beitrug.

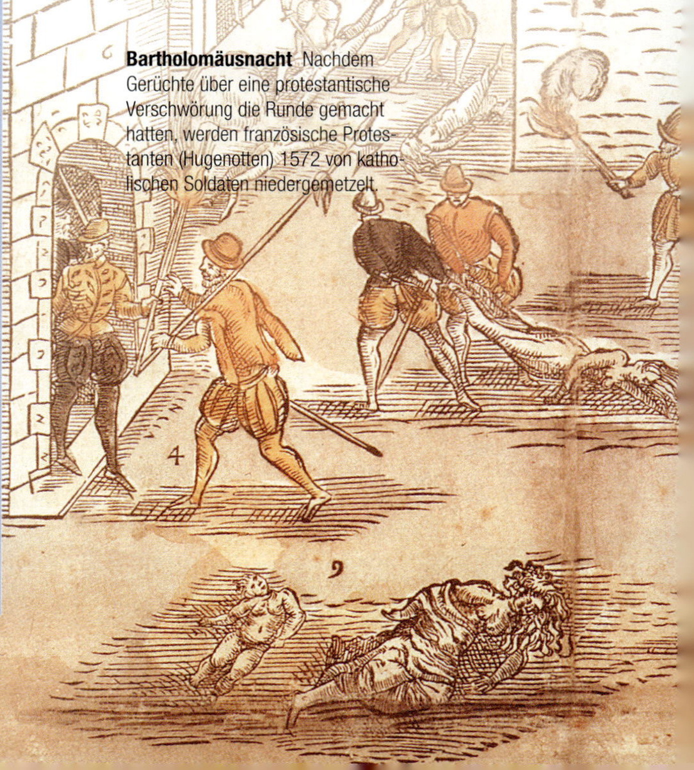

**Bartholomäusnacht** Nachdem Gerüchte über eine protestantische Verschwörung die Runde gemacht hatten, werden französische Protestanten (Hugenotten) 1572 von katholischen Soldaten niedergemetzelt.

| Kritik der Reformation an der Kirche | Die Reaktionen der Gegenreformation |
|---|---|
| Mit dem Fortschreiten der Reformation wurden beim Abschluss von Bündnissen in Europa nicht nur politische Themen bedeutsam, sondern auch religiöse Thesen. Doch es war vor allem ernsthafte Kritik an der Kirche, die dem Protestantismus zugrunde lag. | Die Reaktion des Papsttums auf die protestantische Kritik war eine Mischung aus Reform und energischer Verteidigung, angeführt vom Konzil zu Trient. Die Gegenreformation verhinderte den Zerfall der Kirche und führte zu einem reformierten Katholizismus. |
| **Korruption der Kirche** Viele Christen hatten das Gefühl, die Prachtentfaltung der Kirche stehe im Widerspruch zum Evangelium. | **Barock** Im späten 16. Jh. entwickelte sich ein noch opulenterer Stil, der dem Selbstbewusstsein der Kirche Ausdruck verlieh. |
| **Mangelnde Autorität der Heiligen Schrift** Der Humanismus förderte eine kritische Haltung und machte auf die Kluft zwischen Praktiken wie dem Ablassverkauf und der Lehre Jesu aufmerksam. | **Neue Institutionen** Die 1534 gegründete Gesellschaft Jesu, die Jesuiten, brachte humanistisches Gedankengut in die katholische Lehre ein und machte diese für Laienchristen attraktiver. |
| **Mangelnde Kompetenz der Priesterschaft** Viele Christen zweifelten an Ausbildung und Kompetenz der Priester, am Sinn des ihnen aufgezwungenen Zölibats, schließlich aber auch am Anspruch des Papstes als Stellvertreter Christi auf Erden. | **Neue religiöse Orden** Das Konzil von Trient begründete einen neuen, dynamischen Predigerorden, die Kapuziner, um so der Forderung der Laienschaft nach religiöser Unterweisung zu entsprechen. Auch die Priesterausbildung wurde verbessert. |
| **Lehrsätze, die nicht in der Bibel verankert waren** Die Protestanten lehnten das Bestehen der Kirche auf dem hohen Rang und dem fürsprecherischen Vermögen Marias und der Heiligen ab. Auch den Wert von Pilgerfahrten und Reliquien bezweifelten sie. | **Genaue Darlegung der katholischen Lehrsätze** Die größte Leistung des Konzils von Trient war die bis heute klarste Definition der von allen Katholiken geforderten Glaubenspunkte, darunter auch die Beibehaltung aller geltenden Sakramente. |
| **Kontrolle der Kirche über den Zugang zur Bibel** Die Protestanten forderten, Bibel und Gottesdienste dem Volk in seiner Sprache zugänglich zu machen. Der Gebrauch der lateinischen Sprache und der Einfluss der römisch-katholischen Kirche im Bildungswesen schufen ein Monopol in Bezug auf die Deutung der Bibel und verhinderten, dass die Menschen die christliche Botschaft unmittelbar und nicht durch das Sprachrohr der Kirche vernahmen. | **Größere Kontrolle der Kirche** Mit der Wiedereinsetzung der Inquisition und der Erstellung des ersten Index verbotener Bücher gelang es der Kirche, eine bessere Kontrolle über die Bildung ihrer Mitglieder auszuüben. Wollte ein Katholik etwa die Werke eines Reformators (oder bestimmter kritischer Laienschriftsteller wie Machiavelli) lesen, musste er zuvor eine Sondererlaubnis der Kirche einholen. |

**1542** Papst Paul III. setzt erneut die Inquisition zur Kontrolle des sich ausbreitenden Protestantismus ein.

**1545–63** Das Konzil von Trient leitet die Gegenreformation ein.

**1555** Im Augsburger Religionsfrieden erlaubt Kaiser Karl V. den Fürsten die Wahl der Religion für ihre Untertanen.

**1558** Die Protestantin Elisabeth I. besteigt in England den Thron.

**1562** In Frankreich brechen die Religionskriege aus (bis 1598).

**1563** Den Hugenotten wird begrenzte Religionsfreiheit zugestanden.

**1566** Die Niederlande rebellieren gegen ihre spanischen Herrscher (bis 1609).

**1572** In der Bartholomäusnacht werden rund 30 000 Hugenotten ermordet.

**1593** Heinrich IV. von Frankreich tritt wieder zum Katholizismus über.

**1598** Das Edikt von Nantes gewährt den französischen Protestanten Kultfreiheit.

**1618** Beginn des Dreißigjährigen Krieges zwischen Protestanten und katholischen Habsburgern (bis 1648).

**1642–6** In Großbritannien kommt es, zum Teil infolge religiöser Auseinandersetzungen, zum Bürgerkrieg.

## Die Religionskriege

Aus den religiösen Wirren der Reformationszeit entwickelten sich im 16. und 17. Jh. mehrfach Kriege. Die größten Auseinandersetzungen:

- **Die französischen Glaubenskriege** Religiöse Gegensätze führten zwischen 1562 und 1598 zu einer Reihe von Kriegen zwischen den französischen Häusern Bourbon und Guise. Die katholische Partei der Guise versuchte wiederholt, die protestantischen Hugenotten zu vernichten, die in Scharen nach England, in die Niederlande und die Schweiz flüchteten.
- **Unruhen in den Niederlanden** Die protestantischen Niederländer führten einen langen Krieg gegen die spanische Herrschaft über die Niederlande (1566–1609).
- **Spanische Armada** Philipp II. von Spanien versuchte 1588 das protestantische England zu erobern und zur Rückkehr zum Katholizismus zu bewegen. Seine große Flotte, die Armada, wurde in die Nordsee getrieben und zerstört.
- **Der Dreißigjährige Krieg** Zwischen 1618 und 1648 wurde Deutschland in Religionskriegen verwüstet. Die katholische Seite kämpfte unter der Führung der habsburgischen Kaiser und ihrer spanischen Anhänger; die Protestanten erhielten Schützenhilfe durch das Eingreifen Christians IV. von Dänemark, Gustavs II. Adolph von Schweden und des katholischen Kardinals Richelieu aus Frankreich, der die Macht des Heiligen Römischen Reiches fürchtete.


**Siehe auch**

194–5 **Die Renaissance**
340–1 **Religionen**
412–3 **Buchdruck**

*Der Ausspruch Ludwigs XIV., „L'État c'est moi" (Der Staat bin ich), drückte die ganze Selbstherrlichkeit eines absolutistischen Königs aus. Diese Überzeugung gab einigen Monarchen aber auch den Mut, bestimmte Freiheiten zu gewähren und einer neuen intellektuellen Bewegung, der Aufklärung, zur Blüte zu verhelfen. Sie rühmten sich ihrer toleranten Schirmherrschaft, griffen aber rücksichtslos durch, wenn das freie Denken nach revolutionärer Unzufriedenheit aussah.*

**Der Sonnenkönig** Dieser Ausdruck für Ludwig XIV. spiegelt seine absolute Macht, seinen prachtvollen Hof (ab 1682 in Versailles) und die bestechenden kulturellen Leistungen seiner Ära.

## Englisch-Niederländische Kriege

Zwischen England und den Vereinigten Niederlanden gab es drei Kriege. Zu den ersten Feindseligkeiten kam es zwischen 1652 und 1654, als England seine überseeischen Besitzungen für niederländische Schiffe sperrte. Fortgesetzte Handelsrivalitäten und die Einnahme New Yorks durch die Briten verursachten 1665–7 einen zweiten Konflikt. Die Briten waren jedoch durch die großen Katastrophen Pest und Feuer in London geschwächt, und die Niederländer gewannen Handelskonzessionen. Ein weiterer Krieg folgte 1672 bis 1674, nachdem Karl II. von England Ludwig XIV. gegen die Niederländer unterstützt hatte; Karl wurde 1673 besiegt.

## Der Spanische Erbfolgekrieg

1700 wurde Philipp von Anjou, der Enkel Ludwigs XIV., Nachfolger Karls II. von Spanien. Da er nicht aus der französischen Erbfolge ausschied, wurde allgemein eine französische Vorherrschaft in Europa befürchtet. 1704 besiegte eine Allianz zwischen Österreich, das Ansprüche auf den spanischen Thron erhob, England und den Niederlanden Frankreich bei **Blenheim.** Der im **Frieden von Utrecht** (1713) ausgehandelte Kompromiss bestätigte Philipp als König von Spanien, als Gegenleistung musste er auf seinen Anspruch auf Frankreich verzichten, und die spanischen Niederlande fielen an Österreich. Karl VI. von Österreich unterzeichnete 1714 den Vertrag und begründete damit ein Gleichgewicht der Mächte in Europa.

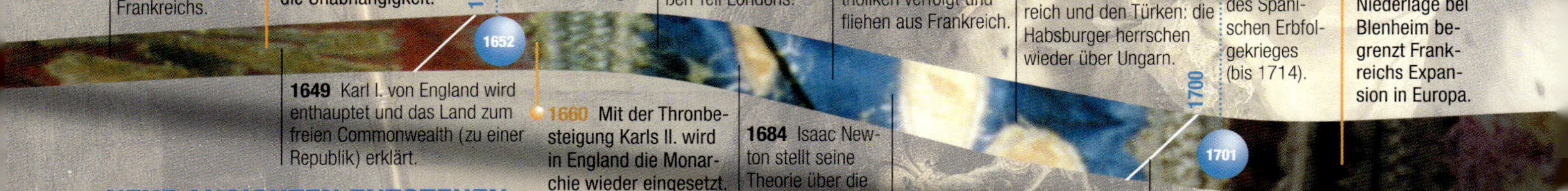


**1643** Ludwig XIV. besteigt mit 5 Jahren den Thron Frankreichs.

**1648 Ende des Dreißigjährigen Krieges. Die Niederländer erlangen die Unabhängigkeit.**

**1649** Karl I. von England wird enthauptet und das Land zum freien Commonwealth (zu einer Republik) erklärt.

**1652** Erster Englisch-Niederländischer Krieg

**1660 Mit der Thronbesteigung Karls II. wird in England die Monarchie wieder eingesetzt.**

**1666** Ein Feuer zerstört einen großen Teil Londons.

**1684** Isaac Newton stellt seine Theorie über die Schwerkraft auf.

**1685** Die Hugenotten werden von den Katholiken verfolgt und fliehen aus Frankreich.

**1688–9** In der Glorreichen Revolution gelangen Wilhelm III. (von Oranien) und Maria II., die Tochter Jakobs II., auf den englischen Thron.

**1697** Prinz Eugen von Savoyen beendet den Krieg zwischen Österreich und den Türken: die Habsburger herrschen wieder über Ungarn.

**1700** Beginn des Großen Nordischen Krieges zwischen Schweden und Russland (bis 1721).

**1701** Beginn des Spanischen Erbfolgekrieges (bis 1714).

**1703** Peter der Große gründet St. Petersburg, das 1712 Hauptstadt Russlands wird.

**1704 Die Niederlage bei Blenheim begrenzt Frankreichs Expansion in Europa.**

## NEUE ANSICHTEN ENTSTEHEN

Die Aufklärung war eine intellektuelle Bewegung auf der Grundlage wissenschaftlicher Entdeckungen und zweiflerischen Hinterfragens. Sie stellte Gesellschaft, Religion und Politik infrage. Die Denker der Aufklärung glaubten, mithilfe der Wissenschaft lasse sich eine universelle Ordnung entdecken, die als Basis für Moral, Religion und Politik dienen könne. Das „Zeitalter der Vernunft" bot die Aussicht auf Gleichheit und menschlichen Fortschritt. Schlüsselgestalten waren:

- **Francis Bacon (1561–1626)** Der englische Jurist, Staatsmann und Denker war ein Wegbereiter der wissenschaftlichen Forschung und Vordenker der Aufklärung.
- **Thomas Hobbes (1588–1679)** Hobbes, englischer Mathematiker und Philosoph, fand das natürliche Leben „übel, brutal und kurz".
- **René Descartes (1596–1650)** Der französische Philosoph und Mathematiker Descartes war der Begründer des Rationalismus, der Vorstellung, dass alles Wissen von der reinen Vernunft abgeleitet sei.
- **Benedict de Spinoza (1632–77)** Der niederländische Philosoph Spinoza identifizierte Gott mit der Natur und glaubte, alle Wesen seien Ausprägungen dieser Substanz.
- **John Locke (1632–1704)** Als Verfechter der Freiheit stellte der englische Philosoph den Grundsatz von der Volkssouveränität auf, die Theorie, dass Regierungen nur mit Einwilligung der Regierten existieren können.
- **Baron de Montesquieu (1689–1755)** Der französische Philosoph Montesquieu vertrat die Ansicht, die Teilung der Regierungsgewalt in Legislative, Exekutive und Judikative sichere die Freiheit des Einzelnen.
- **David Hume (1711–76)** Der schottische Philosoph stellte die Theorie auf, Wissen stamme aus einer Art Instinkt, seine Grundlage sei Wahrnehmung.
- **Jean-Jacques Rousseau (1712–78)** Nach Rousseau hat eine Regierung die Aufgabe, für Gerechtigkeit, Gleichheit und Freiheit zu sorgen.
- **Denis Diderot (1713–84)** Der französische Philosoph und Schriftsteller gab zusammen mit Jean d'Alembert die *Encyclopédie ou Dictionnaire raisonné* (1751–80, 35 Bände) heraus.
- **Adam Smith (1723–90)** Der schottische Philosoph Smith ersann das Wirtschaftsprinzip des Laisser-faire und behauptete, die freien Märkte förderten den Wohlstand in der Gesellschaft.
- **Immanuel Kant (1724–1804)** Der deutsche Philosoph Kant vertrat die Theorie, allgemeine Moralgesetze sollten auf Vernunft und weniger auf Dogma und Glauben basieren.

**Ausgesprochen radikal** In Werken wie *Candide* (1759) machte Voltaire (1694–1778) sich offen über die Ansprüche von Philosophen, Geistlichen, Monarchie und Adel lustig. Er trat für Gerechtigkeit, Toleranz und Freiheit ein und schuf damit die intellektuelle Grundlage der Französischen Revolution.

## Europas Reiche im Jahr 1715

- Öster. Habsburger
- Span. Habsburger
- Frankreich
- Großbritannien
- Russland
- Osmanisches Reich
- Bündnisfreie Staaten
- Kirchenstaat
- Polen
- Schweden
- Ver. Niederlande
- Preußen

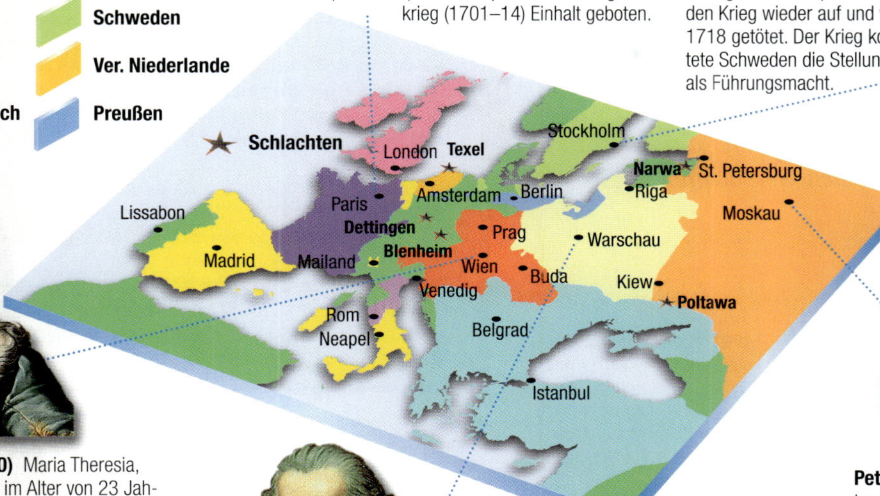


**Ludwig XIV. (1638–1715)** Ludwig trat mit 5 Jahren die Thronfolge an und war von 1643 bis 1715 König von Frankreich. Mit 23 Jahren nahm er 1661 die Regierungsgeschäfte in die Hand und regierte im festen Glauben an seine absolutistische Macht und das göttliche Recht der Könige. Er führte Feldzüge zur Erweiterung seines Reiches, bis ihm der Pfälzische Krieg (1688–97) und der Spanische Erbfolgekrieg (1701–14) Einhalt geboten.

**Karl XII. (1682–1718)** Als König von Schweden 1697–1718 verteidigte Karl im Großen Nordischen Krieg (1700 bis 1721) sein Land gegen Angriffe von Russland, Polen, Dänemark und Sachsen. Er schlug die Russen 1700 bei Narwa (Estland) und stieß 1709 nach Russland vor. Bei Poltawa wurde er besiegt. 5 Jahre später nahm er den Krieg wieder auf und wurde 1718 getötet. Der Krieg kostete Schweden die Stellung als Führungsmacht.

**Maria Theresia (1717–80)** Maria Theresia, die Tochter Karls VI., wurde im Alter von 23 Jahren Herrscherin über die habsburgischen Erblande (siehe Österreichischer Erbfolgekrieg). Sie regierte als aufgeklärte Despotin, förderte die Künste und reformierte Einrichtungen wie beispielsweise das Militär. Ihre Regierung war grundsätzlich konservativ, tiefer greifende Veränderungen erfolgten erst unter ihrem Sohn Joseph II.

**Friedrich II., der Große (1712–86)** Als König von Preußen (1740–86) machte Friedrich sein Land zur Großmacht, als er den Habsburgern im Österreichischen Erbfolgekrieg Schlesien entriss. Im Verbund mit Russland führte er die Teilung Polens durch (1772). Er war ein brillanter Feldherr, ein Reformator und Mäzen Voltaires, aber er war auch ein absolutistischer Herrscher.

**Peter I., der Große (1672–1725)** Unter seiner Regentschaft (1682–1725) kämpfte Russland um den Zugang zum Schwarzen Meer (Russisch-Türkische Kriege) und zur Ostsee (Großer Nordischer Krieg). Das 1703 gegründete St. Petersburg wurde Hauptstadt. Nach einer Europareise (1697–8) modernisierte Peter die russische Gesellschaft, Bürokratie und Industrie. Seine Methoden waren brutal, doch er legte die Grundlagen zum neuzeitlichen Russland.

**1707** Der *Act of Union* vereint England und Schottland.

**1709** Die Schweden werden von den Russen bei Poltawa vernichtend geschlagen.

**1720** Johann Sebastian Bach komponiert die Brandenburgischen Konzerte.

**1739** Zwischen England und Spanien kommt es wegen des Handels mit Südamerika zum *Jenkin's Ear War* (bis 1748).

**1740** In Preußen kommt Friedrich II., der Große, auf den Thron.

**1740** Ausbruch des Österreichischen Erbfolgekrieges (bis 1748)

1740

1750

**1745** Ein zweiter Jakobitenaufstand zur Wiederherstellung der Stuart-Dynastie in England scheitert in Culloden.

**1755** Ein Erdbeben in Lissabon tötet 60 000 Menschen.

1756

**1756** Beginn des Siebenjährigen Krieges. Geburt Wolfgang Amadeus Mozarts.

**1757** Robert Clive sichert die britische Herrschaft in Indien mit der Einnahme Kalkuttas.

**1759** Britische Streitkräfte unter James Wolfe erobern Quebec von den Franzosen.

**1761 Friede von Paris: Anerkennung der britischen Vorherrschaft in Indien und Nordamerika.**

**1762** Nach der Ermordung ihres Mannes Peter III. wird Katharina II., die Große, alleinige Herrscherin Russlands.

**1772** Polen wird unter Preußen, Russland und Österreich aufgeteilt.

### Österreichischer Erbfolgekrieg

Streit über die Erbfolge in Österreich führte zum Krieg auf drei Kontinenten und zu langfristigen Veränderungen im politischen Gleichgewicht Europas. Karl VI. von Österreich starb 1740 ohne Thronerben. Er wünschte die Thronfolge über seine Tochter Maria Theresia zu regeln, deren Ehemann Franz als Heiliger Römischer Kaiser vorgesehen war. Bayern, Preußen und Frankreich jedoch stellten sich gegen Franz. Spanien bestritt Maria Theresias Anspruch auf Gebiete in Italien, und zwischen Großbritannien und Frankreich kam es zu Auseinandersetzungen über indische und amerikanische Gebiete. Österreich musste Schlesien an Preußen abtreten, Spanien erhielt drei Herzogtümer in Norditalien.

1742 wurde Karl Albrecht von Bayern zum Kaiser des Heiligen Römischen Reiches gewählt. Großbritannien und Österreich besiegten Frankreich bei Dettingen (1743), Frankreich nahm 1746 das unter britischer Herrschaft stehende Madras ein. Karl Albrecht starb 1745, Franz wurde Kaiser. Der Krieg endete mit dem Aachener Frieden (1748).

### Der Siebenjährige Krieg

Nach dem Österreichischen Erbfolgekrieg kam es zum Siebenjährigen Krieg. Österreich, Frankreich, Russland, Sachsen, Schweden und Spanien verbündeten sich im Kampf gegen Preußen, Großbritannien und Hannover. Der Krieg begann mit dem Einfall Preußens in Sachsen (1756). Preußen stand vor der Niederlage, bis sich Russland zurückzog. Großbritannien besiegte Frankreich 1756 in Europa und Übersee. Der Krieg endete mit Preußens Inbesitznahme Schlesiens. Großbritannien gewann den Großteil des französischen Gebiets im Osten Nordamerikas, die Kontrolle über Indien und mehrere karibische Inseln.


Siehe auch

344–5 **Philosophie**

598–601 **Europäische Führer**

# Aufruhr in Europa

**Von der Französischen Revolution bis zur Niederlage Napoleons 1789–1815**

*Der gewaltige Gegensatz zwischen krasser sozialer Ungerechtigkeit und den aufklärerischen Idealen von Freiheit und Gleichheit führte im 18. Jh. in Frankreich zu zunehmender Instabilität. In dem Maß, wie der Glaube an die alte Ordnung und die absolute Monarchie ins Wanken geriet, verwandelten sich die Rufe nach Reform in Aufruhr, dann uferten sie in Rebellion und schließlich in Revolution aus. Aus dem Chaos erhob sich mit Napoleon Bonaparte einer der umstrittenen Giganten der neuzeitlichen Geschichte.*

## URSACHEN DER FRANZÖSISCHEN REVOLUTION

1. **Regierungsbankrott** Erstmals seit 1641 musste der König, Ludwig XVI., 1789 die Generalstände (das Parlament) einberufen, um Geld anzufordern. Im Gegenzug wurden Reformen verlangt.
2. **Die Aufklärung** Französische Intellektuelle schlugen neue, egalitäre Regierungsformen vor, was zu verbreiteter Unzufriedenheit mit den gesellschaftlichen und politischen Strukturen führte.
3. **Soziale Ungleichheit** Die Armen hatten die Hauptsteuerlast zu tragen, während die Aristokratie weitgehend steuerbefreit war.
4. **Revolution in Amerika** Die französischen Beteiligten an der Amerikanischen Revolution (1775–83) erlebten den Triumph von Freiheit und Demokratie und kehrten begeistert zurück.
5. **Missernte** Durch die Missernte des Jahres 1788 kam es zu erheblichen Preisanstiegen, insbesondere bei Brot. Das bedeutete für die Armen eine zusätzliche Last.
6. **Die Schwäche Ludwigs XVI.** Ludwig war ein populärer König, aber unentschlossen. Durch wiederholte Zugeständnisse untergrub er den Ruf des Königtums. Seine frivole Gemahlin Marie Antoinette wurde vom Volk verabscheut.

**1775–83** Die Amerikanische Revolution bringt den Vereinigten Staaten die Unabhängigkeit; das neue Staatswesen basiert weitgehend auf den Prinzipien der Aufklärung.

**1787** Versuche zur Reform der französischen Finanzen und des Steuersystems scheitern.

**1789 Verbreitete Unruhen in Paris führen am 14. Juli, dem Beginn der Revolution, zum Sturm auf das Stadtgefängnis, die Bastille.**

1790

**1790** Eine neue Nationalversammlung schafft den Adel in Frankreich ab.

**1791** Ludwig XVI. versucht aus Paris zu fliehen. Er wird zur Annahme einer neuen Verfassung gezwungen, die der absoluten Monarchie in Frankreich ein Ende bereitet.

**1792 Die französische Republik wird ausgerufen. Mit dem Eingreifen ausländischer Mächte beginnen die Koalitionskriege (bis 1802).**

**1793** Französische Streitkräfte besetzen die österreichischen Niederlande. Ludwig XVI. wird guillotiniert.

**1793–94 Die gemäßigten Abgeordneten werden aus dem Nationalkonvent vertrieben und die von Robespierre angeführte Terrorherrschaft beginnt.**

**1793–6** In der westfranzösischen Vendée wird eine Gegenrevolution niedergeschlagen.

**1795–9** Die revolutionäre Herrschaft in Frankreich etabliert sich unter dem „Direktorium".

**1796–7** Französische Streitkräfte unter Napoleon besiegen die Österreicher in Italien.

**1798** Napoleon versucht Ägypten zu erobern, wird aber vom Briten Nelson im Nildelta geschlagen.

**1799 Napoleon wird Erster Konsul und beendet damit die Revolution.**

**Der große Gleichmacher** Die Guillotine wurde 1792 als „barmherziges und demokratisches" Exekutionsgerät eingeführt.

## Schlüsselfiguren der Revolution

**Georges Danton (1759–94)** Danton war Mitglied der radikalen Gruppe der Jakobiner. 1791/92 wurde er ins Exil geschickt, später kehrte er als Justizminister zurück. Ab April 1793 führte er die Regierungsgeschäfte, missbilligte aber die Schreckensherrschaft. Ein Konflikt mit Robespierre führte 1794 zu seiner Hinrichtung.

**Jean-Paul Marat (1743–93)** Der Arzt und Journalist Marat trat 1792 der Nationalversammlung bei. Seine Popularität bei den *sansculottes,* den Armen, beunruhigte die gemäßigten Girondisten, die ihn für gefährlich erachteten. Er wurde von Charlotte Corday, einer Anhängerin der Girondisten, im Bad ermordet.

**Graf von Mirabeau (1749–91)** Mirabeau nahm 1789 als Bürgerlicher an der Versammlung der Generalstände teil. Es gelang ihm, Ludwig zur Anerkennung der Nationalversammlung als legitimes Regierungsorgan zu zwingen, nicht aber, ihn von der Errichtung einer konstitutionellen Monarchie zu überzeugen.

**Maximilien de Robespierre (1758–94)** Robespierre war Anführer der revolutionären Jakobiner und Drahtzieher beim Sturz der Girondisten, die Rückhalt in den Provinzen hatten und die Macht der Pariser Nationalversammlung zu beschränken versuchten. Er wurde in den Ausschuss für öffentliche Sicherheit gewählt und war nach Danton dessen Leiter. Nach einem Staatsstreich im Jahr 1794 wurde Robespierre verhaftet und hingerichtet.

**Louis de Saint-Just (1767–94)** Saint-Just war zu Beginn der Revolution als Verwaltungsbeamter tätig. Er war ein treuer Anhänger Robespierres und spielte eine entscheidende Rolle beim Sturz Dantons. Er wurde zum Verfechter des Terrorregimes und fiel demselben Staatsstreich zum Opfer wie Robespierre.

**Mutiger Anführer** Danton forderte „Kühnheit, mehr Kühnheit" und setzte sich mehr als andere für die Errichtung der Republik ein.

**Napoleons Europa** Auf dem Höhepunkt seiner Macht hatte Napoleon direkt oder indirekt die Kontrolle über halb Europa. Er führte Krieg von Spanien bis in die Außenbezirke von Moskau.

Französisches Reich 1812

Von Frankreich abhängige Staaten 1812

Französische Siege

Französische Niederlagen

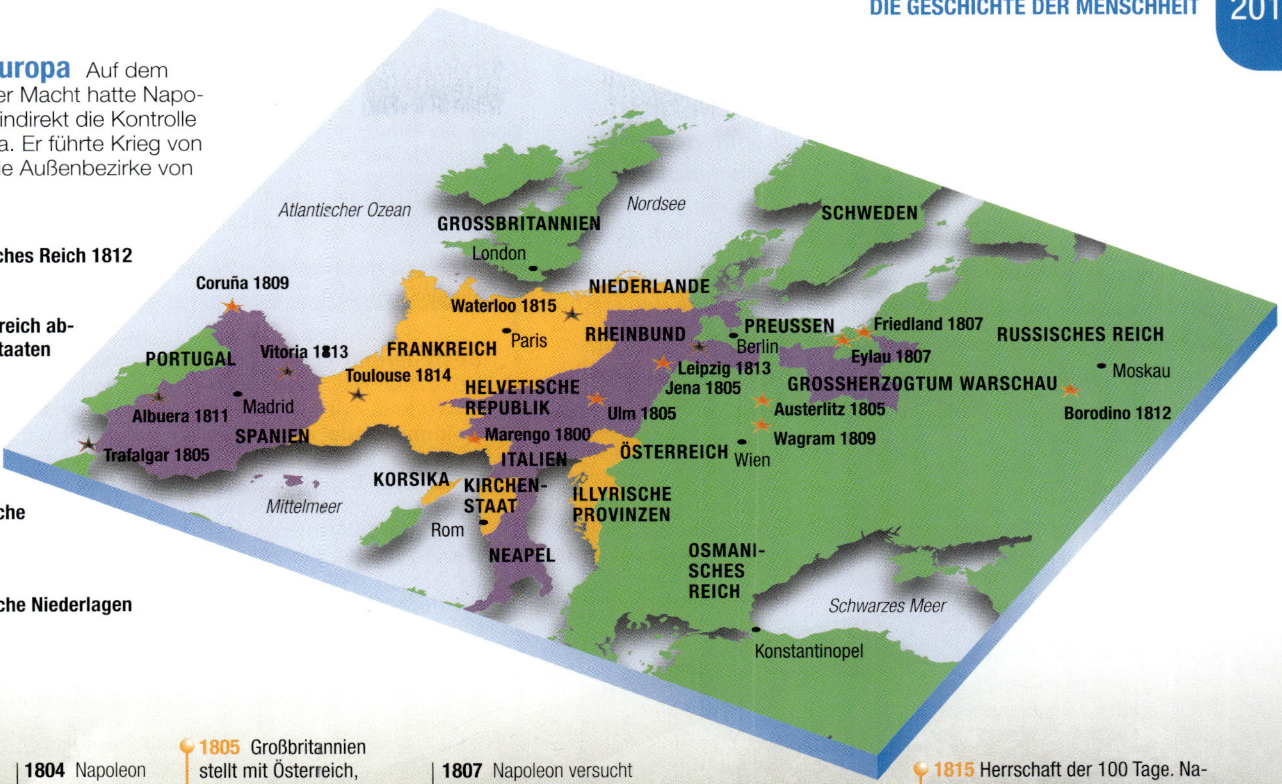


**1800** Napoleon führt die französischen Streitkräfte in Italien zum Sieg.

**1802** Im Vertrag von Amiens wird der Friede zwischen England und Frankreich vereinbart, Großbritannien nimmt jedoch den Krieg 1803 wieder auf.

**1804** Napoleon wird Kaiser von Frankreich.

**1805** Großbritannien besiegt die französische und die spanische Flotte bei Trafalgar, inzwischen besiegt Napoleon Österreich und Russland bei Ulm und Austerlitz.

**1805** Großbritannien stellt mit Österreich, Schweden, Russland und Neapel eine neue Koalition gegen Frankreich auf.

**1806** Preußen tritt in den Krieg gegen Frankreich ein, wird aber bei Jena und Auerstedt besiegt.

**1807** Napoleon versucht mit der Kontinentalsperre, den britischen Handel zu blockieren, und fällt in Portugal ein.

**1808–14** Krieg auf der Iberischen Halbinsel: Großbritannien und Frankreich bekämpfen sich in Spanien und Portugal.

**1812** Napoleon fällt in Russland ein, wird aber im Winter nach erheblichen Verlusten zum Rückzug gezwungen.

**1813** Die Franzosen werden im Juni im spanischen Vitoria und im Oktober in der Völkerschlacht bei Leipzig geschlagen.

**1814** Alliierte Truppen rücken in Frankreich ein, Napoleon geht ins Exil.

**1815** Herrschaft der 100 Tage. Napoleon ergreift erneut die Macht in Frankreich, wird aber bei Waterloo besiegt. Der Wiener Kongress sorgt für die Wiederherstellung der europäischen Monarchien.

## FOLGEN DER FRANZÖSISCHEN REVOLUTION

1. **Abschaffung des Feudalismus** Mit der Abschaffung der letzten Feudalbindungen der Bauern an ihre Grundherren gehörte Frankreich zu den fortschrittlichsten Staaten in Europa.
2. **Anerkennung der Menschenrechte** Der revolutionäre Gedanke von Rechten, welche die Freiheit des Einzelnen garantieren, ist Basis der heutigen Menschenrechtsgesetzgebung.
3. **Zerschlagung der Macht der Kirche** Das Ende der politischen Macht der Kirche in Frankreich bereitete den Weg zu einer weltlicheren Gesellschaft und liberaleren Bildung.
4. **Zwei Jahrzehnte Krieg** Die Revolution bewirkte politische Wirren. Die Armeen der Französischen Revolution wurden als Befreier begrüßt, doch es folgte rasch die Enttäuschung.
5. **Eine symbolische Botschaft** Die Revolution ließ die herrschenden Schichten Europas erbeben. Nach dem Sturz Napoleons griffen viele Regierungen zu repressiven Maßnahmen zur Unterdrückung von Liberalismus und Reformen.
6. **Anregung** Als erste Revolution der Neuzeit, die eine drastische Veränderung des gesamten gesellschaftlichen und politischen Gefüges einer Nation anstrebte, diente die Französische Revolution als Vorbild für die Befreiungskämpfe des 19. und 20. Jh. in Südamerika und Europa.

## Der „Kleine Korporal"

Napoleon Bonaparte (1769–1821), ein gebürtiger Korse, stieg in der Revolutionsarmee rasch zum General auf. Er war Anführer des Staatsstreichs von 1799 und wurde Erster Konsul. 1804 krönte er sich zum Kaiser und führte populäre Reformen durch. Seine Kriege waren anfänglich sehr erfolgreich, und im Jahr 1812 hatte er das größte europäische Reich seit der Römerzeit geschaffen. Doch der Krieg auf der Iberischen Halbinsel (1807–13) endete mit einer Niederlage, ebenso der Russland-Feldzug 1812. Nach der Niederlage bei Leipzig (1813) wurde er abgesetzt. 1815 verlor er in Waterloo.

Siehe auch
198–9 **Das Zeitalter der Könige**
202–3 **Vereinigte Staaten von Amerika**
344–5 **Philosophie**
600–1 **Europäische Führer**

# Vereinigte Staaten von Amerika ▶ Von den Kolonien bis zum Bürgerkrieg

*Der Wohlstand in Großbritanniens nordamerikanischen Kolonien führte zu ständig wachsender Besteuerung und Kontrolle. Gegen das Mutterland entwickelten sich Vorbehalte, die sich schließlich in einer Rebellion entluden. Die Amerikanische Revolution führte zu einer aufgeklärten demokratischen Verfassung. Die Amerikaner besiedelten den Kontinent und führten Krieg gegen die Indianer. Zwischen Nord und Süd gab es eine tiefe Kluft, die in einen erbitterten Bürgerkrieg mündete – der Preis der späteren Einheit.*

**Boston Tea Party** Als Mohawk-Indianer verkleidete Bostoner schleichen sich auf britische Schiffe und werfen den verhassten besteuerten Tee in den Charles River.

## Ursachen der Amerikanischen Revolution

1. **Besteuerung** Großbritannien versuchte, über die Kolonien die Kosten des Siebenjährigen Krieges wieder hereinzuholen, verweigerte ihnen jedoch einen Platz im Parlament.
2. **Kolonialhandel** Großbritannien beschränkte den Handel zwischen den Kolonien und ihren Handelspartnern.
3. **Verbot der Expansion** Das britische Verbot einer Westexpansion wurde von den Kolonisten abgelehnt.
4. **Religiöse Differenzen** Viele Siedler waren religiöse Dissidenten, die in Amerika Religionsfreiheit zu finden hofften. Die etablierte Position der anglikanischen Kirche galt als Bedrohung.
5. **Propaganda** Unabhängigkeits-Befürworter hetzten die öffentliche Meinung gegen die britische Herrschaft auf.

**1607** In Jamestown, Virginia, wird die erste dauerhafte englische Siedlung gegründet.

**1620 Die Pilgerväter gründen in Massachusetts die *Plymouth Plantation*.**

**1664** England erobert Neu-Amsterdam von den Niederländern und benennt es in New York um.

1700

**1763** Nach dem Siebenjährigen Krieg tritt Frankreich nordamerikanische Besitzungen an Großbritannien ab.

**1764–5** Zucker- und Stempelsteuergesetze spalten die Kolonisten in Loyalisten und separatistische Patrioten.

**1770** Boston-Massaker: Aufgebrachte Menschen provozieren britische Soldaten zur Gewalt.

**1773** Als Protest gegen Einfuhrzölle kommt es zur „Boston Tea Party". Die Kolonien vereinbaren auf dem Ersten Kontinentalkongress eine provisorische Regierung.

**1775** Zusammenstöße zwischen britischen Streitkräften und Kolonialmilizen.

**1776 Der Zweite Kontinentalkongress billigt am 4. Juli die Unabhängigkeitserklärung.**

**1777** Britische Streitkräfte ergeben sich in Saratoga. Frankreich bietet den Kolonisten militärische Unterstützung an.

**1781** Die Kapitulation britischer Streitkräfte in Yorktown beendet den Krieg.

**1783 Im Frieden von Paris erkennt Großbritannien die Souveränität der Vereinigten Staaten an.**

**Einberufung** Denkmal für die „Minutemen", Freiwillige, die bei Concord gegen die Briten kämpften.

## Schlüsselfiguren der Amerikanischen Revolution

**John Adams (1735–1826)** Adams war maßgeblich an den Entwürfen zur Unabhängigkeitserklärung und zur Verfassung beteiligt. Später trug er zum Frieden von Paris bei und amtierte 1797–1801 als zweiter amerikanischer Präsident.

**Marquis von Cornwallis (1738–1805)** Cornwallis war britischer Kommandeur in South Carolina. Nach anfänglichen Erfolgen wurde er 1791 im Norden bei Yorktown von den Aufständischen besiegt.

**Benjamin Franklin (1706–90)** Der Drucker, Verleger, Wissenschaftler und Politiker war am Entwurf zur Unabhängigkeitserklärung beteiligt. Er gewann die Unterstützung Frankreichs und verhandelte den Frieden von Paris.

**Thomas Jefferson (1743–1826)** Der wohlhabende Plantagenbesitzer und Staatsmann war Hauptverfasser der Unabhängigkeitserklärung. 1801–9 war er dritter Präsident der USA.

**Lord North (1732–92)** North war 1770–82 britischer Premierminister. Er versuchte die Kolonisten zu beschwichtigen, wurde aber von Georg III. an Kompromissen gehindert.

**Thomas Paine (1737–1809)** Seine Schrift *Common Sense* (1776) beflügelte in Nordamerika den Unabhängigkeitswillen. *The Rights of Man (Menschenrechte)* (1791) war im Kern ein Text für Revolutionäre.

**Paul Revere (1735–1818)** Der Bostoner Silberschmied und Drucker warnte 1775 vor dem britischen Vorrücken nach Lexington und Concord.

**George Washington (1732–99)** Als Oberbefehlshaber der Unabhängigkeitskämpfer vertrieb er 1776 die britischen Truppen aus Boston und erzwang ihre Kapitulation. 1789 wurde er der erste Präsident der Vereinigten Staaten.

## Folgen der Amerikanischen Revolution

1. **Eine neue Verfassung** Die Kolonisten entwarfen eine Verfassung nach den Grundsätzen der Aufklärung. 1790 waren die USA die demokratischste Nation der Welt.
2. **Liberalisierung** Es kam zur Trennung von amerikanisch-anglikanischer Kirche und Staat, und es wurde Glaubensfreiheit gewährt. In den Nordstaaten wurde schrittweise die Sklaverei abgeschafft.
3. **Expansion** Amerikanische Siedlungen schoben sich allmählich nach Westen in die Indianergebiete vor.
4. **Revolutionäres Gedankengut** Erstmals in der Neuzeit zeigte die amerikanische Erfahrung, dass ein Aufstand gegen die alte Ordnung erfolgreich sein kann – Vorstellungen, welche die Revolution in Frankreich (1789) beflügelten.

**Wachstum** Keimzelle der USA waren die 13 britischen Kolonien an der Ostküste, die 1776 ihre Unabhängigkeit erklärten. Sie expandierten durch Eroberungen, Landkauf und Besiedlung. Heute bestehen die Vereinigten Staaten aus 50 Staaten; als letzter schloss sich 1959 Hawaii an.

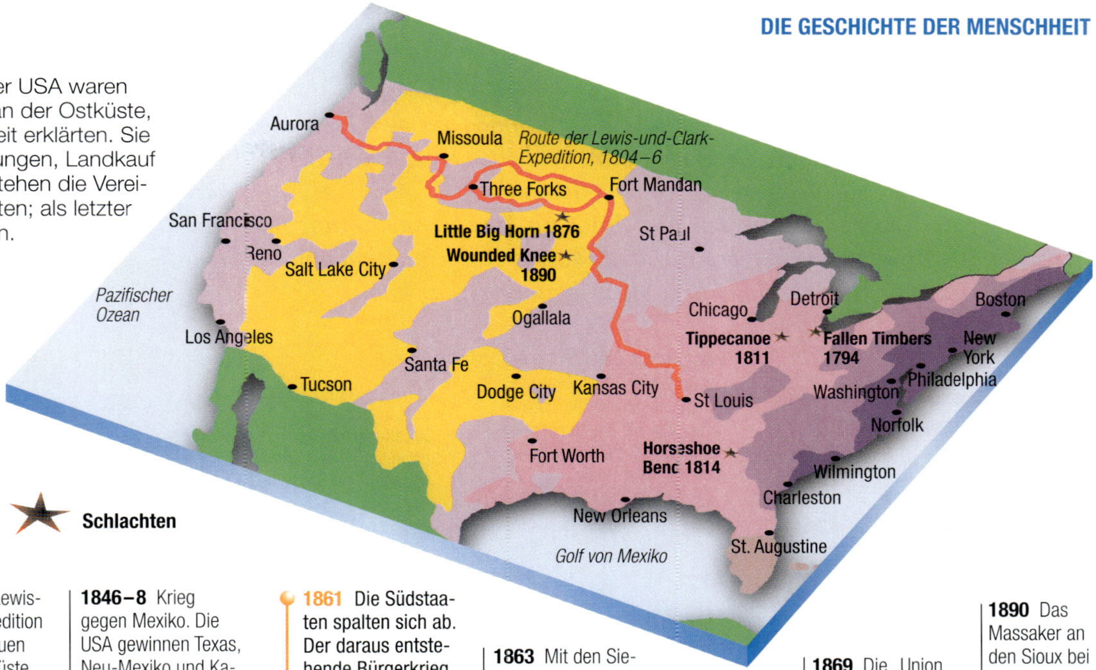


**Vor 1750** Die 13 ursprünglichen Kolonien
**1790** Neue Territorien nach dem Pariser Frieden
**1820** Von Frankreich gekauftes Gebiet (Louisiana)
**1855** Von Mexiko gewonnene Gebiete (1846–48)
**Nach 1850** Nach den Kriegen gegen die Indianer besiedelte Gebiete
**Schlachten**

**1787** Die US-Verfassung wird von den Staaten ratifiziert.

**1789** George Washington wird erster US-Präsident (bis 1797).

1800

**1763/1803** Die USA kaufen von Frankreich Louisiana.

**1804–6** Die Lewis-und-Clark-Expedition bahnt einen neuen Weg zur Westküste.

**1812–15** Der Krieg gegen Großbritannien endet ergebnislos.

**1846–8** Krieg gegen Mexiko. Die USA gewinnen Texas, Neu-Mexiko und Kalifornien hinzu.

**1848–9** Der „Gold Rush" lockt Siedler nach Kalifornien

1850

**1861** Die Südstaaten spalten sich ab. Der daraus entstehende Bürgerkrieg (bis 1865) bringt anfangs den Nordstaaten große Verluste.

**1863** Präsident Lincoln spricht die Sklaven im Gebiet der Südstaaten frei.

**1863** Mit den Siegen der Nordstaaten in Gettysburg und Vicksburg wendet sich der Krieg zu Ungunsten der Südstaaten.

**1865** Kapitulation des größten Teils der Südstaaten-Truppen in Appomattox, Virgina. Ermordung Lincolns.

**1867** Russland erhält 7,2 Mio. Dollar für Alaska.

**1869** Die „Union Pacific Railroad" verbindet die amerikanische Atlantik- mit der Pazifikküste.

**1876** Ein Sonderkommando der Armee wird bei Little Big Horn von den Sioux niedergemetzelt.

**1890** Das Massaker an den Sioux bei Wounded Knee beendet die Kriege gegen die Indianer.

## Der amerikanische Bürgerkrieg

Mit der Ausdehnung der USA in den Jahren um 1800 stiegen die Spannungen innerhalb des Landes. Es kam zu Rivalitäten zwischen der Bundesregierung und den Regierungen der Staaten sowie zu Interessenkonflikten zwischen dem industrialisierten Norden und dem landwirtschaftlich orientierten Süden.

**Die Sklaverei** – im Norden abgelehnt – war die Basis des Wohlstands der Grundbesitzer im Süden. Es entwickelte sich eine hitzige Diskussion, ob die Sklaverei in neuen Staaten wie Kansas erlaubt werden solle.

Die Feindseligkeit zwischen Nord und Süd verschärfte sich. 1859 versuchte **John Brown**, ein militanter Befürworter der Abschaffung der Sklaverei, einen Sklavenaufstand zu entfesseln. Er wurde in Virginia gehängt.

Im Jahr darauf wurde **Abraham Lincoln** zum Präsidenten gewählt. Seine unionsfreundliche und sklavereifeindliche Einstellung schürte im Süden die Angst vor einem Verlust der Macht.

1861 verließen sieben Südstaaten (Konföderierte Staaten) die Union. Bald darauf kam es zum Krieg mit dem Norden.

**Jefferson Davis (1808–89)** Davis wurde 1861 Präsident der Konföderierten Staaten. Nach Lees Kapitulation in Appomattox (s. unten) versuchte er den Krieg weiterzuführen, wurde aber gefangen genommen.

**Ulysses S. Grant (1822–85)** Grant wurde 1862 Oberbefehlshaber der Truppen des Nordens. Er errang mehrere Siege, u. a. bei Vicksburg (1863), und schlug Lee nach einem längeren Feldzug bei Richmond (1865). Später wurde er zweimal zum Präsidenten gewählt (1869–77).

**Thomas „Stonewall" Jackson (1824–63)** Als General der Konföderierten Staaten erhielt Jackson bei Bull Run (1861) den Spitznamen „Steinmauer". Bei Chancellorsville wurde er versehentlich von den eigenen Leuten getötet.

**Robert E. Lee (1807–70)** Lee war Befehlshaber der konföderierten Truppen von Northern Virginia. Der ebenso brillante wie populäre General war in den Schlachten von Fredricksburg und Chancellorsville siegreich. Bei Gettysburg wurde er 1863 besiegt, und 1865 kapitulierte er bei Appomattox.

**Abraham Lincoln (1809–65)** Lincoln wurde 1860 zum Präsidenten der USA gewählt. Sein Widerstand gegen die Sklaverei führte zur Abspaltung der Konföderierten Staaten. Der daraus entstehende Bürgerkrieg brachte 4 Jahre Leid und Wirren, aber er rettete die Union und machte der Sklaverei ein Ende. Nach dem Krieg wurde Lincoln von einem Sympathisanten der Konföderierten ermordet.

**William T. Sherman (1820–91)** Sherman nahm 1864 mit den Unionstruppen Atlanta ein und unternahm brutale, aber entscheidende Vorstöße in das Herzland der Konföderierten.

**Belagerungsmörser** Dieses 32-zöllige Mörsergeschütz der Union mit Namen *Dictator* wurde bei der Belagerung der konföderierten Stadt Petersburg, Virginia, eingesetzt.

Siehe auch
200–1 **Aufruhr in Europa**
288–9 **Die Vereinigten Staaten**
602–3 **Weltweit**

# Die Industrielle Revolution

**Von der Dampfmaschine zum Automobil vom Fließband**

*Großbritannien, das von den Kriegen und Revolutionen auf dem europäischen Festland im 18. und 19. Jh. weitgehend verschont geblieben war, spielte beim Übergang von der Agrar- zur Industriegesellschaft eine führende Rolle. Die Nachfrage nach Waren stieg explosionsartig, sie war der Motor für die Mechanisierung und neuartige Methoden der Produktionssteigerung durch Wasser, Kohle und Dampf, die bald in Europa, Nordamerika und schließlich weltweit zum Einsatz kamen.*

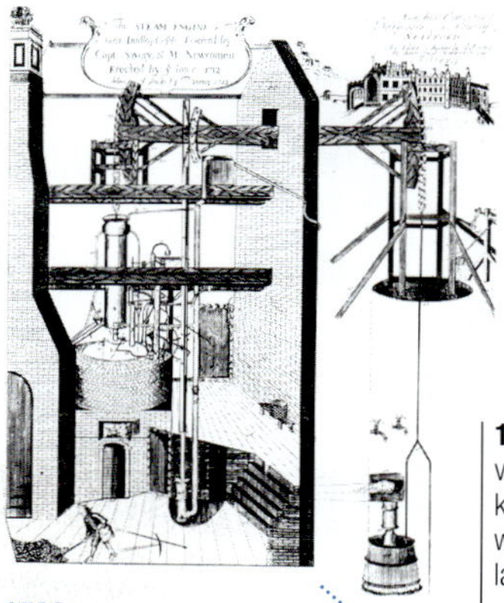

**Dampfkraft** Thomas Newcomen baute 1712 die erste industriell eingesetzte Dampfmaschine. Sie diente zum Abpumpen von Wasser aus einem Kohlebergwerk.

**Wasserkraft** Richard Arkwright erfand um 1768 seine von einem Wasserrad angetriebene Spinnmaschine, die so genannte Ringspinnmaschine. Sie stellte festes Garn für Webtuche her.

1700

**1701** Jethro Tull aus Berkshire, England, erfindet die erste brauchbare Sämaschine.

**1709 Abraham Darby aus Shropshire, England, verwendet Koks in der Eisenproduktion.**

**1712** Die Dampfmaschine von Thomas Newcomen kommt in einem Kohlebergwerk in Staffordshire, England, zum Einsatz.

**1733** John Kays Schnellschütz, ein Weberschiffchen, beschleunigt den Webvorgang.

1750

**1761** Der Bridgewater Canal, Großbritanniens erste komplett künstliche Wasserstraße, wird fertig gestellt.

**1765 Der von James Watt erfundene Kondensator erhöht die Leistungsfähigkeit der Dampfmaschine.**

**1767** James Hargreaves erfindet die Jenny-Spinnmaschine.

**1771 Richard Arkwright führt mit seiner Textilfabrik in Cromford, England, das Fabrikwesen ein.**

**1779** In Ironbridge in England stellt Abraham Darby die erste gusseiserne Brücke fertig.

**1785** Edmund Cartwright lässt den ersten mechanischen Webstuhl patentieren.

**1793** In Georgia (USA) führt Eli Whitney die Baumwoll-Entkörnungsmaschine ein.

1800

**1800** Alessandro Volta baut in Italien die erste elektrische Batterie.

**1807** Auf der Pall Mall in London werden die Gaslaternen installiert.

**1808** Richard Trevithick führt in London seine Eisenbahnlokomotive vor.

## URSACHEN DER INDUSTRIELLEN REVOLUTION

1. **Reichtum und Ressourcen** Großbritannien war im 18. Jh. das wohlhabendste Land in Europa und besaß die produktivste Landwirtschaft. Außerdem waren die wirtschaftliche Grundlage, das Kapital und die Marktnachfrage vorhanden, um von der Landwirtschaft zu Herstellung von Produkten überzugehen.
2. **Rasches Bevölkerungswachstum** In Großbritannien kam es im 18. Jh. zu einem beträchtlichen Bevölkerungswachstum, das wirtschaftlichere Anbaumethoden erforderte. Die Mechanisierung der Landwirtschaft erhöhte das Produktionstempo, verringerte die Kosten für die Arbeitskräfte und verbilligte die Produkte.
3. **Erhöhte Nachfrage** Der wachsende Bedarf an Tuch konnte von der traditionellen Produktion nicht gedeckt werden. Damit kam es zur Erfindung von Maschinen wie der Jenny-Spinnmaschine, mit der die Weiterverarbeitung der Baumwolle beschleunigt wurde.
4. **Neue Energiequellen** Wasserräder, später Kohle und Dampf, lieferten die Energie zum Antrieb von Maschinen, die menschliche Arbeitskraft ersetzten.
5. **Neue Märkte** Der Erwerb ausländischer Kolonien und das Wachstum von Klein- und Großstädten im eigenen Land eröffneten neue Handelsmöglichkeiten.
6. **Verbesserter Transport** Neue Transportsysteme, zunächst Kanäle (ab etwa 1760), dann Eisenbahnen (ab etwa 1830), ermöglichten eine effiziente Beförderung von Rohstoffen und die Verteilung der hergestellten Waren.
7. **Politischer und wirtschaftlicher Wandel** Land war nicht mehr die einzige Quelle von Reichtum und Macht. Auch Unternehmer konnten nun Gewinn erzielen und ihn wieder investieren.

**Trennmaschine** Eli Whitneys Baumwoll-Entkörnungsmaschine aus dem Jahr 1793 trug dazu bei, dass die Vereinigten Staaten zum weltweit führenden Baumwollproduzenten wurden.

**FAKTEN**

**Geprägt wurde der Begriff Industrielle Revolution von französischen Beobachtern der revolutionären Veränderungen des 18. Jh. in England.**

## Erfindungen

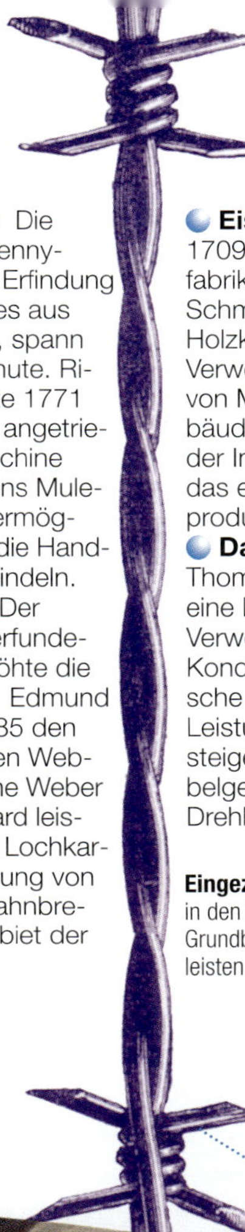

**Spinnmaschinen** Die von Hand betätigte Jenny-Spinnmaschine, eine Erfindung von James Hargreaves aus den Jahren um 1764, spann acht Fäden in der Minute. Richard Arkwright setzte 1771 eine von Wasserkraft angetriebene Flügelspinnmaschine ein. Samuel Cromptons Mulemaschine von 1779 ermöglichte einem Arbeiter die Handhabung von 1000 Spindeln.

**Webmaschinen** Der 1733 von John Kay erfundene Schnellschütz erhöhte die Webgeschwindigkeit. Edmund Cartwright erfand 1785 den mit Dampf betriebenen Webstuhl. Der französische Weber Joseph-Marie Jacquard leistete 1801 mit seinem Lochkartensystem zur Steuerung von Musterwebstühlen Bahnbrechendes auf dem Gebiet der Automatisierung.

**Eisen und Stahl** Ab etwa 1709 verwendete der Eisenfabrikant Abraham Darby zum Schmelzen von Eisen Koks statt Holzkohle. Das ermöglichte die Verwendung von Eisen zum Bau von Maschinen, Brücken und Gebäuden. 150 Jahre später führte der Ingenieur Henry Bessemer das erste Verfahren zur Massenproduktion von Stahl ein.

**Dampfkraft** Der Schmied Thomas Newcomen baute 1712 eine Dampfmaschine. Durch die Verwendung eines separaten Kondensators konnte der schottische Ingenieur James Watt deren Leistungsfähigkeit 1764 erheblich steigern. 1781 fügte er ein Kurbelgetriebe zur Erzeugung einer Drehbewegung hinzu.

**Eingezäunt** Stacheldraht wurde 1874 in den USA patentiert. Damit konnten sich Grundbesitzer das Einzäunen ihrer Farmen leisten.

**Baumwoll-Entkörnung** 1793 erfand der amerikanische Ingenieur Eli Whitney eine Maschine, mit der sich Samenkörner 50-mal schneller aus Rohbaumwolle entfernen ließen als in Handarbeit.

**Kanäle und Eisenbahnen** Um 1790 begann Großbritannien ein umfangreiches Kanalbauprogramm, das bald von einem noch ehrgeizigeren Eisenbahnprogramm überflügelt wurde. Die erste Eisenbahnlinie wurde 1825 eröffnet, und bereits 1850 war die Eisenbahn Großbritanniens wichtigstes Transportmittel.

**Fließband** Ende des 19. Jh. verwendete die amerikanische Fleischverpackungsindustrie motorbetriebene Ketten zum Antrieb ihrer Anlagen. Henry Ford übernahm dieses System 1913 für den Bau seiner Automobile vom Typ T und revolutionierte damit die Fabrikproduktion.

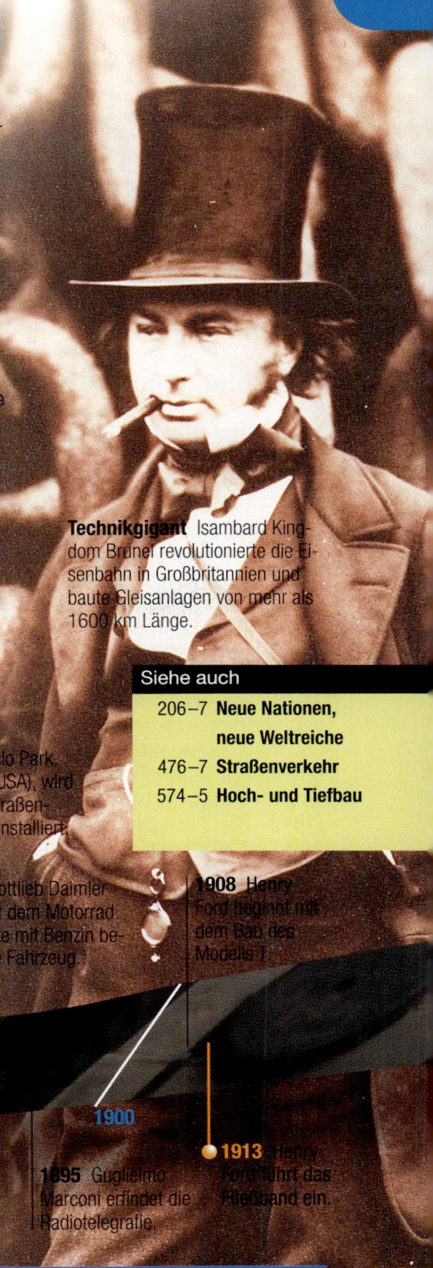

**Technikgigant** Isambard Kingdom Brunel revolutionierte die Eisenbahn in Großbritannien und baute Gleisanlagen von mehr als 1600 km Länge.

Siehe auch


206–7 **Neue Nationen, neue Weltreiche**
476–7 **Straßenverkehr**
574–5 **Hoch- und Tiefbau**


**1811–16** Aus Protest gegen die Arbeitslosigkeit zerstören englische Arbeiter Maschinen in Webereien.

**1825** Zwischen Stockton und Darlington wird die erste öffentliche Eisenbahnlinie Großbritanniens eröffnet. Erbaut wird sie von George Stephenson.

**1840** Großbritannien führt das Briefporto ein.

**1843** Cyrus Hall McCormick lässt sich in den Vereinigten Staaten eine Erntemaschine patentieren.

**1348–9** Gesellschaftliche Unzufriedenheit führt in Europa zu Aufständen und Rebellionen.

1850

**1856** Die Erfindung des Bessemer-Verfahrens verbessert die Stahlproduktion.

**1865–6** Die Verlegung eines transatlantischen Kabels zwischen Großbritannien und den Vereinigten Staaten ermöglicht die Übermittlung von Telegrammen.

**1869** Der Suezkanal verkürzt die Seefahrt von Europa nach Asien um 6 Wochen.

1874

**1876** Alexander Graham Bell erfindet das Telefon.

**1877** Thomas Edison erfindet das Grammophon.

**1879** In Menlo Park, New Jersey (USA), wird elektrische Straßenbeleuchtung installiert.

**1885** Gottlieb Daimler baut mit dem Motorrad das erste mit Benzin betriebene Fahrzeug.

**1895** Guglielmo Marconi erfindet die Radiotelegrafie.

1900

**1908** Henry Ford beginnt mit dem Bau des Modells T.

**1913** Henry Ford führt das Fließband ein.

## Soziale Bedingungen

Die Industrialisierung bewirkte, dass die Menschen die ländlichen Gebiete verließen und auf der Suche nach Arbeit in die Städte strömten. Schnell entstanden Ballungsgebiete mit armseligen Behausungen um Bergwerke und Fabriken. Es herrschten katastrophale Arbeitsbedingungen mit langen Arbeitszeiten und großen Gesundheitsrisiken, einem von Maschinen vorgegebenen Arbeitstempo und niedrigem Lohn. Aufgeklärte Unternehmer bemühten sich um eine Verbesserung der Lage ihrer Arbeiter, die meisten Fortschritte jedoch ließen sich nur durch Aktionen der **Gewerkschaften** und Gesetzesänderungen erzwingen.

Einige wenige Arbeitgeber errichteten **Modellsiedlungen.** Ein frühes Beispiel ist der Fabrikbesitzer **Robert Owen,** der 1783 die Gemeinde New Lanark in Schottland schuf. Andere Beispiele sind Cadburys Gartenstadt **Bournville** und **Krupps** Arbeitersiedlungen in Essen.

Langsam ergriffen auch die Regierungen Maßnahmen. In Großbritannien wurden 1833 die Beschäftigung von Kindern unter 9 Jahren in Textilfabriken und 1842 die Untertagearbeit von Frauen und Kindern verboten. Die Regierungen übernahmen in größerem Umfang die Verantwortung für die **soziale Wohlfahrt.** Großbritannien erließ 1875 ein Gesetz über das Gesundheitswesen, und Deutschland führte um 1880 eine Kranken-, Unfall- und Altersversicherung ein.

Gewerkschaften kämpften um bessere Arbeitsbedingungen, doch sie wurden nach der Französischen Revolution in einem großen Teil Europas für ungesetzlich erklärt. In Großbritannien erhielten sie nach 1825 begrenzte Rechte, Streiks galten als ungesetzlich. 1834 wurden die **Tolpuddle Martyrs,** die Märtyrer von Tolpuddle, sechs Landarbeiter, wegen Gewerkschaftstätigkeit nach Australien deportiert, was zu Entrüstung in der Öffentlichkeit führte. Im Laufe des 19. Jh. erkämpften sich die Gewerkschaften mehr Rechte. Die Mitgliedszahlen stiegen.

**Kinderarbeit** Noch Anfang des 20. Jh. arbeiteten Jungen von 13 und 14 Jahren in Bergwerken der Vereinigten Staaten.

*Die Französische Revolution und die Napoleonischen Kriege veränderten das Gleichgewicht der Mächte. Das spanische und das Osmanische Reich erlebten den Niedergang, während Deutschland und Italien Weltmächte wurden. Nationalstaaten wie Großbritannien und Frankreich wetteiferten um neue Territorien. Die Rivalitäten erreichten um 1880 ihren Höhepunkt, als der afrikanische Kontinent unter den europäischen Mächten aufgeteilt wurde.*

## Das Streben nach Kolonialbesitz

Um 1900 wetteiferten die europäischen Kolonialmächte um den Erwerb von Gebieten.

Deutschland, Italien, Spanien, Frankreich, Portugal, Belgien, Niederlande, USA, Großbritannien

## Forschungsreisende erschließen die Welt

**Heinrich Barth (1821–65)** Der deutsche Gelehrte Barth durchquerte mit einer Expedition der britischen Regierung 1849–55 die Sahara bis Westafrika.

**Sir Richard Burton (1821–90)** Als Muslim verkleidet bereiste der Brite Burton 1853–4 Arabien und erreichte Mekka. 1857–9 erforschte er Ostafrika von Sansibar aus.

Sir Richard Burton

**René Caillié (1799–1838)** 1826–7 erreichte der französische Forschungsreisende Caillié als erster Europäer die sagenumwobene Stadt Timbuktu.

**David Livingstone (1813–73)** Livingstone war ein britischer Arzt und Missionar und durchquerte 1853–6 als erster Europäer den afrikanischen Kontinent von der Atlantikküste bis zum Indischen Ozean.

**Mungo Park (1771–1806)** Der Schotte Park erforschte als erster Europäer den Niger in Westafrika. Er unternahm 1795–6 eine erste Expedition, die zweite folgte 1805–6.

**John Hanning Speke (1827–64)** Zusammen mit Burton suchte der Brite Speke 1857–9 nach den Nilquellen. Anschließend reiste er allein weiter bis zum Viktoriasee und befand sich 1860–2 auf der Heimreise.

**Henry Morton Stanley (1841–1904)** Der britisch-amerikanische Journalist fand den seit 1871 als verschollen geltenden David Livingstone. Stanley wies nach, dass der Viktoriasee die Quelle des Nils ist, und durchquerte Afrika auf dem Kongo bis zur Atlantikküste.

## GROSSBRITANNIENS KOLONIALKRIEGE

Der Widerstand der einheimischen Bevölkerung war häufig Ursache für Auseinandersetzungen mit der Kolonialmacht.

**Afghanische Kriege** Großbritannien führte 1838–42, 1878–80 und 1919 Kriege um die Herrschaft in Afghanistan und zur Sicherung der Grenze Indiens.

**Opiumkriege** 1839–42 und 1856–60 führte Großbritannien Kriege zum Schutz des illegalen Opiumhandels mit China. Die britischen Siege verbesserten den Zugang zu den Märkten und brachten Großbritannien in den Besitz von Hongkong.

**Der Indische Aufstand** Angeführt von indischen Soldaten der Ostindien-Kompanie kam es 1857–8 zur Rebellion gegen die britische Herrschaft. Nach seinem Sieg übernahm Großbritannien die Herrschaft über Indien.

**Der Zulu-Krieg** Im Januar 1879 unternahm Großbritannien den Versuch, Zululand zu annektieren. Die Zulu löschten in dem britischen Lager Isandhlwana beinahe eine ganze britische Truppe aus. Bei einem zweiten Feldzug im März siegten die Briten.

**Burenkriege** 1877 versuchte Großbritannien, sich die Burenrepubliken anzueignen. Im Krieg 1880–1 siegten die Buren, doch 1899–1902 wurden ihre Republiken zu britischen Kronkolonien.

**Ashanti-Kriege** An der afrikanischen Goldküste (Ghana) führte Großbritannien etliche Kriege und erreichte 1896 die Auflösung des Ashanti-Staatenbundes. Die Gebiete wurden den Briten als Protektorat unterstellt.

**Kampfgeist** In den Burenkriegen zeigten sich die bunt zusammengewürfelten Buren der britischen Armee gewachsen.

**1783** Nach dem Unabhängigkeitskrieg verliert Großbritannien seine amerikanischen Kolonien.

**1788** Das erste britische Sträflingsschiff läuft Australien an.

**1796–9** Die Briten kontrollieren Ceylon und Südindien.

1800

**1804** Haiti wird das erste unabhängige Land in Lateinamerika.

**1806** Die Briten besetzen die Kapprovinz in Südafrika.

**1819–26** Simón Bolívar führt Südamerika in die Unabhängigkeit, eine Vereinigung der Republiken gelingt ihm nicht.

**1821** Großbritannien herrscht über die afrikanische Goldküste und Gambia.

**1826** Großbritannien annektiert Unter-Burma und Assam.

**1830** Frankreich erobert Algerien.

**1831–6** Charles Darwin unternimmt auf der HMS *Beagle* eine Reise um die Welt.

**1840** Großbritannien annektiert Neuseeland. Die Kolonisierung führt zum Krieg mit den Maori (1843–8).

1850

**1853–6** Im Krimkrieg wird Russland von Großbritannien, Frankreich, der Türkei und Piemont besiegt.

## DIE ENTSTEHUNG DES DEUTSCHEN REICHES

Anders als in Frankreich und England konnte sich im Heiligen Römischen Reich im Mittelalter keine durchsetzungsfähige Zentralgewalt unter einer einzigen starken Monarchie entwickeln. Deutschland blieb bis zum 17. Jh. ein Mosaik aus vielen Staaten unter der Herrschaft von Kleinfürsten, mit eigenen Grenzen, Gesetzen, Zöllen und politischen Strukturen. Nach dem Dreißigjährigen Krieg (1618–48) stieg Preußen zur Großmacht auf, aber die ersten Schritte zur Einigung wurden erst im 19. Jh. getan. Unter Napoleons Protektorat wurden alle deutschsprachigen Staaten außer Preußen und Österreich zwangsweise im **Rheinbund** (1806–13) vereinigt. Auf dem Wiener Kongress 1814–5 war **Clemens Fürst von Metternich** der Initiator des **Deutschen Bundes** aus 39 Staaten, dem auch Österreich und Preußen angehörten. Der **Deutsche Zollverein** unter Führung Preußens war demgegenüber ein wirtschaftlicher Zusammenschluss. Die politische Einheit war das erklärte Ziel des Preußen **Otto von Bismarck,** des „Eisernen Kanzlers". Er begründete 1866 den **Norddeutschen Bund,** den er nach dem Deutsch-Französischen Krieg 1870–1 zum **Deutschen Reich** erweiterte, indem er Süddeutschland einbezog. **Wilhelm I.** (1797–1888), König von Preußen, wurde 1871 deutscher Kaiser. Kaiser **Wilhelm II.** (Regierungszeit 1888–1918) entließ Bismarck 1890. Unter Bismarcks Nachfolger Leo von Caprivi (1890–4) und Wilhelm II. begann das Zeitalter des deutschen Kolonialismus.

Otto von Bismarck

Siehe auch
188–9 **Afrika**
192–3 **Die Zeit der Entdeckungen**
208–9 **Der Erste Weltkrieg**

## DIE VEREINIGUNG ITALIENS

Italien war mehr als 1000 Jahre lang ein bunter Flickenteppich aus Stadtstaaten und kleinen Königreichen. Die Hoffnung auf Einigung wuchs nach Napoleons Invasion 1796–7, der sich eine kurzlebige Teilunion anschloss. Doch bereits 1815 war das Land wieder in zahlreiche Staaten zersplittert. Unter dem Genueser **Giuseppe Mazzini** erhielt das **Risorgimento,** die italienische Unabhängigkeitsbewegung, Auftrieb. 1859 wurden die Österreicher aus der Lombardei vertrieben, und 1861 stürzte ein Freiwilligenheer unter **Giuseppe Garibaldi** die Monarchie von Neapel. **Viktor Emanuel II.** von Piemont-Sardinien wurde zum König von Italien ausgerufen. Die vollständige Einigung erfolgte 1870 mit der Annexion Venedigs und des Kirchenstaats. Rom wurde zur Hauptstadt Italiens.

### Australien: von der Strafkolonie zum Commonwealth

Der Ostteil von Australien wurde 1770 von dem Entdecker **James Cook** für die britische Krone in Besitz genommen. Großbritannien nutzte das neue Territorium zur Ansiedlung deportierter **Sträflinge.** Nachdem die fruchtbaren Grasländer westlich der Blue Mountains für die **Schafzucht und den Weizenanbau** erschlossen waren, begann die freie Besiedlung Australiens. Fünf weitere Koloniegründungen folgten: Tasmanien 1825, Westaustralien 1829, Südaustralien 1836, Victoria 1851, Queensland 1859. Die Entdeckung von **Goldvorkommen** um 1850 und 1860 hatte neue Einwanderungswellen zur Folge. Ab etwa 1850 waren die Kolonien weitgehend unabhänigig, und 1901 wurden sie zum *Commonwealth of Australia* zusammengeschlossen.

**1857–8** Indischer Aufstand gegen die britische Herrschaft.

**1860–70** Im zweiten Maori-Krieg stehen sich Maori und europäische Siedler gegenüber.

**1862** Frankreich schafft in Indochina (Vietnam, Kambodscha) ein Protektorat.

**1867** Ostkanada wird ein selbstregiertes Dominion innerhalb des britischen Weltreichs.

**1870–1** Der Deutsch-Französische Krieg führt zur Belagerung von Paris und zur Kommune. Vereinigung Deutschlands.

**1877** Königin Viktoria wird Kaiserin von Indien.

**1882** Zum Schutz ihrer Interessen am Suezkanal besetzen die Briten Ägypten.

**1883** Tunesien französisches Protektorat

**1885** Leopold II. von Belgien erwirbt den Kongo als persönliches Lehen.

**1898** Im Spanisch-Amerikanischen Krieg erobern die USA Kuba, Puerto Rico, Guam und die Philippinen.

**1899–1902** Großbritannien erlangt den Sieg im Burenkrieg.

1900

**1901** Australien wird ein Commonwealth mit unabhängiger Regierung.

# Der Erste Weltkrieg ▶

**Vom Kriegsausbruch bis zum Friedensvertrag von Versailles**

*Die Ermordung des Erzherzogs Franz Ferdinand von Österreich-Ungarn in Sarajewo stürzte Europa in den Krieg. In der Hoffnung auf einen entscheidenden Sieg wurden Millionen von Soldaten mobilisiert. Doch die Auseinandersetzung entwickelte sich zum 4 Jahre dauernden Grabenkrieg, der drei Reiche zerstörte.*

## Westfront 1914–18

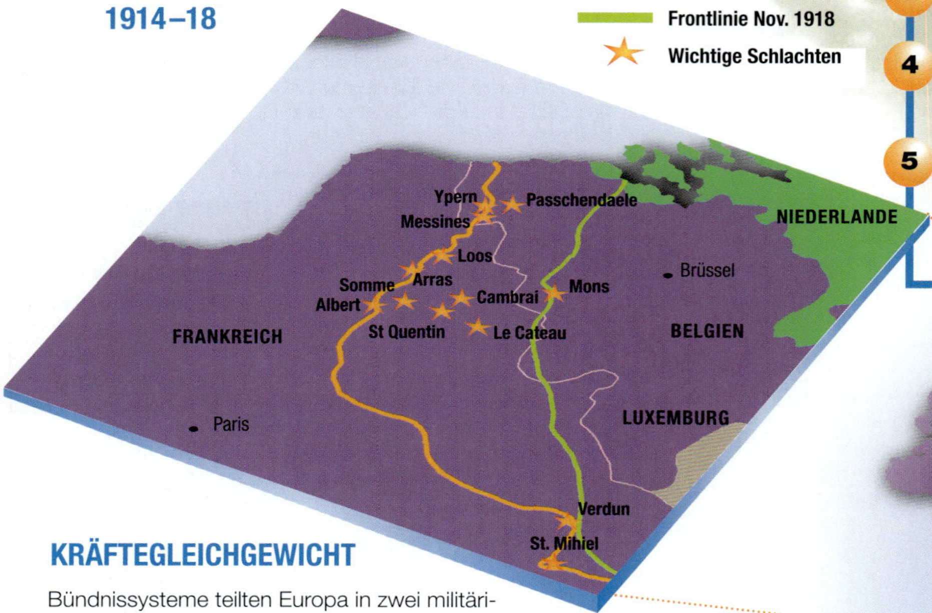


## FÜNF URSACHEN DES KRIEGES

1. **Deutschlands Ehrgeiz** Deutsches Weltmachtstreben führte zu Interessenkonflikten mit Großbritannien, Frankreich und Russland.
2. **Rüstungswettlauf** Der Versuch Deutschlands, eine Marine aufzubauen, erweckte in Großbritannien Misstrauen.
3. **Das Bündnissystem** Das europäische Bündnissystem führte dazu, dass der gesamte Kontinent in den Krieg verwickelt wurde.
4. **Massenmobilisierung** Der deutsche Schlieffenplan setzte die Besetzung des neutralen Belgiens voraus und machte damit einen begrenzten Krieg unmöglich.
5. **Nationalistische Propaganda** Starke Kräfte wollten den Krieg, um mit Patriotismus die politische Unzufriedenheit im eigenen Land zu unterdrücken.

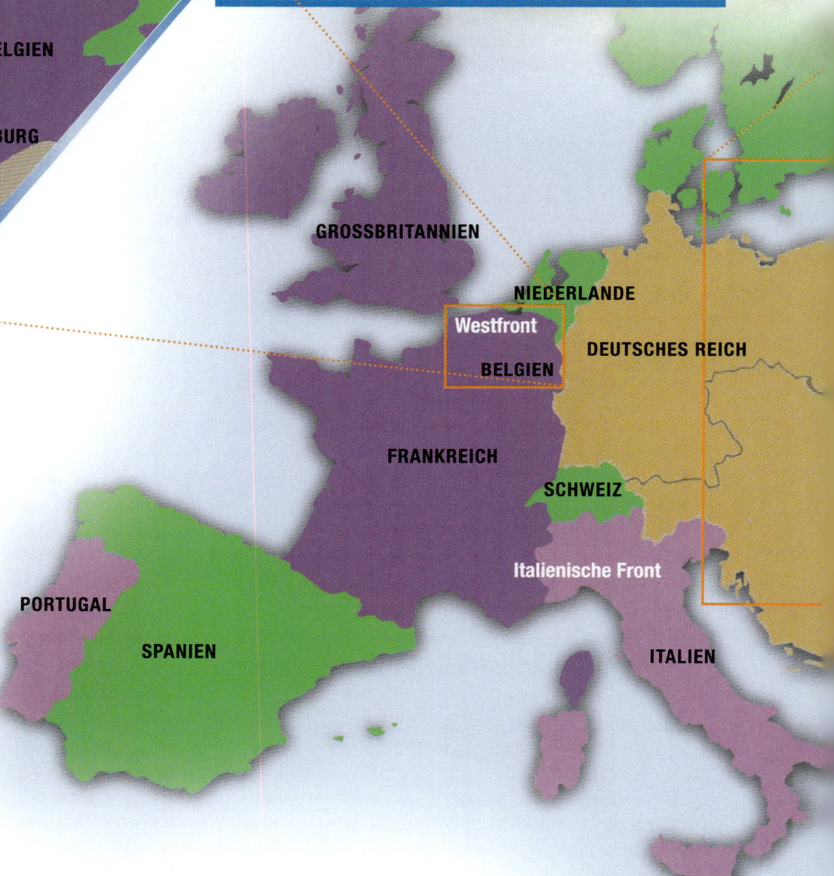


## KRÄFTEGLEICHGEWICHT

Bündnissysteme teilten Europa in zwei militärische Lager. Land für Land beteiligte sich am Krieg.

**Mittelmächte**
Deutschland, Österreich-Ungarn, Italien (Tripelallianz), das Osmanische Reich und Bulgarien.

**Alliierte Mächte**
Frankreich, Russland, Großbritannien (Entente cordiale), Serbien, Belgien, Japan, Italien (1915), Portugal, Rumänien, Griechenland, USA.

**Neutrale Staaten**

| | Mittelmächte | Alliierte Mächte |
|---|---|---|
| Soldaten | 7 710 000 | 11 330 000 |
| Kriegsschiffe | 48 | 97 |
| U-Boote | 37 | 37 |

**1914**

**Tannenberg** (30. Aug. 1914) Zwei russische Armeen werden von deutschen Truppen geschlagen.

**Marne-Schlacht** (5.–12. Sept. 1914) Deutschland wird von Paris zurückgedrängt.

**Masurische Seen** (15. Sept. 1914) Schwere Niederlage der Russen.

**1. Ypern-Schlacht** (30. Okt. 1914) Britische Truppen stoppen den deutschen Vormarsch in Flandern.

**28. Juni** Erzherzog Franz Ferdinand wird ermordet; Österreich-Ungarn erklärt Serbien den Krieg.

**1. Aug.** Dtld. erklärt Russland den Krieg; **3. Aug.** Dtld. erklärt Frankreich den Krieg; **4. Aug.** Deutschland fällt in Belgien ein. Großbritannien erklärt Dtld. den Krieg.

**1915**

**2. Ypern-Schlacht** (22. Apr. 1915) Deutschland setzt Giftgas ein.

**Insonzo-Schlacht** (23. Juni 1915) Italienische Offensiven gegen Österreich-Ungarn mit geringen Gebietsgewinnen.

**19. Feb.** Die ersten Zeppelinangriffe auf England.

**25. April** Landung alliierter Truppen in Gallipoli.

**7. Mai** Die *Lusitania* wird vor der irischen Küste von U-Boot versenkt.

**7. Dez.** Die Türken schließen die Briten bei Kut ein. **19. Dez.** Alliierte Truppen räumen die Dardanellen.

**1916**

**Verdun-Offensive** (21. Feb. 1916) Deutschland will Frankreich in einem Zermürbungskrieg ausbluten lassen.

**29. April** Kapitulation der britisch-indischen Truppen bei Kut.

Grabenkrieg Britische Soldaten klettern in der Schlacht an der Somme 1916 aus dem Schützengraben.

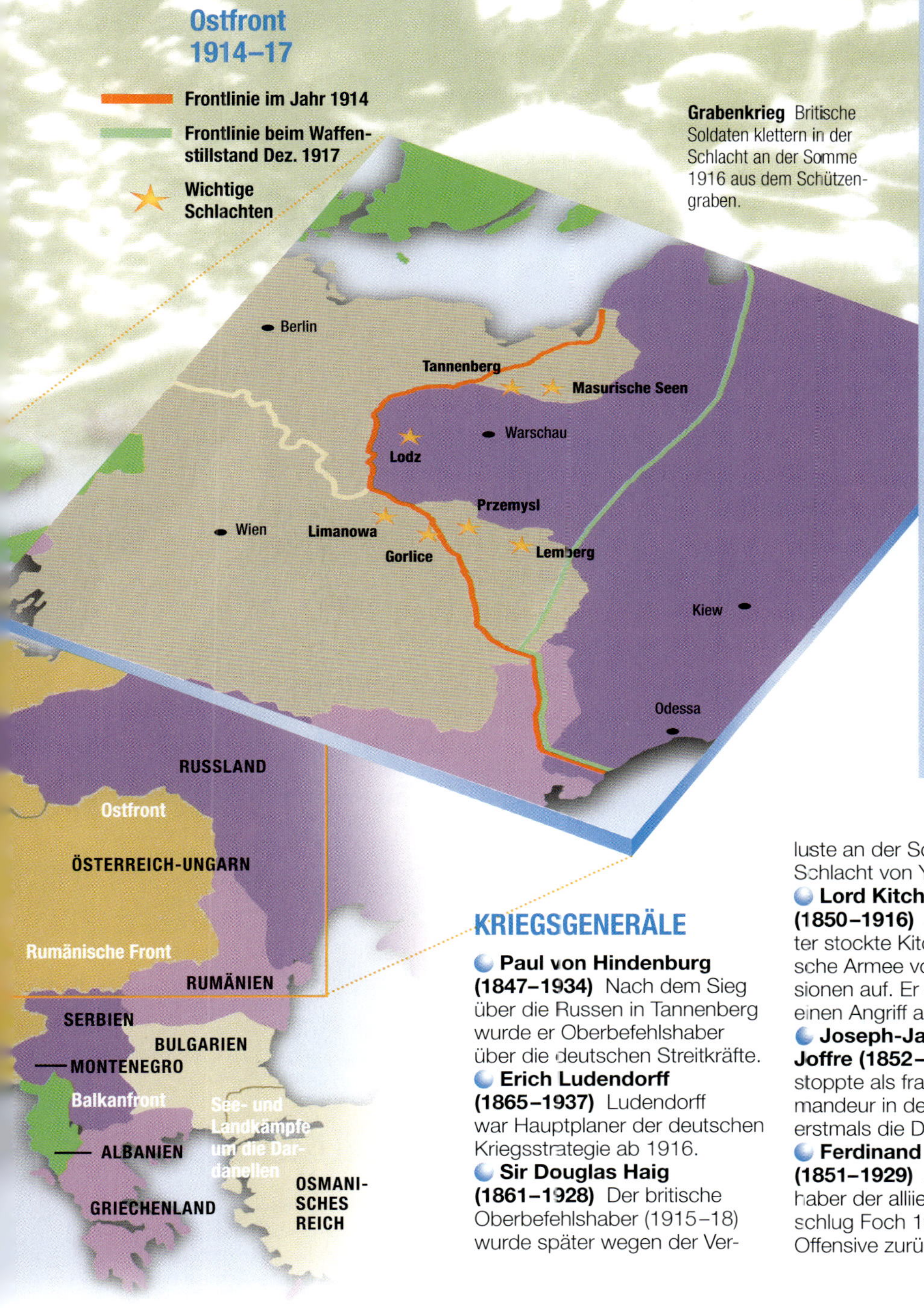


## Verluste an Menschenleben

Die geschätzten Verlustzahlen schwanken erheblich. Die nachstehende Auflistung beruht auf neuesten Erkenntnissen.

| | Mobilisierte Streitkräfte | Gefallene | Verwundete |
|---|---|---|---|
| **Alliierte** | | | |
| Russland | 12 000 000 | 1 700 000 | 4 950 000 |
| Frankreich | 8 410 000 | 1 357 000 | 4 266 000 |
| Italien | 5 615 000 | 650 000 | 947 000 |
| Großbritannien | 4 970 000 | 743 000 | 1 662 000 |
| USA | 4 355 000 | 48 000 | 204 000 |
| Indien | 1 440 400 | 65 400 | 69 000 |
| Kanada | 995 000 | 56 600 | 149 700 |
| Japan | 800 000 | 300 | 900 |
| Rumänien | 750 000 | 335 700 | 120 000 |
| Serbien | 700 000 | 45 000 | 133 000 |
| Australien | 420 600 | 59 300 | 152 100 |
| Belgien | 267 000 | 13 000 | 45 000 |
| Griechenland | 230 000 | 5000 | 21 000 |
| Südafrika | 136 000 | 7100 | 12 000 |
| Neuseeland | 124 200 | 16 700 | 41 300 |
| Portugal | 100 000 | 7000 | 14 000 |
| Montenegro | 50 000 | 3000 | 10 000 |
| Kolonien | 12 000 | 500 | 800 |
| Neufundland | 11 900 | 1200 | 2300 |
| **Mittelmächte** | | | |
| Deutschland | 11 000 000 | 1 774 000 | 4 216 000 |
| Österreich-Ungarn | 7 800 000 | 1 200 000 | 3 620 000 |
| Türkei | 2 850 000 | 325 000 | 400 000 |
| Bulgarien | 1 200 000 | 87 500 | 152 000 |
| **Gesamt** | **64 238 000** | **8 501 000** | **21 189 000** |

## KRIEGSGENERÄLE

**Paul von Hindenburg (1847–1934)** Nach dem Sieg über die Russen in Tannenberg wurde er Oberbefehlshaber über die deutschen Streitkräfte.

**Erich Ludendorff (1865–1937)** Ludendorff war Hauptplaner der deutschen Kriegsstrategie ab 1916.

**Sir Douglas Haig (1861–1928)** Der britische Oberbefehlshaber (1915–18) wurde später wegen der Verluste an der Somme und in der Schlacht von Ypern kritisiert.

**Lord Kitchener (1850–1916)** Als Kriegsminister stockte Kitchener die britische Armee von 20 auf 70 Divisionen auf. Er sprach sich für einen Angriff auf die Türkei aus.

**Joseph-Jacques-Césaire Joffre (1852–1931)** Joffre stoppte als französischer Kommandeur in der Marne-Schlacht erstmals die Deutschen.

**Ferdinand Foch (1851–1929)** Als Oberbefehlshaber der alliierten Streitkräfte schlug Foch 1918 die deutsche Offensive zurück.

**Alexei Brusilow (1853–1926)** Nach einem 4-monatigen Feldzug, in dem die österreichische Armee vernichtet wurde, erhielt Brusilow den Oberbefehl über die russischen Streitkräfte.

**John Joseph Pershing (1860–1948)** Pershing befehligte die amerikanische Expeditionsstreitmacht, die zum Scheitern der letzten deutschen Offensive 1918 beitrug.

Siehe auch
212–3 **Zwischen den Kriegen**
578–9 **Das Atomzeitalter**

**Skagerrak-Schlacht** (31. Mai 1916) Größte Seeschlacht zwischen Großbritannien und Deutschland.

**Juni** Russland beginnt die Brussilow-Offensive, welche die österreichische Front zurückdrängt.

**Somme-Schlacht** (1. Juli 1916) Beginn der Somme-Offensive. Die Alliierten verlieren 600 000, die Deutschen 500 000 Soldaten.

**1917**

**8. Jan.** Beginn des deutschen U-Boot-Kriegs.

**6. Apr.** Die USA erklären Deutschland den Krieg.

**Passchendaele** (31. Juli 1917) Die britische Offensive bei Ypern scheitert.

**6.–7. Okt.** Die Russische Revolution beendet Russlands Kriegsteilnahme und setzt deutsche Truppen für die Westfront frei.

**Cambrai** (20. Nov. 1917) Großbritannien setzt in Cambrai mit mäßigem Erfolg Panzer ein.

**1918**

**3. März** Deutschland und Russland schließen den Frieden von Brest-Litowsk.

**2. Marne-Schlacht** (15. Juli 1918) Die Alliierten stoppen Deutschlands letzte Offensive.

**4. Okt.** Deutschland ersucht um Waffenstillstand.

**Vittoria Veneto** (24. Okt. 1918) Die österreichischen Truppen unterliegen an der italienischen Front.

**11. Nov.** (11 Uhr vormittags) Der Waffenstillstand beendet alle Kampfhandlungen an der Westfront.

# Die Russische Revolution



*Unter der Herrschaft der Romanows trat Russland als absolute Monarchie ins 20. Jh. ein. Einige wenige lebten in unermesslichem Wohlstand, Millionen aber in extremer Armut. Die Unzufriedenheit wuchs und mit ihr radikale Bewegungen und Vorstellungen von gesellschaftlichem Umbruch. Die Revolution von 1905 zwang Nikolaus II. zur Einrichtung eines Parlaments, und 1917 kam die erste sozialistische Regierung der Welt an die Macht. 1922 entstand die UdSSR mit Wladimir Iljitsch Lenin an ihrer Spitze.*

Feuriger Redner Lenin 1920 bei einer Rede vor russischen Soldaten.

**FAKTEN** Deutschland verhalf Lenin 1917 zur Rückkehr nach Russland. Sein Eisenbahnzug wurde bis zum Grenzübertritt versiegelt.

## DIE HAUPTURSACHEN DER REVOLUTION

1. **Liberale Opposition** Liberale und Intellektuelle hatten dem Zarenregime bereits seit langem Widerstand entgegengesetzt. Schon 1825 hatten gemäßigte Militärs die Macht zu ergreifen versucht.
2. **Rascher wirtschaftlicher Wandel** Durch die Industrialisierung hatte sich ein unterdrücktes städtisches Proletariat gebildet.
3. **Repressive Regierung** Strikte Maßnahmen von Herrschern wie Alexander III. (um 1880) stießen in der Öffentlichkeit auf Ablehnung und bereiteten den Nährboden für revolutionäres Gedankengut.
4. **Schwäche Nikolaus' II.** Seine zögerliche Einrichtung einer machtlosen Duma (das Parlament) im Jahr 1905 trug nicht zur Wiederherstellung des verloren gegangenen Vertrauens in die Regierung bei. Der Einfluss Rasputins auf die Zarin erschien vielen als Symbol für die endgültige Degeneration des Hofes.
5. **Militärische Niederlage** Russlands Niederlage gegen Japan 1904–5 und katastrophale Fehlschläge im Ersten Weltkrieg schürten eine wachsende Feindseligkeit in der Öffentlichkeit.
6. **Nahrungsmittelknappheit** Eine kriegsbedingte Inflation und Nahrungsmittelknappheit führten zu Leid und Entbehrungen.

**1861** Alexander II. schafft die Leibeigenschaft ab.

**1881** Alexander II. wird ermordet, Nachfolger ist sein Sohn Alexander III.

**1894** Nikolaus II. besteigt den russischen Thron.

1900

**1902–3** In den russischen Industriegebieten kommt es zu Unruhen.

**1903** Die russische sozialdemokratische Arbeiterpartei spaltet sich in Bolschewiken und Menschewiken auf.

**1904–5** Russland erlebt im Russisch-Japanischen Krieg eine Niederlage.

**1905** Nach dem Massaker in St. Petersburg kommt es zur Revolution. Nikolaus stimmt der Wahl einer Duma zu.

**1914** Russland kämpft im Ersten Weltkrieg gegen die Mittelmächte.

1915

**8. März 1917** Hungerrevolte in Petrograd (St. Petersburg)

**12. März 1917** (27. Feb.) Die Petrograder Garnison meutert, eine Revolte schlägt in die „Februarrevolution" um.

**13.–15. März 1917** In Russland werden Sowjets (Räte) aus Arbeitern, Soldaten und Bauern gebildet.

**15. März 1917** Nikolaus II. dankt ab; die Duma setzt eine provisorische Mehrparteienregierung ein.

**16. April 1917** Lenin kehrt nach Petrograd zurück und ruft zum Aufstand gegen die „Provisorische Regierung" auf.

**3.–4. Mai 1917** (20.–21. April) April-Demonstrationen gegen das Unvermögen der Regierung, die Kriegsteilnahme Russlands zu beenden.

## Die Revolution von 1905, eine „Generalprobe"

Hohe Steuern und Empörung über die ungeschickte Kriegsführung im **Russisch-Japanischen Krieg** führten 1905 zum Aufruhr. Demonstranten ersuchten am 22. Januar (9. Januar) in St. Petersburg Zar Nikolaus II. um Reformen, doch Kosaken-Soldaten eröffneten das Feuer auf die unbewaffneten Menschenmassen. Große Entrüstung über diesen **Blutigen Sonntag** führte zu Streiks, Mordanschlägen und Aufständen in Polen, Lettland, Georgien und Finnland. Nikolaus blieb weitere 12 Jahre an der Macht, doch die ergebene Haltung seines Volkes war erschüttert. Er wurde zur Einführung von Reformen gezwungen und schuf mit der **Duma** ein gewähltes Parlament. Mit einem von Leo Trotzki angeführten Generalstreik und der Meuterei auf dem Kriegsschiff ***Potemkin*** wurden Gewissens-, Rede- und Versammlungsfreiheit erreicht.

## DER RUSSISCHE BÜRGERKRIEG (1918–20)

Nach ihrer Machtergreifung 1917 trafen die Bolschewiken auf den Widerstand vieler Gruppen, darunter der Demokraten, Republikaner, Nationalisten und selbst der radikalen Sozialrevolutionäre. Gegen die Ende 1917 von Trotzki geschaffene **Rote Armee** bildete sich ein lockeres Bündnis, die **Weiße Armee.** Die „Weißen" waren sich im Widerstand gegen Lenin und den Friedensvertrag mit Deutschland einig, aber es fehlte an Koordination. Ausländische Mächte wie Großbritannien, Frankreich, Japan und die Vereinigten Staaten unterstützten die Weißen, konnten aber die eroberten Gebiete nicht gegen die Roten verteidigen. 1920 erlitt die Weiße Armee auf der Krim eine Niederlage, spätere Aufstände gegen die Bolschewiken wurden niedergeschlagen. 1922 wurden die Transkaukasischen Republiken zerschlagen und die UdSSR entstand. Die nachrevolutionären Unruhen, die etwa 13 Mio. Menschenleben gefordert hatten, waren vorüber.

## Schlüsselfiguren

**Alexander Kerensky (1881–1970)** Kerensky gelang es als Ministerpräsident der „Provisorischen Regierung" von 1917 nicht, Russlands Rückzug aus dem Weltkrieg herbeizuführen.

**Wladimir Iljitsch Lenin (1870–1924)** Als politischer Theoretiker und revolutionärer Marxist setzte sich Lenin für die Errichtung eines kommunistischen russischen Staates ein. Er war Anführer der Revolution von 1917, Gründer der kommunistischen Partei und erstes Staatsoberhaupt der UdSSR.

**Nikolaus II. (1868–1918)** Nikolaus, der letzte Zar, herrschte von 1884 bis 1917. Er dankte nach der Februarrevolution ab und wurde hingerichtet.

**Rasputin (1872–1916)** Grigori Rasputin behauptete von sich, er könne die Bluterkrankheit des Zarensohns Alexei heilen. Er übte Einfluss auf die Staatsangelegenheiten aus und wurde von Monarchisten ermordet.

**Josef Stalin (1879–1953)** Stalin wurde 1922 Generalsekretär der kommunistischen Partei und machte die UdSSR zur Weltmacht. Er regierte als Diktator und schaltete seine Rivalen in Säuberungsaktionen aus. Sein Schreckensregime forderte 25 Mio. Menschenleben.

**Pjotr Stolypin (1862–1911)** Als Ministerpräsident Russlands nach 1905 führte Stolypin einige Reformen durch, besonders die Umwandlung von Gemeinde- in Privateigentum. Dies ging vor allem den Radikalen nicht schnell genug. Stolypin war bei Rechten wie bei Linken unbeliebt. 6 Monate nach seinem Rücktritt im März 1911 wurde er ermordet.

**Leo Trotzki (1879–1940)** Der kommunistische Theoretiker Trotzki lernte 1902 in London Lenin kennen Er kehrte 1905 nach Russland zurück und führte den Sowjet (den Arbeiterrat) von St. Petersburg in einen Streik, durch den bedeutende Reformen erreicht wurden. 1917 gründete er die Rote Armee, die er während des Bürgerkriegs anführte. Trotzki galt als designierter Nachfolger Lenins, doch Stalin entmachtete ihn und schickte ihn 1929 ins Exil. Er betätigte sich weiterhin als Schriftsteller und verfocht die Idee der Weltrevolution, bis er auf Stalins Befehl in Mexiko ermordet wurde.

Trotzki (1879–1940)

## Politische Kräfte in Russland

**Narodniki (Volkstümler)** Die Narodniki waren Sozialisten, die für eine republikanische, liberale Regierung eintraten. Einige schlossen sich zum terroristischen „Volkswillen" zusammen, der 1881 Alexander II. ermordete.

**Oktobristen** Die gemäßigten Oktobristen gaben sich mit den Zugeständnissen des Zaren vom Oktober 1905 zufrieden.

**Kadetten (Konstitutionelle Demokraten)** In den Augen der Kadetten waren die Reformen von 1905 unzureichend. Sie forderten weitere Reformen und eine konstitutionelle Monarchie. Sie bildeten die stärkste Partei in der ersten Duma.

**Schwarze Hundert (Verband des echt russischen Volkes)** Nach der Revolution von 1905 verübten Nationalisten des Verbandes Anschläge auf Revolutionäre und Juden.

**Sozialrevolutionäre Partei** Als Nachfolger der Narodniki-Bewegung strebten die Sozialrevolutionäre durch die Mobilisierung der Bauernschaft die Revolution an. In der „Provisorischen Regierung" verfügten sie über eine Mehrheit, lösten sich aber nach dem Bürgerkrieg auf.

**Sozialdemokratische Arbeiterpartei** Die 1898 als marxistische Partei gegründete Sozialdemokratische Arbeiterpartei wollte die von Industriearbeitern angeführte Revolution. 1903 spaltete sie sich in Menschewiken und Bolschewiken auf.

**Bolschewiken (Mehrheit)** Die Bolschewiken unter Leitung Lenins sahen sich als Vorhut einer sozialistischen Revolution. Sie traten für Gewaltanwendung zum Sturz des Staates und zur Errichtung der „Diktatur des Proletariats" ein.

**Menschewiken (Minderheit)** Die gemäßigten Sozialisten sprachen sich für friedliche Aktionen durch die Duma aus.

**Juli 1917** Die bolschewistische Partei wird nach bewaffneten Massendemonstrationen, dem Juli-Putsch, geächtet, ihre Anführer werden verhaftet oder tauchen unter.

**8.–12. Sept. 1917** Der konterrevolutionäre Putschversuch von General Kornilow scheitert.

**Sept. 1917** Die Bolschewiken erringen in den Petrograder und Moskauer Sowjets die Mehrheit.

**20. Okt. 1917** Lenin kehrt aus Finnland zurück und drängt auf eine bewaffnete Revolution.

**6.–7. Nov. 1917** (24.–25.Okt.) In der „Oktoberrevolution" wird die „Provisorische Regierung" von den Bolschewiken gestürzt.

**Dez. 1917** Die Bolschewiken schaffen das Privateigentum ab, verteilen das Land neu, verstaatlichen Banken und Industriebetriebe.

**3. März 1918** Die bolschewistische Regierung unterzeichnet einen Friedensvertrag mit Deutschland. Es kommt zum Bürgerkrieg (bis 1920).

**Juli 1918** Die Zarenfamilie wird hingerichtet.

**Aug. 1918** Ein Mordversuch an Lenin führt zum „Roten Terror", dem Versuch, jeden Widerstand gegen den Bolschewismus zu brechen.

**1920** Den „Weißen" misslingt die Einnahme Moskaus, und die Rote Armee schlägt eine polnische Invasion zurück.

1920

**1921** Lenin führt die „Neue Ökonomische Politik" ein.

**1922** Lenin verkündet die Gründung der Union der Sozialistischen Sowjet-Republiken (UdSSR).

**1924** Tod Lenins. Bereits 1929 hat Stalin Trotzki ausmanövriert und wird zum Staatsführer.

**Gestürztes Idol** Kinder schauen sich 1918 eine umgestürzte Statue Alexanders III. an. Nach der Revolution wurden zahlreiche zaristische Denkmäler zerstört.

**ANMERKUNG:** Russland schaffte im Februar 1918 den julianischen Kalender ab. Bei wichtigen Ereignissen sind die Daten nach dem alten Kalender in Klammern angegeben.

Siehe auch
208–9 **Der Erste Weltkrieg**
212–3 **Zwischen den Kriegen**
254–5 **Russland**
346–7 **Philosophie**

*Die Weltwirtschaft schwankte in den 20er-Jahren zwischen Hochkonjunktur und Pleite. Die Wähler ließen sich von den radikalen Ideen militaristischer Rechtsparteien verleiten. In den späten 30er-Jahren etablierten sich in Japan und Italien Regime, die der aggressiven Naziherrschaft in Deutschland ähnelten und die Welt auf einen neuen großen Krieg hinsteuerten.*

## VERSAILLER VERTRAG

Der am 28. Juni 1919 unterzeichnete Friedensvertrag von Versailles bürdete Deutschland nicht nur die Schuld am Ersten Weltkrieg und gewaltige Reparationskosten auf, sondern gab auch der Landkarte Europas zum Teil ein neues Gesicht. Österreich-Ungarn sowie das Russische und das Osmanische Reich waren verschwunden, und Deutschland verlor angestammte Gebiete. Das verbreitete Gefühl der ungerechten Behandlung machten sich die Nationalsozialisten zunutze.

**Deutsche Gebietsabtretungen an andere Staaten**

**Deutschsprachige Bevölkerungen außerhalb Deutschlands**

**Von den Alliierten besetzte deutsche Gebiete**

**Ruhr** Das Ruhrgebiet wurde 1923–5 wegen geschuldeter Reparationsleistungen der Deutschen von Franzosen und Belgiern besetzt.

**Nordschleswig** wurde nach einer Volksabstimmung 1920 an Dänemark abgetreten.

**Der polnische Korridor** Der Versailler Vertrag sprach Polen fast ganz Westpreußen zu, obwohl dort nur eine geringe polnische Mehrheit lebte.

**Danzig (Gdansk)** Die frühere Hauptstadt Westpreußens wurde zur Freien Stadt Danzig unter Verwaltungsaufsicht des Völkerbunds.

**Moresnet, Eupen und Malmédy** Die drei Bezirke im Westen Deutschlands gelangten durch den Versailler Vertrag an Belgien.

**Elsass-Lothringen** Die umstrittenen Gebiete Elsass und Lothringen, die seit 1871 deutsch waren, fielen durch den Versailler Vertrag an Frankreich.

**Sudetenland** Das Sudetenland wurde 1919 Teil der Tschechoslowakei. Die deutsche Bevölkerung lieferte Hitler mit ihrem Wunsch, zum Reich zu gehören, 1938 den Vorwand zum Einmarsch in die sudetendeutschen Gebiete.

**Saarland** Das Industriegebiet an der Saar wurde in Versailles der Verwaltungsaufsicht des Völkerbunds unterstellt und Deutschland erst 1935 wieder angegliedert.

**Rheinland** Das Rheinland blieb in deutschem Besitz, war aber bis 1927 Besatzungsgebiet der Alliierten. 1936 besetzten es deutsche Truppen.

**Schlesien** Nach einer Reihe von Volksabstimmungen wurde Oberschlesien 1919 an Polen abgetreten, während das östliche Schlesien an die Tschechoslowakei fiel.

## WIRTSCHAFTSKRISE

Der Erste Weltkrieg hatte gewaltige Auswirkungen auf die Weltwirtschaft. In vielen Ländern hatte sich die Wirtschaft während des Krieges künstlich aufgebläht, sodass es nach Kriegsende zu einem Zusammenbruch der Nachfrage kam. Außerdem hatten die meisten Länder große Anleihen aufgenommen, die aber nicht durch Goldreserven gedeckt waren. Damit kam es zu einem Verfall des **Goldstandards** und zur **Abwertung.**

Als sich am **24. Oktober 1929** ein Verfall des amerikanischen Aktienmarktes ankündigte, versuchten in Panik geratene Spekulanten ihre Wertpapiere um jeden Preis zu verkaufen. Nun kam es zum Zusammenbruch, der sich rasch auf der ganzen Welt ausdehnte. 1931 gab es in den Vereinigten Staaten 8 Mio. Arbeitslose, in Deutschland waren es 5 Mio., in Großbritannien 2,75 Mio. Die Depression führte zu einer steigenden Zahl von Anhängern einer extremistischen Politik. Den amerikanischen Präsidenten Roosevelt veranlasste sie zur Einführung seines **New Deal,** eines Programms öffentlicher Vorhaben mit dem Ziel, Arbeitsplätze zu schaffen. In Deutschland bescherte ein gewaltiges **Wiederaufrüstungsprogramm** der Wirtschaft eine ähnliche Hochkonjunktur. Der Preis war ein Rüstungswettlauf der Nationen, der einen neuen Krieg nur allzu wahrscheinlich werden ließ.

**Farmerelend** In den USA ging mit der Wirtschafts- eine Agrarkrise einher.

**1918** Ende des Ersten Weltkriegs. Friedenskonferenz in Paris ohne Deutschland

**1919** Der linksgerichtete Spartakisten-Aufstand in Deutschland scheitert.

1920

**1920** Die USA lehnen den Beitritt zum neu geschaffenen Völkerbund ab.

**1921** Die deutschen Reparationszahlungen werden auf 269 Mrd. Mark festgesetzt.

**1922** Mussolini bildet in Italien eine faschistische Regierung.

**1923** Frankreich und Belgien besetzen das Ruhrgebiet. Die Reichswährung verfällt.

1925

**1925** Hitler veröffentlicht sein Buch *Mein Kampf.*

**1926** Ein Generalstreik in Großbritannien dauert 9 Tage, ein Bergarbeiterstreik 6 Monate.

**1928** Das Handelsvolumen an der New Yorker Börse erreicht ein Allzeit-Hoch.

**1929** Zusammenbruch des amerikanischen Aktienmarkts, weltweite Wirtschaftskrise

**Der Aufstieg der Diktatoren** In der Zeit zwischen den Weltkriegen entstanden überall in Europa Einparteien-Diktaturen. In der UdSSR führte Stalin eine systematische Säuberungsaktion zur Ausschaltung von Kritikern und Rivalen durch. In Deutschland kam Hitler an die Macht und setzte Nazi-Schlägertrupps zur Vernichtung des politischen Gegners ein. Mussolini demontierte in Italien die Demokratie und nutzte die faschistischen Schwarzhemden zur Einschüchterung anderer. Auch andernorts kamen autoritäre Männer an die Macht, von Horthy in Ungarn (1920) und Salazar in Portugal (1928) bis König Alexander in Jugoslawien (1929) und Franco in Spanien (1939).

**Josef Stalin (1879–1953)**
Der als Josef Dschugaschwili in Georgien geborene Stalin (der Stählerne) wurde 1922 Generalsekretär des Zentralkomitees der Kommunistischen Partei. Ab 1927 bekleidete er die Position des Staatsoberhaupts und errichtete ein Terrorregime, unter dem Schauprozesse geführt, Straflager gebaut und rund 10 Mio. Menschen hingerichtet wurden. Ab 1941 stand Stalin an der Spitze der Sowjetunion im Kampf gegen das nationalsozialistische Deutschland. Auf Konferenzen der Alliierten nach dem Krieg spielte er eine entscheidende Rolle.

**Benito Mussolini (1883–1945)**
Bevor Mussolini die Nationale Faschistische Partei gründete, war er Journalist. Ab 1922 amtierte er in Italien als Regierungschef und setzte sich 1926 selbst als Diktator ein. Zunächst fand er wegen seiner Wirtschaftsreformen sowie der Annexion Äthiopiens 1936 und Albaniens 1939 weit reichende Unterstützung. Doch unmittelbar nach dem Ausbruch des Krieges musste Italien eine Reihe katastrophaler Niederlagen hinnehmen. Mussolini wurde 1943 abgesetzt und 1945 von Partisanen hingerichtet.

**Adolf Hitler (1889–1945)**
Hitler trat 1919 der Nationalsozialistischen Deutschen Arbeiterpartei (NSDAP) bei, deren Führer er 1921 wurde. Nach einem gescheiterten Putsch im Jahr 1923 wurde er zu 5 Jahren Haft verurteilt, aber bereits nach 8 Monaten entlassen. Während dieser Zeit verfasste er seine programmatische Schrift *Mein Kampf*. Mit seinen Plänen zur Ausschaltung der Juden, zur Schaffung eines Großdeutschen Reiches durch Eroberung von Lebensraum in Osteuropa und zum Kampf gegen den Versailler Vertrag gewann Hitler viele Anhänger. Bereits 1932 waren die Nationalsozialisten die stärkste Partei im Reichstag und Hitler wurde Reichskanzler. Unter seiner autokratischen Führung im Zweiten Weltkrieg erlitt Deutschland eine katastrophale Niederlage.

Siehe auch
208–9 **Der Erste Weltkrieg**
214–5 **Der Zweite Weltkrieg**
462–3 **Die Grundlagen der Wirtschaft**

## Der Spanische Bürgerkrieg (1936–9)

1931 wurde in Spanien die Republik ausgerufen. Zu den **Republikanern** gehörten die Sozialisten, Kommunisten, Anarchisten und regionalen Separatisten. Ihnen gegenüber standen die **Nationalisten,** bestehend aus Monarchisten, konservativen Katholiken und der faschistischen Falange. 1936 stürzte ein von General Francisco Franco angeführter pronationalistischer Militärputsch Spanien in den Bürgerkrieg. Deutschland und Italien unterstützten die Nationalisten, die Republikaner erhielten Beistand von der UdSSR. Großbritannien und Frankreich griffen nicht ein, doch viele Freiwillige schlossen sich den prorepublikanischen **Internationalen Brigaden** an. Die Republikaner verloren den Kampf 1939. Die Falange wurde zur einzigen legalen Partei, und Franco war bis zu seinem Tod 1975 das Oberhaupt eines faschistischen Staates.

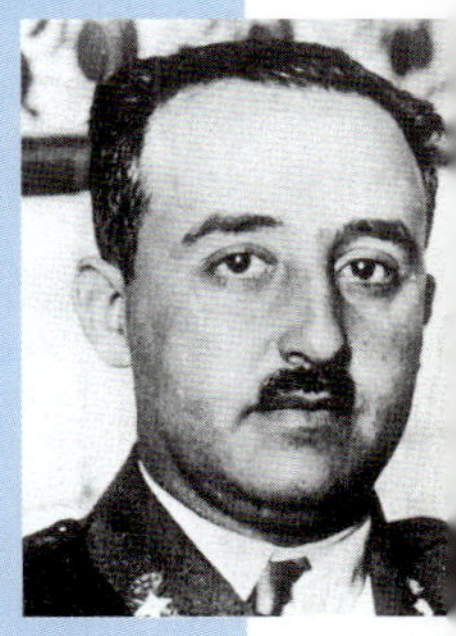

**Francisco Franco**

1930

**1930** Bei den deutschen Reichstagswahlen gewinnen die Nationalsozialisten 107 Sitze.

**1931** Spanien wird zur Republik erklärt.

**1932** Die NSDAP wird nach den Wahlen die stärkste politische Partei in Deutschland.

**1933** Hitler wird Reichskanzler.

**1934** In der „Nacht der langen Messer“ lässt Hitler seine Rivalen in der SA und andere politische Gegner verhaften.

1935

**1935** Die Nürnberger Gesetze berauben die Juden ihrer Rechte, Antisemitismus wird gesetzlich gebilligt.

**1936** Italien und Deutschland bilden die Achse Berlin–Rom.

**1936** Der britische König Edward VIII. dankt ab.

**1936–9** Bürgerkrieg in Spanien

**1937** Deutschland bombardiert die republikanische spanische Stadt Guernica.

**1938** Deutschland besetzt Österreich und das Sudetenland. In der „Reichskristallnacht“ (9. Nov.) organisieren die Nazis Ausschreitungen gegen Juden.

**1939** Dtld. überfällt die Tschechoslowakei und Polen: Zweiter Weltkrieg.

# Der Zweite Weltkrieg

**Von Hitlers Überfall auf Polen bis zur Atombombe von Hiroshima**

*Vom kostspieligsten Krieg der Geschichte waren mehr als drei Viertel der Weltbevölkerung betroffen. Ganze Völker waren das Opfer von Luftangriffen, Vernichtungsfeldzügen, Konzentrationslagern und Völkermord, gerechtfertigt zum Teil durch die obskure Vorstellung von der Überlegenheit einer Rasse. Am Kriegsende, das im Zeichen des ersten Einsatzes von Atomwaffen stand, sahen sich die alliierten Sieger mit einer neuen Weltordnung konfrontiert, die den Niedergang ihrer alten Kolonialreiche und eine vergrößerte Sowjetmacht mit sich brachte.*

## FÜNF URSACHEN DES KRIEGES

1. **Verstimmung wegen Versailles** Für Deutschland, das einen Teil seines Territoriums aufgeben musste, bedeutete der Friedensvertrag eine Demütigung. Der tief wurzelnde Groll schürte eine extrem nationalistische Politik.
2. **Antikommunismus** Die Westmächte hatten nichts gegen Parteien des extremen rechten Flügels als Gegengewicht gegen den Kommunismus einzuwenden und unterschätzten dabei die Tragweite diktatorischer Bestrebungen.
3. **Landhunger** Die Achsenmächte wollten neue Gebiete gewinnen – Deutschland im Osten, Italien in Afrika und im östlichen Mittelmeer, Japan in Südostasien.
4. **Rüstungswettlauf** Die Wiederaufrüstung brachte der am Boden liegenden Wirtschaft der 30er-Jahre einen beachtlichen Aufschwung, löste aber ein Wettrüsten und wachsendes Misstrauen unter den europäischen Mächten aus.
5. **Scheitern des Internationalismus** Der Völkerbund vermochte die Aggression nicht einzudämmen. Die westlichen Staaten scheuten die Konfrontation mit den Angreifern.

**Rache für Versailles** Adolf Hitler 1940 am Eiffelturm in Paris

**1939**

**31. März** Großbritannien und Frankreich geben eine Garantieerklärung für Polen ab.

**23. August** Der Nichtangriffspakt mit der Sowjetunion gibt Hitler die Rückenfreiheit zum Überfall auf Polen.

**1. September** Deutschland fällt in Polen ein.

**3. September** **Großbritannien, Frankreich, Kanada, Australien und Neuseeland erklären Deutschland den Krieg.**

**1940**

**9. April** Deutsche Truppen besetzen Dänemark und Norwegen.

**10.–14. Mai** Deutschland fällt in den Niederlanden, Belgien, Luxemburg und Frankreich ein.

**28. Mai–4. Juni** 338 000 britische und französische Soldaten werden aus Dünkirchen evakuiert.

**10. Juli–August** Britische Kampfflugzeuge wehren deutsche Luftangriffe ab.

**1941**

**17. April** Jugoslawien ergibt sich den deutschen Streitkräften.

**22. Juni** **Mit dem Unternehmen „Barbarossa" beginnt der deutsche Überraschungsangriff auf die Sowjetunion.**

**7. Dezember** **Japans Angriff auf den amerikanischen Flottenstützpunkt Pearl Harbor**

**1942**

**15. Februar** Singapur ergibt sich den japanischen Streitkräften, 70 000 Briten und Angehörige des Commonwealth werden gefangen genommen.

## KRIEGSSCHAUPLÄTZE

**Europa** An Deutschlands Sieg über Polen 1939 schloss sich im Sommer 1940 die Besetzung Dänemarks, Norwegens, der Niederlande, Belgiens und eines großen Teils Frankreichs an. Anfang 1941 folgte die Eroberung Jugoslawiens und Griechenlands. Der alliierte Gegenangriff begann 1943 in Italien, dann folgte 1944 die Landung der Alliierten in Frankreich. Das Vorrücken alliierter Verbände nach Deutschland in den Jahren 1944–5 wurde nur in Arnheim (September 1944) und in den Ardennen aufgehalten.

**Nordafrika** Ende 1942 gelang den Alliierten der Sieg über Rommel, nachdem sie ihn bei El Alamein geschlagen hatten und die Landung von Invasionsstreitkräften in Marokko und Algerien gelungen war.

**Die russische Front** Nach anfänglichen Siegen stoppte der deutsche Vormarsch, und die deutschen Streitkräfte wurden in einen nicht zu gewinnenden Krieg gegen einen Feind verwickelt, der nicht aufgab – und das an einer Front, die zeitweise 2700 km lang war. Einen Wendepunkt bildete die Niederlage in Stalingrad 1943; das Scheitern der Offensive bei Kursk war der Anfang vom Ende.

**Der Pazifik** Japan brauchte im Pazifik einen raschen Sieg gegen die Vereinigten Staaten, bevor diese ihre industrielle Produktionskraft in die Waagschale werfen konnten. Doch dem Überraschungsschlag gegen die Amerikaner in Pearl Harbor vom Dezember 1941 folgten der Verlust wichtiger japanischer Flugzeugträger in der See-Luft-Schlacht von Midway im Juni 1942 und eine amerikanische Gegenoffensive in Guadalcanal im August 1942. Was noch an japanischen Schiffen übrig war, wurde im Oktober 1944 bei Leyte versenkt.

**Fernost** Zeitgleich mit dem Überfall auf Pearl Harbor begannen die Japaner mit Angriffen auf europäische Kolonien: Hongkong und Malaya (Dezember 1941), Niederländisch-Indien (Januar 1942), die Philippinen (Dezember 1941). Von Januar bis März 1942 besetzte Japan die britische Kolonie Burma und bedrohte Indien. Der japanische Vormarsch wurde 1944 gestoppt. Mit dem Vorstoß der Alliierten nach Burma, China und Borneo 1945 brach Japans Reich zusammen.

**Pearl Harbor** Der Überraschungsangriff auf die amerikanische Flott Jahr 1941 war für Japan ein taktischer Triumph, politisch aber eine K trophe. Amerika trat sofort mit seiner ganzen industriellen Macht in d Krieg ein, und die Schlacht um den Pazifik begann.

## Die Kriegsführer

**Winston Churchill (1874–1965)** Als Gegner einer allgemeinen Beschwichtigungspolitik wurde Churchill 1940 Premierminister in Großbritannien. Mit seinen Reden, seiner Entschlossenheit, seinem Verständnis für Strategie und seiner geschickten Diplomatie gab er den Anstoß zu entschlossenem Widerstand gegen Hitler.

**Douglas MacArthur (1880–1964)** MacArthur war ein pensionierter amerikanischer General, der 1941 zur Verteidigung der Philippinen erneut berufen wurde. Als Oberbefehlshaber im Südwestpazifik war er für das so genannte Inselspringen verantwortlich, das Japans Niederlage herbeiführte.

**Franklin Delano Roosevelt (1882–1945)** Der amerikanische Präsident absolvierte beim Kriegseintritt der USA seine dritte Amtsperiode. Ab 1937 hatte er das Land auf einen Krieg mit Japan vorbereitet und leitete die Kriegsanstrengungen der Nation.

**Mutig wie eine Bulldogge** Winston Churchills kompromisslose Einstellung zu den Nazis einte die Briten.

**Tojo Hideki (1884–1948)** Tojo, ein Berufssoldat und Abkömmling von Samurai, war 1940–4 zunächst japanischer Kriegsminister und 1941–4 Ministerpräsident. Er war Initiator des Überfalls auf Pearl Harbor und leitete die japanischen Eroberungen im Pazifik, bis er aufgrund militärischer Verluste zurücktreten musste. Er wurde als Kriegsverbrecher gehängt.

**Bernard Montgomery (1887–1976)** Als Kommandeur der britischen Armeen in Nordafrika und Italien besiegte er 1942 Rommel bei El Alamein.

**Charles de Gaulle (1890–1970)** De Gaulle, Berufssoldat mit vielen Auszeichnungen aus dem Ersten Weltkrieg, war während des Krieges Führer der französischen Exilregierung (Freies Frankreich). Er rief das besetzte Frankreich zum Widerstand auf.

**Dwight D. Eisenhower (1890–1969)** Eisenhower war 1942–5 Oberkommandierender der Alliierten in Europa und führte die alliierte Invasion in Nordafrika 1942 und Italien 1943, später hatte er den Oberbefehl über die Invasion der Alliierten in der Normandie.

**Erwin Rommel (1891–1944)** Rommel war bei der deutschen Invasion in Frankreich Kommandeur einer Division. 1941 wurde er zum Befehlshaber des Afrikakorps ernannt und erlangte bis El Alamein mehrere Siege. 1944, nach dem Attentat auf Hitler, wurde er von den Nazis zum Selbstmord gezwungen.

**Hermann Göring (1893–1946)** Göring wurde 1933 zum Innen- und Luftfahrtminister ernannt. Er baute die Luftwaffe aus, verlor aber nach der Luftschlacht um England an Ansehen. 1946 wurde er als Kriegsverbrecher verurteilt, vergiftete sich jedoch vor seiner Hinrichtung.

**Georgi Schukow (1895–1974)** Schukow war Wehrpflichtiger in der Armee des Zaren und schloss sich 1918 der Roten Armee an. Er wurde der bedeutendste russische Kommandeur des Krieges. Nach dem Einmarsch der Deutschen in die UdSSR befehligte er die Verteidigung Leningrads und Moskaus, dann wurde er zum Oberbefehlshaber der sowjetischen Streitmächte ernannt. Er erzielte 1943 entscheidende Siege in Stalingrad und Kursk und leitete den sowjetischen Vorstoß auf Berlin.

**4.–5. Juni** In der See-Luft-Schlacht bei Midway versenken amerikanische Bomber vier japanische Flugzeugträger.

**13. September** Angriff der deutschen Armee auf Stalingrad

**4. November** Britische Streitkräfte und Truppen des Commonwealth besiegen Rommel bei El Alamein in Ägypten.

**1943**

**31. Januar** Mehr als 80 000 Soldaten der 6. deutschen Armee kapitulieren in Stalingrad

**5.–17. Juli** Die Sommeroffensive bei Kursk führt zur Niederlage Deutschlands an der russischen Front.

**10. Juli** Britische und amerikanische Soldaten landen auf Sizilien.

**3. September** Italien kapituliert vor den von Sizilien vorstoßenden alliierten Verbänden.

**1944**

**6. Juni** D-Day: Erfolgreiche Landung alliierter Truppen an der Küste der Normandie

**17.–25. Oktober** In der größten Seeschlacht der Geschichte zerstören amerikanische Streitkräfte die restliche japanische Flotte bei der Insel Leyte.

**1945**

**9. Mai** Bedingungslose Kapitulation Deutschlands

**14. August** Nach der Zerstörung Hiroshimas am 6. August und Nagasakis am 9. August durch amerikanische Atombomben kommt es zur bedingungslosen Kapitulation Japans.

**Landung am D-Day** Mit der Landung der alliierten Truppen in der Normandie am 6. Juni 1944 wird Deutschland in einen Zweifrontenkrieg verwickelt.

**Die Atombombe,** die auf Hiroshima abgeworfen wurde, hatte eine größere Zerstörungskraft als alle bis dahin eingesetzten Waffen zusammen.

## Der Holocaust

Der Begriff Holocaust bezieht sich auf die Verfolgung der Juden durch die Nationalsozialisten, obwohl dieser auch Sinti und Roma, Homosexuelle und Geisteskranke zum Opfer fielen. Die Unterdrückung in den 30er-Jahren wurde im Krieg zum Völkermord. Im Zug der so genannten Endlösung wurden rund 6 Mio. Juden umgebracht.

**Juden als Opfer des Holocaust 1939–45**

| | | | |
|---|---|---|---|
| Belgien | 50 000 | Niederlande | 106 000 |
| Deutschland | 180 000 | Österreich | 65 000 |
| Frankreich | 83 000 | Polen | 3 000 000 |
| Griechenland | 71 000 | Rumänien | 370 000 |
| Italien | 9000 | Tschechoslow. | 277 000 |
| Lettland | 8000 | UdSSR | 1 000 000 |
| Litauen | 135 000 | Ungarn | 450 000 |

Siehe auch
212–3 Zwischen den Kriegen
578–9 Das Atomzeitalter

*Der Zerfall der europäischen Kolonialreiche änderte die Weltkarte. Aus einheimischen Eliten gingen nationale Führungspersönlichkeiten hervor, und afrikanische Soldaten kehrten mit großen Erwartungen aus dem Krieg heim. Den Kolonialmächten misslang es, ihre Autorität erneut zu behaupten, Russland und China boten andere politische Visionen. Die Unabhängigkeit Indiens (1947) wurde zum Präzedenzfall für große Teile Asiens und Afrikas.*

## Algerien

Algerien war seit 1848 unter französischer Herrschaft. 1954 begann die **Front Nationale de Libération** (Nationale Befreiungsfront, FLN) mit gewalttätigen Aktionen den Kampf um die Unabhängigkeit. Das führte in Frankreich zu einer politischen Krise und zu einer neuen Regierung unter **de Gaulle.** Die **OAS,** eine geheime Armeeorganisation, versuchte vergeblich, die Entlassung Algeriens in die Unabhängigkeit mit terroristischen Mitteln zu verhindern. Am 18. März 1962 wurde die Unabhängigkeit gewährt.

**Volljährigkeit** Große Teile Afrikas und Asiens erlangten nach 1945 die Unabhängigkeit von ihren früheren Kolonialherren. In den meisten Fällen wurde die Unabhängigkeit auf friedlichem Weg gewährt, wie aus der Karte ersichtlich ist.

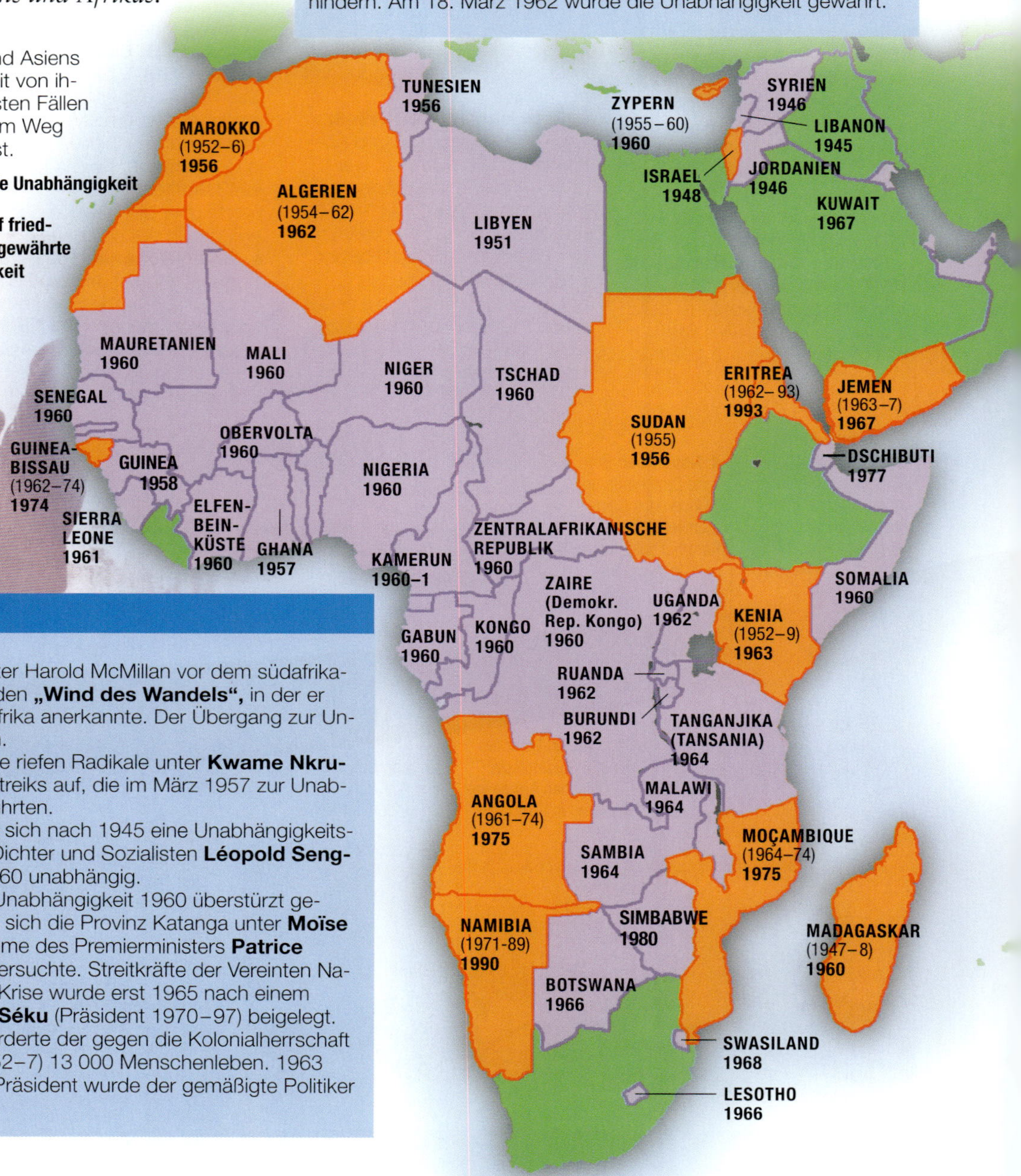

**Unabhängigkeitstag**
Ganz Algerien feierte, als ein 8-jähriger, blutiger Konflikt 1962 mit der Unabhängigkeit von Frankreich beendet wurde.

## Afrika südlich der Sahara

1960 hielt der britische Premierminister Harold McMillan vor dem südafrikanischen Parlament seine Rede über den **„Wind des Wandels“,** in der er das wachsende Nationalstreben in Afrika anerkannte. Der Übergang zur Unabhängigkeit verlief zunächst friedlich.

In der britischen Kolonie Goldküste riefen Radikale unter **Kwame Nkrumah** (1909–72) zu einer Reihe von Streiks auf, die im März 1957 zur Unabhängigkeit und Gründung **Ghanas** führten.

Im französischen **Senegal** bildete sich nach 1945 eine Unabhängigkeitsbewegung unter dem afrikanischen Dichter und Sozialisten **Léopold Senghor** (1906–2001). Senegal wurde 1960 unabhängig.

Im belgischen **Kongo** wurde die Unabhängigkeit 1960 überstürzt gewährt. Ein Bürgerkrieg brach aus, als sich die Provinz Katanga unter **Moïse Tschombé** (1920–69) von dem Regime des Premierministers **Patrice Lumumba** (1925–61) abzuspalten versuchte. Streitkräfte der Vereinten Nationen griffen ein (1961–4), doch die Krise wurde erst 1965 nach einem Putsch des Generals **Mobutu Sésé Séku** (Präsident 1970–97) beigelegt.

In der britischen Kolonie **Kenia** forderte der gegen die Kolonialherrschaft gerichtete **Mau-Mau-Aufstand** (1952–7) 13 000 Menschenleben. 1963 wurde die Unabhängigkeit gewährt; Präsident wurde der gemäßigte Politiker **Jomo Kenyatta** (um 1892–1978).

1940

**1940–1** Italien gibt Eritrea, Somalia und Äthiopien auf.

**1945** Japan gibt eroberte Gebiete in Ostasien auf.

**1946** Die Philippinen werden von den Vereinigten Staaten unabhängig.

**1947** Indien und Pakistan erlangen am 15. August die Unabhängigkeit.

**1948** Burma wird von Großbritannien unabhängig.

**1948–60** Die malaiischen Kommunisten führen einen Guerillakrieg gegen Großbritannien.

**1949** Indonesien erlangt die Unabhängigkeit.

1950

**1952–7** Die Mau-Mau-Rebellen in Kenia bekämpfen die britischen Kolonialtruppen.

**1954** Vietnamesische Verbände besiegen Frankreich bei Dien Bien Phu.

**1954–62** Der algerische Krieg führt Frankreich an den Rand eines Bürgerkriegs.

**1955–9** Die Kampagne der progriechischen Widerstandsorganisation EOKA führt zur Teilung Zyperns.

**1956** Großbritannien und Frankreich greifen in die Suez-Krise ein.

**1957** Malaya und Ghana erlangen die Unabhängigkeit von Großbritannien.

## Israel

Der **Zionismus,** eine Bewegung zur Errichtung eines jüdischen Staates, hatte bereits vor 1918 den Anstoß zur Einwanderung von Juden nach Palästina gegeben. Unter dem **britischen Mandat** ab 1923 stieg die Zahl der Einwanderer, und es kam zu Konflikten zwischen Juden und palästinensischen Arabern. Nach **Terroranschlägen** jüdischer Organisationen 1947 empfahl die UNO die Teilung Palästinas in einen jüdischen und einen arabischen Staat. Am 14. Mai 1948 rief **David Ben Gurion** (1886 bis 1973) den Staat Israel aus, der sofort von der **Arabischen Liga** (Ägypten, Transjordanien, Syrien, Irak und Libanon) angegriffen wurde, sich aber behaupten konnte. Weitere Kriege gewann Israel 1967 **(6-Tage-Krieg)** und 1973 **(Jom-Kippur-Krieg).**

**Verirrter Führer** Eine Zeit lang wurde Sukarno vom indonesischen Volk verehrt, doch seine Hinwendung zu maoistischen Vorstellungen führte zu seinem Sturz.

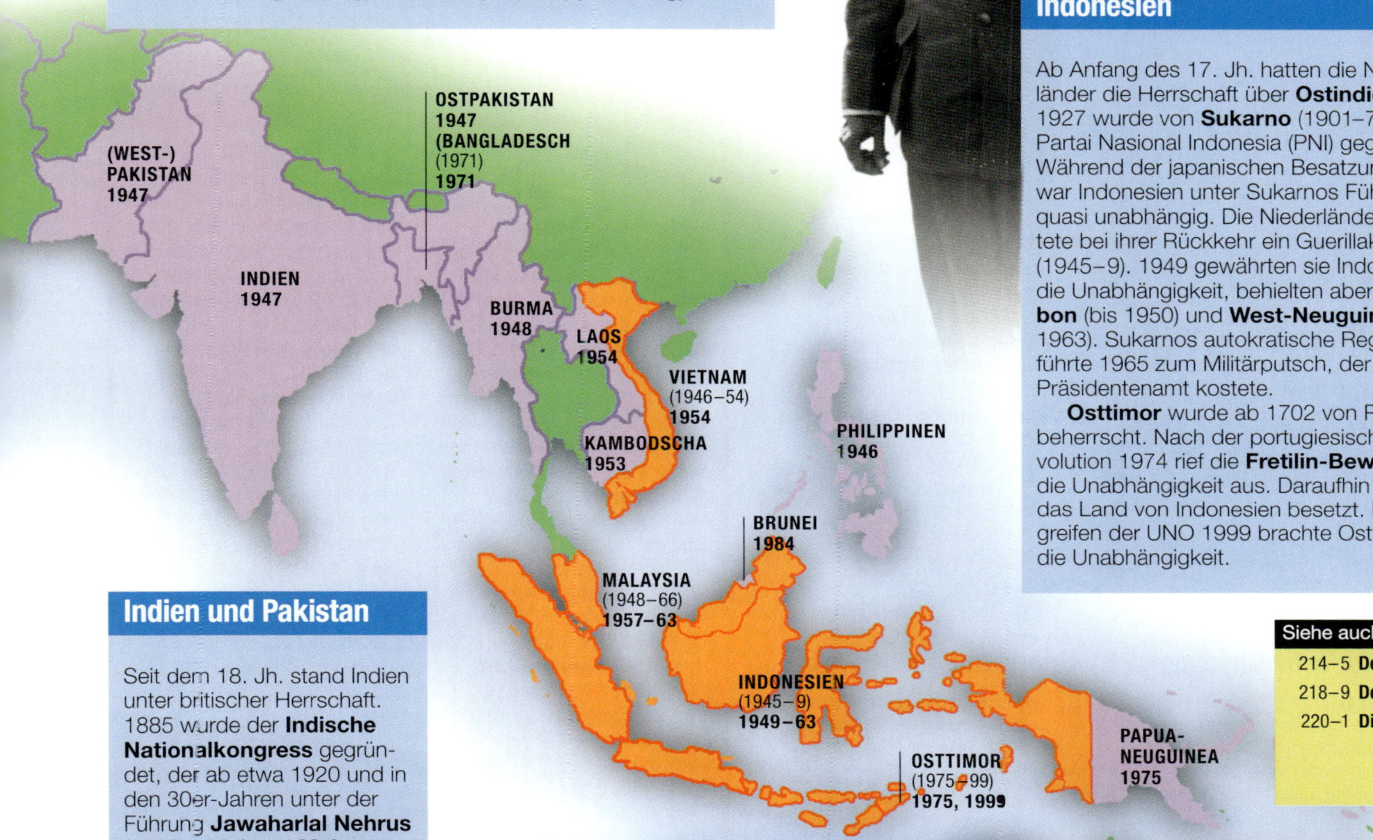


## Indonesien

Ab Anfang des 17. Jh. hatten die Niederländer die Herrschaft über **Ostindien.** 1927 wurde von **Sukarno** (1901–70) die Partai Nasional Indonesia (PNI) gegründet. Während der japanischen Besatzung 1942 war Indonesien unter Sukarnos Führung quasi unabhängig. Die Niederländer erwartete bei ihrer Rückkehr ein Guerillakrieg (1945–9). 1949 gewährten sie Indonesien die Unabhängigkeit, behielten aber **Ambon** (bis 1950) und **West-Neuguinea** (bis 1963). Sukarnos autokratische Regierung führte 1965 zum Militärputsch, der ihn das Präsidentenamt kostete.

**Osttimor** wurde ab 1702 von Portugal beherrscht. Nach der portugiesischen Revolution 1974 rief die **Fretilin-Bewegung** die Unabhängigkeit aus. Daraufhin wurde das Land von Indonesien besetzt. Das Eingreifen der UNO 1999 brachte Osttimor die Unabhängigkeit.

Siehe auch
214–5 **Der Zweite Weltkrieg**
218–9 **Der Kalte Krieg**
220–1 **Die neue Weltordnung**

## Indien und Pakistan

Seit dem 18. Jh. stand Indien unter britischer Herrschaft. 1885 wurde der **Indische Nationalkongress** gegründet, der ab etwa 1920 und in den 30er-Jahren unter der Führung **Jawaharlal Nehrus** (1880–1964) und **Mahatma Ghandis** (1869–1948) zunehmend auf Unabhängigkeit pochte. Inzwischen forderte die 1905 gegründete **Moslem-Liga** einen eigenen muslimischen Staat **(Pakistan).** Nach 1945 schlug Großbritannien unter dem Eindruck wachsender Gewalt zwei getrennte Staaten vor. Am 15. August 1947 wurde die Unabhängigkeit wirksam.

## Malaysia

Malaya wurde seit Anfang des 19. Jh. von Großbritannien regiert. 1946 wurde den malaiischen Sultanen die Herrschaft angetragen, doch es kam – angeführt von der Kommunistischen Partei – zu Unruhen und Guerillakrieg **(Malaiischer Ausnahmezustand,** 1948–60). 1963 bildeten der Malaiische Bund, Sarawak, Sabah und das 1965 wieder ausgetretene Singapur **Malaysia.**

**Ausnahmezustand** Jeder malaiische Bauer wurde als Kommunist verdächtigt.

1960

**1960** Zypern wird von Großbritannien unabhängig.

**1961** Indien erobert Portugals Kolonien Daman, Diu und Goa.

**1963** Indonesien nimmt den Niederländern West-Neuguinea (Irian Jaya) ab.

**1964** Malta erlangt die Unabhängigkeit von Großbritannien.

**1965** Singapur scheidet aus der Föderation Malaysia aus.

**1965–75** Die Vereinigten Staaten kämpfen in Vietnam.

**1967** Großbritannien zieht sich aus dem strategischen Stützpunkt Aden zurück.

**1968** Großbritannien kündigt den Rückzug aller Streitkräfte östlich von Suez an.

1970

**1971** Ostpakistan (Bangladesch) wird von Pakistan unabhängig.

**1974** Eine linke Revolution in Portugal beendet den Kolonialismus des Landes.

**1975** Indonesien reißt das portugiesische Osttimor an sich.

1980

**1980** Südrhodesien wird als Simbabwe unabhängig.

1990

**1997** Großbritannien gibt Hongkong an China zurück.

**1999** Portugal gibt Macao an China zurück.

*Die Vereinigten Staaten und die UdSSR gingen als Supermächte aus dem Zweiten Weltkrieg hervor. 45 Jahre lang bestimmten ihre entgegengesetzten Ideologien die internationale Politik. Die Bedrohung durch die nukleare Vernichtung hielt beide Lager vom Krieg ab, stattdessen gab es einen unsicheren Waffenstillstand, einen „Kalten Krieg", der von politischem Posieren, Spionage und Stellvertreterkriegen geprägt war.*

## Hinter dem Eisernen Vorhang

Den Begriff des „Eisernen Vorhangs" verwendete Winston Churchill in Fulton (USA) zur Bezeichnung der Grenze zwischen dem Sowjetblock und dem Westen.

Die **Luftbrücke** während der **Berlinblockade** war eine der ersten Krisen des Kalten Krieges nach 1945: Als Reaktion auf Einführung der DM-West in Westberlin sperrte die UdSSR im Juni 1948 alle Land- und Wasserwege in die Stadt. Bis zur Aufhebung der Blockade im Mai 1949 organisierten die westlichen Alliierten daraufhin eine Luftbrücke zur Versorgung der Bevölkerung.

Nach dem Tod Stalins strebten einige osteuropäische Länder eine liberalere kommunistische Politik an. 1956 verkündete der ungarische Ministerpräsident Imre Nagy (1896 bis 1958) Ungarns Rückzug aus dem Warschauer Pakt. In Unterstützung seiner Reformregierung kam es zum **Ungarnaufstand,** der durch sowjetische Truppen niedergeschlagen wurde.

Die Tschechoslowakei erlebte 1968 unter ihrem Premierminister **Alexander Dubcek** eine Zeit der Liberalisierung, den **Prager Frühling.** Dubcek wollte einen „Sozialismus mit menschlichem Gesicht" einführen. Am 20. August rückten sowjetische Truppen ein und schlugen den Aufstand nieder. Dubcek wurde im April 1969 abgelöst.

## Das militärische Gleichgewicht Anfang der 1960er-Jahre

**NATO** Gründungsmitglieder (1949): Belgien, Dänemark, Großbritannien, Frankreich, Italien, Island, Kanada, Luxemburg, Niederlande, Norwegen, Portugal, USA. Griechenland, Türkei (1952), Bundesrepublik Deutschland (1955), Spanien (1982).

**Warschauer Pakt** (gegründet 1955, aufgelöst 1991): Albanien (bis 1968), Bulgarien, Deutsche Demokratische Republik, Polen, Rumänien, Tschechoslowakei, UdSSR, Ungarn.

| | NATO | Warschauer Pakt |
|---|---|---|
| **Bodentruppen** | 8 Mio. | 7,7 Mio. |
| **Kriegsschiffe und Flugzeugträger** | 76 | |
| **U-Boote** | Atom 32 Konventionelle 260 | Atom 12 Konventionelle 495 |
| **Panzer** | 16 000 | 38 000 |
| **Bomber** | 2260 | 1600 |
| **Interkontinental- und Mittelstreckenraketen** | 700 | 776 |

## Korea

Das früher von Japan besetzte Korea wurde 1946 in das prosowjetische Nord- und das prowestliche Südkorea geteilt. Im Juni 1950 fielen nordkoreanische Truppen in den Süden ein. Daraufhin griffen **UN-Truppen** ein. Eine **chinesische Gegenoffensive** zur Unterstützung des Nordens (Januar 1951) führte zum Erstarren der Front an der Grenze. 1953 wurde ein **Waffenstillstandsvertrag** unterzeichnet und die beiden koreanischen Staaten durch eine entmilitarisierte Zone getrennt.

## Kuba und die Kuba-Krise

1959 stürzte eine Revolution linker Guerillatruppen unter **Fidel Castro** (*1927) das korrupte Regime des Diktators **Fulgencio Batista** in Kuba. Die Vereinigten Staaten begrüßten zunächst die Revolution. Bald jedoch verschlechterten sich die Beziehungen, als Castro amerikanischen Besitz verstaatlichte. Sein Revolutionsgefährte **Ernesto *Che* Guevara** (1928–67) verlagerte die Wirtschaftsbeziehungen zu den USA auf die Sowjetunion.

Nachdem eine Invasion von Exilkubanern, die von den USA unterstützt wurden, in der **Schweinebucht** (1961) gescheitert war, suchte Castro zunehmend Unterstützung bei der Sowjetunion. 1962 erlaubte er der UdSSR den Bau von **Raketenstellungen** auf Kuba, die am 14. Oktober von amerikanischen Aufklärern entdeckt wurden (rechts). Die Amerikaner verhängten daraufhin eine Blockade über Kuba.

Präsident **John F. Kennedy** drohte dem sowjetischen Parteichef **Chruschtschow** mit einem atomaren Schlag, falls die Raketen nicht abtransportiert würden. Am 26. Oktober lenkte die Sowjetunion ein. Danach bemühten sich die Vereinigten Staaten und die UdSSR um eine **friedliche Koexistenz.**

Castros Regime hatte maßgeblichen Einfluss auf linksgerichtete Befreiungsbewegungen in Südamerika und Afrika. Che Guevara wurde in Bolivien getötet, als er dort eine kommunistische Revolte in Gang zu setzen versuchte. Seit dem Zusammenbruch der Sowjetunion 1990 ist Kuba isoliert.

**1945** Auf der Gipfelkonferenz in Jalta wird Europa in Interessensphären aufgeteilt.

**1946–9** In Bulgarien, Polen, Rumänien und Ungarn kommen kommunistische Regime an die Macht.

**1948** In der Tschechoslowakei ergreifen die Kommunisten die Macht.

**1948–9** Die Berlinblockade der Sowjets wird durch die Luftbrücke unterlaufen.

**1949** In China erringen die Kommunisten die Macht; die UdSSR zündet ihre erste Atombombe.

**1950** Im Koreakrieg (bis 1953) unterstützt China Nordkorea gegen UNO-Streitkräfte.

**1955** Die UdSSR und ihre Verbündeten unterzeichnen den Warschauer Pakt.

**1956** Sowjetische Soldaten schlagen den Ungarn-Aufstand nieder.

**1959** Fidel Castro ergreift in Kuba die Macht.

**1962** Die Kuba-Krise bringt die Vereinigten Staaten und die Sowjetunion an den Rand eines Atomkriegs.

**1964** Die Vereinigten Staaten intervenieren in Vietnam.

## Afrika

In **Angola** kam es ab 1974 zum Bürgerkrieg zwischen der von der Sowjetunion und Kuba unterstützten linksgerichteten MPLA und der von Südafrika und den USA unterstützten UNITA. Die MPLA kam 1975 an die Macht, gelegentlich finden jedoch noch immer Kampfhandlungen statt.

**Moçambiques** marxistische Unabhängigkeitsbewegung FRELIMO ergriff 1975 die Macht. Südafrika unterstützte die Guerillas der RENAMO in einem Bürgerkrieg, der bis 1992 dauerte.

Das sozialistische Regime **Gamal Abdel Nassers** (1918 bis 1970) in **Ägypten** nahm nach der Suez-Krise von 1956 sowjetische Hilfe an. Nassers Nachfolger **Anwar Sadat** (1918–81) pflegte ab 1972 die Beziehungen zu den Vereinigten Staaten.

Kaiser Haile Selassie von **Äthiopien** wurde 1974 durch einen Staatsstreich der Sozialisten von Oberst **Haile Mariam Mengistu** mit Unterstützung der Sowjets gestürzt. Mengistus repressives Regime hielt sich bis 1991.

## Indochina

Vietnam, Kambodscha und Laos **(Französisch-Indochina)** standen im Zweiten Weltkrieg unter japanischer Besatzung. In diesen Ländern bildeten sich kommunistische Unabhängigkeitsbewegungen.

Die kommunistische **Demokratische Republik Vietnam** unter Ho Chi Minh (1880–1969) besiegte 1954 die Franzosen bei **Dien Bien Phu.** Anschließend wurde das Land in das kommunistische Nordvietnam und das nichtkommunistische Südvietnam geteilt.

Das Eingreifen der Vereinigten Staaten führte zum **Vietnamkrieg** 1964–1973. 1975 wurde Südvietnam schließlich von Nordvietnam überrannt.

Im gleichzeitig stattfindenden Bürgerkrieg in **Laos** siegten die kommunistischen **Pathet Lao** ebenfalls 1975.

In **Kambodscha** kam mit dem Sieg der kommunistischen **Roten Khmer** 1975 ein brutales Regime an die Macht. 2 Mio. Menschen starben. 1979 marschierte Vietnam ein, um die Roten Khmer zu stürzen.

Siehe auch

214–5 **Der Zweite Weltkrieg**
216–7 **Das Ende der Weltreiche**
220–1 **Die neue Weltordnung**
578–9 **Das Atomzeitalter**

## Lateinamerika

In **Guatemala** führten 1954 Reformen der Linken zu einem von den Vereinigten Staaten initiierten Militärputsch. Es folgte ein Guerillakrieg von 1960 bis 1996, in dem der Kampf zwischen linken Widerstandskämpfern und rechten Todesschwadronen viele Opfer forderte.

In **El Salvador** forderte ein Bürgerkrieg von 1980 bis 1992 zwischen der von den Amerikanern unterstützten Regierung und den linksgerichteten Guerillas der FMLN 75 000 Menschenleben.

In **Nicaragua** wurde das korrupte, von den Vereinigten Staaten begünstigte Regime Somozas 1979 gestürzt. Anschließend unterstützten die USA die Contra-Rebellen in einem brutalen, 10 Jahre dauernden Bürgerkrieg.

In **Chile** wurde 1970 eine sozialistische Regierung unter **Salvador Allende** gewählt. Ein von den Vereinigten Staaten finanzierter Militärputsch unter **Augusto Pinochet** führte zum Sturz Allendes, zur Auflösung des Parlaments und zur Verfolgung politischer Gegner.

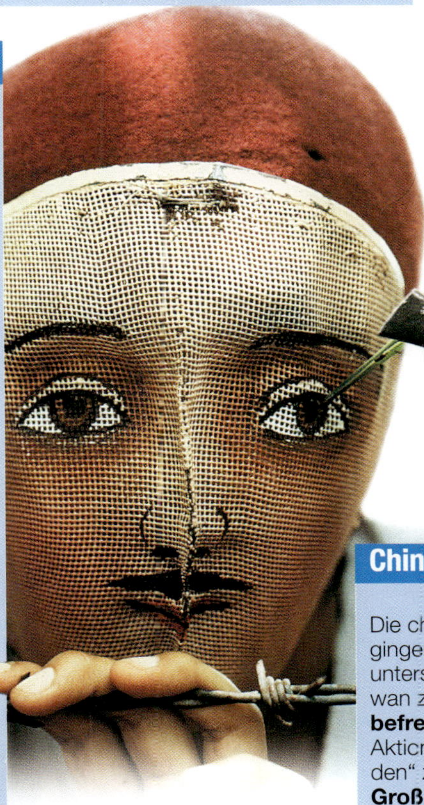

**Gesicht des Widerstands** Ein junger sandinistischer Guerillasoldat verbirgt mit einer Maske seine Identität. Die populäre linksgerichtete Bewegung übernahm 1979 die Macht in Nicaragua und provozierte eine von den USA finanzierte Gegenreaktion.

## China

Die chinesischen Kommunisten unter **Mao Tse-tung** (1893–1976) gingen siegreich aus dem Bürgerkrieg 1946–9 hervor. Die USA unterstützten die Nationalisten, die sich nach Taiwan zurückzogen. Unter der Leitung der **Volksbefreiungsarmee** führten die Kommunisten Aktionen durch, um China von „Klassenfeinden" zu säubern. Dazu gehörten z. B. der **Große Sprung** nach vorn 1958–60 (ein Programm zur Kollektivierung der Landwirtschaft) und die **Kulturrevolution** 1965–76. Ende der 50er-Jahre brach China wegen ideologischer und territorialer Streitigkeiten mit der UdSSR. Tauwetter in den Beziehungen zu den USA setzte nach einem Besuch des Präsidenten **Richard Nixon** 1972 ein. Nach Maos Tod verloren die Ideologen an Einfluss, China bewegt sich in Richtung **Marktwirtschaft.**

**Mao Tse-tung**

**1968** Die UdSSR beendet die Reformen in der Tschechoslowakei.

1970

**1972** Beginn der amerikanischen Entspannungspolitik gegenüber der Sowjetunion und China.

**1975** Kommunistische Streitkräfte besiegen das Regime in Südvietnam.

**1979** Sowjetische Verbände fallen in Afghanistan ein.

1980

**1981** In Polen wird das Kriegsrecht verhängt, um die Gewerkschaft *Solidarität* zu zügeln.

**1983** Die USA kündigen ihre Strategische Verteidigungsinitiative SDI („Krieg der Sterne") an.

**1985** In der Sowjetunion kommt der Reformpolitiker Michail Gorbatschow an die Macht.

**1987** Die USA und die UdSSR ziehen ihre Mittelstrecken-Atomraketen aus Europa ab.

**1989** Chinesische Soldaten schlagen Studentenproteste in Peking nieder.

**1989** Osteuropas kommunistische Regime brechen zusammen.

1990

**1990** Der Kalte Krieg wird für beendet erklärt.

*In den letzten beiden Jahrzehnten des 20. Jh. beendeten Glasnost und Perestroika (Offenheit und Neugestaltung) in der Sowjetunion und der Zusammenbruch des Kommunismus in Osteuropa den Kalten Krieg. Als sich die Wogen glätteten, zeigte sich ein vielschichtiges Bild. Neue Nationen kämpften um Stabilität, der Islam wurde zum politischen Machtfaktor, und die Vereinigten Staaten strebten eine neue Rolle an. Die frühere Welt der Machtblöcke war zu einem Mosaik konkurrierender politischer Visionen geworden.*

## Naher Osten

Im **Libanon** gab es 1975–6 einen Bürgerkrieg zwischen christlichen und muslimischen Milizen. 1978 und 1982 erfolgten Invasionen Israels. Terroristenorganisationen wie der **Islamische Dschihad** und die **Hisbollah** organisierten Ende der 80er-Jahre die Entführung westlicher Geiseln. Im Jahr 2000 zog sich Israel aus dem Südlibanon zurück.

Das **Osloer Friedensabkommen** von 1993 gewährte den **Palästinensern** begrenzte Autonomie, trotzdem kam es weiterhin zu extremistischen Gewalttaten. 1995 wurde der israelische Premierminister **Yitzhak Rabin** von einem jüdischen Extremisten ermordet. Der 1999 gewählte **Ehud Barak** bot den Palästinensern eine großzügige Regelung an, doch die Volksaufstände gingen weiter. 2001 wählte Israel mit **Ariel Scharon** einen Verfechter der harten Linie gegenüber den Palästinensern zum Premier.

## Afghanistan

Durch einen Staatsstreich wurde Afghanistans Monarchie 1973 von dem linksgerichteten General **Mohammed Daoud Khan** gestürzt. 5 Jahre später wurde Daoud ermordet; ein kommunistisches Regime erlangte die Macht. Die UdSSR besetzte das Land und sah sich in einen Guerillakrieg mit den von den USA unterstützten islamischen Freiheitskämpfern, den **Mudschaheddin,** verwickelt. Rund 14 000 sowjetische Soldaten kamen ums Leben, bis Michail Gorbatschow schließlich unter politischem Druck seine Soldaten abzog. Im nachfolgenden Bürgerkrieg gelangten die radikal-islamischen **Taliban** an die Macht. Ihr Regime endete 2002 mit der Niederlage gegen eine internationale **Anti-Terror-Koalition.**

**1979** Der Schah von Persien flieht ins Exil und überlässt die Macht den islamischen Revolutionären um Ayatollah Khomeini.

1980

**1980** In Polen wird die Gewerkschaft *Solidarität* gegründet.

**1981** Ronald Reagan wird amerikanischer Präsident (bis 1988).

**1982** Die Invasion Argentiniens auf den Falkland-Inseln führt zum Krieg mit Großbritannien.

**1983** Die Strategische Verteidigungsinitiative (SDI) der USA setzt die UdSSR unter Druck.

1985

**1985** Michail Gorbatschow wird Generalsekretär der KPdSU.

**1986** Ein schwerer Unfall im sowjetischen Atomkraftwerk Tschernobyl verstärkt die Forderung nach mehr Offenheit.

**1987** Die USA und die UdSSR vereinbaren den Abbau nuklearer Mittelstreckenraketen in Europa.

**1988** Die Sowjetunion beginnt mit dem Truppenabzug aus Afghanistan (beendet 1989).

**1989** Die kommunistischen Regime in Osteuropa werden nacheinander von ihren Völkern gestürzt.

1990

**1991** Boris Jelzin wird erster gewählter Regierungschef der Russischen Republik.

## Iran und Irak

Ab 1960 begann **Schah Resa Pahlevi** mit Reformen zur Errichtung eines modernen Staates im Iran. Inflation, Korruption und die Unterdrückung jeglicher Opposition führten 1977–8 zu schweren Unruhen.

Nach der Flucht des Schah im Januar 1979 wurde eine fundamentalistische islamische Republik unter **Ayatollah Ruholla Khomeini** errichtet. 1989 wurde der gemäßigte Politiker **Haschimit Rafsandschani** Präsident.

1980 nutzte der irakische Präsident **Saddam Hussein** Unruhen im Iran.

Als Vergeltung für die iranische Unterstützung der aufständischen Kurden im Irak fiel er im Iran ein. Der Irakisch-Iranische Krieg (1980–8) wurde vorwiegend im Bereich der Schifffahrtsstraße **Schatt-el-Arab** ausgetragen.

Obwohl der Irak durch Waffenlieferungen aus dem Westen und der Sowjetunion unterstützt wurde, hielt der Iran stand. Bis zum Friedensabkommen 1988 gab es über 1 Mio. Todesopfer. Nur 2 Jahre später marschierten irakische Truppen in Kuwait ein, und es kam erneut zum Krieg (siehe Golfkrieg).

## GOLFKRIEG I UND II

Am Ende des Irakisch-Iranischen Krieges hatte der Irak hohe Auslandsschulden. Im August 1990 fiel das Land in das ölreiche Kuwait ein, das es als irakische Provinz beanspruchte. Ein UN-Bündnis unter Führung der USA sammelte in Saudi-Arabien Streitkräfte zur Befreiung Kuwaits. Auf die Operation „Desert Storm“ (Wüstensturm), eine Serie von Luftangriffen, folgte ein 4-tägiger Bodenkrieg, der mit der Niederlage der irakischen Truppen endete. Kuwait war befreit und der Irak kapitulierte (Februar 1991). 2003 marschierten die USA und Großbritannien erneut in den Irak ein und stürzten Saddam Hussein.

## PERESTROIKA & GLASNOST

Nachdem reformunwillige Führer das Land in eine **wirtschaftliche Stagnation** geführt hatten, wurde 1985 **Michail Gorbatschow** Staatsoberhaupt der UdSSR.

Gorbatschow strebte die Modernisierung des Kommunismus durch **Perestroika** (wirtschaftliche und soziale Umstrukturierung) und **Glasnost** (Offenheit und Verantwortlichkeit der Regierung) an. Doch die Einführung einer begrenzten Demokratie, Pressefreiheit, freies Unternehmertum und die Freilassung von Dissidenten führte zu einer unaufhaltsamen Bewegung zum Sturz der kommunistischen Herrschaft. Infolge der zunehmenden Liberalisierung in der Sowjetunion gelangten auch in den Satellitenstaaten in Ost- und Mitteleuropa in freien Wahlen nacheinander nichtkommunistische Regierungen an die Macht (1989–90); die Staaten lösten sich aus der Union. 1991 gab es die UdSSR nicht mehr, dafür entstand die **Gemeinschaft Unabhängiger Staaten** (GUS).

**Michail Gorbatschow** entfesselte die Kräfte, die zum Untergang der UdSSR führten.

Siehe auch
216–7 **Das Ende der Weltreiche**
218–9 **Der Kalte Krieg**

**1991** Die Sowjetunion zerfällt, Rücktritt Gorbatschows.

**1992** Bosnien-Herzegowina erklärt seine Unabhängigkeit von Jugoslawien. Es kommt zum Bürgerkrieg.

**1994** Nelson Mandela wird Präsident von Südafrika (bis 1999). Die UN können die Massaker in Ruanda nicht unterbinden.

**1995** UN-Truppen misslingt es, den Bürgerkrieg in Somalia zu beenden.

1995

**1996** Yassir Arafat wird palästinensischer Präsident. In Afghanistan kommen die Taliban, sunnitische Fundamentalisten, an die Macht.

**1997** Der Präsident von Zaire, Mobutu, wird von oppositionellen Streitkräften aus dem Land vertrieben.

**1998** Der indonesische Präsident Suharto tritt nach 30 Jahren von seinem Amt zurück.

**1999** **Mit gezielten Luftschlägen der NATO werden serbische Truppen aus dem Kosovo vertrieben.**

**2000** Wladimir Putin wird zum russischen Präsidenten gewählt; israelische Soldaten ziehen sich aus dem Libanon zurück.

2000

**2001** George W. Bush wird Präsident der USA. Ariel Scharon wird israelischer Premierminister.

### Osteuropa

In **Polen** mündete Anfang der 1980er-Jahre die Unzufriedenheit mit dem kommunistischen Regime in Widerstand. Mittelpunkt des Geschehens war die Danziger Werft, wo die Gewerkschaft **Solidarität** agierte. Sie wurde 1982 verboten, im April 1989 wurde das Verbot aufgehoben, und aus den freien Wahlen vom Juni ging die Solidarität siegreich hervor. So entstand die erste nichtkommunistische Regierung des Sowjetblocks. Im September öffnete **Ungarn** seine Grenze zu Österreich und rief eine neue Republik aus. Es setzte eine Massenflucht von Ostdeutschen aus der DDR ein. Ende 1989 wurde **Erich Honecker** zum Rücktritt gezwungen, und die **Berliner Mauer** fiel (unten). 1990 gelangten auch in der Tschechoslowakei, Rumänien und einigen Republiken des früheren Jugoslawien nichtkommunistische Regierungen an die Macht. Als erste Staaten der Sowjetunion drängten **Litauen** und **Lettland** auf Unabhängigkeit, und nach einem erfolglosen Staatsstreich der Kommunisten wurde die UdSSR 1991 aufgelöst. Die neuen osteuropäischen Regierungen hatten mit vielen Problemen zu kämpfen. Die Wirtschaft musste neu organisiert werden, und es galt, neue politische Institutionen zu schaffen. Deutschland hatte die Wiedervereinigung zu bewältigen, und in vielen Ländern kam es erneut zu Spannungen, die auf dem Balkan und in Tschetschenien in einen Krieg mündeten.

### Südafrika

In den 1980er-Jahren verstärkte sich der internationale Druck auf Südafrika, seine **Apartheidpolitik,** die Rassentrennung zugunsten der weißen Minderheit, aufzugeben. Handelssanktionen sowie Maßnahmen im Bereich des Sports und der Kultur führten zur Isolation des Landes. 1989 trat **P. W. Botha** als Führer der regierenden Nationalpartei zurück und wurde durch den gemäßigten Reformpolitiker **F. W. de Klerk** ersetzt. De Klerk hob 1990 das Verbot des **African National Congress (ANC),** der größten politischen Partei der Schwarzen, auf. Der Vorsitzende des ANC, **Nelson Mandela,** wurde nach 27 Jahren Haft aus dem Gefängnis entlassen. Die letzten Apartheidgesetze wurden im Juli 1991 abgeschafft. Im April 1994 fanden die ersten freien Wahlen in Südafrika statt. Der ANC errang einen überwältigenden Sieg, und Nelson Mandela wurde Präsident.

# Völker

# und Staaten

VÖLKER
UND STAATEN

# VÖLKER UND STAATEN

# Völker und Staaten

*Vor rund 100 Jahren hatten noch einzelne Reiche die Welt unter sich aufgeteilt. Inzwischen wird sie von souveränen Staaten beherrscht. Die Landfläche der Erde beträgt 148 Mio. km². Auf dieser Fläche leben 6 Mrd. Menschen – dreimal so viel wie noch 1900 und gegenüber 1960 die doppelte Anzahl.*

1 SLOWENIEN
2 KROATIEN
3 BOSNIEN UND HERZEGOWINA
4 SERBIEN UND MONTENEGRO
5 MAKEDONIEN
6 ALBANIEN
NORDPOLARMEER
Sewernaja Semlja
Franz-Josef-Land
Spitzbergen (Norwegen)
Barents-see
Novaja Semlja
Karasee
Laptewsee
Neusibirische Inseln
Ostsibirische See
Wrangel
Polarkreis
RUSSISCHE FÖDERATION
SIBIRIEN
Zentral-sibirisches Bergland
West-sibirisches Tiefland
URALGEBIRGE
Ob
Jenissej
Lena
Onegasee
Ladogasee
Waldaihöhe
Wolga
Baikalsee
Ochotskisches Meer
Bering-see
Sachalin
Kurilen
Hokkaido
Honshu
JAPAN
Japanisches Meer
NORD-KOREA
SÜD-KOREA
Gelbes Meer
Ost-chinesisches Meer
Okinawa (Japan)
Bonin-Inseln (Japan)
PAZIFISCHER OZEAN
TAIWAN
Hongkong
Macau
Amur
MONGOLEI
Altai
Gobi
Huang He
CHINA
ASIA
Taklimakan
Kunlun Shan
Xizang (Tibet)
Chang Jiang
Brahmaputra
HIMALAYA
NEPAL
BHUTAN
Ganges
INDIEN
BANGLADESCH
MYANMAR (BURMA)
LAOS
VIETNAM
THAILAND
KAMBODSCHA
Bucht von Bengalen
Dekkan
Indus
PAKISTAN
AFGHANISTAN
TADSCHIKISTAN
KIRGISISTAN
Tien Shan
USBEKISTAN
TURKMENISTAN
Kara Kum
KASACHSTAN
Balchaschsee
Aralsee
Kasp. Meer
Kaukasus
GEORGIEN
ARMENIEN
ASERBAIDSCHAN
Elburs
IRAN
Zagrosgeb.
IRAK
SYRIEN
LIBANON
ISRAEL
JORDANIEN
KUWAIT
BAHRAIN
KATAR
V.A.E.
SAUDI-ARABIEN
Rub al-Khali
OMAN
JEMEN
Pers. Golf
Golf von Oman
Arabisches Meer
Golf von Aden
Rotes Meer
Nordsee
Nord-see
Ostsee
NORWEGEN
SCHWEDEN
FINNLAND
ESTLAND
LETTLAND
LITAUEN
RUS.
WEISSRUSSLAND
DÄNEMARK
NIEDERLANDE
BELGIEN
DEUTSCHL.
POLEN
UKRAINE
TSCH. REP.
ÖSTERR.
SLOWAKEI
UNGARN
MOLDAWIEN
RUMÄNIEN
BULGARIEN
EUROPA
Rhein
Alpen
ITALIEN
SAN MARINO
VATIKAN-STADT
ANDORRA
GRIECHEN-LAND
TÜRKEI
ZYPERN
MALTA
Schwarzes Meer
Mittelmeer
TUNESIEN
ALGERIEN
LIBYEN
ÄGYPTEN
Nil
SAHARA
NIGER
TSCHAD
SUDAN
BURKINA FASO
NIGERIA
AFRIKA
ERITREA
DSCHIBUTI
Hochland v. Äthiopien
ÄTHIOPIEN
SOMALIA
OSTAFR. GRABEN
Z.A.R.
KAMERUN
TOGO
BENIN
ÄQUAT. GUINEA
Golf von Guinea
GABUN
SÃO TOMÉ & PRÍNCIPE
KONGO
DEM. REP. KONGO
Kongo
UGANDA
KENIA
Victoriasee
RUANDA
BURUNDI
TANSANIA
Tanganjikasee
Malawisee
MALAWI
ANGOLA
SAMBIA
Sambesi
SIMBABWE
MOSAMBIK
Straße von Mosambik
MADAGASKAR
KOMOREN
NAMIBIA
BOTSUANA
Kalahari
SÜD-AFRIKA
SWASILAND
LESOTHO
Orange
Drakensberge
SEYCHELLEN
MAURITIUS
Réunion (Frankr.)
INDISCHER OZEAN
Lakshadweep (Indien)
MALEDIVEN
SRI LANKA
Andamanen (Indien)
Nikobaren (Indien)
Britisches Territorium im Indischen Ozean (Chagos-Archipel)
Cocos-Inseln (Australien)
Weihnachtsinsel (Australien)
Kerguelen (Frankreich)
Heard Island (Australien)
Süd-chinesisches Meer
Luzon
PHILIPPINEN
Mindanao
BRUNEI
MALAYSIA
SINGAPUR
Sumatra
Borneo
Sulawesi
Celebes-see
Molukken
INDONESIEN
Javasee
Java
Banda-see
OST-TIMOR
Timor
Timor-see
Arafura-see
Neu-guinea
PAPUA-NEUGUINEA
Bougainville
Neu-britannien
SALOMONEN
PALAU
Guam (USA)
Nördl. Marianen (USA)
Karolinen
MIKRONESIEN
MARSHALL-INSELN
NAURU
KIRIBATI
TUVALU
Korallen-see
VANUATU
FIDSCHI
Neu-kaledonien (Frankr.)
Große Sandwüste
AUSTRALIEN
Großes Artesisches Becken
Große Victoriawüste
Great Dividing Range
Darling
Murray
Große Australische Bucht
Tasmanien
Tasman-see
NEU-SEELAND
Norfolk (Aus.)

# Weltweite Statistiken

**Fläche** Der weltweit größte Staat Russland nimmt mehr als 11 % der Landfläche der Erde ein und ist damit größer als Europa oder die Antarktis. Der kleinste Staat, der Vatikan, umfasst gerade einmal 0,44 km². Mit berechnet sind Inlandseen und andere Gewässer.

## Die 10 größten Staaten

| | Staat | Fläche (km²) |
|---|---|---|
| 1. | **Russland** | 17 075 400 |
| 2. | **Kanada** | 9 984 670 |
| 3. | **USA** | 9 809 155 |
| 4. | **China** | 9 572 419 |
| 5. | **Brasilien** | 8 547 404 |
| 6. | **Australien** | 7 692 030 |
| 7. | **Indien** | 3 287 263 |
| 8. | **Argentinien** | 2 780 400 |
| 9. | **Kasachstan** | 2 717 300 |
| 10. | **Sudan** | 2 505 813 |

## Die 10 kleinsten Staaten

| | Staat | Fläche (km²) |
|---|---|---|
| 1. | **Vatikanstadt** | 0,44 |
| 2. | **Monaco** | 1,95 |
| 3. | **Nauru** | 21,3 |
| 4. | **Tuvalu** | 26 |
| 5. | **San Marino** | 60,5 |
| 6. | **Liechtenstein** | 160 |
| 7. | **Marshallinseln** | 181,3 |
| 8. | **St. Kitts und Nevis** | 261,6 |
| 9. | **Malediven** | 298 |
| 10. | **Malta** | 315,6 |

**Einwohner** Die am stärksten besiedelten Staaten verfügen in der Regel – allerdings nicht immer – auch über die größte Landesfläche. Wenig überraschend, dass die geringsten Einwohnerzahlen in den kleinsten Inselstaaten und in von Land umschlossenen Nationen zu finden sind. Die Zahlen beziehen sich auf das Jahr 2000.

## Die 10 bevölkerungsreichsten Staaten

| | Staat | Bevölkerung (Mio.) |
|---|---|---|
| 1. | **VR China** | 1261 |
| 2. | **Indien** | 1016 |
| 3. | **USA** | 282 |
| 4. | **Indonesien** | 210 |
| 5. | **Brasilien** | 170 |
| 6. | **Russland** | 146 |
| 7. | **Pakistan** | 138 |
| 8. | **Bangladesch** | 130 |
| 9. | **Nigeria** | 127 |
| | **Japan** | 127 |

## Die 10 bevölkerungsärmsten Staaten

| | Staat | Bevölkerung |
|---|---|---|
| 1. | **Vatikanstadt** | 455 |
| 2. | **Tuvalu** | 11 000 |
| | **Nauru** | 11 000 |
| 4. | **Palau** | 19 000 |
| 5. | **San Marino** | 27 000 |
| 6. | **Monaco** | 32 000 |
| | **Liechtenstein** | 32 000 |
| 8. | **St. Kitts und Nevis** | 41 000 |
| 9. | **Marshallinseln** | 52 000 |
| 10. | **Andorra** | 67 000 |

**Bevölkerungsdichte** Die Bevölkerungsdichte ist ein besserer Indikator für den Sozialcharakter einer Nation als Landesfläche oder Einwohner. Einige der kleinsten Länder gehören zu den am dichtesten besiedelten und einige der größten Staaten zu denen mit der geringsten Bevölkerungsdichte. Die Zahlen beziehen sich auf das Jahr 2000.

## Die 10 höchsten Bevölkerungsdichten

| | Staat | Einwohner pro km² |
|---|---|---|
| 1. | **Monaco** | 16 410 |
| 2. | **Singapur** | 5886 |
| 3. | **Malta** | 1209 |
| 4. | **Vatikanstadt** | 1034 |
| 5. | **Malediven** | 926 |
| 6. | **Bahrein** | 971 |
| 7. | **Bangladesch** | 879 |
| 8. | **Barbados** | 623 |
| 9. | **Taiwan** | 616 |
| 10. | **Mauritius** | 581 |

## Die 10 niedrigsten Bevölkerungsdichten

| | Staat | Einwohner pro km² |
|---|---|---|
| 1. | **Mongolei** | 1,5 |
| 2. | **Namibia** | 2,1 |
| 3. | **Australien** | 2,5 |
| | **Suriname** | 2,5 |
| 5. | **Mauretanien** | 2,6 |
| 6. | **Island** | 2,7 |
| 7. | **Botswana** | 2,8 |
| 8. | **Libyen** | 3,1 |
| | **Kanada** | 3,1 |
| 10. | **Guyana** | 4,0 |

**Bevölkerungswachstum** Die Quote sagt für sich allein betrachtet wenig aus. Ein rasches Bevölkerungswachstum kann es sowohl bei Wohlstand als auch bei wirtschaftlichen Problemen geben. Viele reiche Staaten weisen ebenso wie unter Krieg und Hunger leidende Nationen eine niedrige oder negative Rate auf. Die geschätzten Zahlen gelten für die Jahre 2000 bis 2005.

## Die 10 größten Bevölkerungszuwächse

| | Staat | Wachstumsrate pro Jahr (%) |
|---|---|---|
| 1. | **Liberia** | 5,5 |
| 2. | **Sierra Leone** | 4,5 |
| 3. | **Eritrea** | 4,2 |
| | **Somalia** | 4,2 |
| 5. | **Jemen** | 4,1 |
| 6. | **Afghanistan** | 3,7 |
| 7. | **Niger** | 3,6 |
| 8. | **Oman** | 3,3 |
| 9. | **Uganda** | 3,2 |
| 10. | **Saudi-Arabien** | 3,1 |

## Die 10 kleinsten Bevölkerungszuwächse

| | Staat | Wachstumsrate pro Jahr (%) |
|---|---|---|
| 1. | **Estland** | –1,1 |
| 2. | **Ukraine** | –0,9 |
| 3. | **Russland** | –0,6 |
| | **Lettland** | –0,6 |
| 5. | **Ungarn** | –0,5 |
| 6. | **Kasachstan** | –0,4 |
| 7. | **Rumänien** | –0,3 |
| | **Moldawien** | –0,3 |
| 9. | **Litauen** | –0,2 |
| 10. | **Italien** | –0,1 |

**Nationaler Wohlstand** Das Bruttosozialprodukt beziffert den Geldwert aller in einem Jahr erzeugten Waren und Dienstleistungen eines Landes. Auf den vorderen Plätzen liegen eindeutig die großen Industrienationen. Kleinststaaten sind in diesen Listen nicht berücksichtigt. Die Zahlen beziehen sich auf das Jahr 2000.

## Die 10 reichsten Staaten

| | Staat | Bruttosozialprodukt (Mio. US-$) |
|---|---|---|
| 1. | **USA** | 9 601 505 |
| 2. | **Japan** | 4 519 067 |
| 3. | **Deutschland** | 2 063 734 |
| 4. | **Großbritannien** | 1 459 500 |
| 5. | **Frankreich** | 1 438 293 |
| 6. | **Italien** | 1 163 211 |
| 7. | **China** | 1 062 919 |
| 8. | **Kanada** | 649 829 |
| 9. | **Brasilien** | 610 058 |
| 10. | **Spanien** | 595 255 |

## Die 10 ärmsten Staaten

| | Staat | Bruttosozialprodukt (Mio. US-$) |
|---|---|---|
| 1. | **Guinea-Bissau** | 217 |
| 2. | **Sierra Leone** | 647 |
| 3. | **Eritrea** | 696 |
| 4. | **Burundi** | 732 |
| 5. | **Tadschikistan** | 1109 |
| 6. | **Tschad** | 1541 |
| 7. | **Malawi** | 1744 |
| 8. | **Niger** | 1939 |
| 9. | **Dem. Rep. Kongo** | 5433 |
| 10. | **Äthiopien** | 6737 |

**Bruttosozialprodukt pro Kopf** Ein besserer Indikator für den Lebensstandard eines Landes als das Bruttosozialprodukt. Er ist allerdings insofern ungenau, als er die unterschiedlichen Lebenshaltungskosten vernachlässigt. Die reichen Länder sind meist Industrie- oder nachindustrielle Gesellschaften.

## Die 10 reichsten Bevölkerungen

| | Staat | Bruttosozialprodukt pro Kopf (US-$) |
|---|---|---|
| 1. | **Luxemburg** | 42 060 |
| 2. | **Schweiz** | 38 140 |
| 3. | **Japan** | 35 620 |
| 4. | **Norwegen** | 34 530 |
| 5. | **USA** | 34 100 |
| 6. | **Dänemark** | 32 280 |
| 7. | **Island** | 30 390 |
| 8. | **Schweden** | 27 140 |
| 9. | **Österreich** | 25 220 |
| 10. | **Deutschland** | 25 120 |

## Die 10 ärmsten Bevölkerungen

| | Staat | Bruttosozialprodukt pro Kopf (US-$) |
|---|---|---|
| 1. | **Äthiopien** | 100 |
| 2. | **Dem. Rep. Kongo** | 105 |
| 3. | **Burundi** | 110 |
| 4. | **Sierra Leone** | 130 |
| 5. | **Tadschikistan** | 180 |
| | **Niger** | 180 |
| | **Guinea-Bissau** | 180 |
| 8. | **Tschad** | 200 |
| 9. | **Mosambik** | 210 |
| | **Burkina Faso** | 210 |

**Lebenserwartung** Sie hängt von Wohlstand, Lebensstil, Ernährung, medizinischer Versorgung und anderen Faktoren ab. Zu der geringen Lebenserwartung in weiten Teilen Afrikas südlich der Sahara hat Aids beigetragen. Da in vielen Ländern die Säuglingssterblichkeit groß ist, liegt dort die Lebenserwartung der Erwachsenen signifikant höher als die Zahlen implizieren. Die Zahlen stammen aus dem Jahr 2000.

## Die 10 höchsten Lebenserwartungen

| | Staat | Lebenserwartung (in Jahren) (Durchschnitt Mann/Frau) |
|---|---|---|
| 1. | **Japan** | 81 |
| 2. | **Schweiz** | 80 |
| | **San Marino** | 80 |
| | **Schweden** | 80 |
| | **Andorra** | 80 |
| 5. | **Italien** | 79 |
| | **Frankreich** | 79 |
| 8. | **Spanien** | 78 |
| | **Österreich** | 78 |
| 10. | **Deutschland** | 77 |

## Die 10 niedrigsten Lebenserwartungen

| | Staat | Lebenserwartung (in Jahren) (Durchschnitt Mann/Frau) |
|---|---|---|
| 1. | **Sambia** | 38 |
| 2. | **Malawi** | 39 |
| | **Botsuana** | 39 |
| | **Sierra Leone** | 39 |
| 5. | **Simbabwe** | 40 |
| | **Ruanda** | 40 |
| 7. | **Mosambik** | 42 |
| | **Burundi** | 42 |
| | **Uganda** | 42 |
| | **Äthiopien** | 42 |

**Alphabetisierung** Eine unzureichende Bildung ist das indirekte Ergebnis eines niedrigen Bruttosozialprodukts bzw. Pro-Kopf-Einkommens – und sie ist einer der wesentlichen Gründe dafür, dass Wirtschaftswachstum ausbleibt.

## Die 10 niedrigsten Alphabetisierungen

| | Staat | Alphabetisierungsrate bei Erwachsenen (%) |
|---|---|---|
| 1. | **Niger** | 15,3 |
| 2. | **Burkina Faso** | 23 |
| 3. | **Somalia** | 24 |
| 4. | **Sierra Leone** | 32 |
| 5. | **Guinea** | 35 |
| 6. | **Afghanistan** | 36 |
| 7. | **Senegal** | 36,4 |
| 8. | **Äthiopien** | 37 |
| 9. | **Guinea-Bissau** | 37,7 |
| 10. | **Liberia** | 38,3 |

Siehe auch
454–455 **Wohlstand im Weltvergleich**

# DEUTSCHLAND

**OFFIZIELLE BEZEICHNUNG**
Bundesrepublik Deutschland

**HAUPTSTADT**
Berlin

**Fläche** 357 022 km²
**Einwohner** 82,150 Mio.
**Bevölkerungsdichte/km²** 230
**Bevölkerungswachstum/Jahr** 0 %
**Lebenserwartung** 77
**Sprache** Deutsch
**Alphabetisierung** 99 %

**Währung** Euro
(1 Euro = 100 Cent)
**BSP (Mio. US-$)** 2 063 734
**BSP/Kopf (US-$)** 25 120

**FAKTEN**
**Die mit 120 km weltweit längste Straßenbahnlinie hat das Ruhrgebiet; sie verbindet acht Städte.**

## Schlüsseldaten

**800–43** Karolinger-Reich
**962** Kaiserkrönung Otto I.; Heiliges Römisches Reich
**1125–1268** Herrschaft der Hohenstaufen
**1438** Beginn der Habsburger-Herrschaft
**1648** Westfälischer Friede; Staatenbund
**1806** Ende des Heiligen Römischen Reiches
**1815** Deutscher Bund
**1870–1** Deutsch-Französischer Krieg; 2. Kaiserreich
**1914–18** 1. Weltkrieg; Deutschland unterliegt
**1919** Weimarer Republik
**1933** Adolf Hitler wird Reichskanzler
**1934** Hitler erklärt sich zum Führer; 3. Reich
**1939–45** 2. Weltkrieg; Deutschland unterliegt; vier Besatzungszonen
**1948–9** Blockade Westberlins durch die UdSSR
**1949** Westdeutschland wird Bundesrepublik; Ostdeutschland DDR
**1957** Westdeutschland ist Gründungsmitglied der EWG
**1961** Bau der Berliner Mauer
**1989** Fall der Berliner Mauer
**1990** Wiedervereinigung von West- und Ostdeutschland
**1999** Bundesregierung zieht von Bonn in die neue Hauptstadt Berlin

Km 0 40 80

## Bundesrepublik Deutschland

Die Bundesrepublik Deutschland ist ein Bundesstaat, der aus 16 Bundesländern besteht, die eigene Verfassungen und auf bestimmten Gebieten Gesetzgebungsbefugnis haben. Über den Bundesrat wirken sie an der Gesetzgebung und Verwaltung der Bundesrepublik mit. Die Karte unten zeigt die Bundesländer. Einige Länder sind in Regierungsbezirke untergliedert, das sind mittlere Verwaltungseinheiten. Die Karte zeigt deren Grenzen und die Verwaltungssitze.

### Bundesländer

Die Liste nennt die 16 Länder mit Fläche und Einwohnerzahl.

**Baden-Württemberg**
35 751,36 km²
10 524 415 Einwohner

**Freistaat Bayern**
70 547,85 km²
12 230 255 Einwohner

**Berlin**
891,69 km²
3 382 169 Einwohner

**Brandenburg**
29 477,02 km²
2 601 962 Einwohner

**Freie Hansestadt Bremen**
404,23 km²
660 255 Einwohner

**Freie Hansestadt Hamburg**
755,32 km²
1 715 392 Einwohner

**Hessen**
21 114,38 km²
6 068 129 Einwohner

**Mecklenburg-Vorpommern**
23 172,52 km²
1 775 703 Einwohner

**Niedersachsen**
47 615,70 km²
7 926 193 Einwohner

**Nordrhein-Westfalen**
34 081,37 km²
18 009 865 Einwohner

**Rheinland-Pfalz**
19 846,99 km²
4 034 557 Einwohner

**Saarland**
2568,51 km²
1 068 703 Einwohner

**Freistaat Sachsen**
18 413,02 km²
4 425 581 Einwohner

**Sachsen-Anhalt**
20 446,49 km²
2 615 375 Einwohner

**Schleswig-Holstein**
15 763,11 km²
2 789 761 Einwohner

**Freistaat Thüringen**
16 171,98 km²
2 431 255 Einwohner

## GROSSBRITANNIEN

**OFFIZIELLE BEZEICHNUNG**
Vereinigtes Königreich von Großbritannien und Nordirland

**HAUPTSTADT**
London

**Fläche** 242 910 km²
**Einwohner** 59,739 Mio.
**Bevölkerungsdichte/km²** 246
**Bevölkerungswachstum/Jahr** 0,2 %
**Lebenserwartung** 77
**Sprachen** Englisch, Walisisch, Gälisch
**Alphabetisierung** 99 %
**Währung** Pfund Sterling (1 Pfund = 100 Pence)
**BSP (Mio. US-$)** 1 459 500
**BSP/Kopf (US-$)** 24 430

### Schlüsseldaten

**43 v. Chr.** Invasion der Römer
**Um 410** Römische Truppen ziehen ab
**1066** Invasion der Normannen
**1215** Magna Charta
**1337–1453** Hundertjähriger Krieg in Frankreich
**1588** Niederlage der spanischen Armada
**1603** Vereinigung von England und Schottland
**1642–51** Englischer Bürgerkrieg; Absetzung des Königs
**1660** Wiedereinsetzung der Krone
**1688** „Glorreiche Revolution" gegen Jakob II.
**1707** Unionsakte: England und Schottland vereinen sich zu Großbritannien
**1801** Irland wird Teil Großbritanniens
**1815** Schlacht bei Waterloo beendet die Napoleonischen Kriege
**1914–18** 1. Weltkrieg
**1939–45** 2. Weltkrieg
**1945–51** Begründung des Wohlfahrtsstaats
**1960** Gründungsmitglied der EFTA
**1973** Beitritt zur EWG
**1982** Falkland-Krieg
**1999** Schottisches Parlament und Walisische Versammlung
**2003** 2. Golf-Krieg an der Seite der USA

## Das Commonwealth of Nations

Das Vereinigte Königreich war bei Ausbruch des 2. Weltkriegs Mittelpunkt des wohl größten Imperiums, das es in der Geschichte jemals gab. In den Jahrzehnten nach dem Krieg wandelte sich das Empire zum Commonwealth, eine Vereinigung von selbst verwalteten Staaten. Großbritannien ist nun ein Staat unter 50 anderen. Außerdem steht es in Partnerschaft zu 13 überseeischen Territorien und zwei Kronkolonien (unter Selbstverwaltung).

## DEZENTRALISIERUNGSTENDENZEN

Als 1997 schottische und walisische Wähler Selbstverwaltung billigten, verlor Großbritannien ein Stück Vereinigungsgeschichte. Ein Jahr später folgte das nordirische „Karfreitagsabkommen".

Die 129 gewählten Mitglieder des schottischen Parlaments, das Steuern festsetzen darf, versammelten sich am 12. Mai 1999. Damit hatte Schottland seit der Vereinigung mit England 1707 die erste unabhängige Regierung.

Die walisische Versammlung besitzt weniger Macht. Die 60 Mitglieder können Entscheidungen in öffentlichen Angelegenheiten und Wirtschaftsfragen treffen – Gesetze erlassen oder Steuern festlegen dürfen sie nicht.

Die nordirische Versammlung trat 1999 zusammen, um die Selbstverwaltung wieder aufzunehmen, die 1986 aufgrund der terroristischen Gewalt ausgesetzt worden war.

### Unabhängige Commonwealth-Staaten

| Land | Anschluss | Land | Anschluss | Land | Anschluss | Land | Anschluss |
|---|---|---|---|---|---|---|---|
| Antigua und Barbuda | 1981 | Guyana | 1966 | Namibia | 1990 | Sierra Leone | 1961 |
| Australien | 1931 | Indien | 1947 | Nauru | 1968 | Simbabwe | 1980 |
| Bahamas | 1973 | Jamaika | 1962 | Neuseeland | 1931 | Singapur | 1965 |
| Bangladesch | 1972 | Kamerun | 1995 | Nigeria | 1960 | Sri Lanka | 1948 |
| Barbados | 1966 | Kanada | 1931 | Pakistan | 1947 | Südafrika | 1931–1961; erneut 1994 |
| Belize | 1981 | Kenia | 1963 | Papua-Neuguinea | 1975 | Swasiland | 1968 |
| Botsuana | 1966 | Kiribati | 1979 | St. Kitts und Nevis | 1983 | Tansania | 1961 |
| Brunei | 1984 | Lesotho | 1966 | St. Lucia | 1979 | Tonga | 1970 |
| Dominikanische Republik | 1978 | Malawi | 1964 | St. Vincent und die Grenadinen | 1979 | Trinidad und Tobago | 1962 |
| Fidschi | 1970 | Malaysia | 1957 | Salomonen | 1978 | Tuvalu | 1978 |
| Gambia | 1965 | Malediven | 1982 | Sambia | 1964 | Uganda | 1962 |
| Ghana | 1957 | Malta | 1964 | Samoa | 1970 | Vanuatu | 1980 |
| Grenada | 1974 | Mauritius | 1968 | Seychellen | 1976 | Zypern | 1961 |
| Großbritannien | 1931 | Mosambik | 1995 | | | | |

### Kronkolonien

| | Erstmals unter britischer Kontrolle |
|---|---|
| Isle of Man | 1765 |
| Kanalinseln | 1066 |

### Überseegebiete

| | Erstmals unter britischer Verwaltung |
|---|---|
| Anguilla | 1650 |
| Bermuda | 1684 |
| Britisches Antarktis-Territorium | 1908 |
| Britisches Territorium im Indischen Ozean | 1965 |
| Cayman-Inseln | 1670 |
| Falkland-Inseln | 1765/1833 |
| Gibraltar | 1704 |
| Jungferninseln | 1672 |
| Montserrat | 1632 |
| Pitcairn-Inseln | 1790 |
| St. Helena und Schutzgebiete | 1659 |
| Südgeorgien und Süd-Sandwich-Inseln | 1775 |
| Turks- und Caicosinseln | 1765 |

**Docklands** Das frühere Londoner Hafengelände wurde völlig erneuert. Dort, wo einst Waren aus allen Ländern des britischen Imperiums angelandet wurden, erheben sich heute moderne Büro- und Wohnhäuser.

# Island, Irland und Niederlande

## ISLAND

**OFFIZIELLE BEZEICHNUNG**
Republik Island

**HAUPTSTADT**
Reykjavík

**Fläche** 103 000 km²
**Einwohner** 281 000
**Bevölkerungsdichte/km²** 2,7
**Bevölkerungswachstum/Jahr** 1,7 %
**Lebenserwartung** 80
**Sprache** Isländisch
**Alphabetisierung** 99 %
**Währung** Isländische Krone (1 Krone = 100 Aurar)
**BSP (Mio. US-$)** 8540
**BSP/Kopf (US-$)** 30 390

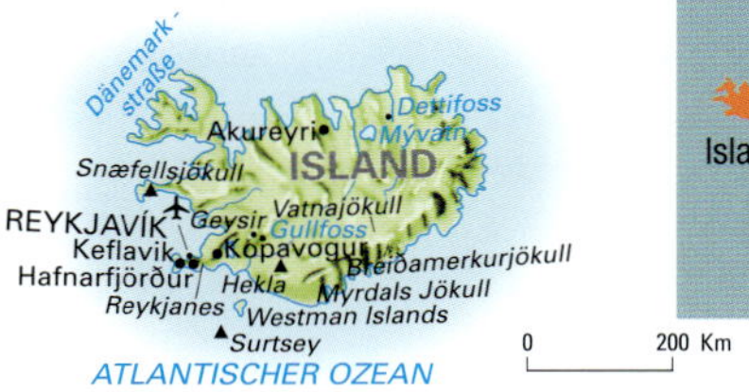

### Schlüsseldaten

**Um 870** Erste Ansiedlung der Wikinger
**930** Althing, das erste Parlament der Welt
**1262** Unterwerfung unter Norwegen
**1380** Beginn der dänischen Herrschaft
**1783–90** Hungersnot als Folge von Vulkanausbrüchen
**1918** Unabhängigkeit unter dänischer Krone
**1940–5** Stationierung von Briten und Amerikanern zum Schutz vor deutscher Besetzung
**1944** Erklärung der Unabhängigkeit; „Kabeljaukrieg" um Fischrechte gegen Großbritannien

**Zentralheizung** Reykjavík wird mit Erdwärme beheizt. Auch eine große Menge des Strombedarfs im Land wird auf diese Weise sichergestellt.

## IRLAND

**OFFIZIELLE BEZEICHNUNG**
Republik Irland

**HAUPTSTADT**
Dublin

**Fläche** 70 273 km²
**Einwohner** 3,794 Mio.
**Bevölkerungsdichte/km²** 54
**Bevölkerungswachstum/Jahr** 1 %
**Lebenserwartung** 76
**Sprachen** Englisch, Gälisch (Irisch)
**Alphabetisierung** 99 %
**Währung** Euro (1 Euro = 100 Cent)
**BSP (Mio. US-$)** 85 979
**BSP/Kopf (US-$)** 22 660

**FAKTEN**

**Die Iren wählten die Harfe zum Symbol, nachdem die englischen Besatzer ihnen das Dudelsack-Spiel verboten hatten.**

### Schlüsseldaten

**1601** Die Schlacht von Kinsale begründet die Herrschaft Englands
**1695** Die Schlacht von Boyne begründet protestantische Dominanz
**1801** Irland wird Teil von Großbritannien
**1846–51** Durch Hungersnot sterben 1 Mio. Menschen; mehr als 1 Mio. wandern aus
**1916** Niederwerfung des Dubliner Osteraufstands durch die Engländer
**1919** Nationalisten bilden ein Parlament (Dail) und die Irische Armee
**1921** Der Britisch-Irische Vertrag begründet den Irish Free State; Nordirland verbleibt im Königreich
**1937** Unabhängigkeit
**1949** Republik
**1969–94** Unruhen in Nordirland
**1973** EU-Beitritt
**1998** Das Karfreitagsabkommen soll Frieden in Nordirland sichern

# NIEDERLANDE

**OFFIZIELLE BEZEICHNUNG**
Königreich der Niederlande

**HAUPTSTADT**
Amsterdam (Regierungssitz: Den Haag)

**Fläche** 41 526 km²
**Einwohner** 15,919 Mio.
**Bevölkerungsdichte/km²** 383
**Bevölkerungswachstum/Jahr** 0,3 %
**Lebenserwartung** 78
**Sprachen** Niederländisch, Friesisch
**Alphabetisierung** 99 %

**Währung** Euro (1 Euro = 100 Cent)
**BSP (Mio. US-$)** 397 544
**BSP/Kopf (US-$)** 24 970

## Schlüsseldaten

**14.–15. Jh.** Die Herzöge von Burgund vereinigen die südlichen Provinzen
**1516** Herrschaft der spanischen Könige
**1581** Unabhängigkeitserklärung; anerkannt 1648 im Haager Frieden
**1652–74** Drei Seekriege gegen England
**1795–1813** Französische Herrschaft
**1815** Unabhängiges Königreich (mit Belgien)
**1830** Belgien spaltet sich ab und erklärt die Unabhängigkeit
**1940–5** Besetzung durch die Deutschen
**1948** Zollunion mit Belgien und Luxemburg
**1949** Die Kolonie Indonesien wird unabhängig
**1957** Gründungsmitglied der EWG
**1992** Die Maastricht-Konferenz schließt Europa enger zusammen
**2002** Ermordung des Rechtspopulisten Pim Fortyun

**Wind kontra Wasser** Das wohl jüngste Beispiel für die Nutzung der Windenergie in den Niederlanden ist dieser Windpark auf eingedeichtem Land (Polder). Mehr als ein Fünftel der Fläche liegt unter dem Meeresspiegel. Seit mehr als 500 Jahren setzt man zur Entwässerung windbetriebene Pumpen ein.

## Land unter dem Meeresspiegel

Schon der Name Niederlande zeugt von der besonderen naturgegebenen Situation dieser Nation: Mehr als ein Fünftel ihrer heutigen Fläche liegt unterhalb des Meeresspiegels und muss ständig entwässert werden, damit es nicht zu Überschwemmungen kommt.

Das Meer, aber auch die drei Flüsse Rhein, Maas und Schelde, deren Mündungsgebiet das Herz der Niederlande bildet, stellen durch Sturmflut und Hochwasser eine ständige Bedrohung dar. So hat sich das Meer in der Vergangenheit immer wieder Land genommen. Bei der größten Flutkatastrophe entstand die Zuidersee, das heutige Ijsselmeer.

Doch die Niederländer haben dem Meer auch Land abgerungen. Rund 1120 km² waren es bereits im 17. Jh., die man durch Eindeichung und Trockenlegung gewann, weitere 500 km² im 18. Jh. und im 19. Jh. 1170 km².

Ab 1932 hat man in einer gewaltigen Anstrengung das Ijsselmeer mit einem 30 km langen Deich von der Nordsee abgeriegelt. Aus dem Meerwasser wurde nach und nach Süßwasser, das zur Trinkwasserversorgung genutzt wird. Außerdem schuf man ausgedehnte Polder mit fruchtbarem Ackerland.

Nachdem 1953 eine verheerende Sturmflut 1835 Opfer gefordert hatte, begann man mit dem Bau gewaltiger Dämme, die seit 1987 das Delta von Rhein, Maas und Schelde sichern. Den Schiffsverkehr ermöglichen Schleusen.

# Norwegen, Dänemark und Schweden

## NORWEGEN

**OFFIZIELLE BEZEICHNUNG**
Königreich Norwegen

**HAUPTSTADT**
Oslo

**Fläche** 323 759 km²
**Einwohner** 4,492 Mio.
**Bevölkerungsdichte/km²** 13,9
**Bevölkerungswachstum/Jahr** 0,4 %
**Lebenserwartung** 79
**Sprachen** Norwegisch, Samisch
**Alphabetisierung** 99 %
**Währung** Norwegische Krone (1 Krone = 100 Öre)
**BSP (Mio. US-$)** 155 064
**BSP (US-$)** 34 530

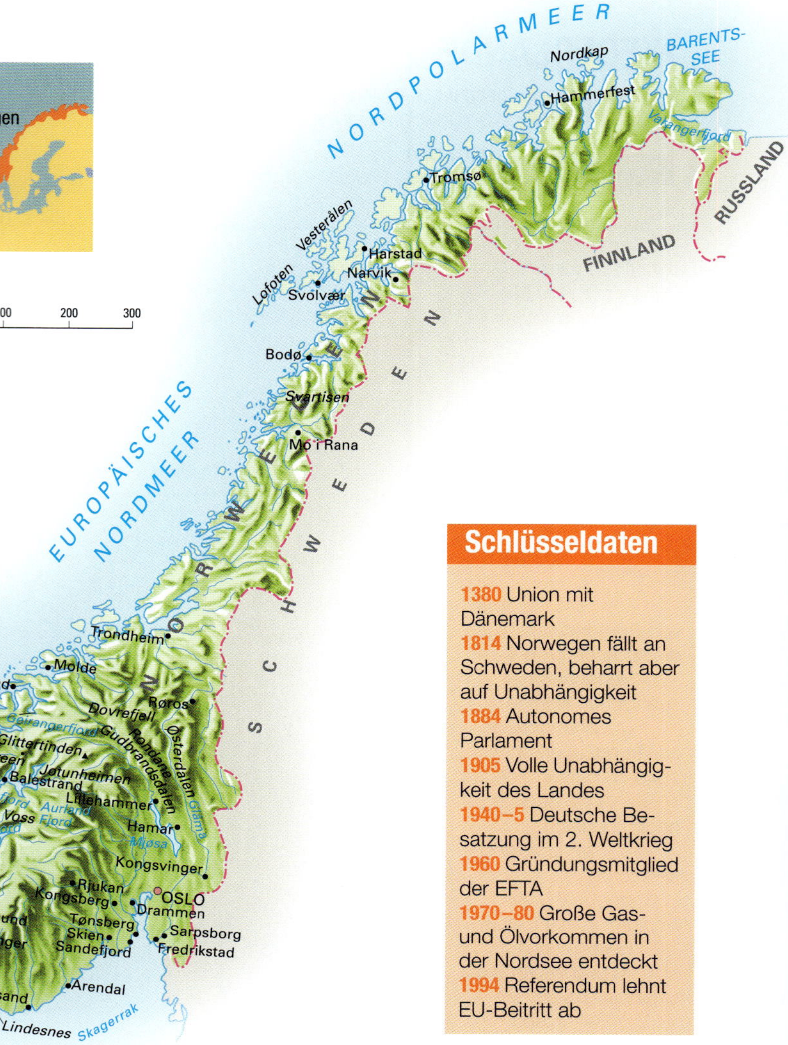


## Nomaden der Mitternachtssonne

Für die Lappen – sie selbst nennen sich Samen – im „Land der Mitternachtssonne“, dem Norden Norwegens, Schwedens, Finnlands und Russlands, hat sich das Leben verändert: Lange zogen sie mit ihren Rentierherden durch das Hochland, mittlerweile hat sich die Hälfte von ihnen in Dörfern niedergelassen. Sie leben von der Landwirtschaft, vom Fischen und Jagen. Zu den Veränderungen beigetragen haben auch äußere Faktoren: Die Tschernobyl-Katastrophe 1986 verseuchte ihre Rentiere, Bergbau und Wasserkraftwerke veränderten ihr Territorium.

Die Lappen zählen zu den ältesten Völkern Europas. Nach der Eiszeit verließen sie Zentralasien. Heute leben etwa 60 000 Samen auf rund 390 000 km², meistens im nördlichen Polarkreis, die Hälfte in Norwegen. Die Regierungen wollen, dass sie sich anpassen. Doch die Samen möchten lieber unabhängig bleiben und haben mittlerweile sogar ihre eigenen Parlamente.

## Schlüsseldaten

**1380** Union mit Dänemark
**1814** Norwegen fällt an Schweden, beharrt aber auf Unabhängigkeit
**1884** Autonomes Parlament
**1905** Volle Unabhängigkeit des Landes
**1940–5** Deutsche Besatzung im 2. Weltkrieg
**1960** Gründungsmitglied der EFTA
**1970–80** Große Gas- und Ölvorkommen in der Nordsee entdeckt
**1994** Referendum lehnt EU-Beitritt ab

## DÄNEMARK

**OFFIZIELLE BEZEICHNUNG**
Königreich Dänemark

**HAUPTSTADT**
Kopenhagen

**Fläche** 43 096 km²
**Einwohner** 5,340 Mio.
**Bevölkerungsdichte/km²** 124
**Bevölkerungswachstum/Jahr** 0,2 %
**Lebenserwartung** 76
**Sprache** Dänisch
**Alphabetisierung** 99 %
**Währung** Dänische Krone (1 Krone = 100 Öre)
**BSP (Mio. US-$)** 172 238
**BSP/Kopf (US-$)** 32 280

## Schlüsseldaten

**Um 950** Dänemark vereint
**1380** Union mit Norwegen, 1397 auch mit Schweden
**1523** Die Union mit Schweden zerbricht
**1814** Verlust Norwegens
**1849** Erste demokratische Verfassung
**1940–5** Besetzung durch Deutschland
**1960** EFTA-Mitglied
**1973** EWG-Beitritt
**2000** Referendum gegen Euro-Einführung

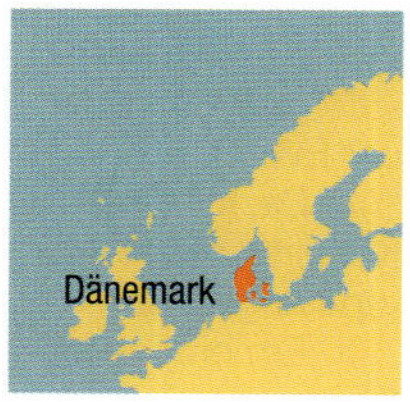

# SCHWEDEN

**OFFIZIELLE BEZEICHNUNG**
Königreich Schweden

**HAUPTSTADT**
Stockholm

**Fläche** 449 964 km²
**Einwohner** 8,869 Mio.
**Bevölkerungsdichte/km²** 19,7
**Bevölkerungswachstum/Jahr** –0,1 %
**Lebenserwartung** 80
**Sprache** Schwedisch
**Alphabetisierung** 99 %
**Währung** Schwedische Krone (1 Krone = 100 Öre)
**BSP (Mio. US-$)** 240 707
**BSP/Kopf (US-$)** 27 140

## Schlüsseldaten

**1397** Union mit Dänemark und Norwegen
**1523** Unabhängigkeit von Dänemark
**1809** Verlust Finnlands
**1814** Norwegen wird annektiert
**1860–1900** Rund 1 Mio. Schweden wandern nach Nordamerika aus
**1905** Verlust Norwegens
**1914–18** Neutralität im 1. Weltkrieg
**1939–45** Neutralität im 2. Weltkrieg
**1960** Gründungsmitglied der EFTA
**1995** EU-Beitritt

Km 0 100 200 300

**Öresund-Brücke** 600 Jahre, nachdem die Königreiche Dänemark und Schweden zum ersten Mal politisch vereint waren (und fast 500 Jahre nach ihrer Trennung), verbindet eine zweistöckige Brücke den Öresund zwischen der schwedischen Stadt Malmö und der dänischen Hauptstadt Kopenhagen. Auf der oberen Ebene rollt der Autoverkehr, auf der unteren fahren Züge. Die 2000 eingeweihte Brücke ist insgesamt 7,7 km lang, die größte Spanne zwischen zwei Pfeilern misst 490 m.

## FRANKREICH

**OFFIZIELLE BEZEICHNUNG** Französische Republik

**HAUPTSTADT** Paris

**Fläche** 543 965 km²
**Einwohner** 58,850 Mio.
**Bevölkerungsdichte/km²** 108
**Bevölkerungswachstum/Jahr** 0,4 %
**Lebenserwartung** 79
**Sprachen** Französisch, Bretonisch, Baskisch
**Alphabetisierung** 99 %
**Währung** Euro (1 Euro = 100 Cent)
**BSP (Mio. US-$)** 1 438 293
**BSP/Kopf (US-$)** 24 090

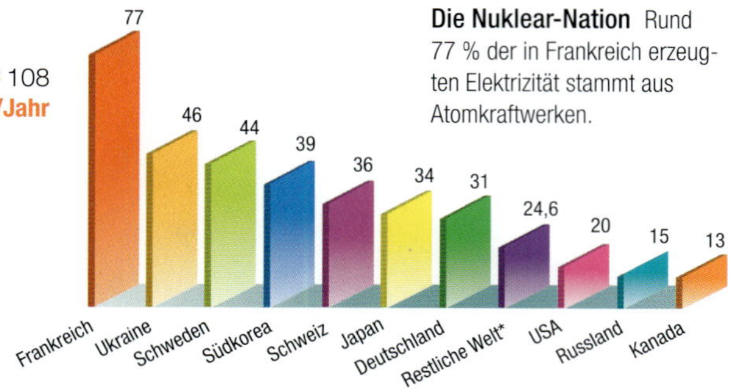


**Die Nuklear-Nation** Rund 77 % der in Frankreich erzeugten Elektrizität stammt aus Atomkraftwerken.

Anteil der Atomenergie an der Stromerzeugung (in %). *Durchschnittlicher Anteil der Atomenergie in den anderen 20 Staaten, die Atomkraft-Anlagen besitzen.

### Schlüsseldaten

**486** Frankenkönig Chlodwig beendet die weströmische Herrschaft
**843** Vertrag von Verdun; Westfränkisches Reich
**1302** Erstes Standesparlament
**1789–99** Französische Revolution; Republik
**1799–1804** Militärdiktatur
**1804** Krönung Napoleons I. zum Kaiser
**1815** Napoleon geschlagen; Wiedereinführung der Monarchie
**1848** 2. Republik
**1852** 2. Kaiserreich unter Louis Napoleon
**1870–1** Deutsch-Französischer Krieg
**1871** 3. Republik
**1914–18** 1. Weltkrieg; 1,4 Mio. Tote auf französischer Seite
**1939–45** 2. Weltkrieg; Frankreich als Sieger an der Seite der Alliierten
**1940–4** Besetzung durch die Deutschen
**1946** 4. Republik
**1946–54** Revolution in Französisch-Indochina
**1956** Unabhängigkeit für Marokko und Tunesien
**1957** Gründungsmitglied der EWG
**1958** 5. Republik
**1962** Algerien unabhängig
**1968** Demonstrationen für Reformen
**1995–6** Umstrittene Nuklearteststs im Pazifik

## FAKTEN

**Die Franzosen nennen ihr Land „das Sechseck", da es mit seinen sechs Seiten dieser Figur ähnelt.**

## Elsass und Lothringen – eine wechselvolle Geschichte

Die Herrschaft über das Elsass und die größere westliche Nachbarprovinz Lothringen wechselte jahrhundertelang zwischen Frankreich und Deutschland. Beide Staaten rangen um die reichen Eisen-, Kohle- und Kaliumvorkommen. Elsass und Lothringen sind auch heute noch industriell geprägt, allerdings weniger von der Schwer- als von der Chemie-, Textil- und Elektronikindustrie. Das fruchtbare Land ist zudem durch Weinberge im Elsass und Obstplantagen und Getreidefelder in Lothringen gekennzeichnet.

In der Antike gehörten die Provinzen zum römischen Gallien und später im Mittelalter zum Heiligen Römischen Reich. Frankreich eignete sich die Territorien im 17. und 18. Jh. an. Die Deutschen annektierten das Elsass und Teile Lothringens nach dem Sieg über Frankreich im Deutsch-Französischen Krieg 1871. 1919 – nach Ende des Ersten Weltkriegs – gelangten beide Landesteile zurück an Frankreich. Gleichzeitig wuchs der Wunsch nach Autonomie.

Im Zweiten Weltkrieg wurden die Provinzen erneut von den Deutschen annektiert – etwa 20 000 ihrer Bewohner ließen als Soldaten an der deutschen Ostfront ihr Leben. Mit Ende des Nationalsozialismus fielen die Landesteile wieder an Frankreich. Heute sind Elsass und Lothringen Symbole für die europäische Einheit. Ihre turbulente Geschichte schuf eine Region, in der die beiden Sprachen Deutsch und Französisch gleichermaßen gesprochen werden. Tradition, Kultur und Architektur spiegeln Einflüsse beider Staaten. Als Geste der Versöhnung wurde die Hauptstadt des Elsass, Straßburg, erster Sitz des Europarats und später des Europäischen Parlaments.

# BELGIEN

**OFFIZIELLE BEZEICHNUNG**
Königreich Belgien

**HAUPTSTADT**
Brüssel

**Fläche** 32 545 km²
**Einwohner** 10,252 Mio.
**Bevölkerungsdichte/km²** 315
**Bevölkerungswachstum/Jahr** 0,1 %
**Lebenserwartung** 78
**Sprachen** Französisch, Niederländisch, Deutsch
**Alphabetisierung** 99 %
**Währung** Euro (1 Euro = 100 Cent)
**BSP (Mio. US-$)** 251 583
**BSP/Kopf (US-$)** 24 540

### Schlüsseldaten

**1830** Unabhängigkeit von den Niederlanden
**1831** Parlamentarische Monarchie
**1914–18** Deutsche Besatzung trotz Neutralität
**1940–5** Deutsche Besatzung trotz Neutralität
**1948** Benelux-Zollunion
**1957** Gründungsmitglied der EWG
**1993** Verwaltungen und Parlamente in Flandern, Wallonien und Brüssel

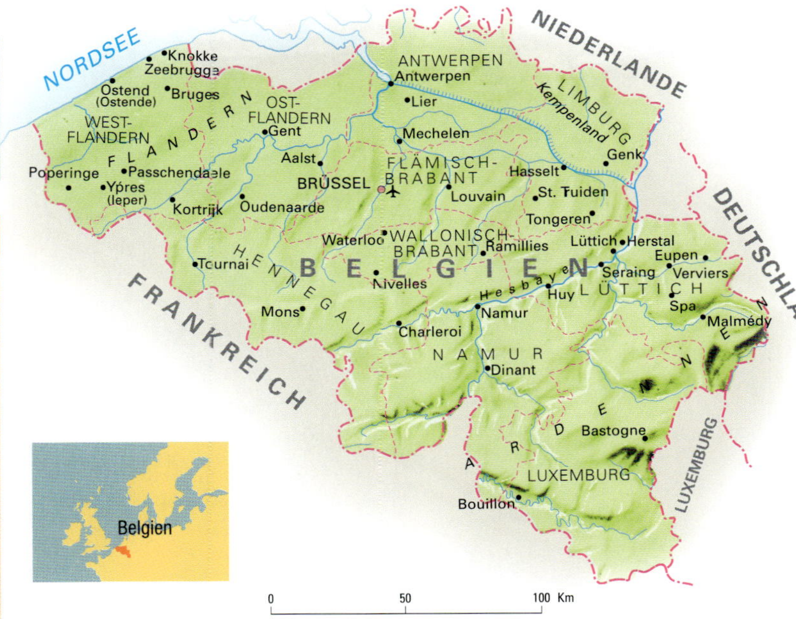


# LUXEMBURG

**OFFIZIELLE BEZEICHNUNG**
Großherzogtum Luxemburg

**HAUPTSTADT**
Luxemburg

**Fläche** 2586 km²
**Einwohner** 438 000
**Bevölkerungsdichte/km²** 169
**Bevölkerungswachstum/Jahr** 1,4 %
**Lebenserwartung** 77
**Sprachen** Lëtzebuergesch (Dialekt), Französisch, Deutsch
**Alphabetisierung** 99 %
**Währung** Euro (1 Euro = 100 Cent)
**BSP (Mio. US-$)** 18 439
**BSP/Kopf (US-$)** 42 060

### Schlüsseldaten

**1815** Großherzogtum unter dem niederländischen König
**1890** Unabhängigkeit von den Niederlanden
**1914–18** Deutsche Besatzung trotz Neutralität
**1940–5** Deutsche Besatzung trotz Neutralität
**1948** Benelux-Zollunion mit Belgien und den Niederlanden
**1952** Sitz der Europäischen Montanunion
**1957** Gründungsmitglied der EWG

## SPANIEN

**OFFIZIELLE BEZEICHNUNG**
Königreich Spanien

**HAUPTSTADT**
Madrid

**Fläche** 504 782 km²
**Einwohner** 39,450 Mio.
**Bevölkerungsdichte/km²** 78
**Bevölkerungswachstum/Jahr** 0 %
**Lebenserwartung** 78
**Sprachen** Spanisch, Katalanisch, Baskisch, Galizisch

**Alphabetisierung** 97,6 %
**Währung** Euro (1 Euro = 100 Cent)
**BSP (Mio. US-$)** 595 255
**BSP/Kopf (US-$)** 15 080

**Das neue Spanien** 1977 wurde das von dem amerikanischen Architekten Frank Gehry entworfene Guggenheim-Museum in Bilbao eröffnet. Es symbolisiert die Erneuerung Spaniens nach Franco.

## Spaniens ruhelose Nationalitäten

Seit langem streben die beiden wichtigsten ethnischen Minderheiten Spaniens – Basken und Katalanen – nach Autonomie. Unter Franco waren sie unterdrückt worden, 1980 erhielten sie Teilautonomie und Parlamente.

Das Baskenland reicht über die Pyrenäen bis nach Frankreich, in den drei spanischen Provinzen leben 620 000 Menschen. Die Sprache der Basken ist mit keiner anderen verwandt. Die terroristische Befreiungsbewegung ETA (Euzkadi ta Azkatasuna – Baskenland und Freiheit) hat seit dem Jahr 1968 über 800 Menschen getötet. 1989 und 1998–9 gab es Waffenstillstände.

In Katalonien im Nordosten Spaniens leben 6 Mio. Menschen. Die meisten sprechen Katalanisch, eine romanische Sprache. 1932–9 war Katalonien unabhängig. Heute stellt es das wichtigste Industriegebiet des Landes dar und die Hauptstadt Barcelona ist eine der lebhaftesten Städte Spaniens.

## Schlüsseldaten

**711–18** Die Mauren erobern Teile Spaniens
**1492** Ganz Spanien ist wieder christlich; Vereinigung; Columbus entdeckt Amerika
**16 Jh.** Kolonialreich in Amerika
**1898** Spanisch-Amerikanischer Krieg; Verlust Kubas, Puerto Ricos und der Philippinen
**1936–9** Bürgerkrieg; Franco wird Diktator
**1968** Baskischer Terror beginnt
**1975** Tod Francos; erneut Monarchie
**1980** Begrenzte Autonomie für Katalonien und das Baskenland
**1986** EU-Beitritt
**2000** Regierungsparteien schließen Pakt zur Bekämpfung des baskischen Terrorismus

# PORTUGAL

**OFFIZIELLE BEZEICHNUNG**
Portugiesische Republik

**HAUPTSTADT**
Lissabon

**Fläche** 92 345 km²
**Einwohner** 10,010 Mio.
**Bevölkerungsdichte/km²** 108
**Bevölkerungswachstum/Jahr** 0,1 %
**Lebenserwartung** 76
**Sprache** Portugiesisch
**Alphabetisierung** 91,9 %
**Währung** Euro (1 Euro = 100 Cent)
**BSP (Mio. US-$)** 111 291
**BSP/Kopf (US-$)** 11 120

Km 0 100

## Schlüsseldaten

**1143** Unabhängiges Königreich
**1419** Beginn der Übersee-Expansion
**1580** Spanische Herrschaft
**1640** Unabhängigkeit von Spanien
**1822** Brasilien erklärt Unabhängigkeit von Portugal
**1910** Sturz des Königs; Ausrufung der Republik
**1916–18** Kämpfe an der Seite der Alliierten im 1. Weltkrieg
**1926** Militärputsch und Beginn der Diktatur
**1974** Militärputsch („Nelkenrevolution") stellt die Bürgerrechte wieder her
**1974–6** Aufgabe der meisten Kolonien
**1976** Freie Wahlen
**1986** EU-Beitritt

# ANDORRA

**OFFIZIELLE BEZEICHNUNG**
Fürstentum Andorra

**HAUPTSTADT**
Andorra la Vella

**Fläche** 467,76 km²
**Einwohner** 67 000
**Bevölkerungsdichte/km²** 143
**Bevölkerungswachstum/Jahr** 3,3 %
**Lebenserwartung** 80
**Sprachen** Katalanisch, Spanisch, Französisch
**Alphabetisierung** 99 %
**Währung** Euro (1 Euro = 100 Cent)
**BSP (Mio. US-$)** k. Ang.
**BSP/Kopf (US-$)** über 9266

## Schlüsseldaten

**Um 400** Herrschaft der Westgoten
**9. Jh.** Karl der Große gliedert Andorra in das Frankenreich ein
**1278** Beginn spanisch-französischer Doppelherrschaft
**1970** Frauenwahlrecht
**1993** Unabhängiger Staat; erste Verfassung
**1993** UN-Beitritt

# MALTA

**OFFIZIELLE BEZEICHNUNG**
Republik Malta

**HAUPTSTADT**
Valletta

**Fläche** 315,6 km²
**Einwohner** 382 000
**Bevölkerungsdichte/km²** 1209
**Bevölkerungswachstum/Jahr** 0,9 %
**Lebenserwartung** 78
**Sprachen** Maltesisch, Englisch, Italienisch
**Alphabetisierung** 91,8 %
**Währung** Maltesische Lira (1 Lira = 100 Cent)
**BSP (Mio. US-$)** 3559
**BSP/Kopf (US-$)** 9120

## Schlüsseldaten

**1530** Malta wird Ordenssitz der Johanniter
**1798** Annektierung durch Frankreich
**1800** Malta wird britisches Protektorat
**1814** Malta wird britische Kronkolonie
**1947** Neue Verfassung und Selbstverwaltung
**1964** Unabhängigkeit unter britischer Krone
**1974** Malta wird unabhängige Republik
**1990** Formeller Antrag auf Vollmitgliedschaft in der EU
**1998** Erneuerung des Antrags auf EU-Mitgliedschaft

## FAKTEN

**Für Tapferkeit unter deutscher Bombardierung erhielt Malta 1942 das britische Georgskreuz, das seither die Nationalflagge ziert.**

# Italien und Monaco

## ITALIEN

**OFFIZIELLE BEZEICHNUNG**
Italienische Republik

**HAUPTSTADT**
Rom

**Fläche** 301 336 km²
**Einwohner** 57,679 Mio.
**Bevölkerungsdichte/km²** 191
**Bevölkerungswachstum/Jahr** –0,1 %
**Lebenserwartung** 79
**Sprache** Italienisch
**Alphabetisierung** 98,4 %
**Währung** Euro (1 Euro = 100 Cent)
**BSP (Mio. US-$)** 1 163 211
**BSP/Kopf (US-$)** 20 160

### Schlüsseldaten

**1250** Italienische Städte erstarken
**1748** Norditalien fällt an die österreichischen Habsburger, Süditalien an die spanischen Bourbonen
**1848** Aufstände in italienischen Städten
**1861** Großteil Italiens als Königreich vereinigt
**1866** Venedig und Mantua werden annektiert
**1870** Rom Hauptstadt
**1915–18** 1. Weltkrieg an der Seite der Alliierten
**1922** Faschist Mussolini wird Ministerpräsident
**1925** Mussolini wird Diktator
**1929** Vatikanstadt wird unabhängig
**1936** Eroberung von Äthiopien
**1939** Invasion in Albanien
**1940–3** 2. Weltkrieg an der Seite Deutschlands
**1943** Sturz Mussolinis; Kriegserklärung an die Deutschen
**1946** Republik
**1957** Gründungsmitglied der EWG
**1997** Friedenssicherung in Albanien
**2001** Referendum für Stärkung der Regionen

### FAKTEN

**Von 1946 bis 2002 hatte Italien 35 Ministerpräsidenten. Die meisten waren nur kurz im Amt.**

# VATIKANSTADT

**OFFIZIELLE BEZEICHNUNG**
Staat Vatikanstadt

**HAUPTSTADT**
Vatikanstadt

**Fläche** 0,44 km²
**Einwohner** 455 (1997)
**Bevölkerungsdichte/km²** 1034
**Bevölkerungswachstum/Jahr** 0 %
**Lebenserwartung** k. Ang.
**Sprachen** Italienisch, Lateinisch
**Alphabetisierung** 100 %
**Währung** Euro (1 Euro = 100 Cent)
**BSP (Mio. US-$)** k. Ang.
**BSP/Kopf (US-$)** k. Ang.

## Schlüsseldaten

**754** Gründung des Kirchenstaats in Italien
**1309** Exil der Päpste in Avignon (bis 1377)
**1870** Der Kirchenstaat geht im Königreich Italien auf
**1929** Italien erkennt den Staat Vatikanstadt an
**1978** Johannes Paul II. wird nach 455 Jahren erster nichtitalienischer Papst

## Miniatur-Schaltzentrale der katholischen Kirche

Vatikanstadt („Stato della Città del Vaticano") ist mit 455 Einwohnern weltweit der kleinste Staat. Absoluter Herrscher ist der Papst, der auf Lebenszeit gewählt ist. Amtssprache ist Latein, die Geburtenrate beträgt Null, und Einkommenssteuer gibt es nicht. Die Fläche des Stadtstaats ist gerade ein Viertel so groß wie die Hamburger Außenalster, trotzdem hat er eine Flagge, ein diplomatisches Korps, eine Bank, eine Fernseh- und Rundfunkstation und eigene Briefmarken und Euro-Münzen. Geschützt wird Vatikanstadt durch die Schweizergarde, deren Geschichte bis in die Renaissance zurückreicht.

Vatikanstadt hat seine Wurzeln im Kirchenstaat, der einst Mittelitalien beherrschte. Vor der Vereinigung Italiens 1861 umfasste das päpstliche Territorium 44 000 km². 1870 ging der Kirchenstaat im Königreich Italien auf, 1929 wurde seine Unabhängigkeit durch Benito Mussolini erneut bekräftigt.

Vatikanstadt – heute gerade noch 44 ha groß – liegt im Herzen Roms, auf einem Hügel am Ufer des Tiber. Zu den bedeutenden Bauwerken gehören der Petersdom, die größte Kirche der Welt, und der Vatikanpalast, Sitz der Päpste seit 1377 und weltweit größte Residenz. Zu den bedeutenden Kunstwerken zählen die Deckenfresken Michelangelos in der Sixtinischen Kapelle. Andere Gebäude beherbergen Manuskripte, Münzen und Orden.

**Soldaten des Herrn** Die 1505 gegründete päpstliche Schweizergarde trägt Uniformen, die Michelangelo entworfen haben soll.

# SAN MARINO

**OFFIZIELLE BEZEICHNUNG**
Republik San Marino

**HAUPTSTADT**
San Marino

**Fläche** 60,5 km²
**Einwohner** 27 000
**Bevölkerungsdichte/km²** 446
**Bevölkerungswachstum/Jahr** 0,7 %
**Lebenserwartung** 80
**Sprache** Italienisch
**Alphabetisierung** 96 %
**Währung** Euro (1 Euro = 100 Cent)
**BSP (Mio. US-$)** k. Ang.
**BSP/Kopf (US-$)** über 9266

## Schlüsseldaten

**4. Jh.** Der Schäfer Marinus gründet die Republik
**1631** Anerkennung durch den Papst
**1862** Freundschaftsvertrag mit Italien
**1960** Frauenwahlrecht
**1992** UN-Beitritt

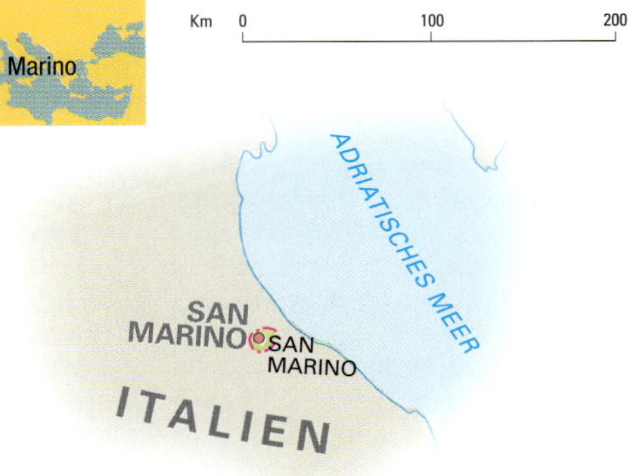


# MONACO

**OFFIZIELLE BEZEICHNUNG**
Fürstentum Monaco

**HAUPTSTADT**
Monaco

**Fläche** 1,95 km²
**Einwohner** 32 000
**Bevölkerungsdichte/km²** 16 410
**Bevölkerungswachstum/Jahr** 0,6 %
**Lebenserwartung** 79
**Sprachen** Französisch, Monegassisch
**Alphabetisierung** 99 %
**Währung** Euro (1 Euro = 100 Cent)
**BSP (Mio. US-$)** k. Ang.
**BSP/Kopf (US-$)** über 9266

## Schlüsseldaten

**1297** Beginn der Herrschaft der Grimaldis
**1798–1814** und **1848–61** Französische Herrschaft
**1861** Unabhängigkeit
**1940–5** Besetzung durch Italien, dann durch Deutschland
**1956** Fürst Rainier III. heiratet die Schauspielerin Grace Kelly
**1993** UN-Beitritt

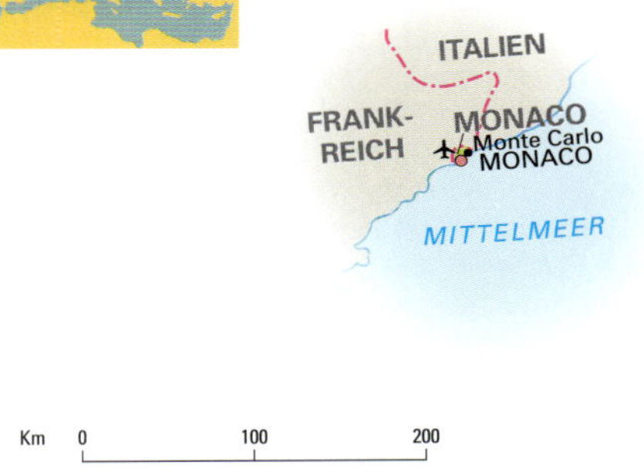

# Die baltischen Staaten

## ESTLAND

**OFFIZIELLE BEZEICHNUNG**
Republik Estland

**HAUPTSTADT**
Tallinn

**Fläche** 45 227 km²
**Einwohner** 1,435 Mio.
**Bevölkerungsdichte/km²** 32
**Bevölkerungswachstum/Jahr** –1,1 %
**Lebenserwartung** 70

**Sprachen** Estnisch, Russisch
**Alphabetisierung** 98 %
**Währung** Estnische Krone (1 Krone = 100 Senti)
**BSP (Mio. US-$)** 4894
**BSP/Kopf (US-$)** 3580

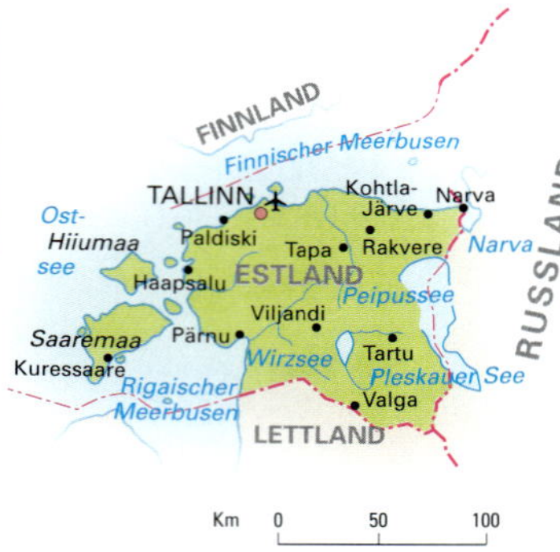

### Schlüsseldaten

**1625** Schwedische Herrschaft
**1721** Russische Herrschaft
**1918** Erklärung der Unabhängigkeit
**1940** UdSSR-Annexion
**1941–4** Deutsche Besatzung im 2. Weltkrieg
**1991** Unabhängigkeit, UN-Beitritt
**1993** Sowjetische Truppen verlassen das Land

## LETTLAND

**OFFIZIELLE BEZEICHNUNG**
Republik Lettland

**HAUPTSTADT**
Riga

**Fläche** 64 589 km²
**Einwohner** 2,417 Mio.
**Bevölkerungsdichte/km²** 37
**Bevölkerungswachstum/Jahr** –0,6 %
**Lebenserwartung** 70

**Sprachen** Lettisch, Russisch
**Alphabetisierung** 98 %
**Währung** Lats (1 Lats = 100 Santims)
**BSP (Mio. US-$)** 6925
**BSP/Kopf (US-$)** 2920

### Schlüsseldaten

**1800** Russische Herrschaft
**1918** Erklärung der Unabhängigkeit
**1940** Annexion durch die UdSSR
**1941–4** Deutsche Besatzung im 2. Weltkrieg
**1991** Unabhängigkeit, UN-Beitritt
**1993** Sowjetische Truppen verlassen das Land

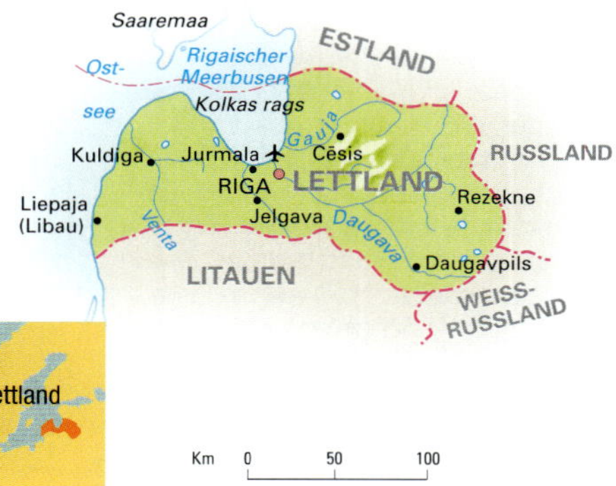


## Der lange Kampf um die baltische Unabhängigkeit

Estland, Lettland und Litauen waren die letzten Staaten, die in der UdSSR aufgingen, und die ersten, die das Bündnis am Ende der „Eiszeit" in Moskau wieder verließen.

Die drei Baltenstaaten waren ohnehin immer unwillige Mitglieder im Sowjet-Verbund gewesen. Zwischen den Weltkriegen unabhängig, wurden sie in einem geheimen Zusatzprotokoll des Nichtangriffspakts zwischen Deutschland und der Sowjetunion von 1939 der Interessensphäre der UdSSR zugeschlagen. 1940 wurden sie annektiert, und die Anti-Stalinisten in den drei Ländern waren einer brutalen Säuberungsaktion ausgesetzt.

In den 50er-Jahren der russischen Herrschaft ließen sich Millionen von Russen in den baltischen Staaten nieder. Nur wenige lernten die Landessprache und integrierten sich. Die Selbstbezogenheit der Einwanderer schürte tiefe Ressentiments – umso mehr, als die baltischen Staaten während der sowjetischen Jahre durchaus westliche Züge aufwiesen: Das Leben in gepflegten Städten wie Vilnius und Tallinn war komfortabel, zivilisiert und immer ein wenig liberaler als im Land des großen Bruders.

Mit der Glasnost-Politik Michail Gorbatschows wurde der Ruf nach Unabhängigkeit lauter. Als Moskau den Zusammenbruch kommunistischer Regime in Osteuropa zuließ, forderten die Balten dasselbe Recht auf Selbstbestimmung wie Tschechen oder Polen. Die Sowjetunion setzte diesen Bestrebungen Widerstand entgegen. Im Januar 1991 kam es zwischen Demonstranten, die für Unabhängigkeit auf die Straße gingen, und russischen Truppen zu Auseinandersetzungen; fünf Demonstranten starben.

Im September 1991 erkannte die UdSSR die Unabhängigkeit der Baltenstaaten an. Die dort lebenden Russen wurden nun tatsächlich diskriminiert und fühlten sich zunehmend unwillkommen. Die neuen Behörden betrachteten z. B. den Spracherwerb als unabdingbar. Die Wiedereinführung einer freien Marktwirtschaft hatte oberste Priorität. Estland erhielt Hilfe vom ethnischen Cousin und Nachbarn Finnland.

Alle drei Staaten profitierten davon, dass der unternehmerische Geist der Bürger von der sowjetischen Planwirtschaft nicht ganz unterdrückt worden war und dass sich die demokratischen Jahre zwischen den Kriegen fest in den Köpfen der Menschen eingeprägt hatten.

Alle baltischen Staaten wünschen den Anschluss an EU und NATO. Die Verhandlungen über eine EU-Mitgliedschaft zum 1. Mai 2004 sind abgeschlossen. Der Beitritt wird die Länder, die in den vergangenen acht Jahrzehnten mehr Besetzung als Unabhängigkeit erlebt haben, stärken.

Estland und Lettland waren im 13. Jh. vom Deutschen Orden eingenommen worden, später regierten dort Schweden und Polen. Im 18. Jh. gerieten beide Länder unter die Herrschaft des zaristischen Russland. Der Zusammenbruch von Russland und Deutschland nach dem Ersten Weltkrieg eröffnete 1918 den Weg in die Unabhängigkeit. Doch die Freiheit währte nicht lange: Durch den Nichtangriffspakt zwischen Deutschland und der Sowjetunion fielen die drei baltischen Staaten 1939 unter sowjetische Kontrolle.

Aus Litauen war im 14. Jh. durch geschickte Territorialpolitik und militärische Siege ein Großreich entstanden, das von der Ostsee bis zum Schwarzen Meer reichte. Im 18. Jh. geriet das litauische Reich unter russische Herrschaft.

# LITAUEN

**OFFIZIELLE BEZEICHNUNG**
Republik Litauen

**HAUPTSTADT**
Wilna (Vilnius)

**Fläche** 65 301 km²
**Einwohner** 3,698 Mio.
**Bevölkerungsdichte/km²** 57
**Bevölkerungswachstum/Jahr** –0,2 %
**Lebenserwartung** 73
**Sprachen** Litauisch, Polnisch, Russisch
**Alphabetisierung** 99 %
**Währung** Litas
(1 Litas = 100 Centas)
**BSP (Mio. US-$)** 10 809
**BSP/Kopf (US-$)** 2930

**Flamme der Freiheit** Ein junger litauischer Wehrpflichtiger verbrennt auf einer Unabhängigkeitsdemonstration im Jahr 1990 öffentlich seinen sowjetischen Militärpass.

## Schlüsseldaten

**Um 1200** Litauen wird Königreich
**14. Jh.** Ausdehnung zum Großreich
**1385** Union mit Polen
**1795** Russische Herrschaft
**1918** Erklärung der Unabhängigkeit
**1926** Militärputsch
**1940** UdSSR-Annexion
**1941–4** Deutsche Besatzung im 2. Weltkrieg
**1972** Demonstrationen gegen Sowjetregime
**1991** Unabhängigkeit, UN-Beitritt
**1993** Sowjetische Truppen verlassen das Land

# FINNLAND

**OFFIZIELLE BEZEICHNUNG**
Republik Finnland

**HAUPTSTADT**
Helsinki

**Fläche** 338 144 km²
**Einwohner** 5,180 Mio.
**Bevölkerungsdichte/km²** 15
**Bevölkerungswachstum/Jahr** 0,1 %
**Lebenserwartung** 77
**Sprachen** Finnisch, Schwedisch, Samisch
**Alphabetisierung** 99 %
**Währung** Euro
(1 Euro = 100 Cent)
**BSP (Mio. US-$)** 130 106
**BSP/Kopf (US-$)** 25 130

## Schlüsseldaten

**13. Jh.** Schwedische Herrschaft
**1809** Russische Herrschaft nach langen Kriegen
**1917** Unabhängigkeitserklärung nach der Revolution in Russland
**1918** Bürgerkrieg
**1919** Republik
**1939–40** Winterfeldzug gegen die UdSSR; Niederlage und Verlust von Territorien
**1946** Erklärung der Neutralität
**1948** Vertrag mit der UdSSR
**1955** UN-Beitritt
**1992** Neuer Vertrag mit Russland
**1995** Mitglied der EU

**Russischer Einfluss** Fast das gesamte 19. Jh. hindurch stand Finnland unter russischer Herrschaft. Noch heute spiegelt sich die gemeinsame Geschichte in der Architektur wider.

# Polen, Tschechien und Slowakei

## POLEN

**OFFIZIELLE BEZEICHNUNG**
Republik Polen

**HAUPTSTADT**
Warschau

**Fläche** 312 685 km²
**Einwohner** 38,650 Mio.
**Bevölkerungsdichte/km²** 124
**Bevölkerungswachstum/Jahr** –0,1 %
**Lebenserwartung** 73
**Sprache** Polnisch
**Alphabetisierung** 99 %
**Währung** Zloty
(1 Zloty = 100 Groszy)
**BSP (Mio. US-$)** 161 832
**BSP/Kopf (US-$)** 4190

## Schlüsseldaten

**966** Gründung Polens
**1385** Litauische Union
**1772–95** Polen aufgeteilt zwischen Russland, Preußen und Österreich
**1918** Unabhängigkeit; Ausrufung der Republik
**1939** Deutscher Einmarsch
**1947** Kommunistische Regierung
**1980** Gewerkschaft Solidarität gegründet
**1981** Kriegsrecht
**1989** Freie Wahlen
**1990** Auflösung der KP
**1997** Neue Verfassung
**1999** NATO-Beitritt

## Polens bewegte Geschichte

Nur zu oft änderten sich die Grenzen Polens. Um das polnische Territorium wurde häufig gestritten und gekämpft. Doch das Gefühl für die nationale Identität blieb den Polen erhalten, und es gelang ihnen stets, sich aus eigener Kraft wieder aufzurichten.

Seine größte Ausdehnung hatte das Gebiet Polens im Mittelalter. Unter der Jagiello-Dynastie reichte die Landesfläche der polnisch-litauischen Herrschaft bis zum Schwarzen Meer. In späteren Jahrhunderten verlor Polen den größten Teil dieser Gebiete allerdings an die Russen. Ende des 18. Jh. wurde es zwischen Russland, Preußen und Österreich aufgeteilt und verschwand damit praktisch von der Landkarte.

Einen unabhängigen polnischen Staat mit neuen Grenzen brachte das Ende des Ersten Weltkriegs. Ein Streit mit der UdSSR über die Landesgrenzen führte jedoch bereits 1920 wieder zum Krieg, aus dem Polen mit Landgewinnen im Osten hervorging.

Die Eroberungen gingen indes 1939 wieder verloren. Deutschland griff Polen vom Westen her an und die Rote Armee fiel im Osten in das Land ein. Nachdem die Deutschen 1941 die UdSSR überfallen hatten, geriet ganz Polen unter die Herrschaft der Nationalsozialisten. Es wurde fortan als „Generalgouvernement" geführt. 1945 nahm die UdSSR die Landstriche, die sie 1939 erobert hatte, wieder in Besitz.

Polen wurde zum Ausgleich ein Teil des deutschen Territoriums zuerkannt – der gesamte Staat verlagerte sich 240 km nach Westen.

**„Wandernde" Grenzen**
Während und nach dem Ersten Weltkrieg wanderten die Grenzen Polens westwärts.

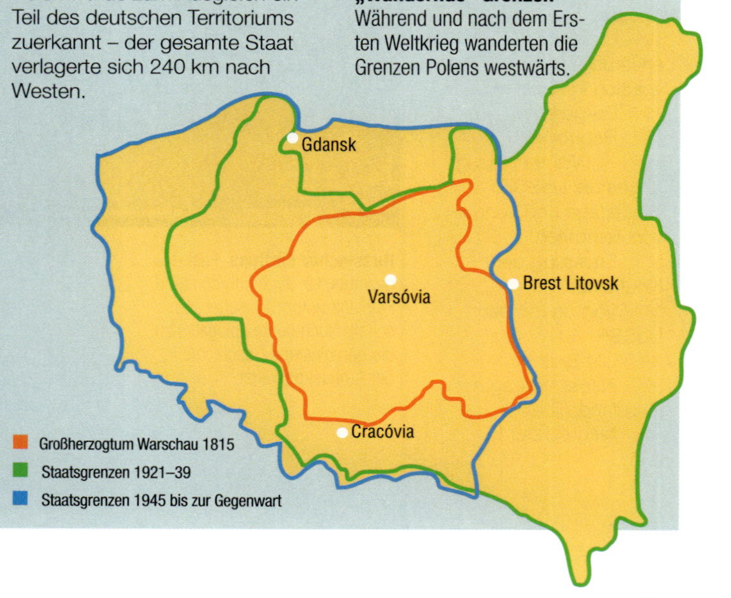

# TSCHECHIEN

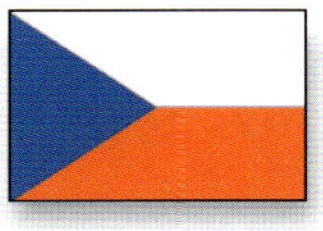

**OFFIZIELLE BEZEICHNUNG**
Tschechische Republik

**HAUPTSTADT**
Prag

**Fläche** 78 866 km²
**Einwohner** 10,273 Mio.
**Bevölkerungsdichte/km²** 130
**Bevölkerungswachstum/Jahr** –0,1 %
**Lebenserwartung** 75
**Sprachen** Tschechisch, Slowakisch
**Alphabetisierung** 99 %
**Währung** Tschechische Krone (1 Krone = 100 Heller)
**BSP (Mio. US-$)** 53 925
**BSP/Kopf (US-$)** 5250

**Bier aus Tschechien** Der Prager genießt sein Bier. Das kräftige, helle Pilsner hat seinen Namen von der tschechischen Stadt Pilsen (Plzeň), wo es ursprünglich gebraut wurde.

**FAKTEN**

**Der „gute König Wenzel“, heiliger Patron der Tschechen, war 925 bis 929 Herzog von Böhmen.**

## Schlüsseldaten

**10. Jh.** Unabhängiges Königreich Böhmen
**1212** Teilweise Unabhängigkeit im Heiligen Römischen Reich
**1526** Herrschaft der Habsburger
**1867** Teil von Österreich-Ungarn
**1918** Vereinigung mit der Slowakei zur Tschechoslowakei
**1938** Deutschland annektiert das Sudetenland
**1939** Deutscher Einmarsch, Spaltung der Tschechoslowakei
**1945** Wiedervereinigung
**1948** Kommunisten gelangen an die Macht
**1968** Niederschlagung der Freiheitsbewegung „Prager Frühling“ durch die Sowjetunion
**1989** Demonstrationen und Streiks für Demokratie; kommunistische Führer treten zurück
**1990** Mehrparteienwahlen; Umbenennung in Tschechoslowakische Republik
**1993** Tschechien und die Slowakei trennen sich; UN-Beitritt
**1999** NATO-Beitritt

# SLOWAKEI

**OFFIZIELLE BEZEICHNUNG**
Slowakische Republik

**HAUPTSTADT**
Pressburg (Bratislava)

**Fläche** 49 034 km²
**Einwohner** 5,402 Mio.
**Bevölkerungsdichte/km²** 110
**Bevölkerungswachstum/Jahr** 0,1 %
**Lebenserwartung** 73
**Sprachen** Slowakisch, Ungarisch und andere
**Alphabetisierung** 99 %
**Währung** Slowakische Krone (1 Krone = 100 Heller)
**BSP (Mio. US-$)** 19 969
**BSP/Kopf (US-$)** 3700

## Schlüsseldaten

**907–1867** Ungarische Herrschaft
**1867–1918** Teil von Österreich-Ungarn
**1918** Gründung der Tschechoslowakei
**1939–45** Unabhängig von Tschechien; unter deutscher Herrschaft
**1945** Wiedervereinigung
**1992** Die Slowakei wird unabhängig
**1993** Friedliche Trennung von Tschechien; Beitritt zur UN

## ÖSTERREICH

**OFFIZIELLE BEZEICHNUNG**
Republik Österreich

**HAUPTSTADT**
Wien

**Fläche** 83 858 km²
**Einwohner** 8,098 Mio.
**Bevölkerungsdichte/km²** 97
**Bevölkerungswachstum/Jahr** –0,1 %
**Lebenserwartung** 78
**Sprachen** Deutsch, Slowenisch, Kroatisch, Ungarisch
**Alphabetisierung** 99 %
**Währung** Euro
(1 Euro = 100 Cent)
**BSP (Mio. US-$)** 204 525
**BSP/Kopf (US-$)** 25 220

**FAKTEN**
1998 feierten die Wiener Sängerknaben ihren 500. Geburtstag. Schubert und Haydn sangen in diesem Chor.

### Schlüsseldaten

**955** Herrschaft Ottos I.
**962** Krönung Ottos I. zum Kaiser des Heiligen Römischen Reiches
**1278** Erster Habsburg-Kaiser
**1804** Kaiserreich
**1866** Krieg mit Preußen
**1867** Doppelmonarchie Österreich-Ungarn
**1914** Kriegserklärung an Serbien
**1918** Niederlage Österreichs; Ende des Kaiserreichs und Entstehung der Republik
**1938** Besetzung durch Deutschland; Anschluss an das Deutsche Reich
**1939–45** 2. Weltkrieg
**1945** Besetzung durch die Alliierten
**1955** Unabhängigkeit; UN-Beitritt
**1995** Mitglied der EU

## UNGARN

**OFFIZIELLE BEZEICHNUNG**
Republik Ungarn

**HAUPTSTADT**
Budapest

**Fläche** 93 030 km²
**Einwohner** 10,022 Mio.
**Bevölkerungsdichte/km²** 108
**Bevölkerungswachstum/Jahr** –0,5 %
**Lebenserwartung** 71
**Sprache** Ungarisch
**Alphabetisierung** 99 %
**Währung** Forint
(1 Forint = 100 Filler)
**BSP (Mio. US-$)** 47 249
**BSP/Kopf (Mio. US-$)** 4710

### Schlüsseldaten

**9. Jh.** Invasion der Magyaren
**1000** Stephan wird erster König der Ungarn
**1526** Das Kerngebiet fällt an die Osmanen
**1699** Die Habsburger erobern das Land
**1867** Doppelmonarchie Österreich-Ungarn
**1914–18** 1. Weltkrieg; Ausrufung der Republik
**1941–4** 2. Weltkrieg; Verbündeter Deutschlands
**1944** Invasion durch die Sowjetunion
**1947–9** Machtergreifung der Kommunisten
**1956** Antisowjetische Proteste erstickt
**1968** Wirtschaftsreform
**1989** Neue Verfassung
**1990** Freie Wahlen
**1991** Sowjetische Truppen ziehen ab; Assoziierung mit der EG
**1999** NATO-Beitritt

# SCHWEIZ

**OFFIZIELLE BEZEICHNUNG**
Schweizerische Eidgenossenschaft

**HAUPTSTADT**
Bern

**Fläche** 41 248 km²
**Einwohner** 7,180 Mio.
**Bevölkerungsdichte/km²** 174
**Bevölkerungswachstum/Jahr** 0,6 %
**Lebenserwartung** 80
**Sprachen** Deutsch, Französisch, Italienisch, Rätoromanisch
**Alphabetisierung** 99 %
**Währung** Schweizer Franken (1 Franken = 100 Rappen)
**BSP (Mio. US-$)** 273 829
**BSP/Kopf (US-$)** 38 140

## Schlüsseldaten

**962** Teil des Heiligen Römischen Reiches
**1291** Schweizer Bund
**1499** Unabhängigkeit
**1798–1815** Französische Herrschaft
**1848** Neue föderalistische Verfassung
**1914–18** Neutralität im 1. Weltkrieg
**1920** Völkerbund in Genf gegründet
**1939–45** Neutralität im 2. Weltkrieg
**1960** Gründungsmitglied der EFTA
**1963** Anschluss an den Europarat
**1971** Frauenwahlrecht
**1986** UN-Mitgliedschaft wird abgelehnt
**1992** Wähler lehnen engere Bindung an EU ab
**2002** UN-Beitritt

**FAKTEN**

**Die Schweiz hat weltweit die meisten Waffenbesitzer, aber relativ wenig Schusswaffen-Kriminalität.**

## Die bewaffnete Neutralität der Schweiz

Die berühmte Neutralität der Schweiz wird durch eine Milizarmee garantiert. Deren Angehörige bewahren Waffe, Munition und Uniform zu Hause auf und sind so schnell zu mobilisieren.

Im Zweiten Weltkrieg schützte die Armee der Schweiz die Landesgrenzen, und auch während des Kalten Krieges blieb sie wachsam. Heute betragen die Militärausgaben etwa ein Drittel des Staatshaushalts. Viel Geld fließt in das Gerät wie etwa die 400 Düsenflugzeuge der Schweizer Luftwaffe und in die Ausrüstung der Miliz.

Die föderalistische Verfassung der Schweiz besagt, dass „jeder Schweizer Mann verpflichtet ist, Militärdienst zu leisten". Diese Verpflichtung ist für Männer im waffenfähigen Alter nicht zu umgehen. Ungeeignete müssen eine Militärsteuer zahlen; es gibt die Möglichkeit, Zivildienst zu leisten. Auch Frauen können zum Militär, allerdings stehen sie für Kampfeinsätze nicht zur Verfügung.

Das gesamte militärische Personal nimmt von Zeit zu Zeit an Zielschießen teil, in regelmäßigen Abständen ruft das Verteidigungsministerium zu Wehrübungen. Gleichzeitig steht das Militär für den Dienst bei Katastrophen und in Notfällen bereit.

Zu Beginn des 21. Jh. ist die Schweiz dabei, ihre Politik der „Sicherheit durch Autonomie" abzuschwächen und durch eine Politik der „Sicherheit durch Kooperation" zu ersetzen. Mit ausschlaggebend für diesen Sinneswandel waren die Kämpfe auf dem Balkan, die weniger als eine Flugstunde von der Schweiz entfernt tobten.

Die Schweiz plant eine Kooperation in Sachen Militärtraining und Frieden unterstützender Operationen mit befreundeten Staaten und signalisierte mit ihrem UN-Beitritt im Jahr 2002 die Bereitschaft, in internationalen Sicherheitsorganisationen mitzuarbeiten.

**Mobil** Nach einer Volksabstimmung 2003 wird das Fahrradbataillon der Schweizer Armee bald der Vergangenheit angehören.

# LIECHTENSTEIN

**OFFIZIELLE BEZEICHNUNG**
Fürstentum Liechtenstein

**HAUPTSTADT**
Vaduz

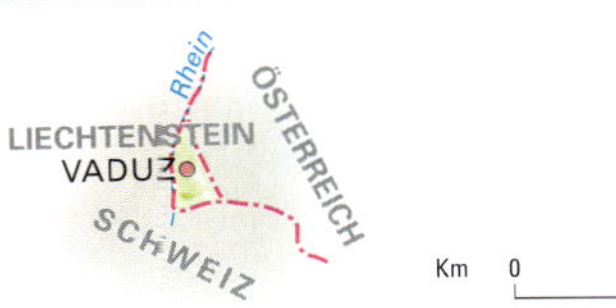

**Fläche** 160 km²
**Einwohner** 32 200
**Bevölkerungsdichte/km²** 200
**Bevölkerungswachstum/Jahr** 1 %
**Lebenserwartung** 75
**Sprachen** Deutsch, Alemannisch
**Alphabetisierung** 100 %
**Währung** Schweizer Franken (1 Franken = 100 Rappen)
**BSP (Mio. US-$)** k. Ang.
**BSP/Kopf (US-$)** über 9266

## Schlüsseldaten

**Bis 1719** Teil des Heiligen Römischen Reiches
**1719** Unabhängigkeit
**1815–66** Mitglied des Deutschen Bundes
**1924** Wirtschaftsunion mit der Schweiz
**1984** Frauenwahlrecht
**1990** UN-Beitritt
**1991** Beitritt zur Europäischen Freihandelszone (EFTA)

## SERBIEN UND MONTENEGRO

**OFFIZIELLE BEZEICHNUNG**
Serbien und Montenegro

**HAUPTSTADT**
Belgrad (Beograd)

**Fläche** 102 173 km²
**Einwohner** 10,616 Mio.
**Bevölkerungsdichte/km²** 104
**Bevölkerungswachstum/Jahr** –0,1 %
**Lebenserwartung** 72
**Sprachen** Serbisch, Albanisch, Ungarisch
**Alphabetisierung** 93 %
**Währung** Jug. Neuer Dinar (1 Dinar = 100 Para)
**BSP (Mio. US-$)** 10 028
**BSP/Kopf (US-$)** 940

### Schlüsseldaten

**1389** Osmanen-Reich
**1918** Serben, Kroaten und Slowenen vereint
**1929** Umbenennung in Jugoslawien
**1941–4** Besetzung durch Deutschland
**1943** Befreiung durch Tito
**1945** Kommunistische Herrschaft
**1980** Tod Titos
**1991** Slowenien und Kroatien unabhängig
**1992** Mazedonien und Bosnien-Herzegowina unabhängig
**1997–9** Kosovo-Krieg
**2000** Wahlen mit Sturz von Präsident Milosevic
**2003** Neuer Staat Serbien und Montenegro
**2003** Ermordung von Ministerpräsident Djindjic

## KROATIEN

**OFFIZIELLE BEZEICHNUNG**
Republik Kroatien

**HAUPTSTADT**
Zagreb

**Fläche** 56 542 km²
**Einwohner** 4,460 Mio.
**Bevölkerungsdichte/km²** 79
**Bevölkerungswachstum/Jahr** 0 %
**Lebenserwartung** 73
**Sprache** Kroatisch
**Alphabetisierung** 98,2 %
**Währung** Kuna (1 Kuna = 100 Lipa)
**BSP (Mio. US-$)** 20 240
**BSP/Kopf (US-$)** 4620

### Schlüsseldaten

**1102** Zu Ungarn
**1526–1699** Teilweise osmanische Herrschaft
**1918** Serben, Kroaten und Slowenen vereint
**1929** Jugoslawien
**1990** Nationalist Tudjman gewinnt Wahlen
**1991–2** Unabhängigkeit; Bürgerkrieg
**1992** Friedensabkommen; UN-Truppen
**1993–4** Neue Kämpfe
**1996** Beitritt zum Europarat
**1998** Letzte Serben-Enklave zurückerobert

## JUGOSLAWISCHES TEILUNGSDRAMA

Nachkriegs-Jugoslawien war in sechs Republiken gegliedert. Die Serben waren traditionell orthodox, Kroaten und Slowenen katholisch. Moslems lebten in Makedonien, Montenegro und Bosnien. Diese religiöse und ethnische Mischung führte in den 1990er-Jahren zum Balkankonflikt. 1991 erklärten sich Kroatien und Slowenien für unabhängig; dies hatte Krieg zwischen den jeweiligen Volksmilizen und dem von den Serben dominierten jugoslawischen Bundesheer zur Folge. 1992 erlebte Bosnien – zuvor für unabhängig erklärt – den Krieg; 2 Mio. Moslems wurden „ethnisch gesäubert". 1995 bombardierte die NATO serbische Stellungen in Bosnien. Durch das Abkommen von Dayton wurde der Konflikt gelöst, doch führten die Ansprüche Serbiens auf das Kosovo 1998 erneut zu Bombardierungen. 2000 schließlich wählten die Serben Milosevic ab.

**Ehemalige jugoslawische Republiken**

## SLOWENIEN

**OFFIZIELLE BEZEICHNUNG**
Republik Slowenien

**HAUPTSTADT**
Ljubljana

**Fläche** 20 253 km²
**Einwohner** 1,988 Mio.
**Bevölkerungsdichte/km²** 98
**Bevölkerungswachstum/Jahr** –0,1 %
**Lebenserwartung** 75
**Sprachen** Slowenisch, Serbisch, Kroatisch, Ungarisch, Italienisch
**Alphabetisierung** 99 %
**Währung** Tolar (1 Tolar = 100 Stotin)
**BSP (Mio. US-$)** 19 979
**BSP/Kopf (US-$)** 10 050

### Schlüsseldaten

**1278** Zu Habsburg
**1809–15** Französische Herrschaft
**1867** Teil von Österreich-Ungarn
**1918** Serbien, Kroatien und Slowenien vereint
**1929** Jugoslawien
**1990** Votum für die Unabhängigkeit
**1991** Unabhängigkeitserklärung; Kämpfe mit dem jugoslawischen Bundesheer enden mit einem Waffenstillstand
**1992** UN-Beitritt
**1996** Antrag auf EU-Mitgliedschaft

## BOSNIEN-HERZEGOWINA

**OFFIZIELLE BEZEICHNUNG**
Republik Bosnien-Herzegowina

**HAUPTSTADT**
Sarajewo

**Fläche** 51 129 km²
**Einwohner** 3,923 Mio.
**Bevölkerungsdichte/km²** 77
**Bevölkerungswachstum/Jahr** 1,1 %
**Lebenserwartung** 73
**Sprachen** Kroatisch, Serbisch
**Alphabetisierung** 93 %
**Währung** Dinar (1 Dinar = 100 Para)
**BSP (Mio. US-$)** 4899
**BSP/Kopf (US-$)** 1230

### Schlüsseldaten

**1463** Osmanische Herrschaft
**1878** Herrschaft Österreich-Ungarns
**1918** Serben, Kroaten und Slowenen vereint
**1929** Jugoslawien
**1992** Kroaten und Moslems votieren für Unabhängigkeit; Bürgerkrieg; Serben führen „ethnische Säuberung“ durch
**1995** NATO-Luftangriffe; Friedensabkommen mit Bildung zweier Teilrepubliken; Überwachung durch die NATO
**1996** Wiederaufnahme der Beziehungen zu Jugoslawien

## MAKEDONIEN

**OFFIZIELLE BEZEICHNUNG**
Republik Makedonien

**HAUPTSTADT**
Skopje

**Fläche** 25 713 km²
**Einwohner** 2,031 Mio.
**Bevölkerungsdichte/km²** 79
**Bevölkerungswachstum/Jahr** 0,3 %
**Lebenserwartung** 73
**Sprachen** Makedonisch, Albanisch, Serbisch, Türkisch
**Alphabetisierung** 94 %
**Währung** Makedonischer Denar (1 Denar = 100 Deni)
**BSP (Mio. US-$)** 3696
**BSP/Kopf (US-$)** 1820

### Schlüsseldaten

**1371** Osmanische Herrschaft
**1912–13** Balkankriege
**1918** Teil des Königreichs der Serben, Kroaten und Slowenen
**1929** Jugoslawien
**1991** Unabhängigkeitserklärung; Streit mit Griechenland schiebt Anerkennung hinaus
**1994** Streit mit Griechenland führt zum Handelsembargo
**1995** Neues Abkommen mit Griechenland; Aufhebung des Embargos
**2000** Konflikt mit der albanischen Bevölkerung

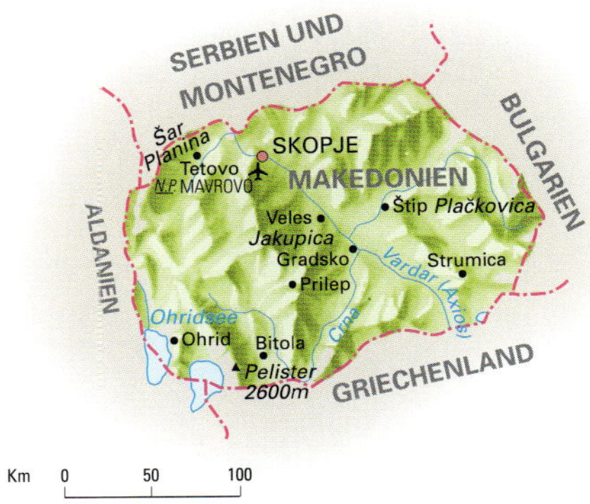

## GRIECHENLAND

**OFFIZIELLE BEZEICHNUNG**
Griechische Republik

**HAUPTSTADT**
Athen

**Fläche** 131 957 km²
**Einwohner** 10,560 Mio.
**Bevölkerungsdichte/km²** 80
**Bevölkerungswachstum/Jahr** 0 %
**Lebenserwartung** 78
**Sprache** Neugriechisch
**Alphabetisierung** 97,1 %
**Währung** Euro (1 Euro = 100 Cent)
**BSP (Mio. US-$)** 126 269
**BSP/Kopf (US-$)** 11 960

**Olympia** Das Heiligtum der Hera ist mit 2600 Jahren der älteste Tempel in Olympia, dem antiken Austragungsort der Olympischen Spiele. Alle 4 Jahre, vom 8. Jh. v. Chr. bis zum Ende des 4. Jh. n. Chr., wurden sie hier gefeiert.

## Schlüsseldaten

**5. Jh. v. Chr.** Goldenes Zeitalter des antiken Griechenland
**146 v. Chr.** Beginn der römischen Herrschaft
**1453** Eroberung durch das Osmanische Reich
**1829** Unabhängigkeit
**1912–13** Balkankriege; Sieg über die Türkei und Bulgarien
**1924** Republik
**1941–4** Deutsche Besatzung
**1946–9** Bürgerkrieg; Niederlage der rebellierenden Kommunisten
**1949** Monarchie
**1967** Militärputsch; Kriegsrecht
**1973** Republik
**1974** Aufhebung des Kriegsrechts; Zivilregierung und freie Wahlen
**1981** EU-Beitritt

## FAKTEN

**Zu Griechenland gehören etwa 2000 Inseln und fast 15 000 km Küstenlinie.**

# TÜRKEI

**OFFIZIELLE BEZEICHNUNG**
Republik Türkei

**HAUPTSTADT**
Ankara

**Fläche** 779 452 km²
**Einwohner** 65,311 Mio.
**Bevölkerungsdichte/km²** 84
**Bevölkerungswachstum/Jahr** 1,3 %
**Lebenserwartung** 70
**Sprachen** Türkisch, Kurdisch
**Alphabetisierung** 84,6 %

**Währung** Türkische Lira (1 Lira = 100 Kurus)
**BSP (Mio. US-$)** 202 131
**BSP/Kopf (US-$)** 3100

Km 0 200 400

## Schlüsseldaten

**1299** Geburt des Osmanischen Reiches
**1520–66** Blütezeit
**1683** Belagerung Wiens
**1912** 1. Balkankrieg gegen Griechenland
**1914–18** 1. Weltkrieg auf Seite der Deutschen
**1923** Atatürk ruft die türkische Republik aus
**1960–1** Militärregierung
**1974** Invasion des nördlichen Teils von Zypern
**1980** Militärputsch
**1983** Zivilregierung
**1984** Konflikt mit der kurdischen Minderheit
**1999** Kurdenführer Öcalan zum Tod verurteilt
**2001** Umfangreiche liberalere Verfassungsänderungen

# ZYPERN

**OFFIZIELLE BEZEICHNUNG**
Republik Zypern

**HAUPTSTADT**
Nikosia

**Fläche** 9251 km²
**Einwohner** 766 000
**Bevölkerungsdichte/km²** 83
**Bevölkerungswachstum/Jahr** 1,9 %
**Lebenserwartung** 78
**Sprachen** Griechisch, Türkisch, Englisch

**Alphabetisierung** 96,9 %
**Währung** Zypern-Pfund (1 Pfund = 100 Cent)
**BSP (Mio. US-$)** 9361
**BSP/Kopf (US-$)** 12 370

Km 0 40 80

## Schlüsseldaten

**1489** Zu Venedig
**1570** Osmanische Herrschaft
**1878** Zu Großbritannien
**1960** Unabhängigkeit
**1963** Kämpfe zwischen Griechen und Türken
**1964** UN-Friedenskräfte
**1974** Griechischer Militärputsch; Invasion der Türken in Nordzypern
**1983** Türken rufen Republik Nordzypern aus
**2002** Gespräche zur Aufhebung der Teilung
**2003** Nordzypern öffnet die Grenze zum Süden

## VORSICHTIGE ANNÄHERUNG DER ÄGÄISSTAATEN

Es war ein gewaltiges Erdbeben nötig, um nach Jahrhunderten der Feindschaft die Beziehungen zwischen der Türkei und Griechenland zu glätten. Als 1999 Athen wie auch Istanbul schwere Schäden erlitten, führte die gemeinsame Tragödie zu besseren Kontakten 2 Jahre zuvor war man übereingekommen, Konflikte friedlich zu lösen, und 2000 gab es entsprechende Abkommen. Die Entwicklung wurde von der NATO gutgeheißen, der beide Staaten angehören.

Die osmanischen Türken hatten das Byzantinische Reich im 14. und 15. Jh. überrannt und ab 1460 Griechenland beherrscht. Im späten 18. Jh. entstand ein griechisches Nationalbewusstsein und 1821 kam es zu einem Aufstand, den die Türken jedoch niederschlugen; sie töteten 25 000 Menschen und verkauften 45 000 in die Sklaverei. Engländer, Russen und Franzosen unterstützten den Widerstand Griechenlands, der 1829 schließlich in die Unabhängigkeit führte.

Im Kampf um strittige Grenzgebiete scheiterte Griechenland 1897 in einem Krieg gegen die Türke, konnte aber in den Balkankriegen 1912–13 Kreta und Teile Makedoniens erobern.

Im Ersten Weltkrieg schloss sich Griechenland den Alliierten an, während die Türkei auf deutscher Seite kämpfte. Griechenland konnte den Gewinn von Thrakien verbuchen. 1919 marschierten griechische Streitkräfte in das kleinasiatische Izmir ein, doch die Truppen Atatürks, des Begründers der modernen Türkei, vertrieben sie 1922.

Der letzte Konflikt zwischen den beiden Staaten entbrannte 1974 auf der von den Griechen dominierten türkisch-griechischen Insel Zypern, als türkische Soldaten den Nordteil besetzten. Die türkischen Zyprioten erklärten diesen Teil 1983 einseitig zur unabhängigen Republik.

Wenn das griechisch-türkische Tauwetter anhält, kann Zypern vielleicht auf Dauer zu innerer Stabilität finden.

## BULGARIEN

**OFFIZIELLE BEZEICHNUNG**
Republik Bulgarien

**HAUPTSTADT**
Sofia

**Fläche** 110 994 km²
**Einwohner** 8,167 Mio.
**Bevölkerungsdichte/km²** 74
**Bevölkerungswachstum/Jahr** –1 %
**Lebenserwartung** 72
**Sprachen** Bulgarisch, Türkisch
**Alphabetisierung** 98,3 %
**Währung** Lew (1 Lew = 100 Stótinki)
**BSP (Mio. US-$)** 12 391
**BSP/Kopf (US-$)** 1520

**Stammgäste und Neuzugänge** In der kommunistischen Ära war die Schwarzmeerküste Bulgariens beliebtes Ziel für Urlauber aus ganz Osteuropa. In den 1990er-Jahren wurde die Anziehungskraft mit Erfolg gesteigert. Heute ist Bulgarien für seine ausgezeichnete Tourismusindustrie bekannt.

### Schlüsseldaten

**1018–1186** Teil des Byzantinischen Reiches
**1396** Osmanen-Reich
**1908** Unabhängigkeit
**1912–13** Balkankriege
**1914–18** 1. Weltkrieg aufseiten Deutschlands
**1939–44** 2. Weltkrieg aufseiten Deutschlands
**1944** Sowjetische Besetzung
**1946** Abschaffung der Monarchie; kommunistische Regierung
**1948** Kommunistische Herrschaft
**1980er-Jahre** Türkische Minderheit unterdrückt (bis 1990)
**1990** Freie Wahlen
**1991** Neue Verfassung; Republik
**1995** Antrag auf EU-Mitgliedschaft

## MOLDAWIEN

**OFFIZIELLE BEZEICHNUNG**
Republik Moldau

**HAUPTSTADT**
Chisinau

**Fläche** 33 800 km²
**Einwohner** 4,264 Mio.
**Bevölkerungsdichte/km²** 126
**Bevölkerungswachstum/Jahr** –0,3 %
**Lebenserwartung** 68
**Sprachen** Moldawisch, Russisch
**Alphabetisierung** 98,7 %
**Währung** Moldau-Leu (1 Leu = 100 Bani)
**BSP (Mio. US-$)** 1428
**BSP/Kopf (US-$)** 400

### Schlüsseldaten

**16. Jh.** Türkische Herrschaft
**1812** Russische Herrschaft
**1918–40** Teil Rumäniens
**1940** Teil der UdSSR
**1990** Selbstverwaltung
**1991** Unabhängigkeit; Republik
**1992** UN-Beitritt
**1992–3** Ethnische Unruhen
**1994** Freie Wahlen
**2002** Massenproteste gegen Russifizierung

# RUMÄNIEN

**OFFIZIELLE BEZEICHNUNG**
Republik Rumänien

**HAUPTSTADT**
Bukarest

**Fläche** 238 391 km²
**Einwohner** 22,435 Mio.
**Bevölkerungsdichte/km²** 94
**Bevölkerungswachstum/Jahr** –0,3 %
**Lebenserwartung** 70
**Sprachen** Rumänisch, Ungarisch, Deutsch, Serbisch
**Alphabetisierung** 98 %
**Währung** Rumänischer Leu (1 Leu = 100 Bani)
**BSP (Mio. US-$)** 37 380
**BSP/Kopf (US-$)** 1670

## Schlüsseldaten

**15. Jh.** Osmanische Herrschaft
**1829** Russische Schutzherrschaft
**1861** Vereinigung Rumäniens
**1881** Unabhängigkeit
**1916** Kriegseintritt an der Seite der Entente
**1941–4** Verbündeter Deutschlands
**1944** Sowjet-Besetzung
**1989** Sturz von Präsident Ceauscescu
**1990** Freie Wahlen

# ALBANIEN

**OFFIZIELLE BEZEICHNUNG**
Republik Albanien

**HAUPTSTADT**
Tirana

**Fläche** 28 784 km²
**Einwohner** 3,411 Mio.
**Bevölkerungsdichte/km²** 119
**Bevölkerungswachstum/Jahr** 0,6 %
**Lebenserwartung** 74
**Sprache** Albanisch
**Alphabetisierung** 84 %
**Währung** Lek (1 Lek = 100 Quindarka)
**BSP (Mio. US-$)** 3833
**BSP/Kopf (US-$)** 1120

**FAKTEN**

**Albanien hat die höchste Kindersterblichkeitsrate Europas. 35 von 1000 Neugeborenen überleben den ersten Monat nicht.**

## Schlüsseldaten

**15. Jh.** Osmanische Herrschaft
**1912** Unabhängigkeit
**1914–20** Italienische Besetzung
**1925** Republik
**1928** Präsident Zogu ernennt sich zum König
**1939–44** Besetzung erst durch Italien, 1943 durch Deutschland
**1944** Kommunistische Volksrepublik
**1961** Abbruch der Beziehungen zur UdSSR
**1991** Freie Wahlen
**1992** Reformen
**1998** Demokratische Verfassung

## Albaniens lange Isolation

Während der Großteil Europas Ende des 20. Jh. rasche wirtschaftliche und soziale Fortschritte machte, schien die Entwicklung des kleinsten Balkanstaates stillzustehen: ein Vermächtnis des 45-jährigen stalinistischen Regimes. Heute ist Albanien mit schlechter Infrastruktur und politischer Instabilität eines der ärmsten Länder des Kontinents – trotz demokratischer Reformen.

Im Zweiten Weltkrieg war Albanien von den Italienern und später von den Deutschen besetzt. 1945 folgte die Unabhängigkeit unter dem ehemaligen Partisanenführer und Kommunisten Enver Hoxha. Sein repressiver Regierungskurs hatte in den Jahren 1945–85 200 000 Inhaftierungen und rund 5000 Exekutionen zur Folge. 1961 brach Hoxha die Brücken zur UdSSR ab, nachdem Sowjetführer Nikita Chruschtschow den Stalinismus beseitigt hatte. Er wandte sich stattdessen der Volksrepublik China zu, doch auch diese Beziehung wurde beendet, als China nach Mao Reformen einleitete.

Hoxha starb 1985. Sein Nachfolger Ramiz Alia lockerte Albaniens Isolation und nahm mit einer Reihe von Staaten diplomatische Beziehungen auf. Das Regime wurde liberaler und erlaubte 1990 Parteien; es dauerte aber noch 2 Jahre, bis die Kommunisten schließlich gestürzt wurden.

Wirtschaftsreformen trugen einige Früchte – 1993 gab es mehr als 50 000 Privatunternehmer –, doch Schwierigkeiten folgten auf dem Fuße. Nach dem Zusammenbruch eines spektakulären Anlagesystems gab es Unruhen; viele Albaner flohen nach Italien. Ein Jahr später kamen Tausende albanischstämmige Menschen aus dem Kosovo nach Albanien.

Albanien ist immer noch instabil. Aber die Jahrzehnte in der politischen Wüste sind Vergangenheit. Die Zukunft des Landes liegt in Europa, nicht abseits.

# RUSSLAND

**OFFIZIELLE BEZEICHNUNG**
Russische Föderation

**HAUPTSTADT**
Moskau

**Fläche** 17 075 400 km²
**Einwohner** 145,542 Mio.
**Bevölkerungsdichte/km²** 8,5
**Bevölkerungswachstum/Jahr** –0,6 %
**Lebenserwartung** 65
**Sprachen** Russisch, Nationalsprachen
**Alphabetisierung** 99 %
**Währung** Rubel (1 Rubel = 100 Kopeken)
**BSP (Mio. US-$)** 241 027
**BSP/Kopf (US-$)** 1660

**Mächtiges Reich**
Die ehemalige UdSSR bestand aus 15 Republiken mit einer Gesamtfläche von 22 402 194 km² und einer Bevölkerung von fast 300 Mio. Menschen im Jahr 1985.

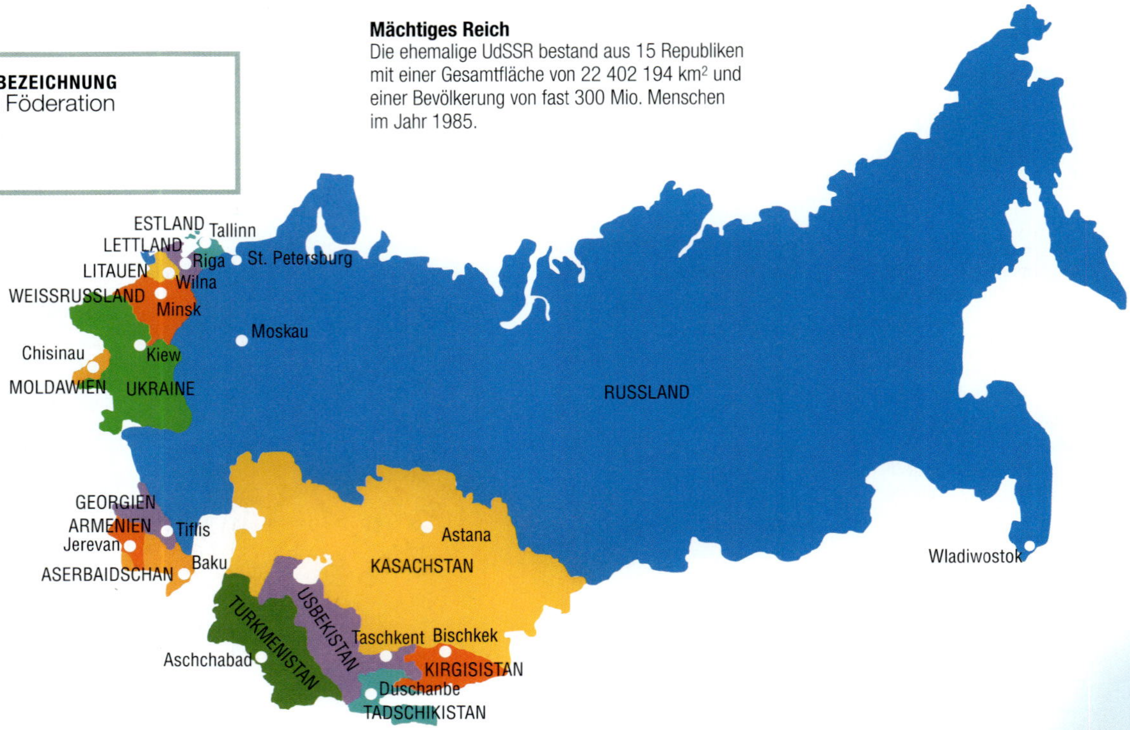

## Russlands große Umwälzungen

Zwischen 1945 und 1985 – die Blütezeit der UdSSR – hatte Russland großen Einfluss in der Welt. Moskau, das alte Herz der russischen Länder, war Hauptstadt des flächenmäßig größten Staates der Erde. Das mächtige Reich umfasste 15 Republiken – deren größte Russland mit der Hälfte aller Einwohner war – und verfügte über immense natürliche und industrielle Ressourcen.

Die Sowjetunion hatte drei Sitze in der UN, je einen für Weißrussland, die Ukraine und Russland mit den restlichen Republiken, ferner gewaltige militärische Kapazitäten. Das sowjetische Russland des 20. Jh. war mächtiger als jemals zuvor in seiner Geschichte und wurde von der ganzen Welt gefürchtet oder akzeptiert.

Doch der kommunistische Totalitarismus hatte das russische Reich in einen großen ideologischen Eisberg verwandelt – und ein langer Kalter Krieg mit dem Westen hatte fast seinen Konkurs herbeigeführt.

Michail Gorbatschow, 1985 zum Generalsekretär der Kommunistischen Partei gewählt, leitete mit seiner Politik von Perestroika (Umbau) und Glasnost (Offenheit) die Wende ein. Die Zugeständnisse, die er machte, ermutigten die sowjetischen Satellitenstaaten und Republiken, Unabhängigkeit zu fordern – erst die Staaten Osteuropas, dann die baltischen Länder, schließlich auch die 14 sowjetischen Republiken. In einigen Ecken des alten Reiches flammten regionale ethnische Kriege auf – der blutigste im kaukasischen Tschetschenien.

Mit dem Verlust der Republiken reduzierte sich Russlands Anteil an Europa auf weniger als zur Zeit Katharinas der Großen im 18. Jh. Mit der russischen Wirtschaft – plötzlich dem freien Markt ausgesetzt – ging es bergab und Russland wurde von westlicher Hilfe abhängig. Millionen einfacher Bürger waren verzweifelt und verbittert und sehnten sich nach den Sicherheiten der sowjetischen Vergangenheit.

Seit dem Zusammenbruch des kommunistischen Reiches in den 1990er-Jahren kämpft Russland mit Kriminalität und Korruption, aber auch mit wirtschaftlichen Problemen. Der Verlust von Land und Prestige war in einem kurzen Jahrzehnt erfolgt. Es wird wohl noch geraume Zeit dauern, bis sich Russland von diesem Trauma erholt hat.

**Zähe Kämpfer** Tschetschenische Rebellen (oben) kämpften in den 1990er-Jahren für die Unabhängigkeit. Sie leisteten gegen die weit überlegene russische Armee Widerstand – auch noch nach der völligen Zerstörung der Stadt Grozny.

**Marktwirtschaft** Der Zusammenbruch des Kommunismus in Russland zog viele staatliche Industrien und Geschäfte in Mitleidenschaft. Die Menschen mussten auf Privatmärkten handeln.

**FAKTEN**

**Die Transsibirische Eisenbahn – die längste weltweit – erstreckt sich von Moskau 9438 km ostwärts.**

## Schlüsseldaten

**9. Jh.** Kiewer Reich
**1240** Mongolensturm
**1480** Ende der Mongolenherrschaft
**1547** Iwan IV. wird erster Zar der Russen
**1904–5** Krieg gegen Japan; Niederlage
**1905** Revolution und Arbeiterräte; Einsetzung der Duma (Parlament)
**1914–17** 1. Weltkrieg; gegen Deutschland und Österreich
**1917** Februarrevolution; Abdankung von Zar Nikolaus II.; Oktoberrevolution und Machtergreifung der Bolschewiken
**1918–20** Kommunisten gewinnen Bürgerkrieg
**1922** Entstehung der UdSSR; Stalin ergreift die Macht
**1930er** Industrialisierung; kollektive Landwirtschaft; Säuberungsaktionen Stalins
**1939** Stalin und Hitler teilen Polen
**1941** Einmarsch der Deutschen
**1945** Kriegsende; Russen mit Landgewinn; UN-Gründungsmitglied
**1953** Tod Stalins; Chruschtschow wird Erster Parteisekretär
**1956** Ungarn-Einmarsch
**1962** Kubakrise; USA verhindern Raketen-Stationierung auf Kuba
**1964** Breschnew wird Erster Parteisekretär
**1968** Unterdrückung tschechischer Reformen
**1979–89** Besetzung Afghanistans
**1985** Gorbatschow Generalsekretär; Glasnost und Perestroika
**1989** Offene Wahlen
**1991** Zerfall der UdSSR; Russland unter Jelzin Mitglied der GUS
**1994–2000** Invasionen in Tschetschenien
**2000** Putin Präsident
**2001** Teilnahme am internationalen Kampf gegen den Terrorismus
**2002** Zusammenarbeit mit der NATO
**2003** Zusammen mit Deutschland und Frankreich Gegner des 2. Golfkriegs

## UKRAINE

**OFFIZIELLE BEZEICHNUNG**
Republik Ukraine

**HAUPTSTADT**
Kiew (Kyyiv, Kiyev)

**Fläche** 603 700 km²
**Einwohner** 49,6 Mio.
**Bevölkerungsdichte/km²** 82
**Bevölkerungswachstum/Jahr** –0,9%
**Lebenserwartung** 68
**Sprachen** Ukrainisch, Russisch
**Alphabetisierung** 99 %
**Währung** Griwna (1 Griwna = 100 Kopeken)
**BSP (Mio. US-$)** 34 565
**BSP/Kopf (US-$)** 700

### Schlüsseldaten

**9. Jh.** Gründung des Kiewer Reiches
**14. Jh.** Polnisch-litauische Herrschaft
**1667–1790er** Russland erlangt die Macht
**1918** Die Ukraine erklärt ihre Unabhängigkeit
**1920** Einmarsch der Russen
**1922** Gründungsmitglied der Sowjetunion
**1941–4** 2. Weltkrieg; Widerstand gegen Deutschland und die UdSSR
**1945** Gründungsmitglied der UN
**1954** Die Krim wird in die Ukraine eingegliedert
**1986** Reaktorkatastrophe in Tschernobyl
**1990** Erklärung der Souveränität
**1991** Unabhängigkeit; GUS-Mitglied
**1992** Streit über Krim-Autonomie
**1995** Übergabe nuklearer Sprengköpfe zur Vernichtung an Russland

### FAKTEN

Ukrainer behaupten, in der Welt existierten mehr Statuen des Nationaldichters Schevschenko als von anderen Personen.

## WEISSRUSSLAND (BELARUS)

**OFFIZIELLE BEZEICHNUNG**
Republik Weißrussland

**HAUPTSTADT**
Minsk

**Fläche** 207 595 km²
**Einwohner** 10,006 Mio.
**Bevölkerungsdichte/km²** 48
**Bevölkerungswachstum/Jahr** –0,4%
**Lebenserwartung** 68
**Sprachen** Weißrussisch, Russisch
**Alphabetisierung** 99 %
**Währung** Belarus-Rubel (1 Rubel = 100 Kopeken)
**BSP (Mio. US-$)** 28 735
**BSP/Kopf (US-$)** 2870

### Schlüsseldaten

**13. Jh.** Teil des Fürstentums Litauen
**1569** Teil Polens
**1772–95** Russische Herrschaft
**1918–19** Souveränität
**1919** Aufgeteilt unter Polen und Russland
**1922** Gründungsmitglied der Sowjetunion
**1939** Polnische Gebiete zurückgegliedert
**1941–4** 2. Weltkrieg; deutsche Besatzung
**1945** Gründungsmitglied der UN
**1990** Erklärung der Souveränität
**1991** Unabhängigkeit; GUS-Mitglied
**1996** Wirtschaftsunion mit Russland

### FAKTEN

Belarus ist der russische Name für Weißrussland. Er wurde mit der Unabhängigkeit aufgegeben.

## GEORGIEN

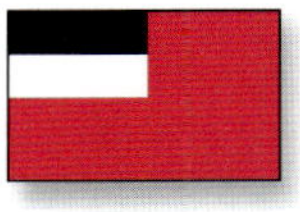

**OFFIZIELLE BEZEICHNUNG**
Republik Georgien

**HAUPTSTADT**
Tiflis (T'bilisi)

**Fläche** 69 700 km²
**Einwohner** 5,460 Mio.
**Bevölkerungsdichte/km²** 78
**Bevölkerungswachstum/Jahr** –0,5 %
**Lebenserwartung** 73
**Sprachen** Georgisch, Russisch
**Alphabetisierung** 99 %
**Währung** Lari (1 Lari = 100 Tetri)
**BSP (Mio. US-$)** 3183
**BSP/Kopf (US-$)** 630

**FAKTEN**
**Die Schwarzmeerküste soll das Land Kolchis sein, aus dem Jason in der Sage das Goldene Vlies stahl.**

### Schlüsseldaten

**Um 1800** Russische Herrschaft
**1918** Unabhängigkeit
**1922** Verschmelzung mit der UdSSR
**1936** Teilrepublik innerhalb der UdSSR
**1990** Freie Wahlen
**1991** Unabhängigkeit
**1990er** Ethnisch begründete Bürgerkriege
**1992** UN-Beitritt
**1993** Anschluss an GUS
**1994** Militärpakt mit Russland
**2001–2** Spannungen mit Russland wegen Tschetschenien

## ARMENIEN

**OFFIZIELLE BEZEICHNUNG**
Republik Armenien

**HAUPTSTADT**
Jerevan

**Fläche** 29 800 km²
**Einwohner** 3,327 Mio.
**Bevölkerungsdichte/km²** 128
**Bevölkerungswachstum/Jahr** 0,1%
**Lebenserwartung** 74
**Sprachen** Armenisch, Russisch, Kurdisch
**Alphabetisierung** 98 %
**Währung** Dram (1 Dram = 100 Luma)
**BSP (Mio. US-$)** 1991
**BSP/Kopf (US-$)** 520

**FAKTEN**
**Im 4. Jh. war Armenien weltweit das erste Land, in dem das Christentum Staatsreligion wurde.**

### Schlüsseldaten

**Um 100** Armenisches Reich
**1514** Osmanische Herrschaft
**1639** Perser marschieren in Ostarmenien ein
**1828** Russland annektiert Ostarmenien
**1918** Unabhängigkeit
**1920** Einmarsch der Russen; Anschluss an die UdSSR (1922)
**1936** Teilrepublik innerhalb der UdSSR
**1989–94** Kriege mit Aserbaidschan um die Enklave Nagornyy-Karabakh (Berg-Karabach)
**1991** Unabhängigkeit; GUS-Anschluss

## ASERBAIDSCHAN

**OFFIZIELLE BEZEICHNUNG**
Aserbaidschanische Republik

**HAUPTSTADT**
Baku (Baki)

**Fläche** 86 600 km²
**Einwohner** 8,052 Mio.
**Bevölkerungsdichte/km²** 93
**Bevölkerungswachstum/Jahr** –0,6%
**Lebenserwartung** 72
**Sprachen** Aserbaidschanisch (Azeri), Russisch
**Alphabetisierung** 97 %
**Währung** Manat (1 Manat = 100 Gepik)
**BSP (Mio. US-$)** 4851
**BSP/Kopf (US-$)** 600

### Schlüsseldaten

**16. Jh.–19. Jh.** Persische und osmanisch-türkische Herrschaft
**1813** Beginn der russischen Herrschaft
**1918** Unabhängigkeit
**1920** Einmarsch der Russen; Anschluss an die UdSSR (1922)
**1936** Teilrepublik innerhalb der UdSSR
**1989–94** Kriege mit Armenien um die Enklave Nagornyy-Karabakh (Berg-Karabach)
**1991** Unabhängigkeit; GUS-Anschluss
**1992** UN-Beitritt
**1994** Waffenstillstand in Berg-Karabach

# Syrien, Israel, Libanon und Jordanien

## SYRIEN

**OFFIZIELLE BEZEICHNUNG**
Arabische Republik Syrien

**HAUPTSTADT**
Damaskus (Dimashq)

**Fläche** 185 180 km²
**Einwohner** 16,110 Mio.
**Bevölkerungsdichte/km²** 87
**Bevölkerungswachstum/Jahr** 2,5 %
**Lebenserwartung** 70
**Sprachen** Arabisch, Kurdisch
**Alphabetisierung** 73,6 %

**Währung** Syrisches Pfund (1 Pfund = 100 Piaster)
**BSP (Mio. US-$)** 15 146
**BSP/Kopf (US-$)** 940

**FAKTEN**
**Damaskus ist eine der ältesten Städte der Welt. Es wurde vor rund 5000 Jahren gegründet.**

### Schlüsseldaten

**1516** Teil des Osmanischen Reiches
**1920** Französisches Mandatsgebiet
**1946** Unabhängigkeit nach französischer und britischer Kontrolle im 2. Weltkrieg
**1958–61** Vereinigte Arabische Republik mit Ägypten
**1967** 6-Tage-Krieg; Verlust der Golan-Höhen an Israel
**1970** Militärputsch durch General Assad
**1973** Jom-Kippur-Krieg gegen Israel
**2000** Tod von Präsident Assad; sein Sohn übernimmt das Amt

## ISRAEL

**OFFIZIELLE BEZEICHNUNG**
Staat Israel

**HAUPTSTADT**
Jerusalem

**Fläche** 20 991 km²
**Einwohner** 6,233 Mio.
**Bevölkerungsdichte/km²** 297
**Bevölkerungswachstum/Jahr** 2 %
**Lebenserwartung** 78
**Sprachen** Hebräisch, Arabisch
**Alphabetisierung** 95,8 %

**Währung** Neuer Schekel (1 Schekel = 100 Agorot)
**BSP (Mio. US-$)** 104 128
**BSP/Kopf (US-$)** 16 710

**Stürmische Grenze** Windgeneratoren – errichtet von einem jüdischen Siedler – thronen über den verlassenen israelischen Schützengräben auf den Golan-Höhen. Einige hundert Meter weiter unten bewachen UN-Truppen einen Grenzübergang zwischen Israel und Syrien.

### Schlüsseldaten

**1517** Teil des Osmanischen Reiches
**1920** Briten erhalten Mandat über Palästina
**1948** Juden rufen unabhängigen Staat aus; Arabisch-Israelischer Krieg; Sieg Israels
**1949** UN-Mitglied
**1956** Suez-Krieg; kurze Besetzung des Sinai
**1967** 6-Tage-Krieg; Israel besetzt den Gazastreifen, Sinai und andere Gebiete
**1973** Jom-Kippur-Krieg; Angriff durch Ägypten und Syrien schlägt fehl
**1979** Friedensabkommen mit Ägypten
**1982** Sinai-Rückzug
**1987** Araber-Aufstand in Gaza und West Bank
**1993** Oslo-Abkommen; Anerkennung Israels; geringe palästinensische Selbstverwaltung
**1994** Friedensvertrag mit Jordanien; palästinensische Selbstverwaltung im Gazastreifen und in Jericho
**2000** Neue Intifada
**2001–3** Selbstmordattentate der Palästinenser in Israel; Militäroffensiven gegen Palästinenser; Liquidierung von Terroristenführern
**2003** Abbas palästinensischer Ministerpräsident

## KONFLIKT IM HEILIGEN LAND

Der Konflikt zwischen Israelis und Palästinensern ist einer der hartnäckigsten in der heutigen Welt. Beide Seiten erheben Anspruch auf den größten Teil des israelischen Territoriums und fordern die Hoheit über Jerusalem, wo sich ihre heiligsten Stätten befinden.

Der Konflikt begann 1947 mit der UN-Entscheidung, Palästina in einen jüdischen und einen arabischen Staat aufzuteilen. Das Gebiet war seit 1920 unter englischem Mandat gewesen und Hunderttausende von Juden waren dorthin ausgewandert. England hatte 1917 für die Juden ein „nationales Zuhause“ in Palästina gefordert.

Am 14. Mai 1948 rief der Nationalrat der Juden einen unabhängigen Staat aus. Arabische Truppen marschierten ein; der erste von zahlreichen Kriegen war die Folge. 1964 wurde die Palästinensische Befreiungsorganisation (PLO) gegründet. Sie sollte die Unabhängigkeit der arabischen Palästinenser wiederherstellen. Ihr Anführer wurde 1969 Jassir Arafat. Nach Unruhen im von Israel besetzten Gazastreifen und der West Bank rief die PLO 1987 einen unabhängigen Palästinenserstaat aus. 2 Jahre später kam es zum Palästinenseraufstand – der „Intifada“. In Oslo unterzeichneten Israelis und PLO 1993 ein Abkommen, das beider Existenzberechtigung bekräftigte und einen schrittweisen Rückzug der Israelis aus den besetzten Gebieten und eine eingeschränkte palästinensische Autonomie vereinbarte. Doch den Konflikt beendete dies nicht, er wurde ins 21. Jh. getragen.

## LIBANON

**OFFIZIELLE BEZEICHNUNG**
Republik Libanon

**HAUPTSTADT**
Beirut (Beyrouth)

**Fläche** 10 452 km²
**Einwohner** 4,328 Mio.
**Bevölkerungsdichte/km²** 414
**Bevölkerungswachstum/Jahr** 1,6%
**Lebenserwartung** 70
**Sprachen** Arabisch, Französisch
**Alphabetisierung** 85,6 %
**Währung** Libanesisches Pfund (1 Pfund = 100 Piaster)
**BSP (Mio. US-$)** 17 355
**BSP/Kopf (US-$)** 4010

### Schlüsseldaten

**1516** Osmanische Herrschaft
**1920** Französisches Mandatsgebiet
**1943** Unabhängigkeit
**1975–6** Bürgerkrieg
**1976** Besetzung durch Syrien
**1978** Angriff Israels auf PLO-Lager; UN-Friedenssicherung
**1982** Israel marschiert erneut in den Süden ein
**2000** Rückzug Israels
**2002** Hisbollah-Angriffe auf Israel; israelische Vergeltungsschläge

## JORDANIEN

**OFFIZIELLE BEZEICHNUNG**
Haschemitisches Königreich Jordanien

**HAUPTSTADT**
Amman

**Fläche** 89 342 km²
**Einwohner** 4,387 Mio.
**Bevölkerungsdichte/km²** 55
**Bevölkerungswachstum/Jahr** 2,8 %
**Lebenserwartung** 72
**Sprachen** Arabisch, Englisch
**Alphabetisierung** 89,2 %
**Währung** Jordan-Dinar (1 Dinar = 1000 Fils)
**BSP (Mio. US-$)** 8360
**BSP/Kopf (US-$)** 1710

### Schlüsseldaten

**1517** Osmanische Herrschaft
**1921** Teilweise Autonomie unter britischer Herrschaft
**1946** Unabhängigkeit
**1948** Krieg mit Israel; Eroberung der West Bank und Ostjerusalems
**1967** 6-Tage-Krieg; Verlust der West Bank und Ostjerusalems
**1988** Die West Bank fällt in die Verantwortlichkeit der PLO
**1994** Friedensabkommen mit Israel

# Irak, Kuwait und Saudi-Arabien

## IRAK

**OFFIZIELLE BEZEICHNUNG**
Republik Irak

**HAUPTSTADT**
Bagdad (Baghdad)

**Fläche** 438 317 km²
**Einwohner** 23,624 Mio.
**Bevölkerungsdichte/km²** 53
**Bevölkerungswachstum/Jahr** 2,7 %
**Lebenserwartung** 61
**Sprachen** Arabisch, Kurdisch, Türkisch, Kaukasisch, Persisch
**Alphabetisierung** 58 %
**Währung** Irak-Dinar (1 Dinar = 1000 Fils)
**BSP (Mio. US-$)** k. Ang.
**BSP/Kopf (US-$)** unter 2995

**FAKTEN**
**Viele alte Zivilisationen haben ihre Wurzeln im heutigen Irak, darunter Assyrer, Sumerer und Babylonier.**

### Schlüsseldaten

**539 v. Chr.** Persische Herrschaft
**637 n. Chr.** Eroberung durch die Araber
**1534** Osmanische Herrschaft
**1920** Britisches Mandat
**1932** Unabhängigkeit
**1958** Sturz der Monarchie; Republik
**1958–75** Aufstände der Kurden
**1979** Saddam Hussein wird Präsident
**1980–8** Krieg gegen Iran
**1988** Einsatz von Giftgas gegen die Kurden
**1990** Invasion Kuwaits
**1991** 1. Golfkrieg; Sieg der US-geführten Koalition; UN-Sanktionen; Angriffe auf die Kurden
**1992** Flugverbotszonen zum Schutz der Kurden und Schiiten
**1997** Streit mit UN über Waffeninspektionen
**1998** Luftangriffe der Alliierten zur Durchsetzung der UN-Sanktionen
**2003** 2. Golfkrieg; USA und Großbritannien besetzen das Land

## KUWAIT

**OFFIZIELLE BEZEICHNUNG**
Staat Kuwait

**HAUPTSTADT**
Kuwait

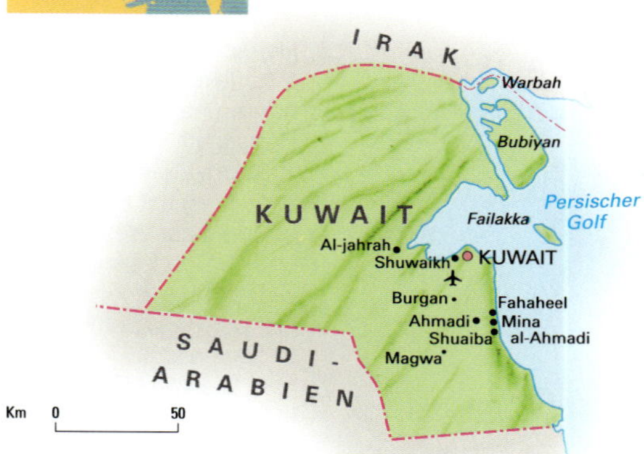


**Fläche** 17 818 km²
**Einwohner** 1,984 Mio.
**Bevölkerungsdichte/km²** 111
**Bevölkerungswachstum/Jahr** 2,6 %
**Lebenserwartung** 77
**Sprachen** Arabisch, Englisch
**Alphabetisierung** 81,9 %
**Währung** Kuwait-Dinar (1 Dinar = 1000 Fils)

**BSP (Mio. US-$)** 35 771
**BSP/Kopf (US-$)** 18 030

**Kriegserbe** Der Golfkrieg 1991 ließ zerstörtes Kriegsgerät wie diesen irakischen Panzer in Kuwait zurück. Rund 600 Ölquellen wurden von den irakischen Truppen in Brand gesetzt, aber von Spezialisten gelöscht.

### Schlüsseldaten

**1710** Arabische Siedler
**1899** Selbstverwaltung; britisches Protektorat
**1934** Ölvorkommen entdeckt
**1961** Unabhängigkeit
**1973–4** Ölembargo gegen Länder, die Israel im Krieg unterstützen
**1976–81; 1986** Nationalversammlung des Landes suspendiert
**1980er** Unterstützung Iraks im Krieg gegen den Iran
**1981** Gründungsmitglied Golf-Kooperationsrat
**1990** Einmarsch Iraks; Regierung im Exil in Saudi-Arabien
**1991** 1. Golfkrieg: US-geführte Koalition treibt irakische Streitkräfte aus dem Land
**1992** Nationalversammlung wieder einberufen
**2001** Grenzgefechte mit dem Irak

# SAUDI-ARABIEN

**OFFIZIELLE BEZEICHNUNG**
Königreich Saudi-Arabien

**HAUPTSTADT**
Riad (Riyadh)

**Fläche** 2 240 000 km²
**Einwohner** 20,723 Mio.
**Bevölkerungsdichte/km²** 9,3
**Bevölkerungswachstum/Jahr** 3,1 %
**Lebenserwartung** 73

**Sprachen** Arabisch, Englisch
**Alphabetisierung** 76,1 %
**Währung** Saudi-Riyal (1 Riyal = 100 Hallalas)
**BSP (Mio. US-$)** 149 932
**BSP/Kopf (US-$)** 7230

## Schlüsseldaten

**1906–32** Ibn Saud vereinigt Saudi-Arabien zum Königreich
**1933** Ölvorkommen entdeckt
**1945** Gründungsmitglied der Arabischen Liga
**1948** Krieg gegen Israel
**1973–4** Ölembargo gegen Länder, die Israel unterstützen
**1975** König Faisal II. wird ermordet
**1981** Gründungsmitglied Golf-Kooperationsrat
**1987** Abbruch der Beziehungen zum Iran
**1991** Unterstützung der US-geführten Koalition im 1. Golfkrieg
**1992** Berufung eines Konsultativrats
**2001** Beteiligung an der internationalen Anti-Terror-Koalition

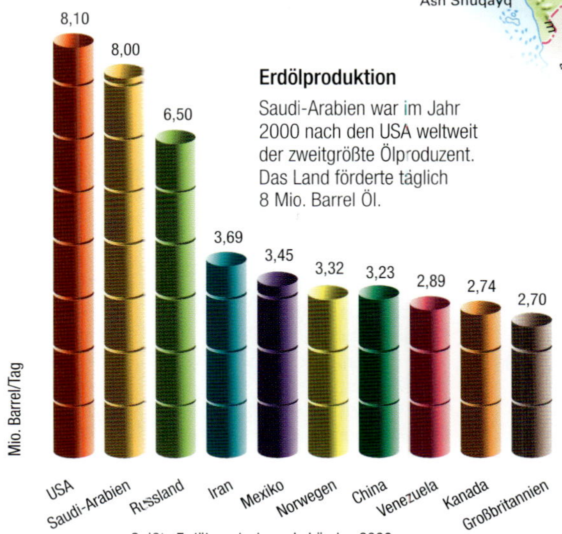


Größte Erdöl produzierende Länder, 2000

**Erdölproduktion**
Saudi-Arabien war im Jahr 2000 nach den USA weltweit der zweitgrößte Ölproduzent. Das Land förderte täglich 8 Mio. Barrel Öl.

**FAKTEN**
**In Saudi-Arabien gibt es rund 300 000 Chauffeure. Frauen ist es nicht gestattet, Auto zu fahren.**

## DIE POLITISCHE MACHT DES ÖLS

Im 20. Jh. wurde Öl nicht nur zur Quelle für Konflikte, sondern auch zur Waffe. Mit seinen großen Ölreserven entwickelte sich der Mittlere Osten zum Brennpunkt globaler wirtschaftlicher und militärischer Interessen.

Das erste Öl des Mittleren Ostens wurde 1908 in Persien (Iran) gefunden, 1927 stieß man im Irak auf den Rohstoff. In den 1930er-Jahren folgten Bahrain, Kuwait, Saudi-Arabien und Katar. Alle diese Staaten begnügten sich anfangs damit, am Profit der westlichen Ölfördergesellschaften beteiligt zu sein. Doch bald schon erkannten sie das Potenzial ihres Besitzes; Iran verstaatlichte die Ölindustrie 1951, Irak 1972. Saudi-Arabien und seine Nachbarn entwickelten sich zu einflussreichen Nationen und machten ihr Öl nicht nur zu Geld, sondern verwandelten es auch in Macht.

Das zeigte sich deutlich in den 5 Monaten um den Jahreswechsel 1973/74, als die Organisation Erdöl exportierender Länder (OPEC) eine Krise im Westen heraufbeschwor, indem sie die Exporte in westliche Länder, die Israel im Jom-Kippur-Krieg unterstützten, aussetzte. Einmal mehr wurde die strategische Bedeutung des Rohstoffs sichtbar, als der Irak 1990 in Kuwait einfiel – eine rasche militärische Antwort des Westens war die Antwort. Das folgende internationale Embargo des irakischen Öls zeigte indes, dass Öl auch umgekehrt als Waffe eingesetzt werden kann.

Der Mittlere Osten besitzt allerdings kein Monopol auf das Öl. Nach der OPEC-Krise beschleunigten die westlichen Industrienationen die Ölsuche in ihren eigenen Ländern. Großbritannien begann 1976 mit Bohrungen in der Nordsee. Die USA entdeckten umfangreiche Reserven in Alaska und verstärkten die Ausbeutung küstennaher Quellen im Golf von Mexiko.

Der Wunsch nach Unabhängigkeit und die Auswirkungen des Ölverbrauchs auf die Umwelt führten dazu, dass der Erforschung alternativer Energiequellen hohe Bedeutung eingeräumt wird. Der Anstieg des Ölpreises im Jahr 2000 – Folge einer Reduzierung der Ölförderung – zeigte aber erneut, wie mächtig die Waffe Öl ist.

## BAHRAIN

**OFFIZIELLE BEZEICHNUNG**
Königreich Bahrain

**HAUPTSTADT**
Manama (Al Manamah)

**Fläche** 710,9 km²
**Einwohner** 690 000
**Bevölkerungsdichte/km²** 971
**Bevölkerungswachstum/Jahr** 2,3 %
**Lebenserwartung** 73
**Sprachen** Arabisch, Englisch
**Alphabetisierung** 87 %
**Währung** Bahrain-Dinar (1 Dinar = 1000 Fils)
**BSP (Mio. US-$)** 6247 (1999)
**BSP/Kopf (US-$)** unter 9266

### Schlüsseldaten

**17. Jh.** Persische Herrschaft
**1782** Al-Khalifah-Sippe
**1861** Britisches Protektorat
**1931** Entdeckung von Ölvorkommen
**1971** Unabhängigkeit
**1973** Wahl der Nationalversammlung
**1975** Auflösung des Parlaments
**1981** Gründungsmitglied Golf-Kooperationsrat
**1991** 1. Golfkrieg aufseiten der US-Koalition
**1999** Demokratisierung; Oppositionelle werden begnadigt
**2002** Verfassungsreform

## KATAR

**OFFIZIELLE BEZEICHNUNG**
Katar Staat

**HAUPTSTADT**
Doha

**Fläche** 11 437 km²
**Einwohner** 585 000
**Bevölkerungsdichte/km²** 51
**Bevölkerungswachstum/Jahr** 1,6 %
**Lebenserwartung** 75
**Sprachen** Arabisch, Englisch
**Alphabetisierung** 79 %
**Währung** Katar-Riyal (1 Riyal = 100 Dirham)
**BSP (Mio. US-$)** k. Ang.
**BSP/Kopf (US-$)** über 9266

### Schlüsseldaten

**1872** Osmanische Herrschaft
**1916** Britisches Protektorat
**1939** Entdeckung von Ölvorkommen
**1971** Unabhängigkeit
**1972** Putsch; Scheich Khalifa setzt Cousin Scheich Ahmed ab
**1970er** Verstaatlichung der Ölindustrie
**1981** Gründungsmitglied Golf-Kooperationsrat
**1991** Im 1. Golfkrieg gegen den Irak aufseiten der US-Koalition; stellt Flugbasis zur Verfügung

## VEREINIGTE ARABISCHE EMIRATE

**OFFIZIELLE BEZEICHNUNG**
Vereinigte Arabische Emirate

**HAUPTSTADT**
Abu Dhabi (Abu Zabi)

**Fläche** 77 700 km²
**Einwohner** 2,905 Mio.
**Bevölkerungsdichte/km²** 37
**Bevölkerungswachstum/Jahr** 1,7 %
**Lebenserwartung** 75
**Sprachen** Arabisch, Englisch
**Alphabetisierung** 75,1 %
**Währung** Dirham (1 Dirham = 100 Fils)
**BSP (Mio. US-$)** 48 673 (1998)
**BSP/Kopf (US-$)** über 9266

### Schlüsseldaten

**7. Jh.** Islamisch-arabische Herrschaft
**1820** Britisches Protektorat
**1958** Entdeckung von Ölvorkommen
**1971** Unabhängigkeit; 6 Emirate, darunter Abu Dhabi und Dubai, gründen den Bundesstaat „Vereinigte Arabische Emirate“
**1972** Ras al Khaymah schließt sich an
**1981** Gründungsmitglied Golf-Kooperationsrat
**1991** Im 1. Golfkrieg gegen den Irak aufseiten der US-Koalition

# OMAN

**OFFIZIELLE BEZEICHNUNG**
Sultanat Oman

**HAUPTSTADT**
Maskat (Muscat)

**Fläche** 309 500 km²
**Einwohner** 2,395 Mio.
**Bevölkerungsdichte/km²** 7,7
**Bevölkerungswachstum/Jahr** 3,3 %
**Lebenserwartung** 74
**Sprachen** Arabisch, Englisch
**Alphabetisierung** 70,3 %
**Währung** Rial-Omani (1 Rial = 1000 Baizas)
**BSP (Mio. US-$)** 10 578 (1995)
**BSP/Kopf (US-$)** unter 9266

## Schlüsseldaten

**7. Jh.** Islam
**1507–1650** Herrschaft der Portugiesen
**17. Jh.** See- und Karawanenhandel mit Afrika, Indien und Persien
**1957** Großbritannien schlägt Religionsrevolte nieder
**1970** Modernisierung; Name Oman (statt Maskat-Oman)
**1981** Gründungsmitglied Golf-Kooperationsrat
**1991** Im 1. Golfkrieg gegen Irak aufseiten der US-Koalition; Berufung eines Konsultativrats
**1992** Beendigung eines Grenzstreits mit Jemen

# JEMEN

**OFFIZIELLE BEZEICHNUNG**
Republik Jemen

**HAUPTSTADT**
Sana (San'a)

**Fläche** 536 869 km²
**Einwohner** 17,507 Mio.
**Bevölkerungsdichte/km²** 33
**Bevölkerungswachstum/Jahr** 4,1 %
**Lebenserwartung** 56
**Sprache** Arabisch
**Alphabetisierung** 45,2 %
**Währung** Jemen-Rial (1 Rial = 100 Fils)
**BSP (Mio. US-$)** 6554
**BSP/Kopf (US-$)** 370

## Schlüsseldaten

**1839** Großbritannien besetzt Aden
**1918** Der Nordjemen wird unabhängig
**1968** Aden und der Südjemen unabhängig
**1971–2** Krieg zwischen Nord- und Südjemen
**1978–9** Erneuter Krieg
**1990** Union von Nord- und Südjemen
**1994** Abspaltung des Südens unterdrückt
**2001** Kampf gegen den Terrorismus

**Wüstenmetropole**
Sana – Hauptstadt des vereinigten Jemen – erlangte im Mittelalter als Handelsposten auf der Route über die Arabische Halbinsel bis zum Hafen von Aden große Bedeutung.

# Iran, Pakistan und Afghanistan

## IRAN

**OFFIZIELLE BEZEICHNUNG**
Islamische Republik Iran

**HAUPTSTADT**
Teheran (Tehran)

**Fläche** 1 648 000 km²
**Einwohner** 64,015 Mio.
**Bevölkerungsdichte/km²** 39
**Bevölkerungswachstum/Jahr** 1,4 %
**Lebenserwartung** 69
**Sprachen** Persisch, Kurdisch, Turksprachen
**Alphabetisierung** 75,7 %
**Währung** Iran-Rial (1 Rial = 100 Dinars)
**BSP (Mio. US-$)** 106 707
**BSP/Kopf (US-$)** 1680

### Schlüsseldaten

**Um 550 v. Chr.** Persisches Reich
**7. Jh. n. Chr.** Eroberung durch die Araber
**1256** Mongoleninvasion
**1501** Herrschaft der Safawiden
**1826** Russische Invasion
**1906** 1. Verfassung
**1908** Öl entdeckt
**1925** Reza Pahlewi wird Schah
**1935** Persien erhält den Namen „Iran"
**1941–5** Britische und sowjetische Besatzung
**1951** Verstaatlichung der Ölindustrie
**1953** Iran-Öl-Boykott
**1961** „Weiße Revolution"; Modernisierung
**1979** Schah flüchtet; Ayatollah Khomeni; islamische Republik
**1980** Angriff des Iraks; Krieg (bis 1988)
**1989** Tod Khomenis
**1991** Kurdische Flüchtlinge aus dem Irak kommen ins Land
**1997** Khatami wird Präsident
**2003** Unruhen

### Kurden und (kein) Kurdistan

Die 20 Mio. Kurden, die sich als Nachfahren Noahs betrachten, bilden weltweit die größte ethnische Gruppe ohne eigenen Staat. Die meisten haben das traditionelle Leben als herumziehende Nomaden aufgegeben und sind als Bauern sesshaft geworden. Ihrer 3000 Jahre alten Kultur und Sprache hängen sie jedoch nach wie vor an. Obwohl Kurdistan als Staat niemals existiert hat, haben die Kurden in der Geschichte des westlichen Asien seit dem 7. Jh. eine wichtige Rolle gespielt.

Die Alliierten schlugen nach dem Ersten Weltkrieg einen eigenen kurdischen Staat vor, doch die Türkei weigerte sich, Territorium abzugeben. 1946 entstand auf iranischem Gebiet die kurdische Republik Mahabad, wurde aber vom Schah wieder beseitigt. Eine terroristische Kampagne der türkischen Kurden gegen die Regierung in Ankara begann in den 1980er-Jahren und dauerte bis Ende der 90er-Jahre. 1988 wurden die irakischen Kurden Opfer Saddam Husseins. Nach dem Golfkrieg 1991 griffen irakische Truppen erneut kurdische Zentren an. Etwa 1,4 Mio. Kurden flüchteten in die Türkei und den Iran. Die UN richteten im Norden Iraks eine Sicherheitszone ein, in der sich die kurdische Kultur entfalten konnte. Doch noch immer sind die Kurden ein Volk ohne eigenen Staat.

**Nirgends zu Hause** Kurden, die vor der irakischen Armee geflohen waren, versammelten sich 1996 im Flüchtlingscamp Siranbar (links) im Iran. Die UN-Sicherheitszone konnte den Menschen jedoch keinen dauerhaften Schutz bieten.

**„Geistige Heimat"** Die Fläche, die die Kurden als Staatsgebiet beanspruchen (oben), hat Anteil an 6 verschiedenen Ländern. Trotz weit verbreiteter internationaler Unterstützung ist keiner der Staaten bereit, Land abzugeben.

# PAKISTAN

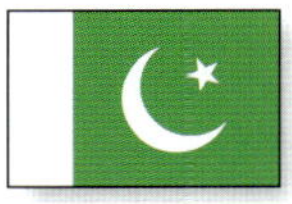

**OFFIZIELLE BEZEICHNUNG**
Islamische Republik Pakistan

**HAUPTSTADT**
Islamabad

**Fläche** 796 095 km²
**Einwohner** 138,080 Mio.
**Bevölkerungsdichte/km²** 173
**Bevölkerungswachstum/Jahr** 2,5 %
**Lebenserwartung** 63
**Sprachen** Urdu, Punjabi, Paschtu, Sindhi, Saraiki, Englisch
**Alphabetisierung** 45 %
**Währung** Pakistanische Rupie (1 Rupie = 100 Paisa)
**BSP (Mio. US-$)** 61 022
**BSP/Kopf (US-$)** 440

## Schlüsseldaten

**18.–19. Jh.** Teil Britisch-Indiens
**1947** Durch Teilung Indiens entsteht muslimisches Pakistan
**1948** Kaschmir-Krieg mit Indien
**1956** Republik
**1958** Militärputsch
**1965** Kaschmir-Krieg
**1970** Allgemeine Wahlen
**1971** Ostpakistan erklärt sich als Bangladesch unabhängig
**1977** Militärputsch
**1985** Zivilregierung
**1988** Benazir Buttho führt als erste Frau ein islamisches Land
**1998** Atomwaffentests
**1999** Militärregierung unter Pervez Musharraf
**2001** Verbündeter der USA im Anti-Terror-Krieg

# AFGHANISTAN

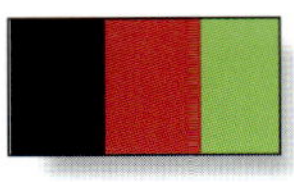

**OFFIZIELLE BEZEICHNUNG**
Islamischer Staat Afghanistan

**HAUPTSTADT**
Kabul

**Fläche** 652 225 km²
**Einwohner** 26,550 Mio.
**Bevölkerungsdichte/km²** 41
**Bevölkerungswachstum/Jahr** 3,7 %
**Lebenserwartung** 43
**Sprachen** Paschtu, Dari und andere Regionalsprachen
**Alphabetisierung** 36 %
**Währung** Afghani (1 Afghani = 100 Puls)
**BSP (Mio. US-$)** k. Ang.
**BSP/Kopf (US-$)** unter 755

## FAKTEN

**Afghanistan hat durch die Auswirkung von Landminen mit 17 % weltweit den höchsten Prozentsatz an Invaliden.**

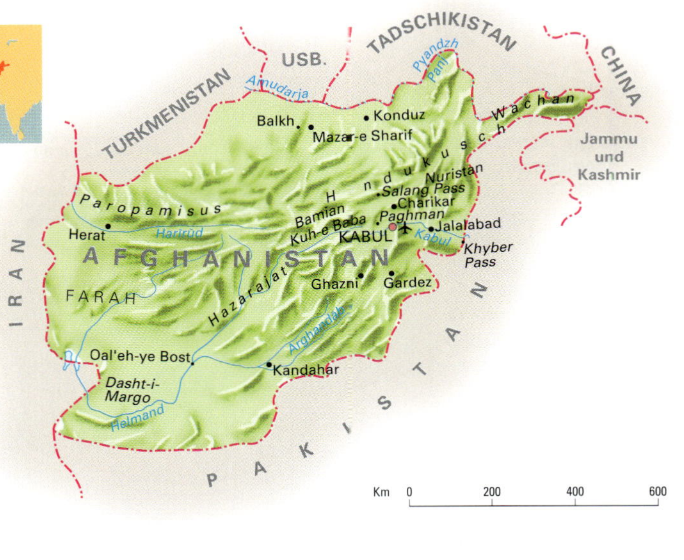


## Schlüsseldaten

**1880** Britisches Protektorat
**1919** Unabhängigkeit
**1973** Militärputsch; Entmachtung des Königs
**1978–9** Kommunisten; Widerstand; sowjetische Invasion (bis 1989)
**1992** Rebellenherrschaft
**1996** Herrschaft der radikalislamischen Taliban
**2001** Sturz des Taliban-Regimes nach Angriffen unter US-Führung
**2002** Hamid Karsai übernimmt Regierung

## KASACHSTAN

**OFFIZIELLE BEZEICHNUNG**
Republik Kasachstan

**HAUPTSTADT**
Astana (Akmola)

**Fläche** 2 717 300 km²
**Einwohner** 14,865 Mio.
**Bevölkerungsdichte/km²** 5,5
**Bevölkerungswachstum/Jahr** –0,4 %
**Lebenserwartung** 65
**Sprachen** Kasachisch, Russisch
**Alphabetisierung** 99 %
**Währung** Tenge (1 Tenge = 100 Tiin)
**BSP (Mio. US-$)** 18 773
**BSP/Kopf (US-$)** 1260

### FAKTEN

**Dennis Tito – erster Tourist im Weltraum – startete 2001 vom Weltraumbahnhof Baikonur.**

### Schlüsseldaten

**13. Jh.** Herrschaft der Mongolen
**1731** Russisches Protektorat
**1920** Autonome kommunistische Republik
**1936** Sowjetrepublik
**1954–64** Neulandkampagne; Kultivierung der Steppe
**1991** Unabhängigkeit; Anschluss an die Gemeinschaft Unabhängiger Staaten (GUS); Präsidialrepublik
**1992** UN-Beitritt
**1994** Freie Wahlen
**1997** Neue Hauptstadt Akmola
**1998** Umbennung von Akmola in Astana

## KIRGISISTAN

**OFFIZIELLE BEZEICHNUNG**
Kirgisische Republik

**HAUPTSTADT**
Bischkek

**Fläche** 199 900 km²
**Einwohner** 4,933 Mio.
**Bevölkerungsdichte/km²** 25
**Bevölkerungswachstum/Jahr** 1,2 %
**Lebenserwartung** 67
**Sprachen** Kirgisisch, Russisch
**Alphabetisierung** 97 %
**Währung** Kirgisistan-Som (1 Som = 100 Tyin)
**BSP (Mio. US-$)** 1345
**BSP/Kopf (US-$)** 270

### Schlüsseldaten

**13. Jh.** Herrschaft der Mongolen
**17. Jh.** Islam
**1758** Chinesische Herrschaft
**1864** Russische Herrschaft
**1922** Verschmelzung mit der UdSSR
**1936** Unabhängige Teilrepublik der UdSSR
**1990–5** Konflikt mit Usbekistan
**1991** Unabhängigkeit; Anschluss an die GUS
**1992** UN-Beitritt

## TADSCHIKISTAN

**OFFIZIELLE BEZEICHNUNG**
Republik Tadschikistan

**HAUPTSTADT**
Duschanbe

**Fläche** 143 100 km²
**Einwohner** 6,335 Mio.
**Bevölkerungsdichte/km²** 44
**Bevölkerungswachstum/Jahr** 0,7 %
**Lebenserwartung** 69
**Sprachen** Tadschikisch, Usbekisch, Russisch
**Alphabetisierung** 99 %
**Währung** Somoni (1 Somoni = 100 Diram)
**BSP (Mio. US-$)** 1109
**BSP/Kopf (US-$)** 180

### Schlüsseldaten

**13. Jh.** Herrschaft der Mongolen
**16.–19. Jh.** Usbekische Herrschaft
**19. Jh.** Teilweise unter russischer Herrschaft
**1922** Verschmelzung mit der UdSSR
**1929** Unabhängige Teilrepublik der UdSSR
**1991** Unabhängigkeit; Anschluss an die GUS
**1992** UN-Beitritt; islamische Rebellen beginnen einen Bürgerkrieg
**1997** Friedensabkommen mit den Rebellen

## TURKMENISTAN

**OFFIZIELLE BEZEICHNUNG**
Republik Turkmenistan

**HAUPTSTADT**
Aschchabad

**Fläche** 488 100 km²
**Einwohner** 4,841 Mio.
**Bevölkerungsdichte/km²** 9,9
**Bevölkerungswachstum/Jahr** 1,9 %
**Lebenserwartung** 66
**Sprachen** Turkmenisch, Russisch

**Alphabetisierung** 98 %
**Währung** Turkmenistan-Manat (1 Manat = 100 Tenge)
**BSP (Mio. US-$)** 3886
**BSP/Kopf (US-$)** 750

### Schlüsseldaten

**10. Jh.** Türkische Besiedlung
**13. Jh.** Herrschaft der Mongolen
**14. Jh.** Islam
**1885** Russische Herrschaft
**1922** Teil der UdSSR
**1925** Unabhängige Teilrepublik der UdSSR
**1991** Unabhängigkeit; Anschluss an die GUS
**1992** UN-Beitritt; Muslimische Wirtschaftskooperation; neue Verfassung; Wahlen
**1997** Billigung von privatem Landbesitz

## USBEKISTAN

**OFFIZIELLE BEZEICHNUNG**
Republik Usbekistan

**HAUPTSTADT**
Taschkent

**Fläche** 447 400 km²
**Einwohner** 24,650 Mio.
**Bevölkerungsdichte/km²** 55
**Bevölkerungswachstum/Jahr** 1,4 %
**Lebenserwartung** 70
**Sprachen** Usbekisch, Russisch
**Alphabetisierung** 88,5 %

**Währung** Usbekistan-Sum (1 Sum = 100 Tijin)
**BSP (Mio. US-$)** 8843
**BSP/Kopf (US-$)** 360

### Schlüsseldaten

**7. Jh.** Eroberung durch die Araber
**13. Jh.** Herrschaft der Mongolen
**14. Jh.** Tamerlan macht Samarkand zur Hauptstadt seines Reiches
**15. Jh.** Usbekische Invasion
**19. Jh.** Russische Herrschaft
**1924** Unabhängige Teilrepublik der UdSSR
**1991** Unabhängigkeit; Anschluss an die GUS
**1992** UN-Beitritt
**2001** Partner im Kampf gegen den internationalen Terrorismus

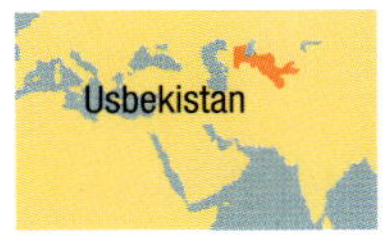

## MONGOLEI

**OFFIZIELLE BEZEICHNUNG**
Mongolei

**HAUPTSTADT**
Ulan-Bator (Ulaanbaatar)

**Fläche** 1 564 116 km²
**Einwohner** 2,398 Mio.
**Bevölkerungsdichte/km²** 1,5
**Bevölkerungswachstum/Jahr** 1,1 %
**Lebenserwartung** 67
**Sprachen** Mongolisch, Kasachisch, Russisch
**Alphabetisierung** 62,3 %

**Währung** Tugrik (1 Tugrik = 100 Mongo)
**BSP (Mio. US-$)** 947
**BSP/Kopf (US-$)** 390

### Schlüsseldaten

**13. Jh.** Dschingis Khan errichtet Mongolenreich
**1680er** Chinesische Herrschaft
**1911** Vertreibung der Chinesen
**1913** Selbstverwaltung durch Priester-König („Lebender Buddha")
**1924** Kommunistische Republik
**1961** UN-Beitritt
**1966** Vertrag mit UdSSR, Truppenstationierung
**1989** Truppenabzug
**1990** Freie Wahlen
**1992** Neue Verfassung
**1996** Militärpakt mit den USA

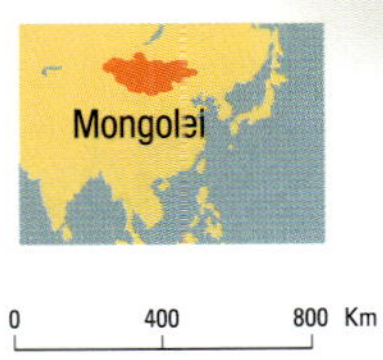

# Indien, Sri Lanka und Malediven

## INDIEN

**OFFIZIELLE BEZEICHNUNG**
Republik Indien

**HAUPTSTADT**
Neu-Delhi

**Fläche** 3 287 263 km²
**Einwohner** 1,016 Mrd.
**Bevölkerungsdichte/km²** 309
**Bevölkerungswachstum/Jahr** 1,5 %
**Lebenserwartung** 63
**Sprachen** Hindi, Englisch, 18 Regionalsprachen
**Alphabetisierung** 56,5 %
**Währung** Indische Rupie (1 Rupie = 100 Paise)
**BSP (Mio. US-$)** 454 800
**BSP/Kopf (US-$)** 450

### Schlüsseldaten

**Um 2500 v. Chr.** Indus-Kultur
**Um 1500 v. Chr.** Nomadenvolk der Arier siedelt sich an
**518 v. Chr.** Persische Invasion
**326 v. Chr.** Alexander der Große fällt ein
**1526** Mogul-Reich
**1757** Britische Ostindien-Kompanie übernimmt die Herrschaft über Bengalen
**1858** Nach Aufstand britische Verwaltungshoheit; Königin Viktoria wird „Kaiserin von Indien" (1876)
**1885** Indischer Nationalkongress
**1906** Moslem-Liga
**1920** Mahatma Gandhi mit friedlicher Kampagne gegen britische Herrschaft
**1939–45** Im 2. Weltkrieg Kämpfe aufseiten der Alliierten
**1947** Unabhängigkeit; Teilung in Indien und Pakistan
**1947–9** Kaschmirkrieg mit Pakistan
**1948** Ermordung von Mahatma Gandhi
**1950** Republik
**1962** Grenzkämpfe mit China
**1965** Kaschmirkrieg mit Pakistan
**1975–7** Politische Krise; Ausnahmezustand
**1984** Mehr als 400 Tote beim Kampf um Sikh-Tempel in Amritsar; Ermordung von Ministerpräsidentin Indira Gandhi; Nachfolger Sohn Rajiv
**1990** Direkte Herrschaft in Kaschmir. Ethnische Aufstände in Punjab; 3500 Tote
**1991** Ermordung von Rajiv Gandhi
**1992** Hindu-Extremisten zerstören Moschee in Ayodhya; mehr als 1200 Tote
**1998** Atomwaffentests
**1999–2002** Erneute Verschärfung des Kaschmir-Konflikts

**FAKTEN**

**1990 erreichte die indische Filmproduktion mit 948 Titeln ihren Höhepunkt – absoluter Weltrekord.**

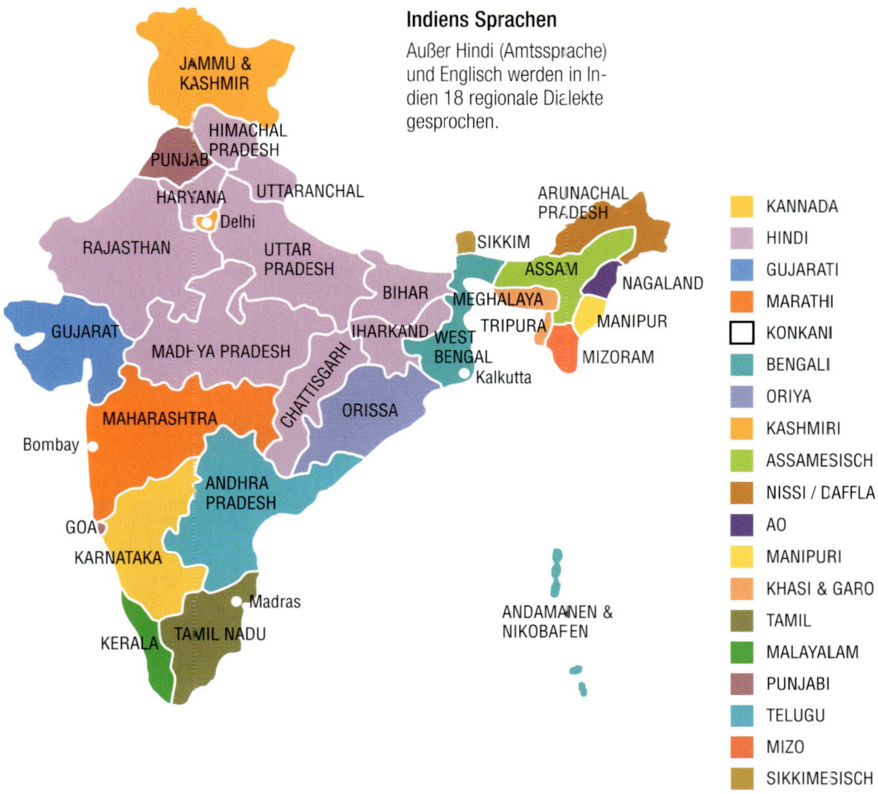


**Indiens Sprachen**

Außer Hindi (Amtssprache) und Englisch werden in Indien 18 regionale Dialekte gesprochen.

## KONFLIKTHERD KASCHMIR

Als Inder und Pakistani 1998 mit Atomwaffentests begannen, markierte dies nur den gefährlichsten Schritt in der über 50-jährigen Streitgeschichte beider Staaten. Die erste Auseinandersetzung fand statt, als das britische Indien 1947 in das muslimische Pakistan und das von Hindu dominierte Indien geteilt wurde. Damals wie heute war Kaschmir Stein des Anstoßes.

Das 222 236 km² umfassende Gebiet Kaschmirs wird hauptsächlich von Moslems bewohnt. Der erste Krieg entzündete sich an der Frage, welcher Nation das Land nach der Teilung Britisch-Indiens in Indien und Pakistan angehören sollte, und wurde 1949 durch einen Waffenstillstand der UN beendet: Pakistan erhielt ein Drittel der Region, den Rest bilden die indischen Provinzen Jammu und Kaschmir. Zu neuen Kämpfen kam es 1965–6 und 1971.

1990 flammte die Gewalt der islamischen Separatisten wieder auf und hält bis heute an. Indien bekämpft die Rebellen mit seiner Armee; die Aufständischen werden von Pakistan unterstützt. Im Jahr 2000 verkündete Indien eine einseitige Waffenruhe; Pakistan zog einen Teil seiner Truppen zurück. Die Hoffnung trog indes: Seit einem Terrorangriff von muslimischen Extremisten auf das indische Parlament 2001 nehmen die Spannungen wieder zu.

# SRI LANKA

**OFFIZIELLE BEZEICHNUNG**
Demokratische Sozialistische Republik Sri Lanka

**HAUPTSTADT**
Colombo

**Fläche** 65 610 km²
**Einwohner** 19,360 Mio.
**Bevölkerungsdichte/km²** 295
**Bevölkerungswachstum/Jahr** 0,9 %
**Lebenserwartung** 73
**Sprachen** Singhalesisch, Tamil, Englisch
**Alphabetisierung** 91,4 %
**Währung** Sri-Lanka-Rupie (1 Rupie = 100 Cent)
**BSP (Mio. US-$)** 16 408
**BSP/Kopf (US-$)** 850

## Schlüsseldaten

**1600–58** Portugiesische Herrschaft
**1658–1795** Niederländische Herrschaft
**1802–1948** Britische Kolonie
**1948** Unabhängigkeit
**1959** Singhalesischer Extremist tötet Ministerpräsident Bandaranaike
**1972** Ceylon erhält den Namen Sri Lanka
**1983** Guerillakrieg mit tamilischen Rebellen
**2001–2** Waffenstillstand; Friedensgespräche

# MALEDIVEN

**OFFIZIELLE BEZEICHNUNG**
Republik Malediven

**HAUPTSTADT**
Male

**Fläche** 298 km²
**Einwohner** 276 000
**Bevölkerungsdichte/km²** 926
**Bevölkerungswachstum/Jahr** 4,3 %
**Lebenserwartung** 68
**Sprachen** Maldivisch (Dhivehi), Englisch
**Alphabetisierung** 96,2 %
**Währung** Rufiyaa (1 Rufiyaa = 100 Laari)
**BSP (Mio. US-$)** 541
**BSP/Kopf (US-$)** 1960

## Schlüsseldaten

**1558–73** Portugiesische Herrschaft
**1573–1887** Islamisches Sultanat
**1887** Britisches Protektorat
**1965** Unabhängigkeit; Austritt Commonwealth
**1968** Republik
**1982** Wiedereintritt ins Commonwealth
**1988** Söldnerputsch niedergeschlagen

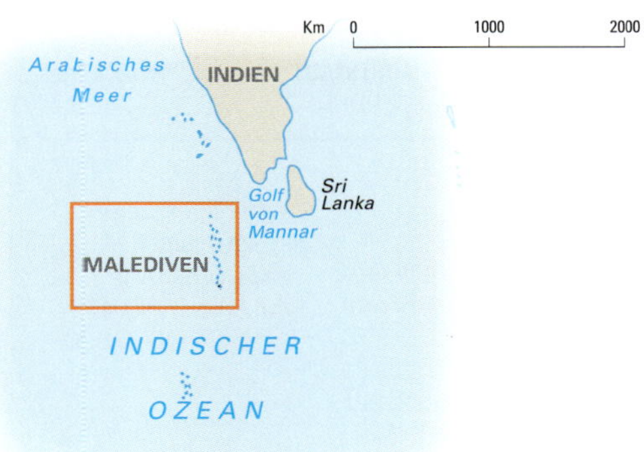

# Nepal, Bhutan, Bangladesch und Myanmar

## NEPAL

**OFFIZIELLE BEZEICHNUNG**
Königreich Nepal

**HAUPTSTADT**
Kathmandu

**Fläche** 147 181 km²
**Einwohner** 23,920 Mio.
**Bevölkerungsdichte/km²** 163
**Bevölkerungswachstum/Jahr** 2,3 %
**Lebenserwartung** 59
**Sprachen** Nepali, Maithili, Bhoipuri
**Alphabetisierung** 40,4 %
**Währung** Nepalesische Rupie (1 Rupie = 100 Paisa)
**BSP (Mio. US-$)** 5584
**BSP/Kopf (US-$)** 240

### Schlüsseldaten

**1769** König der Gurkhas erobert Kathmandu
**1775** Königreich
**1814–16** Britisches Protektorat
**1846** Erstes Mitglied der Adelsfamilie Rana wird Ministerpräsident
**1923** Unabhängigkeit
**1951** Revolution; König erhält wieder die Macht
**1960** Parteienverbot
**1962** Neue Verfassung
**1963** Kastensystem und Polygamie abgeschafft
**1980** Prodemokratische Unruhen
**1990** Prodemokratische Unruhen; parlamentarische Monarchie
**1995** Parlamentsauflösung; Wiedereinsetzung
**Seit 1996** Kämpfe zwischen Regierung und maoistischen Rebellen
**2001** Massaker an der Königsfamilie durch ein Familienmitglied; König und Königin tot

**Dem Himmel nahe** Der 8848 m hohe Gipfel des Mount Everest erhebt sich über dem buddhistischen Kloster Tengboche Gompa und den angrenzenden Häusern in Khumbu in Ostnepal.

## BHUTAN

**OFFIZIELLE BEZEICHNUNG**
Königreich Bhutan

**HAUPTSTADT**
Thimphu

**Fläche** 46 500 km²
**Einwohner** 805 000
**Bevölkerungsdichte/km²** 17,3
**Bevölkerungswachstum/Jahr** 2,6 %
**Lebenserwartung** 62
**Sprachen** Dzongkha, Nepali, Englisch
**Alphabetisierung** 42 %
**Währung** Ngultrum (1 Ngultrum = 100 Chhetrum)
**BSP (Mio. US-$)** 479
**BSP/Kopf (US-$)** 590

### Schlüsseldaten

**Um 1620** Staatsgründung; Führung durch tibetanischen Lama
**1907** Monarchie
**1910** Britisches Protektorat
**1949** Unabhängigkeit
**1953** Erste Nationalversammlung
**1959** Asyl für 4000 tibetanische Flüchtlinge
**1990** Nepalesen demonstrieren gegen bhutanesisches Brauchtum
**1998** Demokratische Reformen

# BANGLADESCH

**OFFIZIELLE BEZEICHNUNG**
Volksrepublik Bangladesch

**HAUPTSTADT**
Dhaka

**Fläche** 147 570 km²
**Einwohner** 129,754 Mio.
**Bevölkerungsdichte/km²** 879
**Bevölkerungswachstum/Jahr** 2,1 %
**Lebenserwartung** 61
**Sprachen** Bengali, Englisch
**Alphabetisierung** 40,8 %
**Währung** Taka (1 Taka = 100 Poisha)
**BSP (Mio. US-$)** 47 864
**BSP/Kopf (US-$)** 370

## Schlüsseldaten

**1858** Britische Herrschaft
**1947** Teilung von Britisch-Indien; Ostbengalen als Teil Pakistans unabhängig
**1971** Sieg im Krieg gegen Westpakistan; Ausrufung eines unabhängigen Staates Bangladesch
**1975** Militärputsch; Ermordung von Präsident Mujib
**1975–9** Kriegsrecht
**1979** Wahlen
**1981** Rebellen töten Präsident Zia
**1982** Unblutiger Militärputsch
**1982–6** Kriegsrecht
**1986** Ehemaliger Militärherrscher Ershad wird zum Präsidenten gewählt
**1990** Ershad wird der Korruption angeklagt und tritt von allen Ämtern zurück
**2001** Wahlen werden von Ausschreitungen begleitet

# MYANMAR

**OFFIZIELLE BEZEICHNUNG**
Union Myanmar

**HAUPTSTADT**
Rangun (Yangon)

**Fläche** 676 552 km²
**Einwohner** 46,611 Mio.
**Bevölkerungsdichte/km²** 67
**Bevölkerungswachstum/Jahr** 1,2 %
**Lebenserwartung** 56
**Sprachen** Myanmar (Birmanisch), Regionalsprachen
**Alphabetisierung** 84,4 %
**Währung** Kyat (1 Kyat = 100 Pyas)
**BSP (Mio. US-$)** k. Ang.
**BSP/Kopf (US-$)** unter 755

## Schlüsseldaten

**1886** Britische Herrschaft; Provinz von Britisch-Indien
**1937** Abspaltung; teilweise Selbstverwaltung
**1942–5** Japanische Besatzung
**1948** Unabhängigkeit
**1962** Unblutiger Putsch
**1974** Neue Verfassung
**1988** Militärputsch; viele prodemokratische Protestierer getötet
**1989** Namensänderung: Burma wird Myanmar
**1990** Oppositionsführerin Aung San Suu Kyi unter Hausarrest; Wahlsieg, von der Junta nicht anerkannt
**1991** Suu Kyi erhält den Friedensnobelpreis
**1997** Beitritt zum Verband südostasiatischer Staaten (ASEAN)
**2002** Militärregierung hebt Hausarrest für Suu Kyi auf

**FAKTEN**

Myanmar ist einer der weltweit größten Opiumproduzenten für den Heroinhandel.

## CHINA

**OFFIZIELLE BEZEICHNUNG**
Volksrepublik China

**HAUPTSTADT**
Peking (Beijing)

**Fläche** 9 572 419 km²
**Einwohner** 1,261 Mrd.
**Bevölkerungsdichte/km²** 132
**Bevölkerungswachstum/Jahr** 0,7 %
**Lebenserwartung** 75
**Sprache** Chinesisch
**Alphabetisierung** 83,5 %
**Währung** Renminbi Yuan (1 Yuan = 10 Jiao = 100 Fen)
**BSP (Mio. US-$)** 1 062 919
**BSP/Kopf (US-$)** 840

## Schlüsseldaten

**Um 1600–1050 v. Chr.** Herrschaft der Shang
**206 v. Chr.–220 n. Chr.** Herrschaft der Han
**1280–1368** Herrschaft der Yüan (Mongolen)
**1644–1912** Herrschaft der Ch'ing
**1839–42** Opiumkrieg; Großbritannien erhält Hongkong
**1900–1** Boxer-Aufstand; Niederschlagung durch Westmächte
**1911** Republik
**1931** Japan besetzt die Mandschurei
**1941–5** 2. Weltkrieg aufseiten der Alliierten
**1946–9** Bürgerkrieg
**1949** Mao Tse-tungs Kommunisten besiegen Nationalisten Tschiang Kai-shek; Volksrepublik
**1950–1** Tibet zu China
**1959** Niederschlagung einer Revolte in Tibet; Flucht des Dalai Lama
**1966** Kulturrevolution
**1969** Grenzkonflikt mit der UdSSR
**1979** Reformen
**1989** Massaker an prodemokratischen Studenten auf dem Platz des Himmlischen Friedens
**1997** Hongkong fällt an China zurück
**2001** 143. WTO-Mitglied

## Chinas ethnische Vielfalt

China hat 56 von Hunderten ethnischer Gruppen im Land anerkannt. Die Han stellen 92 % der Bevölkerung; zu den Minderheiten zählen Zhuang, Yi, Miao, Bouyei, Yao, Dong, Bai, Hani und Dai im Südwesten, Uiguren, Tibeter und Kasachen im Westen und Nordwesten sowie Hui, Mongolen, Mandschu und Koreaner im Norden und Nordosten.

Ethnische Unterschiede gibt es in China seit der Ch'in-Dynastie 221 v. Chr. Minoritäten wurden stets diskriminiert – trotz aller Gleichheitsbeteuerungen der Regierung. Besonders in den westlichen Provinzen, wo ethnische Minderheiten oft auch einer eigenen Religion anhängen, ist es schon zu Unruhen gekommen. 1993 kämpfte die Polizei gegen aufständische Muslime in der Provinz Qinghai.

Die Staatspolizei ist gehalten, Unruhen niederzuschlagen, und alle Amtsinhaber sollen „einen kompromisslosen Krieg gegen Separatisten" führen.

### Religionen in China

Etwa 31 % der chinesischen Bevölkerung gehören entweder einer der einheimischen Religionen – Konfuzianismus oder Taoismus – an oder sind Mitglieder einer der bedeutenden Weltreligionen.

**Menschenmassen** China ist weltweit das bevölkerungsreichste Land und Hongkong (unten) seine am dichtesten besiedelte Stadt. Heute leben mehr Menschen in China als vor 150 Jahren auf dem ganzen Globus. In Hongkong sind es 55 000 auf einem einzigen Quadratkilometer.

RUSSLAND
M O N G O L E I
M O N G O
Gobi Desert
Großer Chingan
Kleiner Chingan
Amur
HEILONGJIANG
Qiqihar
Daqing
Songhai Jiang
Harbin
DONGBEI (MANSCHUREI)
JILIN
Changchun
Fengman Dam
Siping
Liaoyuan
Wusuli Jiang (Ussuri)
Shenyang
Fushun
Benxi
Liaoyang
Fuxin
Anshan
LIAONING
Yalu
Supung Dam
Chengde
Liaodong Wan
Liaodong-Halbinsel
Qinhangdao
Beidaihehaibin
Dalian
Lüshun
Korea-bucht
NORD-KOREA
SÜD-KOREA
JAPANISCHES MEER
Koreastraße
Bayan Obo
Yin Shan
Baotou
Hohhot
Zhangjiakou
Xuanhua
Shijingshan
PEKING (BEIJING)
Lugou Bridge
Tangshan
Tianjin
Xingang
Bo Hai
Datong
Huang He (Gelber Fl.)
Mu Us Shamo
Große Mauer
Pingluo
Yinchuan
NINGXIA-HUI
Dunhuang
Yumen
Qilian Shan
Qaidambecken
Qinghai Hu
Xining
Baiyin
Lanzhou
Shijiazhuang
HEBEI
Große Ebene
Taiyuan
Yangquan
Dazhai
Taihang Shan
SHANXI
Qiu Xian
Handan
Fengfeng
Anyang
Yan'an
Xi Xian
Fen He
Jinan
Zibo
Yidu
Tai Shan
Shengli
Weifang
Yantai
Weihai
Shandong-Halbinsel
Qingdao
SHANDONG
Jining
Da Yunhe (Gr. Kanal)
GELBES MEER
Sanmen Gorge
Luoyang
Kaifeng
Zhengzhou
SHAANXI
Baoji
Xi'an
Wei He
Qin Ling
Pingdingshan
HENAN
Shangtang
JIANGSU
CHINA
Huai He
Nanjing
Zhenjiang
Changzhou
Wuxi
Baoshan
Shanghai
Ma'anshan
Hefei
Yixing
Suzhou
Tai Hu
Huangpu Jiang
ANHUI
Zhoushan-Archipel
Hangzhou
Ningbo
ZHEJIANG
OST-CHINESISCHES MEER
Daba Shan
Han Shui
HUBEI
Yichang
Drei-Schluchten-Damm
Shashi
Wuhan
Huangshi
Daye
Chang Jiang (Jangtse)
Huang Shan
Lu Shan
Jiujiang
Jingdezhen
Fuchun Jiang
Poyang Hu
Yueyang
Dongting Hu
Nanchang
Wenzhou
Chengdu
SICHUAN
Gongga Shan 7590 m
Chongqing
Qamdo
Salween (Nu Jiang)
Mekong (Lancang Jiang)
Jangtse
Changsha
Xiangtan
Shaoshan
Zhuzhou
Pingxiang
JIANGXI
Gan Jiang
Zunyi
Wu Jiang
HUNAN
Hengyang
Luoxiao Shan
Xiang Jiang
Nanping
Fuzhou
FUJIAN
GUIZHOU
Guiyang
Huangguoshu
Yungui
Dongchuan
Plateau
Dali
Er Hai
Kunming
YUNNAN
Guilin
Yangshuo
Gui Jiang
Nan Ling
Luizhou
Xiamen
TAIWAN
Formosastraße
GUANGDONG
Conghua
Bei Jiang
Guangzhou (Canton)
Shantou
GUANGXI-ZHUANG
Gejiu
Roter Fl. (Yuan Jiang)
Schwarzer Fluss
Nanning
Xi Jiang
Foshan
Zhu Jiang (Perl Fluss)
Shenzhen
Jiangmen
Zhuhai
Hongkong (Xianggang)
Macau (Aomen)
Maoming
Xishuangbanna
MYANMAR (BURMA)
VIETNAM
LAOS
Zhanjiang
Leizhou-Halbinsel
SÜDCHINESISCHES MEER
Golf von Tongking
Hainanstraße
Haikou
Hainan
China
Km 0 200 400 600 800

# Japan, Nordkorea und Südkorea

## JAPAN

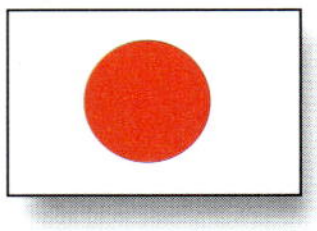

**OFFIZIELLE BEZEICHNUNG**
Japan

**HAUPTSTADT**
Tokio

**Fläche** 377 837 km²
**Einwohner** 126,770 Mio.
**Bevölkerungsdichte/km²** 336
**Bevölkerungswachstum/Jahr** 0,1 %
**Lebenserwartung** 81
**Sprache** Japanisch
**Alphabetisierung** 99 %
**Währung** Yen (1 Yen = 100 Sen)
**BSP (Mio. US-$)** 4 519 067
**BSP/Kopf (US-$)** 35 620

### Schlüsseldaten

**710** Nara wird die erste Hauptstadt Japans
**794** Kyoto Hauptstadt
**1192–1868** Herrschaft der Shogune (Militärführer)
**1868** Rückgabe der Regierungsgewalt an den Kaiser; Hof zieht nach Edo (Tokio)
**1889** Neue Verfassung
**1904–5** Krieg gegen Russland
**1910** Annexion Koreas
**1914–18** 1. Weltkrieg aufseiten der Alliierten
**1931** Besetzung der Mandschurei (bis 1956)
**1937** Angiff auf China
**1941** 2. Weltkrieg, Angriff auf US-Stützpunkt Pearl Harbor
**1945** Amerikanische Atombomben zerstören Hiroshima und Nagasaki; Kapitulation
**1946** Neue Verfassung; Kaiser wird konstitutioneller Monarch
**1956** UN-Beitritt
**1972** Okinawa und im 2. Weltkrieg verlorene Inseln wieder an Japan
**1990er** Finanzkrise
**2002** Anti-Terror-Gesetz

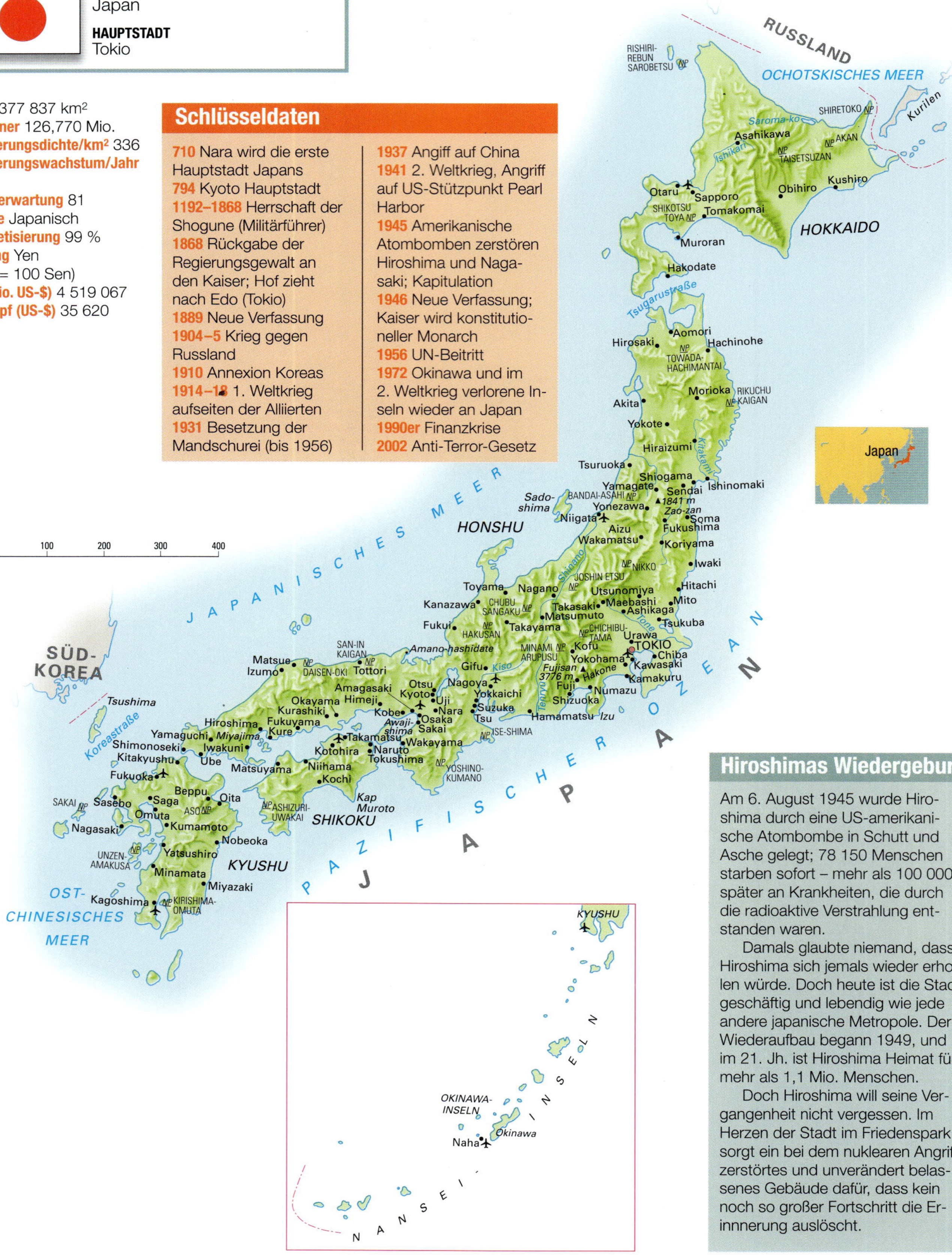


### Hiroshimas Wiedergeburt

Am 6. August 1945 wurde Hiroshima durch eine US-amerikanische Atombombe in Schutt und Asche gelegt; 78 150 Menschen starben sofort – mehr als 100 000 später an Krankheiten, die durch die radioaktive Verstrahlung entstanden waren.

Damals glaubte niemand, dass Hiroshima sich jemals wieder erholen würde. Doch heute ist die Stadt geschäftig und lebendig wie jede andere japanische Metropole. Der Wiederaufbau begann 1949, und im 21. Jh. ist Hiroshima Heimat für mehr als 1,1 Mio. Menschen.

Doch Hiroshima will seine Vergangenheit nicht vergessen. Im Herzen der Stadt im Friedenspark sorgt ein bei dem nuklearen Angriff zerstörtes und unverändert belassenes Gebäude dafür, dass kein noch so großer Fortschritt die Erinnerung auslöscht.

## DAS LANGE WARTEN KOREAS AUF WIEDERVEREINIGUNG

Der erste internationale Konflikt nach dem Zweiten Weltkrieg teilte 1953 Korea. Erst im August 2000 konnten Südkoreaner wieder Verwandte treffen, von denen sie bei der Teilung getrennt worden waren. 200 Menschen durften die streng bewachte Grenze eines Regimes passieren, das nach der Auflösung der UdSSR, dem Tod des Diktators und dem Zusammenbruch seiner Wirtschaft schwer erschüttert war. Zuvor hatten sich beide Seiten immer wieder zu Verhandlungsgesprächen getroffen. Die bestbewachte Grenze Asiens begann sich zu öffnen.

Vor einem halben Jahrhundert war der kommunistische Norden in den südlichen Teil Koreas einmarschiert. Eine von den USA geführte UN-Truppe drängte die Invasoren zurück. Daraufhin ging China gegen die UN-Truppen vor. Der 3 Jahre andauernde Konflikt brachte die Welt an den Rand eines Nuklearkriegs. Der Waffenstillstand von 1953 teilte die Halbinsel. Trotz 37 000 gefallener amerikanischer Soldaten war dies der erste US-Krieg, der mit einer Niederlage endete. Doch die kommunistische Expansion war gestoppt – die USA hatten ihr wichtigstes Ziel erreicht.

**Vereint unter Tränen** Zwei Familienmitglieder – durch die Teilung Koreas seit 50 Jahren getrennt – begrüßen sich bei einer Grenzöffnung im Jahr 2000.

## NORDKOREA

**OFFIZIELLE BEZEICHNUNG**
Demokratische Volksrepublik Nordkorea

**HAUPTSTADT**
Pjöngjang

**Fläche** 122 762 km²
**Einwohner** 23,620 Mio.
**Bevölkerungsdichte/km²** 192
**Bevölkerungswachstum/Jahr** 0,7 %
**Lebenserwartung** 61
**Sprache** Koreanisch
**Alphabetisierung** 99 %
**Währung** Won (1 Won = 100 Chon)
**BSP (Mio. US-$)** 12 600 (1998)
**BSP/Kopf (US-$)** unter 755

## SÜDKOREA

**OFFIZIELLE BEZEICHNUNG**
Republik Korea

**HAUPTSTADT**
Seoul (Soul)

**Fläche** 99 313 km²
**Einwohner** 47 275 Mio.
**Bevölkerungsdichte/km²** 476
**Bevölkerungswachstum/Jahr** 0,7 %
**Lebenserwartung** 73
**Sprache** Koreanisch
**Alphabetisierung** 97,6 %
**Währung** Won (1 Won = 100 Chon)
**BSP (Mio. US-$)** 421 069
**BSP/Kopf (US-$)** 8910

### Schlüsseldaten

**1259–1368** Herrschaft der Mongolen
**1392–1910** Yi-Dynastie
**1910** Annexion durch Japan
**1945** Ende des 2. Weltkriegs; Truppen der UdSSR besetzen Nordkorea; US-Streitkräfte besetzen Südkorea
**1948** Republiken im Norden und Süden
**1950** Nordkorea marschiert in Südkorea ein; Chinesen unterstützen Nordkorea im Kampf gegen US-Streitkräfte
**1953** Waffenstillstand; Teilung Koreas
**1961** Militärputsch in Südkorea
**1979** Südkoreas Präsident Park ermordet
**1987** Neue Verfassung in Südkorea
**1991** Nord- und Südkorea treten UN bei; Nichtangriffspakt
**1994** Nordkoreas Führer Kim Il Sung stirbt; Nachfolger wird Sohn Kim Jong Il
**2000** Nord-Süd-Gipfel; Öffnung der Grenze erlaubt Familientreffen
**2003** Spannungen zwischen Nordkorea und den USA aufgrund des nordkoreanischen Atomprogramms

## THAILAND

**OFFIZIELLE BEZEICHNUNG**
Königreich Thailand

**HAUPTSTADT**
Bangkok (Krung Thep)

**Fläche** 513 115 km²
**Einwohner** 60,728 Mio.
**Bevölkerungsdichte/km²** 118
**Bevölkerungswachstum/Jahr** 1,1 %
**Lebenserwartung** 69
**Sprachen** Thai, Chinesisch, Malaiisch, Englisch
**Alphabetisierung** 95,3 %
**Währung** Baht (1 Baht = 100 Stangs)
**BSP (Mio. US-$)** 121 602
**BSP/Kopf (US-$)** 2000

### Schlüsseldaten

**1238** Sukhotai-Königreich
**1350** Ayutthava-Königreich
**19. Jh.** Unabhängigkeit
**1914–18** 1. Weltkrieg aufseiten der Alliierten
**1932** Konstitutionelle Monarchie
**1939** Siam wird in Thailand umbenannt
**1941–5** 2. Weltkrieg; japanische Besetzung
**1947** Militärputsch
**1965–72** Kampf in Vietnam aufseiten der USA
**1973** Zivilregierung
**1976–80** Militärregierung
**1991** Militärputsch
**1997** Verfassung; Parlament; Zivilregierung

### FAKTEN

Thailand ist das einzige südostasiatische Land, das niemals Kolonie war.

## DIE OSTASIATISCHEN TIGERSTAATEN

Der Großteil Südost- und Ostasiens erlebte in den 1980er-Jahren ein erstaunliches Wirtschaftswachstum. Doch nach schweren finanziellen Turbulenzen Mitte der 90er-Jahre kam dieser Aufschwung zum Erliegen, und Börse und Wechselkurse stürzten ab. Getragen worden war das Wachstum von Thailand, Malaysia, Indonesien, Taiwan und Südkorea, die in den 1970er-Jahren alle noch am Anfang ihrer Entwicklung standen, aber auch von den gut etablierten Wirtschaften Hongkongs und Singapurs. Bald waren diese Länder als Tigerstaaten bekannt.

Thailands Wachstum betrug zeitweise ein Mehrfaches dessen der USA: Das Bruttoinlandsprodukt stieg jährlich um 10 %. Singapur entwickelte sich zu einer modernen Metropole und zu einem der weltweit größten Handels- und Finanzzentren; nach Japan hatten die Menschen hier den höchsten Lebensstandard Asiens. Und im Hinterland dieser Staaten lag China, ein Land mit dem wirtschaftlichen Potenzial, sie alle zu übertrumpfen.

Der Erfolg der Tigerstaaten wurde weithin auf asiatische Tugenden zurückgeführt: eine Kombination aus harter Arbeit, Sparsamkeit und starker Führung.

Die meisten Tigerstaaten konnten durch ihre Politik die Gegensätze zwischen Arm und Reich vermindern. So sank in Malaysia die Zahl der in Armut lebenden Menschen von 37 % im Jahr 1960 auf 5 % 1990. Die durchschnittliche Lebenserwartung stieg im selben Zeitraum von 56 auf 71 Jahre.

Doch dann folgte die Krise. Sie begann im Jahr 1997 und wurde durch eine Abwertung der Währungen ausgelöst. Da die Staaten viel Kapital in Fremdwährungen aufgenommen hatten, konnten sie bald ihren Zahlungsverpflichtungen nicht mehr nachkommen. Die Regierung half einigen Industriezweigen, die in Schwierigkeiten waren, doch dann platzte die Blase und Banken brachen zusammen.

Zu Beginn des 21. Jh. gab es internationalen Beistand, um das Selbstvertrauen der Region zu stärken. Doch Wirtschaftsfachleute warnen, dass die Krise nicht überwunden sei und weitere Probleme drohten.

**Jährliche Wachstumsrate des BIP (in %)**

Das Bruttoinlandsprodukt der Tigerstaaten wuchs 1980–90 (links) und 1990–98 (rechts) schneller als der weltweite Durchschnitt.

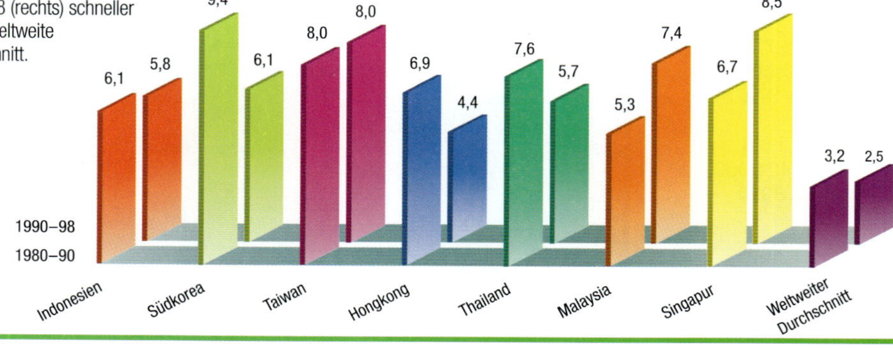

# MALAYSIA

**OFFIZIELLE BEZEICHNUNG**
Malaysia

**HAUPTSTADT**
Kuala Lumpur

**Fläche** 329 733 km²
**Einwohner** 23,260 Mio.
**Bevölkerungsdichte/km²** 71
**Bevölkerungswachstum/Jahr** 1,7 %
**Lebenserwartung** 73
**Sprachen** Bahasa, Malaiisch, Chinesisch, Tamil, Iban, Englisch
**Alphabetisierung** 87 %
**Währung** Malaysischer Ringgit (1 Ringgit = 100 Sen)
**BSP (Mio. US-$)** 78 727
**BSP/Kopf (US-$)** 3380

## Schlüsseldaten

**16.–17. Jh.** Portugiesische, holländische und britische Besiedlung
**Ab 1867** Britische Kolonialregierung
**1941–5** Japanische Besatzung
**1948–54** Kampf gegen kommunistische Guerilla
**1957** Unabhängigkeit
**1963** Staatsgründung
**1963–5** Konfrontation mit Indonesien
**1965** Singapur spaltet sich ab
**1967** Gründungsmitglied ASEAN
**1969** Antichinesische Unruhen
**1987** Oppositionsführer verhaftet

**Ganz hoch hinaus** Die Petronas-Türme in Kuala Lumpur waren 2000 die weltweit höchsten Bürogebäude. Sie symbolisieren das rasante wirtschaftliche Wachstum Malaysias.

# SINGAPUR

**OFFIZIELLE BEZEICHNUNG**
Republik Singapur

**HAUPTSTADT**
Singapur

**Fläche** 682,7 km²
**Einwohner** 4,018 Mio.
**Bevölkerungsdichte/km²** 5885
**Bevölkerungswachstum/Jahr** 1,7 %
**Lebenserwartung** 78
**Sprachen** Malaiisch, Chinesisch, Tamil, Englisch
**Alphabetisierung** 92,1 %
**Währung** Singapur-Dollar (1 Dollar = 100 Cent)
**BSP (Mio. US-$)** 99 404
**BSP/Kopf (US-$)** 24 740

## Schlüsseldaten

**1819** Sir Stamford Raffles gründet das moderne Singapur
**1867** Britische Kolonie
**1942–5** Japanische Besatzung
**1959** Selbstverwaltung; Stadtstaat
**1963–5** Mitglied der Malayischen Föderation
**1965** Unabhängige Republik
**1991** Stellung des Präsidenten gestärkt
**1993** Erste direkte Präsidentenwahl

# Vietnam, Kambodscha, Laos und Taiwan

## VIETNAM

**OFFIZIELLE BEZEICHNUNG**
Sozialistische Republik Vietnam

**HAUPTSTADT**
Hanoi

**Fläche** 331 114 km²
**Einwohner** 78,523 Mio.
**Bevölkerungsdichte/km²** 237
**Bevölkerungswachstum/Jahr** 1,3 %
**Lebenserwartung** 69
**Sprachen** Vietnamesisch, Regionalsprachen
**Alphabetisierung** 93,1 %
**Währung** Dong (1 Dong = 100 Xu)
**BSP (Mio. US-$)** 30 439
**BSP/Kopf (US-$)** 390

**FAKTEN**
Der Ho-Chi-Minh-Pfad, der zur Versorgung der Vietcong-Truppen diente, hatte über 300 km Tunnel.

### Schlüsseldaten

**111 v. Chr.** Chinesische Herrschaft
**939 n. Chr.** Unabhängigkeit von China
**1858–83** Französisches Mandat
**1941–5** 2. Weltkrieg; japanische Besatzung
**1945** Ho Chi Minh proklamiert Demokratische Republik Vietnam
**1946–54** Indochinakrieg; Frankreich bekämpft die Viet-Minh-Truppen
**1954** Niederlage Frankreichs; Teilung; Norden unter kommunistischer Kontrolle
**1957** Aktivitäten der Vietcong in Südvietnam
**1964** Eingreifen der USA zugunsten Südvietnams
**1973** USA ziehen sich aus Vietnam zurück
**1975** Kriegsende; Sieg der Kommunisten
**1976** Wiedervereinigung; Volksrepublik
**1979** Besetzung Kambodschas (bis 1989)
**1995** Wiederaufnahme diplomatischer Beziehungen mit den USA

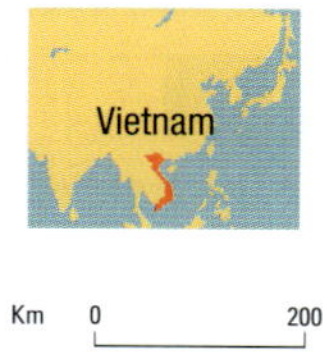


## KAMBODSCHA

**OFFIZIELLE BEZEICHNUNG**
Königreich Kambodscha

**HAUPTSTADT**
Phnom Penh

**Fläche** 181 035 km²
**Einwohner** 12,021 Mio.
**Bevölkerungsdichte/km²** 66
**Bevölkerungswachstum/Jahr** 2,4 %
**Lebenserwartung** 54
**Sprachen** Khmer, Französisch, Vietnamesisch
**Alphabetisierung** 86,3 %
**Währung** Riel (1 Riel = 100 Sen)
**BSP (Mio. US-$)** 3150
**BSP/Kopf (US-$)** 260

### Schlüsseldaten

**7. Jh.** Khmer-Reich
**1863** Französisches Protektorat
**1941–5** 2. Weltkrieg; japanische Besatzung
**1953** Unabhängigkeit
**1970** Sturz der Monarchie; Bürgerkrieg
**1975** Rote Khmer unter Pol Pot erlangen Macht
**1976–8** Rote Khmer tötet 2,5 Mio. Menschen
**1979–89** Besetzung durch Vietnam
**1993** Wiedereinsetzung des Königs
**1999** ASEAN-Beitritt
**2002** Freie Wahlen

## LAOS

**OFFIZIELLE BEZEICHNUNG**
Demokratische Volksrepublik Laos

**HAUPTSTADT**
Vientiane (Viangchan)

**Fläche** 236 800 km²
**Einwohner** 5,216 Mio.
**Bevölkerungsdichte/km²** 22
**Bevölkerungswachstum/Jahr** 2,3 %
**Lebenserwartung** 54
**Sprachen** Lao, Französisch, Regionalsprachen
**Alphabetisierung** 47,3 %

**Währung** Kip
(1 Kip = 100 AT)
**BSP (Mio. US-$)** 1519
**BSP/Kopf (US-$)** 290

### Schlüsseldaten

**1893** Französisches Protektorat
**1941–5** 2. Weltkrieg; japanische Besatzung
**1949** Selbstverwaltung in französischer Union
**1954** Unabhängigkeit
**1960–73** Periodischer Bürgerkrieg zwischen kommunistischen und rechten Kräften
**1975** Kommunisten erlangen die Macht
**1989** Freie Wahlen
**1991** Neue Verfassung
**1997** ASEAN-Beitritt

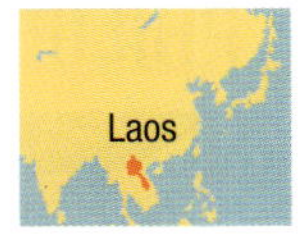


## TAIWAN

**OFFIZIELLE BEZEICHNUNG**
Republik China

**HAUPTSTADT**
Taipeh

**Fläche** 36 006 km²
**Einwohner** 22,167 Mio.
**Bevölkerungsdichte/km²** 616
**Bevölkerungswachstum/Jahr** 0,7 %
**Lebenserwartung** 75
**Sprachen** Chinesisch (Mandarin), Taiwanesisch
**Alphabetisierung** 94 %

**Währung** Neuer Taiwan-Dollar
(1 Dollar = 100 Cent)
**BSP (Mio. US-$)** 313 900
**BSP/Kopf (US-$)** 14 200

### Schlüsseldaten

**1895–1945** Japanische Herrschaft
**1949** Tschiang Kai-sheks Nationalisten gehen nach Taiwan
**1954** US-Verteidigungsabkommen
**1971** UN-Ausschluss
**1972** US-Truppen verlassen das Land
**1979** USA beenden Handelsbeziehungen
**1987** Oppositionsparteien erlaubt
**1991** Bürgerkriegszustand mit China beendet
**1991–2** Freie Wahlen

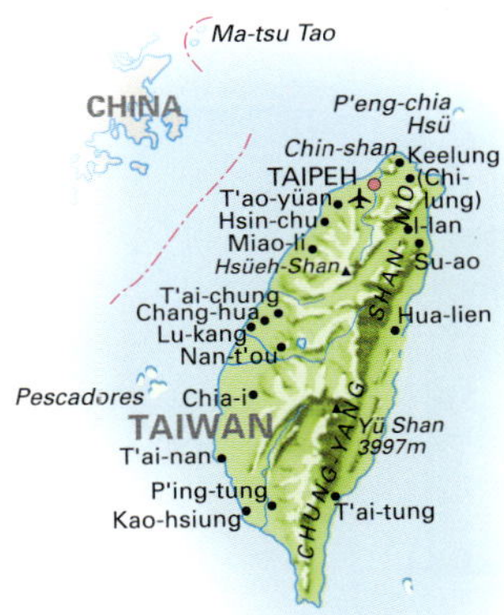

## SÜDOSTASIENS WEG ZUM FRIEDEN

Das frühere Französisch-Indochina wurde durch Kriege im 20. Jh. schwer in Mitleidenschaft gezogen. Jetzt, zu Beginn des 21. Jh., können die alten Kolonien Vietnam, Kambodscha und Laos in Frieden existieren und erleben wirtschaftlichen Fortschritt.

Kambodscha und Laos bewegen sich nach Mehrparteien-Wahlen in Richtung Demokratie. Vietnam bemüht sich, seine Wirtschaft anzukurbeln, indem es die Tourismus- und Ölindustrie entwickelt. Die USA gaben 1994 ihr mehr als 30 Jahre währendes Embargo auf und nahmen im darauf folgenden Jahr die eingefrorenen diplomatischen Beziehungen wieder auf.

Der Weg von der Kolonialherrschaft zur Unabhängigkeit in Wohlstand war für alle drei Staaten oft mit Gewalt verbunden. Nach dem Zweiten Weltkrieg wurde ein französisches Autonomie-Angebot von Laos und Kambodscha angenommen. Doch die Vietnamesen strebten nach voller Unabhängigkeit. Die Folge eines siegreichen Krieges gegen Frankreich war die Teilung des Staates.

In allen drei ehemaligen Kolonien waren 1975 durch Bürgerkriege Kommunisten an der Regierung. Im 18 Jahre dauernden Vietnamkrieg hatten sich Nordvietnamesen und Vietcong (südvietnamisische kommunistische Guerillas) durchgesetzt. In Laos hatte die kommunistische Pathet Lao die Macht ergriffen. 10 Jahre später begann eine politische Liberalisierung mit Einführung der Marktwirtschaft und freien Wahlen (1989). In Kambodscha waren die Roten Khmer die herrschende Kraft geworden. Sie töteten mehr als 2,5 Mio. Menschen, bevor Vietnam sie durch eine Militärintervention vertrieb. Freie Wahlen fanden statt, und eine neue Verfassung setzte 1993 die Monarchie wieder ein.

**Im Spiegel der Vergangenheit** Eine Ho-Chi-Minh-Statue überragt Bill Clinton. Seine Vietnam-Visite im Jahr 2000 war der erste Besuch eines US-amerikanischen Präsidenten seit dem Krieg.

## PHILIPPINEN

**OFFIZIELLE BEZEICHNUNG**
Republik der Philippinen

**HAUPTSTADT**
Manila

**Fläche** 300 000 km²
**Einwohner** 75,580 Mio.
**Bevölkerungsdichte/km²** 252
**Bevölkerungswachstum/Jahr** 1,9 %
**Lebenserwartung** 69
**Sprachen** Filipino, Englisch, Spanisch, Regionalsprachen
**Alphabetisierung** 95,1 %
**Währung** Philippinischer Peso (1 Peso = 100 Centavos)
**BSP (Mio. US-$)** 78 778
**BSP/Kopf (US-$)** 1040

**FAKTEN**

Das Jeepney – ein Taxi, entwickelt aus einem Jeep – ist Manilas wichtigstes öffentliches Verkehrsmittel.

### Schlüsseldaten

**1565** Spanische Kolonie
**1898** Spanisch-amerikanischer Krieg; Philippinen an die USA
**1942–5** Japanische Besatzung
**1946** Unabhängigkeit von den USA
**1967** Gründungsmitglied ASEAN
**1972–81** Konflikte mit muslimischen Separatisten und kommunistischen Guerillas
**1983** Oppositionsführer B. Aquino ermordet
**1986** Sturz von Präsident Marcos; Aquinos Witwe wird Präsidentin
**1996** Frieden mit islamistischen Separatisten
**2000** Separatisten erklären Dschihad (heiliger Krieg); Extremisten nehmen einheimische und westliche Geiseln
**2001** Präsident Estrada entmachtet; Gloria M. Arroyo Präsidentin
**2002** Kämpfe zwischen Separatisten und Militär

## BRUNEI

**OFFIZIELLE BEZEICHNUNG**
Brunei Darussalam

**HAUPTSTADT**
Bandar Seri Begawan

**Fläche** 5765 km²
**Einwohner** 328 000
**Bevölkerungsdichte/km²** 57
**Bevölkerungswachstum/Jahr** 2,2 %
**Lebenserwartung** 76
**Sprachen** Malaiisch, Chinesisch, Englisch
**Alphabetisierung** 91 %
**Währung** Brunei-Dollar (1 Dollar = 100 Cent)
**BSP (Mio. US-$)** 7151 (1997)
**BSP/Kopf (US-$)** über 9266

### Schlüsseldaten

**15. Jh.** Erstes Sultanat
**15.–16. Jh.** Kontrolliert Nordborneo und Teile der Philippinen
**19. Jh.** Landverlust an Großbritannien
**1888** Britisches Protektorat
**1929** Öl entdeckt
**1942–5** Japanische Besatzung
**1962** Aufgabe von Plänen, sich Malaysia anzuschließen
**1984** Volle Unabhängigkeit; UN- und ASEAN-Beitritt; Sultanat

**FAKTEN**

Dem Sultan von Brunei gehört der größte Palast der Erde mit 1788 Zimmern, 257 Bädern und Garagen für 153 Autos. Sein jüngerer Bruder gab zwischen 1991 und 2001 durchschnittlich 740 000 US-$ am Tag aus.

# INDONESIEN

**OFFIZIELLE BEZEICHNUNG**
Republik Indonesien

**HAUPTSTADT**
Jakarta

**Fläche** 1 912 988 km²
**Einwohner** 210,421 Mio.
**Bevölkerungsdichte/km²** 110
**Bevölkerungswachstum/Jahr** 1,2 %
**Lebenserwartung** 66
**Sprachen** Indonesisch, Englisch, Regionalsprachen
**Alphabetisierung** 86,3 %

**Währung** Rupiah (1 Rupiah = 100 Sen)
**BSP (Mio. US-$)** 119 871
**BSP/Kopf (US-$)** 570

**FAKTEN**
**Rund 87 % aller Indonesier sind Moslems. Damit ist Indonesien der größte islamische Staat.**

## Schlüsseldaten

**1799** Kolonie der Niederlande
**1942–5** Japanische Besatzung
**1949** Unabhängigkeit
**1950** UN-Beitritt
**1963** Niederlande geben Westneuguinea (Westirian) ab
**1963–5** Konfrontation mit Malaysia
**1965** Putschversuch
**1967** Suharto wird Präsident; ASEAN-Gründungsmitglied
**1976** Einnahme Osttimors
**1991** Sumatra-Rebellion; Osttimor-Massaker
**1998** Unruhen in Jakarta; Suharto dankt ab
**1999** Aufgabe Osttimors
**2003** Konflikt um abtrünnige Provinz Aceh

**Nach dem Feuer** Eine Dorfbewohnerin auf Borneo pflanzt Bäume, nachdem Waldbrände in den 1990er-Jahren schwere Verwüstungen angerichtet hatten. Der Rauch der Feuer war über ganz Südwestasien zu sehen.

# OSTTIMOR

**OFFIZIELLE BEZEICHNUNG**
Demokratische Republik Osttimor

**HAUPTSTADT**
Dili

**Fläche** 14 509 km²
**Einwohner** 737 000
**Bevölkerungsdichte/km²** 51
**Bevölkerungswachstum/Jahr** 2,2 %
**Lebenserwartung** k. Ang.
**Sprachen** Tetum, Portugiesisch, Indonesisch, Englisch

**Alphabetisierung** k. Ang.
**Währung** US-$ (1 Dollar = 100 Cent)
**BSP (Mio. US-$)** k. Ang.
**BSP/Kopf (US-$)** k. Ang.

## Schlüsseldaten

**16. Jh.** Portugiesische Kolonie
**1975** Annexion durch Indonesien; Unterdrückung der Opposition
**1991** Indonesische Truppen eröffnen das Feuer auf Demonstranten in Dili
**1999** Referendum für Unabhängigkeit; Gewalt; UN-Truppen greifen ein; Indonesien zieht sich zurück
**2001** Wahlen
**2002** Unabhängigkeit

## AUSTRALIEN

**OFFIZIELLE BEZEICHNUNG**
Australischer Bund

**HAUPTSTADT**
Canberra

**Fläche** 7 692 030 km²
**Einwohner** 19,195 Mio.
**Bevölkerungsdichte/km²** 2,5
**Bevölkerungswachstum/Jahr** 1 %
**Lebenserwartung** 79
**Sprachen** Englisch, etwa 200 Aborigines-sprachen, europäische und asiatische Sprachen
**Alphabetisierung** 99 %
**Währung** Australischer Dollar (1 Dollar = 100 Cent)
**BSP (Mio. US-$)** 388 252
**BSP/Kopf (US-$)** 20 240

### Schlüsseldaten

**1770** Großbritannien beansprucht das Land
**1788** Erste Strafkolonie
**1850–90** Sechs Kolonien mit Selbstverwaltung
**1870** Letzte Strafgefangene
**1901** Kolonien bilden Australischen Bund
**1902** Frauenwahlrecht
**1914–18** Aufseiten der Alliierten im 1. Weltkrieg
**1927** Canberra wird Hauptstadt
**1939–45** Aufseiten der Alliierten im 2. Weltkrieg
**1942** Unabhängigkeit im Commonwealth
**1951** ANZUS-Sicherheitspakt mit Neuseeland und den USA
**1965–72** Kämpfe aufseiten der USA in Vietnam
**1967** Aborigines erhalten Staatsangehörigkeit
**1992** Aborigines erhalten Landrecht
**1999** Referendum gegen Bildung einer Republik
**2003** Partner der USA und Großbritanniens im 2. Golfkrieg

### Die Bevölkerung Australiens

#### Anteile von Australiern und Übersee-Geborenen

Einer von fünf australischen Bürgern ist aus einem anderen Land zugewandert. Die Zahlen sind von 1996.

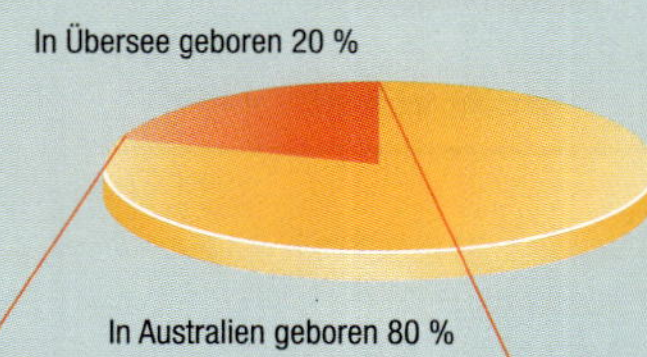


#### Woher stammen die Einwanderer?

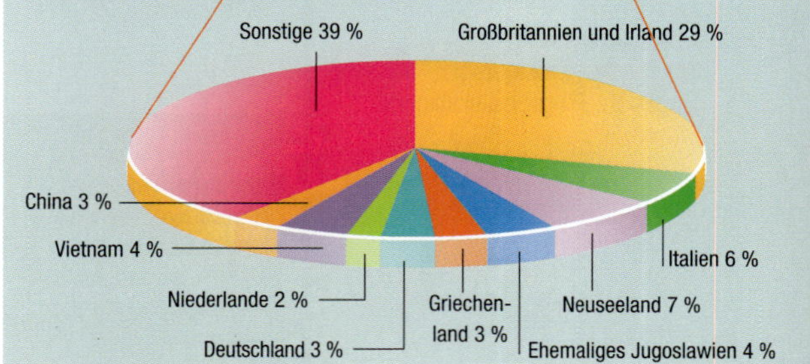

Als die erste britische Sträflingsflotte am 26. Januar 1788 in Sydney landete, wurde Australien allgemein als *terra nullius* – unbesiedeltes Land – betrachtet. Diese Definition Australiens hatte mehr als 200 Jahre lang gesetzlichen Bestand.

Die erste Sträflingsanlandung wurde bis 1833 als einfacher Jahrestag gefeiert; erst 1931 erhielt der 26. Januar den Namen „Tag Australiens". Doch als 1988 die Zweihundertjahrfeier näher rückte, gaben Ureinwohner einer ganz anderen Sicht der Dinge Ausdruck: Australien sei 1788 weit davon entfernt gewesen, „unbesiedelt" zu sein; vielmehr habe es schon mindestens 750 000 Jahre vor der britischen Inbesitznahme eine einheimische Bevölkerung gehabt.

Australiens Ureinwohner, die Aborigines, erklärten 1988 zu einem „Trauerjahr" und begaben sich auf einen Protestmarsch für „Freiheit, Gerechtigkeit und Hoffnung" – mit einigem Erfolg, denn seither heißt der Jahrestag nicht mehr „Tag Australiens", sondern „Gemeinschafts-Tag", und man feiert an ihm die kulturelle Vielfalt der Nation. Darüber hinaus verwarf der Oberste Gerichtshof 1992 das Terra-Nullius-Konzept und entschied, dass die Aborigines Land besitzen dürfen.

Seit dem Zweiten Weltkrieg haben Wellen neuer Siedler – die ersten aus Europa, später aus allen Gegenden der Erde – zur Entstehung einer vielfältigen Gesellschaft beigetragen. Etwa 20 % der heutigen Australier sind in Übersee geboren. Neben Englisch sind über 100 weitere Sprachen zu hören. Dazu kommen rund 200 einheimische Sprachen, gesprochen von den 386 000 Angehörigen der Aborigines- und Torres-Strait-Völker.

2002 nutzte Australien die Olympischen Spiele, um seine kulturelle Vielfalt ins rechte Licht zu rücken, und Canberra hält jedes Jahr sein eigenes multikulturelles Festival ab. Das Land versucht überdies, die historischen Ungerechtigkeiten, die den Eingeborenen angetan wurden – von Massakern in der frühen Kolonialzeit bis zum Diebstahl von Aborigines-Kindern für Pflegeeltern Mitte des 20. Jh. – wieder gutzumachen. 1996 verpflichtete sich das Parlament in einer Erklärung, „durch Beseitigung der tiefen sozialen und wirtschaftlichen Nachteile" zur Versöhnung mit den Eingeborenen Australiens beizutragen.

Dieser Prozess der ethnischen Integration und Versöhnung war nicht immer einfach und ist bis heute unvollendet, und nicht selten wird politischer Widerstand dagegen laut. Doch wie sagt Stephen Fitzgerald, ein früherer australischer Botschafter in China: „Wir können nicht… an einer Welt des weißen Mannes festhalten, die der Vergangenheit angehört… Wir wollen Australier sein, keine Europäer."

## NEUSEELAND

**OFFIZIELLE BEZEICHNUNG**
Neuseeland

**HAUPTSTADT**
Wellington

**Fläche** 270 534 km²
**Einwohner** 3,331 Mio.
**Bevölkerungsdichte/km²** 14,2
**Bevölkerungswachstum/Jahr** 0,7 %
**Lebenserwartung** 78
**Sprachen** Englisch, Maori
**Alphabetisierung** 99 %
**Währung** Neuseeländischer Dollar (1 Dollar = 100 Cent)
**BSP (Mio. US-$)** 49 750
**BSP/Kopf (US-$)** 12 990

### Schlüsseldaten

**14. Jh.** Maori wandern aus dem Pazifik ein
**1769** Britischer Kapitän James Cook landet
**1840** Britische Kolonie
**1860–72** Kriege um Land zwischen Einwanderern und Maori
**1893** Frauenwahlrecht
**1907** Dominionstatus
**1914–18** 1. Weltkrieg aufseiten der Alliierten; Besetzung West-Samoas (bis 1962)
**1939–45** 2. Weltkrieg aufseiten der Alliierten
**1947** Unabhängigkeit im Commonwealth
**1951** ANZUS-Sicherheitspakt mit Australien und USA
**1985** Anti-Nuklearpolitik; Greenpeace-Protestschiff „Rainbow Warrior" wird vom französischen Geheimdienst vor Auckland versenkt
**1988** Freihandelsabkommen mit Australien
**2002** Entschuldigung bei Samoa für Besetzung

**FAKTEN**

**75 % der Neuseeländer leben auf der Nordinsel. Ein Drittel von ihnen drängt sich um Auckland.**

# Pazifische Inseln

## KIRIBATI

**OFFIZIELLE BEZEICHNUNG**
Republik Kiribati

**HAUPTSTADT**
Bairiki (auf Tarawa)

**Unabhängigkeit** 1979
**Fläche** 810,5 km²
**Einwohner** 91 000
**Bevölkerungsdichte/km²** 112
**Bevölkerungswachstum/Jahr** 1,8 %
**Lebenserwartung** 62
**Sprachen** Gilbertesisch, Englisch
**Alphabetisierung** 90 %
**Währung** Australischer Dollar (1 Dollar = 100 Cent)
**BSP (Mio. US-$)** 86
**BSP/Kopf (US-$)** 950

## MARSHALLINSELN

**OFFIZIELLE BEZEICHNUNG**
Republik Marshallinseln

**HAUPTSTADT**
Dalap-Uliga-Darrit (Majuro-Atoll)

**Unabhängigkeit** 1986
**Fläche** 181,3 km²
**Einwohner** 52 000
**Bevölkerungsdichte/km²** 287
**Bevölkerungswachstum/Jahr** 3,8 %
**Lebenserwartung** 65
**Sprachen** Kajin-Majol, Englisch
**Alphabetisierung** 93 %
**Währung** US-Dollar (1 Dollar = 100 Cent)
**BSP (Mio. US-$)** 102
**BSP/Kopf (US-$)** 1970

## FIDSCHI

**OFFIZIELLE BEZEICHNUNG**
Republik Fidschi

**HAUPTSTADT**
Suva (auf Viti Levu)

**Unabhängigkeit** 1970
**Fläche** 18 376 km²
**Einwohner** 810 000
**Bevölkerungsdichte/km²** 44
**Bevölkerungswachstum/Jahr** 1,5 %
**Lebenserwartung** 69
**Sprachen** Fidschianisch, Hindi, Englisch
**Alphabetisierung** 92,6 %
**Währung** Fidschi-Dollar (1 Dollar = 100 Cent)
**BSP (Mio. US-$)** 1480
**BSP/Kopf (US-$)** 1820

## MIKRONESIEN

**OFFIZIELLE BEZEICHNUNG**
Föderierte Staaten von Mikronesien

**HAUPTSTADT**
Kolonia (auf Pohnpei)

**Unabhängigkeit** 1986
**Fläche** 700 km²
**Einwohner** 118 100
**Bevölkerungsdichte/km²** 169
**Bevölkerungswachstum/Jahr** 3,2 %
**Lebenserwartung** 68
**Sprachen** Englisch, mikronesische Dialekte
**Alphabetisierung** 89 %
**Währung** US-Dollar (1 Dollar = 100 Cent)
**BSP (Mio. US-$)** 250
**BSP/Kopf (US-$)** 2110

## PALAU

**OFFIZIELLE BEZEICHNUNG**
Republik Palau

**HAUPTSTADT**
Korror (auf Korror)

**Unabhängigkeit** 1994
**Fläche** 508 km²
**Einwohner** 19 000
**Bevölkerungsdichte/km²** 37
**Bevölkerungswachstum/Jahr** 1,9 %
**Lebenserwartung** 70
**Sprachen** Palauisch, Englisch
**Alphabetisierung** 92 %
**Währung** US-Dollar (1 Dollar = 100 Cent)
**BSP (Mio. US-$)** k. Ang.
**BSP/Kopf (US-$)** unter 9266

## NAURU

**OFFIZIELLE BEZEICHNUNG**
Republik Nauru

**HAUPTSTADT**
Yaren

**Unabhängigkeit** 1968
**Fläche** 21,3 km²
**Einwohner** 11 000
**Bevölkerungsdichte/km²** 516
**Bevölkerungswachstum/Jahr** 1,3 %
**Lebenserwartung** 52
**Sprachen** Nauruisch, Englisch
**Alphabetisierung** 99 %
**Währung** Australischer Dollar (1 Dollar = 100 Cent)
**BSP (Mio. US-$)** k. Ang.
**BSP/Kopf (US-$)** k. Ang.

## SAMOA

**OFFIZIELLE BEZEICHNUNG**
Unabhängiger Staat Westsamoa

**HAUPTSTADT**
Apia (auf Upolu)

**Unabhängigkeit** 1962
**Fläche** 2831 km²
**Einwohner** 169 000
**Bevölkerungsdichte/km²** 60
**Bevölkerungswachstum/Jahr** 2,4 %
**Lebenserwartung** 69
**Sprachen** Samoanisch, Englisch
**Alphabetisierung** 80,2 %
**Währung** Tala (1 Tala = 100 Sene)
**BSP (Mio. US-$)** 246
**BSP/Kopf (US-$)** 1450

## PAPUA-NEUGUINEA

**OFFIZIELLE BEZEICHNUNG**
Unabhängiger Staat Papua-Neuguinea

**HAUPTSTADT**
Port Moresby

**Unabhängigkeit** 1975
**Fläche** 462 840 km²
**Einwohner** 4,807 Mio.
**Bevölkerungsdichte/km²** 10,4
**Bevölkerungswachstum/Jahr** 2,2 %
**Lebenserwartung** 59
**Sprachen** Pidgin, Englisch, Motu, Regionalsprachen
**Alphabetisierung** 63,9 %
**Währung** Kina (1 Kina = 100 Toea)
**BSP (Mio. US-$)** 3607
**BSP/Kopf (US-$)** 700

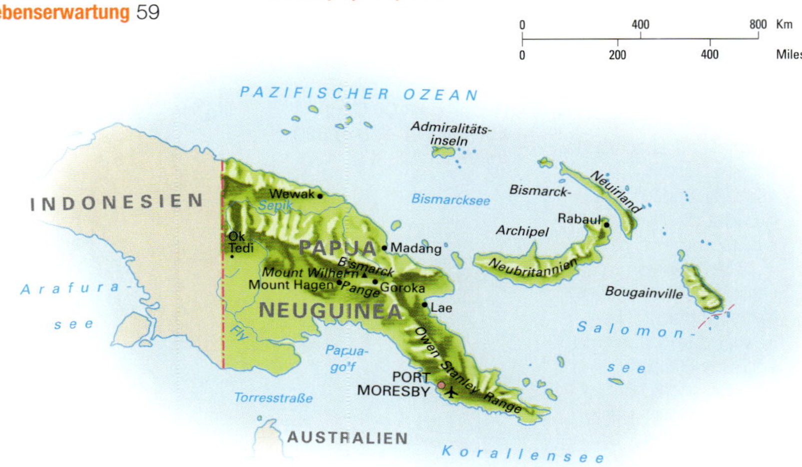


## TUVALU

**OFFIZIELLE BEZEICHNUNG**
Tuvalu

**HAUPTSTADT**
Vaiaku (auf Funafuti)

**Unabhängigkeit** 1978
**Fläche** 26 km²
**Einwohner** 11 000
**Bevölkerungsdichte/km²** 423
**Bevölkerungswachstum/Jahr** 1,4 %
**Lebenserwartung** 62
**Sprachen** Tuvaluisch, Englisch
**Alphabetisierung** 95 %
**Währung** Australischer Dollar (1 Dollar = 100 Cent)
**BSP (Mio. US-$)** 8 (1994)
**BSP/Kopf (US-$)** k. Ang.

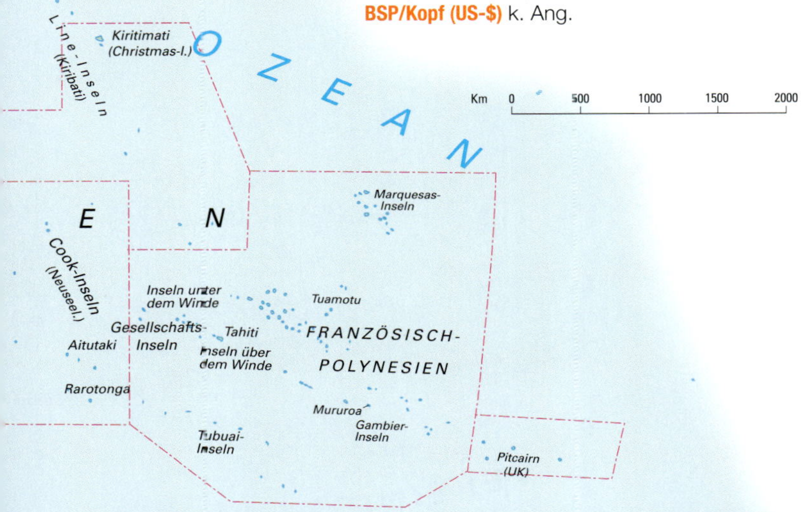


## TONGA

**OFFIZIELLE BEZEICHNUNG**
Königreich Tonga

**HAUPTSTADT**
Nuku'alofa (auf Tongatapu)

**Unabhängigkeit** 1970
**Fläche** 743 km²
**Einwohner** 100 000
**Bevölkerungsdichte/km²** 134
**Bevölkerungswachstum/Jahr** 0,8 %
**Lebenserwartung** 71
**Sprachen** Tongaisch, Englisch
**Alphabetisierung** 98,5 %
**Währung** Pa'anga (1 Pa'anga = 100 Seniti)
**BSP (Mio. US-$)** 166
**BSP/Kopf (US-$)** 1660

## VANUATU

**OFFIZIELLE BEZEICHNUNG**
Republik Vanuatu

**HAUPTSTADT**
Port Vila (auf Éfaté)

**Unabhängigkeit** 1980
**Fläche** 12 190 km²
**Einwohner** 200 000
**Bevölkerungsdichte/km²** 16,4
**Bevölkerungswachstum/Jahr** 2,5 %
**Lebenserwartung** 68
**Sprachen** Bislama, Englisch, Französisch
**Alphabetisierung** 53 %
**Währung** Vatu (1 Vatu = 100 Centimes)
**BSP (Mio. US-$)** 226
**BSP/Kopf (US-$)** 1150

## SALOMONEN

**OFFIZIELLE BEZEICHNUNG**
Salomoninseln

**HAUPTSTADT**
Honiara (auf Guadalcanal)

**Unabhängigkeit** 1978
**Fläche** 27 556 km²
**Einwohner** 442 000
**Bevölkerungsdichte/km²** 16
**Bevölkerungswachstum/Jahr** 3,4 %
**Lebenserwartung** 69
**Sprachen** Englisch, Melanesisch, Pidgin
**Alphabetisierung** 60 %
**Währung** Salomonen-Dollar (1 Dollar = 100 Cent)
**BSP (Mio. US-$)** 278
**BSP/Kopf (US-$)** 620

## KANADA

**OFFIZIELLE BEZEICHNUNG**
Kanada

**HAUPTSTADT**
Ottawa

### Schlüsseldaten

**1497** John Cabot beansprucht Kanada für England
**1534–5** Jacques Cartier reklamiert das Land für Frankreich
**1604** Französische Siedlungsgebiete in Kanada werden „Neufrankreich"
**1663** „Neufrankreich" „Königlich französische Provinz"
**1670** Großbritannien gründet die Hudson Bay Company
**1713** Vertrag von Utrecht: Briten erhalten Neuschottland, Neufundland und den Hudson-Bay-Bereich
**1759** Schlacht von Quebec; Briten besiegen Franzosen
**1763** „Neufrankreich" wird britisch
**1774** Quebec erhält französisches Recht
**1791** Teilung Quebecs
**1867** Kanada wird Dominion
**1914–18** 1. Weltkrieg aufseiten der Alliierten
**1931** Unabhängigkeit im Commonwealth
**1939–45** 2. Weltkrieg aufseiten der Alliierten
**1949** Neufundland wird die zehnte kanadische Provinz
**1959** St.-Lawrence-Wasserstraße verbindet Seen und Atlantik
**1980** Quebec stimmt gegen Loslösung
**1982** Ende der britischen Vormacht
**1990** Scheitern des Meech-Lake-Abkommens zum Schutz von Kultur und Sprache Quebecs
**1994** Freihandelsabkommen mit USA und Mexiko
**1995** Quebec lehnt erneut Unabhängigkeit ab
**1999** Nunavut, Heimat der Inuit, wird eigene Provinz

**Fläche** 9 984 670 km²
**Einwohner** 30,735 Mio.
**Bevölkerungsdichte/km²** 3,1
**Bevölkerungswachstum/Jahr** 0,8 %
**Lebenserwartung** 79
**Sprachen** Englisch, Französisch
**Alphabetisierung** 99 %
**Währung** Kanadischer Dollar (1 Dollar = 100 Cent)
**BSP (Mio. US-$)** 649 829
**BSP/Kopf (US-$)** 21 130

### Separatistenbewegung in Quebec

Zweimal in 15 Jahren stimmte die Französisch sprechende Bevölkerung Quebecs dafür, als Provinz bei Kanada zu bleiben statt unabhängig zu werden. Doch die zweite Abstimmung fiel mit weniger als 1 % Vorsprung mehr als knapp aus.

Das Verlangen nach Unabhängigkeit hat seine Wurzeln in der Vergangenheit. Das Festland Kanadas wurde 1534 von dem Entdecker Jacques Cartier für Frankreich beansprucht; „Neufrankreich" wurde französische Provinz. Doch der Sieg der Briten 1759 bei Quebec beendete die französische Herrschaft.

Charles de Gaulle weckte 1967 alte Emotionen, als er „Vive le Quebec libre!" (Lang lebe das freie Quebec) ausrief. Terroristische Aktivitäten untermauerten die Unabhängigkeitsforderung. Zwischen den beiden Referenden gab die Regierung der Provinz Quebec mehr Macht und Geld. Zugleich wurde – überwacht von einer „Sprachpolizei" – Französisch als offizielle Sprache anerkannt. Ein neues Referendum zur Unabhängigkeit wird zurzeit diskutiert.

**Frostige Heimat** Die Inuit in Pond Inlet auf Baffin Island, innerhalb des Polarkreises gelegen, genießen einen vergleichsweise warmen Tag. Die Ureinwohner von Nordkanada verwirklichten 1999 mit dem Homeland Nunavut ihren lang gehegten Wunsch nach Unabhängigkeit.

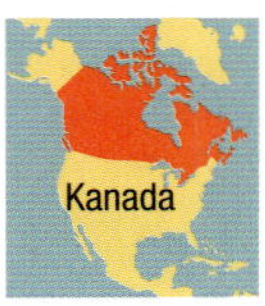


**FAKTEN**

**Kanada und die USA teilen sich die weltweit längste Grenze zwischen zwei Ländern: insgesamt 8890 km.**

## USA

**OFFIZIELLE BEZEICHNUNG**
Vereinigte Staaten von Amerika

**HAUPTSTADT**
Washington

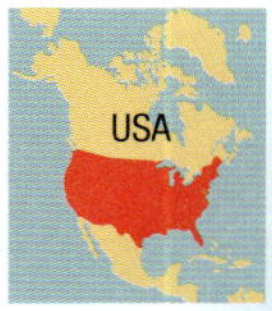


**Fläche** 9 809 155 km²
**Einwohner** 281,550 Mio.
**Bevölkerungsdichte/km²** 29
**Bevölkerungswachstum/Jahr** 0,9 %
**Lebenserwartung** 77
**Sprachen** Englisch, Spanisch
**Alphabetisierung** 99 %
**Währung** US-Dollar (1 Dollar = 100 Cent)
**BSP (Mio. US-$)** 9 601 505
**BSP/Kopf (US-$)** 34 100

**Indianer-Kultur** Eine Cherokee-Künstlerin aus New Mexico steht neben einem Kriegerporträt. Das Büffelmotiv betont die Bedeutung der Tiere – als Nahrungsquelle und als Lieferanten für Kleidung und Waffen.

### Das sprachliche Vermächtnis der Indianer

Die ersten europäischen Siedler im Gebiet der heutigen USA trafen auf mehr als 200 Indianerstämme. Columbus – er glaubte, auf seiner Entdeckungsreise Indien oder Südostasien erreicht zu haben – nannte die Einheimischen Indianer. Deren sibirische Vorfahren hatten die Beringstraße mehrere 10 000 Jahre zuvor überquert. Äußerlich ähnelten sie noch den Asiaten, doch in den Jahrtausenden der Isolation hatten sie eigene Sprachen und eine eigene Kultur entwickelt. Etwa 15 Mio. Indianer lebten 1492 in Nordamerika, heute sind es gerade noch 2 Mio.

Wichtigstes Erbe der Indianer sind ihre vielen Sprachen. Zahlreiche Wörter übernahmen die frühen Siedler von den rund 20 gesprochenen Dialekten der Algonquian-Gruppe, etwa die Namen für einheimische Nahrungsmittel wie Pecan (Pekannuss), Persimmon (Persimone) und Squash (Kürbis); des Weiteren Tiernamen, z. B. Chipmunk (Backenhörnchen), Moose (Elch), Opossum (Opossum), Raccoon (Waschbär), Terrapin (Sumpfschildkröte) und Woodchuck (Waldmurmeltier). Andere Wörter sind Caucus (politische Sitzung), Moccasin (Mokkasin), Hickory (Hickoryholz), Podunk (langweilige, kleine Stadt), Powwow (Besprechung), Teepee (Zelt), Toboggan (Schlitten), Tomahawk (Streitaxt) und Totem (Totem).

Ganz offen tritt das indianische Erbe in geographischen Benennungen zutage. Allein 26 der 50 amerikanischen Staaten tragen Namen aus dem Indianischen: Texas stammt z. B. aus der Caddo-Sprache und bedeutet „Freunde" oder „Verbündete"; Tennessee wurde nach einem Cherokee-Dorf benannt; Ohio ist ein altes Iroquois-Wort für „guter Fluss". Massachusett war der Name einer Gruppe Indianer, die an der Massachusetts-Bucht lebte, während der Name Wyoming aus einem Algonquian-Wort entlehnt ist, das „in der großen Ebene" bedeutet. Auch die Namen vieler Städte und Flüsse wurzeln in beschreibenden Indianerwörtern, etwa Chicago (Algonquian für „Platz der Zwiebel") und Mississippi („großer Fluss").

Nur wenige Amerikaner, die ihr Land bereisen, wissen heute noch, dass Winnebago eigentlich „Menschen des schmutzigen Wassers" bedeutet oder dass die Stadt Winnipeg in Kanada irgendwann „Dreckiges Wasser" getauft worden war …

## Schlüsseldaten

**16 Jh.** Spanier, Engländer und Franzosen in Nordamerika
**1620** Ankunft der „Pilgerväter"; Plymouth-Kolonie; Mayflower-Verfassung
**1624** Holländer in New York
**1682** Franzosen im Mississippital
**1775–83** Unabhängigkeitskrieg
**1776** Unabhängigkeitserklärung
**1803** Louisiana Purchase (Landkauf von Napoleon)
**1846–8** Krieg gegen Mexiko; große Landgewinne im Westen
**1861–5** Bürgerkrieg; die Union kämpft gegen die Sezessionisten der „Konföderierten Staaten" des Südens
**1865** Abschaffung der Sklaverei
**1917–18** 1. Weltkrieg aufseiten der Alliierten
**1929** Börsenkrach
**1941** Japaner greifen Pearl Harbor, Hawaii, an
**1941–5** 2. Weltkrieg aufseiten der Alliierten
**1950–3** Koreakrieg; Führung der UN-Truppen
**1963** Präsident Kennedy wird ermordet
**1964–73** Vietnamkrieg; Unterstützung Südvietnams gegen den Norden; Abzug ohne Sieg
**1969** Neil Armstrong landet auf dem Mond
**1974** Präsident Nixon tritt wegen des Watergate-Skandals zurück
**1991** USA führen eine internationale Koalition im 1. Golfkrieg gegen den Irak; Sieg
**2001** Islamische Terroristen steuern Flugzeuge in die Türme des World Trade Center und auf das Pentagon; etwa 3000 Tote
**2001** Krieg in Afghanistan; „Anti-Terror-Koalition" gegen das Taliban-Regime und Al-Qaida-Terroristen
**2003** 2. Golfkrieg gegen den Irak mit Großbritannien und Australien, Besetzung des Landes

## USA

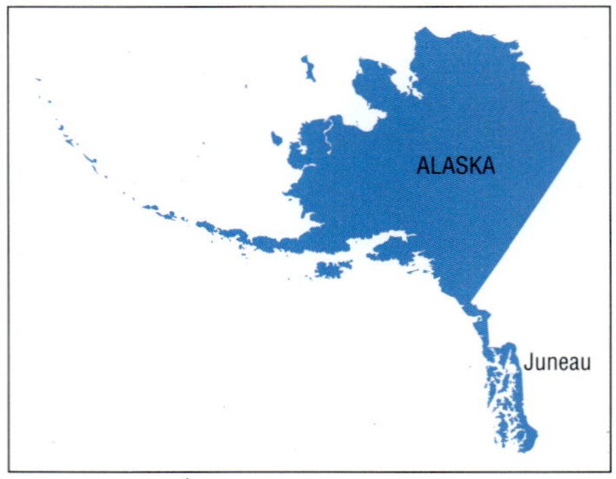

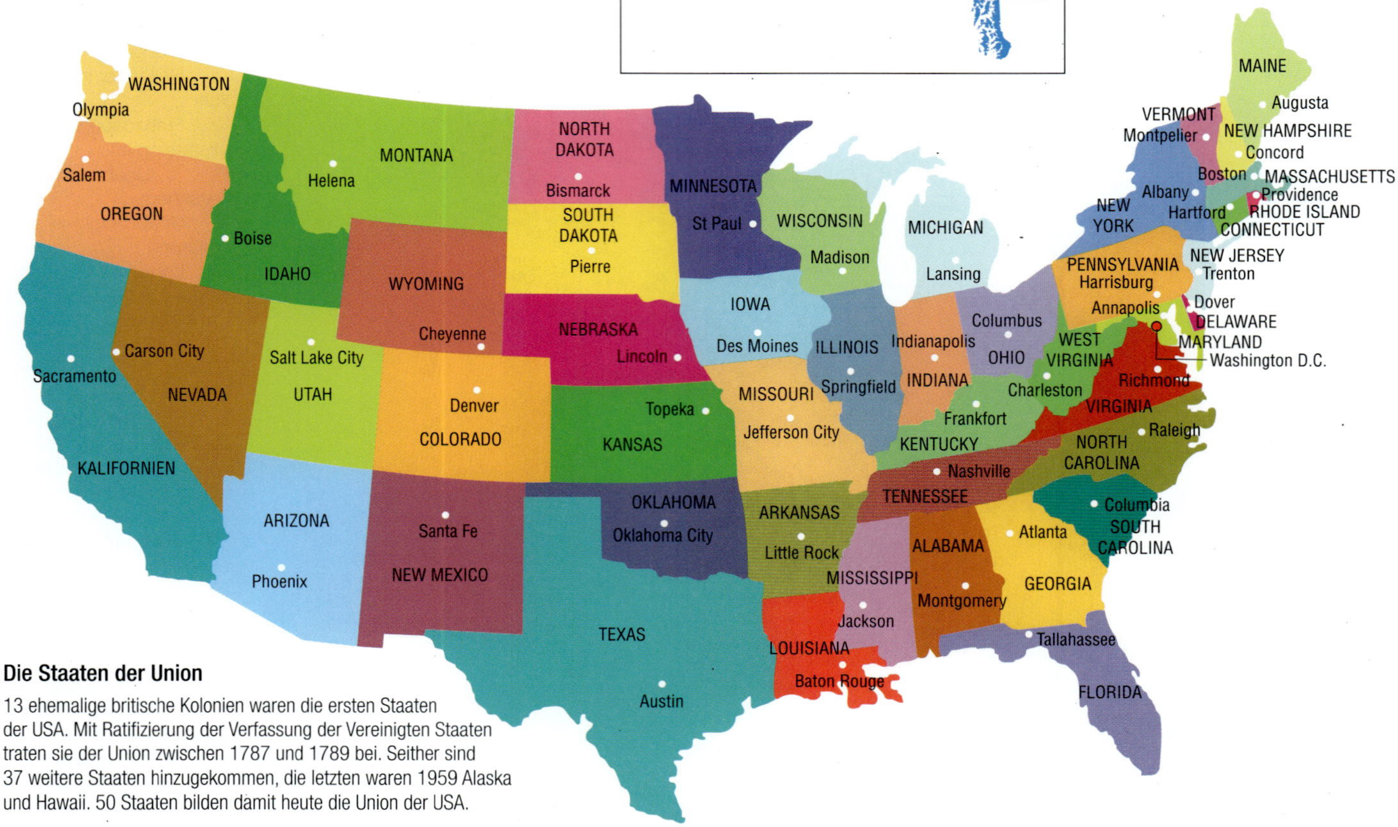


**Die Staaten der Union**

13 ehemalige britische Kolonien waren die ersten Staaten der USA. Mit Ratifizierung der Verfassung der Vereinigten Staaten traten sie der Union zwischen 1787 und 1789 bei. Seither sind 37 weitere Staaten hinzugekommen, die letzten waren 1959 Alaska und Hawaii. 50 Staaten bilden damit heute die Union der USA.

### Der Weg in die Unabhängigkeit

Noch heute erinnert man sich in den USA an die Ankunft des Seefahrers Christoph Columbus – am zweiten Montag in jedem Oktober feiert man den „Columbus Day“. Am 12. Oktober 1492 war der Italiener – unterwegs im Auftrag der spanischen Krone – durch einen Navigationsfehler vom Kurs abgekommen und hatte zufällig Amerika entdeckt.

Columbus' Entdeckung war nur eine von vielen, die zur Errichtung europäischer Kolonien in Amerika führten. Bis zur Niederlage der großen spanischen Armada 1588 waren dabei Spanier und Portugiesen führend, die Mittel- und Südamerika kolonisierten. Danach traten Briten und Franzosen auf den Plan.

Die erste britische Kolonie wurde 1607 in Jamestown (Virginia) errichtet. 1620 landeten in Plymouth (Massachusetts) die „Pilgrimfathers“ (Pilgerväter), deren erstes Erntedankfest später zum nationalen Feiertag, dem Thanksgiving Day, wurde; er wird am vierten Donnerstag in jedem November gefeiert. 1733 bewohnten englische Siedler 13 Kolonien entlang der Atlantikküste – von New Hampshire im Norden bis Georgia im Süden.

Nach dem Siebenjährigen Krieg 1756–63 gegen Frankreich wollte die britische Regierung die Folgelasten auf die Kolonien abwälzen, stieß bei den selbstbewussten Siedlern jedoch auf Widerstand. Die Bevölkerung setzte sich gegen die neuen Steuern zur Wehr, etwa den „Sugar Act“ (Zuckersteuer) oder den „Stamp Act“ auf Zeitungen und Broschüren. Am 5. März 1770 kam es zu dem von britischen Truppen verübten Massaker von Boston, und der 16. Dezember 1773 ging als „Boston Tea Party“ in die Annalen ein. Als Indianer verkleidete Siedler warfen wegen der Steuererhöhungen 342 Kisten Tee von britischen Schiffen ins Wasser.

Nach einem Zusammenstoß zwischen amerikanischer Miliz und britischen Truppen bei Lexington begann schließlich am 19. April 1775 der Krieg der Kolonien gegen England, der 1783 mit der Unabhängigkeit der amerikanischen Siedler endete.

Bereits im Mai 1775 kam in Philadelphia der so genannte Kontinentalkongress zusammen, der die Funktion einer nationalen Regierung übernahm. Thomas Jefferson aus Virginia schrieb die Unabhängigkeitserklärung, die Geburtsurkunde der Vereinigten Staaten von Amerika, die vom Kongress am 4. Juli 1776 angenommen wurde und in der es heißt, dass „diese Vereinigten Kolonien freie und unabhängige Staaten sind und von Rechts her sein sollen“. Heute ist der 4. Juli Nationalfeiertag in den USA.

Die Verfassung der Vereinigten Staaten trat 1788 in Kraft und wurde von den Abgeordneten aller 13 ehemaligen Kolonien, die jetzt freie und unabhängige Staaten waren, unterzeichnet. Die ersten Bundesstaaten waren Connecticut, Delaware, Georgia, Maryland, Massachusetts, New Hampshire, New Jersey, New York, North Carolina, Pennsylvania, South Carolina, Virginia und Rhode Island; 37 weitere Staaten sollten noch folgen.

Auf der US-Flagge befinden sich 50 weiße Sterne auf blauem Untergrund. Sie stehen für die 50 Bundesstaaten. Die 13 Streifen in Rot und Weiß erinnern an die 13 Gründerkolonien.

# MEXIKO

**OFFIZIELLE BEZEICHNUNG**
Vereinigte Mexikanische Staaten

**HAUPTSTADT**
Mexiko-Stadt

**Fläche** 1 953 162 $km^2$
**Einwohner** 97,966 Mio.
**Bevölkerungsdichte/$km^2$** 50
**Bevölkerungswachstum/Jahr** 1,4 %
**Lebenserwartung** 73
**Sprachen** Spanisch und Regionalsprachen
**Alphabetisierung** 91,1 %
**Währung** Peso (1 Peso = 100 Centavos)
**BSP (Mio. US-$)** 497 025
**BSP/Kopf (US-$)** 5070

## Schlüsseldaten

**250–900** Maya-Kultur
**10.–13. Jh.** Blütezeit der Tolteken
**14. Jh.** Die Azteken gründen Tenochtitlán (Mexiko-Stadt) und ein Reich
**1519–21** Cortés führt spanische Eroberung an
**1821** Republik
**1846–8** Krieg mit den USA; Gebietsverluste
**1863–7** Franzosen besetzen Mexiko-Stadt
**1911** Revolution; Sturz von Diktator Porfirio Diaz
**1917** Neue Verfassung; Reformen
**1938** Verstaatlichung der Ölindustrie
**1953** Frauenwahlrecht
**1970er** Riesige Ölvorkommen entdeckt
**1985** Erdbeben tötet 10 000 Menschen
**1994** Handelsabkommen mit USA und Kanada
**2001** Digna Ochoa, Umweltschützerin und Verteidigerin von Linksextremisten, wird ermordet

**Fiesta** In San Cristobal wird der mexikanische Unabhängigkeitstag mit einer Kinderparade gefeiert. Sie erinnert an jenen Septembertag des Jahres 1810, als erstmals ein Mexikaner, der Priester Miguel Hidalgo, gegen die spanische Herrschaft aufbegehrte. 11 Jahre später führte ein Aufstand in die Unabhängigkeit. Jedes Jahr erweckt Mexikos Präsident in der Hauptstadt die Szene zu neuem Leben.

## KUBA

**OFFIZIELLE BEZEICHNUNG**
Republik Kuba

**HAUPTSTADT**
Havanna (La Habana)

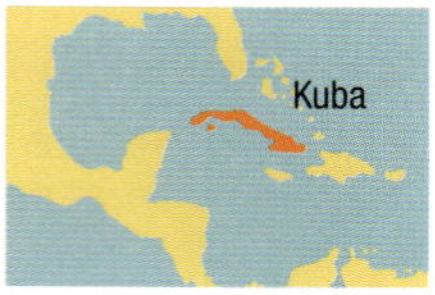


**Fläche** 110 860 km²
**Einwohner** 11,234 Mio.
**Bevölkerungsdichte/km²** 101
**Bevölkerungswachstum/Jahr** 0,3 %
**Lebenserwartung** 76
**Sprache** Spanisch
**Alphabetisierung** 95,9 %
**Währung** Kubanischer Peso (1 Peso = 100 Centavos)
**BSP (Mio. US-$)** 14 572 (1997)
**BSP/Kopf (US-$)** unter 2995

### Schlüsseldaten

**1492** Von Columbus für Spanien beansprucht
**1898** US-Militärherrschaft nach spanisch-amerikanischem Krieg
**1902** Unabhängigkeit
**1906–9** US-Besatzung
**1933** Militärputsch; Batista Präsident
**1959** Revolution; Fidel Castro stürzt Batista
**1960** Pakt mit UdSSR; US-Handelsembargo
**1961** CIA mit erfolglosem Invasionsversuch
**1962** Kuba-Krise; Sowjetraketen auf Kuba
**1976** Neue Verfassung; sozialistische Republik
**1994** Versorgungsprobleme; Exodus in die USA
**2002** US-Terrorgefangene der Al-Qaida in Guantanamo Bay

### Tourismus gegen Handelsembargo

Der Zusammenbruch des Sowjetreichs 1989 war für die kubanische Wirtschaft ein harter Schlag. Sowjetische Subventionen – etwa über Inflationspreise für kubanischen Zucker – hatten jährlich immerhin 5 Mrd. US-$ eingebracht.

Kuba hatte sich nach dem US-Handelsembargo der frühen 1960er-Jahre der UdSSR zugewandt. Das Embargo war die Reaktion auf Verstaatlichung und die Umverteilung von Land gewesen, die Fidel Castro nach dem Sturz des Diktators Fulgencio Batista 1959 durchgesetzt hatte. Castros Revolution schadete den US-Geschäften auf Kuba und nährte die amerikanische Angst vor einem „Kommunismus im Hinterhof der USA".

Die Verschlechterung der Beziehungen fand ihre Fortsetzung in dem vom US-Geheimdienst CIA organisierten Invasionsversuch in der Schweinebucht 1961. Während der „Kuba-Krise" 1962, als Präsident Kennedy die UdSSR zwang, ihre Mittelstreckenraketen von kubanischem Boden zurückzuziehen, stand die Welt zeitweise kurz vor einem Atomschlag der beiden Großmächte. Die Sowjets lenkten schließlich ein.

Die Auswirkungen des Handelsembargos kann man auf den Straßen von Havanna erleben: Hunderte alter amerikanischer Limousinen sind dank der Improvisationsfähigkeit ihrer Besitzer immer noch fahrtüchtig.

Was die Warenblockade gestoppt hatte, ersetzte wenigstens zum Teil der Tourismus: 1997 spülte die Urlauberindustrie mehr als 1 Mrd. US-$ in die Kassen der Karibikinsel. Das mag nicht zum Image einer kommunistischen Gesellschaft passen, bringt dem Land aber dringend benötigte Devisen.

1997 besuchten 1,2 Mio. Touristen das Land. Bezeichnenderweise waren darunter 20 000 US-Bürger. Castro sieht einem weiteren Zustrom gelassen entgegen. „Lasst sie kommen", meinte er. „Wir werden sie ordentlich behandeln."

## JAMAIKA

**OFFIZIELLE BEZEICHNUNG**
Jamaika

**HAUPTSTADT**
Kingston

**Fläche** 10 991 km²
**Einwohner** 2,620 Mio.
**Bevölkerungsdichte/km²** 238
**Bevölkerungswachstum/Jahr** 0,9 %
**Lebenserwartung** 75
**Sprachen** Englisch, Patois
**Alphabetisierung** 86,4 %
**Währung** Jamaika-Dollar (1 Dollar = 100 Cent)
**BSP (Mio. US-$)** 6883
**BSP/Kopf (US-$)** 2610

### Schlüsseldaten

**1494** Von Columbus für Spanien beansprucht
**1655** Beginn der britischen Herrschaft
**1833** Abschaffung der Sklaverei
**1944** Parlament
**1958–62** Mitglied der Westindischen Föderation
**1959** Selbstverwaltung
**1962** Unabhängigkeit im Commonwealth; UN
**1976** Übernahme der Hälfte der kanadischen und US-Bauxit-Minen
**1988** Hurrikan Gilbert mit Verwüstungen

# HAITI

**OFFIZIELLE BEZEICHNUNG**
Republik Haiti

**HAUPTSTADT**
Port-au-Prince

**Fläche** 27 750 km²
**Einwohner** 7,959 Mio.
**Bevölkerungsdichte/km²** 287
**Bevölkerungswachstum/Jahr** 1,6 %
**Lebenserwartung** 53
**Sprachen** Französisch, Kreolisch
**Alphabetisierung** 48,8 %
**Währung** Gourde (1 Gourde = 100 Centimes)
**BSP (Mio. US-$)** 4059
**BSP/Kopf (US-$)** 510

## Schlüsseldaten

**1492** Columbus landet
**1697** Zu Frankreich
**1804** Unabhängigkeit
**1915–35** US-Kontrolle
**1957** Diktator „Papa Doc" Duvalier erlangt die Macht
**1971** „Baby Doc" folgt seinem Vater
**1986** Duvalier verlässt unter US-Druck Haiti
**1988–91** Wahlen und Putschversuche
**1994** US-Truppen erzwingen Zivilregierung
**1995** UN-Friedenstruppe

# DOMINIKANISCHE REPUBLIK

**OFFIZIELLE BEZEICHNUNG**
Dominikanische Republik

**HAUPTSTADT**
Santo Domingo

**Fläche** 48 422 km²
**Einwohner** 8,558 Mio.
**Bevölkerungsdichte/km²** 177
**Bevölkerungswachstum/Jahr** 1,5 %
**Lebenserwartung** 67
**Sprache** Spanisch
**Alphabetisierung** 83,2 %
**Währung** Dominikanischer Peso (1 Peso = 100 Centavos)
**BSP (Mio. US-$)** 17 847
**BSP/Kopf (US-$)** 2130

## Schlüsseldaten

**1492** Columbus landet
**1496** Kolonie Spaniens
**1821** Unabhängigkeit
**1822** Einmarsch Haitis
**1844** Erlangung der vollen Unabhängigkeit
**1916–24** Besetzung durch die USA
**1930–61** Diktator Trujillo
**1962** Freie Wahlen
**1963** Militärputsch
**1965** US-Marines beenden Unruhen
**1966** Präsidialrepublik; Opposition unterdrückt
**1979** Hurrikan David verursacht Schäden

# BAHAMAS

**OFFIZIELLE BEZEICHNUNG**
Commonwealth der Bahamas

**HAUPTSTADT**
Nassau (auf New Providence)

**Fläche** 13 939 km²
**Einwohner** 302 000
**Bevölkerungsdichte/km²** 22
**Bevölkerungswachstum/Jahr** 1,9 %
**Lebenserwartung** 69
**Sprache** Englisch
**Alphabetisierung** 95,7 %
**Währung** Bahama-Dollar (1 Dollar = 100 Cent)
**BSP (Mio. US-$)** 4533
**BSP/Kopf (US-$)** 14 960

## Schlüsseldaten

**1494** Von Columbus für Spanien beansprucht
**17. Jh.** Britische Besiedlung von Spanien bekämpft
**1717** Britische Kolonie
**1783** Spanien verzichtet
**1834** Abschaffung der Sklaverei
**1964** Selbstverwaltung
**1973** Unabhängigkeit im Commonwealth; UN-Beitritt
**1995** Flüchtlingsströme aus Kuba und Haiti

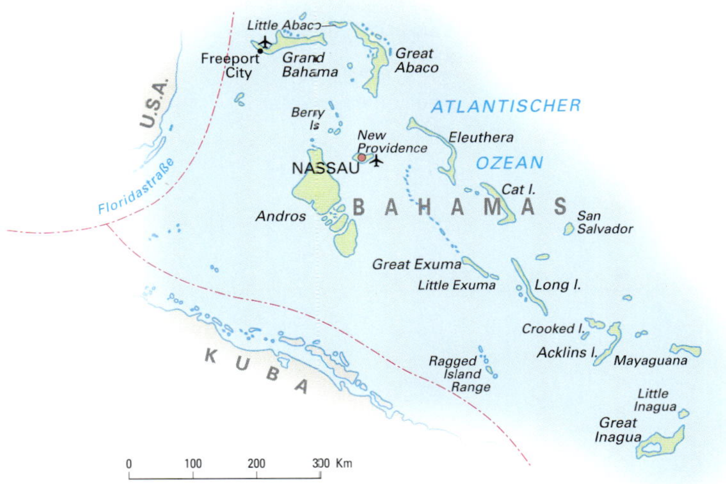

## ANTIGUA UND BARBUDA

**OFFIZIELLE BEZEICHNUNG**
Antigua und Barbuda

**HAUPTSTADT**
St. John's (auf Antigua)

**Fläche** 441,6 km²
**Einwohner** 68 000
**Bevölkerungsdichte/km²** 154
**Bevölkerungswachstum/Jahr** 0,4 %
**Lebenserwartung** 75
**Sprachen** Englisch, englisches Patois
**Alphabetisierung** 96 %
**Währung** Ostkaribischer Dollar (1 Dollar = 100 Cent)
**BSP (Mio. US-$)** 642
**BSP/Kopf (US-$)** 9440

### Schlüsseldaten

**1632** Britische Kolonie
**1834** Ende der Sklaverei
**1967** Selbstverwaltung
**1981** Unabhängigkeit im Commonwealth
**1983** Schließt sich US-geführter Grenada-Invasion an
**1995** Flüchtlingsstrom aus Montserrat nach Vulkanausbruch

## ST. KITTS UND NEVIS

**OFFIZIELLE BEZEICHNUNG**
Föderation St. Kitts und Nevis

**HAUPTSTADT**
Basseterre (auf St. Kitts)

**Fläche** 261 km²
**Einwohner** 41 000
**Bevölkerungsdichte/km²** 157
**Bevölkerungswachstum/Jahr** 1,2 %
**Lebenserwartung** 71
**Sprache** Englisch
**Alphabetisierung** 97 %
**Währung** Ostkaribischer Dollar (1 Dollar = 100 Cent)
**BSP (Mio. US-$)** 269
**BSP/Kopf (US-$)** 6570

### Schlüsseldaten

**1623** Besiedlung durch Engländer und Franzosen
**1783** Britische Hoheit
**1834** Ende der Sklaverei
**1967** Selbstverwaltung
**1983** Unabhängigkeit im Commonwealth
**1998** Scheitern eines Unabhängigkeitsreferendums auf Nevis

## PUERTO RICO

**OFFIZIELLE BEZEICHNUNG**
Freistaat Puerto Rico

**HAUPTSTADT**
San Juan

**Status** US-Commonwealth
**Fläche** 8959 km²
**Einwohner** 3,809 Mio.
**Bevölkerungsdichte/km²** 425
**Bevölkerungswachstum/Jahr** 0,9 %
**Lebenserwartung** 76
**Sprachen** Spanisch, Englisch
**Alphabetisierung** 89 %
**Währung** US-Dollar (1 Dollar = 100 Cent)
**BSP (Mio. US-$)** 25 317 (1993)
**BSP/Kopf (US-$)** 6650

### Schlüsseldaten

**1493** Columbus beansprucht das Land für Spanien
**1870** Abschaffung der Sklaverei
**1898** Nach spanisch-amerikanischem Krieg unter US-Herrschaft
**1917** US-Bürgerrecht für Puerto-Ricaner
**1947** Recht auf eigene Regierung
**1952** Selbstverwaltung als US-Schutzgebiet
**1989** Hurrikan Hugo verursacht schwere Schäden
**1998** Entscheidung gegen Unabhängigkeit

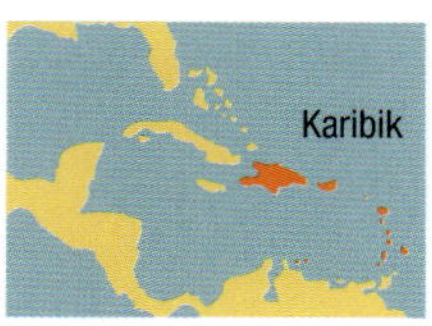


## ST. LUCIA

**OFFIZIELLE BEZEICHNUNG**
Saint Lucia

**HAUPTSTADT**
Castries

**Fläche** 616,3 km²
**Einwohner** 156 000
**Bevölkerungsdichte/km²** 253
**Bevölkerungswachstum/Jahr** 1,1 %
**Lebenserwartung** 71
**Sprachen** Englisch, französisches Patois
**Alphabetisierung** 81,5 %
**Währung** Ostkaribischer Dollar (1 Dollar = 100 Cent)
**BSP (Mio. US-$)** 642
**BSP/Kopf (US-$)** 4120

### Schlüsseldaten

**1650** Besiedlung durch die Franzosen
**17.–18. Jh.** Frankreich und Großbritannien streiten um Herrschaft
**1814** An Großbritannien
**1834** Abschaffung der Sklaverei
**1958–62** Mitglied Westindische Föderation
**1967** Selbstverwaltung
**1979** Volle Unabhängigkeit im Commonwealth

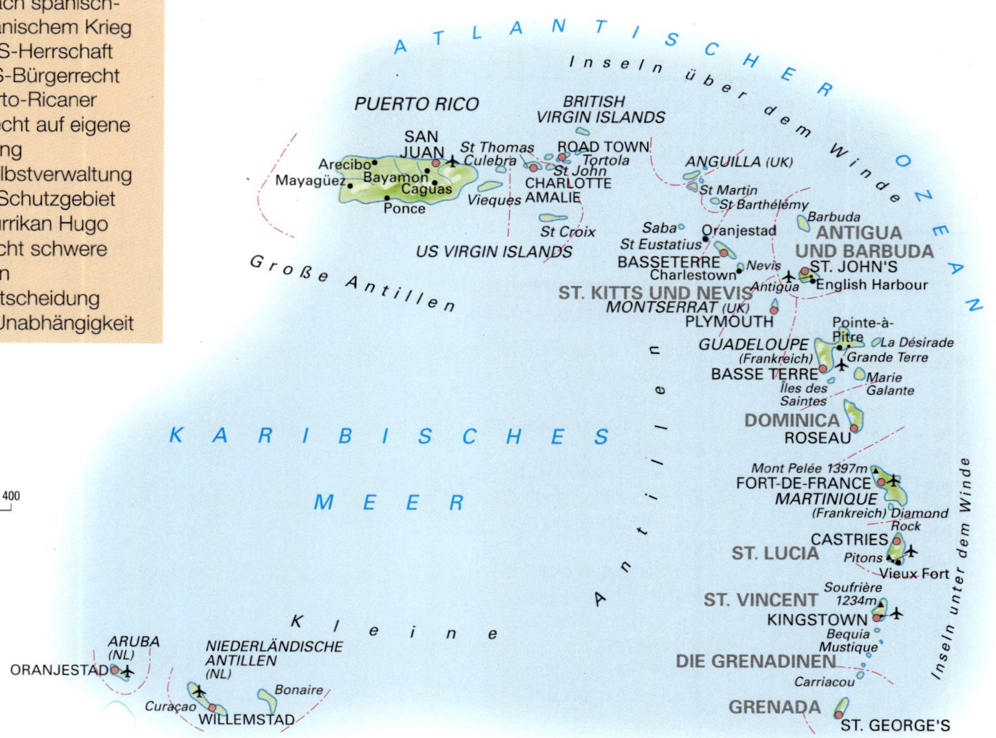

## GRENADA

**OFFIZIELLE BEZEICHNUNG**
Staat Grenada

**HAUPTSTADT**
St. George's

**Fläche** 344,5 km²
**Einwohner** 98 000
**Bevölkerungsdichte/km²** 285
**Bevölkerungswachstum/Jahr** 0 %
**Lebenserwartung** 72
**Sprachen** Englisch, französisches Patois
**Alphabetisierung** 98 %
**Währung** Ostkaribischer Dollar (1 Dollar = 100 Cent)
**BSP (Mio. US-$)** 370
**BSP/Kopf (US-$)** 3770

### Schlüsseldaten

**1650** Besiedlung durch die Franzosen
**1793** Britische Herrschaft
**1834** Ende der Sklaverei
**1967** Selbstverwaltung
**1974** Unabhängigkeit
**1983** Links-Putsch, durch USA beendet
**1984** Wahlen; demokratische Regierung

## BARBADOS

**OFFIZIELLE BEZEICHNUNG**
Barbados

**HAUPTSTADT**
Bridgetown

**Fläche** 430 km²
**Einwohner** 268 000
**Bevölkerungsdichte/km²** 623
**Bevölkerungswachstum/Jahr** 1,7 %
**Lebenserwartung** 75
**Sprachen** Englisch, Bajan
**Alphabetisierung** 97 %
**Währung** Barbados-Dollar (1 Dollar = 100 Cent)
**BSP (Mio. US-$)** 2469
**BSP/Kopf (US-$)** 9250

### Schlüsseldaten

**1627** Britische Kolonie
**1838** Abschaffung der Sklaverei
**1951** Wahlrecht
**1958–62** Mitglied Westindische Föderation
**1966** Unabhängigkeit im Commonwealth
**1983** Beteiligung an US-geführter Grenada-Invasion

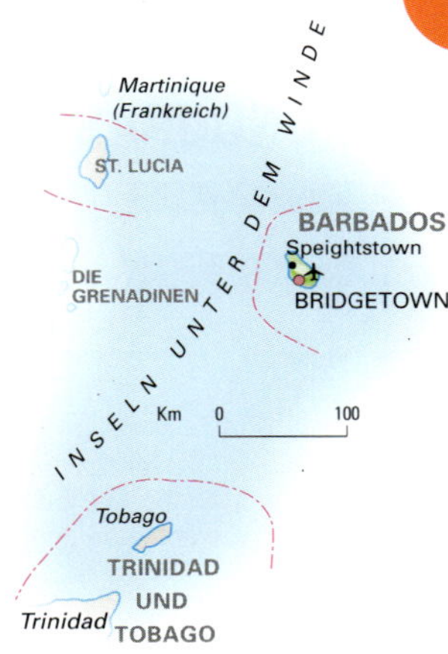

## TRINIDAD UND TOBAGO

**OFFIZIELLE BEZEICHNUNG**
Republik Trinidad und Tobago

**HAUPTSTADT**
Port of Spain

**Fläche** 5128 km²
**Einwohner** 1,301 Mio.
**Bevölkerungsdichte/km²** 254
**Bevölkerungswachstum/Jahr** 0,5 %
**Lebenserwartung** 73
**Sprachen** Englisch, Französisch, Spanisch
**Alphabetisierung** 93,5 %
**Währung** Trinidad-Tobago-Dollar (1 Dollar = 100 Cent)
**BSP (Mio. US-$)** 6415
**BSP/Kopf (US-$)** 4930

### Schlüsseldaten

**1498** Spanien beansprucht Trinidad
**1797** Trinidad britisch
**1814** Tobago fällt an Großbritannien
**1958–62** Mitglied Westindische Föderation
**1959** Selbstverwaltung
**1962** Unabhängigkeit im Commonwealth
**1976** Republik
**1990** Putschversuch von Moslemextremisten scheitert

## DOMINICA

**OFFIZIELLE BEZEICHNUNG**
Commonwealth of Dominica

**HAUPTSTADT**
Roseau

**Fläche** 751 km²
**Einwohner** 73 000
**Bevölkerungsdichte/km²** 97
**Bevölkerungswachstum/Jahr** –1,3 %
**Lebenserwartung** 76
**Sprachen** Englisch, französisches Patois
**Alphabetisierung** 94 %
**Währung** Ostkaribischer Dollar (1 Dollar = 100 Cent)
**BSP (Mio. US-$)** 238 (1999)
**BSP/Kopf (US-$)** unter 9266

### Schlüsseldaten

**17. Jh.** Französische und britische Besiedlung
**1805** Britischer Besitz
**1834** Ende der Sklaverei
**1967** Selbstverwaltung
**1978** Unabhängigkeit im Commonwealth
**1979** Schwerer Hurrikan
**1983** Beteiligung an US-geführter Grenada-Invasion

## ST. VINCENT UND DIE GRENADINEN

**OFFIZIELLE BEZEICHNUNG**
St. Vincent und die Grenadinen

**HAUPTSTADT**
Kingstown (auf St. Vincent)

**Fläche** 389,3 km²
**Einwohner** 115 000
**Bevölkerungsdichte/km²** 296
**Bevölkerungswachstum/Jahr** 0,6 %
**Lebenserwartung** 73
**Sprachen** Englisch, Französisch
**Alphabetisierung** 96 %
**Währung** Ostkaribischer Dollar (1 Dollar = 100 Cent)
**BSP (Mio. US-$)** 313
**BSP/Kopf (US-$)** 2720

### Schlüsseldaten

**1783** Britische Kolonie
**1834** Abschaffung der Sklaverei
**1958–62** Mitglied Westindische Föderation
**1969** Selbstverwaltung
**1979** Unabhängigkeit im Commonwealth
**1983** Beteiligung an US-geführter Grenada-Invasion

## HONDURAS

**OFFIZIELLE BEZEICHNUNG**
Republik Honduras

**HAUPTSTADT**
Tegucigalpa

**Fläche** 112 492 km²
**Einwohner** 6,485 Mio.
**Bevölkerungsdichte/km²** 58
**Bevölkerungswachstum/Jahr** 2,3 %
**Lebenserwartung** 66
**Sprachen** Spanisch, Englisch, Regionalsprachen
**Alphabetisierung** 74 %
**Währung** Lempira (1 Lempira = 100 Centavos)
**BSP (Mio. US-$)** 5517
**BSP/Kopf (US-$)** 860

### Schlüsseldaten

**1502** Von Columbus für Spanien beansprucht
**1838** Unabhängigkeit
**1969** Kurzer Krieg mit El Salvador; Vertreibung von Immigranten
**1980er** Contra-Guerillas greifen von Basen im Land Nicaragua an
**1992** Ende des Grenzstreits mit El Salvador
**2001** Schwere Hungersnot nach Dürre

## BELIZE

**OFFIZIELLE BEZEICHNUNG**
Belize

**HAUPTSTADT**
Belmopan

**Fläche** 22 965 km²
**Einwohner** 255 000
**Bevölkerungsdichte/km²** 11,1
**Bevölkerungswachstum/Jahr** 2,4 %
**Lebenserwartung** 74
**Sprachen** Englisch, Spanisch, Kreolisch, Regionalsprachen
**Alphabetisierung** 93,1 %
**Währung** Belize-Dollar (1 Dollar = 100 Cent)
**BSP (Mio. US-$)** 746
**BSP/Kopf (US-$)** 3110

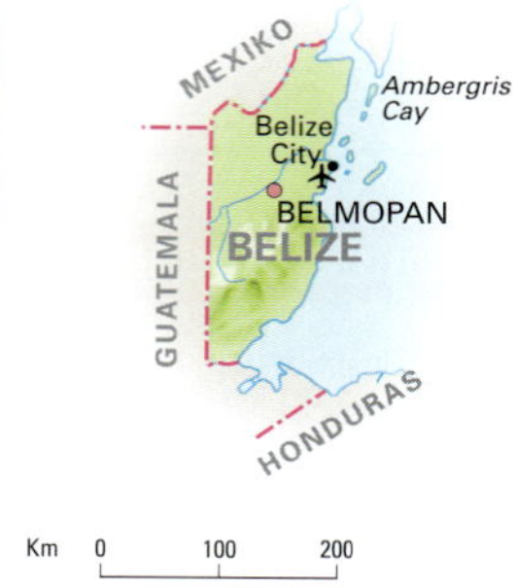

### Schlüsseldaten

**1520** Land von Spanien beansprucht; Teil von Guatemala
**1862** Britische Kolonie Britisch-Honduras
**1964** Selbstverwaltung
**1973** Neuer Name Belize
**1975** Grenzstreit mit Guatemala, das Belize beansprucht
**1981** Unabhängigkeit
**2001** Grenzstreit mit Guatemala

## COSTA RICA

**OFFIZIELLE BEZEICHNUNG**
Republik Costa Rica

**HAUPTSTADT**
San José

**Fläche** 51 060 km²
**Einwohner** 3,650 Mio.
**Bevölkerungsdichte/km²** 72
**Bevölkerungswachstum/Jahr** 2 %
**Lebenserwartung** 77
**Sprachen** Spanisch, englisches Patois
**Alphabetisierung** 95,5 %
**Währung** Costa-Rica-Colón (1 Colón = 100 Céntimos)
**BSP (Mio. US-$)** 14 510
**BSP/Kopf (US-$)** 3810

### Schlüsseldaten

**1502** Von Columbus für Spanien beansprucht
**1821** Unabhängig als Teil der Zentralamerikanischen Konföderation
**1838** Unabhängigkeit
**1848–9** Bürgerkrieg nach Wahlen
**1949** Neue Verfassung; Abschaffung der Armee
**1987** Präsident A. Sanchez erhält den Friedensnobelpreis

## Ruhe nach Jahren des Blutvergießens in Mittelamerika

Die 1980er- und 90er-Jahre bedeuteten einen Stopp der Konflikte in Mittelamerika. Costa Ricas Präsident Arias Sanchez hatte einen Friedensplan entworfen, den 1987 El Salvador, Costa Rica, Guatemala und Nicaragua unterzeichneten. Der Plan befriedete die Region; Sanchez erhielt 1987 den Friedensnobelpreis.

Die Staaten Mittelamerikas hatten, nachdem sie 1821 die Unabhängigkeit von Spanien erlangt hatten, mehr als 150 Jahre unter Militärputschen, Bürgerkriegen, Grenzkonflikten und Guerilla-Aktivitäten gelitten.

In Nicaragua stürzten die Sandinisten 1979 die Diktatur der Somoza-Familie, doch Landreform und Verstaatlichungen riefen die USA auf den Plan. Die CIA trainierte und finanzierte die rechten Contras. Nachdem das Land in eine Rezession gerutscht war, verloren die Sandinisten 1990 die Wahlen. Brutale Zusammenstöße blieben an der Tagesordnung, bis man 1994 ein Waffenstillstands-Abkommen unterzeichnete.

Guatemala, das seit einem CIA-gestützten Putsch 1954 unter Unruhen und den Aktivitäten von Todeskommandos gelitten hatte, schloss 1996 mit seinen linken Rebellen Frieden. El Salvador und Honduras fanden 1992 einen Kompromiss in ihrem Grenzkonflikt. Sanchez' Plan hatte den Boden für den Frieden bereitet.

# GUATEMALA

**OFFIZIELLE BEZEICHNUNG**
Republik Guatemala

**HAUPTSTADT**
Guatemala

**Fläche** 108 889 km²
**Einwohner** 11,385 Mio.
**Bevölkerungsdichte/km²**
105
**Bevölkerungswachstum/Jahr**
2,6 %
**Lebenserwartung** 65
**Sprachen** Spanisch und Regionalsprachen
**Alphabetisierung** 68,1 %
**Währung** Quetzal
(1 Quetzal = 100 Centavos)
**BSP (Mio. US-$)** 19 164
**BSP/Kopf (US-$)** 1680

## Schlüsseldaten

**1523** Zu Spanien
**1821** Unabhängig als Teil der Zentralamerikanischen Konföderation
**1839** Unabhängigkeit
**1945** Neue Verfassung; politische Reformen
**1952** Landreform
**1954** Militärputsch mit Unterstützung der USA
**1970er** Blutige Kämpfe mit linken Guerillas
**1975** Grenzstreit mit Belize
**1986** Neue Verfassung, Zivilregierung
**1996** Friedensabkommen mit Links-Rebellen
**2001** Grenzstreit mit Belize

# EL SALVADOR

**OFFIZIELLE BEZEICHNUNG**
Republik El Salvador

**HAUPTSTADT**
San Salvador

**Fläche** 21 041 km²
**Einwohner** 6,276 Mio.
**Bevölkerungsdichte/km²**
298
**Bevölkerungswachstum/Jahr**
1,8 %
**Lebenserwartung** 70
**Sprachen** Spanisch und Regionalsprachen
**Alphabetisierung** 78,3 %
**Währung**
El-Salvador-Colon
(1 Colon = 100 Centavos)
**BSP (Mio. US-$)** 12 569
**BSP/Kopf (US-$)** 2000

## Schlüsseldaten

**1524** Zu Spanien
**1821** Unabhängig als Teil der Zentralamerikanischen Konföderation
**1840** Unabhängigkeit
**1969** Kurzer Krieg mit Honduras
**1979** Kämpfe mit linken Rebellen beginnen
**1980** Erzbischof Romero wird ermordet
**1983** Neue Verfassung
**1992** Friedensschluss mit Guerillas; Ende des Konflikts mit Honduras

# NICARAGUA

**OFFIZIELLE BEZEICHNUNG**
Republik Nicaragua

**HAUPTSTADT**
Managua

**Fläche** 120 254 km²
**Einwohner** 5,044 Mio.
**Bevölkerungsdichte/km²** 42
**Bevölkerungswachstum/Jahr**
2,6 %
**Lebenserwartung** 69
**Sprachen** Spanisch, Englisch und Regionalsprachen
**Alphabetisierung** 68,2 %
**Währung** Córdoba
(1 Córdoba = 100 Centavos)
**BSP (Mio. US-$)** 2053
**BSP/Kopf (US-$)** 400

## Schlüsseldaten

**1502** Von Columbus für Spanien beansprucht
**1821** Unabhängig als Teil der Zentralamerikanischen Konföderation
**1838** Unabhängigkeit
**1912–33** US-Besatzung
**1937** Diktator Anastasio Somoza Präsident
**1956** Mord an Somoza; Sohn Luis Nachfolger
**1967** Bruder Anastasio Somoza Nachfolger
**1979** Sandinisten gewinnen 17-jährigen Bürgerkrieg; A. Somoza flieht
**1982** Contra-Rebellen starten Guerilla-Offensive; Unterstützung durch die USA
**1990** Sandinisten verlieren Wahlen; Frieden mit den Contras
**2000** Parteiengesetz
**2001** Hurrikan Michelle; schwere Verwüstungen

# Panama, Venezuela und Kolumbien

## PANAMA

**OFFIZIELLE BEZEICHNUNG**
Republik Panama

**HAUPTSTADT**
Panamá

**Fläche** 75 517 km²
**Einwohner** 2,856 Mio.
**Bevölkerungsdichte/km²** 38
**Bevölkerungswachstum/Jahr** 1,4 %
**Lebenserwartung** 75
**Sprachen** Spanisch und Regionalsprachen
**Alphabetisierung** 91,7 %
**Währung** Balboa (1 Balboa = 100 Centésimos)
**BSP (Mio. US-$)** 9308
**BSP/Kopf (US-$)** 3260

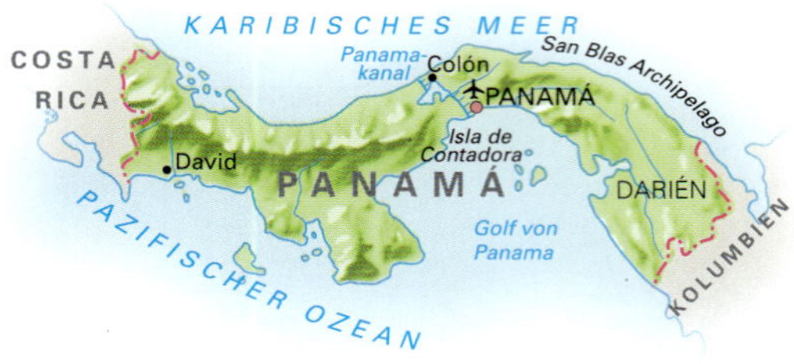

## Schlüsseldaten

**1502** Balboa beansprucht das Land für Spanien
**1821** Unabhängig als Teil Kolumbiens
**1855** Eisenbahn über den Isthmus
**1903** Unabhängig von Kolumbien durch US-gestützte Revolte; USA kontrollieren Kanalzone
**1908–28** USA überwachen alle Wahlen
**1914** Kanal fertig gestellt
**1960er** Streit mit USA über Kanalzonen-Vertrag
**1968** Militärputsch
**1977** Neuer Kanalzonen-Vertrag mit USA
**1979** Kontrolle über Kanalzone an Panama
**1983** General Noriega erlangt die Macht
**1988** US-Gericht beschuldigt Noriega des Drogenhandels; US-Wirtschaftssanktionen
**1989** Das Parlament erklärt Noriega zum Staatsoberhaupt; Erklärung des Kriegszustands mit den USA; US-Truppen zur Festnahme Noriegas
**1990** Kapitulation Noriegas
**1992** Noriega wird in den USA angeklagt und zu 40 Jahren Haft verurteilt
**1999** Panama erhält die operative Kontrolle über den Kanal; USA behalten Verteidigungsrechte

## Zwei Ozeane vereint

Ein britischer Politiker nannte ihn einmal „die größte Freiheit, die der Mensch sich jemals gegenüber der Natur herausgenommen hat". Der Panamakanal, der Atlantik und Pazifik verbindet, brauchte 10 Jahre und 40 000 Arbeitskräfte für seine Fertigstellung. Zwischen 1904 und 1914 bewegte die US-Baumannschaft rund 315 Mio. m³ Erde; 6000 Menschen ließen dabei ihr Leben. Doch die US-Regierung war fest davon überzeugt, dass sich dieser Preis lohne: Der Kanal verkürzt die Reise zwischen New York und San Francisco um etwa 13 000 km. Ende des 20. Jh. hatte der Kanal die Weltwirtschaft revolutioniert: Neue Märkte waren erschlossen worden und der Welthandel boomte. Als die USA die Kontrolle über den Kanal 1999 an Panama übergaben, hatten mehr als 700 000 Schiffe die 24-Stunden-Fahrt unternommen, allein 1998 13 025.

Den ersten Versuch, einen Wasserweg durch den Isthmus von Panama zu bauen, unternahm eine französische Gesellschaft in den 1880er-Jahren. Das Projekt endete im finanziellen Desaster und kostete 22 000 Menschenleben. Erfolgreicher war US-Präsident Theodore Roosevelt. Damals war Panama Teil Kolumbiens, das den Bau ablehnte. Die USA unterstützten daraufhin eine Revolte in Panama, das 1903 seine Unabhängigkeit erlangte. Roosevelt stellte für das gigantische Bauvorhaben 387 Mio. US-$ bereit, ferner Amerikas beste Ingenieure sowie Ärzte zur Bekämpfung des Gelbfiebers und der Malaria.

**Eng gebaut** Ein Ozeanriese fährt durch die Pedro-Miguel-Schleuse. Insgesamt müssen drei Schleusen passiert werden – auf dem höchsten Punkt befinden sich die Schiffe 26 m über dem Meeresspiegel.

# VENEZUELA

**OFFIZIELLE BEZEICHNUNG**
Bolivarische Republik Venezuela

**HAUPTSTADT**
Caracas

**Fläche** 912 050 km²
**Einwohner** 24,170 Mio.
**Bevölkerungsdichte/km²** 27
**Bevölkerungswachstum/Jahr** 1,8 %
**Lebenserwartung** 73
**Sprachen** Spanisch und Regionalsprachen
**Alphabetisierung** 92,3 %
**Währung** Bolívar (1 Bolívar = 100 Céntimos)
**BSP (Mio. US-$)** 104 065
**BSP/Kopf (US-$)** 4310

## Schlüsseldaten

**1498** Von Columbus für Spanien beansprucht
**1811–21** Befreiung durch Simón Bolívar; Teil Großkolumbiens
**1829** Unabhängigkeit
**1917** Beginn der Ölproduktion
**1958** Diktator Marcos P. Jiménez flieht nach gewaltsamem Protest: Demokratie
**1976** Verstaatlichung von 21 Ölgesellschaften
**1989** 300 Tote bei Unruhen wegen Inflation; Kriegsrecht
**2002–3** Politische und Wirtschaftskrise; Generalstreiks; Putschversuch gegen Präsident Chávez

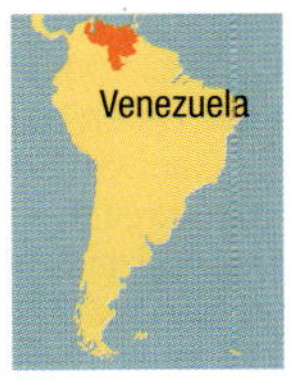


# KOLUMBIEN

**OFFIZIELLE BEZEICHNUNG**
Republik Kolumbien

**HAUPTSTADT**
Bogotá

**Fläche** 1 141 748 km²
**Einwohner** 42,299 Mio.
**Bevölkerungsdichte/km²** 37
**Bevölkerungswachstum/Jahr** 1,6 %
**Lebenserwartung** 72
**Sprache** Spanisch
**Alphabetisierung** 91,5 %
**Währung** Kolumbianischer Peso (1 Peso = 100 Centavos)
**BSP (Mio. US-$)** 85 279
**BSP/Kopf (US-$)** 2020

## Schlüsseldaten

**1525** Spanische Siedler
**1539** Vizekönigreich Neugranada
**1819** Befreiung durch Bolívar; Großkolumbien mit Venezuela, Panama und Ecuador
**1830** Venezuela und Ecuador sagen sich los
**1903** Verlust Panamas
**1948** Bürgerkrieg „La Violencia“; 200 000 Tote
**1958** Nationale Front
**Seit 1985** Kämpfe zwischen linken und rechten Extremisten
**Seit 1989** Drogenkrieg
**1989–90** Ermordung dreier Präsidentschaftskandidaten
**1993** Polizei tötet Drogenbaron Escobar

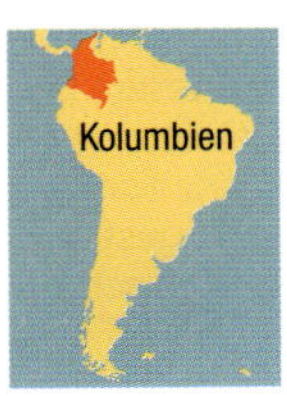

# Chile, Bolivien, Ecuador und Peru

## CHILE

**OFFIZIELLE BEZEICHNUNG** Republik Chile

**HAUPTSTADT** Santiago

**Fläche** 756 096 km²
**Einwohner** 15,211 Mio.
**Bevölkerungsdichte/km²** 20
**Bevölkerungswachstum/Jahr** 1,2 %
**Lebenserwartung** 76
**Sprache** Spanisch
**Alphabetisierung** 95,6 %
**Währung** Chilenischer Peso (1 Peso = 100 Centavos)
**BSP (Mio. US-$)** 69 850
**BSP/Kopf (US-$)** 4590

### Schlüsseldaten

**1541** Spanische Siedler; Gründung Santiagos
**1878** Unabhängigkeit
**1879–83** Pazifikkrieg; Landgewinn in Peru
**1891** Bürgerkrieg
**1970** Wahl des marxistischen Präsidenten Salvador Allende
**1973** Allende stirbt bei US-gestütztem Putsch; General Pinochet regiert mit Militärjunta
**1980** Neue Verfassung
**1989** Demokratische Wahlen; Zivilregierung
**1998** Pinochet in Großbritannien in Haft
**2000** Pinochet darf nach Chile zurückkehren; Anklage wegen Mord und Entführung
**2002** Oberstes Gericht lehnt Prozess gegen den ehemaligen Militärdiktator Pinochet ab

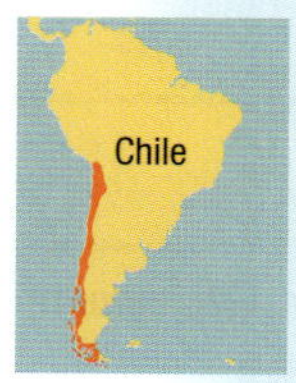


### RÜCKGRAT DES KONTINENTS

Stets Schutz gewährt hat die südamerikanische Bergkette der Anden, aber auch Probleme bereitet. Schon vor 800 Jahren, bevor die Inka ihre große Zivilisation auf dem Hochplateau von Altiplano errichteten, suchten Menschen Sicherheit vor Verfolgung in dem unzugänglichen Gebirge.

Doch die Andenkette, die den Kontinent an der Westküste längs durchtrennt, hat auch die Kommunikation unterbunden und den nicht am Meer gelegenen Dörfern die moderne Zivilisation vorenthalten. Der Transport von Gütern gestaltet sich problematisch und wird teilweise immer noch mit Tieren bewältigt. Die Schwierigkeiten beim Bau von Straßen und Schienen hemmen das Wachstum in Ländern wie Bolivien, Ecuador und Peru.

Die Anden sind mit 7200 km weltweit der längste Gebirgskamm und mit 6100 m der zweithöchste. Sie sind Ursprung des Amazonas und vieler anderer Flüsse. Die fruchtbare Erde eignet sich zum Anbau von Getreide, Mais, Kartoffeln, Kaffee, Tabak und Zuckerrohr. Das Land ist reich an Rohstoffen: Öl im Vorgebirge, Gold und Smaragde in Kolumbien, Silber in Peru und Chile, Zinn in Bolivien.

Aber das Gebirge ist geologisch noch jung und tektonisch aktiv. Die Folge sind Naturkatastrophen wie z. B. 1970 ein Erdbeben in Peru, das 50 000 Menschen tötete, und 1985 ein Vulkanausbruch in Kolumbien, der 23 000 Menschenleben kostete.

**Jung und ruhelos** Nach wie vor wachsen die Anden, da sich der Boden des Pazifiks unter Südamerika schiebt. Die Folge sind häufige Erdbeben und Vulkanausbrüche auf der gesamten Länge des Gebirges.

## BOLIVIEN

**OFFIZIELLE BEZEICHNUNG** Republik Bolivien

**HAUPTSTADT** Sucre (Regierungssitz: La Paz)

**Fläche** 1 098 581 km²
**Einwohner** 8,329 Mio.
**Bevölkerungsdichte/km²** 7,6
**Bevölkerungswachstum/Jahr** 2,2 %
**Lebenserwartung** 63
**Sprachen** Spanisch, Aimará, Ketschua
**Alphabetisierung** 85 %
**Währung** Boliviano (1 Boliviano = 100 Centavos)
**BSP (Mio. US-$)** 8206
**BSP/Kopf (US-$)** 990

### Schlüsseldaten

**15. Jh.** Inka-Reich
**1534** Spanische Eroberung
**1825** Unabhängigkeit
**1879–83** Pazifikkrieg; Landverlust an Chile
**1932–5** Chacokrieg; Landverlust an Paraguay
**1964–82** Militärregierung
**1967** Che Guevara bei Revolte getötet
**1980–3** Korruption; US- und EU-Hilfe gestoppt
**1982** Demokratische Regierung

# ECUADOR

**OFFIZIELLE BEZEICHNUNG**
Republik Ecuador

**HAUPTSTADT**
Quito

**Fläche** 256 370 km²
**Einwohner** 12,646 Mio.
**Bevölkerungsdichte/km²** 49
**Bevölkerungswachstum/Jahr** 1,7 %
**Lebenserwartung** 70
**Sprachen** Spanisch, Ketschua, Regionalsprachen
**Alphabetisierung** 91 %
**Währung** US-Dollar (1 Dollar = 100 Cent)
**BSP (Mio. US-$)** 15 256
**BSP/Kopf (US-$)** 1210

## Schlüsseldaten

**15. Jh.** Inka-Reich
**1534** Spanische Eroberung
**1822** Unabhängig als Teil von Großkolumbien
**1830** Unabhängigkeit
**1925–48** Zahlreiche instabile Regierungen
**1941** Grenzkrieg mit Peru; Landverlust im Amazonasbecken
**1963** Militärputsch
**1966** Zivilregierung; neue Verfassung
**1972** Militärputsch
**1979** Neue demokratische Verfassung
**1995** Grenzstreit mit Peru; 1998 beigelegt
**2000** Wirtschaftskrise; Ausnahmezustand; Putsch
**2002** Proteste von Ölarbeitern; Notstand

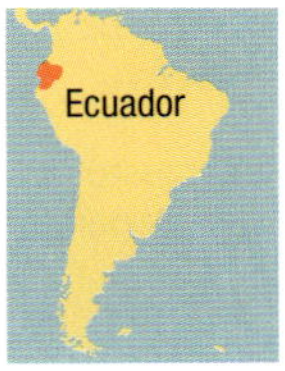

**Stadt der vier Jahreszeiten**
Durch die Lage am Äquator und die Höhe von 2775 m erlebt Quito in 24 Stunden die ganze Palette der vier Jahreszeiten.

# PERU

**OFFIZIELLE BEZEICHNUNG**
Republik Peru

**HAUPTSTADT**
Lima

**Fläche** 1 285 216 km²
**Einwohner** 22,361 Mio.
**Bevölkerungsdichte/km²** 20
**Bevölkerungswachstum/Jahr** 1,6 %
**Lebenserwartung** 69
**Sprachen** Spanisch, Ketschua, Aimará
**Alphabetisierung** 89,6 %
**Währung** Neuer Sol (1 Sol = 100 Céntimos)
**BSP (Mio. US-$)** 53 392
**BSP/Kopf (US-$)** 2080

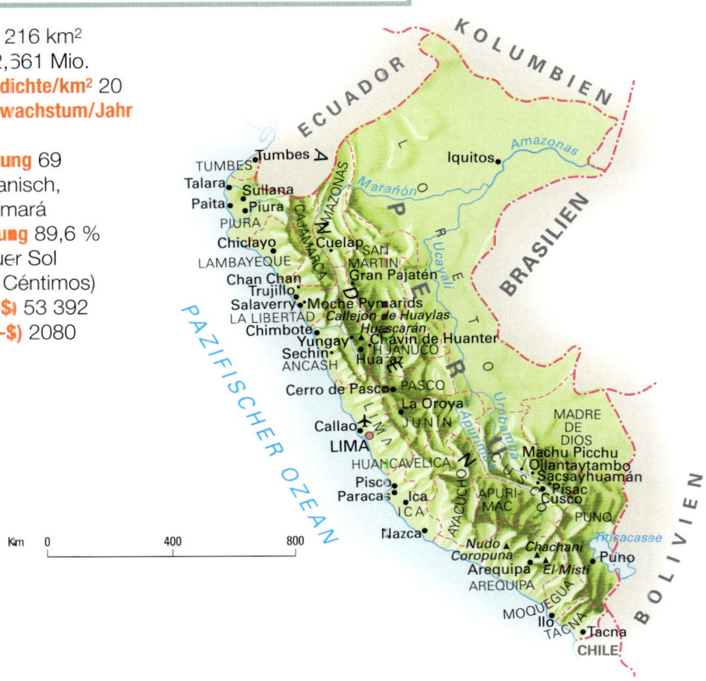


## Schlüsseldaten

**15. Jh.** Inka-Reich
**1532–3** Eroberung durch Spanier Pizarro
**1824** Unabhängigkeit nach 4-jährigem Krieg
**1879–83** Pazifikkrieg; Landverlust an Chile
**1930** Militärputsch führt zu Unterdrückung
**1941** Grenzkrieg mit Ecuador; Landgewinn im Amazonasbecken
**1945** Freie Wahlen
**1948** Militärputsch
**1963** Zivilregierung; soziale Reformen
**1968** Militärputsch; Verstaatlichung der Industrie
**1980** Wahlen; kommunistische Guerilla „Leuchtender Pfad“ aktiv
**1992** Führer des „Leuchtenden Pfads“ inhaftiert
**1995** Grenzstreit mit Ecuador; 1998 beigelegt
**1996–7** Linksgerichtete Tupamaru-Guerillas nehmen Geiseln; Guerillas getötet
**2000** Präsident Alberto Fujimori der Korruption bezichtigt; Rücktritt

## GUYANA

**OFFIZIELLE BEZEICHNUNG**
Kooperative Republik Guyana

**HAUPTSTADT**
Georgetown

**Fläche** 214 969 km²
**Einwohner** 863 000
**Bevölkerungsdichte/km²** 4
**Bevölkerungswachstum/Jahr** 0,4 %
**Lebenserwartung** 63
**Sprachen** Englisch, Hindi, Undu, Regionalsprachen
**Alphabetisierung** 98,4 %

**Währung** Guyana-Dollar (1 Dollar = 100 Cent)
**BSP (Mio. US-$)** 652
**BSP/Kopf (US-$)** 860

**FAKTEN**
**Obgleich die Einwohner Südamerikaner sind, sprechen sie Englisch und spielen Kricket für die Westindischen Inseln.**

### Schlüsseldaten

**1581** Holländische Besiedlung
**1814** Britische Kontrolle
**1831** Britische Kolonie
**1838** Ende der Sklaverei; Arbeiter aus Ostindien
**1961** Selbstverwaltung
**1962–4** Gewalt zwischen Schwarzen und Ostindern verzögert die Unabhängigkeit
**1964** Nationalkongress (hauptsächlich Schwarze) gewinnt Wahlen vor linker Fortschrittspartei (hauptsächlich Ostinder)
**1966** Unabhängigkeit im Commonwealth
**1970** Republik
**1978** „Jonestown-Massaker"; 911 Mitglieder des „People's Temple", einer US-Sekte, begehen Selbstmord oder werden getötet
**1988** Wirtschaftsreformen und Privatisierung
**2001** Grenzstreit mit Suriname
**2002** Blutige Proteste von Schwarzen gegen Benachteiligung

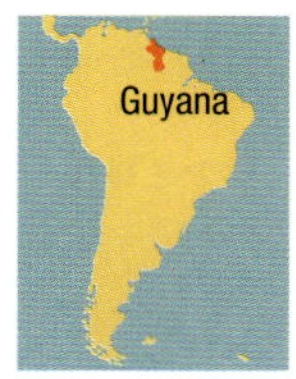


## SURINAME

**OFFIZIELLE BEZEICHNUNG**
Republik Suriname

**HAUPTSTADT**
Paramaribo

**Fläche** 163 265 km²
**Einwohner** 415 000
**Bevölkerungsdichte/km²** 2,5
**Bevölkerungswachstum/Jahr** 0,9 %
**Lebenserwartung** 70
**Sprachen** Niederländisch, Hindi, Javanesisch, Englisch
**Alphabetisierung** 93 %

**Währung** Suriname-Gulden (1 Gulden = 100 Cent)
**BSP (Mio. US-$)** 788
**BSP/Kopf (US-$)** 1890

**FAKTEN**
**Suriname ist eines der am stärksten bewaldeten Länder: 96 % der Fläche sind mit Bäumen bedeckt.**

### Schlüsseldaten

**1651** Britische Siedler
**1667** Niederländische Kontrolle im Tausch für New York; Niederländisch-Guyana
**1863** Abschaffung der Sklaverei; Inder und Indonesier kommen als Arbeitskräfte
**1954** Selbstverwaltung für Niederländisch-Guyana
**1975** Volle Unabhängigkeit; 40 % der Einwohner wandern in die Niederlande aus; neuer Name Suriname
**1980** Unblutiger Putsch
**1982–7** Militärregierung
**1987** Rebellen gegen Regierung; wirtschaftliches Chaos; Wahlen und neue Verfassung
**1990** Militärputsch; Regierungsrücktritt
**1991** Wahlen
**1992** Friedensvertrag mit Guerillagruppen
**2001** Grenzstreit mit Guyana

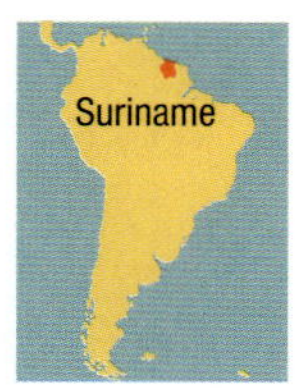


Km 0 100 200

# BRASILIEN

**OFFIZIELLE BEZEICHNUNG**
Föderative Republik Brasilien

**HAUPTSTADT**
Brasília

**Fläche** 8 547 404 km²
**Einwohner** 170,115 Mio.
**Bevölkerungsdichte/km²** 19,9
**Bevölkerungswachstum/Jahr** 1,2 %
**Lebenserwartung** 68
**Sprachen** Portugiesisch und Regionalsprachen
**Alphabetisierung** 84,9 %
**Währung** Real (1 Real = 100 Centavos)
**BSP (Mio. US-$)** 610 058
**BSP/Kopf (US-$)** 3580

## Schlüsseldaten

**1500** Von Portugal beansprucht
**Um 1700** Gold und Diamanten gefunden
**1750** Vertrag mit Spanien sichert portugiesische Herrschaft
**1808–21** Rio de Janeiro Hauptstadt des portugiesischen Reiches nach französischer Invasion in Portugal
**1815** Königreich
**1822** Unabhängigkeit; Pedro I. Kaiser
**1865–70** Krieg gegen Paraguay; Entstehung der heutigen Grenzen
**1888** Abschaffung der Sklaverei
**1889** Militärputsch; Kaiser abgesetzt; Republik
**1917–18** 1. Weltkrieg aufseiten der Alliierten
**1930** Putsch; Vargas Präsident
**1934** Neue Verfassung; allgemeines Wahlrecht eingeführt
**1937** Wirtschaftskrise; Vargas wird Diktator
**1942–5** 2. Weltkrieg aufseiten der Alliierten
**1945** Sturz von Vargas
**1946** Neue Verfassung; Demokratie
**1951** Vargas wird zum Präsidenten gewählt
**1954** Militärputsch; Selbstmord von Vargas
**1960** Brasília Hauptstadt
**1964–85** Militärregierung
**1989** Neue Verfassung; Wahlen
**1992** Rücktritt Präsident Collors wegen Korruptionsvorwürfen
**2002** „Bewegung der Landlosen" (MST) setzt Regierung mit Landbesetzungen unter Druck; „Revolutionäre Aktion Brasiliens" bedroht linke Abgeordnete

**Urbane Planung** Ein Blick entlang der Hauptachse Brasílias verdeutlicht die Symmetrie der modernen Hauptstadt. Die Metropole wurde innerhalb von nur 3 Jahren aus dem Urwald gestampft. Entworfen haben sie der Architekt Oscar Niemeyer und der Stadtplaner Lúcio Costa.

# Paraguay, Uruguay und Argentinien

## PARAGUAY

**OFFIZIELLE BEZEICHNUNG**
Republik Paraguay

**HAUPTSTADT**
Asunción

**Fläche** 406 752 km²
**Einwohner** 5,496 Mio.
**Bevölkerungsdichte/km²** 13,5
**Bevölkerungswachstum/Jahr** 2,5 %
**Lebenserwartung** 70
**Sprachen** Spanisch, Guaraní
**Alphabetisierung** 93 %
**Währung** Guaraní (1 Guaraní = 100 Céntimos)
**BSP (Mio. US-$)** 7933
**BSP/Kopf (US-$)** 1440

### Schlüsseldaten

**1537** Spanische Siedler
**1588** Ankunft der Jesuiten (1767 vertrieben)
**1811** Unabhängigkeit
**1864–70** Dreierallianz-Krieg; Landverluste an Brasilien, Argentinien und Uruguay
**1932–5** Chacokrieg; Landgewinn von Bolivien
**1954** Machtergreifung Alfredo Stroessners
**1989** General Stroessner gestürzt
**1992** Neue Verfassung
**1993** Demokratische Präsidentschaftswahlen
**2002** Regierungsskandale führen zu landesweiten Unruhen

## URUGUAY

**OFFIZIELLE BEZEICHNUNG**
Republik östlich des Uruguay

**HAUPTSTADT**
Montevideo

**Fläche** 176 016 km²
**Einwohner** 3,337 Mio.
**Bevölkerungsdichte/km²** 19,1
**Bevölkerungswachstum/Jahr** 0,7 %
**Lebenserwartung** 74
**Sprachen** Spanisch, Portugiesisch
**Alphabetisierung** 97,7 %
**Währung** Uruguayischer Peso (1 Peso = 100 Centésimos)
**BSP (Mio. US-$)** 20 010
**BSP/Kopf (US-$)** 6000

### Schlüsseldaten

**1680** Portugiesische Besiedlung
**1726** Spanier gründen Montevideo
**1777** Spanische Kontrolle
**1811–20** Kampf um Unabhängigkeit gegen spanische, portugiesische und argentinische Truppen; Niederlage; Anschluss an Brasilien
**1825–8** Revolte gegen Brasilien mit britischer und argentinischer Unterstützung; Gewinn der vollen Unabhängigkeit
**1836–52** Bürgerkrieg zwischen ländlichen Oribe- und städtischen Colorado-Gruppen; Sieg der Colorados
**1865–70** Dreierallianz-Krieg; Unterstützung von Argentinien und Brasilien gegen Paraguay
**1903** Reformen
**1942–5** 2. Weltkrieg aufseiten der Alliierten
**1967** Tupamaro-Guerillas aktiv
**1972** Inlandskrieg gegen Tupamaros
**1973** Armee übernimmt die Regierungskontrolle
**1976** Putsch beseitigt repressive Regierung
**1984** Demokratische Wahlen
**1985** Gewerkschaften; Pressefreiheit
**2002** Wirtschaftskrise; Proteste und Unruhen

## REICHTUM DER PAMPA

Argentien bedeutet so viel wie „Land des Silbers“. Gleichwohl liegt der wahre Schatz des Landes in seinem Boden: Die Pampa ist eine riesige Fläche Grasland, die sich über 777 000 km² im mittleren Argentinien bis hinein nach Uruguay erstreckt. Die Spanier ließen ab Mitte des 16. Jh. auf dieser Ebene Vieh und Pferde weiden, die dort jahrhundertelang halb wild umherstreiften.

Aber nicht nur für das Nutzvieh, auch für viele andere Tierarten ist die Pampa Heimat: Pampastrauße, Hirsche, Guanacos, die Lamas ähneln, riesige Ameisenbären und Wölfe finden hier gute Lebensbedingungen.

Erst im 19. Jh. wurde die Pampa besiedelt. Bauern, die meist aus Europa stammten, errichteten große Estancias (Viehranches) und Farmen.

Zu dieser Zeit begannen auch die Gauchos damit, die wilden Pferde zu zähmen und das Vieh zusammenzutreiben. Wie die Cowboys der USA genossen sie die Freiheit der weiten offenen Fläche und wurden zu einem kulturellen Symbol der Städter und späterer Generationen.

Argentinier essen sehr viel Fleisch; etwa 70 kg pro Kopf im Jahr. Dazu sind sie große Fleischexporteure. Möglich wurde dieses Geschäft allerdings erst Ende des 19. Jh., als mit Eisenbahnen und Kühlschiffen die technischen Voraussetzungen gegeben waren. Seither wird mit dem Viehhandel viel Geld verdient. Allerdings haben Fahrzeuge wie Gelände- und Lastkraftwagen sowie Maschinen den legendären Gaucho zu einer Gestalt der Vergangenheit werden lassen.

# ARGENTINIEN

**OFFIZIELLE BEZEICHNUNG**
Argentinische Republik

**HAUPTSTADT**
Buenos Aires

## Schlüsseldaten

**1515–26** Cabot, Magellan und Solís erforschen den Río de la Plata
**1536** Spanische Siedler in Buenos Aires
**1776** Spanier errichten Vizekönigreich Río de la Plata
**1810–13** Vertreibung der Spanier
**1816** Unabhängigkeit
**1853** Neue Verfassung; Buenos Aires spaltet sich ab
**1862** Buenos Aires schließt sich wieder an; Hauptstadt
**1916** Erste demokratische Wahlen
**1939–45** 2. Weltkrieg; offene Sympathie mit Deutschland
**1943** Militärputsch
**1945** Kriegserklärung an Deutschland
**1946** Oberst Perón Präsident; Wirtschaftsreformen; Freiheit wird unterdrückt
**1952** Tod Eva Peróns
**1955** Sturz Peróns; geht ins spanische Exil
**1973** Perón kehrt zurück und gewinnt Wahlen
**1974** Tod Peróns; Ehefrau Maria Präsidentin
**1976** Militärputsch entmachtet Präsidentin
**1982** Invasion der Falkland-Inseln; Niederlage gegen Großbritannien; Präsident Galtieri verzichtet auf sein Amt
**1983** Demokratische Wahlen; Perónisten unterliegen
**1985** Fünf ehemalige Junta-Mitglieder werden wegen Menschenrechtsverletzungen zu Haft verurteilt
**1989** Perónist Carlos Menem Präsident
**1990** Erneut Beziehungen zu Großbritannien
**1994** Neue Verfassung
**2001–2** Wirtschafts-, Finanz- und Regierungskrise; Massenproteste

**Fläche** 2 780 400 km²
**Einwohner** 37,032 Mio.
**Bevölkerungsdichte/km²** 13,3
**Bevölkerungswachstum/Jahr** 1,2 %
**Lebenserwartung** 74
**Sprachen** Spanisch, viele andere europäische sowie Regionalsprachen
**Alphabetisierung** 96,7 %
**Währung** Peso (1 Peso = 100 Centavos)
**BSP (Mio. US-$)** 276 228
**BSP/Kopf (US-$)** 7460

## Ein Stück Europa in Südamerika

Argentinien ist das einzige Land Südamerikas, dessen Bevölkerung überwiegend europäischen Ursprungs ist. Etwa 85 % seiner Bewohner haben Vorfahren in Europa – die meisten in Italien (35 %) und Spanien (25 %). Andere wissen ihre Wurzeln in Polen, Frankreich, Russland, Deutschland und Großbritannien. Spanisch ist offizielle Amtssprache, doch Deutsch, Englisch, Französisch und Italienisch hört man allenthalben.

Europäische Wurzeln spiegeln sich auch in der Kultur. Die Oper der Hauptstadt, das Teatro Colón, wurde Stein für Stein aus Europa herbeigeschafft. Zur Eröffnung im Jahr 1908 wurde Verdis *Aida* gegeben. Durch Kontakte mit sportbegeisterten Briten begannen die Argentinier, Polo, Rugby, Soccer und Tennis zu spielen. Doch nicht nur aus Europa sind Einflüsse wirksam. Der Tango verbindet kubanische, spanische, afrikanische und Gaucho-Elemente. Begleitet wird er auf dem Bandonéon, einem Instrument deutscher Herkunft.

Zu den 15 % der Argentinier, die nicht aus Europa kommen, zählen Indianer, Schwarzafrikaner, Einwanderer aus dem Mittleren Osten und gemischtrassige Mestizen.

**Strahlendes Barrio** Nicht alle Barrios in Südamerika sind Slums. Barrio bedeutet „Nachbarschaft", und einige Barrios wie La Boca in Buenos Aires machen einen sehr hübschen Eindruck. Es waren italienische Einwanderer in Argentinien, die sich zunächst in La Boca niederließen und das Viertel mit leuchtend angemalten Häusern und Restaurants ausstatteten.

# Marokko, Algerien, Libyen und Tunesien

## MAROKKO

**OFFIZIELLE BEZEICHNUNG**
Königreich Marokko

**HAUPTSTADT**
Rabat

**Fläche** 458 730 km²
**Einwohner** 28,705 Mio.
**Bevölkerungsdichte/km²** 63
**Bevölkerungswachstum/Jahr** 1,8 %
**Lebenserwartung** 67
**Sprachen** Arabisch, Französisch, Spanisch, Berberdialekte
**Alphabetisierung** 48 %
**Währung** Dirham (1 Dirham = 100 Centimes)
**BSP (Mio. US-$)** 33 940
**BSP/Kopf (US-$)** 1180

## Schlüsseldaten

**680** Arabische Invasion
**19. Jh.** Kontrolle Frankreichs und Spaniens
**1912** Aufteilung zwischen Frankreich und Spanien
**1953–5** Befreiungskrieg
**1956** Unabhängigkeit von Frankreich
**1957** Königreich
**1962** Verfassung
**1965–70** Notstand
**1976** Spanisch-Sahara (Westsahara) fällt an Marokko und Mauretanien; Polisario-Front kämpft für Unabhängigkeit
**1979** Mauretanien gibt Ansprüche auf; Marokko annektiert Gebiet
**1991** Waffenstillstand
**2001** Polisario-Front droht mit neuem Krieg
**2002** Kurze Besetzung der Petersilieninsel
**2003** Anschlag islamistischer Terroristen

## ALGERIEN

**OFFIZIELLE BEZEICHNUNG**
Demokratische Volksrepublik Algerien

**HAUPTSTADT**
Algier

**Fläche** 2 381 741 km²
**Einwohner** 30,399 Mio.
**Bevölkerungsdichte/km²** 13
**Bevölkerungswachstum/Jahr** 1,8 %
**Lebenserwartung** 71
**Sprachen** Arabisch, Französisch, Berberdialekte
**Alphabetisierung** 66,6 %
**Währung** Algerischer Dinar (1 Dinar = 100 Centimes)
**BSP (Mio. US-$)** 47 897
**BSP/Kopf (US-$)** 1580

## Schlüsseldaten

**7. Jh.** Arabische Invasion
**1518** Osmanische Herrschaft
**Ab 1830** Frankreich erlangt koloniale Kontrolle
**1954** Nationale Befreiungsfront (FLN) beginnt Guerillakrieg
**1962** Unabhängigkeit
**1965** Militärputsch
**1989** Neue Verfassung; Mehrparteiensystem; Gründung der Islamischen Heilsfront (FIS)
**1991** FIS gewinnt die Wahlen
**1992** Militärherrschaft; FIS-Verbot; FIS beginnt mit Terror; 80 000 Tote
**1996** Neue Verfassung
**1999** Terroristen begnadigt; Gewalt dauert an
**2003** Terroristen entführen europäische Sahara-Touristen

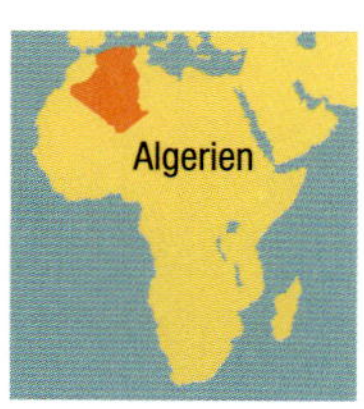

# LIBYEN

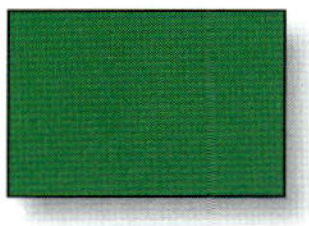

**OFFIZIELLE BEZEICHNUNG**
Sozialistische Libysch-Arabische Volks-Jamahiria

**HAUPTSTADT**
Tripolis

**Fläche** 1 775 500 km²
**Einwohner** 5,540 Mio.
**Bevölkerungsdichte/km²** 3
**Bevölkerungswachstum/Jahr** 2,2 %
**Lebenserwartung** 71
**Sprachen** Arabisch, Englisch, Italienisch, Berberdialekte
**Alphabetisierung** 79,1 %
**Währung** Libyscher Dinar (1 Dinar = 1000 Dirham)
**BSP (Mio. US-$)** k. Ang.
**BSP/Kopf (US-$)** unter 9266

## Schlüsseldaten

**640er-Jahre** Arabische Invasion
**1551** Teil des Osmanischen Reiches
**1911** Italienische Invasion
**1951** Unabhängigkeit; Königreich
**1969** Militärputsch unter Gaddafi; Libysch-Arabische Republik
**1977** Grenzkrieg mit Ägypten
**1983** Einmarsch in den Tschad
**1986** Unterstützung von Terroristen; USA brechen Kontakt ab und führen Angriffe durch
**1987** Tschad-Truppen erzwingen libyschen Rückzug
**1989** Erneuter US-Angriff
**1992** UN-Sanktionen; Libyen soll für Absturz eines Flugzeugs verantwortlich sein
**1996** UN weiten Sanktionen aus

# TUNESIEN

**OFFIZIELLE BEZEICHNUNG**
Tunesische Republik

**HAUPTSTADT**
Tunis

**Fläche** 163 610 km²
**Einwohner** 9,580 Mio.
**Bevölkerungsdichte/km²** 59
**Bevölkerungswachstum/Jahr** 1,1 %
**Lebenserwartung** 72
**Sprachen** Arabisch, Französisch, Berberdialekte
**Alphabetisierung** 69,9 %
**Währung** Tunesischer Dinar (1 Dinar = 1000 Millimes)
**BSP (Mio. US-$)** 20 057
**BSP/Kopf (US-$)** 2100

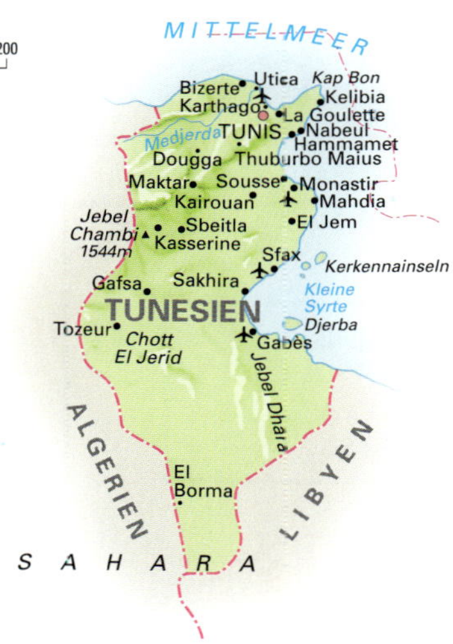


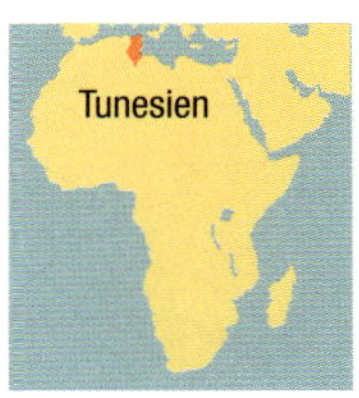


## Schlüsseldaten

**7. Jh.** Arabische Invasion
**1574** Teil des Osmanischen Reiches
**1881** Französisches Protektorat
**1955** Selbstverwaltung
**1956** Unabhängigkeit von Frankreich
**1957** Republik; Habib Bourguiba Präsident
**1975** Bourguiba Präsident auf Lebenszeit
**1985–8** Diplomatische Beziehungen zu Libyen unterbrochen
**1987** Ministerpräsident Ben Ali setzt Bourguiba ab
**1991** Maßnahmen gegen islamischen Fundamentalismus
**1995** Assoziierungsabkommen mit der EU
**2002** Terroristischer Anschlag auf die Ghriba-Synagoge auf Djerba; 19 Tote, darunter 14 Deutsche

## ANPASSUNGSFÄHIGES WÜSTENVOLK

Die Beduinen, Nomaden der Sahara, haben sich langsam an das moderne Leben angepasst. Einige leben noch in Zelten, durchwandern ihre Stammesgebiete und züchten Vieh. Sie werden von Scheichs und Ältestenräten geführt. Doch die modernen Regierungen sind bestrebt, ihre nomadisierenden Bürger anzusiedeln. So haben viele Beduinen einen eher sesshaften Lebensstil angenommen. Die meisten verstädterten Beduinen üben ein Handwerk aus. Es kommen aber auch viele Ärzte, Rechtsanwälte, Wissenschaftler oder Geschäftsleute aus Beduinenfamilien.

Die Beduinen stammen ursprünglich aus Arabien. Etwa im 7. Jh. breiteten sie sich bis nach Syrien und Ägypten aus, um 1050 bis nach Tunesien. Sie lebten von der Kamelzucht, boten Karawanen Schutz auf den Handelsrouten – und führten auch immer wieder Raubüberfälle aus. Das änderte sich in den 1920er-Jahren, als die Regierungen dem profitablen Diebstahl ein Ende setzten.

Die Beduinen haben sich dem Wechsel angepasst, ohne dabei ihre traditionellen Werte wie z. B. ihre Gastfreundschaft aufzugeben.

# Ägypten, Sudan, Eritrea, Äthiopien und Dschibuti

## ÄGYPTEN

**OFFIZIELLE BEZEICHNUNG**
Arabische Republik Ägypten

**HAUPTSTADT**
Kairo

**Fläche** 1 002 000 km²
**Einwohner** 63,819 Mio.
**Bevölkerungsdichte/km²** 64
**Bevölkerungswachstum/Jahr** 1,7 %
**Lebenserwartung** 67
**Sprachen** Arabisch, Englisch, Französisch
**Alphabetisierung** 54,6 %
**Währung** Ägyptisches Pfund (1 Pfund = 100 Piaster)
**BSP (Mio. US-$)** 95 380
**BSP/Kopf (US-$)** 1490

### Schlüsseldaten

**Um 3100 v. Chr.** Erste ägyptische Zivilisation
**639 n. Chr.** Arabische Invasion
**1517** Osmanische Herrschaft
**19. Jh.** Britisches Mandat
**1869** Suezkanal-Bau
**1914** Britisches Protektorat
**1922** Unabhängigkeit
**1923** Monarchie
**1948** Krieg gegen Israel
**1952** Militärputsch
**1956** Einnahme des Suezkanals; Großbritannien, Frankreich und Israel marschieren ein
**1967** Niederlage im 6-Tage-Krieg gegen Israel; Verlust des Sinai
**1973** Niederlage im Jom-Kippur-Krieg gegen Israel
**1978** Camp-David-Abkommen mit Israel
**1979** Frieden mit Israel
**1981** Extremisten töten Präsident Sadat
**1982** Sinai zurück
**1991** Teilnahme am 1. Golf-Krieg gegen den Irak
**1997** Muslim-Extremisten töten 58 ausländische Touristen

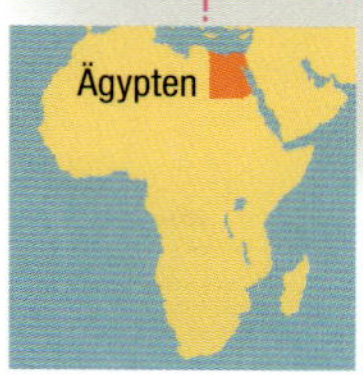


## SUDAN

**OFFIZIELLE BEZEICHNUNG**
Republik Sudan

**HAUPTSTADT**
Khartum (El Khartum)

**Fläche** 2 505 813 km²
**Einwohner** 29,677 Mio.
**Bevölkerungsdichte/km²** 12
**Bevölkerungswachstum/Jahr** 2,3 %
**Lebenserwartung** 56
**Sprachen** Arabisch, Englisch, Regionalsprachen
**Alphabetisierung** 56,9 %
**Währung** Sudanesischer Dinar (1 Dinar = 100 Piaster)
**BSP (Mio. US-$)** 9599
**BSP/Kopf (US-$)** 310

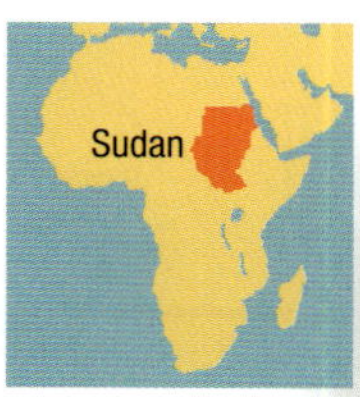

### Schlüsseldaten

**14. Jh.** Islam-Herrschaft
**1821** Ägyptische Invasion
**1881** Mahdi-Aufstand
**1898** Ägypter und Briten siegen bei Omdurman
**1956** Unabhängigkeit
**1958** Militärputsch
**1973** Einparteienstaat
**1980er-/90er-Jahre** Dürre und Hungersnöte
**1983** Islamisches Recht; Nicht-Muslimische Sudan People's Liberation Army (SPLA) beginnt Bürgerkrieg im Süden
**1985** Militärputsch; Mehrparteiensystem
**1986** Wahlen
**1989** Militärputsch; Militärrat ersetzt Legislative
**1998** Neue islamische Verfassung
**2002** Flächenbombardements gegen SPLA auf US-Druck beendet

# ERITREA

**OFFIZIELLE BEZEICHNUNG**
Eritrea

**HAUPTSTADT**
Asmara

**Fläche** 121 144 km²
**Einwohner** 4,097 Mio.
**Bevölkerungsdichte/km²** 34
**Bevölkerungswachstum/Jahr** 4,2 %
**Lebenserwartung** 52
**Sprachen** Tigrinya, Arabisch, Englisch
**Alphabetisierung** 52,7 %
**Währung** Nakfa (1 Nakfa = 100 Cent)
**BSP (Mio. US-$)** 696
**BSP/Kopf (US-$)** 170

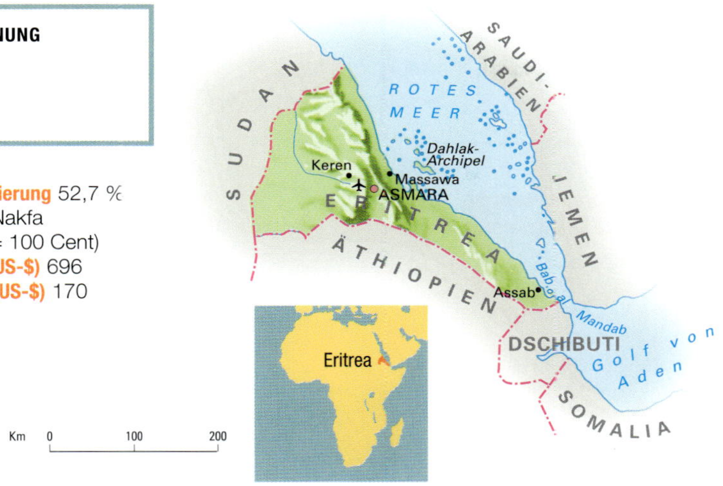


## Schlüsseldaten

**7. Jh.** Muslim-Herrschaft
**16. Jh.** Osmanische Herrschaft
**1882–9** Eroberung durch Italien
**1941** Briten-Einmarsch
**1952** Selbstverwaltung als Teil Äthiopiens
**1961** Separatisten beginnen Bürgerkrieg
**1962** Annexion durch Äthiopien
**1991** Rebellen helfen beim Sturz der äthiopischen Regierung
**1993** Republik
**1998–2000** Grenzkrieg mit Äthiopien

# ÄTHIOPIEN

**OFFIZIELLE BEZEICHNUNG**
Demokratische Bundesrepublik Äthiopien

**HAUPTSTADT**
Addis Abeba

**Fläche** 1 133 380 km²
**Einwohner** 64,298 Mio.
**Bevölkerungsdichte/km²** 57
**Bevölkerungswachstum/Jahr** 2,4 %
**Lebenserwartung** 42
**Sprachen** Amharisch, Oromiffa, Englisch, Regionalsprachen
**Alphabetisierung** 37 %
**Währung** Birr (1 Birr = 100 Cent)
**BSP (Mio. US-$)** 6737
**BSP/Kopf (US-$)** 100

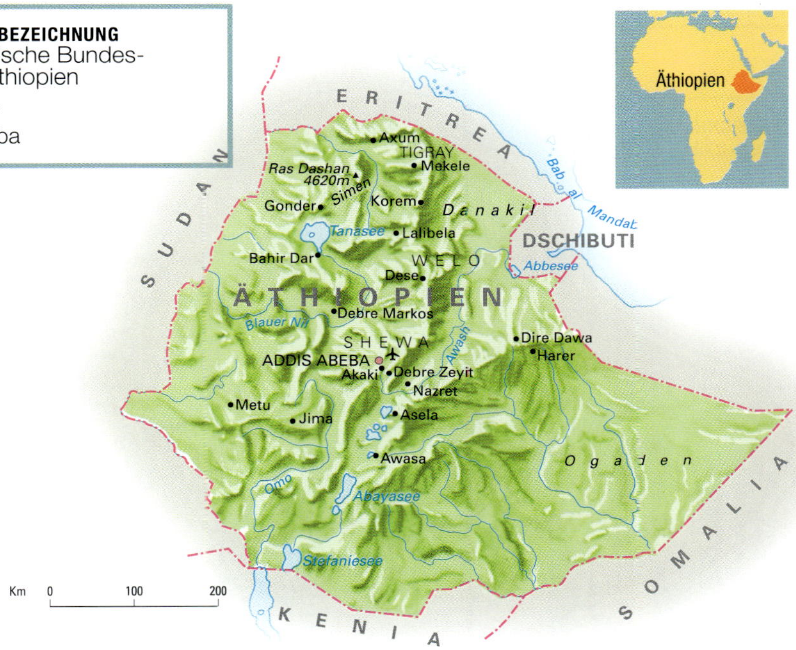


## Schlüsseldaten

**1889** Kaiser Menilek II. wehrt Kolonialmächte ab; Süd-Ausdehnung des Reiches
**1930** Ras Tafari wird Kaiser Haile Selassie I.
**1935** Italienische Invasion
**1941** Befreiung durch Briten im 2. Weltkrieg
**1962** Annexion Eritreas
**1974** Absetzung des Kaisers; Landreform
**1977–8** Krieg mit Somalia im Ogaden
**1980er-/90er-Jahre** Dürre und Hungersnöte
**1991** Sturz der Regierung durch Rebellen, u. a. aus Eritrea
**1993** Abfall Eritreas
**1995** Freie Wahlen
**1998–2000** Grenzkrieg mit Eritrea

# DSCHIBUTI

**OFFIZIELLE BEZEICHNUNG**
Republik Dschibuti

**HAUPTSTADT**
Dschibuti

**Fläche** 23 200 km²
**Einwohner** 660 000
**Bevölkerungsdichte/km²** 28
**Bevölkerungswachstum/Jahr** 2,6 %
**Lebenserwartung** 46
**Sprachen** Arabisch, Französisch
**Alphabetisierung** 63,4 %
**Währung** Dschibuti-Franc (1 Franc = 100 Centimes)
**BSP (Mio. US-$)** 553
**BSP/Kopf (US-$)** 880

## Schlüsseldaten

**9. Jh.** Islam-Bekehrung
**1892** Französische Kolonie Somaliland
**1967** Volksentscheid; Verbleib bei Frankreich
**1977** Unabhängigkeit; Mehrparteiensystem
**1981** Einheitspartei
**1992** Neue Verfassung; Mehrparteiensystem
**2002** Deutsche Kriegsschiffe im Rahmen des Anti-Terror-Einsatzes in Dschibuti

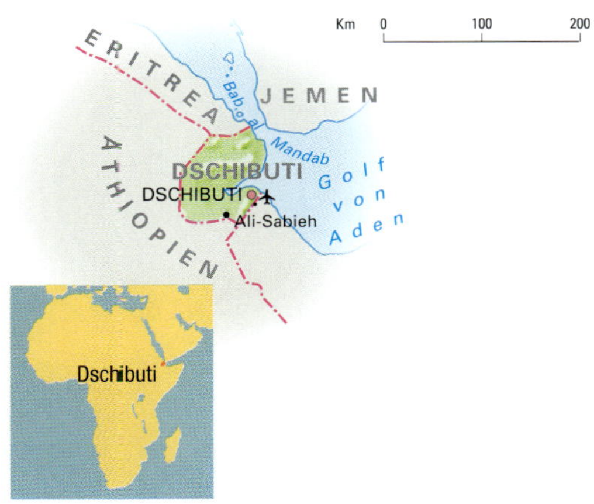

# Kenia, Tansania, Uganda, Somalia und Seychellen

## KENIA

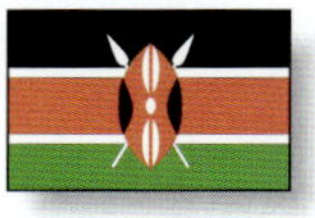

**OFFIZIELLE BEZEICHNUNG**
Republik Kenia

**HAUPTSTADT**
Nairobi

**Fläche** 580 367 km²
**Einwohner** 31,057 Mio.
**Bevölkerungsdichte/km²** 52
**Bevölkerungswachstum/Jahr** 1,9 %
**Lebenserwartung** 47
**Sprachen** Kisuaheli, Englisch, Regionalsprachen
**Alphabetisierung** 81,5 %
**Währung** Kenia-Schilling (1 Schilling = 100 Cent)
**BSP (Mio. US-$)** 10 610
**BSP/Kopf (US-$)** 350

### Schlüsseldaten

**1895** Britische Herrschaft
**1952–60** Kampf gegen britische Herrschaft
**1963** Unabhängigkeit
**1964** Einparteienstaat
**1990** Demonstrationen für Demokratie
**1991** Mehrparteienstaat
**1992** Freie Wahlen
**2002** Terroranschlag auf israelische Touristen

## TANSANIA

**OFFIZIELLE BEZEICHNUNG**
Vereinigte Republik Tansania

**HAUPTSTADT**
Dodoma

**Fläche** 945 087 km²
**Einwohner** 33,696 Mio.
**Bevölkerungsdichte/km²** 36
**Bevölkerungswachstum/Jahr** 2,3 %
**Lebenserwartung** 44
**Sprachen** Kisuaheli, Englisch, Regionalsprachen
**Alphabetisierung** 74,7 %
**Währung** Tansania-Schilling (1 Schilling = 100 Cent)
**BSP (Mio. US-$)** 9013
**BSP/Kopf (US-$)** 270

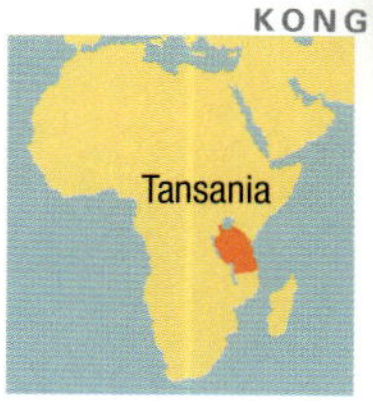

### Schlüsseldaten

**1890** Inseln Sansibar und Pemba britisches Protektorat
**1891** Festland (Tanganjika) deutsche Kolonie
**1918** Festland nach dem 1. Weltkrieg unter britischer Verwaltung
**1961** Tanganjika wird unabhängig
**1962** Republik innerhalb des Commonwealth
**1963** Sansibar wird unabhängig
**1964** Union von Sansibar und Tanganjika; Tansania entsteht
**1979** Einmarsch in Uganda, um Idi Amin zu stürzen
**1995** Demokratische Wahlen

**Sichere Weidegründe** In Kenias Amboseli-Nationalpark sind die Elefanten in Sicherheit. Anderswo werden sie noch immer wegen ihres Elfenbeins gejagt. Doch ihre Anziehungskraft auf Touristen hat die Regierungen dazu bewogen, ihnen größeren Schutz zu gewähren. Im Hintergrund erhebt sich Afrikas höchster Berg, der Kilimandscharo.

## UGANDA

**OFFIZIELLE BEZEICHNUNG**
Republik Uganda

**HAUPTSTADT**
Kampala

**Fläche** 241 139 km²
**Einwohner** 22,063 Mio.
**Bevölkerungsdichte/km²** 92
**Bevölkerungswachstum/Jahr** 3,2 %
**Lebenserwartung** 42
**Sprachen** Kisuaheli, Englisch, Luganda, Regionalsprachen
**Alphabetisierung** 66,1 %
**Währung** Uganda-Schilling (1 Schilling = 100 Cent)
**BSP (Mio. US-$)** 6699
**BSP/Kopf (US-$)** 300

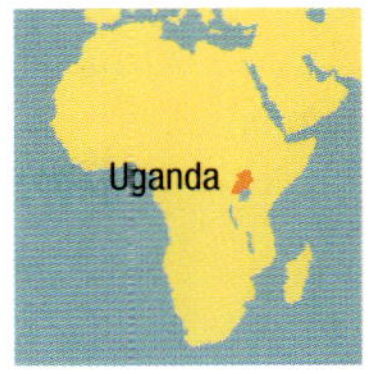


### Schlüsseldaten

**19. Jh.** Königreich Buganda
**1894** Britisches Protektorat
**1962** Unabhängigkeit
**1963** Republik unter König Mutesa II.
**1966** Sturz Mutesas durch M. Obote
**1971** Sturz Obotes durch General Idi Amin; Terror; 250 000 Tote
**1979** Truppen aus Tansania und ugandische Rebellen stürzen Amin
**1980** Obote Präsident
**1985** Militärputsch
**1986** Museveni Präsident; Frieden wiederhergestellt
**1995** Neue Verfassung
**1996** Freie Wahlen

## SOMALIA

**OFFIZIELLE BEZEICHNUNG**
Demokratische Republik Somalia

**HAUPTSTADT**
Mogadischu (Muqdisho)

**Fläche** 637 657 km²
**Einwohner** 9,711 Mio.
**Bevölkerungsdichte/km²** 15
**Bevölkerungswachstum/Jahr** 4,2 %
**Lebenserwartung** 48
**Sprachen** Somali, Arabisch, Englisch, Italienisch
**Alphabetisierung** 24 %
**Währung** Somalia-Schilling (1 Schilling = 100 Centesimi)
**BSP (Mio. US-$)** k. A.
**BSP/Kopf (US-$)** unter 755

### Schlüsseldaten

**1880er-Jahre** Britisch-/Italienisch-Somaliland
**1960** Unabhängigkeit
**1969** Militärputsch; sozialistische Republik
**1974–5** Schwere Dürre; Hungersnot
**1977–8** Einmarsch ins äthiopische Ogaden zurückgedrängt
**1981** Kämpfe zwischen rivalisierenden Clans
**1991** Somaliland einseitig unabhängig
**1992** UN-Truppen zur Friedenssicherung
**1994–5** UN-Truppen verlassen Land; Clans setzen Kämpfe fort
**1998** Puntland einseitig unabhängig

## SEYCHELLEN

**OFFIZIELLE BEZEICHNUNG**
Republik Seychellen

**HAUPTSTADT**
Victoria (auf Mahé)

**Fläche** 454 km²
**Einwohner** 81 000
**Bevölkerungsdichte/km²** 178
**Bevölkerungswachstum/Jahr** 0,7 %
**Lebenserwartung** 72
**Sprachen** Kreolisch, Englisch, Französisch
**Alphabetisierung** 85 %
**Währung** Seychellen-Rupie (1 Rupie = 100 Cent)
**BSP (Mio. US-$)** 573
**BSP/Kopf (US-$)** 7050

### Schlüsseldaten

**16. Jh.** Entdeckung der Inseln durch Portugal
**1770** Französische Besiedlung
**1814** An Großbritannien
**1976** Unabhängige Republik innerhalb des Commonwealth
**1977** Sozialistischer Putsch entmachtet ersten Präsidenten
**1979** Einparteienstaat
**1993** Neue Verfassung; Mehrparteiensystem

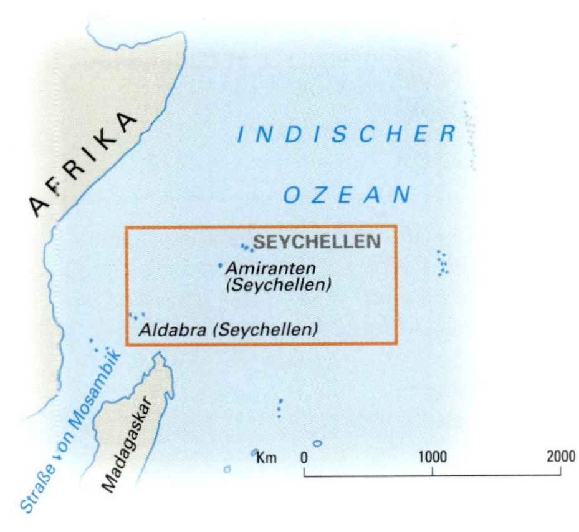

## MALI

**OFFIZIELLE BEZEICHNUNG**
Republik Mali

**HAUPTSTADT**
Bamako

**Fläche** 1 240 192 km²
**Einwohner** 10,840 Mio.
**Bevölkerungsdichte/km²** 9
**Bevölkerungswachstum/Jahr** 2,9 %
**Lebenserwartung** 42
**Sprachen** Französisch und 12 weitere Sprachen
**Alphabetisierung** 39,8 %
**Währung** CFA-Franc (1 Franc = 100 Centimes)
**BSP (Mio. US-$)** 2548
**BSP/Kopf (US-$)** 240

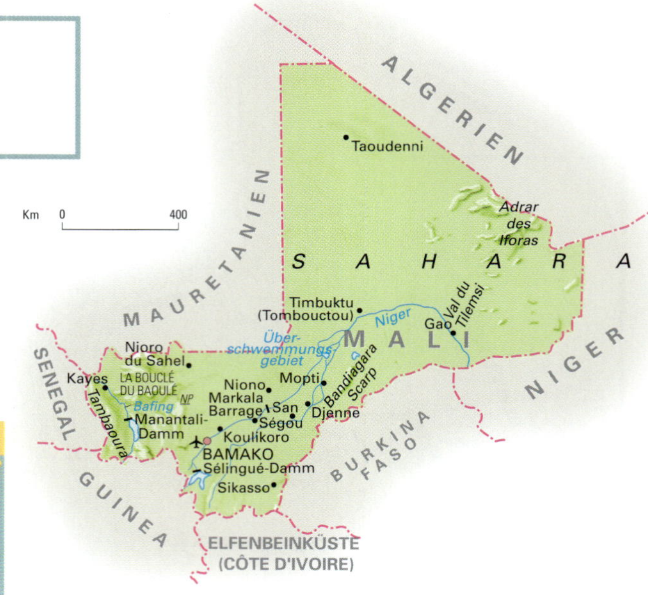


### Schlüsseldaten

**4.–16. Jh.** Teil der Königreiche Ghana, Mali und Songhai
**Ab 1893** Französische Eroberung
**1904** Kolonie Französisch-Sudan
**1958** Selbstverwaltung unter Frankreich
**1959** Mali-Föderation mit Senegal
**1960** Mali-Föderation zerbricht; Unabhängigkeit; Republik Mali
**1968** Sturz der sozialistischen Regierung
**1974** Einparteienstaat
**1991** Militärputsch
**1992** Neue Verfassung; freie Wahlen; Friedensabkommen mit Tuareg-Guerillas

## SENEGAL

**OFFIZIELLE BEZEICHNUNG**
Republik Senegal

**HAUPTSTADT**
Dakar

**Fläche** 196 722 km²
**Einwohner** 9,530 Mio.
**Bevölkerungsdichte/km²** 48
**Bevölkerungswachstum/Jahr** 2,5 %
**Lebenserwartung** 52
**Sprachen** Wolof, Französisch, Regionalsprachen
**Alphabetisierung** 36,4 %
**Währung** CFA-Franc (1 Franc = 100 Centimes)
**BSP (Mio. US-$)** 4714
**BSP/Kopf (US-$)** 490

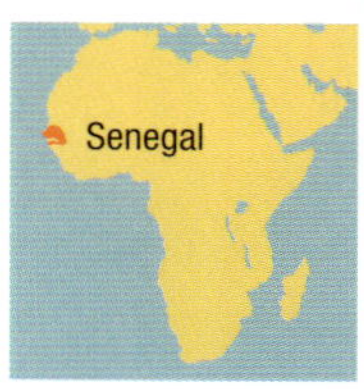


### Schlüsseldaten

**4.–16. Jh.** Osten Teil der Königreiche Ghana, Mali und Songhai
**17. Jh.** Europäische Handelsposten
**1791** Französische Kolonie
**1959** Mali-Föderation mit Französisch-Sudan
**1960** Mali-Föderation zerbricht; Unabhängigkeit; Republik Senegal
**1982–9** Konföderation Senegambia mit Gambia
**1998** Truppen in Guinea-Bissau, um Militärputsch zu unterdrücken
**2001** Konflikt um die Region Casamance

## GAMBIA

**OFFIZIELLE BEZEICHNUNG**
Republik Gambia

**HAUPTSTADT**
Banjul

**Fläche** 11 295 km²
**Einwohner** 1,286 Mio.
**Bevölkerungsdichte/km²** 114
**Bevölkerungswachstum/Jahr** 2,8 %
**Lebenserwartung** 53
**Sprachen** Englisch, Wolof, Mandingo
**Alphabetisierung** 35,7 %
**Währung** Dalasi (1 Dalasi = 100 Bututs)
**BSP (Mio. US-$)** 440
**BSP/Kopf (US-$)** 340

### Schlüsseldaten

**13.–14. Jh.** Teil des Mali-Reiches
**15.–18. Jh.** Europäische Sklavenposten
**18. Jh.** Britischer Besitz, ab 1821 als Teil Sierra Leones
**1843** Britische Kolonie
**1965** Unabhängigkeit
**1970** Republik innerhalb des Commonwealth
**1982–9** Konföderation Senegambia mit Senegal
**1994** Unblutiger Putsch
**1996** Neue Verfassung

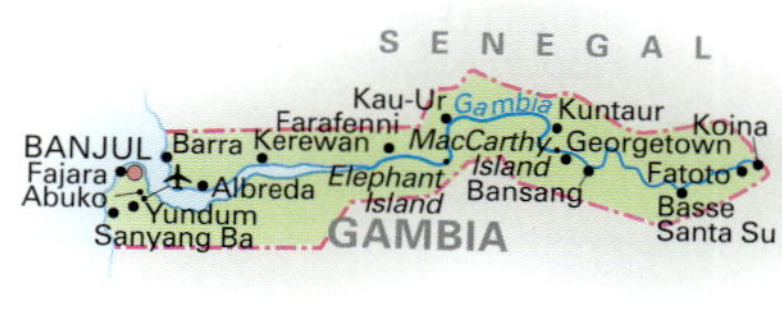


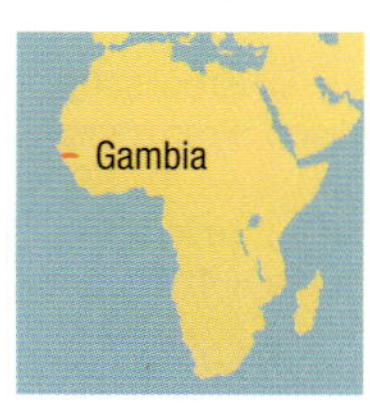

# GUINEA-BISSAU

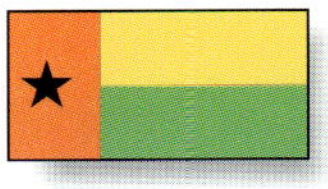

**OFFIZIELLE BEZEICHNUNG**
Republik Guinea-Bissau

**HAUPTSTADT**
Bissau

**Fläche** 36 125 km²
**Einwohner** 1,207 Mio.
**Bevölkerungsdichte/km²** 33
**Bevölkerungswachstum/Jahr** 2,4 %
**Lebenserwartung** 45
**Sprachen** Portugiesisch, Kreolisch
**Alphabetisierung** 37,7 %
**Währung** CFA-Franc (1 Franc = 100 Centimes)
**BSP (Mio. US-$)** 217
**BSP/Kopf (US-$)** 180

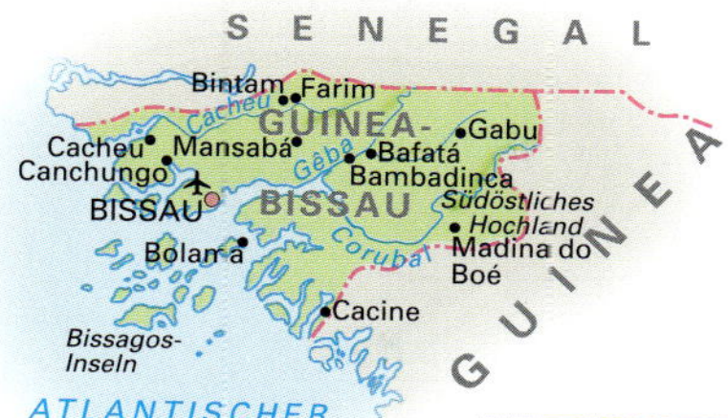

## Schlüsseldaten

**17.–19. Jh.** Portugiesischer Sklavenposten
**1879** Portugiesische Kolonie
**1951** Überseeprovinz
**1974** Unabhängigkeit nach Guerillakrieg
**1980** Militärputsch
**1984** Neue Verfassung
**1994** Freie Wahlen
**1998** Armeerevolte mithilfe von Senegal und Guinea beendet
**1999** Militärputsch

# MAURETANIEN

**OFFIZIELLE BEZEICHNUNG**
Islamische Republik Mauretanien

**HAUPTSTADT**
Nouakchott

**Fläche** 1 030 700 km²
**Einwohner** 2 669 Mio.
**Bevölkerungsdichte/km²** 3
**Bevölkerungswachstum/Jahr** 3 %
**Lebenserwartung** 52
**Sprachen** Arabisch, Französisch, Regionalsprachen
**Alphabetisierung** 41,6 %
**Währung** Ouguiya (1 Ouguiya = 5 Khoums)
**BSP (Mio. US-$)** 978
**BSP/Kopf (US-$)** 370

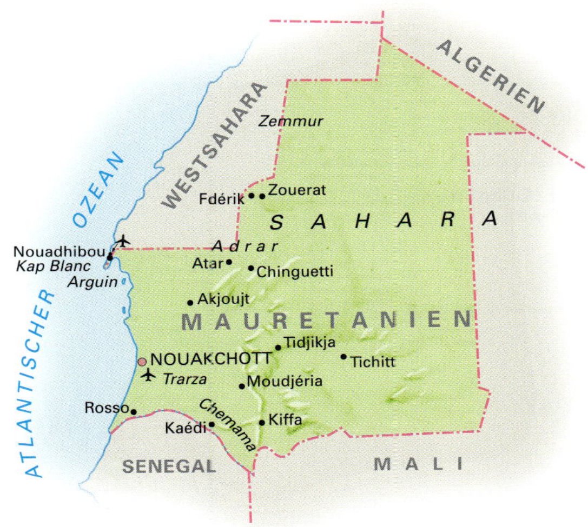


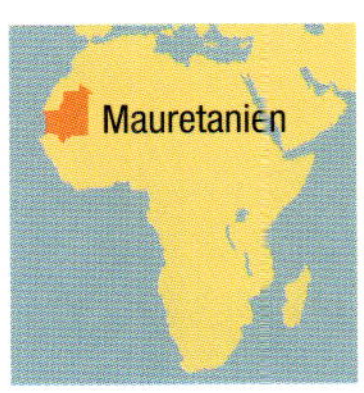


## Schlüsseldaten

**4.–16. Jh.** Gebiete Teil der Königreiche Ghana, Mali und Songhai
**17.–18. Jh.** Europäische Handelsposten
**1902** Französisches Protektorat
**1958** Selbstverwaltung
**1960** Unabhängigkeit; von Marokko abgelehnt
**1965** Einparteiensystem
**1970** Anerkennung durch Marokko
**1976** Spanisch-Sahara (Westsahara) fällt an Marokko und Mauretanien; Polisario-Front kämpft für Unabhängigkeit
**1978** Militärputsch
**1979** Mauretanien ohne Westsahara-Ansprüche
**1991** Reformen
**2003** Putschversuch

# KAP VERDE

**OFFIZIELLE BEZEICHNUNG**
Republik Kap Verde

**HAUPTSTADT**
Praia

**Fläche** 4033 km²
**Einwohner** 441 000
**Bevölkerungsdichte/km²** 109
**Bevölkerungswachstum/Jahr** 1,4 %
**Lebenserwartung** 69
**Sprachen** Portugiesisch, Kreolisch
**Alphabetisierung** 73,6 %
**Währung** Kap-Verde-Escudo (1 Escudo = 100 Centavos)
**BSP (Mio. US-$)** 588
**BSP/Kopf (US-$)** 1330

## Schlüsseldaten

**1460er-Jahre** Besiedlung durch Portugiesen
**16.–17. Jh.** Wohlstand durch Funktion als Sklavenhandelsposten
**1879** Portugiesische Kolonie
**1975** Unabhängigkeit
**1981** Plan einer Vereinigung mit Guinea-Bissau scheitert
**1990** Neue Verfassung
**1991** Mehrparteiensystem; erste freie Wahlen

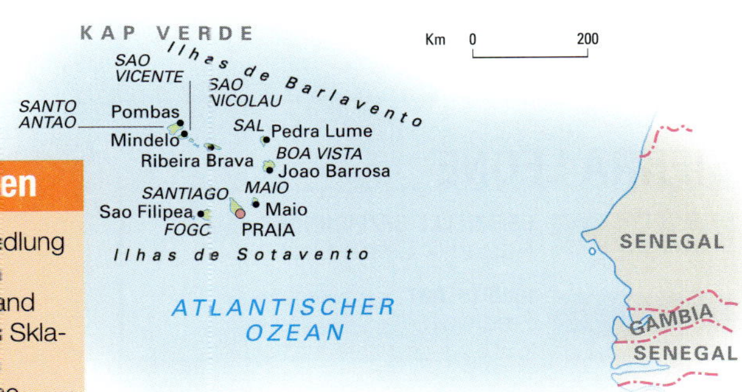


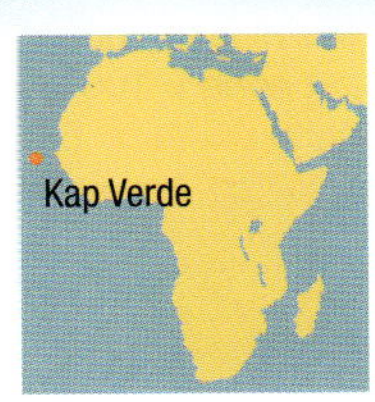

# Westafrika (Süden)

## GUINEA

**OFFIZIELLE BEZEICHNUNG**
Republik Guinea

**HAUPTSTADT**
Conakry

**Fläche** 245 857 km²
**Einwohner** 7,415 Mio.
**Bevölkerungsdichte/km²** 304
**Bevölkerungswachstum/Jahr** 1,5 %
**Lebenserwartung** 46
**Sprachen** Französisch, Soussou, Manika und andere Regionalsprachen
**Alphabetisierung** 35 %
**Währung** Guinea-Franc (1 Franc = 100 Cauris)
**BSP (Mio. US-$)** 3303
**BSP/Kopf (US-$)** 450

### Schlüsseldaten

**13.–16. Jh.** Teil des Mali-Reiches
**1890** Französische Kolonie
**1958** Unabhängigkeit; Einparteienstaat
**1984** Unblutiger Putsch
**1990** Neue Verfassung
**1993** Freie Wahlen
**1996** Rebellenrevolte
**1998** Truppen in Guinea-Bissau

## GHANA

**OFFIZIELLE BEZEICHNUNG**
Republik Ghana

**HAUPTSTADT**
Accra

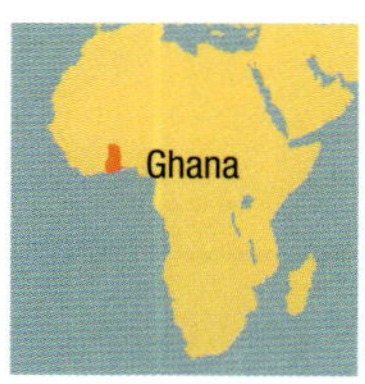


**Fläche** 238 537 km²
**Einwohner** 19,200 Mio.
**Bevölkerungsdichte/km²** 81
**Bevölkerungswachstum/Jahr** 2,2 %
**Lebenserwartung** 57
**Sprachen** Englisch, Regionalsprachen
**Alphabetisierung** 70,3 %
**Währung** Cedi (1 Cedi = 100 Pesewas)
**BSP (Mio. US-$)** 6594
**BSP/Kopf (US-$)** 340

### Schlüsseldaten

**15. Jh.** Portugiesischer Handel; „Goldküste"
**1642** Niederländische Kontrolle
**1874** Britische Kolonie
**1954** Selbstverwaltung
**1957** Unabhängigkeit
**1960** Republik
**1964** Sozialistischer Einparteienstaat
**1966** Militärputsch
**1969** Neue Verfassung; Zivilregierung
**1972–81** Militärputsche
**1992** Neue Verfassung; Mehrparteiensystem
**1993** Ethnische Unruhen; über 1000 Tote
**2001–2** Ethnische Unruhen

## SIERRA LEONE

**OFFIZIELLE BEZEICHNUNG**
Republik Sierra Leone

**HAUPTSTADT**
Freetown

**Fläche** 71 740 km²
**Einwohner** 5,031 Mio.
**Bevölkerungsdichte/km²** 70
**Bevölkerungswachstum/Jahr** 4,5 %
**Lebenserwartung** 39
**Sprachen** Englisch, Mende, Temne, Krio
**Alphabetisierung** 32 %
**Währung** Leone (1 Leone = 100 Cent)
**BSP (Mio. US-$)** 647
**BSP/Kopf (US-$)** 130

### Schlüsseldaten

**1808** Britische Kolonie
**1961** Unabhängigkeit
**1967/8** 2 Militärputsche; dann Zivilregierung
**1985** General Momoh Präsident
**1991–2002** Bürgerkrieg; Militärputsche
**1996** UN-Sanktionen
**1999** UN-Truppen zur Friedenssicherung
**2000** Britische Elitetruppen evakuieren Staatsbürger aus Freetown

# LIBERIA

**OFFIZIELLE BEZEICHNUNG**
Republik Liberia

**HAUPTSTADT**
Monrovia

**Fläche** 97 754 km$^2$
**Einwohner** 3,130 Mio.
**Bevölkerungsdichte/km$^2$** 32
**Bevölkerungswachstum/Jahr** 5,5 %
**Lebenserwartung** 47
**Sprachen** Englisch, Regionalsprachen
**Alphabetisierung** 38,3 %
**Währung** Liberianische-Dollar (1 Dollar = 100 Cent)
**BSP (Mio. US-$)** k. Ang.
**BSP/Kopf (US-$)** unter 755

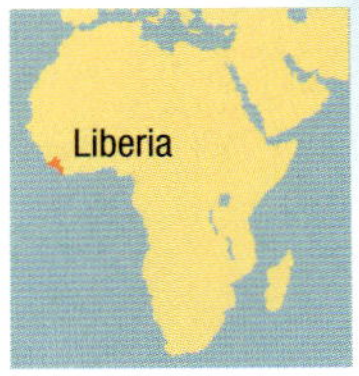

## Schlüsseldaten

**1822** Gründung durch freigelassene Sklaven
**1847** Unabhängigkeit
**1980** Militärputsch
**1984** Neue Verfassung
**1985** Freie Wahlen
**1989** Bürgerkrieg zwischen Regierung und Rebellengruppen
**1990** Präsident getötet
**1996** Friedensvertrag
**1997** Freie Wahlen
**2001** UN-Sanktionen
**2002/3** Kämpfe zwischen Regierung und Rebellen

# ELFENBEINKÜSTE

**OFFIZIELLE BEZEICHNUNG**
Republik Côte d'Ivoire

**HAUPTSTADT**
Yamoussoukro
(Regierungssitz: Abidjan)

**Fläche** 322 462 km$^2$
**Einwohner** 15,950 Mio.
**Bevölkerungsdichte/km$^2$** 50
**Bevölkerungswachstum/Jahr** 2,1 %
**Lebenserwartung** 46
**Sprachen** Französisch, Regionalsprachen
**Alphabetisierung** 45,7 %
**Währung** CFA-Franc (1 Franc = 100 Centimes)
**BSP (Mio. US-$)** 9591
**BSP/Kopf (US-$)** 600

## Schlüsseldaten

**1842** Französisches Protektorat
**1893** Französische Kolonie
**1958** Selbstverwaltung
**1960** Unabhängigkeit; Einparteienstaat
**1990** Mehrparteienwahl
**Ab 1999** Militärrevolten
**2003** „Regierung der Nationalen Versöhnung"

# BURKINA FASO

**OFFIZIELLE BEZEICHNUNG**
Burkina Faso

**HAUPTSTADT**
Ouagadougou

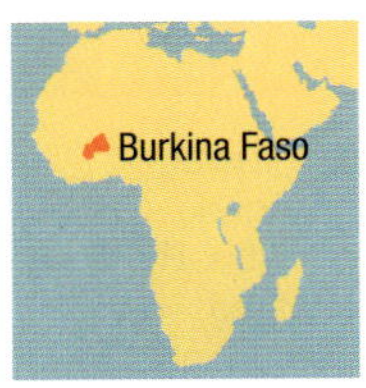


**Fläche** 274 200 km$^2$
**Einwohner** 11,274 Mio.
**Bevölkerungsdichte/km$^2$** 41
**Bevölkerungswachstum/Jahr** 38 %
**Lebenserwartung** 44
**Sprachen** Französisch, Mossi, Regionalsprachen
**Alphabetisierung** 23 %
**Währung** CFA-Franc (1 Franc = 100 Centimes)
**BSP (Mio. US-$)** 2422
**BSP/Kopf (US-$)** 210

## Schlüsseldaten

**14. Jh.** Mossi-Königreich
**Mitte 15. Jh.** Hauptstadt Ouagadougou
**1896** Französisches Protektorat
**1910** Französische Kolonie Obervolta
**1932–47** Aufteilung zwischen anderen französischen Kolonien
**1960** Unabhängigkeit
**1980** Beginn einer Reihe von Militärputschen
**1984** Namensänderung; Burkina Faso
**1991** Neue Verfassung; Mehrparteienwahl
**1999** Spannungen mit Elfenbeinküste

# Togo, Benin, Niger, Tschad und Nigeria

## TOGO

**OFFIZIELLE BEZEICHNUNG**
Republik Togo

**HAUPTSTADT**
Lomé

**Fläche** 56 785 km²
**Einwohner** 4,670 Mio.
**Bevölkerungsdichte/km²** 82
**Bevölkerungswachstum/Jahr** 2,6 %
**Lebenserwartung** 49
**Sprachen** Französisch, Ewe, Kabyé, Regionalsprachen
**Alphabetisierung** 56,3 %
**Währung** CFA-Franc (1 Franc = 100 Centimes)
**BSP (Mio. US-$)** 1318
**BSP/Kopf (US-$)** 290

### Schlüsseldaten

**1884** Deutsches Protektorat
**1919** Aufteilung zwischen Frankreich und Großbritannien
**1957** Britisch-Togoland verschmilzt mit Ghana
**1960** Französisch-Togoland unabhängig
**1967** Militärputsch
**1992** Mehrparteien-Wahl
**1993** Gewalttätige Proteste; Flüchtlinge
**1994–8** Freie Wahlen

## BENIN

**OFFIZIELLE BEZEICHNUNG**
Republik Benin

**HAUPTSTADT**
Porto Novo

**Fläche** 112 622 km²
**Einwohner** 6,284 Mio.
**Bevölkerungsdichte/km²** 56
**Bevölkerungswachstum/Jahr** 2,8 %
**Lebenserwartung** 53
**Sprachen** Französisch, Bariba, Fulani, Fon, Yoruba
**Alphabetisierung** 39 %
**Währung** CFA-Franc (1 Franc = 100 Centimes)
**BSP (Mio. US-$)** 2345
**BSP/Kopf (US-$)** 370

### Schlüsseldaten

**17. Jh.** Dahomey-Königreich; Sklavenhandel
**1904** Französische Kolonie
**1958** Selbstverwaltung
**1960** Unabhängigkeit
**1972** Militärputsch
**1974** Marxistischer Einparteienstaat
**1975** Neuer Name Benin
**1978** Neue Verfassung; Zivilregierung
**1991** Freie Wahlen
**2001** Maßnahmen gegen Kinderhandel

**FAKTEN**
Benin wurde nach einem alten Königreich in Nigeria benannt, das für seine Bronzeskulpturen bekannt ist.

## NIGER

**OFFIZIELLE BEZEICHNUNG**
Republik Niger

**HAUPTSTADT**
Niamey

**Fläche** 1 267 000 km²
**Einwohner** 10,848 Mio.
**Bevölkerungsdichte/km²** 9
**Bevölkerungswachstum/Jahr** 3,6 %
**Lebenserwartung** 46
**Sprachen** Französisch, Regionalsprachen
**Alphabetisierung** 15,3 %
**Währung** CFA-Franc (1 Franc = 100 Centimes)
**BSP (Mio. US-$)** 1939
**BSP/Kopf (US-$)** 180

**FAKTEN**
Der „W"-Nationalpark in Niger, Burkina Faso und Benin erhielt seinen Namen vom Lauf des Niger.

### Schlüsseldaten

**11.–15. Jh.** Tuareg-Reich bei Agadez
**16. Jh.** Songhai-Reich besiegt Tuareg
**1890er-Jahre** Französische Herrschaft
**1922** Französische Kolonie
**1960** Unabhängigkeit
**1960er-/70er-Jahre** Nahrungsmittelknappheit
**1974** Militärputsch; Verfassungsaussetzung
**1992** Neue Verfassung
**1993** Erste demokratische Wahlen
**1996/9** Militärputsch; neue Verfassung; Präsidentschaftswahlen

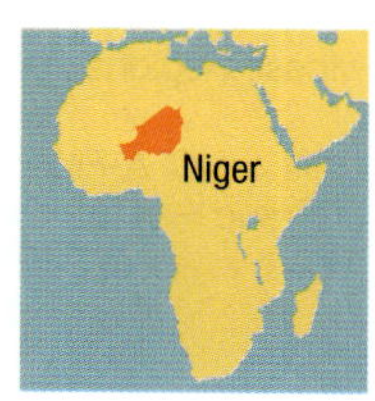

# TSCHAD

**OFFIZIELLE BEZEICHNUNG**
Republik Tschad

**HAUPTSTADT**
N'Djamena

**Fläche** 1 284 000 km²
**Einwohner** 7,994 Mio.
**Bevölkerungsdichte/km²** 6
**Bevölkerungswachstum/Jahr** 3,1 %
**Lebenserwartung** 48
**Sprachen** Französisch, Arabisch, Regionalsprachen
**Alphabetisierung** 41 %
**Währung** CFA-Franc (1 Franc = 100 Centimes)
**BSP (Mio. US-$)** 1541
**BSP/Kopf (US-$)** 200

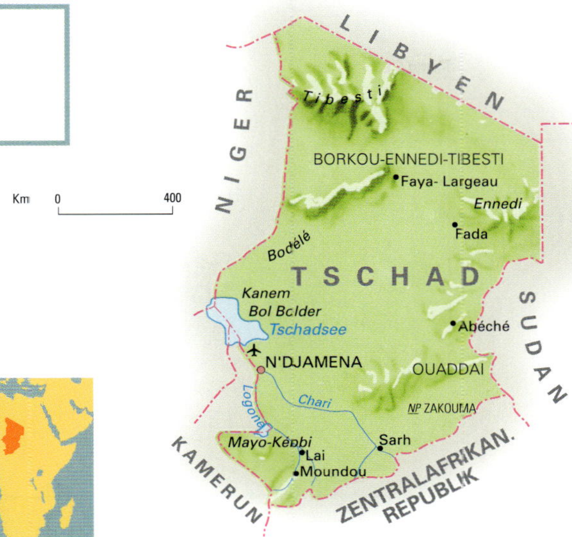


## Schlüsseldaten

**8.–17. Jh.** Mächtige Königreiche entlang Sahara-Handelsstraßen
**1910** Französische Kolonie
**1960** Unabhängigkeit
**Ab 1966** Auseinandersetzungen mit den von Libyen unterstützten Nomaden des Nordens
**1979** Aufständische übernehmen Regierung
**1980** Kämpfe zwischen den Aufständischen
**1989** Friedensvertrag
**1990** Militärputsch
**1996** Neue Verfassung; Wahlen
**1998** Auseinandersetzungen mit Rebellen
**2002** Friedensvertrag

# NIGERIA

**OFFIZIELLE BEZEICHNUNG**
Bundesrepublik Nigeria

**HAUPTSTADT**
Abuja

**Fläche** 923 768 km²
**Einwohner** 126,910 Mio.
**Bevölkerungsdichte/km²** 137
**Bevölkerungswachstum/Jahr** 2,6 %
**Lebenserwartung** 47
**Sprachen** Englisch, Haussa, Yoruba, Ibo
**Alphabetisierung** 62,6 %
**Währung** Naira (1 Naira=100 Kobo)
**BSP (Mio. US-$)** 32 705
**BSP/Kopf (US-$)** 260

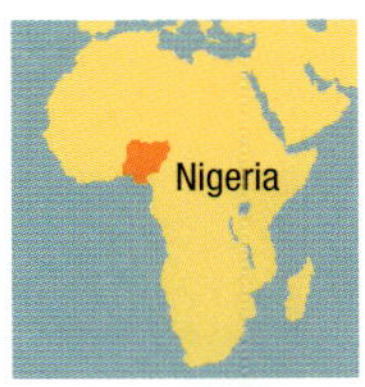


## Schlüsseldaten

**14.–17. Jh.** Bornu-Königreich im Nordosten und Benin-Reich im Süden
**15.–18. Jh.** Europäische Sklavenposten
**Frühes 19. Jh.** Muslimische Fulani kontrollieren Norden
**1807** Briten ächten Sklavenhandel
**1861** Großbritannien nimmt Lagos in Besitz
**1900–6** Britische Kolonie
**1954** Selbstverwaltung in dreiteiliger Föderation
**1960** Unabhängigkeit im Commonwealth
**1960er-Jahre** Ethnische Rivalitäten; Bürgerkrieg
**1966** Militärputsch; Aufgabe der Föderation; Unruhen und Gegenputsch
**1967** Regionen werden Bundesstaaten; Bürgerkrieg um Biafra
**1970** Niederlage Biafras
**1976** 19 Bundesstaaten
**1979** Zivilregierung
**1983** Militärputsch
**1991** Anstelle von Lagos wird Abuja Hauptstadt
**1993** Wahlen, danach Militärputsch
**1995** Hinrichtung von Ken Saro-Wiwa und anderen Umwelt-Aktivisten des Ogoni-Volkes; weltweite Proteste; Ausschluss Commonwealth
**1998** Militärregent Abiola stirbt
**1999** Präsidentschaftswahlen; Wiederaufnahme Commonwealth
**2000** Einführung der Scharia (islamisches Recht) in den 12 nördlichen Bundesstaaten; ethnische Spannungen
**2002** Todesurteil durch Steinigung an Safiya Hussaini aufgehoben

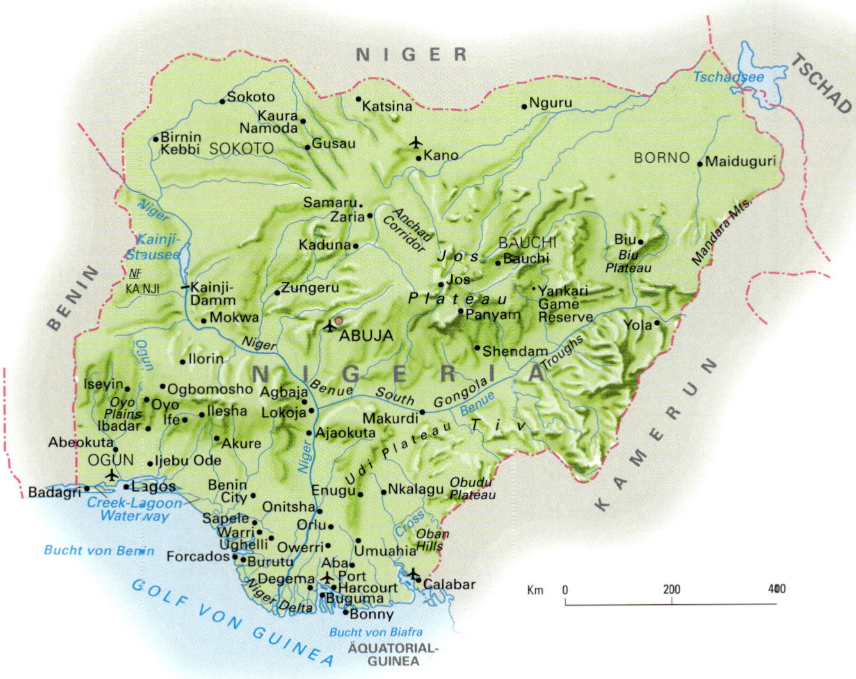

## KAMERUN

**OFFIZIELLE BEZEICHNUNG**
Republik Kamerun

**HAUPTSTADT**
Yaoundé

**Fläche** 475 442 km²
**Einwohner** 15,085 Mio.
**Bevölkerungsdichte/km²** 32
**Bevölkerungswachstum/Jahr** 2,1 %
**Lebenserwartung** 50
**Sprachen** Französisch, Englisch, Regionalsprachen
**Alphabetisierung** 74,8 %
**Währung** CFA-Franc (1 Franc = 100 Centimes)
**BSP (Mio. US-$)** 8644
**BSP/Kopf (US-$)** 580

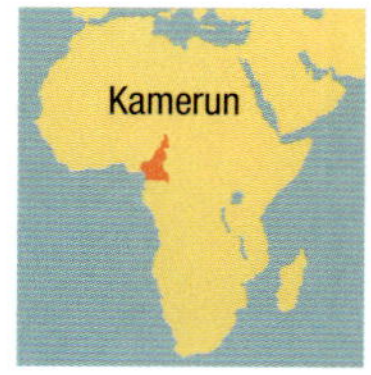


### Schlüsseldaten

**15. Jh.** Europäische Sklavenhändler
**1884** Deutsches Protektorat
**1916** Aufteilung zwischen Frankreich und Großbritannien
**1960** Französisch-Kamerun unabhängig
**1961** Britisch-Kamerun unabhängig; Teil zu Nigeria, Teil zu Kamerun; Föderation
**1972** Vereinigung
**1992** Mehrparteien-Wahl
**1995** Verfassung; Commonwealth-Anschluss

## GABUN

**OFFIZIELLE BEZEICHNUNG**
Gabunische Republik

**HAUPTSTADT**
Libreville

**Fläche** 267 667 km²
**Einwohner** 1,237 Mio.
**Bevölkerungsdichte/km²** 5
**Bevölkerungswachstum/Jahr** 2,5 %
**Lebenserwartung** 53
**Sprachen** Französisch, Fang, Bantu-Dialekte
**Alphabetisierung** 63 %
**Währung** CFA-Franc (1 Franc = 100 Centimes)
**BSP (Mio. US-$)** 3928
**BSP/Kopf (US-$)** 3190

### Schlüsseldaten

**14. Jh.** Sklavenhandel
**1883** Französische Kolonie
**1957** Selbstverwaltung
**1960** Unabhängigkeit
**1964** Putschversuch
**1968** Einparteienstaat
**1990** Mehrparteien-system; Wahlen
**1993** Wahlen; Unruhen nach Betrugsvorwurf
**1995** Neue Verfassung

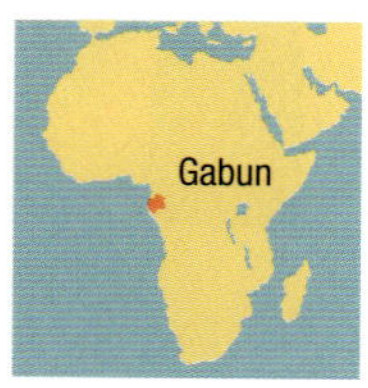

## ZENTRALAFRIKANISCHE REPUBLIK

**OFFIZIELLE BEZEICHNUNG**
Zentralafrikanische Republik

**HAUPTSTADT**
Bangui

**Fläche** 622 984 km²
**Einwohner** 3,597 Mio.
**Bevölkerungsdichte/km²** 6
**Bevölkerungswachstum/Jahr** 1,6 %
**Lebenserwartung** 43
**Sprachen** Sango, Französisch
**Alphabetisierung** 45,4 %
**Währung** CFA-Franc (1 Franc = 100 Centimes)
**BSP (Mio. US-$)** 1031
**BSP/Kopf (US-$)** 280

### Schlüsseldaten

**1894** Franzosen mit Kolonie Ubangi-Shari
**1958** Selbstverwaltung
**1960** Unabhängigkeit
**1962** Einparteienstaat
**1966** Militärputsch; Jean-Bedel Bokassa wird Präsident
**1977** Bokassa Kaiser
**1979** Sturz Bokassas; Republik
**1993** Freie Wahlen; Zivilregierung
**1996–7** Militärrevolten mithilfe Frankreichs niedergeschlagen
**2001** Putschversuch

# ÄQUATORIALGUINEA

**OFFIZIELLE BEZEICHNUNG**
Republik Äquatorialguinea

**HAUPTSTADT**
Malabo

**Fläche** 28 051 km²
**Einwohner** 454 000
**Bevölkerungsdichte/km²** 16
**Bevölkerungswachstum/Jahr** 2,6 %
**Lebenserwartung** 51
**Sprachen** Spanisch, Regionalsprachen
**Alphabetisierung** 82 %
**Währung** CFA-Franc (1 Franc = 100 Centimes)
**BSP (Mio. US-$)** 363
**BSP/Kopf (US-$)** 800

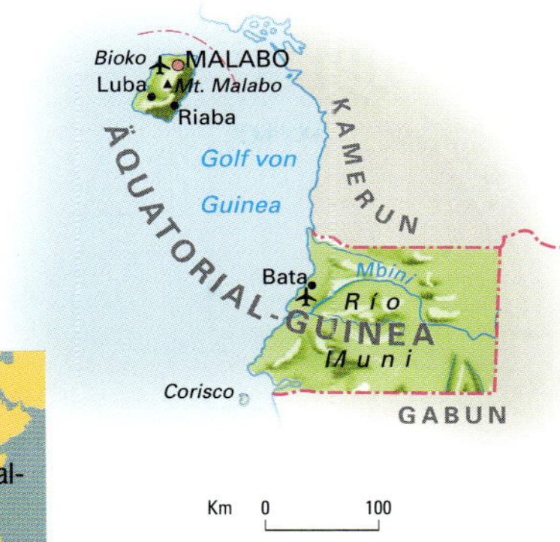


## Schlüsseldaten

**1471** Portugiesische Entdeckung; Anspruch
**18./19. Jh.** Spanische Kontrolle
**1909** Spanische Kolonie
**1968** Unabhängigkeit; Macías Nguema ergreift Macht
**1979** Militärputsch; Obiang Nguema Mbasogo Präsident
**1991** Neue Verfassung; Mehrparteiensystem
**1993** Wahlen; Unterdrückung der Opposition

# SÃO TOMÉ UND PRÍNCIPE

**OFFIZIELLE BEZEICHNUNG**
Demokratische Republik São Tomé und Príncipe

**HAUPTSTADT**
São Tomé

**Fläche** 1001 km²
**Einwohner** 149 900
**Bevölkerungsdichte/km²** 149
**Bevölkerungswachstum/Jahr** 3,1 %
**Lebenserwartung** 65
**Sprachen** Portugiesisch, Regionalsprachen
**Alphabetisierung** 73 %
**Währung** Dobra (1 Dobra =100 Cêntimos)
**BSP (Mio. US-$)** 43
**BSP/Kopf (US-$)** 290

## Schlüsseldaten

**15. Jh.** Portugiesische Entdeckung
**1522** Portugiesische Provinz
**16. Jh.** Größeres Sklavenhandelszentrum
**1953** Portugiesische Truppen töten protestierende Arbeiter im „Batepa-Massaker"
**1975** Unabhängigkeit
**1988** Putschversuch
**1991** Mehrparteien-Wahl
**2003** Putsch; „Junta der nationalen Rettung"

# KONGO (REPUBLIK)

**OFFIZIELLE BEZEICHNUNG**
Republik Kongo

**HAUPTSTADT**
Brazzaville

**Fläche** 342 000 km²
**Einwohner** 2,936 Mio.
**Bevölkerungsdichte/km²** 9
**Bevölkerungswachstum/Jahr** 3 %
**Lebenserwartung** 51
**Sprachen** Französisch, Kikongo, Lingala und andere Regionalsprachen
**Alphabetisierung** 79,5 %
**Währung** CFA-Franc (1 Franc = 100 Centimes)
**BSP (Mio. US-$)** 1735
**BSP/Kopf (US-$)** 570

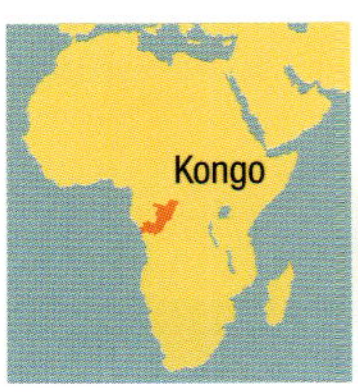

## Schlüsseldaten

**15.–19. Jh.** Europäische Händler kaufen Sklaven
**1880** Französisches Protektorat
**1891** Französische Kolonie Mittelkongo
**1957** Selbstverwaltung
**1960** Unabhängigkeit; mehrere Putsche
**1969** Putsch; marxistische Regierung; neuer Name Volksrepublik Kongo; Putsche
**1990** Demokratisierung
**1992** Neue Verfassung; Republik Kongo; erste Mehrparteienwahl zum Präsidenten
**1993** Legislative-Wahlen
**1997** Bürgerkrieg; Ex-Marxist Sassou-Nguesso Präsident
**2002** Neue Verfassung; Staatspräsident erhält mehr Rechte; Wahlen

## KONGO (DEMOKRATISCHE REPUBLIK)

**OFFIZIELLE BEZEICHNUNG**
Demokratische Republik Kongo

**HAUPTSTADT**
Kinshasa

**Fläche** 2 344 885 km²
**Einwohner** 51,390 Mio.
**Bevölkerungsdichte/km²** 22
**Bevölkerungswachstum/Jahr** 3,3 %
**Lebenserwartung** 46
**Sprachen** Französisch, Lingala, Kingwana, Tshiluba und andere Regionalsprachen
**Alphabetisierung** 60,3 %
**Währung** Kongo-Franc (1 Franc = 100 Centimes)
**BSP (Mio. US-$)** 5433
**BSP/Kopf (US-$)** 105

### Schlüsseldaten

**15. Jh.** Königreiche
**16.–19. Jh.** Intensiver Sklavenhandel
**1884/5** Freistaat
**1908** Belgisch-Kongo
**1960** Unabhängigkeit; Erzprovinz Katanga spaltet sich ab; Bürgerkrieg mit 1 Mio. Toten
**1963** UN-Truppen beenden Abspaltung
**1965** Militärputsch; Mobutu Präsident
**1971** Neuer Name Zaire
**1977–8** Krieg mit Katanga-Rebellen
**1991** Demokratisierung
**1996** Konflikt zwischen einheimischen Tutsi und Hutu-Flüchtlingen aus Ruanda/Burundi; Rebellion gegen Mobutu
**1997** Sturz Mobutus; Laurent Kabila Präsident; Demokratische Republik Kongo
**1998–2001** Bürgerkrieg
**2001** Kabila getötet; Sohn Joseph Nachfolger; Waffenruhe
**2002/3** Kämpfe zwischen verfeindeten Ethnien

## RUANDA

**OFFIZIELLE BEZEICHNUNG**
Republik Ruanda

**HAUPTSTADT**
Kigali

**Fläche** 26 338 km²
**Einwohner** 8,508 Mio.
**Bevölkerungsdichte/km²** 323
**Bevölkerungswachstum/Jahr** 2,1 %
**Lebenserwartung** 40
**Sprachen** Kinyarwanda, Französisch, Englisch
**Alphabetisierung** 65,8 %
**Währung** Ruanda-Franc (1 Franc = 100 Centimes)
**BSP (Mio. US-$)** 1988
**BSP/Kopf (US-$)** 230

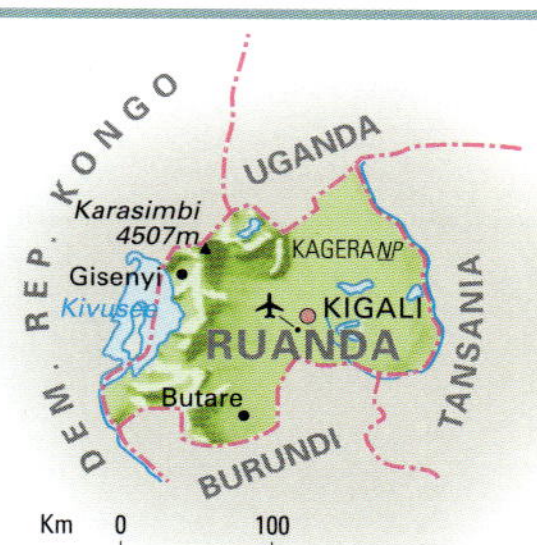


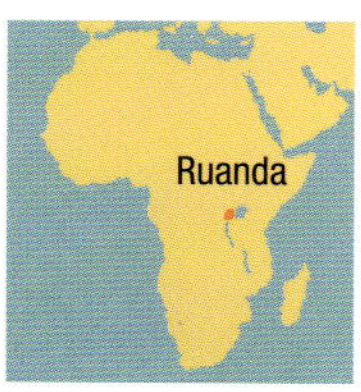


### Schlüsseldaten

**1890** Teil von Deutsch-Ostafrika
**1916** Als Teil von Ruanda-Urundi belgisch
**1959** Spannungen zwischen Hutu und Tutsi
**1960** Hutu gewinnen erste Wahl
**1961** Republik; Tutsi emigrieren nach Burundi
**1962** Unabhängigkeit unter Hutu-Präsident
**1963** Exil-Tutsi kämpfen für alte Ordnung; blutige Ausschreitungen
**1990** Exil-Tutsi greifen von Uganda aus an
**1994** Präsident stirbt; Hutu-Extremisten beginnen Bürgerkrieg; 1 Mio. Opfer, vor allem Tutsi; 2,5 Mio., meist Hutu, fliehen nach Zaire; Tutsi-Rebellen besiegen Hutu; neue Regierung mit Hutu-Präsident
**1996** Flüchtlinge kehren zurück; Konflikte
**2002** Hutu-Präsident tritt zurück; Tutsi Nachfolger

### Ethnische Gewalt in Zentralafrika

Angesichts der Horrorbilder aus Ruanda stand die Welt 1994 unter Schock. Nahezu 1 Mio. Tutsi und gemäßigte Hutu waren damals von Hutu-Extremisten umgebracht worden. Zu den Massakern kam es, nachdem die Hutu-Präsidenten von Ruanda und Burundi unter mysteriösen Umständen bei einem Flugzeugabsturz ums Leben gekommen waren. Doch der Ursprung des Konflikts zwischen Tutsi und Hutu – größte Volksgruppen in den beiden Staaten – liegt bereits mehr als 600 Jahre zurück. Die Vieh züchtenden Tutsi waren im 14. Jh. von Äthiopien in die Region eingewandert und hatten die Oberhand über die Mehrheit der Hutu-Bauern gewonnen.

Hutu-Aufstände im 20. Jh. führten zu ungezählten Toten. 1994 flohen zahlreiche Tutsi nach Zaire, dazu Hutu, die sich vor Repressalien fürchteten. Doch die mangelnde Hygiene in den Flüchtlingslagern, Krankheit und Hunger ließen viele Menschen sterben.

Als 1995 mehr als 1 Mio. Flüchtlinge nach Ruanda zurückkehrten, fanden die Hutu ihre Farmen von Tutsi besetzt vor. Heute kontrolliert das Volk der Tutsi die Regierungen beider Staaten. Der Völkermord von 1994 soll von den UN bis 2008 aufgearbeitet werden.

# BURUNDI

**OFFIZIELLE BEZEICHNUNG**
Republik Burundi

**HAUPTSTADT**
Bujumbura

**Fläche** 27 834 km²
**Einwohner** 6,307 Mio.
**Bevölkerungsdichte/km²** 245
**Bevölkerungswachstum/Jahr** 3 %
**Lebenserwartung** 42
**Sprachen** Kirundi, Französisch, Suaheli
**Alphabetisierung** 46,9 %
**Währung** Burundi-Franc (1 Franc = 100 Centimes)
**BSP (Mio. US-$)** 732
**BSP/Kopf (US-$)** 110

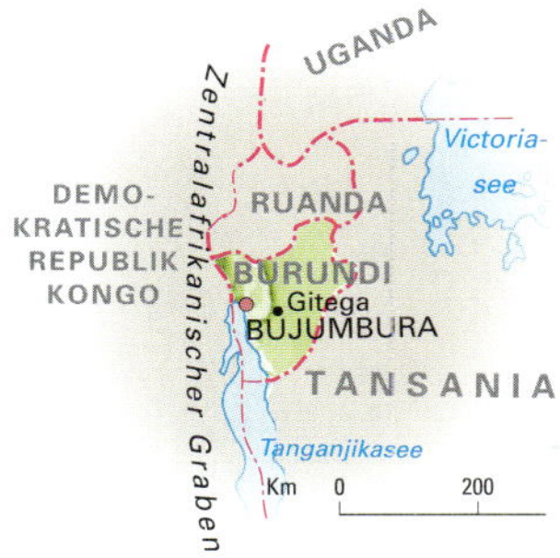


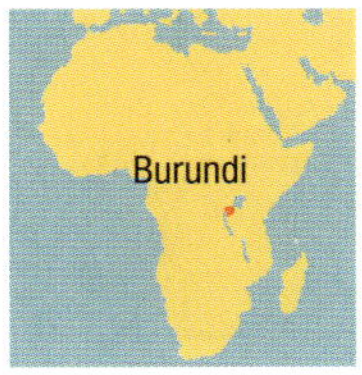


## Schlüsseldaten

**1890/9** Teil von Deutsch-Ostafrika
**1916** Als Teil von Ruanda-Urundi belgisch verwaltet
**1962** Unabhängigkeit unter Tutsi-Kontrolle
**1966** Republik; bis 1987 3 Staatsstreiche
**1972** Massaker der Tutsi an den Hutu
**1988** Massaker der Tutsi an den Hutu
**1992** Neue Verfassung
**1993** Präsidentenwahl; Hutu-Kandidat siegt, stirbt aber bei Putsch
**1993–6** Rund 150 000 Tote bei ethnischen Kämpfen
**1994** Hutu-Präsident bei Flugzeugabsturz getötet; gewalttätige Proteste; Hutu wird Nachfolger
**1996** Militärputsch; Tutsi wird Präsident
**2000** Friedensvertrag

# ANGOLA

**OFFIZIELLE BEZEICHNUNG**
Republik Angola

**HAUPTSTADT**
Luanda

**Fläche** 1 246 700 km²
**Einwohner** 12,717 Mio.
**Bevölkerungsdichte/km²** 10
**Bevölkerungswachstum/Jahr** 3 %
**Lebenserwartung** 47
**Sprachen** Portugiesisch, Umbundo, Kombundo, Chokwe, Ganguela
**Alphabetisierung** 42 %
**Währung** Neuer Kwanza (1 Kwanza = 100 Lwei)
**BSP (Mio. US-$)** 3847
**BSP/Kopf (US-$)** 290

1 Cuanza Norte
2 Cuanza Sul
3 Benguela
4 Huambo
5 Malange

## Schlüsseldaten

**16. Jh.** Portugiesische Kontrolle; Sklavenhandel
**1961** Befreiungskrieg; Bürgerkrieg zwischen MPLA und UNITA
**1975** Unabhängigkeit
**1976** MPLA gewinnt Bürgerkrieg
**1991** Friedensvertrag
**1992** Wahlen; Sieg der MPLA; neue Kämpfe mit der UNITA, die die Wahl nicht anerkennt
**1994** Friedensvertrag
**1998** Bürgerkrieg
**2002** UNITA-Führer getötet; Auflösung der UNITA

# SAMBIA

**OFFIZIELLE BEZEICHNUNG**
Republik Sambia

**HAUPTSTADT**
Lusaka

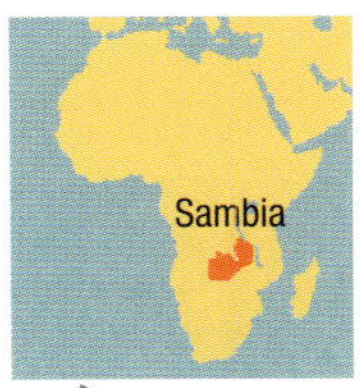


**Fläche** 752 614 km²
**Einwohner** 10,089 Mio.
**Bevölkerungsdichte/km²** 13
**Bevölkerungswachstum/Jahr** 2,1 %
**Lebenserwartung** 38
**Sprachen** Englisch, Bemba, Kaonda, Lozi, Tonga und andere Regionalsprachen
**Alphabetisierung** 77,2 %
**Währung** Kwacha (1 Kwacha = 100 Ngwee)
**BSP (Mio. US-$)** 3026
**BSP/Kopf (US-$)** 300

## Schlüsseldaten

**1924** Britisches Protektorat Nord-Rhodesien
**1953** Föderation mit Süd-Rhodesien und Nyasaland (Malawi)
**1964** Unabhängigkeit im Commonwealth als Sambia; Kenneth Kaunda Präsident
**1970** Verstaatlichung der Kupferminen
**1972** Einparteienstaat
**1991** Kaunda verliert Mehrparteienwahlen
**1997** Putsch schlägt fehl
**2001** Neuer Präsident Levy Mwanawasa

## MALAWI

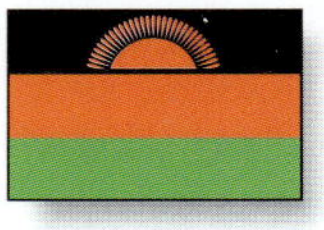

**OFFIZIELLE BEZEICHNUNG**
Republik Malawi

**HAUPTSTADT**
Lilongwe

**Fläche** 118 484 km²
**Einwohner** 11,042 Mio.
**Bevölkerungsdichte/km²** 93
**Bevölkerungswachstum/Jahr** 2,2 %
**Lebenserwartung** 39
**Sprachen** Englisch, Chichewa und andere Regionalsprachen
**Alphabetisierung** 59,2 %
**Währung** Malawi-Kwacha (1 Kwacha = 100 Tambala)
**BSP (Mio. US-$)** 1744
**BSP/Kopf (US-$)** 170

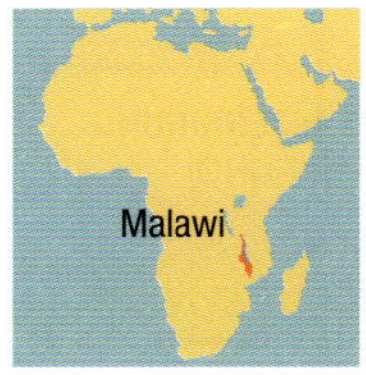


### Schlüsseldaten

**1891** Britisches Protektorat Nyasaland
**1953** Föderation mit Nord-/Süd-Rhodesien
**1964** Unabhängig als Malawi
**1966** Einparteien-Republik im Commonwealth
**1971** Hastings Banda Präsident auf Lebenszeit
**1993** Mehrparteien-system
**1994** Banda verliert erste Mehrparteien-Wahl; Bakili Muluzi Präsident

## SIMBABWE

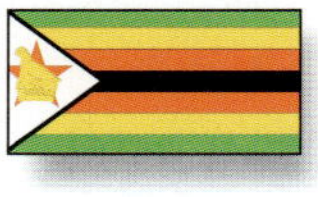

**OFFIZIELLE BEZEICHNUNG**
Republik Simbabwe

**HAUPTSTADT**
Harare

**Fläche** 390 759 km²
**Einwohner** 12,112 Mio.
**Bevölkerungsdichte/km²** 31
**Bevölkerungswachstum/Jahr** 1,7 %
**Lebenserwartung** 40
**Sprachen** Englisch, Chishona, Sindebele und andere Rgionalsprachen
**Alphabetisierung** 88 %
**Währung** Simbabwe-Dollar (1 Dollar = 100 Cent)
**BSP (Mio. US-$)** 5851
**BSP/Kopf (US-$)** 460

### Schlüsseldaten

**1889** Britische Kontrolle
**1923** Britische Kolonie Süd-Rhodesien
**1953** Föderation mit Nord-Rhodesien und Nyasaland (Malawi)
**1961** Schwarzen-Wahlrecht eingeschränkt
**1963** Ende der Föderation
**1964** Name Rhodesien
**1965** Unabhängigkeit; nicht anerkannt; UN-Sanktionen
**1969** Verfassung verankert Rechte der Weißen
**1970er-Jahre** Schwarze führen Guerillakrieg
**1979** Wahlrecht geändert; schwarze Mehrheit bildet Regierung
**1980** Freie Wahlen; Robert Mugabe Ministerpräsident; Unabhängigkeit als Simbabwe
**1987** Mugabe Staatspräsident mit exekutiven Befugnissen
**Ab 2000** Landreform; weiße Farmer werden enteignet

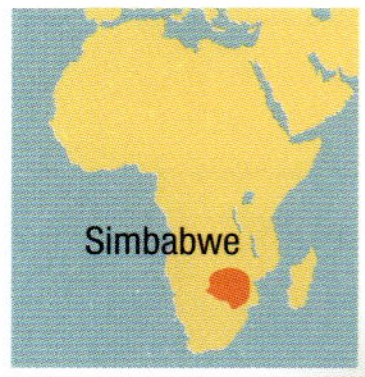

## MOSAMBIK

**OFFIZIELLE BEZEICHNUNG**
Republik Mosambik

**HAUPTSTADT**
Maputo

### Schlüsseldaten

**1505** Portugiesischer Sklavenhandelsposten
**1885** Portugiesische Kolonie
**1960er-Jahre** Frelimo-Guerillas beginnen Befreiungskrieg
**1974** Waffenstillstand; innere Selbstverwaltung
**1975** Unabhängigkeit als sozialistische Republik
**1986** Präsident Machel bei Flugzeugabsturz tot
**1990** Ende der Einparteien-Herrschaft
**1994** Mehrparteien-Wahl
**1995** Anschluss an das Commonwealth

**Fläche** 799 380 km²
**Einwohner** 17,620 Mio.
**Bevölkerungsdichte/km²** 22
**Bevölkerungswachstum/Jahr** 1,8 %
**Lebenserwartung** 42
**Sprachen** Portugiesisch, Regionalsprachen
**Alphabetisierung** 43,2 %
**Währung** Metical (1 Metical = 100 Centavos)
**BSP (Mio. US-$)** 3746
**BSP/Kopf (US-$)** 210

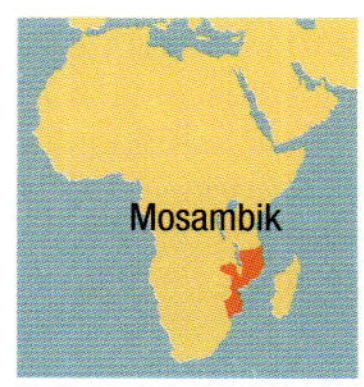

## MADAGASKAR

**OFFIZIELLE BEZEICHNUNG**
Republik Madagaskar

**HAUPTSTADT**
Antananarivo

**Fläche** 587 041 km²
**Einwohner** 15,523 Mio.
**Bevölkerungsdichte/km²** 26
**Bevölkerungswachstum/Jahr** 2,8 %
**Lebenserwartung** 55
**Sprachen** Malagasy, Französisch, Hova und andere Regionalsprachen
**Alphabetisierung** 65,7 %
**Währung** Madagaskar-Franc (1 Franc = 100 Centimes)
**BSP (Mio. US-$)** 3869
**BSP/Kopf (US-$)** 250

### Schlüsseldaten

**17.–18. Jh.** Insel Zentrum von Piraterie und Sklavenhandel
**1810** Sklavereiverbot
**1895** Französische Kolonie
**1947–9** Guerilla-Revolte gegen Franzosen
**1960** Unabhängigkeit als Republik Malagasy
**1972** Militärherrschaft
**1975–80** Marxistischer Staat Madagaskar
**1990** Mehrparteien-System
**1992–3** Freie Wahlen
**2001** Machtkampf nach Präsidentschaftswahlen

## KOMOREN

**OFFIZIELLE BEZEICHNUNG**
Union der Komoren

**HAUPTSTADT**
Moroni (auf Njazidja)

**Fläche** 1862 km²
**Einwohner** 558 000
**Bevölkerungsdichte/km²** 300
**Bevölkerungswachstum/Jahr** 3,1 %
**Lebenserwartung** 61
**Sprachen** Komorisch, Französisch, Arabisch
**Alphabetisierung** 59,2 %
**Währung** Komoren-Franc (1 Franc = 100 Centimes)
**BSP (Mio. US-$)** 212
**BSP/Kopf (US-$)** 380

### Schlüsseldaten

**15. Jh.** Arabische Herrschaft
**1912** Französische Kolonie
**1961** Selbstverwaltung
**1974** Christliche Mehrheit der Mayotte-Insel stimmt für Verbleib bei Frankreich, der Rest für Unabhängigkeit
**1975** Einseitige Unabhängigkeitserklärung; bis 2001 22 Putsche
**1997** Mwali und Nzwani spalten sich ab
**2001** Föderalistische Unionsverfassung; Inselverfassungen; Präsidentschaftswahlen der Union und der Inseln

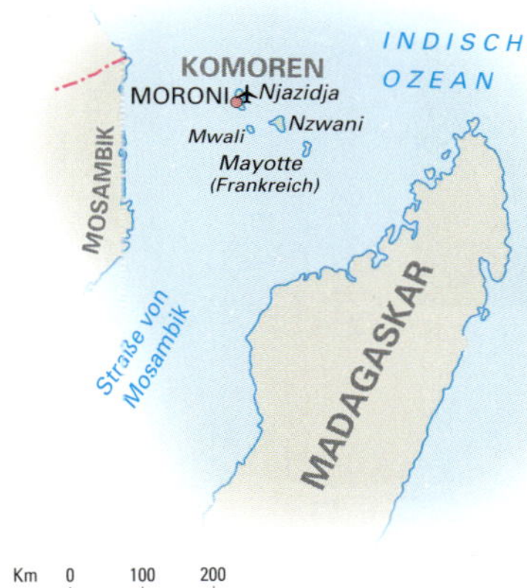


## MAURITIUS

**OFFIZIELLE BEZEICHNUNG**
Republik Mauritius

**HAUPTSTADT**
Port Louis

**Fläche** 2040 km²
**Einwohner** 1 186 Mio.
**Bevölkerungsdichte/km²** 581
**Bevölkerungswachstum/Jahr** 0,8 %
**Lebenserwartung** 72
**Sprachen** Englisch, Kreolisch, Französisch, indische und chinesische Dialekte
**Alphabetisierung** 84,2 %
**Währung** Mauritius-Rupie (1 Rupie = 100 Cent)
**BSP (Mio. US-$)** 4574
**BSP/Kopf (US-$)** 3750

**FAKTEN**
**68 % der Mauritier sind indischer Herkunft. Das Ende der Sklaverei hatte indische Arbeiter ins Land gebracht.**

### Schlüsseldaten

**1598** Holländischer Anspruch
**1715** Französischer Besitz
**1810** Einnahme durch Großbritannien
**1814** Britische Kolonie
**1833** Abschaffung der Sklaverei; indische Arbeiter wandern ein
**1967** Selbstverwaltung
**1968** Unabhängigkeit im Commonwealth
**1992** Republik
**2002** Staatspräsident lehnt das vom Parlament verabschiedete Anti-Terror-Gesetz ab

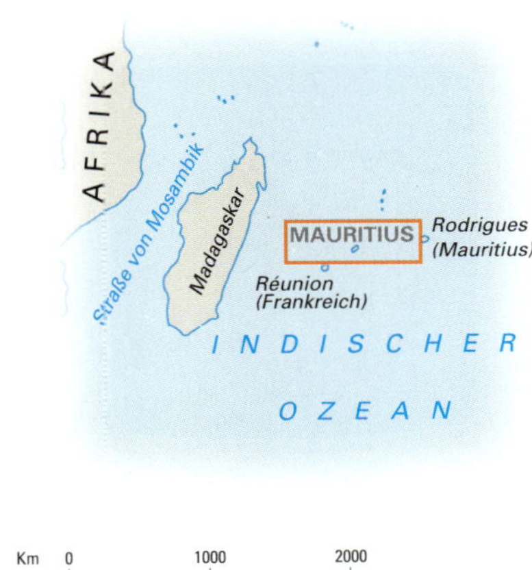

## SÜDAFRIKA

**OFFIZIELLE BEZEICHNUNG** Republik Südafrika

**HAUPTSTADT** Pretoria

**Fläche** 1 219 080 km²
**Einwohner** 42,801 Mio.
**Bevölkerungsdichte/km²** 35
**Bevölkerungswachstum/Jahr** 0,8 %
**Lebenserwartung** 48
**Sprachen** Englisch, Afrikaans und 9 afrikanische Sprachen
**Alphabetisierung** 84,9 %
**Währung** Rand (1 Rand = 100 Cent)
**BSP (Mio. US-$)** 129 171
**BSP/Kopf (US-$)** 3020

### Schlüsseldaten

**1652** Holländer besiedeln Kap
**1814** Britische Kolonie
**1836–8** Großer Treck der Buren nach Norden
**1852–4** Burenkolonien Transvaal und Oranjefreistaat anerkannt
**1868** Entdeckung von Diamanten
**1873–86** Goldfunde
**1877** Großbritannien annektiert Transvaal
**1880–1902** Anglo-Buren-Kriege begründen britische Herrschaft
**1910** Union von Südafrika aus Buren- und britischen Kolonien gegründet
**1912** Gründung des Afrikanischen Nationalkongresses (ANC)
**1914–18** 1. Weltkrieg; aufseiten der Alliierten
**1931** Westminster-Statut; Unabhängigkeit im Commonwealth
**1939–45** 2. Weltkrieg; aufseiten der Alliierten
**1948** Apartheid-Politik der Rassentrennung
**1960** Sharpeville-Massaker; 69 Tote; ANC verboten
**1961** Republik; verlässt Commonwealth
**1962** ANC-Führer Nelson Mandela inhaftiert
**1976** Soweto-Unruhen gegen obligatorisches Lehren von Afrikaans; 600 schwarze Demonstranten getötet
**1986** Beginn internationaler Handelssanktionen
**1990** ANC-Verbot aufgehoben; Mandela frei; Reformen beginnen
**1991** Ende der Apartheid-Politik
**1993** Mandela und Präsident F. W. de Klerk erhalten Friedensnobelpreis; Abschaffung der „Homelands“ (schwarze, teilweise sich selbst verwaltende Territorien)
**1994** Erste Mehrparteien-Wahl; Mandela Präsident; erneut im Commonwealth
**1995** Wahrheitskommission arbeitet Apartheid-Vergangenheit und deren Menschenrechtsverletzungen auf
**1999** Thabo Mbeki wird Nachfolger Mandelas

**FAKTEN**

**Die größte von Menschen gebaute Höhle ist eine Diamantenmine bei Kimberley. Sie ist 500 m breit und 400 m tief.**

# SWASILAND

**OFFIZIELLE BEZEICHNUNG**
Königreich Swasiland

**HAUPTSTADT**
Mbabane

**Fläche** 17 363 km²
**Einwohner** 1,045 Mio.
**Bevölkerungsdichte/km²** 60
**Bevölkerungswachstum/Jahr** 3,3 %
**Lebenserwartung** 46
**Sprachen** Siswati, Englisch
**Alphabetisierung** 78,9 %
**Währung** Lilangeni
(1 Lilangeni = 100 Cent)
**BSP (Mio. US-$)** 1451
**BSP/Kopf (US-$)** 1390

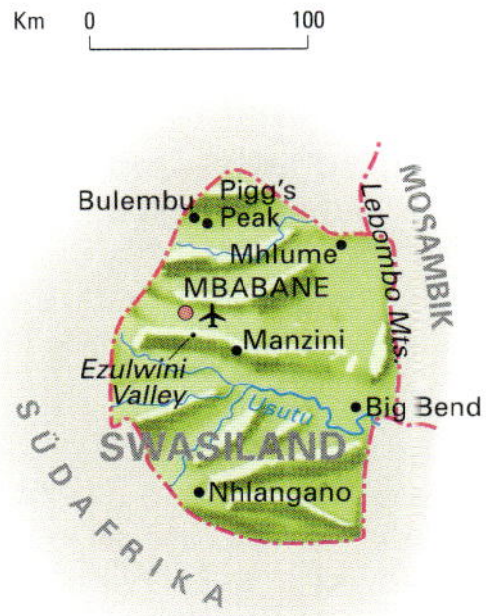


## ◀ Schlüsseldaten

**1902** Britische Kontrolle
**1968** Unabhängigkeit im Commonwealth
**1978** König erhält absolute Macht; Parteienverbot; Parlament in beratender Funktion
**1993** Parlamentswahlen

## Schlüsseldaten ▶

**1868** Basutoland wird zum britischen Protektorat
**1966** Unabhängigkeit als Königreich Lesotho
**1986** Südafrika blockiert Grenze, um ANC-Guerillas zurückzuhalten
**1991** Militärputsch
**1993** Freie Wahlen

# LESOTHO

**OFFIZIELLE BEZEICHNUNG**
Königreich Lesotho

**HAUPTSTADT**
Maseru

**Fläche** 30 355 km²
**Einwohner** 2,154 Mio.
**Bevölkerungsdichte/km²** 71
**Bevölkerungswachstum/Jahr** 0,7 %
**Lebenserwartung** 44
**Sprachen** Sesotho, Englisch
**Alphabetisierung** 82,9 %
**Währung** Loti
(1 Loti = 100 Lisente)
**BSP (Mio. US-$)** 1181
**BSP/Kopf (US-$)** 580

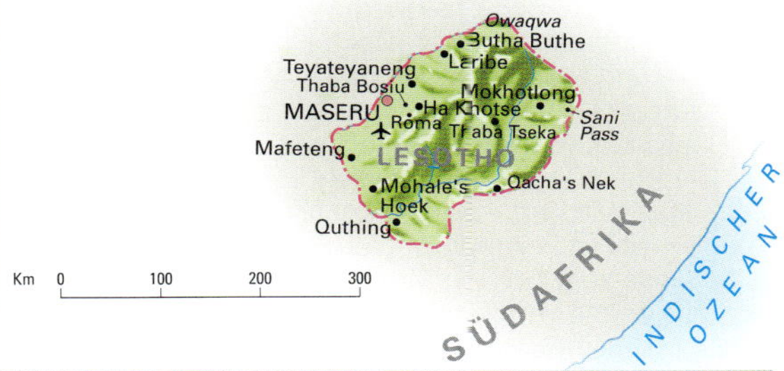


# BOTSUANA

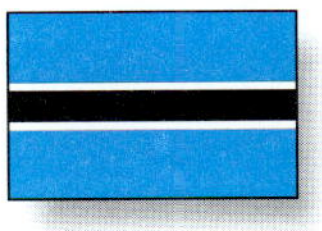

**OFFIZIELLE BEZEICHNUNG**
Republik Botsuana

**HAUPTSTADT**
Gaborone

**Fläche** 581 730 km²
**Einwohner** 1 602 Mio.
**Bevölkerungsdichte/km²** 3
**Bevölkerungswachstum/Jahr** 0,5 %
**Lebenserwartung** 39
**Sprachen** Englisch
**Alphabetisierung** 76,4 %
**Währung** Pula
(1 Pula = 100 Thebe)
**BSP (Mio. US-$)** 5280
**BSP/Kopf (US-$)** 3300

## Schlüsseldaten

**1885** Britische Kolonie Betschuanaland
**1965** Selbstverwaltung
**1966** Unabhängigkeit als Botsuana innerhalb des Commonwealth
**1985–6** Südafrikanische Truppen greifen ANC-Stützpunkte an
**1994** Beziehungen zu Südafrika normalisieren sich

# NAMIBIA

**OFFIZIELLE BEZEICHNUNG**
Republik Namibia

**HAUPTSTADT**
Windhuk

**Fläche** 824 292 km²
**Einwohner** 1,740 Mio.
**Bevölkerungsdichte/km²** 2
**Bevölkerungswachstum/Jahr** 1,7 %
**Lebenserwartung** 47
**Sprachen** Englisch, Afrikaans, Deutsch, Regionalsprachen
**Alphabetisierung** 81,4 %
**Währung** Namibia-Dollar
(1 Dollar = 100 Cent)
**BSP (Mio. US-$)** 3569
**BSP/Kopf (US-$)** 2030

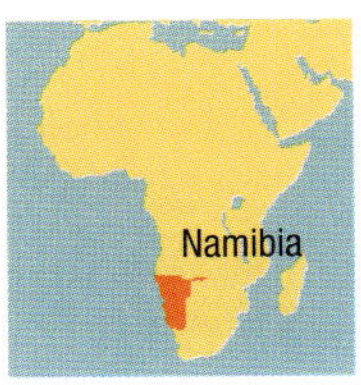

## Schlüsseldaten

**1884** Deutsches Schutzgebiet Deutsch-Südwestafrika
**1904–7** Herero-Aufstände; Vernichtungskrieg; 65 000 Tote
**1915** 1. Weltkrieg; Südafrika marschiert ein
**1919** Mandatsgebiet Südafrikas
**1948** Apartheid-Politik
**1966** Befreiungsbewegung (SWAPO) beginnt Unabhängigkeitskrieg
**1966** UN entziehen Südafrika das Mandat
**1968** Name Namibia
**1989** Ende der Herrschaft Südafrikas
**1990** Unabhängigkeit; Mitglied im Commonwealth und den UN

# Internationale Organisationen



*Seit dem 19. Jh. haben Staaten die Vorzüge der internationalen Zusammenarbeit schätzen gelernt – in wirtschaftlichen, kulturellen, sozialen, umwelt- und sicherheitspolitischen Angelegenheiten. Der Völkerbund konnte den Zweiten Weltkrieg nicht verhindern, doch mittlerweile sind wirksamere Organisationen gegründet worden.*

## Vereinte Nationen (UN)

Die UN bieten das wohl bedeutendste Beispiel globaler Zusammenarbeit. Seit Ende des Zweiten Weltkriegs regelt dieses Forum zwischenstaatliche Angelegenheiten und Probleme. Ziel ist es, Frieden und Sicherheit aufrechtzuerhalten – ob auf diplomatisch schlichtendem Weg, durch Frieden sichernde Operationen oder direktes militärisches Eingreifen – und Fragen, die die ganze Menschheit angehen – etwa die globale Erwärmung – zu lösen.

Gegründet wurden die Vereinten Nationen am 24. Oktober 1945 von 51 Staaten. Heute ist nahezu jeder Staat Mitglied – Anfang des 21. Jh. immerhin 190. Die UN ist keine Weltregierung und erlässt keine Gesetze. Doch die Mitgliedsländer akzeptieren die Verpflichtungen der UN-Charta, die die Regeln für die internationalen Beziehungen der Staaten untereinander festschreibt.

**Das System „UN“** Die Vereinten Nationen betreiben sechs Hauptorgane (rechts). Fünf arbeiten in New York und eines – der Internationale Gerichtshof – im niederländischen Den Haag. Spezialisierte Dienststellen (unten) üben die unterschiedlichsten Funktionen aus.

**Sicherheitsrat** Verantwortlich für den Weltfrieden. Fünf der 15 Mitglieder (USA, Großbritannien, Frankreich, Russland, China) haben ständigen Sitz und Vetorecht.

**Generalversammlung** Zentrales Beratungsorgan für Weltangelegenheiten. Alle Mitglieder haben Sitz und Stimme. Entscheidungen erzwingen kann die Generalversammlung nicht.

**Wirtschafts- und Sozialrat** Koordiniert die wirtschaftliche und soziale Arbeit der UN und überwacht die Einhaltung der Menschenrechte, die Lage der Frauen, die Drogen- und die Umweltproblematik.

**Treuhandrat** Überwachte die UN-Trust-Territorien – Gebiete von Staaten, die im Zweiten Weltkrieg besiegt wurden – und führte sie in die Unabhängigkeit. Diese Aufgabe war 1994 abgeschlossen; seither ist die Arbeit des Rates ausgesetzt.

**Internationaler Gerichtshof** Das Gerichtsorgan der UN. Es entscheidet bei Streitigkeiten zwischen Staaten und wird nur aktiv, wenn die Parteien einverstanden sind.

**Sekretariat** Das Verwaltungszentrum, in dem die UN-Arbeit und laufende Programme organisiert werden. Die Leitung liegt beim Generalsekretär, der von der Generalversammlung auf Empfehlung des Sicherheitsrats gewählt wird.

### UN-Generalsekretäre

1946–52 **Trygve Lie** (Norwegen)
1953–61 **Dag Hammarskjöld** (Schweden)
1961–71 **U Thant** (Myanmar)
1972–81 **Kurt Waldheim** (Österreich)
1982–91 **Javier Pérez de Cuéllar** (Peru)
1992–96 **Boutros Boutros-Ghali** (Ägypten)
Seit 1997 **Kofi Annan** (Ghana)

## Autonome Sonderorganisationen

| | Name | Gründungsjahr; Sitz | Wichtigste Aufgaben/Ziele |
|---|---|---|---|
| | **Ernährungs- und Landwirtschaftsorganisation (FAO)** | 1945 Rom | Verbesserung der landwirtschaftlichen Produktivität, der Ernährung und der Lebensbedingungen der Landbevölkerung |
| | **Internationale Atomenergie-Agentur (IEAE)** | 1957 Wien | Förderung der Sicherheit und der friedlichen Nutzung kerntechnischer Anlagen |
| | **Internationale Zivilluftfahrtorganisation (ICAO)** | 1947 Montreal | Festlegung internationaler Standards für Sicherheit und Leistungsfähigkeit der Luftfahrt |
| | **Internationaler Agrarentwicklungsfonds (IFAD)** | 1977 Rom | Beschaffung von Geldmitteln zur Verbesserung der Lebensmittelproduktion und Ernährungslage in den Entwicklungsländern |
| | **Internationale Arbeitsorganisation (ILO)** | 1919 Genf | Festlegung von Arbeitsstandards und Aufstellung von Programmen zur Verbesserung der Arbeitsbedingungen in der Welt |
| **IMO** | **Internationale Seeschifffahrtorganisation (IMO)** | 1958 London | Fragen der internationalen Seeschifffahrt; Verbesserung der Sicherheitsstandards; Reduzierung der Gewässerverunreinigung |
| **IMF** | **Internationaler Währungsfonds (IMF)** | 1947 Washington | Förderung der geldpolitischen Zusammenarbeit zwischen den Staaten, der Wechselkursstabilität und der Handelsausweitung |
| | **Internationale Fernmeldeunion (ITU)** | 1865 Genf | Verbesserung der Telekommunikation und Entwicklung der entsprechenden technischen Voraussetzungen |
| | **Organisation für Erziehung, Wissenschaft und Kultur (UNESCO)** | 1946 Paris | Zusammenarbeit in Wissenschaft, Kommunikation, Erziehung und Kultur; Schutz des natürlichen und kulturellen Weltkulturerbes |
| **UNIDO** | **Organisation für industrielle Entwicklung (UNIDO)** | 1966 Wien | Förderung der Industrie in Entwicklungsländern durch technische Unterstützung und Beratung |

## Andere internationale Organisationen und Allianzen (siehe auch Europäische Institutionen, Seite 328 f.)

| | Name | Gründungsjahr; Sitz | Wichtigste Aufgaben/Ziele |
|---|---|---|---|
| | **Asien-Pazifik-Wirtschaftsforum (APEC)** | 1989<br>Singapur | Regionale Organisation zur Förderung des freien Handels und der wirtschaftlichen Zusammenarbeit (21 Mitglieder) |
| | **Verband südostasiatischer Staaten (ASEAN)** | 1967<br>Jakarta, Indonesien | Verbesserung des regionalen Wirtschaftswachstums und des Handels zwischen den Mitgliedstaaten (10 Mitglieder) |
| CARICOM | **Karibischer gemeinsamer Markt (CARICOM)** | 1973<br>Georgetown, Guyana | Koordination von Wirtschafts- und Außenpolitik (15 Mitglieder; 3 assoziierte Mitglieder) |
| | **Commonwealth** | 1931<br>London, Großbritannien | Vereinigung ehemaliger britischer Territorien, jetzt unabhängiger Staaten einschließlich Großbritanniens (54 Mitglieder) |
| | **Arabische Liga** | 1945<br>Kairo, Ägypten | Förderung der Zusammenarbeit und Koordination von Wirtschafts-, Kultur- und Sicherheitspolitik (22 Mitglieder) |
| | **Nordatlantikpakt (NATO)** | 1949<br>Brüssel, Belgien | Militärbündnis zur Verteidigung Westeuropas und Nordamerikas; neuerdings auch osteuropäische Staaten (19 Mitglieder) |
| OECD | **Organisation für wirtschaftliche Zusammenarbeit und Entwicklung (OECD)** | 1961<br>Paris, Frankreich | Organisation der industrialisierten Staaten zur Kooperation in sozialen und wirtschaftlichen Angelegenheiten (29 Mitglieder) |
| OAU | **Organisation der afrikanischen Einheit (OAU)** | 1963<br>Addis Abeba, Äthiopien | Koordination von politischen, wirtschaftlichen und Verteidigungsbelangen; Beendigung des Kolonialismus (53 Mitglieder) |
| | **Organisation amerikanischer Staaten (OAS)** | 1948<br>Washington, USA | Förderung von Frieden und Sicherheit in Amerika; Förderung der wirtschaftlichen Entwicklung (35 Mitglieder) |
| | **Organisation Erdöl exportierender Länder (OPEC)** | 1960<br>Wien, Österreich | Koordination der Ölpreis- und Förderpolitik der wichtigsten Erdöl produzierenden Länder (11 Mitglieder) |
| | **Pazifische Gemeinschaft** | 1947<br>Neukaledonien | Regionale Zusammenarbeit und Unterstützung (ehemals Südpazifische Kommission) (27 Mitgliedstaaten und -territorien) |

| | Name | Gründungsjahr; Sitz | Wichtigste Aufgaben/Ziele |
|---|---|---|---|
| | **Weltpostverein (UPU)** | 1875<br>Bern | Koordination der Zusammenarbeit der internationalen Postdienste |
| | **Weltbank-Gruppe** | Washington | |
| | **Internationale Bank für Wiederaufbau und Entwicklung (IBRD; Weltbank)** | 1945 | Bereitstellung von Krediten und technischer Unterstützung für Mitgliedstaaten |
| | **Internationale Entwicklungsorganisation (IDA)** | 1960 | Bereitstellung von zinsfreien Krediten für Entwicklungsprojekte in den ärmeren Ländern |
| | **Internationale Finanzgesellschaft (IFC)** | 1956 | Förderung privater Unternehmen in Entwicklungsländern |
| | **Multilaterale Investitionsgarantie-Agentur (MIGA)** | 1988 | Förderung von ausländischen Direktinvestitionen in und zwischen den Entwicklungsländern |
| | **Weltgesundheitsorganisation (WHO)** | 1948<br>Genf | Verbesserung der Gesundheitssituation aller Völker durch Förderung der Gesundheitsvorsorge |
| | **Weltorganisation für geistiges Eigentum (WIPO)** | 1970<br>Genf | Schutz des intellektuellen Eigentums wie Copyright, Warenzeichen, Industriedesign und Patente |
| | **Weltorganisation für Meteorologie (WMO)** | 1950<br>Genf | Globale Kooperation bei der Wetterbeobachtung und dem schnellen Austausch von Messdaten |
| WTO OMC | **Welthandelsorganisation (WTO)** | 1995<br>Genf | Überwachung eines fairen Welthandels (Nachfolge des Allgemeinen Zoll- und Handelsabkommens, GATT) |

Zusätzlich gibt es eine Reihe von UN-Geschäftsstellen, Programmen und Fonds (z. B. das UN-Entwicklungsprogramm, das UN-Kinderhilfswerk und das Welternährungsprogramm), die weltweit an der Verbesserung der wirtschaftlichen und sozialen Bedingungen der Menschen arbeiten. Sie haben sich gegenüber der Generalversammlung oder dem Wirtschafts- und Sozialrat zu verantworten.

# Europäische Institutionen

*Die europäische Integration ist die Antwort auf die Zerstörungen zweier Weltkriege und die wirtschaftliche Depression in der ersten Hälfte des 20. Jh. Ab 1952 führten internationale Vereinbarungen zu einer besseren Zusammenarbeit zwischen den meisten Staaten – ein Prozess, aus dem sich die Europäische Union (EU) entwickelte. Gleichzeitig wurden andere national übergreifende Körperschaften gegründet.*

## Europäische Kommissionspräsidenten

| | |
|---|---|
| 1958–67 | **Walter Hallstein** (Deutschland/West) |
| 1967–70 | **Jean Rey** (Belgien) |
| 1970–72 | **Franco Malfatti** (Italien) |
| 1972–73 | **Sicco Mansholt** (Niederlande) |
| 1973–77 | **François-Xavier Ortoli** (Frankreich) |
| 1977–81 | **Roy Jenkins** (Großbritannien) |
| 1981–85 | **Gaston Thorn** (Luxemburg) |
| 1985–95 | **Jacques Delors** (Frankreich) |
| 1995–99 | **Jacques Santer** (Luxemburg) |
| Seit 1999 | **Romano Prodi** (Italien) |

## Die Europäische Union

**Ursprünge** 1952 fanden sich die so genannten „Sechs" – Deutschland, Frankreich, Italien, Belgien, die Niederlande und Luxemburg – zur Europäischen Gemeinschaft für Kohle und Stahl (Montanunion) zusammen. 1957 folgten die „Römischen Verträge", die am 1.1.1958 in Kraft traten und die Grundlage für die Europäische Wirtschaftsgemeinschaft (EWG) und die Europäische Atomgemeinschaft (Euratom/EAG) bildeten. Ziele waren Zusammenarbeit, gemeinsame Politik und der Abbau von Handelsschranken.

Andere Staaten sahen die Vorteile der Integration. Nach vier Beitrittswellen (1973, 1981, 1986, 1995) hat die EU heute 15 Mitgliedstaaten. Weitere 10 ost- und südeuropäische Länder kommen 2004 hinzu.

**Verträge** Die drei ursprünglichen Übereinkünfte wurden durch weitere ergänzt, die Einfluss und Beziehungen der EU in Bezug auf die Mitgliedstaaten regeln:

- Einheitliche Europäische Akte (1987) – definiert den europäischen Binnenmarkt als einen Bereich ohne Grenzen und stärkt das Europäische Parlament;
- Maastricht-Vertrag (1992) – regelt die Einführung des Euro als neue gemeinsame Währung zum 1.1.2002;
- Vertrag von Amsterdam (1997) – stärkt die Gemeinschaftsorgane und erweitert deren Kompetenzen.

**Organisation** Wie jede Regierung trifft auch die EU Entscheidungen und verteilt finanzielle Mittel. Es gibt fünf Institutionen:

- **Rat der Europäischen Union (EG-Ministerrat)** Entscheidungsorgan, in dem Regierungsvertreter der Mitgliedstaaten deren Interessen geltend machen; die Teilnehmer variieren je Gesprächsthema. Einige Ratsentscheidungen müssen einstimmig sein; andere erfordern eine qualifizierte Mehrheit (62 von 87 Stimmen).
- **Europäische Kommission (EU-Kommission)** Unabhängiges Exekutivorgan, das aus 20 Kommissionsmitgliedern besteht, die jeweils für einen bestimmten Bereich der Politik verantwortlich sind. Sie schlägt Gesetze vor, organisiert die EU-Politik und die internationalen Handelsbeziehungen und überwacht die Einhaltung der Verträge.
- **Europäisches Parlament (EP)** Die 626 Mitglieder werden alle 5 Jahre von der Bevölkerung der Mitgliedstaaten direkt gewählt. In der Regel tritt das Parlament eine Woche pro Monat in Straßburg zusammen. Es gibt Stellungnahmen ab und schlägt der Kommission Verbesserungen vor. In einigen Fällen beschließt es zusammen mit dem Ministerrat Gesetze.
- **Europäischer Gerichtshof (EuGH)** Oberstes Gericht der EU mit Sitz in Luxemburg. Er besteht aus 15 Richtern (jeweils ein Richter aus jedem Mitgliedstaat).
- **Europäischer Rechnungshof (EuRH)** Er überprüft die Recht- und Ordnungsmäßigkeit der Einnahmen und Ausgaben der Union und sorgt für ein wirksames Finanzmanagement auf europäischer Ebene.

Die EU wird durch beratende Organe unterstützt. Die Mitglieder im **Wirtschafts- und Sozialausschuss (WSA)** vertreten die Gruppen des wirtschaftlichen und sozialen Lebens (Arbeitnehmer, Arbeitgeber, Verbraucher, Interessengruppen).

Der **Ausschuss der Regionen (AdR)** besteht aus Vertretern lokaler und regionaler Gebietskörperschaften und muss von Rat oder Kommissionen gehört werden.

Die **Europäische Investitionsbank (EIB)** stellt Kredite für die Förderung einer ausgeglichenen Entwicklung innerhalb der EU zur Verfügung.

Die **Europäische Zentralbank (EZB)** mit Sitz in Frankfurt/Main, Deutschland, wacht über die Stabilität der Währung.

Der **Bürgerbeauftragte** ist ein Beamter, der Missständen innerhalb der Verwaltung von EU-Institutionen nachgeht.

**Finanzierung** Die Einnahmen der EU stammen aus Zöllen, Abgaben auf landwirtschaftliche Importe aus Nicht-Mitgliedstaaten und aus den Beiträgen der einzelnen Mitgliedstaaten (nach Bruttoinlandsprodukt gezahlt).

**Mitgliedstaaten der Europäischen Union** (mit Beitrittsdatum)

| | Sitze im EP | Stimmen im Rat |
|---|---|---|
| **1958** | | |
| Belgien | 25 | 5 |
| Frankreich | 87 | 10 |
| Deutschland* | 99 | 10 |
| Italien | 87 | 10 |
| Luxemburg | 6 | 2 |
| Niederlande | 31 | 5 |
| **1973** | | |
| Dänemark | 16 | 3 |
| Irland | 15 | 3 |
| Großbritannien | 87 | 10 |
| **1981** | | |
| Griechenland | 25 | 5 |
| **1986** | | |
| Portugal | 25 | 5 |
| Spanien | 64 | 8 |
| **1995** | | |
| Österreich | 21 | 4 |
| Finnland | 16 | 3 |
| Schweden | 22 | 4 |

*Bis 1990 nur Westdeutschland

Jeder Mitgliedstaat bestimmt ein Mitglied der EU-Kommission. Frankreich, Deutschland, Italien, Spanien und Großbritannien entsenden je zwei.

**Beitrittswillige Staaten**: Bulgarien; Zypern; Tschechische Republik, Estland, Ungarn, Litauen, Lettland, Malta, Polen, Rumänien, Slowakei, Slowenien, Türkei

## Das Schengener Abkommen

Das Übereinkommen hebt die Grenzkontrollen im Binnenverkehr zwischen den Mitgliedstaaten auf. Am Anfang stand ein Regierungsabkommen 1985 in Schengen (Luxemburg). Der Amsterdamer Vertrag 1997 setzte dieses Abkommen in Kraft. Nicht alle EU-Länder haben es unterzeichnet.

## Bedeutende EU-Ziele

| Bezeichnung | Hauptaktivitäten/Zweck |
|---|---|
| **Gemeinsame Agrarpolitik (CAP)** | Regulierung des Agrarmarktes durch Stützung der Preise, Importzölle und Marktintervention |
| **Gemeinsame Außen- und Sicherheitspolitik/Außenbeziehungen (CFSP)*** | Gewährleistung der Zustimmung der Mitgliedstaaten zu einer gemeinsamen Politik und/oder einem gemeinsamen Vorgehen bei internationalen Aktionen |
| **Wettbewerb** | Garantie eines ungestörten wirtschaftlichen Wettbewerbs zwischen gleichen Marktteilnehmern |
| **Wirtschafts- und Währungsunion (EMU)** | Förderung der wirtschaftlichen Annäherung; Schaffung einer gemeinsamen Währung und Geldpolitik. Der Euro wurde am 1. Januar 2002 in 12 EU-Ländern eingeführt. |
| **Beschäftigungs- und Sozialpolitik** | Verbesserung der Lebens- und Arbeitsbedingungen; Beschäftigungszuwachs; Arbeitsschutz |
| **Erweiterung** | Unterstützung anderer demokratischer Staaten in Europa bei der Vorbereitung zum EU-Beitritt |
| **Umweltpolitik** | Erhaltung der Umweltqualität; Gesundheitsschutz; Bewahrung natürlicher Ressourcen |
| **Lebensmittelsicherheit** | Die europäische Behörde für Lebensmittelsicherheit (seit 2002) soll garantieren, dass nur sichere Lebens- und Futtermittel auf den Markt kommen |
| **Allgemeine Fischereipolitik (CFP)** | Regulierung des Zugangs zu Fischgründen; Bewahrung und Mangagement der Ressourcen; gemeinsame Organisation des Binnenfischmarkts |
| **Binnenmarkt** | Schaffung einer EU-Zone ohne Grenzen und Hindernisse im Hinblick auf den freien Verkehr von Menschen, Waren, Dienstleistungen und Kapital |
| **Recht und innere Angelegenheiten*** | Kooperation in Asyl-, Einwanderungs- und anderen Fragen im Hinblick auf den freien Verkehr von Menschen; Bekämpfung der internationalen Kriminalität |
| **Regionalpolitik** | Förderung einer ausgeglichenen Entwicklung innerhalb der EU, besonders durch Strukturfonds (Europäischer Entwicklungsfonds; Europäischer Sozialfonds; Europäischer Agrarfonds) |
| **Forschung und Technologie** | Koordination der Forschung zur Förderung der wissenschaftlichen und technologischen Grundlagen der EU, hauptsächlich durch gemeinsame Rahmenprogramme |
| **Transeuropäische Netzwerke** | Verbesserung der Verbindungen und Angleichung der nationalen Verkehrs-, Energie- und Telekommunikationsnetze |
| **Gemeinsame Transportpolitik** | Abschaffung nationaler Behinderungen beim Einsatz der verschiedenen Transportmittel |

*Politik, die im Rahmen des Maastricht-Vertrags zwischen den Staaten koordiniert wird, weniger durch zentrale EU-Institutionen

## Weitere europäische Institutionen (nicht der EU zugehörig)

| Name | Gründungsjahr; Sitz | Aktivitäten/Ziele |
|---|---|---|
| **Ostseerat** | 1992<br>Stockholm, Schweden | Kooperation zwischen den 12 Ostseeanrainern in Fragen von Umweltschutz, Handel, Tourismus, Kultur, Verkehrspolitik, Infrastruktur |
| **Europarat** | 1949<br>Straßburg, Frankreich | Schutz der Demokratien; Durchsetzung der Menschenrechte; Förderung der wirtschaftlichen, sozialen und kulturellen Kooperation (41 Mitglieder) |
| **Europäische Bank für Wiederaufbau und Entwicklung (EBRD)** | 1991<br>London, Großbritannien | Unterstützung beim Umbau der ehemaligen kommunistischen Staaten in Mittel- und Osteuropa sowie der ehemaligen Sowjetunion (60 Mitglieder) |
| **Europäische Freihandelsvereinigung (EFTA)** | 1960<br>Genf, Schweiz | Förderung des freien Handels zwischen den Mitgliedsländern; Handelsabkommen mit anderen Staaten (4 Mitglieder) |
| **Nordischer Rat** | 1952<br>Stockholm, Schweden | Förderung der Kooperation zwischen den Parlamenten und Regierungen von Skandinavien und Island (5 Mitglieder) |
| **Organisation für Sicherheit und Zusammenarbeit in Europa (OSZE)** | 1975<br>Wien, Österreich | Sicherheitspolitik, Konfliktverhütung, Krisenmanagement und Durchsetzung der Menschenrechte (55 Mitglieder) |
| **Westeuropäische Union (WEU)** | 1954<br>Brüssel, Belgien | Beistandspakt in Verteidigungs- und Sicherheitsangelegenheiten (10 Mitglieder) |

# Kultur und Unterhaltung

KULTUR
UND UNTERHALTUNG

# Kultur und Unterhaltung

*Auch Tiere verständigen sich, aber nur der Mensch besitzt die geistige und körperliche Fähigkeit, Sprache zu verwenden. Sprache vermag komplizierte Ideen und Kenntnisse zu vermitteln – die Voraussetzung für Kultur. Wahrscheinlich entwickelten sich Sprache und Denken parallel und gaben sich gegenseitig Anstöße. Man vermutet, dass Sprache vor rund 100 000 Jahren entstand, als die früheste menschliche Spezies, der* Homo sapiens, *sich über Afrika hinaus ausbreitete. Schriftliche Formen tauchten um 8000 v. Chr. auf.*

## SPRACHFAMILIEN

Sprachen, die historisch verwandt erscheinen, werden zu Familien zusammengefasst. Man nimmt an, dass alle Sprachen derselben Familie aus einer Urform dieser Sprachen hervorgingen. Sie weisen gemeinsame Merkmale auf, etwa phonetisch ähnliche Wörter mit ähnlicher Bedeutung. Das lateinische Wort für Vater hat ähnliche Entsprechungen in anderen Sprachen: *padre* auf Italienisch und Spanisch, *père* auf Französisch und *fadar* im Althochdeutschen. Dies lässt auf eine gemeinsame Wurzel dieser Sprachen schließen.

Vor rund 12 000 Jahren, zum Ende der letzten Eiszeit, schnitt der Anstieg des Meeresspiegels viele Völker voneinander ab. Es entwickelten sich verschiedene Sprachen und Sprachfamilien. Völkerwanderungen führten wieder zu Angleichungen und Verschmelzungen. Die Sprachwissenschaftler schätzen, dass es Zehntausende von Sprachen gegeben hat, aber eindeutig identifiziert wurden nur wenig mehr als 5000.

## VERBREITUNG DER SPRACHFAMILIEN

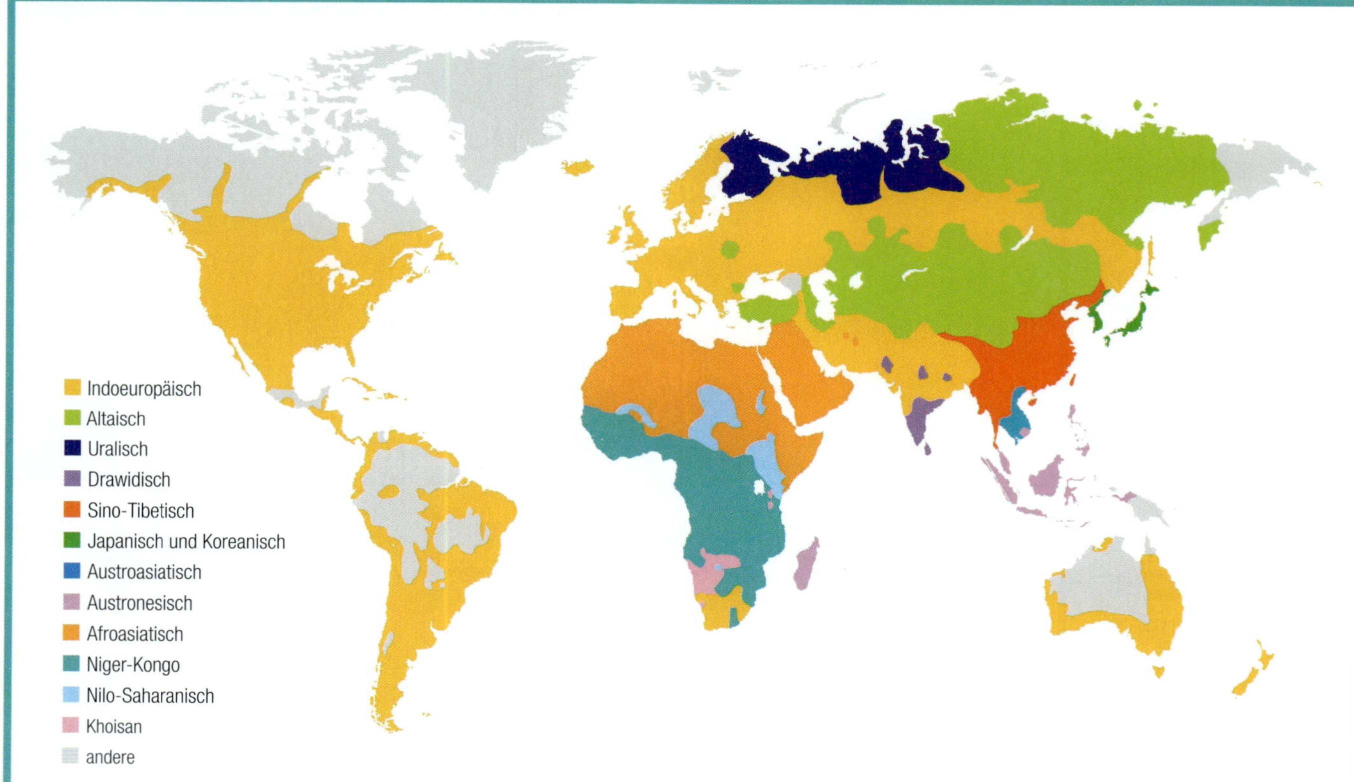


Folgende Familien sind Sprachgruppen, die durch Ähnlichkeiten in Wortschatz, Satzbau und Beugung verwandt sind.

**Indoeuropäisch** Von rund der Hälfte der Weltbevölkerung gesprochen.

**Altaisch** Über 50 Sprachen, darunter Mongolisch, Tungusisch (Sibirien/N-China), Türkisch; gesprochen von rund 135 Mio.

**Uralisch** Über 20 Sprachen, darunter Estnisch, Finnisch und Ungarisch; gesprochen von rund 24 Mio.

**Drawidisch** 24 Sprachen, darunter Tamil und Telugu; gesprochen von rund 220 Mio. in Südindien und Sri Lanka.

**Sino-Tibetisch** Über 130 verschiedene Sprachen; rund 1200 Mio. Sprecher in China, Tibet und angrenzenden ostasiatischen Ländern.

**Japanisch und Koreanisch** Sprachen mit keinen offenkundigen Verbindungen zu anderen Familien; rund 200 Mio. Sprecher.

**Austroasiatisch (Mon-Khmer)** Vietnamesisch, Khmer (Kambodschanisch) und die zahlreichen Munda-Sprachen Indiens mit rund 110 Mio. Sprechern.

**Austronesisch (Malaiisch-Polynesisch)** Über 1000 Sprachen, darunter Malaiisch, Javanisch, Hawaiisch und Maori, gesprochen von rund 270 Mio.

**Afroasiatisch** Familie von 371 bekannten Sprachen, wie Arabisch, Hebräisch, Berbersprachen, Haussa und Amharisch in Äthiopien; rund 200 Mio. Sprecher.

**Niger-Kongo** Rund 1400 Sprachen; davon hat das von 35 Mio. in Ostafrika gesprochene Suaheli die größte Verbreitung.

**Nilo-Saharanisch** Über 30 Sprachen, mit rund 23 Mio. Sprechern in Ostafrika.

**Khoisan** Südwestafrikanische Buschmannsprachen, wie Nama (Hottentottisch).

**Andere** Wenig untersucht sind die indianischen Sprachen, die südosteuropäische kaukasische Gruppe, Thai und Laotisch, die 741 Sprachen von Papua-Neuguinea.

**Indoeuropäische Familie** Mit ihrem breiten Spektrum europäischer und asiatischer Sprachen ist sie die größte Sprachfamilie. Zu Beginn der christlichen Zeitrechnung reichte sie von Irland bis Bengalen. Baskisch, Estnisch, Finnisch und Ungarisch gehören als Einzige nicht zu dieser Gruppe.

Seit die überseeische Expansion der europäischen Mächte vor fünf Jahrhunderten begann, sind vier indoeuropäische Sprachen – Französisch, Portugiesisch, Spanisch und Englisch – Hauptverständigungsmittel in der Welt geworden. Einheimische Sprachen gingen oft unter.

Tatsache ist, dass inzwischen mehr Menschen außerhalb Europas und Asiens eine indoeuropäische Sprache sprechen: Nordamerika hat den größten Anteil der Englisch sprechenden Bevölkerung, Südamerika hat die meisten Spanisch sprechenden Menschen.

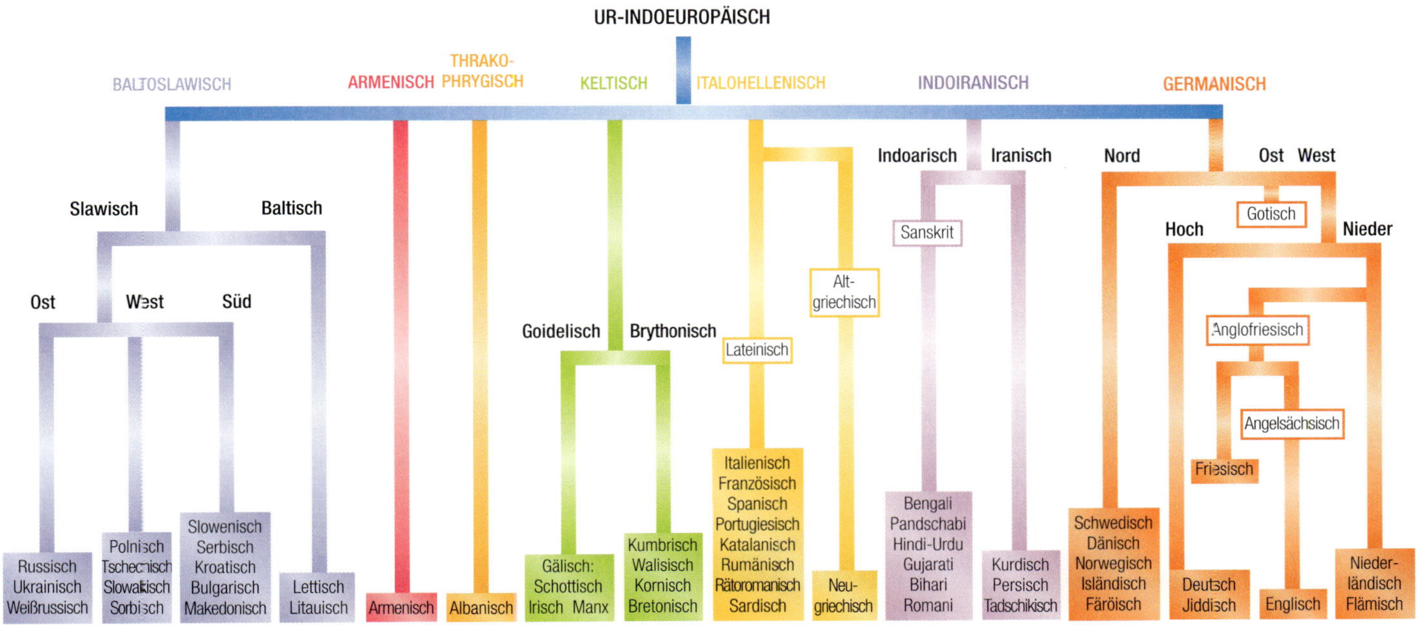


## Sprecher der Hauptsprachen

Von den schätzungsweise 6000 heute auf der Welt gesprochenen Sprachen haben nur etwa 200 über 1 Mio. und lediglich 23 über 50 Mio. Sprecher. Chinesisch (Mandarin) wird zwar von mehr Menschen gesprochen als jede andere Sprache, die wichtigste internationale Verkehrssprache ist jedoch Englisch.

- **Chinesisch (Mandarin)** Im nördlichen China und von chinesischen Minderheiten in ganz Südostasien verwendet.
- **Spanisch** Die Mehrheit der Sprecher lebt in Süd- und Mittelamerika.
- **Englisch** Die Vereinigten Staaten haben die größte Zahl an Muttersprachlern. Englisch ist die Hauptsprache in Naturwissenschaft und Diplomatie.
- **Hindi** In Indien und indischen Gemeinden der ganzen Welt benutzt.
- **Arabisch** In der gesamten arabischen Welt und als heilige Sprache des Korans benutzt.
- **Bengali** In Bengalen und Bangladesch und von bengalischen Gemeinden weltweit benutzt.
- **Portugiesisch** Die meisten Sprecher leben in Brasilien.
- **Russisch** In Russland und verbreitet in den ehemaligen Republiken der Sowjetunion gebraucht.
- **Japanisch** Die Mehrheit der Sprecher lebt in Japan.
- **Deutsch** Die amtliche Landessprache in Deutschland, Österreich, Liechtenstein und der Schweiz und verbreitet in Europa gebraucht.
- **Französisch** Außer in Europa ist es eine Hauptsprache in Kanada, der Karibik und vielen ehemaligen französischen Kolonien in Afrika und Asien.

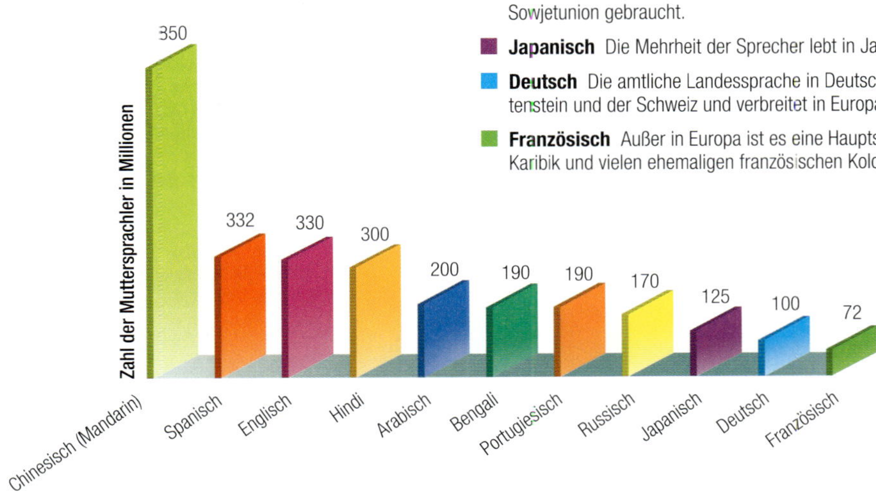


## Schlüsselbegriffe

- **Sprachverwandtschaft** Übereinstimmungen in Sprachen.
- **Etymologie** Analysiert Herkunft und Entwicklung von Wörtern.
- **Phonetik** Untersucht Aussprache, Wahrnehmung und Kombination von Lauten.
- **Phonologie** Analysiert das Lautsystem einer Sprache.
- **Semantik** Untersucht Wortbedeutung.
- **Semiotik** Untersucht menschliche Verständigung, besonders Zeichen und Symbole.
- **Syntax** Analysiert die Struktur von Wendungen und Sätzen.

Siehe auch
166–7 **Vorgeschichtliche Welt**
334–5 **Schrift**

*Als älteste Schriftzeugnisse gelten mesopotamische Tonscheiben um 8000 v. Chr. Es sind Warenlisten aus Bildsymbolen oder Piktogrammen, die die vielfältigen Handelsbeziehungen ihrer Region widerspiegeln. Die Erfindung der Schrift, die eine detaillierte Aufzeichnung ermöglichte, war entscheidend für den Fortschritt der Zivilisation.*

**Asien**

**Vorderer Orient**

**Afrika**

**Europa**

**Chinesische Piktogramme**

**1500 v. Chr.** Die Chinesen entwickeln eine eigene Piktogrammschrift, die in senkrechten Reihen von rechts nach links geschrieben wird. Die ursprünglich einfachen Piktogramme entwickeln sich zu einem Vokabular von rund 4000 häufig gebrauchten Schriftzeichen.

**Piktogramme der Induskultur**

**Um 2500 v. Chr.** Städte im Industal schaffen auf der Grundlage sumerischer Piktogramme ein eigenständiges Schriftsystem.

**Sumerische Piktogramme**

**3500 v. Chr.** Die Sumerer entwickeln ein Piktogrammsystem, das sich durch den Handel nach Ägypten und zur Induskultur im heutigen Pakistan ausbreitet.

**Keilschrift**

**2500 v. Chr.** Die Sumerer entwickeln ein System von Zeichen ohne deutlich sichtbaren bildhaften Bezug auf Gegenstände. Wegen der keilförmigen Striche wird es als Keilschrift bezeichnet.

**2400 v. Chr.** Die Akkader übernehmen und verbessern die Keilschrift.

**Uralphabet**

**Aramäisch**

**Um 1000 v. Chr.** Ein neues Alphabet entsteht in Aram (im heutigen Syrien). Die aramäische Schrift hat keine Vokale und wird von rechts nach links gelesen. Ein Teil des Alten Testaments ist darin verfasst.

**Sabäisch**

**Um 1000 v. Chr.** Die südarabischen Sabatäer erfinden ein Alphabet, das sich südwärts nach Afrika ausbreitet.

**Nabatäisch**

**Um 1000 v. Chr.** Die Nabatäer in Nordarabien schaffen ein eigenständiges Alphabet.

**Ägyptische Hieroglyphen**

**3400 v. Chr.** Ägyptische Schreiber verbessern die Piktogramme zu einer Schrift mit rund 2500 Zeichen oder Hieroglyphen, mit denen sich Sätze bilden lassen. Diese piktographische Schrift bleibt über 3600 Jahre in Gebrauch, länger als jede andere Schrift.

**Hieratische Schrift**

**Um 2000 v. Chr.** Ägyptische Schreiber entwickeln die abstraktere, flüssigere hieratische Schrift.

**Demotische Schrift**

**Um 600 v. Chr** Die demotische Schrift, eine schnelle Kurzform der hieratischen Schrift, wird in Ägypten am häufigsten verwendet.

**Phönizische Schrift**

**Um 1300 v. Chr.** Die Phönizier schaffen ein 22-Zeichen-Alphabet.

**1500 v. Chr.** Die mykenischen Griechen passen die Keilschrift ihrer Sprache an.

**1750 v. Chr.** Linear-A-Ideogramme auf Kreta

**1400 v. Chr** Linear-B-Schrift im minoischen Griechenland

**Griechische Schrift**

**1000 v. Chr.** Das phönizische Alphabet breitet sich nach Griechenland aus, wo die Schrift nach dem Zusammenbruch Mykenes in Vergessenheit geraten war.

**800 v. Chr.** Die Griechen ergänzen das phönizische Alphabet um Zeichen für die Vokale. Sie verändern auch die Richtung der Schrift, die nun von links nach rechts läuft. Mit der Gründung von Kolonien breitet sich die klassische griechische Schrift rund um das Mittelmeer aus.

**Etruskische Schrift**

**600 v. Chr.** Die Etrusker in Mittelitalien übernehmen die griechische Schrift, die nun 24 Buchstaben hat: 17 Konsonanten und 7 Vokale.

## DIE ENTWICKLUNG DER SCHRIFT

Früheste schriftliche Nachrichten wurden als Bilder übermittelt. Piktogrammsysteme oder abstrakte Abbildungen folgten. Allmählich wurden diese zu Ideogrammen, Symbolen für Begriffe mit genauer Bedeutung, die Zusammenhänge herstellten. Spätestens zu Beginn des 3. Jt. v. Chr. verwendeten die Sumerer die Keilschrift, ein stilisiertes System von Ideogrammen. Die folgenden 1000 Jahre entwickelte sie sich so weit, dass sie Laute der gesprochenen Sprache darstellte. Wegen der Vielzahl ihrer Zeichen wurde sie aber immer weniger verwendet. Im 2. Jt. v. Chr. erfanden die Phönizier eine knappere Reihe phonetischer Zeichen, von der alle modernen Alphabete abstammen.

3500 v. Chr. | 3000 v. Chr. | 2000 v. Chr. | 1500 v. Chr. | 1000 v. Chr. | 750 v. Chr. | 600 v. Chr.

**Japanische Schrift** – **Moderne japanische Schrift**

**Um 800** Die Japaner übernehmen chinesische Schriftzeichen zum Schreiben ihrer eigenen Sprache.

**Chinesische Wortschrift** – **Moderne chinesische Schrift**

**Um 200 v. Chr.** Die chinesische Wortschrift vereinheitlicht die Verwendung der Schriftzeichen.

**Brahmi-Schrift** – **Sanskrit** – **Moderne indische Schrift**

**Um 300 v. Chr.** Die Brahmi-Schrift, mit Vokalen und Konsonanten, kommt in Nordindien in Gebrauch.

**Um 1000** Aus der Brahmi-Schrift entwickelt sich die Devanagari-Schrift für das Sanskrit, die Sprache der indischen heiligen Texte.

**Klassische hebräische Schrift** – **Moderne hebräische Schrift**

**Um 1 n. Chr.** Die hebräische Quadratschrift ist voll entwickelt. Wie die aramäische schreibt sie nur Konsonanten und läuft von rechts nach links. Die meisten Bücher des Alten Testaments sind darin verfasst.

**…iopische Schrift**

**Um 500 v. Chr.** Die äthiopische Schrift ist die einzige unabhängige Schrift, die in Afrika südlich der Sahara entsteht.

**Arabisch** – **Moderne arabische Schrift**

**Um 515** Die erste wirklich arabische Schrift entsteht. Ihr Gebrauch breitet sich aber erst aus, nachdem der Koran um 650 in arabische Schrift übertragen worden ist. Wie das Hebräische wird sie von rechts nach links geschrieben.

**Kufische Schrift**

**Um 600** Um die Stadt Kufa im heutigen Irak entwickelt sich eine Variante der arabischen Schrift – die kufische.

**Kyrillische Schrift** – **Modernes russisches Alphabet**

**Um 900** Die griechischen Missionare Kyrillos und Methodios führen eine Version ihres Alphabets bei den Slawen ein: 24 griechische und 19 neue Buchstaben, die für das Kirchenslawische geeignet sind.

**1708** Buchstabenformen werden vereinfacht und vereinheitlicht.

**1918** Das Alphabet wird auf 33 Buchstaben verkleinert.

**Modernes griechisches Alphabet**

**Klassische lateinische Schrift** – **Modernes lateinisches Alphabet**

**500 v. Chr.** Die Römer passen das griechische Alphabet an. Um das 3. Jh. besteht es aus 19 Buchstaben, und im 1. Jh. v. Chr. hat es 23. Später kommen drei weitere hinzu und bilden das moderne lateinische Alphabet aus 26 Buchstaben.

**Runenschrift**

**Um 250** In Skandinavien ist die Runenschrift in Gebrauch. Später bringen Wikinger sie nach Britannien. Sie hat 24 Zeichen, jedes davon mit eigenem Lautwert.

Siehe auch
170–1 **Das alte Ägypten**
172–3 **Das alte Griechenland**
174–5 **Das alte Rom**
412–3 **Buchdruck**

500 v. Chr. | 1 n. Chr. | 500 | 1000 | 1500 | 2000

*Im Mittelpunkt der griechischen Mythologie steht das Leben und Treiben der zwölf „Himmelsgötter", deren Wohnsitz man auf dem Olymp wähnte. Neben diesem offiziellen Pantheon verehrten viele Griechen weiterhin ältere Gottheiten. Als die Römer im 2. Jh. v. Chr. Griechenland eroberten, übernahmen sie die Götter und gaben ihnen lateinische Namen.*

**Das griechische Pantheon** Die obere Reihe der Götter auf der Darstellung sind Geschwister. Zeus, der höchste Gott, zeugte weitere Götter mit seiner Schwester und Gemahlin Hera sowie mit anderen Göttinnen und Sterblichen.

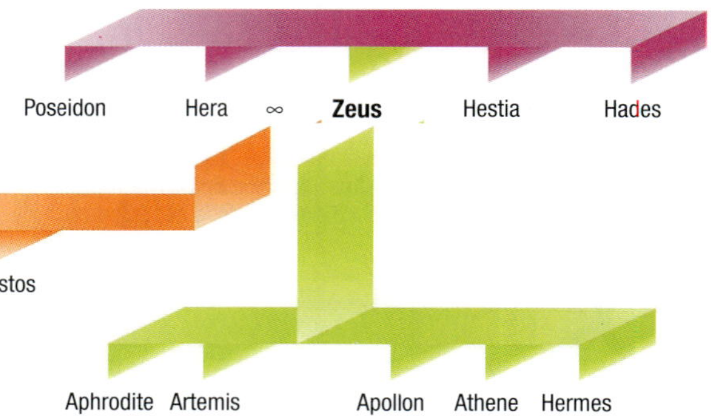

**Göttliche Eingebung** Wie diese Bronzestatue des Zeus (5. Jh.) bildet die antike griechische Kunst ihre – unsterblichen – Götter mit menschlichen Zügen ab.

## DIE 12 GÖTTER DES OLYMP

**Zeus/Jupiter** Oberster der Götter und Herr des Windes und Donners, wird oft mit einem Donnerkeil dargestellt. Zeus war mit seiner Schwester **Hera** verheiratet, war ihr aber häufig untreu. Er zeugte viele Kinder, darunter die Götter **Aphrodite, Apollon, Ares, Arthemis, Athene, Hephaistos** und **Hermes**.

**Hera/Juno** Göttin der Ehe und Mutterschaft, war eifersüchtig auf die Geliebten ihres Gemahls Zeus und ersann Listen, um ihnen zu schaden.

**Poseidon/Neptun** Beherrscher der Meere, meist mit einem Dreizack dargestellt, oft auch mit dem goldenen Wagen und den weißen Pferden, die er in seinem Palast unter dem Meer hielt. Er war jähzornig und lag ständig in Streit mit seinem Bruder **Zeus.** Seine Zornausbrüche, so glaubte man, ließen die Erde erbeben.

**Apollon** Gott der Heilkunde, Dichtung und Wissenschaft, der mit dem Spiel seiner Leier Tiere verzaubern konnte. Er war der Zwillingsbruder der **Artemis** und auch als **Phoibos,** „der Lichte", bekannt.

**Athene/Minerva** Göttin der Weisheit und Beschützerin der Architekten und Bildhauer. Athene wurde vollständig entwickelt aus der Stirn des **Zeus** geboren. Sie war eine kriegerische Göttin und wird oft mit Speer und Schild dargestellt.

**Aphrodite/Venus** Göttin der Liebe, aus Meeresschaum vor der Insel Zypern geboren. Aphrodite heiratete **Hephaistos,** betrog ihn aber mit Ares, Hermes und anderen. Zu ihrem Gefolge gehören **Cupido, Eros/Amor** und die drei **Grazien.**

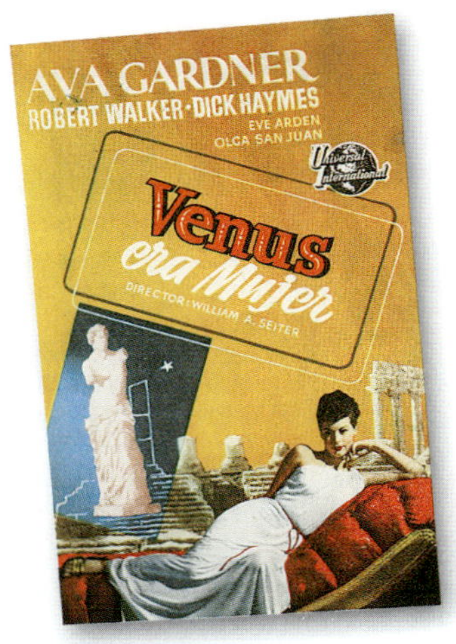


**Göttin der Leinwand** Auch im 20. Jh. ist die Göttin Venus ein Sinnbild der Liebe und Schönheit.

**Hephaistos/Vulcanus** Schmied und Schutzgott des Handwerks. Er wurde mit einer gelähmten Hüfte geboren. Seine Mutter **Hera** fand ihn hässlich und warf ihn auf die Erde. Später wurde er auf den Olymp zurückgeholt. Er heiratete **Aphrodite.** Die Römer vermuteten seine Hauptschmiede unter dem Ätna auf Sizilien.

**Hades/Pluto** Herrscher des Totenreichs – der Unterwelt – und Bruder des **Zeus.** Hades raubte seine Nichte und spätere Gemahlin **Persephone.**

**Hermes/Merkur** Der gewitzte Götterbote, Sohn des **Zeus** mit der Nymphe **Maia.** Oft mit Flügelschuhen dargestellt, brachte Hermes Botschaften vom Himmel auf die Erde.

**Artemis/Diana** Jungfräuliche Göttin der Jagd, Zwillingsschwester **Apollons.** Weil der Sterbliche **Aktaion** Artemis beim Baden beobachtete, verwandelte sie ihn zur Strafe in einen Hirsch, worauf ihn seine eigenen Hunde zerrissen.

**Die Jägerin** Artemis schützte kämpferisch ihre Keuschheit und bestrafte aufdringliche Freier.

**Ares/Mars** Gott des Krieges, der bei den Römern höchste Verehrung genoss. Er galt als Vater von **Romulus und Remus,** den Gründern Roms. In der frührömischen Religion wurde er von den Bauern als Gott des Wachstums verehrt.

**Hestia/Vesta** Göttin von Haus und Herd, Schwester des **Zeus.** Hestia war keusch und bescheiden. Die heilige Flamme in ihrem Tempel galt als der „Herd" Roms.

## ANDERE UNSTERBLICHE

Neben den olympischen Göttern gab es viele andere Gottheiten. Von vielen glaubte man, dass sie unter den Menschen lebten.

**Dionysos/Bacchus** Gott des Weins, Theaters und der Ekstase, Sohn von **Zeus** mit **Semele,** Prinzessin von Theben. Er wuchs wild auf dem Berg Nysa auf, wo er den Weinbau lernte. Er stand im Mittelpunkt eines wichtigen Kultes. Sein trunkenes, meist weibliches Gefolge waren die **Bacchanten.**

**Pan/Faunus oder Silvanus** Beschützer der Hirten und Waldgott. Dar-ge-stellt mit Bockshörnern und -beinen, die Hirtenflöte spielend. Gern stellte er Nymphen nach; **Syrinx** verwandelte sich auf der Flucht vor ihm in ein Schilfrohr.

**Prometheus und die Titanen** Die 14 Titanen waren vom Olymp Verbannte. Als sie dies anfochten, sperrte **Zeus** sie tief in der Erde ein. Nur **Prometheus** blieb loyal und durfte auf den Olymp zurück. Doch er gab den Menschen das Feuer der Götter. Zur Strafe wurde er an einen Felsen gekettet, wo ein Adler sich von seiner nachwachsenden Leber nährte.

**Demeter/Ceres** Göttin des Ackerbaus und der Fruchtbarkeit. Als **Hades** ihre Tochter **Persephone** entführte, ließ Demeter die Feldfrüchte nicht mehr wachsen. Hades gab Persephone zurück, jedoch musste sie 4 Monate im Jahr bei ihm in der Unterwelt verbringen. Daraus wurde der Winter, in dem die Erde keine Frucht trägt.

**Satyrn** Die Satyrn, halb Mensch, halb Ziegenbock, waren Fruchtbarkeitsgeister, die sich die Zeit damit vertrieben, den Nymphen in den Wäldern nachzustellen und sich zu betrinken.

**Nymphen** Schöne Geister der Luft, der Erde, der Bäume und des Wassers, oft von Göttern geliebt. Die Nymphe **Echo** verliebte sich in den Sterblichen **Narziss,** der aber nur sein eigenes Spiegelbild liebte.

**Musen** Neun Göttinnen der Künste und Wissenschaften, die **Apollon** begleiteten.

**Kentauren** Halb Mensch, halb Pferd, waren von beeindruckender Wildheit und besaßen zugleich menschliche Weisheit.

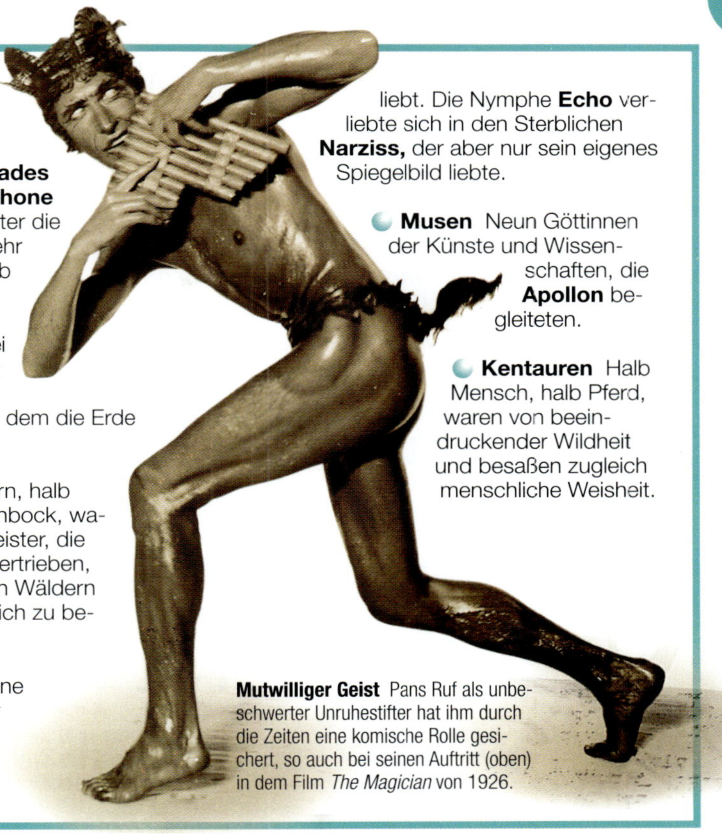

**Mutwilliger Geist** Pans Ruf als unbeschwerter Unruhestifter hat ihm durch die Zeiten eine komische Rolle gesichert, so auch bei seinen Auftritt (oben) in dem Film *The Magician* von 1926.

## HEROEN

Sie waren oft Halbgötter und besaßen übermenschliche Kräfte, aber sie waren sterblich.

**Herakles/Herkules** Sohn des **Zeus** mit **Alkmene,** der Königin von Theben. Berühmt wegen seiner Stärke. Von der eifersüchtigen **Hera** mit Wahnsinn geschlagen, tötete er seine Familie und nahm zur Sühne **zwölf Arbeiten** auf sich: Er fing die Menschen fressenden Pferde des Königs **Diomedes** von Argos, reinigte die **Ställe des Augias** mit 3000 Ochsen und ergriff **Kerberos,** den dreiköpfigen Bewacher der Unterwelt. Er starb, als er das vergiftete Hemd überstreifte, das der Kentaur **Nessos** gefertigt hatte. Nach seinem Tod erhob Zeus ihn zum Gott.

**Theseus und Ariadne** Theseus war Sohn von König **Aigeus** von Athen. Er fuhr freiwillig als einer der sieben Jünglinge und sieben Mädchen, die dem **Minotaurus,** halb Stier, halb Mensch, jährlich geopfert wurden, nach Kreta. Mithilfe der kretischen Prinzessin Ariadne betrat er das Labyrinth des Minotaurus und tötete ihn. Darauf floh er mit Ariadne, ließ sie aber später auf Naxos zurück, wo **Dionysos** sie tröstete.

**Jason und die Argonauten** Mit der Aufgabe, das **Goldene Vlies** zu erlangen, stach Jason mit mehreren Helden, unter ihnen **Theseus,** nach Kolchis in See. Dort angekommen, versprach der König, das Vlies auszuhändigen, wenn Jason ein Feld mit wilden Stieren pflügen und Drachenzähne aussäen könnte. Diesen entsprossen bewaffnete Krieger, die ihn angriffen. Mit einer List brachte Theseus sie aber dazu, sich gegenseitig zu bekämpfen, und gewann.

**Äneas** Sohn von **Aphrodite** und dem Trojaner **Anchises.** Äneas entkam der Plünderung Trojas (siehe rechts) und landete nach vielen Abenteuern in Italien. Dort heiratete er Prinzessin **Lavinia** und erbaute die Stadt **Lavinium.** Viele adlige Römer leiten ihre Herkunft von ihm ab.

**Romulus und Remus** Die Zwillingssöhne von **Mars** wurden von einer **Wölfin** gesäugt und gründeten nach der Legende 753 v. Chr. **Rom.** Aber die Brüder gerieten in Streit. Im Zorn tötete Romulus seinen Bruder und wurde der erste König der Stadt.

**Günstling der Götter** Die Tötung des Minotaurus machte Theseus zum Helden.

### Das Trojanische Pferd

Als die griechische Königin **Helena** vom trojanischen Prinzen **Paris** geraubt wurde, kämpften Griechenlands Heere 10 Jahre lang vor Troja, ohne dass sie die Stadt einnehmen konnten. Schließlich sahen die Trojaner die Griechen fortsegeln. Offenbar zur Besänftigung der Götter hatten sie ein riesiges **hölzernes Pferd** zurückgelassen. Jubelnd zogen die Trojaner es in die Stadt. Im Bauch des Pferdes aber waren Griechen verborgen. In der Nacht öffneten sie die Tore für ihr Heer, das nun Troja erobern konnte.

Siehe auch
172–3 **Das alte Griechenland**
174–5 **Das alte Rom**
354–5 **Kunst 1500–1700**
384–5 **Literatur 800 v. Chr.–1700**

*Alle Kulturen verfügen über einen Schatz an Mythen und Legenden, die zu ihren religiösen Vorstellungen gehören. Jedoch sind wegen der unterschiedlichen Art der Überlieferung und dem Aufkommen späterer Religionen manche Mythologien heute besser bekannt als andere. Neben den gut dokumentierten Geschichten der Griechen und Römer sind in Europa die germanische und die keltische Mythologie überliefert. In Amerika zählen die verwandten Geschichten der Azteken und Maya zu den bekanntesten.*

**Mythenoper** Richard Wagner vertonte nordische Sagen. In seinem *Ring des Nibelungen* tritt auch die Walküre Brünnhilde (oben) auf.

## GERMANISCHE MYTHOLOGIE

Die germanischen Völker des 5. bis 9. Jh. hatten eine gemeinsame Mythologie. Sie ist vor allem in den isländischen Sagas überliefert, weil die Wikinger, die sie schufen, länger am heidnischen Glauben festhielten als ihre deutschen Nachbarn. Wo sich deutsche und nordische Namen unterscheiden, ist der nordische vorangestellt.

**Odin/Wotan** Oberster Gott der **Asen** und Schöpfer der Welt. Odin war der Gott der Weisheit, des Krieges, der Kunst und Kultur. Er war auch der Gesetzgeber. Die heldenhaft im Kampf Gefallenen empfing er in **Walhall,** dem großen Saal der Unsterblichen, oder der Festhalle in **Asgard,** dem Wohnort der Götter. Odin konnte jede Gestalt annehmen, wurde aber oft als einäugiger Wanderer mit breitrandigem Hut und Umhang dargestellt.

**Thor/Donar** Als Gott des Donners, der Fruchtbarkeit und auch des Krieges wird der jähzornige, aber dumme Thor meist mit seinem magischen Hammer **Mjöllnir** dargestellt, mit dem er Gegner erschlägt. Oft erbaten die Wikinger mit kleinen Hämmern als Amuletten Thors Schutz und Hilfe im Kampf.

**Loki** Als boshafter Spaßmacher-Gott, den es nur in der nordischen Mythologie gibt, war Loki ein Betrüger und Dieb. Er galt als Schöpfer des Chaos.

**Baldur** Als Sohn Odins und Friggs war er Gott des Friedens und des Lichts. **Frigg** schwor alle Dinge auf der Erde darauf ein, Baldur kein Leid zuzufügen, ließ aber den Mistelzweig aus. Der böse **Loki** veranlasste den blinden **Hödr,** einen Mistelzweig-Speer nach Baldur zu schleudern, der ihn tötete. Baldurs Tod kündigte die **Ragnarök** an.

**Freyja** Die Hauptgöttin der Wanen, Freyja (Herrin), wird mit Fruchtbarkeit und Liebe verknüpft. Sie ist die Zwillingsschwester oder der weibliche Aspekt des Gottes **Freyr,** des wichtigsten Fruchtbarkeitsgottes.

**Frigg/Frija** Odins Gemahlin Frigg war wie **Freyja** mit Geburt und Ehe verknüpft. Sie war die Hauptgöttin der nordischen Götterfamilie der **Asen.**

**Streben nach Heldenmut** Walküren sollen die Macht besessen haben, unwürdige Krieger zu töten und Günstlinge zu beschützen. Auf dem Bild von 1865 reitet eine Walküre zur Schlacht.

**Die Walküren** Die goldhaarigen kriegerischen Jungfrauen in glänzender Rüstung dienten **Odin.** Manche Mythen schildern sie als übernatürlich, andere als sterblich. Sie ritten über Land und See, brachten den von Odin erwählten Helden den Sieg und die Gefallenen nach **Walhall.**

**Asgard** Himmlischer Götter-Wohnort, von Riesen erbaut und mit der Erde durch die Brücke **Bifröst** verbunden, die als Regenbogen oder Milchstraße zu sehen ist.

**Ragnarök** Der Weltuntergang oder die „Götterdämmerung", in der die Schöpfung samt den Göttern untergeht. Es entsteht eine neue Weltordnung, die in späteren Schilderungen der Ragnarök nur noch eine Gottheit hat. Dies stellt vermutlich eine Vermischung der nordischen Mythologie mit dem Christentum dar, das ab dem 11. Jh. die heidnische Religion verdrängte.

**Sigurd/Siegfried** Der Spross **Odins** wurde vom Schmied **Reginn** überredet, den Drachen **Fafnir** zu töten und dessen Schatz zu erbeuten. Das Bad im Drachenblut machte Sigurd bis auf die von einem Lindenblatt bedeckte Stelle unverwundbar.

**Beowulf** Das altenglische Heldenepos aus dem 8. Jh. schöpft aus nordischen Sagen. Der Held tötet das Ungeheuer **Grendel,** das den dänischen Königshof angegriffen hat. Er wird König der **Gauten** und stirbt, als er sein Volk gegen einen Drachen verteidigt.

## KELTISCHE GÖTTER UND SAGEN

Vor der Völkerwanderung (200–400 v. Chr.) bewohnten die Kelten einen großen Teil Westeuropas. Elemente ihrer Kultur hielten sich u. a. in Schottland, Wales, Cornwall und der Bretagne. Die ergiebigste Quelle für keltische Mythen ist jedoch Irland, da es nie von den Römern erobert wurde und die Iren später als andere Kelten christianisiert wurden.

**Tuatha dé Danaan** Die „Kinder der Göttin **Danu**" kamen auf einer Zauberwolke nach Irland und vertrieben seine Bewohner, die **Fir Bolg.** Sie hatten vier magische Waffen: den **Stein des Schicksals** (Lia Fail), der schrie, sobald ihn ein wahrer König berührte, **Lugs Speer, Nuadus Schwert** und den unerschöpflichen Zauberkessel **Dagda.** Sie wurden von Eindringlingen, den **Milesiern,** vertrieben und zogen sich unter die Erde zurück, wo sie sich in **Feen** verwandelten.

**Cuchulainn** Die Hauptperson im Epos ***Tain bo Cuilagne*** (der Viehraub von Cooley), Sohn des Gottes **Lug,** war ein übermenschlicher Krieger. Mit 5 Jahren wehrte er 150 andere Jungen ab, die ihn mit Speeren angriffen. Seine Kampfeswut brachte sogar Wasser zum Sieden. Doch er war eine tragische Gestalt. Versehentlich tötete er seinen Sohn und verlor seine Stärke, als man ihn überlistete, Hundefleisch zu essen, was verboten war.

**Tir nan Og** Die Toteninsel weit am westlichen Rand der Unterwelt war ein Ort der Glückseligkeit, an den die Götter ausgewählte Helden einluden. Gleichgesetzt mit **Avalon,** der „Insel der Äpfel", König **Artus'** letztem Ruheort.

**Artus** Die Artussage ging wohl auf das Leben eines historischen römisch-englischen Führers zurück. Der Sohn von König **Uther Pendragon** wurde von **Merlin** erzogen und zum König erklärt, nachdem er das Schwert **Exkalibur** aus dem Stein gezogen hatte. Er hielt glanzvoll Hof in Camelot, von wo aus seine Ritter zur Suche nach dem **Heiligen Gral** aufbrachen. Sein bester Freund **Lancelot** verliebte sich in seine Gemahlin **Ginevra,** und im Alter führte sein Sohn **Mordred** eine Rebellion gegen ihn an. Artus schlug sie nieder, wurde aber tödlich verwundet und nach **Avalon** gebracht. Dort soll der „einstige und künftige König" geheilt worden sein, und von dort wird er eines Tages zurückkehren.

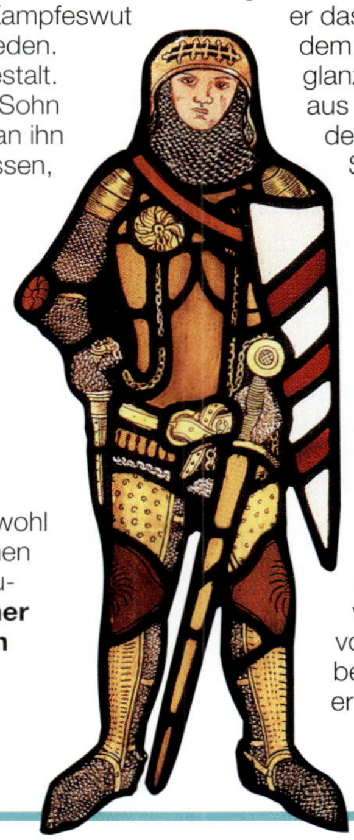

**Artusromantik** Die Artussage regte den Künstler William Morris zu dieser Buntglasgestalt von Sir Lancelot an.

**Merlin (Myrddin)** Der weise Zauberer soll beim Bau von Stonehenge geholfen haben. Trotz seiner Weisheit fiel er auf die Zauberin **Nimue** herein, die ihn in eine kristallene Spirale einsperrte.

## GÖTTER UND SAGEN DER AZTEKEN UND MAYA

**Spender des Wissens** Der Gott Quetzalcoatl wird oft dargestellt, wie er bei seiner Rückkehr aus dem Land der Toten tief in der Erde aus dem Rachen eines Tieres auftaucht. Er brachte die Fertigkeiten der Künste, des Bauens, des Schreibens und des Ackerbaus.

Mehrere Wellen von Eroberern besetzten Mexiko und Mittelamerika und machten sich frühere Mythen zu Eigen. Die letzten und blutigsten Eindringlinge, die Azteken, opferten den Göttern Zehntausende von Menschen. Maya-Namen, die abweichen, sind nach der aztekischen Version angegeben.

**Huitzilopochtli** Der grimmige aztekische Kriegsgott Huitzilopochtli wurde mit vollständiger Rüstung geboren und tötete sofort seine 400 Geschwister. Eines seiner Symbole war der Schmetterling, der als die Seele toter Krieger galt.

**Tezcatlipoca** „Rauchender Spiegel" war der Sonnengott, bis er von Quetzalcoatl abgesetzt wurde. Dann wurde er Gott der Nacht und Beschützer der Hexen und Diebe. Zeigte sich als Jaguar oder fliegender Schatten.

**Quetzalcoatl/Kukulcàn** „Gefiederte Schlange" war der Gott des Lebens, der Sonne und der Retter. Durch Tezcatlipocas Ränke vertrieben, segelte er nach Osten, versprach aber seine Rückkehr. Viele Azteken glaubten daran, als 1519 die Spanier unter Cortés in Mexiko ankamen.

**Tlaloc/Chac** Der Gott der Berge, des Regens und der Quellen lebte mit seiner Frau **Chalchiuihtlicue,** der Göttin der Geburt, zusammen. Als Gegengabe für Regen forderte er die Opferung von Säuglingen, die gekocht und von Priestern verzehrt wurden.

### Wochentage

Die Namen wurzeln in der nordischen und römischen Mythologie.

**Montag** „Mondtag", von lateinisch *lunae dies,* wird französisch zu *lundi.*

**Dienstag** Der englische *Tuesday* kommt von Tiu oder Tyr, einem nordischen Kriegsgott.

**Mittwoch** Der englische *Wednesday* ist „Wotans Tag".

**Donnerstag** Der „Tag des Donar". Der römische „Tag des Jupiter" wurde zu französisch *jeudi.*

**Freitag** „Tag der Frigg". Ihre römische Entsprechung Venus ist die Wurzel für französisch *vendredi.*

**Samstag** Der englische *Saturday* kommt vom römischen „Tag des Saturn".

**Sonntag** Der heidnische Tag der Sonne.

Siehe auch
176–7 **Europa im Werden**
190–1 **Das alte Amerika**
336–7 **Antike Mythologien**
384–5 **Literatur 800 v. Chr.–1700**

*Religion ist eine der ältesten und ausgeprägtesten Ausformungen der Menschheit. Archäologen haben Grabbeigaben entdeckt, die 60 000 Jahre zurückreichen. Sie müssen für den Gebrauch in einem Leben nach dem Tod gedacht gewesen sein. Dies weist auf religiöse Vorstellungen hin, von denen keine anderen Spuren erhalten sind. Viele Kulturen kannten weder Städte noch Schrift und nicht einmal das Rad, aber keine einzige kam ohne eine Form von Religion aus.*

## Stammbaum der Religionen

Die meisten großen Religionen der Welt lassen sich verwandten Gruppen zuordnen, weil sie eine gemeinsame Wurzel haben. So sind zwar Judentum, Christentum und Islam heute drei ganz unverwechselbare Religionen, stammen aber vom Glauben und den Ritualen von Menschen ab, die in den alten Kulturen des Vorderen Orients lebten. Ähnlich gingen Buddhismus und Jainismus aus den Lehren von Männern hervor, die von der Tradition des Hinduismus durchdrungen waren.

Manche Religionen wie Konfuzianismus, Taoismus und Shintoismus haben sich unabhängig entwickelt. Sie weisen aber eine Reihe von Ähnlichkeiten auf, vermutlich weil sie alle eng mit den Gebräuchen Südostasiens verknüpft sind. Alle drei werden in der Regel neben dem Buddhismus in ihren jeweiligen Ursprungsländern ausgeübt.

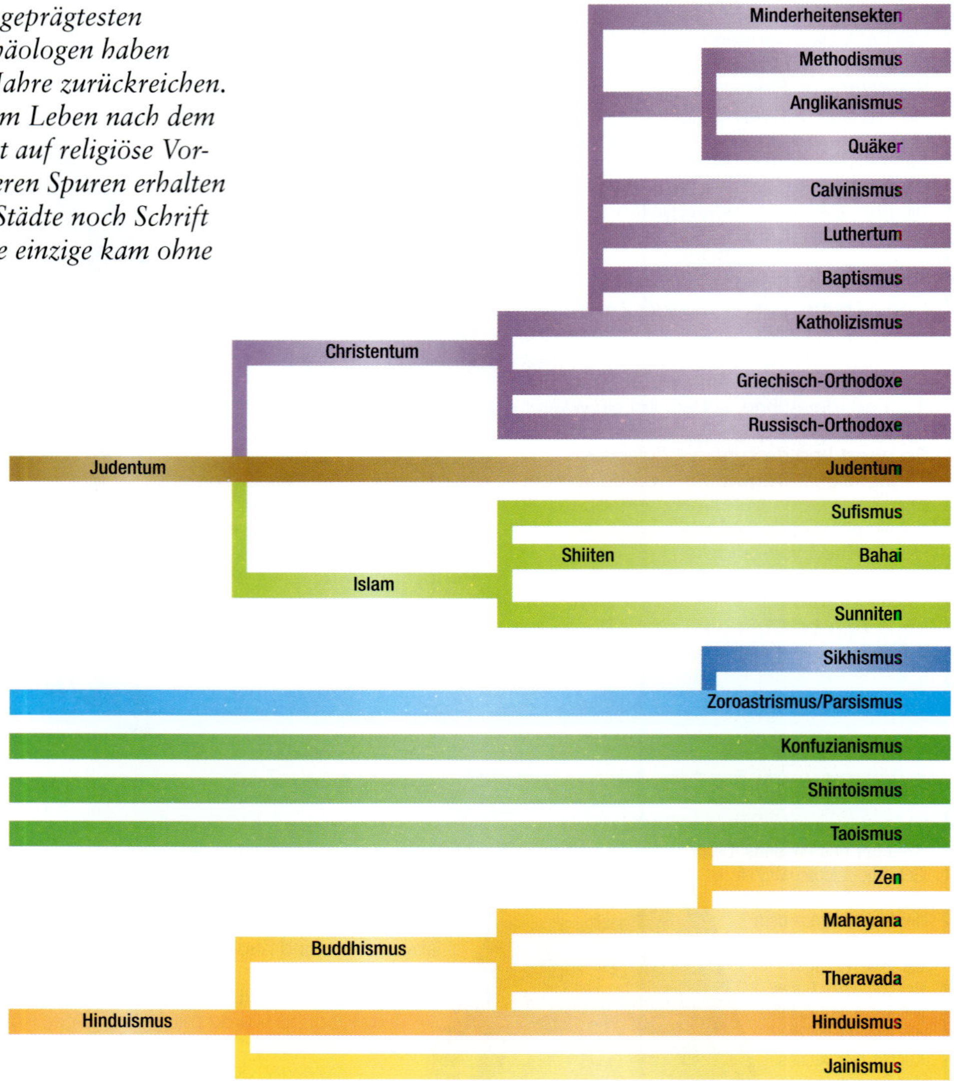


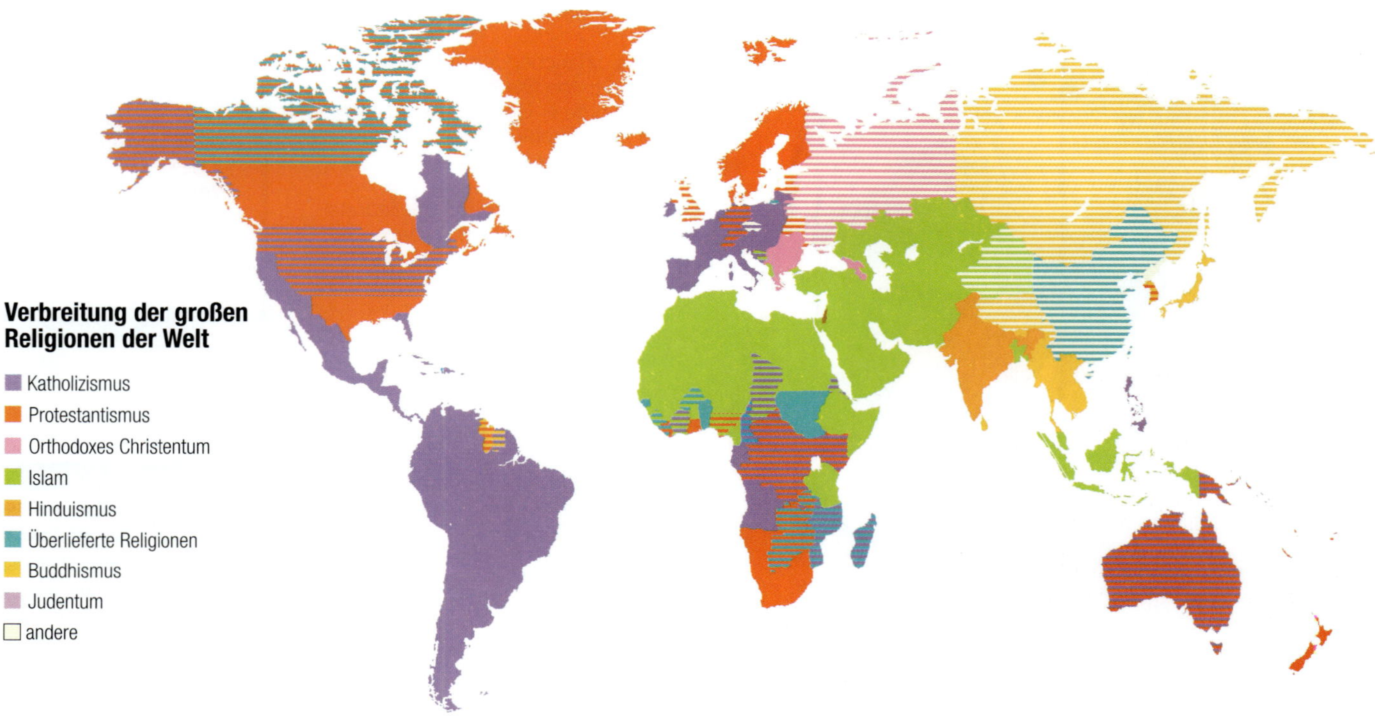

## JUDENTUM

Die erste große monotheistische Religion (mit einem Gott), das Judentum, entstand zur Zeit des Moses, der um 1200 v. Chr. auf dem Berg Sinai von Gott die **Zehn Gebote** empfangen haben soll. Moses einte das jüdische Volk, indem er seinem Nachfolger Josua half, Kanaan, das Land der Verheißung, zu erobern, das spätere **Israel.** Der Aufstand gegen die römische Herrschaft endete im Jahr 70 mit der Zerstörung des Tempels zu Jerusalem. Das Judentum wurde durch Flüchtlinge um die ganze Erde verbreitet.

**Grundüberzeugungen** Die Schöpfung ist grundsätzlich gut und die menschliche Geschichte ist Gottes Plan.

**Gottesdienst** Fromme Juden besuchen dreimal täglich die Synagoge.
- Morgens und abends sprechen sie das Grundbekenntnis des Judentums, die **Schema** aus der Thora (siehe unten).
- Der **Sabbat**, Ruhetag und Mittelpunkt der Woche, beginnt am Freitag bei Sonnenuntergang: Kerzen werden angezündet, Gebete und ein Familienmahl folgen.

**Heilige Bücher** Die **Thora** besteht aus den ersten fünf Büchern des Alten Testaments der Christen, die Moses auf dem Berg Sinai empfing. Sie enthält die grundlegenden Gesetze des jüdischen Lebens. Auch der **Talmud,** eine Sammlung gelehrter Kommentare dazu, gilt als heilig.

**Gottes Gesetz** Die Thora, von Hand auf Pergamentrollen geschrieben, wird in der Synagoge vorgelesen. Gemäß dem Verbot finden sich auf dem reich verzierten Behältnis keine Abbildungen von Menschen.

Siehe auch
178–9 **Das Christentum**
196–7 **Glaubenskonflikte**
344–7 **Philosophie 1800–2000**
418–9 **Essen**

## CHRISTENTUM

Jesus Christus (um 6 v. Chr. – 30 n. Chr.) war Jude. Seine umstrittenen Lehren sowie sein Anspruch, durch Gott zu sprechen, brachten ihn in Konflikt zu dem traditionellen Judentum. Er wurde verhaftet und in Jerusalem gekreuzigt. Unter Kaiser Konstantin I. wurde das Christentum 313 als gleichberechtigte Religion anerkannt, Theodosius I. erhob es 381 zur Staatsreligion des Römischen Reiches. Anhänger haben die Botschaft des Christentums in die Welt hinausgetragen. Es ist heute die verbreitetste monotheistische Religion (siehe Karte links).

**Katholizismus** Katholiken erkennen die Autorität des Papstes an. Er steht in direkter Nachfolge von Petrus, dem ersten Bischof von Rom.

**Orthodoxe oder Ostkirche** Einwände gegen die Autorität des Papstes durch die Ostkirche mit ihrem Mittelpunkt in Konstantinopel gipfelten in ihrer Abspaltung im Großen Schisma von 1054. Die Orthodoxie legt Wert auf Tradition. Ikonen spielen im Gottesdienst eine wichtige Rolle. Sie werden als Fenster zu Gott gesehen, das dem Betenden die „wirkliche" Gegenwart des Dargestellten bringt.

**Protestantismus** Im 16. Jh. stellte die Bewegung der **Reformation** die Autorität der katholischen Kirche infrage. Das **Luthertum** nahm 1517 seinen Ausgang, als Martin Luther die Verdorbenheit der katholischen Kirche in Deutschland anprangerte. Es betont ein persönliches Verhältnis zu Gott und das Bibelstudium als Weg zur Erlösung.

Im **Calvinismus,** den Johann Calvin in den 1540er-Jahren begründete, nahm der Protestantismus eine autoritäre Form an. Calvinisten glauben, ihre Erlösung liege allein in den Händen eines allwissenden, allmächtigen Gottes.

Der **Anglikanismus** wurde unter Elisabeth I. 1559 endgültig zur Staatskirche Englands. Er verbreitete sich mit den englischsprachigen Völkern um die Erde.

Die **Wiedertäufer** kamen im frühen 16. Jh. in Deutschland auf. Sie tauften nur Erwachsene wie auch ihre Nachfolger, die **Baptisten.** Im 17. Jh. suchten die **Quäker** einen direkteren Weg zu Gott, indem sie auf Kirchen, Liturgie und Geistliche verzichteten. So weit gingen die **Methodisten** nicht, die im 18. Jh. aus der anglikanischen Kirche hervorgingen, doch vereinfachten sie den Gottesdienst und gaben den Laien eine größere Rolle.

**Grundüberzeugungen** Alle Christen glauben an die Göttlichkeit von Jesus Christus, Sohn des dreieinigen Gottes. Das dritte Element in der **Heiligen Dreieinigkeit** ist der Heilige Geist.
- Durch seine **Kreuzigung und Auferstehung** hat Christus der Menschheit den Weg zum ewigen Leben gewiesen.
- Die meisten Christen glauben, dass Christus zum **Jüngsten Gericht** auf die Erde zurückkehren wird, um die Lebenden und die Toten zu richten.

**Gottesdienst** Das wichtigste Ritual, die **Eucharistie** – auch **Messe** (katholisch) oder **Heiliges Abendmahl** (protestantisch) genannt – erinnert an das letzte Abendmahl Jesu. Während Orthodoxe und Katholiken glauben, das Brot verwandle sich in der Messe in die „wirkliche Gegenwart" des Leibs Christi, betrachten die Protestanten dies als symbolischen Akt.

**Sühneopfer** Nach christlichem Glauben gab Jesus sein Leben für die Sünden der Menschen (rechts auf einem Altarblatt von Rogier van der Weyden). Sein Leiden öffnete den Weg zur Erlösung.

**Heilige Bücher** Alle Christen erkennen das **Alte und Neue Testament** der Bibel an. Letzteres schildert das Leben Christi.

Katholische und orthodoxe Christen erkennen auch die **Lehren der frühen Kirchenväter** wie Hieronymus und Augustinus an, aber für die Protestanten ist die Bibel die einzige heilige Schrift.

## ISLAM

**Verehrung** Muslimische Kalligraphen kopieren den Koran als persönlichen Ausdruck ihres Glaubens.

Islam bedeutet „Ergebung (in Gottes Willen)". Er entstand 622 mit der **Hedschra,** der Übersiedlung Mohammeds von Mekka nach Medina. Als er 632 starb, hatte ganz Arabien die neue Religion angenommen. Ein Jahrhundert später war sie nach Spanien und Zentralasien vorgedrungen. Heute gehören rund 20 % der Weltbevölkerung dieser Religion an.

Der Islam hat sich in zwei Zweige gespalten: 80 % der Muslime sind **Sunniten,** die Minderheit **Schiiten.** Sie unterscheiden sich in ihrer Ansicht über die korrekte Abstammungslinie vom Propheten.

**Grundüberzeugungen** Muslime betrachten diese Welt als gut und sehen oder spüren die Anwesenheit Gottes überall. Doch sehen sie diese Welt nur als Vorbereitung auf die nächste.

- Alle Muslime glauben an die Einheit und Allmacht Gottes **(Allah)**.
- Abraham, Moses und Jesus sind Mohammeds göttlich inspirierte Vorläufer. Die Muslime lehnen die Göttlichkeit Christi ab – wie die anderen Propheten ist er Mensch. Mohammed ist der letzte größte Prophet.

**Gottesdienst** Der Islam beruht auf Erfüllung der **Fünf Säulen** oder Pflichten:

- Einmal im Leben mit voller Überzeugung und Verständnis das Glaubensbekenntnis sagen: „Es gibt keinen Gott außer Allah, und Mohammed ist sein Prophet."
- Fünfmal täglich beten: bei Tagesanbruch, um Mittag, am Nachmittag, bei Sonnenuntergang und vor dem Schlafengehen. Man wirft sich in Richtung Mekka, dem Geburtsort des Propheten, zu Boden.
- Den Armen und Bedürftigen jedes Jahr Almosen geben – 2,5 % vom Besitz.
- Im heiligen Monat **Ramadan,** der an die Hedschra erinnert, das Fasten einhalten. Kein Essen, Trinken oder Rauch darf zwischen Sonnenaufgang und Sonnenuntergang über die Lippen gehen.
- Jeder Muslim, der dazu in der Lage ist, sollte wenigstens einmal im Leben nach Mekka pilgern.

**Heiliges Buch** Der **Koran** gilt als das Wort Gottes, das dem Propheten Mohammed offenbart wurde. Es enthält **114 Suren** (Kapitel), die detaillierte Regeln zu jedem Aspekt des Lebens geben.

## HINDUISMUS

Der Hinduismus entstand vor etwa 4000 Jahren in Nordindien. Seinen starken Wurzeln konnte auch der zeitweilig blühende Buddhismus nichts anhaben.

**Grundüberzeugungen** Hinter den vielen Hindugöttern steht **Brahman,** die höchste Wirklichkeit – unendlich, unpersönlich, unbenennbar. Unter vielen Schichten des Egoismus verborgen liegt im Kern jedes Menschen der göttliche Funke **Atman.**

- Die als Manifestationen des Brahman verehrten Hauptgötter sind der Schöpfer Brahma, der Bewahrer Wischnu und der Zerstörer Schiwa – die **Dreifaltigkeit der Hindus** – sowie die Todesgöttin Kali.
- Ziel ist die Vereinigung von Brahman und Atman, um durch geistige Befreiung **(Mokscha)** aus dem unendlichen Kreislauf von Leben, Tod und Wiedergeburt **(Samsara)** auszubrechen. Dies wird auf verschiedenen Wegen **(Yogas)** erreicht: der geistigen Erkenntnis durch Meditation, der geistigen Hingabe an einen bestimmten Gott, der guten Werke.
- Das menschliche wie das nichtmenschliche Universum wird von den Gesetzen des Handelns **(Karma)** gelenkt. Jede Tat hat ihre Wirkung – gut oder schlecht, in diesem oder dem nächsten Leben.
- Jeder hat eine ewige Seele, die Millionen Male und in Millionen von Formen wiedergeboren werden kann **(Reinkarnation).**

**Gottesdienst** Es gibt drei Formen:

- Tägliche Anbetung oder **Puja** zu Hause an einem mit Bildern der Götter geschmückten Schrein.
- Gottesdienst in Tempeln, geleitet von einem Priester oder **Brahmin.**
- Pilgern zu heiligen Stätten, etwa in die heilige Stadt Varanasi (Benares) am Ganges, um im heiligen Wasser zu baden – oder dort zu sterben und verbrannt zu werden.

**Heilige Bücher** Eine Reihe von Büchern, gilt als heilig: die **Weden,** eine Hymnensammlung; epische Gedichte wie das **Ramayana** und das **Mahabharata,** das die Bhagavadgita einschließt, eine Erzählung über Krischna, den Gott der Liebe; philosophische Schriften wie die **Upanischaden.**

**Elefantengott** Ganesch, einer der populärsten Hindugötter, wird als Herr des Lernens und Beseitiger von Hindernissen verehrt. Sein Vater Schiwa schnitt ihm versehentlich den Kopf ab und ersetzte ihn dann durch den Kopf des ersten Lebewesens, das er sah. Es war ein Elefant.

## BUDDHISMUS

Gautama, der Buddha oder Erleuchtete, wurde um 560 v. Chr. in Nepal geboren. Er brach mit der Hindutradition seiner Heimat und verwarf die Extreme der Askese und der Sinnlichkeit für den **Mittleren Weg,** der auf den Vier Edlen Wahrheiten gründete. Der Buddhismus breitete sich in Indien und bis Japan und Indonesien aus. Schon früh ergab sich eine Spaltung in Theravada- und Mahajana-Buddhismus.

**Theravada-Buddhismus** Theravada, die „Lehre der Älteren" (auch Hinayana, das „kleine Fahrzeug"), ist in Sri Lanka und Südostasien verbreitet. Sie beansprucht, den ursprünglichen Lehren Buddhas am nächsten zu sein, und betont die Bedeutung der Meditation.

**Mahayana-Buddhismus** Das „große Fahrzeug", in China, Tibet, Korea und Japan verbreitet, betont Hingabe und Mitleid. Es gibt unterschiedliche Schulen:

**Tibetischer Buddhismus,** Lamaismus, hat kunstvolle Rituale, heilige Schriften und Mönchsorden. Vom Dalai Lama geführt.

**Zen-** oder **Ch'an-Buddhismus** entstand in China und Japan. Seine Anhänger streben vor allem Erleuchtung durch Meditation an.

**Reines-Land-Buddhismus** entstand in China und Japan. Anhänger mit dem wahren Glauben sollen im Paradies – dem Reinen Land – wiedergeboren werden.

**Grundüberzeugungen** Der Buddhismus kennt keinen persönlichen Gott. Die Bodhisattvas des Mahajana-Buddhismus werden ähnlich wie katholische Heilige oder Hindugötter verehrt.

- **Boddhisattvas** sind Erleuchtete, die in der Welt geblieben sind, um anderen zu helfen.
- Gautama predigte die **Vier Edlen Wahrheiten,** die dem Buddhismus zugrunde liegen:

1. Alles Dasein ist Leiden oder **Duhkha** – was im Leben Unrecht wie Schmerz, Enttäuschung und Kummer bezeichnet.
2. Die Ursache des Leidens ist das unrechte Verlangen nach Genuss **(Tanha).**
3. Die Aufhebung des Verlangens führt zur Erleuchtung.
4. Der beste Weg zur Erleuchtung ist der **Achtfache Pfad** zur Aufhebung von Duhkha.

Der Achtfache Pfad besteht aus rechter Ansicht, rechtem Denken, rechter Rede, rechtem Handeln einschließlich Freundlichkeit, rechtem Leben, rechtem Streben (ernster Wille zum eigenen Weg), rechter Wachsamkeit (Verstehen des Lebens und des Ichs) und rechter Sammlung einschließlich Meditation.

Andere Aspekte des Glaubens:

- Buddhisten glauben nicht an eine Seele **(Anatta);** die Vorstellung von einem eigenständigen „Ich" ist eine Illusion.
- Buddhisten suchen **Nirwana** – das Entkommen aus dem Kreislauf von Tod und Wiedergeburt **(Samsara)** durch das Auslöschen der persönlichen Existenz und ihrer Begierden und Schwächen.
- Gautama erlangte Nirwana; andere können und sollen seinem Beispiel folgen.
- Alle Buddhisten akzeptieren die **Fünf Gebote:** nicht töten, nicht stehlen, nicht lügen, keusch sein, auf Rauschmittel verzichten.

**Heilige Bücher** Der Haupttext des Theravada-Buddhismus ist der dreiteilige **Pali-Kanon,** vor 2000 Jahren in Pali, einem zentralindisch-arischen Dialekt verfasst. Der Mahajana-Buddhismus kennt viele heilige Texte in verschiedenen Sprachen; die wichtigsten sind der **Chinesische Kanon** und der **Tibetische Kanon.** Tibetische Buddhisten studieren Texte wie das **Lotos-Sutra.**

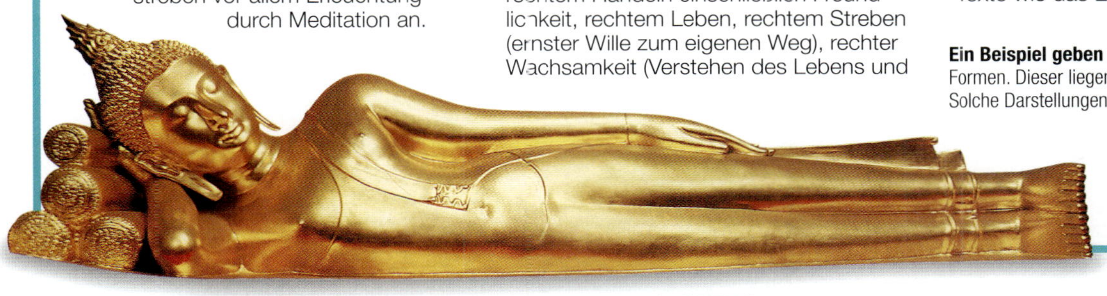

**Ein Beispiel geben** Buddha-Bildnisse haben viele Formen. Dieser liegende Buddha stammt aus Bangkok. Solche Darstellungen dienen als Inspiration, denn alle Buddhisten streben danach, ein Erleuchteter, d. h. ein Buddha zu werden.

## SIKHISMUS

Der Sikhismus entstand im 15. Jh. während der Konflikte zwischen Muslimen und Hindus in Nordindien. Mit einem einfachen Monotheismus strebte sein Gründer, Guru Nanak (1469–1539), einen friedlichen mittleren Weg an. Doch die Verfolgung durch die Muslime im 17. Jh. führte zu wachsender Militanz unter den Sikhs.

**Grundüberzeugungen** Sikhs streben nach der Einheit mit Gott **(Satguru),** indem sie den heiligen Namen anbeten, hart arbeiten und anderen, besonders der Familie, zu Nutzen sind **(Seva).**

- Sikhs glauben an Gleichheit und geben 10 % ihres Einkommens an Arme.
- Kasten gibt es nicht; Männer und Frauen essen und arbeiten zusammen.
- Sikhs sollen früh aufstehen, baden und vor der Arbeit meditieren.
- Sikhs meiden alle Rauschmittel, auch Tabak.
- Männliche Sikhs sind bärtig, schneiden ihr Haupthaar nicht und verbergen es unter einem Turban. Bei Zeremonien tragen sie einen Dolch.
- Tiere (zum Essen) müssen gemäß dem **Jhatka-Gesetz** des „sauberen Hiebs" getötet werden.

## TAOISMUS

Der Taoismus, eine originär chinesische Religion, kannte weder Götter, Tempel noch Priester. Er war mehr philosophisches System als Religion. Er betonte die Lebensbejahung in Form einer nachgiebigen und fröhlichen Einstellung zum Leben. Im 6. Jh. vom zurückgezogen lebenden Gelehrten und Dichter Lao-tzu – Autor des **Tao-te-ching** – begründet, entwickelte er sich unter Chung-tzu 200 Jahre später weiter und konkurrierte mit dem Buddhismus. Der Taoismus wird in China offiziell verurteilt, lebt aber in Taiwan und unter Auslandschinesen weiter.

**Glaubensführer** Taoistische Priester (oben) spielen bei öffentlichen Ereignissen wie Festen eine führende Rolle. Sie werden gebeten, versöhnende Riten durchzuführen, die Gesundheit, langes Leben und Glück für alle garantieren.

Siehe auch
180–1 Der Aufstieg des Islam
184–5 Indien
186–7 China und Japan
418–9 Essen

# Philosophie 450 v. Chr.–1800

*Philosophie bedeutet „Liebe zur Weisheit". Philosophen stellen fundamentale Fragen über die Welt und den Menschen: Warum geschehen Dinge so und nicht anders? Was können wir wissen und wie? Wie sollten wir unser Leben führen? Philosophen versuchen, Fragen nicht durch Religion oder Wissenschaft, sondern durch Vernunft zu beantworten.*

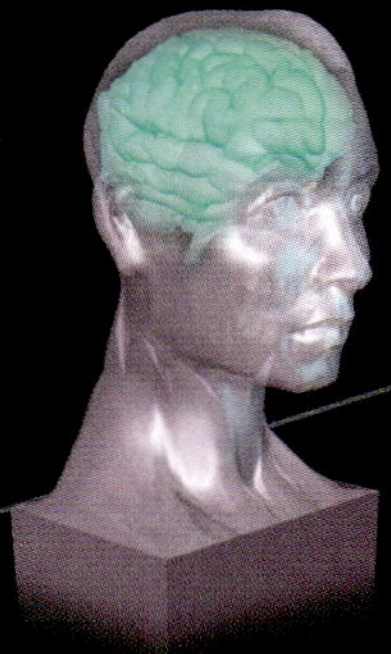

**Sokrates** (um 469 bis 399 v. Chr.) Grieche
Sokrates' Gedanken sind uns nur durch die Schriften seines Schülers Platon bekannt. Er glaubte, wirkliches Wissen gehe aus Fragen und Erörtern hervor. Er ersann eine Lehrmethode durch systematisches Fragen, eine Technik, die er mit seinen Schülern anwendete.

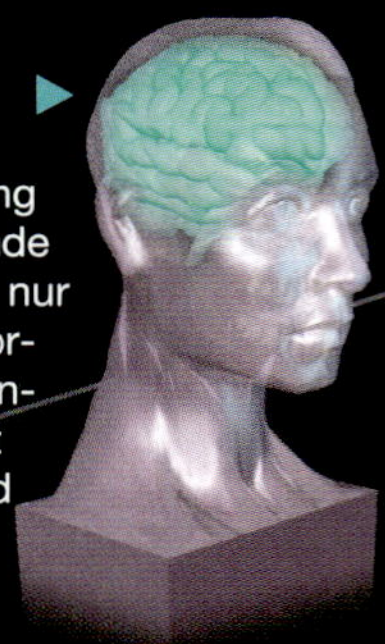

**Platon** (um 427 bis 347 v. Chr.) Grieche
Platons Überzeugung war, alle Gegenstände in dieser Welt seien nur Abbilder „idealer Formen", die in einer unveränderlichen Welt jenseits von Zeit und Raum existieren. Dies wird unserem Geist bei der Geburt eingeprägt, Lernen ist ein Prozess des Aufdeckens dieses Wissens. Seine Ideen bildeten die Basis für viele spätere philosophische Erörterungen.

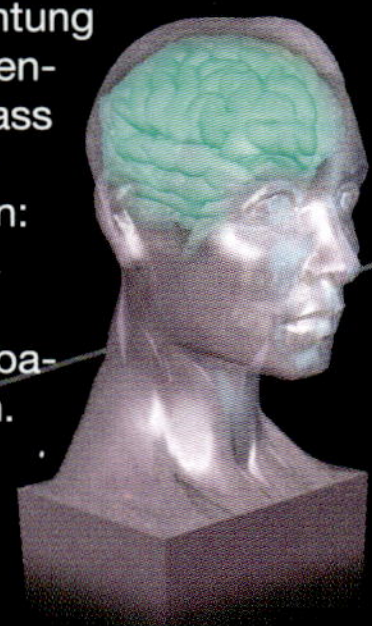

**Aristoteles** (384–322 v. Chr.) Grieche
Der Schüler Platons glaubte, der Mensch könne nur über die eine Welt, in der er lebte, Gewissheit haben, sie durch Beobachtung und Erfahrung erkennen. Er schloss, dass alle Dinge zwei Eigenschaften haben: Materie und Form. Form organisiert Materie zu erkennbaren Gegenständen. Allein Gott existiert als „vollkommene Form ohne Materie".

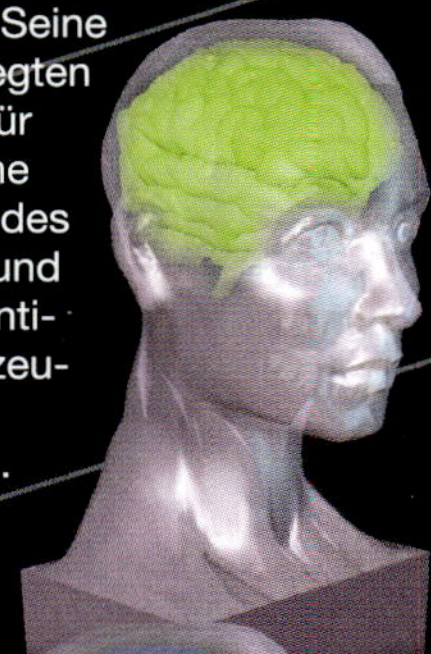

**Augustinus** (354–430) Nordafrikaner
Er verschmolz die dominanten Ideen seiner Zeit – auch die Vorstellung, dass Moral und geistige Disziplin einen näher zu Gott bringen – mit frühchristlichen Überzeugungen. Seine Gedanken legten den Grund für die christliche Philosophie des Mittelalters und die protestantischen Überzeugungen der Reformation.

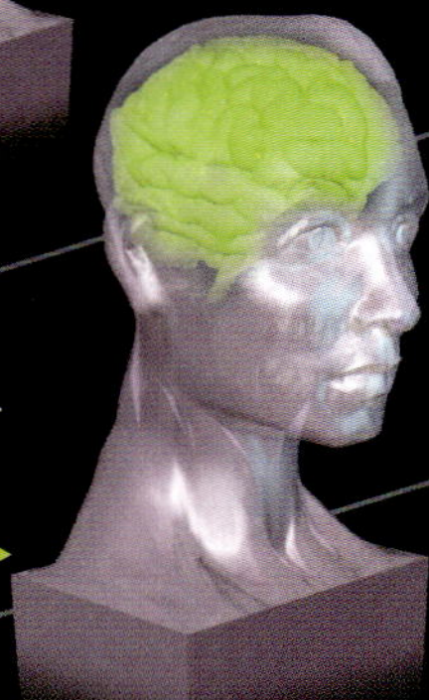

**Thomas von Aquin** (um 1225–74) Italiener
Er wurde von den wieder zugänglichen Übersetzungen der Werke des Aristoteles inspiriert. Er glaubte, dass unsere Sinne die Kenntnis der Wirklichkeit liefern. Seine Verschmelzung von Christentum und aristotelischem Denken bildet die Grundlage der katholischen Lehre, dass Glaube und Vernunft nicht unvereinbar sind.

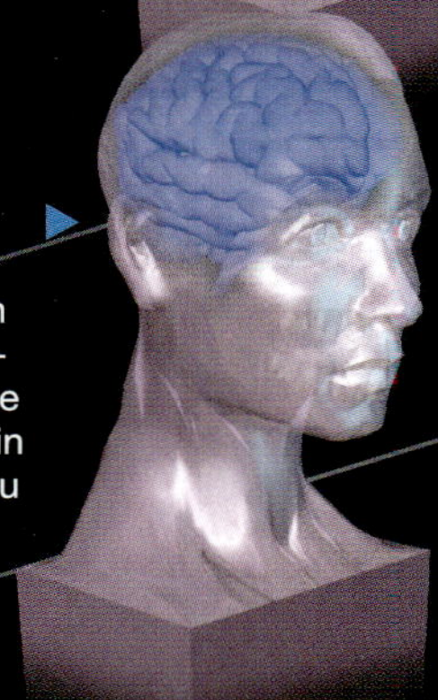

**René Descartes** (1596–1650) Franzose
Er markiert den Beginn der modernen Philosophie. Descartes machte sich an die Aufgabe, ein System des Wissens zu errichten, das allein in seiner eigenen Verstandeskraft gründete. Im Mittelpunkt seines Denkens stand die Überzeugung, Geist und Körper seien verschiedene Substanzen (Dualismus) und Gott präge unserem Geist Ideen ein, die wir durch Vernunft wiederentdecken.

500 v. C
0
1000
1500
1600

## WICHTIGE DENKSCHULEN

| Schule | Zeit | Ort | Zentrale Aussage |
|---|---|---|---|
| **Analytische Philosophen** | 20. Jh. | Europa | Probleme können durch Sprachanalyse erklärt und gelöst werden. |
| **Empiristen** | 18. Jh. | Europa | Ideen werden sinnlich und durch Erfahrung erworben, nicht durch Geburt. |
| **Epikureer** | 3.–4. Jh. v. Chr. | Griechenland | Vermeidung von Leiden ist das höchste Gut im Leben. |
| **Existenzialisten** | 19.–20. Jh. | Europa | Sich eine Welt ohne feste Wahrheiten immer wieder neu erfinden müssen. |
| **Postmodernisten** | 20. Jh. | Europa | Worte und Ideen lassen sich nur herausfinden durch Analyse der Überzeugungen und Annahmen, die dem Gesagten zugrunde liegen. |
| **Pragmatiker** | 19. Jh. | USA | Die Wahrheit einer Überzeugung hängt von ihrem praktischen Nutzen ab. |
| **Rationalisten** | 18. Jh. | Europa | Die einzig verlässlichen Wahrheiten können logisch bewiesen werden. |
| **Scholastiker** | Mittelalter | Europa | Aristotelisches Denken ist mit christlichem Glauben nicht unvereinbar: Vernunft verlangt Glauben an Gott. |
| **Skeptiker** | 4.–2. Jh. v. Chr. | Griechenland | Sinne und Vernunft sind irreführend, es gibt keine Gewissheiten. |
| **Stoiker** | 3. Jh. v. Chr.–2. Jh. | Griechenland/Rom | Naturgesetze lenken die Welt, unser Schicksal müssen wir annehmen. |
| **Utilitaristen** | 19. Jh. | Großbritannien | Eine Tat, die für die Mehrheit zum Glück führt, ist moralisch richtig. |
| **Zyniker** | 4. Jh. v. Chr. | Griechenland | Die Unterscheidung zwischen wahren und falschen Werten ist das einzig Wichtige. |

**John Locke** (1632–1704) Engländer Locke glaubte, dass der Geist als leere Tafel beginnt und alle Ideen von Sinneseindrücken kommen. Er teilte Ideen in einfache und komplexe ein. Einfache Ideen sind nicht vorgestellt, sondern werden passiv empfangen, z. B. die Idee eines Steins, Hauses usw. Komplexe Ideen setzen sich aus einfachen Ideen zusammen, die wir uns aktiv vorstellen. Da er glaubte, Moral schrumpfe ohne Gott zu einer Geschmacksfrage, behauptete er, seine Philosophie führe zu Gott.

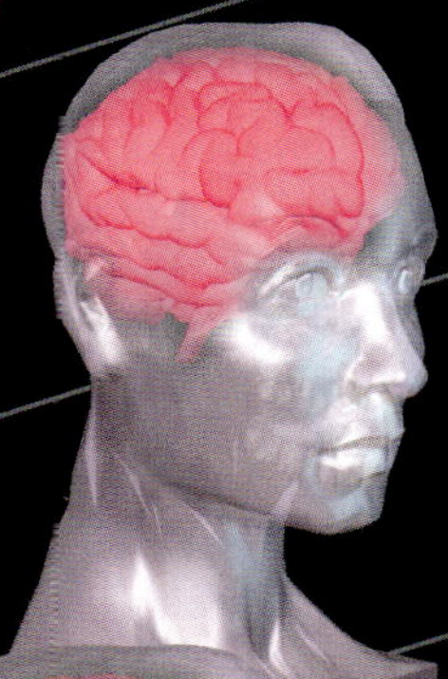

**Baruch Spinoza** (1632–77) Niederländer Er glaubte, Schöpfer (Gott) und Schöpfung sind von derselben Substanz, Geist und Körper folglich nicht verschiedene Substanzen. Geist und Körper, Gott und Natur sind zwei Daseinsweisen der einen unendlichen Substanz.

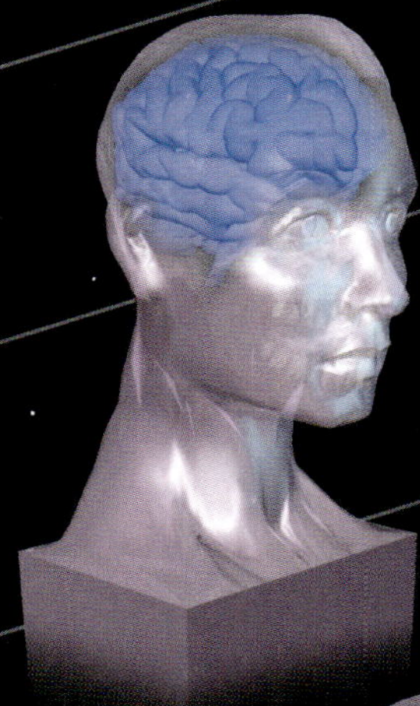

**Gottfried Wilhelm Leibniz** (1646–1716) Deutscher Leibniz, der letzte große Rationalist, glaubte, dass es zwei Arten von Wahrheit gibt: Wahrheiten des Denkens und Wahrheiten der Tatsache. Damit meinte er, dass eine Behauptung wahr sein kann, wenn sie in sich logisch ist (eine „analytische" Behauptung) oder wenn sie sich auf äußere Tatsachen bezieht, die wahr und beweisbar sind (eine „synthetische" Behauptung).

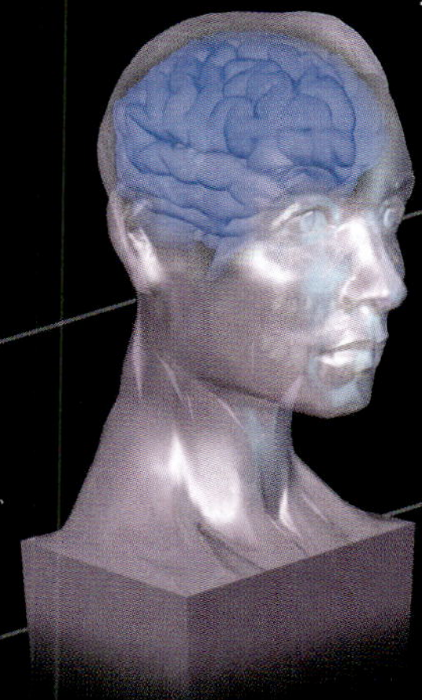

**George Berkeley** (1685–1753) Ire Berkeley, Bischof der irischen Kirche, argumentierte, dass nur der von unserem Geist wahrgenommene „Inhalt" der Erfahrung wirklich existiert. Deshalb muss es einen Wahrnehmer geben, damit Dinge existieren. Aber da Dinge weiter existieren, ob sie jemand wahrnimmt oder nicht, muss es einen allgegenwärtigen Wahrnehmer geben. So ist alles eine Vorstellung im Geist Gottes.

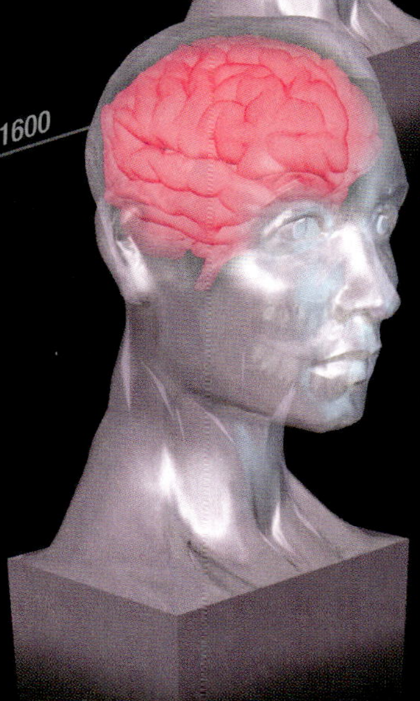

**David Hume** (1711–76) Schotte Hume passte Berkeleys Denken skeptischen Zwecken an. Da wir nicht wissen, dass die materielle Welt wirklich existiert, können wir keinerlei Gewissheit haben. Mit seinem Skeptizismus stellte Hume die Existenz Gottes wie auch die Ideen von Ursache und Wirkung infrage: „All unsere Urteile in Bezug auf Ursache und Wirkung sind von nichts als der Gewohnheit abgeleitet." In der Praxis schränkte Hume seinen Skeptizismus so weit ein, dass er akzeptierte, dass menschliches Leben tatsächlich existiert.

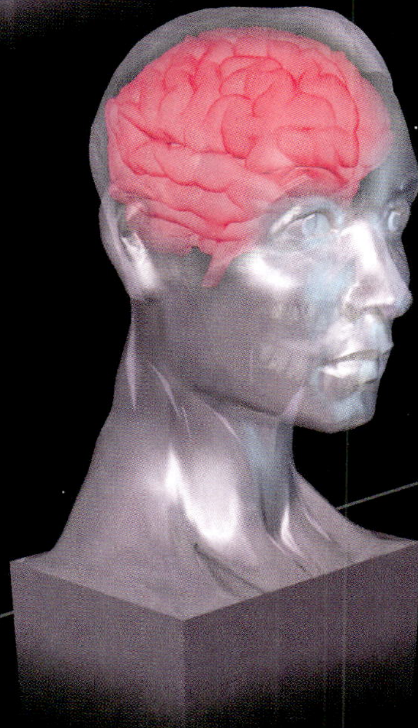

**Immanuel Kant** (1724–1804) Deutscher Kant, der als bedeutendster Philosoph des 18. Jh. gilt, widersprach den Rationalisten und Empiristen. Er glaubte, dass Wahrnehmungen vom Geist verarbeitet werden, um Erfahrung zu erzeugen, und dass wir nur Dinge wissen können, mit denen unsere Sinne umgehen können. Andere Dinge, z. B. Gott, mögen existieren, aber wir haben keine Möglichkeit, etwas über sie zu wissen.

## SCHLÜSSEL ZU DEN RICHTUNGEN

- Gehört zu keiner Richtung
- Empiristen
- Rationalisten
- Scholastiker

Siehe auch
172–3 **Das alte Griechenland**
182–3 **Das Mittelalter**
198–9 **Das Zeitalter der Könige**
340–1 **Religionen**

*Als Mitte des 18. Jh. die naturwissenschaftliche Erkenntnis wuchs, drängte es die Philosophie nicht mehr so sehr danach, alle Geheimnisse der Welt zu lösen. Sie richtete sich zunehmend darauf, die Prozesse des menschlichen Denkens und Urteilens zu analysieren, indem sie untersuchte, wie unsere Auffassung von der Welt unser Verständnis von ihr beeinflusst und somit unsere Fähigkeit zur Objektivität einschränkt.*

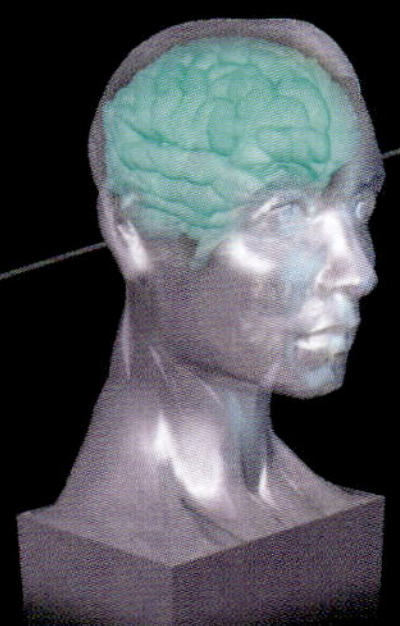

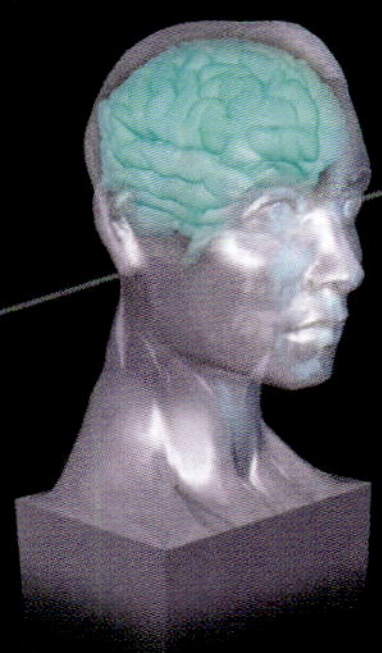

**▼ Georg Wilhelm Friedrich Hegel** (1770–1831) Deutscher Im Gegensatz zu Kant glaubte Hegel, dass alles, was ist, erkennbar ist: Wie können wir sagen, etwas existiert, wenn es nicht erkennbar ist? Er glaubte, dass Geschichte eine rationale, verständliche Struktur hat, die alles mit sich nahm in einem Prozess der Zerstörung und Schöpfung, der zu einem höheren Zustand führt – zur absoluten Idee; ein Prozess von Widerspruch und Entfaltung (dialektischer Prozess), der zur Selbstverwirklichung führt.

**John Stuart Mill** (1806–73) ▼ Brite Mill, der große utilitaristische Ökonom und politische Philosoph, verteidigte die Freiheit des Einzelnen gegen den Staat und andere Menschen – solange er „anderen Menschen nicht zur Last fällt“. Er war auch einer der Ersten, die gleiche Rechte für Frauen forderten.

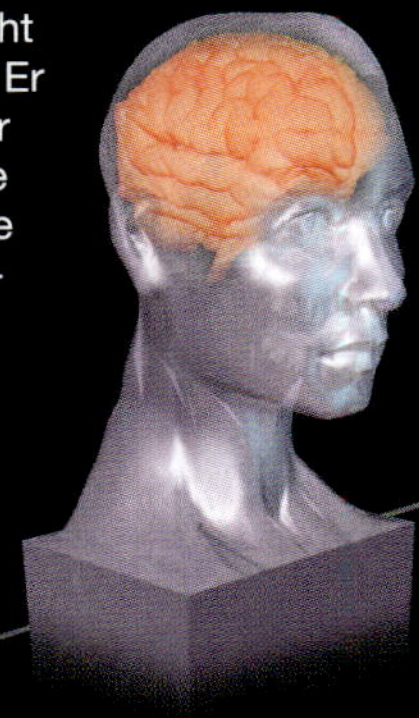


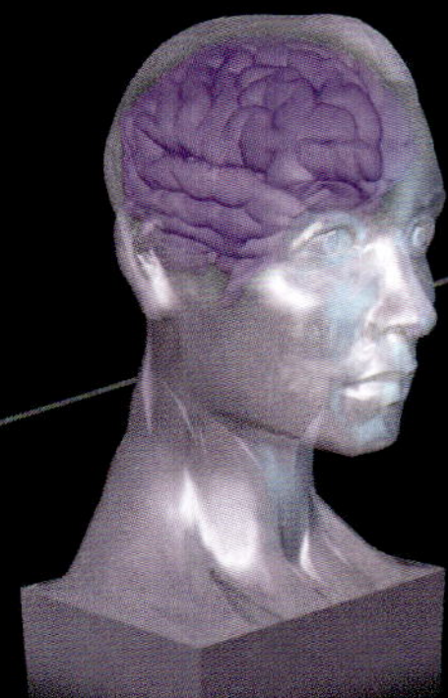

**◀ Søren Kierkegaard** (1813–55) Däne Kierkegaard verwarf Hegels Gedanken der historischen Unausweichlichkeit und betonte stattdessen den Vorrang der individuellen Erfahrung.

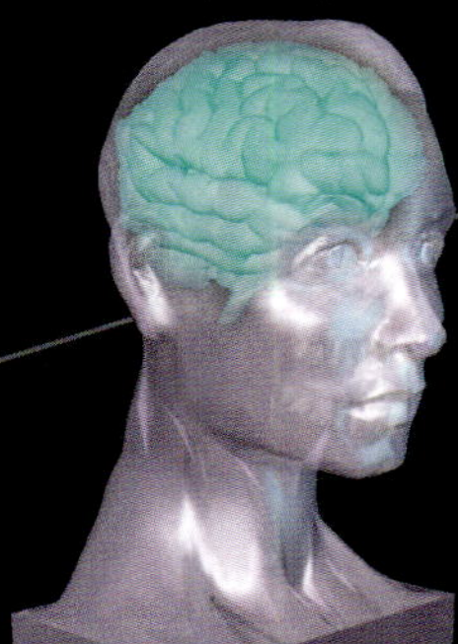

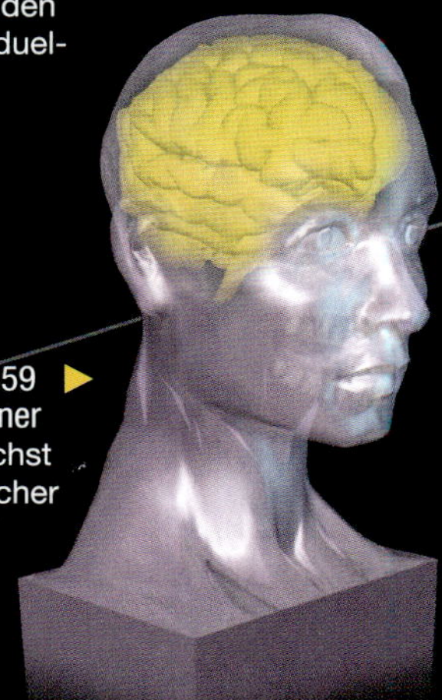

**▲ Arthur Schopenhauer** (1788–1860) Deutscher Schopenhauer, der Hegel verachtete und Kant verehrte, war der große Pessimist der Philosophie. Er glaubte, die treibende Kraft in allem Leben sei der „Wille“ – z. B. zum Leben oder zur Fortpflanzung –, der uns zu Sklaven unserer Begierden und Ängste macht. Der einzige Ausweg ist der Tod – oder die Kunst, die uns über uns selbst erhebt.

**◀ Karl Marx** (1818–83) Deutscher Marx griff Hegels Idee des dialektischen Prozesses auf und passte sie an, um allen historischen Wandel als das Ergebnis materieller (ökonomischer) Kräfte zu erklären. Er nannte diesen Prozess dialektischen Materialismus, der wissenschaftlichen Entwicklungsgesetzen folge.

**John Dewey** (1859 bis 1952) ▶ Amerikaner Dewey war zunächst Anhänger hegelscher Ideen. Er verwarf sie dann aber zugunsten der Theorie, dass die Natur, wie sie alltäglich erfahren wird, die höchste Wirklichkeit ist. Ideen und Überzeugungen sind nur insofern wahr, als sie in der Welt hier und heute wahrnehmbare Wirkungen haben.

## SCHLÜSSELBEGRIFFE

**Aposteriori (Erfahrungssatz)** Eine durch Faktenüberprüfung gültige Aussage.
**Apriori (Vernunftsatz)** Eine Aussage, die wegen ihrer inneren Logik ohne Bezug zu äußeren Fakten oder Erfahrung gültig ist.
**Ästhetik** Die philosophische Untersuchung von Kunst und Schönheit.
**Dialektik** Urteilen über Frage und Antwort, wie Sokrates verfuhr; auch der von Hegel erkannte Prozess, durch den scheinbar widersprüchliche Aspekte des Wissens und der Erfahrung (These und Antithese) ein umfassendes Ganzes (Synthese) ergeben können.
**Dialektischer Materialismus** Anwendung der Dialektik von Hegel und Marx auf die Analyse von Geschichte und Politik.
**Epistemologie** Zweig der Philosophie. Befasst sich mit dem, was wir wissen und wie wir es erkennen.
**Ethik** Philosophischer Zweig; befasst sich mit Grundfragen von Recht und Unrecht.
**Logik** Zweig der Philosophie, der das erörterte Argument selbst untersucht – seine Gedanken, Methoden und Regeln.
**Metaphysik** Abstrakter Zweig der Philosophie, behandelt die letzten nicht erkennbaren Zusammenhänge des Seins.
**Ontologie** Zweig der Philosophie, der danach fragt, was letztendlich existiert.
**Synthetisches Urteil** (Erweiterungsurteil) Aussage, deren Wahrheit durch Überprüfung äußerer Fakten entschieden wird.

**Friedrich Nietzsche** (1844–1900) ▼
Deutscher Er verwarf allgemein anerkannte Werte, besonders christliche, mit seiner Vorstellung vom willensstarken Übermenschen, der anerkennen könnte, dass das Universum sinnlos ist – bis er selbst ihm einen Wert gibt. Auch er pries die Kunst als höchstes Tun des Menschen. Seinem Ansehen schadete es, dass die Nationalsozialisten seine Lehren für ihre eigenen Zwecke missbrauchten.

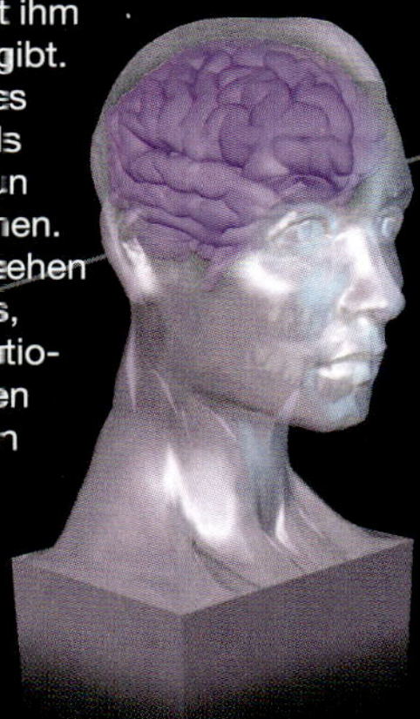

**Bertrand Russell** (1872–1970) ▼
Engländer Russell, eine Zeit lang Wittgensteins Lehrer, war in erster Linie Mathematiker. Mit der Anwendung einer strengen Logik, die er zum Teil aus der Mathematik ableitete, versuchte er menschliches Wissen, Sprache und Erfahrung systematisch auf die einfachsten Elemente zu reduzieren.

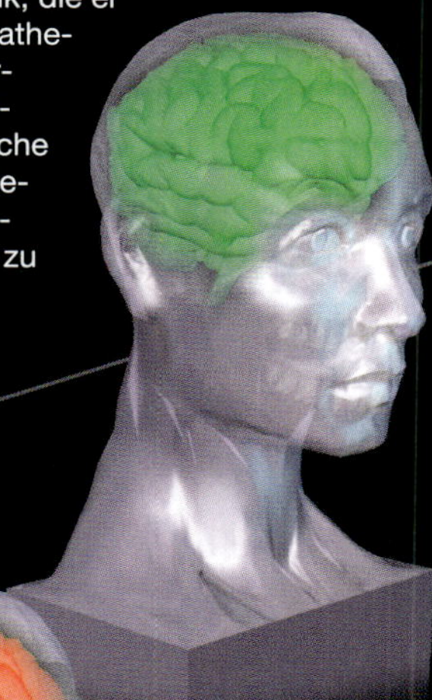

**Ludwig Wittgenstein** (1889–1951)
Österreicher Sein frühes Werk sollte das Werk Kants und Schopenhauers ergänzen, indem er ihren Ideen über die nicht erkennbaren Welten durch Analyse der Sprache eine logische Basis gab. Wie Farben einer gemalten Landschaft die Wirklichkeit abbilden, sagte er, so beschreibt Sprache die Welt mit logischen Formen der Wörter. ▶

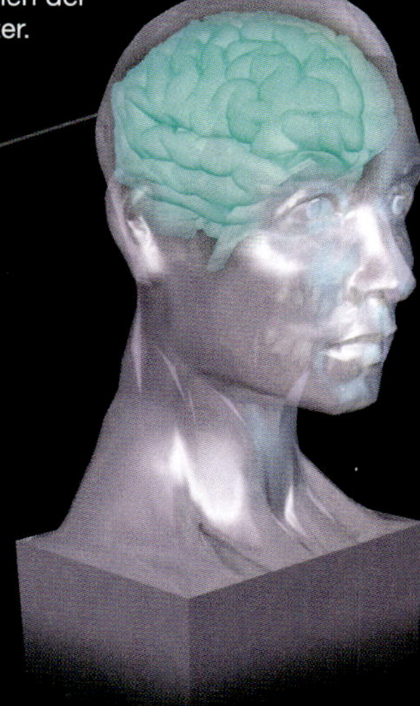

**Jean Paul Sartre** (1905–80) Franzose
Kierkegaard folgend argumentierte er, dass wir uns in einer Welt ungewollter Freiheit ohne jeden sichtbaren Zweck selbst erschaffen müssen, indem wir unsere eigenen Werte schaffen. Wir tun dies durch die Lebensentscheidungen, die wir treffen – oder nicht treffen. ▼

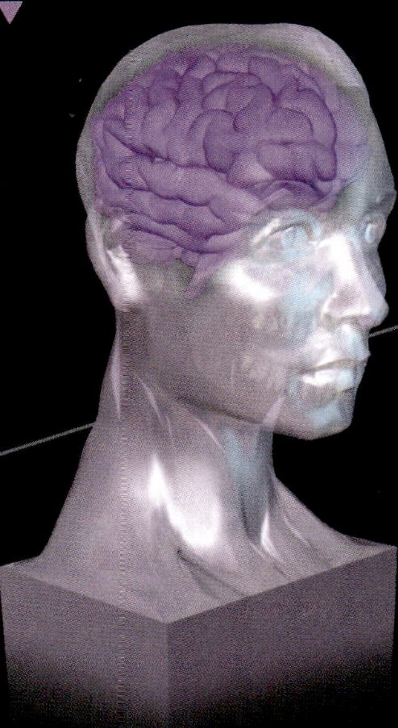

◀ **Jacques Lacan** (1900–80)
Franzose Der Philosoph und Psychoanalytiker Lacan glaubte, dass das Ich einschließlich des Unbewussten instabil ist, gebildet von einem Netz aus Sprache und sozialen Gebräuchen. „Dekonstruktion" der Sprache und anderer Zeichen ist daher der Schlüssel zu allem Verstehen.

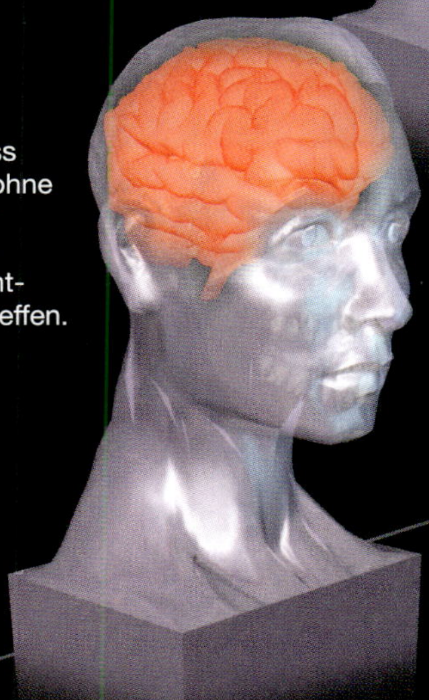

**Jacques Derrida** (*1930) ▶
Franzose Als entschiedener Gegner der Suche nach letzter philosophischer Wahrheit oder Bedeutung entwickelte Derrida die „Dekonstruktion", eine Methode, die philosophische Texte analysiert und die unerklärten metaphysischen Vorstellungen hinter ihnen erkennt. Seine Schroffheit und Undeutlichkeit haben ihn zu einer umstrittenen Person in der modernen Philosophie gemacht.

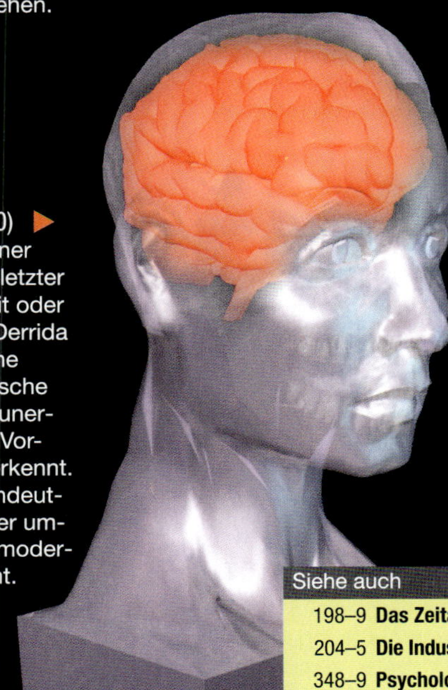

## SCHLÜSSEL ZU DEN RICHTUNGEN

- Gehört zu keiner Richtung
- Pragmatiker
- Analytische Philosophen
- Postmodernisten
- Utilitaristen
- Existenzialisten

Siehe auch
198–9 **Das Zeitalter der Könige**
204–5 **Die Industrielle Revolution**
348–9 **Psychologie**

*Psychologie ist die Erforschung der Seele. Sie umfasst ein breites Untersuchungsfeld von Lernen und Wahrnehmung bis hin zu Verhaltensaspekten in Wirtschaft und Erziehung. Die psychologische Behandlung krankhafter Seelenzustände nennt man Psychiatrie. Psychologie und Psychiatrie sind relativ junge Wissenschaftsdisziplinen. Vor 1880 dachte niemand, dass seelische Vorgänge beobachtet und dokumentiert werden könnten.*

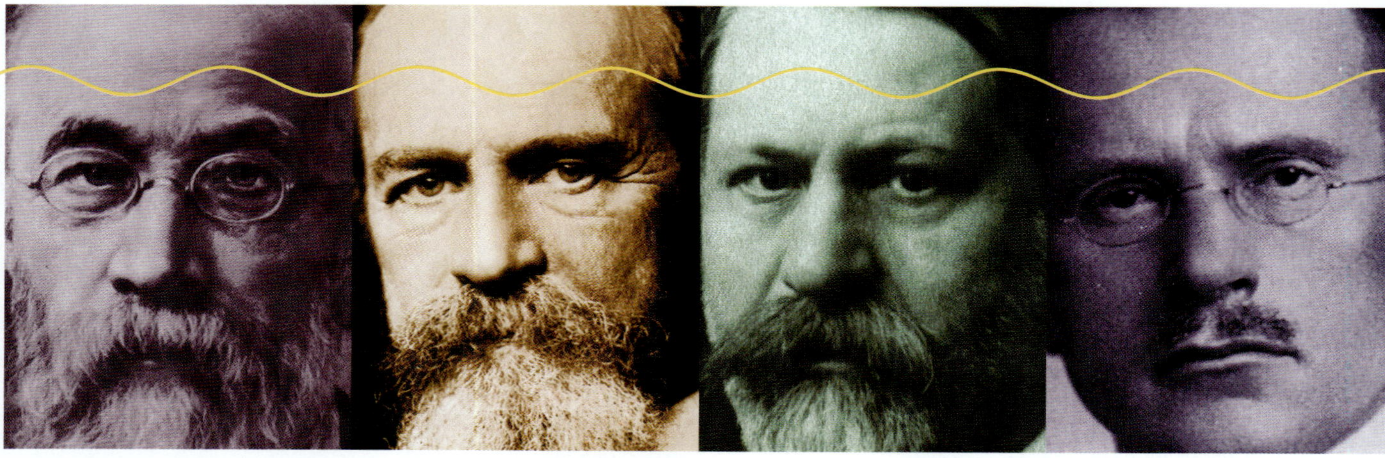

**Wilhelm Wundt** (1832–1920)
**Deutscher** Wundt, Professor für Physiologie, gründete in Leipzig 1879 das erste „Labor für die Seele". Er forderte die Praxis der **„Introspektion"** oder Selbstanalyse nach strengen Richtlinien, die Aufzeichnen und Sammeln aller Entdeckungen vorsahen. Sein Buch *Grundzüge der physiologischen Psychologie* (1874) trug dazu bei, der Psychologie als Wissenschaft Geltung zu verschaffen und sie eng mit dem Studium der Funktionen des menschlichen Körpers zu verknüpfen.

**William James** (1842–1910)
**Amerikaner** James' *Prinzipien der Psychologie* (1890) waren die ersten und mit die wichtigsten Untersuchungen zu dem Thema. Er prägte den wichtigen Begriff **„Bewusstseinsstrom"** und erforschte das Wesen von Individualität, freier Wahl und Zweck. Er entwickelte auch die Theorie, dass Emotionen tatsächlich das Gefühl physikalischer Veränderungen im Körper seien, die durch aufregende äußerliche Ereignisse oder Wahrnehmungen verursacht werden.

**Sigmund Freud** (1856–1939)
**Österreicher** Freud, der Begründer der **Psychoanalyse,** prägte den Großteil der Terminologie, die heute in der Psychologie verwendet wird. Seine Theorie von der Entwicklung der Psyche beruht auf dem Gedanken, dass beängstigende frühe Erinnerungen unterdrückt werden und im späteren Leben potenziell Neurosen auslösen. Für ihn setzte sich die Psyche aus drei Impulsen zusammen, die oft in Widerspruch zueinander stehen: das primitive, instinktive **„Es",** das rationalere **„Ich"** (das sich etwa vom 2. Lebensjahr an entfaltet) und das **„Überich",** das sich mit Moral und anderen Menschen befasst.

**Carl C. Jung** (1875–1961)
**Schweizer** Nach dem Bruch mit Freud betonte Jung die Bedeutung philosophischer und religiöser wie auch sexueller Erfahrung. Seine Vorstellung von der menschlichen Seele beruht auf der Wechselwirkung zwischen persönlicher Wahrnehmung – das **„individuelle Unbewusste"** – und dem gemeinsamen Vorrat an ererbten Erinnerungen, Ideen, Bildern und Denkweisen – das **„kollektive Unbewusste".** Jung analysierte auch als Erster Persönlichkeiten nach einer Skala von extrovertiert (gesellig, impulsiv und äußerlich sorglos) bis introvertiert (einzelgängerisch, reserviert und mit sich beschäftigt).

## Psychoanalyse

Die Psychoanalyse ist das von Freud entwickelte Verfahren zum Verständnis und zur Behandlung von Neurosen. Die wichtigste Methode ist die Analyse dessen, was der Patient – der auf einer Couch liegt – während der freien Assoziation der Gedanken sagt (oder verschweigt). Auch die Deutung von Träumen und anderen Äußerungen des Unbewussten spielt eine Rolle. Es ist ein langwieriges Verfahren, das heute eher selten angewendet wird. Ziel ist, die Erinnerung an unterdrückte Erfahrungen – oft aus der frühen Kindheit – aufzudecken. Damit sollen die Empfindungen, die diese hervorrufen, gelöst und so die Ursache des neurotischen Verhaltens beseitigt werden. Die Lösung der so freigelegten Gefühle geschieht im Allgemeinen durch den Prozess der Übertragung mit emotionalen Ausbrüchen des Patienten gegen den Analytiker.

## Andere Formen der Therapie

Unter dem breiten Spektrum von Verfahren, die Verhaltensstörungen und psychische Probleme lösen sollen, gibt es zwei vorherrschende Formen:

**Kognitiv-behavioristische Therapie** von Behavioristen (siehe Pawlow, rechts) entwickelt. Nach deren Prinzip rühren Probleme von falschem Lernen her und können behandelt werden, indem der Patient auf neue Verhaltensweisen konditioniert wird.

**Personenbezogene Therapie** nach Carl Rogers (siehe rechts). Der Patient wird ermuntert, Probleme selbst zu lösen, indem der Therapeut drei Kernfähigkeiten einsetzt:
- *Übereinstimmung* – Ehrlichkeit und Offenheit in seinen Reaktionen auf den Patienten;
- *Empathie* – Sicht der Welt von der Seite des Patienten;
- *vorbehaltloser positiver Blick* – respektvolles Behandeln des Patienten und eine nicht urteilende Haltung.

## BESONDERE ZWEIGE DER PSYCHOLOGIE

**Berufs-** Für die Beurteilung und Entwicklung von beruflichen Entscheidungen.
**Entwicklungs-** Untersuchung psychischer Veränderungen über eine Lebensspanne.
**Experimentelle** Die Anwendung wissenschaftlicher experimenteller Methoden und Analysen auf die Untersuchung der Psyche.
**Forensische** Befasst sich mit Problemen der Gerichtspraxis wie Zurechnungsfähigkeit oder Ursachen kriminellen Verhaltens.
**Klinische** Untersuchung geistig-intellektueller Abweichungen sowie psychischer oder psychosomatischer Störungen.
**Kognitive** Untersuchung von Vorgängen wie Lernen, Erinnerung und Spracherwerb.
**Schul-** Psychologische Methoden in der pädagogischen Beurteilung und Beratung.
**Sozial-** Die Untersuchung von Gruppenverhalten und zwischenmenschlichen Beziehungen.
**Tier-** Vergleichende Verhaltensforschung.
**Wirtschafts-** Anwendung psychologischer Ideen auf Management und Werbung.

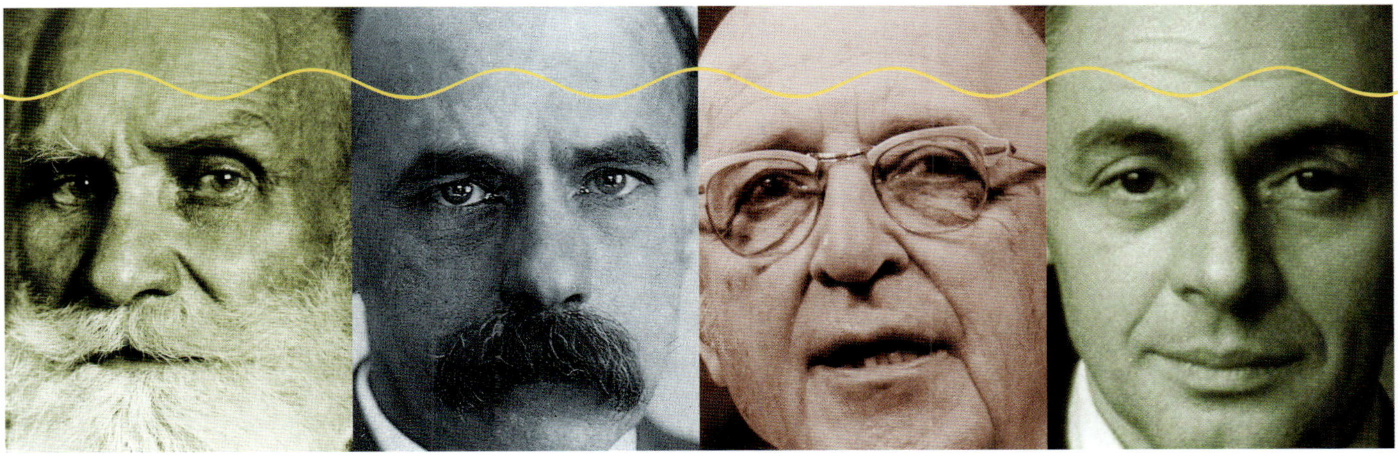

**Iwan Pawlow** (1849–1936) Russe
Pawlow demonstrierte, dass Hunde, wenn vor der Fütterung eine Glocke geläutet wurde, bald begannen, nur bei Glockenklang **(„Stimulus")** Speichel abzusondern **(„Reflex").** Die Entdeckung, dass Umgebungsreize körperliche Reaktionen auslösen können, bezeichnete man als **„Konditionierung"**. Spätere Psychologen hielten bedingte Reflexe für einen Schlüssel zum menschlichen Verhalten. Pawlow verwarf die meisten Behauptungen der so genannten **Behavioristen.**

**Max Wertheimer** (1880–1943) Österr.-Amerikaner
Wertheimer und seine Kollegen Koffka und Köhler wandten sich gegen die Behavioristen. Sie behaupteten, zur menschlichen Wahrnehmung gehöre die Herauslösung sinnvoller Informationsmuster aus einer chaotischen Masse konkurrierender Reize. In den 1950er-Jahren führten ihre Ideen zur **Gestaltpsychologie**. Gestalttherapeuten glauben, dass in einem gesunden Geist die Eingabe in Strukturen organisiert wird und dass diese angemessene Reaktionen auslösen.

**Carl Rogers** (1902–87) Amerikaner
Rogers war in den 1940- und 1950er-Jahren der Begründer der **klientbezogenen** Methode in der **Psychotherapie,** die heute vermutlich von den meisten Therapeuten übernommen worden ist. Er unterstrich, wie wichtig es ist, die Patienten direkt in Verfahren und Richtung ihrer eigenen Therapie einzubeziehen. So sollen sie ein Gefühl dafür bekommen, ihr Potenzial positiv zu entwickeln, anstatt sich nur die „Heilung" von einem Psychologen anbieten zu lassen.

**R. D. Laing** (1927–89) Brite
Laing war – mit Thomas Szasz – in den 1960er- und 1970er-Jahren eine Hauptperson der **Anti-Psychiatrie-Bewegung.** Sie unterstrich den Anteil der Gesellschaft an so genannten Geisteskrankheiten. Er wurde einer der bekanntesten Therapeuten seiner Zeit und entwickelte eine Reihe sehr zugänglicher Theorien. Diese gründeten auf dem Gebrauch **persönlicher „Skripte"** und **interpersoneller „Spiele"** für Verständnis und Lösung von Problemen im menschlichen Verhalten.

## SCHLÜSSELBEGRIFFE

- **Archetypus** Nach C. G. Jung Bezeichnung für Inhalte des kollektiven Unbewussten: Urbilder zu Mythen- und Märchenmotiven, die sich in unterschiedlichen Kulturen ähneln.
- **Es/Id** Nach Freud die elementaren Triebe auf dem Grund der menschlichen Psyche, die sich im Gegensatz zum Ich bewusster Kontrolle entziehen.
- **Ich/Ego** In Freuds Terminologie der Teil der Psyche, der bewusst mit der Außenwelt interagiert und im Konflikt mit dem Es und dem Überich steht.
- **Komplex** Miteinander verknüpfte emotional getönte Vorstellungen, die verdrängt werden und die Verhalten oder Gesundheit beeinflussen können.
- **Libido** Nach Freud der Sexualtrieb; nach anderen psychologischen Schulen Vitalenergie, Überlebenswille.
- **Masochismus** Bezeichnung für sexuelle Lustgefühle bei körperlichem Schmerz.
- **Neurose** Funktionsstörung aufgrund nichtkörperlicher Ursachen, die sich in Form von Angst, hysterischem Verhalten oder Ähnlichem äußert.
- **Ödipuskomplex** Nach der griechischen Sage benannte unbewusste Eifersucht eines Sohnes gegenüber seinem Vater um die Liebe der Mutter; das weibliche Gegenstück wird als „Elektrakomplex" bezeichnet.
- **Orale/anale/phallische Phase** Sexuelle Entwicklungsphasen, die nach Freud Kinder von der Geburt bis zum Alter von 6 Jahren durchlaufen.
- **Paranoia** Psychosen mit Selbsttäuschung wie Verfolgungs- oder – weniger häufig – Größenwahn.
- **Repression** Bei Freud und in vielen späteren Schulen der Mechanismus, durch den schmerzliche oder peinliche Erinnerungen und Vorstellungen im bewussten Gedächtnis verdrängt werden, über das Unbewusste aber das Verhalten weiter beeinflussen.
- **Sadismus** Aus dem Zufügen von Schmerz oder Demütigung abgeleiteter sexueller Genuss oder psychische Erleichterung.
- **Überich/Superego** Nach Freud Persönlichkeitsinstanz, Inbegriff aller anerzogenen moralisch hemmenden Kräfte. Kann sich in Schuldgefühlen äußern.

Siehe auch
346–7 **Philosophie 1800–2002**
360–1 **Kunst 1930–2002**
388–9 **Literatur 1830–2002**

*Die antiken Philosophen gaben mit ihren Theorien als Erste dem Wissen von der Welt eine Struktur. Im 17. Jh. waren Experimentieren und Beobachten bevorzugte Mittel der Schlussfolgerung. Bei beiden Methoden beruhte der Fortschritt auf nur wenigen außergewöhnlich kreativen Denkern.*

**Pythagoras** Er glaubte an die Harmonie der Zahlen.

## MATHEMATIK

Vor 5000 Jahren lösten Ägypter und Babylonier viele Probleme der Arithmetik und Geometrie, aber die Griechen untersuchten als Erste systematisch die reine Mathematik. **Thales** (um 625–um 546 v. Chr.) legte die wohl ersten auf Deduktion beruhenden mathematischen Beweise dar. **Pythagoras** (um 580–um 500 v. Chr.) sah in der Zahl das Wesen aller Dinge in der Natur. Er oder seine Schüler formulierten den Lehrsatz vom rechtwinkligen Dreieck, wobei sie aus ägyptischem und babylonischem Wissen schöpften. Von **Euklid** (um 300 v. Chr.) stammt einer der ersten umfassenden geometrischen Texte, *Die Elemente*. Er fasst hauptsächlich frühere Arbeiten zusammen, weist aber auch viele Lehrsätze nach und ist Grundlage der heutigen Geometrie.

Der Inder **Bhramagupta** (598–670) behandelte als Erster die Null als eine Ziffer mit arithmetischen Eigenschaften; zuvor konnte zwischen 45 und 450 nicht unterschieden werden. Der Araber **Charismi** (um 800–um 850) vermittelte in seinen Abhandlungen über Arithmetik und Algebra babylonische, griechische und indische Lehren. Übersetzungen seiner Werke im 11. Jh. brachten die arabischen Ziffern nach Europa.

In Europa gab es die größten mathematischen Fortschritte im 17. Jh. Von **René Descartes** (1596–1650) stammt die analytische Geometrie. **Pierre de Fermat** (1601–65) begründete die moderne Zahlentheorie, **Gottfried Wilhelm Leibniz** (1646–1716) und **Isaac Newton** (1642 bis 1727) entwickelten unabhängig voneinander die Infinitesimalrechnung.

**August Möbius** (1790–1868) war im 19. Jh. Mitbegründer der Topologie, die sich mit der Verzerrung geometrischer Formen befasst. **George Boole** (1815–64) begründete die symbolische Logik. Der Franzose **Henri Poincaré** (1854–1912) erklärte, wie winzige Veränderungen im Anfangszustand etwa eines Planeten sein späteres Verhalten stark beeinflussen können – die Grundlage der Chaostheorie.

## MATERIE UND ENERGIE

Die griechischen Philosophen **Leukipp** (5. Jh. v. Chr.) und **Demokrit** (um 460 bis um 370 v. Chr.) behaupteten, alles bestehe aus winzigen unsichtbaren, unteilbaren Teilchen. Doch diese Grundlage der modernen Chemie wurde fast 2000 Jahre von **Aristoteles'** (384–322 v. Chr.) Idee verdunkelt, wonach Materie aus den vier Elementen Erde, Luft, Feuer und Wasser besteht.

Kaum Fortschritte gab es auf dem Gebiet der Chemie bis 1803, als **John Dalton** (1766–1844) eine Atomtheorie aufstellte, die erklärte, wie chemische Elemente in festgelegten Verhältnissen Verbindungen eingehen. In den 1860er-Jahren bezog **Dmitrij Mendelejew** (1834–1907) die Eigenschaften der Elemente auf ihre relative Atommasse. Er schuf das Periodensystem, das die Elemente in aufsteigender Ordnung ihres Atomgewichts aufführt.

Der britische Physiker **J. J. Thomson** (1856–1940) entdeckte 1897 die Spaltbarkeit der Atome mit physikalischen Mitteln in noch kleinere Teilchen. **Ernest Rutherford** (1871–1937) und **Niels Bohr** (1885–1962) erklärten 1911–13, wie Atome aus subatomaren Teilchen aufgebaut sind. Ihre Arbeit beruhte teilweise auf der Entdeckung der Radioaktivität 1896 durch **Henri Becquerel** (1852–1908).

**Im Innern des Atoms** Ernest Rutherford entwickelte ein brauchbares Atommodell.

Inzwischen begründete der Physiker **Max Planck** (1858–1947) die Quantentheorie, wonach Atome in bestimmten teilchenartigen Bündeln, den Quanten, Energie abgeben und aufnehmen.

**Albert Einstein** (1879–1955) formulierte 1905 die Spezielle Relativitätstheorie, die durch die Gleichung $E = mc^2$ die Äquivalenz von Masse und Energie ausdrückt. Ihre Bedeutung wurde erst um 1938 erkannt, als Experimente von **Otto Hahn** (1879–1968) und **Fritz Straßmann** (1902–80), gedeutet von **Otto Frisch** (1904–79) und **Lise Meitner** (1878–1968), die Kernspaltung und die Freisetzung von Energie dabei demonstrierten.

## GEOWISSENSCHAFTEN

Viele Jahrhunderte glaubte man buchstäblich an die biblische Erschaffung der Erde und hielt die Erde für nur rund 6000 Jahre alt.

1830 folgerte der schottische Geologe **Charles Lyell** (1797–1875) nach Untersuchung von Fossilien und der Geschwindigkeit, mit der sich Gestein verändert, dass die Erde viele Millionen Jahre alt ist. Auch rührten frühere geologische Ereignisse von den gleichen langsamen Prozessen her. Der deutsche Geologe **Alfred Wegener** (1880–1930) erkannte, dass die Küsten Afrikas und Südamerikas wie Puzzleteile zusammenpassen. 1912 stellte er seine Theorie auf, wonach die Kontinente abgelöste Reste einer riesigen Landmasse, der Pangäa, seien, die seit über 200 Mio. Jahren auseinander driften. Seine Theorie wurde belächelt, bis in den 1960er-Jahren neue Beweise ein völlig neues Bild von einer dynamischen Erde begründeten.

Umweltstudien bekamen einen Anstoß durch **Rachel Carson** (1907–64), die den Begriff „Ökosystem" prägte und mit ihrem Buch *Der stumme Frühling* die Umweltbewegung inspirierte, und **James Lovelock** (*1919), dessen „Gäahypothese" von 1972 postulierte, dass die Erde, ihre Lebewesen und Pflanzen als ein Organismus wirken.

## KOSMOLOGIE

Die Philosophen der Antike sahen die Sterne über den Himmel ziehen und verstanden die Erde als Mittelpunkt des Universums. Diese Ansicht des griechischen Astronomen **Claudius Ptolemäus** (um 90–168) beeinflusste fast 1500 Jahre lang die europäischen Astronomen. Aber einige Griechen – namentlich **Herakleitos Pontikos** (4. Jh. v. Chr.) und **Aristarchos von Samos** (3. Jh. v. Chr.) – behaupteten richtig, dass sich die Planeten um die Sonne, nicht um die Erde drehen.

**Revolutionär** Seiten aus Kopernikus' Buch zeigen die Kreisbahnen der Planeten um die Sonne.

**Nikolaus Kopernikus** (1473–1543) vertrat diese Ansicht als Erster der Neuzeit. Er glaubte, Kreisbahn und Drehung der Erde seien dafür verantwortlich, wie sich die Planeten und Sterne scheinbar bewegten. Sein Werk *Sechs Bücher über die Umläufe der Himmelskörper* erschien in seinem Todesjahr. Über ein Jahrhundert lang unterdrückte die katholische Kirche seine Ideen.

**Galileo Galilei** (1564–1642) beobachtete mit einem frühen Teleskop Sonnenflecken, die Jupitermonde und andere astronomische Phänomene. Er sah, dass die Venus genau wie der Mond Phasen zeigte, was bewies, dass sie um die Sonne kreiste. Doch die Kirche verbot Galileis Buch *Dialoge* (1632) und die Inquisition zwang ihn, seinen Ideen abzuschwören.

Noch vor Galilei hatte der deutsche Astronom **Johannes Kepler** (1571–1630) die physikalischen Gesetze erarbeitet, denen die Bahnen der Planeten um die Sonne gehorchen. Als früher Anhänger von Kopernikus hatte er zunächst geglaubt, die Planeten bewegten sich auf Kreisbahnen. Später verfeinerte er seine Theorien und zeigte, dass die Umlaufbahnen elliptisch sind. Er vermutete eine Kraft zwischen der Sonne und den Planeten, die sie in ihrer Bahn hielt – eine frühe Beschreibung der Schwerkraft.

Die größten Fortschritte in der Kosmologie machte **Isaac Newton** (1642–1727). Neben seinen Entdeckungen in der Optik und der Erfindung der Infinitesimalrechnung formulierte er Gesetze der Bewegung und Schwerkraft, die 230 Jahre lang galten. Sein Buch *Principia* (1687) handelt drei Gesetze der Bewegung ab: die Eigenschaften der Kräfte, die Beziehung zwischen Kraft, Masse und Beschleunigung und die Eigenschaften der Schwerkraft. Seine Einsichten erklären die Bewegung der Planeten und anderer Himmelskörper und bildeten den Grundstein der klassischen Physik. Sie ermöglichen uns, die Bewegung von Körpern vorauszusagen, seien es Galaxien oder Fahrräder.

Erst **Albert Einstein** (1879–1955) hob die newtonschen Gesetze mit seiner Allgemeinen Relativitätstheorie (1916) auf. Diese dehnte die Spezielle Relativitätstheorie auf die Beschleunigung einschließlich der Wirkung der Schwerkraft aus. Einstein folgerte, dass Zeit und Raum um massive Objekte verzerrt sein müssen und nicht in allen Situationen konstant. Dies entzog der newtonschen Physik den Boden, obgleich der nach beiden Gleichungen vorausgesagte Unterschied gering ist – außer auf der atomaren oder kosmischen Ebene oder bei annähernd Lichtgeschwindigkeit.

Wissenschaftler erkannten die wirkliche Größe des Universums nicht, bis 1925 der amerikanische Astronom **Edwin Hubble** (1889–1953) weitere Galaxien außer unserer entdeckte. Durch Messung der Farbverschiebung des Lichts in ihrem Spektrum erkannte er, dass alle Sterne sich von uns und voneinander wegbewegen – je weiter, desto schneller. Er folgerte, dass sich das Universum ausdehnt und an einem bestimmten Punkt damit begonnen haben musste – mit dem „Urknall". Dies bildete die Grundlage der modernen Kosmologie.

Den wichtigsten Beitrag seit Einstein leistete der Brite **Stephen Hawking** (*1942). Er untersuchte die Theorie vom Urknall und versuchte, Quantenmechanik und Relativitätstheorie zu einer einzigen Theorie zu kombinieren, die Natur und Ursprünge des Universums erklärt.

**Auge im All** Das nach Edwin Hubble benannte Weltraumteleskop hat Beweise für Schwarze Löcher und andere kosmische Objekte gefunden.

## BIOWISSENSCHAFTEN

Der biblische Schöpfungsbericht, wonach Lebendiges durch alle Zeiten unverändert existiert hätte, beherrschte Biologie wie Geologie. Einen ersten Schritt zu radikaler Veränderung tat der schwedische Botaniker **Carl von Linné** (1707–78). Als Erster klassifizierte er systematisch alle lebenden Dinge und begründete die Taxonomie.

Im 18. Jh. führte der französische Naturforscher **Jean Lamarck** (1744–1829) Ideen über die Entwicklung von Organismen aus. Doch der britische Naturforscher **Charles Darwin** (1809–82) revolutionierte die Biologie, als er 1858 einen Mechanismus der Evolution durch natürliche Auslese postulierte. Seine Pflanzen- und Tierstudien zeigten, dass Merkmale, die Einzelne in bestimmter Umgebung überleben lassen, weitergegeben und schließlich zur Grundlage einer neuen Art oder Spielart werden.

Weitere biologische Prinzipien wurden durch die Arbeit mit einzelnen Organismen entdeckt. **Gregor Mendel** (1823–84) erforschte die Vererbung an Erbsenpflanzen. Er verfolgte, wie Größe, Farbe und andere Merkmale von Generation zu Generation unverändert weitergegeben wurden, unabhängig von der Umgebung, in der die Pflanzen gezogen wurden. 60 Jahre später wies der amerikanische Biologe **Thomas Hunt Morgan** (1866–1945) nach, dass Gene – die Einheiten der Vererbung – auf winzigen Strukturen, den Chromosomen, in lebenden Zellen weitergetragen werden. Dies markierte den Beginn der modernen Wissenschaft der Genetik.

1953 blickten **James Watson** (*1928) und **Francis Crick** (*1916) erstmals in die Chromosomen. Sie untersuchten die von **Rosalind Franklin** (1920–58) erzeugten Röntgendiffraktionsbilder, die genetisches Material zeigten – Moleküle der DNA – und entdeckten die exakte Doppelhelix-Struktur der Moleküle. Sie fanden heraus, wie DNA-Moleküle sich kopieren und mit chemischen Sequenzen genetische Informationen weitergeben. Diese Theorie wurde später bestätigt und machte den Weg zur Gentechnologie, u. a. zum DNA-Profiling, frei.

Siehe auch
14–15 **Planet Erde**
180–1 **Der Aufstieg des Islam**
522–3 **Mechanik**
534–5 **Relativität**

*Seit vorgeschichtlichen Zeiten haben sich viele Künstler von der Form des menschlichen Körpers inspirieren lassen. Die alten Griechen erhoben als Erste die Skulptur auf eine transzendente Ebene. Die ersten Marmorfiguren aus Griechenland, die Kykladenidole, entstanden um 2500 bis 1400 v. Chr. Ihre einfachen abstrakten Formen sprechen heute noch den Betrachter an. Bis zum 5. Jh. v. Chr. hatte die griechische Kunst eine Vollendung erreicht, die Künstler bis ins 15. Jh. und darüber hinaus beeinflussen sollte.*

**Hellenistische und römische Kunst** Im 3. Jh. v. Chr. kopierten Bildhauer der hellenistischen Welt meist frühere Meister. Die Römer sammelten griechische Kunst, entwickelten aber auch eigene Genres wie die Porträtbüste, die erzählende Reliefskulptur (auf der Trajanssäule) und das Mosaik. Römische Malerei kennt man nur von den Wandgemälden des 1. Jh., die man in Pompeji und Herkulaneum ausgrub, darunter lebhafte dekorative Fresken, die Landschaften und vorgetäuschte architektonische Details darstellen.

**Römische Kunst** Wandmalerei aus dem untergegangenen Pompeji

500 v. Chr. | 0 | 250 | 500 | 750 | 1000

**Klassik** Um 480 v. Chr. entwickelten griechische Bildhauer eine neue Darstellungsweise des menschlichen Körpers getreu seiner Form (Naturalismus). Klassische Bildhauer hielten sich an strenge ästhetische Normen – ihre ausgewogenen, klar umrissenen Statuen verkörpern das griechische Ideal von Schönheit und Kraft. Der Stil offenbarte sich zuerst im *Apoll* von Piombino (um 490 v. Chr.). Den männliche Akt vervollkommneten die Bildhauer **Polyklet** und **Phidias**, doch sind von ihren Werken nur römische Kopien erhalten. Im 4. Jh. v. Chr. wurden die weicheren weiblichen Formen thematisiert. **Praxiteles** schuf den ersten lebensgroßen weiblichen Akt, die *Aphrodite* von Knidos. Mit ihm wetteiferte **Lysipp,** der „Bronze formte, als wäre sie Wachs". Der klassische Stil verfiel nach dem Tod Alexanders d. Gr. 323 v. Chr., als die Kunst in die hellenistische Periode überging.

**Klassische Symmetrie** Die Bronze des *Apoll* von Piombino zeigt Ausgewogenheit und Schönheit des griechischen Ideals.

## SCHLÜSSELBEGRIFFE

- **Fries** Waagrechtes Band auf dem oberen Teil einer Wand, oft skulptural verziert.
- **Gemme** Stein, der eine gravierte oder erhabene bildliche Darstellung trägt.
- **Goldelfenbeinwerk** Statue aus Holz, bei der die nackten Körperteile mit Elfenbein und die bekleideten mit Gold bedeckt waren.
- **Kamee** Edelstein mit erhaben herausgearbeiteter figürlicher Darstellung, wie z. B einem Porträt. Der Hintergrund wird weggeschnitten.
- **Mobile** Skulptur aus einzelnen Teilen, die an Drähten hängen und durch den Luftstrom bewegt werden.
- **Relief** Skulptur, die an einen Hintergrund gebunden ist. Beim **Flachrelief** (Basrelief) hebt sich die Figur um weniger als die Hälfte ihrer Tiefe ab, beim **Hochrelief** (Hautrelief) um mehr als die Hälfte der Tiefe.

**Gotik** Hohe Statuen mit feinem Faltenwurf an der Kathedrale von Chartres (um 1220)

**Byzantinische und mittelalterliche Kunst** Das römische Mosaik wurde im 5. Jh. im Byzantinischen Reich weiterentwickelt. Diese Technik brachte Farbe und Glanz in die sakralen Bauten. Der Naturalismus machte den vereinfachten oder stilisierten Abbildern religiöser Ikonen und kunstvollen dekorativen Mustern Platz. In Westeuropa sind die wichtigsten erhaltenen Kunstformen die Buchmalerei und die Reliefskulpturen in Kirchen. Vom 12. Jh. an wurden europäische Kathedralen mit Glasmalerei und mit Skulpturen ungewöhnlich hoher Figuren im neuen Stil der Gotik geschmückt. Darin drückte sich ihre Spiritualität und ihr Streben zum Himmel aus.

**Gotische Ikonographie** Die eleganten Figuren des *Wilton-Diptychon* zeigen König Richard II. von England kniend vor Maria.

### Internationale Gotik

Die vollendeten, anmutigen Werke von Sieneser Künstlern wie **Simone Martini** schufen einen neuen Stil, der die Detailbehandlung des italienischen Naturalismus mit der Eleganz gotischer Formen aus dem Norden verband. Der Stil gefiel auch am Hof des Herzogs von Berry, wo die Brüder **Limburg** reich kolorierte Miniaturmalerei für seine Stundenbücher schufen. Eines der wichtigsten Gemälde in diesem Stil ist das *Wilton-Diptychon*. Auch in der typischen mittelalterlichen Anonymität seines Schöpfers unterscheidet sich das Werk von der Kunst der Renaissance.

1200 1300 1350

### Frührenaissance

Die Renaissance setzt mit dem Werk des italienischen Malers **Giotto** Ende des 13. Jh. ein. Die Renaissancekünstler wandten sich wieder dem naturalistischen Stil der klassischen antiken Kunst zu. Die Maler versuchten, seine Größe und Schönheit wiederzubeleben, und experimentierten mit Licht und Schatten, die ihren Bildern realistische Tiefe gaben. Die Linearperspektive wurde erfunden, um die Illusion eines dreidimensionalen Raumes zu schaffen. Als Erster nutzte **Masaccio** diese Technik. Italienische Künstler verwendeten Temperafarben, doch der Flame **van Eyck** führte den Gebrauch von Ölfarbe ein, die die Effekte von Licht und Struktur besser einfing.

Der antike Einfluss zeigte sich auch bei den italienischen Bildhauern. Im späten 13. Jh. studierten Nicola **Pisano** und sein Sohn Giovanni griechische und römische Skulpturformen, während sie an gotischen Kirchen arbeiteten, und modellierten Darstellungen christlicher Heiliger mit dem Naturalismus der Antike. Der *David* von **Donatello** (1430–2) ist der erste frei stehende männliche Akt seit der Römerzeit. Sein Realismus setzte neue Maßstäbe.

**Neue Tiefe** Giottos *Ein einfacher Mann huldigt dem hl. Franziskus* (1296–7) deutet dreidimensionale Formen an.

## Wissenswertes zur Bildhauerei

- Michelangelos Moses-Skulptur am Grabmal von Papst Julius II. sollte eine von 40 monumentalen Figuren des Künstlers sein. Geldmangel machte die Pläne für die anderen 39 zunichte.
- Die umstrittensten Skulpturen der Welt stammen von den erhaltenen 75 m eines 160 m langen Frieses aus dem 5. Jh. v. Chr. am Parthenon in Athen. 1805 verschiffte sie Lord Elgin, britischer Botschafter in Konstantinopel, nach Großbritannien. Die griechische Regierung bemüht sich bis heute um ihre Rückgabe.
- Eine Skulptur des berühmten Häuptlings der Sioux, Crazy Horse, wird derzeit aus dem Thunderhead Mountain in South Dakota, USA, gehauen. Die fertige Figur soll mit 172 m Höhe und 195 m Breite die größte Statue der Welt sein.

## Künstler A–C

Die bedeutendsten Vertreter der Kunst werden für ihre Phantasie, ihr Talent, ihre Neuerungen und ihren Einfluss auf andere Künstler gerühmt.
Wichtiges Werk

**Gianlorenzo Bernini**
(1598–1680) Italiener
Eine Reihe lebensgroßer Statuen machte ihn zum führenden italienischen Barockkünstler. 1623 wurde er Architekt der Peterskirche in Rom.
Skulptur: *Die Verzückung der hl. Teresa*

**Josef Beuys**
(1921–86) Deutscher
War in den 1960er-Jahren führender Vertreter der Aktionskunst der Fluxus-Bewegung. Für seine plastischen Arbeiten verwendete er auch Materialien wie Fett und Filz.
Performance: *Wie man dem toten Hasen die Bilder erklärt*

**Sandro Botticelli**
(1445–1510) Italiener
Botticelli malte die ersten weiblichen Akte seit 1000 Jahren. 1481/82 arbeitete er an der Decke der Sixtinischen Kapelle. Seine Gemälde, die religiöse und mythologische Szenen darstellen, beeinflussten später die Präraffaeliten und den Jugendstil.
*Frühling; Geburt der Venus*

**Louise Bourgeois**
(*1911) Franko-Amerikanerin
Die verstörenden, meist abstrakten Werke von Bourgeois erkunden die Qual menschlicher Beziehungen. Durch die Ausstellung ihrer Werke in New York 1982 etablierte sie sich als führende zeitgenössische Bildhauerin.
*Hier bin ich, hier bleibe ich*

**Constantin Brancusi**
(1876–1957) Rumäne
Brancusis elegante geometrische Skulpturen wurden aus reinen, einfachen Formen geschaffen, meist in Marmor oder Bronze. Sein Werk trug zur Entwicklung der abstrakten Skulptur bei.
*Der Kuss*

**Georges Braque**
(1882–1963) Franzose
Braques von Picasso beeinflusste Landschaften begründeten den Kubismus. Seinen späteren, weniger kantigen Stillleben wurde weltweit Lob zuteil.
*Der Portugiese*

**Pieter Bruegel d. Ä.**
(1525–69) Niederländer
Er war einer der ersten Maler, die sich auf Landschaften und Dorfszenen konzentrierten, wobei er genaue Beobachtung mit Phantasie verband.
*Bauernhochzeit; Heimkehr der Jäger*

**Caravaggio**
(1571–1610) Italiener
Caravaggio schockierte seine Zeitgenossen mit dem revolutionären Realismus, den er in Gemälde mit sakralen Themen einführte. Mit starken Kontrasten von Licht und Schatten erzeugte er Dramatik. Maler aus ganz Europa reisten nach Rom, um seine Werke zu sehen.
*Bekehrung Sauli*

**Benvenuto Cellini**
(1500–71) Italiener
Cellini war ein führender Bildhauer des Manierismus, des Kunststils zwischen Renaissance und Barock. Seine eleganten Bronzen und zarten, reich verzierten Metallarbeiten spiegeln den Luxus des italienischen höfischen Lebens wider.
*Perseus*

**Paul Cézanne**
(1839–1906) Franzose
Cézanne wollte weniger Empfindung als Struktur und Intensität in seinen Gemälden einfangen. Seine spätimpressionistische Sehweise leistete einen wichtigen Beitrag zur Entwicklung von Kubismus und abstrakter Kunst.
*Die Kartenspieler; Mont Ste-Victoire*

Siehe auch
172–3 **Das alte Griechenland**
174–5 **Das alte Rom**
182–3 **Das Mittelalter**
194–5 **Die Renaissance**

*Im 16. Jh. führte eine Abkehr von den griechischen Idealen der Ausgewogenheit und des Naturalismus zum Manierismus, der durch Massenszenen, dramatische Gesten und übersteigerte Perspektive charakterisiert ist. Ausgewogenheit und Eleganz lebten im 17. Jh. im Barock und Klassizismus fort. Bald wandten sich niederländische Künstler von der menschlichen Gestalt ab und einem neuen Thema zu – der Landschaft.*

**Barock** Nach den Übertreibungen des Manierismus wandten sich Künstler im frühen 17. Jh. wieder realistischeren Darstellungen zu. Der Stil ist an dem „lebendigen" Gefühl und der dramatischen Bewegung in den Skulpturen **Berninis** abzulesen. Das Barock zeigt sich in beeindruckender Einheit – umfassende Ausgewogenheit statt Hervorhebung eines besonderen Aspekts einer Szene – und den kräftigen Diagonalen, Kurven und Farbkontrasten, für die **Caravaggios** Werk beispielhaft ist. Die klaren, eleganten Porträts der Zeit von **Rubens, van Dyck** und **Velázquez** beeinflussten spätere Porträtkünstler wie Gainsborough.

**Velázquez** Porträt der Infantin Margarita

1500

1600

**Hochrenaissance** Zwei Jahrhunderte der Experimente – mit Darstellungsweisen der menschlichen Gestalt, Perspektive und Ölfarben – gipfelten in der Hochrenaissance, die man auf die Zeit von 1500 bis 1520 datiert. Die überragenden Gestalten **Leonardo da Vinci, Michelangelo** und **Raffael** schufen großformatige, ambitionierte, komplexe Werke. Gemalt wurde auf Holztafeln oder direkt auf Wände. **Giorgione** und **Tizian** führten die Malerei auf Leinwand ein. Die italienische Renaissance beeinflusste deutsche und niederländische Künstler, auch **Dürer.**

In Italien wandten sich Künstler von den Ideen der Renaissance – Ausgewogenheit und Naturalismus – ab und strebten stattdessen nach dramatischen Effekten. Dieser „manieristische" Stil übertrug sich auch auf das Werk von Bildhauern wie **Bellini.**

**Michelangelo** Die Statue des *David* (1501–4) wurde zum Wahrzeichen von Florenz.

**Caravaggio** Farbkontraste bringen Dramatik in *Das Abendmahl in Emmaus* (1601). Caravaggios Modelle waren Menschen von den Straßen Roms.

## SUJETS DER MALEREI

**Religion** Im Mittelalter herrschten religiöse Themen in der Kunst vor. Nach 1800 wurden religiöse Aufträge und Werke selten, mit Ausnahme des Werkes von Matisse, der in den 1950er-Jahren Wandgemälde und Glasfenster für die Klosterkapelle in Vence, Südfrankreich, schuf.

**Geschichte und Mythen** Szenen von Mut, Aufopferung oder Großzügigkeit, die auf alten Geschichten und Sagen beruhten, wurden einst als höchste Kunst betrachtet. Manche boten ein Forum für erotische Kunst mit Darstellungen von nackten Göttinnen. Künstler wie Picasso haben auch Minotauren und Wesen aus ihrer eigenen Vorstellung dargestellt.

**Porträts** Die Porträtmalerei kam in der Renaissance auf. Leonardo da Vinci war der erste geniale Porträtist. Raffaels Porträt von Papst Leo X. zeigt das nachdenkliche Gesicht seines Gönners in feinen Details und setzt neue Maßstäbe im Realismus. Rembrandts Selbstporträts sind ehrlich und selbstironisch, ein Stil, den der moderne Porträtist Lucian Freud aufgreift.

**Stillleben** Die ersten realistischen Gemälde von unbelebten Objekten erschienen im 17. Jh. in Spanien, oft in Küchenszenen *(bodegones)*. Die Stillleben von Chardin im 18. Jh. inspirierten die Impressionisten, Cézanne und die Kubisten.

**Genre** Die oft kleinformatigen Arbeiten zeigen Szenen aus dem Alltagsleben. Im 16. Jh. malte der Venezianer Jacopo Bassano Tiere in diesem Stil, doch die Genrebewegung kam im 17. Jh. in den Niederlanden auf. Die Maler spezialisierten sich auf besondere Themen wie Wirtshaus- und Küchenszenen. Im 18. Jh. malten Chardin und Hogarth berühmte Genreszenen.

**Landschaft** Landschaftsmalerei galt lange als zweitrangig gegenüber historischen oder religiösen Gemälden. Dank den Werken von Hobbema, Vermeer und Ruisdael im 17. Jh. fand sie allmählich Anklang. Die Künstler beeinflussten englische Landschaftsmaler wie Gainsborough und Constable, die wiederum die französischen Impressionisten beeinflussten.

**Abstrakte Kunst** Form und Farbe sind wichtiger als erkennbare Objekte. Der Stil kam in den 1920er-Jahren durch Künstler wie Wassily Kandinsky auf und nahm in den folgenden 30 Jahren stilistische Vielfalt an: Ben Nicholson etwa schuf Reliefs aus geometrischen Formen, Jackson Pollock Action-Paintings mit Farbspritzern.

**Klassizismus** Im 16. und 17. Jh. versuchte eine Familie von drei Bologneser Malern, die **Carracci,** nach dem Vorbild Michelangelos und Raffaels die Harmonie und Ausgewogenheit der Hochrenaissance wiederzubeleben. Sie beeinflussten im 17. Jh. zwei französische Maler in Rom, **Nicolas Poussin** und **Claude Lorrain.** Poussin begründete den französischen Klassizismus mit strengen, geometrisch geplanten Versionen klassischer Mythen. Lorrain malte Sujets aus der antiken Mythologie in idealisierten Landschaften.

**Poussin** Nicolas Poussin malte *Der Tod des Germanicus* (1627) in Rom, wo er 17 Jahre lebte und den klassischen Stil entwickelte.

1700

**Niederländische Malerei des 17. Jh.** Die Malerei in der protestantischen Republik der Niederlande im 17. Jh. schöpfte vor allem aus dem früheren flämischen Realismus, wurde aber auch von Caravaggios Barockstil beeinflusst. Die Republik hatte keine Königshöfe oder Kirchen, die großartige Kunstwerke in Auftrag gaben – ihre Künstler malten das gewöhnliche Volk und das Alltagsleben. **Rembrandt,** der Amsterdams führender Porträtmaler wurde, hielt mit einer Reihe von Selbstporträts scharfsichtig auch das Fortschreiten seines eigenen Lebens fest. **Frans Hals** malte vornehmlich niederländische Würdenträger. **Vermeer** schuf stille Interieurs, während **Ruisdael, Cuyp** und **Hobbema** Wegbereiter einer neuen Kunstform wurden, der ungeschönten Landschaft.

**Hobbema** *Allee von Middelharnis* (1689), Meindert Hobbemas bekanntestes Werk, machte die Landschaftsmalerei bei englischen Reisenden populär.

## Wissenswertes zur Malerei

- Das größte Gemälde der Welt ist das 600 m² große Deckenfresko in der Würzburger Residenz. Es stellt die vier Kontinente dar und wurde 1750–1 vom venezianischen Künstler Giambattista Tiepolo gemalt.
- Pablo Picasso (1881–1973) war der vielseitigste und produktivste Künstler des 20. Jh. Er schuf 13 500 Gemälde, 100 000 Drucke, 34 000 Illustrationen und 300 Skulpturen.
- Das teuerste Gemälde, das je auf einer Auktion verkauft wurde, ist van Goghs Porträt seines Gönners Dr. Gachet (1890). Es erzielte im Mai 1990 bei Christie's in New York den Preis von 82,5 Mio. Dollar.
- Als wertvollstes Gemälde der Welt gilt Leonardo da Vincis Mona Lisa (um 1504) im Louvre in Paris. Als das Gemälde 1960 in den USA ausgestellt wurde, belief sich die Versicherungssumme auf 100 Mio. Dollar.

## Künstler C–E

**Jean-Baptiste-Siméon Chardin**
(1699–1779) Franzose
Gekonnter Umgang mit Farben und geschickte Komposition machten Chardin zum erfolgreichsten Genre- und Stilllebenmaler in Frankreich.
*Das Tischgebet; Die Rübenputzerin*

**Claude Lorrain**
(um 1600–82) Franzose
Lorrain lebte in Rom; er malte vor allem antike Mythen. Die Schauplätze dieser Szenen, ideale römische Landschaften, reich an Licht, Schatten und Stimmung, beeinflussten spätere Landschaftskünstler wie Turner.
*Kephalos und Prokris*

**John Constable**
(1776–1837) Brite
Constables Beobachtungen des Wechsels von Licht und Atmosphäre in der englischen Landschaft beeinflussten andere romantische Maler und Impressionisten.
*Der Heuwagen*

**Salvador Dalí**
(1904–89) Spanier
Dalí war ein führender Vertreter des Surrealismus, der Bilder aus dem Unbewussten schöpfte. Er beschrieb seine halluzinatorischen Bilder als „handgemalte Traumfotografien".
*Geburt der flüssigen Begierde*

**Jacques Louis David**
(1748–1825) Franzose
David, zentrale Gestalt des Klassizismus, drückte in heroischen Themen eine Selbstaufopferung und Hingabe an die Pflicht aus, die charakteristisch für die Atmosphäre im revolutionären Frankreich waren.
*Der Schwur der Horatier; Die Krönung Napoleons*

**Edgar Degas**
(1834–1917) Franzose
Degas ragte unter den Impressionisten weniger wegen Landschaften als wegen seiner Porträts von Interieurs wie Ballett- und Theaterszenen heraus.
*Absinth; Tänzerinnen im Proberaum*

**Eugene Delacroix**
(1798–1863) Franzose
Seine Werke, die durch eine Reise nach Nordafrika inspiriert wurden, sind berühmt für ihre Exotik. Die Themen und der dramatische Einsatz der Farbe machten Delacroix zu einem der einflussreichsten roman-tischen Maler.
*Löwenjagd; Das Massaker von Chios*

**Donatello**
(1386–1466) Italiener
Donatello prägte entscheidend den Stil der Frührenaissance in Florenz. Seine Skulpturen wirken unabhängig von ihrer Umgebung, was es seit der Antike nicht gegeben hatte.
*Hl. Georg*

**Marcel Duchamp**
(1887–1968) Franzose
Trotz seines nicht sehr umfangreichen Werkes trug Duchamps Einfluss als „Antikünstler" dazu bei, die Auffassungen vom Wesen der Kunst zu verändern: So stellte er z. B. ein Urinal aus.
*Akt, eine Treppe herabsteigend*

**Albrecht Dürer**
(1471–1528) Deutscher
Auf Reisen nach Italien lernte Dürer die Malerei der Renaissance und das Aktzeichnen kennen. Sein Gefühl für Farbe und Proportion sowie seine Kupferstichtechnik machten ihn zum bedeutendsten Künstler seiner Zeit.
*Selbstporträt; Ritter, Tod und Teufel*

**Sir Jacob Epstein**
(1880–1959) Brite
Epsteins Skulpturen – primitive, verzerrte Akte – wurden wegen ihrer Anstößigkeit kritisiert. Seine späteren Porträtbüsten gelten als die besten der modernen Porträtkunst.
*Rock Drill*

Siehe auch
194–5 **Die Renaissance**
196–7 **Glaubenskonflikte**
336–7 **Antike Mythologien**

*Rokoko und Romantik lösten die Kunst von den mythologischen, historischen und religiösen Themen früherer Jahrhunderte. Zwar schien bei den Klassizisten der griechische Einfluss durch, doch ließen sich Künstler auch zunehmend von der zeitgenössischen Literatur und Poesie sowie dem „wirklichen Leben" inspirieren und verwarfen den Idealismus früherer künstlerischer Epochen.*

**Klassizismus** Um 1760 entdeckte Europa, wie die antike griechische und römische Kunst wirklich ausgesehen hatte. Auskunft gaben Ausgrabungen in Pompeji und Reiseberichte aus Griechenland. Dies führte zu einer Abkehr vom Rokoko hin zu einem schlichten, erhabenen Stil, der sich wieder an der klassischen Skulptur ausbildete. Französische Maler wie **David** und seine Schüler **Gérard, Gros** und **Ingres** verherrlichten in ihren Werken die Französische Revolution. Der Italiener **Canova,** zu dessen Werken das Grabmal für Papst Clemens XIV. gehört, war der führende klassizistische Bildhauer.

**Canova** Die harmonische Schönheit der *Drei Grazien* (1813–16) ahmt die Ideale der klassischen Antike nach.

1700

1750

**Rokoko** Die vornehme Gesellschaft des frühen 18. Jh. war der historisch-erhabenen Themen des Barock allmählich überdrüssig. Reiche Mäzene begeisterten sich für die intime lebensfrohe Kunst von **Watteau,** der Szenen mit zeitgenössisch gekleideten, sich amüsierenden Menschen malte. Der Rokokostil – elegant, sinnlich und verspielt – verbreitete sich bald in ganz Europa. Nur **Chardins** ernste, würdevolle Genreszenen standen etwas abseits davon.

**Fragonard** *Die Schaukel* (um 1767), ein heiteres Gemälde, verkörpert den Stil des Rokokos.

**Romantik** Die Romantiker verwarfen den intellektuellen Ansatz des Klassizismus zugunsten des unmittelbaren Ausdrucks von Gefühl und Erfahrung. Für Caspar David **Friedrich** sollte Landschaft den seelischen Zustand des Künstlers ausdrücken in Form von Symbolischem wie Ruinen und verwitterten Bäumen. **Delacroix** schuf riesige, oft literarisch inspirierte Ölgemälde. Romantiker experimentierten auch mit freierem Pinselstrich und einer vielfältigeren Art des Farbauftrags. Für **Turner** wie für **Constable** lieferten holländische Landschaften frühe Vorbilder, aber Turner ließ frühere Künstler bald hinter sich und ging zur fast abstrakten Behandlung von Licht, Farbe und Raum über.

**Turner** *Regen, Dampf und Geschwindigkeit* (1844): Verwischte Töne vermitteln Bewegung.

## Grundbegriffe der Malerei

- **Alla prima** Malen ohne Untermalung und ohne Lasuren.
- **Bildebene** Imaginäre Ebene, die von der physikalischen Fläche des Gemäldes eingenommen wird. Die perspektivischen Linien scheinen von ihr zurückzuweichen.
- **Diptychon** Gemälde auf zwei Tafeln; ein **Triptychon** besteht aus drei, ein **Polyptychon** aus vier oder mehr Tafeln.
- **Fresko** Malerei auf feuchtem Kalkputz.
- **Gesso** Mischung aus Kreidepigment und Leim zur Grundierung von Bildern.
- **Goldener Schnitt** Teilungsverhältnis von Linie oder Rechteck: Der kleinere Teil verhält sich zum größeren wie der größere zum Ganzen. Galt einst als Idealproportion.
- **Grisaille** Malerei nur in Grautönen.
- **Grundierung** Schicht aus Kreide oder Gips mit Leim, auf die man Farbe aufträgt.
- **Helldunkel/Chiaroscuro** Starker Gegensatz von Licht und Schatten.
- **Ikone** Heiligenbild in der Ostkirche als Gegenstand der religiösen Verehrung.
- **Impasto** Dickes Auftragen von Farbe, wobei die Pinselspuren sichtbar bleiben.
- **Karton** Maßstabgerechte Vorzeichnung für großformatige Gemälde an Wänden und Decken.
- **Lasur** Durchscheinende Farbe, die man auf Farbschichten aufträgt.
- **Pentimento** Untermalungen, die der Künstler änderte und die zum Vorschein kommen können, wenn die Übermalung durch Alterung durchscheinend wird.
- **Pietà** Darstellung der Maria mit dem toten Christus auf dem Schoß.
- **Primitive** Bezeichnung für Künstler Anfang des 20. Jh., die auf die Kunst der Naturvölker zurückgriffen.
- **Rötel** Rötlich braune Zeichenkreide aus Eisenocker und Ton.
- **Schraffur** Feine parallele Striche zur Andeutung von Schatten.
- **Trompe-l'Œil** Malerei, die durch naturalistische Genauigkeit reale Gegenstände vortäuscht.
- **Verkürzung** Darstellung von Perspektive mittels verkürzter Fluchtlinien.

**Realismus** Die Überwindung des Klassizismus und der Romantik durch die direkte Beobachtung des wirklichen Lebens war neues Ziel: „Malen ist im Wesentlichen eine konkrete Kunst und muss auf reale Dinge angewendet werden", meinte **Courbet.** Seine Ölbilder zeigen Alltagsszenen oft in epischer Breite. Sein *Begräbnis in Ornans,* das gewöhnliche Dörfler an einem Grab zeigt, schockierte die Kunstwelt. Es gab keine anerkannte realistische Schule, doch hatte Courbets entschiedene Ablehnung der etablierten Autoritäten starken Einfluss auf spätere Kunstbewegungen.

**Courbet** Den Kritikern missfiel *Begräbnis in Ornans* (1849–50), weil es sich von der künstlerischen Tradition, das Leben zu idealisieren, entfernte.

1800 1850

**Präraffaeliten und Symbolismus** Die Präraffaelitische Bruderschaft waren junge Maler, die sich für romantische Poesie begeisterten und zur Schlichtheit der Kunst vor Raffael zurückkehren wollten. Ihre Gründer waren **Rossetti, Millais** und **Hunt.** Auch der romantische mittelalterliche Stil von **Burne-Jones** mit seiner Ähnlichkeit zu Rossettis späteren Arbeiten zählt dazu. Um 1880 schöpften auch die Symbolisten aus literarischen Quellen. Angeregt von den Dichtern Baudelaire und Mallarmé, wählten **Moreau, Redon** und **Puvis de Chavannes** ihre Themen aus Mythologie und Phantasie. Sie erzeugten mit Licht und Verzerrung psychologische Wirkung.

**Burne-Jones** *Laus Veneris* (1873–5). Tannhäuser entdeckt den Zauberberg der Venus.

## Farbtypen

**Acryl** Synthetische Farbe, die in den 1960er-Jahren erfunden wurde. Wasserlöslich und schnell trocknend, lassen sich Acrylfarben dünn oder als deckendes Impasto verwenden.

**Gouache** Deckende Wasserfarben, die mit Weiß vermischt und mit Bindemittel versetzt sind.

**Öl** Farbpigmente werden mit trocknendem Öl, z. B. Leinöl, gemischt. Ölfarben, um 1420 in Flandern entwickelt, erlauben größere Tiefe, Feinheit und Vielfalt der Farbe als andere Mittel und ermöglichen verschiedene Strukturen vom groben Impasto bis zu seidiger Glätte. Tizian schöpfte als Erster das Potenzial der Ölfarben voll aus und überarbeitete seine Bilder immer wieder radikal.

**Pastell** Kreide und Pigmente werden mit Gummi oder Harz gebunden und zu Stiften geformt.

**Tempera** In Wasser gelöste Pigmente werden mit Eigelb oder Kasein gemischt. Die schnell trocknende Farbe lässt keine Änderungen zu.

**Wasserfarbe** Mit Pflanzengummi versetzte Lasurfarben. Hellere Töne werden durch Verdünnen mit Wasser erzeugt, sodass das Weiß des Papiers durchscheint. Wasserfarben sind bei Landschaftsmalern beliebt, weil sie für den Gebrauch im Freien geeignet sind.

## Künstler G–K

**Paul Gauguin**
(1848–1903) Franzose
Gauguins spätimpressionistische Gemälde zeigen die Einflüsse Tahitis, wo er später lebte. Seine Verwendung von Farbmustern forderte die Vorstellungskraft heraus und machte ihn zu einem einflussreichen Symbolisten.
*Frauen auf Tahiti; Ia Orana Maria*

**Giotto di Bondone**
(1267–1337) Italiener
Giotto führte mit seinem Gefühl für Perspektive und realistische ausdrucksvolle Gestalten Tiefe und Dramatik in die Malerei ein. Er löste sich als erster von der zweidimensionalen mittelalterlichen Kunst.
*Fresken in der Arenakapelle in Padua*

**Francisco de Goya**
(1746–1828) Spanier
Goya malte als scharfsinniger Porträtist auch wenig schmeichelhafte Details. Als früher romantischer Visionär stellte er die Schrecken des Krieges unübertroffen dar.
*Familie Karls IV.; 3. Mai 1808*

**Barbara Hepworth**
(1903–75) Britin
Die führende britische abstrakte Bildhauerin des 20. Jh. gründete ihre Arbeit auf die Formen natürlich verwitterter Objekte.
*Single Form*

**David Hockney**
(*1937) Brite
Hockney ging aus der Pop-Art hervor – ein Begriff, den er stets ablehnte. Schon in jungen Jahren hat ihm sein Werk – von Malerei und Zeichnung bis zu Collagen und Grafik – Lob der Kritik eingebracht.
*A Bigger Splash*

**William Hogarth**
(1697–1764) Brite
Hogarths brillante satirische Stiche und seine vollendeten ungezwungenen Porträts machten ihn zum ersten bedeutenden britischen Künstler.
*The Rake's Progress*

**Hans Holbein d. J.** (um 1497–1543) Deutscher
Der verblüffende Realismus von Holbeins Stil machte ihn zum führenden Porträtisten der Renaissance im Norden. Holbein ließ sich in England nieder und wurde Hofmaler König Heinrichs VIII.
*Die Gesandten*

**Edward Hopper**
(1882–1967) Amerikaner
Hoppers Gemälde und Radierungen zeigen eine atmosphärische Sicht des Stadtlebens, indem sie bürgerliche amerikanische Interieurs mit einsamen Menschen darstellen. Er gilt als meisterlicher Radierer und hervorragender figurativer Maler.
*Nighthawks*

**Jean-Auguste-Dominique Ingres**
(1780–1867) Franzose
Großes zeichnerisches Talent machte Ingres zum überragenden Vertreter des französischen Klassizismus. Er stellte bevorzugt grandiose mythologische Themen dar, bekannter sind jedoch seine Akte und Porträts.
*Marie-France Rivière; Die Badende von Valpençon*

**Wassily Kandinsky**
(1866–1944) Russe
Kandinsky, der einflussreichste frühe abstrakte Theoretiker und Maler, glaubte, dass Kunst innere Gefühle spiegeln sollte und dass Farbe und Form allein eine emotionale Reaktion erzeugen könnten.
*Komposition IV*

**Paul Klee**
(1879–1940) Schweizer
Klees origineller Stil machte ihn zu einem einzigartigen Künstler des 20. Jh. Von seiner poetischen Form der abstrakten Kunst wird manchmal gesagt, sie erinnere an gedankenlose Kritzeleien.
*Vor den Toren von Kairuan*

Siehe auch
172–3 **Das alte Griechenland**
200–1 **Aufruhr in Europa**
204–5 **Die Industrielle Revolution**
386–9 **Literatur 1700–1830**

# Kunst 1850–1930

**Vom Impressionismus zum Surrealismus**

*Der Übergang von den subjektiven atmosphärischen Visionen der Impressionisten zu den gegenständlichen strukturierten Kompositionen der Spätimpressionisten signalisierte die Anfänge der modernen Kunst. Die kräftigen unrealistischen Farben der Expressionisten und die verzerrten Formen des Kubismus und Surrealismus befreiten die Kunst schließlich von ihren traditionellen Fesseln.*

**Spätimpressionismus** Um 1880 empfanden Künstler die getreue Wiedergabe der Natur durch die Impressionisten als Einschränkung und setzten Form und Farbe neu ein. **Seurat** setzte Farben als Tupfen, die sich im Auge des Betrachters „mischen" – eine als Pointillismus bezeichnete Technik; **Gauguin** verwendete flächige Formen und unwirkliche Farben; **van Gogh** malte mit kühnen, kraftvollen Farben und dickem Auftrag; **Cézanne** schuf lebhafte, sorgfältig strukturierte Landschaften, Stillleben und Figurenkompositionen. **Rodin** gab der Skulptur wieder heroischen Ernst, ungewöhnliche Leidenschaft und realistischen Ausdruck. Sein Lebenswerk, die Bronze *Höllentor* (1880 begonnen), besteht aus fast 200 dramatischen Gestalten.

**Rodin** *Der Kuss* (1888) entstand aus einer Idee für das *Höllentor*.

1850 | 1875 | 1900

**Impressionismus** Die Impressionisten verwarfen die exotische Thematik und Empfindsamkeit der Romantik. Vielmehr wollten sie unmittelbare visuelle „Impressionen" einfangen und deuteten Formen durch flüchtige Lichteffekte an. **Monet, Pissarro** und **Sisley** malten Landschaften mehrmals bei wechselndem Licht. **Manet** und **Degas** wie auch **Berthe Morisot** und **Mary Cassatt** malten meist städtische Szenen oder Interieurs. Die traditionelle Kunstwelt lehnte die Arbeiten der Impressionisten ab. Daher organisierte die Gruppe zwischen 1874 und 1886 acht eigene Ausstellungen. Danach löste sie sich auf.

**Monet** Die schimmernden Farben des Seerosenteichs bei seinem Haus in Giverny waren über 20 Jahre lang sein bevorzugtes Motiv.

**Fauvismus** Auf einer Ausstellung 1905 in Paris veranlassten die vereinfachten Formen und die kräftigen, provozierenden Farben auf Bildern von **Matisse, Derain, Vlaminck, Rouault** und **Dufy** einen Kunstkritiker, sie als *fauves* – „Wilde" – abzutun. Die Bewegung dauerte nur 3 Jahre, übte aber starken Einfluss auf die Expressionisten und die abstrakten Expressionisten aus.

## PICASSO – KÜNSTLER DES 20. JAHRHUNDERTS

Kein anderer Künstler des 20. Jh. kommt dem in Spanien geborenen Pablo Picasso an Ruhm, Vielseitigkeit, Einfluss und Produktivität gleich. Sein Frühwerk teilt man in die „Blaue Periode" – Bilder von sozial Geächteten in schwermütigem Blau – und die „Rosa Periode" mit Tänzern und Akrobaten in warmen Rosatönen. Seine Studien Cézannes und der afrikanischen Skulptur führten zum ersten kubistischen Gemälde, *Les Demoiselles d'Avignon* (1907). Mit „verdrehten" Körpern und maskenartigen Gesichtern warf er ästhetische Normen über Bord. In der Skulptur schuf er als einer der ersten Künstler dreidimensionale Werke, indem er verschiedene Gegenstände genial kombinierte. Den *Stierschädel* (1943) konstruierte er aus Fahrradsattel und Lenkstange. Obwohl viele Werke Picassos durch Symbole der Verzweiflung emotionale Kraft gewinnen, erschloss sein kontrastierender spielerischer Stil die Möglichkeiten der modernen Kunst.

**Guernica (1937)** Picassos emotionale Antwort auf die Zerstörung der baskischen Stadt Guernica durch deutsche Flugzeuge während des Spanischen Bürgerkriegs.

**Franz Marc** *Das Schicksal der Tiere* (1913) drückte Marcs Gefühl für die „innere geistige Seite der Natur" aus.

**Expressionismus** Jedes Werk, das durch Verzerrung den seelischen Zustand des Künstlers widerspiegelt, kann als „expressionistisch" bezeichnet werden. Das zentrale Ziel ist die Vermittlung subjektiver Empfindungen durch starke Farben und dynamische oder phantastische Formen. Der Stil wurde von Künstlern wie **Kirchner, Klee, Macke** und **Marc** in Deutschland zwischen 1905 und 1930 stark geprägt.

**Kubismus** Kubistische Maler um 1900 suchten dreidimensionale Objekte ohne trügerische Perspektive oder auch nur eindeutige Farben darzustellen. Hierin markierte der Kubismus einen radikalen Bruch mit dem aus der Renaissance stammenden Gedanken, dass Kunst die Natur spiegeln sollte. Der Kubismus hatte zwei Phasen. Im analytischen Kubismus wurden die verschiedenen Aspekte eines Gegenstands – Seiten-, Ober- und Grundflächen – gleichzeitig gezeigt; der Prozess wurde fast bis zur totalen Abstraktion vorangetrieben. Im synthetischen Kubismus wurden vorgefundene Materialien und Buchstaben mit Malerei kombiniert – diese neue Technik bezeichnet man als Collage.

1920

1930

**Futurismus** Um 1909 in Italien entstanden, warf der Futurismus die künstlerische Vergangenheit größtenteils über Bord und ließ sich von Tempo und Maschinen inspirieren. Zur Darstellung von Bewegung und Tempo kopierte der Stil die sich wiederholenden geometrischen Ebenen der Kubisten. Der Maler und Bildhauer **Boccioni** schuf von Bewegung flirrende Gemälde und Skulpturen dynamisch schreitender Figuren. Der Futurismus endete mit dem Ersten Weltkrieg, beeinflusste aber die nachfolgende Kunst in Großbritannien und Russland sowie die Dadaisten.

**Giacomo Balla** *Geschwindigkeit eines Autos + Licht + Ton* (1913) stellt Bewegung mit reiner Linie und Schattierung dar. Balla war ein Zeitgenosse von Boccioni.

**Salvador Dalí** *Die Metamorphose des Narziss* (1937) stellt prosaische und unvereinbare Objekte nebeneinander. Dalí hielt bewusst gepflegte Paranoia für eine Quelle der Kreativität.

**Dada und Surrealismus** 1915 wurde eine Kunstbewegung gegründet, die alles verwarf – im Leben und in der Kunst. Ihr Nihilismus, Humor und Drang zu schockieren sprach die Ernüchterung infolge des Krieges an. Das Dogma des Dada, dem sich sein einflussreichster Vertreter Marcel **Duchamp** verschrieb, besagte, dass alles Kunst sei, was der Künstler zur Kunst erklärte. Nach Duchamp war jedes beliebige Objekt aus jedem Material potenziell ein Kunstwerk.

In den 1920er-Jahren entstand in Paris der Surrealismus, dessen Hauptziel es war, Kunst direkt aus dem Unbewussten zu schaffen. Surrealistische Künstler wie **Magritte** und **Dalí** schufen für sie typische zwanghaft detaillierte Bilder oder Objekte auf traumähnliche und verstörende Art und Weise.

**FAKTEN**

**Fünf der zehn teuersten Gemälde, die jemals auf einer Auktion gekauft wurden, sind Werke von Pablo Picasso.**

## Künstler K–P

**Jeff Koons**
(*1955) Amerikaner
Koons verwandelt banale Gegenstände in große ikonographische Objekte und beauftragt oft traditionelle Hersteller, die mit Materialien wie Metall oder Porzellan arbeiten. Sein Werk trug zur Einführung des Begriffs Neo-Geometrismus (oder „Neo-Geo") bei, was sich auf den emotionslosen, unpersönlichen Inhalt bezieht.
▫ *Puppy*

**Leonardo da Vinci**
(1452–1519) Italiener
Leonardo gilt als das künstlerische und wissenschaftliche Genie der Renaissance. Er gestaltete mit Ölfarbe auf feine Weise Licht und Schatten und ließ Bilder mit geheimnisvollen Landschaften und schönen, ausdrucksvollen menschlichen Figuren entstehen.
▫ *Mona Lisa*

**Roy Lichtenstein**
(1923–97) Amerikaner
Als Gründer und führender Vertreter der Pop-Art schuf Lichtenstein mit von Comics inspirierten Bildern originelle durchkomponierte Gemälde.
▫ *Wham!*

**Edouard Manet**
(1832-83) Franzose
Der erste Impressionist ist wegen der Wahl seiner Themen auch als der „erste moderne Maler" bekannt. Er zog die Darstellung zeitgenössischen Lebens traditionellen oder erbaulichen Themen vor.
▫ *Olympia; Das Frühstück im Freien*

**Henri Matisse**
(1869–1954) Franzose
Die französische Riviera bot Matisse eine reiche Quelle an Farbe. Seinem internationalen Ruhm als moderner Maler kam nur Picasso gleich. Mit seinen reinen, lebhaften Farbtönen anstelle natürlicher Schattierungen inspirierte er den Fauvismus.
▫ *Das blaue Fenster*

**Michelangelo**
(1475–1564) Italiener
Bereits mit Anfang 20 hatte Michelangelo mit seinen Skulpturen der menschlichen Gestalt technische Meisterschaft gezeigt. Die Komposition und emotionale Ausdruckskraft seiner Statuen, Fresken und Architektur hob das Ansehen der Kunst als Beruf.
▫ Decke der Sixtinischen Kapelle

**Piet Mondrian**
(1872–1944) Niederländer
Mondrians strenge abstrakte Kunst mit Kompositionen in Primärfarben, die in Linien eingeschlossen sind, beeinflusste grafische Kunst und Industrie-Design wie auch die spätere abstrakte Kunst.
▫ *Komposition in Rot, Schwarz, Blau und Grau*

**Claude Monet**
(1840–1926) Franzose
Monets Gemälde *Impression, Sonnenaufgang* gab den Impressionisten ihren Namen. Er malte vor allem Variationen von Licht und Atmosphäre.
▫ *Der Bahnhof von St-Lazare; Die Kathedrale von Rouen*

**Henry Moore**
(1898–1986) Brite
Die Werke des bekanntesten Bildhauers des 20. Jh. stellen die menschliche Form, oft übergroß, in kühnem halbabstraktem Stil dar. Die Gestalten spiegeln die bewegten Formen der Landschaft.
▫ *König und Königin*

**Piero della Francesca**
(um 1415–92) Italiener
Der Renaissancemaler verband feierliche Größe mit reiner Farbe und nutzte die klassische Architektur zur Betonung der perspektivischen Darstellung. Obwohl in seiner Zeit einflussreich, wurde die Höhe seines Könnens erst im 20. Jh. erkannt.
▫ Freskenzyklus *Szenen aus der Legende des Hl. Kreuzes; Taufe Christi*

Siehe auch
194–5 **Die Renaissance**
348–9 **Psychologie**
362–3 **Fotografie**

# Kunst 1930–2002

**Vom Abstrakten Expressionismus zur zeitgenössischen Kunst**

*Im Verlauf des 20. Jh. wurden Einfachheit und Minimalismus zu Grundelementen der Malerei und Bildhauerei. Die Definition von Kunst wurde auf Bereiche wie Videoaufnahmen, inszenierte Ereignisse und auf Ausstellungen für dreidimensionale Gegenstände erweitert. Der Schaffensakt ist heute genauso wichtig wie das Kunstwerk, das geschaffen wird.*

### Abstrakter Expressionismus

In den 1940er-Jahren entstand diese erste amerikanische Bewegung, die nicht von europäischer Malerei beeinflusst war, obwohl sie surrealistische Ideen aufnahm. Abstrakte Expressionisten suchten den spontanen Ausdruck auf Kosten der Gegenständlichkeit. **Jackson Pollock** entwickelte eine bestimmte Technik, Farbe auf eine Leinwand zu werfen oder tropfen zu lassen – das Action-Painting. **Mark Rothkos** schimmernde Farbflächen werden als Farbfeldmalerei bezeichnet. Andere führende Vertreter sind **Willem de Kooning** und **Barnett Newman.**

**Pollock** Die Formen auf *Blue Poles: Number II* (1952) rufen Bilder aus dem Unbewussten des Betrachters ab.

1930 1940 1950 1960

**Brancusi** Der Kopf von *Mademoiselle Pogany III* (1933) ist mit wenigen einfachen Kurven gestaltet.

### Moderne

In der Malerei umfasst der Begriff die Vielfalt der Stile von den 1920er- bis zu den 1960er-Jahren, die durch Abstraktion, kontrastarme Farben und Betonung der Leinwand als künstliche Fläche charakterisiert sind. Der reinste modernistische Maler ist **Piet Mondrian.** In der Bildhauerei experimentierte der Modernismus mit Form und Struktur. **Constantin Brancusi,** einer der bedeutendsten Bildhauer des 20. Jh., reduzierte seine Formen auf fast abstrakte Einfachheit. **Henry Moore** verwarf klassische Schönheitsideale zugunsten vitalerer, gröberer Formen aus der Natur wie menschliche Gestalten, Muscheln und Knochen. Auch **Barbara Hepworth** hielt sich an die Natur, jedoch auf völlig abstrakte Weise. **Anthony Caros** Modernismus steht den Ideen der Pop-Art näher, indem er genormte Teile wie Stahlplatten oder Aluminiumrohre zusammenschweißt und grell bemalt.

### Konzeptkunst

Für Konzeptkünstler ist der schöpferische Akt wichtiger it als das geschaffene Objekt; im Extremfall könnte er aus nur einer Idee zu einem Kunstwerk bestehen. Auch die Performance (vom Künstler inszenierte Ereignisse), die Body Art (Ausdruck von Ideen durch den Künstler unter Einsatz des eigenen Körpers) und Land Art (die Schaffung von Kunstwerken durch die Interaktion des Künstlers und der Umgebung) gehören dazu.

**Koons** *Puppy* (erstmals1992) ist eine 13 m hohe Skulptur aus lebenden Pflanzen.

### Pop-Art

„Vergänglich, billig, serienmäßig, jung, sexy, raffiniert" nannte **Richard Hamilton** die Richtung, die er mit begründete. Von Dada beeinflusst, griff die Pop-Art Symbole der modernen Welt wie Comics und Reklame auf und benutzte ihre Ideen und Bilder, um originelle Kunst zu schaffen. Hauptvertreter waren **Warhol** und **Lichtenstein** in den USA, **Peter Blake** und **Allen Jones** in Großbritannien.

**Lichtenstein** *In the Car* (1963) drückt mit einer einfachen Grafik Spannung zwischen zwei Personen aus.

## WAS IST EINE INSTALLATION?

Installationen sind Kunstwerke, die in Harmonie mit ihrer Umgebung oder als Teil davon geschaffen wurden. Sie entstanden in den 1960er-Jahren aus der Überzeugung heraus, dass die Umgebung, in der ein Kunstwerk betrachtet wird, so wichtig ist wie sein Inhalt. Installationskünstler gestalten einen Raum völlig um wie der Russe **Ilja Kabakow** oder komponieren ein Kunstwerk aus diversen Objekten und nutzen den Raum als „Leinwand", wie die Britin **Cornelia Parker**.

**Parker** *Cold, Dark Matter – An Exploded View* (1991) besteht aus Holzstücken, die zwischen Boden und Decke aufgehängt sind.

## VIDEO

Seit den 1960er-Jahren nutzen Künstler die Möglichkeiten der Videotechnik wie sofortiges Abspielen, ständige Wiederholung, Zeitlupe, großformatige Mehrfach-Projektion und Vertonung. Künstler wie **Bill Viola** und **Sam Taylor Wood** schaffen Werke über Verhalten, Beziehungen und Identität der Menschen von intimer, intensiver und manchmal verstörender Wirkung.

**Figurative Malerei** Trotz radikaler Entwicklungen in den allgemein anerkannten Ansichten von Kunst und Kunstwerken entsteht noch immer Kunst, die Tier- und Menschengestalten (figurative Kunst) darstellt – wenn auch meist in abgewandelter Form. Neben **Francis Bacon, Lucian Freud** und **David Hockney** zählen zur Figurativen Malerei seit den 1970er-Jahren die postmodernistischen so genannten „Neoexpressionisten" wie **Anselm Kiefer** und **Julian Schnabel.**

**Hockney** *American Collector* (1968) zeigt Hockneys zeichnerisches Können und seine Fähigkeit, in grafisch klarem Stil Persönlichkeit zu vermitteln.

70 1980 1990 2000

**Minimalismus** Einige Künstler reagierten gegen die Gefühlsbetontheit des Abstrakten Expressionismus und ließen Rohmaterialien in geometrischen Anordnungen direkt zum Betrachter „sprechen". Dies funktionierte nicht immer: 1976 erntete **Carl Andres** *Äquivalent VIII* – 120 in einem Rechteck angeordnete Backsteine – Spott und wurde zerstört, als es in der Londoner Tate Gallery ausgestellt war.

**Zeitgenössische Kunst** In den späten 1980er-Jahren hatte die Kunst die logische Schlussfolgerung aus Duchamps Dada-Philosophie erreicht – zu werden, was immer sie nach dem Willen des Künstlers sein sollte. **Rachel Whiteread** erlangte 1992 Ruhm mit *Ohne Titel (Haus),* einem Modell des Inneren eines viktorianischen Reihenhauses. Der Großteil ihrer Arbeit konzentriert sich auf die Räume zwischen Objekten, die sie mit Gips oder Wachs füllt und so eine Art von fotografischem Negativ des ursprünglichen Raums enthüllt. **Damien Hirst** hat tote Tiere in Behältern mit Formaldehyd ausgestellt, um die Themen Leben und Tod zu erforschen. Neue Techniken haben ebenfalls Entwicklungen angeregt: Videoaufnahmen, Filme und computererzeugte Bilder werden heute als künstlerische Mittel akzeptiert.

**Hirst** Ein großer Teil von Hirsts Werk, auch *Die Unmöglichkeit des Todes im Bewusstsein eines Lebenden* (1991), beabsichtigt, an die „schlimmsten Ängste der Menschen" zu rühren.

## Land Art

In der Land Art werden Gräben ausgehoben oder Erd- und Steinmassen neu angeordnet. *Spiral Jetty* des Amerikaners **Robert Smithson** war eine über 450 m lange Spirale aus Gestein und Salzkristallen am Rand des Großen Salzsees in Utah. Der britische Künstler **Andy Goldsworthy** drückt mit Mustern und Formen aus Materialien wie Blättern, Kieselsteinen und Eis die Kraft und Vergänglichkeit der Natur aus.

**Goldsworthy** Grenzmal aus Steinen auf Kangaroo Island, Australien

## Künstler P–Z

**Jackson Pollock**
(1912–56) Amerikaner
Der führende abstrakte Expressionist zielte auf den direkten Ausdruck seines Unbewussten ab. Seine Gemälde deuten zwischen ihren farbigen Tropfen oder Spuren Gesten oder Formen an.
*Number 14*

**Raffael**
(1483–1520) Italiener
Die klaren Farben, anmutigen Gestalten und symmetrischen architektonischen Hintergründe machten ihn zu einem der führenden Künstler der Hochrenaissance. Sein Werk inspirierte alle späteren klassischen Maler.
*Die Schule von Athen; Madonna della Sedia*

**Rembrandt**
(1606–69) Niederländer
Ein hoch geschätzter Meister der Technik in der Malerei und Radierung. Rembrandt begründete als Erster einen scharfsichtigen, ausdrucksvollen Stil der Porträtkunst.
*Nachtwache; Selbstporträt (1658)*

**Auguste Rodin**
(1840–1917) Franzose
Rodins ausdrucksvolle natürliche Formen machten die Skulptur in der Öffentlichkeit wieder populär und sicherten ihm den Ruf des führenden französischen spätimpressionistischen Bildhauers.
*Der Denker*

**Peter Paul Rubens**
(1577–1640) Flame
Der „Vater des Hochbarock" war für seine großformatigen dramatischen Ölbilder bekannt, die er für Höfe in Europa malte.
*Raub der Töchter des Leukippos; Das Pelzchen*

**Tizian**
(um 1483–1576) Italiener
Einer der bedeutendsten Renaissancekünstler. Seine kühne Pinselführung revolutionierte die Techniken der Ölmalerei. Sein Stil beeinflusste viele spätere Maler, darunter Rubens und Velázquez.
*Venus von Urbino*

**J. M. W. Turner**
(1775–1851) Brite
Der Romantiker entwickelte einen fast abstrakten Stil. Mit seiner Reinheit von Licht und Farbe nahm er das Werk der Impressionisten vorweg.
*Schneesturm auf dem Meer*

**Jan van Eyck**
(1390–1441) Flame
Der Maler der Frührenaissance bewies als Erster Mut, als er mit Ölfarbe malte. Seine Werke zeigen feine Details und reiche Farben.
*Arnolfini-Hochzeit*

**Vincent van Gogh**
(1853–90) Niederländer
Der Spätimpressionist war bestrebt, seine inneren Visionen durch wirbelnde Farben und Pinselführung zu vermitteln. Sein Stil schuf die Grundlage für den Expressionismus.
*Straße mit Zypressen*

**Diego Velázquez**
(1599–1660) Spanier
Der Porträtist des höfischen Barock verzichtete auf Requisiten und Allegorien und konzentrierte sich auf seine Modelle. Seine Techniken beeinflussten spätere Maler wie Goya und Manet.
*Las Meninas*

**Jan Vermeer**
(1632–75) Holländer
Sein kompositorisches Geschick und die Verwendung von Licht und Schatten in häuslichen Szenen machten Vermeer zum führenden holländischen Genremaler.
*Die Briefleserin*

**Andy Warhol**
(1928–87) Amerikaner
In seinem Studio „Factory" schuf Warhol emotionslose plastische Porträts, die Teil der amerikanischen Ikonographie wurden.
*Gold; Marilyn Monroe*

Siehe auch
194–5 **Die Renaissance**
348–9 **Psychologie**
362–3 **Fotografie**
414–5 **Design und Werbung**

*Die ersten Fotografen brauchten viel Geduld – eine fotografische Platte musste mehrere Minuten belichtet werden, damit ein klares Bild entstand. Könner auf diesem Gebiet fingen dabei Charaktere und Stimmungen ein. Dies gilt auch heute noch, doch erfordern extrem kurze Belichtungszeiten schnelles Denken, um das Wesentliche eines flüchtigen Moments zu bewahren.*

## PIONIERE

1826 erzeugte der Franzose **Joseph Nicéphore Niepce** (1765–1833) das erste fixierte Bild auf einer lichtempfindlichen Zinnplatte. Die Platte musste 8 Stunden lang belichtet werden. 1838 senkte **Louis-Jacques-Mandé Daguerre** (1787–1851) die Belichtungszeit auf 20–30 Minuten, indem er eine silberbeschichtete Kupferplatte durch Joddämpfe lichtempfindlich machte. Das Verfahren bezeichnet man als **Daguerrotypie**. 2 Jahre später erfand **William Henry Fox Talbot** (1800–77) die **Kalotypie** – ein Verfahren zum vielfachen Abziehen von Papiernegativen. In den 1870er- und 1880er-Jahren benutzte **Eadweard Muybridge** kurze Belichtungszeiten und mehrere Kameras, um Bewegungsfolgen deutlich festzuhalten.

**August Sander** *Der Konditor* (1928) aus Sanders Porträtserie von Einwohnern Kölns in den 1920er-Jahren

**Ansel Adams** *Der Grand Canyon von Point Imperial* (1942) zeigt, wie Adams mit Tönung und Kontrast die Landschaftsformen umreißt und den Vordergrund hervorhebt.

## Porträts

Schon um 1840 entwickelte die Porträtfotografie einen unverwechselbaren Stil. Lange Belichtungszeiten machten frühe Aufnahmen förmlich und steif, doch erzielten **David Octavius Hill** (1802–70) und **Robert Adamson** (1821–48) Resultate, die einen sicheren Sinn für Persönlichkeit und sozialen Hintergrund des Modells zeigten. Hunderte von Porträts aus ihrem Studio in Edinburgh erzählen viel vom viktorianischen Großbritannien.

Bis etwa 1850 etablierten sich zahlreiche Porträtstudios. In Paris ließen sich viele Berühmtheiten von **Gaspard-Félix Turnachon** (1820–1910) fotografieren. Seine starren einfachen Posen heben sich bei natürlichem Licht von einem kahlen Hintergrund ab. Führende Persönlichkeiten der Zeit ließen sich auch von **Julia Margaret Cameron** (1815–79) porträtieren, die 1864 als Hobbyfotografin begann. Trotz technischer Mängel schildern ihre Nahaufnahmen Persönlichkeit und Stimmung ihrer Modelle.

Ein anderer Chronist der Gesellschaft war **August Sander** (1876–1964). Seine Porträts dokumentieren den deutschen Alltag in den 1920er- und 30er-Jahren während des Aufstiegs der Nationalsozialisten.

Leichtere Kameras und empfindlichere Filme ermöglichten allmählich mehr Dynamik. Dies zeigt sich in den dramatischen Porträts von **Richard Avedon** (*1923), der seine Personen oft in konfrontierenden Posen fotografiert, und in den homoerotischen Arbeiten von **Robert Mapplethorpe** (1946–89).

## Landschaft und Architektur

Wegen der langsamen, oft unhandlichen Ausrüstung bevorzugte man in den frühen Zeiten der Fotografie statische Objekte wie Gebäude und Landschaften. Die Ergebnisse trugen in einer Zeit begrenzter Reisemöglichkeiten dazu bei, das Weltbild der Menschen zu erweitern.

Um 1850 boten die technisch ausgereiften Arbeiten von **Francis Frith** (1822–94) Ansichten aus dem Vorderen Orient, einer damals im Westen kaum bekannten Region.

In dieser Zeit wurde auch der Westen der USA erschlossen. Den staatlichen Expeditionen zur Erkundung der neuen Territorien gehörten auch Fotografen an. So schilderte 1867 **Timothy O'Sullivan** (1840–82) die Weiten westlich des Mississippi, und in den 1870er-Jahren bereiste **William Henry Jackson** (1843–1942) den amerikanischen Westen. Seine Bilder veranlassten den Kongress, das Yellowstone-Gebiet zum ersten Nationalpark zu erklären.

Mit seinem ausgeprägten Sinn für Details brachte **Edward Weston** (1886–1958) ein Element der Abstraktion in seine Landschaften, so etwa in seiner Fotoserie der Mohave-Wüste von 1937. Auch sein Zeitgenosse **Ansel Adams** (1902–84) achtete auf die Bildschärfe. Seine Fotos vom Yosemite Valley in Kalifornien konzentrieren sich auf Licht- und Strukturnuancen.

Ein häufiges Nachkriegsthema ist die Stadt und ihr Vordringen in die Natur, etwa bei **Gabriele Basilico** (*1944) wie auch bei **Stephen Shore** (*1947).

## MODERNISTEN

In der ersten Hälfte des 20. Jh. experimentierten Künstler vor allem aus dem Kreis neuer Richtungen wie **Dada** und **Surrealismus** (siehe Seite 359) mit der Fotografie. Realismus – meist das Ziel der Fotografie – wurde bewusst vermieden. Die meisten Modernisten wollten abstrakte oder surreale Bilder mit fotografischen Materialien und Techniken erzeugen.

In den frühen 1920er-Jahren entwickelte der amerikanische Maler **Man Ray** (1890–1976) eine neue Technik, die Licht so manipulierte, dass es die Kontur von Objekten direkt auf Fotopapier projizierte. Dann wurde die Kontur entwickelt, wobei abstrakte, fremdartige Bilder entstanden, die er **Rayogramme** nannte. Der Ungar **Lászlo Moholy-Nagy** (1895–1946) schuf ähnliche Arbeiten, die als **Fotogramme** bezeichnet werden.

Eine weitere neue Technik war die **Fotomontage,** die **John Heartfield** (1891–1968) in den 1920er-Jahren erfand und entwickelte. Seine Bilder, entstanden aus Ausschnitten verschiedener Fotos, waren oft von kämpferischer Symbolik. Heartfield und andere Künstler, z. B. **Max Ernst** (1891–1976), kreierten mithilfe dieses Stils sozialkritische und politische Aussagen. Der Großteil von Heartfields Werk war antifaschistisch geprägt.

Andere erzeugten Bilder, die dekorative und abstrakte Eigenschaften alltäglicher Ansichten und Objekte hervorheben. Die Landschaften des Italieners **Franco Fontana** (*1933) werden dafür gerühmt.

**Henri Cartier-Bresson** *Sonntag an der Marne,*1938 aufgenommen. Cartier-Bresson wartete auf sprechende Momente, die das Wesentliche einer Szene einfingen.

**Robert Capa** Ein US-Soldat stirbt im April 1945 durch einen deutschen Heckenschützen. Capa schilderte die brutale Realität des Krieges.

## Die soziale Landschaft

Von Anfang an kommentierte die Fotografie die Gesellschaft. 1878 gab **John Thomson** (1837–1921) eine Serie von Londoner Straßenszenen heraus. Um 1880 fotografierte **Peter Emerson** (1856–1936) das einfache Leben der Bauern und Fischer in Norfolk.

Paris war zwischen 1898 und 1921 das Hauptthema von **Eugène Atget** (1857–1927). Die Qualität seiner Fotos von Schaufenstern, Geschäftsleuten, historischen Bauwerken und Bordellen wurde nach seinem Tod von Kritikern gepriesen.

**Jacob Riis'** (1849–1914) Ansichten der New Yorker Slums führten um 1880 zu Reformen im Wohnungsbau. Das Leben in New York erschien auch auf den Arbeiten von **Alfred Stieglitz** (1864–1946). Zwischen den 1890er- und 1930er-Jahren beeinflussten seine Fotografien und Schriften auch **Paul Strand** (1890–1976). Sein Beruf als Kameramann für Dokumentarfilme regte Strand an, privat Fotos vom Alltagsleben in den USA und Europa zu machen.

In den 1920er-Jahren kamen kleine handliche Kameras auf, die Schnappschüsse wie die von **Bill Brandt** (1906–83) erlaubten, die Briten bei der Arbeit zeigen. Der Reportagefotograf **Henri Cartier-Bresson** (*1908) verwendete, um nicht aufzufallen, eine kleine Kamera, sein „Notizbuch". Er wurde berühmt für sein Talent, ausdrucksstarke Momente zu bewahren. **Diane Arbus** (1923–71) zeigte mit kontrastierenden Porträts von Reichen und Unterprivilegierten die gleiche Fähigkeit.

## Fotojournalismus

Fotografien sind seit langem Mittel der Berichterstattung. 1861 wurde **Mathew Brady** (1823–96) beauftragt, Gefechte im amerikanischen Bürgerkrieg festzuhalten. Seine schonungslose Darstellung des Todes ist schockierend, doch fehlen Kampfszenen, da die Ausrüstung für das Kampfgeschehen zu schwer und unhandlich war.

Das Aufkommen der Kleinbildkameras nach dem Ersten Weltkrieg revolutionierte den Fotojournalismus und ermöglichte es Pionieren wie **Alfred Eisenstaedt** (1898–1995) und **Margaret Bourke-White** (1904–71), näher am Geschehen zu bleiben. Bourke-White gelangen besonders aufwühlende Bilder von den Armen in den USA während der 1930er-Jahre.

**Walker Evans** (1903–75) nutzte die neuen tragbaren Kameras für einen intimen Bericht vom täglichen Überlebenskampf in der Weltwirtschaftskrise. Und auch der Krieg ließ sich in Nahaufnahmen einfangen. **Robert Capa** (1913–54), der berühmteste Fotograf des Genres, war genauso an der Front zu finden wie die Soldaten. Seine Bilder inspirierten die Arbeit von **Don McCullin** (*1935), der vor allem für seine drastischen Bilder vom Vietnamkrieg bekannt ist.

Siehe auch
358–61 **Kunst**
364–5 **Fotografieren**
410–11 **Zeitungen**

*Kameras sind heute überwiegend automatisiert, Fotoapparate mit lichtempfindlichen Filmen funktionieren jedoch nach demselben Prinzip wie die Kästen des 19. Jh. Den größten Fortschritt in jüngster Zeit brachte die Mikrochip-Technik, mit der Bilder digital aufgezeichnet, auf einen Computer übertragen, dort angezeigt und bearbeitet werden können.*

**1839–41** W. H. Fox Talbot entwickelt die **Kalotypie,** das erste Negativ-Positiv-Verfahren, das mehrere Abzüge von einem einzigen Negativ ermöglicht. Die Belichtungszeit sinkt auf 1–2 Minuten.

**1851** Frederick Archer erfindet das nasse **Kollodiumverfahren** für scharfe Negative auf Glasplatten bei kürzeren Belichtungszeiten.

**1861** Die erste Spiegelreflexkamera (SLR-Kamera) wird hergestellt.

**Um 1725** Johann Schultze entdeckt, dass Lichteinwirkung Silbersalze schwärzt.

**1800** Mit Silbersalzen erzeugen Humphrey Davy und Thomas Wedgwood eine fotografische Abbildung, doch gelingt es ihnen nicht, sie zu „fixieren".

**1826** Joseph Nicéphore Niepce fotografiert seine Scheune. Es ist das bis heute **älteste erhaltene Foto**. Die Belichtungszeit hierfür betrug mehrere Stunden.

**1839** Louis Daguerre lässt das erste brauchbare Entwicklungsverfahren patentieren, die **Daguerrotypie** (oben) mit weniger als 30 Minuten Belichtungszeit.

**1841** In Ungarn entwirft Josef Petzval eine besondere Linse für Porträtfotografie. Sie verringert die Belichtungszeit beträchtlich.

**1854** Eine Kamera, die Rollen mit **lichtempfindlichem** Papier verwendet, kommt auf.

## Was bedeutet die Lichtempfindlichkeit?

Die ISO-Nummer gibt die Lichtempfindlichkeit eines Films nach einer Skala der International Standards Organisation an. **Niedrigempfindliche Filme** (ISO 25–64) verlangen eine längere Belichtungszeit als höher empfindliche und ergeben ein qualitativ gutes Bild, das vergrößert werden kann, ohne körnig zu erscheinen. Sie eignen sich am besten für helles Licht oder unbewegliche Gegenstände, die lange Belichtungszeit erlauben. **Mittelempfindliche Filme** (ISO 100–200) sind die vielseitigsten, da sie für die unterschiedlichsten Lichtverhältnisse geeignet sind. **Hochempfindliche Filme** (ISO 400–1600) sind die lichtempfindlichsten und brauchen die kürzeste Belichtungszeit. Sie sind für schlechte Lichtverhältnisse und Aufnahmen von bewegten Objekten geeignet, die sehr kurze Belichtungszeit benötigen. Abzüge oder Vergrößerungen von solchen Filmen können körnig sein.

## Kameraobjektive

Ein Objektiv ist so geformt, dass die parallel eintretenden Lichtstrahlen sich in einem Punkt dahinter, dem Brennpunkt, treffen. Der Maßstab des erzeugten Bildes und die Perspektive werden von der Entfernung zwischen diesem Brennpunkt und dem Objektiv, der Brennweite, beeinflusst. **Standardobjektive** (Brennweite 40–55 mm) haben einen Bildwinkel von etwa 60° und erzeugen ein Bild wie das Auge. **Teleobjektive** (Brennweite 85–400 mm) haben einen engen Bildwinkel und erzeugen Nahaufnahmen von entfernten Gegenständen. Die Perspektive ist verkürzt, die Tiefenwirkung reduziert. Nur Gegenstände nahe beim Brennpunkt erscheinen scharf. **Weitwinkelobjektive** (Brennweite 15–33 mm) haben einen größeren Bildwinkel als Normalobjektive, aber alles erscheint kleiner. Die Perspektive ist übertrieben, nahe Gegenstände verzerrt. **Zoomobjektive** haben stufenlos veränderliche Brennweiten. Während der Belichtungszeit kann der Bildwinkel von Weitwinkel- zu Teleobjektiv verändert werden.

**28 mm** **135 mm**

## Blende und Schärfentiefe

Das Kameraobjektiv kann sich nur auf eine Entfernung scharf einstellen, nähere oder entferntere Objekte erscheinen unscharf. Der Abstand zwischen den nächsten und den fernsten Objekten, die scharf erscheinen, heißt Schärfentiefe. Sie variiert mit der Größe der Blende des Objektivs – also der Öffnung, durch die das Licht einfällt. Die Blendengröße wird gemäß der verlangten Schärfentiefe eingestellt und um die Verschlusszeit zu verändern. Man bezeichnet sie mit Blendenwerten oder Blendenschritten.

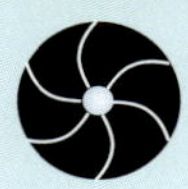

**Blende 22, eine kleine Blendeneinstellung**, ergibt eine große Schärfentiefe. Auch der Hintergrund erscheint scharf.

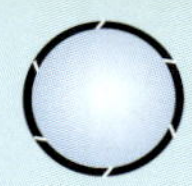

**Blende 1,4, eine große Blendeneinstellung,** ergibt eine geringe Schärfentiefe. Der Hintergrund wird ausgegrenzt.

## Verschlusszeit

Wenn ein Bild aufgenommen wird, öffnet sich die Kamerablende und lässt Licht auf den Film fallen. Diese Belichtungszeit lässt sich bei vielen Kameras variieren und den Lichtverhältnissen anpassen. Eine kurze Verschlusszeit ist nötig, um Bewegung einzufrieren oder Unschärfe durch Verwackeln zu vermeiden. Je schneller eine Bewegung, umso kürzer muss die Verschlusszeit sein.

**Kürzer als 1/100 s**
Ein Objekt in Bewegung erscheint fast stehend oder „gefroren".

**Länger als 1/100 s**
Das Mädchen erscheint jetzt verwischt. Manchmal ist dieser Effekt erwünscht, da Unschärfe Bewegung andeutet.

**1871** Richard Maddox ersetzt das nasse Kollodium durch eine trockene **Gelatine-Emulsion** von Silbersalzen, die Beschichtung, die heute noch für fotografische Filme benutzt wird.

**1888** Kodak stellt die Kamerabox **„Brownie"** her (oben). Sie enthält eine Rolle Negativpapier, die zum Entwickeln und Abziehen eingeschickt wird.

**1893** Harold Taylor konstruiert das dreiteilige **„Cook'sche Triplet-Objektiv"**, das Vorbild für die meisten späteren Objektive.

**1912** Oskar Barnack konstruiert den Prototyp der ersten **Kleinbildkamera,** bis heute Vorbild der meisten modernen Kameras.

**1947** Edwin Land erfindet die Sofortbildkamera (**Polaroid**) für Schwarzweißbilder; der Farbfilm erscheint 1963.

**1969** Der lichtempfindliche **CCD-Sensor** wird erfunden, der erste Schritt in der Entwicklung der **Digitalkameras.**

**1873 Silberbromidpapier** wird für fotografische Abzüge eingeführt.

**1880er-Jahre** Verbesserungen der Gelatine-Emulsion verringern die Belichtungszeit auf einen Sekundenbruchteil.

**1903** In Frankreich gelingen Auguste und Louis Lumière mit dem **Autochrom**-Verfahren die ersten **Farbfotos.**

**1935** Das elektrische Blitzlicht wird erfunden.

**1936** In Deutschland bringt die Firma Ihagee die erste **35-mm-SLR**-Kamera auf den Markt – die Kiné Exacta. Der **35-mm-Farbfilm** steigert das Interesse an der Fotografie.

**1960er** Hochwertige **Zoomobjektive** für Kameras werden erschwinglich.

**1996** Die ersten in Serie hergestellten **digitalen Kameras** kommen in den Handel.

## Verschiedene Kameratypen

### Plattenkamera

- Plattenkameras ähneln den großen Kameras aus dem 19. Jh. An der Vorderseite sind Objektiv und Blende, an der Rückseite eine Mattscheibe, die bei den ersten Kameras eine lichtempfindliche Glasplatte enthielt. Heute ist dies ein Planfilm, der für ein Bild benutzt wird.

- Man verwendet Plattenkameras für Architektur-, Landschafts-, Stillleben-, Technik- und Werbeaufnahmen. Die Filmgröße (13 x 10 cm) ergibt hochwertige Abzüge.
- Die Position des Objektivs kann man so einstellen, dass extreme Nahaufnahmen oder Hochhäuser unverzerrt fotografiert erscheinen.

### Spiegelreflexkamera (SLR)

- Sie hat einen Spiegel im Objektiv, der das Bild auf den Sucher lenkt. So sieht der Benutzer genau dasselbe wie das Objektiv und kann den Ausschnitt auswählen. Der Spiegel klappt hoch, wenn sich die Blende öffnet.
- Das Objektiv kann nach Bedarf verstellt werden.
- Die meisten SLR-Kameras arbeiten mit 35-mm-Filmen. Profis nehmen oft 5,5 x 5,5-cm-Filme, die hochwertigere Abzüge liefern.
- Viele moderne SLR-Kameras ver-

fügen über einen Mikroprozessor, der Belichtungszeit und Brennweite schon automatisch einstellt.

### Kompaktkamera

- Kompaktkameras haben einfache „optische" Sucher, durch die man das Bild vor dem Aufnehmen auswählt. Die Abbildung unterscheidet sich nur unwesentlich von der vom Objektiv „gesehenen".
- Das Objektiv hat meist eine feste Brennweite oder automatische Entfernungseinstellung.
- Die meisten verwenden die gleichen 35-mm-Filme wie SLR-Kameras, sind aber mechanisch einfacher und haben Pocketformat.

- Die Funktionen werden in der Regel von einem Mikrochip gesteuert, der automatisch Verschlusszeit und Brennweite reguliert.
- Der Filmtransport ist oft automatisch.

### Systemkameras (APS)

- In diese Art von Kompaktkamera legt man 24-mm-Filme in einer kleinen, selbst einfädelnden Patrone anstelle des gängigen 35-mm-Films ein. Die kleine Patrone ermöglicht kleinere Kameras.
- Ein einzigartiger Vorzug ist, dass

außer dem normalen Format auch „Breitwand"- und „Panorama"-Bilder aufgenommen werden können.
- Manche Systemkameras erlauben es, einen teilweise verbrauchten Film zurückzuspulen und wieder einzusetzen, worauf er automatisch zur richtigen Stelle vorläuft. Dies ist möglich, weil die Patrone alle Details der Belichtung aufzeichnet, während der Film durch die Kamera läuft.

### Digitalkamera

- Anstelle eines Films speichert ein spezieller Sensor (CCD) die Bilder. Er hat Millionen von lichtempfindlichen elektronischen Zellen, die entsprechend der einfallenden Lichtmenge Signale erzeugen.
- Ein Konverter verwandelt das aus elektrischen Signalen erzeugte Bild in digitale Daten und kann es in ein Bild zum Betrachten zurückverwandeln.
- Das Bild sieht man auf einem Bildschirm an der Rückseite der Kamera.
- Die Daten der aufgenommenen Bilder werden zunächst auf einem

Chip gespeichert. Man überspielt sie auf eine elektronische Karte. Auf den Computer heruntergeladen, können die Bilder ausgedruckt werden.

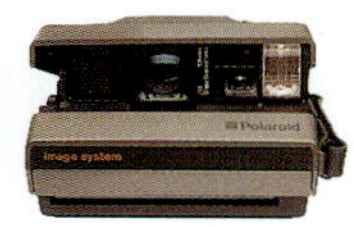

### Polaroidkamera

- Das verwendete Filmmaterial erzeugt innerhalb von Minuten nach der Belichtung ein fertiges Bild.
- Jeder Planfilm hat einen kleinen Behälter mit Entwicklerchemikalien. Nach der Belichtung läuft der Film durch Walzen, die die Chemikalien herausdrücken und verteilen.
- Sobald die vorläufige Entwicklung abgeschlossen ist, wird das Papier über dem Abzug entfernt, damit sich das Bild in wenigen Minuten fertig entwickeln kann.

Siehe auch
362–3 **Fotografie**

*Bauwerke sind die augenfälligsten und beständigsten menschlichen Schöpfungen – und zugleich auch große Kunstwerke. Sie verraten viel über die Kultur, die sie hervorgebracht hat. Wie andere Kunstformen ist auch die Architektur vielfältiger Wandlung unterworfen. Den Stil eines Gebäudes prägt der Architekt, aber auch die vorherrschende Bautechnik einer bestimmten Epoche.*

**Romanik** (1000–1100)
Nach dem byzantinischen Stil (450–600) im Oströmischen Reich war der romanische Stil der zweite mittelalterliche Baustil. Man verwendete antike Elemente wie Rundbogen in dickwandigen Bauten. Die massive Struktur der romanischen Mauern und Säulen war zur Stützung der Dächer notwendig, die anfangs durch Tonnengewölbe und später durch Rippengewölbe getragen wurden. Romanische Kirchen waren reich mit Reliefs und Wandmalereien geschmückt.

**Parthenon,** Athen 447–432 v. Chr. von Iktinos und Kallikrates erbaut

**Kolosseum,** Rom Das erste frei stehende Amphitheater, 70–72 von unbekannten Architekten erbaut

**San Vitale,** Ravenna Byzantinische Kirche des 6. Jh

**Kathedrale von Chartres,** Frankreich um 1194–1260

**Griechische Klassik** (um 600–300 v. Chr.)
Die Griechen folgten bei den Entwürfen ihrer großen Bauwerke einem Schönheitsideal. Erst bauten sie mit Holz, ab 600 v. Chr. mit Stein. Schon die frühen Tempel weisen eine vollkommene Symmetrie auf. Sie rührt von strengen mathematischen Proportionen her. Spätestens 490 v. Chr. verwendeten die Griechen Marmor und vergoldeten ihre Tempel oder bemalten sie in leuchtendem Rot und Blau. Architektonischer Höhepunkt ist der Parthenon in Athen: scheinbar gerade Linien sind tatsächlich präzise gekurvt, um der Verzerrung entgegenzuwirken. Die Griechen bauten als Erste riesige halbkreisförmige Freilufttheater.

**Römische Baukunst** (um 200 v. Chr.–400 n. Chr.)
Römische Architekten übernahmen viele Techniken: Kuppeln von den Persern, Bogen von den Etruskern und diverse architektonische Motive von den Griechen. Sie selbst entwickelten neue Gebäudetypen: Amphitheater, Basilika und Aquädukt. Sie erfanden den Beton, mithilfe dessen sie mächtige Kuppeln und Gewölbe errichteten, und führten die Architektur eher in Richtung Ingenieurbau als zur Kunst. Das Kolosseum als größtes römisches Amphitheater bot 55 000 Personen auf Sitzreihen Platz. Große Flachdachbauten, die Basiliken, wurden für Versammlungen genutzt. Aquädukte wie der 47 m hohe Pont du Gard bei Nîmes beförderten Wasser auf hohen Bogenreihen in die Städte.

**Gotik** (1150–1500)
Die Gotik, der dritte mittelalterliche Stil, entstand in Nordfrankreich. Möglicherweise wurde er beeinflusst von den maurischen Spitzbogen in Spanien, die höhere Dächer und Fenster erlaubten. Die Strebepfeiler und -bogen dienten dazu, das gewaltige Gewicht des Daches abzuleiten. Die Gotik verbreitete sich in ganz Europa mit gelungenen Beispielen in Deutschland (Kölner Dom), Frankreich (Kathedrale von Reims) und England (Kathedrale von Wells).

## DIE FÜNF ORDNUNGEN

Antike griechische und römische Architekten entwickelten für die einzelnen Bauelemente feste Vorgaben, etwa für die Basis, die Säulen und das Gebälk. Diese bezeichnet man als Ordnungen. Sie beinhalten auch präzise Regeln für Schmuck- und Gestaltungselemente. Die drei griechischen Säulenordnungen sind die dorische, ionische und korinthische. Die Römer übernahmen diese Einteilung und ergänzten sie um zwei weitere Ordnungen.

**toskanisch** **dorisch** **ionisch** **korinthisch** **Kompositkapitell**

## Gotische Bogen und Fenster

Das Spitzbogenfenster ist ein wesentliches Merkmal der gotischen Architektur. Es wurde durch die Einführung der Strebebogen ermöglicht. Als eine Art von dauerhaftem Außengerüst, das oft kunstvoll gestaltet war, übertrugen die Strebebogen das Gewicht des Daches direkt auf den Boden. Dies erlaubte, die Mauerdicke zu verringern und die Höhe und Größe der Fenster entsprechend zu steigern.

Das wohl beste Beispiel einer solchen Konstruktion findet sich in der von Ludwig IX. in Paris gebauten, 1248 vollendeten Sainte Chapelle. Die Mauern sind lediglich Rahmen um riesige Buntglasfenster, die einen schwerelosen, transparenten, von Licht durchfluteten Raum schaffen. Generell lässt sich sagen: Je höher das Dach und je größer die Fenster, desto später kann man den Bau der Kathedrale zeitlich einordnen.

**Dom von Florenz,** Italien Die Kuppel wurde um 1420 von Brunelleschi entworfen.

**Villa Rotunda,** Vicenza Von Palladio 1550–51entworfen.

**Renaissance** (1400–1600)
Die Fülle römischer Ruinen in Italien inspirierte die Architekten zu einem Stil, der weitgehend auf einer Wiederbelebung griechischer und römischer Prinzipien beruhte. Betont wurden wieder geometrische Proportionen, Lichteinfall und klassische Schmuckelemente. Rundbogen und Kuppeln kamen wieder auf, ebenso die fünf antiken Ordnungen. Erstmals seit der Römerzeit planten Architekten Städte in großem Stil.

**Palladianismus** (1550–1750)
Der Architekt Andrea **Palladio** schuf einen vereinfachten Renaissancestil, indem er harmonische Proportionen und Symmetrie betonte und die Schmuckelemente reduzierte. Kennzeichen seiner Bauweise war der tempelartige Vorbau, der in der Folgezeit vielfach kopiert wurde. In Großbritannien, Irland und Nordamerika dauerte sein Einfluss bis ins 19. Jh.

## Schlüsselbegriffe

**Architrav** In der antiken Baukunst der auf den Säulen ruhende Hauptbalken.
**Entasis** Leichte Schwellung um die untere Mitte des Säulenschaftes.
**Fiale** In der Gotik Ziertürmchen als Abschluss eines Strebepfeilers.
**Giebel** Abschlussform eines Satteldachs oder eines anderen Bauteils.
**Kapitell** Kopfstück einer Stütze.
**Karnies** Leiste mit S-förmiger Kontur.
**Lichtgaden** Obergaden, oberer durch Fenster belichteter Teil des Mittelschiffs einer Basilika.
**Maßwerk** Gotische Schmuckform zur Unterteilung von Fenstern und Flächen.
**Peristyl** Die einen Hof umgebende Säulenhalle.
**Pilaster** Mit der Wand verbundener Pfeiler mit Basis und Kapitell.
**Schlussstein** Stein im Scheitelpunkt eines Bogens oder Rippengewölbes.
**Spandrille** Dreieckzwickel zwischen Bogen und senkrechter Mauerbegrenzung.
**Strebe** Schräges Bauglied zur Ableitung von Schubkräften eines Gewölbes oder Bogens.
**Strebebogen** Halbbogen, der den Schub des Gewölbes vom Hochschiff auf den Strebepfeiler überträgt.
**Stuck** Gipsmörtel zur Innen- und Außendekoration.
**Sturz** Gerader waagrechter Abschluss über einer Öffnung.
**Tonnengewölbe** Halbkreisförmiges Gewölbe, das auf Stützmauern ruht.
**Tympanon** Fläche über einem Portal innerhalb des Bogenfelds oder Giebelfeld eines antiken Tempels.

## Architekten A–H

Diese Liste umfasst die erfolgreichsten, einflussreichsten und innovativsten Architekten der letzten 600 Jahre.
□ Wichtiges Werk

**Leon Battista Alberti**
(1404–72) Italiener
Bedeutend, weil er die Kenntnis der klassischen Architektur verbreitete und früh die Idee verfocht, dass Schönheit in der Architektur von Harmonie und Proportion herrührt.
□ Malatesta-Kapelle in Rimini

**Gian Lorenzo Bernini**
(1598–1680) Italiener
Prägte das barocke Stadtbild von Rom durch den Bau von Palästen, Kirchen und Platzanlagen in großem Maßstab. Er beeinflusste auch groß angelegte Stadtplanungen in ganz Europa.
□ Bronzebaldachin in der Peterskirche, Rom

**Donato Bramante**
(1444–1514) Italiener
Der führende Architekt der Hochrenaissance in Rom bevorzugte einfache, elegante Formen in einem nüchternen klassischen Stil. Er begann den Neubau der Peterskirche.
□ Kirche San Pietro in Montorio, Rom

**Filippo Brunelleschi**
(1377–1446) Italiener
Gilt als Begründer des italienischen Renaissancestils. Seine Domkuppel in Florenz war ein Triumph der Technik. Spätere Bauten zeigen einen reineren klassischen Stil.
□ Kuppel des Doms von Florenz

**Norman Foster**
(*1935) Brite
Seine Bauten in einem Hightech-Postmodernismus setzen Präzisionstechnik und modernste Technologie ein. Viele seiner Entwürfe sind aus Modulkomponenten aufgebaut.
□ Flughafen Hongkong

**Ange-Jacques Gabriel**
(1698–1782) Franzose
Von Palladio beeinflusst, war sein Werk typisch für die maßvolle und nüchterne Größe des frühen Klassizismus in Frankreich, z. B. die Place de la Concorde (begonnen 1757).
□ Petit Trianon, Versailles

**Antoní Gaudí**
(1852–1926) Katalane
Höchst individuell und originell, war er ein Wegbereiter der Verwendung fließender, organischer Formen an Gebäuden im Stil des Jugendstils. Sein Einfluss nimmt weiter zu.
□ Sagrada Familia, Barcelona

**Frank Gehry**
(*1929) Amerikaner
Seine kühnen, originellen und oft sehr großen postmodernistischen Gebäude setzen sich über fast jede architektonische Tradition hinweg. Er verwendet ein breites Spektrum von Baumaterialien.
□ Guggenheim Museum, Bilbao

**Walter Gropius**
(1883–1969) Deutscher
Der Direktor des Bauhaus, der Hochschule für Gestaltung in Dessau, emigrierte 1937 in die USA. Er setzte sich für die Einheit der bildenden Künste und den Gebrauch moderner Materialien und Formen ein. Als Lehrer hatte er starken Einfluss auf die Entwicklung des Modernismus.
□ Fagus-Werk, Alfeld/Leine

**Jules Hardouin-Mansart**
(1646–1708) Franzose
Sein starkes Gefühl für optische Dramatik und Pracht machten ihn zum erfolgreichsten Architekten der Regierungszeit Ludwigs XIV. Zunächst arbeitete er im Barockstil. Gegen Ende seines Lebens ging er zu einem leichteren Stil über, der einen ersten Schritt zum Rokoko hin darstellt.
□ Spiegelsaal, Versailles

Siehe auch
172–3 **Das alte Griechenland**
174–5 **Das alte Rom**
194–5 **Die Renaissance**
572–3 **Bauwesen**

# Architektur 1600–2002

**Vom Barock zur Postmoderne**

*Im 17. Jh. klingt die Epoche der Renaissance aus und geht in die üppigeren Stile Barock und Rokoko über. Nach dem Wiederaufgreifen der Klassik und Gotik im 19. Jh. wandten sich die Architekten im späten 19. und im 20. Jh. einer Vielfalt neuer Techniken und Materialien zu und schufen völlig neue Bauformen.*

**Romantik/Historismus** (1800–1900) Neue Einflüsse aus Ägypten – durch Gelehrte in Napoleons Armee – und Asien sowie allgemeines Interesse an der mittelalterlichen „gotischen" Vergangenheit führten zu einer Bewegung nachahmender Architektur, die dem reinen Stil des Klassizismus entgegengesetzt war. Als Neugotik hat sie starke romantische Untertöne. Charakteristisch sind Spitzbogen, Zinnen und Kreuzblumen sowie kunstvolle Bauornamentik.

**Art déco** (1918–1940) Kennzeichnend für die Architektur des Art déco sind fließende Formen und sich wiederholende geometrische Ornamente, wie man sie im Rockefeller Center, Chrysler Building und Empire State Building in New York sieht. Viele der charakteristischen Merkmale dieser Bauten sind aus Chrom, Email oder Glas konstruiert.

**Kolonnaden des Petersplatzes,** Rom Berninis frei stehende Kolonnaden umrahmen den riesigen Platz vor der Peterskirche.

**Nash Terrace,** Regent's Park, London John Nash war ein führender Vertreter des Klassizismus.

**Parlamentsgebäude,** London Von Charles Barry im neugotischen Stil entworfen

**Sagrada Familia,** Barcelona Gaudí modellierte mit Beton organische Formen.

**Barock und Rokoko** (1600–1760) Der italienische Architekt **Bernini** begründete den theatralischen Stil, die kunstvolle Außengestaltung und die lebendigen Wandmalereien des Barock, die in ganz Europa beliebt wurden. Der wachsende Reichtum des Bürgertums im 18. Jh. manifestierte sich in einem wachsenden Bedarf an bürgerlichen repräsentativen Bauten.

Mit dem Rokoko entstand eine unbeschwerte Variante des Barock. Fließende Linien und elegante Dekorationen wurden mit fensterreichen, hellen Innenräumen kombiniert.

**Klassizismus** (1750–1850) Als Reaktion auf barocke Übertreibungen besannen sich europäische Architekten wie Claude **Ledoux** auf den „reinen" klassischen Stil der griechischen und römischen Architektur. Anregung kam von archäologischen Ausgrabungen wie jenen in Pompeji (1748). Die neue Richtung suchte klassische Größe mit einfachen geometrischen Entwürfen und hohen klassischen Säulen zu kombinieren und kopierte griechische und römische Ziermotive.

**Jugendstil** (1890–1914) Der Jugendstil wirkte weit über die Architektur hinaus, vor allem auf Möbel und Kunstgewerbe. Seine Wurzeln lagen in dem neu erwachten Interesse an den gewundenen fließenden Formen keltischer Muster. Technische Entwicklungen in der Metallbearbeitung und Gussbeton ermöglichten die Verwendung solcher Motive in der Architektur im frühen 20. Jh. Hervorragende Beispiele sind die Eingänge zu vielen Pariser Metrostationen von Hector **Guimard** und die organisch wirkenden Bauten von Antonio **Gaudí** in Barcelona.

## Schmuckformen

**Abhängling** Zapfenförmig herabhängender Schlussstein bei Gewölben.
**Arabeske** Ornament aus fließenden geometrischen Formen und Rankenwerk.
**Feston** Plastische oder gemalte Girlande aus Früchten oder Blumen und Bändern.
**Fries** Reliefverziertes Band als oberer Abschluss einer Wand.
**Gitterwerk** Gerade senkrechte und waagrechte Linien, die ein fortlaufendes geometrisches Muster bilden.
**Groteske** Ornament mit menschlichen, tierischen und pflanzlichen Motiven.
**Kartusche** Zierrahmen für Wappen oder Inschriften aus Rollwerk oder Rocaille.
**Kreuzblume** Plastisches Blattgebilde auf der Spitze eines Giebels oder einer Fiale.
**Laufender Hund** Ein griechisches Ornament mit fortlaufendem Wellenmuster, das stilisierten Wasserwogen gleicht.
**Mosaik** Kleine Stücke aus Glas oder Stein werden zu geometrischen Mustern oder gegenständlichen Bildern in Zement gesetzt. Sie können für Böden oder Wände verwendet werden und waren ein besonderes Merkmal römischer und byzantinischer Bauwerke.
**Rocaille** Ornament mit asymmetrischen Muschelformen, das wichtigste Ornament des Spätbarock.
**Rosette** Stilisiertes Blütenornament, häufig in der klassizistischen Architektur.
**Schachbrettmuster** Versetztes Muster aus Quadraten in zwei kontrastierenden Farben oder Materialien. Es wird für Wände und Böden benutzt.
**Volute** Schneckenförmiges Ornament, oft in fortlaufenden Mustern. Es findet sich an antiken Säulen und gotischen Gewölben.
**Wasserspeier** Wasserabfluss auf Dachhöhe, oft als groteske Gestalt geformt.
**Zickzackleiste** Fortlaufendes Muster aus V-Formen, verbreitet in der romanischen Architektur und vom Art déco wieder aufgegriffen.

**Internationale Moderne** (1920–1975)
Die Moderne verwarf das Ornament und Verknüpfungen mit früheren Stilen und legte alles ab, was nicht funktional war. Ihr größter Einfluss ist in kommerziellen und industriellen Bauten zu erkennen. Das von **Walter Gropius** in Weimar gegründete Bauhaus wurde ein Zentrum moderner Gestaltung. Zu **Le Corbusiers** Prinzipien gehörten der „freie Plan" (vom Bauskelett unabhängige Wände) und die „freie Fassade" (unabhängig von der Konstruktion angeordnete Fenster).

**Pluralismus** (seit 1975)
Aus der Unzufriedenheit mit der etablierten modernen Architektur entstand ein Stilmix, der oft als „Postmoderne" umschrieben wird. Derzeit gibt es zwei große Schulen: Im **Hightech** werden Elemente früherer Stile in neuen, durch technische Fortschritte möglich gewordenen Kombinationen wiederverwendet; in der **Dekonstruktion** liegt das Gewicht auf Bewegung und Desorientierung – Aufsplitterung oder Erweiterung von Räumen durch die unkonventionelle Behandlung von Grundelementen wie Böden und Wänden.

**Chrysler Building,** New York
Die fächerförmigen Reihen sind typische Art-déco-Ornamentik.

**Robie House,** Chicago Frank Lloyd Wrights erstes „Präriehaus" ist von erstaunlicher Schlichtheit.

**La Pyramide,** Louvre, Paris
Aus Stahlstreben und aus über 900 Glasteilen wurde eine moderne Pyramide gebaut.

## ARCHITEKTUR DER GEGENWART

Auch im 21. Jh. gilt, dass die Funktion eines Gebäudes die Konstruktionstechnik und die Baumaterialien diktieren sollte.

Zwei Themen herrschen vor. Eines verlangt, dass Architektur in einer Zeit ständigen und immer schnelleren Wandels flexibel und aufgeschlossen sein muss und nicht in Theorien verhaftet bleiben darf. Der niederländische Architekt **Rem Koolhaas** verkörpert diesen Ansatz. Seine Gebäude bestehen aus abstrakten Formen, auch zwei oder mehr, die selbstständig erscheinen, deren Innenanlage aber völlig logisch und funktional ist.

Das zweite Thema ist das Verschmelzen von Tradition und Innovation – etwa mit Mitteln der Architektur Städte umweltgerecht zu erneuern. Mit dem aufregend originellen Guggenheim-Museum in Bilbao belebte der Amerikaner **Frank Gehry** eine heruntergekommene Industriestadt und schuf zugleich ein Haus für Kunstwerke. Seine Pläne für ein neues Guggenheim-Museum in New York setzen dieses Thema in noch größerem Maßstab fort. Die Tate Modern Gallery des Schweizers **Jacques Herzog,** aus dem baufälligen Londoner Flusskraftwerk entstanden, verbindet ideal Kultur und Stadterneuerung. Der Berliner Reichstag von **Norman Foster** verbraucht 94 % weniger Energie als sein Vorgänger aus dem 19. Jh. Seine Planung für die Verwaltungsbehörde von Großlondon verspricht ein umweltfreundliches Gebäude zu werden.

**Experience Music Project,** Seattle von Frank Gehry

## Architekten L–Z

**Le Corbusier**
(1887–1975) Schweizer/Franzose Als Charles-Edouard Jeanneret geboren, war Le Corbusier ein Verfechter der Moderne. In frühen Jahren entwarf er wegweisende würfelförmige weiße Häuser. Später führte er einen skulpturaleren und ausdrucksstärkeren Stil ein, den er in Beton realisierte.
Villa Savoie, Poissy; Kapelle von Ronchamp, Frankreich

**Louis Le Vau**
(1612–70) Franzose
Als Erster der großen französischen Barockarchitekten und ursprünglicher Architekt von Versailles beeindruckte er am meisten, wenn er in großem Maßstab arbeiten konnte.
Schloss Vaux-le-Vicomte bei Melun

**Adolf Loos**
(1870–1933) Österreicher
Loos war einer der ersten Vertreter der Internationalen Moderne. Er schuf kühne, aber zugleich sachliche Häuser, oft schlichte Würfel ohne Schmuck und häufig aus Eisenbeton.
Haus Steiner, Wien

**Michelangelo Buonarotti**
(1475–1564) Italiener
Klassische Forderungen nach Proportion und Harmonie verwarf er zugunsten komplexer und beunruhigender Raumwirkungen. Er verwendete Säulen und Architrave wegen des optischen Effekts und zugleich als stützende Konstruktionen. Seine dynamischen Räume beeinflussten die Architekten des 17. Jh., besonders Bernini.
Wesentlicher Beitrag zur Peterskirche, Rom

**Ludwig Mies van der Rohe**
(1886–1969) Deutscher
Als Verfechter der Internationalen Moderne schuf er elegante Gebäude aus Materialien wie Stahl und Glas. Wichtig waren ihm Schlichtheit des Entwurfs, handwerkliches Können und makelloser Verputz. Sein Stil wurde weltweit nachgeahmt.
Lever House, New York

**Andrea Palladio**
(1508–80) Italiener
Bei zahlreichen Villen, Palästen und Kirchen verband er klassische Ideen der Symmetrie und harmonischer Proportionen mit Schlichtheit der Anlage und minimalem Schmuck. Zeitgenossen hielten seine Bauwerke für unübertrefflich, und sein Einfluss breitete sich durch seine *Quattro libri dell' architettura* (1570) in ganz Europa aus.
Kirche San Giorgio Maggiore, Venedig

**Richard Rogers**
(*1933) Brite/Italiener
Rogers nutzt den technischen Fortschritt, indem er Techniken und Materialien auswählt, die am besten der Funktion des Gebäudes entsprechen. Er hat sich besonders um Stadterneuerung und den Gebrauch Energie sparender Techniken bemüht.
Lloyd's Building, London

**Christopher Wren**
(1632–1723) Engländer
Nach dem Großen Brand von 1666 baute Wren in London über 50 Kirchen in einem vom Barock beeinflussten klassischen Stil. Er entwarf auch mehrere Paläste.
St. Paul's Cathedral, London

**Frank Lloyd Wright**
(1867–1959) Amerikaner
Als führender amerikanischer Modernist des frühen 20. Jh. schuf er im Gegensatz zu der strengen Geometrie seiner europäischen Zeitgenossen elegante fließende Räume. Er initiierte eine eigenständige amerikanische Architektur.
Robie House, Chicago

Siehe auch
370–1 **Möbel**
572–3 **Bauwesen**

*Die wichtigsten Entwicklungen erlebte die Möbelherstellung im Abendland. Beliebte Formen – insbesondere bei Stühlen – sind ein Spiegelbild der jeweiligen Mode und des Zeitgeschmacks. In enger Anlehnung an die zeitgenössische Architektur übernehmen die Kunsthandwerker z. B. die Motive des Barock, die fließenden Formen des Jugendstils oder das nüchterne Design der Moderne.*

## China und Japan

Die chinesische Kultur war der des Abendlandes bis zum Ende des 18. Jh. in vielen Bereichen weit voraus, doch ihre – oft sehr schön gefertigten – Möbel waren nicht so vielfältig wie die besten europäischen Entwürfe. Dies lag zum einen an den anderen Sitten in China – Stühle waren bis ins 19. Jh. selten, und die meisten Tische waren sehr niedrig –, zum anderen, weil Schlichtheit mehr geschätzt wurde als aufwändige Verzierungen. Einzige Ausnahme bildeten reich geschmückte Lackwandschirme. Japanische Möbel waren sogar noch karger; das ideale Haus enthielt nur wenige schlichte, aber fein gearbeitete Gegenstände.

## Wichtige Epochen der Möbelentwicklung

**Renaissance** (1450–1600)
Zunehmender Wohlstand weckte die Nachfrage nach exklusiven Möbeln. Italienische Entwürfe mit übersteigerten architektonischen Details breiteten sich vor allem in Spanien und Frankreich aus. Auch Nussbaum kam in Gebrauch.

**Barock** (17. Jh.)
Die Kunsttischlerei etablierte sich. Holz wurde zu antiken Säulen und Ziergiebeln geschnitzt, mit andersfarbigen Hölzern eingelegt oder vergoldet. Für die Zeit Ludwigs XIV. sind reiche Verzierungen typisch.

**Georgianisch** (18. Jh.)
Der Begriff deckt mehrere Stile in Großbritannien ab, den klassischen, Rokoko- und neugotischen Stil. Die Formgebung stützte sich auf architektonische Regeln, die Proportion und Ornamentik betonten. Importiertes Mahagoni ersetzte Nussbaum als bevorzugtes Holz für elegante Möbel.

**Französisches Rokoko** (18. Jh.)
Der wuchtige Barockstil machte in den 1720er-Jahren dem Rokoko mit seinen leicht geschwungenen Formen Platz. Unter Ludwig XV. und Ludwig XVI. wurden die Möbel eleganter und mit Voluten-, Muschel- und Blumenmotiven verziert. Auch Goldbronze, Lack und Intarsien waren beliebte Werkstoffe.

**Arts and Crafts** (1880–1900)
Als Reaktion auf die Industrialisierung machte sich die Arts-and-Crafts-Bewegung von William Morris für traditionelles Handwerk stark. Ein neuer Stil teurer handgearbeiteter Möbel mit schlichtem Dekor kam auf, der von anderen Herstellern billig kopiert wurde.

**Jugendstil** (1890–1910)
Holz eignete sich gut für die organisch geschwungenen Formen des Jugendstils, die oft mit einfacheren japanischen Linien kombiniert wurden. Als Polsterung bevorzugte man Samt und Leder. Der Stil fand in Frankreich und Belgien große Verbreitung.

**Art déco** (1930er-Jahre)
In der Zeit des Art déco bevorzugte die Möbelgestaltung geometrische Formen wie Kreis, Zickzack und Dreieck. Lackiertes Holz, reichlich Silber und Obsidian sowie stilisierte Motive wie Sonnenstrahlen, Blätter und Tiere verliehen dem Mobiliar einen Hauch von Luxus.

**Modernismus** (1920–50)
Modernistisches Mobiliar entstand um 1920 im Bauhaus in Weimar, wo man erstmals Rahmen aus Stahlrohr für leichte, funktionale Entwürfe verwendete. Dekor lehnte man zugunsten des Praktischen ab. Die Polsterung wurde oft getrennt vom Rahmen gefertigt.

## Shaker-Möbel

Die Möbel der Shaker entwickelten sich unabhängig von europäischen Formen. Die Shaker sind eine im ausgehenden 18. Jh. gegründete Sekte, die weltliche Sinnesfreude zugunsten eines asketischen Lebens ablehnt. Ihre Möbel spiegeln ihre religiösen Überzeugungen wider. Sie sind karg und funktional, aber stets vorzüglich gearbeitet. Jede Form von Arbeit gilt als ein Akt der Hingabe an Gott, sodass ein praktischer Gegenstand zugleich schön sein musste. Der Gedanke wurde auch ein zentraler Grundsatz der Moderne fast zwei Jahrhunderte später.

**Shaker-Stil** Funktionale Schlichtheit

**Klassizismus** (1800–30)
Dieser Stil heißt in Frankreich (nach der Zeit Napoleons) Empire, in Großbritannien Regency und in Deutschland Biedermeier. Alle diese Richtungen brachten vornehme Möbel mit strenger Symmetrie und Ornamenten wie Urnen und Medaillons hervor. Das Empire verband ägyptische Elemente mit traditionellen klassischen Formen.

**Viktorianisch** (1830–1900)
Gotische, elisabethanische, georgianische und andere frühere Stilelemente wurden kopiert und kombiniert. Das Mobiliar wurde generell reicher verziert. Maschinen ersetzten allmählich handwerkliche Arbeit, und man benutzte neue Materialien wie Gusseisen. Stühle aus dieser Zeit waren oft aufwändig gepolstert.

**Nachkriegszeit** (seit 1945)
Nach dem Zweiten Weltkrieg verwendeten Designer in den USA, Italien und Skandinavien neue Produktionstechniken und Materialien für praktische einfache Möbel, die sich zur Serienproduktion eigneten. Biegsames Schichtholz, Stahlrahmen, geformter Kunststoff und Schaumstoffpolster erlaubten fließende, rundere Formen.

**Postmoderne** (seit 1945)
Überbrückung der Kluft zwischen künstlerischer Innovation und Massenproduktion wurde ein Leitthema bei postmodernem Mobiliar. Viele Designer griffen auf traditionelle Stile zurück und verwendeten Elemente früherer Epochen wie Barock oder Art déco, die sie mit modernen Materialien wie Furnierholz kombinierten. Andere entwarfen praktische schmucklose Formen.

## Möbelgestalter A–Z

**Alvar Aalto**
(1898–1976) Finne
Arbeitete als Architekt mit asymmetrischen Formen und natürlichen Materialien wie Holz. Wegweisend waren 1932 seine Entwürfe für serienmäßig hergestellte Möbel aus gebogenem Sperrholz.

**Robert Adam**
(1728–92) Schotte
Betrachtete Architektur, Innenräume und Möbel als Teile eines harmonischen Ganzen. Passend zu seinen klassizistischen Gebäuden entwarf er Möbel mit Motiven wie Palmblättern, Urnen und Kameen.

**André-Charles Boulle**
(1642–1732) Franzose
Seine kunstvoll ausgeführten Intarsien aus Messing und Schildpatt wurden als Boulle-Technik bekannt. Möbelhersteller verwendeten sie bis ins 19. Jh.

**Thomas Chippendale**
(1718–79) Engländer
Sein *Gentleman and Cabinet Maker's Director* (1754) enthielt 160 Vorlagen in gotischem, Rokoko- und chinesischem Stil, die spätere Kunsthandwerker wie Hepplewhite und Sheraton beeinflussten.

**George Hepplewhite**
(† 1786) Brite
Hepplewhite fertigte elegante Stühle mit schlanken Beinen und schildförmigen Rückenlehnen. Sein *Cabinet-Maker and Upholsterer's Guide* enthielt 300 Entwürfe, die häufig kopiert wurden.

**Arne Jacobsen**
(1902–71) Däne
Bekannt wurde er mit seinen Möbeln im Stil der 1950er-Jahre, vor allem mit dem Sessel „Ei" und dem Bürostuhl „Schwan", die er für das SAS-Gebäude in Kopenhagen schuf.

**Charles Rennie Mackintosh**
(1868–1928) Schotte
Führender Vertreter der einflussreichen Glasgow School für Design. Die japanischen Linien und organischen Motive seiner schlanken Stühle mit hohen Lehnen wurden Symbole des Jugendstils.

**Ludwig Mies van der Rohe** (1886–1969)
Deutscher
Sein freitragender „Barcelona-Stuhl" aus schwarzem Leder und verchromtem Stahl wurde nach seinem Erscheinen auf der Weltausstellung in Barcelona 1929 ein Klassiker des Designs.

**Jean-Henri Riesener**
(1734–1806) Deutscher
Königlicher Kunsttischler bei Ludwig XVI. Sein handwerkliches Können und technische Raffinesse waren unübertroffen.

**Gerrit Rietveld**
(1888–1964) Niederländer
Seine streng geometrischen Möbel in leuchtenden Farben erinnern an die abstrakten Gemälde der Künstlergruppe „De Stijl", der er angehörte.

**Eero Saarinen**
(1910–61) Finne
Arbeitete mit dem Amerikaner **Charles Eames** (1907–78) zusammen; verwendete als Erster neue Materialien wie Metallrohre, Schaumstoffpolster und geformtes Sperrholz für Möbel.

**Thomas Sheraton**
(1751–1806) Brite
Fertigte selbst keine Möbel, doch enthält sein *Cabinet-Maker and Upholsterer's Drawing Book* eine Sammlung häufig imitierter Entwürfe, meist zierliche Möbel ohne überflüssige Verzierungen.

**Philippe Starck**
(*1949) Franzose
Starcks Möbel mischen Minimalismus mit einer Begeisterung für organische Formen. Sein unverwechselbarer Stil und sein Interesse an Entwürfen für Massenproduktion machten ihn zum bekanntesten zeitgenössischen Designer.

Siehe auch
186–7 **China und Japan**
366–9 **Architektur**
414–5 **Design und Werbung**

*Keramik, Glas und Schmuck stehen für eine Mischung aus Kunst und Technik. Ihre Herstellung geht auf die frühesten Kulturen zurück. Keramiktechniken wurden zuerst in China, die Glasfabrikation im Vorderen Orient vervollkommnet, doch verlagerte sich der Schwerpunkt der Neuerungen in den vergangenen Jahrhunderten nach Europa.*

## KERAMIK-ARTEN

Keramik ist ein Sammelbegriff für Erzeugnisse aus gebranntem Ton. Eine spätere Verfeinerung war das Aufbringen eines Überzugs nach dem Brennen, der Glasur, die eine glasähnliche wasserdichte Oberfläche ergab.

**Irdenware** Die mit 9000 Jahren älteste Töpferware fand man in der Türkei. Sie wird bei niedriger Temperatur (800 °C) gebrannt und bleibt porös. Sie ist meist braun oder gräulich. Sonderformen sind:

- **Zinnglasierte Irdenware** hat eine weißdeckende Glasur, die Zinnoxid enthält. Majolika, Fayence und Delfter Fayence sind typische Formen zinnglasierter Irdenware, die oft chinesisches Porzellan zu imitieren suchte.
- **Creamware** ist eine verfeinerte gelbliche Irdenware mit durchsichtiger Bleiglasur. Sie wurde zuerst um 1740 in Großbritannien gefertigt und wird auch heute noch in großen Mengen erzeugt.

**Steinzeug** Bei 1300 °C gebrannter Ton ergibt Steinzeug, das sehr hart, feinkörnig und weißlich, grau oder braun ist. Es kam um 400 v. Chr. in China auf, ist wasserdicht und oft mit einer Glasur geschmückt.

**Porzellan** Töpfer der T'ang-Dynastie brannten zermahlenen Feldspat mit Kaolin bei über 1400 °C und erfanden damit das Porzellan. Es ist durch den hohen Kaolingehalt hart, meist durchscheinend und oft zur Verzierung glasiert. Seit 1710 wird es auch in Europa (Meißen) hergestellt.

- Versuche in Europa, **Hartporzellan** zu imitieren, ergaben im späten 16. Jh. ein Produkt, das man **Weichporzellan** nennt.
- Um 1794 kam in Großbritannien eine weniger spröde Form des Weichporzellans auf: das mit Knochenasche vermischte **Knochenporzellan.**

## CHINESISCHE KERAMIK

Tonwaren und Porzellan entwickelten sich in China über mehrere Jahrtausende. Man bezeichnet die Epochen nach den entsprechenden Kaiser-Dynastien.

- **618–907 T'ang** In der T'ang-Zeit wurde das Porzellan erfunden. Die Glasuren sind weiß und schimmern an dickeren Stellen grünblau.
- **960–1279 Sung** Die Sung-Zeit gilt mit ihren schlichten Formen und Dekors als klassische Periode. Unter hoch geschätzten Glasuren dieser Periode fiel vor allem Seladon auf, ein durchscheinendes Grün. Das schönste Sunggeschirr wurde nahe der Hauptstadt Hangzhou hergestellt.
- **1280–1368 Yüan** In dieser Zeit kam ein kunstvolles Dekor in blauer Kobaltfarbe mit Pflanzen- und Tiermotiven auf. Auch wurde mehr durchscheinendes weißes Porzellan hergestellt.
- **1368–1644 Ming** Berühmt sind Artikel der Ming-Dynastie mit ihrem kunstvollen vielfarbigen Dekor, weil sie als erstes chinesisches Porzellan in den Westen exportiert wurden. Unregelmäßigkeiten galten als Beweis für die Spontaneität des Künstlers.
- **1644–1912 Ch'ing** Die Kraft der Mingmuster machte den sorgfältiger gearbeiteten Waren der Ch'ing-Zeit Platz. Wegen der wachsenden europäischen Nachfrage, besonders nach Blauweißporzellan, wurde die Produktion für den Export stark gesteigert.

**Staffordshire-Hunde** Seit dem 17. Jh. erzeugten die Töpfereien in Staffordshire in Nordwestengland in großer Zahl Zierfiguren aus weißem Steingut und Irdenware. Viele erinnern an reale Ereignisse oder sind Porträts von Persönlichkeiten oder Tieren, so auch diese Windhunde aus dem 19. Jh.

### Bedeutende europäische Tonwaren- und Porzellanmanufakturen

| Manufaktur | Ort bzw. Land | Gründungsdatum | Wichtige Produkte und besondere Merkmale |
|---|---|---|---|
| Delft | Niederlande | 17. Jh. | Imitationen chinesischen Porzellans; Kacheln. Dekor meist Blau auf weißer Zinnglasur. |
| Staffordshire | Großbritannien | 17. Jh. | Rot und braun glasiertes Steingut, ab etwa 1690 durch porzellanartige Qualität ersetzt. |
| Meißen | Dresden | 1710 | Kunstvolle Figuren in leuchtenden Farben. Europäischer Vorreiter des Hartporzellans. |
| Chelsea | London | 1743 (–84) | Figurengruppen in einem leichten zwanglosen Stil. Erster britischer Porzellanhersteller. |
| Sèvres | Paris | 1756 | Reich verzierte Figuren; Tafelgeschirr; Vasen. Bis zur Revolution führend in Europa. |
| Wedgwood | Staffordshire | 1759 | Creamware; weißes unglasiertes Steingut; schwarze Basaltware; farbige Jasperware. |
| Minton | Staffordshire | 1796 | Geschirr aus Irdenware, Knochenporzellan, Porzellan. Machte Weidenmuster populär. |
| Doulton | Lambeth, London | 1818 | „Studio"-Kunsttöpferei (seit 1860); feines Porzellan (seit 1882); Fliesen (seit 1900). |

## GLAS

Glas wird durch Erhitzen einer Mischung aus kieselsäurehaltigem Material (Quarzsand) und einem Flussmittel wie Natrium, Soda oder Pottasche hergestellt. Bei etwa 1100 °C schmilzt die Mischung und wird glasig. Glas wird heiß geformt, dann lässt man es erkalten und härten und kann es verzieren.

**Bleikristall** Durch Zusatz von Bleioxid entsteht ein besonders schweres, glänzendes und durchsichtiges Glas. Im 17. Jh. in England erfunden, ahmt es das venezianische „cristallo" des 15. Jh. nach.

**Craquelé-Glas** Das Glas wird noch heiß abgeschreckt und bekommt ein Netz von feinsten Rissen wie zersprungenes Eis. Es war im 16. Jh. in Venedig beliebt und kam im 19. Jh. in Großbritannien wieder auf.

**Emailglas** Glas wird mit Emailfarben dekoriert. Verbreitet bei den alten Römern und im 15. Jh. in Venedig, ist die Technik auch heute noch beliebt.

**Geblasenes Glas** Hohlglas wird geformt, indem unter ständigem Drehen Luft durch eine Pfeife in geschmolzenes Glas geblasen wird. Die Glasbläserei kam um 50 v. Chr. in Syrien auf und ermöglicht ein breites Spektrum von Formen und Stilen.

**Glasgravur** Das Glas wird mit einem feinen Muster verziert, das mit einer scharfen Spitze, oft einem Diamanten, oder mit einem rotierenden Kupferrad eingeschnitten wird. Die Technik erreichte im 17. und 18. Jh. in Deutschland höchste Perfektion.

**Glasschnitt** Verzierung mit einem rotierenden Schneidrad, die Ausarbeitung feinster Details erlaubt. Bereits in der Antike bekannt, wurde der Glasschnitt im 17. Jh. in Böhmen wiederentdeckt. Kombiniert wird er oft mit dem **Glasschliff,** einem ähnlichen Verfahren, der nur einfache Muster wie Facetten erlaubt.

**Pressglas** Durch Einpressen von Glasmasse in Formen hergestellte Glaswaren. Die mechanische Presstechnik wurde im frühen 19. Jh. in den USA entwickelt. Pressglas kann geschnittenes Glas nachahmen, doch sind die geformten Kanten der Facetten weniger scharf.

**Überfang- und Kameenglas** Ein meist farbloses Grundglas wird mit einer oder mehreren Schichten gefärbten Glases überzogen. Schneidet man Teile der äußeren Schichten weg, werden die Farben darunter sichtbar. Kameenglas ist oft undurchsichtig. Es war in der Antike bekannt und war im 19. Jh. in Böhmen und Frankreich sehr beliebt.

**Umhüllt** Für diese modern wirkenden Vasen aus den 1950er-Jahren verwendete Flavio Poli die alte Technik des Überfangglases, bei der eine Farbschicht in einer anderen sitzt.

## SCHMUCK

Seit Jahrtausenden wird Schmuck in fast allen Gesellschaften zur persönlichen Zier, als Zeichen von Macht und Rang oder zu religiösen und magischen Zwecken getragen. Bis ins 19. Jh. war meist ein Spruch oder eine Botschaft eingraviert oder durch die Anordnung der Edelsteine ausgedrückt.

Mit dem wirtschaftlichen Aufstieg des Bürgertums im 19. und 20. Jh. erlebte auch die Schmuckindustrie eine ungeahnte Blüte. Industrielle Techniken und neue Materialien erleichterten und verbilligten die Herstellung. Im 20. Jh. wurde vor allem preiswerter Modeschmuck beliebt. Einflussreiche Juweliere und Firmen:

**Edelsteinleopard** Diese großen Katzen der Herzogin von Windsor fertigte Cartier 1949–66.

**Cartier** (gegründet 1847) Franzose Im frühen 20. Jh. wurde die Firma für ihren Art-déco-Schmuck und ihre Uhrenmodelle international berühmt.

**Peter Carl Fabergé** (1846–1920) Russe Seine berühmtesten Arbeiten waren die 56 mit Juwelen besetzten Ostereier für die russische Zarenfamilie.

**Alphonse Fouquet** (1828–1911) Franzose Schuf Schmuck im Renaissancestil mit geschnittenen Edelsteinen, sein Sohn **Georges** (1862–1945) im Jugendstil.

**René Lalique** (1860–1945) Franzose Führender Juwelier des Jugendstils, verlegte sich 1910 auf den Entwurf von Glas.

**Alphonse Mucha** (1860–1939) Tscheche Berühmt für seine Jugendstilillustrationen, entwarf Schmuck für Fouquet in Paris und später für Tiffany.

**Tiffany & Co** (gegründet 1837) USA **Louis Comfort Tiffany** (1848–1933) machte die vom Vater gegründete Firma mit Glasartikeln und Lampen berühmt. Seit 1902 lag der Schwerpunkt auf Schmuck.

**Van Cleef & Arpels** (gegründet 1906) Frankreich Führte „unsichtbare" Edelsteinfassungen ein, bei denen die den Stein haltenden Metallklammern versteckt sind.

### Juwelen-Rekorde

Der **größte Juwelenverkauf** – aus dem Besitz der Herzogin von Windsor – 1987 in Genf belief sich auf insgesamt 53 Mio. Dollar. Der **größte Rohdiamant** war der 1905 in Südafrika gefundene Cullinan; er wog 3106 Karat (621 g). Der **größte geschnittene Diamant** – der 530 Karat (106 g) schwere „Star of Africa", Teil der britischen Kronjuwelen, wurde aus ihm geschnitten. Als **teuerste Perle** wurde die 75 Karat (15 g) schwere La Régente 1988 für fast 865 000 Dollar verkauft.

**Moderne Kunstfertigkeit** Diese Halskette von Jacqueline Mina ist so konstruiert, dass sie auf einer Seite glatt herunterhäng und sich auf der anderen Seite nach oben auffächert.

Siehe auch

38–9 **Bodenschätze**
186–7 **China und Japan**
414–15 **Design und Werbung**

# Klassische Musik 800–1800 ▶

**Vom gregorianischen Choral zu Mozarts Konzerten**

*Die frühchristliche Kirche nahm die heidnische Musik des Altertums auf. Die weitere Entwicklung der abendländischen Kirchenmusik führte in den folgenden Jahrhunderten zu neuen Möglichkeiten des Ausdrucks und der Technik in der weltlichen Musik. Sie erreichte mit der Wiener Klassik im 18. Jh. und besonders in Mozarts Werken einen Höhepunkt.*

**Mittelalter** Die früheste Kirchenmusik war der *Cantus planus*, abwechselnd von Priester und Chor gesungen. Die Musik hatte eine rhythmisch freie Melodie (Monophonie), aber etwa seit dem 9. Jh. entwickelte sich Musik mit zwei oder mehr Melodien, die gleichzeitig gesungen wurden (Polyphonie). Bis 1100 hatte man ein System zum Aufschreiben der Musik gefunden (zuvor nur mündlich überliefert).

**Troubadoure** Deutsche Handschrift des 14. Jh.

**Renaissance** In der Renaissance trat die Instrumentalmusik als eigener Stil neben die Vokalmusik. Man schrieb Musik eigens für bestimmte Instrumente. Die nordeuropäische Tradition der kunstvollen Polyphonie verschmolz mit der südeuropäischen, vor allem der italienischen Vorliebe für Akkorde und Harmonie. In den Niederlanden und Italien kam um 1530 das Madrigal auf, ein fünf- oder sechsstimmiges weltliches Chorlied. Es war im elisabethanischen England sehr beliebt und verstärkte die Neigung zu weltlicher Musik.

**Frühbarock** Der Barockstil entstand im frühen 17. Jh. in Italien. Er verwarf die Heiterkeit der Renaissance zugunsten dramatischer Kontraste in Ton, Tempo und Lautstärke. Ein neuer Stil der geistlichen Musik kam auf – das Oratorium für Solostimmen, Chor und Orchester. Auch neue instrumentale Formen entstanden: die Sonate für Soloinstrumente und das Konzert für Soloinstrument und Orchester. Der weit verbreitete Gebrauch von Cembalo und Orgel machte die Instrumentalmusik in Europa populär. In dieser Epoche baute Nicola Amati in Cremona, zu dessen Schülern Antonio Stradivari zählte, die berühmtesten Violinen und Celli aller Zeiten.

**Italienische Viola** Gefertigt von Gaspar da Salo um 1600

**800**

**840–50** Früheste Abhandlung über den gregorianischen Gesang
**um 1100** Troubadoure (fahrende Dichter und Minnesänger) tauchen zum ersten Mal in Südfrankreich auf.

**1200**

**12. Jh.** Hildegard von Bingen veröffentlicht 77 musikalische Dichtungen.
**Frühes 14. Jh.** Philippe de Vitry veröffentlicht *Ars Nova*, die neue Formen der Harmonie darlegt.

**1500**

**1570** Palestrinas *Missa Brevis* uraufgeführt
**1573** Thomas Tallis komponiert *Spem in alium* (Motette für 40 Stimmen).
**1592–5** William Byrd komponiert seine drei Messen.

**1600**

**1607** Monteverdis Oper *L'Orfeo* in Mantua aufgeführt

## GRUNDBEGRIFFE

**Alt** Tiefste weibliche Singstimme.
**Arie** Lied und Instrumentalform, meist dreiteilig als Da-capo-Arie, bei der der dritte Teil die Wiederholung des ersten darstellt. Begleiteter Sologesang z. B. in Opern.
**Bagatelle** Kurzes leichtes Instrumentalstück, oft für Klavier.
**Bariton** Mittlere männliche Singstimme, zwischen Tenor und Bass.
**Bass** Tiefste männliche Singstimme.
**Countertenor** Männliche Singstimme, die fast Althöhe erreicht, auch Alto genannt.
**Duett** Komposition für zwei Sänger.
**Duo** Komposition für zwei Instrumente.
**Fantasie** Stück in improvisierendem Stil.
**Fuge** Musikstück mit mehreren Melodielinien, die in kontrapunktischer Technik miteinander kombiniert werden.
**Generalbass/Basso continuo** Die mit Ziffern versehene Instrumentalbassstimme einer Komposition, die sich über das ganze Stück fortsetzt. Häufig in der Barockmusik.
**Gregorianischer Choral** Nach Papst Gregor dem Großen, der im 6. Jh. die Kirchenmusik reformierte, benannter einstimmiger Gesang.
**Impromptu** Kurzes improvisiertes Stück.
**Kammermusik** Musikalische Darbietung für sechs bis acht Instrumente, die solistisch eingesetzt werden. Ursprünglich Musik für Vortrag in einem privaten Salon.
**Kantate** Vokalmusik mit Orchesterbegleitung.
**Libretto** Text zu Oper oder Oratorium.
**Madrigal** Unbegleiteter Gesang für fünf oder sechs Stimmen mit weltlichem Text.
**Mezzosopran** Weibliche Singstimme zwischen Sopran und Alt.
**Motette** Mehrstimmiges geistliches Chorstück ohne Instrumentalbegleitung.
**Nocturne** Abendliche Aufführung. In der Romantik ein träumerisches Klavierstück.
**Präludium** Kurzes Instrumentalstück; Vorspiel.
**Quartett** Stück für vier Instrumente oder vier Solostimmen, auch Gruppe mit vier Musikern. Analog das **Quintett** mit fünf und das **Sextett** mit sechs Musikern, Instrumenten oder Solostimmen usw.
**Requiem** Totenmesse.
**Satz** Teile eines zyklischen Musikstückes wie Symphonie oder Konzert, die sich in Tempo, Thema und Stimmung unterscheiden; musikalische Schreibweise z. B. polyphoner, homophoner, Vokal- oder Instrumentalsatz.
**Sopran** Höchste weibliche Singstimme.
**Symphonie** Meist drei- oder mehrsätzige Orchesterkomposition.
**Synkope** Verlagerung des Gewichts von einem betonten auf einen normalerweise unbetonten Teil des Taktes.
**Tenor** Höchste männliche Singstimme.
**Terzett** Stück für drei Singstimmen mit oder ohne Begleitung.
**Trio** Stück für drei Instrumente.

**Spätbarock** Im Werk von **Bach** und **Händel** erreichte die Barockmusik im späten 17. und frühen 18. Jh. ihren großartigsten Ausdruck. Bach schrieb als Thomaskantor vor allem Kirchenmusik (Passionen, Kantaten und Orgelstücke), während Händels Werk meist dramatisch war (Opern, Oratorien, weltliche Kantaten). Beide führten die gegensätzlichen Traditionen polyphoner Melodie und harmonischer Akkorde auf höchst anspruchsvolle Weise zusammen. Sie trugen auch zur Entwicklung eines klaren, formalen Systems von Tonartwechseln und Tonleitern bei, das der Musik eine neue technische Präzision gab.

**Barock** Die Orgel war im 17. Jh. das bevorzugte Instrument der Musik.

1650

**1674** Jean-Baptiste Lullys Oper *Alceste* wird uraufgeführt.
**1689** Henry Purcell komponiert seine Oper *Dido und Aeneas*.

**Klassik** Während des 18. und frühen 19. Jh. behielt die Musik viel von der Gebundenheit der Barockmusik bei. Sie war emotional eingeschränkt mit einem neuen Gewicht auf einer einzelnen harmonischen Melodie anstelle der Polyphonie des Barock. Die Symphonie wurde die wichtigste orchestrale Form; die Sonate trat als wichtigste Form in der Instrumentalmusik auf. In den Werken von **Haydn, Mozart, Gluck** und vom jungen **Beethoven** erreichte die Sonate im späten 18. Jh. in Wien – inzwischen die anerkannte Hauptstadt der Musik – ihre Vollkommenheit.

**Mozart** Bereits mit 4 Jahren trat Mozart als Pianist auf. Mit 5 begann er zu komponieren.

1700

**1721** Johann Sebastian Bachs *Brandenburgische Konzerte* uraufgeführt
**1725** Vivaldis *Vier Jahreszeiten* veröffentlicht
**1742** *Der Messias* von Händel uraufgeführt
**1791** *Die Zauberflöte* von Mozart in seinem Todesjahr uraufgeführt

## BEGRIFFE DER NOTENSCHRIFT

Noten zeigen die Dauer eines Tons an, die fünf Notenlinien die Tonhöhe (seine Stufe auf der Tonleiter). Vorzeichen oder Versetzungszeichen sind Symbole auf den Notenlinien am Anfang eines Musikstücks, die einen Ton erhöhen oder erniedrigen und somit die Tonart und damit die Klangfarbe einer Melodie verändern.

= **Ganze (vier Zähler)**

= **Halbe**

= **Viertel**

= **Achtel**

= **Sechzehntel**

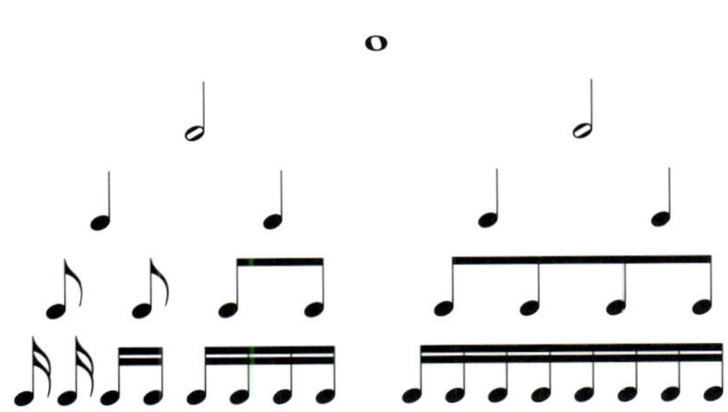

b (Halbton niedriger)

Kreuz (Halbton höher)

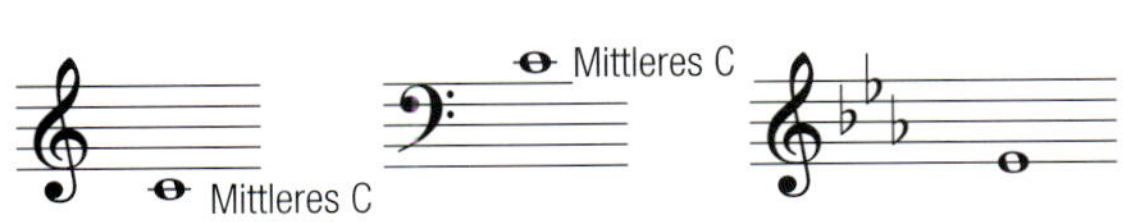


**Violinschlüssel** **Bassschlüssel** **Vorzeichen** Es-Dur

## Komponisten A–H

Die folgende Liste führt die bedeutendsten Komponisten auf.
☐ Wichtiges Werk

**Johann Sebastian Bach**
(1685–1750) Deutscher
Als hervorragender Organist beherrschte Bach den Kontrapunkt (Kombination von Melodienlinien), ein charakteristisches Merkmal der Musik des Spätbarock. Zu seinen Werken zählen Fugen und Präludien für die Orgel sowie Kirchenkantaten.
☐ *Brandenburgische Konzerte; h-Moll-Messe*

**Ludwig van Beethoven**
(1770–1827) Deutscher
Seine Kompositionen entwickelten sich von klassischen Werken zu leidenschaftlicher Musik, die seine Zeitgenossen schockierte und eine Brücke zwischen Klassik und Romantik schlug. Er schrieb Symphonien, Konzerte und Sonaten. Viele seiner Meisterwerke komponierte er, nachdem er taub geworden war.
☐ *Symphonie Nr. 3 (Eroica); Klaviersonate Nr. 14 (Mondscheinsonate)*

**Johannes Brahms**
(1833–97) Deutscher
Brahms ist für seine originellen Rhythmen und seinen Kontrapunkt bekannt. Er komponierte Symphonien, Klavier- und Kammermusik und viele Lieder. Auch heute noch populär ist sein *Wiegenlied*.
☐ *Klarinettenquintett*

**Benjamin Britten**
(1913–76) Brite
Seine modernistische Musik erzeugt mit dissonanten Klängen überraschende Stimmungen, etwa in seinen Opern. Er schrieb auch Kirchenmusik. Britten war Mitbegründer des alljährlich stattfindenden Aldeburgh Festivals.
☐ Oper *Peter Grimes*

**Frédéric Chopin**
(1810–49) Pole
Der Romantiker verband außergewöhnliche Klaviertechnik mit kreativen Harmonien und schönen Melodien. Chopin schrieb viele kurze Stücke, wie etwa Walzer, Nocturnes, Präludien und Mazurken.
☐ *Nocturnes*

**Aaron Copland**
(1900–90) Amerikaner
Seine Kompositionen waren von Jazz, Cowboy-Songs und amerikanischer Volksmusik inspiriert. Neben Symphonien und Klavierwerken schrieb er Ballette und Filmmusiken.
☐ Ballett *Appalachian Spring*

**Antonin Dvořák**
(1841–1904) Tscheche
Ein für seine beschwingten Melodien bekannter Romantiker. Dvořák verwendete in vielen Werken Volksweisen *(Symphonie Aus der Neuen Welt)*. Er schrieb auch Opern, Konzerte und Klaviermusik.
☐ *Slawische Tänze*

**Edward Elgar**
(1857–1934) Brite
Mit Orchestermärschen *Pomp and Circumstance* kreierte der Spätromantiker Elgar einen heroischen „nationalen" Stil. Seine melodische Musik schuf verschiedene Stimmungen in Symphonien, Oratorien Konzerten und Sonaten.
☐ *Enigma Variations*

**Georg Friedrich Händel**
(1685–1759) Deutscher
Die bekanntesten Werke Händels, der seit 1714 in Großbritannien lebte, sind *Der Messias* und andere Oratorien in der britischen Chortradition. Er schrieb auch Opern und Krönungshymnen.
☐ *Wassermusik*

**Joseph Haydn**
(1732–1809) Österreicher
Haydn brachte die Formen von Symphonien und Streichquartett während der Wiener Klassik ein großes Stück voran. Seine Musik imitiert oft humorvoll Alltagsgeräusche.
☐ *Pariser Symphoniern Nr. 82–87*


**Siehe auch**
182–3 **Das Mittelalter**
194–5 **Die Renaissance**
384–5 **Literatur 800 v. Chr.–1700**
564–5 **Tonaufzeichnung**

# Klassische Musik 1800–2002

*Die strenge Schönheit der Kompositionen des 18. Jh. wich dem emotionalen Ausdruck der „romantischen“ Epoche. Die Symphonie kam zu hohem Ansehen, und einige der großartigsten Opern wurden geschrieben. Im 20. Jh. eröffneten sich der Musik viele neue Möglichkeiten – hier sei nur an die Zwölftontechnik, die Einflüsse der Volksmusik und die elektronischen Klang- und Geräuschmöglichkeiten erinnert.*

**Romantik** Während der ersten Hälfte des 19. Jh. suchten romantische Komponisten Wege zum Ausdruck ihrer Gefühle. Rhythmische Energie und Experimentieren wurden zu wichtigen Ausdrucksmitteln, ebenso die ungewöhnlichen dissonanten Akkorde bei **Beethoven.** Symphonien dauerten nun oft über eine Stunde im Gegensatz zu den 20–30 Minuten der Klassik. Kammer- und Chormusik verlor an Bedeutung, während weltliche Lieder weiterhin beliebt blieben.

**Beethoven** Die wegweisenden Kompositionen und sein großer Einfluss sicherten ihm den Ruf des bedeutendsten Komponisten aller Zeiten.

**Spätromantik** Gegen Ende des 19. Jh. schrieben romantische Komponisten für immer größere Orchester und experimentierten mit neuen Arten von außergewöhnlichen Effekten. Während frühere Komponisten dies mit dramatischen Tonartwechseln und dissonanten Akkorden erreichten, erzeugte **Wagner** damit emotionale Tiefe und Spannung. **Debussy** und **Ravel** führten neuartige Rhythmen und neue Arten der Harmonie ein, die zum Teil auf ungewöhnlichen Tonleitern beruhten. Und der Nationalismus machte sich auch in der Musik bemerkbar. Volkstümliche Melodien regten die Musik von **Sibelius, Dvořák, Elgar** und **Richard Strauss** an.

**Strauß** Unverwechselbare Kompositionen wie *An der schönen blauen Donau* (1867) brachten Johann Strauß den Beinamen „Walzerkönig“ ein.

**1800**

**1800** Mit Beethovens *Symphonie Nr. 1* beginnt der so genannte romantische Stil.
**1816** Rossinis *Der Barbier von Sevilla* uraufgeführt
**1830** Berlioz komponiert die *Symphonie Fantastique*; Chopin schreibt seine erste Mazurka.

**1850**

**1853** Uraufführung von Verdis Oper *Rigoletto*
**1859** Wagners *Tristan und Isolde* uraufgeführt
**1871** Verdis *Aida* uraufgeführt
**1892** Tschaikowskys *Der Nussknacker* uraufgeführt

## EIN WEGWEISER ZUM ORCHESTER

Die Musiker in einem kompletten Orchester sitzen immer in einer nach den Instrumenten festgelegten Anordnung. Die Sopraninstrumente sind im Allgemeinen links, die Bassinstrumente rechts. Die genaue Sitzordnung hängt von dem Stück ab, das vorgetragen wird: Manchmal nimmt das Schlagzeug mehr Platz ein.

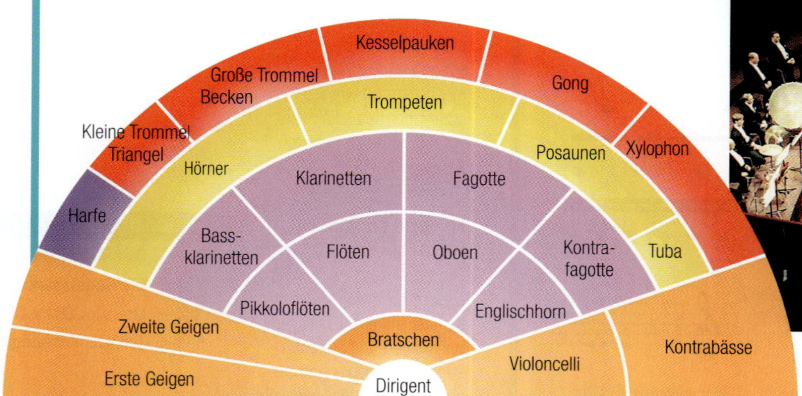

**Musizieren** Moderne Symphonieorchester haben eine schematische Sitzordnung, die einen vollen, ausgewogenen Klang gewährleistet.

**Moderne** 1913 löste *Le sacre du printemps* von **Strawinsky** bei der Pariser Premiere einen Skandal aus, weil es die traditionellen Rhythmen verwarf und stattdessen dissonante Akkordballungen nebeneinander stellte. Andere Komponisten wie **Schönberg** übernahmen die Zwölftonreihe für ganze Stücke anstatt nur für kurze Abschnitte oder nahmen, wie **Bartók** oder **Gershwin,** Einflüsse von Volksmusik oder Jazz auf. Nach 1945 führten **Stockhausen** und andere diese Experimente noch weiter, indem sie Musik mit einem breiten Spektrum elektronischer und mechanischer Klänge komponierten, die keinen Bezug mehr zu herkömmlichen Instrumenten haben.

**Strawinsky** Ballette wie *Der Feuervogel* (1910) machten Strawinskys modernen Stil populär.

**Postmoderne** Im späten 20. Jh. schrieben einige Komponisten wieder allgemein zugänglichere, harmonische Musik. Die Musik der Gegenwart wird von verschiedenen Ansätzen geprägt, vom tranceartigen Minimalismus eines **Glass** oder **Reich** bis zum postmodernen Wiederaufgreifen älterer Musikformen, etwa der orthodoxen Kirchenmusik bei **Tavener.**

**Tavener** Strawinskys Werke und die orthodoxe Kirchenmusik inspirierten John Taveners Werke wie *The Protecting Veil* (1989) und *Mary of Egypt* (1992).

**1900**

**1913** Erste Aufführung von Strawinskys *Le sacre du printemps*
**1921** Arnold Schönberg formuliert die Zwölftonreihe, die Berg und Webern später aufnehmen.
**1924** Premiere von George Gershwins *Rhapsody in Blue*

**1960**

**1961** Brittens *War Requiem* uraufgeführt
**1984** Premiere von Philipp Glass' Oper *Echnaton*
**1988** Steve Reich komponiert *Different Trains.*
**1989** Premiere von John Taveners *The Protecting Veil*
**1992** Henryk Góreckis *Symphonie Nr. 3* uraufgeführt

## Oper

Als Schöpfer der Oper vor rund 400 Jahren gilt Monteverdi. Im 18. Jh. entwickelte Händel die Gattung mit großen Soloarien weiter, und Glucks *Orfeo* zeigte, wie die musikalischen und dramatischen Möglichkeiten eines Librettos voll ausgenutzt werden konnten. Haydns Opern wurden von Mozarts späteren genialen Werken in den Schatten gestellt.

Die größten Opernkomponisten im 19. Jh. waren Verdi und Wagner. Mit *Rigoletto, La Traviata* und *Aida* trat Verdis Genie hervor. 1887 komponierte er *Otello* mit seiner abwechslungsreichen, dynamischen und tragischen Partitur.

**Operngesang** Luciano Pavarottis Tenor wird wegen seiner Intonation gepriesen.

Wagner strebte nach dem transzendenten Musikdrama, das thematisch in der nordischen Mythologie wurzelte. Die vier Teile des *Ring: Das Rheingold, Die Walküre, Siegfried* und *Götterdämmerung* (1850–74) gehören zu den bedeutendsten Werken der Musik. In Frankreich schrieb Berlioz eine grandiose romantische Oper, *Die Trojaner* (1856–58). 1875 hatten Bizets Oper *Carmen* und Johann Strauß' wienerische Operette *Die Fledermaus* Premiere. Um die Jahrhundertwende beherrschte Puccini die italienische Oper mit den beliebten Werken *La Bohème* (1896) und *Tosca* (1900).

## Komponisten L–Z

**Franz Liszt**
(1811–86) Ungar
Liszt erfand die symphonische Dichtung – eine Orchesterkomposition, die von Themen wie Literatur und Poesie inspiriert ist und innere Bilder heraufbeschwören will. Als Pianist schuf er 19 von Zigeunermusik angeregte ungarische Rhapsodien.
*Dante-Symphonie*

**Felix Mendelssohn-Bartholdy**
(1809–47) Deutscher
Mendelssohns Musik verbindet romantische Leidenschaft mit klassischer Form. Er schuf Melodien für Ouvertüren, so die schottisch inspirierte *Fingalshöhle,* Symphonien, Konzerte, Sonaten und andere Musikstücke.
*Italienische Symphonie*

**Wolfgang Amadeus Mozart**
(1756–91) Österreicher
Das musikalische Wunderkind entwickelte die Konzertform und schrieb herrliche Opern, z. B. *Die Zauberflöte.* Seine emotionale Musik bereicherte viele andere musikalische Formen. Außerdem war er der einzige Komponist, der in jeder musikalischen Gattung seiner Zeit schrieb.
*Jupiter-Symphonie,* Oper *Figaros Hochzeit*

**Giacomo Puccini**
(1858–1924) Italiener
Als Opernkomponist, der für seine dramatischen Melodien berühmt ist, gründete Puccini seine emotional aufgeladene Musik auf Geschichten von Liebe, Tragödie und Gewalt in Opern wie *Madame Butterfly.*
Oper *La Bohème*

**Franz Schubert**
(1797–1828) Österreicher
Schubert komponierte über 600 Lieder, die für ihre einprägsamen Melodien bekannt sind. Zu seinen anderen Werken zählen viele Symphonien, darunter die *Unvollendete,* Klaviersonaten, Kammermusik und Ouvertüren.
*Forellenquintett;* Liederzyklus *Die Winterreise*

**Richard Strauss**
(1864–1949) Deutscher
Der von Wagner beeinflusste Dirigent und spätromantische Komponist war wegen seiner dramatischen Opern (zusammen mit Hugo von Hofmannsthal) berühmt. Er entwickelte die symphonische Dichtung weiter und komponierte zahlreiche Lieder.
Oper *Der Rosenkavalier*

**Igor Strawinsky**
(1882–1971) Russe
Strawinsky war ein Modernist, der Neuerungen der Harmonie und des Rhythmus für Ballettmusik nutzte. Seine dramatischen Kompositionen schufen einen neuen Stil.
Ballett *Der Feuervogel*

**Peter Tschaikowsky**
(1840–93) Russe
Melodische, emotionale Musik für Ballette wie *Schwanensee* machten Tschaikowsky berühmt. Sein *Klavierkonzert Nr. 1* ist das am häufigsten aufgezeichnete Konzert.
Ballett *Romeo und Julia*

**Giuseppe Verdi**
(1813–1901) Italiener
Verdis kraftvolle romantische Opern mischen einprägsame Arien mit dramatischen Stimmungen. Sein Gefangenenchor in *Nabucco* wurde zur Hymne für die Unabhängigkeit Italiens.
Oper *La Traviata*

**Richard Wagner**
(1813–83) Deutscher
Die Theorien des Komponisten und Dirigenten beeinflussten die Harmonik, Orchestrierung und Struktur der zukünftigen Oper. Er vereinte Musik, Drama und andere Künste, um ein „Musikdrama" zu schaffen – ein Begriff, den er dem Wort Oper vorzog.
Opernzyklus *Der Ring des Nibelungen*

Siehe auch
338–9 **Mythologien der Welt**
382–3 **Tanz**
406–7 **Rundfunk**
564–5 **Tonaufzeichnung**

*Um die Wende zum 20. Jh. gab es Unterhaltungsmusik in Form der leichten Oper oder Operette, vor allem in Varieteetheatern, die ein großes begeistertes Publikum anzogen. 50 Jahre später entstand eine Jugendkultur, und die Teenager der westlichen Welt tanzten Rock 'n' Roll. Ausgelöst wurde dieser Wandel von den Nachfahren westafrikanischer Sklaven, die in den USA die Jazzrhythmen einführten.*

## 1900-1919

Das neue Jahrhundert begann in der Blütezeit des Varieteetheaters. 1907 erreichte die Wiener Operette einen Höhepunkt, als Franz Lehárs ***Die lustige Witwe*** in London Premiere hatte. Florenz Ziegfeld brachte in New York die erste seiner Revuen, die Ziegfeld Follies, auf die Bühne. Die vielen Shows weckten eine Nachfrage nach neuen Songs, und in New York begann das Geschäft mit der Unterhaltungsmusik in der Tin Pan Alley, einer Straße, die nach dem unaufhörlichen Herumhämmern auf Klavieren benannt wurde, wenn Songschreiber Verlegern ihre neuen Arbeiten vorspielten.

**Maskiert** Der in Litauen geborene Al Jolson, der als Schwarzer auftrat, wurde über das Varieté berühmt. Seine Fassung (1919) von George Gershwins *Swanee* wurde über 2 Mio. Mal verkauft.

Gleichzeitig griff in den USA das **Ragtime**-Fieber um sich. Die synkopierten Melodien („ragged time" = zerrissene Schlagzeit) waren von Folkloretraditionen, Varietee und Marschmusik beeinflusst. Von Scott Joplins *Maple Leaf Rag* (1899 ) wurden über 1 Mio. Notenblätter verkauft. 1911 begann mit dem Hit *Alexander's Ragtime Band* Irving Berlins lange Karriere als Songschreiber.

Vor allem in Privatclubs in New Orleans waren afrikanische Rhythmen, die schwarze Musiker weißen Kunden vorspielten, zu hören. Die von Blues und Ragtime beeinflusste improvisierte Musik wurde als **Jazz** bekannt. Der Jazz blieb jedoch nicht den Privatclubs vorbehalten – eine Gruppe weißer Südstaatler gründete 1912 *The Original Dixieland Jazz Band*, und bald war ihre Musik stadtbekannt. Auf den Flussschiffen des Mississippi gespielt, wanderte der Jazz nach Norden und erreichte 1917 die Millionenmetropole New York.

Bald wurde der Dixieland-Jazz in ganz Amerika bekannt. 1922 öffnete in New York der Cotton Club, der den neuen Sound zur Mode machte. Amerikanische Soldaten brachten den Jazz dann während des Ersten Weltkriegs nach Europa.

## 1920-1929

Neben dem Jazz entwickelte sich die **Musikkomödie** weiter. Der Broadway erlebte in den 1920er-Jahren seine Blüte. Einprägsame Songs in Unterhaltungsshows wie *Lady Be Good* (1924) – **George Gershwins** erstes größeres Musical – regten die Phantasie des Publikums an. Gershwins Musik verschmolz klassische Musikelemente, Unterhaltungsmusik und Jazz zu einem neuen, eindeutig amerikanischen Sound. Im selben Jahr beauftragte der amerikanische Bandleader Paul Whiteman Gershwin, sein berühmtestes Stück, *Rhapsody in Blue,* zu schreiben. 1925 gab es am Broadway 80 Theater, und zwischen 1927 und 1928 kamen 280 neue Produktionen auf die Bühne, darunter **Jerome Kerns** *Show Boat* mit einer Handlung und schauspielerischen Darbietung, die neue Maßstäbe für das Bühnenmusical setzten.

In den 1920er-Jahren hatte sich das Zentrum der Jazzmusik von New Orleans nach Chicago in die verbotenen Alkoholkneipen der Prohibitionszeit verlagert, wo **Louis Armstrong, Jelly Roll Morton** und **Bix Beiderbecke** die neuen Stars des Jazz wurden. Ein neuer Stil der Soloimprovisation machte Armstrong, Trompeter und Sänger mit kratziger Stimme, weltweit berühmt. Die Sängerin **Bessie Smith** machte mit den Topmusikern des Jahrzehnts eine Reihe von Aufnahmen, die ihr den Spitznamen „Kaiserin des Blues" eintrugen. 1927 wirkte **Al Jolson** im ersten Tonfilm *The Jazz Singer* mit, und Bix Beiderbecke nahm den Jazzklassiker *Singin' the Blues* auf. Aufgrund der unzähligen Aufnahmen und der allgemeinen Popularität gelten die 1920er-Jahre allgemein als „Zeitalter des Jazz". Während das Jazzfieber sich über Amerika ausbreitete, tauchte im Süden und Mittleren Westen langsam eine neue Form der Musik im Rundfunk auf – die **Countrymusic.** Die in englischer, schottischer und irischer Überlieferung wurzelnden nostalgisch-ländlichen Lieder erzählten moralische Geschichten zu Gitarren- und Geigenbegleitung.

1925 wurde erstmals die Radioshow *Grand Ole Opry,* die Countrymusic vorstellte, aus Nashville, Tennessee, gesendet. Sie erwies sich beim Hörerpublikum als Hit und führte die Countrymusic als neue amerikanische Musikgattung ein.

**Jazzton** Der Sänger, Trompeter und Kornettspieler Louis „Satchmo" Armstrong kreierte „Scat" – einen Gesangsstil, der Musikinstrumente imitierte.

## 1930-39

Nun kamen Musicals in aufwändigen Hollywoodproduktionen ins Kino. Rundfunkstar **Bing Crosby** stellte sein smartes Aussehen und seine schmachtende Stimme in *King of Jazz* (1930) vor. *The Gay Divorcee* (1934) nach **Cole Porter** und *Top Hat* (1935) von **Irving Berlin** boten reine Realitätsflucht. 1935 wurde Gershwins *Porgy and Bess* am Broadway aufgeführt – eine Mischung aus Oper, Unterhaltungsmusik und Jazz.

Mit dem Ende der Prohibition 1933 suchten viele Musiker aus den illegalen Alkoholclubs die Öffentlichkeit. Mit Bigbands und Swing passte der Jazz sich einem breiteren Publikum an. Die Bandleader **Count Basie, Duke Ellington** und **Paul Whiteman** führten den Wandel an. Die Sängerin **Billie Holiday** beherrschte zusammen mit dem Saxophonisten **Lester Young** das Jahrzehnt mit ihren Jazzinterpretationen von beliebten Schlagern. Der leichte, beschwingte Sound beeinflusste Solisten wie Charlie Parker. 1934 stellte **Fats Waller** seinen humorvollen vokalen Jazzstil vor, 1937 begann der Musiker und Bandleader **Glenn Miller,** Orchester in seinem unverwechselbaren Swingstil zu leiten.

**Bigband-Leader** Der Posaunist Glenn Miller führte mit neuartigen Arrangements den Swing in Tanzorchestern ein.

## 1940-49

Hollywood brachte weiter Starsänger wie **Ella Fitzgerald** und **Frank Sinatra** hervor. Irving Berlins genialer Sinn für eingängige Melodien schuf 1942 den Song *White Christmas;* Bing Crosbys Version wurde über 30 Mio. Mal verkauft.

Die Sanftheit des Swing provozierte eine Jazzrebellion in Form des *Bebop* – eine experimentelle Musikform mit komplexen Rhythmen und Harmonien, angeführt von dem Saxophonisten **Charlie Parker,** dem Trompeter **Dizzy Gillespie** und dem Gitarristen **Charlie Christian,** der als Erster die elektrische Verstärkung benutzte. Gleichzeitig lösten **Woody Guthries** Songs wie *This Land is Your Land,* eine stille Revolution in der Folkmusik aus, indem sie in ihren Texten verbreitete Gefühle über die Wirtschaftskrise und die Not der Armen zum Ausdruck brachten. 20 Jahre später sollten sie Bob Dylan und viele andere Folksänger beeinflussen.

Die Mischung musikalischer Stile eröffnete neue Wege. Unter dem Einfluss des Swing wandelte sich die Countrymusic: Der Western Swing mit elektrisch verstärkten Gitarren und schwungvollen Tanzrhythmen kam auf, und amerikanische Sänger wie **Hank Williams** entwickelten den **Honky-Tonk.**

1949 taufte die amerikanische Zeitschrift *Billboard* eine neue Verschmelzung von Blues, Boogie-Woogie, Jazz und herkömmlicher Unterhaltungsmusik auf den Namen **Rhythm and Blues.**

**Ol' Blue Eyes** Frank Sinatra nahm 1943 seinen ersten Hit *All or Nothing at All* auf.

## 1950-59

Rhythm and Blues, für den die Gitarrenrhythmen von **Jackie Wilson** und der ruhige Stil von **B. B. King** typisch sind, wurde in den USA ab 1950 zum großen Geschäft. Auch die Countrymusic wurde zunehmend kommerzialisiert. **Johnny Cash** machte 1955 erste Aufnahmen, und 1957 gewann **Patsy Kline** den Talentwettbewerb, mit dem ihre Karriere begann.

Eine Mischung aus schwarzem Rhythm and Blues und weißer Countrymusic ergab den Stil des neuen Jahrzehnts – **Rock 'n' Roll.** Der regelmäßige Takt und die fetzigen Texte sprachen die Teenager an. Die ersten Hitlisten, die in den USA seit Ende der 1940er-Jahre und in Großbritannien seit 1952 erschienen, bestätigte die Popularität dieser Musik. 1955 kam **Bill Haleys** *Rock Around the Clock* auf den ersten Platz – über 22 Mio. Singles sollten davon verkauft werden. Im selben Jahr machten **Little Richards** exzessiver Klavierstil und seine ausgefallene Kleidung ***Tutti Frutti*** zum Hit, und **Chuck Berry** wurde durch *Maybellene* bekannt. Von Berrys Rock 'n' Roll und B. B. Kings Rhythm and Blues gingen die stärksten Einflüsse auf die Popmusik der 1960er-Jahre aus.

1956 brachte **Elvis Presley** seinen Hit *Heartbreak Hotel* heraus. Kein Künstler in der Geschichte der Popmusik verkaufte so viele Platten wie der „King of Rock 'n' Roll". 1957 brachte **Jerry Lee Lewis** die klassischen Rock-'n'-Roll-Stücke *Whole Lotta Shaking* und *Great Balls of Fire* heraus. Im selben Jahr setzten **Buddy Holly** and The Crickets mit *Peggy Sue* Trends, die in der Popmusik heute noch Bestand haben. So trat die Begleitband erstmals in klassischer Besetzung an – zwei Gitarristen, ein Bassist und ein Schlagzeuger –, und sie setzten erfolgreich neue Studiotechniken wie Überspielen ein. Nur ein Jahr nach Buddy Hollys Tod bei einem Flugzeugabsturz 1959 schlug die Popmusik neue Wege ein.

**Amerikanischer Traum** Bevor Elvis Presley 1958 den Militärdienst antrat, produzierte er 14 Platten in Folge, die sich über 1 Mio. Mal verkauften.

Siehe auch
382–3 **Tanz**
394–9 **Kino**
496–7 **Informationsökonomie**
564–5 **Tonaufzeichnung**

*In den 1960er-Jahren gab die Folktradition den modernen Texten der Popmusik ein soziales Gewissen. Mit der Verunsicherung der Teenager führte dies zur aggressiven Ausrichtung des Punk und Heavy Rock in den 1970er-Jahren. Als Gegenreaktion dazu fanden Disko und später elektronischer Pop großen Zuspruch. Ende des 20. Jh. bediente eine große Vielfalt musikalischer Stile jeden Geschmack und jede kulturelle Nische.*

## 1960-1969

In den USA wich der Rock 'n' Roll dem **Folk** und reinem **Rhythm and Blues**, die besser in das Jahrzehnt des Politprotestes passten. Die Sänger **Bob Dylan** und **Joan Baez** führten die Bewegung an. Dylans *Blowin' in the Wind* (1962) wurde eine Hymne der Bürgerrechtsbewegung.

Um die Mitte des Jahrzehnts ließ der Aufstieg von Motown, des kleinen Plattenlabels in Detroit, den Namen zum Inbegriff des **Soul** werden. Der neue Stil wurzelte in der Gospeltradition. **Stevie Wonder,** die **Supremes, Marvin Gaye** und **Gladys Knight** machten den Motown-Sound populär.

In Großbritannien schufen die **Beatles** mit einer Mischung aus klaren Melodien und komplexen Rhythmen ihren eigenen Stil. Seit ihrer Single von 1963 *From Me to You* kamen sie mit ihren Hits bis 1967 immer auf den ersten Platz in Großbritannien. Die meisten ihrer Texte stammten von Paul McCartney und John Lennon. Zu ihren Kompositionen zählen *Please Please Me* und *Hey Jude*. Seit 1969 traten die Beatles nicht mehr als Band auf.

Die Rockmusik entwickelte sich in Großbritannien weiter, wo **Jimi Hendrix** an seiner experimentellen Gitarrentechnik arbeitete. Die **Rolling Stones** schufen eine Mischung aus Rhythm and Blues und Rock 'n' Roll. 1968 kreierten **Led Zeppelin** eine härtere Rockmusik.

**Stimme einer Generation** Dylans Lieder waren vom sozialkritischen Stil W. Guthries beeinflusst.

**Die Pilzköpfe** Die Beatles produzierten als Erste ein Konzept-Album: In *Sgt. Pepper's Lonely Hearts Club Band* (1967) sind die Songs durch einen Erzählfaden verbunden.

## 1970-1979

Led Zeppelins Rockstil, den **Heavy Metal,** übernahmen während der 1970er-Jahre auch neue Gruppen wie **Van Halen** (1974) und **Def Leppard** (1977). Eine Mischung aus Rock und melodischem Pop ergab den **Glam-Rock** von **Elton John** und **David Bowie** mit schrillen Bühnenkostümen und Make-up.

Zur gleichen Zeit verbreitete sich rund um den Erdball der Disko-Sound. Melodien und Takt waren zum Tanzen bestimmt, und man legte Wert auf raffinierte Studioproduktionen. Gekonnt gesungene Harmonien machten die schwedische Gruppe **Abba** zu einem europaweiten Erfolg mit Hits zum Mitsingen und -tanzen wie *Dancing Queen* (1976).

Aus der Verschmelzung karibischer Rhythmen mit Soul entstand der Reggae. Der Jamaikaner **Bob Marley** machte den Sound mit Hits wie *Get Up, Stand Up* (1973) und *No Woman No Cry* (1975) weltweit populär.

Inzwischen wurden die Musicals mit *Jesus Christ Superstar,* das 1973 in London Premiere hatte, der Zeit angepasst. In der zweiten Hälfte des Jahrzehnts regte sich der Geist der Jugendrebellion, diesmal in Form des aggressiven, peitschenden **Punk-Rock.** Die in der neuen Gattung führenden **Sex Pistols** griffen in den Texten von *Anarchy in the UK* (1976) und *God Save the Queen* (1977) das zeitgenössische Großbritannien an.

**Reggae-Star** Mit 19 Jahren nahm Bob Marley seine erste Platte auf. 1965 gründete er seine Gruppe The Wailers mit „Bunny" Livingstone und Peter Tosh.

## 1980-1989

Der Punk lebte 1980 als verzerrter unkommerzieller Hardcore weiter. Doch in Londoner Clubs bahnte sich eine Gegenbewegung an. **Spandau Ballet** und **Duran Duran** machten Anleihen beim Glam-Rock, um den melodischen Pop der **New Romantics** in aufwändigen Kostümen und Make-up aufzuführen. **Depeche Mode** tauschten die Gitarren mit Synthesizern, die computergestützte Musik der deutsche Band **Kraftwerk** genoss neue Popularität.

In den USA wurden Gesangssolisten führend. **Madonnas** Debütalbum *Madonna* (1983) brachte fünf Singles in die amerikanische Hitliste, darunter *Holiday* und *Lucky Star* (1984). Nur zwei Sänger konnten mithalten: **Prince,** der mit *Let's Go Crazy* (1984) und *When Doves Cry* (1985) erste Plätze erreichte, und **Michael Jackson,** dessen *Thriller* (1982) das erfolgreichste Album aller Zeiten wurde (bis in die frühen 1990er-Jahre 42 Mio. verkaufte Exemplare).

**In Hochform** Madonna machte 1990 auf der *Blonde-Ambition*-Tour durch extravagante Kleidung und provokante Showeffekte auf sich aufmerksam. Einen Blick hinter die Kulissen der Tournee gewährte der Film *In Bed With Madonna*.

In New York kam der **Rap** auf: rhythmischer Sprechgesang mit witzig-frechen Texten bei rhythmischer Begleitung. Sein unverwechselbarer Stil brachte eine Fülle von Subkulturen des Pop hervor, wie den **Hip-Hop.** Sein Schlagzeugeffekt wird durch „Scratching" (manuelles Drehen) von Vinylplatten erzeugt: Musikalische Phrasen werden über einen elektronischen Beat gesetzt und damit neue Stücke kreiert.

Das digitale Abtasten mit Computertechnik eröffnete neue Formen der Disko-Musik. In Chicago wurde eine Mischung aus schwarzem Disko und Pop, die Abtasten und Nachsynchronisation im Studio verwendete, als so genannter **House** bekannt. Der Name leitete sich von der Szene-Disko Warehouse her.

Aus der House-Musik in Chicago ging **Acid House** hervor, der Gesang und Melodien wegließ und sie durch den spezifischen scharfen Klang eines speziellen Synthesizers ersetzte.

In den späten 1980er-Jahren brachte der New Yorker Club Paradise Garage einen neuen Sound in die Disko-Szene – den rhythmischen, aber souligen **Garage.**

## 1990-1999

In den frühen 1990er-Jahren ging aus Heavy Rock und Punk der **Grunge** hervor – schreller, peitschender Rock mit melodischen Zwischentönen. Der Sound brachte **Nirvana** und ihrem Album *Nevermind* (1991) Erfolg und machte den Grunge weltweit populär.

Britische Popmusiker reagierten auf den Grunge mit dem unverwechselbaren Klang von **Britpop.** Die von den Beatles beeinflussten **Oasis** und **Blur** – inspiriert von den früheren britischen Bands Madness und The Kinks – wetteiferten um die Spitzenplätze in der Hitliste. Bis 1997 hatten amerikanische Einflüsse den Stil verwässert.

Aus Disko und Rap gingen weitere Stile hervor. Ende der 1980er-Jahre sprang der minimalistische elektronische Klang des **Techno** von seinem Geburtsort Chicago auf Europa über. Verstärkt durch härteren Beat und Bass entwickelte er sich zum **Hardcore** und um 1995 zum **Jungle.** Aus Rap wurde **Ragga** – Rappen auf Jamaikanisch.

In den Hitlisten dominierten Mainstream-Sänger und Teen-Bands. Madonnas Sound reifte mit ihrem Album *Ray of Light* (1998), eine introspektive, doch „tanzbare" Auswahl von Stücken.

Die kanadische Sängerin **Celine Dion** nahm *Because You Loved Me* (1996) auf, eine der meistverkauften Single überhaupt, und ein Jahr später konnte man sie am Radio überall in der Welt mit *My Heart Will Go On* hören, dem Titelsong aus dem Film *Titanic.*

In Großbritannien übertrumpfte ein weibliches Quintett, die **Spice Girls,** den Erfolg beliebter Boygroups wie **Take That,** als der Verkauf ihrer Alben *Spice* (1996) und *Spiceworld* (1997) sie zu den kommerziell erfolgreichsten britischen Popkünstlern des Jahrzehnts machte.

**Griff nach den Sternen** S-Club 7 ist ein Beispiel für die sorgfältig zusammengestellte, geschickt vermarktete, sterile Boy-/Girlgroup der späten 1990er-Jahre.

Siehe auch


382–3 **Tanz**
394–9 **Kino**
496–7 **Informationsökonomie**
564–5 **Tonaufzeichnung**

**Von klassischen Formen zu heutigen Moden**

*Die Wurzeln des Tanzes liegen in rituellen und religiösen Feiern. Bei den Griechen der Antike galt er als wichtiger Teil der Erziehung. Festgelegte Formen bildeten sich vor 2000 Jahren in Indien, Korea und der Mandschurei heraus. Viel jünger ist der Gesellschaftstanz: In Europa breitete sich der Volkstanz im 14. Jh. in allen Gesellschaftsschichten heraus. Aus den Formationstänzen am Königshof entstand das Ballett.*

## PAARTANZ

Der Paartanz wurde in Europa im 14. Jh. populär, und bis zum 17. Jh. hatten sich neue Stile herausgebildet. Das höfische **Menuett** kam 1663 in Frankreich auf, 1696 gefolgt von der lebhafteren **Gavotte.** Der **Walzer** entstand 1781 aus ländlichen Tänzen. Im 19. Jh. wurde er zum Gesellschaftstanz. Aus böhmischen Volkstänzen ging die **Polka** mit drei schnellen Schritten und einem Sprung hervor.

In den Jahren vor dem Ersten Weltkrieg wurden mehrere Tanzstile populär. Harry Fox führte in der Ziegfeld-Revue *Follies* von 1913 den **Foxtrott** ein. Die kippenden Bewegungen des **Maxixe,** einer Mischung aus Polka und afrikanisch beeinflusstem brasilianischem Tanz, schufen die Grundlagen für die **Samba.**

Der **Tango,** der sich in Buenos Aires entwickelte, erreichte 1913 die Ballsäle Europas. Auch spätere Stile kamen aus Lateinamerika, so die schwungvolle afrokubanische **Rumba** (1922) und der moderne **Salsa** (1962), der von Jazz und Rock beeinflusst war.

**Foxtrott** Die Kombination von Gehen und schnelleren Schritten und Drehungen wird zu synkopierten Rhythmen ausgeführt.

**Klassische Schritte** Charles-Louis Beauchamp erfand 1661 die fünf Positionen des klassischen Balletts.

## BALLETT

Die Aufführung von *La Sylphide* 1832 an der Pariser Opéra läutete die erste Ära des Balletts ein – den romantischen Stil. Er beruhte auf Geschichten von leidenschaftlicher, aber keuscher Liebe mit einer weiblichen Hauptrolle. Mit *Giselle* (1841) erreichte die Gattung ihren Höhepunkt. Der Spitzentanz (mit speziellen Schuhen) wurde von Maria Taglioni eingeführt, die als die erste Sylphide auftrat.

In Russland begründeten die kaiserliche Ballettkompanie (seit 1738, heute Mariinskij-Ballett) und das Bolschoi-Ballett (1776) die bis heute bestehende Gattung des klassischen Balletts. Der russische Komponist Tschaikowsky und der französische Choreograph Marius Petipa prägten den Stil mit *Dornröschen* (1890), der *Nussknacker-Suite* (1892) und *Schwanensee* (1895). Mit der innovativen Musik und Ausstattung der von Sergej Diaghilew 1909 gegründeten Ballets Russes blieb Russland auch in den ersten Jahren des 20. Jh. führend. Die Kompanie führte neue Ideen ein, indem sie in *Der Feuervogel* (1910) Volksmythen verwendete und in *L'Après-midi d'un faune* (1912) Musik und Handlung voneinander trennte.

Der gebürtige Russe George Balanchine ließ mit dem New York City Ballet (1948) das klassische Ballett in modernem Stil auferstehen. Seine *Serenade* (1934) überließ es dem Publikum, die lockere Geschichte zu interpretieren.

Zum Ende des 20. Jh. haben die amerikanischen Choreographen Twyla Tharp und Mark Morris das Ballett in Kombination mit zeitgenössischen Tänzen einem breiteren Publikum zugänglich gemacht.

## FOLKLORE

Viele Kulturen haben aus nationalen Volkstänzen ihre ureigenen Tanzstile entwickelt. Die 2000 Jahre alte indische klassische Tanztradition **Bharata natyam** beruht auf Erzählungen von den Taten der Götter. Die Mimik ist genauso wichtig wie die Bewegungen und die stampfenden Rhythmen.

Ostasiatische höfische Tänze werden in der Form des **Bugako** noch in Japan aufgeführt. Die Tänzer tragen kunstvolle Rollenmasken und führen nach Trommelschlägen geometrisch festgelegte Bewegungen aus. Der Stil hat entsprechend den musikalischen Traditionen Chinas und Koreas zwei Formen.

Aus einer Mischung aus maurischen und spanischen Volkstraditionen ging der **Flamenco** hervor, der Tanz der andalusischen Zigeuner, der seit dem 19. Jh. professionell aufgeführt wird. Fußstampfen und anmutige Armbewegungen begleiten ein Lied; sie sind *grande* (schmerzlich) oder *chicho* (fröhlich und lebhaft) im Ausdruck.

**Bharata natyam** Mit ausdrucksvollen Bewegungen und improvisierten Rhythmen wird eine Geschichte erzählt.

## MODETÄNZE

Tanzmoden folgten der Entwicklung der Unterhaltungsmusik. Als um 1900 der Jazz aufkam, persiflierten Afroamerikaner den weißen Gesellschaftstanz mit dem **Cakewalk,** bei dem man einen Kuchen gewinnen konnte. Paare formten ein Quadrat, das sie, die Männer innen, zu Musik umschritten. Der **Charleston** der 1920er-Jahre verdankte seine Popularität auch der Bühne – das Musical *Running Wild* (1923) brachte diesen schwarzen Volkstanz in die Ballsäle.

Der schwarze Tanz setzte sich in der Swing-Ära der 1930er- und 1940er-Jahre mit den hohen Lifts und schnellen Steps des **Jitterbug** und **Jive** durch und kam durch amerikanische Soldaten nach Europa. Um 1950 breitete sich der **Rock 'n' Roll** mit Hüftkreisen, Drehungen und akrobatischen Würfen des Partners über Amerika und Europa aus.

Film und Fernsehen machten den vom amerikanischen Sänger Hank Ballard 1958 kreierten **Twist** mit seinen gebeugten Knien und schwingenden Hüften populär. Der Film *Saturday Night Fever* verhalf dem **Disko** 1977 zu internationalem Ruhm. Daraus entstand im New York der 1970er-Jahre der **Breakdance** mit roboterhaftem Schritt und schnellen Körperdrehungen, wobei Hals und Schultern den Boden berühren. Bis um 1990 hatten Tanzpartys zu Technomusik in den USA und Europa den **Rave** geschaffen, einen euphorischen Tanz zu hämmernden schweren Bässen.

**Synchrone Schritte** Line Dance entstand in den 1970er-Jahren aus Modetänzen wie Bus Stop und The Mashed Potato.

Siehe auch
376–7 **Klassische Musik**
378–81 **Unterhaltungsmusik**
394–9 **Kino**

## FILM

In den 1930er- und 1940er-Jahren setzte Busby Berkeley mit aufwändiger Ausstattung und großen Tanzgruppen einen neuen Trend in Hollywood-Musicals. Von oben gefilmt wirkten seine Schrittfolgen oft kaleidoskopisch, etwa in ***Footlight Parade*** (1933). Im selben Jahr begann in ***Flying Down to Rio*** die Partnerschaft von Ginger Rogers und Fred Astaire. Sie hielt für weitere neun Filme an, von denen acht gemeinsame Arbeiten des Choreographen Hermes Pan mit Astaire waren. Astaires Tanz in den 1930er- und Gene Kelly in den 1940er- und 1950er-Jahren revolutionierten das Filmmusical mit neuartigen Schrittfolgen. Kelly war Koregisseur und Hauptdarsteller in ***Singin' in the Rain*** (1962), einer der populärsten Musicalproduktionen. 1957 choreographierte Jerome Robbins die Broadway-Show ***West Side Story,*** die ein Massenpublikum mit einer Mischung aus Jazztanz und modernem Ballett begeisterte. Der Choreograph Bob Fosse wurde wegen seiner stilisierten Schrittfolgen im Film ***Cabaret*** (1972) bejubelt.

**Legendäres Duo** Der leichte Tanzstil von Fred Astaire und Ginger Rogers läutete eine neue Ära ein.

## CHORTÄNZE

Die einflussreichsten Persönlichkeiten im Ballett des 20. Jh., **Michel Fokine** (1880–1942) und **George Balanchine** (1904 bis 1983), kamen von den Ballets Russes. Fokine entfernte sich vom klassischen Stil. Balanchine konzentrierte sich auf den reinen Tanz ohne Geschichte bei minimaler Kostümierung und Ausstattung.

Der freiere, naturalistische Stil von **Isadora Duncan** (1877–1927) begründete den modernen Tanz. Die führende Choreographin des modernen Stils, **Martha Graham** (1894–1991), drückte Emotionen durch Bewegungen aus, die ihr Zentrum im Solarplexus haben. Viele ihrer Tänze handelten von Frauen der griechischen Mythologie. Mit Schritten, die unabhängig von der Partitur und frei von Geschichten sind, begründete **Merce Cunningham** (*1919) eine Alternative zu Grahams Stil.

In Deutschland demonstrierte **Pina Bausch** (*1940) in dem Ballett *Café Müller* (1978) eine eigene Körpersprache, mit der sie das menschliche Verhalten stilisiert. Die Unmöglichkeit, sich trotz wiederholter Begegnungen zu finden, ist immer wieder ihr Thema.

**Frederick Ashton** Die witzigen, romantischen Bearbeitungen beliebter Klassiker des britischen Choerographen Ashton machten das Ballett um die Mitte des 20. Jh. populär.

*Die früheste Literatur vieler Kulturen besteht aus Gründungsmythen, die zu epischen Erzählungen zusammengestellt wurden – die* Ilias *(altes Griechenland), die* Äneis *(altes Rom),* Beowulf *(England), das* Poema del Cid *(Spanien), das* Rolandslied *(Frankreich) und das* Nibelungenlied *(Deutschland). Auch andere Formen der Dichtung wie Prosaerzählungen und Sachliteratur entstanden. Im 14. Jh. entdeckten die Europäer wieder die Literatur der griechischen und römischen Antike als Vorbild.*

**Wie der Roman entstand** Prosa schrieben schon die alten Griechen, doch erst viel später entwickelte sich der Roman als Kunstform. Viele Elemente trugen zum Entstehen des Romans im Europa des 16. Jh. bei. Die Autoren schöpften aus der Tradition der Sagen und Romanzen, biographischen Skizzen und Tagebücher. Wie die kürzere Prosaform der Novelle, die im 14. Jh. in Italien entstand, beschreibt der Roman oft Geschichten aus dem Alltag, die manchmal auf Ereignissen der Zeit beruhen. Im Gegensatz dazu spielen die Romanzen in der Vergangenheit. Der Roman umfasst aber meist einen größeren Lebensausschnitt einer oder mehrerer Personen und bringt sie in einen gesellschaftlichen Zusammenhang. In der deutschen Literatur wurde der Begriff Roman ab dem 17. Jh. verwendet.

Homer

Dante Alighieri

Geoffrey Chaucer

800 v. Chr. — 19 v. Chr. — 900 — 1300

**Um 800 v. Chr.** Homers *Ilias* und *Odyssee* entstehen, die bedeutendsten griechischen Epen und Grundsteine der abendländischen Literatur.

**Um 450 v. Chr.** Herodot schreibt die erste bedeutende griechische Prosa, eine Geschichte der Perserkriege.

**Um 300 v. Chr.** Der Dichter Theokrit schreibt Hirtengedichte, ländliche Idyllen über eine Phantasiewelt mit Hirten und Hirtinnen.

**19 v. Chr.** Vergil stirbt kurz vor Vollendung seines epischen Meisterwerks *Äneis.*

**8 v. Chr.** Horaz, der Dichter der *Oden* und *Satiren*, stirbt. Ovid wird verbannt, wohl wegen seiner skandalösen *Ars Amatoria.* Er stirbt 18 n. Chr.

**Um 900** Das altenglische Epos *Beowulf*, das vermutlich um 750 entstand, wird niedergeschrieben.

**Um 1200** Das *Nibelungenlied*, das erste mittelhochdeutsche Heldenepos, ist verbürgt. Sein Verfasser ist bis heute unbekannt.

**1307** Dante beginnt seine *Göttliche Komödie*, das erste große epische Gedicht in italienischer Sprache.

**1387** Chaucer beginnt die *Canterbury Tales*, die zu den ersten auf Englisch geschriebenen Gedichten gehören.

**Antike Literatur** Die griechische Antike brachte einige der frühesten Dichtungen von Bedeutung hervor. Am Anfang standen die *Ilias* und die *Odyssee,* Epen von **Homer,** die Liebe, Ehre, Rache und Tod zum Thema hatten. Spätere Dichter schufen kürzere lyrische Dichtungen wie die Hirtenphantasien von **Theokrit.**

**Die Odyssee** Homers Epos berichtet, wie Odysseus dem Zyklopen entkam.

Den Griechen sind die ersten historischen und wissenschaftlichen Texte Europas zu verdanken. **Herodot,** der als „Vater der Geschichte" gilt, schrieb eine meisterhafte Prosa.

Rom wollte den Griechen nicht nachstehen. Kaiser Augustus (27 v. Chr.–14 n. Chr.) förderte Dichter wie **Vergil, Horaz** und **Ovid.** Vergil gilt als größter Dichter Roms, doch Horaz war der beste Stilist.

Auch die Römer schrieben Prosageschichten. **Caesar** schilderte in *Der gallische Krieg* die eigenen Taten, während **Tacitus** und **Sueton** das Leben der Kaiser beschrieben und **Cicero,** der Meister der Rhetorik, in seinen Briefen und Reden gesellschaftskritische Kommentare abgab.

**Mittelalterliche Dichtung** Sagas, Prosaerzählungen über Könige und Krieger, waren in den nordischen Ländern weit verbreitet. Bis ins 12. Jh. gab es sie nur in mündlicher Form.

Romanzen – poetische Erzählungen von ritterlichen Helden – erschienen im 12. Jh. zuerst in Frankreich und Deutschland. Sie sind unterhaltsam und moralisierend. Zu den bekanntesten zählt das *Rolandslied.* Die idealisierte „höfische Liebe" ist Thema des Minnesangs im 12. Jh. **Walther von der Vogelweide,** der bedeutendste deutsche Lyriker des Mittelalter entwickelte ein neues Minneideal. **Wolfram von Eschenbach** schrieb das Gralsepos *Parzival* nach französischen Quellen. **Gottfried von Straßburg** verfasste nach keltischen Sagenmotiven das höfische Versepos *Tristan und Isolde.*

Die erzählende Dichtung erreichte einen Höhepunkt in den Werken von **Dante** und **Chaucer.** Sie gehörten zu den Ersten, deren lyrische Dichtung gelesen und nicht gesungen wurde. In Italien kam im 14. Jh. die **Novelle** auf. Sie erschien oft in Sammlungen wie dem *Dekameron* von **Boccaccio.**

## Pseudonyme

**Anthony Burgess** John Wilson, der während seiner Zeit im britischen Kolonialdienst nicht schreiben durfte, wurde als Anthony Burgess mit *Uhrwerk Orange* und *Der Fürst der Phantome* bekannt.

**Izak Dinesen** Karen Blixen wollte *Sieben phantastische Erzählungen* nicht unter dem Namen ihres Ehemannes, den sie hasste, veröffentlichen.

**George Elliot** Mary Ann Evans gab sich ein männliches Pseudonym, weil es die Chancen auf Veröffentlichung ihrer Romane erhöhte. Tatsächlich ging der Verkauf kurzfristig zurück, als ihre Identität aufgedeckt wurde.

**Novalis** Georg Philipp Friedrich Freiherr von Hardenberg veröffentlichte nach dem Tod seiner Braut unter diesem Namen seine *Hymnen an die Nacht*.

**George Orwell** Eric Blair schien das „O“ der beste Anfangsbuchstabe, um Leser auf sich aufmerksam zu machen.

**George Sand** Armandine Dudevant wollte ernst genommen werden, als sie in den 1830er-Jahren begann, romantische Romane zu schreiben.

**Stendhal** Henri Beyle, Autor von *Rot und Schwarz,* legte sich ein Pseudonym zu, während er als französischer Konsul in Italien Dienst tat.

William Shakespeare

1400 1500 1600

**Um 1452–5** Johannes Gutenberg in Mainz erfindet den Buchdruck. Mit beweglichen Metalllettern stellt er seine 42-zeilige Bibel her.

**1587** Das Volksbuch *Historia von Dr. Johann Fausten,* die früheste literarische Fassung der europäischen Symbolgestalt des suchenden Geistes, erscheint.

**1590** Sir Philip Sidneys *Arcadia* und die ersten drei Bücher von Spensers *Faerie Queene* erscheinen.

**1605** Der erste Teil des *Don Quijote* von Cervantes erscheint.

**1609** Die vollständigen *Sonette* von William Shakespeare kommen heraus. Sie sind der umfangreichste Sonettzyklus auf Englisch.

**1667** Milton beendet *Das verlorene Paradies,* sein großes religiöses Epos.

**Dantes *Inferno*** Eine der von Dante geschilderten Strafen, illustriert von William Blake.

**Renaissance und Barock** Die Wiederentdeckung der Antike begann im 14. Jh. in Italien. Eine neue Weltsicht, die die Bedeutung des Einzelnen hervorhob, trug dazu bei, persönliches Empfinden in der Literatur zu thematisieren. Lyrik, Lieder, religiöse und mystische Gedichte blühten, ebenso das Liebesgedicht in Sonettform. Das Sonett wurde im 14. Jh. von **Petrarca** in Italien und von **Ronsard** in Frankreich entwickelt, **Shakespeare** brachte es zur Vollendung. **Spensers** *Fünf Gesänge der Feenkönigin* beendeten die Tradition der Ritterepen.

In Spanien kam um 1600 eine Frühform des Romans auf, der Schelmenroman, in dem der Held sich in einer Reihe von Abenteuern bewähren muss. **Cervantes'** *Don Quijote* ist dafür das hervorragendste Beispiel.

Um 1669 schrieb **Grimmelshausen** mit dem Schelmenroman *Der Abentheuerliche Simplicissimus Teutsch* einen Roman von Weltrang mit autobiographischen Zügen. **Gryphius'** Sonette und Dramen handeln von typisch barocken Themen wie der Vergänglichkeit des Irdischen. Der Engländer **Milton** belebte mit *Das verlorene Paradies* das Versepos wieder.

## Schriftsteller von A–G

Folgende Schriftsteller trugen wesentlich zur Entwicklung der Literatur bei.
□ Hauptwerk

**Ingeborg Bachmann** (1926–73) Österreicherin
Von der NS-Zeit traumatisiert schrieb sie metaphernreiche Gedichte mit freien Rhythmen. Ihre Hörspiele waren experimentell. Ihr Romanzyklus *Todesarten* trägt feministische Züge.
□ *Die gestundete Zeit*

**Lord Byron** (1788–1824) Brite
Seine romantischen Versmelodramen griffen europäische Ideen auf. Sein Weltschmerz beeinflusste eine ganze Generation.
□ *Don Juan*

**Miguel de Cervantes** (1547–1616) Spanier
In *Don Quijote* verspottete Cervantes den ritterlichen Kodex und die Romanzentradition. Es ist das meistübersetzte Buch nach der Bibel. Er schrieb auch Gedichte.
□ *Don Quijote*

**Geoffrey Chaucer** (1343–1400) Engländer
Einer der glänzendsten Dichter der englischen Literatur. Verwendete erstmals die zehnsilbige Zeile, aus der das heroische Reimpaar hervorging.
□ *Canterbury Tales*

**Dante Alighieri** (1265–1321) Italiener
Der erste namhafte Autor, der auf Italienisch schrieb. Er schuf eines der bedeutendsten erzählenden Gedichte überhaupt und beeinflusste viele Literaten.
□ *Göttliche Komödie*

**Charles Dickens** (1812–70) Brite
In Romanen, die sich zwischen Posse und Realität bewegen, schuf er ein Abbild der viktorianischen Gesellschaft.
□ *Oliver Twist*

**Fjodor Dostojewskij** (1821–81) Russe
Erforschte als einer der Ersten die Ambivalenz der menschlichen Psyche. Die Romane behandeln universelle Themen wie Leid, Schuld und Sühne.
□ *Schuld und Sühne*

**Gustave Flaubert** (1821–80) Franzose
Der Perfektionist feilte Stunden an jedem Satz. Psychologischer Scharfblick und präzise Details aufgrund von Forschung und Beobachtung machten ihn zu einem einflussreichen frühen Realisten.
□ *Madame Bovary*

**Theodor Fontane** (1819–98) Deutscher
Schrieb realistische Lyrik und Balladen sowie Reisefeuilletons. Spät verfasste er kritische Gesellschaftsromane, in denen er die sich anbahnenden Umwandlungen der Zeit subtil und ironisch darlegt.
□ *Der Stechlin*

**Gabriel García Márquez** (*1928) Kolumbianer
Kurzgeschichten und monumentale Romane, die in seiner Heimat spielen, machen ihn zum führenden Literaten des magischen Realismus.
□ *Hundert Jahre Einsamkeit*

**Johann Wolfgang von Goethe** (1749–1832) Deutscher
Der Dichter, Dramatiker und Romancier ist die führende Gestalt der deutschen Literatur. Seine Dramen und Gedichte spannen einen Bogen zwischen Klassik und Romantik. Als universaler Geist erneuerte er die deutsche Dichtung und verhalf ihr zu Weltgeltung.
□ *Torquato Tasso; Faust; Balladen*

**Günter Grass** (*1927) Deutscher
Begann als Lyriker. In der Tradition des burlesken Schelmenromans verfasste er den Entwicklungs- und Zeitroman *Die Blechtrommel.* Er brach kunstvoll moralische und religiöse Tabus und gab dem Roman neue Impulse.
□ *Danziger Trilogie*

Siehe auch


174–5 **Das alte Rom**
194–5 **Die Renaissance**
338–9 **Mythologien der Welt**
390–3 **Drama**

*Die Autoren des 18. Jh. standen unter dem Einfluss der Klassik. Die Ordnung, Harmonie und das moralische Empfinden, das sie in antiken Vorbildern fanden, zog sie an. In dieser Zeit bildete sich der Roman in seiner modernen Ausprägung heraus. Als Reaktion gegen die Strenge der Klassik brachten die Autoren gegen Ende des Jahrhunderts Werke hervor, in denen der Phantasie größeres Gewicht zukam.*

## Formen der Dichtkunst

**Allegorie** Geschichte in Vers oder Prosa, in der Charaktere und Ereignisse wörtliche Bedeutung sowie eine oder mehrere symbolische Bedeutungen haben.
**Dramatischer Monolog** Gedicht, in dem der Sprecher seine Gedanken und Ideen dem Publikum verrät.
**Elegie** Besinnliches Gedicht, das in der Regel um Tod und Sterblichkeit kreist.
**Epigramm** Kurzes Gedicht, das mit einem geistreichen Ausspruch endet.
**Epos** Langes erzählendes Gedicht, das oft die Taten von Helden feiert und häufig von der Gründung eines Gemeinwesens handelt. Homers *Ilias* und Vergils *Äneis* sind antike Epen. Im 19. Jh. versuchte man das Epos wiederzubeleben.
**Freier Vers** Ohne Metrum oder Reim.
**Innerer Monolog** Eine Gestalt erforscht ihre Gedanken und Empfindungen.
**Lyrik** Ursprünglich zur Lyra gesungen, heute ein nicht erzählendes Gedicht, das Gedanken und Gefühle ausdrückt.
**Sonett** Gedicht mit 14 Versen (Zeilen), das in der Regel mit einem reimenden Verspaar endet.

**1700**

**1719** Daniel Defoes *Robinson Crusoe* erscheint.

**1726** *Gullivers Reisen*, Jonathan Swifts satirisches Meisterwerk, kommt heraus.

**1731** *Manon Lescaut* von Abbé Prévost begründet den Roman in Frankreich.

**1740** Henry Fieldings *Geschichte der Abenteuer Joseph Andrews'* erscheint, 1749 gefolgt von *Tom Jones*.

**1751–80** Denis Diderot sammelt in seiner *Enzyklopädie* Wissen und Weltbild der Aufklärung.

**1759** Die ersten Teillieferungen von Laurence Sternes *Tristram Shandy* erscheinen.

**1774** Goethes *Die Leiden des jungen Werther* stellen den ersten romantischen Helden vor.

**1784** Die Komödie *Der tolle Tag oder Die Hochzeit des Figaro* von Beaumarchais entsteht, eine Mischung aus Lustspiel und politischem Theater.

**1787** Mit Goethes *Iphigenie auf Tauris* und Schillers *Don Carlos* beginnt die deutsche Klassik.

**Klassik** Im späten 17. und im 18. Jh. strebte die Literatur, besonders in Großbritannien und Frankreich, nach Klarheit der Form und maß Vernunft und Ordnung großen Wert bei. Im Stil lehnte sie sich an die Antike an. In Großbritannien schrieben Dichter wie **Dryden** und **Pope** satirische Verse nach dem Vorbild von Vergil und Ovid. Der französische klassische Gelehrte und Dichter **La Fontaine** schöpfte in vielen seiner Fabeln aus antiken Formen und Quellen, etwa bei Äsop.

Satire war ein vertrautes Element in der Literatur dieser Zeit. Neben Gedichten gab es auch zahlreiche satirische Prosa, etwa **Swift**s *Gullivers Reisen.* Die Prosa blühte auf, moderne Formen wie Roman, Biographie, Reisebeschreibung entwickelten sich. **Goethe** bemühte sich um das klassische Kunstideal. Seine *Italienische Reise* führte an Stätten der Antike und der Renaissance. Seine und auch **Schiller**s Balladen und Dramen haben oft antike Themen zum Gegenstand.

Beliebt war der Essay, der dem Aufstieg des Journalismus viel verdankte. **Kleist** verfasste neben bedeutenden Dramen und Novellen auch Essays, die seine große Sprachkunst belegen.

**Der Aufstieg des Romans** In seiner modernen Form setzte sich der Roman im 18. Jh. durch. In Großbritannien prägte **Defoe** seine Form, und **Fielding** entwickelte ihn mit komplexeren Handlungen und realistischen Themen weiter. **Sternes** *Tristram Shandy* verzichtete auf eine Chronologie und präsentierte das Leben als ein Durcheinander von Ereignissen. **Goethes** Entwicklungsroman *Wilhelm Meister* ist ein wesentlicher Beitrag zur Romanentwicklung in Deutschland.

Psychologischer Scharfblick zeichnete die frühesten französischen Romane aus. **Abbé Prévosts** *Manon Lescaut* deutete die Romantik an. Mitte des 18. Jh. teilten politisch-philosophische Autoren wie **Voltaire** und **Rousseau** ihre Ideen zum Thema Gefühl und Individualismus in Form von Romanen mit. In Deutschland prägte **Novalis** in seinem Roman *Heinrich von Ofterdingen* mit der „Blauen Blume" das Sinnbild der romantischen Dichtung.

***Tristram Shandy*** Eine zeitgenössische Illustration von 1786

## Kinderklassiker

Eigens für Kinder geschriebene Bücher erschienen erstmals im 18. Jh. und erreichten im 19. Jh. eine erste Blütezeit. F. R. Marryat begründete mit *Masterman Ready* (1841) die Abenteuergeschichten für Jungen, gefolgt von R. M. Ballantynes *The Coral Island* (1857). Thomas Hughes' *Tom Brown's Schooldays* (1857) begründete die Gattung der Schulgeschichten. C. M. Yonges *The Daisy Chain* (1856) und Louisa May Alcotts *Little Woman* (1868) führten die Familiengeschichte ein. Anna Sewells *Black Beauty* (1877) lieferte ein Vorbild für Tiergeschichten.

Klassiker wurden im frühen 20. Jh. Kenneth Grahames *Wind in den Weiden* (1908), A. A. Milnes *Puh der Bär* (1926) und Arthur Ransomes *Swallows and Amazons* (1930). Erich Kästner schrieb mit *Emil und die Detektive* (1929) und *Das doppelte Lottchen* (1949) spannende und unterhaltsame Jugendbücher. J. R. Tolkien machte mit *Der kleine Hobbit* (1937) und *Der Herr der Ringe* (1954–55) Fantasy zu einer führenden Gattung. Astrid Lindgrens *Pippi Langstrumpf* (1960) ist eine unkonventionelle Mädchengestalt, Otfried Preußlers *Krabat* (1981) ein spannender Roman aus Motiven der Volkssage.

Heinrich Heine

Johann Wolfgang von Goethe

**1800**

**1798** Die Veröffentlichung der *Lyrischen Balladen* von William Wordsworth und Samuel Coleridge leitet die englische Romantik ein.

**1811** *Verstand und Gefühl* erscheint, Jane Austens erstes großes Werk.

**1812–15** Die Brüder Grimm sammeln *Kinder- und Hausmärchen* und zeichnen sie auf.

**1820**

**1821** James Fenimore Coopers *Der Spion* erscheint, der erste große amerikanische Roman.

**1823** Alexander Puschkin beginnt den Versroman *Eugen Onegin.*

**1827** Heinrich Heines *Buch der Lieder* wird veröffentlicht.

**Romantik** Als Reaktion auf den Formalismus der Klassik idealisierte die Romantik die Natur und betonte das Gefühl. Überall in Europa lebte die Lyrik wieder auf: Gedichte erlaubten in ihrer kurzen Form zarte Skizzen flüchtiger Empfindungen. Deutsche Dichter wie **Hölderlin** und **Goethe** wiesen den Weg, **Eichendorff, Heine, Mörike** folgten. Die ersten englischen Romantiker **Blake, Coleridge** und **Wordsworth** inspirierten **Byron, Shelley** und **Keats.** In Frankreich übte **Hugo** großen Einfluss aus.

Die Idealisierung der Vergangenheit machte historische Romane zur Mode: **Scotts** Romane beeinflussten den großen russischen Dichter **Puschkin.** Eine Vorliebe für dunkle Gefühle drückte sich in Schauerromanen aus, z. B. bei **E. T. A. Hoffmann** in Deutschland, **Shelley** in Großbritannien und **Poe** in den USA.

Um 1830 beeinflusste die Romantik auch amerikanische Literaten. **Thoreau, Melville** und **Hawthorne** sahen die natürliche Welt als Symbol der spirituellen Welt und wurden als romantische Symbolisten bekannt.

***Die Jahre der Kindheit*** Eine der zahlreichen Illustrationen aus dem Werk E. T. A. Hoffmanns

## Schriftsteller H–M

**Seamus Heaney**
(*1939) Brite
Seine frühe Lyrik schöpfte aus dem ländlichen Irland mit starkem Gefühl für die physische Umgebung. Seine späteren Werke befassen sich mehr mit Irlands politischen Problemen.
*Ausgewählte Gedichte 1966–87*

**Heinrich Heine**
(1797–1856) Deutscher
Seine Verflechtung von Lyrik, Erzählung, politischer Abhandlung, Feuilleton und Autobiographie begründete einen richtungsweisenden Prosastil.
*Reisebilder*

**Ernest Hemingway**
(1899–1961) Amerikaner
Karger Stil, knappe Dialoge und Charakterisierungen in Romanen und Kurzgeschichten machten ihn zu einem der einflussreichsten Autoren seiner Zeit.
*In einem anderen Land*

**Homer**
(um 800 v. Chr.) Grieche
Die Geschichten, die seinen Epen zugrunde liegen, verwandelte er durch seine dichterische Kraft in allgemein gültige Dichtung.
*Odyssee*

**Victor Hugo**
(1802–85) Franzose
Die zentrale Gestalt der romantischen Bewegung galt als Frankreichs bedeutendster Lyriker. In seinen Gedichten experimentierte er mit Sprache und Rhythmus. Seine Romane leben von ihrer sprachlichen Ausdruckskraft.
*Die Elenden*

**Henry James**
(1843–1916) Amerikaner
In seinen Romanen, Kurzgeschichten und Stücken erkundete er den Konflikt zwischen amerikanischem und europäischem Charakter. Er erforschte das Ich seiner Figuren unter dem Zwang schwieriger moralischer Entscheidungen.
*Bildnis einer Dame*

**James Joyce**
(1882–1941) Ire
Modernist, der die Struktur des Romans revolutionierte und die Sprache an die Grenze der Verständigung trieb. Seine Technik des „Bewusstseinsstroms" beeinflusste auch Virginia Woolf und William Faulkner.
*Ulysses*

**Franz Kafka**
(1883–1924) Österreicher
Seine Romane und Erzählungen sind vieldeutig und haben oft traumhafte und groteske Themen zum Inhalt. Der aussichtslose Kampf des Individuums gegen allgegenwärtige anonyme Mächte ist das Grundthema.
*Das Schloss*

**Martin Luther**
(1483–1546) Deutscher
Er verfasste reformatorische Schriften und geistliche Lieder. Mit seiner Übersetzung der Bibel leitete er die Epoche der neuhochdeutschen Sprache ein.
*Biblia, das ist, die gantze Heilige Schrifft. Deudsch.*

**Thomas Mann**
(1875–1955) Deutscher
Analysierte als Romancier das dekadente Bürgertum und beschrieb übersensible Charaktere. Gab dem modernen Roman durch Leitmotivtechnik, Selbstparodie und Brechung der Aussagen neue Impulse.
*Der Zauberberg*

**John Milton**
(1608–74) Engländer
Schrieb u. a. Sonette und ein Maskenspiel sowie das bedeutendste nachantike Versepos. Er verband Leidenschaft mit Selbstdisziplin und beeinflusste die Romantiker.
*Das verlorene Paradies*

**Robert Musil**
(1880–1942) Österreicher
Der scharfsichtige Analytiker zerbrach mit seinem monumentalen, essayistisch angelegten Zeit- und Gesellschaftsroman, der unvollendet blieb, die herkömmliche Romanform.
*Der Mann ohne Eigenschaften*

Siehe auch

198–9 **Das Zeitalter der Könige**
390–3 **Drama**

*In einer Zeit rascher Veränderungen durch die Industrialisierung erschien die Romantik allzu weltfremd. Die Romanciers des 19. Jh. wollten die reale Welt und die in ihr wirkenden sozialen Kräfte beschreiben. Im frühen 20. Jh. vollzogen Schriftsteller einen vollständigen Bruch mit der Vergangenheit. Am Ende des Jahrhunderts experimentierten die Literaten mit unterschiedlichen Ansätzen wie Parodie und einer Mischung von Traditionen.*

## Schlüsselbegriffe

**Alliteration** Wiederholung gleicher Laute, vor allem Konsonanten am Wortanfang: „Fischers Fritz fängt frische Fische."
**Assonanz** Unvollständiger Reim, bei dem sich nur die Vokale der letzten betonten Silbe reimen: „leiden/neigen".
**Blankvers** Vers, der keinen Reim, aber ein Metrum hat.
**Fuß** Gruppe von zwei bis vier Silben, die im Vers eine rhythmische Einheit bilden.
**Gleichnis** Sprachliches Bild, bei dem ein Vergleich die Aussage verstärkt: „Der Mond hing da wie ein billiger Ohrring."
**Hexameter** Vers mit sechsfüßiger Zeile.
**Ironie** Äußerung, die oft das Gegenteil dessen meint, was sie ausspricht.
**Jambus** Ein Fuß, der aus einer kurzen und einer langen Silbe besteht.
**Metapher** Sprachliches Bild, das eine Sache durch eine andere umschreibt: „Frühling des Lebens" für Jugend.
**Metrum** Durch betonte und unbetonte Silben gebildete Klangmuster. Das Metrum ergibt den Rhythmus und ist daher wichtiges Mittel der Lyrik.
**Pentameter** Vers mit fünffüßiger Zeile.

Leo Tolstoj

James Joyce

Virginia Woolf

1830 1850 1900

**1837** Die ersten Lieferungen von *Oliver Twist* erscheinen und bestätigen Charles Dickens als populärsten Schriftsteller des Jahrhunderts.

**1854–61** Die Brüder Grimm beginnen ihr *Deutsches Wörterbuch.*

**1857** Gustav Flauberts *Madame Bovary* verletzt die öffentliche Moral durch die unparteiische Analyse des Ehebruchs seiner Heldin.

**1859** Charles Darwin veröffentlicht seine radikale Evolutionstheorie *Von der Entstehung der Arten.*

**1863** Die ersten Episoden von Leo Tolstojs Roman *Krieg und Frieden* erscheinen.

**1871** Emile Zola zeichnet mit der Familiensaga *Die Rougon Maquart* ein umfassendes Bild der Zeit.

**1915** *Der Regenbogen* von D. H. Lawrence wird wegen Obszönität beschlagnahmt.

**1922** *Das wüste Land* von T. S. Eliot und *Ulysses* von James Joyce kommen heraus. Marcel Proust beendet *Auf der Suche nach der verlorenen Zeit.*

**1926** Ernest Hemingways *Fiesta* fängt die Ernüchterung der Nachkriegsjugend ein.

**Realismus** Um 1830 begannen viele Schriftsteller ihre Themen in der Realität zu suchen, in der sie lebten. Manche strebten durch Bloßstellung sozialer Missstände Reformen an.

**Dickens**' Werk konzentriert sich auf die Gesellschaft seiner Zeit. Doch es waren **Eliot** und später **Hardy,** die ein objektiveres Bild Großbritanniens um die Mitte des 19. Jh. zeichneten. In Frankreich taten dies **Balzac** und **Flaubert.** Viele, so der Amerikaner **Twain,** hoben das Komische und Absurde hervor.

Im späten 19. Jh. reicherten **James** und **Dostojewskij** die Charaktere ihrer Protagonisten mit tief gehender psychologischer Analyse an. In Frankreich kündigte der stark dokumentarische Stil von **Zola** und **Maupassant** eine neue Richtung an, den Naturalismus. In Deutschland traten **Hauptmann** und **Raabe** mit Milieuschilderungen hervor.

***Mutter mit zwei Kindern*** Milieustudie Heinrich Zilles

**Moderne** Der Erste Weltkrieg brachte radikale soziale und kulturelle Veränderungen mit sich. Die Modernisten verwarfen die Tradition zugunsten experimenteller Techniken und Zeitthemen. **Proust** und **Conrad** lösten sich von der chronologischen Abfolge in den Handlungen ihrer Romane. **Joyce** und **Woolf** porträtierten ihre Charaktere durch die Technik des „Bewusstseinsstroms". Dichter wie **Pound** und **Eliot** ließen das gewohnte Versmaß fallen. **Döblin** wendete die Technik der „Montage" an, um das menschliche Chaos darzustellen. **Kraus** verfasste ein „nicht spielbares" Stück, die satirische Darstellung Österreichs und Deutschlands im Ersten Weltkrieg.

***The Museyroom*** Eine von John Glashan illustrierte Szene aus *Finnegans Wake* von James Joyce.

## Reisebeschreibungen

Seit ein unbekannter Ägypter *Das Reisen des Gebieters der Kapitäne Ägyptens* im 14. Jh. v. Chr. schrieb, haben Literaten, Entdecker und Wissenschaftler über ihre Reisen berichtet. Frühe Beispiele sind Herodots *Geschichte* (um 485–425 v. Chr.), die Ägypten und Afrika beschreibt, und *Rundführung durch Hellas* (2. Jh. v. Chr.) des Griechen Pausanias.

Der Kaufmann Marco Polo veröffentlichte im 13. Jh. einen Bericht über 24 Reisejahre durch China und Indien. Europäische Entdecker des 16. Jh. schilderten ihre Reisen. Hakluyts *Principall Navigations, Voiages and Discoveries of the English Nation* (1598) ist eine umfangreiche Sammlung solcher Berichte.

Der deutsche Naturforscher Alexander von Humboldt veröffentlichte 35 Bände über seine Reisen mit wissenschaftlichen Berichten, *Voyage aux régions équinoxiales du Nouveau Continent.* Es ist das größte Reisewerk, das von einer einzelnen Person verfasst wurde. 1872 gab Francis Galton das erste Überlebenshandbuch mit dem Titel *The Art of Travel* heraus.

Namhafte Reiseschriftsteller des 20. Jh. sind Freya Stark, Wilfred Thesiger, Thor Heyerdahl, Eric Newby, Bruce Chatwin und Wolfgang Koeppen.

Günter Grass

| 1930 | | 1950 | | | 1980 |
|---|---|---|---|---|---|
| **1935** Federico García Lorca prägt mit *Bluthochzeit* und *Yerma* den Typus des mythischen Schicksalsdramas. | **1949** Orwell veröffentlicht *1984*, eine politische Utopie, die das Wesen des totalen Überwachungsstaates beschreibt. | **1955** Der pädophile Held von Wladimir Nabokows *Lolita* löst einen Skandal aus. | **1959** *Die Blechtrommel* von Günter Grass, der erste Roman seiner *Danziger Trilogie*, erscheint. | **1968** *Hundert Jahre Einsamkeit* von Gabriel García Márquez führt den magischen Realismus im Roman ein. | **1981** Salman Rushdies *Midnight's Children* markiert den Beginn des Postmodernismus in der angloindischen Belletristik. |

**20. Jahrhundert** Trotz weit reichender Veränderungen lebten traditionelle Formen weiter. In den USA schrieb **Dreiser** naturalistische Romane, die sich auf Zeitungsberichte und amtliche Archive stützten. **Lawrence** analysierte die selbstzerstörerische Stimmung seiner Zeit. **Scott Fitzgerald** drückte die Ernüchterung seiner Generation aus, die den Ersten Weltkrieg durchgemacht hatte.

Um 1930 sprach **W. H. Auden** politische und soziale Kernfragen an. Mit traditionellen poetischen Formen – Metrum und Rhythmen – machte er seine Gedichte einem möglichst breiten Publikum zugänglich. **Brecht** dichtete Songs und Balladen im Stil von Kollektivliedern. Der Trend zur Verständlichkeit der Lyrik setzte sich fort: in **Dylan Thomas'** Neoromantik in den 1940er- und den Protesten der Beatdichter in den 1960er-Jahren.

In den 1950er-Jahren traten der Antiheld und der Nichtheld zuerst in den Romanen der Amerikaner **Bellow, Roth** und **Updike** auf. In Europa bei **Böll, Frisch** und **Johnson.**

In Frankreich entstand der ***nouveau roman***. Autoren wie **Duras** und **Mauriac** strebten nach einem Kaleidoskop der Eindrücke, die unsere Art, das Leben zu erfahren, nachzuahmen suchten. Existenzialisten wie **Sartre** dagegen zeichneten menschliche Schicksale nüchtern auf. Bei **Bernhard** sprach das Erzähler-Ich bittere Monologe, **Schmidt** spielte mit der Sprache. Um 1980 kam eine Belletristik auf, die Reales mit dem Phantastischen, Traumhaften und Unerklärlichen vermischt. Führender Vertreter dieses ***magischen Realismus*** ist **García Márquez,** aber auch **Carter, Grass** und **Rushdie** haben seine Techniken verwendet.

## Schriftsteller O–Z

**George Orwell**
(1903–50) Brite
Seine frühen Romane sind halb autobiographisch und komisch. Bekannt wurde er vor allem durch die späteren politischen Romane und als Journalist.
*1984*

**Ezra Pound**
(1885–1972) Amerikaner
Durch seine Lyrik sowie als Kritiker und Förderer von Zeitgenossen wie Eliot und Joyce trug er zur modernistischen Revolution bei. Seine Übersetzungen der altgriechischen und frühen chinesischen Poesie weckten ein Interesse an diesen Kulturen.
*The Cantos*

**Marcel Proust**
(1871–1922) Franzose
Fruchtbarer Autor von Kurzgeschichten und Romanen. Die nichtlineare Behandlung der Zeit, die detaillierte Analyse von Charakterstudien und gedanklichen Prozessen und der originelle Stil übten starken Einfluss auf die Literatur des 20. Jh. aus.
*Auf der Suche nach der verlorenen Zeit*

**Alexander Puschkin**
(1799–1837) Russe
Obgleich von westlichen Vorbildern beeinflusst, schuf Puschkin einen unverwechselbar russischen Stil. Sein Werk verschaffte dem Russischen als Literatursprache Geltung, weshalb er oft als Begründer der russischen Literatur angesehen wird.
*Eugen Onegin*

**Salman Rushdie**
(*1947) Brite
Rushdie, einer der gefeiertsten und umstrittensten zeitgenössischen Autoren, schöpft aus indischen Erinnerungen, Legenden und muslimischer Theologie.
*Midnight's Children*

**Friedrich Schiller**
(1759–1805) Deutscher
Der Dichter und Dramatiker gehört neben Goethe zu den Klassikern der deutschen Literatur. In seinen Sturm-und-Drang-Werken wandte er sich gegen politischen Despotismus. Er entwickelte das Ideen- zum Geschichtsdrama fort und verfasste formal vollendete Versdramen wie *Die Räuber.*
*Wallenstein*

**William Shakespeare**
(1564–1616) Engländer
Shakespeare gilt als einer der bedeutendsten Dramatiker der Weltliteratur. In seinen Schauspielen vereinen sich dichterische Einbildungskraft, Tiefe der seelischen Erfahrung mit der Bildhaftigkeit der Sprache.
*Macbeth*

**Alexander Solschenizyn**
(*1918) Russe
In Romanen und dokumentarischen Berichten, die das Leben im stalinistischen Russland schildern, versuchte er, die Literatur als Waffe gegen die Unterdrückung einzusetzen.
*Archipel Gulag*

**Leo Tolstoj**
(1828–1910) Russe
Schrieb Romane, Erzählungen und Essays. Tolstojs große Romane – großartige bunte Porträts der russischen Gesellschaft – werden zu den bedeutendsten der Weltliteratur gerechnet.
*Krieg und Frieden*

**Vergil**
(70– 19 v. Chr.) Römer
Vergil, der größte lateinische Dichter, schuf für das Römische Reich ein Nationalepos, die *Äneis,* das Homers *Odyssee* in nichts nachstand.
*Die Kunst des Landbaus*

**William Butler Yeats**
(1865–1939) Ire
Yeats gelangte von romantischen Themen in seinem frühen Werk zu einer vielfältigen Thematik, die von irischer Folklore über politische Themen bis zum Okkulten reichte. In Diktion und Rhythmen näherte er sich der Umgangssprache.
*Die Wendeltreppe*

Siehe auch
204–5 **Die Industrielle Revolution**
348–9 **Psychologie**
390–3 **Drama**

*Das Drama, das im Theater von Schauspielern aufgeführt wurde, nahm seinen Ausgang in Griechenland. Das frühe griechische Drama ging aus religiösen Feiern hervor, bei denen Chöre maskierter Männer Geschichten über die Missgeschicke der Helden aus Sage und Geschichte rezitierten oder sangen. Um 550 v. Chr. trat der griechische Dichter Thespis aus dem Chor heraus und rezitierte Reden und wurde so der erste Schauspieler. Als er auch Sätze mit dem Führer des Chors austauschte, war der Bühnendialog geboren.*

**Rom** Die Römer bauten prächtige Theater, doch das Drama übernahmen sie von den Griechen. **Plautus** wurde mit zeitkritischen Komödien bekannt. Der Philosoph **Seneca** schrieb neun Tragödien. Sie wurden zu seiner Zeit nie aufgeführt, dienten aber Dramatikern der Renaissance als Vorbilder. Was dem römischen Publikum – abgesehen von Gladiatorenkämpfen – am besten gefiel, war eine Art Pantomime, in der ein einziger Darsteller, begleitet von Musik und Gesang, in verschiedenen Masken auftrat.

**Antikes Griechenland** Das antike griechische Theater kannte Tragödie, Satire und Komödie. In der Tragödie, etwa den Ödipus-Stücken von **Sophokles,** stand ein Held gegen die Mächte des Schicksals. Das Theater behandelte Themen wie göttliches Gesetz, freier Wille, Schicksal, Gerechtigkeit und Strafe. **Aischylos** und **Euripides** setzten als Erste den Chor ein. Die Satiren des **Aristophanes** verspotteten und kritisierten damals schon Personen der Öffentlichkeit. **Menander** war der erste herausragende Autor von Komödien, in denen zur Belustigung der Zuschauer die Schauspieler menschliche Schwächen darstellten und bloßlegten.

**Mittelalter** (11.–14. Jh.) Seit dem 11. Jh. entwickelten sich in Europa neue Formen des Dramas. Stücke, die auf biblischen Geschichten beruhten – Mysterienspiele genannt –, wurden zunächst als lebende Bilder in Kirchen, dann im Freien aufgeführt. An einigen Orten wurden Stücke zu Zyklen zusammengestellt, so der York Cycle in England. Die Kreuzigung Christi wurde in Passionsspielen dargestellt; das Oberammergauer Passionsspiel (1634) ist aus einem Gelübde heraus entstanden und wird bis heute aufgeführt. Daneben kamen Stücke auf, in denen Tugenden und Laster personifiziert waren, die eine moralische Lehre vermitteln sollten und als Moralitäten bezeichnet wurden.

## Theaterbau – Bühne und Publikum

**Altgriechisches Amphitheater** Großes Freilufttheater, das das Vorbild für spätere Theaterbauten abgab

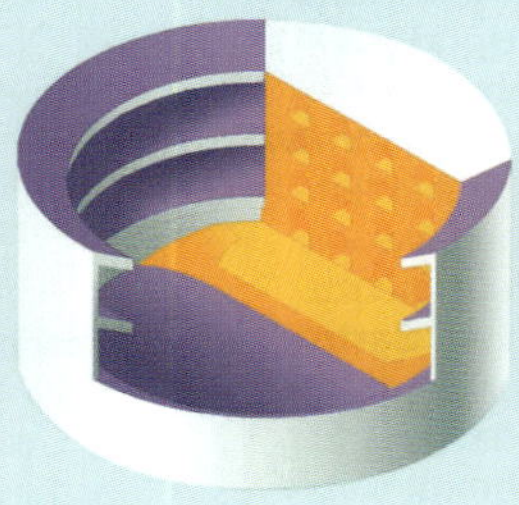

**Elisabethanisches Theater** Trennte die Schauspieler durch eine erhöhte Bühne vom Publikum und schuf einen Hintergrund.

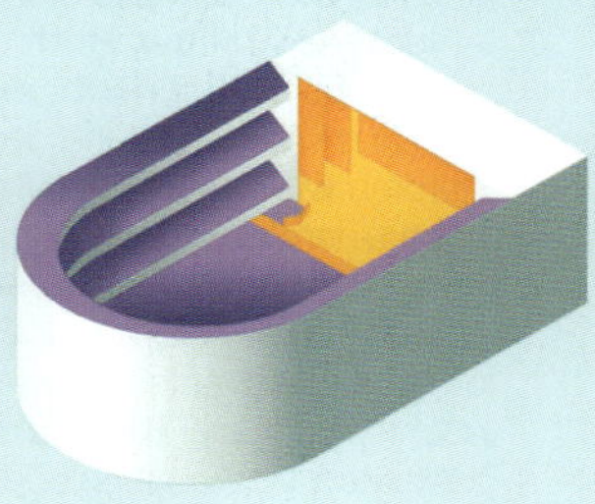

**Pariser Palais-Royal** (1641) Schuf die heute übliche Vorderbühne sowie bewegliche Kulissen im Hintergrund.

**Arenabühne** Seit den 1930er-Jahren in Gebrauch, erlaubt sie den engen Kontakt zwischen Publikum und Darstellern.

Siehe auch
172–3 **Das alte Griechenland**
174–5 **Das alte Rom**
194–5 **Die Renaissance**
384–9 **Literatur**

**Renaissance und Barock** (16.–17. Jh.)
Aus Interesse am antiken, besonders dem römischen Theater und der mittelalterlichen Tradition der Mysterienspiele und Moralitäten erwuchs in England eine starke Theatertradition. **Christopher Marlowe** revolutionierte das Theater, indem er die inneren Konflikte seiner Helden auslotete und die Vielseitigkeit des Blankverses zeigte. **William Shakespeares** poetische Begabung gab seinen Stücken Atmosphäre und emotionale Kraft. Er brach die Regeln des antiken Dramas mit Nebenhandlungen, mehreren Handlungsorten und Einflechtung von Komik in die Tragödie. Sein Rivale **Ben Jonson** orientierte sich an der Antike und griff mit satirischen Komödien Laster wie Habgier und Scheinheiligkeit an. Im frühen 17. Jh. wurde die Rache-Tragödie populär, so in Shakespeares späten Stücken und in **John Websters** Tragödien. Englische Komödianten verbreiteten die Stücke und inspirierten **Andreas Gryphius** zu seinen beliebten Schelmenstücken.

**Das Goldene Zeitalter Frankreichs**
(17. Jh.) In Frankreich hielt sich das Theater im 17. Jh. eng an das antike Drama. Die Tragödie zeigte die Folgen menschlicher Torheiten, während die Komödie sie verspottete. Die Stücke folgten der Regel des Aristoteles, der Einheit von Handlung, Ort und Zeit: Die Handlung musste auf einem einzigen Vorfall beruhen (ohne Nebenhandlung), an einem Ort und innerhalb eines Tages stattfinden. **Pierre Corneille** begründete die französische klassische Tradition, wurde aber von **Jean Racines** Tragödien mit ihren meisterhaften Versen übertroffen. **Molière** schrieb satirische Komödien wie *Der Menschenfeind,* indem er die Heuchelei von bestimmten Gesellschaftsgruppen wie der Geistlichkeit angriff.

**Aufklärung** (17.–18. Jh.) Nach der Wiederherstellung der Monarchie in England schrieben **William Wycherley** und **William Congreve** so genannte Sittenstücke, die Moral und Verhalten der Oberschicht karikierten. Im 18. Jh. setzten **Richard Sheridan** und **Oliver Goldsmith** diese Tradition fort. Die Tragödie nahm die Form des „heroischen Dramas" an – in Paarreimen geschrieben, betonte sie Leidenschaften und heftige Wortwechsel. Führend war hier John **Dryden.** In Deutschland setzte **Lessing** das erwachende bürgerliche Selbstgefühl der Zeit in seinen Theaterstücken um.

## SHAKESPEARE

**William Shakespeare** (1564–1616) schrieb 37 Stücke zwischen 1590 und 1616, einige zusammen mit anderen. Er schöpfte aus einer Vielzahl von Quellen – antiken Dramen, mittelalterlichen Moralstücken, italienischer *commedia dell'arte,* Chroniken und Volksgut. Aus diesen Stilen, die seine Handlungen, Charaktere und Verwendung rhetorischer und theatralischer Mittel beeinflussten, schuf er höchst originelle Dramen.

**Frühe Komödien**
*Die beiden Veroneser* (1590–1)
*Der Widerspenstigen Zähmung* (1593)
*Die Komödie der Irrungen* (1594)
*Verlorene Liebesmüh* (1594–5)

**Historiendramen**
*Heinrich VI., Teile I, II und III* (1592)
*Richard III.* (1592–3)
*König Johann* (1595)
*Richard II.* (1595)
*Heinrich IV., Teile I und II* (1596–7)
*Heinrich V.* (1598)

**Spätere Komödien**
*Ein Sommernachtstraum* (1595–6)
*Der Kaufmann von Venedig* (1596–7)
*Die lustigen Weiber von Windsor* (1597–8)
*Viel Lärm um nichts* (1598)
*Wie es euch gefällt* (1599)
*Was ihr wollt* (1601)
*Troilus und Cressida* (1602)
*Maß für Maß* (1603)
*Ende gut, alles gut* (1604–5)

**Tragödien**
*Titus Andronicus* (1592)
*Romeo und Julia* (1595)
*Julius Cäsar* (1599)
*Antonius und Kleopatra* (1606)
*Coriolanus* (1608)
*Hamlet* (1600–1)
*Othello* (1603–4)
*Timon von Athen* (1605)
*König Lear* (1605–6)
*Macbeth* (1606)

**Späte Stücke**
*Perikles* (1607)
*Ein Wintermärchen* (1609)
*Cymbelin* (1610)
*Der Sturm* (1611)
*Heinrich VIII.* (1613)

*Das Drama der Klassik lebte im 19. Jh. weiter. Dagegen löste sich das Theater des 20. Jh. von traditionellen Formen und erkundete Wege, die näher an die Darstellung der Realität heranführen sollten. Das Hauptgewicht verlagerte sich von der geistreichen Handlung zum Ausdruck innerer Gefühle oder zu satirischen gesellschaftskritischen oder politischen Inhalten. Ende des 20. Jahrhunderts gab es ein breites Spektrum alternativer Theatergruppen.*

**Japanische No-Stücke** (17.–19. Jh.) No-Stücke entstanden im 14. Jh. in japanischen Hofkreisen und erlebten ihre Blütezeit im 17.–19. Jh. Die Themen kamen aus der klassischen japanischen Literatur. Zur Aufführung gehörten vornehme, von verschiedenen Trommeln und No-Querflöte begleitete Tänze. Die Sprache aller Rollen war klangvoll und feierlich.

▼

▲

**Romantik** (Mitte 18. Jh.–19. Jh.) Die Dramatiker lehnten sich gegen die Vernunft und die Konventionen der Klassik auf. In Deutschland war es die Bewegung des Sturm und Drang, die **Johann Wolfgang von Goethe** und **Friedrich Schiller** Werke schreiben ließ, die Gefühl und Phantasie beflügelten. In Großbritannien und den USA bedeutete dies den Übergang von der Tragödie zum Melodram. **Heinrich von Kleist** betonte in seinen Dramen das reine Gefühl und das Recht. Gegen Ende des Jahrhunderts wurden die satirischen Komödien von **Oscar Wilde** und **Arturo Pinero** populär.

**Sozialer Realismus** (Wende 19./20. Jh.) Die Dramatiker richteten ihr Augenmerk auf die Gesellschaft. Die Stücke von **Henrik Ibsen, George Bernard Shaw, John Synge** und **Eugene O'Neill** waren lebensnah, stellten aber nur das Wesentliche dar. **Tschechow** entwickelte den Realismus weiter zum Naturalismus: Details, Stimmungen und Innenleben der Figuren sind wichtiger als die Handlung. *Die Weber* von **Gerhard Hauptmann** sind das Hauptwerk des deutschen Naturalismus. Ein verwandter Stil, etwa bei **Strindberg,** war der Symbolismus, der Wirklichkeit mit den Mitteln der Allegorie darstellt.

▼

## Wichtige Dramatiker

Aus der Masse der Stückeschreiber ragen einige Dramatiker besonders hervor.

**Samuel Beckett** (1906–89) Ire
Seine Themen sind das Versagen menschlicher Kommunikation und die Sinnlosigkeit menschlichen Bemühens. Berühmt für seine geschliffene Sprache. ■ *Warten auf Godot*

**Johann Wolfgang von Goethe** (1749–1832) Deutscher Überragender Dramatiker in der Bearbeitung antiker Tragödien sowie in seinem romantischen Hauptwerk. ■ *Faust*

**Maksim Gorkij** (1868–1936) Russe
Schrieb über die Ausgestoßenen der Gesellschaft. Seine revolutionäre Gesinnung zwang ihn ins Exil. ■ *Nachtasyl*

**Henrik Ibsen** (1828–1906) Norweger
Seine umstrittenen Stoffe und beklemmend endenden Stücke waren einzigartig in Europa. Ibsen gilt als Vater des realistischen Theaters, sein späteres Werk trägt mehr symbolistische Züge. ■ *Hedda Gabler*

**Arthur Miller** (*1915) Amerikaner
Untersucht in seinen Dramen menschliche Beziehungen über die Themen der Schuld und Verantwortung gegenüber sich selbst und der Gesellschaft. ■ *Tod eines Handlungsreisenden*

**Die Rolle des Schauspielers**
John Gielgud und Ralph Richardson erwecken David Storeys Charaktere in *Home* zum Leben.

▲

**Politische Satire** (frühes 20. Jh.)
Nach dem Ersten Weltkrieg spiegelte sich das politische Chaos Europas auch im Theater wider. Als führender deutscher Stückeschreiber trat **Bertolt Brecht** hervor. Er führte das epische Theater ein, das die Zuschauer bestärkt, ein Stück ohne emotionale Anteilnahme anzusehen. So können sie über seine Themen objektiv nachdenken. Mittel wie Songs, Spruchbänder und Masken erzeugen eine distanzierende und „verfremdende" Wirkung, die das Publikum daran erinnert, dass das Geschehen auf der Bühne eine Aufführung ist und nicht die Realität. Im vorrevolutionären Russland schilderte **Maksim Gorkij** in *Nachtasyl* das soziale Elend im Zarenreich. **Michail Bulgakow** schrieb satirische Stücke wie *Der Tag der Geschwister Turbin.* In Paris griff **Alfred Jarry** in seiner satirischen Farce *König Ubu* bürgerliche Konventionen an.

**Absurdes Theater** In Paris entstand in den 1950er-Jahren eine Form des Dramas, die durch unmotivierte Figuren und fehlende Handlung die Sinnlosigkeit des Lebens ausdrückt. Die führenden Vertreter waren der irische Autor **Samuel Beckett** und der gebürtige Rumäne **Eugene Ionesco.** Andere Stückeschreiber, die dem absurden Theater nahe stehen, sind **Harold Pinter, Edward Albee** und **Tom Stoppard.** Osteuropäische Dramatiker wie **Václav Havel** stellten mit den Mitteln des absurden Theaters die Gesellschaft unter kommunistischer Herrschaft und den Kampf des Einzelnen gegen die Bürokratie satirisch dar.

▼

▲

**Seit 1950** In Amerika traten in den 1950er-Jahren **Arthur Miller** und **Tennessee Williams** als führende Stückeschreiber hervor. Beide porträtierten eine dekadente und machtbesessene Gesellschaft. In Großbritannien stellten **John Osbornes** Stücke die etablierte Gesellschaftsordnung infrage. Der Schweizer **Friedrich Dürrenmatt** verband in seinen Dramen Satire mit Zeitkritik. In den 1970er- und 1980er-Jahren setzte sich das Thema der Desillusionierung im Werk von **David Mamet** in den USA und **David Hare** in Großbritannien fort. Der deutsche Dramatiker **Franz Xaver Kroetz** setzte sich in seinen Volks- und Lehrstücken mit Problemen von sozial Unterprivilegierten auseinander. In Italien spielte **Dario Fo** politisches Volkstheater. Der Amerikaner **Neil Simon** und der Brite **Alan Ayckbourn** schrieben Gesellschaftskomödien über gestörte Beziehungen. Als Reaktion auf steigende Produktionskosten und die Konkurrenz des Fernsehens kamen in den 1960er-Jahren freie Theatergruppen auf. Sie traten in alternativen Spielstätten wie Cafés auf. Im Mittelpunkt standen soziale und politische Probleme. Minderheiten wie ethnische Gruppen und Aids-Aktivisten nutzten das Theater gegen Diskriminierung.

**Molière** (1622–73) Franzose
Seine Schilderungen menschlicher Torheiten hoben die Komödie auf das Niveau der Tragödie. ■ *Der Menschenfeind*

**Gotthold Ephraim Lessing** (1729–1781) Deutscher Überwand das feudale Ständedenken und gab damit dem bürgerlichen Drama Auftrieb. ■ *Nathan der Weise*

**Harold Pinter** (*1930) Brite
Pinter vermittelt durch den Einsatz von Umgangssprache und stillen Momenten die Gedanken seiner Figuren. Seine Stücke erkunden die Probleme der menschlichen Identität und Verständigung.
■ *Der Hausmeister*

**Jean Racine** (1639–99) Franzose
Die Tragödien Racines behandeln historische und antike Stoffe. ■ *Phädra*

**August Strindberg** (1849–1912) Schwede
Experimentierte mit verschiedenen Stilen, auch dem Naturalismus. Seine späteren Stücke befassen sich mit Religion und Symbolismus. ■ *Fräulein Julie*

**Anton Tschechow** (1860–1904) Russe
Die Zusammenarbeit mit Stanislawskij 1898 brachte Tschechow die ersten Erfolge. Er betonte die Stimmung anstelle der Handlung und beeinflusste damit spätere Dramatiker wie etwa Pinter.
■ *Der Kirschgarten*

Siehe auch
204–5 **Die Industrielle Revolution**
212–13 **Zwischen den Kriegen**
384–9 **Literatur**

# Kino 1890–1940

**Die Jugendjahre des Films**

*Die Geschichte des Films ist gekennzeichnet von rasanten technischen Veränderungen: Innerhalb von 20 Jahren nach der Erfindung des Films war die Branche zu einem riesigen Geschäft geworden mit der „Traumfabrik" Hollywood als Mittelpunkt. Bis zu den 1920er-Jahren hatte sich der Film zum wichtigsten neuen Medium entwickelt.*

**Verwegener Held** Douglas Fairbanks Senior, Held des Abenteuerfilms *Im Zeichen des Zorro* (1920), erfuhr als einer der ersten Stars öffentliches Interesse an seinem Privatleben.

**1890**

**1893** In den USA lässt Thomas Edison das Guckloch-Kinetoskop patentieren und stellt den ersten Film der Welt her: ein Mann, der niest.
**1895** Louis und Auguste Lumière eröffnen ein Kino in Paris.
**1897** Georges Méliès eröffnet in Paris ein Filmstudio und produziert in der Folgezeit 500 Kurzfilme.

**1900**

**1903** *The Great Train Robbery* mit 14 Szenen und 12 Minuten Länge begründet den Erzählfilm nach einem Drehbuch.
**1905** Ein Lichtspieltheater eröffnet in Pittsburgh, USA.
**1908** D. W. Griffith, der „Vater des Films", geht als Regisseur zum Biograph-Studio.
**1909** Die Studios kreieren den Filmstar und locken mit der Popularität von Schauspielern die Menschen ins Kino.
**1911** In Hollywood entstehen Filmstudios; zu den ersten zählt Keystone Pictures der Regisseure Cecil B. DeMille, D. W. Griffith und Mack Sennett.
**1914** *The Squaw*, der erste abendfüllende Hollywood-Western, hat Premiere.
**1915** Griffith's Epos *Geburt einer Nation* und Charlie Chaplins *Der Tramp* laufen an.
**1917** Chaplin unterschreibt den ersten Filmvertrag über 1 Mio. Dollar.
**1919** Chaplin, Mary Pickford und Douglas Fairbanks Senior gründen das Studio United Artists: Die Filmhelden werden zu Superstars.

**1920**

**1920** *Im Zeichen des Zorro* leitet einen Trend zu historischen Abenteuerfilmen ein.
**1921** *Die vier apokalyptischen Reiter* macht Rudolf Valentino weltweit zum romantischen Helden. Sein früher Tod 1926 löst in den USA eine Massenhysterie aus.
**1923** Mit *Der Planwagen* wird der Western zu einer Hauptgattung des Films: Bis Mitte der 1950er-Jahre machen Western 25 % der Hollywoodfilme aus. Mit der Eröffnung von Warner Bros. wird das Studiosystem von Hollywood begründet.
**1924** Die neuen Studios Columbia und MGM werden eingerichtet.
**1925** Chaplin führt Regie und spielt in *Goldrausch.* King Vidors Antikriegsfilm *Die große Parade* läuft an. Sergej Eisenstein wirkt mit neuen Montage- und Schnitttechniken in *Panzerkreuzer Potemkin* bahnbrechend.
**1927** Geburt des Tonfilms mit *The Jazz Singer.* In Fritz Langs *Metropolis* beeindruckt die Filmarchitektur. Mit *Berlin – die Sinfonie der Großstadt* entsteht der erste Montagefilm.
**1928** Mickey Mouse hat seinen ersten Auftritt in *Steamboat Willie,* dem ersten Zeichentrickfilm mit Vertonung.
**1929** *Wings* gewinnt den ersten Academy Award („Oscar") für den besten Film.

**Geburt des Kinos** Der Kinematograph (links) der Brüder Lumière konnte bewegte Bilder aufnehmen und projizieren. Ihr erster Film (1895) zeigte ihre Arbeiter beim Verlassen der Fabrik.

**FAKTEN**

**Charlie Chaplins Markenzeichen, Melone und Spazierstock, wurden 1995 für 44 750 £ versteigert.**

**Weltberühmt** In vielen Filmen spielte Charlie Chaplin und führte zugleich Regie, so auch 1925 in *Goldrausch* (links). Chaplin kam 1914 nach Hollywood, wo er bis 1916 über 50 Stummfilme drehte. Der Stummfilm, den man überall in der Welt verstand, machte ihn zum ersten internationalen Star.

## BERÜHMTE REGISSEURE

Die meisten Filmregisseure der 1920er- und 1930er-Jahre waren nicht mehr als bessere Techniker, die für die Stars der Studios Schaukästen bereit – stellten. Ausnahmetalente verschafften allmählich der künstlerischen Filmregie Geltung.

**D. W. Griffith** begründete in seinen Epen *Die Geburt einer Nation* (1915) und *Intoleranz* (1916) die grundlegende „Filmsprache": lange Einstellungen, Großaufnahme zu Beginn und Ende einer Szene und Überschneiden von Szenen an verschiedenen Orten. **Cecil B. DeMille**, vor allem bekannt durch seine Regie in biblischen Epen wie *Die zehn Gebote* (1923), produzierte und schrieb seine Filme ebenso selbst wie der französische Regisseur **Jean Renoir** (*Die große Illusion,* 1937).

Der russische Regisseur **Sergej Eisenstein** schuf nach Ideen moderner Kunst und Musik raffinierte „Montagen" – serielle Zusammenschnitte verschiedener Aufnahmen. Die Themen dieser „konzeptuellen" Szenen müssen vom Betrachter begriffen werden. Mit dieser Technik dramatisierte er in *Panzerkreuzer Potemkin* (1925) wirkungsvoll ein Massaker in Odessa.

Im Jahr 1929 erprobte **Alfred Hitchcock** den Ton zur Steigerung der Dramatik in *Erpressung,* dem ersten britischen Tonfilm, in dem eine Frau ihre Gedanken ausspricht.

Spätestens in den späten 1950er-Jahren waren die Regisseure als schöpferische Kraft mit erkennbarem persönlichem Stil und technischer Meisterschaft anerkannt.

Hitchcock wurde bekannt für seine spannenden Filme, **John Cassavetes** für preiswerte Techniken wie tragbare Kameras und körnige Kopien. **François Truffaut** drehte am Schauplatz und verzichtete zugunsten unverbundener Szenen auf glatte Handlungen (*Jules und Jim,* 1962). In Italien tat sich **Federico Fellini** mit subversiver Phantasie hervor (*Das süße Leben,* 1960). Heute bürgt der Name des Regisseurs für den Stil eines Films und kann Kassenerfolge garantieren. **Steven Spielberg,** der kommerziell erfolgreichste zeitgenössische Regisseur, ist vor allem bekannt für seine Mischung aus Gefühl und Abenteuer (*E. T. Der Außerirdische,* 1982).

**1930**

**1930** Das goldene Zeitalter Hollywoods und des Studiosystems bricht an: Filme werden weltweit zur beliebtesten Unterhaltung. Greta Garbo spricht ihre ersten Filmworte *(Anna Christie),* Marlene Dietrich debütiert *(Der blaue Engel). Little Caesar/Der kleine Cäsar* mit Edward G. Robinson bahnt Gangsterfilmen den Weg. In *Der große Treck* tritt John Wayne zum ersten Mal auf.

**1931** *Dracula* mit Bela Lugosi und *Frankenstein* mit Boris Karloff begründen den Horrorfilm.

**1932** Mit *Tarzan der Affenmensch* beginnt die Tarzan-Serie mit Johnny Weissmueller.

**1933** *Wir fliegen nach Rio* ist der erste von zehn Filmen mit Ginger Rogers und Fred Astaire. Mit *King Kong* werden neue Maßstäbe bei Spezialeffekten gesetzt. *Die Marx Brothers im Krieg* läuft an.

**1934** Der französische Regisseur Jean Vigo begründet mit *L'Atalante* seinen internationalen Ruhm. Die sechsjährige Shirley Temple spielt in *Stand Up and Cheer.*

**1935** Mit *Becky Sharp* werden Farbfilme eingeführt. Alfred Hitchcocks Spionagethriller *39 Stufen* läuft an.

**1937** Jean Renoir führt Regie bei einem der maßgeblichen französischen Meisterwerke, *Die große Illusion.*

**1939** *Vom Winde verweht, Höllenfahrt nach Santa Fé* und *Der Zauberer von Oz* kommen in die Kinos.

**Romantische Hauptrolle** Errol Flynn wurde für die Rolle des Robin Hood in dem gleichnamigen Film dem Mitbewerber James Cagney vorgezogen.

### Who's who – Künstlernamen von Filmstars

| Künstlername | Richtiger Name | Künstlername | Richtiger Name |
|---|---|---|---|
| **Joan Crawford** | Lucille Le Sueur | **Groucho Marx** | Adolph Marx |
| **Tony Curtis** | Bernard Schwarz | **Marilyn Monroe** | Norma Jean Baker |
| **Marlene Dietrich** | Maria von Losch | **Mary Pickford** | Gladys Smith |
| **Diana Dors** | Diana Fluck | **Ginger Rogers** | Virginia McMath |
| **Kirk Douglas** | Yussur Demsky | **Mickey Rooney** | Joe Yule |
| **Douglas Fairbanks** | Julius Ullman | **Barbara Stanwyck** | Ruby Stevens |
| **Greta Garbo** | Greta Gustafsson | **Robert Taylor** | Spangler Brough |
| **Cary Grant** | Alexander Leach | **John Wayne** | Marion Morrison |
| **Rita Hayworth** | Margarita Cansino | **Loretta Young** | Gretchen Belzer |
| **Carole Lombard** | Jane Peters | | |

Siehe auch
378–81 **Unterhaltungsmusik**
382–3 **Tanz**
400–1 **Kino – hinter den Kulissen**
496–7 **Informationsökonomie**

# Kino 1940–70

**Von der Kriegszeit zur Aufbruchstimmung in den 1960er-Jahren**

*Während der 1950er-Jahre erweiterten grandiose Historienfilme und neue Techniken wie 3-D und Breitwandverfahren (Cinerama, Cinemascope) die Möglichkeiten des Films. Das folgende Jahrzehnt erlebte das Ende des Studiosystems und den Aufstieg unabhängiger Filmemacher. Erstmals kamen Sex und Gewalt auf die Leinwand.*

**1940** *Die Früchte des Zorns* sinnt über die Wirtschaftskrise nach. Bing Crosby und Bob Hope drehen *Der Weg nach Singapur*, den ersten von sieben „Road"-Filmen.
**1941** In *Citizen Kane* erzeugt Regisseur Orson Welles mit sich überschneidenden Dialogen, mehrfachen Rollendeutungen und Rückblenden eine düstere Stimmung.
**1942** *Casablanca* läuft an.
**1945** Das französische Geschichtsepos *Die Kinder des Olymp* kommt ins Kino.
**1945** Helmut Käutner dreht *Unter den Brücken*.
**1946** Der amerikanische Nachkriegsrealismus beginnt mit den aufbauenden Themen von *Die besten Jahre unseres Lebens* und *Ist das Leben nicht schön? Die geheimnisvolle Erbschaft* und *Flüchtige Begegnung* leiten das goldene Zeitalter des britischen Films ein.
**1947** In den USA beendet die Jagd auf kommunistische Einflüsse in Hollywood viele Karrieren.
**1949** In London werden die ersten humorvollen Schwarz-Weiß-Filme aus den Ealing Studios gedreht, die zu Klassikern werden: *Blockade in London, Adel verpflichtet, Freut euch des Lebens.*
**1950** *Boulevard der Dämmerung* verbindet Melodram und schwarzen Humor. Marilyn Monroe debütiert in *Alles über Eva.*
**1951** Marlon Brando gibt sein Filmdebüt in *Endstation Sehnsucht. Der Untertan* von Wolfgang Staudte hat Premiere.
**1952** *Du sollst mein Glücksstern sein* mit Gene Kelly bezeichnet einen Höhepunkt des Hollywood-Musicals. Der klassische Western *High Noon/Zwölf Uhr mittags* läuft an.
**1953** Im japanischen Film *Tokyo Story* verzichtet der Regisseur Yasujiro Ozu auf Kamerabewegungen wie Schwenks und schildert Familienbeziehungen detailgetreu durch unbewegte Einzelbilder.
**1955** James Dean spielt in *Jenseits von Eden* und *Denn sie wissen nicht, was sie tun.*
**1956** *Invasion der Körperfresser* leitet den Science-Fiction-Boom ein. DeMille führt Regie in seiner zweiten Fassung von *Die zehn Gebote.*
**1959** Die französische „Nouvelle vague" (neue Welle) beginnt mit François Truffauts *Sie küssten und sie schlugen ihn.* Der Historienfilm *Ben Hur* mit Charlton Heston läuft an und bricht alle Rekorde: Lange Zeit galt er als der teuerste und erfolgreichste Film überhaupt.

**Hollywood-Ikone** Ihr früher Tod machte Marilyn Monroe zu einem Symbol für die Ausbeutung durch Hollywood.

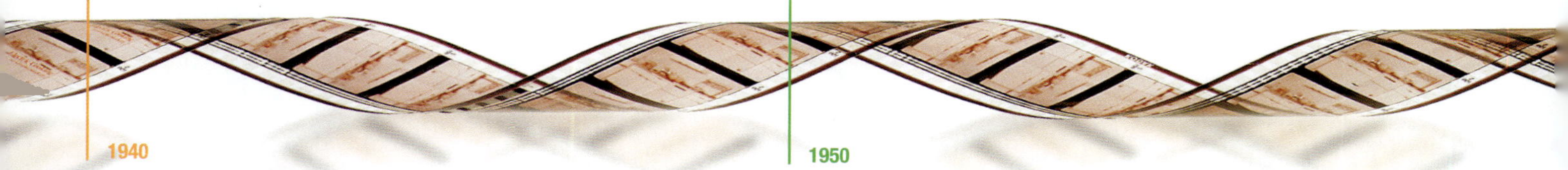

1940

1950

**Ost trifft West** *Die sieben Samurai* (1954) des japanischen Regisseurs Akira Kurosawa vermischte gekonnt gespielte Kampfszenen mit Schilderungen des bäuerlichen Lebens. 1960 drehte John Sturges mit *Die glorreichen Sieben* ein Remake des Films, der im Wilden Westen spielt.

## SCHAUSPIELKUNST IM FILM

In den frühen Tagen des Kinos wurden Schauspieltechniken des Theaters einfach auf die Leinwand übertragen. Doch die große theatralische Geste überzeugt im Film selten, und so hat sich die Darstellung kontinuierlich zu einem Naturalismus entwickelt – die Darsteller „reagieren" eher, als dass sie „agieren".

Diese Fähigkeit, vor der Kamera natürlich zu erscheinen – eine Persönlichkeit zu vermitteln, mit der sich das Publikum identifiziert und die es sympathisch findet –, zeichnet fast alle großen Filmstars aus. Von **Buster Keatons** Stummfilmkomödien bis zu **John Waynes** Westernhelden strahlten die besten Filmschauspieler eine unverkennbare Leinwandpräsenz aus. **Greta Garbo** wirkte auf der Bühne im heimatlichen Schweden blass, auf der Leinwand aber sehr anziehend.

In den 1920er-Jahren reagierte das deutsche Kino mit übertriebener, von der Kamera bewusst betonter Gestik und Mimik auf die naturalistische Spieltechnik. Später setzte der russische Regisseur Sergej Eisenstein diese Technik in *Iwan der Schreckliche* (1944) ein.

Um 1950 waren viele Filmschauspieler von der „Stanislawskij-Methode" nach dem russischen Theaterregisseur Konstantin Stanislawskij beeinflusst. Sie verlangt von Schauspielern, dass sie sich an Gefühle und Reaktionen aus früheren Erfahrungen erinnern und sie in ihren Auftritten zugunsten von mehr Realismus umsetzen. Der führende Vertreter der Art war **Marlon Brando,** dessen scheinbar holprige Darstellung in Filmen wie *Die Faust im Nacken* (1954) und *Der Pate* (1972) in Wahrheit das Ergebnis eines harten Trainings durch den aus Polen stammenden Lee Strasberg war, der das Actors Studio in New York gründete. Dahinter stand der Gedanke, möglichst wenig zu „täuschen". Noch weiter in diesem Bemühen um Realismus ging in späteren Jahren **Robert De Niro** (ebenfalls ein Strasberg-Schüler), der zur Vorbereitung auf seine Rolle als Boxer in *Wie ein wilder Stier* (1980), die ihm den Oscar einbrachte, fast 27 kg zunahm.

Die Intimität der Nahaufnahme im Film und das öffentliche Interesse an ihrem Privatleben bewirkt auch, dass etablierte Stars ihr Image in eine Rolle einbringen. Oft führt dies zur Festlegung auf ein Rollenfach – so spielte John Wayne den einsamen Cowboy; **Arnold Schwarzenegger** wird vor allem mit Action- und Abenteuerfilmen und **Jim Carrey** mit Slapstickkomödien verknüpft.

Die Aufgabe des Filmschauspielers ist immer durch die besonderen Anforderungen des Mediums erschwert worden. Auf der Bühne konzentriert sich eine Vorstellung auf wenige Stunden. Im Film wird sie Stück für Stück zusammengesetzt, oft über mehrere Monate und nicht im Handlungsverlauf. Unter diesen Umständen eine überzeugende Figur zu kreieren ist eine einzigartige Herausforderung, vor der jeder Filmschauspieler steht.

**1960**

**1960** Hitchcock dreht *Psycho.*
**1961** *West Side Story* ist das erste moderne Musical.
**1962** Sean Connery spielt die Hauptrolle im ersten Bond-Film *Dr. No.* Mit *Lawrence von Arabien* kehrt das Epos zurück.
**1963** Der 44 Mio. Dollar teure Film *Kleopatra* bringt die Fox-Studios an den Rand des Bankrotts.
**1965** *Meine Lieder, meine Träume,* das finanziell erfolgreichste Filmmusical aller Zeiten, läuft an.
**1966** Die Freizügigkeit der 1960er-Jahre wird von Filmen wie *Blow-up* und ein Jahr später *Die Reifeprüfung* verkörpert.
**1967** Mit *Bonnie und Clyde* wird die Darstellung der Gewalt zum Trend.
**1968** Die Nouvelle vague regt den „Jungen deutschen Film" mit Regisseuren wie Fassbinder, Kluge, Schaaf, Schlöndorff an.
**1969** Mit *Easy Rider* greift das Kino die Popkultur auf.

**Italo-Western** In *Zwei glorreiche Halunken* (1966) kreierte Clint Eastwood jene kantige, das Recht außer Acht lassende Figur, die zum Vorbild für spätere Filmcowboys und – privatdetektive wurde.

**Künstlerische Leitung** Truffaut meinte, der Regisseur sollte die eigentliche kreative Kraft eines Films sein – eine Idee, die als Nouvelle vague bezeichnet wurde. In *Jules und Jim* (1962) arbeitete er mit fließenden Kamerabewegungen und Off-Kommentaren.

Siehe auch
378–81 **Unterhaltungsmusik**
382–3 **Tanz**
400–1 **Kino – hinter den Kulissen**
496–7 **Informationsökonomie**

*Seit den 1970er-Jahren haben Gewalt, Sex und Horror auf der Leinwand ständig zugenommen und sind zu führenden Themen des zeitgenössischen Kinos geworden. Heute hat die Digitaltechnik die Abenteuergeschichte zu einer die Kassen füllenden Hightech-Schau gemacht.*

**1970** *Airport* führt das Genre des Katastrophenfilms zum Erfolg.
**1971** Woody Allens *Bananas* läuft an. Die Gewalt in *Dirty Harry, Brennpunkt Brooklyn/French Connection, Wer Gewalt sät* und *Uhrwerk Orange* schockiert das Publikum.
**1977** *Krieg der Sterne* führt Hightech in den Science-Fiction-Film ein.
**1979** *Apocalypse Now* verarbeitet das amerikanische Trauma des Vietnamkriegs.

**1981** Steven Spielberg dreht mit George Lucas den Abenteuerfilm *Jäger des verlorenen Schatzes.*
**1984** Gewalt und Spezialeffekte in aufwändigen Filmen gipfeln in *Terminator* (James Cameron).
**1985** Die unabhängige Filmgesellschaft Merchant Ivory beginnt eine Reihe von Verfilmungen klassischer Literatur mit E. M. Forsters *Zimmer mit Aussicht.* Digitaltechnik wird erstmals in *The Young Sherlock Holmes* eingesetzt und kreiert einen fechtenden Ritter aus Buntglas.
**1989** In *The Abyss* (James Cameron) wird mit neuen Digitaltechniken eine Kreatur aus Meerwasser geschaffen.

**Teurer Nervenkitzel**
*Terminator 2: Tag der Abrechnung* (1991) mit Arnold Schwarzenegger (rechts) war der erste 100-Mio.-Dollar-Film. Science-Fiction-Spezialeffekte sind jedoch weitaus billiger als Wassereffekte in Filmen wie *Titanic.*

**1992** Quentin Tarantino setzt in *Wilde Hunde* Gewalt als zentrales Thema ein.
**1993** In Steven Spielbergs *Jurassic Park* erzeugt Digitaltechnik naturalistisch wirkende Dinosaurier und mischt sie mit Live-Action.
**1995** *Toy Story* ist der erste digital animierte abendfüllende Spielfilm.
**1996** Der Komiker Jim Carrey fordert für *Die Nervensäge* die erste 20-Mio.-Dollar-Gage.
**1997** *Titanic* (James Cameron) ist der bisher teuerste Film.
**1999** *Krieg der Sterne Episode 1 – Die dunkle Bedrohung* bricht die Tradition der Filmfortsetzungen, indem er eine Vorgeschichte zum klassischen Science-Fiction-Epos der 1970er-Jahre liefert.

**2000** Der epische Film im Stil von *Ben Hur* wird von Ridley Scott mit *Gladiator* wiederbelebt. Ang Lees *Crouching Tiger, Hidden Dragon* kreiert eine neue Form des Kampfsportfilms: Die Hauptrollen sind starke Frauen. Der Film überzeugt durch emotionale Tiefe, die in anderen Actionfilmen fehlt.

1970 1980 1990

**Digitaleffekte** In *Gladiator* (2000) wurden wie in dieser Szene, wo die Darsteller gegen einen „virtuellen" Tiger kämpfen, die Bilder mithilfe von Computertechnik hergestellt.

## FILMGENRES

Eine verbindliche Liste von Filmgenres gibt es nicht, zumal sich die Grenzen oft verwischen. Folgende Filme aber waren bahnbrechend und haben Nachahmer gefunden.

**Abenteuer** Die unglaublichen Abenteuer verwegener Helden waren um 1930 in Hollywood stark vertreten. Mit der *Indiana-Jones*-Trilogie (ab 1981) lebte das Genre wieder auf.
***Der schwarze Pirat*** (1926)
***Die Meuterei auf der Bounty*** (1935)
***Der Gefangene von Zenda*** (1937)
***Robin Hood, König der Vagabunden*** (1939)
***Die Jäger des verlorenen Schatzes*** (1981)

**Action-Thriller**
Temporeich, gewalttätig und sexuell freizügig: Das relativ junge Genre steht in der Tradition der James-Bond-Filme der 1960er-Jahre.
***Goldfinger*** (1964)
***Beim Sterben ist jeder der Erste*** (1972)
***Stirb Langsam*** (1988)
***Terminator 2*** (1991)
***Speed*** (1994)

**Abenteuer** *Die Jäger des verlorenen Schatzes*

**Drama** Als Genre behandeln Filmdramen meist realistisch ernsthafte Themen. Es ist die weiteste Kategorie mit den bedeutendsten Filmen.
***Menschen im Hotel*** (1932)
***Die Spielregel*** (1939)
***Citizen Kane*** (1941)
***Misfits – Nicht gesellschaftsfähig*** (1961)
***Schindlers Liste*** (1993)
***Alles über meine Mutter*** (1999)

**Fantasy** In diesen Filmen sind die Gesetze der Realität aufgehoben, alles kann passieren (vor allem mithilfe von Spezialeffekten). Oft sind es Filme für Kinder.
***King Kong*** (1933)
***Der Zauberer von Oz*** (1939)
***E.T. Der Außerirdische*** (1982)
***Batman*** (1989)
***Der Herr der Ringe*** (2001)

**Krimi** Gangster-, Detektiv- und Kriminalfilme kamen um 1930 auf, als Antwort auf die Prohibition in Amerika. Ab1940 verkörperten sie auch den sachlichen knappen Stil des *film noir.*
***Narbengesicht*** (1932)
***Frau ohne Gewissen*** (1944)
***Tote schlafen fest*** (1946)
***Der Pate*** (1972)
***Pulp Fiction*** (1995)

**Historienfilme** Das Genre überschneidet sich mit Filmdramen und häufig mit Fantasyfilmen, doch ein wiederkehrendes Element ist das Epos: aufwändig, spektakulär und nicht immer historisch richtig.
***Die Geburt einer Nation*** (1915)
***Die Nibelungen*** (1924)
***Anna Karenina*** (1935)
***Ben Hur*** (1959)
***Lawrence von Arabien*** (1962)
***Shakespeare in Love*** (1999)

**Horror** Als visuelles Medium eignet sich der Film besonders für Horror. Einige der fesselndsten Horrorfilme könnte man auch als Psychothriller bezeichnen. Neuere Filme zeigen einen Trend zu noch ausgeprägterer Darstellung von Horror und Gewalt.
***Nosferatu*** (1922)
***Psycho*** (1960)
***Der Exorzist*** (1973)
***Halloween – Die Nacht des Grauens*** (1978)
***Das Schweigen der Lämmer*** (1991)
***Sieben*** (1995)

**Komödie** Stummfilme eigneten sich sehr gut für die visuelle Komödie, doch verlagerte das Aufkommen des Tonfilms in den späten 1920er-Jahren den Schwerpunkt auf den witzigen Dialog.
***Der General*** (1927)
***Leoparden küsst man nicht*** (1938)
***Manche mögen's heiß*** (1959)
***Der Stadtneurotiker*** (1977)
***Vier Hochzeiten und ein Todesfall*** (1994)

**Krieg** Nach dem Ersten Weltkrieg wurden Kriegsthemen oft zum Gegenstand von Verfilmung.
***Im Westen nichts Neues*** (1930)
***Die große Illusion*** (1937)
***Apocalypse Now*** (1979)
***Das Boot*** (1981)
***Der Soldat James Ryan*** (1998)

**Kult** Diese Kategorie umfasst Filme mit begrenzter kommerzieller Zugkraft, die oft ausgefallene, verrückte Themen behandeln.
***Monstren*** (1932)
***Das Tal der Puppen*** (1967)
***Pink Flamingos*** (1984)

**Musicals** Der Ton wurde 1927 mit *The Jazz-Singer* eingeführt, einem Stummfilm mit mehreren Musiknummern, die Al Jolson sang. Es war damals eine Sensation. Das Filmmusical baute auf einer reichen Bühnentradition mit verschwenderischen Tanznummern auf.
***42. Straße/Ein neuer Stern am Broadway*** (1933)
***Ich tanz' mich in dein Herz hinein*** (1935)
***Yankee Doodle Dandy*** (1942)
***Du sollst mein Glücksstern sein*** (1952)
***Meine Lieder, meine Träume*** (1965)

**Romantik** Sie ist ein zentrales Element vieler Filme, aber erstaunlich wenige sind ausschließlich Liebesfilme.
***Sturmhöhe*** (1939)
***Romanze in Moll*** (1943)
***Begegnung*** (1946)
***Harry und Sally*** (1989)
***Brücken am Fluss*** (1995)

**Science-Fiction** Seit den späten 1960er-Jahren gewann der Science-Fiction-Film dank technischer Perfektion der Spezialeffekte an Qualität und Publikumsbeliebtheit.
***Planet der Affen*** (1967)
***2001: Odyssee im Weltraum*** (1968)
***Krieg der Sterne*** (1977)
***Blade Runner*** (1982)
***Independence Day*** (1996)

**Western** Der Western entwickelte sich rasch zu der Form des amerikanischen Films. Seine goldene Zeit endete in den 1960er-Jahren.
***Höllenfahrt nach Santa Fé*** (1939)
***Zwölf Uhr mittags*** (1952)
***Der schwarze Falke*** (1956)
***Erbarmungslos*** (1992)

**Zeichentrickfilm** Walt Disneys *Schneewittchen und die sieben Zwerge* zeigte die ganze Bandbreite der Animation.
***Schneewittchen und die sieben Zwerge*** (1937)
***Falsches Spiel mit Roger Rabbit*** (1988)
***Toy Story*** (1995)
***Chicken Run – Hennen rennen*** (2000)

**Horror** Linda Blair in *Der Exorzist,* der noch immer als einer der gruseligsten Filme gilt.

*In den 1970er-Jahren kämpfte die Filmbranche gegen die Konkurrenz von Fernsehen und Video. Neue Techniken und hohe Investitionen brachten den Film wieder nach vorn: Die USA sind noch immer der führende Investor der Branche.*

## FILMPRODUKTION

Es kann mehrere Jahre dauern, bis ein Film die drei Produktionsstadien durchlaufen hat:

**Vor der Produktion**
- Der Produzent (oder ein anderer Beteiligter) verkauft einem Studio eine Idee oder ein Skript und ist dann für die gesamte praktische Arbeit am Film verantwortlich.
- Der Produzent leitet die Verpflichtung von Regisseur und Schauspielern.
- Die technische Mannschaft wird engagiert.
- Autoren überarbeiten das Originalskript.
- Produzent und Studio einigen sich auf ein Budget und regeln die Finanzierung.

**Produktion**
- Designer entwerfen die Sets.
- Regisseur und Techniker legen Beleuchtung, Ton und Kamerapositionen fest.
- Der Regisseur kontrolliert die kreativen Aspekte des Filmens und instruiert die Schauspieler während der Dreharbeiten.
- Dialoge und Toneffekte werden unterlegt.
- Spezialeffekte werden hinzugefügt.

**Nach der Produktion**
- Der Cutter schneidet aus getrennt aufgenommenen Szenen den fertigen Film.
- Die Musik wird unterlegt.
- Kopien für den Verleih werden hergestellt.
- Der Verkauf wird durch Werbung forciert.
- In Voraufführungen wird der Film beim Publikum getestet, was zu Änderungen führen kann.
- Der Film läuft in den Kinos an.
- Videos und DVDs kommen auf den Markt.
- Geschäfte mit Nebenprodukten beginnt

### Kinobesuche weltweit

| | Land | Verkaufte Eintrittskarten 1999 (in Mio.) |
|---|---|---|
| 1 | Indien | 7700 |
| 2 | USA | 1377 |
| 3 | Indonesien | 247 |
| 4 | Frankreich | 169 |
| 5 | China | 159 |
| 6 | Japan | 153 |
| 7 | Deutschland | 150 |
| 8 | Großbritannien | 135 |
| 9 | Italien | 120 |
| 10 | Spanien | 112 |

### Die Filmbranche weltweit

Die Höhe der Investitionen hängt nicht zwangsläufig mit der Zahl der produzierten Filme zusammen. Indien produziert zwar die meisten Filme, aber wegen der niedrigen Produktionsbudgets belaufen sich die jährlichen Investitionen nur auf 52,2 Mio. Dollar (1998).

**Zahl der Filmproduktionen nach Ländern (1998):**

| | | |
|---|---|---|
| 1 | Indien | 693 |
| 2 | USA | 661 |
| 3 | Japan | 249 |
| 4 | Frankreich | 182 |
| 5 | Deutschland | 119 |
| 6 | Italien | 92 |
| 7 | Hongkong | 91 |
| 8 | Großbritannien | 87 |
| 9 | China | 80 |
| 10 | Spanien | 65 |

**Spielfilminvestitionen nach Ländern (1998):**

| | | Mio. Dollar |
|---|---|---|
| 1 | USA | 9254,0 |
| 2 | Frankreich | 963,4 |
| 3 | Japan | 889,6 |
| 4 | Großbritannien | 717,3 |
| 5 | Italien | 361,6 |
| 6 | Deutschland | 342,5 |
| 7 | Spanien | 206,4 |
| 8 | Kanada | 193,0 |
| 9 | Australien | 104,6 |
| 10 | Brasilien | 77,2 |

## WAS KOSTET EIN FILM?

*Spy Kids* (2001), eine typische Hollywood-Produktion, kostete 30 Mio. Dollar und beschäftige rund 200 Personen. Jeder Film, der über 100 Mio. Dollar kostet, wird als „Blockbuster" bezeichnet. Disneys Zeichentrickfilm *Dinosaurier* (2000) kostete rund 285 Mio. Dollar. Dagegen wurde der Erfolgsfilm von 1999, *The Blair Witch Project,* mit nur 60 000 Dollar produziert. Der britische Erfolg *Ganz oder gar nicht* (1999) kostete ganze 3,5 Mio. Dollar und wurde in nur 40 Tagen gedreht – in Hollywood sind mehrere Monate üblich.

Die Gagen führender Schauspieler sind höchst unterschiedlich, Topstars fordern gewaltige Summen. Mel Gibson verdiente mit *Lethal Weapon 4 – Zwei Profis räumen auf* (1998) 40 Mio. Dollar, Julia Roberts mit *Die Braut die sich nicht traut* (1999) 17 Mio. Dollar. Aufsteiger Leonardo DiCaprio erhielt für *Titanic* (1997) nur 2,5 Mio. Dollar, aber für *The Beach* (1999) 20 Mio.

## INDISCHES KINO

Die indische Filmindustrie begann 1913 mit Dadasaheb Phalkes Stummfilm *Raja Harishchandra.* Schon in den späten 1920er-Jahren produzierte man mehr Filme als Großbritannien. 1934 begründete die Gesellschaft Bombay Talkies einen kommerziellen Filmstil – „Bollywood" – und brachte die ersten indischen Filmstars hervor, Ashok Kumar und Devika Rani. In Bollywood sind historische oder romantische Handlung weniger wichtig als Gesang, Tanz und verschwenderische Kostüme. In den 1970er-Jahren griff es die westlichen Themen Gewalt und Sexualität auf und produzierte sogar einen indischen „Western", *Sholay* (1975). Bollywood-Filme werden für ein einheimisches Publikum gedreht. Dagegen haben indische Kunstfilme mit sozialen Themen wie Satyajit Rays *Pather Panchali* (1955) internationales Lob erhalten.

**Veränderung** Familiendramen wie *Papa Kahte Hain* nach dem amerikanischen Film *My Father the Hero* werden allmählich beliebter als Musik-und Tanzfilme.

## Kassenschlager

**Einspielsummen in den USA (alle Zahlen sind auf den durchschnittlichen Eintrittspreis von 5,35 Dollar im Jahr 2000 umgerechnet):**

| | | Einnahmen (Mio. Dollar) |
|---|---|---|
| **1** | *Vom Winde verweht* (1939) | 1083,3 |
| **2** | *Krieg der Sterne* (1977) | 968,9 |
| **3** | *The Sound of Music* (1965) | 803,5 |
| **4** | *E.T. Der Außerirdische* (1982) | 745,8 |
| **5** | *Die zehn Gebote* (1956) | 718,5 |
| **6** | *Der weiße Hai* (1975) | 702,5 |
| **7** | *Titanic* (1997) | 685,3 |
| **8** | *Doktor Schiwago* (1965) | 664,1 |
| **9** | *Das Dschungelbuch* (1967) | 594,1 |
| **10** | *Schneewittchen und die sieben Zwerge* (1937) | 583,2 |

**Weltweit:**

| | | Einnahmen (Mio. Dollar) |
|---|---|---|
| **1** | *Titanic* (1997) | 1835,4 |
| **2** | *Die dunkle Bedrohung* (1999) | 923,1 |
| **3** | *Jurassic Park* (1993) | 920,1 |
| **4** | *Independence Day* (1996) | 813,2 |
| **5** | *Krieg der Sterne* (1977) | 798,0 |
| **6** | *Der König der Löwen* (1994) | 766,9 |
| **7** | *E.T. Der Außerirdische* (1982) | 704,8 |
| **8** | *Forrest Gump* (1994) | 679,7 |
| **9** | *The Sixth Sense* (1999) | 672,8 |
| **10** | *Vergessene Welt: Jurassic Park* (1997) | 614,4 |

## NACHSPANN – WER TUT WAS IM FILM?

**Best boy** Assistent des Chefbeleuchters, doch wird der Begriff oft für den Stellvertreter des Chefs einer Gruppe verwendet. Auch Assistentinnen werden als Best boys bezeichnet.
**Boom operator** Mitglied des Tontechniker-Teams, der ein Mikrophon bedient, das an einem langen Stab angebracht ist.
**Clapper loader** Person, die Filme in Kameramagazine einsetzt und die Klappe bedient. Dabei handelt es sich um ein Brett mit Szenennummer, Datum und Uhrzeit, das vor jeder Szenenaufnahme gefilmt wird. Ein beweglicher Stab an dem Brett wird zur audiovisuellen Synchronisation herunterge-„klappt". Nur als Loader bezeichnet wird derjenige, der ausschließlich die Filme einsetzt.
**Dolly operator** Ein Kabelhelfer, der den Kamerawagen (Dolly) bewegt.
**Focus puller** Mitglied des Kamera-Teams, das während des Filmens die Brennweite der Kamera einstellt.
**Gaffer** Chefbeleuchter.
**Grip** In den USA eine Person, die für die Bereitstellung und Wartung der Produktionsausrüstung am Set verantwortlich ist. Dazu gehört der Aufbau von Gerüsten und das Verlegen der Gleise, auf denen sich der Kamerawagen bewegt. In Großbritannien arbeitet ein Grip nur an den Geräten, auf denen die Kamera montiert ist.
**Key grip** Obergrip, arbeitet eng mit dem Chefbeleuchter zusammen. Kann auch als Aufbaukoordinator oder Helfer des Kamerateams einspringen.
**Props** Person, die alle für eine Produktion benötigten Requisiten einkauft.
**Set dresser** Person, die Bilder, Vorhänge und andere Dekorationsgegenstände auf den Sets anordnet.

## TECHNISCHE NEUERUNGEN

Die großen Neuerungen des Films des frühen 20. Jh. waren Ton (1926) und Farbe (1932). Die Konkurrenz des Farbfernsehens spornte zu neuen Fortschritten an, darunter die dreidimensionale Filmtechnik (3-D), die gewölbte Leinwand des mit drei Kameras arbeitenden Cinerama, beide 1952 eingeführt, und der erste CinemaScope-Breitwandfilm von 1953. Die 1960er-Jahre brachten die Anfänge der Animatronics – mechanisch gesteuerte Puppen –, die Walt Disney entwickelte.

Ein neues Format, IMAX („image maximum"), kam 1970 in Gebrauch. IMAX verwendet 70-mm-Filme (zehnmal größer als herkömmliche 35-mm-Filme) und projiziert auf eine riesige Leinwand, begleitet von einem Sechs-Kanal-Digitalton.

Die Computertechnik ermöglicht eine neue technische Perfektion in der Filmproduktion. Die spektakulärsten Entwicklungen ermöglichte die Digitaltechnik:
**Animation** 3-D-Figuren können jetzt mit Computersoftware entworfen und manipuliert werden. Für komplizierte Figuren scannt man Tonmodelle in den Computer ein. *Jurassic Park* (1993) enthielt nur 6 Minuten digitale Animation. Der erste reine Animationsfilm, Disneys 77-minütige *Toy Story* (1995), wurde in vier Jahren produziert. Disneys *Dinosaurier* (2000) mit Computerfiguren und Schauspielern erforderte 3,2 Mio. Stunden Datenverarbeitung.
**Aufbereitung** Beschädigte Filme lassen sich mit Computersoftware restaurieren, Schwarz-Weiß-Filme kolorieren.
**Nachbearbeitung** Bilder von Digitalkameras ermöglichen das Schneiden am Computer. Kinos der Zukunft werden Digitalprojektoren verwenden; Filmkopien, Versand und Lagerung erübrigen sich.
**Spezialeffekte** Digitale Darstellungskunst kann verschiedenste Effekte erzeugen, z. B. Morphen – der allmähliche Übergang eines Bilds in ein anderes, etwa die Gestaltveränderung des Killers Cyborg in *Terminator 2: Tag der Abrechnung* (1991), und Klonen – duplizieren von Bildern für Massen- oder Schlachtenszenen wie in dem historischen Film *Elisabeth* (1998).

**Beeindruckend** Die riesigen Leinwände für die Vorführung von IMAX-Filmen sind 5,6 m hoch und 21,5 m breit.

**FAKTEN**
Der berühmte finanzielle Flop *Heaven's Gate* (1980) führte zum Verkauf des Studios von United Artists.

Siehe auch
394–9 **Kino**
496–7 **Informationsökonomie**
562–3 **Digitale Kommunikation**
564–5 **Tonaufzeichnung**

*Mindestens ein Fernsehgerät gibt es in 95,9 % der deutschen Haushalte. Im Jahr 2000 produzierten weltweit 33 000 Fernsehstationen rund 48 Mio. Programmstunden. Fernsehgeräte bieten inzwischen bereits Zugang zu Internet und E-Mail an, und die nahe Zukunft wird uns das interaktive Fernsehen bringen.*

## Fernsehrekorde

**Die älteste laufende Sendung** *Meet the Press*, USA, seit 1947.
**Die längste deutsche Seifenoper** *Lindenstraße*, seit 1985; 2003 läuft Folge 1000 an.
**Die älteste deutsche Kindersendung** *Die Sendung mit der Maus* in der ARD, seit 1975.
**Dienstältester Moderator** Patrick Moore mit *The Sky at Night*, BBC, seit 1957.
**Die Serie mit der höchsten Zuschauerquote** *Baywatch* mit über 1,1 Mrd. Zuschauern wöchentlich in 142 Ländern.
**Die meisten gesendeten Folgen** *Bozo the Clown*; über 150 000 im amerikanischen Fernsehen seit 1949.
**Größte Gewinnsumme in einer Quizshow** 1 Mio. Pfund in *Who Wants to be a Millionaire*.

**Krönung Georgs VI.** 1937 macht die BBC eine der frühesten Außenübertragungen.

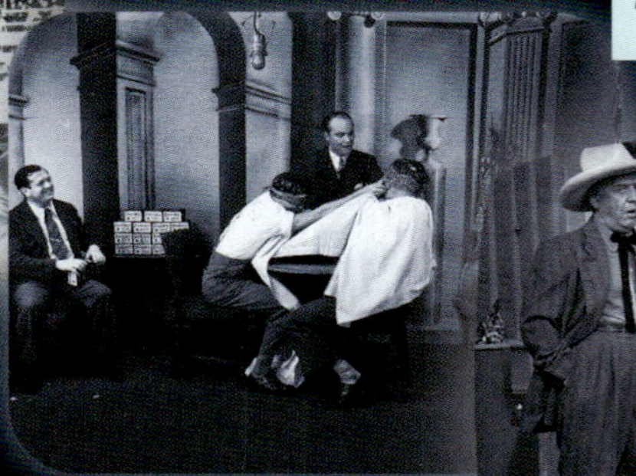

***Truth or Consequences*** Die Show der NBC 1941 ist das erste gesponserte TV-Programm der Welt. Die Werbespots kommen von Adam Hats, Bulova Watchers, Botany Worsted und Ivory Soap.

***Liebe Lucy*** Sechs Monate nach dem Start sahen über 10 Mio. amerikanische Haushalte diese Comedy-Serie.

**Mann auf dem Mond** Etwa 500 Mio. Menschen auf der Welt sehen zu, wie das amerikanische Raumfahrzeug Apollo 11 auf dem Mond landet und Astronaut Neil Armstrong dort spazieren geht.

**1925** Der schottische Ingenieur und Erfinder John Logie Baird überträgt ein Fernsehbild (von seinem Bürogehilfen William Taynton).
**1928** Die erste erfolgreiche Fernsehübertragung fand in Berlin im Rahmen der Funkausstellung statt. General Electric nimmt regelmäßige Fernsehprogramme auf. Die BBC beginnt tägliche Fernsehübertragungen in Großbritannien.
**1936** Die BBC nimmt den regelmäßigen öffentlichen Fernsehdienst auf.
**1938** In den USA sind rund 100 Fernsehgeräte in Gebrauch; die amerikanische Gesellschaft NBC sendet den Spielfilm *Das scharlachrote Siegel.*
**1939** Auf der Weltausstellung in New York wird das Fernsehen erstmals einem Millionenpublikum vorgeführt.

**1940** CBS experimentiert im New Yorker Chrysler Building mit Farbsendungen.
**1941** NBC und CBS nehmen die regelmäßige Fernsehübertragung auf.
**1944** In den USA startet die erste Seifenoper, *Painted Dreams;* es war 1930 auch die erste Rundfunkserie.
**1949** In den USA werden die Fernsehsender zu einem landesweiten Netz verbunden, und das Kabelfernsehen wird eingeführt.

**1953** Vor der Übertragung der Krönung Elisabeths II. kaufen die Briten 1 Mio. Fernsehgeräte. Die Popularität des amerikanischen Politikers Richard Nixon steigt, nachdem gut 60 Mio. Amerikaner gesehen haben, wie er sagte, seine einzige persönliche politische Gabe sei sein Hund Checkers.
**1954** Die vom Fernsehen übertragenen Behauptungen McCarthys, die amerikanische Armee sei kommunistisch unterwandert, werden als Resultat gefälschter Beweise entlarvt.
**1955** Mit einem Werbespot für Zahnpasta nimmt ITV in Großbritannien die Fernsehwerbung auf.

**1962** Erste transatlantische Satellitenübertragung von Fernsehprogrammen durch den von der amerikanischen Telefongesellschaft AT & T gebauten Nachrichtensatelliten Telstar.
**1963** Millionen rund um die Welt verfolgen das Begräbnis des amerikanischen Präsidenten John F. Kennedy. Nicht viel weniger Amerikaner erleben live im Fernsehen mit, als der mutmaßliche Attentäter Lee Harvey Oswald von Jack Ruby erschossen wird.
**1964** Rund 73 Mio. Amerikaner sehen in der Ed Sullivan Show den ersten Auftritt der Beatles im amerikanischen Fernsehen.
**1967** BBC2 startet einen regelmäßigen Farbfernsehdienst, den ersten in Europa. Rund 400 Mio. Zuschauer sehen das erste weltweite Satelliten-TV-Programm *Our World,* dessen Hauptattraktion ein Auftritt der Beatles in Großbritannien mit *All you need is love* ist.
**1969** Das Fernsehen überträgt die ersten Schritte des amerikanischen Astronauten Neil Armstrong auf dem Mond.

## Drama im Fernsehen

Frühe Dramen waren gefilmte Versionen von Theaterproduktionen, z. B. George Bernard Shaws *How She Lied to Her Husband* in der BBC-Fassung von 1937. Die 1960er-Jahre erlebten die Einführung von handlungsreichen Serien, und heute umfasst die Gattung generell jede Spielfilmserie.

**1961** Die Abenteuerserie *Mit Schirm, Charme und Melone* startet.
**1963** *Doctor Who* macht Science-Fiction populär; in den USA beginnt 1966 *Star Trek,* in Deutschland *Raumpatrouille.*
**1965** In den USA startet *I Spy* mit dem ersten schwarzen Helden.
**1970** *The Six Wives of Henry VIII* ist das erste Historiendrama für das Fernsehen.
**1971** *Das Haus am Eaton Place* hat Veränderungen in der britischen Gesellschaft zum Thema. Die Serie, die eigens fürs Fernsehen geschrieben wurde, sahen bis 1975 300 Mio. Zuschauer in 50 Ländern.
**1972** *Krieg und Frieden* in 26 Teilen interpretiert auf neue Art literarische Werke.
**1978** *Dallas* startet in den USA. Es läuft über 13 Jahre und wird in über 130 Ländern ausgestrahlt.
**1979/80** Fassbinders Fernsehfilm in 14 Teilen *Berlin Alexanderplatz* gehört zu den bedeutendsten Werken der Filmgeschichte.

## Dokumentarserien

Dokumentarfilme waren um 1930 im Kino beliebt. Inzwischen beleuchtet das Fernsehen mit dieser Form politische, soziale oder wissenschaftliche Fragen.

**1956** *Ein Platz für Tiere* von Bernhard Grzimek wird mit 175 Folgen in 30 Jahren die erfolgreichste Dokumentarserie der Welt.
**1973** Der Zweite Weltkrieg wird in *The World at War* von Jeremy Isaacs aus dem Blickwinkel aller beteiligten Länder betrachtet.
**1989–95** *Österreich I* und *Österreich II* von Hugo Portisch und Sepp Riff arbeiten die jüngere und jüngste Geschichte Österreichs auf.
**1996** *Faszination Leben* von Lennart Nilsson macht mit elektronenmikroskopischer Kamera Abläufe im menschlichen Organismus sichtbar.
**1997** *Hitlers Helfer* von Guido Knopp ist die Geschichtsdokumentation mit den höchsten Einschaltquoten überhaupt im deutschen Fernsehen.
**2000** BBC und Pro 7 arbeiten in der „Dokudrama"-Serie *Dinosaurier* mit der Computeranimation.

## Sport

Sport ist im Fernsehen von Anfang an ein Hauptthema. Heute kann man die Wirkung jedes größeren Sportereignisses an den Einschaltquoten messen (138,5 Mio. sahen die amerikanische Super Bowl 1996 und über 35 Mrd. die Spiele der Fußball-Weltmeisterschaft 2002.)

**1931** Als weltweit erste Sportveranstaltung überträgt BBC das Derby in Epsom.
**1933** Der erste Boxkampf wird aus den BBC-Studios gesendet.
**1936** Die ersten Live-Übertragungen der Olympiade in Berlin werden in Deutschland ausgestrahlt.
**1937** BBC überträgt die Tennismeisterschaften in Wimbledon.
**1938** BBC überträgt das University Boat Race und das FA-Cup-Finale.
**1958** BBC startet Grandstand, heute das am längsten laufende Sportprogramm der Welt.
**1961** Die ARD sendet die *Sportschau,* die älteste Sportsendung des deutschsprachigen Fernsehens.
**1963** Die erste unmittelbare Wiederholung wird gezeigt beim American-Football-Match.
**1967** Auf der Funkausstellung in Berlin wird das Farbfernsehen vorgestellt.
**1968** Die ARD überträgt die Olympiade in Mexiko zum größten Teil in Farbe.
**1991** Sky Sports startet als erster TV-Kanal, der sich ausschließlich dem Sport widmet.
**1999** Sky überträgt das erste Pay-per-view-Fußballmatch: Oxford United gegen Sunderland.

**Vietnamkrieg** In den frühen 1970er-Jahren führten die tägliche Berichterstattung über amerikanische Opfer und Bilder von den Kämpfen zu breitem öffentlichen Druck, den militärischen Einsatz zu beenden. Im Januar 1973 beendete ein Waffenstillstand den 12-jährigen Krieg.

**1970** In Deutschland wird eine Videoplatte vorgeführt.
**1972** Der Überfall palästinensischer Terroristen auf israelische Sportler bei den Olympischen Spielen in München wird weltweit übertragen. Home Box Office (HBO) in den USA ist der erste Abonnementdienst für Kabelfernsehen in der Welt. Die BBC führt Ceefax-Teletextinformation ein.
**1973** Die Amerikaner verfolgen die Anhörungen im Senat zur Watergate-Affäre, die Präsident Richard Nixon dazu brachte, in einer Live-Übertragung ein Jahr darauf zurückzutreten. Ebenfalls in den USA erreicht die 12-stündige Sklavensaga *Roots* ein Publikum von 130 Mio.

**Königliche Hochzeit** Die Hochzeit von Prinz Charles und Lady Diana Spencer haben 700 Mio. Zuschauer in der ganzen Welt am Bildschirm verfolgt.

**1980** Cable News Network (CNN) beginnt in den USA, 24 Stunden Nachrichten zu senden.
**1983** Über 107 Mio. in den USA sehen die letzte Episode der Comedy-Serie *M*A*S*H,* noch immer der amerikanische Rekord für ein einzelnes Programm.
**1984** Die Wohltätigkeitsrockkonzerte Live Aid, die London und Boston über Satellit verbinden, werden weltweit von rund 1,8 Mrd. Menschen gesehen und bringen ungefähr 50 Mio. Dollar für die Hungerhilfe in Afrika ein.
**1985** In den USA gehen die Kaufkanäle des Kabelfernsehens auf Sendung.
**1989** Sky TV, der erste britische Satellitenfernsehkanal, startet sein Programm.

**Interaktives Fernsehen** 1999 führte Sky TV Dienste ein, die man mit der Fernbedienung steuern kann. Auch E-Mail über den Fernseher ist erhältlich.

**1991** Der Golfkrieg, über den vor allem CNN berichtete, ist der erste live übertragene Krieg.
**1997** Das Begräbnis von Prinzessin Diana sehen weltweit schätzungsweise 2,5 Mrd. Menschen.
**1998** Das digitale Fernsehen mit einem Potenzial von Hunderten von Kanälen wird eingeführt.

**Neues Jahrtausend** Ein Feuerwerk läutet in Sydney Neujahr 2000 ein, das weltweit übertragen wurde.

Siehe auch
404–5 **Fernsehtechnik**
496–7 **Informationsökonomie**
562–3 **Digitale Kommunikation**

*1884 erfand ein deutscher Student namens Paul Nipkow die Nipkowscheibe, eine Vorrichtung, die Bilder mechanisch abtastete und in elektronische Impulse übersetzte. Karl Ferdinand Braun, ebenfalls Deutscher, erfand 13 Jahre später die Kathodenstrahlröhre. Doch bis zur Ausstrahlung der ersten Fernsehsendungen sollte noch mehr als ein Vierteljahrhundert vergehen.*

**1922** In Idaho konstruiert der Schüler Philo Farnsworth mit einer Kathodenstrahlröhre einen **elektronischen Bildabtaster.**
**1925** John Logie Baird führt sein **mechanisches Fernsehen** vor, mit der Nipkowscheibe mit Linsen zur Bildabtastung.
**1927** Famsworth baut mit seiner „Bildzerleger"-Kameraröhre und einer Kathodenstrahlröhre den ersten **elektronischen Fernseher.**
**1929** Baird beginnt mit Versuchsübertragungen für die BBC.

**Erste Bilder** Der schottische Erfinder John Logie Baird (Mitte) erzeugt als Erster ein Fernsehbild eines menschlichen Gesichts.

**1930** Farnsworth lässt sein elektronisches System patentieren. Es stellt sich heraus, dass verschiedene in den nächsten Jahren von anderen Firmen gebaute Kameras seine Patente unberechtigterweise verwenden.
**1936** BBC startet den ersten regelmäßigen **hochauflösenden** Fernsehdienst.
**1939** In New York macht die Weltausstellung das Publikum mit dem Fernsehen bekannt.

**Außendienst** BBC beginnt 1931 mit Außenübertragungen.

**1948** Zum ersten Mal wird Fernsehen in Gegenden der USA mit schlechtem Empfang durch Kabel übertragen.

1920 1930 1940

## VON DER TV-KAMERA ...

Ein von einer Fernsehkamera aufgenommenes Bild wird in leicht dekodierbare Daten zerlegt, bevor es mittels Funkwellen zu den TV-Geräten übertragen wird.

**Farbkodierung** Licht von einem Bild geht durch die Kameralinse und wird von Spezialspiegeln in seine roten, grünen und blauen Komponenten zerlegt. Diese werden als rote, grüne und blaue Bilder auf lichtempfindliche Fotokathoden in drei getrennten Röhren gerichtet.

**Bildabtastung** Das Primärfarbbild auf jeder Fotokathode wird in 625 horizontalen Zeilen abgetastet: Die Helligkeit jeder Zeile wird als elektrisches Signal registriert. Ein Synchronisationsschaltkreis garantiert, dass jede Röhre dieselbe Bildzeile gleichzeitig abtastet, sodass die kombinierten Signale aus den drei Röhren Informationen über denselben Bildteil liefern.

**Bildübertragung** Die roten, grünen und blauen Signale aus den Kameraröhren werden zusammengeführt und als Farbe und Helligkeit kodiert. Diese Daten werden dann mit einem Audiosignal, dem Synchronisationssignal und einer Funkwelle zur Übertragung kombiniert. Die Funkwelle hat die Frequenz des spezifischen Fernsehkanals.

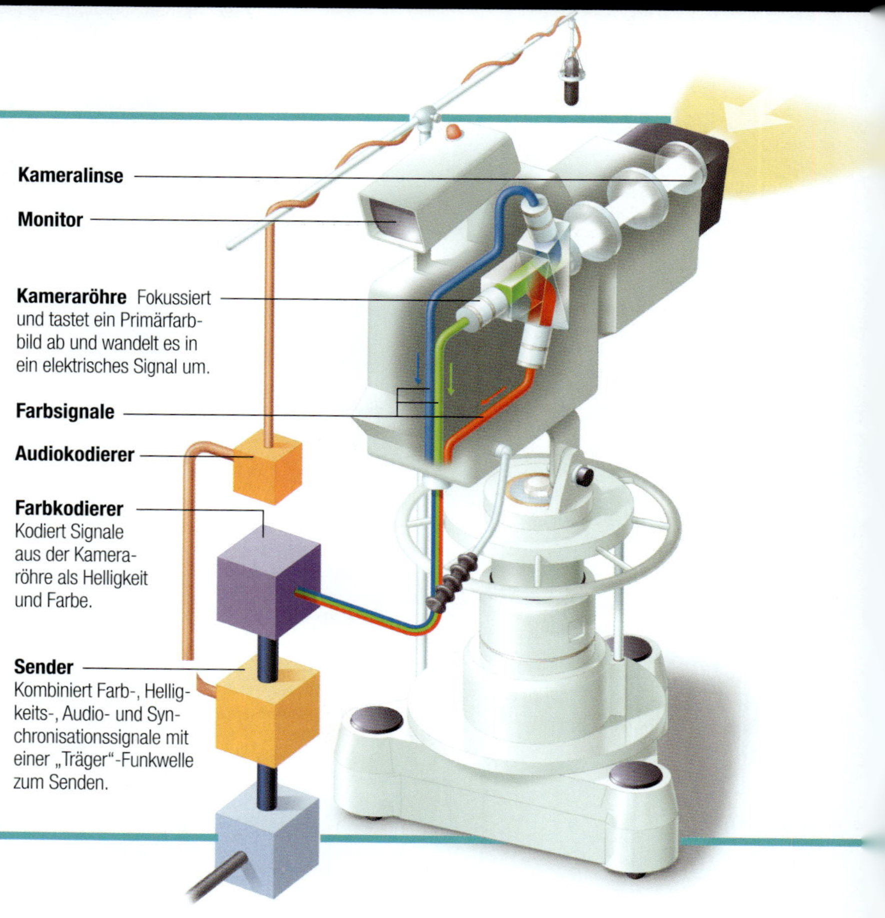

## Flachbildschirmtechnik

Herkömmliche Fernseher sind sperrig, weil sie eine Kathodenstrahlröhre (siehe unten) enthalten, doch in den 1980er-Jahren kamen dann Geräte mit nur wenige Zentimeter tiefem Bildschirm auf den Markt. Die Mehrzahl dieser Flachbildschirm-Fernseher verwendet Plasma-Display-Panels (PDP). Ein PDP besteht aus Tausenden von winzigen Einheiten (Pixels), die nebeneinander in Zeilen angeordnet sind (ein PDP hat rund 1100 Zeilen gegenüber den 625 einer Kathodenstrahlröhre). Ein Pixel besteht aus drei quaderförmigen Subpixeln, einem roten, grünen und blauen, die zwischen horizontalen und vertikalen Elektroden angebracht sind. Stromfluss bringt den roten, grünen und blauen Mantel der Subpixel zum Leuchten: Je stärker der Strom, desto heller das Leuchten. Die Helligkeit jedes Subpixels bestimmt die gesamte Helligkeit und Farbe eines Pixels, ihre Anordnung auf dem Bildschirm erzeugt das Bild.

**1951** Erste regelmäßige Farbfernsehsendungen in den USA.
**1952** Beim NWDR beginnt das offizielle deutsche Fernsehprogramm. 1954 sendet dann die ARD bundesweit.
**1954** Erster Einsatz eines **Videorekorders** in den USA, der bald den Film ablösen sollte.

**1962** Der Telstar-Satellit überträgt erstmals **live** zwischen USA und Großbritannien.
**1967** Die BBC ist Europas erster Sender mit regelmäßigen Farbsendungen.
**1969** Die Amerikaner Smith und Boyle erfinden den lichtempfindlichen **CCD-Sensor.**

**1972** Heimvideorekorder kommen auf den Markt.
**1974** BBC führt Ceefax ein, den ersten **Teletextdienst** der Welt.
**1975** In den USA wird der erste **Satellitenfernsehdienst** örtlich durch Kabel übertragen. 1980 werden Satellitendienste an Heimfernseher gesendet.

**1986** Das Nicam-**Stereotonsystem** wird in ganz Europa übernommen.
**1989** Japan sendet erstmals **HDTV** (high-definition television) mit 1000 Bildzeilen.

**1994** In den USA beginnt man mit der Ausstrahlung von **Digitalfernsehen** über Satelliten.
**1998** Digitalfernsehen wird erstmals von Bodensendern gesendet.

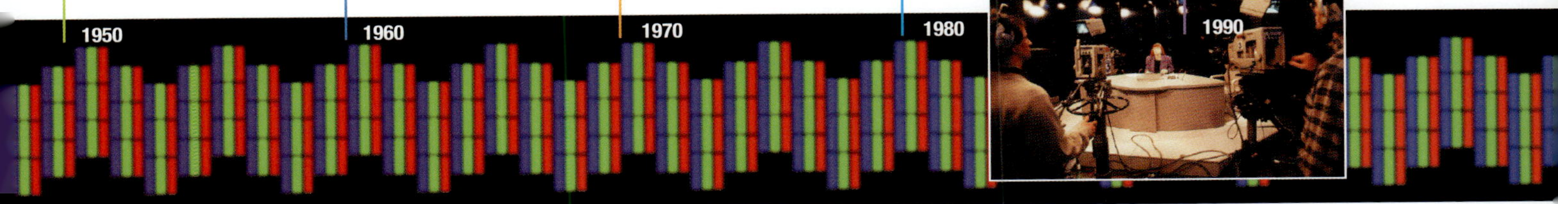


**Minifernseher** Der britische Erfinder Clive Sinclair führt 1966 den Taschenfernseher ein.

**Globale Übertragung** Liveberichterstattung verbindet heute die Länder der Welt.

## ... ZUM TV-GERÄT

Beim Einschalten des Fernsehers wird das zusammengesetzte Signal, das durch eine Antenne oder Satellitenschüssel aufgefangen wurde, von der Trägerwelle getrennt. Die Bestandteile des Signals müssen dekodiert werden, damit das Bild wieder entsteht.

**Farbdekodierung** Ein Farbdekoder entschlüsselt die Farb- und Helligkeitssignale nach Rot, Grün und Blau und gibt sie in die Bildröhre ein. Drei Elektronenkanonen in der Röhre (eine für jede Primärfarbe) senden Elektronenstrahlen aus, die durch hohe Spannung zum Bildschirm hin beschleunigen. Mit elektromagnetischen Spulen werden sie abgelenkt und über den Bildschirm geführt.

**Wiedererzeugung des Bildes** Der Bildschirm ist innen mit dünnen Streifen aus rotem, grünem und blauem Phosphor beschichtet. Sie leuchten, wenn ein Elektronenstrahl auftrifft. Durch Gitter mit vertikalen Öffnungen zwischen den Elektronenkanonen und Bildschirm erreichen die Strahlen aus jeder Kanone nur Phosphorstreifen der entsprechenden Farbe. Durch das Leuchten der Farben in den Phosphorstreifen ersteht das Bild neu.

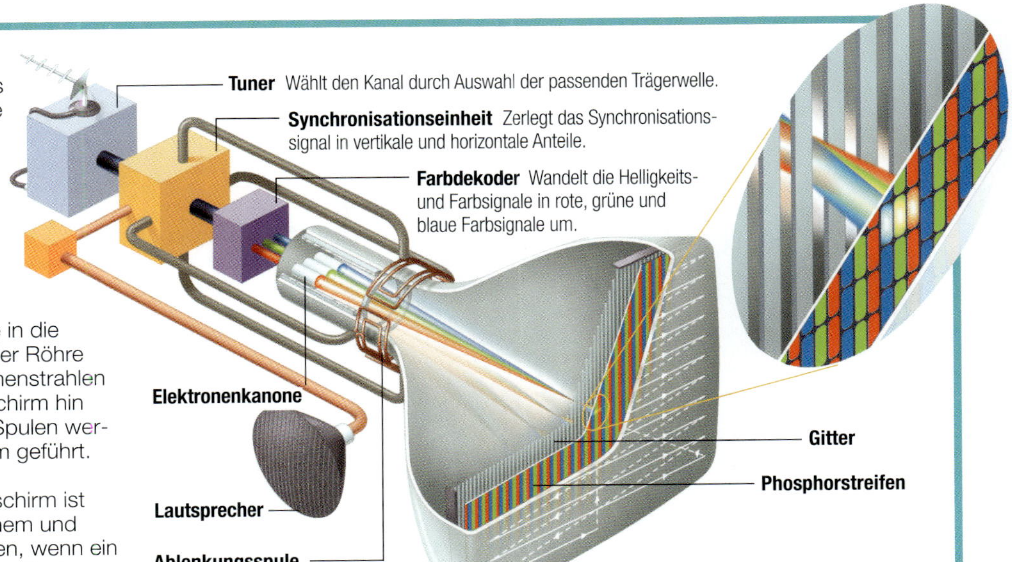


**Kathodenstrahlröhre** Im Innern herrscht ein Vakuum, damit die Elektronen von der Elektronenkanone ungestört von Gasmolekülen (Luft) zum Bildschirm gelangen können.

Siehe auch
402–3 **Fernsehen**
562–3 **Digitale Kommunikation**

*Nur 25 Jahre nach Guglielmo Marconis erster Rundfunkübertragung im Jahre 1901 waren überall in Europa, Amerika, Asien und Australien Sendestationen eingerichtet worden. Im Jahr 2000 produzierte der Rundfunk mit 43 973 Sendern jährlich 65,3 Mio. Programmstunden weltweit.*

## Rundfunknachrichten und -ereignisse

Die Geschichte der BBC ist eng mit der deutschen Rundfunkgeschichte verbunden. BBC gründete den öffentlich-rechtlichen Rundfunk in Deutschland.

**Wichtige Daten**

- **1924** Erste Sendung König Georgs V. von der British Empire Exhibition.
- **1932** Georg V. führt mit einer von Rudyard Kipling geschriebenen Rede die königliche Weihnachtsbotschaft ein.
- **1940** Am 18. Juni, vor der Luftschlacht um England, hält Churchill seine Rede zur Stärkung der Moral der Bevölkerung.
- **1941** Thomas Manns *Monthly letter from America* wird auf Deutsch gesendet.
- **1944** German Service der BBC ist auf Kurzwelle in Deutschland zu empfangen.
- **1945** Die BBC begründet mit Radio Hamburg am 4. April den öffentlich-rechtlichen Rundfunk in Deutschland.
- **1957** Das Programm *Today* mit Nachrichten und aktuellen Ereignissen wird erstmals gesendet.
- **1978** Regelmäßige Übertragungen aus dem britischen Unterhaus beginnen.
- **1999** Der German Service stellt am 26. März sein Programm ein.

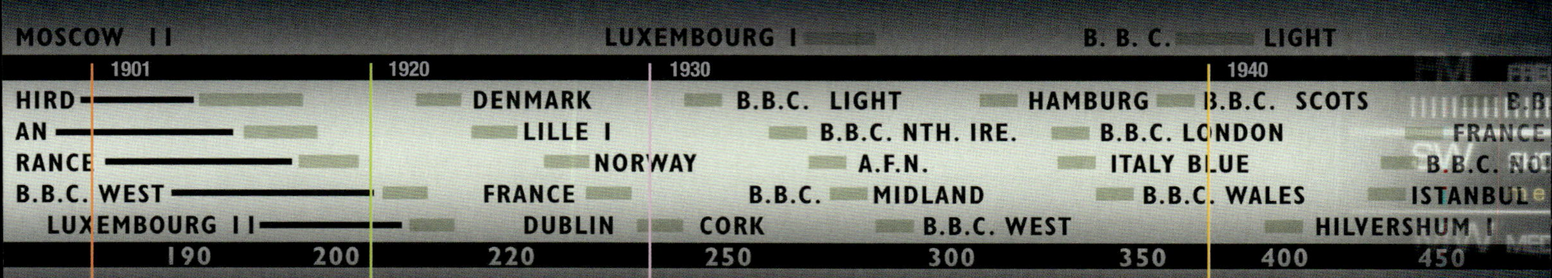


**1901** Guglielmo Marconi sendet das erste transatlantische Rundfunksignal von Cornwall in Großbritannien nach Neufundland in Nordamerika.
**1906** Aus Brant Rock in Massachusetts, USA, wird zum weltweit ersten Mal Sprache und Musik gesendet.
**1915** Im Ersten Weltkrieg nutzen die Krieg führenden Staaten den Rundfunk für ihre Propagandazwecke. So sendet Deutschland mit dem Morsealphabet „Nachrichten“ an neutrale Länder und wirbt um deren Unterstützung.

**1920** Der amerikanische Sender KDKA sendet aus Pittsburgh die weltweit ersten regelmäßigen Programme. In Großbritannien nimmt die Marconi Company den ersten Sendebetrieb nach Plan auf.
**1922** Die British Broadcasting Company (BBC) wird gegründet. In den USA gibt es jetzt 564 zugelassene Sender. Frankreich beginnt vom Eiffelturm aus zu senden.
**1923** Außenübertragungen in Großbritannien beginnen mit einer Aufführung der Zauberflöte in Covent Garden. Übertragungen von und nach Amerika werden zur Regel. 3 Mio. Amerikaner besitzen Radios. Die Berliner Funkstunde startet mit *Radio für alle.*
**1924** In den USA kommt die Rundfunkwerbung auf. In Großbritannien berichtet ein bahnbrechender Live-Kommentar von der Parade zur Amtseinführung des Lord Mayor.
**1926** 1 Mio. Rundfunkteilnehmer in Deutschland.
**1927** Die Netze von NBC und CBS nehmen in den USA den Betrieb auf.
**1929** Rund 14 Mio. Amerikaner besitzen ein Radio.

**1931** Radio Normandie wird in Frankreich gegründet, der erste kommerzielle Sender, der nach Großbritannien sendet.
**1932** Der BBC Empire Service nimmt den Betrieb auf, der Vorläufer des World Service.
**1933** Franklin D. Roosevelts „Kaminplaudereien“, mit denen der US-Präsident den direkten Kontakt zu seinen Landsleuten sucht, beginnen im amerikanischen Rundfunk.
**1936** BBC sendet die Abdankungsrede von König Eduard VII.
**1938** Orson Welles' Hörspiel von H. G. Wells' Roman *Krieg der Welten* im CBS löst Panik unter den Zuhörern aus, die die Nachricht für echt halten.
**1939** Die BBC sendet Neville Chamberlains Kriegserklärung an Deutschland. Britische Haushalte können Lord Haw-Haw (William Joyce) einschalten, der von Radio Hamburg deutsche Propaganda nach Großbritannien sendet. In den USA sind 40 Mio. Radios in Gebrauch, in Deutschland 10 Mio.

**Panik** In der Hörspielfassung von *Krieg der Welten* (1938) sagt Orson Welles im US-Rundfunk einen unmittelbar bevorstehenden Angriff vom Mars auf die Erde an.

**1940** Der kommerzielle UKW-Rundfunk mit besserer Tonqualität startet in den USA.
**1942** Die amerikanische Regierung richtet während des Zweiten Weltkriegs *Die Stimme Amerikas* ein, die für die deutsche Bevölkerung sendet.
**1944** Amerikanische Sender führen so genannte Discjockeys ein.
**1946** Die BBC führt eine jährliche Rundfunk- und Fernsehgebühr in Höhe von 2 £ ein.

**Untergrundtaktik** Während des Zweiten Weltkriegs sendet Charles de Gaulle aus Großbritannien Durchhalteparolen an die französische Widerstandsbewegung.

## Longseller

- **Musik:** *Grand Ole Oprey* (USA), erstmals 1925 gesendet, und *Desert Island Discs* (Großbritannien), das 1942 begann. *Das Hamburger Hafenkonzert* ist die älteste Radio-Livesendung der Welt. Sie wird seit 1929 jeden Sonntag übertragen.
- **Wort:** Alistair Cookes *Letter from America* über amerikanische Ereignisse wurde erstmals 1946 gesendet und hat heute weltweit 34 Mio. Hörer.
- **Kinder:** Der BR führt 1929 die Kinder- und Jugendstunde ein, 1947 Schulfunksendungen. 1962 startet *Meister Eder und sein Pumuckl* von Ellis Kaut.
- **Drama:** *The Archers* spielt in dem fiktiven Dorf Ambridge in Großbritannien. Bis zum 50. Jahrestag am 1. Januar 2001 liefen 13 169 Folgen.
- **Politische Reportage:** *Die Woche im Parlament*, heute *Die Woche in Westminster*, begann 1929.

## Das Hörspiel

Mit dem Rundfunk entwickelte sich eine Kunstform, deren Gestaltung allein auf die akustischen Möglichkeiten angewiesen ist. Das Hörspiel ist eine eigenständige Literaturgattung, die Elemente anderer Gattungen übernahm: das Dramatische im Dialog, das Epische beim Erzähler, das Lyrische in Wort- und Geräuschmontagen. Frühe Hörspiele ähneln dem Bühnendrama, später experimentierte man mit der Sprache und einzelnen Klangeffekten. Zur NS-Zeit diente das Hörspiel in Deutschland der Propaganda.

**Meilensteine des Hörspiels**
**1924** *Zauberei auf dem Sender*, Hans Flesch' erstes deutsches Hörspiel
**1930** *Der Narr mit der Hacke*, Eduard Reinacher. *Der Flug der Lindberghs*, Bertolt Brecht
**1950** *Träume*, Günther Eich
**1958** *Der gute Gott von Manhattan*, Ingeborg Bachmann
**1968** *Fünf Mann Menschen*, Friederike Mayröcker und Ernst Jandl
**1969** *Häuser*, Jürgen Becker
**1985** *Die Befreiung des Prometheus*, Heiner Goebbels und Heiner Müller

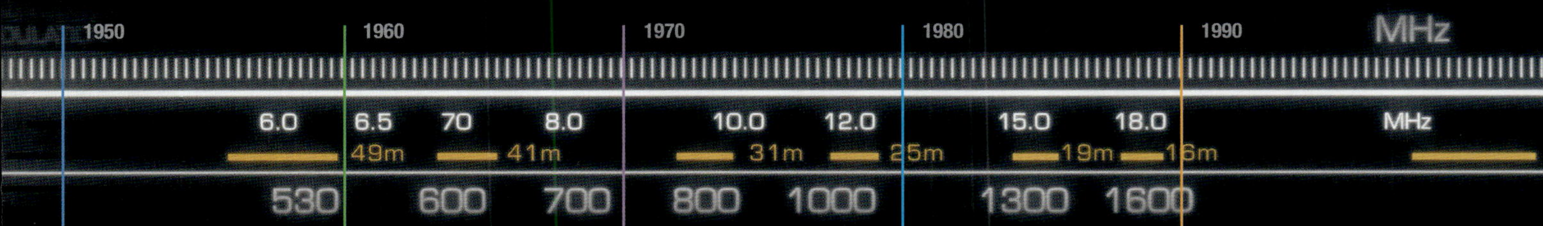


**1950** Radio Freies Europa, ein von der amerikanischen Regierung unterstützter Privatsender, beginnt mit Übertragungen in europäische Länder. Fremdsprachige Programme sind inzwischen gut eingeführt: Die USA und die Sowjetunion senden wöchentlich über 500 Stunden in Fremdsprachen; Großbritannien produziert wöchentlich 600 Stunden.
**1957** In Japan kommt mit dem Sony TR63 das erste Transistorradio der Welt auf den Markt.

**1960** In den USA beginnen die UKW-Sender erstmals mit Stereoübertragungen.
**1964** Radio Caroline sendet auf unlizensierten Wellenlängen von einem außerhalb der Hoheitsgewässer vor Anker liegenden Schiff Popmusik nach Großbritannien und schafft einen Präzedenzfall für ähnliche „Piratensender".
**1966** Die BBC erhält das Recht, neun lokale Radiosender einzurichten; als Erstes nimmt Radio Leicester 1967 den Betrieb auf.
**1967** Die BBC richtet einen Popmusiksender ein, Radio 1; andere Programme werden umbenannt: das Light Programme wird zu Radio 2, das Dritte Programm zu Radio 3, und der Home Service nennt sich nun Radio 4.

**1973** LBC (London Broadcasting Company) wird der erste unabhängige Lokalsender. Capital Radio führt die Rundfunkwerbung in Großbritannien ein.

**1981** Die Sowjetunion produziert über 2000 Stunden Fremdsprachenprogramme in der Woche und liegt damit vor Großbritannien (fast 750 Stunden) und den USA (fast 2000 Stunden).

**1990** In Amerika kommen auf einen Haushalt fünf Radios.
**1991** In Großbritannien kontrolliert die Independent Radio Authority unabhängige Sender.
**1994** In den USA gibt es insgesamt 10 057 kommerzielle Rundfunksender.
**1995** Die BBC verbessert die Tonqualität mit digitalem Radio.
**1997** In den USA werden erstmals Satellitensender zugelassen.

**Aufmunterung** Adrian Cronauers optimistische Rundfunksendungen tragen zur moralischen Unterstützung der amerikanischen Soldaten im Vietnamkrieg bei. Der Film *Good Morning Vietnam* (1988) beruht auf Cronauers Erfahrungen.

**Literat** Alistair Cooke stammt aus Manchester, studierte aber in Yale und Harvard. Seit seiner Emigration in die USA 1937 kommentiert er amerikanische Ereignisse für die BBC.

**FAKTEN**
Die ersten Werbespots im Rundfunk wurden 1922 in den USA ausgestrahlt.

Siehe auch
408–9 **Radiotechnik**
562–3 **Digitale Kommunikation**
564–5 **Tonaufzeichnung**

*Radiowellen sind wie Lichtwellen Teil des elektromagnetischen Spektrums. Sie liegen in einem Bereich, wo die Wellen niedrige Frequenzen und große Wellenlängen haben. Ende des 19. Jh. entdeckte man, wie man diese Wellen zur Übertragung von Tonsignalen nutzbar machen konnte – zunächst die Punkte und Striche des Morsealphabets, später auch die menschliche Stimme.*

## Senden und Empfangen

**Radiosignale senden** Zuerst wird eine Radio- oder Trägerwelle erzeugt, dann wird der Ton moduliert. Dies so erzeugte Radiosignal wird über eine Antenne abgestrahlt.

- **Oszillator** Er erzeugt die Trägerwelle, einen hochfrequenten elektrischen Strom, der mit einer präzisen Radiofrequenz schwingt.
- **Tonsignal** Ein Mikrophon wandelt Schallwellen in elektrische Signale von variabler Spannung um.
- **Verstärker** Steigert die Stärke des Tonsignals.
- **Sender** Er überlagert die Trägerwelle mit dem Tonsignal. Dann leitet er das Signal zur Antenne auf dem Sendemast.

**Radiosignale empfangen** Die von der Antenne aufgefangenen Signale werden abgestimmt, damit störende Frequenzen herausgefiltert werden. Das Tonsignal wird zum Lautsprecher geleitet.

- **Radioantenne** Radiowellen erzeugen winzige Ströme derselben Frequenz wie die eingehenden Trägerwellensignale.
- **Tuner** Wählt die gewünschte Frequenz.
- **Radiofrequenzverstärker** Hebt die Stärke des Signals an.
- **Demodulator** Trennt das Tonsignal von der Trägerwelle.
- **Tonfrequenzverstärker** Verstärkt das Tonsignal und leitet es zum Lautsprecher.

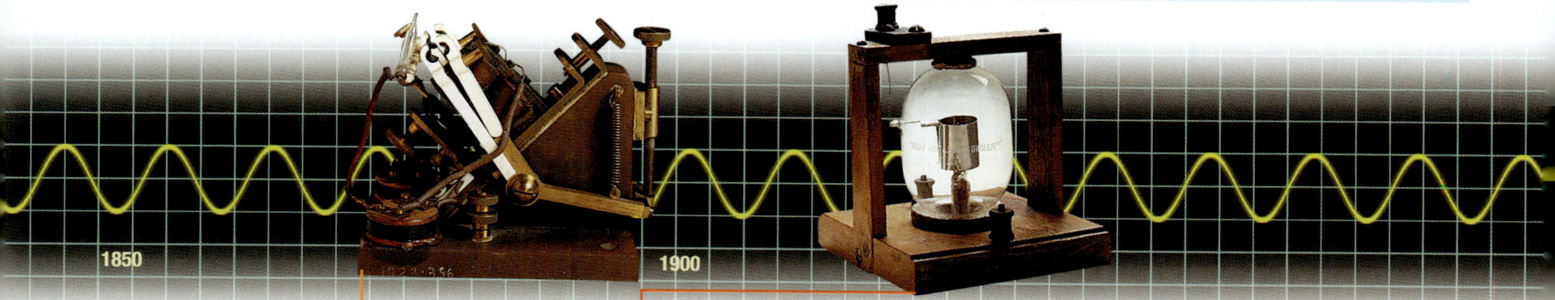


**Fritter** Marconis Wellenempfänger und Morsetaste

**Diodenröhre** Flemings Erfindung verbesserte den Empfang.

**1864** Der schottische Physiker James Clerk Maxwell veröffentlicht seine Theorie der **elektromagnetischen Wellen.**
**Um 1888** Der deutsche Physiker Heinrich Hertz baut einen einfachen **Sender,** der Radiowellen abstrahlen kann, womit Maxwells Theorie bewiesen ist. Hertz misst Länge, Geschwindigkeit und andere physikalische Eigenschaften der Wellen, kann aber keinen praktischen Nutzen erkennen.

**1890** Der französische Ingenieur Edouard Branly erfindet den **„Fritter“,** ein Gerät, das Radiowellen empfangen kann.
**1898** Ferdinand Braun erfindet den **Schwingkreis** für Funkensender und Empfänger.
**1895** Der Italiener Guglielmo Marconi und der Russe Alexander Popow verwenden unabhängig voneinander als Erste einen Funkensender, der **Radiowellen** über eine Entfernung sendet, die dann mit einem Fritter nachgewiesen werden.

**1901** Marconi sendet **über den Atlantik** ein Funksignal von Cornwall nach Neufundland.
**1902** Der dänische Ingenieur Valdemar Poulsen erfindet einen hochfrequenten **elektronischen Oszillator** zur Erzeugung von Radiowellen.
**1904** Der britische Elektroingenieur John Ambrose Fleming erfindet die **Zweielektrodenröhre** (Diode), die empfindlicher für Radiowellen ist als der Fritter.

**1905** Der aus Kanada stammende ehemalige Universitätsprofessor Reginald Fessenden baut einen Sender, der zur Übertragung der **menschlichen Stimme** benutzt werden kann.
**1906** Der Amerikaner H. H. C. Dunwoody erfindet das **Kristalldetektorradio.**
**1907** Der amerikanische Erfinder Lee de Forrest führt die **Dreielektrodenröhre (Triode)** vor, eine Verbesserung gegenüber Flemings Diode zum Empfang von Radiowellen.

**Um 1909** Der Sender KCBS in San Francisco, Kalifornien, bringt die ersten regelmäßigen **Rundfunksendungen.**

## Welche Frequenz?

Radiowellen sind eine Form elektromagnetischer Strahlung im Langwellen-Bereich des Spektrums. Erzeugt werden sie von Radiosendern, die ständig eine Trägerwelle senden. Radiowellen können je nach Frequenz oder Wellenlänge vom Boden oder der Atmosphäre reflektiert oder abgelenkt werden. Das Frequenzenspektrum ist durch ein internationales Abkommen geregelt, wobei spezielle Frequenzen für militärische Zwecke, Polizei, Radar und andere Dienste reserviert sind. Rundfunkstationen bekommen ihre Frequenzen nach der Verfügbarkeit und der Stärke ihrer Sender zugeteilt.

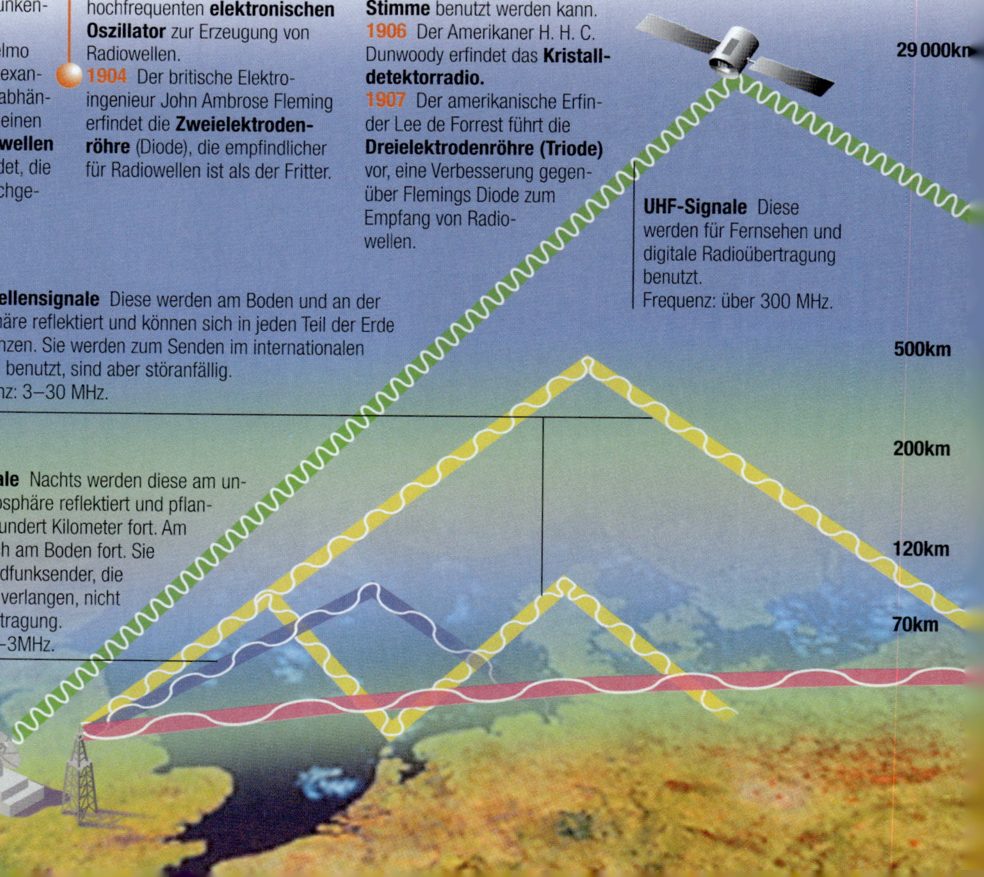


**UHF-Signale** Diese werden für Fernsehen und digitale Radioübertragung benutzt. Frequenz: über 300 MHz.

**Kurzwellensignale** Diese werden am Boden und an der Ionosphäre reflektiert und können sich in jeden Teil der Erde fortpflanzen. Sie werden zum Senden im internationalen Bereich benutzt, sind aber störanfällig. Frequenz: 3–30 MHz.

**Mittelwellensignale** Nachts werden diese am unteren Rand der Ionosphäre reflektiert und pflanzen sich mehrere hundert Kilometer fort. Am Tag pflanzen sie sich am Boden fort. Sie eignen sich für Rundfunksender, die mittlere Tonqualität verlangen, nicht aber für Stereoübertragung. Frequenz: 300 kHz–3MHz.

## AM, FM UND DIGITAL

Eine Radiowelle lässt sich auf drei Arten modulieren, damit sie ein elektrisches Tonsignal tragen kann. Am häufigsten verwendet man Amplitudenmodulation (AM) und Frequenzmodulation (FM). Dabei wird die Trägerwelle abgewandelt, damit sie Merkmale des Tonsignals widerspiegelt:

**Amplitudenmodulation (AM)**
Verändert die Amplitude oder Auslenkung der Trägerwelle, sodass sie mit der Spannung des Tonsignals schwankt: je höher die Spannung, desto größer die Amplitude der Trägerwelle. AM benötigt relativ einfache Empfänger, ist aber atmosphärischen Störungen bei Gewittern unterworfen.

**Frequenzmodulation (FM)**
Verändert die Frequenz der Trägerwelle, sodass sie mit der Spannung des Tonsignals schwankt: je höher die Spannung, desto höher die Frequenz der Welle. Die Empfänger sind komplexer, haben aber eine bessere Tonqualität als AM. Doch Störungen durch von Bergen oder Gebäuden reflektierte Signale sind immer noch ein Problem.

**Digitalradio (DAB)**
Wandelt mit Digitaltechnik Details einer Schallwelle in eine Reihe von digitalen Bits um und sendet dann diese Folge. Die Empfänger sind komplex und verwenden Mikrochips, aber Störungen und Verzerrungen sind praktisch ausgeschaltet.

**Amplitude und Frequenz** Elektromagnetische Wellen haben eine Amplitude (Umfang oder Stärke der Welle) und eine Frequenz. AM-Übertragungen wandeln die Amplitude der Trägerwelle passend zur Spannung des Tonsignals ab; FM-Übertragungen wandeln ihre Frequenz ab.

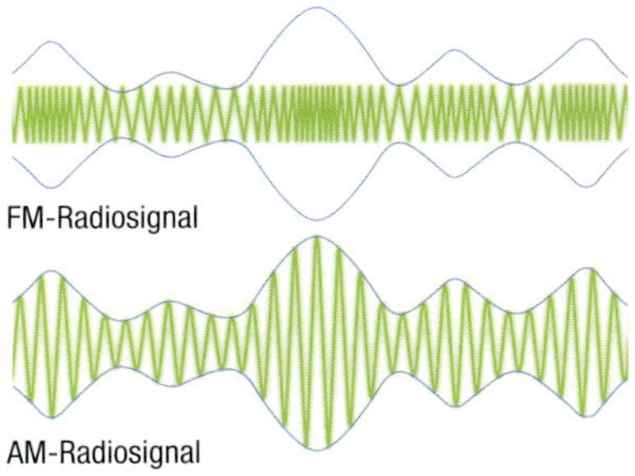


1910 1940 1950 1970 1990

**Taschenradios** Transistoren revolutionierten das Radiohören.

**Keine Batterien** Trevor Baylis' Aufziehradio

**1912–23** Der amerikanische Ingenieur Edwin Howard Armstrong baut eine Reihe von elektronischen Schaltkreisen, die ihn 1923 zur Herstellung des ersten **tragbaren Radios** führen.
**1929** Der Amerikaner Paul Gavin produziert das erste **Autoradio,** das Motorola.
**1930er-Jahre** Edwin Armstrong lässt ein **Frequenzmodulationssystem (FM)** patentieren. Er überträgt FM-Sendungen aus dem Sender W2XMN bei New York.

**1940er-Jahre** Der kommerzielle Rundfunk in Amerika bringt die ersten **FM-Sendungen.**
**1947** Die amerikanischen Wissenschaftler John Bardeen, Walter Brittain und William Shockley erfinden zur Verstärkung von Signalen den **Transistor**. Dieser löst die unhandliche Vakuumröhre ab.

**1950er-Jahre** In den USA wird mit **Stereo-Übertragungen** experimentiert.
**1955** In den USA kommen **Taschentransistorradios** auf den Markt.
**1955** Die erste FM-Sendung der BBC findet statt; **Stereo-FM** folgt 1962.

**1975** In Großbritannien wird mit **digitalen Radioübertragungen** experimentiert.
**1988** Die BBC-Sender starten das **Radio Data System (RDS)**: Verkehrsnachrichten, Kanaldaten und automatische Sendersuche für Autoradios.

**1991** Der britische Erfinder Trevor Baylis führt sein **Aufziehradio** vor.
**1995** Großbritannien und Kanada beginnen mit regelmäßigen **digitalen** Radiosendungen.
**1996** **Webradiosender** beginnen mit Sendungen über das Internet.

**Langwellensignale** Diese schmiegen sich über große Entfernungen der Erdoberfläche an. Sie werden aber von Rundfunkstationen selten benutzt, weil in ein Wellenband nur wenig Sender passen und guter Empfang eine lange Antenne benötigt. Sehr lange Wellen werden für Verbindungen zu U-Booten benutzt, da sie unter Wasser gut weitergeleitet werden.
Frequenz: 30–300 kHz.

**VHF-Signale** FM-Sender arbeiten mit diesen Signalen (UKW). Sie pflanzen sich in der Regel nur bis zum Horizont fort und können von Gebäuden oder vom Boden reflektiert werden. Sie können jedoch sehr viel Informationen transportieren, sodass sie sich für Stereoübertragungen hoher Qualität eignen.
Frequenz: 30–300 MHz.

Siehe auch
406–7 **Rundfunk**
562–3 **Digitale Kommunikation**
564–5 **Tonaufzeichnung**

*Die ältesten bekannten schriftlichen Meldungen – die* Acta Diurna *(„Tagesberichte") – hingen im antiken Rom an exponierten Stellen zum Lesen aus. Nach dem Untergang Roms vergingen über 1200 Jahre, bis schriftliche Nachrichten wieder für eine breite Öffentlichkeit gemacht wurden.*

## ZEITUNGEN UND MAGAZINE

Nachrichten wurden im 16. Jh. in Form von Flugblättern verbreitet. Während der Folgezeit etablierten sich Tageszeitungen, Zeitschriften und erzählende Bilderbogen. Seit 1618 führten die Holländer Zeitungen mit *corantos* („laufende Ereignisse") ein, die ins Englische und Französische übersetzt und über die Handelsbeziehungen Verbreitung fanden. Unabhängig davon erschienen etwa zur gleichen Zeit in Japan Flugblätter. Die ersten deutschsprachigen Zeitungen waren die *Einkommenden Zeitung* (1650). Sie wurden in Leipzig gedruckt und bestanden bis 1918.

**Gallischer Stil** *Paris Match* führte vor über 50 Jahren den Fotojournalismus in Frankreich ein und erreicht nach wie vor hohe Auflagen.

**Zur Muße lesen** Geistig anspruchsvolle Zeitschriften, die in England, Frankreich, Deutschland und Italien in den 1660er-Jahren erschienen, standen am Anfang der Zeitschriftenbranche. Die erste Unterhaltungszeitschrift mit Hofnachrichten, Anekdoten und Poesie erschien 1672 in Frankreich. Bis zum Ende des Jahrhunderts hatte England Periodika wie *Gentleman's Journal* (1692) und *Ladies' Mercury* (1693) hervorgebracht. *The Gentleman's Magazine* folgte 1731. Nordamerikas erste Zeitschrift, das *American Magazine* (1741), überstand nur drei Monate, um die Jahrhundertwende jedoch gab es 100 Titel.

**Mann mit Einfluss** William Randolph Hearsts sensationsorientierte Darstellung des kubanischen Unabhängigkeitskampfes provozierte den Spanisch-Amerikanischen Krieg 1898.

## Auflagenstärkste Zeitung und Zeitschrift

| Land | Größte Zeitschrift | Auflagenhöhe (Woche) | Größte Zeitung | Auflagenhöhe |
|---|---|---|---|---|
| **Brasilien** | *Veja* | 1,12 Mio. | *Folha de Sao Paolo* | 449 000 |
| **Deutschland** | *TV Movie* | 2,59 Mio. (14-tägig) | *Bildzeitung* | 4,23 Mio. |
| **Frankreich** | *Télé 7 Jours* | 2,56 Mio. | *Ouest France* | 758 000 |
| **Großbritannien** | *What's on TV* | 1,74 Mio. | *News of the World* | 4,07 Mio. |
| **Italien** | *L'Espresso* | 388 000 | *Corriere della Sera* | 1,08 Mio. |
| **Japan** | *Young Jump* | 1,96 Mio. | *Yomiuri Shimbun* | 10,22 Mio. |
| **Kanada** | *Reader's Digest* | 1,01 Mio. | *Toronto Star* | 460 000 |
| **Spanien** | *Hola* | 760 000 | *El Pais* | 410 000 |
| **USA** | *Modern Maturity* | 20,6 Mio. (monatlich) | *Wall Street Journal* | 1,95 Mio. |

**Die Ära der Pressezaren** Bis 1855 waren alle führenden britischen Tageszeitungen gegründet worden – *The Times, The Observer, The Guardian* und *The Daily Telegraph.* In den USA wuchs das Renommee von *New York Times* und *The Washington Post.* Geformt von einer Hand voll mächtiger Geschäftsleute, entwickelte sich Ende des 19. Jahrhunderts der moderne Journalismus. Die kränkelnde *New York World* verdankte ihre Wiederbelebung Joseph Pulitzer. Unter seiner Leitung brachte die Zeitung die weltweit erste farbige Beilage (1893) und regelmäßige Comicstrips (1895) heraus. William Randolph Hearst und sein *Morning Journal* begründeten den Pulitzerpreis. Hearst führte sensationelle Geschichten mit Balkenüberschriften und reicher Bebilderung ein, ein Nachrichtenstil, der als „yellow journalism" (Sensationsjournalismus) bekannt wurde.

In Großbritannien führte Lord Northcliffe (Alfred Harmsworth) nach amerikanischem Vorbild das kleinformatige Boulevardblatt ein, die *Daily Mail* (1896) – die erste Zeitung, die eine Auflage von täglich über 1 Mio. erreichte – und den *Daily Mirror* (1903), der 1914 ebenfalls 1 Mio. Exemplare am Tag verkaufte. Lord Beaverbrook (Max Aitken) übernahm 1919 den konkurrierenden *Daily Express* und steigerte die Auflage auf beeindruckende 2,25 Mio. Exemplare am Tag. Die höchste Auflage hat heute das im Jahr 1843 gegründete Boulevardblatt *News of the World*, das über 4 Mio. täglich verkauft.

**Erfolgsstory der Magazine** Der Fotojournalismus begann mit dem Erscheinen von *Time* (1923), *New Yorker* (1925) und *Life* (1936) in den USA und *Picture Post* (1938) in Großbritannien. Die Nachkriegsflaute in Deutschland beendete der *Stern* (1948), und in Frankreich wurde *Paris Match* (1949) gegründet.

The Washington Post
FINAL
Nixon Resigns
Ford Assumes Presidency Today

**Schlagzeile** 1972 deckte die *Washington Post* die Verstrickung der Republikaner in den Einbruch in die Wahlkampfzentrale der Demokraten (Watergate) auf, worauf Präsident Nixon zurücktrat.

## Gründungsjahre von Zeitungen

| Datum | Zeitung | Land |
|---|---|---|
| **1785** | *The Times* | GB |
| **1791** | *The Observer* | GB |
| **1821** | *The Guardian* | GB |
| **1838** | *Bombay Times* | Indien |
| **1851** | *New York Times* | USA |
| **1855** | *The Daily Telegraph* | GB |
| **1874** | *Yomiuri Shimbun* | Japan |
| **1876** | *Corriere della Sera* | Italien |
| **1877** | *The Washington Post* | USA |
| **1888** | *Financial Times* | GB |
| **1889** | *Wall Street Journal* | USA |
| **1918** | *Pravda* | Russland |
| **1923** | *Hindustan Times* | Indien |

## COMIC-FIGUREN

| Figur | Zeichner | Datum | Land |
|---|---|---|---|
| **Little Orphan Annie** | Harold Gray | 1924 | USA |
| **Blondie** | Chic Young | 1929 | USA |
| **Popeye** | Elzie C. Segar | 1929 | USA |
| **Tintin** | Hergé | 1929 | Belgien |
| **Dick Tracy** | Chester Gould | 1931 | USA |
| **Li'l Abner** | Al Capp | 1934 | USA |
| **Peanuts** | Charles Schulz | 1950 | USA |
| **Andy Capp** | Reg Smythe | 1957 | GB |
| **Asterix** | Albert Uderzo | 1959 | Frankreich |
| **Doonesbury** | Garry Trudeau | 1970 | USA |
| **Garfield** | Jim Davis | 1978 | USA |
| **Dilbert** | Scott Adams | 1988 | USA |

## Presserekorde

- **Das Land mit der größten Anzahl von Zeitungen** ist Indien mit insgesamt 4235 meist regionalen Titeln.
- **Die meistverkaufte Zeitschrift der Welt** ist *Reader's Digest* mit monatlich 24 Mio. Exemplaren in 19 Sprachen und 48 Ausgaben. Davon fallen allein auf die amerikanische Ausgabe monatlich 15 Mio. Exemplare.
- **Die älteste noch bestehende Tageszeitung** ist die österreichische *Wiener Zeitung*, die 1703 gegründet wurde.
- **Die älteste noch bestehende Wochenzeitung** ist *Post-och Inrikes Tidningar* in Schweden.

Siehe auch
388–9 **Literatur 1830–2002**
402–3 **Fernsehen**
412–3 **Buchdruck**

## ILLUSTRATOREN UND KARIKATURISTEN

Das Illustrieren von Publikationen für eine große Leserschaft verlangt ein breites Spektrum an Künstlern mit verschiedenen Talenten. Die Zeitungsbranche des 19. Jh. brauchte Sachillustrationen und schickte Reporter los, damit sie Ereignisse mit Feder und Tusche festhielten. Die Illustration zur Unterhaltung begann noch früher mit den Karikaturen, die Arthur Pond für das britische *London Magazine* in den 1740er-Jahren zeichnete. Der breite Zuspruch ließ einen Markt für satirische Zeitschriften wie *Punch* (1841) entstehen. 1865 entstand in Deutschland der Comicstrip mit der Bildgeschichte *Max und Moritz* von Wilhelm Busch.

**Comichelden** Tintin und sein Hund Milou brachen 1929 zum ersten Mal zu ihren Abenteuern auf. Inzwischen wurden 25 Mio. Exemplare von diesen Comicgeschichten verkauft.

### Berühmte Illustratoren

- **George Cruikshank** (1792–1878) Brite
Technische Kunstfertigkeit und deftige Satire machten Cruikshank zum führenden politischen Karikaturisten seiner Zeit. Er illustrierte auch über 850 Bücher und ist besonders bekannt als Illustrator von Werken von Charles Dickens.
- **Hergé (Georges Remi)** (1907–83) Belgier
Der Autor und Illustrator Hergé, der Tintin und seine moralischen Abenteuergeschichten schuf, gilt vielen als der beste Vertreter der Comicstrips.
- **Thomas Nast** (1840–1902) Deutschamerikaner
Der politische Karikaturist schuf das Symbol des Esels für die Demokratische Partei und das des Elefanten für die Republikaner. Seine Karikaturen stellten die politische Korruption in der New Yorker Verwaltung bloß.
- **Frederic Remington** (1861–1909) Amerikaner
Der bekannteste Illustrator des amerikanischen Westens, dessen Zeichnungen von Soldaten, Cowboys und Indianern über Jahrzehnte die volkstümlichen Ansichten über den Wilden Westen prägte.
- **Norman Rockwell** (1894–1978) Amerikaner
Chronist der konservativen amerikanischen Mittelschicht, dessen Titelseiten für die Zeitschrift *The Saturday Evening Post,* die er während 47 Jahren zeichnete, eine amerikanische Institution wurden.
- **Charles Schulz**
(1922–2000) Amerikaner
Schöpfer und Zeichner von *Peanuts,* des beliebtesten Comicstrips der Welt.
- **James Thurber**
(1894–1961) Amerikaner
Autor und Illustrator, berühmt für seine Karikaturen des frustrierten und versponnenen Städters.

**Kleinbürgerlicher Stil** Norman Rockwell verkaufte 1916 seine erste Titelseite an *The Saturday Evening Post.* Anschließend zeichnete er 316 weiter Titelseiten.

*Die Erfindung des Buchdrucks Mitte des 15. Jh. war entscheidend für die Entwicklung der westlichen Kultur. Der Buchdruck erlaubte die Herstellung von Büchern in hohen Auflagen, was die Verbreitung von Wissen erheblich beschleunigte. Die technische Entwicklung wurde durch eine ständig wachsende Nachfrage vorangetrieben – heute gibt es Druckmaschinen, die rund 90 000 Zeitungen pro Stunde produzieren.*

## Schriftsatz

Die Anordnung von beweglichen Lettern zu Wörtern, Zeilen und Seiten war traditionell ein mechanischer Prozess. Zeilen aus Drucktypen wurden von Schriftsetzern gesetzt und in geschmolzenem Blei zu einer Druckplatte gegossen. Die Computertechnik hat dieses Verfahren grundlegend verändert.

- Am PC (Personalcomputer) werden mittels DTP-Softwareprogrammen (desktop publishing) Schriftsatz und Layout erstellt. Von einem Scanner werden Digitalbilder eingefügt. Fertige Seiten werden als Dokument oder Datei gespeichert.
- Die Computerdateien werden zur Vorbereitung für den Druck auf einen Bildprozessor übertragen. Jede Seite, die aus gesonderten Elementen wie Schrift, Fotos und gezeichneten Illustrationen besteht, wird in ein einziges Bild umgewandelt.
- Eine Fotosetzmaschine druckt die Seite entweder auf Papier, damit sie auf Fehler durchgesehen werden kann (Fahnenkorrektur) oder auf einen Film, von dem dann ein endgültiger hochwertiger Druck hergestellt werden kann.

## Schriftarten

Das Alphabet ist auf viele tausend Arten gestaltet worden und hat sich modischen und technischen Veränderungen angepasst. Diese verwirrende Fülle lässt sich in nur acht Grundtypen einteilen:

**Fraktur** spiegelt die Handschrift des deutschen Spätmittelalters.
**Mediäval** beruht ebenfalls auf einer Schreibschrift der italienischen Urkunden des 18. Jh.
**Barock-Antiqua** mit ihren klaren Horizontalen und Vertikalen passt zum aufkommenden Einsatz von Druckmaschinen.
**Klassizistische Antiqua** mit kontrastierenden kräftigen und feinen Strichen; orientiert sich am antiken Stil des späten 18. Jh.
**Egyptienne** ist ein maschinell gefertigter, schnörkelloser Stil mit Serifen, kleinen abschließenden Querstrichen an Buchstaben.
**Grotesk** ist noch gradliniger, da sie völlig serifenlos ist.
**Schreibschrift** ist eine Maschinenschrift, die Handschriften nachahmt.
**OCR-Schrift** ist so geformt, dass sie leicht zu scannen und digital zu erfassen ist.

**Auszeichnungssatz** Fette, gerundete Lettern, im 19. Jh. beliebt für Plakate und Reklame, ließen sich gut in hölzerne Druckblöcke schneiden.

Aa — Fraktur, **Old English** (15.–16. Jh.)

Aa — Mediäval, **Caslon** (1722)

Aa — Barock-Antiqua, **Baskerville** (1760)

Aa — Klassizistische Antiqua, **Bodoni** (1790)

Aa — Egyptienne, **Rockwell** (1855)

Aa — Grotesk, **Gill Sans** (1928)

Aa — Schreibschrift, *Kuenstler Script*

Aa — OCR-Schrift, **Geneva**

**Um 8. Jh.** Die Chinesen bedrucken Papier und Stoff (rechts) mit eingefärbten **Holzstempeln** mit einem spiegelbildlich erhabenen Text.

**Um 1040** Die **bewegliche Letter** kommt in China auf. Jedes chinesische Schriftzeichen, aus Ton und Leim geformt, wird hart gebacken, dann auf eine Metallplatte gesetzt.

**12. Jh.** Arabische Händler führen das **Papier** in Europa ein.

**1403** Gegossene **Metalllettern** erstmals in Korea verwendet.

**1453–5** Gutenberg führt die **beweglichen Bleilettern** ein. Zum Drucken in einen Rahmen gefasst, konnten sie getrennt und wiederverwendet werden.

**1476** William Caxton richtet die erste **Druckerpresse** ein. Chaucers *Canterbury Tales* sind unter den ersten 100 Titeln.

**1477** Erster Gebrauch gravierter Metallplatten – das früheste **Tiefdruckverfahren,** das feinlinige Illustrationen für den Kartendruck ermöglichte.

**1642** Entwicklung der **Mezzotintotechnik** zum Drucken abgestufter Töne, was Licht und Schatten auf Stichen ermöglicht.

**Um 1725** William Ged entwickelt ein Verfahren zur Herstellung von **stereotypen Druckplatten** aus Gips mit erhabenem Druckbereich.

**1768** Das **Aquatinta-Ätzverfahren** auf Kupfer wird erfunden. Es ergibt Drucke, die wie Aquarelle wirken.

**1775** François-Ambroise Didot führt in Frankreich **genormte Lettergrößen** ein, wie sie heute noch weltweit benutzt werden.

Um 8. Jh. · Um 1040 · 12. Jh. · 1400 · 1403 · 1453-55 · 1476 · 1477 · 1600 · 1642 · 1700 · um 1725 · 1768 · 1775

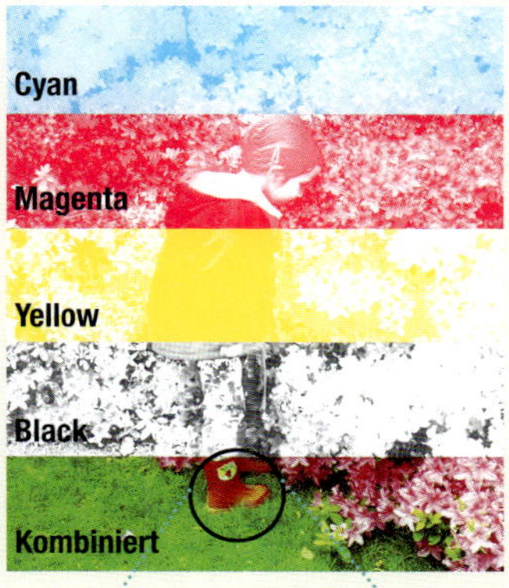


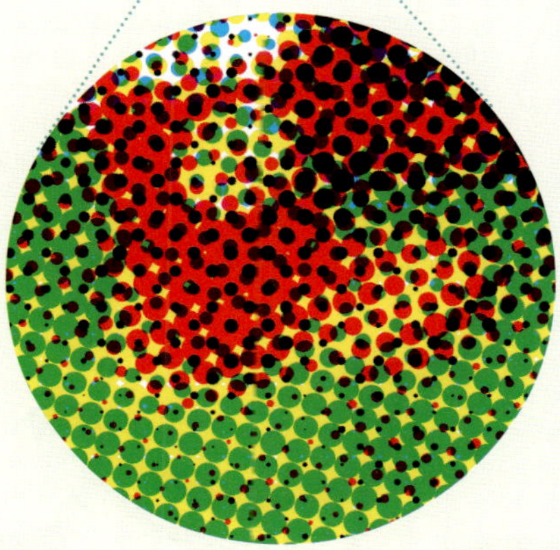

## Farbe drucken

Damit verschiedene Farbtöne abgestimmt werden können, wird ein einzelnes mehrfarbiges Bild im Druckstadium in gesonderte Farbbilder umgewandelt – in der Regel die „vier Prozessfarben" Cyan (Blau), Magenta (Rot), Yellow (Gelb) und Black (Schwarz). Wenn diese in variierender Stärke zusammen gedruckt werden, ergeben sie das volle Spektrum der Farbtöne.

## Illustrationen

**Stich** (links) Die Metallplatte zum Drucken wurde traditionell von Hand geätzt. Heute wird die Zeichnung fotografisch geätzt und im Hochdruckverfahren gedruckt.

**Halbton** (oben) Ein Bild wird dargestellt, indem die Farbdichte in verschieden große Punkte umgewandelt wird. Dies geschieht mittels Kopieren durch ein gitterartiges Halbtonraster oder elektronisch mit einem digitalen Scanner.

## Druckverfahren

- **Offset** arbeitet nach dem Prinzip, dass Öl und Wasser sich nicht mischen. Die Bildbereiche – Schrift und Illustration – werden als Film hergestellt und auf eine Metallplatte übertragen. Diese wird so behandelt, dass nur die Bildbereiche die ölige Farbe annehmen. Beim Offsetdruck wird die Druckfarbe auf eine mit einem Gummi bezogene Walze und dann auf das Papier übertragen. Das elastische Gummituch ergibt ein schärferes Resultat als der Druck von der Platte.
- **Hochdruck** Die früheste Technik ist ein Relief-Druckverfahren mit erhabenen Buchstaben; eine Walze bringt die Druckfarbe nur auf der erhabenen Fläche auf, auf die das Papier gepresst wird. Der teure Hochdruck wird heute nur für besondere Druckaufträge verwendet.
- **Tiefdruck** Das zu druckende Bild wird fotografisch auf eine Walze geätzt und hinterlässt dort winzige Vertiefungen („Zellen"), wo Druckfarbe auf Papier übertragen werden soll. Auf der Presse wird die Walze mit Druckfarbe bedeckt, diese wird abgeschabt, bleibt aber in den Vertiefungen zurück. Das Papier nimmt die Druckfarbe aus den Zellen auf. Tiefdruck eignet sich besonders für hochwertige Kunst- und Fotobücher.

Siehe auch
334–5 **Schrift**
496–7 **Informationsökonomie**

## Binden oder Kleben

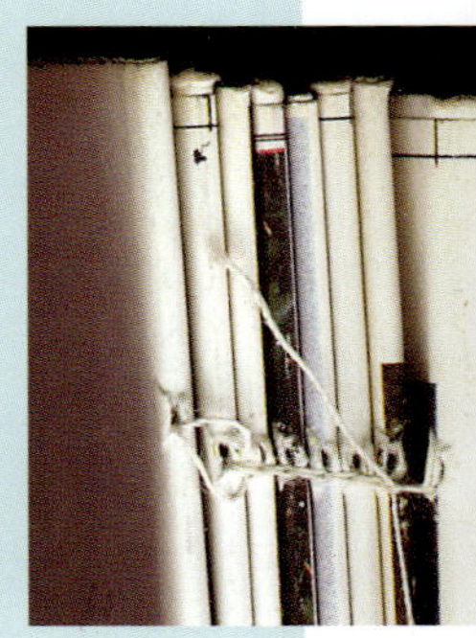

Hochwertig gebundene Bücher werden mit der „Einhänge"-Methode hergestellt. Die Seiten werden maschinell fadengeheftet und an den Buchrücken wird ein Einband geklebt. Die meisten Taschenbücher erhalten eine Klebebindung: Die Seiten werden an den Buchrücken geklebt. Bei manchen Büchern werden Wörter oder Verzierungen in Silber- oder Goldfolie mit dem Prägestempel auf den Einband aufgebracht.

1800 – 1900 – 2000

**1810** In Deutschland steigert Friedrich Koenigs dampfgetriebene **Zylinderdruckmaschine** erheblich die Leistung und Qualität.

**1822** Der Amerikaner William Church erfindet die erste **Setzmaschine.**

**1852** William Fox Talbot entwickelt ein **Lichtdruckverfahren** zur Reproduktion von Bildern.

**Um 1855** In Frankreich entwickelt Alphonse Poitevin die **Fotolithographie,** indem er fotografisch präparierte Platten verwendet.

**1865** Eine Hochleistungs-**Rotationspresse** wird entwickelt, die Papier von der Rolle bedruckt.

**1880er-Jahre** Setzmaschinen wie **Linotype** (1884) und **Monotype** (1887) steigern die Druckleistung.

**1905** Der **Offsetdruck** verbessert die Qualität des Lithodrucks.

**1939** Die erste **mechanische Fotosetzmaschine** überträgt Lettern auf einen Film, mit dem Druckplatten hergestellt werden.

**Um 1980 Digitale Farbscanner,** die Bilder in Computern speichern, werden kommerziell genutzt.

**1984 Desktop publishing (DTP)** ermöglicht digitalen Satz und Layout am PC.

*Design besteht aus dem Entwurf und der Planung eines Produkts für die industrielle Fertigung. Drei Aspekte des Produkts muss der Designer besonders beachten: das Aussehen des Gegenstands, seine Funktionsweise und die Vermarktung.*

## INDUSTRIEDESIGN

1907 stellte AEG den Architekten und Designer Peter Behrens (1868–1940) als künstlerischen Berater ein. Während der folgenden 7 Jahre entwarf er Fabriken, Produkte, Werbematerial, Kataloge und Preislisten. Er gab der AEG eine Corporate Identity als Mittel der Verkaufsförderung und definierte die Rolle des Designers im gesamten Produktions- und Marketingprozess.

In den 1920er- und 1930er-Jahren befassten sich europäische Designer mit den funktionalen Aspekten der Produkte. In den USA legte man größeren Wert auf Stil und Aussehen des Produkts, um den Absatz zu steigern. Spätestens in den 1950er-Jahren, als der Grundbedarf gedeckt war, verlagerte sich der Schwerpunkt auf die Produktion neuer verbesserter Modelle und Versionen, um das Interesse der Konsumenten zu erhalten. Japan trat in den Bereichen Transistor- und Fernsehtechnik in Konkurrenz zu den USA. Italien und die skandinavischen Länder traten als „Design“-Nationen hervor. Ende des 20. Jh. hatten neue Materialien und Techniken sowie ein geschärftes Stilbewusstsein entscheidenden Einfluss auf den Absatz von traditionellen Produkten.

Klassische Designs haben eine lange Lebensdauer. Die 1934 von George Carwardine entworfene Anglepoise-Lampe beruht auf den Gelenken des menschlichen Armes. Ihr schlichtes, funktionales Design ist immer wieder kopiert worden. Der Minicooper wurde 1959 von Alec Issigonis für die British Motor Corporation entworfen. Dank diagonalem Einbau des Motors bot der winzige, 3 m lange Mini vier Personen Platz. Die jüngst von BMW auf den Markt gebrachte Neuauflage des Mini vereint modernste Technik mit dem traditionellen und unverwechselbaren Stil des Kultautos der 1960er-Jahre.

**Entsafter** Mit seiner Neugestaltung einer Zitronenpresse verwandelte der Designer Philippe Starck ein prosaisches Küchengerät in eine Stilikone.

**Computerrevolution** Das interne Modem des iMac revolutionierte das Computerdesign. Nur wenige Kabel stören die kompakte elegante Form.

**Leichte Fahrt** Die Verwendung leichter Materialien, moderner Radaufhängung und Kettenschaltung mit bis zu 30 Gängen hat das Fahrrad in ein Fortbewegungsmittel verwandelt, das für das holprigste und steilste Gelände geeignet ist.

**Leuchte Tizio** Richard Sappers Version der Anglepoise-Lampe hat ausbalancierte Arme zur Verbesserung der Stabilität. Sie hat kein Innenkabel: Die Metallarme leiten die elektrische Energie aus dem Transformator im Fuß.

**Fotos ohne Film** Die Digitalkamera zeichnet das Bild auf einer Platte auf. Filmkauf und Entwicklung erübrigen sich.

**London Eye** Mit Hightech-Design und Präzisionstechnik schufen die Architekten Julia Barfield und David Marks das mit 135 m Höhe und einem Gewicht von 1600 t größte bisher gebaute Riesenrad.

## VISUELLE BOTSCHAFT

Grafik-Design schließt alle Bereiche der visuellen Kommunikation ein: Typografie, Werbeanzeigen, Corporate Identity und Computergrafik.

Die Modernisierung von Schrifttype und Seitengestaltung begann mit William Morris (1834–96), dem Führer des englischen Arts and Crafts Movements. Nach seiner Auffassung sollte die Typografie klar, schön und schnörkellos sein. Zu Morris' Lebzeiten hatte man die Verbindung besonderer Drucktypen, Farben und Logos mit bestimmten Produkten bereits umzusetzen begonnen. Die frühe Verpackung von Marken wie Colman's Mustard (1823 geschaffen) ist noch vertraut. Im 20. Jh. übten Drucktypen aus der Bauhaus-Schule der 1920er-Jahre – klar und schlicht, mit einer kurzen starken Botschaft – einen entscheidenden Einfluss auf alle Bereiche des Grafik-Designs aus.

**Subtile Wirkung** 1960 verknüpfte der Designer Paul Rand das IBM-Logo mit der neuen Technik, indem er Streifen einführte, die Scanzeilen andeuten.

Firmenlogos sind die Verkörperung der einfachen visuellen Botschaft, und klassische Logos behalten ihre Bedeutung auf Dauer. Die Coca-Cola-Typografie wurde 1887 von Frank M. Robinson entworfen und verknüpft das Getränk heute mit Tradition und Echtheit. Die ineinander greifenden olympischen Ringe, 1913 von Pierre de Coubertin entworfen, stellen die Eintracht der fünf Kontinente dar; wenigstens eine der fünf Farben ist injeder Nationalflagge zu finden. Den dreizackigen Stern von Mercedes-Benz entwarf um 1890 Gottlieb Daimler. Er malte ihn ursprünglich als Glückssymbol für seine neue Firma auf eine Postkarte und verwendete ihn seit 1909 als offizielles Logo. Das Symbol schuf ein so starkes Firmenbild, dass Benz es beibehielt, als die beiden Firmen 1924 fusionierten.

**Erfolg durch Farben** Mit einem Wechsel der Farben im Federal-Express-Logo sparte die Firma 10 Mio. Dollar an Herstellungskosten. Suchen Sie zwischen dem E und dem X nach einem „versteckten“ Symbol.

## WERBUNG

Moderne Werbemethoden entstanden in den 1930er-Jahren, als psychologische Untersuchungen zu zwei spezifischen Methoden des Produktverkaufs führten. Die „Überlege-warum“-Werbung sprach den Verstand an, indem sie die praktischen Vorteile eines Produkts aufzählte. Atmosphärische Werbung spielte mit den Gefühlen der Verbraucher. Diese Ideen, verbunden mit der Fernsehwerbung, schufen die Grundlagen der heutigen Branche.

1954 entwickelte der amerikanische Agenturchef Rosser Reeves die „Überlege-warum“-Werbung mit der Idee des USP (unique selling proposition/einzigartiger Verkaufsvorteil) weiter. USP konzentriert sich auf einen Vorteil, der ein Produkt von der Konkurrenz unterscheidet. Er warb für die Schokoladen-M&Ms mit ihrem einzigartigen Zuckerüberzug – sie „schmelzen im Mund und nicht in der Hand“. Mit der gleichen Methode gelang William Bernbach 1959 für den VW-Käfer die erfolgreichste amerikanische Autowerbung aller Zeiten. Er kehrte den Trend um, mit Überlegenheit und Sexappeal eines Autos zu werben, und konzentrierte sich stattdessen auf Qualität und Kompaktheit mit dem Slogan „Think small“.

Der erste britische Fernsehwerbespot – für Zahnpasta –, erschien 1955. In den 1960er-Jahren zwang die unüberschaubare Fülle des Warenangebots die Anbieter, neue Wege der Unterscheidung zwischen den Produkten einzuschlagen. So rückte der britische Werbeagenturchef David Ogilvy vom USP-Konzept ab und konzentrierte sich auf Persönlichkeit oder Markenimage eines Produkts und schuf damit Firmenikonen: Der Präsident von Schweppes wurde „The Man of Schweppes“, und ein Chauffeur in Livree wurde zum Symbol für die beliebte Marke des Imperial Whiskey.

Um 1980 wurde gesellschaftliches Prestige zur treibenden Kraft in der Lifestyle-Werbung. 1987 präsentierte man Nescafé Gold als unverzichtbaren Artikel für ein kultiviertes Paar, was den Absatz um 70 % steigerte. Noch stärker zielen Werbedesigner auf dieses Lebensgefühl mit künstlerisch inspirierter Werbung wie dem Spot von polynesischen Surfern für Guinness.

**Pack den Tiger in den Tank** Der ESSO-Tiger, ein Symbol für Kraft, erschien 1951 zum ersten Mal.

### Werbeausgaben in Deutschland

| Branche | Mio. Euro 2001 |
|---|---|
| **1** Massenmedien | 1703 |
| **2** Automarkt | 1561 |
| **3** Handelsorganisationen | 1095 |
| **4** Telekommunikation | 875 |
| **5** Süßwaren | 603 |
| **6** Spezialversand | 595 |
| **7** Pharmazie | 575 |
| **8** Banken und Sparkassen | 454 |
| **9** Bier | 360 |
| **10** Unternehmenswerbung | 357 |

**Surfer** Der Guinness-Werbespot von 1999, von britischen Zuschauern zur besten Fernsehwerbung aller Zeiten gewählt, assoziiert die Erwartung einer großen Surfwelle mit dem Warten auf ein sorgfältig gezapftes Glas Guinness.

### Globaler Werbeaufwand

Firmen mit den weltweit höchsten Werbeausgaben (1999):

| Name | Land | Mio. Dollar |
|---|---|---|
| **1** Procter & Gamble | USA | 4 690 |
| **2** General Motors | USA | 4 100 |
| **3** Unilever | GB/NL | 3 690 |
| **4** Ford | USA | 2 420 |
| **5** Philip Morris | USA | 2 120 |

Siehe auch
370–1 **Möbel**
402–3 **Fernsehen**
412–3 **Buchdruck**

*Jahrhundertelang wurde Mode von Reichen für Reiche geschaffen. Um die Mitte des 19. Jh. eröffnete Charles Worth in Paris sein Modehaus; die Haute Couture und der professionelle Modeschöpfer waren geboren. Es dauerte fast 100 Jahre, bis die Mode zum Lebensalltag der meisten Menschen gehörte. Seit den 1950er-Jahren haben wachsender Wohlstand, Massenfertigung und die rasche Entwicklung der Kommunikation die Mode zu einer globalen Industrie anwachsen lassen.*

## Krönende Zierde

**Punk-Mode** Der stachlige, grell gefärbte Irokesen-Look fand bei Jugendlichen Gefallen.

Frisuren sind wie die Kleidermode auch modischen Trends unterworfen. Mitte des 19. Jh. trugen die Männer das Haar kurz und mit buschigen Koteletten. Das Haar der Frauen war lang, aber meist aufgesteckt.

In den 1920er-Jahren bevorzugten emanzipierte Frauen den Herrenschnitt oder Bubikopf, der durch eine Dauerwelle gemildert werden konnte. Erstmals 1872 ausprobiert, war die Dauerwelle ideal für Kurzhaarfrisuren.

In den 1960er-Jahren trugen junge Frauen kurze asymmetrische Frisuren, die zur klaren Linie des Minirocks passten, während ihre Mütter das Haar mit Lockenwicklern in weiche Wellen legten. Männer trugen damals ihr Haar lang. Der Drang der Jugend zu schockieren erreichte in den 1970er-Jahren seinen Höhepunkt mit dem Punk-Look.

**Herrenmode um 1850** **Rock mit Tournüre** **Humpelrock mit Volants von Poiret** **Flatterkleid**

**Um 1850** Die Männer tragen taillierte Mäntel über gerade geschnittenen Hosen, meist in dunklen Farben. Allmählich kommen der dreiteilige Straßenanzug, Krawatten, Bowler, Filzhüte (Homburg) und Strohhüte (Kreissäge) in Mode.

Die Frauen tragen weite Röcke, gestützt von mehreren Unterröcken und Rosshaarpolstern. Diese werden bald durch leichtere Stahlreifen ersetzt – die Krinoline. Die Röcke sind mit Spitze und Rüschen reich verziert.

Eine sehr schmale Taille ist Voraussetzung für gutes Aussehen, und während die Röcke weiter werden – manchmal bis zu 9 m Umfang –, werden die Korsetts immer enger. Kleine Hüte und geschnürte Halbstiefel ergänzen die Kleidung.

Die Massenfertigung trägt dazu bei, dass sich die Moden schneller ausbreiten und ablösen.

**Um 1870** Enge Korsetts, Puffärmel und lange ausladende Röcke mit Tournüre bilden den Höhepunkt unpraktischer Damenmode. Alle Versuche, „vernünftigere“ Kleidung für Frauen einzuführen, etwa Knickerbocker und Pumphosen, werden mit Spott aufgenommen.

**Um 1890** Kleider und Röcke mit schlankerem Umriss kommen auf, doch hält „die Tyrannei des Korsetts“ an.

**Um 1905** Höhere Taillen und schlichte, gerade Röcke kommen in Mode, doch bleiben die Kleider bodenlang, die Hüte werden aufwändiger.

**1910er-Jahre** **Paul Poiret** führt den an den Knöcheln eingezogenen „Humpelrock“ mit hoher Taille ein. Die Röcke werden etwas kürzer. Bis zum Ende des Jahrzehnts werden Damenkleider funktionaler: Waden, Arme und Halspartie sind jetzt allgemein unbedeckt.

**1920er-Jahre** Weniger förmliche, kürzere und dennoch elegante Kleider sind beliebt. Die Frauen bevorzugen den korsettlosen, flachbrüstigen Stil mit kurzen geraden Röcken und tiefer Taille wie bei den verblüffend schlichten Entwürfen von **Coco Chanel.**

Zum saloppen Stil der Männer gehören sehr weite Hosen, knielange Golfhosen oder Knickerbocker, Hosen mit Umschlag und Tweedjacketts.

**1930er-Jahre** Die Röcke werden länger und gerader. Die Linie wird femininer mit Schulter- und Busenbetonung sowie schmaler Taille. Die auffallenden Kleider **Elsa Schiaparellis** verkörpern Eleganz und Luxus der Zeit.

Massenfertigung und Verwendung billigerer synthetischer Stoffe wie Kunstseide ermöglichen Frauen der unteren Schichten, die Mode der Wohlhabenden zu übernehmen.

## Levi Strauss und die Jeans-Revolution

Mitte des 19. Jh. nahm der aus Deutschland in die USA ausgewanderte Levi Strauss die Produktion von strapazierfähigen Hosen für die kalifornischen Goldgräber auf. Er verwendete einen schweren Barchent namens *jene fustian,* der in Genua für Planwagen produziert wurde.

1873 ließ Levi Strauss seinen Entwurf patentieren. Die Hosen wurden als Levi's bekannt und dienten als Arbeitskleidung. Später verwendete man ein französisches Gewebe, *serge de Nîmes.* Daraus entwickelte sich der Name „Denim". Spätestens in den 1930er-Jahren wurden in den USA Jeans als Freizeitkleidung angeboten. In den 1960er-Jahren wurden sie zum Symbol des Jugendprotests. In den 1980er-Jahren waren sie schließlich bei allen und für alle Gelegenheiten akzeptiert. Jetzt kamen auch die ersten „Designer"-Jeans auf.

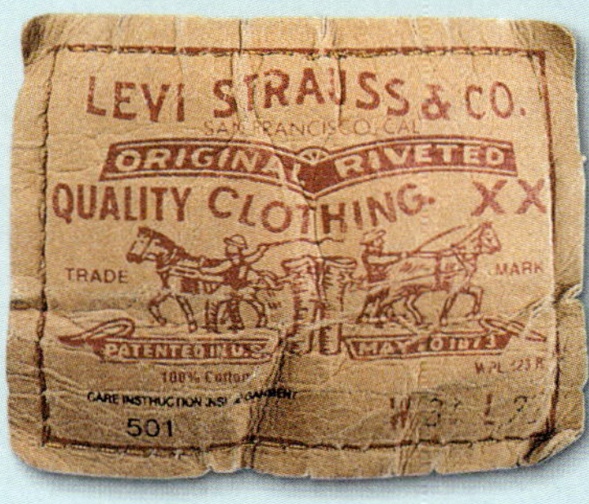


Siehe auch
204–5 **Die Industrielle Revolution**
212–3 **Zwischen den Kriegen**

Christian Diors „New Look" | Der Minirock | Hängerchen und ausgestellte Hose | Kostüm von Yves St Laurent | Straßenmode der 1990er

**1940er-Jahre** Die Ratio-nierung im Krieg bringt 1942 die „Gebrauchsmode"; **Norman Hartnell** und andere liefern trotz schmaler Geldbeutel attraktive, praktische Kleider.

Die Kargheit der Mode wird 1947 durch die modische Extravaganz des „New Look" von **Christian Dior** beendet. Für seine langen, weiten Röcke mit schmaler Taille werden bis zu 25 m Stoff benötigt.

**1950er-Jahre** Mode für den Massenkonsum floriert, wobei „Jugendstile" wie Jeans und T-Shirts großen Einfluss auf die herkömmliche Mode haben. Alle Altersgruppen kleiden sich allmählich zwangloser. Selbst der führende Pariser Couturier **Hubert Givenchy** ist bekannt für seine lockeren Kombinationen von Röcken, Hosen und Blusen. Nylon und Kunstseide ermöglichen bunte pflegeleichte Mode.

**1960er-Jahre** Auch Paris zielt auf die Jugend. **Pierre Cardins** kragenloses Jackett wird durch die Beatles populär. 1965 bringt **André Courrèges** den Minirock heraus. **Mary Quant** entwirft einfache bunte Kleider, die Frauen jugendlicher wirken lassen.

Die Hippie-Kultur führt dazu, dass auch Männer sich mit Seide und Accessoires schmücken. Weite Kleidung und lange geblümte Hemden tauchen auf.

**1970er-Jahre** Das Jahrzehnt beginnt mit knappen Shorts, den Hotpants, und Stiefeln mit Plateausohle. Kittel und ausgestellte Hosen, Rüschen und Volants sind weit verbreitet, beeinflusst von der „Glam-Rock"-Mode in der Musik.

**Vivienne Westwood** und **Malcolm McLaren** kreieren den Punk-Look: zerrissene Kleider, von Sicherheitsnadeln und Ketten gehalten, sowie makabres Make-up.

**1980er-Jahre** Der Minirock kommt wieder. Schultern werden breiter, Taillen schmaler, die Rüschen verschwinden. Den „Power Dress" für Mann und Frau repräsentiert die Kleidung von **Giorgio Armani** und **Yves St Laurent.** Japanischer Einfluss zeigt sich in den Kleidern von **Issey Miyake** aus flott geschichteten und gefalteten Stoffbahnen. Superschlanke Models sind das neue Schönheitsideal.

**1990er-Jahre** Es gibt eine Fülle von Stilen mit der Betonung auf weiten formlosen Kleidern. Neue elastische Materialien machen das Tragen noch bequemer. Die Mischung der Stile fällt auf, etwa lange gerade Röcke mit Turnschuhen und Blazer zu Spitzenröcken und dicksohligen Boots. Teenager bevorzugen wieder die Unisex-Moden der 1970er-Jahre und den schlecht sitzenden Schmuddellook.

*Essen dient zu mehr als nur der Lebenserhaltung. Es definiert gesellschaftliche Traditionen und spiegelt religiöse und kulturelle Überzeugungen. Das Ritual der Mahlzeit fördert den sozialen Zusammenhalt. Geschichte, Kultur und Technik haben in hohem Maß beeinflusst, wie wir zu Essen kommen, es zubereiten und verzehren.*

## Speisen und die großen Religionen

**Buddhismus** Buddhisten dürfen Fleisch essen, es aber nicht selbst töten.
**Christentum** Keine einheitlichen Vorschriften. Manche meiden Fleisch an Freitagen, besonders am Karfreitag.
**Hinduismus** Rindfleisch ist verboten, weil Rinder als heilig gelten. Viele Sekten sind vegetarisch ausgerichtet.
**Islam** Schweinefleisch, Alkohol und das Fleisch tot aufgefundener Tiere sind verboten; anderes Fleisch muss *halal* sein – von Tieren, die in der vorgeschriebenen Weise getötet wurden.
**Judentum** Strenge Gesetze schreiben *koschere* („reine") Speisen vor. Fleisch muss von Paarzehern stammen, die wiederkäuen und von einem Schächter nach vorgeschriebenem Ritus getötet wurden. Schalentiere und Fisch ohne Haut und Schuppen sind verboten. Fleisch und Molkereiprodukte dürfen nicht gemischt werden.

**Küchen der Welt** Jedes Volk hat seine eigene unverwechselbare Küche, die auf Klima, verfügbaren Nahrungsquellen und ihrer Kultur beruht.

**Westeuropa** trennt die nördliche Wachstumsgrenze des Olivenbaums. Der Süden kocht mit Olivenöl, der Norden mit Butter und anderen tierischen Fetten. Charakteristisch sind auch die Gemüsesorten: Im Norden sind Wurzelgemüse typisch, oft in herzhaften Eintöpfen, im Süden Knoblauch und Tomaten.

**Mitteleuropa** zeigt in seiner Küche noch den prägenden Einfluss der k.u.k-Monarchie, darunter Variationen von Gulasch mit Paprika. Österreichs Verbindung zu Deutschland sieht man in Speisen wie *Apfelstrudel, Wiener Schnitzel* und Würstchen. Der Kaffee kam aus der Türkei über Wien nach Mitteleuropa.

**Naher Osten und Nordafrika** leiten ihre Küche vom Osmanischen Reich ab. Lammgerichte überwiegen; Oliven, Joghurt, Nüsse, Weinblätter, Kuskus und Reis sind übliche lokale Zutaten. Süßigkeiten sind extrem süß – wie etwa *Halva,* das aus Zucker, Eischnee, Sesamsamen und Mandeln besteht.

**Indien** ist bekannt für seine gewürzreiche Küche; am schärfsten würzt der Süden. Huhn und Lamm werden bevorzugt, Armut und Religion beschränken jedoch den Fleischverzehr: Strenge Buddhisten und viele Hindu leben vegetarisch, Muslime essen kein Schweinefleisch. Milch und Quark werden viel verwendet.

## FASTFOOD

Das erste „Fastfood" war ein Sandwich. Es soll vor 250 Jahren vom 4. Earl of Sandwich erfunden worden sein, der ein Stück Rindfleisch zwischen zwei Scheiben Brot legte, damit er keine Zeit am Spieltisch verlor. Fastfood von heute ist eine amerikanische Erfindung des 20. Jh.

Die erste Hamburgerkette, White Castle, begann 1921 mit dem Verkauf von viereckigen Hamburgern für je 5 Cent; White Castle verkauft noch heute 500 Mio. Hamburger im Jahr. Viele Hamburgerketten begannen bescheiden. Mit seiner Sozialhilfe von 105 Dollar eröffnete Colonel Harland Sanders 1952 mit 65 Jahren seinen ersten Grillhähnchenladen in Corbin, Kentucky. 12 Jahre später verkaufte er die Firma Kentucky Fried Chicken für 2 Mio. Dollar.

Auf ähnliche Weise liehen zwei Studenten, Frank und Dan Carney, von ihrer Mutter 600 Dollar und gründeten 1958 Pizza Hut in Wichita, Kansas. Im Jahr 2000 hatte Pizza Hut weltweit 12 000 Filialen und verkaufte 1,7 Mio. Pizzas am Tag.

Die beiden größten Hamburgerketten begannen ebenfalls in den 1950er-Jahren: Burger King 1952 in Miami und McDonald's 1955 in San Bernardino, Kalifornien. 2000 wurden Burger Kings 11 340 Restaurants rund um die Welt von 15 Mio. Kunden täglich besucht und verkauften insgesamt 2,6 Mrd. Hamburger. 2002 bediente McDonald's rund 15 Mrd. Kunden – 43 Mio. am Tag – in über 29 000 Restaurants weltweit. In Deutschland machte McDonald's 2001 insgesamt einen Umsatz von 2,26 Mrd. Euro.

## Schlüsseldaten

**600** Im Nahen Osten kennt man Gabeln.
**1554** Erstes Kaffeehaus in Istanbul eröffnet.
**1589** Gabeln am französischen Hof.
**1609** Tee aus China kommt nach Europa.
**1650** In England wird der Tee eingeführt.
**1809** Nicolas Appert (Franzose) sterilisiert Essen durch Hitze in Flaschen; Patent für Konservieren in Großbritannien
**1840** Nachmittagstee in Großbritannien
**1851** Eisenbahnkühlwagen in den USA
**1868** Erster „Pullman"-Speisewagen
**1880** Dosenobst und -fleisch kommen auf den Markt.
**1890** Cafeterien und Imbisslokale in USA
**1908** Teebeutel in den USA eingeführt
**1930** Tiefkühlkost kommt in den USA auf.
**1936** American Airlines führt Bordverpflegung ein. Küchenmixer eingeführt.
**1937** Erster Instantkaffee in der Schweiz
**1953** Gut 17 000 Supermärkte in den USA
**1954** Tiefgekühlte Fertiggerichte in USA
**1990** Großbritannien genehmigt den ersten genetisch veränderten Nahrungsartikel, eine Hefesorte.
**1994** Erste genetisch veränderte Tomate in den USA erzeugt.

**Eingedost** Nahrungskonserven brachten Vielfalt in die tägliche Kost.

**China und Japan** haben Reis und Nudeln als Grundlage. China hat viele regionale Küchen. Ausgewogenheit – nach Yin und Yang – mit dem richtigen Verhältnis von Reis/Nudeln und Gemüse/Fleisch dient der Gesundheit. In Japans förmlicher Kultur ist das Anrichten der Speisen ebenso wichtig wie der Geschmack.

**Südostasien** ist bekannt für Fisch und Meeresfrüchte, Reis- und Nudelgerichte und für einheimische Gewürze wie Ingwer, Galgant, Zitronengras und Chili. Vergorene Fischsauce dient als Würze. Der Großteil Südostasiens ist von der chinesischen, Indochina von der französischen Küche beeinflusst.

**Nordamerika** verwendet lokale Zutaten wie Mais, doch gibt es kaum einheimische Rezepte. Einwanderer haben die vielfältigste Küche der Welt geschaffen, darunter Cajun- und Tex-Mex-Küche. Viele „ethnische" Gerichte wie *Chopsuey* und *Pfannenpizza* sind in ihren angeblichen Herkunftsländern unbekannt.

**Mittel- und Südamerika** haben das Küchenerbe Spaniens, Portugals und anderer europäischer Nationen mit lokalen Zutaten wie Bohnen, Mais, Chili und Bananen sowie einheimischen Kochmethoden kombiniert. Meeresfrüchte werden vor allem in der Karibik gekocht, Rind und Lamm überwiegen in Südamerika.

## AUF DEN SPUREN VON EXOTEN

Die Geschichte der Entdeckungen ist auch eine Geschichte von der Verbreitung exotischer Früchte, die heute bei uns heimisch sind, ihren Ursprung aber in fernen Ländern hatten.

So führte Alexander der Große um 330 v. Chr. die Aprikose von Asien nach Griechenland ein, und Europäer brachten um 700 n. Chr. den Rettich nach China. Die Römer brachten systematisch Nahrungsmittel in jene Länder, die sie eroberten, z. B. im 1. Jh. Orangenbäume aus Indien nach Nordafrika. Die Mauren wiederum führten diese – neben Oliven und Spinat – im 8. Jh. nach Spanien ein, und 1493 hatte Columbus bereits spanische Orangenbaum-Setzlinge nach Westindien mitgenommen. Columbus war ein eifriger Sammler exotischer Nahrungsmittel und nahm Mais, Ananas und Bohnen mit nach Hause. Die Spanier entdeckten um 1500, dass die Azteken Schokolade verzehrten, und verbreiteten diese Delikatesse in Europa. Und die Franzosen führten 1624 großfruchtige nordamerikanische Erdbeeren nach Europa ein.

Der englische Entdecker Francis Drake nahm Tabak aus Virginia mit nach England. Kapitän William Blighs Reise auf der *Bounty* hatte u. a. den Zweck, Brotfruchtbäume aus Tahiti zur Ernährung der Sklaven in Westindien einzuführen.

Manche Nahrungsmittel machten eine doppelte Reise. Spanische Konquistadoren brachten den Truthahn um 1519 von Mexiko nach Spanien, und englische Kolonisten nahmen ihn später in ihre amerikanischen Kolonien mit. Die Spanier führten im 16. Jh. die Kartoffel aus Südamerika in Europa ein, mit den Engländern kehrte sie als neue Feldfrucht nach Nordamerika zurück. Italienische Entdecker holten um 1550 die von den Inka und Azteken gezogene Tomate nach Italien; Europäer brachten sie im späten 18. Jh. in die USA.

Siehe auch
192–3 **Die Zeit der Entdeckungen**
340–3 **Religionen**
420–1 **Alkoholische Getränke**

*Fast jedes Land der Erde hat seine eigenen alkoholischen Getränke. Europäische Länder haben eine lange Tradition bei der Erzeugung von Bier, Wein und Branntwein. Was hergestellt – und getrunken – wird, hängt von den Rohstoffen ab, die in dem jeweiligen Klima gedeihen.*

## BEDEUTENDE WEINREGIONEN

Die meisten Weine werden zwischen dem 50. Breitengrad nördlicher und dem 40. Breitengrad südlicher Breite angebaut. In diesen Regionen sind die Sommer warm und die Winter relativ mild, was den Anbau hochwertiger Trauben ermöglicht. Lage und Art des Bodens sind ebenfalls wichtig. Täler bieten Schutz gegen Wind und Frost. Magere Böden zwingen die Reben, tief zu wurzeln, schützen sie vor zu viel Feuchtigkeit und lassen sie in Trockenperioden Wasser aus dem tieferen Untergrund ziehen.

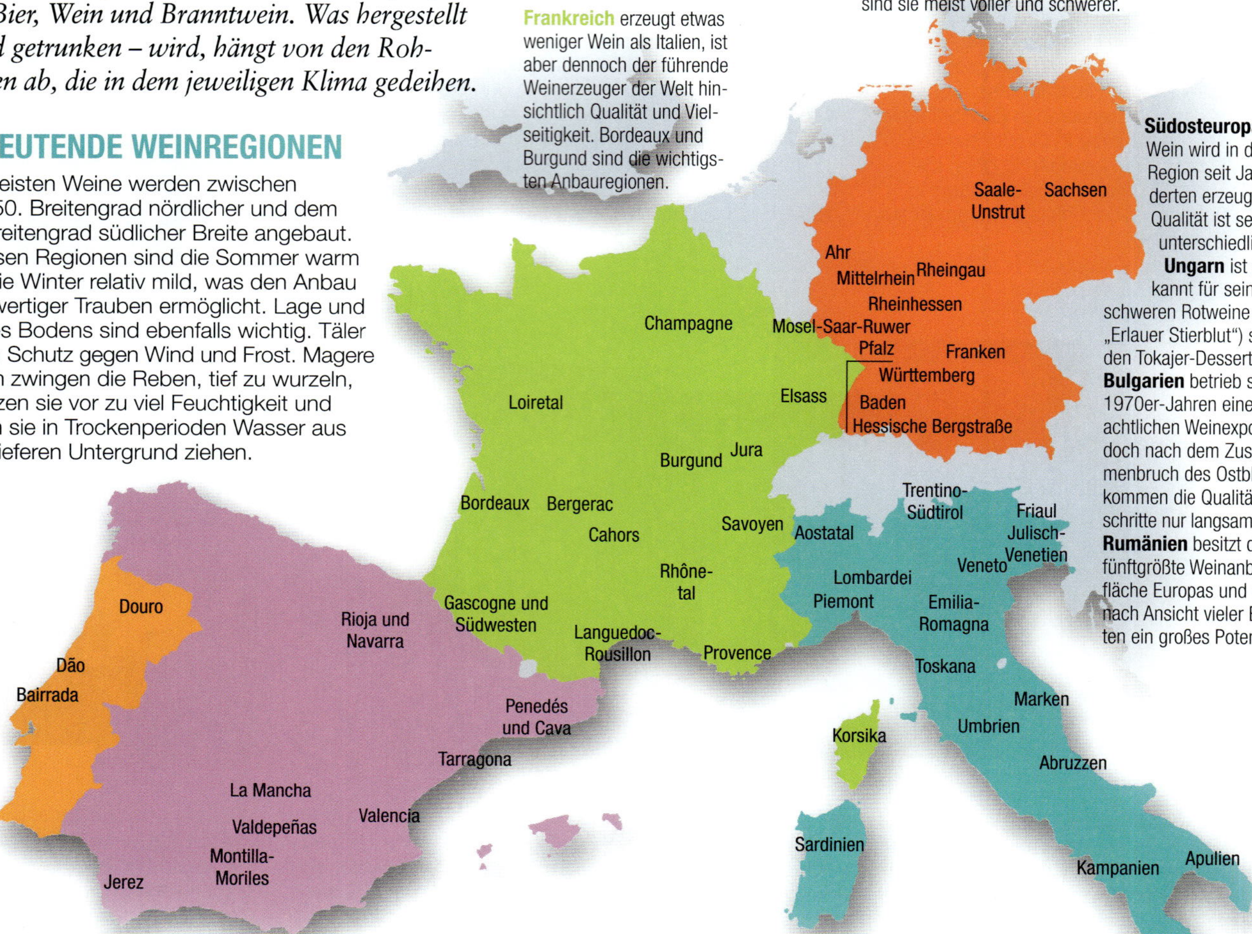


**Frankreich** erzeugt etwas weniger Wein als Italien, ist aber dennoch der führende Weinerzeuger der Welt hinsichtlich Qualität und Vielseitigkeit. Bordeaux und Burgund sind die wichtigsten Anbauregionen.

**Deutschland** hat ein Klima, das sich vor allem für den Anbau weißer Trauben eignet. **Österreich** erzeugt ähnliche Weine wie Deutschland. Wegen des etwas milderen Klimas sind sie meist voller und schwerer.

**Südosteuropa** Wein wird in dieser Region seit Jahrhunderten erzeugt. Die Qualität ist sehr unterschiedlich. **Ungarn** ist bekannt für seine schweren Rotweine ( „Erlauer Stierblut“) sowie den Tokajer-Dessertwein . **Bulgarien** betrieb seit den 1970er-Jahren einen beachtlichen Weinexport, doch nach dem Zusammenbruch des Ostblocks kommen die Qualitätsfortschritte nur langsam voran. **Rumänien** besitzt die fünftgrößte Weinanbaufläche Europas und hat nach Ansicht vieler Experten ein großes Potenzial.

**Portugal** ist schon lange Weinerzeuger, aber bis vor kurzem waren die meisten Tafelweine nur für den einheimischen Verbrauch bestimmt. Die bekanntesten Weinarten außerhalb Portugals sind neben dem Vinho Verde die Dessertweine Madeira (von der gleichnamigen Insel) und der Portwein (aus dem Dourotal).

**Spanien** besitzt große Weinanbauflächen, doch sind die Erträge wegen der großen Sommerhitze relativ gering. Der beste Wein wird in der Regel im Norden und in der Gegend von Jerez erzeugt, woher der Sherry stammt.

**Italien** wurde bereits von den alten Griechen „Land des Weins“ genannt, weil Weintrauben dort so gut gedeihen. Italien erzeugt in jedem Jahr mehr Wein als jedes andere Land. Die berühmtesten Weinregionen liegen im Norden, besonders im Piemont.

## Die wichtigsten Rebsorten

Nur etwa 50 der rund 5000 Rebsorten werden zur Weinerzeugung verwendet. Rot- und Roséweine werden fast ausschließlich aus roten Trauben hergestellt, während für Weiß- und Dessertweine die weißen Trauben verwendet werden.

### Rote Trauben

**Cabernet Sauvignon** ist die vorwiegende Traube der Region Bordeaux und wird heute in der ganzen Welt angebaut.
**Merlot** ist eine weitere wichtige Bordeaux-Traube, die weltweit gezogen wird.
**Pinot noir** Die rote Burgundertraube wird auch für Champagner verwendet. Sie ist schwer zu ziehen.
**Sangiovese** Die italienische Chiantitraube
**Syrah** ist die rote Traube des nördlichen Rhônetals, heute bekannter als Shiraz, eine der erfolgreichsten australischen Trauben.
**Tempranillo** ist die köstliche würzige Traube des roten Rioja aus Spanien.

### Weiße Trauben

**Chardonnay** ergibt weißen Burgunder, Champagner und viele Neue-Welt-Weine.
**Chenin Blanc** ist die wichtigste Traube der Region Loire, wo sie für trockene und liebliche Weine verwendet wird.
**Riesling** ist die große Traube Deutschlands, die edle trockene und säurebetonte Weine ergibt.
**Sauvignon** ist eine wichtige französische Traube, die um Bordeaux und an der Loire angebaut wird, heute auch verbreitet in der Neuen Welt, besonders in Neuseeland.
**Sémillon** ist bekannt für den Sauternes, den weltberühmten Dessertwein des Bordeaux, wird aber auch für leichte Weißweine in Frankreich, der Neuen Welt und Australien verwendet.

**Rieslingland** Das Rheintal mit seinen Burgen rühmt sich der besten Weinlagen.

**Die USA** erzeugen eine Vielfalt von Weinen, meist in Kalifornien, wo das Klima für den Weinanbau ideal ist. Neuere Gegenden werden im pazifischen Nordwesten erschlossen – besonders in den Staaten Washington, Oregon und Idaho – sowie im Nordosten, wo Wein erstmals im 17. Jh. erzeugt wurde.

**Chile** hat ausgedehnte Gegenden mit idealem Klima und ist seit den 1980er-Jahren zum Superstar der südamerikanischen Weinerzeugung aufgestiegen. Aus Sorten wie Cabernet Sauvignon, Merlot, Chardonnay und Sauvignon Blanc erzeugt es vorzügliche rote und weiße Weine.

**Argentinien** ist der fünftgrößte Weinerzeuger der Welt, aber der Großteil der Weine ist von mittelmäßiger Qualität. Wein wird im Westen Argentiniens angebaut, vor allem aber um Mendoza in den Ausläufern der Anden.

**Südafrika** war früher für seine Dessertweine bekannt. Heute erzeugt es Weine aus vielen Rebsorten, darunter einige sehr gute Rotweine aus Pinotage und Cinsaut und trockene Weißweine aus Colombard und Steen (Chenin Blanc).

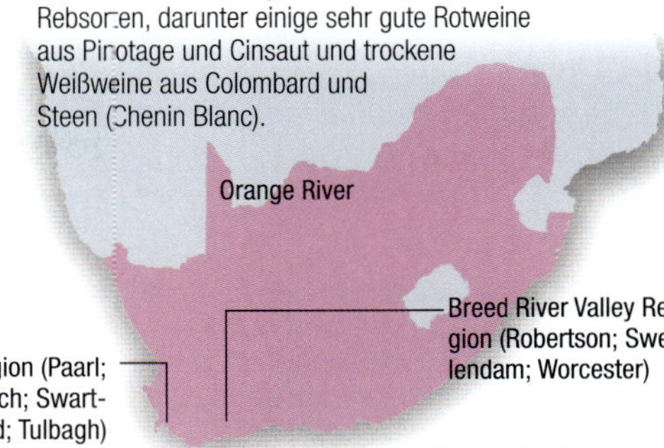


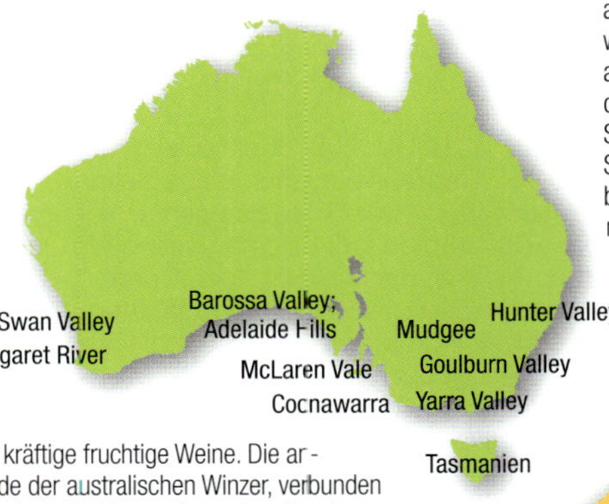


**Australien** ist bekannt für kräftige fruchtige Weine. Die anhaltende Experimentierfreude der australischen Winzer, verbunden mit hohen technischen Standards, hat besonders seine Chardonnay- und Shirazweine in die Spitzengruppe der Welt aufrücken lassen.

**Neuseeland** erzeugt vor allem spritzige Weißweine, darunter einige ausgezeichnete Chardonnays, Rieslinge und Sauvignon Blancs. Der Schwerpunkt des Anbaus liegt auf der wärmeren Nordinsel.

## BIER

Bier ist verbreiteter als Wein, weil die dafür verwendeten Getreidearten nicht unbedingt so milde klimatische Bedingungen wie Trauben benötigen. China und die USA brauen das meiste Bier, aber den höchsten Pro-Kopf-Verbrauch haben die Tschechen und Iren. Der Durchschnittstscheche trinkt 162 l Bier im Jahr, in Irland sind es 151 l.

Bier wird meist aus Gerste gebraut, die zum Keimen gebracht und zu Malz gedarrt wird, doch werden auch Weizen, Mais oder Reis verwendet. Vor der Gärung mit Hefe wird Hopfen als Aroma- und Konservierungsstoff zugesetzt.

**Bierselig** Das Münchner Oktoberfest ist das größte Volksfest der Welt. Die Deutschen belegen mit jährlich 129 Litern pro Kopf den dritten Platz in der Liga der Biertrinker.

**Bierarten** Der Hauptunterschied liegt in der Art der Gärung. Bei obergärigen Bieren wächst die Hefe bei 15–29 °C an der Oberfläche der zu vergärenden Bierwürze. Diese Biere sind begrenzt lagerfähig. Untergärige Hefe durchwächst bei weniger als 10 °C die ganze Würze gleichmäßig. Diese Biere halten länger.

**Obergärige Biere:**
**Altbier** ist dunkel und stark gehopft.
**Bitter,** ein „Ale“, mit bitterem englischem Hopfen aromatisiert. Es ist gelbbraun und enthält 3–5 % Alkohol.
**Kölsch** ist ein hopfenbetontes helles obergäriges Vollbier.
**Weißbier** ist ein helles, stark kohlensäurehaltiges Bier aus Gersten- und Weizenmalz, das mit wenig Hopfen zubereitet wird. Es wird mit Hefebodensatz in der Flasche oder kristallklar angeboten.

**Untergärige Biere:**
**Lagerbier** oder **Pilsner** Das am weitesten verbreitete Bier in Kontinentaleuropa, den USA und den meisten anderen Teilen der Welt. Der dafür verwendete Hopfen ist weniger bitter und aromatisch. Der Alkoholgehalt liegt bei rund 3,5 %.
**Stark- und Bockbier** ist ein helles bis goldbraunes Frühjahrsbier mit 5,5–6,5 % Alkohol und hohem Stammwürzegehalt.

## Branntwein

Branntweine sind Getränke mit hohem Alkoholgehalt, die durch Destillieren (Brennen) von Wein oder eines vergorenen Breis aus pflanzlichen Stoffen und Wasser hergestellt werden. Rohbranntwein enthält 60–80 % Alkohol; er wird in der Regel vor dem Abfüllen mit Wasser verdünnt.

| Branntwein | Hauptzutaten |
|---|---|
| **Aquavit** | Getreide oder Kartoffeln; Kümmel |
| **Arrack** | Reis, Melasse oder Palmwein |
| **Bourbon** | Mais mit Gersten- oder Roggenmalz |
| **Calvados** | Äpfel |
| **Gin** | Roggen, Mais, Wacholderbeeren |
| **Grappa** | Traubenschalen (Trester) |
| **Kirsch** | Kirschen |
| **Ouzo** | Trauben; Anis |
| **Rum** | Zuckerrohr oder Melasse |
| **Slibowitz** | Pflaumen |
| **Tequila** | Agave |
| **Weinbrand** | Trauben oder Wein |
| **Whisk[e]y** | Gerste (gemälzt oder ungemälzt) oder Roggen |
| **Wodka** | Getreide oder Kartoffeln |

Siehe auch
245 **Tschechische Republik**
418–19 **Essen**
540–1 **Chemische Verbindungen**

# Fußball

*Fußball ist der beliebteste Mannschaftssport der Welt. Die FIFA, der Weltfußballverband, wurde 1904 von sieben Ländern gegründet – heute gehören ihr mehr als 200 Verbände aus aller Welt an.*

**Spielidee** Zwei Mannschaften kämpfen darum, Tore zu schießen; ein Tor wird von einem Spieler erzielt, wenn er mit dem Fuß, dem Kopf oder jedem anderen Körperteil außer den Händen bzw. Armen den Ball über die Torlinie befördert. Jede Mannschaft hat elf Spieler: einen Torhüter und zehn Feldspieler. Während des Spieles können von jedem Team bis zu drei Ersatzspieler eingewechselt werden. Ein ausgewechselter Spieler nimmt am laufenden Spiel nicht mehr teil. Die Mannschaften wechseln zur Halbzeit die Seiten.

**Spieldauer und Verlängerung** Ein Fußballspiel dauert 2 x 45 Minuten (maximal 15 Min. Pause). Haben beide Seiten die gleiche Zahl an Toren erzielt, gilt das Spiel als unentschieden. Bei Ausscheidungswettkämpfen gibt es eine Verlängerung von 2 x 15 Minuten. Steht es dann immer noch Unentschieden, kann eine Wiederholung des Spiels oder Elfmeterschießen folgen. Dabei schießt jede Mannschaft fünfmal vom Elfmeterpunkt auf das Tor. Bringt auch dies keine Entscheidung, verliert die erste Mannschaft, die einen Elfmeter vergibt. Manchmal entscheidet auch das „Golden Goal“: Dabei gewinnt die Mannschaft, die in der Verlängerung das erste Tor erzielt.

**Überwachung und Strafen** Das Spiel wird von einem Schiedsrichter und zwei Assistenten geleitet. Darüber hinaus gibt es einen offiziellen Beobachter außerhalb des Spielfelds. Die wichtigsten Strafen sind:

**Gelbe Karte** Verwarnung für Regelmissachtung oder Widerspruch (Meckern). Hat ein Spieler im Lauf einer Spielrunde zu viele gelbe Karten, wird er gesperrt.

**Rote Karte** Diese erhält, wer in einem Spiel zwei gelbe Karten bekommen oder ein besonders schweres Foul begangen hat; der Spieler wird vom Platz gestellt und gesperrt.

Foulspiel, ob mit Karte geahndet oder nicht, wird mit einem Freistoß für die gegnerische Mannschaft bestraft, von dem Punkt aus, an dem das Foul stattfand. Die Gegenspieler müssen 9,15 m Abstand vom Ball halten. Bei Foulspiel im Strafraum gibt es Elfmeter für die gegnerische Mannschaft.

**LEGENDE**

**Fritz Walter**
*(1920–2002) Deutscher*
Einer der besten Fußballer Deutschlands, gehörte zu den „Helden von Bern“, die 1954 Weltmeister wurden. Spielte 1940–58 61-mal für Deutschland

## Weltmeister

Alle 4 Jahre wird die Fußballweltmeisterschaft ausgetragen. 2006 ist Deutschland Gastgeber.

| Jahr | Finalergebnis |
|---|---|
| 1930 | Uruguay–Argentinien 4:2 |
| 1934 | Italien–CSSR 2:1 |
| 1938 | Italien–Ungarn 4:2 |
| 1950 | Uruguay–Brasilien 2:1 |
| 1954 | Deutschland–Ungarn 3:2 |
| 1958 | Brasilien–Schweden 5:2 |
| 1962 | Brasilien–CSSR 3:1 |
| 1966 | England–Deutschland 4:2 |
| 1970 | Brasilien–Italien 4:1 |
| 1974 | Deutschland–Niederlande 2:1 |
| 1978 | Argentinien–Niederlande 3:1 |
| 1982 | Italien–Deutschland 3:1 |
| 1986 | Argentinien–Deutschland 3:2 |
| 1990 | Deutschland–Argentinien 1:0 |
| 1994 | Brasilien–Italien 3:2 E |
| 1998 | Frankreich–Brasilien 3:0 |
| 2002 | Brasilien–Deutschland 2:0 |

**Mannschaftsaufstellung** Zu den heute gängigen Aufstellungen zählt die mit vier Verteidigern, vier Mittelfeldspielern und zwei Stürmern (4-4-2 genannt) bzw. die Varianten 4-2-4, 4-3-3 oder 3-5-2 (mit Außenverteidigern als zusätzliche „verkappte“ Stürmer). Welche Variante der Trainer wählt, hängt vom verfügbaren Spielerpotenzial und von der Spielweise der gegnerischen Mannschaft ab.

## Das Spielfeld

Die meisten Fußballfelder sind Rasenplätze. Ihre Größe variiert; bei internationalen Wettkämpfen darf das Spielfeld maximal 110 m lang und 75 m breit sein.

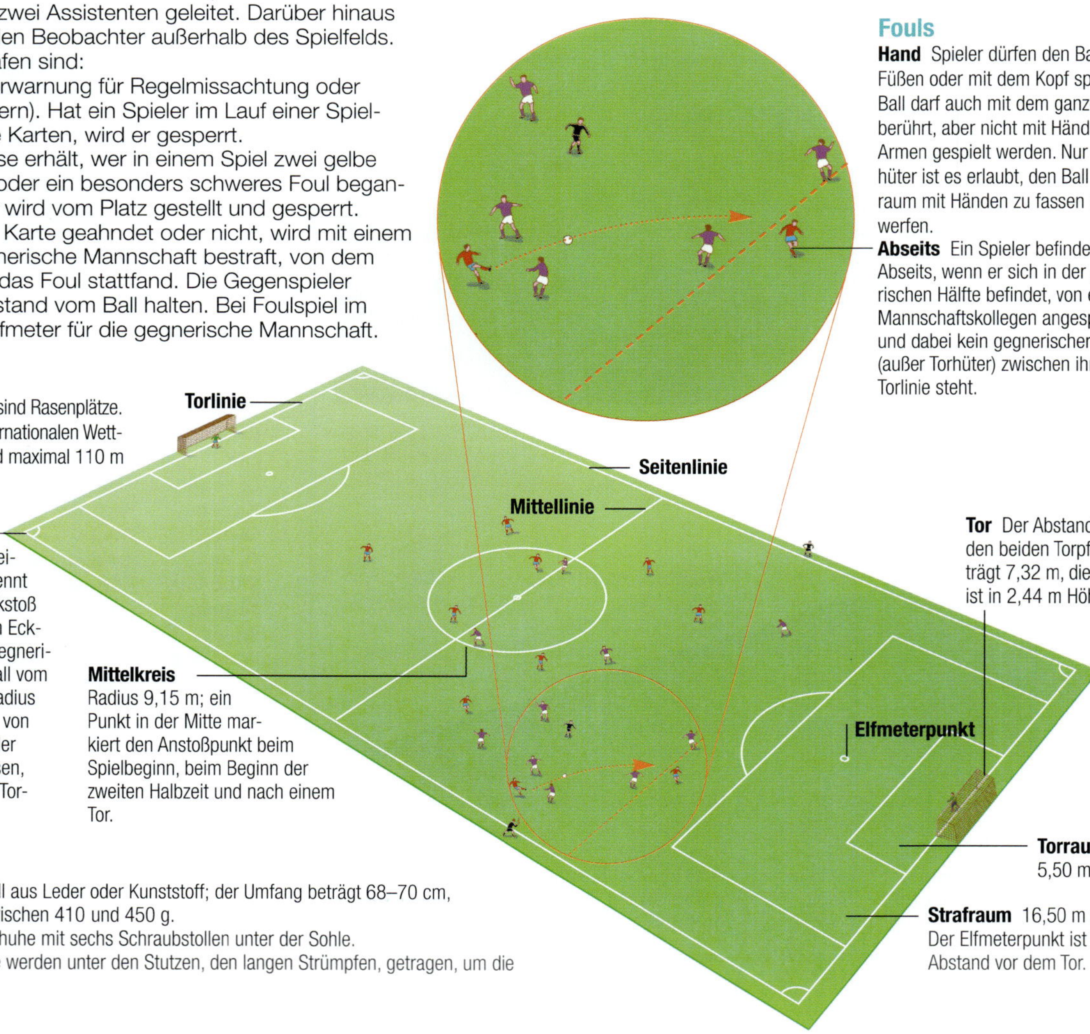


### Fouls

**Hand** Spieler dürfen den Ball mit den Füßen oder mit dem Kopf spielen; der Ball darf auch mit dem ganzen Körper berührt, aber nicht mit Händen und Armen gespielt werden. Nur dem Torhüter ist es erlaubt, den Ball im Strafraum mit Händen zu fassen und zu werfen.

**Abseits** Ein Spieler befindet sich im Abseits, wenn er sich in der gegnerischen Hälfte befindet, von einem Mannschaftskollegen angespielt wird und dabei kein gegnerischer Spieler (außer Torhüter) zwischen ihm und der Torlinie steht.

**Ecke** Schießt ein Spieler den Ball über die eigene Torlinie ins Aus, erkennt der Schiedsrichter auf Eckstoß für den Gegner. Bei einem Eckstoß tritt ein Spieler der gegnerischen Mannschaft den Ball vom markierten Viertelkreis (Radius 90 cm) aus. Wird der Ball von einem gegnerischen Spieler über die Torlinie geschossen, gibt es Abstoß durch den Torhüter.

**Mittelkreis** Radius 9,15 m; ein Punkt in der Mitte markiert den Anstoßpunkt beim Spielbeginn, beim Beginn der zweiten Halbzeit und nach einem Tor.

**Tor** Der Abstand zwischen den beiden Torpfosten beträgt 7,32 m, die Querlatte ist in 2,44 m Höhe.

**Torraum** 5,50 m x 18,32 m

**Strafraum** 16,50 m x 40,32 m. Der Elfmeterpunkt ist in 11 m Abstand vor dem Tor.

## Ausrüstung

**Ball** Mit Luft gefüllter Ball aus Leder oder Kunststoff; der Umfang beträgt 68–70 cm, das Gewicht schwankt zwischen 410 und 450 g.

**Schuhe** Leichte Lederschuhe mit sechs Schraubstollen unter der Sohle.

**Schienbeinschoner** Sie werden unter den Stutzen, den langen Strümpfen, getragen, um die Schienbeine zu schützen.

## Deutsche Meister und DFB-Pokalsieger

**Deutsche Meister**

| Jahr | Gewinner |
|---|---|
| 1970–71 | Borussia M'gladbach |
| 1972–74 | FC Bayern München |
| 1975–77 | Borussia M'gladbach |
| 1978 | 1. FC Köln |
| 1979 | Hamburger SV |
| 1980–81 | FC Bayern München |
| 1982–83 | Hamburger SV |
| 1984 | VfB Stuttgart |
| 1985–87 | FC Bayern München |
| 1988 | Werder Bremen |
| 1989–90 | FC Bayern München |
| 1991 | 1. FC Kaiserslautern |
| 1992 | VfB Stuttgart |
| 1993 | Werder Bremen |
| 1994 | FC Bayern München |
| 1995 | Borussia Dortmund |
| 1996 | Borussia Dortmund |
| 1997 | FC Bayern München |
| 1998 | 1. FC Kaiserslautern |
| 1999–2001 | FC Bayern München |
| 2002 | Borussia Dortmund |
| 2003 | FC Bayern München |

**Die meisten Meistertitel seit Beginn der ersten Liga (1903)**

| | |
|---|---|
| 18 | FC Bayern München |
| 9 | 1. FC Nürnberg |
| 7 | FC Schalke 04 |
| 6 | Hamburger SV |
| 6 | Borussia Dortmund |

**DFB-Pokalsieger**

| Jahr | Gewinner |
|---|---|
| 1970 | Kickers Offenbach |
| 1971 | FC Bayern München |
| 1972 | FC Schalke 04 |
| 1973 | Borussia M'gladbach |
| 1974–75 | Eintracht Frankfurt |
| 1976 | Hamburger SV |
| 1977–78 | 1. FC Köln |
| 1979–80 | Fortuna Düsseldorf |
| 1981 | Eintracht Frankfurt |
| 1982 | FC Bayern München |
| 1983 | 1. FC Köln |
| 1984 | FC Bayern München |
| 1985 | Bayer 05 Uerdingen |
| 1986 | FC Bayern München |
| 1987 | Hamburger SV |
| 1988 | Eintracht Frankfurt |
| 1989 | Borussia Dortmund |
| 1990 | 1. FC Kaiserslautern |
| 1991 | Werder Bremen |
| 1992 | Hannover 96 |
| 1993 | Bayer 04 Leverkusen |
| 1994 | SV Werder Bremen |
| 1995 | Borussia M'gladbach |
| 1996 | 1. FC Kaiserslautern |
| 1997 | VfB Stuttgart |
| 1998 | FC Bayern München |
| 1999 | SV Werder Bremen |
| 2000 | FC Bayern München |
| 2001 | FC Schalke 04 |
| 2002 | FC Schalke 04 |
| 2003 | FC Bayern München |

## Ewige Tabelle der Bundesliga

| Platz | Verein | Spiele | Tore | Punkte |
|---|---|---|---|---|
| 1. | FC Bayern München | 1296 | 2776 : 1543 | 2464 |
| 2. | Hamburger SV | 1356 | 2286 : 1924 | 2052 |
| 3. | Werder Bremen | 1322 | 2176 : 1888 | 2006 |
| 4. | 1. FC Köln | 1254 | 2224 : 1813 | 1936 |
| 5. | VfB Stuttgart | 1288 | 2225 : 1884 | 1930 |
| 6. | 1. FC Kaiserslautern | 1322 | 2147 : 2054 | 1914 |
| 7. | Bor. M'gladbach | 1228 | 2256 : 1805 | 1881 |

## Europameisterschaft

| Jahr | Gewinner |
|---|---|
| 1960 | UdSSR |
| 1964 | Spanien |
| 1968 | Italien |
| 1972 | Deutschland |
| 1976 | CSSR |
| 1980 | Deutschland |
| 1984 | Frankreich |
| 1988 | Niederlande |
| 1992 | Dänemark |
| 1996 | Deutschland |
| 2000 | Frankreich |

**LEGENDE**

**Diego Maradona**

*(*1960) Argentinier*

Maradona galt Mitte der 1980er-Jahre als bester Fußballer der Welt; umstritten ist jedoch seine Rolle im Finale der WM 1986, als Argentinien gegen England gewann. Er erzielte damals offenbar ein Tor durch Handspiel – und bezeichnete dies später als Eingreifen der „Hand Gottes".

**Europäische Stars** Der Franzose Thuram (rechts) attackiert den Italiener Baggio. Spiele auf internationalem Parkett werden oft mit großer Härte ausgetragen.

**LEGENDE**

**Pelé (Edson Arantes do Nascimento)**

*(*1940) Brasilianer*

Pelé gilt allgemein als größter Stürmer aller Zeiten und war 1969 der erste Spieler, der in offiziellen Spielen 1000 Tore erzielt hatte. Insgesamt schoss er 1283 Tore.

**LEGENDE**

**Franz Beckenbauer**

*(*1945) Deutscher*

Der 103-malige Nationalspieler ist der Einzige, der als Spieler (1974) und als Trainer (1990) Weltmeister wurde. Er kreierte die Position des Liberos, der aus der Abwehr heraus das Spiel gestaltet. Seine spielerische Klasse und technische Überlegenheit trugen ihm den Beinamen „Kaiser" ein. Mit Bayern München wurde er 4-mal deutscher Meister, Pokal- und Europacupsieger. 2-mal Fußballer des Jahres.

# American Football

*Der American Football ging aus dem Rugby hervor. Er wird in der National Football League (NFL) gespielt und ist die beliebteste Profisportart der USA. Mehr als 650 Hochschulmannschaften kämpfen alljährlich um die Rose Bowl genannte Trophäe.*

**Spielidee** Zwei Teams mit je bis zu 45 Spielern (inkl. Ersatzspieler) treten gegeneinander an. Es sind jeweils elf Spieler einer Mannschaft zugleich auf dem Platz („Gridiron"). Ihr Ziel ist es, auf dem Spielfeld Boden gutzumachen und Punkte zu sammeln, indem sie den ovalen Ball über die gegnerische Torlinie tragen oder hinter ihr fangen („Touchdown") oder ihn zwischen den Torpfosten hindurch über den Querbalken schießen.

**Ablauf des Spieles** Ein Spiel dauert viermal 15 Minuten, mit Halbzeitpause zwischen dem 2. und 3. Viertel und Seitenwechsel nach 1. und 3. Ein Viertel beginnt mit dem Anstoß eines Teams in die gegnerische Hälfte; der Gegner hat vier Versuche („Downs"), auf dem Feld 10 Yards (9,14 m) oder mehr vorwärts zu kommen. Gelingt dies, folgen weitere vier Downs, andernfalls erhält der Gegner den Ball. Ein Down endet, wenn ein Ballträger gestoppt wird, der Ball ins Aus geht oder nach einem Fehlpass.

**Aufgaben der Spieler** Jedes Team hat drei Gruppen von Spielern:

- **Angriffsteam (Offense)** Bei Ballbesitz stellt ein Team seine Angriffsspieler auf den Platz, die den Ball vorwärts bringen, indem sie mit ihm vorwärts laufen oder ihn einander zuwerfen. Anführer des elf Mann starken Angriffs ist der Quarterback, der Spielmacher und Wurfspezialist. Drei Passempfänger (Receiver), die vorauslaufen und den Ball fangen sollen, unterstützen ihn. Nach vorn wird der Quarterback von fünf Spielern gedeckt (dem „Centre" in der Mitte, rechtem und linkem „Tackle" sowie rechtem und linkem „Guard"), nach hinten von zwei Spielern, dem Full- und dem Tailback (auch Runningbacks genannt). Manchmal wirft der Quarterback den Ball nicht selbst, sondern übergibt ihn den Runningbacks, damit diese damit vorwärts laufen.
- **Verteidigung (Defense)** Ihre Aufgabe ist es, gegnerische Angriffsspieler nicht mit dem Ball vorwärts kommen zu lassen. Besonders wirksam ist es hier, den Quarterback durch einen Angriff („Sack") zu Boden zu werfen („Tackling"), bevor er einen Wurf oder Pass spielen kann.
- **Sondereinheit (Special Team)** Sie kommt zum Schießen des Balles auf das Spielfeld: zu Spielbeginn, nach Pausen oder um durch einen Ballschuss auf dem Spielfeld vorzurücken.

## Super-Bowl-Gewinner

Dieses seit 1967 zwischen den Spitzenreitern der American und der National Football Conference (AFC und NFC bilden zusammen die NFL) ausgetragene Spiel ist heute das wichtigste Sportereignis in den USA.

| Jahr | Gewinner |
|---|---|
| 1967/68 | Green Bay Packers |
| 1969 | New York Jets |
| 1970 | Kansas City Chiefs |
| 1971 | Baltimore Colts |
| 1972 | Dallas Cowboys |
| 1973/74 | Miami Dolphins |
| 1975/76 | Pittsburgh Steelers |
| 1977 | Oakland Raiders |
| 1978 | Dallas Cowboys |
| 1979/80 | Pittsburgh Steelers |
| 1981 | Oakland Raiders |
| 1982 | San Francisco 49ers |
| 1983 | Washington Redskins |
| 1984 | Los Angeles Raiders |
| 1985 | San Francisco 49ers |
| 1986 | Chicago Bears |
| 1987 | New York Giants |
| 1988 | Washington Redskins |
| 1989/90 | San Francisco 49ers |
| 1991 | New York Giants |
| 1992 | Washington Redskins |
| 1993/94 | Dallas Cowboys |
| 1995 | San Francisco 49ers |
| 1996 | Dallas Cowboys |
| 1997 | Green Bay Packers |
| 1998/99 | Denver Broncos |
| 2000 | St Louis Rams |
| 2001 | Baltimore Ravens |
| 2002 | New England Patriots |
| 2003 | Tampa Bay Buccaneers |

**Die meisten Superbowl-Siege**

| | |
|---|---|
| Dallas Cowboys | 5 |
| San Francisco 49ers | 5 |
| Pittsburgh Steelers | 4 |
| Green Bay Packers | 3 |

### LEGENDE

**Joe Namath**

*(*1943) USA*

Namath gilt als einer der besten Werfer des American Football. Er führte die New York Jets 1969 als Quarterback zum Gewinn der Superbowl und wurde danach als wertvollster Spieler in diesem Spiel bezeichnet. In seiner 23-jährigen Laufbahn gelangen ihm 173 Touchdowns.

**Schutzkleidung** American-Football-Spieler tragen einen Helm und Schützer an Oberschenkeln, Knien, Leiste, Rippen, Armen und Schultern. Manche tragen außerdem fingerfreie Handschuhe.

## Das Spielfeld

Das American-Football-Spielfeld oder Gridiron ist mit Rasen oder einem künstlichen Belag (AstroTurf) bedeckt. Es ist 100 yd (91,4 m) lang und 53,3 yd (48,7 m) breit.

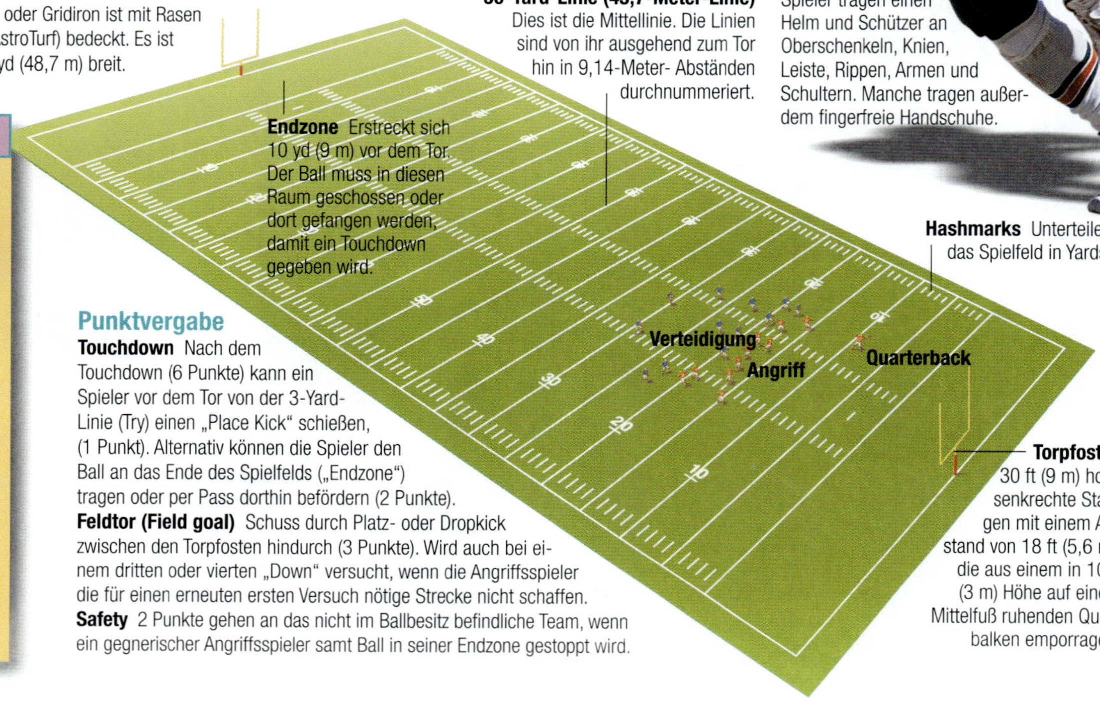


**50-Yard-Linie (45,7-Meter-Linie)** Dies ist die Mittellinie. Die Linien sind von ihr ausgehend zum Tor hin in 9,14-Meter- Abständen durchnummeriert.

**Endzone** Erstreckt sich 10 yd (9 m) vor dem Tor. Der Ball muss in diesen Raum geschossen oder dort gefangen werden, damit ein Touchdown gegeben wird.

**Hashmarks** Unterteilen das Spielfeld in Yards.

**Torpfosten** 30 ft (9 m) hohe senkrechte Stangen mit einem Abstand von 18 ft (5,6 m), die aus einem in 10 ft (3 m) Höhe auf einem Mittelfuß ruhenden Querbalken emporragen.

### Punktvergabe

**Touchdown** Nach dem Touchdown (6 Punkte) kann ein Spieler vor dem Tor von der 3-Yard-Linie (Try) einen „Place Kick" schießen, (1 Punkt). Alternativ können die Spieler den Ball an das Ende des Spielfelds („Endzone") tragen oder per Pass dorthin befördern (2 Punkte).

**Feldtor (Field goal)** Schuss durch Platz- oder Dropkick zwischen den Torpfosten hindurch (3 Punkte). Wird auch bei einem dritten oder vierten „Down" versucht, wenn die Angriffsspieler die für einen erneuten ersten Versuch nötige Strecke nicht schaffen.

**Safety** 2 Punkte gehen an das nicht im Ballbesitz befindliche Team, wenn ein gegnerischer Angriffsspieler samt Ball in seiner Endzone gestoppt wird.

### LEGENDE

**Joe Montana**

*(*1956) USA*

Quarterback, spielte von 1979 bis 1994 für die San Francisco 49ers und die Kansas City Chiefs. Er führte die 49ers zu vier Superbowl-Siegen; in einem Spiel gelang ihm dabei in den letzten Spielsekunden ein 84 m langer, spielentscheidender Spielzug.

# Rugby

*Erstmals spielte man diesen Sport 1823 an einer Schule im englischen Rugby. Die Rugby Football Union wurde 1871 gegründet. Als es 1895 zwischen den Clubs zum Streit kam, ob man die Spieler bezahlen solle, führte dies zur Gründung der Rugby Football League und zur Entwicklung von Rugby League als eigenständige Spielform.*

### Union-WM

| Jahr | Gewinner |
|---|---|
| 1987 | Neuseeland |
| 1991 | Australien |
| 1995 | Südafrika |
| 1999 | Australien |

**Spielidee** Rugby Union (15er-Rugby) wird mit zwei Mannschaften zu je 15 Spielern (oder auch sieben als 7er-Rugby) gespielt. Ziel ist es, Punkte zu erzielen, indem man den Ball über die gegnerische Torlinie trägt und im Malfeld niederlegt („Touching down") oder indem man ihn zwischen den „Malstangen" (Torpfosten) über die Querlatte schießt.

**So wird gespielt** Ein Spiel geht über zwei Halbzeiten à 40 Minuten, dazwischen ein Seitenwechsel. Die Halbzeit beginnt mit dem „Kick-off" eines Teams von der Mittellinie aus. Das andere Team steht auf oder hinter seiner 10-m-Linie. Die in Ballbesitz befindliche Mannschaft bringt den Ball Richtung gegnerische Mallinie (Torlinie), indem die Spieler mit ihm nach vorn laufen, ihn sich seitlich oder rückwärts zuwerfen oder schießen, um Punkte zu erzielen. Das andere Team versucht, sie aufzuhalten und den Ball zurückzugewinnen.

**Gedränge und Gassen** Ein Gedränge („Scrum") bilden acht Stürmer jeder Seite: Drei Spieler der ersten Sturmreihe stecken die Köpfe zusammen, der Ball wird zwischen sie geworfen. Sie versuchen, den Ball durch Hakeln („Heel") Richtung eigene Mannschaft zu spielen. Gedränge wird angeordnet, wenn:

- ein Spieler den Ball nach vorn wirft,
- ein Spieler attackiert wird und den Ball nach dem Fallen nicht gleich loslässt,
- der Ball mit Hand oder Arm nach vorn auf den Boden gespielt wird („Knock-on"),
- der Ball von einem Spieler geworfen wird, ein Kollege aber im Abseits steht.

Eine Gasse wird nach einem Seitenaus angeordnet. Mindestens zwei Spieler je Mannschaft stellen sich in zwei parallelen Reihen senkrecht zur Seitenlinie auf. Der Hakler der Gegenmannschaft wirft den Ball dazwischen. Ebenso wirft der gegnerische Gedrängehalbspieler den Ball in ein Gedränge.

## RUGBY LEAGUE

Beim Rugby League (13er-Rugby) spielen auf jeder Seite sechs Stürmer und sieben Hinterspieler, darunter der Gedrängehalbspieler. Während Rugby Union bis 1995 eine reine Amateursportart war, gab es beim Rugby League von Anfang an Profimannschaften. Man spielt es v. a. in Nordengland und Australasien. Weitere Unterschiede zwischen den Sportarten Ein Versuch ist beim Rugby League 4 Punkte wert, alle getretenen Tore (auch Erhöhungen) 2 Punkte. Zudem kann die im Ballbesitz befindliche Mannschaft fünfmal hintereinander gestoppt werden („Tackling"); dann erhält die andere Mannschaft den Ball.

## AUSTRALISCHER FOOTBALL

Australian Rules Football entwickelte sich aus dem Rugby. Man spielt auf einem ovalen, bis zu 185 m langen und 155 m breiten Platz. An jedem Ende stehen zwei Tore mit einem Pfostenabstand von 5,6 m, die Latte ist in 3 m Höhe. Die zweimal 18 Spieler können mit dem Ball laufen, ihn schießen, mit den Händen schlagen, aber nicht werfen. Ein zwischen die Mittelpfosten geschossener Ball zählt als Tor 6 Punkte, ein Schuss zwischen Mittel- und äußeren Pfosten („Behind") 1 Punkt.

### LEGENDE

**Gareth Edwards**
*(*1947) Wales*

Gareth Edwards spielte 1967, im Alter von 19 Jahren, sein erstes Rugby-Union-Spiel für Wales und wurde im darauf folgenden Jahr der jüngste Mannschaftskapitän aller Zeiten. Er spielte noch 53-mal nacheinander bei internationalen Begegnungen – das ist walisischer Rekord – und war während seiner aktiven Zeit bei allen Spielen für sein Land auf dem Platz.

### Das Spielfeld – Rugby Union

Das Feld ist maximal 100 m lang (zwischen den Mallinien) und 69 m breit.

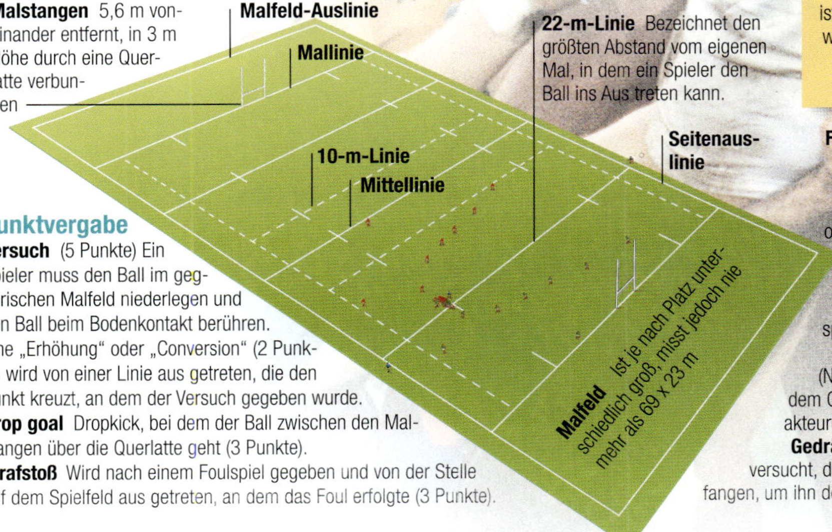


**Punktvergabe**

**Versuch** (5 Punkte) Ein Spieler muss den Ball im gegnerischen Malfeld niederlegen und den Ball beim Bodenkontakt berühren. Eine „Erhöhung" oder „Conversion" (2 Punkte) wird von einer Linie aus getreten, die den Punkt kreuzt, an dem der Versuch gegeben wurde.

**Drop goal** Dropkick, bei dem der Ball zwischen den Malstangen über die Querlatte geht (3 Punkte).

**Strafstoß** Wird nach einem Foulspiel gegeben und von der Stelle auf dem Spielfeld aus getreten, an dem das Foul erfolgte (3 Punkte).

### LEGENDE

**Colin „Pinetree" Meads**
*(*1936) Neuseeland*

Von 1967 bis 1972 spielte er 55-mal für die New Zealand All Blacks – ein Rekord. Er war der bis heute beste Allrounder der Mannschaft, die treibende Kraft beim Aufstieg der All Blacks in die internationale Rugby-Weltspitze.

**Fouls** Regelwidriges Stoppen und riskantes Spiel wie Tritte gegen das Schienbein, Beinstellen und Schlagen gegen oder halten an Kopf oder Hals.

**Die Spieler**

**Stürmer** Nummer 1 bis 8 spielen Gedränge und Gassen.

**Dreiviertelspieler** (Nummer 11–14) stehen hinter dem Gedränge und sind die Hauptakteure beim Laufen und Passspiel.

**Gedrängehalbspieler** Nummer 9 versucht, den Ball aus dem Gedränge zu fangen, um ihn den Hinterspielern zuzuwerfen.

# Kricket

*Kricket gibt es seit dem 13. Jh. Die ersten Regeln für das heutige Spiel legte man 1787 fest, als der Marylebone Cricket Club (MCC) gegründet wurde. Der MCC mit seiner Anlage „Lord's" in London ist noch heute für die „Laws of Cricket" zuständig, das offizielle Regelwerk.*

**Spielidee** Zwei Mannschaften mit je elf Spielern wechseln sich beim Schlagen und im Feld ab. Um zu gewinnen, muss eine Seite mehr „Runs" (Punkte) erzielen und alle gegnerischen Schlagmänner ausscheiden lassen. Wenn bei Spielende die als zweite schlagende Mannschaft weniger Punkte hat, aber noch über Schlagmänner verfügt, gilt die Partie als „unentschieden".

**So wird gespielt** Der Werfer wirft den Ball mit gestrecktem Arm zum Schlagmann, der diesen zu treffen versucht, um Runs zu erzielen. Wird der Ball ohne Bodenberührung aus dem Spielfeld geschlagen, bringt dies sechs Runs; bei einmaliger Bodenberührung gibt es vier Runs. Runs können auch durch Laufen erzielt werden, wenn der Werfer laut Schiedsrichter den Ball zu weit neben den Schlagmann („Wide") geworfen oder gegen Regeln verstoßen hat („No Ball").

- Das Werfen ist in Serien von sechs Bällen („Overs") unterteilt; jeder Werfer wirft einen Over, zwei Werfer wechseln sich jeweils ab.
- Die Schlagmannschaft hat an jedem Tor einen Schlagmann. Er wird ersetzt, bis alle Spieler einmal geschlagen haben. Die Spielzeit einer Mannschaft wird als Durchgang („Innings") bezeichnet.
- Ein Schlagmann scheidet aus, wenn er den Ball nicht trifft und dieser die Stäbe des Wickets berührt („out bowled"); wenn er den Ball trifft und dieser von einem Feldspieler gefangen wird („caught"), bevor er den Boden berührt; wenn der Schlagmann läuft, aber nicht die Schlaglinie erreicht, bevor ein Spieler der Feldmannschaft das dortige Wicket mit dem Ball umwirft („run out"); wenn der Torhüter die Stäbe des Wickets mit dem Ball trifft, während der Schlagmann sich außerhalb seiner Schlaglinie befindet („stumped"); oder wenn der geworfene Ball Beinschützer oder Körper des Schlagmanns trifft, eigentlich aber die Torstäbe getroffen hätte, wenn dieser nicht dazwischen gewesen wäre („Leg before Wicket", kurz LBW).

## Testmatch-Rekorde im Kricket

Testmatches werden seit 1877 ausgetragen.
**Siege hintereinander** 8 – England, 1884–90
**Niederlagen hintereinander** 10 – Neuseeland, 1950–9
**Höchster Sieg** England, ein Inning und 579 Runs gegen Australien am 20. August 1938
**Die meisten Runs in einem Match** 1981 Runs durch Südafrika und England (unentschieden) in Durban, 3. März 1939
**Die meisten Innings** 952 für sechs beendete Runden im Spiel Sri Lanka gegen Indien in Colombo, 2. August 1997
**Die meisten Teilnahmen** 156 – Allan Border (Australien) 1978–94
**Die meisten Runs** 1 174 – Allan Border (Australien) 1978–94
**Die höchste Punktzahl** 375 – Brian Lara (Westind.) gegen England in St. John, 5. Testmatch, 1993–4

## LEGENDE

**William Gilbert Grace**
*(1848–1915) England*

W. G. Grace brach zwischen 1865 und 1899 sämtliche Rekorde im Cricket, er erzielte insgesamt mehr als 54 000 Runs (darunter 126 Hunderter) und warf mehr als 2800 Wickets um. Mit seinen Schlagrekorden hält er noch heute den fünften Platz im erstklassigen Kricketsport.

## LEGENDE

**Sir Donald Bradman**
*(1908–2001) Australien*

Er gilt als bester Schlagmann aller Zeiten. Bei seinem letzten Testmatch 1948 fehlten ihm fünf Runs zum Durchschnitt von 100 Runs je Einsatz. Doch stattdessen sahen die Zuschauer, wie sein Tor mit dem zweiten Ball umgeworfen wurde, sodass er nur einen Durchschnitt von 99,94 erreichte. Kein Spieler kam je in die Nähe dieses Wertes.

## Kricket-Weltmeister

| Jahr | Weltmeister |
|---|---|
| 1975* | Westind. Inseln |
| 1979 | Westind. Inseln |
| 1983 | Indien |
| 1987 | Australien |
| 1992 | Pakistan |
| 1996 | Sri Lanka |
| 1999 | Australien |

* Erstes Austragungsjahr

## Ausrüstung

**Ball** Kork mit zweiteiligem Lederbezug. Er hat eine gerade Naht und wiegt 155 g bei einem Durchmesser von 7,3 cm.
**Schlagholz** Das „Bat" ist aus Weidenholz und maximal 96,5 cm lang sowie 10,8 cm breit.
**Schutzausrüstung** Schlagmänner benötigen Beinschützer und Schutzhandschuhe sowie einen Bauchschützer; Torhüter tragen besonders dick gepolsterte Handschuhe.

**Spielfeld** Meist oval. Die Größe variiert, es sollten aber von der Wurfbahn oder dem Wicket möglichst in jede Richtung 69 m Platz sein.

**Spielerpositionen** Es gibt zahlreiche Positionen im Feld. Kapitän und Werfer postieren die Feldspieler ihrer Taktik entsprechend.

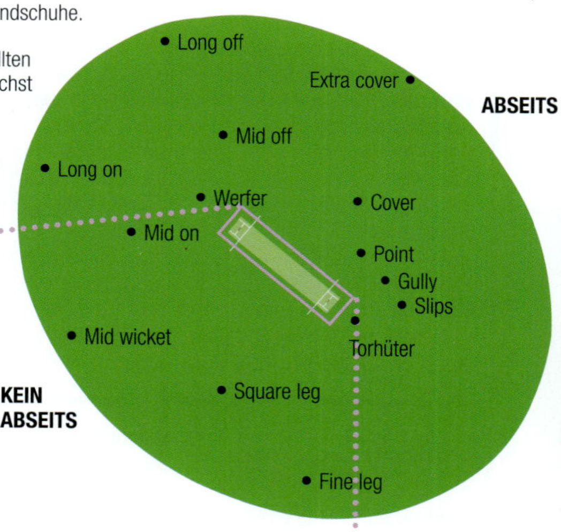

# Baseball

*Der offizielle Nationalsport der USA entwickelte sich aus dem altenglischen Spiel Rounders, das im 18. Jh. Siedler nach Amerika brachten. Die wichtigste Baseballmeisterschaft, die World Series, fand erstmals 1903 statt. Sie wird zum Saisonende von acht Mannschaften ausgetragen: den besten vier aus National und American League.*

**Spielidee** Zwei Mannschaften à neun Spieler wechseln sich als Schlag- und Feldmannschaft ab. Ein Werfer („Pitcher") wirft die Bälle auf den gegnerischen Schlagmann („Batter"), der versucht, den Ball ins Feld zu schlagen und Male („Bases") zu umrunden und zu berühren. Eine Runde bringt einen „Run". Wer die meisten Runs hat, gewinnt.

**So wird gespielt** Der Werfer wirft den Ball zum Schlagmann, der auf dem Schlagmal („Home Plate") steht. Der Werfer zielt dabei in eine Höhe zwischen Achseln und Knien des Schlagmannes (der Schlagzone, „Strike Zone") über das Schlagmal.

- Wird der Ball nicht in die Schlagzone geworfen und der Schlagmann nimmt ihn nicht an, wird der Wurf zum „Ball" erklärt; nach vier Balls rückt der Schlagmann zum ersten Mal („First Base") vor. Wird der Ball in die Schlagzone geworfen und der Schlagmann nimmt ihn nicht an oder verfehlt ihn oder schlägt ihn ins Foulfeld („Foul Territory"), so gilt der Wurf als „Strike". Nach drei Strikes scheidet der Schlagmann aus.
- Schlägt der Schlagmann den Ball ins Spielfeld, kann er zum ersten Base laufen oder weiter, bevor der Ball wieder ins Feld gebracht wird. Wer ein Base erreicht hat, kann zum nächsten laufen, sobald ein späterer Schlagmann den Ball trifft. Jedes Base kann nur ein Läufer besetzen. Schlägt ein Schlagmann den Ball so weit, dass er alle vier Male auf einmal umrunden kann, erzielt er einen „Homerun". Dieser wird immer gegeben, wenn er den Ball aus der Spielfeldbegrenzung schlägt.
- Außer durch drei „Strikes" kann ein Schlagmann auch ausscheiden, wenn der Ball gefangen wird, bevor er den Boden berührt, oder wenn ein im Ballbesitz befindlicher Feldspieler ihn abschlägt („tagging") oder das erste Base berührt, bevor er es selbst erreicht. Auch die Läufer zwischen den Bases können ausscheiden, wenn sie von einem Feldspieler abgeschlagen werden.
- Das Spiel gliedert sich in neun Durchgänge („Innings"). Jeder Durchgang ist zweigeteilt, die Teams spielen abwechselnd als Schlag- und Feldmannschaft. Um ihre Hälfte zu beenden, muss die Feldmannschaft drei Spieler der Schlagmannschaft ausscheiden lassen.

## Sieger der Baseball World Series

| Jahr | Gewinner | Jahr | Gewinner | Jahr | Gewinner |
|---|---|---|---|---|---|
| 1970 | Baltimore Orioles | 1982 | St Louis Cardinals | 1995 | Atlanta Braves |
| 1971 | Pittsburgh Pirates | 1983 | Baltimore Orioles | 1996 | NY Yankees |
| 1972 | Oakland A's | 1984 | Detroit Tigers | 1997 | Florida Marlins |
| 1973 | Oakland A's | 1985 | K'sas City Royals | 1998 | NY Yankees |
| 1974 | Oakland A's | 1986 | NY Mets | 1999 | NY Yankees |
| 1975 | Cincinnati Reds | 1987 | Minnesota Twins | 2000 | NY Yankees |
| 1976 | Cincinnati Reds | 1988 | LA Dodgers | 2001 | Ariz. Diamondbacks |
| 1977 | NY Yankees | 1989 | Oakland A's | 2002 | Anaheim Angels |
| 1978 | NY Yankees | 1990 | Cincinnati Reds | **Die meisten Siege** | |
| 1979 | Pittsburgh Pirates | 1991 | Minnesota Twins | NY Yankees | 26 |
| 1980 | P'delphia Phillies | 1992 | Toronto Blue Jays | St Louis Cardinals | 9 |
| 1981 | LA Dodgers | 1993 | Toronto Blue Jays | Phil/KC/Oakland A's | 9 |
| | | 1994 | Keine Series | Br'klyn/LA Dodge | 6 |

### LEGENDE

**Joe DiMaggio**
*(1914–99) USA*

„Joltin' Joe" spielte ausschließlich für die New York Yankees (1936–51). 1941 gelang ihm in 56 Spielen in Folge mindestens ein Treffer; in seiner Laufbahn erzielte er 361 Homeruns. Er war auch ein hervorragender Centerfielder.

## Ausrüstung

**Ball** Korkkugel mit Gummiüberzug, die mit Garn umwickelt und mit Leder bezogen ist. Er wiegt 142–156 g und misst 7,3 cm im Durchmesser.

**Schläger** Glatte, runde, massive Holz- oder Aluminiumkeule, höchstens 107 cm lang und im Durchmesser 6,9 cm an der dicksten Stelle.

**Schutzausrüstung** Feldspieler tragen einen gepolsterten Lederhandschuh; der größere Handschuh der Fänger („Catcher") und Mal-1-Spieler („First Baseman") heißt Fängerhandschuh („Mitt"). Fänger und Schlagmann tragen Helme und spezielle Schutzkleidung.

**Spielfeld** Das Spielfeld („Pitch") hat eine Fläche von 8000 $m^2$. Es besteht aus einem etwa 27 × 27 m großen inneren („Infield") und einem äußeren Feld („Outfield"). Letzteres wird durch einen Bogen, die Grasgrenze, geteilt, der in 29 m Abstand zum Wurfmal verläuft.

**Feldpositionen** Drei Feldspieler stehen im Halbrund hinter der Grasgrenze (rechter, linker und mittlerer Außenfeldspieler, „Outfielder").

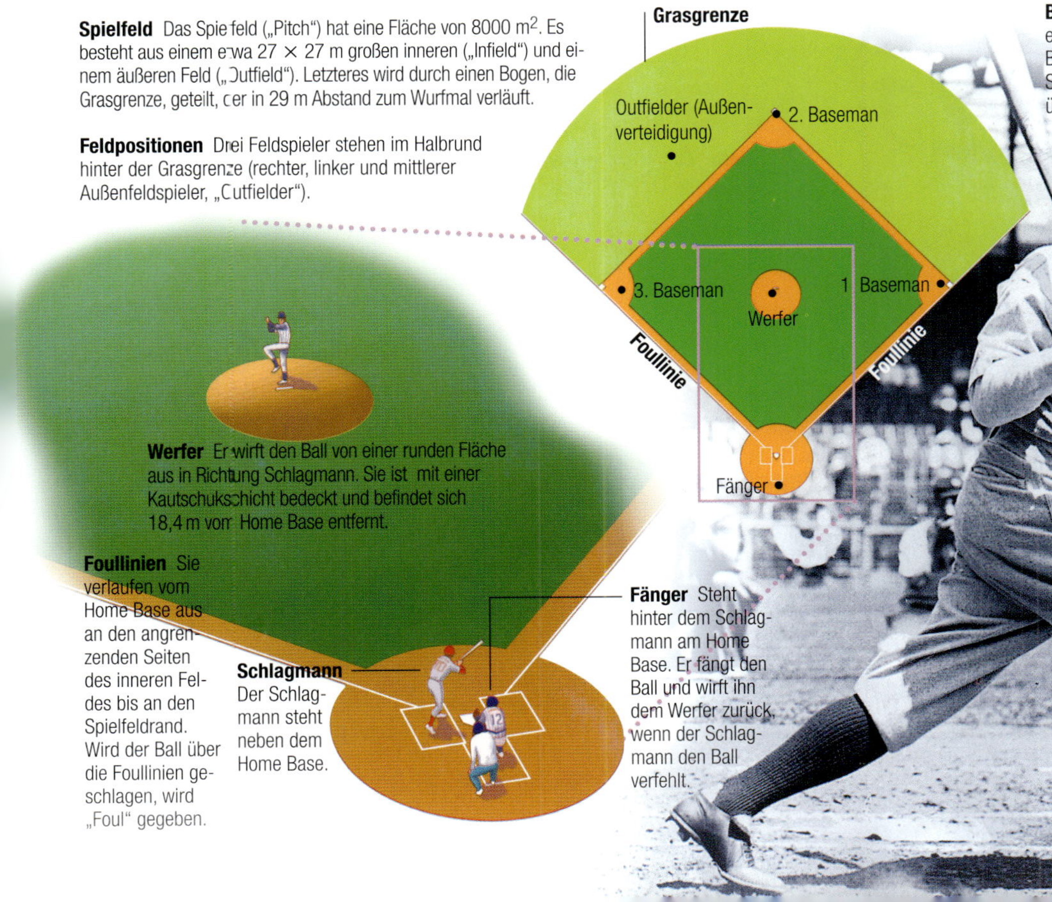


**Werfer** Er wirft den Ball von einer runden Fläche aus in Richtung Schlagmann. Sie ist mit einer Kautschukschicht bedeckt und befindet sich 18,4 m vom Home Base entfernt.

**Foullinien** Sie verlaufen vom Home Base aus an den angrenzenden Seiten des inneren Feldes bis an den Spielfeldrand. Wird der Ball über die Foullinien geschlagen, wird „Foul" gegeben.

**Schlagmann** Der Schlagmann steht neben dem Home Base.

**Fänger** Steht hinter dem Schlagmann am Home Base. Er fängt den Ball und wirft ihn dem Werfer zurück, wenn der Schlagmann den Ball verfehlt.

**Bases** Die vier Ecken des inneren Feldes werden entgegen dem Uhrzeigersinn als Home Base, First Base, Second Base und Third Base bezeichnet. Das Schlagmal ist eine Platte aus weißem Gummi, die übrigen Bases werden durch weiße Segeltuchkissen markiert. Der Abstand zwischen den Malen beträgt jeweils 27,43 m.

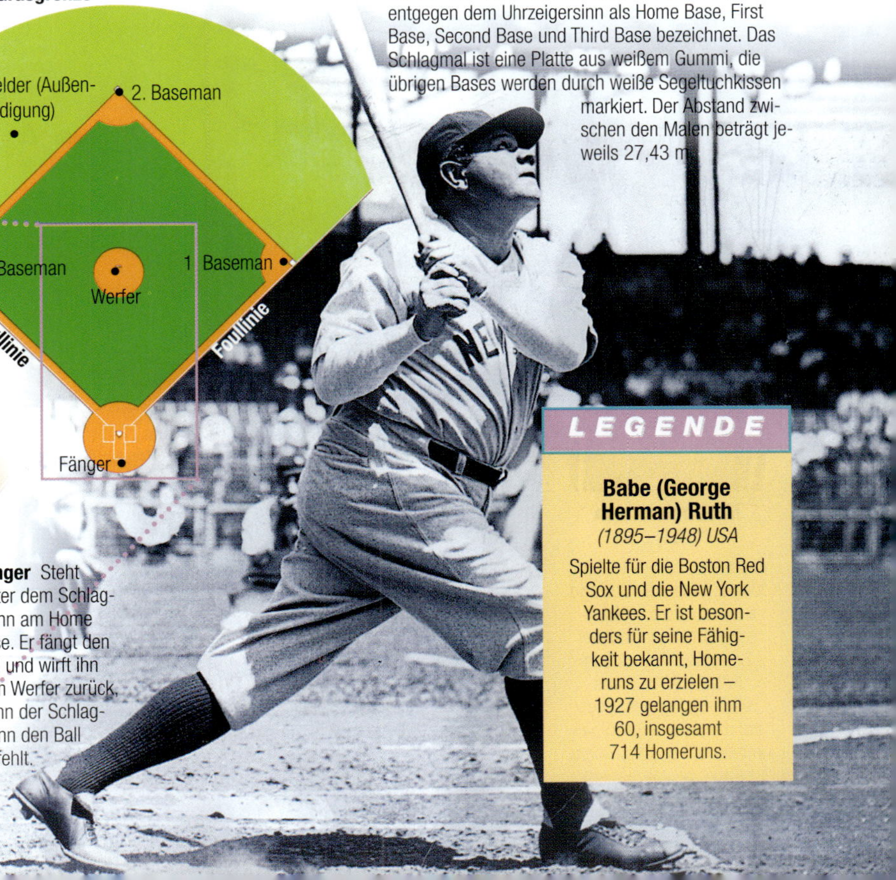

### LEGENDE

**Babe (George Herman) Ruth**
*(1895–1948) USA*

Spielte für die Boston Red Sox und die New York Yankees. Er ist besonders für seine Fähigkeit bekannt, Homeruns zu erzielen – 1927 gelangen ihm 60, insgesamt 714 Homeruns.

# Basketball

*Ähnliche Spiele gibt es schon seit Jahrhunderten; die älteste bekannte Form, das so genannte Pok-ta-Pok, spielten vor 3000 Jahren die Olmeken in Mexiko. Das heutige Spiel wurde 1891 von dem Kanadier Dr. James Naismith an der YMCA Training School in Massachusetts erfunden. Er wollte damit das Interesse seiner Schüler am Sport verstärken.*

**Der Ball** Er ist rund, aus Leder, Gummi oder synthetischem Material. Er wiegt 567–650 g und hat einen Durchmesser von 24–25 cm.

**Groß und stark** Neben seinem Können ist die Größe eines Basketballspielers seine wichtigste Eigenschaft. Heute sind nur wenige Profispieler kleiner als 1,80 m.

## Spielidee

Zwei Mannschaften wollen Punkte erzielen, indem sie den Ball in den Korb der gegnerischen Mannschaft werfen und gleichzeitig die andere Seite daran hindern. Die Spieler dürfen den Ball werfen, aufprallen lassen („Dribbling") und anderen zuwerfen, aber weder tragen noch schießen. Jeder Spieler hat einen „persönlichen" Raum, in den ein anderer nicht eindringen darf.

## So wird gespielt

Der Schiedsrichter wirft den Ball in den Mittelkreis zwischen zwei gegnerische Spieler (Sprungball). Die Mannschaft im Ballbesitz versucht den Ball in Richtung auf den gegnerischen Korb zu spielen. Ein Treffer oder „Korb" wird gegeben, wenn der Ball in einen Korb geworfen wird. Körbe bringen je nach Entfernung des Werfers 2 oder 3 Punkte ein. Ein Korb durch einen Freiwurf (nach einem Foul) zählt 1 Punkt. Nach einem Korbwurf wird das Spiel durch einen Spieler der gegnerischen Mannschaft hinter deren Endlinie wieder begonnen.

### Olympiasieger der Männer

Der Basketball der Männer hielt 1936 Einzug bei den Olympischen Spielen. 1980 boykottierten die USA die Spiele in Moskau. Profispieler wurden erstmals 1992 zugelassen.

| Jahr | Nation | Jahr | Nation |
|---|---|---|---|
| 1936 | USA | 1972 | UdSSR |
| 1948 | USA | 1976 | USA |
| 1952 | USA | 1980 | Jugoslawien |
| 1956 | USA | 1984 | USA |
| 1960 | USA | 1988 | UdSSR |
| 1964 | USA | 1992 | USA |
| 1968 | USA | 1996 | USA |
| | | 2000 | USA |

## Spieldauer, Mannschaften und Zeitregeln

Amateur-Basketballspiele gehen über zwei Halbzeiten zu je 20 Minuten, Profispiele über vier Viertel zu je 12 Minuten. Bei Unentschieden können Durchgänge von 5 Minuten gespielt werden, bis ein Sieger feststeht. Bei Amateuren spielen zwei Mannschaften mit je zehn, bei Profis zwölf Spielern. Es dürfen nur fünf Spieler eines Teams gleichzeitig auf dem Spielfeld sein: zwei Angriffs- und zwei Verteidigungsspieler sowie ein Mittelfeldsp eler. Es gibt drei Zeitregeln:

- **24-Sekunden-Regel** Eine Mannschaft in Ballbesitz muss innerhalb von 24 Sekunden auf den Korb werfen.
- **8-Sekunden-Regel** Ein Team, das in seiner Spielfeldhälfte (Rückfeld) in Ballbesitz gelangt, muss innerhalb von 8 Sekunden in die andere Hälfte (Vorfeld) wechseln.
- **3-Sekunden-Regel** Ein Spieler in Ballbesitz darf sich im gegnerischen Freiwurfraum nicht länger als 3 Sekunden aufhalten.

**Größe des Spielfelds** 28 x 15 m

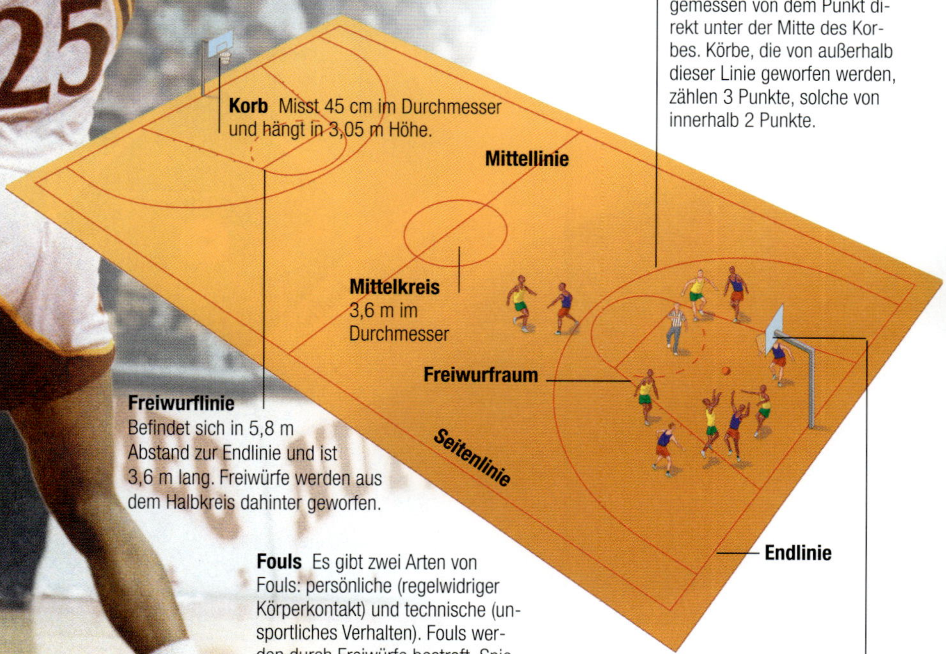


**Drei-Punkte-Linie** Halbkreis mit einem Radius von 6,25 m, gemessen von dem Punkt direkt unter der Mitte des Korbes. Körbe, die von außerhalb dieser Linie geworfen werden, zählen 3 Punkte, solche von innerhalb 2 Punkte.

**Korb** Misst 45 cm im Durchmesser und hängt in 3,05 m Höhe.

**Freiwurflinie** Befindet sich in 5,8 m Abstand zur Endlinie und ist 3,6 m lang. Freiwürfe werden aus dem Halbkreis dahinter geworfen.

**Fouls** Es gibt zwei Arten von Fouls: persönliche (regelwidriger Körperkontakt) und technische (unsportliches Verhalten). Fouls werden durch Freiwürfe bestraft. Spieler, die fünf (bei Amateuren) oder sechs (bei Profis) Fouls begangen haben, werden für den Rest des Spieles vom Platz gestellt.

**Korbbrett** Steht auf beiden Seiten in der Mitte der Endlinie. Es ist 1,8 m breit und 1,2 m hoch; seine Unterkante befindet sich in 2,9 m Höhe.

### LEGENDE

**Michael Jordan**
*(*1963) USA*

In seinen 13 Spielzeiten führte Jordan die Chicago Bulls zu sechs Meisterschaften in der National Basketball Association (NBA) (1991–3 und 1996–8). In seiner Laufbahn erzielte er pro Spiel unübertroffene 31,5 Körbe.

# Hockey

*Es entstand im 19. Jh. in Großbritannien aus den älteren Spielen Shinty, Hurling und Bandy. Die erste Organisation war die 1875 gegründete English Hockey Association. Heute ist der Weltverband die Fédération Internationale de Hockey (FIH) in Brüssel.*

## Olympische Goldmedaille

Herrenhockey wurde 1908 olympische Disziplin und war bis in die 70er-Jahre von Indien und Pakistan dominiert. Damenhockey wurde 1980 zugelassen.

| Herren | | Damen | |
|---|---|---|---|
| **Jahr** | **Nation** | **Jahr** | **Nation** |
| 1980 | Indien | 1980 | Simbabwe |
| 1984 | Pakistan | 1984 | Niederlande |
| 1988 | Großbritannien | 1988 | Australien |
| 1992 | Deutschland | 1992 | Spanien |
| 1996 | Niederlande | 1996 | Australien |
| 2000 | Niederlande | 2000 | Australien |

**Ausrüstung** Der harte Ball (7 cm im Durchmesser) hat einen Bezug aus Gummi, Leder oder Synthetik. Der Schläger („Stock") ist meist aus Eschenholz, sein Griff aus Rohr.

**Spielidee** Hockey wird von zwei Mannschaften mit je elf Spielern auf einem 91,4 × 55 m großen Feld mit Rasen oder synthetischem Belag gespielt. Ziel des Spieles ist es, den Ball mit einem Holzschläger in das gegnerische Tor zu schießen und so Punkte zu erzielen. Jeder Treffer zählt 1 Punkt. Es gewinnt die Mannschaft, die am Ende des 70-minütigen Spieles (zwei Hälften à 35 Minuten mit Halbzeitpause) die meisten Punkte hat. Damit ein Tor gegeben wird, muss sich der Torschütze innerhalb des so genannten Schusskreises vor dem Tor aufhalten. Der Schusskreis ist ein Halbkreis mit einem Radius von 14,63 m. Das Spiel wird zu Beginn, nach jedem Tor und nach der Halbzeitpause in der Spielfeldmitte wieder aufgenommen.

## Spieler, Regeln und Strafen

**Spieler** Es gibt Stürmer, Mittelfeldspieler und Verteidiger; allerdings nehmen die Spieler jeweils die Positionen ein, die gerade benötigt werden. Nur der Torhüter darf den Ball mit den Füßen berühren.

**Abseits** Mit Wirkung vom 5. August 1996 ist die Abseitsregel aufgehoben.

**Fouls** Dazu zählt, mit dem Schläger einen anderen Spieler zum Stolpern zu bringen oder zu schlagen oder den Ball höher als Schulterhöhe zu schlagen.

**Offizielle** Fouls werden von zwei Schiedsrichtern bestraft, einem in jeder Spielfeldhälfte.

**Strafen** Fouls werden mit einem Strafschuss für das gegnerische Team bestraft. Dieser wird vom Strafpunkt (wenn das Foul im Schusskreis erfolgte) oder von einem Punkt auf der Torlinie („Strafecke") aus geschlagen.

**Bully** Damit wird das Spiel neu begonnen, wenn beide Mannschaften gegen die Regeln verstoßen haben oder das Spiel beispielsweise wegen einer Verletzung unterbrochen wurde. Zwei Spielgegner berühren mit ihren Schlägern dreimal erst den Boden und dann den Schläger des anderen Spielers und versuchen dann, den zwischen sie geworfenen Ball zu treffen.

# Eishockey

*Es wurde Mitte des 19. Jh. in Kanada erfunden, wo es heute Nationalsport ist. Es ist der schnellste Mannschaftssport überhaupt – die Spieler erreichen Geschwindigkeiten von bis zu 48 km/h, der Puck ist bis zu 190 km/h schnell.*

**Spielidee** Eishockey hat das Ziel, mehr Tore zu schießen als der Gegner. Es ist eine Kontaktsportart, die erlaubt, einen Spieler durch einen Körperangriff („Checking") aus dem Spiel zu bringen. Es hat auch eine besondere Abseitsregelung. Eishockeymannschaften bestehen aus bis zu 18 Spielern, von denen jeweils nur sechs auf dem Eis sein dürfen. Diese sechs sind Torhüter, rechter und linker Verteidiger sowie mittlerer, rechter und linker Angreifer. Ein Spiel dauert 3 × 20 Minuten.

**Offizielle und Regeln** Offizielle sind ein Schiedsrichter, zwei Linienrichter, ein Punktrichter, ein Zeitnehmer und ein Strafzeiten-Zeitnehmer. Die Regelverstöße:

**Icing** Eine Mannschaft schießt den Puck aus ihrem Verteidigungsdrittel über die gegnerische Torlinie.

**Abseits** Ein Spieler ist im Abseits, wenn er einen Pass annimmt, der über beide blaue Linien (in Kanada oder bei Profi-Spielen die Mittellinie und eine blaue Linie) ging. Ein Spieler, der vor dem Puck ins Angriffsdrittel läuft, ebenfalls. Abseits wird mit einem „Bully" bestraft – der Puck wird zwischen zwei Spieler geworfen, die diesen zu spielen versuchen. Auch Icing wird mit einem Bully bestraft, das Spiel nach einem Tor wieder aufgenommen.

**Fouls** Dazu zählen beispielsweise Ellbogeneinsatz, unerlaubter Angriff und Stechen mit dem Stock. Der Foul spielende Spieler wird für 2 Minuten vom Eis gestellt.

**Gut geschützt** Die Spieler tragen Helme und insgesamt etwa 11 kg Schutzkleidung, um sich vor dem Puck und anderen Spielern zu schützen.

## Olympiasieger der Herren

Herren-Eishockey ist seit 1924 olympische Winterdisziplin. Seit 1998 spielen auch die Damen bei Olympia; damals siegten die USA.

| Jahr | Goldmedaille | Jahr | Goldmedaille |
|---|---|---|---|
| 1920 | Kanada | 1964 | UdSSR |
| 1924 | Kanada | 1968 | UdSSR |
| 1928 | Kanada | 1972 | UdSSR |
| 1932 | Kanada | 1976 | UdSSR |
| 1936 | GB | 1980 | USA |
| 1948 | Kanada | 1984 | UdSSR |
| 1952 | Kanada | 1988 | UdSSR |
| 1956 | UdSSR | 1992 | GUS |
| 1960 | USA | 1994 | Schweden |
| | | 1998 | Tschechien |
| | | 2002 | Kanada |

### LEGENDE

**Wayne Gretzky**
*(*1961) Kanada*

Er erzielte bis heute in den regulären Spielzeiten der US-amerikanischen und kanadischen NHL zehnmal die meisten Tore (1981–7, 1990/1 und 1994). Er hält den Rekord für die höchste Zahl an Toren in einer Saison (100, 1983/4) und wurde am 29. März 1999 mit seinem 1072. Tor zum erfolgreichsten Torschützen aller Zeiten im Profi-Eishockey.

**Spielfeld** Rechteckige Eisfläche von 61 × 26 m mit abgerundeten Ecken. Sie wird durch zwei blaue Linien in Verteidigungs-, neutrale und Angriffszone unterteilt.

**Tore** Sie sind 1,8 m breit und 1,2 m hoch und stehen an jedem Ende der Eisfläche in der Mitte der Torlinie in einem Abstand von 3,4 m zum Spielfeldrand.

**Ausrüstung** Eishockeyschläger („Stöcke") bestehen meist aus Sperrholz und messen 135 cm von der „Schaufel" bis zum Ende des Griffes. Die Schaufel ist 30 cm lang. Der Stock des Torhüters hat eine dickere Schaufel und einen unten verbreiterten Schaft. Der Puck ist 2,5 cm dick, sein Durchmesser 7,5 cm. Er ist aus vulkanisiertem Gummi.

# Golf

*Das Golfspiel entstand wohl in Schottland – es gibt Dokumente, dass es 1457 dort verboten und später auch von schottischen Königen gespielt wurde, z. B. von Jakob IV. und Maria Stuart. Die Regeln des heutigen Spieles werden vom Royal and Ancient Golf Club im schottischen St. Andrews bewahrt, in dem die meisten Länder die maßgebliche Autorität dieser Sportart sehen.*

**Spielidee** Golf wird von einzelnen Spielern auf einem Freigelände über eine lange Strecke gespielt, die in meist 18 Abschnitte (Löcher) unterteilt ist. Ziel ist es, den Ball mit bestimmten Schlägern vom Abschlagpunkt („Tee") eines Abschnitts in das Loch an dessen Ende zu schlagen. Die Spieler werden nach der Zahl der dafür benötigten Schläge („Strokes") bewertet; je weniger Schläge, desto besser. Es gibt zwei Methoden, um den Gewinner eines Spieles zu ermitteln. Bei Profiturnieren gewinnt meist der Spieler, der über alle 18 Löcher die wenigsten Schläge benötigte (Zählspiel). Bei der zweiten Methode, dem Lochspiel, gewinnt der Spieler, der insgesamt die meisten Löcher für sich entscheiden konnte (ein Loch gewinnt, wer den Ball mit den wenigsten Schlägen einlocht).

**Der Golfplatz** Die Löcher eines Golfplatzes sind in drei Abschnitte unterteilt (Tee, Fairway und Grün) und mit verschiedenen Hindernissen versehen.

**Tee** Das Tee (erster Abschlag) ist die Stelle, an der das Spiel um das jeweilige Loch begonnen, also der erste Schlag gespielt wird (hier hinter Bäumen verborgen). Mit „Tee" bezeichnet man auch den kleinen Stift, auf den der Ball beim Abschlag gesetzt wird.

**Fairway** Gemähte Rasenfläche unterschiedlicher Länge zwischen Tee und Grün. Kann das Grün nicht mit einem Schlag erreicht werden, versuchen die Spieler, den Ball hier zu platzieren.

**Grün („Green")** Das Grün ist die kurz gemähte und besonders präparierte Rasenfläche um das Loch. Dieses hat einen Durchmesser von 10,8 cm, ist 10 cm tief und mit einem Fahnenstock markiert. Das Grün ist meist annähernd rund, aber nur selten eben; so ist es schwieriger, den Ball einzulochen.

**Hindernisse** Verschiedene Hindernisse sollen verirrte Bälle aufnehmen und den Spielern das Weiterkommen erschweren. Am häufigsten sind mit Sand gefüllte Vertiefungen („Bunker"), naturbelassene angrenzende Flächen („Roughs") und Wasserhindernisse wie Teiche oder Bäche.

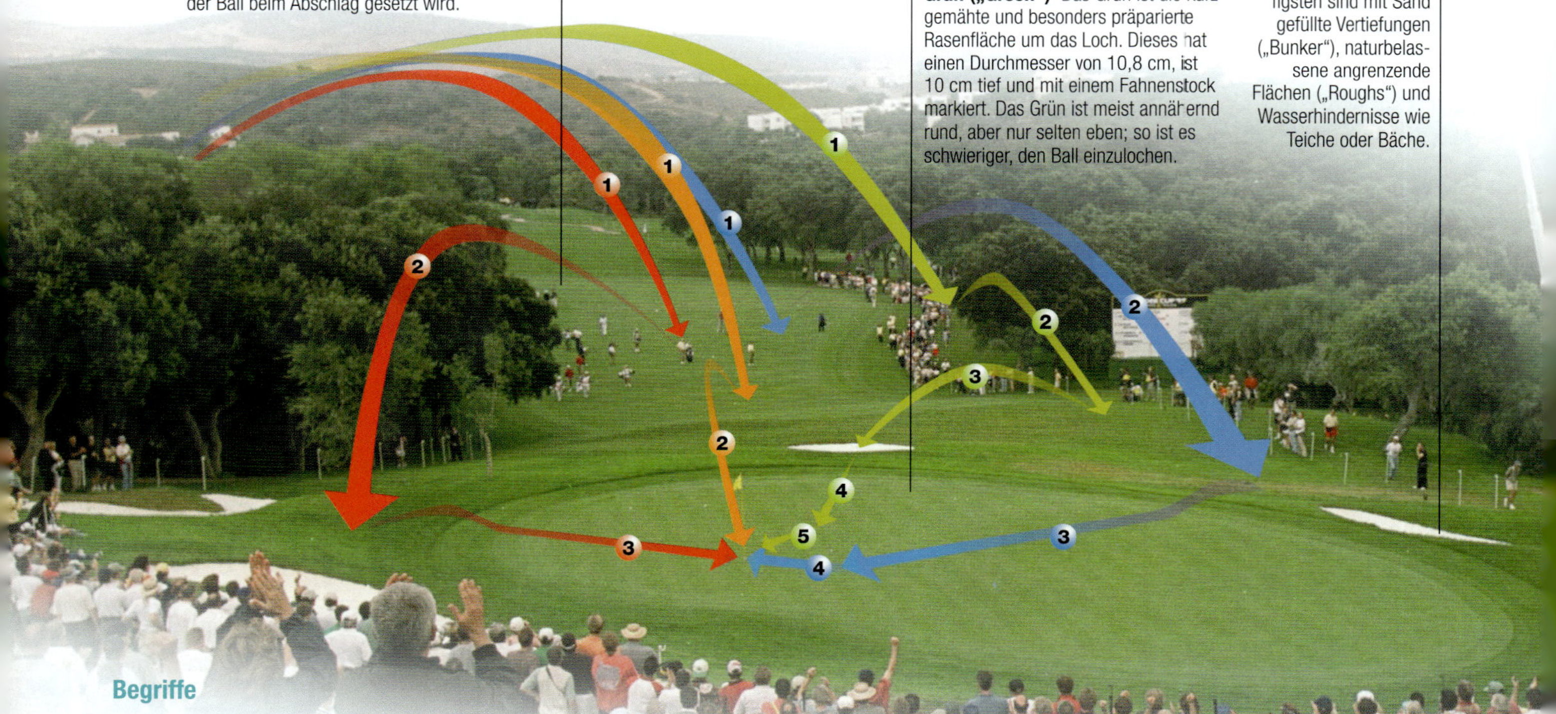

## US Open

Erstmals ausgetragen 1895

| Jahr | Gewinner |
|---|---|
| 1972 | Jack Nicklaus |
| 1973 | Johnny Miller |
| 1974 | Hale Irwin |
| 1975 | Lou Graham |
| 1976 | Jerry Pate |
| 1977 | Hubert Green |
| 1978 | Andy North |
| 1979 | Hale Irwin |
| 1980 | Jack Nicklaus |
| 1981 | David Graham |
| 1982 | Tom Watson |
| 1983 | Larry Nelson |
| 1984 | Fuzzy Zoeller |
| 1985 | Andy North |
| 1986 | Raymond Floyd |
| 1987 | Scott Simpson |
| 1988 | Curtis Strange |
| 1989 | Curtis Strange |
| 1990 | Hale Irwin |
| 1991 | Payne Stewart |
| 1992 | Tom Kite |
| 1993 | Lee Janzen |
| 1994 | Ernie Els |
| 1995 | Corey Pavin |
| 1996 | Steve Jones |
| 1997 | Ernie Els |
| 1998 | Lee Janzen |
| 1999 | Payne Stewart |
| 2000 | Tiger Woods |
| 2001 | Retief Goosen |
| 2002 | Tiger Woods |
| 2003 | Jim Furyk |

**LEGENDE**

**Gary Player**
*(*1936) Südafrika*

Gewann in den 60er- und 70er-Jahren mehr als 100 Turniere, darunter die vier wichtigsten Meisterschaften: US Masters (1961, 1974, 1978), US PGA (1962, 1972), US Open (1965) und British Open (1959, 1968, 1974). Berühmt ist sein Spruch: „Je mehr ich trainiere, desto mehr Glück habe ich."

## Begriffe

**Par** Zahl der Schläge, die ein sehr guter Golfer theoretisch für ein Loch benötigt. Das oben abgebildete Loch hat ein Par 4 – ein guter Golfspieler sollte mit vier Schlägen vom Tee bis zum Einlochen kommen.

**Bogie** Bezeichnet den Abschluss eines Loches mit einem Schlag über Par, hier also fünf Schlägen. Der erste Schlag des Spielers landet im „Rough" (naturbelassene Fläche) und der dritte in einem „Bunker" (Sandloch).

**Birdie** Abschluss eines Loches mit einem Schlag unter Par, in diesem Fall mit drei Schlägen.

**Eagle** Einlochen mit zwei Schlägen unter Par, hier also mit zwei Schlägen. Der Spieler setzt einen sehr langen exakten ersten Schlag und locht mit dem zweiten Schlag ein.

**Handicap** Vorteil oder Ausgleich, der nach den Fähigkeiten oder der Erfahrung eines Golfers vergeben wird, um die Gewinnchancen der Spieler anzugleichen. Das Handicap bestimmt sich aus der Zahl der Schläge, die ein Spieler für einen Platz braucht. Wenn er für einen Platz mit Par 70 beispielsweise 80 Schläge benötigt, beträgt sein Handicap 10. Spielern mit einem höheren Handicap als ihre Konkurrenten wird eine der Differenz entsprechende Zahl von Schlägen gestattet.

**Der perfekte Treibschlag** Um den Ball kraftvoll zu treffen (Treibschlag), schwingt der Spieler den Schläger um den Körper herum nach hinten und dann in einer flüssigen Bewegung wieder vorwärts, um den Ball zu schlagen. Dabei verlagert er sein Gewicht auf den vorderen Fuß und dreht sich in der Hüfte, wobei der Schwung des Schlägers erst hinter seinem Rücken endet.

**LEGENDE**

**Jack Nicklaus**
*(*1940) USA*

Der „Goldene Bär“ gilt als begabtester Golfer des 20. Jh. Zwischen 1962 und 1986 konnte er 18 Titel bei erstklassigen Profigolfveranstaltungen oder großen Meisterschaften gewinnen und setzte damit einen Rekord.

## US Masters

Erstmals ausgetragen 1934

| Jahr | Gewinner |
|---|---|
| 1971 | Charles Coody |
| 1972 | Jack Nicklaus |
| 1973 | Tommy Aaron |
| 1974 | Gary Player |
| 1975 | Jack Nicklaus |
| 1976 | Raymond Floyd |
| 1977 | Tom Watson |
| 1978 | Gary Player |
| 1979 | Fuzzy Zoeller |
| 1980 | Seve Ballesteros |
| 1981 | Tom Watson |
| 1982 | Craig Stadler |
| 1983 | Seve Ballesteros |
| 1984 | Ben Crenshaw |
| 1985 | Bernhard Langer |
| 1986 | Jack Nicklaus |
| 1987 | Larry Mize |
| 1988 | Sandy Lyle |
| 1989 | Nick Faldo |
| 1990 | Nick Faldo |
| 1991 | Ian Woosnam |
| 1992 | Fred Couples |
| 1993 | Bernhard Langer |
| 1994 | José Maria Olázabal |
| 1995 | Ben Crenshaw |
| 1996 | Nick Faldo |
| 1997 | Tiger Woods |
| 1998 | Mark O'Meara |
| 1999 | José Maria Olázabal |
| 2000 | Vijay Singh |
| 2001 | Tiger Woods |
| 2002 | Tiger Woods |
| 2003 | Mike Weir |

## British Open

Das älteste der vier wichtigen Turniere, zuerst 1860

| Jahr | Gewinner |
|---|---|
| 1970 | Jack Nicklaus |
| 1971 | Lee Trevino |
| 1972 | Lee Trevino |
| 1973 | Tom Weiskopf |
| 1974 | Gary Player |
| 1975 | Tom Watson |
| 1976 | Johnny Miller |
| 1977 | Tom Watson |
| 1978 | Jack Nicklaus |
| 1979 | Seve Ballesteros |
| 1980 | Tom Watson |
| 1981 | Bill Rogers |
| 1982 | Tom Watson |
| 1983 | Tom Watson |
| 1984 | Seve Ballesteros |
| 1985 | Sandy Lyle |
| 1986 | Greg Norman |
| 1987 | Nick Faldo |
| 1988 | Seve Ballesteros |
| 1989 | Mark Calcavecchia |
| 1990 | Nick Faldo |
| 1991 | Ian Baker-Finch |
| 1992 | Nick Faldo |
| 1993 | Greg Norman |
| 1994 | Nick Price |
| 1995 | John Daly |
| 1996 | Tom Lehman |
| 1997 | Justin Leonard |
| 1998 | Mark O'Meara |
| 1999 | Paul Lawrie |
| 2000 | Tiger Woods |
| 2001 | David Duval |
| 2002 | Ernie Els |
| 2003 | Ben Curtis |

**Schläger** Golfspieler führen spezielle Schläger für die verschiedenen Schläge mit sich. Die drei wichtigsten Typen sind:

**Hölzer** Werden meist für Weitschläge benutzt und sind in der Regel aus Metall gefertigt. Sie haben größere Köpfe und längere Schäfte als andere Schläger und sind von 1 bis 5 nummeriert. Holz 1, der „Driver“, wird für den ersten Abschlag am Tee verwendet; alle Hölzer, auch Holz 1, können für Weitschläge vom Tee benutzt werden.

**Eisen** Von 1 bis 9 nummeriert und für kürzere Präzisionsschläge benutzt. Mit Eisen 1 schlägt man den Ball flacher und weiter als mit Eisen 2, mit Eisen 2 flacher und weiter als mit Eisen 3 und so fort. Es gibt noch zwei weitere Eisen, die „Wedges“: den Sand Wedge, um den Ball aus einem Bunker zu schlagen, und den Pitching Wedge, um den Ball auf das Grün zu befördern.

**Putter** Werden auf dem Grün benutzt, um den Ball am Boden in Richtung auf das Loch zu schlagen (putten). Sie sind nicht durchnummeriert, haben aber sehr unterschiedliche Formen.

Die Spieler dürfen auf dem Platz höchstens 14 Schläger mit sich führen (3–4 Hölzer, 9–10 Eisen, 1 Putter). Ein Helfer, der „Caddie“, transportiert die Schläger.

**LEGENDE**

**Tiger Woods**
*(*1975) USA*

Er wurde 1996 Golfprofi. Im Juni 2000 gewann er die US Open mit 15 Schlägen, dem größten Vorsprung, den es in einem großen Turnier je gab. Im Juli desselben Jahres siegte er bei den PGA-Meisterschaften in den USA und wurde zum jüngsten Spieler aller Zeiten, der alle vier wichtigen Titel im Profigolf gewann.

## PGA-Meisterschaft, USA

Erstmals ausgetragen 1916

| Jahr | Gewinner |
|---|---|
| 1970 | Dave Stockton |
| 1971 | Jack Nicklaus |
| 1972 | Gary Player |
| 1973 | Jack Nicklaus |
| 1974 | Lee Trevino |
| 1975 | Jack Nicklaus |
| 1976 | Dave Stockton |
| 1977 | Lanny Wadkins |
| 1978 | John Mahaffey |
| 1979 | David Graham |
| 1980 | Jack Nicklaus |
| 1981 | Larry Nelson |
| 1982 | Raymond Floyd |
| 1983 | Hal Sutton |
| 1984 | Lee Trevino |
| 1985 | Hubert Green |
| 1986 | Bob Tway |
| 1987 | Larry Nelson |
| 1988 | Jeff Sluman |
| 1989 | Payne Stewart |
| 1990 | Wayne Grady |
| 1991 | John Daly |
| 1992 | Nick Price |
| 1993 | Paul Azinger |
| 1994 | Nick Price |
| 1995 | Steve Elkington |
| 1996 | Mark Brooks |
| 1997 | Davis Love III |
| 1998 | Vijay Singh |
| 1999 | Tiger Woods |
| 2000 | Tiger Woods |
| 2001 | David Toms |
| 2002 | Rich Beem |
| 2003 | Ignacio Garrido |

# Tennis

*Tennis entstand im 11. Jh. in französischen Klöstern, wo das heute auch „Real Tennis“ genannte Hallenspiel „Jeu de paume“ erstmals gespielt wurde. Das heutige Rasentennis entwickelte sich erst 1873 in England, wo man 1877 in Wimbledon auch die erste Meisterschaft austrug. Der erste internationale Wettbewerb im Rasentennis war der Davis Cup, den es seit 1900 gibt. Er wird zwischen Nationalmannschaften ausgetragen.*

**Spielidee** Beim Tennis spielen auf einem Platz in der Halle oder unter freiem Himmel auf jeder Seite ein (Einzel) oder zwei (Doppel) Spieler mit Schlägern und einem Ball. Punkte werden erzielt, indem man den Ball so über das Netz in die Hälfte des Gegners schlägt, dass dieser ihn nicht zurückspielen kann.
**Aufschlag** Das Spiel beginnt mit dem Aufschlag eines Spielers, der hinter der Grundlinie stehend den Ball hochwirft und in die Hälfte des anderen Spielers schlägt. Zwei Versuche sind möglich; misslingen sie, ist der Punkt verloren – ein Doppelfehler. Die Spieler wechseln sich mit jedem Spiel beim Aufschlag ab.
**Netz** Berührt der Ball das Netz, bevor er in der anderen Hälfte landet, muss der Aufschlag wiederholt werden.
**Schläge** Dazu zählen Vorhand, Rückhand, Lob, Schmetterball (wie bei einem Aufschlag), Stoppball und Volley.
**Punktvergabe** Bei einem Spiel gibt es 4 Punkte („15, 30, 40 und Spielgewinn“). Macht ein Spieler keinen Punkt, bleibt er bei Null oder „love“. Erreichen beide Spieler die 40, heißt dies Einstand oder „deuce“. Ein Spiel muss durch zwei klare Punkte gewonnen werden.
**Satz und Match** Die Spiele werden zu Sätzen zusammengefasst. Einen Satz gewinnt, wer sechs Spiele gewinnt und mit mindestens zwei führt. Haben beide Seiten sechs Spiele gewonnen, kann ein Tiebreak die Entscheidung herbeiführen. Ein Match besteht bei den Herren aus maximal drei (bei Grand-Slam-Turnieren fünf), bei Damen und gemischten Doppeln aus maximal drei Sätzen.
**Offizielle** Ein Oberschiedsrichter, ein Stuhlrichter, ein Netzrichter und mehrere Linienrichter entscheiden darüber, ob ein Ball im Aus ist. Bei Profiwettkämpfen setzt man auch elektronische Mittel ein.

## LEGENDE

**Boris Becker**
*(*1967) Deutschland*

1985 wurde er mit 17 Jahren jüngster und erster deutscher Wimbledonsieger. 1986 und 1989 folgten weitere Wimbledonsiege. 1988 gewann er mit der deutschen Nationalmannschaft erstmals den Davis Cup und stand 1991 auf Platz 1 der Weltrangliste.

## Grand-Slam-Gewinner

Einen Grand Slam gewinnt, wer die vier wichtigsten Turniere – Australian Open, French Open, Wimbledon und die US Open – innerhalb desselben Jahres für sich entscheidet.

| | |
|---|---|
| **Herren (Einzel)** | |
| Donald Budge | 1938 |
| Rod Laver | 1962, 1969 |
| **Damen (Einzel)** | |
| Maureen Connolly | 1953 |
| Margaret Smith Court | 1970 |
| Martina Navratilova | 1983/4 |
| Steffi Graf | 1988, 1993/4 |

## Wimbledonsieger (Einzel)

| Jahr | Herren | Damen |
|---|---|---|
| 1952 | Frank Sedgman | Maureen Connolly |
| 1953 | Vic Seixas | Maureen Connolly |
| 1954 | Jaroslav Drobny | Maureen Connolly |
| 1955 | Tony Trabert | Louise Brough |
| 1956 | Lew Hoad | Shirley Fry |
| 1957 | Lew Hoad | Althea Gibson |
| 1958 | Ashley Cooper | Althea Gibson |
| 1959 | Alex Olmedo | Maria Bueno |
| 1960 | Neale Fraser | Maria Bueno |
| 1961 | Rod Laver | Angela Mortimer |
| 1962 | Rod Laver | Karen Hantze-Susman |
| 1963 | Chuck McKinley | Margaret Smith |
| 1964 | Roy Emerson | Maria Bueno |
| 1965 | Roy Emerson | Margaret Smith |
| 1966 | Manuel Santana | Billie Jean King |
| 1967 | John Newcombe | Billie Jean King |
| 1968 | Rod Laver | Billie Jean King |
| 1969 | Rod Laver | Ann Haydon-Jones |
| 1970 | John Newcombe | Margaret Smith Court |
| 1971 | John Newcombe | Evonne Goolagong |
| 1972 | Stan Smith | Billie Jean King |
| 1973 | Jan Kodes | Billie Jean King |
| 1974 | Jimmy Connors | Chris Evert |
| 1975 | Arthur Ashe | Billie Jean King |
| 1976 | Björn Borg | Chris Evert |
| 1977 | Björn Borg | Virginia Wade |
| 1978 | Björn Borg | Martina Navratilova |
| 1979 | Björn Borg | Martina Navratilova |
| 1980 | Björn Borg | Evonne Goolagong Cawley |
| 1981 | John McEnroe | Chris Evert Lloyd |
| 1982 | Jimmy Connors | Martina Navratilova |
| 1983 | John McEnroe | Martina Navratilova |
| 1984 | John McEnroe | Martina Navratilova |
| 1985 | Boris Becker | Martina Navratilova |
| 1986 | Boris Becker | Martina Navratilova |
| 1987 | Pat Cash | Martina Navratilova |
| 1988 | Stefan Edberg | Steffi Graf |
| 1989 | Boris Becker | Steffi Graf |
| 1990 | Stefan Edberg | Martina Navratilova |
| 1991 | Michael Stich | Steffi Graf |
| 1992 | André Agassi | Steffi Graf |
| 1993 | Pete Sampras | Steffi Graf |
| 1994 | Pete Sampras | Conchita Martinez |
| 1995 | Pete Sampras | Steffi Graf |
| 1996 | Richard Krajicek | Steffi Graf |
| 1997 | Pete Sampras | Martina Hingis |
| 1998 | Pete Sampras | Jana Novotna |
| 1999 | Pete Sampras | Lindsay Davenport |
| 2000 | Pete Sampras | Venus Williams |
| 2001 | Goran Ivanisevic | Venus Williams |
| 2002 | Lleyton Hewitt | Serena Williams |
| 2003 | Roger Federer | Serena Williams |

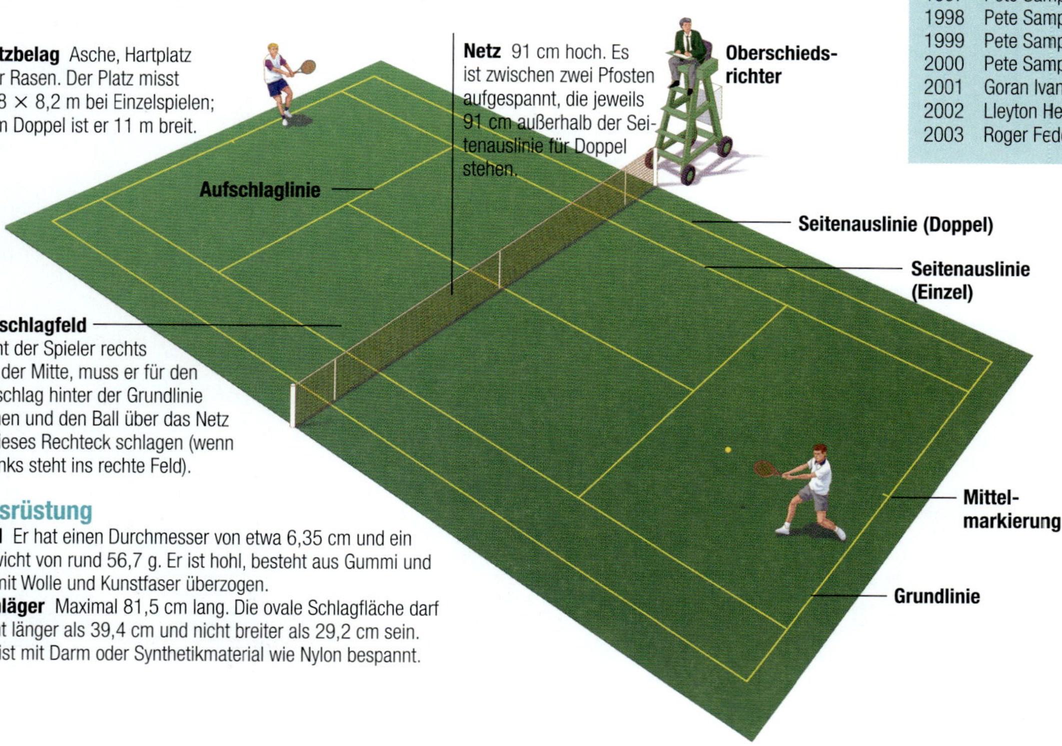


## Ausrüstung

**Ball** Er hat einen Durchmesser von etwa 6,35 cm und ein Gewicht von rund 56,7 g. Er ist hohl, besteht aus Gummi und ist mit Wolle und Kunstfaser überzogen.
**Schläger** Maximal 81,5 cm lang. Die ovale Schlagfläche darf nicht länger als 39,4 cm und nicht breiter als 29,2 cm sein. Sie ist mit Darm oder Synthetikmaterial wie Nylon bespannt.

## LEGENDE

**Martina Navratilova**
*(*1956) Tschechoslowakei (seit 1978 USA)*

Martina Navratilova war die überragende Tennisspielerin der 80er-Jahre. Noch nie war eine Spielerin so kraftvoll aufgetreten. Navratilova gewann insgesamt 18 Grand-Slam-Turniere und 149 andere Einzeltitel. Den letzten Sieg errang sie 2003 im gemischten Doppel in Wimbledon.

**LEGENDE**

**Steffi Graf**
*(*1969) Deutschland*

Die deutsche „Sportlerin des Jahrhunderts" gewann sieben Wimbledonsiege in den Jahren 1988, 1989, 1991–1993 und 1995/6. In Seoul gewann sie 1988 olympisches Gold. Insgesamt errang sie 22 Grand-Slam-Siege und stand von 1987–1991 auf Platz eins der Weltrangliste.

**Hightech-Schläger**

Graphit, Titan und Glasfaser machen moderne Tennisschläger leistungsfähiger als die alten Modelle aus Holz und Metall. Sie können auch viel härter bespannt werden, was wiederum die Geschwindigkeit des Balles stark erhöht.

**Davis Cup**

| Jahr | Siegerteam |
|---|---|
| 1971 | USA |
| 1972 | USA |
| 1973 | Australien |
| 1974 | Südafrika |
| 1975 | Schweden |
| 1976 | Italien |
| 1977 | Australien |
| 1978 | USA |
| 1979 | USA |
| 1980 | CSSR |
| 1981 | USA |
| 1982 | USA |
| 1983 | Australien |
| 1984 | Schweden |
| 1985 | Schweden |
| 1986 | Australien |
| 1987 | Schweden |
| 1988 | Deutschland |
| 1989 | Deutschland |
| 1990 | USA |
| 1991 | Frankreich |
| 1992 | USA |
| 1993 | Deutschland |
| 1994 | Schweden |
| 1995 | USA |
| 1996 | Frankreich |
| 1997 | Schweden |
| 1998 | Schweden |
| 1999 | Australien |
| 2000 | Spanien |
| 2001 | Frankreich |
| 2002 | Russland |

# Squash

*Die Sportart entstand Mitte des 19. Jh. an der Harrow School in England und war zu Beginn des 20. Jh. ein beliebter Schulsport. Die heutigen Regeln entstanden nach dem Ersten Weltkrieg. Squash wurde in den 20er-Jahren beliebt, als man erste offizielle Wettkämpfe austrug.*

Ein Spieler schlägt gegen die Stirnwand auf, der andere schlägt den Ball zurück, bevor er den Boden zweimal berührt hat. Man darf auch über Seiten- und Rückwand spielen, solange der Ball ohne Bodenberührung innerhalb der Fehler-, Seiten- oder Rückwandlinien die Stirnwand erreicht. Nur der Aufschlagende kann punkten; der Rückschläger muss für den Aufschlag einen Ballwechsel gewinnen.

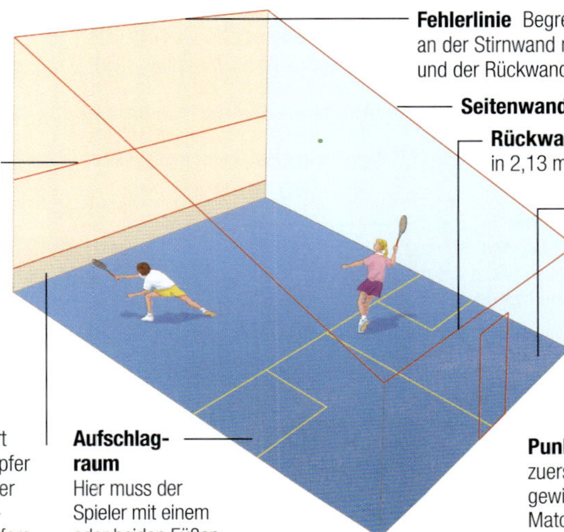

**Court** Geschlossenes Spielfeld von 9,75 × 6,4 m

**Aufschlaglinie** Beim Aufschlag muss der Ball zwischen dieser Linie und der Fehlerlinie die Wand berühren. Die Aufschlaglinie verläuft in 1,78 m Höhe.

**Dämpfer** Berührt der Ball den Dämpfer (oder „Brett"), ist er im Aus. Die Obergrenze des Dämpfers verläuft 43 cm über dem Boden.

**Aufschlagraum** Hier muss der Spieler mit einem oder beiden Füßen stehen.

**Fehlerlinie** Begrenzt in 4,57 m Höhe an der Stirnwand mit der Seitenwand- und der Rückwandlinie den Court.

**Seitenwandlinie**

**Rückwandlinie** Verläuft in 2,13 m Höhe.

**Aufschlagfeld** Ein von links aufgeschlagener Ball soll in diesem Feld landen (ein Aufschlag von rechts entsprechend im Feld daneben).

**Punktvergabe** Wer zuerst 9 Punkte erreicht, gewinnt ein Spiel. Ein Match endet, wenn ein Spieler drei bzw. fünf Spiele gewonnen hat.

# Badminton

*Badminton (Federball) spielt man auf einem Hallenplatz im Einzel oder Doppel mit Schläger und Federball. Um Punkte zu machen, wird der Federball über das erhöht gespannte Netz gespielt, indem man den Ball in die Hälfte des anderen Spielers auf den Boden spielt oder einen Fehler provoziert. Wie bei Squash kann nur der Aufschlagende punkten.*

## Ausrüstung

**Federball** Kork- oder Kunststoffhalbkugel mit Natur- oder Kunststofffedern an der Flachseite.
**Schläger** 66 cm lang und an der breitesten Stelle der Schlagfläche 21 cm breit.

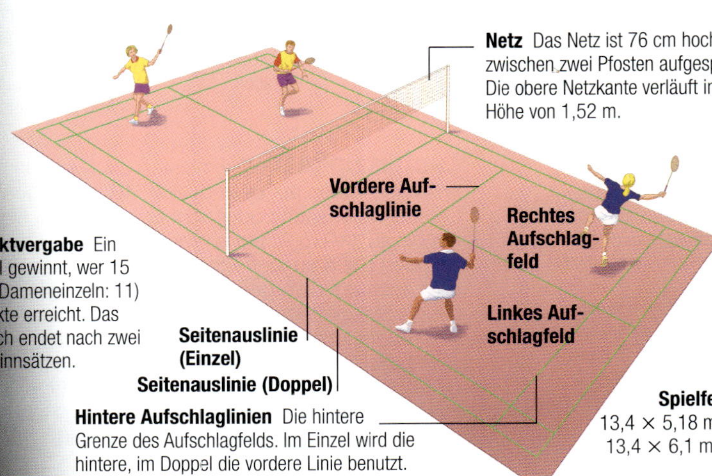


**Netz** Das Netz ist 76 cm hoch und zwischen zwei Pfosten aufgespannt. Die obere Netzkante verläuft in einer Höhe von 1,52 m.

**Punktvergabe** Ein Spiel gewinnt, wer 15 (bei Dameneinzeln: 11) Punkte erreicht. Das Match endet nach zwei Gewinnsätzen.

**Hintere Aufschlaglinien** Die hintere Grenze des Aufschlagfelds. Im Einzel wird die hintere, im Doppel die vordere Linie benutzt.

**Spielfeldmaße** 13,4 × 5,18 m (Einzel), 13,4 × 6,1 m (Doppel)

# Leichtathletik

*Die Disziplinen entstanden vor mindestens 3500 Jahren im antiken Griechenland. Die Wettkämpfe werden zwischen Einzelsportlern und Mannschaften ausgetragen und finden auf der Bahn oder im Feld statt. Wichtigster Wettkampf sind die Olympischen Spiele. Die antiken Spiele wurden bis 394 n. Chr. zu Ehren des Zeus in Olympia ausgetragen, die modernen begannen 1896 in Athen und finden alle 4 Jahre statt.*

## Technische Disziplinen

Sie werden auf dem Feld ausgetragen. Ziel aller technischen Disziplinen ist es, weiter oder höher zu springen oder ein Objekt weiter zu werfen als die anderen Wettkampfteilnehmer.

**Kugelstoßen** Dabei wird eine bei Männern 7,26 kg, bei Frauen 4 kg schwere, zunächst auf der Schulter gehaltene Metallkugel von einem im Durchmesser 2 m weiten Stoßkreis aus so weit wie möglich mit einer Hand durch die Luft gestoßen.

**Hochsprung** Die Sportler versuchen hier, eine Sprunglatte zu überspringen, ohne sie zu Fall zu bringen.

**Standardtechnik** Die Schwedin Kajsa Bergqvist überquert die Latte in einem „Fosbury Flop". Diese Technik benutzte der US-Athlet Dick Fosbury erstmals bei den Olympischen Spielen von 1968.

**Dreisprung** Ähnelt dem Weitsprung, hat aber eine kompliziertere Abfolge von drei Sprüngen („Hop", „Step" und „Jump").

**Stabhochsprung** Dabei gilt es, mithilfe eines elastischen Stabes eine auf zwei Sprungständern liegende Latte zu überspringen. Der Athlet schwingt sich am Stab hoch und „windet" sich mit den Füßen voran über die Latte.

**Speerwerfen** Ein Speer, der bei Männern 800 g, bei Frauen 600 g wiegt, wird hier geworfen.

**Diskuswerfen** Dabei wird eine Scheibe aus Holz, Metall oder Kunststoff (bei Männern 2 kg, bei Frauen 1 kg schwer) zwischen Handfläche und Unterarm gehalten und vom Athleten nach einigen Drehungen um die eigene Achse fortgeschleudert.

**Hammerwerfen** Eine Metallkugel mit einem verlängerten Handgriff wird mehrmals um die Körperachse beschleunigt, dann losgelassen.

**Weitsprung** Nach dem Anlauf springen die Athleten von einem Absprungbalken so weit wie möglich ohne Bodenberührung vorwärts.

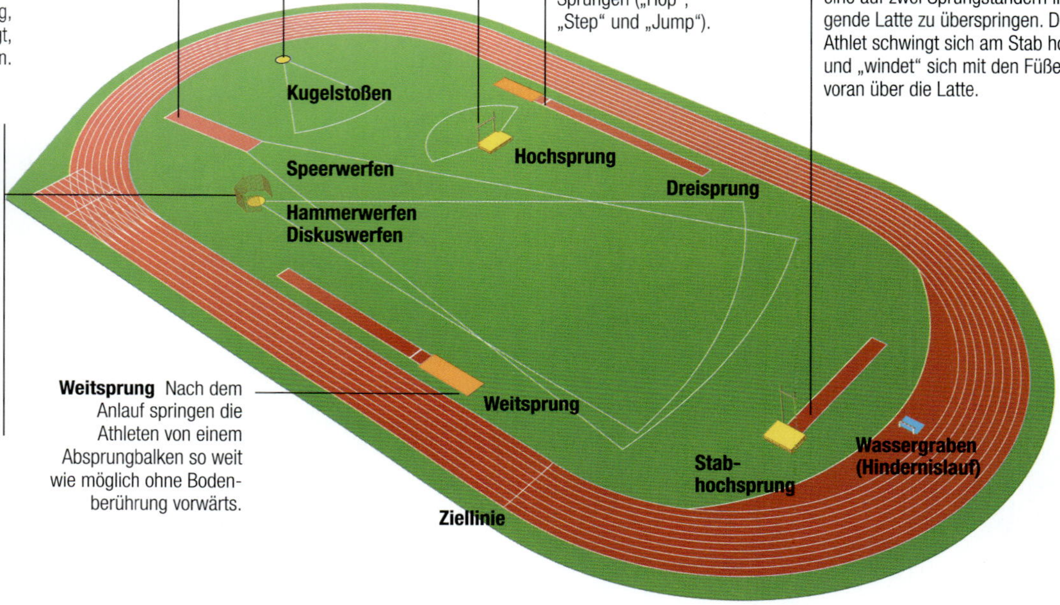


**LEGENDE**

**Jesse Owens**

*(1913–1980) USA*

In der Saison 1935/6 stellte Jesse Owens drei Weltrekorde auf und wiederholte einen weiteren (im Weitsprung), der 25 Jahre Bestand hatte. Weltberühmt wurde er als Star der Olympischen Spiele in Berlin 1936, wo er vier Goldmedaillen hintereinander gewann. Als schwarzer Athlet brachte er damit die Nationalsozialisten in Verlegenheit.

**Sprint** Die kürzesten Laufwettkämpfe sind die Sprints. Sie werden über 100 m, 200 m und 400 m ausgetragen.

**Hürdenlauf** Hier wird der Sprint mit dem Überspringen von Hürden in bestimmter Höhe kombiniert. Hürdenläufe werden meist über 110 m und 400 m ausgetragen.

**Staffellauf** Wettlauf zwischen Mannschaften zu je vier Läufern. Der Erste läuft zum Zweiten, dieser läuft zum Dritten und so fort. Der ankommende Läufer übergibt dem nächsten einen Stab. Staffelläufe werden über 4 x 100 m und 4 x 400 m ausgetragen.

**Mittelstreckenlauf** Die üblichen Mittelstrecken sind 800 m und 1500 m.

**Langstreckenlauf** Die Rennen werden über 1 Meile, 2000 m, 3000 m, 5000 m, 10 000 m, 20 km und 25 km ausgetragen. Der Marathon mit seinen 42,195 km Strecke wird auf der Straße gelaufen; das Ziel kann dabei auf der Laufbahn im Stadion liegen.

**Hindernislauf** kombiniert den Langstreckenlauf mit Hindernissen (Hürden, Wassergraben). Hindernisläufe werden über 2000 m und 3000 m ausgetragen.

## Laufdisziplinen

Die meisten Laufwettkämpfe im Freien finden auf einer ovalen, 400 m langen Laufbahn mit sechs oder acht Bahnen statt. Rennen mit bis zu 110 m Streckenlänge werden auf einer geraden Bahn ausgetragen; bei längeren Rennen wird auch auf dem gebogenen Abschnitt gelaufen. Da die Strecke der Außenbahn länger ist als die der Innenbahn, starten die Athleten in gestaffeltem Abstand. Bei Strecken über 400 m läuft man nur über die ersten 400 m in der Bahn und kann dann an die Innenseite wechseln. Eine Ziellinie für alle Rennen befindet sich an einem Ende der Geraden. Zu den Rennen außerhalb der Laufbahn zählen der Marathonlauf und das Gehen. Beim Gehen muss sich immer mindestens ein Teil eines Fußes am Boden befinden. Rennen beim Gehen dauern über 20 km, 30 km und 50 km oder über zwei Stunden.

## Kombinierte Disziplinen

Kombinierte Disziplinen – Siebenkampf der Frauen, Zehnkampf der Männer – werden in diversen Lauf- und technischen Disziplinen an 1–2 Tagen ausgetragen. Jede Disziplin bringt Punkte; der Sportler mit der höchsten Gesamtpunktzahl gewinnt.

## Weltrekordhalter im Freien

### Laufen Männer

| Strecke | Rekordhalter | Nation | Zeit | Datum |
|---|---|---|---|---|
| 100 m | Tim Montgomery | USA | 9,78 | 2002 |
| 200 m | Michael Johnson | USA | 19,32 | 1996 |
| 400 m | Michael Johnson | USA | 43,18 | 1999 |
| 800 m | Wilson Kipketer | Dänemark | 1:41,11 | 1997 |
| 1000 m | Noah Ngeny | Kenia | 2:11,96 | 1999 |
| 1500 m | Hicham El Guerrouj | Marokko | 3:26,00 | 1998 |
| 1 Meile | Hicham El Guerrouj | Marokko | 3:43,13 | 1999 |
| 2000 m | Hicham El Guerrouj | Marokko | 4:44,79 | 1999 |
| 3000 m | Daniel Komen | Kenia | 7:20,67 | 1996 |
| 5000 m | Haile Gebrselassie | Äthiopien | 12:39,36 | 1998 |
| 10 000 m | Haile Gebrselassie | Äthiopien | 26:22,75 | 1998 |
| 20 000 m | Arturo Barrios | Mexiko | 56:55,6 | 1991 |
| 25 000 m | Toshihiko Seko | Japan | 1:13:55,8 | 1981 |
| Marathon | Khalid Khannouchi | Marokko | 2:5:42,00 | 1999 |
| 110 m Hürden | Colin Jackson | Großbrit. | 12,91 | 1993 |
| 400 m Hürden | Kevin Young | USA | 46,78 | 1992 |
| 3000 m Hindern. | Barnard Barmasai | Kenia | 7:55,72 | 1997 |
| 4 × 100 m Staffel | | USA | 37,40 | 1992 |
| 4 × 400 m Staffel | | USA | 2:54,20 | 1998 |
| 4 × 800 m Staffel | | Großbrit. | 7:03,89 | 1982 |

### Laufen Frauen

| Strecke | Rekordhalterin | Land | Zeit | Jahr |
|---|---|---|---|---|
| 100 m | Florence Griffith-Joyner | USA | 10,49 | 1988 |
| 200 m | Florence Griffith-Joyner | USA | 21,34 | 1988 |
| 400 m | Marita Koch | DDR | 47,60 | 1985 |
| 800 m | Jarmila Kratochvilova | Tschechosl. | 1:53,28 | 1983 |
| 1000 m | Swetlana Masterkowa | Russland | 2.28,98 | 1996 |
| 1500 m | Qu Yunxia | China | 3:50,46 | 1993 |
| 1 Meile | Swetlana Masterkowa | Russland | 4:12,56 | 1996 |
| 2000 m | Sonia O'Sullivan | Irland | 5:25,36 | 1994 |
| 3000 m | Junxia Wang | China | 8:06,11 | 1993 |
| 5000 m | Bo Jiang | China | 14:28,09 | 1997 |
| 10 000 m | Junxia Wang | China | 29:31,78 | 1993 |
| Marathon | Tegla Louroupe | Kenia | 2:20:43,00 | 1999 |
| 100 m Hürden | Jordanka Donkowa | Bulgarien | 12,21 | 1988 |
| 400 m Hürden | Kim Batten | USA | 52,61 | 1995 |
| 3000 m Hindern. | Alessja Turowa | Weißrussland | 9:16,51 | 2002 |
| 4 × 100 m Staffel | | DDR | 41,37 | 1985 |
| 4 × 400 m Staffel | | UdSSR | 3:15,17 | 1988 |
| 4 × 800 m Staffel | | UdSSR | 7:50,17 | 1984 |

### Technische Disziplinen Männer

| Diszipin | Rekordhalter | Nation | Weite/Höhe | Datum |
|---|---|---|---|---|
| Hochsprung | Javier Sotomayor | Kuba | 2,45 m | 1993 |
| Weitsprung | Mike Powell | USA | 8,95 m | 1991 |
| Dreisprung | Jonathan Edwards | Großbrit. | 18,29 m | 1995 |
| Diskuswerfen | Jürgen Schult | DDR | 74,08 m | 1986 |
| Hammerwerfen | Juri Sedych | UdSSR | 86,74 m | 1986 |
| Kugelstoßen | Randy Barnes | USA | 23,12 m | 1990 |
| Speerwerfen | Jan Zelezny | Tschechien | 98,48 m | 1996 |
| Stabhochsprung | Sergej Bubka | Ukraine | 6,14 m | 1994 |
| Zehnkampf | Roman Sebrle | Tschechien | 9026 Pkte. | 2001 |

### Technische Disziplinen Frauen

| Disziplin | Rekordhalterin | Land | Weite/Höhe | Jahr |
|---|---|---|---|---|
| Hochsprung | Stefka Kostadinowa | Bulgarien | 2,09 m | 1987 |
| Weitsprung | Galina Tschistjakowa | UdSSR | 7,52 m | 1988 |
| Dreisprung | Inessa Krawets | Ukraine | 15,50 m | 1995 |
| Diskuswerfen | Gabriele Reinsch | DDR | 76,80 m | 1988 |
| Hammerwerfen | Mihaela Melinte | Rumänien | 76,07 m | 2000 |
| Kugelstoßen | Natalja Lissowskaja | UdSSR | 22,63 m | 1987 |
| Speerwerfen | Trine Hattestad | Norwegen | 68,91 m | 1987 |
| Stabhochsp. | Stacy Dragila | USA | 4,81 m | 2001 |
| Siebenkampf | Jackie Joyner-Kersee | USA | 7291 Pkte. | 1988 |

**LEGENDE**

**Bob Beamon**

*(*1946) USA*

Bei den Olympischen Spielen 1968 in Mexiko-Stadt sprang Bob Beamon die Rekordweite von 8,9 m im Weitsprung. Damit war er erstaunliche 55,25 cm weiter gesprungen als jeder vor ihm. Sein Rekord blieb 23 Jahre lang ungebrochen.

**Höher hinaufkommen** Technologie verhilft Stabhochspringern zu besseren Sprüngen. Die modernen Glasfaserstäbe sind weitaus stärker und flexibler als die Holzstäbe, die man vor 100 Jahren benutzte, und sie geben mehr Schub nach oben.

**LEGENDE**

**Roger Bannister**

*(*1929) England*

Bannister war der erste Mensch, der eine Meile in weniger als 4 Minuten lief. Dies galt bis dahin als menschenunmöglich. Am 6. Mai 1954 gewann er einen Lauf über diese Strecke mit einer Zeit von 3 Minuten und 59,4 Sekunden.

*Die Olympischen Spiele der Neuzeit waren eine Idee des französischen Aristokraten Pierre de Coubertin. Sie wurden 1896 erstmals ausgetragen und finden seitdem – nur durch die beiden Weltkriege unterbrochen – alle 4 Jahre statt.*

## 1896 Athen

245 Männer aus 14 Ländern traten an. Der erste **Marathonlauf** fand statt. US-Leichtathleten dominierten.

**Die meisten Medaillen**
Der deutsche Turner **Hermann Weingärtner** erlangte 3 Gold-, 2 Silber-, 1 Bronzemedaille.

**Volksheld** Den ersten Marathonlauf der Neuzeit gewann der Grieche Spiridon Louis.

## 1900 Paris

1319 Sportler aus 22 Ländern nahmen teil. Die Spiele fanden im Schatten der Weltausstellung statt. Erstmals waren **Frauen** dabei.

**Die meisten Medaillen**
**Irving Baxter** (USA), Leichtathletik, 2 Gold- und 3 Silbermedaillen.

## 1904 St. Louis

6687 Sportler aus 13 Ländern traten an, 525 aus den USA; in einigen Wettkämpfen traten ausschließlich US-Amerikaner an.

**Die meisten Medaillen**
Der Turner **Anton Heida** (USA) gewann 5 Gold- und 1 Silbermedaille.

## 1908 London

2035 Teilnehmer aus 22 Ländern. Es gab **Vorwürfe gegen die britischen Schiedsrichter**, die angeblich gegen die US-amerikanischen Leichtathleten voreingenommen waren. Diese drohten mit Abreise.

**Denkwürdig**
**Dorando Pietri**, Süßwarenhändler auf Capri, brach beim Marathonlauf kurz vor dem Ziel viermal zusammen und kam nur mit fremder Hilfe als Erster über die Linie. Trotz Protestes wurde er disqualifiziert.

**Die meisten Medaillen**
**Mel Sheppard** (USA) gewann bei drei Leichtathletikwettkämpfen der Männer Gold.

## 1912 Stockholm

2547 Teilnehmer aus 28 Ländern. Erstmals wurden Wettkämpfe im **Schwimmen und modernen Fünfkampf** ausgetragen. **Turnen** wurde mit 1000 teilnehmenden Sportlern aus 13 Ländern zum beliebten Publikumssport. Zum ersten Mal setzte man **elektronische Zeitnehmer** ein.

**Denkwürdig**
**Jim Thorpe** (USA) gewann Gold im Fünf- und Zehnkampf, musste aber 6 Monate später die Medaillen zurückgeben, als bekannt wurde, dass er Jahre zuvor als Baseballspieler etwas Geld erhalten hatte.

**Die meisten Medaillen**
**Hannes Kolehmainen** (Finnland) gewann über 5000 m und 10 000 m sowie im Geländelauf über 8000 m je 1 Goldmedaille.

## 1920 Antwerpen

2669 Teilnehmer aus 29 Ländern. Antwerpen wurde dem belgischen Volk zu Ehren gewählt, das im Ersten Weltkrieg 4 Jahre unter feindlicher Besatzung gelebt hatte. **Deutschland, Österreich, Bulgarien, Ungarn** und die **Türkei** waren nicht geladen.

**Denkwürdig**
**Oscar Gomer Swahn** (Schweden) wurde zum **ältesten Medaillengewinner** aller Zeiten, als er (72) beim Mannschaftsschießen auf den „laufenden Hirsch" Silber gewann. 4 Jahre zuvor hatte er die Goldmedaille erkämpft und war damit auch **ältester Goldmedaillengewinner**. Beide Rekorde stehen noch.

**Die meisten Medaillen**
**Willis Lee** (USA) gewann beim Schießen 5 Gold-, 1 Silber- sowie 1 Bronzemedaille.

## 1924 Paris

3092 Sportler aus 44 Ländern. Das **olympische Motto** *citius, altius, fortius* („schneller, höher, stärker") wurde geprägt. Französische Fans sorgten für Empörung, weil sie die Nationalhymnen anderer Länder ausbuhten.

**Denkwürdig**
Der US-amerikanische Schwimmer **Johnny Weissmuller** gewann die 100 m, 400 m Freistil sowie in der Freistilstaffel über 4 × 200 m Gold. 1928 in Amsterdam gewann er 2 weitere Goldmedaillen, bevor er als Hollywoods bekanntester Tarzandarsteller Ruhm erlangte.

**Die meisten Medaillen**
**Ville Ritola** (Finnland) gewann bei Langstreckenläufen 4 Gold- und 2 Silber-, sein Teamkollege **Paavo Nurmi** gewann 5 Goldmedaillen.

## 1928 Amsterdam

3014 Teilnehmer aus 46 Ländern. Erstmals waren **Frauen bei der Leichtathletik** dabei; zuvor hatten sie bereits in den Disziplinen Tennis, Golf, Schwimmen, Bogenschießen, Fechten und Segeln teilgenommen. **Deutschland** wurde erstmals seit dem Ersten Weltkrieg wieder eingeladen.

**Denkwürdig**
Der Mittelstürmer **Dhyan Chand** führte die indische Hockeymannschaft erstmals zur Goldmedaille. Er gewann auch 1932 und 1936 Gold; in diesen drei Olympischen Spielen erzielte sein Team 102 Tore und kassierte selbst nur drei.

**Die meisten Medaillen**
Der Schweizer Turner **Georges Miéz** gewann 3 Goldmedaillen und 1 Silbermedaille.

## 1932 Los Angeles

Infolge der Großen Depression waren nur 1408 Sportler aus 37 Ländern vertreten. Neu waren **automatische Zeitnehmer** und **Zielfoto-Kameras**, **Podien** für die Siegerehrungen und das Spielen der **Nationalhymne des Siegers**. Mit dem Wettbewerb über 50 km wurde das **Gehen** erstmals olympische Disziplin.

**Denkwürdig**
**Mildred Didrikson** (USA), der Star der Spiele; sie gewann Gold im Speerwerfen und über 80 m Hürden und Silber im Hochsprung. Später wurde sie eine der besten Golfspielerinnen aller Zeiten; 1950 wählte man sie zur besten Athletin des Jahrhunderts.

**Die meisten Medaillen**
Der Turner **István Pelle** (Ungarn) gewann 2 Gold- und 2 Silbermedaillen.

## 1936 Berlin

3738 Teilnehmer aus 49 Ländern. Die Berliner Spiele wurden erstmals im Fernsehen gezeigt.

**Denkwürdig**
**Hitler** wollte die Spiele zu NS-Propagandazwecken nutzen, doch der Erfolg „nichtarischer" Athleten machte ihm einen Strich durch die Rechnung. In allen Laufdisziplinen siegten Afroamerikaner.

**Die meisten Medaillen**
**Jesse Owens** (USA) gewann Gold über 100 m, 200 m, im Weitsprung und mit der Sprintstaffel.

**Olympisches Feuer**
Den Spielen in Berlin ging erstmals der Fackellauf voraus.

## 1948 London

4099 Wettkämpfer aus 59 Ländern waren dabei. **Deutschland** und **Japan** waren nicht geladen; die **UdSSR** schickte keine Mannschaft. Erstmals waren kommunistische Länder beteiligt, und erstmals liefen Sportler über.

**Denkwürdig**
Die bewegende **Eröffnungsfeier**, bei der die Mannschaften aller 59 Länder nacheinander aufmarschierten, ließ die Wunden des Krieges vergessen. In Großbritannien verfolgte eine halbe Million Menschen die Spiele vor 80 000 Fernsehgeräten.

**Die meisten Medaillen**
Die 30-jährige zweifache Mutter **Fanny Blankers-Koen** (Niederlande) gewann über 100 m, 200 m, im Hürdenlauf über 80 m und mit der Staffel über 4 × 100 m.

## 1952 Helsinki

4925 Teilnehmer aus 69 Ländern. Die **UdSSR** war erstmals dabei, und entgegen aller Befürchtungen vertrugen sich sowjetische und amerikanische Sportler. Die **hervorragende Organisation** der Spiele verleitete einige Kommentatoren zum Vorschlag, sie immer in Skandinavien stattfinden zu lassen.

**Denkwürdig**
Dem tschechischen Läufer **Emil Zatopek** gelang ein unglaublicher Dreifachsieg; er gewann über 5000 m, 10 000 m sowie im Marathonlauf Goldmedaillen. Seine Ehefrau Dana holte Gold im Speerwerfen.

**Die meisten Medaillen**
Die Turnerin **Maria Gorokhowskaja** (UdSSR) gewann mit 7 Medaillen (2 Gold, 5 Silber) mehr, als je eine Frau in einer Olympiade gewann.

## 1956 Melbourne

3342 Teilnehmer aus 72 Ländern. Die Spiele waren die ersten auf der Südhalbkugel. Die Wettkämpfe im Reiten wurden wegen der australischen Quarantänegesetze in Stockholm ausgetragen.

**Die meisten Medaillen**
**Viktor Tschukarin** (UdSSR) und **Ágnes Keleti** (Ungarn) gewannen im Turnen je 4 Gold- und 2 Silbermedaillen.

**Dawn Fraser**
Die Australierin begann mit 2 Gold- und 1 Silbermedaille ihre olympische Schwimmlaufbahn.

## 1960 Rom

5348 Athleten aus 83 Ländern traten an. Manche Wettkämpfe fanden in **nagelneuen Einrichtungen** statt, andere wurden in **antiken Stadien** ausgetragen. So kämpften die Ringer in der Basilika des Maxentius, in der die Römer schon 2000 Jahre zuvor ähnliche Wettkämpfe veranstaltet hatten. Nach diesen Spielen sollte **Südafrika** 32 Jahre lang nicht mehr eingeladen werden. Diesen Spielen folgten die ersten Paralympics.

**Denkwürdig**
Der Boxer **Cassius Clay** gewann für die USA Gold im Halbschwergewicht. Er nahm 1964 den Namen Muhammad Ali an.

**Die meisten Medaillen**
Der Turner **Boris Schachlin** (UdSSR) holte 4 Gold-,2 Silber- und 1 Bronzemedaille.

## 1964 Tokio

5140 Teilnehmer aus 93 Ländern. Bei den **ersten Olympischen Spielen in Asien** wurde erstmals in Judo und Volleyball um Medaillen gekämpft. **Drittes olympisches Gold** in Folge gewannen: Dawn Fraser (Australien) im Schwimmen, der deutsche Springreiter Hans Günter Winkler und Wjatscheslaw Iwanow (UdSSR) im Ruder. **Don Schollander** (USA) gewann im Schwimmen viermal Gold.

**Denkwürdig**
Die **Japaner** nutzten die Spiele für **eine Versöhnungsgeste:** Ein Student, der am Tag des Atombombenabwurfs bei Hiroshima geboren wurde, zündete die Flamme.

**Die meisten Medaillen**
Die Turnerin **Larissa Latynina** (UdSSR) gewann 2 Gold-, 2 Silber- und 2 Bronzemedaillen.

## 1968 Mexiko-Stadt

5531 Teilnehmer aus 112 Ländern. Mexiko-Stadt war als Austragungsort wegen der **großen Höhe** umstritten. Die dünne Höhenluft führte zu **Sprint-Weltrekorden,** während die Langstreckenläufe erschwert waren. Die Sprinter John Carlos und Tommie Smith ballten auf dem Siegertreppchen die Fäuste zum **Black-Power-Gruß.**

**Denkwürdig**
**Bob Beamon** (USA) überbot den Weltrekord im Weitsprung um 55,25 cm und landete bei 8,9 m. Als er begriff, was er geleistet hatte, erlitt er einen Schwächeanfall, erholte sich aber kurz darauf.

**Die meisten Medaillen**
Der Turner **Michail Voronin** (UdSSR) gewann 2 Gold-, 4 Silber- sowie 1 Bronzemedaille.

## 1972 München

7123 Teilnehmer aus 121 Ländern. Erstmals **Dopingkontrollen.** Die USA verloren zum ersten Mal das Basketballfinale – gegen die UdSSR.

**Geiseldrama** Elf israelische Sportler wurden von palästinensischen Terroristen ermordet.

**Denkwürdig**
**Olga Korbut** (UdSSR) entzückte das Publikum auf dem Weg zu 3 Goldmedaillen im Turnen.

**Die meisten Medaillen**
Der Schwimmer **Mark Spitz** (USA) gewann siebenmal Gold – kein Einzelsportler gewann jemals mehr Goldmedaillen bei einer Olympiade.

## 1976 Montreal

6028 Teilnehmer aus 82 Ländern. **Afrikanische Länder boykottierten** die Spiele wegen der Entscheidung des IOC, Neuseeland nicht auszuschließen. Dessen Rugbymannschaft hatte im Apartheid-Staat Südafrika gespielt. Schlechte Organisation und Korruption sorgten für finanzielle Verluste.

**Denkwürdig**
Sportler aus der **Karibik** sicherten sich in den Sprintdisziplinen und über 800 m Gold. Im Lauf über 100 m siegte Hasely Crawford (Jamaika), über 200 m Don Quarrie (Trinidad und Tobago) und über 400 m sowie 800 m gewann Alberto Juantorena (Kuba).

**Die meisten Medaillen**
Der Turner **Nikolai Adrianow** (UdSSR) holte 4 Gold-,2 Silber- und 1 Bronzemedaille.

## 1980 Moskau

5217 Teilnehmer aus 80 Ländern. **USA, Kanada, BRD und Japan boykottierten** die Spiele aus Protest gegen den sowjetischen Einmarsch in Afghanistan. Trotzdem wurden mehr Weltrekorde erzielt als 1976. Die **DDR-Läuferinnen** errangen 11 Goldmedaillen und stellten sieben Weltrekorde auf.

**Denkwürdig**
Die britischen Läufer **Steve Ovett und Sebastian Coe** teilten sich die Endläufe der mittleren Distanzen. Beim Lauf über 800 m errang Ovett Gold und Coe Silber, beim 1500-m-Lauf war es umgekehrt.

**Die meisten Medaillen**
Der Turner **Aleksandr Dityatin** (UdSSR) holte mit 8 Medaillen (3 goldene, 4 silberne, 1 bronzene) die meisten bei einer Olympiade.

## 1984 Los Angeles

6797 Athleten aus 140 Ländern. Die **UdSSR boykottierte** die Spiele wegen des Boykotts von 1980. Die Wettkämpfe fanden im selben Stadion statt wie 1932. **Daley Thompson** (Großbritannien) gewann zum zweiten Mal in Folge olympisches Gold im Zehnkampf.

**Denkwürdig**
Der US-amerikanische Athlet **Carl Lewis** begeisterte die heimischen Fans mit 4 Goldmedaillen: in den Läufen über 100 m und 200 m, im Weitsprung und bei der Staffel über 4 × 100 m.

**Die meisten Medaillen**
Der Turner **Li Ning** (China) gewann dreimal Gold, zweimal Silber und einmal Bronze.

## 1988 Seoul

8465 Sportler aus 159 Ländern. **Florence Griffith-Joyner („Flo Jo")** holte für die USA 3 Goldmedaillen und 1 Silbermedaille.

**Gefallener Held** Der Kanadier Ben Johnson lief 100 m in Weltrekordzeit. Er musste die Goldmedaille wegen Dopings wieder zurückgeben.

**Die meisten Medaillen**
Der Schwimmer **Matt Biondi** (USA) gewann 5 Gold-, 1 Silber- und 1 Bronzemedaille. Die deutsche Schwimmerin **Kristin Otto** holte mit 6 Goldmedaillen mehr als je eine Frau in Olympischen Spielen.

## 1992 Barcelona

9364 Athleten aus 169 Ländern. Die ehem. Sowjetrepubliken nahmen unter der Olympiaflagge als **„Vereinigte Mannschaft"** teil und führten im Medaillenspiegel. Ein Team des **vereinten Deutschland** trat an, **Südafrika** kehrte nach Ende der Apartheid zur Olympiade zurück.

**Denkwürdig**
Der Radfahrer Chris Boardman (GB) führte ein **Rad in umstrittenem Design** vor. Es war aus Kohlenstofffaser, Titan und Aluminium, der Rahmen aus einem Stück, die Räder Scheiben und damit aerodynamischer als die Räder der Konkurrenten.

**Die meisten Medaillen**
**Witali Schtscherbo** gewann im Turnen 6 Goldmedaillen für die „Vereinigte Mannschaft".

## 1996 Atlanta

10 744 Sportler aus 197 Ländern. Die Schwimmerin **Michelle Smith** (Irland) wurde mit dreimal Gold Irlands erste Medaillengewinnerin.

**Denkwürdig**
Im Centennial Olympic Park tötete eine **Bombe** einen Menschen.

**Die meisten Medaillen**
Der russische Turner **Alexei Nemow** holte zweimal Gold, einmal Silber und dreimal Bronze.

**Michael Johnson,** dem US-Amerikaner, gelang ein Doppelsieg in den Sprints über 200 m und 400 m. Dabei stellte er über 200 m einen neuen Weltrekord auf.

## 2000 Sydney

10 651 Teilnehmer aus 199 Ländern. **Triathlon** wurde olympisch, und im **Taekwondo,** 1988 und 1992 als Sport in Schaukämpfen vorgeführt, kämpfte man erstmals um Medaillen. Die Aborigines-Läuferin **Cathy Freeman** (Australien) faszinierte das heimische Publikum mit ihrem Sieg über 400 m.

**Denkwürdig**
Der britische Ruderer **Steve Redgrave** gewann als erster Athlet fünfmal in Folge olympisches Gold.

**Die meisten Medaillen**
**Alexei Nemow** führte die Tabelle an; wie 1996 gewann er 2 Gold-, 1 Silber- und 3 Bronzemedaillen.

## 2004 Athen

2004 kehren die Olympischen Spiele an den Ort ihrer Entstehung zurück. Es wird 296 Wettkämpfe in 28 Sportarten geben (1896 waren es nur 43 Wettkämpfe in neun Sportarten), und mehr als 11 000 Athleten aus 199 Ländern werden erwartet. Die Spiele werden vom **13. bis 29. August** u. a. im renovierten Panathinaikos-Stadion stattfinden – dem Ort der ersten Olympischen Spiele der Neuzeit.

# Kunstturnen

*Das Kunstturnen, vor allem bei den Frauen, erfordert Artistik, aber auch Kraft, Beweglichkeit, Koordination und Gleichgewichtssinn. Man turnte bereits im antiken Griechenland, aber die heutigen Techniken entwickelten sich erst im 19. Jh., vor allem in Deutschland und Schweden. Die Fédération Internationale de Gymnastique wurde 1891 gegründet, und der Sport war schon bei den ersten Olympischen Spielen der Neuzeit 1896 vertreten.*

## Punktvergabe

Bei Wettkämpfen werden der Einzelsportler und das Team beurteilt. Die Wettkämpfer führen eine Anzahl bestimmter Bewegungen aus, die je nach Schwierigkeit mit Noten von 1 bis 10 (für eine fehlerlose Darbietung) bewertet werden. Die Bewertung ist subjektiv. Bei Fehlern oder Auslassungen werden Punkte abgezogen, für außergewöhnliche Leistungen gibt es zusätzliche Punkte.

### LEGENDE

**Nadia Comaneci**
*(*1961) Rumänien (seit 1989 USA)*

Comaneci erreichte bei den Olympischen Spielen 1976 als erste Turnerin überhaupt die Idealnote 10. Sie gewann bei diesen Spielen sechs Medaillen und 1980 noch einmal vier.

## Olympische Spiele 2000

| Disziplin Männer | Goldmedaillengewinner | Land |
|---|---|---|
| Mehrkampf | Alexei Nemow | Russland |
| Bodenturnen | Igors Vihrovs | Lettland |
| Pferdsprung | Gervasio Deferr | Spanien |
| Barren | Xiaopeng Li | China |
| Reck | Alexei Nemow | Russland |
| Seitpferd | Marius Urzica | Rumänien |
| Ringe | Szilvester Csolany | Ungarn |
| Trampolin | Alexander Moskalenko | Russland |
| Mannschaftsturnen | | China |

| Disziplin Frauen | Goldmedaillengewinnerin | Land |
|---|---|---|
| Mehrkampf | Simona Amanar | Rumänien |
| Bodenturnen | Elena Zamolodschikowa | Russland |
| Pferdsprung | Elena Zamolodschikowa | Russland |
| Stufenbarren | Swetlana Chorkina | Russland |
| Schwebebalken | Xuan Liu | China |
| Trampolin | Irina Karawajewa | Russland |
| Mannschaftsturnen | | Rumänien |

**Rhythmische Sportgymnastik**

| Disziplin | Goldmedaillengewinnerin | Land |
|---|---|---|
| Mehrkampf | Julia Barsukowa | Russland |
| Mannschaftsturnen | | Russland |

### LEGENDE

**Witali Schtscherbo**
*(*1972) Weißrussland*

Er gewann bei den Olympischen Spielen 1992 in Barcelona 6 Goldmedaillen und wurde damit der erste Turner, der während nur eines olympischen Wettbewerbes so oft Gold holte.

### LEGENDE

**Nikolai Andrianow**
*(*1952) Russland*

Der Mann, der das Turnen der Herren in der Welt bekannt machte, gewann von 1972 bis 1980 15 olympische Medaillen, war dreimal Welt- und achtmal Europameister.

### Wettkampf

Turner tragen Wettkämpfe an verschiedenen Geräten aus. Medaillen gibt es für Übungen an den Einzelgeräten wie auch für die Gesamtleistung an allen Geräten. Wettkämpfe werden von Frauen und Männern teils an unterschiedlichen Geräten ausgetragen. Übungen am Boden führen alle aus.

**Ringe** Die Männer vollführen an zwei in 2,75 m Höhe herabhängenden Ringen verschiedene Vorwärts- und Rückwärtsschwünge.

**Sprungpferd** Dieses Gerät wird von Männern und Frauen benutzt. Die Turner springen von einem Sprungbrett ab und flanken der Länge nach über das Pferd, wobei sie dieses mit den Händen berühren. Sie dürfen verschiedene Sprünge ausführen, etwa ein Rad schlagen. Das Pferd hat bei den Männern eine Höhe von 1,35 m, bei den Frauen 1,25 m.

**Barren** Hier vollführen die Männer verschiedene Schwünge und Gleichgewichtsübungen. Die beiden Holme des Barrens befinden sich in 1,95 m Höhe.

**Seitpferd** Das Seit- oder Pauschenpferd gleicht dem Sprungpferd, hat aber zusätzlich zwei Griffe. Männer führen daran verschiedene Schwungübungen vor, ohne das Pferd mit den Beinen oder Füßen zu berühren.

**Reck** Die Reckstange befindet sich in 2,75 m Höhe. Männer vollführen daran eine Reihe vorgeschriebener Schwungübungen.

**Schwebebalken** Auf dem Holzbalken vollführen Turnerinnen eine Abfolge von Drehungen und Sprüngen. Der Balken ist 5 m lang, 10 cm breit und befindet sich in 1,2 m Höhe.

**Stufenbarren** Turnerinnen führen daran eine Reihe von Schwüngen über, unter und zwischen den beiden parallelen, elastischen Holmen vor; der obere Holm befindet sich in 2,30 m, der untere in 1,50 m Höhe.

**Rhythmische Sportgymnastik** Wird von Frauen zu Musik durchgeführt. Sie verwenden Handgeräte wie Seil, Band, Reifen, Ball und Keulen. Die Sportart wurde 1984 olympisch.

**Bodenturnen** Umfasst akrobatische Übungen, darunter Überschläge, Drehungen und Sprünge, auf einer Fläche von 12 m².

# Gewichtheben

*Das Gewichtheben in seiner heutigen Form entstammt dem späten 19. Jh. Die ersten Weltmeisterschaften wurden 1891 ausgetragen. Bei den ersten Olympischen Spielen der Neuzeit 1896 war das Gewichtheben bereits vertreten.*

**Wettkämpfe** Die Teilnehmer werden Gewichtsklassen zugeordnet. Sie haben drei Versuche, ein bestimmtes Gewicht zu stemmen. Nach jedem erfolgreichen Versuch wird mehr Gewicht aufgelegt. Bewertet wird die beste Leistung eines Sportlers. Bei Weltmeisterschaften gibt es verschiedene Titel und Medaillen im Reißen und Stoßen sowie für die Kombination. Bei Olympischen Spielen entscheidet das Gesamtergebnis aus beiden Techniken über die Medaillen.

### Ausrüstung

**Hantelstange** Eine 2,2 m lange, 22 kg schwere, stählerne Hantelstange ist das Kernstück der Ausrüstung. Scheibengewichte werden auf die Enden gesteckt und durch Schrauben gesichert.
**Scheiben** Die zumeist eisernen Scheiben wiegen zwischen 0,25 und 25 kg. Bei hochklassigen Wettkämpfen werden mit Gummi oder Kunststoff überzogene, je nach Gewicht farbig markierte Scheiben benutzt. Der Überzug verhindert Schäden am Boden oder den Scheiben, wenn das Gewicht fallen gelassen wird.
**Gürtel** Der Gewichtheber darf einen breiten Gürtel tragen, um den Rücken zu stützen und ihn vor Verletzungen zu schützen.

**Die beiden üblichen Hebetechniken**

**Das Stoßen** Der Wettkämpfer hebt die Hantel vom Boden an und lässt sie zunächst auf der Brust ruhen, bevor er sie mit gestreckten Armen über den Kopf hebt. Diese Technik gilt als die einfachere der beiden.

**Das Reißen** Der Gewichtheber stemmt dabei aus der Hocke heraus die Hantel in einer durchgehenden Bewegung über den Kopf.

### LEGENDE

**Wassili Aleksejew**
*(*1942) Russland*

Er war der beste Gewichtheber der 1970er-Jahre in der höchsten Gewichtsklasse. Aleksejew gewann zweimal die olympische Goldmedaille und stellte mehrere Weltrekorde auf.

# Kampfsport

*Der Begriff „Kampfsport“ bezeichnet verschiedene Kampftechniken aus dem Fernen Osten. Einige werden zur Selbstverteidigung, andere als reine Wettkampfsportarten betrieben. Zwei von ihnen – Judo und Taekwondo – sind heute olympisch.*

**LEGENDE**

**Bruce Lee**
*(1940–73) USA*
Durch seine Filmrollen machte Bruce Lee die Kampfsportarten in der westlichen Welt so populär wie kein anderer. Er entwickelte aus seinem eigenen Kung-Fu-Stil letztlich eine neue Schule, die er Jeet Kune Do („Weg der abfangenden Faust“) nannte.

**Karate** Entstand in Japan als Form der Selbstverteidigung ohne Waffen. Beim heutigen Karate versuchen zwei Sportler, mit Tritten und Schlägen die Angriffe des Gegners abzuwehren. Jeder der beiden bemüht sich, durch Treffer an bestimmten Körperbereichen des anderen Punkte zu erzielen; eine gehobene Technik wird dabei höher bewertet als bloßer Körperkontakt. Das Können der Kämpfer wird durch ihre Gürtelfarbe angezeigt; die höchste Stufe entspricht dem schwarzen Gürtel.

**Kendo** Die traditionelle japanische Form des Fechtens verwendet einen Stock („Shinai“) aus Bambusstäben, die mit gewachster Schnur zusammengebunden sind. Der Stock darf nicht länger als 118 cm sein. Die Kämpfer („Kendoka“) sind durch ihre Ausrüstung gut geschützt und dürfen nur bestimmte Hiebe und Stöße ausführen, um zu punkten.

**Aikido** Im 20. Jh. in Japan entwickelt, war Aikido ursprünglich Selbstverteidigung und keine Wettkampfsportart. Es gilt als sanfteste der Kampfsportarten. Angriffe des Gegners werden durch Würfe und Festhalten abgewehrt, die auf Drehbewegungen basieren. So wird der Schwung des Angreifers gegen ihn selbst gerichtet.

**Taekwondo** Wie beim Karate wird auch beim koreanischen Taekwondo mit Schlägen und Tritten gekämpft. Die Sportart wurde 2000 in Sydney erstmals olympisch; für Männer und Frauen wurden in jeweils vier Gewichtsklassen Medaillen vergeben. Die Wettkämpfe gehen über drei Runden; für jeden regelgemäßen Treffer wird 1 Punkt gegeben und für jeden Regelverstoß 1 Punkt abgezogen. Geht ein Kämpfer zu Boden – ein K. o. ist letztlich das Ziel des Kampfes –, wird er vom Schiedsrichter über 10 Sekunden angezählt.

**Judo** Aus dem alten japanischen Kampfsport Jiu-Jitsu entwickelte sich diese Form des Ringens, bei der Kraft und Gewicht des Gegners gegen diesen gelenkt werden, um ihn zu werfen oder ihn eine bestimmte Zeit lang festzuhalten. Gute Technik wird mit Punkten belohnt. Die Wettkämpfe dauern bei Männern 5, bei Frauen 4 Minuten und werden in je sieben Gewichtsklassen ausgetragen. Die Gegner („Judoka“) tragen weite Jacken und Hosen und Gürtel. Wie bei Karate gibt die Gürtelfarbe Auskunft über den Rang oder das Können des Sportlers.

**Kung-Fu** Bei dieser chinesischen Sportart findet man unterschiedlichste akrobatische Bewegungen, Schläge und Griffe. Kung-Fu lässt sich in „weiche“ und „harte“ Stile einteilen. Bei den „weichen“ Formen werden Energie und Schwung des Gegners so umgelenkt, dass dieser aus dem Gleichgewicht gerät oder in Schlagweite kommt. Bei den „harten“ Formen steht der direkte Angriff im Vordergrund; Schläge und andere Bewegungen sind hier kraftvoller.

**LEGENDE**

**David Douillet**
*(*1969) Frankreich*
Der Schwergewichtsmeister im Judo und zog sich 1997nach seinem vierten Weltmeistertitel aus dem aktiven Sport zurück. Bei den Olympischen Spielen 2000 in Sydney gelang ihm mit seiner zweiten Goldmedaille in Folge ein triumphales Comeback.

## Judogürtel

Die Gürtelfarbe eines Judoka gibt Aufschluss über sein Können: Auf Weiß (Anfänger) folgen Gelb, Orange, Grün, Blau, Braun und Schwarz. Der schwarze Gürtel wird in „Dan“-Grade unterteilt: Beim ersten bis fünften Dan ist der Gürtel schwarz, beim sechsten bis neunten Dan rot-weiß und beim zehnten Dan rot.

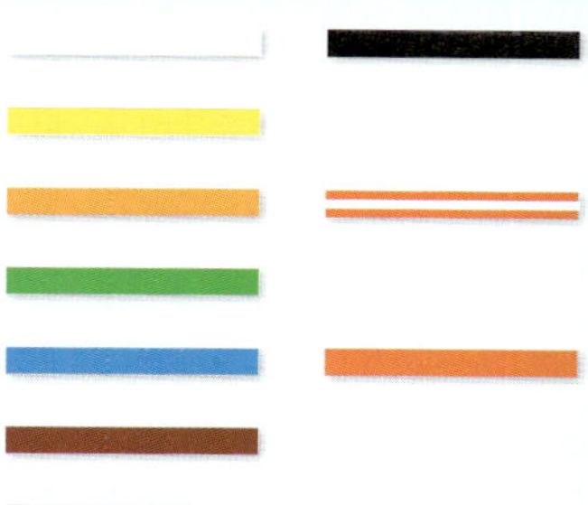

# Boxen

*Im 18. und 19. Jh. fanden Kämpfe mit nackten Fäusten viele Zuschauer. Der Faustkampf wurde 1867 verändert, als der Marquis von Queensberry die strengen Regeln aufstellte, die noch heute für das Boxen gelten. Die Kämpfer tragen gepolsterte Handschuhe, Mundschutz und (bei Amateurkämpfen) Kopfschutz. Eine Runde darf nicht länger als 3 Minuten dauern. Einige Amateurwettkämpfe gehen nur über drei Runden; Profis kämpfen über bis zu zwölf Runden.*

## LEGENDE

**Rocky Marciano**
*(1923–69) USA*

1952 errang er den Weltmeistertitel und hielt ihn bis zu seinem Rückzug aus dem aktiven Sport 1956 im Alter von 32 Jahren. Er erzielte die Rekordzahl von 49 Siegen bei 49 Profikämpfen, davon 43 durch k.o.

## Sieg nach Punkten

Jeder Boxer kann von den Punktrichtern nach jeder Runde für legitim erzielte Treffer bis zu 10 Punkte erhalten. Um Punkte zu erzielen, muss ein Kämpfer mit der Knöchelpartie seines Handschuhs den Gegner am Oberkörper oder von vorn oder seitlich am Kopf treffen. Endet ein Kampf nicht durch K. o., Aufgabe oder Abbruch durch den Ringrichter, wird der Boxer mit den meisten Punkten am Ende des Kampfes zum Sieger erklärt.

## Weltmeister im Schwergewicht

Bis 1978 gab es nur einen Weltmeistertitel. Dann wurden Titel von der International Boxing Federation, der World Boxing Association und dem World Boxing Council vergeben.

| Jahr | Weltmeister |
|---|---|
| 1882–92 | John L. Sullivan |
| 1892–7 | James J. Corbett |
| 1897–9 | Robert Fitzsimmons |
| 1899–1905 | James J. Jeffries |
| 1905–6 | Marvin Hart |
| 1906–8 | Tommy Burns |
| 1908–15 | Jack Johnson |
| 1915–19 | Jess Willard |
| 1919–26 | Jack Dempsey |
| 1926–8 | Gene Tunney |
| 1928–30 | kein Titelträger |
| 1930–2 | Max Schmeling |
| 1932–3 | Jack Sharkey |
| 1933–4 | Primo Carnera |
| 1934–5 | Max Baer |
| 1935–7 | James J. Braddock |
| 1937–49 | Joe Louis |
| 1949–51 | Ezzard Charles |
| 1951–2 | „Jersey“ Joe Walcott |
| 1952–6 | Rocky Marciano |
| 1956–9 | Floyd Patterson |
| 1959–60 | Ingemar Johansson |
| 1960–2 | Floyd Patterson |
| 1962–4 | Sonny Liston |
| 1964–7 | Cassius Clay (Muhammad Ali) |
| 1970–3 | Joe Frazier |
| 1973–7 | George Foreman |
| 1974–8 | Muhammad Ali |
| 1978–9 | Muhammad Ali (WBA) |
| 1978 | Leon Spinks (WBA, WBC) |
| | Ken Norton (WBC) |
| 1978–83 | Larry Holmes (WBC) |
| 1979–80 | John Tate (WBA) |
| 1980–2 | Mike Weaver (WBA) |
| 1982–3 | Michael Dokes (WBA) |
| 1983–4 | Gerrie Coetzee (WBA) |
| 1983–5 | Larry Holmes (IBF) |
| 1984 | Tim Witherspoon (WBA) |
| 1984–5 | Greg Page (WBA) |
| 1984–6 | Pinklon Thomas (WBC) |
| 1985–6 | Tony Tubbs (WBA) |
| 1985–7 | Michael Spinks (IBF) |
| 1986 | Tim Witherspoon (WBA) |
| | Trevor Berbick (WBC) |
| 1986–7 | Mike Tyson (WBC) |
| | James Smith (WBA) |
| 1987 | Tony Tucker (IBF) |
| 1987–90 | Mike Tyson |
| 1990 | „Buster“ Douglas |
| 1990–2 | Evander Holyfield |
| 1992–3 | Riddick Bowe (IBF, WBA, WBC) |
| 1992–4 | Lennox Lewis (WBC) |
| 1993–4 | Evander Holyfield (IBF, WBA) |
| 1994 | Michael Moorer (IBF, WBA) |
| 1994–5 | Oliver McGall (WBC) |
| | George Foreman (IBF, WBA) |
| 1995 | Frans Botha (IBF) |
| 1995–6 | Bruce Seldon (WBA) |
| | Frank Bruno (WBC) |
| 1996 | Mike Tyson (WBA, WBC) |
| 1996–7 | Michael Moorer (IBF) |
| 1996–9 | Evander Holyfield (IBF, WBA) |
| 1997 | Lennox Lewis (WBC) |
| 1999–2001 | Lennox Lewis (IBF, WBA) |
| 2000–1 | Evander Holyfield (WBA) |
| 2001 | John Ruiz (WBA) |
| 2001–2 | Hasim Rahman (IBF, WBC) |
| 2003 | Lennox Lewis (WBC) |
| | Roy Jones jr. (WBA) |
| | Chris Byrd (IBF) |

## LEGENDE

**Muhammad Ali**
*(*1942) USA*

Seinen Ruhm begründete er mit dem Olympiasieg im Halbschwergewicht 1960. Er wurde danach Profiboxer und holte sich 1964 den Weltmeistertitel im Schwergewicht. Der extrovertierte und extravagante Ali verlor später den Schwergewichtstitel, konnte ihn aber zweimal zurückerobern.

## Gewichtsklassen

Boxer werden Gewichtsklassen zugeordnet und dürfen nicht in leichteren Klassen kämpfen als ihrer eigenen. Hier die Bezeichnungen:

| | |
|---|---|
| Schwergewicht | Über 88 kg |
| Mittelschwergewicht | Bis zu 88 kg |
| Halbschwergewicht | Bis zu 79,4 kg |
| Supermittelgewicht | Bis zu 76,2 kg |
| Mittelgewicht | Bis zu 72,6 kg |
| Superweltergewicht (Halbmittelgewicht) | Bis zu 69,9 kg |
| Weltergewicht | Bis zu 66,7 kg |
| Superleichtgewicht (Halbweltergewicht) | Bis zu 63,5 kg |
| Leichtgewicht | Bis zu 61,2 kg |
| Superfedergewicht (Juniorleichtgewicht) | Bis zu 59 kg |
| Federgewicht | Bis zu 57,2 kg |
| Superbantamgewicht (Juniorfedergewicht) | Bis zu 55,3 kg |
| Bantamgewicht | Bis zu 53,5 kg |
| Superfliegengewicht (Juniorbantamgewicht) | Bis zu 52,2 kg |
| Fliegengewicht | Bis zu 51 kg |
| Leichtgewicht (Juniorfliegengewicht) | Bis zu 49 kg |
| Strohgewicht | Unter 47,6 kg |

## LEGENDE

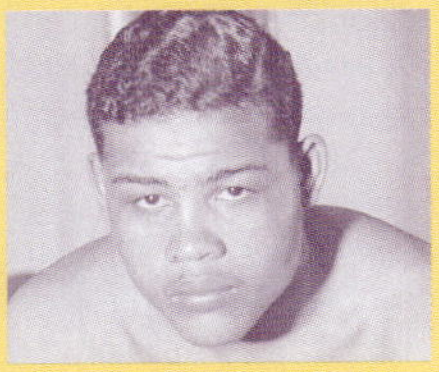

**Joe Louis**
*(1914–81) USA*

Der „Braune Bomber“ war von 1937 bis 1949 Weltmeister im Schwergewicht. In den langen Jahren als Weltmeister verteidigte er den Titel 25-mal, davon 21-mal durch K. o. Er landete später ein Comeback, wurde aber 1951 bei seinem letzten wichtigen Kampf von dem späteren Weltmeister Rocky Marciano geschlagen.

# Automobilsport

*Die Formel 1 ist die bekannteste Veranstaltung des Automobilsports. Stockcar-Rennen, Rallyes und (in den USA) Indycar-Rennen finden ebenfalls viele Zuschauer. Bei allen Arten von Rennen müssen die Fahrzeuge bestimmte Kriterien erfüllen, um zum Wettkampf zugelassen zu werden.*

**Internationale Formel 1** Rennwagen der Formel 1 sind leichte Einsitzer, deren Karosserie aus einem Stück gefertigt ist und aus stark belastbaren Materialien wie Kohlenstofffaser besteht. Spoiler tragen zur Stabilität bei. Für jede Kategorie der Grand-Prix-Autorennen gibt es Regeln („Formeln"), die das Aussehen und die Konstruktion festschreiben. Für die Zulassung zur Formel 1 muss ein Wagen folgende Anforderungen an Technik und Sicherheit erfüllen:

- Er darf nicht weniger als 600 kg wiegen und nicht breiter sein als 1,8 m (der Länge sind keine Grenzen gesetzt).
- Er muss über einen Viertaktmotor mit zehn Zylindern verfügen, von denen jeder höchstens fünf Ventile haben darf.
- Der Hubraum des Motors darf nicht 3 l überschreiten.
- Der Motor darf kein Turbolader sein.
- Die Karosserie darf keinen Teil der Räder verdecken.
- Der Tank muss aus einer einzigen Gummiblase bestehen.
- Überrollbügel, Frontal- und Seitenaufprallschutz müssen die vorgeschriebenen Belastungs- und Aufpralltests bestanden haben.
- Der Wagen muss über zwei Rückspiegel und – für Rennen bei schlechter Sicht – ein Rücklicht verfügen.
- Im Wagen muss sich ein Unfallschreiber befinden.

## Grand-Prix-Rennstrecken

In der Formel 1 wird seit 1950 jedes Jahr ein Weltmeistertitel vergeben. Der Gewinner wird durch Punkte ermittelt, die er für Leistungen bei verschiedenen Grand-Prix-Rennen über Strecken von 240 bis 320 km Länge erhält. Diese werden von März bis Oktober auf Rennstrecken in aller Welt ausgetragen.

Pro Rennsaison können höchstens 17 und müssen mindestens acht Läufe stattfinden. In der Saison 2002 wurde um den Großen Preis folgender Länder gekämpft:

**Australien** (Melbourne)
**Malaysia** (Sepang)
**Brasilien** (Interlagos)
**San Marino** (Imola)
**Spanien** (Barcelona)
**Österreich** (Spielberg)
**Monaco** (Monte Carlo)
**Kanada** (Montreal)
**Europa** (Nürburgring)
**Frankreich** (Magny Cours)
**Großbritannien** (Silverstone)
**Deutschland** (Hockenheim)
**Ungarn** (Hungaroring)
**Belgien** (Spa Francorchamps)
**Italien** (Monza)
**USA** (Indianapolis)
**Japan** (Suzuka)

**Rennteams** Neben dem Rennfahrer stehen für jeden Wagen in der Formel 1 mindestens 20 Mechaniker in den Boxen neben der Rennstrecke bereit. Sie sorgen dafür, dass Fahrer und Wagen optimale Leistung bringen können. Sie bereiten den Wagen für das Rennen vor und warten und betanken ihn während des Rennens schnell. Ein eingespieltes Boxenteam kann in 5–10 Sekunden nachtanken und alle Reifen wechseln.

### LEGENDE

**Juan Manuel Fangio**
*(1911–95) Argentinien*

Der unter dem Beinamen „Maestro" bekannte Fangio begann seine Karriere als Mechaniker bei Autorennen, bevor er selbst Rennfahrer wurde. Zwischen 1951 und 1957 holte er die Rekordzahl von fünf Weltmeistertiteln, davon von 1954 bis 1957 viermal hintereinander.

## Formel-1-Weltmeister

| Jahr | Weltmeister | Land |
|---|---|---|
| 1950 | Giuseppe Farina | Italien |
| 1951 | Juan Fangio | Argentinien |
| 1952 | Alberto Ascari | Italien |
| 1953 | Alberto Ascari | Italien |
| 1954 | Juan Fangio | Argentinien |
| 1955 | Juan Fangio | Argentinien |
| 1956 | Juan Fangio | Argentinien |
| 1957 | Juan Fangio | Argentinien |
| 1958 | Mike Hawthorn | Großbritannien |
| 1959 | Jack Brabham | Australien |
| 1960 | Jack Brabham | Australien |
| 1961 | Phil Hill | USA |
| 1962 | Graham Hill | Großbritannien |
| 1963 | Jim Clark | Großbritannien |
| 1964 | John Surtees | Großbritannien |
| 1965 | Jim Clark | Großbritannien |
| 1966 | Jack Brabham | Australien |
| 1967 | Denis Hulme | Neuseeland |
| 1968 | Graham Hill | Großbritannien |
| 1969 | Jackie Stewart | Großbritannien |
| 1970 | Jochen Rindt | Österreich |
| 1971 | Jackie Stewart | Großbritannien |
| 1972 | Emerson Fittipaldi | Brasilien |
| 1973 | Jackie Stewart | Großbritannien |
| 1974 | Emerson Fittipaldi | Brasilien |
| 1975 | Niki Lauda | Österreich |
| 1976 | James Hunt | Großbritannien |
| 1977 | Niki Lauda | Österreich |
| 1978 | Mario Andretti | USA |
| 1979 | Jody Scheckter | Südafrika |
| 1980 | Alan Jones | Österreich |
| 1981 | Nelson Piquet | Brasilien |
| 1982 | Keke Rosberg | Finnland |
| 1983 | Nelson Piquet | Brasilien |
| 1984 | Niki Lauda | Österreich |
| 1985 | Alain Prost | Frankreich |
| 1986 | Alain Prost | Frankreich |
| 1987 | Nelson Piquet | Brasilien |
| 1988 | Ayrton Senna | Brasilien |
| 1989 | Alain Prost | Frankreich |
| 1990 | Ayrton Senna | Brasilien |
| 1991 | Ayrton Senna | Brasilien |
| 1992 | Nigel Mansell | Großbritannien |
| 1993 | Alain Prost | Frankreich |
| 1994 | Mich. Schumacher | Deutschland |
| 1995 | Mich. Schumacher | Deutschland |
| 1996 | Damon Hill | Großbritannien |
| 1997 | Jacques Villeneuve | Kanada |
| 1998 | Mika Häkkinen | Finnland |
| 1999 | Mika Häkkinen | Finnland |
| 2000 | Mich. Schumacher | Deutschland |
| 2001 | Mich. Schumacher | Deutschland |
| 2002 | Mich. Schumacher | Deutschland |

## REIFEN

Die bei der Formel 1 benutzten Reifen sind für Nässe oder Trockenheit ausgelegt. Reifen für Nässe haben Rillen, über die das Wasser ablaufen kann, sodass der Wagen nicht ins Schleudern gerät. Reifen für trockene Fahrbahn („Slicks") werden durch Erwärmung klebrig. Slicks hatten bis 1998 kein Profil. Nach heutiger Sicherheitsvorschrift müssen sie Längsrillen aufweisen. Formel-1-Reifen nutzen sich schnell ab und werden pro Rennen mindestens einmal ausgetauscht.

**Grand-Prix-Rennautos**
In 75 Jahren haben sich die Motoren und die äußere Form der Rennwagen stark verändert.

**Bugatti Typ 35** 1924 entwickelt, war er eines der ersten einsitzigen Rennautos überhaupt. Mit seinem Hubraum von 1991 $cm^3$ und dem 135 PS starken Motor beherrschte er die Grand-Prix-Rennen von 1927 bis 1931.

**Alpha Romeo 158** 1950 stürmte der bereits 13 Jahre alte Wagen bei der ersten Formel-1-Meisterschaft zum Sieg. Sein Motor war mit einem Hubraum von 1500 $cm^3$ kleiner als der des Bugatti, aber mit 350 PS kraftvoller.

**Vanwall** Der 1957 vorgestellte Wagen konnte durch seine stromlinienförmige Tropfenform Rennwagen mit größerer Motorleistung schlagen. Ein Trend zu aerodynamischeren Formen war geboren.

**Pit stop** Jeff Gordon hält zum Reifenwechseln in Sonoma, Kalifornien. Wie bei der Formel 1 schließt der Stockcar-Reifenwechsel das komplette Rad ein.

## Indycar-Rennen

Indycars sind in den USA die führende Einsitzer-Rennklasse. Die Rennwagen ähneln denen der Formel 1, haben aber bis zu 5000 cm³ Hubraum. Die Rennen gehen über Strecken zwischen 125 bis 500 Meilen (201–805 km) und finden auf Straßenrundkursen oder überhöhten ovalen Rennstrecken statt. Praktisch alle Indycar-Rennen werden von den Championship Auto Racing Teams, Inc. (CART) organisiert; nur das Indianapolis-500-Rennen findet unter Schirmherrschaft des United States Auto Club statt.

Das Indianapolis 500 ist das wichtigste Rennen in den USA und war bis 1960 Bestandteil der Fahrerweltmeisterschaften. Es findet auf dem Rennkurs von Indianapolis statt und ist den Zuschauerzahlen nach das größte eintägige Sportereignis der Welt. Der erste Fahrer, der 200 Runden (500 Meilen) zurückgelegt hat, gewinnt.

## Stockcar-Rennen

Stockcars sind bis zu 1,7 t schwere, einsitzige Limousinen. Sie sehen aus wie Serienwagen, sind aber umgebaut, sodass sie mehr Kraft und Geschwindigkeit entfalten können. Die meisten wichtigen Stockcar-Rennen finden auf ovalen, befestigten Rennstrecken statt. Die bedeutendsten Stockcar-Rennen in den USA sind die Winston Cup Series (1949 erstmals ausgetragen), die Busch Series und die ASA Series. Organisiert wird der Sport von der National Association for Stock Car Auto Racing (NASCAR).

## Rallyefahren

Rallyes werden über mehrere Etappen auf Zeit gefahren, auf Straßen sowie auf privaten oder Rennstrecken. Sie gehen meist über 3 Tage. Jeden Wagen fährt ein Team aus Fahrer und Navigator. Das berühmteste Langstreckenrennen ist die Rallye Monte Carlo, die 1911 zum ersten Mal stattfand. Andere bedeutende Rallyes sind die Paris–Dakar-Rallye, die Akropolis-Rallye, die Safari-Rallye und die Zypern-Rallye.

**Überflieger** Der norwegische Meister Petter Solberg hebt bei der Kenia-Rallye 2001 mit seinem Ford Focus ab. Viele Rallyes werden heute mit stark umgebauten Serienwagen ausgetragen. Dieser Sport stellt die Belastbarkeit und Geschwindigkeit eines Autos erheblich auf die Probe.

### LEGENDE

**Michael Schumacher**
*(*1969) Deutschland*

Er war fünfmal Formel-1-Weltmeister, 1994, 1995, 2000, 2001 und 2002 und schloss damit zum legendären Rekord von Juan Manuel Fangio auf. Schumacher stellte mit seinen Siegen alle entscheidenden Rekorde des Sports ein und ist der bisher erfolgreichste Rennfahrer.

## Indianapolis 500 und NASCAR Winston Cup

Das Indianapolis-500-Rennen wird alljährlich Ende Mai am amerikanischen Volkstrauertag ausgetragen, erstmals 1911.

| Jahr | Sieger | Jahr | Sieger |
|---|---|---|---|
| 1970 | Al Unser | 1987 | Al Unser |
| 1971 | Al Unser | 1988 | Rick Mears |
| 1972 | Mark Donohue | 1989 | Emerson Fittipaldi |
| 1973 | Gordon Johncock | 1990 | Arie Luyendyk |
| 1974 | Johnny Rutherford | 1991 | Rick Mears |
| 1975 | Bobby Unser | 1992 | Al Unser jr. |
| 1976 | Johnny Rutherford | 1993 | Emerson Fittipaldi |
| 1977 | A. J. Foyt | 1994 | Al Unser jr. |
| 1978 | Al Unser | 1995 | Jacques Villeneuve |
| 1979 | Rick Mears | 1996 | Buddy Lazier |
| 1980 | Johnny Rutherford | 1997 | Arie Luyendyk |
| 1981 | Bobby Unser | 1998 | Eddy Cheever |
| 1982 | Gordon Johncock | 1999 | Kenny Brack |
| 1983 | Tom Sneva | 2000 | Juan Montoya |
| 1984 | Rick Mears | 2001 | Helio Castroneves |
| 1985 | Danny Sullivan | 2002 | Helio Castroneves |
| 1986 | Bobby Rahal | 2003 | Alex Barron |

Der NASCAR Winston Cup wird seit 1949 vergeben. Bis 1970 hieß er Grand National Series.

| Jahr | Sieger | Jahr | Sieger |
|---|---|---|---|
| 1970 | Bobby Isaac | 1987 | Dale Earnhardt |
| 1971 | Richard Petty | 1988 | Bill Elliott |
| 1972 | Richard Petty | 1989 | Rusty Wallace |
| 1973 | Benny Parsons | 1990 | Dale Earnhardt |
| 1974 | Richard Petty | 1991 | Dale Earnhardt |
| 1975 | Richard Petty | 1992 | Alan Kulwicki |
| 1976 | Cale Yarborough | 1993 | Dale Earnhardt |
| 1977 | Cale Yarborough | 1994 | Dale Earnhardt |
| 1978 | Cale Yarborough | 1995 | Jeff Gordon |
| 1979 | Richard Petty | 1996 | Terry Labonte |
| 1980 | Dale Earnhardt | 1997 | Jeff Gordon |
| 1981 | Darrell Waltrip | 1998 | Jeff Gordon |
| 1982 | Darrell Waltrip | 1999 | Dale Jarrett |
| 1983 | Bobby Allison | 2000 | Bobby Labonte |
| 1984 | Terry Labonte | 2001 | Jeff Gordon |
| 1985 | Darrell Waltrip | 2002 | Sterling Martin |
| 1986 | Dale Earnhardt | | |

**Lotus-Ford 72** Ende der 50er-Jahre platzierten die Formel-1-Konstrukteure den Motor immer häufiger im Heck. So konnte der Fahrer in die immer mehr stromlinienförmigen Konturen des Autos abtauchen. Um 1970, als der Lotus-Ford 72 vorgestellt wurde, lagen die Fahrer praktisch flach, was den Luftwiderstand auf ein Minimum reduzierte.

**Tyrell-Ford P34** Als dieses Auto 1976 vorgestellt wurde, waren Front- und Heckspoiler („Flügel") in der Formel 1 bereits Standard. Spoiler verbesserten Stabilität und Straßenlage, sodass Kurven schneller genommen werden konnten. Die vier Vorderräder des P34 mit einem Durchmesser von je etwa 25 cm sollten die Kurvenlage weiter verbessern, belasteten aber die Reifen zu stark. Nach 2 Jahren stellte man diese Bauart ein.

**Ferrari F1-2000** Formel-1-Rennwagen sind heute stromlinienförmiger, schneller und leichter als je zuvor. Der Ferrari F1-2000 wiegt nur 600 kg, aber sein 2997-cm³-Motor kann 770 PS entwickeln und den Wagen in 3,7 Sekunden von 0 auf 160 km/h beschleunigen.

# Motorradrennen

*Das erste dokumentierte Motorradrennen fand 1896 auf der Strecke Paris–Nantes (und zurück) statt. 1897 wurde das erste Wettrennen auf einer speziell dafür errichteten Strecke im englischen Surrey ausgetragen. Heute gibt es verschiedene Arten von Rennen, und die Maschinen sind für ganz unterschiedliche Rennbedingungen konstruiert.*

Es gibt fünf Hauptkategorien von Motorradrennen:

- **Rundstreckenrennen** Motorräder, die fast nur auf Schnelligkeit konstruiert sind, befahren spezielle asphaltierte Rundkurse.
- **Straßenrennen** Finden auf offenen Straßen mit denselben Motorradtypen statt wie Rundstreckenrennen.
- **Motocrossrennen** Querfeldeinrennen im Gelände. Die Motorräder haben verlängerte Frontgabeln und verstärkte Federung, die Reifen hohes Profil.
- **Trials** Auch Trials werden in natürlichem Gelände gefahren, allerdings zusätzlich mit künstlichen Hindernissen. Die Motorradtypen sind dieselben wie beim Motocross.
- **Speedwayrennen** Finden auf ebenen, ovalen Aschenbahnen über kurze Distanzen statt. Speedway-Motorräder haben lange Frontgabeln und Reifen mit hohem Profil, sind aber kaum gefedert.

## WM der 500-$cm^3$-Klasse

Die Fédération Internationale Motocycliste (FIM) lässt seit 1949 Weltmeisterschaften auf Rundstrecken austragen. Die Titel werden in der 125-$cm^3$- und 250-$cm^3$-Klasse, im Seitenwagenrennen und in der 500-$cm^3$-Klasse (990 $cm^3$ ab 2003) vergeben.

| Jahr(e) | Gewinner 500 $cm^3$ | Hersteller |
|---|---|---|
| 1975 | Giacomo Agostini | Yamaha |
| 1976/7 | Barry Sheene | Suzuki |
| 1978–80 | Kenny Roberts | Yamaha |
| 1981 | Marco Lucchinelli | Suzuki |
| 1982 | Franco Uncini | Suzuki |
| 1983 | Freddie Spencer | Honda |
| 1984 | Eddie Lawson | Yamaha |
| 1985 | Freddie Spencer | Honda |
| 1986 | Eddie Lawson | Yamaha |
| 1987 | Wayne Gardner | Honda |
| 1988/9 | Eddie Lawson | Yamaha |
| 1990–2 | Wayne Rainey | Yamaha |
| 1993 | Kevin Shwantz | Suzuki |
| 1994–8 | Michel Doohan | Honda |
| 1999 | Alex Criville | Honda |
| 2000 | Kenny Roberts jr. | Suzuki |
| 2001/2 | Valentino Rossi | Honda |

**Giacomo Agostini**
*(*1943) Italien*
Von 1965 bis zu seinem Rückzug aus dem aktiven Sport 1977 gewann Agostini 15 Weltmeistertitel und 122 Grand-Prix-Rennen in der 350- und 500-$cm^3$-Klasse; damit stellte er einen unerreichten Rekord auf.

**Hohe Geschwindigkeit** Motorradrennfahrer tragen zum Schutz Lederanzüge mit besonderen Protektoren an Knien und Ellbogen.

# Radrennen

*Bald nach seiner Erfindung nutzte man das Fahrrad auch für Wettrennen. Das erste organisierte Radrennen fand 1868 im Pariser Parc St. Cloud statt. Diese Sportart ist seit den ersten Olympischen Spielen der Neuzeit bereits olympisch.*

Radrennen werden auf Straßen oder in speziellen Stadien, den so genannten Velodromen, ausgetragen. Bei den Straßenrennen unterscheidet man Zeitrennen, Massenstarts, Kriterien (über relativ kurze, geschlossene Strecken) und Etappenrennen. Querfeldeinrennen (Cyclocross-Rennen) gehen über nicht präparierte Strecken und zwingen die Fahrer oft zum Absteigen und Tragen des Rads über bestimmte Abschnitte.

**Vorneweg** Eddy Merckx führt die Tour de France an, das Sportereignis mit den weltweit meisten Zuschauern – jedes Jahr etwa 10 Millionen.

**Eddy Merckx**
*(*1945) Belgien*
Merckx gewann die Tour de France zwischen 1969 und 1974 fünfmal, ebenso wie den Giro d'Italia (1968, 1970 und 1972–4), ein anderes klassisches Radrennen. Damit stellte er einen doppelten Rekord auf.

## Tour de France

Die Tour de France findet alljährlich im Juli statt (erstm. 1903). Sie umfasst Zeit- und Langstreckenfahrten. Die 4800 km lange Strecke geht über 21 Etappen und nimmt jedes Jahr einen anderen Verlauf, auch durch Nachbarländer. Sie endet immer in Paris. Der Führende im Gesamtklassement trägt das begehrte gelbe Trikot.

| Jahr(e) | Gewinner | Land |
|---|---|---|
| 1950 | F. Kübler | Schweiz |
| 1951 | Hugo Koblet | Schweiz |
| 1952 | Fausto Coppi | Italien |
| 1953–5 | Louison Bobet | Frankreich |
| 1956 | Roger Walkowiak | Frankreich |
| 1957 | Jacques Anquetil | Frankreich |
| 1958 | Charly Gaul | Luxemburg |
| 1959 | F. Bahamontès | Spanien |
| 1960 | Gastone Nencini | Italien |
| 1961–4 | Jacques Anquetil | Frankreich |
| 1965 | Felice Gimondi | Italien |
| 1966 | Lucien Aimar | Frankreich |
| 1967 | Roger Pingeon | Frankreich |
| 1968 | Jan Janssen | Niederlande |
| 1969–72 | Eddy Merckx | Belgien |
| 1973 | Hugo Koblet | Schweiz |
| 1974 | Eddy Merckx | Belgien |
| 1975 | Bernard Thévenet | Frankreich |
| 1976 | Lucien van Impe | Belgien |
| 1977 | Bernard Thévenet | Frankreich |
| 1978/9 | Bernard Hinault | Frankreich |
| 1980 | Joop Zoetemelk | Niederlande |
| 1981/2 | Bernard Hinault | Frankreich |
| 1983/4 | Laurent Fignon | Frankreich |
| 1985 | Bernard Hinault | Frankreich |
| 1986 | Greg LeMond | USA |
| 1987 | Stephen Roche | Irland |
| 1988 | Pedro Delgado | Spanien |
| 1989/90 | Greg LeMond | USA |
| 1991–5 | Miguel Induráin | Spanien |
| 1996 | Bjarne Riis | Dänemark |
| 1997 | Jan Ullrich | Deutschld. |
| 1998 | Marco Pantani | Italien |
| 1999–2003 | Lance Armstrong | USA |

**Radrennbahn** Das Velodrom ist eine überhöhte ovale Bahn, meist aus Holz, für Geschwindigkeitsrennen. Bei Sprintwettkämpfen können die Fahrer bis zu 60 km/h erreichen. Die dabei benutzten Fahrräder haben nur einen Gang und keine Bremsen.

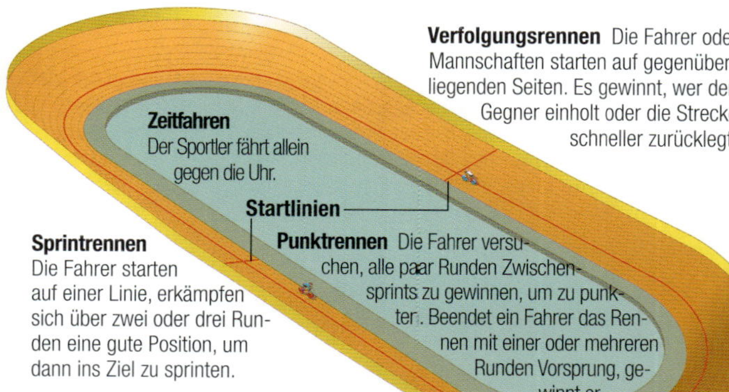


**Verfolgungsrennen** Die Fahrer oder Mannschaften starten auf gegenüberliegenden Seiten. Es gewinnt, wer den Gegner einholt oder die Strecke schneller zurücklegt.

**Sprintrennen** Die Fahrer starten auf einer Linie, erkämpfen sich über zwei oder drei Runden eine gute Position, um dann ins Ziel zu sprinten.

# Segeln



*Der Segelsport nahm seinen Ursprung im 16. Jh. in den Niederlanden. Der erste Yachtclub entstand 1720 im irischen Cork. Heute gibt es zwei anerkannte Formen von Segelrennen: Regatten (die übliche Form), bei denen alle im Wettkampf befindlichen Boote gleichzeitig gegeneinander segeln, und Wettsegeln, eher taktische Rennen, bei denen zwei Boote direkt um die Wette fahren.*

Segelrennen verlaufen über Strecken von wenigen Meilen bis hin zu ganzen Weltumrundungen. Länge und Verlauf der Rennstrecken bestimmt der jeweilige Rennausschuss. Anders als im Windsurfen gibt es zwei hauptsächliche Bootstypen bei Segelwettkämpfen:

- **Renndinghi** Kleines Boot mit einem oder zwei Mann Besatzung. Da es nicht stabil im Wasser liegt, muss die Besatzung das Boot aufrecht halten. Abgesehen vom Kielschwert, das zu starke Seitenlage verhindern soll, kann die Mannschaft nur durch Verlagerung ihres Gewichts dafür sorgen, dass der Wind das Boot nicht zum Kentern bringt.
- **Kielboot** Starke, hochseetaugliche Yacht mit bis zu zwölf Mann Besatzung, die Rennen über Tausende von Meilen bestreiten kann. Im Kiel befindet sich schwerer Ballast, sodass das Boot stabiler im Wasser liegt als ein Renndinghi.

## Gewinner des America's Cup

| Jahr | Gewinneryacht | Land |
|---|---|---|
| 1851 | *America* | USA |
| 1870 | *Magic* | USA |
| 1871 | *Columbia & Sappho* | USA |
| 1876 | *Madeline* | USA |
| 1881 | *Mischief* | USA |
| 1885 | *Puritan* | USA |
| 1886 | *Mayflower* | USA |
| 1887 | *Volunteer* | USA |
| 1893 | *Vigilant* | USA |
| 1895 | *Defender* | USA |
| 1899 | *Columbia* | USA |
| 1901 | *Columbia* | USA |
| 1903 | *Reliance* | USA |
| 1920 | *Resolute* | USA |
| 1930 | *Enterprise* | USA |
| 1934 | *Rainbow* | USA |
| 1937 | *Ranger* | USA |
| 1958 | *Columbia* | USA |
| 1962 | *Weatherly* | USA |
| 1964 | *Constellation* | USA |
| 1967 | *Intrepid* | USA |
| 1970 | *Intrepid* | USA |
| 1974 | *Courageous* | USA |
| 1977 | *Courageous* | USA |
| 1980 | *Freedom* | USA |
| 1983 | *Australia II* | Australien |
| 1987 | *Stars & Stripes* | USA |
| 1988 | *Stars & Stripes* | USA |
| 1992 | *America* | USA |
| 1995 | *Black Magic 1* | Neuseeland |
| 2000 | *New Zealand* | Neuseeland |
| 2003 | *Alinghi* | Schweiz |

Der Segelwettbewerb entstand anlässlich der Weltausstellung 1851, als der 170-t-Schoner „America" ein Geschwader von 14 königlichen Schiffen in einem Rennen rund um die Isle of Wight schlug. Das Rennen wird alle paar Jahre zwischen zwei Booten verschiedener Länder ausgetragen: dem amtierenden Gewinner und einem Herausforderer, der die „Challenger Selection Series" gewonnen haben muss. Das Cup-Rennen findet in Heimatgewässern des Gewinners statt und hat nach Olympiade und Fußball-WM die meisten Fernsehzuschauer.

## OLYMPISCHE BOOTSKLASSEN

Bei den olympischen Segelwettbewerben gibt es neun Bootsklassen. Alle Rennen werden als Regatten ausgetragen; nur die Boote der Soling-Klasse treten zu zweit gegeneinander an.

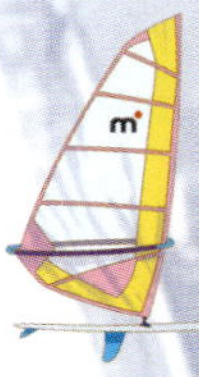

**Mistral** Ein-Mann-Windsurfbrett für Windsurfrennen (Männer und Frauen)

**Laser** Ein-Mann-Renndinghi für Wettkämpfe, an denen Männer und Frauen teilnehmen können. Es ist 4,25 m lang und wiegt 59 kg.

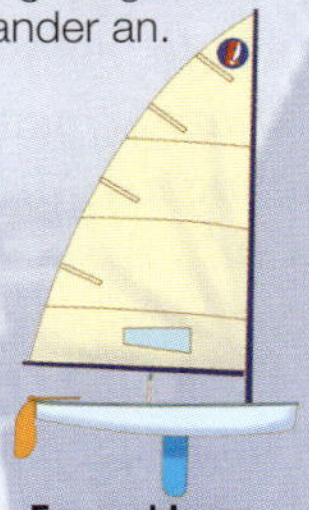

**Europaklasse** Ein-Mann-Renndinghi, nur bei Damenwettbewerben benutzt. Es ist 3,35 m lang und hat ein Gewicht von 45 kg.

**Finndinghi** Ein-Mann-Dinghi für Wettkämpfe der Herren. Länge 4,5 m, Gewicht 126 kg.

**470er-Jolle** Zwei-Mann-Dinghi, bei separaten Wettkämpfen von Frauen oder Männern gesegelt. Es ist 4,7 m lang, 120 kg schwer.

**Tornado** Zwei-Mann-Katamaran (2 Rümpfe), 6,1 m lang. Von Männern und Frauen in gemischten Rennen gesegelt.

**49er** Zwei-Mann-Hochleistungsdinghi, das bei gemischten Wettkämpfen eingesetzt wird. Es ist 4,9 m lang und wiegt 127 kg.

**Soling** Drei-Mann-Kielboot, größte der olympischen Bootsklassen. Seine Länge liegt bei 8,2 m, sein Gewicht beträgt 1035 kg.

**Star** Zwei-Mann-Kielboot für gemischte Regatten. Länge 6,9 m, Gewicht 676 kg.

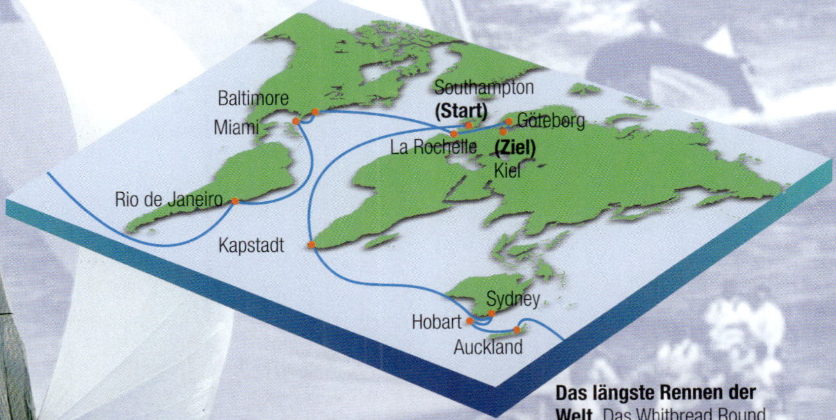


**Das längste Rennen der Welt** Das Whitbread Round The World Race – heute Volvo Ocean Race – wird alle 4 Jahre ausgetragen. 2002 wurde es von der deutschen Yacht *illbruck* unter Skipper John Kostecki in 123 Tagen gewonnen.

# Schwimmen und Wasserspringen

*Der älteste Bericht über ein Wettschwimmen stammt aus Japan und datiert aus dem Jahr 36 v. Chr. Schwimmwettkämpfe erlangten in Großbritannien im 18. Jh. einige Beliebtheit. Dort erhielt der Schwimmsport mit der Gründung der Metropolitan Swimming Clubs Association 1869 (später Amateur Swimming Association, ASA) auch den ersten offiziellen Rahmen. Schwimmen war von 1896 an olympische Disziplin; die ersten Weltrekorde wurden aber erst 1908 anerkannt. Das Turmspringen wurde 1904, das Kunstspringen 1908 in die Liste der olympischen Sportarten aufgenommen.*

**LEGENDE**

**Mark Spitz**
*(*1950) USA*

1972 in München gewann er als erster Athlet während eines olympischen Wettbewerbes 7 Goldmedaillen: 2 im Freistil, 2 im Schmetterlingsstil und 3 bei Mannschaftswettbewerben. Mit allen stellte er außerdem Weltrekorde auf.

**LEGENDE**

**Shane Gould**
*(*1956) Australien*

Mit 15 hatte sie über jede Freistilstrecke des Damenschwimmens von 100 bis 1500 m Weltrekorde aufgestellt. 1972 in München errang sie 3 olympische Gold-, 1 Silber- und 1 Bronzemedaille. Gould zog sich danach aus dem aktiven Schwimmsport zurück.

## Schwimmwettkämpfe

Die grundlegenden Stilarten sind Kraulen (die schnellste Form, auch Freistil genannt), Rückenschwimmen (Rückenkraulen), Brustschwimmen und Schmetterlingsstil (Butterfly). Wettkämpfe werden in langen (50 m) oder kurzen (25 m) Schwimmbecken mit bis zu zehn Bahnen ausgetragen.
Die olympischen Wettkämpfe finden in langen Becken über die folgenden Distanzen statt:
**Freistil** 50 m, 100 m, 200 m, 400 m, 800 m (nur Frauen), 1500 m (nur Männer)
**Brustschwimmen** 100 m, 200 m
**Rückenschwimmen** 100 m, 200 m
**Schmetterling** 100 m, 200 m
**Lagenschwimmen (Einzel)** 200 m, 400 m
**Lagenstaffel** 4 × 100 m
**Freistilstaffel** 4 × 100 m, 4 × 200 m
Lagenschwimmen sind Wettkämpfe, bei denen in jeder Stilrichtung eine bestimmte Strecke geschwommen wird.

### Weltrekorde

| Disziplin Herren | Rekordhalter | Land | Zeit |
|---|---|---|---|
| 50 m Freistil | Alexander Popow | Russland | 0:21,64 |
| 100 m Freistil | P. van den Hoogenband | Niederlande | 0:47,84 |
| 200 m Freistil | Ian Thorpe | Australien | 1:44,06 |
| 400 m Freistil | Ian Thorpe | Australien | 3:40,08 |
| 800 m Freistil | Ian Thorpe | Australien | 7:39,16 |
| 1500 m Freistil | Grant Heckett | Australien | 14:34,56 |
| 100 m Rücken | Lenny Krayzelburg | USA | 0:53,60 |
| 200 m Rücken | Lenny Krayzelburg | USA | 1:55,87 |
| 100 m Brust | Kosuke Kitajima | Japan | 0:59,78 |
| 200 m Brust | Mike Barrowman | USA | 2:10,16 |
| 100 m Schmetterling | Jan Crocker | USA | 0:50,98 |
| 200 m Schmetterling | Michael Phelps | USA | 1:53,93 |
| 200 m Lagen Einzel | Michael Phelps | USA | 1:56,04 |
| 400 m Lagen Einzel | Michael Phelps | USA | 4:09,09 |
| **Staffel Herren** | | | |
| 4 × 100 m Freistil | | Australien | 3:13,67 |
| 4 × 200 m Freistil | | Australien | 7:04,66 |
| 4 × 100 m Lagen | | USA | 3:31,54 |
| **Disziplin Damen** | **Rekordhalterin** | **Land** | **Zeit** |
| 50 m Freistil | Inge de Bruijn | Niederlande | 0:24,32 |
| 100 m Freistil | Inge de Bruijn | Niederlande | 0:53,77 |
| 200 m Freistil | Franziska van Almsick | BRD | 1:56,64 |
| 400 m Freistil | Janet Evans | USA | 4:03,85 |
| 800 m Freistil | Janet Evans | USA | 8:16,22 |
| 1500 m Freistil | Janet Evans | USA | 15:52,10 |
| 100 m Rücken | Natalie Coughlin | USA | 0:59,58 |
| 200 m Rücken | Krisztina Egerszegi | Ungarn | 2:06,62 |
| 100 m Brust | Leisel Jones | Australien | 1:06,37 |
| 200 m Brust | Qi Hui/Amanda Beard | China/USA | 2:22,99 |
| 100 m Schmetterling | Inge de Bruijn | Niederlande | 56,61 |
| 200 m Schmetterling | Otylia Jedrejczak | Polen | 2:05,78 |
| 200 m Lagen Einzel | Yanyan Wu | China | 2:09,72 |
| 400 m Lagen Einzel | Jana Klotschkowa | Ukraine | 4:33,59 |
| **Staffel Damen** | | | |
| 4 × 100 m Freistil | | USA | 3:36,61 |
| 4 × 200 m Freistil | | DDR | 7:55,47 |
| 4 × 100 m Lagen | | USA | 3:58,30 |

**Wasserballett** Synchronschwimmen erfordert eher artistisches Können als Geschwindigkeit und Ausdauer. Die Wettkämpfer führen rhythmische Figuren zu Musik vor; Punkte werden für Interpretation und Stil vergeben. Die Sportart wurde 1984 olympisch.

## WASSERSPRINGEN

Beim Wasserspringen sind präzises Timing und Technik gefragt. Bei Wettkämpfen springen die Sportler meist von festen Plattformen in 5 oder 10 m Höhe über der Wasseroberfläche oder vor einem elastischen Sprungbrett in 1 oder 3 m Höhe.

**Sprungarten**
Man unterscheidet sechs Sprungarten.

- **Kopfsprung vorwärts** Sprung nach vorn gebeugt, mit Gesicht zum Wasser.
- **Kopfsprung rückwärts** Vom Wasser abgewandt Sprung nach rückwärts gebeugt.
- **Auerbachsprung** Gesicht zum Wasser, Körper beim Sprung rückwärts gebogen.
- **Delphinsprung** Absprung abgewandt, Eintauchen vorwärts.
- **Schraubensprung** Absprung mit Drehung um die eigene Längsachse.
- **Handstandsprung** Absprung aus dem Handstand heraus.

**Richtiges Eintauchen**
Eine gerade Körperhaltung mit gestreckten, zusammengehaltenen Füßen sorgt dafür, dass der Springer fast ohne Aufspritzen des Wassers eintaucht.

**Haltungen**
Der Springer kann in der Luft drei verschiedene Haltungen annehmen:

- **Gestreckt** Der Körper bleibt gerade.
- **Gehechtet** Hüftbeuge, die Beine bleiben gerade.
- **Gehockt** Die Knie werden angezogen und die Unterschenkel mit den Armen umfasst.

**Punktvergabe**
Bei Wettkämpfen werden Pflichtsprünge sowie vom Springer gewählte Kürsprünge von drei oder mehr Sprungrichtern benotet. Jeder Sprung wird nach Absprung, Haltung in der Luft, Ausführung der vorgeschriebenen Bewegungen und Eintauchen bewertet. Die Punktzahlen für alle Sprünge werden addiert und mit dem Schwierigkeitsgrad multipliziert. Es gewinnt der Springer mit der höchsten Punktzahl nach allen Sprüngen eines Wettbewerbs.

# Rudern



*Ruderwettkämpfe werden schon in antiken griechischen und römischen Schriften erwähnt. Seit Jahrhunderten finden auf der Themse Ruderwettkämpfe statt; heute das University Boat Race und die Henley Royal Regatta. Rudern wurde 1900 olympische Disziplin.*

**Wettkampf** Die Rennruderboote sind zwischen 7 und 18 m lang, je nach Zahl der Ruderer (Einer, Zweier, Vierer oder Achter). In manchen Booten ist auch ein Steuermann dabei. Beim Riemenrudern pullt der Sportler mit beiden Händen ein einzelnes Ruder (Riemen), beim Skullen mit jeder Hand eines (Skull). Bei den Olympischen Spielen und den meisten anderen Wettkämpfen finden die Rennen auf einer 2000 m langen, geraden Strecke statt; jede Mannschaft und jeder Einzelruderer rudert dabei auf einer eigenen, markierten Bahn. Ausnahmen sind die beiden berühmtesten Ruderwettkämpfe, das University Boat Race und die Henley Royal Regatta, bei denen die Strecke 6779 beziehungsweise 2112 m lang ist. Das University Boat Race wurde 77-mal von Cambridge und 69-mal von Oxford gewonnen, bei einem toten Rennen.

**LEGENDE**

**Sir Steven Redgrave**
*(*1962) Großbritannien*

Im Vierer ohne Steuermann gelang ihm 2000 in Sydney der Rekord, die fünfte olympische Goldmedaille in Folge zu gewinnen. Zuvor hatte er im Vierer mit (1984) sowie im Zweier ohne Steuermann (1988,1992 und 1996) Gold geholt. Bei den Commonwealth-Spielen 1986 gelang ihm mit 3 Goldmedaillen ebenfalls ein Rekord.

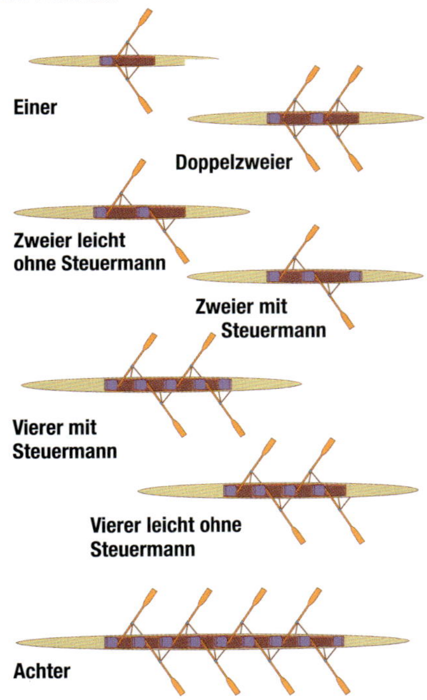


## Olympische Ruderwettbewerbe 2000

| Disziplin Männer | Goldmedaillengewinner | Zeit |
|---|---|---|
| Einer | Neuseeland (Rob Waddell) | 6:48,90 |
| Doppelzweier | Slowenien | 6:16,63 |
| Zweier leicht mit St. | Polen | 6:21,75 |
| Doppelvierer | Italien | 5:45,56 |
| Zweier ohne St. | Frankreich | 6:32,97 |
| Vierer ohne St. | Großbritannien | 5:56,24 |
| Vierer leicht ohne St. | Frankreich | 6:01,68 |
| Achter | Großbritannien | 5:33,08 |

| Disziplin Frauen | Goldmedaillengewinnerinnen | Zeit |
|---|---|---|
| Einer | Weißrussland (Ekaterina Karsten) | 7:28,14 |
| Doppelzweier | Deutschland | 6:55,44 |
| Zweier leicht mit St. | Rumänien | 7:02,64 |
| Doppelvierer | Deutschland | 6:19,58 |
| Zweier ohne St. | Rumänien | 7:11,00 |
| Achter | Rumänien | 6:06,44 |

# Skisport

*Drei Grundformen gibt es im Skisport: alpines (Abfahrts- und Slalomrennen) und nordisches (Skilanglauf und Skispringen) Skilaufen sowie Freestyle, vornehmlich mit Akrobatik.*

## Ski nordisch

Das Skilaufen entstand in Skandinavien als Fortbewegung auf Schnee. Daraus entwickelte sich der heutige Skilanglauf. Als zweite nordische Disziplin gilt das Skispringen.

**Skilanglauf** Die Sportler laufen auf leichten, schmalen Skiern über Strecken von 10–50 km Länge und schieben sich dabei mithilfe von Stöcken vorwärts. Die Wettkämpfe finden in zwei Disziplinen statt: Beim klassischen Laufstil wird im so genannten Diagonalschritt gelaufen, beim Skating oder Freistil im Schlittschuhschritt.

**Skispringen** Bei dieser Sportart gleiten die Wettkämpfer eine präparierte Schanze hinab; der Absprungpunkt befindet sich in bis zu 90 m Höhe. Die Weite des Sprunges, Sprungstil, Koordination und Gleichgewicht werden mit Punkten bewertet. Die Sprünge können über 150 m weit sein. Die Skier sind beim Skispringen etwa 244 cm lang und damit länger als alle anderen Skiformen. Auch sind sie breiter und schwerer als andere Modelle.

### FREESTYLE-SKILAUF

Der Sport entstand in den 1960er-Jahren. Es gibt drei Disziplinen: das Buckelpistenfahren über einen Kurs mit zahlreichen festen Schneebuckeln, das Luftspringen mit akrobatischen Sprüngen und das Ballett auf glatten Strecken zu Musik. Buckelpistenfahren und Luftspringen sind olympische Disziplinen.

### LEGENDE

**Jean-Claude Killy**

*(*1944) Frankreich*

Nachdem er 1967 die erste Weltmeisterschaft der Herren gewonnen hatte und 1968 verteidigte, gelang es Killy, Anton Sailers Leistung zu wiederholen und bei der Olympiade 1968 alle drei alpinen Skidisziplinen zu gewinnen.

**Auf Siegeskurs** Jean-Claude Killy 1968 in Grenoble auf dem Weg zur olympischen Goldmedaille beim Slalom.

## Disziplinen des Ski alpin

**Abfahrtslauf** Jeder Läufer fährt einen steil abwärts verlaufenden Kurs, der durch eine Reihe von „Toren“ markiert ist; diese müssen durchfahren werden.

**Slalom** Die Teilnehmer absolvieren nacheinander zwei Läufe im Zickzackkurs über verschiedene Strecken; die Gesamtzeit entscheidet über den Sieger.

**Riesenslalom** Ähnelt dem Slalom, doch sind die Strecken länger und die Kurven weniger eng. Auch hier werden zwei Durchläufe gefahren und die Gesamtbestzeit entscheidet über den Sieg.

**Super-G** Der Super-G (Super Giant Slalom) ist eine Mischung aus Abfahrtslauf und Riesenslalom. Jeder Läufer fährt den Kurs einmal hinab.

### LEGENDE

**Anton („Toni“) Sailer**

*(*1935) Österreich*

Bei den Winterspielen 1956 gewann der 21-jährige „Toni“ Sailer nicht nur als jüngster Skiläufer überhaupt im Skialpin eine Goldmedaille. Er konnte auch als Erster alle olympischen Alpin-Disziplinen (Abfahrt, Slalom und Riesenslalom) für sich entscheiden. Am Ende der Saison 1958 hatte er sieben Weltmeisterschaftstitel gewonnen.

# Eislauf

*Der Eiskunstlauf entstand im frühen 18. Jahrhundert in Großbritannien, der Eisschnelllauf etwa zur gleichen Zeit in den Niederlanden. Im schottischen Edinburgh wurde um 1742 der erste Eislaufclub gegründet. Künstliche Eisbahnen kamen jedoch erst 100 Jahre später auf.*

## Olympische Winterspiele 2002

**Ski alpin der Männer**

| Disziplin | Goldmedaille | Land | Zeit |
|---|---|---|---|
| Abfahrt | Fritz Strobl | Österreich | 1:39,13 |
| Super-G | Kjetil-Andre Aamodt | Norwegen | 1:21,58 |
| Riesenslalom | Stephan Eberharter | Österreich | 2:23,28 |
| Slalom | Jean-Pierre Vidal | Frankreich | 1:41,06 |
| Kombination | Kjetil-Andre Aamodt | Norwegen | 3:17,56 |

**Ski alpin der Frauen**

| | | | |
|---|---|---|---|
| Abfahrt | Carole Montillet | Frankreich | 1:39,56 |
| Super-G | Daniela Ceccarelli | Italien | 1:13,64 |
| Riesenslalom | Janica Kostelic | Kroatien | 2:30,01 |
| Slalom | Janica Kostelic | Kroatien | 1:46,10 |
| Kombination | Janica Kostelic | Kroatien | 2:43,28 |

**Skispringen**

| Einzel | Goldmedaille | Land | Punkte |
|---|---|---|---|
| Normalschanze | Simon Amann | Schweiz | 269,0 |
| Großschanze | Simon Amann | Schweiz | 281,4 |

**Mannschaft**

| | | | |
|---|---|---|---|
| Großschanze | Deutschland | | 974,1 |

## BOBFAHREN

Die Mannschaft aus zwei oder vier Sportlern springt nach dem Anschieben in den Bobschlitten und fährt damit einen 1,2 bis 1,5 km langen Eiskanal; durch Steuern und Gewichtsverlagerung bringen sie den Bob durch die Kurven. Bremsen ist nur erlaubt, um nach Ende eines Durchlaufes anzuhalten oder die Kufenstellung zu korrigieren. Die Zahl der Durchläufe bei Wettbewerben ist verschieden; es gewinnt das Team mit der schnellsten Gesamtzeit.

## RODELN

Die Wettkämpfer liegen rücklings mit den Füßen voran auf einem kleinen Rodelschlitten (Rennrodel) ohne Steuerung und Bremsen. Mit Beinen und Schultern lenken sie den Rodel eine kurvige Eisbahn mit Haarnadel-, Links- und Rechtskurven sowie Geraden hinab. Der Sportler mit der schnellsten Zeit gewinnt. Die Bahnen sind üblicherweise 1–1,5 km lang; es werden Geschwindigkeiten von bis zu 112 km/h erreicht.

## Eiskunstlauf und Eistanz

Eisbahnen für Wettkämpfe messen 60 × 30 m.

**Eiskunstlauf** Die olympischen Wettbewerbe der Damen, Herren und Paare bestehen aus einem Technikprogramm (Pflicht) mit acht verschiedenen, vorgeschriebenen Elementen aus Sprüngen, Drehungen, Schrittfolgen, Pirouetten und Bewegungsabfolgen und aus einer längeren Kür mit selbst gewählten Elementen. Die Pflicht trägt zu einem Drittel, die Kür zu zwei Dritteln zur Gesamtwertung bei.

**Eistanz** Diese Paardisziplin umfasst vier Elemente: zwei Pflichttänze (mit vorgegebenem Rhythmus und Tempo), ein Originaltanz (ebenfalls mit vorgeschriebenem Rhythmus) und eine Kür (zu vom Paar gewählter Musik). Die Kür trägt zur Hälfte zur Gesamtwertung bei.

## Eislaufbewegungen

Die üblichen Bewegungsabläufe sind:

**Axel** Drehung in der Luft, wobei der Läufer vorwärts in den Sprung hineinläuft (bei allen anderen gesprungenen Drehungen erfolgt der Anlauf rückwärts).

**Lutz** Rückwärts angelaufene Drehung in der Luft. Die Landung erfolgt mit dem anderen Fuß.

**Sitzpirouette** Drehung auf einem Bein, das andere wird parallel zur Eisfläche gehalten.

**Todesspirale** Der Mann dreht sich um die eigene Achse und hält die Partnerin an der Hand; die ihn auf einer Kufe fast in der Waagerechten umkreist.

## Eisschnelllauf

Bei den Rennen auf Eis über 500–10 000 m Länge werden Schlittschuhe mit längeren Kufen als für Eiskunstlauf oder Eistanz getragen.

**LEGENDE**

**Marika Kilius** *(*1943)* und **Hans Jürgen Bäumler** *(*1942) Deutschland*

Das deutsche Traumpaar der 50er- und 60er-Jahre auf dem Eis gewann sechsmal in Folge (1959–1964) die deutschen und die Europameisterschaften. 1963 und 1964 waren sie außerdem Weltmeister im Paarlauf. Silbermedaillen gewannen sie bei den Olympischen Spielen 1960 in Squaw Valley und 1964 in Innsbruck.

## Olympische Winterspiele 2002

**Eiskunstlauf**

| Wettbewerb | Goldmedaille | Land |
|---|---|---|
| Einzel Herren | Alexej Jagudin | Russland |
| Einzel Damen | Sarah Hughes | USA |
| Paarlauf | Bereschnaja & Sichuralidse | Russland |
| Eistanz | Anissina & Peizerat | Frankreich |

**LEGENDE**

**Jayne Torvill** *(*1957) und* **Christopher Dean** *(*1958) Großbritannien*

Das Eistanzpaar wurde viermal in Folge Weltmeister (1981–4) und war 1981, 1982, 1984 und 1994 Europameister. Bei der Olympiade 1984 erhielten sie als erstes Paar überhaupt von allen Punktrichtern die Bestnote von sechs Punkten für künstlerischen Ausdruck und gewannen Gold.

**Meisterhaft** Torvill und Dean am Beginn ihrer Kür, mit der sie bei den Winterspielen 1984 in Sarajevo Gold holten.

# Pferderennen

*Die heutige Organisation des Pferderennsports geht auf das Jahr 1750 zurück, als man in England den Jockey Club gründete. Heute ist dieser Sport vielerorts beliebt, besonders in Großbritannien, den USA, Irland und Frankreich. Man unterscheidet Flach- und Hindernisrennen.*

**LEGENDE**

**Red Rum**

Das Jagdrennpferd konnte dreimal das englische Grand-National-Jagdrennen in Aintree gewinnen, 1973, 1974 und (als Zwölfjähriger) 1977. In den Jahren dazwischen ging er als Zweiter durchs Ziel. Red Rum starb 1995 im Alter von 30 Jahren und wurde auf der Aintree-Rennbahn nahe des Zielpfostens begraben.

## WIEGEN

Rennpferde müssen je nach Rennstrecke, Alter und Geschlecht Gewichte am Sattel tragen (Stuten und Pferde bis 5 Jahre tragen leichtere Gewichte). Die Jockeys und ihre Ausrüstung (inklusive Sattel, jedoch nicht die Kappe) werden vor dem Rennen „ausgewogen" und danach „zurückgewogen". Damit stellt man sicher, dass sie das vorgeschriebene Gewicht haben und während des Rennens zum Vorteil ihres Pferdes kein Gewicht abwerfen.

**LEGENDEN**

**Lester Piggott**

*(*1935) Großbritannien*

Als er sich 1995 aus dem aktiven Sport als Jockey für Flachrennen zurückzog, war er elfmaliger Jockeychampion in England. Piggott gewann das Derby neunmal (ein Rekord), das St.-Leger-Rennen achtmal, das Oaks-Rennen sechsmal, das 2000-Guineas-Rennen fünfmal und das 1000-Guineas-Rennen zweimal.

### Wichtige internationale Flachrennen

| Rennen | erstmals | Rennstrecke | Distanz |
|---|---|---|---|
| Melbourne Cup | 1861 | Flemington Pk., Victoria, Austr. | 3,2 km |
| Kentucky Derby | 1875 | Louisville, USA | 2,4 km |
| Prix de l'Arc de Triomphe | 1920 | Longchamp, Paris, Frankr. | 2,4 km |
| Breeders Cup | 1984 | div. Strecken in USA/Kanada, 7 Rennen | div. |
| Dubai Cup | 1996 | Dubai, VAE | 2 km |

**Flachrennen** Rennen von Vollblutpferden auf einer Strecke ohne Hindernisse. Ein Vollblut ist in offiziellen nationalen Zuchtbüchern registriert und stammt von einem der drei „Gründerväter" (den Araberhengsten Godolphin Barb, Byerley Turk und Darley Arabian) ab, die zwischen 1690 und 1730 nach Großbritannien kamen.

**Hindernisrennen** Bei Rennen über Hindernisse unterscheidet man zwei Kategorien:

- **Jagdrennen** Die unterschiedlich großen Hindernisse (Steeplechase) können bis zu 1,6 m breit und 1,8 m hoch sein mit Wassergräben davor oder dahinter. Die ersten Jagdrennen gingen querfeldein, wobei Kirchtürme („steeples") der Orientierung dienten.
- **Hürdenrennen** Die Sprünge (Hürden) beim Hürdenrennen stehen eng und haben eine Höhe von 107 cm.

### Begriffe aus dem Pferderennsport

- **Grand-Prix-Rennen** Hier muss der Besitzer gewöhnlich ein Nenngeld entrichten, damit sein Pferd an den Start gehen kann. Der Rennpreis für den Sieger und die platzierten Pferde wird durch die Nenngelder und einen Beitrag der Rennbahn finanziert. Einige Grand-Prix-Rennen erfolgen auf Einladung und verlangen keine Nenngelder.
- **Ausgleichsrennen** Auch „Handicaprennen". Hier werden Pferde mit besserer Rennleistung durch Zusatzgewichte „gehandicapt".
- **Entscheidungsrennen** Rennen zwischen zwei Pferden, meist den erfolgreichsten Rennpferden der jeweiligen Saison.
- **Walk-over** Tritt ein, wenn alle Pferde außer einem von einem Rennen zurückgezogen werden. Pferde dürfen bis zu mehrere Stunden vor Rennbeginn vom Start genommen werden.

## TRABRENNEN

Die Pferde ziehen auf einer Rundstrecke einen leichten, einachsigen Wagen, den Sulky, mit Fahrer. Sie laufen im Trab oder Passgang (unterschiedliche Schrittfolge) und erreichen Geschwindigkeiten von 50 km/h und mehr. Die Rennen finden meist über Distanzen von 1,6–2,4 km statt.

Bei Trabrennen laufen gewöhnliche Warmblutpferde, die robuster gebaut sind als Vollblüter. Trabrennen sind besonders populär in den USA, Australien und Neuseeland.

### Wichtige Rennen in Großbritannien

**Klassische Flachrennen für Dreijährige**

| Rennen | erstmals | Rennstrecke | Distanz |
|---|---|---|---|
| St. Leger | 1776 | Doncaster, S. Yorksh. | 2,8 km |
| Oaks (nur Stuten) | 1779 | Epsom, Surrey | 2,4 km |
| Derby | 1780 | Epsom, Surrey | 2,4 km |
| 2000 Guineas | 1809 | Newmarket, Suffolk | 1,6 km |
| 1000 Guineas (nur Stuten) | 1814 | Newmarket, Suffolk | 1,6 km |

**Royal Ascot (Flachrennen)**

| Rennen | erstmals | Rennstrecke | Distanz |
|---|---|---|---|
| Ascot Gold Cup | 1807 | Ascot, Berkshire | 3,6 km |
| St. James's Palace Stakes | 1834 | Ascot, Berkshire | 1,6 km |
| Coronation Stakes | 1840 | Ascot, Berkshire | 1,6 km |

**Jagd- und Hürdenrennen**

| Rennen | erstmals | Rennstrecke | Distanz |
|---|---|---|---|
| Grand National | 1837 | Aintree, Liverpool | 7,2 km |
| Cheltenham Gold Cup | 1924 | Cheltenham, Gloucs. | 5,2 km |
| Champion Hurdle | 1927 | Cheltenham, Gloucs. | 3,2 km |

# Reiten

*Es gibt drei Disziplinen – Springreiten, Military (Vielseitigkeitsprüfung) und Dressurreiten –, die in Einzel- und Mannschaftswettkämpfen ausgetragen werden. Bei allen Wettbewerben müssen Reiter eine vorgeschriebene Kleidung tragen.*

**Dressurreiten** Gehorsam des Pferdes und seine Beherrschung durch den Reiter werden hier geprüft. Das Pferd vollführt „Lektionen“ im Schritt, Trab und Galopp. Beurteilt werden Ausgeglichenheit und Harmonie zwischen Reiter und Pferd und möglichst glatte Übergänge zwischen den Schritten oder Bewegungen. Die olympischen Regeln verlangen im Dressurreiten natürliche Bewegungen des Pferdes und keine eingeübten Tricks.

**Military** Hier wird das Können von Pferd und Reiter in Dressur, Geländeritt und Springen geprüft. Man kann nur Strafpunkte erhalten. Sieger ist der Reiter mit den wenigsten Strafpunkten. Bei der Dressur müssen Reiter und Pferd 20 vorgeschriebene Bewegungsabläufe vorführen. Der Geländeritt umfasst vier Teile: zwei Abschnitte über Straßen und Wege, eine Jagdrennstrecke und eine Querfeldeinstrecke mit bis zu 35 Hindernissen. Im Springreiten werden an zehn bis zwölf Hindernissen Durchhaltevermögen und Beweglichkeit des Pferdes nach den vorausgegangenen Anforderungen geprüft.

## Olympische Spiele 2000

| Einzelwettbewerbe | Goldmedaillengewinner/-in | Pferd | Land |
|---|---|---|---|
| Springreiten | Jeroen Dubbledam | Sjiem | Niederlande |
| Dressur | Anky van Grunsven | Bonfire | Niederlande |
| Military | David O'Connor | Custom Made | USA |

| Mannschaftswettbewerbe | Goldmedaillengewinner |
|---|---|
| Springreiten | Deutschland |
| Dressur | Deutschland |
| Military | Australien |

**Springreiten** Reiter und Pferd bewältigen auf Zeit einen Parcours aus meist 15 bis 20 Hindernissen (z. B. Triplebarren, Gatter, Wassergräben und Mauern). Wer die wenigsten Strafpunkte oder „Fehler“ hat, etwa wegen Abwerfens einer Stange oder Verweigerns eines Hindernisses, gewinnt. Liegen mehrere Reiter am Ende gleichauf, wird auf demselben Parcours ein Stechen ausgetragen.

**LEGENDE**

**Mark Todd**
*(*1956) Neuseeland*
Todd gewann bei den Olympischen Spielen 1984 und 1988 Gold im Military-Einzelwettbewerb und verhalf Neuseeland 1990 zur Military-Weltmeisterschaft im Mannschaftsreiten. Er gewann zudem bei mehreren Militaryrennen in Badminton und Burghley Gold.

**Springreitparcours** Auf dem 120 × 80 m großen Platz stehen fünf Arten von Hindernissen, die jeweils besondere Anforderungen an Können und Kraft von Pferd und Reiter stellen.

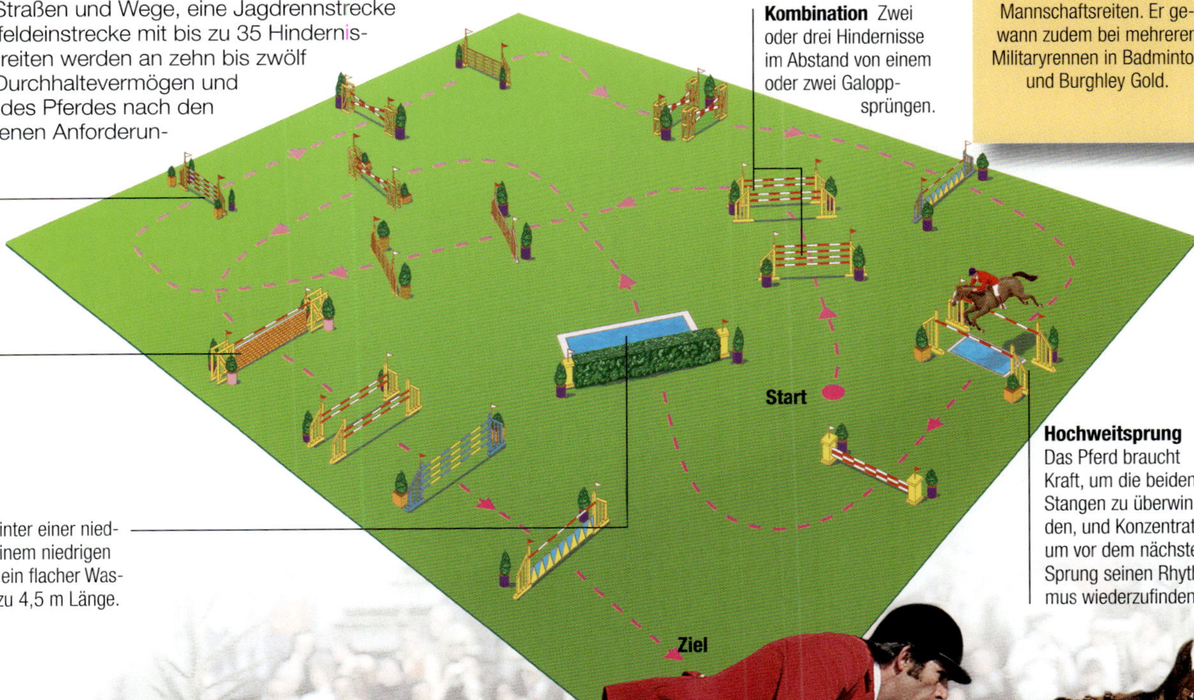


**Kombination** Zwei oder drei Hindernisse im Abstand von einem oder zwei Galoppsprüngen.

**Gatter** Gatter oder Zaunstück, an dem Präzision und Beweglichkeit geprüft werden.

**Mauer** Sie ist maximal 1,7 m hoch und sieht wie aus Ziegeln oder Stein gefertigt aus.

**Wassergraben** Hinter einer niedrigen Hecke oder einem niedrigen Zaun befindet sich ein flacher Wassergraben von bis zu 4,5 m Länge.

**Hochweitsprung** Das Pferd braucht Kraft, um die beiden Stangen zu überwinden, und Konzentration, um vor dem nächsten Sprung seinen Rhythmus wiederzufinden.

**LEGENDE**

**Alwin Schockemöhle**
*(*1937) Deutschland*
1960 gewann er sein erstes olympisches Gold als Springreiter mit der deutschen Mannschaft; 1976 holte er seine zweite Goldmedaille, diesmal im Einzelwettbewerb. Er beendete das olympische Finale 1976 ohne Fehler und ist damit einer von nur drei Reitern, denen das je gelang.

# Die globale Wirtschaft

DIE GLOBALE
WIRTSCHAFT

# Die globale Wirtschaft

*Der Wohlstand eines Landes wird mit dem Bruttosozialprodukt (BSP) bewertet, dem Gesamtwert der in einem Jahr produzierten Waren und Dienstleistungen. Die zehn nach dem BSP größten Wirtschaftsländer kontrollieren den Großteil des Welthandels und sichern sich dadurch hohen Wohlstand. Organisationen wie die Weltbank und die Vereinten Nationen transferieren Kapital in Form von Krediten oder Finanzhilfen in ärmere Länder, um den globalen Lebensstandard zu verbessern.*

## WOHLSTANDSMESSUNG

Zu den Zahlen, deren Summe das BSP ergeben, gehören die Ausgaben eines Landes (staatlich und privat), Investitionsgüter (Kapital in Form von Fabriken, Maschinen und Immobilien) sowie die Nettoexporte (Exporte minus Importe). Die Exporte umfassen Einnahmen aus der Ausfuhr von Waren (z. B. Autos, Lebensmittel) und Dienstleistungen (z. B. Versicherungen und Güterverkehr).

Einnahmen und Ausgaben eines Landes werden von der Regierung in einer Zahlungsbilanz erfasst. Die Aufnahme ausländischer Kredite für die Investition in die heimische Wirtschaft führt zu Wirtschaftswachstum, was langfristig zu einer Steigerung des Volksvermögens und damit des Lebensstandards führt.

**Lebensstandard** Der Lebensstandard eines Landes wird ermittelt, indem man sein BSP durch die Einwohnerzahl teilt. Diese Zahl ergibt das so genannte Bruttosozialprodukt pro Kopf. Steigt das BSP schneller als die Bevölkerungszahl, nimmt das Pro-Kopf-Einkommen zu und man spricht von einem höheren Lebensstandard. Steigt die Bevölkerungszahl schneller als das BSP, spricht man von einem sinkenden Lebensstandard.

**Wirtschaftliche Entwicklung** Etwa 75 % der Weltbevölkerung leben in Entwicklungsländern – Ländern, die sich um höheren Lebensstandard bemühen, deren Industrieproduktion jedoch noch kein wirtschaftlich produktives Niveau erreicht hat. Vereinte Nationen und Weltbank fördern das Wirtschaftswachstum in diesen Ländern, indem sie Kapital aus den Industrieländern transferieren. Das geschieht entweder durch technische und medizinische Hilfsmaßnahmen oder durch Investitionskredite in die Infrastruktur (Gesundheits- und Bildungswesen, Straßen, Flugplätze).

Die einzelnen Hilfsprojekte der Vergangenheit waren unterschiedlich erfolgreich. Bauaufträge wurden oft an Baufirmen der jeweiligen Industrieländer vergeben, sodass in den Entwicklungsländern weder die Arbeitslosigkeit gesenkt noch der Ausbildungsstand verbessert werden konnte. Auch wurden die Kredite teils durch schlechte Planung verschwendet oder durch korrupte Regierungen für Luxusgüter oder Waffengeschäfte mit den Industrieländern veruntreut. Einige Entwicklungsländer wie China, Indien und Südkorea haben die Kredite erfolgreicher eingesetzt und in der zweiten Hälfte des 20. Jh. durch einen Handelsaufschwung ihre Wirtschaft angekurbelt.

### Große Schuldner

Anfang der 1980er-Jahre führten ein weltweiter Wirtschaftsrückgang und hohe Zinsen zu einem Sinken der Exporteinnahmen, sodass viele Entwicklungsländer außerstande waren, ihre Kredite zurückzuzahlen. Als 1985 die Ölpreise fielen, waren davon besonders die Erdöl produzierenden Länder betroffen. Ende des 20. Jh. musste die Rückzahlungsfrist verlängert werden.

**Auslandsverschuldung in Mrd. US-$ (2001)**

| | | | | | | | | |
|---|---|---|---|---|---|---|---|---|
| **1** | Brasilien | 251 | **6** | Indonesien | 135 | **11** | Polen | 57 |
| **2** | Mexiko | 191 | **7** | Südkorea | 121 | **12** | Philippinen | 50 |
| **3** | China | 167 | **8** | Türkei | 119 | **13** | Malaysia | 48 |
| **4** | Russland | 157 | **9** | Indien | 100 | **14** | Chile | 40 |
| **5** | Argentinien | 155 | **10** | Thailand | 69 | **15** | Venezuela | 35 |

## DIE WOHLSTANDSVERTEILUNG

Die Karte veranschaulicht die Verteilung des Wohlstands weltweit. Je größer das BSP pro Kopf, desto höher der Lebensstandard. Die 13 reichsten Länder sowie Russland sind in der Rangfolge ihrer Industrieproduktion aufgeführt.

**Bruttosozialprodukt pro Kopf (in US-Dollar)**

- Über 18 000
- 10 000–18 000
- 4000–10 000
- 1000–4000
- Unter 1000

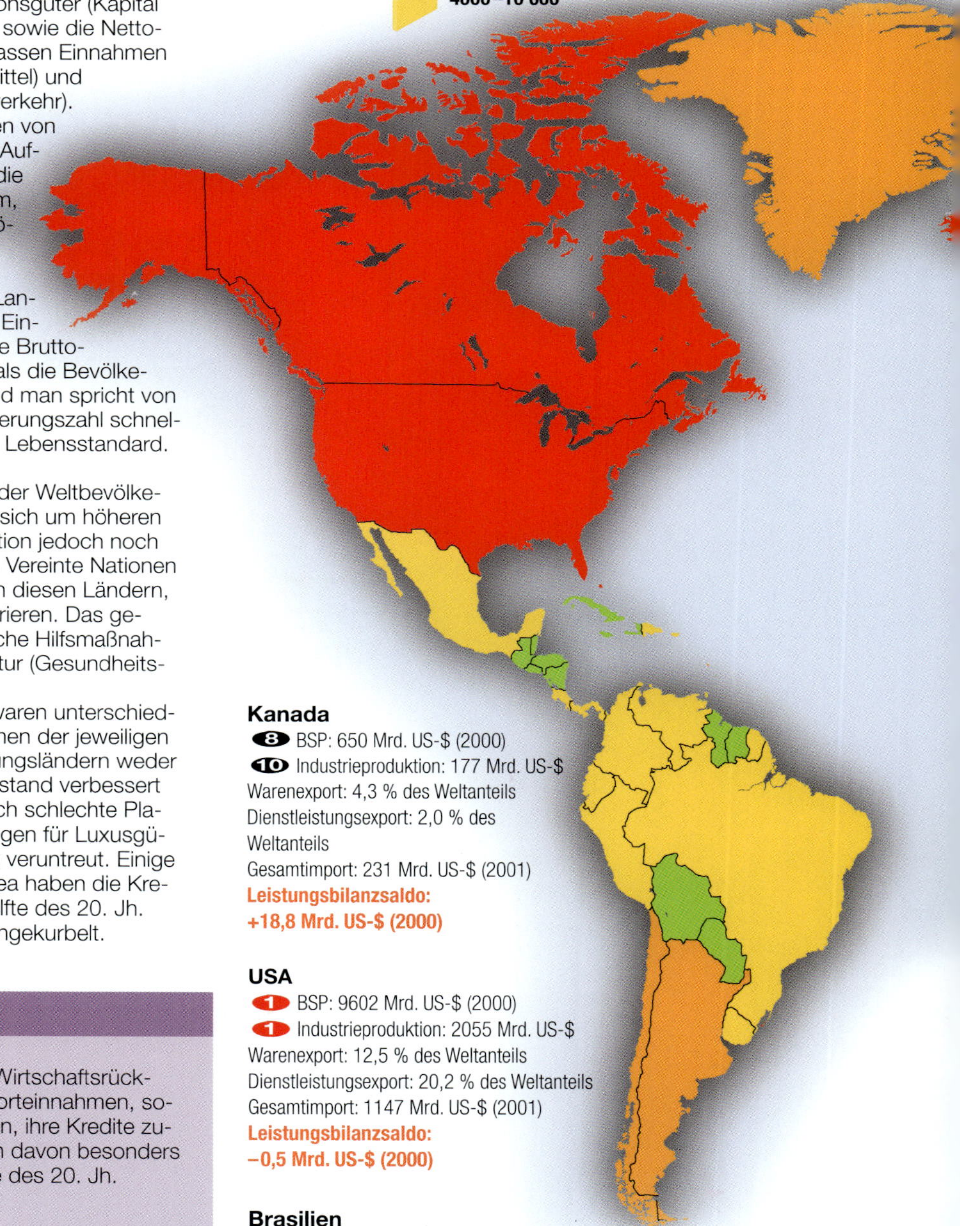

**Kanada**
(8) BSP: 650 Mrd. US-$ (2000)
(10) Industrieproduktion: 177 Mrd. US-$
Warenexport: 4,3 % des Weltanteils
Dienstleistungsexport: 2,0 % des Weltanteils
Gesamtimport: 231 Mrd. US-$ (2001)
**Leistungsbilanzsaldo: +18,8 Mrd. US-$ (2000)**

**USA**
(1) BSP: 9602 Mrd. US-$ (2000)
(1) Industrieproduktion: 2055 Mrd. US-$
Warenexport: 12,5 % des Weltanteils
Dienstleistungsexport: 20,2 % des Weltanteils
Gesamtimport: 1147 Mrd. US-$ (2001)
**Leistungsbilanzsaldo: –0,5 Mrd. US-$ (2000)**

**Brasilien**
(9) BSP: 610 Mrd. US-$ (2000)
(8) Industrieproduktion: 223 Mrd. US-$
Warenexport: 1,05 % des Weltanteils
Dienstleistungsexport: 0,49 % des Weltanteils
Gesamtimport: 56 Mrd. US-$ (2001)
**Leistungsbilanzsaldo: –24,6 Mrd. US-$ (2000)**

**Großbritannien**
4 BSP: 1459 Mrd. US-$ (2000)
5 Industrieproduktion: 392 Mrd. US-$
Warenexport: 4,9 % des Weltanteils
Dienstleistungsexport: 11 % des Weltanteils
Gesamtimport: 341 Mrd. US-$ (2001)
**Leistungsbilanzsaldo: 0,0 Mrd. US-$ (2000)**

**Spanien**
10 BSP 595 Mrd. US-$ (2000)
9 Industrieproduktion: 178 Mrd. US-$
Warenexport: 2 % des Weltanteils
Dienstleistungsexport: 2,5 % des Weltanteils
Gesamtimport: 172 Mrd. US-$ (2001)
**Leistungsbilanzsaldo: –19,2 Mrd. US-$ (2000)**

**Frankreich**
5 BSP: 1438 Mrd. US-$* (2000)
6 Industrieproduktion: 381 Mrd. US-$
Warenexport: 5,4 % des Weltanteils
Dienstleistungsexport: 5,8 % des Weltanteils
Gesamtimport: 328 Mrd. US-$ (2001)
**Leistungsbilanzsaldo: +20,4 Mrd. US-$ (2000)**
(*einschließlich der Übersee-Départements)

**Italien**
6 BSP: 1163 Mrd. US-$ (2000)
7 Industrieproduktion: 359 Mrd. US-$
Warenexport: 4,2 % des Weltanteils
Dienstleistungsexport: 4,6 % des Weltanteils
Gesamtimport: 257 Mrd. US-$ (2001)
**Leistungsbilanzsaldo: –5,6 Mrd. US-$ (2000)**

**Deutschland**
3 BSP: 2064 Mrd. US-$ (2000)
3 Industrieproduktion: 695 Mrd. US-$
Warenexport: 9,8 % des Weltanteils
Dienstleistungsexport: 6,3 % des Weltanteils
Gesamtimport: 538 Mrd. US-$ (2001)
**Leistungsbilanzsaldo: 0,0 Mrd. US-$ (2000)**

**Russland**
14 BSP: 241 Mrd. US-$ (2000)
12 Industrieproduktion: 116 Mrd. US-$
Warenexport: 1,3 % des Weltanteils
Dienstleistungsexport: 0,7 % des Weltanteils
Gesamtimport: 41 Mrd. US-$ (2001)
**Leistungsbilanzsaldo: +46,4 Mrd. US-$ (2000)**

**Südkorea**
12 BSP: 421 Mrd. US-$ (2000)
11 Industrieproduktion: 171 Mrd. US-$
Warenexport: 2,1 % des Weltanteils
Dienstleistungsexport: 1,1 % des Weltanteils
Gesamtimport: 141 Mrd. US-$ (2001)
**Leistungsbilanzsaldo: +40,6 Mrd. US-$ (1999)**

**Japan**
2 BSP: 4519 Mrd. US-$ (2000)
2 Industrieproduktion: 1513 Mrd. US-$
Warenexport: 7,6 % des Weltanteils
Dienstleistungsexport: 10,6 % des Weltanteils
Gesamtimport: 352 Mrd. US-$ (2001)
**Leistungsbilanzsaldo: +0,1 Mrd. US-$ (2000)**

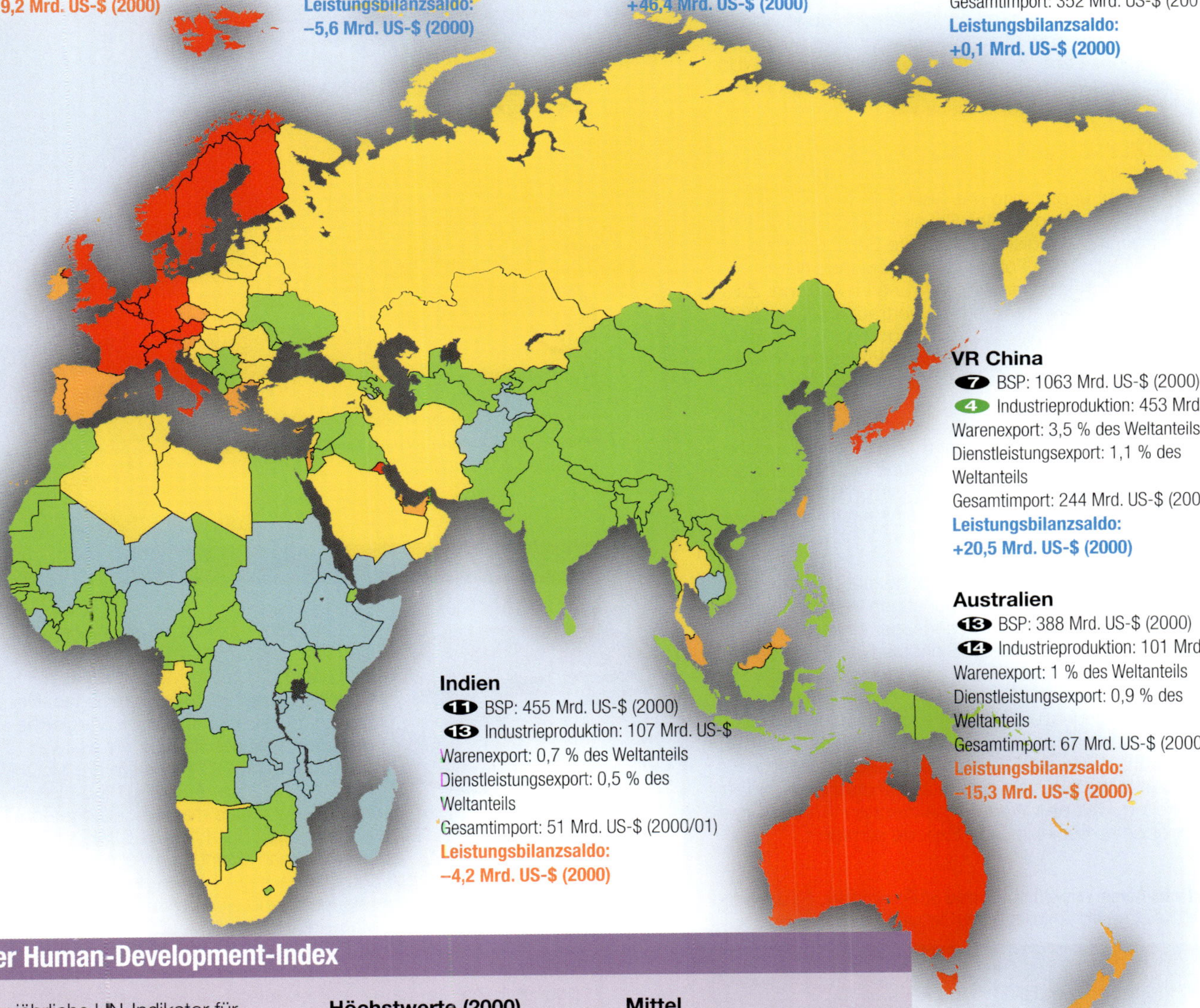

**VR China**
7 BSP: 1063 Mrd. US-$ (2000)
4 Industrieproduktion: 453 Mrd. US-$
Warenexport: 3,5 % des Weltanteils
Dienstleistungsexport: 1,1 % des Weltanteils
Gesamtimport: 244 Mrd. US-$ (2001)
**Leistungsbilanzsaldo: +20,5 Mrd. US-$ (2000)**

**Indien**
11 BSP: 455 Mrd. US-$ (2000)
13 Industrieproduktion: 107 Mrd. US-$
Warenexport: 0,7 % des Weltanteils
Dienstleistungsexport: 0,5 % des Weltanteils
Gesamtimport: 51 Mrd. US-$ (2000/01)
**Leistungsbilanzsaldo: –4,2 Mrd. US-$ (2000)**

**Australien**
13 BSP: 388 Mrd. US-$ (2000)
14 Industrieproduktion: 101 Mrd. US-$
Warenexport: 1 % des Weltanteils
Dienstleistungsexport: 0,9 % des Weltanteils
Gesamtimport: 67 Mrd. US-$ (2000/01)
**Leistungsbilanzsaldo: –15,3 Mrd. US-$ (2000)**

## Der Human-Development-Index

Der jährliche UN-Indikator für Wohlstand misst die wirtschaftliche Entwicklung in Bezug auf die Verbesserung der Lebensqualität. Es zählen BSP pro Kopf, Lebenserwartung, Bildungsstand und Alphabetisierungsgrad bei Erwachsenen. Die Entwicklung wird in drei Kategorien von 1 bis 100 unterteilt: hoch (80–100), mittel (50–80) und niedrig (unter 50).

| **Höchstwerte (2000)** | |
|---|---|
| Norwegen | 94,2 |
| Schweden | 94,1 |
| Kanada | 94,0 |
| USA | 93,9 |
| Australien | 93,9 |
| Belgien | 93,9 |
| Island | 93,6 |
| Schweiz | 92,8 |
| Österreich | 92,6 |
| Deutschland | 92,5 |

| **Mittel** | |
|---|---|
| Armenien | 75,4 |
| Albanien | 73,3 |
| Ecuador | 73,2 |
| Jordanien | 71,7 |

| **Niedrig** | |
|---|---|
| Äthiopien | 30,9 |
| Burkina Faso | 30,3 |
| Niger | 29,3 |
| Sierra Leone | 25,2 |

Siehe auch
456–7 **Internationale Finanzmärkte**
458–9 **Geld und Märkte**
460–1 **Handel und Banken**
462–3 **Die Grundlagen der Wirtschaft**

*Das internationale Finanzsystem wird von Währungsorganisationen und Regierungen verwaltet. Diese Institutionen geben Währungen heraus und regulieren den Tausch zwischen den Ländern. Seit der Einführung von Computern in den 1960er-Jahren ist der Währungstausch einfacher und schneller geworden. Unternehmen und Privatpersonen, die Kapital aufnehmen oder größere Investitionen tätigen wollten, konnten sich nun im Ausland nach den besten Konditionen umsehen.*

## INTERNATIONALE WÄHRUNGEN

Der Kauf von Waren und Dienstleistungen im Ausland wird in der Regel in der jeweiligen Landeswährung abgewickelt. Touristen und Reisende müssen ihre Nationalwährung gegen die Währung des Landes, das sie besuchen, tauschen. Um einen fairen Geldwechsel zu gewährleisten, legt das internationale Finanzsystem angemessene Wechselkurse fest.

**Wechselkurse** Der Wechselkurs ist der Preis einer heimischen Währungseinheit, ausgedrückt in einer ausländischen Währung, er gibt also das Austauschverhältnis zwischen zwei Währungen wieder. Bei einem günstigen Wechselkurs ist mehr ausländisches Geld pro Einheit heimischer Währung verfügbar. Die Folge ist eine steigende Nachfrage nach der heimischen, „starken“ Währung im Ausland. Zu den Faktoren, die das ausländische Vertrauen in eine Währung fördern und sie stärken, gehören politische Stabilität, eine niedrige Inflationsrate mit niedrigen Preisen und überdurchschnittlich hohe Zinsen für eine gute Kapitalrendite.

**Leitwährungen** Währungen, die langfristig stabil und vertrauenswürdig sind, bezeichnet man als Leitwährungen (engl. *reserve currency*). Regierungs- und Finanzinstitutionen weltweit bilden damit Reserven, um sie im internationalen Handel einzusetzen. Die wichtigste Leitwährung ist der US-Dollar mit einem Anteil von über 50 % im Welthandel.

**Schwankungen vermeiden** Eine starke Währung hat nicht nur Vorteile. Bei einem günstigen Wechselkurs können Konsumenten Importwaren günstiger einkaufen als vergleichbare heimische Produkte. Sinkt die Nachfrage nach heimischen Produkten, sinkt auch die Produktion, es werden weniger Arbeitskräfte benötigt und die Arbeitslosigkeit steigt.

Um dem entgegenzuwirken, versuchen nationale Regierungen ihre Währung stabil zu halten, etwa durch Importeinschränkung, Zölle oder Zinssenkung. Dann wiederum suchen heimische Investoren nach ausländischen Anlagemöglichkeiten, was den Wert der heimischen Währung gegenüber anderen senkt und die Exporte stimuliert.

**Malaysische Börse** Weltweit gibt es etwa 50 Finanzmärkte, die sich größtenteils in Industrie- und Schwellenländern befinden.

## DIE GRÖSSTEN FINANZMÄRKTE

Nach einer Schätzung besaßen die internationalen Kapitalmärkte 1999 ein Volumen von über 80 Trio. Dollar. Ende 1999 wurden die nationalen und internationalen Finanzen des weltweit größten Zentrums, New York, auf knappe 17 Mrd. US-Dollar geschätzt. Die Nummernsymbole verweisen auf die Position der wichtigsten Städte des internationalen Finanzsystems für bestimmte Finanzbereiche. Die Uhren zeigen die Zeitunterschiede an.

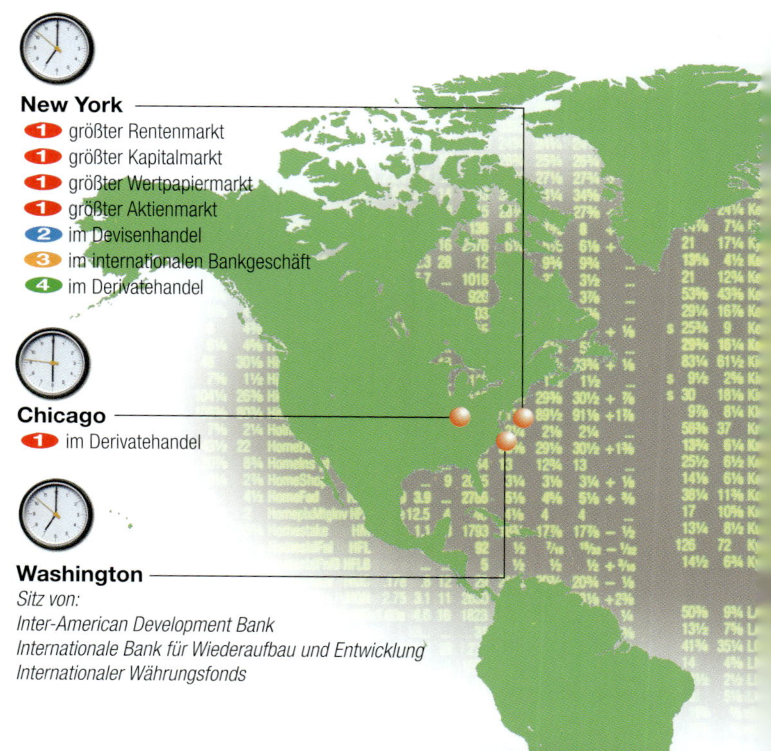


### Der Big-Mac-Index

Seit den 1980er-Jahren vergleicht das Londoner Wirtschaftsmagazin *Economist* anhand des Big-Mac-Index die Kaufkraft verschiedener Währungen. Der Big-Mac-Preis eignet sich als Vergleichsmaßstab, weil der Hamburger weltweit gleich ist. In den USA kostete der McDonald's Big-Mac im April 2001 2,54 US-$. In der Schweiz zahlte man dafür umgerechnet 3,65 US-$; in Malaysia hingegen nur 1,19 US-$. Anders ausgedrückt: In Malaysia erhält man doppelt so viel für einen Dollar wie in den USA und dreimal so viel wie in der Schweiz. Weist eine Währung im eigenen Land eine größere Kaufkraft auf als anderswo (der Big-Mac-Preis fällt), gilt sie als unterbewertet, d. h., in einem anderen Land muss man für das gleiche Produkt mehr von der Währung ausgeben. Bei geringerer Kaufkraft im eigenen Land (der Big-Mac-Preis steigt), ist sie überbewertet.

**Der Big-Mac-Preis im Vergleich (April 2001)**
Prozentanteil der Über- bzw. Unterbewertung zum US-Dollar

| | US-$ | % | | US-$ | % |
|---|---|---|---|---|---|
| *USA* | *2,54* | *0* | | | |
| Australien | 1,52 | −40 | Kanada | 2,14 | −16 |
| China | 1,20 | −53 | Malaysia | 1,19 | −53 |
| Dänemark | 2,93 | +15 | Russland | 1,21 | −52 |
| Euro-Länder | 2,27 | −11 | Schweiz | 3,65 | +44 |
| Japan | 2,38 | −6 | Großbritannien | 2,85 | +12 |

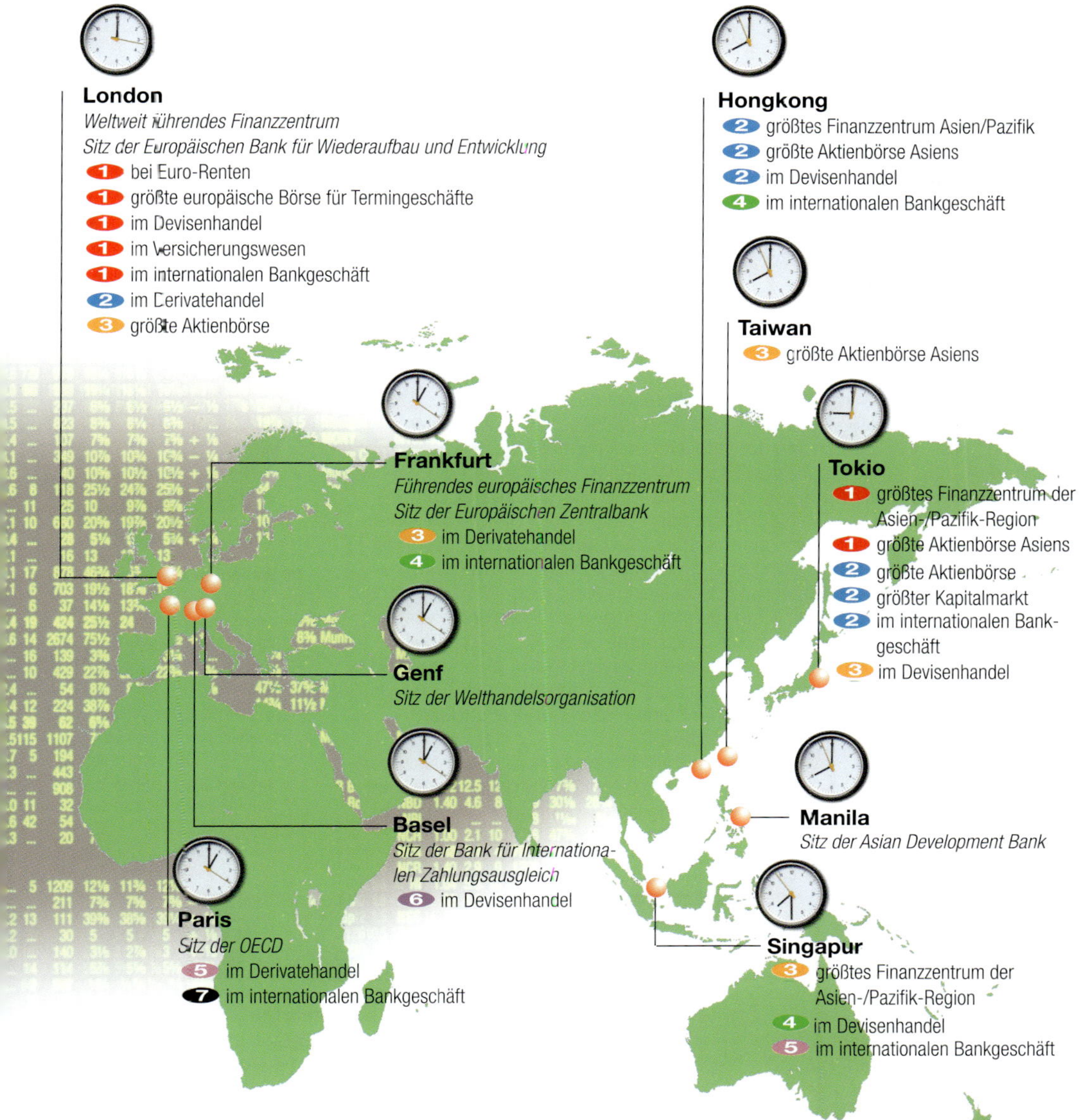


## SCHLÜSSELBEGRIFFE

**Kapitalmarkt** Handel mit staatlichen und privaten Wertpapieren (z. B. Staatsanleihen und Aktien), um Mittel für langfristige politische oder wirtschaftliche Investitionen zur Verfügung zu haben.

**Derivate** Finanzprodukte, die das Finanzrisiko bei Kauf und Verkauf von Waren absichern. *Futures* – Kauf oder Verkauf eines Produkts oder Vermögenswerts zum Festpreis auf Termin, als Absicherung gegen zukünftige Preis- oder Wechselkursschwankungen. *Swaps* – verwandeln schwankende Zinsen in feste Zinsen oder umgekehrt, sodass sich die Verbindlichkeiten verringern.

**Dividendenpapiere** Unternehmensanteile wie Aktien, die zum Bezug von Dividenden (Gewinnausschüttungen) berechtigen.

**Euro-Anleihen** Anleihen, die von internationalen Bankengruppen in einer international anerkannten Währung (Dollar, Yen, Schweizer Franken, Pfund) außerhalb deren Herkunftsland in mehreren Ländern gleichzeitig aufgelegt werden. Die Bezeichnung bezieht sich nicht auf Europa und hat nichts mit dem Euro zu tun.

## Internationale Finanzinstitutionen

Das internationale Finanzsystem regulieren Organisationen, die sich für eine Hebung des weltweiten Lebensstandards einsetzen. Folgende Institutionen fördern den Welthandel und die finanzielle Zusammenarbeit und stützen die Wirtschaft unterentwickelter Länder.

**Asian Development Bank (ADB)** Gegr. 1966. Fördert das Wirtschaftswachstum in Asien und Fernost durch Kredite und technische Unterstützung.

**Bank für internationalen Zahlungsausgleich (BIS)** Gegr. 1930. Gebildet aus den Zentralbanken der wichtigsten Industriestaaten. Aufgaben: Vereinfachung des internationalen Zahlungsausgleichs und Wirtschaftsforschung.

**Europäische Bank für Wiederaufbau und Entwicklung (EBRD)** Gegr. 1991. Unterstützt die Wirtschaftsreformen in Mittel- und Osteuropa.

**Europäische Zentralbank (EZB)** Gegr. 1998. Legt die Zinsen für den Euroraum fest.

**Inter-American Development Bank (IDB)** Gegr. 1959. Finanziert die wirtschaftliche und soziale Entwicklung in den Ländern Nord- und Südamerikas.

**Internationale Bank für Wiederaufbau und Entwicklung (IBRD, Weltbank)** Gegr. 1945. Bietet langfristige Investitionen, technische Unterstützung und Wirtschaftsberatung für Entwicklungsländer.

**Internationaler Währungsfonds (IWF)** Gegr. 1947. Eine Organisation der Vereinten Nationen, die monetäre Zusammenarbeit, Welthandel und Devisenstabilität fördert. Finanziert Kredite für Mitgliedsländer, die in Finanznot geraten.

**Organisation für wirtschaftliche Zusammenarbeit und Entwicklung (OECD)** Gegr. 1961. Fördert die internationale Wirtschafts- und Sozialpolitik zwischen den Mitgliedsstaaten und setzt sich für Wirtschaftswachstum und hohe Beschäftigung ein.

**Welthandelsorganisation (WTO)** Gegr. 1995. Verwaltet internationale Handelsverträge, schlichtet Konflikte, fördert den Abbau von Handelsschranken.

## Der Euro

Mit der Euroeinführung zwischen 1999 und 2002 entfielen die Wechselkurse zwischen den 12 Mitgliedsstaaten der Eurozone. Die Einheitswährung soll in den einzelnen Ländern für Preisstabilität sorgen und die Kosten für finanzielle Transaktionen senken. Auf diese Weise soll der Euro in der Lage sein, mit dem US-Dollar zu konkurrieren.

Siehe auch
326–7 **Internationale Organisationen**
328–9 **Europäische Institutionen**
454–5 **Wohlstand im Weltvergleich**
460–1 **Handel und Banken**

*Geld hat als Zahlungsmittel den Tausch von Waren abgelöst. Den Wert der ersten Münzen maß man nach ihrem Edelmetallgehalt. Heutiges Geld, das gesetzlich anerkannte Zahlungsmittel, weist einen eher geringen Eigenwert auf. Neue Zahlungsmethoden haben zu einem Wachstum der Geldmärkte geführt, auf denen heute Waren mit bestimmtem monetärem Wert gehandelt werden, z. B. Währungen, Gold, Unternehmensaktien und Renten.*

**Im Wandel der Zeit** Seit dem Mittelalter hat sich das Geld vom reinen Gold zu Plastik entwickelt. Eine spanische Dublone aus dem 16. Jh. und eine Diner's-Club-Karte – die erste Kreditkarte der Welt. 1951 stellte der Diner's Club die Karte für 200 Kunden aus, die sie als Zahlungsmittel in 27 New Yorker Restaurants verwenden konnten.

## WAS IST GELD?

Geld ist ein weltweit anerkanntes bequemes Zahlungsmittel für den Austausch von Waren und Dienstleistungen. Es löste den umständlichen Tauschhandel ab, der eine doppelte Übereinstimmung der Interessen zwischen Käufer und Verkäufer erforderte. Außerdem musste man für unterschiedliche Warentypen ein kompliziertes Vergleichsverfahren anwenden.

Metallmünzen haben sich seit dem 8. Jh. v. Chr. als Zahlungsmittel durchgesetzt, da sie zahlreiche praktische Eigenschaften besitzen:

- Die Edelmetalle verliehen den frühen Münzen einen hohen Eigenwert, der ihrer Größe und ihrem Gewicht entsprach.
- Da Metall in beliebigen Größen geformt werden kann, sind Münzen praktisch und eignen sich für kleinere Kaufgeschäfte.
- Münzen sind langlebig und wieder verwertbar – sie lassen sich einschmelzen und neu prägen.
- Geprägtes Metall ist schwer zu fälschen.

Für größere Geschäfte erwies sich der Tausch von Papiergeld als praktischer. Papiernoten dienten als Garantie des Ausstellers, dem Empfänger einen bestimmten Wert in Gold oder Silber auszubezahlen. Sie fanden ab dem 18. Jh. Verwendung.

Nach dem Ersten Weltkrieg verschwand die Verbindung von harter Währung und Edelmetall allmählich. Die Nachfrage nach Gold durch die Bankkunden verringerte sich, sodass die Banken zur Deckung der Währungen keine großen Goldreserven mehr vorhalten mussten. Das „Zahlungsversprechen" verlor seine Gültigkeit – die meisten modernen Währungen sind nicht mehr durch Edelmetall gedeckt. Ihr Wert leitet sich von einer offiziellen Genehmigung ab – das Geld wird von staatlicher Seite zum anerkannten Zahlungsmittel erklärt, daher seine Bezeichnung Fiat-Geld – Geld ohne Golddeckung.

Heute ist der Kauf von Waren und Dienstleistungen nicht mehr an Münz- und Papiergeld gebunden. Dank Scheck, einer Erfindung des 17. Jh., und Kreditkarte ist bargeldloses Zahlen einfach und effizient.

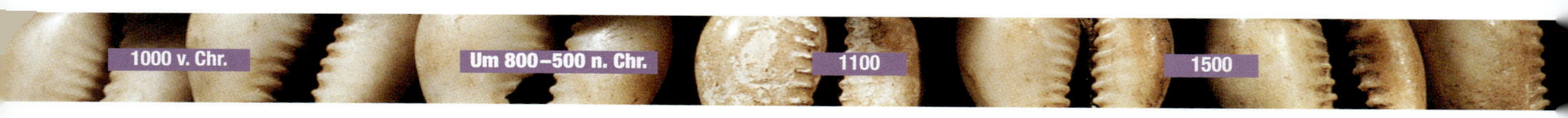


### Das erste Geld

Schön gearbeitete Werkzeuge und Waffen sowie Objekte von religiösem und zeremoniellem Wert sind als Zahlungsmittel anerkannt.

In Europa tauschen Händler Metallringe und -spiralen untereinander aus.

In Indien, China und dem Nahen Osten dienen Kaurimuscheln als allgemeines Zahlungsmittel. Mit der Entwicklung des Handels werden Kaurimuscheln auch in Asien, Afrika und den Pazifischen Inseln verwendet.

### Metallmünzen

Die ersten Münzen tauchen auf, ihren Wert setzt das jeweilige Land fest. Chinesische Händler tauschen Kupferscheiben aus. In Lydien (heute Türkei) prägen Kaufleute Münzen aus Elektron, einer Legierung aus Gold und Silber.

**7. Jh. v. Chr.** Ägäische Stadt-Staaten geben Edelmetall-Münzen mit geprägtem Staatsemblem heraus.

**6. Jh. v. Chr.** In Lydien werden die ersten Münzen aus reinem Gold und Silber hergestellt, mit garantiertem Gewicht und mit den Insignien des Königs Krösus geprägt.

### Internationale Systeme

Händler und Banken geben Wechsel aus, schriftliche Zusicherungen, einen Schuldbetrag später zu begleichen. So werden Kredite bereitgestellt. In Frankreich wird mit Wechseln gehandelt, was später zur Entstehung der Börse beiträgt.

**1252** Die Stadt Florenz prägt *fiorini d'oro* (Goldblümchen) – Goldmünzen mit Lilienmotiv. Durch ihre Verwendung im internationalen Handel gewinnen sie europaweit an Wert. Außerhalb Italiens werden sie als Florins bezeichnet.

### Kapitalmärkte

Aktiengesellschaften entstehen, indem zur Finanzierung neuer Unternehmen mehrere Inhaber „Aktien" zeichnen. Europäische Regierungschefs „mieten" die Unternehmen zur Erschließung und Kolonialisierung neuer Territorien.

**1555** Englische Kaufleute gründen in Russland die erste Aktiengesellschaft, The Muscovy Company. Jeder hat Anteile an Vermögen und Gewinn der Gesellschaft.

**1600** Gründung der Aktiengesellschaft East India Company für den Handel in Asien.

**Modernes Tauschen** Sokoto, Nigeria: Ein Handelsreisender präsentiert seine Waren dem Marktaufseher. Gold und Kolanüsse werden hier gegen Waffen und Salzkegel (vorn) getauscht.

**Schalterjob im Mittelalter** Italienische Kassierer warten im 14. Jh. in einer Bank auf Kunden. Im Mittelalter brachte der Handel mit Weizen und Wolle Italien Wohlstand.

## GELDMÄRKTE

Geldmärkte sind Institutionen, die Währungen und kurzfristige Finanzmittel kaufen und verkaufen. Markthändler handeln mit Goldbarren, Devisen und kurzfristigen Wertpapieren, also Urkunden, die die spätere Zahlung einer Schuld oder einer Forderung garantieren, wie etwa Renten und Aktien.

**Goldbarrenmarkt** Barren oder Ingots aus Gold werden hauptsächlich für industrielle Zwecke wie die Herstellung von Münzen, Industriekomponenten oder Schmuck gehandelt. Die größten Barrenmärkte sind Hongkong, London und New York.

**Devisenmarkt** Devisenhändler kaufen und verkaufen Währungen. Der Dollar ist das wichtigste Tauschmittel: Währungen werden zunächst gegen Dollar und dann gegen eine andere Währung getauscht.

**Wertpapiermarkt** Kauf und Verkauf von Wertpapieren finden an der **Börse** statt. Der Handel wird von Brokern betrieben, die im Auftrag ihrer Kunden handeln und dafür eine Provision berechnen. Die größten Börsen der Welt sind London, New York und Tokio.

**On-Screen-Trading** 1983 führte man an der Börse von Toronto den elektronischen Handel ein: Bei diesem System erhalten Mitglieder via Bildschirm direkten Zugriff auf Handelsinformationen. Das System wurde weltweit von den Börsen übernommen, was zu einem Handelsaufschwung und zu einem breiteren Handelsangebot führte.

## Schlüsselbegriffe

**Renten** (Bonds) Festverzinsliche Staats- oder Unternehmensanleihen; sie sind nach Ablauf einer bestimmten Frist rückzahlbar.

**Aktien und Anteile** Anteile sichern die Beteiligung an einem Unternehmen. Aktien sind Bündel von Unternehmensanteilen; in Großbritannien bezeichnet dieser Begriff auch festverzinsliche Kredite für Unternehmen, Behörden und Regierungen.

**FAKTEN**

**Die ersten Börsen entstanden in Antwerpen (1531), Hamburg (1558) und Amsterdam (1611). Die Londoner Börse wurde 1773 eröffnet und die New Yorker 1817.**

**Wertloses Geld** In den 1920er-Jahren druckte man in Deutschland Geldnoten für die Zahlung von Reparationsforderungen. Durch die Vergrößerung des Geldbestands stiegen die Preise. Die Inflation erreichte 1923 einen Höchstwert von 332 % im Monat und machte die Währung wertlos.

Siehe auch
454–5 **Wohlstand im Weltvergleich**
456–7 **Internationale Finanzmärkte**
460–1 **Handel und Banken**
462–3 **Die Grundlagen der Wirtschaft**

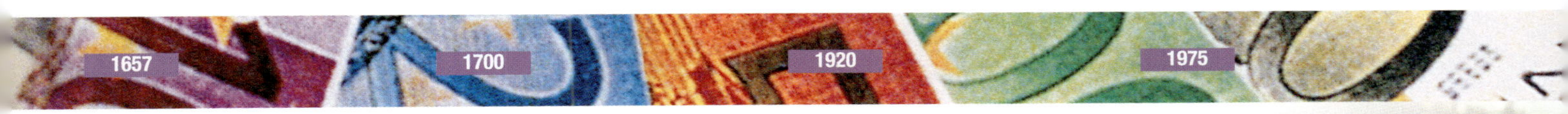

### 1657

**Bankwesen und Papiergeld**
Die Bank von Stockholm nimmt ihre Tätigkeit auf – als erste Bank mit Kreditabteilung. 1661 gibt sie die ersten Geldscheine Europas heraus. Schwere Schulden treiben sie 1664 in den Bankrott.

**1668** Der Niedergang der Bank von Stockholm führt zur Gründung der weltweit ersten Zentralbank – der staatseigenen Bank von Schweden.

**1694** Die Bank von England wird gegründet und trägt zur Entstehung der City of London als internationalem Finanzzentrum bei.

### 1700

**Leere Versprechen**
Das Fehlen von Regularien ermutigt französische und britische Aktiengesellschaften zu wilden Spekulationen, Investoren werden große Gewinne in Aussicht gestellt.

**1720** Die britische South Sea Company bietet der Öffentlichkeit Aktien an. Um das Geschäft voranzutreiben, streut die Firma Gerüchte über künftige hohe Gewinne und besticht Politiker. Der Aktienkurs steigt von £ 128 im Januar auf £ 1000 im August. Im September verlieren die Investoren das Vertrauen in dieses Geschäft – die Versprechen erweisen sich als haltlos, und der Aktienkurs stürzt in den Keller.

### 1920

**Börsenkrach**
In den USA sind in den 1920er-Jahren Kredite leicht zu erhalten und werden für Aktienkäufe verwendet. Die Kurse gehen hoch.

**1929** Die Zentralbank der USA, Federal Reserve, setzt Spekulationen durch verschärfte Kreditaufnahmebedingungen ein Ende.

**24. Oktober 1929: der Schwarze Donnerstag** Investoren verlieren das Vertrauen und verkaufen Aktien. Dann bricht der Markt zusammen. Die USA kündigen internationale Darlehen auf, europäische Banken müssen schließen. Private Ersparnisse werden abgehoben, was zur Weltwirtschaftskrise führt.

### 1975

**Deregulierung**
**1. Mai: May Day** Die New Yorker Börse schafft feste Provisionen für Broker ab und ermöglicht ihnen konkurrenzfähige Preisgestaltung.

**Oktober 1986: der große Crash** Die Londoner Börse schafft feste Provisionen für Broker ab. Das weltweit einmalige System der so genannten Jobber (Wertpapierhändler) und Broker (Vermittler zwischen Jobber und Öffentlichkeit) wird abgeschafft und die beiden Berufe zu einem verschmolzen. Jetzt kann der Broker direkt mit Aktien handeln, der Markt wächst.

## Der Goldstandard

Bis 1937 entsprachen die Währungssysteme vieler Länder einem gemeinsamen Standard: Die Grundeinheit einer Währung richtete sich nach einem bestimmten Goldgewicht. Jede Münze und Banknote war durch den entsprechenden Goldwert gedeckt. Das Gold war in der Zentralbank deponiert und hatte einen weltweiten Standardwert, was den Zahlungsverkehr sehr vereinfachte.

Der historische Goldstandard begann seinen weltweiten Siegeszug von England aus im 19. Jh. Er wurde im Ersten Weltkrieg außer Kraft gesetzt und nach der Weltwirtschaftskrise allmählich aufgegeben.

*Fast 80 % der weltweiten Waren und Dienstleistungen werden von nur einem Sechstel der Weltbevölkerung produziert, das wiederum 80 % des Wohlstands auf sich vereint. Der Handel mit diesen Gütern finanziert die künftige Produktion, senkt Kosten, stimuliert das Wachstum und steigert das Volkseinkommen. Der Wohlstand eines Landes lässt sich an der Stärke seines Banksystems messen.*

## WOZU HANDEL?

Nur wenige Länder könnten ihren guten Lebensstandard ohne internationalen Handel halten. Alleinige Nutzung der landeseigenen Rohstoffe erlaubt einem Land nur eine begrenzte Warenproduktion. Der Welthandel macht eine Rohstoff-Vielfalt verfügbar – vom Erdöl aus dem Nahen Osten bis zum Holz aus Norwegen. Er ermöglicht zudem die Verteilung verschiedener Waren aus den einzelnen Ländern. Der Handel hat außerdem Vorteile für die Binnenwirtschaft:

- Der Import von Rohstoffen belebt die Binnenproduktion und den Export von Fertigerzeugnissen.
- Geld für exportierte Waren und Dienstleistungen fließt ins Land.
- Steigende Industrieproduktion lässt Dienstleistungszweige wie Bankwesen, Güterverkehr und Versicherungen wachsen.
- Die Beschäftigung steigt; die Industrie stellt mehr Arbeitskräfte ein, damit sie mit dem Wachstum der Waren und Dienstleistungen mithalten kann.

**Wohlstand durch Spezialisierung** Länder nutzen eigene Rohstoffe und verfügbares Fachwissen zur Herstellung bestimmter Warentypen. Indonesien beispielsweise hat sich auf Nutzholz und Holzprodukte spezialisiert, Japan auf elektronische Produkte. Sind Rohstoffe und Fachwissen leicht verfügbar, senkt dies die durchschnittlichen Produktionskosten, die Produktivität steigt, was wiederum zu einem Überschuss an Waren führt. Der Überschuss kann gegen Produkte aus anderen Ländern gehandelt werden, deren Herstellung im eigenen Land zu teuer ist. Auf diese Weise senkt der internationale Handel die weltweiten Produktionskosten, der durchschnittliche Arbeitnehmer kann für sein Geld mehr kaufen und der Lebensstandard steigt.

### Protektionismus kontra Freihandel

**Protektionismus**
Als Maßnahme zum Schutz der Binnenwirtschaft vor ausländischem Wettbewerb verhängen Regierungen Handelsschranken. Dazu zählen Zölle – auf Importe erhobene Abgaben oder Steuern, um den Verkaufspreis zu erhöhen – sowie die Beschränkung von Importen.

**Pro**
- Weniger Konkurrenz für heimische Hersteller.
- Die Handelsbilanz des Landes (durch Warenverkauf erzielte Gewinne) verbessert sich.
- Neue heimische Wirtschaftszweige werden geschützt, bis sie sich etabliert haben.

**Kontra**
- Andere Länder antworten mit Handelsschranken.
- Heimische Wirtschaftszweige bilden Monopole.
- Weniger Auswahl und höhere Preise für Konsumenten.

**Freihandel**
Der freie Warenhandel zwischen Ländern ohne Handelsschranken erhöht die Produktion. Die Welthandelsorganisation, 1995 gegründet, setzt sich für eine internationale Abschaffung von Handelsschranken ein.

**Pro**
- Exporte steigen und damit die Industrieproduktion.
- Verbraucher genießen eine größere Auswahl an Produkten, die Preise sind meist niedriger.
- Die Länder spezialisieren sich zunehmend auf den Typ von Waren und Dienstleistungen, den sie produzieren.

**Kontra**
- Importe können Exporte übersteigen, d. h., Geld fließt als Bezahlung ausländischer Waren aus dem Land.
- Sind bestimmte Waren in anderen Ländern günstiger, leidet die Binnenwirtschaft unter der Konkurrenz durch preisgünstigere Importe.

### Internationale wirtschaftliche Zusammenarbeit

Der freie Handel funktioniert einfacher auf der Ebene von Wirtschaftsvereinigungen als ungeregelt. Es gibt zwei solcher Vereinigungen:

**Freihandelszone** Vereinigung von Ländern, die die Abschaffung von Zöllen, Kontingenten und Exportanreizen beim Handel mit Partnerländern vereinbart haben, während Zölle und Kontingente gegenüber Drittländern erhalten bleiben. Beispiel: Die Nordamerikanische Freihandelszone (NAFTA), 1994 von Kanada, den USA und Mexiko gegründet.

**Zollunion** Ländervereinigung, die die Abschaffung von Handelsschranken untereinander vereinbart hat und einen gemeinsamen Zoll gegenüber Drittländern erhebt, wie die Europäische Union (EU) seit 1993. Neben dem freien Handel betreiben die EU-Mitgliedsstaaten auch eine gemeinsame Landwirtschafts-, Transport- und Sicherheitspolitik.

## BANKWESEN

In den meisten Ländern steuert eine Zentralbank, die ein System aus Handels-, Investment- und Universalbanken unterstützt, den Geldumlauf.

**Zentralbanken** halten Gold- und Devisenreserven und unterstützen Handelsbanken bei Bedarf durch kurzfristige Darlehen. Sie transferieren Gold und Währungen in bzw. aus anderen Zentralbanken und internationalen Finanzinstitutionen. Ihre Hauptaufgabe besteht darin, für hohe Beschäftigung und Produktion zu sorgen und durch das Regulieren monetärer Konditionen die Preisstabilität aufrechtzuerhalten. Zu ihren Methoden gehören:

- Kontrolle des Geldbestands durch Herausgabe von Banknoten, Erwerb oder Verkauf von Staatsanleihen und Verwaltung der Inlandsschulden.
- Information der Regierung über Geldbestand, Stand der Zinsen, Wechselkurse und Inflationsrate.
- Festlegung der nationalen Zinssätze.
- Intervention in die Geldmärkte, um den Wechselkurs der nationalen Währung zu stabilisieren.

**Handelsbanken** tätigen in Zweigstellen Geschäfte mit Privatkunden über Konten – Entgegennahme von Einzahlungen, Kreditvergabe und Wechsel ausländischer Währungen. Handelsbanken sind gewinnorientierte Unternehmen und werden auch als Kreditinstitute bezeichnet. In den USA werden sie mitunter *member banks* genannt (Mitgliedschaft im Federal Reserve Board).

**Investmentbanken** handeln mit Aktien und Renten und informieren ihre Kunden über die geeignete Methode und den Zeitpunkt der Herausgabe von Aktien (Zahlungsversprechen für unverkaufte Anteile oder Renten). Sie nehmen keine Einzahlungen von Privatkunden entgegen.

**Universalbanken** kombinieren die Funktionen von Handels- und Investmentbanken. Sie nehmen Einzahlungen von Privatkunden entgegen, vergeben Kredite und unterzeichnen Wertpapiere. Sie bieten außerdem Versicherungs-, Management- und Finanzberatungen.

## Einflussreiche Zentralbanken

**Federal Reserve Board (USA)** 1913 gegründet; Sitz in Washington, D.C. Kurzform „The Fed". Bestimmt die Politik von zwölf regionalen Zentralbanken (Federal Reserve Banks) in den USA und ist damit die größte Zentralbank der Welt. Weisungsgebunden an den amerikanischen Kongress.

**Bank of England** 1694 gegründet; Sitz in London. Als einflussreichste Bank im 18. Jh. diente sie als Modell für andere Zentralbanken. Sie war bis 1946 eine Privatbank und wurde dann verstaatlicht. 1997 erlangte sie unabhängige Verantwortung zur Festsetzung der Zinssätze.

**Deutsche Bundesbank** 1875 gegründet, Sitz in Frankfurt. Deutschlands Zentralbank und die wichtigste Bank der Euroregion. Bis 1945 staatlich; heute unabhängig. Operiert bundesweit über neun Landeszentralbanken.

## Internationale Handelsbanken

In den 1960er-Jahren begannen die Banken Vertretungen, Büros und Zweigstellen in Übersee zu errichten. Heute ist die Anzahl ausländischer Handelsbanken im Finanzviertel einer Stadt Maßstab für deren internationales Ansehen. London zählte bis Mitte der 1990er-Jahre über 5000 ausländische Banken, was den Einfluss der „City" zeigt.

Internationale Handelsbanken (Großhandelsbanken) haben mit Finanzinstitutionen zu tun, z. B. Unternehmenskunden und Regierungsbehörden. Sie finanzieren Importe und Exporte über Wechsel, vergeben Kredite an Übersee-Kunden und handeln auf den globalen Geldmärkten.

## Die größten Banken der Welt

Große Bankreserven sind ein Zeichen für einen hohe Industrieproduktion und eine prosperierende Wirtschaft. In den 1960er-Jahren waren die US-Banken die größten der Welt. In den 1980er-Jahren gelang es Japan, aufgrund hoher Produktivität die Führung zu übernehmen. Nach dem Wirtschaftsrückgang in Japan in den 1990er-Jahren nahmen die US-Banken wieder die internationale Spitzenposition ein.

**Kernkapital (2001)**

| | | | (Mrd. US-$) |
|---|---|---|---|
| 1 | Citigroup | USA | 58,4 |
| 2 | Bank of America Corp | USA | 41,9 |
| 3 | Mizuho Financial Group | Japan | 40,5 |
| 4 | J. P. Morgan Chase & Co | USA | 37,7 |
| 5 | HSBC Holdings | GB | 35,1 |
| 6 | Sumitomo Mitsui Banking Corp | Japan | 30,0 |
| 7 | Crédit Agricole Groupe | Frankreich | 28,9 |
| 8 | Mitsubishi Tokyo Financial Group | Japan | 25,7 |
| 9 | UFJ Holding | Japan | 23,8 |
| 10 | Industrial and Commercial Bank of China | China | 23,1 |
| 11 | Bank of China | China | 22,1 |
| 12 | Deutsche Bank | Deutschland | 21,9 |

## Zahlungsbilanz

Ähnlich wie Unternehmen jedes Jahr Bilanz ziehen, erstellt auch die Regierung jedes Landes jährlich eine Zahlungsbilanz, in der alle Transaktionen mit dem Ausland aufgezeichnet werden. Die Zahlungsbilanz weist zwei Teilbilanzen auf, Leistungsbilanz und Kapitalbilanz. Die Summe dieser beiden Bilanzen ist stets Null.

• **Leistungsbilanz** Die Leistungsbilanz setzt sich aus vier Zahlen zusammen:

- der Differenz zwischen Importen und Exporten (Handelsbilanz).
- den Einnahmen aus Dienstleistungen (z. B. Versicherungs-, Transportwesen und Tourismus), abzüglich der Zahlungen für Dienstleistungen (Dienstleistungsbilanz).
- den Einnahmen aus Auslandsinvestitionen.
- Transferzahlungen aus der Staatskasse an Privatkunden (z. B. Spenden, Subventionen).

• **Kapitalbilanz** Eine Aufzeichnung des in Transaktionen verwickelten Kapitalverkehrs, z. B. der private bzw. staatliche Erwerb von Wertpapieren oder Maschinen.

**FAKTEN**

**Die berühmte Bank von England wurde 1694 von Kaufleuten gegründet, um dem englischen König Wilhelm III. ein Darlehen über 1,2 Mio. £ für dessen Kriege gegen Frankreich zu finanzieren. Der König zahlte 8 % Zinsen.**

Siehe auch
454–5 **Wohlstand im Weltvergleich**
456–7 **Internationale Finanzmärkte**
458–9 **Geld und Märkte**
462–3 **Die Grundlagen der Wirtschaft**

*Die Volkswirtschaftslehre untersucht Produktion, Verteilung und Verbrauch von Wohlstand. Die Mikroökonomie befasst sich mit Personen, Verbrauchergruppen, Unternehmen und Wirtschaftszweigen. Die Makroökonomie studiert die Weltwirtschaft und das komplexe interne und externe Zusammenspiel zwischen Ländern und Staatengemeinschaften mit einer gemeinsamen Wirtschaftspolitik, z. B. der EU.*

## Die größten Wirtschaftsprobleme

Die Wirtschaft basiert auf dem Gedanken, dass wirtschaftliche Ressourcen (Land, qualifizierte Arbeitskräfte, Energievorkommen usw.) im Gegensatz zu den Bedürfnissen begrenzt sind. Darüber hinaus ist die Verfügbarkeit einiger Ressourcen unausgeglichen. So haben Industrieländer Lebensmittel im Überfluss, während es in vielen Entwicklungsländern Hunger gibt.

**Angebot und Nachfrage** Die Verteilung der Ressourcen findet vorwiegend auf dem Markt statt – der „Interessengemeinschaft" zwischen Menschen, die Waren und Dienstleistungen kaufen bzw. verkaufen und dafür ein gemeinsames Tauschmittel, z. B. Geld, zugrunde legen. Der Markt wird durch Angebot und Nachfrage reguliert. Das Angebot ist die Menge eines bestimmten Gutes, die Hersteller zu einem bestimmten Preis anbieten. Die Nachfrage ist die Menge, die Menschen zu einem bestimmten Preis zu kaufen bereit sind. Durch Analyse von Angebot und Nachfrage lässt sich der exakte Preis für ein Produkt ermitteln.

**Wo Angebot und Nachfrage zusammentreffen** Das Diagramm unten zeigt Angebot und Nachfrage bei einem Automobilhersteller, der ein neues Modell auf den Markt bringt. Die Angebotsanalyse zeigt, dass bei einem Preis von 5000 EUR pro Stück die Firma 400 000 Fahrzeuge produzieren kann und dass bei einem Preis von 2000 EUR die Produktionszahl auf 100 000 sinkt. Hingegen zeigt sich bei der Analyse der Nachfrage, dass ein Preis von 5000 EUR nur 200 000 Kunden anzieht, ein Preis von 2000 EUR jedoch 400 000 Kunden. Es gibt nur einen „Gleichgewichtspreis": bei 4000 EUR treffen Angebot und Nachfrage zusammen.

## AUFSCHWUNG UND FLAUTE

Schwankungen der wirtschaftlichen Aktivität, also Auf- bzw. Abschwünge, kennzeichnen die freie Marktwirtschaft. Ein Aufschwung ist eine lange Wachstumsperiode, bei der die Produktion von Waren und Dienstleistungen (Bruttosozialprodukt BSP) steigt, kombiniert mit einem Anstieg der Beschäftigung, der wiederum eine Nachfrage bewirkt. In der Regel steigen auch die Zinsen. Die Kehrseiten eines Aufschwungs können sich folgendermaßen darstellen:

- **Inflation** Allgemeiner Preisanstieg über einen längeren Zeitraum. Mögliche Auslöser sind Anstieg der Nachfrage oder Preise für Rohstoffe und Arbeitskräfte. In der Regel folgt auf eine Inflation eine…
- **Deflation** Sinkt die Nachfrage, weil sie befriedigt ist oder aus anderen Gründen, kann es zu einem lang anhaltenden Preisrückgang kommen, die Produktion geht zurück, die Arbeitslosigkeit steigt.
- **Stagflation** Die Beschäftigung stagniert oder sinkt bei gleichzeitigem Preisanstieg, wie im Westen in den 1970er-Jahren.
- **Rezession** Plötzlicher, kurzfristiger Rückgang der Wirtschaftsaktivität sowie der Produktion, mit Anstieg der Arbeitslosigkeit.
- **Depression** Eine verlängerte Version der Rezession, das markanteste Beispiel war die Weltwirtschaftskrise in den 1920er-Jahren.

**Schwankungen des BSP in den USA**

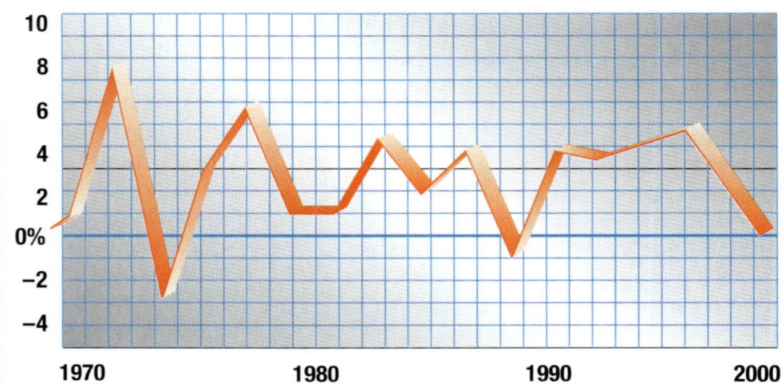


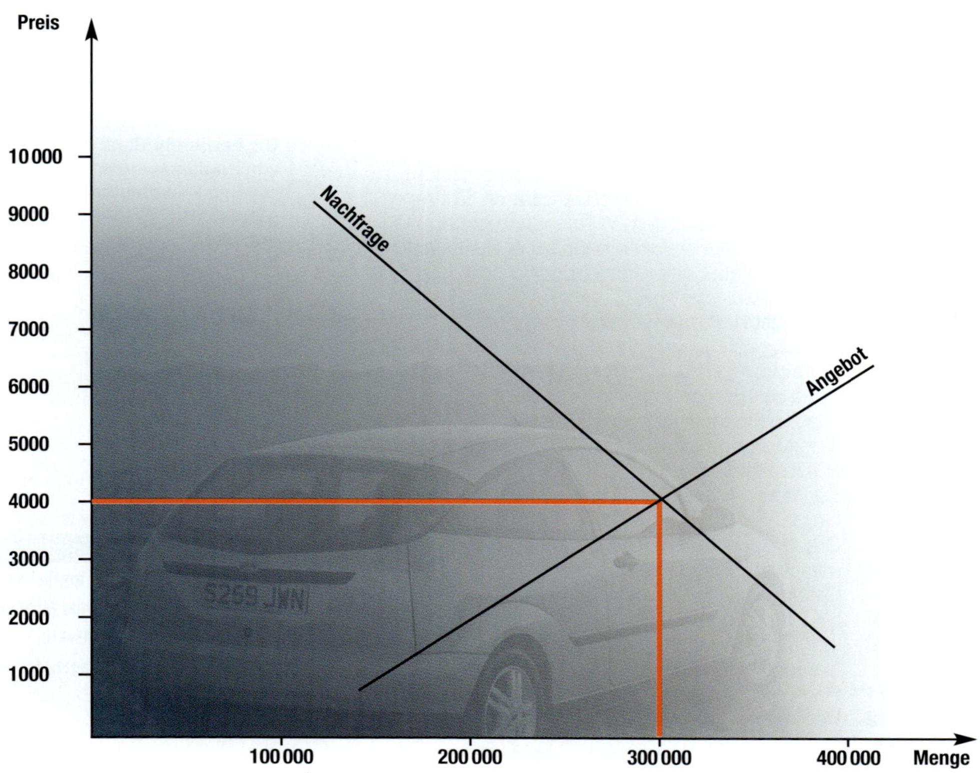


## SCHLÜSSELBEGRIFFE

- **Kapital** Jede Art von materiellen Gütern, mit denen weitere Güter produziert werden können (Gewinn), in Form von Geld oder Eigentum, z. B. Bauernhöfe, Fabriken, Maschinen, Immobilien und Währungen.
- **Land** Alle natürlichen Ressourcen im Besitz von Privatpersonen, Gesellschaften, Unternehmen oder Nationen, einschließlich der Ozeane und des Weltalls.
- **Geldmenge** Die Vermögensbestände einer Wirtschaft, die gegen Waren und Dienstleistungen eingetauscht werden können: Geldscheine, Münzen, Bankkonten und Einlagen.
- **Volkseinkommen** Der Gesamtwert aller Einkommen aller Bürger einer Volkswirtschaft.
- **Reserven** Der Gesamtbetrag der Devisen- und Goldreserven, die für die Begleichung von Auslandsschulden im Falle einer Forderung aufbewahrt werden.

## Die wichtigsten wirtschaftstheoretischen Ansätze

Wirtschaftstheoretiker erfüllen zwei Aufgaben: Wie Wissenschaftler analysieren sie das System und bieten wie Politiker Veränderungsvorschläge. Die Geschichte der Wirtschaftswissenschaft ist eine Geschichte dieses Prozesses der Beobachtung und der Intervention. Einige Wirtschaftswissenschaftler widmen sich vorrangig der einen oder der anderen Aufgabe, andere versuchen, beides zu vereinen.

**Merkantilismus**
Grundthese: Staatliche Intervention in die Wirtschaft ist erwünscht, um den Lebensstandard zu verbessern.

**Laissez-faire**
Grundthese: Die Wirtschaft reguliert sich selbst, der Staat sollte sich nicht einmischen.

**Malthusianische Wirtschaftstheorie**
Grundthese: Die Bevölkerung wächst schneller als der Anstieg der Lebensmittelproduktion.

**Klassische Wirtschaftstheorie**
Grundthese: Fertigungswissen und Rolle der Arbeit sind der Schlüssel zur gesellschaftlichen Entwicklung.

**Wirtschaftlicher Determinismus**
Grundthese: Das freie Marktsystem ist lediglich eine Stufe im Verlauf der wirtschaftlichen Entwicklung.

**Makroökonomie**
Grundthese: Das Festlegen von Größen für die Produktion aller Industrien kann staatliche Entscheidungsfindungen erleichtern.

**Technostruktur**
Grundthese: Moderne Volkswirtschaften erzeugen immer größere Unternehmen, die als monopolistische Machtsysteme operieren.

**Monetarismus**
Grundthese: Ein Anstieg der Geldmenge ist eine der Hauptursachen der Inflation.

**Gerard Malines**
(1586–1641)
Englischer Kaufmann und Regierungsbeamter. Schrieb *The Centre of the Circle of Commerce* (1623).
Seine Thesen:
- Einfuhrzölle sollten erhoben und Goldbarrenexporte verboten werden.
- Der Staat sollte den Devisenhandel kontrollieren.

**Adam Smith**
(1723–90)
Schottischer Philosophie-Professor. Veröffentlichte 1776 *Der Wohlstand der Nationen*.
Seine Thesen:
- Das Eigeninteresse des Volkes kann zum Wohl der Wirtschaft beitragen.
- Arbeitsteilung: Höhere Wirtschaftsproduktivität durch Spezialisierung.

**Thomas Malthus**
(1766–1834) Englischer Pfarrer und Mathematiker. Veröffentlichte 1798 *Über die Bedingungen und Folgen der Volksvermehrung*.
Seine Thesen:
- Die Bevölkerungsexplosion hat eine Massen-Hungersnot zur Folge.
- Der Hungersnot ist nur über eine gezielte Geburtenkontrolle (kleinere Familien) beizukommen.

**David Ricardo**
(1772–1823) Europäischer Finanzmarktspekulant. Schrieb 1817 *Die Grundsätze der Politischen Ökonomie und Besteuerung*.
Seine Thesen:
- Den Wert eines Gutes bestimmt der Produktionsaufwand.
- Die Wirtschaft muss anhand eines entsprechenden theoretischen Modells analysiert werden.

**Karl Marx**
(1818–83)
Deutscher Journalist und Philosoph. Schrieb 1867 *Das Kapital*.
Seine Thesen:
- Die Industrialisierung konzentriert das Kapital in den Händen weniger großer Firmen.
- Die Arbeiter werden nicht bezahlt; sie entscheiden sich dafür, ihre Leistung an den Arbeitgeber zu „verkaufen".

**John Maynard Keynes**
(1883–1946) Englischer Mathematiker. Schrieb 1936 *Allgemeine Theorie der Beschäftigung, des Zinses und des Geldes*.
Seine Thesen:
- Es gibt keine allgemeine Tendenz, dass die Arbeitslosigkeit sinkt.
- Staatliche Ausgaben können einen wirtschaftlichen Aufschwung erzeugen.

**John Kenneth Galbraith** (*1908)
Amerikaner. Schrieb 1952 *Der amerikanische Kapitalismus*.
Seine Thesen:
- Große Firmen kämpfen unablässig ums Überleben.
- Fortgeschrittene Wirtschaftssysteme schaffen „falsche" Bedürfnisse.

**Milton Friedman**
(*1912)
Amerikaner. Schrieb *Inflation, Causes and Consequence* (1963).
Seine Thesen:
- Inflationskontrolle heißt Geldmengenkontrolle.
- Hohe Gehälter sind der Lohn risikofreudiger Unternehmer.

Siehe auch
454–5 **Wohlstand im Weltvergleich**
456–7 **Internationale Finanzen**
458–9 **Geld und Märkte**
460–1 **Handel und Banken**

## WIRTSCHAFTSSYSTEME

Wirtschaften werden danach eingeteilt, ob freie Marktwirtschaft oder staatliche Lenkung vorherrschen. Die Wirtschaftssysteme der meisten Länder sind von beidem geprägt.

- **Freie Marktwirtschaft** Minimale staatliche Kontrolle. Die Gesetze von Angebot und Nachfrage bestimmen, wie und an wen die Ressourcen des Landes verteilt werden. Kapitalismus, da sich das Kapital in Privateigentum befindet und privat verwaltet wird.
- **Soziale Marktwirtschaft** Ein aktiver Privatsektor koexistiert mit einem bestimmten Grad an staatlicher Intervention. Unternehmer produzieren und verkaufen Waren gemäß Angebot und Nachfrage, können Kapital besitzen und Arbeitskräfte einstellen. Der Staat besitzt ebenfalls Kapital, bestimmte Wirtschaftszweige gehören dem Staat und werden staatlich betrieben, z. B. Transport, Erziehung und Bildung sowie Gesundheitswesen.
- **Planwirtschaft** Alle wirtschaftlichen Ressourcen – Land, Grundbesitz und Kapital – befinden sich in Staatsbesitz. Der Staat erstellt Pläne, wie diese Ressourcen, einschließlich Arbeit, verteilt werden, was Landwirte und Fabriken produzieren sollen und wie und an wen die produzierten Waren verteilt werden. Dieses Wirtschaftssystem wird als Kommunismus bezeichnet, da sich das Kapital in kollektivem Gemeinschaftsbesitz befindet.

**Staatsintervention, Schätzwerte in Prozent**

## Wirtschaftssektoren

Wohlstand entsteht durch den Verkauf von Waren und Dienstleistungen. Die Wirtschaftstätigkeit teilt sich in drei Sektoren. Die meisten Entwicklungsländer konzentrieren sich auf den Primärsektor, Industriestaaten sind allgemein tätig.

| | |
|---|---|
| **Primärsektor** | Landwirtschaft<br>Fischerei<br>Bergbau |
| **Sekundärsektor** | Verarbeitende Industrie<br>Bausektor<br>Energie und Wasser |
| **Tertiärsektor** | Dienstleistungen (Versicherungen, Vertrieb, Transport, Bildung und Erziehung, Gesundheit) |

*Obwohl die Erde ausreichend Nahrung für alle Menschen zur Verfügung stellen kann, herrschen in vielen Ländern Lebensmittelknappheit und Hungersnot. Hauptursachen für dieses Ungleichgewicht sind Überbevölkerung, besonders in Indien und China, Dürreperioden wie in der afrikanischen Subsahara-Region sowie Kriege. Internationale Hilfsmaßnahmen werden durch moderne Anbaumethoden und verbesserte Kommunikation erleichtert.*

## DIE GRÜNE REVOLUTION

Mit dem Ersten und Zweiten Weltkrieg kam Hunger in weite Teile der Welt. Bewaffnete Konflikte unterbrachen die Lebensmittelversorgung, und der Ruf nach einer Organisation, die für jedes Land ausreichend Nahrung sicherstellt, wurde lauter. 1945 wurde die Welternährungsorganisation der UN (FAO) gegründet. Sie sollte die Lebensmittelproduktion erhöhen und die Nahrung gerecht verteilen.

### Eine neue Initiative

Ein Anstieg der Weltbevölkerung nach dem Zweiten Weltkrieg erreichte Anfang der 1960er-Jahre seinen Höhepunkt. 1963 leitete die FAO die „Grüne Revolution“ ein mit dem Ziel, die Lebensmittelproduktion hinsichtlich eines künftigen Bevölkerungszuwachses zu steigern. Durch Züchtung wurden von Reis, Weizen und Mais Hochertragssorten entwickelt. Sie ermöglichten pro Anbaufläche jährlich drei Ernten. Landwirte wurden zum großzügigen Einsatz von Dünge- und Pflanzenschutzmitteln ermutigt.

Bis in die 1980er-Jahre hatten sich die Erträge von Weizen und Reis vervielfacht; einige Entwicklungsländer produzierten erstmals Überschüsse. Die Steigerung der Einnahmen ermöglichte die Mechanisierung von Betrieben und weiter steigende Erträge. Dünge- und Pflanzenschutzmittelhersteller entwickelten sich zu einflussreichen Unternehmen.

**Eingriff in die Natur** Die Kreuzung bestimmter Reissorten erhöht die Ernteerträge und stärkt die Abwehrkräfte gegen Krankheiten.

### Die Schattenseiten

Von der Initiative profitierten meist größere und wohlhabendere Landwirte, ärmere konnten sich das neue Saatgut, die Dünge- und Pflanzenschutzmittel nicht leisten. Die Mechanisierung erhöhte die Arbeitslosigkeit, mehrmaliges Abernten zerstörte fruchtbare Böden. Die chemischen Mittel erwiesen sich als umweltschädlich und giftig. Heute sind einige Experten für eine neue Revolution gegen die Hungersnot mit genetisch veränderten Nutzpflanzen (GM).

### Genetisch veränderte Nutzpflanzen

Dank der modernen Biotechnologie kann man die Gene einer Pflanze so verändern, dass gewünschte Eigenschaften hervortreten. Man entnimmt das betreffende Gen einem Organismus und setzt es in einen anderen ein. Z. B. kann man ein Gen, das gegen einen Schädling resistent macht, von einem Bakterium auf Mais übertragen.

**Vorteile**
- GM-Mais ist gegen Krankheiten und Pilzbefall resistent, chemische Spritzmittel entfallen.
- Die Pflanze ist produktiver und die Ernte kann länger gelagert werden.

**Nachteile**
- Die Langzeitwirkung auf Mensch und Umwelt ist bislang nicht erforscht.
- Entwicklungsländer können sich GM-Pflanzen nicht leisten.
- Verlust der Artenvielfalt.

## Kalorienverbrauch im Weltvergleich

Den Vereinten Nationen zufolge sollte für eine gesunde Ernährung der durchschnittliche Kalorienwert eines Erwachsenen bei 2400 liegen. Menschen, die sich viel bewegen oder in kälteren Klimazonen leben, benötigen entsprechend mehr Kalorien als solche, die weniger aktiv sind oder in den Tropen leben. In Ländern mit einem täglichen Durchschnittswert von 2000 Kalorien oder weniger (2000 Kalorien entsprechen 2,2 kg Kartoffeln bzw. 1,4 kg Reis) ist der Großteil der Bevölkerung chronisch unterernährt. Etwa 800 Mio. Menschen in den Entwicklungsländern leiden Hunger. In den Industrieländern ernähren sich etwa 34 Mio. Menschen falsch.

**Täglicher Kalorienverbrauch pro Person**

- Über 3000
- 2800–3000
- 2600–2800
- 2400–2600
- 2200–2400
- 2000–2200
- Unter 2000

**Natürliche Anpassung** In den Anden haben sich infolge der Anpassung an die unterschiedlichen Klimabedingungen verschiedene natürliche Maissorten entwickelt. Damit ist eine vielfältige Quelle für die Zucht entstanden.

## Die größten Hungerkatastrophen des 20. Jh.

Die schlimmsten Hungersnöte des 20. Jh. sind größtenteils auf menschliches Versagen zurückzuführen. Zwar trugen auch Missernten und Verteilungsprobleme zu den Katastrophen bei, doch hatte die Unterbrechung der Lebensmittelversorgung meist kriegerische und politische Ursachen.

| | | |
|---|---|---|
| 1921–3 | **Russland** | Die Folgen einer Dürre werden verschlimmert durch die bolschewistische Staatsführung, die die Herausgabe der ländlichen Getreidevorräte für den Verbrauch in den Städten anordnet. 6 Mio. Kleinbauern sterben. |
| 1933–8 | **Russland** | Zwischen 1929 und 1933 zwingt Stalin kleine Bauernhöfe in Kollektive, die Getreide zu Niedrigpreisen abliefern müssen. Hungersnot und 5 Mio. Tote im Kaukasus und in der Ukraine sind die Folge. |
| 1943 | **Bengalen** | Nach der Eroberung Burmas durch die Japaner fordert die durch den Krieg ausgelöste Lebensmittelknappheit 1,5 Mio. Opfer. |
| Ende 1940er | **China** | Als Folge einer Dürre und der Unruhen durch den Bürgerkrieg zwischen Kommunisten und Nationalisten sterben etwa 5 Mio. Menschen. |
| 1958–61 | **China** | Etwa 20 Mio. Menschen sterben als Folge von Mao Tse-tungs „Großer Proletarischer Kulturrevolution“, bei der die Verstaatlichung der Bauernhöfe und experimentelle Anbausysteme nicht den gewünschten Erfolg haben. |
| 1967–70 | **Nigeria** | 1 Mio. Menschen verhungern im Bürgerkrieg in der Provinz Biafra. |
| 1984 | **Äthiopien** | Ab 1975, als sämtlicher Grundbesitz in Staatshände überging, wurden die Kleinbauern gezwungen, Getreide unter dem Marktpreis an die Regierung zu verkaufen. Die Ernteerträge gingen zurück, Dürre kam hinzu. Die Folge waren fast 1 Mio. Hungeropfer. |

## Öko-Landwirtschaft

Ziel der ökologischen Landwirtschaft ist die Produktion von Nahrungsmitteln ohne Einsatz von Chemie und unter minimaler Belastung der Umwelt. Der Boden erhält Dung oder biologischen Kompost. Mittels Fruchtfolge und Einsatz natürlicher Feinde werden Pflanzenkrankheiten und -schädlinge minimiert.

**Vorteile**
- Bessere Bodenstruktur
- Geringe Umweltbelastung
- Gut für Tiere und Pflanzen

**Nachteile**
- Geringere Erträge als bei konventionellem Ackerbau
- Teurere Erzeugnisse
- Natürliche Schädlingsbekämpfung in Tropen uneffektiv

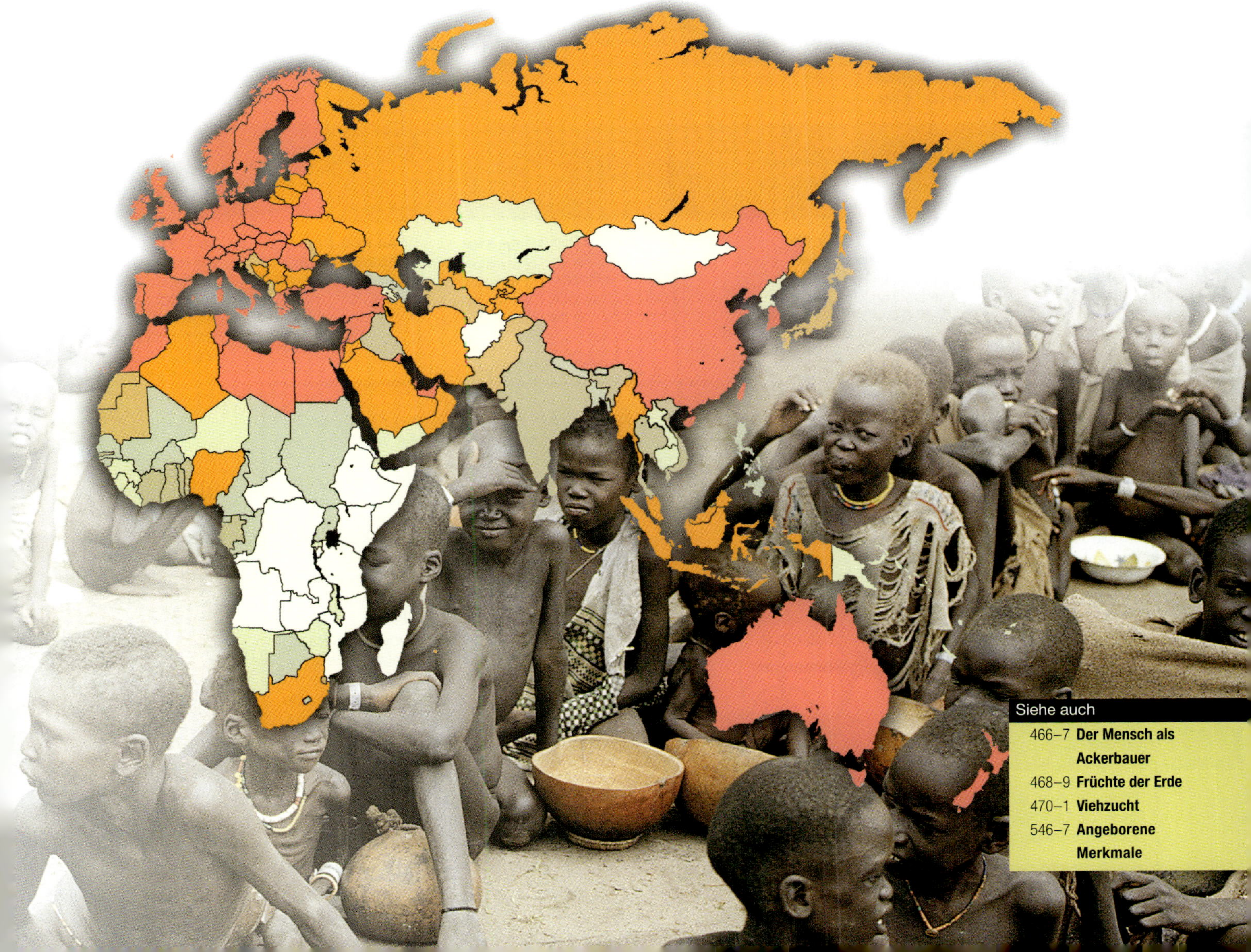

Siehe auch
466–7 **Der Mensch als Ackerbauer**
468–9 **Früchte der Erde**
470–1 **Viehzucht**
546–7 **Angeborene Merkmale**

*Vor etwa 8000 Jahren gab der Mensch das Jagen und Sammeln auf und wandte sich dem Ackerbau zu. Das war eine Voraussetzung für die Entstehung sesshafter Gemeinschaften. Aus ihnen entwickelten sich Klein- und Großstädte sowie Staaten; der Boden für die Entstehung von Handel und Wirtschaft war bereitet. Moderne Technologien – meist in Form von Dünger und Maschinen – steigerten in den wohlhabenderen Ländern die Erträge in der Landwirtschaft. Die weltweite Lebensmittelproduktion hat sich in den letzten 50 Jahren verdoppelt.*

## Das Norfolk-System

Im 18. Jh. wandten in Großbritannien die meisten Landwirte die zuerst in Norfolk praktizierte Fruchtwechselmethode an. Bis zum 19. Jh. hatte sie sich in weiten Teilen Europas durchgesetzt. Nach diesem Rotationssystem konnte man die Felder alljährlich nutzen, ohne den Boden überzubeanspruchen.

**1. Jahr** Weizenanbau

**2. Jahr** Wurzelgemüse wird angebaut, geerntet und im Winter als Viehfutter verwendet. Zuvor hatte das Vieh die Wintermonate nicht überlebt. Nun war es möglich, die Tiere zu füttern und im Frühling zu verkaufen.

**3. Jahr** Mist vom überwinterten Vieh wird verwendet, um den Boden zu düngen. Frühjahrsweizen und Gerste werden angebaut, gleichzeitig werden Klee und Roggen gesät.

**4. Jahr** Die Klee- und Roggenfelder aus dem 3. Jahr dienen als Weideland. Der Klee versorgt den Boden mit Stickstoff und durch den Dung der Weidetiere wird der Boden weiter angereichert, wovon die Weizenernte im darauf folgenden Jahr profitiert.

**Vorgeschichte** Die Menschen führen ein Nomadendasein als Jäger und Sammler, töten Tiere, um Fleisch und Leder zu gewinnen, und sammeln Wurzeln, Früchte und Getreide.

**Um 5000 v. Chr.** China kultiviert Reis im Nassfeldbau.

**Um 3500 v. Chr.** Maisanbau in weiten Teilen Nord- und Südamerikas

**Um 3000 v. Chr.** In Ägypten bringt ein Wasserhebegerät *(shaduf)* zur Bewässerung der Felder mit Nilwasser höhere Ernteerträge und Überschüsse.

**Um 1600 v. Chr.** Anbau von Wein und Oliven auf Kreta

**Um 1000 v. Chr.** Anbau von Roggen und Hafer in Nordeuropa

**65 n. Chr.** Der Römer Lucius Columella verfasst *De Re Rustica* (Vom Landbau), eine Abhandlung über die Landwirtschaft.

**Um 600** Fruchtwechsel in China gebräuchlich

**800** In Europa etabliert sich das offene Feldsystem.

**Um 1100** In China wird der schnellwüchsige Champa-Reis angebaut.

**Ab 1500** Einfuhr von Kartoffeln, Tomaten und Mais aus der Neuen Welt nach Europa.

**Ab 1700** Beginn der Agrarrevolution in Großbritannien.

**1701** Jethro Tull entwickelt den von Pferden gezogenen Saatbohrer, der in Reihen aussät.

**Ab 1730** Norfolk-Rotationssystem eingeführt

**Ab 1760** Robert Bakewell (1725–95) führt in Großbritannien die wissenschaftliche Viehzucht ein; sein „New Leicester"-Schaf ist schwerer und fetter.

## DIE GESCHICHTE DES PFLUGES

Die ersten Bauern hackten den Ackerboden mit einem einfachen Grabstock aus Holz. Von Ochsen gezogene Holzpflüge, etwa 3500 v. Chr. in Mesopotamien entwickelt, arbeiteten Überreste der vorherigen Ernte in tiefere Bodenschichten ein und reicherten sie an.

Die Ägypter fügten eine scharfe Schneide aus Feuerstein hinzu. Die Grabklinge aus Eisen, das Molterbrett, kam um 500 v. Chr. in China auf und wurde später von den Römern verwendet. Es war stabil genug für die feuchte und schwere Erde Nordeuropas.

Um 1000 v. Chr. wurde in China das geschwungene Molterbrett zum Wenden der Scholle erfunden; in Europa verwendete man es erst, als um 600 n. Chr. in Nordosteuropa die ersten schweren Pflüge zum Einsatz kamen. Diese Pflüge waren mit einer senkrechten Schneide versehen, dem Sech, sowie einer waagrechten Eisenpflugschar und einem Molterbrett. Oft hatten sie Räder, das erleichterte die Handhabung.

Außer durch die Erfindung des Pferdegeschirrs, das anstelle von Ochsen auch Pferde als Zugtiere ermöglichte, veränderte sich das Pflügen bis zum 18. Jh. kaum. Den ersten Pflug ganz aus Eisen baute 1808 Robert Ransome. Ihm folgte John Deere im Jahr 1837 mit einem Stahlpflug, der bei der Kultivierung der amerikanischen Prärien zum Einsatz kam. Zuletzt kam Energie hinzu: 1860 wurde der Pflug von stationären Dampfmaschinen an Kabeln gezogen, 1892 folgte der erste Benzintraktor und 1916 Henry Fords Massenmodell.

**Das Molterbrett** wendet die Erde um.

**Das Sech** schneidet den Erdboden an.

**Pflug** Die ursprüngliche Form des Pfluges hat sich in 1400 Jahren kaum verändert, außer dass Holz durch Stahl ersetzt wurde.

**Die Pflugschar** bricht die Erde um.

**FAKTEN**
1850 konnte ein US-Farmer mit seinem Ertrag im Durchschnitt fünf Menschen versorgen, heute sind es nahezu 80 Menschen.

## Moderne Ackerbaumethoden

Die landwirtschaftliche Revolution ging von Großbritannien aus, die mechanisierte Form des Ackerbaus von den USA. Sie setzte sich Mitte des 19. Jh. als Reaktion auf Arbeitskräftemangel, reichlich Brachland und den Eisenbahntransport durch. Landmaschinen wurden erst von Pferden, dann mit Dampf, schließlich durch Verbrennungsmotoren bewegt. Weiteren Fortschritt brachte Ende des 19. Jh. der Einsatz chemischer Düngemittel, besonders nachdem der deutsche Chemiker Fritz Haber 1913 ein Verfahren entwickelt hatte, mit dem sich Ammoniak aus Luft herstellen ließ. Mit der Entdeckung des Insektengifts DDT (1939) und des ersten selektiven Unkrautvernichtungsmittels 2,4-D (1945) gerieten die Landwirte in eine neue Abhängigkeit, da neben den Maschinen nun auch Chemikalien nicht mehr aus der Landwirtschaft wegzudenken waren.

**Koloss** Nur eine Person betreibt die modernen Mähdrescher, die das Getreide in einer 6 m breiten Schneise ernten, dreschen und aufnehmen, bevor sie es auf Lastwagen laden.

Siehe auch
166–7 **Vorgeschichtliche Welt**
464–5 **Welternährung**
468–9 **Früchte der Erde**
470–1 **Viehzucht**

1800 1850 1900 1925 1950 1975 1990

**1786** Der Schotte Andrew Meikle erfindet die von Pferden betriebene Dreschmaschine, die Frucht und Spelzen durch Reiben zwischen Walzen trennt.

**1801** In Großbritannien wird im Zuge der Enclosures (Einhegungen) Land in Privateigentum überführt. Dadurch wird einerseits die Produktivität gesteigert, andererseits werden viele Bauern ihrer Lebensgrundlage beraubt.

**1830er-Jahre** Der amerikanische Landwirt Cyrus McCormick erfindet die Mähmaschine. Hiram Moore und John Hascall patentieren den ersten von Pferden gezogenen Mähdrescher. John Deere baut den ersten Stahlpflug.

**1862** Der amerikanische Ingenieur L. O. Colvin erfindet die Melkmaschine. Elastische Schläuche, über einen Blasebalg betrieben, werden am Kuheuter angebracht.

**1884** Der Australier Hugh McKay erfindet die erste moderne Erntemaschine.

**1916** Henry Ford beginnt mit der Massenproduktion von Allzwecktraktoren.

**1920er-Jahre** Mähdrescher mit riesigen rotierenden Klingen bewältigen bis zu 0,8 ha Getreideanbaufläche pro Stunde.

**1940er** Einführung von Legehennenbatterien in den USA

**1945** Intensive Viehzucht zur Produktion von Schweinefleisch, Geflügel und Milch. Tierherden werden unter kontrollierten Futter- und Temperaturbedingungen gehalten.

**1960er-Jahre** Die „Grüne Revolution" läutet die Entwicklung von Hochertrags-Nutzpflanzen ein; der Einsatz chemischer Düngemittel in den Entwicklungsländern führt zu einer Steigerung der Produktivität.

**1980er-Jahre** Trend zu ökologisch kontrollierten Lebensmitteln aus Skepsis gegenüber modernen Anbaumethoden.

**1990er-Jahre** Erste Tests mit genetisch veränderten Nutzpflanzen.

## Einhegung von Gemeindeländereien

Im Mittelalter wurde in Europa Dreifelderwirtschaft betrieben. Große offene Felder waren in schmale Streifen eingeteilt; auf jeden Bauern fiel eine Anzahl von Streifen, die über drei Felder verteilt waren. Der Anbau erfolgte nach der Fruchtwechselmethode: in einem Jahr Weizen, dann Gemüse und Gerste, zuletzt Brache. Vieh weidete auf Gemeindeländereien und auf dem Ackerland.

Seit dem 11. Jh., verstärkt aber um 1800, stand diesem System – besonders in Großbritannien – die Praxis der Einhegungen entgegen, bei der unbewohntes Land, Brachland oder Gemeindeland (Allmende) in Privateigentum überging und zum Schutz eingehegt wurde. Die Großgrundbesitzer betrieben Landwirtschaft zu Gewinnzwecken. Zwar wurde so die Produktivität gesteigert, doch die Kleinbauern erhielten keine angemessene Entschädigung. Viele gerieten in Armut oder gingen zum Arbeiten in die Städte.

**Terrassenfeldbau** Miniaturfelder oder Terrassen machen Höhenlagen landwirtschaftlich nutzbar und ermöglichen es, Wasser zu speichern wie auf diesen 2000 Jahre alten Reisterrassen unweit von Banaue auf der Philippinen-Insel Luzon.

*Seit ungefähr 10 000 Jahren baut der Mensch Nahrungspflanzen an. Bis vor kurzem hing die Ernährungsweise einer Region mehr oder weniger noch von den lokalen Klima- und Bodenbedingungen ab. Im 20. Jh. ließen Wissenschaft, Kommunikation und Transportwesen einen einträglichen Markt für Obst und Gemüse entstehen. Heute kann man fast überall auf der Welt beinah alles kaufen – wenn man den Preis dafür zu zahlen bereit ist.*

## Wurzelgemüse

Der Handel mit stärkehaltigem Knollengemüse wie Kartoffeln, Süßkartoffeln oder Yamswurzeln spielt in der Weltwirtschaft eine große Rolle. Gleichzeitig ist Wurzelgemüse ein wichtiges Grundnahrungsmittel für wachsende Bevölkerungen.

**Kartoffeln** Ursprünglich von der Andenbevölkerung in Südamerika angebaut, gelangte die Kartoffel im 16. Jh. nach Europa. Bis zum 19. Jh. hatte sie sich von Irland bis Sibirien als Grundnahrungsmittel etabliert.

**Weltproduktion 2000:**
308,2 Mio. t

**Süßkartoffeln** In den tropischen Regionen Amerikas beheimatet. Grundnahrungsmittel im Süden der USA, wo sie auch als Viehfutter dienen. In Japan werden sie zur Herstellung von Alkohol verwendet.

**Weltproduktion 2000:**
141,1 Mio. t

**Yamswurzeln** Die Knollen tropischer Rankengewächse, die zur Gattung *Dioscorea* gehören. Werden in den Tropen als Gemüse verzehrt. In Ostasien schätzt man ihre verdauungsfördernden Eigenschaften.

**Weltproduktion 2000:**
38,8 Mio. t

## Obst

Obst wird in den meisten Klimazonen zu kommerziellen Zwecken angebaut, von tropischen bis zu kühlen Regionen. Es ist ein wichtiger Lieferant für Vitamine und Mineralstoffe.

**Äpfel** Das Ursprungsland des Apfels ist Afghanistan, heute gedeiht er in gemäßigtem Klima auf der ganzen Welt. Ein großer Teil des europäischen Ertrags dient zur Herstellung von Most.

**Weltproduktion 2000:**
60 Mio. t

**Bananen** Ursprünglich aus Südostasien, gedeihen sie heute in tropischen Regionen, von Afrika über die Westindischen Inseln bis Taiwan. Eine Staude trägt etwa 200 Früchte, die grün geerntet werden und nachreifen.

**Weltproduktion 2000:**
58,7 Mio. t

**Tomaten** In Südamerika beheimatet, galten sie früher als giftig und wurden bis zum 18. Jh. nur als Zierpflanzen gezogen. Heute weltweit als Nutzpflanze angebaut. Kommen auch als Treibhausware in den Handel.

**Weltproduktion 2000:**
100,8 Mio. t

## Getreide

Getreide wurde schon in vorgeschichtlicher Zeit als Grundnahrungsmittel kultiviert, Stroh diente als Viehfutter. Heute wird Getreide vorwiegend in gemäßigten Klimazonen mit eher wenig Regen angebaut.

**Weizen** Der Weizenanbau reicht bis ins antike Ägypten zurück. Weichweizen dient der Herstellung von Brotmehl, aus dem glutenhaltigen Hartweizen werden Pasta, Grieß und Frühstücksgetreide hergestellt.

**Weltproduktion 2000:**
580 Mio. t

**Reis** Reis ist für etwa die Hälfte der Weltbevölkerung das wichtigste Nahrungsmittel. Ursprünglich in Südostasien beheimatet, gedeiht Reis in feuchtwarmem Klima.

**Weltproduktion 2000:**
597,2 Mio. t

**Mais** Die Maispflanze ist in Nordamerika beheimatet. Sie gedeiht in sonnigem Klima. Mais wird entweder als Gemüse verzehrt, zu Maiskeimöl verarbeitet oder zu Maismehl vermahlen.

**Weltproduktion 2000:**
589,3 Mio. t

## Hülsenfrüchte

Der Begriff bezeichnet die essbaren Samen der Leguminosen, eines der traditionellen Grundnahrungsmittel Asiens. Sie haben weltweit einen festen Platz auf dem Speiseplan von Vegetariern, da sie wichtige Eiweißlieferanten sind.

**Linsen** In Südasien beheimatet, gehören sie zu den ältesten bekannten Lebensmitteln. Man fand Reste an bronzezeitlichen Stätten. Sie werden häufig in der afrikanischen, indischen und arabischen Küche verwendet.

**Weltproduktion 2000:**
3,2 Mio. t

**Erbsen** Die kleinen, runden, grünen Samen der Erbsenpflanze gedeihen in den gemäßigten Klimazonen der Welt. Bei einigen Sorten sind auch die Schoten genießbar.

**Weltproduktion 2000:**
17,9 Mio. t

**Bohnen** Bei einigen Sorten dieses wichtigen Eiweißlieferanten wie der Feuerbohne sind auch die Hülsen essbar; andere Sorten wie Kidney- und Saubohne haben genießbare Samen. Die Samen kann man trocknen.

**Weltproduktion 2000:**
23,4 Mio. t

## Sonstige Agrarprodukte

Neben den oben genannten Produkten gibt es eine ganze Reihe weiterer Lebensmittel, deren Handel in den Ländern, in denen sie produziert werden, eine zentrale Rolle spielt.

**Kokosnüsse** Die Milch wird getrunken und zum Kochen verwendet, das Fruchtfleisch verzehrt. Aus der Schale gewinnt man Kokosfaser für Matten oder Mulch, der beim Gärtnern verwendet wird.

**Weltproduktion 2000:**
58,4 Mio. t

**Zucker** Die weltweit wichtigste Quelle zur Gewinnung von Zucker ist das Zuckerrohr, ein großes tropisches Gras. In den kälteren und gemäßigten Klimazonen ist es die knollige Zuckerrübenpflanze.

**Weltproduktion 2000:**
1531,7 Mio. t

**Kakaobohnen** Aus den gerösteten und gemahlenen Samen des tropischen Kakaobaums wird Kakaopulver hergestellt, die wichtigste Zutat für Schokolade. Die Azteken machten sie im 16. Jh. den Spaniern bekannt.

**Weltproduktion 2000:**
3,1 Mio. t

## Die größten Anbauländer

Die Zahlen aus dem Jahr 2000 umfassen Eigenverbrauch und Exporte. Viele Entwicklungsländer konzentrieren sich zunehmend auf den Export und reservieren besten Boden für den Anbau hoch bezahlter Luxusprodukte für den Westen. Das bringt im besten Fall so viel Profit ein, dass vom Überschuss Grundnahrungsmittel, die im eigenen Land nicht mehr angebaut werden, gekauft werden können. Häufig jedoch führt die Konzentration auf lukrative Agrarprodukte zur Verschlechterung der eigenen Ernährungslage.

| Kaffee | (Mio. t) |
|---|---|
| Brasilien | 2,1 |
| Kolumbien | 0,6 |
| Indonesien | 0,5 |
| Vietnam | 0,4 |
| Mexiko | 0,3 |

| Mais | (Mio. t) |
|---|---|
| USA | 253,2 |
| Brasilien | 32,0 |
| Mexiko | 18,8 |
| Frankreich | 16,4 |
| Argentinien | 16,0 |

| Reis | (Mio. t) |
|---|---|
| China | 198,7 |
| Indien | 129,0 |
| Indonesien | 50,8 |
| Vietnam | 30,5 |
| Bangladesch | 29,8 |

| Zucker | (Mio. t) |
|---|---|
| Brasilien | 19,2 |
| EU | 17,9 |
| Indien | 14,3 |
| China | 8,9 |
| USA | 7,2 |

| Tee | (Mio. t) |
|---|---|
| Indien | 0,9 |
| China | 0,7 |
| Kenia | 0,3 |
| Sri Lanka | 0,3 |
| Türkei | 0,2 |

| Weizen | (Mio. t) |
|---|---|
| China | 109,7 |
| EU | 103,8 |
| USA | 69,4 |
| Indien | 65,9 |
| Russland | 27,0 |

**Trauben** Die grünen und blauen Beeren von *Vitis vinifera* werden seit Jahrtausenden in den warmen Regionen Südeuropas und in Nahost angebaut. Der Großteil der Ernte dient der Herstellung von Wein.

**Weltproduktion 2000:**
62,3 Mio. t

**Orangen** Aus Südostasien gelangten die ersten Orangen im Mittelalter nach Europa. Sie gedeihen in tropischen und subtropischen Regionen in Nord- und Südamerika, am Mittelmeer, in Australien und Südafrika.

**Weltproduktion 2000:**
66,1 Mio. t

**Oliven** Die wegen ihrer Früchte und dem daraus gepressten Öl geschätzten Oliven werden im Mittelmeerraum seit 3000 Jahren angebaut. Nach wie vor sind die Länder um das Mittelmeer führend in der Produktion.

**Weltproduktion 2000:**
13,7 Mio. t

**Hafer** Das stark fett- und eiweißreiche Getreide gedeiht besonders in den kälteren Regionen Nordamerikas und Russlands. Es wird als Lebensmittelzutat, etwa in Erdnussbutter, verwendet oder als Haferflocken.

**Weltproduktion 2000:**
26 Mio. t

**Gerste** Die ursprünglich ägyptische Frucht wird vorwiegend in Europa angebaut und gehört zu den härtesten Getreidesorten. Über 10 % des gesamten Weltertrags werden zum Mälzen und Brauen verwendet.

**Weltproduktion 2000:**
132,9 Mio. t

**Roggen** Die kälteresistente Getreideart wird in Nordeuropa als Viehfutter angebaut. Aus Roggen werden auch dunkles Brot, Flocken und Frühstücksgetreide hergestellt. Mit Gerste wird er für Roggenwhisky verwendet.

**Weltproduktion 2000:**
20 Mio. t

Siehe auch
470–1 **Viehzucht**
472–3 **Ernte im Meer**

**Sojabohnen** Diese vielseitige Bohnensorte hat einen hohen Eiweißgehalt. Sie kann als Gemüse verzehrt, zu Speiseöl, Mehl, Sojamilch und Tofu verarbeitet oder für die Herstellung von Sojasauce fermentiert werden.

**Weltproduktion 2000:**
161 Mio. t

**Erdnüsse** Erdnüsse sind in den tropischen Regionen Südamerikas beheimatet. Sie enthalten viel Fett, Eiweiß und Kalorien. Die größten Produzenten sind die USA, Indien, China und Westafrika.

**Weltproduktion 2000:**
34,5 Mio. t

**Kichererbsen** Ursprünglich in Asien beheimatet, werden sie heute auch in anderen Teilen der Welt angebaut. Sie sind meist in getrockneter Form erhältlich und lassen sich auch mahlen und zu Kichererbsenmehl verarbeiten.

**Weltproduktion 2000:**
8,8 Mio. t

**FAKTEN**
**In Brasilien wird aus Zucker ein Treibstoff, *Bagasse*, hergestellt.**

**Kaffee** Die Samen von *Coffea*, dem Kaffeestrauch, werden zu Kaffeebohnen geröstet. Der Genuss von Kaffee hat seine Wurzeln in Arabien und breitete sich im 17. Jh. nach Europa aus.

**Weltproduktion 2000:**
7,1 Mio. t

**Tee** Er wird aus den getrockneten Blättern des Strauches *Camellia sinensis* hergestellt, der in weiten Teilen Ostasiens gedeiht. Der Teegenuss breitete sich im 17. Jh. von China nach Europa aus.

**Weltproduktion 2000:**
2,9 Mio. t

**Pfeffer** Es handelt sich um die Früchte von *Piper nigrum*, der besonders in Vorderindien gedeiht. Europa ist seit je ein wichtiger Abnehmer. Hier war der Pfeffer einst sogar ein hoch geschätztes Zahlungsmittel.

**Weltproduktion 2000:**
248 570 t

**Vanille** Vanilleextrakt, als Aromastoff verwendet, wird aus den Schoten der tropischen Kletterorchidee gewonnen, die in Mittelamerika beheimatet ist. Sie gelangte durch die Spanier von Mexiko nach Europa.

**Weltproduktion 2000:**
5312 t

*Die Viehzucht liefert dem Menschen Nahrung, Kleidung und teilweise noch Antriebskraft. Dank systematischer Züchtung und Fortschritten in der Veterinärmedizin kann man heute profitablere Nutztiere als früher züchten, doch oft um den Preis qualitativ minderwertigen Fleisches und der Ausbreitung tödlicher Tierkrankheiten auch über Artengrenzen hinweg.*

## Rinder

### Fleischrinder

Für die Fleischproduktion gezüchtete Rassen haben ein schweres, gut entwickeltes Muskelgewebe, das von starken Knochen getragen wird. Sie sind stämmig um Lenden und Hinterbeine, wo das wirtschaftlich einträglichste Fleisch wächst.

- **Aberdeen Angus** Die schwarze, stämmige Rasse stammt ursprünglich aus Schottland. Sie ist wegen ihrer hohen Fleischqualität weit verbreitet.
- **Beefmaster** Die Kreuzung aus Brahman, Hereford und Shorthorn wurde zuerst 1908 in Texas gezüchtet. Die Rasse ist robust, fruchtbar und liefert mageres Fleisch. Das Fell ist rot, zuweilen weiß gescheckt.
- **Brahman** Hauptsächlich zu Kreuzungszwecken gezüchtet. Von den Hindus als heilig verehrt.
- **Brangus** Die Kreuzung aus Brahman, Aberdeen und Angus hat keine Hörner. Schwarzes Fell, robust.
- **Charolais** Die französische Rasse wird häufig für Kreuzungszwecke verwendet. Ihr Fell ist meist weiß oder cremegelb und schwarz gescheckt.
- **Chianina** Als Zugtier in der Toskana gezüchtet, wegen ihrer Fleischleistung geschätzt. Weiß oder hellgrau.
- **Hereford** Besonders wegen ihrer Widerstandsfähigkeit und frühen Reife beliebt. Das Fell ist rotweiß.
- **Piemonteser** Robuste italienische Rasse, zartes mageres Fleisch. Grau.
- **Simmenthal** Schweizer Rasse. Rotes Fell mit weißen Schecken, dient vornehmlich Kreuzungszwecken.

### Milchrinder

Sie sind groß, feingliedrig, haben große Euter und produzieren etwa 10 Monate nach dem ersten Kalben 10–15 l Milch am Tag.

- **Ayrshire** Untersetzte schottische Rasse mit sehr hoher Milchleistung. Rot oder braun mit weißen Schecken.
- **Schweizer Braunvieh** Gilt in den USA als Milchrasse; sonst wird sie wegen des habhaften, dichten Fleisches gezüchtet. Weiß bis dunkelbraun.
- **Guernsey** Rehbraunes Fell mit weißen Schecken, produziert Milch mit einem hohen Butterfettanteil.
- **Holstein Friesian** Schwarzweiß gefleckt, in Norddeutschland zu Hause. Liefert viel Milch und Butterfett.
- **Jersey** Ihre Milch enthält 50 % mehr Sahne als die anderer Milchkühe. Fellfarbe von Grau bis Dunkelbraun.

### Milch- und Fleischrinder

Einige Rinder eignen sich als Fleischproduzenten wie auch als Milchlieferanten (Zweinutzungsrassen). Die Nutzung hängt zuweilen vom Standort der Weideflächen ab, der entweder eine ertragsreiche Milchproduktion oder das Wachstum des Muskelfleisches begünstigt.

- **Alpenfleckvieh** Robust, wächst schnell. Rotes Fell mit weißen Schecken.
- **Milking Shorthorn** Sehr fruchtbar und langlebig. Rotes Fell mit wenigen weißen Schecken.
- **Red Poll** Keine Hörner, rotes oder cremefarbenes Fell. In Ostanglien (England) in den 1860er-Jahren gezüchtet.

### Die vielseitige Kuh

Außer Nahrung bietet die Kuh eine Reihe wertvoller Nebenprodukte:

- **Rindertalg** liefert Glyzerin für Kosmetik (Lippenstifte, Handcremes, Shampoos), Reinigungsmittel und Frostschutzmittel.
- **Knochenmehl** aus gemahlenen Knochen und Hufen wurde früher als Viehfutter verwendet. Heute findet es noch als Gartendünger Verwendung.
- **Kasein** ist das wichtigste Milchprotein und ein Hauptbestandteil von Käse. Wird als Eiweißergänzung bei Unterernährung und in der Kosmetik-, Farb- und Klebstoffproduktion verwendet. Vermischt mit Lab werden daraus Kunststoffe (Knöpfe) hergestellt.
- **Gelatine** wird aus Haut und Knochen gewonnen und dient als Geliermittel für Schaummassen, Gelee oder Marmelade. In Fotofilmen ist es ebenfalls enthalten, Pillen und Kapseln haben oft einen Gelatineüberzug.
- **Klebstoff** wird aus Kollagen hergestellt, einer Mischung aus Knochen und Gewebe.
- **Leder,** z. B. das weiche Kalbsleder. Gröbere Leder sind widerstandsfähiger und werden für stärker belastete Produkte wie z. B. Schuhsohlen verwendet.

### Rindfleischproduktion in Zahlen

**Die größten Rindfleischproduzenten (1999)**

| | | (1000 t) |
|---|---|---|
| 1 | USA | 12 050 |
| 2 | EU | 7 609 |
| 3 | Brasilien | 6 182 |
| 4 | VR China | 5 004 |
| 5 | Indien | 2 831 |

**Die größten Rindfleischexporteure (1999)**

| | | (1000 t) |
|---|---|---|
| 1 | Australien | 1 289 |
| 2 | USA | 1 141 |
| 3 | Brasilien | 615 |
| 4 | EU | 600 |
| 5 | Kanada | 540 |

### Milchproduktion in Zahlen

**Die größten Milchproduzenten (1999)**

| | | (1000 t) |
|---|---|---|
| 1 | EU | 121 078 |
| 2 | USA | 73 482 |
| 3 | Indien | 36 000 |
| 4 | Russland | 31 800 |
| 5 | Brasilien | 22 495 |

**Die größten Milchkonsumenten (1999)**

| | | (l pro Kopf) |
|---|---|---|
| 1 | Südafrika | 683 |
| 2 | Finnland | 181 |
| 3 | Kanada | 178 |
| 4 | Irland | 144 |
| 5 | Schweden | 134 |

## Schafe

Es wird geschätzt, dass es weltweit 1,2 Mrd. Schafe gibt. In Australien kommen auf einen Einwohner zehn Schafe. Die Rassen werden nach der Wollqualität klassifiziert, die in fein, mittelfein und grob unterteilt wird.

**Cheviot** Schottische Rasse, groß mit weißem Gesicht und schwarzer Nase. Gibt hochwertiges Lammfleisch und hat ein starkes Wollvlies, welches, mit anderen Garnen gemischt, sehr strapazierfähig ist.

**Columbia** In den USA beheimatet. Kreuzzüchtung aus Rambouillet und Lincoln; groß mit weißem Gesicht. Sein Wollvlies kann bis zu 7 kg wiegen.

**Heidschnucke** Alte, genügsame Rasse, wird zur Pflege der Heidelandschaft gehalten. Langhaariges graues oder weißes Vlies. In ganz Deutschland verbreitet.

**Karakul** In Asien beheimatet, liefert hochwertiges Fleisch. Sein raues braunes oder graues Wollvlies wird für Teppiche verwendet.

**Lincoln** Hat das längste Fell aller Rassen; sein Vlies kann über 9 kg wiegen. Die Wolle ist jedoch rau und nur für Teppiche geeignet.

**Merino** Ursprünglich aus Spanien, heute über die ganze Welt verbreitet. Liefert feine Wollfasern von sehr hoher Qualität. Das weiße Vlies bringt bis zu 5 kg auf die Waage.

**Rambouillet** Die größte unter den feinwolligen Rassen, in Frankreich beheimatet. Das weiche, weiße Vlies kann bis zu 8 kg wiegen.

**Rhönschaf** Vom Aussterben bedrohte Rasse, weiß mit schwarzem Kopf und unbewollten Beinen. Genügsam, eignet sich für die Landschaftspflege, liefert gutes Lammfleisch.

### Lammfleisch- und Wollproduktion in Zahlen

| Größte Fleischproduzenten (1999) | | (1000 t) |
|---|---|---|
| 1 | VR China | 1250 |
| 2 | EU | 1058 |
| 3 | Australien | 608 |
| 4 | Neuseeland | 498 |
| 5 | Pakistan | 301 |

| Größte Wollproduzenten (1999) | | (1000 t) |
|---|---|---|
| 1 | Australien | 707 |
| 2 | VR China | 280 |
| 3 | Neuseeland | 224 |
| 4 | Iran | 74 |
| 5 | Großbritannien | 66 |

## Schweine

Schweine werden in fast allen Teilen der Welt gehalten, außer in muslimisch und jüdisch geprägten Regionen.

**Berkshire** Eine mittelgroße englische Züchtung. Schwarz; Gesicht, Schwanzspitze und Füße weiß. In der zweiten Hälfte des 19. Jh. in Deutschland eingeführt.

**Duroc** Ursprünglich Ende des 19. Jh. in den USA gezüchtet; Fleisch und Schmalz von hoher Qualität. Die Farbe variiert von Hellgelb bis dunkelrot.

**Hampshire** Schwarz mit weißem Gürtel über Schultern und Vorderbeinen; mittelgewichtig mit auffallend langem Körper.

**Yorkshire oder Large White** Große englisch-chinesische Kreuzung. Blass, zuweilen dunkel gescheckt, gute Fleischleistung. Wird oft zum Einkreuzen verwendet.

**Nutztier Schwein**
Schweine reifen früh heran und liefern Fleisch und weitere Produkte:

**Schinkenspeck** ist ein fettes Fleisch aus Rücken und Lenden, es wird gepökelt und oft geräuchert.

**Schmalz** ist ein weiches, weißliches Fett zum Kochen.

**Schweinehaut** wird zu hochwertigen Lederwaren verarbeitet.

**Borsten** werden für Farbpinsel verwendet.

### Schweine in Zahlen

| Größte Fleischproduzenten (1999) | | (1000 t) |
|---|---|---|
| 1 | VR China | 39 835 |
| 2 | USA | 8 785 |
| 3 | Deutschland | 3 940 |
| 4 | Spanien | 2 900 |
| 5 | Frankreich | 2 386 |

| Größte Fleischexporteure (1999) | | (1000 t) |
|---|---|---|
| 1 | Dänemark | 1230 |
| 2 | Niederlande | 1164 |
| 3 | Belg./Lux. | 647 |
| 4 | Frankreich | 570 |
| 5 | Kanada | 502 |

## Hühner

Anerkannte Rassen sind mediterrane, asiatische, englische und amerikanische Züchtungen; die häufigsten Rassen sind Varianten aus diesen vier. Weltweit gibt es über 5 Mio. Legehennen in Batterien, die meisten von ihnen werden für die Geflügelproduktion gezüchtet.

**Cornish** Wird häufig zum Einkreuzen fleischreicher Arten verwendet.

**Leghorn** Die italienische Rasse gehört zu den produktivsten Legehennen.

**New Hampshire** Eine fleischige Rasse, aber auch eine gute Legehenne.

**Rhode Island Red** Nordamerikanische Rasse. Wegen ihres hochwertigen Fleisches beliebt und eine der bekanntesten Züchtungen.

Siehe auch
468–9 **Früchte der Erde**
472–3 **Ernte im Meer**

*Fischfang hat sich zu einem wichtigen Wirtschaftszweig entwickelt. Ende des 20. Jh. verdienten etwa 5 Mio. Menschen weltweit damit ihren Lebensunterhalt. In vielen Ländern wie z. B. China spielt der Handel mit Fisch und Fischprodukten eine bedeutende wirtschaftliche Rolle.*

## DIE WELTWEIT GRÖSSTEN FANGGEBIETE

In allen großen Fanggebieten übersteigen die Fangmengen die Regenerationsfähigkeit der Fischbestände. In einigen Gebieten wurde für vom Aussterben bedrohte Arten ein Totalverbot verhängt. Hier sind die Fangmengen einzelner Länder in den entsprechenden Gebieten aufgeführt (Stand: 2000):

### Nordost-Pazifik

**Hauptbestände:** Alaska-Seelachs, Sockeye-/Roter Lachs, Kabeljau, Seehecht, Krabben, Garnelen. Seelachs- und Schaltierfang stark reduziert.
**Fang (in 1000 t):** USA (2331), Kanada (143).
**Status:** Überfischt.

### Nordwest-Atlantik

**Hauptbestände:** Schellfisch, Seehecht, Hering, Garnelen, Hummer, Venus- und Herzmuscheln. Der Kabeljau-Fang ist momentan verboten.
**Fang (in 1000 t):** USA (985), Kanada (809), Grönland (122).
**Status:** Überfischt.

### Nordost-Atlantik

**Hauptbestände:** Kabeljau, Schellfisch, Hering, Wittling, Lachs (90 % gezüchtet), Lodde.
**Fang (in 1000 t):** Norwegen (2697), Island (1973), Dänemark (1543), Russland (989), Großbritannien (738).
**Status:** Überfischt.

### Zentralost-Atlantik

**Hauptbestände:** Sardine, Hering, Sardelle, Europäischer Pilchard, Makrele, Kabeljau, Seehecht, Thunfisch.
**Fang (in 1000 t):** Marokko (856), Senegal (380), Ghana (370), Nigeria (309), Ukraine (250), Russland (211).
**Status:** Überfischt.

### Nordwest-Pazifik

**Hauptbestände:** Japan-Sardelle, Haarschwanz, Tintenfisch, Lachs, Alaska-Seelachs, Makrele.
**Fang (in 1000 t):** VR China (14 571), Japan (4206), Russland (2342), Südkorea (1289).
**Status:** Rückläufige Bestände.

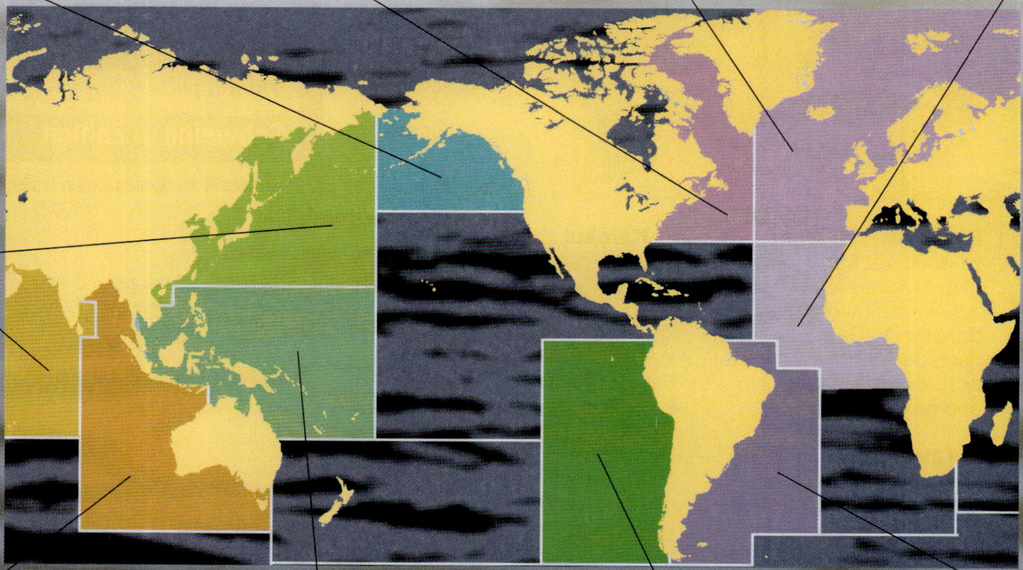

### Westindischer Ozean

**Hauptbestände:** Hering, Sardine, Sardelle, Indische Makrele, Thunfisch, Schaltiere.
**Fang (in 1000 t):** Indien (1884), Pakistan (438), Iran (260), Malediven (132), Oman (118), Jemen (114).
**Status:** Rückläufige Bestände.

### Ostindischer Ozean

**Hauptbestände:** Hering, Makrele, Thunfisch, Hummer, Garnelen.
**Fang (in 1000 t):** Indien (913), Thailand (911), Myanmar (880), Indonesien (672), Malaysia (519), Bangladesch (334), Sri Lanka (264).
**Status:** Rückläufige Bestände.

### Zentralwest-Pazifik

**Hauptbestände:** Thunfisch, Hering, Rotfisch, Makrele, Garnelen. Stark zurückgehende Thunfischbestände.
**Fang (in 1000 t):** Indonesien (3139), Thailand (1802), Philippinen (1738), Vietnam (1281), Malaysia (766).
**Status:** Rückläufige Bestände.

### Südost-Pazifik

**Hauptbestände:** Peru-Sardelle, Südamerikanische Sardine, Makrele, Thunfisch, Tintenfisch.
**Fang (in 1000 t):** Peru (10 626), Chile (4295), Ecuador (592).
**Status:** Rückläufige Bestände.

### Südwest-Atlantik

**Hauptbestände:** Argentinischer Seehecht, Blauer Wittling, Tintenfisch, Schaltiere (größtes Fischfanggebiet der südlichen Hemisphäre).
**Fang (in 1000 t):** Argentinien (890), Brasilien (510), Taiwan (248).
**Status:** Rückläufige Bestände.

### Überfischung

Jahrzehntelange Überfischung hat zu rückläufigen oder statischen Beständen in etwa 60 % der weltweiten Fanggebiete geführt. Die Gründe hierfür:

- Rapide steigende Nachfrage nach Fisch.
- Sechsfache Vergrößerung der internationalen Fischereiflotte seit 1970.
- Fabrikschiffe (Supertrawler) in den meisten Fanggebieten der Welt.
- Fischortungs- und Fangtechniken haben sich stark verbessert.

Neue Maßnahmen sollen den Rückgang der Fischbestände umkehren, u. a.: Fangquoten; Kontrolle der Netzmaschengrößen zum Schutz der Jungfische; Fangverbote; Fischzucht.

Durch ein wirksames Management der reduzierten Fischbestände hofft man, die jährliche Fischproduktion bis zum Jahr 2010 auf 144 Mio. t steigern zu können. Gelingt dies nicht, ist ein Rückgang um etwa 20 Mio. t die Folge.

| | Fang (Mio. t) 1955 | Fang (Mio. t) 2000 |
|---|---|---|
| **Nordwest-Atlantik** | 2,645 | 2,063 |
| **Nordost-Atlantik** | 6,937 | 10,919 |
| **Südwest-Atlantik** | 0,215 | 2,313 |
| **Zentralost-Atlantik** | 0,340 | 3,523 |
| **Westlicher Indischer Ozean** | 0,706 | 3,902 |
| **Östlicher Indischer Ozean** | 0,434 | 4,707 |
| **Nordwest-Pazifik** | 6,334 | 23,140 |
| **Zentralwest-Pazifik** | 1,021 | 9,898 |
| **Südost-Pazifik** | 0,311 | 15,822 |
| **Nordost-Pazifik** | 0,416 | 2,517 |

## FISCHFANGMETHODEN

Moderne Fischereiflotten verwenden immer raffiniertere Geräte und Methoden, um Fischschwärme zu orten und einzuholen. Beobachtung aus der Luft, kombiniert mit computerkontrollierten Satellitenortungs- und Echolotgeräten, sowie Fangnetze von riesigen Ausmaßen sichern hohe Fischfangquoten.

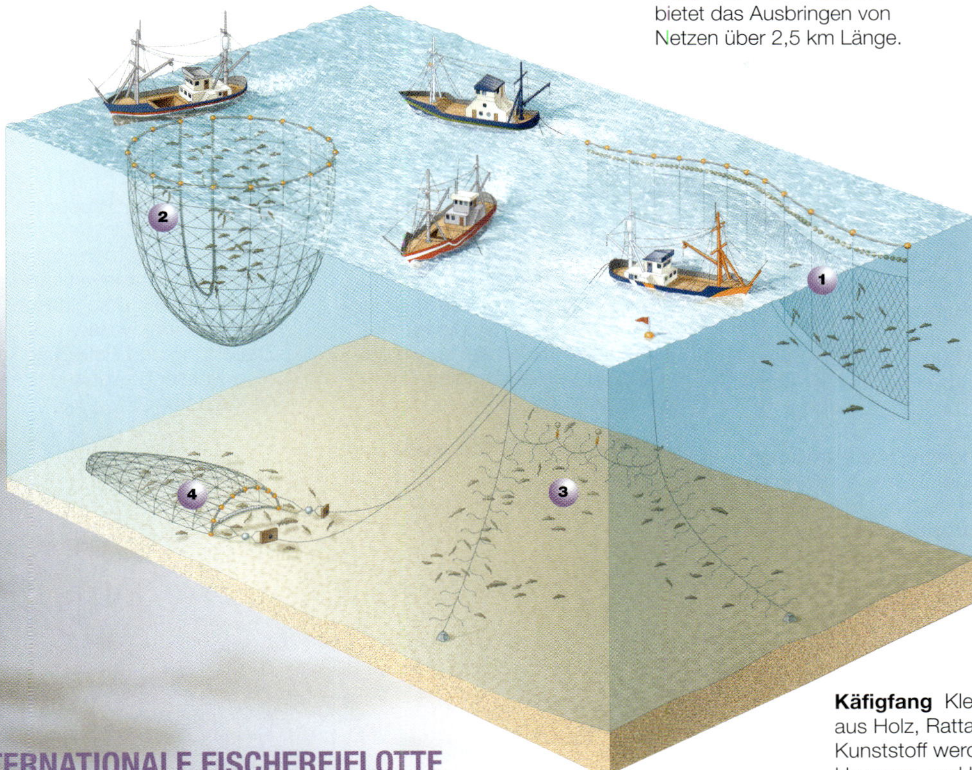


**1 Treibnetze** Lange, vorhangartige Netze aus reißfestem Nylon, die senkrecht im Wasser treiben oder durch Gewichte fest am Boden verankert sind. Oft verfangen sich Delphine und Schildkröten darin und verenden. Eine UN-Resolution verbietet das Ausbringen von Netzen über 2,5 km Länge.

**2 Beutelnetze** Durch Ringe an der Oberkante dieser beutelförmigen Netze ist ein Drahtseil gezogen. Das Netz wird kreisförmig um einen Fischschwarm gelegt und dann zugezogen. Mit ihm werden jährlich die größten Fangerträge erzielt.

**3 Langleinen** An Langleinen hängen kurze Leinen mit Köderhaken. Man fängt auf diese Weise hoch schwimmende Fische wie Thunfisch und Lachs. Wahlweise werden die Leinen am Meeresgrund ausgelegt, um Tiefschwimmer wie Kabeljau oder Heilbutt zu fangen. Eine Motorwinde holt den Fang ein.

**4 Trawlingnetze** Große kegelförmige Netze, die über den Meeresgrund gezogen werden und alles innerhalb ihrer Reichweite fangen. Das Trawling ist die wichtigste Fangmethode in Nordwest-Europa.

**Fabrikschiffe** Die großen Fischtrawler können riesige Fischschwärme fangen, an Bord verarbeiten, einfrieren und verpacken. So kann monatelang auf hoher See gefischt werden.

**Käfigfang** Kleine Käfige aus Holz, Rattan, Draht oder Kunststoff werden zum Hummer- und Krabbenfang vor felsigen Küsten in Reihen aufgestellt und mit Bojen markiert.

Siehe auch
96–9 **Fische**
468–9 **Früchte der Erde**
470–1 **Viehzucht**

## INTERNATIONALE FISCHEREIFLOTTE

Im Jahr 1996 umfasste die internationale Fischereiflotte 1,2 Mio. Schiffe, die vornehmlich im asiatischen Raum fuhren. Laut einer Schätzung der Vereinten Nationen müsste ein Drittel dieser Schiffe den Fang einstellen, damit sich der weltweit rückläufige Fischbestand erholt.

## FISCHZUCHT

20 % der im Handel erhältlichen Fische stammen aus so genannter Aquakultur, intensiver Fischzucht. Fischeier bleiben bis zum Schlüpfen in Warmwassertanks, die Brut wird in Süß- oder Salzwassertanks gezogen.

Asien hat eine lange Tradition der Karpfenzucht und produziert heute 90 % des Weltertrags. Lachs- und Forellenfischfang, der typisch für Schottland und Norwegen war, floriert heute auch in Kanada und Chile, den Hauptproduzenten für den europäischen Markt. Der Tilapia, ein dem Flussbarsch ähnlicher Fisch, wird erfolgreich in Teilen Afrikas gezüchtet.

### Fischfangaktivität

Fischfang ist in höchstem Maße regionalisiert. Nur etwa zehn Länder kommen für knapp 70 % des weltweiten Gesamtfangertrags auf.

**Die 10 größten Fischerei-Nationen (2000)**

| Land | Fang (Mio. t) |
|---|---|
| China | 16,987 |
| Peru | 10,658 |
| Japan | 4,989 |
| USA | 4,745 |
| Chile | 4,300 |
| Indonesien | 4,140 |
| Russland | 3,973 |
| Indien | 3,594 |
| Thailand | 2,923 |
| Norwegen | 2,703 |

### Beliebteste Fischarten

Wegen starker Nachfrage sind bestimmte Fischarten stark zurückgegangen und die Preise sind gestiegen. Bei der künftigen Aufstockung der Bestände wird wohl Fischzucht eine maßgebliche Rolle spielen.

**Die meistgefangenen Fischarten (2000)**

| Fischart | Fang (Mio. t) |
|---|---|
| Peru-Sardelle | 11,276 |
| Alaska-Seelachs | 3,024 |
| Hering | 2,370 |
| Thunfisch | 1,890 |
| Japan-Sardelle | 1,725 |
| Makrele | 1,540 |
| Haarschwanz | 1,479 |
| Spanische Makrele | 1,455 |
| Lodde | 1,455 |
| Blauer Wittling | 1,419 |
| Gelbflossen-Thunfisch | 0,997 |
| Dorsch | 0,945 |

### Fischliebhaber

Länder, die viel Fisch fangen, sind nicht unbedingt auch die Länder mit dem höchsten Konsum. Viele Länder betreiben Fischerei vorwiegend für den Export. Japan ist der größte Meeresfrüchte-Importeur, der 30 % des Welt-Thunfischfangs verbraucht.

**Die 10 größten Fisch-konsumenten (1997–9)**

| Land | Verbrauch (kg pro Kopf pro Jahr) |
|---|---|
| Malediven | 203,3 |
| Island | 90,2 |
| Kiribati | 75,1 |
| Japan | 65,2 |
| Seychellen | 62,7 |
| Portugal | 60,1 |
| Guyana | 59,6 |
| Malaysia | 57,7 |
| Norwegen | 51,9 |
| Samoa | 50,8 |

# Lebensquell Wasser

**Mit einer wertvollen Ressource sorgsam umgehen**

*Wasser ist eine begrenzte Ressource, die einen bedachtsamen Umgang erfordert. Sein natürliches Vorkommen sowie die Verfahren zum Sammeln, Speichern und Verteilen spielen für die Wirtschaft eines Landes eine entscheidende Rolle. Von diesen Faktoren hängt ab, welche Feldfrüchte angebaut und ob die Trinkwasserversorgung und der industrielle Bedarf gedeckt werden können. Die ersten Hochkulturen basierten auf intelligenter Nutzung des Nilwassers.*

## UNSER WASSER

Damit Wasser immer zur Verfügung steht, muss man ausreichende Mengen sammeln und speichern. Je nach Klima und Geographie geschieht dies unterschiedlich.

In **Asien** wird das Wasser aus Regenfällen und Flussüberschwemmungen während der Monsunzeit gesammelt und in Tanks und Reservoirs bevorratet. China, z. B., verfügt über 80 000 solcher Reservoirs.
In **einigen tropischen Regionen** und auf Inseln, etwa den Bermudas, wo es wenig Gewässer und Grundwasser gibt, hat jeder Haushalt ein eigenes Regenwasserreservoir.
In den **gemäßigten Klimazonen Europas** wird das Wasser im Einzugsgebiet der Flüsse gesammelt und verteilt, meist über künstliche Kanäle und Reservoirs. Großstädte wie Wien werden über Aquädukt-Systeme versogt.
Im **nordamerikanischen Raum** ist Kanada das Land mit den weltweit meisten Binnenseen. Der Ogallala Aquifer, die größte Grundwasserquelle der USA, erstreckt sich über gut 1 Mio. km² unter den zentralen Ebenen und versorgt große Städte über weitläufige Aquädukt-Systeme.
Das Wasser für die Versorgung **Südamerikas** wird größtenteils Amazonas, Orinoco und Paraguay-Paraná entnommen. Die meisten Seen liegen hoch oben in den Anden.
In weiten Teilen **Afrikas** fällt kaum oder unregelmäßig Regen. Seit den 1950er-Jahren sind einige Dämme und Reservoirs gebaut worden, doch muss man, z. B. in Äthiopien, nach wie vor oft weit zu einer Wasserstelle laufen.
Auf dem **australischen Kontinent** lagern 70 % der Wasserreserven unter dem Great Artesian Basin, dem weltweit größten artesischen Wasservorkommen (siehe rechts).

## Trinkwasseraufbereitung

Die meisten Flüsse und Seen führen für die Versorgung der Tier- und Pflanzenwelt ausreichend sauberes Wasser. Damit es auch für den Menschen genießbar ist, muss es im Wasserwerk gereinigt und aufbereitet werden.

**1** Nach dem Ausfiltern grober Schmutzpartikel wird das Wasser in große, offene Wassertanks gepumpt. Schwere Partikel sinken zu Boden. Die große Wasseroberfläche aktiviert den in der Luft enthaltenen Sauerstoff, der die verbliebenen Unreinheiten zersetzt.

**2** Anschließend wird das Wasser in die Aufbereitungsanlage gepumpt und mit Ozon begast. Dabei werden Unreinheiten wie Pestizide oder Nitrate zerstört.

**3** Danach lässt man das Wasser durch ein Filterbett sickern, das groben Sand enthält. Die Sandkörner fangen Schmutzpartikel, Bakterien und andere Mikroorganismen auf.

**4** Nach diesem Vorgang wird das Wasser erneut mit Ozon behandelt und dann in ein weiteres Filterbett mit einer dünnen Lage Aktivkohle geleitet; die winzigen Kohlenstoffkörnchen können schädliche Substanzen nach dem Schwammprinzip absorbieren. Hier werden alle restlichen gelösten Unreinheiten entfernt.

**5** Nun ist das Wasser so rein, dass es getrunken werden kann. Damit es lange frisch bleibt, wird es mit Chlor desinfiziert; das Chloraroma wird mit Natriumsulfat neutralisiert. Das Wasser wird in geschlossenen Tanks gelagert und gelangt von dort aus direkt in unsere Wasserhähne.

## WELTWEITES WASSERVORKOMMEN

**Das ganze Jahr über reichlich Wasser** In den äquatorialen Regenwäldern Südamerikas und Südostasiens gehen täglich große Mengen Regen nieder. Länder wie Thailand, Malaysia und Indonesien nutzen diese Klimabedingung zum Kultivieren von Ölpalmen und Gummibäumen.

**Beträchtliche saisonale Wasservorräte** In weiten Teile des indischen Subkontinents und Südchinas herrscht ein tropisches Monsunklima. 80 % der Jahresniederschlagsmenge fallen innerhalb von 3 Monaten. Ein solches Klima ist ideal für den Anbau von Reis.

**Wenig Wasser während der Wachstumsperiode** Das als Weide und Acker genutzte Grasland im Innern großer Kontinente hat meist ein trockeneres Klima als die Küsten. Auf trockene Winter folgen geringfügige Niederschläge im Frühjahr und Anfang Sommer.

**Ständiger Wassermangel** Einige Länder der arabischen Halbinsel haben sich unkonventionelle Wasserquellen erschlossen: Hier wird Trinkwasser durch die Entsalzung und Reinigung von Meerwasser gewonnen (siehe rechts unten).

**Die größten Stauseen**

## Der sterbende See

Einst war der Aralsee der viertgrößte See der Welt. Seit den 1960er-Jahren wurden seine Zuflüsse zur Bewässerung der Baumwollfelder in Kasachstan und Usbekistan umgeleitet. Der See begann zu verlanden, das schwindende Wasser wurde irreparabel durch Pestizide und Düngemittel verschmutzt. Heute ist der Aralsee ein ökologisches Katastrophengebiet. Bis zum Jahr 2015 wird er vermutlich völlig verlandet sein und eine Giftwüste hinterlassen.

## Wasserverbrauch

Über 90 % des weltweiten Wasserverbrauchs gehen zu Lasten der Landwirtschaft. Der Haushaltsverbrauch liegt bei rund 3 %, der industrielle Verbrauch ebenfalls. In der Industrie wird das meiste Wasser zum Kühlen von Kern- und anderen Kraftwerken sowie für den Antrieb der Turbinen in Wasserkraftwerken verwendet. Weitere Industriezweige mit hohem Verbrauch sind die Branchen Chemie, Erdöl, Papier und Maschinenbau.

**Weltweiter Wasserverbrauch**

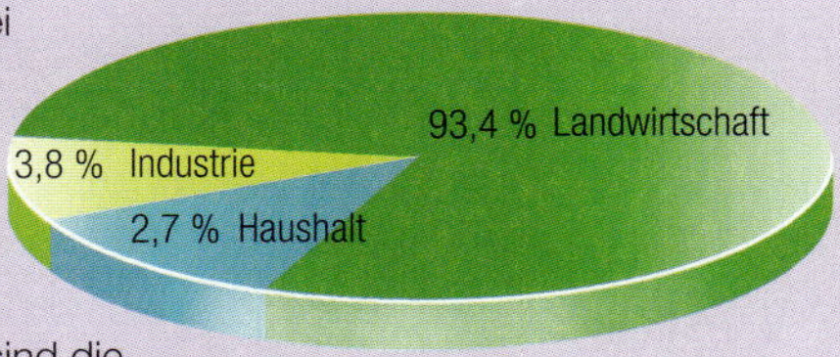


### Wasserverbrauchsmuster

Das Wasserverbrauchsmuster sieht in den verschiedenen Teilen der Welt unterschiedlich aus. So verbraucht die Industrie in den Industrienationen (Westeuropa und Nordamerika) genauso viel, wenn nicht gar mehr Wasser als die Landwirtschaft.

**Wasserverbrauch nach Kontinenten (in Mrd. m³)**

| | Agrarsektor | Haushalte | Industrie |
|---|---|---|---|
| **Afrika** | 120 | 6 | 6 |
| **Asien** | 1500 | 50 | 80 |
| **Europa** | 230 | 50 | 270 |
| **Nordamerika** | 400 | 90 | 650 |
| **Ozeanien** | 14 | 1,5 | 10 |
| **Südamerika** | 60 | 7 | 12 |

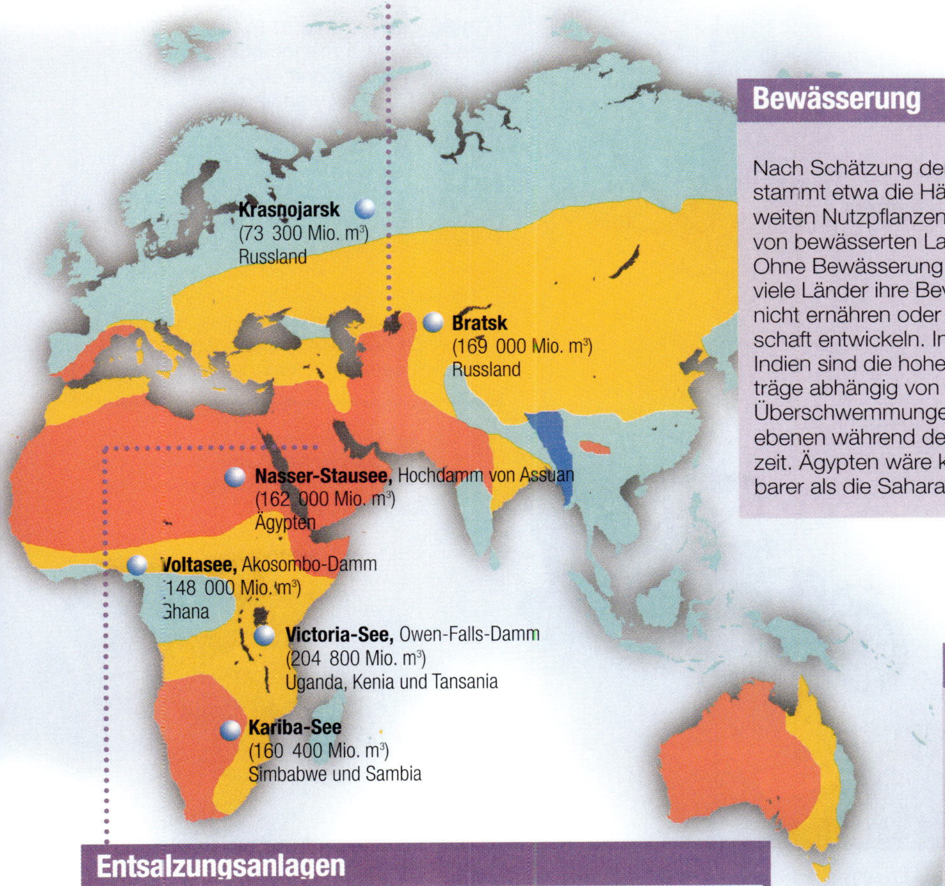


## Bewässerung

Nach Schätzung der UNESCO stammt etwa die Hälfte der weltweiten Nutzpflanzenproduktion von bewässerten Landflächen. Ohne Bewässerung könnten viele Länder ihre Bevölkerung nicht ernähren oder ihre Wirtschaft entwickeln. In China und Indien sind die hohen Reiserträge abhängig von kontrollierten Überschwemmungen der Flussebenen während der Trockenzeit. Ägypten wäre kaum fruchtbarer als die Sahara ohne die Monsunregenfälle des ostafrikanischen Hochlands, die den Nil ansteigen lassen. Das Wasser wird über den Hochdamm von Assuan im Nasser-Stausee gespeichert. Die Obstplantagen Kaliforniens sind auf das Wasser aus dem Colorado-River angewiesen, das über einen 390 km langen Aquädukt transportiert wird.

Siehe auch
42–3 **Flüsse**
44–5 **Seen**

## Artesische Brunnen

Wenn sich Wasser zwischen zwei undurchlässigen Schichten sammelt und der Grundwasserspiegel höher als die Entnahmequelle liegt, entsteht Überdruck. Das gebohrte Loch löst diesen Druck; das Wasser schießt an die Oberfläche und kann gefasst werden. Diese Methode ist unter der Bezeichnung „Artesischer Brunnen" bekannt, abgeleitet von der französischen Region Artois, wo das erste Loch im Jahr 1126 gebohrt wurde.

## Entsalzungsanlagen

Die Wüstenstaaten der arabischen Halbinsel stocken ihre Trinkwasservorräte durch Reinigen und Entsalzen von Meerwasser auf. Dabei wird das Wasser destilliert, d. h. auf 80 °C erhitzt. Der nur minimal salzhaltige Dampf kondensiert und wird gesammelt. Das Verfahren wird wiederholt, bis man Trinkwasser von angemessener Qualität hat. Manchmal wird das Salzwasser zum Entsalzen auch durch eine spezielle Membran gepresst, die das Salz auffängt und nur das reine Wasser durchfließen lässt.

**Ein einfacher Motor an Fahrrad und Pferdekutsche revolutionierte das Verkehrswesen**

*Die Motorisierung von Fahrzeugen gehört zu den bedeutendsten Entwicklungen des 20. Jh. Sie bescherte Millionen Menschen eine bis dahin beispiellose Mobilität. Durch die Erfindungen von Werkstattpionieren entstand ein riesiger neuer Wirtschaftszweig. Die ersten Verbrennungsmotoren sollten Fabrikmaschinen antreiben. Als man sie an Fahrrad und Kutsche anbrachte, waren das erste Motorrad und das erste Automobil erfunden.*

## DAS AUTOMOBIL ENTSTEHT

Das Automobil ist das Resultat Hunderter, eher Tausender Einzelerfindungen. Zu den wichtigsten zählen der kompakte Benzin-Verbrennungsmotor und der Luftreifen. Beide entstanden im Europa des 19. Jh. und wurden erstmals in Deutschland und Frankreich kombiniert angewandt. Gleichwohl übernahmen die USA zu Beginn des 20. Jh. die Führung bei der Kraftfahrzeugproduktion und -nutzung. Um der steigenden Nachfrage nach einfachen, schnellen, privaten Transportmitteln zu genügen, führte man in den USA die Fließbandproduktion ein. Durch die Erschließung der Ölfelder war bald Treibstoff preiswert verfügbar.

100 Jahre später ist das Automobil zu einem hoch technisierten Transportmittel geworden (siehe S. 478), läuft jedoch Gefahr, Opfer seines eigenen Erfolgs zu werden. Von 20 000 Autos um das Jahr 1900 stieg die Zahl bis zum Jahr 2000 auf weltweit über 230 Mio. an. Angesichts knapper werdender Ölreserven, wachsenden Umweltbewusstseins und der globalen Erwärmung sehen sich die Automobilhersteller gezwungen, nach Alternativen zum Verbrennungsmotor zu suchen und Verbrauch und Schadstoffausstoß der heutigen Modelle zu reduzieren. In den Entwicklungsländern dagegen können unzählige Menschen vom eigenen Auto nur träumen.

**Frauenbefreiung** Das Fahrrad bescherte den Frauen Ende des 19. Jh. neue Freiheiten. Um sich angemessen zu kleiden, tauschten sie ihre langen Röcke gegen die praktischen Knickerbocker.

## Die Geschichte des Fahrrads

**1790** Die französische „Celerifère" sah wie ein Holzroller aus, hatte ein starres Vorderrad und weder Sitz noch Pedale.
**1817** Karl Freiherr von Drais fügt einen Sitz und ein steuerbares Vorderrad an.
**1839** Der Schotte Kirkpatrick Macmillan baut ein Rad mit Pedalen und treibt die Hinterräder über ein Gestänge an.
**1850** P. M. Fischer aus Schweinfurt bringt die Tretkurbel am Vorderrad an.
**1861** Der Franzose Pierre Michaux ergänzt das Vorderrad einer Draisine mit Pedalen und nennt sie „Vélocipède".
**1870** Das Vélocipède wird zum Hochrad weiterentwickelt. Sein großes Vorderrad sorgt für mehr Tempo.
**1879** Der Engländer Henry Lawson patentiert das kettenbetriebene „Bicyclette" mit zwei gleich großen Rädern.
**1885** Der Brite J. K. Starley entwickelt das „Sicherheitsfahrrad" mit einfacher Gangschaltung und Federung.
**1888** Der Schotte John Dunlop patentiert den Fahrrad-Luftreifen. Ab 1895 wird er für Kraftfahrzeuge verwendet.
**1904** E. Sachs erfindet die „Torpedo"-Freilaufnabe und die Rücktrittbremse.
**1909** Die Dérailleur-Kettenschaltung auf Zahnrädern kommt zum Einsatz.
**1938** Einführung der Nabenschaltung, die in die Hinterradnabe eingebaut ist.
**1973** Das „Mountainbike" mit Profilreifen für Gelände kommt auf den Markt.
**1980er** Die ersten Profi-Rennräder werden aus einem leichten Kohlefasergemisch hergestellt, das später auch für Freizeiträder verwendet wird.

**Pferdelose Kutsche** Der 1886-Daimler, die erste benzinbetriebene Vierradkutsche. Der Motor war hinten installiert. Höchstgeschwindigkeit: 19 km/h.

**Die Welt auf Rädern** Ford baute von seinem T-Modell in 20 Jahren über 15 Mio. Exemplare.

**Der Käfer kommt** Der Volkswagen wurde zwar noch vor dem Zweiten Weltkrieg entworfen, ging aber erst nach Kriegsende in die Massenproduktion.

**1860**

**1860** Der Franzose Etienne Lenoir konstruiert den ersten tauglichen Verbrennungsmotor als stationären Gasmotor für die Industrie – mit bescheidenem kommerziellem Erfolg.

**1876** Der Deutsche Nikolaus Otto entwickelt den Viertakt-Verbrennungsbenzinmotor (Ottomotor), die Grundlage für das moderne Benzinauto.

**1880**

**1883–5** Die deutschen Ingenieure Gottlieb Daimler, Wilhelm Maybach und Karl Benz entwickeln die ersten Benzinmotoren.

**1890** Die Franzosen René Panhard und Emile Levassor entwerfen und konstruieren das erste Auto mit Benzinmotor.

**1892** Der deutsche Ingenieur Rudolf Diesel patentiert den Kolbenmotor.

**1900**

**1901** Gottlieb Daimlers Sohn Paul entwickelt den ersten Mercedes. Dank seines Stahl-Fahrgestells ist er der Prototyp für moderne Autos.

**1901–6** Der Amerikaner Ransome E. Olds lässt mit importierten Bauteilen 1800 Oldsmobiles produzieren.

**1908** Henry Ford stellt das massenproduzierte T-Modell vor.

**1910**

**1911** Die Studebaker Company in den USA bietet den Autokauf auf Ratenzahlung an.

**1913** Henry Ford revolutioniert die Automobilherstellung durch die Fließbandproduktion seines T-Modells. Die Produktion steigt auf über 240 000 Exemplare im Jahr an; der Preis fällt bis 1925 von 850 auf 260 Dollar.

**1920**

**1920er** Busse und Lastwagen haben Dieselmotoren.

**1922** Fahrkomfort dank Niederdruck-Ballonreifen.

**1928** Henry Fords letztes T-Modell läuft vom Fließband.

**1935** In Deutschland stellt Ferdinand Porsche den Heckmotor-Volkswagen vor.

## Die Pferdekutsche

Ende des 19. Jh. hatte sich die Pferdekutsche vom einfachen Gespann zum hoch technisierten Transportmittel entwickelt, das je nach Verwendungszweck anders gestaltet war. Einige Modelle wiesen wichtige Neuerungen auf: So waren beim Brougham von 1838 Hinterachse und Radaufhängung sowie das vordere Fahrwerk direkt am Fahrkörper montiert – ein Bauprinzip, das sich auch die moderne Automobilindustrie zunutze macht.

## Geschichte des Motorrads

Ähnlich wie das Auto aus einer motorisierten, pferdelosen Kutsche hervorgegangen war, entstand das Motorrad aus der Kombination eines Fahrrads mit einer besonders kompakten Version des Verbrennungsmotors.

**1885** Gottlieb Daimler produziert das weltweit erste Motorrad, indem er einen benzinbetriebenen Verbrennungsmotor auf das hölzerne Fahrgestell eines Fahrrads montiert. Karl Benz installiert einen Benzinmotor auf einem Dreirad.

**1894** Die Brüder Hildebrand konstruieren mit Alois Wolfsmüller ein Zwei-Zylinder-Motorrad mit Viertaktmotor; Höchstgeschwindigkeit 39 km/h.

**1895** Der kompakte De-Dion-Bouton-Motor aus Frankreich dient als Standardmodell für Motorrad-Viertaktmotoren.

**1903** Der von G. Honold und R. Bosch entwickelte Hochspannungs-Magnetzünder sorgt für eine stark verbesserte Benzineinspritzung.

**1907** William Harley konstruiert den ersten Motorradmotor mit zwei Zylindern in 45-Grad-V-Anordnung.

**1911** Erfindung von einstellbarem Getriebe und Kupplung.

**1913** Erstmals erreicht ein Motorrad über 160 km/h.

**1914** Das erste serienmäßig produzierte Motorradmodell (Indian Hendee Special) mit elektrischem Anlasser.

**1914** Trommelbremsen für Motorräder werden eingeführt.

**1947** Die ersten Motorroller – Vespa und Lambretta – kommen auf den Markt. Merkmale: freitragende Karosserie, Trittbrett, kleine Räder, leistungsschwacher Motor.

**1959** Japanische Hersteller erobern allmählich den internationalen Motorrad-Markt.

**1968** Das erste Serienmodell mit Scheibenbremse – die Honda CB 750.

**1980er** Einführung von Hochgeschwindigkeits-Motorrädern mit Turbomotor.

**1990er** Einführung von Benzineinspritzung für einige Motorradmotoren.

**Arme-Leute-Auto** Das Motorrad mit Seitenwagen, wie die BSA von 1922 mit eigenem Verdeck, war motorisiertes Transportmittel für Familien, die sich kein Auto leisten konnten.

Siehe auch
478–9 **Das moderne Auto**
480–1 **Eisenbahnen**
500–1 **Fossile Brennstoffe**

**Flossen und Chrom** Der Cadillac-Designer Harley Earl entwarf 1948 die langen Heckflossen. Dieser 1959er Eldorado war eines der letzten Modelle, die dieses Attribut stolz präsentierten.

**Klein, aber fein** Der Mini setzte einen Trend für Frontantrieb-Kompaktwagen. Zu seinen innovativen Merkmalen gehörten ein Platz sparender Quermotor (seitwärts befestigt) und Gummifederung.

**Familienfreundlich** Der Renault Espace begründete einen neuen Typ von Familienwagen.

**1948** Neue Reifenprofile verbessern Lenkung und Leistung von Kraftfahrzeugen. Die französische Firma Michelin entwickelt den Gürtelreifen, der mehr Sicherheit und eine höhere Lebensdauer garantiert. In den USA entwickelt die Firma Goodyear den praktischen schlauchlosen Reifen.

**1951** Dunlop führt die hydraulisch betriebene Scheibenbremse ein, die an extra montierten Scheiben greift.

**1959** Der gebürtige Grieche Alec Issigonis entwirft für die British Motor Corporation das bahnbrechende Modell Austin-Morris Mini.

**1965** Der US-Rechtsanwalt Ralph Nader kritisiert in seinem Buch *Unsafe at any Price* die herrschenden Sicherheitsstandards für Kraftfahrzeuge. Die Folge sind verschärfte Sicherheitsbestimmungen hinsichtlich des Designs und der Einbau von Sicherheitsgurten und Airbags.

**1970** US-Bundesgesetze schreiben eine Schadstoffreduzierung bei Kraftfahrzeugen vor – die ersten Katalysatoren werden entwickelt.

**1970er** Die Ölkrise zwingt zur vermehrten Produktion von Kleinwagen mit geringem Benzinverbrauch.

**1980** Die japanische Autoproduktion übertrifft erstmals die der USA.

**1980** Renault bringt den Espace – eine Mischung aus Minibus und Kombi – heraus und prägt einen neuen Typ des Familienwagens.

**1997** Die A-Klasse von Mercedes ist das erste Kleinwagenmodell eines Automobilherstellers der gehobenen Preisklasse.

**1997** Toyota und Honda entwickeln Hybrid-Elektrofahrzeuge mit stark reduziertem Kraftstoffverbrauch.

# Das moderne Auto

**Komplexe Systeme machen das Auto sicherer, bequemer und umweltfreundlicher**

*Über 500 Mio. Autos weltweit, Umweltprobleme und Erdölverknappung: Hersteller stehen vor der Aufgabe, sparsamere und umweltfreundlichere Autos zu entwickeln, gleichzeitig sollen Design, Ausstattung und Sicherheit den Wünschen und Bedürfnissen der Kunden gerecht werden.*

**Antrieb und Sicherheit** Moderne Autos sind unverkennbar die Nachkommen des von den Franzosen Panhard und Levassor 1890 entwickelten ersten Autos, auch wenn heute das Fahrgestell integriert und die Technik deutlich komplizierter ist als gegen Ende des 19. Jh. Mittelklasse-Modelle hatten früher meist einen Frontmotor, der die Hinterräder antrieb, während Kleinwagen in der Regel Frontantrieb hatten; heute ist Frontantrieb vorherrschend. Einige Autos und Geländewagen haben Allradantrieb. Sicherheitssysteme sind von großer Bedeutung: Knautschzonen, Seitenaufprallschutz, Sicherheitslenksäule, Airbags und ABS-Bremssysteme.

## TAKTZYKLUS DES VIERTAKTMOTORS (OTTOMOTOR)

Benzinbetriebene Autos haben meist einen Viertaktmotor. Jeder zweite Hub der Kurbelwelle ist ein Arbeitshub. Um einen ruhigen Antrieb zu gewährleisten, sind Motoren mit vier, sechs, acht oder mehr Zylindern ausgestattet, die nacheinander gezündet werden.

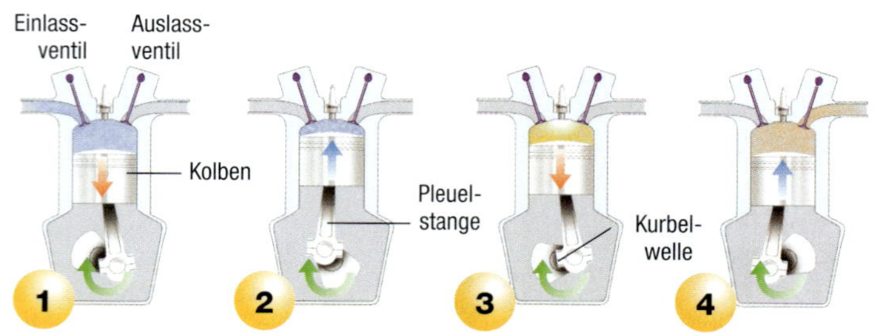


**Ansaugen** Einlassventil offen, Auslassventil geschlossen. Kolben geht nach unten, Kraftstoff-Luft-Gemisch wird angesaugt.

**Verdichten** Ein- und Auslassventil geschlossen. Kolben geht nach oben, Kraftstoff-Luft-Gemisch wird verdichtet.

**Arbeiten** Ein- und Auslassventil geschlossen. Kraftstoff-Luft-Gemisch wird gezündet (Zündkerze). Brenngase drücken Kolben nach unten.

**Ausstoßen** Einlassventil geschlossen, Auslassventil geöffnet. Kolben geht nach oben. Abgase werden ausgestoßen.

**Kraftstoffsystem** Die Benzinpumpe zieht Benzin aus dem Tank. Danach werden Benzin und Luft im entsprechenden Verhältnis gemischt und das Gemisch dem Motor zugeführt. Heute ist die Benzineinspritzung am weitesten verbreitet; dabei wird eine bestimmte Benzinmenge direkt mit dem Luftstrom in den Motor gespritzt.

**Motor** Ketten, Riemen oder über Zahnräder angetriebene Wellen steuern die Ein- und Auslassventile und bestimmen den Zündzeitpunkt.

**Stromversorgung** Bei abgestelltem Motor wird das Auto über die Batterie mit Strom versorgt. Nach dem Starten erzeugt die Lichtmaschine genügend Strom für den Betrieb aller elektrischer Systeme und sorgt für die Neuaufladung der Batterie.

**Abgassystem** Die Abgase werden über ein Rohrsystem aus dem Motor geleitet. Schalldämpfer sorgen für einen gleichmäßigen Abgasstrom und reduzieren so die Lärmentwicklung. Ein Katalysator neutralisiert einen Teil der Gase.

**Anlasser** Dieser Elektromotor bringt das Schwungrad des Motors in eine Drehbewegung, bis der Motor aus eigener Kraft weiterläuft.

**Kühlkreislauf** Einige Automotoren werden mit Luft gekühlt. In der Regel zirkuliert Wasser durch Kühlkanäle im Motor und durch den Kühler, wo überschüssige Wärme durch den Fahrtwind oder – im Stand – mittels eines Ventilators neutralisiert wird.

**Zündsystem** Der Motor kann nur durch regelmäßige Zündungen des Benzin-Luft-Gemischs in Gang gehalten werden. Heute erfolgen Zündungen elektronisch, früher über Spulen und Verteiler.

**Getriebe** Das Getriebe sorgt für unterschiedliche Fahrgeschwindigkeiten bei gegebener Motordrehzahl. Beim Automatikgetriebe wird der Gang je nach Fahrgeschwindigkeit und Motorlast meist elektronisch geschaltet.

**Radaufhängung und Lenkung** Die Räder sind mit der Karosserie über Federn und Stoßdämpfer verbunden, die dafür sorgen, dass der Wagen auch auf unebenen Straßen und Wegen stabil bleibt. Viele Modelle sind mit Servolenkung ausgestattet, die das Lenken erleichtert.

**Räder und Reifen** Felgen werden aus Pressstahl oder Leichtaluminium hergesellt. Die Reifen sind mit Stahl oder Fasersträngen verstärkt, um Verformungen zu vermeiden. Das Reifenprofil der Lauffläche drückt Wasser auf der Fahrbahnoberfläche zur Seite.

**Bremsen** Scheibenbremsen bestehen aus zwei Bremsbacken, die beidseitig auf eine Metallscheibe drücken. Bei Trommelbremsen drückt eine runde Bremsbacke mit einem Belag im Innern einer Bremstrommel nach außen. Trommelbremsen eignen sich besser für die Handbremse und werden in der Regel hinten angebracht.

## Alternative Energiequellen für Fahrzeuge

Knapper werdende Erdölreserven und die Notwendigkeit, den Ausstoß von Kohlendioxid und anderen Treibhausgasen zu reduzieren, lassen Automobilhersteller nach Alternativen suchen. Eine Möglichkeit sind Magermix-Motoren mit geringem Verbrauch oder völlig neue Energiequellen und Technologien.

**Elektro-Autos** Sie werden von einem Elektromotor getrieben, der Strom aus Batterien bezieht.

**Vorteile:**
- Kein Ausstoß von Treibhausgasen
- Es kann zu Hause „getankt" werden

**Nachteile:**
- Radius begrenzt
- Tägliches langes Aufladen
- Die benötigte Energie wird meist unter Ausstoß von Treibhausgasen erzeugt.

**Hybridfahrzeuge** Ein Elektromotor sorgt für den Antrieb bei geringem Tempo oder unterstützt einen kleinen Verbrennungsmotor, der auch die Batterien auflädt.

**Vorteile:**
- Reduzierter Kraftstoffverbrauch
- Gute Reichweite

**Nachteile:**
- Schadstoffausstoß aus dem Verbrennungsmotor
- Aufwändige Technik

**Erdgas** Ein Naturgas, das häufig in Gegenden mit Erdölvorkommen unter Druck der Erde entströmt, wird für den Antrieb eines Verbrennungsmotors verwendet.

**Vorteile:**
- Geringe Brennstoffkosten
- Geringer Treibhausgasausstoß

**Nachteile:**
- Fossiler Brennstoff mit begrenztem Vorkommen
- Erfordert einen speziellen Drucktank

**Brennstoffzellen** Wasserstoff aus der Elektrolyse von Wasser erzeugt mit Sauerstoff aus der Luft Elektrizität zum Antrieb eines Motors.

**Vorteile:**
- Kein Ausstoß von Kohlendioxid (einziges Nebenprodukt ist Wasser)
- Wenig Verbrauch, gute Reichweite
- Fast lautlos

**Nachteile:**
- Wasserstoff ist momentan teurer als Benzin

**Ethanol (Ethylalkohol)** Allein oder in Verbindung mit Benzin für den Antrieb von Verbrennungsmotoren ein erneuerbarer Brennstoff, der aus Mais und anderen Getreidearten gewonnen wird.

**Vorteile:**
- Wird aus einer erneuerbaren Ressource gewonnen
- Reduzierter Treibhausgasausstoß

**Nachteile:**
- Dünnes Netz von Tankstellen

Siehe auch
476–7 **Straßenverkehr**
480–1 **Eisenbahnen**
500–1 **Fossile Brennstoffe**

## Die größten Automobilhersteller der Welt

| | Konzern | Verkaufte Modelle 1998 (Mio) | Umsatz US-$ (Mrd.) | Bekannteste Marken |
|---|---|---|---|---|
| 1 | **General Motors** | 8,1 | 126 | Buick, Cadillac, Chevrolet, Opel, Saab, Vauxhall |
| 2 | **Ford** | 6,8 | 119 | Ford, Jaguar, Land Rover, Lincoln, Mazda, Volvo |
| 3 | **Toyota** | 5,2 | 109 | Daihatsu, Lexus, Toyota |
| 4 | **Volkswagen** | 4,6 | 62 | Audi, Bentley, Seat, Skoda, Volkswagen |
| 5 | **DaimlerChrysler** | 4,5 | 111 | Chrysler, Dodge, Jeep, Mercedes, Smart |
| 6 | **Nissan** | 2,5 | 58 | Infiniti, Nissan |
| 7 | **Honda** | 2,3 | 45 | Acura, Honda |
| 8 | **PSA Peugeot Citroën** | 2,3 | 29 | Citroën, Dacia, Peugeot |
| 9 | **Renault** | 2,1 | 35 | Alpine, Renault |
| 10 | **Mitsubishi** | 1,8 | 32 | Mitsubishi |

## Die meistbefahrenen Straßenverkehrsnetze

| | | 1000 km gefahren pro Jahr pro Straßenkilometer |
|---|---|---|
| **1** | Indonesien | 8134 |
| **2** | Hongkong | 6071 |
| **3** | Bahrain | 2808 |
| **4** | Mongolei | 2169 |
| **5** | Israel | 2096 |
| **6** | Thailand | 1546 |
| **7** | Portugal | 1297 |
| **8** | Großbritannien | 1089 |
| **9** | Belgien | 1074 |
| **10** | Deutschland | 889 |

## Die größten Straßenverkehrsnetze der Welt

| | | (1000 km) | | | (1000 km) |
|---|---|---|---|---|---|
| **1** | USA | 6348 | **6** | Australien | 913 |
| **2** | Indien | 3320 | **7** | Kanada | 902 |
| **3** | Brasilien | 1980 | **8** | Frankreich | 893 |
| **4** | China | 1210 | **9** | Deutschland | 656 |
| **5** | Japan | 1152 | **10** | Italien | 655 |

**Autobesitzer** Mit rund 208 Mio. Fahrzeugen zählten die USA im Jahr 1999 weltweit den höchsten PKW-Bestand und mit 740 PKW pro 1000 Einwohner auch den höchsten Motorisierungsgrad. Das Diagramm veranschaulicht den Motorisierungsgrad in Europa im Jahr 2000.

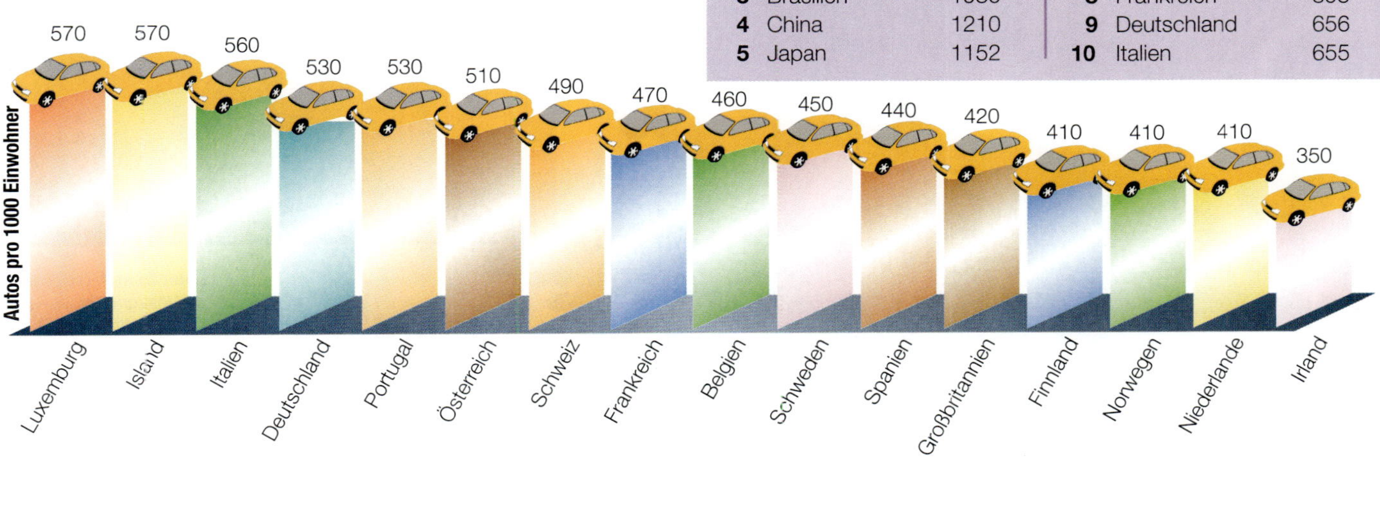

*Die Eisenbahn war das erste Massentransportmittel. Im Lauf des 19. Jh. wurden Hunderttausende von Schienenkilometern auf fast allen Kontinenten verlegt. Abgelegene Regionen wurden zugänglicher, Handel und Wirtschaft angekurbelt. Trotz der Konkurrenz durch das Flugzeug fahren die Menschen auch heute noch mit der Bahn. Sie pendeln täglich in Nahverkehrszügen zur Arbeit oder flitzen Hunderte von Kilometern von einer Großstadt in die nächste.*

**Steilhang** Problemlos bezwingen Kabelbahnen die Hügel San Franciscos: Der Wagen hängt sich in ein Kabel zwischen den Gleisen ein, das von einer zentralen Antriebsstation bewegt wird.

## Trambahnen, Trolleybusse und Magnetbahnen

Die erste Pferde-Trambahn nahm 1832 in New York ihren Betrieb auf; 1854 folgte Paris, 1865 Berlin. Die Straßenbahn fuhr auf Schienen, die in der Straße verlegt waren. 1873 führte man im kalifornischen San Francisco die Kabelbahn ein, die durch ein sich ständig bewegendes, in die Straße eingelassenes Kabel gezogen wird.

Bis Ende des 19. Jh. gab es laufend Neuerungen, z. B. Dampf-Trambahnen (Kassel 1877) und batteriebetriebene Elektro-Trambahnen. 1881 nahm man in Berlin die erste elektrische Straßenbahn in Betrieb; der Strom wurde über die Schienen entnommen. 1890 folgte in Bremen die erste deutsche Straßenbahn mit Oberleitung. Auch elektrische Oberleitungsbusse (Trolleybusse) gab es; manche Städte haben dieses Prinzip beibehalten.

Heute, da die Großstädte weltweit mit Staus und Umweltverschmutzung kämpfen, sind Straßenbahnsysteme im Zuge der Städtesanierung modernisiert, erweitert oder neu eingeführt worden. Für das Ruhrgebiet und den Großraum München sind Magnetschwebebahnen im Gespräch.

1800

**1801** Richard Trevithick aus Cornwall baut die erste Dampflok, die in der Lage ist, eine Last von 10 t bei 15 km/h zu ziehen.

**1825** Der britische Ingenieur George Stephenson betreibt mit der *Locomotion* die erste Dampflok für Personenverkehr. Der Zug fährt mit 24 km/h zwischen Stockton und Darlington in Nordengland.

**1829** Stephenson und sein Sohn Robert entwickeln die *Rocket*, die eine Geschwindigkeit von 38 km/h erreicht.

**1830** Die Liverpool and Manchester Railway nimmt mit Stephensons *Rocket* den Betrieb auf – die wahre Geburtsstunde der Eisenbahn.

**1835** Die erste deutsche Eisenbahnstrecke von Nürnberg nach Fürth wird eröffnet.

**Pferd aus Eisen** Die Eisenbahn erschließt den Westen Amerikas.

1850

**1850** Das Schienennetz Großbritanniens erstreckt sich über 9600 km; das der USA über 14 500 km.

**1863** Die erste Untergrundbahn der Welt wird in London eröffnet. Die 6 km lange Strecke führt von Paddington über die Haltestellen Euston und King's Cross bis Farringdon.

**1869** In den USA entsteht nach der Verbindung der Linien Union Pacific und Central Pacific in Utah die erste transkontinentale Eisenbahn.

Der Amerikaner George Westinghouse patentiert das pneumatische Bremssystem für Züge.

**1890** Die weltweit erste elektrische U-Bahn, die „Tube", nimmt in London ihren Betrieb auf.

**1896–7** Die erste U-Bahn auf dem europäischen Kontinent nimmt in Budapest ihren Betrieb auf. Die erste U-Bahn der USA, die Subway, eröffnet in Boston.

1900

**1900** In Paris nimmt die U-Bahn Métropolitain, kurz Métro, ihren Betrieb auf.

**Kraftprotz auf Rädern** Stephensons *Rocket* war zu ihrer Zeit die stärkste und schnellste Lokomotive. Die Stephensons belieferten viele europäische Eisenbahnen.

**Unter Dampf** Die Londoner Untergrundbahn – die erste der Welt – wurde mit Dampfmaschinen betrieben, die man mit Kohle beheizte.

## Moderne Eisenbahntechnologien

**Magnetschwebebahnen** Sie sind über 500 km/h schnell und schweben mittels eines starken Magnetfelds etwa 10 mm über den Schienen. Für die Vorwärtsbewegung sorgen Magnete entlang den Schienen, die mit Wechselstrom beschickt werden; das Magnetfeld wandert und führt die Bahn mit. Eine Magnetschwebebahn aus deutscher Entwicklung fährt seit 2003 in Shanghai.

**Neigezüge** Die Höchstgeschwindigkeit herkömmlicher Züge ist begrenzt: Sie können bis zu 235 km/h erreichen, in den meisten Kurven sinkt die Geschwindigkeit auf 145 km/h. Ein Neigezug ist in Kurven 25–40 % schneller. Sein Fahrgestell ist mit einem Gerät ausgestattet, das von einem Computer gesteuert wird und über Stellkolben den Zug neigt.

**Einschienenbahnen** Einschienen-Bahnsysteme werden elektrisch betrieben und fahren relativ langsam. Bei einigen Systemen hängen die Waggons unterhalb eines Hochgleises wie z. B. in Wuppertal, andere fahren auf einem Gleis am Boden und haben spezielle Stützräder zur Stabilisierung.

**Automatische Bahnen** Die fahrerlosen Züge werden über ein Computersystem von einer zentralen Kontrollstelle aus betrieben. Ein Beispiel ist die Londoner „Docklands Light Railway", die die City mit den Geschäftsvierteln der Docklands verbindet. In Wuppertal soll die nächste Generation der Schwebebahn ebenfalls fahrerlos verkehren.

**Hochgeschwindigkeitszüge** Züge wie der ICE haben an ihren Enden elektrische Triebköpfe. Sie verkehren nur auf bestimmten Strecken mit weiten Kurven. Die Waggons des französischen TGV haben statt getrennter Drehgestelle so genannte Jakobsdrehgestelle. Jeweils zwei Wagenenden stützen sich dabei auf ein einzelnes, zweiachsiges Drehgestell. Der Zug ist dadurch stabiler.

**Neigezug** Der schwedische X-2000 kann wie der italienische Pendolino Kurven vorab erkennen; ein Computer sorgt dafür, dass sich die Waggons „in die Kurve legen".

1900

**1901** Eröffnung der ersten Einschienen-Bahnstrecke in Wuppertal.

**1916** Nach 25 Jahren Bauzeit wird die Transsibirische Eisenbahnlinie in Russland fertig.

**1928** Union Limited und Union Express starten zwischen Kapstadt und Johannesburg mit den typischen, hellblauen Luxuswaggons den Bahnbetrieb. Die Bahnlinie wird 1946 offiziell in *Blue Train* umbenannt.

**1930er** Die ersten leichten Hochgeschwindigkeits-Dieselbahnen in Deutschland und den USA

**1940** In den USA eröffnet die Santa Fe Railroad den ersten dieselelektrischen Frachtverkehr mit regelmäßigem Fahrplan.

1950

**1964** Japan führt den Hochgeschwindigkeitszug *Shinkansen* ein, der bis zu 209 km/h erreicht.

**1983** Der französische TGV *(Train à Grande Vitesse)* nimmt auf der Strecke Paris–Lyon den Betrieb auf. Die Züge erreichen durchschnittlich 260 km/h.

**1988** In Italien nimmt die Hochgeschwindigkeitsbahn Pendolino den Betrieb auf. Sie ist die erste kommerziell erfolgreiche Neigebahn, die auf Standardstrecken Hochgeschwindigkeiten erreicht.

**1994** Der 50 km lange Channel Tunnel verbindet Großbritannien und Frankreich. Passagiere, Fahrzeuge und Fracht werden mit hoher Geschwindigkeit transportiert.

2000

**2000** Gegen Ende des Jahrhunderts umfasst das weltweite Hauptschienennetz über 1,2 Mio. km.

## WISSENSWERTES

**Der Geschwindigkeitsweltrekord für eine Dampflokomotive** von 203 km/h wurde 1938 in Großbritannien von der Lok *Mallard* (oben) aufgestellt.

**Die schnellsten Züge im Linienverkehr** sind die französischen TGV mit durchschnittlich 300 km/h.

**Der Geschwindigkeits-Weltrekord einer Magnetschwebebahn** wurde 1999 in Japan aufgestellt. Auf einer 18 km langen Teststrecke erreichte der Zug mit Waggons 552 km/h.

**Die längste Bahnlinie der Welt** ist mit 9300 km die Transsibirische Eisenbahn von Moskau bis Wladiwostok.

**Die längste komplett kurvenfreie Bahnstrecke** führt 478 km über die australische Nullarbor-Ebene.

**Der längste Bahntunnel der Welt**, der Seikan, verbindet die japanischen Inseln Honshu und Hokkaido. Er ist 53,9 km lang; seine tiefste Stelle liegt 240 m unter dem Meeresspiegel.

## Sicherheit beim Bahnfahren

Automatische Sicherheitssysteme helfen, die Möglichkeit menschlichen Versagens zu begrenzen.

**Automatisches Warnsystem** Beim Überfahren eines gelben oder roten Signals ertönt eine Sirene oder ein Summer in der Fahrerkabine. Reagiert der Fahrer nicht, werden automatisch die Bremsen aktiviert.

**Zugsicherung und Warnsystem** Hier kann ein Haltesignal nicht überfahren werden. Die Zugbremse wird ausgelöst, bevor der Zug das Signal überfährt.

**Automatische/induktive Zugsicherung (INDUSI)** Die wirksamste und teuerste Sicherung. Systeme entlang den Schienen kontrollieren die Geschwindigkeit, errechnen die sichere Geschwindigkeit und zeigen sie dem Fahrer an. Bei Überschreiten der Geschwindigkeitsbegrenzung wird das automatische Bremssystem aktiviert.

Zusätzlich gibt es in Deutschland den „Totmannknopf" (Sifa/Sicherheitsfahrschaltung), der vom Zugführer regelmäßig betätigt werden muss. Unterbleibt die Betätigung, ertönt ein Warnsignal. Reagiert der Zugführer auch dann nicht, wird der Zug vom System angehalten.

**Stromlinienförmig und blitzschnell** Der TGV rast mit bis zu 400 km/h durch Frankreich.

Siehe auch
204–5 **Die Industrielle Revolution**
476–7 **Straßenverkehr**
478–9 **Das moderne Auto**

*Noch vor den Landfahrzeugen baute der Mensch primitive Boote, um bis dahin unüberwindbare Flüsse, Seen und Meere zu befahren. Die Fähigkeit, Schiffe zu bauen und erfolgreich zu segeln, förderte politisches und wirtschaftliches Wachstum. Die ersten Entdeckungsreisen wurden unternommen, Kulturen breiteten sich aus, der Handel florierte. Viele große Weltreiche – vom Mittelmeer bis Fernost, vom antiken Griechenland und Rom bis Spanien und Großbritannien – wurden hauptsächlich durch Seemacht begründet und über den Seehandel erhalten.*

## Die Entwicklung von Besegelung und Takelage

Die ersten Segel benutzte man in Ägypten. Sie waren rechteckig und hingen an einer waagrechten Spiere, der Rah. Mit solchen Luggersegeln erreichte man annehmbare Geschwindigkeiten – solange der Wind von hinten kam. Arabische Schiffbauer entwickelten im 5. Jh. n. Chr. das Lateinersegel. Es war dreieckig und hing von einer schräg ausgerichteten Rah; mit ihm konnte man am Wind segeln.

Die Geschichte des Segelns war fortan eine Frage der Verfeinerung dieser beiden Systeme und oft einer Kombination aus beiden – bis zur Entwicklung der modernen Segelyachten. Selbst heutige Rennyachten, längsschiffs mit Nachfolgern des Lateinersegels getakelt, verwenden beim Segeln in Windrichtung eine Variante der quadratischen Takelung – den Spinnaker.

Schiffe mit **Lateinersegel** wie die arabische Dau wurden ab 1200 im westlichen Mittelmeerraum gebaut. Sie konnten am Wind segeln.

Die **Portugiesische Karavelle** des 15. Jh. war mit einem erweiterten Lateinersegel sehr manövrierfähig. Ähnliche Schiffe brachten Kolumbus in die Neue Welt.

Die **Galeone** kombinierte Lateinersegel (Manövrierfähigkeit) und Luggersegel (Geschwindigkeit). Ab Mitte des 16. Jh. diente sie als Handels- und Kriegsschiff.

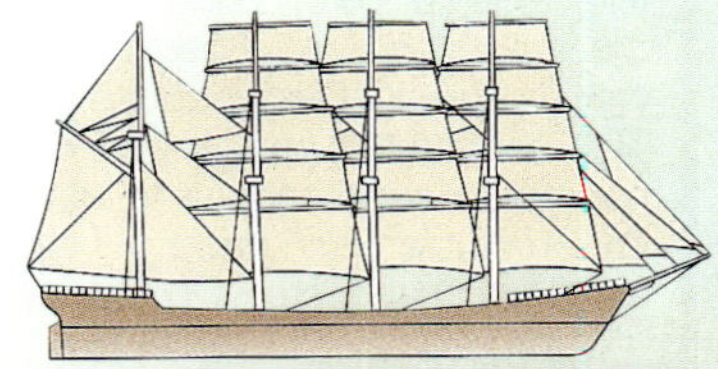

Schnelle Klipper wie die **Viermastbark** waren vorwiegend mit Luggersegeln getakelt und so konstruiert, dass sie mit Fracht schnell in Windrichtung vorwärts kamen.

### Yachttypen

Bei modernen Yachten ist das vordere Ende des Segeltuchs an einem Mast oder an einem Seil, dem Stag, befestigt. Das Hauptsegel ist ein Dreieck (Bermudasegel). Ist es oben beschnitten, spricht man von einem Gaffelsegel, das an einer kurzen, schiefen Rah, der Gaffel, befestigt ist.

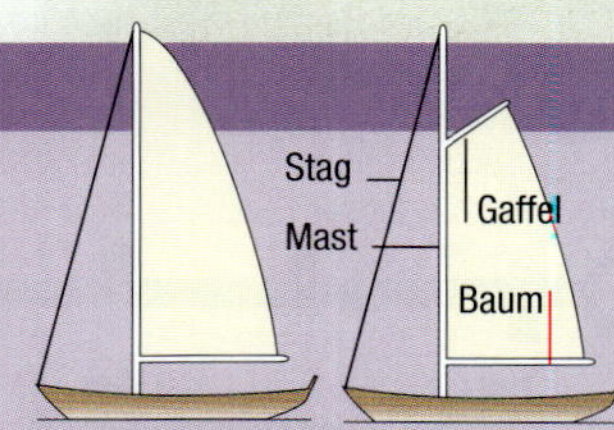

**Um 3200 v. Chr.** Die alten Ägypter bauen Boote aus Holzplanken und verwenden Segel (oben).

**Um 1000 v. Chr.–1000 n. Chr.** Vorfahren der Pazifikinsel-Bewohner unternehmen Seereisen in Ausleger-Kanus.

**Um 400–500** Arabische Schiffbauer entwickeln hölzerne Daus mit kalfaterten (abgedichteten) Verbindungsstellen, die ersten Schiffe mit Lateinersegel, die am Wind segeln können.

**Um 1450** Am Mittelmeer werden die ersten voll getakelten Schiffe gebaut. Sie vereinen Vorderdeck, Heck und Heckruder der Kogge mit der leichten Struktur des Lateinersegels. Diese Schiffe haben drei Masten, ein Lateinersegel am Achter- oder Mittelmast und Luggersegel an den anderen Masten. Die Zeit der Entdeckungen beginnt.

**17./18. Jh.** Erstmals seit den antiken griechischen Kriegsgaleeren weisen Marine- und Handelsschiffe Unterschiede auf. Große Frachtschiffe (East Indiamen) werden für den Handel mit Fernost entwickelt. Kriegsschiffe reichen von schweren Schlachtschiffen mit über 100 Kanonen bis zu leichten, schnellen und wendigen Fregatten mit knapp 50 Geschützen an Bord.

2000 v. Chr. | 1000 n. Chr. | 1500 | 1700

**Um 2500–1200 v. Chr.** Minoer und Mykener bauen breite Frachtschiffe mit nur einem Segel. Schmalere, schnellere Galeonen, von Ruderern angetrieben, werden als Kriegsschiffe verwendet.

**Um 700–500 v. Chr.** Die Griechen bauen Biremen – Kampfgaleeren mit zwei Ruderbänken auf jeder Seite – und später Triremen mit drei Ruderbänken. Diese Schiffe sind bis zu 38 m lang und tragen bis zu 200 Mann Besatzung. Sie erreichen eine Geschwindigkeit von 7 Knoten (13 km/h).

**8.–10. Jh.** Die Wikinger überqueren den Nordatlantik in Langschiffen (unten). Bei einer Länge von bis zu 30 m werden diese Schiffe mithilfe eines übergroßen Ruders gesteuert.

**Um 1200** In Nordeuropa baut man Koggen, stabile Einsegelschiffe mit hohem Deck an Bug und Heck. Sie haben ein Heckruder anstelle von Seitenrudern. Erste leichte Schiffe mit Lateinersegel im Mittelmeerraum.

Chinesische Dschunken (rechts) segeln als Handelsschiffe bis nach Indien und Ostafrika. Ihre Leinen- oder Mattensegel sind mit Bambuslatten verstärkt und einfach zu führen. Den Rumpf trennen Schotten in wasserdichte Abteile.

**Um 1550** Europäische Schiffsbauer entwickeln stabile Galeonen mit tiefem Vorderdeck und hohem, großem Heck; die größten mit vier Masten.

**1769** Das größte Segel-Kriegsschiff – die spanische *Santissima Trinidad* – wird vom Stapel gelassen. Sie trägt bis zu 144 Kanonen.

**1776** Der amerikanische Ingenieur David Bushnell baut das erste Einmann-U-Boot, die *Turtle* (Schildkröte). Es ist mit Ballasttanks ausgestattet und wird vom Insassen von Hand angetrieben.

**Ein Linienschiff** Die HMS *Victory* lief 1765 vom Stapel und ging als Flaggschiff des englischen Admirals Nelson bei der Schlacht von Trafalgar (1805) in die Geschichte ein. Heute liegt sie im Hafen von Portsmouth. Die *Victory* war ein Schiff so genannten ersten Ranges, das 104 Bordkanonen auf drei Haupt-Geschützdecks sowie an Bug und Heck trug – oben 12-Pfünder, mittig 24-Pfünder, unten 32-Pfünder. Sie ist 69 m lang und verdrängt 3556 t. Das Bauholz stammt von 6000 Bäumen, größtenteils Eichen. Die *Victory* ist ein so genanntes Vollschiff, d. h. sie hat drei Masten und einen Bugspriet. Jeder Mast ist durch horizontale Rahen, an denen die Segel befestigt sind, in drei Abschnitte unterteilt. Bei sehr schwachem Wind kann an einer vierten Rah, der Royalrah am obersten Ende jedes Mastes, das Royalsegel gehisst werden. Das Gemälde von Monamy Swaine zeigt die *Victory* im Mittelmeer in den 1780er-Jahren.

Siehe auch
192–3 **Die Zeit der Entdeckungen**
484–5 **Vom Dampfschiff zum Tragflächenboot**
486–7 **Navigation**

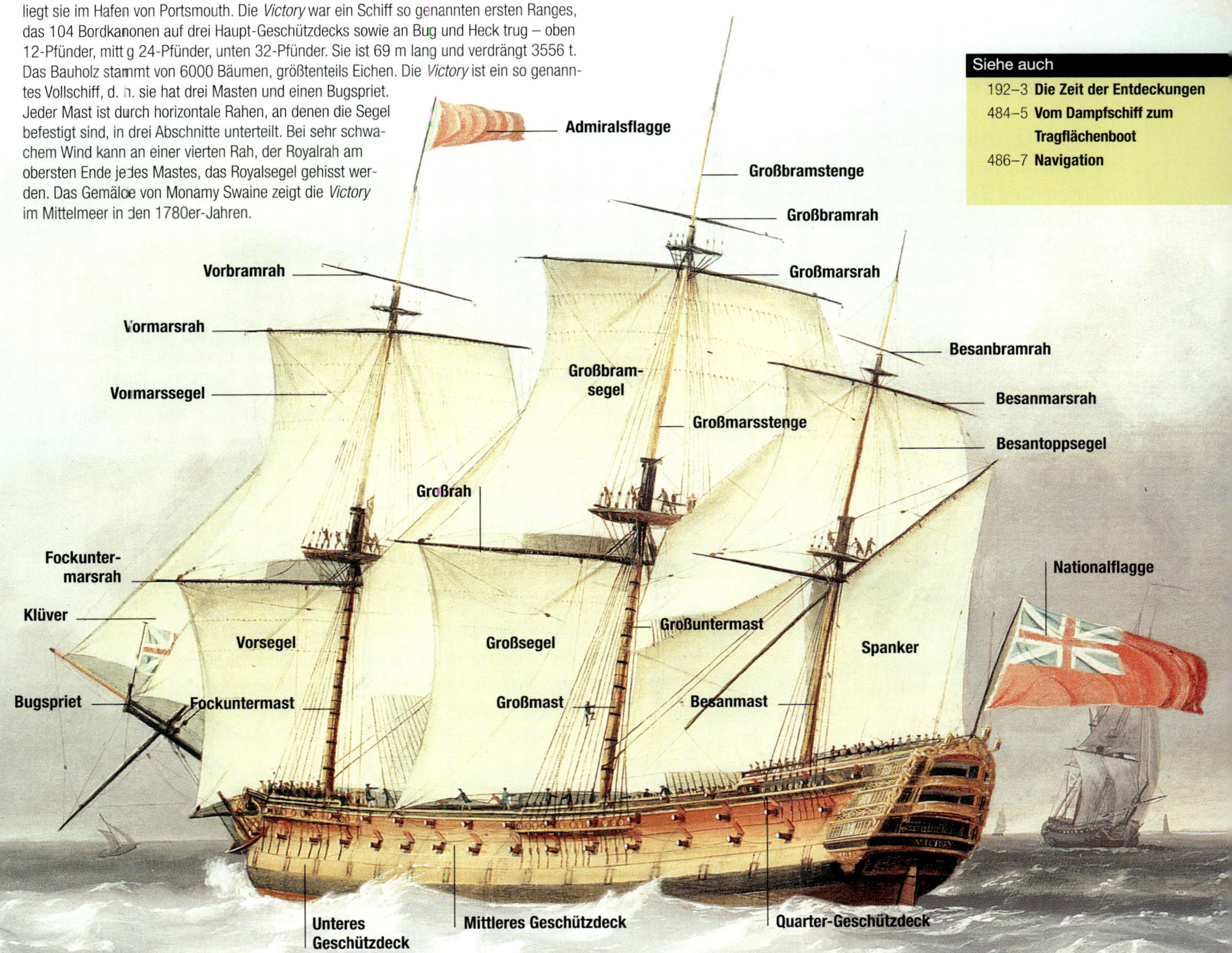


**1787** Der Amerikaner John Fitch baut das erste funktionsfähige dampfbetriebene Schiff, einen Raddampfer.

**1821** Die *Aaron Manby*, das erste Dampfschiff ganz aus Eisen, läuft in Großbritannien vom Stapel.

**1845** Die *Great Britain* ist das erste Schraubenschiff, das – unterstützt durch Segel – den Nordatlantik überquert.

**1863** Der *Plongeur* (Taucher), das erste mechanisch betriebene U-Boot, läuft in Frankreich vom Stapel. Es wird von Pressluft angetrieben.

**1869** Öffnung des Suez-Kanals: die Fahrtzeit zwischen Europa und Asien verkürzt sich.

**1898** Der Amerikaner John P. Holland baut das erste U-Boot (unten), das über Wasser von einem Kraftstoffmotor und unter Wasser von einem Elektromotor angetrieben wird.

1800 | 1850 | 1890

**1800** Der amerikanische Ingenieur Robert Fulton entwickelt das erste U-Boot mit einem Druckluftvorrat und Tiefenrudern, die das Ab- und Auftauchen ermöglichen.

**1807** Fulton baut die *Clermont*, das erste kommerziell erfolgreiche Dampfschiff.

**1836** Die Schiffsschraube, ein wichtiger Fortschritt für den Antrieb auf See, wird in Schweden und Großbritannien patentiert.

**1837** Der britische Ingenieur Isambard Kingdom Brunel entwickelt das erste hochseetaugliche Dampfschiff, die *Great Western*. Es wird über Schaufelräder angetrieben.

**1854** Der in Boston gebaute Klipper *Lightning* stellt bei der Überfahrt nach Liverpool einen Weltrekord auf: Er segelt 436 Seemeilen (807 km) in 24 Stunden und ist bis zu 21 Knoten (39 km/h) schnell. Die schmalen Klipper haben drei bis fünf Masten und bis zu 35 Segel.

**1880er–90er** Der britische Ingenieur Charles Parsons entwickelt den See-Dampfturbinenmotor. 1894 baut er ihn in seine 31,6 m lange *Turbinia* ein, die 34,5 Knoten (64 km/h) erreicht.

**1890er** Themse-Lastschiffe (links) transportieren Frachten entlang der Südküste Englands. Sie werden noch bis Ende der 1920er-Jahre gebaut.

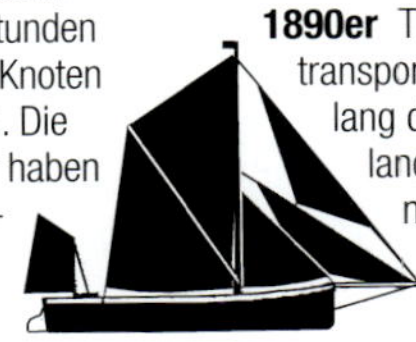

# Vom Dampfschiff zum Tragflächenboot



*Auch im Zeitalter des Massenflugverkehrs wird der Großteil des Welthandels nach wie vor über die Schifffahrt abgewickelt. Zugleich hat die steigende Nachfrage nach Urlaubsreisen auf hoher See zum Bau riesiger Kreuzfahrt-Linienschiffe für über 3000 Passagiere geführt. Dem Wunsch nach schnellen Transportmitteln wird mit modernen Luftkissen- und Tragflächenbooten Rechnung getragen. Im militärischen Bereich haben wendige Patrouillenboote und Fregatten sowie Flugzeugträger und U-Boote die schweren gepanzerten Schlachtschiffe früherer Zeiten abgelöst.*

**Freibordmarke** Markierungen am Schiffsrumpf kennzeichnen den höchstzulässigen Tiefgang für das beladene Schiff. Da der Rumpf in kalten Gewässern und in Salzwasser weniger tief eintaucht als in warmen Gewässern und in Süßwasser, sind verschiedene Zonen berücksichtigt.

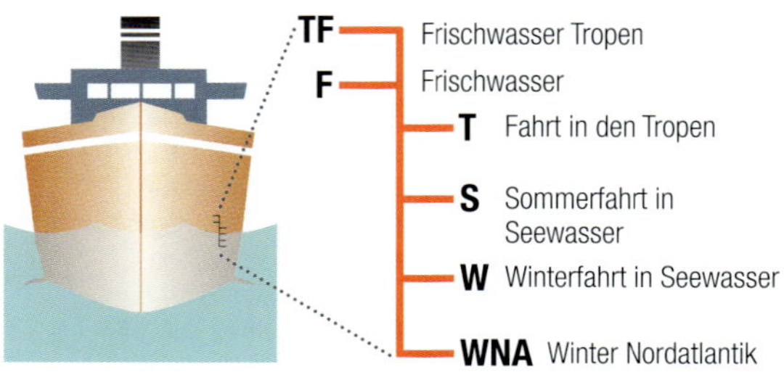


## Das Blaue Band

Ein Verbund transatlantischer Reedereien führte 1833 – also noch vor der Zeit der Dampfschifffahrt – das „Blaue Band" als Auszeichnung für die schnellste Überquerung des Atlantiks zwischen Europa und Nordamerika durch Linienschiffe ein. Nach den heutigen Regeln muss es sich um reguläre Passagierschiffe handeln und nicht um kleine Wettkampfboote.

**Rekordhalter des Blauen Bands seit 1900** (die Routenlänge variiert)

| **Schiff** | **Linie** | **Jahr** | **Dauer** (Tage:Std.:Min.) | **Geschw.** (Knoten) |
|---|---|---|---|---|
| *Deutschland* | Hamburg America | 1900 | 5:15:46 | 22,42 |
| *Kaiser Wilhelm II.* | Norddeutscher Lloyd | 1904 | 5:12:44 | 23,12 |
| *Lusitania* | Cunard | 1907 | 4:19:52 | 23,99 |
| *Mauretania* | Cunard | 1908 | 4:20:15 | 24,86 |
| *Bremen* | Norddeutscher Lloyd | 1929 | 4:17:42 | 27,83 |
| *Europa* | Norddeutscher Lloyd | 1930 | 4:17:06 | 27,91 |
| *Rex* | Italienische Linie | 1933 | 4:13:58 | 28,92 |
| *Normandie* | Französische Linie | 1935 | 4:03:02 | 29,98 |
| *Queen Mary* | Cunard White Star | 1936 | 4:00:27 | 30,14 |
| *United States* | United States Line | 1952 | 3:12:12 | 34,51 |
| *Hoverspeed Great Britain* | Hoverspeed | 1990 | 3:07:54 | 36,60 |
| *Cat-Link V* | Scandlines | 1998 | 2:20:09 | 41,28 |

**Königin des Atlantiks** Die *Queen Mary* (oben im Hafen von New York) lief 1934 vom Stapel. Sie errang 1936 das Blaue Band und behielt es 16 Jahre.

## Schiffsvermessung: die wichtigsten Maßeinheiten

**Bruttoregistertonne (BRT)** Maßeinheit für den Gesamtinhalt des Schiffsraumes unter dem Vermessungsdeck. 1 BRT entspricht 2,832 m³. Seit 1982 durch die **Bruttoraumzahl (BRZ)** ersetzt, die den Inhalt sämtlicher geschlossener Räume eines Schiffes erfasst.

**Nettoregistertonne (NRT)** Maßeinheit für den Inhalt der Laderäume eines Schiffes. Sie wird bei der Berechnung der Gebühren und Abgaben in Häfen und Kanälen zugrunde gelegt.

**Tragfähigkeit (tdw)** Beschreibt die Tragfähigkeit von Frachtern und Tankern in Tonnen inklusive Besatzung, Fahrgäste, Treibstoff, Ersatzteile und Fracht.

**Wasserverdrängung** Das Gewicht der Wassermenge, die von dem eingetauchten Schiffskörper verdrängt wird, in Tonnen. Diese Maßeinheit wird meist auf Marineschiffe angewandt.

1900 1910 1930 1940 1950

**1902** Die *Preußen,* das bis heute größte Segelschiff, läuft vom Stapel. Der Fünfmaster ist 132 m lang und hat einen Schiffsrumpf aus Stahl.

**1906** Der italienische Ingenieur Enrico Forlanini testet erfolgreich das erste Tragflächenboot mit eigenem Antrieb.

**1908** Das erste U-Boot mit Dieselmotor in Großbritannien

**1914–18** Im 1. Weltkrieg stellt Deutschland die Leistungsfähigkeit von U-Booten unter Beweis. Zahlreiche Schiffe der Alliierten werden versenkt.

**1916** Die britische Kriegsmarine stellt mit der HMS *Argus* den ersten Flugzeugträger in Dienst, ein Umbau aus einem Passagierschiff.

**1937** In Deutschland wird das erste Tragflächenboot kommerziell genutzt.

**1939–45** Im 2. Weltkrieg zeigt sich, wie wichtig U-Boote und Flugzeugträger für die Kriegführung auf See sind.

## Die größten Handelsflotten der Welt

**Anzahl der Schiffe (2002)**

| | | |
|---|---|---|
| 1 | Griechenland | 3122 |
| 2 | Japan | 2880 |
| 3 | Deutschland | 2169 |
| 4 | China | 2007 |
| 5 | Russland | 1879 |

**1954** In den Vereinigten Staaten läuft das erste atomgetriebene Schiff – das U-Boot *Nautilus* – vom Stapel, das neue Unterwassergeschwindigkeits- und Dauerleistungsrekorde aufstellt.

**1959** Der britische Erfinder Christopher Cockerell baut das erste einsatzfähige Luftkissenboot – das erste richtige Amphibienfahrzeug.

## LUFTKISSENBOOTE

Luftkissenboote gleiten auf einem Luftkissen über Wasser und ebenes Land. Das Kissen wird von Gebläsen erzeugt, die von Gasturbinen oder leichten Dieselmotoren angetrieben werden und Luft in einen Hohlraum unter dem Fahrzeug pumpen, den eine elastische Schürze aus Gummi ringförmig begrenzt. Der Vortrieb erfolgt über hohe Luftschrauben auf dem Heck, Richtungsänderungen über Ruder in deren Luftstrom. Für zusätzliche Manövrierfähigkeit sorgen Bugstrahlruder, schwenkbare Luftabzugskanäle zu beiden Seiten des Bugs. Luftkissenboote erreichen Geschwindigkeiten von bis zu 70 Knoten (130 km/h). Sie werden als Kurzstreckenfähren für Passagiere und Kfz, im Rettungsdienst und für militärische Zwecke eingesetzt.

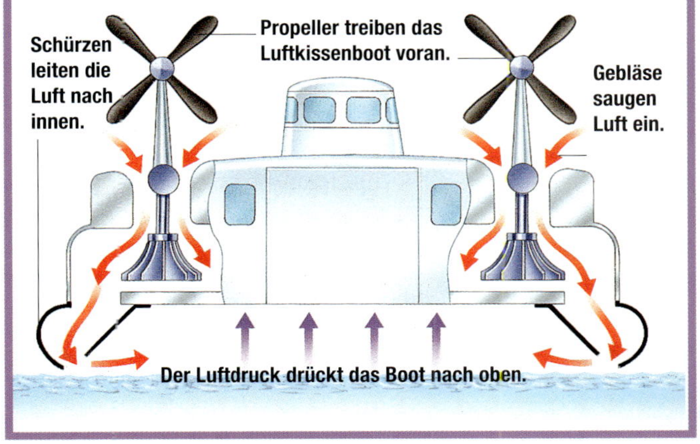


**Superflugzeugträger** Mit einer einzigen Ladung seiner beiden Nuklearreaktoren läuft der 1995 in Dienst gestellte Flugzeugträger USS *John C. Stennis* aus der *Nimitz*-Klasse bis zu 1 Mio. Seemeilen (1,85 Mio. km). Das Schiff ist über 30 Knoten schnell und hat 6250 Besatzungsmitglieder. Das Flugdeck umfasst eine Fläche von 1,8 ha.

**So funktioniert ein Tragflächenboot**
Nach dem Flugzeugprinzip sind unter dem Rumpf Tragflächen montiert, die beim „Flug" durch das Wasser einen starken Auftrieb erzeugen. Dadurch wird der Rumpf über den Wasserspiegel gehoben, sodass sich der Fahrtwiderstand deutlich reduziert. In ruhigen Gewässern können auf diese Weise 55 Knoten (100 km/h) erreicht werden. Tragflächenboote werden vornehmlich als Kurzstrecken-Passagierfähren eingesetzt, aber auch als Patrouillenboote und als Transporter für Lenkflugkörper. Im Gegensatz zum herkömmlichen Tragflächenboottyp mit V-förmigen Tragflächen, der hier abgebildet ist, können Boote mit einem automatischen Stabilisierungssystem und Tragflächen, die bei Fahrt unter der Wasseroberfläche bleiben, auch in raueren Gewässern verwendet werden.

Siehe auch
482–3 **Die Zeit der Segelschiffe**
486–7 **Navigation**

1970 | 1980 | 1990 | 2000

**1970er–90er** Die US Navy stellt ihre Flugzeugträger der *Nimitz*-Klasse in Dienst. Mit 100 000 t sind sie die weltgrößten Kriegsschiffe.

**1976** Der größte Tanker der Welt, die *Seawise Giant*, läuft vom Stapel; 1980 wird sie vergrößert und in *Jahre Viking* umbenannt. Ihr Deck misst über 30 000 m² – das entspricht etwa 400 Fußballplätzen – und die Tragfähigkeit beträgt 564 763 t. In voll beladenem Zustand ist ihr Sog so groß, dass sie den Ärmelkanal nicht passieren darf.

**1980** Japanische Küstenschiffe mit computergesteuerten Segeln oder Tragflächen sparen bis zu 50 % Treibstoff.

**1985** Der Kameraschlitten ROV (remotely operated vehicle/ferngesteuertes Fahrzeug) *Argo* entdeckt das Wrack des Luxus-Liners *Titanic* in einer Tiefe von 3738 m im Atlantik.

**1999** Die *Voyager of the Seas* läuft vom Stapel, das größte Passagierschiff der Welt mit Kajüten für 3800 Passagiere.

***Jahre Viking*** Der Tanker ist mit 458,5 m Länge so lang wie 43 Omnibusse hintereinander.

*Mithilfe von Funksignalen lässt sich heute die Position eines Wasser-, Luft- oder Landfahrzeugs bis auf wenige Meter genau bestimmen. Dieses System hat die Navigation revolutioniert. Früher bestimmten die Seefahrer Standort und Kurs durch die Beobachtung der Gestirne, des Windes und des Stroms sowie durch Koppeln.*

## Prinzipien der Standortbestimmung

Die Seefahrer früherer Zeiten orientierten sich an den scheinbar fixen Positionen von Sonne und Sternen. Der Breitengrad – nördlich oder südlich des Äquators – ließ sich durch die Höhe des Polarsterns oder der Mittagssonne und mit Tabellen, in denen die Position der Gestirne für jeden Tag angegeben war, ermitteln. Der Längengrad – westlich oder östlich des Greenwich-Meridians – wurde durch Vergleich der Ortszeit mit der Zeit eines bekannten Meridians ermittelt (die Erde dreht sich stündlich um 15 Grad). Noch heute orientieren sich Navigatoren zur Standortbestimmung an Fixpunkten am Himmel, jedoch nicht an Sternen, sondern an Satelliten, die Funksignale aussenden.

Standortbestimmung ohne Sterne oder Satelliten bezeichnet man als Koppeln. Dabei wird die Position eines Schiffes oder Flugzeugs ausgehend vom Startpunkt durch Geschwindigkeit und Richtung bestimmt.

### Das Astrolabium

Bis in die frühe Neuzeit wurde zur Standort- und Zeitbestimmung das Astrolabium eingesetzt. Es bestand aus einer kreisförmigen Grundplatte, deren Vorderseite auf einem erhöhten Rand eine Zeit- und eine Winkelskala trug. Eingelegt waren eine oder mehrere Scheiben mit Darstellungen der astronomischen Koordinatensysteme. Darüber lag, drehbar um die Mittelachse, die so genannte Rete, eine durchbrochene Scheibe mit den Positionen der wichtigsten Fixsterne und dem Tierkreis. Ein Zeiger erlaubte die gegenseitige Zuordnung der Skalen und Positionspunkte. So ließ sich aus der Position eines Gestirns die Zeit ermitteln. Die Rückseite trug Winkel-, Tierkreis- und Kalenderskalen. Ein drehbares Visierlineal mit zwei Visiermarken ermöglichte die Messung des Höhenwinkels von Gestirnen. Aus dem Astrolabium entstand der Quadrant, bei dem ein schwenkbarer Stab und ein Viertelkreis den Höhenwinkel lieferten.

**Antike Astronomie** Eine christlich-griechische Schriftrolle (oben) erläutert die komplexe Funktionsweise eines Astrolabiums (unten rechts).

## Schlüsselbegriffe

**Funknavigation** Alle Verfahren zur Standort- und Kursbestimmung mit elektromagnetischen oder Funkwellen. Flugzeuge folgen z. B. den Signalen von Funkfeuern entlang ihrer Flugkorridore.

**Log** Mechanisches oder elektronisches Gerät zum Messen der Fahrgeschwindigkeit von Schiffen sowie der zurückgelegten Strecke.

**Loran** (Long Range Navigation). Verfahren zur Standortbestimmung, bei dem ein Schiffs- oder Flugzeugempfänger die Laufzeiten von Langwellensignalen misst, die von Stationen gesendet werden. Das System wird zunehmend von der Satellitennavigation abgelöst.

**Radar** (Radio Detection and Ranging) Elektromagnetische Wellen werden ausgesandt und deren Reflexion empfangen und entsprechend ihrer Laufzeit auf einem Bildschirm dargestellt. Zur Navigation und Kollisionsvermeidung.

**Sextant** Messgerät, mit dem sich zur Ortsbestimmung der Winkelabstand zweier Sterne messen bzw. die Höhe eines Sterns über dem Horizont bestimmen lässt. Es besteht aus einem Fernrohr, einem fest davor angeordneten halb durchlässigen und einem beweglichen Spiegel. Indem man diesen dreht, werden die beiden Gestirne bzw. Stern und Horizont zur Deckung gebracht, der Winkelabstand wird dann auf einem Gradkreis abgelesen.

**Sonar** (Sound Navigation and Ranging) Akustisches Verfahren zur Peilung unter Wasser. Nach demselben Prinzip wie beim Radar werden Schallwellen ausgesandt und aus der Laufzeit der Echos Abstand und Richtung von Objekten ermittelt.

**Transponder** Empfangs- und Sendegerät in Flugzeugen, das Radarsignale aufnimmt, verstärkt und zurücksendet und das Flugzeug so auf Flugkontrollbildschirmen automatisch identifiziert.

### Der Hadley-Quadrant

1731 erfand der Engländer John Hadley ein revolutionäres Winkelmessgerät: einen 45-Grad-Quadranten mit verstellbarem Spiegel, der einen Himmelskörper auf einen halb durchlässigen Spiegel gegenüber einem Fernrohr reflektierte. Der Spiegel ließ gerade so viel Licht durch, dass der Horizont noch zu sehen war. Aus Hadleys Erfindung entstand der Sextant.

0 – 500 – 1000 – 1500 – 1600 – 1700

**Mind. 1000 v. Chr.** Bewohner der Pazifikinseln segeln große Distanzen mithilfe der Sterne und überlieferter Seegangsmuster.

**Um 200 v. Chr.** Erfindung des Astrolabiums in Griechenland. Eventuell gab es das Gerät schon bei den Babyloniern.

**Um 850 n. Chr.** Arabische Seeleute entwickeln aus dem Astrolabium das vereinfachte See-Astrolab, um die Position der Sonne oder des Polarsterns über dem Horizont zu bestimmen.

**Ende 10. Jh.** Durch Beobachtung der Position des Polarsterns errechnen die seefahrenden Wikinger die geographische Breite.

**Um 1100** Der aus natürlich vorkommendem Magnetit (Eisenoxid) hergestellte Kompass wird erstmals von chinesischen, später auch von europäischen und arabischen Seefahrern verwendet.

**1569** Der niederländisch-deutsche Kartograph Gerhard Mercator veröffentlicht den ersten Weltatlas. Seine Methode zur Darstellung der kugelförmigen Erdoberfläche auf zweidimensionalem Papier nennt man Mercator-Projektion.

**1594** Der Engländer John Davis erfindet den Backstaff, einen Stab mit Querstab, der mit der Sonne oder dem Polarstern zur Deckung gebracht wird, um deren Höhe über dem Horizont zu bestimmen.

**Um 1666** Der englische Wissenschaftler Robert Hooke erfindet den reflektierenden Quadranten mit drehbarem Spiegel. Damit richtet man die Sonne oder ein Gestirn auf den Horizont aus.

**Um 1677** Isaac Newton entwickelt einen reflektierenden Quadranten mit zwei Spiegeln (Oktant). Zur Feststellung der Höhe wird der gemessene Winkel verdoppelt, der Gradkreis verringert sich auf 45 Grad.

## SO FUNKTIONIERT GPS

Das Global Positioning System (GPS) wurde vom US-Verteidigungsministerium entwickelt, um die Boden-, See- und Luftstreitkräfte bei jedem Wetter mit Navigationsinformationen versorgen zu können. Inzwischen wird es auch zivil genutzt, z. B. von Autofahrern und Wanderern.

Das System verwendet auf sechs Umlaufbahnen in jeweils 17 700 km Höhe je vier Satelliten, die die Erde alle 12 Stunden umkreisen. Damit befinden sich an jedem Punkt der Erde zu jeder Zeit mindestens vier Satelliten über dem Horizont. Die Satelliten senden von Atomuhren kontrollierte Signale ab, die von Empfängern auf der Erde empfangen und mit deren eingebauten Uhren verglichen werden; die Uhren in den Empfängern werden von den Satelliten synchronisiert. Aus dem Laufzeitunterschied und den im Empfänger gespeicherten Bahndaten (Ephimeriden) der Satelliten wird die Position des Empfängers im Schnittpunkt dreier Radien ermittelt; bei Flugzeugen erlauben die Signale des vierten Satelliten die Bestimmung der Flughöhe.

Der Empfänger kann auch den Kurs zu einem bestimmten Ziel errechnen. Abweichungen in den Umlaufbahnen der Satelliten werden sofort korrigiert.

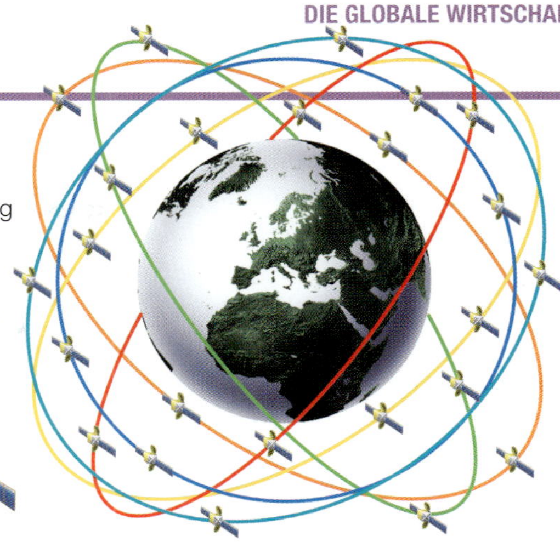

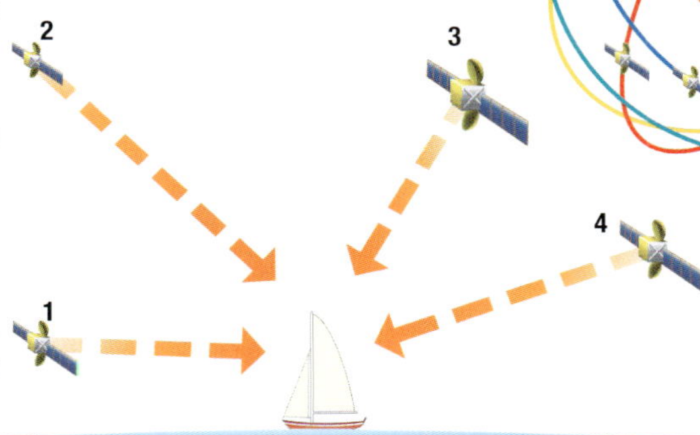


**Langstrecken-Peilung** Mindestens vier GPS-Satelliten gleichzeitig stehen an jedem Punkt der Erde über dem Horizont (oben und links). Aus der Zeit, die ein Signal bis zum Empfänger braucht, wird dessen Standort ermittelt.

### Ein Preis für den Längengrad

Bis zum 18. Jh. konnte man die Längengrade wegen der ungenauen Zeitmessung auf Seereisen nur unzuverlässig errechnen. Schließlich setzte die britische Regierung für die Lösung dieses Problems 20 000 £ als Belohnung aus. Der Zimmermann John Harrison aus Yorkshire stellte sich der Herausforderung und entwickelte in mehr als 30 Jahren ein Chronometer, das auf einer Reise von Plymouth nach Jamaika 1759 die Zeit bis auf 5 Sekunden genau anzeigte. Auf seine Belohnung musste er indes bis 1773 warten, da man seine fehlende wissenschaftliche Ausbildung bemängelte und er die Technik geheim halten wollte.

**Exakte Zeitmessung** Harrison stellte keine technischen Pläne für sein 1759 entwickeltes Chronometer (links) zur Verfügung, was den Nachbau erschwerte.

## Luftverkehrskontrolle

Zivile Flugzeuge bewegen sich über Land in Luftkorridoren, die durch Funkfeuer markiert sind; Fluglotsen überwachen den Flug mit Radar. Es gibt strenge Regeln, wie weit ein Flugzeug von diesen markierten Korridoren vertikal oder horizontal abweichen darf. Über den Ozeanen, wo die Korridore breiter sind, kommen andere Navigationssysteme zur Anwendung, z. B. Loran.

In Flughafennähe müssen die Flugzeuge dicht beieinander Warteschleifen ziehen, bevor sie auf einen Gleitpfad zur Landebahn geleitet werden. Die Landenavigationssysteme senden zwei exakte Signale: Eines zeigt die Mittellinie der Rollbahn an, das andere den korrekten Landewinkel. Bei der geringsten Abweichung warnen die Bordinstrumente den Piloten. Die Signale können in den Autopiloten eingespeist werden, der das Flugzeug auch bei fehlender Sicht sicher landen kann.

**1908** Der Deutsche Hermann Anschütz-Kaempfe und der Amerikaner Ambrose Sperry erfinden unabhängig voneinander den Kreiselkompass, der sich ohne Beeinflussung durch den Magnetismus immer genau in die Nord-Süd-Richtung einstellt.

**Um 1950** Das erste präzise Inertialsystem (Inertial Guidance System, IGS) wird entwickelt. Das System, meist an Bord von Flugzeugen, Raketen und U-Booten, basiert auf dem Prinzip der Koppelnavigation.

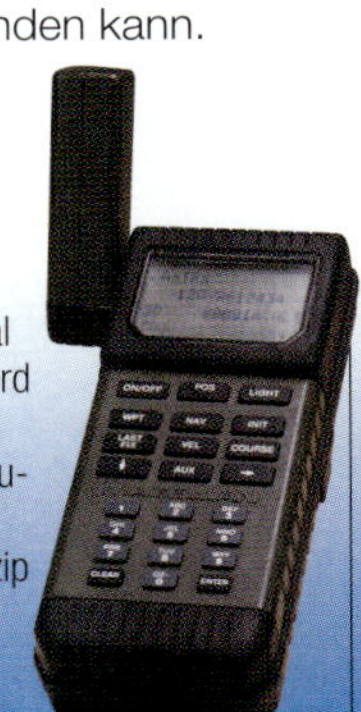

**1978–95** Das US-Verteidigungsministerium entwickelt für militärische Zwecke das Global Positioning System (GPS), bei dem Empfänger, die mit Satelliten in Kontakt stehen, eine exakte Navigation ermöglichen. Links ein Handgerät.

1800 — 1900 — 1950 — 2000

**1757** Der britische Kapitän John Campbell erweitert den Quadranten-Gradkreis auf 60°. Mit dem Sextanten lassen sich in Verbindung mit Sterntabellen Längen- und Breitengrad ermitteln.

**1767** Erstes Erscheinen des *Nautical Almanac* unter Aufsicht des Direktors des Königlichen Observatoriums von Greenwich. Er enthält die ersten präzisen Ganzjahres-Tabellen mit den Positionen der Himmelskörper.

**1887** Der deutsche Physiker Heinrich Hertz entdeckt die elektromagnetischen Wellen. Er beweist, dass sie auf dieselbe Art gebrochen werden können wie Lichtwellen – damit war der erste Schritt in der Entwicklung der Radartechnologie getan.

**1939** In Deutschland, Großbritannien, Frankreich, Italien, Japan, den USA und der Sowjetunion wird das Militär mit Radarsystemen ausgestattet.

**1964** Die US-Navy schießt mit ihren Transit-Satelliten das erste Satelliten-Navigationssystem ins All.

Siehe auch
408–9 **Radiotechnik**
528–9 **Elektromagnetisches Spektrum**
592–3 **Der Nachthimmel**

# Luftfahrt ▶ Der 200-jährige Weg vom Heißluftballon zum Überschallflug

*1999 flogen weltweit 1,6 Mrd. Personen mit Linienflügen. Vor etwas mehr als 200 Jahren begann die Geschichte der Luftfahrt, als zwei Franzosen einige wenige Kilometer mit einem Heißluftballon durch die Luft trieben. Die dazwischen liegenden Jahre haben so verschiedenartige Flugzeuge hervorgebracht wie das winzige Microlight-Flugzeug – kaum mehr als ein übergroßer Drachen mit Motor –, Verkehrsflugzeuge, die Hunderte von Passagieren befördern, und Düsenjäger, die Geschwindigkeiten von über 3200 km/h erreichen können.*

## Ferdinand Graf von Zeppelin (1838–1917)

**Deutscher**
Er quittierte früh seinen Dienst als württembergischer General, um sich der Planung und dem Bau des lenkbaren Starr-Luftschiffs zu widmen, das später seinen Namen trug. Seine riesigen zigarrenförmigen Luftfahrzeuge – das erste stieg 1900 auf – waren die ersten kommerziell nutzbaren Luftschiffe. Im Ersten Weltkrieg bombardierten deutsche Zeppeline London.

## George Cayley (1773–1857)

**Brite**
Cayley, ein Baronet aus Yorkshire, hatte eine Leidenschaft fürs Fliegen. Heute wird er in weiten Kreisen als Vater der Aerodynamik anerkannt. Er entdeckte die wesentlichen Gesetze des Fliegens und schrieb über Fallschirme und Hubschrauber. Doch die Motoren seiner Zeit waren nicht in der Lage, ein Fluggerät in die Luft zu heben. Er baute mehrere Gleiter, von denen einer seinen Kutscher gut 400 m weit trug, aber keine Steuervorrichtungen hatte.

## Louis Blériot (1872–1936)

**Franzose**
Blériots Sprung von Calais nach Dover 1909 war der erste internationale Flug über Wasser. Sein Flugzeug zählte zu den ersten erfolgreichen Eindeckern. 1908 führte er klappenartige Querruder zur Flugsteuerung ein.

**Junkers J 1**
Deutschland, 1915
Die J 1 war das erste Ganzmetallflugzeug mit frei tragenden Flügeln, die nur von einem inneren Gerippe gehalten wurden anstatt von äußeren Streben oder Kabeln.

**Fokker EI/III**
Deutschland, 1915
„Flying Dutchman" A.H.G. Diese Jagdflugzeuge gestatteten dem Piloten, mit einem MG geradeaus zu schießen, ohne die Propellerflügel zu treffen.

1750 — 1800 — 1900 — 1925

**15. Oktober 1783**
In Paris findet der erste bemannte Flug überhaupt statt. Jean-François Pilâtre de Rozier steigt in einem Heißluft-Fesselballon der Brüder Montgolfier 25 m hoch auf.

**21. November 1783**
Wiederum in Paris findet der erste bemannte freie (fessellose) Flug statt, wie zuvor mit einer „Montgolfière". Die Passagiere, Pilâtre de Rozier und François-Laurent Marquis d'Arlandes, bleiben 25 Minuten in der Luft.

**1. Dezember 1783**
Die Franzosen Jacques Charles und Nicolas Robert starten zum ersten bemannten Flug mit einem wasserstoffgefüllten Ballon, den sie selbst entworfen und gebaut haben.

**1799**
In Großbritannien legt Sir George Cayley die ersten Entwürfe für ein Flugzeug mit Flügeln und Propellerantrieb vor.

**1849**
Ein unbemannter Ballon führt den ersten Luftangriff der Geschichte aus, als er Bomben über Venedig abwirft.

**1853**
Henri Giffard startet zum ersten bemannten Flug mit Kraftantrieb in einem lenkbaren, mit Dampf angetriebenen Luftschiff.

Sir George Cayleys Kutscher macht den ersten ungesteuerten Flug mit einem Flügelgleiter.

**1891–6**
Otto Lilienthal unternimmt mehrere gesteuerte Flüge mit Hängegleitern.

**1900**
Erster Flug eines Zeppelin-Luftschiffs in Deutschland

**17. Dezember 1903**
Erster bemannter Flug mit Motorantrieb durch die Brüder Wright in den USA

**1909**
Louis Blériot fliegt über den Ärmelkanal.

Der Zeppelin *Deutschland* nimmt den kommerziellen Dienst auf.

**1914**
Beginn des weltweit ersten regulären Passagierflugverkehrs über die Tampa Bay in Florida

**1914–18**
Der umfangreiche Einsatz von Jagdflugzeugen, Aufklärern und Bombern sowie von Luftschiffen und Ballons zur Bombardierung und Aufklärung während des Ersten Weltkriegs führt zu rapiden technischen Fortschritten.

**1919**
Das britische Luftschiff *R34* überquert als Erstes den Atlantik.

Den Briten John Alcock und Arthur Whitten Brown gelingt der Nonstopflug über den Atlantik.

**1927**
Der US-Pilot Charles Lindbergh überquert als Erster im Alleinflug ohne Zwischenlandung den Atlantik mit einem Flugzeug.

## Die Brüder Wright

**Wilbur (1867–1912) und Orville (1871–1948)**
Der erste erfolgreich gesteuerte Flug mit einem Motorflugzeug schwerer als Luft war 1903 der Höhepunkt jahrelanger Vorbereitung. Sie hatten umfassend mit Flügeln und Seitenrudersteuerungen experimentiert und einen leichten Benzinmotor entwickelt. 1909 gründeten sie ihre eigene Flugzeugbaufirma.

**Der *Flyer* der Brüder Wright (1903)**

**Concorde**
Großbritannien/Frankreich, 1976
Das erste Überschall-Verkehrsflugzeug hat eine Dauergeschwindigkeit von 2330 km/h. Seine hohen Kosten und Umweltprobleme beschränkten die Produktion auf 16 Flugzeuge. Nach einem Absturz mit zahlreichen Todesopfern 2000 erhielt die gesamte Flotte über ein Jahr lang Startverbot. Mittlerweile wurde der Flugbetrieb ganz eingestellt.

Siehe auch
486–7 **Navigation**
490–1 **Flugverkehr**
492–3 **Erste Schritte im All**
494–5 **Kooperation im All**

**Douglas DC3 („Dakota“)**
USA, 1936
Das zweimotorige 21-sitzige Verkehrsflugzeug DC3 (auch Dakota genannt) wurde eines der verbreitetsten Transportflugzeuge der Welt. Einige DC3 sind heute noch in Betrieb.

**de Havilland Comet**
Großbritannien, 1952
Die Comet war das erste Düsenverkehrsflugzeug. Nach mehreren Unfällen infolge Materialermüdung erhielt das erste Modell Startverbot, doch 1958 nahm eine verbesserte Version den Flugbetrieb auf.

**Boeing 747**
USA, 1970
Der 747 („Jumbo“), das erste kommerzielle Großraum-Verkehrsflugzeug, befördert fast 500 Passagiere und wird von Turbofan-Triebwerken mit großem Durchmesser angetrieben. Bis 2000 wurden davon über 1200 Flugzeuge gebaut.

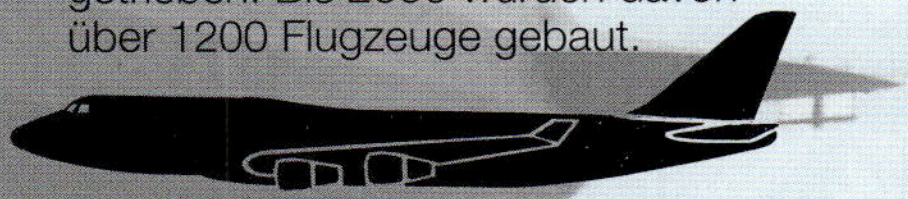

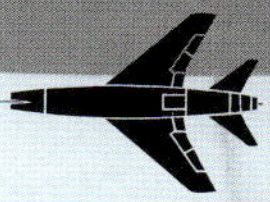

**F-100 („Super Sabre“)**
USA, 1953
Das Jagdflugzeug F-100 schrieb Geschichte als erstes serienmäßig hergestelltes Überschallflugzeug.

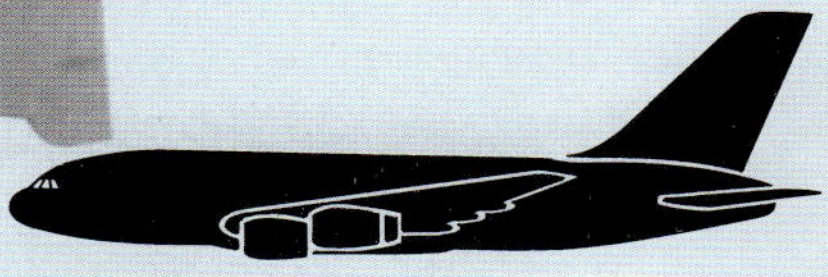

**Boeing 247**
USA, 1933
Die Boeing 247, das erste moderne Verkehrsflugzeug, war ein zweimotoriger Ganzmetall-Eindecker, der zehn Passagiere bei 300 km/h beförderte.

**Hawker Siddeley Harrier**
Großbritannien, 1966
Der erste einsatzfähige Senkrechtstarter (V/STOL, vertical/short takeoff and landing) für Militärzwecke startete auch von Flugzeugträgern aus.

**Airbus A380**
Großbritannien/Frankreich/Deutschland/Spanien, 2006 (geplant)
Der „Superjumbo“-Doppeldecker soll bis zu 1000 Sitzplätze haben und über Restaurants, Läden, Fitnessraum und Schlafkabinen verfügen.

1950 — 1975 — 2000

**1930**
Der britische Ingenieur Frank Whittle patentiert seinen Entwurf eines Gasturbinen-(Düsen-)Motors.

**1935**
Der in Frankreich von Bréguet-Dorand gebaute Helikopter unternimmt den ersten gesteuerten Flug.

**1937**
Das wasserstoffgefüllte Luftschiff *Hindenburg* explodiert in den USA; die Passagierluftschiffe stellen den Betrieb ein.

**1939**
Der in Russland geborene US-Ingenieur Igor Sikorsky baut und fliegt den ersten Hubschrauber mit Einzelrotor.

Die deutsche Heinkel He-178 wird das erste erfolgreiche Düsenflugzeug.

**1939–45**
Im 2 Weltkrieg werden der erste Düsenjäger und der Luftradar entwickelt.

**1947**
Der Amerikaner Chuck Yeager durchbricht mit einem Raketenflugzeug Bell X-1 die Schallmauer.

**1952**
Die britische de Havilland Comet nimmt erstmals den Linienflug mit Düsenflugzeugen auf.

**1959**
Das Düsenflugzeug Boeing 707 überquert erstmals den Atlantik.

**1960er**
Die Entwicklung hocheffizienter Strahltriebwerke ermöglicht den Bau von Großraumflugzeugen, mit denen die Ära des billigen Massenflugtourismus eingeläutet wird.

**1976**
Air France und British Airways nehmen den Personenverkehr mit dem Überschallflugzeug Concorde auf, das den Atlantik in knapp dreieinhalb Stunden überquert.

**1999**
Dem Schweizer Bertrand Piccard und dem Briten Brian Jones gelingt der erste Nonstopflug rund um die Welt mit einem Ballon, dem Breitling Orbiter 3.

## Geschwindigkeitsrekorde der Luftfahrt

Seit den ersten Tagen des Fliegens haben Piloten ihre Flugzeuge an die Grenze der Leistungsfähigkeit getrieben und damit weit reichende Konstruktionsverbesserungen angeregt. Die meisten hier aufgestellten Rekorde (über einen zeitlich genau bemessenen Kurs) wurden mit Militärflugzeugen erzielt.

| | | | (km/h) | | | | (km/h) |
|---|---|---|---|---|---|---|---|
| 1905 | W. Wright | USA | 61,2 | 1955 | H.A. Hanes | USA | 1323,3 |
| 1912 | J. Vedrines | Frankreich | 174,1 | 1956 | L.P. Twiss | Großbritannien | 1821,99 |
| 1922 | W. Mitchell | USA | 358,84 | 1957 | A.E. Drew | USA | 1943,44 |
| 1932 | J.H. Doolittle | USA | 473,76 | 1958 | W.W. Irwin | USA | 2259,66 |
| 1933 | J. Wedell | USA | 490,82 | 1959 | G. Mosolow | Sowjetunion | 2388,03 |
| 1939 | F. Wendel | Deutschland | 755,14 | 1959 | J.W. Rogers | USA | 2455,79 |
| 1945 | H.J. Wilson | Großbritannien | 975,66 | 1961 | R.B. Robinson | USA | 2585,12 |
| 1948 | R.L. Johnson | USA | 1079,84 | 1962 | G. Mosolow | Sowjetunion | 2680,99 |
| 1952 | J.S. Nash | USA | 1124,13 | 1965 | R.L. Stephens | USA | 3331,5 |
| 1953 | F.K. Everest Jr | USA | 1215,28 | 1976 | E.W. Joersz | USA | 3529,56 |

*Moderne Passagierflugzeuge erreichen Geschwindigkeiten zwischen 400 und 2179 km/h, was mehr als der doppelten Schallgeschwindigkeit entspricht. Fortschrittliche Triebwerke und stromlinienförmige Bauweise spielen mit Schwerkraft, Luftdruck und Reibung, um die bis zu 350 t schweren Jumbojets in die Luft zu heben und jährlich 3 Mio. Reisende sicher zu befördern.*

## WIE EIN FLUGZEUG FLIEGT

Vier physikalische Kräfte wirken auf ein Flugzeug:

- **Auftriebskraft** – Hubkraft, die durch die Umströmung der Flügel des Flugzeugs erzeugt wird.
- **Schwerkraft** – Naturkraft, die das Flugzeug aufgrund seines Eigengewichts nach unten zieht.
- **Antriebskraft** – die durch das Flugtriebwerk erzeugte Schubkraft.
- **Widerstand** – Reibungskraft der umströmenden Luft; hemmt die Bewegung des Flugzeugs.

Beim Horizontalflug entspricht die Auftriebskraft der Schwerkraft und die Antriebskraft dem Widerstand. Zum Starten müssen diese Kräfte aus dem Gleichgewicht gebracht werden.

**Start** Den Querschnitt eines Flügels bezeichnet man als Profil. Eine gerundete Nase und eine gewölbte Oberseite verjüngen sich zu einem dünnen, stromlinienförmigen Ende. Diese Form erzeugt Auftrieb durch Luftdruck.

Bei einem stillstehenden Flugzeug ist der Luftdruck um die Tragflächen gleich. Während der Beschleunigung beim Start legt die Luft unter der flachen Unterseite der Flügel einen kürzeren Weg zurück und ist langsamer als die Luft, die über die längere, gewölbte Oberseite des Flügels strömt. Die Luftmoleküle auf der Unterseite verdichten sich, das erhöht den Luftdruck. Der Luftdruckunterschied über und unter der Tragfläche drückt die Maschine nach oben. Ab einer bestimmten Geschwindigkeit – 290 km/h bei einer Boeing 747 – übersteigt die Auftriebskraft die Schwerkraft, das Flugzeug hebt ab und steigt.

**Steuerung** Mit beweglichen Metallplatten an den Tragflächen bringt der Pilot die Maschine ins Gleichgewicht und ändert den Kurs. Vorbeiströmende Luft erzeugt eine nach oben, unten oder seitwärts gerichtete Druckkraft. Das Heck des Flugzeugs hat ebenfalls solche Steuerflächen: ein vertikales Seitenruder, das ein Pendeln der Maschine verhindert, sowie ein horizontales Höhenruder, das die Nase des Flugzeugs auf und ab bewegt und die Maschine stabil hält.

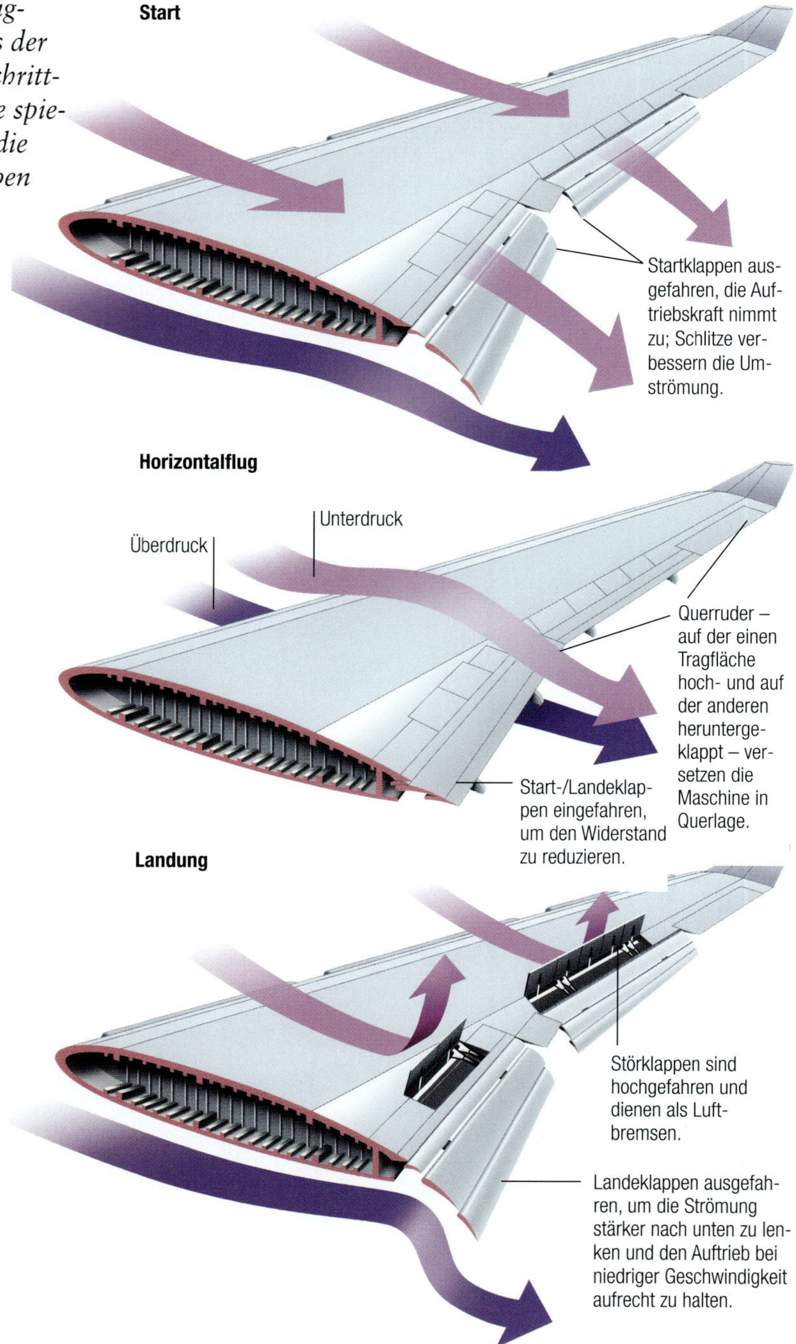


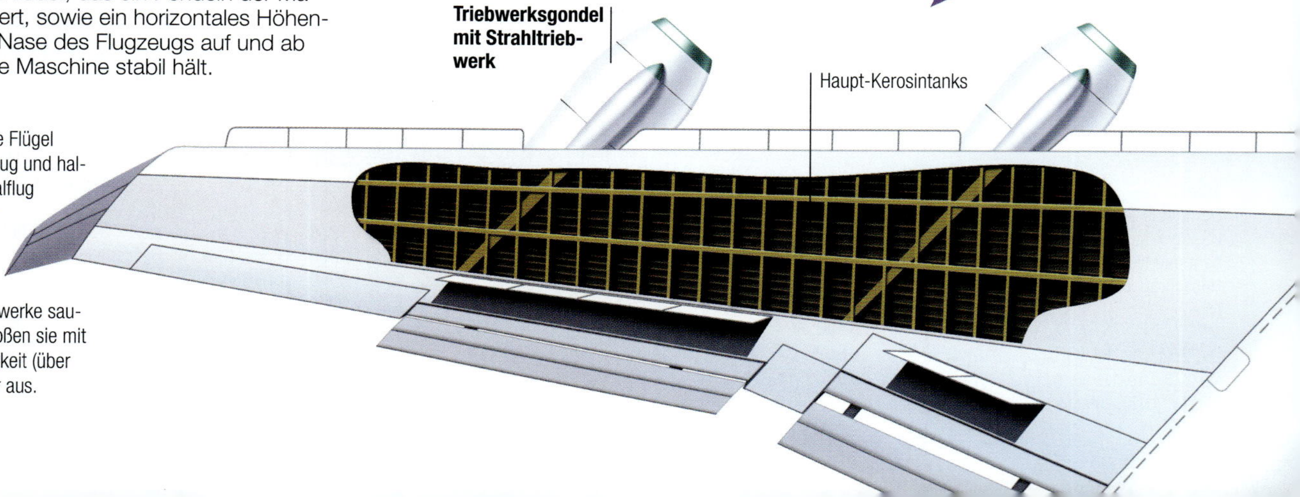


**Antriebskraft** Die Flügel steuern das Flugzeug und halten es im Horizontalflug stabil. Sie sind mit Triebwerken und Kerosintanks ausgestattet. Turboluftstrahltriebwerke saugen Luft an und stoßen sie mit hoher Geschwindigkeit (über 2000 km/h) wieder aus.

## FLUGZEUG-TRIEBWERKE

**Kolbentriebwerk** Die Antriebskraft eines Kolbenmotors wird durch seinen Propeller erzeugt, der die Luft wie ein Ventilator nach hinten drückt und einen gleichmäßigen entgegengesetzten Schub erzeugt. Heute haben nur Leichtflugzeuge Kolbenmotoren, die meisten Maschinen verwenden ein Gasturbinen-Luftstrahltriebwerk.
**Turboprop-Triebwerk** Es besitzt ebenfalls einen Propeller, wird jedoch von einer Gasturbine angetrieben, deren Abgase teilweise direkten Schub erzeugen (Rückstoßantrieb). Dieses Triebwerk arbeitet nur bei relativ geringer Fluggeschwindigkeit wirtschaftlich und wird daher nur für Kurzstrecken-Linienflugzeuge verwendet.
**Turbojet-Triebwerk** Eine Gasturbine bezieht ihre Antriebskraft aus den mit hoher Geschwindigkeit ausgestoßenen Brenngasen. Das leistungsstarke, aber laute Triebwerk für Überschall- und Militärflugzeuge verbraucht viel Kerosin. Jet-Triebwerke mit Nachbrenner verbrennen für mehr Schubkraft zusätzlich Treibstoff im Abgasstrahl.
**Turbofan-Triebwerk** Die meisten Linienflugzeuge sind mit diesem leistungsstarken, sparsamen und eher leisen Triebwerk ausgestattet. Seine Gasturbine wird teilweise für den Antrieb eines großen Bläsers/Fan verwendet. Der Großteil der durch den Bläser angesaugten Luft strömt um das Triebwerk und ummantelt den Abgasstrahl – dadurch werden 75 % der Antriebskraft erzeugt und gleichzeitig die Lautstärke vermindert.

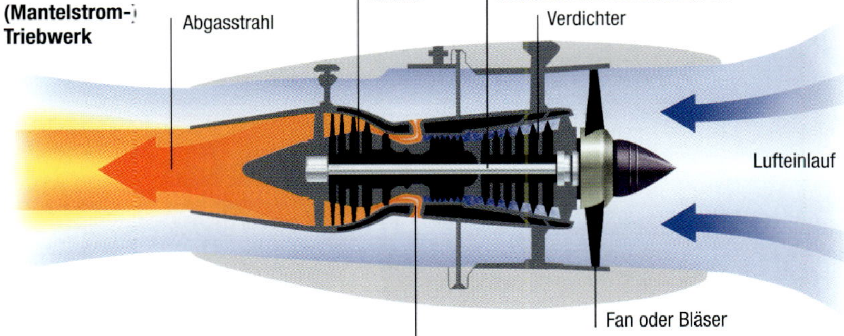


## DAS ZEITALTER DES TOURISMUS

Mit der Entwicklung des Linienjets Ende der 1950er-Jahre wurde die Welt kleiner. Den Atlantik überquerte man mit einem Düsenjet 16-mal schneller als mit dem Schiff, also in 7 oder 8 Stunden; 1976 verkürzte sich mit der Concorde die Flugdauer auf nur 3 Stunden. Australien war nun in etwa 24 Stunden erreichbar; vorher hatte man zu diesem Fernreiseziel noch wochenlange Seereisen unternehmen müssen.

Auf der ganzen Welt entstanden Flughäfen, und der starke Konkurrenzdruck unter den Fluggesellschaften führte zu niedrigeren Flugpreisen. Im Jahr 2001 reisten 689 Mio. Touristen in aller Welt mit dem Flugzeug.

Auf dem Flughafen Frankfurt/Main wurden 2001 insgesamt 456 452 Starts und Landungen gezählt. Die durchschnittliche Anzahl der Flugbewegungen lag pro Tag bei 1251. Die Sicherheit des Flugverkehrs zu gewährleisten ist Aufgabe der Luftverkehrskontrolle.

## Wie ein Hubschrauber fliegt

Hubschrauber haben einen propellerähnlichen Rotor auf vertikaler Welle, einen rotierenden Flügel in Form eines Tragflügels, der bei Betrieb Auftriebskraft erzeugt. Ein komplexer Steuermechanismus ermöglicht es, den Rotor vorwärts, rückwärts und seitwärts zu neigen. So kann eine horizontale Antriebskraft in jede beliebige Richtung erzeugt werden.

Wenn sich der Rotor dreht, neigt der Rumpf des Hubschraubers dazu, sich in die entgegengesetzte Richtung zu drehen. Die meisten Hubschrauber haben einen kleinen Ausgleichsrotor am Heck, der dieser Tendenz entgegenwirkt. Tandemhubschrauber haben zwei Rotoren, die sich entgegengesetzt drehen, wodurch sich ihre Drehmomente gegenseitig aufheben und der Heckrotor überflüssig wird.

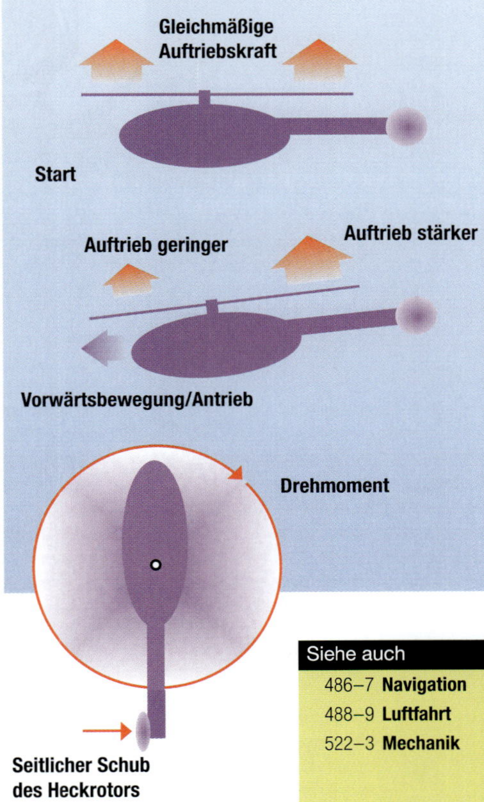


Siehe auch
486–7 **Navigation**
488–9 **Luftfahrt**
522–3 **Mechanik**

### Die führenden Fluglinien

**Weltgesamtlinienverkehr (2001)**

| | | Passagier-km (Mrd.) |
|---|---|---|
| **1** | United Airlines | 187,6 |
| **2** | American Airlines | 170,8 |
| **3** | Delta Airlines | 156,6 |
| **4** | Northwest | 117,7 |
| **5** | British Airways | 103,4 |
| **6** | Air France | 95,8 |
| **7** | Continental | 92,7 |
| **8** | Lufthansa | 91,3 |
| **9** | JAL | 81,7 |
| **10** | US Airways | 73,9 |

### Die größten Flughäfen

**In- und Auslandsflüge (2002)**

| | | Passagiere (Mio.) |
|---|---|---|
| **1** | Atlanta | 75,9 |
| **2** | Chicago, O'Hare | 67,4 |
| **3** | Los Angeles | 61,6 |
| **4** | London, Heathrow | 60,7 |
| **5** | Tokio, Hanedo | 58,7 |
| **6** | Dallas-Fort Worth | 55,2 |
| **7** | Frankfurt/M. | 48,6 |
| **8** | Paris, Charles de Gaulle | 48,0 |
| **9** | Amsterdam | 39,5 |
| **10** | Denver | 36,1 |

### Die Vielflieger

**Flugreisen nach Land**

| | | Jährliche Passagier-km (Mrd.) |
|---|---|---|
| **1** | USA | 984,7 |
| **2** | Japan | 154,4 |
| **3** | Großbritannien | 152,1 |
| **4** | Deutschland | 90,4 |
| **5** | Frankreich | 89,3 |
| **6** | China | 75,3 |
| **7** | Australien | 73,7 |
| **8** | Niederlande | 69,1 |
| **9** | Kanada | 63,8 |
| **10** | Singapur | 58,1 |

*Viele Fortschritte in der Frühzeit der Raumfahrt resultierten aus der politischen Rivalität zwischen den USA und der Sowjetunion im Kalten Krieg. Nachdem die Russen 1961 den ersten Menschen ins Weltall gebracht hatten, betrieb Präsident Kennedy die Landung auf dem Mond noch im selben Jahrzehnt. Die wirtschaftlich überlegenen USA übernahmen die Führung; die Sowjets konzentrierten sich auf die Entwicklung dauerhaft bewohnter Raumstationen.*

## Weltraumtauglich: Produkte aus der Raumfahrt

Das Raumfahrtprogramm stellte die Wissenschaft vor Tausende technologische Herausforderungen, da neue, weltalltaugliche Werkstoffe, neue Systeme und anderes mehr entwickelt werden mussten. Viele dieser Erfindungen gehören inzwischen zum alltäglichen Leben:

- **Barcodes** Sie wurden von der NASA entwickelt, um die Millionen Raumfahrzeug-Bestandteile zu verwalten.
- **Quarzuhren** Erstmals bei Apollo-Flügen eingesetzt.
- **Miniatur-Kunstherz** Seine Entwicklung basierte auf der in den US-Raumfähren eingesetzten Treibstoffpumpentechnik.
- **Lichtempfindliche elektronische Sensoren (CCD-Sensoren)** In Videokameras und zur Krebs-Früherkennung.
- **Wassergekühlte Raumanzüge** Ableger finden heute in der Medizin und anderen Bereichen Verwendung.
- **Feuerhemmende metallische Materialien** Mit diesen Materialien schützen sich inzwischen Feuerwehrleute.
- **Druck-Kugelschreiber** Sie schreiben auch „auf dem Kopf“ und wurden zuerst von Apollo-Astronauten verwendet.
- **Kabellose Elektro-Handbohrer** Erstmals von Apollo-Astronauten zum Gewinnen von Mondgestein verwendet.

**Konstantin Ziolkowski**
(1857–1935) Russischer Physiker und Lehrer. Veröffentlichte 1903 eine Abhandlung über Raketentechnik. Später sagte er Reisen ins All voraus und empfahl Flüssigtreibstoff und mehrstufige Raketen.

**Robert Goddard**
(1882–1945) US-amerikanischer Physiker. Unternahm Experimente mit festem und flüssigem Treibstoff und entwickelte Treibstoffpumpen und gyroskopische Steuerelemente. 1926 erreichte seine erste, 1,2 m lange Flüssigtreibstoffrakete 56 m Höhe. Goddards Errungenschaften wurden erst posthum gewürdigt.

**Wernher von Braun**
(1912–77) Deutscher Ingenieur. Führender Kopf des Teams, das die V2-Rakete entwickelte, die im Zweiten Weltkrieg gegen britische Städte eingesetzt wurde. Nach dem Krieg leitete er das NASA-Team für die Entwicklung der Saturnraketen, mit denen die ersten Menschen zum Mond flogen.

**Juri Gagarin**
(1934–68) Sowjetischer Luftwaffenpilot und Kosmonaut. Am 12. April 1961 steuerte er sein Raumfahrzeug *Wostok I* in eine Erdumlaufbahn (oben) und ging damit als erster Mensch im Weltraum in die Geschichte ein. Gagarin hielt sich bei einer Geschwindigkeit von ungefähr 27 400 km/h knappe 90 Minuten in der Umlaufbahn auf; vom Start bis zur Landung dauerte die Reise 1 Stunde 48 Minuten. Später kam Gagarin bei einem Flugzeugabsturz während des Trainings für eine weitere Weltraum-Mission ums Leben.

**John Glenn**
(*1921) US-amerikanischer Astronaut. Mit der Mercury-Kapsel *Friendship 7* erreichte Glenn am 20. Februar 1962 als erster Amerikaner eine Umlaufbahn um die Erde und umkreiste den Planeten innerhalb von 4 Stunden dreimal. Glenn verabschiedete sich 1964 von der Raumfahrt und wurde US-Senator. 1998 kehrte er an Bord der Raumfähre *Discovery* mit 77 Jahren ins All zurück und ging als ältester Mensch im Weltraum abermals in die Geschichte ein.

**Saturn-V-Trägerrakete mit Apollo-Raumfahrzeug**

**Neil Armstrong**
(*1930) US-amerikanischer Astronaut. Armstrong betrat 1969 als erster Mensch den Mond. Bevor er Astronaut wurde, war er Pilot der US-Navy und ziviler Testpilot gewesen. 1966 gelang ihm zusammen mit einem Ko-Astronauten das erste erfolgreiche Andockmanöver zweier Raumfahrzeuge. 3 Jahre später war Armstrong Kommandant der amerikanischen Mondmission *Apollo 11*. Diese Mission war Armstrongs letzter Ausflug ins Weltall.

**1805**
Der englische Artillerieoffizier William Congreve baut die ersten modernen Militärraketen. Sie sind 1 m lang und haben eine Reichweite von 1,8 km. 1815 werden sie mit mäßigem Erfolg in der Schlacht von Waterloo eingesetzt.

**1942**
Erster erfolgreicher Flug einer Flüssigrakete, die das Weltall erreicht: Aggregat A4 (V2) stammt aus Deutschland.

**4. Oktober 1957**
Mit dem Abschuss des ersten künstlichen Sowjet-Satelliten, des 85 kg schweren *Sputnik 1*, beginnt das Zeitalter der Raumfahrt.

**1960**

**5. Mai 1961**
Alan Shepard ist auf einem suborbitalen Flug mit einer Höhe von 184 km der erste Amerikaner im Weltraum.

**25. Mai 1961**
In einer Ansprache an den Kongress stellt US- Präsident Kennedy sein Land vor die Herausforderung, bis zum Ende der 1960er-Jahre einen Mann auf den Mond zu befördern und ihn sicher wieder auf die Erde zurückzubringen.

**16. Juni 1963**
Die Russin Walentina Tereschkowa ist die erste Frau im Weltall.

**1965**

**18. März 1965**
Der Russe Alexej Leonow unternimmt von Bord der *Woschod 2*, die in 550 km Höhe die Erde umkreist, den ersten Ausflug ins All.

**14. Juli 1965**
Die unbemannte Raumkapsel *Mariner 4* passiert den Mars und sendet Fotos zur Erde.

**3. Februar 1966**
Der sowjetischen Raumsonde *Luna 9* gelingt die erste weiche Landung auf dem Mond.

**27. Januar 1967**
Drei US-Astronauten kommen durch ein Feuer in ihrer Apollo-Kapsel ums Leben. Das verzögert das Programm. An der Kapsel werden konstruktive Änderungen vorgenommen.

**21. Dezember 1968**
*Apollo 8* umkreist als erstes bemanntes Weltraumfahrzeug den Mond. Nach 6 Tagen im All wassert sie 5 km außerhalb des Zielgebiets im Pazifik.

**20./21. Juli 1969**
Die Amerikaner Neil Armstrong und Edwin Aldrin betreten während des *Apollo-11*-Flugs als erste Menschen den Mond.

**Mondspaziergang**
1969 erkunden Apollo-Astronauten den Mond.

## Bemannte Apollo-Raumflüge

Zur Prüfung der Komponenten des Apollo-Systems führte die NASA zwischen Mai 1964 und April 1968 neun unbemannte suborbitale und orbitale Flüge um die Erde durch. Am 27. Januar 1967 kam eine aus den Astronauten Virgil Grissom, Edward White und Roger Chaffee bestehende Besatzung, die für den ersten bemannten Apollo-Flug trainierte, durch ein Feuer in ihrer Kommandokapsel ums Leben; der Brand wurde vermutlich durch einen Funken in der aus reinem Sauerstoff bestehenden Atmosphäre ausgelöst. Diese Mission AS-204 hatte man für den 21. Februar 1967 vorgesehen. Die daraus resultierenden Änderungen an den Strom- und Sauerstoffsystemen verzögerten das Apollo-Programm um fast 2 Jahre.

| Mission | Zeitraum | Crew | Ziel | Besonderheiten |
|---|---|---|---|---|
| Apollo 7 | 11.–22. Oktober 1968 | Walter Schirra, Donn Eisele, Walter Cunningham | Erdorbit | Erster bemannter Testflug. Wegen Feuers im Januar 1967 fast 2 Jahre später als geplant. |
| Apollo 8 | 21.–27. Dezember 1968 | Frank Borman, James Lovell, William Anders | Mondorbit | Erster bemannter Mondflug mit einer Kombination aus Kommandokapsel und Servicemodul. |
| Apollo 9 | 3.–13. März 1969 | James McDivitt, David Scott, Russell Schweickart | Erdorbit | Erster Testflug der späteren Mondlandefähre; der Test umfasste u. a. Andockmanöver. |
| Apollo 10 | 18.–26. Mai 1969 | Thomas Stafford, John Young, Eugene Cernan | Mondorbit | Erster Testflug einer Mondlandefähre im Mondorbit. |
| Apollo 11 | 16.–24. Juli 1969 | Neil Armstrong, Michael Collins*, Edwin Aldrin | Gebiete auf der Mondoberfläche | Erste Mondlandung. |
| Apollo 12 | 14.–24. November 1969 | Charles Conrad, Richard Gordon*, Alan Bean | Gebiete auf der Mondoberfläche | Zweite Mondlandung. Brachte einige Wrackteile der Raumsonde *Surveyor 3* zurück. |
| Apollo 13 | 11.–17. April 1970 | James Lovell, John Swigert, Fred Haise | (Nur Umfliegen des Mondes) | Explosion eines Sauerstofftanks beschädigte das Raumschiff; keine Mondlandung. |
| Apollo 14 | 31. Januar–9. Februar 1971 | Alan Shepard, Stuart Roosa*, Edgar Mitchell | Fra-Mauro-Krater | Dritte Mondlandung. Einsatz des von Hand gezogenen „Mondkarrens". |
| Apollo 15 | 26. Juli–7. August 1971 | David Scott, Alfred Worden*, James Irwin | Gebiete auf der Mondoberfläche | Vierte Mondlandung. Mondauto *Lunar Rover* im Einsatz. Mond-Subsatellit ausgesetzt. |
| Apollo 16 | 16.–27. April 1972 | John Young, Thomas Mattingly*, Charles Duke | Gebiete auf der Mondoberfläche | Fünfte Mondlandung. Einsatz des *Lunar Rover.* Aussetzen eines Mond-Subsatelliten. |
| Apollo 17 | 7.–19. Dezember 1972 | Eugene Cernan, Ronald Evans*, Harrison Schmitt | Gebiete auf der Mondoberfläche | Letzte Mondlandung. Einsatz des *Lunar Rover.* Schmitt erster Geologe auf dem Mond. |

* Pilot der Kommandokapsel. Blieb in der Mondumlaufbahn, während die anderen Crewmitglieder mit der Landefähre auf dem Mond landeten; der Kommandant der Mission ist in allen Besatzungslisten zuerst genannt.

**Rendezvous im All** Diese US-Briefmarke erinnert an das erste Aneinanderkoppeln von Apollo- und Sojus-Raumfähren im Jahr 1975.

Siehe auch
26–7 **Der Mond**
494–5 **Kooperation im All**

**1970–2**
Drei unbemannte sowjetische Mondsonden bringen Bodenproben zurück. Zwei der Sonden setzen ein ferngesteuertes Erkundungsfahrzeug ein.

**1970**

**1971–82**
Sowjetische Saljut-Raumstationen werden in Betrieb genommen und bis zu 5 Jahre lang genutzt. Die Besatzungen verbringen bis zu 8 Monate an Bord.

**19. April 1971**
Die Sowjetunion startet die erste erdumkreisende Raumstation, *Saljut 1.*

**6. Juni 1971**
Drei Kosmonauten sterben an Bord von *Sojus 11* wegen eines Druckabfalls beim Wiedereintritt.

**13. November 1971**
Die amerikanische Sonde *Mariner 9* umkreist den Mars und liefert 11 Monate lang Daten und Bilder des Planeten und seiner Monde.

**5. Februar 1974**
Die amerikanische Sonde *Mariner 10* passiert die Venus auf ihrem Flug zum Merkur, den sie am 29. März erreicht.

**14. Mai 1973**
Die erste US-Raumstation Skylab wird beim Start beschädigt, kann aber in der Umlaufbahn erfolgreich repariert werden.

**3. Dezember 1973**
Nach 21-monatigem Flug passiert die amerikanische Raumsonde *Pioneer 10* den Jupiter. Die Aktion wird 1976 von *Pioneer 11* wiederholt. *Pioneer 10* ist seit Februar 2003 im All verschollen.

**1975**

**17. Juli 1975**
Ein Andockmanöver der amerikanischen Apollo-Kapsel an die sowjetische Raumfähre *Sojus 19* ist erfolgreich – der erste Schritt in Richtung Internationale Raumstationen.

**21. Oktober 1975**
Die sowjetische Landefähre *Venera 9* überträgt die ersten Bilder von der Oberfläche der Venus.

**20. Juli 1976**
Die Amerikaner bringen die *Viking 1* und 6 Wochen später die *Viking 2* auf den Weg zum Mars. Bilder und Daten werden übertragen, Anzeichen von Lebewesen gibt es nicht.

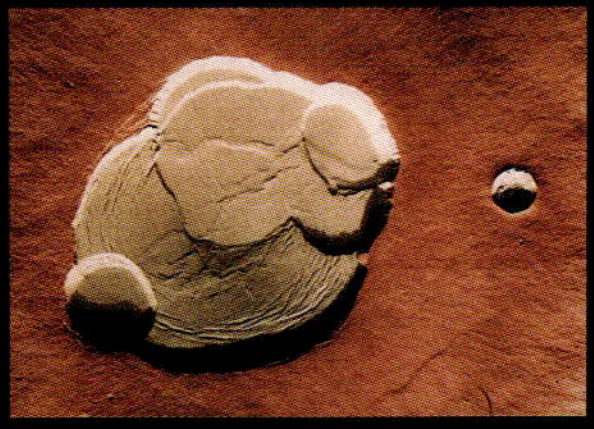

**Olympus Mons**
Der Viking-Mission gelang dieses Bild eines Kraters auf dem höchsten Berg des Mars.

*Seit der Weltraum-Wettlauf des Kalten Krieges vorüber ist, setzen die Supermächte auf Kooperation. Nach Abschluss der erfolgreichen Apollo-Flüge wurde ein wiederverwertbares Raumfahrzeug entwickelt, um den enormen Kostenaufwand in der Raumfahrt zu senken. Gleichzeitig wurden fremde Planeten genauer erkundet und technisch ausgeklügelte Teleskope und andere Instrumente ins All gebracht.*

## Der Spaceshuttle

Der Spaceshuttle (Space Transportation System/STS), eine Kreuzung aus Rakete und Raumgleiter, war die erste wiederverwertbare Raumfähre im All und läutete 1981 eine neue Ära ein.

Zwei externe Festtreibstoffraketen (Booster) werden gut 2 Minuten nach dem Start abgeworfen. Der riesige externe Treibstofftank für die drei Haupttriebwerke löst sich kurz vor dem Eintritt in die Umlaufbahn. Die Shuttle-eigenen Kraftstofftanks reichen gerade für das Manövrieren im Orbit und den Wiedereintritt in die Erdatmosphäre.

Die Raumfähre hat einen Nutzlastraum für den Transport von Satelliten und Raumsonden, die im Orbit gestartet werden. Hier werden auch Satelliten mit dem Roboterarm geborgen und gewartet.

Der Wiedereintritt in die Erdatmosphäre erfolgt mit der Unterseite voran, die durch ein Hitzeschild aus Tausenden Keramikkacheln isoliert ist. Der Shuttle gleitet dann zur Erde und landet wie ein Flugzeug.

**Spaziergang im All**
Ein Astronaut am Halteseil bei der Arbeit an einem geborgenen Satelliten.

## Satelliten und Landesonden

**Galileo** Start: Oktober 1989. Galileo umkreist seit Dezember 1995 den Planeten Jupiter und sendet regelmäßig Bild- und Datenmaterial.
**Mars Observer** Start: September 1992. Der Mars Observer sollte gegen Ende des Sommers 1993 mit der Marsumrundung beginnen, doch riss 3 Tage vor dem Eintritt in die Umlaufbahn der Funkkontakt ab.
**Mars Global Surveyor** Start: November 1996. Der Mars Global Surveyor trat am 11. September 1997 in den Mars-Orbit ein und liefert seither Karten von der Marsoberfläche, die die dortigen Mineralvorkommen veranschaulichen.
**Mars Pathfinder** Start: Dezember 1996. Der Mars Pathfinder landete am 4. Juli 1997 auf dem Mars, von dem er Bilder lieferte; für Gesteinsanalysen hatte er das 63 cm lange, sechsrädrige Marsmobil *Sojourner* ausgesetzt.
**Cassini-Huygens** Start: Oktober 1997. Der Cassini-Satellit soll im Juli 2004 in den Saturn-Orbit eintreten und 4 Monate später die europäische Raumsonde Huygens in die Atmosphäre des Saturnmondes Titan aussenden.
**Mars Odyssey** Start: April 2001. Ihre Mission ist das Kartographieren der Marsoberfläche mit dem Ziel, eventuelle Risiken für die spätere menschliche Erforschung zu erkennen und mögliche Wasservorkommen zu entdecken.
**Mars-Rovers** Start: Juni und Juli 2003. Die beiden amerikanischen Landesonden *Spirit* und *Opportunity* sollen die Marsoberfläche im Januar 2004 erreichen und dort nach Hinweisen auf einstige Wasservorkommen suchen, ebenso wie die europäische Landeeinheit *Beagle 2,* die ihr Ziel im Dezember 2003 erreichen soll.

**1977**
Die USA unternehmen Testflüge und -landungen mit dem Spaceshuttle *Enterprise,* der von einem Flugzeug aus gestartet wird.

**1977**
Die USA schicken zwei *Voyager*-Sonden ins All. *Voyager 1* nutzt dabei eine seltene Konstellation und die Schwerkraft von vier äußeren Planeten, um von einem Planeten zum nächsten zu gelangen.

**1979–89**
Die *Voyager*-Raumsonden übertragen scharfe Bilder von Jupiter, Saturn, Uranus und Neptun.

1980

**12. April 1981**
Der US-Spaceshuttle *Columbia* unternimmt den ersten 54-stündigen Weltraumflug. Weitere Flüge für zivile und militärische Anwendungen folgen, darunter auch der Start und die Reparatur von Satelliten.

**28. Januar 1986**
Die Raumfähre *Challenger* explodiert 73 Sekunden nach ihrem zehnten Start. Ursache ist ein Leck in den Feststoffraketen. Alle sieben Crew-Mitglieder sterben.

**20. Februar 1986**
Errichtung des ersten Teils der sowjetischen Raumstation *Mir,* die 15 Jahre lang in Betrieb sein wird.

1990

**24. April 1990**
Die United States and European Space Agency schießen das Hubble-Weltraumteleskop ins All – mit enttäuschendem Ergebnis: Am Spiegel wird ein Fehler entdeckt und das übertragene Bildmaterial weist nicht die erwartete Schärfe auf.

**10. August 1990**
Die US-Raumsonde *Magellan* tritt in die Umlaufbahn der Venus ein und beginnt eine Radar-Analyse der Planetenoberfläche.

**6. Oktober 1990**
Die europäische Raumsonde *Ulysses* wird zur Erforschung der Sonnenpole ins All geschossen.

**Dezember 1993**
Amerikanische Astronauten reparieren den Spiegeldefekt am Hubble-Weltraumteleskop.

## Die Internationale Raumstation

Eine im November 1999 gestartete russische Rakete beförderte das erste Modul für das wohl größte Weltraumprojekt ins All – die Internationale Raumstation (ISS) oder Raumstation Alpha. Nach ihrer Fertigstellung etwa 2005 wird die Station die Größe eines Fußballplatzes haben und in 350–450 km Höhe kreisen. Mit ihren 6200 m² großen Solarzellenflächen wird sie als hell leuchtendes Flugobjekt am nächtlichen Himmel zu erkennen sein.

Ein internationales Team baut Labor-, Kontroll- und Wohnmodule, die an ein trägerähnliches Gerüst montiert werden. Bis zu sieben Wissenschaftler können gleichzeitig in verschiedenen Forschungsbereichen arbeiten. Schwebende elektronische Assistenten – kugelförmige Roboter von 15 cm Ø – werden sie in ihrer Kommunikation unterstützen.

Der Hin- und Rückflug zur und von der Station erfolgt mit Shuttles und Sojus-Kapseln. Für den Rücktransport der Crew im Notfall wurde mit der Entwicklung eines Rettungsfahrzeugs angefangen, dem Raumgleiter X-38, doch 2002 wurde das Programm aus Kostengründen gestrichen und begonnen, nach einer preisgünstigeren Lösung zu suchen.

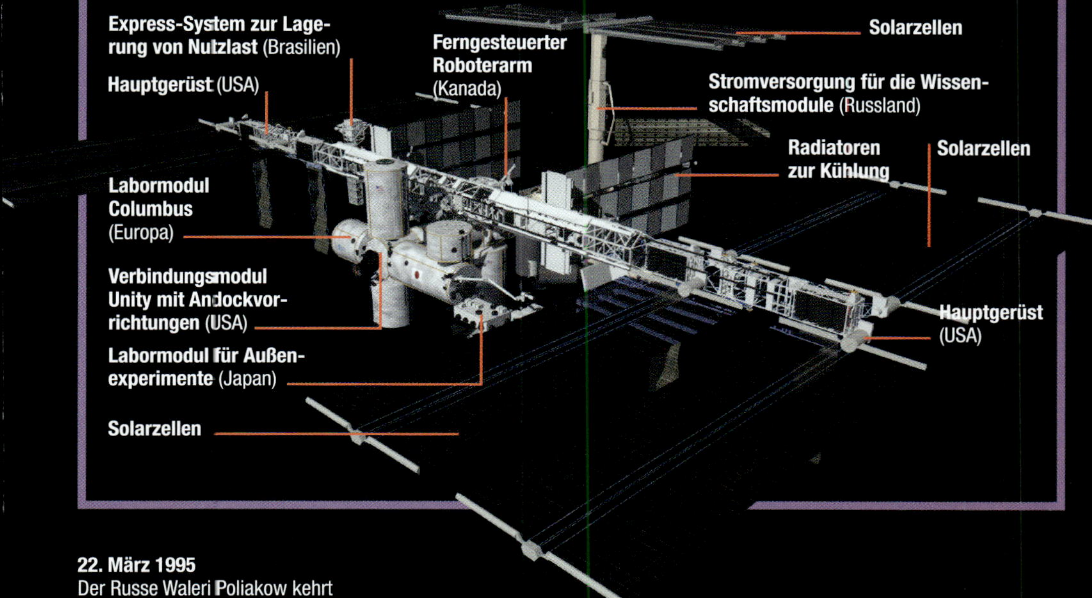


## WISSENSWERTES

**Mond-Gebirge** Der Amerikaner John Young unternahm die meisten Flüge ins All. Mit Charles Duke stand er auf der mit 7830 m höchsten Stelle des Mondes im Descartes-Hochland.

**Swing-by-Effekt** Fliegt eine Raumsonde in einem bestimmten Winkel und in bestimmter Distanz an einem Planeten vorbei, verändert dessen Gravitation ihre Richtung und beschleunigt sie. Dieser Swing-by-Effekt wurde für Raumsonden mehrmals genutzt – z. B. für *Voyager 1*, die 1979–89 vier Planeten passierte.

**Weltraum-Zwist** Die Kosmonauten Walentin Lebedew und Anatoli Berezovoi gingen sich 1982 an Bord der *Mir* so sehr auf die Nerven, dass sie 211 Tage lang kaum ein Wort wechselten.

**Heißer Eintritt** Ähnlich wie ein Meteorit verdichtet und erhitzt ein in die Erdatmosphäre eintretendes Raumfahrzeug die Luft vor sich. Heute haben Raumschiffe ein Hitzeschild aus Hochleistungskeramik. Frühere Raumfahrzeuge waren durch ein Material geschützt, das langsam verbrannte.

**Weltraummüll** Im Augenblick umkreisen rund 300 Satelliten die Erde, dazu über 20 000 identifizierte Teile Weltraummüll: Satelliten- und Raketenteile, Werkzeuge, Farbreste und sogar menschliche Hinterlassenschaften.

**22. März 1995**
Der Russe Waleri Poliakow kehrt nach der Rekordzeit von 14 Monaten im All an Bord der *Mir* auf die Erde zurück.

**7. Dezember 1995**
Die amerikanische Raumsonde *Galileo* (Start: 18. Oktober 1989) erreicht den Jupiter. Ein Modul fliegt in den Orbit, das andere tritt in die Atmosphäre des Planeten ein. Die Sonde überträgt während des Eintrittsfluges über 1 Stunde lang Bilder. Der Orbiter setzt die Übertragung detaillierter Bilder Jupiters und seiner Monde fort.

1995

**25. Juni 1997**
Eine unbemannte Raumkapsel kollidiert mit der *Mir*. Die Energieversorgung wird unterbrochen und das Computersystem fällt aus, das Leben der Besatzung ist in Gefahr. Nach erfolgreicher Reparatur setzt die *Mir* ihre Arbeit fort.

**15. Oktober 1997**
Die amerikanische Raumsonde *Cassini* wird mit der europäischen Kapsel *Huygens* zum Saturn gestartet. Die Kapsel soll 2004 in den Orbit des Planeten eintreten.

**4. Juli 1997**
Die US-Sonde *Pathfinder* landet auf dem Mars und erkundet das Gelände mit dem winzigen Marsmobil *Sojourner*.

**18. Februar 1998**
Nachdem sie den Rekordhalter *Pioneer 10* überholt hat, ist *Voyager 1* die am weitesten von der Erde entfernte Raumsonde. Im Jahr 2000 erreicht sie eine Entfernung von 12 Mrd. km.

**29. Oktober–7. November 1998**
John Glenn, der erste Amerikaner im Weltall, nimmt mit 77 Jahren an einem Shuttleflug teil und geht als ältester Mensch im Weltall zum zweiten Mal in die Geschichte ein.

**20. November 1998**
Eine russische Rakete bringt das erste Modul der Internationalen Raumstation (ISS) ins All. 3 Wochen später starten die Amerikaner ein weiteres.

**3. Januar 2000**
*Galileo* fliegt nah am Jupitermond Europa vorbei und weist mithilfe von Radar Salzwasser unter der vereisten Mondoberfläche nach.

**2. November 2000**
Ein Amerikaner und zwei Russen beginnen die reguläre Arbeit an Bord der Internationalen Raumstation.

**23. März 2001**
Wiedereintritt der *Mir* in die Erdatmosphäre und Absturz in den Pazifik.

2000

**1. Februar 2003**
Absturz der Raumfähre *Columbia* beim Wiedereintritt in die Erdatmosphäre. Alle sieben Astronauten sterben.

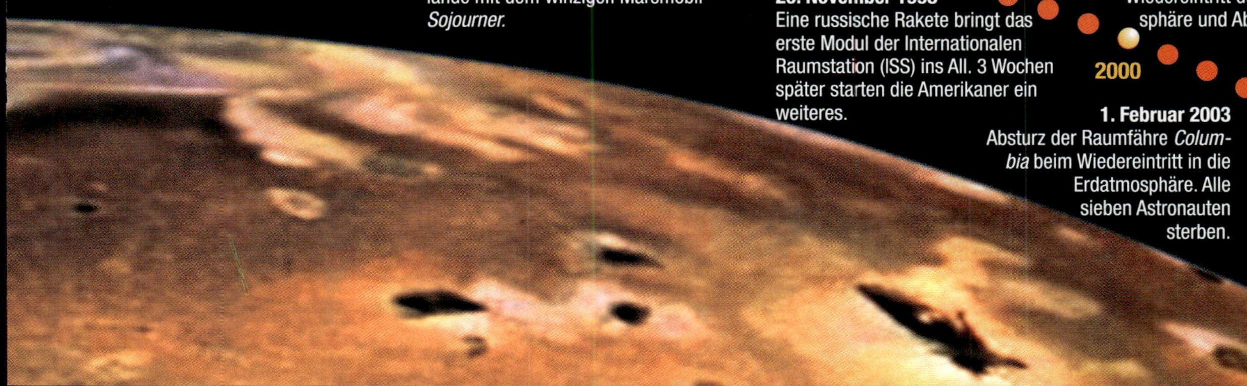

Siehe auch
24–5 **Die Planeten**
26–7 **Der Mond**
492–3 **Erste Schritte im All**
592–3 **Der Nachthimmel**

*Informationen und die Technologien zu ihrer Verarbeitung und Verbreitung sind zu einer Quelle wirtschaftlicher Macht geworden. Kaum eine Branche kommt heute ohne moderne Kommunikationstechnik aus, sei es Telefon, Computer oder Internet. Unternehmen, die Informationen und Unterhaltung vertreiben, also Medienunternehmen, sind inzwischen reicher und mächtiger als manches kleine Land und expandieren weltweit unaufhaltsam.*

## DER AUFSTIEG DER MEDIENBRANCHE

Im 20. Jh. haben drei Faktoren zur wachsenden Bedeutung der Informations- und Unterhaltungsbranche beigetragen:

- zunehmende Nachfrage von Konsumenten mit mehr Freizeit,
- wachsendes Informationsangebot von wissenschaftlichen Themen bis zur Unterhaltung,
- technologischer Fortschritt bei der Verbreitung von Informationen.

Besonders der technologische Faktor erlangte in Gestalt des Heimcomputers und des Internets Bedeutung. Gemeinsam trugen beide Technologien in den 1980er- und 1990er-Jahren stark zur Zugänglichkeit von Informationen bei und läuteten das Informationszeitalter ein.

### Die Entstehung eines globalen Marktplatzes

Durch die neuen Technologien verwischen die Grenzen zwischen den Mediensparten, was Fusionen von Unternehmen der Medien- und Unterhaltungsbranche fördert (siehe unten). Experten sagen eine Zukunft voraus, in der Fernseh- und Radioprogramme sowie Kinofilme über eine superschnelle Version des Internets übertragen werden, ebenso wie Zeitungen und Zeitschriften. Das elektronische Buch (E-Book) soll die gedruckte Form ersetzen. Bereits heute ordern Millionen Menschen Kleidung oder CDs via Internet. Ende der 1990er-Jahre sorgten die so genannten dot.com-Unternehmen an den Aktienbörsen für einen gewaltigen Aufschwung – allerdings nur, um kurz darauf eine rasante Talfahrt anzustoßen, als Investoren erkannten, dass die Firmen nicht so schnell profitabel arbeiten würden.

### Das World Wide Web

Zwischen 1993 und 2000 stieg die Zahl der Internetseiten von einigen Hundert auf fast 25 Mio., die Anzahl privater Seiten auf über 1 Mrd. Im selben Zeitraum nahm die Zahl der Host-Rechner, d. h. der Rechner mit registrierter Internet-Adresse, von knapp über 1 Mio. auf fast 10 Mio. zu.

Im Jahr 2002 gab es schätzungsweise 700 Mio. Internet-Nutzer. Ein großer Teil davon waren Amerikaner, doch das neue Medium findet auch anderswo immer neue Anhänger. In Deutschland zählte das Internet 2002 31,7 Mio. Nutzer, etwa 39 % der Bevölkerung. Eine Rekordzahl von 5,8 Mio. Surfern loggte sich nach den US-Präsidentschaftswahlen im Jahr 2000 auf die CNN-Website ein.

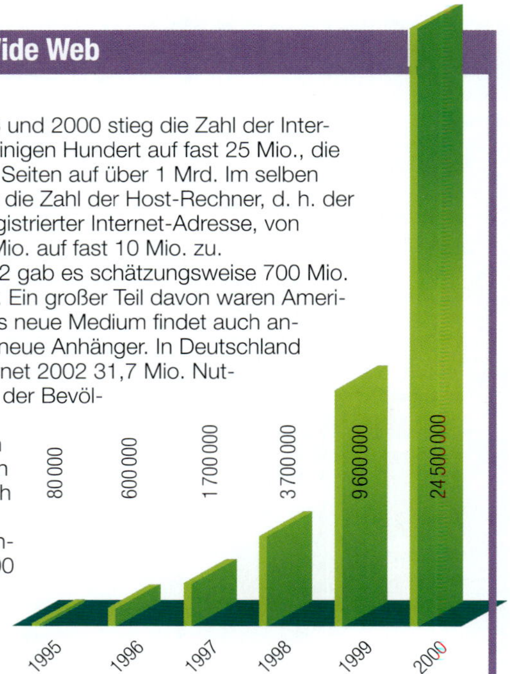


## DIE GLOBALEN MEDIENGIGANTEN

Durch Unternehmensfusionen sind seit den 1980er-Jahren mehrere Mediengiganten entstanden. Die sechs größten umspannen den Globus mit einem breiten Medienspektrum, das Beteiligungen an Verlagen, der Musikindustrie und Fernsehsendern umfasst.

### Viacom

Das US-Unternehmen Viacom übernahm 1994 das Hollywoodstudio Paramount und die Videokette Blockbuster. 2000 wurde eine 50 Mrd. US-$ teure Fusion mit CBS abgeschlossen. Geschäftsfelder:
**Film:** Paramount Pictures; United Cinemas International (Beteiligung)
**TV und Rundfunk:** CBS Television mit 39 Sendern und mehr als 200 Tochterunternehmen; Cable Networks MTV, Nickelodeon, Showtime und VH1; Infinity Broadcasting mit über 180 Radiosendern
**Buchverlage:** Simon & Schuster; Pocket Books; Scribner
**Sonstige:** Paramount-Themenparks; Blockbuster-Videotheken; die größte Außenwerbung in Nordamerika
**Wert:** 2002 erzielten Viacom und CBS einen Umsatz von 24,6 Mrd. US-$ und einen Gewinn von 726 Mio. US-$.

### Vivendi Universal

Vivendi Universal entstand im Jahr 2000 durch Fusion der französischen Unternehmen Vivendi (Telekommunikation bis Wasserversorgung) und Canal Plus (Fernsehsender) mit der kanadischen Firma Seagram (Getränke). Geschäftsfelder:
**Film:** Universal Studios; Canal Plus; United International Pictures (Beteiligung); die Kinokette Cineplex Odeon
**TV und Rundfunk:** Universal Television; Canal Plus; 24,5%ige Beteiligung an BSkyB Television; USA Network
**Musik:** Universal Music Group, darunter MCA, Polygram, Island Records, Motown, Decca
**Buchverlage:** Havas (Frankreich) mit 60 Imprints
**Internet:** Teile von Vizzavi (Internet-Portal); MP3.com (Musik-Website)
**Sonstige:** Themenparks der Universal Studios; Mobilfunk- und andere Telekommunikationsnetze
**Wert:** Der Gesamtkonzern erzielte 2002 einen Umsatz von 56,6 Mrd. US-$, Vivendi allein einen Umsatz von 26,1 Mrd. US-$.

### Bertelsmann

Dem deutschen Verlagsunternehmen Bertelsmann sind die weltgrößte Buchverlagsgruppe und der größte Fernsehsender Europas angeschlossen. Geschäftsfelder:
**TV und Rundfunk:** Fernsehsender RTL (Deutschland), M6 (Frankreich) und teilweise Channel 5 (Großbritannien); 17 Radiosender
**Musik:** Über 200 Musik-Labels, z. B. Arista und RCA (USA) und Ariola (Deutschland); BMG Music Publishing (Großbritannien)
**Zeitungen und Zeitschriften:** 10 Zeitungen in Deutschland und Osteuropa, darunter die Berliner Zeitung; Gruner & Jahr mit über 80 Zeitschriften
**Buchverlage:** Verlagsgruppen Random House und Transworld (USA und Großbritannien) mit Imprints wie Bantam, Century, Corgi, Crown, Dell, Doubleday, Ebury Press, Hutchinson, Knopf und Jonathan Cape; Verlagsgruppe Random House (Deutschland); Plaza & Janés (Spanien); Sudamericana (Argentinien); Buchklubs in vielen Ländern; die Internet-Buchhäuser BOL.com und Barnes&Noble.com
**Internet:** Comundo (Internet-Zugang); Lycos (Suchmaschine)
**Wert:** 2002 betrug der Umsatz 18,5 Mrd. US-$, der Gewinn knapp 1 Mrd. US-$.

## SPITZENREITER DER INFORMATIONSGESELLSCHAFT

Der Prozentanteil, den ein Land zur informationstechnologischen Revolution beiträgt, wird durch den Society Index ausgedrückt – ein Maßstab für den „Informations-Wohlstand" eines Landes. Der Index gründet auf vier Hauptfaktoren:

- Computer-Infrastruktur: u. a. Anzahl der PCs in Privathaushalten, Schulen und Firmen
- Informationszugang: u. a. Fernsehen, Rundfunk, Telefone und Faxgeräte
- Internet-Zugang: u. a. Nutzung von E-Commerce
- Soziale Faktoren: u. a. Bildungsniveau der Schulabgänger, Pressefreiheit, Bürgerrechte.

| Position 2000 | Position 2002 | Land | Punkte |
|---|---|---|---|
| 1 | **1** | Schweden | 7087 |
| 2 | **2** | Norwegen | 6933 |
| 7 | **3** | Schweiz | 6679 |
| 4 | **4** | USA | 6679 |
| 5 | **5** | Dänemark | 6612 |
| 10 | **6** | Niederlande | 6474 |
| 6 | **7** | Großbritannien | 6437 |
| 3 | **8** | Finnland | 6437 |
| 8 | **9** | Australien | 6349 |
| 10 | **10** | Taiwan | 6292 |
| 15 | **11** | Hongkong | 6255 |
| 11 | **12** | Japan | 6143 |
| 9 | **13** | Singapur | 6067 |
| 12 | **14** | Kanada | 6039 |
| 13 | **15** | Deutschland | 5907 |
| 14 | **16** | Österreich | 5842 |
| 16 | **17** | Neuseeland | 5675 |
| 17 | **18** | Belgien | 5334 |

## Silicon Valley

Die Informationstechnologie (IT)-Branche hat blühende Wirtschaftsregionen entstehen lassen. Am berühmtesten ist das Silicon Valley nahe San Francisco. Seine Erfolgsgeschichte begann 1953, als die Universität Stanford einen Teil ihres Grundstücks für einen Hightech-Industriepark verpachtete. Schon bald richteten Firmen wie Hewlett-Packard und IBM Labore ein; die günstigen Bedingungen – u. a. neue technische Möglichkeiten, hoch qualifizierte Arbeitskräfte, Nähe zu fortschrittlichen Forschungszentren, Kooperationsmöglichkeiten – zogen weitere Unternehmen an. Den Namen Silicon Valley, abgeleitet von dem für Mikrochips verwendeten Material, ließ sich der Journalist Don Hoefler 1971 einfallen.

Bis heute haben sich 4000 IT-Unternehmen zwischen San Francisco und San Jose angesiedelt, die zusammen 40 % des kalifornischen Exports bestreiten. Bald entstanden ähnliche Regionen in New York City (Silicon Alley), Schottland (Silicon Glenn) und Bangalore, Indien (Silicon Plateau).

Siehe auch
394–401 **Kino**
402–3 **Fernsehen**
410–11 **Zeitungen**
566–7 **Das Internet**

**Medienmogul** Als Rupert Murdoch (*1931) 1952 die *Melbourne News* erbte, war dies der Grundstein für ein gigantisches Medienimperium. Murdoch erwarb zahlreiche Wochenzeitungen in Großbritannien, den USA und anderen Ländern und verhalf ihnen zum Erfolg. Mit dem Kauf der Century Fox im Jahr 1985 stieg er ins Film- und Fernsehgeschäft ein und begann 1989 mit dem Aufbau eines globalen Satellitenfernsehnetzwerks.

**Sport und Medien** Ted Turner von CNN erwarb 1977 das Basketballteam Atlanta Hawks.

## News Corporation

Das Unternehmen von Rupert Murdoch mit Sitz in Australien ist der weltweit führende Verlag englischsprachiger Zeitungen, von denen es pro Woche 40 Mio. Exemplare verkauft. Außerdem ist die Firma ein großer Fernsehbetreiber, Filmproduzent und Buchverlag. Geschäftsfelder:
**Film:** 20th Century Fox
**TV und Rundfunk:** Fox Network mit 22 Fernsehsendern (USA); Sky Global Networks (Satellit), darunter British Sky Broadcasting (BskyB), Star TV und Phoenix (Asien) sowie Foxtel (Australien)
**Zeitungen und Zeitschriften:** *The Australien, Daily Telegraph* und *Sunday Telegraph* (Australien); *The Times, Sunday Times, The Sun* und *News of the World* (Großbritannien); *New York Post* (USA); zahlreiche weitere Zeitungen in der Pazifik-Region; *TV Guide* (USA; Beteiligung)
**Buchverlage:** HarperCollins (USA und Großbritanien)
**Sport:** Los Angeles Dodgers (Baseball); National Rugby League (Australien); Fußballteams in Großbritannien
**Wert:** 2002 betrug der Umsatz der News Corporation 14 Mrd. US-$, das Vermögen 47 Mrd. US-$.

## AOL Time Warner

Der Mediengigant ging 2001 aus einer Fusion der Internetfirma America Online (AOL) mit Time Warner, dem weltweit größten Medienunternehmen, hervor. Geschäftsfelder:
**Film:** Warner Bros; Hanna-Barbera; Castle Rock; Cinemax
**TV und Rundfunk:** Cable News Network (CNN); Cartoon Network; Home Box Office (HBO); Turner Broadcasting System (TBS); Turner Network Television (TNT); Time Warner Cable Network
**Musik:** Warner Bros Records; Atlantic; Elektra
**Zeitschriften:** *Time; People; Sports Illustrated; Fortune;* 30 weitere
**Buchverlage:** Little, Brown; Warner Books; Time Life
**Sport:** Atlanta Braves (Baseball); Atlanta Hawks (Basketball)
**Internet:** America Online (AOL); CompuServe; Netscape
**Sonstige:** Themenparks; Warner Bros Studiostores in 30 Ländern
**Wert:** 2002 erwirtschaftete das Unternehmen bei einem Umsatz von 41,1 Mrd. US-$ einen Verlust von 98,7 Mrd. US-$.

## Walt Disney

Neben dem bekannten Unterhaltungsprogramm stellt das US-Unternehmen auch CDs und Audio-Kassetten her und produziert Musicals. Geschäftsfelder:
**Film:** Walt Disney; Miramax; Touchstone; Buena Vista
**TV und Rundfunk:** Radio- und Fernsehsender, z. B. ABC Network; Disney Channel; ESPN (Sport); SoapNet
**Musik:** Buena Vista Music Group; Walt Disney Records
**Internet:** Beteiligung an Infoseek (Suchmaschine); weitere Internet-Websites
**Sonstige:** Disney und Disney-MGM-Themenparks; Walt Disney Theatrical Productions
**Wert:** 2002 betrug der Umsatz 25,3 Mrd. US-$, der Gewinn 175 Mio. US-$.

***Shakespeare in Love*** Miramax-Kassenschlager 1998

*Die Industrienationen sind die größten Energieverbraucher. In den USA wird pro Kopf jährlich Energie in einer Menge verbraucht, die rund 8 t Öl entspricht; im Nachbarland Mexiko sind es 1,5 t. Diese Energie wird hauptsächlich durch das Verbrennen nicht erneuerbarer Ressourcen wie Erdöl oder Kohle gewonnen. Wie lange die Vorräte ausreichen, hängt von der Industrialisierung der Entwicklungsländer ab und vom Erfolg internationaler Bemühungen, die begrenzten Energiereserven wirksamer zu nutzen.*

## Landkartenschlüssel

Die Farben kennzeichnen den durchschnittlichen Energieverbrauch eines Landes. Für grau unterlegte Länder gibt es keine Statistiken.

**Tonnen Öleinheiten (t OE)**
**Jährlicher Pro-Kopf-Verbrauch (1998)**

- 0–0,99
- 1–1,99
- 2–2,99
- 3–3,99
- 4–4,99
- 5–5,99

## Der weltweite Energieverbrauch

Der Energieverbrauch wird in Tonnen (t) gemessen und in Öleinheiten (OE) ausgedrückt. Darunter fallen sämtliche Energieformen von fossilen Brennstoffen über Energie aus Kernkraftwerken bis zu regenerativen Ressourcen wie Wasserkraft, Wind- und Solarenergie sowie Erdwärme. 1998 entsprach der Weltverbrauch einem Äquivalent von über 9,5 Mrd. t Öl – das sind 1,6 t pro Person.

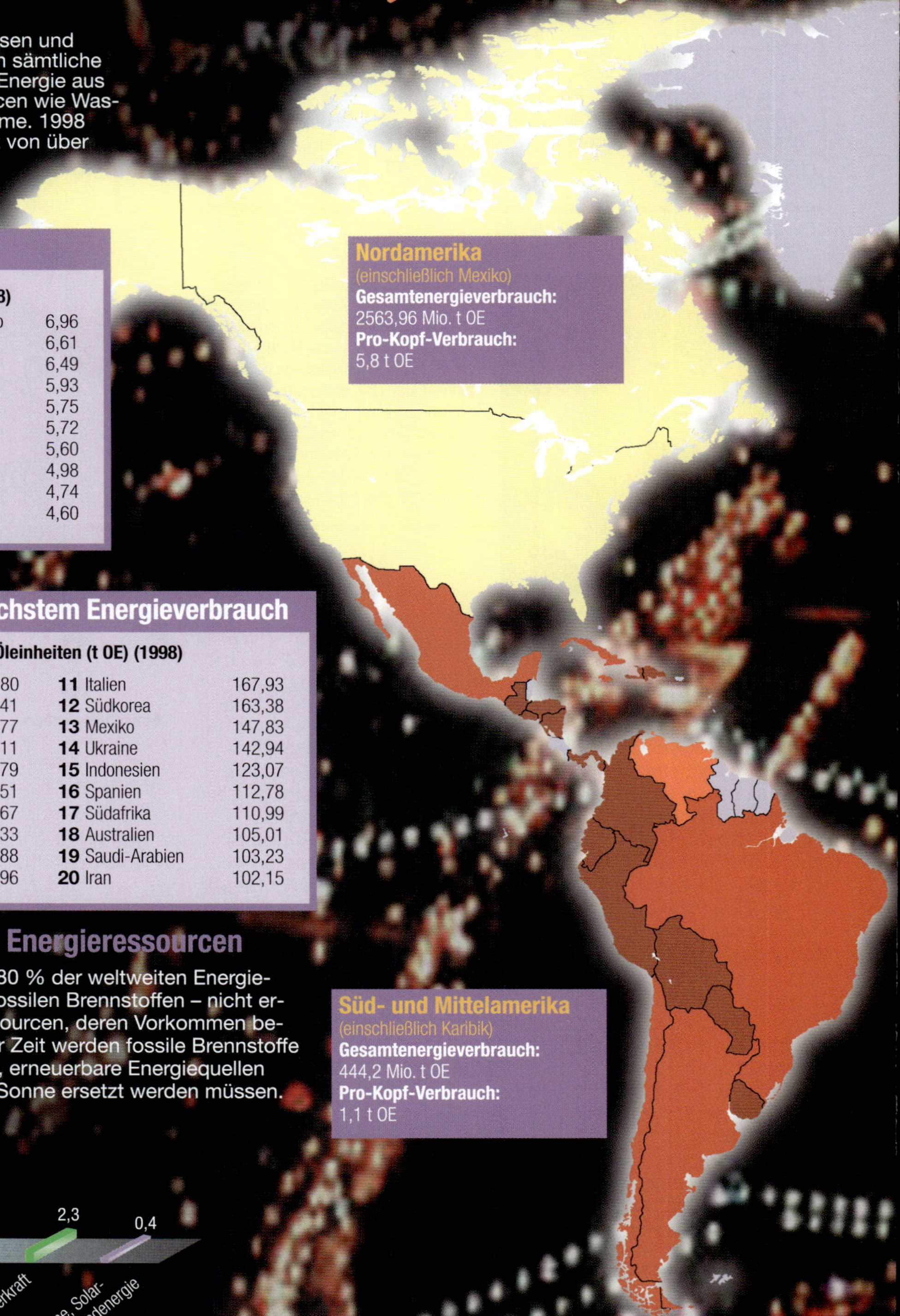


## Höchster Energieverbrauch pro Kopf

**Gemessen in Tonnen Öleinheiten (t OE) pro Kopf (1998)**

| | | | | | |
|---|---|---|---|---|---|
| **1** | Qatar | 20,41 | **11** | Trinidad & Tobago | 6,96 |
| **2** | Verein. Arab. Emirate | 10,04 | **12** | Brunei | 6,61 |
| **3** | Bahrain | 9,72 | **13** | Finnland | 6,49 |
| **4** | Island | 9,59 | **14** | Schweden | 5,93 |
| **5** | Niederländ. Antillen | 8,13 | **15** | Norwegen | 5,75 |
| **6** | USA | 8,11 | **16** | Belgien | 5,72 |
| **7** | Kuwait | 7,82 | **17** | Australien | 5,60 |
| **8** | Luxemburg | 7,79 | **18** | Saudi-Arabien | 4,98 |
| **9** | Kanada | 7,73 | **19** | Niederlande | 4,74 |
| **10** | Singapur | 7,68 | **20** | Gibraltar | 4,60 |

## Die Staaten mit höchstem Energieverbrauch

**Gemessen in Mio. Tonnen Öleinheiten (t OE) (1998)**

| | | | | | |
|---|---|---|---|---|---|
| **1** | USA | 2181,80 | **11** | Italien | 167,93 |
| **2** | VR China | 1031,41 | **12** | Südkorea | 163,38 |
| **3** | Russland | 581,77 | **13** | Mexiko | 147,83 |
| **4** | Japan | 510,11 | **14** | Ukraine | 142,94 |
| **5** | Indien | 475,79 | **15** | Indonesien | 123,07 |
| **6** | Deutschland | 344,51 | **16** | Spanien | 112,78 |
| **7** | Frankreich | 255,67 | **17** | Südafrika | 110,99 |
| **8** | Kanada | 234,33 | **18** | Australien | 105,01 |
| **9** | Großbritannien | 232,88 | **19** | Saudi-Arabien | 103,23 |
| **10** | Brasilien | 174,96 | **20** | Iran | 102,15 |

## Die globalen Energieressourcen

Heute stammen 80 % der weltweiten Energiegewinnung aus fossilen Brennstoffen – nicht erneuerbaren Ressourcen, deren Vorkommen begrenzt ist. Mit der Zeit werden fossile Brennstoffe durch alternative, erneuerbare Energiequellen wie Wasser und Sonne ersetzt werden müssen.

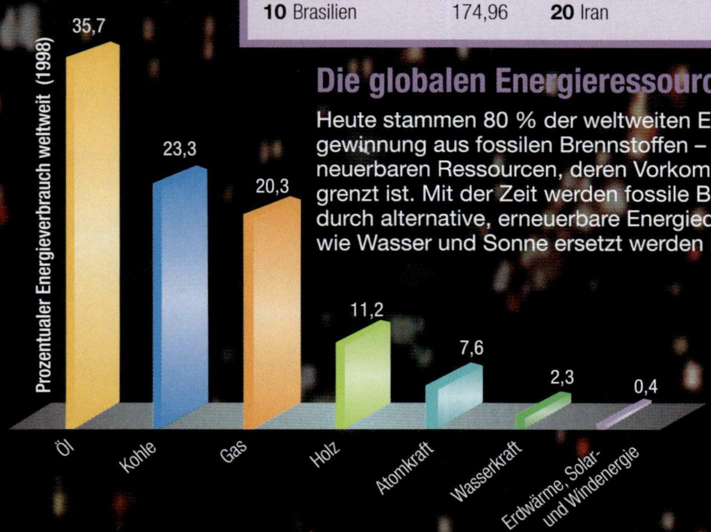

**FAKTEN**

Elektrogeräte im Stand-by-Modus verbrauchen in der EU 100 Mrd. kWh Strom im Jahr. Das verursacht pro Haushalt jährlich Kosten von 130 Euro.

## Die effizientesten Energienutzer

Die Energieeffizienz eines Landes lässt sich ermitteln, indem man errechnet, wie viel Energie es für die Herstellung einer Einheit seines Bruttosozialprodukts aufwendet. Den Wert der Energieintensität erhält man, indem man den jährlichen Energieverbrauch (t OE) durch das Bruttosozialprodukt (in 1000 US-$) teilt: Je geringer dieser Wert, desto geringer ist der Energieverbrauch des jeweiligen Landes. Der Wert wird von verschiedenen Faktoren beeinflusst, z. B. dem Verhältnis von industrieller Aktivität (hoher Energieeinsatz) zu wirtschaftlicher Aktivität (niedriger Energieeinsatz) sowie der Anwendung von Sparmaßnahmen, z. B. der Isolierung von Gebäuden.

**Weltweite Energieintensität (1998)**

| | | |
|---|---|---|
| **1** | Schweiz | 0,11 |
| **2** | Dänemark | 0,13 |
| **3** | Italien | 0,14 |
| **4** | Österreich | 0,15 |
| **4** | Japan | 0,15 |
| **5** | Hongkong | 0,16 |
| **5** | Irland | 0,16 |
| **5** | Norwegen | 0,16 |
| **6** | Deutschland | 0,18 |
| **7** | Frankreich | 0,19 |
| **7** | Spanien | 0,19 |
| **8** | Luxemburg | 0,21 |
| **8** | Niederlande | 0,21 |
| **8** | Schweden | 0,21 |
| **8** | Großbritannien | 0,21 |
| **9** | Finnland | 0,22 |
| **9** | Gabun | 0,22 |
| **10** | Israel | 0,24 |
| **11** | Belgien | 0,26 |
| **11** | Portugal | 0,26 |
| **11** | Slowenien | 0,26 |
| **11** | Uruguay | 0,26 |
| **12** | Argentinien | 0,27 |
| **12** | Australien | 0,27 |

Die USA teilen sich den 16. Platz mit Panama bei einem Wert von 0,31.

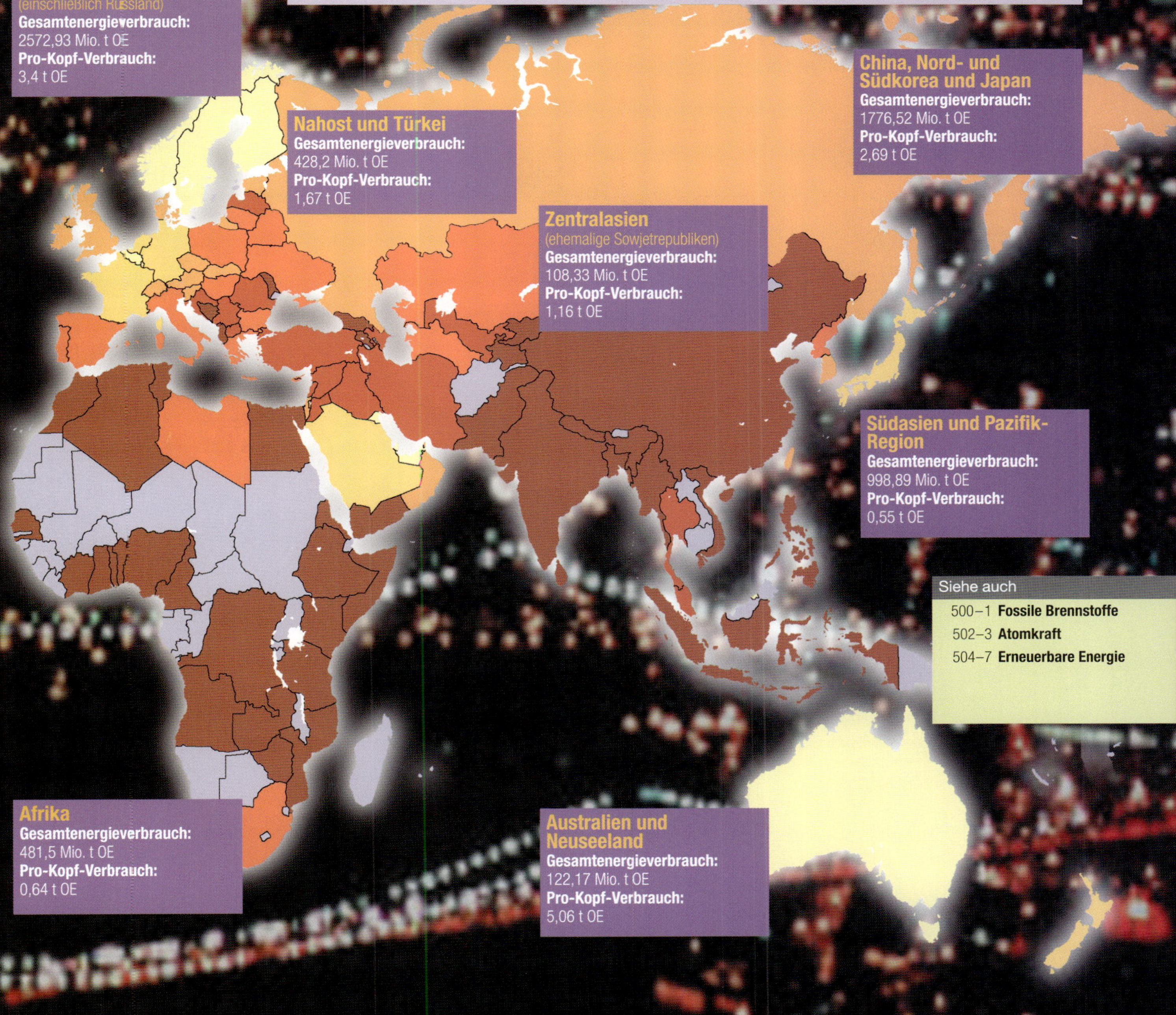


Siehe auch
500–1 **Fossile Brennstoffe**
502–3 **Atomkraft**
504–7 **Erneuerbare Energie**

*Fast 80 % des weltweiten Energiebedarfs werden durch die Verbrennung fossiler Brennstoffe – Kohle, Erdöl und Erdgas – gewonnen. Diese Überreste vor Millionen von Jahren abgestorbener Organismen stellen die billigste und effizienteste Form der Energiegewinnung dar. Doch die Ressourcen sind begrenzt und gehen in absehbarer Zeit zur Neige.*

## Kohlendioxidausstoß

Bei der Verbrennung fossiler Brennstoffe wird Kohlendioxid freigesetzt. Es speichert infrarote Strahlung in der Erdatmosphäre und trägt zur globalen Erwärmung bei (Treibhauseffekt). Folgende Länder erzeugen im Verhältnis zu ihrer Energieproduktion die höchsten Mengen Kohlendioxid.

**Ausstoß von Kohlendioxid in t $CO_2$ pro t Öläquivalent (1998)**

| | | | | | | | |
|---|---|---|---|---|---|---|---|
| Nordkorea | 3,63 | Südafrika | 3,19 | Israel | 3,00 | Marokko | 2,86 |
| Mazedonien | 3,40 | Estland | 3,17 | Gibraltar | 2,98 | Libanon | 2,84 |
| Polen | 3,32 | Libyen | 3,11 | Tschechische Rep. | 2,94 | Irak | 2,83 |
| Kasachstan | 3,23 | Griechenland | 3,06 | Irland | 2,90 | China | 2,77 |

## Erdölraffination

Raffinerien verarbeiten das Rohöl zu verkäuflichen Produkten, die bestimmten Anforderungen genügen. Dazu destillieren sie es, wobei das Öl in Fraktionen zerlegt wird, die je einen anderen Siedebereich haben. Bei dem Verfahren wird das Rohöl erhitzt, bis es verdampft, und der Dampf in einen Turm geleitet. Dort steigt er auf und kondensiert je nach Ebene zu einer anderen Flüssigkeit. Ganz oben ist er gasförmig (Kopfgas).

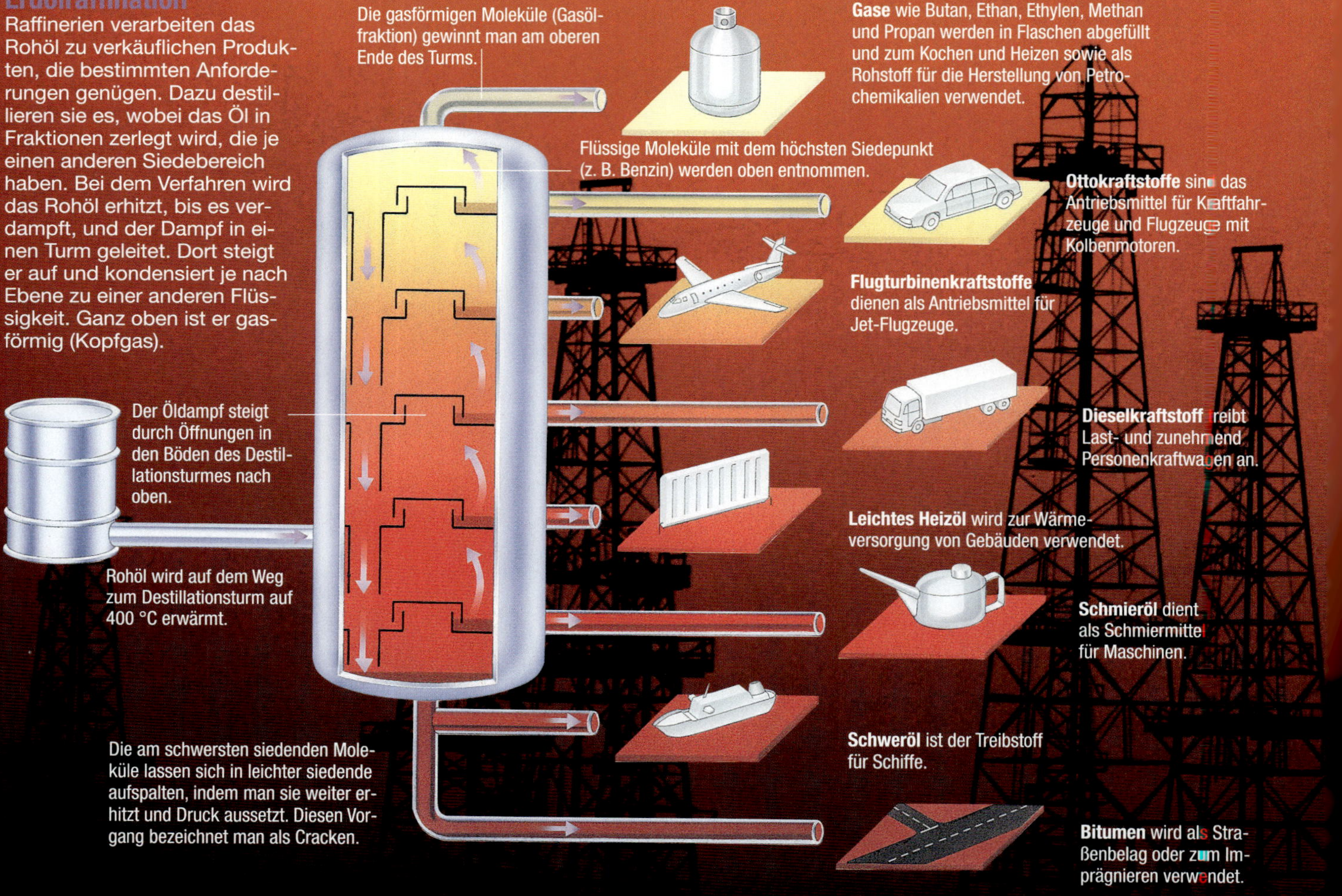


**13. Jh.** Erste kommerzielle Kohlengruben in England und Belgien.

**Frühes 17. Jh.** In England löst Kohle Holz und Holzkohle als gebräuchlichste Industriebrennstoffe ab.

**Ende 18. Jh.** In Großbritannien entwickelt der Amerikaner Benjamin Thompson effiziente Kohleherde und -schornsteine.

**1821** In Fredonia, New York, bohrt William Hart die erste Erdgasquelle an. Das Bohrloch ist 8 m tief.

**1855** Der deutsche Chemiker Robert Bunsen erfindet einen effizienten Brenner für Gasherde und -öfen.

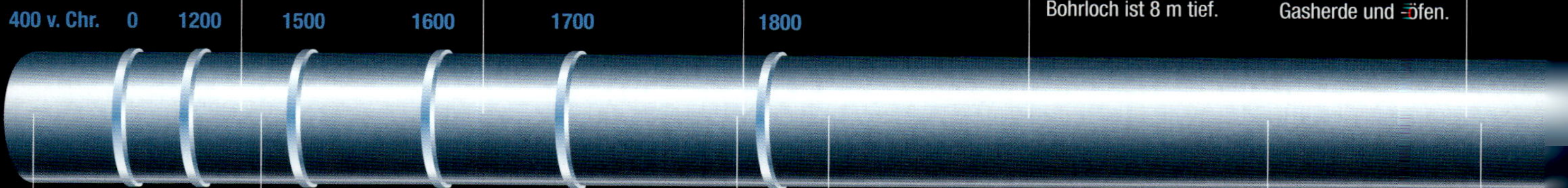


**370 v. Chr.** Erste bekannte Nutzung von Kohle als Brennstoff in China.

**Vor 1500** Die Ureinwohner Amerikas nutzen Öl aus Tümpeln und Brunnen als Brennstoff

**1765** In England werden die Büroräume einer Kohlengrube in Cumberland mit Kohlegas beleuchtet.

**1815** Humphrey Davy erfindet die Grubenlampe für mehr Sicherheit in Kohlengruben

**Um 1850** Verfahren zur Destillation von Paraffin aus Ölschiefer, Teer und Öl entwickelt

**1859** In Oil Creek, Pennsylvania, erschließt Edwin Drake die erste Ölquelle

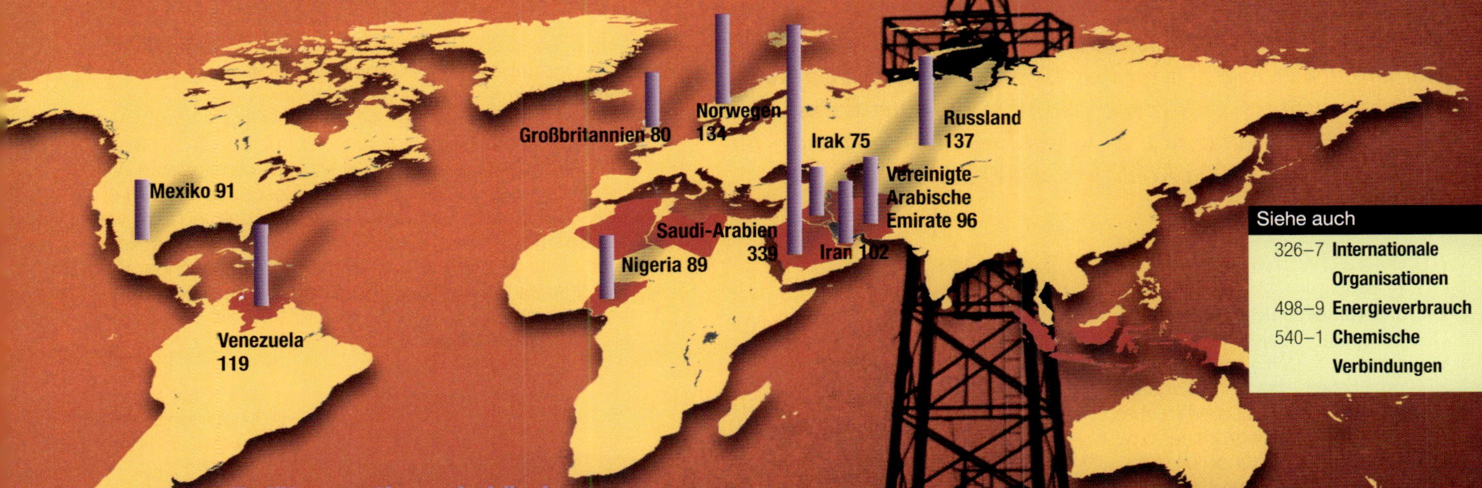


**Erdöl exportierende Länder**
Sechs der zehn führenden Erdöl exportierenden Länder sind Mitglieder der OPEC (Organization of Petroleum Exporting Countries). Die OPEC wurde 1960 gegründet und koordiniert die Erdöl-Förder- und -Preispolitik unter den Mitgliedsstaaten.

Siehe auch
326–7 Internationale Organisationen
498–9 Energieverbrauch
540–1 Chemische Verbindungen

## Erdöl

Etwa 95 % des Erdöls werden auf 5 % der Ölfelder erzeugt. Zwei Drittel der größten Ölfelder befinden sich im Nahen Osten. Experten schätzen, dass die Reserven noch vor 2050 aufgebraucht sein werden.

| Größte Produzenten (2000) | (Mio. t) | Größte Verbraucher (2001) | (Mio. t) |
|---|---|---|---|
| 1 Saudi-Arab. | 439,8 | 1 USA | 894,9 |
| 2 USA | 351,8 | 2 Japan | 249,1 |
| 3 Russland | 323,0 | 3 VR China | 223,5 |
| 4 Iran | 193,3 | 4 Deutschland | 131,3 |
| 5 Mexiko | 173,3 | 5 Russland | 126,0 |
| 6 Venezuela | 172,9 | 6 Brasilien | 98,7 |
| 7 VR China | 162,6 | 7 Indien | 98,0 |
| 8 Norwegen | 159,0 | 8 Rep. Korea | 97,9 |
| 9 Irak | 133,3 | 9 Frankreich | 96,3 |
| 10 Kanada | 131,6 | 10 Kanada | 91,4 |

## Erdgas

Die weltgrößten Erdgasreserven lagern in Russland und dem Nahen Osten. Bislang sind nur 14 % der Ressourcen aufgebraucht, doch sollen die verbleibenden Vorkommen Schätzungen zufolge noch vor 2115 zur Neige gehen.

| Größte Produzenten (2000) | (Mrd. m³) | Größte Verbraucher (1996) | (Mrd. m³) |
|---|---|---|---|
| 1 Russland | 584,0 | 1 USA | 612,4 |
| 2 USA | 544,0 | 2 Russland | 364,7 |
| 3 Kanada | 166,1 | 3 Großbrit. | 88,7 |
| 4 Großbrit. | 108,3 | 4 Deutschland | 79,5 |
| 5 Algerien | 85,0 | 5 Kanada | 70,3 |
| 6 Indonesien | 84,4 | 6 Japan | 69,5 |
| 7 Niederlande | 67,7 | 7 Ukraine | 68,8 |
| 8 Iran | 57,0 | 8 Italien | 57,2 |
| 9 Usbekistan | 56,4 | 9 Iran | 51,7 |
| 10 Norwegen | 52,4 | 10 Usbekistan | 47,0 |

## Steinkohle

Jeder Kontinent verfügt über Kohlereserven, doch können mit den heute zur Verfügung stehenden technischen und wirtschaftlichen Mitteln nur 7 % gefördert werden. Die Reserven werden zwischen 2250 und 3400 verbraucht sein.

| Größte Produzenten (2000) | (Mio. t) | Größte Verbraucher (1996) | (Mio. t) |
|---|---|---|---|
| 1 VR China | 1005,0 | 1 VR China | 615,4 |
| 2 USA | 909,3 | 2 USA | 533,7 |
| 3 Indien | 313,1 | 3 Indien | 153,6 |
| 4 Australien | 220,4 | 4 Russland | 102,8 |
| 5 Südafrika | 220,4 | 5 Japan | 88,4 |
| 6 Russland | 182,2 | 6 Südafrika | 87,9 |
| 7 Polen | 102,0 | 7 Deutschland | 84,7 |
| 8 Rep. Korea | 90,0 | 8 Polen | 60,9 |
| 9 Indonesien | 68,0 | 9 Australien | 45,8 |
| 10 Kasachstan | 54,0 | 10 Großbrit. | 40,7 |

**1872** Die ersten Erdgas-Pipelines werden in Pennsylvania und New York gebaut.

**1890** Das Verfahren zur Herstellung rauchfreien Brennstoffs aus Kohle wird patentiert.

1900

**1913** Die Erfindung des thermalen Crackens (siehe S. 500 Erdölraffination) vervielfacht die Produktion von Benzin pro Barrel Rohöl.

**1948** Entdeckung des Ölfelds al-Ghawar in Saudi-Arabien. Mit 82 Mrd. Barrel Öl erweist es sich später als das größte Ölfeld der Erde.

**1973** Der Arabisch-Israelische Krieg bewirkt eine weltweite Energiekrise, als arabische Länder den Erdölexport an die USA einstellen.

**1991** Im ersten Golfkrieg leitet der Irak fast 1 Mio. t Rohöl ins Meer und verursacht damit den größten Ölteppich aller Zeiten.

2000

**1882** In New York errichtet Thomas Edison das erste größere Elektrizitätswerk

**1908** Entdeckung der ersten großen Ölfelder in Persien

**1940er** Durch Cracken wird die Kerosin-Produktion im 2. Weltkrieg erhöht

**1970er** Die Gas-Pipeline Northern Lights (5470 km) wird vom nördlichen Polarkreis bis Europa gelegt

**1974** Die OPEC vervierfacht die Erdölpreise. Weltweite Wirtschaftsrezession ist die Folge

**1990er** Asien, Europa und die USA erforschen Clean Coal Technologies (CCTs) zur Schadstoffreduzierung

*Kernenergie wird durch die Spaltung von Uran- oder Plutoniumatomen erzeugt. Dieser Prozess setzt bei geringstem Rohstoffverbrauch riesige Mengen Energie frei. Bei der Kernspaltung von 1 kg Uran wird z. B. so viel Energie erzeugt wie beim Verbrennen von 2000 t Kohle bzw. 8000 Barrel Erdöl.*

## Atomkraftwerkstypen

**Druckwasserreaktor (DWR)**
Der gängigste Reaktortyp (Leichtwasserreaktor/LWR) benutzt zum Kühlen Wasser, das unter Druck steht. Nachdem es sich erhitzt hat, durchläuft es Wärmetauscher bzw. Dampferzeuger, in denen es das Wasser eines zweiten Kühlkreises in Dampf verwandelt. Der Dampf wird zum Antrieb von Turbinen genutzt, die über Generatoren elektrischen Strom erzeugen.

**Siedewasserreaktor (SWR)**
Wasser als Kühlmittel wird durch den Kern geleitet und zum Sieden gebracht. Dabei entsteht heißer Dampf.

**Schwerwasser-Druckreaktor (SWDR)** Kühlmittel ist schweres Wasser ($D_2O$), bei dem der Wasserstoff durch das schwere Wasserstoffisotop Deuterium ersetzt ist.

**Leichtwasser-Graphitreaktor (LWGR)** Bei diesem Typ von Reaktor befinden sich die Brennstäbe in einzelnen Druckbehältern, die von Wasser (Kühlmittel) und Graphit (Moderator, der die Neutronen verlangsamt und so die Kernspaltung beschleunigt) umgeben sind.

**Gas-Graphit-Reaktor (GGR)**
Dieser mit Natururan betriebene Reaktortyp verwendet komprimiertes Kohlendioxid als Kühlmittel.

**Fortgeschrittener gasgekühlter Reaktor (FGR)** Dieser Reaktortyp funktioniert nach demselben Prinzip wie ein GGR, verwendet jedoch angereichertes Uran-235 als Brennstoff, das etwa fünfmal konzentrierter ist als Natururan.

**Schneller Brüter (FBR)**
Ein Brutreaktor produziert mehr Brennstoff (Plutonium), als er verbraucht. Auch verwendet er keinen Moderator, sodass sich die Neutronen schneller bewegen. Der Brennstoff ist ein Uran, das durch schnellen Neutronenbeschuss instabil wird und zu Plutonium zerfällt.

## Energieerzeugung – die Kettenreaktion

Atome bestehen aus Elektronen um einen Kern aus Protonen und Neutronen. Durch Neutronenbeschuss zerfällt der Kern in zwei Teile. Diese Fission (Kernspaltung) setzt Energie (Wärme) und Radioaktivität frei, außerdem weitere Neutronen. Die Neutronen können von anderen Atomen eingefangen werden und den Beschuss in Form einer Kettenreaktion fortsetzen. Die Kernspaltung wird von Moderatoren (Wasser oder Metall) reguliert, die die Neutronen verlangsamen und die Einfangquote erhöhen. Wird die freigesetzte Energie im Reaktorgehäuse eingeschlossen und kontrolliert, stellt sie eine Kraftquelle dar; andernfalls wäre eine Atomexplosion die Folge.

## DRUCKWASSERREAKTOR

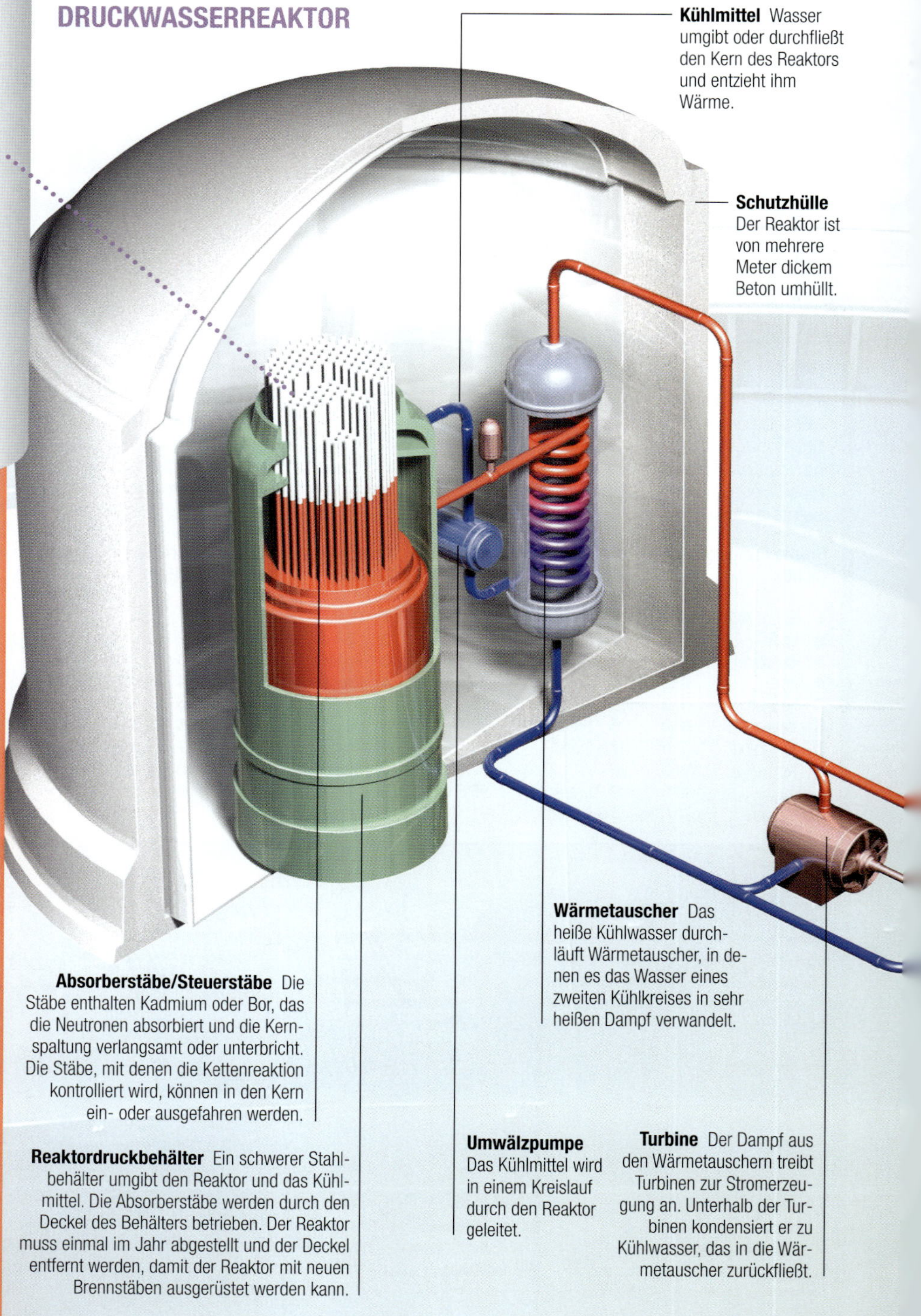

## Die größten Atomenergie-Nutzer

**Prozent-Anteil der Stromversorgung durch Atomenergie (2001)**

| | | | | | |
|---|---|---|---|---|---|
| **1** | Litauen | 78 | **7** | Bulgarien | 42 |
| **2** | Frankreich | 77 | **8** | Südkorea | 39 |
| **3** | Belgien | 58 | **8** | Ungarn | 39 |
| **4** | Slowakei | 53 | **8** | Slowenien | 39 |
| **5** | Ukraine | 46 | Rest der Welt | | 17,7 |
| **6** | Schweden | 44 | *Welt-Gesamtanteil (1998)* | | *7,6* |

## Die häufigsten Reaktortypen der größten Atomstrom-Produzenten

Im Weltvergleich ist der Druckwasserreaktor am meisten verbreitet. Frankreich, der zweitgrößte Atomenergieproduzent, und Russland setzen als einzige Länder den schnellen Brüter ein.

| **Land** | | **DWR** | **SWR** | **GGR** | **SWDR** | **LWGR** | **FGR** | **FBR** | **Produktion in Mio. MWh** |
|---|---|---|---|---|---|---|---|---|---|
| **1** | USA | 69 | 34 | | | | | | 714 |
| **2** | Frankreich | 58 | | | | | | 1 | 388 |
| **3** | Japan | 23 | 27 | | | | | | 332 |
| **4** | Deutschland | 14 | 6 | | | | | | 162 |
| **5** | Russland | 13 | | | | 15 | 14 | 1 | 104 |
| **6** | Großbritannien | 1 | | 20 | | | | | 100 |
| **7** | Südkorea | 12 | | | 4 | | | | 90 |
| **8** | Ukraine | 13 | | | | 1 | | | 75 |

## VOR- UND NACHTEILE

**Vorteile**
- Atomkraft verbraucht weniger Rohstoffe als fossile Energieträger.
- Kein $CO_2$-Ausstoß, der zum Treibhauseffekt beiträgt.

**Nachteile**
- Der Bau von Atomkraftwerken ist teuer.
- Die Nutzung von Uran und Plutonium in Brennstäben und die Lagerung des radioaktiven Atommülls sind mit gesundheitlichen Risiken verbunden. Das führt immer wieder zu Protesten der Öffentlichkeit. Wegen der radioaktiven Belastung von Umwelt und Bevölkerung aufgrund von Betriebsstörungen in Kernkraftwerken fordern die Gegner die Abkehr von der Kernkraftnutzung.
- Die Ansammlung von Rohstoffen für die Kernenergie-Erzeugung erhöht das Risiko ihrer Aneignung zur illegalen Herstellung von Nuklearwaffen.

## Atommüllentsorgung

Radioaktivität lässt mit der Zeit nach – allerdings über lange Zeiträume. Der bei der Kernspaltung entstehende radioaktive Abfall wird in niedrig, mittel und hochgradig radioaktiv eingestuft, je nachdem wie lange die Strahlung für den Menschen gefährlich ist. Zu niedrig und mittel radioaktivem Atommüll gehören Objekte wie entsorgte Schutzkleidung oder Schlamm, der bei der Spaltung entsteht. Niedrig radioaktiver Atommüll wird verbrannt, komprimiert und unterirdisch gelagert. Mittel radioaktiver Atommüll wird in Behälter gefüllt und in Beton- bzw. Bitumenkammern gelagert.

Hochgradig radioaktiver Atomabfall enthält Isotope (siehe S. 532), deren Radioaktivität Hunderte oder Tausende von Jahren anhält. Dieser Müll wird derzeit in flüssiger Form in rostfreien Stahltanks in Atommüll-Entsorgungsanlagen gelagert. Die Flüssigkeit setzt weiterhin Wärme frei und muss gekühlt werden.

Pläne sehen vor, hochgradig radioaktiven Atommüll in Glasblöcke einzuschmelzen und 50 Jahre oberirdisch zu lagern, damit die Radioaktivität absinken kann. Danach ließe er sich wie mittel radioaktiver Atommüll lagern.

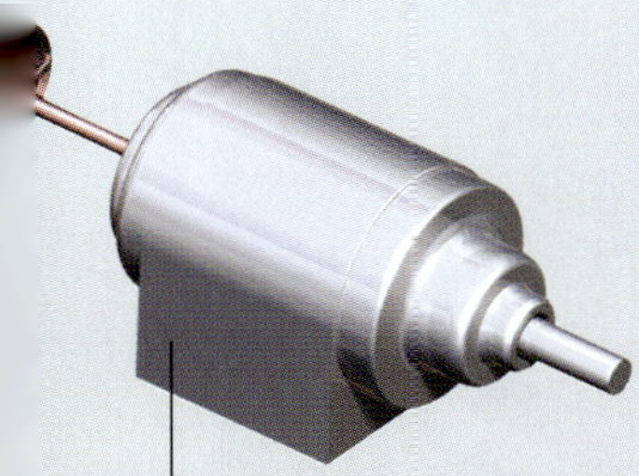

**Generator** Die Energie dient der regionalen und landesweiten Versorgung. Die durchschnittliche Leistung eines Kernkraftwerks liegt in der Regel zwischen 600 und 1000 MW.

**Geigerzähler** In Entsorgungsanlagen wird der Grad der Radioaktivität regelmäßig geprüft, wie in dieser Anlage für niedrig radioaktiven Atommüll in Hanford, USA.

## Schlüsseldaten

**1905** In seiner Speziellen Relativitätstheorie zeigt Albert Einstein, dass Masse in Energie umgewandelt werden kann.

**1938** Otto Hahn und Fritz Strassmann gelingt die Spaltung von Uran-Atomen durch den Beschuss mit Neutronen. Dabei wird Masse in Energie umgewandelt – Einsteins Theorie erweist sich als zutreffend.

**1942** An der Universität von Chicago baut ein Team unter Enrico Fermi den ersten Atomreaktor und ruft die erste künstliche Uran-Kettenreaktion hervor: Das Atomzeitalter beginnt.

**1943–5** In Hanford im US-Staat Washington werden Reaktoren gebaut, in denen Plutonium für Atombomben produziert wird.

**1952** Bau eines Versuchsreaktors in Idaho – er erzeugt sowohl Strom als auch Plutonium.

**1956** Das erste kommerzielle Atomkraftwerk geht im britischen Calder Hall bei Sellafield in Betrieb. Im Jahr darauf kommt es durch Überhitzung zu einem Brand im Kern und zu radioaktiver Verseuchung der Umgebung.

**1957** Atommülltanks explodieren in einem Kraftwerk bei Tscheliabinsk, UdSSR; weite Regionen des Urals werden verseucht.

**1979** Wegen einer Funktionsstörung und eines Betriebsfehlers verliert ein Reaktor in Three Mile Island, Pennsylvania, Kühlflüssigkeit. Er überhitzt, sein Kern schmilzt teilweise.

**1986** Bei einer Atomkraftwerksexplosion in Tschernobyl, Ukraine, kommen 32 Menschen um, die radioaktive Wolke erreicht noch Frankreich und Italien. In der Region sterben viele an den Folgen der Strahlenkrankheit.

**1999** Ein Betriebsfehler verursacht eine unkontrollierte Kettenreaktion in der Tokaimura-Anlage in Japan. Drei Mitarbeiter werden stark verstrahlt, zwei sterben kurz darauf; Hunderte sind der Strahlung ausgesetzt.

Siehe auch
498–9 **Energieverbrauch**
532–3 **Radioaktivität**
534–5 **Relativität**

*Die Nachfrage nach Energie steigt weltweit. Die Gewissheit, dass die fossilen Brennstoffreserven eines Tages erschöpft sein werden, hat das Interesse an erneuerbaren Energien geweckt. Wasserkraft ist seit langem gebräuchlich und trägt in Norwegen und Brasilien zu 90 % zur heimischen Stromversorgung bei. Die Ölkrise der 1970er-Jahre machte auch die Windenergie interessant. Hier sind Deutschland, die USA, Spanien und Dänemark führend.*

1000 — 1800

**915** Einsatz von Windmühlen zum Mahlen von Korn in Seistan, Persien.

**12. Jh.** Windmühlen werden in ganz Europa gebräuchlich, besonders in den Niederlanden, wo man sie zum Entwässern der Marschen einsetzt.

**1891** Bau eines Wasserkraftwerks zu Testzwecken in Deutschland.

**1893** Bau des ersten großen Wasserkraftwerks an den Niagarafällen.

## WASSERKRAFT

Wasserkraftwerke nutzen die Energie herabstürzender Wassermassen zum Antrieb von Turbinen, an die Stromgeneratoren angeschlossen sind. Die Kraftwerke werden an natürlichen Wasserfällen errichtet (Niagara) oder im Zuge des Baus von Staudämmen, bei denen das Wasser über Fallrohre auf die Turbinen fließt.

Wo der Strombedarf während des Tages schwankt, kommen Pumpspeicher-Wasserkraftwerke zum Einsatz. In Zeiten schwacher Nachfrage wird der überschüssige Strom dazu verwendet, Wasser in ein höher gelegenes Speicherbecken zu pumpen. Dieses Wasser wird dann in Spitzenzeiten zum Erzeugen zusätzlichen Stroms verwendet.

**Vorteile** Geringe Betriebskosten und keine Luftverschmutzung. Der Bau von Dämmen hilft jahreszeitlich bedingte Überflutungen zu regulieren und liefert Wasser für die Bewässerung.

**Nachteile** Hohe Baukosten. Der Wasserrückstau durch die Dämme setzt große Flächen unter Wasser und stört das ökologische Gleichgewicht.

**Größte Anlagen** Die Itaipú-Anlage am Paraná an der Grenze Brasilien–Paraguay hat eine Leistung von 12 600 MW. Das Drei-Schluchten-Projekt am Jangtse in China, das 2009 fertig gestellt sein soll, wird eine Leistung von 18 200 MW aufweisen.

**Energieträger Fluss** Das Itaipú-Stauwerk an der Grenze Brasilien–Paraguay umfasst einen 7744 m langen Dammabschnitt mit 18 Turbinen von jeweils 700 MW Kapazität. Der Anteil der aus dem Fluss Paraná gewonnenen Energie macht 25 % der Stromversorgung Brasiliens aus und 78 % der von Paraguay.

**Größte Erzeuger von Strom aus Wasserkraft für die heimische Stromversorgung (1998)**

**Gesamtproduktion von Wasserkraft in Mio. MWh**
Weltweiter Gesamtwert: 2643

**Prozentanteil der Stromerzeugung durch Wasserkraft an der Binnenversorgung**
Weltweiter Gesamtwert: 18,4 %

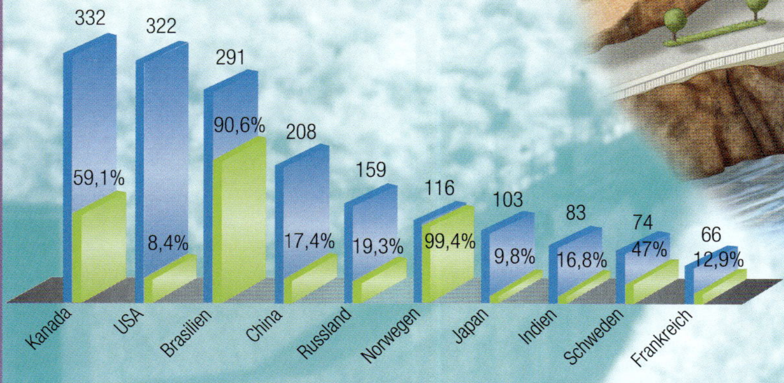


**Energieerzeugung** Ein Wasserkraftwerk (rechts) erzeugt Energie, indem es fließendes Wasser staut und über Fallrohre auf Turbinen leitet.

1900 · 1940 · 1960 · 1980

**1904** Das erste Erdwärme-Kraftwerk der Welt geht in Larderello in Italien in Betrieb. Seine Leistung beträgt 250 kW.

**1941** Bau der ersten modernen Windturbine in Vermont, USA, mit einer Leistung von 1250 kW.

**1960** Bau des ersten Kraftwerks, das sich die Sonnenenergie zunutze macht, in Turkmenistan.

**1967** Das erste große Gezeitenkraftwerk wird an der Rance-Mündung bei St. Malo in Frankreich gebaut.

**1982** Das 10-MW-Sonnenenergie-Kraftwerk Solar One geht in der Mojave-Wüste in Kalifornien in Betrieb. Bis Anfang der 1990er-Jahre entstehen hier weitere acht Solaranlagen.

Siehe auch
26–7 **Der Mond**
54–5 **Wetter**
498–9 **Energieverbrauch**

## GEZEITEN- UND WELLENKRAFTWERKE

Spezielle Wasserkraftwerke nutzen durch Dämme an Flussmündungen die Gezeiten. Bei einsetzender Flut öffnen sich die Schleusentore, sodass das Wasser durch den Damm fließt und die Turbinen antreibt; bei Höchststand schließen sie sich. Setzt die Ebbe ein, öffnen sich die Tore wieder und das angestaute Wasser fließt in anderer Richtung erneut durch die Turbinen.

Ein weiterer Schritt zur Nutzung erneuerbarer Energien sind Kraftwerke, die die Brandung an Meeresküsten nutzen. Durch steigende Wellen wird in Betongehäusen Luft komprimiert und durch spezielle Turbinen gedrückt, mit fallender Welle strömt die Luft zurück. Mit dieser Technologie wird experimentiert, so erwartet man ein weltweites Energiepotenzial von 2–3 Mio. MW.

**Vorteile** Gezeiten- und Wellenkraftwerke produzieren keine schädlichen Emissionen.

**Nachteile** Gezeitenkraft ist nur sinnvoll bei einem Gezeitenunterschied von mindestens 6 m. Die Energieleistung unterliegt Schwankungen, da sich die Höhe der Gezeiten ändert. Die Leistung der Wellenkraft schwankt ebenfalls, da Wellen verschieden groß sind. Die Kraftwerke können die ökologische Balance stören, wenn sie die Gezeitenhöhen an Flussmündungen und entlang der Küste verändern. Ringförmige „Gezeitenlagunen" vor der Küste, die man derzeit plant, sollen dieses Problem lösen.

**Größte Anlagen** Das Gezeitenkraftwerk an der Rance-Mündung bei St. Malo in der Bretagne ist mit 24 Turbinen und einer Gesamtleistung von 240 MW im Augenblick das größte. Die Azoren, Portugal, verfügen über das derzeit größte Wellenkraftwerk mit einer Gesamtleistung von 1 MW.

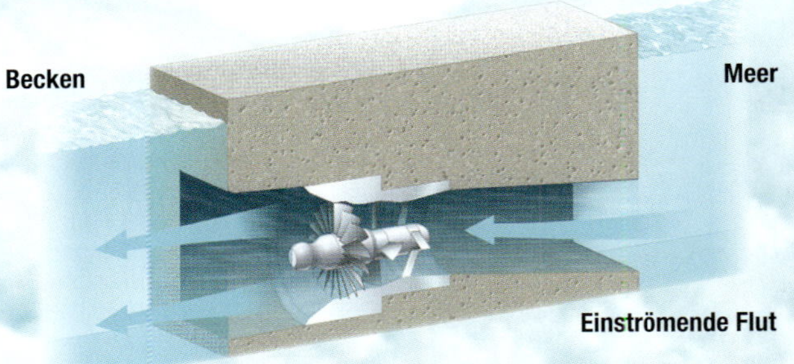


**Gezeitenfalle** Umkehrbare Turbinen verarbeiten die Gezeitenenergie bei Ebbe wie auch bei Flut.

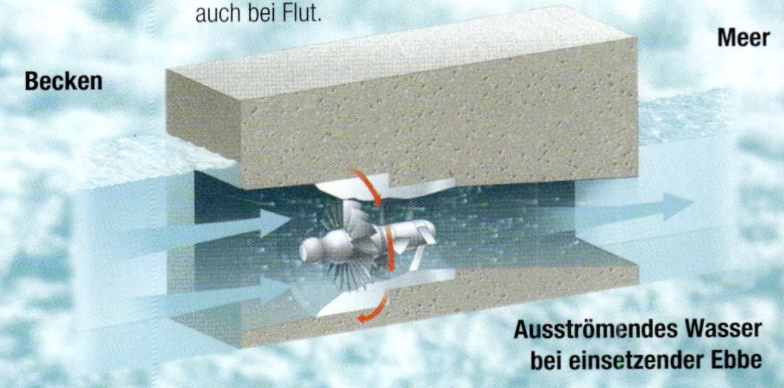


## WINDKRAFT

Moderne Windturbinen-Propeller haben meist drei Flügel mit bis zu 100 m Ø, die an einem Generator befestigt sind. Durch Computersteuerung richtet sich der Propeller stets im Wind aus und passt seinen Anstellwinkel der Windstärke an. Ein Generator kann eine Leistung von bis zu 4 MW erreichen, wobei die meisten allerdings nur 250–500 kW liefern. Windkraftwerke sind oft in Gruppen (Windparks) an windigen Gebirgskämmen, an Küsten und im Meer vor der Küste installiert. Im Jahr 2002 lag die Gesamtleistung der Windturbinen in den größten vier Nutzerländern (Deutschland, USA, Spanien und Dänemark) bei knapp 19 000 MW.

**Vorteile** Die Betriebskosten eines Windparks können mit denen der besten Kohle- oder Gaskraftwerke mithalten. Windturbinen verursachen keine Luftverschmutzung.

**Nachteile** Die Energieleistung schwankt je nach Windstärke. Die Flügel und die Mechanik verursachen Lärm. Die Turbinen beanspruchen außerdem viel Platz und werden oft als störend im Landschaftsbild empfunden. Sie stellen auch eine gewisse Gefahr für die Vogelwelt dar.

**Größte Anlagen** Die größten Windparks mit je 5000 Turbinen befinden sich auf dem Altamont- und dem Tehachapi-Pass in Kalifornien. Allerdings handelt es sich hier um kleine Turbinen. Derzeit ist Deutschland der wichtigste Markt der Welt und das Land mit dem höchsten Energiegewinn aus Windkraft.

**Windkraft im Meer** 1993 gingen die neun 300-kW-Turbinen in Blythe Harbour im britischen Northumberland in Betrieb. Im Jahr 2000 wurden etwa 1 km vor der Küste zwei 2-MW-Turbinen errichtet. 5000 Haushalte werden mit Energie versorgt.

*In den letzten Jahren haben sich einige praktikable Alternativen zu den fossilen Brennstoffen herauskristallisiert. In Griechenland wird das Wasser in über 1 Mio. Haushalten mit Solarenergie erwärmt. Island greift auf seine natürliche Erdwärme zurück, mit der es 85 % der Haushalte beheizt. Energie aus Biomasse, die man durch die Verrottung organischer Materialien gewinnt, ist die wichtigste Energiequelle für Millionen Dorfbewohner in China und Indien.*

**Unter der Sonne Afrikas** Im Sudan verwendete man jahrzehntelang ausschließlich Holz als Brennstoff, was die Energieversorgung nur unzureichend gewährleistete und Entwaldung zur Folge hatte. In den 1990er-Jahren riefen Hilfsorganisationen und das UN-Umweltschutzprogramm zur Lösung des Problems eine Initiative ins Leben: In sudanesischen Dörfern wurden Solarzellen zur Grundversorgung mit Energie für Licht, Kühlung und den Betrieb von Wasserpumpen installiert.

## SOLARENERGIE

Zwei Technologien zur Nutzung der Sonnenenergie werden derzeit angewendet: Die *Solartherme* richtet mithilfe von Spiegeln Sonnenstrahlen auf einen Kollektor, der Wasser direkt oder über ein Zwischenmedium wie Öl erhitzt, um Dampf zum Antrieb einer Turbine zu erzeugen.

Die *Photovoltaik* nutzt auf Basis der Solarzelle das physikalische Prinzip, wonach im Innern z. B. von Silizium bei Lichteinfall Elektronen freigesetzt werden und so eine elektrische Spannung entsteht. Dieser Photoeffekt, der Sonnenlicht direkt in Strom umwandelt, wird u. a. zur Versorgung von Haushalten und zum Betrieb von Taschenrechnern, Test-Kfz und Satelliten genutzt.

- **Vorteile** Sonnenenergie ist eine in absehbarer Zeit nicht versiegende, umweltfreundliche Energiequelle.
- **Nachteile** Große Solaranlagen benötigen sehr viel Fläche; ihre Generatoren produzieren nur während der Tagesstunden Energie und arbeiten nur in sonnenreichen Gegenden effizient.
- **Größte Anlage** Eine Anlage aus neun Solarkraftwerken in der kalifornischen Mojave-Wüste umfasst 400 ha Land. Mit ihren computergesteuerten Parabolspiegeln erzeugt sie 354 MW, das deckt den Strombedarf von 500 000 Menschen.

**Konzentrierte Energie** Bei Odeillo in den französischen Pyrenäen baute man 1969 einen riesigen Parabolspiegel, den Sonnenofen von Odeillo. Er konzentriert Sonnenstrahlen in einem Brennpunkt, wo ein Empfänger die gebündelte Energie sammelt. Der Reflektor wird von 63 Heliostaten – computergesteuerte Spiegel, die sich nach dem Einfallswinkel der Sonnenstrahlen ausrichten – auf einem gegenüberliegenden Berghang mit Sonnenlicht versorgt. Die Temperatur im Brennpunkt erreicht bis zu 3000 °C, die Höchstleistung liegt bei 1100 kW. Der Ofen wird zum Schmelzen von Speziallegierungen benutzt und hat einen täglichen Ausstoß von 3 t bei einer jährlichen Betriebsdauer von 2000 Stunden.

## ERDWÄRME

In Regionen mit hoher vulkanischer Aktivität nutzt man die Wärme des Gesteins und des Grundwassers zur Erzeugung von Strom (Erdwärme/geothermische Energie). Natürlich vorkommender Dampf wird über ein Rohrsystem an die Erdoberfläche geleitet, wo er zum Antrieb von Turbinen eingesetzt wird, die wiederum Strom erzeugen. Auch durchbohrt man heißes Felsgestein und lässt Wasser durchfließen, damit sich Dampf bilden kann. Außerdem kann Erdwärme zum Heizen von Gebäuden genutzt werden. In Werne in Nordrhein-Westfalen werden über 130 Häuser mit Erdwärme beheizt. 2000 betrug die elektrische Gesamtleistung der Erdwärme rund 8000 MW.

**Vorteile** Geothermische Anlagen erfordern weniger Fläche pro Megawatt als andere Kraftwerksarten. Erdwärme liefert 24 Stunden am Tag Energie.

**Nachteile** Natürliche Heißdampfquellen kommen selten vor und die Energie, die sie erzeugen, ist keine erneuerbare im eigentlichen Sinn. Denn die Quellen können auskühlen und benötigen dann Tausende von Jahren, um sich zu regenerieren; die Kraftwerke arbeiten oft sehr laut und das mineralstoffreiche Wasser zersetzt die Rohre.

**Größte Anlage** Das weltweit größte Geothermalkraftwerk, die Geysire in Kalifornien, erbringt bis zu 1900 MW Leistung; die Kapazität ist jedoch eingeschränkt worden, um die Lebensdauer der Anlage zu verlängern.

**Führende Produzenten geothermischer Energie (2000)**
MW-Leistung

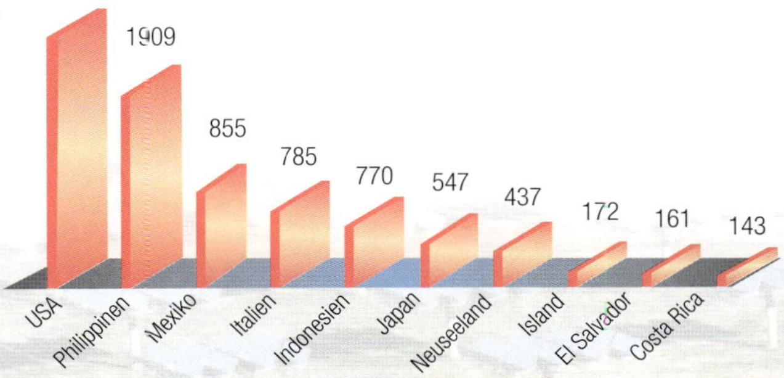


**Dampfkraft** Die Planung des Geothermalkraftwerks Wairakei auf North Island, Neuseeland, begann 1947, nachdem anhaltende Trockenheit die Stromerzeugung aus Wasserkraft gefährdete. Die Anlage ging 1958 in Betrieb; 40 Jahre später erreichte sie eine Leistung von über 160 MW.

## BIOMASSE

Die Verwertung von Biomasse – organisches Material wie Fäkalien, Pflanzen und Abfall – kann ebenfalls zur Energiegewinnung beitragen, ferner die Verbrennung von Müll. Techniken zur Umwandlung von Biomasse in Energie sind:

*Verrottung* Deponierte Fäkalien und Abfall setzen Methangas frei, das gesammelt und als Brennstoff verwendet wird, z. B. für Beleuchtung und zum Kochen. Wahlweise kann die Verbrennung auch der Erzeugung von Dampf dienen, der wiederum Turbinen und Generatoren zur Stromerzeugung antreibt.

*Pflanzenölverarbeitung* Entzieht man pflanzlichem Öl Glyzerin, erhält man eine klare Flüssigkeit, den Biodiesel, der als Treibstoff genutzt wird.

*Verbrennung* Verbrennen von Hausmüll trägt ebenfalls zur Energieversorgung bei. So lassen sich mit der entstehenden Wärme Fernheizanlagen betreiben oder Dampf treibt Turbinen und Generatoren zur Stromerzeugung an.

**Vorteile** Die Ressourcen erneuern sich unablässig. Der Hausmüll wird durch Verbrennung beseitigt und Biotreibstoff verringert den Treibhauseffekt.

**Nachteile** Bei der Müllverbrennung entstehen umweltschädliche Gase, die aufwändig neutralisiert werden müssen; das in Biogasanlagen produzierte Methan trägt zur globalen Erwärmung bei, wenn es entweicht.

**Führende Erzeuger** Die USA betreiben 70 Biogasanlagen. Die größte in Puente Hills, Kalifornien, erzeugt durch die Verbrennung des Gases eine Stromleistung von 50 MW. Brasilien produziert etwa 11 Mrd. l Biotreibstoff im Jahr, die USA etwa 4 Mrd. l. Deutschland verbrennt etwa 14 Mio. t Müll im Jahr.

**Erfolgreiches Recycling** Seit 1980 erhielten in Indien über 2,5 Mio. Haushalte Biogasanlagen. In vielen Dörfern werden Faulbehälter an die Toiletten angeschlossen und aus den Exkrementen Energie für Beleuchtung und zum Kochen erzeugt. Das verbessert die Hygiene und ermöglicht es, den anfallenden Tierdung als Dünger zu verwenden.

Siehe auch
498–9 **Energieverbrauch**
502–3 **Atomkraft**
504–5 **Erneuerbare Energie**

# Mineralvorkommen

*Bislang sind über 2500 Minerale bekannt. Das weit verbreitete Vorkommen und ihre Haltbarkeit machten sie im Altertum zu einem idealen Handelsgut. Im alten Ägypten tauschte man bereits im 4. Jt. v. Chr. Metallbarren gegen andere Güter. Heute sind Minerale und Metalle – auch Diamanten und Edelmetalle wie Silber – wegen ihrer vielseitigen industriellen Anwendungsmöglichkeiten für die Weltwirtschaft von entscheidender Bedeutung.*

## Minerale und Edelmetalle

Schon im Altertum wurden Diamanten, Gold und Silber in Flussbetten entdeckt. Die Römer begannen mit dem Abbau von Gold und Silber im 1. Jh. v. Chr. in Spanien. Der Abbau von Platin setzte nach Entdeckung der ersten Vorkommen in Kolumbien im 16. Jh. ein. Diamanten förderte man ab 1870 nach der Entdeckung von diamanthaltigen Felsgesteinen in Südafrika.

### Diamant

Die härteste natürlich vorkommende Substanz. Nur 23 % der Diamanten sind rein genug, um als Edelsteine eingestuft zu werden; der Rest wird zur Herstellung von Schneide- und Mahlwerkzeug verwendet.
**Vorkommen:** In geringen Mengen in Kimberlit-Vulkanfelsgestein.
**Bekannte Weltreserven:**
1900 Mio. Karat
(1 Karat = 0,2 g; 5000 Karat = 1 kg)
**Jahresproduktion:**
120 Mio. Karat
**Größte Produzenten:**
Australien: 34,3 %
Demokratische Republik Kongo: 18,8 %
Russland: 16,3 %
Botswana: 16,1 %

### Gold

Ein guter Elektrizitätsleiter; wird u. a. in Elektrogeräten für nichtkorrodierende elektrische Verbindungen verwendet.
**Vorkommen:** Alluviale Ablagerungen; Felsadern; oft in Verbindung mit Quarz und Pyrit (Eisenkies) oder Kupfer- und Bleiablagerungen.
**Bekannte Weltreserven:**
46 000 t
**Jahresproduktion:**
2375 t
**Größte Produzenten:**
Südafrika: 20,5 %
USA: 14,8 %
Australien: 12,8 %
Kanada: 7,1 %
China: 7 %

### Platin-Gruppe

Die sechs Metalle Iridium, Osmium, Palladium, Platin, Rhodium und Ruthenium kommen meist gemeinsam vor und weisen ähnliche Eigenschaften auf. Sie werden u. a. in der Industrie für Kraftfahrzeug-Katalysatoren verwendet.
**Vorkommen:** Alluviale Ablagerungen; in Felsen, in Verbindung mit Chromit und Norit oder mit Arsenverbindungen wie Sperrylith.
**Bekannte Weltreserven:**
71 000 t
**Jahresproduktion:**
355 t
**Größte Produzenten:**
Russland: 46,9 %
Südafrika: 46,3 %

**Felsgestein-Edelsteine** Diamanten (Hintergrund) kommen nur im vulkanischen Gestein Kimberlit vor und haben sich in einer Tiefe von 100 bis 200 km gebildet.

### Silber

Wird u. a. in elektrischen Schaltungen verwendet – von allen bekannten Metallen weist Silber die höchste Leitfähigkeit auf. In der Fotografie wird es wegen seiner lichtempfindlichen Eigenschaften genutzt.
**Vorkommen:** Erzadern, oft in Verbindung mit Blei, Kupfer oder Zink. Kommt gelegentlich auch als Argentit (Silbersulfid) vor; seltener als reines Silber.
**Bekannte Weltreserven:**
280 000 t
**Jahresproduktion:**
16 000 t
**Größte Produzenten:**
Mexiko: 16,9 %
Peru: 12,7 %
China: 8 %
Kanada: 7,8 %
Australien: 7,5 %
Chile: 7,5 %

## Nichtmetalle

Flussspat war das erste Nichtmetall, das für Industriezwecke verwendet wurde; seit seiner Entdeckung im 12. Jh. nutzt man es in der Metallurgie. Der erste Kunstdünger aus Phosphaten wurde 1843 in England hergestellt; die Verwendung von Schwefel in der Chemie begann 1891, als eine Methode zum Abbau von reinem Schwefel entwickelt wurde.

### Fluorit, Flussspat

Wird in der Stahlindustrie als Flussmittel verwendet. Fluorverbindungen in Kunststoffen, Kühlmitteln und als Raketentreibstoff.
**Vorkommen:** Kommt in Schwefelablagerungen vor.
**Bekannte Weltreserven:**
218 Mio. t
**Jahresproduktion:**
3,9 Mio. t
**Größte Produzenten:**
China: 51,7 %
Mexiko: 14,4 %
Südafrika: 5,5 %

### Phosphat

Hauptsächlich in Form von Schwefelsäure als Kunstdünger verwendet.
**Vorkommen:** In Meeresablagerungen wie Kalkstein und Schiefer, in Verbindung mit Calcium und Magnesium.
**Bekannte Weltreserven:**
11 345 Mio. t
**Jahresproduktion:**
140 Mio. t
**Größte Produzenten:**
USA: 32,2 %; China: 17,9 %; Marokko: 15,9 %; Russland: 6,8 %

### Pottasche

Als Pottasche werden oft kaliumhaltige Minerale bezeichnet, auch wenn sich der Begriff speziell auf Kaliumkarbonat oder -hydroxid bezieht. Wird als Düngemittel, in der Waschmittel- und Glasproduktion verwendet.
**Vorkommen:** Wird aus Sylvin gewonnen, das in sedimentären Salzlagerstätten vorkommt.
**Bekannte Weltreserven:**
8380 Mio. t
**Jahresproduktion:**
25,1 Mio. t
**Größte Produzenten:**
Kanada: 34,8 %
Deutschland: 13,7 %
Russland: 12,6 %
Weißrussland: 12,5 %
Israel: 6,3 %
USA: 5,4 %

### Schwefel

Wird zur Gewinnung von Schwefelsäure verwendet, die bei der Herstellung von Batterien, Medikamenten, Waschmitteln, Sprengstoffen, Düngemitteln und Farben genutzt und in der Erdölraffination und Metallurgie eingesetzt wird.
**Vorkommen:** Kommt als Sulfid in Rohöl und Erdgas und in vielen Mineralen wie Pyrit und Gips vor; auch ein Nebenprodukt beim Schmelzen von Metallen.
**Bekannte Weltreserven:**
1400 Mio. t
**Jahresproduktion:**
55,3 Mio. t
**Größte Produzenten:**
USA: 21,4 %; Kanada: 17,2 %; China: 12,5 %; Russland: 6,9 %

## BERGBAU

- **Baggern** Einsatz von Greifer, Schaufel oder einer Kette von Eimern zum Graben von mineralhaltigem Sand, Schotter oder Schlamm aus dem Bett von Seen oder Flüssen.
- **Tagebau** Die obere Felsschicht wird weggesprengt und/oder mit schweren Maschinen entfernt, um an das Erz in den Flözen nahe der Oberfläche zu gelangen.
- **Waschen** Mit Wasser werden die Minerale von den weniger dichten Sand- oder Kiesrückständen befreit.
- **Pumpen** In einer speziellen Anlage werden durch Pumpen mineralhaltigen Wassers (auch Meerwassers) Minerale von allen löslichen Substanzen getrennt.
- **Abbau** Die tagebauähnliche Methode kommt besonders dort zur Gewinnung von Mineralen zum Einsatz, wo es kaum oder keine obere Felsschicht gibt.
- **Waschrinnen** Ein ähnliches Verfahren wie das Waschen, allerdings in größerem Umfang, bei dem ein am Boden gerillter Trog (Waschrinne) eingesetzt wird, in dem sich die Mineralpartikel sammeln.
- **Streifen-Bergbau** Die in oberen Schichten vorkommenden Minerale werden in parallel verlaufenden Streifen ausgegraben und der jeweils vorherige Streifen wird mit dem Abraum aufgefüllt.
- **Untertagebau** Ein senkrechter oder waagrechter Schacht, von dem Stränge abzweigen, wird in die Erde getrieben. In bestimmten Bereichen lässt man das Erz vor Ort, sodass es die darüber liegenden Felsschichten stützt.
- **Caving** Eine Erzader wird so untergraben, dass sie in Einzelteile zerfällt, wodurch das Erz leichter abzutransportieren ist.

**Metalle** Metallgewinnung und -verarbeitung zählen zu den ältesten Industrien: 5000 v. Chr. erhitzte man in Mesopotamien Felsgestein, um reine Metalle zu gewinnen. Heute sind folgende Metalle wirtschaftlich bedeutsam, sei es im Fahrzeugbau oder bei der Erzeugung von Strom aus Kernenergie.

## Aluminium

Aluminiumlegierungen sind so hart wie Stahl, jedoch viel leichter, außerdem korrodieren sie nicht; sie werden im Flugzeug- und Schiffbau, für Kabel und Trinkflaschen verwendet.
**Vorkommen:** Kommt in Bauxit vor, einer unreinen Form von Aluminiumoxid.
**Bekannte Weltreserven:** 4250 Mio. t
**Jahresproduktion:** 22,9 Mio. t
**Größte Produzenten:** Australien: 35 %
Guinea: 14,5 %
Brasilien: 10,5 %

## Chrom

Härtet Stahl und macht ihn korrosionsresistent.
**Vorkommen:** Kommt in Chromit vor, einem Oxid aus Chrom und Eisen.
**Bekannte Weltreserven:** 350 Mio. t
**Jahresproduktion:** 3,6 Mio. t
**Größte Produzenten:** Südafrika: 45,3 %
Kasachstan: 12,1 %
Indien: 11,6 %

## Kupfer

Guter Strom- und Wärmeleiter, der für Kabel verwendet wird; Kupfer wird mit Zink zu Messing bzw. mit Zinn zu Bronze legiert.
**Vorkommen:** Kommt in Sulfiderzen wie Bornit, Chalkopyrit und Chalkosin (Kupferglanz) vor sowie in Oxiden wie Cuprit (Rotkupfererz) und Malachit.
**Bekannte Weltreserven:** 330 Mio. t
**Jahresproduktion:** 11,5 Mio. t
**Größte Produzenten:** Chile: 29,4 %
USA: 16,5 %
Kanada: 6 %
Indonesien: 5,4 %
Australien: 5 %

## Eisen

Das wichtigste Industriemetall wird zur Herstellung einer Vielzahl von Stahlarten mit geringen Mengen Kupfer, Silizium und anderen Metallen legiert.
**Vorkommen:** Kommt hauptsächlich in Oxiden wie Hämatit, Limonit und Magnetit vor sowie in Sulfidpyrit.
**Bekannte Weltreserven:** 68 700 Mio. t
**Jahresproduktion:** 601 Mio. t
**Größte Produzenten:** China: 23 %
Brasilien: 16,8 %
Australien: 13,9 %
Ukraine: 9,9 %
Russland: 6,4 %
Indien: 6,4 %

## Blei

Gegen Säurekorrosion resistent; Einsatz in Batterien
**Vorkommen:** Kommt in Galenit (Bleiglanz) vor. Über 50 % des in der Industrie verwendeten Bleis wird aus recyceltem Altmaterial gewonnen.
**Bekannte Weltreserven:** 65 Mio. t
**Jahresproduktion:** 3,1 Mio. t (ohne recyceltes Altmaterial)
**Größte Produzenten:** China: 21,1 %
Australien: 18,2 %
USA: 15,1 %
Peru: 8,4 %
Kanada: 6,9 %

**Früher Abbau** Kupfer wurde bereits vor 5000 Jahren in Anatolien abgebaut. Seine Leitfähigkeit, nur von Silber übertroffen, wurde allerdings erst im 19. Jh. entdeckt.

Siehe auch
38–9 **Bodenschätze**
538–9 **Das Periodensystem**

## Magnesium

Wird zur Herstellung von festem Leichtmaterial für Flug- und Kraftfahrzeuge mit Aluminium und/oder Zink legiert.
**Vorkommen:** Kommt als Chlorid in Meerwasser und Carnallit vor, als Karbonat in Dolomit und Magnesit und in vielen weiteren Mineralen.
**Bekannte Weltreserven (Magnesit):** 2500 Mio. t
**Jahresproduktion:** 19 Mio. t
**Größte Produzenten:** China: 43,4 %
Russland: 14,3 %
Türkei: 12,6 %
Nordkorea: 7 %

## Mangan

Bei der Verfeinerung von Stahl zum Härten verwendet. Als Stahllegierung wird es für Safes und Hochleistungsmaschinen verwendet.
**Vorkommen:** Kommt in Eisenerz vor; Knollen am Meeresboden enthalten bis zu 20 % Mangan.
**Bekannte Weltreserven (nur Land):** 660 Mio. t
**Jahresproduktion:** 9,6 Mio. t
**Größte Produzenten:** Ukraine: 26,1 %
China 23,8 %
Südafrika: 12 %

## Nickel

Dient zur Herstellung von rostfreiem Stahl.
**Vorkommen:** Kommt in Pentlandit vor, einem Nickel- und Eisensulfid; es wurden auch schon Knollen auf dem Meeresboden gefunden.
**Bekannte Weltreserven (nur Land):** 40 Mio. t
**Jahresproduktion:** 1,1 Mio. t
**Größte Produzenten:** Russland: 21,4 %
Kanada: 18,1 %
Neukaledonien: 11,8 %
Australien: 11,6 %

## Titan

Es ist leicht, fest, korrosions- und hitzebeständig und wird im Flugzeugbau und in der Raumfahrt verwendet.
**Vorkommen:** Als Titanoxid in Ilmenit (Titaneisen) und Rutil; geringere Mengen kommen in Eisenerz vor.
**Bekannte Weltreserven:** 183 Mio. t
**Jahresproduktion:** 2,5 Mio. t
**Größte Produzenten:** Australien: 31,5 %
Kanada: 21,2 %
Südafrika: 17,7 %
Norwegen: 9,3 %

## Uran

Hauptsächlich als Kernbrennstoff verwendet
**Vorkommen:** Kommt am häufigsten als Uraninit (Pechblende) vor, das Urandioxid enthält.
**Bekannte Weltreserven:** 2,6 Mio. t
**Jahresproduktion:** 34 800 t
**Größte Produzenten:** Kanada: 33,3 %
Australien: 14,7 %
Niger: 10,1 %
Namibia: 7,8 %
USA: 6,2 %

**Blitzlicht** Magnesium (oben) wurde einst zur Blitzlicht-Fotografie verwendet, da es intensiv weiß abbrennt.

## Wolfram

Hat den höchsten Schmelzpunkt aller Metalle; wird für Glühfäden und als Legierungskomponente für Hartmetalle verwendet.
**Vorkommen:** Kommt als Scheelit (Kalziumwolframat) und Wolframit (Eisenmanganwolframat) vor.
**Bekannte Weltreserven:** 2 Mio. t
**Jahresproduktion:** 34 600 t
**Größte Produzenten:** China: 73,1 %
Russland: 12,7 %

## Zink

Wird in der Metallgalvanisierung für dünne rostbeständige Überzüge verwendet; auch in Legierungen wie Messing und Lötzinn.
**Vorkommen:** Meist als Sphalerit (Zinkblende), ein Sulfid, mit Blei oder Silber.
**Bekannte Weltreserven:** 190 Mio. t
**Jahresproduktion:** 7,5 Mio. t
**Größte Produzenten:** China: 16,3 %
Kanada: 15 %
Australien: 14,2 %

## Zinn

Wird als korrosionsbeständige Beschichtung und in Legierungen verwendet, etwa in Bronze, Lötzinn und Zinngeschirr.
**Vorkommen:** In Cassiterit (Zinnstein), einem Zinnoxid.
**Bekannte Weltreserven:** 7,8 Mio. t
**Jahresproduktion:** 215 000 t
**Größte Produzenten:** China: 32,2 %
Indonesien: 24,9 %
Peru: 12,5 %
Brasilien: 8,4 %

# Wissenschaft und Erfindungen

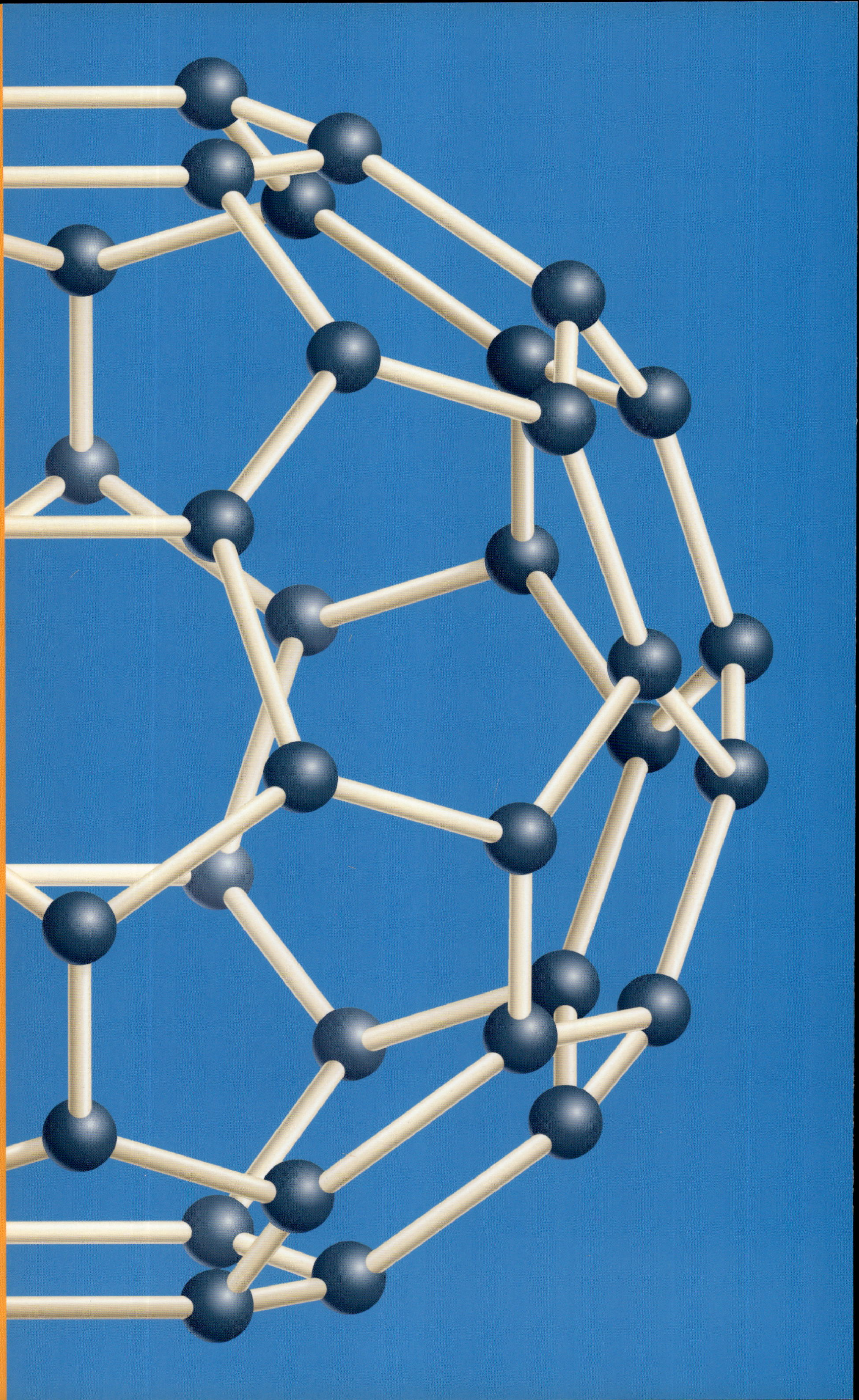

WISSENSCHAFT
UND ERFINDUNGEN

# Wissenschaft und Erfindungen

# Zahlen und Zahlenfolgen

*Mathematik ist die Wissenschaft der Zahlen, Formen und Mengen. Sie ist Teil vieler Disziplinen, z. B. der Physik, Chemie, Biologie, Informatik und Wirtschaftswissenschaften. Sogar für die Kunst ist die Mathematik von Bedeutung: Der „goldene Schnitt" steht für die schönsten Proportionen in Kunst und Architektur. Mathematik ist elementar für das Verständnis der Welt.*

## Teilgebiete der Mathematik

**Reine Mathematik** ist die Wissenschaft von mathematischen Theorien ohne Berücksichtigung ihrer praktischen Anwendungen.

**Angewandte Mathematik** ist die Verwendung der Mathematik in anderen Bereichen einschließlich wissenschaftlicher Disziplinen wie Physik, Chemie, Biologie.

Die wichtigsten Teilgebiete in reiner und angewandter Mathematik sind:

**Arithmetik** Die Wissenschaft von den Zahlen und den Verhältnissen zwischen ihnen, einschließlich Addition, Subtraktion, Multiplikation und Division.

**Algebra** Die Verwendung von Buchstaben oder Symbolen in Formeln als Platzhalter für die verschiedensten unbekannten Zahlen.

**Differenzial- und Integralrechnung** Das Studium stetiger Veränderungen entsprechend den krummlinigen Graphen (Schaubildern) von Funktionen.

**Geometrie** Die Lehre von Punkten, Geraden, Winkeln, Flächen und Körpern sowie der Verhältnisse zwischen ihnen.

**Wahrscheinlichkeitsrechnung** Die Betrachtung zufälliger Ereignisse und Methoden zur Berechnung der Wahrscheinlichkeit ihres Eintretens.

**Mengenlehre** Das Studium von Mengen. Eine Menge ist irgendeine Gesamtheit wohl definierter Elemente.

**Statistik** Die Sammlung, Sortierung und Auswertung von Daten, die in Form von Zahlen vorliegen.

**Trigonometrie** Die Betrachtung von Winkeln und Dreiecken.

## π (pi)

Die Zahl π ist definiert als das Verhältnis aus Umfang und Durchmesser eines Kreises. π ist ungefähr 3,14.

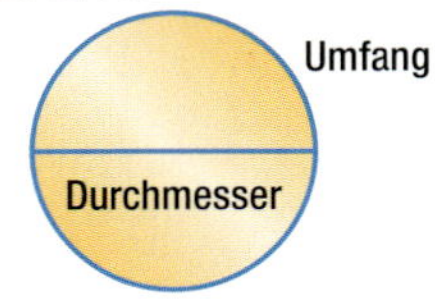


π ist eine der wichtigsten Zahlen in der Mathematik, mit der die Längen von Kurven, die Flächeninhalte gekrümmter Flächen und das Volumen von Körpern berechnet werden. Die Zahl π tritt außerdem in Formeln auf, die die Schwingung von Saiten und Pendelbewegungen beschreiben.

Als irrationale Zahl kann π nicht als Bruch dargestellt werden, auch wenn der unechte Bruch $^{22}/_{7}$ ungefähr den gleichen Wert hat wie π.

Die ersten 120 Dezimalstellen von π:
**3,141592653589793238462643383279502884197169399375105820974944592307816406286208998628034825342117067982148086513282306647.**

## DIE VERSCHIEDENEN ZAHLENARTEN

Die einfachsten Zahlen sind die **natürlichen Zahlen**, die zum Zählen von Dingen in ganzen Werten verwendet werden. Kinder lernen das Zählen mit natürlichen Zahlen – **1, 2, 3, 4, 5, 6, 7** usw.

**Ganze Zahlen** Eine Erweiterung der natürlichen Zahlen. Ganze Zahlen werden verwendet, um in ganzen Schritten vorwärts oder rückwärts, aufwärts oder abwärts zu zählen.

Eine ganze Zahl besteht aus einer natürlichen Zahl mit einem Plus- oder einem Minuszeichen davor: **–7, –6, –5, –4, –3, –2, –1, 0, +1, +2, +3, +4, +5, +6, +7**. Üblicherweise werden positive ganze Zahlen, d. h. natürliche Zahlen, ohne das Pluszeichen geschrieben.

**Reelle Zahlen** Alle existierenden Zahlen, also nicht nur ganze Zahlen, sondern auch alle Brüche wie $5^5/_8$ oder allgemeine beliebige Dezimalzahlen wie **0,10100100010000 ...**.

**Primzahlen** Eine natürliche Zahl größer als **1**, die sich nur durch sich selbst und durch die Zahl 1 teilen lässt.
Beispiel: Die ersten 20 Primzahlen sind: **2, 3, 5, 7, 11, 13, 17, 19, 23, 29, 31, 37, 41, 43, 47, 53, 59, 61, 67, 71.**

**Teiler** Ein Teiler ist eine natürliche Zahl, durch die sich eine andere natürliche Zahl ohne Rest teilen lässt.
Beispiel: Die Teiler von **12** sind **1, 2, 3, 4, 6** und **12**.

Ein Teiler, der gleichzeitig eine Primzahl ist, wird als Primteiler bezeichnet.
Beispiel: **2** und **3** sind die Primteiler von **12**.

**Vollkommene Zahlen** Addiert man alle echten Teiler einer vollkommenen Zahl zueinander, so ergibt sich die vollkommene Zahl selbst.
Beispiel: **28** ist eine vollkommene Zahl, denn ihre echten Faktoren sind **1, 2, 4, 7** und **14** und **1 + 2 + 4 + 7 + 14 = 28**.

Die ersten sechs vollkommenen Zahlen sind: **6, 28, 496, 8128, 33550336, 8589869065**.

**Unendlich** Das Symbol ∞, genannt „unendlich", tritt häufig bei Grenzprozessen auf. Es ist größer als alle reellen Zahlen, aber keine Zahl im eigentlichen Sinn.

**Irrationale Zahlen** Eine reelle Zahl, die als Bruch (Quotient) ganzer Zahlen dargestellt werden kann, heißt rational. Alle anderen heißen irrational.
Beispiel: Die Quadratwurzel aus **2** ist irrational. Diese Zahl tritt auf als Verhältnis der Länge der Diagonale in einem Quadrat zur Seitenlänge des Quadrats. Näherungsweise stimmt $\sqrt{2}$ überein mit **1,4142135623730950488016887242097**.

**Periodische Dezimalzahlen** Einige rationale Zahlen können nur als unendliche Dezimalzahlen dargestellt werden, deren Ziffern sich allerdings ab einer gewissen Stelle periodisch wiederholen.
Beispiel: Während **$^1/_2$ = 0,5 ist, ist $^1/_6$ = 0,1666666666666** mit Periode **6**.

Manchmal wiederholt sich auch eine Gruppe von Zahlen.
Beispiel: **$^3/_7$ = 0,42857142857 142857142 ...** mit Periode **142857**.

**Der goldene Schnitt** ist die irrationale Zahl **$^1/_2\,(1 + \sqrt{5})$** oder näherungsweise **1,618034**.

Er hängt eng mit der Fibonaccifolge zusammen (siehe S. 513).

**Zahlenreihe** Die Zahlen in der unten stehenden Reihe sind ganze Zahlen, mit denen ganze Schritte gezählt werden. Da zwischen je zwei aufeinander folgenden ganzen Zahlen unendlich viele reelle Zahlen liegen, können diese nicht in gleicher Weise auf der Zahlengeraden dargestellt werden.

**-5 -4 -3 -2 -1 0 1 2 3 4 5**

## ZAHLENFOLGEN

Zahlenfolgen sind geordnete Zahlenmengen, die einem festen Bildungsgesetz folgen.

Eine einfache Zahlenfolge besteht aus allen natürlichen Zahlen: **1, 2, 3, 4, 5, 6, 7, 8, 9, 10, 11…** Hier lautet das Bildungsgesetz: „Addieren Sie 1 zur vorangegangenen Zahl“.

Zwei häufig vorkommende Zahlenfolgen sind die arithmetischen und die geometrischen Folgen

**Arithmetische Folgen** In einer arithmetischen Folge ist die Differenz zwischen zwei aufeinander folgenden Zahlen – die *gemeinsame Differenz* – immer gleich.
**Beispiel:** Die Folge **4, 6,5, 9, 11,5, 14, 16,5, 19** ist aufsteigend mit der gemeinsamen Differenz **2,5**.

Die Folge **176, 150, 124, 98, 72, 46, 20** ist absteigend mit der gemeinsamen Differenz **26**.

Wenn die gemeinsame Differenz (**d**) und der Anfang (**a**) einer arithmetischen Folge bekannt sind, kann jede folgende Zahl der Folge berechnet werden. Zur Berechnung der **n-ten** Zahl (auch Term genannt) in der Folge muss **d** mit **n–1** multipliziert werden, dann muss **a** addiert werden.
**Formel:** Der Wert des **n-ten** Terms
$= a + (n-1)d$.
**Beispiel:** Was ist der **11.** Term in dieser Folge:
**6, 10, 14, 18, 22, 26 …?**
$a = 6$ und $d = 4$
Der **11.** Term ist
$= 6 + (11-1) \times 4$
$= 6 + 10 \times 4 = 46$

**Geometrische Folgen** Jede Zahl in einer geometrischen Folge wird mit einer festen Zahl – dem *gemeinsamen Faktor* – multipliziert, um den nächsten Term der Folge zu erhalten.

**Beispiel:** Die Folge **2, 4, 8, 16, 32, 64, 128, 256** ist eine geometrische Folge mit dem gemeinsamen Faktor **2**:
$2 \times 2 = 4$, $2 \times 4 = 8$, $2 \times 8 = 16$
und so weiter.

Um den **n-ten** Term einer geometrischen Folge zu bestimmen, nehmen Sie den gemeinsamen Faktor (**m**) hoch **n–1** (siehe „Potenzen und Wurzeln“ S. 515) und multiplizieren Sie das Ergebnis mit **a** (der ersten Zahl der Folge).
**Formel:** Der Wert des **n-ten** Terms
$= am^{(n-1)}$.
**Beispiel:** Was ist der **8.** Term in dieser Folge:
**3, 6, 12, 24, 48, 96 …?**
$a = 3$ und $m = 2$
Der **8.** Term ist
$= 3 \times 2^{(8-1)}$
$= 3 \times 2^7$ (die Zahl Zwei wird siebenmal mit sich selbst multipliziert)
$= 3 \times 128 = 384$

# 0 1 1 2 3 5 8 13 21 34 55

## Die Fibonaccifolge

In der oben dargestellten Folge ist jede Zahl die Summe der beiden vorangehenden Terme:
$0 + 1 = 1$, $1 + 1 = 2$, $1 + 2 = 3$, $2 + 3 = 5$ usw.

Diese Folge wurde erstmalig von dem Mathematiker Leonardo Fibonacci (1170–1240) untersucht. In den nachfolgenden Jahrhunderten stellten andere Mathematiker immer wieder neue interessante Eigenschaften dieser Folge fest, die sich nicht nur auf die Mathematik beschränken, sondern auch die Bereiche Natur, Kunst und Architektur betreffen.

**Rechtecke und Spiralen** Die Fibonaccifolge kann auch geometrisch dargestellt werden als Folge von Rechtecken, die in geeigneter Anordnung eine Spirale ergeben. In dieser Form tritt die Fibonaccifolge in der Natur und in der Kunst am häufigsten auf.

Fibonacci-Rechtecke werden folgendermaßen konstruiert:

- Zeichnen Sie zwei kleine Quadrate, die jeweils **1 Einheit x 1 Einheit** messen. Zusammen bilden die Quadrate ein Rechteck mit den Maßen **1 x 2**.
- Unter dieses Rechteck zeichnen Sie ein Quadrat von **2 x 2**. Insgesamt entsteht so ein Rechteck der Form **2 x 3**.
- Zeichnen Sie ein neues Quadrat von **3 x 3** daneben, wobei eine der Seitenlinien die rechte Seitenlinie des bereits vorhandenen Rechtecks ist. So entsteht ein Rechteck der Form **3 x 5**.
- Zeichnen Sie ein neues Quadrat der Form **5 x 5**, wobei die Oberseite des vorhandenen Rechtecks als Seitenlinie dient. So entsteht ein Rechteck der Form **5 x 8**.

(Dieser Vorgang kann endlos wiederholt werden.)

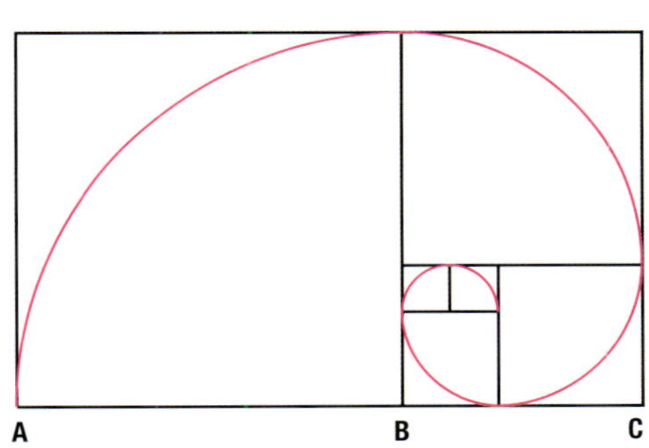


Zur Gestaltung der Spirale ziehen Sie einen Viertelkreis in jedem Quadrat, beginnen Sie dabei im ersten Quadrat. Die so entstehende Spirale ähnelt den Spiralen sehr, wie sie in den Schalen bestimmter Weichtiere vorliegen, z. B. bei Schnecken und *Nautilus*-Muscheln.

**Fibonacci und der goldene Schnitt** Die Fibonacci-Rechtecke haben viele merkwürdige Eigenschaften. Jedes Rechteck hat Seitenlängen, die zwei aufeinander folgenden Fibonacci-Zahlen entsprechen. Ein Beispiel: das Rechteck mit den Maßen **5 x 8**; **8 : 5 = 1,6**. Das nächste Rechteck hat die Maße **8 x 13**; **13 : 8 = 1,625**. Je mehr Rechtecke auf diese Weise hinzugefügt werden, umso weiter nähert sich das Verhältnis der Seitenlängen dem goldenen Schnitt an – ungefähr **1,618034** (siehe S. 512). Diese Proportionen treten in vielen Dingen auf, die wir als schön oder ausgewogen empfinden.

**Fibonacci in Natur und Kunst**
Eine *Nautilus*-Muschel (links oben). In den Rechtecken (links unten) ergibt sich bei der Teilung des Abstands von A bis C (13 Einheiten) durch den Abstand von A bis B (8 Einheiten) der Wert 1,625 (etwa der goldene Schnitt). In dem Gemälde von Turner (oben) liegt der Blickpunkt auf der Achse.

Siehe auch
514–15 **Verwendung von Zahlen**
516–19 **Geometrie**
520–1 **Statistik**
604–5 **Maße und Gewichte**

# Verwendung von Zahlen

*Um Zahlen im Alltag gezielt einzusetzen, sollten Sie die grundlegenden Rechentechniken kennen. Beherrschen Sie das Rechnen mit Brüchen, Dezimalzahlen und Prozenten, dann können Sie problemlos die Zinsen auf Ihrem Bankkonto, Ihre Einkommensteuer oder einfach nur das Trinkgeld für eine Dienstleistung berechnen.*

## Brüche und Dezimalzahlen

Die Zahl, die in einem Bruch über dem Bruchstrich steht, bezeichnet man als Zähler. Die Zahl unter dem Bruchstrich ist der Nenner.

Zähler — 5
6 — Nenner

$\frac{5}{6}$

**Bei einem echten Bruch** wie 3⁄7 ist der Zähler kleiner als der Nenner.

**Bei einem unechten Bruch** wie 31⁄7 ist der Zähler größer als der Nenner.

**Umwandlung von Brüchen in Dezimalzahlen** Teilen Sie den Zähler durch den Nenner.
**Beispiel:** 4⁄5 = 4 ÷ 5 = 0,8

**Umwandlung von Dezimalzahlen in Brüche** Nehmen Sie die Zahl nach dem Komma als Zähler. Für den Nenner nehmen Sie die Zahl 10 zur Potenz (siehe S. 515) der Zahl der Nachkommastellen.

**Beispiel:** Wandeln Sie die Zahl 0,005 in einen Bruch um.
Zähler = 5
Es stehen drei Zahlen nach dem Komma, also Nenner = $10^3$ = 1000.
Der Bruch lautet also 5⁄1000 = 1⁄200.

**Brüche erweitern und kürzen**
Wenn Sie Nenner und Zähler eines Bruchs mit dem gleichen Faktor multiplizieren, erhalten Sie einen gleichwertigen Bruch. Diesen Vorgang nennt man Erweiterung.
**Beispiel:** 1⁄2 x 5 = 5⁄10
Wenn Sie Nenner und Zähler durch die gleiche Zahl teilen, erhalten Sie ebenfalls einen gleichwertigen Bruch. Diesen Vorgang nennt man Kürzen.
**Beispiel:** Kürzen Sie den Bruch 44⁄88, bis er nicht mehr kürzbar ist.
Kürzen durch 11: 44⁄88 ÷ 11 = 4⁄8
Kürzen durch 4: 4⁄8 ÷ 4 = 1⁄2

**Brüche addieren und subtrahieren**
Wenn Brüche den gleichen Nenner haben, addieren oder subtrahieren Sie einfach die Zähler.
**Beispiel:** 4⁄7 – 1⁄7 = 3⁄7

Wenn Brüche unterschiedliche Nenner haben, werden alle Brüche so umgewandelt, dass sie die gleichen Nenner bekommen.
**Beispiel:** 4⁄7 + 1⁄3
Den ersten Bruch mit 3 erweitern:
4⁄7 x 3 = 12⁄21
Den zweiten Bruch mit 7 erweitern:
1⁄3 x 7 = 7⁄21
Die beiden erweiterten Brüche addieren:
12⁄21 + 7⁄21 = 19⁄21
Der Bruch lässt sich nicht weiter kürzen.

**Brüche multiplizieren** Multiplizieren Sie die Nenner miteinander und die Zähler miteinander. Falls möglich, kürzen Sie dabei gegenüberliegende Zahlen.
**Beispiel:** 10⁄11 x 2⁄15
Kürzen Sie den gegenüberliegenden Zähler 10 mit dem Nenner 15 mit 5:
$\frac{2}{11} \times \frac{2}{3} = \frac{2 \times 2}{11 \times 3} = \frac{4}{33}$

**Brüche teilen** Tauschen Sie das Zeichen ÷ durch das Zeichen x aus und drehen Sie den zweiten Bruch um.
**Beispiel:** 4⁄5 ÷ 3⁄4
= 4⁄5 x 4⁄3 = 16⁄15 = 1 1⁄15

## RECHNEN MIT PROZENTEN

Wenn Sie relative Verhältnisse in Prozentzahlen angeben möchten, teilen Sie die erste Zahl durch die zweite und multiplizieren Sie das Ergebnis mit 100.
**Formel:** Prozentsatz = (erste Zahl ÷ zweite Zahl) x 100
**Beispiel:** Ein Investor kauft 52 000 Anteile von den insgesamt 97 000 eines börsennotierten Unternehmens. Wie viel Prozent der Anteile besitzt er?
(52 000 ÷ 97 000) x 100
= 0,536 x 100 = 53,6 Prozent

**Prozentuale Veränderungen** Wenn Sie die Zunahme oder Abnahme einer Größe in Prozent angeben möchten, teilen Sie zunächst die Veränderung der Größe durch die ursprüngliche Größe und multiplizieren Sie dann das Ergebnis mit 100.
**Formel:** Veränderung in Prozent = (Veränderung ÷ ursprüngliche Größe) x 100
**Beispiel:** Der Gewinn eines Unternehmens lag im vergangenen Jahr bei 5,5 Mio. ¤; dieses Jahr betrug der Gewinn 6,6 Mio. ¤. Um wie viel Prozent ist der Gewinn gestiegen? Veränderung des Gewinns:
= 6,6 Mio. – 5,5 Mio.
= 1,1 Mio.
Anstieg in Prozent:
= (1,1 ÷ 5,5) x 100
= 0,2 x 100 = 20 Prozent (auch: 20 %)

**Von einer Zu- oder Abnahme auf die Ursprungsgröße schließen** Wenn eine Größe zu- oder abgenommen hat, können Sie, wenn Sie die Veränderung in Prozent kennen, die Ursprungsgröße ausrechnen.
**Beispiel:** Ein Mann hat bei einer Diät 20 % seines Gewichts verloren und wiegt jetzt 75 kg. Wie viel wog er vor der Diät?
100 % = Ursprungsgewicht
100 – 20 % = 80 %
= sein derzeitiges Gewicht von 75 kg
1 % des Ursprungsgewichts
= 75 ÷ 80 = 0,9375
Das Ursprungsgewicht
= 0,9375 x 100 = 93,75 kg

**Eine Größe um einen Prozentsatz verringern oder erhöhen** Dieser Rechenvorgang wird z. B. angewandt, um einen Nettobetrag zu errechnen, nachdem die Steuer abgezogen wurde.
**Beispiel:** Ein zu versteuerndes Einkommen beträgt 25 000 ¤. Wenn als Einkommensteuer 22 % abgezogen werden, wie hoch ist das Nettoeinkommen?
22 % von 25 000 = (22 x 25 000) ÷ 100
= 550 000 ÷ 100 = 5500 ¤.
Das Nettoeinkommen beträgt also
= 25 000 – 5500 = 19 500 ¤
Diese Rechnung ist durch die Verwendung eines Multiplikators zu vereinfachen.

**Formel:** Multiplikator = ( [+ oder –] Veränderung in Prozent + 100) ÷ 100
**Beispiel:** Im o. g. Fall rechnen Sie einfach:
= (–22 + 100) ÷ 100
= 78 ÷ 100 = 0,78
0,78 x 25 000 ¤ = 19 500 ¤

**Beispiel:** 10 000 ¤ werden auf einem Sparbuch mit 5,5 % pro Jahr verzinst. Wie viel Geld wird nach drei Jahren auf diesem Sparbuch sein?
Hier muss der **Zinseszins** berechnet werden. Die Summe der Zinsen, die in einem Jahr anfallen, berechnet sich aus der ursprünglichen Summe plus den Zinsen aus früheren Jahren.

Der Multiplikator
= (5,5 + 100) ÷ 100 = 1,055
Angesparte Summe Ende des 1. Jahres =
10 000 ¤ x 1,055 = 10 550 ¤
Angesparte Summe Ende des 2. Jahres=
10 550 ¤ x 1,055 = 11 130,25 ¤
Angesparte Summe Ende des 3. Jahres =
11 130,25 ¤ x 1,055 = 11 742,41 ¤
Alternativ können Sie rechnen:
Gesamtsumme = Ursprüngliche Summe x $(\text{Multiplikator})^n$, wobei n = Zahl der Jahre
Gesamtsumme = 10 000 x $1{,}055^3$
= 10 000 x 1,1742413
= 11 742,41 ¤

## ZAHLENSYSTEME

Bei den meisten Rechenvorgängen im Alltag nutzen wir ein Zahlensystem, dem die Zahl 10 als Basis zugrunde liegt. Diese Zahl entspricht der Anzahl unserer Finger bzw. Zehen; damit zählten unsere Urahnen. Wir nennen es das Dezimalsystem.

Jede andere Zahl kann jedoch ebenfalls als Basis für ein Zahlensystem gewählt werden, beispielsweise:

- **Sexagesimalsystem (Basis 60)** für die Zeit: 60 Sekunden = 1 Minute, 60 Minuten = 1 Stunde
- **Duodezimalsystem (Basis 12):** 12 Äpfel = 1 Dutzend Äpfel

**Dezimalsystem (Basis 10)** Die Zahlen im Dezimalsystem werden aus den folgenden zehn Ziffern gebildet:

**0 1 2 3 4 5 6 7 8 9**

Der Wert jeder einzelnen Ziffer ergibt sich aus ihrer Position. **Beispiel:** Die Zahl 23578 kann in einem Spaltenschema realisiert werden; die Spalten entsprechen aufsteigenden 10er-Potenzen:

| 10 000 | 1000 | 100 | 10 | 1 |
|---|---|---|---|---|
| $10^4$ | $10^3$ | $10^2$ | $10^1$ | $10^0$ |
| 2 | 3 | 5 | 7 | 8 |

**Dual- oder Binärsystem (Basis 2)** Binärzahlen benötigen nur zwei Ziffern:

**0 1**

Das Binärsystem wird verwendet, um Ein-Aus-Signale in Computern und bei der digitalen Kommunikation auszudrücken. **Beispiel:** Die Binärzahl 11001 kann in Spalten geschrieben werden, wobei jede Spalte eine Potenz von 2 darstellt:

| 16er | 8er | 4er | 2er | 1er |
|---|---|---|---|---|
| $2^4$ | $2^3$ | $2^2$ | $2^1$ | $2^0$ |
| 1 | 1 | 0 | 0 | 1 |

**Zur Umwandlung vom Binärsystem ins Dezimalsystem** addieren Sie die Werte der Spalten, die eine 1 enthalten.
**Beispiel:** Geben Sie 11001 im Dezimalsystem an:
$= \text{dezimal } 2^4 + 2^3 + 2^0$
$= 16 + 8 + 1 = 25$

**Zur Umwandlung vom Dezimalsystem ins Binärsystem** suchen Sie die niedrigste Potenz von 2 (p), die kleiner als oder gleich ist wie die Zahl, die Sie umrechnen möchten (d). Schreiben Sie eine 1 in die entsprechende Spalte, ziehen Sie p von der Zahl ab, die Sie umrechnen möchten. Suchen Sie die niedrigste Potenz von 2, die kleiner ist als d – p und schreiben Sie eine 1 in diese Spalte. Wiederholen Sie dies, bis die letzte Spalte ausgefüllt ist.
**Beispiel:** Wandeln Sie 22 ins Binärsystem um.
Die größte Potenz von 2, die kleiner als 22 ist, ist $2^4 = 16$.
Schreiben Sie eine 1 in die Spalte unter $2^4$.
$22 - 16 = 6$
Die größte Potenz von 2, die kleiner ist als 6, ist $2^2 = 4$. Schreiben Sie eine 0 in die Spalte unter $2^3$, eine 1 in die Spalte unter $2^2$.
$6 - 4 = 2 = 2^1$
Schreiben Sie eine 1 in die Spalte unter $2^1$, eine 0 unter $2^0$:

| 16er | 8er | 4er | 2er | 1er |
|---|---|---|---|---|
| $2^4$ | $2^3$ | $2^2$ | $2^1$ | $2^0$ |
| 1 | 0 | 1 | 1 | 0 |

Dezimal 22 = Binär 10110

## Potenzen und Wurzeln

Der Begriff Potenz gibt an, wie oft eine Zahl mit sich selbst multipliziert werden soll. So kann beispielsweise die Zahl 4 auch als $2^2$ geschrieben werden: 2 potenziert mit 2. Ebenso $8 = 2^3$ 2 hoch 3, also $2 \times 2 \times 2$.

Die kleine hochgestellte Zahl wird als **Exponent** bezeichnet.

- Jede Zahl hoch 0 ist 1. Beispiel: $6^0 = 1$.
- Jede Zahl hoch 1 ist die Zahl selbst. Beispiel: $7^1 = 7$.
- Wird eine Zahl mit 2 potenziert, wird sie im Quadrat genommen.
- Wird eine Zahl mit 3 potenziert, wird sie in die dritte Potenz erhoben.

**Negative Potenzen** Ein negativer Exponent zeigt an, wie oft die Zahl 1 durch die potenzierte Zahl geteilt werden muss.
**Beispiele:** $8^{-2} = 1 \div 8^2 = 1 \div 64 = 1/64$ oder 0,0156
$10^{-1} = 1 \div 10^1 = 1/10$ oder 0,1
$10^{-2} = 1 \div 10^2 = 0{,}01$
$10^{-3} = 0{,}001$
$10^{-4} = 0{,}0001$
$10^{-5} = 0{,}00001$

**Wurzeln** Wenn größere Zahlen als Potenz einer kleineren Zahl ausgedrückt werden – z. B. 8 als $2^3$ – wird die kleinere Zahl als Wurzel der größeren bezeichnet.
**Beispiele:** 64 ist $8^2$; 8 ist die **Quadratwurzel** von 64 bzw. $\sqrt{64} = 8$
64 ist $4^3$; 4 ist die **Kubikwurzel** von 64 bzw. $\sqrt[3]{64} = 4$
64 ist $2^6$; 2 ist die **sechste Wurzel** von 64 bzw. $\sqrt[6]{64} = 2$

**Die wissenschaftliche Schreibweise** (auch als Standardschreibweise bezeichnet) wird in Naturwissenschaft und Mathematik verwendet, um sehr große und sehr kleine Zahlen so auszudrücken, dass sie einfach lesbar und anwendbar sind und wenig Platz benötigen.
**Beispiele:** Die Zahl 30 000 000 000 000 (30 Billionen) kann einfacher dargestellt werden: $3 \times 10^{13}$.
Die Zahl $6{,}1 \times 10^9$ ist beispielsweise ungefähr $10^3$ oder 1000 mal größer als $5{,}9 \times 10^6$.
Die Zahl 0,000008 kann in der wissenschaftlichen Schreibweise als $8 \times 10^{-6}$ dargestellt werden.

## Aufrunden und Abrunden

In vielen Fällen ist es praktisch, Zahlen ungenauer darzustellen – durch Ab- oder Aufrunden oder durch Verwendung einer geringeren Anzahl von Dezimalstellen oder so genannter signifikanter Stellen. Meist wird ab 5 aufgerundet, unter 5 abgerundet.
**Beispiel:** Wenn sich 1157 Personen an einer Demonstration beteiligt haben, wie viele hundert Personen waren anwesend? Die Zahl nach der Hunderterstelle ist eine 5, daher wird die Zahl auf 1200 aufgerundet.
**Beispiel:** Wie lautet die Zahl 376,246 gerundet auf eine Nachkommastelle? Die zweite Zahl nach dem Komma ist eine 4, deshalb wird die Zahl auf 376,2 abgerundet.

**Signifikante Stellen** Durch Rundung auf eine feste Anzahl signifikanter Stellen lassen sich Zahlen vereinfacht darstellen.
**Beispiel:** Wie sieht die Rundung von 465 726 auf zwei signifikante Stellen aus? Die dritte Zahl ist eine 5, deshalb wird auf 470 000 aufgerundet.
**Beispiel:** Wie kann man 0,0003759 mit einer prägnanten Nachkommastelle darstellen? Die erste Zahl ist eine 3, darauf folgt eine 7, also wird die Zahl auf 0,0004 aufgerundet.

**FAKTEN**
**Die Azteken in Mexiko zählten mit den Fingern und den Zehen. Daher war die Grundlage ihres Zahlensystems die Zahl 20.**

Siehe auch
512–13 **Zahlen und Zahlenfolgen**
516–19 **Geometrie**
520–1 **Statistik**
604–5 **Maße und Gewichte**

*Geometrie ist der Zweig der Mathematik, der sich mit den Eigenschaften von Punkten, Linien, Flächen und Körpern befasst. Die Grundlagen der Geometrie sind die Definitionen der verschiedenen Arten von Winkeln und Formen, die griechische Mathematiker zum Teil bereits im 6. Jh. v. Chr. beschrieben haben. Diese Wissenschaftler entdeckten viele Prinzipien, die immer noch Gültigkeit haben. Bis heute beruht der größte Teil der Geometrie im Schulunterricht auf den Erkenntnissen von Euklid aus dem 3. Jh. v. Chr.*

## LINIEN

Eine **Linie** verbindet zwei oder mehr Punkte. Sie hat eine Dimension (die Länge) und kann gerade oder krumm sein.

Ein **Punkt** gibt eine Position im Raum an. Er hat keine Dimensionen – weder Länge noch Weite noch Tiefe.

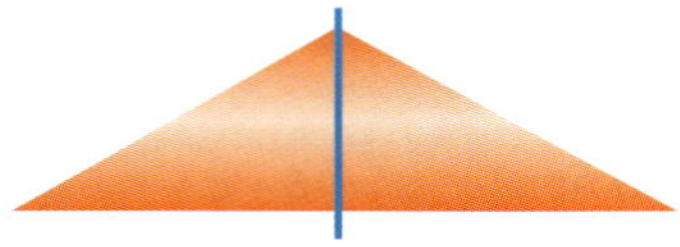

**Symmetrieachse oder Spiegelachse** Eine gerade Linie, die eine symmetrische Form, z. B. ein gleichschenkliges Dreieck, in zwei spiegelbildliche Hälften teilt, wird als Symmetrieachse bezeichnet.

**Senkrechte** Eine gerade Linie (auch Gerade genannt), die eine zweite Gerade im rechten Winkel (90°) schneidet, steht senkrecht auf der zweiten.

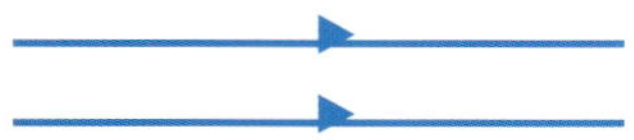

**Parallelen** Zwei oder mehr Geraden, die überall den gleichen Abstand voneinander aufweisen, sind parallel zueinander.

**Tangente** Eine Gerade, die eine Kurve in einem Punkt berührt und die Kurve nicht schneidet.

## WINKEL

Ein Winkel ist der Bereich zwischen zwei Geraden, die sich schneiden. Der Punkt, in dem sich die beiden Geraden treffen, ist der Scheitelpunkt. Winkel werden in Grad (°) gemessen. Es gibt sechs Grundtypen von Winkeln:

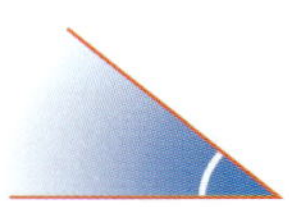

**Spitzer Winkel** Ein Winkel unter 90°.

**Rechter Winkel** Ein Winkel von 90° (oben durch ein Quadrat markiert).

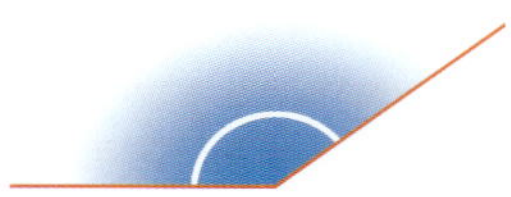

**Stumpfer Winkel** Ein Winkel über 90°, aber unter 180°.

**Gestreckter Winkel** Ein Winkel von 180°.

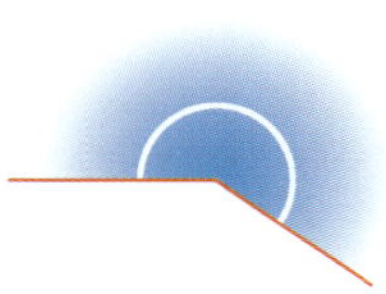

**Überstumpfer Winkel** Ein Winkel über 180°, aber unter 360°.

**Runder Winkel** Ein Winkel von 360°.

## DREIECKE

Ein Dreieck hat drei Winkel und drei Seiten. Die Summe der drei Innenwinkel in einem Dreieck beträgt immer 180° (siehe Diagramm rechts). Man unterscheidet sechs Grundtypen von Dreiecken:

**Summe der Winkel** Da die Summe aus allen Innenwinkeln eines Dreiecks immer **180°** ergibt, kann aus den bekannten Winkeln **40°** und **80°** der dritte Winkel ausgerechnet werden: α: **180° – 80° – 40° = 60°**. Die Außenwinkel (**140°**; **120°**; **100°**) ergeben zusammen immer **360°**.

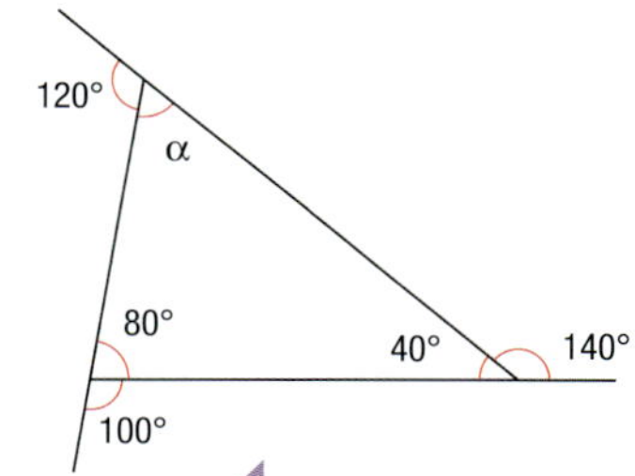

**Gleichseitiges Dreieck** Alle drei Seiten sind gleich lang und alle Innenwinkel haben jeweils 60°. Es gibt drei Symmetrieachsen.

**Gleichschenkliges Dreieck** Mindestens zwei Seiten sind gleich lang und mindestens zwei Innenwinkel sind gleich groß. Es gibt mindestens eine Symmetrieachse.

**Irreguläres Dreieck** Alle drei Seiten sind unterschiedlich lang, und alle drei Winkel sind unterschiedlich groß. Es gibt keine Symmetrieachse.

**Spitzwinkliges Dreieck** Alle drei Winkel sind spitz (unter 90°).

**Rechtwinkliges Dreieck** Ein Winkel hat 90°, ist also ein rechter Winkel. Die Seite, die dem rechten Winkel gegenüberliegt (die längste Seite), wird Hypotenuse genannt.

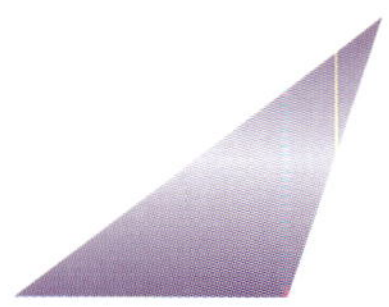

**Stumpfwinkliges Dreieck** Ein Winkel des Dreiecks ist ein stumpfer Winkel (über 90° und unter 180°).

## VIERECKE

Ein Viereck ist eine Ebene, die aus vier Seiten gebildet wird (auch als vierseitiges Polygon bezeichnet). Die Summe der vier Innenwinkel eines Vierecks beträgt immer 360°. Es gibt sechs Grundtypen von Vierecken:

**Rechteck** Alle Innenwinkel sind rechte Winkel, die sich jeweils gegenüberliegenden Seiten sind parallel und haben die gleiche Länge.

**Quadrat** Ein gleichseitiges Rechteck. Alle vier Winkel sind rechte Winkel und alle Seiten haben die gleiche Länge.

**Parallelogramm** Gegenüberliegende Seiten sind parallel und gleich lang. Die gegenüberliegenden Winkel sind gleich groß.

**Rhombus** Ein gleichseitiges Parallelogramm. Gegenüberliegende Seiten sind parallel, gegenüberliegende Winkel gleich groß, alle Seiten haben die gleiche Länge.

**Trapez** Zwei Seiten sind parallel, haben jedoch unterschiedliche Längen. Wenn die beiden anderen, nicht parallelen Seiten gleich lang sind, ist dies ein gleichseitiges Trapez.

**Drachen** Es gibt zwei Paare benachbarter Seiten, die die gleiche Länge haben. Gegenüberliegende Winkel sind gleich groß.

## KREISE UND KURVEN

Die Geometrie befasst sich auch mit gekrümmten Linien und Figuren, sowohl in der Form von Flächen (z. B. Kreise) als auch von Körpern (z. B. Kugeln). Die folgenden Begriffe bezeichnen runde Formen und ihre Eigenschaften:

**Kreis** Ebene Fläche, von einer gekrümmten Linie umschlossen. Alle Punkte dieser Kurve sind gleich weit vom Mittelpunkt entfernt.

**Umfang** Die Kurve, die den Umfang (Rand) eines Kreises angibt. Der Begriff Umfang bezeichnet auch die Länge dieser Kurve.

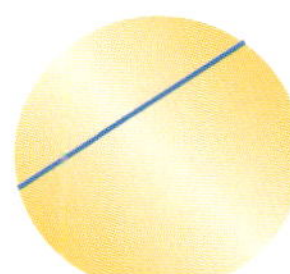

**Sehne** Ein Geradenstück, das den Umfang in genau zwei Punkten schneidet.

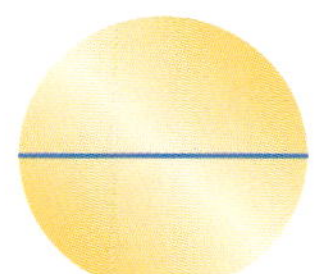

**Durchmesser** Eine Sehne, die durch den Mittelpunkt eines Kreises verläuft. Der Begriff Durchmesser bezeichnet auch die Länge dieser Sehne.

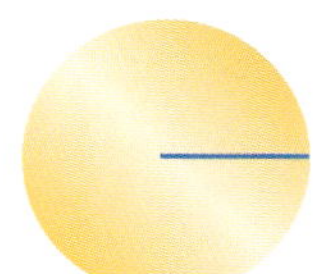

**Radius** Eine gerade Linie vom Mittelpunkt des Kreises bis zur Kreislinie. Der Begriff Radius bezeichnet auch die Länge dieser Linie.



**Kugel** Körper, der von einer einzigen, gleichmäßig gekrümmten Oberfläche umschlossen wird. Alle Punkte sind gleich weit vom Mittelpunkt entfernt.

**Ellipse** Eine Ellipse (oder ein Oval) ist ein Querschnitt durch einen Kegel, wobei der Querschnitt nicht durch die Grundfläche des Kegels und nicht parallel dazu erfolgt.

**Hauptachse** Diese Gerade verläuft durch den Mittelpunkt einer Ellipse, teilt sie in zwei gleiche Hälften und trifft den Umfang der Ellipse an den beiden Punkten, die am weitesten entfernt liegen.

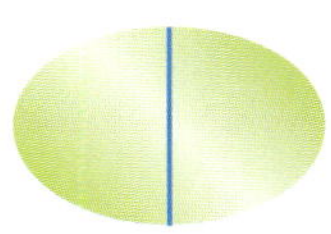

**Nebenachse** Diese Gerade verläuft durch den Mittelpunkt einer Ellipse und trifft den Umfang der Ellipse an den beiden Punkten, die am nächsten beieinander liegen.

**Ellipsoid** Auch als Ovoid bezeichnet. Ein Körper, dessen Querschnitte stets Ellipsen oder Kreise sind.

**Zylinder** Ein röhrenförmiger Körper, der gerade Seiten und einen kreisförmigen Querschnitt hat.

**Kegel** Ein Körper, der einen Kreis als Grundfläche hat und dessen Seiten sich in einem Punkt an der Spitze treffen.

## Polygone

Ein Polygon ist eine zweidimensionale Figur, die von drei oder mehr geraden Linien eingeschlossen wird. Ein regelmäßiges Polygon, z. B. ein Quadrat, hat Seiten gleicher Länge und alle Innenwinkel sind gleich groß; ein unregelmäßiges Polygon, wie ein Trapez, hat unterschiedlich lange Seiten und verschieden große Winkel.

Polygone werden nach der Anzahl ihrer Seiten bezeichnet. Je mehr Seiten ein Polygon hat, umso größer ist die Summe der Innenwinkel. Die Summe aller Außenwinkel beträgt immer 360°.

| Name | Zahl der Seiten | Summe der Innenwinkel |
|---|---|---|
| **Dreieck** | drei | 180° |
| **Viereck** | vier | 360° |
| **Pentagon** | fünf | 540° |
| **Hexagon** | sechs | 720° |
| **Heptagon** | sieben | 900° |
| **Oktagon** | acht | 1080° |
| **Nonagon** | neun | 1260° |
| **Zehneck** | zehn | 1440° |

Siehe auch
512–13 **Zahlen und Zahlenfolgen**
514–15 **Verwendung von Zahlen**
520–1 **Statistik**
604–5 **Maße und Gewichte**

*Die Geometrie von Euklid und seinen Vorgängern hat viele praktische Anwendungen. Trigonometrie, die Lehre zur Berechnung von Dreiecken, gründet sich auf den 2500 Jahre alten Satz des Pythagoras. Ingenieure und Navigatoren berechnen mit dieser Formel seit Jahrhunderten Höhen, Winkel und Entfernungen. Die Griechen entwickelten auch Formeln zur Berechnung von Flächeninhalten und Volumina, z. B. von Kreisen und Kugeln.*

## DER SATZ DES PYTHAGORAS

Pythagoras (um 572 bis 497 v. Chr.) formulierte das nach ihm benannte Theorem, mit dem sich die Länge der Hypotenuse in einem rechtwinkligen Dreieck berechnen lässt: Das Quadrat der Hypotenusenlänge ist gleich der Summe der Quadrate der beiden anderen Seiten. Dieser Satz ist die Grundlage der Trigonometrie, er ermöglicht die Berechnung der Länge einer Dreiecksseite, wenn die Längen der beiden anderen Seiten bekannt sind.

Für die hier beschriebenen Berechnungen benötigen Sie einen Taschenrechner, mit dem Sie Quadratwurzeln ziehen können (Taste $\sqrt{\ }$).

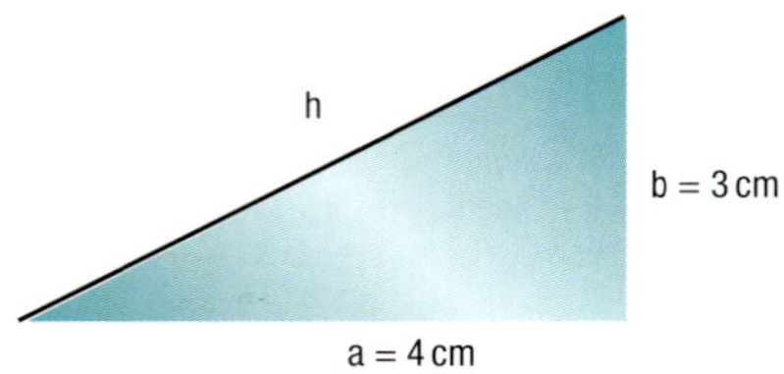


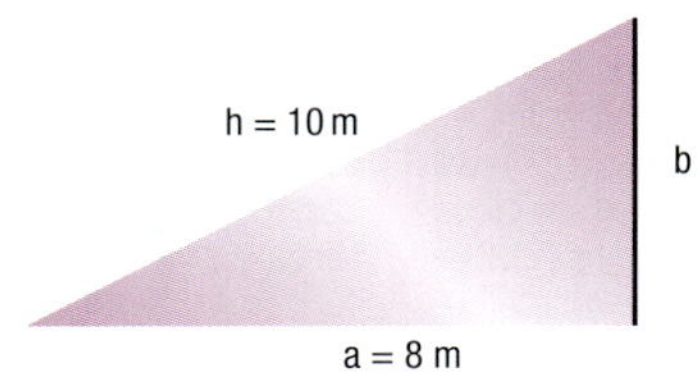


| | | |
|---|---|---|
| **Sie kennen** | die Länge der beiden kürzeren Dreiecksseiten (a und b), in diesem Fall 4 cm und 3 cm. | die Länge der Hypotenuse (h) und eine kürzere Seite (a), in diesem Fall 10 m und 8 m. |
| **Sie brauchen** | die Länge der Hypotenuse (h). | die Länge der zweiten kürzeren Seite (b). |
| **Formel** | $h = \sqrt{(a^2 + b^2)}$ | $b = \sqrt{(h^2 - a^2)}$ |
| **Rechenweg** | die Länge der Seite a (4 cm) | die Länge der Hypotenuse (10 m) |
| | das Quadrat über dieser Seite (4 x 4 = 16) | das Quadrat über dieser Seite (10 x 10 = 100) |
| | die Länge der Seite b (3 cm) | die Länge von Seite a (8 m) |
| | das Quadrat über dieser Seite (3 x 3 = 9) | das Quadrat über dieser Seite (8 x 8 = 64) |
| | die beiden Quadrate addieren ($a^2 + b^2 = 16 + 9 = 25$) | das kleinere Quadrat vom größeren abziehen ($h^2 - a^2 = 100 - 64 = 36$) |
| | Quadratwurzel aus der Summe ($h = \sqrt{25} = 5$) Die Länge der Hypotenuse beträgt also 5 cm. | Quadratwurzel aus dem Ergebnis ($b = \sqrt{36} = 6$) Die Länge der Seite b beträgt also 6 m. |

## ANWENDUNG DER TRIGONOMETRIE

Tangens, Sinus und Kosinus – die Winkelfunktionen – beziehen sich auf die Proportionen von rechtwinkligen Dreiecken. Wenn Sie eine Seite des Dreiecks und einen der beiden anliegenden Winkel kennen, können Sie alle übrigen Seiten und Winkel berechnen. In der Trigonometrie werden die Seiten eines rechtwinkligen Dreiecks nach ihrer Position zu einem betrachteten Winkel so bezeichnet:

- die **Hypotenuse**, die längste Seite, liegt dem rechten Winkel gegenüber,
- die **Gegenkathete** liegt dem spitzen Winkel gegenüber,
- die **Ankathete** liegt am spitzen Winkel an.

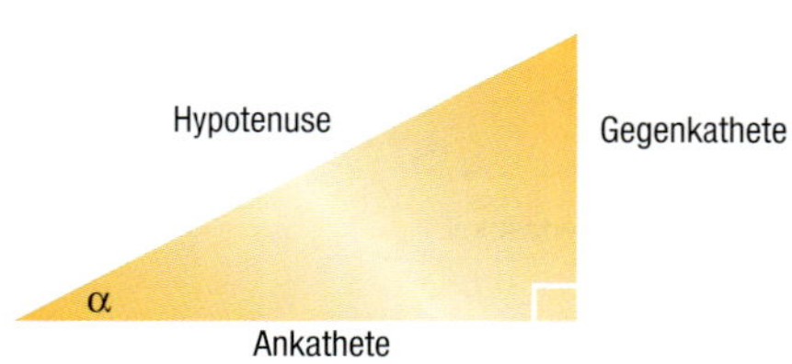


**Tangens, Sinus und Kosinus** Jede dieser drei Winkelfunktionen drückt die Größe des Winkels α im Verhältnis zu zweien der Dreiecksseiten aus. So ist beispielsweise der Tangens (tan) des Winkels α das Verhältnis der Länge der Gegenkathete zur Länge der Ankathete.

Mathematisch ausgedrückt:
**Tangens von Winkel x = Länge der Gegenkathete ÷ Länge der Ankathete**

Oder:

$\tan x = \frac{\text{Gegenkathete}}{\text{Ankathete}}$ $\sin x = \frac{\text{Gegenkathete}}{\text{Hypotenuse}}$ $\cos x = \frac{\text{Ankathete}}{\text{Hypotenuse}}$

**Beispiel** Ein Vermesser steht 450 m von einem Turm entfernt und blickt in einem Winkel von 40° zur Turmspitze. Wie hoch ist der Turm?

Winkel α = 40°
Länge der Ankathete = 450 m
Gesucht wird die Gegenkathete.
Wenn tan x = Gegenkathete ÷ Ankathete
**tan 40° = Höhe ÷ 450**,
so beträgt die Höhe
**= 450 x tan 40°**
**= 450 x 0,839 = 377,6 m.**

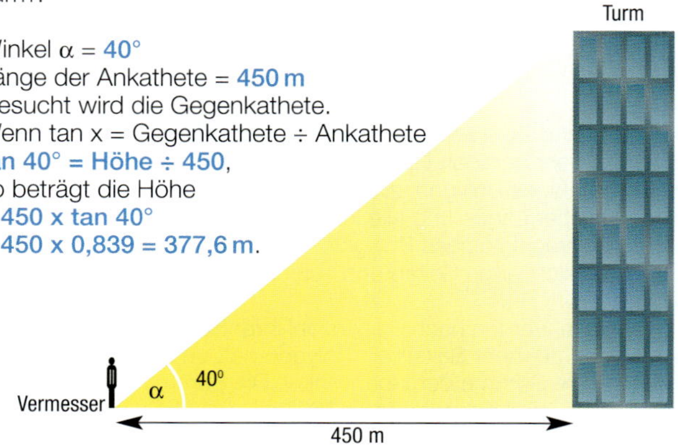

## BERECHNUNG VON FLÄCHE UND VOLUMEN

Die in der Geometrie berechneten Formen sind entweder zweidimensionale Flächen oder dreidimensionale Körper. Die Berechnung von Fläche und Volumen solcher Formen ist in der Tabelle unten dargestellt. Falls Ihr Taschenrechner keine Taste für die Zahl π (pi) hat, verwenden Sie stattdessen die Zahl 3,14159 bei den folgenden Beispielen.

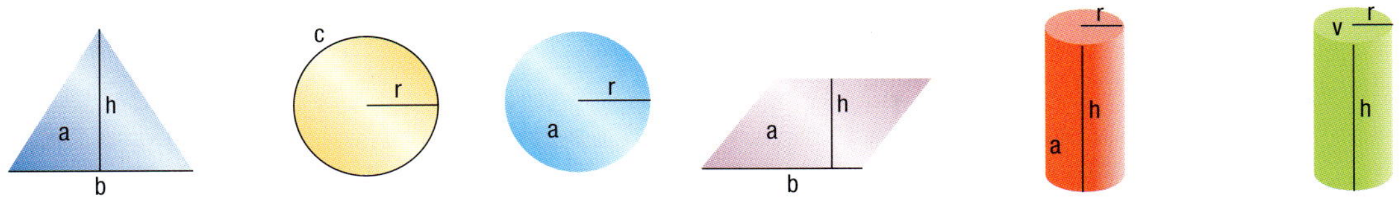


| Form | Dreieck | Kreis | Kreis | Parallelogramm | Zylinder | Zylinder |
|---|---|---|---|---|---|---|
| Sie kennen | Länge der Grundlinie (b) und Höhe (h) | Radius (r) | Radius | Länge der Grundlinie (b) und Höhe (h) | Radius (r) und Höhe (h) | Radius (r) und Höhe (h) |
| Sie brauchen | Fläche (a) | Umfang (c) | Fläche (a) | Fläche (a) | Oberfläche (a) | Volumen (v) |
| Formel | $a = \frac{bh}{2}$ | $c = 2\pi r$ | $a = \pi r^2$ | $a = bh$ | $a = 2\pi r(r + h)$ | $v = \pi r^2 h$ |
| Rechenweg | Bestimmen Sie die Länge der Grundlinie (z. B. 7 cm) | Bestimmen Sie den Radius (z. B. 6 cm) | Bestimmen Sie den Radius (z. B. 6 cm) | Bestimmen Sie die Grundlinienlänge (z. B. 9 cm) | Bestimmen Sie den Radius (z. B. 5 cm) und die Höhe (z. B. 9 cm) | Bestimmen Sie den Radius (z. B. 5 cm) und die Höhe (z. B. 9 cm) |
| | Bestimmen Sie die Höhe (z. B. 12 cm). | Multiplizieren Sie diesen mit 2 (6 x 2 = 12) | Quadrieren Sie den Wert (6 x 6 = 36) | Bestimmen Sie die Höhe (z. B. 5 cm) | Addieren Sie den Radius und die Höhe (5 + 9 = 14) | Quadrieren Sie den Radius (5 x 5 = 25) |
| | Multiplizieren Sie beide Zahlen miteinander. (7 x 12 = 84) | | | | Multiplizieren Sie das Ergebnis mit 2 (14 x 2 = 28) | Multiplizieren Sie den Radius mit der Höhe (25 x 9 = 225) |
| | | | | | Multiplizieren mit dem Radius (28 x 5 = 140) | |
| | Teilen Sie das Ergebnis durch 2 (a = 84 ÷ 2 = 42 cm²) | Mal π (c = 12 x π = 37,7 cm) | Mal π (a = 36 x π = 113,1 cm²) | Multiplizieren Sie beide Werte (a = 9 x 5 = 45 cm²) | Mal π (a = 140 x π = 439,8 cm²) | Mal π (v = 225 x π = 706,9 cm³) |

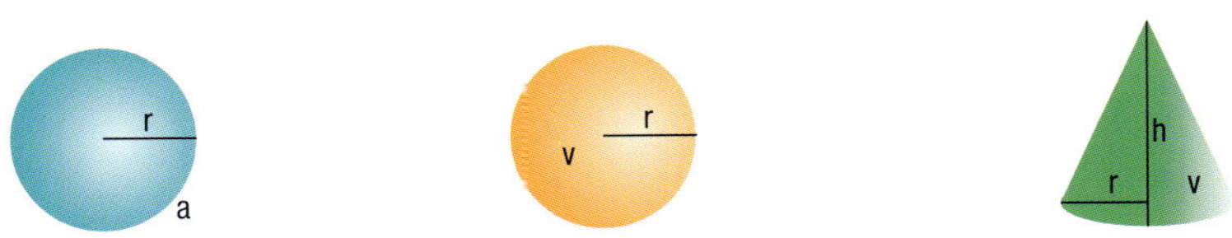


| Form | Kugel | Kugel | Kegel |
|---|---|---|---|
| Sie kennen | Radius (r) | Radius (r) | Höhe (h) und Radius d. Grundfläche (r) |
| Sie brauchen | Oberfläche (a) | Volumen (v) | Volumen (v) |
| Formel | $a = 4\pi r^2$ | $v = \frac{4\pi r^3}{3}$ | $v = \frac{\pi r^2 h}{3}$ |
| Rechenweg | Bestimmen Sie den Radius (z. B. 5 cm) | Bestimmen Sie den Radius (z. B. 5 cm) | Bestimmen Sie den Radius (z. B. 3 cm) und die Höhe (z. B. 8 cm) |
| | Quadrieren (5 x 5 = 25) | 3 x quadrieren (5 x 5 x 5 = 125) | Quadrieren (3 x 3 = 9) |
| | Mal 4 (25 x 4 = 100) | Mal 4 (125 x 4 = 500) | Multiplizieren mit der Höhe (9 x 8 = 72) |
| | | Durch 3 (500 ÷ 3 = 166,66) | Multiplizieren mit π (72 x π = 226,2) |
| | Mal π (a = 100 x π = 314,2 cm²) | Mal π (v = 166 66 x π = 523,6 cm³) | Ergebnis durch 3 teilen (v = 226,2 ÷ 3 = 75,4) |

Siehe auch
512–13 **Zahlen und Zahlenfolgen**
514–15 **Verwendung von Zahlen**
520–1 **Statistik**
604–5 **Maße und Gewichte**

*Die Statistik befasst sich mit der Sammlung, Ordnung, Darstellung und Auswertung von Daten. Mithilfe statistischer Methoden lassen sich Meinungsumfragen auswerten und die Gültigkeit experimenteller Ergebnisse überprüfen. Mit statistischen Prognosemethoden lässt sich auch ermitteln, mit welcher Wahrscheinlichkeit ein bestimmtes Ereignis eintreten wird.*

## Bestimmung des Durchschnitts

Eine wichtige Aufgabe der Statistik besteht darin, Struktur in eine scheinbar ungeordnete Datensammlung zu bringen. So ist es beispielsweise für britische Cricketfans interessant zu wissen, wie viele Läufe ein Spieler pro Saison geschafft hat, doch ist es wesentlich aussagekräftiger, wie viele Läufe jeder Spieler im Durchschnitt pro Spiel geschafft hat. Denn über diesen Wert lässt sich die Leistung eines Spielers mit der anderer vergleichen.

Viele Daten, Messungen oder andere Zahlen lassen sich leichter beurteilen, wenn sie mit einem so genannten typischen Wert verglichen werden können. Statistiker unterscheiden drei typische Werte: den Mittelwert, den Medianwert und den Modalwert.

**Der Mittelwert** ist der Durchschnitt einer Zahlenmenge.
**Berechnung:** Addieren Sie alle Zahlen der vorliegenden Menge und teilen Sie diesen Wert durch die Anzahl der Elemente dieser Menge.
**Beispiel:** Berechnen Sie den Mittelwert aus diesen 11 Zahlen:
7 4 5 4 1 9 6 10 6 7 4
Summe = 63
Mittelwert = $^{63}/_{11}$ = 5,73 (gerundet)

**Der Medianwert** ist der zentrale Wert in einer Menge aus Zahlen.
**Berechnung:** Wenn die Zahlen nach Größe geordnet werden (angefangen mit der kleinsten Zahl), steht der Medianwert bei einer ungeraden Anzahl von Elementen in der Mitte dieser Liste. Ist die Anzahl gerade, ist der Medianwert der Mittelwert zwischen den mittleren Zahlen.

**Beispiel:** Ein Imbiss registriert alle Wurstverkäufe. Die Aufzeichnungen über die beiden letzten Wochen sehen so aus:

| Mo | Di | Mi | Do | Fr | Sa | Mo | Di | Mi | Do | Fr | Sa |
|---|---|---|---|---|---|---|---|---|---|---|---|
| 250 | 195 | 172 | 250 | 301 | 120 | 261 | 207 | 120 | 230 | 294 | 120 |

Der Besitzer möchte wissen, wie viele Würste durchschnittlich pro Tag verkauft wurden, ohne Berücksichtigung der schwachen Tage Mittwoch und Samstag. Er ordnet die Zahlen nach der Größe:

120 120 120 172 195 **207 230** 250 250 261 294 301

Der Medianwert des täglichen Verkaufs ist $= \frac{207 + 230}{2} = 218{,}5$

**Der Modalwert** bezeichnet die Zahl, die am häufigsten auftritt. Sie steht in keinem Zusammenhang mit Mittel- oder Medianwert.
**Beispiel:** Eine Stadt möchte Autofahrer auf der Basis der Zahl der Insassen während der Hauptverkehrszeiten neu besteuern. Sie lässt die Zahl der Insassen in den Autos zählen, die zwischen 8.30 Uhr und 9 Uhr einen bestimmten Punkt passieren.

| | | | | | | |
|---|---|---|---|---|---|---|
| Zahl der Insassen | 6 | 5 | 4 | 3 | 2 | 1 |
| Zahl der Fahrzeuge | 11 | 27 | 42 | 38 | 86 | 124 |

Der Modalwert ist also 1, da es mehr Fahrzeuge mit nur einem Insassen als mit allen anderen Insassenzahlen gibt.

### Stichproben

Daten, das Rohmaterial der Statistik, stammen aus verschiedenen Quellen: aus Telefonumfragen, Fragebogen oder wissenschaftlichen Experimenten. Wichtig ist immer, dass die richtige Datenmenge gesammelt wird und dass die Daten korrekt und unverfälscht sind. Statistiker bezeichnen jede Gruppe, die sie befragen, als Kollektiv. Einige Kollektive sind zu groß, als dass sie komplett gezählt, gemessen oder befragt werden könnten. In solchen Fällen werden die Daten einer repräsentativen Stichprobe ausgewertet, die Statistiker nach unterschiedlichsten Methoden auswählen. Bei Meinungsumfragen z. B. werden oft willkürliche Stichproben gemacht: Ein Computer wählt Telefonnummern nach dem Zufallsprinzip aus, deren Inhaber dann zu einer bestimmten Sache befragt werden. Entscheidend bei Zufallsstichproben ist, dass jedes Kollektivmitglied die gleiche Chance hat, ausgewählt zu werden.
Marktforscher wenden oft ein so genanntes Quoten-Sampling an. Hier enthalten die Stichproben gleiche oder im Voraus festgelegte Anteile beispielsweise von Männern und Frauen verschiedener Altersgruppen.

### DARSTELLUNG UND AUSWERTUNG

Um die Auswertung und Interpretation von Daten zu vereinfachen, stellen Statistiker sie in Tabellen oder Diagrammen dar.

**Wie viele, wie oft** Daten werden oft in Tabellen dargestellt. Diese können Häufigkeiten (f) von verschiedenen Datengruppen darstellen, die sich nicht überschneiden.
**Beispiel:** Ein Insektenforscher stellt über Nacht eine Mottenfalle auf und zählt am nächsten Morgen die gefangenen Insekten:

| Mottenart (Klasse) | Zahl der Tiere (Häufigkeit [f]) |
|---|---|
| Blau gesprenkelt | 28 |
| Totenkopf | 2 |
| Gepunktet | 17 |
| Schwarz-weiß | 4 |
| Kiefernmotten | 9 |
| **Gesamt** | 60 |

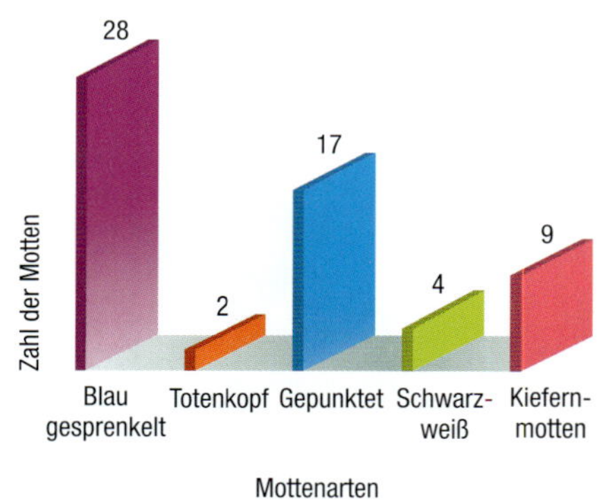


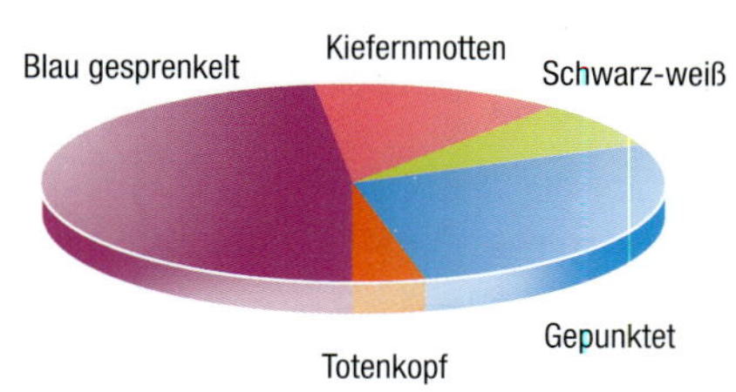


Diese Daten lassen sich in einem Säulendiagramm (oben rechts) oder in einem Tortendiagramm (rechts) grafisch darstellen.

**Zusammenstellung in Gruppen** Es kann nützlich sein, Daten unterschiedlich zu gruppieren.
**Beispiel:** 50 Studenten erzielten bei einer Französischprüfung die folgenden Punktzahlen (von 100 möglichen):

4, 9, 18, 21, 21, 22, 27, 34, 39, 40, 40, 41, 42, 42, 44, 45, 45, 46, 47, 49, 49, 50, 50, 50, 51, 51, 52, 52, 52, 52, 53, 54, 54, 55, 55, 57, 59, 59, 59, 60, 63, 65, 65, 69, 70, 70, 75, 79, 81, 92.

## WIE HOCH IST DIE WAHRSCHEINLICHKEIT ...?

Wie hoch ist die Wahrscheinlichkeit, dass beim Werfen einer Münze die Zahl oben liegt? 50 : 50. Wie groß ist die Chance, mit einem Wurf eine Drei zu würfeln? 1 : 6.
In der Mathematik wird die Wahrscheinlichkeit, dass ein bestimmtes Ereignis eintritt (p), mit einem Wert zwischen 0 (unmöglich) und 1 (sicher) dargestellt: p = (f) ÷ (n), also **p = Anzahl der Wege, durch die ein Ereignis eintreten kann (f) ÷ Anzahl der möglichen Ergebnisse (n).**
Beispiel: Beim Würfeln einer Drei gilt f = 1 und n = 6.
Deshalb ist p = $\frac{1}{6}$ oder

- als Dezimalzahl 0,167 oder
- als Prozentzahl 16,7 %.

**Die Berechnung der Wahrscheinlichkeit** eines Ereignisses hängt davon ab, ob die Ereignisse einander ausschließen oder voneinander abhängen:

**Einander ausschließend:** Wenn zwei Ereignisse nicht zur gleichen Zeit auftreten können, schließen sie einander aus. Dann werden die Wahrscheinlichkeiten addiert.
Beispiel: Ein Sack enthält vier rote, sechs grüne und fünf blaue Bälle. Wie hoch ist die Wahrscheinlichkeit, einen grünen oder einen blauen Ball herauszunehmen?
Anzahl der Bälle: 4 + 6 + 5 = 15
Wahrscheinlichkeit grüner Ball: $\frac{6}{15}$
Wahrscheinlichkeit blauer Ball: $\frac{5}{15}$
Wahrscheinlichkeit grüner oder blauer Ball: $\frac{6}{15} + \frac{5}{15} = \frac{11}{15}$ = 0,73 = 73 %.

**Voneinander unabhängig** sind zwei Ereignisse, wenn das eine keinen Einfluss auf das andere hat. Dann werden die Wahrscheinlichkeiten miteinander multipliziert.
Beispiel: Sie werfen zweimal eine Münze. Wie hoch ist die Wahrscheinlichkeit, dass zweimal der Kopf oben liegt?
Für einmal: $\frac{1}{2}$
Für zweimal:
$\frac{1}{2} \times \frac{1}{2} = \frac{1}{4}$ = 0,25 = 25 %
In einem Baumdiagramm (rechts) lassen sich die Verteilungen darstellen:

**Kopf oder Zahl?** Nach zwei Würfen einer Münze gibt es vier mögliche Ergebnisse: zweimal Kopf, einmal Kopf und einmal Zahl, einmal Zahl und einmal Kopf, zweimal Zahl (das zweite und das dritte Ergebnis sind gleich). Das Diagramm zeigt, wie hoch die Wahrscheinlichkeiten für diese Ereignisse sind:
$\frac{1}{4}$ oder 25 % für zweimal Kopf, $\frac{2}{4}$ oder $\frac{1}{2}$ oder 50 % für einmal Kopf und einmal Zahl, $\frac{1}{4}$ oder 25 % für zweimal Zahl usw.

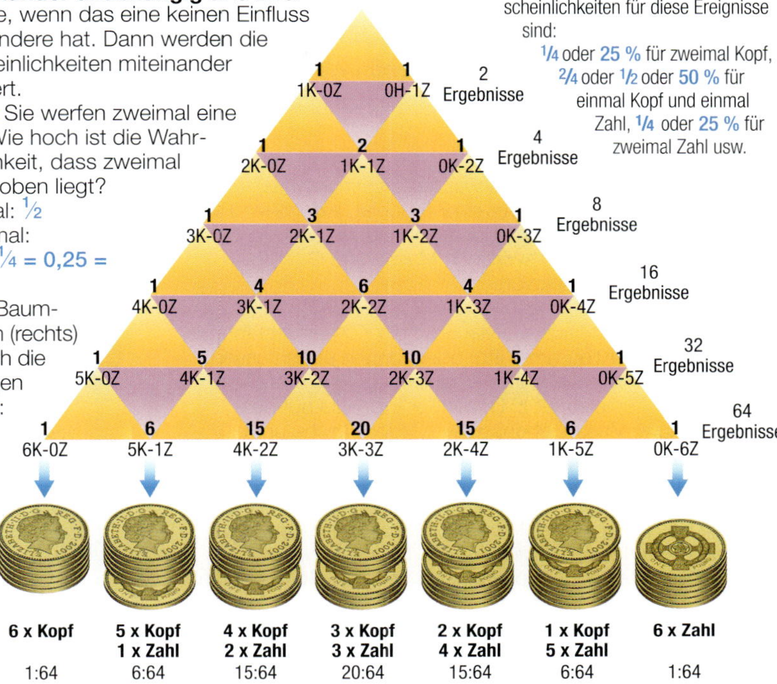


Siehe auch
512–13 **Zahlen und Zahlenfolgen**
514–15 **Verwendung von Zahlen**

Aus dieser unübersichtlichen Anordnung wird nur deutlich, dass 4 Punkte der niedrigste Wert war, 92 Punkte der höchste. Die Verteilung der Punkte kann man besser verdeutlichen, wenn die Studenten in fünf Gruppen eingeteilt werden:

| Punkte | Zahl der Studenten (f) |
|---|---|
| 0–19 | 3 |
| 20–39 | 6 |
| 40–59 | 30 |
| 60–79 | 9 |
| 80–100 | 2 |
| Gesamt | 50 |

Darstellung in einem Säulendiagramm:

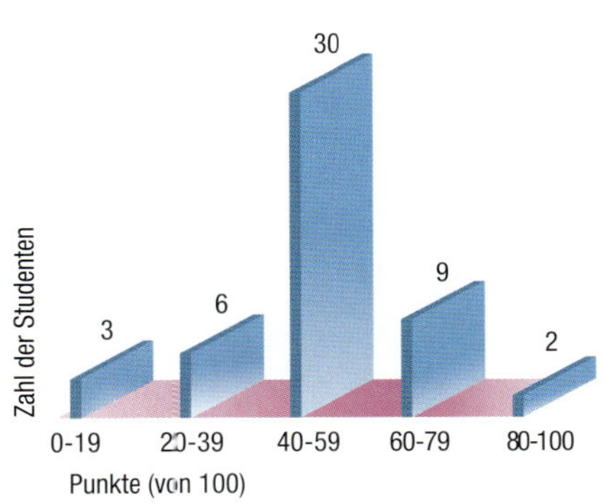


**Kumulationswirkung** Die Ergebnisse können auch unter Verwendung der absoluten Häufigkeiten dargestellt werden.
Beispiel: Bei der Prüfung erzielten 3 Studenten Ergebnisse von unter 20 Punkten, die Ergebnisse von 3 + 6 = 9 Studenten lagen unter 40 Punkten usw.:

| Punkte | absolute Häufigkeit |
|---|---|
| unter 20 | 3 |
| unter 40 | 9 |
| unter 60 | 39 |
| unter 80 | 48 |
| unter 100 | 50 |

Grafische Darstellung:

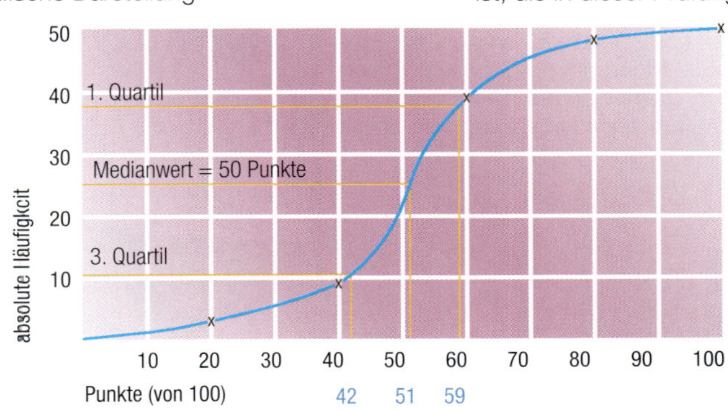


**Perzentilwerte und Quartile** Eine andere Darstellungs- und Auswertungsform ist die Bestimmung der Perzentilwerte und Quartile. Zur Ermittlung des Wertes für 50 Prozent (Perzentilwert von 50) ziehen Sie eine Linie von der Hälfte (also 50 Prozent) der vertikalen Achse der absoluten Häufigkeitssumme (im Beispiel unten bei 25) bis zur Kurve. Von diesem Schnittpunkt ziehen Sie eine Linie senkrecht auf die horizontale Punkte-Achse. So erhalten Sie den Wert für 50 Prozent (hier 51). Da der Perzentilwert von 50 der zentrale Wert aller Punkte ist, die in dieser Prüfung erzielt wurden, ist dies gleichzeitig der Medianwert. Am häufigsten verwendete Perzentilwerte sind 25 Prozent (1. Quartil) und 75 Prozent (3. Quartil). In diesem Beispiel liegt das 1. Quartil bei 59, das 3. Quartil bei 42.

*Der Zweig der Physik, der die Wirkung von Kräften auf Körper untersucht, ist die Mechanik. Sie betrifft viele Bereiche unseres Lebens, vom Abwiegen eines Kartoffelsacks bis zur Flugbahn einer Rakete. Die Mechanik lässt sich in zwei Bereiche gliedern: Die Statik befasst sich mit Masse, Gewicht und Gravitation, die Dynamik untersucht bewegte, beschleunigte und kollidierende Körper.*

## MASSE, GEWICHT UND GRAVITATION

Die Begriffe Masse und Gewicht werden oft synonym verwendet, um anzugeben, wie schwer ein Körper ist, jedoch sind sie unterschiedlich definiert und haben zwei verschiedene Maßeinheiten. Die Verknüpfung zwischen Masse und Gewicht geschieht durch die Gravitation.

**Die Masse** gibt an, aus wie viel Stoff ein Körper besteht. Sie wird in Gramm (g), Kilogramm (kg) oder Tonnen (t) gemessen. Die Masse eines Körpers ist immer gleich, egal wo er sich befindet. Ein Golfspieler hat z. B. auf der Erde wie auf dem Mond die gleiche Masse, ebenso sein Golfball (siehe unten).

**Das Gewicht** ist die Kraft, die auf einen Körper wirkt, wenn ihn die Gravitation nach unten zieht. Es wird in Newton (N) gemessen und hängt sowohl von der Masse des Körpers als auch von der Stärke der Gravitation ab. Masse und Gewicht werden häufig miteinander verwechselt, weil das Gewicht eines Kartoffelsacks im Supermarkt in Kilogramm angegeben wird und nicht in Newton. Im Alltag spielt diese unwissenschaftliche Verwendung der beiden Begriffe keine Rolle, da das Gewicht eines Körpers mit der Masse von 1 kg überall auf der Erde in Meereshöhe gleich ist. Auf dem Mond wirkt die Anziehungskraft nur mit einem Sechstel der Erdanziehung, sodass ein Körper auf dem Mond auch nur ein Sechstel seines Gewichts hat.
Das Gewicht wird mithilfe des 2. Newton'schen Axioms (siehe Kasten rechts) berechnet:

Beträgt die Masse eines Körpers **1 kg**
und die Beschleunigung aufgrund der Erdanziehungskraft **9,8 m/s²**,
so ist das Gewicht des Körpers (also die Kraft, die durch die Gravitation bewirkt wird) **= Masse x Beschleunigung**
**= 1 kg x 9,8 m/s² = 9,8 N**

Unter **Gravitation** wird im Allgemeinen die Kraft verstanden, die Körper anzieht und sie auf die Erde fallen lässt. So hält die Gravitation die Füße eines Jongleurs am Boden und lässt die Keulen, die er in die Luft wirft, wieder zurück in seine Hände fallen. Auf der Erde beschleunigt die Gravitation jeden fallenden Körper mit 9,8 m/s². Tatsächlich besteht Gravitation zwischen allen Körpern. Sie hängt von der Masse der Körper und ihrer Entfernung voneinander ab. Meist ist die Gravitation jedoch zu schwach, als dass sie gemessen werden könnte. Die Erdanziehung führt dazu, dass der Mond um die Erde kreist. Der Mond übt gleichzeitig auch Gravitation auf die Erde aus, obwohl seine Masse – und daher auch seine Gravitationswirkung – nur ein Sechstel der Erde beträgt.

**FAKTEN**
**Die Anziehungskraft der Erde beschleunigt ein fallendes Blatt von 1 g Masse genau gleich wie einen Felsblock von 1 t.**

### Die Newton'schen Axiome

Der englische Mathematiker und Physiker Isaac Newton (1642–1727) beschrieb, wie sich Körper verhalten, wenn Kräfte auf sie einwirken.

**1. Newton'sches Axiom**
Jeder Körper bleibt entweder in Ruhe oder bewegt sich mit konstanter Geschwindigkeit geradlinig, bis er von einer anderen Kraft zu einer Bewegungsänderung gezwungen wird. Dieses Verhalten wird als Trägheit des Körpers bezeichnet (siehe S. 523). Ein Golfball bleibt so lange liegen, bis ihn der Schläger trifft. Sobald er sich bewegt, setzt er diese Bewegung fort, wird aber von zwei Kräften gebremst: der Gravitation und der Reibung (Luftwiderstand).

**2. Newton'sches Axiom**
Wenn eine Kraft auf einen Körper einwirkt, beginnt der Körper sich zu bewegen, er hält an oder ändert seine Bewegungsrichtung. Die Größe der Kraft, die Beschleunigung, die sie bewirkt, und die Masse des Körpers hängen eng zusammen.
Die Kraft (in N), die den Körper beschleunigt, ist gleich der Masse des Körpers (in kg) multipliziert mit der erzeugten Beschleunigung (in m/s²). Je größer die Kraft ist, umso stärker ist die Bewegungsänderung. Ein Golfball, der mit einem Putter geschlagen wird, beschleunigt deutlich weniger als ein Golfball, den ein Driver mit voller Kraft trifft.

**3. Newton'sches Axiom**
Wenn ein Körper eine Kraft auf einen anderen Körper ausübt, übt dieser die gleiche Kraft in entgegengesetzte Richtung auf den ersten Körper aus. Kräfte treten also immer paarweise auf (Aktion und Reaktion). So wird die Kraft, die eine Gewehrkugel aus dem Lauf feuert, von einer gleich starken entgegengesetzten Kraft begleitet, die den Rückschlag des Gewehrs bewirkt.

### Golf spielen auf der Erde

**Die Masse eines Golfers** betrage 80 kg. **Die Erdbeschleunigung** aufgrund der Gravitation beträgt 9,8 m/s², daher ist das **Gewicht des Golfers** 80 x 9,8 = 784 N. **Die Masse des Golfballs** beträgt 0,045 kg; **das Gewicht des Balls** beträgt etwa 0,44 N.
Wenn der Golfer den Ball auf der Erde schlägt, fliegt der Ball etwa 100 m weit. Die Gravitation zieht den Ball zurück auf die Erde und auch der Luftwiderstand bremst den Ball.

### Golf spielen auf dem Mond

**Die Masse eines Golfers** betrage 80 kg. **Die Mondbeschleunigung** aufgrund der Gravitation beträgt 1,6 m/s², daher ist das **Gewicht des Golfers** 80 x 1,6 = 128 N. **Die Masse des Golfballs** beträgt 0,045 kg; **das Gewicht des Balls** beträgt etwa 0,072 N.
Der Ball würde etwa 600 m weit fliegen, da die Gravitation auf dem Mond nur ein Sechstel so stark auf den Ball einwirkt wie auf der Erde. Es gibt auch keinen Luftwiderstand, der den Ball bremsen würde.

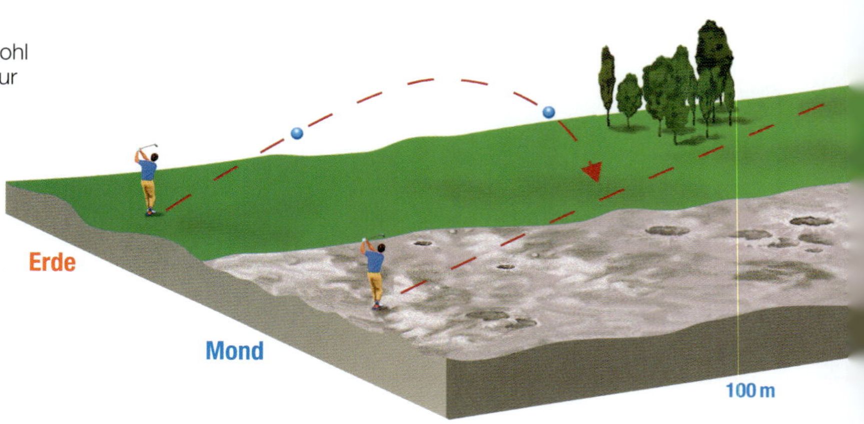

## KRAFT UND BEWEGUNG

Eine Kraft wirkt unsichtbar auf Körper, nur ihre Wirkung kann gesehen oder gefühlt werden: Frei bewegliche Körper erfahren eine Beschleunigung, Abbremsung oder Änderung ihrer Richtung. Körper, die sich nicht frei bewegen können, werden gestaucht, gedehnt oder verdreht. Ein Körper, der sich gleichförmig bewegt, tut dies so lange, bis eine Kraft auf ihn einwirkt.

### Trägheit

Der Widerstand, den ein Körper jeder Veränderung seiner Bewegung oder seines Ruhezustands entgegensetzt, wird als Trägheit bezeichnet. So ist eine Menge Kraft erforderlich, um ein liegen gebliebenes Fahrzeug anzuschieben, da es sich jeder Veränderung seines Bewegungszustands widersetzt. Doch sobald es rollt, bleibt es so lange wie möglich in dieser geradlinigen Bewegung. Je größer die Masse eines Körpers ist, desto größer ist auch seine Trägheit.

### Impuls

Der Impuls macht Aussagen über die Tendenz eines Körpers, seine Bewegung beizubehalten, und über die Kraft, die erforderlich ist, um diese Bewegung zu ändern. Alle Körper, die sich bewegen, haben einen Impuls, der gleich Masse mal Geschwindigkeit ist – je höher die Masse des Körpers oder je schneller seine Bewegung, desto größer sein Impuls.

Wenn zwei Körper zusammenstoßen, wird der Impuls übertragen. Ein Gesetz der Physik besagt, dass der Gesamtimpuls beider Körper vor und nach dem Zusammenstoß gleich ist.

### Reibung

Reibung ist eine Kraft, die der Bewegung eines Körpers entgegengesetzt ist und die seinen Impuls verringert. Sie entsteht immer dann, wenn sich die Oberflächen zweier Körper berühren, denn dann greifen selbst kleinste Unebenheiten ineinander und bremsen die Bewegung ab. Je rauer die Flächen, desto größer die Reibung. Schmiermittel, z. B. Öl, verringern die Reibung.

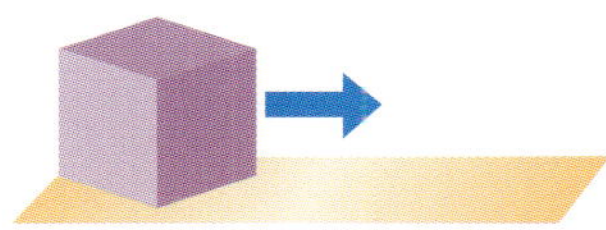

Reibung zwischen einem rutschenden Block und der Oberfläche verlangsamt das Rutschen.

Bei einem Ball ist die Auflagefläche wesentlich kleiner, daher entsteht weniger Reibung.

Luftwiderstand ist Reibung zwischen sich bewegenden Körpern und Luftmolekülen. Körper mit einer größeren Oberfläche berühren mehr Luft, sie erfahren also einen größeren Luftwiderstand.

## BEWEGUNG MESSEN

Wie in der Wissenschaft üblich, richten sich auch in der Mechanik die Maßeinheiten nach den internationalen SI-Einheiten. Basiseinheiten sind: Meter (m) für die Entfernung, Kilogramm (kg) für die Masse und Sekunde (s) für die Zeit.

**Entfernung und Verschiebung** Entfernung ist die Länge einer geraden Linie zwischen zwei Punkten. Sie gibt an, wie weit zwei Körper voneinander entfernt sind oder wie weit sich ein Körper von seinem Ausgangspunkt entfernt hat. Die Verschiebung eines Körpers von einem Punkt zu einem anderen umfasst neben der Entfernung zwischen den beiden Punkten auch die Richtung der Bewegung. Verschiebung ist eine **Vektorgröße**, da sie eine Größenordnung und eine Richtung hat. Entfernung hat nur eine messbare Größenordnung, aber keine Richtung, sie ist daher eine **skalare Größe**.

**Betrag der Geschwindigkeit** Der Betrag der Geschwindigkeit gibt an, wie schnell sich ein Körper bewegt, wobei die in einer bestimmten Zeit zurückgelegte Entfernung gemessen wird. Wenn ein Fahrzeug 400 km in 5 Stunden zurücklegt, ist der durchschnittliche Betrag der Geschwindigkeit 400 km ÷ 5 h = 80 km/h.

Die Geschwindigkeit dagegen ist nicht nur ein Maß dafür, wie schnell sich ein Körper bewegt, sondern gibt auch die Richtung der Bewegung an. Die Geschwindigkeit eines Körpers ändert sich, wenn sich entweder seine Schnelligkeit oder seine Richtung ändert. Der Betrag der Geschwindigkeit ist eine skalare Größe, während die Geschwindigkeit ähnlich wie die Verschiebung eine Vektorgröße ist.

**Beschleunigung** Die Beschleunigung misst, wie schnell ein Körper in einer bestimmten Zeit an Geschwindigkeit gewinnt. Die Beschleunigung ist die Veränderung der Geschwindigkeit (m/s) geteilt durch die Zeit (s), in der diese Veränderung erfolgt; sie wird in Metern pro Sekunde zum Quadrat gemessen (m/s/s oder $m/s^2$). Die Beschleunigung ist immer eine Vektorgröße.

Angenommen, dieser Rennwagen beschleunigt aus dem Stand auf eine Geschwindigkeit von 180 km/h (50 m/s) in 5 Sekunden. Seine Beschleunigung = 50 m/s ÷ 5 s = 10 $m/s^2$. Bremst der Fahrer stark ab und steht in 4 Sekunden wieder, beträgt die Beschleunigung −50 m/s ÷ 4 s = −12,5 $m/s^2$.

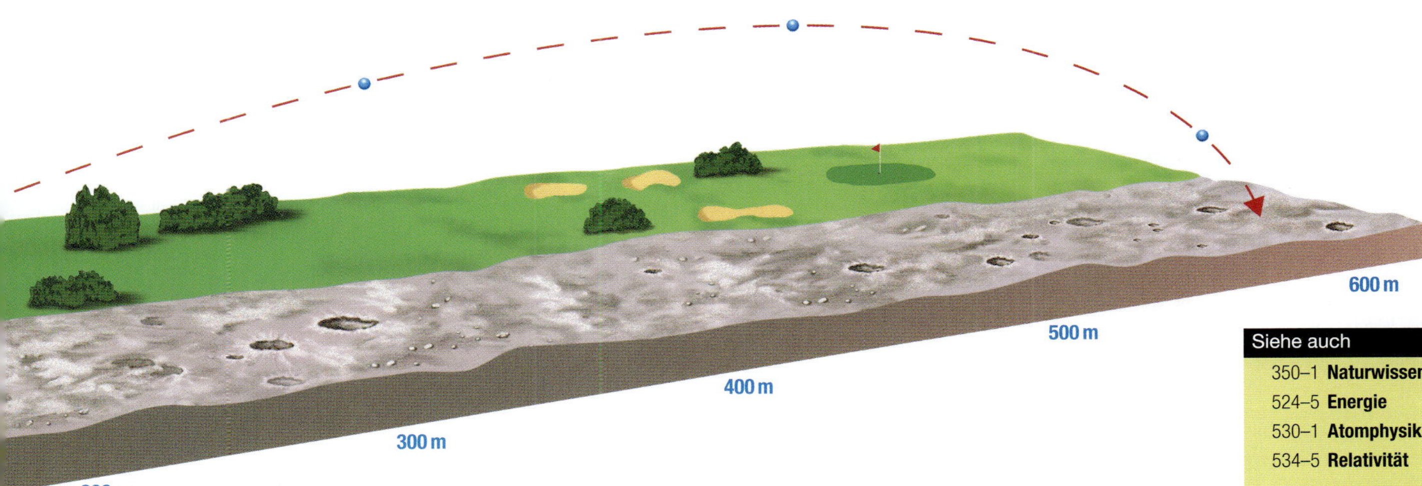


Siehe auch
350–1 **Naturwissenschaften**
524–5 **Energie**
530–1 **Atomphysik**
534–5 **Relativität**

*Jede Veränderung im Universum – vom Lufthauch bis zur Explosion einer Supernova – geht mit der Freisetzung oder Umwandlung von Energie einher. Das Universum selbst entstand in einem unvorstellbaren Energieausbruch, dem Urknall, und 15 Mrd. Jahre später treibt diese Energie das Universum immer noch an. Die Bedeutung des Begriffs Energie ist in der Physik enger definiert als im normalen Sprachgebrauch: Energie ist die Fähigkeit, Arbeit zu leisten. Vieles in unserer Technologie dreht sich um die Umwandlung einer Energieform in eine andere.*

## ENERGIEFORMEN

Energie kann in vielen verschiedenen Formen auftreten. Jede physikalische Veränderung bedeutet die Umwandlung von einer Energieform in eine andere. Beim Starten eines Flugzeugs treten fast alle Energieformen auf, die die Physik kennt. Energie wird niemals erzeugt oder zerstört, sondern lediglich in ihrer Form verändert. Dies ist das Prinzip der Energieerhaltung (siehe Kasten S. 525).

**Potenzielle Energie**
Diese gespeicherte Energie hat jedes Objekt aufgrund seiner Position oder Form. Ein Flugzeug gewinnt an potenzieller Energie, wenn es gegen die Gravitation aufsteigt; im Sinkflug hingegen wird die potenzielle Energie freigesetzt und in kinetische Energie umgewandelt. Ähnlich bewahren auch ein zusammengedrückter Ball und ein gespanntes Gummiband ihre potenzielle Energie, die freigesetzt wird, sobald die Spannung nachlässt.

**Kinetische Energie**
Ein fliegendes Flugzeug hat wie jeder Körper, der sich bewegt, kinetische Energie (Bewegungsenergie), die auf Null sinkt, sobald der Körper in Ruhe ist. Eine wichtige Formel sagt, dass $E = {}^{1}/{2}\,mv^2$ (wobei E für die kinetische Energie eines sich bewegenden Körpers steht, m für seine Masse und v für die Geschwindigkeit). Bei gleich bleibender Geschwindigkeit ist die Energie proportional zur Masse; die Verdopplung der Geschwindigkeit bedeutet die vierfache kinetische Energie.

**Kernenergie**
Die Kernenergie ist in den Kernen von Atomen gespeichert, und zwar in den Kräften, die die Kernelemente (subatomare Teilchen) zusammenhalten. Kernenergie wird in Form von Hitze und elektromagnetischer Strahlung bei Kernreaktionen freigesetzt, z. B. in der Sonne oder in Kernreaktoren. Kernreaktionen vernichten Masse durch ihre Umwandlung in Strahlungsenergie.

**Chemische Energie**
Chemische Energie ist in chemischen Stoffen gespeichert, z. B. im Kraftstofftank eines Flugzeugs.
Beim Start des Flugzeugs wird die chemische Energie des Kraftstoffs durch Verbrennen in Wärmeenergie umgewandelt, diese wiederum in kinetische Energie der Bewegung sowie in potenzielle Energie der Höhe und in Schallenergie.

**Elektrische Energie**
Elektrizität gibt Blitzen ihre Energie und treibt viele Systeme in einem Flugzeug an. Elektrische Energie oder Elektrizität ist die Bewegung von kleinsten geladenen, subatomaren Teilchen, den Elektronen.
Elektrizität ist nützlich, da sich die elektrische Energie leicht transportieren oder in andere Energieformen umwandeln lässt.

**Lichtenergie**
Licht, das das menschliche Auge sehen kann, ist die am genauesten erforschte Form von elektromagnetischer Energie, zu der auch Infrarotstrahlen zählen. Die Sonne ist die wichtigste Lichtquelle für die Erde. Andere Quellen von Licht sind z. B. Elektrizität (in Glühbirnen) und Verbrennung (die Umwandlung von chemischer Energie in Wärme- und Lichtenergie).

## Erhaltung von Masse und Energie

Ein grundsätzliches Prinzip der Mechanik (siehe S. 522) beschreibt der Energieerhaltungssatz: Energie wird nie erzeugt oder zerstört, sondern verändert nur ihre Form. Ebenso bleibt bei physikalischen und chemischen Vorgängen stets die Masse erhalten. Die Relativitätstheorie (siehe S. 534) zeigt jedoch, dass Masse und Energie gleichbedeutend sind und in einem engen Zusammenhang stehen. In gewöhnlichen mechanischen Systemen können die durch Masseveränderungen bewirkten Energieübertragungen nicht gemessen werden, bei Kernreaktionen aber sind sie von größter Bedeutung. Daher heißt das neue Gesetz: Masse und Energie zusammen können nie erzeugt oder zerstört werden.

**Wärmeenergie**
Jeder Körper im Universum trägt Wärmeenergie in sich infolge der Schwingungen oder Bewegung der Atome und Moleküle, aus denen er besteht. Je schneller sich diese Teilchen bewegen, umso mehr Wärmeenergie hat der Körper und desto wärmer ist er. Wärme entsteht im Motor durch die Verbrennung von Kraftstoff, wodurch sich die Gase ausdehnen, hinten aus Düsen hinausschießen und das Flugzeug antreiben.

**Schallenergie**
Die Schallenergie besteht aus Druckwellen, die sich durch die Luft bewegen. Schwingungen der Schallquelle erzeugen diese Druckwellen. Die Gase, die die Turbine des Flugzeugs ausstößt, erzeugen den Schall. Wenn diese Schallwellen das Ohr erreichen, wandeln Rezeptoren im Innenohr sie in elektrische Impulse um. Diese gelangen ins Gehirn, wo sie verarbeitet und als Schall wahrgenommen werden.

## WÄRME

Wärme ist die kinetische Energie der Atome und Moleküle eines Körpers. Wenn sich ein Körper erwärmt, schwingen die Teilchen in einem festen Körper immer stärker, während sie in einem Gas schneller umherfliegen. Es ist möglich, sich dem absoluten Nullpunkt (–273,15 °C) zu nähern, doch es ist unmöglich, ihn zu erreichen. An diesem absoluten Nullpunkt käme jede atomare oder molekulare Bewegung zum Stillstand. Die Temperatur, die mit einem Thermometer gemessen wird, ist nicht das Gleiche wie Wärme. Je mehr Wärmeenergie ein Körper besitzt, desto höher ist seine Temperatur; verschiedene Stoffe benötigen unterschiedliche Energiemengen, um ihre Temperatur um denselben Wert zu erhöhen. Die benötigte Wärmemenge, um 1 g eines Stoffes um 1 °C zu erhöhen, wird spezifische Wärme genannt. Wärmeenergie bewegt sich immer von heißeren zu kälteren Orten. Dies geschieht auf drei verschiedene Arten. Wärmeleitung ist die Übertragung von Wärme in einem Stoff durch heißere, d. h. sich schneller bewegende Moleküle. Diese stoßen mit benachbarten Molekülen zusammen, sodass sich auch diese schneller bewegen. Konvektion nennt man den Fluss von Wärmeenergie durch Strömungen in einer Flüssigkeit oder einem Gas. Wenn ein Teil einer Flüssigkeit oder eines Gases erhitzt wird, bewegen sich dort die Moleküle voneinander weg. So wird die Flüssigkeit oder das Gas an dieser Stelle weniger dicht. Als Folge davon dehnt sich das Gas bzw. die Flüssigkeit dort aus (Konvektionskreislauf). Strahlung ist der Fluss von Wärmeenergie in Form von Infrarotstrahlen von einem Körper zu einem anderen.
Eine wichtige Form der Wärmeübertragung findet statt, wenn ein fester Körper schmilzt oder Flüssigkeit verdampft.

## LICHT

Licht bewegt sich mit der Geschwindigkeit von 299 792 km/s durch den leeren Raum – nichts ist schneller. Es braucht von der Sonne bis zur Erde nur gut 8 Minuten, in Wasser bewegt es sich um ein Viertel langsamer, in Gas um ein Drittel. Lichtstrahlen bewegen sich immer in geraden Linien, doch sie werden von jeder Oberfläche zurückgeworfen, wobei helle Oberflächen mehr Licht reflektieren als dunkle. Eine glatte Oberfläche, z. B. ein Spiegel, wirft Lichtstrahlen im gleichen Winkel zurück, in dem sie auftreffen, raue Oberflächen streuen das Licht in alle Richtungen. Wenn Licht aus der Luft auf Glas oder Wasser fällt, wird es durch die Verlangsamung zum Einfallslot abgelenkt. Diese Erscheinung nennt man Lichtbrechung. Prismen brechen auf diese Weise das Licht, und Linsen nutzen das Prinzip der Lichtbrechung, um ein scharfes Abbild zu erzeugen.

## SCHALL

Schallwellen sind Wellen aus abwechselnd hohem Druck (Kompression) und niedrigem Druck (rarefaction), die sich von einer bestimmten Schallquelle aus in jede Richtung ausbreiten. Die Lautstärke des Schalls hängt von der Differenz zwischen diesem hohen und niedrigen Druck ab. Die Tonhöhe ist abhängig von der Geschwindigkeit (Frequenz), mit der die Wellenberge aufeinander folgen. Sie wird in Hertz (Hz) oder in Schwingungen pro Sekunde gemessen. Schall kann sich im Gegensatz zu Licht nicht durch ein Vakuum fortpflanzen, und die Schallgeschwindigkeit hängt von dem Stoff ab, durch den der Schall übertragen wird. Schallwellen in der Luft bewegen sich bei Normalnull mit 340 m/s vorwärts, in großen Höhen werden sie langsamer. Unter Wasser ist Schall 5-mal schneller.

## Energie, Arbeit und Leistung

- **Energie** ist die Fähigkeit, Arbeit zu verrichten oder Dinge zu bewegen, diese zu erwärmen oder zu verändern. Energie wird in Joules (J) und Kilojoules (kJ) gemessen, um den Energiegehalt von Lebensmitteln anzugeben. Auf unseren Gas- und Stromrechnungen wird die Energieeinheit Kilowattstunden (kWh) verwendet:
1 kWh = 3,6 Mio. Joules
- **Arbeit** entsteht durch Einsatz von Energie. Sie ist das Ergebnis der Energieumwandlung von einer Form in eine andere und wird ebenso wie Energie in Joules (J) gemessen.
Bei Bewegung wird Arbeit verrichtet, wenn eine Kraft auf einen Körper wirkt, indem sie den Körper in Richtung der Kraft bewegt. So verrichtet ein Gabelstapler Arbeit, indem er Kisten gegen die Gravitation anhebt, wobei er chemische Energie (Kraftstoff) in potenzielle Energie (Anheben) umwandelt. Wenn die Kisten eine Masse von 300 kg haben, wiegen sie 2940 Newton (N). Sollen die Kisten um 2 m angehoben werden, ist die verrichtete Arbeit (J) = Kraft (N) x angehobene Strecke (m)
= 2940 N x 2 m = 5880 J.
- **Leistung** misst, in welcher Zeit eine Arbeit verrichtet wird, also wie schnell Energie umgewandelt wird. Man misst sie in Watt (W). Ein Watt ist die Umwandlung von 1 Joule in einer Sekunde. Hebt der Gabelstapler die Kisten in sechs Sekunden an, dann ist Leistung (W) = Arbeit (J) ÷ Zeit (s) = 5880 J ÷ 6 s = 980 W. Die Leistung eines elektrischen Geräts gibt an, wie schnell die Elektrizität aufgenommen wird. Ein Bügeleisen von 1000 W (1 kW) wandelt Elektrizität in Wärme um mit einer Geschwindigkeit von 1000 J pro Sekunde. In einer Stunde verbraucht es also 1 kWh.

Siehe auch
522–3 **Mechanik**
526–7 **Elektrizität und Magnetismus**

*Elektrizität und Magnetismus werden von geladenen subatomaren Teilchen, den Elektronen, hervorgerufen. Elektrizität kann aus Magnetismus erzeugt werden, umgekehrt ein magnetisches Feld durch Einsatz von Elektrizität. Diesen Zusammenhang macht sich der Mensch z. B. bei einem Elektromotor zunutze. Die beiden Kräfte sind nur unterschiedliche Ausformungen einer Naturkraft: der elektromagnetischen Kraft, die die Materie zusammenhält.*

## WAS IST ELEKTRIZITÄT?

Elektronen besitzen eine negative elektrische Ladung. Wenn sich in einem Körper ein Elektronenüberschuss aufbaut, z. B. durch Reibung, erhält er eine insgesamt negative Ladung. Ein Gegenstand mit einem Mangel an Elektronen ist dagegen positiv geladen. Diese Art der Elektrizität heißt statisch, d. h. die Ladung bewegt sich nicht oder fließt ab. Ein hoch aufgeladener Körper kann einen Funken verursachen, wenn Elektronen zu einer Stelle mit niedrigerer oder entgegengesetzter Ladung überspringen. Elektrische Ladungen haben zwei weitere Eigenschaften:

**Anziehung und Abstoßung** Körper mit der gleichen Ladung stoßen einander ab, während sich entgegengesetzte Ladungen anziehen.

**Induktion** Ein geladener Körper induziert in einem in der Nähe liegenden Objekt die entgegengesetzte Ladung.

**Strom** Atome in einigen Stoffen (z. B. Metallen) haben nur leicht gebundene Elektronen, die man veranlassen kann, von einem Atom zum nächsten zu wandern. Dann fließt ein elektrischer Strom. Da sich gleiche Ladungen abstoßen, bewirkt die Bewegung eines negativ geladenen Elektrons auf ein benachbartes Atom zu, dass dort ebenfalls ein Elektron abgestoßen wird, welches wiederum im nächsten Atom ein Elektron verdrängt usw. Keines der Elektronen bewegt sich weit, doch die Abstoßung fließt gleich einem Dominoeffekt über den Leiter.

**Stromstärke und Spannung** Die Stromstärke ist ein Maß dafür, wie viele Elektronen in einem Leiter durch einen bestimmten Querschnitt pro Sekunde hindurchfließen. Sie wird in Ampere (A) gemessen. Ein Ampere entspricht 6 x $10^{18}$ Elektronen pro Sekunde. Die Kraft, die Elektronen vorantreibt, ist die elektromotorische Kraft; sie wird in Volt (V) gemessen und als Spannung bezeichnet.

**Widerstand** Der Widerstand ist ein Maß dafür, wie stark ein Material den Stromfluss hemmt. Er wird durch zufällige Zusammenstöße von Elektronen mit Atomen hervorgerufen. Der Widerstand wird in Ohm (Ω) gemessen. Das Ohm'sche Gesetz besagt, dass die Spannung (V) gleich Stromstärke (I) mal Widerstand (R) ist:

$V = I \times R$

Oder: $I = V \div R$

## Elektrische Schaltungen

**Reihenschaltung** Die Bauteile des Stromkreises und die Stromquelle sind hintereinander geschaltet. Ein und derselbe Strom fließt nacheinander durch alle Bauteile, doch durch den höheren Widerstand ist die Stromstärke geringer. Zwei in Reihe geschaltete Glühbirnen leuchten daher nicht so hell wie eine einzige. Die Trennung eines solchen Stromkreises an irgendeiner Stelle unterbricht den gesamten Stromfluss.

**Parallelschaltung** Der Stromkreis ist in mehrere Verzweigungen gespalten, wobei die Elemente parallel geschaltet sind. Jede Leitung erhält die volle Stromstärke, da alle direkt mit der Stromquelle verbunden sind. Deshalb leuchten zwei parallel geschaltete Glühbirnen heller als zwei in Reihenschaltung. Eine Unterbrechung des Stromkreises in einem Zweig hat zur Folge, dass in der anderen Leitung weiter Strom fließt.

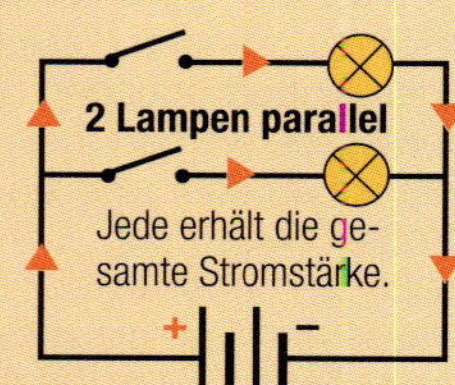


## Elektrische Leitfähigkeit

Materialien können elektrischen Strom unterschiedlich gut leiten. Man unterscheidet vier Stoffklassen:

**Isolatoren** sind Materialien wie Kunststoffe, Gummi und Keramik, die dem elektrischen Strom einen hohen Widerstand entgegensetzen.

**Leiter** haben viele freie Elektronen, sie leiten Strom sehr gut. Die meisten Metalle (besonders Silber und Kupfer) sind gute Leiter, ebenso das Nichtmetall Kohlenstoff.

**Halbleiter** wie Silizium verfügen über eine Leitfähigkeit, die zwischen der von Isolatoren und Leitern liegt.

**Supraleiter** setzen dem fließenden Strom keinerlei Widerstand entgegen. Die meisten Metalle werden nahe am absoluten Nullpunkt (–273,16 °C) zu Supraleitern.

**In welche Richtung fließt der Strom?** Die grundlegenden Gesetze über elektrische Ladungen und Stromstärke erkannten Wissenschaftler, lange bevor sie die Elektronen entdeckten. So wurde willkürlich festgelegt, dass der elektrische Strom immer vom positiven Pol (+) zum negativen (–) einer Batterie fließt. Nach der Entdeckung des Elektrons stellte man fest, dass die Elektronen in die entgegengesetzte Richtung fließen. Doch die alte Stromrichtung wurde beibehalten.

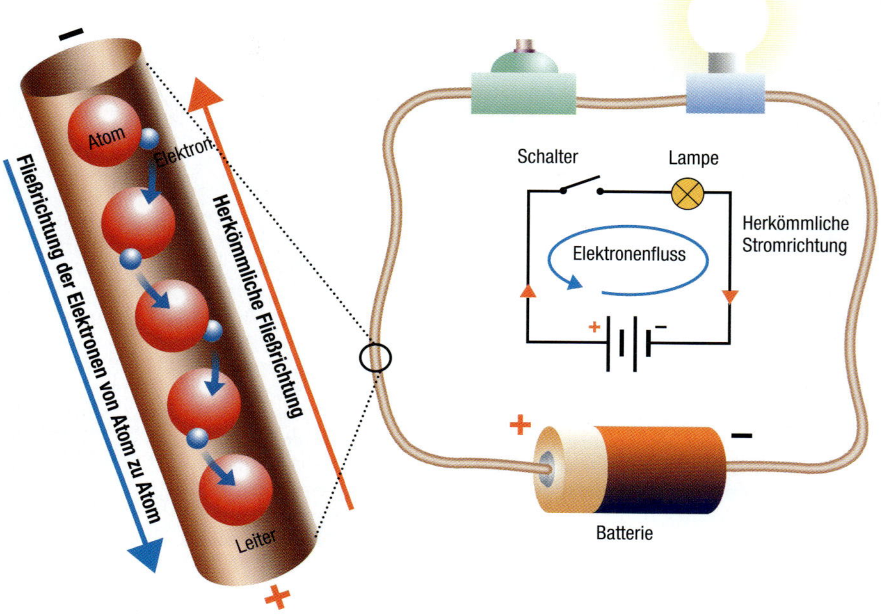


**Darstellung von Stromkreisen** Die Bauteile elektrischer Stromkreise werden mithilfe von Symbolen dargestellt. Der Stromkreis links besteht aus einer Batterie, die über Kabel mit einem Schalter und einer Glühbirne verbunden ist. Chemische Reaktionen in der Batterie erzeugen am negativen Pol einen Elektronenüberschuss. Diese Elektronen wandern über das Kabel zum positiven Pol und fließen dabei durch den Glühfaden der Glühbirne. Dadurch heizt sich der Glühfaden auf und gibt Licht- und Wärmeenergie ab. Beim Öffnen des Schalters wird der Kreislauf unterbrochen, sodass die Elektronen nicht mehr weiterfließen können.

# WAS IST MAGNETISMUS?

Ähnlich wie Elektrizität wird Magnetismus von der Bewegung der Elektronen in den Atomen erzeugt. Alle Stoffe sind magnetisch, doch einige – insbesondere Eisen, Stahl, Kobalt, Nickel und manche Legierungen – sind deutlich stärker magnetisch als andere; sie werden als ferromagnetische Stoffe bezeichnet.

Die kreisenden Elektronen im Inneren von Atomen erzeugen winzige magnetische Felder. In ferromagnetischen Stoffen verstärken sich die Felder vieler Atome in den so genannten Domänen gegenseitig und erzeugen Mini-Magneten. Normalerweise sind solche Domänen zufällig angeordnet und ihre Magnetfelder heben sich gegenseitig auf. Doch wenn diese Bereiche alle in der gleichen Richtung ausgerichtet werden, entsteht ein Stabmagnet. Dieser zieht wiederum andere ferromagnetische Stoffe an und zieht andere Magneten an oder stößt sie ab, je nachdem wie diese ausgerichtet sind. Ein Dauermagnet wie z. B. ein Stabmagnet behält seinen Magnetismus bei. Beim Elektromagneten lässt sich die magnetische Kraft an- und abschalten.

**Magnetische Pole** Jeder Magnet hat an seinen beiden Enden je einen Pol: einen Südpol und einen Nordpol. Auch die Erde ist magnetisch; der Nordpol eines Magneten wird so genannt, weil er vom Nordpol der Erde angezogen wird, während der Südpol eines Magneten vom Südpol der Erde angezogen wird. Wie bei elektrischen Ladungen ziehen sich entgegengesetzte magnetische Pole an und gleiche stoßen sich ab.

**Kraftlinien** Ein magnetisches Feld hat eine Richtung; es wirkt entlang der Kraftlinien. Diese laufen von Pol zu Pol um einen Magneten herum und können mit Eisenspänen um einen Stabmagneten sichtbar gemacht werden. Die Eisenspäne sammeln sich an den Polen, wo die Kraftlinien am dichtesten sind und die magnetische Kraft am stärksten ist.

**Induktion** Ein Magnet lässt ferromagnetisches Material in seiner Nähe magnetisch werden. Ein Nordpol induziert einen Südpol und umgekehrt. Darum ziehen Magneten nichtmagnetisches ferromagnetisches Material wie Eisenspäne oder auch Nadeln an.

## Der Kompass ist ein Magnet

Die Erde hat ein Magnetfeld, das durch Bewegung von geschmolzenem Eisen im Erdkern erzeugt wird. Ein Kompass besteht aus einem leichten Magneten, der sich im Erdmagnetfeld einstellen kann. Der Nordpol eines Magneten zeigt immer zum Nordpol der Erde, der sich nahe (aber nicht auf) dem geographischen Nordpol befindet. Der Kompass-Nordpol zeigt nach Norden, weil der Pol, den wir magnetischen Nordpol der Erde nennen, eigentlich der Südpol des Magneten Erde ist.

**Magnetfelder** Eisenspäne, die auf ein Blatt Papier rund um einen Stabmagneten gestreut werden, zeigen Richtung und Stärke des Magnetfelds an: (1) nahe beieinander liegende Nord- und Südpole ziehen sich an, (2) zwei nahe beieinander liegende Südpole stoßen einander ab.

Siehe auch
30–1 **Der Aufbau der Erde**
528–9 **Elektromagnetisches Spektrum**
538–9 **Das Periodensystem**

## Elektromagnetismus

Die Beziehung zwischen Elektrizität und Magnetismus bewirkt das Grundprinzip, nach dem Elektromotoren funktionieren.

**Magnetismus aus Elektrizität** Wenn Strom durch einen Draht fließt, erzeugt er ein schwaches Magnetfeld. Das Feld verstärkt sich, wenn der Draht zu einer Spule aufgewickelt ist, da sich dann die Felder der einzelnen Wicklungen addieren. Ein Eisenkern im Inneren der Spule verstärkt das Magnetfeld noch mehr. Solche Spulen bezeichnet man als Elektromagneten; das Magnetfeld verschwindet, sobald der Strom abgeschaltet wird.

**Elektromotoren** In seiner einfachsten Form besteht ein Elektromotor aus einer Spule, die drehbar in dem Magnetfeld zwischen den Polen eines Elektromagneten aufgehängt ist. Fließt Strom durch die Spule, erzeugt dieser sein eigenes Magnetfeld, das vom umgebenden Feld angezogen und abgestoßen wird: Die Spule dreht sich und treibt eine Welle an. Der Strom fließt in die Spule über Kohlebürsten, die von einem Kommutator an die Spule gedrückt werden. Er sorgt zudem dafür, dass sich die Stromrichtung in der Spule nach jeder halben Umdrehung umkehrt, damit die Spule immer an einer Seite nach oben, an der anderen nach unten gedrückt wird. So entsteht eine kontinuierliche Drehbewegung.

**Elektrizität aus Magnetismus** Bewegt sich ein Draht oder eine Spule durch ein Magnetfeld, entsteht innerhalb des Drahtes bzw. der Spule ein elektrischer Strom. Durch eine solche elektromagnetische Induktion erzeugen Kraftwerke oder Fahrraddynamos Strom. Ist an der Drehspule eines Dynamos ein Kommutator vorhanden, wird der Kontakt nach jeder halben Umdrehung umgekehrt, sodass der Strom immer in die gleiche Richtung fließt (Gleichstrom). Ohne Kommutator kehrt sich die Stromrichtung nach jeder halben Umdrehung um (Wechselstrom). Ein Transformator kombiniert Elektromagnetismus mit Induktion. In einer Spule fließt Wechselstrom, ein ständig wechselndes Magnetfeld wird erzeugt. Dieses induziert eine andere Spannung in einer zweiten Spule auf demselben Eisenkern.

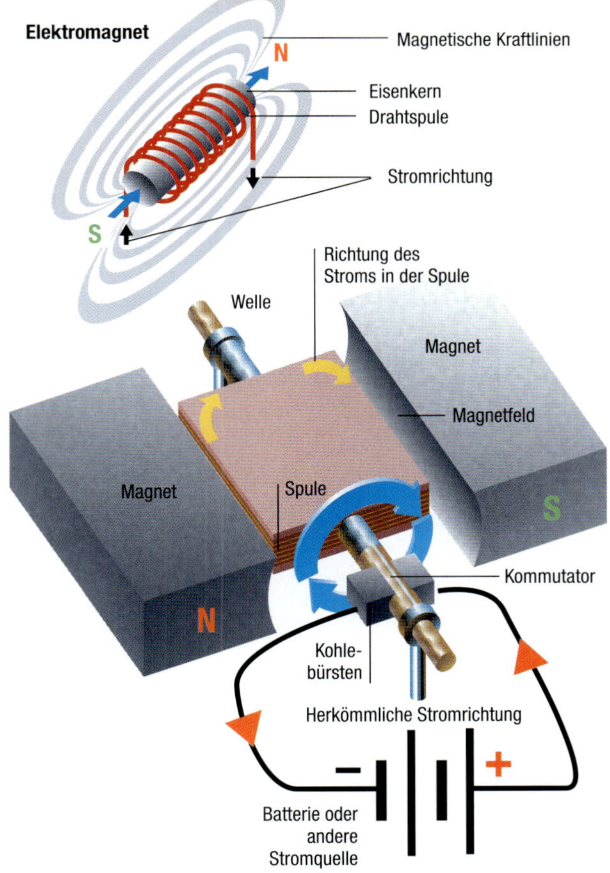

# Elektromagnetisches Spektrum



*Das Universum ist durchdrungen von der Energie elektromagnetischer Strahlung. Der Mensch kann nur das sichtbare Licht sowie Infrarotstrahlen (Wärme) wahrnehmen. Andere Strahlungsarten reichen von Radiowellen über Röntgenstrahlen bis zu den Gammastrahlen einer Kernexplosion. Sie alle bestehen aus Mustern elektrischer und magnetischer Energie, die sich mit der gleichen konstanten Geschwindigkeit durch das All bewegen – mit Lichtgeschwindigkeit.*

## WAS SIND ELEKTROMAGNETISCHE WELLEN?

Elektromagnetische Strahlung kann man sich als Energiewellen vorstellen, die aus schwingenden elektrischen und magnetischen Feldern entstehen (siehe S. 526–27). Radiowellen etwa sind elektromagnetische Strahlen, die durch schwingende elektrische Ströme in einem Draht entstehen. Die negativ geladenen subatomaren Teilchen, die Elektronen, erzeugen bei der Bewegung in einem Draht ein elektrisches sowie ein magnetisches Feld um sich herum. Wenn die Elektronen gezwungen werden, sich schnell hin und her zu bewegen, ändern sich diese Felder gleichermaßen und erzeugen Radiowellen.

### Frequenz und Wellenlänge

Die verschiedenen Arten von Strahlung unterscheiden sich in ihren Frequenzen und Wellenlängen.

- **Die Frequenz** gibt an, wie oft innerhalb einer Sekunde das elektrische und das magnetische Feld ihre maximale Stärke erreichen – also die Zahl der gesamten Schwingungen pro Sekunde. Die Frequenz wird in Hertz (Hz) gemessen.
- **Die Wellenlänge** ist die Entfernung, die eine Welle in einer bestimmten Zeit zurücklegt, während sie eine gesamte Schwingung ausführt. Sie wird in Metern (m) gemessen.

Je höher die Frequenz ist, umso kürzer ist die Wellenlänge und umgekehrt. Mathematisch ausgedrückt ist die Wellenlänge gleich Lichtgeschwindigkeit geteilt durch die Frequenz. So hat etwa eine Radiostation, die auf 100 Megahertz (100 000 000 Hz) sendet, eine Wellenlänge von 299 792 000 m/s ÷ 100 000 000 Hz = 2,99792 m.

Die Energie der elektromagnetischen Wellen hängt von der Wellenlänge ab. Radio-, Mikrowellen und Infrarotstrahlen haben eine größere Wellenlänge und weniger Energie als sichtbares Licht. Ultraviolette, Röntgen- und Gammastrahlen haben eine kürzere Wellenlänge als sichtbares Licht und sind energiereicher. Sie haben ausreichend Energie, um bestimmte feste Stoffe zu durchdringen, z. B. die Haut.

### Wellen oder Teilchen?

Meist verhalten sich elektromagnetische Strahlen wie Wellen, doch manchmal sind sie eher wie ein Strom aus einzelnen Teilchen. Solche Teilchen nennt man Quanten – oder bei Lichtteilchen Photonen.

- **Welleneffekte** Strahlung verhält sich wie eine Welle, wenn sie von bestimmten Oberflächen reflektiert wird. Licht wird z. B. von einem Spiegel zurückgeworfen.
- **Teilcheneffekte** Strahlung verhält sich wie ein Strom aus einzelnen Teilchen, wenn sie mit einem Stoff reagiert und physikalische oder chemische Veränderungen bewirkt. Dies ist z. B. bei Lichtteilchen (Photonen) der Fall, die beim Auftreffen auf eine Solarzelle in elektrischen Strom umgewandelt werden (photoelektrischer Effekt).

Das Phänomen, dass sich Strahlung manchmal als Teilchen und manchmal als Welle zeigt, wird als Dualismus von Welle und Teilchen bezeichnet und ist die Grundlage der Quantenphysik. Sie beschreibt, wie der Energiegehalt jedes einzelnen Quants der elektromagnetischen Strahlung von ihrer Frequenz abhängt.

| Arten der Strahlung | Radio | Mikrowellen |
|---|---|---|
| Frequenz | bis zu 3000 MHz | 3000 MHz bis 3000 GHz |
| Wellenlänge | größer als $10^{-1}$ m (größer als 10 cm) | $10^{-1}$ bis $10^{-4}$ m (10 cm bis 0,1 mm) |
| Quellen | schwingender elektrischer Strom, Funken, kosmische Quellen | Magnetron, paramagnetische Verstärker, kosmische Quellen |
| Detektoren | elektronische Stromkreise, einschließlich Fernsehgeräte und Radio | elektronische Stromkreise |
| Allgemeine Wirkung | induziert schwache, schwingende elektrische Ströme in Leitern | induziert schwache, schwingende elektrische Ströme in Leitern; erwärmt Stoffe, wenn Frequenz wie natürliche Schwingungsfrequenz der Moleküle |
| Anwendungen | Radio- und Fernsehstationen, Telekommunikation; auch Radioteleskope, drahtlose Telefone und drahtlose Computernetzwerke | Telefon und andere Telekommunikationsnetze; Mobiltelefone; Radar; Aufwärmen und Kochen von Lebensmitteln; Mikrowellenteleskope in der Astronomie |
| Nutzung | Die Verwendung von Radiofrequenzen wird von internationalen und nationalen Behörden geregelt, um gegenseitige Störungen zu vermeiden. Verschiedene Bänder sind für spezielle Verwendungen reserviert, z. B. für Radiosender, Polizeifunk, Notrufe oder andere mobile Kommunikationseinrichtungen. | Im Mikrowellenherd absorbieren Wassermoleküle Wellen und erwärmen sich; Kunststoffe und Keramik absorbieren keine Mikrowellen. Radar misst die Zeit, die der von einem Objekt reflektierte Mikrowellenstrahl für seine Rückkehr braucht. Mobiltelefone verwenden schwache Mikrowellen. Kosmische Mikrowellen geben Hinweise auf das Alter des Universums. |

## Farben sehen

Sensoren auf der Netzhaut im Innern des Auges nehmen das Licht war. Weißes Licht ist ein Gemisch aus Farben, deren Wellenlängen von Rot (größte Wellenlänge) über Orange, Gelb, Grün und Blau bis zu Violett (kleinste Wellenlänge) reicht. Unsere Augen können den Unterschied zwischen reinen Farben und Mischfarben nicht erkennen. So sieht z. B. ein Gemisch aus rotem und grünem Licht gelb aus, weil unsere Augen nur drei Arten von Farbsensoren haben, die Rot, Grün und Blau erkennen. Das Gehirn setzt die Sensorsignale in alle Farbabstufungen um, die wir wahrnehmen.

Siehe auch
524–5 **Energie**
526–7 **Elektrizität**
530–1 **Atomphysik**
534–5 **Relativität**

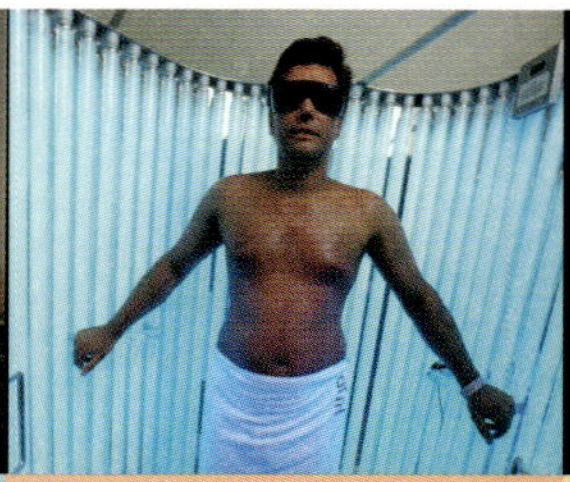

| **Infrarotstrahlen** | **Sichtbares Licht** | **Ultraviolette Strahlen** | **Röntgenstrahlen** | **Gammastrahlen** |
|---|---|---|---|---|
| 3000 GHz bis 430 THz | 430 bis 750 THz | 750 THz bis 300 PHz | 300 PHz bis 30 EHz | über 30 EHz |
| $10^{-4}$ bis 7 x $10^{-7}$ m (0,1 mm bis 700 Millionstel eines Millimeters) | 7 x $10^{-7}$ bis 4 x $10^{-7}$ m (700 bis 400 Millionstel eines Millimeters) | 4 x $10^{-7}$ bis $10^{-9}$ m (400 Millionstel bis 1 Millionstel eines Millimeters) | $10^{-9}$ bis $10^{-11}$ m (1 Millionstel bis 10 Milliardstel eines Millimeters) | weniger als $10^{-11}$ m (kleiner als 10 Milliardstel eines Millimeters) |
| warme und heiße Objekte, auch Glühbirnen mit Spezialfilter; Infrarotlaser | heiße oder brennende Objekte, einschließlich Sonne und Sterne; fluoreszierende Stoffe; elektrische Entladung; Laser; einige chemische Reaktionen | besonders heiße Körper, einschließlich Sonne und Sterne; einige fluoreszierende Materialien; elektrische Entladung; Ultraviolettlaser | Abbremsung schneller Elektronen in Metallen; Sonne, Sterne und andere kosmische Quellen | Kernreaktionen einschließlich radioaktivem Zerfall, Kernreaktoren oder Kernexplosionen; Sterne und andere kosmische Quellen |
| Thermosäule (Wärmesensor); thermischer Bildsensor; spezielle Fotofilme | Augen; Fotofilme; CCD-Kameras; fotoelektrische Zellen | fluoreszierende Materialien; Fotofilme; Insektenaugen; elektronische Geräte | fluoreszierende Materialien; Filme; indirekt über die von Röntgenstrahlen verursachte Ionisierung | fluoreszierende Materialien; Fotofilme; indirekt über die von Gammastrahlen verursachte Ionisierung |
| erzeugt Wärme, wenn die Strahlung absorbiert wird | löst bestimmte chemische Reaktionen aus; aktiviert Sensoren in den Augen; bewirkt Photosynthese, wenn von Chloroplasten in Pflanzenzellen absorbiert | bräunt bzw. verbrennt die Haut (Krebsrisiko); in hohen Dosen kann sie Erblindung zur Folge haben, Bakterien und Viren töten, Pflanzen schädigen | durchdringen viele Feststoffe; können Genveränderungen und Krebs hervorrufen; können empfindliche elektronische Geräte schädigen | durchdringen alle Feststoffe mit Ausnahme besonders schwerer Stoffe; schädigen Zellen, führen zu Mutationen, zur Strahlenkrankheit, oft zum Tod |
| Wärmestrahler; Kocher und Toaster; Fernbedienungen von Fernsehern; einige Nachtsichtgeräte und Wärmebildkameras; Infrarot-Astronomie; Luftüberwachung | Sehvermögen; Fotografie, Kinematografie und Fernsehen; Bleichen; Photovoltaik; Unterhaltung und Kommunikation über Laser und optische Fasern | Sehvermögen bei Insekten (Erkennung von Mustern auf Blüten); optische Aufheller in Waschmitteln; Sterilisierung in Krankenhäusern; einige Nachtsichtkameras | Untersuchung von Knochen und anderen inneren Strukturen im menschlichen Körper; Überprüfung von Metallfugen und Schweißnähten; Zerstörung von Krebszellen | Überprüfung dichter Strukturen, z. B. in Flugzeugen, auf Sprünge und andere Mängel; Zerstörung von Krebszellen |
| Infrarotbilder aus der Luft oder von Satelliten können den Reifegrad von Feldfrüchten anzeigen, indem sie die Wärmestrahlung der Pflanzen messen; wird auch zur Lokalisierung von Waldbränden verwendet. | Die vielen Farben, die wir sehen können, bestehen aus Licht verschiedener Wellenlängen; rotes Licht hat die größte Wellenlänge, violettes die kleinste. | Viele Blüten tragen Muster, die nur in ultraviolettem Licht sichtbar werden. Diese Muster helfen Insekten, Nektar und Pollen zu finden. Die meisten harten UV-Strahlen des Sonnenlichts werden von der Ozonschicht abgefangen. Diese Schicht verhindert, dass zu viele UV-Strahlen die Erde erreichen, wo sie das Leben gefährden würden. | Viele Sterne erzeugen Röntgenstrahlen; die Sonne sendet bei Sonneneruptionen starke Röntgenstrahlen aus. Diese Strahlen können Satellitenanlagen in der Erdumlaufbahn schädigen und sogar in unsere Atmosphäre eindringen und empfindliche elektrische Geräte auf der Erde schädigen. | Verursachen – obwohl sie sehr gefährlich sind – weniger große Gewebeschäden als andere Arten radioaktiver Strahlungen. Nur eine extrem dicke Betonwand kann Menschen vor Gammastrahlen schützen, die in Kernreaktoren erzeugt werden – oder ein Strahlenschutzbunker im Fall eines Atomkriegs. |

*Eine der größten wissenschaftlichen Fortschritte des 20. Jh. war die immer exaktere Analyse der Materie, um Aufschluss über deren innere Struktur zu gewinnen. Die Forscher fanden heraus, dass Atome – die kleinsten Bausteine chemischer Elemente – aus noch kleineren, subatomaren Teilchen bestehen und diese wiederum aus kleinsten Elementarteilchen. Dazu ließ man die Teilchen in riesigen Teilchenbeschleunigern aufeinander prallen.*

## DIE STRUKTUR DES ATOMS

Atome sind die grundlegenden Bausteine von chemischen Elementen wie Kohlenstoff oder Sauerstoff. Trotz ihrer minimalen Größe – 10 Mio. Atome wären nebeneinander gelegt gerade 1 mm lang – können sie in noch kleinere Teilchen aufgespalten werden. Im Herzen des Atoms befindet sich der Atomkern, der aus Protonen und Neutronen besteht. Elektronen umkreisen diesen Kern. Die Elektronenbahnen sind im Verhältnis zum Kern so groß, dass ein Atom im Grunde fast nur aus leerem Raum besteht. Wenn die Protonen und Neutronen so groß wie Tennisbälle wären, wären die Elektronen kleiner als Stecknadelköpfe und der Durchmesser des Atoms würde sich über mehrere tausend Meter erstrecken.

Wissenschaftler haben mehr als 200 weitere Arten von subatomaren Teilchen nachgewiesen, die zum Teil die Bausteine von Protonen oder Neutronen sind. Teilchen, die sich nicht aus anderen bekannten Teilchen zusammensetzen, werden als Elementarteilchen oder Quarks bezeichnet. Dennoch gehen einige Physiker heute davon aus, dass auch diese wiederum aus milliardenfach kleineren Einheiten, so genannten Superstrings, bestehen.

## KRÄFTE HALTEN DIE MATERIE ZUSAMMEN

Vier grundlegende Kräfte wirken auf die gesamte Materie und halten sie zusammen. Physiker glauben, dass diese Kräfte von Teilchen getragen werden, den Bosonen, die sich mit Lichtgeschwindigkeit bewegen.

- **Gravitation** ist die Anziehungskraft zwischen zwei Körpern, die beide eine Masse haben. Es ist eine schwache Kraft, doch sie wirkt über sehr weite Entfernungen. Vermutlich übertragen bestimmte Teilchen, die Gravitonen, diese Kraft, doch sie konnten noch nicht nachgewiesen werden.
- **Die elektromagnetische Kraft** ist weitaus stärker als die Gravitation. Sie ruft gegenseitige Anziehung oder Abstoßung zwischen elektrisch geladenen Teilchen hervor und wird von Photonen übertragen (siehe S. 528).
- **Die schwache Wechselwirkung** steht in engem Zusammenhang mit der Radioaktivität. Sie wird von den so genannten W- und Z-Teilchen übertragen. Diese Kraft ist milliardenfach schwächer als die elektromagnetische Kraft und wirkt nur über die Entfernung von Billionsteln eines Millimeters.
- **Die starke Wechselwirkung** hält Quarks im Innern von Protonen und Neutronen ebenso zusammen wie die Protonen und Neutronen im Atomkern. Diese Kraft wird von bestimmten Teilchen, den Gluonen, übertragen und ist hundertfach stärker als die elektromagnetische Kraft. Sie wirkt jedoch nur über besonders kurze Entfernungen. Einige Physiker vermuten, dass die schwache und die starke Wechselwirkung eigentlich nur Arten der **elektroschwachen Wechselwirkung** sind. Die moderne Physik will herausfinden, in welchem Verhältnis diese Kräfte zur elektromagnetischen Kraft stehen, um sie dann in einen Zusammenhang mit der Gravitation zu bringen.

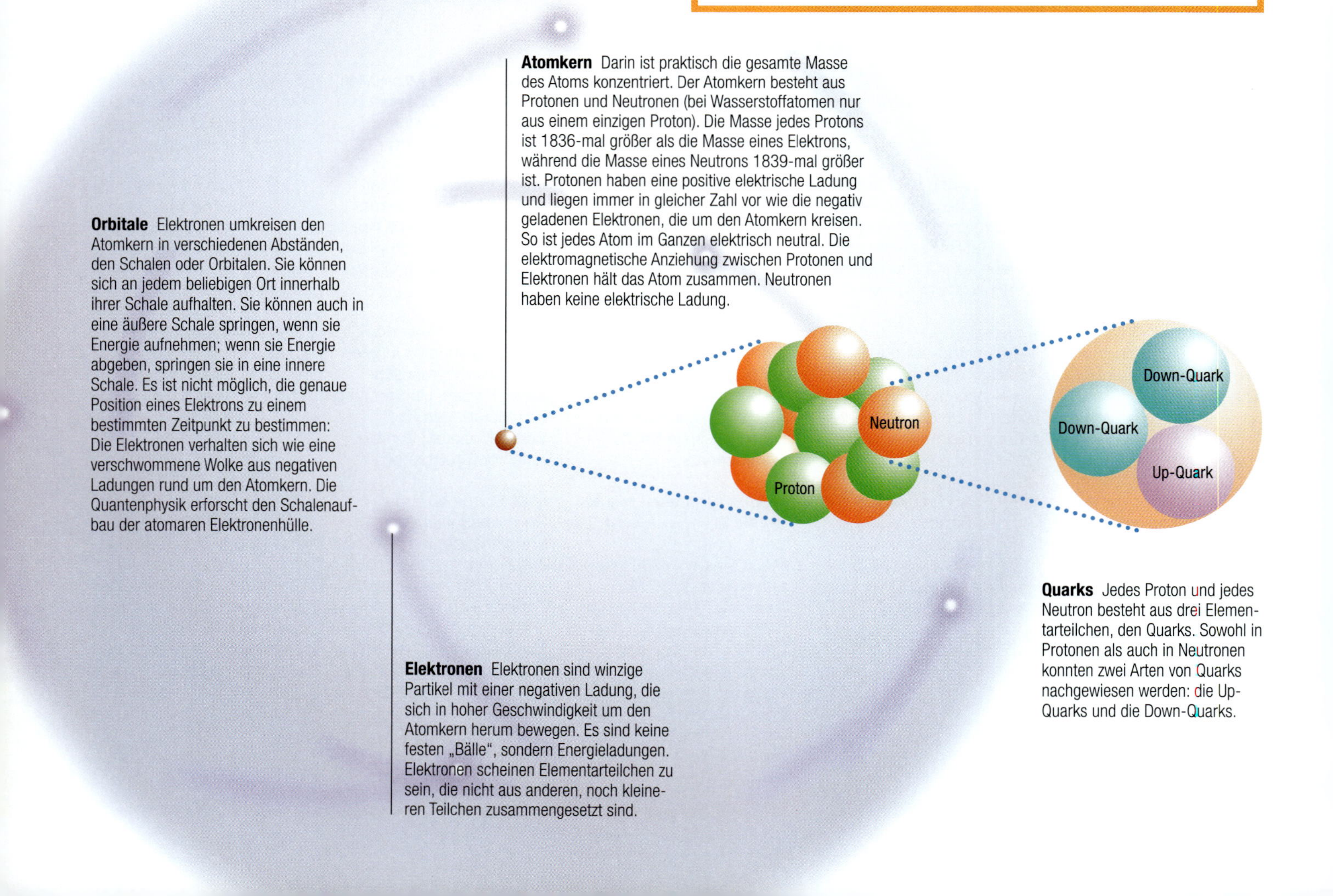


**Atomkern** Darin ist praktisch die gesamte Masse des Atoms konzentriert. Der Atomkern besteht aus Protonen und Neutronen (bei Wasserstoffatomen nur aus einem einzigen Proton). Die Masse jedes Protons ist 1836-mal größer als die Masse eines Elektrons, während die Masse eines Neutrons 1839-mal größer ist. Protonen haben eine positive elektrische Ladung und liegen immer in gleicher Zahl vor wie die negativ geladenen Elektronen, die um den Atomkern kreisen. So ist jedes Atom im Ganzen elektrisch neutral. Die elektromagnetische Anziehung zwischen Protonen und Elektronen hält das Atom zusammen. Neutronen haben keine elektrische Ladung.

**Orbitale** Elektronen umkreisen den Atomkern in verschiedenen Abständen, den Schalen oder Orbitalen. Sie können sich an jedem beliebigen Ort innerhalb ihrer Schale aufhalten. Sie können auch in eine äußere Schale springen, wenn sie Energie aufnehmen; wenn sie Energie abgeben, springen sie in eine innere Schale. Es ist nicht möglich, die genaue Position eines Elektrons zu einem bestimmten Zeitpunkt zu bestimmen: Die Elektronen verhalten sich wie eine verschwommene Wolke aus negativen Ladungen rund um den Atomkern. Die Quantenphysik erforscht den Schalenaufbau der atomaren Elektronenhülle.

**Quarks** Jedes Proton und jedes Neutron besteht aus drei Elementarteilchen, den Quarks. Sowohl in Protonen als auch in Neutronen konnten zwei Arten von Quarks nachgewiesen werden: die Up-Quarks und die Down-Quarks.

**Elektronen** Elektronen sind winzige Partikel mit einer negativen Ladung, die sich in hoher Geschwindigkeit um den Atomkern herum bewegen. Es sind keine festen „Bälle", sondern Energieladungen. Elektronen scheinen Elementarteilchen zu sein, die nicht aus anderen, noch kleineren Teilchen zusammengesetzt sind.

## Kosmische Strahlen

Ununterbrochen treffen Strahlen aus dem Weltall auf die Atmosphäre unserer Erde. Diese kosmischen Strahlen bestehen aus Atomkernen – fast 90 % sind Wasserstoffkerne, also Protonen, doch es treffen auch Kerne von schwereren Elementen auf. Diese Atomkerne entstehen in Sternen oder bei kosmischen Explosionen und rasen Millionen von Jahren durch das Weltall. Dabei werden sie auf enorme kinetische Energien beschleunigt. Nur wenige dieser primären kosmischen Strahlen erreichen die Erdoberfläche. Die meisten stoßen in den oberen Schichten der Atmosphäre mit anderen Atomen zusammen und erzeugen dabei Schauer von sekundärer kosmischer Strahlung. Jede Minute treffen auf 100 $cm^2$ der Erdoberfläche etwa 100 Teilchen dieser Sekundärstrahlung auf.

## Teilchenbeschleuniger

Teilchenbeschleuniger sind wichtig für die Forschungen der Atom- und Quantenphysik. Es sind mehrere Kilometer große Anlagen, in denen Wissenschaftler geladene Partikel (Elektronen, Protonen, Atomkerne) fast auf Lichtgeschwindigkeit beschleunigen. So ahmen sie in kleinem Maßstab die Beschleunigung kosmischer Teilchen im Weltall nach. Die Physiker lassen die beschleunigten Teilchen mit anderen Teilchen oder Atomkernen zusammenstoßen, entweder in Form von stationären Hindernissen oder in Form von Strahlen in entgegengesetzter Richtung.

Jeder Teilchenbeschleuniger besteht aus vier wichtigen Elementen:

- einer Quelle für geladene Teilchen,
- Magnetfeldern, die die Teilchen auf eine gerade oder gebogene Bahn führen und in einem schmalen Strahl bündeln,
- elektrischen Feldern, die alle Teilchen, die an ihnen vorbeifliegen, beschleunigen,
- Detektoren und Computern, die das Ergebnis der Zusammenstöße erfassen.

Zusammenstöße in Teilchenbeschleunigern schleudern Teilchen auseinander, wobei sie neue Teilchen erzeugen, die das eigentliche Forschungsobjekt der Quantenphysik sind. Einige bestehen nur für etwa ein Milliardstel einer Sekunde.

## Die subatomaren Teilchen

Physiker fassen die subatomaren Teilchen nach ihren Eigenschaften zusammen. Einige Teilchen sind Bestandteile von Atomen, während andere nur bei Hochenergiereaktionen entstehen, bei Kernreaktionen oder Kollisionen in Teilchenbeschleunigern.

- **Zusammengesetzte Teilchen** oder Hadronen bestehen aus Quarks. Protonen und Neutronen sind also eine besondere Art der Hadronen: Baryonen, die aus je drei Quarks bestehen.
- **Elementarteilchen** sind Teilchen, die nicht aus anderen kleineren Teilchen zusammengesetzt sind. Davon gibt es drei verschiedene Gruppen: Leptonen (hierzu zählen auch Elektronen), Quarks und fundamentale Bosonen (z. B. Photonen, Weakons, Gluonen und vermutlich Gravitonen, siehe Kasten S. 530).
- **Antiteilchen** Die Entsprechungen der normalen Teilchen in der Antimaterie bezeichnen Wissenschaftler als Antiteilchen. Sie haben jeweils die gleiche Masse wie die normalen Teilchen, doch andere Eigenschaften als die elektrische Ladung sind genau entgegengesetzt ausgerichtet. Beispiele sind Positronen (positiv geladene Antielektronen), Antineutronen, Antiprotonen, Antiquarks usw. Antiteilchen, z. B. Antiwasserstoffatome – also Positronen, die um Antiprotonen kreisen –, können in Teilchenbeschleunigern erzeugt werden, doch sie sind sehr kurzlebig.

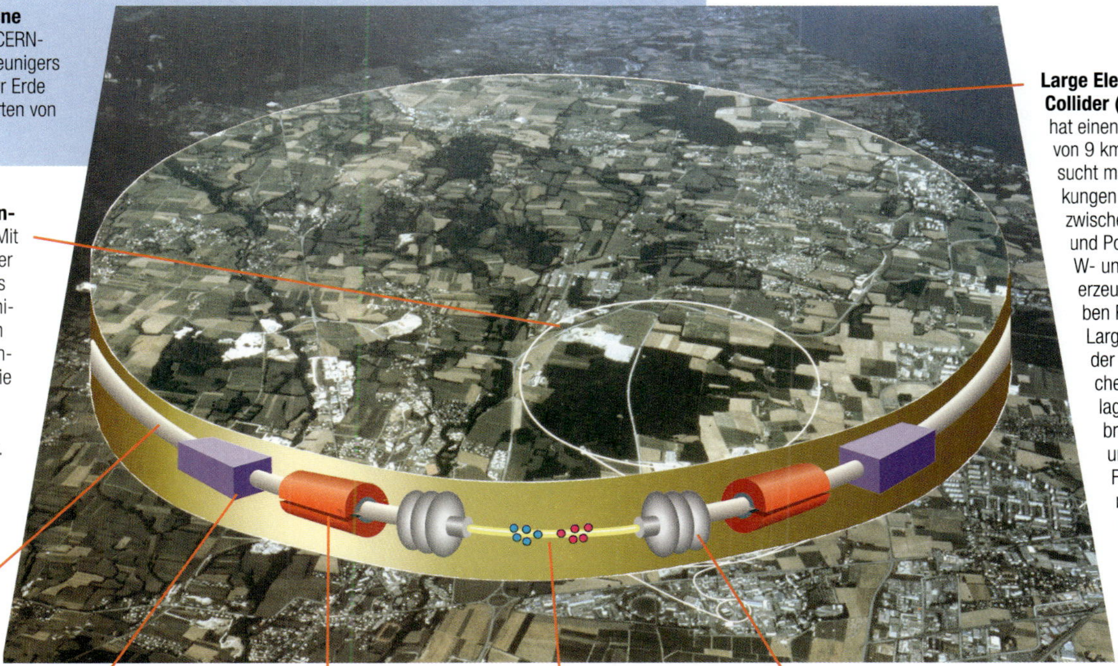

**Große Maschine** Die Ringe des CERN-Teilchenbeschleunigers liegen tief in der Erde unter den Vororten von Genf.

**Super Proton Synchrotron (SPS)** Mit einem Durchmesser von 2 km dient das SPS zur Beschleunigung von Protonen auf hohe Geschwindigkeiten. Durch die Beschleunigung schwerer Atomkerne wurden u. a. die Ereignisse simuliert, die sich kurz nach dem Urknall abspielten.

**Large Electron Positron Collider (LEP)** Der LEP hat einen Durchmesser von 9 km. Hier untersucht man die Auswirkungen von Kollisionen zwischen Elektronen und Positronen, um W- und Z-Bosonen zu erzeugen. In demselben Ring soll der Large Hadron Collider (Schwerteilchenkollisionsanlage) untergebracht werden, um energiereiche Frontalzusammenstöße von Protonen zu untersuchen.

**Strahlführungsrohr** In dem Ring, in dem die Teilchen beschleunigt werden, herrscht ein Vakuum, damit die beschleunigten Teilchen nicht mit Luftmolekülen zusammenstoßen. Der Ring ist mit einer Genauigkeit von 0,1 mm ausgerichtet.

**Fokussierungsmagneten** Damit die Teilchen einen kompakten Strahl bilden, setzt man Fokussierungsmagneten mit vier oder sechs Polen ein. Im LEP werden 100 Mrd. Teilchen in einem haarfeinen Strahl konzentriert.

**Führungsmagneten** halten die Teilchen auf ihrer Kreisbahn. Die Anlage ist so empfindlich, dass die Bewegung des Mondes, der Wasserstand des Genfer Sees oder ein Zug in der Nähe den Teilchenstrahl beeinflussen kann.

**Zusammenstoßende Teilchen** An vier Stellen im Ring werden die Teilchen – Gruppen von Elektronen oder Positronen – fokussiert. Sie fliegen auseinander und erzeugen dabei einen Energieausbruch.

**Beschleunigungsresonatoren** erhöhen auf jeder Umlaufbahn durch den Ring (mehr als 10 000-mal pro Sekunde) die Geschwindigkeit der Teilchen. Sie nutzen elektrische Ladungen, um die geladenen Teilchen anzuziehen und abzustoßen.

Siehe auch
532–3 **Radioaktivität**
536–7 **Atome und Moleküle**
538–9 **Das Periodensystem**

*Lange bevor der Aufbau von Atomen erforscht war, stellte man fest, dass einige natürliche Elemente eine Strahlung aussenden, die sogar feste Stoffe durchdringen kann. Dieses Phänomen bezeichnet man als Radioaktivität. Radioaktive Strahlung besteht aus drei verschiedenen Strahlungsarten. Mittlerweile weiß man, dass Radioaktivität eine Eigenschaft von instabilen Atomkernen ist. Sie kann auf natürlichem Wege entstehen oder wird durch den Beschuss stabiler Atomkerne mit subatomaren Teilchen aus kosmischer Strahlung, aus radioaktivem Material, aus einer Kernreaktion oder atomaren Explosion frei.*

## WAS IST RADIOAKTIVITÄT?

Radioaktivität entsteht, wenn instabile Atomkerne energiereiche subatomare Teilchen oder Strahlung freisetzen. Es gibt drei Strahlungsarten, die unterschiedliche Eigenschaften haben: Alpha-, Beta- und Gammastrahlen. Unterschieden werden sie danach, wie weit diese Strahlen verschiedene Materialien durchdringen.

Alpha- und Betastrahlen bestehen aus subatomaren Teilchen (siehe S. 531), deshalb werden sie eher als Alpha- und Betateilchen bezeichnet und nicht als Strahlung. Ihre Freisetzung aus einem Atomkern verändert dessen Struktur, sodass ein Atom eines anderen Elements entsteht. Diese Veränderung wird als Zerfall bezeichnet. Gammastrahlen sind energiereiche Röntgenstrahlen; ihre Freisetzung ist daher kein atomarer Zerfall, sondern die Freisetzung von Energie aus hoch angeregten Atomkernen. Dieser Vorgang geht häufig mit der Freisetzung von Alpha- oder Betateilchen einher und/oder folgt darauf.

Alle drei Strahlungsarten können dem Menschen schaden. Ihre Fähigkeit, Körperzellen zu zerstören, wird jedoch in der Medizin zum Teil auch dazu genutzt, Krebserkrankungen zu behandeln.

### Alphateilchen

Jedes Alphateilchen besteht aus zwei Protonen und zwei Neutronen und ist damit identisch mit dem Atomkern eines Heliumatoms. Alphateilchen tragen eine positive Ladung. Sie werden freigesetzt (emittiert), wenn der Atomkern eines radioaktiven Atoms zerfällt. Alphateilchen sind zu schwer, um sich von Molekülen in der Luft ablenken zu lassen, daher bewegen sie sich auf einer geraden Bahn.

**Eindringtiefe** Schon ein Blatt Papier stoppt Alphateilchen.

**Wirkung** Alphateilchen können die menschliche Haut nicht durchdringen; sie gelangen nur ins Körperinnere, wenn sie aufgenommen oder eingeatmet werden. Im Innern des Körpers kann schon ein einziges Alphateilchen den Aufbau einer lebenden Zelle schädigen und Krebs verursachen.

**Beispiel** Uran-238 setzt Alphateilchen frei, wenn es zu Thorium-234 zerfällt.

### Betateilchen

Ein Betateilchen ist ein schnelles Elektron, das von einem Atomkern freigesetzt wird, wenn ein überschüssiges Neutron in ein positiv geladenes Proton umgewandelt wird. Dies erhöht die Ordnungszahl des Elements um 1. Betateilchen haben nur eine sehr geringe Masse, sie bewegen sich etwa halb so schnell wie das Licht und können von Luftmolekülen abgelenkt werden.

**Eindringtiefe** Betateilchen werden von einem 5 mm dicken Aluminiumblech aufgehalten.

**Wirkung** Einige Betateilchen können die menschliche Haut durchdringen, doch sie verursachen deutlich größere Schäden, wenn ein Betastrahler eingeatmet oder verzehrt wird. Wenn auf diese Weise die Knochen kontaminiert werden, kann Leukämie entstehen.

**Beispiel** Strontium-90 setzt Betateilchen frei, wenn es zu Yttrium-90 zerfällt.

### Gammastrahlen

Gammastrahlen sind eine Art elektromagnetischer Strahlung und ähneln Röntgenstrahlen. Auch Gammastrahlen können die meisten Materialien durchdringen. Sie haben keine Masse und bewegen sich geradlinig mit Lichtgeschwindigkeit. Sie entstehen bei oder kurz nach dem Zerfall eines Atomkerns, bei der Emission von Alpha- oder Betateilchen oder bei beidem.

**Eindringtiefe** Eine Bleiplatte von 4 cm Dicke reduziert die Gammastrahlung um 90 %. Nur ein Betonmantel kann den Menschen sicher schützen.

**Wirkung** Gammastrahlen durchdringen den menschlichen Körper. Sie sind gefährlich, da sie Ionen (geladene Atome) erzeugen können, die lebendes Gewebe schädigen.

**Beispiel** Radium-226 setzt Gammastrahlen frei, wenn es zu Radon-222 zerfällt.

### Verschiedene Formen desselben Elements

Praktisch alle Elemente können in mehreren, chemisch gleichen Formen bestehen, die sich nur durch kleine physikalische Unterschiede im Atomkern unterscheiden; man nennt sie Isotope. Ihre Atome haben die gleiche Ordnungszahl, unterscheiden sich jedoch in der Atommasse.

**Ordnungszahl** Die Atome, die ein bestimmtes Element bilden, sind über ihre Ordnungszahl definiert: Die Ordnungszahl gibt die Zahl der Protonen in jedem Atomkern an. So ist ein Atom mit sechs Protonen immer ein Kohlenstoffatom; bei einem Atom mit 92 Protonen handelt es sich um Uran.

**Die Atommasse** hängt von der Protonen- und Neutronenzahl im Kern ab. Isotope unterscheiden sich nach ihrer Atommasse, abhängig von der Neutronenzahl. Beispiel zweier Kohlenstoffisotope:

**Kohlenstoff-12**
Ordnungszahl: 6; Atommasse: 12
Atomkern enthält 6 Protonen, 6 Neutronen

**Kohlenstoff-14**
Ordnungszahl: 6; Atommasse: 14
Atomkern enthält 6 Protonen, 8 Neutronen

**Radioisotope**
Isotope mit instabilen Atomkernen (wie Kohlenstoff-14) zerfallen sehr leicht. Sie werden als Radioisotope bezeichnet (radioaktive Isotope). Etwa 1500 Radioisotope konnten bislang nachgewiesen werden. 60 davon sind natürlichen Ursprungs, alle anderen entstehen bei Kernreaktionen oder Experimenten in der Teilchenphysik.

### Zerfallskette

Einige radioaktive Isotope zerfallen in mehreren Schritten (wobei sie jedesmal verschiedene Teilchen freisetzen), bevor sie einen stabilen Zustand erreichen. Die verschiedenen Isotope, die beim Zerfall eines Elements in ein anderes entstehen und oft unterschiedliche Halbwertszeiten haben, bilden eine radioaktive Zerfallskette, z. B. von Thorium-232 zu Blei.

## HALBWERTSZEIT

Die Halbwertszeit eines Isotops gibt an, wie schnell es zerfällt. Der Zerfall eines einzelnen Atomkerns lässt sich nicht vorhersagen, doch bei vielen Atomen zerfällt die Hälfte aller Atome in einer bestimmten Zeit, der Halbwertszeit. Nach Ablauf der Halbwertszeit hat sich die Radioaktivität also um die Hälfte verringert.
Im folgenden Zeitraum der Halbwertszeit zerfällt wieder die Hälfte aller noch vorhandenen Atome (nicht die Hälfte der ursprünglichen Anzahl), die Radioaktivität verringert sich auf ein Viertel ihrer ursprünglichen Stärke usw.

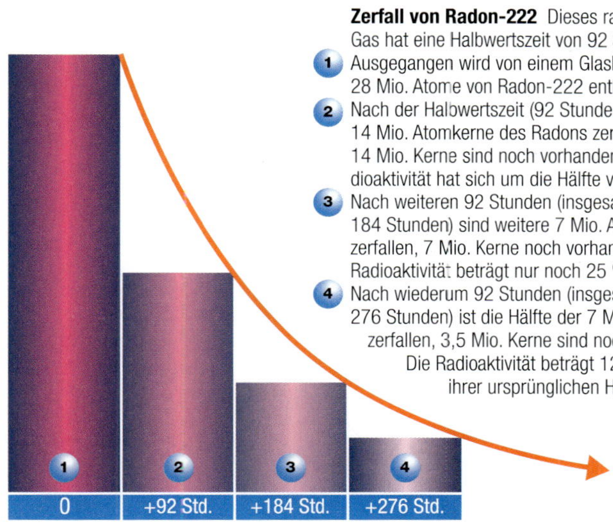


**Zerfall von Radon-222** Dieses radioaktive Gas hat eine Halbwertszeit von 92 Stunden.
1 Ausgegangen wird von einem Glaskolben, der 28 Mio. Atome von Radon-222 enthält.
2 Nach der Halbwertszeit (92 Stunden) sind 14 Mio. Atomkerne des Radons zerfallen, 14 Mio. Kerne sind noch vorhanden; die Radioaktivität hat sich um die Hälfte verringert.
3 Nach weiteren 92 Stunden (insgesamt 184 Stunden) sind weitere 7 Mio. Atomkerne zerfallen, 7 Mio. Kerne noch vorhanden. Die Radioaktivität beträgt nur noch 25 %.
4 Nach wiederum 92 Stunden (insgesamt 276 Stunden) ist die Hälfte der 7 Mio. Kerne zerfallen, 3,5 Mio. Kerne sind noch übrig. Die Radioaktivität beträgt 12,5 % ihrer ursprünglichen Höhe.

## Natürliche Radioaktivität

Natürliche Radioisotope sind auf der Erde im Gestein und in Mineralien weit verbreitet. Sie erzeugen eine geringe Radioaktivität, die als Untergrundstrahlung bezeichnet wird. Diese Strahlung ist meist ungefährlich. Es gibt zwei Gruppen von natürlichen Radioisotopen:
**Primordiale Isotope** entstanden in den ersten Tagen des Universums und sind Milliarden von Jahren älter als die Erde. Sie haben sehr lange Halbwertszeiten, Uran-238 etwa hat eine Halbwertszeit von 4500 Mio. Jahren.
**Isotope aus der Höhenstrahlung** entstehen, wenn kosmische Strahlung (siehe S. 531) auf Atome in der oberen Atmosphäre trifft. Solche Isotope haben deutlich kürzere Halbwertszeiten, doch sie entstehen immer wieder neu. Kohlenstoff-14 etwa hat eine Halbwertszeit von 5730 Jahren. Es wird von lebenden Organismen aufgenommen, sodass über diesen Zerfall eine Altersbestimmung vorgenommen werden kann.

## Kernspaltung und Kernfusion

Kernreaktoren und Atomwaffen beruhen darauf, dass Masse und Energie zwei mögliche Erscheinungsformen der gleichen Sache sind. Die Masse wird zerstrahlt und in Energie umgewandelt: entweder durch Kernspaltung (Aufspaltung schwerer Atomkerne) oder bei der Kernfusion (Verschmelzung leichter Atomkerne). In beiden Fällen ist die Masse des Spalt- oder Fusionsprodukts – einschließlich der dabei frei gewordenen subatomaren Teilchen – geringer als die ursprüngliche Masse. Die fehlende Masse wurde in Strahlungsenergie umgewandelt.
**Kernspaltung** Die Kernspaltung beruht darauf, dass die Atomkerne einiger Isotope wie Uran-235 und Plutonium-239 sehr instabil werden, wenn sie ein Neutron aufnehmen. Sie teilen sich spontan in zwei leichtere Atomkerne, wobei einige Neutronen frei werden, die wiederum weitere Atomkerne spalten und so eine Kettenreaktion auslösen können (siehe rechts). Durch die frei werdende Energie entsteht gewaltige Hitze. Bei einer Atombombe spielt sich diese Kettenreaktion in einer millionstel Sekunde ab und die Freisetzung der Energie führt zur Explosion der Bombe. In einem Reaktor sorgen Regelstäbe dafür, dass nur so viele Neutronen frei werden, dass eine ständige, kontrollierte Reaktion stattfindet.
**Kernfusion** nutzt die frei werdende Wärme bei einer Kernspaltung. So verschmelzen die Atomkerne von Wasserstoff oder seinen Isotopen Deuterium und Tritium zu Helium-Atomkernen. Auch hierbei tritt ein Masseverlust auf.

**Kettenreaktion** Wenn ein Neutron einen Atomkern von Uran-235 spaltet, werden überschüssige Neutronen freigesetzt. Wenn eine kritische Masse von U-235 vorliegt, spalten diese Neutronen weitere Atomkerne auf und lösen so eine Kettenreaktion aus. Wenn nicht genügend U-235 vorhanden ist, können zu viele Neutronen aus dem Material entweichen und die Reaktion kommt zum Stillstand.

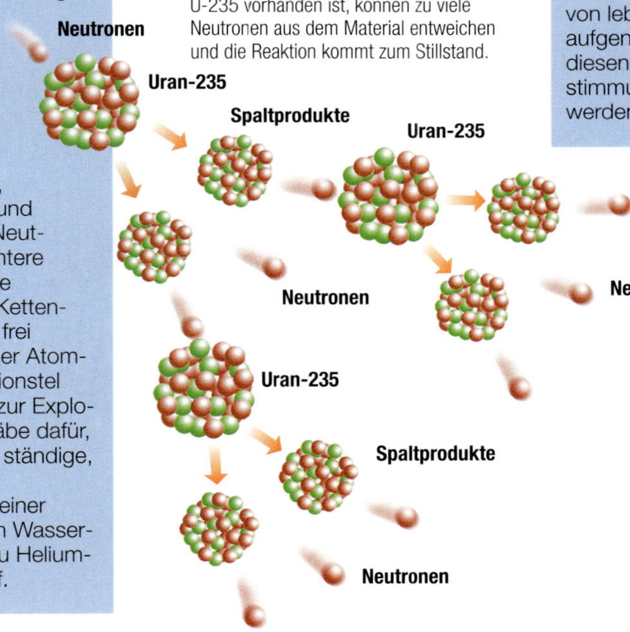


Siehe auch
502–3 **Atomkraft**
530–1 **Atomphysik**
536–7 **Atome und Moleküle**
538–9 **Das Periodensystem**

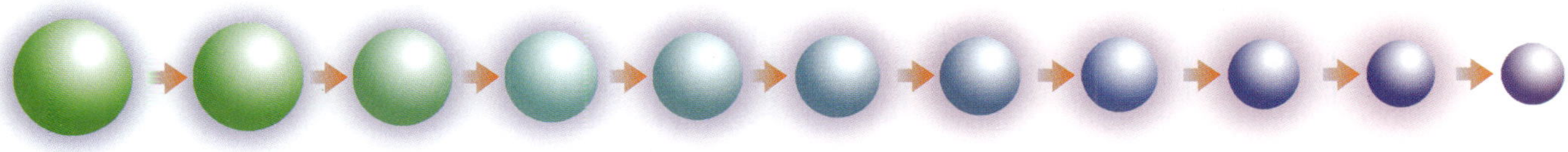

| Isotope | Thorium-232 | Radium-228 | Actinium-228 | Thorium-228 | Radium-224 | Radon-220 | Polonium-216 | Blei-212 | Wismut-212 | Polonium-212 | Blei-208 |
|---|---|---|---|---|---|---|---|---|---|---|---|
| Strahlenemission | α, γ | β, γ | β, γ | α, γ | α, γ | α | α | β, γ | β | α | |
| wertszeit | $14 \times 10^{9}$ Jahre | 5,8 Jahre | 6,1 Stunden | 1,9 Jahre | 3,6 Tage | 55 Sekunden | 0,15 Sekunden | 11 Stunden | 61 Minuten | $300 \times 10^{-9}$ Sek. Sekunden | stabil |

*Die beiden Relativitätstheorien von Albert Einstein sind ein Versuch, die wirkliche Natur von Bewegung, Masse, Energie und Gravitation zu erklären. Die allgemeine Relativitätstheorie befasst sich mit der Gravitation, während die spezielle Relativitätstheorie Aussagen darüber trifft, wie sich Objekte verhalten, die sich fast mit Lichtgeschwindigkeit bewegen.*

## WAS IST RELATIVITÄT?

Der Relativität liegt die Erkenntnis zugrunde, dass alles davon abhängt, wie Raum und Zeit gemessen werden. Stellen Sie sich vor, ein Mann sitzt in einem Zug und liest ein Buch. Für den Mann in seinem **eigenen Bezugssystem** bewegt sich das Buch nicht. Für eine Frau, die auf dem Bahnsteig steht und den Mann mit seinem Buch durch das Fenster sieht, während der Zug mit 100 km/h vorbeifährt, bewegt sich das Buch 100 km/h schnell. Stellen Sie sich nun ein Mädchen vor, das in einem entgegenkommenden Zug sitzt, der mit 20 km/h fährt. Sie sieht ebenfalls den Mann mit dem Buch; für sie bewegt sich das Buch mit 120 km/h in die entgegengesetzte Richtung.

**Kein unveränderlicher Bezugspunkt** Alles hängt vom jeweiligen Bezugssystem ab. Immer wird ein subjektives Messergebnis festgestellt, wobei jedes Ergebnis gleichberechtigt ist. Die Relativität kommt so zu der entscheidenden Erkenntnis, dass es keine absolut allgemein gültige Messung im Raum gibt. Kein Objekt im Universum befindet sich in absoluter Ruhe, folglich kann es keinen unveränderlichen Bezugspunkt geben.

**Die Lichtgeschwindigkeit** Nur ein absoluter Wert ist unveränderlich: die Lichtgeschwindigkeit (c). Stellen Sie sich ein Auto vor, das sich mit 30 m/s (108 km/h) auf Sie zu bewegt. Man würde jetzt vermuten, dass sich das Licht der Scheinwerfer 30 m/s schneller bewegt als die Lichtgeschwindigkeit, also c + 30 m/s. Aber hier irrt der gesunde Menschenverstand: Egal wie schnell sich ein Beobachter im Verhältnis zu einer Lichtquelle bewegt, die Lichtgeschwindigkeit bleibt unverändert. Im Gegensatz zu allem anderen im Universum ist die Lichtgeschwindigkeit von jedem Bezugssystem unabhängig. Doch Geschwindigkeit ist Entfernung pro Zeit. Wenn die Lichtgeschwindigkeit konstant ist, müssen also Entfernung und Zeit vom Bezugssystem abhängig sein. Dies ist Einsteins entscheidende Erkenntnis: Zeit ist nicht konstant; sie verläuft für einige Beobachter schneller als für andere, in Abhängigkeit von der jeweiligen Situation.

### Viel Energie aus wenig Masse

Die Newton'sche Physik fasst Masse und Energie als verschiedene Größen auf. Die spezielle Relativitätstheorie hebt diesen Unterschied auf und sieht in Masse einfach Energie in Ruhe. Entsprechend der Gleichung $E = mc^2$ ist die Energie (J), die in der Masse eingeschlossen ist, enorm. Wenn $c^2$, also die Lichtgeschwindigkeit zum Quadrat, 90 000 000 000 000 000 $m^2/s^2$ beträgt, so ist für jede Masse von 1 kg eine Energie in Höhe des 90 000 000 000 000 000-fachen dieser Menge vorhanden.

Diese Erkenntnis ebnete den Weg zur Gewinnung von Energie aus Masse durch die Spaltung von Atomkernen. In einem Kernkraftwerk kann die Energiemenge, die theoretisch aus einer Menge von nur 100 g Kraftstoff erzeugt wird, 1 Mio. Glühbirnen mit 100 Watt 3 Jahre lang leuchten lassen. Eine Atombombe erzeugt eine ebenso große Energiemenge aus 100 g Kraftstoff: Ein tischgroßer Sprengsatz könnte eine ganze Stadt zerstören.

## SPEZIELLE RELATIVITÄTSTHEORIE

Die spezielle Relativitätstheorie aus dem Jahr 1905 befasst sich mit dem Verhalten von Körpern, die sich im speziellen gravitationsfreien leeren Raum bewegen. Ausgehend von den Erkenntnissen über Bezugssysteme und die Lichtgeschwindigkeit kommt die spezielle Relativitätstheorie zu mehreren verblüffenden Aussagen über Masse, Energie und Zeit. Sie besagt:

- Masse und Energie sind äquivalent und können ineinander umgewandelt werden. Dies führte zu der Gleichung $E = mc^2$, d. h.: Die Energie ***(E)*** eines Körpers in Ruhe ist gleich seiner Masse ***(m)*** multipliziert mit der Lichtgeschwindigkeit ***(c)*** zum Quadrat.
- Bei der Beschleunigung eines Körpers nehmen seine Energie und Masse zu, während sich seine Länge in Bewegungsrichtung verkürzt. Könnte sich ein Körper der Lichtgeschwindigkeit annähern, bekäme er eine unendliche Masse und eine Länge von Null. Die Lichtgeschwindigkeit muss daher die höchste Geschwindigkeit im Universum sein.
- Bei einem Körper, der sich bewegt, scheint die Zeit für einen Außenstehenden langsamer zu vergehen, während die Eigenzeit unverändert verläuft. Dieser Unterschied ist nur bei Geschwindigkeiten nahe der Lichtgeschwindigkeit deutlich merkbar: Die Messung von Zeit wie von Raum ist relativ und nicht absolut.

## ALLGEMEINE RELATIVITÄTSTHEORIE

Das 1687 veröffentlichte Gravitationsgesetz von Isaac Newton besagt, dass die Gravitation eine Kraft zwischen zwei Massen ist, wobei die Stärke dieser Kraft von der Masse der Körper und von der Entfernung zwischen den beiden Körpern abhängt. Newton ging davon aus, dass die Kraftwirkung der Sonne auf die Planeten des Sonnensystems unmittelbar über mehrere Millionen Kilometer wirkt. Dies widerspricht jedoch der speziellen Relativitätstheorie, wonach sich nichts schneller als Licht bewegt.

- **Erklärung der Gravitation durch die Relativität** 1915 stellte Einstein seine Allgemeine Theorie zur Erklärung der Gravitation vor. Demnach ist Gravitation eine Eigenschaft von Raum, Zeit und Masse und keine Anziehungskraft zwischen einzelnen Körpern. Eine Masse (z. B. ein Stern) verkrümmt die Raum-Zeit in ihrer Umgebung und erzeugt dadurch ein Gravitationsfeld. Ist keine Masse vorhanden, bleibt die Raum-Zeit flach. Die Raum-Zeit kann man sich als gespannte Gummifläche vorstellen. Liegt eine schwere Kugel auf dieser Fläche, erzeugt sie eine Delle. Eine kleinere Kugel, die über diese Fläche rollt, wird von der Delle angezogen und rollt auf die große Kugel zu.
- **Sonne und Planeten** Die Newtonsche Physik erklärt die gekrümmte Umlaufbahn eines Planeten mit der Gravitationskraft der Sonne. Die allgemeine Relativitätstheorie besagt jedoch, dass die Umlaufbahn von Planeten gekrümmt ist, weil die Sonne – aufgrund ihrer enormen Masse – die Raum-Zeit um sich herum verbiegt und krümmt. Im gekrümmten Raum der allgemeinen Relativitätstheorie ist eine Kurve die kürzeste Verbindung zwischen zwei Punkten, und diese gekrümmte Bahn ist daher die Umlaufbahn von Planeten. Dies gilt genauso für Licht, das von der Raum-Zeit-Krümmung ebenfalls abgelenkt wird.

## Zeit und Relativität

**Von Raumschiff zu Raumschiff** Für die Astronauten an Bord breitet sich der Lichtstrahl geradlinig 1 Sekunde lang aus, weil er sich mit Lichtgeschwindigkeit bewegt.

Wie kommt es, dass die Zeit für eine Person schneller oder langsamer vergeht als für eine andere? Stellen Sie sich zwei Raumschiffe vor, die mit 99 % der Lichtgeschwindigkeit bei einem konstanten Abstand von 300 000 000 m nebeneinander herfliegen. Jetzt wird ein Lichtstrahl von einem Raumschiff zum anderen geschickt. Für die Astronauten an Bord bewegt sich dieser Lichtstrahl in einer geraden Linie, da sich die beiden Raumschiffe zueinander nicht bewegen; das Licht braucht 1 Sekunde von einem Raumschiff zum anderen (siehe Abbildung links).

Ein Beobachter auf der Erde würde den Lichtstrahl auf einer diagonalen Bahn sehen (siehe unten). Diese ist deutlich länger als die gerade Bahn, die die Astronauten beobachten. Das Licht braucht von diesem Bezugspunkt aus auf dieser Bahn auch länger von einem Raumschiff zum anderen. Die Astronauten und der Beobachter auf der Erde haben das gleiche Phänomen von unterschiedlichen Bezugssystemen aus gesehen. Für den Beobachter auf der Erde ist der Strahl 7-mal länger zwischen den Raumschiffen unterwegs. Die Lichtgeschwindigkeit ist jedoch konstant. Die Erklärung ist, dass das Licht für den Beobachter auf der Erde länger unterwegs war als für die Astronauten und dass für ihn auf der Erde die Zeit langsamer verlief als für die Astronauten. Die Zeit hängt also vom Bezugspunkt ab.

**7-Sekunden-Strahl** Wenn das Raumschiff mit 99 % der Lichtgeschwindigkeit unterwegs ist, braucht der Strahl (von der Erde aus beobachtet) 7 Sekunden von einem Raumschiff zum anderen.

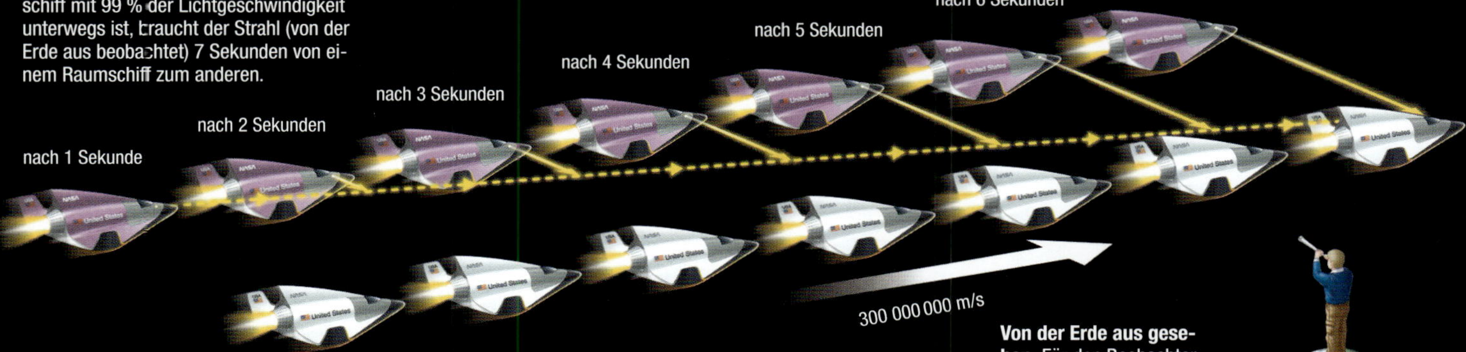

**Von der Erde aus gesehen** Für den Beobachter auf der Erde nimmt der Strahl einen diagonalen Weg, weil sich das zweite Raumschiff schon weiterbewegt hat, bevor es der Lichtstrahl erreicht.

## Die Raum-Zeit

Die allgemeine Relativitätstheorie formuliert eine Vorstellung von der Raum-Zeit. In der Physik ist mit dem Raum auch eine Entfernung verknüpft. Ein Körper kann sich in drei Dimensionen bewegen, um einen bestimmten Punkt im Raum zu erreichen: vorwärts/rückwärts, links/rechts, oben/unten.

Bewegung umfasst noch eine vierte Dimension: die Zeit. Alle können in einem vierdimensionalen Raum-Zeit-System zusammengefasst werden, dem Raum-Zeit-Kontinuum. In Übereinstimmung mit der allgemeinen Relativitätstheorie hängen Raum-Zeit, Masse und Gravitation voneinander ab.

## Relativität: der Beweis

Seit Einstein seine Theorie der Relativität formulierte, haben viele Wissenschaftler sie überprüft und bestätigt.

- Atomuhren in schnellen Raumschiffen laufen um Bruchteile langsamer als Atomuhren auf der Erde.
- Teilchenphysiker haben nachgewiesen, dass subatomare Teilchen, die sich mit extrem hohen Geschwindigkeiten bewegen, genau so viel an Masse hinzugewinnen wie Einstein vorhersagte.
- Es gelang der Nachweis, dass Licht von Sternen von der Sonne abgelenkt wird, was schließen lässt, dass große Massen die Raum-Zeit krümmen.
- Teilchen in kosmischer Strahlung müssten nach Sekundenbruchteilen zerfallen, sobald sie die Erdatmosphäre erreicht haben. Doch sie existieren deutlich länger, da sie sich annähernd mit Lichtgeschwindigkeit durch das All bewegen und sich so die Zeit für sie verlangsamt.

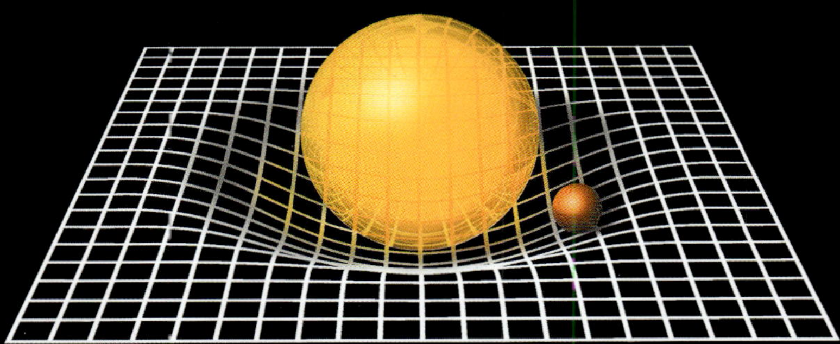

**Was ist Gravitation?** Wenn man sich die Raum-Zeit als Gummifläche vorstellt, krümmt ein schwerer Körper diese gespannte Fläche stärker als ein kleiner. Der kleine Körper fällt in Richtung des größeren – dies bezeichnet man als Gravitation.

Siehe auch
16–17 **Das Universum**
502–3 **Atomkraft**
522–3 **Mechanik**
532–3 **Radioaktivität**

*Jeder Stoff auf der Erde besteht aus den Atomen eines oder mehrerer Elemente. Wissenschaftler untersuchen die Eigenschaften von Atomen der unterschiedlichsten Elemente sowie ihren Aufbau, um Aussehen und Verhalten der Elemente unter bestimmten Bedingungen zu verstehen. Bei ihren Versuchen stießen sie auf viele Gesetzmäßigkeiten, die die Natur der Materie erklären.*

## WAS IST EIN ATOM?

Ein Atom ist der kleinste Baustein eines Elements, das an einer chemischen Reaktion beteiligt sein kann. Es besteht aus einem positiv geladenen Kern – dem Atomkern (siehe unten) –, der von negativ geladenen Elektronen umkreist wird.

**Kohlenstoffatom** mit 6 Protonen, 6 Neutronen im Atomkern

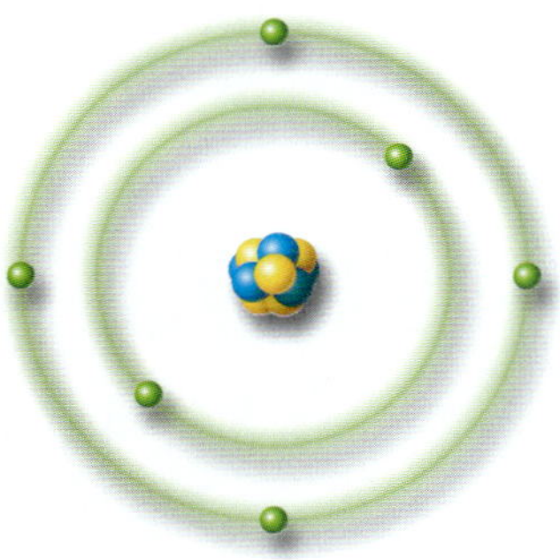

**Kreisende Elektronen**
2 auf der inneren Schale
4 auf der äußeren Schale

**Schwefelatom** mit 16 Protonen, 16 Neutronen im Atomkern

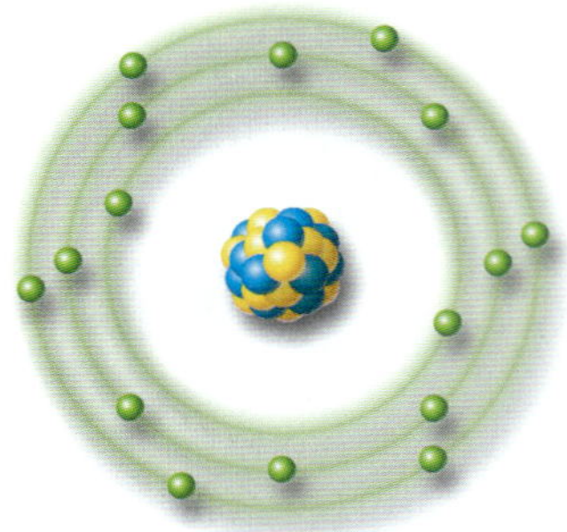

**Kreisende Elektronen**
2 auf der inneren Schale
8 auf der mittleren Schale
6 auf der äußeren Schale

**Elektronenschalen**
Die Elektronen kreisen in bestimmten Bahnen oder Schalen um den Atomkern. Die innere Schale kann bis zu 2 Elektronen aufnehmen, die nächstfolgende bis zu 8, die dritte Schale bis zu 18 Elektronen. Die chemischen Eigenschaften eines Atoms hängen davon ab, wie viele Elektronen auf der äußersten Schale kreisen.

**Der Atomkern** Praktisch die gesamte Masse eines Atoms befindet sich im Atomkern, der aus Protonen und Neutronen zusammengesetzt ist. Protonen sind positiv geladen, Neutronen sind elektrisch neutral. Jedes Element ist über die Zahl der Protonen in seinem Atomkern definiert. Im Kern von Kohlenstoffatomen befinden sich z. B. sechs Protonen: Kohlenstoff hat die Ordnungszahl 6.

**Die Elektronen** Der Atomkern wird von negativ geladenen Elektronen umkreist. Bei neutralen Atomen entspricht die Zahl der Elektronen der Zahl der Protonen. Die Elektronen auf der äußeren Schale bestimmen das chemische Bindungsverhalten eines Atoms, also ob das Atom Elektronen abgibt, aufnimmt oder mit anderen Atomen teilt (siehe S. 540). Die Elektronen sind in Schalen angeordnet, die feste Abstände zum Atomkern haben. Jede Schale kann nur eine bestimmte Anzahl von Elektronen aufnehmen.

**Ionen** Ein Ion ist ein elektrisch geladenes Atom oder eine elektrisch geladene Atomgruppe. Normalerweise sind Atome nach außen neutral, doch bei chemischen Reaktionen springen Elektronen von einem Atom zum anderen, sodass die Atome positiv oder negativ geladen und damit zu positiven oder negativen Ionen werden. Positiv geladene Ionen sind Kationen, während negativ geladene Ionen als Anionen bezeichnet werden.

## Zweige der Chemie

Die Chemie lässt sich in verschiedene Gebiete unterteilen:

- **Die analytische Chemie** entwickelt Techniken, mithilfe derer bestimmt wird, welche Elemente in einer Substanz enthalten sind und in welchem Mengenverhältnis sie vorliegen.
- **Die angewandte Chemie** setzt Erkenntnisse und Arbeitsweisen der Chemie praktisch um, z. B. in der Landwirtschaft, Industrie oder Medizin.
- **Die Biochemie** ist die Wissenschaft von den chemischen Vorgängen, die sich in lebenden Organismen abspielen.
- **Die anorganische Chemie** ist die Wissenschaft von den Eigenschaften der Elemente und ihrer Verbindungen, mit Ausnahme von Kohlenstoff.
- **Die organische Chemie** befasst sich mit den zahllosen Kohlenstoffverbindungen, aus denen alle lebenden Organismen bestehen.
- **Die physikalische Chemie** widmet sich den physikalischen Wirkungen von chemischen Strukturen, insbesondere Energieaustausch und Reaktionsraten.
- **Die Polymerchemie** untersucht Verbindungen aus langen Ketten gleicher Moleküle. Organische Polymere sind etwa die DNA oder Proteine; die meisten Kunststoffe sind synthetische Polymere.
- **Die Strukturchemie** ist die Wissenschaft von der Anordnung und den Bindungsarten von Atomen in Molekülen.

## WAS IST EIN MOLEKÜL?

Viele Stoffe bestehen aus Molekülen, in denen zwei oder mehr Atome – des gleichen Elements oder verschiedener Elemente – verbunden sind. Die Bindungen, die Atome zu Molekülen verknüpfen, bestehen aus Elektronen, die sich die Atome teilen (siehe S. 540). Ein Molekül ist der kleinste Teil eines solchen Stoffes, der allein existieren kann. Ein Wassermolekül etwa besteht aus einem Sauerstoffatom und zwei Wasserstoffatomen; wenn man dieses Molekül in seine Atome aufspaltet, hätte dieser Stoff nicht mehr die Eigenschaften von Wasser.

Jeder Stoff kann mit einer chemischen Formel ausgedrückt werden. Sie zeigt, in welchem Verhältnis Atome verschiedener Elemente in einem Stoff enthalten sind. Die Formel $H_2O$ besagt, dass man zwei Wasserstoff- und ein Sauerstoffatom braucht, um Wasser herzustellen. In Schwefelsäure ($H_2SO_4$) sind Wasserstoff, Schwefel und Sauerstoff im Verhältnis 2:1:4 enthalten.

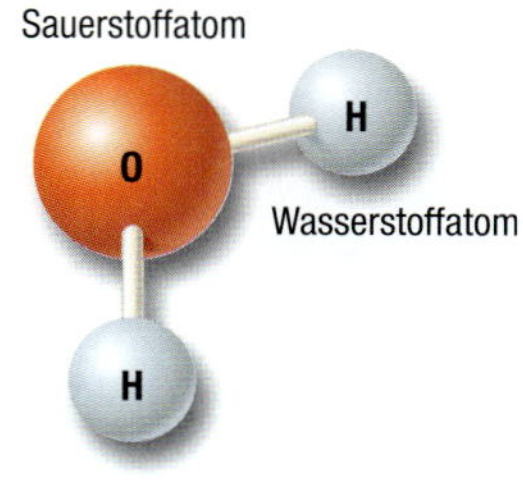


**Wassermolekül $H_2O$**

**Schwefelsäure-Molekül $H_2SO_4$**

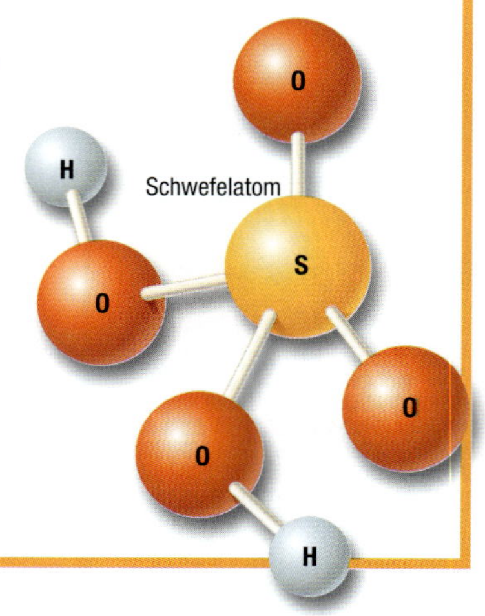

## Benennung von Elementen

In der Chemie werden die grundlegenden Stoffe als Elemente bezeichnet. Ein reines Element besteht aus Atomen, die alle chemisch identisch sind.

Um die Benennung zu vereinfachen, haben Chemiker jedem Element einen Namen und ein Symbol zugeordnet. Das **Symbol** eines Elements besteht aus einem oder zwei Buchstaben und ist in der Regel eine Abkürzung seines Namens.

Die meisten Elemente, die heute bekannt sind, wurden in den letzten 200–300 Jahren entdeckt. Viele Namen von älteren Elementen beziehen sich auf bestimmte Eigenschaften, die man bei diesen Elementen erkannte. Sauerstoff etwa bedeutet „Säurebildner“: Diese Bezeichnung stammt aus dem 18. Jh., als man dachte, alle Säuren enthielten Sauerstoff. Der Name Chlor für das grünliche Gas stammt vom griechischen Wort *khloros,* der Bezeichnung für die Farbe Gelbgrün.

Einige Elemente kennen Wissenschaftler seit der Antike. Die Namen dieser Elemente stammen daher auch meist aus dem Lateinischen oder Altgriechischen:

| Element | Lat./gr. Name | Symbol |
|---|---|---|
| Kupfer | Cuprum | Cu |
| Gold | Aurum | Au |
| Eisen | Ferrum | Fe |
| Blei | Plumbum | Pb |
| Quecksilber | Hydrargyrum | Hg |
| Kalium | Kalium | K |
| Silber | Argentum | Ag |

Elemente, die erst in neuerer Zeit entdeckt wurden, erhielten ihren Namen häufig zu Ehren berühmter Wissenschaftler:

Curium (Marie Curie)
Nobelium (Alfred Nobel)
Fermium (Enrico Fermi)

Diese Ehrung erstreckt sich auch auf Ortsbezeichnungen:

Californium (Kalifornien)
Americium (Amerika)
Francium (Frankreich)
Polonium (Polen)

Erst vor kurzem entdeckte Elemente benannte man nach der lateinischen Bezeichnung ihrer **Ordnungszahl**. Die Transactinoiden (Ordnungszahlen 104 und höher) sind bereits auf diese Weise benannt worden (siehe S. 538–9).

## EIN MOLEKÜL – VERSCHIEDENE FORMEN

Einige Elemente liegen in mehr als einer Molekül- oder Kristallform vor. Diese Eigenschaft bezeichnet man als Allotropie.

**Allotrope Gase** unterscheiden sich nach ihrer Molekularstruktur. Ein normales Sauerstoffmolekül in gasförmigem Zustand ($O_2$) besteht z. B. aus zwei Sauerstoffatomen, ein Molekül aus dem allotropischen Ozon ($O_3$) aus drei Sauerstoffatomen. Auch die Eigenschaften dieser beiden Gase unterscheiden sich: Sauerstoff ist geruchlos, Ozon riecht scharf.

**Allotrope Feststoffe** haben unterschiedliche Kristallstrukturen: Kohlenstoff liegt in drei Allotropen vor (Diamant, Graphit und Fulleren) mit jeweils anderen physikalischen Eigenschaften. Die Strukturen entstehen durch unterschiedliche Verbindung der Kohlenstoffatome.

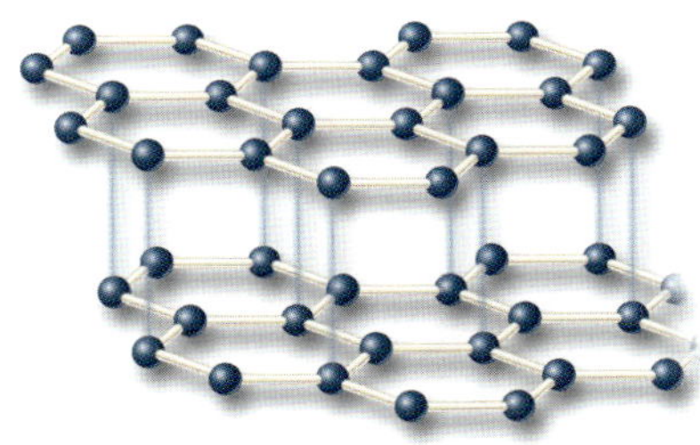

**Graphit** Schichten aus stark miteinander verbundenen Kohlenstoffatomen werden von schwächeren Bindungen zusammengehalten. Dadurch ist Graphit leicht spaltbar.

**Graphit** Die schwachen Bindungskräfte zwischen den Atomschichten machen den Graphit weich und gleitfähig, daher ist er ein gutes Schmier- und Zeichenmittel.

**Diamant** Kohlenstoffatome sind in einem dreidimensionalen Tetraedersystem verknüpft.

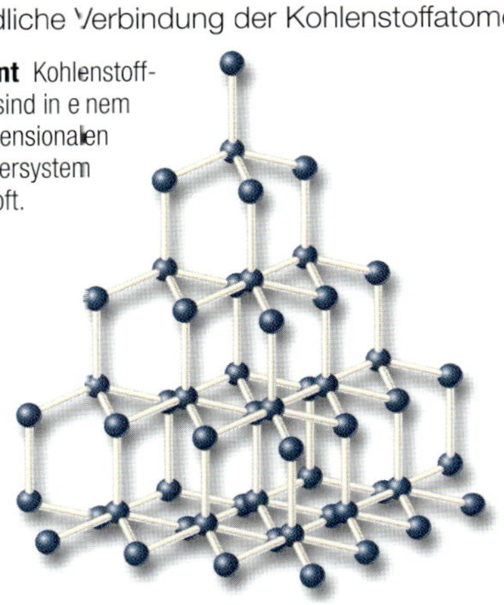

**Diamant** Starke Bindungskräfte erstrecken sich in alle Richtungen durch den gesamten, transparenten Diamantenkristall, der dadurch besonders stabil und hart wird.

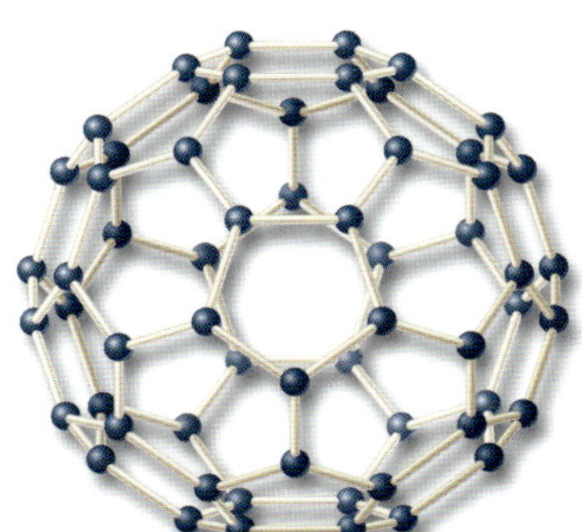

**Fulleren** Jedes Molekül besteht aus einer kugelförmigen Verbindung von 60 Kohlenstoffatomen.

**Fulleren** Das weiche, hitzebeständige Fulleren wurde 1985 entdeckt, als ein Hochleistungslaser auf Graphit gerichtet wurde. Es wird auch als Fußballmolekül bezeichnet.

## SCHLÜSSELBEGRIFFE

**Atom** Kleinster Teil eines Elements, der an einer chemischen Reaktion beteiligt ist.

**Ordnungszahl** Zahl der Protonen im Atomkern. Alle Atome des gleichen Elements haben eine Ordnungszahl.

**Molekül** Zwei oder mehr chemisch miteinander verbundene Atome. Bei Verbindungen ist ein Molekül die kleinste Einheit, die an einer chemischen Reaktion beteiligt sein kann.

**Ion** Ein Atom oder eine Gruppe von Atomen, die eine elektrische Ladung tragen.

**Element** Substanz aus chemisch identischen Atomen.

**Verbindung** Stoff, der aus Atomen von zwei oder mehr chemisch miteinander verbundenen Elementen besteht.

**Chemische Reaktion** Vorgang, an dem zwei oder mehr Stoffe beteiligt sind und der zu einer chemischen Veränderung führt.

**Katalysator** Ein Stoff, der die Geschwindigkeit einer chemischen Reaktion deutlich verändert, ohne dabei selbst dauerhaft chemisch verändert zu werden.

**Verbrennung** Chemische Reaktion, bei der ein Stoff schnell mit Sauerstoff reagiert und bei der Wärme und Licht unter Flammenbildung frei werden.

**Oxidation** Die Aufnahme von Sauerstoff durch ein Element oder eine Verbindung während einer chemischen Reaktion. Die Abgabe von Wasserstoff wird ebenfalls als Oxidation bezeichnet.

**Reduktion** Die Aufnahme von Wasserstoff durch ein Element oder eine Verbindung während einer chemischen Reaktion. Die Abgabe von Sauerstoff wird ebenfalls als Reduktion bezeichnet.

**pH-Wert** Maß für Säure oder Base. Ein pH-Wert von 7 zeigt eine neutrale Lösung an; Lösungen mit einem niedrigeren pH-Wert sind sauer, mit einem höheren pH-Wert basisch.

Siehe auch
530–1 **Atomphysik**
538–9 **Das Periodensystem**
540–1 **Chemische Verbindungen**
542–3 **Lebensprozesse**

# Das Periodensystem

**Die systematische Ordnung der Elemente**

*Das Periodensystem wurde von dem russischen Chemiker Dimitri Mendelejew 1869 entwickelt. Er sortierte alle Elemente nach der Anzahl der Protonen im Atomkern und nach den Eigenschaften, die er bei ihnen beobachtete. Obwohl heute weit mehr Elemente bekannt sind, lässt sich mithilfe des Systems noch immer vorhersagen, wie einzelne Elemente miteinander reagieren.*

**Gruppen** An der linken und rechten Seite des Periodensystems befinden sich acht Spalten, die Hauptgruppen, die von I bis VIII durchnummeriert sind. Jede Hauptgruppe enthält Elemente, die einander in ihrem Reaktionsverhalten ähneln, da sie alle aus Atomen bestehen, deren Elektronenanordnung um den Atomkern mit den anderen Elementen der jeweiligen Hauptgruppe vergleichbar ist. Die Hauptgruppen tragen nicht nur Nummern, sondern auch bestimmte Namen:

**Gruppe I** Alkalimetalle
**Gruppe II** Erdalkalimetalle
**Gruppe III** Borgruppe
**Gruppe IV** Kohlenstoffgruppe
**Gruppe V** Stickstoffgruppe
**Gruppe VI** Sauerstoffgruppe (oder Gruppe der Chalkogene)
**Gruppe VII** Halogene
**Gruppe VIII** Edelgase

- Die Alkalimetalle (I) haben nur ein Elektron auf der äußeren Schale, das leicht an Atome anderer Elemente abgegeben wird; daher sind Elemente dieser Gruppe sehr reaktionsfreudig.
- Auch die Halogene (VII) sind sehr reaktionsfreudig, da ihnen lediglich ein einziges Elektron fehlt, um eine stabile Außenschale zu bilden.
- Die Edelgase (VIII) sind reaktionsträge, sie haben bereits eine komplette Außenschale.
- Von oben nach unten verändern sich die Eigenschaften der Elemente innerhalb jeder Gruppe: Der Durchmesser ihrer Atome vergrößert sich, die Atome geben ihre Elektronen immer leichter ab, die Dichte der Elemente nimmt zu.

**Perioden** Jede horizontale Reihe im Periodensystem wird als Periode bezeichnet. Von links nach rechts nimmt die Zahl der Elektronen in der Außen- oder Unterschale der Elemente zu. In der gleichen Richtung verändern sich folgende Eigenschaften:

- Die Elemente ganz links sind metallisch und verlieren nach rechts ihren metallischen Charakter.
- Der Schmelzpunkt der Elemente nimmt bis zu einem Maximum in Gruppe IV zu und sinkt dann wieder bis zu Gruppe VIII.

**Übergangsmetalle** In der Mitte des Periodensystems – von Scandium bis Zink, von Yttrium bis Cadmium und von Hafnium bis Quecksilber – befinden sich die Übergangsmetalle. Bei allen diesen Elementen sind die Außenschalen mit Elektronen voll besetzt, jedoch fehlen ihnen Elektronen auf den inneren Schalen. Diese Elemente weisen eine hohe Dichte auf, sie sind gute Leiter für Wärme und Elektrizität. Die Übergangsmetalle werden von den Perioden der Lanthanoiden (57–71) und Actinoiden (89–103) unterbrochen.

Seit den 1960er-Jahren gelang es, mehrere besonders schwere Elemente zu erzeugen: Transactinoiden (104 und höher) sind rein künstlich.

## Das Periodensystem lesen

Jedes Feld des Periodensystems gibt vier verschiedene Informationen wieder:

| 1 H Wasserstoff 1.00 | |
|---|---|
| 1 | Ordnungszahl des Elements |
| H | Elementsymbol |
| Wasserstoff | Name des Elements |
| 1.00 | Relative Atommasse |

| I | II | | | | | |
|---|---|---|---|---|---|---|
| 1 H Wasserstoff 1.00 | | | | | | |
| 3 Li Lithium 6.9 | 4 Be Beryllium 9.01 | | | | | |
| 11 Na Natrium 23.0 | 12 Mg Magnesium 24.5 | | | | | |
| 19 K Kalium 39.1 | 20 Ca Calcium 40.1 | 21 Sc Scandium 44.96 | 22 Ti Titan 47.88 | 23 V Vanadium 50.94 | 24 Cr Chrom 51.00 | 25 Mn Mangan 54.94 |
| 37 Rb Rubidium 85.5 | 38 Sr Strontium 87.6 | 39 Y Yttrium 88.91 | 40 Z Zirkonium 91.22 | 41 Nb Niob 92.91 | 42 Mo Molybdän 95.94 | 43 Tc Technetium 98 |
| 55 Cs Caesium 132.9 | 56 Ba Barium 137.4 | 57-71 Lanthanoide | 72 Hf Hafnium 178.49 | 73 Ta Tantal 180.95 | 74 W Wolfram 183.85 | 75 Re Rhenium 186.21 |
| 87 Fr Francium 223.0 | 88 Ra Radium 226.0 | 89-103 Actinoide | 104 Rf Rutherfordium (261) | 105 Db Dubrium (262) | 106 Sg Seaborgium (263) | 107 Bh Bohrium (264) |

| | | | |
|---|---|---|---|
| 57 La Lanthan 138.91 | 58 Ce Cer 140.12 | 59 Pr Praseodym 140.91 | 60 Nd Neodym 144.24 |
| 89 Ac Actinium 227 | 90 Th Thorium 232.04 | 91 Pa Proctanium 231.04 | 92 U Uran 238.03 |

**Kupferblech** Wie viele andere Übergangsmetalle ist Kupfer ein guter Wärmeleiter.

### Zeichenerklärung

- **Metalle**
- **Nichtmetalle**
- **Halbmetalle**
- **Übergangsmetalle**

## ATOMZAHL UND -MASSE

- **Die Ordnungszahl** gibt die Anzahl der Protonen im Kern aller Atome des jeweiligen Elements an.
- **Die relative Atommasse** gibt an, wie schwer ein Atom eines bestimmten Elements im Verhältnis zu dem Atom eines beliebigen anderen Elements ist. Jedes Proton und jedes Neutron entspricht ungefähr einer Atommasseneinheit. Daher hat Kohlenstoff mit sechs Neutronen und sechs Protonen im Atomkern eine relative Atommasse von 12.

Einige Atome, so genannte Isotope, können bei bestimmten Elementen zusätzliche Neutronen enthalten. Ein Element kann mehrere Isotope haben, die sich aufgrund der unterschiedlichen Neutronenzahl in der relativen Atommasse unterscheiden. In diesem Fall gibt die Zahl, die im Periodensystem steht, die durchschnittliche Atommasse für die Isotope an, die typisch für dieses Element sind.

**Unbearbeitetes Silber** Wie seine Nachbarn im Periodensystem, Kupfer und Gold, hat Silber eine gute elektrische Leitfähigkeit und wird daher häufig in Stromkreisen eingesetzt.

| | | | | | III | IV | V | VI | VII | VIII |
|---|---|---|---|---|---|---|---|---|---|---|
| | | | | | | | | | | 2 **He** Helium 4 |
| | | | | | 5 **B** Bor 10.81 | 6 **C** Kohlenstoff 12.00 | 7 **N** Stickstoff 14.01 | 8 **O** Sauerstoff 16.00 | 9 **F** Fluor 19.00 | 10 **Ne** Neon 20.18 |
| | | | | | 13 **Al** Aluminium 26.98 | 14 **Si** Silicium 28.09 | 15 **P** Phosphor 30.97 | 16 **S** Schwefel 32.06 | 17 **Cl** Chlor 35.45 | 18 **Ar** Argon 39.94 |
| 26 **Fe** Eisen 55.85 | 27 **Co** Cobalt 58.93 | 28 **Ni** Nickel 58.69 | 29 **Cu** Kupfer 63.55 | 30 **Zn** Zink 65.38 | 31 **Ga** Gallium 69.72 | 32 **Ge** Germanium 72.6 | 33 **As** Arsen 74.92 | 34 **Se** Selen 78.96 | 35 **Br** Brom 79.90 | 36 **Kr** Krypton 83.80 |
| 44 **Ru** Ruthenium 101.07 | 45 **Rh** Rhodium 102.91 | 46 **Pd** Palladium 106.42 | 47 **Ag** Silber 107.87 | 48 **Cd** Cadmium 112.41 | 49 **In** Indium 114.82 | 50 **Sn** Zinn 118.69 | 51 **Sb** Antimon 121.7 | 52 **Te** Tellur 127.60 | 53 **I** Jod 126.90 | 54 **Xe** Xenon 131.29 |
| 76 **Os** Osmium 190.2 | 77 **Ir** Iridium 192.22 | 78 **Pt** Platin 195.08 | 79 **Au** Gold 196.97 | 80 **Hg** Quecksilber 200.59 | 81 **Tl** Thallium 204.38 | 82 **Pb** Blei 207.2 | 83 **Bi** Bismut 208.98 | 84 **Po** Polonium 209 | 85 **At** Astat 210 | 86 **Rn** Radon 222 |
| 108 **Hs** Hassium (265) | 109 **Mt** Meitnerium (266) | 110 **Uun** Ununnilium (369) | 111 **Uuu** Unununium (266) | 112 **Uub** Ununbium (277) | | 114 **Uuq** Ununquadium 285 | | 116 **Uuh** Ununhexium 289 | | 118 **Uno** Ununoctium 293 |

| | | | | | | | | | | |
|---|---|---|---|---|---|---|---|---|---|---|
| 61 **Pm** Promethium 145 | 62 **Sm** Samarium 150.36 | 63 **Eu** Europium 151.96 | 64 **Gd** Gadolinium 157 | 65 **Tb** Terbium 158.93 | 66 **Dy** Dysprosium 162.50 | 67 **Ho** Holmium 164.93 | 68 **Er** Erbium 167.26 | 69 **Tm** Thulium 168.93 | 70 **Yb** Ytterbium 173.04 | 71 **Lu** Lutetium 174.97 |
| 93 **Np** Neptunium 237.05 | 94 **Pu** Plutonium 244 | 95 **Am** Americium 243 | 96 **Cm** Curium 247 | 97 **Bk** Berkelium 247 | 98 **Cf** Californium 251 | 99 **Es** Einsteinium 252 | 100 **Fm** Fermium 257 | 101 **Md** Mendelevium 258 | 102 **No** Nobelium 259 | 103 **Lw** Lawrencium 260 |

## Metalle, Nichtmetalle und Halbmetalle

Das Periodensystem umfasst Metalle, Nichtmetalle, Halbmetalle und Übergangselemente.

**Metalle** haben meist folgende Eigenschaften:
- bei Raumtemperatur fest,
- undurchsichtig (außer in extrem dünnen Schichten),
- gute Leitfähigkeit für Wärme und elektrischen Strom,
- zeigen poliert einen schimmernden Glanz,
- haben in festem Zustand eine Kristallstruktur.

**Nichtmetalle** Ein typisches Nichtmetall ist bei Raumtemperatur gasförmig und leitet Wärme und elektrischen Strom schlecht.

**Halbmetalle** Halbmetalle haben einige Eigenschaften von Metallen, einige Eigenschaften von Nichtmetallen.

**Übergangsmetalle** Siehe S. 538.

Siehe auch
530–1 **Atomphysik**
532–3 **Radioaktivität**
536–7 **Atome und Moleküle**
540–1 **Chemische Verbindungen**

*Wenn sich zwei oder mehr Atome von verschiedenen Elementen „zusammentun“, entsteht eine chemische Verbindung. Die Atome in einer Verbindung werden von Bindungskräften zusammengehalten, die sehr stark (Metallbindungen) oder eher schwach (kovalente Bindungen) sein können. Die Bindungsart, die eine Verbindung zusammenhält, bestimmt die physikalischen Eigenschaften, beispielsweise Schmelz- oder Siedepunkt.*

**Wie sich Atome verbinden** Atome verschiedener Elemente gehen Verbindungen ein, indem sie Elektronen in ihre Außenschale aufnehmen, sie abgeben oder ihre Elektronen wechselseitig mit anderen Atomen teilen.

**Ionenbindung** Elektronen werden zwischen Atomen übertragen; die Atome erhalten dadurch eine positive oder negative Ladung und werden zum Ion (siehe S. 536). Ein Beispiel für eine Ionenbindung ist normales Kochsalz oder Natriumchlorid (NaCl). Jedes Natriumatom hat ein Elektron aus seiner äußeren Schale abgegeben und bildet ein positiv geladenes Natriumion ($Na^+$); jedes Chloratom hat ein Elektron aufgenommen und bildet ein negativ geladenes Chloridion ($Cl^-$). Aufgrund ihrer gegensätzlichen Ladungen ziehen sich diese Ionen an. Sie ordnen sich selbst in einem Gitter an, in dem jedes Ion von so vielen entgegengesetzten Ladungen wie möglich umgeben ist. Zum Aufbrechen dieser Bindungskräfte ist viel Energie erforderlich.

**Ionenbindung bei Natriumchlorid (NaCl)**

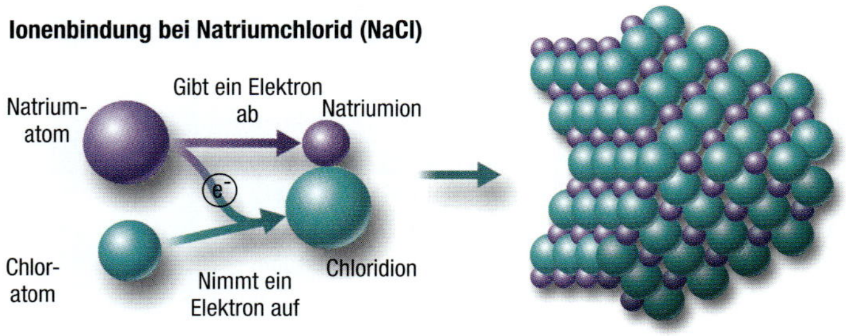


**Kovalente Bindung** Eine einfache kovalente Bindung zwischen zwei Atomen liegt vor, wenn sich beide Atome ein Elektronenpaar teilen. Auf diese Weise sind auch Doppel- oder Dreifachbindungen möglich. Wasser ($H_2O$) ist ein gutes Beispiel, denn hier teilt sich ein Wasserstoffatom die Elektronen mit zwei Sauerstoffatomen.

Obwohl jedes Molekül mit einer kovalenten Bindung von starken Kräften zusammengehalten wird, ist die elektrostatische Anziehungskraft zwischen den Molekülen eher schwach. Daher liegt der Schmelzpunkt von Stoffen mit einer kovalenten Bindung niedriger als bei Stoffen mit Ionenbindung.

**Kovalente Bindung bei Wasser ($H_2O$)**

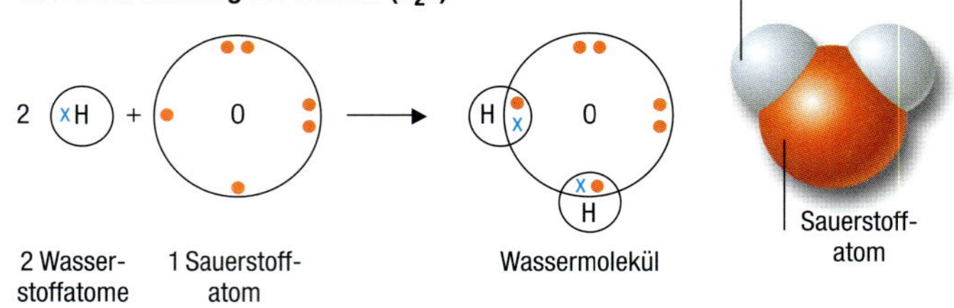


**Metallbindung** Metallatome haben vergleichsweise wenige Elektronen auf ihrer Außenschale. Daher geben diese Atome ihre Elektronen leicht ab und werden zu positiv geladenen Ionen. Die abgegebenen Elektronen bewegen sich frei zwischen den Ionen und bilden eine Art starken elektrostatischen Klebstoff: Zwischen den positiv geladenen Ionen und den negativ geladenen Elektronen herrschen starke Anziehungskräfte. Deshalb sind die meisten Metalle bei Raumtemperatur Feststoffe und haben einen hohen Schmelzpunkt.

## Chemische Reaktionen verstehen

Es kommt zu chemischen Reaktionen, wenn Elemente oder Verbindungen miteinander reagieren und neue Stoffe bilden. Die Stoffe, die vor der Reaktion vorliegen, sind die Reaktanten, während man die Stoffe, die nach der Reaktion vorhanden sind, als Produkte bezeichnet.

**Reaktionsgeschwindigkeit** Wie schnell eine Reaktion abläuft – oder ob sie überhaupt erfolgt – hängt nicht nur von den Reaktanten ab, sondern auch von den Rahmenbedingungen. So kann ein gemeinsames Erwärmen der Reaktanten die Reaktion beschleunigen. In der Industrie kommen oft Katalysatoren zum Einsatz, um chemische Reaktionen zu beschleunigen oder zu ermöglichen. Metalle und Metalloxide können z. B. Reaktionen zwischen Gasen beschleunigen, da ihre Oberfläche Moleküle der Reaktanten absorbiert und diese so näher zueinander bringt. Ein Katalysator ist also an der Reaktion beteiligt, doch im Gegensatz zu den Reaktanten geht er unverändert aus der Reaktion hervor.

**Energiebilanz** Energie wird benötigt, um Bindungen zwischen Atomen aufzubrechen. Bei jeder chemischen Reaktion wird entweder Energie frei (wenn Bindungen entstehen) oder verbraucht. Eine Reaktion, bei der Energie frei wird, z. B. die Verbrennung von Kraftstoff, wird exotherm genannt. Eine Reaktion, bei der Energie aufgenommen wird, heißt endotherm, etwa die Bildung von Wasserstoff und gasförmigem Sauerstoff aus Wasser: Es wird Energie benötigt, um aus $H_2O$ die Atome H und O zu erhalten.

## Reaktionsgleichgewichte

Alle chemischen Reaktionen lassen sich in Gleichungen ausdrücken. Die Reaktion zwischen Natrium und Wasser kann folgendermaßen beschrieben werden:

**Natrium + Wasser ⟶ Natriumhydroxid + Wasserstoff**

Diese Gleichung zeigt jedoch nur, welche Stoffe an der Reaktion beteiligt sind. Drückt man die Reaktion mit ihren chemischen Formeln aus, so wird deutlich, was mit den beteiligten Atomen und Molekülen geschieht:

$$Na + H_2O \longrightarrow NaOH + H_2$$

Diese Gleichung ist jedoch nicht ausgeglichen, da auf der rechten Seite des Reaktionspfeils mehr Wasserstoffatome vorhanden sind als auf der linken Seite. Alle chemischen Reaktionen gehorchen dem Gesetz von der Erhaltung der Masse: Die Masse aller Produkte ist gleich der Masse aller Reaktanten. Deshalb muss auf beiden Seiten des Reaktionspfeils die gleiche Anzahl von Atomen vorhanden sein, damit die Reaktion korrekt dargestellt ist:

$$2Na + 2H_2O \longrightarrow 2NaOH + H_2$$

Jetzt erkennt man, dass sich bei der Reaktion von Natrium mit Wasser zwei Natriumatome mit zwei Wassermolekülen verbinden und zwei Natriumhydroxid- und ein Wasserstoffmolekül entstehen.

## SÄUREN UND BASEN

Alle Stoffe sind entweder sauer, basisch oder neutral. Diese Eigenschaft wird über den pH-Wert angegeben (lat. *potentia hydrogenii* = Stärke des Wasserstoffs). Neutrale Stoffe wie Wasser haben einen pH-Wert von 7, bei Säuren liegt der pH-Wert unter 7 und bei Basen über 7.

**Säuren** Wird eine Säure in Wasser gelöst, entstehen Wasserstoffionen. Wasserstoffatome in den Molekülen der Säure lösen sich aus den anderen Atomen und werden zu positiv geladenen Ionen ($H^+$), die sich frei in der Lösung bewegen.

Löst man das Gas HCl in Wasser, trennen sich Wasserstoff- und Chloratome voneinander und werden zu positiv geladenen Wasserstoffionen ($H^+$) und negativ geladenen Chloridionen ($Cl^-$) in wässriger Lösung, also zu Salzsäure. Die Zahl der Säuremoleküle, die auf diese Weise dissoziieren, bestimmt die Stärke der Säure. Eine starke Säure ist Salpetersäure ($HNO_3$), die in Düngern und Sprengstoffen zum Einsatz kommt. Schwache Säuren sind beispielsweise Essigsäure (oder Ethansäure, $CH_3CO_2H$), die in Essig vorkommt, und Zitronensäure ($C_6H_8O_7$), die Zitrusfrüchten den typisch sauren Geschmack verleiht.

**Basen** sind sozusagen das Gegenteil von Säuren, denn sie sind Verbindungen, die mit den Wasserstoffionen in Säuren reagieren und die Säure auf diese Weise neutralisieren. Wasserlösliche Basen werden als Alkalien bezeichnet.

Wird eine Säure von einer Base neutralisiert, entstehen ein Salz (über eine Ionenbindung, siehe S. 540) und Wasser. Mischt man beispielsweise Salzsäure (HCl) mit Kaliumhydroxid (KOH), entstehen Kaliumchlorid und Wasser:

KOH + HCl ▶ KCl + $H_2O$

**Alkalien** (Hydroxide der Alkalimetalle) sind Basen, die sich in Wasser lösen und dabei Hydroxidionen erzeugen ($OH^-$). Ein Beispiel hierfür ist Natriumhydroxid (NaOH), das bei der Herstellung von Seife oder Papier verwendet wird. Wird es in Wasser gelöst, brechen die Moleküle auf und bilden positiv geladene Natriumionen ($Na^+$) und negativ geladene Hydroxylionen ($OH^-$), die in Lösung gehalten werden. Die Stärke von Alkalien hängt davon ab, wie viele der Moleküle dissoziieren und dabei Hydroxidionen bilden.

Eine der wichtigsten Eigenschaften von Alkalien besteht darin, dass sie Öl und Fett in lösliche Seifen umwandeln, die sich mit Wasser abwaschen lassen. Daher werden sie in vielen Reinigungsmitteln verwendet.

Siehe auch
500–1 **Fossile Brennstoffe**
530–1 **Atomphysik**
536–7 **Atome und Moleküle**
538–9 **Das Periodensystem**

## ORGANISCHE VERBINDUNGEN

Kohlenstoff ist ein einzigartiges Element, weil seine Atome lange Ketten oder Ringe bilden können. So entstehen besonders große Moleküle. Weil viele dieser Verbindungen zunächst nur in lebenden Organismen angetroffen wurden, wird der betreffende Teilbereich der Chemie als organische Chemie bezeichnet. Viele industriell gefertigte Produkte zählen ebenfalls zur organischen Chemie, da ihre Moleküle aus Kohlenstoffringen oder -ketten bestehen.

**Kohlenwasserstoffe** sind die grundlegenden organischen Verbindungen. Sie kommen in Kraftstoffen vor und dienen als Ausgangsstoffe für Kunststoffe, Fasern, Gummi und Industriechemikalien.

**Aliphatische Verbindungen** heißen organische Verbindungen, deren Kohlenstoffatome in Ketten angeordnet sind. Sie gliedern sich in unterschiedliche Klassen, je nach der Molekülstruktur:

- **Alkane** haben Einfachbindungen zwischen den Kohlenstoffatomen. Das einfachste Alkan ist Methan ($CH_4$). Andere Alkane sind ebenfalls Kraftstoffe: Ethan ($C_2H_6$), Propan ($C_3H_8$) und Butan ($C_4H_{10}$).

**Propanmolekül**

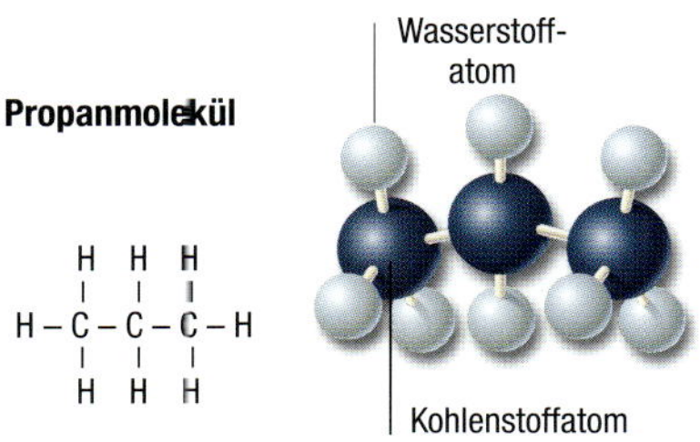


- **Alkene** haben mindestens eine Doppelbindung zwischen den Kohlenstoffatomen. Zu den Alkenen zählen Ethen ($C_2H_4$), Propen ($C_3H_6$) und Buten ($C_4H_8$). Die Doppelbindungen der Alkene können z. B. bei der Polymerisation aufgebrochen werden, einem Verfahren, bei dem sich viele einzelne Moleküle zu einem riesigen Molekül verbinden. Polyethylen etwa ist polymerisiertes Ethen.

**Ethenmolekül**

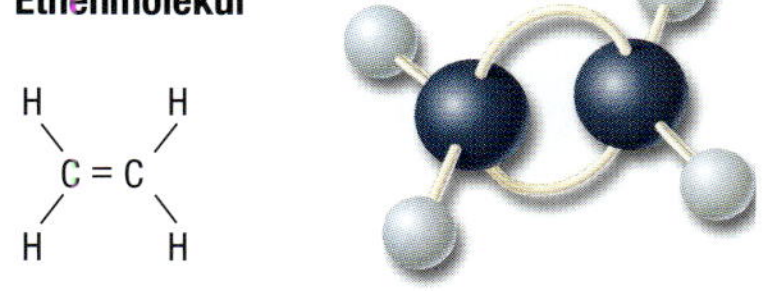

- **Alkohole** enthalten eine oder mehrere Hydroxylgruppen ($OH^-$). Hierzu zählt Ethanol ($C_2H_5OH$), der Alkohol in alkoholischen Getränken. Alkohol entsteht beim Gären von Hefen und wird in den unterschiedlichsten Produkten verwendet, von Farben über Klebstoffe bis hin zu Parfüm.

**Ethanolmolekül**

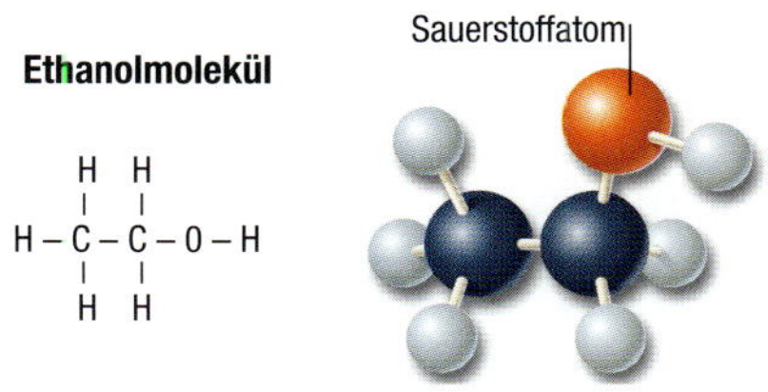


**Aromatische Verbindungen** sind organische Verbindungen, die ein Molekül enthalten, in dem sechs Kohlenstoffatome einen Ring bilden. Dieser Begriff stammt aus dem Jahr 1860, als Chemiker aus Kohlenteer mehrere solcher Verbindungen herauslösten, die einen starken, typischen Geruch hatten. Der einfachste aromatische Kohlenwasserstoff ist Benzol: Seine Molekularstruktur wird als Benzolring bezeichnet ($C_6H_6$). Die Wasserstoffatome können von einigen Atomen oder aromatischen Verbindungen ersetzt werden; so entsteht etwa Phenol ($C_6H_5OH$), wenn ein Wasserstoffatom eines Benzolrings durch eine Hydroxylgruppe ($OH^-$) ersetzt wird.

**Benzolring**

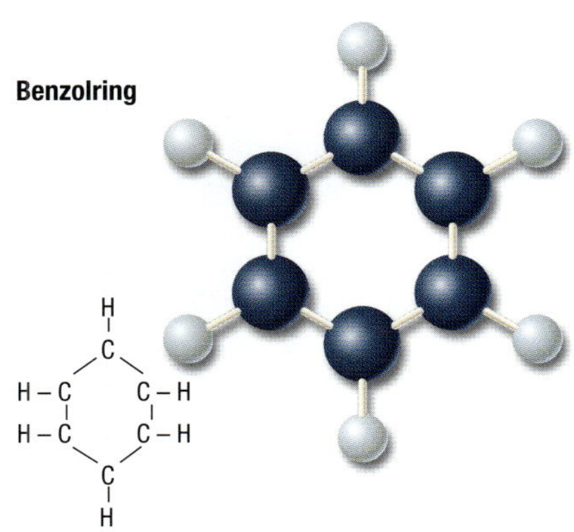

**Cracken** Langkettige Kohlenwasserstoffmoleküle lassen sich in kürzere Ketten aufspalten, um auf diese Weise nützliche Stoffe zu erzeugen. So enthält Rohöl, das in Ölfeldern gewonnen wird, viele Kohlenwasserstoffe wie Dekan, die nicht genutzt werden können. Beim Cracken wird das Rohöl in sauerstofffreier Umgebung auf Temperaturen zwischen 500 und 900 °C gebracht, unter Einsatz eines Katalysators entstehen Oktan und Ethen.

*Alle Organismen besitzen bestimmte Eigenschaften, durch die sie als lebendig definiert werden können. Eine dieser Eigenschaften betrifft die chemischen Elemente Kohlenstoff und Stickstoff. Kohlenstoff ist an fast allen biologischen Vorgängen beteiligt, u. a. an der Energieerzeugung. Stickstoff wiederum ist entscheidend für die Bildung von Proteinen. Alle lebenden Organismen gewinnen den benötigten Kohlenstoff ebenso wie den Stickstoff aus ihrer Umgebung und geben ihn im Rahmen des natürlichen Stoffkreislaufs wieder ab.*

## DER KOHLENSTOFFKREISLAUF

Kohlenstoff liegt in allen biologischen Molekülen vor. Es ist der wichtigste Bestandteil in Kohlenwasserstoffen, Proteinen und Fetten, aus denen alle lebenden Wesen bestehen. Die Energie, die die Stoffwechselprozesse antreibt, stammt aus der Verbrennung von kohlenstoffhaltigen Zuckern mit Sauerstoff, wobei Kohlendioxid als Abfallprodukt zurückbleibt. Grüne Pflanzen nutzen dieses Kohlendioxid, um über die Photosynthese wieder Zucker zu erzeugen; dabei entsteht Sauerstoff, den Tiere einatmen.

### Zweige der Biologie

Die Bezeichnung der einzelnen Gebiete richtet sich nach den untersuchten Organismen.
- Botanik: Pflanzen
- Entomologie: Insekten
- Herpetologie: Amphibien und Reptilien
- Ichthyologie: Fische
- Mikrobiologie: Bakterien und andere Mikroorganismen
- Mykologie: Pilze
- Ornithologie: Vögel
- Anthropologie: Menschen
- Zoologie: alle Tiere

Andere Forschungsgebiete erstrecken sich auf die verschiedenen Ebenen der Lebensprozesse: von Reaktionen auf molekularer Ebene bis zur Dynamik innerhalb riesiger Populationen.

**Die Molekularbiologie** befasst sich mit chemischen Reaktionen und dem Energieaustausch zwischen den Milliarden von Molekülen, aus denen ein lebender Organismus besteht.
**Die Zellbiologie** erforscht mithilfe von Methoden und Theorien aus Chemie und Physik Zellen, die die grundlegenden strukturellen und funktionellen Einheiten aller Organismen bilden.
**Die Populationsbiologie** untersucht Gruppen von Organismen in einem bestimmten Gebiet sowie deren wechselseitige Beziehungen.
**Die Ökologie** widmet sich den Interaktionen zwischen Organismen und ihrer Umwelt.

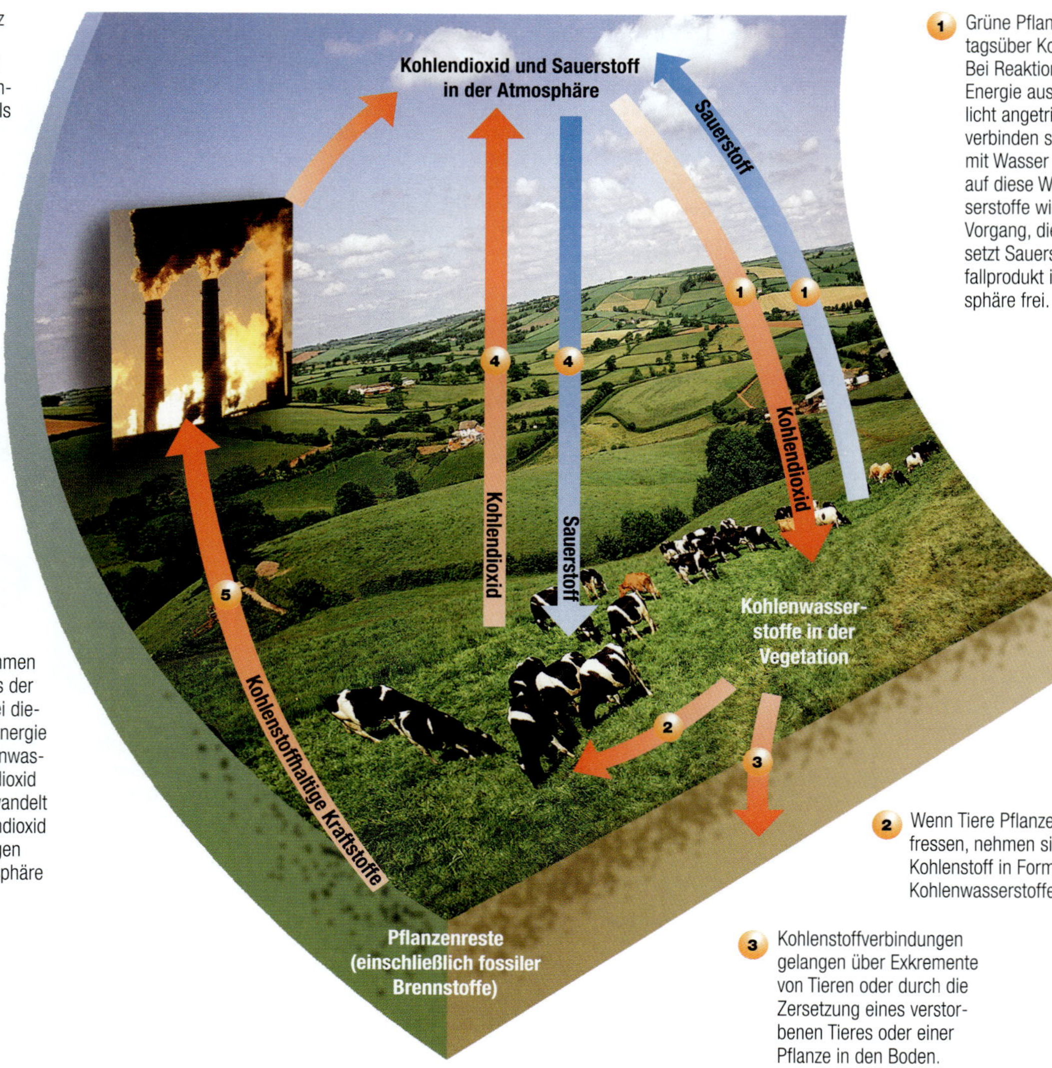


1 Grüne Pflanzen nehmen tagsüber Kohlendioxid auf. Bei Reaktionen, die von Energie aus dem Sonnenlicht angetrieben werden, verbinden sie Kohlendioxid mit Wasser und erzeugen auf diese Weise Kohlenwasserstoffe wie Zucker. Dieser Vorgang, die Photosynthese, setzt Sauerstoff ($O_2$) als Abfallprodukt in die Atmosphäre frei.

2 Wenn Tiere Pflanzen fressen, nehmen sie Kohlenstoff in Form von Kohlenwasserstoffen auf.

3 Kohlenstoffverbindungen gelangen über Exkremente von Tieren oder durch die Zersetzung eines verstorbenen Tieres oder einer Pflanze in den Boden.

4 Mit der Atmung nehmen Tiere Sauerstoff aus der Atmosphäre auf. Bei diesem Prozess wird Energie frei, während Kohlenwasserstoffe in Kohlendioxid und Wasser umgewandelt werden. Das Kohlendioxid wird durch die Lungen wieder in die Atmosphäre ausgeatmet.

5 Maschinen, die Holz oder fossile Brennstoffe wie Kohle, Öl oder Erdgas verbrennen, setzen ebenfalls Kohlendioxid in die Atmosphäre frei.

## WAS IST LEBEN?

Sechs Vorgänge und Eigenschaften sind kennzeichnend für alle lebenden Organismen. Nicht alle Organismen weisen jedoch sämtliche Vorgänge und Eigenschaften auf.

**Anpassung** Lebende Organismen passen sich kurzfristig an Veränderungen ihrer Umwelt an, z. B. suchen sie Schutz vor Unwettern oder Austrocknung. Langfristig passen sich Organismen im Verlauf der Evolution an immer wieder neue Bedingungen an.
**Wachstum** Organismen wachsen kontrolliert. Wenn tote Materie wächst, dann handelt es sich nur um Ablagerungen (auf äußeren Schichten). Pflanzen wachsen ihr gesamtes Leben, Tiere in der Regel nur bis zur Geschlechtsreife. Doch auch wenn ein Tier nicht mehr an Größe zunimmt, erneuern sich seine Zellen ständig.
**Stoffwechsel** In jedem Organismus spielt sich dieses komplizierte System chemischer Reaktionen ab, bei dem zum einen einfache Stoffe in komplexere umgewandelt werden (Anabolismus, z. B. die Bildung von Zuckern in Pflanzen durch die Photosynthese); zum anderen werden komplexe Verbindungen in einfachere Substanzen aufgespalten (Katabolismus, z. B. die Aufspaltung von Zuckern bei der Atmung zur Energiefreisetzung). Bei jedem Stoffwechsel entstehen unerwünschte und/oder giftige Stoffe, die als Exkremente ausgeschieden werden.
**Bewegung** Die meisten Tiere können einen Teil ihres Körpers oder den gesamten Körper frei von einem Platz zu einem anderen bewegen. Pflanzen können nur einzelne Teile bewegen, beispielsweise ihre Blätter mit dem Sonnenlicht drehen und die Wurzeln nach unten wachsen lassen.
**Fortpflanzung** Jeder lebende Organismus stirbt irgendwann, deshalb muss er sich selbst reproduzieren können, damit die Art nicht ausstirbt. Die Fortpflanzung kann männliche und weibliche Zellen der gleichen Art erfordern (*sexuelle* Fortpflanzung), doch es gibt auch Organismen, die sich selbst ohne Hilfe anderer fortpflanzen können (*asexuelle* Fortpflanzung).
**Reaktionen auf die Umwelt** Lebende Organismen reagieren auf externe Reize (Stimuli) wie Hitze, Licht, Geräusche und Berührungen. Pflanzen reagieren darauf in der Regel wesentlich langsamer als Tiere, doch gibt es Ausnahmen (siehe rechts).

**In der Falle** Die Venusfliegenfalle klappt ihre Blätter sofort zusammen, sobald ein Insekt die Oberfläche berührt. Bewegungen von Pflanzen verlaufen deutlich einfacher als die von Tieren.

## DER STICKSTOFF-KREISLAUF

Die Atmosphäre besteht zu 78 % aus gasförmigem Stickstoff, doch weder Pflanzen noch Tiere können diesen direkt verwerten. Pflanzen benötigen gebundenen Stickstoff in Form chemischer Verbindungen, den Nitraten, die sie in Proteine und andere Stoffe umwandeln. Tiere erhalten Stickstoff aus den Proteinen, die sie mit der Nahrung aufnehmen.

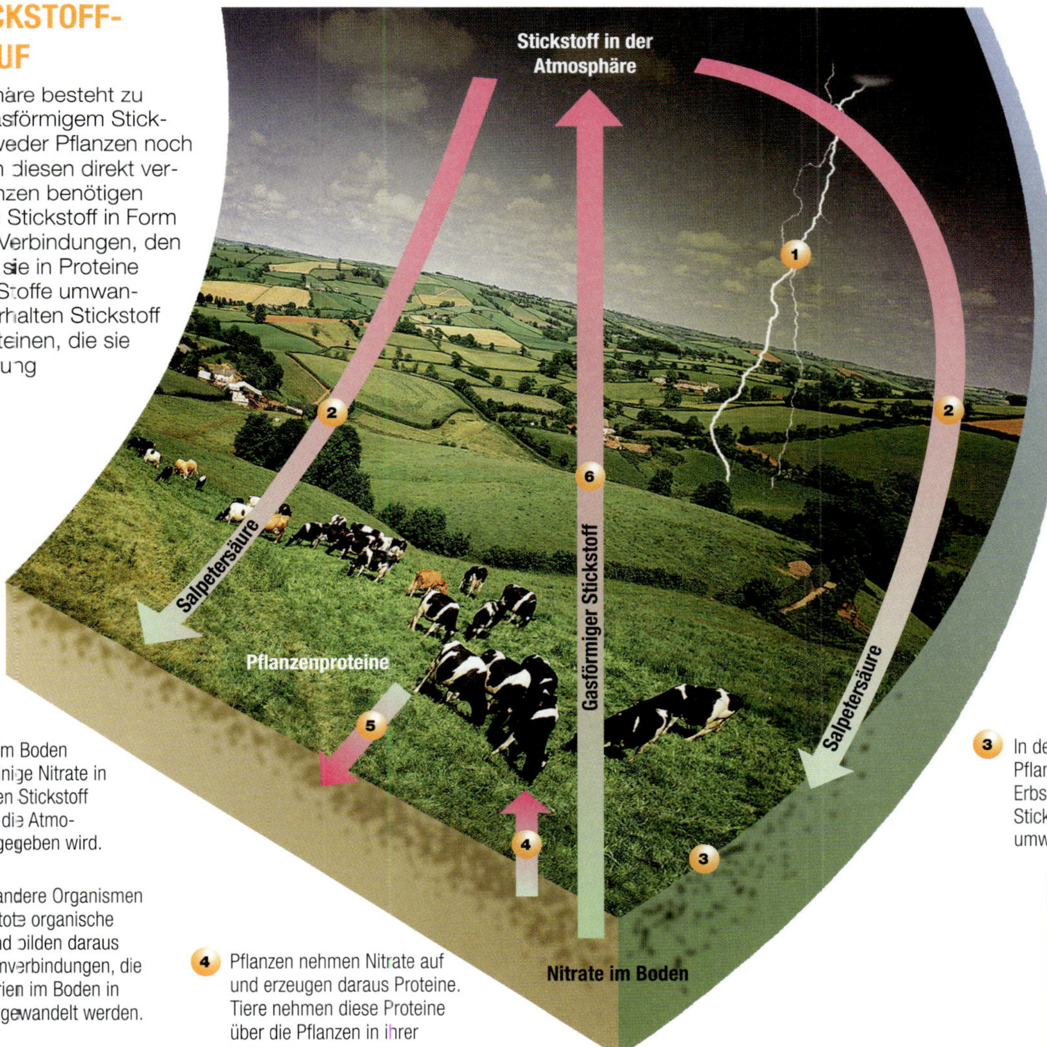


1 Blitze binden Stickstoff aus der Atmosphäre in Stickoxiden.

2 Stickoxide in der Atmosphäre lösen sich im Regen zu sehr leicht löslicher Salpetersäure auf, die in der Erde in Nitrate umgewandelt wird.

3 In den Wurzelknollen einiger Pflanzen wie Klee, Bohnen und Erbsen leben Bakterien, die Stickstoff direkt in Nitrate umwandeln können.

4 Pflanzen nehmen Nitrate auf und erzeugen daraus Proteine. Tiere nehmen diese Proteine über die Pflanzen in ihrer Nahrung auf.

5 Pilze und andere Organismen zersetzen tote organische Materie und bilden daraus Ammoniumverbindungen, die von Bakterien im Boden in Nitrate umgewandelt werden.

6 Bakterien im Boden wandeln einige Nitrate in gasförmigen Stickstoff um, der in die Atmosphäre abgegeben wird.

Siehe auch
74–75 **Wie Pflanzen leben**
544–5 **Strukturen des Lebens**
546–7 **Angeborene Merkmale**

*Lebende Organismen kommen in den unterschiedlichsten Größen und Formen vor, doch in ihrem grundsätzlichen Aufbau ähneln sie sich alle auf erstaunliche Weise. Alle Lebewesen bestehen aus vergleichbaren Bausteinen, den Zellen. Viele Zellen mit bestimmten Funktionen bilden Gewebe, aus denen die Organe einer Pflanze oder eines Tieres bestehen.*

**FAKTEN**
Robert Hooke prägte 1665 das Wort Zelle, als er die Zellen einer Rinde mit denen eines Klosters verglich.

## ZELLEN, GEWEBE UND ORGANE

Zellen sind die winzigen Bausteine, aus denen Organismen bestehen. Die meisten Zellen sind für das menschliche Auge nur unter dem Mikroskop sichtbar, lediglich Eizellen können wir mit dem bloßen Auge erkennen. Viele mikroskopisch kleine Organismen wie Bakterien und Amöben bestehen nur aus einer einzelnen Zelle, größere Organismen aus vielen, miteinander verbundenen Zellen. Einfache Vielzeller wie Schwämme setzen sich aus wenigen, willkürlich angeordneten verschiedenen Zelltypen zusammen. Die meisten Pflanzen und Tiere verfügen über viele spezialisierte, in Geweben angeordnete Zelltypen.

Ein Gewebe besteht aus nur einem Zelltyp, der eine bestimmte Funktion hat. Tierische Gewebe sind etwa Muskeln – Zellen, die sich zusammenziehen können – oder Nerven, deren Zellen elektrische (nervöse) Impulse weiterleiten. Bei den meisten Pflanzen und Tieren bilden einzelne Gewebe die Organe. Einige Organe bestehen aus nur einem einzigen Gewebetyp, das Herz etwa aus Herzmuskel- und nur sehr wenig anderem Gewebe. Die meisten anderen Organe setzen sich jedoch aus mehreren Gewebearten zusammen. Organe können wiederum mit anderen Organen verknüpft werden und in Organsystemen zusammenarbeiten.

**Zellstruktur** Alle lebenden Zellen haben folgende vier Eigenschaften:

- eine Zellmembran, die den Inhalt der Zelle von der Umwelt trennt;
- Zytoplasma, eine gallertartige Substanz, die die Zelle ausfüllt;
- Ribosomen, an denen die Proteinsynthese stattfindet;
- eine DNA, also die Bauanleitung, die es der Zelle ermöglicht, richtig zu funktionieren und sich zu vermehren.

Biologen teilen lebende Zellen in zwei Gruppen ein: Zellen mit Zellkern und solche ohne Zellkern. Die einzigen Organismen, deren Zellen keinen Zellkern besitzen, sind Bakterien und Cyanobakterien (auch als Blaualgen bezeichnet). Dies sind die primitivsten Lebensformen auf der Erde. Sie werden in der biologischen Klasse der *Monera* zusammengefasst.

In allen anderen Klassen – *Protista* (einschließlich Amöben), *Fungi*, *Plantae* und *Animalia* – liegen Zellen vor, deren Kern die DNA (Abkürzung der englischen Bezeichnung *desoxyribonucleic acid*) enthält. Diese Zellen haben außerdem einige andere gemeinsame Eigenschaften, beispielsweise die Organellen, die (außer Ribosomen) in Bakterien und Cyanobakterien fehlen. Organellen haben die unterschiedlichsten Aufgaben innerhalb einer Zelle.

## ZELLTYPEN

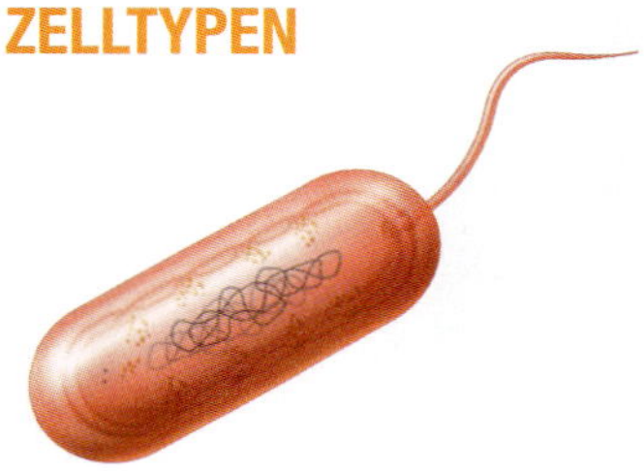

**Bakterienzelle** Bakterien haben keinen Zellkern; das Genmaterial ist ein einfacher DNA-Strang.

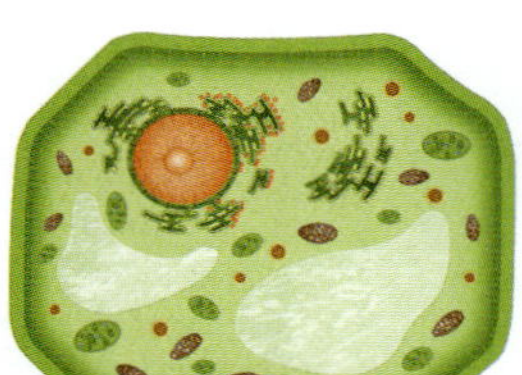

**Pflanzenzelle** Zellen von Grünpflanzen haben Chloroplasten, feste Zellwände und meist eine mit Flüssigkeit gefüllte Vakuole.

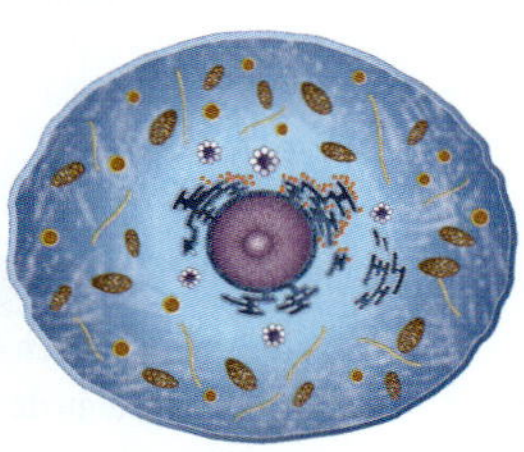

**Tierische Zellen** haben keine feste Zellwand und keine Vakuole, sie sind unregelmäßig geformt.

## Bau einer Pflanzenzelle

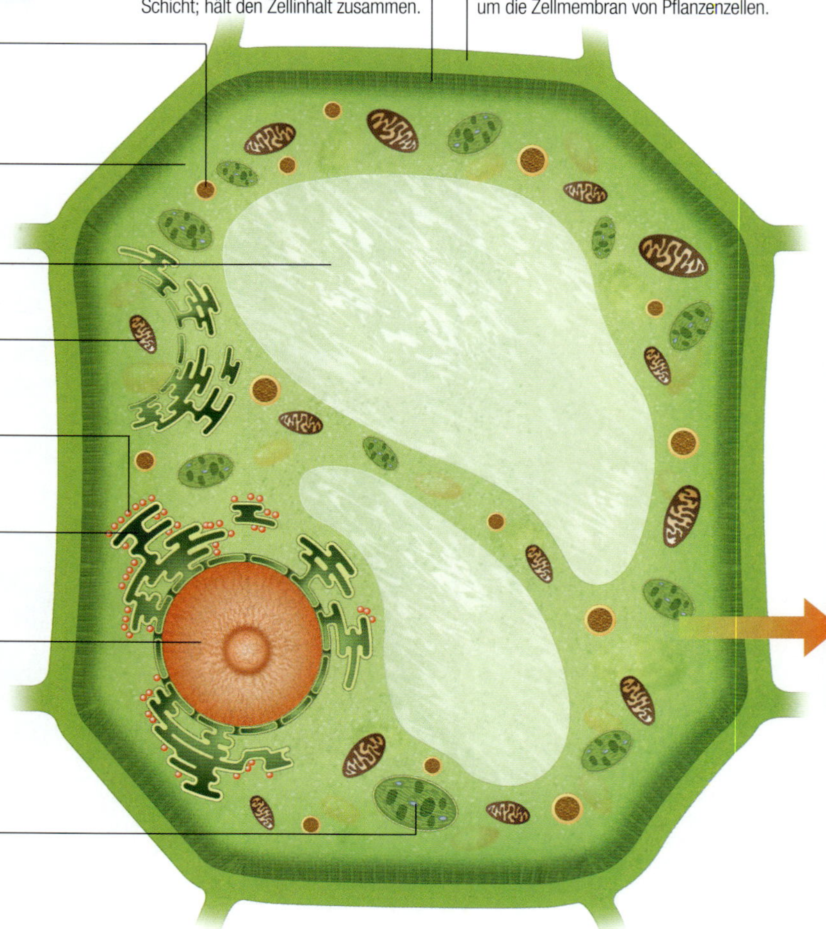

## DIE CHEMISCHEN GRUNDLAGEN DES LEBENS

Im Körper eines Tieres macht Wasser normalerweise etwa 60 % seines Gewichts aus, in einer Pflanze ist dieser Prozentsatz noch höher. Außer Wasser sind die wichtigsten chemischen Stoffe, die in allen Lebewesen vorkommen, Nukleinsäuren (die Bausteine von DNA und RNA, siehe S. 150–51), Proteine, Kohlenhydrate und Lipide.

**Proteine** sind der Baustoff für die meisten Elemente eines Tierkörpers, außerdem bilden sie die Enzyme, die alle biochemischen Vorgänge in Zellen steuern. Proteine bestehen aus Ketten von kleinen Molekülen, den Aminosäuren. Es gibt insgesamt etwa 100 verschiedene Aminosäuren, doch die Proteine in tierischen Lebewesen bestehen aus nur etwa 20 verschiedenen, die sich in essenzielle und nichtessenzielle Aminosäuren gliedern. Letztere können aus anderen Proteinen gebildet werden. Die essenziellen Aminosäuren dagegen müssen über die Nahrung aufgenommen werden.

Enzyme sind spezialisierte Proteine, die aus 100–1000 Aminosäuren bestehen. Die Kette dieser Aminosäuren in einem Enzym faltet sich in eine einzigartige Form, um auf diese Weise eine spezielle chemische Reaktion zu beschleunigen. Es gibt tausende verschiedener Enzyme. Im Zytoplasma eines einzelligen Bakteriums sind etwa 1000 verschiedene Enzyme vorhanden.

**Kohlenhydrate** Die grundlegende Aufgabe, die Kohlenhydrate in einem Organismus haben, ist die Bereitstellung von Energie. Ein Kohlenhydrat jedoch – Zellulose – bildet die Zellwand von Pflanzen und ist deren grundlegender Baustoff. Alle Kohlenhydrate bestehen aus Kohlenstoff-, Wasserstoff- und Sauerstoffatomen. In der Regel enthalten sie doppelt so viele Wasserstoffatome wie Sauerstoff- oder Kohlenstoffatome.

Kohlenhydrate lassen sich in drei Gruppen einteilen: Monosaccharide, Disaccharide und Polysaccharide. Monosaccharide sind einfache Zucker mit bis zu zehn Kohlenstoffatomen pro Molekül. Ein Beispiel ist Glukose, das an jeder Energieumwandlung in Zellen beteiligt ist (siehe unten). Disaccharide wie Saccharose (Rohrzucker) bestehen aus zwei miteinander verbundenen Monosaccharid-Molekülen. Sie müssen in Monosaccharide aufgespalten werden, bevor die Zellen ihre Energie nutzen können. Polysaccharide sind komplexe Kohlenhydrate und bestehen aus vielen miteinander verbundenen Monosacchariden. Die wichtigsten Polysaccharide sind Stärke und Zellulose. Stärke ist der wichtigste Energiespeicher von Pflanzen.

**Lipide** enthalten Kohlenstoff, Wasserstoff und Sauerstoff, aber deutlich weniger Sauerstoffatome als Kohlenhydrate. Zu den Lipiden zählen Fette, Öle, Wachse, Phospholipide (die die Zellmembran bilden) und Steroide (aus denen u. a. einige Hormone bestehen). Lipide sind schlecht wasserlöslich, doch sie speichern mehr als doppelt so viel Energie wie Kohlenhydrate.

## ENERGIE DURCH ATMUNG

Über den biochemischen Vorgang (innere Atmung) lassen Zellen Sauerstoff mit Glukose reagieren, wobei Kohlendioxid, Wasser und Energie entstehen. Die auf diese Weise erzeugte Energie treibt alle lebenserhaltenden Vorgänge an.

$$C_6H_{12}O_6 + 6O_2 \rightarrow 6CO_2 + 6H_2O + \text{Energie}$$

Glukose + Sauerstoff → Kohlendioxid + Wasser + Energie

Alle Lebewesen atmen. Wenn Sauerstoff vorhanden ist, ist dies ein besonders effizienter Vorgang, bei dem 37 % der gesamten Energie der Glukose vom Organismus genutzt werden können. Ohne Sauerstoff ist die Atmung weniger effizient. Dennoch läuft ein vereinfachter Prozess ab, bei dem Glukose in zwei Milchsäure- oder Brenztraubensäure-Moleküle aufgespalten wird.

### Tote Zellen und Zellprodukte

Ein Organismus besteht nicht nur aus lebenden Zellen. Ständig sterben Zellen ab, die meist sofort ersetzt werden. Aus vielen toten Zellen bestehen z. B. Haut, Haare, Federn, Nägel und Tierkrallen. Auch die schützende Borke eines Baumes und das Holz seines Stammes sowie seiner Äste setzen sich aus toten Zellen zusammen (nur die dünne Cambium-Schicht unter der Borke lebt, siehe S. 76). Viele andere biologische Materialien wie etwa Knochen und Muschelschalen sind unbeteiligte Stoffe, die von den Zellen eines Organismus ausgeschieden werden.

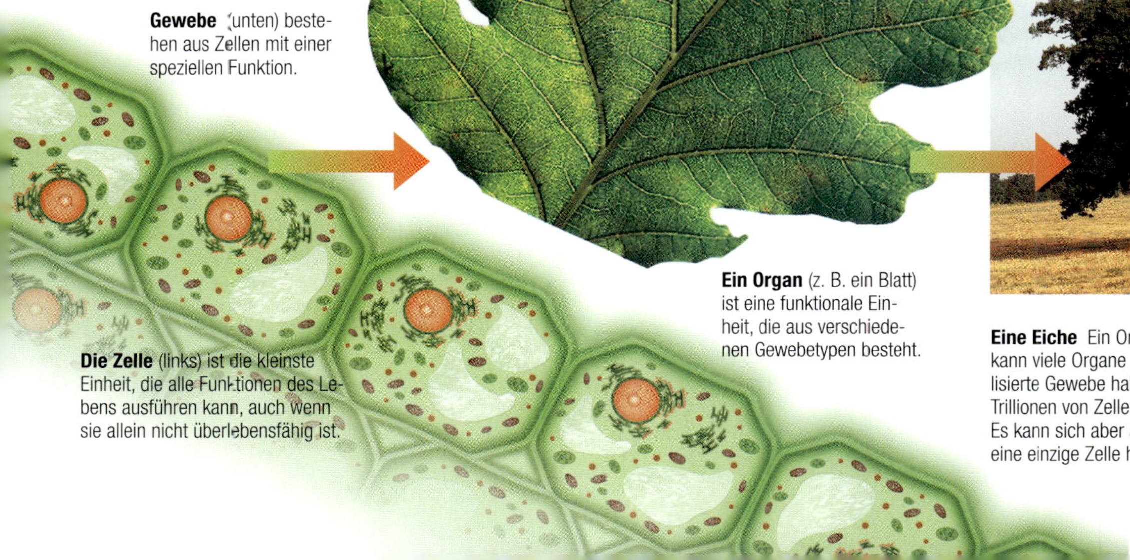

**Gewebe** (unten) bestehen aus Zellen mit einer speziellen Funktion.

**Die Zelle** (links) ist die kleinste Einheit, die alle Funktionen des Lebens ausführen kann, auch wenn sie allein nicht überlebensfähig ist.

**Ein Organ** (z. B. ein Blatt) ist eine funktionale Einheit, die aus verschiedenen Gewebetypen besteht.

**Eine Eiche** Ein Organismus kann viele Organe und spezialisierte Gewebe haben und aus Trillionen von Zellen bestehen. Es kann sich aber auch um eine einzige Zelle handeln.

Siehe auch
74–75 **Wie Pflanzen leben**
542–3 **Lebensprozesse**
546–7 **Angeborene Merkmale**

*Das Aussehen eines Organismus wird von den Genen, die er von seinen Eltern erhalten hat, bestimmt. Die Regeln, nach denen diese Vererbung erfolgt, entdeckten Wissenschaftler in der zweiten Hälfte des 19. Jh. Sie gelten für alle Lebewesen unserer Erde. Die Entdeckung der Vererbungsregeln war die Geburtsstunde eines neuen Zweigs der Biologie: der Genetik.*

## VERERBTE CHARAKTERZÜGE

Gregor Mendel (1822–84) entdeckte erstmals, wie Eigenschaften von einer Generation an die nächste weitergegeben werden, indem er in den 1860er-Jahren mit Erbsen experimentierte.

Mendel fragte sich, warum Erbsen entweder violette oder weiße Blüten haben und niemals Mischtöne auftreten. Als er eine rein violette Pflanze mit einer rein weißen Pflanze kreuzte, hatten die Nachkommen (die F1-Generation) immer violette Blüten. Doch als er eine der F1-Pflanzen mit den Pollen einer anderen Pflanze der gleichen Generation befruchtete, traten in der folgenden Generation (F2) einige weiße Blüten auf sowie einige violette, und zwar im Verhältnis 1:3. Aus diesen Ergebnissen entwickelte er die Theorie, dass die Vererbung eines Merkmals von gepaarten Faktoren abhängt (heute als Gene bezeichnet). Obwohl ein Individuum für jedes Merkmal zwei verschiedene Formen (Allelen) eines Gens erbt – eine Form von jedem Elternteil –, tritt nur eine davon in Erscheinung. Dennoch können beide Formen an die Nachkommen weitergegeben werden.

Die Erklärung hierfür liegt darin, dass einige Allele dominant sind, also ein sichtbares Merkmal erzeugen, auch wenn ein anderes Merkmal rezessiv (nicht sichtbar) vorhanden ist. Die F1-Erbsen tragen alle ein dominantes Allel für violette Blüten (P) und ein rezessives Allel für weiße Blüten (w); ihr Genotyp, d. h. genetisches Muster, ist also Pw. In der F2-Generation wurden die Pw-Erbsen untereinander befruchtet: Es entstanden Erbsen mit den Genotypen PP, Pw, wP und ww. Nur die Erbsen mit zwei rezessiven Allelen (ww) hatten weiße Blüten, alle anderen waren violett. Mendel kreuzte auch Pflanzen mit gelben und grünen Samen sowie mit glatten und runzligen Samen. Er fand heraus, dass auch diese Merkmale nach den gleichen Regeln bestimmt wurden. Heute weiß man jedoch, dass einige Merkmale (wie die Haarfarbe beim Menschen) von mehreren Genen bestimmt werden. Das Vererbungsmuster ist also nicht bei allen Merkmalen so eindeutig.

**Mendels Erbsen** Dieses Diagramm zeigt die Stufen von Mendels Experiment bei der Züchtung von Erbsen. Dominante Gene (Allele) werden üblicherweise mit einem Großbuchstaben dargestellt, rezessive mit einem Kleinbuchstaben. Hier ist das dominante Allel die violette Blütenfarbe (P), das rezessive die weiße Farbe (w).

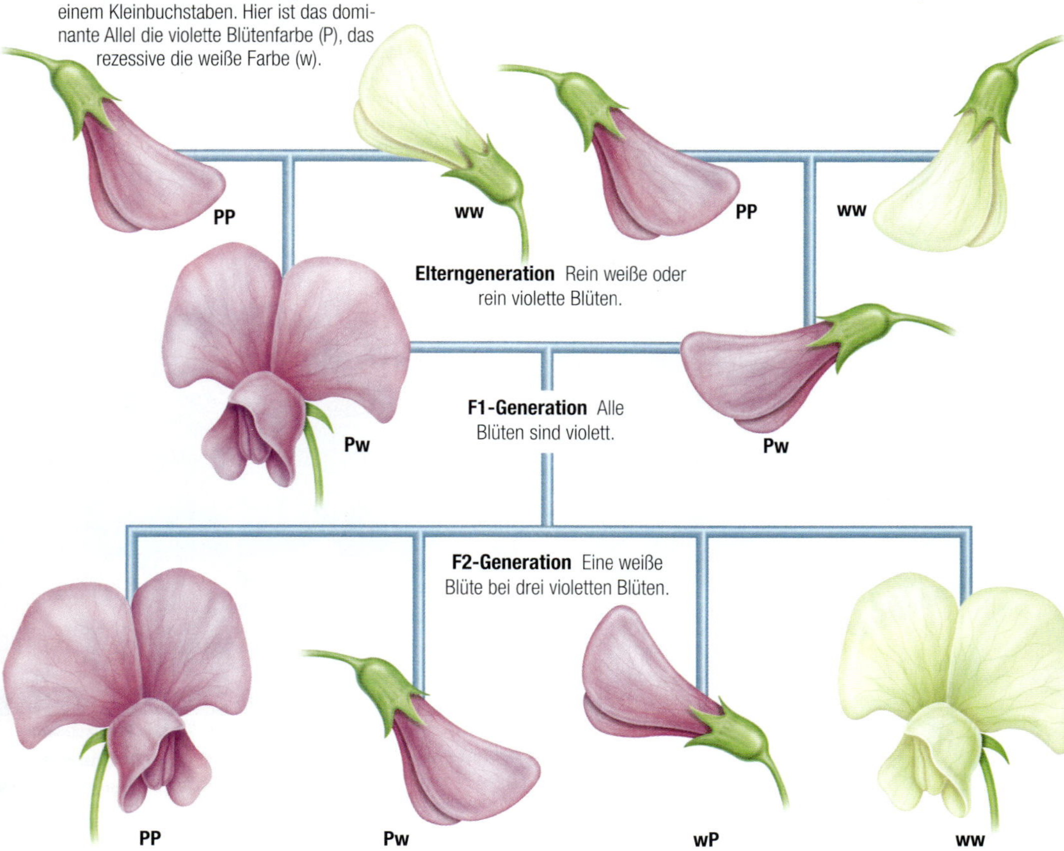


## WAS IST EIN INDIVIDUUM?

Jede einzelne Zelle eines Lebewesens enthält genügend Informationen, um daraus eine komplette Kopie dieses Organismus erstellen zu können. Diese Informationen sind im Kern jeder Zelle in den Chromosomen gespeichert.

Chromosomen treten immer paarweise auf und haben in der Regel die gleiche Größe und Form. Bei jedem Chromosomenpaar stammt eine Hälfte vom weiblichen Elternteil und die andere Hälfte vom männlichen. Verschiedene Organismen haben auch unterschiedlich viele Chromosomen in jeder Zelle. Menschen haben 23 Chromosomenpaare, Hühner 18, Erbsen sieben und Fruchtfliegen vier.

Chromosomen bestehen in erster Linie aus DNA (siehe S. 150–51), die sich wiederum aus vier chemischen Einheiten, den Basen, zusammensetzen. Gene, die körperliche Eigenschaften festlegen, sind bestimmten DNA-Abschnitten zugeordnet, also bestimmten Basensequenzen. Es handelt sich praktisch um Bauanleitungen in einem chemischen Alphabet aus vier Buchstaben. Die Gene in den Chromosomen mischen sich, wenn neue Eier oder Spermien entstehen (siehe S. 547) – deshalb sieht jedes Lebewesen einzigartig aus, außer eineiige Zwillinge.

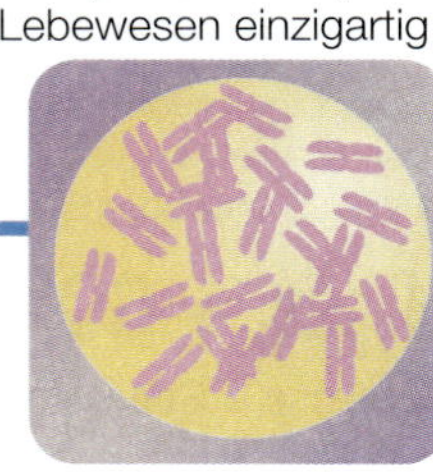

### Männlich, weiblich

Das Geschlecht eines Organismus wird von seinen Geschlechtschromosomen bestimmt. Bei den meisten Arten liegen zwei Typen vor: X- und Y-Chromosom. Weibliche Lebewesen haben zwei X-Chromosomen in jeder Körperzelle, alle männlichen ein X- und ein Y-Chromosom.

Alle Eier enthalten ein X-Chromosom, während die Hälfte der männlichen Spermazellen ein X-Chromosom und die andere Hälfte ein Y-Chromosom trägt. Wenn eine X-Spermazelle ein Ei befruchtet, entsteht ein XX-Chromosomensatz, also ein weiblicher Nachkomme. Wenn hingegen eine Y-Spermazelle ein Ei befruchtet, entsteht ein Männchen mit einem XY-Chromosomensatz.

## WACHSTUM DURCH ZELLTEILUNG

Wachstum erfordert eine höhere Zahl an Zellen in einem Organismus. Den Vorgang der Zellteilung bezeichnen Biologen als Mitose. Die Elternzelle teilt sich in zwei Tochterzellen, die sich einander sowie den Elternzellen in jeder Hinsicht gleichen, sogar in der Chromosomenzahl im Zellkern. Tatsächlich tragen alle Zellen eines Organismus, also nicht nur die Keimzellen, eine genetische Kopie des gesamten Organismus in sich. Der Zellkern teilt sich stets vor dem Rest der Zelle.

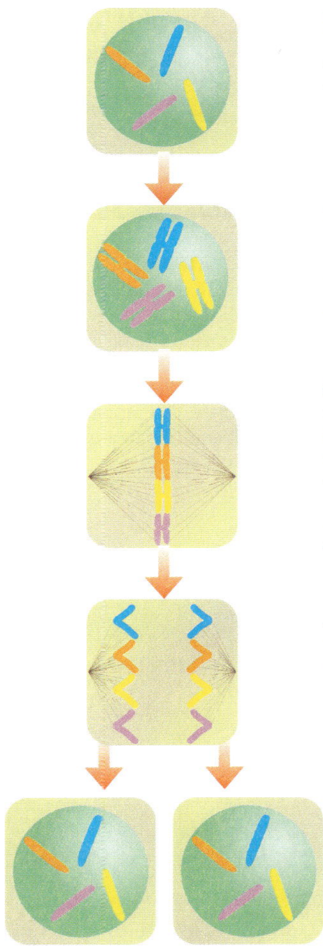

**1** Kurz vor der Zellteilung werden die Chromosomen im Zellkern kürzer und dicker. Sie sind dann im Mikroskop erkennbar.

**2** Jedes Chromosom erzeugt eine Kopie von sich selbst. Das Originalchromosom und seine Kopie sind noch in der Mitte miteinander verbunden.

**3** Die verbundenen Chromosomen ordnen sich in der Mitte der Zelle an. Es entstehen die Spindelfasern, die sich über die ganze Länge der Zelle erstrecken; mit diesen verbinden sich die Chromosomenkopien. Jetzt werden sie geteilt und zu den entgegengesetzten Enden der Zelle gezogen.

**4** Um die zwei Chromosomengruppen herum bildet sich eine neue Kernmembran. Durch die Mitte der Zelle entsteht eine neue Zellmembran (nicht abgebildet).

**5** Die Zellmembran teilt sich und bildet so zwei einzelne Zellen. Die Chromosomen beginnen sich zu strecken, werden länger und dünner, bis sie auch durch ein Mikroskop nicht mehr erkennbar sind.

Die gesamte Mitose dauert bei Bakterien etwa 15–20 Minuten, bei den meisten Tieren und Pflanzen jedoch 18–20 Stunden. Die Zellen wachsen anschließend auf ihre normale Größe heran, bis sie sich wieder teilen können.

## TEILUNG VON KEIMZELLEN

Die Gene werden von den Eltern an die Nachkommen über die Keimzellen oder Gameten weitergegeben, also über Spermien bzw. Eizellen. Diese Zellen enthalten zwar nur die Hälfte der normalen Chromosomenzahl, tragen aber eine Auswahl an den von der vorherigen Generation ererbten Merkmalen. Sie entstehen durch eine besondere Form der Zellteilung, die Meiose, die beim Menschen in den Eierstöcken bzw. Hoden abläuft.

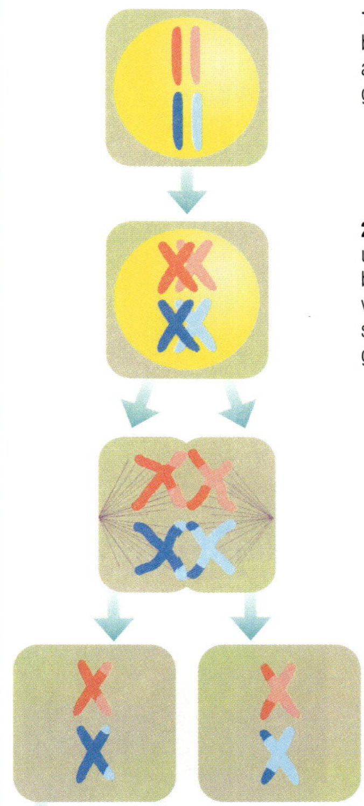

**1** In der ersten Phase der Meiose bewegen sich die Chromosomen aufeinander zu und legen sich in ihrer gesamten Länge aneinander.

**2** Die Chromosomen teilen sich längs und bilden eine Zwillingsstruktur, wobei sie in der Mitte noch miteinander verbunden sind. Diese Doppelchromosomen überkreuzen sich und tauschen genetisches Material miteinander aus.

**3** Die doppelten Paare mit den neu gemischten Genen trennen sich und werden zu den entgegengesetzten Enden der Zelle gezogen. Dort bildet sich je ein Zellkern, die Zelle halbiert sich.

**4** Die doppelten Chromosomen richten sich jetzt in der Mitte jeder neuen Tochterzelle aus.

**5** Schließlich teilen sich die doppelten Chromosomen, jede Tochterzelle teilt sich wie bei der Mitose in zwei einzelne Zellen. So entstehen vier Zellen mit dem genetischen Material sowie je der halben Chromosomenzahl beider Elternzellen.

### Schlüsselbegriffe in der Genetik

**Allel** Eine von zwei oder mehr möglichen Formen eines Gens.
**Base** Einer der chemischen Bausteine, aus denen die DNA besteht (siehe S.151).
**Dominanz** Ein Allel ist dominant gegenüber einem anderen, wenn die Eigenschaft, die in dem dominanten Allel kodiert ist, bei einem Organismus zum Ausdruck kommt, während das andere Allel sein Merkmal nicht durchsetzt.
**Gene** Das Material, das alle ererbten Eigenschaften bestimmt; sie steuern den Aufbau bestimmter Proteine.
**Genom** Die Sequenz der Basen in der DNA in den Chromosomen eines Organismus.
**Heterozygot** Ein Organismus, der ungleiche Allele für eine bestimmte Eigenschaft von seinen Eltern erhalten hat.
**Homozygot** Ein Organismus, der gleiche Allele für eine bestimmte Eigenschaft von beiden Eltern erhalten hat.
**Meiose** Die Teilung von Keimzellen, bei der die Chromosomenzahl halbiert wird.
**Mitose** Die Zellteilung für das Wachstum des Organismus, bei der die Tochterzellen die gleiche Chromosomenzahl wie die Elternzellen haben.
**Phänotyp** Das äußerlich sichtbare Merkmal, das von Genen bestimmt wird.
**Rezessiv** Ein Allel ist rezessiv, wenn das von diesem Allel bestimmte Merkmal nur zum Ausdruck kommt, wenn ein Individuum von beiden Elternteilen das Allel geerbt hat. Ein rezessives Allel tritt mitunter erst in einer späteren Generation auf.

Siehe auch
150–1 **Zellen und DNA**
542–3 **Lebensprozesse**
544–5 **Strukturen des Lebens**

*Archäologen tragen Wissen über untergegangene Kulturen zusammen, indem sie Überbleibsel dieser Kulturen systematisch untersuchen – von Gebäuden und Booten bis hin zu Werkzeugen, Kleidung und Waffen. Wissenschaftler unterschiedlicher Fachrichtungen orten, interpretieren und datieren solche Funde, neue Techniken präzisieren die Analysen.*

## ARCHÄOLOGEN BEI DER ARBEIT

An einer archäologischen Stätte wird zunächst das Grabungsgebiet eingegrenzt und vermessen. Dann beginnen die Ausgrabungen. Gebäude, Tempel und Gräber werden freigelegt und ihr Inhalt präzise lokalisiert und untersucht. Einzelne Objekte kommen schließlich zur detaillierten Analyse ins Labor. Am Beispiel der Pyramiden von Sipán in Peru wird deutlich, wie eine der bedeutendsten Ausgrabungen der jüngeren Zeit ablief.

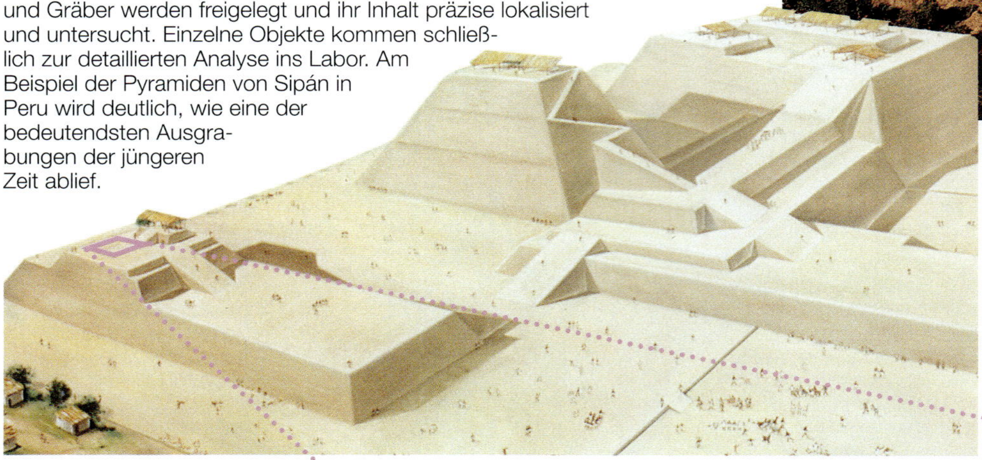

**1 Die Grabungsstätte** Im Jahr 1987 machte man in Sipán, etwa 800 km nördlich von Lima, einen spektakulären Fund: das Grab eines Königs der Moche-Kultur voller Schätze aus dem 1.–3. Jh. v. Chr. (oben). Umgehend begannen Archäologen mit den Ausgrabungen.

**2 Vermessung** Mithilfe einer Höhenlinienkarte von Sipán (oben) machten sich die Archäologen eine Vorstellung davon, wie die Stätte in antiker Zeit ausgesehen haben könnte. Der nächste Schritt der Ausgrabungen begann: die Vermessung. Auf einer genauen Umrisskarte wurden alle wichtigen Umgebungsmerkmale wie Flüsse oder antike Straßen eingetragen. Über diese Karte legte man ein Gitter, um alle Punkte exakt lokalisieren und jeden Fund präzise eintragen zu können. Anschließend erfassten die Wissenschaftler alle Funde an der Oberfläche des kartierten Bereichs. Sie wurden dann entfernt, damit die eigentlichen Ausgrabungen beginnen konnten.

**3 Ausgrabungen** nehmen viel Zeit in Anspruch – in Sipán mehrere Jahre. Die Archäologen zeichneten den Fundort und die Lageverhältnisse der Funde genau auf, bevor sie diese zu weiteren Untersuchungen ins Labor brachten. Winzige Fragmente z. B. von Töpferarbeiten sammelten sie, indem sie den gesamten Boden gründlich siebten. Zum Einsatz kamen diverse Werkzeuge, von feinen Pinseln, um Erde von den kleinsten Funden abzubürsten, bis zu Baggern, die die Erde abtrugen und Bodenprofile ermöglichten.

## Altersbestimmung bei Bäumen

Die Dendrochronologie, die Wissenschaft von der Altersbestimmung durch Holzreste, hilft Archäologen bei der Altersbestimmung von Ausgrabungsstätten. In jedem Jahr entwickelt sich bei Bäumen ein neuer Jahresring um den Stamm. Die Dicke des Ringes richtet sich nach Umweltfaktoren wie Temperaturen oder Niederschlagsmengen. Im Laufe der Zeit bilden diese Jahresringe typische Muster, die bei allen Bäumen der gleichen Art in einem bestimmten Gebiet identisch sind. Durch Auswertung der Ringe lässt sich errechnen, wie alt ein Baum war, als er starb oder gefällt wurde.

Zur Altersbestimmung von Gegenständen aus Holz, z. B. eines hölzernen Schiffsmastes, werden die Muster der Jahresringe mit anderen Gegenständen aus Hölzern verglichen, deren Alter bekannt ist, um auf diese Weise übereinstimmende Muster zu finden.

Da die Jahresringe und ihre Muster je nach klimatischen Verhältnissen variieren, lassen sich am Holz auch Naturereignisse wie Dürren, Eiszeiten oder von Menschen verursachte Veränderungen ablesen. Bestimmte Bäume sind für Dendrochronologen besonders wertvoll, da sie mehrere Jahrhunderte alt werden. Die Amerikanische Borstenkiefer beispielsweise kann 4500 Jahre alt werden und somit Aufschlüsse über die Zeit geben, in der der Mensch geschichtliche Ereignisse noch nicht schriftlich dokumentierte.

## Messung des Zerfalls

**Radiokarbonmethode**
Mit der Radiokarbon- oder C-14-Methode lassen sich Proben mit einem Alter bis zu 35 000 Jahre bestimmen.

Die Methode beruht darauf, dass jeder Organismus während seines Lebens radioaktiven Kohlenstoff (C-14) aufnimmt. Wenn ein Tier oder eine Pflanze stirbt, nimmt es kein weiteres C-14 auf, und das bereits vorhandene C-14 zerfällt zu Stickstoff-14.

Wissenschaftler können die Existenz des radioaktiven C-14 nachweisen und den Zerfall messen. So bestimmen sie den C-14-Gehalt eines Objekts, z. B. im Holzmast eines Schiffes. Dann vergleichen sie den gemessenen Wert mit dem C-14-Wert eines lebenden Baumes und können errechnen, wann der Baum starb. Dies lässt genaue Rückschlüsse auf das Baujahr des Schiffes zu.

**Thermolumineszenzmethode**
Bei Objekten, die älter als 35 000 Jahre sind, greifen die Wissenschaftler auf die so genannte Thermolumineszenzmethode zurück. Sie eignet sich jedoch nur für Objekte, die Mineralien wie Quarz enthalten.

- Aufgrund der radioaktiven Hintergrundstrahlung, der jedes Objekt ausgesetzt ist, gewinnt das Mineral eine bestimmte, latente Lumineszenz.
- Wenn die Wissenschaftler ein Objekt wieder Hitze oder Licht aussetzen, wird die Lumineszenz frei und kann mit einem Lichtdetektor (PMT) gemessen werden.
- Anhand der Menge der frei gewordenen Lumineszenz kann bestimmt werden, wann das Objekt zum letzten Mal Hitze oder Licht ausgesetzt war. Auf diese Weise lässt sich das Alter relativ genau bestimmen.

**Königsgrab in Sipán** Hier hat ein Künstler dargestellt, wie der König bei seiner Beerdigung ausgesehen haben könnte. Sein Ohrschmuck besteht aus Gold und Türkis.

**4 Analysen** In diesem Stadium sind ganz besondere Kenntnisse erforderlich. Ein Anthropologe untersuchte ein Skelett aus Sipán und stellte fest, dass der Mann vermutlich an Arthrose gelitten hatte, doch da seine Zähne in gutem Zustand waren, hatte er sich vermutlich gesund ernährt. Er war im Alter von 35 bis 40 Jahren gestorben – für einen Moche ein hohes Alter. Zur Untersuchung von Gewebeproben setzen Wissenschaftler die Polymerase-Kettenreaktion (PCR) ein, mit der selbst die geringsten DNA-Spuren gefunden und ausgewertet und Einzelheiten über genetische Eigenheiten oder die Todesursache bestimmt werden können.

**FAKTEN**
**Hinweise aus der *Ilias* von Homer halfen Heinrich Schliemann, das verlorene Troja im Jahr 1870 aufzufinden.**

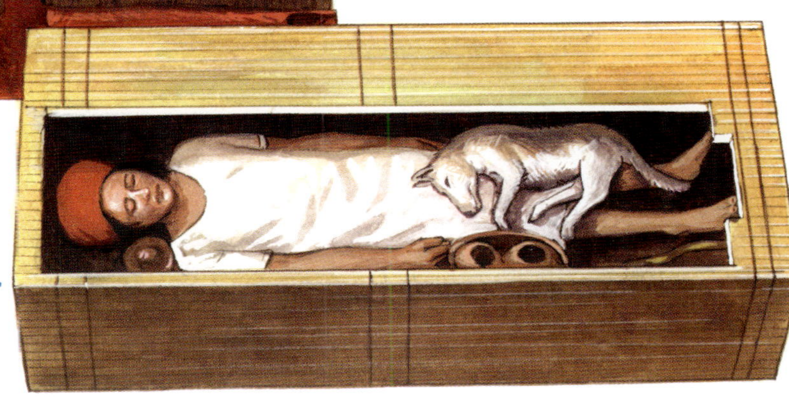

**Treu bis in den Tod** Zu Füßen des Königs fanden die Archäologen den Sarg eines Kindes, das zusammen mit seinem Hund begraben worden war.

Siehe auch
76–77 **Bäume**
166–7 **Vorgeschichtliche Welt**
532–3 **Radioaktivität**
550–1 **Rätsel der Vorzeit**

*Großartige Bauwerke wie die ägyptischen Pyramiden oder das rätselhafte Stonehenge haben die Menschheit von jeher an Wunder glauben lassen und zu Spekulationen und Mythenbildung angeregt. Erst mit Entstehung der wissenschaftlichen Archäologie im 19. Jh. begann man, die Relikte untergegangener Kulturen systhematisch zu erforschen.*

## ARCHÄOLOGISCHE FUNDSTÄTTEN

Weltweit haben archäologische Stätten entscheidend dazu beigetragen, längst verschwundene Zivilisationen Stück für Stück zu erhellen und zu verstehen. Einige archäologische Funde führten sogar dazu, dass die Geschichte neu geschrieben werden musste – in L'Anse aux Meadows in Neufundland, Kanada, stellten Wissenschaftler beispielsweise fest, dass die Wikinger die gefährliche Überfahrt über den Atlantik lange vor den spanischen Conquistadores gewagt und erfolgreich bewältigt hatten. Diese Karte zeigt 20 der wichtigsten historischen Fundstätten der Welt.

## Der Vater der Archäologie

Heinrich Schliemann (1822–90) gilt aufgrund seiner wegweisenden Ausgrabungsarbeiten als Vater der modernen Archäologie. Seine Methode, jeden Fund sorgsam aufzubewahren und korrekt zu kartografieren, entwickelte sich zum Grundprinzip der Archäologie. Er war der erste Wissenschaftler, der nicht nur großartige Bauwerke, sondern auch Alltagsgegenstände als wertvolle Funde zu schätzen wusste. Schliemann, seit seiner Kindheit von den griechischen Sagen fasziniert, spürte die Lage des antiken Troja und der Stadt Mykene auf.

**Ein Autodidakt** Schliemann verließ mit 14 Jahren die Schule und erwarb als Kaufmann ein Vermögen. Mit 41 Jahren setzte er sich zur Ruhe, um sich nur noch der Archäologie zu widmen.

**Maya-Krieger** Bilder wie auf diesem Teller aus Tikal liefern unschätzbare Informationen.

**Auge in Auge mit der Vergangenheit** Der französische Archäologe Franck Goddio untersuchte eine versunkene Sphinx bei Alexandria.

**Blendendes Gold** Howard Carter entdeckte das Grab von Tutanchamun intakt und unversehrt. Da Trümmer eines späteren Grabes den Sarg verdeckten, blieb er von Plünderern verschont.

## Der Mann, der Tutanchamun entdeckte

Nach mehr als 20 Jahren Ausgrabungstätigkeit entdeckte der britische Ägyptologe Howard Carter (1873–1939) im Jahr 1922 das wertvollste Grab, das jemals im Tal der Könige gefunden wurde. Darin ruhte der Pharao Tutanchamun, der im Jahr 1325 v. Chr. im Alter von nur 18 Jahren gestorben war. 1972 wurde der sensationelle Fund erstmals in London ausgestellt, seitdem zog er weltweit Millionen von Besuchern an.

**1 L'Anse aux Meadows, Kanada**
Wikingersiedlung,
1000 n. Chr.
Norwegische Archäologen gruben diese Stätte in den 1960er-Jahren aus. Sie beweist, dass die Wikinger lange vor Kolumbus (1492) amerikanischen Boden betreten hatten.

**2 Chaco Canyon, USA**
Anasazi-Kultur,
100 v. Chr.–1150 n. Chr.
Mehrstöckige Wohnhäuser, Säle für Zeremonien, Töpfer- und Handelswaren zeigen, wie hoch diese nordamerikanische Kultur entwickelt war.

**3 Teotihuacán, Mexiko**
Mittelamerikanische Stadt,
500–800 n. Chr.
Bei den Ausgrabungen kam das beeindruckende Bauwerk der Sonnenpyramide zum Vorschein, die dritthöchste Pyramide der Welt mit 75 m

19 Xian

Daro

**4 Tikal, Guatemala**
Stadt der Maya,
um 200 v. Chr.–900 n. Chr.
Das einstige Dorf hatte sich zur größten Stadt der Maya-Kultur entwickelt. Im Zentrum befanden sich Pyramiden sowie ein großer Platz für religiöse Zeremonien.

20 Lake Mungo

**5 Machu Picchu, Peru**
Siedlung der Inka,
bis 1450 n. Chr.
Dieser Komplex aus Tempeln, Bädern und Häusern hoch in den Anden kann eine Stadt oder eine Königsresidenz gewesen sein. Nach der Eroberung des Landes durch die Spanier 1450 wurde der Ort verlassen und erst 1911 wieder entdeckt.

**6 Great Zimbabwe, Simbabwe**
Stadt aus der Eisenzeit,
300–1500 n. Chr.
In dem Zentrum eines alten Shona-Reiches befanden sich u. a. ein Tempel und eine Königsresidenz. Der 10 m hohe Außenwall der Anlage bestand aus Granitsteinen.

**7 Olduvai-Schlucht, Tansania**
Hominidenfunde aus der Zeit vor etwa 2–3 Mio. Jahren.
In den 1930er-Jahren grub Louis Leakey hier u. a. Steinwerkzeug aus; 1959 machten er und seine Frau etwa 1,75 Mio. Jahre alte Hominidenfunde. Zusammen mit einem noch älteren Fußabdruck bewiesen sie, dass die Wiege der Menschheit in Ostafrika liegt.

**8 Hallstatt, Österreich**
Keltische Minen und Begräbnisstätten,
9.–5. Jh. v. Chr.
1846 wurde diese Stätte aus der Bronze- und Eisenzeit zufällig entdeckt. Der Fund menschlicher Knochen, Kleidungsstücke und Werkzeuge erlaubte genaue Rückschlüsse auf eine hoch entwickelte Kultur im Alpenraum.

**9 Pompeji, Italien**
Römische Stadt,
80 v. Chr.–79 n. Chr.
1748 fand man hier Tiere und Menschen, die im Jahr 79 beim Ausbruch des Vesuvs unter Lava und Asche begraben worden waren. Die Überreste veranschaulichen das Leben in einer antiken Stadt.

**10 Alexandria, Ägypten**
Griechisch-römische Stadt,
332 v. Chr. gegründet
Im 8. Jh. versank ein Fünftel dieser berühmten antiken Stadt im Meer. Unter den Ruinen, die Archäologen 1998 orteten, lag eine Statue von Kleopatras Sohn Cäsarion.

**11 Troja, Türkei**
Ruinenstadt,
3000 v. Chr.–300 n. Chr.
Troja wurde mehrfach zerstört und neu errichtet. Die Griechen eroberten vermutlich die von Archäologen VIIa genannte Siedlung. Diese wurde 1200 v. Chr. zerstört.

**12 Knossos, Kreta**
Minoische Stadt,
3000–1400 v. Chr.
Das Zentrum der minoischen Kultur brannte auf mysteriöse Weise nieder. Der prächtige Palast konnte weitgehend restauriert werden.

**13 Giseh, Ägypten**
Pyramiden,
um 2584–2495 v. Chr.
Die drei großen Pyramiden (Cheops, Chephren und Mykerinos) bilden eines der sieben Weltwunder. Die zweite Pyramide hielten Forscher lange Zeit für massiv, bis sie 1818 bei Ausgrabungen die Grabkammer entdeckten.

**14 Tal der Könige, Ägypten**
Altägyptische Begräbnisstätten,
16.–13. Jh. v. Chr.
Seit Beginn der Ausgrabungen 1919 legten Archäologen hier mehr als 60 Königsgräber frei, die detaillierte Reliefs und Verzierungen aufweisen. Bis heute werden immer wieder Funde gemacht.

**15 Jericho, Jordantal**
Vermutlich älteste Siedlung der Menschheit,
seit 10 000 v. Chr.
Jericho ist seit der Epoche der Natufian-Kultur besiedelt. Unter Josua wurde die Stadt der Kanaanäer von den Israeliten im Jahr 1300 v. Chr. erobert.

## Unterwasser-Archäologie

Die Erforschung versunkener Stätten ist ein besonders anspruchsvoller Zweig der Archäologie. Hoch entwickelte Werkzeuge wie Unterwasserroboter, Metalldetektoren für den Meeresboden und Flächenecholote, die über reflektierte Schallwellen ein Bild von versunkenen Objekten errechnen können, werden dabei verwendet.

Der Meeresboden birgt Schätze, die ebenso spannend sind wie die Funde an Land: Im Jahr 2000 entdeckten französische und ägyptische Archäologen die untergegangenen Überreste der Stadt Heraklion, die einst ein wichtiger Hafen an der Nilmündung war. Sie fanden gut erhaltene Statuen, Gefäße aus Bronze, Goldmünzen und Schmuck. Taucher entdeckten etwa 18 000 unterschiedliche Stücke in einem einzigen Schiff, das im Jahr 1300 v. Chr. vor der türkischen Küste sank. Das 1545 versunkene Flaggschiff von Heinrich VIII., die *Mary Rose,* wurde 1971 mit Flächenecholoten geortet. Nach 11 Jahren intensiver Forschung bargen Ingenieure das Schiff in einem Hängegerüst mit einem gigantischen Schwimmkran vom Meeresgrund.

**Die Bergung der *Mary Rose*** Ein Archäologe, der an der Bergung beteiligt war, zeichnete dieses Bild von dem historischen Wrack auf dem Meeresgrund.

**16 Çatal Hüyük, Türkei**
Neolithische Stadt,
7000–5600 v. Chr.
Ausgrabungen in den 1860er-Jahren förderten die Überreste einer riesigen neolithischen bäuerlichen Gemeinschaft zutage. Diese Stätte ist die älteste aus dieser Periode und liefert viele wertvolle Erkenntnisse über die landwirtschaftlichen Techniken der damaligen Zeit.

**17 Babylon, Irak**
Ruinenstadt, einst Hauptstadt Mesopotamiens,
2.–1. Jahrtausend v. Chr.
Ein deutsches Archäologenteam grub Babylon Anfang des 20. Jh. aus. Die Überreste weisen auf eine Blütezeit unter Nebukadnezar im 6. Jh. v. Chr. hin.

**18 Mohenjo-Daro, Pakistan**
Industadt der Bronzezeit,
2500–1800 v. Chr.
In den 1920er-Jahren stieß man auf eine große Stadt der Indus- oder Harappan-Kultur. Da die Indus-Schrift bis heute nicht entziffert werden konnte, ist es nur durch die Auswertung archäologischer Funde möglich, Rückschlüsse auf diese Kultur zu ziehen.

**19 Xian, China**
Grab des Kaisers Ch'in Shi Huangdi,
215 v. Chr.
1974 stießen Bauern auf eine Armee aus 6000 lebensgroßen Terrakottafiguren mit Wagen und Pferden. Sie sicherten das Grab des Begründers der Qin-Dynastie.

**20 Lake Mungo, Australien**
Begräbnisstätte der Aborigines,
etwa 30 000 Jahre alt.
Der Mungo-See führt seit 15 000 Jahren kein Wasser mehr. Die Entdeckung von 30 000 Jahre alten menschlichen Knochen in seiner Nähe veranlasste Wissenschaftler, die Besiedlung Australiens durch die Aborigines vorzudatieren.

Siehe auch
166–7 **Vorgeschichtliche Welt**
168–9 **Die geschichtliche Zeit**
548–9 **Archäologie**

*In den 70 Jahren zwischen 1850 und 1920 kam es bei den Geräten, die die Hausarbeit erleichterten und die Hygiene verbesserten, zu revolutionären Entwicklungen. Einige Erfindungen wie die automatische Waschmaschine waren einfach nur elektrisch betriebene Versionen von bislang mit Muskelkraft angetriebenen Geräten. Andere Erfindungen waren völlig neu: Toaster und Staubsauger, Küchenmaschine und Kühlschrank.*

### Mechanische Waschmaschine

Im Jahr 1858 ließ der amerikanische Erfinder Hamilton Smith eine handbetriebene Waschmaschine patentieren – eine große Holztrommel mit einem Wäschestampfer (mehrere Schläger an einem langen Griff). Die Trommel musste von Hand befüllt und geleert werden. Automatische Waschmaschinen waren erst Anfang des 20. Jh. möglich, als immer mehr Haushalte fließend warmes und kaltes Wasser sowie Stromanschluss bekamen.

**Handantrieb** Smiths mechanische Waschmaschine benötigte kaum weniger Muskelarbeit als die Handwäsche.

### Nähmaschine

Elias Howe aus den USA traf nur auf geringes öffentliches Interesse, als er seine handbetriebene Nähmaschine 1846 patentieren ließ. 1851 stellte ein anderer Amerikaner, Isaac Singer, eine Nähmaschine mit Fußantrieb her, die gegen Howes Patent verstieß. Howe zog deshalb vor Gericht, bekam 1854 sein Patent bestätigt und erhielt die Patentgebühren. Die Ausführung von Singer war jedoch das erste Haushaltsgerät, das in Massenproduktion ging.

1850

**1851** Gasofen

1860

1870

**1876** Telefon

**1877** Phonograph

1880

**1880** Fleischwolf, perforiertes Toilettenpapier

**1882** Elektrisches Bügeleisen

**1888** Schallplattenspieler

**1889** Elektrischer Ofen

1890

### Elektrisches Licht

1878 ließ der britische Physiker Joseph Swan elektrischen Strom durch einen Kohlefaden in einem Glaskolben fließen: Diese erste elektrische Lampe brannte nur wenige Stunden lang. 1879 entwickelte Thomas Edison auf der Grundlage von Swans Idee die Glühbirne.

## Der produktivste Erfinder der Welt

Thomas Alva Edison wurde in Ohio, USA, geboren und verließ 1859 die Schule. Zu diesem Zeitpunkt gab es erst wenige elektrische Geräte, und diese wurden von schwachen Batterien angetrieben. Als Edison 1931 starb, zog sich bereits ein ganzes Netz aus Generatoren und Stromkabeln über die gesamten USA, das jede große Stadt mit Strom versorgte – dies war allein dem erfinderischen Genie Edison zu verdanken.

Seine unternehmerische Arbeit begann 1876, als er das erste kommerzielle Labor der Welt einrichtete. Im Verlauf seines Lebens hat er rekordverdächtige 1093 Erfindungen patentieren lassen, u. a.:

**1870** Ein Hochleistungsticker für die Börse, der Transaktionen an der New Yorker Börse in der Wall Street aufzeichnete
**1872** Die elektrische Schreibmaschine
**1874** Der Vierfachtelegraph, der vier Nachrichten gleichzeitig über eine einzige Leitung schicken kann
**1877** Der Phonograph, der mit einer Nadel und einem Folienzylinder Töne erzeugen kann
**1878** Das Kohlekörnermikrofon für Telefone und Mikrofone
**1879** Eine elektrische Glühbirne mit Kohleglühfaden
**1880** Eine elektrische Straßenbahn
**1891** Das Kinetoskop, das die ersten bewegten Bilder von Zelluloidfilmen projizieren konnte
**1900** Die Nickel-Alkali-batterie

**Künstliches Licht** Der Kohlefaden in den ersten Glühbirnen von Edison wurde 1911 durch einen Wolframfaden ersetzt.

**Ball und Kette** Den ventillosen Wasserverschwendungsverhinderer, der Thomas Crapper zugeschrieben wird, ließ zuerst Albert Giblin patentieren.

### Die ventillose Wasserspülung

Eine Toilette, bei der die Spülung mit Wasser aus einem Speicher betrieben wird, kam erstmals 1449 in London zum Einsatz. 1775 führte der Engländer Alexander Cummings S-förmige Rohre ein, die das Wasser im Becken hielten und Gerüche minderten. Spültoiletten kamen erst im 19. Jh. mit dem Anschluss vieler Haushalte an die Kanalisation auf. Thomas Twyford gestaltete die erste Toilettenschüssel, wie wir sie heute noch verwenden, im Jahr 1885.

### Thermosflasche
1893 entdeckte der schottische Physiker James Dewar, wie man flüssige Gase bei sehr niedrigen Temperaturen aufbewahren kann. Er erzeugte ein Vakuum zwischen den Wänden einer doppelten Glasflasche, was die Wärmeleitung auf ein Minimum reduziert. Der Deutsche Reinhold Burger übertrug diese Idee auf den Haushalt und vertrieb 1902 die ersten Thermosflaschen.

**Isolierflasche** Dewar entwickelte diese Flasche, um flüssigen Sauerstoff und Stickstoff für Experimente aufzubewahren.

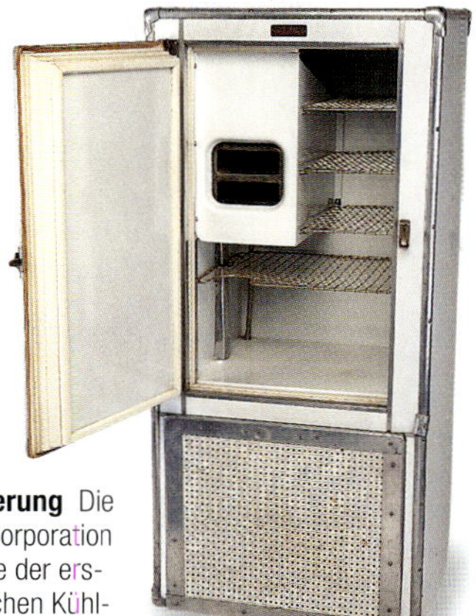

**Kühle Lagerung** Die Kelvinator Corporation stellte einige der ersten elektrischen Kühlschränke her, z. B. dieses Modell von 1926.

### Kühlschrank
Der deutsche Ingenieur Karl von Linde entwickelte den ersten Kühlschrank für den Hausgebrauch 1879. Bei diesem Gerät trieb eine Dampfpumpe einen Kreislauf mit dem Kühlmittel Ammoniak an. 1923 stellten die schwedischen Ingenieure Munters und von Platen den ersten elektrischen Kühlschrank her, bei dem sie die Dampfpumpe durch einen Elektromotor ersetzt hatten. Im gleichen Jahrzehnt entdeckte man künstliche Kühlmittel wie Freon als Ersatz für das giftige Ammoniak.

### Formica
Formica wurde 1913 als Isoliermaterial für elektrische Kabel patentiert. Mitte der 1920er-Jahre kam es außerdem als Möbelbeschichtung auf den Markt. Da sich Formica-Oberflächen leicht reinigen lassen und hitzebeständig sind, wurde dieser Stoff zu einem beliebten Material für Arbeitsflächen in Einbauküchen.

### Küchenmaschinen
Der erste elektrische Mixer wurde 1910 in den USA hergestellt, erbrachte aber nur eine geringe Leistung. 1919 folgte die KitchenAid, das erste Rührgerät mit Ständer und Schüssel, 1950 kam in Großbritannien der Kenwood Chef auf, der vom Teigrühren bis zum Dosenöffnen alle Küchenarbeiten erledigte.

### Staubsauger
Hubert C. Booth entwickelte 1901 den ersten Staubsauger, der von der Straße aus über einen Schlauch in Innenräumen betrieben wurde. 1907 brachte der Amerikaner William Hoover einen leichten, aufrecht stehenden Sauger auf den Markt, der sich direkt im Haus einsetzen ließ.

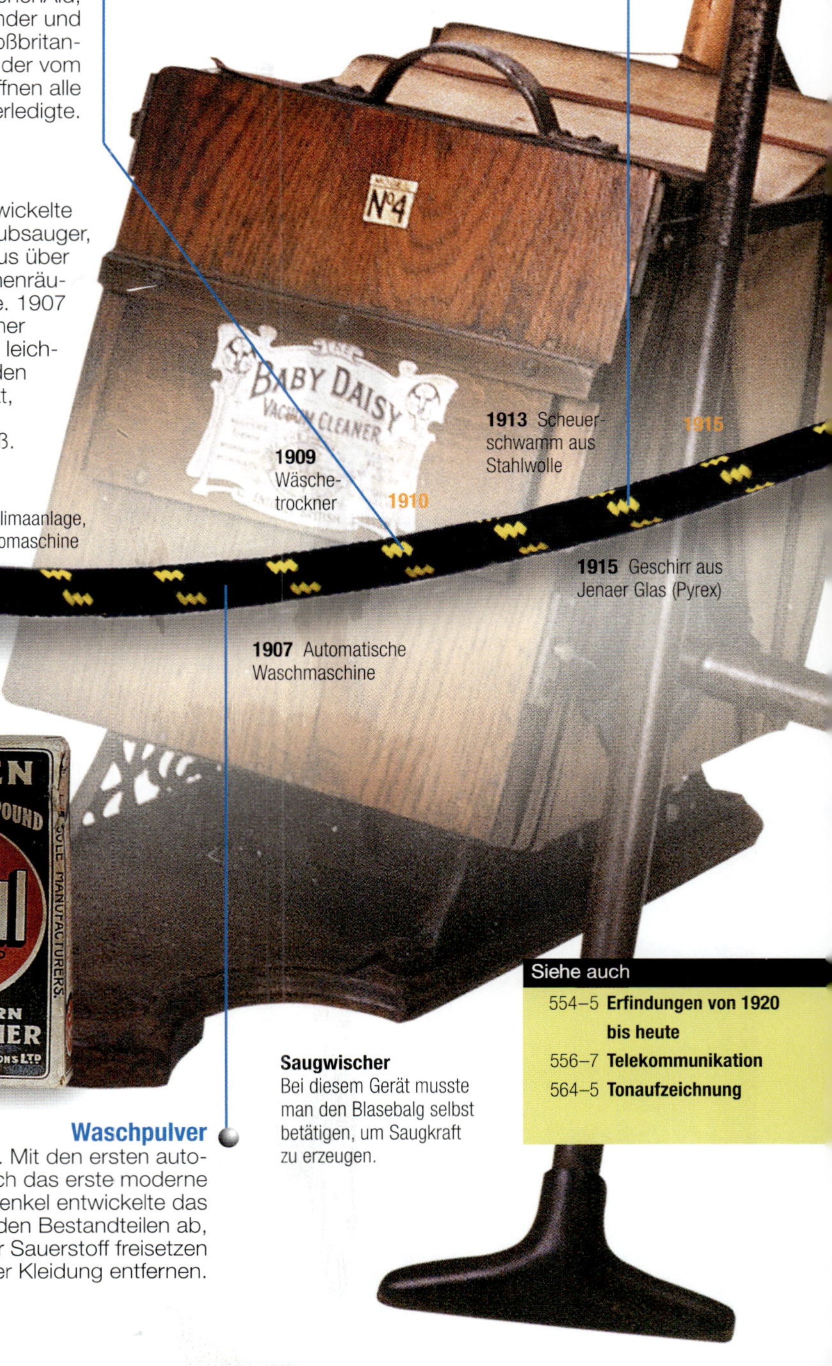


1890

**1893** Wäscheklammer mit Springfeder

**1899** Elektrischer Föhn

1900

**1900** Brownie-Boxkamera

**1902** Klimaanlage, Espressomaschine

**1907** Automatische Waschmaschine

**1909** Wäschetrockner

1910

**1913** Scheuerschwamm aus Stahlwolle

1915

**1915** Geschirr aus Jenaer Glas (Pyrex)

### Toaster
Seit seiner Markteinführung 1893 durch die britische Firma Crompton hat sich der Toaster kaum verändert. Das Gerät konnte Brot zunächst nur von einer Seite rösten. Der Sprungfedermechanismus, der den Toast auswirft, stammt aus dem Jahr 1927, wurde in den USA entwickelt und 3 Jahre später mit einer thermostatischen Steuerung, die den fertigen Toast auswirft, kombiniert.

### Waschpulver
Das erste Seifenpulver kam 1843 auf den Markt. Mit den ersten automatischen Waschmaschinen 1907 wurde auch das erste moderne Waschpulver verkauft: Die deutsche Firma Henkel entwickelte das Produkt Persil. Der Name leitet sich von den Bestandteilen ab, Perborat und Silikat, die bei Kontakt mit Wasser Sauerstoff freisetzen und so den Schmutz leichter aus der Kleidung entfernen.

**Saugwischer** Bei diesem Gerät musste man den Blasebalg selbst betätigen, um Saugkraft zu erzeugen.

Siehe auch

554–5 **Erfindungen von 1920 bis heute**
556–7 **Telekommunikation**
564–5 **Tonaufzeichnung**

*Im 20. Jh. ebnete die Weiterentwicklung von elektronischen Bauteilen den Weg zur Verkleinerung von Geräten wie Radios und Mobiltelefonen. Kunstfasern und andere synthetische Produkte machten Nylonstrümpfe, Klebeband, antihaftbeschichtete Pfannen und Videocassetten möglich.*

## Klebeband

Klebeband ist eine Weiterentwicklung des wasserfesten Zellophans, das die Firma DuPont 1927 erfand. Dieses Klebeband, das zunächst nur an den Rändern klebte, wurde bei der Lackierung von Automobilen eingesetzt, um Fenster und Dichtungen zu schützen. 1934 kam ein Band mit voller Klebefläche auf den Markt und findet seitdem vielfältige Verwendung im Haushalt.

## Dosenöffner

Erst 130 Jahre nach Erfindung der Konservendose wurde 1931 der Dosenöffner entwickelt. Bis dahin wurden die Dosen mit Hammer und Meißel aufgeschlagen. Fest installierte Öffner kamen Ende der 1850er-Jahre, Schneidräder folgten etwa 20 Jahre später. Erst nach weiteren 60 Jahren gab es Geräte, die beide Möglichkeiten kombinierten.

## Mikrowellenherd

Während des Zweiten Weltkriegs forschten die britischen Physiker Randall und Boot an Radaranlagen zur Landesverteidigung. Dabei entdeckten sie, dass Mikrowellen Wassermoleküle aufheizen. Nach diesem Prinzip werden heute auch Lebensmittel in Mikrowellenherden gegart. Gegenstände wie Teller, die kein Wasser enthalten, bleiben bei Mikrowellenbestrahlung kalt. Das Patent auf Mikrowellenherde wurde 1945 vergeben, doch sie kamen erst in den 80er-Jahren in Haushalten zum Einsatz, als kleinere Geräte produziert wurden und sich zu akzeptablen Preisen verkaufen ließen.

ISBN 0-276-42434-4

9 780276 424342 >

## Strichcode

1949 entwickelten die Amerikaner Silver und Woodland einen Code aus dicken und dünnen schwarzen Balken. Doch erst in den 60er-Jahren machten zwei weitere Erfindungen diesen Strichcode anwendbar: ein Laserstrahl zum Lesen der Balken und ein Mikrochip, der die darin enthaltenen Informationen verarbeitete. Nachdem der Strichcode als Industriestandard eingeführt worden war, stand dem Siegeszug dieser einfachen Codiermöglichkeit nichts mehr im Weg.

1920

**1921** Elektrischer Wasserkocher

**1922** Geschirrspüler

**1928** Fernsehgerät

1930

**1934** Waschsalons

**1935** Tonbandgerät

**1938** Tupperware

1940

**1948** Plastikschüssel

1950

**1950** Gummihandschuhe

## Tragbares Röhrenradio

Das erste tragbare Radiogerät war nur seinem Namen nach tragbar: Es wog etwa 4,5 kg. Entwickelt hatte es der Amerikaner J. McWilliams Stone 1922. Zu dieser Zeit waren alle Radios schwer, da große Transformatoren eingebaut werden mussten, die die hohen Spannungen für die Röhrenstromkreise möglich machten. Erst 1947 wurde der kleine, leichte Transistor entwickelt, der niedrigere Spannungen benötigte und 1955 in den tatsächlich tragbaren Radios zum Einsatz kam.

**Großer Kasten**
Selbst tragbare Radios wie dieses Gerät aus dem Jahr 1929 waren zunächst relativ groß und schwer.

## Nylon

Joseph Swan, der Erfinder der ersten Glühbirne, entwickelte 1883 die erste Kunstfaser. Er wollte sie als Glühfaden in der Glühbirne einsetzen, doch sie erwies sich als untauglich. Mehrere weitere Versuche, Kunstfasern zu produzieren, scheiterten ebenfalls weitgehend. Die Firma DuPont stellte 1938 die erste erfolgreiche Synthetikfaser (Nylon) her. Die Fasern sollten ursprünglich als Borsten für Zahnbürsten dienen, wurden dann 1940 als Material für Damenstrümpfe entdeckt. In den 50er-Jahren wandten andere Firmen die Prinzipien der Nylonherstellung auf die Produktion von weiteren Kunstfasern an, wie Acryl (1950), Trevira (1953) und Terylen (1954).

**Nylonstrumpfhosen**
Dehnbar und doch stabil – Nylon erwies sich als ideales Material für Strumpfhosen, Zahnbürsten und Fallschirme.

## Videorecorder

Die ersten Videoaufzeichnungen auf Magnetband wurden 1951 vorgeführt. 1963 kamen die ersten Videorecorder für den Hausgebrauch auf, doch bis Mitte der 70er-Jahre waren sie unpraktisch und sehr teuer. Zunächst gab es acht verschiedene, nicht kompatible Aufzeichnungssysteme, bis sich die Hersteller auf das VHS-System (Video Home System) einigten.

**Aufzeichnung von Ton und Bild** Ein früher Philips-Videorecorder von 1974

**Unterwegs immer erreichbar** Die ersten Mobiltelefone waren so groß wie Ziegelsteine; heute passen sie in jede Westentasche.

## Mobiltelefon

In den 1940er-Jahren experimentierte man erstmals mit Funktelefonen, wobei die Erfinder mit störenden Radiowellen zu kämpfen hatten. 1947 fanden die Bell Laboratories eine Lösung, indem sie ein Netz aus kleinen Funkbereichen oder Zellen entwickelten, die jeweils wenig Energie und eine geringe Frequenz erforderten. Verbindung und Weiterleitung der Signale erfolgten über Transmitter. 1978 wurde dieses Funkzellensystem öffentlich vorgestellt. Bald überzogen die USA und Europa vergleichbare Netzwerke.

Siehe auch

492–3 **Erste Schritte im All**
552–3 **Erfindungen 1850–1920**
556–7 **Telekommunikation**
564–5 **Tonaufzeichnung**

1955 — 1960 — 1970 — 1980 — 1990 — 2000

**1955** Sekundenkleber, Transistorradio

**1961** Elektrische Zahnbürste

**1968** Whirlpool

**1975** Heimcomputer

**1979** Walkman

**1982** CD-Player, Camcorder

**1996** DVD-Player, Digitalkamera

## Antihaftbeschichtete Küchenhelfer

Teflon ist ein hartes Synthetikwachs, das 1938 von der Firma DuPont entwickelt wurde. Der Franzose Marc Grégoire gründete 1955 das Unternehmen Tefal und stellte mit diesem Material eine ganze Palette antihaftbeschichteter Küchenhelfer her, z. B. Pfannen.

## Der Staubsauger ohne Staubbeutel

Die Funktionsweise von Staubsaugern hat sich seit ihrer Markteinführung im Jahr 1907 kaum geändert. Das größte Problem besteht darin, dass Staub und Schmutz, die in einem porösen Beutel gesammelt werden, verklumpen, den Luftstrom behindern und die Saugleistung verringern können. Zur Lösung dieses Problems entwickelte der englische Erfinder James Dyson einen Staubsauger ohne Staubbeutel. Die Schmutzpartikel, die schwerer als Luft sind, werden in einen Sammelbehälter geschleudert, sodass die Luft frei strömen kann.

*Kommunikation über größere Entfernungen begann in den 1840er-Jahren, als über Telegrafenleitungen erstmals Mitteilungen zwischen Städten, später sogar zwischen Kontinenten ausgetauscht wurden. Es folgte der Siegeszug des Telefons, bei dem Tonwellen die menschliche Stimme übermittelten, und das Radio eröffnete neue Möglichkeiten der kabellosen Kommunikation. Durch den Einsatz von Mikrochips wurden all diese Geräte immer handlicher. Und mit der Erfindung des Modems ließen sich schließlich sogar Computer an das Telefonnetz anschließen.*

**Alexander Graham Bell** (1847–1922) war Taubstummenlehrer. Seine Forschungen, die in der Erfindung des Telefons gipfelten, ergaben sich aus den Versuchen, Stimmen elektrisch zu erzeugen und zu übertragen. Er arbeitete mit Thomas Watson zusammen an einem Telefonapparat, und die ersten Worte, die dieser Apparat übermittelte, waren: „Mr. Watson, kommen Sie bitte, ich muss Sie sprechen." Bell führte seine Erfindung einem breiten Publikum vor und gründete 1877 die Bell Telephone Company, um Telefone zu vermarkten.

**Exportiertes Talent** Der gebürtige Schotte Bell tätigte die meisten seiner Erfindungen an der Boston University, USA, wo er als Professor für Stimmphysiologie tätig war.

**Bells Telefon, 1878** Die britische Königin Victoria verwendete dieses Gerät.

**1837** Die britischen Forscher Wheatstone und Cooke lassen ihr elektromagnetisches Telegrafensystem patentieren.
**1840** Der amerikanische Erfinder Samuel Morse lässt seinen elektromagnetischen Telegrafen patentieren.
**1843** Der britische Uhrmacher Alexander Bain entwickelt ein Gerät, das exakte Kopien von Unterlagen versendet – eine Vorform des heutigen Faxgeräts.
**1844** Das erste Telegrafenkabel wird in den USA zwischen Baltimore und Washington verlegt.

**Der erste Telegraf** Die Nachricht wurde kodiert auf einen Tickerstreifen ausgegeben.

**1830** **1860** **1870** **1900**

**1850–55** Die ersten Teleprinter werden entwickelt.
**1861** In den USA verbindet die erste transkontinentale Telegrafenleitung Kalifornien mit Missouri und der Ostküste.
**1866** Die erste dauerhafte transatlantische Telegrafenleitung verbindet Irland mit Neufundland.

**1869** Der Amerikaner Thomas Edison erfindet den ersten Fernschreiberticker, der die Börsenkurse von der New Yorker Wall Street übermittelt.
**1872–76** Mehreren Erfindern – darunter Thomas Edison – gelingt es, Systeme zu entwickeln, wie zwei, vier und schließlich fünf multiplexe Telegrafenmeldungen gleichzeitig über eine Leitung verschickt werden können.

**1876** Der Erfinder Alexander Graham Bell erhält das erste Patent auf das elektrische Telefon.
**1878** Edison erfindet das Kohlekörnermikrofon, das eine deutlichere Sprachübermittlung ermöglicht.
**1889** Der Amerikaner Almon Strowger entwickelt das erste vollautomatische Vermittlungssystem.
**1895** Der Italiener Marconi präsentiert die erste kabellose (Radio-)Telegrafie.

**1901** Marconi sendet das erste kabellose Telegrafensignal über den Atlantik: von Cornwall nach Neufundland.
**1902** Der Deutsche Arthur Korn entwickelt das fotoelektrische Scannen von Bildern. Bereits 1910 kam diese Technik regelmäßig zum Einsatz, um Zeitungsbilder zu übertragen.
Das erste transpazifische Telegrafenkabel wird zwischen Kanada und Neuseeland verlegt.

## Das Telefonnetz

Das Telefonsystem wurde entwickelt, um Tonwellen – die menschliche Stimme – zu übertragen. Heute sind Faxgeräte, Computer und Mobiltelefone an das gleiche System angeschlossen, sie senden gewaltige Datenmengen auf digitalem Weg. Um den enorm gestiegenen Kommunikationsbedarf erfüllen zu können, erfolgt der Großteil des Datenaustauschs heute elektronisch, und die Verbindungen sind in der Regel digital, wobei Glasfaserkabel, Mikrowellen und Satellitentechnik zum Einsatz kommen. Schwachpunkt des Systems ist die Verbindungsstelle zum Endnutzer: Oft besteht das letzte Stück zum Anschluss immer noch aus Kupferkabel.

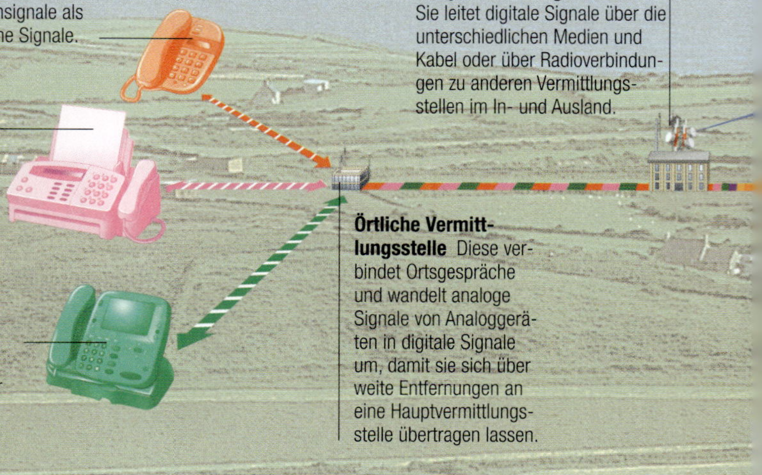

**Analoges Telefon** Es sendet und empfängt Tonsignale als analoge elektrische Signale.

**Faxgerät** Ein Faxgerät sendet und empfängt Signale über ein Modem, das analoge Signale in digitale umwandelt.

**Digitales Telefon** Heute übertragen viele Telefone digitale Signale direkt in die Datenleitung, mit der sie über einen ISDN-Anschluss verbunden sind (Integrated Services Digital Network).

**Hauptvermittlungsstelle** Sie leitet digitale Signale über die unterschiedlichen Medien und Kabel oder über Radioverbindungen zu anderen Vermittlungsstellen im In- und Ausland.

**Örtliche Vermittlungsstelle** Diese verbindet Ortsgespräche und wandelt analoge Signale von Analoggeräten in digitale Signale um, damit sie sich über weite Entfernungen an eine Hauptvermittlungsstelle übertragen lassen.

## Die aktivsten Telefonnutzer

| Telefonanschlüsse<br>Hauptanschlüsse pro 100 Einwohner (2002) | | | Mobiltelefone<br>Handybesitzer pro 100 Einwohner (2002) | | |
|---|---|---|---|---|---|
| 1 | Luxemburg | 79,7 | 1 | Luxemburg | 98,5 |
| 2 | Schweden | 74,2 | 2 | Taiwan | 96,6 |
| 3 | Norwegen | 72,7 | 3 | Israel | 85,2 |
| 4 | Dänemark | 72,5 | 4 | Italien | 84,6 |
| 5 | Schweiz | 72,3 | 5 | Norwegen | 83,3 |
| 6 | USA | 66,5 | 6 | Hongkong | 83,3 |
| 7 | Kanada | 65,7 | 7 | Österreich | 82,7 |
| 8 | Island | 64,7 | 8 | Portugal | 79,6 |
| 9 | Deutschland | 63,5 | 9 | Großbritannien | 79,2 |
| 10 | Niederlande | 62,7 | 10 | Finnland | 78,0 |
| 11 | Großbritannien | 58,4 | 11 | Schweden | 77,4 |
| 12 | Frankreich | 57,3 | 12 | Slowenien | 76,8 |
| 13 | Hongkong | 56,4 | 13 | Griechenland | 76,5 |
| 14 | Singapur | 47,4 | 14 | Südkorea | 61,7 |

**1960** Der erste Kommunikationssatellit, Echo 1, startet.
**1962** Digitale PCM-Signale werden zum ersten Mal für Telefonübertragungen genutzt.
**1965** Der Intelsat 1 *Early Bird* ist der erste geostationäre Satellit in der kommerziellen Kommunikation. Er kann bis zu 240 Telefongespräche gleichzeitig übertragen.

**Tragbares Telefon, 1985**
Die tragbaren Telefone wurden erst durch die Mikrochip-Revolution in den 90er-Jahren handlich.

**80er-Jahre** Die ersten preiswerten und schnellen Faxgeräte kommen auf den Markt.
**1981** In Skandinavien wird das erste europäische Funkzellensystem für Mobiltelefone eingerichtet.
**1988** Das erste transatlantische Glasfaserkabel wird verlegt. Es kann zeitgleich 40 000 Telefongespräche übertragen.
**90er-Jahre** Digitale Funkzellensysteme für Mobiltelefone werden eingerichtet.
**1999** Die Satellitenkommunikation verdrängt das Morsesystem im internationalen Funkverkehr endgültig.

**1970** Die erste erfolgreiche, verlustarme digitale Glasfaser, die zeitgleich Tausende von Signalen über weite Entfernungen übermitteln kann, wird vorgestellt. Zum ersten Mal können Privatleute ohne Vermittlung direkt quer über den Atlantik telefonieren.
**1978** In Chicago wird das erste Funkzellensystem für Mobiltelefone in Betrieb genommen.

**20er-Jahre** Es entsteht die Idee, Glasstäbe als Kommunikationsmedien zu verwenden – das Prinzip der Glasfaserkabel.
**1931** Der erste Telex-Verkehr wird in London für die Öffentlichkeit zugänglich.

**1947** Ein Funkzellensystem für Mobiltelefone wird vorgestellt.
**1956** Das erste transatlantische Telefonkabel wird verlegt.
**1958** Das Modem wird entwickelt: Computerkommunikation via Telefonleitung wird möglich.

1920 1950 1960 1970 1980 2000

**1937** H.A. Reeves entwickelt PCM (Pulsecode-Modulation): Radiowellen, die auf digitale Art – in kodierte Impulse umgewandelt – Signale übertragen.

**1958–59** Die Entwicklung des ersten Mikrochips führt zu fortschreitender Miniaturisierung und ermöglicht die digitale Kommunikation im Alltag.

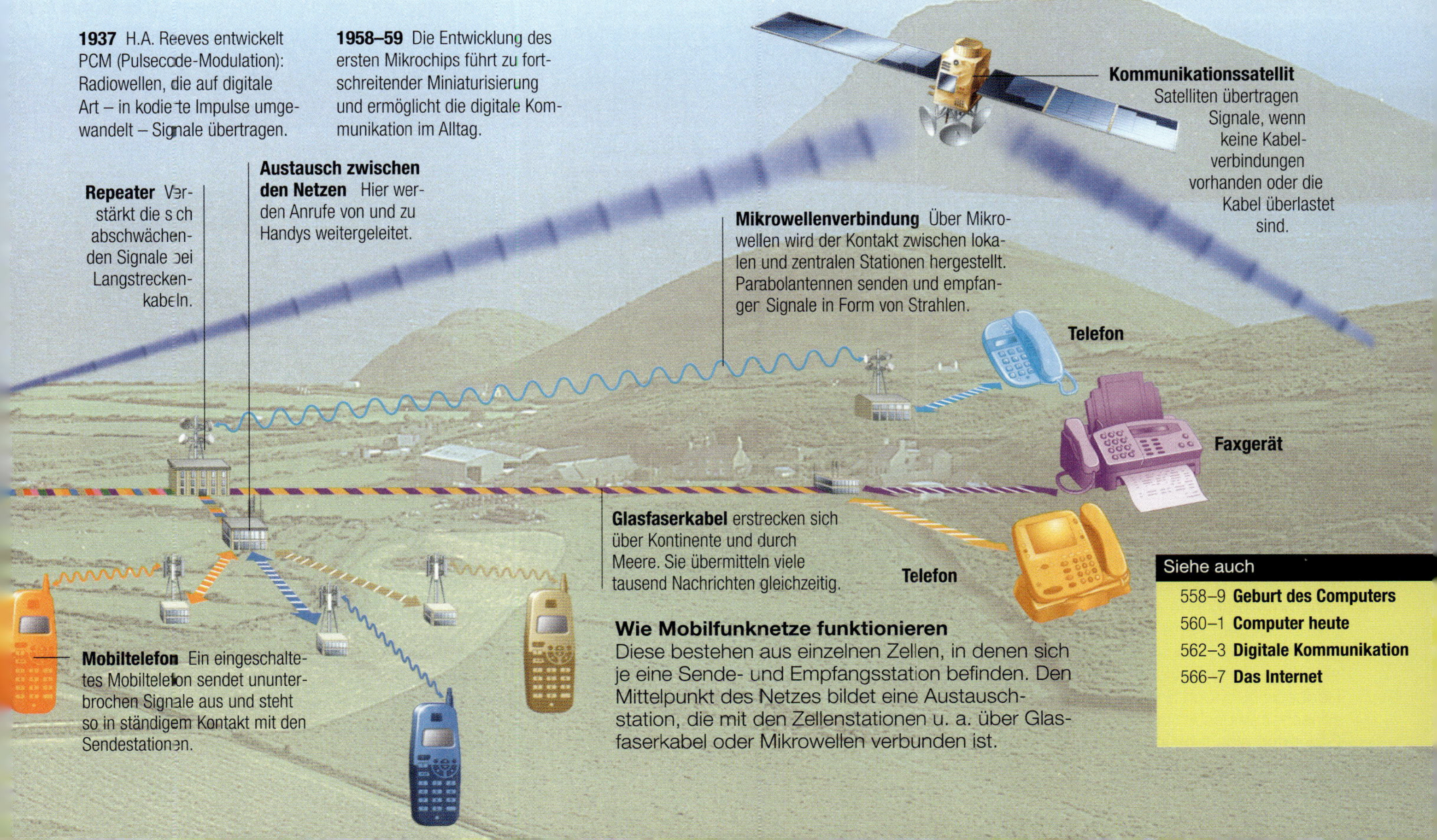


### Wie Mobilfunknetze funktionieren

Diese bestehen aus einzelnen Zellen, in denen sich je eine Sende- und Empfangsstation befinden. Den Mittelpunkt des Netzes bildet eine Austauschstation, die mit den Zellenstationen u. a. über Glasfaserkabel oder Mikrowellen verbunden ist.

Siehe auch
558–9 **Geburt des Computers**
560–1 **Computer heute**
562–3 **Digitale Kommunikation**
566–7 **Das Internet**

*Um 1830 gab es Maschinen bzw. Baupläne von Geräten, die bereits viele Prinzipien der modernen Computertechnik beinhalteten. Doch ihre Anforderungen waren zu komplex für die technischen Möglichkeiten der Zeit. Der Sprung von der Theorie zur Praxis gelang erst über 100 Jahre später mit der Entwicklung von Transistoren und integrierten Schaltkreisen.*

**Die Entwicklung von Computern** Der erste Computer war Charles Babbages Entwurf einer so genannten Analytischen Maschine. Sie konnte bereits darauf programmiert werden, mehreren logischen Schritten zu folgen und auch die Ergebnisse früherer Schritte zu berücksichtigen. Doch erst während des Zweiten Weltkriegs wurde es möglich, voll funktionsfähige elektromechanische und schließlich elektronische Computer zu bauen.

Die elektronischen Bauteile arbeiten schneller und sind kleiner. Sie funktionieren wie Schalter, deren An und Aus für die Nullen und Einsen der Binärzahlen stehen, und sind in logischen Schaltkreisen angeordnet, sodass sie mathematische Operationen ausführen können. Da komplexe Berechnungen zahlreiche Operationen umfassen, werden viele elektronische Schalter benötigt. Die ersten Maschinen füllten ganze Hallen. Transistoren machten später kleinere, leistungsfähigere Computer möglich. Der letzte Schritt zur Entwicklung unserer heutigen Computer waren die integrierten Schaltkreise, die winzige Komponenten in einer einzigen Einheit zusammenfassten.

**Das Wunder von Manchester** Der Mark I, der erste Großrechner, erzielte in der Nacht vom 16. auf den 17. Juni 1949 einen Rekord: 9 Stunden lief er störungsfrei.

**1642** Der französische Mathematiker Blaise Pascal erfindet die erste mechanische Rechenmaschine.

**1801** Der französische Ingenieur Joseph-Marie Jacquard baut einen Webstuhl, der über Lochkarten gesteuert wird.

**1888** Hollerith entwickelt eine über Lochkarten programmierte Rechenmaschine. Sein Unternehmen wächst zur International Business Machines (IBM) Corporation heran.

**1941** Konrad Zuse, ein deutscher Ingenieur, entwickelt den ersten programmgesteuerten Rechenautomaten.

**1946** ENIAC (Electronic Numerical Integrator and Computer) wird in den USA vorgestellt.

**1947** John Bardeen, Walter H. Brattain und William B. Shockley erfinden in den Bell Laboratories, USA, den Transistor.

**1949** Mark I, der erste Computer mit gespeicherten Programmen, RAM und Magnettrommelspeicher, wird in Manchester gebaut.

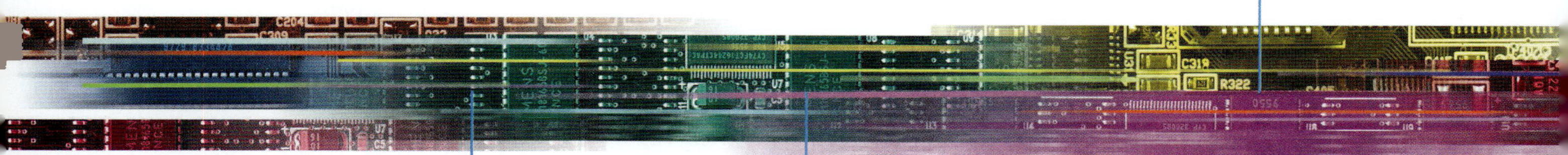

1600 1800 1940

**Charles Babbage** (1791–1871) Der englische Mathematiker Charles Babbage entwickelte Rechenmaschinen mit einer ganzen Reihe von Bauelementen, die auch in unseren heutigen Computern zu finden sind – doch er konnte keinen seiner Entwürfe vollständig umsetzen. Seine „Differenz-Maschinen" sollten die Berechnung und das Drucken von mathematischen Tafeln automatisieren. Bei der „Analytischen Maschine" steckte man Lochkarten in eine Öffnung, um arithmetische Operationen in beliebiger Reihenfolge auszuführen, sogar logische Programmierschritte waren möglich. Dieser Rechner hatte – wie die heutigen Computer – separate Verarbeitungs- und Speichereinheiten. Zur Verwirklichung seines Computers fehlte es Babbage nur noch an den Bauteilen und an Geld. Das Wissenschaftsmuseum in London baute 1991 nach Babbages Entwürfen eine funktionierende Differenz-Maschine.

**Computermaschine** Dieser Abschnitt des zentralen Prozessors von Babbages Analytischer Maschine war eines von wenigen Teilen, die der Mathematiker bauen konnte, bevor er starb.

**Alan Turing** (1912–54) Der britische Mathematiker und Logiker Turing entwickelte die logischen Prozesse, nach denen Computer funktionieren. In einer Veröffentlichung von 1937 beschrieb er eine theoretische Universalmaschine, die im Prinzip jede mögliche Berechnung durchführen konnte. Beim Lesen oder Scannen eines Magnetbands könnte die Maschine nacheinander verschiedenen Befehlen folgen. Turing bewies, dass auf diese Weise das logische Denken des Menschen nachgeahmt werden kann.

Im Zweiten Weltkrieg war Turing daran beteiligt, den deutschen Militärcode Enigma zu knacken. Später widmete er sich der Entwicklung von Mark I und Ferranti Mark I. Turing war ein Vorreiter bei der Entwicklung künstlicher Intelligenz und sagte voraus, dass Computer eines Tages der Intelligenz von Menschen ebenbürtig sein könnten.

## Software: Die Programmierung von Computern

Die ersten Computerprogramme wurden in einem Maschinencode geschrieben. Bei diesem Zeit raubenden Verfahren steuern Folgen von Binärzahlen den Mechanismus auf direktem Weg. 1952 hatte die Amerikanerin Grace Hopper die Idee, Programme in einer weiterentwickelten Symbolform zu schreiben, die dann automatisch in den Maschinencode umgewandelt werden konnte. Damit begann die Entwicklung von Programmiersprachen. Doch immer noch mussten die Programme für jeden Computer und jede Aufgabe neu geschrieben werden. Erst mit der Entwicklung von Programmpaketen, die auf verschiedenen Computern einsetzbar waren und standardisierte Funktionen wie Buchführung oder Textverarbeitung hatten, wurden Computer praktisch für jeden bedienbar.

**Software-Pionierin** Grace Hopper war Wissenschaftlerin und Admiral der US-Marine.

**Der erste Personal Computer (PC)** Altair 8800, ein Produkt der Firma MITS Inc. mit Sitz in New Mexico, USA, war ein Meilenstein in der Entwicklung des PCs. Er war der erste frei erhältliche Mikrocomputer, der 1975 als Bausatz für 395 Dollar zu kaufen war. Es gab keine Software für das Gerät und die Benutzer mussten ihn selbst programmieren, um bestimmte Berechnungen auszuführen. Dazu betätigten sie eine Reihe von Schaltern; das Ergebnis konnte (im Binärcode) von einer Reihe aufleuchtender Dioden (LEDs) abgelesen werden. Computer für die Wirtschaft kosteten damals noch mehrere 1000 Dollar. Auch der Harvard-Student Bill Gates erstand einen Altair, erkannte seine Chance und schrieb die erste Version der Programmiersprache BASIC für den Altair 8800. Ein neuer Industriezweig war entstanden: die Softwareindustrie.

**Alles in einem Kasten** Der Altair 8800 hatte keine Tastatur, keinen Bildschirm, kein Laufwerk und nur 256 Byte Speicher.

**1951** Der Ferranti Mark I, der erste kommerziell hergestellte Computer, kommt auf den Markt. Acht Stück werden schließlich verkauft.
**1958** Jack Kilby von Texas Instruments und Robert Noyce von Fairchild bauen integrierte Schaltkreise, indem sie zwei Transistoren auf ein Stück Silizium setzen.
**1958** Die zweite Generation von Computern entsteht, bei der statt mit Ventilen mit Transistoren gearbeitet wird. Neben Universitäten und Regierungseinrichtungen finden sie Einzug in der Wirtschaft.
**1963** DEC (Digital Equipment Corporation) präsentiert den ersten Minicomputer.
**1964** BASIC (Beginner's All-purpose Symbolic Instruction Code) wird entwickelt und erleichtert das Programmieren.
**1968** Alan Shugart von IBM bringt die 8-Zoll-Diskette auf den Markt.
**1968** Doug Engelbart stellt zum ersten Mal eine Computermaus in der Öffentlichkeit vor.
**1969** Gary Starkweather von Xerox entwickelt den Laserdrucker.
**1970** Die ersten Computer mit integrierten Steuerungsschaltkreisen auf Chips werden hergestellt.
**1971** Ted Hoff von Intel entwickelt den ersten Mikroprozessor – einen Computer auf einem Chip, den 4004.
**1973** IBM stellt das erste Festplattenlaufwerk vor.
**1974** IBM produziert den ersten superschnellen Computer, der die Parallelverarbeitung nutzt.
**1979** VisiCalc, das erste große Softwareprogramm, kommt auf den Markt.
**1980** Microsoft kauft die Lizenz für QDOS von Seattle Computer Products, optimiert es und erhält den Zuschlag für die Lieferung des Betriebssystems für den neuen PC von IBM.
**1980** Das erste 5,25-Zoll-Festplattenlaufwerk Winchester ist betriebsreif.
**1981** IBM präsentiert seinen ersten PC.

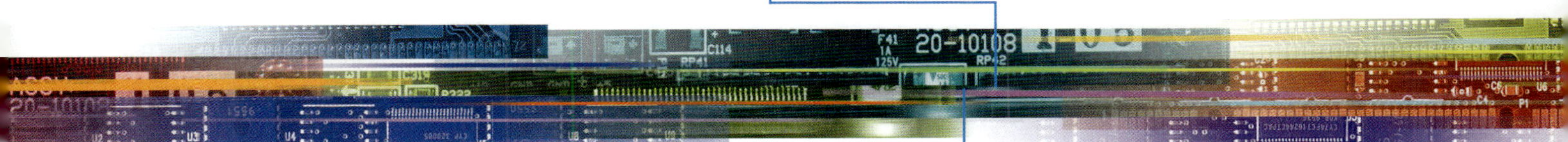

1950 1960 1970 1980

## Der Transistor

Computer funktionieren, indem sie elektrischen Strom kontrolliert durch Schaltkreise laufen lassen, die entweder ein- oder ausgeschaltet werden können. Zunächst verwendete man dazu Radioröhren, und so entstanden riesige, teuere und unzuverlässige Energiefresser. Ab 1947 wurden Transistoren entwickelt: Sie sind klein, zuverlässig, benötigen wenig Strom und können als Verstärker, Oszillatoren und – wie im Fall des Computers – als elektronische Schalter eingesetzt werden. So konnten verschiedene Bauteile durch integrierte Schaltkreise (siehe S. 561) aus Millionen winziger Transistoren ersetzt werden.

**Durchbruch** Der erste Transistor, 10 cm hoch, wurde 1947 entwickelt. Seine modernen Nachfolger sind so klein, dass sie mit bloßem Auge nicht mehr zu erkennen sind.

**Steve Jobs** (geb. 1955)
**Steve Wozniak** (geb. 1950)
Die Gründer des Computerunternehmens Apple waren Wozniak, ein Ingenieur, und Jobs, der an Videospielen arbeitete und sich leidenschaftlich für Technik interessierte. Zusammen bauten sie 1976 ihren ersten Computer in der Garage der Familie Jobs, von dem sie schnell 600 Stück verkauften. 1977 brachten sie schon den Apple II auf den Markt, der aufgrund seiner integrierten Grafiksoftware in Farbe einen enormen Fortschritt bedeutete. Der Apple II war sowohl für die Wirtschaft als auch für Schulen attraktiv und 5 Jahre lang der meistverkaufte Computer der Welt. 1984 kam der Apple Macintosh als erster erfolgreicher Grafikcomputer in den Handel (siehe S. 560). Konflikte im Management führten dazu, dass beide Firmengründer 1985 Apple verließen. Jobs gründete NeXT, ein neues Unternehmen, kehrte aber 1997 zu Apple zurück und übernahm die Konzernleitung.

**Erfolgreiche Firmengründer** Die Schulfreunde Jobs (rechts) und Wozniak entwickelten und vermarkteten den Apple-Computer.

Siehe auch
350–1 **Naturwissenschaften**
560–1 **Computer heute**
562–3 **Digitale Kommunikation**

*In den 1980er- und 90er-Jahren steigerten sich die Geschwindigkeit und Leistungsfähigkeit von Computern deutlich. Zugleich verringerte sich ihre Größe, und die Preise sanken. Computer für zu Hause, Büros und Schulen kamen auf den Markt und dazu neue Software für weitere Anwendungen. Die Fortschritte in der Technologie ermöglichten immer leistungsfähigere Verbindungen zwischen Netzwerken, was den Datenaustausch erleichterte.*

**Moores Gesetz**

Die Geschwindigkeit, mit der Mikroprozessoren arbeiten, wird in Megahertz gemessen. Die genannten Zahlen beziehen sich auf den Tag, an dem die Prozessoren auf den Markt kamen.

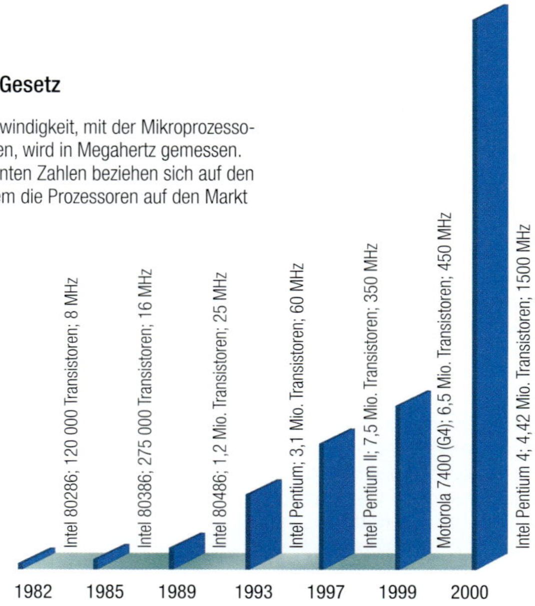


## Leistungssteigerung in der Datenverarbeitung

Der Mikroprozessor ist das Gehirn des Computers. Moores Gesetz, benannt nach Gordon Moore, einem Mitarbeiter von Intel, sagte eine Verdopplung von Komplexität und Leistungsfähigkeit der Mikroprozessoren alle 2 Jahre voraus. Was die Intel-Prozessoren betrifft, ist Moores Prophezeiung eingetreten. Der Intel Pentium 4 Mikrochip, der im Jahr 2000 auf den Markt kam, ist 23-mal schneller als der erste Pentium-Prozessor, der 7 Jahre zuvor produziert wurde.

**1981** IBM bringt den ersten Personal Computer auf den Markt. Im gleichen Jahr wird der 17 000 Dollar teure Xerox Star Computer mit dem WIMP-System (Windows, Icons, Menus, Pointer) ausgestattet – dem Vorläufer der heutigen grafischen Benutzeroberfläche. Der Star floppt jedoch.

**1982** Compaq bringt den ersten IBM-kompatiblen Computer auf den Markt.

**1983** Der Computer Lisa von Apple verfügt über eine grafische Benutzeroberfläche (GUI).

**1984** Der Apple Macintosh ist aufgrund seines umfassenden GUI der erste erfolgreiche Computer mit Grafikoberfläche.

**1985** Die erste DTP-Software kommt auf den Markt. Microsoft präsentiert die erste Windows-Version.

**1989** NEC stellt den ersten tragbaren Computer mit Farb-LCD-Bildschirm vor.

**1990** Microsoft stellt Windows 3.0 vor. Der Jahresverkauf des Unternehmens steigt über 1 Mrd. Dollar.

**1994** Apple bringt den Power Macintosh auf den Markt.

**1995** Microsoft präsentiert Windows 95, eine Benutzeroberfläche, die stark an Macintosh erinnert.

**1998** Microsoft wird mit einem Wert von 261 Mrd. Dollar das am höchsten bewertete Unternehmen an der amerikanischen Börse. Apple bringt den iMac auf den Markt, eine preisgünstigere Version des Power Macintosh, bei dem alle Bauteile in einem Gehäuse untergebracht sind.

**2000** Der Virus Lovebug blockiert das E-Mail-System im amerikanischen Kongress und im britischen Parlament.

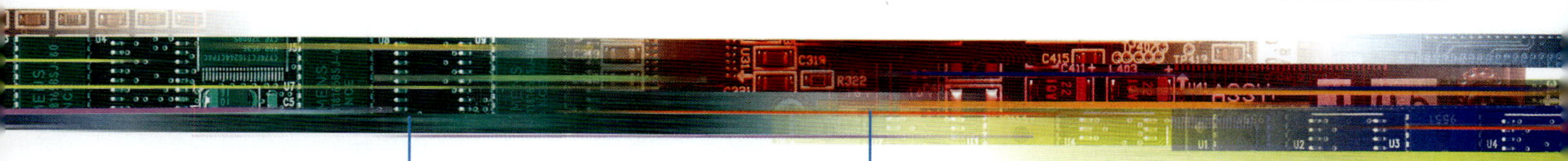

1980 1990 2000

**Die GUI-Revolution** Bei den ersten Computern musste der Bediener kodierte Informationen eingeben oder eine Funktionstaste drücken. Die Programmierer lernten diesen Code wie eine Fremdsprache – wer sie nicht beherrschte, konnte nicht mit einem Computer arbeiten. Die grafische Benutzeroberfläche *(Graphical User Interface* = GUI) änderte dies grundlegend. Dahinter steckt die Idee, dass verschiedene Symbole auf dem Bildschirm bestimmte Befehle darstellen. Dieses System ermöglicht eine intuitive Bedienung. Xerox entwickelte die erste Benutzeroberfläche in den 1960er-Jahren, doch es gelang nicht, ein wirtschaftlich rentables Produkt daraus zu entwickeln. Apple war die erste Firma, die das Potenzial von grafischen Benutzeroberflächen erfolgreich umsetzte: Mit dem Macintosh-Computer kam 1984 eine GUI auf den Markt. Der Bildschirm wurde hier als Schreibtisch angesehen, auf dem durch Anklicken und Verschieben Dateien verwaltet und Programme gestartet werden konnten. Schon ein Jahr später brachte Microsoft ein ähnliches System für IBM-kompatible Rechner heraus – Windows.

**Der kleine Mac** Apples erster Personal Computer mit einer grafischen Benutzeroberfläche hieß Lisa und wurde 1983 eingeführt. Der Computer war langsam, teuer und wirtschaftlich ein Flop. Doch der deutlich billigere Macintosh (links), der im darauf folgenden Jahr auf den Markt kam, hatte durchschlagenden Erfolg.

**Bill Gates** (geb. 1955) begann mit dem Programmieren, als er erst 13 Jahre alt war. Mit 32 Jahren war er der reichste Mann der Welt. An der Universität Harvard entwickelte Gates eine Version der Programmiersprache BASIC für den Altair (siehe S. 559), verließ dann die Uni und gründete 1975 zusammen mit Paul Allen die Firma Micro-soft (der Bindestrich im Namen entfiel später). Der Durchbruch gelang ihnen, als sie mit IBM einen Vertrag schlossen und die Betriebssysteme für den neuen PC von IBM lieferten. In den 80er- und 90er-Jahren verzeichnete Microsoft ein enormes Wachstum mit seiner grafischen Benutzeroberfläche Windows. Angesichts der Unternehmensstrategie ist die Firma Microsoft heute zunehmend dem Vorwurf ausgesetzt, sie baue ein Monopol auf.

## WAS IST SOFTWARE?

Die Anweisungen oder Programme, die einem Computer sagen, was er tun soll, nennt man Software. Diese wird kodiert geschrieben, dabei kommen Programmiersprachen wie BASIC oder Pascal zum Einsatz. Bei der modernen Software muss der Benutzer diese Kodierung nicht mehr kennen, er braucht auch nicht mehr selbst zu programmieren. Stattdessen erhält der Computer Befehle über grafische Elemente wie Symbole, Schaltflächen oder Menüs. Software kann man in vier Hauptkategorien unterteilen:

**Betriebssystem** Das Betriebssystem steuert den Computer, indem es dessen innere Organisation übernimmt, z. B. die Übertragung von Daten aus der Tastatur, die Anzeige von grafischen Informationen auf dem Bildschirm, die Speicherung von Daten. Das Betriebssystem ist so lange tätig, wie der Computer eingeschaltet ist.
**Anwendungsprogramme** dienen jeweils einem bestimmten Zweck. Beispiele sind Programme für die Textverarbeitung, für die Verwaltung von Datenbanken (z. B. Unternehmensdaten oder Adressen) oder Tabellenkalkulationsprogramme, die u. a. in der Buchhaltung eingesetzt werden.
**Periphere Geräte** Scanner, Digitalkameras, Drucker und andere Geräte können über eine bestimmte Software mit dem Computer kommunizieren.
**Hilfsprogramme** Programme, die den Computer organisieren und in Ordnung halten, nennt man Hilfsprogramme. Darunter fallen Virensuchprogramme, Programme zur Reparatur von Schäden an der Festplatte und den Laufwerken oder Verwaltungsprogramme.

## DAS INNERE DES COMPUTERS

Die meisten Komponenten eines Computers lassen sich den folgenden zwei Kategorien zuordnen: Speicherbauteile speichern Daten, Verarbeitungsbauteile führen bestimmte Operationen an den Daten aus.

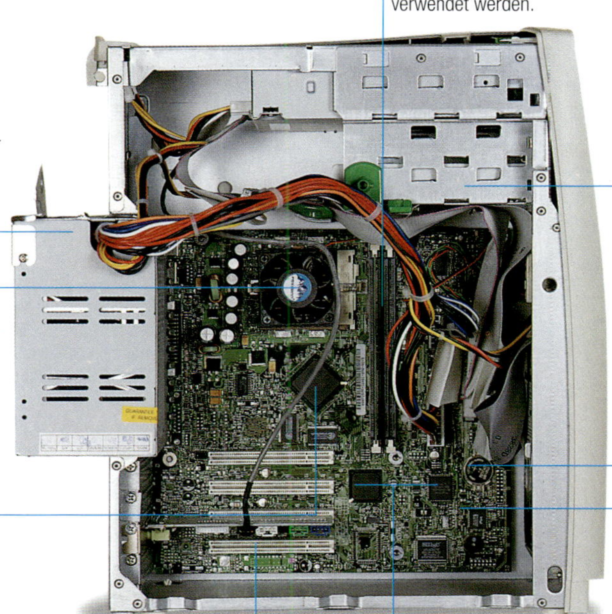

**Stromversorgungseinheit (PSU, *Power-Supply Unit*)** Sie wandelt die elektrische Energie aus der Steckdose in Gleichstrom mit niedriger Spannung um, der die einzelnen Komponenten des Computers versorgt.

**Zentrale Recheneinheit (CPU, *Central Processing Unit*)** Der Mikrochip, der Daten verarbeitet sowie Eingabe-, Ausgabe- und Speichergeräte koordiniert. Er erzeugt viel Wärme.

**BIOS *(Basic Input Output System)*** Dieser Chip speichert bestimmte Daten, sogar wenn der Computer ausgeschaltet ist, z. B. die Daten zum Starten des Computers.

**Steckplätze** Hier können zusätzliche Karten eingesteckt werden, die bestimmte Funktionen haben.

**RAM *(Random Access Memory)*** sind Mikrochips, die Daten und Programme speichern, die gerade verwendet werden.

**Controller-Chips** steuern Funktionen wie die Grafik und überwachen bestimmte Komponenten wie das Festplattenlaufwerk.

**Diskettenlaufwerk, CD-ROM-Laufwerk, DVD-Laufwerk** Es gibt verschiedene Datenspeichermöglichkeiten mit externen Speichern. Die Leistungsfähigkeit erstreckt sich von 1,4 Megabyte auf einer Diskette bis zu mehreren tausend Megabyte auf einer DVD.

**Festplattenlaufwerk** Der Hauptspeicher für Daten und Programme. Hier werden Daten als magnetische Signale im Binärcode auf Metallscheiben gespeichert. Die Daten werden aus diesem Speicher gelesen und hineingeschrieben.

**Motherboard (Hauptplatine)** Der Hauptschaltkreis, der die wichtigsten Bestandteile des Computers verbindet.

## Mikrochips – die vielseitigen Bauteile

Mikrochips – auch Siliziumchips oder einfach Chips – bestehen aus winzigen elektrischen Bauteilen auf einem Siliziumträger. Sie sind der wichtigste Bestandteil aller Computer und der meisten anderen elektronischen Geräte. Jeder Chip besteht aus Tausenden oder sogar Millionen von Bauteilen wie winzigen Dioden und Transistoren, die über ein fotografisches Verfahren auf seine Siliziumträger aufgebracht werden. Diese Bauteile sind mit metallischen Leiterbahnen untereinander verbunden, die weniger als ein Mikron (ein Tausendstel eines Millimeters) breit sind und die elektrischen Signale zwischen den Bauteilen leiten. Im Kern eines Computers sitzt der Mikroprozessor oder CPU *(central processing unit)*, der den Großteil der Leistung erbringt. Je kleiner die Bauteile auf einem Chip sind und je dichter sie angeordnet sind, umso komplexer und schneller arbeitet er.

## SCHLÜSSELBEGRIFFE

- **Binärsystem** Zahlensystem aus Nullen und Einsen.
- **Bit** *(Binary digit)* Die kleinste Informationseinheit.
- **Buffer** Arbeitsspeicher, der Daten kurzfristig bereithält.
- **Bus** Die wichtigsten Kommunikationsverbindungen auf dem Motherboard.
- **Byte** Eine Gruppe von acht Bits: Sie stellt im Binärcode eine Zahl zwischen 0 und 255 oder ein Symbol dar.
- **CD-ROM** *(Compact Disc Read-Only Memory)* Speichert Daten oder Programme.
- **Clock-Speed** Geschwindigkeit, mit der ein Prozessor arbeitet.
- **DVD** *(Digital Versatile Disc)* Ein Speichermedium mit sehr hoher Kapazität, ideal für Bilddaten oder Programme.
- **Datei** Ein Teil eines Codes oder ein Datensatz, der als Einheit gespeichert wird.
- **Hardware** Die festen, physisch greifbaren Komponenten eines Computers.
- **Modem** *(Modulator-Demodulator)* Ein Gerät zum Austausch von Daten zwischen Computer und Telefonleitung.
- **Motherboard** Zentrale Leiterplatine, die die wichtigsten Mikrochips trägt.
- **Netzwerk** Miteinander verbundene Computer.
- **ROM** *(Read-Only Memory)* Computerspeicher, der nicht überschrieben werden kann.
- **Virus** Ein Programm, das den Computer schädigt.

Siehe auch
496–7 **Informationsökonomie**
558–9 **Geburt des Computers**
562–3 **Digitale Kommunikation**
566–7 **Das Internet**

*Digital heißt nichts anderes als numerisch: Bei der digitalen Kommunikation wird alles – von Beethovens Musik bis zu Botticellis Gemälden – auf eine Reihe von Zahlen reduziert. Das Ergebnis ist eine sichere und schnelle Übermittlung von Daten, die sich einfach speichern und fehlerfrei reproduzieren lassen. Erst die Computertechnologie machte die digitale Kommunikation möglich.*

**Analoge und digitale Signale** In der Natur erhalten wir die meisten Informationen in Form von Schall oder Licht, also als Wellen, die sich kontinuierlich verändern können. Von Menschen verwendete Kommunikationssysteme bedienen sich dagegen neben diesen kontinuierlichen auch diskreter Signale. Systeme, die mit der Übertragung von kontinuierlichen Signalen arbeiten, heißen analoge Systeme, da sie stetig veränderliche elektrische Ströme oder Spannungen erzeugen, die den ursprünglichen Licht- oder Schallwellen entsprechen, also analog zu diesen sind. Ein Mikrofon wandelt z. B. die Luftdruckschwankungen der Schallwellen in einen ebenso schwankenden elektrischen Strom um, der die Form der ursprünglichen Schallwellen nachahmt.

Digitale Kommunikationssysteme tasten hingegen die Originalwellen ab und beschreiben diese in einer fortlaufenden Zahlenreihe. Diese Zahlen werden in das Binärsystem umgewandelt, das nur aus den Zahlen 1 und 0 besteht (siehe S. 515). Die Binärzahlen erzeugen ihrerseits einen Strom von elektrischen Impulsen, wobei die Ziffer 1 „Ein“, 0 „Aus“ bedeutet. Wenn die Impulse empfangen werden, wandelt ein Digital-Analog-Wandler die Zahlen wieder in Schall oder Licht um: So entsteht aus einer langen Reihe aus Nullen und Einsen ein Bild oder ein Klang.

## Vorteile der digitalen Kommunikation

Die Übertragung von Informationen in Form digitaler Daten hat viele Vorteile im Vergleich zur analogen Übertragung. Da die Daten numerisch übermittelt werden, können Fehler problemlos aufgedeckt und korrigiert werden. Über Wiederholungen von Mustern in den Zahlenfolgen lassen sich große Datenmengen komprimieren und schneller übertragen. Weil digitale Geräte Informationen auf die gleiche Weise verarbeiten, können sie untereinander kommunizieren, z. B. Digitalkameras mit einem Computer.

**1 Analoge Signale** bestehen aus veränderlichen elektrischen Spannungen oder Strömen. Sie können beispielsweise von einem Mikrofon erzeugt sein, wenn sie Schallwellen darstellen, oder von einer Videokamera, die unterschiedliche Helligkeitswerte einer Landschaft aufnimmt.

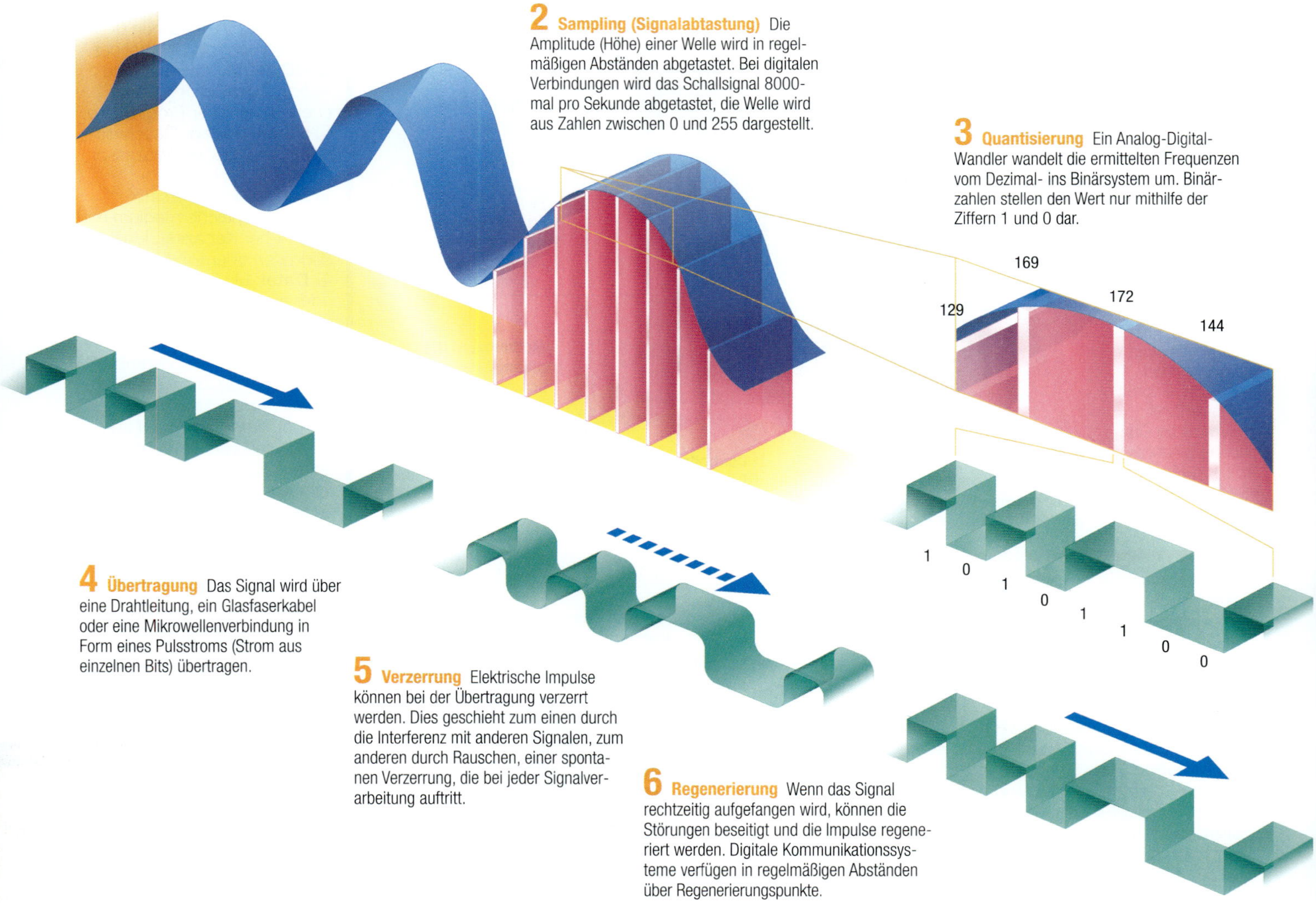


**2 Sampling (Signalabtastung)** Die Amplitude (Höhe) einer Welle wird in regelmäßigen Abständen abgetastet. Bei digitalen Verbindungen wird das Schallsignal 8000-mal pro Sekunde abgetastet, die Welle wird aus Zahlen zwischen 0 und 255 dargestellt.

**3 Quantisierung** Ein Analog-Digital-Wandler wandelt die ermittelten Frequenzen vom Dezimal- ins Binärsystem um. Binärzahlen stellen den Wert nur mithilfe der Ziffern 1 und 0 dar.

**4 Übertragung** Das Signal wird über eine Drahtleitung, ein Glasfaserkabel oder eine Mikrowellenverbindung in Form eines Pulsstroms (Strom aus einzelnen Bits) übertragen.

**5 Verzerrung** Elektrische Impulse können bei der Übertragung verzerrt werden. Dies geschieht zum einen durch die Interferenz mit anderen Signalen, zum anderen durch Rauschen, einer spontanen Verzerrung, die bei jeder Signalverarbeitung auftritt.

**6 Regenerierung** Wenn das Signal rechtzeitig aufgefangen wird, können die Störungen beseitigt und die Impulse regeneriert werden. Digitale Kommunikationssysteme verfügen in regelmäßigen Abständen über Regenerierungspunkte.

## DIGITALE SCHRIFT

Alle Computer stellen Buchstaben, Bilder und Schriftzeichen über das Binärsystem dar. Diese Computercodes waren der erste Standard für die Darstellung von Zeichen, der American Standard Code for Information Interchange (ASCII) oder Maschinencode aus dem Jahr 1963.
Der ASCII-Code, der für alle Computer in den Ländern verwendet wird, die die lateinische Schrift verwenden, nutzt eine Folge aus acht Bits, um 128 verschiedene Zeichen darzustellen. Damit können alle Groß- und Kleinbuchstaben, Zahlen, Satzzeichen sowie 32 spezielle Steuerzeichen zur Steuerung von Funktionen dargestellt werden, außerdem weitere 128 Zeichen: Buchstaben mit Akzenten, Sonderzeichen, nichtlateinische Schriftzeichen sowie grafische Symbole

Beispiele für den ASCII-Code:

| Binärzahl | Entsprechende Dezimalzahl | Codiertes Zeichen |
|---|---|---|
| 00010010 | 36 | $ |
| 01000001 | 65 | A |
| 01101011 | 107 | k |
| 10100100 | 164 | ñ |

Der Buchstabe k entspricht also der Zahl 107. Drückt man die Taste k auf der Tastatur, wird der Maschinencode 107 erzeugt, der in die entsprechende Binärzahl umgewandelt wird, nämlich 01101011. Diesen Binärcode übersetzt der Computer, der Buchstabe k erscheint auf dem Bildschirm – ein Vorgang, der sich innerhalb von Mikrosekunden abspielt.

Sprachen wie Chinesisch und Japanisch haben ungleich mehr Schriftzeichen als das lateinische Alphabet und müssen daher mit einem 16-Bit-Code dargestellt werden.

**FAKTEN**

**Eine CD-ROM kann 112 Mio. Wörter eines Textes speichern – weit mehr als eine umfangreiche Lexikonreihe enthält.**

## DIGITALER SCHALL

Digitaler Schall wurde zum ersten Mal bei der Übertragung von Telefongesprächen genutzt. Wenn Schall von analogen Signalen in digitale umgewandelt wird, wird er in regelmäßigen Abständen abgetastet. Die Tonqualität hängt also sowohl von der Abtastgenauigkeit (der Unterteilung der Messskala) als auch von der Häufigkeit der Abtastungen pro Sekunde ab.

Es gibt zwei Haupttypen: 8-bit und 16-bit, wobei sich die Technologie der Abtastung so schnell entwickelt, dass eine immer bessere und genauere Tonwiedergabe möglich wird.

**8-bit-Abtastung** Digitale Telefone nutzen die 8-bit-Abtastung, da die menschliche Stimme keinen besonders großen Frequenzbereich hat. Bei der 8-bit-Abtastung werden die Frequenzen der Schallwellen in einer 8-stelligen Binärzahl gemessen. Jede Abtastung ergibt einen von 256 möglichen Werten, wobei 255 die höchste Zahl ist, die als 8-stellige Binärzahl dargestellt werden kann. So kann die menschliche Stimme deutlich wiedergegeben werden, doch für Musik reicht dieser Bereich nicht aus. Digitale Telefone messen 8000-mal pro Sekunde, also mit 8 kHz. Eine Messung von 10 000-mal pro Sekunde – 10 kHz – reicht für die Aufzeichnung einer Stimme aus.

**16-bit-Abtastung** Auf Audio-CDs kommt die 16-bit-Abtastung zum Einsatz. Daraus ergibt sich eine Skala von 65 536 möglichen Kombinationen – gemessen wird 44 100-mal pro Sekunde (44,1 kHz) in beiden Stereokanälen. Das Ergebnis ist ein deutlich naturgetreuerer Klang als bei der 8-bit-Abtastung beim Telefon.

Darüber hinaus bieten neue Systeme wie DVD-Audio eine 24-bit-Abtastung (fast 17 Mio. Auflösungsstufen).

## DIGITALE BILDER

Alle elektronischen Bilddarstellungssysteme funktionieren, indem die Vorlage zunächst in schmale Streifen aufgeteilt wird. Jeder Streifen wird wieder in Quadrate geteilt, so genannte Pixel (Englisch für *picture elements*). Bei der Farbdarstellung erhält jedes Pixel eine Farbcodierung anhand der Rot-, Grün- und Blauanteile, die es enthält – also der drei Grundfarben des Lichts.

Die Helligkeit jeder Farbe wird ebenfalls Pixel für Pixel bestimmt und wie bei anderen digitalen Systemen in eine Binärzahl umgewandelt. Das Ergebnis ist eine Bit-Map (Aufteilung eines Bildes in einzelne Felder), die aufgezeichnet und auf einem Fernseher, Monitor oder einem anderen Digitalgerät abgespielt werden kann.

Schärfe und Farbtreue des Bildes hängen von mehreren Faktoren ab, z. B. von der Zahl der Pixel in einem bestimmten Bereich, von der Häufigkeit, mit der dieser Punkt gescannt wird, und von der Farbtiefe, also wie genau die Helligkeit jeder Farbe in jedem einzelnen Pixel gemessen wird. Qualitativ hochwertige Farbbilder, wie sie etwa in der Druckindustrie erforderlich sind, werden in der Regel bei 12 bit pro Primärfarbe gescannt (4096 mögliche Helligkeitsgrade) und mit 22 500 Pixel pro Quadratzoll, also 8-mal so oft wie Bilder auf dem Fernseh- oder Computerbildschirm.

**Patchworkbilder** Der Ausschnitt aus dem großen Foto oben rechts macht deutlich, dass jedes Pixel einen bestimmten Farbwert wiedergibt.

Siehe auch
402–5 **Fernsehen**
512–13 **Zahlen und Zahlenfolgen**
558–61 **Computer**
564–5 **Tonaufzeichnung**

**Von der Schellack-Platte zur DVD**

*Unser Leben heute wäre undenkbar ohne Musik, Klänge und Stimmen von Tonträgern. Dabei existiert diese Technologie erst seit gut 100 Jahren. Die Aufzeichnung von Musik begann Ende des 19. Jh. mit dem Phonographen. Tonfilme, Tonband, Stereo-Langspielplatten und Videocassetten folgten, bis im digitalen Zeitalter High-Tech-Erfindungen wie CD, MiniDisc, DVD und MP3 zum Durchbruch kamen.*

**1877** Der Erfinder Thomas Edison (USA) entwickelt den Phonographen zum Aufzeichnen und Abspielen von Musik.

**1887** Der deutsch-amerikanische Erfinder Emil Berliner entwickelt das Grammophon.

**1890** Ein einfacher Zylinderphonograph mit Münzeinwurf und vier Hörrohren wird in einer Kneipe in San Francisco aufgestellt – ein früher Vorläufer der Jukebox.

**1902** Doppelseitig geprägte Schallplatten kommen auf. Man hatte entdeckt, dass sich flüssiger Schellack gleichmäßiger verteilt, wenn eine Platte von beiden Seiten geprägt wird.

**1927** Bei den ersten erfolgreichen Tonfilmen kam der Ton von einer Schallplatte mit 50 cm Durchmesser und $33 \frac{1}{3}$ Umdrehungen pro Minute.

**1927** Die erste vollelektrische Jukebox kommt auf den Markt.

**1927** John Logie Baird produziert die ersten Videoaufzeichnungen, indem er kurze TV-Sendungen auf Platten aus Wachs und magnetischem Stahl festhält (Phonovision).

**Musikbox** In den 1930er-Jahren – der Swing war gerade in Mode – fanden Musikboxen viele begeisterte Anhänger.

**1931** Alan Blumlein lässt sich das Prinzip der Stereoaufzeichnung patentieren.

**1934** Die Wurlitzer-Musikbox, bei der man zwischen mehreren Liedern wählen kann, kommt auf den Markt.

1870 | 1900 | 1930 | 1940 | 1950

### Vom Phonographen zum Grammophon

Bei Edisons Phonograph dreht sich ein Metallzylinder, der mit Stanniol umwickelt ist; eine Nadel an einer Membran vibriert aufgrund des erzeugten Schalls und hinterlässt auf diese Weise Dellen auf der Folie. Später verwendete Edison mit Wachs beschichtete Pappe. Obwohl Edisons Phonograph zunächst erfolgreich war, lief ihm schließlich Emil Berliners Schallplattengrammophon den Rang ab. Dieses Gerät spielte Platten aus Hartgummi (später Schellack) ab, die sich zunächst mit 30, dann mit 60 und schließlich mit 78 Umdrehungen pro Minute drehten (je höher die Geschwindigkeit, desto besser der Klang). Berliner war auch der erste, der Schallplatten in Serie herstellte.

**Edisons Phonograph, um 1890**

**1935** Das Magnetophon, ein Tonbandgerät, wird präsentiert. Es wurde von den deutschen Unternehmen BASF und AEG hergestellt.

**1941** Zum ersten Mal wird in einem Kino der Ton in Stereo wiedergegeben.

**1948** Die ersten Langspielplatten aus Vinyl mit 30 cm Durchmesser und $33 \frac{1}{3}$ Umdrehungen pro Minute werden gefertigt. Ihre Spieldauer beträgt 46 Minuten.

**1956** Das erste brauchbare Gerät zum Abspielen von Videobändern wird in den USA präsentiert.

**1958** Die ersten Stereo-Langspielplatten kommen auf den Markt.

## WIE FUNKTIONIERT EINE VINYL-SCHALLPLATTE?

Die konventionelle Schallplatte trägt Schall-Informationen in Form einer Spiralrille, die vom äußeren Rand der Platte bis fast zu ihrer Mitte verläuft. Wenn sich die Schallplatte dreht, folgt die Tonabnehmernadel der Tonspur und ihren Ausbuchtungen, die den Höhen und Tiefen der Schallwellen entsprechen. Diese werden in einen schwachen elektrischen Strom umgewandelt, der verstärkt und in den Lautsprechern des Geräts in Schall umgewandelt wird. Bei Mono-Aufzeichnungen bewegt sich die Nadel lediglich seitlich. Bei einer Stereo-Aufzeichnung werden die beiden Tonkanäle separat in den Seitenwänden der Rille aufgenommen.

**Tonabnehmernadel**

**Unterschiedliche Schallaufzeichnungen** in den beiden Rillenflanken ergeben die Stereowirkung.

## Dolby-Soundsystem

Beim Dolby-System werden bei der Aufnahme hohe Tonfrequenzen verstärkt und beim Abspielen wieder reduziert – auf diese Weise wird das Rauschen unterdrückt. Dolby entwickelte später digitale Systeme und Surround-Systeme für Kinos: Bis zu sechs digitale Tonkanäle werden in einem Soundtrack aufgenommen. Zur Wiedergabe werden Stereo-Lautsprecher eingesetzt, ein Mittellautsprecher für Dialoge und Mono-Lautsprecher im hinteren Raumbereich, um die Surround-Effekte zu erzielen.

Siehe auch
378–81 **Unterhaltungsmusik**
496–7 **Informationsökonomie**
562–3 **Digitale Kommunikation**
582–3 **Kinofilm und Musik**

**Akio Morita (1921–99)** und das japanische Unternehmen Sony, an dessen Gründung er beteiligt war, haben etliche der wichtigsten Geräte zur Aufzeichnung von Musik erfunden. Morita trieb z. B. die Entwicklung des Walkman voran, der einen sensationellen Siegeszug erlebte. Als Morita starb, waren allein in den USA 100 Mio. Walkman verkauft worden. Sein Unternehmen war außerdem der Vorreiter bei der Einführung des Videocassettenrecorders, des Camcorders, der MiniDisc und (zusammen mit Philips) der Compact Disc (CD) sowie des Digital Audio Tape (DAT).

**Sony Walkman, 1979**
Akio Morita hatte die Idee zur Entwicklung des Walkman, da er selbst ein kleines, tragbares Gerät haben wollte, um beim Golfspielen Musik hören zu können.

**1992** Die erste wieder bespielbare MiniDisc (MD) kommt auf den Markt. Sie hat einen Durchmesser von 6 cm und eine Spieldauer von bis zu 80 Minuten.
**1996** In Japan wird die Digital Versatile Disc (DVD) präsentiert. Sie ist genauso groß wie eine CD, kann aber 25-mal so viele Daten speichern wie diese.

**DVDs** können die riesige Datenmenge speichern, die erforderlich ist, um einen Spielfilm in voller Länge abzuspielen. Die digitale Bildqualität ist der von Videocassetten überlegen.

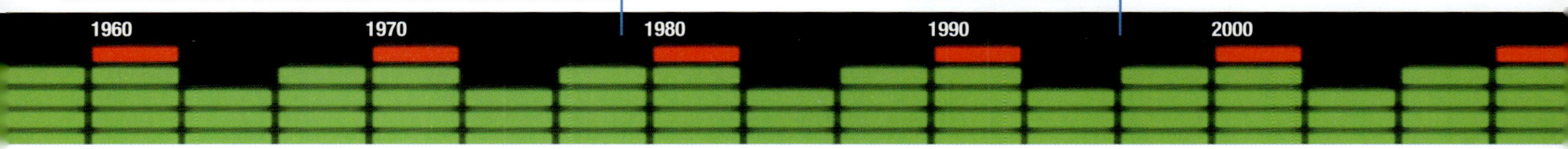


**1963** Die kompakte Toncassette wird eingeführt.
**1965** Sony stellt den ersten Videorecorder vor.
**1969** Ray M. Dolby entwickelt ein System zur Rauschunterdrückung bei Tonband-Aufnahmen.

**1970** Die ersten Video-Cassettenrecorder sind erhältlich.
**1975** Sony präsentiert die Betamax-Videocassette für den Hausgebrauch.
**1976** Sony bringt das VHS-Video-Cassettenformat auf den Markt, das bald Betamax ablöst.

**1980** Der erste Video-Camcorder für den breiten Markt wird vorgestellt.
**1982** Die CD (12 cm Durchmesser, Spieldauer 74 Minuten) startet ihren Siegeszug. Sie ist das erste erfolgreiche digitale Aufnahmemedium.

**1997** Das MP3-System zur digitalen Aufzeichnung komprimierter Musikdateien wird eingeführt und ermöglicht eine qualitativ hochwertige Musikübertragung über das Internet.

**2001** Die ersten DVD-R-Geräte (wieder bespielbare DVDs) kommen auf den Markt.

## AUFNAHMEN AUF MAGNETBAND

Ein Magnetband ist ein dünnes Kunststoffband, das auf einer Seite mit einem magnetischen Material beschichtet ist. Bei der Aufnahme magnetisiert der Kopf diese Beschichtung. Die Stärke der Magnetisierung entspricht der Amplitude (Höhe) des eingehenden Tonsignals. Beim Abspielen erzeugt das Band, das am Wiedergabekopf vorbeiläuft, schwache elektrische Signale, die verstärkt und zu den Lautsprechern weitergeleitet werden. Aufnahmen auf Videocassetten laufen ebenso ab: Hier bestimmen die variierenden Anteile der drei Primärfarben Rot, Grün und Blau die Stärke der Magnetisierung des Videobands.

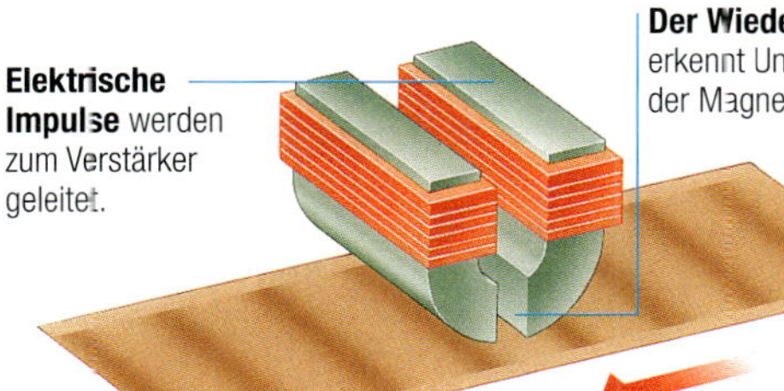

**Elektrische Impulse** werden zum Verstärker geleitet.

**Der Wiedergabekopf** erkennt Unterschiede in der Magnetisierung.

## MUSIK VON EINER CD

Auf CDs, DVDs und MiniDiscs sind digitale Daten in Form von mikroskopisch kleinen Vertiefungen gespeichert, die Licht absorbieren, unterbrochen von Zwischenräumen, die das Licht reflektieren. Die Vertiefungen laufen spiralförmig von innen nach außen. Beim Abspielen tastet ein Laserstrahl die Oberfläche ab; eine Fotozelle reagiert auf die Reflexion des Lichts, die sich ändert, wenn der Laserstrahl auf eine Vertiefung oder einen Zwischenraum trifft, sodass eine Folge von elektrischen Ein- bzw. Aus-Signalen entsteht. Ein Digital-Analog-Wandler setzt diese Signale in analoge um und erzeugt so Töne oder Farben.

**Ein Infrarot-Laserstrahl** tastet die Unterseite der CD ab.

**Eine Vertiefung** streut das Licht, es wird eine 0 (Signal für Aus) erzeugt.

**Ein Zwischenraum** reflektiert das Licht, es wird eine 1 (Signal für Ein) erzeugt.

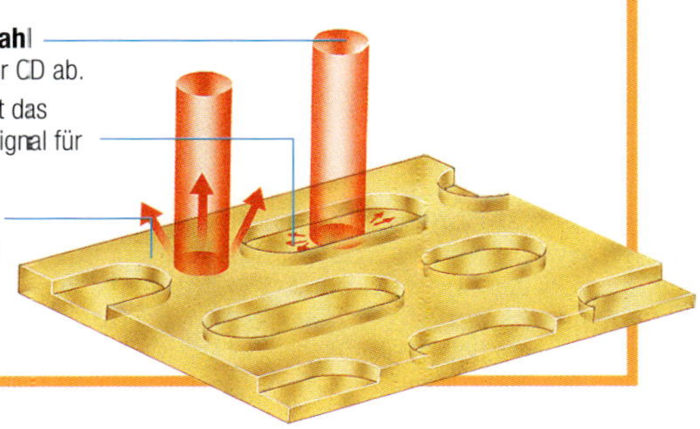

# Das Internet

**Ein globales Informationssystem verändert die Welt**

*Wissenschaftler entwickelten die ersten Computernetze in Instituten und Universitäten, indem sie riesige Großrechner miteinander verbanden, um deren Leistungsfähigkeit zu erhöhen und mit anderen Instituten Daten auszutauschen. Bald führten sie bestimmte Standards ein, um einen Datentransfer zwischen verschiedenen Netzen zu ermöglichen – das Internet war geboren. In den 1980er-Jahren wurde ein System aus eindeutigen Adressen entwickelt, sodass jeder beliebige Computer mit jedem anderen in Kontakt treten konnte. Ebenso wie der PC den Alltag in Büros und zu Hause veränderte, bewirkten das World Wide Web, E-Commerce und E-Mail eine Revolution, die fast jeden Lebensbereich erfasste.*

## WAS IST DAS INTERNET?

Das Herz des Internets sind die so genannten Router – Computer, die über Backbone-Links verbunden sind, also Leitungen aus Glasfaser- oder anderen Kabeln sowie Satelliten, die eine Hochgeschwindigkeits-Datenübertragung möglich machen. Die Router wiederum sind mit Tausenden kleinerer Netzwerke und Millionen von Einzelcomputern verbunden. Große Unternehmen, Regierungsbehörden und akademische Einrichtungen haben oft einen direkten Internet-Zugang über bestimmte Computer, die Internet-Server. Andere Nutzer wählen sich über ihre Telefonleitung ein und erhalten den Zugang über den Server eines Providers. Daten werden in Form von Dateipaketen durch das Internet befördert. Alle Arten von Daten, ob E-Mail,

**1960er-Jahre**

**Frühe 60er-Jahre** In den USA wird an einem sicheren militärischen Kommunikationsnetz geforscht. Die Ergebnisse werden später zum Aufbau des Internets genutzt.

**1965** HyperText wird erfunden. Dabei handelt es sich um anklickbaren Text, der zur Verbindung von Webseiten genutzt wird.

**1969** Amerikanische Forscher beim Militär und an Universitäten entwickeln das Arpanet, ein Computernetz, das auf Systemen basiert, die Paul Baran entwickelt hat. Zunächst verknüpft das Arpanet nur vier Großrechner, 1971 sind es bereits 23 Computer.

### Paul Baran (geb. 1926)

1962 schlug Paul Baran bei der Rand Corporation die Versendung digitaler Daten in Blöcken vor – eine Möglichkeit, Nachrichten in einzelne „Pakete" (Einheiten) aufzuteilen, die durch ein Netzwerk geschickt werden können und dabei ihr Ziel auf verschiedenen Wegen erreichen.

**1970er-Jahre**

**Frühe 70er-Jahre** E-Mail und Newsgroups entwickeln sich im Arpanet mit hoher Geschwindigkeit. Es werden die ersten Schritte unternommen, um einzelne Computernetze zu einem großen „Netz der Netze" zu verknüpfen. Den Schlüssel dazu liefert die Entwicklung eines Protokolls zur Steuerung der Übertragung von Daten: TCP, programmiert von Vint Cerf.

### Vint Cerf (geb. 1943)

Der kalifornische Computerwissenschaftler Vint Cerf entwickelte TCP *(Transmission-Control Protocol)*, mit dem die Kommunikation zwischen einzelnen Netzen gesteuert wird.

**1973** Die ersten transatlantischen Links über Arpanet werden möglich.

**1974** Telnet, die erste kommerzielle Version des Arpanet, wird aufgebaut.

**1975** Die ersten Online-Informationsdienste wie CompuServe und America OnLine (AOL) entstehen.

**1980er-Jahre**

**1982** Vint Cerf und Bob Kahn verwenden zum ersten Mal den Begriff Internet.

**1984** Das System der Domain-Namen (Internet-Adressen) wird eingeführt.

**1984** Der kanadische Autor William Gibson führt in seinem Roman *Neuromancer* den Begriff Cyberspace ein.

**1988** Die Zahl der Host-Computer im Internet liegt bei 60 000. Host-Computer sind immer ans Internet angeschlossen und speichern enorme Datenmengen, doch der Zugang zu ihnen ist schwierig.

**1990** Das ursprüngliche Arpanet wird aufgelöst und macht dem Internet Platz.

## DIE ADRESSEN IM INTERNET

Jeder Computer, der ans Internet angeschlossen ist, muss eine eindeutige Adresse haben, um Informationen mit anderen Computern austauschen zu können. Die meisten Internet-User oder -Nutzer haben keine eigene Internet-Adresse, sondern gehen über einen Provider online, von dem sie eine Adresse erhalten.

Internet-Adressen bestehen aus vier, durch einen Punkt voneinander getrennten Zahlengruppen, z. B. 123.4567.89.1011. Meist haben sie auch einen Domain-Namen, der den Zahlen entspricht, aber leichter zu merken ist. Leistungsfähige Computer, die Domain Name Server (DNS), speichern alle Adressen im Internet und wandeln die Domain-Namen in numerische Internet-Adressen um.

Host-Computer haben normalerweise Domain-Namen, die mit „www" beginnen, dann folgen ein Punkt, einer oder mehrere Namen, die ebenfalls durch Punkte getrennt sind, sowie ein Suffix wie .com oder .de, das die Art der Organisation anzeigt, hier kommerziell (.com).

**URL *(Uniform Resource Locator)*** Webseiten haben ebenfalls eine einmalige Adresse, die URL. Sie beginnt mit der Zeichenfolge http://, die das Protokoll festlegt, über das die Informationen übertragen werden. Dann folgt der Domain-Name des Host-Computers, auf dem die Seite gespeichert ist. Bei weiteren Seiten oder Dateien folgt ein / sowie ein Dateiname, meist mit einem Suffix wie .html.

Homepage oder PC-Datei, werden in kleine Einheiten aufgespalten und gelangen über mehrere Router auf dem schnellsten Weg zu ihrem Ziel, wo sie in der richtigen Reihenfolge wieder zusammengesetzt werden. Da ständig Informationen ausgetauscht werden und es mehrere Pfade zwischen den Routern gibt, sind die einzelnen Einheiten oft auf verschiedenen Wegen unterwegs.

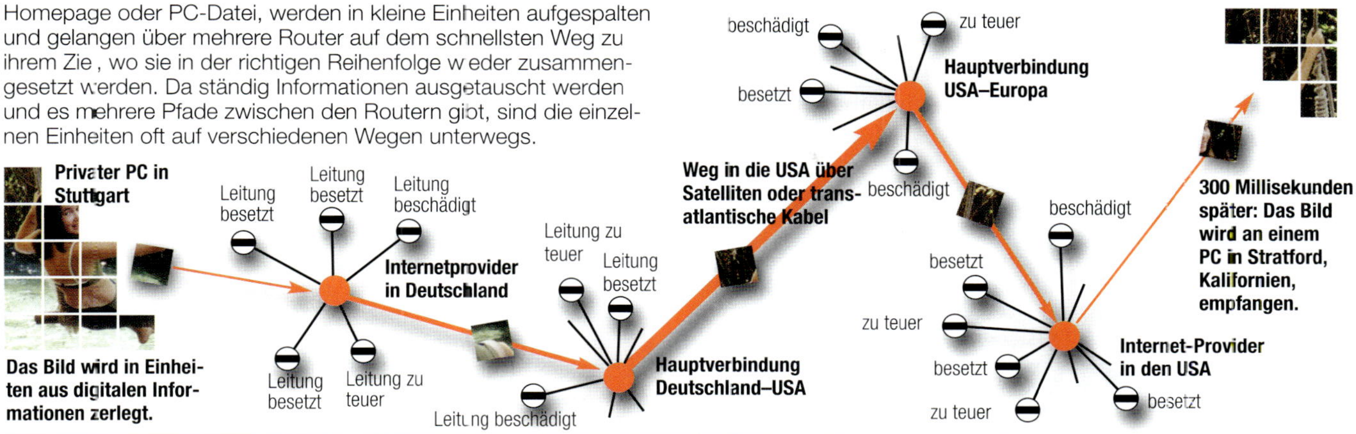


**Tim Berners-Lee (geb. 1955)**, ein englischer Wissenschaftler, der am europäischen Kernforschungszentrum in Genf (CERN) arbeitet, entwickelte das World Wide Web (WWW) sowie die URL-, HTML- und HTTP-Standards.

**1994** Der Netscape Navigator kommt auf den Markt, eine kommerzielle Version von Mosaic und der erste Web-Browser für den Massenmarkt. Es gibt die ersten Web-Radiostationen und die erste Online-Bank.

**1995** Die Programmiersprache Java macht noch komplexere Webseiten möglich. Die ersten Suchmaschinen – Online-Programme zum Suchen von Informationen im Internet – werden ins Netz gestellt.

**2000** Das Internet umfasst über 95 Mio. Nutzer, über 25 Mio. Webseiten und mehr als 1 Mrd. Einzelseiten.

**1990er-Jahre**

**2000**

**1991** Das Internet wird voll für kommerzielle Nutzer zugänglich. Die Zahl der Host-Computer im Internet überschreitet die Zahl von 1 Mio. Die ersten Internet-Serviceprovider (ISP) bieten der Öffentlichkeit preiswerte Internet-Zugänge über das Telefonnetz an.

**Marc Andreessen (geb. 1971)**
1993 entwickeln Marc Andreessen und Eric Bina den Mosaic-Browser, der Webseiten anzeigen kann.

**90er-Jahre** Der Verkehr im WWW wächst jährlich um den Faktor 3500.

**1996** Die Zahl der Host-Computer im Internet übersteigt 10 Mio.

**1999** Internet 2 oder Abilene, ein leistungsfähiges Netzwerk für Wissenschaftler, wird aufgebaut.

**1995** Der Online-Buchhandel Amazon wird gegründet. Er macht zunächst keinen Gewinn, bereitet aber den Weg für E-Commerce.

Siehe auch
496–7 **Informationsökonomie**
556–7 **Telekommunikation**
562–3 **Digitale Kommunikation**
558–61 **Computer**

**E-Mail (Elektronische Post)** ist der schnelle Nachrichtenaustausch zwischen Internet-Nutzern mit eindeutigen Adressen.
**Newsgroups** User mit gemeinsamen Interessen tragen sich in einer Newsgroup ein und bekommen Zugang zu einer bestimmten Internet-Adresse. Dort können sie Nachrichten wie auf einem elektronischen schwarzen Brett hinterlassen, lesen, Kontakte knüpfen oder online diskutieren (chatten).

## SCHLÜSSELBEGRIFFE

**GIF** *(Graphic Interchange Format)* Ein komprimiertes Format, das zur schnellen Übertragung von Bildern verwendet wird.
**HTML** *(HyperText Markup Language)* Die wichtigste Programmiersprache zur Erstellung von Webseiten.
**HTTP** *(HyperText Transfer Protocol)* System zur Verschiebung von Hypertext-Dateien (Webseiten) durch das Internet.
**ISP** *(Internet Service Provider)* Eine Organisation, die Usern den Zugang zum Internet anbietet.
**JPEG** *(Joint Photographic Experts Group)* Ein komprimiertes Format zur schnellen Übertragung von Bildern.
**Einloggen/Ausloggen** Über das Internet oder einen bestimmten Webserver mittels Passwort Kontakt aufnehmen bzw. diesen abbrechen.
**Modem** *(Modulator-Demodulator)* Gerät zur Umwandlung von digitalen Daten in analoge und umgekehrt.
**MPEG** *(Moving Pictures Experts Group)* Komprimiertes Format zur Übertragung von Videodateien.
**MP3** Komprimiertes Format für Musikdateien.
**POP** *(Point of Presence)* Eine Telefonnummer, über die sich ein User in das System seines Providers einwählt.
**Server** Leistungsfähiger Computer oder Programm, der bzw. das bestimmte Dienste anbietet (Zugang zu Web-Dateien, Speicherung dieser Dateien, Weiterleitung von E-Mails usw.).
**TCP/IP** *(Transmission Control Protocol/Internet Protocol)* Das System, das Daten durch das Internet übermittelt.
**URL** *(Uniform Resource Locator)* Der offizielle Name für die Adresse einer Webseite.
**WAP** *(Wireless Application Protocol)* Macht es möglich, über Mobiltelefone auf Webseiten zuzugreifen; es wird voraussichtlich schon bald von Mobiltelefonen der dritten Generation überholt werden.

*Die Ursprünge der Medizin als Wissenschaft liegen bereits in vorchristlicher Zeit. Anatomie – Aufbau und Form des menschlichen Körpers – und Physiologie – Funktionen des Körpers und seiner Organe – wurden bereits in der Antike unterrichtet, z. B. 300 n.Chr. im ägyptischen Alexandria. Seitdem forschen Wissenschaftler weltweit nach Möglichkeiten, die Krankheiten des Menschen zu besiegen.*

**Ein Pionier der Chirurgie** Der indische Chirurg Sushruta soll im 8. Jh. v. Chr. das erste medizinische Fachbuch geschrieben haben, das *Sushrutasamhita.* Darin beschreibt er chirurgische Methoden und medizinische Heilmittel. Sein Hindu-Glaube verbat es ihm, tote Körper aufzuschneiden, um mehr über die menschliche Anatomie zu erfahren. Daher legte er Leichen tagelang in Wasser und zog sie dann auseinander, ohne einen Schnitt tun zu müssen. Er verwendete bei Operationen Alkohol als Beruhigungsmittel und setzte ein Gemisch aus heißen Ölen und Teer ein, um Blutungen zu stillen. Er fand nicht nur eine Behandlungsmöglichkeit für den grauen Star, indem er die Linse des Auges entfernte, sondern entwickelte auch einfache Techniken für Hauttransplantationen und die plastische Chirurgie.

## Die Ausbreitung von Krankheiten

In der zweiten Hälfte des 19. Jh. wurde erkannt, wie sich Infektionskrankheiten ausbreiten. Bis zu diesem Zeitpunkt hatten die Ärzte geglaubt, dass Infektionen aus giftigen Gasen, so genannten Miasmen, entstünden, die sich aus verrottender Materie und stehendem Wasser bilden.

Die Entwicklung des Mikroskops im 17. Jh. führte zur Entdeckung von Mikroorganismen, die für das bloße Auge unsichtbar sind. Doch erst in den 1860er-Jahren wies Louis Pasteur (1822–95) nach, dass einige dieser Mikroorganismen Krankheiten verursachen. Im Jahr 1882 erkannte der deutsche Arzt Robert Koch (1843–1910) als Erster, dass das Tuberkelbakterium die gefürchtete Tuberkulose hervorruft.

**um 6000 v. Chr.** Trepanation – die Technik, ein Loch in den Schädel zu bohren – wird von steinzeitlichen Völkern praktiziert.

**um 1000 v. Chr.** Lehmtafeln in Babylon beschreiben die Symptome von 3000 Krankheiten.

**um 170 n. Chr.** Der griechische Arzt Galen weist nach, dass Arterien und Venen Blut transportieren, keine Luft. Er setzt den Aderlass ein, um die Körperflüssigkeiten ins Gleichgewicht zu bringen, und führt wissenschaftliche Sektionen durch.

**1510** Ambroise Paré, der Vater der modernen Chirurgie, wird geboren. Er kauterisierte Wunden nicht, sondern verwendete beruhigende Lotionen und senkte so die Sterblichkeitsrate.
**1543** Der Anatom Vesalius beweist, dass einige Aussagen von Galen falsch waren.

**1604** Der italienische Arzt Fabricius veröffentlicht sein Werk *De formato foeto,* ein Meilenstein in der Embryologie.
**1628** Der englische Arzt William Harvey beschreibt in einem wissenschaftlichen Werk den Blutkreislauf.

6000 v. Chr. — um 1000 v. Chr. — 0 — um 170 n. Chr. — 1500 — 1600

**3000 v. Chr.** Im chinesischen *Ne'i ching* wird der Blutkreislauf beschrieben. In Ägypten führt der Arzt Imhotep Aufzeichnungen über seine Heilmittel.
**2000 v. Chr.** Der *Veda,* ein heiliger Text, der auch auf die Behandlung von Krankheiten eingeht, entsteht in Indien.

**384 v. Chr.** Der griechische Philosoph Aristoteles wird geboren. Seine Schriften über Biologie, insbesondere über vergleichende Anatomie und Embryologie, sollten großen Einfluss auf die wissenschaftliche und praktische Medizin der nächsten 2000 Jahre haben.

**Der Vater der Medizin** Der griechische Arzt Hippokrates (um 460–370 v. Chr.) legte mit seinen systematischen Beobachtungen und logischen Schlussfolgerungen den Grundstein für die Wissenschaft der Medizin. Er lehrte außerdem, dass Ernährung, Hygiene und Umwelt die Gesundheit des Menschen beeinflussen. Ob er tatsächlich den hippokratischen Eid formulierte, ist jedoch nicht bewiesen.

**1674** Mit einem einfachen Mikroskop gelingt es dem niederländischen Wissenschaftler van Leeuwenhoek als erstem Menschen, Bakterien zu beobachten.

**Verborgene Welt**
Leeuwenhoeks erstes Mikroskop (oben) ermöglichte bis zu 300-fache Vergrößerungen.

## KÖRPERSÄFTE UND ADERLASS

Von der Antike bis weit ins 18. Jh. hinein glaubten die Menschen, alles bestünde aus den vier Elementen Luft, Wasser, Feuer und Erde, und diese Elemente seien im Menschen durch die vier Körpersäfte vertreten: Blut, Schleim, gelbe sowie schwarze Galle. Die Ärzte gingen davon aus, dass Krankheiten auftreten, wenn die natürliche Balance zwischen diesen Körpersäften gestört wird. Um das Gleichgewicht wiederherzustellen, wurden überschüssige oder giftige Körpersäfte abgelassen, z. B. ließen Ärzte ihre Patienten zur Ader, indem sie eine Vene aufschnitten oder Blutegel ansetzten.

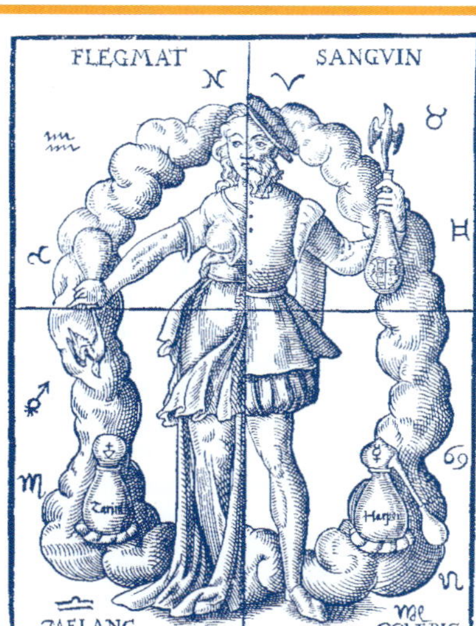


**Einfache Typologie des Menschen** Lange glaubte man, das Gleichgewicht zwischen den vier Körpersäften würde die Gesundheit beeinflussen. Jede Körperflüssigkeit wurde einem Persönlichkeitstyp zugeschrieben: Sanguiniker, Melancholiker, Choleriker oder Phlegmatiker.

## Desinfektion

Bis Ende des 19. Jh. waren Infektionen als Folge von Operationen eine verbreitete Todesursache. Ärzte operierten in blutverschmierter Kleidung in schmutzigen Räumen. In den 1840er-Jahren erkannte der ungarische Geburtshelfer Ignaz Semmelweis, dass die Sterblichkeit der Mütter nach der Geburt deutlich sank, wenn sich die Ärzte einfach nur die Hände wuschen. Doch der Durchbruch gelang erst 1865: Der britische Chirurg Joseph Lister sprühte u. a. Karbolsäure auf Wunden, um Bakterien abzutöten, und benutzte antiseptische Verbände.

## DURCHBRUCH FÜR DIE KRANKENPFLEGE

Im 18. und 19. Jh. wurden viele öffentliche Krankenhäuser gegründet, doch die Krankenpflege war miserabel. Im Jahr 1854, während des Krimkriegs, ging die britische Krankenschwester Florence Nightingale (1820–1910) mit 38 Kolleginnen nach Skutari, wo sie ein rattenverseuchtes Krankenhaus in ein sauberes, helles Gebäude umwandelte, Verwundete medizinisch betreute und angemessene Nahrung austeilte. Die Sterberate sank von 40 % auf 2 %. 1860 gründete sie in London die erste von mehreren Krankenpflegeschulen, die Stellung und Ansehen der Krankenbetreuung über England hinaus grundlegend veränderten.

**Bestseller** *Notes on Nursing (1860)* von Florence Nightingale (links) wurde in viele Sprachen übersetzt.

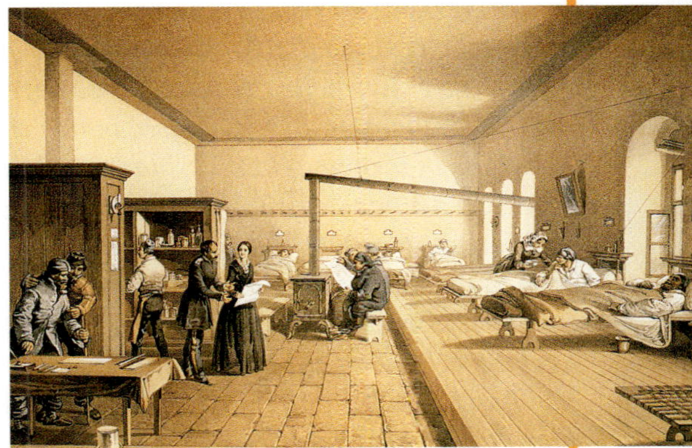

**Tribut** Nach dem Krimkrieg gründete Nightingale mit Spenden eine Krankenpflegeschule.

**Impfung** Edward Jenner (1749–1823), ein englischer Landarzt, stellte fest, dass Milchmädchen, die an Kuhpocken erkrankt waren, anscheinend gegen die weitaus gefährlicheren Pocken immun zu sein schienen. Um seine Beobachtung zu überprüfen, infizierte er 1796 eine Versuchsperson mit Kuhpocken, indem er diese 2-mal in den Arm schnitt. Einige Wochen später infizierte er diese Person mit Pocken: Die Krankheit brach nicht aus. Jenner bezeichnete dieses Verfahren als Kuhpockenimpfung.

**Internationale Anerkennung** Napoleon ehrte Edward Jenner mit einer Medaille.

**1864** Pasteur formuliert die Theorie von Bakterien als Krankheitserreger.
**1865** Lister führt erste antiseptische Operationen durch.
**1866** Mendel kreuzt Erbsenpflanzen. Seine Erkenntnisse bilden die Grundlagen der Genetik.
**1867** Forscher erkennen die Ursache von Krebs im unkontrollierten Wachstum von Zellen.
**1892** Der russische Immunologe Metschnikoff entdeckt die weißen Blutkörperchen.
**1897** Der englische Arzt Ross beweist, dass Mücken für die Verbreitung des mikroskopisch kleinen Malaria-Erregers verantwortlich sind.
**1899** Die Chemiker Hoffman und Dreser stellen aus Salicylsäure, die sie aus Weidenrinde gewonnen haben, Aspirin her.

1700 1800 1850 1860 1890

**1753** Der schottische Marinechirurg James Lind beschreibt die Wirkung von Zitrusfrüchten bei der Behandlung von Skorbut. Vitamine in Lebensmitteln – in diesem Fall Vitamin C – betrachtete man bis 1906 nicht als lebensnotwendig.
**1816** Der französische Arzt René Laënnec erfindet das Stethoskop.
**1847** Der ungarische Geburtshelfer Ignaz Semmelweis beginnt seine Hände und Instrumente in einer Lösung aus Chlorkalk zu reinigen, bevor er eine Operation ausführt.
**1851** Der deutsche Arzt Hermann von Helmholtz entwickelt das Ophthalmoskop zur Untersuchung des Auges.
**1853** Der französische Chirurg Charles Gabriel Pravaz und der schottische Arzt Alexander Wood entwickeln unabhängig voneinander die Injektionsspritze.
**1854** Der britische Arzt John Snow entdeckt, dass Cholera durch infiziertes Wasser übertragen wird.

**Röntgenstrahlen** Bei Experimenten mit elektrischem Strom in einer Kathodenstrahlröhre bemerkte Wilhelm Röntgen (1845–1923), dass ein in der Nähe liegendes Stück Barium-Platinzyanid immer dann anfing zu leuchten, wenn die Röhre eingeschaltet wurde. Er konnte allerdings kein Licht feststellen, das auf den Stoff fiel, und fand heraus, dass dieses Licht eigentlich ein Teil des Spektrums elektromagnetischer Strahlung war, die für das menschliche Auge nicht sichtbar ist. Es kann die meisten Materialien durchdringen und Spuren auf Fotoplatten hinterlassen. 1895 fertigte Röntgen die erste Röntgenaufnahme von der Hand seiner Frau an.

**Visionär** Die Entdeckung der Röntgenstrahlung durch Wilhelm Röntgen (1845–1923) revolutionierte die medizinische Diagnostik.

### Anästhesie

Bis Mitte des 19. Jh. war jede Operation eine schmerzhafte Angelegenheit. Es gab keine Betäubungsmittel, doch viele Ärzte versuchten mit Opium und Kokain die Schmerzen ihrer Patienten zu mildern. In vielen Fällen wurden die gequälten Kranken von Helfern festgehalten oder gefesselt, während der Arzt so schnell wie möglich operierte. 1846 ließ der Zahnarzt William Morgan einen Patienten am Massachusetts General Hospital Äther einatmen und machte ihn auf diese Weise so lange bewusstlos, bis der Chirurg John Warren dem Patienten einen Tumor aus dem Hals operiert hatte. Im darauf folgenden Jahr verwendete der Arzt James Young Simpson aus Edinburgh Chloroform als Betäubungsmittel, und schon bald löste dieses Mittel den schwerer dosierbaren Äther ab. 1853 sorgte die britische Königin Victoria dafür, dass die Anästhesie in der Öffentlichkeit akzeptiert wurde, als sie ihrem Arzt erlaubte, ihr bei der Geburt ihres achten Kindes Chloroform zu verabreichen.

In den folgenden Jahren wurden neue Betäubungsmittel entwickelt, die Äther und Chloroform ablösten. Einige dieser Mittel werden eingeatmet, andere injiziert; sie ermöglichen es Chirurgen, längere und kompliziertere Operationen durchzuführen.

Siehe auch
158–9 **Medizinischer Fortschritt**
160–1 **Beschwerden und Krankheiten**
528–9 **Elektromagnetisches Spektrum**
570–1 **Medizin heute**

*In den letzten 100 Jahren forschten Wissenschaftler systematisch an der Behandlung von Krankheiten. Sie entwickelten Medikamente gegen die unterschiedlichsten Beschwerden, indem sie die Moleküle von chemischen Verbindungen veränderten. Gegen Ende des 20. Jh. kam die Biotechnologie zu einer ersten Blüte und ermöglichte genetische Manipulationen, um bereits den Ausbruch von Krankheiten zu verhindern. Fortschritte in der Technik erlaubten außerdem, dass kranke oder nicht mehr funktionsfähige Körperteile heute erfolgreich ersetzt werden können.*

## Moderne Zahntechnologie

Neue Technologien ermöglichen heute eine präventive und fast schmerzfreie Behandlung.

**Fluoride** Mitte der 1940er-Jahre erkannten Wissenschaftler, dass Fluoride Karies verhindern können. Deshalb wurden Trinkwasser und Zahnpasta mit Fluoriden angereichert.

**Air-Abrasion-System** Statt Karies aus dem Zahn zu bohren, können Zahnärzte mit dieser neuen Technik Karies ohne Betäubung „wegblasen". Der entstandene Hohlraum wird mit einem Material aufgefüllt, das unter ultraviolettem Licht trocknet und aushärtet.

**Ultraschall** Zahnstein – oftmals die Ursache von Karies – musste früher von den Zähnen abgekratzt werden. Heute entfernt man den Belag mithilfe von Ultraschall, ohne den Zahnschmelz zu beschädigen.

**Kamera-Aufnahmen** Mithilfe einer winzigen Kamera können Zahnärzte das Innere des Mundes filmen und die Aufnahme auf einem Monitor betrachten.

**Digitale Röntgenaufnahmen** sind sofort verfügbar – ein großer zeitlicher Vorteil, da nicht auf die Entwicklung der Fotoplatten gewartet werden muss.

**1901** Der österreichische Arzt Karl Landsteiner entdeckt die vier Blutgruppen und nennt sie A, B, 0 und AB.
**1903** Willem Einthoven entwickelt den Elektrokardiographen (EKG), der die elektrischen Impulse des Herzens aufzeichnet und so ermöglicht, Unregelmäßigkeiten im Herzschlag zu entdecken.
**1906** Der deutsche Chirurg Eduard Zirm führt die erste Hornhauttransplantation aus.
**1921** Johnson & Johnson beginnen mit dem Verkauf von Klebepflaster.

**1931** Der deutsche Ingenieur Ernst Ruska entwickelt das erste Elektronenmikroskop. Aufgrund der starken Vergrößerung kann er Viren beobachten.
**1938** Der britische Chirurg John Wiles setzt zum ersten Mal einem Menschen eine künstliche Hüfte ein.

**1943** Streptomycin, ein Mittel gegen Tuberkulose und Meningitis, wird entdeckt.
**1944** Der amerikanische Chirurg Alfred Blalock führt die erste Operation am offenen Herzen aus.

**1953** Der Amerikaner Gibbon setzt während einer OP erstmals ein mechanisches Herz und ein Verfahren zur Blutreinigung ein.
**1953** In Cambridge entdecken James Watson, Francis Crick, Rosalind Franklin und Maurice Wilkins die Doppelspiralstruktur der DNA.

1900 | 1930 | 1940 | 1950

**1924** Der deutsche Psychiater Hans Berger entwickelt das Elektroenzephalogramm (EEG) zur Aufzeichnung der elektrischen Hirnaktivität durch den Schädelknochen. Mithilfe dieses Geräts können Gehirnschäden entdeckt werden.

**Alexander Fleming (1881–1951)** Im Jahr 1928 entdeckte der englische Bakteriologe Fleming einen ungewöhnlichen Schimmelpilz auf einer vergessenen Kulturenschale in seinem Labor, der das Wachstum von Bakterien zu hemmen schien. Fleming nahm eine Probe aus dem antibakteriellen Wirkstoff in dem Schimmel, den er Penizillin nannte.

Seine Entdeckung stieß jedoch nur auf geringes Interesse. Erst 1941 arbeiteten die Biochemiker Howard Florey und Ernst Chain mit Penizillin und erzeugten das erste Bakterien tötende Medikament. 1945 erhielten sie zusammen mit Fleming den Nobelpreis für Medizin.

**Lebensretter** Alexander Fleming in seinem Labor im St. Mary's Hospital London

**1954** Der amerikanische Arzt Jonas Salk entwickelt einen Impfstoff gegen Polio.
**1957** Der schottische Gynäkologe Ian Donald benutzt Ultraschall, um ungeborene Kinder zu untersuchen.

## Ersatzteile für den menschlichen Körper

Künstlichen Ersatz für fehlende bzw. beschädigte Augen oder Gliedmaßen kennt man seit mindestens 1000 Jahren; bis Mitte des 20. Jh. aber waren diese sperrig und nur begrenzt einsetzbar. Durchgreifende Fortschritte in der Medizintechnik haben inzwischen eine Reihe von effektiven High-Tech-Prothesen hervorgebracht.

Heute kann man beispielsweise das Augenlicht durch Netzhautimplantate wiederherstellen: In die Netzhaut wird ein Computerchip eingesetzt und der Patient erhält eine Brille mit einem Ladungsspeicherelement (CCD), das elektronische Bilder erzeugen kann. Die vom CCD erzeugten Bilder überträgt ein Laserstrahl auf den Mikrochip. Dieser wertet die Daten aus und wandelt sie in elektrische Impulse um, die die Nervenzellen hinter der Netzhaut reizen.

Künstliche Beine mit geringem Eigengewicht können die natürliche Beinbewegung täuschend echt nachahmen. Dies ist über Bewegungsdetektoren möglich, die mithilfe pneumatischer Vorrichtungen anstelle der Muskeln natürliche, fließende Bewegungen erzeugen.

In künstlichen Armen und Händen nehmen Sensoren Nervenimpulse des Körpers auf und lesen daraus Bewegungsanweisungen für das künstliche Körperteil ab.

**Präzision** Berührungssensoren in den Fingern einer künstlichen Hand können steuern, wie fest ein Objekt gehalten wird.

## EINNAHME VON MEDIKAMENTEN

Bis vor kurzem wurden Medikamente entweder geschluckt oder mit einer Spritze injiziert. Die Wissenschaft hat in den letzten Jahren neue Systeme zur Einnahme entwickelt.

- **Depot-Pflaster** Diese Pflaster (Patches) bestehen aus einer dünnen Membran, auf die unter einer Schutzschicht eine bestimmte Menge des Medikaments aufgetragen ist, normalerweise in Form eines Gels. Langsam, aber gleichmäßig durchdringt das Medikament die Haut und gelangt so in den Körper.
- **Depot-Kapsel** Diese Kapsel, die in einer dünnen, durchlässigen Membran steckt, wird unter die Haut geschoben. Das darin enthaltene Medikament ist meist in einem Gel gelöst, es durchdringt langsam die Membran und gelangt so nach und nach in den Blutkreislauf.
- **Injektionspumpe** Mithilfe eines Mikrozylinders mit komprimiertem Helium wird ein Medikament durch die äußeren Hautschichten in den Blutkreislauf geschossen, ohne dass die Haut an dieser Stelle verletzt wird. Im Gegensatz zu Spritzen können Injektionspumpen nacheinander für viele Patienten ohne Gefahr einer Krankheitsübertragung verwendet werden.

## Medikamente aus dem Computer

Wissenschaftler können am Computer Medikamente entwickeln, indem sie ein mathematisches Modell der Molekülstruktur sowohl des Medikaments als auch der Stoffe verwenden, auf die das Medikament im Körper wirken soll. Am Computer wird simuliert, wie die neuen Medikamente am besten in die Rezeptoren der natürlichen Stoffe im Körper passen.

**Behandlung am Bildschirm** Seit Ende des 20. Jh. werden neue Medikamente am Computer entwickelt.

**1961** Der amerikanische Arzt Albert Sabin entwickelt eine Polioimpfung, die oral verabreicht werden kann.

**1967** Der britische Ingenieur Godfrey Hounsfield entwickelt den CAT-Scanner für axiale Computertomographien.

**1973** Die Biochemiker Herbert Boyer und Stanley Cohen aus den USA entwickeln ein Verfahren zum Klonen von DNA.

**1974** Der amerikanische Arzt Raymond Damadian entwickelt den Magnetresonanzscanner.

**1995** Ein Blutaustauschstoff wird patentiert, der den Sauerstoffgehalt im Gehirn bei Herzoperationen erhöht.

**2000** Medikamente werden routinemäßig am Computer entwickelt.

1960 1970 1990 2000

**Christiaan Barnard (1922–2001)** Die erste Herztransplantation bei einem Menschen erfolgte in Kapstadt, Südafrika, am 3. Dezember 1967. Der Herzchirurg Barnard setzte einer 55-jährigen Frau das Herz einer 25-Jährigen ein. Die Patientin überlebte die nächsten 18 Tage.

Keineswegs entmutigt führte Barnard am 2. Januar 1968 eine weitere Transplantation aus. Dieses Mal lebte der Herzpatient nach der Operation noch 563 Tage.

Neue Operationstechniken haben die Erfolgsraten deutlich erhöht. Bis zum Jahr 2000 führten Ärzte weltweit mehr als 50 000 Transplantationen durch.

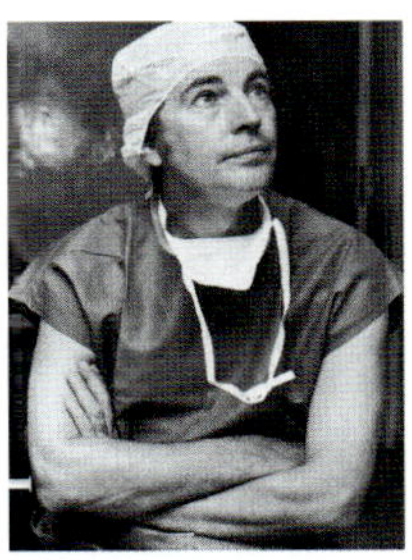

**Pionier** Barnards Herztransplantationen fanden weltweit Beachtung.

## Minimalinvasive Operationen

Bei einigen Operationen sind keine großen Schnitte in den Körper mehr erforderlich. Die Ärzte verwenden heute ein kleines Röhrchen (Endoskop), das durch ein winziges Loch oder eine natürliche Öffnung in den Körper eingeführt wird. Das Endoskop enthält Steuerkabel und mehrere optische Fasern, die Bilder auf einen Monitor übertragen. Die OP wird mithilfe von speziellen Miniaturgeräten ausgeführt, die durch den Mittelkanal des Endoskops geführt werden.

Endoskope sind z. B. das Bronchoskop für Operationen an den Atemwegen, das Arthroskop für Gelenkoperationen oder das Laparoskop für Eingriffe in den Unterleib.

## LASERCHIRURGIE

In vielen Bereichen der Chirurgie ersetzt mittlerweile ein Laserstrahl das Skalpell, insbesondere bei Operationen am Auge, wo höchste Präzision erforderlich ist. Im Gegensatz zu herkömmlichen Eingriffen fließt bei Operationen mit einem Laser kaum Blut.

- Laser durchtrennt Gewebe, indem er Hitze erzeugt.
- Die Hitze reicht aus, um verletzte Blutgefäße zu verschließen und Blutungen so auf ein Minimum zu reduzieren.
- Ein Laserstrahl kann aufgrund seiner enormen Hitze nicht nur wie ein Skalpell schneiden, sondern auch verletzte Körperteile wieder zusammenschweißen, beispielsweise eine abgelöste Netzhaut am Auge.

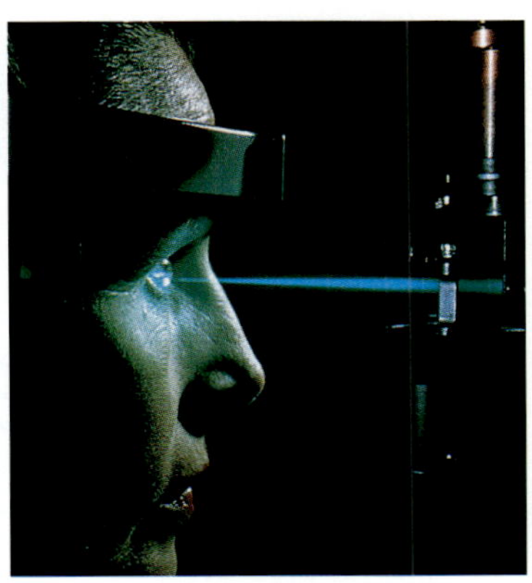

**Schmerzfrei** Mithilfe von Laser führen Ärzte schnelle und sichere Augenoperationen ohne Betäubung aus.

Siehe auch
158–9 **Medizinischer Fortschritt**
160–1 **Beschwerden und Krankheiten**
558–61 **Computer**
568–9 **Ursprünge der Medizin**

**Von den ägyptischen Pyramiden zu den Wolkenkratzern des 21. Jh.**

*Die ersten Baumeister verwendeten natürliche Materialien wie Holz, Schlamm und Stein. Die Entwicklung von manuell gefertigten Mauersteinen, Terrakotta und haltbarem Zement inspirierte zu immer phantasievolleren Bauwerken. Erst vor 250 Jahren wurde Beton wiederentdeckt – in Verbindung mit Stahl eines der leistungsfähigsten Baumaterialien. Noch höhere Gebäude ermöglichte die Entwicklung von High-Tech-Baustoffen im 20. Jh.*

## ÜBERBRÜCKUNG VON SPANNWEITEN

Ingenieure haben im Lauf der Zeit verschiedenste Bautechniken entwickelt, um Spannweiten zu überbrücken.

**First und Sparren** Der Firstbalken verläuft entlang der höchsten waagrechten Stelle des Daches. Zusammen mit den daran befestigten Sparren bildet er ein zeltartiges Dach.

**Kragarm** Dies ist ein Betonträger oder Balken, der nur an einem Ende eingespannt ist. Er ist aufgrund der inneren Festigkeit von betonstahlbewehrtem oder vorgespanntem Beton stabil.

**Kuppel** Eine Kuppel kann halbrund oder spitz sein. Wenn die Grundfläche nicht rund ist, müssen sphärische Dreiecke (Pendentifs) gebaut werden.

**Rundbogen** werden aus Stein oder Beton über eine Holzkonstruktion gebaut, die später entfernt wird. Das Gewicht dieser ältesten Bogenform wird von den senkrechten Stützen aufgefangen.

**Spitzbogen** aus der Zeit der Gotik können größere Weiten überspannen als Rundbogen. Aufgrund ihrer Form müssen die seitlichen Kräfte des Eigengewichts aufgefangen werden. Dies geschieht über äußere Stützpfeiler, die zunächst massiv, später auch als freie Strebebogen konstruiert wurden.

**Sturz und Pfosten** Ein horizontaler Balken (Sturz) ruht auf senkrechten Stützen (Pfosten). Mit dieser Bauweise können nur begrenzte Spannweiten erzielt werden, bei größeren Weiten sind zusätzliche Stützen notwendig.

**Traglufthalle** Über Traglufthallen wird ein Rahmen aus leichten Metall- oder Kunststoffrohren gespannt, sodass eine stabile Überdachung entsteht.

**Um 6000 v. Chr.** Im Nahen Osten werden sonnen- oder luftgetrocknete Steine verbaut.

**Um 3500 v. Chr.** In Öfen gebrannte Steine werden erstmals in Vorderasien verbaut.

**Um 2630–2495 v. Chr.** In Ägypten werden die Pyramiden errichtet – als erste die Stufenpyramide von Djoser (oben) in Sakkara.

**Seit etwa 1500 v. Chr.** Riesige Tempel in Ägypten werden in Sturz-und-Pfosten-Bauweise gebaut.

**5. Jh. v. Chr.** Der Königspalast in Persepolis (Persien) und der Parthenon (Athen) sind die größten Sturz-und-Pfosten-Bauwerke der Welt.

**4. Jh. v. Chr.** Die Römer konstruieren erstmals gemauerte Bogen.

**3.–2. Jh. v. Chr.** Römische Baumeister erweitern den Mauerwerksbogen zu Tonnengewölben.

**Um 250 v. Chr.** Der Leuchtturm von Alexandria in Ägypten wird errichtet. Er soll 122 m hoch gewesen sein.

**3. Jh. v. Chr.** Römische Baumeister stellen Zement aus vulkanischem Siliziumstaub und Kalk her.

**121 v. Chr.** Das Podium im römischen Concordia-Tempel wird aus Beton gegossen. Es ist bis heute erhalten und damit das älteste römische Bauwerk aus Beton.

**118 v. Chr.–28 n. Chr.** Die Kuppel des Pantheon in Rom wird mit 43 m Durchmesser aus Beton gebaut.

7000 v. Chr. · 6000 v. Chr. · 5000 v. Chr. · 4000 v. Chr. · 3000 v. Chr. · 2000 v. Chr. · 1000 v. Chr. · 600 v. Chr. · 650 v. Chr. · 500 v. Chr. · 450 v. Chr. · 400 v. Chr. · 350 v. Chr. · 300 v. Chr. · 250 v. Chr. · 150 v. Chr. · 100 v. Chr. · 50 v. Chr. · 0 · 50 n. Chr. · 100 n. Chr.

## HOCHBAUWEISEN

Der Wunsch nach höheren Gebäuden ließ Architekten neue Bauweisen entwickeln. Hatten früher die Außenwände das Gewicht von Bauwerken getragen, so übernahmen bald Metallrahmen und Betonkerne diese Aufgabe.

**Skelettbau** Die älteste Bauweise für Hochhäuser besteht aus einem Rahmen aus Stahlträgern, Stahlbeton oder Stahlrohren, die die Lasten aus Decken und Wänden aufnehmen. Diagonale Balken stabilisieren zusätzlich.

**Hängekonstruktion** In der Mitte des Gebäudes befindet sich ein Betonkern (mit Aufzügen und Versorgungsleitungen), an dem die Geschossdecken aus Stahlbeton befestigt sind. Um diese Decken sind Stahlseile angebracht, die die Platten miteinander verbinden und die Lasten tragen. Die Platten werden vor Ort am Boden gegossen und mit Kränen an ihre Position gehoben.

**Stahlrahmenkonstruktion** Dies ist eine Mischform mit dreieckigen Stahlstreben, die in regelmäßigen Abständen angebracht sind. An ihnen hängen ebenfalls Stahlseile, die die Decken der einzelnen Geschosse tragen.

**Das Pantheon** Die Proportionen der Kuppel des römischen Tempels basieren auf einer Kugel: Die Höhe der Wände entspricht dem Kuppelradius.

**Die Pyramiden** Die Große Pyramide von Giseh ist 137 m hoch. Sie besteht aus 2,3 Mio. Steinblöcken.

**Der Parthenon** Der große Tempel von Athen ist das schönste Bauwerk im dorischen Stil in der griechischen Architektur.

**Die Hagia Sophia** in Istanbul wurde in nur 6 Jahren errichtet. Ihre Kuppel hat einen Durchmesser von 30 m.

## Auf festem Fundament

Das Fundament muss das gesamte Gewicht eines Gebäudes tragen – oft viele Millionen Tonnen. Die Art des Fundaments richtet sich nach der Größe des Gebäudes und der Beschaffenheit des Untergrunds. Fundamentkästen aus Stahlbeton werden entlang des Gebäudeumrisses in den Boden getrieben, um das Gewicht des Gebäudes zu verteilen. Stahl- oder Betonpfähle leiten die Last des Gebäudes auf das feste Grundgestein ab.

**Palast für die Industrie** Der Crystal Palace (1851) von Sir Joseph Paxton war das erste Bauwerk, bei dem vorgefertigte Teile verwendet wurden.

**Auf in neue Höhen** Das Home Insurance Building in Chicago setzte mit seiner Stahlrahmenbauweise neue Maßstäbe für Gebäude mit großen Höhen.

**532–7** Die Hagia Sophia wird in Konstantinopel (heute Istanbul) gebaut. Die Kuppel hat eine quadratische Grundfläche mit dreieckigen Seitenflächen.

**1418–36** Die Kuppel der Kathedrale in Florenz wird gebaut.

**1845** Entwicklung eines zuverlässigen Verfahrens zur Herstellung von Portland-Zement.
**Um 1850** Monier entwickelt Stahlbeton, bei dem Stahl die Zugkräfte im Beton aufnimmt.

**1885** Der erste Wolkenkratzer mit einem Stahlrahmen, das 10-stöckige Home Insurance Building in Chicago, wird errichtet.
**1889** Der Eiffelturm in Paris ist mit 300 m Höhe das höchste Gebäude der Welt.

**1973** Das World Trade Center in New York überragt mit 411 m das Empire State Building.
**1974** Der Sears Roebuck Tower in Chicago stellt einen neuen Höhenrekord auf: 443 m.
**1976** Der 553 m hohe CN-Tower in Toronto überragt alle anderen Gebäude der Welt. Er hat verglaste Aufzüge.

200 n. Chr. | 500 n. Chr. | 1000 | 1400 | 1600 | 1700 | 1750 | 1800 | 1825 | 1850 | 1875 | 1900 | 1910 | 1920 | 1930 | 1940 | 1950 | 1960 | 1970 | 1980 | 1990 | 2000

**1144** In Frankreich wird die Abtei von Saint-Denis als erstes Bauwerk im gotischen Stil errichtet.
**Um 1175** Die ersten freien Streben zur Unterstützung von gotischen Spitzbogen werden gebaut.

**1653** Der Taj Mahal wird in Agra, Indien, gebaut.

**1756** Der englische Ingenieur Smeaton entdeckt den hydraulischen Zement wieder, wie ihn bereits die Römer verwendeten.

**1851** In London wird für die Weltausstellung der riesige Crystal Palace aus vorgefertigten Stahl- und Glaselementen errichtet.
**1852** In den USA erfindet Elisha Otis den Personenaufzug und macht damit den Bau von Wolkenkratzern möglich.
**1855** Das Bessemer-Verfahren steigert die Stahlproduktion um ein Vielfaches.

**1922** Der deutsche Ingenieur Walter Bauersfeld erfindet das geodätische Kuppeltragwerk. Buckminster Fuller in den USA entwickelt diese Bauweise weiter.
**1931** Das Empire State Building wird in New York gebaut. Mit seinen 381 m Höhe ist es über 40 Jahre lang das höchste Gebäude der Welt.

**1996** Die 452 m hohen Zwillingstürme der Petronas Towers in Kuala Lumpur, Malaysia, übertreffen den Sears Roebuck Tower als höchstes bewohntes Gebäude der Welt.
**1999** Der Millennium Dome in London wird fertig gestellt. Die Kuppel ist mit einem Durchmesser von 320 m die größte der Welt.
**2001** Das World Financial Centre in Shanghai, China, wird mit einer Höhe von 460 m vollendet.
**2003** Das neue Finanzzentrum in Taipeh, das Taipeh 101, ist mit 508 m das höchste Wohngebäude der Welt.

## Raffinierte Lichttechnik

Moderne Großbauten sind so gestaltet, dass sie natürliches Licht ins Innere des Gebäudes lassen. So wird nicht nur Energie gespart, sondern auch das Klima im Gebäude verbessert. U. a. bringen Architekten an den Seitenwänden verspiegelte Lichtsysteme an, die das Sonnenlicht nach innen auf Deckenreflektoren lenken. Bei der weiterentwickelten Ausführung folgt ein computergesteuertes Heliostat dem Lauf der Sonne und reflektiert das Licht durch Spiegelschächte ins Innere.

Spiegel und speziell gestaltete Lichtleiter bringen das Licht dorthin, wo es benötigt wird. Lichtleiter sind Kunststoffrohre mit einem Mikroprisma auf der Außenseite; sie funktionieren wie Streuprismen, die in Leuchtstoffröhren eingesetzt werden.

**Eden Project** Diese Kuppelanlage, die 2001 fertig gestellt wurde, steht in einer ehemaligen Kaolingrube in Cornwall, Großbritannien. Sie ist 200 m lang und 45 m hoch und umschließt das derzeit größte tropische und mediterrane Gewächshaus der Welt.

Siehe auch
566–9 **Architektur**
574–5 **Hoch- und Tiefbau**
594–5 **Zeichen und Wunder**

**Der Eiffelturm** Das Wahrzeichen von Paris besteht aus 7620 t Stahl.

**Der CN-Tower** wurde ursprünglich für die Ausstrahlung von Radio- und Fernsehsendungen gebaut.

**Die Petronas Towers** in Kuala Lumpur stellten für 5 Jahre einen neuen Welt-Höhenrekord auf.

**Ideenreichtum und technischer Fortschritt gehen Hand in Hand**

*Der technische Fortschritt macht immer ausgefallenere Konstruktionen möglich. Eindrucksvolle Beispiele sind die Akashi-Kaikyo-Brücke in Japan, die längste Hängebrücke der Welt, oder der Kanaltunnel, der den alten Traum einer Verbindung zwischen den Britischen Inseln und dem europäischen Festland wahr werden ließ. Dies sind nur zwei Meilensteine einer spannenden Geschichte, die 3000 Jahre vor Christi Geburt in Ägypten begann. Damals wurde ein Damm durch den Nil gebaut.*

## TUNNELBAU

In den Anfängen des Tunnelbaus entzündeten die Baumeister vor dem Berg ein Feuer, dessen Hitze den festen Stein aufsprengte. Später befestigte man im Fels Sprengstoff und bahnte sich so einen Weg durch den Berg. Ein enormer Fortschritt wurde 1815 mit der Entwicklung des Schildvortriebs erzielt. Hierbei wird eine röhrenförmige Metallkonstruktion mithilfe von Pressen durch Gestein getrieben. Zugleich verkleiden die Tunnelbauer den entstehenden Hohlraum – anfangs mit Ziegelsteinen oder Gusseisenplatten, später mit Stahlbeton. Nach diesem System werden heute noch Tunnel gebaut, z. B. der Tunnel durch den Ärmelkanal (links): Eine Tunnelbohrmaschine frisst sich mit einem rotierenden Schneidkopf durchs Gestein; andere Großgeräte schaffen es beiseite und kleiden die Tunnelwände aus.

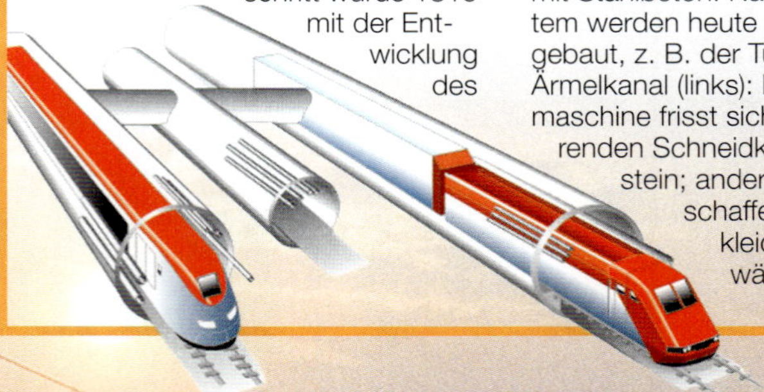

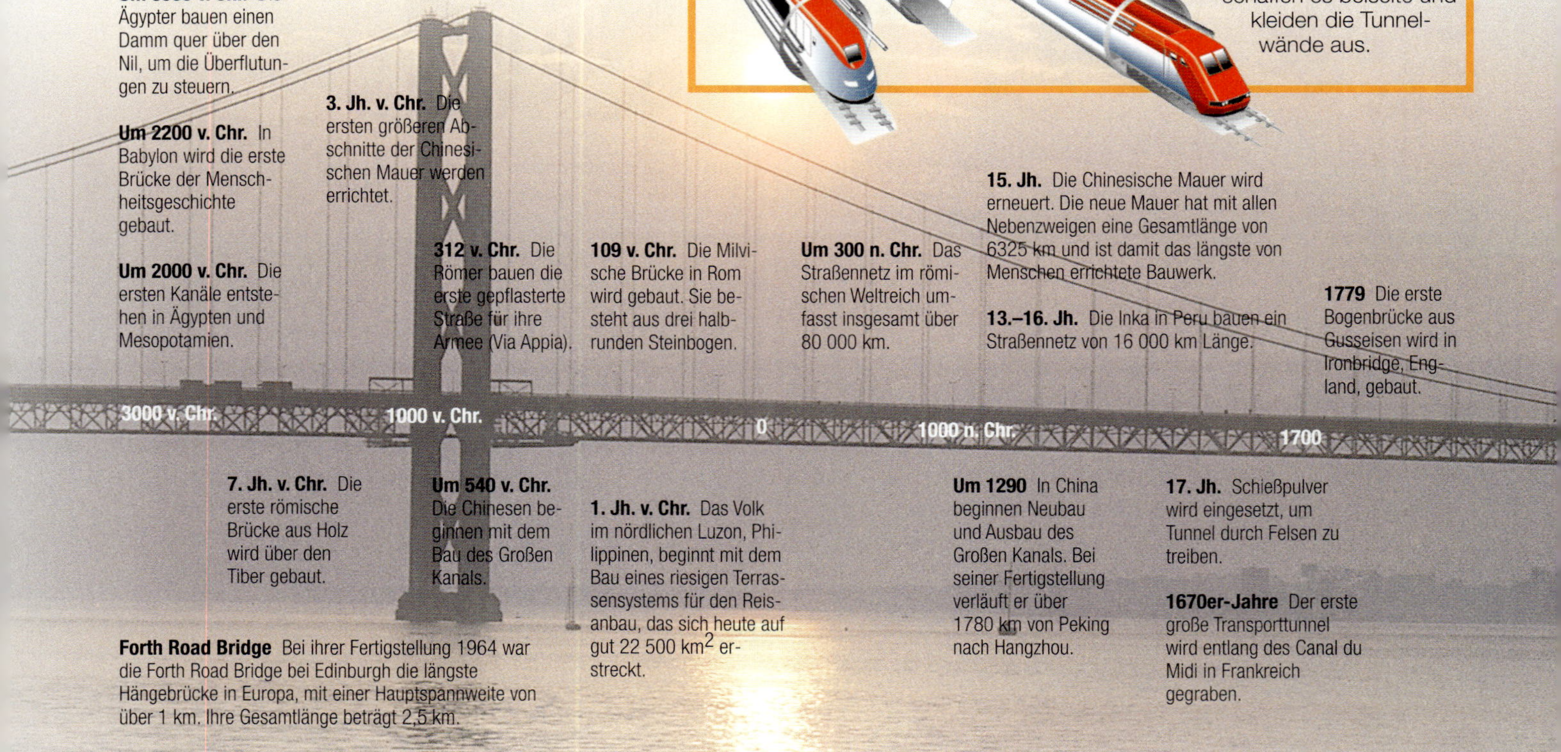


**Um 3000 v. Chr.** Die Ägypter bauen einen Damm quer über den Nil, um die Überflutungen zu steuern.

**Um 2200 v. Chr.** In Babylon wird die erste Brücke der Menschheitsgeschichte gebaut.

**Um 2000 v. Chr.** Die ersten Kanäle entstehen in Ägypten und Mesopotamien.

**7. Jh. v. Chr.** Die erste römische Brücke aus Holz wird über den Tiber gebaut.

**Um 540 v. Chr.** Die Chinesen beginnen mit dem Bau des Großen Kanals.

**3. Jh. v. Chr.** Die ersten größeren Abschnitte der Chinesischen Mauer werden errichtet.

**312 v. Chr.** Die Römer bauen die erste gepflasterte Straße für ihre Armee (Via Appia).

**109 v. Chr.** Die Milvische Brücke in Rom wird gebaut. Sie besteht aus drei halbrunden Steinbogen.

**1. Jh. v. Chr.** Das Volk im nördlichen Luzon, Philippinen, beginnt mit dem Bau eines riesigen Terrassensystems für den Reisanbau, das sich heute auf gut 22 500 km$^2$ erstreckt.

**Um 300 n. Chr.** Das Straßennetz im römischen Weltreich umfasst insgesamt über 80 000 km.

**Um 1290** In China beginnen Neubau und Ausbau des Großen Kanals. Bei seiner Fertigstellung verläuft er über 1780 km von Peking nach Hangzhou.

**15. Jh.** Die Chinesische Mauer wird erneuert. Die neue Mauer hat mit allen Nebenzweigen eine Gesamtlänge von 6325 km und ist damit das längste von Menschen errichtete Bauwerk.

**13.–16. Jh.** Die Inka in Peru bauen ein Straßennetz von 16 000 km Länge.

**17. Jh.** Schießpulver wird eingesetzt, um Tunnel durch Felsen zu treiben.

**1670er-Jahre** Der erste große Transporttunnel wird entlang des Canal du Midi in Frankreich gegraben.

**1779** Die erste Bogenbrücke aus Gusseisen wird in Ironbridge, England, gebaut.

**Forth Road Bridge** Bei ihrer Fertigstellung 1964 war die Forth Road Bridge bei Edinburgh die längste Hängebrücke in Europa, mit einer Hauptspannweite von über 1 km. Ihre Gesamtlänge beträgt 2,5 km.

## Baumaterialien

Beton und Stahl sind die beiden Materialien, die vor allen anderen Baustoffen die riesigen modernen Gebäude und Konstruktionen möglich machen. Beton ist stark druckbelastbar, während Stahl am besten Zugbelastungen aufnimmt: Zusammen ergeben sie Stahlbeton. Bei Spannbeton werden gespannte Stahlseile in den nassen Beton eingebettet.

Auch andere Materialien eignen sich zur Verstärkung von Beton, beispielsweise Kunststoff, Glas oder bestimmte Fasern, die die Zugbelastbarkeit von Beton erhöhen.

## DÄMME UND SPERREN

Die meisten großen Dämme besitzen einen Kern aus Steinen oder Erde, der mit Beton verkleidet ist. Einige Dämme verfügen über Verstärkungsstreben auf der dem Stauwasser abgewandten Seite, um dem enormen Wasserdruck standhalten zu können.

Kleinere Dämme bestehen oft aus massivem Beton und sind mit Stahlseilen oder -stangen bewehrt. Dämme in engen Schluchten sind gegen den Wasserdruck gewölbt, um den Druck des Wasser an die Seitenwände der Schlucht abzuleiten.

Eine Variante ist der Bau eines Damms, der nur für bestimmte Zeiten aktiv ist, wie z. B. in der Themse in London: Bei dieser längsten beweglichen Gezeitensperre der Welt lassen sich Tore unterhalb der Wasserlinie öffnen, um größere Wassermengen durchzuschleusen; die Tore werden anschließend wieder geschlossen, damit Schiffe passieren können.

## Straßenbau

Die Römer bauten Straßen vor allem für ihre Infanterie. Die Straßen bestanden aus mehreren Schichten verdichteter Erde und Kies, auf die große flache Steine gelegt wurden. Der nächste große Schritt im Straßenbau folgte 1500 Jahre später mit den Arbeiten der Ingenieure Pierre Trésaguet, John McAdam und Thomas Telford. Sie schichteten Lagen aus zerkleinertem und verdichtetem Kies auf und bauten gewölbte Straßen, damit das Regenwasser besser abfließen konnte. McAdams Straßen aus verdichteten, kleinen Bruchsteinen boten große Vorteile. Diese Bauweise ist heute als Makadam-Bauweise bekannt.

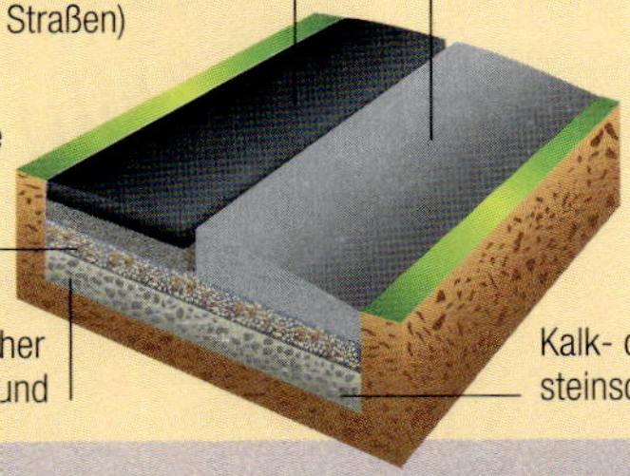

**Flughafen im Meer**
Platz für Start- und Landebahnen ist Mangelware in dicht besiedelten und bergigen Ländern wie Japan. Der 1975 eröffnete Flughafen von Nagasaki liegt auf einer künstlich vergrößerten Insel.

Siehe auch
476–7 **Straßenverkehr**
504–7 **Erneuerbare Energie**
572–3 **Bauwesen**
594–5 **Zeichen und Wunder**

1800

**Um 1815** Die Ingenieure John McAdam und Thomas Telford entwickeln Methoden zum Bau beständiger Straßen.

**1826** Thomas Telford baut die erste Hängebrücke aus Eisen über die Menai Straits in Wales.

**1825–43** Der in Frankreich geborene Ingenieur Marc Brunel entwickelt den Schildvortrieb, mit dem der erste Eisenbahntunnel unter der Themse gegraben wird.

1850

**1869** Der Suezkanal wird eröffnet. Er ist 190 km lang.

**1874** Die erste Bogenbrücke aus Stahl wird in St. Louis, Missouri, gebaut.

**1883** Die Brooklyn Bridge, die erste Hängebrücke, bei der Stahlseile verwendet werden, wird in New York gebaut.

**1892** Der Franzose François Hennebique erfindet den Spannbeton.

1900

**1906–32** Die Niederländer bauen einen 32 km langen Deich zur Trockenlegung der Zuiderzee.

**1914** Der Panamakanal wird eröffnet. Er ist 82 km lang und hat 12 Schleusen, um das Gebirge zu überwinden.

**1932** Die Hafenbrücke in Sydney wird fertig gestellt.

**1936** Der Hoover-Damm an der Grenze Arizona–Nevada wird errichtet.

**1937** Die Golden Gate Bridge in San Francisco wird für den Verkehr freigegeben. Ihre Hauptspannweite beträgt 1280 m.

1950

**1962** Der Grande-Dixence-Damm wird in der Schweiz gebaut. Er ist der höchste Betondamm der Welt.

**1964** In Russland wird der Wolga-Ostsee-Kanal eröffnet; er ist 850 km lang.

**1969** Der zweite Lake Pontchartrain Causeway bei New Orleans in Louisiana wird mit 38 km die längste Balkenbrücke der Welt.

**1984** Der Themse-Damm wird errichtet.

**1988** Der Eisenbahntunnel von Seikan, Japan, ist mit 54 km der längste Tunnel der Welt.

**1994** Der Kanaltunnel zwischen Frankreich und Großbritannien wird fertig. Er ist mit 50 km der längste Unterwassertunnel der Welt.

**1998** Die Akashi-Kaikyo-Brücke in Japan wird die längste Hängebrücke der Welt: Sie hat eine Hauptspannweite von 1990 m.

2000

**2000** Die Øresund-Brücke, eine zweistöckige Brücke für Auto- und Eisenbahnverkehr zwischen Dänemark und Schweden, wird die längste Schrägseilbrücke der Welt.

## Brückenbau

**Bogenbrücke**

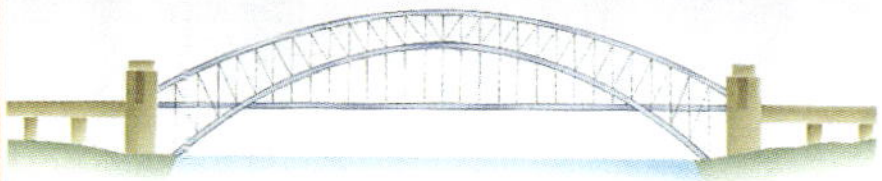
**Fachwerk-Bogenbrücke**

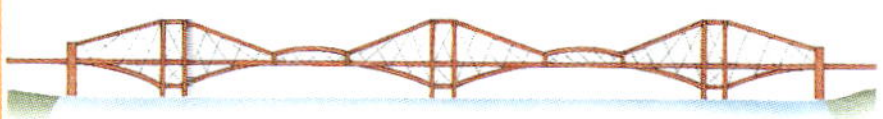
**Auslegerbrücke**

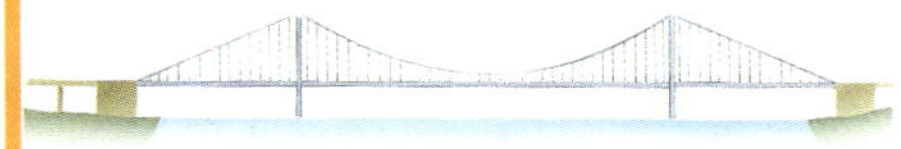
**Hängebrücke**

Beim Bau einer Brücke müssen verschiedene Faktoren berücksichtigt werden: Welche Weite soll überspannt werden? Wie ist das Gelände an und unter der Brücke beschaffen? Welcher Verkehr soll von der Brücke getragen werden? Für jeden Zweck bietet sich ein bestimmter Konstruktionstyp an. Hier die wichtigsten Brückentypen:

**Bogenbrücke** Der Oberbau ist fest mit den gewölbten Bogen verbunden.

**Balkenbrücke** Bei dieser einfachsten Form ruht ein Balken als Verkehrsweg auf Pfeilern bzw. Widerlagern. Heute bestehen die Balken aus Beton oder Stahl.

**Hängebrücke** Diese Brücke kann weitere Strecken überspannen als alle anderen – bis zu 2000 m. Die Brückenpfeiler sind nach oben weit verlängert und bilden Türme. Schwere Brückenseile aus vielen einzelnen Stahlseilen sind fest an diesen Türmen fixiert und verbinden sie miteinander. Von diesen Trägerseilen hängen weitere Stahlseile, die den Rest der Brücke mittragen.

**Schrägseilbrücke** Solche Brücken ähneln Hängebrücken, doch hier verbinden die tragenden Stahlseile den Verkehrsweg direkt mit den Pfeilern.

**Fachwerk-Bogenbrücke** Bei dieser Brücke verläuft die Straße auf einer Konstruktion aus Trägern, die kreuzweise angeordnet sind, um die Brücke zu stabilisieren.

**Auslegerbrücke** Dies ist eine komplexere Version der Fachwerk-Bogenbrücke mit zwei oder mehr rautenförmigen Konstruktionen, die in ihrer Mitte auf einem Pfeiler ruhen und am Ende mit dem Ufer verbunden sind. Die anderen Enden sind jeweils durch einen kurzen Balken verbunden.

*Die ersten Waffen wurden zum Zerkleinern von Holz oder für die Jagd genutzt. Mit der Entwicklung der Zivilisationen begann die Herstellung von Waffen, die allein zu Kampfzwecken eingesetzt wurden. Über 4000 Jahre lang wurde in Kriegen Mann gegen Mann gekämpft, und die Krieger trugen dabei Rüstungen. Im 16. Jh. brachte die Entwicklung von Feuerwaffen eine durchgreifende Änderung in der Kriegführung.*

## Geschichte der Rüstung

Die ersten Rüstungen bestanden aus gepolstertem Leder. Der Einsatz von Schwertern um 1500 v. Chr. erforderte dann einen besseren Schutz. Die Griechen der Antike trugen schwere Rüstungen aus Bronze, etwa zur gleichen Zeit kamen auch in Ägypten die ersten Bronzerüstungen auf. In der Eisenzeit erfanden die Menschen Kettenhemden – das älteste stammt aus der Zeit um 450 v. Chr. aus Kiew. Bis zum 1. Jh. n. Chr. zählten Kettenhemden zur Ausrüstung der römischen Soldaten; sie wurden von Plattenrüstungen abgelöst.

**30 000 v. Chr.** Pfeil und Bogen sind bekannt.
**Um 4000 v. Chr.** Ägyptische Soldaten tragen erstmals Schutzschilde.
**Um 3000 v. Chr.** Bronzeäxte in Mesopotamien.
**Um 2700 v. Chr.** Im Mittelmeer fahren Kriegsschiffe mit Segeln.
**2500 v. Chr.** Die Sumerer tragen Lederrüstungen und erfinden den Streitwagen.
**1600 v. Chr.** Die Perser setzen Schlachtrösser ein.

**Römischer Helm**
Die Römer revolutionierten sowohl die Kriegstechnologie als auch die Kunst der Kriegführung.

**Um 900** In Europa gibt es die ersten Turmhügelburgen.
**Um 1000** Der Langbogen kommt in Wales erstmals zum Einsatz.
**Um 1100** Die Trebuchet, ein Belagerungskatapult, wird erfunden. Die Armbrust kommt nach Europa.
**1159** Die Chinesen entwickeln einfache Raketen.
**1200** Die Hellebarde und der Spieß (ein Speer mit langem Schaft für Fußsoldaten) werden erfunden.

**30 000 v. Chr** | **400 n. Chr.** | **900** | **1200**

**Um 1500 v. Chr.** Die Griechen benutzen erstmals Bronzerüstungen, 100 Jahre später auch Schwerter.
**Um 1200 v. Chr.** Im Nahen Osten werden Eisenwaffen eingesetzt.
**Um 500 v. Chr.** Die Perser erfinden einen Bogen aus Tiersehnen und Horn.
**Um 400 v. Chr.** In China wird die Armbrust erfunden.

**378 n. Chr.** Gotische Reiterheere erzielen einen Sieg über römische Legionen in der Schlacht von Edirne, sie leiten damit in Europa das Zeitalter der Kavallerie ein.
**Um 800** Der Sattel kommt nach Europa. Ingenieure entwickeln mobile Belagerungstürme.
**850** In China wird zum ersten Mal ein einfaches Schießpulver beschrieben.

### Die Hellebarde

Die Hieb- und Stoßwaffe mit einem 2 m langen Schaft ermöglichte es Fußsoldaten, gegen berittene Krieger zu kämpfen. Das schwere Beil konnte problemlos in die Rüstung eindringen, während der Soldat seinen Gegner durch den langen Schaft auf Abstand hielt. Ein Nachteil war die Schwungbewegung, die bei der Handhabung der Hellebarde erforderlich war und den Hellebardier langsam machte.

**Wirksamer Schutz** Solche Rüstungen kamen in Westeuropa im 12. Jh. auf. Im Lauf der folgenden 400 Jahre perfektionierten Waffenschmiede diese weiter. Eine vollständige Rüstung wog etwa 32 kg.

## EINE FESTE BURG

Turmhügelburgen wurden seit dem 10. Jh. in Europa immer öfter gebaut. Zunächst wurden sie aus Holz, später aus Stein errichtet. Sie bestanden aus einem Hauptturm, dem Bergfried, der auf einem Erdhügel (Motte) errichtet wurde. Schanzwerke rund um den Hügel verteidigten den Burghof. Die aus dem östlichen Mittelmeerraum heimkehrenden Kreuzritter brachten im 12. Jh. neue Bauideen mit, z. B. Ringmauern mit Flankentürmen. Im 14. Jh. waren solche Burgen aus Verteidigungssicht schon wieder veraltet, da eine neue Waffe zum Einsatz kam: die Belagerungskanone.

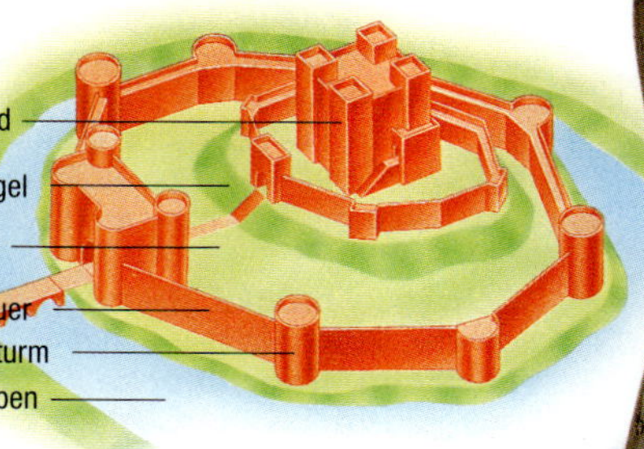


**Mittelalterliche Festung** Burganlagen veränderten sich mit der Waffentechnik. Der Burggraben ist eine alte Erfindung aus dem 10. Jh.

## MIT PFEIL UND BOGEN

Die ersten Bogen bestanden vermutlich aus Holz und waren mit Tierhaut bespannt. Um 3000 v. Chr. kam ein aus Holz und Horn gebauter Bogen auf, der eine besonders hohe Spannung hatte: Das Horn stärkte das Holz und erhöhte somit die Reichweite des Bogens. Pfeilspitzen wurden zunächst aus Feuerstein oder Obsidian hergestellt, später aus Bronze. Federn am Ende des Pfeils unterstützten die Stabilität des Pfeils beim Flug.

Im Mittelalter revolutionierte der mannsgroße Langbogen die Schlachtfelder. Er konnte Pfeile mit einer solchen Wucht abschießen, dass sie Kettenhemden durchdrangen. Außerdem schoss er deutlich weiter als die herkömmlichen Bogen. Ein geübter Schütze konnte von einem Langbogen problemlos zwölf Pfeile in der Minute abschießen. Der Langbogen verschwand erst im späten 16. und frühen 17. Jh., als Musketen – schwere Handfeuerwaffen – ihn an Leistung und Genauigkeit übertrafen.

**Auf in den Kampf** Ein Bogenschütze aus dem Mittelalter bespannt seinen Langbogen. Er kann von seinem Langbogen Pfeile etwa 180 m weit schießen.

**1247** Feuerwaffen werden in der Schlacht von Sevilla eingesetzt – der erste belegte Einsatz.
**1346** Englische Truppen setzen im Kampf gegen die Franzosen Kanonen ein.
**1370** Die Arbaleste, eine handgespannte Armbrust, wird entwickelt.
**1385** In Europa kommen zum ersten Mal Raketen zum Einsatz.

**1500** Die ersten gezogenen Gewehrläufe werden verwendet.
**1540** Die erste Muskete wird gebaut.
**1650** Das Steinschloss wird erfunden: Es zündet die Ladung bei kleinen Waffen.

**1740** Die Niederländer erfinden eine kurze Kanone, die Haubitze.
**1742** Der englische Mathematiker und Ingenieur Benjamin Robins begründet die Wissenschaft der Ballistik; er veröffentlicht den Aufsatz *New Principles of Gunnery*.

### Samuel Colt

Colt (1814–62) ließ sich 1836 einen einläufigen Revolver mit fünf Schuss patentieren. 20 Jahre später stellte er Waffen auf Produktionsstrecken her, deren Prinzip Henry Ford später für den Bau von Autos übernahm. Die Einzelfeuerpistole mit sechs Schuss und Kaliber 45, die Peacemaker, kam 11 Jahre nach Colts Tod auf den Markt und war die populärste Handwaffe im amerikanischen Westen.

**Colt .45** Diese Waffe war die beliebteste Waffe der Cowboys.

**Tödliche Waffe** Dieses Projektil, auch Bolzen genannt, wurde von einer Armbrust abgeschossen.

**1240**

**1453** Sultan Mohammed II. nimmt Konstantinopel ein; er setzt eine Kanone ein, die Kugeln mit 270 kg Gewicht abschießt.
**1460** Das Radschloss wird als Zündmechanismus für Pistolen erfunden.

**1500**

### Die Pistole

Die ersten Pistolen aus dem Jahr 1460 hatten Radschlösser – ein Rad wurde mittels Schlüssel aufgezogen und arretiert, das Rad rieb an Schwefelkies, und Funken entzündeten das Pulver. Später erfolgte die Zündung über einen Mechanismus mit einem Feuerstein.

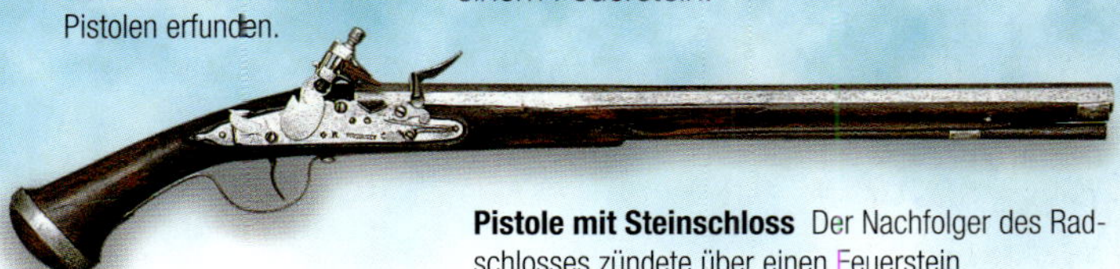

**Pistole mit Steinschloss** Der Nachfolger des Radschlosses zündete über einen Feuerstein.

**1700**

**1800**

**1811** Der Amerikaner John Hall lässt sich den Hinterlader patentieren.
**1846** Die erste Patrone wird hergestellt, bei der Ladung, Zündhütchen und Projektil in einer Einheit angeordnet sind.
**1849** Die erste moderne Pistolenkugel wird hergestellt.
**1858–59** Für die französische Marine wird das erste Panzerschiff der Welt gebaut, die *La Gloire*.

**1860**

**1862** Der Amerikaner R. Gatling erfindet das Maschinengewehr.
**1863** Der Sprengstoff TNT wird erfunden.
**1866** Der Brite Robert Whitehead erfindet den Torpedo.
**1884** Der Amerikaner Hiram Maxim entwickelt das Maschinengewehr vom Typ Maxim (600 Schüsse pro Minute).

**FAKTEN**
**Der britische General Henry Shrapnel erfand 1784 das nach ihm benannte Sprenggeschoss Schrapnell.**

## VOM KATAPULT ZUR KANONE

Um bei einer Belagerung schwere Gegenstände gegen den Feind zu schleudern, verwendete man zunächst das Katapult, später die Trebuchet, die Kreuzritter mit nach Europa brachten. Erst mit der Erfindung von Schießpulver spielten große Waffen eine Rolle.

Die ersten Belagerungskanonen waren aus Bronze. Ende des 14. Jh. konnten Kanonen Steinkugeln mit einem Gewicht von bis zu 200 kg abschießen. Mit der Weiterentwicklung der Gießereitechnik im 15. Jh. wurden noch größere Geschosse aus massivem Eisen hergestellt. Die Kanoniere verwendeten zu dieser Zeit fast nur noch Eisenkugeln, da diese deutlich schwerer waren und größere Schäden anrichteten. Kleinere Kanonen wurden auf Schiffen eingesetzt, sie waren bis ins 16. Jh. die wichtigste Waffe bei Seeschlachten.

**Feldgeschütz** Im 18. und 19. Jh. eroberten Kanonen die Schlachtfelder. Die Geschütze wurden immer leichter und beweglicher.

Siehe auch
182–3 **Das Mittelalter**
200–1 **Aufruhr in Europa**
202–3 **Vereinigte Staaten von Amerika**
578–9 **Das Atomzeitalter**

*Im 20. Jh. beschleunigten zwei Weltkriege die Weiterentwicklung der Waffentechnik. Flugzeuge und gepanzerte Fahrzeuge wurden eingesetzt und veränderten Strategie und Kriegführung von Grund auf. Mit dem Ende des Zweiten Weltkriegs begann das Nuklearzeitalter – die gefürchteten Massenvernichtungswaffen hielten Einzug und verbreiteten sich rasch. Heute spielen Computer eine immer größere Rolle, weil sie präzise Lenkwaffen millimetergenau in ein Ziel steuern können.*

## Atomwaffen

Die ungeheure Explosionskraft von Atomwaffen entsteht durch die Fusion oder Spaltung von Atomkernen (siehe S. 533).

Die erste Atombombe, die in einem Krieg eingesetzt wurde, warfen die USA 1945 auf Hiroshima ab. Sie hatte eine Explosionskraft von 15 Kilotonnen. Heutige Waffen verfügen über eine 4-mal so hohe Explosionskraft. Sie beziehen ihre Energie aus der Spaltung von Atommaterial, das eine noch zerstörerischere Kernfusion zur Folge hat. Beim Wettrüsten im Kalten Krieg richteten die USA und die UdSSR 32 000 bzw. 33 000 Atomsprengköpfe aufeinander. Heute gibt es sieben offizielle Atommächte: China, Frankreich, Indien, Pakistan, Russland, Großbritannien und die USA.

**1914** Die deutsche Marine setzt erstmals U-Boote in einem Krieg ein.

**1915** Ein Chlorgas-Angriff von deutschen Truppen markiert den Beginn der modernen chemischen Kriegführung. Deutsche Zeppeline werfen die ersten Bomben auf Großbritannien. Deutschland stattet auch das erste Flugzeug mit einem Maschinengewehr aus.

**1920** Der US- Amerikaner John T. Thompson lässt die Maschinenpistole patentieren, die als Tommy Gun bekannt wird.

**1922** Erstmals startet nicht nur, sondern landet auch ein Flugzeug auf einem Flugzeugträger.

**1931** Sowjetische Truppen starten den ersten Angriff mit Fallschirmjägern.

**1935** Die Briten entwickeln die erste einfache Form eines Radars.

**1936** Der Prototyp von R. J. Mitchells Spitfire macht ihren Jungfernflug.

**1937** Die Briten errichten eine Verteidigungskette aus Radaranlagen an der englischen Ostküste.

**Das Manhattan-Projekt** 1939 informierte Albert Einstein den amerikanischen Präsidenten Roosevelt über das zerstörerische Potenzial der Atomspaltung – das Grundprinzip der ersten Atombombe. Die USA hatte zu diesem Zeitpunkt noch nicht in den Zweiten Weltkrieg eingegriffen, doch Roosevelt gab grünes Licht für die Forschungen, die unter dem Codenamen „Manhattan-Projekt“ geführt wurden.

Das Projekt wurde mit dem Kriegseintritt der USA 1941 vorangetrieben. Mehr als 2 Mrd. Dollar wurden bis zum 16. Juli 1945 investiert, als die erste Atombombe in der Alamogordo Air Base in New Mexico, USA, detonierte. Nur 3 Wochen später zündeten die USA Atombomben über den japanischen Städten Hiroshima und Nagasaki.

1900 · 1920 · 1930 · 1940

**1916** Beim Kampf an der Somme in Frankreich kommen zum ersten Mal in der Geschichte Panzer zum Einsatz.

**1918** Auf dem französischen Panzer des Typs Renault FT-17 wird erstmals ein rundum drehbarer Turm eingesetzt.

**Der Panzer** Panzer wurden entwickelt, um festgefahrene Stellungskriege, bei denen die Soldaten einander in Schützengräben belauern, voranzubringen. Panzer können praktisch jedes Gelände durchqueren, bezwingen Stacheldrahtzäune und machen den Weg für die nachfolgende Infanterie frei. Die ersten Panzer fuhren nicht schneller als 7 km/h.

**Mark V** Dieser britische Panzer wurde 1918 gebaut.

**1937** Wernher von Braun nimmt Tests mit der V-2-Rakete auf.

**1942** Die erste kontrollierte Nuklearreaktion findet an der Universität von Chicago statt.

**1945** Am 6. August um 8.15 Uhr wirft ein US-Flugzeug die erste Atombombe auf Hiroshima.

**1947** Die US-Marine beginnt mit dem Bau von atomgetriebenen U-Booten.

**1954** Großbritannien entwickelt den ersten Senkrechtstarter.

**1957** Amerikaner und Sowjets entwickeln unabhängig voneinander Interkontinentalraketen.

**1958** Das Atom-U-Boot der US-Marine, *Nautilus*, fährt unter den Nordpol.

## Moderne Feuerwaffen

Soldaten sind heute meist mit Sturmgewehren bewaffnet. Diese Waffen kombinieren die Genauigkeit eines Jagdgewehrs mit der Fähigkeit, schnell hintereinander viele Schüsse abgeben zu können. Das weitverbreitetste Maschinengewehr der Welt ist die Kalaschnikow. Das Originalmodell, die AK47, entwickelte 1947 Michail Kalaschnikow, ein Feldwebel der Roten Armee. Im Jahr 1974 wurde das Gewehr leicht verändert, um kleinere Kaliber abfeuern zu können, und es erhielt den neuen Namen AK74.

**AK47 (Kalaschnikow)** Mit einem Gewicht von nur 3,15 kg kann die AK47 bis zu 600 Schuss pro Minute abgeben. Bis heute wurden etwa 50 Mio. Gewehre des Typs Kalaschnikow hergestellt.

## Moderne Ausrüstung

Soldaten sind heute schwer bewaffnet, tragen jedoch kaum Rüstungen. Das Überleben in modernen Kriegen hängt weitgehend davon ab, nicht gesehen zu werden. Die Soldaten im Ersten Weltkrieg trugen erstmals Tarnkleidung, inzwischen sind die Uniformen aller Armeen der Welt so gezeichnet.

Neben Waffen tragen Soldaten alles bei sich, was sie zum Überleben brauchen, u. a. Lebensmittel, Medikamente sowie Mittel zum Schutz vor biologischen und chemischen Waffen.

**Rucksack** Enthält Lebensmittel, Munition, Schlafsack, Kleidung, Verbandszeug und Grabwerkzeuge.

**Soldat der amerikanischen Elitetruppe,** der US-Marines, mit gesamter Ausrüstung und Tarnuniform für bewaldetes Gelände

**Helm** aus Kevlar, einem leichten, stoßfesten Material

**M16** Feuert bis zu 950 Schuss pro Minute ab.

**Uniform** Meist aus Baumwolle oder Nylon, kann jedoch auch moderne Fasern wie Goretex als Wetterschutz enthalten.

## Ausgaben für Verteidigung

| | | in Prozent des Bruttoinlandsprodukts, 2001 |
|---|---|---|
| 1 | Nordkorea | 31,3 |
| 2 | Angola | 22,0 |
| 3 | Eritrea | 19,8 |
| 4 | Saudi-Arabien | 13,0 |
| 5 | Äthiopien | 12,6 |
| 6 | Oman | 12,2 |
| 7 | Katar | 10,0 |
| 8 | Jordanien | 8,6 |
| 9 | Malediven | 8,6 |
| 10 | Israel | 8,0 |
| 11 | Bahrain | 6,7 |

## Streitkräfte

| | | in Mio., 1998 |
|---|---|---|
| 1 | China | 2,48[1] |
| 2 | USA | 1,37 |
| 3 | Indien | 1,17 |
| 4 | Russland | 1,00[2] |
| 5 | Südkorea | 0,67[3] |
| 6 | Türkei | 0,64[4] |
| 7 | Pakistan | 0,59 |
| 8 | Iran | 0,55[5] |
| 9 | Vietnam | 0,48 |
| 10 | Ägypten | 0,45 |

[1] einschließlich 51 % Reservisten
[2] einschließlich 33 % Reservisten
[3] einschließlich 24 % Reservisten
[4] einschließlich 83 % Reservisten
[5] einschließlich 46 % Reservisten

**Unsichtbar** Die F-117A ist als erstes Flugzeug für Radar unsichtbar.

**1973** Die NASA startet Skylab 2, die erste amerikanische Raumstation.

**1981** Das Space Shuttle startet zu seiner ersten Mission.

**1983** Die Lockheed F-117A, der erste Stealth-Bomber (unsichtbar für Radar), wird eingesetzt.

**1983** Die USA beginnen mit dem Aufbau eines Verteidigungs- bzw. Raketenabwehrsystems im Weltall.

**Kontrollierter Flug** Eine Missile des Typs Harpoon

**1980**

**1984** Zum ersten Mal wird von irakischen Truppen im Krieg gegen den Iran Nervengas eingesetzt.

**1989** Die US-Luftwaffe stellt den Stealth-Bomber vor.

**1990**

**1991** Im Golfkrieg setzen die USA intelligente Waffen ein, z. B. Cruise Missiles des Typs Tomahawk.

**2000** Die USA rufen das Projekt „Son of Star Wars" ins Leben.

**Krieg der Sterne** 1983 starteten die USA ihr SDI-Programm *(Strategic Defense Initiative)*. Unter dem Decknamen „Krieg der Sterne" sollte es das Land vor Angriffen mit Atombomben schützen. Frühwarnsatelliten sollten heranfliegende Langstreckenraketen erkennen, die dann von Raketenabschuss-Stationen im Weltraum zerstört werden sollten. Die USA investierten bisher 2 Mrd. Dollar, konnten jedoch kein System entwickeln, das vollkommene Sicherheit bot. Das neue Projekt „Son of Star Wars", das im Jahr 2000 ins Leben gerufen wurde, stellte eine vereinfachte Version dar.

## Intelligente Waffen

Intelligente Waffen sind mit High-Tech-Systemen ausgestattet, die mit höchster Präzision direkt in ein Ziel gesteuert werden können. Ein Lasergeschoss z. B. visiert ein beliebiges Ziel mit einem Laserstrahl an. Dieses kann ein Soldat am Boden – häufig direkt hinter der feindlichen Linie – ebenso bedienen wie im Flugzeug, das über dem Ziel kreist.

**Lasergesteuert** Die GBU-16/B transportiert eine halbe Tonne Sprengstoff.

Siehe auch
208–9 Der Erste Weltkrieg
214–15 Der Zweite Weltkrieg
218–19 Der Kalte Krieg
532–3 Radioaktivität

# Auf einen Blick

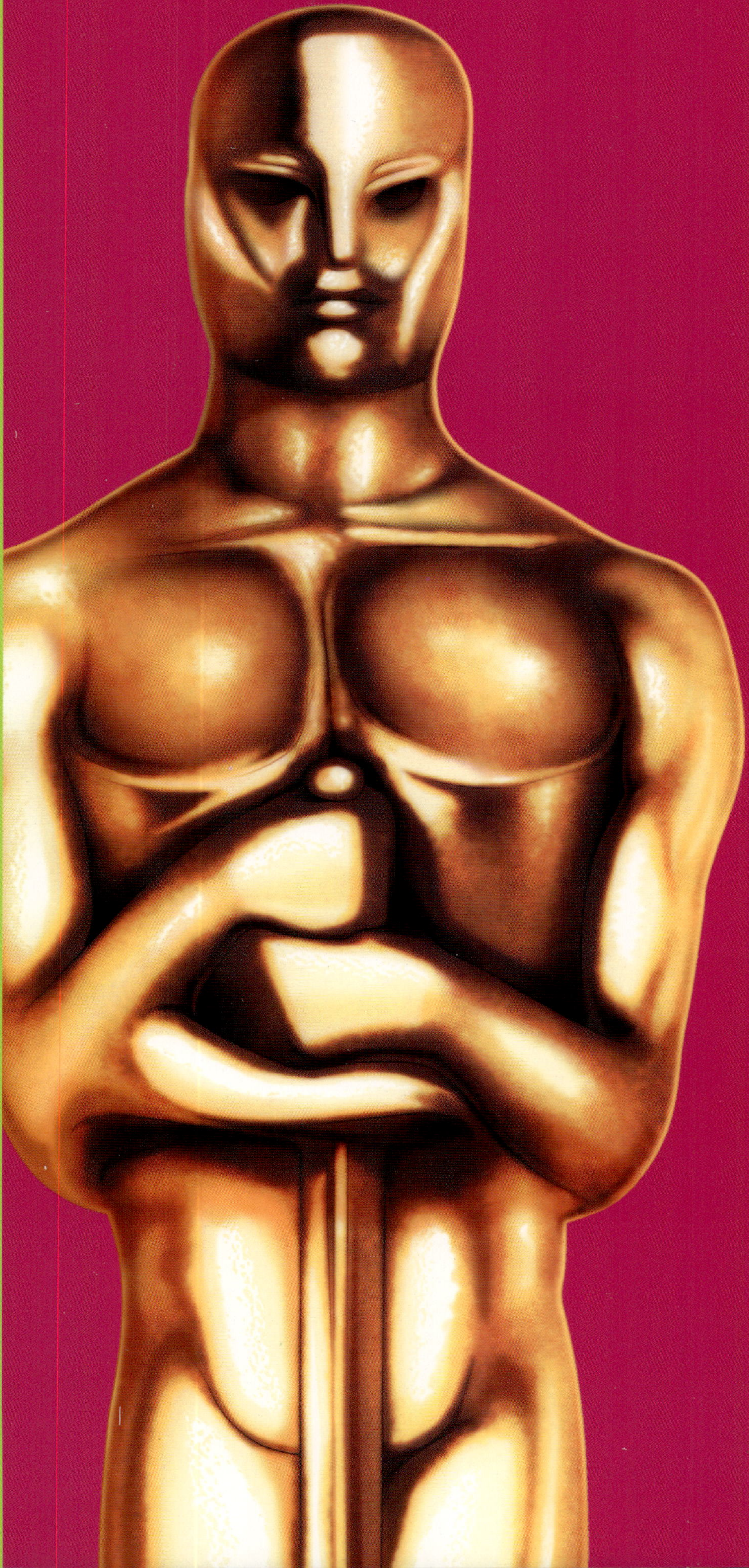

# Auf einen Blick

## Der Oscar

Die Auszeichnung der „US-Academy of Motion Picture Arts and Science“ wurde erstmals 1929 verliehen. Die Veranstaltungen der Akademie finden alljährlich im März in Los Angeles statt und berücksichtigen Filme, die im Jahr zuvor in den US-Kinos gezeigt wurden. Um den Spitznamen des Preises – Oscar – ranken sich unzählige Theorien. So wird berichtet, dass eine Akademie-Bibliothekarin Ähnlichkeit zwischen ihrem Onkel Oscar und der Statue feststellte.

**Bester Film**

1929 *Wings*
1930 *The Broadway Melody*
1931 *Im Westen nichts Neues*
1932 *Cimmaron*
1933 *Menschen im Hotel*
1934 *Cavalcade*
1935 *Es geschah in einer Nacht*
1936 *Meuterei auf der Bounty*
1937 *Der große Ziegfeld*
1938 *Das Leben des Emile Zola*
1939 *Lebenskünstler*
1940 *Vom Winde verweht*
1941 *Rebecca*
1942 *So grün war mein Tal*
1943 *Mrs. Miniver*
1944 *Casablanca*
1945 *Der Weg zum Glück*
1946 *Das verlorene Wochenende*
1947 *Die besten Jahre unseres Lebens*
1948 *Tabu der Gerechten*
1949 *Hamlet*
1950 *Der Mann, der herrschen wollte*
1951 *Alles über Eva*
1952 *Ein Amerikaner in Paris*
1953 *Die größte Schau der Welt*
1954 *Verdammt in alle Ewigkeit*
1955 *Die Faust im Nacken*
1956 *Marty*
1957 *In 80 Tagen um die Welt*
1958 *Die Brücke am Kwai*
1959 *Gigi*
1960 *Ben Hur*
1961 *Das Apartment*
1962 *West Side Story*
1963 *Lawrence von Arabien*
1964 *Tom Jones– zwischen Bett und Galgen*
1965 *My Fair Lady*
1966 *Meine Lieder – meine Träume*
1967 *Ein Mann zu jeder Jahreszeit*
1968 *In der Hitze der Nacht*
1969 *Oliver!*
1970 *Asphalt-Cowboy*
1971 *Patton – Rebell in Uniform*
1972 *French Connection*
1973 *Der Pate*
1974 *Der Clou*
1975 *Der Pate Teil 2*
1976 *Einer flog über das Kuckucksnest*
1977 *Rocky*
1978 *Der Stadtneurotiker*
1979 *Die durch die Hölle gehen*
1980 *Kramer gegen Kramer*
1981 *Eine ganz normale Familie*
1982 *Die Stunde des Siegers*
1983 *Gandhi*
1984 *Zeit der Zärtlichkeit*
1985 *Amadeus*
1986 *Jenseits von Afrika*
1987 *Platoon*
1988 *Der letzte Kaiser*
1989 *Rain Man*
1990 *Miss Daisy und ihr Chauffeur*
1991 *Der mit dem Wolf tanzt*
1992 *Das Schweigen der Lämmer*
1993 *Erbarmungslos*
1994 *Schindlers Liste*
1995 *Forrest Gump*
1996 *Braveheart*
1997 *Der englische Patient*
1998 *Titanic*
1999 *Shakespeare in Love*
2000 *American Beauty*
2001 *Gladiator*
2002 *A Beautiful Mind*
2003 *Chicago*

**Bester Hauptdarsteller**

1929 Emil Jannings *(Sein letzter Befehl)*
1930 Warner Baxter *(In Old Arizona)*
1931 George Arliss *(Disraeli)*
1932 Lionel Barrymore *(Der Mut zum Glück)*
1933 Fredric March *(Dr. Jekyll and Mr. Hyde)*
1934 Charles Laughton *(Das Privatleben Heinrich VIII.)*
1935 Clark Gable *(Es geschah in einer Nacht)*
1936 Victor McLagien *(Verräter)*
1937 Paul Muni *(Louis Pasteur)*
1938 Spencer Tracy *(Manuel)*
1939 Spencer Tracy *(Teufelskerle)*
1940 Robert Donat *(Goodbye, Mr. Chips)*
1941 James Stewart *(Philadelphia Story)*
1942 Gary Cooper *(Sergeant York)*
1943 James Cagney *(Yankee Doodle Dandy)*
1944 Paul Lukas *(Die Wacht am Rhein)*
1945 Bing Crosby *(Der Weg zum Glück)*
1946 Ray Milland *(Das verlorene Wochenende)*
1947 Fredric March *(Die besten Jahre unseres Lebens)*
1948 Ronald Colman *(Ein doppeltes Leben)*
1949 Laurence Olivier *(Hamlet)*
1950 Broderick Crawford *(Der Mann, der herrschen wollte)*
1951 José Ferrer *(Der letzte Musketier)*
1952 Humphrey Bogart *(African Queen)*
1953 Cary Cooper *(Zwölf Uhr mittags)*
1954 William Holden *(Stalag 17)*
1955 Marlon Brando *(Die Faust im Nacken)*
1956 Ernest Borgnine *(Marty)*
1957 Yul Brunner *(Der König und ich)*
1958 Alec Guiness *(Die Brücke am Kwai)*
1959 David Niven *(Getrennt von Tisch und Bett)*
1960 Charlton Heston *(Ben Hur)*
1961 Burt Lancaster *(Elmer Gantry)*
1962 Maximilian Schell *(Das Urteil von Nürnberg)*
1963 Gregory Peck *(Wer die Nachtigall stört)*
1964 Sidney Poitier *(Lilien auf dem Felde)*
1965 Rex Harrison *(My Fair Lady)*
1966 Lee Marvin *(Cat Balou)*
1967 Paul Scofield *(Ein Mann zu jeder Jahreszeit)*
1968 Rod Steiger *(In der Hitze der Nacht)*
1969 Cliff Robertson *(Charly)*
1970 John Wayne *(Der Marshall)*
1971 George C. Scott *(Patton – Rebell in Uniform)*
1972 Gene Hackman *(French Connection)*
1973 Marlon Brando *(Der Pate)*
1974 Jack Lemmon *(Save the Tiger)*
1975 Art Carney *(Harry und Tonto)*
1976 Jack Nicholson *(Einer flog über das Kuckucksnest)*
1977 Peter Finch *(Network)*
1978 Richard Dreyfuss *(Der Untermieter)*
1979 Jon Voight *(Coming Home)*
1980 Dustin Hoffman *(Kramer gegen Kramer)*
1981 Robert de Niro *(Wie ein wilder Stier)*
1982 Henry Fonda *(Am goldenen See)*
1983 Ben Kingsley *(Gandhi)*
1984 Robert Duvall *(Comeback der Liebe)*
1985 F. Murray Abraham *(Amadeus)*
1986 William Hurt *(Der Kuss der Spinnenfrau)*
1987 Paul Newman *(Die Farbe des Geldes)*
1988 Michael Douglas *(Wall Street)*
1989 Dustin Hoffman *(Rain Man)*
1990 Daniel Day-Lewis *(Mein linker Fuß)*
1991 Jeremy Irons *(Die Affäre der Sunny B.)*
1992 Anthony Hopkins *(Das Schweigen der Lämmer)*
1993 Al Pacino *(Der Duft der Frauen)*
1994 Tom Hanks *(Philadelphia)*
1995 Tom Hanks *(Forrest Gump)*
1996 Nicolas Cage *(Leaving Las Vegas)*
1997 Geoffrey Rush *(Shine – der Weg ins Licht)*
1998 Jack Nicholson *(Besser geht's nicht)*
1999 Roberto Benigni *(Das Leben ist schön)*
2000 Kevin Spacey *(American Beauty)*
2001 Russell Crowe *(Gladiator)*
2002 Denzel Washington *(Training Day)*
2003 Adrien Brody *(Der Pianist)*

**Beste Hauptdarstellerin**

1929 Janet Gaynor *(Sonnenaufgang)*
1930 Mary Pickford *(Coquette)*
1931 Norma Shearer *(The Divorce)*
1932 Marie Dressler *(Die fremde Mutter)*
1933 Helen Hayes *(Die Sünde der Madelon Claudet)*
1934 Katharine Hepburn *(Morning Glory)*
1935 Claudette Colbert *(Es geschah in einer Nacht)*
1936 Bette Davis *(Dangerous)*
1937 Luise Rainer *(Der große Ziegfeld)*
1938 Luise Rainer *(Die gute Erde)*
1939 Bette Davis *(Jezebel)*
1940 Vivien Leigh *(Vom Winde verweht)*
1941 Ginger Rogers *(Fräulein Kitty)*
1942 Joan Fontaine *(Verdacht)*
1943 Greer Gason *(Mrs. Miniver)*
1944 Jennifer Jones *(Das Lied von Bernadette)*
1945 Ingrid Bergman *(Das Haus der Lady Alquist)*
1946 Joan Crawford *(Solange ein Herz schlägt)*
1947 Olivia de Havilland *(Mutterherz)*
1948 Loretta Young *(Die Farmerstochter)*
1949 Jane Wyman *(Schweigende Lippen)*
1950 Olivia de Havilland *(Die Erbin)*
1951 Judy Holliday *(Die ist nicht von gestern)*
1952 Vivien Leigh *(Endstation Sehnsucht)*
1953 Shirley Booth *(Kehr zurück, kleine Sheila)*
1954 Audrey Hepburn *(Ein Herz und eine Krone)*
1955 Grace Kelly *(Ein Mädchen vom Lande)*
1956 Anna Magnani *(Die tätowierte Rose)*
1957 Ingrid Bergman *(Anastasia)*
1958 Joanne Woodward *(Eva mit den drei Gesichtern)*
1959 Susan Hayward *(Lasst mich leben)*

1960 Simone Signoret *(Der Weg nach oben)*
1961 Elizabeth Taylor *(Telefon Butterfield 8)*
1962 Sophia Loren *(Und dennoch leben sie)*
1963 Anne Bancroft *(Licht im Dunkel)*
1964 Patricia Neal *(Der wildeste unter Tausend)*
1965 Julie Andrews *(Mary Poppins)*
1966 Julie Christie *(Darling)*
1967 Elizabeth Taylor *(Wer hat Angst vor Virginia Woolf?)*
1968 Katherine Hepburn *(Rat mal, wer zum Essen kommt)*
1969 Barbra Streisand *(Funny Girl)*
1970 Maggie Smith *(Die besten Jahre der Miss Jean Brodie)*
1971 Glenda Jackson *(Liebende Frauen)*
1972 Jane Fonda *(Klute)*
1973 Liza Minnelli *(Cabaret)*
1974 Glenda Jackson *(Mann, bist du Klasse!)*
1975 Ellen Burstyn *(Alice lebt hier nicht mehr)*
1976 Louise Fletcher *(Einer flog über das Kuckucksnest)*
1977 Faye Dunaway *(Network)*
1978 Diane Keaton *(Der Stadtneurotiker)*
1979 Jane Fonda *(Coming Home)*
1980 Sally Field *(Norma Rae)*
1981 Sissy Spacek *(Nashville-Lady)*
1982 Katherine Hepburn *(Am goldenen See)*
1983 Meryl Streep *(Sophies Entscheidung)*
1984 Shirley McLaine *(Zeit der Zärtlichkeit)*
1985 Sally Field *(Ein Platz im Herzen)*
1986 Geraldine Page *(Die Reise nach Bountiful)*
1987 Marlee Matlin *(Gottes vergessene Kinder)*
1988 Cher *(Mondsüchtig)*
1989 Jodie Foster *(Angeklagt)*
1990 Jessica Tendy *(Miss Daisy und ihr Chauffeur)*
1991 Kathy Bates *(Misery)*
1992 Jodie Foster *(Das Schweigen der Lämmer)*
1993 Emma Thompson *(Wiedersehen in Howard's End)*
1994 Holly Hunter *(Das Piano)*
1995 Jessica Lange *(Blue Sky)*
1996 Susan Saradon *(Dead Man Walking)*
1997 Francis McDormand *(Fargo)*
1998 Helen Hunt *(Besser geht's nicht)*
1999 Gwyneth Paltrow *(Shakespeare in Love)*
2000 Hilary Swank *(Boys don't cry)*
2001 Julia Roberts *(Erin Brockovich)*
2002 Halle Berry *(Monster's Ball)*
2003 Nicole Kidman *(The Hours)*

## Die Goldene Palme

Seit 1946 wird in Frankreich alljährlich im Mai bei den Internationalen Filmfestspielen von Cannes – Zentrum des europäischen Films – die „Goldene Palme" an den besten Film des Festivals verliehen.

1946 *Battle of the Rails*
1947 Kein Filmpreis
1948 Kein Filmpreis
1949 *Der dritte Mann* (Reed)
1950 Kein Filmpreis
1951 *Das Wunder von Mailand* (de Sica)
1952 *Für zwei Groschen Hoffnung* (Castellani)
*Othello* (Welles)
1953 *Lohn der Angst* (Clouzot)
1954 *Das Tor zur Hölle* (Kinugasa)
1955 *Marty* (Mann)
1956 *Die schweigende Welt* (Cousteau und Malle)
1957 *Lockende Versuchung* (Wyler)
1958 *Wenn die Kraniche ziehen* (Kalatosow)
1959 *Orfeo Negro* (Camus)
1960 *La dolce vita* (Fellini)
1961 *Viridiana* (Buñuel)
*Noch nach Jahr und Tag* (Colpi)
1962 *Fünfzig Stufen zur Gerechtigkeit* (Duarte)
1963 *Der Leopard* (Visconti)
1964 *Die Regenschirme von Cherbourg* (Demy)
1965 *Der gewisse Kniff* (Lester)
1966 *Ein Mann und eine Frau* (Lelouch)
*Aber, aber, meine Herren* (Germi)
1967 *Blow up* (Antonioni)
1968 Kein Filmpreis
1969 *If* (Anderson)
1970 *M.A.S.H.* (Altmann)
1971 *Der Mittler* (Losey)
1972 *Der Weg der Arbeiterklasse ins Paradies* (Petri)
*Die Affäre Mattei* (Rosi)
1973 *Asphalt-Blüten* (Schatzberg)
*Flüchtige Begegnung* (Bridges)
1974 *The Conversation* (Coppola)
1975 *Chronik der Jahre der Glu* (Hamina)
1976 *Taxi Driver* (Scorsese)
1977 *Padro Patrone* (Taviani)
1978 *Der Holzschuhbaum* (Olmi)
1979 *Die Blechtrommel* (Schlöndorff)
*Apokalyse Now* (Ford Coppola)
1980 *Kagemusha* (Kurosawa)
*All that Jazz* (Fosse)
1981 *Der Mann aus Eisen* (Wajda)
1982 *Missing* (Costa-Gavras)
*Yol* (Güney)
1983 *Die Ballade von Narayama* (Imamura)
1984 *Paris, Texas* (Wenders)
1985 *Papa ist auf Dienstreise* (Kusturica)
1986 *Mission* (Joffe)
1987 *Die Sonne Satans* (Pialat)
1988 *Pelle der Eroberer* (August)
1989 *Sex, Lügen und Video* (Soderbergh)
1990 *Wild at Heart* (Lynch)
1991 *Barton Fink* (Coen)
1992 *Die besten Absichten* (August)
1993 *Das Piano* (Campion)
*Adieu, meine Konkubine* (Kaige)
1994 *Pulp Fiction* (Tarantino)
1995 *Underground* (Kusturica)
1996 *Secrets and Lies* (Leigh)
1997 *Der köstliche Geschmack der Kirschen* (Kiarostami)
1998 *Die Ewigkeit eines Tages* (Angelopoulos)
1999 *Rosetta* (Dardenne)
2000 *Dancer in the Dark* (von Trier)
2001 *La Stanza del figlio* (Moretti)
2002 *Der Pianist* (Polanski)
2003 *Elephant* (Van Sant)

## Grand Prix d'Eurovision de la Chanson

Der Grand Prix d'Eurovision de la Chanson oder European Song Contest wird seit 1956 ausgerichtet. Das Schlagerfestival im Land des Vorjahressiegers hat sich zum Kult-Medienereignis entwickelt.

1956 *Refrain* Lys Assia (CH)
1957 *Net Als Toen* Corry Brokken (NL)
1958 *Dors, Mon Amour* André Claveau (F)
1959 *Een Beetje* Teddy Scholten (NL)
1960 *Tom Pillibi* Jacqueline Boyer (F)
1961 *Nous Les Amoureux* Jean-Claude Pascal (L)
1962 *Un Premier Amour* Isabelle Aubret (F)
1963 *Dansevise* G. and J. Ingmann (DK)
1964 *Non Ho L'Età* Gigliola Cinquetti (I)
1965 *Poupée De Cire, Poupée De Son* France Gall (L)
1966 *Merci Chérie* Udo Jürgens (A)
1967 *Puppet On A String* Sandie Shaw (GB)
1968 *La La La* Massiel (E)
1969 *Boom Bang-A-Bang* Lulu (GB)
*Un Jour, Un Enfant* Frida Boccana (F)
*Vivo Cantando* Salomé (E)
*De Troubadour* Lennie Kuhr (NL)
1970 *All Kinds Of Everything* Dana (IRL)
1971 *Un Banc, Un Arbre, Une Rue* Séverine (MC)
1972 *Après Toi* Vicky Leandros (L)
1973 *Tu Te Reconnaîtras* Anne-Marie David (L)
1974 *Waterloo* Abba (S)
1975 *Ding Dinge Dong* Teach-In (NL)
1976 *Save Your Kisses For Me* Brotherhood of Man (GB)
1977 *L'Oiseau Et L'Enfant* Marie Myriam (F)
1978 *A Ba Ni Bi* Izhar Cohen and Alphabeta (IL)
1979 *Hallelujah* Milk and Honey (IL)
1980 *What's Another Year* Johnny Logan (IRL)
1981 *Making Your Mind Up* Bucks Fizz (GB)
1982 *Ein bisschen Frieden* Nicole (D)
1983 *Si La Vie Est Cadeau* Corinne Hermès (L)
1984 *Diggi-Loo Diggi-Ley* The Herreys (S)
1985 *La Det Swinge* Bobbysocks (N)
1986 *J'Aime La Vie* Sandra Kim (B)
1987 *Hold Me Now* Johnny Logan (IRL)
1988 *Ne Partez Pas Sans Moi* Céline Dion (CH)
1989 *Rock Me* Riva (YU)
1990 *Insieme 1992* Toto Cutugno (I)
1991 *Fangad Av En Stormvind* Carola (S)
1992 *Why Me?* Linda Martin (IRL)
1993 *In Your Eyes* Niamh Kavanagh (IRL)
1994 *Rock 'N' Roll Kids* P. Harrington und C. McGettigan (IRL)
1995 *Nocturne* Secret Garden (N)
1996 *The Voice* Eimear Quinn (IRL)
1997 *Love Shine A Light* Katrina and the Waves (GB)
1998 *Diva* Dana International (IL)
1999 *Take Me To Your Heaven* Charlotte Nilsson (S)
2000 *Fly On The Wings Of Love* The Olsen Brothers (DK)
2001 *Everybody* Tanel Padar and Dave Benton (EST)
2002 *I Wanna* Marie N. (LV)
2003 *Everyway That I Can* Sertab Erener (TR)

## Der Nobelpreis

Der schwedische Chemiker Alfred Bernhard Nobel (1833–96) erwarb mit der Erfindung des Dynamits einen Teil seines Vermögens. In seinem Testament verfügte er die Gründung der Nobelstiftung, die seit 1901 alljährlich Nobelpreise an Personen verleiht, die „der Menschheit den größten Nutzen gebracht haben". Es gibt sechs Preiskategorien: Physik, Chemie, Wirtschaftswissenschaften, Physiologie oder Medizin, Literatur und Frieden. Die Gewinner werden im Oktober benannt. Verliehen werden die Preise im Dezember; der Friedenspreis in Oslo (Norwegen), die anderen in Schweden.

### Friedensnobelpreis

| | |
|---|---|
| 1901 | Jean Henri Dunant *(Schweiz)*<br>Frederic Passy *(Frankreich)* |
| 1902 | Elie Ducommun *(Schweiz)*<br>Charles Albert Gobat *(Schweiz)* |
| 1903 | Sir William Randal Cremer *(Großbritannien)* |
| 1904 | Institut de Droit International *(Belgien)* |
| 1905 | Bertha von Suttner *(Österreich)* |
| 1906 | Theodore Roosevelt *(USA)* |
| 1907 | Ernesto Moneta *(Italien)*<br>Louis Renault *(Frankreich)* |
| 1908 | Klas Arnoldson *(Schweden)*<br>Fredrik Bajer *(Dänemark)* |
| 1909 | Auguste Beernaert *(Belgien)*<br>Paul d'Estournelles de Constant *(Frankreich)* |
| 1910 | Bureau International Permanent de la Paix *(Schweiz)* |
| 1911 | Tobias Asser *(Niederlande)*<br>Alfred Fried *(Österreich)* |
| 1913 | Elihu Root *(USA)*<br>Henri la Fontaine *(Belgien)* |
| 1917 | Internationales Rotes Kreuz *(Schweiz)* |
| 1919 | Woodrow Wilson *(USA)* |
| 1920 | Leon Bourgeois *(Frankreich)* |
| 1921 | Karl Branting *(Schweden)*<br>Christian Lange *(Norwegen)* |
| 1922 | Fridtjof Nansen *(Norwegen)* |
| 1925 | Joseph Chamberlain *(Großbritannien)*<br>Charles Dawes *(USA)* |
| 1926 | Aristide Briand *(Frankreich)*<br>Gustav Stresemann *(Deutschland)* |
| 1927 | Ferdinand Buisson *(Frankreich)*<br>Ludwig Quidde *(Deutschland)* |
| 1929 | Frank Kellogg *(USA)* |
| 1930 | Lars Söderblom *(Schweden)* |
| 1931 | Jane Addams *(USA)*<br>Nicholas Murray Butler *(USA)* |
| 1933 | Sir Norman Angell *(Großbritannien)* |
| 1934 | Arthur Henderson *(Großbritannien)* |
| 1935 | Carl von Ossietzky *(Deutschland)* |
| 1936 | Carlos Saavedra Lamas *(Argentinien)* |
| 1937 | Viscount Cecil of Chelwood *(Großbritannien)* |
| 1938 | Office International Nansen pour les Refugiés *(Schweiz)* |
| 1944 | Internationales Rotes Kreuz *(Schweiz)* |
| 1945 | Cordell Hull *(USA)* |
| 1946 | Emily Greene Balch *(USA)*<br>John Raleigh Mott *(USA)* |
| 1947 | Religiöse Gesellschaft der Freunde *(Großbritannien, USA)* |
| 1949 | Lord Boyd Orr of Brechin *(Großbritannien)* |
| 1950 | Ralph Bunche *(USA)* |
| 1951 | Léon Jouhaux *(Frankreich)* |
| 1952 | Albert Schweitzer *(Deutschland)* |
| 1953 | George Marshall *(USA)* |
| 1954 | UN-Flüchtlingskommissariat |
| 1957 | Lester Bowles Pearson *(Kanada)* |
| 1958 | Georges Pire *(Belgien)* |
| 1959 | Philip Noel-Baker *(Großbritannien)* |
| 1960 | Albert Lutuli *(Südafrika)* |
| 1961 | Dag Hammarskjöld *(Schweden)* |
| 1962 | Linus Pauling *(USA)* |
| 1963 | Internationales Rotes Kreuz *(Schweiz)* |
| 1964 | Martin Luther King *(USA)* |
| 1965 | UN-Kinderhilfswerk *(Unicef)* |
| 1968 | René Cassin *(Frankreich)* |
| 1969 | International Labour Organisation *(Schweiz)* |
| 1970 | Norman Borlaug *(USA)* |
| 1971 | Willy Brandt *(Deutschland)* |
| 1973 | Henry Kissinger *(USA)*<br>Le Duc Tho *(Vietnam, nicht angenommen)* |
| 1974 | Seán MacBride *(Irland)*<br>Eisaku Sato *(Japan)* |
| 1975 | Andrej Sacharow *(UdSSR)* |
| 1976 | Betty Williams *(Großbritannien)*<br>Mairead Corrigan *(Großbritannien)* |
| 1977 | Amnesty International *(Großbritannien)* |
| 1978 | Anwar el Sadat *(Ägypten)*<br>Menachem Begin *(Israel)* |
| 1979 | Mutter Teresa *(Indien)* |
| 1980 | Adolfo Perez Esquivel *(Argentinien)* |
| 1981 | UN-Flüchtlingskommissariat |
| 1982 | Alva Myrdal *(Schweden)*<br>Alfonso Garcia Robles *(Mexiko)* |
| 1983 | Lech Walesa *(Polen)* |
| 1984 | Desmond Mpilo Tutu *(Südafrika)* |
| 1985 | International Physicians for the Prevention of Nuclear War *(USA)* |
| 1986 | Elie Wiesel *(USA)* |
| 1987 | Oscar Arias Sanchez *(Costa Rica)* |
| 1988 | UN-Friedenstruppen |
| 1989 | Dalai Lama *(Tibet)* |
| 1990 | Michael Gorbatschow *(UdSSR)* |
| 1991 | Aung San Suu Kyi *(Myanmar)* |
| 1992 | Rigoberta Menchú Tum *(Guatemala)* |
| 1993 | Nelson Mandela *(Südafrika)*<br>Frederik Willem de Klerk *(Südafrika)* |
| 1994 | Jassir Arafat *(PLO)*<br>Shimon Peres *(Israel)*<br>Yitzhak Rabin *(Israel)* |
| 1995 | Joseph Rotblat *(Großbritannien)*<br>Pugwash Conference on Science and World Affairs *(Kanada)* |
| 1996 | Carlos Filipe Ximenese Belo *(Ost-Timor)*<br>José Ramos-Horta *(Ost-Timor)* |
| 1997 | Internationale Kampagne gegen Landminen *(USA)*<br>Jody Williams *(USA)* |
| 1998 | John Hume *(Nordirland)*<br>David Trimble *(Nordirland)* |
| 1999 | Ärzte ohne Grenzen *(Frankreich)* |
| 2000 | Kim Dae Jung *(Südkorea)* |
| 2001 | UN/Kofi Annan *(Ghana)* |
| 2002 | Jimmy Carter *(USA)* |

(Jahre ohne Nennung: Keine Verleihung)

### Literaturnobelpreis

| | |
|---|---|
| 1901 | Sully Prudhomme *(Frankreich)* |
| 1902 | Theodor Mommsen *(Deutschland)* |
| 1903 | Bjørnstjerne Bjørnson *(Norwegen)* |
| 1904 | Frederic Mistral *(Frankreich)*<br>Jose Eizaguirre *(Spanien)* |
| 1905 | Henryk Sienkiewicz *(Polen)* |
| 1906 | Giosue Carducci *(Italien)* |
| 1907 | Rudyard Kipling *(Großbritannien)* |
| 1908 | Rudolf Eucken *(Deutschland)* |
| 1909 | Selma Lagerlöf *(Schweden)* |
| 1910 | Paul von Heyse *(Deutschland)* |
| 1911 | Maurice Maeterlinck *(Belgien)* |
| 1912 | Gerhart Hauptmann *(Deutschland)* |
| 1913 | Rabindranath Tagore *(Indien)* |
| 1915 | Romain Rolland *(Frankreich)* |
| 1916 | Verner von Heidenstam *(Schweden)* |
| 1917 | Karl Gjellerup *(Dänemark)*<br>Henrik Pontoppidan *(Dänemark)* |
| 1919 | Carl Spitteler *(Schweiz)* |
| 1920 | Knut Hamsun *(Norwegen)* |
| 1921 | Anatole France *(Frankreich)* |
| 1922 | Jacinto Martinez *(Spanien)* |
| 1923 | W. B. Yeats *(Irland)* |
| 1924 | Wladyslaw Stanislaw Reymont *(Polen)* |
| 1925 | George Bernard Shaw *(Großbritannien)* |
| 1926 | Grazia Deledda *(Italien)* |
| 1927 | Henri Louis Bergson *(Frankreich)* |
| 1928 | Sigrid Undset *(Norwegen)* |
| 1929 | Thomas Mann *(Deutschland)* |
| 1930 | Sinclair Lewis *(USA)* |
| 1931 | Erik Axel Karlfeldt *(Schweden)* |
| 1932 | John Galsworthy *(Großbritannien)* |
| 1933 | Ivan Bunin *(UdSSR)* |
| 1934 | Luigi Pirandello *(Italien)* |
| 1936 | Eugene O'Neill *(USA)* |
| 1937 | R. Martin Du Gard *(Frankreich)* |
| 1938 | Pearl S. Buck *(USA)* |
| 1939 | Frans Eemil Sillanpää *(Finnland)* |
| 1944 | Johannes V. Jensen *(Dänemark)* |
| 1945 | Gabriela Mistral *(Chile)* |
| 1946 | Hermann Hesse *(Deutschland)* |
| 1947 | André Gide *(Frankreich)* |
| 1948 | T. S. Eliot *(Großbritannien)* |
| 1950 | William Faulkner *(USA)*<br>Bertrand Russell *(Großbritannien)* |
| 1951 | Pär Lagerkvist *(Schweden)* |
| 1952 | François Mauriac *(Frankreich)* |
| 1953 | Winston Churchill *(Großbritannien)* |
| 1954 | Ernest Hemingway *(USA)* |
| 1955 | Halldór Kiljan Laxness *(Island)* |
| 1956 | Juan Ramón Jiménez *(Spanien)* |
| 1957 | Albert Camus *(Frankreich)* |
| 1958 | Boris Pasternak *(UdSSR)* |
| 1959 | Salvatore Quasimodo *(Italien)* |
| 1960 | Saint-John Perse *(Frankreich)* |
| 1961 | Ivo Andri´c *(Jugoslawien)* |
| 1962 | John Steinbeck *(USA)* |
| 1963 | George Seferis *(Griechenland)* |
| 1964 | Jean-Paul Sartre *(Frankreich)* |
| 1965 | Michail Scholochow *(UdSSR)* |
| 1966 | S.Y. Agnon *(Israel)*<br>Nelly Sachs *(Schweden)* |
| 1967 | Miguel Angel Asturias *(Guatemala)* |
| 1968 | Yasunari Kawabata *(Japan)* |
| 1969 | Samuel Beckett *(Irland)* |
| 1970 | Alexander Solschenizyn *(UdSSR)* |
| 1971 | Pablo Neruda *(Chile)* |
| 1972 | Heinrich Böll *(Deutschland)* |
| 1973 | Patrick White *(Australien)* |
| 1974 | Harry Martinson *(Schweden)*<br>Eyvind Johnson *(Schweden)* |
| 1975 | Eugenio Montale *(Italien)* |
| 1976 | Saul Bellow *(USA)* |
| 1977 | Vincente Alexandre *(Spanien)* |
| 1978 | Isaac Bashevis Singer *(USA)* |
| 1979 | Odysseas Elytis *(Griechenland)* |
| 1980 | Czeslaw Milosz *(Polen)* |
| 1981 | Elias Canetti *(Großbritannien)* |
| 1982 | Gabriel García Márquez *(Kolumbien)* |
| 1983 | William Golding *(Großbritannien)* |
| 1984 | Jaroslav Seifert *(CSSR)* |
| 1985 | Claude Simon *(Frankreich)* |
| 1986 | Wole Soyinka *(Nigeria)* |
| 1987 | Joseph Brodsky *(USA)* |
| 1988 | Nagib Mahfuz *(Ägypten)* |
| 1989 | Camilo José Cela *(Spanien)* |
| 1990 | Octavio Paz *(Mexiko)* |
| 1991 | Nadine Gordimer *(Südafrika)* |
| 1992 | Derek Walcott *(St. Lucia)* |
| 1993 | Toni Morrison *(USA)* |
| 1994 | Kenzaburo Oe *(Japan)* |
| 1995 | Seamus Heaney *(Irland)* |
| 1996 | Wislawa Szymborska *(Polen)* |
| 1997 | Dario Fo *(Italien)* |
| 1998 | José Saramago *(Portugal)* |
| 1999 | Günter Grass *(Deutschland)* |
| 2000 | Gao Xingjian *(China)* |
| 2001 | Sir Vidiadhar Surajprasad Naipaul *(Großbritannien)* |
| 2002 | Imre Kertesz *(Ungarn)* |

(Jahre ohne Nennung: Keine Verleihung)

## Friedenspreis des Deutschen Buchhandels

Seit 1950 hat sich der Friedenspreis des Deutschen Buchhandels zu einem bedeutenden kulturpolitischen Preis in Deutschland entwickelt. Er wird alljährlich im Herbst während der Frankfurter Buchmesse überreicht. Verleihungsort ist die Paulskirche. Die Veranstaltung gilt als Höhepunkt der Messe. Ausgezeichnet wird laut Statut eine Persönlichkeit, „die in hervorragendem Maße vornehmlich durch ihre Tätigkeit auf den Gebieten der Literatur, Wissenschaft und Kunst zur Verwirklichung des Friedensgedankens beigetragen hat".

1950 Max Tau *(Deutschland)*
1951 Albert Schweitzer *(Deutschland)*
1952 Romano Guardini *(Italien)*
1953 Martin Buber *(Österreich)*
1954 Carl Jacob Burckhardt *(Schweiz)*
1955 Hermann Hesse *(Deutschland)*
1956 Reinhold Schneider *(Deutschland)*
1957 Thornton Wilder *(USA)*
1958 Karl Jaspers *(Deutschland)*
1959 Theodor Heuss *(Deutschland)*
1960 Victor Gollancz *(Großbritannien)*
1961 Sarvepalli Radhakrishnan *(Indien)*
1962 Paul Tillich *(USA)*
1963 Carl Friedrich von Weizsäcker *(Deutschland)*
1964 Gabriel Marcel *(Frankreich)*
1965 Nelly Sachs *(Schweden)*
1966 Augustin Bea *(Deutschland)*/ Willem A. Visser't Hooft *(Niederlande)*
1967 Ernst Bloch *(Deutschland)*
1968 Leopold Sedar Senghor *(Senegal)*
1969 Alexander Mitscherlich *(Deutschland)*
1970 Gunnar Myrdal und Alva Myrdal *(Schweden)*
1971 Marion Gräfin Dönhoff *(Deutschland)*
1972 Janussz Korczak *(Polen)*
1973 Club of Rome *(Internationaler Zusammenschluss von Wissenschaftlern)*
1974 Frère Roger *(Frankreich)*
1975 Alfred Grosser *(Frankreich)*
1976 Max Frisch *(Schweiz)*
1977 Leszek Kolakowski *(Polen)*
1978 Astrid Lindgren *(Schweden)*
1979 Yehudi Menuhin *(USA)*
1980 Ernesto Cardenal *(Nicaragua)*
1981 Lew Kopelew *(UdSSR)*
1982 George F. Kennan *(USA)*
1983 Octavio Paz *(Mexiko)*
1985 Teddy Kollek *(Israel)*
1986 Wladyslaw Bartoszewski *(Polen)*
1987 Hans Jonas *(USA)*
1988 Siegfried Lenz *(Deutschland)*
1989 Vaclav Havel *(Polen)*
1990 Karl Dedecius *(Deutschland)*
1991 György Konrad *(Ungarn)*
1992 Amos Oz *(Israel)*
1993 Friedrich Schorlemmer *(Deutschland)*
1994 Jorge Semprun *(Spanien)*
1995 Annemarie Schimmel *(Deutschland)*
1996 Mario Vargas Llosa *(Peru)*
1997 Yasar Kemal *(Türkei)*
1998 Martin Walser *(Deutschland)*
1999 Fritz Stern *(USA)*
2000 Assia Djebar *(Algerien)*
2001 Jürgen Habermas *(Deutschland)*
2002 Chinua Achebe *(Nigeria)*
2003 Susan Sontag *(USA)*

## Geschwister-Scholl-Preis

Erstmals 1980 – und seither jährlich – wurde der Geschwister-Scholl-Preis vom Verband Bayerischer Verlage und Buchhandlungen und der Stadt München gemeinsam vergeben. Sinn und Ziel des Preises ist es, „ein Buch auszuzeichnen, das von geistiger Unabhängigkeit zeugt und geeignet ist, bürgerliche Freiheit, moralischen, intellektuellen und ästhetischen Mut zu fördern und dem verantwortlichen Gegenwartsbewusstsein wichtige Impulse zu geben".

1980 Rolf Hochhuth
1981 Reiner Kunze
1982 Franz Fühmann
1983 Walter Dirks
1984 Anja Rosmus
1985 Jürgen Habermas
1986 Cordelia Edvardson
1987 Christa Wolf
1988 Grete Weil
1989 Helmut J. von Moltke
1990 Lea Rosh und Eberhard Jäckel
1991 Georges-Arthur Goldschmidt
1992 Barbara Diestel/Wolfgang Benz
1993 Wolfgang Sofsky
1994 Heribert Prantl
1995 Victor Klemperer
1996 Hans Deichmann
1997 Ernst Klee
1998 Saul Friedländer
1999 Peter Gay
2000 Reinhard Kaiser und Margarete Holzman
2001 Arno Gruen
2002 Raul Hilberg

## Georg-Büchner-Preis

Die wichtigste deutsche Literaturauszeichnung wird von der Deutschen Akademie für Sprache und Dichtung einmal im Jahr an Schriftsteller aus dem deutschen Sprachraum verliehen, die „durch ihre Arbeiten und Werke in besonderem Maße hervortreten und die an der Gestaltung des gegenwärtigen deutschen Kulturlebens wesentlichen Anteil haben". Bereits von 1929 bis 1950 war der Preis vergeben worden, damals allerdings noch an bildende Künstler, Dichter und Schauspieler. Seit 1951 ist der Georg-Büchner-Preis ein Literaturpreis, der das Gesamtwerk eines Literaten ehrt.

1951 Gottfried Benn
1952 *Keine Verleihung*
1953 Ernst Kreuder
1954 Martin Kessel
1955 Marie Luise Kaschnitz
1956 Karl Krolow
1957 Erich Kästner
1958 Max Frisch
1959 Günter Eich
1960 Paul Celan
1961 Hans Erich Nossack
1962 Wolfgang Koeppen
1963 Hans Magnus Enzensberger
1964 Ingeborg Bachmann
1965 Günter Grass
1966 Wolfgang Hildesheimer
1967 Heinrich Böll
1968 Golo Mann
1969 Helmut Heißenbüttel
1970 Thomas Bernhard
1971 Uwe Johnson
1972 Elias Canetti
1973 Peter Handke
1974 Hermann Kesten
1975 Manès Sperber
1976 Heinz Piontek
1977 Reiner Kunze
1978 Hermann Lenz
1979 Ernst Meister
1980 Christa Wolf
1981 Martin Walser
1982 Peter Weiss
1983 Wolfdietrich Schnurre
1984 Ernst Jandl
1985 Heiner Müller
1986 Friedrich Dürrenmatt
1987 Erich Fried
1988 Albert Drach
1989 Botho Strauß
1990 Tankred Dorst
1991 Wolf Biermann
1992 George Tabori
1993 Peter Rühmkorf
1994 Adolf Muschg
1995 Durs Grünbein
1996 Sarah Kirsch
1997 H.C. Artmann
1998 Elfriede Jelinek
1999 Arnold Stadler
2000 Volker Braun
2001 Friederike Mayröcker
2002 Wolfgang Hilbig
2003 Alexander Kluge

## Ingeborg-Bachmann-Preis

Der Preis, 1976 vom österreichischen Klagenfurt gestiftet, wird in einem Literatenwettbewerb vergeben, bei dem Autoren und Autorinnen live vor Publikum und laufenden Kameras lesen. Die Veranstaltung ist ein Fixpunkt in der deutschsprachigen Literaturszene.

1977 Gert Jonke *(Erster Entwurf zum Beginn einer langen Erzählung)*
1978 Ulrich Plenzdorf *(kein runter kein fern)*
1979 Gert Hofmann *(Die Fistelstimme)*
1980 Sten Nadolny *(Kopenhagen 1801)*
1981 Urs Jaeggi *(Ruth)*
1982 Jürg Amann *(Rondo)*
1983 Friederike Roth *(Das Buch des Lebens – ein Plagiat)*
1984 Erika Pedretti *(Das Modell und sein Maler)*
1985 Hermann Burger *(Die Wasserfallfinsternis von Badgastein)*
1986 Katja Lange-Müller *(Annas Liebesgedicht und Grabinschrift für Kasper Mauser)*
1987 Uwe Saeger *(Ohne Behinderung, ohne falsche Bewegung)*
1988 Angela Krauß *(Der Dienst)*
1989 Wolfgang Hilbig *(Ohne Titel)*
1990 Birgit Vanderbeke *(Das Muschelessen)*
1991 Emine Sevgi Özdamar *(Das Leben ist eine Karawanserei)*
1992 Alissa Walser *(Geschenkt)*
1993 Kurt Drawert *(Haus ohne Menschen. Ein Zustand)*
1994 Reto Hänny *(Guai)*
1995 Franzobel *(Krautflut)*
1996 Jan Peter Bremer *(Der Fürst spricht)*
1997 Norbert Niemann *(Wie man's nimmt…)*
1998 Sybille Lewitscharoff *(Pong)*
1999 Terezia Mora *(Der Fall Ophelia)*
2000 Georg Klein *(Auszug aus einem langen Prosatext)*
2001 Michael Lentz *(Muttersterben)*
2002 Peter Glaser *(Geschichte von Nichts)*

## Griechisch

Die Griechen übernahmen gegen Ende des 11. Jh. v. Chr. die Schrift der Phöniker (22 Buchstaben) und erweiterten sie um Symbole für Vokale, Groß- und Kleinbuchstaben; bis etwa 500 v. Chr. schrieb man von rechts nach links. Es existierten mehrere Versionen, bis sich 403 v. Chr. die ionische Form durchsetzte und offizielles Alphabet wurde. Das moderne griechische Alphabet wird heute im griechischen Sprachraum nahezu unverändert verwendet.

| Buchstabe | Name | Transliteration (Lautwert) | Buchstabe | Name | Transliteration (Lautwert) |
|---|---|---|---|---|---|
| Α, α | Alpha | a | Σ, σ | Sigma | s |
| Β, β | Beta | b | Τ, τ | Tau | t |
| Γ, γ | Gamma | g | Υ, υ | Ypsilon | y |
| Δ, δ | Delta | d | Φ, φ | Phi | f |
| Ε, ε | Epsilon | e (kurz) | Χ, χ | Chi | ch |
| Ζ, ζ | Zeta | z | Ψ, ψ | Psi | ps |
| Η, η | Eta | e (lang) | Ω, ω | Omega | o (lang) |
| Θ, θ | Theta | th (weich) | | | |
| Ι, ι | Iota | i | | | |
| Κ, κ | Kappa | k | | | |
| Λ, λ | Lambda | l | | | |
| Μ, μ | My | m | | | |
| Ν, ν | Ny | n | | | |
| Ξ, ξ | Xi | x | | | |
| Ο, ο | Omikron | o (kurz) | | | |
| Π, π | Pi | p | | | |
| Ρ, ρ | Rho | r | | | |

## Kyrillisch

Das kyrillische Alphabet – eine Abwandlung des griechischen – wurde im 9. Jh. n. Chr. geschaffen, angeblich von den griechischen Missionaren St. Kyrill und St. Methodius. Es entwickelte sich zur Schrift der Russen, Ukrainer, Bulgaren, Serben und Weißrussen. Ursprünglich hatte das kyrillische Alphabet 43 Buchstaben. Moderne Versionen verfügen – abhängig vom Land – nur über rund 30. Es gibt kein allgemein anerkanntes Transliterationssystem.

| Buchstabe | Transliteration (Lautwert) | Buchstabe | Transliteration (Lautwert) |
|---|---|---|---|
| А, а | a | Р, р | r |
| Б, б | b | С, с | s |
| В, в | v | Т, т | t |
| Г, г | g | У, у | u |
| Д, д | d | Ф, ф | f |
| Е, е | jeh | Х, х | kh |
| Ё, ё | joh | Ц, ц | ts |
| Ж, ж | zh | Ч, ч | ch |
| З, з | z | Ш, ш | sh |
| И, и | i | Щ, щ | shch |
| Й, й | i | Ъ, ъ | (Hart-Zeichen) |
| К, к | k | Ы, ы | y |
| Л, л | l | Ь, ь | (Weich-Zeichen) |
| М, м | m | Э, э | e |
| Н, н | n | Ю, ю | yu |
| О, о | o | Я, я | ya |
| П, п | p | | |

## Hebräisch

Das hebräische Alphabet wurde etwa im 1. Jh. n. Chr. standardisiert – seither blieb es unverändert. Auch das Jiddisch – Sprache der osteuropäischen Juden, dessen Ursprung im deutschsprachigen Raum anzusiedeln ist – wird in hebräischen Buchstaben zu Papier gebracht. Man schreibt von rechts nach links. Nur die Konsonanten haben Buchstaben, auf Vokale wird durch Zeichen unter oder links vom Konsonanten hingewiesen. Einige der hebräischen Zeichen ändern – wie die unten abgedruckte Liste verdeutlicht – die Aussprache der Konsonanten. Für das hebräische Alphabet gibt es kein allgemein anerkanntes Transliterationssystem.

| Symbol | Name | Transliteration (Lautwert) |
|---|---|---|
| א | Alef | (stumm) |
| ב | Bet | b, v |
| ג | Gimel | g, j |
| ד | Dalet | d |
| ה | He | h (nur mit Vokalzeichen ausgesprochen) |
| ו | Waw | v, w |
| ז | Sajin | z |
| ח | Chet | hartes h |
| ט | Tet | t |
| י | Jod | y |
| כ | Kaf | kh |
| ך | (als letzter Buchstabe) Kaf | kh |
| ל | Lamed | l |
| מ | Mem | m |
| ם | (als letzter Buchstabe) Mem | m |
| נ | Nun | n |
| ן | (als letzter Buchstabe) Nun | n |
| ס | Samech | s |
| ע | Ajin | (stumm) |
| פ | Pe | p, f |
| ף | (als letzter Buchstabe) Pe | p, f |
| צ | Tsade | ts |
| ץ | (als letzter Buchstabe) Tsade | ts |
| ק | Qof | k |
| ר | Resch | r |
| ש | Schin | sh, s |
| ת | Taw | t |

## Arabisch

Das arabische Alphabet entstand im 5. Jh. n. Chr; die Nashki-Version aus dem 10. Jh. ist die Grundlage der heutigen Form. Es wird von rechts nach links geschrieben. Das Alphabet umfasst Konsonanten und Vokale; Letztere werden durch Zeichen angegeben, außer in Kinderbüchern und im Koran meist aber weggelassen. Es gibt unterschiedliche Schreibweisen – je nachdem, ob ein Buchstabe allein steht, am Anfang eines Wortes, in der Mitte oder am Ende.

| Name | Transliteration | Isoliert | Ende | Anfang | Mitte |
|---|---|---|---|---|---|
| Alif | ' | أ | ـا | أ | ـا |
| Ba | b | ب | ـب | بـ | ـبـ |
| Ta | t | ت | ـت | تـ | ـتـ |
| Tha | th | ث | ـث | ثـ | ـثـ |
| Jim | j | ج | ـج | جـ | ـجـ |
| Ha | h | ح | ـح | حـ | ـحـ |
| Kha | kh | خ | ـخ | خـ | ـخـ |
| Dal | d | د | ـد | د | ـد |
| Dha | dh | ذ | ـذ | ذ | ـذ |
| Ra | r | ر | ـر | ر | ـر |
| Za | z | ز | ـز | ز | ـز |
| Sin | s | س | ـس | سـ | ـسـ |
| Shin | sh | ش | ـش | شـ | ـشـ |
| Sad | s | ص | ـص | صـ | ـصـ |
| Dad | d | ض | ـض | ضـ | ـضـ |
| Ta | t | ط | ـط | طـ | ـطـ |
| Za | z | ظ | ـظ | ظـ | ـظـ |
| Ain | ' | ع | ـع | عـ | ـعـ |
| Ghain | gh | غ | ـغ | غـ | ـغـ |
| Fa | f | ف | ـف | فـ | ـفـ |
| Qaf | q | ق | ـق | قـ | ـقـ |
| Kaf | k | ك | ـك | كـ | ـكـ |
| Lam | l | ل | ـل | لـ | ـلـ |
| Mim | m | م | ـم | مـ | ـمـ |
| Nun | n | ن | ـن | نـ | ـنـ |
| Ha | h | ه | ـه | هـ | ـهـ |
| Waw | w | و | ـو | و | ـو |
| Ya | y | ى | ـى | يـ | ـيـ |

## Römische Zahlen

Die Römer entwickelten aus nur sieben Buchstaben, die Zahlen darstellen, ein ganzes System: I (1); V (5); X (10); L (50); C (100); D (500) und M (1000). Alle übrigen Zahlen sind Kombinationen daraus (z. B. steht III für 3). Folgt ein größerer Buchstabe einem kleineren, wird der kleinere subtrahiert (z. B. steht IV für 5 – 1 = 4). Das Rechnen mit römischen Zahlen ist mühsam, deshalb haben sich letztlich die arabischen Zahlen durchgesetzt.

| | |
|---|---|
| I | 1 |
| II | 2 |
| III | 3 |
| IV | 4 |
| V | 5 |
| VI | 6 |
| VII | 7 |
| VIII | 8 |
| IX | 9 |
| X | 10 |
| XI | 11 |
| XIV | 14 |
| XV | 15 |
| XVI | 16 |
| XIX | 19 |
| XX | 20 |
| XXIX | 29 |
| XXX | 30 |
| XL | 40 |
| IL | 49 |
| L | 50 |
| LIX | 59 |
| LX | 60 |
| LXVIII | 68 |
| LXIX | 69 |
| XC | 90 |
| IC | 99 |
| C | 100 |
| CIC | 199 |
| CC | 200 |
| CD | 400 |
| D | 500 |
| DC | 600 |
| CM | 900 |
| M | 1000 |
| MCMLXXXIX | 1989 |
| MMIII | 2003 |

## Braille (Blindenschrift)

Im Braille-System für Blinde werden Buchstaben und Zahlen durch Kombinationen erhabener Punkte dargestellt, die sich durch Berühren mit den Fingerspitzen „lesen" lassen. Eingeführt wurde das System 1929 in Frankreich von Louis Braille, der mit 3 Jahren erblindet war. Jedes Muster besteht aus sechs Punkten, die vertikal in zwei Dreierreihen angelegt sind; es gibt zwei unterschiedliche Punktgrößen. Zum Lesen werden beide Hände benutzt: Die rechte Hand ertastet die Buchstaben, die linke den Anfang der nächsten Zeile.

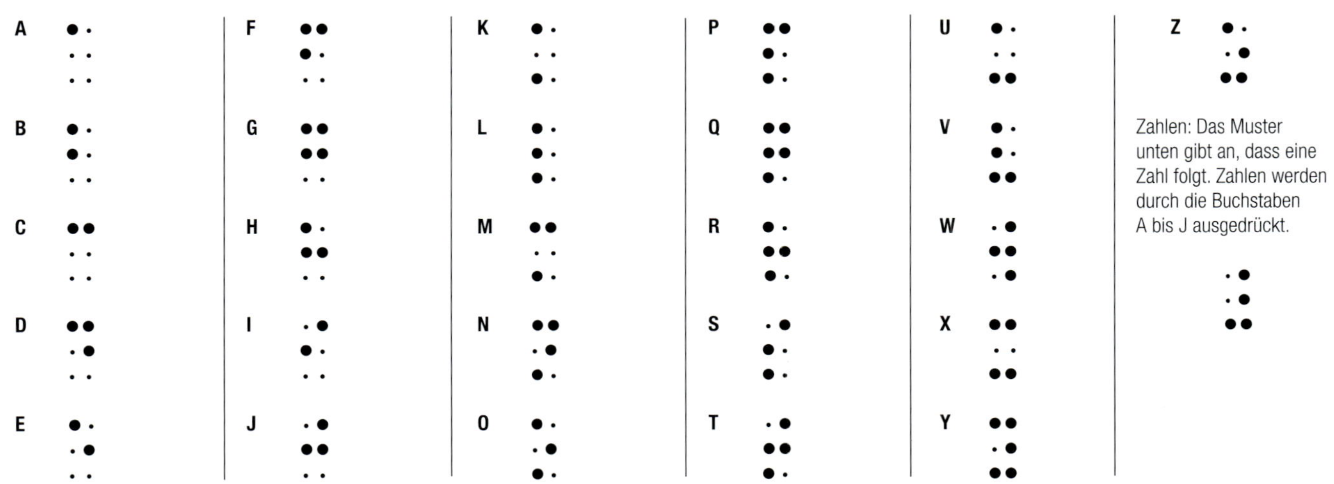


Zahlen: Das Muster unten gibt an, dass eine Zahl folgt. Zahlen werden durch die Buchstaben A bis J ausgedrückt.

## Semaphortelegraphie

Die Semaphortelegraphie, ein System der optischen Nachrichtenübermittlung, wurde in den 1760er-Jahren für die Kommunikation über weite Entfernungen entwickelt, z. B. von Türmen und Masten aus. Dabei stehen die Positionen zweier schwenkbarer hölzerner Arme oder Handflaggen für unterschiedliche Buchstaben oder Zahlen. Zu Beginn einer Buchstaben-Nachricht zeigt der Übermittler das Zeichen für J; der Empfänger der Nachricht antwortet mit dem Zeichen für C. Vor der Sendung von Zahlen muss das Zahlenzeichen gezeigt werden; bevor erneut Buchstaben folgen, muss das alphabetische Zeichen wiederholt werden.

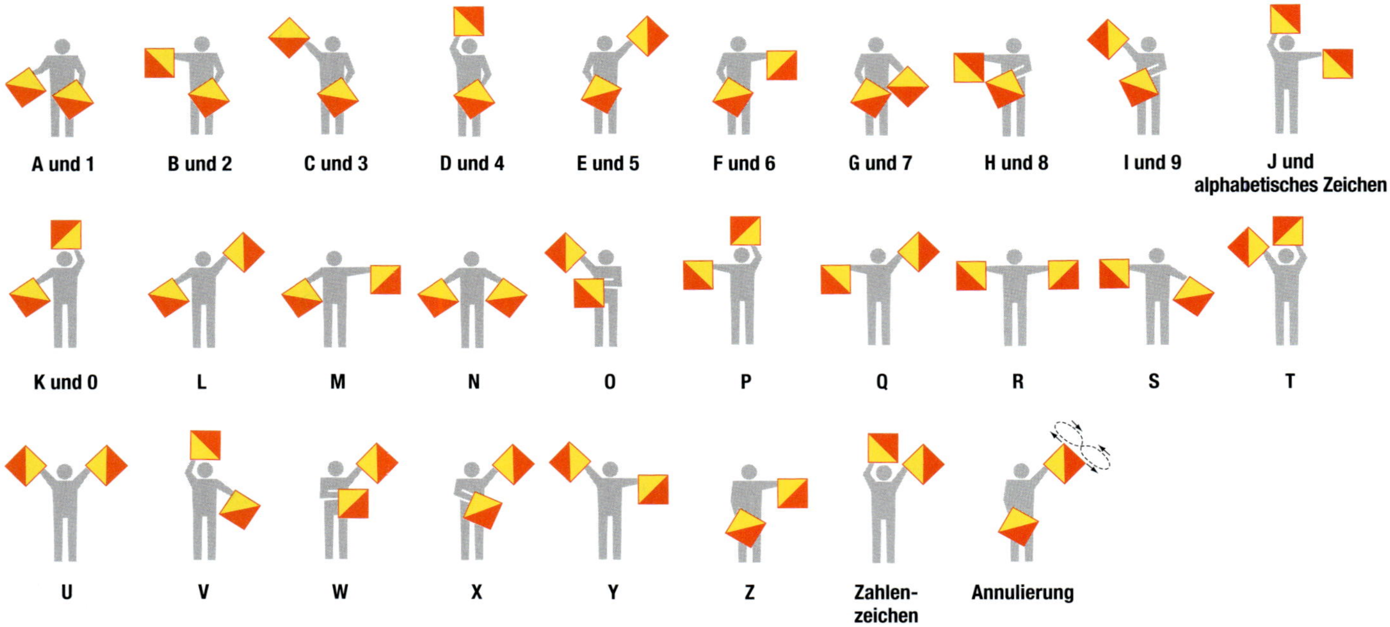


## Internationale Flaggensprache

In der Schifffahrt werden zur optischen Nachrichtenübermittlung Signalflaggen verwendet. Sie sind in einem Flaggensystem international festgelegt und umfassen 26 Buchstabenflaggen, die die Buchstaben A–Z darstellen, 10 Zahlenwimpel, die für die Zahlen 1–10 stehen, drei Hilfsstander und einen Antwortwimpel. Bestimmte Nachrichten werden durch einzelne Buchstabenflaggen und bestimmte Kombinationen aus Buchstabenflaggen dargestellt; diese sind im Internationalen Signalbuch beschrieben. Z. B. signalisiert der Blaue Peter ein Schiff, das seeklar macht. Für die Kombination mehrerer Buchstaben werden die Flaggen an ihrer linken Seite untereinander festgeknotet.

## Phonetische Alphabete

Im Rahmen des Funkverkehrs sind zur Verdeutlichung der Buchstaben verschiedene phonetische Alphabete entstanden. Im Folgenden sind das deutsche (D) und das internationale (I) phonetische Alphabet aufgelistet. Es gibt eine Reihe weiterer Formen, etwa das englische, amerikanische, französische Alphabet oder das der Luftfahrt und der NATO (siehe Internationale Flaggensprache, S. 588 unten).

| | D | I |
|---|---|---|
| **A** | Anton | Amsterdam |
| **Ä** | Ärger | |
| **B** | Berta | Baltimore |
| **C** | Cäsar | Casablanca |
| **CH** | Charlotte | |
| **D** | Dora | Dänemark |
| **E** | Emil | Edison |
| **F** | Friedrich | Florida |
| **G** | Gustav | Gallipoli |
| **H** | Heinrich | Havanna |
| **I** | Ida | Italia |
| **J** | Julius | Jerusalem |
| **K** | Kaufmann | Kilogramm |
| **L** | Ludwig | Liverpool |
| **M** | Martha | Madagaskar |
| **N** | Nordpol | New York |
| **O** | Otto | Oslo |
| **Ö** | Ökonom | |
| **P** | Paula | Paris |
| **Q** | Quelle | Quebec |
| **R** | Richard | Roma |
| **S** | Samuel | Santiago |
| **Sch** | Schule | |
| **T** | Theodor | Tripoli |
| **U** | Ulrich | Uppsala |
| **Ü** | Übermut | |
| **V** | Viktor | Valencia |
| **W** | Wilhelm | Washington |
| **X** | Xanthippe | Xanthippe |
| **Y** | Ypsilon | Yokohama |
| **Z** | Zeppelin | Zürich |

## Morsealphabet

Der Amerikaner Samuel Morse (1791–1872) entwickelte 1837 den ersten Maschinentelegraphen, für den er später ein Zeichensystem verwendete, das wahrscheinlich von seinem Miterfinder A. Vail erdacht worden war. Im Morse-Alphabet werden Buchstaben und Zahlen durch kurze (Punkte) und lange Signale (Striche) übermittelt. Das Alphabet wurde rasch zu einem internationalen Zeichenkode. Die Verwendung des internationalen Notsignals „S.O.S" (drei kurze, drei lange, drei kurze Signale) wurde 1997 eingestellt.

| | |
|---|---|
| **A** | ●– |
| **B** | –●●● |
| **C** | –●–● |
| **D** | –●● |
| **E** | ● |
| **F** | ●●–● |
| **G** | ––● |
| **H** | ●●●● |
| **I** | ●● |
| **J** | ●––– |
| **K** | ●–● |
| **L** | ●–●● |
| **M** | –– |
| **N** | –● |
| **O** | ––– |
| **P** | ●––● |
| **Q** | ––●– |
| **R** | ●–● |
| **S** | ●●● |
| **T** | – |
| **U** | ●●– |
| **V** | ●●●– |
| **W** | ●–– |
| **X** | –●●– |
| **Y** | –●–– |
| **Z** | ––●● |

## Internationale Autokennzeichen

Eine Konvention der Vereinten Nationen (UN) zum Straßenverkehr regelt den Einsatz von Initialen – bekannt als Autokennzeichen. Auf diese Weise kann auch im Ausland festgestellt werden, aus welchem Land ein Fahrzeug kommt.

| | |
|---|---|
| **A** | Österreich |
| **ADN** | Jemen |
| **AFG** | Afghanistan |
| **AL** | Albanien |
| **AND** | Andorra |
| **ARM** | Armenien |
| **AUS** | Australien |
| **B** | Belgien |
| **BD** | Bangladesch |
| **BDS** | Barbados |
| **BG** | Bulgarien |
| **BH** | Belize |
| **BIH** | Bosnien-Herzegowina |
| **BOL** | Bolivien |
| **BR** | Brasilien |
| **BRN** | Bahrein |
| **BRU** | Brunei |
| **BS** | Bahamas |
| **BUR** | Myanmar (Burma) |
| **C** | Kuba |
| **CAM** | Kamerun |
| **CDN** | Kanada |
| **CH** | Schweiz |
| **CI** | Elfenbeinküste |
| **CL** | Sri Lanka |
| **CO** | Kolumbien |
| **CR** | Costa Rica |
| **CY** | Zypern |
| **CZ** | Tschechien |
| **D** | Deutschland |
| **DK** | Dänemark |
| **DOM** | Dominikanische Republik |
| **DY** | Benin |
| **DZ** | Algerien |
| **E** | Spanien |
| **EAK** | Kenia |
| **EAT** | Tansania |
| **EAU** | Uganda |
| **EC** | Ecuador |
| **ES** | El Salvador |
| **EST** | Estland |
| **ET** | Ägypten |
| **ETH** | Äthiopien |
| **F** | Frankreich |
| **FIN** | Finnland |
| **FJI** | Fidschi |
| **FL** | Liechtenstein |
| **FR** | Färöer-Inseln |
| **GAB** | Gabun |
| **GB** | Großbritannien |
| **GBA** | Alderney (Kanalinsel) |
| **GBG** | Guernsey (Kanalinsel) |
| **GBJ** | Jersey |
| **GBM** | Isle of Man |
| **GBZ** | Gibraltar |
| **GCA** | Guatemala |
| **GE** | Georgien |
| **GH** | Ghana |
| **GR** | Griechenland |
| **GUY** | Guayana |
| **H** | Ungarn |
| **HK** | Hongkong |
| **HKJ** | Jordanien |
| **HR** | Kroatien |
| **I** | Italien |
| **IL** | Israel |
| **IND** | Indien |
| **IRQ** | Irak |
| **IS** | Island |
| **J** | Japan |
| **JA** | Jamaika |
| **K** | Kambodscha |
| **KS** | Kirgistan |
| **KWT** | Kuwait |
| **KZ** | Kasachstan |
| **L** | Luxemburg |
| **LAO** | Laos |
| **LAR** | Libyen |
| **LB** | Liberia |
| **LV** | Lettland |
| **LS** | Lesotho |
| **LT** | Litauen |
| **M** | Malta |
| **MA** | Marokko |
| **MAL** | Malaysia |
| **MC** | Monaco |
| **MD** | Moldawien |
| **MEX** | Mexiko |
| **MGL** | Mongolei |
| **MK** | Mazedonien |
| **MOC** | Mosambik |
| **MS** | Mauritius |
| **MW** | Malawi |
| **N** | Norwegen |
| **NAM** | Namibia |
| **NEP** | Nepal |
| **NIC** | Nicaragua |
| **NL** | Niederlande |
| **NZ** | Neuseeland |
| **P** | Portugal |
| **PA** | Panama |
| **PK** | Pakistan |
| **PE** | Peru |
| **PL** | Polen |
| **PNG** | Papua-Neuguinea |
| **PY** | Paraguay |
| **QT** | Katar |
| **RA** | Argentinien |
| **RB** | Botswana |
| **RC** | China |
| **RCA** | Zentralafrikanische Republik |
| **RCB** | Republik Kongo |
| **RCH** | Chile |
| **RG** | Guinea |
| **RH** | Haiti |
| **RI** | Indonesien |
| **RIM** | Mauretanien |
| **RL** | Libanon |
| **RM** | Madagaskar |
| **RMM** | Mali |
| **RN** | Niger |
| **RNR** | Sambia |
| **RO** | Rumänien |
| **ROK** | Südkorea |
| **ROU** | Uruguay |
| **RP** | Philippinen |
| **RSM** | San Marino |
| **RU** | Burundi |
| **RUS** | Russland |
| **RWA** | Ruanda |
| **S** | Schweden |
| **SD** | Swasiland |
| **SGP** | Singapur |
| **SK** | Slowakei |
| **SLO** | Slowenien |
| **SME** | Suriname |
| **SN** | Senegal |
| **SO** | Somalia |
| **SU** | Ehemalige Sowjetunion |
| **SUD** | Sudan |
| **SY** | Seychellen |
| **SYR** | Syrien |
| **T** | Thailand |
| **TG** | Togo |
| **TJ** | Tadschikistan |
| **TM** | Turkmenistan |
| **TN** | Tunesien |
| **TR** | Türkei |
| **TT** | Trinidad und Tobago |
| **UA** | Ukraine |
| **UAE** | Vereinigte Arabische Emirate |
| **USA** | Vereinigte Staaten von Amerika |
| **ZU** | Usbekistan |
| **V** | Vatikanstadt |
| **VN** | Vietnam |
| **WAG** | Gambia |
| **WAL** | Sierra Leone |
| **WAN** | Nigeria |
| **WD** | Dominica |
| **WL** | St. Lucia |
| **WV** | St. Vincent und Grenadinen |
| **YU** | Jugoslawien |
| **YV** | Venezuela |
| **ZA** | Südafrika |
| **ZRE** | Demokratische Republik Kongo (Zaire) |
| **ZW** | Simbabwe |

Je nach Land oder Region und Religionszugehörigkeit richten sich die Menschen nach unterschiedlichen Kalendern. Die folgenden Initialen werden benutzt, um die jeweils angewandte Zeitrechnung zu kennzeichnen:

**AD** Anno Domini bedeutet „im Jahr des Herrn“: Die christliche Ära beginnt mit der Geburt Christi.

**AM** Anno Mundi meint „das Jahr der Welt“. Die jüdische Zeitrechnung beginnt mit dem Schöpfungstermin, der nach christlicher Zeitrechnung im Jahr 3761 v. Chr. angenommen wird.

**AH** Anno Hegirae bedeutet „im Jahr der Hegira“. Die Moslems beginnen ihre Zeitrechnung mit der Hegira (Auswanderung) 622 n. Chr., als der Prophet Mohammed von Mekka nach Medina zog.

## Das christliche Jahr: Wichtige Feiertage

Das Kirchenjahr hat vier besondere „Jahreszeiten“:

| | |
|---|---|
| **Advent** | 1. Adventssonntag bis Heiligabend |
| **Weihnachten** | 1. Weihnachtstag bis Sonntag nach Epiphanis |
| **Fastenzeit** | Die 40 Tage von Aschermittwoch bis Ostersamstag |
| **Osterzeit** | Ostersonntag bis Pfingsten |

**2 Darstellung des Herrn** (Besuch Marias mit dem Jesuskind im Tempel)

**2 Mariä Heimsuchung**

**8 Mariä Geburt**
**29 Michaelis**

**31 Reformationstag**

**8 Mariä Empfängnis**
**25 Geburt Jesu Christi** (1. Weihnachtstag)

**6 Epiphanis** (Erscheinung des Herrn; Heilige Drei Könige)
**7 1. Weihnachtstag** (Russisch-orthodox)[1]

**25 Mariä Verkündigung**

**6 Verklärung des Herrn**
**15 Mariä Himmelfahrt**

**1 Allerheiligen**
**2 Allerseelen**

[1] Die festen Feiertage in der russisch-orthodoxen Kirche folgen im Allgemeinen dem alten julianischen Kalender; meist liegen die Termine 13 Tage später als in der römisch-katholischen und evangelischen Kirche, die den gregorianischen Kalender zugrunde legen.

[2] Der 1. Adventssonntag läutet das neue Kirchenjahr ein.

[3] Im Westen feiert man Ostern am ersten Sonntag nach dem Vollmond, der an die Frühjahrstagundnachtgleiche (21. März) anschließt, also etwa in der Zeit zwischen dem 22. März und dem 25. April. Bei der orthodoxen Kirche kommt aufgrund des julianischen Kalenders ein anderer Termin zustande.

### Bewegliche Feste und Feiertage

| | |
|---|---|
| **Adventssonntag**[2] | Vier Sonntage vor Weihnachten |
| **Aschermittwoch** | 7. Mittwoch vor Ostern |
| **Palmsonntag** | Sonntag vor Ostern |
| **Gründonnerstag** | Donnerstag vor Ostern |
| **Karfreitag** | Freitag vor Ostern |
| **Ostern**[3] | |
| **Christi Himmelfahrt** | 40. Tag nach Ostern |
| **Pfingsten** | 7. Sonntag nach Ostern |
| **1. Sonntag nach Trinitatis** | Sonntag nach Pfingsten |
| **Fronleichnam** | Donnerstag nach Trinitatis |

## Das jüdische Jahr: Fest- und Fastentage

**1–2 Rosch Haschanah** (Neujahr)
**10 Jom Kippur** (Versöhnungstag)
**15–21 Sukkot** (Laubhüttenfest)

**2–3 Ende von Chanukka**

**14–15 Purim**[3] (Fest der Lose)

**15–22 Pessach** (Fest der ungesäuerten Brote)

**6–7 Schawuot** (Wochenfest)

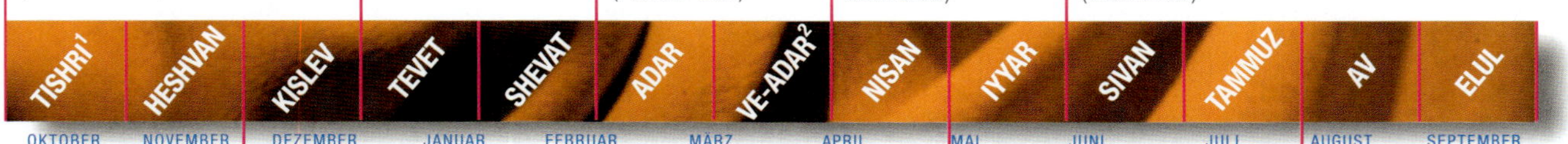


**25 Beginn von Chanukka** (Lichterfest)

**5 Jom Ha'atzmaut** (Tag der Staatsgründung)

**9 Tischa b'Av** (Zerstörung des Tempels)

[1] Das jüdische Neujahrsfest (1.–2. Tishri) ist variabel und fällt nach westlichem Kalender entweder in den späten September oder in den frühen Oktober. Es nähert sich so nah wie möglich dem Zeitpunkt, in dem Sonne und Mond am engsten beieinander stehen.

[2] Schaltjahre fallen in das 3., 6., 8., 11., 14., 17. und 19. Jahr eines 19-Jahres-Zyklus. In Schaltjahren wird nach dem Adar ein 13. Monat eingefügt, genannt Ve-Adar oder Adar Scheni.

[3] In Schaltjahren findet Purim am 14.–15. Ve-Adar statt.

### Das jüdische Neujahr (Rosch Haschanah)

| Jahr AM | Datum AD | Jahr AM | Datum AD |
|---|---|---|---|
| 5761* | 30.09.2000 | 5767 | 23.09.2006 |
| 5762 | 17.09.2001 | 5768 | 13.09.2007 |
| 5763 | 07.09.2002 | 5769* | 30.09.2008 |
| 5764* | 27.09.2003 | 5770 | 19.09.2009 |
| 5765 | 16.09.2004 | 5771 | 09.09.2010 |
| 5766* | 04.10.2005 | * Schaltjahr | |

## **Das Jahr im Islam:** Wichtige Feste

**1 al-Hidjra** (Islamisches Neujahr)

**12 Mawlid an-Nabi** (Geburtstag Mohammeds)

**27 Laylat al-Isra'** (Himmelsreise Mohammeds)

**Ramadan** (Fastenmonat, 9. Monat)
**27 Laylat al-Qadr** (Offenbarung Mohammeds)

**8–13 Id al-Adha** (Pilgerfahrt nach Mekka; Opferfest)

**1 Id al-Fitr** (Fest des Fastenendes)

Das muslimische Jahr richtet sich nach dem lunearen Kalender; es umfasst zwölf Mondmonate. Das Jahr ist vom Sonnenlauf und den Jahreszeiten des Sonnenjahrs vollkommen gelöst, sodass ein Monat in einem 32-Jahr-Zyklus abwechselnd in alle Jahreszeiten fällt.

[1] In Übereinstimmung mit dem Koran beginnt ein Monat des islamischen Kalenders, sobald die Mondsichel am Himmel zum ersten Mal von einem Menschen gesichtet wird. Dies hat Varianten zur Folge: Für einige Muslime beginnt der Monat, wenn der Mond an ihrem jeweiligen Aufenthaltsort gesichtet wird; für andere fängt er erst dann an, wenn anerkannte muslimische Autoritäten ihn gesehen haben. Die Tabelle mit dem islamischen Neujahr basiert auf Schätzungen (Sichtbarkeit der Mondsichel).

### al-Hidjra – Islamisches Neujahr[1]

| Jahr AH | Datum AD | Jahr AH | Datum AD |
|---|---|---|---|
| 1421 | 06.04.2000 | 1427 | 31.012006 |
| 1422 | 26.03.2001 | 1428 | 21.01.2007 |
| 1423 | 15.03.2002 | 1429 | 10.01.2008 |
| 1424 | 04.03.2003 | 1430 | 29.12.2008 |
| 1425 | 22.02.2004 | 1431 | 18.12.2009 |
| 1426 | 10.02.2005 | 1432 | 07.12.2010 |

## **Das Hindu- und Sikh-Jahr:** Wichtige Festtage

**Vaisakhi** (Sikh-Neujahr)

**Ratha Yatra** (Herrschaft Krishnas)

**Janamashtami** (Geburtstag Krishnas)

**Guru Nanak** (Geburtstag von Nanak, Sikh-Gründer)

**Holi** (Fruchtbarkeitsfest)

**Rama Navami** (Geburtstag Ramas)

**Jhulana Yatra** (Zu Ehren Krishnas)

**Navaratri** (Fest der neun Nächte)
**Lakshmi-Puja** (Lakshmi-Fest)
**Diwali** (Neujahrsfest)

**Maha Shiva Ratri** (Große Nacht Shivas)

## Buddhistische Feste

**Myanmar (Burma)**

| | |
|---|---|
| 16.–17. April | Neujahr |
| Mai bis Juni | Buddhas Geburt, Erleuchtung und Tod |
| Juli | Asalaha-Puja (Buddhas erste Predigt) |
| Juli bis Oktober | Ende der Regenzeit |
| November | Kathin-Feierlichkeiten (Prozessionen) |

**Sri Lanka**

| | |
|---|---|
| 13. April | Neujahr |
| Mai bis Juni | Buddhas Geburt, Erleuchtung und Tod |
| Juni bis Juli | Einführung des Buddhismus in Sri Lanka |
| Juli | Asalaha-Puja (Buddhas erste Predigt) |
| Juli bis August | Asala-Prozession (Rad der Lehre) |
| September | Buddhas erster Besuch in Sri Lanka |
| Dezember bis Januar | Ankunft des Sanghamitta |

**Thailand**

| | |
|---|---|
| 13.–16. April | Neujahr |
| Mai | Buddhas Erleuchtung |
| Mai bis Juni | Buddhas Bestattung |
| Juli bis Oktober | Ende der Regenzeit |
| November | Kathin-Feierlichkeiten (Prozessionen) |
| | Lichterfest |
| Februar | Allerheiligen |

**Tibet**

| | |
|---|---|
| Februar | Neujahr |
| Mai | Buddhas Geburtstag, Erleuchtung und Tod |
| Juni | Dzamling Chisang |
| Juni bis Juli | Asalaha-Puja (Buddhas erste Predigt) |
| Oktober | Buddhas Abstieg aus dem Tushita-Himmel |
| November | Tod Tsongkhapas |
| Januar | Konjunktion der Neun Übel und Zehn Tugenden |

## Chinesische Feste

| | |
|---|---|
| Januar bis Februar | Chinesisches Neujahr/Frühlingsfest |
| Februar bis März | Laternenfest |
| März bis April | Quingming (Fest der lichten Klarheit) |
| Mai bis Juni | Drachenbootfest |
| Juni bis August | Ende des Sommers |
| Juli bis August | Fest der Viehjungen und Spinnerinnen |
| August | Allerheiligen |
| | Fest der hungrigen Geister |
| | Gautama Buddhas Geburtstag |
| | Kuan-yin |
| September | Mondfest |
| September bis Oktober | Tag des Doppelzehnten (Nationalfeiertag) |
| November bis Dezember | Wintersonnenwende |

## Japanische Feste

| | |
|---|---|
| 1.–3. Januar | Oshogatsu (Neujahr) |
| 15. Januar | Tag des Erwachsenen |
| 4. Februar | Kasuga Jinja (Laternenfest) |
| 3. März | Ohinamatsuri (Fest des Wasserschöpfens) |
| 4. April | Hanamatsuri (Blumenfest) |
| 5. Mai | Tango no Sekku (Tag des Kindes) |
| 7. Juli | Hosh matsuri oder Tanabata (Sternenfest) |
| Ende Juli | Kangensai (Musikfest) |
| 13.–16. August | Obon (buddhistisches Allerseelen) |
| 15. September | Tag der Älteren |
| 23. November | Tag der Arbeit |

*Die Astronomen haben den Himmel in 88 Bereiche eingeteilt; jedes dieser Areale umfasst Sternengruppen bzw. -konstellationen. Viele haben ihren Namen von Menschen und Wesen aus der klassischen Mythologie – etwa das fliegende Pferd Pegasus. Einige Konstellationen der südlichen Hemisphäre wurden im 17. und 18. Jh. nach wissenschaftlichen Instrumenten benannt wie das Teleskop.*

## Der Polarstern

Der Polar- oder Nordstern ist der Endstern der Deichsel des Kleinen Wagens. Er verändert bei der täglichen scheinbaren Himmelsbewegung, die in Wirklichkeit durch den Achsenumschwung der Erde hervorgerufen wird, kaum seinen Ort. Alle anderen Sterne und Sternbilder wandern scheinbar in Kreisbahnen um ihn herum.

## Der Nordhimmel

| Latein | Deutsch | | | | |
|---|---|---|---|---|---|
| Andromeda | Andromeda | Cygnus | Schwan | Pegasus | Pegasus |
| Aquila | Adler | Delphinus | Delphin | Perseus | Perseus |
| Aries | Widder | Draco | Drache | Pisces | Fische |
| Auriga | Fuhrmann | Equuleus | Füllen | Sagitta | Pfeil |
| Bootes | Bootes (Bärenhüter) | Gemini | Zwillinge | Serpens | Schlange |
| Camelopardalis | Giraffe | Hercules | Herkules | Sextans | Sextant |
| Cancer | Krebs | Hydra | Wasserschlange | Taurus | Stier |
| Canes Venatici | Jagdhunde | Lacerta | Eidechse | Triangulum | Dreieck |
| Canis Minor | Kleiner Hund | Leo | Löwe | Ursa Major | Großer Bär (Wagen) |
| Cassiopeia | Kassiopeia | Leo Minor | Kleiner Löwe | Ursa Minor | Kleiner Bär (Wagen) |
| Cepheus | Kepheus | Lynx | Luchs | Virgo | Jungfrau |
| Cetus | Wal | Lyra | Leier | Vulpecula | Fuchs |
| Coma Berenices | Haar der Berenike | Ophiuchus | Schlangenträger | | |
| Corona Borealis | Nördliche Krone | Orion | Orion | | |

## Die Himmelssphäre

Von der Erde betrachtet sieht es aus, als ob sich die Sternenkonstellationen im Innern eines Hohlraums befänden, der alle 24 Stunden in Ost-West-Richtung um die Erde rotiert. Astronomen sprechen von der Himmelssphäre; die abgebildeten beiden Sternkarten zeigen jeweils eine Hälfte davon. Der Ausschnitt, der zu sehen ist, hängt von der Position des Betrachters auf der Erde und von der Position der Erde in ihrer Umlaufbahn ab. Für beide Sternkarten gilt: Die Sterne am Rand sind in manchen Jahreszeiten auch in der anderen Hemisphäre sichtbar – Canis Major (der Große Hund) etwa ist im Winter in der nördlichen Hemisphäre zu sehen. Die Sternengruppen in der Mitte sind praktisch nie oder nur sehr selten in der anderen Hemisphäre sichtbar.

### Der Südhimmel

| Latein | Deutsch |
|---|---|
| Antlia | Luftpumpe |
| Apus | Paradiesvogel |
| Aquarius | Wassermann |
| Ara | Altar |
| Caelum | Grabstichel |
| Canis Major | Großer Hund |
| Capricornus | Steinbock |
| Carina | Schiffskiel |
| Centaurus | Kentaur |
| Chamaeleon | Chamäleon |
| Circinus | Zirkel |
| Columba | Taube |
| Corona Australis | Südliche Krone |
| Corvus | Rabe |
| Crater | Becher |
| Crux Australis | Kreuz des Südens |
| Dorado | Schwertfisch |
| Eridanus | Fluss |
| Fornax | Ofen |
| Grus | Kranich |
| Horologium | Pendeluhr |
| Hydrus | Kleine Wasserschlange |
| Indus | Indianer |
| Lepus | Hase |
| Libra | Waage |
| Lupus | Wolf |
| Mensa | Tisch |
| Microscopium | Mikroskop |
| Monoceros | Einhorn |
| Musca | Fliege |
| Norma | Lineal |
| Octans | Oktant |
| Pavo | Pfau |
| Phoenix | Phönix |
| Pictor | Malerstaffelei |
| Piscis Austrinus | Südlicher Fisch |
| Puppis | Hinterdeck des Schiffes |
| Pyxis | Schiffskompass |
| Reticulum | Netz |
| Sagittarius | Schütze |
| Scorpius | Skorpion |
| Sculptor | Bildhauer |
| Scutum | Schild |
| Telescopium | Teleskop |
| Triangulum Australe | Südliches Dreieck |
| Tucana | Tukan |
| Vela | Segel |
| Volans | Fliegender Fisch |

## Schutzpatrone

Häufig haben Staaten, Zünfte oder andere Gruppierungen einen christlichen Heiligen als Beschützer. So ist die hl. Barbara, die nach dem Übertritt zum Christentum von ihrem Vater im Jahr 306 ermordet wurde, die Patronin der Bergleute. Dieses Patronat geht auf eine Legende zurück, nach der ein sich öffnender Felsen Barbara auf der Flucht vor ihrem Vater zunächst Schutz geboten habe.

| **Land/Region** | **Schutzpatron** | **Festtag** |
|---|---|---|
| Amerika | Our Lady of Guadalupe | 12. Dez. |
| Australien | Our Lady Help of Christians | 24. Mai |
| Belgien | Hl. Joseph | 19. März |
| Dänemark | Hl. Ansgar | 3. Febr. |
| Deutschland | Hl. Michael | 29. Sept. |
| England | Hl. George | 23. April |
| Europa | Hl. Benedikt, Cyrillus und Methodius | 11. Juli, 14. Febr. |
| Finnland | Hl. Heinrich von Finnland | 19. Jan. |
| Frankreich | Hl. Jeanne d'Arc | 30. Mai |
| Griechenland | Hl. Nikolaus von Myra | 6. Dez. |
| Irland | Hl. Patrick | 17. März |
| Italien | Hl. Katharina von Siena | 29. April |
| Kanada | Hl. Anne und hl. Joseph | 26. Juli, 19. März |
| Mexiko | Our Lady of Guadalupe | 12. Dez. |
| Neuseeland | Our Lady Help of Christians | 24. Mai |
| Niederlande | Hl. Willibrord | 7. Nov. |
| Norwegen | Hl. Olaf | 29. Juli |
| Österreich | Hl. Joseph | 19. März |
| Portugal | Hl. Georg | 23. April |
| Russland | Hl. Andreas | 30. Nov. |
| Schweden | Hl. Birgitta von Schweden | 23. Juli |
| Schweiz | Hl. Nikolaus | 25. Sept. |
| Spanien | Hl. Jakobus der Ältere | 25. Juli |
| Ungarn | Hl. Stephan von Ungarn | 16. Aug. |
| USA | Our Lady of the Immaculate Conception | 8. Dez. |

| **Berufe/Gruppen** | **Schutzpatron** | **Festtag** |
|---|---|---|
| Architekten | Hl. Apostel Thomas | 3. Juli |
| Ärzte | Hl. Koamas, Damian, Lukas | 18. Okt., 26. Sept. |
| Astronauten | Hl. Joseph von Copertino | 18. Sept. |
| Autoren, Journalisten | Apostel Johannes und hl. Franz von Sales | 27. Dez., 24. Jan. |
| Bergleute | Hl. Barbara | 4. Dez. |
| Bergsteiger | Hl. Bernhard von Aosta | 28. Mai |
| Bibliothekare | Hl. Laurentius | 30. Sept. |
| Buchhalter, Banker, Steuerfachleute | Hl. Matthäus | 21. Sept. |
| Buchhändler | Hl. Johannes von Gott | 8. März |
| Fischer | Hl. Andreas und Peter | 30. Nov., 29. Juni |
| Hebammen | Hl. Pantaleon | 27. Juli |
| Ingenieure | Hl. Ferdinand | 30. Mai |
| Köche | Hl. Laurentius und Martha | 10. Aug., 29. Juli |
| Krankenschwestern | Hl. Kamillus von Lellis, Elisabeth von Ungarn und Johannes von Gott | 14. Juli, 17. Nov., 8. März |
| Krankheit | Hl. Erzengel Michael und Kamillus von Lellis | 29. Sept., 14. Juli |
| Landwirte | Hl. Isidor | 15. Mai |
| Lehrer | Hl. Johann Baptiste de la Salle | 7. April |
| Liebende | Hl. Valentin | 14. Febr. |
| Maler | Hl. Lukas | 18. Okt. |
| Musiker | Hl. Cäcilia, Georg der Ältere | 22. Nov., 3. Sept. |
| Priester | Hl. Johannes Vianney | 4. Aug. |
| Reisende | Hl. Christopher | 25. Juli |
| Schauspieler | Genesius von Arles | 3. Juni |
| Seeleute | Hl. Nikolaus von Myra, Franz von Paola und Brendan | 6. Dez., 2. April, 16. Mai |
| Studenten | Hl. Katharina von Alexandria und Thomas von Aquin | 25. Nov., 28. Jan. |
| Tänzer | Hl. Vitus | 15. Juni |
| Taxifahrer | Hl. Fiacre | 30. Aug. |
| Tierärzte | Hl. Elegius | 1. Dez. |
| Tiere | Hl. Franz von Assisi | 4. Okt. |
| Verlorene Dinge | Hl. Antonius von Padua | 13. Juni |
| Weinbauern | Hl. Vincent von Saragossa | 22. Jan. |
| Zahnärzte | Hl. Apollonia | 9. Febr. |
| Zimmerleute | Hl. Joseph | 19. März |

## Tierkreissternbilder und -zeichen

Der Tierkreis ist eine etwa 20 Grad breite Zone um die Himmelskugel, innerhalb derer die Bewegungen von Sonne, Mond und Planeten vor sich gehen; er enthält die zwölf Tierkreissternbilder. Diese Sternbilder sind babylonischen und griechischen Ursprungs. Von ihnen müssen die Tierkreiszeichen unterschieden werden. Während Sternbilder und Zeichen vor rund 2000 Jahren noch zusammenfielen, sind sie heute wegen der Drehbewegung der Erdachse nicht mehr deckungsgleich.

| **Konstellation** | **Deutscher Name** | **Symbol** | **Zeitraum *** |
|---|---|---|---|
| Aries | Widder |  | 21. März bis 20. April |
| Taurus | Stier |  | 21. April bis 20. Mai |
| Gemini | Zwillinge |  | 21. Mai bis 20. Juni |
| Cancer | Krebs |  | 21. Juni bis 22. Juli |
| Leo | Löwe |  | 23. Juli bis 22. August |
| Virgo | Jungfrau |  | 23. August bis 22. September |
| Libra | Waage |  | 23. September bis 22. Oktober |
| Scorpio | Skorpion |  | 23. Oktober bis 22. November |
| Sagittarius | Schütze |  | 23. November bis 21. Dezember |
| Capricornus | Steinbock |  | 22. Dezember bis 19. Januar |
| Aquarius | Wassermann |  | 20. Januar bis 18. Februar |
| Pisces | Fische |  | 19. Februar bis 20. März |

*(* Die Daten können von Jahr zu Jahr 1–2 Tage abweichen)*

## Die sieben Weltwunder

Mehrere Dokumente aus dem 2. Jh. n. Chr. zählen sieben große Bau- und Kunstwerke auf – Wunder menschlicher Fertigkeit:

**Die Pyramiden von Gizeh, Ägypten** (ca. 2500 v. Chr.).
**Die hängenden Gärten der Semiramis** (etwa 600 v. Chr.; in der Nähe von Bagdad, Irak): Die treppenartige Gartenanlage war mit Bäumen bepflanzt und üppig bewachsen.
**Marmor-Mausoleum von Halikarnassos** (etwa 325 v. Chr.; Bordum, Türkei): Der Name des großartigen Bauwerks ist Ursprung für das Wort „Mausoleum".
**Artemis-Tempel in Ephesos** (6. Jh. v. Chr.; Türkei).
**Koloss von Rhodos** (292–282 v. Chr.; Griechenland): Eine riesige Bronzestatue am Eingang des Hafens.
**Zeusstatue des Phidias in Olympia** (5. Jh. v. Chr.; Griechenland): Aus Gold und Elfenbein.
**Leuchtturm von Pharus** (270 v. Chr.; Ägypten).*

**Einige Dokumente nennen stattdessen die Festungsmauern von Babylon oder den Palast des Königs Kyros.*

## Hochzeitsjubiläen

In vielen Ländern werden Hochzeitsjubiläen (Hochzeitstage) mit einem bestimmten Material in Verbindung gebracht. Traditionellerweise sollten auch die Geschenke der Gäste aus dem zugeordneten Material bestehen.

| | |
|---|---|
| Tag der Heirat | Grüne Hochzeit |
| 1 Jahr | Baumwollene Hochzeit |
| 3 Jahre | Lederne Hochzeit |
| 5 Jahre | Hölzerne Hochzeit |
| 6 Jahre | Zinnerne Hochzeit |
| 7 Jahre | Kupferne Hochzeit |
| 8 Jahre | Blecherne Hochzeit |
| 10 Jahre | Rosenhochzeit/Bronzehochzeit |
| $12^1/_2$ Jahre | Nickelhochzeit/Petersilienhochzeit |
| 15 Jahre | Gläserne/Kristallene/Veilchenhochzeit |
| 20 Jahre | Porzellanhochzeit |
| 25 Jahre | Silberne Hochzeit |
| 30 Jahre | Perlenhochzeit |
| $33^1/_3$ Jahre | Gemüsehochzeit |
| 35 Jahre | Leinwandhochzeit |
| 37 Jahre | Aluminiumhochzeit |
| 40 Jahre | Rubinhochzeit |
| 50 Jahre | Goldene Hochzeit |
| 60 Jahre | Diamantene Hochzeit |
| 65 Jahre | Eiserne Hochzeit |
| 67 Jahre | Steinerne Hochzeit |
| 70 Jahre | Gnadenhochzeit |
| 75 Jahre | Kronjuwelenhochzeit |

## Geburtssteine

Im Volksglauben werden Edelsteine mit einem bestimmten Monat in Verbindung gebracht. Sie sollen demjenigen, der in diesem Monat geboren ist, Glück bringen.

| | |
|---|---|
| Januar | Granat |
| Februar | Amethyst |
| März | Blutjaspis oder Aquamarin |
| April | Diamant |
| Mai | Achat oder Smaragd |
| Juni | Perlmutt oder Mondstein |
| Juli | Rubin oder Onyx |
| August | Karneol oder Peridot |
| September | Chrysolit oder Saphir |
| Oktober | Beryl, Turmalin oder Opal |
| November | Topas |
| Dezember | Türkis oder Zirkon |

## Die längsten Tunnel der Welt

| Name | Land | Jahr | Funktion | Länge |
|---|---|---|---|---|
| 1 Seikan | Japan | 1985 | Bahn (Meer) | 53,9 km |
| 2 Ärmelkanal | England/Frankr. | 1994 | Bahn (Meer) | 49,9 km |
| 3 Moskau | Russland | 1990 | U-Bahn | 37,9 km |
| 4 Chesapeake Bay | USA | 1964 | Straße | 28,0 km |
| 5 Laerdal | Norwegen | 2000 | Straße | 24,5 km |
| 6 Dai-shimizu | Japan | 1979 | Bahn (Meer) | 22,5 km |
| 7 Kammon | Japan | 1975 | Bahn | 19,3 km |
| Simplon I | Schweiz | 1906 | Bahn | 19,3 km |
| Simplon II | Italien | 1934 | Bahn | 19,3 km |
| 8 Apennin | Italien | 1934 | Bahn | 17,7 km |
| 9 Rokko | Japan | 1972 | Bahn | 16,0 km |
| 10 Mount McDonald | Kanada | 1989 | Bahn | 14,6 km |

## Die höchsten Gebäude der Welt

Die höchsten Bauwerke weltweit sind Telekommunikationstürme; der CN-Tower in Toronto, Kanada, hält mit 555 m den Rekord. Die Liste nennt die höchsten Wohngebäude.

| Name | Ort | Baujahr | Höhe |
|---|---|---|---|
| Taipeh 101 | Taipeh, Taiwan | 2003 | 508 m |
| Petronas Tower | Kuala Lumpur, Malaysia | 1996 | 452 m |
| Sears Tower (mit Spitze) | Chicago, USA | 1974 | 443 m |
| World Finance Center | Hongkong | 2001 | 400 m |
| Jin Mao (mit Spitze) | Shanghai, China | 1997 | 382 m |
| Empire State Building (mit Spitze) | New York, USA | 1931 | 381 m |
| T&T Tower | Kao-shiung, Taiwan | 1997 | 348 m |
| Amoco Building | Chicago, USA | 1973 | 346 m |
| John Hancock Center | Chicago, USA | 1969 | 343 m |
| Shun Hing (mit Spitze) | Shenzen, China | 1996 | 330 m |

Die Zwillingstürme des World Trade Center (New York, USA) – am 11. September 2001 von Terroristen zerstört – waren 417 m hoch.

## Die längsten Brücken der Welt

| Name | Land | Baujahr | Länge |
|---|---|---|---|
| **Hängebrücken** | | | |
| 1 Akashi-Kaikyo | Japan | 1998 | 1990 m |
| 2 Großer Belt | Dänemark | 1997 | 1624 m |
| 3 Humber | England | 1981 | 1385 m |
| 4 Jiangyn | China | 1998 | 1385 m |
| 5 Tsing Ma | Hongkong | 1997 | 1377 m |
| **Schrägseilbrücken** | | | |
| 1 Öresund | Schweden/Dän. | 2000 | 1092 m |
| 2 Tatara | Japan | 1999 | 890 m |
| 3 Pont de Normandie | Frankreich | 1994 | 856 m |
| 4 Qinghzhou Minjang | China | 1996 | 605 m |
| 5 Yang Pu | China | 1993 | 602 m |
| **Auslegerbrücken** | | | |
| 1 Pont de Québec | Kanada | 1917 | 549 m |
| 2 Forth Rail Bridge | Schottland | 1890 | 521 m |
| 3 Minato | Japan | 1974 | 510 m |
| 4 Commodore John Barry | USA | 1974 | 494 m |
| 5 Greater New Orleans I und II | USA | 1958, 1998 | beide 480 m |
| **Bogenbrücken** | | | |
| 1 New River Gorge | USA | 1977 | 518 m |
| 2 Bayonne (Kill Van Kull) | USA | 1931 | 504 m |
| 3 Sydney Harbour | Australien | 1932 | 503 m |
| 4 Fremont | USA | 1973 | 383 m |
| 5 Port Mann | Kanada | 1964 | 366 m |

## Dynastien des alten Ägypten

| | | |
|---|---|---|
| **Frühzeit** | 1. Dynastie | Um 3100–2905 v. Chr. |
| | 2. Dynastie | Um 2905–2700 v. Chr. |
| **Altes Reich** | 3. Dynastie | Um 2700–2680 v. Chr. |
| | 4. Dynastie | Um 2680–2544 v. Chr. |
| | 5. Dynastie | Um 2544–2407 v. Chr. |
| | 6. Dynastie | Um 2407–2200 v. Chr. |
| **Erste Zwischenzeit** | 7.–10. Dynastie | Um 2200–2100 v. Chr. |
| **Mittleres Reich** | 11. Dynastie | Um 2100–1991 v. Chr. |
| | 12. Dynastie | Um 1991–1786 v. Chr. |
| **Zweite Zwischenzeit** | 13.–17. Dynastie | Um 1786–1570 v. Chr. |
| **Neues Reich** | 18. Dynastie | Um 1570–1293 v. Chr. |
| | 19. Dynastie | Um 1293–1185 v. Chr. |
| | 20. Dynastie | Um 1185–1100 v. Chr. |
| **Dritte Zwischenzeit** | 21.–26. Dynastie | Um 1100– 525 v. Chr. |
| **Spätzeit** | 27.–31. Dynastie | Um 525–332 v. Chr. |

## Römische Kaiser

**Julisch-claudisches Haus**

| | |
|---|---|
| Augustus | 27 v. Chr. bis 14 n. Chr. |
| Tiberius | 14–37 |
| Caligula | 37–41 |
| Claudius | 41–54 |
| Nero | 54–68 |
| Galba | 68–69 |
| Otho | 69 |
| Vitellius | 69 |

**Flavisches Haus**

| | |
|---|---|
| Vespasian | 69–79 |
| Titus | 79–81 |
| Domitian | 81–96 |

**Adoptivkaiser**

| | |
|---|---|
| Nerva | 96–98 |
| Trajan | 98–117 |
| Hadrian | 117–138 |
| Antonius Pius | 138–161 |
| Lucius Verus[1] | 161–169 |
| Marc Aurel[1] | 161–180 |
| Commodus | 180–192 |
| Pertinax | 193 |
| Didius Julianus | 193 |

[1] *gemeinsame Herrscher*

**Severer**

| | |
|---|---|
| Septimius Severus | 193–211 |
| Caracalla[2] | 211–217 |
| Geta[2] | 211–212 |
| Macrinus | 217–218 |
| Diadumenianus | 218 |
| Elagabal | 218–222 |
| Alexander Severus | 222–235 |

[2] *gemeinsame Herrscher*

**Soldatenkaiser**

| | |
|---|---|
| Maximius Thrax | 235–238 |
| Gordian I.[3] | 238 |
| Gordian II.[3] | 238 |
| Balbinus[3] | 238 |
| Pupienus[3] | 238 |
| Gordian III. | 238–244 |
| Philippus Arabs | 244–249 |
| Decius | 249–251 |
| Trebonianus Gallus | 251–253 |
| Aemilianus | 253 |
| Valerian[3] | 253–260 |
| Galienus[3] | 253–268 |
| Claudius II. Gothicus | 268–270 |
| Quintilius | 270 |
| Aurelian | 270–275 |
| Tacitus | 275–276 |
| Florianus | 276 |
| Probus | 276–282 |
| Carus | 282–283 |
| Numerianus[3] | 283–284 |
| Carinus[3] | 283–285 |

[3] *gemeinsame Herrscher*

**Diokletian und die Tetrarchie**

*Mit der Einführung der Tetrarchie regierten vier Herrscher das Römische Reich. Jeder war dabei für ein anderes Territorium verantwortlich.*

| | |
|---|---|
| Diokletian | 284–305 |
| Maximian | 286–305 |
| Konstantin I. Chlorus | 293–306 |
| Galerius | 293–311 |
| Severus | 305–307 |
| Maximinius | 305–313 |
| Maxentius | 306–312 |
| Lichius | 308–324 |

**Die Zeit Konstantins**

| | |
|---|---|
| Konstantin I. der Große[4] | 306–337 |
| Konstantin II.[5] | 337–340 |
| Konstans | 337–350 |
| Konstantius II.[5] | 337–361 |
| Julian Apostata | 361–363 |
| Jovian | 363–364 |

[4] *Alleinherrscher 324–337;*
[5] *gemeinsame Herrscher*

**Weströmisches Reich**

*Valentinian I. teilte das Imperium in ein westliches und östliches Reich. Sein Bruder Valens herrschte über das Ostreich.*

| | |
|---|---|
| Valentinian I. | 364–375 |
| Gratian | 375–383 |
| Valentinian II. | 375–392 |
| Maximius[6] | 383–388 |
| Eugenius[6] | 392–394 |
| Honorius | 395–423 |
| Constantin III.[6] | 409–411 |
| Petronius Maximus | 455 |
| Avitus | 455–456 |
| Majorian | 457–461 |
| Libius Severus | 461–465 |
| Anthemius | 467–472 |
| Olybrius | 472 |
| Glycerius | 473–474 |
| Julius Nepos | 474–480 |
| Romulus Augustulus[7] | 475–476 |

[6] *Usurpatoren;*
[7] *Ende des Weströmischen Reiches*

**Oströmisches Reich**

| | |
|---|---|
| Valens | 364–378 |
| Theodosius I. der Große | 379–395 |
| Arcadius | 395–408 |
| Theodosius II. | 408–450 |
| Marcian | 450–457 |
| Leo | 457–474 |
| Zeno | 474–491 |

*Das Oströmische Reich blieb bestehen, bis die Türken 1453 in Konstantinopel (heute Istanbul) einfielen.*

## Kalifate

Herrscher in der Welt des Islam waren die Kalifen. Der Name leitet sich von der arabischen Wendung für „Nachfolger Gottes" her und wurde von den Herrschern getragen, die nach dem Tod Mohammeds (632 n. Chr.) die Macht übernahmen. Der erste Kalif war Mohammeds Schwiegervater Abu Bakr, der Persien, Irak und den Mittleren Osten eroberte. Abu Bakr und seine drei Nachfolger bezeichnet man auch als Wahlkalifen (al-Rashidun).

**Orthodoxe Kalifen**

| | |
|---|---|
| Abu Bakr | 632–634 |
| Omar I. | 634–644 |
| Othman | 644–656 |
| Ali Ibn Abi | 656–661 |

*Islam-Teilung: Bei den Schiiten dürfen nur Abkömmlinge von Ali eine Autoritätsfunktion innehaben, andere Muslime akzeptierten die Dynastie der Omaijaden.*

**Omaijaden-Kalifate**

| | |
|---|---|
| Muawija I. | 661–680 |
| Jasid I. | 680–683 |
| Muawija II. | 683–684 |
| Merwan I. | 684–685 |
| Abd al-Malik | 685–705 |
| Walid I. | 705–715 |
| Sulaiman | 715–717 |
| Omar II. | 717–720 |
| Jasid II. | 720–724 |
| Hischam | 724–743 |
| Walid II. | 743–744 |
| Jasid III. | 744 |
| Ibrahim | 744 |
| Merwan II. | 744–750 |

**Abbasiden-Kalifate**

| | |
|---|---|
| Abul Abbas as-Saffah | 749–754 |
| al-Mansur | 754–775 |
| al-Mahdi | 775–785 |
| al-Hadi | 785–786 |
| Harun ar-Raschid | 786–809 |
| al-Amin | 809–813 |
| al-Ma'mun | 813–833 |
| al-Mutasim | 833–842 |
| al-Wathik | 842–847 |
| al-Mutawakkil | 847–861 |
| al-Mustansir | 861–862 |
| al-Mustain | 862–866 |
| al-Mu'tass | 866–869 |
| al-Muhtadi | 869–870 |
| al-Mu'tamid | 870–892 |
| al-Mu'tadid | 892–902 |
| al-Muktafi | 902–908 |
| al-Muktadir | 908–932 |
| al-Kahir | 932–934 |
| ar-Radi | 934–940 |
| al-Muttaki | 940–944 |
| al-Mustakfi | 944–945 |
| al-Muti' | 945–974 |
| at-Tai' | 974–994 |
| al-Kadir | 994–1031 |
| al-Kaim | 1031–1075 |
| al-Muktadi | 1075–1094 |
| al-Mustashir | 1094–1118 |
| al-Mustarschid | 1118–1135 |
| ar-Raschid | 1135–1136 |
| al-Muktafi | 1136–1160 |
| al-Mustandschid | 1160–1170 |
| al-Mustadi | 1170–1180 |
| an-Nasir | 1180–1225 |
| az-Sahir | 1225–1226 |
| al-Mustansir | 1226–1242 |
| al-Musta'sim | 1242–1258 |

*Ein Marionettenkalifat von Abbasiden-Abkömmlingen existierte in Kairo, bis es 1517 von den Osmanen gestürzt wurde. Die Osmanen trugen bis 1922 den Titel „Sultan". 1924 wurde die Republik Türkei gegründet.*

## Päpste

Nach katholischer Auffassung ist der Papst (lat. papa) der Nachfolger des Apostels Petrus, dem im Neuen Testament von Jesus Christus die Leitung der Kirche anvertraut wurde. Als Stellvertreter Gottes auf Erden bekleidet der Papst das höchste Amt in der römisch-katholischen Kirche. Er wird auf Lebenszeit gewählt.

Bis heute gibt es keine verbindliche Papstliste. Insbesondere sind die Regierungsdaten der frühen Päpste fraglich, da über die Entwicklung der römischen Gemeinde in den ersten beiden Jahrhunderten nur wenige sichere Nachrichten überliefert sind.

| | |
|---|---|
| Petrus | 64–67(?) |
| Libus | 67–76(?) |
| Anaklet I. | 76–88(?) |
| Klemens I. | 90/92–105(?) |
| Evaristus | 97–105(?) |
| Alexander I. | 105–115(?) |
| Sixtus I. | 115–125(?) |
| Telesphorus | 125–136(?) |
| Hyginus | 136–140(?) |
| Pius I. | 140–154/155(?) |
| Anicetus | 154/155–166(?) |
| Soter | 166–174(?) |
| Eleutherus | 174–189(?) |
| Viktor I. | 189–198(?) |
| Zephrinus | 199–217(?) |
| Calixtus I. | 217–222 |
| Urban I. | 222–230 |
| Pontianus | 230–235 |
| Anteros | 235–236 |
| Fabianus | 236–250 |
| Cornelius | 251–253 |
| Lucius I. | 253–254 |
| Stephan I. | 254–257 |
| Sixtus II. | 257–258 |
| Dionysius | 259/260–267/268(?) |
| Felix I. | 268/269–273/274(?) |
| Eutychianus | 274/275–282 (?) |
| Cajus | 282/283–296 |
| Marcellinus | 296–304 |
| Marcellus I. | 307–308(?) |
| Eusebius | 309–310 |
| Miltiades | 311–314(?) |
| Silvester I. | 314–335 |
| Markus | 336 |
| Julius I. | 337–352 |
| Liberius | 352–366 |
| Damasus I. | 366–384 |
| Sincius | 384–399 |
| Anastasius I. | 399–401 |
| Innozenz I. | 402–417 |
| Zosimus | 417–419 |
| Bonifatius I. | 418–422 |
| Cölestin I. | 422–432 |
| Sixtus III. | 432–440 |
| Leo I. | 440–461 |
| Hilarus | 461–468 |
| Simplicius | 468–483 |
| Felix II. | 483–492 |
| Gelasius I. | 492–496 |
| Anastasius II. | 496–498 |
| Symmachus | 498–514 |
| Hormisdas | 514–523 |
| Johannes I. | 523–526 |
| Felix III. | 526–530 |
| Bonifatius II. | 530–532 |
| Johannes II. | 533–535 |
| Agapet I. | 535–536 |
| Silverius | 536–537 |
| Vigilius | 537–555 |
| Pelagius I. | 556–561 |
| Johannes III. | 561–574 |
| Benedikt I. | 575–579 |
| Pelagius II. | 579–590 |
| Gregor I. | 590–604 |
| Sabinianus | 604–606 |
| Bonifatius III. | 607 |
| Bonifatius IV. | 608–615 |
| Deusdedit | 615–618 |
| Bonifatius V. | 619–625 |
| Honorius I. | 625–638 |
| Severinus | 640 |
| Johannes IV. | 640–642 |
| Theodor I. | 642–649 |
| Martin I. | 649–653 |
| Eugen I. | 654–657 |
| Vitalian | 657–672 |
| Adeodatus II. | 672–676 |
| Donus | 676–678 |
| Agatho | 678–681 |
| Leo II. | 682–683 |
| Benedikt II. | 684–685 |
| Johannes V. | 685–686 |
| Konon | 686–687 |
| Sergius I. | 687–701 |
| Johannes VI. | 701–705 |
| Johannes VII. | 705–707 |
| Sisinnius | 708 |
| Konstantin I. | 708–715 |
| Gregor II. | 715–731 |
| Gregor III. | 731–741 |
| Zacharias | 741–752 |
| Stephan (II.) | 752 |
| Stephan II. | 752–757 |
| Paul I. | 757–768 |
| Stephan III. | 768–772 |
| Hadrian I. | 772–795 |
| Leo III. | 795–816 |
| Stephan IV. | 816–817 |
| Paschalis I. | 817–824 |
| Eugen II. | 824–827 |
| Valentin | 827 |
| Gregor IV. | 827–844 |
| Sergius II. | 844–847 |
| Leo IV. | 847–855 |
| Benedikt III. | 855–858 |
| Nikolaus I. | 858–867 |
| Hadrian II. | 867–872 |
| Johannes VIII. | 872–882 |
| Marinus I. | 882–884 |
| Hadrian III. | 884–885 |
| Stephan V. | 885–891 |
| Formosus | 891–896 |
| Bonifatius VI. | 896 |
| Stephan VI. | 896–897 |
| Romanus | 897 |
| Theodor II. | 897 |
| Johannes IX. | 898–900 |
| Benedikt IV. | 900–903 |
| Leo V. | 903 |
| Sergius III. | 904–911 |
| Anastasius III. | 911–913 |
| Lando | 913–914 |
| Johannes X. | 914–928 |
| Leo VI. | 928 |
| Stephan VII. | 928–931 |
| Johannes XI. | 931–935 |
| Leo VII. | 936–939 |
| Stephan VIII. | 939–942 |
| Marinus II. | 942–946 |
| Agapet II. | 946–955 |
| Johannes XII. | 955–964 |
| Leo VIII. | 963–965 |
| Benedikt V. | 964 |
| Johannes XIII. | 965–972 |
| Benedikt VI. | 973–974 |
| Benedikt VII. | 974–983 |
| Johannes XIV. | 983–984 |
| Johannes XV. | 985–996 |
| Gregor V. | 996–999 |
| Silvester II. | 999–1003 |
| Johannes XVII. | 1003 |
| Johannes XVIII. | 1004–1009 |
| Sergius IV. | 1009–1012 |
| Benedikt VIII. | 1012–1024 |
| Johannes XIX. | 1024–1032 |
| Benedikt IX. | 1032–1045 |
| Silvester III. | 1045–1046 |
| Gregor VI. | 1045–1046 |
| Klemens II. | 1046–1047 |
| Benedikt IX. | 1047–1048 |
| Damasus II. | 1048 |
| Leo IX. | 1049–1054 |
| Viktor II. | 1055–1057 |
| Stephan IX. | 1057–1058 |
| Benedikt X. | 1058–1059 |
| Nikolaus II. | 1058–1061 |
| Alexander II. | 1061–1073 |
| Gregor VII. | 1073–1085 |
| Klemens III. | 1080–1100 |
| Viktor III. | 1086–1087 |
| Urban II. | 1088–1099 |
| Paschalis II. | 1099–1118 |
| Gelasius II. | 1118–1119 |
| Calixtus II. | 1119–1124 |
| Honorius II. | 1124–1130 |
| Innozenz II. | 1130–1143 |
| Anaklet II. | 1130–1138 |
| Viktor IV. | 1138 |
| Cölestin II. | 1143–1144 |
| Lucius II. | 1144–1145 |
| Eugen III. | 1145–1153 |
| Anastasius IV. | 1153–1154 |
| Hadrian IV. | 1154–1159 |
| Alexander III. | 1159–1181 |
| Lucius III. | 1181–1185 |
| Urban III. | 1185–1187 |
| Gregor VIII. | 1187 |
| Klemens III. | 1187–1191 |
| Cölestin III. | 1191–1198 |
| Innozenz III. | 1198–1216 |
| Honorius III. | 1216–1227 |
| Gregor IX. | 1227–1241 |
| Cölestin IV. | 1241 |
| Innozenz IV. | 1243–1254 |
| Alexander IV. | 1254–1261 |
| Urban IV. | 1261–1264 |
| Klemens IV. | 1265–1268 |
| Gregor X. | 1271–1276 |
| Innozenz V. | 1276 |
| Hadrian V. | 1276 |
| Johannes XXI. | 1276–1277 |
| Nikolaus III. | 1277–1280 |
| Martin IV. | 1281–1285 |
| Honorius IV. | 1285–1287 |
| Nikolaus IV. | 1288–1292 |
| Cölestin V. | 1294 |
| Bonifatius VIII. | 1294–1303 |
| Benedikt XI. | 1303–1304 |
| Klemens V. | 1305–1314 |
| Johannes XXII. | 1316–1334 |
| Benedikt XII. | 1334–1342 |
| Klemens VI. | 1342–1352 |
| Innozenz VI. | 1352–1362 |
| Urban V. | 1362–1370 |
| Gregor XI. | 1370–1378 |
| Urban VI. | 1378–1389 |
| Bonifatius IX. | 1389–1404 |
| Innozenz VII. | 1404–1406 |
| Gregor XII. | 1406–1415 |
| Martin V. | 1417–1431 |
| Eugen IV. | 1431–1447 |
| Nikolaus V. | 1447–1455 |
| Calixtus III. | 1455–1458 |
| Pius II. | 1458–1464 |
| Paul II. | 1464–1471 |
| Sixtus IV. | 1471–1484 |
| Innozenz VIII. | 1484–1492 |
| Alexander VI. | 1492–1503 |
| Pius III. | 1503 |
| Julius II. | 1503–1513 |
| Leo X. | 1513–1521 |
| Hadrian VI. | 1522–1523 |
| Klemens VII. | 1523–1534 |
| Paul III. | 1534–1549 |
| Julius III. | 1550–1555 |
| Marcellus II. | 1555 |
| Paul IV. | 1555–1559 |
| Pius IV. | 1559–1565 |
| Pius V. | 1566–1572 |
| Gregor XIII. | 1572–1585 |
| Sixtus V. | 1585–1590 |
| Urban VII. | 1590 |
| Gregor XIV. | 1590–1591 |
| Innozenz IX. | 1591 |
| Klemens VIII. | 1592–1605 |
| Leo XI. | 1605 |
| Paul V. | 1605–1621 |
| Gregor XV. | 1621–1623 |
| Urban VIII. | 1623–1644 |
| Innozenz X. | 1644–1655 |
| Alexander VII. | 1655–1667 |
| Klemens IX. | 1667–1669 |
| Klemens X. | 1670–1676 |
| Innozenz XI. | 1676–1689 |
| Alexander VIII. | 1689–1691 |
| Innozenz XII. | 1691–1700 |
| Klemens XI. | 1700–1721 |
| Innozenz XIII. | 1721–1724 |
| Benedikt XIII. | 1724–1730 |
| Klemens XII. | 1730–1740 |
| Benedikt XIV. | 1740–1758 |
| Klemens XIII. | 1758–1769 |
| Klemens XIV. | 1769–1774 |
| Pius VI. | 1775–1799 |
| Pius VII. | 1800–1823 |
| Leo XII. | 1823–1829 |
| Pius VIII. | 1829–1830 |
| Gregor XVI. | 1831–1846 |
| Pius IX. | 1846–1878 |
| Leo XIII. | 1878–1903 |
| Pius X. | 1903–1914 |
| Benedikt XV. | 1914–1922 |
| Pius XI. | 1922–1939 |
| Pius XII. | 1939–1958 |
| Johannes XXIII. | 1958–1963 |
| Paul VI. | 1963–1978 |
| Johannes Paul I. | 1978 |
| Johannes Paul II. | seit 1978 |

(?) *Ungewiss bzw. umstrittenes Datum*

## Heiliges Römisches Reich

Das Heilige Römische Reich war seit dem 9./10. Jh. Nachfolger des antiken Römischen Reiches mit zunächst dem Frankenreich unter Karl dem Großen und dann Deutschland als zentraler Macht; die katholische Kirche erkannte die fränkischen und später die deutschen Herrscher als weltliche Regenten der Christenheit an; bis zu Karl V. ließen sie sich vom Papst krönen. Die Bezeichnung *Sacrum Imperium Romanum* gab es seit 1254. Gelegentliche Zusammenstöße zwischen den weltlichen Herrschern und dem Papsttum sowie zwischen Anwärtern auf den Thron führten dazu, dass der Herrschertitel oft von mehr als nur einer Person beansprucht wurde. Der Zusatz „deutscher Nation" stammt aus dem 15. Jh. und bekräftigte zunächst den Anspruch der deutschen Vorherrschaft im Römischen Reich. Später kennzeichnete er als Nationalitätsbezeichnung den Teil des Reiches, der nach dem Verlust der übrigen Gebiete nahezu einheitlich deutsch war. 1806 wurde das Heilige Römische Reich aufgelöst; die deutschsprachigen Staaten wurden im Rheinbund und 1815 im Deutschen Bund vereinigt.

**Karolinger**

| | |
|---|---|
| Pippin III. | 751–768 |
| Karl der Große | 768–814 |
| Ludwig I. der Fromme | 814–840 |
| Lothar I. | 840–855 |
| Ludwig II. | 850–875 |
| Karl II. der Kahle | 875–877 |
| Ludwig II. der Deutsche | 840–876 |
| Karlmann | 876–880 |
| Ludwig III. der Jüngere | 876–882 |
| Karl III. der Dicke | 876–887 |
| Arnulf von Kärnten | 887–899 |
| Ludwig IV. das Kind | 900–911 |

**Franken**

| | |
|---|---|
| Konrad I. | 911–918 |

**Ottonen (Sachsen)**

| | |
|---|---|
| Heinrich I. | 919–936 |
| Otto I. der Große | 936–973 |
| Otto II. | 973–983 |
| Otto III. | 983–1002 |
| Heinrich II. der Heilige | 1002–1024 |

**Salier**

| | |
|---|---|
| Konrad II. | 1024–1039 |
| Heinrich III. | 1039–1056 |
| Heinrich IV. | 1056–1106 |
| Konrad (Mitkönig) | 1087–1098 |
| Heinrich V. | 1106–1125 |

**Supplinburger**

| | |
|---|---|
| Lothar III. | 1125–1137 |

**Staufer**

| | |
|---|---|
| Konrad III. | 1138–1152 |
| Heinrich Berengar (Mitkönig) | 1147–1150 |
| Friedrich I. Barbarossa | 1152–1190 |
| Heinrich VI. | 1190–1197 |
| Philipp von Schweden | 1198–1208 |

**Welfen**

| | |
|---|---|
| Otto IV. | 1198–1218 |

**Staufer**

| | |
|---|---|
| Friedrich II. | 1212–1250 |
| Heinrich VII. (Mitkönig) | 1220–1235 |
| Konrad IV. | 1250–1254 |

**Verschiedene Dynastien**

| | |
|---|---|
| Wilhelm von Holland | 1254–1256 |
| Richard von Cornwall | 1257–1273 |
| Rudolf I. von Habsburg | 1273–1291 |
| Adolf von Nassau | 1292–1298 |
| Albert I. von Österreich | 1298–1308 |
| Heinrich VII. von Österreich | 1308–1313 |

**Wittelsbacher**

| | |
|---|---|
| Ludwig IV. der Bayer | 1314–1347 |
| Friedrich III. der Schöne | 1314–1330 |

**Luxemburger**

| | |
|---|---|
| Karl IV. | 1346–1378 |
| Wenzel | 1378–1400 |
| Ruprecht von der Pfalz | 1400–1410 |
| Jobst von Mähren | 1410–1411 |
| Siegmund | 1410–1437 |

**Habsburger**

| | |
|---|---|
| Albrecht II. | 1438–1439 |
| Friedrich III. | 1440–1493 |
| Maximilian I. | 1493–1519 |
| Karl V. | 1519–1556 |
| Ferdinand I. | 1556–1564 |
| Maximilian II. | 1564–1576 |
| Rudolf II. | 1576–1612 |
| Matthias | 1612–1619 |
| Ferdinand II. | 1619–1637 |
| Ferdinand III. | 1637–1657 |
| Leopold I. | 1658–1705 |
| Joseph I. | 1705–1711 |
| Karl VI. | 1711–1740 |

**Wittelsbacher**

| | |
|---|---|
| Karl VII. Albrecht | 1742–1745 |

**Habsburg-Lothringen**

| | |
|---|---|
| Franz I. Stephan | 1745–1765 |
| Joseph II. | 1765–1790 |
| Leopold II. | 1790–1792 |
| Franz II. | 1792–1806 |

| | |
|---|---|
| Reichsauflösung durch Napoleon I. | 1806 |

## Preußen und Deutschland

Preußen stieg nach dem Dreißigjährigen Krieg 1618–48 zur Großmacht auf. Nach dem Deutsch-Französischen Krieg 1870/71 erfolgte durch Kanzler Otto von Bismarck unter Einbeziehung Süddeutschlands die Gründung des Deutschen Reiches.

**Preußenkönige**

| | |
|---|---|
| Friedrich I. | 1701–1713 |
| Friedrich Wilhelm I. (Soldatenkönig) | 1713–1740 |
| Friedrich II. der Große | 1740–1786 |
| Friedrich Wilhelm II. | 1786–1797 |
| Friedrich Wilhelm III. | 1797–1840 |
| Friedrich Wilhelm IV. | 1840–1861 |
| Wilhelm I. | 1861–1871 |

**Deutsche Kaiser**

| | |
|---|---|
| Wilhelm I. | 1871–1888 |
| Friedrich III. | 1888 |
| Wilhelm II. | 1888–1918 |

**Weimarer Republik (Präsidenten)**

| | |
|---|---|
| Friedrich Ebert | 1919–1925 |
| Paul von Hindenburg | 1925–1934 |

**Drittes Reich**

| | |
|---|---|
| Adolf Hitler | 1933–1945 |

**Reichskanzler**

| | |
|---|---|
| Otto von Bismarck | 1871–1890 |
| Leo von Caprivi | 1890–1994 |
| Chlodwig Karl Viktor | 1894–1900 |
| Bernhard von Bülow | 1900–1909 |
| Theobald von Bethmann-Hollweg | 1909–1917 |
| Georg Michaelis | 1917 |
| Georg von Hertling | 1917 |
| Max von Baden | 1918 |
| Friedrich Ebert | 1918 |
| Philipp Scheidemann | 1919 |
| Gustav Bauer | 1919 |
| Hermann Müller | 1920 |
| Konstantin Fehrenbach | 1920 |
| Karl Josef Wirth | 1921 |
| Wilhelm Curo | 1922 |
| Gustav Stresemann | 1923 |
| Wilhelm Marx | 1923–1924 |
| Hans Luther | 1925–1926 |
| Wilhelm Marx | 1926–1928 |
| Hermann Müller | 1928–1930 |
| Heinrich Brüning | 1930–1932 |
| Franz von Papen | 1932–1933 |
| Kurt von Schleicher | 1933 |
| Adolf Hitler | 1933* |

** 1934 wurden die Ämter des Reichspräsidenten und -kanzlers zusammengelegt.*

**Bundesrepublik Deutschland (Präsidenten)**

| | |
|---|---|
| Theodor Heuss | 1949–1959 |
| Heinrich Lübke | 1959–1969 |
| Gustav Heinemann | 1969–1974 |
| Walter Scheel | 1974–1979 |
| Karl Carstens | 1979–1984 |
| Richard von Weizsäcker | 1984–1994 |
| Roman Herzog | 1994–1999 |
| Johannes Rau | seit 1999 |

**Bundeskanzler**

| | |
|---|---|
| Konrad Adenauer | 1949–1963 |
| Ludwig Erhard | 1963–1966 |
| Kurt Georg Kiesinger | 1966–1969 |
| Willy Brandt | 1969–1974 |
| Helmut Schmidt | 1974–1982 |
| Helmut Kohl | 1982–1998 |
| Gerhard Schröder | seit 1998 |

**Deutsche Demokratische Republik (Staatsratsvorsitzende)**

| | |
|---|---|
| Wilhelm Pieck | 1949–1960 |
| Walter Ulbricht | 1960–1973 |
| Willi Stoph | 1973–1976 |
| Erich Honecker | 1976–1989 |
| Egon Krenz | 1989 |
| Wiedervereinigung mit Westdeutschland | 1990 |

## Österreich

Knapp sieben Jahrhunderte lang regierte das Geschlecht der Habsburger über Österreich; 1438–1806 waren sie römisch-deutsche Kaiser. Erst der Erste Weltkrieg, ausgelöst durch die Ermordung des Wiener Thronfolgers durch serbische Extremisten 1914 in Sarajewo, beendete die Herrschaft dieser Dynastie.

**Kaiser (Habsburg-Lothringen)**

| | |
|---|---|
| Franz I. | 1804–1835 |
| Ferdinand I. | 1835–1848 |
| Franz Joseph I. | 1848–1916 |
| Karl I. | 1916–1918 |
| Ausrufung der Republik | 1918 |

**Erste Republik (Bundespräsidenten)**

| | |
|---|---|
| Karl Seitz | 1919–1920 |
| Michael Hainisch | 1920–1938 |

**Österreich Teil des Dritten Reiches**

1938–1945

**Zweite Republik (Bundespräsidenten)**

| | |
|---|---|
| Karl Renner | 1945–1950 |
| Theodor Körner | 1951–1957 |
| Adolf Schärf | 1957–1965 |
| Franz Jonas | 1965–1974 |
| Rudolf Kirchschläger | 1974–1986 |
| Kurt Waldheim | 1986–1992 |
| Thomas Klestil | seit 1992 |

**Bundeskanzler**

| | |
|---|---|
| Karl Renner | 1945 |
| Leopold Figl | 1945–1953 |
| Julius Raab | 1953–1961 |
| Alfons Gorbach | 1961–1964 |
| Josef Klaus | 1964–1970 |
| Bruno Kreisky | 1970–1983 |
| Fred Sinowatz | 1983–1986 |
| Franz Vranitzky | 1986–1997 |
| Viktor Klima | 1997–2000 |
| Wolfgang Schüssel | seit 2000 |

## Frankreich

Der Absolutismus in Frankreich endete mit der Französischen Revolution (1789–1799).

**Karolinger**

| | |
|---|---|
| Pippin III. | 751–768 |
| Karl der Große | 768–814 |
| Ludwig I. der Fromme | 814–840 |
| Karl II. der Kahle | 840–877 |
| Ludwig II. der Stammler | 877–879 |
| Ludwig III. | 879–882 |
| Karlmann | 879–884 |
| Karl III. der Dicke | 885–887 |

**Robertiner**

| | |
|---|---|
| Odo von Paris | 888–898 |

**Karolinger**

| | |
|---|---|
| Karl III. der Einfältige | 898–923 |

**Robertiner**

| | |
|---|---|
| Robert I. von Franzien | 922–923 |
| Rudolf von Burgund | 923–936 |

**Karolinger**

| | |
|---|---|
| Ludwig IV. der Überseeische | 936–954 |
| Lothar | 954–986 |
| Ludwig V. | 986–987 |

**Kapetinger**

| | |
|---|---|
| Hugo Capet | 987–996 |
| Robert II. der Fromme | 996–1031 |
| Heinrich I. | 1031–1060 |
| Philipp I. | 1060–1108 |
| Ludwig VI. der Dicke | 1108–1137 |
| Ludwig VII. der Junge | 1137–1180 |
| Philipp II. August | 1180–1223 |
| Ludwig VII. der Löwe | 1223–1226 |
| Ludwig IX. der Heilige | 1226–1270 |
| Philipp III. der Kühne | 1270–1285 |
| Philipp IV. der Schöne | 1285–1314 |
| Ludwig X. der Zänker | 1314–1316 |
| Johann I. das Kind | 1316 |
| Philipp V. der Lange | 1317–1322 |
| Karl IV. der Schöne | 1322–1328 |

**Haus Valois**

| | |
|---|---|
| Philipp VI. | 1328–1350 |
| Johann II. der Gute | 1350–1364 |
| Karl V. der Weise | 1364–1380 |
| Karl VI. der Wahnsinnige | 1380–1422 |
| Karl VII. der Siegreiche | 1422–1461 |
| Ludwig XI. der Grausame | 1461–1483 |
| Karl VIII. | 1483–1498 |

**Haus Orléans**

| | |
|---|---|
| Ludwig XII. | 1498–1515 |
| Franz I. von Angoulême | 1515–1547 |
| Heinrich II. | 1547–1559 |
| Franz II. | 1559–1560 |
| Karl IX. | 1560–1574 |
| Heinrich III. | 1574–1589 |

**Haus Bourbon**

| | |
|---|---|
| Heinrich IV. von Navarra | 1589–1610 |
| Ludwig XIII. | 1610–1643 |
| Ludwig XIV. | 1643–1715 |
| Ludwig XV. | 1715–1774 |
| Ludwig XVI. | 1774–1792 |

**Erste Republik**

| | |
|---|---|
| Nationalkonvent | 1792–1795 |
| Direktorium | 1795–1799 |
| Konsulat | 1799–1804 |

**Erstes Kaiserreich**

| | |
|---|---|
| Napoleon I. | 1804–1814/15 |

**Haus Bourbon**

| | |
|---|---|
| Ludwig XVIII. | 1814/15–1824 |
| Karl X. | 1824–1830 |

**Haus Orléans**

| | |
|---|---|
| Louis Philippe | 1830–1848 |

**Zweite Republik (Präsident)**

| | |
|---|---|
| Charles Louis Napoleon Bonaparte | 1848–1852 |

**Zweites Kaiserreich**

| | |
|---|---|
| Napoleon III. | 1852–187 |

**Dritte Republik (Präsidenten)**

| | |
|---|---|
| Adolphe Tiers | 1871–1873 |
| Marie Edme Comte de Mac-Mahon | 1873–1879 |
| Jules Grêvy | 1879–1887 |
| Marie François Sadi Carnot | 1887–1894 |
| Jean Paul Pierre Casimier-Périer | 1894–1895 |
| Félix Faure | 1895–1899 |
| Emile Loubet | 1899–1906 |
| Armand Faillières | 1906–1913 |
| Raymond Poincaré | 1913–1920 |
| Paul Deschanel | 1920 |
| Alexandre Millerand | 1920–1924 |
| Gaston Doumergue | 1924–1931 |
| Paul Doumer | 1924–1932 |
| Albert Lebrun | 1932–1940 |

**Deutsche Besatzung**

| | |
|---|---|
| Henri Philippe Pétain | 1940–1945 |

**Vierte Republik (Präsidenten)**

| | |
|---|---|
| Vincent Auriol | 1947–1954 |
| René Coty | 1954–1959 |

**Fünfte Republik (Präsidenten)**

| | |
|---|---|
| Charles de Gaulle | 1959–1969 |
| Georges Pompidou | 1969–1974 |
| Valéry Giscard d'Estaing | 1974–1981 |
| François Mitterand | 1981–1995 |
| Jacques Chirac | seit 1995 |

## Schweiz

Der Bundespräsident führt den siebenköpfigen Bundesrat, die Schweizer Regierung.

**Bundespräsidenten seit 1945**

| | |
|---|---|
| Eduard von Steiger | 1945, 1951 |
| Karl Kobelt | 1946, 1952 |
| Philipp Etter | 1947, 1953 |
| Enrico Celio | 1948 |
| Ernst Nobs | 1949 |
| Max Petitpierre | 1950, 1955, 1960 |
| Rodolphe Rubattel | 1954 |
| Markus Feldmann | 1956 |
| Hans Streuli | 1957 |
| Thomas Holenstein | 1958 |
| Paul Chaudet | 1959, 1962 |
| Friedrich Traugott Wahlen | 1961 |
| Willy Spühler | 1963, 1968 |
| Ludwig von Moos | 1964, 1969 |
| Hans-Peter Tschudi | 1965, 1970 |
| Hans Schaffner | 1966 |
| Roger Bonvin | 1967, 1973 |
| Rudolf Gnägi | 1971, 1976 |
| Nello Celio | 1972 |
| Ernst Brugger | 1974 |
| Pierre Graber | 1975 |
| Kurt Furgler | 1977, 1981, 1985 |
| Willy Ritschard | 1978 |
| Hans Hürlimann | 1979 |
| Georges-André Chevallez | 1980 |
| Fritz Honegger | 1982 |
| Pierre Aubert | 1983, 1987 |
| Léon Schlumpf | 1984 |
| Alphons Egli | 1986 |
| Otto Stich | 1988, 1994 |
| Jean-P. Delamuraz | 1989, 1995, 1996 |
| Arnold Koller | 1990, 1997 |
| Flavio Cotti | 1991, 1998 |
| René Felber | 1992 |
| Adolf Ogi | 1993, 2000 |
| Kaspar Villiger | 1995, 2002 |
| Ruth Dreyfuss | 1999 |
| Moritz Leuenberger | 2001 |
| Pascal Couchepin | 2003 |

## Großbritannien

Bereits im 9. Jh. trat England als Einheit in Erscheinung.

**Angelsachsen**

| | |
|---|---|
| Egbert | 802–839 |
| Ethelwulf | 839–855 |
| Ethelbald | 855–860 |
| Ethelbert | 860–866 |
| Athelred I. | 866–871 |
| Alfred der Große | 871–899 |
| Eduard der Ältere | 899–924 |
| Athelstan | 924–939 |
| Edmund I. | 939–946 |
| Eadred | 946–955 |
| Eadwig | 955–959 |
| Edgar | 959–975 |
| Eduard der Märtyrer | 975–978 |
| Athelred II. | 978–1016 |
| Edmund II. Ironside | 1016 |

**Dänische Linie**

| | |
|---|---|
| Canute | 1016–1035 |
| Harald I. | 1035–1040 |
| Hardicanute | 1040–1042 |

**Angelsächsische Linie**

| | |
|---|---|
| Eduard der Bekehrer | 1042–1066 |
| Harald II. | 1066 |

**Normannen**

| | |
|---|---|
| Wilhelm I. der Eroberer | 1066–1087 |
| Wilhelm II. Rufus | 1087–1100 |
| Heinrich I. | 1100–1135 |
| Stephan I. von Blois | 1135–1154 |

**Haus Plantagenet**

| | |
|---|---|
| Heinrich II. | 1154–1189 |
| Richard Löwenherz | 1189–1199 |
| Johann | 1199–1216 |
| Heinrich III. | 1216–1272 |
| Eduard I. | 1272–1307 |
| Eduard II. | 1307–1327 |
| Eduard III. | 1327–1377 |
| Richard II. | 1377–1399 |

**Haus Lancaster**

| | |
|---|---|
| Heinrich IV. | 1399–1413 |
| Heinrich V. | 1413–1422 |
| Heinrich VI. | 1422–1461, 1470–1471 |

**Haus York**

| | |
|---|---|
| Eduard IV. | 1461–1470, 1471–1483 |
| Eduard V. | 1483 |
| Richard III. | 1483–1485 |

**Haus Tudor**

| | |
|---|---|
| Heinrich VII. | 1485–1509 |
| Heinrich VIII. | 1509–1547 |
| Eduard VI. | 1547–1553 |
| Maria I. | 1553–1558 |
| Elizabeth I. | 1558–1603 |

**Haus Stuart**

| | |
|---|---|
| Jakob I. | 1603–1625 |
| Karl I. | 1625–1649 |

**Commonwealth** 1649–1660

**Haus Stuart**

| | |
|---|---|
| Karl II. | 1660–1685 |
| Jakob II. | 1685–1688 |
| Wilhelm III. von Oranien und Maria II. | 1689–1702 |
| Anna | 1702–1714 |

**Haus Hannover**

| | |
|---|---|
| George I. | 1714–1727 |
| George II. | 1727–1760 |
| George III. | 1760–1820 |
| George IV. | 1820–1830 |
| Wilhelm IV. | 1830–1837 |
| Viktoria | 1837–1901 |

**Haus Windsor**

| | |
|---|---|
| Eduard VII. | 1901–1910 |
| George V. | 1910–1936 |
| Eduard VIII. | 1936 |
| George VI. | 1936–1952 |
| Elizabeth II. | seit 1952 |

**Premierminister (Ministerpräsidenten)**

| | |
|---|---|
| Sir Robert Walpole | 1721–1742 |
| Earl of Wilmington | 1742–1743 |
| Henry Pelham | 1743–1754 |
| Duke of Newcastle | 1754–1756 |
| Duke of Devonshire | 1756–1757 |
| Duke of Newcastle | 1757–1762 |
| Earl of Bute | 1762–1763 |
| George Grenville | 1763–1765 |
| Marquis of Rockingham | 1765–1766 |
| Earl of Chatham | 1766–1768 |
| Duke of Grafton | 1768–1770 |
| Lord North | 1770–1782 |
| Marquis of Rockingham | 1782 |
| Earl of Shelburne | 1782–1783 |
| Duke of Portland | 1783 |
| William Pitt | 1783–1801 |
| Henry Addington | 1801–1804 |
| William Pitt | 1804–1806 |
| Lord Grenville | 1806–1807 |
| Duke of Portland | 1807–1809 |
| Spencer Perceval | 1809–1812 |
| Earl of Liverpool | 1812–1827 |
| George Canning | 1827 |
| Viscount Goderich | 1827–1828 |
| Duke of Wellington | 1828–1830 |
| Earl Grey | 1830–1834 |
| Viscount Melbourne | 1834 |
| Sir Robert Peel | 1834–1835 |
| Viscount Melbourne | 1835–1841 |
| Sir Robert Peel | 1841–1846 |
| Lord John Russell | 1846–1852 |
| Earl of Derby | 1852 |
| Lord Aberdeen | 1852–1855 |
| Viscount Palmerston | 1855–1858 |
| Earl of Derby | 1858–1859 |
| Viscount Palmerston | 1859–1865 |
| Lord John Russell | 1865–1866 |
| Earl of Derby | 1866–1868 |
| Benjamin Disraeli | 1868 |
| W. E. Gladstone | 1868–1874 |
| Benjamin Disraeli | 1874–1880 |
| W. E. Gladstone | 1880–1885 |
| Marquis of Salisbury | 1885–1886 |
| W. E. Gladstone | 1886 |
| Marquis of Salisbury | 1886–1892 |
| W. E. Gladstone | 1892–1894 |
| Earl of Rosebery | 1894–1895 |
| Marquis of Salisbury | 1895–1902 |
| Arthur James Balfour | 1902–1905 |
| Sir H. Campbell-Bannerman | 1905–1908 |
| H. H. Asquith | 1908–1916 |
| David Lloyd George | 1916–1922 |
| Andrew Bonar Law | 1922–1923 |
| Stanley Baldwin | 1923–1924 |
| Ramsay MacDonald | 1924 |
| Stanley Baldwin | 1924–1929 |
| Ramsay MacDonald | 1929–1935 |
| Stanley Baldwin | 1935–1937 |
| Neville Chamberlain | 1937–1940 |
| Winston Churchill | 1940–1945 |
| Clement Attlee | 1945–1951 |
| Sir Winston Churchill | 1951–1955 |
| Sir Anthony Eden | 1955–1957 |
| Harold Macmillan | 1957–1963 |
| Sir Alec Douglas-Home | 1963–1964 |
| Harold Wilson | 1964–1970 |
| Edward Heath | 1970–1974 |
| Harold Wilson | 1974–1976 |
| James Callaghan | 1976–1979 |
| Margaret Thatcher | 1979–1990 |
| John Major | 1990–1997 |
| Tony Blair | seit 1997 |

## Irland

1921 schuf der anglo-irische Vertrag zwischen England und Irland ein freies Irland. Die Verfassung von 1937 etablierte die Inselrepublik als souveränen Staat mit einem Präsidenten an der Spitze.

**Präsidenten**

| | |
|---|---|
| Douglas Hyde | 1938–1945 |
| Sean Thomas O'Kelly | 1945–1959 |
| Eamon de Valera | 1959–1973 |
| Erskine H. Childers | 1973–1974 |
| Caroll Daly | 1974–1976 |
| Patrick J. Hillery | 1976–1990 |
| Mary Robinson | 1990–1997 |
| Mary McAleese | seit 1997 |

**Premierminister (Ministerpräsidenten)**

| | |
|---|---|
| Eamon de Valera | 1921 |
| Arthur Griffith | 1922 |
| William Cosgrave | 1922–1932 |
| Eamon de Valera | 1932–1948 |
| John Aloysius Costello | 1948–1951 |
| Eamon de Valera | 1951–1954 |
| John Aloysius Costello | 1954–1957 |
| Eamon de Valera | 1957–1959 |
| Sean Lemass | 1959–1966 |
| John Lynch | 1966–1973 |
| Liam Cosgrave | 1973–1977 |
| John Lynch | 1977–1979 |
| Charles Haughey | 1979–1982 |
| Garret Fitzgerald | 1982–1987 |
| Charles Haughey | 1987–1992 |
| Albert Reynolds | 1992–1994 |
| John Bruton | 1994–1997 |
| Bertie Ahern | seit 1997 |

## Schweden

Das Fundament für den schwedischen Nationalstaat wurde unter Gustav Wasa gelegt.

**Wasa**

| | |
|---|---|
| Gustav I. Eriksson Wasa | 1523–1560 |
| Erich XIV. | 1560–1568 |
| Johann III. | 1568–1592 |
| Sigismund | 1592–1599 |
| Karl IX. | 1599–1611 |
| Gustav II. Adolf | 1611–1632 |
| Christine | 1632–1654 |

**Pfalz-Zweibrücken**

| | |
|---|---|
| Karl X. Gustav | 1654–1660 |
| Karl XI. | 1660–1697 |
| Karl XII. | 1697–1718 |
| Ulrike Eleonore | 1718–1720 |

**Hessen-Kassel**

| | |
|---|---|
| Friedrich I. | 1720–1751 |

**Holstein-Gottorp**

| | |
|---|---|
| Adolf Friedrich | 1751–1771 |
| Gustav III. | 1771–1792 |
| Gustav IV. Adolf | 1792–1809 |
| Karl XIII. | 1809–1818 |

**Bernadotte**

| | |
|---|---|
| Karl XIV. Johann | 1818–1844 |
| Oskar I. | 1844–1859 |
| Karl XV. | 1859–1872 |
| Oskar II. | 1872–1907 |
| Gustav V. | 1907–1950 |
| Gustav VI. Adolf | 1950–1973 |
| Karl XVI. Gustav | seit 1973 |

## Spanien

Muslimische Araber und Berber (Mauren) eroberten im 8. Jh. den größten Teil Spaniens. Nordspanien blieb christlich und gewann den Süden bis 1492 zurück. Im selben Jahr vereinten Ferdinand II. von Aragón und Isabella von Kastilien das Land.

**Haus Habsburg**

| | |
|---|---|
| Karl I. | 1516–1556 |
| Philipp II. | 1556–1598 |
| Philipp III. | 1598–1621 |
| Philipp IV. | 1621–1700 |

**Haus Bourbon**

| | |
|---|---|
| Philipp V. von Anjou | 1700–1724 |
| Ludwig I. | 1724 |
| Philipp V. von Anjou | 1724–1746 |
| Ferdinand VI. | 1746–1759 |
| Karl III. | 1759–1788 |
| Karl IV. | 1788–1808 |
| Ferdinand VII. | 1808 |

**Haus Bonaparte**

| | |
|---|---|
| Joseph Napoleon | 1808–1813 |

**Haus Bourbon**

| | |
|---|---|
| Ferdinand VII. | 1814–1833 |
| Isabella II. | 1833–1868 |

**Haus Savoyen**

| | |
|---|---|
| Francisco Serrano y Domínguez | 1869–1870 |
| Amadeus | 1870–1873 |

**Erste Republik** 1873–1874
5 Präsidenten

**Haus Bourbon**

| | |
|---|---|
| Alfonso XII. | 1874–1885 |
| Maria Christina von Österreich | 1885–1886 |
| Alfonso XIII. | 1886–1931 |

**Zweite Republik (Präsidenten)**

| | |
|---|---|
| Niceta Alcalá Zamora | 1931–1936 |
| Manuel Azana | 1936–1939 |

**Diktatur**

| | |
|---|---|
| Francisco Franco | 1939–1975 |

**Haus Bourbon**

| | |
|---|---|
| Juan Carlos I. | seit 1975 |

**Ministerpräsidenten seit 1976**

| | |
|---|---|
| Adolfo Suárez Gonzáles | 1976–1981 |
| Leopoldo Calvo Sotelo y Bustelo | 1981–1982 |
| Felipe Gonzáles Marquez | 1982–1996 |
| José Maria Aznar | seit 1996 |

## Italien

1861 wurde Viktor Emanuel II. von Piemont König des vereinigten Italien. Mit Benito Mussolini – Ministerpräsident von 1922 bis 1943 – verwandelte sich das Land in einen faschistischen Staat. 1948 trat eine republikanische Verfassung in Kraft.

**Haus Savoyen**

| | |
|---|---|
| Vittorio Emanuele II. | 1861–1878 |
| Umberto I. | 1878–1900 |
| Vittorio Emanuele III. | 1900–1946 |
| Umberto II. | 1946 |

**Ausrufung der Republik** 1946

**Präsidenten**

| | |
|---|---|
| Enrico da Nicola | 1946–1948 |
| Luigi Einaudi | 1948–1955 |
| Giovanni Gronchi | 1955–1962 |
| Antonio Segni | 1962–1964 |
| Giuseppe Saragat | 1964–1971 |
| Giovanni Leone | 1971–1978 |
| Sandro Pertini | 1978–1985 |
| Francesco Cossiga | 1985–1992 |
| Oscar Luigi Scalfaro | 1992–1999 |
| Carlo Azeglio Ciampi | seit 1999 |

**Ministerpräsidenten seit 1945**

| | |
|---|---|
| Ferrucio Parri | 1945 |
| Alcide de Gasperi | 1945–1953 |
| Giuseppe Pella | 1953–1954 |
| Amintore Fanfani | 1954 |
| Mario Scelba | 1954–1955 |
| Adone Zoli | 1957–1958 |
| Amintore Fanfani | 1958–1959 |
| Antonio Segni | 1959–1960 |
| Fernando Tambroni-Armaroli | 1960 |
| Amintore Fanfani | 1960–1963 |
| Giovanni Leone | 1963 |
| Aldo Moro | 1963–1968 |
| Giovanni Leone | 1968 |
| Mariano Rumor | 1968–1970 |
| Emilio Colombo | 1970–1972 |
| Giulio Andreotti | 1972–1973 |
| Francesco Cossiga | 1979–1980 |
| Amaldo Fortani | 1980–1981 |
| Giovanni Spadolini | 1981–1982 |
| Amintore Fanfani | 1982–1983 |
| Bettino Craxi | 1983–1987 |
| Amintore Fanfani | 1987 |
| Giovanni Goria | 1987–1988 |
| Ciriaco De Mita | 1988–1989 |
| Giulio Andreotti | 1989–1992 |
| Giuliano Amato | 1992–1993 |
| Carlo Azeglio Ciampi | 1993–1994 |
| Silvio Berlusconi | 1994–1995 |
| Lamberto Dini | 1995–1996 |
| Romano Prodi | 1996–1998 |
| Massimo d'Alema | 1998–2000 |
| Giuliano Amato | 2000–2001 |
| Silvio Berlusconi | seit 2001 |

## Russland

Als erster russischer Regent ließ sich Iwan der Schreckliche 1547 zum Zaren krönen. Die Regierung dieser Herrscher dauerte bis zur Oktoberrevolution und endete mit der Hinrichtung der letzten Zarenfamilie 1918. Nach dem Sturz der „Provisorischen Regierung" unter Alexander Kerensky und dem Sieg der Bolschewiken entstand 1922 unter Einbeziehung der meisten Randvölker des russischen Imperiums die Union der Sozialistischen Sowjetrepubliken (UdSSR), die bis 1991 Bestand hatte. Ihr Auseinanderbrechen leitete der Wende- und Erneuerungskurs („Perestroika" und „Glasnost") des Präsidenten Michael Gorbatschow Mitte der 1980er-Jahre ein. 1991 gründeten Russland, Weißrussland und die Ukraine den Staatenbund GUS (Gemeinschaft Unabhängiger Staaten), dem sich bis auf Litauen, Lettland und Estland alle ehemaligen Sowjetrepubliken anschlossen. Damit hatte die UdSSR aufgehört zu existieren. 1992 wurde nach der Unterzeichnung eines Föderationsvertrages mit den autonomen Gebieten und Republiken die neue Staatsbezeichnung Russische Föderation – Russland eingeführt.

**Rurikiden**

| | |
|---|---|
| Iwan IV. der Schreckliche | 1547–1584 |
| Fjodor I. | 1584–1598 |

**Godunow**

| | |
|---|---|
| Boris Godunow | 1598–1605 |
| Fjodor II. | 1605 |
| Demetrius | 1605–1606 |
| Wassili Schuiski | 1606–1610 |

**Romanow**

| | |
|---|---|
| Michail III. | 1613–1645 |
| Aleksei | 1645–1676 |
| Fjodor III. | 1676–1682 |
| Iwan V. | 1682–1696 |
| Peter I. der Große | 1682–1725 |
| Katharina I. | 1725–1727 |
| Peter II. | 1727–1730 |
| Anna | 1730–1740 |
| Iwan VI. | 1740–1741 |
| Elisabeth | 1741–1762 |

**Romanow-Holstein-Gottorp**

| | |
|---|---|
| Peter III. | 1762 |
| Katharina II. die Große | 1762–1796 |
| Paul I. | 1796–1801 |
| Alexander I. | 1801–1825 |
| Nikolaus I. | 1825–1855 |
| Alexander II. | 1855–1881 |
| Alexander III. | 1881–1894 |
| Nikolaus II. | 1894–1917 |
| Russische Revolution | 1917 |

**Provisorische Regierung**

| | |
|---|---|
| Alexander Kerensky | März–Oktober 1917 |

**Sowjetunion Generalsekretäre der Kommunistischen Partei**

| | |
|---|---|
| Wladimir Lenin | 1917–1924 |
| Joseph Stalin | 1924–1953 |
| Nikita Chruschtschow | 1953–1964 |
| Leonid Breschnew | 1964–1982 |
| Juri Andropow | 1983–1984 |
| Konstantin Tschernenko | 1984–1985 |
| Michail Gorbatschow | 1985–1991 |

**Russische Föderation: Präsidenten**

| | |
|---|---|
| Boris Jelzin | 1991–1999 |
| Wladimir Putin | seit 1999 |

## Amerika

### USA

**Präsidenten**

| | | |
|---|---|---|
| George Washington | 1789–1797 | Föderalist |
| John Adams | 1797–1801 | Föderalist |
| Thomas Jefferson | 1801–1809 | Demokr. Rep. |
| James Madison | 1809–1817 | Demokr. Rep. |
| James Monroe | 1817–1825 | Demokr. Rep. |
| John Quincy Adams | 1825–1829 | Parteilos |
| Andrew Jackson | 1829–1837 | Demokrat |
| Martin Van Buren | 1837–1841 | Demokrat |
| William H. Harrison | 1841 | Whig |
| John Tyler | 1841–1845 | Whig, später Demokrat |
| James K. Polk | 1845–1849 | Demokrat |
| Zachary Taylor | 1849–1850 | Whig |
| Millard Fillmore | 1850–1853 | Whig |
| Franklin Pierce | 1853–1857 | Demokrat |
| James Buchanan | 1857–1861 | Demokrat |
| Abraham Lincoln | 1861–1865 | Republikaner |
| Andrew Johnson | 1865–1869 | Demokrat |
| Ulysses S. Grant | 1869–1877 | Republikaner |
| Rutherford B. Hayes | 1877–1881 | Republikaner |
| James A. Garfield | 1881 | Republikaner |
| Chester A. Arthur | 1881–1885 | Republikaner |
| Grover Cleveland | 1885–1889 | Demokrat |
| Benjamin Harrison | 1889–1893 | Republikaner |
| Grover Cleveland | 1893–1897 | Demokrat |
| William McKinley | 1897–1901 | Republikaner |
| Theodore Roosevelt | 1901–1909 | Republikaner |
| William H. Taft | 1909–1913 | Republikaner |
| Woodrow Wilson | 1913–1921 | Demokrat |
| Warren G. Harding | 1921–1923 | Republikaner |
| Calvin Coolidge | 1923–1929 | Republikaner |
| Herbert Hoover | 1929–1933 | Republikaner |
| Franklin D. Roosevelt | 1933–1945 | Demokrat |
| Harry S. Truman | 1945–1953 | Demokrat |
| Dwight D. Eisenhower | 1953–1961 | Republikaner |
| John F. Kennedy | 1961–1963 | Demokrat |
| Lyndon B. Johnson | 1963–1969 | Demokrat |
| Richard M. Nixon | 1969–1974 | Republikaner |
| Gerald R. Ford | 1974–1977 | Republikaner |
| James Earl Carter | 1977–1981 | Demokrat |
| Ronald W. Reagan | 1981–1989 | Republikaner |
| George H.W. Bush | 1989–1993 | Republikaner |
| William J. Clinton | 1993–2001 | Demokrat |
| George W. Bush | seit 2001 | Republikaner |

### Kanada

**Ministerpräsidenten**

| | |
|---|---|
| John A. Macdonald | 1867–1873 |
| Alexander Mackenzie | 1873–1878 |
| John A. Macdonald | 1878–1891 |
| John J.C. Abbott | 1891–1892 |
| John S.D. Thompson | 1892–1894 |
| Mackenzie Bowell | 1894–1896 |
| Charles Tupper | 1896 |
| Wilfrid Laurier | 1896–1911 |
| Robert L. Borden | 1911–1920 |
| Arthur Meighen | 1920–1921 |
| W.L. Mackenzie King | 1921–1926 |
| Arthur Meighen | 1926 |
| W.L. Mackenzie King | 1926–1930 |
| Richard B. Bennett | 1930–1935 |
| W.L. Mackenzie King | 1935–1948 |
| Louis Stephen St Lauren | 1948–1957 |
| John George Diefenbaker | 1957–1963 |
| Lester B. Pearson | 1963–1968 |
| Pierre Elliott Trudeau | 1968–1979 |
| Joseph Clark | 1979–1980 |
| Pierre Elliott Trudeau | 1980–1984 |
| John Turner | 1984 |
| Brian Mulroney | 1984–1993 |
| Jean Chrétien | seit 1993 |

### Brasilien

Bis 1974 erlebte Brasilien – von kurzen Unterbrechungen abgesehen – Jahre der Diktatur. Parteien waren verboten und politische Gegner wurden eingesperrt, gefoltert und ermordet. Die Gewaltherrschaft hatte 1930 mit dem Präsidenten G. Vargas begonnen, der Anhänger Hitlers und Vertreter eines reinen Brasilianertums war. Erst seit 1979 sind Parteien wieder zugelassen.

**Präsidenten**

| | |
|---|---|
| José Sarney | 1985–1990 |
| Fernando Collor de Mello | 1990–1992 |
| Itamar Franco | 1992–1995 |
| Fernando Henrique Cardosos | seit 1995 |

### Mexiko

**Präsidenten**

| | |
|---|---|
| Benito Juárez | 1867–1872 |
| Sebastián Lerdo de Tejada y Corral | 1872–1876 |
| Juan Méndez | 1876–1877 |
| Porfirio Díaz | 1877–1880 |
| Manuel González | 1880–1884 |
| Porfirio Díaz | 1884–1911 |
| Francisco León de la Barra | 1911 |
| Francisco Indalecio Madero | 1911–1913 |
| Victoriano Huerta | 1913–1914 |
| Francisco Carvajal | 1914 |
| Venustiano Carranza | 1914 |
| Antonio Villarreal González | 1914 |
| Eulalio Martín Gutiérrez Ortiz | 1914–1915 |
| Roque González Garza | 1915 |
| Francisco Lagos Cházaro | 1915 |
| Venustiano Carranza | 1915–1920 |
| Adolfo de la Huerta | 1920 |
| Alvaro Obregón | 1920–1924 |
| Plutarco Elías Calles | 1924–1928 |
| Emilio Portes Gil | 1928–1930 |
| Pascual Ortiz Rubio | 1930–1932 |
| Abelardo Luján Rodríguez | 1932–1934 |
| Lázaro Cárdenas | 1934–1940 |
| Manuel Avila Camacho | 1940–1946 |
| Miguel Alemán Valdés | 1946–1952 |
| Adolfo Ruiz Cortines | 1952–1958 |
| Adolfo López Mateos | 1958–1964 |
| Gustavo Díaz Ordaz | 1964–1970 |
| Luís Echeverría Alvarez | 1970–1976 |
| José López Portillo y Pacheco | 1976–1982 |
| Miguel de la Madrid Hurtado | 1982–1988 |
| Carlos Salinas de Gortari | 1988–1994 |
| Ernesto Zedillo Ponce de Leon | 1994–2000 |
| Vicente Fox Quesada | seit 2000 |

## Mittlerer Osten und Afrika

### Israel

**Ministerpräsidenten**

| | |
|---|---|
| David Ben-Gurion | 1948–1953 |
| Moshe Sharett | 1953–1955 |
| David Ben-Gurion | 1955–1963 |
| Levi Eshkol | 1963–1969 |
| Golda Meir | 1969–1974 |
| Yitzhak Rabin | 1974–1977 |
| Menachem Begin | 1977–1983 |
| Yitzhak Shamir | 1983–1984 |
| Shimon Peres | 1984–1986 |
| Yitzhak Shamir | 1986–1992 |
| Yitzhak Rabin | 1992–1995 |
| Shimon Peres | 1995–1996 |
| Binyamin Netanyahu | 1996–1999 |
| Ehud Barak | 1999–2001 |
| Ariel Sharon | seit 2001 |

### Türkei

**Präsidenten**

| | |
|---|---|
| Mustafa Kemal Pasha (Atatürk 1934) | 1923–1938 |
| Ismet Inönü | 1938–1950 |
| Celal Bayar | 1950–1960 |
| Cemal Gürsel | 1960–1966 |
| Cevdet Sunay | 1966–1973 |
| Fahri Korutürk | 1973–1980 |
| Kenan Evren | 1980–1989 |
| Turgut Özal | 1989–1993 |
| Süleyman Demirel | 1993–2000 |
| Ahmet Necdet Sezer | seit 2000 |

### Ägypten

**Präsidenten**

| | |
|---|---|
| Gamal Abd al-Nasser | 1953–1970 |
| Anwar Sadat | 1970–1981 |
| Mohammed Hosni Mubarak | seit 1981 |

### Saudi-Arabien

**Könige**

| | |
|---|---|
| Abdul Aziz (Ibn Saud) | 1932–1953 |
| Saud (Ibn Abdel-Aziz) | 1953–1964 |
| Faisal (Ibn Abdel-Aziz) | 1964–1975 |
| Khalid (Ibn Abdel-Aziz) | 1975–1982 |
| Fahd (Ibn Abdel-Aziz) | seit 1982 |

### Südafrika

**Ministerpräsidenten**

| | |
|---|---|
| Louis Botha | 1910–1919 |
| Jan Smuts | 1919–1924 |
| James Hertzog | 1924–1939 |
| Jan Smuts | 1939–1948 |
| Daniel Malan | 1948–1954 |
| Johannes Strijdon | 1954–1958 |
| Hendrik Verwoerd | 1958–1966 |
| Balthazar Johannes Vorster | 1966–1978 |
| Pieter Botha | 1978–1984* |

** Das Amt wurde nach 1984 abgeschafft.*

**Präsidenten**

| | |
|---|---|
| Pieter Botha | 1984–1989 |
| Frederick Willem de Klerk | 1989–1994 |
| Nelson Mandela | 1994–1999 |
| Thabo Mbeki | seit 1999 |

## Asien und Pazifikregion

### China

**Dynastien und Regime**

| | |
|---|---|
| Shang | 1600–1050 v. Chr. |
| Chou | 1000–256 v. Chr. |
| Ch'in | 221–206 v. Chr. |
| Han | 206 v. Chr. – 220 n. Chr. |
| „3 Reiche" | 220–280 |
| Sui | 581–618 |
| T'ang | 618–907 |
| „5 Dynastien und 10 Reiche" | 907–960 |
| Sung | 960–1279 |
| Yüan | 1280–1368 |
| Ming | 1368–1644 |
| Ch'ing | 1644–1912 |
| Republik | 1912–1949 |
| Volksrepublik | seit 1949 |

**Volksrepublik**
**Vorsitzende und Generalsekretäre der Kommunistischen Partei**

| | |
|---|---|
| Mao Tse-tung (Zedong) | 1949–1976 |
| Hua Guofeng* | 1976–1981 |
| Hu Yaobang | 1982–1987 |
| Zhao Ziyang | 1987–1989 |
| Jiang Zemin | 1989–2003 |
| Hu Jintao | seit 2003 |

** Von 1978 bis 1997 war Deng Xiaoping tatsächlicher Herrscher in China.*

**Präsidenten***

| | |
|---|---|
| Li Xiannian | 1983–1988 |
| Yang Shangkun | 1988–1993 |
| Jiang Zemin | 1993–2003 |
| Hu Jintao | seit 2003 |

** Das Amt des Präsidenten war in den späten 1960er-Jahren aufgehoben und wurde 1982 wieder eingeführt.*

### Japan

**Kaiser**

Japans erster sagenhafter *Tenno* oder Kaiser war Jimmu (660–585 v. Chr.), ein Abkömmling der Sonnengöttin Amaterasu. Er ist Vorfahre aller späteren Herrscher. Im Folgenden sind die Kaiser und Kaiserinnen seit der Heian-Zeit aufgelistet.

**Heian-Zeit**

| | |
|---|---|
| Kammu | 781–806 |
| Heizei | 806–809 |
| Saga | 809–823 |
| Junna | 823–833 |
| Nimmyo | 833–850 |
| Montoku | 850–858 |
| Seiwa | 858–876 |
| Yozei | 877–884 |
| Koko | 884–887 |
| Uda | 887–897 |
| Daigo | 897–930 |
| Suzaku | 930–946 |
| Murakami | 946–967 |
| Reizei | 967–969 |
| Enyu | 969–984 |
| Kazan | 984–986 |
| Ichijo | 986–1011 |
| Sanjo | 1011–1016 |
| Ichijo II. | 1016–1036 |
| Suzaku II. | 1036–1045 |
| Reizei II. | 1045–1068 |
| Sanjo II. | 1068–1072 |
| Shirakawa | 1072–1086 |
| Horikawa | 1086–1107 |
| Toba | 1107–1123 |
| Sutoku | 1123–1141 |
| Konoye | 1141–1155 |
| Shirakawa II. | 1155–1158 |
| Nijo | 1159–1165 |
| Rokujo | 1166–1168 |
| Takakura | 1169–1180 |
| Antoku | 1181–1183 |

**Kamakura-Zeit**

| | |
|---|---|
| Toba II. | 1184–1198 |
| Tsuchimikado | 1199–1210 |
| Juntoku | 1211–1221 |
| Chukyo | 1221 |
| Horikawa II. | 1222–1232 |
| Shijo | 1233–1242 |
| Saga II. | 1243–1246 |
| Fukakusa II. | 1247–1259 |
| Kameyama | 1260–1274 |
| Uda II. | 1275–1287 |
| Fushimi I. | 1288–1298 |
| Fushimi II. | 1299–1301 |
| Nijo II. | 1302–1308 |
| Hanazono | 1309–1318 |
| Daigo II. | 1319–1338 |

**Nambokucho-Zeit**

*Seit den 1330er-Jahren regierten über 50 Jahre zwei verschiedene Zweige der kaiserlichen Familie rivalisierend im Norden und Süden.*

**Norden**

| | |
|---|---|
| Kogon | 1331–1333 |
| Komyo | 1336–1348 |
| Suko | 1349–1352 |
| Kogon II. | 1353–1371 |
| Enyu II. | 1372–1382 |

**Süden**

| | |
|---|---|
| Murakami II. | 1339–1368 |
| Chokei | 1369–1372 |
| Kameyama II. | 1373–1392 |

**Ashikaga-Zeit**

| | |
|---|---|
| Komatsu II. | 1383–1412 |
| Shoko | 1413–1428 |
| Hanazono II. | 1429–1464 |
| Tsuchimikado II. | 1465–1500 |
| Kashiwabara II. | 1501–1526 |
| Nara II. | 1527–1557 |
| Okimachi | 1558–1586 |

**Azuchi-Momoyama-Zeit**

| | |
|---|---|
| Yozei II. | 1587–1611 |

**Edo-Zeit**

| | |
|---|---|
| Mizunoo II. | 1611–1629 |
| Meisho | 1630–1643 |
| Komyo II. | 1644–1654 |
| Saiin II. | 1655–1662 |
| Reigen | 1663–1686 |
| Higashiyama | 1687–1709 |
| Nakamikado | 1710–1735 |
| Sakuramachi | 1736–1746 |
| Momozono | 1746–1762 |
| Sakuramachi II. | 1763–1770 |
| Momozono II. | 1771–1779 |
| Kokaku | 1780–1816 |
| Ninko | 1817–1846 |
| Komei | 1847–1866 |

**Neuzeit**

| | |
|---|---|
| Mutsuhito | 1866–1912 |
| Yoshihito | 1912–1926 |
| Hirohito* | 1926–1989 |
| Akihito | seit 1989 |

** regierte bereits seit 1921*

### Indien

**Kaiser**

**Mogul-Dynastie**

| | |
|---|---|
| Babur | 1526–1530 |
| Humayun | 1530–1540 |

**Sur-Dynastie**

| | |
|---|---|
| Sher Shah | 1540–1545 |
| Islam Shah | 1545–1553 |
| Muhammad Adil | 1554–1555 |

**Mogul-Dynastie**

| | |
|---|---|
| Humayun | 1555–1556 |
| Akbar I. der Große | 1556–1605 |
| Jahangir | 1605–1627 |
| Shah Jahan I. | 1627–1658 |
| Aurangzeb Alamgir I. | 1658–1707 |
| Bahadur Shah I. | 1707–1712 |
| Jahandar Shah | 1712–1713 |
| Farrukhsiyar | 1713–1719 |
| Rafi al-Darajat | 1719 |
| Shah Jahan II. | 1719 |
| Muhammad Shah | 1719–1748 |
| Ahmad Shah | 1748–1754 |
| Alamgir II. | 1754–1759 |
| Shah Alam | 1759–1806 |
| Akbar II. | 1806–1837 |
| Bahadur Shah II. | 1837–1857 |

*Nachdem die Briten den letzten Kaiser ins Exil geschickt hatten, nahm Königin Viktoria den Titel „Kaiserin von Indien" an.*

**Ministerpräsidenten seit der Unabhängigkeit**

| | |
|---|---|
| Jawaharlal Nehru | 1947–1964 |
| Lal Bahadur Shastri | 1964–1966 |
| Indira Gandhi | 1966–1977 |
| Marorji Desai | 1977–1979 |
| Charan Singh | 1979–1980 |
| Indira Gandhi | 1980–1984 |
| Rajiv Gandhi | 1984–1989 |
| Viswanath Pratap Singh | 1989–1990 |
| Chandra Shekhar | 1990–1991 |
| P. V. Narsimha Rao | 1991–1996 |
| Atal Behari Vajpayee | 1996 |
| H. D. Deve Gowda | 1996–1997 |
| Inder Kumar Gujral | 1997–1998 |
| Atal Behari Vajpayee | seit 1998 |

### Australien

**Ministerpräsidenten**

| | |
|---|---|
| Edmund Barton | 1901–1903 |
| Alfred Deakin | 1903–1904 |
| John C. Watson | 1904 |
| George Houstoun Reid | 1904–1905 |
| Alfred Deakin | 1905–1908 |
| Andrew Fisher | 1908–1909 |
| Alfred Deakin | 1909–1910 |
| Andrew Fisher | 1910–1913 |
| Joseph Cook | 1913–1914 |
| Andrew Fisher | 1914–1915 |
| William M. Hughes | 1915–1923 |
| Stanley M. Bruce | 1923–1929 |
| James H. Sculin | 1929–1931 |
| Joseph A. Lyons | 1932–1929 |
| Robert Gordon Menzies | 1939–1941 |
| Arthur William Fadden | 1941 |
| John Curtin | 1941–1945 |
| Joseph Benedict Chifley | 1945–1949 |
| Robert Gordon Menzies | 1949–1966 |
| Harold Edward Holt | 1966–1967 |
| John Grey Gorton | 1968–1971 |
| William McMahon | 1971–1972 |
| Gough Whitlam | 1972–1975 |
| J. Malcolm Fraser | 1975–1983 |
| Robert J.L. Hawke | 1983–1991 |
| Paul Keating | 1991–1996 |
| John Howard | seit 1996 |

### Neuseeland

**Ministerpräsidenten**

| | |
|---|---|
| Henry Sewell | 1856 |
| William Fox | 1856 |
| Edward William Stafford | 1856–1861 |
| William Fox | 1861–1862 |
| Alfred Domett | 1862–1863 |
| Frederick Whitaker | 1863–1864 |
| Frederick Aloysius Weld | 1864–1865 |
| Edward William Stafford | 1865–1869 |
| William Fox | 1869–1872 |
| Edward William Stafford | 1872 |
| George M. Waterhouse | 1872–1873 |
| William Fox | 1873 |
| Julius Vogel | 1873–1875 |
| Daniel Pollen | 1875–1876 |
| Julius Vogel | 1876 |
| Harry Albert Atkinson | 1876–1877 |
| George Grey | 1877–1879 |
| John Hall | 1879–1882 |
| Frederick Whitaker | 1882–1883 |
| Harry Albert Atkinson | 1883–1884 |
| Robert Stout | 1884 |
| Harry Albert Atkinson | 1884 |
| Robert Stout | 1884–1887 |
| Harry Albert Atkinson | 1887–1891 |
| John Ballance | 1891–1893 |
| Richard John Seddon | 1893–1906 |
| William Hall Jones | 1906 |
| Joseph George Ward | 1906–1912 |
| Thomas Mackenzie | 1912 |
| William Ferguson Massey | 1912–1925 |
| Francis Henry Dillion Bell | 1925 |
| Joseph Gordon Coates | 1925–1928 |
| Joseph George Ward | 1928–1930 |
| George William Forbes | 1930–1935 |
| Michael J. Savage | 1935–1940 |
| Peter Fraser | 1940–1949 |
| Sidney J. Holland | 1949–1957 |
| Keith J. Holyoake | 1957 |
| Walter Nash | 1957–1960 |
| Keith J. Holyoake | 1960–1972 |
| John R. Marshall | 1972 |
| Norman Kirk | 1972–1974 |
| Wallace Rowling | 1974–1975 |
| Robert D. Muldoon | 1975–1984 |
| David Lange | 1984–1989 |
| Geoffrey Palmer | 1989–1990 |
| Michael Moore | 1990 |
| James Bolger | 1990–1997 |
| Jenny Shipley | 1997–1999 |
| Helen Clark | seit 1999 |

## Das metrische System

Die metrische Längeneinheit – 1 m – wurde 1799 in Frankreich festgelegt; alle anderen Längen orientieren sich daran. Das Dezimalsystem ist auf alle metrischen Maßeinheiten anwendbar.

**Länge**

| | |
|---|---|
| 1 mm | 1 Millimeter (mm) |
| 10 mm | 1 Zentimeter (cm) |
| 10 cm | 1 Dezimeter (dm) |
| 100 cm/10 dm | 1 Meter (m) |
| 1000 m | 1 Kilometer (km) |

**Fläche**

| | |
|---|---|
| 1 $mm^2$ | Quadratmillimeter ($mm^2$) |
| 100 $mm^2$ | 1 Quadratzentimeter ($cm^2$) |
| 100 $cm^2$ | 1 Quadratdezimeter ($dm^2$) |
| 10 000 $cm^2$ | 1 Quadratmeter ($m^2$) |
| 10 000 $m^2$ | 1 Hektar (ha) |
| 1 Mio. $m^2$/100 ha | 1 Quadratkilometer ($km^2$) |

**Gewichte**

| | |
|---|---|
| 1 g | 1 Gramm (g) |
| 1000 g | 1 Kilogramm (kg) |
| 1000 kg | 1 Tonne (t) |

**Volumen (fest)**

| | |
|---|---|
| 1 $cm^3$ | 1 Kubikzentimeter ($cm^3$) |
| 1000 $cm^3$ | 1 Kubikdezimeter ($dm^3$) |
| 1000 $dm^3$ | 1 Kubikmeter ($m^3$) |

**Volumen (flüssig)**

| | |
|---|---|
| 1 ml | 1 Milliliter (ml) |
| 10 ml | 1 Zentiliter (cl) |
| 10 cl | 1 Deziliter (dl) |
| 100 cl/10 dl | 1 Liter (l) |
| 100 l | 1 Hektoliter (hl) |

## Internationales Einheitensystem

Das Internationale Einheitensystem (Système International d'Unités) mit dem Kurzzeichen SI wurde 1960 eingeführt. Es beendete das Durcheinander mehrerer Einheitensysteme.

| | SI-Einheit | Symbol |
|---|---|---|
| Äquivalentdosisrate | Sievert | Sv |
| Aufgenommene Strahlendosis | Gray | Gy |
| Beleuchtungsstärke | Lux | lx |
| Druck | Pascal | Pa |
| Ebener Winkel | Radiant | rad |
| Elektrische Kapazität | Farad | F |
| Elektrische Ladung | Coulomb | C |
| Elektrischer Leitwert | Siemens | S |
| Elektrische Spannung | Volt | V |
| Elektrische Stromstärke | Ampère | A |
| Energie, Arbeit, Wärmemenge | Joule | J |
| Frequenz | Hertz | Hz |
| Induktivität | Henry | H |
| Ionendosis | Röntgen | r |
| Kraft | Newton | N |
| Länge | Meter | m |
| Leistung | Watt | W |
| Lichtstärke | Candela | cd |
| Lichtstrom | Lumen | lm |
| Magnetische Induktion | Tesla | T |
| Magnetischer Fluss | Weber | Wb |
| Masse | Kilogramm | kg |
| Radioaktivität | Becquerel | Bq |
| Raumwinkel | Steradian | sr |
| Schallintensität | Dezibel | dB |
| Substanzmenge | Mol | mol |
| Temperatur | Grad Celsius | °C |
| Thermodynamische Temp. | Kelvin | K |
| Widerstand | Ohm | Ω |
| Zeit | Sekunde | s |

## SI-Präfixe

| Faktor | Präfix | Symbol | Beispiel |
|---|---|---|---|
| 10 | Deka | da | darad (Dekaradiant) |
| 100 ($10^2$) | Hekto | h | hW (Hektowatt) |
| 1000 ($10^3$) | Kilo | k | km (Kilometer) |
| 1 000 000 ($10^6$) | Mega | M | MHz (Megahertz) |
| 1 000 000 000 ($10^9$) | Giga | G | GJ (Gigajoule) |
| 1 000 000 000 000 ($10^{12}$) | Tera | T | TV (Teravolt) |
| 1 000 000 000 000 000 ($10^{15}$) | Peta | P | Ppa (Petapascal) |
| 1 000 000 000 000 000 000 ($10^{18}$) | Exa | E | Elx (Exalux) |
| 1/10 ($10^{-1}$) | Dezi | d | dSv (Dezisievert) |
| 1/100 ($10^{-2}$) | Zenti | c | cN (Zentinewton) |
| 1/1000 ($10^{-3}$) | Milli | m | mA (Milliampère) |
| 1/1 000 000 ($10^{-6}$) | Mikro | µ | µBq (Mikrobecquerel) |
| 1/1 000 000 000 ($10^{-9}$) | Nano | n | ns (Nanosekunde) |
| 1/1 000 000 000 000 ($10^{-12}$) | Piko | p | pF (Pikofarad) |
| 1/1 000 000 000 000 000 ($10^{-15}$) | Femto | f | fr (Femtoröntgen) |
| 1/1 000 000 000 000 000 000 ($10^{-18}$) | Atto | a | aT (Attotesla) |

## Das britische System

Das Maßsystem Großbritanniens und der USA entwickelte sich aus einem Mix römischer, alt-nordeuropäischer und improvisierter Einheiten. „Mile" und „pound" wurden Ende des 16. Jh. eingeführt, die Längenmaße „inch", „foot" und „yard" 1855.

**Länge**

| | |
|---|---|
| 1 in | 1 inch |
| 12 in | 1 foot (ft) |
| 3 ft | 1 yard (yd) |
| 5½ yd | 1 rod |
| 22 yd/4 rods | 1 chain |
| 220 yd/10 chains | 1 furlong |
| 5280 ft/1760 yd/8 furlongs | 1 mile |

**Nautische Länge**

| | |
|---|---|
| 6 ft | 1 fathom |
| 100 fathoms | 1 cable length |
| 6080 ft | 1 nautical mile |

**Fläche**

| | |
|---|---|
| 1 sq in | square inch |
| 144 sq in | 1 square foot (sq ft) |
| 9 sq ft | 1 square yard (sq yd) |
| 304¼ sq yd | 1 square rod |
| 40 sq rods | 1 rood |
| 4840 sq yd/4 roods | 1 acre |
| 640 acres | 1 square mile |

**Gewicht**

| | |
|---|---|
| 1 oz | 1 ounce |
| 16 oz | 1 pound (lb) |
| 14 lb | 1 stone |
| 8 stones | 1 hundredweight (cwt) |
| 2240 lb/20 cwt | 1 ton |

**Volumen (fest)**

| | |
|---|---|
| 1 cu in | 1 cubic inch |
| 1728 cu in | 1 cubic foot (cu ft) |
| 27 cu ft | 1 cubic yard (cu yd) |

**Volumen (flüssig)**

| | |
|---|---|
| 1 fl oz (GB) | 1 fluid ounce (=28,41 $cm^3$) |
| 20 fl oz | 1 pint |
| 2 pints | 1 quart |
| 4 quarts | 1 gallon |
| 1 fl oz (USA) | (=29,6 $cm^3$) |
| 16 fl oz (USA) | 1 pint (USA) |

## Temperaturskalen

Die Temperaturangabe in Grad Celsius wurde von dem schwedischen Astronomen Anders Celsius im 18. Jh. vorgeschlagen. In der Celsiusskala gefriert Wasser bei 0 °C und kocht bei 100 °C. Auch das Fahrenheit-System wurde im 18. Jh. festgelegt – vom deutschen Instrumentenbauer Gabriel Fahrenheit. In dieser Skala gefriert Wasser bei 32 °F und kocht bei 212 °F. Das vom britischen Physiker William Kelvin eingeführte System setzt den Nullpunkt der Skala auf den absoluten Nullpunkt. Dieser liegt bei –273,15 °C.

**Umrechnung Fahrenheit in Celsius** °F = (°C × 1,8) + 32

**Umrechnung Celsius in Fahrenheit** °C = (°F – 32) : 1,8

| °C | °F | °C | °F |
|---|---|---|---|
| 100 | 212 | 30 | 86 |
| 95 | 203 | 25 | 77 |
| 90 | 194 | 20 | 68 |
| 85 | 185 | 15 | 59 |
| 80 | 176 | 10 | 50 |
| 75 | 167 | 5 | 41 |
| 70 | 158 | 0 | 32 |
| 65 | 149 | –5 | 23 |
| 60 | 140 | –10 | 14 |
| 55 | 131 | –15 | 5 |
| 50 | 122 | –20 | –4 |
| 45 | 113 | –25 | –13 |
| 40 | 104 | –30 | –22 |
| 35 | 95 | | |

## Metrisches in britisches System

| Umrechnen | in | multiplizieren mit |
|---|---|---|
| **Länge** | | |
| Millimeter | inches | 0,0394 |
| Zentimeter | inches | 0,3937 |
| Meter | feet | 3,2808 |
| Meter | yards | 1,0936 |
| Kilometer | miles | 0,6214 |
| **Fläche** | | |
| Quadratzentimeter | square inches | 0,155 |
| Quadratmeter | square feet | 10,764 |
| Quadratmeter | square yards | 1,196 |
| Hektar | acres | 2,471 |
| Quadratkilometer | square miles | 0,386 |
| **Rauminhalt** | | |
| Kubikzentimeter | cubic inches | 0,061 |
| Kubikmeter | cubic feet | 35,315 |
| Kubikmeter | cubic yards | 1,308 |
| Liter | pints | 1,760 |
| Liter | gallons | 0,220 |
| **Gewicht** | | |
| Gramm | ounces | 0,0352 |
| Kilogramm | pounds | 2,2046 |
| Tonnen | tons | 0,9842 |

## Britisches in metrisches System

| Umrechnen | in | multiplizieren mit |
|---|---|---|
| **Länge** | | |
| inches | Millimeter | 25,4 |
| inches | Zentimeter | 2,54 |
| feet | Meter | 0,3048 |
| yards | Meter | 0,9144 |
| miles | Kilometer | 1,6093 |
| **Fläche** | | |
| square inches | Quadratzentimeter | 6,4516 |
| square feet | Quadratmeter | 0,093 |
| square yards | Quadratmeter | 0,836 |
| acres | Hektar | 0,405 |
| square miles | Quadratkilometer | 2,58999 |
| **Rauminhalt** | | |
| cubic inches | Kubikzentimeter | 16,387 |
| cubic feet | Kubikmeter | 0,0283 |
| cubic yards | Kubikmeter | 0,7646 |
| fluid ounces | Milliliter | 28,41 |
| pints | Liter | 0,568 |
| gallons | Liter | 4,55 |
| **Gewicht** | | |
| ounces | Gramm | 28,35 |
| pounds | Kilogramm | 0,45359 |
| tons | Tonnen | 1,016 |

## Dezibelskala

Die Einheit Dezibel (dB) wird benutzt, um die Lautstärke bzw. den Schalldruckpegel anzugeben. Eine Zunahme von 10 dB entspricht einer Verzehnfachung der Schallintensität.

| Dezibel | Schallpegel |
|---|---|
| 0 | schwächstes hörbares Geräusch |
| 10 | Blätterrauschen |
| 20 | normales Flüstern |
| 20–50 | ruhige Unterhaltung |
| 40 | Kühlschrankbrummen |
| 50 | normales Sprechen |
| 50–65 | laute Unterhaltung |
| 65–70 | reger Straßenverkehr |
| 65–90 | Eisenbahnverkehr |
| 70 | Rasenmäher |
| 90 | Autobahnverkehr |
| 90–100 | Donner |
| 110–140 | startendes Flugzeug |
| 130 | Schmerzgrenze im Ohr erreicht |
| 140–190 | Start einer Weltraumrakete |

## Zeitzonen

Die Erde ist in 24 Zeitzonen eingeteilt, die (mit regionalen Abweichungen) je 15 Längengrade umfassen. Die meisten westeuropäischen Länder gehören zur Zeitzone A, auch wenn sie zwischen Z und A liegen. Die Zonen beginnen am Greenwich-Meridian (0 Grad Länge). Für jede Zone westlich davon ist die Uhr eine Stunde zurückzustellen; für jede Zone östlich eine Stunde vor. Einige Länder haben Sommerzeiten eingeführt, für die die Uhren im Frühjahr eine Stunde vor- und im Herbst wieder zurückgestellt werden. Das kalendarische Datum bewegt sich somit von der internationalen Datumsgrenze in Richtung Westen einen Tag vor.

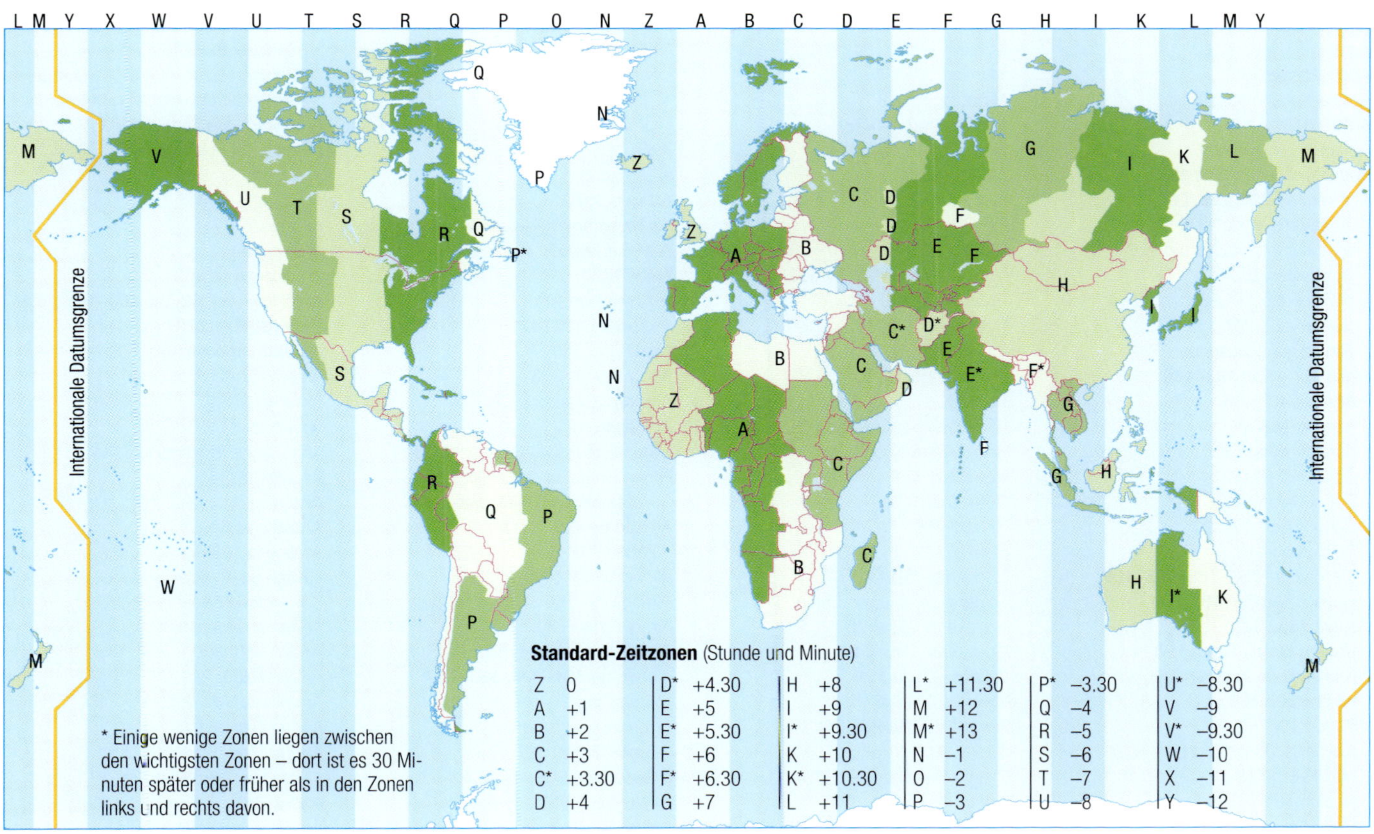


**Standard-Zeitzonen** (Stunde und Minute)

| | | | | | | | | | | | |
|---|---|---|---|---|---|---|---|---|---|---|---|
| Z | 0 | D* | +4.30 | H | +8 | L* | +11.30 | P* | −3.30 | U* | −8.30 |
| A | +1 | E | +5 | I | +9 | M | +12 | Q | −4 | V | −9 |
| B | +2 | E* | +5.30 | I* | +9.30 | M* | +13 | R | −5 | V* | −9.30 |
| C | +3 | F | +6 | K | +10 | N | −1 | S | −6 | W | −10 |
| C* | +3.30 | F* | +6.30 | K* | +10.30 | O | −2 | T | −7 | X | −11 |
| D | +4 | G | +7 | L | +11 | P | −3 | U | −8 | Y | −12 |

* Einige wenige Zonen liegen zwischen den wichtigsten Zonen – dort ist es 30 Minuten später oder früher als in den Zonen links und rechts davon.

# Register

Die **halbfett gedruckten** Seitenzahlen verweisen auf einen Haupteintrag, die *kursiv* gedruckten auf Bilder.

Die Umlaute ä, ö, ü werden wie a, o, u behandelt.

## A

# B

# C

# D

# E

# F

# G

# H

# L

# M

# N

# T

# V

# W

BBCNHU = BBC Natural History Unit Picture Library
DRK = DRK Photos
FLPA = Frank Lane Picture Agency
OSF = Oxford Scientific Films
SPL = Science Photo Library

**Cover:** Fötus: James Stevenson/SPL/FOCUS; Michelangelo, David: Enrico Ferorelli/DOT/FOCUS; Rest: PhotoDisc. **6** o.l., o.r: PhotoDisc. **7** o.l: James Stevenson/SPL/FOCUS; o.r: PhotoDisc. **8** o.l: PhotoDisc. **9** o.l: Enrico Ferorelli/DOT/FOCUS. **10** o.l., o.r: PhotoDisc. **11** o.r: Bradbury & Williams. **Zeitschienen**: Bradbury & Williams. **Zwischen 12 und 13**: Julian Baker Illustrations; (Jupiter) NASA; (Vignetten) PhotoDisc. **13** PhotoDisc. **14** o: Julian Baker Illustrations; u: Michael Robinson. **15** o: B. & C. Alexander; u.l: Julian Baker Illustrations; u.r: PLI/SPL. **16/17** Julian Baker Illustrations. **18** o.l: ESO/Galaxy Picture Library; M.l: Royal Observatory Edinburgh/SPL; u.l: T. & D. Hallas/SPL. **18/19** B. & S. Fletcher/Tom Stack & Associates. **20/21** Julian Baker Illustrations. **22** M l: NASA/SPL; Julian Baker Illustrations. **23** o: TRACE-1/Stanford-Lockheed Institute for Space Research/Galaxy Picture Library; u: KOPA/T. Rinmele, M. Hanna/AURA/NOAO/NSF/Galaxy Picture Library. **24** (Merkur) US Geology Survey/SPL; (Venus) NASA; (Erde) NASA; (Mars) Genesis Space Photo Library; Artwork: Ian Atkinson. **25** (Jupiter, Uranus, Neptun) NASA/JPL; (Saturn) NASA/Genesis; (Pluto) NASA/STScl/SPL; Artwork: Ian Atkinson. **26** Galaxy Picture Library. **26/27** NASA/SPL. **27** o.r: Michael Robinson; M.r: S. Nielsen/DRK. **28** M: Julian Baker Illustrations; u: Michael Robinson. **29** o: Roger Lynds/AURA/NOAO/NSF/Galaxy Picture Library; u: Jean-Paul Ferrero/Auscape. **30** Julian Baker Illustrations. **31** Michael Robinson; Karte: Bradbury & Williams/Mountain High. **32** u.l: Jeff Foott/DRK; u.r: Michael Robinson. **32/33** Jean-Paul Ferrero/Auscape. **33** o.l: Tony Gervis/Robert Harding Picture Library; u.r: Natural History Museum, London; Artwork: Michael Robinson. **34** o: Michael Robinson. **34/35** Greg Girard/Contact/Colorific. **35** o: Michael Robinson. **36** o: Frans Lanting/Minden; M.l: C.C. Lockwood/DRK; M.M: D. Parer & E. Parer-Cook/Ardea; M.r: François Gohier/Ardea; Artwork: Michael Robinson. **37** Hjalmar R. Bardarson/OSF. **38** u: Natural History Museum, London; Artwork: Michael Robinson. **39** o: Norman Brand; M.l, u.l: Natural History Museum, London. **40/41** Brandbury & Williams/Mountain High. **41** u. Michael Robinson. **42** o.M: Earth Satellite Corporation/SPL; o.r: Bradbury & Williams. **42/43** Kim Heacox/DRK; (Flüsse) Colin Woodman. **43** o: David Woodfall/Woodfall Wild Images. **44** o: Michael Robinson; u: JD/Katz Pictures. **45** l: T. & P. Gardner/FLPA; r: John Cleare Mountain Camera. **46** o: Digital Vision; u.l: Christina Dodwell/Hutchison Library; u.r: B. Jones & M. Shimlock/NHPA. **47** WorldSat International & J. Knighton/Earth Satellite Corporation/WorldSat Productions/NRSC/Tom Van Sant, Geosphere Project/Planetary Visions/SPL. **48** o: Bradbury & Williams; u: Julian Baker Illustrations. **48/49** David Woodfall/Woodfall Wild Images. **50** o: Michael Robinson; M: Bradbury & Williams. **50/51** David Woodfall/Woodfall Wild Images. **51** o.r: Bradbury & Williams/Mountain High; M.l: David Woodfall/Woodfall Wild Images; u.l: François Gohier/Ardea. **52** Julian Baker Illustrations. **53** o.r: Johnny Johnson/DRK; M.r: Michael Robinson; u.l: NASA/Goddard Space Flight Centre/SPL. **54** Michael Robinson. **54/55** Larry Miller/SPL. **55** Artwork: Michael Robinson; v.o.n.u: Ashley Cooper/Woodfall Wild Images; Tom Bean/DRK; Mark Allen Stack/Tom Stack & Associates; George Lepp/Corbis; Richard Hamilton Smith/Corbis. **56** o.r: Bradbury & Williams/Mountain High; M.l: Jeremy Woodhouse/DRK. **57** o.l: Bradbury & Williams/Mountain High; o.r: Tom Bean/DRK; u.l: Frans Lanting/Minden Pictures; u.r: Tui De Roy/Minden Pictures. **58, 59** Colin Woodman/Mountain High. **60** S. McCutcheon/FLPA. **61** Colin Woodman/Mountain High. **Zwischen 62 und 63:** Wildlife Art Ltd., Jorg & Petra Wegner/Bruce Coleman; (Vogel) Bruce Coleman; (Vignetten) PhotoDisc. **63** PhotoDisc. **64** (Fossile Bakterien) Ph. Plailly/Eurelios/SPL; (Bärlapp, Drepanaspis, Fossile Cyanobakterien) Wildlife Art Ltd; (Coelophysis, Quezalcoatel) Bedrock Studios. **65** o.r: Sinlair Stammers/SPL; o.l, M.M: Wildlife Art Ltd; u.r: Bedrock Studios Ltd. **66** o.M, o.r: J.L. Mason/Ardea; u: Wildlife Art Ltd. **67** o: Nicholas Birks/Auscape; M: Jeremy Woodhouse/DRK. **68/69** Wildlife Art Ltd. **69** o.l: Ph. Plailly/Eurelios/SPL; o.r: Bradbury & Williams; u.Bruce Davison/BBCNHU. **70** o: Andrew Syred/SPL; u.l: Harold Taylor ABIPP/OSF; u.r: Wildlife Art Ltd. **71** o.l: Tom Bean/DRK; o.r, M.r: David M. Dennis/OSF; u.l: N.H. Cheatham/DRK; u.r: Wildlife Art Ltd. **72** Wildlife Art Ltd. **73** o.l: Mark Spencer/Auscape; M.M: Michael Tweedie/NHPA; u.l: Deni Bown/OSF; u.M: François Gohier/Ardea; r: Fred Bruemmer/DRK. **74** r: Wildlife Art Ltd; l: Lee Peters. **75** o.l, u.l: Wildlife Art Ltd; M: Dr. Jeremy Burgess/SPL; u.r: Jeff Foott/DRK. **76** Bradbury & Williams. **77** o.l: K. Ghani/NHPA; o.M: Michel Viard/Still Pictures; M.M: Joe Blossom/NHPA; r: Kenneth W. Fink/Ardea; u: Edward Parker/OSF. **78** Wildlife Art Ltd. **79** o: Sinclair Stammers/SPL; M.l: Wildlife Art Ltd; M.r: Natural History Museum, London. **80/81** Artwork: Wildlife Art Ltd; D. Roberts/SPL. **82** o: David Yound/Tom Stack Associates; M: British Geological Survey, NERC. **83** o.l, u.r: Wildlife Art Ltd; u.l: Bradbury & Williams. **84** o: François Gohier/Ardea; u: Bradbury & Williams/Bedrock Studios. **84/85** Bedrock Studios Ltd. **86** o.M: Tom & Therisa Stack/Tom Stack & Associates. **86/87** Bedrock Studios Ltd. **88–89** Wildlife Art Ltd. **89** o.r: Bradbury & Williams. **90** o: François Gohier/Ardea; u: Wildlife Art Ltd. **91** o: Bradbury & Williams; u.r: Digital Vision Ltd. **92** M: J & M. Bain/NHPA, Artwork: Wildlife Art Ltd; u: Digital Vision Ltd. **93** o: Bradbury & Williams; u.l, u.r: Wildlife Art Ltd. **94** o: Digital Vision Ltd; u: Kim Taylor/Bruce Coleman Collection, Artwork: Wildlife Art Ltd. **95** o: Bradbury & Williams; u: Wildlife Art Ltd. **96** o: Wildlife Art Ltd; u: Pacific Stock/Bruce Coleman Collection. **97** o: Bradbury & Williams; M: Wildlife Art Ltd; u: Frans Lanting/Minden Pictures. **98** M.M, u.r: Wildlife Art Ltd.; u.l: Frank Greenaway/Dorling Kindersley. **98/99** o: Bradbury & Williams. **99** Wildlife Art Ltd. **100** o.l: Wildlife Art Ltd; M.M Kim Taylor/Bruce Coleman Collection, Artwork: Wildlife Art Ltd; u.r: Michael Fogden/DRK. **101** o: Bradbury & Williams; M.l: Stephen Dalton/NHPA; u.r: Wildlife Art Ltd. **102** Frans Lanting/Minden Pictures, Artwork: Wildlife Art Ltd. **103** o: Bradbury & Williams; M, u.r: Wildlife Art Ltd; u.l: Stephen Dalton/NHPA. **104** l: Wildlife Art Ltd; M: Kim Taylor/Bruce Coleman Collection, Artwork: Wildlife Art Ltd. **105** o: Bradbury & Williams; M, u.r: Wildlife Art Ltd. u.l: Masahiro Iijima/Ardea. **106** Wildlife Art Ltd. **106/107** o: Bradbury & Williams. **107** u.l, u.M: Wildlife Art Ltd; u.r: Dave Watts/Tom Stack & Associates. **108** Wildlife Art Ltd. **108/109** o: Bradbury & Williams. **109** l, r: Wildlife Art Ltd; u: Jeff Foott/DRK. **110** M.l, M.r: Wildlife Art Ltd; M.M: Zdenek Tunka/Ardea; u.l: Wayne Lankinen/DRK. **110/111** o: Bradbury & Williams. **111** Wildlife Art Ltd. **112** o: Don & Pat Valenti/DRK; u: Robert Tyrell/OSF **113** Jorg & Petra Wegner/Bruce Coleman Collection. **114** Anup Shah/DRK, Artwork: Wildlife Art Ltd. **115** o: Bradbury & Williams; M.l: Roland Seitre/Still Pictures; M.r: Wildlife Art Ltd; u: Mitsuaki Iwago/Minden Pictures. **116** l: Stephen Dalton/NHPA; r M. Harvey/DRK. **116/117** o: Bradbury & Williams. **117** M.l: Michael Fogden/DRK; M.M: Frans Lanting/Minden Pictures; M.r: Bradbury & Williams; u.l: Tom Brakefield/DRK; u.r: Wildlife Art Ltd. **118** o, M.l: Bradbury & Williams; M.r, u.r: Wildlife Art Ltd. **119** o, M.r: Bradbury & Williams; Rest: Wildlife Art Ltd. **120** o.l, o.r, u.r: Wildlife Art Ltd; o.M: Digital Vision Ltd; u.l: Eye of Science/SPL. **121** o: Image Quest 3-D; u: Lynn M. Stone/Auscape, Artwork: Wildlife Art Ltd. **122** o.r: Gerald Cubitt; o.l: Don Stephens & Associates; u.l: Michael & Patricia Fogden/BBCNHU; u.r: Marty Cordano/DRK. **123** o.l, o.r: Natural History Museum, London; o.M: Mery Evans Picture Library; u.l: Innerspace Visions/Doug Perrine; u.r: Stephen Dalton/NHPA. **124** l: Rod Planck/NHPA; r: Zig Leszczynski/OSF. **124/125** Bradbury & Williams/Mountain High **125** l: David Haring/OSF; r: Tom Brakefield/DRK. **126** o.r, Hintergrund: Bradbury & Williams; M, u.r: Wildlife Art Ltd. **127** o.r; Hintergrund: Bradbury & Williams; M: Wildlife Art Ltd. **128** o.r, Hintergrund, u: Bradbury & Williams; M: Wildlife Art Ltd. **129** o.l: John Reader/SPL; M: © Adrie & Alfons Kennis; u.v.l.n.r: Peter D. Pickford/DRK, Jean-Paul Ferrero/Ardea, Stephen J. Krasemann/DRK, Barbara Cushman Rowell/DRK. **Zwischen 130 und 131**: Mirashade, (Kopf) Martin Woodward, (Vignetten) James Stevenson/SPL/FOCUS. **131** James Stevenson/SPL/FOCUS. **132** l: Antbits; r: Mirashade. **133** l, o.r: Mirashade; M.r: Antbits. **134** l: Mirashade; r: Mirashade/Antbits. **135** o: Mirashade; u: Martin Woodward. **136** l: Mirashade; r: Mirashade/Antbits. **137** Antbits. **138** Mirashade. **139** l: Antbits; r: Mirashade/Antbits. **140** l: Martin Woodward; r: Mirashade. **141** l, u: Martin Woodward; r: Mirashade. **142** o: Antbits; u: Quest/SPL. **143** o: H. Raguet/SPL; M. John Burbidge/SPL; u: Bradbury & Williams. **144** o.l: Martin Woodward; r: Martin Woodward/Mirashade; u.l: Ishihara Plates/Kanchara Shuppan Co. Ltd. **145** M.l: Martin Woodward; r: Mirashade/Antbits; u.l: Mike Powell/Allsport USA. **146** Martin Woodward. **147** o.l: Martin Woodward; u.l: Prof. P. Motta/SPL; o.r: Stephen Dalton/NHPA; u.r: Mirashade. **148** o.r, u.r: Dr. Yorgos Nikas/SPL; **149** Amanda Williams; u.M: James Stevenson/SPL. **150** l: Juergen Berger/SPL; M: Quest/SPL.r: CNRI/SPL. **151** o: J.C. Revy/SPL; u: Martin Woodward. **152** Hintergrund: Jane Sackville West; u.l: Centre for Brain & Cognitive Development, Birkbeck College; u.M: Kanizsa Square/Bradbury & Williams. **153** Hintergrund: John Meek; o: Angela Hampton/Bubbles; u: Karen Kasmanski/Katz Pictures. **154** Wildlife Art Ltd/Bradbury & Williams. **155** u.l: Bradbury & Williams; Tony Lewis/Allsport. **156, 157** Martin Woodward. **158** o, M.l: Science & Society Picture Library; M.r: Custom Medical/SPL. **159** o.l: Hulton Getty; o. zweites v.l.n.r: SPL/Salisbury District Hospital/Dr. Arthur Tucker/Simon Fraser/Mehau Kulyk/Dr. Monty Buchsbaum; M.l: Corbis; M.r: TEK Image/SPL; u.l: Dr. Yorgos Nikas/SPL. **Zwischen 162 und 163**: AKG, London,

(Perikles) Michael Holford/British Museum, (Vignetten) PhotoDisc. **163** PhotoDisc. **164, 165** Karten: Bradbury & Williams; Rest: Roger Stewart. **166** o: Ferrero-Labat/Auscape; u.l, u.r: Erich Lessing/Naturhistorisches Museum, Wien/AKG. **167** o.l: Museum of Antiquities, University of Newcastle; o.r: British Museum, London; u: Bradbury & Williams/Mountain High. **168** o: Bradbury & Williams/Mountain High; u.l: Michael Holford/British Museum; u.M: Erich Lessing/AKG. **169** l: British Museum/Michael Holford; M: The Art Archive/Aleppo Museum, Syrien/Dagli Orti; r: Bridgeman Art Library/Louvre, Paris; Karte: Bradbury & Williams/ Mountain High. **170** o.l: Simon Harris/ Robert Harding; o.r, u.l: Michael Holford/British Museum. **170/171** Artwork Digital Wisdom. **171** u.r: Erich Lessing/ AKG. **172** o: Michael Holford; u.l: Michael Holford/British Museum; u.r: Bradbury & Williams/Mountain High. **173** o.l, o.M, u.l: Erich Lessing/AKG; o.r: Michael Holford/British Museum; u.r: Bradbury & Williams. **174** o: Michael Holford; u: Bridgeman Art Library. **174/175** Bradbury & Williams/Mountain High. **176** o: Michael Holford/British Museum; u.l: Erich Lessing/AKG; u.r: Bradbury & Williams/Mountain High. **177** o.l: Bradbury & Williams/Mountain High; o.r: Wrener Forman Archive; u: Bridgeman Art Library/Louvre, Paris. **178/179** Bradbury & Williams/Mountain High. **179** o: Roger Stewart. **180** l: Roy Williams. **180/181** Bradbury & Williams/ Mountain High. **181** o: Dagli Orti/The Art Archive. **182/183** Bradbury & Williams/Mountain High. **183** o: Werner Forman Archive; u: Bridgeman Art Library/British Library, London. **184** o.r, u.l: Bradbury & Williams; u.M. Jean-Louis Nou/AKG. **184/185** Ric Ergenbright/Corbis. **185** o.r: Bridgeman Art Library/National Museum of India, New Delhi; o.l, u.r: Bradbury & Williams; u.l: Michael Holford/Victoria & Albert Museum, London. **186** o.r: Bridgeman Art Library; M.r: The Art Archive/Victoria & Albert Museum, London; u.l: Michael Holford/Victoria & Albert Museum, London. **187** M.r: Erich Lessing/Musée Guimet, Paris/AKG; u.l: Gunshots/The Art Archive. **188** l: Werner Forman Archive. **188/189** Bradbury & Williams/ Mountain High. **189** o.r: Michael Holford/British Museum; M: Werner Forman Archive/Privatsammlung, New York. **190** o.r, M.l: Werner Forman Archive; M.r: Bradbury & Williams/Mountain High; u.l: Werner Forman Archive/ Museum für Völkerkunde, Wien; u.M. Dagli Orti/Honduras Institute, Tegucigalpa/The Art Archive. **191** Karte: Bradbury & Williams/Mountain High; M. Werner Forman Archive/Museum für Völkerkunde, Berlin. **192** l: Bildarchiv Preußischer Kulturbesitz; M: Jean-Loup Charmet. **192/193** Bradbury & Williams/Mountain High. **193** o: Jean-Loup Charmet; u: Bridgeman Art Library. **194** M. Erich Lessing/AKG. **194/195** Michael Holford. **195** AKG. **196** o: Kunstverein Winterthur/Bildarchiv Preußischer Kulturbesitz; u.l: Kunstmuseum Basel/ Bildarchiv Preußischer Kulturbesitz. **196/197** Hintergrund: Bridgeman Art Library. **198** Erich Lessing/AKG; u: Louvre, Paris. **199** o.l: Bildarchiv Preußischer Kulturbesitz; o.M: Bradbury & Williams/Mountain High; o.r: Dagli Orti/ Musée de Versilles/The Art Archive; M: AKG; M.r: Bridgeman Art Library. **200** u.l: Dagli Orti/Musée Carnavalet, Paris/The Art Archive; u.r: Musée Carnavalet, Paris/Bridgeman Art Library. **200/201** Hintergrund: AKG. **201** o: Bradbury & Williams/Mountain High. **202** o: Bridgeman Art Library; u: Kevin Fleming/Corbis. **203** o: Bradbury & Williams/Mountain High; u: Hulton Getty. **204** o.l: Science & Society Picture Library; o.r, u: Michael Holford/Science Museum, London. **204/205** Hintergrund: Bildarchiv Preußischer Kulturbesitz. **205** o.l: State Library of New South Wales, Sydney; o.r: Bridgeman Art Library/Stapleton Collection; u: Lewis Hine/Corbis. **206** M. Eileen Tweedy/ The Art Archive/Richard Borough Council; u.l: Paul Almasy/Corbis. **206/207** Karte: Bradbury & Williams/ Mountain High. **207** AKG. **208/209** o: Popperfoto; Karten: Bradbury & Williams/Mountain High. **210–211** David King Collection. **212** Hintergrund: Dorothea Lange/AKG; o: Bradbury & Williams/Mountain High; u: Hulton Getty. **213** o.r, u.l: Hulton Getty; M, u.r: AKG. **214** o.M: Corbis; u.r: National Archives/ The Art Archive. **214/215** Hintergrund: AKG. **215** o.M: Imperial War Museum/ The Art Archive; u.l: Robert Capa/Magnum; u.r: Hulton Getty. **216** l: Nicolas Tikomiroff/Magnum. **216/217** Karte: Bradbury & Williams/Mountain High. **217** o, u: Hulton Getty. **218** Hulton Getty. **218/219** Hintergrund: Bettmann/ Corbis. **219** M.l: Susan Meiselas; M.r: Philip Jones Griffiths/Magnum; u.r: AKG. **220** o: Bettmann/Corbis; u: David & Peter Turnley/Corbis. **220/221** Hintergrund: Jean Gaumy/Magnum. **221** o: David & Peter Turnley/Corbis; u.l: Patrick Piel/Frank Spooner Pictures; u.r: David & Peter Turnley/Corbis. **Zwischen 222 und 223**: Tim Griffiths/Esto, (Freiheitsstatue) Corbis, (Vignetten) PhotoDisc. **223** PhotoDisc. **224–325 Karten** © Reader's Digest/aktualisiert von Bradbury & Williams. **229** Ingenieurbüro für Kartographie Müller & Richert. **231** TPC/IFA-Bilderteam. **232** Dennis Gilbert/View. **233** Martin Bond/ Environmental Images. **235** Scanpix. **236** o.l: Brandbury & Williams. **238** Ralph Richter/Esto. **241** Tommaso Bonaventura/Contrasto/Katz Pictures. **243** o: Jeremy Nicholl/Katz Pictures; u: Layne Kennedy/Corbis. **244** u.r: Colin Woodman. **245** Reuters NewMedia Inc./Corbis. **247** A. Venzago/Magnum. **248** u.r: Colin Woodman. **250** o: Sonia Halliday Photographs; M: Dagli Orti/The Art Archive. **252** M. Barlow/Trip. **254** o: Colin Woodman. **255** M: T. Noorits/Trip; u: Gerd Ludwig/Visum/Katz Pictures. **258** Popperfoto. **260** Ben Gibson/Katz Pictures. **261** M: Bradbury & Williams. **263** Harry Gruyaert/Magnum. **264** u.l: Peterson/Frank Spooner Pictures; u.r: Colin Woodman. **269** o: Bradbury & Williams. **270** James Green/Robert Harding Picture Library. **272** M: Bradbury & Williams; u: Tim Griffiths/Esto. **275** Gamma/Frank Spooner Pictures. **276** u: Bradbury & Williams. **277** Stuart Franklin/Magnum. **279, 280** Popperfoto. **281** Mark Fallander/Environmental Images. **282** o: Bradbury & Williams. **287** B. & C. Alexander. **288** Charlotte Lipson/South American Pictures. **290** Colin Woodman. **291** Tomasz Tomaszewski/Katz Pictures. **298** Ben Belbin/ Trip. **300** Jeff Foottе/DRK. **301** B. Gadsby/Trip. **303** Tony Morrison/South American Pictures. **305** Stuart Franklin/ Magnum. **310** Martyn Colbeck/OSF. **326–327** The World Bank Group(WB): The International Bank for Reconstruction and Development(BRD), International Development Association (IDA), International Finance Corporation (IFC), Multilateral Investment Guarantee Agency (MIGA); APEC; NATO, OECD. **328** Bradbury & Williams. **Zwischen 330 und 331**: Robert Harding Picture Library, Angelo Hornak, Richard Bryant/ Arcaid, Angelo Hornak, (Cello) Christie's Images, (Vignetten) Enrico Ferorelli/DOT/FOCUS. **331** Enrico Ferorelli/ DOT/FOCUS. **332** Colin Woodman. **333, 334/335** Bradbury & Williams. **336** o: Bradbury & Williams; M.l: Archäologisches Museum, Athen/Bridgeman Art Library; M.M: Ronald Grand Archive; M.r: Bridgeman Art Library. **337** o: Ronald Grant Archive; u: Pergamon Museum, Berlin/Bridgeman Art Library. **338** o: Ronald Grant Archive; Nationalmuseum, Stockholm/Bridgeman Art Library. **339** o: Bradford Art Galleries and Museums/Bridgeman Art Library; u: Werner Forman Archive. **340** Colin Woodman. **341** o.r: T. Nowitz/Corbis; u.r: Koninklijk Museum voor Schone Kunsten, Antwerpen/Bridgeman Art Library. **342** u.r: Bridgeman Art Library. **343** M: Michael Freeman; Fred Mayer/ Magnum. **344–347** Mirashade. **348** v.l.n.r: AKG; Bettmann/Corbis; Bettmann/Corbis; AKG. **349** v.l.n.r: Bettmann/Corbis; Topham Picturepoint; Roger Messmeyer/Corbis; David Reed/ Corbis. **350** o: Pinacoteca Capitolina Palazzo Conferatori, Rom/Bridgeman Art Library; u: Popperfoto. **351** o: British Library, London/Bridgeman Art Library; u: NASA/SPL. **351** l: Louvre, Paris/Bridgeman Art Library; o.r: Museo Nazionale, Neapel/SCALA; u.r: Peter Willi/Bridgeman Art Library. **353** o: National Gallery, London; u: Bridgeman Art Library. **354** o: Museo Nacional Del Prado, Madrid; u.l: Galleria dell'Accademia, Florenz/Brigeman Art Library; u.r: National Gallery London. **355** o: The Minneapolis Institute of Arts/The William Hood Dunwoody Fund; u: National Gallery, London. **356** o: V&A Picture Library; u.l: Wallace Collection, London/ Bridgeman Art Library; u.r: National Gallery, London. **357** o: Musée d'Orsay, Paris/Bridgeman Art Library; u: Laing Art Gallery, Newcastle-upon-Tyne, Tyne & Wear/Bridgeman Art Library. **358** o: Musée Rodin, Paris/Bridgeman Art Library; M: Privatsammlung/Peter Willi/ Bridgeman Art Library; u: Museo Nacional Centro de Arte Reine Sofia, Madrid/D.A.C.S./Bridgeman Art Library. **359** Öffentliche Kunstsammlung Basel, Kunstmuseum/Martin Bühler; M: © Tate, London 2001; u: Moderna Museet, Stockholm/D.A.C.S./Peter Willi/ Bridgeman Art Library. **360** o.l: Musée National d'Art Moderne, Paris/Peter Willi/Bridgeman Art Library; o.r: Australian National Gallery, Canberra/D.A.C.S./ Bridgeman Art Library; M.l: Guggenheim Museum, Bilbao/Jeff Koons Productions; M.r: Scottish National Gallery of Modern Art, Edinburgh/D.A.C.S./ Bridgeman Art Library; u.l: © Tate, London 2001/© Cornelia Parker. **361** o: © David Hockney; M: Saatchi Gallery, London/© Damien Hirst; u: © Andy Goldsworthy. **362** l: Die Photographische Sammlung/SK Stiftung Kultur – August Sander Archiv, Köln; r: Ansel Adams Publishing Rights Trust/Corbis. **362/363** Hintergrund: Bradbury & Williams. **363** l: Henri Cartier-Bresson/ Magnum; r: Robert Capa/Magnum. **364** o: Science & Society Picture Library; Rest: Roy Williams. **365** o: Kodak/ Weber Shandwick Worldwide; M. v.l. n.r: Michael Freeman 1, 2, 3, 6; Fuji 4; Kodak/Company Care 5; u. v.l.n.r: Michael Freeman 1, 2, Bradbury & Williams 3, 4, 5, 6. **366** o: SCALA (4); u: Martin Woodward. **367** l: Ruggero Vanni/Corbis; r: Angelo Hornak. **368** v.l.n.r: Angelo Hornak; Andrew Holt/ View; Nick Hulton/View; Robert Harding Picture Library: **369** o.l: Angelo Hornak; o.M: Richard Bryant/Arcaid; o.r: Angelo Hornak; u: John Edward Linden/Arcaid. **370/371** M. v.l.n.r: V&A Picture Library, Bridgeman Art Library, Christie's Images, Wallace Collection, London/Bridgeman Art Library, Bethnal Green Museum, London/Bridgeman Art Library, Fine Art Society, London/Bridgeman Art Library; u. v.l.n.r: Bridgeman Art Library, Bridgeman Art Library, Sotheby's Picture Library, Sotheby's Picture Library, V&A Picture Library, Philippe Starck.

**371** o: Silk Public Relations. **372** Christie's Images. **373** o: James L. Amos/ Corbis;u.l: Rex Features; u.r: Crafts Council/© Jacqueline Mina 2000. **374–377** Zeitschiene: Lebrecht Collection. **374** l: The Art Archive; r: Christie's Images. **375** l: V&A Picture Library; r: AKG; u: Bradbury & Williams. **376** o.l: Breitkopf & Haertel Archiv, Leipzig/ AKG, o.r: Lebrecht Collection; u.l: Bradbury & Williams; u.r: Robin Del Mar/Lebrecht Collection. **377** o.l: AKG; o.r: George Newson/Lebrecht Collection; u: Catherine Ashmore/Zoë Dominic Collection. **378** Brown Brothers (2). **379** o., M: Bettmann/Corbis; u: London Features. **380** o.l, u.r: Michael Ochs Archives/Redferns; o.r: Bettmann/Corbis. **381** o: Matthew Mendelson/Corbis; u: London Features. **382** o: David Redfern/Redferns; l: Bill Cooper; u: Pankaj Shah/Redferns. **383** o: Rex Features; u.l: Ronald Grant Archive; u.r: Zoë Dominic. **384** o.l: Museo Archaeologico Nazionale, Neapel/Bridgeman Art Library; o.M, o r: Bridgeman Art Library; u: Mary Evans Picture Library. **385** o: British Library/Bridgeman Art Library; u: © Tate, London 2001. **386** o.l: Bridgeman Art Library; o.r, u: Archiv für Kunst und Geschichte. **387** o.l: Archiv für Kunst und Geschichte; o.r: Bridgeman Art Library; u: Archiv für Kunst und Geschichte. **388** o.l. Novosti, London; o.M: Bridgeman Art Library; o.r: Hulton Getty; u.l: Mary Evans Picture Library; u.r: © John Glashan Signaturen von Tolstoj und Dostojewskij: Novosti, London. **389** P/F/H/ullstein bild **390** o.l: Allan Titmuss; o.r: Mander & Mitchenson Theatre Collection; M: Catherine Ash-more; u: Martin Woodward. **391** o: Simon Annand; u: Zoë Dominic (2). **392** o: Mander & Mitchenson; M.l: Toshiro Morita/Haga Library Inc. Tokio; M.r: Mark Drouet/Arena Images; u: John Haynes. **393** l: John Haynes; M, r: Zoë Dominic. **394–398** Zeitschiene: Ronald Grant Archive. **394** o, u.l: Ronald Grant Archive; u.r: Joel Finler Collection. **396** o: Joel Finler Collection; u: Ronald Grant Archive. **397** l: Ronald Grant Archive; r: Pictorial Press Limited. **398** o: Carolco/Kobal; u: Rex Features. **399** M: Lucas Film Ltd/Paramount/Kobal; u: Ronald Grant Archive. **400** Denis Cameron/Rex Features. **401** IMAX Corporation. **402–403** v.o.n.u: BBC; Globe Photos Inc; Culver Pictures; NASA/ SPL; Rex Features; Popperfoto; Sky News; Popperfoto. **404** o.l: Topham Picturepoint; o.r: Popperfoto; u: Martin Woodward. **405** o: Martin Woodward; M.l: Science & Society Picture Library; M.r: Harry Gruyaert/Magnum; u: Martin Woodward. **406** Popperfoto (2). **407** l: Adrian Cronauer; r: Jason Bell/KatzPictures. **408** o: Science & Society Picture Library (2). **408/409** Hintergrund: NRSC Ltd/SPL, Artwork: Roger Stewart. **409** o: Bradbury & Williams; M.l: Hulton Getty; M.r: Science & Society Picture Library; u: Photo Library International/ SPL. **410** l: Paris Match Magazine; r: John Frost Newspaper Collection; u: Popperfoto. **411** l: Hergé/Moulinsart 2001; r: © 1958 The Norman Rockwell Family Trust/AKG. **412** l: British Library/ Bridgeman Art Library; r: Christine Vincent. **413** o.l, o.r: Roy Williams; Rest: Bradbury & Williams. **414** o.l: John Meek; o.M. © 2001 Apple Computer Inc./Advertising Archives; o.r: Marin 2001; M.r: FujiFilm Digital Imaging; u.l: IKON Imaging. u.r: John Meek. **415** o.l: IBM; o.r: Federal Express; M. © Esso/ Advertising Archive; u: Guinness/Lexis. **416** o: David & Peter Turnley/Corbis. **416/417** v.l.n.r: Mary Evans Picture Library; Musée Carnavalet, Paris/Bridgeman Art Library; Hulton Getty; Mary Evans Picture Library; Tomham Picturepoint; Bettmann/Corbis; Popperfoto; Daniel Simon/Gamma/Frank Spooner Picture Library; David Abian/Rex Features. **417** o: Rex Features. **418** u: RDL/The Anthony Blake Photo Library. **418/419** v.l.n.r: Roy Rainford/Robert Harding Picture Library; Adam Woolfitt/Corbis; Jonathan Blair/Corbis; M. Joseph/Robert Harding Picture Library; Richard T. Nowitz/Corbis; Catherine Karnow/Corbis; Diego Lezama Orezzoli/Corbis; Ted Spiegel/Corbis. **419** o: Robert Opie Collection. **420** o: Colin Woodman; u: Patrick Ward/Corbis. **421** o: Colin Woodman; u: Marc Geranger/Corbis. **422** o.l: Neuwirth/Süddeutscher Verlag Bilderdienst; o.r: Reuters NewMedia Inc./Corbis; u: Roger Stewart. **423** o: Popperfoto; u.l: Hulton Collection/Allsport; u.M:www.sporting-heroes.net; u.r: Wilfried Witters/ullstein bild. **424** o: Brown Brothers; M.r: Andy Lyone/Allsport; u.l: Colorsport; u.r: Roger Stewart. **425** o.r: Colorsport; M.r, u.l: www.sporting-heroes.net; u.r: Roger Stewart. **426** o: Hulton-Getty; u.l: Hulton-Getty/Allsport; u.r: Roger Stewart. **427** o, u.r: Culver Pictures; u.l: Roger Stewart. **428** o.l: David Tulis/ Bettmann/Corbis; u.l: Jonathan Daniel/ Allsport; u.r: Roger Stewart. **429** o: Colorsport; u: Glenn Gratty/Allsport. **430** o: Colorsport; u: www.sporting-heroes.net. **431** o: David Cannon/Allsport; M, u: Tony Roberts/Corbis. **432** o: Sprint Press GmbH/ullstein bild; u: Roger Stewart. **433** o.l: Horizon/ullstein bild; u.l: www.sporting-heroes.net; o.r, u.r: Roger Stewart. **434** o: Popperfoto; M: Roger Stewart; u: Bettmann/Corbis. **435** l: www.sporting-heroes.net; M: Prof. Harold Edgerton/SPL; r: Bettmann/Corbis. **436** o: Albert Meyer/AKG; u.l: Popperfoto; u.r: Hulton-Getty. **437/437** Hintergrund: Karl Weatherly/ Corbis. **437** o: Popperfoto; M: Gray Mortimore/Allsport; u: Mike Hewitt/Allsport. **438** Jerry Cooke/Corbis; u.M, u.r: Allsport. **439** o: Roger Stewart; Rest: Colorsport. **440** o: Bettmann/ Corbis; M: Roger Stewart; u: Popperfoto. **441** o: Hulton-Getty/Allsport; u.l, u.r: Bettmann/Corbis. **442** l Popperfoto; r: Peter Spinney/LAT. **442/443** Darren R. Awuah. **443** o.l: Jon Ferrey/ Allsport; o.r: Germano Gritti/Allsport; M.r: AP/ullstein bild. **444** o: Colorsport; M: Jean-Yves Ruszniewski/Corbis/ TempSport; u.l: Mike Hewitt/Allsport; u.r: Roger Stewart. **445** Hintergrund: Popperfoto; o.r: Roger Stewart; u.l: Popperfoto; u.r: Bradbury & Williams. **446** o: Hulton-Getty; M: Popperfoto; u: Adam Pretty/Allsport. **447** l: Prof. Harold Edgerton/SPL; M: Shaun Boterill/ Allsport; r: Roger Stewart. **448** o.l. Pressefoto Ulmer/ullstein bild; o.r: Bettmann/Corbis; u.l: Roger Stewart; u.r: Bettmann/Corbis. **449** o: Zarski Archiv/ dpa; u.l Horstmüller/ullstein bild; u.r: Popperfoto. **450** o.l: Popperfoto; o.r: www.sporting-heroes.net; u: The Sport Library. **451** o: Popperfoto; M: Roger Stewart; u: Colorsport. **Zwischen 452 und 453**: Rex Features, (Big Mac) John Meek, (Vignetten) PhotoDisc. **453** PhotoDisc. **454/455** Bradbury & Williams/ Mountain High. **456** u.l: Steve Raymer/ Corbis; u.r: John Meek. **456/457** Bradbury & Williams/Mountain High. **458** o.r: Diner's Club UK; M.r: Archivo Iconografico, S.A./Corbis; Zeitschiene: Dagli Orti/The Art Archive; u.l: Werner Forman Archive; u.r: SCALA. **459** o: Archivo Iconografica, S.A./Corbis; Zeitschiene: Somon Walker/Rex Features; u: Charles O'Rear/Corbis. **460/461** Hintergrund: Larry Lee/Corbis. **462** u. Hintergrund: Ford; Grafiken Stefan Morris. **462** o v.l.n.r: Bettmann/Corbis, 2; Mary Evans Picture Library, 3; AKG, 4; Hulton-Deutsch Collection/Corbis, 5; Bettmann/Corbis, 6, 7; Roger Ressmeyer/Corbis, 8; Darstellung: Bradbury & Williams; u: Stefan Morris. **464** o.: Duncan Simpson/Panos Pictures; u: Ted Spiegel/Corbis. **464/465** Bradbury & Williams/Mountain High. **465** Chris Sattlberger/Panos Pictures. **466** o, u: Martin Woodward. **466/467** Zeitliste: Stuart Franklin/Magnum. **467** o: Holt Studio International; u: Jeremy Horner/Panos Pictures. **468/469** v.o.n.u: Astrid & Hanns-Frieder Michler/SPL; Ed Young/SPL; Michel Breuil/Still Pictures; BSIP JOLYOT/SPL; Sophie Boussamba/Still Pictures. **470** Jeremy Walker/ SPL. **471** o.l: Time David/SPL; o.r: Cyril Ruosso/SPL; u: Robert Harding Picture Library. **472** Karte: Bradbury & Williams/Mountain High. **473** Martin Woodward. **474/475** Bradbury & Williams/Mountain High. **475** o.l: Gil Mott/ Still Pictures; o.r: Radbury & Williams; u: Vic Sievey/Eye Ubiquitous/Corbis. **476** o: Brown Brothers; u.l, u.M: Science & Society Picture Library; u.r: Volkswagen. **477** o.l: Roger Stewart; o.r: Science & Society Picture Library; u.l: LAT; u.M: Neill Bruce; u.r: Alvey & Towers. **478** Matthew White. **479** Bradbury & Williams. **480** o: Bettmann/Corbis; M: Hulton-Deutsch Collection/Corbis; u.l, u.r: Science & Society Picture Library. **480/481** Hintergrund: Rex Features. **481** o.l: Martin Bond/SPL; o.r: Hulton-Deutsch Collection; u: François Sauze/SPL. **482** o: Martin Franklin; M.l: Dagli Orti/The Art Archive; u: Bradbury & Williams. **483** o: Eileen Tweedy/National Maritime Museum, London/The Art Archive; u.M: Bradbury & Williams; u.r: TRH Pictures. **484** o: Stefan Morris; M: Brown Brothers. **484/485** TRH Pictures. **485** o.l: Mark Franklin; o.r: TRH Pictures; u: Bradbury & Williams. **486** o: Jean-Loup Charmet/SPL; u: David Parker/SPL. **487** o: Bradbury & Williams; u.l: National Maritime Museum Picture Library; u.r: Peter Russel/The Military Picture Library/Corbis. **488** M.l, u.r: Science & Society Picture Library. **488/489** Hintergrund: The Flight Collection; Artwork: Mark Franklin. **489** l: The Flight Collection; r: Aviation Photographs International. **490** Matthew White. **491** l: Matthew White; r: Bradbury & Williams. **492** o: Novosti/SPL; M, u: NASA. **492** l: NASA; M: Toucan Books; r: US Geological Survey/SPL. **494** l: Bradbury & Williams; M: NASA. **494/495** NASA/SPL. **495** NASA. **496** o: Bradbury & Williams; u: John Meek. **497** o.l: Pace/Frank Spooner Pictures; o.r: Al Bello/Allsport; u: Miramax Films/ Universal Pictures/Kobal Collection. **498–499** Hintergrund: Bruno Barbey/ Magnum; Karte: Bradbury & Williams/ Mountain High; Grafik: Bradbury & Williams. **500–501** Hintergrund: Bill Ross/ Corbis; Artwork: Mark Franklin; Zeitleiste: Stefan Morris; Karte: Bradbury & Williams/Mountain High. **502/503** Matthew White; Hintergrund: Charles E. Rotkin/Corbis. **503** Roger Ressmeyer/ Corbis. **504** o: Julio Etchart/Still Pictures; u.l: Stefan Morris; u.r: Matthew White. **504/505** Hintergrund: Julio Etchart/Still Pictures; Zeitleiste: Stefan Morris. **505** l: Matthew White; r: Mike Jackson/Still Pictures. **506** o: Hartmut Schwarzbach/Still Pictures; u: Paul Almasy/Corbis. **506/507** Hintergrund: Roger Ressmeyer/Corbis. **507** o.l: Bradbury & Williams; u.l: Ecoscene/ Corbis; r: Panos Pictures. **508/509** Hintergrund: Marc Schlossman/Panos Pictures. **509** o: Astrid & Hans-Frieder Michler/SPL; u: Russ Lapa/SPL. **Zwischen 510 und 511**: SPL, Martin Woodward, (Vignetten) PhotoDisc. **511** PhotoDisc. **513** o.l: Natural History Museum, London; u.l: Bradbury & Williams; r: National Gallery, London. **516–521** Bradbury & Williams. **522** Bettmann/Corbis. **522/523** Roger Stewart. **523** l: Bradbury & Williams; r: Roy Williams. **524/525** George Hall/

Corbis. **526** Bradbury & Williams. **527** o: Dorling Kindersley Ltd; u: Roger Stewart. **528–529** v.l.n.r: Rex Features; John Meek; NASA/SPL; Jeremy Moore/Woodfall Wild Images; Leif Skoogfors/Corbis; Hugh Turvey/SPL; US Air Force/SPL. **530** Bradbury & Williams. **531** CERN; Artwork: Bradbury & Williams. **532, 533** Bradbury & Williams. **534** AKG. **535** o.l, M: Matthew White; u. Bradbury & Williams. **536, 537** Martin Woodward. **538, 539** Natural History Museum, London. **540, 541** Martin Woodward. **542** Tony Craddock/SPL; Insert: Klaus Andrews/Still Pictures; Artwork: Bradbury & Williams. **543** o: Brigitte Thomas/The Garden Picture Library; u: Tony Craddock/SPL, Artwork: Bradbury & Williams. **544** Martin Woodward. **545** u.l: Martin Woodward; u.M: Niel Hicks/Woodfall Wild Images; u.r: Chris O'Reilly/BBCNHU. **546** l: Antbits; r: Bradbury & Williams. **547** Bradbury & Williams. **548** o: Bill Ballenberg/NGS Image Collection; M: Alberto Gutiérrez/Guillermo Hare; u: Walter Ava/Bruning Museum/Christopher Donnan. **549** l: Roger Stewart; r: Walter Ava/Bruning Museum. **550** o: Bettmann/Corbis; M.l: Francesco Venturi/The Art Archive; M.r: Discovery Channel/UAD/Jerome Delafosse; u: Griffith Institute/Ashmolean Museum, Oxford. **550/551** Bradbury & Williams/Mountain High. **551** Jon Adams, University of Southampton. **552** o: Brown Brothers; u.M: Science Museum/Michael Holford; u.r: Science & Society Picture Library. **553** o: Science & Society Picture Library; M.l: Royal Institution, London/Michael Holford; u.l, r: Robert Opie Collection. **554** o: Reader's Digest; u.l: Science & Society Picture Library; u.r: Robert Opie Collection. **555** o: Science & Society Picture Library; l: Adam Hart-Davis/SPL; r: Dyson/Trip. **556** o.l: Rex Features; o.M: Science & Society Picture Library; o.r: Library of Congress/SPL. **556/557** David Woodfall/Woodfall Wild Images, Artwork: Martin Woodward. **557** o: Science & Society Picture Library; M: NASA/Science & Society Picture Library. **558** o, u.l: Science & Society Picture Library; u.r: SPL. **559** o.l: Bettmann/Corbis; o.r, u.l: Science & Society Picture Library; u.r: Frank Spooner Pictures. **560** o: Bradbury & Williams; u: Science & Society Picture Library. **561** o: Steve McDonough; u: Intel Corporation. **562** Martin Woodward. **563** Digital Vision. **564** o: Sotheby's Picture Library; u.l: Robert Opie Collection; u.r: Mark Franklin. **565** o.l: Sony; o.M: Science & Society Picture Library; o.r: Adrian Denis/Rex Features; u.l, u.r: Mark Franklin. **566** l: Paul Baran; r: Vint Cerf. **567** o: Bradbury & Williams; M: Carolina Salguero-FB/Frank Spooner Pictures; u: Frank Spooner Pictures. **568** Zeitleiste, M.r: : Science & Society Picture Library; u: Jean-Loup Charmet/SPL. **569** o.l: Stanley B. Burns/SPL; o.r: George Bernard/SPL; M: SPL; u.r: Popperfoto; Zeitleiste: NMP/RMD/Science & Society Picture Library. **570** Zeitleiste: Boucharlet/BSIP/SPL; M: St. Mary's Hospital Medical School/SPL; u: James King-Holmes/SPL. **571** o: Geoff Tompkinson/SPL; Zeitleiste: James King-Holmes/SPL; M: AKG; u: National Institutes of Health/SPL. **572** o: Dagli Orti/The Art Archive; u: Fred Mayer/Magnum. **572/573** Hintergrund: Mark Franklin. **573** o.l: Eileen Tweedy/The Art Archive; o.r: Roger Viollet/Gamma/Frank Spooner Pictures; u: Stuart Franklin/Magnum. **574** o: Darren R. Awuah; u: B. Gibbs/Trip. **574/575** Hintergrund: B. Shuel/Collections. **575** o.l: Stefan Morris; o.r: Michael S. Yamashita/Corbis; u: Mark Franklin. **576** o.l: Erich Lessing/AKG; o.M:The Board of the Trustees of the Armouries (VII.1809); u.l: Mark Franklin; u.r: The Board of the Trustees of the Armouries (II.2). **577** o.M: British Library, London; o.r: Chrysalis Images; M.l: The Board ot the Trustees of the Armouries (XII.5438); u: British Library/Bridgeman Art Library. **578** M: The Tank Museum, Bovington; u: Chrysalis Images. **579** l: DOD/TRH; Zeitleiste: McDonnell Douglas Missile Systems Company/TRH; M.r: Lockheed/TRH; u: Chrysalis Images. **Zwischen 580 und 581**: Bradbury & Williams, (Oscar) Bradbury & Williams, (Vignetten) Bradbury & Williams. **581** Bradbury & Williams. **588** Stefan Morris. **592, 593, 594** Bradbury & Williams. **605** Colin Woodman.

**Titel der englischen Originalausgabe:**
Facts at your Fingertips

**Deutsche Ausgabe**
**Übersetzer:** Lidija Bieber, Ingrid Frieling, Dr. Claudia Hecker, Andreas Held, Claudia Kümmerer, Katrin Lischke-Przygode, Wolfdietrich Müller, Annerose Sieck, Jorunn Wissmann
**Fachliche Beratung:** Dr. Domenika Arnold, Brigitte Fetzer, Michael Gräßlin, Dr. Claudia Hecker, Dr. Norbert Kappelmann, Dr. Heinrich Lindel, Uwe Mahler, Prof. Dr.-Ing. Balthasar Novák
**Redaktion:** lektorat plus Dorit Esser, Berlin; Dr. Peter Göbel, Atzenhain; MCS Schabert, München; Redaktionsbüro Annerose Sieck, Falkendorf
**Redaktion Kartographie:** GeoKarta GbR, Heiner Newe, Altensteig

**Reader's Digest**
**Redaktion:** Joachim Wahnschaffe (Projektleitung), Jens Firsching, Stefan Kuballa, Falko Spiller, Erwin Tivig
**Grafik:** Thomas Maier
**Bildredaktion:** Christina Horut
**Prepress:** Andreas Engländer
**Produktion:** Andreas Schabert

**Ressort Buch**
Redaktionsdirektorin: Suzanne Koranyi-Esser
Redaktionsleiterin: Dr. Renate Mangold
Art Director: Rudi K. F. Schmidt

**Operations**
Leitung Produktion Buch: Norbert Baier

**Satz und Reproduktion:** Colour Systems Ltd., London
**Druck und Bindung:** Everbest Printing Company Ltd., Hongkong



UK 1050/IC

Printed in China

ISBN 3-89915-134-8